WAPPEN DES BUNDES UND DER LÄNDER
(Grundformen)

Hessen

Niedersachsen

Nordrhein-Westfalen

Rheinland-Pfalz

Saarland

Schleswig-Holstein

MODEL/CREIFELDS
STAATSBÜRGER-TASCHENBUCH

STAATSBÜRGER-TASCHENBUCH

Alles Wissenswerte über
Staat, Verwaltung, Recht und Wirtschaft
mit zahlreichen Schaubildern

Begründet von

Dr. Otto Model
weiland Rechtsanwalt in Bad Godesberg
und Regierungsrat a. D.

Fortgeführt von

Dr. Carl Creifelds
Senatsrat a. D., München

und

Dr. Gustav Lichtenberger
Richter
am Oberlandesgericht München

Dreiundzwanzigste, neubearbeitete Auflage

C.H.BECK'SCHE VERLAGSBUCHHANDLUNG
MÜNCHEN 1987

CIP-Kurztitelaufnahme der Deutschen Bibliothek

Model, Otto:
Staatsbürger-Taschenbuch : alles Wissenswerte über Staat, Verwaltung, Recht u. Wirtschaft / begr. von Otto Model. Fortgef. von Carl Creifelds u. Gustav Lichtenberger. – 23., neubearb. Aufl. – München : Beck, 1987.
ISBN 3 406 31927 0
NE: Creifelds, Carl [Bearb.]

ISBN 3 406 31927 0

Druck der C. H. Beck'schen Buchdruckerei Nördlingen

Vorwort zur dreiundzwanzigsten Auflage

Die 10. Legislaturperiode des Deutschen Bundestages hat – vor allem zum Jahreswechsel 1986/1987 – eine Vielzahl von Gesetzesänderungen und neuen gesetzlichen Regelungen mit sich gebracht. Maßgebende Neuerungen ergaben sich z. B. im Straßenverkehrsrecht, Sozialrecht, Wettbewerbsrecht, Urheberrecht und Steuerrecht. Andere Gesetze, wie das Bundeserziehungsgeldgesetz, das Bilanzrichtlinien-Gesetz und das Baugesetzbuch, mußten neu eingearbeitet werden. Die Neufassungen zahlreicher Gesetze, wie z. B. des Einkommensteuergesetzes, des Abfallgesetzes, des Pflanzenschutzgesetzes, des Personalausweisgesetzes, der Strafprozeßordnung, des Bundesnaturschutzgesetzes und vieler anderer mehr, wurden berücksichtigt.

Neben der Rechtsentwicklung im Inland waren die internationalen Tendenzen zu beachten: die allgemeinen politischen, sozialen und wirtschaftlichen Strukturen in allen Ländern wandeln sich ständig. Die Zahl der völkerrechtlichen Abkommen, vor allem auf den Gebieten des Umweltschutzes, des Handels, des Verkehrswesens und der Rechtspflege, nimmt immer mehr zu. Die politische Entwicklung Europas ist weiter fortgeschritten.

Ziel der Neuauflage ist es, diese Veränderungen sichtbar zu machen und dem Benutzer zur Orientierung über eine immer komplexer werdende Welt ein aktualisiertes Nachschlagewerk zur Verfügung zu stellen. Dabei wurde Wert darauf gelegt, dem Leser die Benutzung des Werks durch stärkere Untergliederung der einzelnen Abschnitte und entsprechende Erweiterung des Stichwortverzeichnisses noch mehr zu erleichtern. Anregungen und Verbesserungsvorschläge aus dem Kreis der Leser werden gerne entgegengenommen.

Stand der Neuauflage ist der 1. April 1987

C. H. Beck'sche Verlagsbuchhandlung
8000 München 40, Wilhelmstraße 5–9

Zur Person der Bearbeiter

Dr. Carl Creifelds
Senatsrat a. D.,
früher Staatsanwalt und Kammergerichtsrat,
zuletzt Abteilungsleiter der Senatsverwaltung
für Justiz in Berlin

Dr. Gustav Lichtenberger
Richter am Oberlandesgericht,
früher wissenschaftlicher Mitarbeiter
beim Bundesverfassungsgericht;
wirkt bei juristischen Staatsprüfungen mit

Inhaltsverzeichnis

Erster Teil. Staatsrecht

A. Allgemeines

B. Die staatliche Entwicklung in Deutschland

C. Ausländisches Staatsrecht

D. Das Grundgesetz für die Bundesrepublik Deutschland

F. Die Länder

G. Verfassungsorgane und Verwaltungsbehörden der Länder

Zweiter Teil. Verwaltungsrecht

A. Allgemeines Verwaltungsrecht

B. Beamtenrecht

C. Grundzüge des Polizeirechts

D. Sonstiges besonderes Verwaltungsrecht

Dritter Teil. Die Rechtspflege; Bürgerliches Recht und Strafrecht

A. Recht und Rechtspflege

B. Das Gerichtswesen der ordentlichen Gerichtsbarkeit

C. Der Zivilprozeß

D. Der Strafprozeß

E. Die freiwillige Gerichtsbarkeit

F. Das Bürgerliche Gesetzbuch

G. Das Handelsrecht

H. Das Strafrecht

Vierter Teil. Wehrrecht

Fünfter Teil. Steuerrecht

I. Allgemeines Steuerrecht

II. Besitzsteuern

III. Verkehrsteuern

IV. Verbrauchsteuern, Monopole, Zölle

V. Gemeindesteuern

VI. Sonstiges Steuerrecht

Sechster Teil. Arbeits- und Sozialrecht

A. Überblick über das Arbeitsrecht

B. Grundzüge der Sozialversicherung

C. Sonstige sozialrechtliche Vorschriften

Siebenter Teil. Kirchenrecht

I. Kirchenrecht und Staatshoheit

II. Die katholische Kirche

III. Die evangelische Kirche

IV. Sonstige Religionsgesellschaften

V. Kirchenwesen und Religionsübung

Achter Teil. Die Wirtschaft

A. Wirtschaftsrecht und Wirtschaftspolitik

B. Geld-, Bank- und Börsenwesen

Neunter Teil. Völkerrecht. Überstaatliches Recht

Abkürzungsverzeichnis

Die nur in einzelnen Abschnitten verwendeten Abkürzungen sind jeweils dort erläutert oder ergeben sich aus dem jeweiligen Sachzusammenhang

aaO	am angeführten Ort
Abg.	Abgeordnete(r)
Abk.	Abkommen
ABl.	Amtsblatt
Abs.	Absatz
Abt.	Abteilung
a. E.	am Ende
a. F.	alte Fassung
AFG	Arbeitsförderungsgesetz
AG	Aktiengesellschaft oder Amtsgericht
AHK	Alliierte Hohe Kommission
AKG	Allgemeines Kriegsfolgengesetz
AktG	Aktiengesetz
All.	Alliierte
allg.	allgemein
am.	amerikanisch
Änd.	Änderung(en)
AO	Abgabenordnung oder Anordnung
ArbG	Arbeitsgericht
ArbGG	Arbeitsgerichtsgesetz
Art.	Artikel
AusfBest.	Ausführungsbestimmungen
AVG	Angestelltenversicherungsgesetz
AVO	Ausführungsverordnung
AWG	Außenwirtschaftsgesetz
AWV	Außenwirtschaftsverordnung
B	Bund
BAG	Bundesarbeitsgericht
BAnz.	Bundesanzeiger
BArbBl.	Bundesarbeitsblatt
BayBS	Bereinigte Sammlung des bayerischen Landesrechts
BayPAG	Bayerisches Polizeiaufgabengesetz
BayRS	Bayerische Rechtssammlung
BBesG	Bundesbesoldungsgesetz
BBG	Bundesbeamtengesetz
BBiG	Berufsbildungsgesetz
BeamtVG	Beamtenversorgungsgesetz
Bek.	Bekanntmachung(en)
ber.	berichtigt
bes.	besondere
Best.	Bestimmung(en)
best.	bestimmte(r)

bestr.	bestritten
BetrVG	Betriebsverfassungsgesetz
BewG	Bewertungsgesetz
BFH	Bundesfinanzhof
BGB	Bürgerliches Gesetzbuch
BGBl. I (oder II, III). . .	Bundesgesetzblatt Teil I (II, III) Seite. . .
BGes.	Bundesgesetz
BGH.	Bundesgerichtshof
BGHSt, BGHZ	Entscheidungen des Bundesgerichtshofs in Strafsachen bzw. Zivilsachen
BImSchG	Bundes-Immissionsschutzgesetz
Bkzl.	Bundeskanzler
BMA	Bundesminister für Arbeit und Sozialordnung
BMB	Bundesminister für innerdeutsche Beziehungen
BMBau	Bundesminister für Raumordnung, Bauwesen und Städtebau
BMBW	Bundesminister für Bildung und Wissenschaft
BMF.	Bundesminister der Finanzen
BMFT.	Bundesminister für Forschung und Technologie
BMI	Bundesminister des Innern
BMietG	Bundesmietengesetz
BMin.	Bundesminister
BMJ	Bundesminister der Justiz
BMJFFG	Bundesminister für Jugend, Familie, Frauen und Gesundheit
BML.	Bundesminister für Ernährung, Landwirtschaft und Forsten
BMP.	Bundesminister für Post- und Fernmeldewesen
BMU	Bundesminister für Umwelt, Naturschutz und Reaktorsicherheit
BMV	Bundesminister für Verkehr
BMVg.	Bundesminister für Verteidigung
BMWi.	Bundesminister für Wirtschaft
BMZ	Bundesminister für wirtschaftliche Zusammenarbeit
BPräs.	Bundespräsident
BR	Bundesrat
BRAGO	Bundesgebührenordnung für Rechtsanwälte
BRAO	Bundesrechtsanwaltsordnung
BReg.	Bundesregierung
BRep	Bundesrepublik Deutschland
BRRG.	Beamtenrechtsrahmengesetz
BSHG.	Bundessozialhilfegesetz
BStBl. I	Bundessteuerblatt Teil I Seite . . .
BT	Bundestag
BVerfG	Bundesverfassungsgericht
BVerfGE	Entscheidungen des Bundesverfassungsgerichts (zitiert nach Band und Seite)
BVerfGG	Gesetz über das Bundesverfassungsgericht
BVerwG	Bundesverwaltungsgericht
BVFG.	Bundesvertriebenengesetz
bzw.	beziehungsweise

CDU	Christlich-Demokratische Union
CSU	Christlich-Soziale Union
DBBk.	Deutsche Bundesbank
DDR	Deutsche Demokratische Republik
DGO	Deutsche Gemeindeordnung
d. h.	das heißt
DKP	Deutsche Kommunistische Partei
DP	Deutsche Partei
DRiG	Deutsches Richtergesetz
dt., Dt.	deutsch(e, es)
Durchf.	Durchführung(s)
DVBl.	Deutsches Verwaltungsblatt
DVO	Durchführungsverordnung
EG	Einführungsgesetz oder Europäische Gemeinschaften
EGKS	Europäische Gemeinschaft für Kohle und Stahl
EheG	Ehegesetz, Gesetz Nr. 16 des Kontrollrats
EKD	Evangelische Kirche in Deutschland
ErbStG	Erbschaftsteuergesetz
Erl.	Erlaß
ERP	European Recovery Program, Europäisches Wiederaufbauprogramm (Marshallplan)
ESt.	Einkommensteuer
EStG	Einkommensteuergesetz
Euratom	Europäische Atomgemeinschaft
evg.	evangelisch(e, en)
EVG	Europäische Verteidigungsgemeinschaft
evt.	eventuell
EWG	Europäische Wirtschaftsgemeinschaft
EZU	Europäische Zahlungsunion
FA	Finanzamt
FDP	Freie Demokratische Partei
ff.	folgende
FG	Finanzgericht
FGG	Gesetz über die Angelegenheiten der freiwilligen Gerichtsbarkeit
FGO	Finanzgerichtsordnung
fr.	früher
frz.	französisch
G, Ges.	Gesetz
GBl.	Gesetzblatt
GewStG.	Gewerbesteuergesetz
GG	Grundgesetz für die Bundesrepublik Deutschland
ggf.	gegebenenfalls
GleichberG. ..	Gleichberechtigungsgesetz
GmbH	Gesellschaft mit beschränkter Haftung
GMBl.	Gemeinsames Ministerialblatt der Bundesministerien

GS	Preußische Gesetzessammlung
GS NW	Sammlung des bereinigten Landesrechts Nordrhein-Westfalen
GüKG	Güterkraftverkehrsgesetz
GVBl.	Gesetz- und Verordnungsblatt
GVG	Gerichtsverfassungsgesetz
GVollz.	Gerichtsvollzieher
HGB	Handelsgesetzbuch
h. M.	herrschende Meinung
HRG	Hochschulrahmengesetz
i. d. F.	in der Fassung
i. d. R.	in der Regel
insbes.	insbesondere
i. S.	im Sinne
Jahrh.	Jahrhundert
JArbSchG	Jugendarbeitsschutzgesetz
JGG	Jugendgerichtsgesetz
JÖSchG	Gesetz zum Schutze der Jugend in der Öffentlichkeit
JWG	Jugendwohlfahrtsgesetz
JZ	Juristenzeitung
kath.	katholisch(e, en)
Kfz.	Kraftfahrzeug
KG	Kommanditgesellschaft
KGaA	Kommanditgesellschaft auf Aktien
KO	Konkursordnung
KPD	Kommunistische Partei Deutschlands
KR(G)	Kontrollrat(sgesetz)
KSchG	Kündigungsschutzgesetz
KStG	Körperschaftsteuergesetz
KVStG	Kapitalverkehrsteuergesetz
KWG	Gesetz über das Kreditwesen
LA(G)	Lastenausgleich(sgesetz)
lat.	lateinisch
LDP	Liberal-Demokratische Partei
LG	Landgericht
LVG	Landesverwaltungsgericht
LZB	Landeszentralbank
MABl.	Ministerialamtsblatt
MDR	Monatsschrift für deutsches Recht
Min.	Minister(ium)
Mio.	Millionen
MR(G)	Militärregierung(sgesetz)
Mrd.	Milliarden
MSchG	Mieterschutzgesetz

NATO . . . . . North Atlantic Treaty Organization, Atlantikpakt-Organisation
nat.-soz. . . . . national-sozialistisch (e, en, er, es)
nds. . . . . niedersächsisch(e, es)
n. F. . . . . neue Fassung
NJW . . . . Neue Juristische Wochenschrift
NPD . . . . Nationaldemokratische Partei Deutschlands
NRW . . . . . . Nordrhein-Westfalen

OBG . . . . . . Ordnungsbehördengesetz des Landes Nordrhein-Westfalen
OEEC . . . . . . Organization for European Economic Cooperation, Organisation für Europäische wirtschaftliche Zusammenarbeit (Marshallplan)
OFD . . . . Oberfinanzdirektion
oHG . . . . offene Handelsgesellschaft
OLG . . . . Oberlandesgericht
OVG . . . . . . Oberverwaltungsgericht
OWiG . . . . . . Gesetz über Ordnungswidrigkeiten

pol . . . . polizeilich(e, er, es)
PrPVG . . . . . Preußisches Polizeiverwaltungsgesetz

RA . . . . Rechtsanwalt
RArbBl. . . . . Reichsarbeitsblatt
Reg. . . . . Regierung
RGBl. . . . . . . Reichsgesetzblatt (ab 1922 Teil I, II) Seite. . .
RGes. . . . . . . Reichsgesetz
RGSt, RGZ . . Entscheidungen des Reichsgerichts in Strafsachen bzw. Zivilsachen
Rh. Pf. . . . . . . Rheinland-Pfalz
RKG . . . . Reichsknappschaftsgesetz
RVerf. 1871 . . Reichsverfassung vom 16. 4. 1871
RVO . . . . . . Reichsversicherungsordnung

S. . . . . Seite oder Satz
s. . . . . siehe
SBG . . . . Sowjetisch besetztes Gebiet (Teil) Deutschlands
SBZ . . . . Sowjetische Besatzungszone (Deutschlands)
SchlH . . . . . . Schleswig-Holstein
SED . . . . Sozialistische Einheitspartei Deutschlands
SGB (I, V, X) . Sozialgesetzbuch (Buch I, IV, X)
SGG . . . . Sozialgerichtsgesetz
sog. . . . . sogenannt(e, er, es)
SOG . . . . Sicherheits- und Ordnungsgesetz
sowj. . . . . . . sowjetisch(e, er, es)
SowjZ . . . . . . Sowjetische Besatzungszone
SPD . . . . Sozialdemokratische Partei Deutschlands
StA . . . . Staatsanwalt(schaft)
StGB . . . . . . Strafgesetzbuch
StPO . . . . . . Strafprozeßordnung

StVG	Straßenverkehrsgesetz
StVO	Straßenverkehrs-Ordnung
StVollzG	Strafvollzugsgesetz
StVZO	Straßenverkehrs-Zulassungs-Ordnung
TVG	Tarifvertragsgesetz
u. a.	unter anderem
u. a. m.	und anderes mehr
u. dgl.	und dergleichen
UdSSR	Union der Sozialistischen Sowjetrepubliken
UmstG	Umstellungsgesetz
UNO	United Nations Organization, Vereinte Nationen
USA	United States of America, Vereinigte Staaten von Amerika
UStG	Umsatzsteuergesetz
usw.	und so weiter
u. U.	unter Umständen
VA	Verwaltungsakt
Verf.	Verfassung
VerglO	Vergleichsordnung
VerkBl.	Verkehrsblatt
Verw.	Verwaltung
VGH	Verwaltungsgerichtshof
vgl.	vergleiche
VO	Verordnung
VStG	Vermögensteuergesetz
VW	Vereinigtes Wirtschaftsgebiet (Bizone)
VwGO	Verwaltungsgerichtsordnung
VwVfG	Verwaltungsverfahrensgesetz
WiGBl.	Gesetzblatt der Verwaltung des Vereinigten Wirtschaftsgebietes (Bizone)
WiStG	Wirtschaftsstrafgesetz
WStG	Wehrstrafgesetz
WVerf.	Weimarer Verfassung des Deutschen Reiches vom 11. 8. 1919
z. B.	zum Beispiel
ZPO	Zivilprozeßordnung
zul.	zuletzt
z. Z.	zur Zeit

Beispiel für Verweisungen innerhalb des Werkes: ,,s. (oder vgl.) 618" bedeutet ,,s. (vgl.) Abschnitt Nr. 618." Die Verweisung ,,s. 193 I 1" bedeutet ,,s. Abschnitt Nr. 193 Unterabschnitt I Nr. 1".

Verzeichnis der Karten und Übersichten

Erster Teil

Staatsrecht

A. Allgemeines

1. Der Staat

Der Staat (lat. status = Zustand) ist die politische Einheit einer Gemeinschaft von Menschen (Staatsvolk), die in einem bestimmten Gebiet (Staatsgebiet) unter einer obersten Gewalt (Staatsgewalt) organisiert sind.

Das *Staatsgebiet* ist der Bereich der staatlichen Herrschaft (Gebietshoheit). Es braucht nicht einheitlich zusammenzuhängen. Auch *Exklaven,* d. h. von fremdem Staatsgebiet umschlossene Gebietsteile, gehören dazu. Vom einschließenden Gebiet her gesehen spricht man von *Enklaven.* An der Meeresküste reicht das Staatsgebiet 3 Seemeilen in das Meer *(Dreimeilenzone).* Manche, insbesondere nordische Staaten beanspruchen 4, andere 6 (Italien) oder 12 (UdSSR, Rot-China), Island und einzelne südamerikanische Staaten sogar bis 200 Seemeilen; über die in einer Seerechtskonvention vorgesehene Regelung vgl. 920. Das Staatsgebiet erstreckt sich auch auf den Luftraum (*Lufthoheit;* vgl. 920). Auch die aus handelspolitischen Gründen gebildeten *Freihäfen* in Seehandelsplätzen rechnen zum Staatsgebiet.

Das *Staatsvolk* ist die Gesamtheit der Staatsangehörigen. Es kann national gemischt sein (sog. *Nationalitätenstaat;* z. B. Schweiz, UdSSR). *Nation* ist ein Volk, das nach Abstammung, Sprache und Kultur eine Gemeinschaft bildet. Liegen diese Voraussetzungen vor, fallen also Staatsvolk und Nation zusammen, so spricht man von einem *Nationalstaat* (z. B. das ungeteilte Deutschland, Schweden). Soweit in einem solchen ein kleinerer Teil des Staatsvolkes einer anderen Kulturgemeinschaft angehört, ist eine *nationale Minderheit* gegeben (z. B. Dänen in Schleswig-Holstein, Südtiroler in Italien).

Neuere Entwicklungen haben zur Teilung einzelner Nationen in zwei Staaten geführt (VR China und Taiwan, Nord- und Südkorea, bis 1976 Nord- und Südvietnam). Die ,,innerdeutschen Beziehungen" zwischen BRep. und DDR lassen nach Auffassung der BReg. den Abschluß völkerrechtlich verbindlicher Verträge zwischen den beiden Staaten ohne Aufgabe der nationalen Gemeinschaft, aber auch ohne ausdrückliche völkerrechtliche Anerkennung der DDR zu (vgl. 24 V, 902).

Ein Staat muß über die *Macht* verfügen, seine Anordnungen durchzusetzen. Diese *Staatsgewalt* geht in demokratischen Staaten vom Volke aus (vgl. z. B. Art. 20 Abs. 2 GG), wird aber von ihm i. d. R. nicht unmittelbar ausgeübt (vgl. 4 II 3). Sie organisiert sich durch eine *Verfassung* (vgl. 7), welche die Staatsgewalt verschiedenen Organen anvertraut (Gewaltentrennung und -balancierung, vgl. 4 II 3, 8, 63). Sie besteht kraft eigenen Rechts, und jede andere Gewalt im Staat ist von ihr abgeleitet (z. B. Anstalten und Selbstverwaltungskörperschaften, vgl. 141, 144, 146). Man spricht hinsichtlich der Staatsgewalt auch von (innerer) *Souveränität.* Diese umfaßt die Befugnis, im Staatsgebiet das Recht selbst zu ordnen, die Regierungsform zu bestimmen und Eingriffe abzuwehren. Hiervon zu unterscheiden ist die *äußere Souveränität,* d. h. die Unabhängigkeit der Staatsgewalt von fremder Gewalt und die Fähigkeit des Staates, völkerrechtliche Verträge abzuschließen. Beim *Bundesstaat* hat der Bund als Gesamtstaat die Souveränität nach beiden Richtungen, während die Gliedstaaten zwar eigene Staatlichkeit, nicht aber volle Souveränität (auch nach außen) besitzen.

Bisher bestehen insgesamt 177 selbständige Staaten (Stand: April 1987). Der Begriff der Souveränität hat neuerdings viel von seiner Bedeutung verloren, nachdem zahlreiche Staaten ihre Hoheitsgewalt zugunsten überstaatlicher Organisationen (UNO, EG, NATO usw.) auf politischem, wirtschaftlichem oder militärischem Gebiet selbst eingeschränkt haben. Vgl. 6 I.

Über die Rechtfertigung des Staates, insbesondere durch seinen *Zweck,* Ordnung und Sicherheit der Staatsbürger nach innen und außen zu gewährleisten und ihre Wohlfahrt zu fördern, vgl. 3.

2. Staatsangehörigkeit

I. *Allgemeines*

Die *Staatsangehörigkeit* wird i. d. R. entweder nach dem Abstammungsgrundsatz (jus sanguinis, Blutsrecht) durch die Staatsangehörigkeit der Eltern oder nach dem Territorialitätsgrundsatz (jus soli, Bodenrecht) durch den Ort der Geburt bestimmt. Das deutsche Staatsrecht folgt dem Abstammungssystem, nach welchem die Staatsangehörigkeit der Eltern für die der Kinder maßgebend ist.

Mit Erwerb der Staatsangehörigkeit gehört der Erwerber *(Staatsbürger)* zum Schutzverband des Heimatstaates. Aus der Staatsangehörigkeit ergeben sich Rechte (z. B. Wahlrecht, Zulassung zu öffentlichen Ämtern) und Pflichten (z. B. Treue und Gehorsam gegen Verfassung und Gesetze, Schul-, Steuer- und Wehrpflicht). Der Staatsbürger unterscheidet sich (völkerrechtlich) vom *Ausländer.*

Im Kaiserreich und in der Weimarer Republik gab es i. d. R. nur eine (bayerische, preußische usw.) *Landeszugehörigkeit.* Sie begründete gleichzeitig die mittelbare Reichsangehörigkeit. Durch das Gesetz über den Neuaufbau des Reichs vom 30. 1. 1934 (RGBl. I 75) und die VO vom 5. 2. 1934 (RGBl. I 85) wurde die Landesstaatsangehörigkeit abgeschafft und eine unmittelbare deutsche (Reichs-)-Staatsangehörigkeit eingeführt. Das *Grundgesetz* läßt in Art. 74 Nr. 8 die Möglichkeit zu, die Staatsangehörigkeit in den Ländern besonders zu regeln (konkurrierende Gesetzgebung). Dagegen untersteht die „Staatsangehörigkeit im Bunde" der ausschließlichen Gesetzgebung des Bundes (Art. 73 Nr. 2 GG). Sie darf nicht entzogen werden; Art. 16 Abs. 1 GG bestimmt, daß ihr Verlust nur auf Grund eines Gesetzes und gegen den Willen des Betroffenen nur dann eintreten kann, wenn er dadurch nicht staatenlos wird; dadurch ist der deutschen Staatsangehörigkeit *grundrechtlicher* Schutz gewährt. Über den Begriff der deutschen Staatsangehörigkeit hinausgehend kennt das GG noch den Begriff des *Deutschen* (Art. 116 Abs. 1), der Flüchtlinge und Vertriebene deutscher Volkszugehörigkeit umfaßt, soweit sie im Gebiet des Deutschen Reiches nach dem Stand vom 31. 12. 1937 Aufnahme gefunden haben (vgl. auch Bundesvertriebenengesetz i. d. F. vom 3. 9. 1971, BGBl. I 1565), aber auch Bürger der DDR (vgl. BVerfG, NJW 1973, 1539). Die Rechtsstellung *heimatloser Ausländer* im Bundesgebiet behandelt das Bundesgesetz vom 25. 4. 1951 (BGBl. I 269), das diese Personen zum Aufenthalt in der BRep. berechtigt, ohne daß sie einer Aufenthaltserlaubnis nach dem AusländerG bedürfen. Vgl. auch Genfer Abkommen über die Rechtsstellung der Flüchtlinge vom 28. 7. 1951 (BGBl. 1953 II 559), das nach dem Ges. vom 22. 7. 1980 (BGBl. I 1057) auch auf die im Rahmen *humanitärer Hilfsaktionen* der BRep. aufgenommenen Ausländer anzuwenden ist. Über das *Asylrecht* vgl. 49 (5).

Zur Verminderung der Staatenlosigkeit ist ein Übereinkommen vom 30. 8. 1961 (BGBl. 1977 II 597) getroffen worden. Auf Grund dessen gewährt das BGes. vom 29. 6. 1977 (BGBl. I 1101) einen Anspruch auf Einbürgerung für Staatenlose, die im Inland geboren und sei 5 Jahren rechtmäßig ansässig sind, wenn sie nicht erheblich bestraft sind und vor Vollendung des 21. Lebenjahres die Einbürgerung beantragen.

Nicht ausgeschlossen ist eine *doppelte Staatsangehörigkeit* (sujet mixte), z. B. wenn vor Erwerb einer ausländischen Staatsangehörigkeit die Genehmigung des Heimatstaates zur Beibehaltung der bisherigen eingeholt wird. S. a. Übereinkommen vom 6. 5. 1963 über die *Mehrstaatigkeit* und über die Wehrpflicht von *Mehrstaatern* (BGes. vom 29. 9. 1969, BGBl. II 1953).

II. *Erwerb und Verlust der deutschen Staatsangehörigkeit*

richten sich nach dem Reichs- und Staatsangehörigkeitsgesetz vom 22. 7. 1913 (RGBl. 583) mit spät. Änd., die u. a. infolge der grundgesetzlich gebotenen *Gleichberechtigung von Mann und Frau* (Art. 3 Abs. 2 GG) erforderlich wurden.

1. Danach wird die deutsche Staatsangehörigkeit erworben

a) durch *Geburt,* bei ehelichen Kinder auf Grund deutscher Staatsangehörigkeit auch nur *eines* Elternteils, bei nichtehelichen auf Grund der der Mutter oder späterer *Legitimation* durch den Vater (s. 305);
b) durch Annahme als Kind (*Adoption*);
c) durch den Staatsakt der *Einbürgerung (Naturalisation).* Diese *soll* dem Ehegatten eines (einer) Deutschen bei Vorliegen der sonstigen Voraussetzungen (Niederlassung, Unbescholtenheit, Erwerbsfähigkeit usw.) gewährt werden, wenn er seine bisherige Staatsangehörigkeit verliert oder aufgibt, seine Einordnung in die deutschen Lebensverhältnisse gewährleistet ist und erhebliche

Belange der BRep. nicht entgegenstehen. Sie *muß* einem nichtehelichen Kind eines Deutschen gewährt werden, wenn die Vaterschaft rechtswirksam festgestellt und wenn es seit 3 Jahren im Inland ansässig ist und den Antrag vor Vollendung des 23. Lebensjahres stellt.

Dagegen ist entsprechend dem internat. Übereinkommen vom 20. 2. 1957 (BGBl. 1973 II 1250) die Staatsangehörigkeit der Ehefrau von der des Mannes unabhängig, wird insbes. nicht wie früher kraft Gesetzes durch Eheschließung mit einem Ausländer verändert.

Über den erleichterten Erwerb der deutschen Staatsangehörigkeit für *deutsche Volkszugehörige* aus östlichen und anderen Gebieten sowie die aus dem Anschluß *Österreichs* sich ergebenden Staatsangehörigkeitsfragen vgl. BGesetze vom 22. 2. 1955 (BGBl. I 65) und 17. 5. 1956 (BGBl. I 431).

2. Die deutsche Staatsangehörigkeit geht *verloren*

a) auf Antrag durch *Entlassung,* die Amtsträgern und Soldaten während Bestehens des Dienst(Amts)verhältnisses sowie grundsätzlich Wehrpflichtigen zu versagen ist;
b) i. d. R. bei Erwerb einer *ausländischen* Staatsangehörigkeit;
c) durch (schriftlichen) *Verzicht* im Falle mehrfacher Staatsangehörigkeit. Er bedarf der Genehmigung der Entlassungsbehörde, die sie aus bestimmten Gründen (z. B. Wehrpflicht) versagen kann;
d) durch Annahme als Kind (Adoption) durch einen Ausländer, falls der Angenommene dadurch dessen Staatsangehörigkeit erwirbt.

III. *Staatsangehörigkeitsrecht in der DDR*

Das Staatsangehörigkeitsrecht der BRep. geht unverändert von einem einheitlichen, auch die Bürger der DDR umfassenden Begriff der *deutschen Staatsangehörigkeit* aus. Die DDR hingegen hat eine eigene ,,Staatsangehörigkeit der DDR" eingeführt. Im Grundvertrag vom 21. 12. 1972 ist die Frage offengelassen worden (vgl. 24 V). Das hat zu Unstimmigkeiten zwischen der BRep. und einzelnen Staaten (Österreich, Finnland, Schweiz) geführt, die mit der DDR Konsularabkommen abgeschlossen und deshalb das von der BReg. in Anspruch genommene Recht bestritten haben, durch ihre Konsulate auch DDR-Bürger auf deren Wunsch zu vertreten.

3. Staatsauffassungen

Philosophie und Rechtslehre haben sich mit den Fragen beschäftigt, wie der Staat zu rechtfertigen ist, welche Aufgaben er zu erfüllen und welchem Ziel er zuzustreben hat. Darüber bildeten sich verschiedene Theorien, deren wichtigste sind:

I. Die *ethische* oder *Sittlichkeitstheorie*

Die griechischen Philosophen *Plato* (427–347 v. Chr.) und *Aristoteles* (384–322 v. Chr.) sahen die Aufgabe des Staates darin, das Zusammenleben der Menschen in einer Gemeinschaft bestmöglich zu ordnen. Jeder Bürger soll die Funktion, die ihn nach seinen Anlagen zu den höchsten Leistungen befähigt, arbeitsteilig in einer von drei Gruppen ausüben: Erwerbstätige, Krieger und Intellektuelle, denen die Staatslenkung zukommt. Die Herrschaft kann in der Hand eines einzelnen (des ,,Besten") oder mehrerer oder des gesamten Volkes liegen.

Thomas von Aquin (1225–1274) weist dem Staat die Aufgabe zu, die widerstreitenden individuellen Interessen auszugleichen und dem Gemeinwohl unterzuordnen. Der deutsche Philosoph *G. W. F. Hegel* (1770–1831) sah im Staat eine nach sittlichen und rechtlichen Prinzipien geordnete Gemeinschaft. Den Ausgleich widerstreitender Prinzipien fand er auf Grund des dialektischen Schemas „These – Antithese – Synthese", das später *Karl Marx* als Grundlage für den Gedanken des dialektischen Materialismus (s. u. VII) diente.

II. Die *Lehre vom christlichen Staat*

sah den Zweck des Staates darin, die Herrschaft Gottes auf Erden zu errichten. Das Idealbild entwarf *Augustinus* (354–430) in seiner „Civitas Dei"; in seinem „Gottesstaat" herrscht die gottgegebene Ordnung und damit die geistliche über die weltliche Macht. Darin liegt der Grundgedanke der auch von *Th. v. Aquin* vertretenen mittelalterlichen *Zweischwerterlehre* des Sachsenspiegels.

Während der *Sachsenspiegel* (1230) darlegt, daß Gott zwei Schwerter an Kaiser und Papst als gleichberechtigte Mächte verliehen habe, führt der 1270 erschienene *Schwabenspiegel* aus, daß Gott beide Schwerter der Kirche gegeben habe und daß diese das weltliche Schwert auf Widerruf an den Kaiser weitergebe. Hieraus erklären sich die mittelalterlichen Auseinandersetzungen zwischen Papst und Kaiser (12).

III. Die *Machttheorie*

entwickelt von dem florentinischen Staatsmann *Machiavelli* (1469 bis 1527; bekanntestes Werk „il principe" = der Fürst) in seiner Lehre von der *Staatsraison,* sah die Herrschaft eines einzelnen oder einer Gruppe über die anderen als natur- oder gottgegeben an. Die Ausübung der Macht dient letztlich dem Wohl der Gesamtheit; hinter dieser Zielsetzung tritt die Abwägung von Recht und Unrecht zurück.

Da der Besitz der Macht zum Mißbrauch führen kann, bergen unkontrollierte Staatsformen (wie absolute Monarchie, Diktatur, Einparteienstaat) besondere Gefahren in sich. Der *Faschismus* übersteigerte die organische Staatstheorie und erblickte im faschistischen Staat die Verwirklichung einer moralischen, politischen und wirtschaftlichen Einheit. Zu einem Machtmißbrauch können auch andere auf der Herrschaft einer Gruppe, Partei oder Klasse beruhende Staatssysteme führen, so die extremen Formen *marxistischer* Staatsauffassungen (Klassenherrschaft in der Form der Diktatur der Arbeiterklasse; s. u. VII).

IV. Theorie des *Wohlfahrtsstaats*

Andere Auffassungen stellten die *Sorge für die Wohlfahrt* des einzelnen und der Allgemeinheit als Pflicht des Staates in den Vordergrund.

Vertreter dieser Theorie waren insbesondere *Christian Wolff* (1679–1754) und *Joh. Heinr. Justi,* der von einem weiteren Begriff der Polizei als der das gesamte öffentliche Leben regelnden Staatsmacht ausging (1756 Grundsätze der Polizeiwissenschaft) und in der allgemeinen Wohlfahrt das vornehmliche Ziel des *Polizeistaates* (158) sah. Ihren Gedanken folgten die Herrscher des aufgeklärten Absolutismus (vgl. 4 I 1), so *Friedrich d. Gr.* und der Habsburgerkaiser *Joseph II.*

V. Die *Rechtstheorien*

erklären die Entstehung des Staates aus Rechtsverhältnissen. Man unterscheidet folgende Auffassungen:

1. Die *patriarchalische* Theorie nimmt an, der Staat sei aus der Familie als seiner Urzelle entstanden. Nach ihr ist der Herrscher der Landesvater und ist Brüderlichkeit oberstes Gesetz.

2. Die *patrimoniale* Theorie geht auf die privatrechtliche Eigentumslehre zurück. Nach ihr hat sich der Staat als Gebietsherrschaft entwikkelt; wem der Grund und Boden gehört, der beherrscht den Staat. So ergab sich die Landeshoheit im alten Deutschen Reich im Anschluß an die patrimoniale Theorie.

3. Die *Vertragstheorien* rechtfertigen den Staat als eine vertragsmäßige Gründung. Man erklärt den ältesten Staatszustand als auf einem Urvertrag beruhend. Vgl. 5 I 1.

VI. Die *relativen Staatstheorien*

lehnen einen *absoluten,* für alle Zeiten gültigen Staatszweck ab. Sie wollen den Zweck den jeweiligen Bedürfnissen des Staates unter Berücksichtigung der weltanschaulichen oder politischen Einstellung anpassen.

Die Theorie vom *liberalen Rechtsstaat* beschränkte den Staatszweck darauf, die innere und äußere Sicherheit der Staatsbürger zu gewährleisten. Aus dem liberalen Rechtsstaat entwickelte sich im 19. Jahrh. der *Verfassungsstaat,* in dem die staatlichen Organe an Verfassung und Gesetz gebunden und auch Verwaltungsakte einer gerichtlichen Überprüfung unterworfen wurden. Im Zuge der Entwicklung traten als weitere Staatszwecke hinzu: die Überwindung religiöser und sozialer Gegensätze, die Förderung von Gemeinschaftsinteressen, von Kultur und Wissenschaft. Nach neuerer Auffassung soll der Staat die materielle Gerechtigkeit im Rahmen einer freiheitlichen Rechtsordnung so weit wie möglich verwirklichen und für die sozialgerechte Gestaltung der Lebensverhältnisse des Volkes sorgen; er soll insbesondere den Bürgern Hilfe gewähren, die nicht in der Lage sind, sich aus eigener Kraft die materielle Grundlage für ein menschenwürdiges Leben zu schaffen *(Rechts- und Sozialstaat).*

VII. *Sozialistische Staatsauffassungen*

Einen entscheidenden Einfluß erlangten in der neueren Zeit Staatstheorien, die den bestimmenden Staatszweck in der Förderung der gemeinsamen Interessen der Gesellschaft sehen, also im kollektiven Wohl und nicht in der Wahrung der Rechte des einzelnen.

Dies ist die Zielrichtung der *marxistisch-sozialistischen* Staatsauffassung, die auf die Theorien von *Ferdinand Lassalle* (1825–1864), *Karl Marx* (1818–1883) und *Friedrich Engels* (1820–1895) zurückgeht und die von *Wladimir I. Lenin* (1870 bis 1924) ausgebaut wurde. Grundlage der *marxistisch-leninistischen* Staatslehre ist die *materialistische Geschichtsauffassung,* wonach die Verfassungsordnung ebenso wie alle anderen Kulturerscheinungen (Politik, Rechtsprechung usw.) durch die ökonomischen Gegebenheiten bestimmt wird.

Hieraus entwickelten sozialistische Staatstheoretiker das System des ,,dialektischen Materialismus", der nach allgemeinen Entwicklungsgesetzen in der *Materie* die Grundlage auch geistiger Bewegungen und Entwicklungen sieht (im Gegensatz zum „Idealismus"). Die jeder Materie innewohnende Eigenschaft der Bewegung erzeugt einen fortschreitenden Prozeß, der von quantitativen zu qualitativen Veränderungen führt. Die Entwicklung wird dabei beeinflußt von den allen Materien immanenten positiven und negativen Kräften, also von Widersprüchen in Form der Auseinandersetzung zwischen gegensätzlichen Tendenzen. Vom Ausgangspunkt der *These* gelangt die Entwicklung über die *Antithese* schließlich zur *Synthese*.

Ein wichtiger Anwendungsbereich des dialektischen Materialismus ist der „historische Materialismus". Infolge der inneren Widersprüche der Materie, die im besonderen der Wirtschaft anhaften, verläuft nach der Auffassung von *Marx* und *Lenin* die historische Entwicklung, entsprechend der Veränderung der Produktivkräfte und Produktionsverhältnisse, konsequent in Stufen von der Urgemeinschaft über die Sklaverei, den Feudalismus und den Kapitalismus zum Sozialismus. Jede dieser Stufen ist bestimmt vom Entwicklungsstand der Produktionsmittel: bei der Urgemeinschaft primitive Werkzeuge, in den folgenden Gesellschaftsordnungen verbessert und sich steigernd über Metallwerkzeuge, Ackergeräte und Webstuhl bis zu den maschinenbetriebenen Fabriken im Zeitalter des Kapitalismus und den großen mechanisierten Industrien der sozialistischen Wirtschaftsordnung.

Mit dem Aufkommen des Privateigentums ist nach dieser Lehre der Gegensatz zwischen Besitzenden und Nichtbesitzenden entstanden. Mit der ökonomischen Entwicklung verändert sich die Ebene der Klassenkämpfe: sie spielen sich zunächst zwischen Freien und Sklaven, später zwischen Patriziern und Plebejern, im Mittelalter zwischen Feudalen und Leibeigenen ab und münden schließlich in den Gegensatz von Kapitalisten- und Arbeiterklasse (Bourgeoisie und Proletariat). Die Überwindung der Klassengegensätze wird durch Schaffung der „klassenlosen Gesellschaft" angestrebt, in der die Diktatur des Proletariats alle politische Macht in sich vereinigt, die Produktion in den Händen der „assoziierten Individuen" konzentriert ist und Klassengegensätze und Klassenherrschaft beseitigt sind. Das wirtschaftliche Ziel ist eine kollektive, zentralistisch gelenkte Produktionsordnung. Die ursprüngliche Theorie, der Staat sei nach Erreichen dieser Ziele als Herrschaftsinstrument entbehrlich, ist zwar auch angesichts der Planungs- und Lenkungsaufgaben namentlich der kommunistischen Staaten nicht aufgegeben; sie wird aber dahin modifiziert, daß der Sowjetstaat der Übergangszeit als Hilfsagentur der Gesellschaft ohne Herrschaftscharakter interpretiert wird, die der Gesellschaft bei der Befriedigung ihrer Bedürfnisse dient.

Abweichungen von der strengen kommunistischen Lehre zeichnen sich namentlich innerhalb der eurokommunistischen Bewegungen (922) ab, die insbes. den Begriff „Diktatur des Proletariats" nicht mehr verwenden (so auch die UdSSR, vgl. 35).

VIII. *Staatsutopien*

Nur noch kulturgeschichtliche Bedeutung kommt den *utopischen Staatstheorien* zu, die Bilder von nicht bestehenden, aber anzustrebenden Idealstaaten entwarfen.

Der englische Staatsmann *Thomas Morus* (More, 1478–1535) schuf in seinem Phantasieroman *Utopia* das Idealbild eines kommunistischen Agrarstaates mit kolchosenähnlichem Aufbau, Gleichheit aller Bürger in Arbeitsleistung und Konsum, Sechsstundenarbeitstag. An ihn knüpften an der „Sonnenstaat" des Italieners *Campanella* (1568–1639) und die „Atlantis" des englischen Philosophen *Bacon of Verulam* (1561–1626). Der deutsche Philosoph *Joh. Gottlieb Fichte* (1762–1814) entwickelte einen Vorläufer planwirtschaftlicher Systeme in seinem „geschlossenen Handelsstaat", in dem jedermann das Arbeitsgebiet und dessen Grenzen innerhalb der Gruppen der Urproduzenten, Verteiler und Händler bestimmt werden.

IX. *Anarchismus, Syndikalismus.*

Im Gegensatz zu den unterschiedlichen, aber von der Notwendigkeit eines geordneten Staatswesens ausgehenden Staatsauffassungen bekämpft der *Anarchismus* jegliche staatliche Ordnung. Anarchisten verfolgen ein negatives Ziel, weil die von ihnen angestrebte *Anarchie* (griech., Herrschaftslosigkeit) in der Freiheit von jeglicher Bindung an Gesetz und staatliche Ordnung besteht; das Leben in der Gemeinschaft soll sich nicht im Rahmen rechtlicher Regeln abspielen, sondern vom freien Willen der Mitglieder bestimmt werden. Eine anarchistische Komponente findet sich im *Syndikalismus;* er hat mit dem extremen Sozialismus das Ziel der Vergesellschaftung aller Produktionsmittel, deren Verwaltung sog. Arbeitersyndikaten zustehen soll, und mit dem Anarchismus das Streben nach Befreiung von jedem staatlichen Zwang gemein.

Die geistigen Grundlagen des europäischen Anarchismus gehen auf den Engländer *W. Godwin* (1756–1836) zurück; sie wurden in Frankreich von *P. J. Proudhon* (1809–1865), in Rußland von *M. A. Bakunin* (1814–1876) und in Deutschland in der Form eines übersteigerten Individualismus von *Max Stirner* (1806 bis 1856) weiterentwickelt. Die Theorien des Syndikalismus verbreiteten sich in Anlehnung an die Gedankengänge von Proudhon und Bakunin besonders in Frankreich, Italien und Spanien. Die extremen Formen beider Richtungen verbanden sich miteinander in einem sog. *Anarcho-Syndikalismus.* Der politische Anarchismus griff zur Erreichung seiner Ziele häufig zu radikalen Mitteln; im Kampf gegen die staatliche Ordnung, so besonders gegen Staatsoberhäupter im zaristischen Rußland und in anderen Ländern, kam es zu schwersten Provokationen (Attentate, Bombenanschläge usw.).

Gedankengänge solcher Art haben sich weder ideell noch in der praktischen Politik durchsetzen können. Die Theorie der Freiheit von staatlichem Zwang basiert entscheidend auf der Vorstellung, durch ethische Einwirkung die Faktoren Nächstenliebe, Gemeinsinn und Vernunft zur Grundlage menschlichen Zusammenlebens zu erheben. Solche idealistischen Ziele stehen im Widerspruch zu der egoistischen Komponente in der Lebensauffassung vieler Menschen und dem individuellen Streben nach Macht und Einfluß. Diese Realitäten lassen den Verzicht auf die Einwirkung staatlicher Autorität nicht zu.

4. Staatsformen

Das Erscheinungsbild eines Staates wird durch das kulturelle, wirtschaftliche und religiöse Leben des Volkes beeinflußt und verändert. Es zeigt sich in verschiedenartigen *Staatsformen,* die sich nach dem Staatsoberhaupt, dem Träger der Staatsgewalt, der Machtfülle der Herrschenden und der staatlichen Organisation unterscheiden können.

I. *Monarchie und Republik.*

1. Bei der *Monarchie* (Einherrschaft) wird der Staat durch den Monarchen als das Staatsoberhaupt repräsentiert. Der *Monarch* (König, Kaiser, Zar, Schah) kann gewählt werden oder durch Erbfolge auf den Thron gelangen (*Wahl-* bzw. *Erbmonarchie).*

Die Erbfolge wird durch Verfassung oder Thronfolgeordnung geregelt. Die Anwartschaft setzt die Abstammung aus einem bestimmten Herrscherhaus (*Dynastie)* voraus. *Wahlmonarchien* gibt es heute – abgesehen vom Papst als souveränem Herrscher des Vatikanstaates, Malaysia (vgl. 926 III 3) und den Vereinigten Arabischen Emiraten (924 I, II 13) – nicht mehr (früher das Heilige Römische Reich). An *Erbmonarchien* bestehen in Europa noch Großbritannien, die Niederlande, Belgien, Luxemburg, Schweden, Norwegen, Dänemark, Monaco und Liechtenstein sowie seit 1975 wieder Spanien.

Man unterscheidet die absolute, die ständische, die konstitutionelle und die parlamentarische Monarchie. Während in der *absoluten* (selbstherrlichen) Monarchie der Herrscher die gesamte Staatsgewalt in seinem Namen und nach seinem Gutdünken ausübte, entstand im 18. Jahrh. nach dem Beispiel Friedrichs d. Gr. („Antimachiavelli") der *aufgeklärte Despotismus,* bei dem sich der Monarch dem Staatsnutzen unterordnete. Der Fürst war der erste Diener des Staates. Die *ständische* Monarchie band die Krone in wichtigen, namentlich in finanziellen Angelegenheiten und Entscheidungen an das Mitspracherecht der *Stände* (Adel, Geistlichkeit, Bürgertum). Ihre Blütezeit war das ausgehende Mittelalter. Die *konstitutionelle* Monarchie verpflichtet den Monarchen auf eine gewaltentrennende Verfassung, die bei Gesetzgebung und Finanzgebarung die Mitwirkung der Volksvertretung erfordert. Allerdings verbleibt das politische Schwergewicht beim Monarchen, der unabhängig von der Volksvertretung die Regierung ernennt und dem allein die Minister verantwortlich sind. Eine demokratische Abwandlung der konstitutionellen Monarchie ist die *parlamentarische* Monarchie, wie sie im 17. Jahrh. in England entstand. Sie baut auf der Volkssouveränität auf und unterscheidet sich von der parlamentarischen Republik formell nur durch die monarchische Staatsspitze. Die Regierung ist hier dem Parlament, nicht mehr dem Monarchen, verantwortlich und bedarf seines Vertrauens (so in Großbritannien, Belgien, Dänemark, Schweden, Norwegen, den Niederlanden).

2. Die *Republik (Freistaat,* lat. res publicae = öffentliche Angelegenheiten, Staatswesen) bildet den Gegensatz zur Monarchie. Ein direkt (unmittelbar durch das Volk) oder indirekt durch das Parlament oder durch Wahlmänner gewählter *Präsident* nimmt die Rechte des *Staatsoberhauptes* wahr (so in den USA, BRep., Frankreich). Sie können aber auch einem Gremium übertragen sein (z. B. DDR, Schweiz; vgl. 24 II, 34, 38).

In der *parlamentarischen Republik* ist die Regierung vom Vertrauen des Parlaments abhängig.

II. *Alleinherrschaft – Mehrherrschaft – Volksherrschaft*

Diese Staatsformen bestimmen sich nach dem Träger der Staatsgewalt.

1. *Alleinherrschaft (Monokratie)* besteht außer bei der Monarchie auch bei einer *Diktatur.* Sie kann nicht nur von einem Monarchen (z. B. Ludwig XIV. von Frankreich), sondern auch von einem *Diktator* ausgeübt werden.

Diktatoren waren z. B. Cromwell, Napoleon I., Mussolini, Hitler und Franco.

2. *Mehrherrschaft* gab es bei der *Aristokratie* (griech. wörtlich: Herrschaft der Besten) und bei der *Oligarchie* (Herrschaft einer kleinen Gruppe).

Aristokratisch waren der Senat der altrömischen Republik, die Ratsgeschlechter der altdeutschen Städte, die Nobili in Venedig. Beispiele der Mehrherrschaft sind die Räterepubliken (vgl. 35).

3. In der *Demokratie (Volksherrschaft)* steht die Staatsgewalt der Gesamtheit der Staatsbürger zu. Das *Volk* ist der Ursprung aller staatlichen Macht; es herrscht *Volkssouveränität.* Es gilt Gleichheit vor dem Gesetz und hinsichtlich der staatsbürgerlichen Rechte. Die demokratische Kontrolle wird durch das Prinzip der *Gewaltenteilung* gewährleistet. Vgl. 8.

Man spricht von einer *repräsentativen* oder *mittelbaren Demokratie,* wenn das Volk durch eine Versammlung von Abgeordneten vertreten wird, im Gegensatz zu der heute seltenen *unmittelbaren Demokratie,* bei welcher die Versammlung des Volkes unmittelbar Entscheidungen trifft (z. B. in den schweizerischen Kantonen und Gemeinden).

Bei einer *demokratischen Monarchie* steht zwar ein Monarch an der Spitze des Staates. Er hat aber im wesentlichen nur repräsentative Aufgaben. Träger der Staatsgewalt sind die Volksvertretung für die Gesetzgebung, die Regierung für die Verwaltung und unabhängige Richter für die Rechtsprechung (parlamentarische Monarchie, s. o. I 1).

In der *demokratischen Republik* obliegt die Gesetzgebung dem aus gewählten Volksvertretern bestehenden Parlament (mittelbare oder repräsentative Demokratie). Hierin besteht der Wesensgehalt der *parlamentarischen Demokratie;* sie ist gekennzeichnet durch die *Trennung der drei Gewalten* Gesetzgebung, vollziehende Gewalt und Rechtsprechung (vgl. Art. 20 Abs. 2 GG). Jede Gewalt kontrolliert die andere, so daß kein Organ ein Übermaß an Macht erhält; doch ist dem Parlament als dem Inhaber der gesetzgebenden Gewalt eine hervorgehobene Stellung zugewiesen. Beispiele für die *parlamentarische Demokratie* sind die Weimarer Republik, der französische Staat und die Bundesrepublik Deutschland, in der die rechtsprechende Gewalt eine sehr starke Position einnimmt. In den USA bildet die starke Stellung des Präsidenten ein Gegengewicht gegen die Vormachtstellung des Parlaments (*sog. Präsidialdemokratie).*

Die *marxistische* Lehre unterscheidet zwischen „bürgerlicher Demokratie" und „Volksdemokratie". Diese allein verkörpere die reale Herrschaft des Volkes, d. h. der arbeitenden Klasse, auch im Ökonomischen. Die Funktion der bürgerlichen Demokratie dagegen sei unter dem Mantel formaler Gleichheit auf die Erhaltung des kapitalistischen Machtsystems gerichtet, das dem Proletariat die Teilhabe an den erarbeiteten Wirtschaftsgütern versage.

III. *Einheitsstaat – Bundesstaat*

ist eine Unterscheidung, die sich aus der staatlichen Organisation ergibt. Sie ist für die deutsche staatsrechtliche Entwicklung von besonderer Bedeutung. Während im *Einheitsstaat* die höchste Gewalt ausschließlich bei einheitlichen, für das ganze Staatsgebiet zuständigen Organen liegt (*Zentralismus*), ist bei einem *Bundesstaat* die Staatsgewalt zwischen Zentralstaat und Gliedstaaten geteilt.

Je nach dem Umfang, in dem die Staatsverwaltung bei zentralen Instanzen zusammengefaßt ist oder eine *mittelbare Staatsverwaltung* (146) besteht, spricht man von einem *zentralisierten* oder *dezentralisierten* Staat.

Die Tendenz zum Einheitsstaat bezeichnet man als *Unitarismus*, das entgegengesetzte Streben nach Beschränkung der bundesstaatlichen Einheit durch Verselbständigung der Gliedstaaten als *Föderalismus* (foedus = Bündnis), in übersteigerter Form als *Partikularismus* und bei Loslösungsbestrebungen als *Separatismus* (pars = Teil, separare = trennen).

IV. *Absoluter – konstitutioneller Staat*

Der *konstitutionelle Staat* bildet den Gegensatz zum *absolut regierten* Staat, in welchem alle Macht in einer Hand vereinigt ist und jede Willensäußerung des Herrschers Gesetzeskraft hat. Beim konsitutionellen Staat ist die Machtfülle durch eine *Verfassung* (Konstitution) beschränkt bzw. verteilt.

Diese Beschränkung kann inhaltlich (z. B. durch Festlegung von Grundrechten, vgl. 46ff.) oder organisatorisch begründet sein, so insbesondere durch die Mitwirkung von Ständen oder eines Parlaments.

Über die *ständische* und die *konstitutionelle Monarchie* s. o. (I 1).

V. *Polizeistaat, totalitärer Staat – liberaler Staat, Rechtsstaat*

1. Im *Polizeistaat* (Verwaltungsstaat) ist im Gegensatz zum *Rechtsstaat* der Machtbereich der Verwaltung so erweitert, daß eine *starke Einmischung in das Privatleben* der Untertanen möglich ist. Die Bezeichnung Polizeistaat wird wegen der darin herrschenden Unfreiheit des einzelnen heute in negativem Sinne gebraucht.

Beispiele für den *Polizeistaat* bieten die absolut regierten Staaten des 17. und 18. Jahrh. Zur Entwicklung vgl. 158.

2. Von einem *totalitären Staat* spricht man, wenn der Staat alle Macht und Autorität für sich beansprucht und die Einzelpersönlichkeit zurücktreten läßt.

Die Forderung nach dem totalitären (totalen) Staat wurde in neuerer Zeit von *Mussolini* aufgestellt und von *Hitler* fortentwickelt. Der totalitäre Staat pflegt den Kult der Größe, verkörpert durch einen an seiner Spitze stehenden *absoluten* Herrscher (Duce, Führer), der sich wie die Cäsaren im alten Rom mit einer Prätorianergarde umgibt. Sein Gewaltcharakter führt meist durch Übersteigerung der außenpolitischen Ziele seinen Untergang herbei. Neue Formen des *Totalitarismus* finden sich in manchen Staaten der Gegenwart, in denen eine zur Macht gelangte politische Richtung versucht, das gesamte Leben einer Gemeinschaft nach ihren Ideen zu formen, sei es durch zeitweises Außerkraftsetzen demokratischer Grundrechte, sei es unter äußerer Aufrechterhaltung demokratischer Formen. Sie manipuliert die öffentliche Meinung durch die in ihrer Hand befindlichen Kommunikationsmittel (Presse, Hörfunk, Fernsehen), beherrscht den Staatsapparat, lenkt die Wirtschaft und durchdringt das Erziehungs-, Bildungs- und Berufsleben mit dem Anspruch auf Ausschließlichkeit des eigenen politischen Gedankenguts. Solche Formen finden sich z. B. in manchen Staaten Süd-Amerikas oder Afrikas.

3. Im Gegensatz dazu beschränkt sich der *liberale Staat* auf die Abwehr innerer und äußerer Gefahren und räumt den Menschen- und Freiheitsrechten den Vorrang ein. Er hat seine Ausprägung im *Rechtsstaat* gefunden, dessen Staatsgewalt an die Verfassung, insbesondere an die Grundrechte des Individuums (Menschenrechte), gebunden ist. Dem staatlichen Machtbereich, in dem die *Gewalten getrennt* sind, sind hierdurch Schranken gesetzt. Den Rechtsstaat kennzeichnet die Bindung der Verwaltung und der Justiz an Recht und Gesetz und die Bindung der Gesetzgebung an die Verfassung. Die bedeutsamen staatlichen Handlungen, vor allem Eingriffe in die Rechtssphäre des einzelnen, müssen sich auf ein formelles Gesetz zurückführen lassen. Weitere Merkmale des Rechtsstaates sind Rechtsgleichheit und Rechtsschutz des einzelnen durch unabhängige Richter.

Die Ursprünge des Rechtsstaats liegen im germanischen Recht, im *Naturrecht* (d. h. dem Recht, das sich aus der menschlichen Natur ableitet und das aus der menschlichen Vernunft erkennbar ist), in der englisch-amerikanischen Geschichte (Habeas-Corpus-Akte 1679, Bill of Rights 1689; vgl. 32, 33, 46), in der nordamerikanischen Verfassung und der Verfassung der französischen Nationalversammlung. Vgl. 7.

Im *Justizstaat,* einer *Sonderform des Rechtsstaates,* ist der Rechtsprechung ein Übergewicht eingeräumt. Selbst politische Entscheidungen unterliegen der Nachprüfung durch die Gerichte auf ihre Rechtmäßigkeit.

Die staatsrechtliche Entwicklung der westlichen Länder führt mehr und mehr zur Einführung des *Rechts- und Sozialstaats* auf der Grundlage des *Mehrparteiensystems*. Danach wird die politische Willensbildung im Staat durch mehrere Parteien getragen; in der BRep. hat das GG (Art. 21) diese Aufgabe der Parteien ausdrücklich anerkannt. Die Regierung wird i. d. R. von mehreren Parteien gestützt *(Koalition* = Zusammenschluß), oder es stellt nur eine die Regierung, während die andere(n) ihr als *Opposition* gegenübertreten (so in England Labour-Partei und Konservative). Das *Einparteiensystem* dagegen, in dem nur eine Partei zugelassen ist und als Staatspartei auftritt, räumt den dieser nicht angehörenden Staatsbürgern keine Vertretung ihrer Rechte im Parlament ein. Dieses System wird von totalitären Staaten nach der Art der früheren faschistischen und nationalsozialistischen Diktatur und nach dem Vorbild der Sowjetunion von den kommunistischen Staaten bevorzugt.

Die bedeutsame Rolle der *Opposition* im Mehrparteienstaat des parlamentarischen Systems ist in Art. 23a Abs. 2 der hamburg. Verfassung i. d. F. des ÄndG vom 18. 2. 1971 (GVBl. 21) auch gesetzlich anerkannt.

Auch im Mehrparteienstaat finden sich neuerdings häufig politische Kräfte zusammen, die ihrer zahlenmäßig geringen Bedeutung wegen im Parlament nicht vertreten sind und daher ihre Gegnerschaft zur Regierung in Form der sog. *außerparlamentarischen Opposition* („APO“) zur Geltung zu bringen suchen. Sie setzen sich aus verschiedenen Gruppen unterschiedlicher politischer Richtung – meist linksliberaler oder sozialistischer Prägung – zusammen, denen mehr der Widerspruch gegen das derzeitige Regierungs- und Wirtschaftssystem als ein bestimmtes politisches Ziel gemeinsam ist. Mangels genügender Wirkungsmöglichkeiten durch Presse und andere Kommunikationsmittel manifestiert sich ihre Protesthaltung in Verteilung von Flugschriften, Straßendemonstrationen und drastischen Widerspruchsmethoden, mit denen die Aufmerksamkeit der Öffentlichkeit geweckt werden soll (Verkehrsstörungen u. dgl.). Ähnlicher Mittel – jedoch mit anderer, meist unpolitischer Zielsetzung – bedienen sich gelegentlich die in Einzelfragen oppositionellen sog. Bürgerinitiativen (44 I).

5. Entstehung und Untergang von Staaten

I. *Entstehung von Staaten*

Über die *Entstehung des Staates* bestehen verschiedene Anschauungen. Nach Überwindung der Lehre vom Gottesstaat und der Patrimonialtheorie (über diese und die Patriarchaltheorie vgl. 3 II, V), haben sich im wesentlichen zwei Grundauffassungen herausgebildet:

1. Die ältere Ansicht führte die Entstehung auf einen Vertrag zurück, in dem die einzelnen Individuen sich zu ihrer Sicherung und Unterstützung zusammenschließen und einer Obrigkeit unterwerfen *(Vertragstheorie).*

Hauptvertreter: *Hugo Grotius* (1583–1645), *Sam. v. Pufendorf* (1632–1694), *Jean Jacques Rousseau* (1712–1778; contrat social), *John Locke* (1632–1704). Ihre Gedanken lieferten das geistige Rüstzeug für die französische Revolution (1789) und begründeten die demokratische Auffassung von der *Volkssouveränität.*

2. Gegenüber dieser verstandesmäßigen Erklärung machte die *historische Schule* geltend, daß sich der Staat aus den Verbänden der Familie, des Stammes und der Völkerschaft allmählich entwickelt habe.

Vertreter dieser Richtung waren *Johann Gottfried Herder* (1744–1803), *Friedrich Karl von Savigny* (1779–1861).

3. Die *Machttheorie* erklärt die Macht zur wesentlichen Entstehungsursache des Staates. Sie tritt *naturrechtlich* auf: die Position des Stärkeren schafft Recht (so z. B. *Kallikles* in *Platons* Dialog „Gorgias"). *B. Spinoza* (1632–1677) leitet das Recht des Stärkeren daraus ab, daß dieser von Natur aus überlegen sei; alle Natur aber sei von Gott geschaffen, dem Ursprung allen Rechts.

Zu erwähnen ist noch die empirische Machttheorie, welche die tatsächlich bestehenden politischen Verhältnisse (*F. Lassalle,* 1825–1864) bzw. die Anwendung von Gewalt *(F. Oppenheimer,* 1864–1943) deskriptiv als das wesentliche Merkmal des Staates ansieht.

4. Bezüglich der das Staatsleben tragenden und gestaltenden Kräfte legt die *materialistische Geschichtstheorie* das entscheidende Gewicht auf die wirtschaftlichen Zusammenhänge; sie meint, daß sich aus wirt-

schaftlichen Veränderungen auch Änderungen der Staatsverfassung ergeben müssen.

So erblickten *Karl Marx* und *Friedrich Engels* die Gründe für die Wandlung des staatlichen Lebens im Übergang vom agrarischen Feudalismus zum geldwirtschaftlichen Kapitalismus. Sie erstrebten die Beseitigung der kapitalistischen Ordnung durch das *sozialistische System,* das sich über eine Diktatur des Proletariats ergeben soll. Vgl. 3 VII. Demgegenüber hat schon *Max Weber* (1864–1920) geltend gemacht, daß nicht nur materialistische, sondern auch geistige Kräfte, wie z. B. religiöse, weltanschauliche oder soziale Auffassungen, die Staatsgestaltung beeinflussen (so z. B. die Theokratie Calvins in Genf, der Kastengeist in Indien).

Staatsgründungen gehen oft auf Vereinbarungen mehrerer beteiligter Staaten oder Mächte zurück, so z. B.

1867 Gründung des Norddeutschen Bundes, vorbereitet durch die Augustverträge;
1871 Gründung des Deutschen Kaiserreichs, vorbereitet durch die Novemberverträge von 1870;
1945 Errichtung deutscher Länder mit Hilfe der Besatzungsmächte.

Staaten können aber auch durch Loslösung eines Staatsteils vom Staatsganzen, einer Kolonie vom Mutterland entstehen (z. B. Trennung der Niederlande von Spanien, Belgiens von den Niederlanden, der nordamerikanischen Staaten von Großbritannien, der südamerikanischen Staaten von Spanien und Portugal, afrikanischer Staaten aus dem früheren Kolonialbesitz).

II. *Untergang von Staaten*

1. Ein Staat geht unter, wenn eines oder alle Elemente, die einen Staat ausmachen (= Staatsgebiet, Staatsvolk, Staatsgewalt) wegfallen, z. B. bei Vertreibung oder Vernichtung der Bevölkerung durch Krieg. Ferner durch *Teilung* eines Staates in mehrere selbständige Teile, durch *Einverleibung* eines selbständigen Staates in einen anderen, durch *Auflösung* eines bisher selbständigen Staates und durch *Zusammenschluß* selbständiger Staaten zu einem Einheitsstaat.

2. Beispiele für den Untergang von Staaten sind:

1806 Untergang des alten Deutschen Reiches nach Austritt der Rheinbundstaaten und Niederlegung der Kaiserkrone durch Franz II. (Auflösung);
1815 Aufteilung Polens auf dem Wiener Kongreß (Einverleibung);
1866 Erwerb von Hannover, Kurhessen, Nassau und der Freistadt Frankfurt a. M. durch Preußen;
1920 Zusammenschluß der Thür. Staaten zum Land Thüringen.

Das Deutsche Reich ist nach wohl auch heute noch überwiegender Meinung 1945 nicht untergegangen. Es besteht nach dem Urt. des BVerfG vom 31. 7. 1973 (NJW 1973, 1539) als Völkerrechtssubjekt fort, ist aber als Gesamtstaat nicht handlungsfähig. Die BRep. ist nicht Rechtsnachfolger des Reiches und bezüglich ihrer räumlichen Ausdehnung mit ihm nur „teilidentisch". Daraus ergibt sich auch die Beurteilung des früher von der BRep. erhobenen *Alleinvertretungsanspruchs* (24 V; 902).

Über die gebietliche Entwicklung des Reiches und der BRep. vgl. 16, 43.

6. Staatenverbindungen

sind Vereinigungen von Staaten auf *völkerrechtlicher* (vgl. unten I–III) oder *staatsrechtlicher* (vgl. unten IV) Grundlage.

Aus einer *Verbindung von Staaten* kann sich ergeben:

I. ein *Staatenbündnis* oder eine *internationale Organisation*. Beide beruhen auf einem völkerrechtlichen Vertragsverhältnis zwischen zwei oder mehr Staaten. Diese werden im ersten Falle in ihrer staatlichen Herrschaft und Entscheidung über innerstaatliche Angelegenheiten nicht beeinträchtigt. Im zweiten Falle kann eine Abtretung staatlicher Befugnisse an die Organisation vorliegen.

Solche Vereinbarungen schließen die Staaten in zunehmendem Maße auf politischem, wirtschaftlichem oder militärischem Gebiet ab. Je stärker die *Integration* der Mitgliedstaaten in eine *supranationale Gemeinschaft* durch Übertragung von Aufgaben und Befugnissen, um so mehr kommt dieser die Stellung eines Völkerrechtssubjekts (901, 916) zu; sie ist aber kein selbständiger Staat. Zu den politischen Organisationen dieser Art zählen UNO (909), OAS (930) und WEU (914), zu den wirtschaftlichen die Europäischen Gemeinschaften (916), OEEC, IWF, GATT, COMECON (910 III, 918, 923), zu den überwiegend militärischen NATO (913), Warschauer Pakt (923);

II. ein *Staatenbund*. Auch er stellt eine völkerrechtliche Verbindung von Staaten dar.

Diese übertragen einen Teil ihrer staatlichen Aufgaben auf gemeinsame Organe, bleiben aber selbständig. Der Staatenbund tritt zwar nach außen als Einheit auf, ist aber kein selbständiger Staat (Beispiele: Schweiz 1815–1848, Rheinbund 1806–1813, Deutscher Bund 1815–1866, vgl. 9);

III. ein *Staatenstaat* = ein völkerrechtliches Unterwerfungsverhältnis eines oder mehrerer Unterstaaten unter einen (herrschenden) Oberstaat.

Nur dieser ist souverän; die Unterstaaten sind nicht souverän; vielmehr tritt nach außen nur der Oberstaat als Gesamtstaat auf. In eigenen innerstaatlichen Angelegenheiten behalten die Unterstaaten jedoch ihre Selbständigkeit. Vgl. 901;

IV. ein *Bundesstaat* = eine staatsrechtliche Verbindung von Staaten in der Weise, daß die Teilnehmer *(Gliedstaaten)* Staaten bleiben, aber auch die Verbindung *(Zentralstaat)* einen Staat darstellt. Gliedstaaten und Zentralstaat bilden den *Gesamtstaat*.

Die *Staatsgewalt* ist zwischen *Zentralstaat* und *Gliedstaaten* geteilt; jeder hat die höchste unabhängige Staatsgewalt (innere Souveränität; vgl. 1) auf dem ihm nach der Aufgabenverteilung der bundesstaatlichen Verfassung zustehenden Aufgabengebiet (Föderalismus; föderativer Staatsaufbau). Das Recht des Zentralstaates bricht, soweit es dessen verfassungsmäßige Zuständigkeit nicht überschreitet, das Recht der Gliedstaaten (vgl. z. B. Art. 31 GG).

Beispiele eines Bundesstaates: USA seit 1787, Schweiz seit 1848, Norddeutscher Bund, Deutsches Reich von 1871, Bundesrepublik Deutschland (vgl. 42).

Die Tschechoslowakei ist seit 1. 1. 1969 ein föderativer Bundesstaat, der aus zwei gleichberechtigten halbsouveränen Staaten, dem tschechischen und dem slowakischen, besteht.

Im alten Deutschen Reich war die Staatsgewalt zwischen Bund und Ländern nicht immer klar abgegrenzt. Je nach der Stärke der Reichsgewalt herrschte der *Unitarismus,* der Zug zur zentralen Macht des Einheitsstaates, vor oder gewann der *Föderalismus* an Geltung, welcher die Eigenstaatlichkeit der Länder begünstigte. Man spricht von *stabilen* oder *labilen* Bundesstaaten. Im Deutschen Reich von 1871 und in der Weimarer Republik waren die Länder für alles zuständig, was nicht dem Bunde zugewiesen war. Auch nach dem Grundgesetz (Art. 30) ist die Ausübung der staatlichen Befugnisse und die Erfüllung der staatlichen Aufgaben Sache der Länder, soweit nicht das GG eine andere Regelung getroffen oder zugelassen hat. Vgl. 54.

Keine unmittelbare staatsrechtliche Bedeutung hat die *Personalunion,* bei der zwei selbständige Staaten allein durch die Person des Monarchen miteinander verbunden sind (so England und Hannover 1714–1837). Dagegen besteht bei der *Realunion* eine staats(verfassungs)rechtliche Verbindung zwischen den Staaten durch gemeinsame Institutionen zur einheitlichen Verwaltung etwa der auswärtigen, finanziellen und militärischen Angelegenheiten (z. B. die frühere österr.-ungar. Monarchie).

7. Die Verfassung (Konstitution)

Die Verfassung oder Konstitution eines Staates ist sein Grundgesetz. Sie enthält die Regeln, nach denen die obersten Organe eingerichtet werden und die Staatsgewalt gehandhabt werden soll (organisatorischer Teil), und behandelt das Verhältnis des Staates zu den Staatsangehörigen, gewährt ihnen vor allem Grundrechte (46–52).

Um die Wende des 18. zum 19. Jahrh. erhob sich die Forderung, der Staat müsse eine solche in einem Gesetz niedergelegte Verfassung haben. Man darf freilich nicht annehmen, die Staatsgewalt sei früher in einem verfassungslosen Zustand gewesen; Schranken der Staatsgewalt wurden nur durch andere Faktoren gesetzt, monarchische Befugnisse waren etwa durch *Adel* und *Stände* eingeschränkt. Die politische Kräfteverteilung vollzog sich eben nur noch nicht nach einer geschriebenen Verfassung, sondern nach überkommenen Grundsätzen (wie auch heute noch in Ländern mit ungeschriebener Verfassung, z. B. Großbritannien), nach Verträgen und nach der tatsächlichen Macht der politisch wirkenden Faktoren. Der Ruf nach einer allgemeingültigen, in einem Dokument niedergelegten Grundordnung eines Volkes kam von Nordamerika nach Frankreich und von da nach Deutschland. Die *nordamerikanische Verfassung,* wie sie 1776 in Virginia und 1787 für die Vereinigten Staaten geschaffen wurde, blieb grundlegend für die weitere staatliche Entwicklung. Ihr folgte 1791 Frankreich. In Deutschland erhielten zuerst Sachsen-Weimar-Eisenach (1816), dann Bayern und Baden (1818), später alle deutschen Länder, zuletzt Preußen (1850), Verfassungen.

Eine Verfassung wird in der Regel von einer verfassunggebenden Versammlung (z. B. die *Weimarer Verfassung* vom 11. 8. 1919) als *Gesetz mit Vorrang* vor allen anderen Gesetzen beschlossen. Im Gegensatz hierzu wurde die preußische Verfassung von 1850 vom König der Volksvertretung aufgezwungen (sog. *oktroyierte Verfassung).*

Zur Entstehung der Verfassung der BRep. vgl. 20.

8. Gewaltentrennung, Gewaltenteilung

Die Lehre von der Gewaltentrennung im Staat entstand im 18. Jahrh. und richtete sich gegen den *Absolutismus* (vgl. 3, 4 I 1, IV, 31). Eine Trennung der staatlichen Gewalten wurde zuerst in England verwirklicht (vgl. 32). Die Theorie der Gewaltentrennung wurde von *Montesquieu* in seinem Werke ,,De l'Esprit des lois" (1748) formuliert.

Die *Staatsgewalt* gliedert sich nach ihren Hauptfunktionen in

a) Gesetzgebung *(Legislative),*
b) Regierung mit Verwaltung *(Exekutive)* und
c) Rechtspflege *(Jurisdiktion).*

Jede *Teilgewalt* geht unmittelbar aus der Souveränität hervor. Die drei Gewalten sind in ihrem Bereich selbständig, wirken jedoch ineinander und beeinflussen sich gegenseitig. Die *Trennung der Gewalten* bezweckt die Verhinderung von *Machtmißbrauch*. Gegenseitige *Kontrolle* soll eine Machtbalance schaffen; sie dient dadurch letztlich dem Schutz und der Freiheit der *Einzelpersönlichkeit.*

Jean Jacques Rousseau betonte in seinem Werk ,,Contrat social" (= Gesellschaftsvertrag, 1762) den *Vorrang der Gesetzgebung* vor den anderen Gewalten. Ihm folgten die demokratische Staatstheorie und die Verfassungen (Konstitutionen) vieler Staaten, insbesondere die Frankreichs, der USA und der Schweiz (vgl. 31, 33, 34). Auch das GG der BRep. geht von dieser Grundauffassung aus (vgl. 63).

Im *totalitären* Staat verlagert sich der Vorrang auf die Exekutive; es besteht keine Gewaltentrennung mehr. In neuerer Zeit hat die Ideologie des *Faschismus* einen solchen Rückfall in die Zeiten absolutistischer Staatsführung ausgelöst. Die in Italien von *Mussolini* 1919 ursprünglich in Form von Kampfbünden *(fasci* von fascio = Bündel, Bund) gegen linksradikale Parteien gegründete Bewegung riß nach dem Marsch auf Rom am 28. 10. 1922 die Macht an sich. Mussolini wurde 1925 durch einen Staatsstreich Diktator mit der Bezeichnung Duce (= Führer). Die übrigen Parteien wurden 1926 verboten, das Parlament durch einen vom Duce ernannten *Faschistenrat* ersetzt. Die Opposition wurde unterdrückt; an Stelle der freien Gewerkschaften trat eine staatliche Zwangsorganisation. Die faschistische Partei übernahm auch in den berufsständischen Vertretungen die Führung.

Wesentliche Elemente des Faschismus, besonders den Grundgedanken der Autorität des Führers, das Zurücktreten des Individuums hinter dem Staat und dessen absolute Wertung hat der *Nationalsozialismus* übernommen, der 1933 in Deutschland zur Macht gelangte. Er betonte allerdings weniger die Autorität des Staates als die der Volksgemeinschaft und verschrieb sich völlig dem *Rassismus;* das führte zu rigorosen Maßnahmen gegen die *Juden* und andere sog. ,,nichtarische" Bevölkerungsteile.

Auch die kommunistisch gelenkten Staaten lehnen eine Gewaltentrennung auf Grund der marxistisch-leninistischen Staatslehre zugunsten des Prinzips der

Gewalteneinheit ab, folglich auch eine Kontrolle der Exekutive durch die Justiz. In den „Volksdemokratien" besteht daher i. d. R. eine Verfassungsgerichtsbarkeit ebensowenig wie eine Verwaltungs-, Finanz- oder Sozialgerichtsbarkeit. Manche tragen dem Rechtsschutzbedürfnis des Bürgers gegen rechtswidrige Verwaltungsmaßnahmen jedoch durch Zulassung justizförmiger Verwaltungsverfahren Rechnung.

9. Die Entwicklung der staatsrechtlichen Struktur Deutschlands (Überblick)

Im deutschen Raum hat die staatsrechtliche Entwicklung (vgl. 11 ff.) zwischen dem Zug zum Zentralismus und der Zersplitterung in kleine Staatsgebiete und dementsprechend auch in der staatlichen Organisation vielfach gewechselt.

Von der *germanischen Völkerschaft,* einer zunächst mehr auf personaler Grundlage und überkommenen Verfassungssätzen beruhenden Gemeinschaft ohne eigentliches Staatsgebiet, führte die Entwicklung über die mannigfachen Formen des Königtums (11) zur Gründung des *Heiligen Römischen Reiches Deutscher Nation* (12). Dieser zunächst mit starker zentraler Reichsgewalt ausgestattete Staatsverband wurde zunehmend geschwächt durch die Machtkämpfe zwischen Kaiser und Papst und durch die Erstarkung der *Territorialfürsten,* hauptsächlich der Kurfürsten. Er sank mit dem Ende des 30jährigen Krieges zu einer Art *Staatenbund* herab, der mit der Niederlegung der Kaiserkrone durch Franz II. (1806) zu bestehen aufhörte.

In den Jahren 1806–1815 bestand keine den zahlreichen deutschen Einzelstaaten übergeordnete gemeinsame Organisation. Erst mit der Gründung des *Deutschen Bundes* (Wiener Kongreß 1815) kam wieder ein Staatenbund zustande, dem 35 Fürsten und 4 freie Reichsstädte angehörten. Ein engerer Zusammenschluß wurde auch in der *Frankfurter Nationalversammlung* (1848) nicht erreicht. Die von ihr ausgearbeitete Reichsverfassung, die einen Bundesstaat schaffen sollte, wurde nicht Wirklichkeit, nachdem der König von Preußen die Kaiserkrone abgelehnt hatte und die infolge des preußisch-österreichischen Gegensatzes funktionsunfähig gewordene Versammlung aufgelöst worden war.

Erst der *Norddeutsche Bund* (1867–1870) war ein *Bundesstaat* auf konstitutioneller Grundlage. Er stand unter der Hegemonie (= Führung) Preußens und war die Vorstufe des Deutschen Reiches, das am 18. 1. 1871 mit der Annahme der Kaiserkrone durch den Preußenkönig Wilhelm I. entstand.

Das *Deutsche Reich von 1871* war ein *Bundesstaat föderativer Art* mit monarchischer Spitze. Wichtigstes Verfassungsorgan war der Bundesrat, die Vertretung der Gliedstaaten, mit zahlenmäßigem Übergewicht Preußens.

Die endlich erreichte Einigkeit brachte dem deutschen Volk einen ungeahnten politischen und wirtschaftlichen Aufstieg. Es entstanden Großstädte; Berlin wurde zur Weltstadt. Der Lebensstandard des deutschen Volkes hob sich. Seine wissenschaftlichen, technischen und kulturellen Leistungen verschafften ihm ein hohes Ansehen in der Welt.

Bismarck wußte die Sicherheit des Reiches durch Bündnisse im europäischen Mächtesystem zu verankern. Kolonien wurden erworben. Das Reich schuf als erster Staat eine vorbildliche *Sozialgesetzgebung* (651).

Die innere Festigkeit des Reiches ließ selbst nach dem verlorenen 1. Weltkrieg (1914–1918), als die Fürsten abtraten und die *Republik* an ihre Stelle trat, die Einheit des Reiches kaum ins Wanken geraten. Nach Auflösung der Monarchie mit dem Ende des 1. Weltkrieges (vgl. 15) wurde mit der Weimarer Verfassung vom 11. 8. 1919 ein *republikanischer Bundesstaat unitaristischer Art* errichtet (vgl. 16), der von 1919–1933 andauerte.

Diese Staatsform blieb nach der Machtergreifung durch den Nationalsozialismus 1933 nur äußerlich bestehen. Das Deutsche Reich war formell weiterhin eine Republik, in Wirklichkeit aber eine Diktatur. Es entwickelte sich durch Aufhebung der Reichsländer zu einem *Einheitsstaat mit starkem Zentralismus* (vgl. 18).

Der militärische Zusammenbruch des Reiches und die Kapitulation am 8. 5. 1945 hatten nur eine tatsächliche Auflösung der Reichsgewalt zur Folge, nicht aber auch das formelle Erlöschen des Reichsverbandes (vgl. 5 II 2). Mit der militärischen Besetzung ging die Staatsgewalt auf die vier Besatzungsmächte über, die erst nach und nach und zunächst den Ländern eine eigene Staatlichkeit zuerkannten (vgl. 22).

Die schließlich mit der Verkündung des Grundgesetzes errichtete *Bundesrepublik Deutschland* ist eine föderative Republik mit demokratischer, rechtsstaatlicher und sozialer Verfassung (Art. 20, 28 Abs. 1 GG; vgl. 42).

10. Revolutionen, Staatsumwälzungen

Die staatliche Ordnung kann durch eine Revolution, d. h. einen *Umsturz,* bei dem eine bisher ausgeschlossene oder benachteiligte Schicht unter *Bruch der Verfassungsordnung* die staatliche Macht ergreift, eine Umwälzung erfahren. Bei der *ständischen* Revolution beseitigten die Stände die monarchische Alleinherrschaft (vgl. 12), bei der *bürgerlichen* Revolution das aufstrebende Bürgertum die feudalmonarchische Staatsordnung (31). In der *proletarischen* Revolution stürzt die Arbeiterklasse die bürgerliche Gesellschaftsordnung (vgl. 3 VII). Ein Umsturz, bei dem ein an der Staatsgewalt bereits beteiligtes Organ die gegebenen Verfassungsverhältnisse gewaltsam verändert, heißt *Staatsstreich;* ein auf Wiederherstellung (Restauration) der revolutionär geänderten Staatsordnung gerichteter Umsturz wird *Gegenrevolution* genannt.

Ein *Recht zur Revolution* wurde zuerst aus naturrechtlichen Gründen gegenüber der tyrannischen Obrigkeit abgeleitet (Widerstandsrecht). Die Staatstheorie des Positivismus dagegen sieht in jeder Revolution einen Rechtsbruch (Hochverrat). Die geglückte Revolution kann jedoch einen neuen staatlichen bzw. völkerrechtlichen Zustand begründen, der nach innerer Stabilisierung und äußerer Anerkennung faktische Rechtsgültigkeit erlangt. Über die französische Revolution vgl. 31, die russische Revolution vgl. 35, die deutsche Revolution am 9. 11. 1918 vgl. 15. Über die Tendenz des Marxismus zur *Weltrevolution* vgl. 922.

Während manche Lehren ein *Recht auf Revolution* ablehnen und einen *Widerstand* nur im Rahmen einer Notwehr für berechtigt ansehen, wird von anderen die sittliche Notwendigkeit einer Revolution dann anerkannt, wenn die Obrigkeit unrechtmäßig handelt, aber ihre volle Souveränität aufrechterhält oder eine höchste Not des Volkes oder heillose Zerrüttung des Gemeinwohls nach Erschöpfung aller gesetzlichen Mittel keinen anderen Ausweg erkennen läßt (so Leibniz, Suarez u. a. Spätscholastiker). Der Bundesgerichtshof hat ein *Widerstandsrecht* gegen staatliche Maßnahmen bereits im Urt. vom 12. 10. 1965 (NJW 1966, 311 f.) als äußerstes Mittel zur Abwehr äußersten staatlichen Unrechts (z. B. gegen eine alle demokratischen Freiheiten unterdrückende Gewaltherrschaft) für gerechtfertigt erklärt, hat es aber durch den Grundsatz der Güterabwägung eingeschränkt: es dürfen keine im Verhältnis zum Befreiungszweck übermäßig starken Mittel angewendet werden (wie z. B. Sprengstoffanschläge, durch die u. a. Krankenhäuser in Mitleidenschaft gezogen werden). Einige Länderverfassungen haben ein Widerstandsrecht und sogar eine Widerstandspflicht insbesondere gegenüber Angriffen auf die demokratische Grundordnung oder die Grundrechte anerkannt (z. B. Bremen Art. 19, Hessen Art. 147). Das GG begründet in dem durch Ges. vom 24. 6. 1968 eingefügten Art. 20 Abs. 4 für alle Deutschen als äußerstes Mittel ein Widerstandsrecht gegenüber jedem, der es unternimmt, die verfassungsmäßige Ordnung zu beseitigen.

Revolten, Putsche, Thronkämpfe, in denen nur um die politische Ordnung eines einzelnen Landes ohne prinzipielle Änderung seiner gesellschaftlichen Struktur oder nur um den Besitz der Macht gekämpft wird, sind keine eigentlichen Revolutionen. Eine ohne Gewaltanwendung durch die Entwicklung sich vollziehende Neugestaltung des Staatswesens unter Beibehaltung der Verfassung pflegt man als *Evolution* zu bezeichnen. Über die außerparlamentarische Opposition vgl. 4 V 3.

Revolutionäre Änderungen können auch unter Wahrung „äußerer Legalität" erfolgen (z. B. *Machtergreifung* des Nationalsozialismus und die Errichtung des sog. Dritten Reiches 1933, s. 18). Die neuerdings in manchen kommunistisch gelenkten Staaten als „Gegenrevolution" bezeichneten ideologischen Auflehnungen gegen eine streng marxistische Staatsführung sind im Grunde nur innere Auseinandersetzungen über den Kurs der Staatspartei, die auf eine Liberalisierung abzielen (vgl. 923; über die „Kulturrevolution" in China und ihre Gegenströmungen s. 928).

Während solche Formen der Auflehnung gegen die Staatsgewalt sich vielfach noch im Rahmen der Legalität halten, versucht der *politische Terrorismus* durch Gewaltmethoden wie Bombenattentate, Geiselnahme, Entführung, Einsatz von Schlägertrupps u. dgl. Schrecken (lat. terror) zu erregen, um seine Ziele zu erreichen oder sich an der Macht zu halten.

Geschichtliche Beispiele für den letzteren Fall sind in der französischen Revolution (31) die Terrorherrschaft namentlich von Robespierre und St. Just und ihren jakobinischen Anhängern. Beispiele terroristischer Aktivitäten in der neueren Geschichte bis hin zur Gegenwart finden sich im Unabhängigkeitskampf der Iren bis zur Befreiung 1921, im nordirischen Bürgerkrieg (vgl. 32), Aufruhr im spanischen Baskenland und in der Tätigkeit von Guerilla-Organisationen (Tupamaros in Südamerika usw.). Mit solcher Zielrichtung kann der Terrorismus auch ein *internationaler* sein, wie bei den Gewaltanwendungen der Palästinensergruppierungen (932 II 2) in ihrem nicht auf bestimmte Länder begrenzten Kampf gegen Israel; die grenzüberschreitende Wirksamkeit terroristischer Organisationen besteht oft in gegenseitiger Unterstützung bei der Waffenbeschaffung, Schulung in Ausbildungslagern u. dgl. Ziel und Forderungen des politischen Terrorismus richten sich meist auf die Änderung einer bestimmten staatlichen Ordnung oder auf die Freilassung inhaftierter Gesinnungsgenossen, dienen häufig aber auch der Beschaffung finanzieller Mittel für den politischen Kampf. Über die Bekämpfung des Terrorismus vgl. 162.

Bei den staatlichen Umwälzungen am Ende des 1. Weltkriegs (1917 Rußland, 1918 Deutsches Reich, Österreich, Italien) wirkten neben kritischen philosophischen und politischen Einstellungen vielfach auch krasse *soziale Gegensätze* als Gärstoff mit. Die *soziale Frage,* ausgelöst durch die Probleme des menschlichen Zusammenlebens in unterschiedlichen wirtschaftlichen Verhältnissen, wird entscheidend beeinflußt durch den Konflikt zwischen Egoismus und Gemeinschaftsbindung. Die daraus entstehenden Spannungen bedürfen eines Ausgleichs. Wird keine Überbrückung gefunden, entstehen leicht *Krisen* und *Klassenkämpfe.* Die soziale Frage spielt in den Sozialideologien der *Parteien* eine wichtige Rolle und kann durch Massenbewegungen zu Staatsveränderungen führen.

B. Die staatliche Entwicklung in Deutschland

11. Völkerschaft und Königreich

Das deutsche Staatsleben hat sich in einer mehr als tausendjährigen Entwicklung aus germanischen Wurzeln geformt. Die älteren Staatsformen beruhten weniger auf einer staatsrechtlichen Organisation neuerer Prägung als vielmehr auf einem *Personenverband* mit beschränkten zentralen Funktionen und starker Selbstverwaltung. Die *germanischen* Völkerschaften hatten eine einfache, ungeschriebene Verfassung. Erst mit zunehmender Seßhaftigkeit kam zu dem Personenverband das *Staatsgebiet* hinzu. Innerhalb solcher Staatsgebilde bestanden vielfach Untergliederungen (Gau, Hundertschaft). Träger allen Rechts war das *Volk,* dem infolge des geringen Umfangs dieser staatlichen Gebilde die unmittelbare staatliche Willensbildung möglich war. Sie lag in der Hand der Freien, die in der *Volksversammlung* (Landsgemeinde, *Thing)* alle wichtigen Fragen des Gemeinwesens entschieden. Die Vorbereitung oblag dem *Fürsten,* der vom Thing gewählt wurde und abgesetzt werden konnte und der auch die Volksversammlung leitete, und dem *Fürstenrat,* der über Angelegenheiten minderer Bedeutung entscheiden konnte.

Die Bedeutung der Volksversammlung trat in der *Völkerwanderung* zurück. Es entwickelte sich ein *erbliches Königtum* mit straffferer Verwaltung. Der König konnte auf Grund des Bannrechts den Heerbann aufbieten, Anordnungen bei Strafe der Friedlosigkeit durchsetzen und Personen, Orte oder Gegenstände unter seinen Königsfrieden stellen. Mit dem Königtum verband sich das *Herzogtum,* das zunächst von der Völkerschaft zur Führung und für die Dauer eines Krieges eingesetzt, dann aber zur Dauereinrichtung wurde.

Von den *germanischen* Reichsgründungen ist die fränkische die folgenreichste. In der Völkergruppe der Franken erreichten die *Salier* eine führende Stellung und aus ihrem Stamm die *Merowinger,* vor allem Chlodwig (481–511), der ein fränkisches Großreich begründete.

Aus den Hofämtern entwickelte sich allmählich ein Reichsbeamtentum. Die bedeutendsten Hofämter hatten inne: a) Der *Kämmerer* (Schatzmeister), b) der *Truchseß* (Küchenmeister), c) der *Marschall* (comes stabuli), d) der *Schenk* und e) der *Seneschall,* später als Leiter der ganzen Hofhaltung der *Hausmeier* (major domus), ein Amt, aus dem sich die Karolinger zur Herrschaft aufschwangen, das aber in der Folgezeit verschwand. Als Urteilsfinder, später auch Verhandlungsleiter im Königsgericht fungierte der *Pfalzgraf.*

An Stelle der *Gaue* bildeten sich *Grafschaften* als Gerichts- und Verwaltungsbezirke unter Leitung von *Grafen* (in den Grenzgebieten *Markgrafen* mit Sondervollmachten). Sie wurden durch königliche Sendboten kontrolliert.

Zur Belohnung für den Königsdienst erhielten die Gefolgsleute (Vasallen) *Lehen* (feudum). Daher wird der Staat in dieser Gestalt auch *Feudalstaat* genannt. Neben den germanischen Blutadel trat ein *Dienstadel* durch Verleihung von Ämtern und Rechten. Da der kirchliche und weltliche Grundbesitz vielfach von Abgaben freigestellt wurde *(Immunität),* entwickelte sich ein neuer *Fürstenstand* mit ständig steigendem Einfluß.

12. Das Heilige Römische Reich Deutscher Nation (962–1806)

Aus dem germanischen Heereskönigtum (vgl. 11), das die Rechte der Volksversammlung, namentlich Befehls- und Strafgewalt, nach und nach an sich zog, entstand das fränkische Königtum und unter diesem das *Frankenreich* als die größte Reichsbildung des Mittelalters. Die salischen Franken eroberten unter Chlodwig die Reste des Römischen Reichs sowie Teile des Westgoten- und Burgunderreichs. Während aber noch unter *Karl d. Gr.* (768–814) alle deutschen Stämme vereinigt waren, begann unter Ludwig d. Frommen (814–840) der Zerfall, der sich unter seinem Nachfolger fortsetzte (Vertrag von Verdun, 843: Teilung des Reiches in Westfranken, Lothringen und Ostfranken; Verträge von Mersen, 870, und Ribemont, 880: Übergang Westlothringens an Ostfranken). Italien und Burgund wurden selbständig, aus West- und Ostfranken entstanden Frankreich und das Deutsche Reich.

Nach dem Aussterben der ostfränkischen Karolinger wurde der Frankenherzog Konrad I. (911–918) zum deutschen König gewählt. Erst seinem Nachfolger Heinrich I. (919–936), einem Sachsenherzog, gelang es, bei den Stammesherzögen seine Anerkennung als Lehensherr durchzusetzen. Unter ihm und seinem Sohn *Otto I.* (*d. Gr.* 936–973) wurde das Reich vergrößert und gefestigt (Kolonisation der Ostmark, Unterwerfung der Slawen, Unterstellung Polens unter deutsche Oberhoheit). Er erwarb 962 die römische Kaiserkrone, indem er den Papst im Besitzstand des Kirchenstaates bestätigte, zugleich aber eine Treueverpflichtung für sich und seine Nachfolger vor der Weihe beanspruchte. Nach dem Erlöschen des sächsischen Königsstammes (auf Otto I. waren Otto II. und III. und Heinrich II. gefolgt) kamen mit Konrad II. (1024–1039) die fränkischen Salier auf den Königsthron.

Der Staat des frühen Mittelalters hatte bis etwa 1300 den Charakter eines *Feudal- und Lehensstaates.* Der ursprünglich vom Volk, später von den Fürsten gewählte *König* hatte Anspruch auf *Kaiserkrönung* durch den Papst. Er war Heerführer, oberster Gerichts- und Lehensherr und verfügte über das Reichsgebiet und die *Regalien* (Münz-, Berg-, Zoll-, Jagdregal usw.). Die Machtstellung des Kaisers war allerdings beschränkt durch die *Reichstage,* die sich aus den Hoftagen der Könige entwickelt hatten. Sie wurden mit der Zeit zu einer verfassungsmäßigen Einrichtung; die Großen des Reichs hatten Anspruch auf die Reichsstandschaft; die *Reichsstände* mußten vom Kaiser vor Erlaß von Reichsgesetzen, vor Reichsheerfahrten usw. gehört werden.

Seit Mitte des 11. Jahrh. wurden die Geschicke des Reiches wesentlich durch *Machtkämpfe zwischen Kaiser und Papst* und zunehmende *Erstarkung der Fürsten* beeinflußt. Während sich unter Heinrich III. (1039–1056) die Herrschaftsposition des Kaisers noch erhielt, wurde die Zeit der Regentschaft über seinen bis 1056 unmündigen Nachfolger *Heinrich IV.* (1056–1106) von den Fürsten zu dem Versuch benutzt, sich gegenüber dem Königtum größeren Einfluß zu verschaffen. Papst *Gregor VII.* versuchte, gestützt auf eine durch Übertragung des Papstwahlrechts auf die Kardinäle (1059) unter *Nikolaus II.* gestärkte Position, sich vom Übergewicht des Kaisers zu befreien. Auf Grund der *Zweischwerterlehre* (3 II) beanspruchte er die Oberhoheit des geistlichen Amtes über die weltliche Macht und sogar das Recht, den Kaiser abzusetzen, sowie im *Investiturstreit* das alleinige Recht der Investitur („Einkleidung" = Einsetzung) der hohen geistlichen Würdenträger (Bischöfe, Äbte; 1075 Verbot der Laien-Investitur). Heinrich IV., in seinem Kampf gegen den Papst durch die Fürsten wenig unterstützt und durch Einsetzung von Gegenkönigen geschwächt, vermochte den weltlichen Herrschaftsanspruch nicht durchzusetzen und mußte sich dem Papst im Bußgang von *Canossa* (1077) unterwerfen. Erst durch einen Kompromiß zwischen Heinrich V. und dem Papst im *Wormser Konkordat* (1122) wurde der Investiturstreit beendet. Der Kaiser behielt das Recht der weltlichen Investitur der geistlichen Fürsten (Belehnung mit Kirchengütern und weltlichen Regierungsrechten), während sich die Einsetzung in die geistlichen Rechte (Seelsorge) nach kanonischem Recht vollzog (Wahl durch Domkapitel, Konsekration, Verleihung von Ring und Stab durch den Papst), und zwar in regional unterschiedlicher Reihenfolge.

Mit ihrer neuen Stellung schieden die Bischöfe zugleich aus ihrer unmittelbaren Abhängigkeit vom König aus und wurden zu geistlichen Reichsfürsten. Die Entmachtung des Königs setzte sich fort in der Entwicklung des Reichs vom *Lehensstaat* zum *Ständestaat.* Erbitterte innerstaatliche Machtkämpfe begannen unter dem Staufer Konrad III. (1138–1152) mit einem Teil der großen Stammesherzogtümer (Sachsen, Franken, Schwaben, Bayern, Lothringen), die erst unter seinem Nachfolger *Friedrich I. Barbarossa* (1152–1190) verschwanden.

Dessen Nachfolger Heinrich VI. (1190–1197) versuchte vergeblich, die Erblichkeit des Königtums durchzusetzen. Das Recht der Königswahl, ursprünglich von der Volksversammlung, später von allen Reichsfürsten ausgeübt, stand seit dem 13. Jahrh. nur noch *sieben Kurfürsten* zu, von denen drei geistliche und vier weltliche Fürsten waren (Erzbischöfe von Mainz, Köln, Trier; König von Böhmen, Pfalzgraf bei Rhein, Herzog von Sachsen, Markgraf von Brandenburg). Die Abhängigkeit vom Kurfürstenkollegium und die Machtkämpfe mit dem Papsttum trugen zunehmend zur Schwächung des Kaiserreichs bei, vor allem unter Otto IV. (1198–1212) und dem zeitweise als Gegenkönig eingesetzten Staufer Friedrich II. (1212–1250), der die Zustimmung der geistlichen Kurfürsten zur Königswahl seines Sohnes durch weitgehende Übertragung weltlicher Befugnisse erkaufen mußte. Nach dem Tode Konrads IV. (1250–1254) trat ein sog. *Interregnum* bis zur Wahl Rudolfs I. von Habsburg (1273) ein, weil keiner der gewählten Könige allseits anerkannt wurde. Die Schwächen des Königtums nutzten die Kurfürsten, die sich zu einem eigenen Reichsstand entwikkelten, und die übrigen Reichsfürsten zum Ausbau ihrer Territorialherrschaft, während die Städte ihre Selbständigkeit erweiterten und sich gegen die Übergriffe der Fürsten erfolgreich behaupteten (so der 1254 gegründete Rheinische Städtebund). Vergeblich versuchten Albrecht I. (1298–1308) und Heinrich VII. (1308–1313), das Königtum von der Willkür der Kurfürsten zu befreien. Ludwig d. Bayer (1314–1347) verwickelte sich in Kämpfe mit dem Papsttum, versuchte aber zugleich, seine Hausmacht zu stärken. *Karl IV.*, schon 1346 zum Gegenkönig gewählt, wandte sich nach Ludwigs Tode unter Verzicht auf eine universale Reichspolitik mehr der Stärkung seiner innerdeutschen Machtstellung zu; zugleich baute er das Reich durch weitere Gebietserwerbungen aus. Unter seinen Nachfolgern erweiterten die Stände, insbesondere auch die Städtebünde, ihre Machtposition.

Die *Ständegliederung* des späten Mittelalters entwickelte sich aus dem *Lehensrecht*. Dem *Fürstenstand* gehörte an, wer sein Lehen unmittelbar vom König erhalten hatte (Herzog, Pfalzgraf, Markgraf, Landgraf, Erzbischof, Bischof, Reichsabt). Das *Rittertum* entstand aus dem Berufsstand der berittenen Krieger. Das *Bürgertum* entwickelte sich in den Städten, die seit dem 11. Jahrh. als befestigte Märkte aufblühten. Zuziehende Unfreie wurden frei („Stadtluft macht frei"). Die *Bauern* waren meist unfrei mit beschränkter Rechtsfähigkeit, Bindung an die Scholle, Abgaben- und Fronleistungspflicht.

Der *Reichstag,* die Versammlung der Reichsstände, gewann seine staatsrechtliche Gestalt erst in der 2. Hälfte des 15. Jahrh., in dem die Zugehörigkeit zu dem nunmehr wichtigsten Organ der Reichsgewalt abgegrenzt und die Form der Beratungen und Entscheidungen festgelegt wurde. Er gliederte sich seit 1489 in das Kurfürstenkollegium, den Reichsfürstenrat und das Städtekollegium (51 freie Reichsstädte). Diese berieten getrennt über die Gesetzesvorschläge des Kaisers. Bei Übereinstimmung erhielten die Beschlüsse durch seine Genehmigung Rechtskraft. Sie wurden in *Reichsabschieden* zusammengefaßt. Die bereits in der *Goldenen Bulle* (1356) als Königswähler ausdrücklich bestätigten Kurfürsten hatten Vorrechte gegenüber anderen Fürsten (u. a. volle Landeshoheit, autonome Gerichtsbarkeit).

Ebenso wie die Machtstellung des Kaisers war auch die territoriale Macht der *Fürsten* beschränkt durch die *Landstände* (Grundadel, Städte), deren Vertreter die Steuern (Beden) zu bewilligen hatten. Direkte Einnahmen hatte der Fürst nur aus den *Domänen*. In den Städten nahmen die *Patrizier* als Mitglieder der alten Bürgergeschlechter das Regiment in Anspruch. Nach und nach erlangten die *Zünfte* der Handwerker Anteil daran. Einzelne Kaufmannsgeschlechter (*Fugger* und *Welser* in Augsburg) gelangten zu höchster Finanzmacht.

Die weitere Entwicklung des Reichs war bestimmt durch die einsetzenden Religionskämpfe. Sie begannen in Böhmen mit der Erhebung der *Hussiten,* die das Sakrament des Laienkelchs durchsetzten, und fanden ihren Höhepunkt im Zuge der Reformation durch die Thesenverkündung *Luthers* (1517), der durch *Karl V.* von Habsburg (1519 bis 1556) auf dem Reichstag zu Worms (1521) in die Acht erklärt wurde.

26

Eine im *Reichsabschied von Speyer* (1526) vereinbarte interimistische Regelung der Konfessionsfrage konnte das Wiederaufflackern der religiösen Auseinandersetzungen auch unter Karls V. Nachfolgern Maximilian II. und Rudolf II. nicht verhindern, zumal das Konzil von Trient (1545–1563) die römisch-katholische Glaubenslehre und die Stellung des Papstes festigte und die Grundlage für die Gegenreformation schuf. Der Verfall des Reichs schritt fort; es wurde nicht nur durch Religionskämpfe, sondern auch durch soziale Auseinandersetzungen (Bauernkriege) immer mehr erschüttert und durch den *Dreißigjährigen Krieg* (1618–1648) der inneren und äußeren Zerstörung preisgegeben. Der *Westfälische Frieden* brachte Gebietsabtretungen an Frankreich und Schweden und das Ausscheiden der Schweiz und der Niederlande aus dem Reichsverband mit sich; er hatte die weitgehende Auflösung des *Feudalstaates* zur Folge und verschaffte den Reichsständen volle *Territorialhoheit*. Das Reich löste sich in nahezu 1300 Fürstentümer und Herrschaften auf, obwohl es formell noch bis 1806 weiterbestand.

Die *Landesherren* erweiterten ihre Macht, wurden souverän und setzten gegenüber den Ständen ihre *absolute Gewalt* durch. Sie erlangten sogar das Recht, mit ausländischen Staaten Bündnisse abzuschließen. Der König von Frankreich als Reichsvogt im Elsaß, der schwedische König als Herr von Vorpommern, Bremen und Verden, der König von Dänemark als Herzog von Holstein erhielten die *Reichsstandschaft*. In dem nur noch als Schattenkaisertum bestehenden Reich entfaltete sich der Dualismus zwischen *Österreich* und *Preußen*, das durch Friedrich d. Gr. mit dem letztlich erfolgreich geführten Siebenjährigen Krieg (1756–1763) gegen Maria Theresia zur Großmacht aufstieg.

Die Schwäche des Reiches begünstigte den Zugriff Frankreichs auf das linke Rheinufer. Durch den *Reichsdeputationshauptschluß* 1803 traten zahllose territoriale Verschiebungen ein; zur Entschädigung der Reichsstände, die von Gebietsabtretungen an Frankreich betroffen waren, wurden alle geistlichen Territorien säkularisiert (verweltlicht) und zahlreiche kleine weltliche Fürstentümer größeren zugeschlagen. 1806 gründeten 16 deutsche Fürsten unter Napoleons Protektorat den *Rheinbund* und nahmen dafür Rangerhöhungen entgegen; Kaiser Franz II. legte die Krone des Römischen Reiches nieder.

13. Der Deutsche Bund (1815–1866)

Die weitere staatliche Entwicklung Deutschlands im Innern wurde nicht nur durch die Beseitigung zahlreicher Kleinstaaten, sondern auch durch neue Formen politischen Lebens geprägt. In Preußen schufen *Stein* und *Hardenberg* eine neue städtische Selbstverwaltung (vgl. 120, I; grundlegend die preuß. Städteordnung von 1808). Sie führten die Gewerbefreiheit ein und befreiten die Bauern durch Aufhebung der Erbuntertänigkeit und Ablösung ihrer dinglichen Lasten. *Scharnhorst* und *Gneisenau* reformierten das Heerwesen auf der Grundlage der *allgemeinen Wehrpflicht*. Die Epoche des *Absolutismus* alter Form war beendet.

Eine Reichsreform gelang jedoch nicht. Der auf dem *Wiener Kongreß* (1815) von 35 Fürsten und 4 Reichsstädten gegründete *Deutsche Bund* war nur ein, nach außen und innen machtloser, völkerrechtlicher *Staatenbund.*

Nur auf wirtschaftlichem Gebiet wurde ein Fortschritt erzielt, indem der 1833 gegründete *Deutsche Zollverein* die Zollschranken beseitigte und eine deutsche Wirtschaftseinheit schuf.

Die Geschicke des Deutschen Bundes leitete der unter österreichischem Vorsitz stehende *Bundestag* in Frankfurt a. M., der eine Konferenz der Gesandten völlig selbständiger Mitgliedstaaten darstellte. *Österreich* und *Preußen* traten sich als Konkurrenten gegenüber. Von dieser *Rivalität* wurde fast das ganze 19. Jahrh. überschattet.

Weder der Wunsch nach nationaler Einheit noch die Bestrebungen, eine freiheitliche verfassungsmäßige Ordnung einzuführen, erfüllten sich. *Fürst Metternich* nutzte die Vormachtstellung Österreichs aus, um einem neuen absolutistischen System zum Vorrang zu verhelfen. Der Einfluß des Volkes auf die Staatsführung war gering, weil das Wahlrecht beschränkt war; die Rechte des Parlaments waren begrenzt. Die in der *Wiener Bundesakte* von 1815 begründeten bürgerlichen Freiheiten wurden nach den „Karlsbader Beschlüssen" (1819) zunehmend wieder eingeengt. Erst unter dem Einfluß der französischen Juli-Revolution (1830) erhielten einige Bundesländer fortschrittliche Verfassungen, die aber wiederum eingeschränkt wurden. Die *bürgerlich-liberale Revolution* von 1848 führte zwar zur *Nationalversammlung* in der *Paulskirche* zu Frankfurt a. M., der viele bedeutende Männer angehörten (Uhland, Gagern, Arndt u. a.), aber zu keinem praktischen Ergebnis. Sie wählte einen Reichsverweser (Erzherzog Johann) und beschloß eine *Reichsverfassung,* die einen Bundesstaat mit einem erblichen Kaiser, einen durch geheime, direkte und allgemeine Wahl gewählten Reichstag und ein Staatenhaus vorsah. *König Friedrich Wilhelm IV.* von Preußen lehnte aber die ihm angetragene Kaiserkrone ab. Die Nationalversammlung ging als Rumpfparlament nach Stuttgart, wo sie aufgelöst wurde. Ein Aufstand in Baden, der die republikanische Einheit Deutschlands erzwingen wollte, wurde niedergeschlagen. Die deutsche Frage blieb ungelöst. Während die sog. *Kleindeutschen* ein Reich ohne Österreich forderten, verlangten die *Großdeutschen* dessen Einbeziehung. Die Entscheidung brachte erst der preuß.-österr. Krieg *1866.* Im Prager Frieden vom 23. 8. 1866 trat Österreich aus dem Deutschen Bunde aus und erkannte den von Preußen zu schaffenden *Norddeutschen Bund* an. Vgl. 14.

14. Norddeutscher Bund (1866–1870). Deutsches Reich (1871–1918)

Nach dem siegreichen Krieg gegen Österreich erreichte *Bismarck* die Gründung des *Norddeutschen Bundes* durch Vertrag zwischen dem König von Preußen und den 18 norddeutschen Staaten sowie den 3 Hansestädten. Der Bund trat nach Annahme seiner Verfassung durch den zu diesem Zweck gewählten Reichstag am 1. 7. 1867 als *Bundesstaat* auf konstitutioneller Grundlage ins Leben.

Organe des Norddeutschen Bundes waren der Bundesrat, das Bundespräsidium, das der König von Preußen innehatte, und der in allgemeiner, gleicher, direkter und geheimer Wahl gewählte Reichstag.

Der Norddeutsche Bund schloß mit den *süddeutschen Staaten,* mit denen Schutz- und Trutzbündnisse eingegangen waren, einen *Zollvereinigungsvertrag.* Erst der Deutsch-Französische Krieg führte zur politischen Vereinigung von Nord- und Süddeutschland. Im November 1870 traten die süddeutschen Staaten dem Norddeutschen Bund bei. Der König von Preußen nahm am 18. 1. 1871 in Versailles die ihm angetragene Würde eines Deutschen Kaisers an. Das neue Deutsche Reich war geschaffen. Die Zusammenfassung seiner staatsrechtlichen Grundlagen erfolgte nach Zustimmung des Reichstags und der gesetzgebenden Körperschaften der beteiligten Staaten in der Verfassung des Deutschen Reiches vom 16. 4. 1871, die den Inhalt der *Norddeutschen Bundesverfassung* mit den veränderten staatsrechtlichen Verhältnissen in Einklang brachte. Nach der Präambel der Reichsverfassung schloß der König von Preußen namens des Norddeutschen Bundes mit den Landesherren der süddeutschen Staaten einen ewigen Bund zum Schutz des Bundesgebietes, des darin gültigen Rechts und zur Pflege der Wohlfahrt des Deutschen Volkes, der den Namen Deutsches Reich führte und durch Vereinbarung der monarchischen Regierungen seine Verfassung erhielt.

Die *Verfassung vom 16. 4. 1871* verband in geschickter Mischung föderalistische und unitarische Elemente sowie demokratische und monarchische Gedankengänge miteinander. Das *Deutsche Reich der Kaiserzeit,* das auf Vertrag zwischen den 22 deutschen Fürsten und den 3 Hänsestädten beruhte, war ein *Bundesstaat.* Sein Gebiet umfaßte außer den 25 Staaten bzw. Städten das Reichsland *Elsaß-Lothringen.* Träger der Reichsgewalt waren die regierenden deutschen Fürsten und die freien Reichsstädte Hamburg, Bremen und Lübeck; ihr verfassungsmäßiges Organ war der *Bundesrat.* Das Präsidium des Bundes führte der jeweilige König von Preußen als *Deutscher Kaiser.* Er vertrat das Reich völkerrechtlich, konnte im Namen des Reichs Krieg erklären (ohne Zustimmung des Bundesrats nur bei Angriff auf das Reichsgebiet) und Frieden schließen, Verträge mit fremden Staaten eingehen, Gesandte beglaubigen und empfangen. Daneben stand ihm eine Reihe einzelner in der Verfassung festgelegter Befugnisse zu.

Der *Reichstag* ging aus allgemeinen und direkten Wahlen mit geheimer Abstimmung hervor und war an der Gesetzgebung beteiligt. Zum Zustandekommen eines Reichsgesetzes bedurfte es eines übereinstimmenden Mehrheitsbeschlusses des Bundesrates und des Reichstages. Die Ausfertigung der Reichsgesetze standen dem Kaiser zu.

Einziger Minister, jedoch ohne Verantwortung gegenüber dem Reichstag, war der *Reichskanzler,* der vom Kaiser ernannt wurde. Unter ihm standen an der Spitze der Reichsämter *Staatssekretäre.*

Reichskanzler des Kaiserreichs waren: Fürst Bismarck (1871–1890); v. Caprivi (1890–1894); Fürst Hohenlohe (1894–1900); Fürst Bülow (1900–1909); v. Bethmann Hollweg (1909–1917); Michaelis (14. 7.–1. 11. 1917); Graf Hertling (1. 11. 1917–30. 9. 1918); Prinz Max von Baden (3. 10.–9. 11. 1918).

Die *Bundesstaaten* waren nicht nur Verwaltungsbezirke, sondern hatten das Recht der Gesetzgebung; jedoch ging Reichsrecht auf den dem Reich vorbehaltenen Gebieten (insbes. Auswärtiger Dienst, Reichspost, Reichsmarine) dem Landesrecht vor. Das *Heerwesen* war grundsätzlich Sache der Bundesstaaten.

A. Deutsche Länder vor 1864

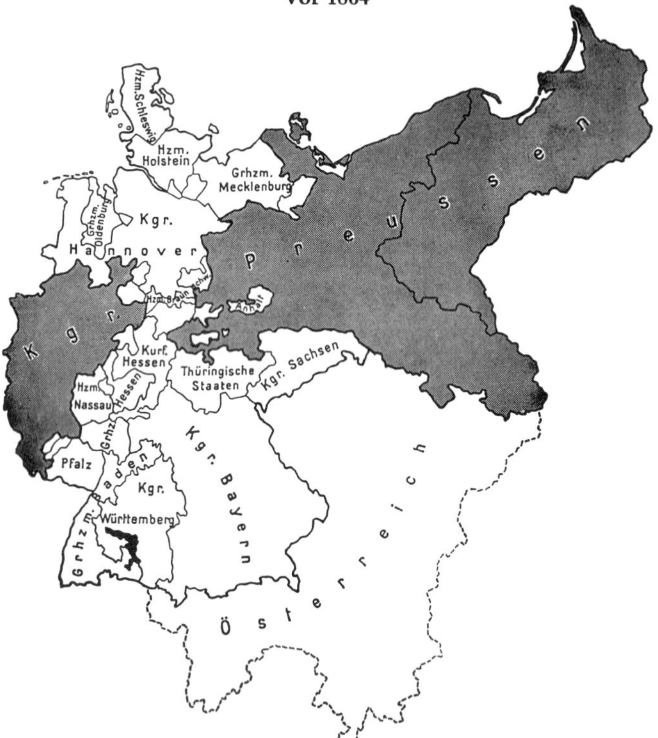

B. Die Staaten des Deutschen Reiches 1871–1918

Preußen
Bayern
Sachsen
Württemberg
Baden
Hessen
Mecklenburg-Schwerin
Mecklenburg-Strelitz
Oldenburg
Braunschweig
Sachsen-Weimar
Sachsen-Meiningen
Sachsen-Altenburg
Sachsen-Coburg-Gotha
Anhalt
Schwarzburg-Rudolstadt
Schwarzburg-Sondershausen
Waldeck
Reuß älterer Linie
Reuß jüngerer Linie
Schaumburg-Lippe
Lippe
Hamburg
Bremen
Lübeck

Die direkten *Steuern* wurden von den Ländern erhoben, während das Reich auf die indirekten Steuern und die *Zölle* angewiesen war und von den Bundesstaaten sog. *Matrikularbeiträge* erhielt („Kostgänger der Länder"). *Bayern* und *Württemberg* genossen Reservatrechte (z. B. Post).

Der *Bundesrat* beschloß die Vorlagen an den Reichstag und entschied über die von diesem gefaßten Beschlüsse. Er konnte Ausführungsbestimmungen zu Reichsgesetzen erlassen und entschied öffentlich-rechtliche Streitfälle der Bundesstaaten untereinander und verfassungsrechtliche Streitigkeiten innerhalb eines Bundesstaates.

Der *Reichstag* hatte keinen Einfluß auf die Bildung der Regierung und die Ausübung der vollziehenden Gewalt. Er wurde vom Kaiser einberufen, eröffnet und geschlossen. Zur Auflösung des Reichstags bedurfte es eines Bundesratsbeschlusses und der Zustimmung des Kaisers. Die Abgeordneten des Reichstags genossen unter bestimmten Voraussetzungen Freiheit von Strafverfolgung *(Immunität)*. Politisch gliederte sich der Reichstag in mehrere *Parteien* (Konservative, Nationalliberale, Zentrum, Sozialdemokratische Partei). Der Reichstag hatte keine Möglichkeit, den Reichskanzler zu stürzen. Erst 1918 wurde bestimmt, daß der Kanzler das *Vertrauen des Reichstags* besitzen müsse (vgl. 15).

Der *Kaiser* war im Verhältnis zu den Bundesfürsten nur primus inter pares. Sein Einfluß beruhte auf dem Recht, den Kanzler zu berufen (ohne Zustimmung des Reichstags), und auf den (17 von 58) Stimmen Preußens im Bundesrat. Er war Oberbefehlshaber des Heeres (im Frieden mit gewissen Einschränkungen) und der Reichsmarine. Auch wurden meist preußische Minister zu Staatssekretären des Reiches ernannt.

15. Die Verfassungsänderungen 1918

Vor 1914 wurde das Verfassungsrecht des Kaiserreichs nicht wesentlich geändert. Während des 1. Weltkrieges zielten Reformbestrebungen darauf ab, dem Volk mehr politische Rechte und der Volksvertretung stärkeren Einfluß auf die Regierung einzuräumen. Diese *verfassungsmäßige Neuorientierung* fand in der *Oktoberreform 1918* ihren staatsrechtlichen Niederschlag, der aber durch die Novemberrevolution 1918 jäh überholt wurde.

Obwohl der Kaiser in seiner Eigenschaft als König von Preußen in seiner Osterbotschaft vom 7. 4. 1917 die Abschaffung des preuß. Klassenwahlsystems und die Einführung der unmittelbaren und geheimen Wahl angekündigt hatte, blieb diese Kundgebung zunächst ein Versprechen. Der militärische Zusammenbruch im Sommer 1918 und die Hoffnung, mit einem Eingehen auf die demokratischen Tendenzen der Siegerstaaten erträgliche Waffenstillstands- und Friedensbedingungen zu erhalten, führten zur *Oktoberverfassung von 1918,* durch welche die parlamentarische Verantwortlichkeit des Reichskanzlers und seiner Stellvertreter eingeführt, die Zuständigkeit des Reichstags erweitert und die militärische Kommandogewalt seiner Kontrolle unterstellt wurde.

Eine gesetzmäßige Weiterentwicklung des deutschen Verfassungsrechts wurde durch die *Revolution vom 9. 11. 1918* unterbrochen. An diesem Tage verkündete der Reichskanzler Prinz *Max von Baden* die Abdankung des Kaisers und den Thronverzicht des Kronprinzen. Die von ihm beabsichtigte Einsetzung einer Regentschaft unterblieb, da der Reichstagsabgeordnete *Philipp Scheidemann* am gleichen Tag in Berlin *die Republik ausrief.* Prinz Max von Baden übertrug das Reichskanzleramt auf den Reichstagsabgeordneten *Friedrich Ebert,* der durch einen Aufruf die Übernahme der Geschäfte durch den aus drei Sozialdemokraten und drei Unabhängigen Sozialdemokraten gebildeten *Rat der Volksbeauftragten* verkündete. Der Bundesrat wurde zur weiteren Ausübung seiner gesetzlichen Verwaltungsbefugnisse ermächtigt.

16. Die Weimarer Republik (1919–1933)

Am 30. 11. 1918 wurden die Wahlen zur *Verfassunggebenden Deutschen Nationalversammlung* ausgeschrieben. Diese trat nach der Wahl vom 19. 1. 1919 am 6. 2. 1919 im Weimarer Nationaltheater zusammen und beschloß zunächst eine Notverfassung. Der Volksbeauftragte *Friedrich Ebert* wurde zum Reichspräsidenten gewählt und berief zur Führung der Reichsgeschäfte ein *Reichsministerium.* Ihre endgültige rechtliche Grundlage erhielt die demokratische Republik in der von der Nationalversammlung beschlossenen *Verfassung vom 11. 8. 1919* (WVerf.), die am 14. 8. 1919 in Kraft trat.

Das Deutsche Reich war nach der WVerf. eine *Republik.* Jedes Land mußte eine freistaatliche Verfassung haben. Die *Staatsgewalt* ging vom Volk aus. Das Reich war ein *Bundesstaat,* in welchem die Staatsgewalt auf Bund und Gliedstaaten verteilt war. *Hoheitszeichen* waren Reichsflagge, Reichswappen und Reichssiegel. Das *Reichsgebiet* bestand aus den Gebieten der 17 deutschen Länder bzw. Städte. Die Rechte der *Länder* waren aber im Vergleich zur Verfassung von 1871 gemindert. Es wurde angesichts des erhöhten Reichsbedarfs eine *Reichsfinanzverwaltung* geschaffen, welche auf Grund der Reichsabgabenordnung von 1919 auch die direkten Steuern (insbes. Einkommen-, Körperschaft-, Vermögensteuer) und die neueingeführte Umsatzsteuer für das Reich erhob. Die Eisenbahnen wurden auf die *Deutsche Reichsbahngesellschaft* übergeführt. Das *Heerwesen* wurde ausschließlich Reichsangelegenheit. Damit sanken die Gesetzgebungsrechte der Länder ab, während sie als Träger der Verwaltung und Inhaber der Polizeigewalt noch erhebliche Bedeutung behielten.

Während das *Reichsgebiet* der Kaiserzeit 22 Staaten und 3 freie Städte umfaßte (s. 14), verringerte sich die Zahl der Länder in der Weimarer Republik auf 17, da die 8 Thüringer Staaten sich am 1. 5. 1920 zum *Land Thüringen* vereinigten und *Waldeck* ab 1. 4. 1929 mit Preußen vereinigt wurde.

Der *Reichstag* repräsentierte das deutsche Volk und seine Souveränität. Wahlberechtigt waren alle über 20 Jahre alten Deutschen. Zu den alten Parteien (konservative Deutschnationale Volkspartei, nationalliberale Deutsche Volkspartei, Zentrum, Sozialdemokraten) traten die KPD, die NSDAP und zahlreiche kleinere Parteien. Der Kanzler bedurfte des *Vertrauens des Reichstages.*

Der *Reichsrat* hatte gegen Gesetzesbeschlüsse des Reichstags nur ein Vetorecht, das vom RT mit ⅔-Mehrheit überstimmt oder durch *Volksentscheid* entkräftet werden konnte. Seine Bedeutung war viel geringer als die des Bundesrats nach der Verfassung von 1871. Die frühere Vormachtstellung Preußens war gebrochen.

Der *Reichspräsident* wurde vom Volk auf 7 Jahre gewählt. Dem ersten Reichspräsidenten *Ebert* folgte Generalfeldmarschall *von Hindenburg* (gest. 1934). Der Präsident vertrat das Reich völkerrechtlich, ernannte die Reichsbeamten und war Oberbefehlshaber der Reichswehr (100000 Mann). Er konnte den Reichstag auflösen und gegen ein von diesem beschlossenes Gesetz einen *Volksentscheid* herbeiführen. In Notfällen konnte er auf Grund des Art. 48 WVerf. *Notverordnungen* erlassen. Diese Ausnahmegesetzgebung wurde unter dem Reichskanzler *Brüning* zur Regel und führte zu einer *Aushöhlung der Verfassung* auf scheinbar legalem Wege.

Im übrigen garantierte die WVerf. die typischen Rechte der liberalen Demokratie, insbesondere Grundrechte und -freiheiten, und wahrte die Gewaltenteilung. Der Mißbrauch der von ihr gewährten Freiheiten führte jedoch letztlich zum Scheitern der Weimarer Republik (vgl. 18).

Reichskanzler der Weimarer Republik waren: Scheidemann (13. 2.–20. 6. 1919); Bauer (21. 6. 1919–26. 3. 1920); Hermann Müller (27. 3.–8. 6. 1920 u. 28. 6. 1928–27. 3. 1930); Fehrenbach (1920–1921); Wirth (1921–1922); Cuno (1922 bis 1923); Stresemann (1923); Marx (1923–1924, 1926–1928); Luther (1925–1926); Brüning (1930–1932); von Papen (1932); von Schleicher (3. 12. 1932–28. 1. 1933).

17. Der Vertrag von Versailles

wurde am 28. 6. 1919 in Versailles von den Alliierten und den assoziierten Mächten und dem Deutschen Reich zur Beendigung des 1. Weltkriegs unterzeichnet; er trat am 10. 1. 1920 in Kraft. Dieser Vertrag legte Deutschland untragbare wirtschaftliche Lasten auf und beschleunigte den Niedergang der Weimarer Republik.

Obwohl Deutschland im Jahre 1918 bereit war, im Rahmen der von US-Präs. *Woodrow Wilson* verkündeten sog. *Wilson'schen 14 Punkte* einen Friedensvertrag abzuschließen, enthielten die Waffenstillstandsbedingungen ein davon weit entferntes Diktat, das am 11. 11. 1918 unter Protest angenommen wurde. Unter dem Druck eines Ultimatums nahm auch die Nationalversammlung am 23. 6. 1919 den Vertrag von Versailles an; er wurde am 28. 6. 1919 unterzeichnet, von den USA aber nicht ratifiziert. Dem eigentlichen, aus einer Einleitung und 15 Teilen mit 440 Artikeln, Unterabschnitten und Anhängen bestehenden Vertrag war die *Völkerbundsatzung* vorangestellt; in Teil 13 enthielt der Vertrag von Versailles das internationale Arbeitsrecht. Die wesentlichsten Belastungen Deutschlands waren neben einer Verfemung des deutschen Volkes durch die *Kriegsschuldthese* Verlust aller Kolonien, Gebietsabtretungen, Abtretung der Rechte des Deutschen Reiches im Ausland, Abtretung von Kunstgegenständen, Reparationen unvernünftigsten Ausmaßes (u. a. 132 Mrd. Goldmark), Internationalisierung von Elbe, Oder, Memel, Donau und Rhein sowie eine 15jährige Besetzung des linken Rheinlandes.

Die Erfüllung der *Reparationen* geriet durch die *Inflation* ins Stocken. Frankreich schritt zu Sanktionen und besetzte 1923 das ganze Ruhrgebiet, was den endgültigen Zerfall der Markwährung zur Folge hatte. Der gegen die Besetzung von der Reichsregierung unter Reichskanzler *Cuno* ausgerufene passive Widerstand wurde, weil letztlich erfolglos, unter der neuen Regierung *Stresemann* wieder aufgegeben. Doch erreichte Stresemann im Verhandlungswege, daß der Rest des Rheinlandes bereits 1930 (statt 1935) geräumt wurde. Die Abstimmung im Saargebiet fand, wie vorgesehen, 1935 statt; sie führte zur Wiedervereinigung mit dem Reich (vgl. 140 I).

Der Kampf gegen den Versailler Vertrag und seine Diskriminierung wurde ein Kernstück der nat.-soz. Propaganda; die Beseitigung der restlichen Beschränkungen des Vertrages stärkte Hitlers Ansehen und trug wesentlich dazu bei, daß große Teile des deutschen Volkes anfänglich seine Politik und die Machterweiterung der Staatsführung billigten (vgl. 18).

18. Die Diktatur Hitlers (1933–1945)

Obwohl auch nach 1933 die *Weimarer Verfassung* in Geltung blieb, wurde sie doch praktisch von *Adolf Hitler* außer Kraft gesetzt, der alle verfassungsmäßigen Möglichkeiten für seine Zwecke ausnutzte. Nachdem Hitler am 30. 1. 1933 vom Reichspräsidenten *von Hindenburg* zum *Reichskanzler* ernannt worden war, fand am 5. 3. 1933 eine *Reichstagswahl* statt. Die dabei geschaffene Mehrheit nahm am 24. 3. 1933 das „Gesetz zur Behebung der Not von Volk und Reich" an, das Hitler zum Erlaß von Gesetzen ohne Befragung des Reichstages ermächtigte (Ermächtigungsgesetz).

Bereits am 1. 2. 1933 erließ Hitler einen *Aufruf* an die Deutsche Nation zur gemeinsamen Wiederaufbauarbeit in zwei *Vierjahresplänen*. Am 2. 2. 1933 wurde das Luftfahrt-Kommissariat unter Göring errichtet. Eine NotVO vom 4. 2. 1933 schränkte das Recht der öffentlichen Sammlungen, Versammlungen und das Presserecht ein. Am 18. 2. 1933 erging eine NotVO zur Milderung sozialer Härten, die Invaliden und Kriegsopfer bedachte. Auf Grund des *Reichstagsbrandes* am 27. 2. 1933 nahm Göring 4000 kommunistische Funktionäre in Sicherheitsverwahrung. Die sozialistische Presse wurde verboten. Am 28. 2. 1933 erging eine VO zum Schutz von Volk und Staat, die kommunistische Gegenmaßnahmen unterband. Am 13. 3. 1933 wurde Dr. Goebbels als Leiter des neu errichteten *Propagandaministeriums* eingesetzt. Nach dem Tag von Potsdam (21. 3. 1933) nahm der Reichstag mit 444 gegen 94 Stimmen der SPD das *Ermächtigungsgesetz* an.

Das Verhältnis von *Reich und Ländern* wurde im Sinne eines *zentralistischen Unitarismus* umgestaltet. Die Länder wurden gleichgeschaltet und *Reichsstatthalter* eingesetzt. 1934 wurden die Landtage aufgelöst und die Hoheitsrechte der Länder auf das Reich übertragen. Auch Presse, Jugenderziehung, Bauernschaft, Arbeiterorganisationen, Fachverbände kamen unter nat.-soz. Führung.

Das *Führerprinzip* wurde auf alle Bereiche ausgedehnt. Kollegien und parlamentarische Einrichtungen wurden beseitigt oder ausgeschaltet. In den *Gemeinden* endete die Selbstverwaltung; ein parteimäßig berufener *Bürgermeister* trat an die Spitze der Verwaltung. Deutschland war zum *Einparteienstaat* geworden, der in *totalitärer* Weise unter Ausschaltung anderer Meinungen (Überwachung durch Gestapo und Sicherheitsdienst) alle Gebiete des sozialen Lebens beherrschte. Die *Gewerkschaften* wurden durch die von der NSDAP gesteuerte *Deutsche Arbeitsfront* ausgeschaltet.

Die *Gesetzgebung der Jahre 1933/35* läßt die Entwicklung des totalitären politischen Systems deutlich hervortreten:

31. 3. 1933 Erstes *Gleichschaltungsgesetz;* es vereinfachte die Landesgesetzgebung und regelte die Volksvertretung der Länder neu.
7. 4. 1933 Zweites Gleichschaltungsgesetz; *Reichsstatthalter* eingesetzt.
7. 4. 1933 Gesetz zur Wiederherstellung des Berufsbeamtentums (zur Entfernung politisch mißliebiger Beamter und ihre Ersetzung durch Parteibeamte benutzt).
8. 7. 1933 Gesetz über den Preußischen Staatsrat.
14. 7. 1933 Gesetz gegen die Neubildung von Parteien.
22. 9. 1933 Reichskulturkammergesetz.
29. 9. 1933 Reichserbhofgesetz.
4. 10. 1933 Schriftleitergesetz.
1. 12. 1933 Gesetz zur Sicherung der Einheit von Partei und Staat.
20. 1. 1934 Gesetz zur *Ordnung der nationalen Arbeit.*
30. 1. 1934 Gesetz über den Neuaufbau des Reiches.
20. 12. 1934 Gesetz gegen heimtückische Angriffe auf Staat und Partei.
30. 1. 1935 *Reichsstatthaltergesetz.*
15. 9. 1935 Reichsbürgergesetz und Gesetz zum Schutz des deutschen Blutes und der deutschen Ehre.

Mit der Vereinigung der höchsten gesetzgebenden und vollziehenden Gewalt in einer Hand waren die Grundlagen der demokratischen Republik zerstört. Das Deutsche Reich war zur *Diktatur* geworden. Der Wille Hitlers, der sich nach Hindenburgs Tod zum ,,Führer und Reichskanzler" ernannt hatte und auch die oberste richterliche Entscheidung beanspruchte, war die alleinige Rechtsquelle geworden. Dadurch, daß die *Weimarer Verfassung,* die formell weiter galt, immer mehr durchlöchert und praktisch außer Kraft gesetzt wurde, ging dem Hitlerreich der Charakter eines *Rechtsstaates* verloren; es verschrieb sich zudem auch in Gesetzgebung und Verwaltung zunehmend einem schrankenlosen Antisemitismus. Die äußerlich in der Form von Gesetzgebungsbeschlüssen des Reichstags zustandegekommenen, in Wahrheit allein auf dem Willen Hitlers beruhenden Gesetze dienten vielfach nicht nur der Ausschaltung politischer Gegner, sondern vor allem der Entfernung der Juden aus dem Bereich des öffentlichen und des Berufslebens. Nach Ausbruch des 2. Weltkrieges und der Besetzung der stark mit jüdischer Bevölkerung durchsetzten polnischen Gebiete steigerte sich die Judenverfolgung zur systematischen Vernichtung in Konzentrationslagern. Eine Widerstandsbewegung, die unter Beteiligung hoher Offiziere am 20. 7. 1944 Hitler durch einen Anschlag zu stürzen versuchte, scheiterte; ihre Führer wurden vom Volksgerichtshof zum Tode oder zu harten Zuchthausstrafen verurteilt.

Zum Totalitarismus im Innern gesellte sich eine äußere Machtpolitik, die eine zunehmende außenpolitische Isolierung Deutschlands zur Folge hatte. Schon am 14. 10. 1933 erklärte das Reich seinen Austritt aus dem Völkerbund. Dies und die Rassenpolitik Hitlers schufen dem Reich immer mehr Feinde in den demokratischen Ländern. Übersteigerte und gewaltsam durchgesetzte Gebietsansprüche führten zum 2. Weltkrieg, der im April/Mai 1945 mit dem totalen militärischen Zusammenbruch des nat.-soz. Deutschland, des sog. „Dritten Reiches", endete, das vielfach so bezeichnet wurde, indem man das Heilige Römische Reich (vgl. 12) als das erste, das Bismarck'sche Kaiserreich (vgl. 14) als das zweite Deutsche Reich ansah und die Weimarer Republik (vgl. 16) überging.

Ein Teil der für die Rechtsbrüche Hauptverantwortlichen wurde nach dem Zusammenbruch 1945 im Prozeß vor dem Alliierten Militär-Gerichtshof in Nürnberg, andere wurden in den während des Krieges von Deutschland besetzten Gebieten oder durch deutsche Gerichte zur Verantwortung gezogen.

19. Die Besatzungszeit und der Wiederaufbau einer deutschen Verwaltung

I. *Beginn der Besatzungszeit*

1. Nach der bedingungslosen Kapitulation der deutschen Wehrmacht, die am 8. 5. 1945 in Berlin unterzeichnet wurde, übten die *Besatzungsmächte* (USA, Großbritannien, Frankreich, Sowjetunion) die Staatsgewalt nach innen und außen aus.

Die militärische Niederringung und die Besetzung des gesamten Staatsgebietes hatten das Deutsche Reich handlungsunfähig gemacht. Es hörte jedoch nicht auf, als *Staatspersönlichkeit* zu bestehen – ebensowenig wie 1918, als die Fürsten ihre Throne verloren –, obwohl es 1871 als Fürstenbund gegründet worden war. Der Grund liegt darin, daß das *staatliche Gemeinwesen* in Dasein und Einheit auf dem Willen des Volkes beruht. Vgl. 5 I.

In der *Berliner Erklärung* vom 5. 6. 1945 übernahmen die Regierungen des Vereinigten Königreichs von Großbritannien und Nordirland, der Vereinigten Staaten von Amerika, der Union der Sozialistischen Sowjetrepubliken und der Französischen Republik die *oberste Regierungsgewalt* in Deutschland. Art. 13b dieser *Viermächte-Erklärung* bestimmte: „Alle deutschen Behörden und das deutsche Volk haben den Forderungen der Alliierten Vertreter bedingungslos nachzukommen und alle Proklamationen, Befehle, Anordnungen und Anweisungen uneingeschränkt zu befolgen."

Durch das *Potsdamer Abkommen* vom 2. 8. 1945 wurden u.a. Grundsätze für die wirtschaftliche und politische Behandlung Deutschlands festgelegt, so über die Aburteilung der Kriegsverbrecher, die Entnazifizierung, Reparationsleistungen, Industrieentflechtung usw. Ferner wurden territoriale Abmachungen getroffen (Verwaltung des nördlichen Teils von Ostpreußen durch die UdSSR, Unterstellung der übrigen Ostgebiete – südliches Ostpreußen, Pommern, Mark Brandenburg und Schlesien/Oberschlesien östlich der Oder und Lausitzer Neiße – unter polnische Verwaltung; die Festlegung der *Westgrenze Polens* wurde bis zu einer friedensvertraglichen Regelung zurückgestellt). Die Siegermächte teilten Deutschland in *vier Besatzungszonen* (britische, amerikanische, französische, sowjetische). Die oberste Gewalt wurde den *Militärbefehlshabern* in den einzelnen Besatzungszonen übertragen. Sie stimmten ihre Maßnahmen im *Kontrollrat* (KR) aufeinander ab. Die Gesetze des Kontrollrats, zu deren Beschluß Einstimmigkeit erforderlich war, erhielten Geltung erst durch die Verkündung in den einzelnen Zonen. Von diesen Kontrollratsgesetzen sind zu erwähnen: das Gesetz Nr. 1 betr. Aufhebung gewisser nationalsozialistischer Gesetze, das Gesetz Nr. 9 betr. Beschlagnahme und Kontrolle des Vermögens der IG-Farbenindustrie, Gesetz Nr. 10, das die materielle Grundlage für die Nürnberger Kriegsverbrecherprozesse darstellte, und Gesetz Nr. 16 = Ehegesetz. Der Kontrollrat stellte am 20. 3. 1948 seine Tätigkeit ein, nachdem er durch den Auszug der Vertreter der UdSSR beschlußunfähig geworden war.

Die Verwaltung von *Groß-Berlin* wurde einer *Alliierten Kommandantur* übertragen. *Berlin* war keiner der vier Besatzungszonen zugeteilt, sondern sollte von den vier Besatzungsmächten gemeinsam verwaltet werden. Das Gebiet wurde in *vier Sektoren* eingeteilt. Seitdem im Jahre 1948 die Sowjets die Alliierte Kommandantur verlassen haben, besteht diese nur noch aus den Vertretern der drei Westmächte. Vgl. 23.

II. *Aufbau einer deutschen Verwaltung*

Seit 1946 vollzog sich, uneinheitlich in den verschiedenen Besatzungszonen, der *Aufbau einer deutschen Verwaltung*. Das Ziel der von den Besatzungsmächten gesteuerten Maßnahmen war eine weitgehende *Dezentralisation* und Verlagerung des Schwergewichts auf die lokale Selbstverwaltung.

1. In der *britischen Zone* wurden zunächst 8 Länder gebildet. Dies waren die ehemaligen preußischen Provinzen *Schleswig-Holstein* und Hannover, die alten Länder Oldenburg, Braunschweig und Schaumburg-Lippe, die Hansestädte *Hamburg* und *Bremen* und das aus der früheren preußischen Provinz Westfalen und dem Nordteil der Rheinprovinz gebildete Land *Nordrhein-Westfalen*. Im November 1946 wurden die bisherigen Länder Hannover, Oldenburg, Braunschweig und Schaumburg-Lippe im Zuge einer Neugliederung zum *Land Niedersachsen* zusammengelegt (VO Nr. 55 der Brit. Militärregierung). Vgl. 136.

Durch VO Nr. 70 der Brit. Militärregierung wurde das Land Niedersachsen zum *Rechtsnachfolger* der vier genannten Länder erklärt. Nach Abgabe von Bremen an die amerik. Zone bestand die britische Zone aus den Ländern Schleswig-Holstein, Niedersachsen, Nordrhein-Westfalen und dem Stadt-Staat Hamburg.

Als beratendes Gremium des Zonenbefehlshabers fungierte der sog. *Zonenbeirat,* dem Vertreter der politischen Parteien, der Landesregierungen und der Gewerkschaften angehörten. Als Hilfsorgane der Besatzungsmacht wurden deutsche *Zentralämter* für Wirtschaft, Justiz, Finanzen (Finanzleitstelle Hamburg), Arbeit, Verkehr, Bahn und Post eingerichtet.

2. Der Aufbau in der *amerikanischen* Besatzungszone zeigte eine deutlich *föderalistische* Tendenz. Die Machtstellung der hier zu frühem Zeitpunkt gebildeten Länder *Bayern, Württemberg-Baden* und *Hessen* (1947 kam als viertes Land das ursprünglich zur brit. Zone gehörende *Bremen* hinzu) wurde bewußt gestärkt. Bereits 1946 wurden in den Ländern *Wahlen* zu verfassunggebenden Versammlungen ausgeschrieben, und im Dezember 1946 traten die von diesen beschlossenen Landesverfassungen in Kraft.

Die Länder übernahmen Reichsaufgaben. Ein permanenter Rat der Ministerpräsidenten stimmte als *Länderrat* Gesetzgebung und Verwaltung der Länder aufeinander ab. Als gemeinschaftliche Verwaltungsstellen entstanden der *Oberste Finanzhof,* das Oberpostdirektorium in München und die Generaldirektion für Verkehrswesen in Frankfurt a. M.

37

3. In der *französischen Zone* vollzog sich der Aufbau deutscher Verwaltungsstellen langsamer. Es wurden zunächst nur kommunale Verwaltungen errichtet. Später ging man an die Bildung von drei Ländern: *Baden, Württemberg-Hohenzollern* und *Rheinland-Pfalz*. Über die Landesverfassungen fand eine Volksabstimmung statt.

Zoneneinheitliche Einrichtungen wie in der amerik. und brit. Besatzungszone gab es in der französischen Zone zunächst nicht. Erst 1947 wurden über die Landesregierungen *Generaldirektionen* für die wichtigsten Verwaltungszweige eingesetzt.

4. Die Entwicklung in der *sowjetischen* Besatzungszone zielte von Anfang an auf Errichtung eines zentralregierten Verwaltungsgebietes ab. Es wurden *Zentralverwaltungen* aufgebaut. Den fünf Ländern der Zone (Brandenburg, Mecklenburg, Sachsen, Sachsen-Anhalt und Thüringen) kam bald nur noch die Funktion höherer Verwaltungseinheiten zu. Vgl. 24 I.

III. *Zusammenschluß der Westzonen*

Zwar hatten die Siegermächte erklärt, daß Deutschland staatlich und wirtschaftlich eine Einheit bilden solle. Infolge der Gegensätze zwischen den Westmächten und der UdSSR vertiefte sich aber die Trennung der vier Besatzungszonen immer mehr. Die Westmächte faßten deshalb einen wirtschaftlichen Zusammenschluß der drei Westzonen ins Auge, der aber wegen der ablehnenden Haltung Frankreichs zunächst nur als wirtschaftliche Vereinigung der brit. und amerik. Zone zur *Bizone* mit Wirkung ab 1. 1. 1947 zustande kam. Erst im März 1948 wurde die franz. Zone einbezogen.

Zunächst wurden fünf mit Ressortministern der Länder besetzte *Bizonale Räte* ins Leben gerufen. Dann wurde durch Proklamation der beiden Militärgouverneure vom 29. 5. 1947 und Gesetz über den vorläufigen Aufbau der Wirtschaftsverwaltung des *Vereinigten Wirtschaftsgebietes (VW)* vom 9. 8. 1947 mit dem *Wirtschaftsrat* das wichtigste Organ der Zweizonenverwaltung gebildet. Dieser setzte sich aus 104 von den Landtagen der beteiligten 8 Länder gewählten Abg. zusammen. Er erhielt zunächst nur wirtschaftliche, später auch gesetzgeberische Befugnisse. Daneben bestand ein *Länderrat* aus 24 Vertretern der Landesregierungen. Er besaß neben dem Recht der Gesetzesinitiative ein *Vetorecht* gegenüber den vom Wirtschaftsrat verabschiedeten Gesetzen, das von diesem nur mit absoluter Mehrheit überstimmt werden konnte. Alle Gesetze bedurften nach Verabschiedung durch Wirtschafts- und Länderrat der Zustimmung des *Bipartite Board,* einer Kontrollinstanz der Besatzungsmächte. Die Exekutive war gegliedert in *fünf Verwaltungen* für Wirtschaft, Ernährung und Landwirtschaft, Arbeit, Finanzen, Verkehr und Post, die von *Direktoren* mit ministerähnlichen Befugnissen unter einem *Oberdirektor* (Dr. Pünder) geleitet wurden. Als Oberbehörden bestanden das *Deutsche Obergericht* in Köln, das zugleich Staatsgerichtshof und oberstes Zivil-, Straf- und Verwaltungsgericht war (aufgehoben durch Ges. vom 27. 12. 1951, BGBl. I 1009), und die *Bank deutscher Länder.*

20. Der Parlamentarische Rat und die Schaffung des Grundgesetzes

Auf der Londoner Außenministerkonferenz im Nov./Dez. 1947 konnten sich die vier „alliierten Großmächte" über die Neuordnung der staatlichen Verhältnisse Gesamtdeutschlands nicht einigen. Auf einer weiteren Londoner Konferenz kamen die Vereinigten Staaten von Amerika, Großbritannien, Frankreich und die drei *Benelux-Länder* (Belgien, Luxemburg, Niederlande) im Juni 1948 überein, die Einberufung einer *verfassunggebenden Versammlung* für die drei Westzonen zu genehmigen. Diese sollte eine *demokratische* Verfassung mit *föderalistischem* Staatsaufbau schaffen. Die Militärgouverneure gaben den 11 MinPräs. der westdeutschen Länder entsprechende Richtlinien in den sog. *Frankfurter Dokumenten.*

Auf Initiative der Ministerpräsidenten wählten die 11 westdeutschen Landtage im August 1948 65 Abgeordnete in den *Parlamentarischen Rat* (Parl. Rat), die sich ihrer Parteizugehörigkeit nach wie folgt verteilten: CDU/CSU 27, SPD 27, FDP 5, DP 2, Zentrum 2, KPD 2. Hinzu kamen 5 Vertreter Westberlins mit beratender Stimme.

Der Parl. Rat trat am 1. 9. 1948 in Bonn zusammen und wählte *Dr. Adenauer* zum Präsidenten. Die Grundlage für seine Arbeit bildete ein von einem Sachverständigenausschuß in *Herrenchiemsee* erarbeiteter Verfassungsentwurf. Die Mitglieder des Parl. Rates waren von Weisungen unabhängig.

Der Parl. Rat setzte 7 Fachausschüsse zur Vorberatung der einzelnen Verfassungsartikel sowie einen Hauptausschuß ein, der den Verfassungsentwurf in insgesamt vier Lesungen abschließend beriet; in ihm wurden die eigentlichen politischen Entscheidungen getroffen. Über die Wahl der Bezeichnung „Grundgesetz" vgl. 41.

Die drei *Militärgouverneure* verfolgten die Arbeit des Parl. Rates durch Verbindungsstäbe. Der erste Verfassungsentwurf wurde abgelehnt, weil er dem föderalistischen Prinzip zu wenig Rechnung trug. Auch die im März 1949 vorgelegte Endfassung des Grundgesetzes (GG) stieß auf Einwände der Militärgouverneure. Erst nach langwierigen Verhandlungen konnte eine Verständigung erzielt werden.

Am 8. 5. 1949 wurde das GG vom Parl. Rat mit 53 gegen 12 Stimmen angenommen und anschließend den Militärgouverneuren zur Genehmigung vorgelegt. Diese wurde mit den im *Besatzungsstatut* niedergelegten *Vorbehalten* (vgl. 22 I) erteilt; die Besatzungsmächte hatten ferner das Inkrafttreten an die Zustimmung von ⅔ der Länderparlamente geknüpft. Nach Billigung durch fast alle Landtage der deutschen Länder (von den 11 Ländern stimmte nur Bayern dagegen) wurde das GG am 23. 5. 1949 verkündet; es trat am Tage darauf in Kraft (Art. 145 Abs. 2 GG). Vgl. 41 ff.

21. Konstituierung der Organe der Bundesrepublik

Wenn man auch die Verkündung des Grundgesetzes (vgl. 20) mit Recht als die Geburtsstunde der *Bundesrepublik Deutschland* (BRep.)

ansieht, darf doch nicht verkannt werden, daß der junge Staat erst arbeitsfähig wurde durch die Bildung seiner wichtigsten *Organe:*
Bundestag, Bundesrat, Bundespräsident, Bundesregierung.

Bereits der Parl. Rat hatte ein *Wahlgesetz* geschaffen, auf Grund dessen am 14. 8. 1949 die Wahlen zum *Deutschen Bundestag* als der Volksvertretung der BRep. stattfanden. Diese Wahl stellte eine Mischung von *Persönlichkeits-* und *Listenwahl* dar, wobei man den Prozentsatz der direkt gewählten Abgeordneten etwa mit 60 v. H. einsetzen kann. Zur Zusammensetzung des 1. BT s. 59.

Am *7. 9. 1949* trat der Bundestag in Bonn zusammen. Diese Stadt war durch Beschluß des Parl. Rates zur vorläufigen *Bundeshauptstadt* bestimmt worden. Am gleichen Tag hielt auch der *Bundesrat,* die Vertretung der Länder, seine erste Sitzung ab.

Seit 7. 9. 1949 steht dem Bundestag die Gesetzgebung für die BRep. unter Beteiligung des Bundesrates zu (Art. 122 Abs. 1 GG). Der süddeutsche Länderrat, der Bizonale Wirtschaftsrat und andere zonale bzw. bizonale gesetzgebende Körperschaften wurden aufgelöst.

Am 12. 9. 1949 wählte die *Bundesversammlung,* gebildet aus den 402 Abgeordneten des Bundestags und der gleichen Zahl eigens zu diesem Zweck von den Landtagen entsandter Vertreter (Wahlmänner), in dem durch Art. 54 GG vorgesehenen Verfahren mit 416 von 800 abgegebenen Stimmen den FDP-Abgeordneten *Prof. Dr. Theodor Heuss* zum ersten *Bundespräsidenten* (vgl. 61). Am 15. 9. 1949 wurde der CDU-Abg. *Dr. Konrad Adenauer* vom Bundestag zum *Bundeskanzler* gewählt. Er stellte am 20. 9. 1949 die Mitglieder seines Kabinetts vor. Damit war als letztes der Obersten Bundesorgane die *Bundesregierung* gebildet.

22. Besatzungsstatut, Dreimächtekontrolle

I. *Besatzungsstatut*

Am 10. 4. 1949 wurden dem Parl. Rat in Bonn von den all. Kontrollbehörden das *Besatzungsstatut für Westdeutschland* und das Abkommen über *Dreimächtekontrolle* übermittelt. Danach hörte mit Errichtung der BRep. die Militärregierung als solche auf zu bestehen. Die Kontrollbefugnisse wurden von je einem *Hohen Kommissar* ausgeübt, während die militärischen Funktionen von je einem Oberbefehlshaber wahrgenommen wurden. Die drei Hohen Kommissare bildeten gemeinsam die *Alliierte Hohe Kommission,* die in jedem Land durch einen *Länderkommissar* der betreffenden Besatzungsmacht vertreten war.

Das mit Konstituierung der Bundesregierung am 21. 9. 1949 in Kraft getretene *Besatzungsstatut* übertrug dem deutschen Volk schon während der Besatzungszeit die Selbstverwaltung, behielt aber die oberste staatliche Gewalt und eine Reihe von Machtbefugnissen den Besatzungsbehörden vor.

Die Länder der Bundesrepublik Deutschland

Brit. Zone: Nordrh.-Westf., Niedersachsen, Hambg., Schlesw.-Holstein
Amerikan. Zone: Bayern, Hessen, Bremen, Bad.-Württbg. (Nord)
Franz. Zone: Bad.-Württbg. (Süd), Rheinl.-Pfalz
Unter Dreimächteverwaltung: Berlin (West)
Saarld. (früher Konvention mit Frankreich)

Bundesländer	Regierungssitz	Fläche 1000 qkm	Einwohner Millionen
Baden Württemberg	Stuttgart	35,7	9,3
Bayern	München	70,5	11,0
Berlin (West)	Berlin (West)	0,5	1,8
Bremen	Bremen	0,4	0,7
Hamburg	Hamburg	0,8	1,6
Hessen	Wiesbaden	21,1	5,5
Niedersachsen	Hannover	47,4	7,2
Nordrhein-Westfalen	Düsseldorf	34,0	16,7
Rheinland-Pfalz	Mainz	19,8	3,6
Saarland	Saarbrücken	2,6	1,1
Schleswig-Holstein	Kiel	15,7	2,6
Bundesgebiet	*Bonn*	248,5	61,1

Auf den Gebieten der *Vorbehaltsklausel* waren die Besatzungsmächte zu Eingriffen in die Grundrechte berechtigt. Solches *Besatzungsrecht* ging dem innerdeutschen Recht vor. Änderungen des GG bedurften einer ausdrücklichen vorherigen Zustimmung der Besatzungsmächte. Über die Aufhebung des Besatzungsrechts vgl. 142.

II. *Beginn der Integration*

In der Folgezeit änderte sich das Verhältnis zwischen der BRep. und den früheren Besatzungsmächten infolge einer zunehmenden *Integration* in überstaatliche Organisationen.

1. Durch den *Marshallplan* (vgl. 910) wurde der Wiederaufbau der westeuropäischen Wirtschaft gefördert. Die BRep. erhielt im Oktober 1949 die volle Gleichberechtigung im *Europäischen Wirtschaftsrat* (OEEC). Sie wurde auch Mitglied der *Europäischen Zahlungsunion* (EZU). Vgl. 910 III, IV.

2. Einen weiteren Fortschritt bedeutete das sog. *Petersberg-Abkommen* vom 22. 11. 1949.

Hierdurch wurden die *Demontagen* deutscher Unternehmungen praktisch beendet und der *Schiffbau* freigegeben. Weiter wurde der Beitritt der BRep. zu mehreren internationalen Organisationen sowie zur Ruhrbehörde und die Einrichtung deutscher Konsulate genehmigt.

3. Mit Verwirklichung des *Schumanplans* im Jahre 1951 (vgl. 911) wurden die Bestimmungen des Besatzungsrechts, soweit es sich um die Grundstoffindustrien *Kohle und Eisen* handelt, durch die neuen europäischen Rechtsvorschriften abgelöst und die gegen Deutschland gerichteten Beschränkungen aufgehoben.

4. Der Beitritt der BRep. zur *NATO* (vgl. 913) im Mai 1955 verschaffte ihr Mitgliedschaft im Altantischen Ministerrat, im Militärausschuß und den sonstigen Einrichtungen dieses Paktes.

5. Durch die *Pariser Verträge* (vgl. 915) endlich wurde die *Beendigung des Besatzungsregimes* bis auf die Vorbehalte hinsichtlich Berlin, Deutschland als Ganzes und den *Friedensvertrag* erreicht. Gemäß Erklärung der Drei Mächte vom 27. 5. 1968 (BGBl. I 714) sind die diesen vorbehaltenen Rechte in bezug auf die Sicherheit der *Stationierungsstreitkräfte* mit dem Inkrafttreten der sog. Notstandsgesetzgebung (67) erloschen, nicht aber in Bezug auf die Vier-Mächte-Verantwortung für Deutschland als Ganzes und für Berlin.

23. Die staatliche Stellung Berlins

Nach der Kapitulation der deutschen Truppen in der Reichshauptstadt am 2. 5. 1945 wurde Berlin zunächst allein von der sowjetischen Armee besetzt. Anfang Juli 1945 rückten amerikanische und britische Einheiten, im August auch französische Truppen ein. Entsprechend dem *Londoner Protokoll* vom 12. 9. 1944 und den alliierten Folge-Abkommen besetzten die vier Mächte gemeinsam das in vier Sektoren eingeteilte Gebiet von Groß-Berlin, das niemals zu einer der vier Besatzungszonen gehörte. Es wurde von einer *Alliierten Kommandantura* verwaltet, die dem *Alliierten Kontrollrat* als oberstem Besatzungsorgan für Deutschland mit Sitz in Berlin unterstand.

Nachdem die aus der Zwangsvereinigung von SPD und KPD entstandene kommunistische SED bei den letzten freien gesamtberliner Wahlen im Oktober 1946 eine Niederlage erlitten hatte, versuchten die Sowjets, die Verwaltung unter Umgehung der Stadtkommandantur massiv zu beeinflussen und ergebene Funktionäre einzusetzen. Die Verwaltungseinheit Berlins wurde im September 1948 durch den gelenkten Sturm kommunistischer Massenorganisationen auf das Neue Stadthaus in Ostberlin zerschlagen. Die Stadtverordnetenversammlung (heute Abgeordnetenhaus) verlegte ihren Tagungsort in die Westsektoren, bald darauf auch der Magistrat. Kurz vor den durch sowjetisches Veto auf Berlin (West) beschränkten Neuwahlen im Dezember 1948 wurde in Berlin (Ost) ein gesonderter Magistrat eingesetzt. Erster Oberbürgermeister an der Spitze des neugewählten Magistrats von Berlin (West) und später Regierender Bürgermeister von Berlin war *Ernst Reuter* (19. 8. 1889–29. 9. 1953).

Im März 1948 hatte sich die UdSSR aus dem Kontrollrat, im Juni 1948 auch aus der Stadtkommandantur zurückgezogen. Damit war die Vier-Mächte-Verwaltung Berlins gescheitert. Unbeschadet der rechtlich fortbestehenden Rechte und Pflichten aller vier Mächte für ganz Berlin übernahmen praktisch die Westalliierten in den drei Westsektoren und die Sowjetunion im Ostsektor die oberste Gewalt.

Die *staatsrechtliche Stellung Berlins (West)* ist nach Art. 23 GG die eines Bundeslandes der föderativen BRep. Jedoch verbietet der Vier-Mächte-Status die volle Eingliederung in die BRep. Berlin darf auf Grund der Vorbehalte, welche die drei Westalliierten bei der Genehmigung des GG und der Berliner Verfassung anbrachten, nicht vom Bund regiert werden. Seine Vertreter im Bundestag und Bundesrat haben im Plenum kein Stimmrecht bei rechtsgestaltenden Abstimmungen oder solchen mit Außenwirkung, wohl aber in den Ausschüssen, im Vermittlungsausschuß sowie in der Bundesversammlung. Alle Bundesgesetze, die auch in Berlin gelten sollen, enthalten eine sog. *Berlin-Klausel,* mit der sie erst nach förmlicher Übernahme durch das Abgeordnetenhaus und mit Zustimmung der Westalliierten in Berlin (West) in Kraft treten. Sie gelten dann auch in Berlin als Bundesrecht (BVerfG NJW 1966, 723); vgl. 55. Wegen der Zuständigkeit des BVerfG in sog. „Berliner Sachen" vgl. 72.

Aus der Rechtsangleichung Berlins an den Bund ergeben sich für die BRep. ähnliche Verpflichtungen gegenüber Berlin wie gegenüber den anderen Bundesländern. Der Bund leistet einen Zuschuß für den Landesetat Berlins und gewährt steuerliche Vergünstigungen (vgl. 541, 567 I, 822 II).

Infolge der *Sonderstellung Berlins im Bund* können weder die Bonner Verträge zur Ablösung des Besatzungsregimes (915) noch der Vertrag über die Westeuropäische Union (914) auf Berlin Anwendung finden. Berlin bleibt weiterhin unter einem (gemilderten) Besatzungsstatut und unter Vier-Mächte-Kontrolle. Die Rechtsgrundlage hierfür bildete zunächst das sog. „kleine Besatzungsstatut“ für Berlin vom 14. 5. 1949, erläutert durch die Erklärung der Außenminister der drei Westmächte vom 23. 10. 1954 über die Grundsätze der künftigen Anwendung des Berlin-Statuts, und schließlich die Erklärung der All. Kommandantur Berlin vom 5. 5. 1955 (GVBl. Bln. S. 335) über die Stellung Berlins (West) nach dem Inkrafttreten der Pariser Verträge (915) – sog. *Berlin-Statut* –.

Berlin (West) war gegen jede Beeinträchtigung seiner Freiheit durch die Sowjetunion schon durch die Garantie der westlichen Besatzungsmächte vom 27. 5. 1952 gedeckt. Diese Zusage wurde bei Abschluß der Berliner Konferenz im Februar 1954 bestätigt und im Londoner Kommuniqué vom 5. 10. 1954 dahin erweitert, daß sie jeden Angriff, von welcher Seite er auch kommen möge, umfaßt. Der Schutz durch die westlichen Besatzungsmächte bewährte sich bereits vor der ausdrücklichen Garantie während der *Blockade Berlins* vom 24. 6. 1948 bis 12. 5. 1949, bei welcher der entschiedene Widerstandswille der Bevölkerung durch eine von den westlichen Alliierten eingerichtete *Luftbrücke* unterstützt wurde.

Den anderthalb Jahrzehnte gewahrten *status quo* (vgl. 922) änderte die Sowjetunion in Berlin, indem sie die Abriegelung der Grenzen Berlins (West) gegen den Sowjetsektor und die SBZ am 13. 8. 1961 durch DDR-Organe (Errichtung der *Berliner Mauer*) offiziell anerkannte. Sie unterstützte die Ziele des SED-Regimes, das seit jeher eine *Anerkennung der DDR* als selbständigen deutschen Teilstaat und die Isolierung Berlins (West) in Form eines eigenen Hoheitsgebiets anstrebte (Drei-Staaten-Theorie).

Im Zuge der europäischen Entspannungspolitik, insbesondere zur „Beseitigung von Spannungen“ und „Verhütung von Komplikationen“ in und um Berlin, schlossen die vier Besatzungsmächte am 3. 9. 1971 das Berlin-Abkommen (BAnz. Nr. 174/72 – Beil.). Es bekräftigt die Rechte und Verantwortlichkeiten der Vier Mächte. Unbeschadet der unterschiedlichen Rechtsauffassungen der Westmächte und der UdSSR soll die „Lage, die sich in diesem Gebiet entwickelt hat“ und wie sie im Abkommen und seinen Folge-Vereinbarungen definiert ist, „nicht einseitig verändert“ werden. Das Abkommen legt fest, daß die Bindungen zwischen Berlin (West) und der BRep. aufrechterhalten und weiterentwickelt werden, wobei Berlin (West) wie bisher kein (konstitutiver) Bestandteil der BRep. ist und weiterhin nicht von ihr regiert werden darf. Dem entgegenstehende Bestimmungen des GG bleiben suspendiert. Bundesorgane (BPräs, BT, BR und sonstige staatliche Organe der BRep.) dürfen keine dem widersprechenden Verfassungs- und Amtsakte (über die Westsektoren) vornehmen. In Schreiben an den Bkzl. erinnerten die drei westlichen Botschafter ausdrücklich an ihre Vorbehaltsrechte in Berlin und erläuterten, daß in Berlin (West) künftig weder die Bundesversammlung noch Plenarsitzungen des BT abgehalten werden dürfen. Zulässig bleiben einzelne, aber nicht gleichzeitige Fraktions-, ferner Ausschußsitzungen des BT.

Hierzu hat die BReg. festgestellt, daß Berlin im Grundsatz ein Land der BRep. bleibt, aber nicht vollständig in die Verfassungsorganisation einbezogen ist.

In den Bestimmungen über Berlin (West) ist festgelegt, daß der *zivile Transitverkehr* von Personen und Gütern zwischen Berlin (West) und der BRep. erleichtert und ohne Behinderungen sein wird; er wird „in der einfachsten, schnellsten und günstigsten Weise erfolgen, wie es in der internationalen Praxis vorzufinden ist", d. h. mit eingeschränkten Identitätsprüfungen, ohne Durchsuchungen, mit durchgehenden Zügen und Bussen sowie verplombten Gütertransportmitteln. Ferner wurden Regelungen für den *Besucher- und Reiseverkehr* von Bürgern Berlins (West) nach Berlin (Ost) und in die DDR, für den Telefonverkehr und andere Kommunikationen zwischen Berlin (West) und seinem Umland vorgesehen, deren Einzelheiten zwischen den zuständigen deutschen Behörden vereinbart werden sollten.

Die *Außenvertretung* Berlins (West) unterliegt weiterhin der Hoheit der drei Westalliierten. Jedoch übt die BRep. die konsularische Betreuung der Berliner (West) (vgl. 24 V) aus und vertritt Berlin (West) in internationalen Organisationen und Konferenzen. Der Geltungsbereich völkerrechtlicher Abmachungen der BRep. kann die Westsektoren einschließen.

Das Abkommen vom 3. 9. 1971 wird ausgefüllt durch ein Abkommen zwischen BRep. und DDR über den *Transitverkehr* von zivilen Personen und Gütern vom 17. 12. 1971 (BAnz. Nr. 174/72 – Beil.) und das BGes. über die Verplombung ziviler Güter im Durchgangsverkehr zwischen BRep. und Berlin (West) vom 23. 6. 1972 (BGBl. I 985) nebst DVO vom 24. 10. 1972 (BGBl. I 2021), ferner durch Vereinbarungen zwischen dem Senat von Berlin und der DDR über Reise- und Besucherverkehr vom 20. 12. 1971 (BAnz. Nr. 174/72 – Beil.) und über Gebietsaustausch.

Über weitere Vereinbarungen zwischen BRep. und DDR, die das Verhältnis der beiden Staaten zueinander betreffen, vgl. 24 V.

24. Die Deutsche Demokratische Republik (DDR)

I. *Staatliche Entwicklung*

In der *Sowjetzone* (19 II 4) entwickelten sich aus den 3 Ländern Thüringen, Sachsen, Mecklenburg und den 5 preuß. Provinzen bzw. Provinzteilen Brandenburg, Halle-Merseburg, Magdeburg, Pommern, Schlesien die 5 neuen Länder Thüringen, Sachsen, Sachsen-Anhalt, Brandenburg und Mecklenburg. Deren Landtage verabschiedeten von Dezember 1946 bis Februar 1947 Landesverfassungen. Diese wurden wie auch die späteren Verfassungswerke der DDR maßgebend beeinflußt von der „Sozialistischen Einheitspartei Deutschlands (SED)", die im April 1946 durch zwangsweisen Zusammenschluß von KPD und SPD gebildet worden war.

Ein von der SED nach Berlin einberufener, von allen Parteien (aus Westdeutschland nur von der KPD) beschickter *Deutscher Volkskongreß* bestellte zur Ausarbeitung eines Verfassungsentwurfs den *„Deutschen Volksrat"*. Dieser betrachtete sich als die einzige legitime Repräsentation des gesamten deutschen Volkes und verabschiedete am 19. 3. 1948 den Entwurf der SED. Dieser *Verfassung der DDR* erteilte ein neugewählter Volkskongreß am 30. 5. 1949 seine Bestätigung und die sowjetische Militäradministration (SMAD) im Oktober

1949 ihre Genehmigung. Die Verfassung trat durch Verkündung vom 7. 10. 1949 (GBl. DDR 5) in Kraft. Darauf trat der Volksrat als *Volkskammer* zusammen, wurde die *Länderkammer* gebildet und von Volks- und Länderkammer der Vorsitzende der SED *Wilhelm Pieck* zum *Staatspräsidenten* gewählt. Anschließend wurde die erste provisorische *Regierung* gebildet (11 Vertreter der SED, 4 der CDU, 3 der LDP).

Das nach dem 2. Weltkrieg mit der Gründung der fünf Länder Thüringen, Sachsen usw. in der Sowjetzone zunächst noch beibehaltene *föderalistische System* wurde mehr und mehr zugunsten des *Einheitsstaates* zurückgedrängt. Nachdem die Länder durch das Ges. vom 23. 7. 1952 (GBl. I 613) aufgelöst und durch 14 Bezirke ersetzt worden waren, behielt zwar noch die *Länderkammer* als Ländervertretung ihre Zuständigkeit in der Gesetzgebung, hatte aber letztlich nur noch die Aufgabe, gegen den Beschluß der Volkskammer über die Abschaffung der Länderkammer keinen Einspruch einzulegen. Die Bezirke (jetzt 15 mit 191 Land- und 36 Stadtkreisen) haben nur noch die Bedeutung von Selbstverwaltungskörperschaften.

II. *Politische Struktur*

Nach dem Tode von Wihelm Pieck, der als *Präsident der Republik* die typische Stellung eines repräsentativen Staatsoberhauptes einnahm, wurde durch Gesetz vom 12. 9. 1960 (GBl. I 1505) der *Staatsrat* der Deutschen Demokratischen Republik gebildet. Mit dieser Umbildung ihrer obersten Organe erhielt die DDR ihre seitherige politische Struktur. Diese ist durch die zweite *Verfassung vom 6. 4. 1968* (GBl. I 199) nicht verändert worden. Jedoch wurden durch ÄndGes. vom 7. 10. 1974 alle Hinweise auf das Fortbestehen einer ,,Deutschen Nation" entfernt (vgl. n. F. GBl. 1974 I 432).

1. Verfassungsgrundsätze. Die Verfassung normiert die Grundlagen der sozialistischen Gesellschafts- und Staatsordnung, die Rechtsstellung der Bürger und der Gemeinschaften (Betriebe, kommunale Körperschaften, Gewerkschaften, Produktionsgenossenschaften) in der sozialistischen Gesellschaft, Aufbau und System der staatlichen Leitung sowie sozialistische Gesetzlichkeit (s. u. III) und Rechtspflege. Nach ihrer Verfassung ist die DDR ein ,,sozialistischer Staat der Arbeiter und Bauern", die politische Organisation der ,,Werktätigen in Stadt und Land unter Führung der Arbeiterklasse und ihrer marxistisch-leninistischen Partei" (Art. 1 Abs. 1). Nach Art. 2, 5 geht alle politische Macht in der DDR von den ,,Werktätigen" aus und wird von den Bürgern durch demokratisch gewählte Volksvertretungen ausgeübt. In Art. 8 werden die allgemeinen Regeln des Völkerrechts als verbindlich anerkannt. Weitere Artikel behandeln den Begriff des ,,sozialistischen Eigentums" (gesamtgesellschaftliches Volkseigentum, genossenschaftliches Gemeineigentum der Kollektiven und Eigentum gesellschaftlicher Organisationen); neben ihm wird das persönliche Eigentum der Bürger und das Erbrecht gewährleistet. Besondere Bestimmungen gelten den sozialistischen Genossenschaften, dem einheitlichen sozialistischen Bildungssystem u. a. Einrichtungen spezifisch marxistisch-leninistischer Prägung. Für das Wirtschaftssystem wird der Grundsatz der Planung und Leitung der Volkswirtschaft (vgl. 802, Planwirtschaft) proklamiert.

Im Rahmen der ,,Grundrechte und Grundpflichten" wird u. a. das Prinzip der ,,sozialistischen Gesetzlichkeit" statuiert und Rechtssicherheit gewährleistet, nicht dagegen die Freiheit der Berufswahl, das Streikrecht und die Auswanderungsfreiheit; die Freizügigkeit ist auf das DDR-Gebiet beschränkt (entgegen dem auch von der DDR ratifizierten Internat. Pakt über bürgerliche und politische Rechte vom 19. 12. 1966 – vgl. 908 –). Die restriktive Praxis der DDR-Behörden bei Ausreisegenehmigungen ist aufgelockert worden durch die seit 15. 10. 1983 geltende *VO zur Regelung von Fragen der Familienzusammenführung und der Eheschließung zwischen Bürgern der DDR und Ausländern* nebst 1. DfBestimmung, beide vom 15. 9. 1983 (GBl. I 254, 255).

Die Zusammenführung ist erleichtert für Ehegatten mit dem im „Ausland" (d. i. nach DDR-Recht auch die BRep.) „legal" ansässigen Ehepartner, für Eltern und ihre minderjährigen Kinder sowie bei Pflegebedürftigkeit von Eltern oder Kindern. Doch ist eine Reihe von Versagungsgründen normiert, die zwingend gelten für Wehrpflichtige oder Straftäter sowie bei Gefährdung staatlicher Interessen der DDR.

2. Gewalteneinheit. Das für die Demokratien westlicher Prägung grundlegende Prinzip der *Gewaltentrennung* (Gewaltenteilung; vgl. 8) ist in der DDR durch die *Gewalteneinheit* ersetzt, die zusammen mit einem in der Verfassung (Art. 47 Abs. 2) sog. „demokratischen Zentralismus" den Staatsaufbau bestimmt. Da alle staatliche Macht bei den Volksvertretungen konzentriert ist (deren Zusammensetzung von der SED und den von ihr gesteuerten Organisationen bestimmt wird), ist für eine Gewaltenteilung kein Raum. Sowohl die obersten Regierungsorgane (Staatsrat, Ministerrat) als auch die nachgeordneten Räte werden von der Volksvertretung der jeweiligen Stufe (Volkskammer, Bezirkstag, Kreistag, Stadtverordnetenversammlung, Gemeindevertretung) gewählt, kontrolliert und abberufen. Der Rechtsprechung, im demokratischen Staat die „dritte Gewalt" (70), ist die Kontrolle der Verwaltung auf Gesetzlichkeit ihres Handelns entzogen; sie ist im Gegenteil in ihrer Unabhängigkeit beschränkt und staatlicher Kontrolle unterworfen (s. u. III). Der in der DDR herrschende *Zentralismus* bedingt die Unterstellung der nachgeordneten Räte unter die übergeordneten und letztlich die Abhängigkeit von der Verwaltungsspitze. Es gibt daher auch keine kommunale Selbstverwaltung (120 IV).

3. Volksvertretungen. Der Einfluß der Bürger auf das politische Geschehen und die öffentliche Verwaltung, der nach Art. 5 der Verfassung auf dem Wege über die „demokratisch gewählten Volksvertretungen" gesichert werden soll, ist durch das Wahlsystem stärkstens eingeschränkt. Danach wird vor jeder Wahl (aktives und passives Wahlrecht vom 18. Lebensjahr an) unter dem beherrschenden Einfluß der „Nationalen Front" und der diese steuernden SED eine *Einheitsliste* aufgestellt. Diese berücksichtigt nach einem stets unveränderten Schlüssel außer den politischen Parteien (SED, CDU, LDPD = Liberal-Demokratische Partei Deutschlands, NDPD = National-Demokratische Partei Deutschlands, DBD = Demokratische Bauernpartei Deutschlands) auch andere Gruppen (FDGB = Freier Deutscher Gewerkschaftsbund usw.). Doch ist das Recht des Wählers, einzelne Bewerber zu streichen, in seiner Wirkung beschränkt; es wirkt sich nur aus, wenn mehr als die Hälfte den Bewerber streicht. Auch entscheidet letztlich nicht die für einzelne Bewerber abgegebene höhere Stimmenzahl, sondern die Reihenfolge in der Liste.

4. Die Volkskammer ist das oberste Gesetzgebungsorgan der DDR. Sie besteht jetzt aus 500 Abgeordneten, die auf fünf Jahre gewählt werden. Die Sitze sind nach einem festen Schlüssel verteilt; dabei halten SED mit 127 und die Massenorganisationen (FDGB, DFD, FDJ, Kulturbund) mit 165 Sitzen eindeutig die Mehrheit (CDU, LDPD, NDPD und DBD je 52). Die Volkskammer bestimmt die Grundsätze der Tätigkeit des Staatsrats, des Ministerrats, des Obersten Gerichts und anderer leitender Staatsorgane. Ferner wählt die Volkskammer die Vorsitzenden und die Mitglieder des Staatsrats und des Ministerrats, die sie jederzeit abberufen kann. Die Abgeordneten Berlins (Ost) werden seit Juni 1979 entgegen dem Vier-Mächte-Abkommen über Berlin (23) unmittelbar (nicht mehr von der Stadtverordnetenversammlung) gewählt.

5. Der Staatsrat. Eine politisch und verwaltungsmäßig überragende Stellung nahm insbesondere unter seinem Vorsitzenden *Walther Ulbricht* (seit 1960) der *Staatsrat* ein, der zwischen den Tagungen der Volkskammer als deren Organ selbständig fungiert. Er besteht aus dem Vorsitzenden, seinen Stellvertretern, den Mitgliedern und dem Sekretär und wird durch die Volkskammer auf fünf Jahre gewählt; doch setzt der Staatsrat nach Ablauf der Wahlperiode der Volkskammer seine Tätigkeit bis zur Wahl des neuen Staatsrats fort. Die Verfassung von 1968 verlieh dem Staatsrat u. a. das Recht, durch rechtsverbindliche Erlasse und Beschlüsse von der Volkskammer beschlossene Gesetze zu verwirklichen, grundsätzliche Beschlüsse in Verteidigungs- und Sicherheitsfragen zu fassen sowie internationale Verträge abzuschließen und zu kündigen. Diese werden vom Staatsrat ratifiziert, der auch die DDR wie ein *Staatsoberhaupt* völkerrechtlich vertritt. Der Vorsitzende des Staatsrats ernennt die diplomatischen Vertreter der DDR und beruft sie ab; er nimmt Beglaubigungsschreiben der akkreditierten Vertreter anderer Staaten entgegen. Der Staatsrat beaufsichtigt die Tätigkeit des Obersten Gerichts und des Generalstaatsanwalts; er übt das Amnestie- und Gnadenrecht aus. Militärische Dienstgrade, diplomatische Ränge und andere Titel setzt der Staatsrat fest; er stiftet Orden und Ehrenzeichen, die vom Staatsratsvorsitzenden verliehen werden. Während die überwiegend repräsentativen Funktionen dem Staatsrat auch nach der Verfassungsänderung von 1974 erhalten geblieben sind, wurden seine wichtigeren Exekutivbefugnisse schon seit der Entmachtung Ulbrichts (1971) zunehmend zugunsten des Ministerrats eingeschränkt. Vorsitzender des Staatsrats ist seit Okt. 1976 *Erich Honecker.*

6. Der Ministerrat. Der *Ministerrat* als Regierung der DDR ist die Spitze der Behördenorganisation und stellt seit 1971 und seit der Verfassungsänderung 1974 auch rechtlich das leitende Staatsorgan dar. Er ist das Exekutivorgan der Volkskammer mit weitgehenden Vollmachten. Er leitet die Staatspolitik (Innen-, Außenpolitik), die Wirtschafts-, Kultur- und Sozialpolitik sowie die Erfüllung der Verteidigungsaufgaben. Er besteht aus dem Vorsitzenden (MinPräs.), dessen Stellvertretern und Ministern. Der Vorsitzende wird von der stärksten Fraktion der Volkskammer vorgeschlagen und von dieser mit der Bildung des Ministerrats beauftragt. Vorsitzender und Mitglieder werden von der Volkskammer für fünf Jahre gewählt. Der Ministerrat übt seine Exekutivbefugnisse auf der Grundlage der Gesetze und der Beschlüsse der Volkskammer aus. Er leitet, koordiniert und kontrolliert die Tätigkeit der Ministerien und sonstigen zentralen Staatsorgane und der Räte der Bezirke. Die Mitglieder des Ministerrats können jederzeit von der Volkskammer abberufen werden.

7. Den bestimmenden politischen Einfluß in der DDR übt die *„Sozialistische Einheitspartei Deutschlands (SED)“* aus. Ihre leitenden Organe sind nach dem Vorbild der Kommunistischen Partei der Sowjetunion (KPdSU, vgl. 35) aufgebaut.

Nach dem SED-Statut sind höchste Parteiorgane der *Parteitag* (mehr als 2000 Delegierte) und nach diesem die als Beschlußgremien konzipierten Organe: das *Zentralkomitee* (ZK, 207 Mitgl.), das *Politbüro* (22 Mitgl.) und das *Sekretariat des Zentralkomitees* (11 Mitgl., die durchweg auch dem Politbüro angehören); daneben bestehen die Zentrale Revisionskommission zur Prüfung des Finanzgebarens und der Geschäftsführung des Parteiapparates und die Zentrale Parteikontrollkommission als oberste Disziplinarinstanz. Die drei Beschlußgremien sind so organisiert, daß das jeweils höhere und mitgliederstärkere Organ das nächstkleinere bestellt; das jeweils niedere nimmt während der Tagungspausen des höheren dessen Funktionen wahr. Das Schwergewicht der politischen Arbeit liegt somit praktisch beim Politbüro und beim Sekretariat, welche die laufenden Geschäfte führen; ihren Mitgliedern ist jeweils ein bestimmter Aufgabenkreis zugewiesen. Den stärksten Einfluß übt der *Generalsekretär* aus, der die Tätigkeit des ZK-Sekretariats leitet.

Nachgeordnete Parteiinstanzen sind die Bezirksleitungen, danach Kreis- und Stadtbezirksleitungen (mit Sondergremien für große Industriebetriebe, zentrale Staatsbehörden und Hochschulen) sowie auf der untersten Ebene Parteigruppen (Ortsgruppen, Betriebsparteiorganisationen usw.), in deren Sekretariat der ,,1. Sekretär" der maßgebende Faktor ist.

Die den Staatsapparat beherrschende Stellung der SED konkretisiert sich nach dem Prinzip der *Gewalteneinheit* (oben 2) vor allem darin, daß die oberste Volksvertretung (Volkskammer, oben 3) – meist auch die unteren Vertretungen – die Staatsorgane ihrer Stufe wählen, kontrollieren und abberufen. Die von den obersten Parteigremien getroffenen Grundentscheidungen binden den gesamten Staatsapparat; dieser hat sie durchzuführen und wird darin von den Parteiorganen kontrolliert. Die personelle Verschmelzung von Partei- und Staatsapparat verstärkt noch die Machtposition der SED.

III. *Rechtswesen*

Anders als in den Ländern westlicher Prägung, in denen das Rechtsstaatsprinzip (vgl. 4 V 3) uneingeschränkt die strenge Bindung der politischen Führung sowie der Justiz und Verwaltung an Recht und Gesetz als unverrückbaren Grundsatz herausstellt, ist das Recht in totalitären Staaten der jeweils leitenden politischen Zielsetzung untergeordnet. Dementsprechend ist auch in der DDR das Recht als ,,sozialistisches Recht" ein Mittel zur Verwirklichung der marxistisch-leninistischen Weltanschauung, unterliegt also dem Primat der Politik. Die Rechtsetzung in der DDR hat deshalb den Begriff der ,,sozialistischen Gesetzlichkeit" entwickelt, nach dem sich jegliches Handeln der Staatsorgane, der gesellschaftlichen Organisationen und der Bürger zu richten hat. Sie äußert sich in der *Rechtsetzung* insbesondere durch Verwendung zahlreicher Rahmenbestimmungen und unbestimmter Rechtsbegriffe, die der *Rechtsanwendung* durch Auslegung i. S. der politischen Zielsetzung weiten Raum lassen; außerdem wird fast allen Gesetzen eine *Präambel* als (rechtliches und politisches) Leitbild für die Anwendung des Gesetzes vorangestellt.

Diese von der politischen Führung der DDR vorangetriebene Formung des Rechtssystems hat auf zahlreichen Rechtsgebieten zu weitgehender Veränderung oder Neufassung der bei der Spaltung Deutschlands (1945) bestehenden deutschen Gesetze und zu einer zunehmenden Aufgabe der Rechtseinheit geführt. So stellt das an die Stelle des Bürgerlichen Gesetzbuches getretene *Zivilgesetzbuch* vom 19. 6. 1975 (GBl. I 465) die ,,Förderung sozialistischer Gemeinschaftsbeziehungen" und die ,,Grundsätze sozialistischer Moral" auch als Grundlage des Zivilrechts heraus (§ 2). Neugeformt ist – neben dem fortbestehenden privaten Eigentum – der Begriff des ,,sozialistischen Eigentums", das ,,Volkseigentum" oder Eigentum sozialistischer Genossenschaften oder gesellschaftlicher Organisationen sein kann (§ 18). Auch das Vertragsrecht sowie alle anderen Formen von Schuldverhältnissen enthalten öffentlich-rechtlichen Einschlag unter politischen Gesichtspunkten. Im Erbrecht sind zwar die Verfügungsbefugnis des Erblassers und die Testierfreiheit aufrechterhalten, aber an die Einhaltung der ,,Grundsätze sozialistischer Moral" gebunden. Im einzelnen vgl. 302. Das ZGB wird ergänzt durch das *Familiengesetzbuch* nebst ausfüllenden Vorschriften (vgl. 344, 346; dort auch über Eheschließung mit ,,Ausländern" – d. h. auch Bürgern der BRep. –, das eheliche Güterrecht und das Scheidungsrecht). Über das in der DDR z. T. unter politischen Gesichtspunkten gestaltete neue *Strafgesetzbuch* vgl. 394, über den *Zivilprozeß* und den *Strafprozeß* 233, 267, über den *Strafvollzug* 288 II. Zum *Straßenverkehrsrecht* s. 195.

Die *Rechtsprechung* obliegt (nach der Verfassung) unabhängigen Richtern unter weitgehender Zuziehung von Laien. Nach Art. 90 der Verfassung dient die Rechtspflege der Durchführung der ,,sozialistischen Gesetzlichkeit". Es bestehen *Kreisgerichte, Bezirksgerichte* und ein *Oberstes Gericht.* Die Richter sind nach Art. 96 zwar in ihrer Rechtsprechung unabhängig. Dieser Verfassungssatz wird aber weitgehend dadurch eingeschränkt, daß die Richter und Laienrichter von den Volksvertretungen auf Zeit gewählt werden und von ihren Wählern unter gewissen Voraussetzungen abberufen werden können (Art. 95; § 53 GVG vom 27. 9. 1974, GBl. I 457). Zudem kann das Oberste Gericht, das wiederum dem Staatsrat verantwortlich ist, für alle Gerichte verbindliche Richtlinien erlassen (§ 39 GVG). Für die Tätigkeit der *Staatsanwaltschaft* gilt das Gesetz vom 7. 4. 1977 (GBl. I 93). Sie wird vom Generalstaatsanwalt der DDR geleitet, der alle Staatsanwälte beruft und abberuft. Außer den ihr wesensgemäßen Aufgaben (vgl. 220) hat die StA die Einhaltung der ,,sozialistischen Gesetzlichkeit" in allen Bereichen von Staat und Wirtschaft zu überwachen, insbes. in Rechtsprechung, Verwaltung, bei den gesellschaftlichen Organisationen usw. Eine Verfassungsgerichtsbarkeit besteht im Hinblick auf das Prinzip der Gewalteneinheit (vgl. 8 und oben II 2) ebensowenig wie eine Verwaltungs-, Finanz- oder Sozialgerichtsbarkeit.

Nach dem ,,Gesetz über die gesellschaftlichen Gerichte" vom 25. 3. 1982 (GBl. I 269) sind in Betrieben mit Laien besetzte *Konfliktkommissionen* für Arbeitssachen, geringfügige Straftaten und Ordnungswidrigkeiten, einfache zivilrechtliche und sonstige Streitigkeiten zuständig. Weiter sind in Städten, Gemeinden und Produktionsgenossenschaften *Schiedskommissionen* tätig. Sie haben im wesentlichen die gleiche Zuständigkeit mit Ausnahme der Streitfälle aus dem Arbeitsrecht. Gegen die Entscheidungen der gesellschaftlichen Gerichte ist Einspruch an das Kreisgericht möglich. Ergänzend gelten eine Konfliktkommissionsordnung und eine Schiedskommissionsordnung.

Die anwaltlichen Aufgaben werden auch in der DDR von *Rechtsanwälten* wahrgenommen. Diese sind jedoch i. d. R. auf freiwilliger Grundlage in sog. *Kollegien der Rechtsanwälte* zusammengeschlossen; das sind juristische Personen (144), die u. a. Funktionen ähnlich den RAKammern in der BRep. (211) wahrnehmen. Das hierzu erlassene Gesetz nebst Musterstatut vom 17. 12. 1980 (GBl. 1981 I 1, 4) ersetzte für die DDR u. a. die Rechtsanwaltsordnung von 1878 und frühere über die Kollegien ergangene RechtsVOen. Die Regelung gilt nach der Anordnung über die Aufgaben und die Tätigkeit der *Einzelanwälte* vom 18. 12. 1980 (GBl. 1981 I 10) für diese nur beschränkt; solche werden auch nicht mehr neu zugelassen.

IV. *Wirtschaft und Arbeit*

50 Zu den wesentlichen Zielen der sozialistischen Staatspraxis gehören die Umformung des Eigentumsbegriffs (,,sozialistisches Eigentum", s. o. III) und die Gestaltung des Produktionsprozesses nach den Grundsätzen einer zentral gesteuerten Planwirtschaft. Beide Zielrich-

tungen sind daher in der DDR auch verfassungsmäßig verankert. Diesen Zielen dient insbesondere die Überführung der privaten Wirtschaftsbetriebe in Staats(Volks)eigentum auf dem Wege über die Bildung halbstaatlicher, in die Planwirtschaft einbezogener Betriebe, bei denen der Staat Genossenschafter, der frühere Inhaber Komplementär (372 I 1) und zugleich besoldeter Geschäftsführer ist. In der Landwirtschaft geschieht dies durch Überführung in landwirtschaftliche Produktionsgenossenschaften (LPG), in denen der bisherige Betriebsinhaber nur noch als qualifizierter Arbeiter tätig ist. Eine ähnliche Entwicklung vollzog sich in den Produktionsgenossenschaften des Handwerks (HPG). Doch besteht das Bestreben, auch Genossenschaften in ,,volkseigene Betriebe" (VEB) zu überführen. Gleichwohl halten sich private Betriebe noch im Bereich des Handwerks (sie werden neuerdings sogar gefördert) und Kleingewerbes. Die im Zuge der Bodenreform zunächst geschaffene kleinbürgerliche *Agrarstruktur* ist über die LPG schließlich in sozialistische Großbetriebe umgeformt worden.

Bei der Durchführung des Systems der *Planwirtschaft* traten alsbald strukturelle Mängel hervor, die oft die Erfüllung der gesteckten wirtschaftlichen Ziele verhinderten. Sie resultieren aus der Schwerfälligkeit der bürokratischen Planung und aus häufig wenig fachkundiger Normaufstellung mit geringem Nutzeffekt. Auch werden die mehrere Instanzen durchlaufenden Pläne immer wieder durch die technische Entwicklung oder durch Änderung der Marktlage überholt. Vor allem aber läßt sich die fehlende Initiative des eigenverantwortlichen Unternehmers nicht durch produktionsferne zentrale Planungsmaßnahmen ersetzen. Neuere Versuche, dem wirtschaftlichen Zentralismus nur zentrale Wirtschaftsführung und Planung, den staatswirtschaftlichen Betrieben und ihren Leitern dagegen größere Aufgaben in Planung und Leitung zuzuweisen, scheiterten bisher wie in der Tschechoslowakei (vgl. das ,,ökonomische Modell" von Ota Sik, 923) an dem konsequenten Zentralismus der kommunistischen Führung.

Auch das *Arbeitsrecht* der DDR weist ausgeprägte sozialistische Tendenzen auf. Das folgt aus der verfassungsmäßigen Ausrichtung des gesamten Rechtssystems auf den Sozialismus, aber auch aus der Arbeitsstruktur, da rd. 95 v. H. der Arbeitnehmer in sozialisierten (volkseigenen und genossenschaftlichen) Betrieben oder in Betrieben mit staatlicher Beteiligung beschäftigt sind; auch ist der Hundertsatz der Frauen an der erwerbstätigen Bevölkerung mit 49,4 wesentlich höher als in der BRep. mit 39,6 (Stand: 1984). Das Arbeitsgesetzbuch der DDR vom 16. 6. 1977 (GBl. I 185) sieht ebensowenig wie die Verfassung ein *Streikrecht* vor, da nach sozialistischer Auffassung die ,,Werktätigen" als Inhaber der volkseigenen Betriebe nicht ,,gegen sich selbst streiken" können. Die Vertretung der Arbeitnehmer obliegt nicht einem von den Betriebsangehörigen gewählten Betriebsrat (633), sondern der vom FDGB kontrollierten *Betriebsgewerkschaftsleitung;* ihr stehen *Mitbestimmungsrechte* insbes. bei der Gestaltung von Lohn- und Arbeitsbedingungen und in sozialen Angelegenheiten der Abschluß von *Betriebskollektivverträgen,* die *Mitwirkung* bei der Entlassung (begrenzt auch bei Einstellung) von Arbeitnehmern und andere Befugnisse zu. Sie besitzt auch das *Informationsrecht,* das aber nicht wie im Betriebsverfassungsgesetz der BRep. als eines der sog. Individualrechte (633) zugunsten des einzelnen Werksangehörigen normiert ist; dieser ist im wesentlichen auf eine ,,Mitgestaltung" durch Vorschlags-, Anhörungsrechte u. dgl. beschränkt.

Die *Sozialversicherung* ist in den Grundzügen in den §§ 279–290 des Arbeitsgesetzbuchs geregelt. Sie ist als Einheitsversicherung gestaltet, die alle Versicherungszweige (Kranken-, Unfall-, Altersversicherung usw.) umfaßt; vgl. SozialversicherungsVO vom 9. 12. 1977 (GBl. 1978 I 1). Im Unterschied zur BRep. fehlt es jedoch an einer *Dynamisierung* der Renten (664). Die Altersrente basiert auf einer durch VO bestimmten Mindestrente. Diese beträgt nach der 2. RentenVO vom 26. 7. 1984 (GBl. I 281) 300 M, nach 15 Arbeitsjahren 310 M und erreicht nach 45 Arbeitsjahren den Höchstsatz von 370 M; hierzu treten Steigerungsbeträge. Die *Sozialleistungen* für die arbeitende Bevölkerung stehen im Vordergrund der Sozialpolitik. Sie werden ergänzt durch ein ausgebautes *Gesundheitswesen,* das in der DDR fast ganz verstaatlicht ist; Ärzte sind meist als Angestellte in Ambulatorien, Poliklinken und Krankenhäusern tätig. Statt des Arzt-Patient-Vertrags (Dienst- od. Werkvertrag) besteht ein ,,medizinisches Betreuungsverhältnis" zwischen Patient und Gesundheitseinrichtung. Bei Kunstfehlern haftet nicht der Arzt, sondern dessen Arbeitgeber. Die Pflicht zum Nachweis eines Verschuldens entfällt grundsätzlich; die Schuldhaftung ist ersetzt durch eine Sozialhaftung.

Die wirtschaftlichen Schwierigkeiten der DDR und die Unzufriedenheit der mitteldeutschen Bevölkerung mit dem politischen Machtsystem hatten eine zunehmende ,,Republikflucht" und vor allem den Übertritt zahlreicher Arbeitskräfte auf westdeutsches oder West-Berliner Gebiet zur Folge. Die Auflehnung der Arbeiterschaft gegen das sowjetische System und die allein nach dem Willen der politischen Machthaber der DDR ausgerichtete Einheitsgewerkschaft (FDGB) führte am 17. 6. 1953 im Ostberliner Regierungsviertel zu einem Aufstand, der von den östlichen Machthabern nur mit Hilfe der sowjetischen Besatzungsmacht niedergeschlagen werden konnte. Der anhaltende Verlust von Arbeitskräften, die der SBZ den Rücken kehrten, führte schließlich zum hermetischen Abschluß der Westgrenze der DDR und namentlich von West-Berlin durch die Errichtung der sog. ,,Berliner Mauer" am 13. 8. 1961.

V. *Außenpolitische Beziehungen. Verhältnis zur Bundesrepublik*

Grundlage der *Beziehungen zwischen der DDR und der Sowjetunion,* an die sich die DDR politisch am stärksten anlehnt, ist ein in Moskau am 20. 9. 1955 geschlossener Vertrag, der sich auf die Grundsätze völliger Gleichberechtigung, gegenseitiger Achtung der Souveränität und Nichteinmischung in die inneren Angelegenheiten festlegt. Die DDR soll über Fragen der Innen- und Außenpolitik frei entscheiden und ihre *Beziehungen zur Bundesrepublik* und zu anderen Staaten frei regeln können. Diese sog. *Zweistaatentheorie* – wobei Berlin (West) als ,,besonderes Territorium" bezeichnet wird – wurde nach dem Scheitern der Viermächtegespräche über Deutschland auf der Genfer Gipfelkonferenz vom Juli 1955 und als östliche Konsequenz aus den Pariser Verträgen von 1954 von *Chruschtschow* und *Bulganin* entwickelt. Sie wurde bestätigt durch die DDR-UdSSR-Freundschaftsverträge vom 12. 6. 1964 und 7. 10. 1975; dieser beseitigte alle früheren Vereinbarungen, die auf eine ,,Wiedervereinigung Deutschlands" abzielten.

Die Hoheit in den Luftkorridoren wurde von der UdSSR weiterhin in Anspruch genommen auf Grund der These, daß der Land- und Luftweg den Westmächten nur für die Bedürfnisse ihrer in Berlin

52

(West) stationierten Garnisonen zur Verfügung gestellt sei. In gesamtdeutschen Fragen hält der bei der DDR akkreditierte Botschafter der UdSSR auf der Grundlage der Berliner Erklärung und des Potsdamer Abkommens von 1945 (vgl. 19 I) Kontakt mit den Botschaftern der Westmächte. Neben dem Spandauer Viermächtegefängnis bildet die *Viermächte-Luftsicherheitszentrale* im Kontrollratsgebäude in Berlin (West) einen Überrest der *Viermächtekontrolle Berlins*. Vgl. 23.

Das Staatsbürgerschaftsgesetz der DDR vom 20. 2. 1967 (GBl. I 3) gab den Einheitsgedanken im deutschen Staatsangehörigkeitsrecht auf und setzte für die DDR das Reichs- und StaatsangehörigkeitsG außer Kraft, indem es eine „Staatsbürgerschaft der DDR" einführte. Diese nimmt die DDR kraft Geburt nicht nur für Kinder ihrer „Staatsangehörigen" in Anspruch, sondern für alle auf dem „Territorium der DDR" Geborenen, soweit diese nicht bereits kraft Abstammung einem anderen Staat angehören (subsidiäres Territorialitätsprinzip; vgl. 2 I), sowie über die durch Verwaltungsakt Eingebürgerten. Das Ges. von 1967 hatte als DDR-Staatsbürger auch diejenigen Deutschen bezeichnet, die in der DDR am 7. 10. 1949 ihren Wohnsitz hatten (darunter würden auch Zonenflüchtlinge fallen). Diese Regelung hat das Ges. vom 16. 10. 1972 (GBl. I 265) dahin abgeändert, daß allen DDR-Bürgern, die vor dem 1. 1. 1972 „illegal" die DDR verlassen haben, die DDR-Staatsbürgerschaft aberkannt wurde.

Bis 1972 haben der früher von der BRep. erhobene Alleinvertretungsanspruch für Gesamtdeutschland (s. 5 II 2, 902) und die dem entgegengesetzte Zweistaatenlehre der DDR – abgesehen von sog. „technischen Kontakten", z. B. im Post- und Bahnverkehr – offizielle Beziehungen zwischen den Regierungen beider Gebiete verhindert. Gegen den Alleinvertretungsanspruch der BRep. richtete sich auch das Ges. vom 13. 10. 1966 (GBl. I 81) „zum Schutz der Staatsbürger- und Menschenrechte der Bürger der DDR"; es enthält Strafdrohungen und begründet Schadensersatzansprüche gegen „Hauptverantwortliche" und besonders aktiv an „Verfolgungsmaßnahmen" Mitwirkende, die sich auf Grund der „Alleinvertretungsanmaßung der BRep." in Ausübung der Gerichtshoheit gegen DDR-Bürger richten. Die am 12. 6. 1968 eingeführte Paß- und Visapflicht im Berlin-Verkehr wurde erst durch die neuen Abkommen über Besuchsregelungen und über den Reise- und Transitverkehr überholt (vgl. 23). Die Möglichkeit des Zeitungsaustausches hat die BRep. durch Art. 8 des 8. StrafrechtsänderungsG (BGBl. 1968 I 741, 754) geschaffen; die Bestimmung wurde durch das EGStGB 1974 (BGBl. I 469) als gegenstandslos wieder aufgehoben. Hingegen macht die DDR-VO nebst DfBest vom 21. 2. 1973 (GBl. I 99, 100) die Tätigkeit von DDR-fremden Korrespondenten und sonstigen Publikationsorganen (Nachrichtenagenturen, Presse, Rundfunk, Fernsehen) von einer Genehmigung abhängig und setzt ihr inhaltliche Grenzen.

Die DDR hat stets versucht, ihre völkerrechtliche Anerkennung durch die BRep. und die Aufnahme diplomatischer Beziehungen vertraglich durchzusetzen, wobei West-Berlin zur „selbständigen politischen Einheit" erklärt werden sollte. Die BReg. hingegen strebt „besondere innerdeutsche Beziehungen" nicht völkerrechtlicher Art *innerhalb einer deutschen Nation* an. Nach ihrer Auffassung haben die Vier Mächte die 1945 übernommene Regierungsgewalt über Gesamtdeutschland noch nicht aufgegeben; völkerrechtlich existiere demgemäß noch Gesamtdeutschland, innerhalb dessen BRep. und DDR vorläufige „Teilordnungen" seien (dazu BVerfG NJW 1973, 1539). Im *Grundvertrag* vom 21. 12. 1972 (BGes. vom 6. 6. 1973, BGBl. II 421) wird die *Gleichberechtigung* beider deutscher Staaten und die Unverletztlichkeit der bestehenden Grenzen sowie die Beschränkung der Hoheitsgewalt auf das eigene Staatsgebiet anerkannt. Beide Seiten verzichten auf Gewaltanwendung bei Streitfragen und *Alleinvertretungsansprüche*. Statt diplomatischer Missionen wurden „Ständige Vertretungen" eingerichtet, die aber die Vorrechte der Exterritorialen besitzen (vgl. 904).

Weitere Regelungen sind für die Familienzusammenführung, den grenzüberschreitenden Reise- und Besucherverkehr, den Warenverkehr u. a. m. vorgesehen (über weitere Vereinbarungen vgl. 23.) West-Berlin ist in das Vertragswerk einbezogen, seine internationale Vertretung durch die BRep. anerkannt. Offen geblieben ist die Regelung der *Staatsangehörigkeit* und der Vermögensfragen. Jedoch sind nach Maßgabe des Abkommens vom 25. 4. 1974 (BGBl. II 621) gewisse laufende Zahlungen zum Transfer zugelassen: a) *Unterhaltszahlungen* auf familienrechtlicher Grundlage (an Volljährige grundsätzlich nur auf Grund rechtskräftiger gerichtlicher Entscheidungen), b) *Schadensersatzzahlungen* an verletzte Personen auf Grund gesetzlicher Haftpflicht, c) Zahlungen aus *Guthaben* bei Geld- oder Kreditinstituten an den im anderen Teil Deutschlands wohnenden Kontoinhaber, wenn dessen Einkünfte vorwiegend aus Bezügen aus einer Alters- oder Invalidenversicherung oder Sozialhilfe bestehen oder wenn er Vollwaise ist. Die Zahlungen zu a) und b) sind in voller Höhe der laufenden Verpflichtung und der aufgelaufenen Guthaben zulässig, zu c) grundsätzlich bis 200 DM (M) monatlich. Der Transfer wird über die Bundesbank und die DDR-Notenbank im Verrechnungswege abgewickelt. Weitere Vereinbarungen zwischen BRep. und DDR betreffen u. a. Schäden aus Kraftfahrzeugunfällen (Abk. vom 26. 4. 1972, BAnz. Nr. 124/73), kostenlose Unfall- und Krankenhilfe für Bewohner des anderen Gebiets sowie die Zusammenarbeit bei der Bekämpfung des Drogenmißbrauchs (Abk. vom 25. 4. 1974, BGBl. 1975 II 1731).

25. Wiedervereinigung, Friedensverhandlungen

Die Frage der *Wiedervereinigung* der beiden Teile Deutschlands steht in engem Zusammenhang mit einer Friedensregelung, zu der es bisher nicht gekommen ist, obwohl die Feindseligkeiten seit 1945 eingestellt sind. Eine friedensvertragliche Regelung scheiterte bisher an gegensätzlichen Auffassungen der Siegermächte. Die UdSSR besteht auf der Forderung, Friedensverträge mit *zwei* deutschen Staaten (BRep. und DDR) abzuschließen. Die Westmächte hingegen betrachten die DDR (auch bei völkerrechtlicher Anerkennung) nicht als durch den wahren Willen des Volkes zustande gekommenen Staat, da *freie Wahlen* von östlicher Seite nicht zugelassen werden.

Die BReg. und die Westmächte betonen immer wieder den Grundsatz des *Selbstbestimmungsrechts der Völker*, der nur durch freie Ausübung des Wahlrechts ohne Beschränkung auf Einheitslisten gewährleistet sei. Bisher hat die UdSSR aber einer solchen freien politischen Willensbildung in der DDR und einer

Wahlkontrolle durch internationale Organisationen – etwa die UNO – nicht zugestimmt. Daher mußte auch in den Pariser Verträgen (915) eine *friedensvertragliche Regelung* vorbehalten bleiben. Den Bestrebungen der BReg., entsprechend dem Wiedervereinigungsgebot in der Präambel des GG die Frage der Wiedervereinigung der *beiden Staaten deutscher Nation* offenzuhalten (vgl. 24 V), tritt die DDR immer wieder entgegen. Sie bekräftigte ihre Auffassung auch rechtlich durch die im Jahre 1974 beschlossene Änderung der Verfassung von 1968, durch die alle auf eine einheitliche deutsche Nation bezüglichen Formulierungen gestrichen wurden. Das gleiche geschah in dem Freundschaftsvertrag zwischen DDR und UdSSR vom 7. 10. 1975 (vgl. 24 V).

Der Abschluß des deutsch-polnischen Vertrags vom 7. 12. 1970, in dem die BRep. die *Oder-Neiße-Grenze* als endgültig und unantastbar anerkennt und sich für alle Zukunft verpflichtet, keine Gebietsansprüche an Polen zu stellen, hat einen Streit darüber entfacht, ob diese Bindung nicht der Präambel des GG widerspricht; diese verpflichtet die Bundesorgane, die Wiedervereinigung Deutschlands anzustreben und alles zu unterlassen, was sie erschwert (BVerfGE 5, 128). Die BReg. verneint dies, weil ein Anspruch auf deutsches Gebiet nicht bestehe. In die Rechte der vier alliierten Mächte (Vorbehalte hins. einer friedensvertraglichen Regelung für ganz Deutschland, vgl. 22 II 5) werde dadurch nicht eingegriffen. Diesen Standpunkt hat der Deutsche Bundestag in der Erklärung bekräftigt, die er am 17. 5. 1972 vor der Ratifizierung der Verträge mit Polen (BGes. vom 23. 5. 1972, BGBl. II 361) und mit der UdSSR (hierzu vgl. 922) abgegeben hat. Beide Verträge nehmen die friedensvertragliche Regelung nicht vorweg und schaffen keine Rechtsgrundlage für die z. Zt. tatsächlich bestehenden Grenzen. Allerdings wird auch die Meinung vertreten, daß die Rechtswidrigkeit der Annexion der früher deutschen Gebiete durch Zeitablauf geheilt sei. Auch der Vertrag mit der Tschechoslowakei vom 11. 12. 1973 (BGBl. 1974 II 989), der die Nichtigkeit des sog. *Münchner Abkommens vom 29. 9. 1938* über die Abtretung des Sudetengebiets zum Gegenstand hat, enthält einen Verzicht auf Gewaltanwendung und Gebietsansprüche sowie die Anerkennung der gegenwärtigen Grenzen. Er läßt jedoch die Wirkungen unberührt, die sich für natürliche und juristische Personen aus dem in der Zeit vom 30. 9. 1938 bis 9. 5. 1945 angewendeten Recht ergeben haben, und bietet insofern keine Rechtsgrundlage für Ersatzansprüche wegen der Nichtigkeit des Münchner Abkommens.

C. Ausländisches Staatsrecht

31. Frankreich

In Frankreich, das aus der Teilung des fränkischen Reiches im 9. Jahrh. hervorging (12), verlief die staatliche Entwicklung anders als in Deutschland. Während die deutsche *Königsmacht* durch Erstarken der Landeshoheit absank, konnten die französischen Könige unter dem Geschlecht der *Capetinger* ihre Vormachtstellung gegenüber dem hohen Adel festigen. So entwickelte sich seit dem 13. Jahrh. ein *zentralistischer Nationalstaat,* der seinen Höhepunkt in dem *absoluten Königtum* des 17. Jahrh. fand. Nachdem das Königtum durch die Revolution 1789 gestürzt war, lag der Weg für die bürgerliche Republik frei. Die Geschichte der *fünf französischen Republiken* ist getragen von den Ideen der Revolution von 1789 „Freiheit, Gleichheit, Brüderlichkeit" und beruht auf der damit verbundenen sozialen Umschichtung.

Die noch um das Jahr 1000 bestehende Zerrissenheit in feudale Herzogtümer und Grafschaften wurde im 11. und 12. Jahrh. durch Vergrößerung des königlichen Territorialbesitzes und zunehmende Erstarkung der Städte weitgehend gebrochen. Diese Entwicklung verstärkte sich namentlich unter *Ludwig XI.* (1461–1483); sie öffnete den Weg zur uneingeschränkten Monarchie, die ihren Höhepunkt unter *Ludwig XIII.* (1610–1643) und *Ludwig XIV.* (dem „Sonnenkönig", 1643–1715) erreichte; diesem wird auch das Wort „L'État c'est moi" (= Der Staat bin ich) zugeschrieben. Das Wirken der Kanzler und Kardinäle *Richelieu* und *Mazarin* vollendete durch unumschränkte Staatsführung den *Absolutismus* in Frankreich. Außenpolitisch verschaffte schon Richelieu durch sein Eingreifen in den 30jährigen Krieg Frankreich eine Vormachtstellung in Europa. *Ludwigs XIV.* Finanz- und Handelsminister *Colbert* schuf das nach ihm benannte Wirtschaftssystem („Colbertismus" = staatliche Förderung der heimischen Industrie durch Schutzzölle, Steigerung der Warenausfuhr, Drosselung der Einfuhr), begründete das Haushaltsrecht des Königs und die Rechtseinheit auf wichtigen Gebieten (Zivil-, Strafprozeß, Handels- und Seerecht). Unter dem Kriegsminister *Louvois* wurde das stehende Heer organisiert. Zahlreiche Eroberungskriege, anfangs mit Erfolg, aber schließlich verlustreich geführt, und eine verschwenderische Hofhaltung auch unter *Ludwig XV.* (1715–1774) trugen zur wachsenden Verelendung des Volkes bei. Der allgemeine wirtschaftliche Niedergang und der zunehmende Unmut über soziale Mißstände, vor allem über die steuerliche Ungleichheit zwischen den Privilegierten (Adel, Geistlichkeit) und dem „dritten Stand" (Bürger und freie Bauern), führten im Verein mit der gesellschaftskritischen sog. *Aufklärung* schließlich die Revolution herbei.

Die *1. Republik* begann mit der Absetzung König *Ludwigs XVI.* (1792) und endete – nach Zwischenphasen einer Terrorherrschaft unter Danton und Robespierre, einer Direktorialregierung (1795–1799) und einer Konsularregierung – mit der Thronbesteigung *Napoleons I.* (1804). Die Vorherrschaft des Adels und die ständischen Unterschiede wurden durch eine neue, bürgerliche Verfassung beseitigt. Die Menschenrechte wurden proklamiert; die Verwaltung wurde straff zentralisiert. Die Wiedereinführung der Monarchie und das Kaisertum *Napoleons I.* (1804–1814 und 1815) änderten aber an der sozialen Entwicklung ebensowenig wie die monarchistische Restauration unter den Bourbonen und Orléans (1815–1848).

Die *2. Republik* währte nur von 1848 (Sturz des Königtums nach der durch einen Aufstand der Republikaner hervorgerufenen sog. Februarrevolution) bis 1852; dann wurde sie durch das zweite Kaiserreich *Napoleons III.* (1852–1870) abgelöst.

In der *3. Republik* (1870–1940), ausgerufen nach Gefangennahme Napoleons III. in der Schlacht von Sedan, wurden eine *Deputiertenkammer* und ein gleichberechtigter, aus indirekten Wahlen hervorgehender *Senat* eingeführt. Der Präsident der Republik wurde von beiden Häusern auf 7 Jahre gewählt. Die Regierung beruhte auf parlamentarischer Grundlage (die Minister waren beiden Häusern verantwortlich). Sie wechselte in 70 Jahren nicht weniger als 108 mal.

Nach dem militärischen Zusammenbruch am 22. 6. 1940 erreichte die *3. Republik* ihr Ende; es bildete sich eine autoritäre Regierung in *Vichy,* die unter Marschall *Pétain* mit der deutschen Besatzung zusammenarbeitete. Nach dem Rückzug der deutschen Truppen aus Frankreich wurde am 10. 9. 1944 eine provisorische Regierung unter General *de Gaulle* gebildet. Am 21. 10. 1945 wurde eine verfassunggebende Nationalversammlung gewählt und durch Annahme einer neuen Verfassung in der Volksabstimmung vom 13. 10. 1946 die 4. Republik begründet.

Danach herrschte in Frankreich ein *demokratischer Parlamentarismus.* Das *Parlament* bestand aus einem Unterhaus, der *Nationalversammlung,* und einem Oberhaus, dem *Rat der Republik.* Der Präsident der Republik wurde von beiden Häusern in gemeinsamer Sitzung auf 7 Jahre gewählt. Er benannte den Ministerpräsidenten, der sich mit seinen Ministern dem Parlament vorstellte und, falls er die Stimmenmehrheit erhielt, vom Präsidenten der Republik ernannt wurde. Die Minister waren dem Parlament in ihrer Gesamtheit und einzeln verantwortlich.

Wachsende Finanzschwierigkeiten, vor allem kostspielige militärische Unternehmungen zur Niederwerfung antikolonialer Aufstände in Indochina (ab 1946) und Algerien (ab 1954), bedrohten zunehmend Frankreichs Wirtschaftsgefüge. Der Versuch einer politischen Konföderation vermochte den Abfall wichtiger Besitzungen nicht aufzuhalten. *Laos, Kambodscha* und *Vietnam* wurden 1954 unabhängig, *Marokko* und *Tunesien* 1956. In *Algerien* wurde, nachdem der Aufstand gegen das Mutterland im Mai 1962 durch die Waffenstillstandsvereinbarung von Evian beendet worden war, eine unabhängige Republik errichtet. Besonders der Aufstand in Algerien hatte schon im Jahre 1958 zur Bildung einer neuen Regierung durch General de Gaulle geführt, der am 3. 6. 1958 von der Nationalversammlung Sondervollmachten für Algerien und für eine *Verfassungsreform* erhielt. Die mit Beginn der 4. Republik errichtete *Französische Union,* der außer dem Mutterland die überseeischen Départements und Territorien sowie die assoziierten Gebiete Marokko, Tunesien und Vietnam angehört hatten, wurde 1958 unter Einbeziehung weiterer ehemaliger Kolonialgebiete in die *Gemeinschaft* (La Communauté) umgebildet.

Die am 28. 9. 1958 durch Volksentscheid angenommene *Verfassung der 5. Republik* vom 4. 10. 1958 gibt dem Staatspräsidenten, der bis dahin im wesentlichen repräsentative Aufgaben hatte, eine sehr starke Stellung. Nach Art. 5 der neuen Verfassung wacht der *Präsident der Republik* über die Verfassung; er gewährleistet durch seine Entscheidungen die Tätigkeit der Staatsorgane wie den Bestand des Staates und ist Garant der nationalen Unabhängigkeit, der Unversehrtheit des Staatsgebietes und der Erfüllung der Staatsverträge. Die Gesetzgebung obliegt dem Parlament, das aus zwei Kammern besteht, der *Nationalversammlung* (direkt auf 5 Jahre gewählte Abgeordnete), bei der die letzte Entscheidung in Gesetzgebungsfragen liegt, und dem *Senat* (geht aus indirekten Wahlen – für 9 Jahre – hervor). Ein *Verfassungsrat* wacht über die Verfassungsmäßigkeit der Gesetze.

Der Präs. d. R. wird für 7 Jahre gewählt. Er ernennt den *Premierminister* und entläßt ihn, sobald dieser ihm den Rücktritt der Regierung erklärt. Auf Vorschlag des Premierministers ernennt und entläßt er die anderen Mitglieder der Regierung. Der Präs. d. R. hat den Vorsitz im Ministerrat. Er veröffentlicht die Gesetze nach ihrer endgültigen Annahme. Er kann das Parlament um eine neue Beratung des Gesetzes oder einzelner Bestimmungen ersuchen; diese neue Beratung darf nicht verweigert werden. In besonderen Fällen kann er einen Gesetzesantrag dem *Volksentscheid* unterwerfen. Nach Beratung mit dem Premierminister und den Präsidenten der parlamentarischen Versammlungen kann der Präs. d. R. die *Auflösung der Nationalversammlung* aussprechen; es finden dann allgemeine Wahlen statt. Der Präs. d. R. ist Oberbefehlshaber der Armee und führt den Vorsitz in den Hohen Räten und Ausschüssen der Landesverteidigung. Bei Bedrohung der Republik und Unterbrechung der Tätigkeit der verfassungsmäßigen Staatsorgane ergreift der Präs. d. R. die nach den Umständen gebotenen Maßnahmen nach Beratung mit dem Premierminister, den Präsidenten der Versammlungen und dem Verfassungsrat. Durch Verfassungsänderung vom 28. 10. 1962 wurde bestimmt, daß der Präs. d. R. nicht mehr von einem Wahlkollegium, sondern unmittelbar vom Volk gewählt wird.

Bei den Wahlen vom März 1986 erzielten die bürgerlichen Parteien (bestehend vor allem aus der neogaullistischen Sammlungsbewegung und den Liberalkonservativen) eine knappe absolute Mehrheit; in der Opposition sind die bisher regierende Sozialistische und die Kommunistische Partei.

Bei der ersten Wahl des Präs. d. R. wurde am 21. 12. 1958 der damalige Premierminister *General Charles de Gaulle* zum Staatsoberhaupt gewählt. Im Jahre 1965 wurde er wiedergewählt, trat aber 1969 aus innenpolitischen Gründen zurück. Sein Nachfolger wurde *Georges Pompidou*, nach dessen Tode (2. 4. 1974) *Valery Giscard d'Estaing* und seit Mai 1981 *François Mitterand.*

Am 22. 1. 1963 schlossen General de Gaulle und Bundeskanzler Adenauer in Paris den *Vertrag über deutsch-französische Zusammenarbeit,* durch den beide Länder sich zu gemeinschaftlicher, solidarischer Haltung in der Außen- und in der Verteidigungspolitik verpflichteten. Dieser Vertrag beendete die alte Feindschaft beider Nachbarländer und besiegelte die deutsch-französische Aussöhnung. Er wurde vom deutschen BT am 15. 6. 1963 ratifiziert.

Die Außenpolitik Frankreichs gegenüber der übrigen westlichen Welt und den Ostblockstaaten wird wesentlich von dem Bestreben geleitet, die Gegensätze zwischen den einander gegenüberstehenden, von den beiden „Supermächten" USA und UdSSR bestimmend beeinflußten Militärblöcken NATO und

Warschauer Pakt (913, 923) abzubauen und die politischen Spannungen zwischen den westlichen und den östlichen Staaten schrittweise zu vermindern. Gegenüber den Staaten der „Dritten Welt" besteht ein verstärkter Wille zur Kooperation, nicht zuletzt auf Grund der Bindungen zu den früher zum französischen Kolonialbesitz zählenden afrikanischen Ländern. Solchen Bestrebungen dienen u. a. die „Franko-Afrikanischen Konferenzen".

32. Großbritannien

Das *Vereinigte Königreich von Großbritanien und Nordirland* ist eine erbliche Monarchie mit gemischter Thronfolge. Die Krone vererbt sich nach dem Recht der Erstgeburt; doch haben Söhne den Vorrang.

Der *Premierminister (Ministerpräsident)* wird vom König ernannt, hat alle wichtigeren Staatsakte dem König vorzulegen und ihm regelmäßig zu berichten. Er leitet die Regierung und muß das Vertrauen der Mehrheit des *Unterhauses* besitzen. Der Premier stellt seine Regierung selbst zusammen.

Die *Regierung* besteht aus dem Premierminister, den Ministern und parlamentarischen Sekretären, von denen die persönlich, parteipolitisch oder ressortmäßig wichtigeren dem *Kabinett* angehören.

Das Parlament besteht aus dem *Unterhaus* (House of Commons), das als gesetzgebendes Organ der tatsächliche Träger der Souveränität ist, und dem *Oberhaus* (House of Lords), einer Standesvertretung des hohen Adels und der Kirche sowie hoher Richter, der seit 1911 keine entscheidende politische Bedeutung mehr zukommt. Das Oberhaus hat im wesentlichen nur noch beratenden Einfluß auf die Gesetzgebung und kann durch sein *Veto* praktisch nur einen Aufschub des Inkrafttretens eines Gesetzes für ein Jahr erreichen. Die Gesetzgebung über Steuern und Staatsausgaben steht dem Unterhaus allein zu (Finanzprivileg). Im Unterhaus verfügen nach den Wahlen vom 9. 6. 1983 die Konservative Partei über 397, die Labour Partei über 209, die Liberale Partei/SDP über 23 und sonstige Parteien über insgesamt 21 Sitze.

Das *Vereinigte Königreich* besteht aus den 1707 vereinigten Königreichen England und Schottland und dem 1800 hinzugetretenen Nordirland (das ursprünglich ebenfalls einbezogene Südirland hat sich seit 1921 als Republik Eire unabhängig gemacht). Die *Verfassung* ist nicht in einer einheitlichen Urkunde, ja großenteils überhaupt nicht schriftlich niedergelegt, sondern die Frucht eines langsamen Wachstums. Die ältesten Verfassungsgesetze stammen aus dem Mittelalter. Die Grundlage bildet die *Magna Charta Libertatum* von 1215, welche die königlichen Rechte beschränkte und die ständischen Rechte festlegte. 1297 wirkte bereits ein Parlament, bestehend aus Ober- und Unterhaus, bei der Gesetzgebung mit. Um 1300 finden sich Anfänge einer Selbstverwaltung, Einschätzungskommissionen und Friedensrichter. Es entwickelte sich ein ordentliches *Gerichtsverfahren.* Das Parlament setzte im Kampf gegen den Absolutismus seine Vorherrschaft durch. Die Petition of Rights (Rechtspetition, 1628) gewährleistete bestimmte Grundrechte und verlieh dem Parlament das alleinige

Recht der Besteuerung. Die *Habeas-Corpus-Akte* (1679) garantierte den Schutz der Person vor willkürlicher Verhaftung; sie wirkt insoweit noch heute als Schutzgesetz. In der ,,glorreichen Revolution" Wilhelms von Oranien 1688, welche die Stuarts beseitigte, wurden die bürgerlichen und parlamentarischen Rechte endgültig festgelegt und in der *Bill of Rights* 1689 bestätigt.

Die im Mittelalter bestehende *Aristokratie* ging allmählich durch Wahlrechts- und Parlamentsreformen im 19. und 20. Jahrh. in eine demokratische Staatsform über. Während das *Unterhaus* ursprünglich die Vertretung der ,,gentry", des niederen Adels und der städtischen Patrizier, bildete, wurden 1832 Bürger und Bauern, 1867 die städtischen Industriearbeiter und später auch die Landarbeiter zugelassen. 1918 wurde das *allgemeine Wahlrecht* eingeführt und auf *Frauen* ausgedehnt. Es gilt allgemeine, gleiche, geheime und unmittelbare *Mehrheitswahl.* Die Wahlperiode beträgt 5 Jahre. Unter den Parteien sind die beiden bei weitem führenden, die Konservative Partei und die Labour Party, zahlenmäßig etwa gleich stark, wobei sich im Parlament durch Neu- oder Nachwahlen häufig Gewichtsverschiebungen ergeben; daher wechselt auch zwischen ihnen die Regierungsverantwortung, an der die erheblich schwächeren Liberalen – auch bei gelegentlichen Unterstützungszusagen – ebensowenig beteiligt sind wie z. B. die im Parlament nicht vertretenen Kommunisten. Die 1981 neugegründete Sozialdemokratische Partei (SDP), eine Abspaltung – u. a. von Parlamentsabgeordneten – von der Labour Party, ist eine Allianz mit den Liberalen eingegangen.

Die Mitgliedschaft im *Oberhaus* ist teils erblich, teils beruht sie auf Ernennung. Gewählt werden die schottischen und irischen Lords von ihresgleichen. Der König kann auf Vorschlag des Premierministers neue Pairs ernennen; durch einen solchen ,,Pairschub" können sich die Mehrheitsverhältnisse des Hauses ändern. Geistliche Lords sind die Bischöfe der anglikanischen Kirche, an ihrer Spitze die Erzbischöfe von York und Canterbury. Weitere Mitglieder sind hohe Richter. Präsident ist der *Lordkanzler* als höchster Richter. Das Oberhaus ist zugleich höchstes Gericht.

Der *Lordsiegelbewahrer* hat einen hohen Rang im Hofzeremoniell. Ursprünglich oblag ihm, die Erlasse des Königs mit dem geheimen Siegel der Krone zu versehen; jedoch fiel diese Aufgabe 1884 fort, während der barocke Titel geblieben ist. Er bildet manchmal nur eine Auszeichnung für ältere Staatsmänner.

Neben den beiden Häusern des Parlaments besteht ein *Geheimer Rat* des Königs. Seine Mitglieder werden von der Krone ehrenhalber berufen. Er tagt nur bei feierlichen Staatsakten.

Zum *Commonwealth of Nations* s. 931.

Das *Colonial-Empire* setzt sich aus den britischen Kronkolonien, Protektoraten und sonstigen Einflußgebieten zusammen. Die *Kronkolonien* haben einen britischen Gouverneur, einen Verwaltungsrat und eine gesetzgebende Körperschaft. Vgl. 931.

Die *Anglikanische Kirche* (Church of England) entstand unter Heinrich VIII., als dieser sich wegen seiner Ehescheidung vom Papst lossagte. Durch die Suprematsakte (Parlamentsgesetz) von 1534 wurden der König und seine Nachfolger zum Oberhaupt der Kirche in England erklärt; unter Elisabeth I. (1558–1603) wurde die Anglikan. Kirche zur *Staatskirche* erhoben. Die Bischöfe werden von der Krone ernannt, die Glaubensartikel vom Parlament festgelegt. Dogmatisch durch protestantische Lehren bestimmt, zeigt sie in Kultus und Verfassung katholische Elemente.

Der 1968 in *Nordirland* (nördl. Ulsterprovinzen) ausgebrochene Bürgerkrieg hat seine Ursachen in konfessionellen und wirtschaftlichen Konflikten zwischen Protestanten und Katholiken. Während das *Vereinigte Königreich* etwa 55 v. H. Anglikaner, 20 v. H. Freikirchenangehörige (Methodisten usw.) und nur 10 v. H. Katholiken umfaßt, die *Republik (Süd-)Irland* dagegen 94 v. H. Katholiken und nur 4 v. H. Protestanten, ist *Nordirland* mit ca. 60 v. H. Protestanten und über 25 v. H. Katholiken konfessionell ungleich stärker gemischt. Die kath. Minderheit erstrebt den Anschluß an Südirland; die prot. Mehrheit möchte die Zugehörigkeit zum Vereinigten Königreich beibehalten, das ihr bei der Abtrennung Südirlands 1921 Sonderrechte in Form eines eigenen Parlaments und einer eigenen Regierung (mit eingeschränkten Kompetenzen) zugestanden hatte. Die Rechte der kath. Minderheit sind nicht nur durch eine ihr ungünstige Wahlkreisverteilung, sondern auch dadurch stark beeinträchtigt, daß das Kommunalwahlrecht an bestimmte Eigentums- oder Besitzrechte geknüpft ist; der wirtschaftlich stärkere prot. Bevölkerungsteil kann daher durch die Wohnungsvergabe indirekt auf die Zusammensetzung der regionalen Parlamente, vor allem in den größeren Städten, Einfluß nehmen.

Die Zuspitzung dieser Gegensätze führte zum bewaffneten Bürgerkonflikt, den die brit. Regierung seit August 1969 durch Verlegung von Truppen nach Nordirland, eine zeitweise Suspendierung der nordirischen Regierung und die Entsendung eines Sonderministers zu neutralisieren suchte. Nach Parlamentswahlen kam 1973 eine Übereinkunft zwischen den Parteien zustande, die erstmals in der 50jährigen Geschichte Nordirlands auch den Katholiken eine Vertretung in der Regierung einräumte. Doch lehnte die prot. Mehrheit des neugewählten Verfassungskonvents diese Bestrebung im Sept. 1973 ab, ebenso die Gründung eines gesamtirischen Bundesstaates mit Nordirland als weitgehend autonomer Provinz; sie erstrebt einen großbritannischen Bundesstaat mit regionalen Parlamenten für Nordirland, Schottland und Wales. Die 1982 begründete und gewählte Assembly wurde im Juni 1986 von der brit. Regierung aufgelöst, weil sie ihre Aufgabe, eine Einigung zwischen Protestanten und Katholiken herbeizuführen und dadurch den nordirischen Konflikt zu beenden, nicht erfüllt habe. Im Mai 1984 legte das vom irischen Min.Präs. FitzGerald ins Leben gerufene Irland-Forum, an dem die großen Parteien Irlands und Nordirlands beteiligt sind, 3 alternative Vorschläge für eine Beendigung des Konflikts vor: die Schaffung eines irischen Einheitsstaates mit Regierung in Dublin; oder die Errichtung eines föderativen Bundesstaates bestehend aus Irland und Nordirland; oder die gemeinsame Verwaltung Nordirlands. Im Nov. 1985 schlossen Großbritannien und die Republik Irland ein Nordirland-Abkommen, das Irland ein begrenztes Mitspracherecht bei der Verwaltung der Provinz Ulster einräumt. Eine gemeinsame anglo-irische Ministerkommission soll regelmäßig über Probleme der Verwaltung, Politik und Sicherheit in Nordirland beraten.

33. Die Vereinigten Staaten von Amerika

Im Unabhängigkeitskrieg gegen das englische Mutterland erklärten sich 13 frühere Kolonien in Nordamerika am 4. 7. 1776 als unabhängig. Im Frieden von Versailles 1783 wurde ihre Selbständigkeit anerkannt. Am 17. 9. 1787 wurde eine *republikanische Verfassung* aufgestellt, welche 1789 in Kraft trat und mit vielen Änderungen noch heute gilt.

Danach besteht ein *Bundesstaat,* dem seit der Aufnahme von *Alaska* und *Hawaii* (1959) nunmehr 50 Unionsstaaten angehören. Jeder Gliedstaat hat eine eigene republikanische Verfassung.

Die Gesetzgebung obliegt dem *Kongreß,* der aus zwei Häusern besteht. Das Unterhaus heißt *Repräsentantenhaus* und besteht aus 435 Mitgliedern, die alle zwei Jahre vom Volk aus dem Bezirk ihres Wohnorts in geheimer unmittelbarer Wahl gewählt werden. Frauen besitzen seit

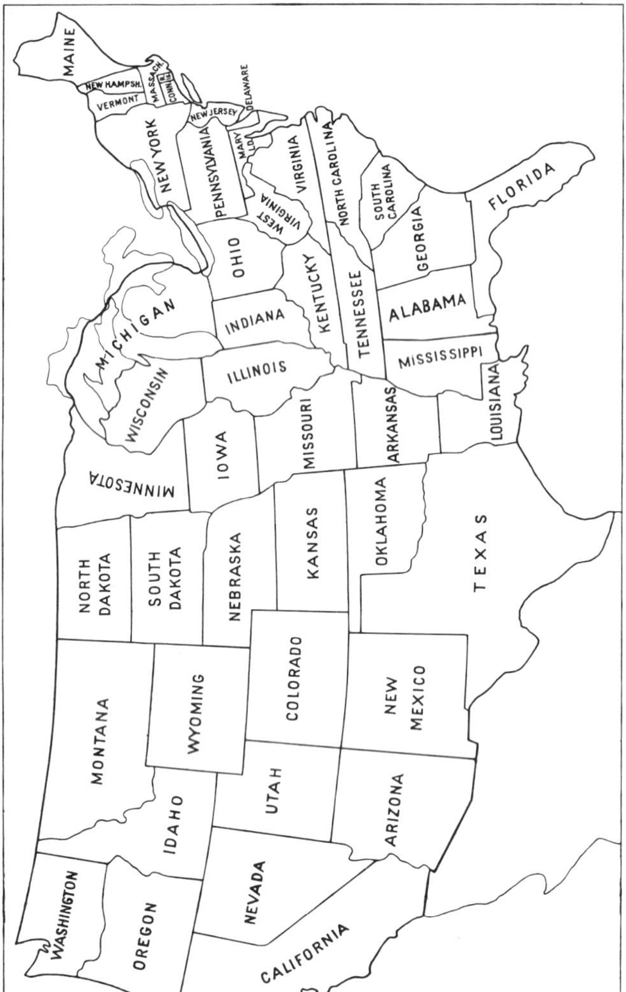

Vereinigte Staaten von Nordamerika

(50 Staaten; außer den auf der Karte eingezeichneten: Alaska und Hawaii)

1920 das Wahlrecht. Das Oberhaus ist der *Senat*. Er hat 100 Mitglieder; je 2 Senatoren werden wie die Mitglieder des Unterhauses in direkter Wahl für jeden der 50 Staaten gewählt. Die Wahl findet alle zwei Jahre für ein Drittel der Senatoren statt (Amtsdauer 6 Jahre), so daß alle zwei Jahre ein Drittel turnusmäßig ausscheidet (ewiger Senat). Senatspräsident ist der *Vizepräsident* der USA, der gleichzeitig mit dem Präsidenten gewählt und bei dessen Ausfall sein Nachfolger für den Rest der Amtszeit wird.

Die *Gesetze* müssen von *beiden* Häusern genehmigt werden. Der auf 4 Jahre vom Volk in indirekter Wahl durch Wahlmänner gewählte *Präsident der USA* hat ein *Vetorecht* gegenüber den ihm vom Kongreß vorgelegten Gesetzentwürfen. Falls er hiervon Gebrauch macht, bedarf es einer Zweidrittelmehrheit in beiden Häusern des Kongresses, um das Gesetz in Kraft treten zu lassen. Der Präsident hat weiter den *Vorsitz im Kabinett,* ist also zugleich *Ministerpräsident,* und ernennt die Minister. Er ist Oberbefehlshaber der Armee, Luftwaffe und Marine und empfiehlt dem Kongreß durch *Botschaften* die von ihm als notwendig angesehenen Maßnahmen (President Message).

Oberster Gerichtshof ist das *Oberste Bundesgericht* (Supreme Court of the United States). Es besteht aus 9 Richtern, die vom Präsidenten auf Lebenszeit ernannt werden. Sie entscheiden als Gesamtheit, sofern wenigstens 5 Richter anwesend sind, und befinden auch über die Verfassungsmäßigkeit von Gesetzen. Dem Supreme Court sind Bundes-Berufungs- und Bundes-Bezirksgerichte nachgeordnet.

Jedes Kongreßmitglied (nicht die Regierung) ist befugt, ein Gesetz einzubringen. Es finden 3 Lesungen statt. Nach Annahme durch ein Haus geht der Entwurf dem anderen Hause zu. Stimmt auch dieses zu, geht der Entwurf an den Präsidenten der USA, durch dessen Unterschrift er zum Gesetz wird. Unterzeichnet der Präsident nicht, so erlangt der Entwurf nur bei Zustimmung von zwei Dritteln beider Häuser Gesetzeskraft. Für Verfassungsänderungen gelten besondere Vorschriften. Steuergesetze können nur vom Repräsentantenhaus eingebracht werden.

Hauptparteien sind die *Republikaner* und die *Demokraten*. Ursprünglich wies die *Demokratische Partei* eher konservative Züge auf; ihre Politik war maßgeblich bestimmt durch den Widerstand gegen die auf die Sklavenbefreiung drängenden politischen Strömungen und daher gestützt auf die (weißen) Wähler in den Südstaaten. Doch traten schon frühzeitig besonders in den Nordstaaten innerhalb der Partei zunehmend liberale Tendenzen hervor. Dagegen setzte sich die (heutige) *Republikanische Partei* schon frühzeitig für die Erweiterung der Bürgerrechte und die Sklavenbefreiung ein. Beide Parteien unterlagen jedoch mit der Zeit einem politischen Wandel. Sie unterscheiden sich heute zwar in Struktur, Wirken und Ideologie grundsätzlich von europäischen Parteien; mit Vorbehalten können aber jetzt die Republikaner eher der konservativen Richtung, die Demokraten mehr der liberal-progressiven Richtung zugeordnet werden.

Der *Senat* muß Staatsverträgen mit anderen Staaten mit Zweidrittelmehrheit zustimmen. Er genehmigt ferner die Ernennung von hohen Beamten, der Richter des Obersten Bundesgerichts und von Generälen.

Die *Befugnisse des Präsidenten* der USA übersteigen die der meisten Mon-

ZUSAMMENWIRKEN DER STAATLICHEN ORGANE IN DEN USA

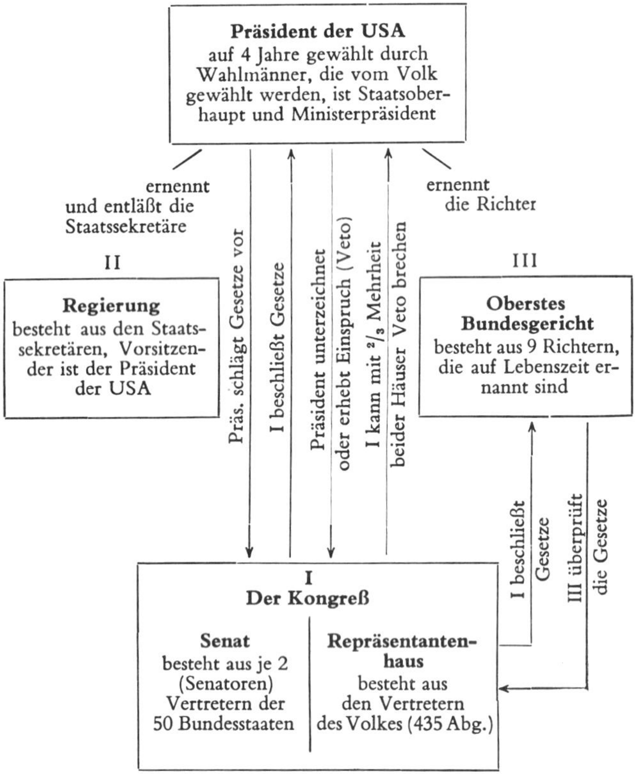

II	I	III
Vollziehende Gewalt (Verwaltung)	**Gesetzgebung**	**Rechtsprechung**

Das Volk

wählt unmittelbar die Senatoren und Abgeordneten;
wählt Wahlmänner und durch sie (mittelbar) den Präsidenten

archen. Man bezeichnet daher die amerikanische Verfassung als den Typ der *Präsidialdemokratie*. Der Präs. kann einmal wiedergewählt werden (Franklin Roosevelt viermal). Als Vorsitzender des Kabinetts (Ministerpräsident) bestimmt der Präsident die (Innen- und Außen-)Politik der USA. Nur ist zum Abschluß internationaler Staatsverträge die Zustimmung des Senats erforderlich. Eine Kriegserklärung unterliegt der Beschlußfassung des Kongresses. Der Präsident kann auf Grund einer Anklage des Repräsentantenhauses *(Impeachment)* und einer Verurteilung wegen eines schweren Verbrechens oder Vergehens durch ⅔-Mehrheit des Senats seines Amtes enthoben werden.

Die *Minister* (Amtsbezeichnung: Staatssekretär) sind dem Präsidenten verantwortlich. Ein Konflikt der Regierung mit dem Parlament führt nicht zum Rücktritt der Regierung oder eines ihrer Mitglieder. Vielmehr ist das *Präsidialkabinett* (im Gegensatz zu den meisten demokratischen Verfassungen) vom Parlament unabhängig *(Präsidialsystem)*. Jeder Minister ist Chef seiner Verwaltung.

Die Verfassung verbürgt den *Schutz der Freiheitsrechte*. Niemand darf ohne Rechtsverfahren seines Eigentums verlustig gehen, keinem Bürger darf ohne ordentliches Verfahren Leben oder Freiheit genommen werden. Die Grundsätze des englischen Verfassungsrechts gelten auch in den USA (z. B. Habeas-Corpus-Akte). Vgl. 32.

Die *Verfassungen der Einzelstaaten der USA* entsprechen im Aufbau weitgehend der des Bundes; die Gesetzgebung wird in den meisten Staaten ebenfalls in zwei Häusern wahrgenommen. Das Privatrecht, das Prozeßrecht und das Strafrecht sind mit wenigen Ausnahmen mangels einer Bundeskompetenz Sache der einzelstaatlichen Regelung. Die vollziehende Gewalt wird in den Einzelstaaten von einem (auf 2 bis 4 Jahre) vom Volk gewählten *Gouverneur* ausgeübt. Die Gouverneure besitzen ein Vetorecht gegenüber Entscheidungen der gesetzgebenden Organe des Bundesstaates. Sie können Sondersitzungen des Parlaments einberufen und deren Tagesordnung festlegen. Sie bestimmen weitgehend die Aufstellung des Budgets und üben das Gnadenrecht aus. Die Regelung der Steuern und Zölle, die Militärgewalt und die Staatsverträge stehen dem Bund zu.

Seit der Aufnahme von Hawaii zeigt die amerikanische Flagge *(Sternenbanner)* 50 Sterne.

Nachdem der 1960 zum Präsidenten gewählte *John F. Kennedy* am 22. 11. 1963 in Dallas (Texas) einem Attentat zum Opfer gefallen war, trat der 1960 als Vizepräsident gewählte *Lyndon B. Johnson* seine Nachfolge an; er wurde 1964 wiedergewählt. Sein 1968 gewählter und 1972 wiedergewählter Nachfolger war *Richard M. Nixon;* nach dessen Rücktritt trat Vizepräsident *Gerald R. Ford* am 9. 8. 1974 an seine Stelle. Von 1977 bis 1980 amtierte *James E. Carter,* am 20. 1. 1981 abgelöst von *Ronald Reagan;* dieser wurde am 6. 11. 1984 wiedergewählt.

34. Die Schweiz

Die Schweiz ist hervorgegangen aus einem 1291 geschlossenen „Ewigen Bund" dreier Urkantone (Schwyz, Uri, Unterwalden), der mehrfach erweitert und erneuert wurde. Er wurde 1798 in die *Helvetische Republik* umgewandelt, die 1848 den Übergang vom Staatenbund zum *Bundesstaat* vollzog. Die Verfassung der „Schweizerischen Eidgenossenschaft" wurde 1874 revidiert und am 29. 5. 1874 von der Bundesversammlung verkündet. (Eine Revision dieser Verfassung ist vorgesehen.) Die staatsrechtliche Grundlage des Bundes (Eidgenossenschaft) bilden die 23 *Kantone,* von denen 3 aus je 2 Halbkantonen bestehen. Die Kantone besitzen innere Souveränität (vgl. 1), soweit nicht ihre Staatsgewalt durch den Bund eingeschränkt ist. Aber der Bund ist legislativ und administrativ nur kraft verfassungsrechtlicher Ermächtigung zuständig; im übrigen besteht eine Vermutung für die kantonale Zuständigkeit.

Die obersten Bundesbehörden sind Bundesversammlung, Bundesrat und Bundesgericht. Die *Bundesversammlung* setzt sich (Zweikammersystem) aus dem *Nationalrat* (200 Abgeordnete, die von den über 20 Jahre alten schweizerischen Aktivbürgern für 4 Jahre gewählt werden) und dem aus 46 Abgeordneten bestehenden *Ständerat* (je 2 aus jedem Kanton) zusammen. Beide Häuser sind in der Gesetzgebung gleichberechtigt; Bundesgesetze erfordern eine Mehrheit in beiden Räten. Der Bundesversammlung steht die oberste Bundesgewalt zu. Sie verfügt über Notstandsrecht, Kommandogewalt, Defensivkrieg, schließt Bündnisse und Staatsverträge ab, bestellt die obersten Bundesorgane, sanktioniert die Gesetze und überwacht ihre Anwendung.

Im *Nationalrat* halten traditionell drei annähernd gleich starke Parteien eine Mehrheit von zusammen etwa ¾ der Mandate: Sozialdemokratische Partei, Freisinnig-demokratische Partei, Christlich-demokratische Volkspartei.

Der aus 7 Mitgliedern (Bundesräte = Minister) bestehende *Bundesrat* wird von der Vereinigten Bundesversammlung auf 4 Jahre gewählt und ist während dieses Zeitraumes unabsetzbar. Er bildet die oberste vollziehende Behörde der Eidgenossenschaft. Sein Vorsitzender *(Bundespräsident)* wechselt jährlich; er übt vornehmlich repräsentative Befugnisse aus.

Die Geschäfte des Bundesrates und der Bundesversammlung führt die *Bundeskanzlei.* Das (Oberste) *Bundesgericht* ist Zivil- und Strafgericht mit Geschworenen sowie Staatsgerichtshof. Gesetzgebung, Verwaltung und Rechtsprechung sind grundsätzlich getrennt. Die Demokratie der Schweiz ist stark *unmittelbar* gestaltet. Dies zeigt sich bei den Wahlen zum Nationalrat und Ständerat und den kantonalen Parlamenten, ferner bei der Volkswahl der Mitglieder von kantonalen Behörden und vor allem bei der *plebiszitären* Abstimmung über kantonale und eidgenössische Gesetze.

Das *Frauenstimmrecht* ist auf Grund einer Abstimmung vom 7. 2. 1971 in eidgenössischen (Bundes-) Angelegenheiten eingeführt worden. Gemeinden und Kantone bilden auch heute noch selbständige Domänen der Gesetzgebung und Besteuerung.

Die Schweiz gehört dem Europarat, dem GATT, der OECD, der EFTA und der UNESCO (910 III, 912, 917, 918, 909) sowie weiteren internationalen Organisationen an. Die Regierung in Bern hatte den Beitritt zu den Vereinten Nationen (UNO, 909) mit Rücksicht auf die traditionelle Neutralität der Schweiz (921) lange Zeit abgelehnt, jedoch bereits 1981 dem Parlament empfohlen, über den nunmehr von ihr befürworteten Beitritt eine Volksabstimmung herbeizuführen. In dem im März 1986 durchgeführten Referendum wurde aber der Beitritt trotz Befürwortung durch Regierung und Parlament mehrheitlich abgelehnt. Die Schweiz ist daher nur in einer größeren Zahl von Unterausschüssen der UNO vertreten.

Es besteht Zoll- und Währungseinheit mit dem Fürstentum *Liechtenstein* (Hauptstadt Vaduz), dessen Außenvertretung die Schweiz wahrnimmt. Liechtenstein ist konstitutionelle Erbmonarchie mit Einkammer-Parlament (Landtag), in dem Konservative und Fortgeschrittliche etwa gleichstark vertreten sind.

35. Die Sowjetunion

Sowjet (Rat) war die Bezeichnung für die Arbeiterräte der russischen Revolution von 1905 und später für die *Arbeiter- und Soldatenräte* von 1917. Die *Sowjetunion* (Union der Sozialistischen Sowjetrepubliken = UdSSR) besteht aus 15 Sowjetrepubliken, deren bedeutendste das eigentliche Rußland, die Ukraine und Weißrußland sind; dazu gehören staatliche Untergliederungen verschiedenen Umfangs und unterschiedlicher Zuständigkeit. Außerdem bestehen 20 autonome Republiken, 8 autonome Gebiete und 10 autonome Bezirke. Die UdSSR ist ein *Bundesstaat;* doch besteht durch das *Einparteiensystem* eine starke *zentralistische Tendenz.* Die kulturellen Aufgaben sind angesichts der verschiedenen (fast 200) Nationalitäten und Volksgruppen den Unionsrepubliken überlassen; doch unterliegt z. B. das Erziehungswesen dem entscheidenden Einfluß der Union und der staatstragenden *Kommunistischen Partei.*

Schon die *Verfassung vom 5. 12. 1936* fußte auf dem von *Lenin* aufgebauten *Rätesystem* und erklärte die UdSSR zum sozialistischen Staat der Arbeiter und Bauern, in dem alle Macht von den Werktätigen ausgeht. Die neue *Verfassung vom 7. 10. 1977* hält an dieser Verfassungsstruktur fest. Danach wird die Gesetzgebung vom *Obersten Sowjet* ausgeübt. Diese Volksvertretung besteht aus zwei Kammern, dem Rat der Union *(Unionssowjet)* und dem Nationalitätenrat *(Nationalitätensowjet),* der die Staaten und sonstigen autonomen Verbände der UdSSR repräsentiert. Beide Kammern bestehen aus einer etwa gleichen Zahl von Abgeordneten und sind gleichberechtigt. Die Mitglieder werden in allgemeiner, gleicher, direkter und geheimer Wahl auf 4 Jahre gewählt (Einheitslisten), und zwar der Rat der Union nach Wahlkreisen mit gleicher Bevölkerungszahl; in die zweite Kammer wird eine verfassungsmäßig festgelegte Zahl von Abgeordneten in jeder Teilrepublik (oder autonomen Gebiet) gewählt.

Beide Häuser wählen das *Präsidium des Obersten Sowjet,* bestehend aus 39 Mitgliedern (Art. 120 d. Verf.). Der *Vorsitzende des Präsidiums des Obersten Sowjet* gilt als Staatspräsident im westlichen Sinne.

Die ausführende Gewalt liegt beim *Ministerrat* (bis 1946 Rat der Volkskommissare genannt), der vom Obersten Sowjet gewählt wird. Die Minister haben teils bundesstaatliche (z. B. Verkehr, Verteidigung), teils einzelstaatliche Bereiche, letztere mit den Ministern der Unionsrepubliken. Die Vorsitzenden der Ministerräte (Regierungen) der Teilrepubliken gehören dem Ministerrat der Sowjetunion kraft Amtes an.

Die leitenden Staatsorgane der Unionsrepubliken und autonomen Teilrepubliken entsprechen denen der Union (Unionsowjet und Ministerrat, jedoch kein Nationalitätensowjet).

Die Verfassung von 1977 ersetzt das politische Leitbild der „Diktatur des Proletariats“ durch den Übergang zum „Staat des gesamten Volkes“, der mit der politisch-geistigen Position der Arbeiterklasse identifiziert wird. Sie erweitert die sozialen Grundrechte insbesondere um die Wahrung des Telefongeheimnisses sowie den Anspruch auf Begrenzung der Arbeitszeit, auf Wohnraum usw. Eine Verfassungs- und Verwaltungsgerichtsbarkeit kennt aber auch die neue Verfassung nicht. Wirtschaftlich bleibt das Eigentum am Grund und Boden, am städtischen Wohnungskapital, an den Grundstoffindustrien, Banken, Handel und Versicherungen der staatlichen Verfügung vorbehalten (Art. 11 d. Verf.). Außenpolitisch wird gegenüber Staaten mit anderen Gesellschaftssystemen der Gedanke der friedlichen Koexistenz (922) proklamiert, im Verhältnis zu den anderen sozialistischen Ländern der „sozialistische Internationalismus" (Art. 28, 30 d. Verf.).

Entscheidender Faktor ist die *Kommunistische Partei* der Sowjetunion (KPdSU, Bolschewiki). Sie ist allein zugelassen (*Einparteienstaat;* vgl. 4 V 3). Partei, Volk und Armee werden durch eine *Geheime Staatspolizei* (KGB) überwacht. Die *Justiz* hat die Ziele des sozialistischen Staates zu fördern. Dem entspricht die Gestaltung des sowjetischen Rechts.

Höchstes Organ der Kommunistischen Partei ist der *Parteikongreß*. Dieser wählt ein *Zentralkomitee,* welches wieder die Mitglieder des Präsidiums (früher *Politbüro*) bestimmt. Das *Präsidium* stellt das maßgebende politische Führungsinstrument dar.

Das *Wirtschaftssystem* beruht auf den von *Wladimir I. Lenin* (1870 bis 1924) konsequent weiterentwickelten Theorien von *Karl Marx* und *Friedrich Engels* (vgl. 3 VII), dem sog. *Marxismus-Leninismus.* Marx und Engels hatten sich gegen die marktwirtschaftliche kapitalistische Ordnung des 19. Jahrh. gewandt und die Vergesellschaftung der Produktionsmittel in einem sozialistischen Staat gefordert; damit sollte eine Rationalisierung des Produktionsprozesses verbunden werden, die sich unter Kontrolle der Gemeinschaft und unabhängig vom Gewinnstreben des Unternehmers abwickelt, eine Ausbeutung der Arbeitskraft verhindert und das wirtschaftliche Ergebnis jedem am Produktionsprozeß Beteiligten zugute kommen läßt. Die Erkenntnis, daß diese Ziele nur durch *zentrale Planung* und *Lenkung* erreicht werden können, wurde von Lenin in der Form der *Planwirtschaft* verwirklicht, die jeweils für einen bestimmten Zeitraum den Einsatz der vorhandenen Produktionskräfte und -mittel zur Erzeugung von Konsum-, Investitions- oder Rüstungsgütern regelt.

Nachdem die *Oktoberrevolution 1917* den *Bolschewiken* die Herrschaft über die gemäßigteren *Menschewiken* gebracht hatte, kehrte Lenin aus der Schweiz nach Rußland zurück und entwickelte die Gedanken von Karl Marx zum „dialektischen Materialismus" (vgl. 3 VII) in der politischen Praxis. Die politische Entwicklung in Rußland wurde dadurch bestimmt, daß sich Lenin in der Oktoberrevolution an die Stelle des gemäßigten (bürgerlich-radikalen), westlich orientierten MinPräs. *Alexander Kerenski* setzte. In folgerichtiger Durchführung extrem sozialistischer Staats- und Wirtschaftsauffassungen baute Lenin die sozialistischen *Räterepubliken* auf. Das *Rätesystem* soll durch Wahl und Funktion von Räten auf allen Wirtschafts- und Regierungsstufen die unmittelbare Demokratie sichern und der Gefahr einer Verfälschung des Volkswillens begegnen. Deshalb ist mit diesem System das „imperative Mandat“ (Bindung an Aufträge der Wähler) und die Möglichkeit jederzeitiger Abwahl der Räte verbunden.

Lenins Mitkämpfer *L. D. Trotzki* (1879–1940), der in mancher Beziehung von Lenin abwich, wurde 1927 verbannt und durch *J. W. Stalin* (1879–1953) abgelöst. Die wirtschaftspolitische Zielsetzung des Kommunismus wurde verwirklicht durch Beseitigung des Großgrundbesitzes, Überführung der Bodenschätze, Wälder und der wichtigsten Industriezweige in Volkseigentum und den Aufbau eines zentralistisch gestalteten Staatswesens. *Stalin* trieb die Industrialisierung der Sowjetunion durch die Fünfjahrespläne voran, schuf die Verfassung von 1936 und stellte dem Gedanken der *kommunistischen Weltrevolution* den russisch-nationalen zur Seite. In der Folge des 2. Weltkriegs steigerte sich der sowjetische Einfluß in Europa und Ostasien. Seit 1928 regelt sich die staatliche Wirtschaftslenkung nach den Grundsätzen der in Zeitabständen neu aufgestellten Fünfjahrespläne (der 6. Plan wurde 1959 durch einen auf sieben Jahre verlängerten Plan abgelöst); der zuletzt aufgestellte 12. Plan gilt für 1986–1990.

Unter *N. S. Chruschtschow* (MinPräs. 1958–1964) zielten verschiedene Bestrebungen auf eine stärkere Dezentralisierung (Volkswirtschaftsräte) sowie die Reorganisation der Landwirtschaft ab. Eine gegenüber dem strengen stalinistischen Kurs teilweise einsetzende politische Liberalisierung war von kurzer Dauer; sie brachte keine grundsätzliche Änderung des Systems. Unter Chruschtschows Nachfolger *A. N. Kossygin* (MinPräs. bis 1980, Nachfolger *N. A. Tichonow)* setzte eine stark rückläufige Tendenz ein. Im Vordergrund der Wirtschaftspolitik steht die Förderung der Industrie, insbes. der chemischen. Das in der Landwirtschaft bisher überwiegende System der *Kolchosen* – kollektive Produktionsgenossenschaften mit gemeinschaftlicher Nutzung von Bodenflächen, Maschinen, Vieh usw. durch die Bauern als Anteilseigner – wird zunehmend verdrängt durch die *Sowchosen,* denen auch die Verfassung von 1977 den Vorzug gibt; in diesen sind größere Landwirtschaftseinheiten auf bestimmte Bereiche (z. B. Milcherzeugung, Viehzucht) spezialisiert, in denen es keine Anteilseigner, sondern nur Lohnarbeiter gibt. Im August 1983 kündigte Staats- und Parteichef *Juri Andropow*, der Nachfolger des am 10. 11. 1982 gestorbenen *Leonid Breschnew*, Wirtschaftsreformen an: Die zentrale Planung soll zwar beibehalten werden, jedoch soll in Modellversuchen eine Kombination zwischen zentralisiertem Management und größeren Rechten der einzelnen Betriebe gefunden werden. Hinzukommen soll eine Hebung der Arbeitsdisziplin. Bei ungenügenden Arbeitsleistungen sollen Kürzungen von Lohn und Urlaub möglich sein. Andropow starb im Feb. 1984. Sein Nachfolger war zunächst *Konstantin Tschernenko* und dann *Michail Gorbatschow* (seit März 1985). Die von letzterem wiederholt angekündigte Wirtschaftsreform erstrebt eine Verbesserung der Leistungsmethoden, nicht dagegen eine Abkehr von der Planwirtschaft. Zwar soll die Planung gestrafft, den Betrieben in Industrie und Landwirtschaft aber mehr Selbständigkeit eingeräumt werden. Die Belegschaften sollen am Arbeitsergebnis materiell beteiligt werden, so in den Kolchosen und Sowchosen durch ein Verkaufs- und Nutzungsrecht an den Plansollüberschüssen, in der Landwirtschaft ggf. auch durch Zulassung von „Familienbrigaden“.

Im Nov. 1986 wurde als Reformmaßnahme ein Gesetz über die Zulässigkeit „individueller Arbeit“ (d. h. Privatarbeit) erlassen, das Rentnern, Hausfrauen, Behinderten, Studenten usw. mit behördlicher Genehmigung eine private Nebentätigkeit vor allem im Dienstleistungsbereich gestattet; außerdem erlaubt es Privatarbeiten auch Familienbetrieben ohne fremde Arbeitskräfte.

Bei der praktischen Umsetzung der sonstigen Reformpläne im Fünfjahresplan 1986–1990 sind jedoch Schwierigkeiten erkennbar.

36. Österreich

I. Vorgeschichte

Nach dem Zusammenbruch der österreichischen *Monarchie* am Ende des 1. Weltkrieges wurde durch den Friedensvertrag von St. Germain-en-Laye (1919) die *Republik Österreich* von den Alliierten anerkannt und durch das *Bundesverfassungsgesetz* vom 1. 10. 1920 als demokratische parlamentarische Republik mit bundesstaatlicher Organisation errichtet. Dem *bundesstaatlichen Prinzip* entsprechend wurden die staatlichen Funktionen in Gesetzgebung und Vollziehung zwischen Bund und Ländern aufgeteilt. Eine Novelle vom 30. 7. 1925 erweiterte die Kompetenzen des Bundes, baute Verfassungs- und Verwaltungsgerichtsbarkeit aus und erstreckte die Kontrollbefugnis des Rechnungshofes auf die Finanzgebarung der Länder. Eine zweite Novelle vom 7. 12. 1929 suchte dem Nationalrat im Bundespräsidenten durch bedeutende Hebung seiner Stellung einen gleichwertigen Faktor an die Seite zu stellen. Diese Reform brachte jedoch keine Befriedung des öffentlichen Lebens. Die Parteienverhältnisse im Nationalrat wurden immer verworrener; die Regierungsbildung stieß auf wachsende Schwierigkeiten. Die am 1. 5. 1934 von *Dollfuß* proklamierte Verfassung sah eine berufsständisch geordnete, autoritäre Staatsführung vor, wenn auch die Staatsform der Republik („Bundesstaat Österreich") gewahrt wurde. Obwohl Hitler 1935 erklärt hatte, er beabsichtige weder eine Annexion noch einen Anschluß Österreichs, ließ er am 11. 3. 1938 deutsche Truppen in Österreich einmarschieren. Der nat.-soz. Bundeskanzler *Seyß-Inquart* unterzeichnete ein Gesetz über den Anschluß Österreichs an das Deutsche Reich und ließ es durch eine Volksabstimmung am 10. 4. 1938 bestätigen. Der Deutsche Reichstag genehmigte darauf das Reichsgesetz über die Wiedervereinigung Österreichs mit dem Deutschen Reich. Das Land wurde als „Ostmark" politisch gleichgeschaltet und in sieben Reichsgaue aufgeteilt. Da die Besetzung nicht auf einem völkerrechtlichen Vertrag beruhte, sondern unter politisch-militärischem Zwang durchgeführt worden war, handelte es sich um eine *Annexion,* die in den demokratischen Staaten keine Anerkennung fand.

Die alliierten Staaten hatten schon in der *Moskauer Erklärung* vom 30. 10. 1943 die Befreiung Österreichs von deutscher Herrschaft als gemeinsame Aufgabe bezeichnet. Nach der Besetzung Österreichs durch die Alliierten (1945) wurde dem früheren Staatskanzler *Dr. Karl Renner* gestattet, eine *provisorische österreichische Staatsregierung* zu bilden und die Grundlagen für die weitere verfassungsrechtliche Entwicklung zu schaffen. Sie griff auf die vor der Ausschaltung des Nationalrates 1933 vorhandene Verfassungslage zurück und setzte durch ein Überleitungsgesetz vom 1. 5. 1945 das *Bundes-Verfassungsgesetz 1929* mit Wirkung vom 19. 12. 1945 wieder in Geltung. Es wurde seitdem durch mehrere Novellen geändert und ergänzt, die sich u. a. mit dem Wirkungsbereich des Verwaltungsgerichtshofs, der Rechnungskontrolle, der zivilrechtlichen Haftung von Bund, Ländern und Gemeinden befassen. Durch Abkommen der Alliierten vom 4. 7. 1945 wurde Österreich in den Grenzen von 1937 wiederhergestellt und in vier Besatzungszonen aufgeteilt. Nachdem sich Österreich 1955 ausdrücklich zur Neutralität verpflichtet hatte, erlangte es seine Selbständigkeit wieder (s. II).

II. Der *Staatsvertrag* vom 15. 5. 1955 „betreffend die Wiederherstellung eines unabhängigen und demokratischen Österreich" spricht in seiner Präambel von der „gewaltsamen Annexion Österreichs" durch Hitler-Deutschland und verpflichtet Österreich zu einer *dauernden Neutralität.*

Da die *Annexion nicht rechtswirksam* war, ist Österreich rechtlich niemals untergegangen. Aus der Identität der Republik Österreich von 1945 mit der Republik Österreich vom 11. 3. 1938 ergibt sich die Weitergeltung der früher abgeschlossenen völkerrechtlichen Verträge. Art. 4 des Staatsvertrages enthält das *Verbot des Anschlusses.* Teil II (Art. 12–19) schränkt die österreichische Wehrhoheit und die Luftfahrt ein. Weitere Bestimmungen behandeln insbes. die Zurückziehung der alliierten Streitkräfte, die Abfindung von Reparationsansprüchen sowie die Behandlung deutscher Vermögenswerte in Österreich und österreichischer Vermögenswerte in Deutschland.

Hinsichtlich der *dauernden Neutralität* wurde an die *Schweiz* gedacht. Jedoch ist deren Neutralität nicht verfassungsmäßig verankert, während dies in Österreich durch das Bundesverfassungsgesetz vom 26. 10. 1955 festgelegt ist. Dem Bestreben Österreichs, sich der EWG (813) anzuschließen, setzt die UdSSR unter Hinweis auf die Neutralitätspflicht Widerstand entgegen; Österreich hat sich deshalb auf eine *Assoziierung* beschränkt, ist jedoch Vollmitglied bei UNO und UNESCO (909), EFTA (917), IMF, GATT und IFC (918) und anderen internat. Organisationen.

Nach Art. 9 BVerfGes. gelten die allgemein anerkannten *Regeln des Völkerrechts* als Bestandteil des Bundesrechts; sie sind dem Bundesrecht gleichgestellt, haben aber keinen Vorrang vor innerstaatlichem Recht.

Die Auseinandersetzungen mit Italien um *Südtirol* (Oberetschland, ital. „Alto Adige“), das 1918 im Friedensvertrag von St. Germain Italien zugeschlagen wurde und durch das Gruber-de Gasperi-Abkommen vom 5. 9. 1946 einen Autonomie-Status erhielt, sind nicht vollständig abgeklungen. Von seiten Österreichs und von der in Südtirol führenden „Südtiroler Volkspartei“ unter *Silvius Magnago* (Parteiobmann und Regierungschef der autonomen Region) wird immer wieder geltend gemacht, die ital. Behörden verstießen durch planmäßige Ansiedlung von Italienern gegen die der Region zugebilligte Kultur- und Verwaltungsautonomie. Diese soll schrittweise im Verhandlungswege verwirklicht und in Dekreten der ital. Regierung festgelegt werden. Das geschah bereits durch Einrichtung einer autonomen Sektion Bozen des ital. Verwaltungsgerichtshofs, die in paritätischer Besetzung mit Südtirolern und Italienern letztinstanzlich entscheidet. Vorgesehen ist ferner die Gleichstellung der deutschen mit der italienischen Sprache bei Polizei und Justiz, noch offen jedoch u. a. die Finanzhoheit der Provinz, die Regelung des Medienrechts und die Frage der Ortsbezeichnungen.

III. Nach dem jetzt geltenden Verfassungsrecht ist Österreich eine *demokratische Republik,* deren Recht vom Volk ausgeht (Art. 1 BVerfGes.). Österreich ist ein *Bundesstaat,* gebildet aus den selbständigen Ländern: Burgenland, Kärnten, Niederösterreich, Oberösterreich, Salzburg, Steiermark, Tirol, Vorarlberg und Wien (Art. 2). Staatsoberhaupt ist der *Bundespräsident,* der vom Volk für 6 Jahre gewählt wird. Er ernennt die *Bundesregierung.* Die *Gesetzgebung* des Bundes übt der *Nationalrat* gemeinsam mit dem *Bundesrat* aus (Art. 24). Jedoch stellt der Nationalrat allein den Gesetzesinhalt fest und entscheidet nach freiem Ermessen, inwieweit er Gesetzesanträge des Bundesrats verfolgen will. Diesem steht der *Einspruch* gegen Gesetzesbeschlüsse des Nationalrates zu; bei wichtigeren Gesetzen ist seine Zustimmung erforderlich. Der Nationalrat besteht aus 183 direkt vom Volk für 4 Jahre gewählten Abgeordneten. In den Bundesrat, die *Länderkammer,* entsendet das Land mit der größten Bürgerzahl (derzeit Wien) 12, jedes andere Land eine entsprechende Zahl, mindestens 3, von den Landtagen für die Dauer ihrer Legislaturperiode gewählte Mitglieder (insgesamt 58).

Die Republik Österreich bekennt sich zum *rechtsstaatlichen* Prinzip; Grundlage für die gesamte Rechtsordnung bildet die *Verfassung*, in der die Dreiteilung der Gewalten (Gesetzgebung, Verwaltung, Rechtsprechung) verankert ist. Die Gesetzgebung in den Ländern obliegt den Landtagen, die auch die Landesregierungen wählen.

Die innenpolitische Entwicklung hatte zur Bildung eines *Zweiparteiensystems* geführt, in dem sich lange Zeit die etwa gleichstarke Österreichische Volkspartei (ÖVP) und die Sozialistische Partei Österreichs (SPÖ) die Waage hielten; die zahlenmäßig weit geringere Freiheitliche Partei Österreichs (FPÖ) konnte keine politische Bedeutung gewinnen. Die großen Parteien bildeten 20 Jahre hindurch eine Regierungskoalition bis zu deren Auflösung 1966. Bei den Wahlen zum Nationalrat 1971 erlangte die SPÖ mit 93 Mandaten einen wesentlichen Vorsprung (ÖVP 80, FPÖ 10 Mandate) und übernahm die Staatsführung. Seit 1975 war das Kräfteverhältnis 94:78:11; seit 1979 war es 95:77:11. Bei den Wahlen im Nov. 1986 ergab sich folgende Sitzverteilung: SPÖ 80, ÖVP 76, FPÖ 18, Grüne 9. Seit Jan. 1987 besteht eine große Koalition aus SPÖ und ÖVP.

37. Andere europäische Staaten

I. Überblick über die europäischen Verfassungsstrukturen:

Im Verfassungsrecht der übrigen europäischen Staaten lassen sich, wie aus nachstehendem Überblick ersichtlich, drei Grundformen unterscheiden. Neben parlamentarischen Demokratien, deren tragendes Prinzip die Gewaltentrennung (8) ist, bestehen Staaten mit äußerlich parlamentarischen Formen, aber in Wirklichkeit vom Parlament nicht kontrollierten Regierungen, sowie schließlich die nach dem Rätesystem (35) ausgerichteten „Volksdemokratien“.

II. Einzelne Staaten

1. Dänemark, Schweden, Norwegen

Die *nordischen Staaten* Dänemark, Schweden und Norwegen weisen in ihrer politischen Struktur weitgehende Übereinstimmung auf. Sie sind konstitutionelle Monarchien und parlamentarische Demokratien mit Einkammersystem in Dänemark („Folketing“) und Schweden („Riksdag“) und Zweikammersystem in Norwegen („Storting“, bestehend aus „Lagting“ = Oberhaus und „Odelsting“ = Unterhaus). Sie gehören der UNO und zahlreichen dieser angeschlossenen Organisationen sowie dem *Nordischen Rat* an. Während sich Dänemark den EG angeschlossen hat, sind Norwegen und Schweden in der EFTA verblieben, aber den EG assoziiert (813). Dänemark und Norwegen sind auch Mitglieder der NATO (913). Von den autonomen dänischen Färöer-Inseln und Grönland (jeweils mit Parlament und Regierung) ist Grönland seit 1. 2. 1985 aus der EG ausgeschieden; es hat aber zollfreien Zugang zum EG-Markt behalten.

2. Island, Finnland

Dem Nordischen Rat gehören auch *Island* und *Finnland* an, beide parlamentarische Republiken (Island: Ober- und Unterhaus; Finnland mit Einkammersystem: „Riksdag"). Während sich Island zur NATO hält, wahrt Finnland mit Rücksicht auf die Nachbarschaft zur UdSSR strikte politische Neutralität. Beide Länder sind den EG assoziiert (813) und gehören der EFTA und dem GATT (917, 918) an, Island auch dem Europarat (912).

3. Irland

Über die parlamentarische (2-Kammer-)Republik *Irland (Eire)* s. 32, 931 sowie 813.

4. Beneluxstaaten

Auch die *Beneluxstaaten* (Belgien, Niederlande, Luxemburg) sind konstitutionelle Monarchien (Luxemburg: Großherzogtum) auf parlamentarischer Grundlage. Belgien und die Niederlande haben das Zweikammersystem (Senat und Abgeordnetenhaus bzw. 1. und 2. Kammer); Luxemburg hat nur eine Deputiertenkammer. Belgien ist in 4 Regionen eingeteilt: Brüssel, Wallonien, Flandern und seit 1. 1. 1984 Ostbelgien (Eupen, St. Vith). Diese verfügen über beschränkte Autonomie mit eigenen Parlamenten und Regierungen. Die Niederlande sind verwaltungsmäßig in 11 Provinzen (jeweils mit Parlament) gegliedert. Außenpolitisch und außenwirtschaftlich bestehen starke Gemeinsamkeiten, insbes. durch die Mitgliedschaft bei UNO, NATO, EG, Europarat (912) und anderen europäischen und weltumspannenden Gemeinschaften. Ferner besteht zwischen den 3 Ländern eine auf Grund eines Vertrags von 1958 im Aufbau befindliche Wirtschaftsunion „Benelux"; Luxemburg bildet außerdem mit Belgien eine Währungsunion.

5. Italien

Italien gehört gleichfalls vielen überstaatlichen Organisationen, insbes. dem NATO-Bündnis und den EG, an. Es ist eine demokratische Republik mit Deputiertenkammer und Senat. Politisch führend ist seit langem die Christl.-Demokrat. Partei (DC), zweitstärkste die Kommunist. Partei (KPI); bei den Wahlen am 27. 6. 1983 erhielt die DC 32,9 v. H., die KPI 29,9 v. H. und die Sozialistische Partei 11,4 v. H. der Stimmen. Über die Auseinandersetzungen mit Österreich in der Südtirolfrage s. 36 II.

6. Spanien

Spanien, seit 1947 auch verfassungsmäßig Monarchie, wurde seit 1939 diktatorisch geleitet von dem Staatschef („Caudillo") *Francisco Franco* bis zu seiner Ablösung durch den bereits seit langem als König pradestinierten Prinz *Juan Carlos de Bourbon,* der als Juan Carlos I. am 27. 11. 1975 zum König gekrönt wurde. Die gesetzgebende Versammlung (Cortes) besteht aus zwei Kammern: Abgeordnetenhaus (Kongreß) und Oberhaus (Senat); Sitzverteilung im Abgeordnetenhaus nach der Wahl vom Juni 1986: Sozialist. Arbeiterpartei 184, Volksallianz 105, Demokrat. Zentrum 19, Katalanen 18, Kommunist. Partei 7, Sonstige 17. Das Staatsorgangesetz 1966 hat daneben einen „Rat des Königreiches" eingerichtet. Die neue Verfassung von 1978 erklärt Spanien zum demokratischen und sozialen Rechtsstaat und zur parlamentarischen Monarchie; damit wurden die vom Franco-Regime außer Kraft gesetzten Grundrechte auch formell wieder wirksam. Spanien gehört der NATO und UNO sowie zahlreichen anderen überstaatlichen Organisationen an.

7. Portugal

Die korporative Republik *Portugal,* die Mitglied der NATO ist, hat ein Parlament mit einer Kammer; daneben besteht ein Staatsrat und eine Korporativkammer (Ständekammer). Das Land wurde bis April 1974 von einem Regierungschef mit diktatorischen Vollmachten regiert, zuletzt von MinPräs. *Caetano,* der durch eine Militärjunta (zeitweise geführt von General *de Spinola*) gestürzt wurde; diese beendete den Kolonialkrieg in Moçambique und Angola, wurde aber unter Führung linksradikaler Kräfte mehrmals umgebildet. Am 27. 6. 1976 wurde General *Antonio Ramalho Eanes* zum Staatspräsidenten auf 5 Jahre gewählt. Die Wahlen vom Okt. 1985 ergaben für die Sozialistische Partei 57, die Sozialdemokratische Partei 88, für das Demokr.-Sozial.-Zentrum 22 und für die Kommunistische Allianz 38 Sitze. Im Febr. 1986 wurde *Mário Soares* zum ersten zivilen Präsidenten Portugals seit 60 Jahren gewählt.

8. Griechenland

Griechenland war bis zur Ausrufung der Republik am 1. 6. 1973 formell Monarchie; der König wurde jedoch seit 1967 von einem Regenten vertreten, der zugleich Regierungschef war. Die republikanische Verfassung (Parlament, Staatspräs.) wurde unter der seit 1967 amtierenden Militärregierung nur teilweise verwirklicht; erst das im Juli 1974 eingesetzte Zivilkabinett *Karamanlis* führte demokratische Freiheiten wieder ein. Durch eine im Juni 1975 in Kraft getretene neue Verfassung wurde die Monarchie abgeschafft. Die Grundrechte wurden neu formuliert, die Stellung des Staatspräs. durch Einräumung besonderer Vollmachten gestärkt. In einer Verfassungsreform vom März 1986 wurden vor allem die weitgehenden Befugnisse des Staatspräsidenten zugunsten des Parlaments eingeschränkt. Griechenland gehört u. a. der UNO, der NATO und dem Europarat sowie ab 1981 der EG an. Gegenstand des Konflikts mit der Türkei um *Cypern* ist, ob die Inselrepublik unabhängig bleiben oder in autonome Regionen aufgeteilt werden soll. Nach der (von Präs. Makarios 1963 einseitig aufgehobenen) Verfassung von 1960 ist *Cypern* eine föderative präsidiale Republik mit einem griech. Präs. (seit 1978 *Spyros Kyprianou*) und einem türk. Vizepräs. Das Parlament soll sich zu 70 v. H. aus griech. und 30 v. H. türk. Abg. zusammensetzen. Seit Ausrufung eines ,,Föderativen türk.-zyprischen Staates" 1975 laufen Verhandlungen über eine Verfassungsreform. Die Separation des Nordteils als ,,Türk. Republik Nordcypern" (Präs. *Raul Denktasch*) im Nov. 1983 wurde nur von der Türkei anerkannt.

9. Türkei

Die *Türkei* ist der Nachfolgestaat des in der Folge des 1. Weltkrieges zusammengebrochenen Osmanischen Reiches. Hauptsächlich auf der Grundlage des heutigen Staatsgebietes schuf *Mustafa Kemal Pascha (Atatürk)* nach dem 1. Weltkrieg den türkischen Staat im Sinne einer forcierten Modernisierung und Verwestlichung um. *Atatürks* Nachfolger *I. Inönü* hielt das Land im 2. Weltkrieg neutral. 1955 trat die Türkei unter MinPräs. *A. Menderes* dem NATO-Bündnis bei, um an ihm einen Rückhalt gegen die Sowjetunion zu haben. Seitdem ist die Türkei der von *Atatürk* eingeleiteten Westorientierung im wesentlichen treu geblieben, obwohl seit zwei Jahrzehnten eine gewisse Re-Islamisierung (vgl. 927) zu beobachten ist und Spannungen mit dem NATO-Partner Griechenland die Effizienz der türkischen NATO-Mitgliedschaft belasten. Am 12. 9. 1980 übernahm das Militär in einem Staatsstreich unter General *Kenan Evren* die Regierung und entmachtete die Parteien (die wichtigsten sind: ,,Republikanische Volkspartei" von *Bülent Ecevit,* ,,Gerechtigkeitspartei" von *Süleyman Demirel,* ,,Nationale Heilspartei"). Die MilReg. war bestrebt, den Konflikt zwischen Links- und Rechtsradikalen zu unterbinden und die Wirtschaft zu sanieren. Durch ein Referendum im Nov. 1982 wurde General *Evren* zum Staatspräs. gewählt und eine neue Verfassung angenommen. Diese ersetzt die Verfassung von 1961. Sie dehnt die Macht des Präsidenten aus, während die Rechte der Parteien, Gewerkschaften und der Presse eingeschränkt werden. Durch ein neues Parteiengesetz (April 1983) wurde die politische Betätigung von Parteien wieder ermöglicht. Das Militärregime wurde nach Wahlen im Nov. 1983, von denen die sozialdemokratische und einige andere Parteien ausgeschlossen waren und bei denen die konservative Vaterlandspartei 211 der 400 Sitze, die mittelinksorientierte Volkspartei 117, die rechtsgerichtete Nationalpartei 72 Sitze errangen, durch eine demokratische Regierung unter dem Führer der Vaterlandspartei, *Turgut Özal*, als Min.präs. abgelöst.

10. Balkanstaaten, Tschechoslowakei, Polen

Die zum *Ostblock* (s. Warschauer Pakt, 923) zählenden sozialistischen (kommunistischen) Volksrepubliken *Polen, Bulgarien, Rumänien, Ungarn* sowie *Albanien* weisen eine auf dem Rätesystem (35) fußende, weitgehend übereinstimmende Staatsverfassung auf: Einkammersystem (nach einer Einheitsliste gewähltes Parlament) und als kollektives Staatsoberhaupt einen vom Parlament gewählten Staatsrat (oder dessen Vorsitzenden). Dagegen verfügt die *Tschechoslowakei* als ,,Föderative Sozialistische Republik" über ein gemeinsames Staatsoberhaupt (Präsident), eine Bundesversammlung (200 im Gesamtstaat gewählte Abgeordnete) und eine Länderkammer mit je 75 vom tschechischen und vom slowakischen Nationalrat (Parlament) delegierten Abgeordneten. In der tschechischen und der slowakischen Teilrepublik besteht neben den Nationalräten je eine eigene Regierung. – In allen kommunistischen Ländern ist wie in der UdSSR der wirkliche Träger der Staatsgewalt die kommunistische Partei kraft ihres beherrschenden Einflusses in allen Staatsorganen.

In *Polen* ergaben sich aus der unter der Führung von *Lech Walesa* um die Jahreswende 1980/81 durch Streiks erzwungenen Anerkennung der parteiunabhängigen Gewerkschaft ,,Solidarität" keine verfassungsrechtlichen Veränderungen. Das Programm der kommunistischen ,,Polnischen Vereinigten Arbeiterpartei (PZPR)" blieb auch für die ,,Solidarität" verbindliche Richtlinie. Die PZPR (1. Sekretär des Zentralkomitees ab 6. 9. 1980: *St. Kania*, ab 18. 10. 1981 Gen. *W. Jaruzelski*) ist die herrschende politische Kraft. Gewerkschaftliche Kampfmaßnahmen, veranlaßt durch arbeitsrechtliche Auseinandersetzungen mit der Regierung und wachsende Versorgungsschwierigkeiten, führten Mitte Dez. 1981 zur Einsetzung eines Militärrates, Verhängung des Ausnahmezustandes und Einführung des Kriegsrechts. Die Bürgerrechte wurden weitgehend eingeschränkt und jede gewerkschaftliche Betätigung verboten. Die Situation entspannte sich auch 1982 nicht wesentlich. Die grundlegenden Schwierigkeiten bestanden weiter. Die ,,Solidarität" wurde im Okt. 1982 auch formell verboten. Das im Dez. 1982 suspendierte Kriegsrecht wurde im Juli 1983 aufgehoben. Dafür wurde aber durch eine Verfassungsänderung die Ausrufung des inneren Notstandes bei Unruhen ermöglicht; außerdem wurden durch Sondergesetze die Zensurbestimmungen und das Strafrecht verschärft. Die kath. Kirche Polens steht diesen Maßnahmen kritisch gegenüber. Das Land hat – trotz einer gewissen Besserung der wirtschaftlichen Lage – nach wie vor große Probleme (enorme Auslandsverschuldung, ungenügende Produktion).

11. Jugoslawien

Eine Ausnahmestellung nimmt *Jugoslawien* ein, das zahlreichen internationalen Organisationen angehört, aber nicht dem Warschauer Pakt, jedoch als assoziiertes Mitglied dem COMECON (923). Jugoslawien ist Volksrepublik auf bundesstaatlicher Grundlage. Das Parlament besteht aus 2 Kammern. Staatsoberhaupt war bis zu seinem Tode (4. 5. 1980) der auf Lebenszeit bestellte Vorsitzende des Staatspräsidiums Marschall *Josip Broz Tito*. Staatsoberhaupt ist jetzt der jährlich im Turnus wechselnde Vorsitzende des Staatspräsidiums. In den 6 Gliedstaaten (Serbien, Kroatien, Slowenien, Bosnien und Herzegowina, Mazedonien, Montenegro) bestehen eigene Parlamente und Vollzugsräte. Jugoslawien unterhält engere wirtschaftliche Beziehungen zu den westlichen als zu den Ostblock-Ländern und gehört zu den führenden „blockfreien (bündnisfreien) Ländern"; vgl. 902, 909, 926. Innerwirtschaftlich herrscht eine stärkere Dezentralisation und Mitbestimmung der Arbeitnehmer als in den übrigen kommunistischen Ländern (Wahl der Direktoren der Betriebe durch Arbeiterrat = Betriebsrat und Arbeiterkollektiv = Belegschafts-Vollversammlung; Mitbestimmung bei Investitionen und Betriebsführung; Lohnberechnung unter Berücksichtigung des Arbeitsergebnisses). Auch ist der privatwirtschaftlichen Betätigung insbes. in Kleinbetrieben mehr Raum gegeben als in den von der UdSSR ideologisch gelenkten Staaten.

38. Vergleichende Gegenüberstellung der Staatsformen

Staat	Verfassung	Staatsoberhaupt	Gesetzgebende Körperschaften (Parlament, ggf. zweite Kammer)		Regierung
Allgemein	i. d. R. schriftlich niedergelegt (Ausnahme: Großbritannien), manchmal als „Grundgesetz"	vertritt völkerrechtlich, empfängt ausländ. Diplomaten, ernennt den Reg.-Chef und Beamte, ist oberste Gnadeninst. und oberster Befehlshaber der Streitkräfte (anders BRep.)	gesetzgebendes Organ, kontrolliert die Regierung	zweite Kammer mit mehr oder weniger Einfluß auf die Gesetzgebung (oft als Vertretung der Bundesländer)	Oberstes Organ zur Ausführung der Gesetze und Verwaltung
Bundesrepublik Deutschland	GG v. 23. 5. 1949	*Bundespräsident* auf 5 Jahre gewählt, ernennt Bkzl. u. BMin., fertigt Gesetze aus und verkündet sie	*Bundestag* 496 Abg., vom Volk auf 4 Jahre gewählt (dazu 22 vom Ld. Berlin bestimmte)	*Bundesrat* (Vertreter der Länderregierungen) wirkt mit bei Gesetzgebung; bei bestimmten Ges. Zustimmung erforderlich, im übrigen Einspruchsrecht	*Bundesregierung* bestehend aus Bundeskanzler u. Bundesministern, Richtl. der Politik bestimmt der Bundeskanzler
Großbritannien	keine geschriebene Verfassung	*König(in)* ernennt Premier-Min., Vetorecht gegen vom Parlament beschlossene Gesetze (seit 1707 nicht ausgeübt)	*House of Commons* (Unterhaus) 635 Mitgl., auf 5 Jahre gewählt	*House of Lords* ca. 1175 Mitgl., (Hochadel, hohe Geistlichkeit, hohe Richter), aufschieb. Veto außer bei Finanzgesetzen	*Premierminister* leitet die Reg. Mitverantwortlich sind die Minister, die dem Parlament angehören sollen

Fortsetzung s. folg. Seite

78

Staat	Verfassung	Staatsoberhaupt	Gesetzgebende Körperschaften (Parlament, ggf. zweite Kammer)		Regierung
Frankreich	Verf. v. 4. 10. 1958	*Präsident der Republik* Wahlzeit 7 Jahre. Ernennt Premiermin., kann Volksentscheide über Gesetzentwürfe anordnen und in Notzeiten aktiv eingreifen	*Nationalversammlung*, 491 Abg., auf 5 Jahre in direkter Wahl gewählt *Parlament*	*Senat* 289 Mitgl., auf 9 Jahre gewählt	*Premierminister* ist Chef der Regierung, schlägt Min. vor
USA	Verf. v. 17. 9. 1787	*Präsident der USA* ist zugleich Reg.-Chef. Wahlzeit 4 Jahre, hat aufschiebendes Veto gegen Gesetze, ernennt Staatssekretäre (Min.)	*Repräsentantenhaus* 435 auf 2 Jahre gewählte Vertreter der 50 Staaten *Kongreß*	*Senat* (100 Mitgl.), kontrolliert den Präs., aufschiebendes Veto bei Gesetzen	*Präsident der USA* ist gleichzeitig Regierungschef. Minister titulieren „State Secretary"
Schweiz	Bundesverfassung v. 29. 5. 1874	*Bundesrat* auf 4 Jahre gewählt (ein jährl. gewählt. Mitgl. hat als *Bundespräsident* repräsentative Funktionen)	*Nationalrat* (200 auf 4 Jahre gewählte Mitgl.) beide Häuser bei gleichberechtigt *Bundesversammlung*	*Ständerat* (46 Mitgl.) der Gesetzgebung	*Bundesrat* = Kollegium von 7 Bundesräten (für 4 Jahre von Bundesversammlung gewählt)
UdSSR	Verf. v. 7. 10. 1977	Der Vorsitzende des Präsidiums des Obersten Sowjets, reine Repräsentation	*Unionssowjet* Abg. in etwa gleicher Zahl (767, 750) beide Häuser bei der Gesetzgebung gleichberechtigt *Oberster Sowjet*	*Nationalitätensowjet*	*Rat der Minister*, Regierungschef: Ministerpräsident, Minister

D. Das Grundgesetz für die Bundesrepublik Deutschland

I. Verfassungsgrundsätze. Grundrechte

41. Bedeutung und Aufbau des Grundgesetzes

Das *Bonner Grundgesetz* (GG) vom 23. 5. 1949 (BGBl. 1) hat Verfassungsrang und steht damit über dem gewöhnlichen Gesetz. Die Bezeichnung ,,Grundgesetz" wurde gewählt, weil es nur als Zwischenlösung für die BRep. gedacht war; es verliert seine Gültigkeit mit Inkrafttreten einer in freier Entscheidung beschlossenen gesamtdeutschen Verfassung (Art. 146 GG).

Über seine Entstehung s. 20.

Der *Aufbau* des GG entspricht dem aller demokratischen Verfassungsordnungen. Abschn. I behandelt die Grundrechte (Art. 1–19), Abschn. II das Verhältnis zwischen Bund und Ländern (Art. 20–37). Es folgen die Bestimmungen über die Bundesorgane: in Abschn. III und IV Bundestag und Bundesrat (Art. 38–49, 50 bis 53 mit dem angegliederten Abschn. IVa, Art. 53a ,,Gemeinsamer Ausschuß" des BT und BR), in Abschn. V und VI Bundespräsident und Bundesregierung (Art. 54–61, 62–69). Die folgenden Abschnitte befassen sich mit den Funktionen der Bundesorgane und der Verwaltung: VII, VIII und VIIIa mit der Bundesgesetzgebung, der Ausführung der Bundesgesetze und der Bundesverwaltung sowie Gemeinschaftsaufgaben (Art. 70–82, 83–91, 91a, 91b), IX und X mit Rechtsprechung und Finanzwesen (Art. 92–104, 104a–115). Abschn. Xa enthält Sondervorschriften für den Verteidigungsfall (Art. 115a–l), Abschn. XI Übergangs- und Schlußbestimmungen (Art. 116–146).

Das GG stellt, ähnlich den früheren Verfassungen, folgenden einleitenden Satz *(Präambel)* voran, der Bedeutung, Zweck und Entstehung darlegt:

„Im Bewußtsein seiner Verantwortung vor Gott und den Menschen, von dem Willen beseelt, seine nationale und staatliche Einheit zu wahren und als gleichberechtigtes Glied in einem vereinten Europa dem Frieden der Welt zu dienen, hat das Deutsche Volk in den Ländern Baden, Bayern, Bremen, Hamburg, Hessen, Niedersachsen, Nordrhein-Westfalen, Rheinland-Pfalz, Schleswig-Holstein, Württemberg-Baden und Württemberg-Hohenzollern, um dem staatlichen Leben für eine Übergangszeit eine neue Ordnung zu geben, kraft seiner verfassungsgebenden Gewalt dieses Grundgesetz der Bundesrepublik Deutschland beschlossen. Es hat auch für jene Deutschen gehandelt, denen mitzuwirken versagt war. Das gesamte Deutsche Volk bleibt aufgefordert, in freier Selbstbestimmung die Einheit und Freiheit Deutschlands zu vollenden."

Die in der Präambel aufgestellten *politischen Programmsätze* sind für die Staatsorgane verpflichtend.

Änderungen des GG sind *Verfassungsänderungen;* sie können nur mit qualifizierten Mehrheiten in Bundestag und Bundesrat beschlossen werden (Art. 79 Abs. 2 GG; vgl. 64 III 1).

Das GG ist bisher durch 35 Gesetze geändert und ergänzt worden. Von besonderer Bedeutung war die *Notstandsgesetzgebung* (67). Zur *Verfassungsreform* vgl. 63.

42. Staatsrechtliches Wesen der Bundesrepublik

Der Name *Bundesrepublik Deutschland* (BRep.) besagt, daß die westdeutschen Länder sich zu einem *Bundesstaat* zusammengeschlossen haben und daß dieser Bund eine *Republik,* ein *Freistaat,* ist. Art. 20 Abs. 1 GG fügt hinzu, daß die BRep. ein *demokratischer* und *sozialer* Bundesstaat ist.

Den *Ländern* ist ihre Eigenstaatlichkeit geblieben; sie sind nicht lediglich, wie im Einheitsstaat, reine staatliche Verwaltungsbezirke (Provinzen); sie haben eigene Verfassungen, Staatsgebiete und staatliche Gewalten (Gesetzgebung, Verwaltung, Rechtsprechung).

Allerdings ist ihr *Staatsgebiet* zugleich Bundesgebiet. Im übrigen aber stehen die *Hoheitsrechte* der Länder neben denen des Bundes mit den im GG vorgesehenen Abgrenzungen.

Wie in der Weimarer Republik geht die Staatsgewalt vom Volk aus (Art. 20 Abs. 2 GG). Es besteht also *Volkssouveränität.* Somit ist die BRep. eine *demokratische Republik.*

Die BRep. ist ferner ein *sozialer Staat* (Art. 20 Abs. 1 GG), der sich die Fürsorge für alle Teile der Bevölkerung, insbesondere für die wirtschaftlich schlechter gestellten Kreise, angelegen sein läßt, um jedem ein menschenwürdiges Dasein zu ermöglichen.

Sie ist aber auch ein *Rechtsstaat,* der Gerechtigkeit und Rechtssicherheit zu gewährleisten hat und die Tätigkeit des Staates an Gesetz und Recht bindet.

Vgl. Art. 20 Abs. 3 GG: „Die Gesetzgebung ist an die verfassungsmäßige Ordnung, die vollziehende Gewalt und die Rechtsprechung sind an Recht und Gesetz gebunden."

Aus diesen Verfassungsgrundsätzen ergibt sich der zentrale Begriff des *sozialen Rechtsstaates,* der als Grundform der modernen Demokratie zugleich für die Länderverfassungen bindend ist (vgl. 54). Das als Verfassungsgrundsatz anerkannte *Sozialstaatsprinzip* besagt, daß das Miteinanderleben in der großen Gemeinschaft von Volk und Staat zwar vom einzelnen die Einordnung in das Ganze und Rücksichtnahme auf die Rechte anderer fordert, ihm aber auch über die Garantie seiner eigenen Rechtsstellung hinaus angemessene Lebensmöglichkeiten gewährleistet. Somit umfaßt die Sozialstaatlichkeit auf der einen Seite verpflichtende Bindungen an das Gemeinwohl (z. B. Sozialgebundenheit des Eigentums, Art. 14 Abs. 2 GG). Auf der anderen Seite gewährt der soziale Staat dem Hilfsbedürftigen ein *subjektives öffentliches Recht* auf Fürsorge, das sogar gerichtlich einklagbar ist (687). Über die sozialrechtlichen Gesetze vgl. 651 ff., 681 ff. sowie 621, 626, 630.

Hoheitszeichen des Bundes sind die *Bundesflagge* (schwarz-rot-gold; Art. 22 GG), das *Bundeswappen* (einköpfiger schwarzer Adler auf goldgelbem Grund) und das *Bundessiegel* (Bundesadler mit Kranz = großes Bundessiegel). Vgl. BGBl. 1950 S. 26, 205 und 1964 I 285. Die *Amtsschilder* der Bundesbehörden bestimmt der Erl. des BPräs. vom 25. 9. 1951 (BGBl. I 927). Über Flaggenrecht und Flaggenführung der See- und Binnenschiffe vgl. das *Flaggenrechtsgesetz* vom 8. 2. 1951 (BGBl. I 79), über Dienstflaggen der Bundeswehr 451.

Die *Beflaggung der Dienstgebäude* des Bundes regelt ein Erlaß der BReg. vom 30. 6. 1983 (BAnz. Nr. 125).

43. Das Bundesgebiet

Die Herrschaft des Staates erstreckt sich auf das *Staatsgebiet* (vgl. 1). Dieser *Gebietshoheit* unterliegen Staatsangehörige und Ausländer in gleicher Weise. Ausnahmen bestehen für die Gebäude fremder diplomatischer Vertretungen und deren Angehörige *(Exterritorialität);* vgl. 904. Die BRep. unterliegt aber noch Beschränkungen durch die ehemaligen Besatzungsmächte, die im deutschen Staatsgebiet im Bereich der Stationierungsstreitkräfte und durch die Vorbehalte hinsichtlich Berlin, Wiedervereinigung und Friedensvertrag (vgl. 915) *Hoheitsrechte* ausüben.

In jedem *Bundesstaat* besteht eine doppelte *Gebietseinheit:*
a) die des Bundes, die für das ganze Bundesgebiet gilt, und
b) die des Gliedstaates für sein Staatsgebiet.

Das *Bundesgebiet* besteht (Art. 23 GG) gegenwärtig aus elf Ländern: Baden-Württemberg (zu welchem durch Volksabstimmung vom 9. 12. 1951 die Länder Baden, Württemberg-Baden und Württemberg-Hohenzollern vereinigt wurden), Bayern, Berlin, Bremen, Hamburg, Hessen, Niedersachsen, Nordrhein-Westfalen, Rheinland-Pfalz, Saarland und Schleswig-Holstein. Über die Beschränkung des Stimmrechts der Vertreter *Berlins* im Bundestag und Bundesrat infolge der Vorbehalte der Alliierten vgl. 23. Das *Saarland* hatte zunächst die Stellung eines autonomen Gebietes unter französischer Oberhoheit. Es ist der BRep. ab 1. 1. 1957 eingegliedert worden. Vgl. 140.

Art. 29 GG sieht eine *allgemeine Neugliederung der Länder* nach landsmannschaftlicher Verbundenheit, geschichtlichen und kulturellen Zusammenhängen, wirtschaftlicher Zweckmäßigkeit und sozialem Gefüge durch Bundesgesetz vor. Sie soll Länder schaffen, die nach Größe und Leistungsfähigkeit die ihnen obliegenden Aufgaben wirksam erfüllen können. Das Bundesgesetz ist in jedem betroffenen Gebietsteil zum *Volksentscheid* zu stellen, bei dem grundsätzlich die Mehrheit der abgegebenen Stimmen entscheidet. Das Nähere regeln Art. 29 Abs. 5, 6 sowie das Verfahrensgesetz vom 30. 7. 1979 (BGBl. I 1317) nebst DfBest. vom 12. 11. 1984 (BGBl. I 1342). *Sonstige (kleinere) Gebietsänderungen* können gem. Art. 29 Abs. 7 GG durch Staatsvertrag oder durch Bundesgesetz mit Zustimmung des BR erfolgen, wenn das betr. Gebiet höchstens 10000 Einwohner hat. Vgl. Verfahrensgesetz vom 30. 7. 1979 (BGBl. I 1325). Eine allgemeine Neugliederung wird jedoch durch das komplizierte Verfahren, die Unbestimmtheit der Ziele und die Unklarheit der in Art. 29 Abs. 1 verwendeten Begriffe außerordentlich erschwert. Für den Südwestraum (Baden-Württemberg) war sie durch Art. 118 GG erleichtert worden. Vgl. 130 *(Südweststaat)*, auch über die erfolglosen Bestrebungen zur Wiederherstellung eines selbständigen Landes Baden.

44. Das Bundesvolk

Alle Staatsgewalt geht vom Volke aus (Art. 20 Abs. 2 GG), das Inhaber der *Souveränität* und Träger der Bundesgewalt ist (vgl. 42).

I. *Formen der Ausübung der Staatsgewalt durch das Volk*

Das Volk äußert seinen Willen

1. *unmittelbar*
   a) bei der *Wahl* zum Bundestag (Art. 38 GG);
   b) bei der Abstimmung über die Landeszugehörigkeit eines Gebiets (*Volksentscheid,* Art. 29 GG; vgl. 43).

Ein *Volksbegehren* mit dem Ziel, die bei der Neubildung der Länder nach dem 8. 5. 1945 ohne Volksabstimmung getroffenen Entscheidungen zu ändern, ist infolge Fristablaufs nicht mehr zulässig (Art. 29 Abs. 4 GG);

2. *mittelbar* durch Bundestag (Art. 38ff. GG) und Bundesversammlung (Art. 54 GG). Durch die Bundesversammlung wird der Bundespräsident (Art. 54ff. GG) gewählt. Der Bundestag ist das Gesetzgebungsorgan; ferner wählt er den Bundeskanzler (Art. 63 Abs. 1 GG).

Eine *unmittelbare* Beteiligung des Volkes an der allgemeinen *Gesetzgebung* durch Volksbegehren oder Volksentscheid *(Plebiszit)*, wie sie Art. 73 WVerf. vorsah, kennt das GG nicht (über Gebietsänderungen s. o.). Man spricht deshalb von einer *repräsentativen Demokratie,* bei der das Volk nur *mittelbar* durch seine Vertreter mitwirkt (59, 64). Nur mittelbar Einfluß auf die Gesetzgebung, überwiegend dagegen auf das Verwaltungsgeschehen nehmen die sog. *Bürgerinitiativen,* die in Form von Vereinen oder Gesellschaften (306) i. d. R. regional begrenzte Einzelmaßnahmen anstreben, z. B. die Durchführung oder Unterlassung bestimmter Bauvorhaben (Straßen, Kernkraftwerke). Sie werden vor allem zum Umweltschutz (193) aktiv.

II. *Rechte und Pflichten des Bürgers*

Maßgebend für die *Rechtsstellung des Bürgers im Staat* sind einmal die *Grundrechte,* die eine besonders starke, weil verfassungsmäßig garantierte Rechtsstellung verbürgen (46), und die ihnen entsprechenden *Grundpflichten.* Zu den Grundrechten zählen z. B. die persönliche Freiheit, Vereinigungs- und Versammlungsrecht, Eigentum und Erbrecht usw. (46ff.), zu den Grundpflichten die Pflicht zur Verfassungstreue, die Wehrpflicht u. a. m. (51).

Das besondere *Rechtsverhältnis des Bürgers zum Staat* wiederum bestimmt sich nach seinen *staatsbürgerlichen Rechten und Pflichten.* Diese müssen jedem Deutschen in jedem Land der BRep. in gleicher Weise gewährt werden (Art. 33 Abs. 1 GG; sog. *Indigenat*). Umfang und Inhalt der staatsbürgerlichen Rechte und Pflichten werden durch Verfassung und Gesetz bestimmt. Jeder Deutsche hat nach seiner Eignung, Befähigung und fachlichen Leistung gleichen Zugang zu jedem öffentlichen Amte (Art. 33 Abs. 2 GG), und niemand darf wegen seines Geschlechts, seiner Abstammung, seiner Rasse, seiner Sprache, seiner Heimat und Herkunft, seines Glaubens, seiner religiösen oder politischen Anschauungen benachteiligt oder bevorzugt werden (Art. 3 Abs. 3 GG).

An *staatsbürgerlichen Rechten* gewährt das GG folgende:

1. das aktive und passive Wahlrecht zum Bundestag (Art. 38);
2. das Stimmrecht bei Gebietsänderungen (Art. 29);
3. das Recht auf Zulassung zu öffentlichen Ämtern (Art. 33);
4. die Grundrechte, soweit sie das Verhältnis des Bürgers zum Staat betreffen (z. B. das Recht, aus Gewissensgründen den Waffendienst zu verweigern, das Petitionsrecht usw.);
5. das Recht auf den gesetzlichen Richter (Art. 101);
6. das Recht der Verfassungsbeschwerde (Art. 93 Abs. 1 Nr. 4a).

Demgegenüber stehen *staatsbürgerliche Pflichten*:

1. zu Treue und Förderung der Interessen des Bundes und der Länder;
2. zum Gehorsam gegen Verfassung und Gesetze von Bund und Ländern;
3. zu bestimmten Leistungen (Dienst- und Wehrpflicht, Art. 12a GG, ferner Schulpflicht, Pflicht zu Sachleistungen im Interesse der Sicherheit des Bundes nach dem Bundesleistungsgesetz, vgl. 48 unter 4, zu ehrenamtlicher Tätigkeit, z. B. Schöffendienst u. a. m.);
4. zum Beitrag zu den öffentlichen Lasten.

45. Die politischen Parteien

I. Begriff und Bedeutung

Die Willensbildung im Staat kann sich unmittelbar durch das Volk nur in kleineren, übersehbaren Gemeinschaften vollziehen (wie z. B. früher in den germanischen Völkerschaften und heute noch in Schweizer Kantonen, vgl. 11, 34). Wächst die Gemeinschaft räumlich und personell, muß sie eine *Volksvertretung* mit der Repräsentation der Staatsbürger und mit der konkreten Willensbildung, insbes. der Gesetzgebung, beauftragen. Während ursprünglich vielfach Standes-, Berufs- und Interessenverbände die Zusammensetzung der Repräsentationsorgane bestimmten (vgl. 12), kam es mit zunehmender Demokratisierung des politischen Lebens, zunächst in England, zur Gründung *politischer Parteien* im heutigen Sinne. Bei diesen liegt seither die Gestaltung der Politik in der *mittelbaren Demokratie* (vgl. 4 II 3 und Art. 21 GG). Freilich wurden und werden die Volksvertretungen nicht immer nach politischen und wirtschaftlichen Programmen gewählt; häufig sind auch weltanschauliche und besonders religiöse Zielsetzungen maßgebend.

Herkömmlicherweise unterscheidet man bei den politischen Parteien zwischen *konservativen, liberalen* und *sozialistischen* (extreme Formen: nationalistisch-reaktionäre, sozialistisch-revolutionäre); hingegen entspricht die traditionelle Unterscheidung zwischen bürgerlichen und Arbeiterparteien heute nicht mehr ihrer tatsächlichen Zusammensetzung. Weltanschauungsparteien finden sich z. B. in den Niederlanden (konfessionelle Richtungen), während Interessenverbände nur noch selten die ausschließlichen Träger einer Partei sind (wie früher bei der deutschen Wirtschaftspartei; anders wieder die vornehmlich den Umweltschutz betreibenden ,,Grünen").

Die Art der Auswahl der Volksvertreter bestimmt sich nach dem *Wahlsystem.* Man unterscheidet die *Mehrheitswahl* und die *Verhältniswahl,* je nachdem, ob für die Entsendung eines Abgeordneten im einzelnen Wahlkreis die Mehrheit der abgegebenen Stimmen maßgebend ist oder ob im Parlament alle Parteien nach dem Verhältnis der für sie insgesamt abgegebenen Stimmen vertreten sein müssen.

Beide Systeme haben Vor- und Nachteile: Die Mehrheitswahl ist vorwiegend eine Persönlichkeitswahl, wobei aber die Stimmen der Minderheiten verlorengehen; die Verhältniswahl dagegen berücksichtigt auch diese, ist aber überwiegend eine Stimmabgabe für politische Programme und begünstigt die Zersplitterung (so in der Weimarer Republik). Der Zersplitterung sucht man durch *Sperrklauseln* entgegenzuwirken, die Minoritäten bis zu 5 oder 10 v. H. ausschließen. Einen Ausgleich der Vor- und Nachteile bietet weitgehend die in der BRep. festgelegte Kombination der Persönlichkeits- und Verhältniswahl (59 II 1); von den beiden dem Wähler zustehenden Stimmen ist die erste für die Personenwahl, die zweite – letztlich für die Zusammensetzung des Parlaments maßgebende – für die Programmwahl gedacht. Andere Kombinationen bieten das System der *freien Listen,* das dem Wähler gestattet, einzelne Bewerber zu streichen und bei anderen Stimmen zu häufen (zu kumulieren), oder das *Panaschieren,* wobei der Wähler mehrere Stimmen auf verschiedene Listen verteilen kann.

In der BRep. ist die Mitwirkung der Parteien bei der politischen Willensbildung des Volkes verfassungsrechtlich durch Art. 21 GG festgelegt. Ihre *Gründung* ist frei; doch muß ihre *innere Ordnung* demokratischen Grundsätzen entsprechen.

Durch das Ges. über die politischen Parteien – *Parteiengesetz* – vom 24. 7. 1967 (BGBl. I 773) i. d. F. vom 15. 2. 1984 (BGBl. I 242) sind die Parteien in der BRep. ausdrücklich als ,,verfassungsrechtlich notwendiger Bestandteil der freiheitlichen demokratischen Grundordnung" anerkannt; ihre besondere Aufgabe besteht in der ,,freien, dauernden Mitwirkung an der politischen Willensbildung des Volkes" (§ 1). Richten sich die Ziele oder das Verhalten der Anhänger einer Partei darauf, die freiheitliche demokratische Grundordnung der BRep. zu beeinträchtigen oder zu beseitigen oder den Bestand der BRep. zu gefährden, so ist sie *verfassungswidrig.* Hierüber entscheidet das BVerfG; es verbindet damit die *Auflösung* der Partei und das *Verbot von Ersatzorganisationen* (über die KPD s. u. IV 5). Nicht in den Genuß der öffentlich-rechtlichen Stellung einer Partei gelangen politische Vereinigungen, deren Mitglieder oder Vorstandsmitglieder überwiegend Ausländer sind oder die Sitz oder Geschäftsleitung außerhalb der BRep. haben (§ 2 Abs. 3). Eine Partei hat die aktive und passive Prozeßfähigkeit (§ 3).

II. Aufbau und Finanzierung

Nach dem ParteienG muß eine politische Partei, um als solche anerkannt zu werden, über ein schriftliches *Programm* und eine schriftliche *Satzung* verfügen, die gewisse Mindestbestandteile haben muß (Name, Gliederung, Zusammensetzung des Vorstandes – mindestens 3 Mitglieder – und der übrigen Organe – mindestens Mitglieder- oder Vertreterversammlung –, Rechte und Pflichten der Mitglieder usw.; §§ 6, 8, 11).

Die Parteien gliedern sich in Gebietsverbände, deren oberstes Organ die Mitglieder- oder Vertreterversammlung ist (Bezeichnung ,,Parteitag", in kleineren Bereichen ,,Hauptversammlung"); sie beschließt über Satzung, Parteiprogramm, Beiträge, Schiedsgerichtsordnung, Auflösung oder Verschmelzung mit anderen Parteien, Wahl der Mitglieder des Vorstands u. a. Organe usw. (§§ 7 bis 9). Parteimitglieder und Vertreter in den Parteiorganen haben gleiches Stimmrecht (§ 10 Abs. 2). Wahl der Mitglieder des Vorstands und der Vertretungsorgane sowie Aufstellung der Kandidaten für die Parlamente müssen geheim stattfinden (§ 15 Abs. 2, § 17). Personen, denen das aktive oder passive Wahlrecht gerichtlich aberkannt worden ist, können nicht Parteimitglieder sein. *Ausschluß* aus der Partei ist nur bei Mitgliedern zulässig, die vorsätzlich gegen die Satzung oder gegen erhebliche Grundsätze oder Ordnung der Partei verstoßen und ihr dadurch schweren Schaden zugefügt haben; hierüber entscheidet ein unabhängiges Schiedsgericht, dessen Mitglieder weder dem Vorstand angehören noch Parteiangestellte sein dürfen und gegen dessen Spruch ein höheres Schiedsgericht angerufen werden kann (§§ 10, 14).

Nach Art. 21 Abs. 1 GG müssen die Parteien über die Herkunft und Verwendung ihrer Mittel sowie über ihr Vermögen öffentlich Rechenschaft geben, um den problematischen Einfluß großer Geldgeber einzudämmen. Demgemäß muß die Satzung einer Partei Bestimmungen über Form und Inhalt einer Finanzordnung enthalten, die den §§ 23ff. ParteienG entspricht (§ 6 Abs. 2 Nr. 12); der Vorstand der Partei hat nach den §§ 23ff. über die der Partei im Vorjahr *zugeflossenen Mittel,* deren *Verwendung* und über das *Vermögen* der Partei einen *Rechenschaftsbericht* vorzulegen, der bei Spenden von mehr als insgesamt 20000 DM im Jahr auch den Spender bezeichnet und der von einem Wirtschaftsprüfer geprüft worden ist. Der Bericht ist beim BT-Präs. einzureichen und von diesem zu veröffentlichen. Zum Nachweis der rechenschaftspflichtigen Einnahmen obliegt der Partei eine *Buchführungspflicht.* Beiträge und Spenden an politische Parteien ermäßigen für den Geldgeber die tarifliche Einkommensteuer um 50 v. H. der Ausgaben, höchstens um 600 DM, bei zusammenveranlagten Ehegatten um 1200 DM (§ 34g EStG). Im übrigen können Mitgliedsbeiträge und Spenden als Sonderausgaben bis zu einer Höhe von 5 v. H. des Gesamtbetrags der Einkünfte oder 2 v. T. der Umsätze und Löhne oder Gehälter geltend gemacht werden (§ 10b Abs. 1 und 2, § 9 Nr. 3 KStG). Durch den sog. *Chancenausgleich* (§ 22a

ParteienG) soll erreicht werden, daß alle Parteien mit einer bestimmten Mindeststimmenzahl trotz des unterschiedlichen Aufkommens an Mitgliedsbeiträgen und Spenden in etwa gleicher Weise an den Steuerbegünstigungen der Spenden und Beiträge teilhaben. Auf Grund des Chancenausgleichs wird Parteien mit geringerem Spenden- und Beitragsaufkommen ein verhältnismäßiger Ausgleich aus öffentlichen Geldern gezahlt (Berechnung s. § 22a Abs. 2 ParteienG). Bestimmte Spenden dürfen von den Parteien nicht entgegengenommen werden (z. B. Spenden von polit. Stiftungen, gemeinnützigen o. ä. Körperschaften, bestimmte Auslandsspenden, anonyme Spenden von mehr als 1000 DM); derartige Spenden sind an das Präsidium des BT weiterzuleiten (§§ 23a, 25 ParteienG). Nach der Entscheidung des BVerfG vom Juli 1986 ist dieses System der Parteienfinanzierung insoweit mit Art. 3 Abs. 1 GG (Gleichheitssatz) unvereinbar, als die Abzugsfähigkeit von Ausgaben zur Förderung staatspolitischer Zwecke nach bestimmten Vomhundertsätzen bemessen und die steuerliche Abzugsfähigkeit nicht auf einen für alle Steuerpflichtigen gleichen Höchstbetrag, der 100000 DM nicht übersteigen darf, begrenzt wird (BVerfG NJW 1986, 2487).

Die verfassungsmäßig verankerte Stellung der Parteien im öffentlichen Leben rechtfertigt es, den Parteien, die über eine größere Anhängerschaft verfügen und die daher an der politischen Willensbildung tatsächlich mitwirken, die *Wahlkampfkosten* zu erstatten. Den an einer Bundestagswahl mit eigenen Wahlvorschlägen beteiligten Parteien werden nach §§ 18ff. des ParteienG die notwendigen Kosten eines angemessenen Wahlkampfes mit einer Pauschale von 5,00 DM je Wahlberechtigten entsprechend der erreichten Stimmenzahl erstattet, vorausgesetzt, daß die Partei mindestens 0,5 v. H. der abgegebenen gültigen Zweitstimmen oder, falls eine Landesliste nicht besteht, 10 v. H. der in einem Wahlkreis abgegebenen Erststimmen erlangt hat; unter dieser Voraussetzung werden auch Einzelbewerbern die Kosten erstattet. Der Erstattungsbetrag ist auf Antrag vom BTPräs. festzusetzen und aus Bundesmitteln zu zahlen. Den hiernach erstattungsberechtigten Parteien werden auf Antrag *Abschlagszahlungen* gewährt. Sie können dreimal innerhalb einer Wahlperiode gezahlt werden, dürfen aber jeweils 20 v. H. der zu erstattenden Kosten der voraufgegangenen Wahl nicht überschreiten (§ 20 Abs. 1 S. 2 ParteienG).

Entsprechende Regelungen können in den Ländern für die Landtagswahlen ergehen (vgl. z. B. WahlkampfkostenG Bad.-Württbg. vom 1. 8. 1967, GBl. 125, NRW vom 15. 12. 1970, GV.NW. 764, Bayern vom 8. 3. 1974, GVBl. 150). Nach den Urteilen des BVerfG vom 19. 7. 1966 (NJW 1966, 1499ff.) dürfen den Parteien aus Bundesmitteln nur Kosten des Wahlkampfs ersetzt werden, nicht solche sonstiger Parteiarbeit oder ihrer Organisationen. Kleine Parteien (außer Splittergruppen) dürfen hiervon nicht ausgeschlossen werden.

III. Mandate und Fraktionen

Nach Art. 38 Abs. 1 S. 2 GG sind die Abgeordneten „Vertreter des ganzen Volkes, an Aufträge und Weisungen nicht gebunden und nur ihrem Gewissen unterworfen" (System der *auftragsfreien Repräsentation*).

Danach soll sich der Abgeordnete nicht als Vertreter seiner Partei fühlen, mag er auch auf Grund der Stimmabgabe der Wähler für diese über eine Landesliste (59 II 1) gewählt worden sein. Weder Bund noch Länder kennen das sog. „imperative Mandat" und die damit verknüpfte Bindung an Aufträge der Wähler oder der Parteiorganisation, somit auch nicht wie das Rätesystem (35) eine Abwählbarkeit des Abgeordneten.

Die Unabhängigkeit der Abgeordneten steht aber dem Zusammenschluß in *Fraktionen* nicht entgegen. Der einzelne Abgeordnete kann Einfluß auf die Gesetzgebung i. d. R. nur innerhalb einer Fraktion nehmen; er hat insbes. allein nicht das Recht der Gesetzesinitiative (vgl. 59 VI). Doch können sich aus solchen Zusammenschlüssen Fragen der Fraktionsdisziplin und der Bindung an Parteibeschlüsse ergeben. Partei- oder Fraktionswechsel eines Abgeordneten hat für sich allein noch keinen Mandatsverlust zur Folge.

Nach den Geschäftsordnungen der Parlamente in Bund und Ländern bestimmt sich, wieviel Abgeordnete zur Bildung einer *Fraktion* erforderlich sind. Diese Vorschriften bestärken den Einfluß der politischen Parteien auf die Parlamente. Um die Vorteile der Fraktionseigenschaft zu genießen, können sich auch politisch unterschiedliche Gruppen zusammenschließen, welche die Mindestzahl nicht aufweisen. Darüber hinaus lassen sich durch Zusammenschluß mehrerer Fraktionen in einer sog. *Fraktionsgemeinschaft* günstigere Stimmverhältnisse erzielen.

IV. Im Bundestag waren bisher folgende Parteien (nach Fraktionsstärke geordnet) vertreten:

1. CDU/CSU = Christlich-Demokratische (-Soziale) Union

Die *Christlich-Demokratische Union* wurde 1945 gegründet. Sie will das öffentliche Leben im Dienst des deutschen Volkes und des deutschen Vaterlandes aus christlicher Verantwortung und nach dem christlichen Sittengesetz auf der Grundlage der persönlichen Freiheit demokratisch gestalten. Sie erstrebt als Union die politische Einigung der Angehörigen aller christlichen Konfessionen und als Volkspartei die Vertretung aller Gruppen und Teile des deutschen Volkes. Die politischen Ziele der CDU wurden im Jahre 1978 in einem ,,Grundsatzprogramm" zusammengefaßt. Die *Christlich-Soziale Union* ist ebenfalls 1945 gegründet worden, vorwiegend von Anhängern der früheren Bayerischen Volkspartei, die auch im Reichstag der Weimarer Republik vertreten war. Sie ist eine organisatorisch selbständige Partei; ihre Ziele stimmen weitgehend mit denen der CDU überein, berücksichtigen jedoch besonders die innerstaatlichen Belange des Freistaates Bayern, insbesondere in wirtschaftlicher und kultureller Hinsicht. Im Bundestag besteht Fraktionsgemeinschaft mit der CDU.

Nach dem Prinzip der Subsidiarität bejaht die CDU/CSU den föderalistischen Bundesstaat. Sie bekennt sich zum Prinzip des sozialen Rechtsstaates als Verpflichtung des Staates zur sozialen Sicherung aller Bevölkerungsschichten und Bindung aller staatlichen Gewalt an das Verfassungsrecht. Grundlage ihrer Wirtschafts- und Sozialpolitik ist die *soziale Marktwirtschaft,* die eine breite Entwicklung des Privateigentums und die Eigeninitiative sowie einen wirklichen Wettbewerb erstrebt. Zur Wirtschaftspolitik fordern die ,,Stuttgarter Leitsätze" vom Mai 1984 im besonderen flexiblere Formen des Arbeitens, ein leistungsförderndes Steuersystem und die Einbindung des Umweltschutzes in die Marktwirtschaft; für dessen Organisation sollen marktwirtschaftliche Steuerungsmechanismen stärker herangezogen werden. Die CDU/CSU betont das *Elternrecht* für die Erziehung der Jugend und die Bestimmung der Schulart. Außenpolitisch tritt sie für eine politische europäische Gemeinschaft sowie Erhaltung und Ausbau des atlantischen Bündnisses zur Erhaltung des militärischen Gleichgewichts ein. Sie will Frieden, Sicherheit und Freiheit für alle Deutschen auf der Grundlage des Selbstbestimmungsrechts und erstrebt die Wiedervereinigung als höchstes Ziel der deutschen Politik.

2. SPD = Sozialdemokratische Partei Deutschlands

1869 von A. Bebel und W. Liebknecht als Sozialdemokratische Arbeiterpartei gegründet, 1875 vereinigt mit dem von F. Lassalle 1863 gegründeten „Allgemeinen Deutschen Arbeiterverein"; durch Bismarcks *Sozialistengesetz* von 1878 bis 1890 verboten; 1912 stärkste Partei im Reichstag (34,8%). Am 9. 11. 1918 ruft *Scheidemann* (SPD) in Berlin die freie deutsche Republik aus, der SPD-Vorsitzende *Friedrich Ebert* wird 1919 erster Reichspräsident (bis 1925). Unter Führung von Otto Wels stimmt am 24. 3. 1933 die SPD im Reichstag als einzige Partei geschlossen gegen Hitlers Ermächtigungsgesetz. Von 1933 bis 1945 Kampf in der Illegalität gegen Hitler. 1945 Wiedergründung durch *Kurt Schumacher.* (In der SBZ 1946 Zwangsvereinigung mit der KP zur SED, danach Verbot der SPD.)

Seit ihrer Gründung verbindet die SPD die Forderung nach parlamentarischer Demokratie mit der Forderung nach gesetzlich gesicherter sozialer Gerechtigkeit. Die gegenwärtige Position bestimmt das 1959 angenommene *Godesberger Grundsatzprogramm,* das als Maßstäbe des politischen Handelns die Grundwerte Freiheit, Gerechtigkeit und Solidarität nennt. In Godesberg Lösung vom Typ der *Weltanschauungspartei;* eine Partnerschaft mit den Kirchen wird angestrebt. Die SPD fordert innenpolitisch die Sicherung des Wachstums der Wirtschaft, Verbindung von Unternehmerinitiative mit Rahmenplanung, *Kontrolle wirtschaftlicher Macht,* aber Schutz des privaten Eigentums an Produktionsmitteln, soweit es nicht eine gerechte Sozialordnung hindert, *Vollbeschäftigung* und erweiterte *Mitbestimmung* (633). Auf dem Parteitag 1973 in Hannover lehnte die Mehrheit die vom marxistischen Flügel befürwortete Vergesellschaftung der Produktionsmittel – insbes. großer Unternehmen – ab und befürwortete statt dessen eine Beteiligung der Arbeitnehmer an den Kapitalinteressen der Großunternehmen. Die Sozialpolitik ist angelehnt an das Vorbild Schwedens; sie erstrebt soziale Sicherung aller nach dem Prinzip der solidarischen Haftung. Als wichtigste Gemeinschaftsaufgaben nennt die SPD die *Bildungsreform,* die jedermann den Zugang zu Bildungseinrichtungen nach Begabung und Leistung öffnen soll, eine moderne Gesundheitspolitik, großzügige Hilfe für alte Menschen, Lösung der Verkehrsprobleme, moderne Städteplanung, Verhinderung der Bodenspekulation. Zur Erfüllung dieser Aufgaben soll der Anteil der öffentlichen Ausgaben am Sozialprodukt erheblich gesteigert werden, und zwar vornehmlich für Bildung und Wissenschaft, für Verkehrsinvestitionen sowie für Städtebau, Wohnungswesen und kommunale Gemeinschaftsdienste. Außenpolitisch wird eine Verbesserung und allmähliche Normalisierung des Verhältnisses zu den Ostblockstaaten angestrebt, jedoch unter Wahrung des Selbstbestimmungsrechts und der Bindung an die westlichen Bündnisse (EG, NATO usw.). Die Zielvorstellungen der SPD wurden durch den vom Mannheimer Parteitag 1975 verabschiedeten „Ökonomisch-politischen Orientierungsrahmen für 1975 bis 1985" bestätigt und ergänzt. Er konkretisiert – unter Betonung des demokratischen und sozialen Rechtsstaates – die schon in Godesberg herausgestellten Leitpunkte wirtschaftspolitisch durch die Forderung nach gerechter Einkommensverteilung, Sicherung der Arbeitsplätze, Humanisierung der Arbeitswelt und Gleichstellung der Frauen sowie Investitionslenkung und Konjunktursteuerung. – Auf Grund eines Berichts der Grundwerte-Kommission der SPD vom Jan. 1984 ist eine Überarbeitung des Godesberger Programms durch eine Programmkommission eingeleitet. Ein Entwurf des neuen Grundsatzprogramms wurde 1986 vorgelegt.

Versuche einer Gruppe von Abgeordneten der radikalen Richtung, im Jahre 1982 eine neue Partei „Demokratische Sozialisten" ins Leben zu rufen, waren erfolglos.

3. FDP = Freie Demokratische Partei

Die FDP wurde 1945 von Theodor Heuss und Reinhold Maier gegründet; sie knüpft an die Tradition des deutschen Liberalismus an. Die Freiheit und Würde des einzelnen Menschen stehen im Mittelpunkt des Gesellschaftsbildes der FDP. Rechtsstaatliches Denken und Toleranz sind die Grundthesen ihrer gesellschaftspolitischen Konzeption. Das deutsche Bildungswesen muß den Anforderungen von Wirtschaft, Technik und Staat gerecht werden. Die FDP fordert Hilfe für den Leistungsschwachen und eine Alterssicherung für alle sowie einen Ausbau des Sparförderungssystems, der allen die Möglichkeit der Vermögensbildung ohne Zwang durch Anreize bietet. Die Wahrung der Bürgerrechte gegenüber vermeidbaren staatlichen Eingriffen ist eines der Leitbilder der Partei, so in den ,,Freiburger Thesen" (1971), den ,,Kieler Thesen" (1977) und den Beschlüssen des Bundesparteitags 1978; sie warnt vor Überreaktionen z. B. bei der Gestaltung des Strafrechts, der Bekämpfung des Terrorismus und bei der Überprüfung vor Einstellung in den öffentlichen Dienst. Weitere Ziele sind die Humanisierung des Wirtschaftslebens und die Gleichberechtigung von Mann und Frau in Politik und Wirtschaft, im besonderen im Berufs- und Arbeitsleben, in der Familie und im Bildungswesen. Die FDP fordert ferner stärkere Beteiligung der Bürger an der Verwaltung (Bürgermitverantwortung) und befürwortet die Einführung eines ,,Bürgerbegehrens" in den Gemeinden. Die FDP möchte jede Chance nutzen, um die Wiedervereinigung in Freiheit zu erreichen, strebt aber zugleich eine Verbesserung des Verhältnisses zu den Ostblockstaaten an. Ihre außenpolitischen Ziele stimmen weitgehend mit denen der SPD überein.

Nachdem sich im Nov. 1982 die Mehrheit der FDP-Abgeordneten im BT für eine Koalition mit der CDU/CSU entschieden und die Auflösung der Koalition mit der SPD herbeigeführt hatte, versuchten die Gegner des neuen Regierungsbündnisses vergeblich, eine neue Partei unter der Bezeichnung ,,Liberale Demokraten" zu bilden.

Zu 1–3

Alle drei genannten Parteien sprechen sich für die Zugehörigkeit der BRep. zur *westlichen Welt* aus und erstreben außenpolitisch die *Wiedervereinigung* beider Teile Deutschlands sowie die *europäische Einigung*. Übereinstimmung besteht auch über die *Verteidigung der Freiheit* und die allgemeine *Wehrpflicht*. Gewisse Abweichungen bestehen vor allem in Fragen der Wirtschaftspolitik, z. B. über die *Beteiligung der Arbeitnehmer am Produktivvermögen* . In Fragen der *Sozialpolitik* bestehen entsprechend der Zusammensetzung der Wählerschaft der einzelnen Parteien unterschiedliche Auffassungen in der Zielrichtung und in strukturellen Reformvorschlägen (z. B. Ausdehnung der Sozialversicherung, Umfang der steuerlichen Belastung von Einkommen und Vermögen usw.). Während in der *Bildungspolitik* weitgehende Übereinstimmung besteht, weist die *Kulturpolitik* gewisse Abweichungen auf, so z. B. die Gestaltung des Verhältnisses zwischen Staat und Kirche, wobei die CDU/CSU eine engere ideologische Verbindung, die SPD Kooperation, die FDP dagegen überwiegend eine Trennung anstrebt.

Alle drei Parteien haben Jugendorganisationen. Die *Jungsozialisten* (,,Jusos") verfolgen ein betont fortschrittliches Programm mit dem Ziel, die SPD zu einer konsequent sozialistischen Partei weiter zu entwickeln. Eine gewissen kommunistischen Vorstellungen zuneigende Gruppe sieht in dem gegenwärtigen, von der SPD maßgeblich beeinflußten Regierungsprogramm ein Instrument des ,,Monopolkapitals" und spricht deshalb von einem ,,Staatsmonopolkapitalismus" (vgl. 802). – Nachwuchsorganisation der CDU ist die ,,Junge Union", die ebenfalls Reformbestrebungen auf allen Gebieten unterstützt und z. B. in

Fragen der Wirtschaftspolitik in vielen Punkten dem Arbeitnehmerflügel der Partei angenähert ist. – Als Jugendorganisation der FDP verfechten die „Jungdemokraten" einen Liberalismus mit teilweise radikalen Tendenzen, der weitgehend auf Überwindung des gegenwärtigen kapitalistischen Wirtschaftssystems gerichtet ist. Dies führte nach dem Koalitionswechsel der FDP und ihrem Zusammengehen mit der CDU/CSU im Nov. 1982 zum Ausscheiden der „Jungdemokraten" aus der Partei; an ihre Stelle trat die neugegründete Organisation „Junge Liberale".

4. DIE GRÜNEN

sind eine erstmals im 10. BT und damit auf Bundesebene parlamentarisch vertretene Gruppierung, die sich ohne allgemeine politische Zielsetzung vorwiegend den Bestrebungen des Umweltschutzes (193) und der Humanisierung des menschlichen Lebens verschrieben hat, daher auch gegen die Verwendung der Atomenergie, gegen Atomwaffen und Aufrüstung angeht. Eine „Alternative Liste" in Berlin, die einer der Berliner Abgeordneten vertritt, verfolgt u. a. die gleichen Ziele. DIE GRÜNEN und ähnliche Gruppierungen verstehen sich als Alternative zu den herkömmlichen Parteien; sie wollen Denkanstöße zur Neuorientierung des politischen Lebens geben. Satzungsgemäß ist ihnen meistens das Bekenntnis zur *Basisdemokratie* eigen, d. h. daß die politische Willensbildung Sache der Parteimitglieder in den untersten Gremien sein muß; diesem Gedanken sollen der regelmäßige Austausch der Mandatsträger nach Ablauf der halben Wahlperiode (Rotationssystem) und das imperative Mandat (s. o. III) dienen. Die Grünen propagieren ferner ein Widerstandsrecht und eine Widerstandspflicht gegen behördliche Maßnahmen, die eine Zerstörung der menschlichen Lebensgrundlagen oder Ausbeutung oder Unterdrückung zur Folge haben; als Mittel hierzu dienen u. a. Sitzstreiks, Verkehrsbehinderungen, auch der Boykott (z. B. einer Volkszählung). Sie wenden sich ferner gegen „Berufsverbote" bei Einstellung in den öffentlichen Dienst, vor allem gegen den „Radikalenerlaß" (vgl. 154 II). Manche dieser Ziele und Handlungsweisen hat die Rechtsprechung als Verstoß gegen das geltende Verfassungsrecht bezeichnet, so das imperative Mandat und die Erklärung kommunaler Gebiete zur „atomwaffenfreien Zone". Auch gehen Aufrufe der Grünen oft über das verfassungsmäßig nur in gewissen Grenzen gewährleistete Widerstandsrecht (vgl. 10) hinaus. Programmatisch und organisatorisch sind die Gruppierungen der Grünen weitgehend uneinheitlich.

5. Weitere kleine Parteien sind, da sie die 5%-Klausel (s. 59 II 1) nicht erfüllten, im BT nicht mehr vertreten, so die Gesamtdeutsche Partei (DP/BHE), die Deutsche Friedensunion (DFU), die für Neutralisierung der BRep. eintritt, und die Nationaldemokratische Partei (NPD), deren erklärte Ziele die Wiedervereinigung Deutschlands, eine unabhängige nationale Politik und der Widerstand gegen Überfremdung durch ausländisches Kapital sind; die NPD hat 1966–1968 Mandate nur in Länderparlamenten erringen können (Bad.-Württbg., Bayern, Hessen, Niedersachsen, Schlesw.-Holstein). Auch die 1946 gegründete föderalistische Bayernpartei ist im BT nicht vertreten. Teile der bei den Parlamentswahlen nicht zum Zuge gekommenen Kräftegruppen meist radikaler Richtungen betätigen sich innnerhalb der sog. *außerparlamentarischen Opposition* (vgl. 4 V 3).

Die frühere Kommunistische Partei Deutschlands (KPD), 1919 von Karl Liebknecht und Rosa Luxemburg gegründet, ist wegen ihrer antidemokratischen Tendenzen durch Urteil des BVerfG vom 17. 8. 1956 (BVerfGE 5, 85) gemäß Art. 21 Abs. 2 GG als verfassungswidrig verboten und aufgelöst worden. Die im September 1968 neugegründete „Deutsche Kommunistische Partei" (DKP) hat, um sich nicht dem Vorwurf auszusetzen, eine verbotene Nachfolgeorganisation der aufgelösten KPD zu sein, ein neues politisches Programm aufgestellt, das sich von verfassungsfeindlichen Tendenzen freihält. – Unabhängig von der DKP bestehen kleinere Gruppen, welche die Politik der SPD als „monopolkapitalistisch", aber auch das Programm der DKP als „revisionistisch" verwerfen und sich an die Lehren von Mao Tse-tung anlehnen (*Maoisten,* „Kommunistische Partei Deutschlands/Marxisten-Leninisten – KPD/ML –", die ausdrücklich für die notfalls mittels allgemeiner Volksbewaffnung durchzusetzende Diktatur des Proletariats als „höchste Form der Demokratie" eintreten; sowie weitere kommunistisch ausgerichtete Gruppierungen; der „Kommunistische Bund Westdeutschland – KBW –" hat sich Anfang 1985 aufgelöst).

V. Die *Regierungskoalition* des 11. BT aus CDU/CSU und FDP verfügt über insgesamt 269, die Opposition (SPD und DIE GRÜNEN) über insgesamt 228 Stimmen (BT-Wahl vom 25. 1. 1987).

Im 1. BT (1949–1953) bildeten CDU/CSU, FDP und DP (Deutsche Partei) mit insgesamt 208 Sitzen die Regierung. Auch die BReg. in der 2. Legislaturperiode (1953–1957) wurde von diesen drei Parteien mit zusammen 307 Abgeordneten gebildet; doch schied die FDP später aus. Während der 3. Wahlperiode traten von den DP-Abg. 9 zur CDU über; auch ergaben sich weitere Verschiebungen. Die BReg. wurde durch die CDU/CSU und die DP (zusammen 287 Sitze) gebildet. Im 4. BT verfügte die RegKoalition aus CDU/CSU und FDP über 309 Sitze, im 5. BT die CDU/CSU-SPD-Koalition über 447 Sitze. Die Koalitionsmehrheit (SPD/FDP) der 6. Wahlperiode stützte sich zunächst auf 254 Mandate gegenüber 242 der CDU/CSU-Opposition; durch Übertritte mehrerer Abg. zur Opposition trat schließlich Stimmengleichheit ein. In der 7. Wahlperiode bestand wieder eine SPD/FDP-Mehrheit von 271 Sitzen gegenüber 225 Abg. der CDU/CSU. Im 8. BT stützte sich die Regierungskoalition aus SPD und FDP auf insgesamt 253, die Opposition aus CDU/CSU auf 243 Stimmen. Seit der Neuwahl am 5. 10. 1980 (9. BT) verfügte die Koalition aus SPD und FDP zusammen über 271 Stimmen, die CDU/CSU-Opposition über 226 Stimmen. Nach dem Regierungswechsel im Okt. 1982 hatte die Regierungskoalition aus CDU/CSU und FDP 279, die Opposition (SPD) 218 Stimmen. Im 10. BT stand der Regierungskoalition aus CDU/CSU und FDP (zusammen 278 Sitze) eine Opposition aus SPD und GRÜNEN mit insgesamt 220 Sitzen gegenüber. S. auch 59.

46. Die Grundrechte im allgemeinen

Grundrechte sind verfassungsrechtlich gesicherte und unverbrüchlich gewährte stärkste subjektive Rechte.

Man unterscheidet:

a) nach der Rechtsquelle die *überstaatlichen* und die *staatsgesetzlichen* Grundrechte; jene stehen unabhängig von innerstaatlichen Verfassungsnormen jedermann zu und können daher durch die Staatsverfassung weder entzogen noch eingeschränkt werden (z. B. der Gleichheitssatz);

b) nach dem Kreis der Berechtigten die *Menschenrechte,* die allen Menschen, jedermann, zustehen (vgl. Art. 1 Abs. 1, 2 GG), und die *Bürgerrechte,* die nur Bürger, d. h. „Deutsche", in Anspruch nehmen können

Den Ausdruck „Bürgerrechte" verwendet man auch, um die demokratisch-politischen Rechte des Staatsbürgers, wie Wahl- und Stimmrechte, zu bezeichnen;

c) nach dem Maß der staatlichen Garantie Grundrechte, die nur den allgemein jedem Freiheitsrecht von Verfassungs wegen innewohnenden Schranken unterliegen, und Grundrechte, die durch einfaches Gesetz eingeschränkt werden können. In keinem Fall darf aber der Wesensgehalt eines Grundrechts angetastet werden (Art. 19 Abs. 2 GG).

Die in der Verfassung vorgesehene Möglichkeit, Grundrechte durch Gesetz oder auf Grund eines Gesetzes einzuschränken, nennt man *Gesetzesvorbehalt* (zum Unterschied vom „Vorbehalt des Gesetzes", einem zentralen Begriff des Verwaltungsrechts; vgl. 148 II). Die Möglichkeit der Beschränkung ist in mehreren Grundrechtsbestimmungen vorgesehen. Voraussetzung ist, daß das grundrechtbeschränkende Gesetz allgemein und nicht nur für den Einzelfall gilt (Art. 19 Abs. 1 GG). Darüber hinaus sind Einschränkungen ohne ausdrücklichen Gesetzesvorbehalt im GG zulässig, soweit sie sich innerhalb der dem Grundrecht von Natur eigenen Schranken halten, die sich aus der Gemeinschaftsbezogenheit des einzelnen ergeben (z. B. darf die Wahrnehmung des elterlichen Erziehungsrechts, Art. 6 Abs. 2 GG, nicht Rechte der Allgemeinheit oder anderer Personen verletzen).

Von den Grundrechten zu unterscheiden sind die *institutionellen Garantien;* während jene dem einzelnen eine individuelle Rechtsstellung verbürgen, gewährleisten diese den Bestand bestimmter Einrichtungen wie Ehe, Familie usw. (vgl. 50).

In der *französischen Revolution* 1789 wurde auf Antrag *Lafayettes* unter dem Einfluß der Grundrechtsgewährungen der nordamerikanischen Verfassungen eine Erklärung der Menschen- und Bürgerrechte abgegeben unter der Losung „Freiheit, Gleichheit, Brüderlichkeit". Davon ausgehend übernahmen die liberalen Verfassungen des 19. Jahrh. Bestimmungen über Grundrechte.

Während die *WVerf.* im ersten Hauptteil „Aufbau und Aufgaben des Reiches" behandelte und erst im zweiten Hauptteil die „Grundrechte und Grundpflichten der Deutschen" zum Gegenstand hatte, stellt das GG, ebenso wie einige Landesverfassungen, die *Grundrechte* voran. Es betont damit das Gewicht der Grundrechte in der Demokratie und folgt dem Vorbild Englands (1679 Habeas corpus, 1689 Bill of Rights), Amerikas (1776 Unabhängigkeitserklärung der Vereinigten Staaten) und Frankreichs (1789 Proklamation der Menschenrechte in der franz. als der ersten kontinental-europäischen Verf.) sowie den Grundgedanken der *Charta der Vereinten Nationen* vom 26. 6. 1945 (vgl. 909).

Zwar hatten die *Preuß. Verfassungsurkunden* von 1848 und 1850 „Rechte der Preußen" aufgestellt, und die Frankfurter Reichsverfassung hatte in den „Grundrechten des Deutschen Volkes" ein *Reformprogramm* des politischen, wirtschaftlichen und geistigen Lebens entwickelt. Die *Reichsverfassung 1871* enthielt jedoch (anders als die Verfassungen der Länder) ebensowenig wie die *Verfassung des Norddeutschen Bundes* Grundrechte, da sie sich im Aufbau des Reiches, in der Organisation der Reichsgewalt und Abgrenzung der Zuständigkeiten erschöpfte. In der *Weimarer Verfassung* bildeten die Grundrechte teilweise nur Programmsätze oder unerzwingbare Zielsetzungen für den Gesetzgeber. Hingegen erklärt das *Grundgesetz* in Art. 1 die Grundrechte als *unmittelbar bindendes* Recht.

Man war bestrebt, die Grundrechte knapp und klar zu fassen. Viele der in der WVerf. darüber enthaltenen 56 Artikel, wie z. B. über Vertragsfreiheit, Wucherverbot, Urheberrecht (Art. 152, 158 WVerf.), erschienen im bürgerlichen Recht hinreichend verankert. Dagegen wurden Eigentumsschutz, Erbrecht (vgl. Art. 153, 154 WVerf., jetzt Art. 14 GG), Sozialbindung von Grund und Boden (Art. 155, 156 bzw. 15), Vereinigungsfreiheit (Art. 159 bzw. 9) als Grundrechte stärker als früher herausgestellt. Außer den spezifisch staatsbürgerlichen Rechten sind als „*Rechte der Deutschen*" die Rechte ausgestaltet, die zum Schutz der politischen Rechte oder der Berufsausübung den Inländern vorbehalten sind (vgl. Art. 8, 9, 11, 12 GG).

Artikel 1 stellt dem Grundrechtskatalog ein Bekenntnis zur *Menschenwürde* und zu den *Menschenrechten* sowie eine allgemeine Erklärung über die rechtliche Bedeutung und den Rechtsgehalt der nachfolgenden Artikel voran.

Die in Art. 2 bis 19, 101, 103, 104 verankerten *Grundrechte* sind:

a) freie Entfaltung der *Persönlichkeit,* körperliche *Unversehrtheit* (Art. 2 Abs. 1, 2);
b) *Freiheit* der Person (Art. 2 Abs. 2 Satz 2 und Art. 104);
c) *Gleichheit* aller Menschen vor dem Gesetz (Art. 3 Abs. 1);
d) *Gleichberechtigung* von Mann und Frau (Art. 3 Abs. 2);
e) keine Benachteiligung wegen *Geschlecht, Rasse,* Sprache, Heimat, Herkunft, *Glauben,* religiöser und politischer Anschauung (Art. 3 Abs. 3);
f) *Glaubens-, Bekenntnis- und Gewissensfreiheit* (Art. 4 Abs. 1, 2);
g) kein Zwang zum *Kriegsdienst mit der Waffe* gegen das eigene Gewissen (Art. 4 Abs. 3);
h) Freiheit der *Meinungsäußerung* (Art. 5);
i) Schutz von *Ehe und Familie* (Art. 6);
k) Staatliche Ordnung von *Schule* und *Religionsunterricht* (Art. 7);
l) *Versammlungsfreiheit* (Art. 8);
m) *Vereinigungsfreiheit* (Art. 9);
n) Unverletzlichkeit des *Brief- und Postgeheimnisses* (Art. 10);
o) *Freizügigkeit* (Art. 11);
p) Freie Arbeitsplatz- und *Berufswahl* (Art. 12);
q) *Unverletzlichkeit der Wohnung* (Art. 13);
r) Gewährleistung von *Eigentum* und *Erbrecht* (Art. 14);
s) *Auslieferungsverbot,* Asylrecht (Art. 16 Abs. 2);
t) Bitt- und Beschwerderecht (*Petitionsrecht,* Art. 17);
u) *Anrufung der Gerichte* bei Rechtseingriffen durch die öffentliche Gewalt (Art. 19 Abs. 4);
v) Gewährung des *gesetzlichen Richters* (Art. 101) und
w) Einräumung *rechtlichen Gehörs* (Art. 103). Vgl. 57, 70, 74.

In den Art. 1 bis 19 GG sind im wesentlichen die sog. historischen und die sozialen Grundrechte (49) aufgeführt. Die *historischen Grundrechte* umfassen die *Grund-* und *Freiheitsrechte,* die dem alten liberalen Gedankengut entstammen; bei den historischen Grundrechten unterscheidet man Freiheits- und Unverletzlichkeitsrechte (47, 48). Das GG legt, um eine unmittelbar wirksame Schranke gegenüber der Staatsgewalt zu errichten, bei jedem dieser Grundrechte nach Möglichkeit fest, inwieweit der Gesetzgeber zu Eingriffen berechtigt ist.

In der Auslegung der Grundrechte hat sich im Laufe der Zeit eine Wandlung vollzogen. Eine von jeder Gemeinschaft gelöste und vollständige Freiheit, wie sie der liberalen Auffassung vorschwebte, ist heute nicht mehr denkbar. Vielmehr müssen die Grundrechte im Rahmen der Gemeinschaftsgebundenheit des Individuums betrachtet und gewertet werden (BVerfGE 4, 15f.).

Soweit in *Landesverfassungen* Grundrechte behandelt sind, bleiben sie aufrechterhalten, wenn die Vorschriften mit dem GG übereinstimmen oder weiter reichen (Art. 142 GG). Insoweit bleiben auch die landesverfassungsrechtlichen Schutzbestimmungen für Grundrechte neben denen des GG bestehen.

So kann z. B. nach Art. 120 der Bayer. Verf. jeder, der sich durch eine behördliche Maßnahme in seinen verfassungsmäßigen Rechten verletzt fühlt, den Bayerischen Verfassungsgerichtshof anrufen.

Streitig ist, ob die Grundrechte ihre Wirkung nur gegenüber der öffentlichen Gewalt oder auch gegenüber Dritten – namentlich im privaten Bereich – äußern (sog. *Drittwirkung* der Grundrechte). Sie binden nach Art. 1 Abs. 3 GG Gesetzgebung, Verwaltung und Rechtsprechung als unmittelbar geltendes Recht. Andererseits bindet z. B. das *Koalitionsrecht* (vgl. 47 unter 7) auch Dritte, etwa bei Vertragsabreden. Jedenfalls sind die Verfassungsgrundsätze bei Auslegung eines Rechtssatzes, insbesondere bei Generalklauseln, wie z. B. §§ 138, 242 BGB, zu beachten.

Die Verfassung der *DDR* vom 6. 4. 1968 – vgl. 24 II – enthält zwar ebenfalls einen Katalog von Grundrechten (Art. 27ff.), ohne aber deren Einschränkung an den sog. Gesetzesvorbehalt zu knüpfen.

47. Die Freiheitsrechte

bestehen in den folgenden Grundrechten:

1. *Freie Entfaltung der Persönlichkeit* und *persönliche Freiheit* (Art. 2 Abs. 1 und 2, Art. 104).

Schranken des Persönlichkeitsrechts sind jedoch dort, wo Rechte anderer verletzt werden oder wo gegen die verfassungsmäßige Ordnung oder das Sittengesetz verstoßen wird. Hier kann das Grundrecht durch einfaches Bundesgesetz eingeschränkt werden.

Die *persönliche Freiheit* kann nur auf Grund eines förmlichen Gesetzes und unter Beachtung der darin vorgeschriebenen Formen beschränkt werden. Festgehaltene dürfen weder seelisch noch körperlich mißhandelt werden. Die *Polizei* darf aus eigener Machtvollkommenheit niemand länger als bis zum Ablauf des der Ergreifung folgenden Tages in Gewahrsam halten. Die Entscheidung über die Fortdauer und Zulässigkeit einer Freiheitsentziehung steht dem *Richter* zu, dem jeder Festgenommene spätestens am Tag nach der Festnahme vorzuführen ist. Der Richter hat nach Vernehmung zur Sache einen schriftlichen *Haftbefehl* zu erlassen oder die Freilassung anzuordnen (vgl. 275).

Eingriffe in die Freiheit der Person sind darüber hinaus insbes. nach den Strafgesetzen zum Vollzug von Freiheitsstrafen oder freiheitentziehenden Maßregeln der Besserung und Sicherung (396 IV) zulässig, ferner nach einigen Vorschriften der Strafprozeßordnung (z. B. über Untersuchungshaft und vorläufige Festnahme, §§ 112ff., Einweisung in ein psychiatrisches Krankenhaus zur Beobachtung, § 81), nach dem *Gesetz über die internationale Rechtshilfe in Strafsachen* (IRG) vom 23. 12. 1982 (BGBl. I 2071), und vielfach nach anderen verfahrensrechtlichen Bestimmungen (Ordnungshaft als Ordnungs- oder Erzwingungsmittel, § 178 GVG, § 390 ZPO, § 70 StPO; Erzwingungshaft zur Vermögensoffenbarung, § 901 ZPO; persönlicher Arrest, § 918 ZPO) sowie nach den Vorschriften über den Verwaltungszwang (Ersatzzwangshaft, § 16 VerwVollstrG).

Weitere bundesgesetzliche Grundlagen für Eingriffe in die persönliche Freiheit bestehen nach dem *Ausländergesetz* vom 28. 4. 1965 (vgl. 49 unter 5) und auf dem Gebiet der *Seuchenbekämpfung* (vgl. 184); das gerichtliche Verfahren bei Freiheitsentziehungen auf Grund Bundesrechts regelt das Ges. vom 29. 6. 1956 (BGBl. I 599). Ferner bestehen Ländergesetze über die *Anstaltsunterbringung gemeingefährlicher Geisteskranker* (185). Die Entscheidung über Anordnung oder Aufrechterhaltung der Freiheitsentziehung ist stets dem Richter vorbehalten (je nach Verfahrensart: Prozeßrichter oder Richter der freiwilligen Gerichtsbarkeit; vgl. 294, 301).

Dem *Persönlichkeitsschutz* dient auch das Verbot, gespeicherte personenbezogene Daten – Einzelangaben über persönliche oder sachliche Verhältnisse – zu mißbrauchen *(Datenschutz)*. Die Datenbanken haben hiergegen Vorkehrungen zu treffen, insbes. für die Geheimhaltung zu sorgen. Öffentliche Datenbanken dürfen Daten an andere öffentliche Stellen nur im Rahmen ihrer Aufgaben weitergeben; nichtöffentl. Stellen dürfen sie für eigene Zwecke im Rahmen eines Vertragsverhältnisses oder zur Wahrung berechtigter Interessen speichern oder übermitteln. Der Betroffene hat ein Auskunfts- und ggf. ein Berichtigungs- bzw. Löschungs(Sperrungs)recht. Die Daten sind nach Erreichen des Speicherungszwecks zu sperren oder zu löschen, ebenso bestrittene, aber nicht nachweisbare Daten. Die Durchführung wird im Behördenbereich von einem *Bundesbeauftragten für den Datenschutz*, im nichtöffentlichen Bereich (ausgenommen Kleinbetriebe) durch *Datenschutzbeauftragte* überwacht (vgl. BDatenschutzgesetz vom 27. 1. 1977, BGBl. I 201 sowie die ergänzenden Landesgesetze). Im Urteil vom 15. 12. 1983 zum *Volkszählungsgesetz 1983* hat das BVerfG aus Art. 2 Abs. 1 i.V. mit Art. 1 Abs. 1 GG ein Recht des einzelnen auf *informationelle Selbstbestimmung* abgeleitet. Dieses Recht gewährleistet die Befugnis des einzelnen, grundsätzlich selbst über die Preisgabe und Verwendung seiner persönlichen Daten zu bestimmen. Einschränkungen dieses Rechts sind nur im überwiegenden Allgemeininteresse zulässig; sie bedürfen einer verfassungsgemäßen gesetzlichen Grundlage (BVerfG NJW 1984, 419). Ein Recht auf Datenschutz ist in der Verf. des Saarlandes ausdrücklich normiert (Art. 2 saarl. Verf.). S. auch das Übereinkommen vom 28. 1. 1981 zum Schutz des Menschen bei der automatischen Verarbeitung personenbezogener Daten (Ges. vom 13. 3. 1985, BGBl. II 538).

2. *Bekenntnisfreiheit* für Religion und Weltanschauung, Glaubens- und Gewissenfreiheit sowie Kultusfreiheit, d.h. freie Religionsausübung (Art. 4).

3. *Freie Meinungsäußerung* und *-verbreitung* in Wort, Schrift und Bild (Art. 5 Abs. 1, 2).

Hierzu gehören die *Pressefreiheit,* freie Unterrichtungsmöglichkeit, freie Berichterstattung durch Presse, Hörfunk, Fernsehen. Keine *Vorzensur* für Presse, Theater, Lichtspiel, Hörfunk-, Fernsehsendungen. Zulässig aber *Anzeigepflicht* für öffentliche Vorstellungen, Vorträge, Aufführungen usw. Die *Polizei* kann unter den gesetzlichen Voraussetzungen Vorträge oder Aufführungen verbieten. Schranken ferner in den allg. Gesetzen, insbes. zum Schutz der Jugend und der persönlichen Ehre, bei *Demonstrationen* durch die Vorschriften gegen Verkehrsbehinderung, Transportgefährdung usw.

4. *Freiheit* von *Kunst und Wissenschaft,* Forschung und Lehre (Art. 5 Abs. 3).

Die Freiheit der Lehre entbindet aber nicht von der *Treue zur Verfassung* (Abgrenzung u. U. zweifelhaft, etwa bei Konflikt zwischen Recht zu ungehinderter Forschung und Vorschriften gegen Gefährdung des Rechtsstaats, §§ 84ff. StGB).

5. *Versammlungsfreiheit* (Art. 8).

Jeder *Deutsche* hat das Recht, sich an Versammlungen zu beteiligen. *Ausländer* unterliegen Beschränkungen. Nur friedliche Versammlungen (ohne Waffen und ohne Gefahr für den Rechtsfrieden) sind geschützt. Versammlungen unter freiem Himmel können gesetzlich beschränkt werden. Auch kann die *Polizei* Versammlungen überwachen und auflösen, soweit die Polizeigesetze dazu berechtigen. Im Rahmen des Art. 8 GG steckt das Gesetz über Versammlungen und Aufzüge *(Versammlungsgesetz)* i. d. F. vom 15. 11. 1978 (BGBl. I 1789) m. Änd. vom 18. 7. 1985 (BGBl. I 1511) die Grenzen ab, die einerseits der vom GG garantierten Versammlungsfreiheit, andererseits den behördlichen Eingriffen und den Einwirkungen von Privatpersonen in das Versammlungsrecht gezogen sind. Das Versammlungsgesetz unterscheidet grundsätzlich zwischen öffentlichen Versammlungen in geschlossenen Räumen und Versammlungen *unter freiem Himmel,* denen die *Aufzüge* gleichgestellt sind. Beim Aufzug tritt gegenüber der Versammlung die Erörterung öffentlicher Angelegenheiten als Zweck der Veranstaltung zurück und der *Demonstrationszweck* in den Vordergrund.

Für alle Veranstaltungen besteht grundsätzlich *Uniformverbot;* auch dürfen *Waffen* oder ähnlich gefährliche Gegenstände weder mitgeführt noch für die Veranstaltung bereitgehalten oder dorthin geschafft oder verteilt werden (§§ 2, 3 VersammlungsG). Weiter ist verboten, bei öffentlichen Versammlungen unter freiem Himmel sog. Schutzwaffen mit sich zu führen oder an Versammlungen in einer Aufmachung teilzunehmen, die geeignet und den Umständen nach darauf gerichtet ist, eine Feststellung der Identität zu verhindern (*Vermummungsverbot,* § 17a VersammlungsG). Öffentliche Versammlungen unter freiem Himmel und *Aufzüge* sind 48 Std. vor Bekanntgabe bei der Ordnungsbehörde unter Angabe ihres Gegenstandes anzumelden (§ 14); innerhalb des befriedeten Bannkreises der Gesetzgebungsorgane des Bundes (in Bonn) und der Länder sowie des Bundesverfassungsgerichts (in Karlsruhe) sind sie nach § 16 verboten. Das *Bannmeilengesetz* vom 6. 8. 1955 (BGBl. I 504) umgrenzt die Bannkreise der geschützten Bundesorgane; entsprechende Vorschriften gelten zum Schutz der Länderparlamente. Vgl. 58, 72

6. *Vereinigungsfreiheit* (Art. 9 Abs. 1, 2).

Alle *Deutschen* haben das Recht, Vereine und Gesellschaften zu bilden. Verboten sind nur Vereinigungen, die sich den Strafgesetzen zuwider betätigen oder gegen die Verfassung oder den Gedanken der Völkerverständigung verstoßen. Das Verbot von Vereinen ist im Gesetz zur Regelung des öffentlichen Vereinsrechts *(Vereinsgesetz)* vom 5. 8. 1964 (BGBl. I 593) nebst DVO vom 28. 7. 1966 (BGBl. I 457) geregelt.

7. *Koalitionsfreiheit* (Art. 9 Abs. 3).

Jedermann und alle Berufe können zur Wahrung und Förderung der Arbeits- und Wirtschaftsbedingungen Vereinigungen bilden. Jedoch darf ein Beitrittszwang nicht ausgeübt werden. Für Angehörige des öffentlichen Dienstes vgl. § 91 des Bundesbeamtengesetzes (154).

Der *Streik* ist als Kampfmittel der Sozialpartner ebenso wie die *Aussperrung* zulässig; das Streikrecht ist in einzelnen Länderverfassungen ausdrücklich garantiert (Berlin, Bremen, Hessen, Rheinl.-Pfalz, Saarland). Es darf aber kein Zwang zur Teilnahme ausgeübt werden. Vgl. 635 (dort auch über die Zulässigkeit der *Aussperrung).* Die im Verteidigungs- oder Krisenfall zugelassenen besonderen gesetzlichen oder behördlichen Maßnahmen (Dienstverpflichtung usw.) dürfen sich nicht gegen den zur Erreichung echter kollektiver Ziele geführten Streik richten (Art. 9 Abs. 3 S. 3). Damit ist das Streikrecht indirekt auch vom GG anerkannt, aber seine Beschränkung in anderen Fällen nicht ausgeschlossen (in Übereinstimmung mit dem Internat. Pakt über wirtschaftliche, soziale und kulturelle Rechte vom 19. 12. 1966, der innerstaatliche Beschränkungen auch für den öffentl. Dienst für zulässig erklärt; s. 908).

8. *Freizügigkeit im Bundesgebiet* (Art. 11).

Sie umfaßt das Recht, sich an einem beliebigen Ort aufzuhalten und niederzulassen und zu diesem Zweck in das Bundesgebiet einzureisen. Einschränkungen sind zur Abwehr bestimmter Gefahren für die Allgemeinheit und aus anderen in Abs. 2 genannten Gründen zulässig. Art. 11 gewährt nicht die Ausreisefreiheit.

9. *Freie Berufswahl* (Art. 12).

Alle *Deutschen* haben das Recht, Beruf, Arbeitsplatz und Ausbildungsstätte frei zu wählen. Die Berufsausbildung kann durch Gesetz geregelt werden (Prüfungen, Befähigungsnachweis). Dagegen bildet die Prüfung des wirtschaftlichen *Bedürfnisses* keinen Ablehnungsgrund mehr.

Die Festsetzung einer *Altersgrenze* für einzelne Berufe verstößt nicht gegen Art. 12 Abs. 1 GG (BVerfGE 1, 264; 7, 377).

Arbeitszwang kann nur im Rahmen einer für alle gleichen öffentlichen Dienstleistungspflicht angeordnet werden. *Zwangsarbeit* ist nur bei gerichtlich angeordneter Freiheitsentziehung zulässig (Art. 12 Abs. 3 GG).

Im *Verteidigungs-* und sog. *Spannungsfall* kann eine Dienstleistungspflicht für nicht einberufene Wehr- oder Zivildienstpflichtige gesetzlich begründet werden. Ferner sind Einschränkungen des Rechts der Berufs- und Arbeitsplatzwahl zulässig. Frauen vom 18.–55. Lebensjahr können im Bedarfsfall zu Dienstleistungen im zivilen Heilwesen oder in Standortlazaretten herangezogen werden (Art. 12a GG).

Vgl. Übereinkommen Nr. 105 der Internationalen Arbeitsorganisation vom 25. 6. 1957 über die Abschaffung der Zwangsarbeit (BGes. vom 20. 4. 1959, BGBl. II 441) sowie Art. 4 Abs. 2, 3 der Konvention zum Schutze der Menschenrechte und Grundfreiheiten vom 4. 11. 1950 (BGBl. 1952 II 686).

10. *Petitionsrecht* (Art. 17).

Jedermann hat das Recht, sich einzeln oder in Gemeinschaft mit anderen schriftlich mit Bitten oder Beschwerden an die zuständigen Stellen und an die Volksvertretung zu wenden. Diese Stellen haben die Eingaben zu prüfen und zu beantworten bzw. an die zuständigen Stellen weiterzuleiten (vgl. *Petitonsüberweisungsrecht* des Bundestags, 59 unter VIb 4).

Soldaten ist durch die Wehrbeschwerdeordnung die gemeinschaftliche Petition oder Beschwerde untersagt (456).

97

48. Die Unverletzlichkeitsrechte

Als solche bezeichnet man folgende Grundrechte, die sich im allgemeinen nur gegenüber der Staatsgewalt auswirken:

1. Recht auf *Leben* und *körperliche Unversehrtheit* (Art. 2 Abs. 2).

Ausgeschlossen sind Maßnahmen wie *Zwangssterilisation* und *Euthanasie* (Sterbehilfe z. B. durch tödlich wirkende schmerzlindernde Mittel).

2. Brief-, Post-, Fernmeldegeheimnis (Art. 10).

Das *Postgeheimnis* erstreckt sich auch auf Postanweisungen, Telegramme, Ferngespräche, schützt aber nur vor Eingriffen der Post. Einschränkungen in Art. 10 Abs. 2; vgl. z. B. das *Ges. zur Überwachung strafrechtlicher und anderer Verbringungsverbote* vom 24. 5. 1961 (BGBl. I 607), das den Zollbehörden die Kontrolle eingeführter Sendungen zwecks Beschlagnahme staatsgefährdender Publikationen gestattet.

Das sog. Abhörgesetz *(Ges. zur Beschränkung des Brief-, Post- und Fernmeldegeheimnisses)* vom 13. 8. 1968 (BGBl. I 949) läßt zur Abwehr drohender Gefahren für die freiheitliche demokratische Grundordnung, den Bestand oder die Sicherheit des Bundes oder eines Landes oder der Stationierungsstreitkräfte die *Kontrolle von Postsendungen,* des Fernschreib- und Telefonverkehrs und die Aufnahme der abgehörten Mitteilungen auf Tonträger durch bestimmte Sicherheitsbehörden zu (Verfassungsschutz, Militärischer Abschirmdienst, Bundesnachrichtendienst). Voraussetzung ist das Vorliegen tatsächlicher Anhaltspunkte für den Verdacht, daß bestimmte politische Delikte geplant oder bereits begangen worden sind oder werden (Friedensverrat, Hochverrat, Gefährdung des demokratischen Rechtsstaates, Landesverrat oder Gefährdung der äußeren Sicherheit, Straftaten gegen die Landesverteidigung oder die Sicherheit der Stationierungsstreitkräfte, Zugehörigkeit zu terroristischen oder geheimen Ausländervereinigungen; ausgenommen sind Straftaten von geringerem Gewicht). Die Anordnung setzt ferner einen Antrag des Leiters einer der genannten Sicherheitsbehörden voraus. Sie wird vom Bundes- oder Landesinnenminister erlassen (bei Gefahr eines bewaffneten Angriffs auf die BRep. vom BMVg.) und ist auf höchstens 3 Monate zu befristen (mit Verlängerungsmöglichkeit); die gewonnenen Unterlagen sind nach endgültiger Auswertung zu vernichten. Ein Gremium aus 5 vom BT bestimmten Abgeordneten ist mindestens halbjährlich über die Durchführung der Maßnahmen nach dem AbhörG zu unterrichten, desgl. monatlich, aber vor Vollzug der Maßnahmen eine von dem Gremium bestellte, in ihren Entscheidungen unabhängige Dreierkommission; erklärt diese einzelne Maßnahmen für unzulässig oder nicht notwendig, so sind sie aufzuheben. Außer bei Verdacht einer der genannten Straftaten dürfen entsprechende Anordnungen mit Zustimmung des Abgeordnetengremiums nur noch zwecks Sammlung von Nachrichten zur Abwendung eines möglichen Angriffskriegs getroffen werden. Abgesehen von der Anrufung der Kommission ist der Rechtsweg gegen die Maßnahmen nicht zugelassen. Von Beschränkungsmaßnahmen der Sicherheitsbehörden wird der Betroffene nach ihrer Beendigung in Kenntnis gesetzt, wenn eine Gefährdung des Beschränkungszwecks ausgeschlossen werden kann.

Überwachungsanordnungen der genannten Art können auch im *Strafverfahren* bei Verdacht einer der bezeichneten Straftaten, eines Kapitalverbrechens oder einer sonstigen gefährlichen Straftat (Geldfälschung, Freiheitsberaubung, Erpressung usw.) vom Richter getroffen werden, wenn notwendige Ermittlungen sonst aussichtslos oder wesentlich erschwert wären. Die Staatsanwaltschaft kann die Anordnungen nur bei Gefahr im Verzug treffen und muß richterliche Bestätigung einholen (§§ 100a ff. StPO). Die Beteiligten werden unterrichtet, sobald das ohne Gefährdung des Untersuchungszwecks möglich ist (§ 101 Abs. 1 StPO).

3. *Unverletzlichkeit der Wohnung* (Art. 13).

Wohn- und Geschäftsräume sowie jedes befriedete Besitztum waren schon in der preuß. Verf. von 1850 unter Schutz gestellt (ebenso Art. 115 WVerf.). Die Verwaltungsorgane dürfen in die *Freiheit der Wohnung* nur eingreifen, wenn sie ein gesetzlich begründetes Recht dazu haben. Vgl. z. B. §§ 102ff. StPO über *Durchsuchungen*. Ihre Anordnung steht dem Richter, bei Gefahr im Verzug auch der Staatsanwaltschaft und der Polizei zu; diese muß einen Gemeindebeamten oder zwei Gemeindemitglieder zuziehen (§ 105 StPO). Vgl. 174, 273.

Art. 13 Abs. 3 GG gewährt den *Behörden* ein *Eingriffsrecht* zur Abwehr einer gemeinen Gefahr (z. B. Brand) oder einer Lebensgefahr für einzelne Personen und auf Grund eines Gesetzes auch zu weiteren Zwecken (z. B. zur Seuchenbekämpfung, vgl. 184, 185). Daneben bleiben die gesetzlich begründeten Eingriffsrechte in die Unverletzlichkeit der Wohnung bestehen (z. B. durch Gerichtsvollzieher; auch hier wird – außer bei Gefahr im Verzug – nach Art. 13 Abs. 2 GG eine richterliche Anordnung vorausgesetzt, BVerfG NJW 1979, 1539).

4. *Eigentum und Erbrecht* (Art. 14).

Art. 14 Abs. 1 gewährleistet das *Privateigentum* sowohl als Einrichtung wie auch als konkretes Recht in der Hand eines Eigentümers. Das Grundrecht gewährt die Befugnis, jede ungerechtfertigte Einwirkung auf den Eigentumsbestand abzuwehren.

Die Garantie des *Erbrechts* bindet den Gesetzgeber, das Prinzip der Privaterbfolge aufrechtzuerhalten.

Es können Gesetze ergehen, welche die mit dem Eigentum verbundenen *sozialen Verpflichtungen* näher bestimmen (Eigentum verpflichtet); Inhalt und Schranken des Eigentums können durch die Gesetze, die allerdings den Wesensgehalt des Eigentumsrechts nicht beeinträchtigen dürfen, bestimmt werden. Vgl. 335.

Enteignung ist jede über die allg. gesetzlichen Schranken hinausgehende Entziehung oder Beschränkung des Eigentums oder sonstiger privater Vermögensrechte durch die öffentliche Gewalt, durch die dem einzelnen ein besonderes Opfer zugunsten der Gemeinschaft abverlangt wird. Das GG läßt eine Enteignung nur auf gesetzlicher Grundlage und nur gegen Entschädigung zu. Über bundesrechtliche Enteignungsvorschriften vgl. 189, 192 I 5), 198, 824. Landesrechtliche Gesetze sehen Enteignungen insbes. zur Durchführung von Planungsvorhaben (192 I 1 ff.) vor; vgl. für Bayern Ges. i. d. F. vom 25. 7. 1978 (GVBl. 625), Hessen Ges. vom 4. 4. 1973 (GVBl. I 107), Niedersachsen Ges. vom 6. 4. 1981 (GVBl. 83). Entgegenstehende Gesetze sind verfassungswidrig und damit nichtig. Die *Sozialisierung,* d.h. die Überführung von Grund und Boden, Naturschätzen und Produktionsmitteln in *Gemeineigentum* oder andere Formen der *Vergesellschaftung* dürfen nur auf Grund eines Gesetzes und nur gegen Entschädigung erfolgen (Art. 15); auch sind sie nicht bei einzelnen Objekten, sondern nur als „Gruppensozialisierung" zulässig (Art. 19 Abs. 1 S. 1).

Nach dem *Bundesleistungsgesetz* (BLG) i. d. F. vom 27. 9. 1961 (BGBl. I 1769) m. spät. Änd. können die Behörden bestimmte eigentumsbeschränkende *Leistungen* anfordern:

a) zur Abwendung einer drohenden Gefahr für den Bestand oder die freiheitliche demokratische Grundordnung des Bundes oder eines Landes oder zur Abwendung oder Beseitigung einer die Sicherheit der Grenzen gefährdenden Störung der öffentlichen Ordnung im Grenzgebiet;
b) für Zwecke der Verteidigung;
c) zur Erfüllung der Verpflichtungen des Bundes aus zwischenstaatlichen Verträgen über die Stationierung und die Rechtsstellung von Streitkräften ausländischer Staaten im Bundesgebiet;
d) zur Unterbringung von Personen oder Verlegung von Betrieben und öffentlichen Einrichtungen, die wegen einer Inanspruchnahme von Grundstücken für Zwecke nach a, b, c notwendig ist.

Zulässig ist insbes. die Inanspruchnahme von beweglichen Sachen, Funk- und Fernmeldeeinrichtungen, Grundstücksflächen und baulichen Anlagen usw.; verlangt werden kann die Überlassung der Sachen oder die Duldung von Einwirkungen. Auch Werk-, Verpflegungs- und Verkehrsleistungen können im gesetzlichen Rahmen verlangt werden.

Anforderungsbehörden nach dem BLG sind die Behörden der Landkreise und der kreisfreien Städte bzw. die landesrechtlichen unteren staatlichen Verwaltungsbehörden, im Verteidigungsfall auch Bundeswehrbehörden (VO vom 1. 10. 1961, BGBl. I 1786). *Bedarfsträger* nach dem BLG sind der Bund, die Länder, Gemeinden, Gemeinde- und Zweckverbände, die der öffentlichen Versorgung mit Elektrizität, Gas, Wasser oder der Abwässerbeseitigung dienen oder Krankenhäuser unterhalten (§ 6 VO v. 1. 10. 1961). Nach § 3 Abs. 3 BLG sind bei allen Anforderungen die Interessen der Allgemeinheit und die der Beteiligten gerecht abzuwägen; dabei ist die Leistungsfähigkeit der deutschen Wirtschaft angemessen zu berücksichtigen. Hierzu werden sachverständige Stellen der gewerblichen Wirtschaft an dem Verfahren der Erteilung von *Leistungsbescheiden* gemäß der VO vom 13. 12. 1962 (BGBl. I 725) beteiligt. Entschädigungen und Ersatzleistungen werden in einem besonderen Verfahren festgesetzt (§§ 20ff., 49ff. BLG).

Über *Schutzbereiche* zwecks Verteidigung vgl. 452.

49. Die sozialen Grundrechte

befassen sich mit den Beziehungen des einzelnen zu den grundgesetzlich anerkannten sozialen Gemeinschaften (z. B. Ehe, Familie, Kirche, Schule), aber auch zum Staat in seiner Eigenschaft als *Sozialstaat*. Zu ihnen gehören:

1. Das *Elternrecht* (Art. 6 Abs. 2, 3).

Pflege und Erziehung der Kinder sind das natürliche Recht der Eltern und die zuvörderst ihnen obliegende Pflicht. Damit geht das *elterliche Erziehungsrecht* dem des Staates vor. Der Staat hat nur eine überwachende, unterstützende und ergänzende Funktion. Staatliche *Gemeinschaftserziehung* ist abgelehnt. Über die *religiöse Kindererziehung* vgl. 186, 724.

2. Das *Recht auf Errichtung privater Schulen* (Art. 7 Abs. 4).

Es besteht *staatliche Schulaufsicht* (Art. 7 Abs. 1), d.h. Leitung, Verwaltung, Aufstellung der Lehrpläne und -ziele, Lehrmethoden und Lernmittel sowie die Schulordnung werden vom Staat bestimmt. Dieser kann die Aufsicht auf Gemeinden übertragen, die insoweit als Staatsorgan handeln. Keine geistliche Schulaufsicht mehr.

Die Jugendbildung in öffentlichen Schulen erfolgt grundsätzlich in *Volksschulen,* welche die gesamte Jugend aufnehmen, *Mittel-* und *höheren Schulen,* deren Form der Staat bestimmt (über die heutigen Bezeichnungen vgl. 186). Eine private Volksschule kann nur zugelassen werden, wenn die Unterrichtsverwaltung ein bes. pädagogisches Interesse anerkennt oder wenn sie als Gemeinschafts-, Bekenntnis- oder Weltanschauungsschule (vgl. 186) errichtet werden soll und keine öffentliche Schule dieser Art in der Gemeinde besteht (Art. 7 Abs. 5). Sonstige Privatschulen sind zulässig, aber genehmigungspflichtig (Art. 7 Abs. 4).

3. Das *Verbot der Ausbürgerung* (Art. 16 Abs. 1 S. 1).

Die Staatsangehörigkeit (vgl. 2) darf nicht zwangsweise entzogen werden. Art. 16 Abs. 1 S. 2 schützt gegen unfreiwilligen Verlust aus sonstigen Gründen.

4. Das *Auslieferungsverbot* (Art. 16 Abs. 2 S. 1).

Die Auslieferung eines *Deutschen* ist verboten. Die Überstellung eines Straffälligen an Behörden der DDR ist keine Auslieferung, weil die DDR nicht Ausland ist. Sie ist statthaft, sofern nicht Gefahr besteht, daß dem Betroffenen eine mit rechtsstaatlichen Grundsätzen nicht im Einklang stehende Verfolgung oder ein sonstiger erheblicher Nachteil solcher Art droht (Ges. über die innerdeutsche Rechts- und Amtshilfe in Strafsachen, s. 225.

5. Das *Asylrecht* (Art. 16 Abs. 2 S. 2).

Es schützt *politisch verfolgte Ausländer* vor Auslieferung und *Ausweisung* und wird nur Nichtdeutschen gewährt. Das Asylrecht ist durch das GG zum erstenmal in einer deutschen Verfassung garantiert worden.

Die bisher im *Ausländergesetz* vom 28. 4. 1965 (BGBl. I 353) m. spät. Änd. geregelten Voraussetzungen der Asylgewährung sind nunmehr im *Asylverfahrensgesetz* vom 16. 7. 1982 (BGBl. I 946), m. spät. Änd. geregelt. Das AsylverfahrensG sieht Beschleunigungen und Verkürzungen des Verwaltungs- und Gerichtsverfahrens in Asylsachen vor. Über Asylanträge entscheidet ein weisungsungebundener Bediensteter des Bundesamtes für die Anerkennung ausländischer Flüchtlinge. Widerspruch (151 V) gegen die Entscheidungen der Verwaltungsbehörden ist weitgehend ausgeschlossen; die Rechtsmittelmöglichkeiten sind eingeschränkt. Weitere maßgebliche Änderungen mit dem Ziel, unberechtigte Asylanträge zu verhindern, brachte das Ges. vom 6. 1. 1987 (BGBl. I 89). Geregelt werden vor allem die Nichtberücksichtigung selbstgeschaffener sog. Nachfluchtgründe, der Ausschluß des Asyls bei anderweitigem Verfolgungsschutz und Sanktionen gegenüber Beförderungsunternehmen, die Ausländer ohne die notwendigen Dokumente befördern.

Über die Sonderstellung der *heimatlosen Ausländer,* die nicht dem Asylrecht unterliegen, vgl. 2.

6. Der Anspruch auf *staatliche Fürsorge.*

Dieses Recht folgert man aus dem Bekenntnis des GG zum *Sozialstaat* (Art. 20 und 28 Abs. 1 GG). Das *Sozialstaatsprinzip* ist einer der tragenden Grundsätze der BRep. Es hat insbes. im Bundessozialhilfegesetz (687) seinen Ausdruck gefunden.

50. Staatlich garantierte Einrichtungen

Durch das GG werden folgende *Einrichtungen* vom Staat gewährleistet (sog. *institutionelle Garantie*):

1. *Ehe und Familie* (Art. 6).

Die *Ehe* ist die rechtliche Form der Lebensgemeinschaft von Mann und Frau. Sie bildet die Grundlage der Familie. Die *Familie* ist das Urbild jeder menschlichen Gemeinschaft. Sie verbindet als Keimzelle des Volkes Vergangenheit und Zukunft der Volksgemeinschaft, ist die organische Bildungsstätte des Kindes und bildet das Fundament, auf dem Staat, Schule und Kirche aufbauen. Vgl. 341.

2. *Religionsunterricht* (Art. 7 Abs. 3).

Dieser ist in den öffentlichen Schulen mit Ausnahme der bekenntnisfreien (vgl. 186) *ordentliches Lehrfach*. Die Länder sind verpflichtet, in allen Volks-, Mittel-, höheren und Berufsschulen Religionsunterricht erteilen zu lassen. Dieser *Lehrfachzwang* gilt nach Art. 141 GG nicht in einem Lande, in dem am 1. 1. 1949 eine andere landesrechtliche Regelung bestand (sog. *Bremer Klausel*). Dagegen besteht für die Schüler kein Teilnahmezwang. Das Bestimmungsrecht haben die Erziehungsberechtigten (Art. 7 Abs. 2). Vgl. 724.

3. *Eigentum und Erbrecht* (Art. 14).

Vgl. oben 48 (unter 4).

4. Die *gemeindliche Selbstverwaltung* (Art. 28 Abs. 2).

Bei ihr wird der organisatorische Zustand der Gemeinden aufrechterhalten, fortgeführt und verbürgt, wie er sich im Laufe des 19. Jahrh. in Deutschland entwickelt hat, aber nur in seinen typischen Grundzügen und seiner Substanz, nicht in seinen Einzelheiten.

5. Die *hergebrachten Grundsätze des Berufsbeamtentums* (Art. 33 Abs. 5).

Sie dürfen in ihrem Wesensgehalt nicht angetastet werden. Dazu gehören vor allem: Anstellung i. d. R. auf Lebenszeit, angemessene Alimentierung einschl. Versorgung, Fürsorgepflicht des Dienstherrn, Gewährleistung wohlerworbener Rechte; anderseits Pflicht des Beamten zum Einsatz für den Dienstherrn, besondere Treuepflicht, Bekenntnis zur verfassungsmäßigen Ordnung, uneigennützige Amtsausübung, achtunggebietendes Verhalten innerhalb und außerhalb des Dienstes.

6. Der *gesetzliche Richter* (Art. 101).

Niemand darf seinem nach gesetzlicher Vorschrift (Gerichtsverfassungsgesetz, Verfahrensordnung) zuständigen Richter entzogen werden. Wer im Einzelfall zur Entscheidung berufen ist, muß in einer vor Beginn des Geschäftsjahres aufgestellten Geschäftsverteilung so bestimmt sein, daß die Einzelsache nicht durch organisatorischen Eingriff der Justizverwaltung dem Richter entzogen werden kann. Während des Geschäftsjahres darf die Geschäftsverteilung nur aus bestimmten Gründen geändert werden (§§ 21 e, g GVG).

51. Grundrechte und Grundpflichten

Das Gegenstück zu den Grundrechten, die dem Berechtigten eine subjektive Rechtsstellung gewähren, bilden die *Grundpflichten,* die freilich im GG nur vereinzelt in Erscheinung treten. In der Rechtslehre ist streitig, welche grundgesetzlich begründeten Pflichten hierzu zählen, und vor allem, ob unter diesen *überstaatliche* (vorstaatliche) bestehen – entsprechend der Unterscheidung bei den Grundrechten; vgl. 46, a –.

Zu den Grundpflichten können gezählt werden:

a) die Pflicht zur Verfassungstreue (vgl. Art. 5 Abs. 3 S. 2 GG),
b) die Pflicht der Eltern zur Erziehung der Kinder (Art. 6 Abs. 2 GG),
c) die öffentliche Dienstleistungspflicht (Art. 12a GG),
d) die Pflicht zum sozialgerechten Gebrauch des Eigentums (Art. 14 Abs. 2 GG).

Auch hier wird gelegentlich zwischen *Menschenpflichten* und *Bürgerpflichten* (entsprechend der Einteilung der Grundrechte, 46 unter b) unterschieden.

Von den Grundrechten und -pflichten zu unterscheiden sind die *staatsbürgerlichen Rechte und Pflichten;* das sind solche, die sich aus dem Verhältnis des Bürgers zum Staat ergeben (z. B. Wahlrecht, Steuerpflicht; vgl. 44 II).

Durch Art. 33 Abs. 1 GG sind jedem Deutschen in jedem Land der BRep. die gleichen staatsbürgerlichen Rechte gewährleistet wie den Landeseinwohnern (*Indigenat*). Zwar können Landesgesetze diese Rechte – z. B. den Zugang zu öffentlichen Ämtern – unabhängig von der Regelung anderer Länder bestimmen, müssen sie aber allen Deutschen in gleicher Weise zukommen lassen. Dasselbe gilt für die Begründung staatsbürgerlicher Pflichten. Über völkerrechtliche Garantien der staatsbürgerlichen Rechte vgl. 908.

52. Der Schutz der Grundrechte

ist im Bonner GG im Vergleich zur WVerf. erweitert.

1. *Schutz gegen den Gesetzgeber*

Die Schöpfer des GG hielten es nach den trüben Erfahrungen mit der Gesetzgebung der Weimarer Republik, in der es zu einer Aushöhlung der Verfassung gekommen war (16, 18), für angebracht, dem Gesetzgeber deutliche Beschränkungen aufzuerlegen, um den wirksamen Bestand der Grundrechte noch zu verstärken. Nach Art. 19 Abs. 1, 2 darf der Gesetzgeber nur durch allgemein und nicht nur für den Einzelfall geltendes Gesetz in die Grundrechte eingreifen (*Gesetzesvorbehalt,* vgl. 46) und in keinem Fall den Wesensgehalt eines Grundrechts antasten.

Insbes. sind *Einzeleingriffe* durch Gesetz verboten (z. B. Sozialisierung eines einzelnen Betriebs). Das Gesetz, welches einen Eingriff enthält, muß das Grundrecht unter Angabe des Artikels des GG nennen (sonst nichtig). Was als *Wesens-*

gehalt eines Grundrechts anzusehen ist, muß im einzelnen Fall, notfalls durch die Rechtsprechung, geklärt werden.

2. *Schutz gegen die Verwaltung* gewährt Art. 19 Abs. 4 GG. Jeder, der durch die öffentliche Gewalt in seinen Rechten verletzt wird, kann den *Rechtsweg* vor den ordentlichen Gerichten oder den Verwaltungsgerichten beschreiten. Vgl. 149, 151, 456. Über das *Widerstandsrecht* als äußerstes Mittel gegen staatliche Willkür vgl. 10.

3. Jedermann kann mit der Behauptung, durch die öffentliche Gewalt (Gesetzgebung, vollziehende Gewalt, Rechtsprechung) in seinen *Grundrechten* verletzt zu sein, nach Erschöpfung aller Rechtsmittel und sonstigen Rechtsbehelfe *Verfassungsbeschwerde* beim *Bundesverfassungsgericht* erheben (§ 90 BVerfGG). Vgl. 74.

Die Einrichtung eines *Parlamentsbeauftragten* nach ausländischen Vorbildern (besonders dem *Ombudsmann* in Schweden), der – ähnlich dem Wehrbeauftragten (s. 459) – unbürokratisch für den Schutz der Grundrechte des einzelnen Bügers eintritt, ist in der BRep. zwar diskutiert, nicht aber verwirklicht worden. Eine ähnliche Funktion kommt dem „Bürgerbeauftragten" in Rheinl.-Pfalz zu, der als Organ des Petitionsausschusses des Landtags fungiert (Ges. vom 3. 5. 1974, GVBl. 187). Weitergehende Befugnisse hat in Österreich die „Volksanwaltschaft" (Dreiergremium). Sie fungiert nicht nur als Beschwerdestelle, sondern kann vermuteten Mißständen auch von Amts wegen nachgehen und den obersten Bundesbehörden ggf. Empfehlungen geben; darüber hinaus kann sie Verordnungen einer Bundesbehörde durch Normenkontrollklage beim Verfassungsgerichtshof anfechten.

4. Über den Schutz der in *Landesverfassungen* gewährleisteten Grundrechte vgl. 46.

5. Den Schutz der Grundrechte *verwirkt,* wer sie zum Kampf gegen die *freiheitliche demokratische Grundordnung* mißbraucht (Art. 18 GG).

Unter einer solchen Grundordnung versteht man eine rechtsstaatliche Herrschaftsordnung, die auf dem Willen der Mehrheit des in freier Selbstbestimmung auf der Grundlage von Freiheit und Gleichheit entscheidenden Volkes beruht und die jegliche Gewalt- und Willkürherrschaft ausschließt. Zu den tragenden Prinzipien der freiheitlichen demokratischen Grundordnung zählen die allgemeinen Menschenrechte, Volkssouveränität, Gewaltenteilung und Verantwortlichkeit der Regierung gegenüber dem Parlament, Unabhängigkeit der Gerichte, Bindung von Justiz und Verwaltung an Recht und Gesetz, Mehrparteiensystem und Chancengleichheit für die Parteien, Recht auf Bildung und Betätigung der Opposition.

Verwirkung bedeutet, daß das Grundrecht dem Mißbrauchenden keinen Schutz mehr gewährt und er sich den Behörden gegenüber nicht mehr auf das Grundrecht berufen kann. Verwirkbar sind aber nur freie Meinungsäußerung, Lehr-, Versammlungs-, Vereinigungsfreiheit, Brief-, Post- und Fernmeldegeheimnis, Eigentum und Asylrecht. Die Verwirkung wird durch das Bundesverfassungsgericht ausgesprochen. Ein Beamter verliert durch die Verwirkung eines Grundrechts die Beamtenrechte (§ 48 BundesbeamtenG).

53. Grundgesetzliche Richtlinien für Gesetzgebung, Verwaltung und Rechtsprechung

Die Grundrechtssätze einer Verfassung können entweder unmittelbares (zwingendes) Recht sein oder aber bloße Programmsätze (Zielsetzungen) für den Gesetzgeber enthalten, die erst durch einen entsprechenden Gesetzgebungsakt wirksam werden. Das Bonner Grundgesetz bestimmt zwar in Art. 1 Abs. 3, daß die im ersten (Grundrechts-)-Abschnitt aufgeführten Grundrechte unmittelbar geltendes Recht für Gesetzgebung, vollziehende Gewalt und Rechtsprechung sind. Gleichwohl finden sich auch hier Grundrechtssätze, die programmatisch und nur als Weisung an den Gesetzgeber ergangen sind.

So verbietet z. B. der in Art. 6 Abs. 1 GG statuierte besondere *Schutz der Ehe und Familie* durch den Staat jeden störenden staatlichen Eingriff in die geschützte Rechtsstellung unmittelbar und ist insoweit geltendes Recht. Lediglich Programmsätze hingegen sind die in demselben Artikel enthaltenen Grundrechtsbestimmungen, daß jede Mutter Anspruch auf Schutz und Fürsorge der Gemeinschaft hat (Abs. 4) und daß den unehelichen Kindern die gleichen Bedingungen für ihre leibliche und seelische Entwicklung und ihre Stellung in der Gemeinschaft zu schaffen sind wie den ehelichen (Abs. 5). Dem Auftrag des Abs. 4 entsprechend ist daher schon im Jahre 1952 ein *Mutterschutzgesetz* erlassen worden (621), das Ges. zur Verbesserung der Rechtsstellung des *unehelichen Kindes* dagegen erst im Jahre 1969 (vgl. 351).

Einem Verfassungsauftrag (so BVerfGE 33, 1) entsprach auch der Erlaß des *Strafvollzugsgesetzes* vom 16. 3. 1976, das Eingriffe in Grundrechte des Strafgefangenen oder andere Beschränkungen auf die durch das GG gebotene gesetzliche Grundlage stellte. Vgl. 288 II.

II. Bund und Länder

54. Die Rechtsstellung der Länder

In einem Bundesstaat (s. 6 IV) verteilt sich die staatliche Gewalt auf den Zentralstaat (Bund) und die Gliedstaaten (Länder). Für die *Länder* ergeben sich aus der Zugehörigkeit zum Bund *Rechte und Pflichten.*

I. Die *Rechte der Länder* der BRep. sind im wesentlichen folgende:

1. Eine Änderung des GG, welche die *Gliederung des Bundes in Länder* oder deren grundsätzliche *Mitwirkung bei der Gesetzgebung* berührt, ist unzulässig (Art. 79 Abs. 3).

Der *bundesstaatliche Charakter* der BRep. muß beibehalten werden, um eine *Aushöhlung der Landeszuständigkeit* (wie unter der WVerf.) zu verhindern. Dadurch wird der *Kompetenz des Bundes* eine Schranke gesetzt. Zwar kann der Bund durch verfassungsänderndes Gesetz seine Zuständigkeit auf Kosten der Länder erweitern (vgl. 41). Doch muß die bundesstaatliche Ordnung der BRep. erhalten bleiben, d.h. selbst bei Zusammenschluß einzelner Länder im Rahmen einer gebietlichen Neuordnung (Art. 29 GG) müssen mindestens zwei Länder bestehen bleiben, denen Eigenstaatlichkeit – insbesondere die Gesetzgebungskompetenz in Landesangelegenheiten – zukommt.

2. Die Ausübung der staatlichen Befugnisse und die Erfüllung der staatlichen Aufgaben ist Sache der Länder, soweit das GG keine andere Regelung trifft oder zuläßt (Art. 30 GG).

3. Die Länder haben das ausschließliche *Stimmrecht im Bundesrat* und wirken durch ihn bei Gesetzgebung und Verwaltung des Bundes mit (Art. 50).

4. Die *verfassungsmäßige Ordnung der Länder* in Form eines republikanischen, demokratischen und sozialen Rechtsstaates ist durch den Bund gewährleistet (Art. 28 Abs. 1 und 3). Vgl. 114.

Vgl. Ges. über die Zusammenarbeit des Bundes und der Länder in Angelegenheiten des *Verfassungsschutzes* vom 27. 9. 1950 (BGBl. 682) m. spät. Änd.

5. Die Länder haben Anspruch auf angemessene Berücksichtigung ihrer Bewohner bei Besetzung der Beamtenstellen in den obersten Bundesbehörden (Art. 36) und auf Mitwirkung bei der Bestellung der Leiter der Mittelbehörden der Finanzverwaltung, weil diese zugleich Bundes- und Landesbehörden sind (vgl. 77 und Art. 108 Abs. 1 S. 3).

6. Die Länder haben Anspruch auf Förderung der Landesinteressen bei Verwaltung der *Wasserstraßen* (Art. 89 Abs. 3).

II. Andererseits haben die Länder folgende *Pflichten:*

1. *Treuepflicht* gegenüber dem Bund;

2. *Folgeleistung* gegenüber Gesetzen und Weisungen des Bundes, die im Rahmen der Verfassung ergehen (Art. 83ff.);

3. Aufrechterhaltung einer *verfassungsmäßigen Ordnung* (Art. 28).

Die *Länderverfassungen* müssen den Grundsätzen des republikanischen, demokratischen und sozialen Rechtsstaates i. S. des GG entsprechen (sog. *Verfassungshomogenität* in Bund und Ländern). In diesem Rahmen können die Länder ihre Verfassung eigenstaatlich ordnen und z. B. entscheiden, ob sie einen *Staatspräsidenten* bestellen und das *Zweikammersystem* einführen. Vgl. 114.

4. Die Länder haben jedem Deutschen gleiche *staatsbürgerliche Rechte* zu gewähren (Art. 33 Abs. 1; *Indigenat).*

Keine Benachteiligung eines Deutschen, weil er nicht zur einheimischen Bevölkerung gehört.

5. Alle Behörden der Länder sind allen Bundesbehörden gegenüber zur *Rechts- und Amtshilfe* verpflichtet (Art. 35).

III. Die Erfüllung der Verpflichtungen der Länder kann durch *Bundeszwang* durchgesetzt werden (Art. 37).

Zur Durchführung des Bundeszwangs, der die Zustimmung des Bundesrates voraussetzt, hat die Bundesregierung oder ihr Beauftragter das *Weisungsrecht* gegenüber allen Ländern und ihren Behörden (Art. 37 Abs. 2 GG). Ein Weisungsrecht der BReg. kann ferner bestehen bei Bedrohung des Bestands oder der freiheitlichen demokratischen Grundordnung des Bundes oder eines Landes sowie bei Naturkatastrophen oder besonders schweren Unglücksfällen (vgl. Art. 91 Abs. 2, 35 Abs. 3 GG und 67).

Nach Art. 48 WVerf. konnte der Reichspräsident ein Land mit Hilfe der bewaffneten Macht zur Pflichterfüllung anhalten (sog. *Reichsexekution).* Heute ist die Sperrung eines Steueranteils das wirkungsvollste Mittel des Bundeszwangs. Gegen die angeordneten Maßnahmen kann das betroffene Land das *Bundesverfassungsgericht* anrufen (Art. 93 Abs. 1 Nr. 1, 3, evtl. 4 GG).

55. Die Gesetzgebungskompetenz

In einem Bundesstaat ist die Befugnis, Gesetze zu erlassen (Gesetzgebungsbefugnis oder *Gesetzgebungskompetenz*), zwischen dem Zentralstaat (Bund) und den Gliedstaaten (Ländern) aufgeteilt. In der BRep. unterscheidet man die ausschließliche Gesetzgebung des Bundes, die konkurrierende Gesetzgebung und die Rahmengesetzgebung des Bundes. Soweit das GG nicht ausdrücklich dem Bund Gesetzgebungskompetenzen zuweist, haben die Länder die Gesetzgebungsbefugnis (Art. 70 Abs. 1). Bei Meinungsverschiedenheiten entscheidet das BVerfG (Art. 93 Abs. 1 Nr. 2).

I. *Die ausschließliche Gesetzgebung des Bundes*

In diesem Bereich sind die Länder zur Gesetzgebung nur befugt, wenn und soweit sie hierzu in einem Bundesgesetz ausdrücklich ermächtigt werden (Art. 71 GG).

Zur *ausschließlichen* G. des Bundes gehören die Rechtsgebiete, die einheitlich geregelt werden sollen. So die auswärtigen Angelegenheiten, Verteidigung, Wehrpflicht, Grenzschutz, Eisenbahnen, Luftverkehr, gewerblicher Rechtsschutz, Urheber- und Verlagsrecht, Bundesstaatsangehörigkeit, Währung, Maße und Gewichte, Post- und Fernmeldewesen, Zölle und Finanzmonopole (vgl. Art. 73, 105 Abs. 1). Insoweit sind *Ländergesetze ausgeschlossen;* sie sind nichtig, soweit nicht eine Ermächtigung durch Bundesgesetz vorliegt.

II. *Die konkurrierende Gesetzgebung*

Hier können die Länder Gesetze erlassen, solange und soweit der Bund von seinem Gesetzgebungsrecht keinen Gebrauch macht (Art. 72 Abs. 1). Insoweit spricht man auch von der *Vorranggesetzgebung des Bundes.*

Die *konkurrierende Gesetzgebung* verleiht dem Bund Kompetenzen, wenn ein *Bedürfnis* nach bundesgesetzlicher Regelung besteht. Dazu gehören insbes. Bürgerl. Recht, Strafrecht, Personenstandswesen, öffentliche Fürsorge, Wirtschafts- und Arbeitsrecht, Straßenverkehr, Gesundheitswesen, Umweltschutz,

Kraftfahrwesen sowie Besoldungs- und Versorgungsrecht des öffentlichen Dienstes; ferner im Abgabenrecht die Steuern vom Einkommen, Vermögen, von Erbschaften und die meisten Verbrauch- und Verkehrsteuern, insbes. wenn der Bund das Steueraufkommen beansprucht (vgl. Art. 74, 74a, 105 Abs. 2). Ergeht ein Bundesgesetz, so werden bereits erlassene, aber dem neuen Bundesgesetz widersprechende Landesgesetze außer Kraft gesetzt. Die Länder können das Bundesrecht durch eigene Gesetze nur ergänzen. Regelt der Bund eine Materie vollständig (wie z. B. Bürgerl. Recht, Handels-, Straf-, Prozeßrecht), so ist für die Landesgesetzgebung auf diesem Gebiet kein Raum.

III. *Die Rahmengesetzgebung des Bundes (Art. 75)*

Der Bund kann auf gewissen Gebieten *Rahmenvorschriften* erlassen, wenn ein *Bedürfnis* hierfür vorliegt. Die Rahmenvorschrift müssen auf Ausfüllung durch den Landesgesetzgeber angelegt sein.

Die *Rahmengesetzgebung* umfaßt insbes. die Rechtsverhältnisse der Beamten und Angestellten des öffentlichen Dienstes (soweit nicht unter II fallend), die allgemeinen Grundsätze des Hochschulwesens, die allgemeinen Rechtsverhältnisse von Presse und Film, Jagdwesen, Naturschutz, Landschaftspflege, Bodenverteilung, Raumordnung, Wasserhaushalt, Melde- und Ausweiswesen (Art. 75). Die Länder müssen sich nach den vom Bund aufgestellten Grundsätzen richten *(Richtlinien)*. Der Bund muß sich aber auf allgemeine Leitsätze beschränken (z. B. Beamtenrechtsrahmengesetz, vgl. 157).

IV. *Verhältnis des Bundesrechts zum Landesrecht*

Nach Art. 31 *bricht Bundesrecht Landesrecht*. Durch Erlaß eines Bundesge setzes im Rahmen der Zuständigkeiten des GG wird alles diesen Gegenstand betreffende Landesrecht aufgehoben und Entstehung neuen Landesrechts über diesen Gegenstand ausgeschlossen. Ausnahme nur für *Landesverfassungen*, soweit sie übereinstimmend mit dem GG Grundrechte gewährleisten (Art. 142).

V. *Früheres deutsches Recht*

(Reichs-, Landes-, zonales oder überzonales Recht) gilt innerhalb des bisherigen Geltungsbereiches fort (soweit es dem GG nicht widerspricht, Art. 123 Abs. 1) und wird als Bundesrecht behandelt, wenn es

1. Gegenstände der *ausschließlichen* Gesetzgebung des Bundes betrifft (Art. 124) oder wenn es
2. Gegenstände der *konkurrierenden* Gesetzgebung betrifft, soweit es innerhalb einer oder mehrerer Besatzungszonen einheitlich gilt, oder soweit es sich um Recht handelt, das früheres Reichsrecht nach dem 8. 5. 1945 abgeändert hat (Art. 125).

Meinungsverschiedenheiten über die Frage, ob Recht als Bundes- oder Landesrecht fortgilt, entscheidet das BVerfG (Art. 126).

VI. *Neues Bundesrecht*

Als *neues Bundesrecht* bezeichnet man das von den Bundesorganen auf Grund ihrer ausschließlichen, konkurrierenden oder Rahmenkompetenz nach dem ersten Zusammentreten des Bundestags (7. 9. 1949) gesetzte Recht (BGesetze und Rechtsverordnungen; Art. 122 Abs. 1).

Über *Sammlung des Bundesrechts* s. 64 IV.

56. Die Verwaltungskompetenz

Auch die Verwaltungsbefugnisse und -aufgaben sind – wie die Gesetzgebung (s. 55) – auf Bund und Länder verteilt (Bundesverwaltung und Länderverwaltung). Das GG unterscheidet vier Verwaltungsformen, nämlich die *bundeseigene* Verwaltung (Art. 86, 87 Abs. 1), die *Auftragsverwaltung* der Länder (Art. 85), die *landeseigene* Verwaltung (Art. 30, 83, 84) und die *bundesunmittelbare Selbstverwaltung* (Art. 87 Abs. 2, 3).

I. *Bundeseigene Verwaltung*

Verwaltungszweige mit einer *voll ausgebauten* bundeseigenen Verwaltung (Art. 86, 87 Abs. 1, 87b, d) sind:

1. der *auswärtige Dienst;*
2. das *Bundesfinanzwesen;*
3. die *Deutsche Bundesbahn;*
4. die *Deutsche Bundespost;*
5. die Verwaltung der *Bundeswasserstraßen* und der *Schiffahrt* nach Maßgabe des Art. 89;
6. die *Luftverkehrsverwaltung* (vgl. 198);
7. die *Bundesverteidigung* und *Bundeswehrverwaltung* (vgl. 460);
8. der *Bundesgrenzschutz* (vgl. 95, 175).

Gegenüber dem Stand von 1945 sind *Justiz* und *Versorgungswesen* nicht mehr Bundesverwaltungen.

Man unterscheidet die *unmittelbare Bundesverwaltung,* bei welcher der Bund eine bis in die untersten Instanzen mit Bundesbeamten besetzte Behördenorganisation einrichtet, von der *mittelbaren Bundesverwaltung,* die durch bundesunmittelbare Körperschaften und Anstalten des öffentlichen Rechts durchgeführt wird (Art. 86, 87 Abs. 2, 3).

Es bestehen *Oberste Bundesbehörden* (Bundespräsidialamt, Bundeskanzleramt, Bundesministerien, Bundesrechnungshof usw., vgl. 91). Ihnen nachgeordnet sind *Bundesoberbehörden* als Zentralstellen für das ganze Bundesgebiet. Durch einfaches Bundesgesetz wurden z. B. errichtet (Art. 87 Abs. 3 S. 1): Bundesamt für Verfassungsschutz, Bundesgesundheitsamt, Bundesoberseeamt, Bundesamt für Wirtschaft, Bundeskartellamt, Bundesausgleichsamt, Kraftfahrt-Bundesamt, Statistisches Bundesamt, Bundesamt für Finanzen, Bundesverwaltungsamt, Bundesversicherungsamt, Umweltbundesamt. Als *Mittelbehörden* bestehen Oberfinanzdirektionen, Bundesbahndirektionen, Oberpostdirektionen, Zentralämter bei Bundesbahn und Bundespost, Wasser- und Schiffahrtsdirektionen. Als *Unterbehörden* Hauptzollämter (die Finanzämter sind Landesbehörden), Post-, Wasser- und Schiffahrtsämter, Betriebs- u. a. Ämter der Bundesbahn.

II. *Die Auftragsverwaltung* (Art. 85)

sieht eine Verwaltung durch die Länder im Auftrag des Bundes vor. Dieser Verwaltungstyp war in der WVerf. nicht vorgesehen, sondern ist im GG *neu* entwickelt; er besteht in folgenden Bereichen:

1. Bundesautobahnen und sonstige *Fernverkehrstraßen* (Art. 90 Abs. 2);
2. Bundeswasserstraßen auf Antrag und für das Gebiet eines Landes (Art. 89 Abs. 2);

3. in der *Luftverkehrsverwaltung,* soweit bundesgesetzlich bestimmt (Art. 87d Abs. 2);
4. für die dem Bund ganz oder zum Teil zufließenden, von ihm aber nicht verwalteten Steuern (Art. 108 Abs. 2, 3);
5. im *Verteidigungswesen* (einschl. Wehrersatzwesen und Zivilschutz) nach bundesgesetzlicher Regelung (Art. 87b Abs. 2);
6. bei Ausführung von Gesetzen über Erzeugung und Nutzung der *Kernenergie* und über den *Strahlenschutz,* soweit bundesgesetzlich bestimmt (Art. 87c);
7. in Lastenausgleichssachen (Art. 120a);
8. bei bestimmten Geldleistungsgesetzen (Art. 104a Abs. 3 S. 2).

Bei dieser Verwaltungsart bleibt die Behördeneinrichtung den Ländern überlassen. Die Bundesregierung kann aber allgemeine Verwaltungsvorschriften erlassen, die Ausbildung regeln, Mittelbehördenleiter mitbestellen und *Weisungen* erteilen. Teilweise ist die Bundesregierung an die Zustimmung des Bundesrates gebunden.

Für den *Straßenverkehr* ist, da bestimmte Aufgaben auch verwaltungsmäßig eine zentrale Bearbeitung erfordern (wie z. B. Typprüfung, Nachrichtensammlung, Erfahrungssammlung, Statistik), durch Gesetz vom 4. 8. 1951 (BGBl. I 488) ein *Kraftfahrt-Bundesamt* mit dem Sitz in Flensburg errichtet worden. Es untersteht dem Bundesminister für Verkehr; Landesbehörden und Prüfstellen sind ihm nicht unterstellt. Vgl. 101, 408.

III. Die *landeseigene Verwaltung* (Art. 84)

umfaßt außer der Ausführung der Landesgesetze die *Ausführung der Bundesgesetze,* die nicht eine andere Verwaltungsart anordnen (Art. 83). Die Länder führen diese Verwaltung als eigene Angelegenheiten, haben aber die von der BReg. mit Zustimmung des BR erlassenen allgemeinen Verwaltungsvorschriften zu beachten und unterstehen insoweit der Bundesaufsicht.

Die *Bundesaufsicht* erstreckt sich aber nur auf die Gesetzmäßigkeit, nicht auch auf die Zweckmäßigkeit der Verwaltungsmaßnahmen. Von der Bundesregierung bzw. dem zuständigen BMinister gerügte Mängel sind zu beseitigen; in Zweifelsfällen entscheidet der BR. Gegen dessen Beschluß kann das BVerfG angerufen werden.

Bei bestimmten für die Gesamtheit besonders bedeutsamen *Gemeinschaftsaufgaben* wirkt der Bund, wenn seine wirtschaftliche Hilfe erforderlich ist, bei Erfüllung der Länderaufgaben durch Übernahme der Hälfte der Kosten mit (Art. 91a; vgl. *Hochschulbauförderungsgesetz* vom 1. 9. 1969, BGBl. I 1556, sowie Gesetze über die Gemeinschaftsaufgaben „Verbesserung der *Agrarstruktur* und des Küstenschutzes" – hier Erstattung von 60 bzw. 70 v. H. der Kosten – und „Verbesserung der regionalen *Wirtschaftsstruktur*" vom 3. 9./6. 10. 1969, BGBl. I 1573, 1861). Über die Kostenverteilung bei der *Bildungsplanung* und der *wissenschaftlichen Forschung* können Bund und Länder Vereinbarungen zur Erfüllung überregionaler Aufgaben treffen (Art. 91b).

IV. *Die bundesunmittelbare Selbstverwaltung*

Bei dieser Verwaltungsform überträgt der Bund Verwaltungsaufgaben auf bundesunmittelbare Körperschaften. Hiervon ist bes. auf dem Gebiet der Sozialversicherung Gebrauch gemacht worden.

110

Die Träger der *Sozialversicherung* werden nach Art. 87 Abs. 2 GG als *bundesunmittelbare Körperschaften* des öffentlichen Rechts geführt, soweit sich ihre Zuständigkeit über das Gebiet eines Landes hinaus erstreckt, z. B. BAnstalt für Arbeit, Bundesversicherungsanstalt für Angestellte. Das durch Ges. vom 9. 5. 1956 (BGBl. I 415) errichtete *Bundesversicherungsamt* führt die Aufsicht über die *Sozialversicherungsträger*. Vgl. 100, 146, 653.

Die Bundesregierung erläßt die allg. Verwaltungsvorschriften und regelt die Einrichtung der Behörden.

Über die *Bank deutscher Länder* und die *Bundesbank* vgl. 862, 863.

57. Kompetenzen auf dem Gebiet der Rechtsprechung

Die *Rechtsprechung* ist ein Teil staatlicher Gewalt; sie ist die wichtigste Aufgabe der *Justiz*, der aber auch Verwaltungsaufgaben obliegen. Die Rspr. umfaßt im Bereich der sog. *ordentlichen Gerichtsbarkeit* die Zivilgerichtsbarkeit, die Strafgerichtsbarkeit und die nichtstreitige oder sog. freiwillige Gerichtsbarkeit (z. B. Grundbuch-, Register-, Vormundschafts-, Erbschaftssachen). Zur sog. *besonderen Gerichtsbarkeit* gehören insbes. die allgemeine Verwaltungsgerichtsbarkeit, die Finanzgerichtsbarkeit, die Arbeitsgerichtsbarkeit und die Sozialgerichtsbarkeit.

Grundsätzlich ist die Rspr. Sache der *Länder*. Diese üben sie in der ordentlichen Gerichtsbarkeit durch die Amts-, Land- und Oberlandesgerichte aus (vgl. 205). Wegen der übrigen Gerichtszweige vgl. die Übersicht 204.

Als *Bundesgerichte* sind im GG vorgesehen:

a) das *Bundesverfassungsgericht* für Verfassungsstreitigkeiten in bezug auf das GG (Art. 93, 94; vgl. 72);

b) *Oberste Gerichtshöfe* als höchstrichterliche Instanzen auf den Gebieten der ordentlichen Gerichtsbarkeit (Zivil- und Strafgerichtsbarkeit), der Verwaltungs-, Finanz-, Arbeits- und Sozialgerichtsbarkeit (Art. 95).

Zur Wahrung der Einheitlichkeit der Rechtsprechung dieser Gerichte ist an Stelle des ursprünglich vorgesehenen *Obersten Bundesgerichts* ein *Gemeinsamer Senat* eingerichtet worden (Art. 95 Abs. 3; vgl. 71 III).

Zugelassen sind:

c) ein Bundesgericht für Angelegenheiten des *gewerblichen Rechtsschutzes* (Art. 96 Abs. 1); diese Zuständigkeit ist dem Bundespatentgericht zugewiesen;

d) Wehrstrafgerichte, vor allem für den Verteidigungsfall (Art. 96 Abs. 2);

e) Bundesdisziplinargerichte und Bundesdienstgerichte für Disziplinarverfahren gegen Bundesbeamte (-richter) bzw. gegen Soldaten (Art. 96 Abs. 4).

Das GG stellt im IX. Abschnitt für alle Gerichtszweige des Bundes und der Länder allgemeine Grundsätze über die *Stellung der Richter* und die *Ausübung der Rechtspflege* auf: Unabhängigkeit der Richter (Art. 97), Verbot von Ausnahmegerichten (Art. 101 Abs. 1 S. 1), Anspruch auf Entscheidung durch den gesetzlich vorgesehenen Richter (Art. 101 Abs. 1 S. 2), Anspruch auf rechtliches Gehör vor Gericht (Art. 103, Abs. 1), Anspruch auf richterliche Entscheidung über Freiheitsentziehung (Art. 104 Abs. 2).

Über Verfahrensgrundsätze der Rechtsprechung vgl. 70. Gegen Mißbrauch richterlicher Gewalt schützt die in Art. 98 zugelassene Richteranklage.

III. Die Obersten Bundesorgane und Bundesbehörden

58. Überblick über die Obersten Bundesorgane

Das GG folgt in der Organisation der Obersten Bundesorgane weitgehend der WVerf., nimmt aber die schlechten Erfahrungen der Jahre 1918 bis 1933 zum Anlaß, Sicherungen gegen eine mögliche Funktionsunfähigkeit einzubauen.

Die höchsten Organe des Bundes sind, nach der Einteilung des GG geordnet:

a) Der Bundestag. Er ist als Vertretung des Deutschen Volkes das höchste, in der Gesetzgebung letztlich entscheidende Bundesorgan.

Seine Rechte sind gegenüber denen des *Reichstags* der Weimarer Republik etwas eingeschränkt, weil Bundesrat und Bundesregierung stärkere Rechte haben als früher Reichsrat und Reichsregierung.

b) Der Bundesrat als Vertretung der Länder. Er wirkt mit bei der Gesetzgebung und bei der Verwaltung des Bundes.

Seine Stellung ist bedeutender als die des *Reichsrats* der WVerf. Wie dieser verkörpert er das *föderative Element* und gewährleistet den Einfluß der *Länder* auf den Bund als Gegengewicht gegen den Bundestag.

c) Der Bundespräsident. Er nimmt die Befugnisse wahr, welche i. d. R. einem Staatsoberhaupt zukommen.

Die Stellung des *Reichspräsidenten* der WVerf. war erheblich stärker. Dieser hatte das Recht der Ausnahmegesetzgebung *(Notverordnungen)*.

d) Die Bundesregierung. Sie übt die vollziehende Gewalt aus, soweit diese nicht dem Bundespräsidenten oder dem Bundesrat vorbehalten ist.

Während die frühere Reichsregierung durch ein *Mißtrauensvotum* (Art. 54 WVerf.) ausgeschaltet werden konnte, ist dies heute erschwert *(konstruktives Mißtrauensvotum* – Art. 67, 68 GG –; vgl. 62 II 2). Zwar konnte auch früher ein Mißtrauensvotum nur mit absoluter Stimmenmehrheit beschlossen werden. Es war aber möglich, daß eine Gruppe (z. B. des linken Flügels) dem von einer anderen Gruppe (z. B. des rechten Flügels) gestellten Mißtrauensantrag zustimmte und dadurch die Regierung stürzte, ohne daß eine andere Regierung eine Mehrheit fand.

Die staatlichen Befugnisse sind auf die höchsten Organe so verteilt, daß sie sich in etwa das *Gleichgewicht* halten, um eine Machtzusammenballung zu vermeiden und mißbräuchliche Anwendung der staatlichen Gewalt auszuschließen.

Durch das *Bannmeilengesetz* vom 6. 8. 1955 (BGBl. I 504) sind Bezirke der Städte Bonn und Beuel zum befriedeten *Bannkreis* für die Gesetzgebungsorgane des Bundes erklärt worden. In diesem sind öffentliche Versammlungen und Aufzüge verboten (§ 16 VersammlungsG; vgl. 47).

59. Der Bundestag

I. *Staatsrechtliche Stellung des Bundestages*

Der *Bundestag* (BT) ist die Volksvertretung der BRep. und als maßgebliches Gesetzgebungsgremium ihr wichtigstes Organ. Er *repräsentiert das deutsche Volk* bei Ausübung der Staatshoheit (Repräsentativsystem; vgl. 4 II 3, 44 I). Der BT ist das einzige *Vertretungsorgan* bei der Gesetzgebung, ist darin aber in bestimmtem Umfang durch die vorgeschriebene Mitwirkung des Bundesrates beschränkt, dessen Zustimmung bei wichtigen Gesetzen erforderlich ist (insbesondere bei verfassungsändernden und föderativen, sog. Zustimmungsgesetzen) und der im übrigen ein Einspruchsrecht hat (*modifiziertes Einkammersystem;* vgl. 60).

Ein echtes *Zweikammersystem* besteht z. B. in den USA (Kongreß = Repräsentantenhaus und Senat), der UdSSR (Unionssowjet und Nationalitätensowjet) und der Schweiz (Nationalrat und Ständerat). Dort sind beide Kammern voneinander unabhängig; zum Zustandekommen eines Gesetzes ist ein übereinstimmender Beschluß beider Kammern erforderlich. In Großbritannien besteht ein modifiziertes System, weil das Unterhaus eine stärkere Stellung hat als das Oberhaus.

Es besteht eine *Vermutung der Zuständigkeit* des BT. Er ist für alle Aufgaben der Bundesstaatsgewalt zuständig, welche nicht anderen Bundesorganen (Bundesrat, Bundespräsident, Bundesregierung) übertragen sind.

II. *Zusammensetzung und Wahl des Bundestages*

Der BT besteht aus Abgeordneten des deutschen Volkes, die nach Art. 38 Abs. 1 in allgemeiner, unmittelbarer, freier, gleicher und geheimer Wahl gewählt werden. Der BT wird auf 4 Jahre gewählt (Art. 39 Abs. 1). Im GG ist nicht festgelegt, ob Mehrheitswahl oder Verhältniswahl stattfindet. Vielmehr behält Art. 38 Abs. 3 diese Regelung einem Bundesgesetz vor.

1. Für das *Wahlsystem* ist das *Bundeswahlgesetz* i. d. F. vom 1. 9. 1975 (BGBl. I 2325) m. spät. Änd. maßgebend. Nach § 1 BWahlG werden die 518 Abgeordneten des BT nach den Grundsätzen einer mit der Personenwahl verbundenen *Verhältniswahl* gewählt, und zwar je 259 nach Kreiswahlvorschlägen in den Wahlkreisen und nach Landeswahlvorschlägen (Landeslisten). Jedoch werden die 22 auf Berlin entfallenden Abgeordneten vorerst noch vom Berliner Abgeordnetenhaus bestimmt (also mittelbar gewählt).

Die Wahl findet nach einer *Wahlkreiseinteilung* statt. Jeder Wähler hat zwei Stimmen: eine *Erststimme* im Wahlkreis und eine *Zweitstimme* für die Wahl nach einer Landesliste. In jedem Wahlkreis wird ein Abg. gewählt. Gewählt ist der Bewerber, der die meisten Stimmen auf sich vereinigt (relative Mehrheit). Bei Stimmengleichheit entscheidet das vom Kreiswahlleiter zu ziehende Los. Für die Wahl nach *Landeslisten* werden für jede Partei die im Lande für sie abgegebenen Zweitstimmen zusammengezählt. Dabei werden die Zweitstimmen der Wähler, die für einen im Wahlkreis erfolgreichen parteilosen Bewerber gestimmt haben, nicht berücksichtigt. Von der Gesamtzahl der im Lande zu wählenden Abg. werden die von den parteilosen Bewerbern in den Wahlkreisen errungenen Sitze abgezogen. Die verbleibenden Sitze wurden bisher auf die Parteien im Verhältnis ihrer Zweitstimmen nach dem *Höchstzahlverfahren d'Hondt* verteilt (Teilung der auf jede Liste entfallenden Stimmen durch 1, 2, 3 usw.; Verteilung der Sitze nach den Höchstzahlen). Durch Änderung des Bundeswahlges. vom 8. 3. 1985 (BGBl. I 521) wurde das d'Hondtsche System durch das *Berechnungssystem Hare-Niemeyer* ersetzt. Nach diesem System wird die Gesamtzahl der Abgeordnetensitze mit der Stimmenzahl der einzelnen Partei multipliziert und das Produkt durch die Gesamtzahl der Stimmen aller in den BT gewählten Parteien geteilt; jede Partei erhält sodann so viele Sitze, wie ganze Zahlen sich aus dieser Proportion ergeben. Verbleibende Sitze werden in der Reihenfolge der höchsten Zahlenbruchteile vergeben. Von der für jede Partei ermittelten Abgeordnetenzahl wird die Zahl der von ihr in den Wahlkreisen errungenen Sitze abgezogen. Die ihr dann noch zustehenden Sitze werden aus ihrer Landesliste in der dort festgelegten Reihenfolge besetzt. In einem Wahlkreis gewählte Bewerber bleiben auf der Landesliste unberücksichtigt. Entfallen auf eine Landesliste mehr Sitze, als Bewerber benannt sind, so bleiben diese Sitze unbesetzt. In den Wahlkreisen errungene Sitze verbleiben einer Partei auch dann, wenn sie die ihr nach dem Verhältniswahlrecht zustehende Mandatzahl übersteigen (sog. *Überhangmandate).* In einem solchen Fall erhöht sich die Gesamtzahl der Sitze (= 518) um die Unterschiedszahl. Bei Verteilung der Sitze auf die Landeslisten werden nur Parteien berücksichtigt, die mindestens 5 v. H. der im Bundesgebiet abgegebenen gültigen Zweitstimmen erhalten oder in mindestens drei Wahlkreisen einen Sitz errungen haben (Ausnahme für nationale Minderheiten). Mehrere Landeslisten derselben Partei können miteinander verbunden werden und gelten dann bei der Sitzverteilung im Verhältnis zu den übrigen Listen als eine Liste; auch hier Verteilung nach dem System Niemeyer (§§ 1–7 BWahlG).

Einzelheiten des Wahlverfahrens, insbes. Wahlorgane, Vorbereitung der

Wahl, Wahlhandlung und Feststellung des Wahlergebnisses, regelt die *Bundeswahlordnung* i. d. F. vom 28. 8. 1985 (BGBl. I 1769).

2a. *Aktiv wahlberechtigt* ist, d. h. wählen kann jeder deutsche Staatsbürger, welcher das 18. Lebensjahr vollendet und seit mindestens 3 Monaten vor dem Wahltag Wohnsitz oder dauernden Aufenthalt im Bundesgebiet hat.

Ausgeschlossen von der Wahlberechtigung ist, wer entmündigt ist oder wegen geistigen Gebrechens unter Pflegschaft steht (außer wenn diese auf Grund seiner Einwilligung angeordnet ist) oder wer infolge Richterspruchs (z. B. Strafurteil) das Wahlrecht nicht besitzt. Das gleiche gilt für Personen, die wegen einer im Zustand der Schuldunfähigkeit begangenen Straftat in einem psychiatrischen Krankenhaus untergebracht sind, dagegen nicht für Untersuchungs- und Strafgefangene (§§ 12, 13 BWahlG).

b. *Passives Wahlrecht* (Wählbarkeit) besitzt, d. h. wählbar ist jeder aktiv Wahlberechtigte, der am Wahltag das 18. Lebensjahr vollendet hat und seit mindestens einem Jahr die deutsche Staatsangehörigkeit besitzt (Ausschlußgründe entsprechend a); § 15 BWahlG).

Nach Art. 137 Abs. 1 GG kann die *Wählbarkeit* von *Beamten,* Angestellten des öffentlichen Dienstes, Berufssoldaten, Soldaten auf Zeit und Richtern in Bund, Ländern und Gemeinden gesetzlich beschränkt werden. Nach §§ 5, 6 des AbgeordnetenG (dazu im einzelnen unten IV) ruht das Dienstverhältnis der in den BT gewählten Beamten und Richter vom Tage der Wahlannahme ab (ohne Bezüge) bis 6 Monate nach Beendigung des Mandats. Sie haben aber Anspruch auf Wiedereinstellung nach Beendigung der BT-Mitgliedschaft; auch wird die Mitgliedschaftszeit als Dienstzeit angerechnet. Diese Regelung soll eine Vereinigung legislativer und exekutiver bzw. richterlicher Gewalt verhindern (*Inkompatibilität,* vgl. 61 III). Sie gilt nicht für Bundeskanzler und Bundesminister sowie Mitglieder der Landesregierungen; sie sind nicht Beamte i. e. S. und dürfen dem Bundestag (Bundeskanzler und Bundesminister aber nicht dem Bundesrat) angehören.

3. Die *Wahlkreise* sind den Land- und Stadtkreisen angepaßt und in *Wahlbezirke* eingeteilt. Die Gemeinden führen ein *Wählerverzeichnis (Wählerliste* oder *Wahlkartei);* die Eintragung ist Voraussetzung für die Wahlrechtsausübung. Wähler, die den für sie bestimmten Wahlraum wegen Ortsabwesenheit, aus beruflichen, gesundheitlichen oder sonstigen wichtigen Gründen zur Stimmabgabe nicht aufsuchen können, erhalten auf Antrag einen *Wahlschein* und können an der Wahl durch Stimmabgabe in einem beliebigen Wahlbezirk dieses Wahlkreises oder durch Briefwahl teilnehmen (§§ 25ff. BWahlO, § 36 BWahlG). Das Wahlrecht darf aber nur einmal und nur persönlich ausgeübt werden (§ 14 Abs. 4 BWahlG).

Wahlvorschläge können von Parteien vorgelegt werden, die im Bundestag oder in einem Landtag seit deren letzter Wahl ununterbrochen mit mindestens 5 Abgeordneten vertreten waren; von anderen Parteien, wenn sie ihre Beteiligung an der Wahl angezeigt haben und der Bundeswahlausschuß ihre Parteieigenschaft festgestellt hat. Im letzteren Fall müssen Kreiswahlvorschläge außerdem von mindestens 200 Wahlberechtigten persönlich und handschriftlich unterzeichnet sein; das gilt auch für andere Kreiswahlvorschläge. Bei Landeslisten neuer Parteien ist Unterschrift von 1 vom Tausend der Wahlberechtigten des

115

Landes bei der letzten BT-Wahl, höchstens jedoch 2000 Wahlberechtigten erforderlich (§§ 18, 20, 27 BWahlG).

Die *Wahlhandlung* ist öffentlich. Gewählt wird mit *Stimmzetteln,* auf denen der Wähler den Vorschlag ankreuzt, für den er stimmt. Die *Wahlprüfung* ist Sache des BT. Er entscheidet auch, ob ein Abg. die Mitgliedschaft verloren hat. Gegen seine Entscheidung Beschwerde an das BVerfG (Art. 41 Abs. 2 GG). Das Wahlprüfungsverfahren regelt das BGes. vom 12. 3. 1951 (BGBl. I 166) m. Änd. zuletzt vom 24. 6. 1975 (BGBl. I 1593).

4. Die *Wahlperiode (Legislaturperiode)* beginnt mit dem ersten Zusammentritt des BT und endet mit dem Zusammentritt eines neuen BT (Art. 39 GG).

Zusammensetzung des Deutschen Bundestages

1. BT 1949–1953 **402 Abg.**

CDU/CSU	SPD	FDP	DP	BP	ZP	Sonst.*
139	131	52	17	17	10	36

* KPD 15, Wirtschaftliche Aufbauvereinigung 12, Deutsche Konservative Partei und Deutsche Reichspartei 5, sonst. 4

2. BT 1953–1957 **487 Abg.**

CDU/CSU	SPD	FDP	BHE	DP	ZP
244	151	48	27	15	2

3. BT 1957–1961 **497 Abg.**

CDU/CSU	SPD	FDP	DP
270	169	41	17

4. BT 1961–1965 **499 Abg.**

CDU/CSU	SPD	FDP
242	190	67

5. BT 1965–1969 **496 Abg.**

CDU/CSU	SPD	FDP
245	202	49

6. BT 1969–1972 **496 Abg.**

CDU/CSU	SPD	FDP
242	224	30
(1972: 248)	(222)	(26)

7. BT 1972–1976 **496 Abg.**

CDU/CSU	SPD	FDP
225	230	41

8. BT 1976–1980 **496 Abg.**

CDU/CSU	SPD	FDP
243	214	39

9. BT 1980–1983 **497 Abg.**

CDU/CSU	SPD	FDP
226	218	53

10. BT 1983–1987 **498 Abg.**

CDU/CSU	SPD	FDP	DIE GRÜNEN
244	193	34	27

11. BT 1987–1991 **497 Abg.**

CDU/CSU	SPD	FDP	DIE GRÜNEN
223	186	46	42

(zu 2.–11.) Hinzuzurechnen sind 22 nicht voll stimmberechtigte Vertreter des Landes Berlin (z. Zt. 11 CDU, 7 SPD, 2 FDP, 2 AL).

III. *Innere Organisation des Bundestages*

Der BT wählt seinen Präsidenten, dessen 4 Stellvertreter und die Schriftführer. Er gibt sich eine *Geschäftsordnung* (i. d. F. vom 2. 7. 1980, BGBl. I 1237, m. letzter Änd. vom 18. 12. 1986 (BGBl. 1987 I 147).

Der Präsident des BT übt das *Hausrecht* und die *Polizeigewalt* im Gebäude des BT aus. Ohne seine Genehmigung darf in den Räumen des BT keine Durchsuchung oder Beschlagnahme stattfinden (Art. 40 GG).

Bisher waren Präsident des BT: Dr. Erich Köhler (CDU), Dr. Hermann Ehlers (CDU), Dr. Eugen Gerstenmaier (CDU), Kai-Uwe von Hassel (CDU), Annemarie Renger (SPD), Prof. Dr. Karl Carstens (CDU), Richard Stücklen (CSU), Dr. Rainer Barzel (CDU). Z. Z. amtiert Dr. Philipp Jenninger (CDU).

Organe des BT sind der Präsident, das Präsidium, der Ältestenrat und die Ausschüsse. Der *Präsident* ist Vorsitzer des BT, steht an der Spitze seiner Verwaltung, wahrt die Rechte des BT und vertritt ihn nach außen. Er wird für die Dauer der Wahlperiode gewählt und leitet die Plenarsitzungen. Begeht ein Abg. eine Ordnungswidrigkeit, so kann der Präsident eine Rüge oder einen Ordnungsruf erteilen, auch das Wort entziehen und den Abg. von den Verhandlungen des BT bis zu 30 Sitzungstagen ausschließen. Der *Ältestenrat* des BT ist Bindeglied zwischen dem Präsidenten und dem Plenum. Er besteht aus dem Präsidenten, seinen Stellvertretern und 23 von den Fraktionen benannten Mitgliedern. Er unterstützt den Präsidenten bei der Führung der Geschäfte und vermittelt eine Verständigung zwischen den Fraktionen über den Arbeitsplan des BT. Er entwirft ferner den Haushaltsplan des BT, verfügt über die Verwendung der Räume und beschließt über sonstige innere Angelegenheiten des BT. Das *Präsidium* des BT besteht aus dem Präsidenten und seinen Stellvertretern.

Die *Schriftführer* beurkunden die Verhandlungen, sammeln und zählen die Stimmen und unterstützen den Präsidenten bei den Sitzungen. Die *Ausschüsse* sind kleine Beratungskörper zur Vorbereitung der Plenarsitzungen, insbes. Vorberatung der zu beschließenden Gesetze. Sie werden für bestimmte Aufgaben und für die ganze Wahlperiode eingerichtet, als Sonderausschüsse auch für Einzelangelegenheiten. Ein *Vermittlungsausschuß* ist für gemeinsame Beratung von Gesetzen zwischen Bundesrat und BT vorgesehen (Art. 77 Abs. 2; vgl. Gesetzgebung 64, 65). Nach Art. 44 kann der BT und muß er auf Antrag eines Viertels seiner Mitglieder einen *Untersuchungsausschuß* einsetzen, der Zeugen und Sachverständige vernehmen und sonstige Ermittlungen durch Gerichte und Verwaltungsbehörden vornehmen lassen kann (ein Verfahrensgesetz ist in Vorbereitung). Z. Z. bestehen 21 Ausschüsse, von denen 17 die den Bundesministerien (vgl. 93ff.) entsprechenden Fachbezeichnungen tragen, also ,,Auswärtiger Ausschuß", ,,Innenausschuß", ,,Finanzausschuß" usw.; außerdem je ein Ausschuß für Wahlprüfung, Inneres und Geschäftsordnung, für Haushalt, für Sport und ein Petitionsausschuß. Art. 45a hat den *Ausschuß für auswärtige Angelegenheiten* und den *Verteidigungsausschuß,* Art. 45c den *Petitionsausschuß* (s. u. VI 2d) zu verfassungsrechtlich vorgeschriebenen Institutionen erhoben.

IV. Die *Abgeordneten des BT*

sind Vertreter des ganzen Volkes; sie sind an Aufträge und Weisungen nicht gebunden und nur ihrem Gewissen unterworfen (Art. 38 Abs. 1 S. 2 GG). Ausschluß oder Austritt aus einer Partei ist daher ohne Einfluß auf die Abgeordneteneigenschaft. Streitig ist, ob der in der Praxis geübte *Fraktionszwang* mit dieser Vorschrift des GG vereinbar ist. Über die sog. ,,Ehrenordnung" (Verhaltensregeln; Anzeigepflichten bez. beruflicher oder entgeltlicher Tätigkeiten) und die Geheimschutzordnung s. Anl. 1 u. 3 zur GeschO des BT.

Die Weisungs- und Gewissensfreiheit verbietet eine Bindung des Abg. durch ein Angestelltenverhältnis, einen Beratervertrag oder eine andere mit Zuwendungen verbundene Beziehung, mit der die Erwartung einer bestimmten Interessenvertretung verknüpft ist (BVerfGE 40, 296). Die *Verhaltensregeln* für Mitglieder des BT (s. Anl. 1 zur GeschOBT) sehen daher für Abg. Anzeigepflichten über Art und Umfang ihrer wirtschaftlichen Betätigung vor.

Nach Art. 46 GG darf ein Abg. zu keiner Zeit wegen seiner Abstimmung oder wegen einer im BT oder in einem Ausschuß getanen Äußerung gerichtlich oder dienstlich verfolgt oder sonst außerhalb des BT zur Verantwortung gezogen werden. Diese *Indemnität* (Verantwortungsfreiheit) deckt nicht Privatgespräche und verleumderische Beleidigungen. Wegen einer mit Strafe bedrohten Handlung darf ein Abg. nur mit Genehmigung des BT zur Verantwortung gezogen oder verhaftet werden *(Immunität),* außer wenn er bei Begehung der Tat oder im Laufe des folgenden Tages festgenommen wird.

Die Rechtsstellung der Abg. hat sich grundlegend verändert, nachdem das BVerfG im sog. ,,Diätenurteil" vom 5. 11. 1975 (NJW 1975, 2331) festgestellt hat, daß die Abg. eine Hauptbeschäftigung ausüben, für die sie eine der Bedeutung ihres Amtes angemessene Alimentation aus der Staatskasse verlangen können. Diese ist (außerhalb von echten Aufwendungen für die Tätigkeit) nicht mehr steuerfrei. Auch darf ein zum Abg. gewählter Beamter nicht mehr Ruhegehalt beziehen.

Demgemäß begreift das *BT-Abgeordnetengesetz – AbgG* – vom 18. 2. 1977 (BGBl. I 297) m. letzter Änd. vom 16. 1. 1987 (BGBl. I 143) die Tätigkeit des Abg. als *Amt*; ergänzend gilt Beamtenrecht. Das Ges. sichert die persönliche Rechtsstellung des Abg., um die Ausübung eines *freien Mandats* zu gewährleisten. Es verbietet, die Bewerbung um ein Mandat, dessen Annahme und Ausübung – insbes. am Arbeitsplatz – zu behindern, und erklärt *Kündigung* (Entlassung) wegen Annahme oder Ausübung des Mandats bis 1 Jahr nach Mandatsende für unzulässig (Ausnahme: wichtiger Grund). Ein *öffentl.-rechtliches Dienstverhältnis* ruht ab Mandatsannahme (ohne Bezüge) bis 6 Monate nach dessen Ende; es besteht Anspruch auf Wiedereinstellung. Die Mandatszeit ist auf öffentliche und private Dienst(Berufs)zeiten anzurechnen. (§§ 2, 5–7 AbgG).

Die Abg. erhalten eine monatliche *Entschädigung* sowie eine sog. *Amtsausstattung* als Aufwandsentschädigung, insbes. eine Kostenpauschale und Kostenersatz für die Beschäftigung von Mitarbeitern, ferner je nach Dauer der Zugehörigkeit zum BT abgestufte Versorgungsbezüge. Sie haben das Recht freier Benutzung aller Verkehrsmittel von Bundesbahn und Bundespost. (§§ 11, 12, 16, 19ff. AbgG).

Die monatliche *Entschädigung* beträgt 8454 DM, die *Kostenpauschale* 5003 DM; der Präs. und die Vizepräs. erhalten zusätzliche Bezüge. Einem (nicht beurlaubten) Abg., der an einer namentlichen Abstimmung oder Wahl mit Namensaufruf nicht teilnimmt, werden von der Kostenpauschale 75 DM abgezogen, bei Nichteintragung in die täglich ausgelegte Anwesenheitsliste 90 DM (bei Plenarsitzungen 150 DM). Nicht wiedergewählte Abg. erhalten, wenn sie dem BT mindestens ein Jahr angehört haben, ein *Übergangsgeld* in Höhe einer Monatsentschädigung, bei längerer Zugehörigkeit weitere Monatszahlungen für je 1 Mitgliedschaftsjahr. Beim Tod eines Abg. wird den nächsten Angehörigen *Sterbegeld* (2-fache Monatsentschädigung) gezahlt. Eine *Altersentschädigung* erhalten Abg. nach Ausscheiden aus dem BT, wenn sie das 55. Lebensjahr vollendet und dem BT mindestens 16 Jahre angehört haben, bei kürzerer Zugehörigkeit erst im höheren Lebensalter (mit 60 Jahren nach 11jähriger, mit 65 Jahren nach 6jähriger Mitgliedschaft). Sie beträgt 25 v. H. der Aufwandsentschädigung nach 6jähriger Mitgliedschaft und erhöht sich für jedes weitere Jahr um 5 v. H. bis höchstens 75 v. H. Frühere Zugehörigkeit zu einem Landesparlament ist anrechnungsfähig. Der überlebende Ehegatte erhält 60 v. H. der Altersentschädigung, Vollwaisen beziehen 20 v. H., Halbwaisen 12 v. H.

V. Die Verhandlungen des Bundestages

Der BT bestimmt den Schluß und den Wiederbeginn seiner *Sitzungen* selbst (sog. *Selbstversammlungsrecht*). Er kann von seinem *Präsidenten* jederzeit einberufen werden. Verpflichtet zur Einberufung ist der Präsident, wenn ein Drittel der Abg. oder der Bundespräsident oder der Bundeskanzler es verlangt (Art. 39 Abs. 3 GG).

Also keine *Sitzungsperioden* mehr. Der BT tagt gewissermaßen *in Permanenz*. Er muß spätestens am 30. Tag nach der Wahl zusammentreten (Art. 39 Abs. 2). Keine Bindung an einen bestimmten Tag. Vertagung je nach der Geschäftslage.

Der BT verhandelt grundsätzlich öffentlich. Die *Öffentlichkeit* kann jedoch auf Antrag eines Zehntels der Mitglieder des BT oder auf Antrag der Bundesregierung ausgeschlossen werden, wenn sich eine

Zweidrittelmehrheit der abgegebenen Stimmen für den Antrag ergibt. Die *Beschlußfassung* erfolgt im allgemeinen, soweit nicht im GG anders bestimmt, mit *einfacher* Mehrheit (Art. 42 Abs. 1, 2 GG). Der BT ist *beschlußfähig,* wenn mehr als die Hälfte seiner Mitglieder anwesend ist (§ 45 GeschO).

Bei *Stimmengleichheit* gilt ein Antrag als abgelehnt.

Die *Geschäftsordnung des BT* (§§ 48ff.) kennt folgende Abstimmungsarten:

a) einfache Abstimmung (durch Aufstehen, Sitzenbleiben, Handerheben),

b) „Hammelsprung" (Durchschreiten der Ja-Tür, der Nein-Tür oder der Stimmenthaltungs-Tür),

c) namentliche Abstimmung (außer bei gewissen Entscheidungen zum Verfahren) und

d) Wahlen mit verdeckten Stimmzetteln (geheime Abstimmung).

Nach der Entsch. des BVerfG vom 14. 7. 1959 (BVerfGE 10, 4) gehört das Recht des Abg., im BT das Wort zu ergreifen, zu seinem verfassungsrechtlichen Status; er kann sein *Stimmrecht* frei ausüben und im Plenum des BT von seinem *Rederecht* selbständig Gebrauch machen. Die Ausübung dieses Rechts unterliegt aber den vom Parlament kraft seiner *Autonomie* gesetzten Schranken (z. B. zeitweiliger Ausschluß eines Abg. von der Teilnahme an Sitzungen, Wortentziehung nach dem dritten Ordnungsruf, Festsetzung der Tagesordnung, Vertagung, Schließung der Beratung). Durch die Regelung der Redezeit (§ 35 GeschO: grundsätzlich 15 Min., auf Verlangen einer Fraktion bis 45 Min.) wird der durch Art. 38 GG gewährleistete Abgeordnetenstatus nicht verletzt. Die *Redebefugnis der Regierungsmitglieder* und der Mitglieder des *Bundesrates* nach Art. 43 Abs. 2 GG kann durch den BT nicht beschränkt werden; sie findet ihre Grenze im Mißbrauchsverbot.

Wie nach der WVerf. verlangt ein einfacher Beschluß die Mehrheit der abgegebenen Stimmen (*einfache* oder *relative Mehrheit;* Art. 42 Abs. 2). Dies gilt jedoch nur, soweit das GG nichts anderes bestimmt. Für bestimmte Beschlüsse ist nach dem GG eine *verstärkte (qualifizierte) Mehrheit* oder die *Mehrheit der Mitglieder (absolute* Stimmenmehrheit) erforderlich, wie folgender Überblick zeigt:

a) *Zweidrittelmehrheit* (der *abgegebenen Stimmen*) ist erforderlich
nach Art. 42 Abs. 1 für Ausschluß der Öffentlichkeit,
nach Art. 77 Abs. 4 für Zurückweisung eines mit Zweidrittelmehrheit des Bundesrates beschlossenen Einspruchs,
nach Art. 80a Abs. 1 für die Feststellung, daß der Spannungsfall, und
nach Art. 115a Abs. 1, daß der Verteidigungsfall eingetreten ist (vgl. 67).
In den Fällen der Art. 77 und 115a muß hinzutreten, daß die *Mehrheit der gesetzlichen Mitgliederzahl* zugestimmt hat.

b) Eine *besondere Zweidrittelmehrheit,* nämlich zwei Drittel der *gesetzlichen Mitgliederzahl* des BT (bei Änd. des GG auch zwei Drittel des Bundesrates) ist notwendig zu einer Änderung des GG (Art. 79 Abs. 2) und zum Beschluß einer Anklage gegen den Bundespräsidenten (Art. 61).

c) *Mehrheit der Mitglieder,* d.h. der gesetzlichen Mitgliederzahl des BT (Art. 121), verlangen Art. 29 Abs. 7 (Verfahrensgesetz zur Änderung von Ländergebieten), die Wahl des Bundeskanzlers, ein Mißtrauensvotum gegen den Bundeskanzler unter Wahl eines Nachfolgers, ein Vertrauensvotum für den Bundeskanzler auf seinen Antrag (Art. 63, 67, 68), Zurückweisung eines mit einfacher Mehrheit beschlossenen Einspruchs des Bundesrates (Art. 77 Abs. 4), das Verlangen der Aufhebung von Rechtsvorschriften, die im Spannungsfall (67) auf Grund von Beschlüssen überstaatlicher Organe ergangen sind (Art. 80a Abs. 3), sowie die Einrichtung bundeseigener Mittel- und Unterbehörden für neue Aufgaben (Art. 87 Abs. 3).

Außer bei Beschlüssen spielt die Zustimmung einer *Mindestzahl* von Abg. eine Rolle bei gewissen *Anträgen*. In folgenden Fällen ist die Mehrheit verpflichtet, sich einer *Minderheit zu fügen:*

a) Der BT hat die Pflicht, auf Antrag eines Viertels seiner Mitglieder einen *Untersuchungsausschuß* einzusetzen (Art. 44).

b) Nach Art. 39 Abs. 3 S. 3 ist der BTPräsident verpflichtet, auf Antrag eines Drittels der Abg. den BT *einzuberufen*.

c) Nach Art. 93 Abs. 1 Nr. 2 kann ein Drittel der Mitglieder des BT bei Meinungsverschiedenheiten oder Zweifeln über die Vereinbarkeit von Bundes- oder Landesrecht mit dem GG oder von Landesrecht mit sonstigem Bundesrecht das *Bundesverfassungsgericht* anrufen.

Das *Privileg der Berichterstattung (*Art. 42 Abs. 3) entspricht Art. 30 WVerf. Wiedergabe und Verbreitung dessen, was im BT oder in seinen Ausschüssen öffentlich verhandelt worden ist, ist nicht rechtswidrig und von jeder (strafrechtlichen, zivilrechtlichen, disziplinarischen) Verantwortung frei, wenn es sich handelt:

a) um einen *Bericht,* d. h. um die erzählende Darstellung eines historischen Vorgangs in seinem wesentlichen Verlauf, die sachlich (objektiv) gehalten ist – Vermischung mit subjektiven Zutaten (Färbung, Werturteile) nimmt der Darstellung den Charakter des Berichts –, weiter

b) um einen *wahrheitsgetreuen* Bericht, der die Verhandlung richtig (ohne Weglassung wesentlicher Punkte, nicht tendenziös) und vollständig (wenn auch nur einen in sich abgeschlossenen Teil) wiedergibt.

VI. Die *Befugnisse des Bundestags*

erstrecken sich, abgesehen von seiner *Autonomie,* auf die Gesetzgebung und die Kontrolle der Bundesregierung.

1. Die Hauptbedeutung des BT liegt auf dem Gebiet der *Gesetzgebung:* Bundesgesetze werden von ihm beschlossen (Art. 77 Abs. 1).

Während nach der Verf. von 1871 die Gesetzgebung Bundesrat und Reichstag gemeinsam zustand, war nach der WVerf. der *Reichstag* alleiniger Gesetzgebungsfaktor (vgl. 16). Nach dem GG steht dem BT die alleinige Gesetzgebung zu; jedoch hat die Vertretung der Länder, der *Bundesrat,* dabei mehr als der *Reichsrat* der WVerf. mitzuwirken (s. o. I u. 60).

Der BT hat das Recht der *Gesetzesinitiative* (wie der Reichstag). Es können *Gesetzesvorschläge* aus der Mitte des Hauses, d. h. von einzelnen oder mehreren Mitgliedern des BT, eingebracht werden. Nach § 76 der Geschäftsordnung des BT ist hierfür eine von einer Fraktion oder von mindestens 5 v. H. der Mitglieder des BT unterzeichnete Vorlage erforderlich.

Der BT beschließt auch über *Gesetze* im nur *formellen* Sinn (völkerrechtliche Verträge, Haushaltsplan, Kreditgewährung, Verteidigungsfall, Friedensschluß; vgl. Art. 59, 110, 115, 115a, l).

2. Kraft seiner *Kontrollrechte* übt der BT Einfluß auf die Führung der Regierungsgeschäfte des Bundes aus. Seine wesentlichen Kontrollrechte sind:

a) Recht auf Anwesenheit der Regierungsmitglieder (Art. 43 Abs. 1);

b) *Interpellationsrecht,* d. h. das Recht auf Beantwortung von Anfragen durch die BReg. (abgeleitet aus Art. 43 Abs. 1);

c) *Enqueterecht* = Einsetzung von Untersuchungsausschüssen (Art. 44);

d) *Petitionsüberweisungsrecht* = Weitergabe von Bitten und Beschwerden an die Bundesregierung und Verlangen von Auskünften. Vgl. 47 unter 10 sowie Art. 45c und Ges. über die Befugnisse des *Petitionsausschusses* vom 19. 7. 1975 (BGBl. I 1921);

e) Genehmigung von Staatsverträgen (Art. 59 Abs. 2);

f) Feststellung des Haushaltsplanes (Art. 110 Abs. 2);

g) Rechnungskontrolle (Art. 114);

h) Genehmigung von Bundesanleihen (Art. 115);

i) Wahl des Bundeskanzlers, Mißtrauensvotum gegen ihn bzw. Verweigerung des Vertrauens (Art. 63, 67, 68);

j) Erhebung einer Anklage gegen den BPräs. wegen Gesetzesverletzung (Art. 61 Abs. 1).

3. Auf Grund der *Notstandsgesetzgebung* trifft nach Art. 115a Abs. 1 grundsätzlich der BT die Feststellung, daß der *Verteidigungsfall* eingetreten ist, ferner die Feststellung des *Spannungsfalles* nach Art. 80a Abs. 1. Vgl. 60, 61 IV, 67.

VII. Der *Bundespräsident* kann den BT *auflösen,* wenn

1. der Bundeskanzler bei der Wahl durch den BT nach Art. 63 Abs. 4 nicht mit der Mehrheit der gesetzlichen Mitglieder gewählt wird;

2. eine Vertrauensfrage des Bundeskanzlers nicht die Zustimmung der Mehrheit der Mitglieder des BT gefunden hat, der Bundeskanzler die Auflösung vorschlägt und der BT nicht mit Mehrheit seiner Mitglieder einen anderen Bundeskanzler fristgemäß wählt (Art. 68 Abs. 1).

Mit der *Auflösung* hört der BT auf zu bestehen; die Abg. verlieren ihre Mandate und Vorrechte. Nur das Präsidium und die Ausschüsse für auswärtige Angelegenheiten und für Verteidigung setzen ihre Tätigkeit bis zum Zusammentritt des neuen BT fort. Es müssen Neuwahlen binnen 60 Tagen stattfinden (Art. 39 Abs. 1 S. 3). Ein Selbstauflösungsrecht hat der BT nicht.

VIII. *Reformfragen.*

In der Reformdiskussion wird vor allem eine Ablösung des derzeitigen Systems der kombinierten Mehrheits- und Verhältniswahl durch eine andere Wahlordnung, z. B. die reine Mehrheitswahl oder das sog. Dreier- oder Vierer-Kreis-Wahlrecht (jedem Wahlkreis werden drei oder vier Mandate zugeteilt), erörtert. Weitere Vorschläge, namentlich die von der Enquete-Kommission „Verfassungsreform" des BT ausgearbeiteten, betreffen u. a. die Einführung eines Selbstauflösungsrechts des Parlaments, den Ausbau und die gesetzliche Fixierung des Verfahrens der Untersuchungsausschüsse (oben III, V, VI), eine Straffung des Gesetzgebungsverfahrens durch Beschränkung auf grundsätzlich zwei (statt drei) Lesungen im BT usw.

60. Der Bundesrat

I. *Staatsrechtliche Stellung des Bundesrates*

Durch den Bundesrat (BR) wirken die *Länder* bei der Gesetzgebung und Verwaltung des Bundes mit (Art. 50). Der BR dient als Gegengewicht zum BT; er verkörpert das föderative System des Bundes. Er bringt anders als der BT kein parteipolitisches Kräfteverhältnis zum Ausdruck.

Schon die WVerf. hatte sich für das *Bundesratssystem* entschieden. Sie schuf in dem aus Vertretern der Länderregierungen gebildeten *Reichsrat* eine ständige Delegiertenkonferenz sämtlicher Landesregierungen, ließ aber den Reichsrat an Macht und Zuständigkeit weit hinter dem BR der Verf. von 1871 zurücktreten.

Die Stellung des heutigen BR ist eine andere als die des *BR im Kaiserreich* und die des Reichsrats der WVerf. Der *BR des Kaiserreichs von 1871* war Träger der souveränen Reichsgewalt und oberstes Reichsorgan. Er wirkte als Erste Kammer bei der Gesetzgebung mit *(Zweikammersystem),* hatte ein selbständiges Verordnungsrecht und besaß wichtige Befugnisse auf dem Gebiet der Verwaltung. Demgegenüber war die Stellung des *Reichsrats der WVerf.* weit schwächer. Er besaß nur ein Einspruchsrecht gegen Beschlüsse des Reichstags (*Einkammersystem)* und unbedeutende Kontrollrechte hinsichtlich der Reichsverwaltung. Der *jetzige Bundesrat* hält etwa die Mitte zwischen seinen Vorgängern. Er ist zwar nicht Erste Kammer wie der alte BR, muß aber wichtigen Gesetzen *zustimmen* und kann gegen andere Gesetze *Einspruch* einlegen mit dem Ergebnis, daß eine nochmalige Abstimmung im BT erforderlich wird (vgl. IV).

II. *Die Zusammensetzung des Bundesrates*

Der BR besteht aus *Mitgliedern der Regierungen der Länder,* die von diesen bestellt und abberufen werden. Jedes Land hat wenigstens 3 Stimmen; Länder mit über 2 Mio. Einwohnern haben 4, Länder mit über 6 Mio. Einwohnern 5 Stimmen. Jedes Land kann so viele Mitglieder entsenden, wie es Stimmen hat (Art. 51).

Einschließlich der nicht voll stimmberechtigten 4 Vertreter *Berlins* besteht der BR aus *45 Mitgliedern* (je 5 Baden-Württ., Bayern, Niedersachsen, NRW; je 4 Berlin, Hessen, Rheinl.-Pfalz, Schl.-Holstein; je 3 Bremen, Hamburg und Saarland). Die Stimmen jedes Landes dürfen nur einheitlich abgegeben werden (Art. 51 Abs. 3). Die Mitglieder des BR sind Beauftragte der Landesregierung und an Weisungen ihres Kabinetts gebunden (ausgenommen in den Vermittlungsausschuß entsandte Mitglieder, Art. 77 Abs. 2 S. 3). Das BT-Mandat ist mit der Mitgliedschaft im BR unvereinbar (*Inkompatibilität;* § 2 GeschOBR).

III. *Innere Organisation des Bundesrates*

Der BR wählt seinen Präsidenten auf ein Jahr. Der *Präsident* beruft den BR ein und führt den Vorsitz. Der BR gibt sich eine *Geschäftsordnung;* er verhandelt im allgemeinen öffentlich. Er bildet *Ausschüsse,* denen andere Mitglieder oder Beauftragte der Länderregierungen angehören können (Art. 52).

Nach der *Geschäftsordnung* i. d. F. vom 1. 7. 1966 (BGBl. I 437) wählt der BR 3 Vizepräsidenten und 2 Schriftführer jeweils auf ein Jahr. Der *Präsident* und die

Vizepräsidenten bilden das *Präsidium,* das den Präsidenten berät. Daneben besteht ein *Ständiger Beirat* zur Beratung des Präsidenten und Vorbereitung der Sitzungen. Er wird aus den *Bevollmächtigten der Länder,* die ihren Sitz in Bonn haben, gebildet. Der Präsident des BR ist *Vertreter des Bundespräsidenten* (Art. 57).

Der BR beschließt in *Voll-(Plenar-)Versammlungen,* die vom Präsidenten einberufen werden, regelmäßig mit *absoluter Mehrheit,* d.h. mit Mehrheit der gesetzlichen Stimmenzahl (Art. 52 Abs. 3 S. 1 GG). Eine *qualifizierte Mehrheit* von ⅔ der Stimmen ist zur Bundespräsidentenanklage (Art. 61 Abs. 1) und für die Zustimmung zu verfassungsändernden Gesetzen (Art. 79 Abs. 2) erforderlich.

Wie beim BT liegt auch hier das Schwergewicht der Arbeit in den *Fachausschüssen,* die im wesentlichen nach den Funktionen der Bundesministerien benannt sind (z. B. Finanzausschuß, Rechtsausschuß).

Der Konstruktion des BR als einer „Länderkammer" (aber nicht mit gewählten, sondern von den Landesregierungen ernannten und an deren Weisungen gebundenen Ländervertretern) entspricht es, daß die Ministerpräsidenten der Länder wechselnd (in einjährigem Turnus) den Vorsitz im BR führen.

IV. *Die Befugnisse des Bundesrates*

Der BR nimmt an der gesetzge benden und an der vollziehenden bundesstaatlichen Gewalt teil. Kraft dieser Befugnisse ist er das wichtigste Organ des Bundes nach dem BT.

1. Die Mitwirkung an der *Gesetzgebung* besteht nicht darin, daß der BR einem zu beschließenden Gesetz *stets* zuzustimmen hat. Die Zustimmung ist aber erforderlich bei *Verfassungsänderungen* und wenn der föderative Aufbau des Bundes betroffen wird *(föderative Gesetze und andere Zustimmungsgesetze,* s. u.). Im übrigen hat der BR ein *Einspruchsrecht* gegen Gesetze (Art. 77 Abs. 3). Obwohl der BR durch die Möglichkeit, Gesetze zu verhindern, einer Zweiten Kammer gleicht, fehlt ihm aber das zweite Erfordernis, das der Unabhängigkeit: seine Mitglieder sind nicht gewählt (vgl. II).

Eine wichtige Funktion nimmt der BR in Not- und Ausnahmefällen wahr. Es gelten vom BT abgelehnte Gesetzesvorlagen als zustande gekommen, wenn der *Gesetzgebungsnotstand* erklärt ist und der BR ihnen zustimmt (Art. 81). Vgl. 66.

Die Bundesregierung hat *Gesetzesvorlagen* stets dem BR zuzuleiten (Art. 76 Abs. 2, sog. *Durchlaufverfahren*). Der BR kann auch selbst beim BT (über die Bundesregierung) Gesetzesvorlagen einbringen (*Gesetzesinitiative,* Art. 76 Abs. 3). Zu *Verfassungsänderungen* ist außer einer ⅔-Mehrheit der Mitglieder des BT auch die Zustimmung von ⅔ der Stimmen des BR erforderlich (Art. 79 Abs. 2). *Zustimmungsgesetze* sind insbes. Gesetze, die betreffen: Änderung der Ländergebiete (Art. 29 Abs. 7), Behördenorganisation und Verwaltungsverfahren der Länder bei Ausführung von Bundesgesetzen (Art. 84 Abs. 1) oder Behördenorganisation im Bereich der Auftragsverwaltung (Art. 85 Abs. 1), Einrichtung neuer bundeseigner Mittel- oder Unterbehörden (Art. 87 Abs. 3), Steuern der Länder und Gemeinden (Art. 105 Abs. 3), Aufteilung der Gemeinschaftsteuern (Art. 106 Abs. 3), Verteilung der örtlichen Steueraufkommen (Art. 107), Aufbau und Verfahren der Landes- und Gemeindefinanzbehörden bei bundesrechtlichen Abgaben (Art. 108 Abs. 4, 5), Erweiterung der Gesetzgebungskompetenz des Bundes im Verteidigungsfall (Art. 115c Abs. 1), Behandlung des Reichsvermögens usw. (Art. 134 Abs. 4, 135 Abs. 5). Zustimmungsbedürftig sind ferner gewisse Rechtsverordnungen (vgl. z. B. Art. 80 Abs. 2, 119). Vor allem durch die Zustimmungsbedürftigkeit der meisten VOen kommt dem BR ein bedeutsamer Einfluß zu, da die Bundesgesetze häufig zu ihrem Vollzug durch VOen konkretisiert werden und der BR über das Erfordernis seiner Zustimmung den Inhalt der VOen maßgebend bestimmen kann.

Die Mitglieder und Beauftragten des BR haben Zutritt zu Sitzungen des BT und seiner Ausschüsse und das Recht auf Gehör (Art. 43 Abs. 2). Sie können im BT das Wort ergreifen, unterliegen aber der Ordnungsgewalt des BT-Präsidenten. Dagegen steht dem BT kein Recht auf Anhörung im BR zu.

2. Auch an der *vollziehenden Gewalt* ist der Bundesrat weitgehend beteiligt. Teils hat er Verwaltungsakten zuzustimmen, teils hat er über bestimmte Maßnahmen zu beschließen.

Die *Zustimmung des BR* verlangt das GG insbes. zu Maßnahmen des Bundeszwanges (Art. 37 Abs. 1), zum Erlaß allg. Verwaltungsvorschriften über Ausführung von BGesetzen durch die Länder (Art. 85 Abs. 2) oder über die Finanzverwaltung durch die Landesfinanzbehörden (Art. 108 Abs. 7), zur Entsendung von Beauftragten der BReg. zu Landesbehörden ohne Zustimmung der obersten Landesbehörden (Art. 84 Abs. 3 S. 2), zur Feststellung, daß der Verteidigungsfall eingetreten oder beendet ist, und zur Aufhebung der vom Gemeinsamen Ausschuß (67) beschlossenen Gesetze (Art. 115a Abs. 1, 115 l Abs. 1, 2), zur Überführung, Auflösung oder Abwicklung von Sonderverwaltungen (Art. 130 Abs. 1 S. 2).

Ein *Beschluß* des BR ist erforderlich zur Anklage gegen den BPräs. vor dem BVerfG wegen Gesetzesverletzung (Art. 61 Abs. 1) und zur Feststellung von Rechtsverletzungen der Länder bei Ausführung der BGesetze (Art. 84 Abs. 4, sog. *staatsrechtliche Mängelrüge*). Der BR wirkt mit bei Abnahme des Verfassungseides des BPräs. (zusammen mit dem BT; Art. 56 Abs. 1), bei der Wahl der Mitglieder des BVerfG (Art. 94 Abs. 1) und bei Entscheidungen über zweifelhafte Zuständigkeit für Verwaltungsvorschriften und Verwaltungsakte auf Grund alten Reichsrechts (Art. 129 Abs. 1). Er hat Anspruch auf Rechnungslegung durch den BMF (Art. 114) und kann die Aufhebung von Anordnungen verlangen, welche die BReg. beim Staatsnotstand oder in Katastrophenfällen gegen Länder getroffen hat (Art. 35 Abs. 3 S. 2, 91 Abs. 2 S. 2).

Durch BGesetz können dem BR neue Befugnisse eingeräumt werden, da seine Mitwirkungsrechte im GG nicht erschöpfend aufgezählt sind.

Eine Einschränkung der Rechte des BR enthält Art. 113, wonach Beschlüsse des BT und des BR, welche die von der BReg. vorgeschlagenen Ausgaben des Haushaltsplanes erhöhen oder neue Ausgaben in sich schließen oder für die Zukunft mit sich bringen, der Zustimmung der BReg. bedürfen.

61. Der Bundespräsident

steht als *Staatsoberhaupt* an der Spitze der Bundesrepublik.

I. *Die Wahl des BPräs.*

wird ohne Aussprache von der *Bundesver sammlung* vorgenommen (Art. 54 GG). Diese besteht aus den Mitgliedern des BT und der gleichen Zahl von Mitgliedern, die von den Volksvertretungen der Länder nach den Grundsätzen der Verhältniswahl gewählt werden. Zum BPräs. wählbar ist jeder Deutsche, der das Wahlrecht zum BT besitzt und das 40. Lebensjahr vollendet hat.

Dagegen wurde der *Reichspräsident* der WVerf. vom Volk gewählt *(plebiszitärer Präsident)*. Gegensatz: der vom Parlament gewählte *parlamentarische* Präsident.

Die *BVersammlung* wird vom BTPräs. einberufen und geleitet. Sie tritt spätestens 30 Tage vor Ablauf der Amtszeit des BPräs., bei vorzeitiger Beendigung innerhalb von 30 Tagen danach zusammen (Art. 54 Abs. 4). Gewählt ist, wer die *absolute Mehrheit* der gesetzlichen Mitglieder der BVersammlung erhält. Wird diese Mehrheit in 2 Wahlgängen von keinem Bewerber erreicht, so ist gewählt, wer in einem weiteren Wahlgang die meisten Stimmen auf sich vereinigt (Art. 54 Abs. 6); es genügt also im dritten Wahlgang *relative Mehrheit*.

Nach dem Gesetz über die Wahl des BPräs. durch die Bundesversammlung vom 25. 4. 1959 (BGBl. I 230) bestimmt der BTPräs. Ort und Zeit des Zusammentritts der Bundesversammlung. Die BReg. stellt rechtzeitig fest, wieviel Mitglieder die einzelnen Landtage zur BVersammlung zu wählen haben. Die Landtage wählen die auf die Länder entfallenden Mitglieder nach Vorschlagslisten. Vorschläge zur Wahl des BPräs. kann jedes Mitglied der BVersammlung einreichen.

II. *Beginn und Dauer des Amtes*

Die fünfjährige Amtszeit des BPräs., der nur einmal wiedergewählt werden darf (Art. 54 Abs. 2), beginnt mit dem Ablauf der Amtszeit des Vorgängers, frühestens mit Annahme der Wahl gegenüber dem BTPräs. (§ 10 WahlG). Der BPräs. leistet bei Amtsantritt vor den versammelten Mitgliedern des BT und des BR einen *Verfassungseid* (Art. 56). Das Amt *endet* durch Ablauf der Amtsdauer, Tod, Verzicht oder Aberkennung des Amtes durch das BVerfG auf Grund einer Anklage durch BT oder BR wegen *vorsätzlicher Gesetzesverletzung* (Art. 61).

In der WVerf. war die *Wiederwahl* (auf je 7 Jahre) unbeschränkt zugelassen. Das GG läßt sie nur einmal nacheinander zu, um die Stellung des BPräs. nicht durch zu lange Amtsdauer zu stark werden zu lassen.

Bisher waren BPräs. der BRep.: Prof. Dr. Theodor Heuss (1949–1959), Dr. h. c. Heinrich Lübke (1959–1969), Dr. Dr. Gustav Heinemann (1969–1974), Walter Scheel (1974–1979), Prof. Dr. Karl Carstens (1979–1984). Seit 1. 7. 1984 amtiert Dr. Richard Freiherr von Weizsäcker.

III. *Die persönliche Stellung des BPräs.*

Der BPräs. ist für die Politik nicht verantwortlich. Alle Anordnungen und Verfügungen der BPräs. bedürfen zu ihrer Gültigkeit (Vollziehbarkeit) der *Gegenzeichnung* durch den Bkzl. oder den zuständigen BMin. (Art. 58). Dadurch übernimmt der Gegenzeichnende die *politische Verantwortung*.

Eine Gegenzeichnung ist nach Art. 58 S. 2 nicht erforderlich bei Ernennung und Entlassung des Bkzl., bei Auflösung des BT gemäß Art. 63 Abs. 4 (Wahl eines Bkzl. ohne Mehrheit der Mitglieder des BT) und bei Ersuchen an einen abtretenden Bkzl. oder BMin., die Geschäfte einstweilen fortzuführen (Art. 69 Abs. 3).

Der BPräs. darf weder der Regierung noch einer gesetzgebenden Körperschaft des Bundes oder eines Landes angehören (*Inkompatibilität*, Unvereinbarkeit). Er darf auch kein anderes besoldetes Amt, kein Gewerbe und keinen Beruf ausüben und weder der Leitung noch dem Aufsichtsrat eines Erwerbsunternehmens angehören (Art. 55). Nicht verwehrt ist die Zugehörigkeit zu einer politischen Partei und die Übernahme von Ehrenämtern.

Auch der BPräs. genießt *Immunität*. Er kann, wie ein BTAbg., nur mit Genehmigung des BT strafrechtlich zur Verantwortung gezogen, verhaftet oder sonst in der persönlichen Freiheit beschränkt werden (Art. 60 Abs. 4). Zivilrechtlich kann der BPräs. wie jeder Deutsche in Anspruch genommen werden.

Die *Bezüge* des BPräs. (Jahresgehalt, pers. Aufwandentschädigung sowie sonstige Mittel für dienstl. Aufwand) werden durch den Bundeshaushaltsplan festgesetzt. Die *Ruhebezüge* regelt das Gesetz vom 17. 6. 1953 (BGBl. I 406) mit Änd. vom 24. 7. 1959 (BGBl. I 525). Scheidet er mit Ablauf seiner Amtszeit oder vorher (z. B. aus gesundheitlichen Gründen) aus, so erhält er einen *Ehrensold* in Höhe der Amtsbezüge (ohne Aufwandsgelder).

IV. *Die amtlichen Funktionen des BPräs.*

Der BPräs. ist als Oberhaupt der BRep. mit den einem *Staatsoberhaupt* zustehenden Befugnissen ausgestattet. Allerdings verfügt er nicht wie der *Reichspräsident* der WVerf. über ein „Notverordnungsrecht" und über Mitwirkungsrechte beim Bundeszwang. Er hat weitgehend repräsentative Aufgaben und übt als neutrale Kraft und Hüter der Verfassung eine ausgleichende Wirkung aus.

1. *Völkerrechtlich* vertritt der BPräs. die BRep. Er schließt die Verträge mit anderen Staaten ab, empfängt und akkreditiert Botschafter und Gesandte fremder Staaten (Art. 59 Abs. 1).

2. *Staatsrechtlich* hat der BPräs. Anteil an der gesetzgebenden und an der vollziehenden Gewalt:

a) An der *gesetzgebenden* Gewalt, indem er die Gesetze ausfertigt und im Bundesgesetzblatt verkündet (Art. 82), die Einberufung des BT verlangen (Art. 39 Abs. 3) und den BT auflösen kann, wenn dieser nicht mit der Mehrheit seiner Mitglieder einen BKzl. wählt oder wenn ein Vertrauensantrag des BKzl. nicht die Zustimmung derselben Mehrheit des BT findet (Art. 63 Abs. 4 S. 3, 68 Abs. 1); er kann für einen Gesetzesvorschlag der BReg. den Gesetzgebungsnotstand mit Zustimmung des BR erklären und ihn dadurch gegen den Willen des BT in Kraft setzen (Art. 81 Abs. 1 S. 1). Vom GG nicht geklärt ist die Frage, was geschieht, wenn der BPräs. es ablehnt, ein vom BT verabschiedetes Gesetz zu unterzeichnen und zu verkünden, weil er es für verfassungswidrig hält.

b) An der *vollziehenden Gewalt* ist der BPräs. wie folgt beteiligt:

aa) Er schlägt dem BT den *Bundeskanzler* vor und ernennt ihn nach erfolgter Wahl (Art. 63); er kann den Bkzl. oder einen BMin. verpflichten, die Geschäfte bis zur Ernennung eines Nachfolgers fortzuführen (Art. 69 Abs. 3).

bb) Er ernennt und entläßt auf Vorschlag des Bkzl. die BMin. (Art. 64 Abs. 1).

cc) Er genehmigt die Geschäftsordnung der *Bundesregierung* und etwaige Änderungen (Art. 65 S. 4). Er kann an den Sitzungen der BReg. beratend teilnehmen und von ihr oder einem BMin. Bericht über den Stand der Regierungsgeschäfte verlangen.

dd) Er ernennt und entläßt die *Bundesrichter* und *Bundesbeamten*, die Offiziere und Unteroffiziere, soweit nichts anderes bestimmt ist (vielfach auf BMin. übertragen = *Delegation*, Art. 60 Abs. 1, 3; vgl. 154, 462).

ee) Er übt das *Begnadigungsrecht* für den Bund aus (Art. 60 Abs. 2; vgl. 288, I).

Begnadigung bedeutet Aufhebung oder Milderung einer verhängten Strafe im Einzelfall, während *Amnestie* einen allg. Erlaß oder die Milderung von Strafen umfaßt. Zur Amnestie ist ein Gesetz erforderlich. Grundsätzlich hat der BPräs. das Begnadigungsrecht nur in Fällen, in denen ein bundeseigenes Gericht (z. B. der Bundesgerichtshof) erkannt hat. Soweit Gerichte der *Länder* gesprochen haben, steht den Ländern das Begnadigungsrecht zu, ausgenommen in erstinstanzlichen Strafsachen des OLG, wenn der Generalbundesanwalt das Amt des Staatsanwalts ausübt (§ 452 StPO, § 120 Abs. 1, 2, 6 GVG). Der BPräs. kann das Recht auf nachgeordnete Behörden übertragen (Art. 60 Abs. 3). Vgl. Anordnung vom 5. 10. 1965 (BGBl. I 1573) m. Änd. vom 3. 11. 1970 (BGBl. I 1513).

Ferner obliegt es dem BPräs., den Beschluß des BT oder des Gemeinsamen Ausschusses von BT und BR, daß der *Verteidigungsfall* eingetreten ist, zu verkünden, ebenso den Beschluß des BT über dessen Beendigung (Art. 115a, 115l). Die Befehls- und Kommandogewalt über die Streitkräfte kommt jedoch nicht ihm, sondern dem Bundesminister der Verteidigung bzw. im Verteidigungsfalle dem Bundeskanzler zu (Art. 65a, 115b).

Das Recht der *Kriegserklärung* hatte nach Art. 11 Abs. 2 der RVerf. von 1871 der Kaiser; er bedurfte außer bei Angriffen auf das Reich der Zustimmung des BR. Nach Art. 45 Abs. 2 WVerf. erfolgten Kriegserklärung und Friedensschluß durch ein (formelles) Reichsgesetz. Das Recht, *Krieg zu erklären* oder *Frieden zu schließen*, ist nach dem GG der Exekutive (Regierung) entzogen und der Legislative zugewiesen. Grundsätzlich steht dem BT die Feststellung (mit ⅔-Mehrheit, mindestens mit der Mehrheit seiner gesetzlichen Mitglieder, auf Antrag der BReg. und mit Zustimmung des BR) zu, daß der *Verteidigungsfall* eingetreten ist. Nur wenn der BT nicht mehr zusammentreten kann oder nicht beschlußfähig ist, trifft diese Feststellung der Gemeinsame Ausschuß des BT und des BR (67) mit ⅔-Mehrheit, mindestens der Mehrheit seiner Mitglieder. Über den *Friedensschluß* wird durch Bundesgesetz entschieden (Art. 115l Abs. 3).

V. *Bundespräsidialamt*

Zur Durchführung seiner Aufgaben steht dem BPräs. das *Bundespräsidialamt* zur Verfügung. Es ist *Oberste Bundesbehörde* (Chef: ein Staatssekretär) und bearbeitet: Protokollangelegenheiten (Empfang von Diplomaten, Begleitung des Bundespräsidenten auf Reisen), Gesetzgebungsfragen, Gnadensachen, öffentliches Dienstrecht, Ordensangelegenheiten (in der Ordenskanzlei), Petitionen, Presse- und Informationssachen.

Die Verleihung und das Recht zum Tragen von Orden und Ehrenzeichen ist geregelt durch Ges. vom 26. 7. 1957 (BGBl. I 844). Über den *Besitznachweis* für vor dem 8. 5. 1945 verliehene Orden und Ehrenzeichen und den Nachweis von Verwundungen und Beschädigungen vgl. VO vom 6. 5. 1959 (BGBl. I 247).

Durch folgende Erlasse des BPräs. sind Orden und Ehrenzeichen *gestiftet* worden:

Erl. vom 7. 9. 1951 (BGBl. I 831): *Verdienstorden der Bundesrepublik* Deutschland für Verdienste um die Demokratie und den Wiederaufbau Deutschlands; hierzu Statut vom 8. 12. 1955 (BGBl. I 749) und Ausführungsbestimmungen vom 20. 12. 1966 (GMBl. 1967, 186).

Erl. vom 14. 7. 1953 (BGBl. I 662): *Grubenwehr-Ehrenzeichen* als Anerkennung für besondere persönliche Verdienste im Grubenrettungswesen. Hierzu Durchführungsbestimmungen vom 14. 7. 1953 (BGBl. I 663).

Ferner wurden *genehmigt* oder *anerkannt:*

Durch Erl. vom 4. 7. 1958 (BGBl. I 422) die Stiftung und Verleihung des *Ordens Pour le mérite für Wissenschaften und Künste.* Durch denselben Erlaß wurden Stiftung und Verleihung folgender *Ehrenzeichen* genehmigt:

1. Ehrenzeichen des Deutschen Roten Kreuzes in 2 Klassen;
2. Deutsches Feuerwehrehrenkreuz in 2 Stufen;
3. *Medaille für Rettung aus Seenot* am Bande der Deutschen Gesellschaft zur Rettung Schiffbrüchiger in 3 Stufen;
4. *Ehrenzeichen der Bundesverkehrswacht* in 2 Klassen.

Stiftung und Verleihung der Ehrenzeichen (5 Klassen) des *Johanniterordens* sind durch Erl. vom 15. 6. 1959/1. 9. 1971 (BGBl. I 293/1543) genehmigt worden.

Als Ehrenzeichen für besondere sportliche Leistungen sind anerkannt: das *Deutsche Sportabzeichen* (in 3 Klassen) und für hervorragende Leistungen (auf Gebieten des sportlichen und musischen Lebens) das *Silberne Lorbeerblatt* (Erl. vom 24. 3. 1964, BGBl. I 242),

ferner durch Erl. vom 3. 8. 1964 (BGBl. I 644) Leistungs- und Lehrabzeichen der *Deutschen Lebensrettungsgesellschaft* und der *Wasserwacht* des Deutschen Roten Kreuzes.

Stiftung und Verleihung der *Goethe-Medaille* sind durch Erl. vom 27. 6. 1975 (BGBl. I 1857),

des *Ehrenzeichens des Technischen Hilfswerks* durch Erl. vom 2. 9. 1975 (BGBl. I 2479) und

des *Ehrenzeichens der Bundeswehr* durch Erl. vom 29. 10. 1980 (BGBl. I 2053) genehmigt worden.

Die *Rettungsmedaille* wird als Ehrenzeichen für eine unter Einsatz des eigenen Lebens erfolgreich durchgeführte Rettung aus Lebensgefahr von den Ländern verliehen.

62. Die Bundesregierung (Bundeskanzler und Bundesminister)

I. Die *Bundesregierung (Kabinett)*

besteht aus dem *Bundeskanzler* und den *Bundesministern* (Art. 62). Von ihr werden die staatlichen und politischen Geschäfte erledigt oder gelenkt. Sie ist ein *Kollegialorgan,* in dem aber dem Bkzl. kraft seiner Richtlinienkompetenz (s. u. II) eine führende Stellung zukommt.

Bei der BReg. liegt der Schwerpunkt der *Regierungsaufgaben;* für sie spricht eine Zuständigkeitsvermutung in Regierungs- und Verwaltungsangelegenheiten. Sie ist für alle nicht dem BPräs. vorbehaltenen Geschäfte zuständig und trägt die Verantwortung für deren Gesetzmäßigkeit. Durch Gegenzeichnung übernimmt der Bkzl. oder der zuständige Ressortminister (Art. 58) für die Regierungsakte des BPräs. die politische Verantwortung. Wenn die BReg. im Amt bleiben will, muß sie ihre Maßnahmen dem Willen der Mehrheit des BT anpassen, da der Bkzl. durch ein *Mißtrauensvotum* oder durch Verweigerung des Vertrauens (Art. 67, 68) gestürzt werden kann (s. u. II). Die von der *Parlamentsmehrheit* gebildete BReg. ist mehr als Exponent dieser Mehrheit, denn sie steht als *Spitze der Exekutive* dem *Parlament,* also der Mehrheit und zugleich der Opposition, gegenüber.

II. Der *Bundeskanzler*

leitet die Bundesregierung. Er bestimmt die *Richtlinien der Politik* und trägt dafür die Verantwortung (Art. 65 S. 1).

1. *Wahl und Ernennung.* Der Bkzl. wird auf Vorschlag des BPräs. vom BT gewählt und anschließend vom BPräs. ernannt (Art. 63). In der Auswahl des Bkzl. ist der BPräs. frei; er sollte allerdings des Vertrauens der BT-Mehrheit gewiß sein.

In der Regel wird der BPräs. die Frage, wer als Bkzl. auszuwählen ist, mit den Führern der Parteien erörtern. Nötigenfalls ist erst eine *Regierungskoalition* zu bilden. Bei einer *großen Koalition* schließen sich mehrere größere, oft in der politischen Zielsetzung stark voneinander abweichende Kräftegruppen zur Regierungsbildung zusammen. Von einer *kleinen Koalition* spricht man, wenn es sich um einen Zusammenschluß zahlenmäßig weniger starker Gruppen handelt. Im ersten Fall ist die Opposition geringer, im zweiten stärker. Über die im 1.–10. BT gebildeten Regierungskoalitionen vgl. 45 V.

Zur Wahl des Bkzl. ist Mehrheit der Mitglieder des BT erforderlich (Art. 63 Abs. 2). Bei Erreichen dieser Stimmenzahl muß der BPräs. den Gewählten ernennen. Billigt der BT den Vorschlag des BPräs. nicht, so kann er binnen 14 Tagen einen anderen, von ihm selbst ausgewählten Bkzl. mit mehr als der Hälfte seiner Mitglieder wählen (Art. 63 Abs. 3). Kommt diese Wahl nicht zustande, so findet unverzüglich eine Wahl statt, bei welcher die einfache (relative) Mehrheit der abgegebenen Stimmen entscheidet. Erhält der Gewählte dabei weniger als die Stimmen der Mehrheit der Mitglieder des BT (absolute Mehrheit), so braucht der BPräs. den Gewählten nicht zu ernennen; er kann den BT auflösen (Art. 63 Abs. 4).

2. *Amtsdauer.* Das Amt des Bkzl. *beginnt* mit seiner Ernennung durch den BPräs. Es *endet* außer durch Tod durch freiwilligen Rücktritt, durch *Mißtrauensvotum des BT* unter Wahl eines neuen Bkzl. (Art. 67, 68) und durch Zusammentreten eines neuen BT (Art. 69 Abs. 2); dieser hat einen Bkzl. zu wählen, wobei Wiederwahl des bisherigen Bkzl. zulässig ist. Bisher wurde nur einmal ein Bkzl. im Wege des konstruktiven Mißtrauensvotums gem. Art. 67 Abs. 1 GG gewählt (Bkzl. Dr. Kohl im Okt. 1982). Der im April 1972 gestellte konstruktive Mißtrauensantrag, an Stelle des damaligen Bkzl. Brandt den Abgeordneten Dr. Barzel zum Bkzl. zu wählen, blieb erfolglos.

Stellvertreter des Bkzl. ist ein von ihm ernannter BMin., der *Vizekanzler* (Art. 69 Abs. 1).

130

Es ist üblich, daß der neu ernannte Bkzl. vor dem Parlament eine *Regierungserklärung* abgibt, in welcher er die Grundzüge seiner Politik darlegt. Die Parteien pflegen hierzu, meist durch ihre Fraktionsvorsitzenden, Stellung zu nehmen (sog. *Generaldebatte*).

III. Die *Bundesminister*

werden auf Vorschlag des Bkzl. vom BPräs. ernannt und entlassen (Art. 64 Abs. 1). Sie sind entweder Fach-(Ressort-)Minister oder Minister ohne Portefeuille; ihre Geschäftszweige sind im GG nicht abgegrenzt. Ihr Amt *endet* außer durch Tod oder Verzicht (Rücktritt) durch Entlassung, die jederzeit erfolgen oder gefordert werden kann, sowie mit Beendigung des Amtes des Bkzl.

In der Auswahl der BMin. ist der Bkzl. formell nicht gebunden. Er wird sich aber vorsorglich der Zustimmung der Mehrheitsparteien vergewissern. Meist werden die Minister von den an der Regierung beteiligten Parteien gestellt.

Der BPräs. kann keine BMin. vorschlagen. Er kann aber die *Ernennung* der vom Bkzl. Vorgeschlagenen ablehnen. (In der Rechtslehre ist streitig, ob das nur wegen Fehlens der gesetzlichen Voraussetzungen für die Ernennung oder auch aus anderen Gründen geschehen kann.)

IV. Die *Leitung der Bundesregierung*

obliegt dem BKzl. Er führt im Bundeskabinett den Vorsitz und leitet die Geschäfte der BReg. nach einer vom *Kabinett* beschlossenen – mehrfach geänderten – *Geschäftsordnung* vom 11. 5. 1951 (GMBl. 137). Diese bedarf wie auch jede Änderung der Genehmigung des BPräs. (Art. 65 S. 4).

Wie die WVerf. verbindet auch das GG das sog. *Kanzlerprinzip*, wonach der Bkzl. die Richtlinien der Politik bestimmt und insoweit den BMin übergeordnet ist, mit dem *Kollegialsystem*, nach welchem Meinungsverschiedenheiten von dem aus Bkzl. und BMin. bestehenden *Kollegium* entschieden werden und der Bkzl. nur *primus inter pares* ist, und mit dem *Ressortprinzip*, auf Grund dessen jeder Ressortminister seinen Geschäftsbereich mit eigener Verantwortlichkeit verwaltet, sich aber mit den vom Kanzler festgelegten Richtlinien der Politik nicht in Widerspruch setzen darf (Art. 65). Ebenso wie nach der WVerf. kann der Bkzl. aber die Entfernung einzelner BMin. verlangen; die Entlassung wird vom BPräs. ausgesprochen.

Durch das *parlamentarische System* ist gesichert, daß die Richtlinien der Politik, welche der Bkzl. bestimmt und für welche er die Verantwortung trägt, dem Willen der Parlamentsmehrheit nicht widersprechen.

Dem BT gegenüber ist der Bkzl. *allein verantwortlich*. Ein Mißtrauensvotum des BT gegen einen BMin. hat daher keine rechtliche Bindungswirkung. Es gibt auch keine Ministeranklage. Der BT kann auch nicht gegen den Willen des Bkzl. die Besetzung oder Umbesetzung eines Ministerpostens erzwingen. Er ist darauf beschränkt, dem Bkzl. das Mißtrauen (mit der Mehrheit seiner Mitglieder) auszusprechen. Erweckt das Verhalten eines BMin. Widerspruch gegen seine Geschäftsführung, so kann die hieraus entstehende *Vertrauenskrise*, auch ohne daß ein Mißtrauensvotum ergeht, zu einer *Regierungskrise* und dadurch zur Regierungsumbildung (unter demselben Kanzler) führen.

Ressortminister sind z. Z. die unter 92 aufgeführten BMin. Daneben können *Minister ohne Geschäftsbereich* (Portefeuille) ernannt werden, um einer Partei eine ihrer Stärke entsprechende Vertretung im Kabinett zu geben (z. Zt. gibt es solche Minister ohne Geschäftsbereich nicht). Das GG selbst erwähnt im einzelnen nur den Stellvertreter des Bundeskanzlers (Art. 69 Abs. 1; *Vizekanzler*), den Bundesminister der Finanzen (Art. 108 Abs. 3, 112, 114 Abs. 1), den Bundesjustizminister (Art. 96) und den Bundesminister für Verteidigung (Art. 65a Abs. 1), sonst auch den zuständigen Ressortminister (Art. 95).

Der Bkzl. und die BMin. leisten bei Amtsübernahme den gleichen *Amtseid* wie der BPräs. (Art. 64 Abs. 2). Sie dürfen kein anderes besoldetes Amt, kein Gewerbe und keinen Beruf ausüben und weder der Leitung noch ohne Zustimmung des BT dem Aufsichtsrat eines auf Erwerb gerichteten Unternehmens angehören (Art. 66). Sie können aber Mitglieder des BT sein und sind es in der Regel.

Nach dem *Bundesministergesetz* i. d. F. vom 27. 7. 1971 (BGBl. I 1166) m. spät. Änd. stehen die Mitglieder der BReg. zum Bund in einem öffentlich-rechtlichen Amtsverhältnis besonderer Art (Ernennung, vom BPräs. vollzogene Urkunde, Eid, *Inkompatibilität* = nicht Mitglied einer Landesregierung, keine Nebenämter oder Nebentätigkeit, Amtsverschwiegenheit, Amtswohnung, Umzugs- und Reisekosten, Versorgung). Eine Anwendung beamtenrechtlicher Vorschriften kommt nur in Frage, soweit es das Gesetz ausdrücklich bestimmt.

V. *Kollegialzuständigkeit der Bundesregierung*

Der *Bundesregierung als Kollegium* sind folgende Geschäfte übertragen:

1. Entscheidung von Meinungsverschiedenheiten zwischen BMin. (Art. 65 S. 3);
2. Einbringung von *Gesetzesvorlagen* beim BT (Art. 76 Abs. 1);
3. Vorlage der Gesetzesvorlagen des BR an den BT mit Stellungnahme (Art. 76 Abs. 3);
4. Anordnung des *Bundeszwangs* mit Zustimmung des BR (Art. 37);
5. Erteilung von Weisungen und andere Maßnahmen im Fall von Krisen durch Naturkatastrophen oder bei Angriffen auf den Bestand oder die demokratische Grundordnung der BRep. (Art. 35 Abs. 3, 91 Abs. 2; letzterenfalls auch Einsatz von Streitkräften, Art. 87a Abs. 4) sowie besondere Maßnahmen auf Grund erweiterter Befugnisse im Verteidigungsfall (Art. 115f);
6. Antrag auf Erklärung des Gesetzgebungsnotstandes (Art. 81; vgl. 66);
7. Aufsicht über Ausführung der BGesetze durch die Länder (Art. 84 Abs. 3);
8. Zustimmung zu Verträgen der Länder mit auswärtigen Staaten (Art. 32 Abs. 3);
9. Zustimmung zu Beschlüssen des BT und des BR über Erhöhung oder Neueinsetzung von Ausgaben in den Etat (Art. 113);
10. das Verordnungsrecht im Rahmen ihrer Zuständigkeit (s. u. VI 4);
11. der Erlaß allgemeiner Verwaltungsvorschriften (Art. 84 Abs. 2, 85 Abs. 2, 86, 108 Abs. 7; meist an Zustimmung des BR gebunden).

VI. *Beteiligung der Bundesregierung an der Gesetzgebung*

An der *Gesetzgebung* ist die Bundesregierung beteiligt durch folgende Aufgaben:

1. das Recht der *Gesetzesinitiative;* sie kann ebenso wie BT und BR *Gesetzesvorlagen* beim BT einbringen (Art. 76 Abs. 1);

2. das Recht, bei Zustimmungsgesetzen (vgl. 60, IV a) die Einberufung des Vermittlungsausschusses zu beantragen (Art. 77 Abs. 2 S. 4);
3. das Recht, die Erklärung des Gesetzgebungsnotstandes (vgl. 66) beim BPräs. zu beantragen (Art. 81 Abs. 1);
4. unter bestimmten Voraussetzungen die Befugnis zum Erlaß von Rechtsverordnungen.

Nach Art. 80 können die BReg., ein BMin. oder die Landesregierungen durch Gesetz ermächtigt werden, *Rechtsverordnungen* (vgl. 68, 142) zu erlassen. Jedoch müssen Inhalt, Zweck und Ausmaß der Ermächtigung im Gesetz bestimmt sein; die Rechtsgrundlage ist in der VO anzugeben. Hierher gehören insbes. die Ausführungs-VOen zu BGesetzen. Nach Art. 129 Abs. 1 entscheidet die BReg. im Einvernehmen mit dem BR in Zweifelsfällen, auf welche Stellen eine im fortgeltenden BRecht enthaltene Ermächtigung zum Erlaß von Rechts-VOen übergegangen ist.

Über die Befugnis der *Landesregierungen* zum Erlaß von RechtsVOen vgl. 68.

VII. *Beteiligung der Bundesregierung an der Verwaltung*

Auf dem Gebiet der *vollziehenden Gewalt* liegt der Schwerpunkt bei den *Bundesministern*. Diese führen ihre Aufgaben mit Hilfe der *Bundesministerien* und der diesen nachgeordneten Verwaltungsbehörden durch (vgl. 54, 56).

Nach der *Geschäftsordnung* sind alle Angelegenheiten, die der BReg. als *Kollegium* unterbreitet werden sollen, vorher von den beteiligten BMin. zu beraten; statt in mündlicher Beratung kann im *Umlaufverfahren* die Zustimmung der Mitglieder der BReg. auf schriftlichem Wege eingeholt werden (§§ 15 ff., 20 GeschO).

IV. Die Funktionen der Bundesgewalt

63. Übersicht. Dreiteilung der Gewalten

Nach Art. 20 Abs. 2 geht die *Staatsgewalt* vom Volke aus. Sie wird vom Volke in Wahlen und Abstimmungen und durch getrennte Organe der *Gesetzgebung,* der *vollziehenden Gewalt* und der *Rechtsprechung* ausgeübt. Diese *Dreiteilung der Gewalten* soll die Zusammenballung staatlicher Macht in einer Hand verhindern.

Während die *Gesetzgebung* dem Bundestag unter Beteiligung des Bundesrates zugewiesen ist, obliegt die Ausführung der Gesetze, die *Verwaltung,* der Bundesregierung und den übrigen Verwaltungsbehörden des Bundes und der Länder. Die *Rechtsprechung* ist unabhängigen Gerichten übertragen. Das GG folgt damit der Lehre von *Montesquieu* (vgl. 8).

Zwischen den *drei Gewalten* bestehen *gegenseitige Kontrollen,* aber auch *organische Verbindungen.* Der BPräs. wird legislativ (so z. B. Art. 82 = Ausfertigung und Verkündung der BGesetze) und rechtspflegend (z. B. Art. 60 Abs. 2 = Begnadigungsrecht) sowie verwaltend (z. B. Art. 60 Abs. 1 = Ernennung von Beamten und Soldaten) tätig. BT und BR wirken nicht nur bei der Gesetzgebung, sondern auch bei der Verwaltung (Art. 110ff. = Haushaltsplan, Rechnungslegung usw.) und Rechtspflege (Amnestie) mit. BT oder BR können den BPräs. vor dem Bundesverfassungsgericht anklagen (Art. 61), der BPräs. kann den BT in Sonderfällen auflösen (Art. 63, 68). Die BReg. ist vom Vertrauen des BT abhängig; andererseits bedarf eine Erhöhung oder Erweiterung von Haushaltsposten ihrer Zustimmung (Art. 113). Die Richter sind an die Gesetze gebunden (Art. 97), können aber deren Rechtsgültigkeit nachprüfen (Art. 100). Vgl. 8, 73, 141.

Die Gewaltenteilung ist zugleich auf politischem Gebiet ein Ausdruck des in der BRep. bestehenden gesellschaftlichen *Pluralismus;* freilich wird die Verteilung und Balancierung der staatlichen Gewalt vielfach ergänzt durch die Einwirkung der Verbände und Gruppen vor allem im wirtschaftlichen Bereich (vgl. 804). Das pluralistische System als *heterogenes* (ungleichartiges) Prinzip bedeutet zugleich eine Absage an den Zwang einer einseitig *homogenen* (gleichartigen) Staatslehre, die autoritär nur ein einzelnes, wirtschaftlich oder politisch begründetes Prinzip (wie z. B. der Marxismus – Leninismus und der Faschismus) als staats- und gesellschaftsbildenden Faktor anerkennt und alle anderen Auffassungen ausschließt. Zum Pluralismus in der Demokratie gehört auch der *Minderheitenschutz,* der es z. B. verbietet, politische Gruppierungen von der Willensbildung auszuschließen (wie im Einparteienstaat, vgl. 4 V 3), es sei denn, sie richten sich gegen den demokratischen Staat oder begünstigen durch ihre zahlenmäßige Schwäche die politische Zersplitterung (zulässig daher die „5%-Klausel", vgl. 59 II 1).

Änderungen des GG, welche die Grundstruktur der bundesdeutschen Verfassung berühren, sehen auch die Vorschläge der Enquete-Kommission „Verfassungsreform" nicht vor. Sie betreffen vielmehr nur Teilbereiche, insbes. die *Parlamentsreform* (Reform des Wahlrechts usw.; 59 VIII), die Kompetenzverteilung zwischen Bund und Ländern, wobei eine zu weitgehende Verlagerung von Zuständigkeiten auf den Bund zu Lasten der Länder vermieden werden soll, den Ausbau der gemeinsamen Rahmenplanung von Bund und Ländern (vgl. 56 III) u. a. m. Über die Verwaltungsreform vgl. 124, über die Finanz- und Steuerreform 83, 570.

64. Die ordentliche Gesetzgebung des Bundes

Die *ordentliche Gesetzgebung* ist der regelmäßige Weg, auf dem Bundesgesetze zustande kommen – im Gegensatz zum Ausnahmefall des *Gesetzgebungsnotstands,* zum Gesetzgebungsverfahren nach der *Notstandsverfassung* und zu den *Verordnungen* (vgl. 66, 67, 68). Sie vollzieht sich in folgenden Abschnitten:

a) Einbringen eines Gesetzentwurfs beim BT,

b) Feststellung des Gesetzesinhalts durch den BT,

c) Beteiligung des BR,

d) Ausfertigung des Gesetzes durch den BPräs. nach Gegenzeichnung durch den Bundeskanzler oder die sachlich zuständigen Bundesminister und

e) Verkündung (Publikation) im Bundesgesetzblatt.

I. Die *Einbringung eines Gesetzentwurfs*

beim BT (*Gesetzesinitiative)* steht nach Art. 76 Abs. 1 der *Bundesregierung* (als Kollegium nach Beratung im Kabinett), den *Mitgliedern des Bundestages* (durch eine Fraktion oder mindestens 5 v. H. der Abgeordneten, vgl. 59 VI) und dem *Bundesrat* zu.

Die *Gesetzesvorlagen der BReg.* (Regelfall) müssen zunächst dem BR zugeleitet werden. Dieser kann binnen 6 Wochen dazu Stellung nehmen (Art. 76 Abs. 2). Erst dann gehen sie über die BReg. an den BT (von der BReg. als eilbedürftig bezeichnete Vorlagen kann diese schon nach 3 Wochen weiterleiten). Die BReg. muß sich zu den Vorschlägen des BR äußern; sie kann ihre Vorlage ändern, darf aber nicht völlig neue Best. nachschieben. In Einzelfällen läßt die BReg. ihre Vorlagen durch Abgeordnete direkt beim BT einbringen. Bei Gesetzesvorlagen durch *Mitglieder des BT* wirken weder BReg. noch BR bei der Einbringung mit. Der *BR* kann sein Initiativrecht nur durch Vermittlung der BReg. ausüben, da er seine Vorlagen zunächst ihr zur Stellungnahme vorzulegen hat; die Vorlagen sind dem BT binnen 3 Monaten zuzuleiten (Art. 76 Abs. 3). Eine Gesetzesinitiative des Volkes kennt das GG nicht (im Gegensatz zur WVerf.). Nur bei Grenzkorrekturen gibt es eine Volksabstimmung (*Plebiszit,* Art. 29 GG; vgl. 43, 44 I).

II. *Die Feststellung des Gesetzesinhalts*

Nach Art. 77 Abs. 1 werden die BGesetze *vom Bundestag beschlossen.* Sie sind nach ihrer Annahme vom Präsidenten des BT unverzüglich dem BR zuzuleiten. Mit dem Beschluß des BT wird die bisherige Vorlage zum Gesetz erhoben, also der Gesetzesbefehl (Sanktion) erteilt. Dieser kann allerdings vom BR durch *Nichtzustimmung* (bei Zustimmungsgesetzen) oder durch *Einspruchseinlegung* abgelehnt werden.

So auch nach der WVerf. Anders jedoch im Kaiserreich, wo der Gesetzesinhalt durch übereinstimmenden Beschluß von BR und Reichstag festgestellt wurde und der BR die Sanktion vollzog. Dagegen war nach der WVerf. der *Reichstag* alleiniger Gesetzgebungsfaktor. Gegen die von ihm beschlossenen Gesetze konnte der Reichsrat Einspruch einlegen, der aber vom RT überstimmt werden konnte; der Reichspräsident, eine Reichstagsminderheit oder ein Teil der Stimmberechtigten konnten einen Volksentscheid herbeiführen. Auch nach dem GG hat der BT *alleinige Gesetzgebungsfunktion.* Nur bei verfassungsändernden, föderativen und gewissen anderen sog. *Zustimmungsgesetzen* tritt der BR als gleichberechtigter Partner neben den BT, während er bei anderen BGesetzen auf ein Einspruchsrecht beschränkt ist, das der BT überstimmen kann. Will der BR einem vom BT beschlossenen verfassungsändernden oder einem Zustimmungsgesetz nicht zustimmen, so ist er nicht gezwungen, anzufechten oder sein Veto einzulegen. Er kann das Versagen der Zustimmung auch durch passives (schlüssiges) Verhalten zum Ausdruck bringen, falls nicht sein Schweigen nach Treu und Glauben oder wegen besonderer Umstände im Einzelfall als Zustimmung auszulegen ist. Nur wenn der BR das Zustandekommen eines *einfachen* Gesetzes (Einspruchsgesetzes) verhindern will, muß er durch fristgemäße Einlegung des Einspruchs tätig werden. Vgl. Art. 78.

III. Der *Gesetzgebungsweg*

ist verschieden, je nachdem, ob es sich um ein verfassungsänderndes, ein föderatives oder ein einfaches Gesetz handelt.

1. *Verfassungsändernde Gesetze,* d.h. solche, die das GG abändern, müssen vom BT mit einer Mehrheit von zwei Dritteln der gesetzlichen Mitgliederzahl beschlossen werden und bedürfen der Zustimmung von zwei Dritteln der Stimmen des Bundesrates (Art. 79 Abs. 2).

Im Interesse der Übersichtlichkeit der GG-Änderungen, letztlich auch um eine *Durchlöcherung des GG* zu verhüten, muß jedes verfassungsändernde Gesetz ausdrücklich angeben, welcher Artikel des GG geändert oder ergänzt wird (also keine stillschweigende VerfÄnd., Art. 79 Abs. 1). Eine Ausnahme gilt für völkerrechtliche Verträge, die eine Friedensregelung oder den Abbau der besatzungsrechtlichen Ordnung betreffen oder der Verteidigung dienen; in diesen Fällen genügt eine Ergänzung des Wortlautes des GG dahingehend, daß die Bestimmungen des GG diesen Verträgen nicht entgegenstehen (Art. 79 Abs. 1 S. 2). *Grundrechte* dürfen nicht in ihrem *Wesensgehalt* angetastet werden (Art. 19 Abs. 2). Soweit sie eingeschränkt werden dürfen, muß das eingeschränkte Grundrecht unter Angabe des Artikels genannt sein (Art. 19 Abs. 1).

2. *Föderative Gesetze,* die zwar nicht das GG ändern, aber die bundesstaatliche Grundlage des Bundes berühren, und andere ihnen gleichgestellte sog. *Zustimmungsgesetze* (vgl. 60 IV 1) bedürfen der Zu-

stimmung des BR. Es genügt im BT ein Beschluß mit einfacher Mehrheit (Art. 42 Abs. 2), während die Zustimmung des BR mit absoluter Mehrheit (Art. 52 Abs. 3) beschlossen werden muß.

Sowohl bei verfassungsändernden als auch bei föderativen Gesetzen kommt das Gesetz erst mit der Zustimmung des BR zustande (Art. 78). Vorher kann der BR, um eine Änderung des Gesetzesbeschlusses des BT zu erreichen, binnen drei Wochen nach dessen Eingang die Einberufung des *Vermittlungsausschusses* verlangen, der aus je 11 Mitgliedern beider Organe besteht. Dieses Recht haben auch BT und BReg. (Art. 77 Abs. 2 GG). Das Zwischenverfahren ändert nichts an der Zustimmungsbedürftigkeit des Gesetzes.

Für den Vermittlungsausschuß gilt die *Gemeinsame Geschäftsordnung* des BT und des BR vom 19. 4. 1951 (BGBl. II 103) m. Änd. zuletzt vom 11. 2. 1970 (BGBl. I 184); sie regelt in § 1 seine Zusammensetzung.

3. Einfache Bundesgesetze sind alle übrigen (nicht verfassungsändernden oder föderativen) Gesetze. Sie bedürfen nicht der Zustimmung des BR. Dieser hat vielmehr nur ein *Einspruchsrecht* (Art. 77 Abs. 3), dem aber das Zwischenverfahren vor dem *Vermittlungsausschuß* stets vorangehen muß.

Auch hier muß der BR den Vermittlungsausschuß binnen drei Wochen nach Eingang des Gesetzesbeschlusses des BT anrufen. Erzielt der Ausschuß keine Einigung, kann der BR binnen zwei Wochen nach Abschluß des Vermittlungsverfahrens *Einspruch* einlegen. Dieser bedarf keiner Begründung. Er wird *überstimmt,* wenn der BT seinen Beschluß mit derselben (absoluten od. ⅔-)Mehrheit faßt, mit der der BR den Einspruch beschlossen hat (Art. 77 Abs. 4).

4. Über die Mitwirkung des BR beim *Gesetzgebungsnotstand* und seine Beteiligung am Gesetzgebungsverfahren des durch die Notstandsverfassung eingeführten *Gemeinsamen Ausschusses* vgl. 66, 67.

IV. *Ausfertigung und Verkündung der BGesetze.*

Die nach den Vorschriften des GG zustandegekommenen BGesetze werden vom *Bundespräsidenten* nach Gegenzeichnung *ausgefertigt* und im Bundesgesetzblatt (BGBl.) verkündet (Art. 82).

Durch die *Ausfertigung* wird die Echtheit des Gesetzestextes beurkundet; sie begründet die unwiderlegbare Vermutung, daß das Gesetz ordnungsmäßig zustandegekommen ist. Die *Verkündung* im BGBl. begründet die Rechtswirksamkeit; ist der Tag des Inkrafttretens nicht ausdrücklich angegeben, tritt das Gesetz mit dem 14. Tag nach Ausgabe des BGBl. in Kraft (Art. 82 Abs. 2 GG). Im Verteidigungsfall ist *vereinfachte Verkündung* durch Rundfunk, Presse oder amtlichen Aushang zulässig, wenn die Verkündung im BGBl. nicht oder nicht rechtzeitig möglich ist (Ges. vom 18. 7. 1975, BGBl. I 1919).

Das *Bundesgesetzblatt* wird vom Bundesjustizministerium herausgegeben. Im Teil I werden Gesetze, Verordnungen und allgemein gültige Beschlüsse usw., im Teil II völkerrechtliche Vereinbarungen und Verträge mit der DDR und die zu ihrer Inkraftsetzung oder Durchsetzung erlassenen Rechtsvorschriften sowie Zolltarifvorschriften bekanntgegeben. In dem durch Beschluß der BReg. vom 3. 10. 1957 (BGBl. I 1742) eingerichteten Teil III ist das Bundesrecht veröffentlicht, das nach dem Gesetz über die *Sammlung des Bundesrechts* vom 10. 7. 1958 (BGBl. I 437) als noch fortgeltend festgestellt worden ist. Dieser *Bereinigung* unterlagen das Bundes-Gesetzblatt des Norddeutschen Bundes und des Deutschen Bundes, das Reichsgesetzblatt, das Gesetzblatt der Verwaltung des Vereinigten Wirtschaftsgebietes, das Bundesgesetzblatt und das Verordnungsblatt für die britische Zone. Zu bereinigen war auch das in den Ländern vor dem 7. 9. 1949 (Zusammentritt des BT, vgl. 21) gesetzte Recht, soweit es Bundesrecht geworden ist (vgl. 55 V). Der Tag, bis zu dem die Rechtsvorschriften zu erfassen waren (Abschlußtag), ist nach dem *Abschlußgesetz* vom 28. 12. 1968 (BGBl. I 1451) der 31. 12. 1963. Die nicht in die Sammlung aufgenommenen Rechtsvorschriften sind am 31. 12. 1968 außer Kraft getreten (Ausschlußwirkung). Durch die Aufnahme in die Sammlung wurden aber ungültige Vorschriften nicht gültig, landesrechtliche Vorschriften nicht Bundesrecht.

Auch in den Ländern ist eine *Rechtsbereinigung* durch Aufhebung entbehrlich gewordenen *Landesrechts* durchgeführt worden.

Im *Bundesanzeiger* erfolgen *Bekanntmachungen,* die auf Grund von Gesetzen, Satzungen, Gesellschaftsverträgen, Statuten oder anderen Verträgen zu veröffentlichen sind (Gesetz über Bekanntmachungen vom 17. 5. 1950, BGBl. 183). Über die Verkündung von Rechtsverordnungen vgl. 68.

V. *Eingangsformel*

Einfache Gesetze werden in der Regel mit der Eingangsformel: ,,Der Bundestag hat das folgende Gesetz beschlossen" eingeleitet und schließen mit der Schlußformel: ,,Die verfassungsmäßigen Rechte des Bundesrates sind gewahrt" ab. Zustimmungsgesetze tragen die Formel: ,,Der Bundestag hat mit Zustimmung des Bundesrates das folgende Gesetz beschlossen".

VI. *Gesetzgebung des Bundes*

In der 1.–10. Legislaturperiode des BT sind 6087 Gesetzesvorlagen eingebracht worden, und zwar 3683 von der BReg., 2053 aus der Mitte des BT und 351 vom BR. Von den Vorlagen sind 4020 vom BT verabschiedet worden. Die übrigen erledigten sich anderweit oder wurden nicht mehr verabschiedet; im letzteren Falle müssen sie zur Verabschiedung im neuen BT wieder eingebracht werden.

65. DER WEG DER GESETZGEBUNG

Die Gesetzesinitiative kann von der Bundesregierung, vom Bundesrat oder von Mitgliedern des Bundestages ausgehen. In der größten Zahl der Fälle werden Gesetzentwürfe von der BUNDESREGIERUNG vorgelegt. Regierungsvorlagen werden von den Referenten in den Ministerien ausgearbeitet, zusammen mit einer Begründung über den federführenden Minister dem Kabinett unterbreitet und von diesem beraten. Im Falle der Billigung legt die Bundesregierung sie dem BUNDESRAT vor, der in diesem sog. ,,Ersten Durchgang" dazu Stellung nehmen und Änderungsvorschläge machen kann. Zusammen mit diesen reicht der Bundesrat die Vorlage über die Bundesregierung, die gegebenenfalls zu diesen Änderungsvorschlägen ihrerseits begründete Stellung nimmt, an den BUNDESTAG weiter, der in drei Lesungen über die Vorlage berät. Der Bundestag kann die Vorlage zur Vorbereitung seiner Beratungen auch an einen oder mehrere Ausschüsse verweisen. In jeder Lesung wird über die Vorlage abgestimmt. Bei einfacher Mehrheit und in Ausnahmefällen bei Zweidrittelmehrheit ist das Gesetz angenommen und wird nunmehr wiederum dem BUNDESRAT vorgelegt. Der weitere Gang des parlamentarischen Verfahrens ist abhängig von der Frage, ob es sich handelt um

ZUSTIMMUNGSBEDÜRFTIGE GESETZE* oder um NICHT ZUSTIMMUNGSBEDÜRFTIGE GESETZE

Stimmt der Bundesrat nicht ausdrücklich zu, so ist das Gesetz GESCHEITERT

Stimmt der Bundesrat dem Gesetz zu, so wird es nach Gegenzeichnung durch den für die Vorlage zuständigen Ressortminister oder den Kanzler vom BUNDESPRÄSIDENT ausgefertigt und im BUNDESGESETZBLATT verkündet.

Verzichtet der Bundesrat auf Anrufung des Vermittlungsausschusses, so wird der Entwurf nach Gegenzeichnung durch Ressortminister oder Kanzler vom BUNDESPRÄSIDENT ausgefertigt und im BUNDESGESETZBLATT verkündet.

Ruft der Bundesrat den VERMITTLUNGSAUSSCHUSS an und erzielt dieser keine Einigung, kann der Bundesrat Einspruch einlegen, den der Bundestag mit absol. Mehrheit zurückweisen kann (mit ⅔-Mehrheit, wenn Einspruch mit dieser beschlossen).

* Auch diese kann der Bundesrat an den *Vermittlungsausschuß* leiten, was jedoch die Zustimmungsbedürftigkeit nicht berührt. Bundestag und Bundesregierung können bei Zustimmungsgesetzen ebenfalls den Vermittlungsausschuß anrufen.

66. Der Gesetzgebungsnotstand

Das GG trifft Vorsorge, daß im Falle innerer politischer Konflikte oder einer von außen her veranlaßten Notstandslage das Funktionieren von Gesetzgebung und Verwaltung sichergestellt ist. Bei einem Konflikt zwischen BReg. und BT anläßlich einer von diesem abgelehnten Gesetzesvorlage kann der *Gesetzgebungsnotstand* erklärt werden. Bei einem durch innere Krisen oder militärische Bedrohung ausgelösten oder drohenden Ausnahmezustand dagegen werden *Notstandsgesetzgebung* und *Notstandsverfassung* wirksam (67).

Der BPräs. kann auf Antrag der BReg. mit Zustimmung des BR den *Gesetzgebungsnotstand erklären,* wenn

a) entweder eine *Vertrauensfrage* des Bundeskanzlers nicht die absolute Mehrheit des BT gefunden hat, dieser aber nicht aufgelöst worden ist (Art. 68) *und* der BT eine *Gesetzesvorlage abgelehnt* hat, obwohl die BReg. sie als dringlich bezeichnet hat (Art. 81 Abs. 1 S. 1);

b) oder wenn der BT eine *Gesetzesvorlage abgelehnt* hat, obwohl der Bundeskanzler mit ihr den *Vertrauensantrag verbunden* hatte (Art. 81 Abs. 1 S. 2).

Die Erklärung des Gesetzgebungsnotstandes hat unterschiedliche Wirkungen, je nachdem, wie der BT sich verhält, wenn die BReg. die abgelehnte Gesetzesvorlage *erneut beim BT einbringt:*

aa) Nimmt der BT sie an, so tritt der normale Gesetzgebungsweg mit Vorlage an den BR usw. ein.

bb) Lehnt der BT hingegen die Vorlage wiederum ab oder nimmt er sie in einer von der BReg. als unannehmbar bezeichneten Fassung an oder verabschiedet er sie nicht binnen 4 Wochen nach erneuter Einbringung, so geht die *Vorlage an den BR* und wird nach dessen Zustimmung Gesetz (Art. 81 Abs. 2).

cc) Auch jede *weitere Gesetzesvorlage* desselben Bkzl. kann innerhalb einer Frist von 6 Monaten nach der ersten Erklärung des Gesetzgebungsnotstandes nach aa) und bb) verabschiedet werden (Art. 81 Abs. 3 S. 1).

Die Gesetzgebung nach Art. 81 unterliegt, um Mißbrauch auszuschalten, folgenden *Einschränkungen:*

1. Während der Amtszeit des gleichen Bkzl. darf nach Ablauf der Sechsmonatsfrist kein weiterer Gesetzgebungsnotstand erklärt werden (Art. 81 Abs. 3 S. 2).
2. Das GG darf durch ein Gesetz nach Art. 81 Abs. 2 weder geändert noch ganz oder teilweise außer Kraft gesetzt werden (Art. 81 Abs. 4).

Ein *Notverordnungsrecht,* wie es die WVerf. dem RPräs. in Art. 48 zuwies (vgl. 16), wurde vom Parl. Rat abgelehnt. Dafür gibt Art. 81 dem BPräs. die Möglichkeit, in einer bei Nichtübereinstimmung von BT und BReg. (darum auch *Regierungsnotstand* genannt) eintretenden Krise, falls er den BT nicht auflöst (Art. 68 Abs. 1; vgl. 59 VII), den Gesetzgebungsnotstand zu erklären, um eine gesetzgeberische Weiterarbeit zu ermöglichen. Diese Erklärung erfordert die Übereinstimmung von BReg., BPräs. und BR. Die erneute Vorlage des Gesetzentwurfs ermöglicht eine Verständigung des BT mit der BReg.

67. Notstandsgesetzgebung und Notstandsverfassung

Die vom *Gesetzgebungsnotstand* (66) zu unterscheidende *Notstandsgesetzgebung* soll für den sog. Notstandsfall die innere und äußere Sicherheit der BRep. und das Funktionieren von Gesetzgebung und Verwaltung gewährleisten, und zwar bei äußerem Notstand (Krieg, Überfall auf das Bundesgebiet) wie auch in Krisenfällen (Bürgerkrieg, politischer Streik). Diesen Zwecken dienen die sog. ,,einfachen" (nicht verfassungsändernden) Notstandsgesetze, so die im Jahre 1965 erlassenen, aber größtenteils nicht in Kraft gesetzten *Zivilschutzgesetze* – ZivilschutzkorpsG, SelbstschutzG (inzwischen aufgehoben), SchutzbauG –, sowie die zur Aufrechterhaltung der Versorgung ergangenen sog. *Sicherstellungsgesetze* – Ernährungs-, Wirtschafts-, Verkehrs-, WassersicherstellungsG – (vgl. 471). Weitere Notstandsgesetze sind die zur Einschränkung des Post- und Fernmeldegeheimnisses (Art. 10 GG) erlassenen Regelungen, ergänzt durch das sog. AbhörG (48), das Ges. über die Erweiterung des *Katastrophenschutzes* vom 9. 7. 1968 (BGBl. I 776) – vgl. 471 – und das *ArbeitssicherstellungsG* vom 9. 7. 1968 (BGBl. I 787).

Dieses schränkt für Verteidigungszwecke im Verteidigungs- oder Spannungsfall entsprechend Art. 12a GG in bestimmtem Umfang das Recht zur Beendigung des Arbeitsverhältnisses ein und sieht für Wehrpflichtige die Möglichkeit der Arbeitsverpflichtung sowie für Frauen von 18–55 Jahren im Verteidigungsfall die einer Dienstverpflichtung für das zivile Sanitätswesen oder ortsfeste Lazarette vor.

Für die *Gesetzgebung im Notstandsfall* ist das GG durch Vorschriften über die sog. *Notstandsverfassung* ergänzt worden. Die Gesetzgebungsfunktion nimmt im *Verteidigungsfall* (vgl. 61 IV), solange der Bundestag nicht zusammentreten kann oder nicht beschlußfähig ist, für diesen und den Bundesrat ein *Gemeinsamer Ausschuß* wahr, der zu ⅔ aus Mitgliedern des BT, zu ⅓ aus solchen des BR besteht. Er darf aber das GG weder ändern noch außer Anwendung setzen. Die von dem Ausschuß erlassenen Gesetze kann der BT mit Zustimmung des BR jederzeit aufheben (Art. 53a, 115e, 1 GG).

Für den *Gemeinsamen Ausschuß* gilt die *Geschäftsordnung* vom 23. 7. 1969 (BGBl. I 1102).

Das Gesetzgebungsrecht des Bundes ist im Verteidigungsfall im Bereich der konkurrierenden Gesetzgebung (55 II) erweitert, das Gesetzgebungsverfahren für dringende Vorlagen vereinfacht (Art. 115c, d GG). Das Weisungsrecht der BReg. gegenüber den Landesbehörden und das Recht zum Einsatz des Bundesgrenzschutzes ist ebenfalls erweitert; umgekehrt können die Länder im Falle der Funktionsunfähigkeit von Bundesorganen notfalls die erforderlichen Maßnahmen an deren Stelle treffen (Art. 115f, i GG). Im Verteidigungsfall und im *Spannungsfall* kann die BReg., insbes. wenn Polizeikräfte nicht ausreichen, Streitkräfte zum Schutz ziviler Objekte einsetzen (Art. 87a Abs. 3 GG).

Der *Spannungsfall* wird vom BT festgestellt (für Dienstverpflichtungen ⅔-Mehrheit erforderlich; Art. 80a GG).

Auch außerhalb eines Verteidigungs- oder Spannungsfalls kann die BReg. Streitkräfte zur Sicherung von Bestand oder Grundordnung des Bundes oder eines Landes oder zur Bekämpfung organisierter bewaffneter Aufständischer einsetzen, wenn die Landesbehörden hierzu nicht bereit oder in der Lage sind und Polizei und Grenzschutz nicht genügen (Art. 87a Abs. 4 GG). Bei *Naturkatastrophen* oder besonders schweren Unglücksfällen kann ein Land Polizeikräfte anderer Länder, Bundesgrenzschutz oder Streitkräfte anfordern; bei überregionalen Krisen kann die BReg. den LReg.en die erforderlichen Weisungen erteilen sowie Bundesgrenzschutz und Streitkräfte einsetzen. Den Bundesgrenzschutz kann ein Land ferner zur Unterstützung seiner Polizei in besonderen Fällen zur Aufrechterhaltung oder Wiederherstellung der öffentlichen Sicherheit oder Ordnung in Anspruch nehmen (Art. 35 Abs. 2, 3 GG). Auch bei Gefahr für den Bestand oder die freiheitliche demokratische Grundordnung des Bundes oder eines Landes kann ein Land Polizeikräfte anderer Länder oder Bundesgrenzschutz anfordern; die BReg. kann, wenn ein Land zur Bekämpfung der Gefahr nicht bereit oder in der Lage ist, die Polizei des Landes und anderer Länder ihren Weisungen unterstellen und Bundesgrenzschutz einsetzen. Auch hier hat die BReg. bei überregionalen Krisen ein Weisungsrecht (Art. 91 GG).

68. Rechtsverordnungen

sind allgemein verbindliche Rechtsvorschriften, die Rechte und Pflichten abstrakt und generell mit der gleichen verbindlichen Wirkung wie Gesetze regeln. Sie werden aber nicht vom ordentlichen Gesetzgeber, sondern auf Grund besonderer *gesetzlicher Ermächtigung* von einer Verwaltungsstelle erlassen. Es handelt sicht also um eine Rechtssetzung durch die Exekutive. Nach Art. 80 Abs. 1 GG kann eine Ermächtigung zum Erlaß einer Rechtsverordnung nur der BReg., einem BMin. oder den Landesregierungen erteilt werden. Inhalt, Zweck und Ausmaß der erteilten Ermächtigung müssen im Gesetz bestimmt sein, d. h. die Ermächtigung darf nicht so unbestimmt sein, daß nicht mehr vorausgesehen werden kann, in welchen Fällen und mit welcher Tendenz von ihr Gebrauch gemacht wird und welchen Inhalt die Verordnung haben kann. Die Ermächtigung zum Erlaß einer Rechtsverordnung kann durch Verordnung weiter übertragen werden, wenn dies im ermächtigenden Gesetz zugelassen ist (Art. 80 Abs. 1 S. 4 GG). Die Rechtsverordnung muß die Rechtsgrundlage angeben. Vgl. 62 VI, 142.

Der *Zustimmung des Bundesrates* bedürfen wegen der Länderinteressen RechtsVOen der BReg. oder eines BMin. über Grundsätze und Gebühren für die Benutzung der Eisenbahnen und des Post- und Fernmeldewesens, über Bau und Betrieb der Bundeseisenbahnen sowie RechtsVOen, die auf Grund von Zustimmungsgesetzen oder von BGesetzen ergehen, welche die Länder als Auftrags- oder eigene Angelegenheiten ausführen (Art. 80 Abs. 2 GG). Da grundsätzlich die BGesetze durch die Länder ausgeführt werden, unterliegt die große Mehrzahl der RechtsVOen des Bundes der Zustimmung des BR. RechtsVOen werden im BGBl. oder im BAnz. *veröffentlicht* (BGes. vom 30. 1. 1950, BGBl. 23). Im Gegensatz zu RechtsVOen können *Verwaltungsverordnungen,* da sie nur Organisation und Funktion des Staates und seiner Behörden innerhalb des geltenden Rechts regeln, sich also nur instruktionell an die Behörden, nicht rechtssatzmäßig an die Bürger wenden, von der BReg. ohne besondere gesetzliche Ermächtigung erlassen werden und bedürfen nur ausnahmsweise der Zustimmung des BR (z. B. nach Art. 108 Abs. 7 GG).

Weil nach Art. 80 Abs. 1 GG nur Landes*regierungen* gesetzlich zum Erlaß von Rechtsverordnungen ermächtigt werden können, sind die Bestimmungen des *Milch- und Fettgesetzes,* die Landes*minister* hierzu ermächtigten, vom BVerfG als mit dem GG nicht vereinbar erklärt worden. Hierdurch wurde eine Reihe von RechtsVOen ungültig. Da der Bundesgesetzgeber in zahlreichen Justizgesetzen die Landesjustizverwaltungen (Justizminister und -senatoren) unmittelbar zum Erlaß von RechtsVOen ermächtigt hatte, wurde diese RechtsVO-Ermächtigung in dem Gesetz über RechtsVOen im Bereich der Gerichtsbarkeit vom 1. 7. 1960 (BGBl. I 481) neu gefaßt. Ermächtigt sind die Landesregierungen; sie können aber die Ermächtigungen auf oberste Landesbehörden übertragen. Das gleiche sieht § 10 Abs. 2 des Milch- und FettG seit dem ÄndG. vom 4. 8. 1960 (BGBl. I 649) vor. Eine Globallösung zur Beseitigung der Unsicherheit erstrebt das Gesetz über Ermächtigungen zum Erlaß von RechtsVOen vom 3. 7. 1961 (BGBl. I 856), indem es bei allen in Bundesgesetzen vorgesehenen Ermächtigungen oberster Landesbehörden zum Erlaß von RechtsVOen den Landesregierungen die Befugnis zuerkennt, die Ermächtigungen auf die obersten Landesbehörden zu übertragen, die in den bisherigen Vorschriften bezeichnet sind, und dabei die weitere Übertragung auf nachgeordnete Behörden in dem bisher bezeichneten Umfang zuzulassen.

69. Beamte und Richter

Das GG behält das Recht des öffentlichen Dienstes besonderen Gesetzen vor, stellt aber für die gesetzliche Regelung einige Grundsätze auf, und zwar:

I. Das *Berufsbeamtentum* wird aufrechterhalten (sog. *institutionelle Garantie);* nach seinen Grundsätzen ist das Recht des öffentlichen Dienstes zu regeln (Art. 33 Abs. 5).

Damit ist eine Anweisung an Gesetzgebung und Verwaltung in Bund und Ländern erteilt. Sie hat im Beamtenrechtsrahmengesetz und den Beamtengesetzen des Bundes und der Länder ihren Niederschlag gefunden, insbes. in den Vorschriften über fachliche Vorbildung, hauptberufliche Tätigkeit, Treue- und Gehorsamspflicht, unparteiische Amtsführung, lebenslange Anstellung sowie im Rechtswege verfolgbare Ansprüche auf Gehalt und Versorgung. Vgl. 50 (5), 154, 157.

II. *Jeder Deutsche* hat *Zugang* zu jedem öffentlichen Amt nach Eignung, Befähigung und fachlicher Leistung (Art. 33 Abs. 2).

III. Die *Zulassung* zu öffentlichen Ämtern sowie die im öffentlichen Dienst erworbenen Rechte sind *unabhängig* von Religionsbekenntnis und Weltanschauung (Art. 33 Abs. 3).

Die Grundsätze zu I bis III gelten für Bund, Länder und Gemeinden in gleicher Weise. Sie entsprechen den Grundrechten der *Freiheit, Gleichheit und Unabhängigkeit* der staatsbürgerlichen Rechte vom *Bekenntnis* (Art. 2, 3).

IV. Die *Ausübung hoheitsrechtlicher Befugnisse* ist als ständige Aufgabe i. d. R. Angehörigen des öffentlichen Dienstes zu übertragen, die in einem öffentlich-rechtlichen *Dienst- und Treueverhältnis* stehen (Art. 33 Abs. 4).

Dies schließt nicht die Betrauung von Angestellten oder Ehrenbeamten mit hoheitsrechtlichen Befugnissen aus. Vgl. 153, 209.

V. *Richter* sind nicht Beamte, diesen aber weitgehend gleichgestellt. Im Gegensatz zum Beamten ist der Richter unabhängig und nur dem Gesetz unterworfen (Art. 97 GG, § 1 GVG).

Die hauptamtlichen und planmäßig endgültig angestellten Richter können wider ihren Willen nur kraft richterlicher Entscheidung aus gesetzlichen Gründen entlassen, ihres Amtes enthoben oder an eine andere Stelle oder in den Ruhestand versetzt werden.

Art. 97 GG gewährleistet den Richtern aller Zweige der Gerichtsbarkeit (Bundes- wie Landesrichtern) *sachliche* und *persönliche Unabhängigkeit* (so schon preuß. Verf., RVerf. 1871, Art. 102 WVerf.). Es darf keinem Richter vorgeschrieben werden, wie er zu urteilen hat (sachliche Unabhängigkeit). Die persönliche Unabhängigkeit gewährleistet die grundsätzliche Unabsetzbarkeit und Unversetzbarkeit. Dies gilt nicht nur für die *Justiz,* d. h. die durch die BJustizgesetze geregelte ordentliche Gerichtsbarkeit, sondern für die gesamte *Rechtspflege* (vgl. 70, 71, 204, 209).

Das *Deutsche Richtergesetz* i. d. F. vom 19. 4. 1972 (BGBl. I 713) regelt für die Richter in Bund und Ländern (für diese nur durch Rahmenvorschriften) die Rechtsverhältnisse und die Sicherungen für die Gewährleistung der richterlichen Unabhängigkeit. Vgl. 209.

VI. Bei *Amtspflichtverletzungen* trifft die Verantwortlichkeit den Staat oder die Körperschaft, in deren Dienst der Bedienstete steht (Art. 34).

Nach § 839 BGB macht sich ein *Beamter* (oder in hoheitlicher Funktion handelnder Nichtbeamter, z. B. Angestellter) schadensersatzpflichtig, wenn er vorsätzlich oder fahrlässig die ihm einem Dritten gegenüber obliegende Amtspflicht verletzt. Die Haftung entfällt jedoch, wenn der Verletzte es unterlassen hat, den Schaden durch Gebrauch eines Rechtsmittels abzuwenden; ferner bei fahrlässiger Amtspflichtverletzung, wenn der Verletzte von einem Dritten Schadensersatz erlangen kann (das gilt nicht, wenn der B. bei einer Dienstfahrt einen Verkehrsunfall verschuldet hat, BGH NJW 1977, 1238; 1979, 2043; unzulässig auch Verweisung auf Leistungen einer Krankenversicherung, BGH NJW 1981, 623, 626). Bei Amtspflichtverletzungen durch gerichtliche *Urteile oder urteilsgleiche Entscheidungen* setzt die Amtshaftung grundsätzlich eine mit Strafe bedrohte Handlung voraus (sog. *Spruchrichterprivileg,* § 839 Abs. 2 BGB); das gleiche gilt bei Pflichtverletzungen durch *steuerliche Entscheidungen* (§ 32 AO).

Nach Art. 34 GG haftet aber statt des Beamten dessen Dienstherr. Für durch Amtspflichtverletzung eines Beamten entstandenen Schaden haftet dem Verletzten also ausschließlich der *Staat* oder die *Gemeinde,* in deren Dienst der Beamte steht. Vgl. 154 II, 332. Der Staat (Gemeinde) hat ein *Rückgriffsrecht* gegen den Beamten nur bei Vorsatz oder *grober* Fahrlässigkeit. Für die Geltendmachung von Amtspflichtverletzungen ist der Rechtsweg zu den Zivilgerichten eröffnet.

Das *Staatshaftungsgesetz* vom 26. 6. 1981 (BGBl. I 553), das die mittelbare Haftung für Verletzungen öffentlich-rechtlicher Pflichten gegenüber Dritten durch die öffentliche Gewalt durch eine unmittelbare Haftung des Staates ersetzt hatte, ist vom Bundesverfassungsgericht durch Urteil vom 19. 10. 1982 für nichtig erklärt worden (BGBl. 1982 I 1493; NJW 1983, 25).

VII. Nach *Art. 131 GG* sind die Rechtsverhältnisse der sog. *verdrängten Beamten* (einschl. der *Flüchtlinge* und *Vertriebenen),* die am 8. 5. 1945 im öffentlichen Dienst standen und aus anderen als beamtenrechtlichen Gründen ausgeschieden und nicht wiederverwendet sind, durch bes. Gesetz zu regeln.

Maßgebend ist das Gesetz zur Regelung der Rechtsverhältnisse der unter Art. 131 GG fallenden Personen. Vgl. 154 VI.

70. Die Rechtsprechung

I. *Rechtsprechung*

bedeutet verbindliche Feststellung durch eine selb ständige, unabhängige, neutrale und allein nach Gesetz und Recht entscheidende Instanz, was bei Anwendung des Rechts auf einen bestimmten Sachverhalt rechtens ist. Die Rechtsprechung bildet einen Teil der *Rechtspflege,* d. h. der auf Erhaltung der Rechtsordnung gerichteten staatlichen Tätigkeit; zum Bereich der Rechtspflege gehört namentlich die (nichtstreitige) sog. freiwillige Gerichtsbarkeit. Vgl. 294.

Die *rechtsprechende Gewalt,* die sog. *Jurisdiktion* – neben Legislative und Exekutive (vgl. 8) häufig als „dritte Gewalt“ bezeichnet –, ist nach Art. 92 den Richtern anvertraut (Gewaltenteilung; vgl. 63). Die *Richter* nehmen daher im Recht des öffentlichen Dienstes eine besondere Stellung ein, die in *Richtergesetzen* des Bundes und der Länder geregelt ist (209). Das „Rechtsprechungsmonopol“ des Art. 92 schließt freilich nicht aus, daß auch Verwaltungsbehörden oder nichtstaatliche Gerichte (z. B. Berufs- und Ehrengerichte) Rechtsangelegenheiten entscheiden; doch muß die Möglichkeit gerichtlicher Nachprüfung oder wenigstens staatlicher Einfluß in Form der Richterbestätigung gesichert sein (vgl. 152, 211, 213, 516, 571, 572).

II. *Verfahrensgrundsätze*

In Art. 101–104 stellt das GG folgende Grundsätze für das gerichtliche Verfahren und die Rechtsanwendung auf:

1. Ausnahmegerichte (vgl. 215) sind unzulässig. Niemand darf seinem gesetzlichen Richter entzogen werden (Art. 101 Abs. 1).

2. Die *Todesstrafe* ist *abgeschafft* (Art. 102).

Die Todesstrafe wurde 1871 in das deutsche Strafgesetzbuch aufgenommen. Das GG verwirft den Gedanken der Vergeltung oder Abschreckung durch Tötung des Verbrechers; an die Stelle der Todesstrafe trat lebenslange Freiheitsstrafe. Anträge auf Wiedereinführung der Todesstrafe fanden nicht die erforderliche Zweidrittelmehrheit. Vgl. 396 I, 409.

3. Vor Gericht hat jedermann Anspruch auf *rechtliches Gehör* (Art. 103 Abs. 1).

Obwohl dieser Grundsatz größtenteils in den Prozeßordnungen Ausdruck findet, erhebt ihn Art. 103 als wesentlichen Teil rechtsstaatlichen Denkens erstmals zum Verfassungsgrundsatz.

4. Eine Tat darf nur bestraft werden, wenn die *Strafbarkeit* gesetzlich bestimmt war, *bevor* die Tat begangen wurde (Art. 103 Abs. 2).

Der Satz *nullum crimen sine lege* (keine Bestrafung ohne schon zur Tatzeit bestehendes Strafgesetz) schließt rückwirkende Anwendung der Strafgesetze zum Nachteil des Täters aus. Aber auch die *Höhe* der zulässigen Strafe muß vor der Tat gesetzlich bestimmt sein *(nulla poena sine lege)*. Ebenso §§ 1, 2 StGB.

5. Niemand darf wegen derselben Tat auf Grund der allgemeinen Strafgesetze *mehrmals bestraft* werden (Art. 103 Abs. 3).

Der Grundsatz „*ne bis in idem*" verbietet, den Täter wegen ein und derselben Tat mehrmals zu bestrafen. Er gilt grundsätzlich auch im Verhältnis zwischen kriminellen Strafen und Disziplinar- oder Ordnungsmaßnahmen. Vgl. 156, 455 (dort auch über Ausnahmen).

6. Über Art. 104 (Freiheit der Person) s. 47 (1).

71. Die Gerichtshoheit des Bundes

I. *Übersicht*

Die Rechtsprechung ist grundsätzlich den *Ländern* überlassen (vgl. 215). *Bundesgerichte* sind nur:

1. das *Bundesverfassungsgericht* (Art. 93, 94 GG; vgl. 72);
2. die *obersten Gerichtshöfe;*
3. das *Bundespatentgericht;*
4. die *Bundesdisziplinargerichte;*
5. die (fakultativ vorgesehenen) *Wehrstrafgerichte,* die nur im Verteidigungsfall oder gegen Angehörige der Streitkräfte im Ausland oder auf Kriegsschiffen tätig werden (vgl. 451).

Die obersten Gerichtshöfe entscheiden grundsätzlich nur über die Anwendung von *Bundesrecht.* Durch Landesgesetz kann ihnen die letztinstanzliche Entscheidung in Sachen übertragen werden, in denen Landesrecht anzuwenden ist (vgl. Art. 99 GG).

Die Richter der obersten Gerichtshöfe werden von dem zuständigen BMin. gemeinsam mit dem Richterwahlausschuß berufen und vom BPräs. ernannt (Art. 95 Abs. 2 GG, *Richterwahlgesetz* vom 25. 8. 1950, BGBl. 368). Vgl. 209.

II. *Oberste Gerichtshöfe des Bundes* sind:

1. Der *Bundesgerichtshof* (BGH) in Karlsruhe für die Zivil- und Strafgerichtsbarkeit (sog. ordentliche Gerichtsbarkeit) sowie für Angelegenheiten des *gewerblichen Rechtsschutzes* (Art. 95 Abs. 1, Art. 96 Abs. 1, 3 GG).

Der BGH entscheidet insbes. auf *Revision* gegen Urteile der Oberlandesgerichte in Zivilsachen und i. d. R. gegen erstinstanzliche Urteile der Land- und Oberlandesgerichte in Strafsachen (in diesen wird er jetzt nicht mehr erstinstanzlich tätig). Vgl. 219.

2. Das *Bundesverwaltungsgericht* (BVerwG) in Berlin, errichtet durch Bundesgesetz vom 23. 9. 1952 (BGBl. I 625). Vgl. jetzt § 2 VwGO.

Das BVerwG ist das für das ganze Bundesgebiet zuständige oberste Verwaltungsgericht für die allg. Verwaltungsgerichtsbarkeit; es entscheidet teils in erster und letzter Instanz, teils auf Revision in letzter Instanz. Vgl. 151.

Der durch Gesetz vom 12. 11. 1951 (BGBl. I 883) und VO vom 5. 1. 1953 (BGBl. I 7) in Berlin als Rechtsmittelinstanz gegen Entscheidungen der *Disziplinarkammern* – jetzt: Bundesdisziplinargericht – errichtete *Bundesdisziplinarhof* ist am 1. 10. 1967 auch organisatorisch dem BVerwG eingegliedert worden.

3. Der *Bundesfinanzhof* (BFH) in München, errichtet durch Bundesgesetz vom 29. 6. 1950 (BGBl. 257). Vgl. jetzt § 2 FGO.

Der BFH entscheidet anstelle des früheren Reichsfinanzhofs als oberste Instanz in allen Finanz- und Zollstreitigkeiten. Vgl. 78, 512.

4. Das *Bundesarbeitsgericht* (BAG) in Kassel, errichtet durch das Arbeitsgerichtsgesetz vom 3. 9. 1953 (BGBl. I 1267). Vgl. 636.

Die Tätigkeit des BAG entspricht der des früheren, durch einen besonderen Senat des Reichsgerichts gebildeten Reichsarbeitsgerichts; die des BSG der des Reichsversicherungsamtes und des Reichsversorgungsgerichts.

5. Das *Bundessozialgericht* (BSG) in Kassel, errichtet durch das Sozialgerichtsgesetz vom 3. 9. 1953 (BGBl. I 1239). Vgl. 689.

III. *Sonstige Bundesgerichte*

Von der Errichtung des in Art. 95 GG ursprünglich vorgesehenen *Obersten Bundesgerichts* ist Abstand genommen worden. Die Wahrung der Einheitlichkeit der Rspr. der obersten Gerichtshöfe obliegt einem *Gemeinsamen Senat* (Sitz Karlsruhe). Er entscheidet, wenn ein oberster Gerichtshof in einer Rechtsfrage von der Entscheidung eines anderen obersten Gerichtshofs oder des Gemeinsamen Senats abweichen will. Der Gemeinsame Senat besteht aus den Präs. der obersten Gerichtshöfe sowie den Vorsitzenden Richtern und je einem weiteren Richter der im Einzelfall beteiligten Senate. Das Verfahren regelt sich nach dem Ges. zur Wahrung der Einheitlichkeit der Rechtsprechung der obersten Gerichtshöfe des Bundes vom 19. 6. 1968 (BGBl. I 661).

Gemäß Gesetz vom 23. 3. 1961 (BGBl. I 274) wurde ein *Bundespatentgericht* in München mit Beschwerde- und Nichtigkeitssenaten errichtet, bei welchem auch Mitglieder mit abgeschlossener technischer Ausbildung zum Richteramt befähigt sind. Über Rechtsbeschwerden und Berufungen gegen Beschlüsse

147

bzw. Urteile des Patentgerichts entscheidet der *Bundesgerichtshof* (Patentsenat); vgl. 219, 387 (8).

Über das *Bundesdisziplinargericht* für Disziplinarverfahren gegen Bundesbeamte vgl. 156, über das *Dienstgericht des Bundes* für Disziplinar- und andere Angelegenheiten der Richter im Bundesdienst vgl. 209, über *Bundesdienstgerichte* für Disziplinarverfahren gegen Soldaten und zur Entscheidung über Beschwerden der Soldaten vgl. 455.

72. Das Bundesverfassungsgericht

I. *Verfassungsrechtliche Stellung. Besetzung*

Das *Bundesverfassungsgericht* (BVerfG) entspricht dem in der WVerf. vorgesehenen *Staatsgerichtshof,* der aber dem Reichsgericht angegliedert war, während das BVerfG als selbständiges Gericht in Karlsruhe tätig ist.

Das BVerfG besteht nach Art. 94 aus *Bundesrichtern* und anderen Mitgliedern. Das Nähere über seine Zusammensetzung, insbes. seine Verfassung, das Verfahren, die Wirkung seiner Entscheidungen regelt das *Gesetz über das Bundesverfassungsgericht* (BVerfGG) i. d. F. vom 12. 12. 1985 (BGBl. I 2229).

Das BVerfG ist ein allen übrigen Verfassungsorganen gegenüber selbständiger und unabhängiger Gerichtshof des Bundes (§ 1 Abs. 1 BVerfGG). Seine Stellung und Tätigkeit dürfen auch im *Verteidigungsfall* (61 IV) nicht beeinträchtigt, das BVerfGG darf vom *Gemeinsamen Ausschuß* des BT und BR (67) nur im Einvernehmen mit dem Gericht und nur zur Erhaltung seiner Funktionsfähigkeit geändert werden (Art. 115g GG).

Die Mitglieder des BVerfG müssen die Befähigung zum Richteramt (209) besitzen und das 40. Lebensjahr vollendet haben. Sie werden je zur Hälfte vom BT und vom BR gewählt. Sie dürfen weder dem BT noch dem BR, der BReg. oder entsprechenden Landesorganen angehören *(Inkompatibilität).* Ihre Amtszeit dauert 12 Jahre (Wiederwahl unzulässig), längstens bis zum 68. Lebensjahr. Eine andere Berufstätigkeit als die eines Hochschullehrers des Rechts dürfen sie neben ihrem Amt nicht ausüben.

Das BVerfG besteht aus 2 Senaten mit je 8 Richtern, von denen je 3 aus der Zahl der Richter an den obersten Gerichtshöfen des Bundes gewählt werden. Jeder Senat ist beschlußfähig, wenn wenigstens 6 Richter anwesend sind. Das BVerfG gibt sich durch das Plenum eine Geschäftsordnung (§ 1 Abs. 3 BVerfGG). Die *Geschäftsordnung* vom 15. 12. 1986 (BGBl. I 2529) enthält organisationsrechtliche und verfahrensergänzende Bestimmungen.

Der Umkreis des BVerfG in Karlsruhe ist zum *Bannkreis* erklärt (*Bannmeilengesetz* vom 6. 8. 1955, BGBl. I 504); in diesem sind öffentliche Versammlungen und Aufzüge verboten (vgl. 47, 58).

II. *Zuständigkeit*

Das BVerfG hat nicht nur rechtliche, sondern im Rahmen rechtlicher Würdigung auch politische Fragen zu entscheiden. Jedoch sind rein politische Ermessensfragen seiner Beurteilung entzogen (z. B. die Frage der Erforderlichkeit oder Zweckmäßigkeit bestimmter Verteidigungsvorbereitungen).

Nach Art. 93 entscheidet das BVerfG

1. über die *Auslegung des GG* bei Streit über den Umfang der Rechte und Pflichten der obersten Bundesorgane (sog. Organstreitigkeit);
2. bei Meinungsverschiedenheiten oder Zweifeln über *Vereinbarkeit* von Bundesrecht oder von Landesrecht *mit dem GG* oder von Landes- mit Bundesrecht (sog. *abstrakte Normenkontrolle*);
3. bei Meinungsverschiedenheiten über *Rechte und Pflichten des Bundes und der Länder,* insbes. bei Ausführung der Bundesgesetze und Ausübung der Bundesaufsicht (sog. Bund-Länder-Streitigkeiten);
4. in anderen *öffentlich-rechtlichen Streitigkeiten zwischen Bund und Ländern,* verschiedenen Ländern oder innerhalb eines Landes, soweit kein anderer Rechtsweg gegeben ist;
5. über *Verfassungsbeschwerden* wegen Verletzung von Grundrechten durch die öffentliche Gewalt (74) oder wegen Verletzung des gemeindlichen Selbstverwaltungsrechts;
6. in den übrigen im GG vorgesehenen Fällen; hier kommt außer Präsidentenanklage (Art. 61), Verwirkungsverfahren (Art. 18), Parteiverbot (Art. 21), Richteranklage (Art. 98), Wahlprüfung (Art. 41) namentlich die konkrete Normenkontrolle (vgl. 73) in Betracht.

Eine abschließende Zusammenstellung aller Zuständigkeiten findet sich in § 13 BVerfGG. In „Berliner Sachen" ist das BVerfG zwar nicht befugt, in Berlin ergangene Verwaltungsakte oder sonstige Entscheidungen als solche zu überprüfen und ggf. aufzuheben, wohl aber, die Verfassungsmäßigkeit eines in Berlin geltenden Bundesgesetzes aus Anlaß seiner Anwendung in einer solchen Entscheidung zu beurteilen (BVerfGE 19, 377; BVerfG NJW 1974, 893).

Vielfach stellt das BVerfG in seinen Entscheidungen Richtsätze für die Gesetzgebung auf (vgl. z. B. 53, 409, 469). Die Abgrenzung zwischen Rechtsausführungen und politischen Entscheidungen ist öfters umstritten.

III. *Verfahren*

Es ist weitgehende Anwendung der *Offizialmaxime* vorgesehen. Die verfahrensrechtliche Handhabung ist im Gesetz selbst nicht umfassend geregelt; sie ist ggf. aus anderem Prozeßrecht (je nach dem Verfahrensgegenstand ZPO oder StPO oder einer anderen Verfahrensordnung) zu ergänzen und durch Gerichtsgebrauch fortzubilden. Unzulässige oder offensichtlich unbegründete Anträge können durch einstimmigen Beschluß verworfen werden (§ 24 BVerfGG); über die Vorprüfung der Verfassungsbeschwerden durch Kammern vgl. 74. Aus wichtigen Gründen, insbes. zur Vermeidung schwerer Nachteile, kann durch *einstweilige Anordnung* ein Zustand vorläufig geregelt werden (§ 32 BVerfGG). Jeder Richter kann seine abweichende Meinung *(dissenting opinion)* in einem *Sondervotum* niederlegen (§ 30 Abs. 2 BVerfGG und § 55 GeschO). Auch kann der Senat in der Entscheidung das Stimmenverhältnis mitteilen.

73. Richterliches Prüfungsrecht und Normenkontrollverfahren

I. Im Rechtsstaat kommt der gerichtlichen Prüfung, ob ein anzuwendendes Gesetz rechtsgültig, insbesondere „verfassungskonform" ist, besondere Bedeutung zu. Der Richter ist nur dem Gesetz unterworfen, aber auch nur an ein rechtsgültiges Gesetz gebunden. Dementsprechend hat er ein *richterliches Prüfungsrecht* bezüglich der Ordnungsmäßigkeit des von ihm anzuwendenden Gesetzes. Er darf und muß jeweils prüfen, ob das Gesetz formell und materiell gültig ist. Dies ist der Fall, wenn das Gesetz ordnungsgemäß verkündet (s. 64 IV) und nicht durch ein späteres Gesetz aufgehoben oder geändert worden ist sowie keiner Norm höheren Ranges (z. B. Völkerrecht, GG, Landesverfassung, Bundesrecht) widerspricht.
Kommt der Richter auf Grund seiner Überprüfung zu dem Ergebnis, daß das Gesetz ordnungsgemäß zustande gekommen ist und nicht gegen höherrangiges Recht verstößt, so entscheidet er den Rechtsfall unter Anwendung des ihm maßgeblich erscheinenden Gesetzes. Hält er dagegen das Gesetz für verfassungswidrig, so hat er – wenn es bei der Entscheidung auf die Gültigkeit dieses Gesetzes ankommt – das Verfahren auszusetzen und gem. Art. 100 Abs. 1, 2 die Entscheidung des Bundes- oder Landesverfassungsgerichts einzuholen, sofern es sich um ein förmliches Gesetz handelt, das nach dem Inkrafttreten des GG oder der Landesverfassung zustande gekommen ist (sog. *konkrete Normenkontrolle*). Früheres (sog. *vorkonstitutionelles*) *Recht* (vgl. 142), d. h. Normen, die vor Inkrafttreten des GG erlassen und nicht später vom Gesetzgeber bestätigt worden sind, hat der Richter selbst auf seine Verfassungsmäßigkeit zu überprüfen. Gelangt er dabei zu der Auffassung, das (vorkonstitutionelle) Gesetz verstoße gegen höherrangiges Recht, so hat er es nicht anzuwenden (*Verwerfungsbefugnis*; vgl. BVerfG NJW 1968, 1772, Nr. 2, 3).

Das *gerichtliche Verfahren* ist nicht nur dann auszusetzen, wenn das Gericht zu der Überzeugung kommt, ein Gesetz sei *verfassungswidrig*, sondern auch, wenn es eine landesrechtliche Bestimmung als mit einem Bundesgesetz unvereinbar ansieht. Bei Verletzung von Bundesrecht ist die Entscheidung des BVerfG, bei Verletzung von Landesverfassungsrecht die Entscheidung des betreffenden Landesverfassungsgerichts einzuholen.

II. Die besondere Bedeutung der *Verfassungsgerichte* des Bundes und der Länder liegt darin, daß sie überprüfen, ob anzuwendende Gesetze verfassungsmäßig zustandegekommen sind und ob sie mit dem GG bzw. der Landesverfassung übereinstimmen. Hierbei kann das Verfassungsgericht über den konkreten Rechtsstreit hinaus Meinungsverschiedenheiten und Zweifel klären. Dieses sog. *Normenkontrollverfahren* dient der Prüfung von Rechtsnormen am Maßstab des GG oder der Landesverfassung.

Über das Normenkontrollverfahren vor dem *Oberverwaltungsgericht* vgl. 151 IV.

Die Entscheidungen des BVerfG *binden* die Verfassungsorgane des Bundes und der Länder sowie alle Gerichte und Behörden. Entscheidungen darüber, ob Bundes- oder Landesrecht mit dem GG oder Landesrecht mit dem Bundesrecht vereinbar ist (Art. 93 Abs. 1 Nr. 2, Art. 100 Abs. 1 GG), ob Völkerrecht bindendes innerstaatliches Recht geworden ist (Art. 100 Abs. 2 GG) sowie ob früheres Recht als Bundesrecht fortgilt (Art. 126 GG; vgl. 55 V), haben nach § 31 BVerfGG *Gesetzeskraft*. Das gleiche gilt, wenn ein Gesetz auf Verfassungsbeschwerde hin als mit dem GG vereinbar oder unvereinbar oder für nichtig erklärt wird. Alle diese Entscheidungen werden deshalb im BGBl. veröffentlicht.

Im Wege der Normenkontrolle erklärte das BVerfG in den letzten Jahren u. a. für nichtig:

a) § 6 des Rabattgesetzes betr. Verbot der Rabattgewährung für Warenhäuser usw. (BGBl. 1967 I 626);
b) §§ 421 Abs. 2, 445, 447 Abs. 1 AO über die Strafgewalt der Finanzämter und das Unterwerfungsverfahren (BGBl. 1967 I 626);
c) einzelne Vorschriften des Parteiengesetzes (45); vgl. NJW 1969, 179;
d) das Ingenieurgesetz vom 7. 7. 1965 (BGBl. I 601); vgl. BGBl. 1969 I 1444;
e) § 6 Abs. 2 des Ges. über die Verbreitung jugendgefährdender Schriften betr. Werbung für Nacktkultur (BGBl. 1971 I 1000);
f) § 3 Nr. 9 TierschutzG (404) betr. Versendung von Tieren gegen Nachnahme (BGBl. 1973 I 1820);
g) § 1568 Abs. 2 BGB, soweit danach eine Ehescheidung nach fünfjährigem Getrenntleben der Ehegatten *ausnahmslos* auszusprechen ist (BGBl. 1980 I 2289).
h) das Ausbildungsplatzförderungsgesetz vom 7. 9. 1976 (BGBl. I 2658); vgl. NJW 1981, 329;
i) das Staatshaftungsgesetz vom 26. 6. 1981 (BGBl. I 553); vgl. NJW 1983, 25

74. Die Verfassungsbeschwerde

ist in Art. 93 Abs. 1 Nr. 4a GG und §§ 90ff. BVerfGG als letzter innerstaatlicher Rechtsbehelf des einzelnen zugelassen, der in einem ihm durch das GG gewährleisteten *Grundrecht* oder einem insoweit den Grundrechten gleichgestellten Recht durch einen Akt der öffentlichen Gewalt verletzt ist.

Den Grundrechten *gleichgestellt* sind folgende Rechte: *Widerstandsrecht* bei Angriffen gegen die verfassungsmäßige Ordnung (Art. 20 Abs. 4), *Indigenat* (jeder Deutsche hat in jedem Land der BRep. gleiche Rechte und Pflichten), gleicher Zugang zu öffentlichen Ämtern, Berufsbeamtentum (Art. 33), Wahlrecht (Art. 38), keine Ausnahmegerichte, Anspruch auf den gesetzlichen Richter

(Art. 101), rechtliches Gehör vor Gericht, Verbot rückwirkender Anwendung der Strafgesetze und der Doppelbestrafung (Art. 103), Rechtsgarantien bei Freiheitsentzug (Art. 104). Vgl. 46.

Eine *Verfassungsbeschwerde* kann nur erhoben werden, wenn der *Rechtsweg erschöpft* ist, d. h. wenn alle zulässigen Rechtsbehelfe und Rechtsmittel ausgenutzt worden sind. Die Verfassungsbeschwerde ist schriftlich innerhalb 1 Monats seit Bekanntgabe der angegriffenen, begründeten Entscheidung anzubringen. Die Frist beträgt bei Anfechtung von Hoheitsakten, gegen die ein Rechtsweg nicht eröffnet ist, sowie bei Gesetzen ein Jahr seit Erlaß des Hoheitsaktes bzw. Inkrafttreten des Gesetzes. Voraussetzung für die Zulässigkeit einer Verfassungsbeschwerde gegen ein Gesetz ist, daß der Beschwerdeführer selbst, gegenwärtig und unmittelbar durch das Gesetz, nicht etwa erst durch einen vollziehenden Verwaltungsakt, in einem Grundrecht verletzt ist. Eine *Popularklage,* also eine Klage bzw. Verfassungsbeschwerde gegen ein Gesetz ohne ein eigenes Betroffensein, ist beim BVerfG nicht möglich (anders dagegen die Popularklage nach Art. 98 S. 4 Bayer. Verfassung, die jedermann zusteht, auch wenn er durch das angegriffene Gesetz selbst nicht beeinträchtigt wird).

Die Verfassungsbeschwerde bedarf der *Annahme zur Entscheidung*. Die bei den Senaten des BVerfG gem. § 15a BVerfGG gebildeten *Kammern* (Besetzung: 3 Richter) können durch einstimmigen Beschluß die Annahme ablehnen, wenn der Beschwerdeführer den *Gebührenvorschuß* nicht gezahlt hat, die Verfassungsbeschwerde unzulässig oder offensichtlich unbegründet ist oder wenn zu erwarten ist, daß der Senat die Verfassungsbeschwerde nicht annehmen wird (§ 93b BVerfGG). Die Kammer kann aber auch einstimmig der Verfassungsbeschwerde stattgeben, wenn sie offensichtlich begründet ist, weil das BVerfG die hierfür maßgebliche verfassungsrechtliche Frage bereits entschieden hat (§ 93b Abs. 2 BVerfGG). Im übrigen entscheidet der Senat über die Annahme der Verfassungsbeschwerde. Er nimmt die Verfassungsbeschwerde an, wenn mindestens zwei Richter der Auffassung sind, daß von der Entscheidung die Klärung einer verfassungsrechtlichen Frage zu erwarten ist oder dem Beschwerdeführer durch die Versagung der Entscheidung ein schwerer und unabwendbarer Nachteil entsteht (§ 93c BVerfGG). Das Verfahren beim BVerfG ist kostenfrei; jedoch kann dem Beschwerdeführer ein *Gebühr* bis zu 1000 DM (bei Mißbrauch bis zu 5000 DM) auferlegt werden, wenn die Annahme der Verfassungsbeschwerde abgelehnt wird (§ 34 Abs. 1, 4 BVerfGG). Dem Beschwerdeführer kann die Zahlung eines Gebührenvorschusses aufgegeben werden (§ 34 Abs. 6 BVerfGG).

Gibt das BVerfG der Beschwerde statt, so stellt es die Grundrechtsverletzung fest und hebt die angefochtene Maßnahme auf bzw. erklärt das Gesetz für nichtig (§§ 95, 31 BVerfGG).

V. Das Finanzwesen des Bundes und der Länder

75. Die Finanzhoheit des Bundes und der Länder

Da das Finanzwesen von größter Bedeutung für Bestand und Funktion des Staates ist, war die Regelung der *Finanzhoheit* in der BRep. stark umstritten. Während die einen eine finanzielle Stärkung des Bundes anstrebten, betonten die anderen die Finanzhoheit der Länder. Das GG regelt in Abschnitt X als Kernprobelm des Bundesstaates speziell das *Finanzwesen des Bundes und der Länder.* Es spart die Grundsätze über Gesetzgebung, Verwaltung und Rechtsprechung auf diesem Gebiet in den Abschnitten VII–IX aus und faßt sie für das Finanzwesen im X. Abschnitt wegen ihrer Besonderheiten zusammen. Hiervon behandeln die Art. 104a–108 die *Verteilung der Finanzhoheit* auf Bund und Länder, während die Art. 109–115 die wichtigsten Grundsätze für das *Haushaltsrecht des Bundes* enthalten.

Grundsätzlich tragen Bund und Länder gesondert die Ausgaben, die sich aus der Wahrnehmung ihrer Aufgaben ergeben. In *Auftragsangelegenheiten* (56 II) trägt der Bund die Kosten. Führen die Länder Bundesgesetze aus, die Geldleistungen gewähren, kann die Beteiligung des Bundes im Gesetz festgelegt werden. Der Bund kann Ländern und Gemeinden auch *Investitionshilfen* im gesamtwirtschaftlichen Interesse gewähren (Art. 104a).

Dem *Kaiserreich von 1871* floß zwar der Ertrag der Zölle und indirekten Steuern zu; im übrigen war es aber auf die Matrikularbeiträge der Bundesstaaten angewiesen („Kostgänger der Länder") und befand sich in ständiger Finanznot. Im Jahre 1906 kam zu der Brausteuer als erste direkte Steuer die Erbschaft- und Schenkungsteuer hinzu, später Vermögenszuwachssteuer und einmaliger Wehrbeitrag.

In der *Weimarer Republik* dagegen waren fast alle Steuereinnahmen und die Steuerverwaltung auf das Reich übertragen. Die Länder erhielten die benötigten Mittel im Wege des Finanzausgleichs und wurden finanziell vom Reich abhängig („Reichspensionäre").

Das *Grundgesetz* geht einen Mittelweg, indem es das Steueraufkommen etwa gleichmäßig auf Bund und Länder verteilt. Weiter schafft es eine doppelte Finanzverwaltung, die dem föderalistischen Staatsaufbau entspricht.

Nach Art. 120 trägt der Bund die Besatzungskosten, die Kriegsfolgelasten und die Zuschüsse zur Sozialversicherung. Er erhält dafür u. a. einen Teil der Einkommen-, Körperschaft- und Umsatzsteuer (vgl. 76, 79, 82).

76. Die Gesetzgebung in Finanzangelegenheiten

regelt Art. 105. Danach steht dem Bund

a) die *ausschließliche Gesetzgebung* über Zölle und Finanzmonopole,

b) die *konkurrierende Gesetzgebung* über die übrigen Steuern zu, deren Aufkommen ihm ganz oder teilweise zusteht (vgl. 79) oder wenn nach Art. 72 Abs. 2 ein Bedürfnis für die Bundeskompetenz besteht (weil die Regelung über ein Land hinauswirkt oder zur Wahrung der Rechts- oder Wirtschaftseinheit erforderlich ist).

Die *Länder* haben die Befugnis zur Gesetzgebung über *örtliche Verbrauch-* und *Aufwandsteuern,* sofern diese nicht bundesgesetzlich geregelten Steuern gleichartig sind.

Zu Bundessteuergesetzen ist die Zustimmung des BR erforderlich, wenn das Aufkommen ganz oder zum Teil den Ländern oder Gemeinden zufließt (Art. 105 Abs. 3; insbes. bei Realsteuern).

Zölle (Einfuhr- oder Ausfuhrzölle) sind Abgaben auf Güter. Sie werden bei der Grenzüberschreitung fällig. Vgl. 554.

Unter einem *Finanzmonopol* versteht man die ausschließliche Berechtigung, aus dem Verkauf bestimmter Waren oder aus bestimmten Dienstleistungen Einkünfte zu erzielen. Über das *Branntweinmonopol* und die zu seiner Verwaltung geschaffene *Bundesmonopolverwaltung für Branntwein* sowie das *Zündwarenmonopol* vgl. 553.

77. Die Finanzverwaltung

Abweichend von der WVerf., unter welcher seit der Finanzreform 1919 die Verwaltung sämtlicher Reichssteuern dem Reich zugewiesen war, teilt das GG (Art. 108) die Verwaltung teils dem Bund und teils den Ländern zu. Diese Verteilung der *Verwaltungshoheit* entspricht nicht ganz der *Gesetzgebungshoheit* (vgl. 76).

Nach Art. 108 verwaltet der *Bund* die Zölle, Finanzmonopole, bundesrechtlichen Verbrauchsteuern und Abgaben im Rahmen der Europ. Gemeinschaften, während den *Ländern* die Verwaltung der übrigen Steuern, insbes. der Besitz- und Verkehrsteuern übertragen ist. Zur Verwaltungsvereinfachung kann ein Zusammenwirken von Bundes- und Landesbehörden oder die Verwaltung der Bundessteuern durch Landesbehörden oder umgekehrt gesetzlich bestimmt werden.

Da die *Einkommen-, Körperschaft- und Umsatzsteuern* nach Art. 106 Abs. 3 zum Teil dem Bund zufließen, ist er insoweit an der Verwaltung dieser Steuerarten, die er den Ländern als *Auftragsverwaltung* überläßt, beteiligt (Art. 108 Abs. 3). Die BReg. kann gemäß Art. 85 mit Zustimmung des BR allgemeine Verwaltungsvorschriften erlassen und die einheitliche Ausbildung der Beamten und Angestellten regeln (vgl. 573). Der BMF kann Weisungen an die obersten Landesbehörden erteilen. Seine Aufsicht erstreckt sich auf Gesetzmäßigkeit und Zweckmäßigkeit der Ausführung. Entsprechendes gilt für die von den Ländern auftragsweise verwalteten, dem Bund allein zufließenden *Verkehrsteuern* und die einmaligen *Vermögensabgaben* (Soforthilfe, Lastenausgleich).

Den Behördenaufbau und das Verfahren regelt das *Finanzverwaltungsgesetz* i. d. F. vom 30. 8. 1971 (BGBl. I 1426, 1427) m. spät. Änd. Oberste Finanzbehörden sind der Bundes- und die Landesfinanzminister(-senatoren), Oberbehörden die Bundesschuldenverwaltung, die Bundesmonopolverwaltung für Branntwein, das Bundesamt für Finanzen sowie die Bundesaufsichtsämter für das Kreditwesen und für das Versicherungswesen. Als Mittelbehörden des Bundes und zugleich des Landes fungieren die *Oberfinanzdirektionen;* dementsprechend sind ihre Abteilungen für Zölle und Verbrauchsteuern Bundes-, die Abteilungen für Besitz- und Verkehrsteuern Landesbehörden. Örtliche Behörden des Bundes sind die *Hauptzollämter* einschließlich ihrer Dienststellen (Zollämter,

Grenzkontrollstellen, Zollkommisariate), Zollfahndungsämter, Bundesvermögensämter und Bundesforstämter, örtliche Landesbehörden sind die Finanzämter.

78. Die Rechtsprechung in Finanzangelegenheiten

Die Finanzgerichtsbarkeit (Art. 108 Abs. 6 GG) wird nach der *Finanzgerichtsordnung* (FGO) vom 6. 10. 1965 (BGBl. I 1477) m. spät. Änd. in den Ländern von einem oder mehreren Finanzgerichten als oberen Landesgerichten, im Bund vom *Bundesfinanzhof* ausgeübt. Diese Spruchkörper sind unabhängige, von den Verwaltungsbehörden getrennte *besondere Verwaltungsgerichte* (vgl. 151 II).

Die FGe, an deren Spitze ein Präsident steht, entscheiden in Senaten mit drei Berufs- und zwei ehrenamtlichen Richtern. Sie sind zuständig für Klagen gegen Finanzbehörden in Abgabensachen (Steuer- und Zollsachen). Mit der Klage kann die Aufhebung (u. U. auch Änderung) eines Verwaltungsaktes, die Verpflichtung zum Erlaß eines abgelehnten oder unterlassenen Verwaltungsaktes oder eine Feststellung über ein Rechtsverhältnis oder die Nichtigkeit eines Verwaltungsaktes begehrt werden (§§ 40, 41 FGO; vgl. 151 IV).

Gegen Bescheide der Finanzbehörde ist nach § 348 AO i. d. R. zunächst der *Einspruch* einzulegen (binnen eines Monats); erst wenn dieser erfolglos bleibt, kann (wiederum binnen eines Monats) die Klage bei dem FG angebracht werden (§§ 44ff. FGO). Das FG entscheidet i. d. R. nach mündlicher Verhandlung durch Urteil, kann aber auch ohne Verhandlung einen *Vorbescheid* erlassen, gegen den mündliche Verhandlung beantragt werden kann (§ 90 FGO). Gegen Urteile der FGe ist die Revision an den *Bundesfinanzhof* zulässig, dessen Senate in der Besetzung mit fünf Richtern entscheiden (Präs. oder Vorsitzender Richter, 4 Richter). Revision ist nur zulässig, wenn der Streitgegenstand 1000 DM übersteigt oder wenn das FG sie wegen der grundsätzlichen Bedeutung der Sache, wegen Abweichung seines Urteils von einer Entscheidung des BFH oder wegen Verfahrensmangels zugelassen hat (§ 115 FGO); sie kann nur auf Verletzung des materiellen oder formellen Rechts gestützt werden. Nach dem EntlastungsG vom 8. 7. 1975 (BGBl. I 1861) ist bis zum 31. 12. 1987 die Revision nur dann statthaft, wenn das FG oder der BFH sie zugelassen hat; der BFH kann jede Revision durch Beschluß verwerfen, wenn 5 Richter sie einstimmig für unbegründet und eine mündliche Verhandlung nicht für erforderlich halten. Der BFH entscheidet ferner über Beschwerden gegen Beschlüsse und andere nicht urteilsmäßige Erkenntnisse der FGe (§ 128 FGO) sowie in 1. Instanz über Klagen gegen erstinstanzliche Verwaltungsakte des BMF in Eingangsabgabensachen und in einigen Sonderfällen (§ 37 FGO).

Zur weiteren Entlastung der Finanzgerichtsbarkeit gestattet das Ges. vom 31. 3. 1978 (BGBl. I 446) m. letzter Änd. vom 4. 7. 1985 (BGBl. I 1274) bis 31. 12. 1990 dem FG, sein Verfahren nach billigem Ermessen zu bestimmen, wenn der Streitwert bei einer Klage, die eine Geldleistung oder einen hierauf gerichteten Verwaltungsakt betrifft, 500 DM nicht übersteigt. Erklärungen oder Beweismittel, die trotz Fristsetzung und Folgenhinweis unentschuldigt verspätet angebracht werden, kann das Gericht zurückweisen.

Vor den FGen besteht kein Vertretungszwang; jedoch müssen sich die Beteiligten (zunächst bis 31. 12. 1987) vor dem BFH durch einen Rechtsanwalt, Steuerberater oder Wirtschaftsprüfer vertreten lassen. Der *ordentliche Rechtsweg* ist ausgeschlossen, soweit der *Finanzrechtsweg* gegeben ist (§§ 33, 34 FGO).

Dieser Ausschluß erstreckt sich aber nicht auf Ansprüche und Rechtsfragen des bürgerlichen Rechts, die im Steuerbeitreibungsverfahren entstehen; sie gehören in den Bereich der ordentlichen Gerichtsbarkeit.

79. Die Verteilung des Steueraufkommens

ist in den Art. 106 und 107 GG geregelt. Während unter der WVerf. und in der Hitlerzeit alle großen Steuern nach und nach Reichssteuern geworden und die Länder auf Finanzzuweisungen des Reiches angewiesen waren, verteilt das GG die Steuererträge nach den *Steuerquellen* getrennt auf Bund und Länder im Verhältnis der zugewiesenen Aufgaben (sog. *Trennsystem*). Für bestimmte Steuern der konkurrierenden Gesetzgebung (Art. 105 Abs. 2) ist jedoch eine Verteilung des Aufkommens auf Bund und Länder (sog. *Mischsystem*) durch Zustimmungsgesetz zugelassen.

Durch die im *Finanzreformgesetz* vom 12. 5. 1969 (BGBl. I 359) neu gefaßten Art. 106 und 107 werden die Steuern auf Bund und Länder (einschl. Gemeinden) folgendermaßen aufgeteilt:

Dem *Bund* fließen Zölle, Erträge aus Monopolen, fast alle Verbrauchsteuern, ferner die Kapitalverkehr-, die Versicherung- und die Wechselsteuer, einmalige Vermögensabgabe (Lastenausgleich), Abgaben im Rahmen der Europ. Gemeinschaften zu (Art. 106 Abs. 1).

Die *Länder* erhalten die Biersteuer, die Kraftfahrzeugsteuer, einen Teil der Verkehrsteuern, die Vermögen- und Erbschaftsteuer sowie die Abgaben von Spielbanken. Die Verteilung der *Einkommen-* und *Körperschaftsteuer* war seit Jahren Gegenstand des Ringens, da beide Steuern besonders ertragreich sind. Bis 1969 schwankte die Beteiligung von Bund und Ländern zwischen 33⅓ bis 39 v. H. für den Bund und dementsprechend 66⅔ bis 61 v. H. für die Länder (zuletzt 35 bzw. 65 v. H.). Nunmehr ist durch Art. 106 Abs. 3 eine Beteiligung von Bund und Ländern an der *Einkommen-* und der *Körperschaftsteuer* je zur Hälfte festgelegt. Von der *Umsatzsteuer* erhielten 1979–1982 der Bund 67,5 v. H., die Länder 32,5 v. H. Für 1983 stehen dem Bund 66,5 v. H., den Ländern 33,5 v. H. zu. 1984 und 1985 erhält der Bund 65,5 v. H., die Länder erhalten 34,5 v. H. Für 1986 und 1987 ist eine Verteilung von 65 v. H. (Bund) und 35 v. H. (Länder) festgesetzt. Vgl. Finanzausgleichsgesetz vom 28. 8. 1969 (BGBl. I 1432) m. letzter Änderung vom 19. 12. 1985 (BGBl. I 2354).

Den *Gemeinden* (Gemeindeverbänden) steht nach Art. 106 Abs. 6 GG das Aufkommen an *Real-(Objekt-)Steuern* (Grund- und Gewerbesteuer) sowie der örtlichen Verbrauch- und Aufwandsteuern zu (vgl. 503). Weiter fließen ihnen 15 v. H. des örtlichen Aufkommens an Lohn- und Einkommensteuern (nach Zerlegungsgrundsätzen, Art. 107 Abs. 1 GG) zu. Sie müssen aber ihrerseits aus ihrem Gewerbesteueraufkommen an das Finanzamt eine Umlage zur Verteilung auf Bund und Länder abführen (*Gemeindefinanzreformgesetz* vom 8. 9. 1969, BGBl. I 1587, i. d. F. vom 28. 1. 1985, BGBl. I 201). Im übrigen bestimmt die Landesgesetzgebung, ob und inwieweit das Aufkommen an Landessteuern den Gemeinden (Gemeindeverbänden) zukommt. Für vom Bund veranlaßte besondere Einrichtungen mit Sonderbelastungen der Länder oder Gemeinden gewährt der Bund den erforderlichen *Ausgleich* für Mehrausgaben oder Mindereinnahmen (Art. 106 Abs. 8 GG). Vgl. 82.

Während man die Aufteilung der Erträge aus Steuern und anderen Abgaben zwischen *Bund und Ländern* als *vertikalen Finanzausgleich* bezeichnet, besteht der sog. *horizontale Finanzausgleich* darin, daß nach Art. 107 Abs. 2 GG durch Bundesgesetz ein angemessener Ausgleich zwischen leistungsfähigen und leistungsschwachen Ländern angeordnet wird, indem diesen aus Beiträgen leistungsfähiger Länder (Ausgleichsbeiträgen) *Ausgleichszuweisungen* gewährt werden. Das Nähere regeln das Finanzausgleichsgesetz (s. o.) und die für die einzelnen Ausgleichsjahre ergehenden DVOen. Nach der Entscheidung des BVerfG vom Juni 1986 sind die Vorschriften des Zweiten Abschnitts des Finanzausgleichsgesetzes mit Art. 107 Abs. 2 GG unvereinbar; der Gesetzgeber ist verpflichtet mit Wirkung spätestens für das Haushaltsjahr 1988 eine Neuregelung zu treffen (BVerfG NJW 1986, 2629).

Berlin nimmt bis auf weiteres am Finanzausgleich unter den Ländern nicht teil, sondern erhält einen Zuschuß aus Bundesmitteln (vgl. 822 II).

80. Das Haushalts- und Rechnungswesen

Nach Art. 110 GG ist ein *Haushaltsplan (Etat)* aufzustellen, der alle Einnahmen und Ausgaben vollständig enthalten muß, soweit sie voraussehbar sind. Dieser Plan ist ein Voranschlag über Bedarf und Deckung für ein oder mehrere bevorstehende *Haushaltsjahre;* er muß in Einnahme und Ausgabe ausgeglichen sein und wird durch (formelles) Gesetz festgestellt. Das *Haushaltsgesetz* ist in seinen Auswirkungen ein staatsleitender Akt; es darf keine Belastungen vorsehen, die über das Haushaltsjahr hinaus eine Änderung von Gesetzen oder gesetzlichen Einrichtungen voraussetzen oder sonst über das eigentliche *Budgetrecht* hinausgreifen (sog. *Bepackungsverbot*).

Der Bund hat als *eigene Einnahmen:*

a) Erträge der BBahn und der BPost (Art. 87);

b) Erträge aus Zöllen, Monopolen und Verbrauchsteuern, ferner aus Kapitalverkehr-, Versicherung-, Wechselsteuer, einmaligen Vermögensabgaben, Abgaben im Rahmen der Europ. Gemeinschaften (Art. 106 Abs. 1);

c) Verwaltungseinnahmen;

d) Gewinn der Bundesbank;

e) Teile der Einkommen-, Körperschaft- und Umsatzsteuer (Art. 106 Abs. 3).

Der BT darf Gesetze, die eine Erhöhung des Etats über die Ansätze der BReg. hinaus zur Folge haben, nur mit Zustimmung der BReg. beschließen; die Zustimmung ist auch für Gesetze erforderlich, die neue Ausgaben oder Einnahmeminderungen nach sich ziehen (Art. 113). Dadurch soll verhindert werden, daß das Parlament Haushaltsausgaben beschließt oder verursacht, die eine ordentliche Wirtschaftsführung der Exekutive in Frage stellen.

Zur Leistung dringlicher Ausgaben vor Verabschiedung des Etats können die benötigten Mittel im Wege des Kredits von der BReg. beschafft werden (*Notetatsrecht;* Art. 111). Haushaltsüberschreitungen bedürfen der Zustimmung des Bundesfinanzministers, der dem BT und dem BR zur *Rechnungslegung* verpflichtet ist (Art. 112, 114).

Die *Rechnungsprüfung* obliegt dem *Bundesrechnungshof* (110), der als ein den BMinisterien gleichgestelltes Bundesorgan die Staatskontrolle ausübt. Sein Bericht ist die Grundlage für die Beschlüsse von BT und BR, durch die der BReg. *Entlastung* erteilt wird (Art. 114). In den Ländern bestehen *Landesrechnungshöfe* für ihren Bereich mit entsprechenden Aufgaben und Befugnissen.

BUNDESEINNAHMEN 1987: 268,55 Mrd. DM

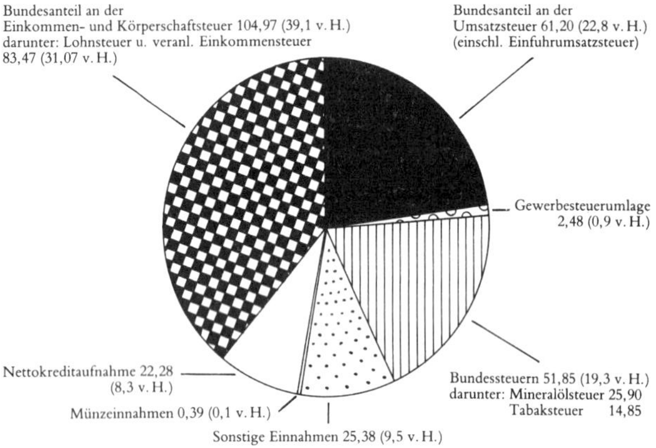

BUNDESAUSGABEN 1987: 268,55 Mrd. DM

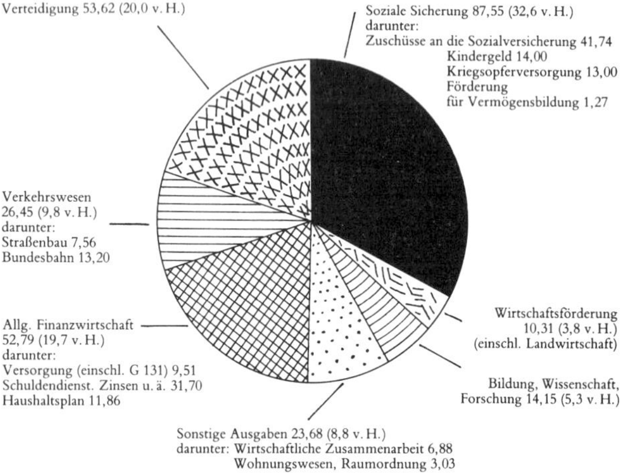

(Schaubild: Bundesministerium der Finanzen)
Gem. Haushaltsgesetz vom 19. 12. 1986 (BGBl. I 2568)

Entwicklung des Bundeshaushalts
1950–1987
(ohne Nachtragshaushalte

Einnahmen/Ausgaben (in Milliarden DM)

1950	14,6	1973	120,2
1951	20,8	1974	136,4
1953	27,9	1975	155,1
1959	42,9	1976	164,0
1961	52,2	1977	172,0
1963	58,2	1978	188,7
1964	65,9	1979	203,8
1965	69,1	1980	214,2
1966	72,6	1981	231,16
1967	80,9	1982	240,51
1968	88,4	1983	253,20
1969	97,8	1984	257,14
1970	94,3	1985	259,34
1971	103,0	1986	263,48
1972	112,8	1987	268,55

Maßgebend ist jetzt an Stelle der *Reichshaushaltsordnung* vom 31. 12. 1922 (RGBl. 1923 II 17), die z. T. noch als Landesrecht fortgilt, die *Bundeshaushaltsordnung* vom 19. 8. 1969 (BGBl. I 1284) m. letzter Änd. vom 6. 8. 1986 (BGBl. I 1275), die neben Art. 114 GG gilt. *Haushaltsjahr* ist das Kalenderjahr. Die BHO regelt Aufstellung und Ausführung des Haushaltsplans, Buchführung und Rechnungslegung, die Rechnungsprüfung durch den *Bundesrechnungshof* (110) und die Anwendung der BHO auf bundesunmittelbare juristische Personen des öffentlichen Rechts (144). Anleihen, Darlehen usw. dürfen nur auf Grund eines Bundesgesetzes aufgenommen werden (Art. 115 GG).

Der über Einnahmen und Ausgaben des Bundes und entsprechend in den Ländern, Gemeinden u. a. öffentlich-rechtlichen Körperschaften aufzustellende *Haushaltsplan* ist das Produkt einer Finanzplanung für ein Haushaltsjahr; er berücksichtigt die finanzielle Entwicklung der folgenden Zeiträume, wobei aber ein Vorgriff auf die nächsten Haushaltsjahre nur in den gesetzlichen Grenzen zulässig ist (s. o. Bepackungsverbot). Die Haushaltswirtschaft des Bundes und der Länder ist grundsätzlich voneinander unabhängig. Doch gelten inhaltlich übereinstimmende Richtlinien für konjunkturgerechte Haushaltswirtschaft, mehrjährige Finanzplanung, Kreditaufnahmen usw. nach dem auf Grund Art. 109 GG ergangenen *Haushaltsgrundsätzegesetz* vom 19. 8. 1969 (BGBl. I 1273). Dieses enthält ergänzende Vorschriften für den Bundeshaushalt und zugleich bindende Rahmenbestimmungen für das Haushaltsrecht der Länder. S. auch *Stabilitätsgesetz* (859 II).

Der Kassen- und Rechnungsdienst obliegt den *Finanz-* und *Zollkassen*. In der *Bundesfinanzverwaltung* bestehen *Bundeskassen* bei den Oberfinanzdirektionen (mit Zahlstellen bei den nachgeordneten Dienststellen); sie rechnen die Einnahmen und Ausgaben mit der *Bundeshauptkasse* ab, die beim BMF besteht (§ 79 BHO). In den *Landesfinanzverwaltungen* bestehen *Landesfinanzkassen;* diese rechnen ihre Einnahmen und Ausgaben jeweils mit der *Oberfinanzkasse* (Dienststelle der OFD) ab, in einigen Ländern unmittelbar mit der *Landeshauptkasse*.

81. Das Bundesvermögen

Die Überleitung des *früheren Reichsvermögens* regelt Art. 134. Danach ist das Vermögen des Reiches grundsätzlich *Bundesvermögen* geworden. Soweit es jedoch nach seiner ursprünglichen Zweckbestimmung überwiegend für Verwaltungsaufgaben bestimmt war, die nach dem GG nicht dem Bund obliegen, ist es unentgeltlich auf die nunmehr zuständigen *Aufgabenträger* bzw. auf die *Länder* zu übertragen. Der Bund kann den Ländern auch sonstiges Vermögen übertragen. Vermögen, das dem Reich von Ländern oder Gemeinden (Gemeindeverbänden) unentgeltlich zur Verfügung gestellt war, fällt diesen wieder zu, soweit es nicht der Bund für eigene Verwaltungsaufgaben benötigt *(Rückfallvermögen)*.

Hiernach kann eine Rückgabe von Vermögen, das dem Reich unentgeltlich zur Verfügung gestellt worden war (z. B. Verwaltungsgebäude), an Länder und Gemeinden notwendig sein. Im Streitfalle entscheidet das BVerfG (Art. 93 Abs. 1 Ziff. 4). Die *Haftung der BRep. für Reichsschulden* läßt sich aus Art. 134 nicht herleiten, da das Deutsche Reich und die BRep. nicht identisch sind.

Die Behandlung des Reichsvermögens wurde auf Grund eines Vorbehalts in Art. 134 Abs. 4 zunächst durch Ges. vom 21. 7. 1951 (BGBl. I 467) vorläufig geregelt. Die endgültige Regelung im Verhältnis zwischen Bund, Ländern, Gemeindeverbänden und Gemeinden entsprechend den Grundsätzen des Art. 134 traf das Ges. zur Regelung der Rechtsverhältnisse des Reichsvermögens und der preußischen Beteiligungen *(Reichsvermögengesetz)* vom 16. 5. 1961 (BGBl. I 597).

Zur Regelung der Verbindlichkeiten des Deutschen Reiches, des ehemaligen Landes Preußen und sonstiger nicht mehr bestehender Körperschaften und Anstalten des öffentlichen Rechts sowie zur Regelung der Verbindlichkeiten, die mit dem Übergang von Vermögenswerten nach dem Krieg in Zusammenhang stehen, wurde in das GG Art. 135a eingefügt. In Ausführung dieses Artikels erging das Gesetz zur allgemeinen Regelung durch den Krieg und den Zusammenbruch des Deutschen Reiches entstandener Schäden *(Allgemeines Kriegsfolgengesetz)* vom 5. 11. 1957 (BGBl. I 1747). Im einzelnen vgl. 686 I.

Die Überleitung der Beteiligung des ehemaligen Landes Preußen am Grundkapital der *Deutschen Pfandbriefanstalt* (ehemals Preuß. Landespfandbriefanstalt) auf den Bund behandelt das Gesetz vom 16. 12. 1954 (BGBl. I 439). Vgl. auch das Gesetz zur Errichtung einer Stiftung „Preußischer Kulturbesitz" zur Übertragung von Vermögenswerten des ehemaligen Landes Preußen auf die Stiftung vom 25. 7. 1957 (BGBl. I 841). Finanzträger der Stiftung sind der Bund und die Länder, die im Stiftungsrat entsprechend ihrer Zuschußleistung vertreten sind (s. a. 95).

Über die vermögensrechtlichen Verhältnisse der *Deutschen Bundesbahn* s. 101, über den Übergang des Eigentums an *Reichsautobahnen* und *Reichsstraßen* auf den Bund s. Ges. vom 2. 3. 1951 (BGBl. I 157), über die Verwaltung des *ERP-Sondervermögens* s. Ges. vom 31. 8. 1953 (BGBl. I 1312).

82. Lastenverteilung zwischen Bund und Ländern

Nach Art. 120 GG trägt der Bund die Aufwendungen für *Besatzungskosten* und die sonstigen inneren und äußeren *Kriegsfolgelasten* nach näherer Bestimmung von Bundesgesetzen, ferner die Zuschüsse zu den Lasten der *Sozialversicherung* mit Einschluß der Arbeitslosenversicherung und der Arbeitslosenhilfe. Die Überleitung von Lasten und Deckungsmitteln auf den Bund regeln die vier *Überleitungsgesetze* vom 28. 11. 1950 i. d. F. vom 28. 4. 1955, BGBl. I 193, zuletzt geänd. am 8. 6. 1977, BGBl. I 801 (Besatzungskosten, Kriegsfolgenhilfe, Verbindlichkeiten im öffentlichen Dienst, Umsiedlung, Rückführung, Sozialversicherung usw.), vom 21. 8. 1951, BGBl. I 774 (persönliche u. a. Kosten der Verwaltung), vom 4. 1. 1952, BGBl. I 1, zuletzt geänd. am 30. 8. 1971, BGBl. I 1426 (Stellung des Landes Berlin im Finanzsystem des Bundes; vgl. 822 II) und vom 27. 4. 1955, BGBl. I 189 (finanzielle Beziehungen zwischen Bund und Ländern).

Zu den Aufgaben der *Kriegsfolgenhilfe* gehören die Kosten der Umsiedlung Heimatvertriebener und der Auswanderung von Kriegsfolgenhilfeempfängern, der Rückführung, der Grenzdurchgangslager, die Aufwendungen für *Kriegsbeschädigte,* Kriegshinterbliebene und ihnen gleichgestellte Personen. Dem Bund fallen ferner zur Last Aufwendungen für allgemeine Zwecke wie die Zuschüsse für die *Kriegsgräberfürsorge,* zum *Suchdienst* für Kriegsgefangene, Heimatvertriebene und heimatlose Ausländer sowie die Aufwendungen für den Rechtsschutz von Deutschen, die von ausländischen Behörden und Gerichten im Zusammenhang mit den Kriegsereignissen verfolgt werden oder verurteilt worden sind.

Mit dem 1. 4. 1955 sind die Verwaltungsaufgaben der *Kriegsopferversorgung* auf die Länder übergegangen. Vgl. 681.

83. Reformbestrebungen

beim Finanz- und Haushaltswesen betreffen zum einen die *Vereinfachung des Steuerrechts* und des Besteuerungsverfahrens, dessen Kompliziertheit eine starke Belastung für Steuerpflichtige und Finanzverwaltung bedeutet. Zum anderen ist das einem Bundesstaat eigene *Problem des Finanzausgleichs* zwischen Bund, Ländern und Gemeinden (vgl. 79) erst teilweise gelöst worden. Die *große Steuerreform* (vgl. 570) stand unter dem Leitgesichtspunkt der *Steuergerechtigkeit.*

Das *Finanzreformgesetz 1969* hat die von den finanzschwachen Ländern und den Gemeinden erstrebte höhere Beteiligung an den Steuereinnahmen des Bundes gebracht. Die Neuverteilung des Steueraufkommens war mit einer Erweiterung des früher nur bei der Einkommen- und Körperschaftsteuer bestehenden sog. *Steuerverbunds* (Beteiligung der Länder am Steueraufkommen des Bundes) verknüpft; in diesen wurde die Umsatzsteuer einbezogen. Die Gemeindefinanzen wurden wegen ihrer wachsenden Aufgaben bei der Daseinsvorsorge (141) gestärkt. Die Reform der Steuerverwaltung strebt eine zweckmäßigere Aufgabenverteilung und eine verstärkte Rationalisierung durch Zusammenwirken von Bund- und Länderfinanzbehörden an. S. hierzu *Finanzanpassungsgesetz* vom 30. 8. 1971 (BGBl. I 1426) m. spät. Änd.

E. Die obersten Bundesbehörden

91. Verwaltungsaufbau der Bundesrepublik Deutschland

Die Verwaltungsspitze des Bundes besteht aus dem BPräs. und der BReg.; diese bedient sich – wie jeder Staat – zur Verwaltung bundeseigener Angelegenheiten eines Ober-, Mittel- und Unterbaues. Der Bereich der *vollausgebauten bundeseigenen* Verwaltung ist jedoch eng (s. im einzelnen 56 I). Im übrigen liegt die Ausführung der Bundesgesetze bei Mittel- und Unterbehörden der Länder (in Auftrags- oder landeseigener Verwaltung; 56 II, III).

Man unterscheidet *oberste Bundesbehörden* (das sind die Ministerien sowie das diesen gleichgestellte Bundespräsidialamt, das Bundeskanzleramt, das Presse- und Informationsamt der BReg. und der Bundesrechnungshof), *Bundesoberbehörden* und andere *zentrale Bundesbehörden.*

Zu den Bundesoberbehörden gehören u. a.: Bundesgesundheitsamt, Bundeskartellamt, Bundesoberseeamt, Bundesversicherungsamt, Bundesverwaltungsamt, Bundesamt für Verfassungsschutz, Statistisches Bundesamt, Kraftfahrt-Bundesamt, Luftfahrt-Bundesamt, Bundesamt für Wirtschaft, Bundesamt für Finanzen, Bundesbaudirektion, Umweltbundesamt.

Zentrale Bundesbehörden sind u. a.: Bundesanstalt für Arbeit, Bundesarchiv, Bundeskriminalamt, Bundesschuldenverwaltung, Deutsches Patentamt.

Der *Bundesrechnungshof* ist im Hinblick auf seine Unabhängigkeit von der BReg. und die Bedeutung seiner Aufgaben als oberste Rechnungsprüfungsbehörde der Bundesorgane und Bundesverwaltung gem. dem Bundesrechnungshofgesetz als oberste Bundesbehörde errichtet und somit eine selbständige Einrichtung neben den Bundesministerien (vgl. 110).

92. Die Bundesregierung

besteht aus dem Bundeskanzler und den Bundesministern. Der *Bundeskanzler* schlägt dem BPräs. die Ernennung und Entlassung der Bundesminister vor und bestimmt die Richtlinien der Politik (*Kanzlerprinzip;* vgl. 62). Die Zahl der *Bundesminister* ist nicht verfassungsmäßig festgelegt; sie wird durch Organisationsentscheidung des Bundeskanzlers und durch den vom Bundestag zu beschließenden Bundeshaushalt bestimmt. Die Zahl unterliegt wechselnden Bedürfnissen (z. Z. 17).

Nach der seit Beginn des 19. Jahrh. in Europa üblichen Gliederung in Geschäftsbereiche (Ressorts) bilden den Kern der Regierung die fünf sog. *klassischen Ministerien* (Äußeres, Inneres, Verteidigung, Finanzen, Justiz). Aus dem Innenministerium wurde schon frühzeitig das *Kultusministerium* ausgegliedert; sodann wurden im 20. Jahrh. besondere Ministerien für Wirtschaft, Arbeit, Ernährung und Landwirtschaft, Wohnungsbau, Familie und Jugend geschaffen. Als weitere oberste Fachbehörden wurden Ministerien für Verkehr, für Post- und Fernmeldewesen sowie im Bund für innerdeutsche Fragen, für wissenschaftliche Forschung, für Gesundheitswesen und für wirtschaftliche Zusammenarbeit eingerichtet, zeitweise auch für andere Bereiche (so z. B. ein BMin. für Angelegenheiten des Bundes und der Länder, das die Zusammenarbeit der Bundesministerien mit dem Bundesrat und den Landesregierungen sicherzustellen hatte).

Gemäß Art. 69 Abs. 1 GG bestimmt der Bkzl. einen BMin. zu seinem Stellvertreter *(Vizekanzler).* Dieser nimmt bei Abwesenheit oder Verhinderung des Bkzl. dessen Befugnisse wahr. Die BMin. vertreten sich bei Verhinderung gegenseitig nach einem durch Kollegialbeschluß der BReg. bestimmten Plan. Zur *Geschäftsordnung* der BReg. s. 62.

In der Leitung eines Bundesministeriums als oberster Bundesbehörde wird der BMin. durch seinen *Staatssekretär* (evt. den dienstältesten Staatssekretär) vertreten. Den BMin. können nach dem Ges. vom 24. 7. 1974 (BGBl. I 1538) außerdem *parlamentarische Staatssekretäre* (PStS) zur Unterstützung – namentlich zur Vertretung gegenüber dem BT – beigegeben werden. Sie müssen Mitglieder des BT sein und werden auf Vorschlag des Bkzl., der im Einvernehmen mit dem betr. BMin. gemacht wird, vom BPräs. ernannt. Sie können jederzeit auf demselben Wege entlassen werden und scheiden automatisch aus, wenn sie ihr BT-Mandat verlieren oder der BMin. aus seinem Amt scheidet. Den Aufgabenbereich eines PStS bestimmt der BMin., dem er beigegeben ist (§ 14a GeschO d. BReg.). Die PStS erhalten 75 v. H. der Amtsbezüge eines Bundesministers und entsprechende Versorgung. Im übrigen gelten weitgehend die Vorschriften des Bundesministergesetzes (62). Einem PStS kann die Bezeichnung „Staatsminister" verliehen werden.

Dem Bkzl. stehen zu seiner Unterstützung bei der Erfüllung seiner Regierungsaufgaben, insbes. in den Beziehungen zu den gesetzgebenden Körperschaften und auf dem Gebiet der Deutschlandpolitik, neben dem BMin., der Chef des Bundeskanzleramts ist, 1 Staatsminister und 1 PStS zur Seite.

Als Arbeitsbehörde dient dem Bkzl. das *Bundeskanzleramt,* das vom BMin. für besondere Aufgaben geleitet wird. Das Amt hat die Stellung einer *obersten Bundesbehörde.* Es besteht aus 6 Abteilungen: (1) Recht und Verwaltung, (2) Auswärtige und innerdeutsche Beziehungen; Entwicklungspolitik, äußere Sicherheit, (3) Innere Angelegenheiten; Sozialpolitik und Planung, (4) Wirtschafts- und Finanzpolitik, (5) Gesellschaftliche und politische Analysen, Kommunikation, (6) Bundesnachrichtendienst; Koordinierung der Nachrichtendienste des Bundes.

Dem Bundeskanzler unterstehen – außer dem Bundeskanzleramt – unmittelbar:

a) Der Bevollmächtigte der Bundesregierung in Berlin

Dieser vertritt die BReg. gegenüber dem amerikanischen, britischen und französischen Stadtkommandanten von Berlin und gegenüber dem Senat von Berlin in Ansehung der besonderen Verpflichtungen, welche die BRep. für Berlin übernommen hat (567, 822). Das Amt des Bevollmächtigten der BReg. wird von einem Staatssekretär beim Bkzl. wahrgenommen.

b) Das Presse- und Informationsamt der Bundesregierung

Leiter ist ein Staatssekretär *(Regierungssprecher).* Das Amt hat die Aufgabe, BPräs. und BReg. über die internationale Nachrichtenlage und die öffentliche Meinung zu unterrichten, die Presse und sonstige Medien und die Bürger sowie im Zusammenwirken mit dem Auswärtigen Amt auch das Ausland über die Politik der BReg. zu informieren; es soll die Öffentlichkeitsarbeit der BMinisterien koordinieren. Der Information der in- und ausländischen Presse dienen *Pressekonferenzen,* an denen die in Bonn stationierten Korrespondenten der Zeitungen teilnehmen. Auch werden kurze Nachrichten, erläuternde Abhandlungen und anderes Pressematerial herausgegeben, ferner eine periodische Druckschrift, das *„Bulletin“*. Die dem Amt angehörende *Bundesbildstelle* versorgt die Presse und andere Interessenten mit Bildmaterial. Dagegen ist die *Bundespressekonferenz* ein von den Journalisten selbst geschaffener eingetragener Verein. An den mit der BReg. vereinbarten Pressekonferenzen nehmen außer dem Regierungssprecher oder seinem Vertreter die *Pressereferenten* der Ministerien, bisweilen auch Bundesminister als Gäste teil.

c) Der Staatssekretär beim Bundeskanzler

Dieser ist zum *Beauftragten für die Nachrichtendienste* bestellt. Ihm ist der Bundesnachrichtendienst unterstellt. Er führt die Dienst- und Fachaufsicht über den Bundesnachrichtendienst; zur Erfüllung dieser Aufgaben ist ihm eine Abteilung des Bundeskanzleramtes fachaufsichtlich unterstellt. Dies hat der Bkzl. durch Organisationserlaß vom 17. 12. 1984 (BGBl. I 1689) geregelt.

Der *Bundesnachrichtendienst* versieht den Auslandsnachrichtendienst und hält die BReg. durch Informationen politischer, wirtschaftlicher, technischer und militärischer Art aus dem Ausland auf dem laufenden, während der Inlandsnachrichtendienst in den Händen des Bundesamtes und der Landesämter für Verfassungsschutz liegt (vgl. 95, 175).

Das Bundesamt für Verfassungsschutz untersteht dem BMI. Dagegen untersteht das *Amt für den militärischen Abschirmdienst* dem BMVg (94). Über das Recht der Nachrichtendienste zur Kontrolle des Post-, Fernschreib- und Telefonverkehrs vgl. 48 (unter 2).

Nach dem *Ges. über die parlamentarische Kontrolle nachrichtendienstlicher Tätigkeit* des Bundes vom 11. 4. 1978 (BGBl. I 453) bestellt der BT aus seiner Mitte eine *Kontrollkommission,* deren Kontrolle die BReg. hinsichtlich der Tätigkeit der drei Nachrichtendienste unterliegt. Ihre Beratungen sind geheim, ihre Mitglieder zum Schweigen verpflichtet. Die BReg. unterrichtet die Kommission allgemein über die Tätigkeit der Nachrichtendienste und über Vorgänge von besonderer Bedeutung. Die parlamentarische Kontrolle nach dem Abhörgesetz (48, unter 2) bleibt hiervon unberührt.

Dem Chef des Bundeskanzleramtes unterstellt ist

Der Ständige Vertreter der Bundesrepublik Deutschland

bei der Regierung der DDR (vgl. 24, 904). Auch dieses Amt nimmt ein Staatssekretär wahr.

Bisher waren Bkzl. der BRep.: *Dr. Konrad Adenauer* (1949–1963), *Prof. Dr. Ludwig Erhard* (1963–1966), *Kurt Georg Kiesinger* (1966–1969), *Willy Brandt* (1969–1974), *Helmut Schmidt* (1974–1982), *Dr. Helmut Kohl* (ab Oktober 1982).

Die Bundesregierung setzt sich derzeit wie folgt zusammen:
Bundeskanzler *Dr. Helmut Kohl* (CDU)
BM des Auswärtigen *Hans-Dietrich Genscher* (FDP) – Vizekanzler –
BM des Innern *Dr. Friedrich Zimmermann* (CSU)
BM der Justiz *Hans A. Engelhard* (FDP)
BM der Finanzen *Dr. Gerhard Stoltenberg* (CDU)
BM für Wirtschaft *Dr. Martin Bangemann* (FDP)
BM für Ernährung, Landwirtschaft und Forsten *Ignaz Kiechle* (CSU)
BM für innerdeutsche Beziehungen *Dr. Dorothee Wilms* (CDU)
BM für Arbeit und Sozialordnung *Dr. Norbert Blüm* (CDU)
BM der Verteidigung *Dr. Manfred Wörner* (CDU)
BM für Jugend, Familie, Frauen und Gesundheit *Prof. Dr. Rita Süssmuth* (CDU)
BM für Verkehr *Dr. Jürgen Warnke* (CSU)
BM für Umwelt, Naturschutz und Reaktorsicherheit *Dr. Klaus Töpfer* (CDU)
BM für das Post- und Fernmeldewesen *Dr. Christian Schwarz-Schilling* (CDU)
BM für Raumordnung, Bauwesen und Städtebau *Dr. Oscar Schneider* (CSU)
BM für Forschung und Technologie *Dr. Heinz Riesenhuber* (CDU)
BM für Bildung und Wissenschaft *Jürgen Möllemann* (FDP)
BM für wirtschaftliche Zusammenarbeit *Hans Klein* (CSU)
BM für besondere Aufgaben *Dr. Wolfgang Schäuble* (CDU)

93. Auswärtiges Amt (AA)

Durch das AA nimmt die Bundesregierung die *auswärtigen Angelegenheiten* wahr, über die der Bund nach Art. Nr. 73 Nr. 1 GG die ausschließliche Gesetzgebung hat. Der Auswärtige Dienst besteht aus der

Zentrale in Bonn und den *diplomatischen, konsularischen und sonstigen Vertretungen im Ausland.* Das AA gliedert sich in:

2 Politische Abteilungen: politische Beziehungen der BRep. zu fremden Staaten; Fragen der europäischen Einigung und politischen Zusammenarbeit; Fragen der Vereinten Nationen u. der sonstigen weltweiten zwischenstaatlichen und nichtstaatlichen Organisationen; außenpolitische Fragen, die Berlin und Deutschland als Ganzes betreffen; deutsche Ostfragen und Sonderfragen der Ost-West-Beziehungen;

Beauftragter der Bundesregierung für Fragen der Abrüstung und Rüstungskontrolle

Abteilung für Außenwirtschaftspolitik, Entwicklungspolitik und europäische wirtschaftliche Integration: Wirtschaftsbeziehungen der BRep. zum Westen und Wirtschaftsbeziehungen West-Ost, Grundsatzfragen der zwischen- und überstaatlichen wirtschaftlichen Zusammenschlüsse (EWG, OECD, GATT usw.); Fragen der intern. Verkehrspolitik, des Post- und Fernmeldewesens; Zusammenarbeit mit den Entwicklungsländern (Kapitalhilfe, technische und personelle Entwicklungshilfe);

Abteilung für auswärtige Kulturpolitik: kulturelle Beziehungen der BRep. zum Ausland, insbes. Kulturabkommen, Einrichtung und Unterhaltung deutscher Kulturinstitute, Bibliotheken usw. sowie deutscher Schulen im Ausland; internat. kirchliche Beziehungen, Förderung der Beziehungen auf dem Gebiet der Wissenschaft und des Hochschulwesens, internat. Kunst- und Jugendfragen, Film, Rundfunk, Fernsehen, Sport;

Rechtsabteilung: alle Rechtsgebiete, die für die Beziehungen zu fremden Staaten von Bedeutung sind (z. B. Völkerrecht, Staats- und Verwaltungsrecht, Gesandtschafts- und Konsularrecht, internat. Zivil- und Strafrecht); Fragen der Heimschaffung und Unterstützung hilfsbedürftiger Deutscher im Ausland, des Sozialrechts und der Sozialpolitik, des beschlagnahmten deutschen Auslandsvermögens sowie die aus Krieg und Besatzung entstandenen Fragen;

Zentralabteilung: Personal- und Verwaltungsangelegenheiten;

Protokoll: Vorbereitung von Staatsbesuchen und Veranstaltungen, Zeremoniell, Betreuung fremder diplomatischer Missionen und Konsulate.

Zur Zeit unterhält die Bundesrepublik Deutschland *Botschaften* in Ägypten, Afghanistan, Algerien, Angola, Argentinien, Äthiopien, Australien, Bangladesch, Belgien, Benin, Birma, Bolivien, Botsuana, Brasilien, Brunei, Bulgarien, Burkina Faso, Burundi, Chile, China, Costa Rica, Côte d' Ivoire, Dänemark, Dominikanische Republik, Ecuador, El Salvador, Finnland, Frankreich, Gabun, Ghana, Griechenland, Vereinigtes Königreich (Großbritannien und Nordirland), Guatemala, Guinea, Haiti, Honduras, Indien, Indonesien, Irak, Iran, Irland, Island, Israel, Italien, Jamaika, Japan, Jemen (Arabische Republik), Jemen (Demokratische Volksrepublik), Jordanien, Jugoslawien, Kamerun, Kanada, Katar, Kenia, Kolumbien, Kongo, Republik Korea (Süd-Korea), Kuba, Kuwait, Laos, Lesotho, Libanon, Liberia, Libyen, Luxemburg, Madagaskar, Malawi, Malaysia, Mali, Malta, Marokko, Mauretanien, Mexiko, Mosambik, Nepal, Neuseeland, Nicaragua, Niederlande, Niger, Nigeria, Norwegen, Oman, Österreich, Pakistan, Panama, Papua-Neuguinea, Paraguay, Peru, Philippinen, Polen, Portugal, Ruanda, Rumänien, Sambia, Saudi-Arabien, Schweden, Schweiz, Senegal. Sierra Leone, Simbabwe, Singapur, Somalia, Sowjetunion, Spanien, Sri Lanka (Ceylon), Südafrika, Sudan, Syrien, Tansania, Thailand, Togo, Trinidad und Tobago, Tschad, Tschechoslowakei, Tunesien, Türkei, Uganda, Ungarn, Uruguay, Vatikanstadt (beim Heiligen Stuhl), Venezuela, Vereinigte Arabische Emirate, Vereinigte Staaten von Amerika, Vietnam, Zaire, Zentralafrikanische Republik, Zypern.

Diplomatische Beziehungen unterhält die BRep. außerdem zu Äquatorialguinea

(Vertretung in Kamerun), Antigua und Barbuda (Vertr. in Trinidad und Tobago), Bahamas (Vertr. in Jamaika), Bahrain (Vertr. in Kuwait), Barbados (Vertr. in Trinidad und Tobago), Belize (Vertr. in Jamaika), Dominica (Vertr. in Trinidad und Tobago), Dschibuti (Vertr. in Jemen – Arab. Rep.), Fidschi (Vertr. in Neuseeland), Gambia (Vertr. in Senegal), Grenada (Vertr. in Trinidad und Tobago), Guinea-Bissau (Vertr. in Senegal), Guyana (Vertr. in Trinidad und Tobago), Kap Verde (Vertr. in Senegal), Kiribati (Vertr. in Neuseeland), Komoren (Vertr. in Madagaskar), Liechtenstein, Malediven (Vertr. in Sri Lanka, Mauritius (Vertr. in Madagaskar), Monaco, Mongolei (Vertr. in der Sowjetunion), Salomonen (Vertr. in Neuseeland), Samoa (Vertr. in Neuseeland), São Tomé und Principe (Vertr. in Angola), Seschellen (Vertr. in Kenia), St. Lucia (Vertr. in Trinidad und Tobago), St. Vincent und die Grenadinen (Vertr. in Trinidad und Tobago), Suriname (Vertr. in Trinidad und Tobago), Swasiland (Vertr. in Mosambik), Tonga (Vertr. in Neuseeland), Tuvalu (Vertr. in Neuseeland), Vanuatu (Vertr. in Papua-Neuguinea).

Außerdem unterhält die Bundesrepublik folgende *Ständigen Vertretungen bei zwischen- und überstaatlichen Organisationen:*

bei den Vereinten Nationen in New York,
bei dem Büro der Vereinten Nationen und bei den anderen internationalen Organisationen in Genf,
beim Europarat in Straßburg,
bei der Organisation für wirtschaftl. Zusammenarbeit und Entwicklung (OECD) in Paris,
bei der Nordatlantikpakt-Organisation in Brüssel,
bei den Europäischen Gemeinschaften in Brüssel,
bei der Organisation der Vereinten Nationen für Erziehung, Wissenschaft und Kultur (UNESCO), in Paris,
bei dem Büro der Vereinten Nationen und bei den anderen internationalen Organisationen in Wien.

Fremde Missionen sind in der Bundesrepublik von den oben genannten Staaten beglaubigt.

94. Bundesministerium der Verteidigung (BMVg)

Das Verteidigungsressort steht unter der einheitlichen politischen Leitung eines dem Parlament unmittelbar verantwortlichen Bundesministers. Damit ist die Bundeswehr als Teil der Exekutive der parlamentarischen Kontrolle in vollem Umfang unterstellt.

Der Bundesminister der Verteidigung ist gemäß Art. 65a GG Inhaber der Befehls- und Kommandogewalt im Frieden und damit höchster militärischer Vorgesetzter und oberster Disziplinarvorgesetzter der Soldaten. Im Verteidigungsfall geht die Befehls- und Kommandogewalt auf den Bundeskanzler über (Art. 115b GG).

Die Bundeswehr umfaßt die Streitkräfte, die Bundeswehrverwaltung, die Militärseelsorge und die ihren Bereich betreffende Rechtspflege (Wehrdienstgerichte, s. 451, 456).

Der Minister wird nach Maßgabe interner Aufgabenabgrenzung durch einen Parlamentarischen Staatssekretär und beamtete Staatssekretäre unterstützt und vertreten. Sie bilden zusammen mit dem Minister die Leitung des Bundesministeriums der Verteidigung.

Der Leitung sind drei Stäbe unmittelbar zugeordnet: der Informations- und Pressestab, der Planungsstab und der Organisationsstab.

Der *Generalinspekteur* der Bundeswehr, sein Stellvertreter, die Inspekteure der Teilstreitkräfte Heer, Luftwaffe und Marine sowie der Inspekteur des Sanitäts- und Gesundheitswesens sind zusammen mit ihren Führungsstäben bzw. der Inspektion des Sanitäts- und Gesundheitswesens die militärische Spitze der Streitkräfte.

Der Hauptabteilungsleiter Rüstung und die Leiter der Abteilungen Personal, Haushalt, Verwaltung und Recht sowie die Leiter der Abteilung Unterbringung, Liegenschafts- und Bauwesen und der Sozialabteilung bilden den administrativen Bereich des Ministeriums.

Als Inhaber der Befehls- und Kommandogewalt unterstehen dem Minister truppendienstlich unmittelbar:

1. Der Stellvertreter des Generalinspekteurs der Bundeswehr mit den ihm truppendienstlich unterstellten Zentralen Militärischen Dienststellen der Bundeswehr;
2. die Inspekteure des Heeres, der Luftwaffe und der Marine mit den ihnen truppendienstlich unterstellten Teilstreitkräften;
3. der Inspekteur des Sanitäts- und Gesundheitswesens mit dem ihm truppendienstlich unterstellten Sanitätsamt der Bundeswehr mit nachgeordnetem Bereich.

Die Einsatzverbände der Bundeswehr sind in Korps, Divisionen, Brigaden bzw. Regimenter, Bataillone usw. beim Heer und entsprechende Verbände bei Luftwaffe und Marine gegliedert. Diese sind (oder werden) den NATO-Kommandobehörden unterstellt. Das Territorialheer mit seinen territorialen Kommandobehörden, Stäben und Truppen sowie die bodenständigen Einrichtungen der Teilstreitkräfte verbleiben unter nationalem Kommando.

Für die Aufgaben der territorialen Verteidigung unterstehen dem BMVg das Territorialkommando Schleswig-Holstein/Deutscher Bevollmächtigter im Bereich AFNORTH in Kiel für Schleswig-Holstein und Hamburg, das Territorialkommando Nord mit den Wehrbereichskommandos

II in Hannover für Niedersachsen und Bremen,

III in Düsseldorf für Nordrhein-Westfalen

und das Territorialkommando Süd mit den Wehrbereichskommandos

IV in Mainz für Hessen, Rheinland-Pfalz und Saarland,

V in Stuttgart-Bad Cannstatt für Baden-Württemberg,

VI in München für Bayern.

Nach Art. 87b GG wird die *Bundeswehrverwaltung* in bundeseigener Verwaltung mit eigenem Verwaltungsunterbau geführt. Im einzelnen vgl. 460, über die zentrale Verwaltung der Militärseelsorge 461, über die Rechtspflege im Bereich der Bundeswehr (Truppendienstgerichte, Wehrdienstsenate des BVerwG, Bundeswehrdisziplinaranwalt usw.) 455, 456.

95. Bundesministerium des Innern (BMI)

Das BMI ist zuständig für alle Angelegenheiten der inneren Politik und Verwaltung, die nicht besonderen Ministerien zugewiesen sind. Es bearbeitet in 9 Fachabteilungen

1. die Angelegenheiten der innenpolitischen Grundsatzfragen,
2. die Angelegenheiten des Beamtenrechts und sonstigen Personal rechts des öffentlichen Dienstes,
3. die Angelegenheiten der Verwaltungsorganisation, des Kommunalwesens und der Statistik,
4. die Angelegenheiten der *Verfassung,* des *Staatsrechtes* und der *Verwaltung,*
5. die Angelegenheiten der Inneren Sicherheit,
6. die Angelegenheiten der Polizei,
7. die Angelegenheiten der Vertriebenen, Flüchtlinge und Kriegsgeschädigten; kulturelle Angelegenheiten,
8. die Angelegenheiten des Sports sowie der Medienpolitik,
9. die Angelegenheiten der *zivilen Verteidigung.*

Daneben besteht eine Zentralabteilung, die für Personal-, Haushalts- und Organisationsangelegenheiten sowie für allgemeine Grundsatzfragen zuständig ist.

Zum Geschäftsbereich des BMI gehören folgende Dienststellen und Institutionen:

1. Der *Oberbundesanwalt beim Bundesverwaltungsgericht* in Berlin;
2. der *Bundesdisziplinaranwalt* in Frankfurt/M. mit Außenstelle in Berlin;
3. das *Statistische Bundesamt* in Wiesbaden mit Zweigstelle in Berlin und Außenstelle in Düsseldorf;
4. das Bundesinstitut für Bevölkerungsforschung in Wiesbaden;
5. das *Bundesverwaltungsamt* in Köln mit Außenstellen in Berlin und Bad Homburg v. d. H.

   – Bundesoberbehörde, errichtet durch Ges. vom 28. 12. 1959 (BGBl. I 829) mit gesetzlich oder durch Delegation übertragenen Verwaltungsaufgaben (z. B. Auslandsschulwesen, Auswanderungsfragen, Staatsangehörigkeitsangelegenheiten, Ausländerzentralregister, Kriegsgräber) –;
6. das *Bundesarchiv* in Koblenz mit einer Außenstelle in Frankfurt/M., einer Abteilung Militärarchiv in Freiburg/Br., der Zentralnachweisstelle in Kornelimünster und dem Zwischenarchiv in St. Augustin;
7. das *Institut für Angewandte Geodäsie* in Frankfurt/M. mit Außenstelle in Berlin;
8. die *Bundeszentrale für politische Bildung* in Bonn mit dem Ostkolleg in Köln;
9. das Bundesinstitut für ostwissenschaftliche und internationale Studien in Köln;
10. das Bundesinstitut für *Sportwissenschaft* in Köln;

11. das Bundesamt für die Anerkennung ausländischer Flüchtlinge in Zirndorf;
12. der Bundesbeauftragte für Asylangelegenheiten beim Bundesamt für die Anerkennung ausländischer Flüchtlinge in Zirndorf;
13. das *Bundesamt für Verfassungsschutz* in Köln (vgl. 175);
14. das *Bundeskriminalamt* in Wiesbaden mit den Abteilungen Sicherungsgruppe, Staatsschutz und Terrorismus in Meckenheim-Merl (vgl. 175);
15. das *Bundesamt für Zivilschutz* in Bonn mit der Katastrophenschutzschule des Bundes in Bad Neuenahr-Ahrweiler und 11 THW-Landesverbänden;
16. die *Akademie für zivile Verteidigung* in Bonn;
17. der *Bundesverband für den Selbstschutz* in Köln mit 10 BVS-Landesstellen;
18. die Beschaffungsstelle des BMI in Bonn;
19. der *Bundesgrenzschutz* (vgl. 175) mit den GS-Kommandos und GS-Verwaltungen Süd in München, Mitte in Kassel, West in Bonn, Nord in Hannover und Küste in Bad Bramstedt, der GS-Schule in Lübeck und der GS-Direktion in Koblenz;
20. der Leiter des *Bundesnotaufnahmeverfahrens* in Berlin und in Gießen;
21. der Beauftragte der Bundesregierung für die Verteilung im Grenzdurchgangslager Friedland;
22. das *Bundesausgleichsamt* in Bad Homburg v. d. H.;
23. die Fachhochschule des Bundes in Köln.

Der Aufsicht des BMI unterstehen außerdem

a) Die *Stiftung ,,Preußischer Kulturbesitz"*, errichtet durch BGes. vom 25. 7. 1957 (BGBl. I 841). Hierzu gehören die ehem. preußischen *Museen*, die ehem. *Preußische Staatsbibliothek* in Marburg und Tübingen, das Geheime Staatsarchiv, das *Ibero-Amerikanische Institut* in Berlin und das Berliner Institut für *Musikforschung*. Über die Satzung der Stiftung vgl. VO vom 6. 9. 1961 (BGBl. I 1709);

b) die bundesunmittelbare Anstalt des öffentlichen Rechts ,,Deutsche Bibliothek" in Frankfurt/M. mit der Abteilung ,,Deutsches Musikarchiv" in Berlin, errichtet durch BGes. vom 31. 3. 1969 (BGBl. I 265);

c) Stiftung ,,Bundeskanzler-Adenauer-Haus" in Bad Honnef-Rhöndorf, errichtet durch BGes. vom 24. 11. 1978, BGBl. I 1821;

d) Heimkehrerstiftung in Bonn, eingerichtet durch KgfÄndG vom 22. 7. 1969, BGBl. I 931).

96. Bundesministerium der Justiz (BMJ)

Das Ministerium bearbeitet alle das Rechtswesen des Bundes betreffenden Angelegenheiten. Es entwirft die Gesetze auf den Gebieten der Bundesverfassungsgerichtsbarkeit und des Richterrechts, der Gerichtsverfassung, des Verfahrens der Ordentlichen, der Verwaltungs-, der Finanz-, der Patent- und der Wehrstrafgerichtsbarkeit, des Bürgerlichen Rechts, des Wirtschafts- und des Gesellschaftsrechts, des Urheberrechts und des Gewerblichen Rechtsschutzes, des Strafrechts und des Strafvollzugs. Das Ministerium bereitet die Wahl der Bundesverfassungsrichter sowie der Richter an den obersten Gerichtshöfen des Bundes vor. Gemeinsam mit dem BMI ist es für das Verfassungsrecht verantwortlich. Es überprüft die Gesetz- und Verordnungsentwürfe der anderen Bundesministerien auf ihre Rechtsförmlichkeit. Diese Prüfung erstreckt sich auf die Notwendigkeit, Wirksamkeit und Verständlichkeit der Entwürfe sowie ihre Vereinbarkeit mit dem geltenden Recht, vor allem mit dem Grundgesetz, die Beachtung der formellen Erfordernisse und die Einheitlichkeit der Gesetzessprache.

Das Ministerium umfaßt folgende Abteilungen:

Z: Zentralabteilung (Justizverwaltung)
R: Rechtspflege
I: Bürgerliches Recht
II: Strafrecht
III: Handels- und Wirtschaftsrecht
IV: Öffentliches Recht

Zum Geschäftsbereich des BMJ gehören:

der Bundesgerichtshof in Karlsruhe,
das Bundesverwaltungsgericht in Berlin,
der Bundesfinanzhof in München,
das Bundespatentgericht in München,
das Bundesdisziplinargericht in Frankfurt (Main),
der Generalbundesanwalt beim Bundesgerichtshof in Karlsruhe,
das Deutsche Patentamt in München.

Das Ministerium betreut außerdem das Oberste Rückerstattungsgericht in München.

97. Bundesministerium der Finanzen (BMF)

Der Geschäftsbereich des BMF umfaßt zwei Gruppen von Aufgaben: die des Haushaltsministers und die eines Fachministers als Spitze der Bundesfinanzverwaltung. Als Haushaltsminister obliegen dem BMF die in den Art. 110–115 GG aufgeführten Aufgaben, insbesondere die Aufstellung des Finanzplans, des Entwurfs des Bundeshaushaltsplanes und die Rechnungslegung über Einnahmen und Ausgaben, Vermögen und Schulden des Bundes. In engem Zusammenhang damit steht seine Kompetenz für die Regelung der finanziellen Beziehungen zwischen Bund und Ländern sowie die Währungs-, Geld- und Kreditpolitik. Er ist in allen Kabinettsausschüssen der Bundesregierung vertreten und führt auch den Vorsitz im Finanzplanungsrat, dem die Koordinierung der Haushaltswirtschaft aller öffentlichen Haushaltsträger obliegt.

Als Fachminister steht der BMF an der Spitze der Bundesfinanzbehörden, die nach Artikel 108 GG Zölle, Finanzmonopole, die bundesgesetzlich geregelten Verbrauchsteuern einschl. der Einfuhrumsatzsteuer und die Abgaben im Rahmen der Europäischen Gemeinschaften sowie das Bundesvermögen verwalten; ihre Organisation ist im Finanzverwaltungsgesetz (vgl. 77) geregelt. Ferner obliegt ihm die Vorbereitung der Steuergesetzgebung. Für die von den Landesfinanzbehörden verwalteten und ganz oder zum Teil dem Bund zufließenden Steuern (insbesondere die Gemeinschaftsteuern: Einkommensteuer, Körperschaftsteuer und Umsatzsteuer) ist zudem die Bundesauftragsverwaltung mit Weisungs- und Aufsichtsbefugnissen des BMF gegeben.

Über die ,,klassischen" Aufgaben des Finanzressorts hinaus ist der BMF mit den finanziellen Maßnahmen zur Liquidation des Krieges (einschließlich Wiedergutmachung) und mit der Durchführung des Lastenausgleichs beauftragt.

Das Ministerium ist in 9 Abteilungen gegliedert:

Abt. Z:	Organisation und Personalien, Allgemeine Verwaltung,
Abt. I:	Grundsatzfragen der Finanzpolitik, finanzpolitische Fragen einzelner Bereiche,
Abt. II:	Bundeshaushalt,
Abt. III:	Zölle, Verbrauchsteuern, Branntweinmonopol,
Abt. IV:	Besitz- und Verkehrsteuern,
Abt. V:	Finanzbeziehungen zu den EG, Ländern und Gemeinden; internationale Finanzfragen, Staatsrecht
Abt. VI:	Rechtsangelegenheiten (ohne Staatsrecht), Liquidation des Krieges, Verteidigungslasten, Bundesliegenschaften, bewegliches Bundesvermögen,
Abt. VII:	Währungspolitik, Geld- und Kreditpolitik,
Abt. VIII:	Industrielles Bundesvermögen.

Zum Ministerium gehören auch die Bundesfinanzakademie (573) und die Bundeshauptkasse (Zentralkasse des Bundes).

Nachgeordnete Bundesfinanzbehörden sind insbesondere

- als Oberbehörden
  die Bundesschuldenverwaltung in Bad Homburg v. d. H., die Bundesmonopolverwaltung für Branntwein in Offenbach (Main), das Bundesamt für Finanzen (einschl. Besoldungsstelle und Rechenzentrum der Bundesfinanzverwaltung) in Bonn, das Bundesaufsichtsamt für das Kreditwesen und das Bundesaufsichtsamt für das Versicherungswesen in Berlin;
- als Mittelbehörden
  die Oberfinanzdirektionen;
- als örtliche Behörden
  die Hauptzollämter einschl. ihrer Dienststellen (Zollämter, Grenzkontrollstellen, Zollkommissariate), die Zollfahndungsämter, die Bundesvermögensämter und die Bundesforstämter.

Im Geschäftsbereich des BMF bestehen außerdem noch andere Dienststellen und Einrichtungen, z. B. das Zollkriminalinstitut in Köln sowie für Aus- und Fortbildungszwecke das Bildungszentrum der Bundesfinanzverwaltung in Sigmaringen mit dem Fachbereich Finanzen der Fachhochschule des Bundes für öffentliche Verwaltung und andere Bildungsstätten.

Schließlich obliegt dem BMF die Aufsicht über einige Körperschaften und Anstalten des öffentlichen Rechts, wie z. B. die Versorgungsanstalt des Bundes und der Länder in Karlsruhe, die Kreditanstalt für Wiederaufbau in Frankfurt (Main), die Deutsche Pfandbriefanstalt in Berlin und Wiesbaden, die Deutsche Genossenschaftsbank in Frankfurt (Main) sowie – gemeinsam mit dem BML – die Deutsche Siedlungs- und Landesrentenbank in Berlin und Bonn.

98. Bundesministerium für Wirtschaft (BMWi)

Das Ministerium ist zuständig für alle Aufgaben, die sich für den Bund auf dem Gebiete der Wirtschaft ergeben, insbesondere auf dem Gebiete der europäischen wirtschaftlichen Zusammenarbeit und der gesamten Wirtschaftspolitik, des Handels, der Grundstoffindustrie einschl. des Bergbaus, der Energiepolitik, der gewerblichen Wirtschaft, der Außenwirtschaft und der Verwaltung des ERP-Vermögens.

Neben einer Zentralabteilung für innere Verwaltungsangelegenheiten (Haushalt, Personal, Organisation), Rechts-, Sicherheitsangelegenheiten und die Verwaltung des ERP-Sondervermögens bestehen 6 Abteilungen: Europapolitik (E), Wirtschaftspolitik (I), Mittelstandspolitik, Forschung und Technik, Umweltpolitik, Verbraucherpolitik, Bildungspolitik (II), Energiepolitik, mineralische Rohstoffe (III), Gewerbliche Wirtschaft – Wirtschaftsförderung Berlin (IV). Außenwirtschaftspolitik und Entwicklungshilfe (V).

Das Ministerium wird in Berlin vertreten durch den ,,Bevollmächtigten der Bundesregierung in Berlin – Wirtschaft –", hat eine Verbindungsstelle beim Bundesamt für Wehrtechnik und Beschaffung (BWB) in Koblenz und ist maßgebend beteiligt an der Vertretung der Bundesrepublik bei den Europäischen Gemeinschaften (EG) und ihrer Vertretung bei der Nordatlantikpakt-Organisation (NATO).

Die aufgrund des Abkommens über wirtschaftliche Zusammenarbeit zwischen den Vereinigten Staaten von Amerika und der BRep vom 15. 12. 1949 (Ges. vom 31. 1. 1950, BGBl. 9; vgl. *Marshallplan,* 910) zugunsten der BRep entstandenen Vermögenswerte bilden ein Sondervermögen des Bundes. Dieses *ERP-Sondervermögen* ist wie andere Sondervermögen des Bundes (Bundesbahn, Bundespost, Ausgleichsfonds) ein rechtlich unselbständiger Teil des Bundesvermögens (vgl. 81). Der Vermögensbestand des ERP-Sondervermögens belief sich zum Jahresende 1985 auf rd. 15 Mrd. DM. Es ist ein revolvierender Fonds, dessen Mittel der Förderung der deutschen Wirtschaft und der Wirtschaft der Entwicklungsländer dienen. Die jährlichen ERP-Finanzierungsprogramme werden in einem besonderen Haushaltsplan (ERP-Wirtschaftsplan) veranschlagt.

Zum Geschäftsbereich des Ministeriums gehören:

1. Das *Bundesamt für Wirtschaft* in Eschborn/Ts. mit Außenstelle Bochum (für Anpassungsgeld).
2. Die *Bundesstelle für Außenhandelsinformation* in Köln.
3. Die *Physikalisch-Technische Bundesanstalt* in Braunschweig und Berlin.
4. Die *Bundesanstalt für Materialprüfung* in Berlin-Dahlem.
5. Das *Bundeskartellamt* in Berlin.
6. Die *Bundesanstalt für Geowissenschaften und Rohstoffe* in Hannover.

99. Bundesministerium für Ernährung, Landwirtschaft und Forsten (BML)

Die Agrar- und Ernährungspolitik ist Teil der Wirtschafts- und Gesellschaftspolitik der Bundesregierung. Ihre Ziele und Aufgaben leiten sich unter Berücksichtigung der allgemeinen Rahmenbedingungen

vornehmlich aus dem Landwirtschaftsgesetz und dem EWG-Vertrag ab.
Der Aufgabenkreis des BML umfaßt die in seiner Bezeichnung genannten Wirtschaftsbereiche (mit Garten- und Weinbau), ferner die Fischerei, die Holzwirtschaft sowie die Landschaftspflege.

Das Ministerium gliedert sich in 7 Abteilungen:

1. Zentralabteilung
2. Planungskoordination und Wirtschaftsbeobachtung
3. Ernährungspolitik
4. Marktpolitik
5. Entwicklung des ländlichen Raumes
6. Forst- und Holzwirtschaft
7. Internationale Agrarpolitik, Fischereipolitik.

Zum Geschäftsbereich des Ministeriums gehören:

1. *Bundesamt für Ernährung und Fortwirtschaft* in Frankfurt a. M.;
2. *Bundessortenamt* in Hannover (vgl. 827 I 5)

als unmittelbar nachgeordnete Bundesoberbehörden,
ferner 13 *Bundesforschungsanstalten,* und zwar
Bundesforschungsanstalt für Landwirtschaft Braunschweig-Völkenrode (FAL), Braunschweig;
Biologische Bundesanstalt für Land- und Forstwirtschaft, Braunschweig;
Bundesanstalt für Milchforschung, Kiel;
Bundesforschungsanstalt für Fischerei, Hamburg 50;
Bundesforschungsanstalt für Forst- und Holzwirtschaft, Hamburg 80;
Bundesforschungsanstalt für Getreide- und Kartoffelverarbeitung, Detmold;
Bundesforschungsanstalt für Viruskrankheiten der Tiere, Tübingen;
Bundesforschungsanstalt für Rebenzüchtung Geilweilerhof, Siebeldingen;
Bundesanstalt für Fleischforschung,Kulmbach;
Bundesforschungsanstalt für Ernährung, Karlsruhe;
Bundesforschungsanstalt für gartenbauliche Pflanzenzüchtung, Ahrensburg;
Bundesanstalt für Fettforschung, Münster.

Der Aufsicht des Ministeriums unterstehen:
die Bundesanstalt für landwirtschaftliche Marktordnung in Frankfurt a. M. – (vgl. 805, 807);
der Stabilisierungsfonds für Wein (vgl. 815) in Mainz;
der Absatzförderungsfonds der deutschen Land-, Forst- und Ernährungswirtschaft in Bonn 2;
die Deutsche Siedlungs- und Landesrentenbank in Bonn 2 (gemeinsam mit dem Bundesminister der Finanzen).

Beim Ministerium besteht u. a. ein *Wissenschaftlicher Beirat.*

100. Bundesministerium für Arbeit und Sozialordnung (BMA)

Der Aufgabenkreis des Ministeriums umfaßt Arbeitsmarktpolitik, Ausländerpolitik, Arbeitsförderung, Arbeitslosenversicherung, Rentenversicherung, Krankenversicherung und Unfallversicherung, Kriegsopferversorgung, Versorgungsmedizin, Rehabilitation, Arbeitsschutz, Arbeitsrecht, Betriebsverfassungsrecht, internationale Sozialpolitik sowie Sozialbudget und Statistik; ferner aus dem Bereich des Gesundheitswesens: Krankenhäuser, Technik in Medizin und Krankenhaus, Gebührenrecht der Gesundheitsberufe. Das Ministerium ist außerdem für die Gerichtsverfassung und das gerichtliche Verfahren der Gerichte für Arbeitssachen sowie die Sozialgerichtsbarkeit zuständig.

Für die Durchführung der sich auf diesen Gebieten ergebenden Aufgaben in Gesetzgebung und Verwaltung sind acht Abteilungen gebildet worden:

Zentralabteilung	Personal, Verwaltung, Haushalt, Informationsverarbeitung
Abteilung I	Grundsatz- und Planungsabteilung
Abteilung II	Arbeitsmarktpolitik, Arbeitslosenversicherung, Ausländerpolitik
Abteilung III	Arbeitsrecht; Arbeitsschutz
Abteilung IV	Sozialversicherung, Sozialgesetzbuch
Abteilung V	Gesundheit, Krankenversicherung
Abteilung VI	Kriegsopferversorgung, Versorgungsmedizin, Rehabilitation
Abteilung VII	Internationale Sozialpolitik

Der Beauftragte der Bundesregierung für die Belange der Behinderten und der Beauftragte der Bundesregierung für die Integration der ausländischen Arbeitnehmer und ihrer Familienangehörigen sind dem BMA zugeordnet.

Zum *Geschäftsbereich* des Ministeriums gehören:

1. *Bundesarbeitsgericht* in Kassel als Oberster Gerichtshof für das Gebiet der Arbeitsgerichtsbarkeit;
2. *Bundessozialgericht* in Kassel als Oberster Gerichtshof für das Gebiet der Sozialgerichtsbarkeit;
3. *Bundesversicherungsamt* in Berlin. Es führt die Aufsicht über folgende bundesunmittelbare Körperschaften und Anstalten des öffentlichen Rechts:
   a) die *Bundesversicherungsanstalt für Angestellte,*
   b) die *Bundesbahn-Versicherungsanstalt,*
   c) *die Landesversicherungsanstalt Oldenburg-Bremen,*
   d) die *Seekasse,*
   e) die *Bundesknappschaft,*
   f) 32 gewerbliche und 5 landwirtschaftliche Berufsgenossenschaften einschließlich der bei den landwirtschaftlichen Berufsgenossenschaften errichteten landwirtschaftlichen Alterskassen sowie die *See-Berufsgenossenschaft,*
   g) zahlreiche Betriebs- und Ersatzkrankenkassen,
   h) die *See-Krankenkasse,*
   i) die *Ortskrankenkasse Bremerhaven-Wesermünde,*
   j) *Innungskrankenkasse Bremen,*
   k) Innungskrankenkasse Freiburg,
   l) 5 landwirtschaftliche Krankenkassen,
   m) *Gesamtverband der landwirtschaftlichen Alterskassen,*
   n) *Bundesverband der landwirtschaftlichen Krankenkassen,*
   o) *Künstlersozialkasse;*

4. *Bundesausführungsbehörde für Unfallversicherung* in Wilhelmshaven;
5. *Bundesanstalt für Arbeitsschutz* in Dortmund

Das Ministerium führt die *Aufsicht* über die nachstehenden bundesunmittelbaren Körperschaften des öffentlichen Rechts und Verbände:

1. *Bundesanstalt für Arbeit* mit der Hauptstelle in Nürnberg und den nachgeordneten *Landesarbeitsämtern* und *Arbeitsämtern;*
   Bei der Durchführung des Bundeskindergeldgesetzes führt die Bundesanstalt für Arbeit die Bezeichnung *„Kindergeldkasse";*
2. *Bundesverband der Ortskrankenkassen* in Bonn-Bad Godesberg, der *Betriebskrankenkassen* in Essen, der *Innungskrankenkassen* in Bergisch Gladbach;
3. *Kassenärztliche Bundesvereinigung* und *Kassenzahnärztliche Bundesvereinigung* in Köln;
4. *Verband der Angestellten-Krankenkassen e. V.* und *Verband der Arbeiter-Ersatz-Kassen e. V.* in Siegburg;

101. Bundesministerium für Verkehr (BMV)

Der Aufgabenbereich des BMV umfaßt folgende Gebiete: Eisenbahnwesen, Straßenverkehr einschl. Kraftfahrwesen, Straßenbau, Binnenschiffahrt und Wasserstraßen, Seeverkehr, Luftfahrt einschl. Wetterdienst.

Neben den hierfür eingerichteten Fachabteilungen und dem Leitungsbereich bestehen eine Verkehrspolitische Grundsatzabteilung und eine Zentralabteilung.

Als fachneutrale Bundesoberbehörde wird das Oberprüfungsamt für die höheren technischen Verwaltungsbeamten in Frankfurt/Main vom BMV beaufsichtigt.

Deutsche Bundesbahn. Nach Art. 73 Nr. 6 GG hat der Bund die ausschließliche Gesetzgebung über die Bundeseisenbahnen. Diese sind nach Art. 87 GG in bundeseigener Verwaltung mit eigenem Verwaltungsunterbau zu führen. Das Vermögen der Deutschen Bundesbahn ist Bundesvermögen (Art. 134 GG). Die Rechtsstellung der Deutschen Bundesbahn, ihre Unternehmensverfassung sowie das Verhältnis zum Bund und die Grundfragen der Wirtschaftsführung sind im Bundesbahngesetz vom 13. 12. 1951 (BGBl. I 955) m. spät. Änd. geregelt. Danach ist die DB ein selbständiges, nicht rechtsfähiges Sondervermögen des Bundes. Es wird mit eigener Wirtschafts- und Rechnungsführung und getrennt vom sonstigen Vermögen des Bundes vom Vorstand und Verwaltungsrat der DB (Organe) verwaltet. Der BMV hat nach dem Bundesbahngesetz bestimmte Aufsichtsbefugnisse.

Der *Vorstand der DB* leitet die Geschäfte. Er setzt sich zusammen aus einem Vorsitzer und weiteren Mitgliedern. Der Vorstand hat seit dem ÄndGes. vom

22. 12. 1981 (BGBl. I 1689) eine veränderbare Mitgliederzahl, die von der BReg. festgesetzt wird. Die Vorstandsmitglieder werden vom BMV im Einvernehmen mit dem Verwaltungsrat bestellt. Sie sind nicht mehr Beamte, stehen aber in einem öffentlich-rechtlichen Amtsverhältnis; ihre Amtszeit ist variabel (2–5 Jahre). Der Vorstand ist an die Beschlüsse des *Verwaltungsrates* gebunden, der aus 20 Mitgliedern besteht. Sie werden von der Bundesregierung auf Vorschlag des Bundesrates, der Gesamtwirtschaft, der Gewerkschaften und des BMV ernannt.

Der *Verwaltungsaufbau der DB* gliedert sich in vier Instanzen: Zentralinstanz (Hauptverwaltung), Mittelinstanz (Bundesbahndirektionen, verschiedene zentrale Ämter und Stellen), Ämterinstanz (Generalvertretungen und Bundesbahnämter verschiedener Fachrichtungen), Dienststellen des Außendienstes.

Straßenverkehr, Kraftfahrwesen, Straßenbau. Nach Art. 74 Nr. 22 GG sind der Straßenverkehr, das Kraftfahrwesen sowie der Bau und die Unterhaltung von Landstraßen des Fernverkehrs Gegenstand der konkurrierenden Gesetzgebung. Der Bund ist Eigentümer der Bundesfernstraßen. Die Länder oder die nach Landesrecht zuständigen Selbstverwaltungskörperschaften verwalten sie im Auftrage des Bundes (Art. 90 GG).

Dem BMV sind in diesem Bereich folgende Bundesoberbehörden und -anstalten nachgeordnet:
das *Kraftfahrt-Bundesamt* in Flensburg,
die *Bundesanstalt für Straßenwesen* in Bergisch-Gladbach.
Bestimmte Aufsichtsbefugnisse gelten gegenüber der *Bundesanstalt für den Güterfernverkehr* in Köln.

Verwaltung der Bundeswasserstraßen, Binnen- und Seeschiffahrt. Nach Art. 89 GG verwaltet der Bund die Bundeswasserstraßen. Er nimmt die über den Bereich eines Landes hinausgehenden staatlichen Aufgaben der Binnenschiffahrt und Seeschiffahrt wahr, die ihm durch Gesetz übertragen werden.

Hierfür sind 6 Wasser- und Schiffahrtsdirektionen (Mittelbehörden) sowie 33 Wasser- und Schiffahrtsämter, 4 Wasserstraßenmaschinenämter und jeweils erforderliche Neubauämter (Unterbehörden) als bundeseigene Behörden zuständig.

Dem BMV sind in diesem Bereich folgende Bundesoberbehörden und -anstalten nachgeordnet:
Deutsches Hydrographisches Institut in Hamburg,
Bundesanstalt für Wasserbau in Karlsruhe,
Bundesanstalt für Gewässerkunde in Koblenz,
Bundesamt für Schiffsvermessung in Hamburg,
Bundesoberseeamt in Hamburg.

Luftverkehr (einschl. Wetterdienst). Nach Art. 73 Nr. 6 GG hat der Bund die ausschließliche Gesetzgebung über den Luftverkehr. Die Luftverkehrsverwaltung wird in bundeseigener Verwaltung geführt (Art. 87d GG).

Dem BMV nachgeordnete Bundesoberbehörden und -anstalten des öffentlichen Rechts sind im Bereich des Luftverkehrs

das *Luftfahrt-Bundesamt* in Braunschweig,
die *Bundesanstalt für Flugsicherung* in Frankfurt/Main,
sowie auf dem Gebiet des Wetterdienstes
der *Deutsche Wetterdienst* in Offenbach.

102. Bundesministerium für das Post- und Fernmeldewesen (BMP)

Das Ministerium ist für alle Angelegenheiten des Post- und Fernmeldewesens zuständig. Die *Deutsche Bundespost* wird in *bundeseigener Verwaltung* mit eigenem Verwaltungsunterbau geführt (Art. 87 Abs. 1 GG). Außer der Zentralabteilung verfügt das Ministerium über 9 Abteilungen: (1a) Postwesen, (1b) Postbankdienste; (2a) Fernmeldewesen; (2b) Fernmeldewesen; (3) Personalwesen; (4) Finanzwesen; (5) Zentrale Organisation Bauwesen; (6) Öffentlichkeit, Markt; (7) Zentralabteilung.

An nachgeordneten Mittelbehörden, die zum Geschäftsbereich des Ministeriums gehören, bestehen:

1. *Fernmeldetechnisches Zentralamt* in Darmstadt;
2. *Posttechnisches Zentralamt* in Darmstadt;
3. *Sozialamt der Deutschen Bundespost* in Stuttgart;
4. *Zentralamt für Zulassungen im Fernmeldewesen* in Saarbrücken;
5. *Zentralstelle für Entwicklung* in Bonn;
6. Fachhochschulen der DBP in Berlin und Dieburg sowie Fachbereich Post- und Fernmeldewesen in der Fachhochschule für öffentliche Verwaltung, Dieburg;
7. *Oberpostdirektionen*. Diese befinden sich in Berlin (hier Landespostdirektion genannt), Bremen, Dortmund, Düsseldorf, Frankfurt a.M., Freiburg i.Br., Hamburg, Hannover/Braunschweig, Karlsruhe, Kiel, Koblenz, Köln, München, Münster, Nürnberg, Regensburg, Saarbrücken und Stuttgart.

Gesetzliche Grundlage für die Deutsche Bundespost ist das Gesetz über die Verwaltung der Deutschen Bundespost *(Postverwaltungsgesetz)* vom 24. 7. 1953 (BGBl. I 676), zuletzt geändert am 27. 6. 1986 (BGBl. I 946). Rechte und Pflichten der Post bei der Beförderung von Sendungen, Postgeheimnis usw. richten sich nach dem Postgesetz vom 28. 7. 1969 (BGBl. I 1006), zuletzt geändert am 26. 6. 1981 (BGBl. I 553); für das Fernmeldewesen nach dem Gesetz über Fernmeldeanlagen i.d.F. vom 17. 3. 1977 (BGBl. I 459), geändert durch das Ges. zur Verhinderung des Mißbrauchs von Sendeanlagen vom 27. 6. 1986 (BGBl. I 948), dem Telegraphenwegegesetz vom 18. 12. 1899 (RGBl. 705) und dem Gesetz über den Amateurfunk vom 14. 3. 1949 (WiGBl. 20). Den Betrieb des Post- und Fernmeldewesens regeln ferner ergänzende Verordnungen, z.B. die Fernmeldeordnung i.d.F. vom 5. 5. 1971 (BGBl. I 541) m. spät. Änd., die Telegrammordnung i.d.F. vom 26. 2. 1974 (BGBl. I 373) m. spät. Änd., die Verordnung für den Fernschreib- und den Datexdienst i.d.F. vom 26. 2. 1974 (BGBl. I 388) m. spät. Änd., die Postordnung vom 16. 5. 1963 (BGBl. I 341) m.

spät. Änd., die Verordnung über den Fernmeldeverkehr mit dem Ausland vom 22. 12. 1977 (BGBl. 1978 I 33, m. spät. Änd., die Verordnung über den Post- und Fernmeldeverkehr mit der Deutschen Post der Deutschen Demokratischen Republik vom 4. 6. 1976 (BGBl. II 633) m. spät. Änd., die Verordnung über die Gebühren im Post- und Fernmeldeverkehr mit der Deutschen Demokratischen Republik vom 4. 6. 1976 (BGBl. I 1400) m. spät. Änd., die Postgebührenordnung vom 1. 10. 1981 (BGBl. I 1061) m. spät. Änd., die Auslandspostgebührenordnung vom 1. 10. 1981 (BGBl. I 1070) m. spät. Änd., die Postgiroordnung vom 5. 12. 1984 (BGBl. I 1478) mit Postgirogebührenordnung (BGBl. I 1484), die Postsparkassenordnung vom 24. 4. 1986 (BGBl. I 626), die Postzeitungsordnung vom 9. 9. 1981 (BGBl. I 950) m. spät. Änd. und die Postzeitungsgebührenordnung vom 22. 10. 1985 (BGBl. I 2028), die VO über den Datapostdienst im Ausland vom 17. 12. 1984 (BGBl. I 1687). Die Fernmeldeordnung, die Verordnung über den Fernschreib- und den Datexdienst sowie die Telegrammordnung treten am 1. 1. 1988 außer Kraft; es gilt dann die Telekommunikationsordnung vom 5. 11. 1986 (BGBl. I 1749). Über den *Weltpostverein* und die *Fernmelde-Union* vgl. 903 III, über den *Postgiroverkehr* s. 382.

103. Bundesministerium für innerdeutsche Beziehungen (BMB)

Das Ministerium hat die Aufgabe, der Einheit der Nation zu dienen, den Zusammenhalt des deutschen Volkes zu stärken, die Beziehungen der beiden Staaten in Deutschland zu fördern und die deutschlandpolitische Verantwortung der Bundesregierung wahrzunehmen. In Gesetzgebung und Verwaltung soll es entsprechende Vorhaben der Ressorts koordinieren. Die Öffentlichkeitsarbeit des Ministeriums soll die Deutschlandpolitik der Bundesregierung darstellen, das Bewußtsein von der Einheit der Nation wachhalten und durch objektive Information über die Probleme im geteilten Deutschland unterrichten. Das Ministerium fördert die soziale und kulturelle Entwicklung der Gebiete an der Grenze zur DDR und in anderen Grenzbereichen und wirkt bei der wirtschaftlichen und verkehrsmäßigen Erschließung dieser Gebiete mit.

Das Ministerium ist in vier Abteilungen gegliedert: (Z) Verwaltung, Humanitäre Aufgaben; (I) Öffentlichkeitsarbeit in der Deutschlandpolitik, Förderungsmaßnahmen; (II) Deutschlandpolitik; (III) Verbindungsstelle Berlin im Rahmen der Dienststelle des Bevollmächtigten der Bundesregierung in Berlin.

Dem Ministerium nachgeordnet ist das *Gesamtdeutsche Institut – Bundesanstalt für gesamtdeutsche Aufgaben* – in Bonn mit einer Abteilung in Berlin.

104. Bundesministerium für Raumordnung, Bauwesen und Städtebau (BMBau)

Das Ministerium nimmt die Zuständigkeit des Bundes auf den Gebieten der Raumordnung, des Städtebaues, des Wohnungswesens und des Bauwesens wahr. Es fördert die Forschung auf städtebaulichem und bautechnischem Gebiet, die Baunormung, Modellvorhaben sowie Versuchs- und Vergleichsbauvorhaben. Außerdem gewährt der Bund gemäß Art. 104a Abs. 4 GG den Ländern Finanzhilfen zur Förderung von Wohnungsbauprogrammen der Länder und von städtebaulichen Sanierungs- und Entwicklungsmaßnahmen. Im öffentlich geförderten Sozialen Wohnungsbau (1. Förderungsweg) werden vornehmlich kinderreiche Familien, alleinstehende Elternteile mit Kindern, ältere Menschen und Schwerbehinderte gefördert; im Eigentumsprogramm (2. Förderungsweg) überwiegend Wohneigentum in regionalen Schwerpunkten. Ferner obliegt dem Ministerium die Förderung des Wohnungsbaus für Angehörige der Bundeswehr und der Verwaltung des Bundes (außer für Angehörige von Bundesbahn und Bundespost). Weiter ist das Ministerium oberste technische Instanz für die Durchführung der Baumaßnahmen der Verfassungsorgane des Bundes, der obersten Bundesbehörden sowie der Bauangelegenheiten der BRep. im Ausland mit Ausnahme der Bauten im Geschäftsbereich des Bundesministers der Verteidigung.

Das Ministerium ist wie folgt gegliedert:

Ministerbüro und Referate für Kabinetts- und Parlamentsangelegenheiten, Presse und Information sowie Messen und Ausstellungen

Abt. Z Zentralabteilung (Personal-, Organisations-, Haushalts-, Finanzangelegenheiten);

Abt. RS Raumordnung und Städtebau (Recht des Städtebaues und der Raumordnung; Städtebau, Forschung; Raumordnung);

Abt. W Wohnungswesen (Recht des Wohnungswesens; Wohnungsbauförderung, Wohnungswirtschaft);

Abt. B Bauwesen (Grundsatzangelegenheiten des Bauwesens; Bauangelegenheiten des Bundes; Bundeshauptstadtangelegenheiten).

Zum Geschäftsbereich des Ministeriums gehören die *Bundesbaudirektion* (mit Abteilungen in Berlin und Bonn) und die *Bundesforschungsanstalt für Landeskunde und Raumordnung* in Bonn.

105. Bundesministerium für Jugend, Familie, Frauen und Gesundheit (BMJFFG)

Das Ministerium umfaßt die Abteilungen: Zentrale Verwaltung, Frauenpolitik, Jugend, Zivildienst und Generelle Planung, Gesundheit, Verbraucherschutz und Veterinärmedizin, Familie und Soziales sowie den Bundesbeauftragten für den Zivildienst.

Hauptziel der *Jugendpolitik* ist, die Bedingungen des Aufwachsens junger Menschen und ihre Integration in den gesellschaftlichen Entwicklungsprozeß zu verbessern. Junge Menschen sollen zur Mitwirkung und Übernahme von Verantwortung in allen Lebensbereichen motiviert und befähigt werden. Schwerpunktaufgaben sind die Weiterentwicklung der Jugendhilfe, die Aktualisierung des Jugendschutzes und die Fortführung des *Bundesjugendplanes* als breitgefächertes Förderungswerk der Jugendarbeit im außerschulischen Bereich. Von besonderer Bedeutung ist die Förderung der internationalen Jugendarbeit, die mit ihren vielfältigen Formen der Begegnung junger Menschen aus verschiedenen Ländern der internationalen Verständigung und Zusammenarbeit dient.

Mit dem *Zivildienst* als einer Form der Erfüllung der Wehrpflicht sollen Kriegsdienstverweigerer einen für die Allgemeinheit nützlichen Dienst verrichten, in erster Linie im sozialen Bereich, z. B. in der Betreuung von Schwerstbehinderten oder innerhalb sozialer Hilfsdienste.

Im Mittelpunkt der *Familienpolitik* als Teil umfassender Gesellschaftspolitik steht die Verbesserung der wirtschaftlichen und gesellschaftlichen Situation der Familie sowie des Schutzes des ungeborenen Lebens. Diesem Ziel dienen u. a. wirtschaftliche Familienhilfen (Kindergeld und steuerliche Entlastung), Erziehungsgeld und Erziehungsurlaub, Hilfen zur Stärkung der Erziehungskraft der Familie (Eltern- und Familienbildung, Ehe-, Familien- und Erziehungsberatung, Beratung über Familienplanung usw.), Fortentwicklung des Ehe- und Familienrechts, Einflußnahme auf die familiengerechte Strukturierung der Wohngebiete. Bei Maßnahmen anderer Ressorts, die sich auf die Familie auswirken, wahrt das Ministerium die familienpolitischen Belange.

Im Juni 1986 wurde dem BMJFFG die federführende Zuständigkeit für Frauenfragen übertragen. Das schließt die Gesetzgebungskompetenz mit ein.

Die *Politik für die rechtliche und tatsächliche Gleichstellung von Männern und Frauen* zielt auf alle Lebensbereiche. Art. 3 Abs. 2 GG soll auch praktisch verwirklicht werden. Dazu gehören Informationen der Frauen über ihre Rechte und Möglichkeiten; Bewußtseinsbildung im Sinne eines partnerschaftlichen Lebensverständnisses von Frauen und Männern, Erprobung konkreter Maßnahmen, die die Benachteiligung von Frauen in Bildung und Beruf beseitigen und ihre Stellung in Ehe und Familie verbessern.

Ziel der *Gesundheitspolitik* ist, allen Bürgern unabhängig von ihrer wirtschaftlichen und sozialen Lage die Möglichkeit zu geben, ihre Gesundheit zu erhalten und wiederherzustellen. Gesundheitspolitik soll Leistungsfähigkeit steigern und Bedarfsgerechtigkeit herstellen. Im Mittelpunkt der gesundheitspolitischen Arbeit des Ministeriums steht das öffentliche Gesundheitswesen, vor allem mit seinen Bereichen gesundheitliche Aufklärung und Erziehung, die Reform der Versorgung psychisch Kranker, Hygiene und Seuchenhygiene, Gesundheitsschutz und Gesundheitshilfe mit entsprechender Forschung, große Krebskonferenz, Durchführung des Arzneimittelgesetzes und Regelungen im Bereich der Heilberufe und internationales Gesundheitswesen.

Auf dem Gebiet der *Sozial- und Gesellschaftspolitik* ist das Ministerium federführend für das Bundessozialhilfegesetz, das Heimgesetz, das Auswandererschutzgesetz sowie das Gräbergesetz. Zu seinen Schwerpunktaufgaben gehören die soziale Sicherung bei Pflegebedürftigkeit, die soziale Rehabilitation Behinderter, Maßnahmen zur Altenhilfe und zur Integrierung gesellschaftlicher Randgruppen, Fragen der freien Wohlfahrtspflege – einschl. der sozialen Beratung und Betreuung von Aussiedlern, Zuwanderern, Flüchtlingen und Asylbewerbern –, des internat. Erfahrungsaustausches auf sozialem Gebiet, des Dt. Müttergenesungswerks, der Freizeit und Erholung.

Auf dem Gebiet des *Lebensmittelwesens* und der *Veterinärmedizin* ist die wesentlichste Aufgabe die Sicherstellung des gesundheitlichen *Verbraucherschutzes* und des Schutzes vor Täuschung im Verkehr mit Lebensmitteln, Tabakerzeugnissen, kosmetischen Mitteln und Bedarfsgegenständen. Eine auf technische Entwicklungen flexibel reagierende Gesetzgebung soll Risiken für den Verbraucher vermeiden. Ein weiterer Schwerpunkt liegt bei der Aufklärung des Verbrauchers über die geltenden Vorschriften und über eine richtige Ernährung.

Zum Geschäftsbereich des Ministeriums gehören

a) das *Bundesgesundheitsamt* in Berlin-Dahlem, durch BGes. vom 27. 2. 1952 (BGBl. I 121) als selbständige Bundesoberbehörde errichtet. Zu seinen Aufgaben gehören Forschung auf dem Gebiet der öffentlichen Gesundheitspflege, Beratungs- und Exekutivaufgaben, gutachterliche Tätigkeit sowie Erhebungen auf dem Gebiete der medizinischen Statistik für Bundeszwecke. Es gliedert sich in die Zentralabteilung und 7 wissenschaftliche Institute: Robert-Koch-Institut, Institut für Wasser-, Boden- und Lufthygiene, Max-von-Pettenkofer-Institut, Institut für Sozialmedizin und Epidemiologie, Institut für Veterinärmedizin (Robert-von-Ostertag-Institut), Institut für Strahlenhygiene, Institut für Arzneimittel.

b) die *Bundeszentrale für gesundheitliche Aufklärung* in Köln-Merheim, durch Erl. vom 20. 7. 1967 (GMBl. 374) als nichtrechtsfähige Bundesanstalt errichtet. Ihre Aufgabe ist es, der Erhaltung und Förderung der Gesundheit der Menschen zu dienen, insbesondere durch Erarbeitung von Grundsätzen und Richtlinien für Inhalt und Methoden der praktischen Gesundheitserziehung, Ausbildung und Fortbildung der auf dem Gebiet der Gesundheitserziehung und -aufklärung tätigen Personen, Koordinierung und Verstärkung der gesundheitlichen Aufklärung und Gesundheitserziehung im Bundesgebiet und Zusammenarbeit mit dem Ausland;

c) das *Deutsche Institut für medizinische Dokumentation und Information* in Köln, als nichtrechtsfähige Bundesanstalt durch Erl. vom 1. 9. 1969 (GMBl. 401) errichtet. Es hat die Aufgabe, in- und ausländische Literatur und sonstige Informationen auf dem Gesamtgebiet der Medizin und ihrer Randgebiete zu erfassen, auszuwerten, zu speichern und der fachlich interessierten Öffentlichkeit bekanntzumachen. Das Institut arbeitet an der Verbesserung von Dokumentations- und Informationssystemen und fördert die Aus- und Fortbildung von Personal für die medizinische Dokumentation und Information insbesondere in der Anwendung moderner Techniken;

d) das „Paul-Ehrlich-Institut" – Bundesamt für Sera und Impfstoffe – in Frankfurt (Main), durch BGes. vom 7. 7. 1972 (BGBl. I 1163) als selbständige Bundesoberbehörde errichtet. Das Institut hat insbesondere die Aufgabe, Sera und Impfstoffe zu prüfen und zuzulassen, den Verkehr mit Sera und Impfstoffen, Testallergenen, Testsera und Testantigenen zu überwachen sowie entsprechende Forschungen zu betreiben;

e) die *Bundesprüfstelle für jugendgefährdende Schriften* in Bonn. Sie entscheidet in einem justizförmigen Verfahren über Anträge nach dem Gesetz über jugendgefährdende Schriften (404);

f) das *Bundesamt für den Zivildienst* in Köln, durch BGes. vom 25. 7. 1973 (BGBl. I 669) als selbständige Bundesoberbehörde vorgesehen und durch Bek. des BMA vom 27. 9. 1973 (BAnz. Nr. 199 S. 5) errichtet. Es ist für die verwaltungsmäßige Durchführung des Zivildienstes zuständig.

106. Bundesministerium für Bildung und Wissenschaft (BMBW)

Für Bildung und Wissenschaft sind Bund und Länder gemeinsam verantwortlich. Dem Bund sind vom Grundgesetz eine Reihe von Gesetzgebungszuständigkeiten zugewiesen. Außerdem wirken im Rahmen der Gemeinschaftsaufgaben nach den Art. 91a und b GG Bund und Länder in der Bildungsplanung, der Forschungsförderung sowie dem Hochschulbau zusammen. Die Zuständigkeiten der Länder im Bildungsbereich überwiegen (u. a. Schulen, wesentliche Teile des Hochschulbereichs). Auf seiten des Bundes ist das BMBW zuständig vor allem für: allgemeine Angelegenheiten der Bildungspolitik und Bildungsplanung, Ausbildungsförderung, den außerschulischen Bereich der beruflichen Bildung, Hochschulen/Wissenschaftspolitik, internationale und innerdeutsche Aufgaben in Bildung und Wissenschaft.

Durch die Mitwirkung in der Bildungsplanung, insbesondere im Rahmen der Bund-Länder-Kommission für Bildungsplanung und Forschungsförderung, und eine gezielte Förderung der Bildungsforschung erarbeitet das Ministerium allgemeine Grundsätze für die Reform und weitere Entwicklung des Bildungswesens. Dabei gewinnt die Abstimmung zwischen Bildungspolitik mit anderen Politikbereichen zunehmend an Bedeutung.

Stärker als in der Vergangenheit soll die Begabtenförderung mit Leistungswettbewerben auf möglichst zahlreichen Gebieten und durch die Begabtenförderungswerke ihren eigenen ständigen Platz erhalten.

Ein weiterer Bereich der Tätigkeit des Ministeriums ist die Ausbildungsförderung nach dem Bundesausbildungsförderungsgesetz (BAföG). Sie soll dazu beitragen, jungen Menschen auch finanziell die Chancen zu sichern, eine ihren Fähigkeiten und Neigungen entsprechende Ausbildung zu erhalten.

Besondere Bedeutung hat die Grundsatz- und Koordinierungszuständigkeit des Ministeriums für den betrieblichen Teil der beruflichen Bildung. Im Mittelpunkt der Weiterentwicklung der Berufsbildung stehen Erhaltung und Schaffung einer qualifizierten und krisenfesten Ausbildung für alle Jugendlichen, Sicherung und Ausbau des Angebots von Ausbildungsplätzen für die geburtenstarken Jahrgänge, besondere Förderung benachteiligter Jugendlicher, Ausbau eines flexiblen Systems der beruflichen Weiterbildung sowie Verwirklichung der Gleichwertigkeit von allgemeiner und beruflicher Bildung.

Bei der Hochschul- und Wissenschaftspolitik liegen die Schwerpunkte der Arbeiten in der Beteiligung an der Hochschul- und Studienreform, der Planung und Finanzierung des Hochschulbaus, in der Förderung von Wissenschaft und Forschung, vor allem über die Deutsche Forschungsgesellschaft, in der Förderung des wissenschaftlichen Nachwuchses, in der Zusammenarbeit von Hochschule und Wirtschaft, dem Wissenschaftler- und Studentenaustausch sowie der Förderung der sozialen Belange der Studenten.

Das Ministerium fördert zahlreiche Modellversuche in allen Bildungsbereichen, insbesondere um den neuen Entwicklungen, z. B. den Auswirkungen der neuen Technologien im Bildungswesen, Rechnung zu tragen. Daher sollen die Mittel auf zukunftsorientierte Fragestellungen im Kompetenzbereich des Bundes konzentriert werden.

Die vier Abteilungen des Ministeriums sind wie folgt gegliedert:

Abt. I: Haushalt, Personal, Organisation, Recht und Datenverarbeitung, Internationales, innerdeutsche Angelegenheiten

Abt. II: Allgemeine Angelegenheiten der Bildungspolitik, Grundsatzfragen Bildungsplanung, Ausbildungsförderung, Kindergarten- und Schulbereich, Weiterbildung, Zusammenarbeit von Bund und Ländern

Abt. III: Recht, Organisation und Förderung der beruflichen Bildung, Entwicklung und Ordnung der beruflichen Bildung

Abt. IV: Ordnung des Hochschulwesens, Rahmenplanung, Ausbau der Hochschulen, Wissenschaftspolitik und -förderung.

Zum Geschäftsbereich des Ministeriums gehört das Bundesinstitut für Berufsbildung (BIBB).

107. Bundesministerium für wirtschaftliche Zusammenarbeit (BMZ)

Das Ministerium nimmt die Aufgaben wahr, die sich für den Bund in der *Entwicklungspolitik* ergeben (vgl. 919 III).

Es besteht aus 3 Abteilungen:

(1) Regionale Entwicklungspolitik; Projekte und Programme der bilateralen, Finanziellen und Technischen Zusammenarbeit; Integration aller entwicklungspolitischen Maßnahmen.

(2) Ziele und Planung der Entwicklungspolitik; Wirtschaftsfragen der Entwicklungspolitik; Multilaterale Institutionen; Internationale Zusammenarbeit in der Entwicklungspolitik; Sektorale Entwicklungspolitik.

(3) Allgemeine Verwaltung; Zentrale Dienste; Zusammenarbeit mit öffentlichen und privaten Institutionen der Bundesrepublik Deutschland.

Die Deutsche Gesellschaft für Technische Zusammenarbeit (GTZ) GmbH unterstützt die Bundesregierung bei der Erfüllung ihrer entwicklungspolitischen Aufgaben.

Sie führt als bundeseigene Gesellschaft die früher von der Bundesstelle für Entwicklungshilfe (BfE) und der Deutschen Förderungsgesellschaft für Entwicklungsländer (GAWI) wahrgenommenen Durchführungsaufgaben weiter

Insbesondere wird sie zur Förderung dieses Zweckes

1. im Auftrage der Bundesregierung bei Maßnahmen im Bereich der staatlichen Technischen Zusammenarbeit und
2. mit Zustimmung der Bundesregierung bei Aufträgen von Dritten, insbesondere aus Entwicklungsländern,

tätig.

Die Abwicklung der bilateralen Finanziellen Zusammenarbeit erfolgt im wesentlichen über die Kreditanstalt für Wiederaufbau (KW).

An der Durchführung entwicklungspolitischer Aufgaben sind weitere Organisationen beteiligt, deren Finanzausstattung ganz oder überwiegend im Bundeshaushalt veranschlagt ist, insbesondere die Deutsche Stiftung für internationale Entwicklung (DSE), Berlin; die Deutsche Entwicklungsgesellschaft (DEG), Köln; das Deutsche Institut für Entwicklungspolitik (DIEP), Berlin; der Deutsche Entwicklungsdienst (DED), Berlin und die Carl-Duisberg-Gesellschaft (CDG), Köln.

108. Bundesministerium für Forschung und Technologie (BMFT)

Das Ministerium hat den Auftrag, die Grundlagenforschung, die angewandte Forschung, die technologische Entwicklung und den Innovationsprozeß zu fördern sowie die Forschungstätigkeit des Bundes zu koordinieren.

Staatliche Forschungs- und Technologiepolitik soll dazu beitragen, Chancen für technischen, wirtschaftlichen und damit verbunden, ökologischen und sozialen Strukturwandel zu eröffnen sowie neue zukunftssichere Arbeitsplätze zu schaffen. Gefördert werden Forschung, Entwicklung und Innovation zur Sicherstellung und Erhaltung der natürlichen Lebensbedingungen, Steigerung der wirtschaftlichen Leistungs- und Wettbewerbsfähigkeit, zur Verbesserung der Lebens- und Arbeitsbedingungen der Menschen und zur Vertiefung des Grundlagenwissens.

Die fünf Abteilungen des Ministeriums sind wie folgt gegliedert:

Abt. 1 Verwaltung; Grundsatzfragen

Abt. 2 Grundlagenforschung; Forschungskoordinierung; Internationale Zusammenarbeit

Abt. 3 Energie; Biologie; Ökologie

Abt. 4 Informations- und Produktionstechniken; Lebens- und Arbeitsbedingungen; Fachinformation

Abt. 5 Luft- und Raumfahrt; Rohstoffe; Geowissenschaften; Verkehr.

Zum Geschäftsbereich gehören die *Deutschen Historischen Institute* Paris und Rom, das *Kunsthistorische Institut* in Florenz sowie die *Biologische Anstalt* Helgoland.

108a. Bundesministerium für Umwelt, Naturschutz und Reaktorsicherheit (BMU)

Dem BMU wurden mit Organisationserlaß des Bundeskanzlers vom 5. 6. 1986 (BGBl. I 864) folgende Zuständigkeiten übertragen:

1. Umweltschutz mit der zentralen Planungs- und Koordinierungskompetenz innerhalb der Bundesregierung einschließlich Rechtsetzungskompetenzen für die Wasserwirtschaft (Rahmenkompetenz), Abfallwirtschaft, Luftreinhaltung, Lärmbekämpfung (konkurrierende Gesetzgebungskompetenz) zuzüglich der Teilaufgaben aus anderen Gesetzgebungsbereichen wie z. B. Umweltchemikalien und Verkehrslärm;
2. Sicherheit kerntechnischer Anlagen und Strahlenschutz mit Rechtsetzungskompetenz (konkurrierende Gesetzgebung) sowie Verwaltungskompetenz für die Aufsicht über die Rechtmäßigkeit und Zweckmäßigkeit beim Vollzug des Atomgesetzes durch die Länder;
3. Naturschutz und Landschaftspflege einschließlich der Rechtsetzungskompetenz (Rahmenkompetenz);
4. Gesundheitliche Belange des Umweltschutzes, Strahlenhygiene Rückstände von Schadstoffen in Lebensmitteln, Chemikalien.

Das Ministerium ist in 4 Abteilungen gegliedert:

Abt. Z:	Personal, Organisation, Haushalt, Allgemeine Verwaltung
Abt. U:	Umweltschutz
Abt. N:	Naturschutz, Umwelt und Gesundheit
Abt. RS:	Sicherheit kerntechnischer Einrichtungen, Strahlenschutz

Zum Geschäftsbereich des BMU gehören:

das Umweltbundesamt in Berlin und
die Bundesforschungsanstalt für Naturschutz und
Landschaftsökologie in Bonn.

109. Vertretungen der obersten Bundesbehörden in Berlin

Im „Bundeshaus" in Berlin 15, Bundesallee 216/218, hat der *Bevollmächtigte der Bundesregierung in Berlin* (92) seinen Amtssitz. Ferner befinden sich dort *Zweigstellen von Bundesministerien.*

Weitere Bundesbehörden in Berlin sind insbesondere:

1. *Statistisches Bundesamt,* Zweigstelle Berlin;
2. Bundesanstalt für Materialprüfung (vgl. 98);
3. Physikalisch-Technische Bundesanstalt, Institut Berlin (vgl. 98);
4. Bundesgesundheitsamt (vgl. 105);
5. Umweltbundesamt (vgl. 193 I);
6. *Bundeskartellamt* (vgl. 835);
7. *Bundesaufsichtsamt für das Versicherungswesen* (vgl. 820);
8. *Bundesaufsichtsamt für das Kreditwesen* (vgl. 872);
9. *Bundesversicherungsamt* (vgl. 654);
10. Bundesversicherungsanstalt für Angestellte (vgl. 669);
11. *Bundesschuldenverwaltung,* Dienststelle Berlin;
12. *Deutsches Patentamt,* Dienststelle Berlin (s. 387);
13. Generalbundesanwalt beim BGH – *Bundeszentralregister* –;
14. Bundesverwaltungsgericht;
15. Oberbundesanwalt beim Bundesverwaltungsgericht;
16. Bundesdisziplinaranwalt – Außenstelle Berlin –;
17. *Bundesbaudirektion* (Abt. Berlin);
18. Verwaltungsstelle Berlin der *Deutschen Bundesbahn;*
19. *Bundesrechnungshof,* Dienststelle Berlin;
20. Durchgangsheim für Aussiedler und Zuwanderer und Bundesdienststelle für die Anerkennung ausländischer Flüchtlinge in Berlin-Marienfelde.

110. Der Bundesrechnungshof

ist oberste Bundesbehörde, steht also den Bundesministerien gleich (vgl. 91); er hat seinen Sitz in Frankfurt a. M.

Nach Art. 114 GG hat der Bundesfinanzminister dem Bundestag und dem Bundesrat über alle Einnahmen und Ausgaben sowie über das Vermögen und die Schulden alljährlich Rechnung zu legen. Die Rechnung wird durch den *Bundesrechnungshof* geprüft. Dieser ist der BReg. gegenüber selbständig und nur dem Gesetz unterworfen.

Die Aufgaben des Bundesrechnungshofs sind jetzt in §§ 88ff., 111 der *Bundeshaushaltsordnung* (80) geregelt.

Der Bundesrechnungshof wurde durch BGes. vom 27. 11. 1950 (BGBl. 765) errichtet. Maßgebend ist jetzt das *Bundesrechnungshofgesetz* (BRHG) vom 11. 7. 1985 (BGBl. I 1445). An der Spitze dieses Organs der *Staatskontrolle* steht ein Präsident und als sein Vertreter ein Vizepräsident. Die Prüfungsgebiete sind auf 8 Abteilungen verteilt. Die Mitglieder besitzen richterliche Unabhängigkeit.

Nach § 18 BRHG ist im förmlichen Disziplinarverfahren gegen Mitglieder des Bundesrechnungshofes das Dienstgericht des Bundes (Bundesgerichtshof, s. 219) zuständig.

Der Präsident des Bundesrechnungshofes ist durch Kabinettsbeschluß vom 8. 1. 1952 mit der Wahrnehmung der Aufgaben des *Bundesbeauftragten für Wirtschaftlichkeit in der Verwaltung* beauftragt worden. Er ist ferner Vorsitzender des Bundesschuldenausschusses und nach § 96 Abs. 2 Bundesbeamtengesetz kraft Gesetzes ständiges Mitglied und Vorsitzender des Bundespersonalausschusses (vgl. 154 V).

F. Die Länder

114. Die Länderverfassungen

müssen nach Art. 28 Abs. 1 GG den Grundsätzen des republikanischen, demokratischen und sozialen Rechtsstaates im Sinne des GG (42, 54) entsprechen. In den Ländern, Kreisen und Gemeinden muß das Volk eine aus allgemeinen, unmittelbaren, freien, gleichen und geheimen Wahlen hervorgegangene Vertretung haben. Der Bund gewährleistet, daß die verfassungsmäßige Ordnung der Länder diesen Bestimmungen und den Grundrechten entspricht (Art. 28 Abs. 3 GG).

Hiernach besteht eine sog. *Verfassungshomogenität* zwischen Bund und Ländern. Dem Art. 28 GG widersprechende Bestimmungen der Länderverfassungen sind verfassungswidrig und ungültig. Die Einführung der *Monarchie* oder einer *Aristokratie,* eines „volksdemokratischen" Systems (4 I 1, II 2, 3) oder einer anderen Art von Minderheitsherrschaft (z. B. *Räterepublik, Diktatur*) ist demgemäß verboten. Dagegen können die Länder innerhalb der durch Art. 28 GG gezogenen Grenzen ihre staatliche Einrichtung gestalten und z. B. bestimmen, daß das Amt eines Staatspräsidenten geschaffen wird oder ob ein Ein- oder Zweikammersystem eingerichtet werden soll. Vgl. 54. Auch das *Wahlalter* ist nicht allgemeinverbindlich festgelegt; die Länder haben es aber wie der Bund (vgl. 59 II 2) dem Eintritt der Volljährigkeit (18 Jahre; vgl. 304) angepaßt. Der Grundsatz der *Inkompatibilität* (Unzulässigkeit gleichzeitiger Betätigung in Gesetzgebung und Verwaltung) ist, wie im Bund (59 II 2b), so auch in den Ländern teils durch Verfassungsbestimmungen, teils in einfachen Gesetzen niedergelegt (vgl. z. B. für Bayern AbgeordnetenG vom 25. 7. 1977, GVBl. 369; für Rheinl.-Pfalz Abgeordnetengesetz vom 21. 7. 1978 (GBVBL 587). Auf Grund der §§ 33, 34 BRRG regeln die Landesgesetze die Rechtsfolgen, die sich dienstrechtlich für Landesbeamte aus der Annahme des Mandats ergeben, z. B. Ruhen des Dienstverhältnisses, Anspruch auf Wiedereinstellung nach Beendigung des Mandats usw.; sie können ähnliche Bestimmungen für den Fall der Ernennung eines Beamten zum Regierungsmitglied oder Parlamentarischen Staatssekretär treffen. Hierzu und über die Amtsentschädigung der Parlamentsmitglieder vgl. die (weitgehend übereinstimmenden) Abgeordnetengesetze der Länder, z. B. Bad.-Württbg. vom 12. 9. 1978 (GBl. 473), Schlesw-Holst. vom 11. 8. 1978 (GVOBl. 223); NRW vom 24. 4. 1979 (GV.NW. 238).

Außer in Schleswig-Holstein und Berlin bestehen in den Ländern *Staatsgerichtshöfe* oder Landesverfassungsgerichte, denen innerhalb der Landeskompe-

Zusammensetzung der Länderparlamente

(Stand: April 1987)

Landtag
Baden-Württemberg
(Wahl v. 25. 3. 1984)

CDU	SPD	Grüne	FDP
68	41	9	8

Landtag
Bayern
(Wahl v. 12. 10. 1986)

CSU	SPD	Grüne
128	61	15

Abgeordnetenhaus
Berlin
(Wahl v. 10. 3. 1985)

CDU	SPD	AL	FDP
69	48	15	12

Bürgerschaft
Bremen
(Wahl v. 25. 9. 1983)

CDU	SPD	Grüne
37	58	5

Bürgerschaft
Hamburg
(Wahl v. 9. 11. 1986)

CDU	SPD	Grüne Alt. L
54	53	13

Landtag
Hessen
(Wahl v. 5. 4. 1987)

CDU	SPD	FDP	Grüne
47	44	9	10

Landtag
Niedersachsen
(Wahl v. 15. 6. 1986)

CDU	SPD	Grüne	FDP
69	66	11	9

Landtag
Nordrhein-Westfalen
(Wahl v. 12. 5. 1985)

CDU	SPD	FDP
88	125	14

Landtag
Rheinland-Pfalz
(Wahl v. 6. 3. 1983)

CDU	SPD
57	43

Landtag
Saarland
(Wahl v. 10. 3. 1985)

CDU	SPD	FDP
19	27	5

Landtag
Schleswig-Holstein
(Wahl v. 13. 3. 1983)

CDU	SPD	SSW
39	34	1

tenz ähnliche Befugnisse wie im Bund dem Bundesverfassungsgericht zustehen (vgl. z. B. 130 IV). Für Schleswig-Holstein ist das BVerfG zugleich als Landesverfassungsgericht tätig (Art. 99 GG, Art. 36 Abs. 2, 37 Landessatzung Schlesw.-Holst.). In Berlin ist die Errichtung des Verfassungsgerichtshofs suspendiert (Art. 72, 87 a Verfassung Berlin).

115. Bildung der Landesregierungen

Da auch die Bundesländer eine demokratische Verfassung haben (s. 42, 114), entscheidet in ihnen die *Mehrheit* des Parlaments über die Bildung der Regierung. Wie im Bund entsteht die Frage, ob eine große Koalition zustande kommt oder ob bei Gegenüberstehen zweier einflußreicher Kräftegruppen eine von ihnen die Regierung bildet, während die andere in die *Opposition* geht (vgl. 62). Die Kräfteverhältnisse in den Ländern beeinflussen die *Abstimmung im BR* (vgl. 60), namentlich wenn qualifizierte Mehrheiten erforderlich sind.

Über die Zusammensetzung der Länderparlamente s. S. 189.

Die Koalitionsverhältnisse haben sich in Bund und Ländern unterschiedlich entwickelt. Eine *große Koalition* zwischen CDU oder CSU und SPD besteht in keinem Lande. In Berlin, Hessen und Niedersachsen ist die CDU eine Koalition mit der (zahlenmäßig weit schwächeren) FDP eingegangen. Eine *Einparteienregierung* besteht in Bad.- Württbg., Rhld.-Pfalz und Schleswig-Holstein (nur CDU), in Bayern (nur CSU) sowie in Bremen, Hamburg (Minderheitsregierung), Nordrh.-Westf. und im Saarland (nur SPD). – Stand vom April 1987.

116. Ländervertretungen beim Bund

Das GG trägt dem *föderalistischen Aufbau* der Bundesrepublik Deutschland dadurch Rechnung, daß es neben dem Bundestag (Parlament), dem Bundespräsidenten als Staatsoberhaupt und der vom Bundeskanzler geleiteten Bundesregierung den *Bundesrat als Vertretung der Länder* geschaffen hat. Im Bundesrat wirken die Länder bei der Gesetzgebung und bei der Verwaltung des Bundes mit (vgl. 60). Zur Wahrnehmung ihrer Interessen gegenüber der BReg. sind die Länder durch *Bevollmächtigte beim Bund* (i. d. R. Min. (Sen) für Bundesangelegenheiten) in Bonn vertreten.

117. Verwaltungszuständigkeit und Verwaltungsaufbau in den Ländern

I. Die *Verwaltungsorganisation* beruht nach dem GG zwar auf föderativer Grundlage; doch ist die Ausübung der staatlichen Befugnisse und die Erfüllung der staatlichen Aufgaben grundsätzlich Sache der Länder (Art. 30 GG). Auch Bundesgesetze führen sie als eigene Angelegenheiten aus, soweit das GG nichts anderes bestimmt oder zuläßt (Art. 83

GG). Der Hauptanteil der Verwaltungsaufgaben entfällt danach auf die Länder. Die Zuständigkeit des Bundes beschränkt sich auf die Materien, die ihm vom GG unmittelbar zugewiesen sind oder die er auf Grund eines Vorbehalts im GG in Bundeseigenverwaltung oder bundesunmittelbare Selbstverwaltung genommen hat (Art. 86–90 GG; vgl. 56, 145).

Unter die *Verwaltungskompetenz der Länder* fällt somit:

1. die Verwaltung der nicht durch Bundesgesetz geregelten, ausschließlichen Landesangelegenheiten *(Landeseigenverwaltung i. e. S.)*,
2. die Verwaltung zur Ausführung von Bundesgesetzen, die der Bund im Rahmen seiner ausschließlichen oder konkurrierenden Gesetzgebungsbefugnis erlassen hat, als eigene Angelegenheiten *(Landeseigenverwaltung i. w. S.*, Art. 83, 84 GG),
3. die *Bundesauftragsverwaltung* der Länder (Art. 85 GG).

Bei der *Landeseigenverwaltung* i. w. S. hat die BReg. die Rechtsaufsicht über die Landesbehörden und ggf. das Recht der „Mängelrüge" (56 III). Sie hat keine Weisungsrechte gegenüber den Länderbehörden. Sie kann aber für besondere Fälle durch ein Bundesgesetz, das der Zustimmung des BR bedarf, zu Einzelweisungen an die obersten Landesbehörden (Landesministerien) ermächtigt werden (Art. 84 Abs. 5 GG). Soweit es sich um *Bundesauftragsverwaltung* handelt, unterstehen die obersten Landesbehörden den Weisungen der obersten Bundesbehörden (Bundesministerien), Art. 85 Abs. 3 GG. Über die besonderen Weisungsrechte bei staatsgefährdenden Krisen oder Naturkatastrophen (54, 67) vgl. Art. 91 Abs. 2, 35 Abs. 3 GG.

Über das Zusammenwirken von Bundes- und Landesbehörden bei *Gemeinschaftsaufgaben* in verschiedenen Bereichen und namentlich auf dem Gebiet der *Finanzverwaltung* vgl. 56 III, 77.

Die *Einrichtung der Behörden* und das *Verwaltungsverfahren* regeln die Länder bei Landeseigenverwaltung selbst, jedoch bei der Eigenverwaltung *i. w. S.* und der *Bundesauftragsverwaltung* nur, soweit nicht Bundesgesetze mit Zustimmung des BR etwas anderes bestimmen (Art. 84 Abs. 1, 85 Abs. 1 GG).

Das Recht der *Behördenorganisation* richtet sich nach dem jeweiligen Landesverfassungsrecht. Im allgemeinen sind der Aufbau der Landesverwaltung insgesamt und die Zuständigkeiten vom Landesgesetzgeber durch Gesetz zu regeln, während die Einrichtung der Behörden der Landesregierung zusteht (vgl. z. B. Art. 77 Verf.NRW, Art. 77 Abs. 1 Bayer. Verf.).

II. Der *Aufbau der allgemeinen inneren Verwaltung* in den Ländern ist gekennzeichnet durch die Verbindung von unmittelbarer und mittelbarer Staatsverwaltung. Er gliedert sich i. d. R. in *3 Behördenstufen* (vgl. 145):

Auf der *Oberstufe* und der *Mittelstufe* werden Staatsbehörden (unmittelbare Staatsverwaltung, vgl. 118), auf der *Unterstufe* grundsätzlich kommunale Selbstverwaltungskörperschaften tätig (mittelbare Staatsverwaltung, vgl. 119, 146). Von dieser Verwaltungsgliederung ist zwangsläufig abgewichen in den Stadtstaaten Berlin, Bremen und Hamburg (statt Minister Senatoren) sowie im Saarland und in Schleswig-Holstein, wo es keine Behördenmittelstufe gibt. Neben diesem dreistufigen Behördenaufbau der allgemeinen Verwaltung bestehen in den meisten Ländern noch staatliche Sonderbehörden, die i. d. R. für spezielle Verwaltungsaufgaben zuständig sind (z. B. Landeskulturamt, Bergamt).

118. Ober- und Mittelstufe

I. Die *Oberstufe* der allgemeinen Staatsverwaltung bilden die *Ministerien.* Es gibt also keine oberste Landesbehörde, die für alle Verwaltungsaufgaben zuständig wäre, sondern zuständig ist jeweils der Minister, in dessen sachlichen Aufgabenbereich die Angelegenheit fällt (z. B. für Steuerfragen der Finanzminister, für Schulsachen der Kultusminister).

In allen Ländern bestehen Innen-, Justiz-, Finanz-, Wirtschafts-, Verkehrs-, Arbeits-, Sozial- und Kultusministerien (in den Stadt-Staaten Senatsverwaltungen usw.). Für die Gebiete, auf denen der Bund ausschließlich (so Äußeres und Verteidigung) oder hauptsächlich (Post- und Fernmeldewesen, innerdeutsche Fragen, wirtschaftliche Zusammenarbeit, Familienfragen) zuständig ist, bestehen keine Landesministerien (s. aber für Berlin 132 II A 13). Fallen hier den Ländern einzelne Aufgaben zu, so werden sie von anderen Landesministerien oder von Zentralbehörden erledigt.

Der Schwerpunkt der Verwaltung liegt beim *Innenministerium,* das für alle Verwaltungsaufgaben zuständig ist, für die nicht besondere Ministerien vorgesehen sind. Es führt insbesondere die Aufsicht über die nachgeordneten Behörden der allgemeinen inneren Verwaltung.

II. Die *Mittelstufe* der allgemeinen inneren Staatsverwaltung bilden die *Regierungen* (vgl. 145). Sie sind für alle Aufgaben zuständig, für die nicht eine besondere Verwaltungsbehörde besteht (z. B. Straßenbauverwaltung in manchen Ländern). Ihnen können aber auch Aufgaben anderer Ressorts übertragen werden (z. B. Preisüberwachung aus dem Bereich des Wirtschaftsministeriums). Die Regierungen stehen unter der Aufsicht des Innenministers.

119. Die Unterstufe

Die Unterstufe der allgemeinen Staatsverwaltung wird gebildet durch die *kreisfreien Gemeinden (Städte),* die *Landkreise,* die *Landratsämter* als untere staatliche Verwaltungsbehörden und die *kreisangehörigen Gemeinden.*

I. Eine *kreisfreie Stadt* wird gebildet, wenn eine Gemeinde eine gewisse (in der jeweiligen Gemeinde- oder Kreisordnung bestimmte) Größe erreicht.

Die Stellung als „kreisfreie Stadt" hat nichts zu tun mit der Bezeichnung als „Stadt", die entweder auf historischer Grundlage beruht oder einer Gemeinde neu verliehen wird, wenn sie städtisches Gepräge erreicht. Als „Kreisstadt" wird häufig eine Stadt bezeichnet, die Sitz der Kreisverwaltung ist. Über den Begriff „Große Kreisstadt" s. u. III.

Die kreisfreie Stadt ist eine *Gebietskörperschaft* mit dem Recht der Selbstverwaltung (s. 120), d. h. sie verwaltet ihre *örtlichen Angelegenheiten* selbst unter eigener Verantwortung durch die von den Bürgern bestellten Organe *(„Selbstverwaltungsaufgaben"). Sonstige, insbesondere staatliche* Verwaltungsaufgaben werden der Stadt durch Gesetz zur Erfüllung übertragen *(„Auftragsangelegenheiten").* Für das Gebiet der Stadt gibt es keine untere staatliche Verwaltungsbehörde. Deren Aufgaben werden von der Stadt ebenfalls als Auftragsangelegenheit erledigt *(sog. Doppelfunktion in der Verwaltung).*

Zu diesen Auftragsangelegenheiten gehören z. B. die Aufgaben des städtischen Wohnungs-, Standes-, Melde-, Wirtschaftsamtes. Die Stadt unterliegt bei der Erfüllung der ihr übertragenen staatlichen Aufgaben den Weisungen der vorgesetzten Behörde (i. d. R. der Regierung).

II. Die *Landkreise* sind *Kommunalverbände* mit dem Recht der Selbstverwaltung. Das Gebiet des Landkreises bildet zugleich den Bezirk der unteren staatlichen Verwaltungsbehörde. Die Behörden des Landkreises (Landratsamt) haben also wie zu I eine *Doppelfunktion:* einmal erfüllen sie die ihnen *durch Gesetz übertragenen staatlichen Verwaltungsaufgaben* („Auftragsangelegenheiten") und die *eigenen Kommunalaufgaben:* das sind überörtliche, auf das Kreisgebiet beschränkte Aufgaben, die über das finanzielle oder verwaltungstechnische Leistungsvermögen der Einzelgemeinden hinausgehen („Selbstverwaltungsangelegenheiten"). Zum anderen erledigen sie (durch Landrat bzw. Oberkreisdirektor) in rechtlicher Selbständigkeit vom Landkreis die *rein staatlichen Aufgaben* als untere staatliche Verwaltungsbehörde.

Zu den *Auftragsangelegenheiten* des Landkreises gehören z. B. der Erlaß von Kreisverordnungen, die Gewährung von Mietbeihilfen.

Zu den *Selbstverwaltungsangelegenheiten* des Kreises gehören u. a. das Sozialhilfewesen, Siedlungswesen, Kultur- und Wohlfahrtseinrichtungen (z. B. Krankenhäuser).

Zu den staatlichen Aufgaben des Landratsamtes als unterer staatlicher Verwaltungsbehörde gehören insbes. die Aufsicht über die kreisangehörigen Gemeinden, Bausachen, Straßenverkehrssachen, Naturschutz.

Organe der Kreiskommunalverwaltung sind: Kreistag, Kreisausschuß – ständiger Verwaltungsausschuß, vom Kreistag gewählt, soweit nicht Mitglieder kraft Amtes – (Baden-Württemberg: Der Kreistag kann beschließende und beratende Ausschüsse bilden) und Landrat, in Niedersachsen und Nordrhein-Westfalen der Oberkreisdirektor (statt des Landrats, der nur Vorsitzender des Kreistags ist). Der *Landrat* war vor 1945 Staatsbeamter, der gleichzeitig die Kommunalaufgaben erledigte. Nach 1945 wurde vor allem in der brit. und am. Besatzungszone die kommunale Selbstverwaltung gefördert. Daher ist der Landrat heute kein vom Staat bestellter Beamter mehr (außer in Rheinland-Pfalz und im Saarland), sondern ein auf Kreisebene gewählter Kommunalbeamter.

In den süddeutschen Ländern beschließt der Kreistag oder der Kreisausschuß unter Leitung des Landrats (Hessen: Kreistagsvorsitzenden) in Selbstverwaltungsangelegenheiten. Der Landrat führt die Beschlüsse aus, nimmt die staatlichen Auftragsangelegenheiten wahr und übt die Kommunalaufsicht über die kreisangehörigen Gemeinden aus.

In Niedersachsen, Nordrhein-Westfalen und Schleswig-Holstein sind Beschluß- und Verwaltungsorgane getrennt: Kreistag und in speziell ihm zugewiesenen Angelegenheiten der Kreisausschuß beschließen unter Vorsitz des Landrats (SchlH.: Kreispräsidenten) in allen Selbstverwaltungsangelegenheiten. Ausgeführt werden diese Beschlüsse dagegen von der Kreisverwaltungsbehörde unter Leitung des beamteten Oberkreisdirektors (SchlH.: Landrat), der dabei an die Weisungen des Kreistages oder -ausschusses gebunden ist. Die laufenden Geschäfte der Kommunalverwaltung erledigt er in eigener Zuständigkeit. Der Oberkreisdirektor führt ferner die staatlichen Auftragsangelegenheiten aus und übt die Kommunalaufsicht aus.

III. Auch die *kreisangehörigen Gemeinden* nehmen Aufgaben der allgemeinen Staatsverwaltung wahr. Ihnen obliegen neben den Selbstverwaltungsaufgaben auch *Staatsauftragsangelegenheiten* als sog. übertragener Wirkungskreis. Landesrechtlich können kreisangehörige Gemeinden zur ,,Großen Kreisstadt" erklärt werden; ihnen werden Aufgaben der unteren staatlichen Verwaltungsbehörde (Landratsamt) zugewiesen. Im einzelnen s. 120.

IV. Gemeinden oder Gemeindeverbände sind häufig zwecks Erfüllung bestimmter Aufgaben, z. B. zum Betrieb von Verkehrs- oder Versorgungseinrichtungen, zu *Zweckverbänden* zusammengeschlossen; diese können freiwillige *(Freiverbände)* oder *Pflichtverbände* sein.

Außerdem gibt es noch die Rechtsformen der kommunalen Arbeitsgemeinschaft, der öffentlich-rechtlichen Vereinbarung und öffentlich-rechtlicher Spezialverbände (z. B. Wasser- und Bodenverbände, vgl. 191).

V. Als höhere (regionale) Kommunalverbände bestehen in Nordrhein-Westfalen die *Landschaftsverbände* (vgl. 137 VI) sowie in Bayern und Rheinland-Pfalz die *Bezirke*. Ihnen gehören Landkreise und kreisfreie Städte an. Sie nehmen bestimmte Aufgaben, insbes. der Wohlfahrtspflege, wahr, die über die Leistungskraft und das Gebiet der Landkreise und Städte hinausgehen.

VI. In Niedersachsen, Rheinland-Pfalz und Schleswig-Holstein bestehen *Samtgemeinden* (Rh.-Pf.: Verbandgemeinde, SchlH.: Amt), die von mehreren Gemeinden gebildet werden. Sie nehmen als Körperschaften öffentlichen Rechts (Gebietskörperschaften) die ihnen von den Gemeinden übertragenen Verwaltungsaufgaben durch eine gemeinsame Organisation wahr, die in Niedersachsen und Rheinland-Pfalz der Gemeindeverfassung entspricht.

120. Die Gemeindeverfassung

I. Die Gemeinden, die das unterste politische Gemeinwesen im Staat bilden, sind *Gebietskörperschaften* mit dem *Recht der Selbstverwaltung.* Darunter versteht man im politischen Sinne allgemein die Verwaltung öffentlicher Angelegenheiten durch die Bürger und die von diesen gewählten Vertretungen, im Rechtssinne die eigenverantwortliche Wahrnehmung öffentlicher Verwaltungsaufgaben durch selbständige

Rechtssubjekte (*Selbstverwaltungskörperschaften,* vgl. 119). Die ***kommunale Selbstverwaltung*** im besonderen besteht in der selbständigen Verwaltung der eigenen, örtlichen Angelegenheiten durch die Gemeinde unter eigener Verantwortung. Um die Selbstverwaltung wirkungsvoll durchführen zu können, haben die Gemeinden das Recht der *Autonomie,* d. h. das Recht, Satzungen zur Regelung ihrer Angelegenheiten zu erlassen. Die *Satzung* ist eine allgemein verbindliche Rechtsvorschrift und kann gegen jeden mit den allgemeinen Verwaltungsmitteln durchgesetzt werden.

II. Die Deutsche Gemeindeordnung (DGO) vom 30. 1. 1935 (RGBl. I 49) hatte das Kommunalrecht vereinheitlicht und das nat.-soz. Führerprinzip eingeführt. Nach 1945 haben die für die Regelung des Gemeinderechts zuständigen Länder *Gemeindeordnungen* (GO) erlassen, die den Grundsätzen des demokratischen Staatswesens entsprechen.

Die *Verwaltungstätigkeit* der Gemeinde umfaßt die Selbstverwaltungsangelegenheiten (vgl. 119; sog. *eigener Wirkungskreis*) und die Auftragsangelegenheiten *(übertragener Wirkungskreis).* Zu den Selbstverwaltungsangelegenheiten gehört grundsätzlich alles, was speziell und ausschließlich die örtliche Gemeinschaft und die einzelnen Gemeindeglieder angeht („Allzuständigkeit" der Gemeinde für alles, was nicht anderen Stellen zugewiesen ist), insbesondere die Versorgung der Gemeinde mit Wasser, Gas, Strom, Unterhaltung der Gemeindestraßen, Gemeindeeinrichtungen, Verwaltung des Gemeindevermögens, örtliche Kultur-, Wohlfahrts- und Gesundheitspflege (z. B. Müllabfuhr). Zur Erfüllung mancher Aufgaben sind die Gemeinden gesetzlich verpflichtet; andere können sie freiwillig übernehmen. Die Auftragsangelegenheiten umfassen die den Gemeinden vom Staat zur Erfüllung zugewiesenen Aufgaben (vgl. 119).

III. Die Gemeindeverfassungen der Bundesländer bestimmen die Organe der Gemeinde und deren Kompetenzen nicht einheitlich. Zum Teil gibt es sogar innerhalb einzelner Bundesländer mehrere Verfassungssysteme. Im Grundsatz lassen sie sich zunächst nach der *monistischen* und der *dualistischen* Form unterscheiden. Bei einer monistischen Verfassung besteht nur *ein* allzuständiges Organ (die Volksvertretung), dem die Verwaltungsspitze untergeordnet ist. Der dualistische Verfassungstyp weist *zwei* Organe auf, die Volks(Gemeinde)vertretung und einen meist von ihr gewählten Gemeindevorstand, der aus einer Einzelperson oder einem Kollegium (monokratische oder kollegialische Verwaltungsspitze) besteht und die laufenden Verwaltungsgeschäfte erledigt.

Danach kann man auf Grund der geschichtlichen Entwicklung folgende Verfassungs*typen* unterscheiden, die in den einzelnen Bundesländern verschieden ausgeprägt und teilweise Mischformen sind:

1. Die *Magistratsverfassung (dualistisch-kollegialisch):*

Vertretungskörperschaft der Einwohner ist die Gemeindevertretung (Stadtverordnetenversammlung), die von einem aus ihrer Mitte gewählten Vorsitzendem geleitet wird und über alle wichtigen Angelegenheiten zu beschließen hat. Verwaltungsbehörde der Gemeinde

(Stadt) ist der *Magistrat*. Er besteht aus dem hauptamtlichen Bürgermeister als Vorsitzendem und hauptamtlichen und ehrenamtlichen Beigeordneten (Stadträten). Alle Verwaltungsaufgaben werden vom Magistrat als Kollegium erfüllt.

Die Magistratsverfassung galt früher in den preußischen Gebieten; heute gilt sie in Hessen (s. aber 2) und in den Städten von Schleswig-Holstein.

2. Die *Bürgermeisterverfassung (dualistisch-monokratisch):*
Hier ist der *Bürgermeister* zugleich Vorsitzender der beschließenden Gemeindevertretung und deren ausführendes Organ. Die Gemeindeverwaltung (Magistrat) wird nicht kollegial, sondern monokratisch vom Bürgermeister geführt. Die Beigeordneten sind nur Gehilfen des Bürgermeisters.

Die Bürgermeisterverfassung gilt in Rheinl.-Pfalz und im Saarland, ferner in den Landgemeinden von Schleswig-Holstein sowie wahlweise in den hessischen Gemeinden unter 1500 Einwohnern. In Rheinl.-Pfalz besteht in Städten mit zwei oder mehr hauptamtlichen Beigeordneten, d.h. mit mehr als 25000 Einwohnern, ein Stadtvorstand. Er setzt sich zusammen aus dem Bürgermeister und den Beigeordneten. Er entscheidet in den gesetzlich bestimmten Fällen als Kollegium an Stelle des Bürgermeisters.

3. Die *süddeutsche Ratsverfassung (monistisch):*
Vertretungskörperschaft der Bürger ist der vom Ersten Bürgermeister geleitete *Gemeinde(Stadt)rat*. Der Gemeinderat mit dem Bürgermeister ist gleichzeitig Verwaltungsorgan, soweit er nicht spezielle Sachgebiete beschließenden Ausschüssen zur Verwaltung überträgt. Für die laufenden Angelegenheiten ist der Bürgermeister allein zuständig.

Die Ratsverfassung gilt in Bayern und modifiziert in Baden-Württemberg.

4. Die *norddeutsche Ratsverfassung (monistisch):*
Sie gilt in Nordrhein-Westfalen und modifiziert in Niedersachsen. Hier liegt die Beschluß- und Entscheidungsbefugnis beim *Gemeinde(Stadt)rat*, den der von ihm gewählte Bürgermeister (in kreisfreien Städten: Oberbürgermeister) leitet.

Die Gemeindeverwaltung wird gebildet von hauptamtlichen oder ehrenamtlichen Beigeordneten unter Führung des *Gemeindedirektors (Stadtdirektor, Oberstadtdirektor)*, der vom Gemeinderat gewählt wird und der Hauptverwaltungsbeamte der Gemeinde ist. Er führt die Beschlüsse des Gemeinderates aus. Bei Selbstverwaltungsangelegenheiten hat er nur geringe eigene Entschließungsfreiheit, während er die Auftragsangelegenheiten selbständig ausführt.

In Niedersachsen besteht ein Verwaltungsausschuß zur Beschlußfassung über die Angelegenheiten der Gemeinde. Er setzt sich zusammen aus dem Vorsitzenden des Rates (Bürgermeister), Beigeordneten und dem Gemeindedirektor, der die laufenden Geschäfte führt.

IV. In der *DDR* gibt es keine kommunale Selbstverwaltung, sondern Verwaltungseinheiten des Staates für bestimmte Gebiete. In ihnen werden nach dem Gesetz über die örtlichen Organe der Staatsmacht von der örtlichen Volksvertretung (Bezirkstag, Kreistag, Stadtverordnetenversammlung) aus deren Mitte die örtlichen Räte und deren Vorsitzender (Bürgermeister) gewählt. Der örtliche Rat erledigt die Verwaltungsaufgaben. Er ist der Volksvertretung und gleichzeitig dem übergeordneten Rat unterstellt und jederzeit absetzbar.

121. Die Kulturhoheit der Länder

Kaiserreich, Weimarer Rep. und nat.-soz. Staat hatten sich zu dem Problem staatlicher Kulturpflege im Bundesstaat sehr verschieden eingestellt. Nach einer lockeren Zusammenfassung im Reich von 1871 gab die WVerf. dem Bund zentrale Befugnisse, z. B. im Schulwesen (Art. 142ff.). Das Hitlerreich neigte dagegen entsprechend seiner politischen Zielsetzung (18) zu übermäßiger Zentralisierung. Das GG entschied sich nur für eine *Teilnahme des Bundes* an der staatlichen Kulturpflege, indem die Förderung der wissenschaftlichen Forschung und der Schutz deutschen Kulturgutes vor Abwanderung der konkurrierenden (Vorrang-)Gesetzgebung der BRep. und die Vorschriften für Presse, Film, Naturschutz und Landschaftspflege der Rahmengesetzgebung zugewiesen wurden (Art. 74 Nr. 5, 13, Art. 75 Nr. 2, 3 GG); erst durch Ges. vom 12. 5. 1969 (BGBl. I 363) wurde die Rahmenkompetenz auf die allgemeinen Grundsätze des *Hochschulwesens* erstreckt (Art. 75 Nr. 1a GG). Im übrigen sind die *kulturellen Angelegenheiten,* also alles, was Schule und Erziehung, Wissenschaft und Kunst betrifft, gemäß dem föderalistischen Prinzip des GG *Sache der Länder.* Ihre Verwaltung liegt in den Händen der *Kultusminister* (-senatoren) der Länder. Beim *Bundesinnenminister* werden Angelegenheiten der Kulturpflege in einer Fachabteilung bearbeitet (vgl. 95). Über die im wesentlichen auf Bildungsplanung und Forschung beschränkten Aufgaben der *Bundesministerien für Bildung und Wissenschaft* sowie *für Forschung und Technologie* s. 106, 108.

Abweichungen von dieser Einschränkung ergeben sich in auswärtigen Beziehungen, die einen Teil der Außenpolitik bilden und von der *Kulturpolitischen Abteilung des Auswärtigen Amtes* bearbeitet werden (vgl. 93). Ferner im innerdeutschen Bereich für die kulturellen Aufgaben, die dem BMB (103) zugewiesen sind.

Die *Länder* sind bestrebt, ihre Rechte zu wahren und auch gesamtdeutsche kulturelle Fragen in erster Linie durch eine von ihnen selbst getragene *Gemeinschaftsarbeit* zu regeln. Schon vor Gründung der BRep. schlossen sie das sog. *Königsteiner Abkommen* zur Förderung überregionaler Forschungseinrichtungen und gründeten zu diesem Zweck einen Fonds. Zu diesem übernahm der Bund, dem nach Art. 74 Nr. 13 GG nur die konkurrierende Gesetzgebung auf dem Gebiet der *Förderung der Forschung* zusteht, finanzielle Zuschüsse. Das Abkommen legt einen Beteiligungsschlüssel nach Steueraufkommen und Bevölkerungszahl fest. Der Wunsch des Bundes, die *Max-Planck-Gesellschaft,* die *Deutsche Forschungsgemeinschaft* sowie 31 andere wissenschaftliche Institute in seine ausschließliche finanzielle Obhut zu nehmen, scheiterte am Widerstand der Länder, die eine Gefährdung der Zusammenarbeit der Institute mit den Hochschulen und damit der *Einheit von Forschung und Lehre* befürchteten. Durch Art. 91 a, b GG i. d. F. vom 12. 5. 1969/31. 7. 1970 (BGBl. I 359/1161) ist eine gesetzliche Grundlage für die finanzielle Beteiligung des Bundes an sog. *Gemeinschaftsaufgaben* im Bereich der wissenschaftlichen Hochschulen, der Bildungsplanung und Forschungsvorhaben von überregionaler Bedeutung geschaffen worden (vgl. 56 III). Der Bund beteiligt sich an der Unterhaltung selbständiger Forschungseinrichtungen von überregionaler Bedeutung; seine Zuschüsse fließen über 40 vorher allein von den Ländern unterhaltenen Instituten zu, die auf den verschiedensten Gebieten arbeiten (u. a. Institut für Deutsche Sprache, Bad.-Württ.; Deutsches Museum, Germanisches National-Museum und Institut für Zeitgeschichte, Bayern; Institut für Weltwirtschaft, Schlesw.-Holst.; Institut für Tropenmedizin, Hamburg). Aber auch *private* Vereinigungen stellen laufend Mittel für die Förderung der Forschung zur Verfügung, so z. B. die *Stiftung Volkswagenwerk* (804) und der *Stifterverband für die Deutsche Wissenschaft,* dem Organisationen, Wirtschaftsunternehmen und Einzelpersonen angehören. Über *Stiftungs-Hochschulen* vgl. 187.

Strukturelle Probleme bestehen vor allem im *Bildungswesen,* dessen Uneinheitlichkeit die Länder durch Regierungsvereinbarungen (Beschlüsse der Kultusministerkonferenz, vgl. 186) zu begegnen suchen. Die BReg. will dagegen ein Mindestmaß an Einheitlichkeit dadurch erreichen, daß dem Bund die *Gesetzgebungskompetenz* für die Regelung der Bildungspflicht, die Abschlüsse und Übergänge im Bildungswesen sowie für die berufliche Bildung (Hochschulen ausgenommen) übertragen wird, soweit notwendig, unter Änderung des GG.

Über *Rundfunk* (Hörfunk, Fernsehen) und *Film* s. 837, 838.

122. Die Rechtsprechung in den Ländern

obliegt nach der im Gerichtsverfassungsgesetz bundesrechtlich geregelten Zuständigkeit im Rahmen der *ordentlichen Gerichtsbarkeit* den *Amts-, Land-* und *Oberlandesgerichten der Länder.* Für die Arbeitsgerichtsbarkeit sind *Arbeits-* und *Landesarbeitsgerichte* eingerichtet.

Ausnahmsweise können Landesgerichte in Strafverfahren wegen Friedensverrats und in *Staatsschutz-Strafsachen* Gerichtsbarkeit des Bundes ausüben (Art. 96 Abs. 5 GG). Vgl. § 120 Abs. 1, 2, 6 GVG.

In der *Verwaltungsgerichtsbarkeit* bestehen in den Ländern allgemeine *Verwaltungsgerichte* und als zweite Instanz ein *Oberverwaltungsgericht* bzw. *Verwaltungsgerichtshof.* Auch die besonderen Verwaltungsgerichtsbarkeiten verfügen über zwei Landesinstanzen, die *Sozial-* und *Landessozialgerichte* für die Sozialgerichtsbarkeit sowie die *Disziplinar-(Dienststraf)kammern* bei den Verwaltungsgerichten und einen *Disziplinar(Dienststraf)hof* für die Disziplinargerichtsbarkeit; anders die Finanzgerichtsbarkeit, in der nur eine Instanz für die Klage in Abgabensachen beim *Finanzgericht* und gegen dessen Urteile unmittelbar die Revision (keine Berufung) gegeben ist.

Als letzte Instanz über den Landesgerichten fungieren *oberste Gerichtshöfe des Bundes*; vgl. hierzu näher 71.

Für alle Gebiete der Rechtsprechung gelten die vom GG aufgestellten Verfahrensgrundsätze (vgl. 70, 73).

123. Kommunale Spitzenverbände

An freiwilligen Zusammenschlüssen, welche die gemeinschaftlichen Interessen der beteiligten Körperschaften vertreten, bestehen:

a) der *Deutsche Städtetag* in Köln-Marienburg;

b) der *Deutsche Landkreistag* in Bonn als Verband der Landkreise;

c) der (aus dem *Deutschen Städtebund* und dem *Deutschen Gemeindetag* zusammengeschlossene) *Deutsche Städte- und Gemeindebund* in Düsseldorf.

Als Untergliederungen sind Landesverbände gebildet.

Ferner bestehen Verbände kommunaler Unternehmen, öffentlicher Verkehrsbetriebe usw., ein Verein für Kommunalwirtschaft und Kommunalpolitik, ein *Dt. Sparkassen- und Giroverband e. V.* und eine kommunale Gemeinschaftsstelle für *Verwaltungsvereinfachung*.

Der Dt. Städtetag befürwortet, soweit es sich um überkommunale Räume handelt, eine schöpferische Neuordnung im Sinne einer *aufgelockerten Stadtlandschaft*. Er tritt ferner für die *Sanierung der Stadtkerne* mit staatlicher Hilfe, Schaffung gesunder Wohngebiete, verstärkten Umweltschutz und finanzielle Entlastung der stark verschuldeten Städte ein. Die Zielsetzung des Dt. Landkreistags geht insbes. dahin, gleichwertige Lebensverhältnisse in allen Gebietsteilen des Staates zu gewährleisten. Der Dt. Städte- und Gemeindebund fördert insbes. die lebendige Eigenart der Mittelstädte, Gemeinden und Dörfer, die Infrastruktur von Ballungsrandzonen und ländlichen Zonen.

124. Verwaltungsreform

Probleme der Verwaltungsreform werden schon seit Jahrzehnten unter verschiedenen Gesichtspunkten erörtert. Einmal geht es um die Frage der Konzentration oder Dekonzentration von Behörden und Verwaltungen; zum anderen um Spezialisierung in Sonderbehörden oder Zusammenfassung in allgemeinen Verwaltungsbehörden, schließlich um Verbilligung und Vereinfachung der Verwaltung, Organisationsfragen des Personal- und Bürowesens u. dgl.

Die *Konzentration* der Verwaltung spart Kosten und erleichtert Planung, Steuerung und gleichmäßige Handhabung der Verwaltungstätigkeit. Die *Dekonzentration* begünstigt durch ihre Ortsnähe, Verbundenheit mit dem Bürger und ihre unmittelbare Sachkenntnis die rasche Erledigung der Verwaltungsgeschäfte; sie ist im Ergebnis vielfach leistungsfähiger. Die Reform strebt einen Mittelweg an, der größtmögliche Effektivität ebenso gewährleistet wie eine bürgernahe Verwaltungsführung.

Neben dem Problem der Verlagerung der Verwaltungsaufgaben nach unten oder oben (vertikale Reform) stellt sich die Frage, ob die Konzentration der einzelnen Verwaltungszweige auf *allgemeine Behörden* namentlich auf der Bezirks-, Kreis- und Gemeindeebene den Vorzug vor der Einrichtung von *Sonderbehörden* haben soll. Bei Zusammenfassung in Behörden mit allgemeiner Kompetenz kann der Einsatz der persönlichen und sächlichen Mittel elastischer gehandhabt werden; auch können die allgemeinen Verwaltungsabteilungen (Personal-, Kassen-, Organisationswesen usw.) besser ausgenutzt und übergreifende

Sachzusammenhänge, z. B. zwischen Bau- und Verkehrsverwaltung, leichter erkannt werden. Für Sonderbehörden sprechen die Vorteile der fachlichen Spezialisierung sowie die bessere Übersichtlichkeit, die mit wachsendem Umfang einer kompetenzstarken Behörde zunehmend verlorengeht, wodurch eine gewisse Schwerfälligkeit in der Erledigung der Aufgaben gefördert wird.

Konkrete Vorschläge betreffen die Einsparung der Mittelbehörden (Bezirksregierungen, vgl. 145), Verringerung der Zahl der Landkreise, verstärkte Bildung von *Verwaltungsregionen* – vor allem unterhalb der Bezirke – für Spezialbereiche (z. B. Landesplanung, Landesentwicklung). Zwar sind die Bezirksregierungen, die in kleinen Ländern ohnehin nicht bestehen (vgl. 145), beibehalten worden, um die Ministerien von Einzelgeschäften zu entlasten und einem ungesunden Zentralismus vorzubeugen. Im Bereich der *kommunalen Gebietsreform* erstreben aber manche Länder die Schaffung leistungsfähiger Verwaltungsträger durch Vergrößerung der Bezirke und Zusammenlegung von Behörden (Konzentration von Zuständigkeiten, Eingliederung von Sonderbehörden in die allgemeine Verwaltung). Daher ist die Zahl der Landkreise z. B. in Bayern und Baden-Württemberg etwa auf die Hälfte herabgesetzt worden. Im Zuge der *territorialen Verwaltungsreform* hat sich die Zahl der Gemeinden in der BRep. seit 1965 von 24444 bis Ende 1979 auf 8500 verringert, die der Landkreise von 425 auf 235. Da kleinere Gemeinden den zahlreichen Auftrags- und Selbstverwaltungsangelegenheiten nicht immer gewachsen sind, schließen sich viele Gemeinden zu einer „Einheitsgemeinde" zusammen oder werden in eine größere Gemeinde eingegliedert, oder es werden *Gemeindeverbände* für überregionale Aufgaben gebildet. Diese Konzentration erleichtert die Schaffung von Gemeinschaftseinrichtungen (Polizeiposten, Sparkassenzweigstellen usw.), die nur bei einer bestimmten Mindesteinwohnerzahl rentabel sind, dann aber auch eine größere Effizienz der Verwaltungs- und Wirtschaftsführung durch Einsatz von Spezialkräften, Computern usw. gewährleisten. Das *Ges. zur Erleichterung der Verwaltungsreform in den Ländern – Zuständigkeitslockerungsgesetz* – vom 10. 3. 1975 (BGBl. I 685) hat den LdReg.en die Möglichkeit eingeräumt, bestimmte behördliche Zuständigkeiten abweichend von bundesgesetzlichen Vorschriften zu regeln und dadurch minder bedeutsame Aufgaben auf untere Verwaltungsbehörden zu verlagern. Im Rahmen einer solchen „Funktionalreform" wird allgemein eine Verlagerung von Aufgaben auf nachgeordnete Behörden (von Bezirksregierungen auf Landkreise und kreisfreie Städte, von diesen auf Großgemeinden) angestrebt, die letztlich zur Aufhebung der Regierungspräsidien führen könnte.

G. Verfassungsorgane und Verwaltungsbehörden der Länder

130. Baden-Württemberg

Das Land Baden-Württemberg, das 35751 qkm umfaßt, hat 9,26 Mio. Einwohner. Die am 9. 3. 1952 gewählte verfassunggebende Landesversammlung beschloß die Verfassung vom 11. 11. 1953 (GBl. 173), die am 19. 11. 1953 verkündet und in Kraft getreten ist.

Das Land Baden-Württemberg stellt die seit 1945 angestrebte Verbindung der von den Besatzungsmächten gebildeten Länder Baden, Württemberg-Baden und Württemberg-Hohenzollern dar. Abweichend von Art. 29 GG, der für nach Kriegsschluß geänderte Länder Volksbegehren, Bundesgesetze und Volksentscheid vorsieht (vgl. 43), ließ Art. 118 GG für die drei Länder eine Vereinbarung über die *Neugliederung* zu; falls diese nicht zustande käme, sollte die Neugliederung durch ein Bundesgesetz geregelt werden, das eine Volksbefragung vorsah. Nachdem der Versuch einer Vereinbarung gescheitert war, griff die Bundesgesetzgebung durch die beiden Neugliederungsgesetze vom 4. 5. 1951 (BGBl. I 283, 284) ein. Von ihnen wurde das erste, das die Wahlperioden der Landtage verlängerte, vom Bundesverfassungsgericht wegen Widerspruchs zum Grundgesetz und als nicht in das Neugliederungsverfahren einbegriffen für nichtig erklärt. Dagegen bejahte das Bundesverfassungsgericht die Gültigkeit des zweiten Neugliederungsgesetzes, das die Durchführung der Volksabstimmung und die Einführung der sich daraus ergebenden neuen staatlichen Ordnung regelte (Urteil vom 23. 10. 1951, BGBl. I 879). Die Volksabstimmung fand am 9. 12. 1951 statt und ergab (mit 69,8 v.H. Stimmen, wobei jedoch Baden mit Mehrheit gegen die Vereinigung stimmte) als neues *Bundesland Baden-Württemberg,* das Baden, Württemberg-Baden und Württemberg-Hohenzollern zu einem *Südweststaat* vereinigte. Bestrebungen zur Wiederherstellung eines selbständigen Landes Baden blieben beim *Volksentscheid* am 7. 6. 1970 erfolglos. Vgl. 43.

I. *Der Landtag* ist die gewählte Vertretung des Volkes. Er übt die gesetzgebende Gewalt aus und überwacht die Ausübung der vollziehenden Gewalt.

Es gelten im wesentlichen die gleichen Grundsätze wie bei der Wahl der Bundestagsabgeordneten. So auch für Wahlprüfung, Präsidium, Geschäftsordnung, Verhandlungen, Ausschüsse, Immunität der Abgeordneten. Der Landtag ist vorzeitig aufzulösen, wenn es von ⅙ der Wahlberechtigten verlangt wird und bei einer binnen 6 Wochen vorzunehmenden *Volksabstimmung* die Mehrheit der Wahlberechtigten diesem Verlangen beitritt.

II. *Die Regierung* übt die vollziehende Gewalt aus. Sie besteht aus
a) dem *Ministerpräsidenten,* der vom Landtag gewählt wird, und
b) den *Ministern,* die vom Ministerpräsidenten berufen werden.

Als weitere Mitglieder der Regierung können *Staatssekretäre,* jedoch nur bis zu einem Drittel der Ministerzahl, und *ehrenamtliche Staatsräte* vom Ministerpräsidenten berufen werden. Die Regierung bedarf zur Amtsübernahme der Bestätigung des Landtags. Außerdem können politische Staatssekretäre ernannt werden, die jedoch kein Stimmrecht im Kabinett besitzen (Ges. vom 19. 7. 1972, GBl. 392).

Der *Ministerpräsident* bestimmt die Richtlinien der Politik, führt den Vorsitz in der Regierung und vertritt das Land nach außen. Er ernennt Richter und Beamte und übt das Gnadenrecht aus (Delegation möglich). Der *Landtag* kann ihm das Vertrauen nur dadurch entziehen, daß er mit Mehrheit seiner Mitglieder einen Nachfolger wählt und die von diesem gebildete Regierung bestätigt. Auf Beschluß von zwei Dritteln der Mitglieder des Landtags muß der MinPräs. ein Mitglied seiner Regierung entlassen.

1. Dem *Ministerpräsidenten* untersteht das *Staatsministerium* mit 5 Abteilungen: (I) Verwaltung, Recht, Finanzen; (II) Bundesangelegenheiten und Außenbeziehungen des Landes; (III) Landesangelegenheiten; (IV) Grundsatz und Planung; (V) Protokoll; außerdem die Stabsstelle für Information und Kommunikation sowie die Stabsstelle Presse und Öffentlichkeitsarbeit; ferner der Landesbeauftragte für Vertriebene, Flüchtlinge, Aussiedler und Kriegsgeschädigte. Beim Staatsministerium sind eingerichtet: die Geschäftsstelle des Landespersonalausschusses und die Führungsakademie des Landes Baden-Württemberg.

Zum Geschäftsbereich des Staatsministeriums gehören außerdem die Geschäftsstelle des Staatsgerichtshofs, die Landeszentrale für politische Bildung und der Staatsanzeiger für Baden-Württemberg.

Das *Staatsministerium* übt die übergeordnete Dienstaufsicht über den Verwaltungsgerichtshof Baden-Württemberg aus.

2. Das *Innenministerium* ist für alle Geschäfte der Staatsverwaltung zuständig, die nicht einem anderen Ministerium zugeteilt sind. Zu seinem Geschäftsbereich gehören u. a. die Angelegenheiten der Verfassung, Wahlen und Abstimmungen; allgemeines Beamtenrecht; Staatsangehörigkeit und Personenstandswesen; öffentliche Sicherheit und Ordnung; Verfassungsschutz; Katastrophenschutz und Zivile Verteidigung; Kommunalwesen; Sparkassenwesen; Raumordnung und Landesplanung; Bau-, Wohnungs- und Siedlungswesen; Denkmalschutz und Denkmalpflege; Feuerlöschwesen und vorbeugender Feuerschutz; Verkehrswesen, Straßenbau; Vermessungswesen; Angelegenheiten der Vertriebenen, Flüchtlinge und Kriegsgeschädigten; Lastenausgleich.

Beim Innenministerium ist eingerichtet: Der Landesbeauftragte für den Datenschutz Baden-Württemberg.

Dem Ministerium sind die allgemeinen Verwaltungsbehörden nachgeordnet, und zwar die vier *Regierungspräsidien* in Stuttgart, Karlsruhe, Freiburg und Tübingen sowie als *untere Verwaltungsbehörden* die Landratsämter, Stadtkreise, Großen Kreisstädte und Verwaltungsgemeinschaften. Sonstige dem Ministerium unmittelbar oder über die Regierungspräsidien nachgeordnete Dienststellen sind das Landesvermessungsamt mit den Vermessungsämtern, das *Landesamt für Verfassungsschutz,* das *Landeskriminalamt,* Bereitschafts-, Wasserschutzpolizeidirektion, das Landesdenkmalamt, das Autobahnamt und die Straßenbauämter. Das Ministerium führt außerdem die Rechtsaufsicht über zahlreiche Körperschaften, Anstalten und Stiftungen des öffentlichen Rechts.

3. Das *Ministerium für Kultus und Sport* ist zuständig für schulische Bildung und Erziehung, Angelegenheiten des Sports, Jugendpflege, Erwachsenenbildung, öffentliches Bibliothekswesen, Heimatpflege, Volksmusik, Wandern und für kirchliche Angelegenheiten.

Zu seinem Geschäftsbereich gehören die allgemeinbildenden und beruflichen Schulen, die Oberschulämter (obere Schulaufsichtsbehörden), die Staatlichen Schulämter (untere Schulaufsichtsbehörden), das Landesinstitut für Erziehung und Unterricht Stuttgart, die Staatlichen Akademien für Lehrerfortbildung, die Staatliche Sportakademie für Lehrerfortbildung Ludwigsburg, die Staatlichen Seminare für Schulpädagogik, die Staatlichen Seminare für schulpraktische Ausbildung für das Lehramt an Realschulen, die Staatlichen Seminare für schulpraktische Ausbildung für das Lehramt an Grund- und Hauptschulen, die Pädagogischen Fachinstitute und Pädagogischen Fachseminare, das Staatliche Waisenheim Esslingen Theodor-Rothschild-Haus, das Internationale Institut für Berufsbildung Mannheim und die staatlichen Fachstellen für das öffentliche Bibliothekswesen. Den Oberschulämtern unterstehen die Staatlichen Schulämter, die Gymnasien und die beruflichen Schulen. Den Staatlichen Schulämtern unterstehen die Grund-, Haupt-, Real- und Sonderschulen.

4. Das *Ministerium für Wissenschaft und Kunst* bearbeitet die Angelegenheiten der Hochschulen und der sonstigen wissenschaftlichen Einrichtungen, Berufsakademien, wissenschaftliche Bibliotheken. Es ist ferner für die Pflege der Kunst und Künstlerförderung sowie für das Archivwesen zuständig.

In Baden-Württemberg gibt es neun wissenschaftliche Hochschulen (Universitäten): Freiburg, Heidelberg, Hohenheim, Karlsruhe, Konstanz, Mannheim, Stuttgart, Tübingen und Ulm; ferner die Pädagogischen Hochschulen, die Fachhochschulen, die Berufsakademien sowie die Staatlichen Hochschulen für Musik und die Staatlichen Akademien der Bildenden Künste. Staatstheater gibt es in Stuttgart (Württembergisches Staatstheater) und in Karlsruhe (Badisches Staatstheater). Staatliche Museen bzw. Kunstsammlungen sind das Badische Landesmuseum in Karlsruhe, das Württembergische Landesmuseum in Stuttgart, das Linden-Museum Stuttgart (Staatliches Museum für Völkerkunde) sowie die Staatsgalerie Stuttgart und die Staatlichen Kunsthallen Karlsruhe und Baden-Baden.

Zum Geschäftsbereich des Ministeriums für Wissenschaft und Kunst gehört außerdem die Landesarchivdirektion.

5. Der Aufgabenbereich des *Ministeriums für Justiz, Bundes- und Europaangelegenheiten* umfaßt sämtliche Verwaltungsangelegenheiten im Bereich der ordentlichen Gerichtsbarkeit, der Verwaltungsgerichtsbarkeit einschließlich des Vertreters des öffentlichen Interesses, der Finanzgerichtsbarkeit, der Sozialgerichtsbarkeit sowie der Disziplinar- und Richterdienstgerichte mit Ausnahme der Dienstaufsicht über den Verwaltungsgerichtshof und den Disziplinarhof; die Ausarbeitung von Gesetzentwürfen und Prüfung verfassungsrechtlicher Fragen, soweit nicht andere Ministerien zuständig sind; die rechtliche Begutachtung von Gesetzentwürfen; die Bearbeitung zwischenstaatlicher Angelegenheiten der Rechtspflege; den Strafvollzug; das Gnadenwesen; die Bewährungshilfe und Gerichtshilfe; die Angelegenheiten der Rechtsanwälte und Notare; die Prüfung und Ausbildung des juristischen Nachwuchses und der Anwärter für die Laufbahnen der vorgenannten Gerichtsbarkeiten; das Recht der Presse; die Wiedergutmachung; die Vertretung des Landes beim Bund und das Informationsbüro Baden-Württemberg bei den Europäischen Gemeinschaften.

6. Das Aufgabengebiet des *Finanzministeriums* umfaßt die allgemeine Finanzpolitik und öffentliche Finanzwirtschaft, Haushaltswesen, Steuerverwaltung, Vermögens- und Schuldenverwaltung, Staatliche Hochbauämter und Unternehmen, Kreditwesen.

Dem Finanzministerium sind unterstellt die *Staatsschuldenverwaltung,* das *Statistische Landesamt,* das Landesamt für Besoldung und Versorgung, die *Oberfinanzdirektionen* in Freiburg, Karlsruhe und Stuttgart (mit Finanzämtern, Finanzschulen, Staatlichen Liegenschaftsämtern, Staatlichen Hochbauämtern, Universitätsbauämtern), die Staatlichen Münzen in Karlsruhe und Stuttgart, das Hafenbauamt Mannheim, Bäderverwaltungen und staatliche Werke.

Beim Finanzministerium ist die *Landeshauptkasse* eingerichtet.

7. Das *Ministerium für Wirtschaft, Mittelstand und Technologie* ist zuständig für Wirtschaftspolitik, Wirtschaftsordnung, Wirtschaftsrecht; Wirtschaftsförderung, regionale und sektorale Strukturentwicklung; Außenwirtschaft, innerdeutsche Wirtschaftsbeziehungen; Industrie, Handwerk, Handel, Gewerbe, Aufsicht über die Industrie- und Handelskammern und die Handwerkskammern, Genossenschaftswesen; Fremdenverkehr, Erholung, Kurorte und Bäder (mit Ausnahme der staatlichen Bäder); Energiewirtschaft, Energieaufsicht, Atomenergieanlagen, Bergbau, Landesgeologie; Technologie, wirtschaftsnahe Forschung, technische Entwicklung, Rationalisierung, Produktivitätssteigerung; Geld- und Kreditwesen, Börsenaufsicht, Versicherungswesen (ohne Sozialversicherung), Gebäudeversicherungsanstalten; Preise, Wettbewerb, Kartelle, Verbraucherfragen, öffentliches Auftragswesen; Mess-, Eich- und technisches Prüfwesen; berufliche Bildung im Bereich der gewerblichen Wirtschaft; Entwicklungshilfe.

Zu seinem Geschäftsbereich zählen u. a. das *Landesgewerbeamt* in Stuttgart mit dem Beschußamt Ulm und mit den Eichämtern, das *Geologische Landesamt,* das *Landesbergamt* sowie die Forschungs- und Materialprüfungsanstalt. Das Ministerium führt die Aufsicht u. a. über die Badische Gebäudeversicherungsanstalt Karlsruhe und die Württembergische Gebäudebrandversicherungsanstalt in Stuttgart.

8. Das *Ministerium für Ernährung, Landwirtschaft, Umwelt und Forsten* ist zuständig für biologisch-ökologischen *Umweltschutz,* Landespflege, landschaftsbezogenes Erholungswesen, Naturschutz und Landschaftspflege, Landwirtschaft einschl. Wein- und Gartenbau, Land- und Forsttechnik, Agrar- und Forstplanung sowie Agrar- und Waldstruktur, Wasser- und Abfallwirtschaft, Wasserrecht, Forstwirtschaft, Jagd und Fischerei, Agrarmarkt, fachliche Betreuung der Ernährungswirtschaft, Veterinärwesen, technischer Umweltschutz, Emissionsschutz, Gewerbeaufsicht (ohne Arbeitsschutz), Sicherheit in der Kerntechnik, Aufsicht nach dem Atomgesetz.

Dem Ministerium unterstehen u. a. das *Landesamt für Flurbereinigung* und Siedlung und die Flurbereinigungsämter, die Tierzuchtämter, die Landwirtschaftsämter, die Staatlichen Fachschulen für Landwirtschaft, die Gewerbeaufsichtsämter, die Wasserwirtschaftsämter, die Staatlichen Veterinärämter, die Staatlichen Tierärztlichen Untersuchungsämter, die Bezirksstellen für Naturschutz und Landschaftspflege, die Landesanstalt für Umweltschutz, die Forstdirektionen (Stuttgart, Karlsruhe, Freiburg, Tübingen) mit den Staatlichen Forstämtern, die Körperschaftsforstdirektionen mit den körperschaftlichen Forstämtern, die Forst- und Waldarbeiterschulen, die Forstliche Versuchs- und Forschungsanstalt und 12 weitere Lehr-, Versuchs-, Untersuchungs- und Forschungsanstalten.

9. Das *Ministerium für Arbeit, Gesundheit, Familie und Sozialordnung* bearbeitet Angelegenheiten der Arbeitspolitik, Betriebsverfassung und Unternehmensverfassung, Lohn-, Tarif- und Schlichtungswesen, Vermögensbildung in Arbeitnehmerhand; Arbeitsgerichtsbarkeit; Arbeitsmarkt, berufliche Umschulung, Berufsbildung in der Hauswirtschaft, Heimarbeit; ausländische Arbeitnehmer; Arbeitsschutz und Sicherheit technischer Arbeitsmittel, Arbeitsmedizin und betriebsärztlicher Dienst, Sprengstoffwesen, überwachungsbedürftige Anlagen nach der Gewerbeordnung, Strahlenschutz außerhalb kerntechnischer Einrichtungen; Sozialstruktur und Sozialplanung; Kriegsopfer- und Soldatenversorgung und -fürsorge, Schwerbeschädigtenfürsorge, Kriegsgefangenen- und Heimkehrerangelegenheiten; Sozialversicherung, Altershilfe für Landwirte, Alterssicherung der Selbständigen, Aufsicht über Einrichtungen und Träger der Sozialversicherung, Sozialmedizin, Rehabilitation Behinderter; Gesundheitswesen; Familienangelegenheiten; Wohlfahrtspflege, Sozialhilfe, Jugendfürsorge und Jugendschutz, Soziale Berufe, Ausbildungsförderung, Unterhaltssicherung, Sammlungswesen.

Zu seinem Geschäftsbereich gehören das *Landesversorgungsamt* mit den Versorgungsämtern und Kurkliniken, das Landesaufsichtsamt für die Sozialversicherung, die Staatlichen Gesundheitsämter, die Psychiatrischen Landeskrankenhäuser, das Medizinische Landesuntersuchungsamt Stuttgart und die Chemischen Landesuntersuchungsanstalten.
Das Ministerium führt u. a. die Aufsicht über die Landesversicherungsanstalten Württemberg und Baden.

III. *Die Gesetzgebung.* Die Gesetze werden vom Landtag oder durch Volksabstimmung beschlossen. Gesetzesvorlagen werden von der Regierung, von Abgeordneten des Landtags oder vom Volk durch Volksbegehren eingebracht.

Die Landesregierung kann bei unmittelbarer Gefahr den *Staatsnotstand* verkünden und mit Gesetzeskraft die erforderlichen Maßnahmen treffen, wenn der Landtag verhindert ist, sich alsbald zu versammeln. Die getroffenen Maßnahmen sind aber unverzüglich dem Landtag mitzuteilen, der sie aufheben oder den Staatsnotstand für beendet erklären kann.
Gegen ein vom Landtag beschlossenes oder über ein abgelehntes Gesetz kann die Regierung eine *Volksabstimmung* herbeiführen, wenn dies von einem Drittel der Mitglieder des Landtags beantragt wird. Die Volksabstimmung unterbleibt jedoch, wenn der Landtag das beanstandete Gesetz mit Zweidrittelmehrheit erneut beschließt. Über Abgaben- oder Besoldungsgesetze und ein Haushaltsgesetz darf keine Volksabstimmung erfolgen.

IV. Organe der *Rechtsprechung:*

Der *Staatsgerichtshof* entscheidet über Verfassungsfragen und Zweifel über die Vereinbarkeit von Landesrecht mit der Landesverfassung.
Im Bereich der *ordentlichen Gerichtsbarkeit* bestehen die Oberlandesgerichte Stuttgart und Karlsruhe sowie Land- und Amtsgerichte und Staatsanwaltschaften.
Die *Verwaltungsgerichtsbarkeit* wird wahrgenommen vom Verwaltungsgerichtshof in Mannheim und den Verwaltungsgerichten. *Das Finanzgericht* für Bad.-Wttbg. hat seinen Sitz in Karlsruhe.
Im Bereich der *Arbeitsgerichtsbarkeit* bestehen ein Landesarbeitsgericht (mit Kammern in Tübingen, Mannheim und Freiburg) sowie Arbeitsgerichte, im Bereich der *Sozialgerichtsbarkeit* das Landessozialgericht Stuttgart und Sozialgerichte.
Als *Dienststrafgerichte* amtieren der Disziplinarhof beim Verwaltungsgerichtshof und Disziplinarkammern.

V. *Die Verwaltung* wird durch die Regierung des Landes und die ihr unterstellten Behörden ausgeübt. Den Gemeinden und Gemeindeverbänden ist das Recht der Selbstverwaltung eingeräumt.

In *Kreisen* und *Gemeinden* muß das Volk eine Vertretung haben, die aus allgemeinen, freien, gleichen und geheimen Wahlen hervorgegangen ist. Bei mehreren Wahlvorschlagslisten findet Verhältniswahl statt.

VI. *Das Finanzwesen* handhabt der Landesfinanzminister mit den ihm unterstellten Behörden.

Der Haushaltsplan wird durch Gesetz festgestellt. Der Finanzminister legt dem Landtag Rechnung. Sitz des *Rechnungshofs* ist Karlsruhe.

131. Bayern

Der *Freistaat Bayern,* der 10900000 Einwohner hat, ist mit einer Fläche von 70549 qkm der Ausdehnung nach das größte Land der BRep. Die größte Bevölkerungszahl hat dagegen Nordrhein-Westfalen. Die Verfassung des Freistaates Bayern (BayRS 100–1–S), geändert am 20. 6. 1984 (GVBl. 223), wurde am 1. 12. 1946 durch Volksentscheid angenommen und am 2. 12. 1946 ausgefertigt; sie trat am 8. 12. 1946 in Kraft.

I. *Parlamentarische Körperschaften sind:*

1. der *Bayerische Landtag* (204 Mitglieder),
2. der *Bayerische Senat* (60 Mitglieder).

Landeswahlgesetz (BayRS 111–1–I), geändert am 23. 7. 1985 (GVBl. 247); Landeswahlordnung (BayRS 111–1–1–I), geändert am 9. 12. 1985 (GVBl. 797); Gesetz über den Senat (BayRS 1101–1–I).

II. Die *Staatsregierung Bayern* besteht aus dem Ministerpräsidenten, den 11 Staatsministern (davon einer zugleich Stellvertreter des Ministerpräsidenten) und 10 Staatssekretären.

III. *Bayer. Staatskanzlei und Bayer. Staatsministerien:*

1. *Bayerische Staatskanzlei.* Sie unterstützt den MinPräs. und die Staatsregierung in ihren verfassungsmäßigen Aufgaben (Art. 52 S. 1 Bayer. Verf.).

Dazu gehören insbes. Richtlinienangelegenheiten des Min.Präs., Geschäftsordnung und Geschäftsverteilung der Staatsreg., Koordinierung der Tätigkeit der Staatsministerien, Vorbereitung der Ministerratssitzungen einschl. der Bundesratsangelegenheiten, Staatsverträge und Verwaltungsabkommen mit Regierungen anderer Länder, Angelegenheiten der Rechtsbereinigung, Ordens-, Gnaden- und Protokollangelegenheiten, die Pressestelle der Staatsregierung, Grundsatzfragen der Medienpolitik, Angelegenheiten der Bundeswehr und der verbündeten Streitkräfte, Angelegenheiten der Geschäftsstelle des Landespersonalausschusses, der *Landeszentrale für politische Bildungsarbeit,* Schriftleitung des GVBl, Angelegenheiten des Landesbeauftragten für den Datenschutz und das Haus der Bayerischen Geschichte.

2. *Bayerisches Staatsministerium des Innern*

In den Aufgabenbereich des Ministeriums fallen u. a.: Allgemeine Staatsverwaltung und Wahrung der Einheitlichkeit der Verwaltung; Organisation und Dienstgang der staatl. allgemeinen inneren Verwaltung, deren Verfahren und die Verwaltungsrechtspflege; staatliche Auszeichnungen;

Bearbeitung von staatsrechtlichen Angelegenheiten (des Senatsgesetzes, des Wahlrechts usw.); Staatsangehörigkeitswesen; Angelegenheiten der Landesgrenze; Stiftungsrecht; Personenstandswesen und Namensrecht; Freizügigkeits-, Aufenthalts- und Auswanderungswesen; Sammlungs-, Lotterie- und Glücksspielwesen; öffentliches Versicherungswesen; Statistik; Presserecht; Feiertagsrecht; Recht des Datenschutzes; grundsätzliche Angelegenheiten der Datenverarbeitung;

Angelegenheiten der Gemeinden, Gemeindeverbände und kommunalen Zweckverbände; Sparkassenwesen; Aufsicht über Bayer. Kommunalen Prüfungsverband und die Bayer. Verwaltungsschule;

Recht der öffentlichen Sicherheit und Ordnung, insbesondere Angelegenheiten des Verfassungsschutzes und der Polizei; Straßenverkehrsordnung; Führerschein- und Fahrlehrerwesen; Verkehrserziehung; öffentliches Vereinsrecht; Waffen- und Sprengstoffrecht;

Wehrwesen; Zivile Verteidigung; Zivil- und Katastrophenschutz; Feuersicherheit einschl. Kaminkehrerwesen und Feuerlöschwesen;

Gesundheits- und Veterinärwesen; Lebensmittelrecht; Arzneimittelwesen; Ausbildungs- und Prüfungswesen für die Berufe des Gesundheits- und Veterinärwesens;

Bauwesen (Hochbau, Bauordnung und Ortsplanung, Siedlungs- und Wohnungsbau, Straßen- und Brückenbau, Wasserbau und Wasserwirtschaft, allgemeines Verdingungswesen); Baurecht und Recht der örtlichen Planung; Straßen- und Wegerecht; Wasserrecht und Wasserverbandsrecht und Angelegenheiten der Wasserstraßen (mit Ausnahme des Schiffsverkehrs) sowie Enteignungsrecht.

Als Behörden der *Mittelinstanz* unterstehen dem Innenministerium die 7 *Regierungen* von Oberbayern in München, Niederbayern in Landshut, Oberpfalz in Regensburg, Oberfranken in Bayreuth, Mittelfranken in Ansbach, Unterfranken in Würzburg und Schwaben in Augsburg.

Den Regierungen nachgeordnet sind die *Landratsämter* als Staatsbehörden, die staatl. Gesundheitsämter, die staatl. Veterinärämter, die Landbauämter, die Hochschulbauämter, die Straßenbauämter, die Wasserwirtschaftsämter u. a. m. Die Landratsämter sind Staatsbehörden, soweit sie staatliche Aufgaben wahrnehmen; im übrigen sind sie Kreisbehörden. Behördenleiter ist der von den Kreisbürgern direkt gewählte *Landrat*.

Dem Innenministerium unterstehen ferner die Polizeipräsidien München, Oberbayern, Niederbayern/Oberpfalz, Oberfranken, Mittelfranken, Unterfranken und Schwaben, die Präsidien der Grenzpolizei und der Bereitschaftspolizei, das Landeskriminalamt, das Polizeiverwaltungsamt, die Beamtenfachhochschule – Fachbereiche Allgemeine Innere Verwaltung und Polizei –, das Landesamt für Verfassungsschutz, das Landesamt für Statistik und Datenverarbeitung, die Versicherungskammer und die Brandversicherungsämter, das Landesamt für Wasserwirtschaft, die Landesuntersuchungsämter für das Gesundheitswesen, die Autobahndirektionen, das Landesamt für Brand- und Katastrophenschutz, die Landeshafenverwaltung und die Landeskraftwerke.

3. *Bayerisches Staatsministerium der Justiz*. Das Ministerium bearbeitet als oberste Behörde der bayerischen Justizverwaltung die das Rechtswesen betreffenden Angelegenheiten des Landes; ihm obliegt insbesondere die Bearbeitung der Personal- und Verwaltungsangelegenheiten der ordentlichen Gerichte, der Staatsanwaltschaften und der Justizvollzugsanstalten, des Haushalts und der Gerichtsorganisation, des

Notariatswesens und der Angelegenheiten der Rechtsanwaltschaft. Es wirkt bei gesetzgeberischen Maßnahmen des Bundes und des Freistaates Bayern mit. Es übt ferner das Gnadenrecht für den Bereich der ordentlichen Gerichtsbarkeit aus, soweit nicht der Ministerpräsident zuständig ist. Das dem Ministerium eingegliederte Landesjustizprüfungsamt ist zuständig für das Prüfungswesen für den höheren Justiz- und Verwaltungsdienst und für die übrigen Laufbahnen im Bereich der Justizverwaltung.

Zum Geschäftsbereich gehören die unter IV 4 aufgeführten Gerichte und Staatsanwaltschaften, die Justizvollzugsanstalten sowie die sozialtherapeutische Forschungs- und Erprobungsanstalt in Erlangen.

4. *Bayerisches Staatsministerium für Wissenschaft und Kunst.* Der Geschäftsbereich umfaßt die Angelegenheiten der Hochschulen und der Förderung von Wissenschaft, Forschung, Lehre und Kunst, insbesondere: das Hochschulwesen einschließlich der Hochschulbibliotheken, die Förderung von Wissenschaft, Forschung und Kunst, die Angelegenheiten der Körperschaften und sonstigen Einrichtungen der Wissenschaft- und Kunstpflege, der wissenschaftlichen Sammlungen und der Kunstsammlungen, die Ausbildungsförderung, die Denkmalpflege, das Theaterwesen, die berufliche Ausbildung und die Förderung im Bereich der Musik, des Balletts und des Theaters, die Angelegenheiten des Films, die Aufsicht über das Rundfunkwesen, die Angelegenheiten der Stiftungen, die der Wissenschaft, Forschung, Kunst und Denkmalpflege gewidmet sind.

Zum Geschäftsbereich gehören die *Universitäten* München, Erlangen-Nürnberg, Würzburg, Regensburg, Augsburg, Bamberg, Bayreuth und Passau, die Technische Universität München, die *Akademien der bildenden Künste* in München und Nürnberg, die *Hochschulen für Musik* in München und Würzburg, die Bayer. *Akademie der Wissenschaften* in München, die Hochschule für Fernsehen und Film in München, die *Fachhochschulen,* das Zentrum für Bildungsforschung in München, *Staatstheater,* Museen, die Walhalla bei Regensburg und das Bayer. Landesamt für Denkmalpflege in München.

Der Aufsicht des Ministeriums unterstehen ferner *Körperschaften, Anstalten* und *Stiftungen* des öffentlichen Rechts, z. B. Maximilianeum in München, Germanisches Nationalmuseum in Nürnberg, Deutsches Museum, Akademie der Schönen Künste und die Monumenta Germaniae Historica in München.

5. *Bayerisches Staatsministerium für Unterricht und Kultus.* Der Geschäftsbereich umfaßt die Angelegenheiten des Schulwesens und der Erziehung sowie die Religions- und Kirchenangelegenheiten, insbesondere: das gesamte Schul- und Unterrichtswesen, die Grundlagen der Bildungspolitik einschließlich Bildungsplanung und Bildungsinformation, die Lehrerbildung und Lehrerfortbildung, das außerschulische Bildungswesen (Kindergärten, Erwachsenenbildung), die Angelegenheiten des Sports und der Jugendpflege ausschließlich der Jugendfürsorge, das Bibliotheks- und Archivwesen sowie das öffentliche Bü-

chereiwesen, die Pflege und Förderung des Brauchtums sowie der Volks- und Laienmusik, die Beziehungen des Staates zu den Religionsgemeinschaften, die Angelgenheiten der Stiftungen, die der Religion, der Bildung, dem Unterricht, der Erziehung und dem Sport gewidmet sind.

An Lehranstalten gehören zum Geschäftsbereich die staatlichen Grund- und Hauptschulen, Realschulen, Wirtschaftsschulen, Gymnasien und beruflichen Schulen. Ferner die Akademie für Lehrerfortbildung in Dillingen.

Das Ministerium ist oberste Dienstbehörde für die staatlichen Schulen und oberste Schulaufsichtsbehörde für alle Schularten im kommunalen und privaten Bereich. Es ist ferner zuständig für Kindergärten, Jugendpflege und Erwachsenenbildung.

6. *Bayerisches Staatsministerium der Finanzen.* Es bestehen Abteilungen für Finanzpolitik, Staatshaushalt, Dienstrecht, Steuern, Liegenschaften, Beteiligungen, Rechtsangelegenheiten und für die Vermessungsverwaltung. Die finanzpolitische Abteilung ist für Finanzpolitik, Finanzverfassung, Finanzausgleich, Kabinetts- und Landtagsangelegenheiten zuständig. Die Haushaltsabteilung ist für den bayer. Staatshaushalt, die Finanzplanung und das Kassen- und Rechnungswesen zuständig. Die Dienstrechtsabteilung befaßt sich mit dem Recht des öffentlichen Dienstes und der Personalverwaltung. Die Steuerabteilung bildet die oberste Steuerbehörde im Freistaat Bayern; ihr obliegt die Aufsicht über die bayer. Finanzämter. Die Liegenschaftsabteilung ist für die Vermögens-, Liegenschafts- und Finanzbauverwaltung zuständig. Die Beteiligungsabteilung beaufsichtigt und verwaltet die staatlichen Beteiligungen vor allem im Kredit-, Energie- und Verkehrssektor. Die Rechtsabteilung befaßt sich mit sämtlichen Rechtsangelegenheiten des Staates, einschließlich der Wiedergutmachung, dem Lastenausgleich, dem Nachlaß-, Vereins- und Stiftungsvermögen, den Verteidigungslasten und der Rechtsbereinigung. Die Vermessungsabteilung ist oberste Vermessungsbehörde im Freistaat Bayern. Zum Geschäftsbereich gehören schließlich auch noch die beiden bayer. Finanzgerichte in München und Nürnberg.

Dem Ministerium als Mittelbehörden nachgeordnet sind die *Oberfinanzdirektionen* München und Nürnberg. Sie sind Landesbehörden, erfüllen jedoch zugleich Bundesaufgaben und unterstehen insoweit als Bundesbehörden auch dem Bundesminister der Finanzen. Im Bereich der Landesverwaltung bestehen die Abteilung für Besitz- und Verkehrsteuern und die Abteilung für Landesvermögen und Bau. Im Bereich der Bundesverwaltung bestehen die Abteilung für Zölle und Verbrauchsteuern und die Abteilung für das Bundesvermögen; angegliedert ist je eine Vorprüfungsstelle und Finanzkasse des Landes und des Bundes.

Den Oberfinanzdirektionen sind als Landesbehörden nachgeordnet die Finanzämter, die Finanzbauämter und die Verteidigungslastenämter. Als Bundesbehörden sind nachgeordnet die Hauptzollämter, Zollfahndungsstellen und eine zolltechnische Prüfungs- und Lehranstalt in München sowie die Bundesvermögensämter.

Weitere dem Ministerium nachgeordnete Mittelbehörden sind die Bezirksfinanzdirektionen, die am Ort der Bezirksregierungen eingerichtet sind (Ausnahme: in Bayreuth besteht nur Dienststelle der Bezirksfinanzdirektion Ansbach, die Teilaufgaben wahrnimmt). Zu den Aufgaben der Bezirksfinanzdirektionen gehören besonders Rechts- und Prozeßangelegenheiten, Vermögens- und Liegenschaftsverwaltung, Versorgungsangelegenheiten, Bezügeabrechnung und Kassenaufgaben.

Im Bereich des *Vermessungswesens* sind dem Ministerium das *Bayer. Landesvermessungsamt* sowie die bereits erwähnten Bezirksfinanzdirektionen (außer Regensburg) nachgeordnet. Den Bezirksfinanzdirektionen sind die Vermessungsämter unterstellt.

Dem Ministerium sind u. a. nachgeordnet die *Staatsschuldenverwaltung,* das Landesentschädigungsamt, das Hauptmünzamt, die Staatliche Lotterieverwaltung und die Verwaltung der staatlichen Schlösser, Gärten und Seen.

7. Der Geschäftsbereich des *Bayerischen Staatsministeriums für Wirtschaft und Verkehr* umfaßt im wesentlichen die *Wirtschaftspolitik* des Landes, insbesondere wirtschaftspolitische Grundsatzfragen, Fragen der Konjunkturpolitik, Mittelstandsfragen, regionale und sektorale Strukturpolitik, Wirtschaftsförderung durch Kreditprogramme, Investitionszulagen, Bürgschaften usw., Förderung der strukturschwachen Gebiete und der Grenzgebiete, Fragen der Industrieansiedlung (Standortberatung, Industrieansiedlungswerbung), Verbraucherfragen und Fragen des öffentlichen Auftragswesens. Dazu gehören weiter die Aufgaben der Außenwirtschaft, Entwicklungshilfe und innerdeutsche Wirtschaftsbeziehungen, Energiepolitik (Fragen der Energieversorgung, Ausnützung der Kernenergie zu wirtschaftlichen Zwecken, Energieeinsparung), Bergwesen, sonstige Angelegenheiten der *gewerblichen Wirtschaft* (Betreuung von Industrie, Handel, Handwerk, Fremdenverkehr und sonstigem Gewerbe, gewerbliches Ausstellungs- und Messewesen, Berufsbildung, Fragen der gewerblichen Berufsvertretung, Förderung der wirtschaftsnahen Forschung), die Aufgaben des *Wirtschaftsverwaltungsrechts,* insbesondere das Gewerberecht, das Eich- und Beschußwesen, die Aufsicht über die Industrie- und Handelskammern, die Handwerkskammern, die Landesgewerbeanstalt Bayern (Nürnberg) sowie über die genossenschaftlichen Prüfungsverbände, Aufgaben als Landeskartellbehörde sowie auf dem Gebiet der Preisbildung und Preisüberwachung, Aufgaben der Energieaufsicht, der Versicherungsaufsicht, der Börsenaufsicht und auf dem Gebiet des Bankwesens sowie des Geld- und Kapitalverkehrs (Emissionswesen) und die Angelegenheiten der Wirtschaftsprüfer und verwandter Berufe. Schließlich ist es zuständig für das *Verkehrswesen,* insbesondere die Aufgaben der allgemeinen Verkehrswirtschaft und Verkehrspolitik, die Erstellung und Fortschreibung des Gesamtverkehrsplanes, die Fragen des öffentlichen Personennahverkehrs, Angelegenheiten des Straßenverkehrswesens, insbesondere des Straßenpersonen- und Straßengüterverkehrs, sowie der technischen Überwachung des Kraftfahr-

zeugverkehrs und der Straßen- und U-Bahnen, die Angelegenheiten der nichtbundeseigenen Eisenbahnen, die Aufsicht über die Bergbahnen, Fragen der Tarifpolitik und Tarifbildung, den Luftverkehr, insbesondere die Angelegenheiten der Flugplätze, des Luftfahrtpersonals, der Luftfahrtunternehmen, der Luftaufsicht und der Luftfahrtforschung, sowie Fragen der Binnenschiffahrt.

Als Landeszentralbehörden sind dem Ministerium nachgeordnet:

1. das *Bayer. Oberbergamt* mit 3 Bergämtern
2. das *Bayerische Landesamt für Maß und Gewicht* (mit 14 Eichämtern, 13 Außenstellen – Nebeneichämtern –, 1 Eichschule, 2 Beschußämter).

Der *Aufsicht* des Ministeriums unterstehen:

1. die *Landesgewerbeanstalt Bayern* in Nürnberg mit Zweig- und Außenstellen in Ansbach, Aschaffenburg, Augsburg, Bayreuth, Coburg, Deggendorf, Hof, Ingolstadt, Kempten/Allgäu, Landshut, München, Neu-Ulm, Regensburg, Schweinfurt, Traunstein, Weiden und Würzburg;
2. die Industrie- und Handelskammern;
3. die Handwerkskammern.

8. *Bayerisches Staatsministerium für Ernährung, Landwirtschaft und Forsten.* Das Ministerium ist oberste Landesbehörde für die Landwirtschafts-, Flurbereinigungs- und Forstverwaltung. Es ist zuständig für Grundsatzfragen der Agrar- und Forstpolitik, für Angelegenheiten der landwirtschaftlichen Erzeugung, die Strukturpolitik der Landwirtschaft, die Ernährungs- und Marktwirtschaft, die Beratung in der Landwirtschaft sowie in der Ernährung und Hauswirtschaft, die Aus- und Fortbildung in der Land- und Forstwirtschaft, einschl. Fachschulwesen, die ländliche Neuordnung durch Flurbereinigung, einschl. Dorferneuerung, die Waldwirtschaft und das Jagd- und Fischereiwesen.

Zum Geschäftsbereich gehören u.a. die Ämter für Landwirtschaft (mit Landw. Schulen), die Tierzuchtämter, die Bayer. Landesanstalt für Ernährungswirtschaft mit Staatl. Marktbeobachtungsstellen, die Staatl. Fachakademien für Landwirtschaft, die Staatl. Technikerschulen für Landwirtschaft, die Staatl. Höhere Landbauschule, die Staatl. Führungsakademie für Ernährung, Landwirtschaft und Forsten, die Bayer. Landesanstalten für Betriebswirtschaft und Betriebsstruktur, für Bodenkultur und Pflanzenbau, für Weinbau und Gartenbau, für Tierzucht, für Fischerei und für Bienenzucht, die Staatl. Lehr- und Versuchsanstalten mit Versuchsgütern, das Bayer. Haupt- und Landgestüt, die Bayer. Landesreit- und Fahrschule, die Flurbereinigungsdirektionen, die *Oberforstdirektionen* mit den unterstellten Forstämtern und Forstdienststellen, die Bayer. Forstliche Versuchs- und Forschungsanstalt, die Bayer. Landesanstalt für forstliche Saat- und Pflanzenzucht, die Nationalparkverwaltung Bayerischer Wald, die Staatl. Forstschule sowie die Waldbauernschule und die Waldarbeiterschulen.

9. *Bayerisches Staatsministerium für Arbeit und Sozialordnung.* Das Ministerium ist als oberste Landesbehörde zuständig für das gesamte Arbeits- und Sozialrecht. Es bearbeitet Fragen der Gesellschafts-, Sozial-

und Arbeitsmarktpolitik, des Arbeitsrechts, der beruflichen Bildung, des Wohlfahrtswesens, Gesundheitsvor- und -fürsorge, Krankenhauswesen, Sozialversicherung, Sozial- und Arbeitsgerichtsbarkeit, Arbeitsschutz und technische Überwachung, Lastenausgleich, Angelegenheiten der Vertriebenen, Flüchtlinge, Aussiedler und Kriegsgeschädigten, Behindertenhilfe, Kriegsopferversorgung; eingegliedert ist das Landesprüfungsamt für Sozialversicherung.

Zum Geschäftsbereich des Ministeriums gehören u. a. *Landesarbeitsgerichte* und Arbeitsgerichte, *Landessozialgericht* und Sozialgerichte, *Landesversorgungsamt* Bayern, Versorgungsämter, Versorgungsärztliche Untersuchungsstellen, Versorgungskrankenhäuser und Kuranstalten, Gewerbeaufsichtsämter, Landesinstitute für Arbeitsschutz und Arbeitsmedizin, Akademie für Arbeits- und Sozialmedizin, Landesjugendamt, Deutsches Herzzentrum München des Freistaates Bayern, Haus des Deutschen Ostens, Heimatauskunftstellen, Unterbringungseinrichtungen der staatl. Flüchtlingsverwaltung.

Der Aufsicht des Ministeriums unterliegen u. a. die Ausgleichsämter, die gesetzlichen Krankenkassen und deren Verbände, die Berufsgenossenschaften, die *Landesversicherungsanstalten,* die kassenärztlichen und kassenzahnärztlichen Vereinigungen.

10. Das *Bayerische Staatsministerium für Landesentwicklung und Umweltfragen* ist oberste Landesplanungsbehörde und oberste Naturschutzbehörde. Es ist ferner zuständig für die Koordinierung aller die Landesentwicklung und die Umweltfragen berührenden Angelegenheiten, für die Koordinierung der Angelegenheiten von Freizeit und Erholung, für die Fragen des Immissionsschutzes, des Schutzes vor den Gefahren der Kernenergie, des Strahlenschutzes und für die Fragen der Abfallwirtschaft. Weitere Aufgaben betreffen die wasserwirtschaftliche Rahmenplanung u. a. m.

Dem Ministerium sind unmittelbar nachgeordnet das *Bayer. Geologische Landesamt,* die Bayer. Landesanstalt für Wasserforschung und das *Bayer. Landesamt für Umweltschutz.* Ihm obliegt die Aufsicht über die Akademie für Naturschutz und Landschaftspflege und über die Stiftung Bayerischer Naturschutzfonds.

11. Der *Staatsminister für Bundesangelegenheiten* und Bevollmächtigte des Freistaates Bayern beim Bund vertritt die Interessen Bayerns beim Bund. Ihm obliegt die Pflege der Beziehungen zur Bundesregierung und die Einwirkung auf die Gesetzgebung des Bundes. Er ist bei Abwesenheit des Ministerpräsidenten Stimmführer im Bundesrat. Er wirkt mit bei zwischenstaatlichen Angelegenheiten; er hat seinen Dienstsitz in Bonn und München.

IV. *Sonstige Landesbehörden:*

1. *Bayer. Oberster Rechnungshof* (München).

2. *Bayer. Verfassungsgerichtshof* (München). Er hat ähnlich wie das Bundesverfassungsgericht im Bund die Einhaltung der Landesverfassung und der Landesgesetze zu überwachen.

3. Landesbeauftragter für den *Datenschutz.*

4. *Zivil- und Strafgerichte* sind

a) das *Bayer. Oberste Landesgericht* in München mit einer Staatsanwaltschaft. Es ist Revisionsinstanz anstelle des BGH in bürgerlichen Rechtsstreitigkeiten, soweit es um die Auslegung des Landesrechts geht. Es ist ferner zuständig für die Entscheidungen in Strafsachen und Angelegenheiten der freiwilligen Gerichtsbarkeit, die nach Bundesrecht den Oberlandesgerichten obliegen, jedoch in Bayern im Interesse der Einheitlichkeit der Rechtsprechung dem Obersten Landesgericht übertragen sind,

b) die *Oberlandesgerichte* München, Nürnberg und Bamberg mit je einer Staatsanwaltschaft,

c) die *Landgerichte* mit je einer Staatsanwaltschaft,

d) die *Amtsgerichte*.

5. *Weitere Gerichte:*

a) Der *Bayer. Verwaltungsgerichtshof* in München, als oberstes Verwaltungsgericht des Landes und Rechtsmittelinstanz gegen Entscheidungen der Verwaltungsgerichte, die für jeden Regierungsbezirk errichtet sind (Oberpfalz und Niederbayern zusammengefaßt). Bei den Verwaltungsgerichten bestehen Landesanwaltschaften, beim Verwaltungsgerichtshof mit einem Generallandesanwalt an der Spitze;

b) *Finanzgerichte* in München und Nürnberg;

c) *Arbeitsgerichte, Landesarbeitsgerichte* in München und Nürnberg;

d) *Sozialgerichte* und als übergeordnete Instanz das Bayer. *Landessozialgericht* in München;

e) Gerichte der Disziplinargerichtsbarkeit sind die *Disziplinarsenate* beim Bayer. Verwaltungsgerichtshof in München (s. o.) und die *Kammern für Disziplinarsachen* bei den Verwaltungsgerichten (s. o.).

132. Berlin

Berlin (West), das 480 qkm umfaßt, hat rd. 1,95 Mio. Einwohner. Die Verfassung von Berlin vom 1. 9. 1950 (VOBl. 433) ist am 1. 10. 1950 in Kraft getreten. Die Verfassung erklärt in Art. 1 Abs. 2: ,,Berlin ist ein Land der Bundesrepublik Deutschland.“ Über das staatsrechtliche Verhältnis Berlins zum Bund vgl. 23.

I. *Parlamentarische Körperschaft* ist das *Abgeordnetenhaus;* es tagt im Rathaus Schöneberg, John-F.-Kennedy-Platz, mit z. Z. 16 Ausschüssen.

Die *Landesregierung* Berlins ist der *Senat* von Berlin.

Dem *Senat* gehören an: Der Regierende Bürgermeister, der Bürgermeister – zugleich Senator für Schulwesen, Berufsausbildung und Sport, die Senatoren für Bau- und Wohnungswesen; Finanzen; Gesundheit und Soziales; Inneres; Jugend und Familie; Justiz und Bundesangelegenheiten; Kulturelle Angelegenheiten; Stadtentwicklung und Umweltschutz; Verkehr und Betriebe; Wirtschaft und Arbeit; Wissenschaft und Forschung. Die Senatsmitglieder nehmen neben ihren ministeriellen Aufgaben zusammen mit den ihnen nachgeordneten Einrichtungen die Vorbehaltsaufgaben der Hauptverwaltung (einschließlich Ordnungsaufgaben) wahr.

II. *Die Landesverwaltung*

A. *Hauptverwaltung*

Zur Hauptverwaltung gehören die Senatsmitglieder als oberste Landesbehörden, die ihnen nachgeordneten Sonderbehörden und nichtrechtsfähigen Anstalten sowie die Eigenbetriebe (§ 2 Allg. Zuständigkeitsgesetz).

1. Dem *Regierenden Bürgermeister* untersteht die *Senatskanzlei* mit sechs Abteilungen: (1) Recht und Verwaltung, (2) Berlin-Politik, (3) Innere Politik, (4) Presse, (5) Information, (6) Protokoll.

Er führt die Dienst- und Fachaufsicht über die Landeszentrale für politische Bildungsarbeit und das Informationszentrum Berlin.

Dem *Bürgermeister* obliegt die Stellvertretung des Reg. Bgmstrs. in sämtlichen Dienstgeschäften. Er ist zur Zeit zugleich Senator für Schulwesen, Berufsausbildung und Sport.

2. Der *Senator für Inneres* ist zuständig für Fragen des Verfassungs- und Verwaltungsrechts, für Personalverwaltungs-, Besoldungs- und Versorgungsangelegenheiten und Stellenpläne, für Polizei-, Ordnungs- und Staatsschutzangelegenheiten, für zivile Notstandsplanung und Zivilschutz, für Fragen der Feuerwehr, für Angelegenheiten der Entschädigung der Opfer der nat.-soz. Verfolgung, für allgemeine Organisationsfragen und Angelegenheiten der elektronischen Datenverarbeitung sowie Datenschutz. Das *Landesamt für Verfassungsschutz* ist dem Senator für Inneres angegliedert.

Nachgeordnete Sonderbehörden sind u. a.:

a) *Landesverwaltungsamt Berlin,*

b) der *Polizeipräsident* in Berlin mit den Zentralen Diensten, der *Landespolizeidirektion* mit 5 örtlichen Polizeidirektionen,

c) *Landeseinwohneramt* Berlin,

d) *Statistisches Landesamt,*

e) *Entschädigungsamt* Berlin,

f) Landesamt für *Elektronische Datenverarbeitung.*

Nachgeordnete nichtrechtsfähige Anstalten sind z. B.:

a) Fachhochschule für Verwaltung und Rechtspflege,

b) Verwaltungsschule Berlin.

Die *Verwaltungsakademie Berlin* (Anstalt des öffentlichen Rechts) unterliegt der Staatsaufsicht des Senators für Inneres.

3. Der *Senator für Justiz und Bundesangelegenheiten* bearbeitet Angelegenheiten des öffentlichen und privaten Rechts sowie der Justizverwaltung einschl. Justizvollzug. Für die Wahrnehmung der Bundesangelegenheiten verfügt er über Dienststellen in Bonn und Berlin (vgl. 116). Außerdem ist er für das *Post- und Fernmeldewesen* zuständig und insoweit für die Postverwaltung in Berlin (Landespostdirektion) verant-

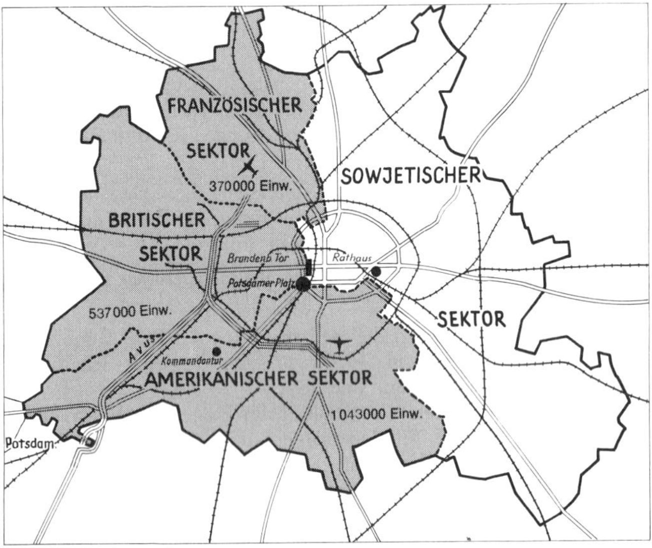

wortlich, soweit der Berliner Senat noch Zuständigkeiten besitzt (in erster Linie der Post gegenüber der Alliierten Kommandantur in Berlin).

Nach der Spaltung Deutschlands wurde Berlins *Insellage* inmitten der Sowj. Besatzungszone zu einer die Freiheit Berlins (West) und das Leben seiner Einwohner bedrohenden Gefahr, besonders als die *sowj. Blockade* 1948/49 alle Schienen-, Straßen- und Wasserwege über die Stadt- und Zonengrenzen nach Westdeutschland sperrte. Die den West-Alliierten für Berlin zustehenden drei *Luftkorridore* nach Westdeutschland dürfen nur von Flugzeugen der drei Besatzungsmächte sowie deren Zivilgesellschaften beflogen werden. Der Dt. Lufthansa ist der Flugverkehr nach Berlin (West) nicht gestattet. Bei der *Luftsicherung* im Berliner Raum besteht noch eine Viermächtezusammenarbeit. Der Eisenbahnverkehr in Richtung Bundesrepublik kann nur an zwei Stellen die Berliner Stadtgrenze und an fünf kontrollierten Übergangsstellen die Grenze passieren; hinzu kommt noch für Güterzüge der Eisenbahnübergang (Oebisfelde/Vorsfelde. Das Eisenbahngelände in Berlin (West) sowie alle ein- und ausfahrenden Züge stehen unter der Verwaltung der Deutschen Reichsbahn (noch alte Bezeichnung in der DDR), der auch alle Einnahmen in DM zufließen (S-Bahn ausgenommen). Für die Benutzung der Autobahn erhält die Verwaltung der DDR eine pauschale Abgeltung durch die BReg. Der gesamte Eisenbahn-, Schiffs- und Kraftwagenverkehr unterliegt an den Übergangsstellen der Waren- und Zollkontrolle der DDR, die auf Grund des Viermächte-Abkommens über Berlin vom 3. 9. 1971 (vgl. 23) wesentlich vereinfacht bzw. entfallen ist. Zum Reise- und Transitverkehr mit Berlin (West) und der Bundesrepublik s. 23, 24 V. Die im Berlin-Verkehr verlangten Visa-Gebühren werden von der BReg. getragen.

Dem Senator für Justiz und Bundesangelegenheiten sind u. a. nachgeordnet:

a) das *Justizprüfungsamt* Berlin,
b) die Staatsanwaltschaft bei dem Kammergericht,
c) die Staatsanwaltschaft bei dem Landgericht.
d) die Justizvollzugsanstalten

Er führt die Dienstaufsicht über die Gerichte der ordentlichen Gerichtsbarkeit, der allgemeinen Verwaltungsgerichtsbarkeit, der Sozial- und der Finanzgerichtsbarkeit (s. u. IV a, b, d, e), ferner die Staatsaufsicht über die Rechtsanwaltskammer Berlin und die Notarkammer Berlin.

4. Der *Senator für Schulwesen, Berufsausbildung und Sport* ist zuständig für die Angelegenheiten der Berliner Schulen, für Fragen der Lehrer- und der Erwachsenenbildung sowie für das Volkshochschulwesen. Er ist oberste Landesbehörde für Berufsbildung, wirkt bei beruflichen Fortbildungs- und Umschulungsmaßnahmen mit und fördert die betriebliche und überbetriebliche Berufsausbildung. Ihm obliegt weiter die Förderung des Sports und die Entwicklung sportlicher Freizeitangebote.

Ihm nachgeordnet sind u. a. als Sonderbehörden das Wissenschaftliche Landesprüfungsamt, das Berufsamt und die Landesbildstelle sowie als nichtrechtsfähige Anstalten u. a. das Pädagogische Zentrum, die Heimvolkshochschule Schloß Glienicke und das Olympia-Stadion. Seiner Staatsaufsicht unterliegen der Lette-Verein und das Pestalozzi-Fröbel-Haus (Stiftungen des öffentlichen Rechts).

In Berlin (West) führt die 6klassige Grundschule (mit Vorklasse) mit einer modernen Fremdsprache oder Latein in die drei Zweige der Oberschule, die dem begabten Schüler ohne Rücksicht auf seine Herkunft die praktische, technische oder wissenschaftliche Ausbildung bis zur Hochschulreife schulgeldfrei ermöglicht.

Die Oberschule umfaßt drei Zweige: die Hauptschule (7.–10. Kl.), die Realschule (7.–10. Kl.) und das Gymnasium (7.–10. Kl. und 2–3 Jahre Oberstufe); daneben bestehen als unmittelbar auf die Berufserziehung abgestellte Zweige die Fachoberschule, die Berufsschule und die Berufsfachschule. Eine Integrationsform für die 7.–10. Kl. ist die Gesamtschule.

5. Der *Senator für Wissenschaft und Forschung* ist zuständig für alle Hochschulangelegenheiten und die Förderung von Wissenschaft und Forschung.

Dem Senator nachgeordnet sind u. a. die Versuchsanstalt für Wasserbau und Schiffbau und der Botanische Garten. Er führt die Staatsaufsicht über die *Freie Universität* und die *Technische Universität,* die *Hochschule der Künste,* die rechtsfähigen *Fachhochschulen,* das Studentenwerk und das Konrad-Zuse-Zentrum für Informationstechnik Berlin.

6. Der *Senator für kulturelle Angelegenheiten* ist für die Förderung der Kultur, für kirchliche Angelegenheiten und für Angelegenheiten des Rundfunks und des Fernsehens in Berlin zuständig.

Dem Senator sind nachgeordnet u. a. die Deutsche Oper Berlin, die Staatl. Schauspielbühnen, das Philharmonische Orchester und die Staatl. Kunsthalle Berlin. Er ist Staatsaufsichtsbehörde für die Akademie der Künste und den Sender Freies Berlin.

7. Zum Geschäftsbereich des *Senators für Verkehr und Betriebe* gehören folgende Angelegenheiten: Verkehrspolitik, Straßen- und Verkehrsrecht, Verkehrswirtschaft, Fernverkehrskonzeption, Verkehrsforschung und Eigenbetriebsrecht.

Er führt die Aufsicht nach dem Eigenbetriebsgesetz über die 8 Eigenbetriebe Berlins (z. B. Berliner Verkehrsbetriebe – BVG, Berliner Gaswerke (Gasag), Berliner Wasserwerke, Berliner Stadtreinigungs-Betriebe).

8. Der *Senator für Gesundheit und Soziales* ist zuständig für allgemeine Fragen des öffentlichen Gesundheitsdienstes, insbesondere auf dem Gebiete des Medizinalwesens, der Hygiene, der Gesundheitshilfe und Arbeitsmedizin, der Krankenanstalten und des Veterinärwesens, weiter für Kriegsopferfürsorge, Sozialhilfe, soziale Einrichtungen, Ausländerintegration, Sozialversicherungsrecht und Unfallverhütung.

Als Sonderbehörden sind ihm das Landesprüfungsamt für Gesundheitsberufe, das Landesamt für Zentrale Soziale Aufgaben – Landesversorgungsamt – und die Versorgungsämter, die Eigenfallversicherung, das Landesamt für Arbeitsschutz und technische Sicherheit nachgeordnet.
Zum Geschäftsbereich gehören als nichtrechtsfähige Anstalten z. B. die Medizinaluntersuchungsämter, die Landesanstalt für Tropenmedizin, die Sportärztliche Hauptberatungsstelle Berlin. Er führt die Staatsaufsicht über die Ärztekammer, Zahnärztekammer, Tierärztekammer, Apothekerkammer, die landesunmittelbaren Sozialversicherungsträger (z. B. AOK, Landesversicherungsanstalt Berlin) und die kassenärztlichen Vereinigungen.

9. Der *Senator für Bau- und Wohnungswesen* ist zuständig für allgemeine Angelegenheiten des Bau-, Wohnungs- und Vermessungswesens, für den Bau der Stadtautobahn, Brückenbau, Wasser- und Hafenbau, Bahnbau und Bauaufsicht. Er ist federführend für die verbindliche Bauleitplanung (Bebauungspläne) und nimmt die Aufgaben der Enteignungsbehörde wahr.

Er führt die Staatsaufsicht über das Institut für Bautechnik, die Architektenkammer und die Baukammer Berlin.

10. Der *Senator für Stadtentwicklung und Umweltschutz* hat u. a. folgende Aufgaben: Landesplanung, räumliche Entwicklungsplanung, Verkehrsplanung, Umweltschutz, Grünanlagen, Wasserwirtschaft, Naturschutz.

Dem Senator sind nachgeordnet das Pflanzenschutzamt, das Fischereiamt und die Berliner Forsten (Landesforstamt und Forstämter). Er führt die Staatsaufsicht u. a. über die Stiftung Naturschutz Berlin und über den Spree-Havelverband.

11. Der *Senator für Wirtschaft und Arbeit* ist zuständig für alle Fragen der Wirtschaft einschließlich Industrie, Handwerk, Handel, des Geld- und Kreditwesens, der Ernährungs- und Landwirtschaft ferner für Arbeitsmarktpolitik, Arbeitsrecht, Arbeitsbeschaffungsmaßnahmen.

Dem Senator sind nachgeordnet das Preisamt, das Landesamt für Meß- und Eichwesen und das Verkehrsamt Berlin. Er führt die Dienstaufsicht über die Gerichte für Arbeitssachen (s. IV c).

Der Staatsaufsicht des Senators unterliegen u. a. die Wohnungsbau-Kreditanstalt Berlin, die Sparkasse der Stadt Berlin (West), die Industrie- und Handelskammer und die Handwerkskammer.

12. Der *Senator für Finanzen* ist zuständig für die Finanzpolitik und Finanzwirtschaft des Landes Berlin, das Haushalts-, Kassen- und Rechungswesen, Vermögens- und Schuldenverwaltung, Steuerrecht, Lastenausgleich und Besatzungslasten. Nachgeordnet sind ihm u.a. folgende Sonderbehörden:

a) die *Oberfinanzdirektion* Berlin mit den Finanzämtern,
b) das *Landesamt für Besatzungslasten,*
c) die *Landeshauptkasse Berlin,*
d) das Ausgleichsamt Berlin.

Der Staatsaufsicht des Sen. f. Fin. unterliegen die *Deutsche Klassenlotterie* Berlin und die Steuerberaterkammer.

13. Der *Senator für Jugend und Familie* ist oberste Landesjugendbehörde und nimmt die Aufgaben des *Landesjugendamts* wahr. Er ist zuständig für Jugend-, Familien- und Frauenpolitik, Jugendhilfe, Familienförderung, Erziehung außerhalb der Herkunftsfamilie, Zentrale Vormundschaftskasse, Unterhaltsvorschußkasse.

Als nichtrechtsfähige Anstalten sind ihm nachgeordnet die Internationale Begegnungsstätte Jagdschloß Glienicke, die Sozialpädagogischen Fortbildungsstätten Haus am Rupenhorn und das Haus Koserstraße mit Nebenstelle Haus Schweinfurth. Er führt die Staatsaufsicht über das Jugendaufbauwerk Berlin.

B. *Bezirksverwaltungen*

Die Verwaltungen der Berliner Bezirke bilden die Unterstufe der Berliner Landesverwaltung. Die Bezirke sind keine selbständigen Gebietskörperschaften, besitzen also keine Rechtspersönlichkeit. Nach der Verfassung von Berlin und dem Bezirksverwaltungsgesetz i.d.F. vom 5. 7. 1971 (GVBl. 1170) ist das Gebiet von Berlin insgesamt in 20 Bezirke eingeteilt. Zu Berlin (West) gehören die Bezirke Tiergarten, Wedding, Kreuzberg, Charlottenburg, Spandau, Wilmersdorf, Zehlendorf, Schöneberg, Steglitz, Tempelhof, Neukölln und Reinickendorf. Zu Berlin (Ost) gehören die Bezirke Mitte, Prenzlauer Berg, Friedrichshain, Pankow, Weißensee, Treptow, Köpenick, Lichtenberg, Marzahn, Hohenschönhausen und Hellersdorf.

Die in jedem Bezirk Berlins (West) gewählte *Bezirksverordnetenversammlung* (45 Mitgl.) hat Wahl-, Kontroll- und einige wichtige Entscheidungsbefugnisse. Die *Bezirksämter* sind die Verwaltungsbehörden der Bezirke. Das Bezirksamtskollegium besteht aus dem *Bezirksbürgermeister* und 6 *Bezirksstadträten*. Die Bezirksämter sind entsprechend der Hauptverwaltung organisiert (Abt. für Personal und Verwaltung, Finanzen, Volksbildung, Sozialwesen, Bauwesen usw.). Sie nehmen überwiegend bezirkseigene Angelegenheiten wahr; hierbei unterliegen sie nur der Rechtsaufsicht des Senats. Bei Wahrnehmung von übertragenen Vorbehaltsaufgaben einschließlich Ordnungsaufgaben unterliegen sie der Fachaufsicht des zuständigen Senatsmitgliedes.

III. Der *Rechnungshof* von Berlin überwacht das Haushaltswesen des Landes Berlin, insbesondere durch Rechnungsprüfungen. Er hat dem

220

Abgeordnetenhaus jährlich einen Prüfungsbericht vorzulegen. Das Abgeordnetenhaus und der Senat können ihm besondere Prüfungsaufträge erteilen.

IV. Als Organe der *Rechtsprechung* bestehen

a) Im Bereich der *ordentlichen Gerichtsbarkeit (Zivil- und Strafgerichte)*

7 *Amtsgerichte,* das *Landgericht Berlin* und als oberes Landesgericht das *Kammergericht* (Oberlandesgericht) in Charlottenburg. Anklagebehörden sind die Staatsanwaltschaften bei dem Kammergericht und bei dem Landgericht sowie die Amtsanwaltschaft.

b) Das *Verwaltungsgericht* und das *Oberverwaltungsgericht Berlin.*

c) Das *Arbeitsgericht* und das *Landesarbeitsgericht Berlin.*

d) Das *Sozialgericht* und das *Landessozialgericht Berlin.*

e) Das *Finanzgericht Berlin.*

V. Der Berliner *Datenschutzbeauftragte* kontrolliert die Einhaltung der Datenschutzgesetze in der Berliner Verwaltung.

133. Bremen

Die ,,Freie Hansestadt Bremen" ist das kleinste Land der BRep. Es zählt 660000 Einwohner und hat eine Fläche von 403 qkm. Seine Verfassung vom 21. 10. 1947 (GBl. 251) ist am 22. 10. 1947 in Kraft getreten; Änd. vom 16. 1. 1953 (GBl. 7), 29. 3. 1960 (GBl. 41), 8. 9. 1970 (GBl. 93) und 13. 3. 1973 (GBl. 17).

Infolge der Eigenart des Stadt-Staates nehmen die Dienststellen der Landesverwaltung zum Teil auch Aufgaben der städtischen Behörden wahr.

I. *Die Bremische Bürgerschaft (Landtag)* in Bremen stellt die Volksvertretung des Landes dar. Sie besteht aus 80 Bremer und 20 Bremerhavener Vertretern und bildet (staatliche) *Deputationen* (Ausschüsse) für Finanz, Arbeit und Wiedergutmachung, Fischereihafen Bremerhaven, Rechtspflege und Strafvollzug, Umweltschutz sowie für öffentliches Dienstrecht. Diese stellen für ihren Verwaltungsbereich den Entwurf zum Haushaltsplan auf und leiten ihn an die Finanzdeputation weiter. Sie beraten und beschließen über die Angelegenheiten ihres Verwaltungszweiges und berichten darüber an Senat und Bürgerschaft.

Bremisches Wahlgesetz i. d. F. der Bek. vom 10. 4. 1975 (GBl. 185), i. d. F. der Bek. vom 21. 4. 1983 (GBl. 307); Bremische Landeswahlordnung i. d. F. vom 21. 4. 1983 (GBl. 317). Gesetz über die Deputationen vom 2. 3. 1948 (GBl. 31) m. Änd. zuletzt vom 31. 1. 1984 (GBl. 9). Bremisches Abgeordnetengesetz v. 16. 10. 1978 (GBl. 209) m. Änd. zuletzt vom 26. 6. 1984 (GBl. 185).

Es bestehen auch *Städtische Deputationen* (Ausschüsse) für Häfen, Schiffahrt und Verkehr; Inneres; Bau- und Raumordnung; Soziales; Bildung, Wissenschaft und Kunst; Sport; Gesundheit; Jugendhilfe; Wirtschaft und Außenhandel.

II. Die *Regierung des Landes* bildet der Senat, der zugleich das oberste Verwaltungsorgan der Stadtgemeinde Bremen ist. Der Senat besteht aus 11 Mitgliedern (Gesetz vom 18. 9. 1985, GBl. 157).

Zwei Mitglieder des Senats sind *Bürgermeister;* sie werden durch den Senat in geheimer Abstimmung gewählt. Gleichzeitig wählt der *Senat* einen der beiden Bürgermeister in geheimer Abstimmung zum *Präsidenten des Senats.*

III. Die Landesbehörden:

1. Dem Präsidenten des Senats unterstehen die *Senatskanzlei* mit Presse- und Informationsabteilung und integrierter Zukunftsplanung sowie der Rundfunkausschuß der Freien Hansestadt Bremen. Er ist zuständig für kirchliche Angelegenheiten und Vorsitzender der Geschäftskommission des Senats. In der Senatskanzlei besteht eine Kontaktstelle „Bürgerberatung“. Nachgeordnete Dienststelle: Landeszentrale für politische Bildung.

Zentralstelle für die Bearbeitung aller Personalangelegenheiten der landes- und stadtbremischen Dienststellen ist die Senatskommission für das Personalwesen. Zu ihr gehören das Rechenzentrum der bremischen Verwaltung, die Hochschule für Öffentliche Verwaltung und die Verwaltungsschule der Freien Hansestadt Bremen.

2. Der *Senator für Inneres* leitet die gesamte innere Verwaltung; dazu zählen insbes. allgem. Kommunalangelegenheiten, Ordnungs- und Sicherheitswesen, Staatsschutz, Straßenverkehr, zivile Verteidigung sowie zahlreiche andere Aufgaben. Neben einer Abteilung „Allgemeine Verwaltung und Verfassungsschutz“ bestehen die Abteilungen „Staats-, Kommunal- und Verwaltungsrecht“, „Öffentliche Sicherheit und Ordnung“ mit dem „Landeskriminalamt“ und „Ziviler Bevölkerungsschutz“.

Zum *Geschäftsbereich* des Senators für Inneres gehören:

1. das *Landesamt für Verfassungsschutz,*
2. das Wasserschutzpolizeiamt,
3. die Bereitschaftspolizei,
4. das *Statistische Landesamt,*
5. Stadt- und Polizeiamt, Feuerwehr, Standesämter, Landesfeuerwehrschule, Ortsämter der bremischen Verwaltung.

3. Der *Senator für Rechtspflege und Strafvollzug* ist zuständig für Justizverwaltungs- und Justizvollzugsangelegenheiten, für die rechtliche Beratung des Senats und die rechtsförmliche Prüfung von Gesetz- und Verordnungsentwürfen.

Zu seinem Geschäftsbereich gehören die ordentlichen Gerichte des Landes Bremen (*Oberlandesgericht,* Landgericht und 3 Amtsgerichte), die Verwaltungsgerichte (Oberverwaltungsgericht und Verwaltungsgericht), die Sozialgerichte (Landessozialgericht und Sozialgericht), das Finanzgericht Bremen, die Generalstaatsanwaltschaft Bremen und die Justizpressestelle (Leiter: der GenStA), die Staatsanwaltschaft Bremen, das Ausbildungs- und Prüfungsamt für die einstufige Juristenausbildung sowie das *Justizvollzugsamt* mit den (vollzugsmäßig selbständigen, verwaltungsmäßig unselbständigen) Justizvollzugsanstalten.

4. Der *Senator für Finanzen* bildet die Spitze der Finanzverwaltung. *Nachgeordnete Dienststellen* sind die *Oberfinanzdirektion* Bremen und die Finanzämter, *Landeshauptkasse,* Liegenschaftsamt und *Verteidigungslastenamt.*

Der Dienstaufsicht des Finanzsenators unterstehen die Bremer Landesbank sowie alle übrigen im Lande Bremen ansässigen öffentlich-rechtlichen Kreditinstitute und die Sparkasse.

5. Der *Senator für Wirtschaft und Außenhandel* ist außer für diese Bereiche zuständig für Angelegenheiten der Ernährung und Agrarpolitik – soweit nicht der Senator für Umwelt zuständig ist.

Zu seinem Geschäftsbereich gehört der Bremer Ausschuß für Wirtschaftsforschung.

6. Der *Senator für Jugend undSoziales* ist die höhere Verwaltungsbehörde für Sozial-, Jugend- und Familienhilfe, Unterhaltssicherung sowie Angelegenheiten der Zuwanderer und Aussiedler.

Ihm unterstehen das *Sozialamt* mit Werkstätten für Behinderte und dem Wohnheim Haus Buntentor, das Jugendamt und die von diesem betreuten Heime und sonstige Einrichtungen, die Ämter für Unterhaltssicherung und für Familienhilfe und Sozialdienst, die Beratungsstelle für Kinder, Jugendliche und Eltern – Erziehungsberatungsstelle –, das Haus der Familie, das Amt für Zuwanderer und Aussiedler.

7. Der *Senator für Arbeit* ist die oberste Landesbehörde auf dem Gebiet des Arbeits- und Sozialrechts. Sein Geschäftsbereich umfaßt Arbeits- und Sozialrecht, Arbeitsschutz, Berufsförderung, Weiterbildung, Aufgaben nach dem Schwerbehindertengesetz, Ausländerpolitik, Gewerbeaufsicht, Eichwesen, Lastenausgleich, Kriegsopferfürsorge, Wiedergutmachung.

Der Arbeitssenator übt die *Dienstaufsicht* über die *Gewerbeaufsichtsämter* Bremen und Bremerhaven, das Versorgungsamt, das berufliche Weiterbildungszentrum, das Ausgleichsamt und die Eichämter Bremen und Bremerhaven aus.

Zum Geschäftsbereich gehören das *Landesarbeitsgericht* Bremen und die *Arbeitsgerichte* Bremen und Bremerhaven.

8. Der *Senator für Häfen, Schiffahrt und Verkehr* bearbeitet Planung, Bau und Unterhaltung der bremischen Häfen, Güterverkehrstarife, Eisenbahn, See-, Küsten- und Binnenschiffahrt, Fährangelegenheiten, Fahrgastverkehr auf der Weser, gewerbl. Straßengüter- und Personenverkehr, Flughafen und Luftverkehr, Grundstücksverwaltung für das

Hafengebiet, Wetterdienst, Verbindung zur Bundespost, Auswanderungswesen.

Nachgeordnete Dienststellen sind: Hafenbauamt Bremen, Hafenamt Bremen, Seemannsamt Bremerhaven, Hansestadt Bremisches Amt Bremerhaven, See- und Strandamt Bremerhaven.

9. Der *Senator für das Bauwesen* ist zuständig für Stadt- und Landesplanung (Raumordnung), Baulenkung, Bautechnik, Bauaufsicht, Wohn- und Siedlungs-, Kleingarten-, Kataster- und Vermessungswesen, Hochbau, Straßen- und Brückenbau, Entsorgung, städtische Fernmeldeanlagen, Grundstücksenteignung.

Zu seinem *Geschäftsbereich* gehören Hochbauamt, Amt für Straßen- und Brückenbau, Amt für Stadtentwässerung und Stadtreinigung, Gartenbauamt, Stadtplanungsamt, Bauordnungsamt, Kataster- und Vermessungsverwaltung, Amt für Wohnung und Städtebauförderung, Fernmeldetechnisches Amt der Stadt Bremen, Bauamt Bremen-Nord.

10. Der *Senator für Bildung, Wissenschaft und Kunst* ist zuständig für Angelegenheiten der Hochschulen, der Hochschulplanung, der Forschung, der Wissenschaft, der Kunst, der Kultur sowie der allgemeinbildenden und der beruflichen Schulen (ausgenommen Verwaltungsschule, Schulen für Krankenpflegehilfe u. ä.), der Schulplanung und der Schulaufsicht, der Lehreraus- und -fortbildung, der beruflichen und politischen Bildung.

Ihm unterstehen außer den genannten Schulen das Landesamt für Schulpraxis und Lehrerprüfungen, das Wissenschaftliche Institut für Schulpraxis, die Landesbildstelle, das Übersee-Museum, der Landesarchäologe, das Landesmuseum für Kunst und Kulturgeschichte (Focke-Museum), das Staatsarchiv, die Stadtbibliothek, das Landesamt für Denkmalschutz, das Orchester, die Jugend- und Volksmusikschule, die Volkshochschule und das Landesamt für Baustoffprüfung.

Zu seinem Geschäftsbereich gehören ferner die Universität, die Hochschule für gestaltende Kunst und Musik sowie die Hochschulen Bremen und Bremerhaven, das Sozialwerk für die Mitglieder der Hochschulen der Freien Hansestadt Bremen, das Alfred-Wegener-Institut für Polar- und Meeresforschung sowie die Stiftung Deutsches Schiffahrtsmuseum.

11. Dem *Senator für Umweltschutz* obliegt die Koordinierung von Umweltschutzmaßnahmen, der Baum-, Pflanzen- und Bodenschutz, der flächenbezogene Immissionsschutz, die Durchführung von Umweltverträglichkeitsprüfungen, das Jagdwesen, die Forst- und Landwirtschaft, die Trinkwasserversorgung, das atomrechtliche Genehmigungsverfahren.

Ihm untersteht das Wasserwirtschaftsamt.

12. Der *Senator für Gesundheit und Sport* leitet das öffentliche Gesundheitswesen und das Veterinärwesen. Er ist die höhere Verwaltungsbehörde für Sport und Freizeitgestaltung.

Nachgeordnete Dienststellen sind das Hauptgesundheitsamt, das Bezirksgesundheitsamt Bremen-Nord, das Hafengesundheitsamt Bremen, das Hafengesundheits- und Quarantäneamt Bremerhaven, die Kliniken der Freien Hansestadt Bremen mit angeschlossenen Krankenpflegeschulen und Schulen für Krankenpflegehilfe, die Staatl. Chemische Untersuchungsanstalt, das Staatl. Hygiene-Institut, Lehranstalt für technische Assistenten in der Medizin, das Sportamt, die Landesmeßstelle für Radioaktivität, die Staatl. Veterinärämter Bremen und Bremerhaven, das Staatl. Veterinäruntersuchungsamt und das Staatl. Fleischbeschauamt Bremen.

13. Der *Senator für Bundesangelegenheiten* (vgl. 116) hat seinen Sitz in Bonn. Ihm obliegt die allgemeine Vertretung bremischer Interessen gegenüber Bundesorganen, Bundesbehörden, ausländischen Missionen sowie sonstigen zentralen Einrichtungen am Sitz der Bundesregierung und die Wahrnehmung von Ausschuß- und Plenarsitzungen des Deutschen Bundestages und des Bundesrates.

14. Der *Senatskommissar für den Datenschutz*.

Nachgeordnete Dienststelle mit dem Sitz in Bremerhaven ist der Landesbeauftragte für den Datenschutz.

15. Der *Senatskommissar für die Verwirklichung der Gleichberechtigung der Frau*.

Nachgeordnete Dienststelle ist die „Bremische Zentralstelle für die Verwirklichung der Gleichberechtigung der Frau“, deren Aufgabe es ist, im Lande Bremen darüber zu wachen und darauf hinzuwirken, daß das verfassungsrechtliche Gebot der Gleichberechtigung der Frau in Arbeitswelt, Bildung und Gesellschaft erfüllt wird.

IV. Bei einzelnen Senatsverwaltungen sind ein oder (für Teilbereiche) mehrere Senatskommissionen gebildet, die sich aus drei oder mehreren Senatoren zusammensetzen.

V. Es besteht ein *Rechnungshof* der Freien Hansestadt Bremen.

VI. *Organe der Rechtspflege* sind:

a) der *Staatsgerichtshof* der Freien Hansestadt Bremen;

b) Das *Hanseatische Oberlandesgericht in Bremen,* das *Landgericht Bremen* und die *Amtsgerichte* Bremen, Bremen-Blumenthal und Bremerhaven;

c) *Generalstaatsanwaltschaft* Bremen und Staatsanwaltschaft Bremen;

d) das *Oberverwaltungsgericht* Bremen als höhere Instanz gegen Entscheidungen des *Verwaltungsgerichts* Bremen;

e) das *Finanzgericht* Bremen;

f) das *Landesarbeitsgericht* Bremen und die *Arbeitsgerichte* in Bremen und Bremerhaven;

g) das *Landessozialgericht* und das *Sozialgericht* Bremen;

h) als Disziplinargerichte: Dienststrafkammer und Dienststrafsenat beim Verwaltungs- bzw. Oberverwaltungsgericht (für Richter, Staatsanwälte und Notare beim Land- bzw. Oberlandesgericht).

134. Hamburg

Das Gebiet der „Freien und Hansestadt Hamburg" umfaßt etwa 750 qkm mit rd. 1600000 Einwohnern. Die Verfassung ist vom 6. 6. 1952 (GVBl. 117) m. Änd. vom 9. 6. 1969 (GVBl. 109), 18. 2. 1971 (GVBl. 21), 14. 1. 1972 (GVBl. 15) und 19. 5. 1982 (GVBl. 117). In Hamburg werden staatliche und gemeindliche Tätigkeit nicht getrennt.

I. Landesparlament ist die *Bürgerschaft* (120 Abgeordnete). Die Bürgerschaft beschließt die Landesgesetze und bildet wie im Bund und anderen Ländern *Ausschüsse* für die wichtigsten Angelegenheiten.

II. Der *Senat* ist die *Landesregierung;* er bestimmt die Richtlinien der Politik, führt und beaufsichtigt die Verwaltung. Die Mitglieder des Senats (Senatoren) werden von der Bürgerschaft gewählt. Der Senat (10–15 Mitglieder) wählt aus seiner Mitte seinen Präsidenten *(Erster Bürgermeister)* für die Dauer eines Jahres und dessen Stellvertreter *(Zweiter Bürgermeister).*

Der Senat handelt als *Kollegium;* es besteht kein Richtlinienrecht des Präsidenten wie nach Art. 65 GG („Kanzlerprinzip", vgl. 62). Der Senat beschließt mit Stimmenmehrheit; die Stimme des Präsidenten gibt bei Stimmengleichheit den Ausschlag. Zu seiner Beratung ernennt er beamtete *Senatssyndici* (Staatsräte). Zur Bearbeitung seiner Angelegenheiten kann der Senat *Senatskommissionen* und *Senatsämter* bilden.

III. Den *Senatskommissionen* können Senatoren und Staatsräte angehören. Für bestimmte Angelegenheiten kann den Senatskommissionen auch die Beschlußfassung übertragen werden. Die Staatsräte haben in den Kommissionen Stimmrecht.

IV. *Senatsämter* sind:

1. die *Senatskanzlei* mit dem Staats- und Planungsamt (allgemeine Maßnahmen der Stadtentwicklung und Strukturpolitik, Landes- und Bundesangelegenheiten, Verfassungs- und Rechtsfragen, Aufstellung des mittelfristigen Investitionsplans), der Staatlichen Pressestelle, der Leitstelle Gleichstellung der Frau, der Landeszentrale für politische Bildung und der Vertretung Hamburgs beim Bund;

2. das *Senatsamt für den Verwaltungsdienst* mit dem Organisationsamt (Grundsätzliche Organisationsangelegenheiten, Querschnittsaufgaben, Personalbedarf, Stellenplan und Organisation der Behörden, Automation) und dem Personalamt (Beamtenrecht und Prozeßführung, Tarifrecht, Versorgung, Beamtenernennungen und Ausbildungs- und Nachwuchsfragen);

3. das *Senatsamt für Bezirksangelegenheiten.* Das Amt übt die Aufsicht über die sieben Bezirksämter aus, vertritt sie auf Senatsebene und nimmt Koordinierungsfunktionen wahr;

4. das *Staatsarchiv.*

V. *Fachbehörden:*

Soweit gesetzlich nichts anderes bestimmt ist, werden Verwaltungsaufgaben, die der Senat nicht selbst wahrnimmt, von den Fachbehörden und den Bezirksämtern selbständig erledigt. Aufgabe der Fachbehörden ist es vor allem, Gesetze und Verordnungen auszuarbeiten, Ressortplanungen zu entwickeln und die Entscheidungen des Senats vorzubereiten. Für die Wahrnehmung der den Bezirksämtern obliegenden Aufgaben stellen die Fachbehörden Richtlinien und allgemeine Grundsätze auf.

Die Fachbehörden werden von Senatoren geleitet. Bei den Fachbehörden bestehen *Deputationen,* denen jeweils 15 vom Parlament gewählte Deputierte angehören.

Es bestehen 11 Fachbehörden:

1. Die *Justizbehörde* umfaßt das Justizamt (Justizaufsicht, Justizgesetzgebung, Justitiariat, Rechtsprüfung für Senat und Verwaltung, Gnadenwesen) und das Strafvollzugsamt (Vollzugsverwaltung, Vollzugsanstalten). Sie führt die Dienstaufsicht über die ordentlichen Gerichte, die Verwaltungs- und Disziplinargerichte, die Staatsanwaltschaften.

2. Die *Behörde für Schule und Berufsbildung* leitet, verwaltet und beaufsichtigt das gesamte staatliche Schulwesen. Sie beaufsichtigt die Privatschulen, soweit nicht die Kulturbehörde zuständig ist. Sie nimmt die staatl. Aufgaben auf dem Gebiet der Berufsbildung wahr.

Zum staatlichen Schulwesen gehören außerdem den allgemeinbildenden und berufsbildenden Schulen und der Hamburger Volkshochschule die Staatl. Jugendmusikschule, die Staatl. Landesbildstelle, das Staatl. Studienseminar für die Lehrämter an Volks- und Realschulen, an Gymnasien, an berufsbildenden Schulen und an Sonderschulen, das Institut für Lehrerfortbildung mit Beratungsstellen für verschiedene Unterrichtszweige, die Dienststelle Schülerhilfe und Einrichtungen für Erwachsenenbildung.

3. Die *Behörde für Wissenschaft und Forschung* führt die Aufsicht über die Universität Hamburg (einschl. Univ.-Krankenhaus Eppendorf), die Staats- und Universitätsbibliothek, das Institut für Wirtschaftsforschung Hamburg und andere wissenschaftliche Institute sowie die Hamburger Sternwarte (als Teil der Universität), das Geologische Landesamt, die Technische Universität Hamburg-Harburg, das Studentenwerk Hamburg, die Fachhochschule und die Hochschulen für Wirtschaft und Politik, für Musik und darstellende Kunst sowie für bildende Künste.

4. Zum Geschäftsbereich der *Kulturbehörde* gehören Kunst- und Kulturangelegenheiten (u.a. Museen, Kunsthalle, Philharmonisches Staatsorchester, Musikhalle, Planetarium). Sie pflegt und fördert bildende Kunst, Literatur, Musik, Film, Stadtteilkultur und Freizeitpolitik. Private Theater und Orchester werden in begrenztem Umfang

betreut. Die Behörde führt die Aufsicht über die staatseigenen Theatergesellschaften (Hamburg. Staatsoper GmbH, Neue Schauspielhaus GmbH, Thalia-Theater GmbH) und die Stiftung ,,Hamburger Öffentliche Bücherhallen". Sie befaßt sich außerdem mit dem Denkmalschutz und der Denkmalpflege.

5. Die *Behörde für Arbeit, Jugend und Soziales* nimmt die Aufgaben auf den Gebieten des Arbeitswesens, der öffentlichen Sozialhilfe sowie das Kriegsfolgen- und Wiedergutmachungsrecht wahr. Sie führt die öffentliche Jugendhilfe durch, die behördliche Maßnahmen zur Förderung der Jugendwohlfahrt (Jugend- und Familienförderung, Erziehungshilfe, Jugendfürsorge, z. B. Kindertagesstätten, Heime) umfaßt. Ihr obliegt die Aufsicht über die Sozialversicherungsträger, die Dienstaufsicht über die Arbeits- und Sozialgerichtsbarkeit in Hamburg.

6. Die *Gesundheitsbehörde* ist zuständig für den öffentlichen Gesundheitsdienst (Gesundheitsplanung, Medizinalwesen, Gesundheitsschutz, Hygiene, Gesundheitsvorsorge und -fürsorge, Veterinärwesen, Krankenhauswesen) und die organisatorisch zu einem Landesbetrieb (§ 26 LHO) zusammengefaßten staatlichen Krankenhäuser. Angegliedert sind u. a. Hygienisches Institut, Hafenärztlicher und Gerichtsärztlicher Dienst.

7. In der *Baubehörde* werden Fragen des Bau- und Wohnungswesens bearbeitet. Die Behörde umfaßt die Zentralverwaltung, das Baurechtsamt, das Amt für Wohnungswesen und das Amt für Stadterneuerung, das für Fragen der Wohnungspolitik, der Stadterneuerung sowie die Bodenordnung zuständig ist. Sie befaßt sich ferner mit dem Städtebau (Landesplanungsamt, Bauordnungsamt, Vermessungsamt), dem Entwurf und der Ausführung von öffentlichen Hochbauten (Hochbauamt) und dem Ingenieurwesen (Tiefbauamt mit der Gesamtverkehrsplanung, den Hauptabteilungen Stadtverkehr, Brücken- und Flughafenbau, Bundesfernstraßen und Schnellbahnen). Zur Baubehörde gehören ebenfalls das Amt für Wasserwirtschaft und Stadtentsorgung und das Amt für Energiepolitik, Ver- und Entsorgungsplanung.

8. Die *Behörde für Wirtschaft, Verkehr und Landwirtschaft* nimmt die Aufgaben der Wirtschaft- und Verkehrsverwaltung wahr. Zu den Aufgaben der Behörde zählen u. a. Wirtschaftspolitik, Außen- und Binnenhandel, Wirtschaftsplatz- und Standortwerbung, Gewerbeansiedlung sowie Aufgaben der Wirtschaftsordnung (Gewerbeordnung, Kartellwesen, Preisrecht, Eich- und Münzwesen), Verkehrsverwaltung, Verkehrswirtschaft, Land-, Luft-, Seeverkehr, Hafen- und Freihafenangelegenheiten mit Hafendirektion. Das Amt Strom- und Hafenbau nimmt die technischen Landesaufgaben für den Hafen, die Seeschiffahrts- und die Binnenschiffahrtsstraßen wahr. Die Behörde übt die Aufsicht über das Seeamt aus. Das Amt für Ernährung, Landwirtschaft und Marktwesen nimmt Aufgaben auf den Gebieten der Ernäh-

rung und Agrarwirtschaft wahr und ist zuständig für die Schlachthöfe, Groß- und Spezialmärkte sowie Vergnügungsmärkte.

9. Die *Behörde für Inneres* befaßt sich mit Aufgaben auf dem Gebiet der öffentlichen Sicherheit und Ordnung (Polizei, Feuerwehr, Katastrophenschutz, Zivile Verteidigung, *Landesamt für Verfassungsschutz*), der inneren Verwaltung einschl. Einwohner-Zentralamt, der Sportförderung sowie der Statistik.

10. Die *Umweltbehörde* koordiniert und bearbeitet Umweltschutzfragen. In ihr sind ferner die Landesforstverwaltung, das Naturschutzamt, das Garten- und Friedhofsamt sowie das Amt für Landschaftsplanung organisatorisch zusammengefaßt.

11. Die *Finanzbehörde* hat die Aufgabe, den Landeshaushaltsplan aufzustellen und durchzuführen sowie die Haushaltsrechnung aufzustellen. Sie ist zuständig für überregionale Finanzfragen, nimmt Aufgaben der obersten Landesfinanzbehörde für Landessteuern wahr und ist Fachbehörde für Gemeindesteuern. Ihr obliegen die allgemeine Aufsicht über die öffentlichen Unternehmen, die Vertretung der Gesellschafterinteressen bei allen Unternehmen, an denen Hamburg beteiligt ist, und, soweit diese Aufgabe keiner anderen Fachbehörde ausdrücklich übertragen ist, Sparkassenaufsicht, Kreditaufnahme sowie Verwaltung des Vermögens, der Schulden und der Sicherheitsleistungen Hamburgs. Weitere Aufgaben sind die Liegenschaftsverwaltung, die Vergabe von Aufträgen an die Wirtschaft sowie die Datenaufbereitung für die Informationsverarbeitung.

Zum Geschäftsbereich gehören die *Oberfinanzdirektion* und 18 Finanzämter.

VI. Der *Rechnungshof* ist die oberste Rechnungsprüfungsbehörde der Freien und Hansestadt Hamburg. Er ist unabhängig, dem Senat gegenüber selbständig und nur dem Gesetz unterworfen. Seine Mitglieder besitzen richterliche Unabhängigkeit.

VII. *Organe der Rechtsprechung* sind außer dem *Hamburgischen Verfassungsgericht:*

1. das *Hanseatische Oberlandesgericht* mit Staatsanwaltschaft (unter Leitung eines Generalstaatsanwalts), das *Landgericht* (mit Staatsanwaltschaft) und 6 *Amtsgerichte;*

2. das *Hamburgische Oberverwaltungsgericht* als oberste Instanz des Landes in Verwaltungsstreitigkeiten. Es ist zum Teil in Personalunion mit Richtern des Oberlandesgerichts besetzt. Gericht I. Instanz ist das *Verwaltungsgericht Hamburg;*

3. das *Finanzgericht Hamburg* für die Finanzgerichtsbarkeit;

4. das *Landesarbeitsgericht* und das *Arbeitsgericht Hamburg* als Gerichte für arbeitsrechtliche Streitigkeiten;

5. das *Landessozialgericht* und das *Sozialgericht Hamburg* als Gerichte der Sozialgerichtsbarkeit;

6. der *Disziplinarhof* als oberste Landesinstanz und eine *Disziplinarkammer* (für Richter entsprechende besondere Spruchkörper) als Disziplinargerichte;

7. ein *Berufsgerichtshof* und ein *Berufsgericht für die Heilberufe.*

VIII. *Bezirksverwaltung:*

Das Gebiet der Freien und Hansestadt Hamburg ist nach dem Bezirksverwaltungsgesetz vom 22. 5. 1978 in 7 Bezirke eingeteilt.

Die *Bezirksämter* führen selbständig die Aufgaben der Verwaltung durch, die nicht wegen ihrer übergeordneten Bedeutung oder Eigenart einer einheitlichen Durchführung bedürfen. Die Bezirke sind keine rechtlich selbständigen Gebietskörperschaften mit eigener Steuerhoheit oder eigenem Haushaltsrecht. In den Teilen der Bezirke, in denen es im Interesse der Bevölkerung zweckmäßig erscheint, nehmen die Bezirksämter ihre Aufgaben durch *Ortsämter* wahr. Die Fachdienststellen der Bezirksämter sind in jeweils 5 Dezernaten zusammengefaßt (Verwaltungs-, Rechts-, Bau-, Gesundheits-, Jugend- und Sozialdezernat).

Die Bevölkerung wirkt insbesondere durch die Bezirksversammlung an den Angelegenheiten des Bezirks und den Aufgaben des Bezirksamtes mit. Die Bezirksversammlung besteht aus 40 Bezirksabgeordneten, die von der Bevölkerung der Bezirke aus deren Einwohnerschaft auf vier Jahre gewählt werden.

135. Hessen

Das Land Hessen wurde durch die Proklam. Nr. 2 der am. MilReg. vom 19. 9. 1945 gebildet. Es entstand aus dem ehem. Volksstaat Hessen mit Ausnahme der linksrhein. Gebiete und den ehem. preuß. Provinzen Kurhessen und Nassau mit Ausnahme der Landkreise Oberwesterwald, Unterwesterwald, Unterlahn und St. Goarshausen. Das Land umfaßt 21108 qkm und 5612000 Einwohner. Hauptstadt ist Wiesbaden.

Die Verfassung datiert vom 1. 12. 1946 (GVBl. 229) m. Änd. vom 22. 7. 1950 (GVBl. 131) und vom 23. 3. 1970 (GVBl. I 281).

I. Der *Hessische Landtag* hat seinen Sitz in Wiesbaden. Er ist die parlamentarische Körperschaft des Landes.

Landtagswahlges. i. d. F. vom 3. 11. 1982 (GVBl. I 248). Hess. Abgeordnetenges. vom 2. 5. 1978 (GVBl. I 255) m. Änd. vom 1. 7. 1981 (GVBl. I 205).
Neben dem Präsidenten gehören dem Präsidium 4 Vizepräsidenten und 2 weitere Abgeordnete an. Außer dem Hauptausschuß bestehen Fachausschüsse für Haushalt, Inneres, Sozialpolitik, Kulturpolitik, Wirtschaft und Technik, Landwirtschaft und Forsten, Umweltfragen, Petitionen, Fragen des öffentl. Dienstes; ferner Unterausschüsse für verschiedene Bereiche.
Zum Geschäftsbereich des Landtags gehört der *Hess. Datenschutzbeauftragte.*

II. Die *Landesregierung Hessen* setzt sich zusammen aus dem *Ministerpräsidenten* und den *Ministern* des Innern, der Finanzen, der Justiz, dem Kultusminister, dem Minister für Wissenschaft und Kunst, dem Minister für Wirtschaft und Technik, dem Minister für Umwelt und Energie, dem Sozialminister und dem Minister für Landwirtschaft und Forsten.

III. *Die Landesbehörden:*

1. Der *Ministerpräsident* bedient sich zur Führung seiner Geschäfte und der laufenden Geschäfte der Landesregierung der Staatskanzlei. Sie ist auch oberste Landesplanungsbehörde. Die Staatskanzlei wird von einem Staatssekretär geleitet, der zugleich in Personalunion Direktor des Landespersonalamtes Hessen ist.

Unmittelbar unterstellt sind das *Statistische Landesamt* und die Landeszentrale für politische Bildung.

2. Der *Hessische Minister des Innern* ist zuständig für die allgemeine und innere Verwaltung des Landes, Grundsatzfragen der allgem. Behördenorganisation, insbes. Verwaltungsreform, Verwaltungsvereinfachung, Recht des öffentlichen Dienstes, Automatisierte Datenverarbeitung, Durchführung der Wehrgesetzgebung, Allgem. und besond. Verwaltungsrecht (im Rahmen der Zuständigkeitsregelung nach Art. 104 Abs. 2 der hess. Verfassung), Wahlen, Recht der politischen Parteien, Presserecht, Staatsangehörigkeits- und Personenstandswesen, Verfassungsschutz, Datenschutz, Öffentliche Sicherheit und Ordnung (soweit Angelegenheiten der Polizei), Kommunalrecht, Kommunalaufsicht, Gemeindefinanzwirtschaft, Finanzprüfungen, Städtebau, Bau- und Wohnungswesen, Sozialer Wohnungsbau, Bauaufsicht, Wohngeld, Zivilschutz, Brandschutz.

Dem Minister sind unmittelbar nachgeordnet:

a) die *Regierungspräsidenten* in Darmstadt, Gießen und Kassel, denen die Landräte und Oberbürgermeister als Behörden der Landesverwaltung (bezgl. der Hauptabt. Katasteramt s. u. 7 Abs. 2e) und die Polizeipräsidenten als untere Vollzugspolizeibehörden nachgeordnet sind,
b) das *Landesamt für Verfassungsschutz,*
c) das Hessische *Landeskriminalamt,*
d) die Direktion der Hessischen Bereitschaftspolizei,
e) das Hessische Wasserschutzpolizeiamt,
f) die Hessische Polizeischule,
g) die Fernmeldeleitstelle der Hessischen Polizei,
h) das Wirtschaftsverwaltungsamt der Hessischen Polizei,
i) die *Verwaltungsfachhochschule* in Wiesbaden,
j) die Katastrophenschutzschule Hessen,
k) die Hessische Landesfeuerwehrschule,
l) die Hessische Landesprüfstelle für Baustatik,
m) die Hessische Brandversicherungskammer.

3. Der *Hessische Minister der Finanzen* ist zuständig für das Haushalts-, Kassen- und Rechnungswesen, die Steuerverwaltung, die allgemeine Staatsvermögensverwaltung, die staatlichen Finanzierungshilfen, die Fondsverwaltung im sozialen Wohnungsbau, die Staatsschul-

denverwaltung, den staatlichen Hochbau, die Staatsbäderverwaltung und die Ferienhotels sowie für die allgemeinen Angelegenheiten der Verteidigungslastenverwaltung.

Ihm unterstehen:

a) die *Oberfinanzdirektion* Frankfurt a. M.;
b) die Steuerverwaltung;
c) die Landesfinanzschule Hessen,
d) die Verwaltungsfachhochschule in Rotenburg a. d. Fulda;
e) die Staatsbauverwaltung;
f) die Staatskassen, die Staatshauptkasse, die Staatl. Rechnungsprüfungsämter, das Rechnungsprüfungsamt für die hess. obersten Landesbehörden, die Zentrale Besoldungsstelle Hessen und die Zentrale Vergütungs- und Lohnstelle Hessen;
g) die Landesbeschaffungsstelle Hessen;
h) die Vertreter der Interessen des Ausgleichsfonds in Hessen;
i) die Verteidigungslastenverwaltung;
j) die Hauptverwaltung der Hessischen Staatsbäder, Verwaltung der Burgen und Schlösser, Verwaltung der Ferienhotels und Verwaltung des Freilichtmuseums Hessenpark;
k) die Hessische Lotterieverwaltung in Wiesbaden.

4. Der *Hessische Minister der Justiz* leitet die Landesjustizverwaltung. Seine Dienstaufsicht erstreckt sich auf die ordentliche Gerichtsbarkeit, die Verwaltungs- und die Finanzgerichtsbarkeit sowie den Justizvollzug. Es bestehen Abteilungen für Justizverwaltung, Zivil- und öffentliches Recht, Strafrecht sowie für Justizvollzug.

Dem Justizministerium angegliedert ist das *Justizprüfungsamt* für die Juristischen Staatsprüfungen.

5. Die Aufgaben des *Hessischen Kultusministeriums* erstrecken sich auf das öffentliche und private Schulwesen einschl. Aus- und Fortbildung der Lehrkräfte (Gymnasien, Hessenkollegs, Gesamtschulen, Realschulen, Grundschulen, Hauptschulen, Sonderschulen, Berufs-, Berufsfach- und Fachschulen, Studien- und Fachseminare, wissenschaftliche Prüfungsämter), Erwachsenenbildung, kirchliche Angelegenheiten.

Dem Ministerium unmittelbar unterstellt sind das Institut für Lehrerfortbildung, das Institut für Bildungsplanung und Schulentwicklung in Wiesbaden, die Erwachsenenbildungsstätte Falkenstein, die Landesbildstelle in Frankfurt a. M. und die Landesstelle Hessen für gewerbliche Berufsförderung in Entwicklungsländern in Groß Gerau. Die Aufgaben der Schulaufsicht werden in der Zentralinstanz vom Kultusminister, in der Mittelinstanz von den Regierungspräsidenten und in den unteren Instanzen von den staatl. Schulämtern wahrgenommen.

6. Der *Hessische Minister für Wissenschaft und Kunst* ist zuständig für das öffentliche und private Hochschulwesen (Universitäten mit Klinika, Kunst- und Fachhochschulen) sowie für wissenschaftliche Forschungseinrichtungen, Bibliotheken und Archive, Theater, Musik und Film, Museen und Kunstsammlungen, staatl. Schlösser und Gärten und Denkmalpflege.

Unmittelbar unterstellt sind die Universitäten mit Klinika, Kunst- und Fachhochschulen, die Forschungsanstalt für Weinbau, Gartenbau, Getränketechnologie und Landespflege in Geisenheim am Rhein, die wissenschaftlichen Forschungseinrichtungen des Landes, soweit sie nicht zu den Geschäftsbereichen anderer Ministerien gehören, die staatlichen Archive und Bibliotheken, die staatlichen Museen und Kunstsammlungen, das Landesamt für Denkmalpflege und das Landesamt für geschichtliche Landeskunde, die Verwaltung der staatlichen Schlösser und Gärten in Bad Homburg, die Staatstheater in Darmstadt, Kassel und Wiesbaden sowie die Filmbewertungsstelle in Wiesbaden.

7. Der *Hessische Minister für Wirtschaft und Technik* ist zuständig für Fragen der Wirtschaftspolitik, der gewerblichen Wirtschaft und sonstigen Wirtschaftsbereiche, der Verkehrspolitik, des Straßenverkehrs, des Straßenausbaus, des Kataster- und Vermessungswesens, Fragen aus den Bereichen Energie, Aufsicht über Kernanlagen und für alle Rechtsangelegenheiten auf diesen Gebieten.

Zu seinem Geschäftsbereich gehören:
a) das Hessische Landesamt für Straßenbau in Wiesbaden mit 15 Straßenbauämtern und 1 Autobahnamt;
b) das Hessische Landesvermessungsamt in Wiesbaden mit 26 Hauptabt. Katasteramt der Landräte bzw. Oberbürgermeister (als Behörden der Landesverwaltung);
c) die Staatl. Technische Überwachung Hessen in Darmstadt mit Ämtern in Frankfurt a. M., Darmstadt und Kassel.

Seiner Staatsaufsicht unterstehen u. a.:
a) die Industrie- und Handelskammern;
b) die Handwerkskammern und Landesinnungsverbände;
c) die Maklerkammer Frankfurt am Main;
d) der Hessische Sparkassen- und Giroverband;
e) die Nassauische Sparkasse;
f) die Hessische Landesbank – Girozentrale – Frankfurt a. M.;
g) die Hessische Brandversicherungsanstalt Kassel;
h) die Nassauische Brandversicherungsanstalt Wiesbaden;
i) die Hessen-Nassauische Lebensversicherungsanstalt;
k) die Hessen-Nassauische Versicherungsanstalt;
l) die Hessische Landesentwicklungs- und Treuhandgesellschaft mbH.

8. Der *Hessische Minister für Umwelt und Energie* ist zuständig für alle Fragen der Umweltpolitik, der Naturschutzpolitik, der Energiepolitik, der Umweltplanung, der Umweltverträglichkeit, für internationale und supranationale Umweltpolitik, Umweltrecht, Wasserwirtschaft, Förderung von Forschungs- und Entwicklungsvorhaben im Bereich von Umwelt und Energie, Abfallwirtschaft, Immissionsschutz, Energieversorgungskonzepte und Naturschutz und Landschaftspflege.

Zu seinem Geschäftsbereich gehören:
a) das Hessische Oberbergamt in Wiesbaden mit drei Bergämtern;
b) die Hessische Eichdirektion in Darmstadt mit sieben Eichämtern und einem Eichamt für Glasmeßgeräte;

c) die Dezernate für Wasserwirtschaft als Teil der Regierungspräsidien in Darmstadt, Gießen und Kassel mit sieben Wasserwirtschaftsämtern;
d) die Hessische Landesanstalt für Bodenforschung in Wiesbaden;
e) die Hessische Landesanstalt für Umwelt;
f) die Vogelschutzwarte für Hessen, Rheinland-Pfalz und Saarland.

Er hat die Fachaufsicht über:
a) die Bezirksdirektionen für Forsten und Naturschutz für Angelegenheiten des Naturschutzes;
b) die Gewerbeaufsicht für Angelegenheiten des Immissionsschutzes;
c) Hauptabteilung Dampf- und Drucktechnik sowie Elektro- und Fördertechnik der Technischen Überwachung Hessen.

9. Der *Hessische Sozialminister* ist zuständig für Arbeits- und Sozialpolitik, Sozialversicherung, Sozial- und Jugendhilfe, Freie Wohlfahrtspflege, Familienförderung, Gesundheit, Vertriebene, Flüchtlinge, Kriegsgeschädigte, Lastenausgleich, Wiedergutmachung, Sport und Freizeit, Verbraucherschutz, Lebensmittelüberwachung und Veterinärwesen, Arbeitsschutz, Gewerbeaufsicht und Sicherheitstechnik.

Zum Geschäftsbereich gehören u. a.: Landesarbeitsgericht und Arbeitsgerichte, Landessozialgericht und Sozialgerichte, Landesversorgungsamt Hessen mit Versorgungsämtern, Orthopädischen Versorgungsstellen, Versorgungsärztlichen Untersuchungsstellen und Kurklinik (Versorgungskuranstalt). Hess. Landesprüfungsamt für Heilberufe, Landesjugendamt, Jugendbildungsstätten, Hess. Fortbildungswerk für soziale Fachkräfte, Leitende Gewerbeaufsichtsbeamte und Gewerbeaufsichtsämter, Hess. Landesanstalt für Umwelt, Staatl. Medizinal-, Lebensmittel- u. Veterinäruntersuchungsämter, Flüchtlingswohnheime und Notaufnahmelager, Hess. Tierseuchenkasse.
Der Staatsaufsicht unterstehen: Landesversicherungsanstalt, Gemeindeunfallversicherungsverband, Land- und Forstwirtschaftliche Berufsgenossenschaft Darmstadt, die Landwirtschaftliche Alterkasse Darmstadt, die Landwirtschaftliche Krankenkasse Darmstadt, die Landesverbände der Ortskrankenkassen, der Betriebskrankenkassen und der Innungskrankenkassen, die Kassenärztliche und die Kassenzahnärztliche Vereinigung, Landesärztekammer, Landeszahnärztekammer, Landestierärztekammer, Landesapothekerkammer sowie die Ausführungsbehörde für Unfallversicherung. Berufsständige Versorgungseinrichtungen der Heilberufskammern, Krankenkasse Eintracht (Ersatzkasse) in Heusenstamm.

10. Der *Hessische Minsiter für Landwirtschaft und Forsten* ist zuständig für Agrarpolitik und -förderung, Produktion, Agrarökologie, Betriebswirtschaft, Berufsbildung und Beratung, Strukturverbesserung, Flurneuordnung, Waldwirtschaft, Waldökologie, Markt, Ernährung und Verbraucherangelegenheiten.

Zum Geschäftsbereich gehören: das Landesamt für Ernährung, Landwirtschaft Landentwicklung mit Ämtern für Landwirtschaft und Landentwicklung, die Verwaltung der Staatsweingüter in Eltville, Landgestüt, Lehr- und Forschungsanstalt für Grünlandwirtschaft und Futterbau, Landesanstalt für Leistungsprüfungen in der Tierzucht, Hess. Bildungsseminar für die Agrarverwaltung, Landwirtschaftliches Beraterseminar, Weinbauamt mit Weinbauschule in Eltville sowie Tierzuchtämter, Pflanzenschutzämter und Landwirtschaftliche

Anstalten, Bezirksdirektionen für Forsten und Naturschutz, Forstämter, Forsteinrichtungsanstalt, Forstliche Versuchsanstalt, Landesforstschule, Hess. Staatsdarre in Wolfgang.

11. Der zum *Bevollmächtigten des Landes Hessen beim Bund* berufene Minister ist zuständig für die Wahrnehmung der Interessen des Landes gegenüber dem Bund, unbeschadet der Zuständigkeit des Ministerpräsidenten und der Fachminister, Pflege der Beziehungen zwischen der Landesregierung und dem Bundespräsidenten, der Bundesregierung, dem Bundestag, den Fraktionen des Bundestages sowie den hessischen Bundestagsabgeordneten, Pflege der Beziehungen zwischen der Hessischen Landesregierung und den anderen Landesregierungen über die Vertretungen der anderen Länder beim Bund, Unterrichtung des Ministerpräsidenten und der Minister über alle wesentlichen, die Interessen des Landes berührenden Entwicklungen, insbesondere über wichtige Gesetzgebungsvorhaben, völkerrechtliche Verträge, Staatsverträge und Verwaltungsabkommen, Beteiligung an Bundesratssachen von wesentlicher Bedeutung und Vorbereitung der Sitzungen des Bundesrates unbeschadet der Zuständigkeiten des Ministerpräsidenten – Staatskanzlei – und der Fachminister, Vertretung des Landes in den Sitzungen des Bundesrates, soweit die Landesregierung nicht eine andere Vertretung beschließt.

12. *Die Bevollmächtigte der Hessischen Landesregierung für Frauenangelegenheiten ist zuständig für* Prüfung und Förderung der Erfüllung des verfassungsrechtlichen Gebots der Gleichbehandlung von Frauen. Frauenangelegenheiten von grundsätzlicher Bedeutung und Entwicklung von Maßnahmen, die der Diskriminierung von Frauen entgegenwirken und der Verbesserung der Situation von Frauen dienen. Zusammenarbeit mit Frauenorganisationen, -gruppen und -initiativen sowie sonstigen Organisationen, die Interessen von Frauen vertreten. Zusammenarbeit und Erfahrungsaustausch mit entsprechenden Stellen des Bundes, der Länder, der Landkreise, der kreisfreien Städte und der Kommunen.

Darüber hinaus wirkt die Bevollmächtigte der Hessischen Landesregierung für Frauenangelegenheiten mit bei der Landesgesetzgebung sowie bei dem Erlaß von Rechtsverordnungen und Verwaltungsvorschriften, durch die Frauen in stärkerem Maße oder in anderer Weise betroffen werden als Männer; bei Gesetzesanträgen der Landesregierung im Bundesrat, durch die Frauen in stärkerem Maße oder in anderer Weise betroffen werden als Männer; bei der Förderung von Frauenorganisationen, -gruppen, -initiativen und Einrichtungen für Frauen; bei Maßnahmen, welche die Gleichberechtigung von Frau und Mann berühren, insbesondere auch bei Frauenfördermaßnahmen innerhalb der Landesregierung; bei Einzelfällen, welche die Gleichberechtigung von Frau und Mann betreffen. Mit der Wahrnehmung der Geschäfte der Bevollmächtigten der Hessischen Landesregierung für Frauenangelegenheiten ist eine Ministerin beauftragt. Amtsleiterin der Behörde ist die Staatssekretärin.

IV. Der *Hess. Rechnungshof* befindet sich in Darmstadt.

V. *Organe der Rechtsprechung* sind

a) der *Staatsgerichtshof* des Landes Hessen in Wiesbaden;
b) das *Oberlandesgericht Frankfurt a. M.* mit je vier Zivilsenaten in Darmstadt und Kassel sowie *Land-* und *Amtsgerichte* (mit staatsanwaltschaftlichen Behörden);
c) der *Hess. Verwaltungsgerichtshof* in Kassel und *Verwaltungsgerichte* in Darmstadt, Frankfurt, Kassel und Wiesbaden (letzteres mit zwei Kammern in Gießen);
d) das *Hess. Finanzgericht* in Kassel;
e) das *Landesarbeitsgericht* Frankfurt a. M. als Rechtsmittelinstanz gegen Entscheidungen der *Arbeitsgerichte;*
f) das *Landessozialgericht* in Darmstadt als Rechtsmittelinstanz gegen Entscheidungen der *Sozialgerichte;*
g) als Disziplinargerichte der *Disziplinarhof* beim Hess. Verwaltungsgerichtshof und Disziplinarkammern.

136. Niedersachsen

Das Land Niedersachsen wurde 1946 aus den bisherigen Ländern Oldenburg, Braunschweig und *Schaumburg-Lippe* sowie aus der früheren preußischen Provinz *Hannover* gebildet (vgl. 19). Es umfaßt 47437 qkm mit 7203471 Einwohnern. Hauptstadt ist Hannover. Niedersachsen hat eine Vorläufige Verfassung vom 13. 4. 1951 (GVBl. Sb. I S. 5) mit Änd. zuletzt vom 28. 3. 1972 (GVBl. 171).

I. *Der Landtag* besteht aus mindestens 155 Abgeordneten. Er wählt den Präsidenten, 4 Vizepräsidenten und 10 Schriftführer (Präsidium). Er bildet einen Ältestenrat, ständige Ausschüsse, Sonderausschüsse und Ausschüsse eigener Art im Rahmen der Verfassung und der Geschäftsordnung.

Das Landeswahlgesetz i. d. F. vom 27. 8. 1985 (GVBl. 289) sowie die Landeswahlordnung vom 7. 10. 1985 (GVBl. 343) regeln das Verfahren für die Landtagswahl. Für die Gemeinde- und Kreiswahlen gelten das Kommunalwahlgesetz i. d. F. vom 27. 8. 1985 (GVBl. 305) und die Kommunalwahlordnung vom 25. 11. 1985 (GVBl. 411).

II. Die *Landesregierung* besteht aus dem *Ministerpräsidenten* und 9 Ministern.

III. *Die Landesbehörden:*

1. *Der Niedersächsische Ministerpräsident,* dem eine *Staatskanzlei* zur Verfügung steht, hat seinen Sitz in Hannover.

Die Staatskanzlei, zu der auch die *Presse- und Informationsstelle* der Landesregierung gehört, leitet ein *Staatssekretär.*

Zum Geschäftsbereich des MinPräs. gehört die *Staatsarchivverwaltung.*

Die Landesbeauftragte für Frauenfragen bei der Niedersächsischen Landesregierung ist zugeordnet.

2. *Der Niedersächsische Minister des Innern* verfügt über eine Allgemeine Abteilung, eine Abt. für öffentliche Sicherheit und Ordnung, eine Abt. für Kommunalangelegenheiten und Raumordnung, eine Verfassungsschutz- und eine Verwaltungsabteilung.

Zum *Geschäftsbereich* gehören:
a) das Niedersächsische *Landesverwaltungsamt,*
b) die Niedersächsische *Fachhochschule* für Verwaltung und Rechtspflege,
c) das Studieninstitut der allgemeinen Verwaltung,
d) das Landeskriminalamt Niedersachsen,
e) die Landespolizeischulde Niedersachsen,
die Landesbereitschaftspolizei Niedersachsen,
die Nieders. Polizei-Ausbildungsstelle für Technik und Verkehr und die Nieders. Polizeibeschaffungsstelle,
die Niedersächsischen *Landesfeuerwehrschulen,*
die Katastrophenschutzschule Niedersachsen,
f) die *Bezirksregierungen* Braunschweig, Hannover, Lüneburg und Weser-Ems in Oldenburg mit Außenstellen in Aurich und Osnabrück. Diesen unterstellte Behörden sind Katasterämter, Polizeidienststellen, Ämter für Agrarstruktur, Domänenämter, Forstämter, *Gewerbeaufsichtsämter,* Schulaufsichtsämter, Staatshochbauämter, Wasserwirtschaftsämter, Medizinaluntersuchungsämter, Veterinäruntersuchungsämter und Chemische Untersuchungsämter.

3. *Der Niedersächsische Minister der Finanzen* steht an der Spitze der Landesfinanzverwaltung. Das Ministerium ist zuständig für den Landeshaushalt, das Landesvermögen, das Steuerwesen sowie das finanzielle öffentl. Dienstrecht. Eingegliedert sind die Niedersächsische *Landeshauptkasse* und die *Vorprüfungsstelle* der obersten Landesbehörden.

Zum Geschäftsbereich gehört die *Oberfinanzdirektion* Hannover mit den Finanzämtern, den Finanzämtern für Großbetriebsprüfung, den Finanzämtern für Fahndung und Strafsachen sowie der Landesfinanzschule in Bad Eilsen und der Fachbereich Steuerverwaltung der Niedersächsischen Fachhochschule für Verwaltung und Rechtspflege in Rinteln/Weser.

4. Der *Niedersächsische Sozialminister* ist zuständig für Sozialwesen, Rehabilitation, Familienpolitik, Sozialversicherung, Kriegsopferversorgung, Arbeit, Arbeitsschutz, Bau- und Bodenrecht, Städtebau, Wohnungswesen, Bauaufsicht und Gesundheit.

Zu seinem Geschäftsbereich gehören:
a) die Gerichte der Arbeitsgerichtsbarkeit,
b) die Verwaltung der Kriegsopferversorgung,
c) das Landessozialamt mit Landeseigenen Krankenhäusern und Landesbildungszentren für Hörgeschädigte und für Blinde,
d) die Medizinaluntersuchungsämter,
e) das Landesprüfungsamt für Studierende der Medizin, Pharmazie und Zahnmedizin.

5. Der *Niedersächsische Kultusminister* ist zuständig für das Schulwesen und die außerschulische Berufsausbildung, Lehrerausbildung, Leh-

rerweiterbildung und Lehrerfortbildung sowie Jugendhilfe, Kirchen und Sport.

Der Geschäftsbereich umfaßt die Schulbehörden sowie die allgemeinbildenden und berufsbildenden Schulen, die wissenschaftlichen und pädagogischen Prüfungsämter für die Lehramtsprüfungen, das Nieders. Landesinstitut für Lehrerfortbildung, Lehrerweiterbildung und Unterrichtsforschung, die Ausbildungs- und Studienseminare, die Lehrerfortbildungsheime, das Dezernat „Landesmedienstelle" des Niedersächsischen Landesverwaltungsamtes, die Landesjugendämter (eingegliedert in die Bezirksregierungen Hannover, Lüneburg, Braunschweig und Weser-Ems in Oldenburg).

6. Der *Niedersächsische Minister für Wirtschaft, Technologie und Verkehr* ist zuständig für Wirtschaftspolitik, Wirtschaftsförderung, Wirtschaftsordnung, Energie, Berg- und Eichverwaltung, amtliche Materialprüfung, Bodenforschung, Verkehr, Straßen- und Hochbau, Häfen.

Zum Geschäftsbereich des Ministeriums gehören:
die Bergverwaltung,
die Eichverwaltung,
die amtliche Materialprüfung,
das Landesamt für Bodenforschung,
die Straßenbauverwaltung,
die Häfen- und Schiffahrtsverwaltung,
die Staatshochbauverwaltung,
der Flughafenkontrolldienst.

7. Der *Niedersächsische Minister für Ernährung, Landwirtschaft und Forsten* ist zuständig für landwirtschaftliche Erzeugung, Ernährung, Agrarstruktur, ländliche Siedlung, Forst- und Holzwirtschaft, Naturschutz und Landschaftspflege, Veterinärwesen, Lebensmittelüberwachung, Fischerei.

Der Geschäftsbereich umfaßt insbes.
die Agrarstrukturverwaltung (mit den Ämtern für Agrarstruktur),
die Domänenverwaltung (mit Domänenämtern Oldenburg, Norden und Stade),
die Moorverwaltung (Staatl. Moorverwaltung Weser-Ems in Meppen),
die Veterinärverwaltung, die Lebensmittelüberwachung (mit Staatl. Veterinäruntersuchungs- und Chemischen Untersuchungsämtern),
die Fischereiverwaltung,
das Nieders. Landesinstitut für Bienenforschung und bienenwirtschaftliche Betriebslehre,
die Landesforstverwaltung (mit Forstämtern, Nieders. Forstplanungsamt, Nieders. Forstlicher Versuchsanstalt, Waldarbeitsschule Münchehof),
die Naturschutzverwaltung (mit Norddeutscher Naturschutzakademie),
die Gestütsverwaltung (Nieders. Landgestüt Celle mit Hengstaufzuchtgestüt in Hunnesrück).

8. Dem *Niedersächsischen Minister der Justiz* obliegen die Aufgaben der Justizverwaltung.

Seiner Dienstaufsicht unterstehen die ordentlichen Gerichte (Oberlandesgerichte, Landgerichte, Amtsgerichte), die Staatsanwaltschaften bei den Oberlandesgerichten und den Landgerichten, die Gerichte der allgemeinen Verwaltungsgerichtsbarkeit (*Oberverwaltungsgericht* und *Verwaltungsgerichte*) und der Sozialgerichtsbarkeit (Landessozialgericht und Sozialgerichte), das *Niedersächsische Finanzgericht,* das Justizvollzugsamt des Landes Niedersachsen in Celle mit den Justizvollzugsanstalten, die Ehrengerichtsbarkeit für Rechtsanwälte und die Berufsgerichtsbarkeit für Architekten und Steuerberater. Er führt die Aufsicht über die Rechtsanwaltskammern und die Notarkammern. Über die Organe der Rechtsprechung s. u. V.

9. Der *Niedersächsische Minister für Bundesangelegenheiten* vertritt als Bevollmächtigter im Bundesrat die Interessen des Landes Niedersachsen gegenüber dem Bund. Durch die Landesvertretung in Bonn nimmt er über den Bundesrat und andere gemeinsame Gremien von Bund und Ländern Einfluß auf Gesetzgebung und Verwaltung des Bundes. Ihm obliegt ferner die Pflege der Beziehungen zwischen Landesregierung und Bundesregierung und die Öffentlichkeitsarbeit des Landes in der Bundeshauptstadt. Das Ministerium in Hannover bearbeitet Angelegenheiten der Anerkennung, Unterbringung, Betreuung und Eingliederung der Vertriebenen, Flüchtlinge und Spätaussiedler, der politischen Häftlinge und Aufnahme und Unterbringung von Asylbewerbern und Kontingentflüchtlingen, der Auswirkung des Grundvertrages zwischen der Bundesrepublik und der DDR (kleiner Grenzverkehr usw.), innerdeutsche Informationen, Grenzkommission, Europäische Gemeinschaften, deutsch-niederländische Kommunalgemeinschaften sowie Angelegenheiten des Lastenausgleichs.

Zum Geschäftsbereich gehören: Das Landesausgleichsamt mit Außenstellen, Heimatauskunftstellen, Auskunftstellen und Vororten (zuständig für die Durchführung des Lastenausgleichs), die Landeszentrale für politische Bildung und die Zentrale Anlaufstelle für Asylbewerber in Braunschweig sowie das Grenzdurchgangslager Friedland als zuständige Stelle für die Aufnahme der Spätaussiedler aus Osteuropa.

10. Im *Niedersächsischen Ministerium für Wissenschaft und Kunst* werden Angelegenheiten von Wissenschaft und Hochschulen, Ausbildungsförderung, Kunst und Kulturpflege, Denkmalschutz und Denkmalpflege, Weiterbildung, öffentlichen Bibliotheken, der vom Lande verwalteten Stiftungen und Fonds sowie der Förderung von kulturellen Maßnahmen im Zonenrandgebiet bearbeitet.

Der Geschäftsbereich umfaßt die wissenschaftlichen Hochschulen (Universitäten Göttingen, Hannover, Oldenburg und Osnabrück, Technische Universitäten Clausthal und Braunschweig, Medizinische Hochschule Hannover, Tierärztliche Hochschule Hannover, Hochschulen Hildesheim und Lüneburg), die künstlerisch-wissenschaftlichen Hochschulen (Hochschule für Bildende Künste Braunschweig, Hochschule für Musik und Theater Hannover), die Fachhochschulen (Braunschweig/Wolfenbüttel, Hannover, Hildesheim/Holzminden, Nordostniedersachsen, Oldenburg, Osnabrück, Ostfriesland und Wilhelmshaven), selbständige Institute und Stiftungen im Hochschulbereich einschließlich der wissenschaftlichen Akademien und Gesellschaften; ferner Studentenwerke, Landesbibliotheken, Denkmalbehörden, öffentliche Gärten, Landesmuseen, Staatstheater sowie die Ämter für Ausbildungsförderung und die Klosterkammer in Hannover.

11. Der *Niedersächsische Umweltminister* ist zuständig für die umweltpolitische Gesamtplanung, Ökologie und Umweltvorsorge, Wasser- und Abfallwirtschaft, Gewerbeaufsicht und Kernenergie.

Der Geschäftsbereich umfaßt insbesondere
- die Wasserwirtschaftsverwaltung (mit Niedersächsischem Landesamt für Wasserwirtschaft, Wasserwirtschaftsämtern, Bauamt für Küstenschutz),
- die Gewerbeaufsichtsverwaltung (mit Niedersächsischem Landesamt für Immissionsschutz, Gewerbeaufsichtsämtern).

IV. Der *Niedersächsische Landesrechnungshof* befindet sich in Hildesheim.

V. Organe der *Rechtsprechung* sind
1. der *Staatsgerichtshof* in Bückeburg;
2. in der ordentlichen Gerichtsbarkeit die *Oberlandesgerichte* Braunschweig, Celle und Oldenburg, *Landgerichte* und *Amtsgerichte* sowie die Staatsanwaltschaften bei den Oberlandes- und den Landgerichten;
3. das *Landesarbeitsgericht* in Hannover und *Arbeitsgerichte;*
4. in der allgemeinen Verwaltungsgerichtsbarkeit das *Oberverwaltungsgericht* für die Länder Niedersachsen und Schleswig-Holstein in Lüneburg und *Verwaltungsgerichte* in Braunschweig, Hannover, Oldenburg und Stade;
5. das *Landessozialgericht* in Celle und *Sozialgerichte;*
6. das *Niedersächsische Finanzgericht* in Hannover;
7. als Disziplinargerichte der Niedersächsische *Disziplinarhof* in Lüneburg und die *Disziplinarkammern* bei den Verwaltungsgerichten;
8. der Gerichtshof für Heilberufe in Hannover und die Berufsgerichte für Ärzte, Zahnärzte und Apotheker;
9. der Architekten-Berufsgerichtshof Niedersachsen und das Architekten-Berufsgericht Niedersachsen in Hannover;
10. der Niedersächsische Ehrengerichtshof für Rechtsanwälte in Celle und die Ehrengerichte für die Bezirke der Rechtsanwaltskammern.

137. Nordrhein-Westfalen

Das Land Nordrhein-Westfalen (NRW) wurde 1946 von der Brit. Militärregierung durch Vereinigung der 3 nördlichen Regierungsbezirke der preuß. Rheinprovinz (Aachen, Köln, Düsseldorf) mit der preuß. Provinz Westfalen gebildet. 1947 wurde das Land Lippe angeschlossen.

Das Gebiet von NRW umfaßt 34054 qkm mit 16871317 Einwohnern. Damit ist NRW das volkreichste deutsche Land, während es räumlich an vierter Stelle steht.

Der Landesteil *Nordrhein* hat seine 3 RegBezirke Aachen, Köln, Düsseldorf zunächst behalten, aber 1972 Aachen mit Köln vereinigt (Sitz Köln). In *Westfalen* sind die RegBez. Arnsberg und Münster bestehengeblieben; als dritter ist *Det-*

mold nach Zusammenlegung des Landes *Lippe* mit dem früheren RegBezirk Minden hinzugetreten.

Die Verfassung datiert vom 28. 6. 1950 (GS NW 3) m. spät. Änd.

I. *Der Landtag des Landes NRW* bildet das *Parlament* (eine Kammer). Er tagt in Düsseldorf.

Die Abgeordneten werden vom Volk in allgemeiner, gleicher, unmittelbarer, geheimer und freier Wahl gewählt (Landeswahlges. i. d. F. vom 6. 3. 1979, GV.NW. 88, m. Änd. vom 27. 3. 1984, GV.NW. 209), und Landeswahlordnung i. d. F. vom 16. 11. 1979, GV.NW. 737) geänd. durch VO vom 22. 10. 1984 (GV.NW. 621). Für die Kommunalwahlen gelten das Kommunalwahlgesetz i. d. F. der Bek. vom 8. 1. 1979 (GV.NW. 2), geändert durch Gesetze vom 17. 5. 1983 (GV.NW. 163) und vom 27. 3. 1984 (GV.NW. 210) sowie die Kommunalwahlord nung i. d. F. der Bek. vom 4. 5. 1979 (GV.NW. 296), geändert durch VO vom 5. 11. 1983 (GV.NW. 449) und 2. 4. 1984 (GV.NW. 214).
Das Präsidium des LT besteht aus dem *Landtagspräsidenten,* 3 Vizepräsidenten sowie den Schriftführern. Ferner bestehen ein Ältestenrat, ein Ständiger Ausschuß gem. Art. 40 LV sowie 19 Fachausschüsse.

II. *Die Landesregierung des Landes NRW* besteht aus dem *Ministerpräsidenten* als Vorsitzenden und 10 *Ministern* (Finanzen; Inneres, Justiz; Kultus; Wirtschaft, Mittelstand und Verkehr; Arbeit, Gesundheit und Soziales; Ernährung, Landwirtschaft und Forsten; Wissenschaft und Forschung; Landes- und Stadtentwicklung; Bundesangelegenheiten).

III. *Die Landesverwaltung von NRW:*

1. *Der Ministerpräsident* wird vom Landtag aus seiner Mitte in geheimer Wahl ohne Aussprache mit mehr als der Hälfte der gesetzlichen Mitgliederzahl gewählt.

Ihm steht die *Staats*kanzlei mit den Abteilungen Recht, Verwaltung und Medien; Planung, Koordination, Auswärtige und innerdeutsche Beziehungen; dem Landespresse- und Informationsamt sowie der Landeszentrale für politische Bildung zur Seite. Die Parlamentarische Staatssekretärin für die Gleichstellung von Frau und Mann ist dem Ministerpräsident unmittelbar zugeordnet.

2. Der *Finanzminister* ist zuständig für allgemeine Finanzfragen, für das Haushalts-, Kassen- und Rechnungswesen und für den Finanzausgleich mit dem Bund und den anderen Ländern. Zusammen mit dem Innenminister ist er als oberste Landesbehörde zuständig für die Angelegenheiten der Kommunalfinanzen einschließlich des kommunalen Finanzausgleichs.

Ferner obliegt dem Finanzminister die Vermögens- und Schuldenverwaltung des Landes, das Wertpapierwesen der öffentlichen Hand und die Staatsaufsicht über die Landesbank. Zu seinem Geschäftsbereich gehören auch die Verteidigungslastenverwaltung und die Lastenausgleichsverwaltung. Auf dem Gebiet des Besoldungs-, Versorgungs- und Tarifrechts des öffentlichen Dienstes ist der Finanzminister für Gesetzgebung und Grundsatzfragen zuständig.

Für die Landessteuerverwaltung ist der Finanzminister oberste Landesbehörde. Als solche führt er die Dienst- und Fachaufsicht über die Landesabteilungen (Besitz- und Verkehrsteuerabteilung, Landesvermögens- und Bauabteilung) der *Oberfinanzdirektionen* Düsseldorf, Köln und Münster sowie über die *Finanzämter*. Über die Steuerberaterkammern übt er die Staatsaufsicht aus.

Dem Finanzminister untersteht die Finanzbauverwaltung des Landes, der als untere Landesbehörden die Finanzbauämter und als Einrichtungen des Landes Hauptbauleitungen angehören, während die Aufgaben der Mittelinstanz von den Landesvermögens- und Bauabteilungen der Oberfinanzdirektionen wahrgenommen werden.

Dem Minister unterstehen unmittelbar: die Fachhochschule für Finanzen in Nordkirchen (Kr. Coesfeld), die Landesfinanzschule in Haan, die Fortbildungsanstalt der Finanzverwaltung in Bonn-Bad Godesberg, das Rechenzentrum der Finanzverwaltung in Düsseldorf.

3. Der *Innenminister* ist zuständig für alle Angelegenheiten der inneren Verwaltung des Landes. Es bestehen Abteilungen für Verfassung, Verwaltung, Datenverarbeitung, Datenschutz; Öffentlicher Dienst, Organisation, Haushalt; Kommunale Angelegenheiten, Vermessung; Polizei; Verfassungsschutz; Feuerschutz, Katastrophenschutz, Zivilschutz, Zivile Verteidigung.

Dem Innenminister sind als Landesoberbehörden nachgeordnet:
a) das Landesamt für Besoldung und Versorgung;
b) das *Landeskriminalamt;*
c) die Landesrentenbehörde;
d) das Landesamt für Datenverarbeitung und Statistik;
e) das Landesvermessungsamt.

Als Landesmittelbehörden sind ihm die 5 Regierungspräsidenten (Bezirksregierungen) in Arnsberg, Detmold, Düsseldorf, Köln und Münster sowie folgende Polizei- und sonstige Einrichtungen unterstellt:
a) die *Höhere Landespolizeischule „Carl Severing"* in Münster;
b) die Direktion der *Bereitschaftspolizei* in Selm mit 8 Bereitschaftspolizeiabteilungen und der Landespolizeischule für Diensthundführer;
c) die *Polizei-Führungsakademie* in Münster;
d) die *Landeskriminalschule* NRW, Düsseldorf;
e) der Fernmeldedienst der Polizei NRW, Düsseldorf;
f) die Polizei-Beschaffungsstelle NRW, Düsseldorf;
g) das Institut für öffentliche Verwaltung, Hilden;
h) die Fachhochschule für öffentliche Verwaltung, Gelsenkirchen;
i) das Landesprüfungsamt für Verwaltungslaufbahnen, Hilden;
k) die Fortbildungsakademie des Innenministers des Landes NRW, Attendorn;
l) 2 gemeinsame Gebietsrechenzentren, Hagen und Köln;
m) die Landesfeuerwehrschule, Münster;
n) die Katastrophenschutzschule NRW, Wesel.

Die 5 Bezirksregierungen, die unter der Leitung des Regierungspräsidenten und eines Regierungsvizepräsidenten stehen, sind nach einem einheitlichen Mustergeschäftsverteilungsplan in 6 Abteilungen und diese in Dezernate gegliedert. Ihnen sind nachgeordnet
a) die Kreispolizeibehörden (KPB) (Polizeipräsidenten, Oberkreisdirektoren als KPB);
b) Staatl. Gewerbeaufsichtsämter und Staatl. Gewerbeärzte;

c) Staatl. Ämter für Wasser- und Abfallwirtschaft;
d) Oberkreisdirektoren als untere staatl. Verwaltungsbehörde;
e) Seemannsämter;
f) Staatshochbauämter;
g) Schulämter.

4. Dem *Justizminister* obliegen die Aufgaben der obersten Landesjustizbehörde. Sie werden in vier Abteilungen bearbeitet (Justizverwaltungsangelegenheiten; Öffentliches Recht, Privatrecht, Justizforschung, Rechtspolitik, Rechtsinformation und Fortbildung; Strafrechtspflege; Strafvollzug). Dem Ministerium ist das Landesjustizprüfungsamt angegliedert.

Dem Justizminister steht die Dienstaufsicht über die ordentlichen Gerichte, die Verwaltungsgerichte und die Finanzgerichte, die Staatsanwaltschaften und den Justizvollzug zu. Als Einrichtungen unterstehen ihm die Fachhochschule für Rechtspflege NRW in Bad Münstereifel, die Justizvollzugsschule NRW in Wuppertal, die Justizausbildungs- und Fortbildungsstätte in Monschau und die Justizausbildungsstätte Brakel.

5. *Der Kultusminister* ist für die Durchführung der kulturellen Aufgaben des Landes verantwortlich. Hierzu gehören:

das allgemeinbildende und berufliche Schulwesen,
der Schul- und Vereinssport,
Einrichtungen der Lehrerausbildung und -fortbildung,
die Weiterbildung, das Bücherei- und Bibliothekswesen, das Archivwesen,
die bildende Kunst, die Musik, das Schrifttum und das Theater- und Filmwesen,
die Angelegenheiten der Kirchen und Religionsgemeinschaften.

Der Kultusminister bedient sich zur Durchführung seiner Aufgaben, soweit sie nicht im Ministerium selbst bearbeitet werden, der ihm nachgeordneten Dienststellen und der Bezirksregierungen, die obere Schulaufsichtsbehörde für die Grund-, Haupt-, Sonder-, Real-, Gesamt-, Kolleg- und beruflichen Schulen sind.

6. Der *Minister für Wissenschaft und Forschung* ist zuständig für die

Wissenschaftlichen Hochschulen

(Technische Hochschule Aachen, Universität Bielefeld, Universität Bochum, Universität Bonn, Universität Dortmund, Universität Düsseldorf, Universität Gesamthochschule – Duisburg, Universität – Gesamthochschule – Essen, Fernuniversität – Gesamthochschule – in Hagen, Universität Köln, Deutsche Sporthochschule Köln, Universität Münster, Universität – Gesamthochschule – Paderborn, Universität – Gesamthochschule – Siegen und Universität – Gesamthochschule – Wuppertal);

Fachhochschulen

(Aachen, Bielefeld, Bochum, Dortmund, Düsseldorf, Hagen, Köln, Lippe in Lemgo, Münster, Niederrhein in Krefeld und Bibliotheks- und Dokumentationswesen in Köln);

Kunsthochschulen

(Staatl. Kunstakademie Düsseldorf, Staatl. Hochschule für Musik Rheinland, Köln, Staatl. Hochschule für Musik Ruhr, Essen und Staatl. Hochschule für Musik Westfalen-Lippe, Detmold);

folgende Einrichtungen:

die Sozialakademie in Dortmund, das Zoologische Forschungsinstitut und Museum A. Koenig in Bonn, das Lehrinstitut für Russische Sprache des Landes NRW (Russikum) in Bochum, das Landesinstitut für Arabische, Chinesische und Japanische Sprache Nordrhein-Westfalen in Bochum, das Wissenschaftliche Sekretariat für die Studienreform in Bochum, die Zentralstelle für die Vergabe von Studienplätzen (ZVS) in Dortmund, das Landesinstitut Sozialforschungsstelle in Dortmund, das Hochschulbibliothekszentrum des Landes NRW in Köln und die Zentralbibliothek in Köln;

Pflege der Wissenschaft und Forschung an Hochschulen und an sonstigen regionalen und überregionalen wissenschaftlichen Institutionen.

7. Der *Minister für Arbeit, Gesundheit und Soziales* ist für folgende Gebiete zuständig: Landesschlichter, Arbeitsgerichtsbarkeit, Sozialgerichtsbarkeit, Recht der sozialen Sicherheit, Rehabilitation, Recht der sozialen Entschädigung, Schwerbehinderte, Arbeitsmarkt, Berufliche Bildung, Arbeitsschutz, Strahlenschutz, Sozialwesen, Jugend und Familie, Vertriebene, Flüchtlinge, Aussiedler, heimatlose Ausländer, Heimförderung, Gesundheitswesen.

Zum Geschäftsbereich des Ministeriums gehören u. a.: die *Arbeitsgerichtsbarkeit,* die *Sozialgerichtsbarkeit,* die Versorgungsverwaltung mit dem Landesversorgungsamt NRW und den Versorgungsämtern, die Staatl. Gewerbeärzte, die Zentralstelle für Sicherheitstechnik, Strahlenschutz und Kerntechnik, das *Oberversicherungsamt NRW,* die *Ausführungsbehörde für Unfallversicherung,* die Zentralstelle für den Bergmannversorgungsschein, die Landesstelle für Aussiedler, Zuwanderer und ausländische Flüchtlinge in NRW, das Staatsbad Oeynhausen, die Medizinaleinrichtungen des Landes (Hyg.-bakteriolog. Landesuntersuchungsämter) sowie das Sozialpädagogische Institut für Kleinkind- und außerschulische Erziehung des Landes NRW.

Der Rechtsaufsicht unterstehen u. a.: die Akademie für öffentliches Gesundheitswesen, die landesunmittelbaren Renten-Versicherungsträger, die landesunmittelbaren Unfall-Versicherungsträger, die Landesverbände der Kranken-Versicherungsträger und die Kassenärztlichen und Kassenzahnärztlichen Vereinigungen.

8. Der *Minister für Wirtschaft, Mittelstand und Technologie* ist zuständig für allgemeine Wirtschaftsfragen, insbesondere Strukturfragen, Mittelstand, Preise und Kartelle, für Grundsatzfragen der Technologiepolitik, Koordinierung der Technologieförderung, Entwicklung neuer Technologien, für Industrie, Handel, Handwerk, Außenwirtschaft, Bergbau und Geologie, Energiewirtschaft, Energietechnik, Sicherheit in der Kerntechnik, rationelle Energieverwendung, Eichwesen und

Materialprüfung, für sonstige Einzelfragen der Wirtschaft, soweit sie nicht anderen Ministerien zugewiesen sind, insbesondere für Sparkassenwesen – zusammen mit dem Innenminister –, Versicherungswesen, Wertpapierangelegenheiten sowie für Luftfahrt und Post- und Fernmeldewesen. Bei allen Entscheidungen des Ministers für Wissenschaft und Forschung, die die Aufgaben- und Finanzplanung der drei Großforschungseinrichtungen (KfA, GMD, DFVLR) in NRW betreffen, wirkt der Minister für Wirtschaft, Mittelstand und Technologie in Form des Einvernehmens mit.

Seiner Dienst- und Fachaufsicht unterstehen:
das Landesoberbergamt NRW in Dortmund und 12 Bergämter,
die Landeseichdirektion in Köln und 12 Eichämter,
das Geologische Landesamt NRW in Krefeld,
das Staatliche Materialprüfungsamt NRW in Dortmund.

9. Der *Minister für Bundesangelegenheiten* vertritt als Bevollmächtigter des Landes NRW die Interessen des Landes beim Bund (vgl. 116); er hat seinen Sitz in Bonn.

10. Der *Minister für Umwelt, Raumordnung und Landwirtschaft* ist oberste Landesbehörde für die Gebiete Naturschutz und Landschaftspflege, Immissionsschutz, Raumordnung und Landesplanung, Veterinärwesen, Lebensmittelüberwachung, Agrarwirtschaft, Kleingartenwesen, Agrarordnung, Wasser-, Abfall-, Forst- und Holzwirtschaft, Jagd und Fischerei.

Zum Geschäftsbereich des Ministeriums gehören die Landesämter für Agrarordnung (mit nachgeordneten Ämtern), für Ernährungswirtschaft und Jagd sowie für Wasser und Abfall; die Direktoren der Landwirtschaftskammern Rheinland und Westfalen Lippe als Landesbeauftragte (mit nachgeordneten Geschäftsführern der Kreisstellen der Landwirtschaftskammern als Landesbeauftragten im Kreise und unteren Forstbehörden), und zwar für staatliche landwirtschaftliche Aufgaben sowie als höhere Forstbehörden, ferner Staatliche Gewerbeaufsichtsämter, Staatliche Ämter für Wasser- und Abfallwirtschaft, Landesanstalt für Ökologie, Landschaftsentwicklung und Forstplanung, Landesanstalt für Immissionsschutz, Chemisches Landesuntersuchungsamt, Staatliche Veterinäruntersuchungsämter u. a. m.

11. Der *Minister für Stadtentwicklung, Wohnen und Verkehr* ist oberste Landesbehörde für die Gebiete Stadtentwicklung, insbesondere Stadterneuerung, Städtebauförderung, Bauleitplanung; allgemeines Bauwesen, insbesondere Bauaufsicht, Bautechnik; Wohnungs- und Siedlungsentwicklung, insbesondere Wohnungsbauförderung, Wohnungswirtschaft, Wohnungsbestand; Staatshochbau (ohne Finanzbauverwaltung); Denkmalschutz, Denkmalpflege, Denkmalförderung; allgemeine Belange der Freizeitpolitik, soweit die Zuständigkeit nicht anderen Ministern zugewiesen ist, sowie Verkehr (mit Ausnahme der Luftfahrt), insbesondere Verkehrspolitik, Verkehrsplanung, öffentli-

cher Nahverkehr, Straßenverkehr, Eisenbahnen, Schiffahrt, Rohrleitungsverkehr sowie Straßenwesen.

Er bedient sich zur Durchführung seiner Aufgaben der Regierungspräsidenten und folgender, seiner Aufsicht unterliegender Behörden, Einrichtungen und Anstalten:

a) 19 Staatshochbauämter und 1 Staatliche Sonderbauleitung,
b) Landesinstitut für Bauwesen und angewandte Bauschadensforschung in Aachen,
c) Institut für Landes- und Stadtentwicklungsforschung des Landes NRW in Dortmund,
d) Landesprüfamt für Baustatik in Düsseldorf,
e) Verwaltung Schloß Brühl,
f) Wohnungsbauförderungsanstalt des Landes NRW in Düsseldorf,
g) Seemannsämter in Düsseldorf, Duisburg und Köln.

IV. Der *Landesrechnungshof* befindet sich in Düsseldorf.

V. Organe der *Rechtsprechung* sind außer dem *Verfassungsgerichtshof* für das Land NRW in Münster:

1. die *Oberlandesgerichte* Düsseldorf, Hamm und Köln mit den nachgeordneten *Land- und Amtsgerichten* sowie die Generalstaatsanwaltschaften Düsseldorf, Hamm und Köln mit den nachgeordneten Staatsanwaltschaften;
2. das *Oberverwaltungsgericht* in Münster mit den nachgeordneten *Verwaltungsgerichten;*
3. die *Finanzgerichte* Düsseldorf, Köln und Münster;
4. die *Landesarbeitsgerichte* Düsseldorf, Köln und Hamm sowie *Arbeitsgerichte;*
5. das *Landessozialgericht* für das Land NRW in Essen und *Sozialgerichte.*

VI. Als höhere Kommunalverbände bestehen in NRW der *Landschaftsverband Rheinland in* Köln und der *Landschaftsverband Westfalen-Lippe* in Münster sowie der Kommunalverband Ruhrgebiet.

Die Verwaltung der Landschaftsverbände umfaßt gemäß ihren Aufgaben neben einer Hauptverwaltung Abteilungen für Finanzen und Kommunalwirtschaft, Sozialhilfe, Gesundheitspflege, Jugendwohlfahrt (Landesjugendamt), Straßenbau, Hochbau und *landschaftliche Kulturpflege* sowie die Hauptfürsorgestelle für Aufgaben der Kriegsopferfürsorge und nach dem Schwerbehindertengesetz.

Zur Erfüllung ihrer Aufgaben als überörtlicher Träger der Sozialhilfe unterhalten die Landschaftsverbände Kliniken, Fachkrankenhäuser, Rehabilitationseinrichtungen sowie Heime verschiedenster Art; sie sind Träger von Sonderschulen für Sinnes- und Körperbehinderte. Im Bereich der Jugendhilfe sind die Landesjugendämter für die Durchführung der öffentlichen Erziehung (Freiwillige Erziehungshilfe, Fürsorgeerziehung) zuständig. Der Abteilung Straßenbau unterstehen die Landesstraßenbauämter und die Fernstraßenneubauämter. Im Rahmen der Kommunalwirtschaft sind die Landschaftsverbände an der Westdeutschen Landesbank Girozentrale sowie an den Provinzial Feuer- und Lebensversicherungsanstalten Rheinprovinz (in Düsseldorf) und Westfalen (in Münster) beteiligt.

Der *Kommunalverband Ruhrgebiet* (bis 1979: *Siedlungsverband Ruhrkohlenbezirk)* in Essen nimmt sich als öffentlich-rechtliche Körperschaft kommunaler Schwerpunktaufgaben an, die für diesen industriellen Ballungsraum von besonderer Bedeutung sind.

Dem Verband gehören 11 kreisfreie Städte und 4 Kreise des rheinisch-westfälischen Industriegebietes an.

Diese am 5. 5. 1920 durch preuß. Gesetz betr. die Verbandsordnung für den Siedlungsverband Ruhrkohlenbezirk geschaffene Körperschaft war die erste deutsche *Raumplanungsbehörde,* welche durch Gesetz ihre Rechtsgrundlage erhielt. Der von ihren Schöpfern, dem späteren Reichskanzler *Dr. Luther* und dem Essener Beigeordneten *Dr. Schmidt,* vorgelegte *Generalsiedlungsplan* verhinderte, daß das überfüllte und schnell wachsende *Ruhrgebiet* zu einem planlos verworrenen Industriegelände absank, in dem jede Gemeinde für sich ohne Rücksicht auf größere Gemeinschaftsaufgaben baute. Zweck des Verbandes ist auch heute noch insbesondere die Sicherung ausreichender Grünflächen. Daneben haben sich in den letzten Jahrzehnten beachtliche Aktivitäten auf dem Gebiet des Freizeitwesens und bei der Abfallbeseitigung entwickelt.

VII. Weiter besteht ein *Landesverband Lippe* in Detmold.

Diesem unterstehen die Badeverwaltungen Bad Meinberg und Bad Salzuflen, das Lippische Landesmuseum und die Lippische Landesbibliothek in Detmold.

138. Rheinland-Pfalz

Rheinland-Pfalz wurde aus ehemaligen Teilen Preußens (Regierungsbezirke Koblenz und Trier, vier Landkreise des Regierungsbezirks Wiesbaden), Hessens (Rheinhessen) und Bayern (Pfalz) durch VO des Oberbefehlshabers der französischen Besatzungszone vom 30. 8. 1946 gebildet.

Es ist 19837 qkm groß und hat eine Wohnbevölkerung von 3640000 Einwohnern. Landeshauptstadt ist Mainz.

Die in einer Volksabstimmung angenommene Landesverfassung datiert vom 18. 5. 1947 (VOBl. 209).

I. In den *Landtag* werden für eine Legislaturperiode von jeweils 4 Jahren 100 Abgeordnete nach dem Landeswahlgesetz i. d. F. vom 1. 9. 1982 (GVBl. 355, 424) und der Landeswahlordnung vom 12. 1. 1959 (GVBl. 23, 32) m. spät. Änd. gewählt.

II. Der *Ministerpräsident* und 8 Fachminister bilden die *Landesregierung.*

III. Die *Landesbehörden:*

1. Die *Staatskanzlei* (Chef der Staatskanzlei) umfaßt 4 Abteilungen:

Abt. 1 Öffentlichkeitsarbeit
Abt. 2 Zentralabteilung (Personal, Haushalt, Organisation)
Abt. 3 Gesetzgebung und Verwaltung
Abt. 4 Raumordnung und Landesplanung

Die *Landespressestelle* gibt den täglichen Pressedienst, die Staatszeitung und weitere Publikationen heraus. Zum Geschäftsbereich der Staatskanzlei gehören die Hochschule für Verwaltungswissenschaften in Speyer und die Landeszentrale für politische Bildung.

2. Das *Ministerium des Innern und für Sport* in Mainz ist für die gesamte innere Verwaltung einschl. Kommunalwesen, Polizei, Fragen des Sports und der Freizeit, Vermessungs- und Katasterwesen, Katastrophenschutz und Zivile Verteidigung sowie Verfassungsschutz zuständig.

Zum Geschäftsbereich des Ministeriums gehören:
a) die Bezirksregierungen Koblenz, Rheinhessen-Pfalz und Trier (das Ministerium des Innern übt die Dienstaufsicht aus, die Fachaufsicht obliegt der Staatskanzlei und den Ministerien entsprechend den Aufgaben ihres Geschäftsbereichs);
b) das Landeskriminalamt in Mainz;
c) die Direktion der Bereitschaftspolizei in Mainz;
d) das Wasserschutzpolizeiamt in Mainz;
e) die Fernmeldeleitstelle der Polizei des Landes in Mainz;
f) die Landespolizeischule in Koblenz;
g) die Berufsbildende Schule – Polizei in Wittlich;
h) das Statistische Landesamt in Bad Ems;
i) die Landesfeuerwehrschule in Koblenz;
j) die Katastrophenschutzschule in Burg (Mosel);
k) das Landesvermessungsamt in Koblenz;
l) das Landesrechenzentrum in Mainz;
m) die Fachhochschule für öffentliche Verwaltung in Mayen;
n) die Zentrale Verwaltungsschule in Mayen.

Bei den *Bezirksregierungen* bestehen außer einer Zentralabteilung die Abteilungen I. Allgemeine und Innere Verwaltung, II. Unterricht und Kultus, III. Wirtschaft, Raumordnung und Bauverwaltung, IV. Forstdirektion, V. Landwirtschaft und Umwelt.

Den Bezirksregierungen ist jeweils eine *Regierungshauptkasse* angeschlossen.

Den Bezirksregierungen nachgeordnet sind insbesondere die Kreisverwaltungen als untere Behörden der allgemeinen Landesverwaltung, Polizeidienststellen, Gesundheitsämter, Chemische Untersuchungsämter, Medizinaluntersuchungsämter, Katasterämter, Ämter für Verteidigungslasten, Forstämter, Wasserwirtschaftsämter und Kulturämter.

Es bestehen Polizeipräsidien bzw. Polizeidirektionen in den kreisfreien Städten und Polizeiämter in großen kreisangehörigen Städten und in Bad-Neuenahr-Ahrweiler. Die Vollzugspolizei gliedert sich in Schutzpolizei, Kriminalpolizei, Wasserschutzpolizei und Bereitschaftspolizei.

3. Das *Ministerium der Justiz* gliedert sich in 6 Abteilungen: (1) Justizverwaltung; (2) Öffentliches Recht; (3) Zivilrecht; Internationales Recht; Landwirtschaftsrecht; (4) Strafrecht; (5) Strafvollzug; (6) Ausbildungs- und Prüfungswesen, Fortbildung, Berufliche Bildung.

Das Ministerium ist Verfassungsministerium. Ihm angegliedert ist das *Landesprüfungsamt für Juristen*.

Zum Geschäftsbereich gehören die ordentliche Gerichtsbarkeit mit den Behörden der Staatsanwaltschaft, die Verwaltungs-, die Sozial- und die Finanzgerichtsbarkeit (Rechtspflegeministerium), die Justizvollzugsanstalten und die *Deutsche Richterakademie* in Trier.

4. Das *Kultusministerium* verfügt neben Abteilungen für die allgemeine Verwaltung sowie für Gesetzgebung und Rechtsangelegenheiten über Fachabteilungen für die einzelnen Schularten, für Hochschulen, Wissenschaft und Forschung, für Kirchen, Kunst und Volksbildung (Abteilung Allgem. Kulturpflege) sowie für die Lehrerausbildung – Landesprüfungsamt für das Lehramt an Schulen.

Zum Geschäftsbereich des Kultusministeriums gehören: die Johannes Gutenberg-Universität Mainz mit Klinikum, die Universitäten Trier und Kaiserslautern, die Erziehungswissenschaftliche Hochschule Rheinland-Pfalz, die Fachhochschulen des Landes Rheinland-Pfalz, die Hochschulen in freier Trägerschaft, das Römisch-Germanische Zentralmuseum Mainz, die Landesarchivverwaltung mit Landeshauptarchiv Koblenz u. Landesarchiv Speyer, das Landesamt für Denkmalpflege mit Verwaltung der staatlichen Schlösser, die Landesmuseen in Koblenz, Mainz u. Trier, die Pfälzische Landesbibliothek Speyer, die Staatl. Landesfachstelle für Büchereiwesen in Koblenz, die Staatl. Büchereistelle in Neustadt a. d. W., die Landesbildstelle in Koblenz, die Staatsorchester in Koblenz und in Ludwigshafen a. Rh. u. a. m.

5. Das *Ministerium der Finanzen* bearbeitet die Finanzfragen im Bereich des öffentlichen Dienstes, Haushalt und Finanzausgleich, Steuerwesen, Lastenausgleich, Wiedergutmachung, Bauwesen, Wohnungs- und Siedlungswesen. Es ist oberste Baubehörde.
Dem Ministerium ist die *Landeshauptkasse angeschlossen*.

Zum Geschäftsbereich des Ministeriums gehören:
a) die *Oberfinanzdirektion* Koblenz unter Leitung des Oberfinanzpräsidenten mit der üblichen organisatorischen Einteilung in Abteilungen und Referate für Besitz- und Verkehrssteuern, Landesvermögens- und Bausachen, Oberfinanzkasse. Nachgeordnete Dienststellen sind Finanzämter, Staatsbauämter, die Fachhochschule für Finanzen, sowie die Landesfinanzschule Rheinland-Pfalz;
b) die Bezirksämter für Wiedergutmachung.

6. Das *Ministerium für Umwelt und Gesundheit* bearbeitet: Gesundheitswesen, Gewerbeaufsicht, Immissions- und Strahlenschutz, Arbeitsumwelt, Veterinärwesen, Lebensmittel- und Weinüberwachung, Grundsatzfragen der Umweltpolitik und Landespflege, Abfallwirtschaft, Wasserwirtschaft.

Dem Ministerium angegliedert ist das Landesprüfungsamt für Studierende der Medizin und der Pharmazie.

Zum Geschäftsbereich gehören:
a) das Landesamt für Umweltschutz und Gewerbeaufsicht und die Staatlichen Gewerbeaufsichtsämter, die Entgeltüberwachungsstellen;
b) das Landesveterinäruntersuchungsamt;

c) die den Bezirksregierungen nachgeordneten Gesundheitsämter, die Medizinaluntersuchungsämter, die Staatl. Lehranstalten für technische Assistenten in der Medizin und der Pharmazie, die Genetische Beratungsstelle, das Zytologische Labor, die Chemischen Untersuchungsämter und die Wasserwirtschaftsämter.
d) das Landesamt für Wasserwirtschaft.

7. Das *Ministerium für Soziales und Familie* bearbeitet: Arbeit und Sozialversicherung, einschließlich Arbeitsschutz, Frauen, Familie, Jugend, Soziales, Rehabilitation, Kriegsopferangelegenheiten und Vertriebenenwesen.

Zum Geschäftsbereich gehören:
a) die Arbeitsgerichtsbarkeit;
b) das Landesversorgungsamt und die Versorgungsämter, die Orthopädischen Versorgungsstellen und die Versorgungskuranstalt;
c) das Landesamt für Jugend und Soziales (Sozialhilfe, Landesjugendamt, Oberversicherungsamt, Hauptfürsorgestelle, Sozialpädagogische Fortbildung); nachgeordnet: die Landesnervenkliniken, das Neurologische Landeskrankenhaus, das Landesalten- und -pflegeheim, die Schulen für Sehbehinderte und Gehörlose/Schwerhörige, das Landessprachheilzentrum, das Kinderneurologische Zentrum;
d) die Landesausführungsbehörde für Unfallversicherung.
Nur Bezirksregierung Rheinhessen-Pfalz: Zentrale Anlaufstelle für Asylbewerber und Landesdurchgangswohnheim.

8. Das *Ministerium für Landwirtschaft, Weinbau und Forsten* verfügt über folgende seinen Aufgabenbereich kennzeichnenden 6 Abteilungen: (1) Zentralabteilung; (2) Landwirtschaft; (3) Forsten; (4) Landeskultur; (5) Weinbau; (6) Agrarpolitik.

Zum Geschäftsbereich gehören:
Landes-, Lehr-, und Versuchs- (Forschungs-)anstalten für Landwirtschaft, Weinbau und Gartenbau, Berufsbildende Schulen für Landwirtschaft, Weinbau, Gartenbau und ländliche Hauswirtschaft, Beratungs- und Weiterbildungsstellen für Landwirtschaft, Weinbau und Hauswirtschaft; Staatliches Seminar für landwirtschatliche Lehr- und Beratungskräfte; Landesanstalt für Bienenzucht, Landesanstalt für Leistungsprüfung und Zuchtwertschätzung, Landgestüt; Landespflanzenschutzamt, Bezirkspflanzenschutzämter; Verwaltung der Staatlichen Weinbaudomänen; Landesanstalt für Rebenzüchtung; Kulturämter, Luftbild- und Rechenstelle der Landeskulturverwaltung; Forstämter, Aus- und Fortbildungsanstalt der Landesforstverwaltung Rheinland-Pfalz, Landeswaldarbeitsschule; Forstliche Versuchsanstalt Rheinland-Pfalz.

9. Das *Ministerium für Wirtschaft und Verkehr* ist zuständig für alle Angelegenheit der Wirtschaft und des Verkehrs; für Planung, Vorbereitung und Durchführung von Maßnahmen der Wirtschaftspolitik und der Verkehrspolitik; für die Hebung der Wirtschaftskraft und Verbesserung der Infrastruktur des Landes. Es gliedert sich in 6 Abteilungen: Zentralabteilung; Wirtschaftspolitik; Industrie, Energie und Außenhandel; Wirtschaftsförderung, Mittelstand; Verkehr, Straßenbau.

250

Zum Geschäftsbereich gehören:
a) das *Geologische Landesamt* in Mainz;
b) das gemeinsame *Oberbergamt* für das Saarland und Rheinland-Pfalz in Saarbrücken sowie die *Bergämter* in Bad Kreuznach und Koblenz;
c) die *Eichdirektion* in Bad Kreuznach mit den *Eichämtern* in Bad Kreuznach, Kaiserslautern, Koblenz, Ludwigshafen, Trier;
d) die *Straßenverwaltung* in Koblenz mit Straßenbauämtern, dem Autobahnamt, den Straßenneubauämtern sowie weiteren Straßenneubaudienststellen und den Straßenmeistereien und Autobahnmeistereien;
e) Verwaltung landeseigener Anlagen an Wasserstraßen.

10. Die Vertretung des Landes Rheinland-Pfalz beim Bund in Bonn, an deren Spitze der Minister für Bundesangelegenheiten steht, ist für die Wahrnehmung der Aufgaben und Interessen des Landes gegenüber den Organen der Bundesrepublik Deutschland zuständig. Sie gliedert sich in zwei nach den verschiedenen politischen Sachbereichen geordnete Abteilungen.

IV. Der *Rechnungshof* von Rheinland-Pfalz befindet sich in Speyer.

V. Der *Verfassungsgerichtshof* hat seinen Sitz in Koblenz. Als weitere Gerichte bestehen außer den *Oberlandesgerichten* Koblenz und Zweibrücken und *Land- und Amtsgerichten* das *Oberverwaltungsgericht* in Koblenz und die Verwaltungsgerichte Koblenz, Mainz, Neustadt a. d. Weinstraße und Trier, das *Finanzgericht* in Neustadt, das *Landesarbeitsgericht* und das *Landessozialgericht,* beide Mainz, als Berufungsinstanzen gegen Entscheidungen der *Arbeitsgerichte* und der *Sozialgerichte*.

139. Schleswig-Holstein

Das Land Schleswig-Holstein wurde aus der früheren preuß. Provinz gleichen Namens (samt der zugehörigen früheren Freien und Hansestadt Lübeck) gebildet. Das Gebiet des Landes umfaßt 15676 qkm mit 2615228 Einwohnern. Hauptstadt ist Kiel. Als Verfassung gilt die Landessatzung vom 13. 12. 1949 i. d. F. der Bek. vom 7. 2. 1984 (GVOBl. 53).

I. Der *Landtag des Landes Schleswig-Holstein* tagt im Landeshaus in Kiel (74 Abg.)

Der Landtag wird nach dem Landeswahlgesetz i. d. F. vom 30. 5. 1985 (GVOBl. 135) gewählt. Das Gemeinde- und Kreiswahlgesetz gilt i. d. F. vom 31. 5. 1985 (GVOBl. 146) – dazu Gemeinde- und Kreiswahlordnung vom 17. 9. 1985 (GVOBl. 279) –, die Gemeindeordnung i. d. F. vom 11. 11. 1977 (GVOBl. 410) und die Kreisordnung i. d. F. vom 11. 11. 1977 (GVOBl. 436), beide m. Änd. vom 15. 2. 1978 (GVOBl. 28) und vom 22. 12. 1982 (GVOBl. 308). Nach der *Amtsordnung* i. d. F. vom 11. 11. 1977 (GVOBl. 448) m. DVO vom 15. 6. 1979 (GVOBl. 412), zuletzt geändert durch LVO vom 19. 12. 1983 (GVOBl. 461), sind die *Ämter* ein Zusammenschluß von Kreisangehörigen Gemeinden mit einem Amtsausschuß und einem Amtsvorsteher.

Als *Landtagsausschüsse* bestehen der Innen- und Rechtsausschuß, der Finanzausschuß, der Ausschuß für Kultur, Jugend und Sport, der Agrar- und Umweltschutzausschuß sowie der Wirtschafts-, der Sozial- und der Eingabenausschuß.

II. Die *Landesregierung Schleswig-Holstein* besteht aus dem *Ministerpräsidenten* und *8 Ministern.*

III. Die Landesbehörden:

1. Der Ministerpräsident hat seinen Sitz in Kiel, Landeshaus.

Dem MinPräs. sind unmittelbar unterstellt:
der Chef der *Staatskanzlei* (mit Abt. 1 – Präsidialabteilung –, Abst. 2 – Ministerialabteilung – und Abt. 3 – Landesplanung –),
der Leiter der Presse- und Informationsstelle der LdReg.

2. Das *Innenministerium* gliedert sich in eine Allgemeine Abteilung, die Abt. für Verfassung, Gesetzgebung und öffentliches Dienstrecht, die Kommunalabteilung, die Abt. für öffentl. Sicherheit, die Abt. für Städtebauförderung und Wohnungswesen, die Abt. für Verfassungsschutz, die Abt. Bauleitplanung, Bau- und Vermessungswesen.

Zugeordnet sind das Schutzpolizeiamt, das Kriminalpolizeiamt, das Amt für Zivilverteidigung und Katastrophenabwehr.

Zum Geschäftsbereich gehören weiter
a) das Statistische Landesamt;
b) das *Landesvermessungsamt* und Katasterämter;
c) die Polizei-, Kriminalpolizei- und Wasserschutzpolizeidirektionen;
d) die Landräte der Kreise als allgemeine Untere Landesbehörden;
e) die Landesfeuerwehrschule in Harrisleefeld.

Ferner ist beim Innenminister als selbständige Organisationseinheit der Landesbeauftragte für den *Datenschutz* eingerichtet.

3. Das *Justizministerium* bearbeitet in 3 Abteilungen Allgemeine Angelegenheiten, öffentliches Recht, Personalwesen und Dienstrecht, Zivilrecht und Strafrecht, Vollzugs- und Gnadenwesen. Es leitet die Justizverwaltung des Landes.

Seiner Dienstaufsicht untersteht das Oberlandesgericht in Schleswig, ferner Land- und Amtsgerichte sowie staatsanwaltschaftliche Behören. Dem JustMin. als Rechtspflegeministerium sind ferner die Gerichte der allgem. Verwaltungsgerichtsbarkeit, Finanz- und Sozialgerichte unterstellt (s. u. V).

4. Das *Finanzministerium* gliedert sich in die Allgemeine Abteilung; Abt. Finanzpolitik, Finanzwirtschaft, Haushalt; Abt. Steuern und Wirtschaft; Bauabteilung, ferner die *Landeshauptkasse.*

Zugeordnet sind das Landesausgleichsamt mit dem Beschwerdeausschuß.
Zum Geschäftsbereich gehören das Landesbesoldungsamt, die Landesbezirkskassen, die Vertreter der Interessen des Ausgleichsfonds, die *Oberfinanzdirektion* Kiel mit den nachgeordneten Finanzämtern, den Landesbauämtern und der Landesfinanzschule.

5. Das *Ministerium für Wirtschaft und Verkehr* hat eine allg. Abteilung, eine Abteilung Wirtschaftsordnung sowie Abteilungen für gewerbli-

che Wirtschaft, für Verkehrspolitik, für Verkehrsordnung und für Wirtschaftspolitik. Zugeordnet ist das Amt für das Eichwesen und die Prüfungsstelle.

Der Beauftragte der LdReg für den Wirtschaftsraum Brunsbüttel ist ein zugeordnetes Amt der Landesregierung; er untersteht der Dienstaufsicht des Ministers.

Zum Geschäftsbereich des Ministeriums gehören insbesondere:

a) das Landesamt für Straßenbau und Straßenverkehr mit Straßenbauämtern und Neubauämtern;
b) das Geologische Landesamt in Kiel;
c) das *Oberbergamt* für das Land Schl.-H. in Clausthal-Zellerfeld, soweit es Aufgaben von Schl.-H. erledigt. Hierzu sind Beamte zum Oberbergamt abgeordnet. Das *Bergamt* für Schl.-H. befindet sich in Celle;
d) die Eichämter.

6. Das *Ministerium für Ernährung, Landwirtschaft und Forsten* bearbeitet die ihm zugewiesenen Sachgebiete in Abteilungen für allg. Verwaltung, Wasserwirtschaft, Agrarstruktur, Landwirtschaft, Ernährungswirtschaft, Forstwirtschaft, Umweltschutz und Landschaftspflege.

Der Dienstaufsicht des Ministeriums unterstehen u. a. das Landesamt für Wasserhaushalt und Küsten, das Landesamt für *Naturschutz und Landschaftspflege,* das *Pflanzenschutzamt,* das Landesamt für *Tierzucht,* das *Fischereiamt,* das *Veterinäruntersuchungsamt,* Ämter für Land- und Wasserwirtschaft, die Überwachungsstelle für Milcherzeugnisse und Handelsklassen, Forstämter und die Staatl. Vogelschutzwarte.

7. Das *Sozialministerium* verfügt über eine allgem. Abteilung (Personal- und Haushaltsangelegenheiten) und Abteilungen für Vertriebene, Arbeit und Sozialordnung; Gewerbeaufsicht; Gesundheitswesen; Soziales.

Zugeordnet ist das Amt für Wohlfahrt und Sozialhilfe.

Nachgeordnet oder der Aufsicht des Ministeriums unterstellt sind u. a.:

a) das *Landesversorgungsamt* in Neumünster und die *Versorgungsämter;*
b) die *Gewerbeaufsichtsämter;*
c) Die Landeswohlfahrtsschule sowie die staatl. Internatsschulen für Hörgeschädigte, für Sprachbehinderte und Körperbehinderte;
d) das Aufsichtsamt für Sozialversicherung;
e) die *Ausführungsbehörde für Unfallversicherung;*
f) die Landeskrankenhäuser;
g) das Landesarbeitsgericht Schl.-H. in Kiel und Arbeitsgerichte.

8. Das *Kultusministerium* gliedert sich in die Allgem. Abteilung, die Abt. Grund-, Haupt- und Sonderschulen, Realschulen, Gymnasien, Berufliche Bildung, Hochschulen und Wissenschaft, Kunst, Volksbildung, Jugend und Sport.

Zugeordnet ist die Landeszentrale für politische Bildung sowie der Landesmuseumsdirektor.

In den Geschäftsbereich des Ministeriums fallen u. a.

a) das *Landesjugendamt* und die Landesjugendheime;

b) das Landesamt für *Denkmalspflege;*
c) das Landesamt für Vor- und Frühgeschichte;
d) das Landesinstitut für Praxis und Theorie der Schule;
e) die *Christian-Albrecht-Universität* in Kiel und die Medizinische Hochschule in Lübeck;
f) die Institute für Weltwirtschaft, Meereskunde, Pädagogik der Naturwissenschaften, Hydrobiologische Anstalt, Hygiene-Institut und Medizinaluntersuchungsamt, Institut für Bioklimatologie und Meeresheilkunde;
g) das *Institut für Internationales Recht;*
h) die *Schulämter* als untere Schulaufsichtsbehörden, die allgemeinbildenden Schulen, die Staatsbau-, Seefahrt-, Ingenieur-, Meister- und Fachschulen, Berufs- und Berufsfachschulen;
i) die *Musikhochschule* in Lübeck, die *Pädagogischen Hochschulen* in Kiel und Flensburg und Studienseminare, die Museen, Bibliotheken, Archive;
k) die *Fachhochschulen* in Kiel, Flensburg und Lübeck.

9. Dem *Minister für Bundesangelegenheiten* (gleichzeitig Bevollmächtigter des Landes beim Bund in Bonn) obliegt die ständige Wahrnehmung der Interessen des Landes gegenüber den Organen der BRep.

IV. Der *Landesrechnungshof* hat seinen Sitz in Kiel.

V. Organe der Rechtsprechung sind:

1. das Schl.-H. *Oberlandesgericht* in Schleswig mit Staatsanwaltschaft (Generalstaatsanwalt), die *Land-* und *Amtsgerichte* (mit staatsanwaltschaftl. Behörden);
2. das Schl.-H. *Verwaltungsgericht* in Schleswig, dem das *Oberverwaltungsgericht* für die Länder Niedersachsen und Schleswig-Holstein in Lüneburg übergeordnet ist (vgl. 136, 151);
3. das Schl.-H. *Finanzgericht* in Kiel;
4. das *Landesarbeitsgericht* Schl.-H. in Kiel für Berufungen und Beschwerden gegen Entscheidungen der *Arbeitsgerichte;*
5. das Schl.-H. *Landessozialgericht* in Schleswig als höhere Instanz über den *Sozialgerichten;*
6. der *Disziplinarsenat* in Lüneburg (für Niedersachsen und Schl.-H.) und die *Disziplinarkammer* in Schleswig.

140. Saarland

I. *Geschichtliche Entwicklung*

Das Saarland umfaßt ein Gebiet von 2547 qkm mit 1053651 Einwohnern. Die Verfassung vom 15. 12. 1947 (ABl. 1077) wurde mehrmals, zuletzt durch Ges. vom 25. 1. 1985 (ABl. 106) geändert.

Das *Saargebiet* mit der seit 1381 dem Hause Nassau gehörigen alten Grafschaft Saarbrücken wurde 1815 preußisch, in seinen kleineren östlichen Teilen bayrisch und nach dem ersten Weltkrieg (ab 10. 1. 1920) durch den *Versailler Vertrag* einer Völkerbundregierung unterstellt. Das Eigentum an den Steinkohlengruben (zwischen Neunkirchen und der Südgrenze des Warndt) und deren Ausbeutung wurde dem französischen Staat zugesprochen. Im Jahre 1935 kehrte das Saargebiet nach einer Volksabstimmung, bei der sich 90,76 v.H. für die Rückkehr aussprachen, zum Deutschen Reiche zurück. Von 1940 bis 1945 war das Saarland mit dem bayerischen RegBez. Pfalz zu einer Verwaltungseinheit zusammengefaßt (Saarpfalz bzw. Westmark). Nach dem Zusammenbruch 1945 schuf die französische Besatzungsmacht aus dem Saargebiet, Teilen der einstigen bayerischen Pfalz und Teilen der früheren preußischen Rheinprovinz das Saarland. Durch die Verfassung vom 15. 12. 1947 nahm das Saarland politische Unabhängigkeit von Deutschland in Anspruch und schloß sich wirtschaftlich, zoll- und währungspolitisch an die Französische Republik an. Die unter Widerspruch der BReg. zwischen Frankreich und dem Saarland abgeschlossenen *Saarkonventionen* vom 3. 3. 1950 räumten Frankreich das Recht auf Ausbeutung der Saargruben auf 50 Jahre ein und verstärkten die Autonomie des Saarlandes. Gegen den Widerspruch der BReg., die das Saarland als Teil Deutschlands betrachtete, wurde das Saarland gleichzeitig mit der BRep. in den *Europarat* als assoziiertes Mitglied aufgenommen (vgl. 912). Der endgültige staatsrechtliche Status sollte durch den Friedensvertrag bestimmt werden.

Nachdem eine Lösung der Saarfrage auf europäischer Ebene nicht gelungen war, schloß die BReg. mit Frankreich im Rahmen der Pariser Konferenz am 23. 10. 1954 das Abkommen über das *Statut der Saar,* dem deutscherseits durch das Gesetz vom 24. 3. 1955 (BGBl. II 295) zugestimmt wurde.

Eine *Volksabstimmuung* vom 23. 10. 1955 ergab die Ablehnung des Statuts mit etwa Zweidrittelmehrheit. Nachdem zwischen den Regierungen der BRep. und Frankreich im *Saarvertrag* vom 27. 10. 1956 (BGes. vom 22. 12. 1956, BGBl. II 1587) eine Verständigung erzielt war, daß das Saarland ab 1. 1. 1957 politisch in die BRep. eingegliedert wird, war der Weg für die staatliche Gestaltung als Bundesland der BRep. frei. Die wirtschaftliche Eingliederung ist am 5. 7. 1959 vollzogen worden.

II. *Die Eingliederung des Saarlandes in die Bundesrepublik.*

Nachdem das Saarland seinen Beitritt nach Art. 23 GG erklärt hatte, beschloß der Bundestag mit Zustimmung des Bundesrats das *Gesetz über die Eingliederung des Saarlandes* vom 23. 12. 1956 (BGBl. I 1011). Danach gilt das GG auch im Saarland, das *Land der BRep.* geworden ist. Zum Bundesrat entsendet das Saarland 3 stimmberechtigte Regierungsvertreter.

Die *Steinkohlenbergwerke* im Saarland sind durch Gesetz vom 27. 7. 1957 (BGBl. I 1103) von der BRep. in eine Aktiengesellschaft mit dem Sitz in Saarbrücken eingebracht worden. Das Saarland ist an dieser AG durch Übernahme von Aktien in Höhe von 26. v.H. des Grundkapitals beteiligt.

III. Die *Einführung von Bundesrecht* im Saarland erfolgte allmählich.

Hierzu erging nach zwei Verordnungen (vom 26. 8. 1957 und 28. 11. 1958) das Gesetz zur *Einführung von Bundesrecht im Saarland* vom 30. 6. 1959 (BGBl. I 313), das mit dem Ende der Übergangszeit (5. 7. 1959) das im ganzen Bundesgebiet geltende Bundesrecht auch im Saarland in Kraft gesetzt hat. Mehrere Rechtsgebiete waren davon ausgenommen; sie sind jedoch jetzt weitgehend durch Sonderregelungen an das Bundesrecht angeglichen.

Die *Umstellung der Währung* erfolgte auf der Basis 100 ffrs = 0,8507 DM (1 DM – 117,5 ffrs) mit Vergünstigungen für saarländische Spargelder. Der Bund half in großzügiger Weise, diese (vierte) Umorientierung der saarländischen Wirtschaft zu überwinden.

IV. Der *Landtag des Saarlandes* tagt in Saarbrücken (51 Abg.).

Landtagswahlgesetz i. d. F. vom 19. 2. 1980 (ABl. 278).
Es bestehen Ausschüsse für Eingaben; Grubensicherheit; Haushalts- und Finanzfragen; Innere Verwaltung; Kultus, Bildung und Wissenschaft, Verfassungs- und Rechtsfragen; Familie, Gesundheit und Sozialordnung; Fragen des Verfassungsschutzes; Wirtschaft; Wahlprüfung; Umwelt, Bundesangelegenheiten und besondere Aufgaben.

V. Auch die *Regierung des Saarlandes* befindet sich in Saarbrücken. Ihr gehören an:

1. Der *Ministerpräsident,* dem eine *Staatskanzlei* mit 5 Abteilungen zur Verfügung steht. Eingegliedert ist das Landesarchiv und eine Leitstelle zur Durchsetzung der Gleichberechtigung der Frauen.

Der Dienstaufsicht unterstehen der Bevollmächtigte des Saarlandes beim Bund in Bonn und das Statistische Amt des Saarlandes.

2. Der *Minister des Innern* bearbeitet Angelegenheiten der Verfassung; Wahlen, Volksbegehren, Volksentscheide; Polizei- und Versammlungsrecht; Melde-, Paß- und Ausweiswesen; Presserecht; Jagdrecht, Vereins-, Sammlungs- und Lotteriewesen; Sportwetten; Staatsangehörigkeits- und Personenstandswesen; Gebiets- und Verwaltungsreform; Angelegenheiten der Gemeinden, Gemeindeverbände und kommunalen Zweckverbände; den kommunalen Finanzausgleich; Feuerschutzwesen; Recht des öffentlichen Dienstes, Tarifrecht; Fachhochschule für Verwaltung; Polizei; Verfassungschutz; Zivilschutz und zivile Verteidigung; Desarmierung; Rettungswesen; Datenschutz.

Zum Geschäftsbereich des Min. d. Innern gehören der Landesbeauftragte für *Datenschutz,* das *Landesamt für Verfassungsschutz,* die *Landratsämter,* die Fachhochschule für Verwaltung, das Schutzpolizeiamt, das Kriminalpolizeiamt, die Bereitschaftspolizeiabteilung, die Polizeischule, die Landesfeuerwehrschule, die Rettungsleitstelle, die Geschäftsstelle des Landespersonalausschusses.

3. Der *Minister der Finanzen* hat folgenden Geschäftsbereich: Allgemeine Finanzfragen, Finanzplanung; Haushalts-, Kassen- und Rechnungswesen; Finanzausgleich; Abgaben-, Steuer- und Gebührenrecht; Landessteuerverwaltung; Angelegenheiten der steuerberatenden Berufe; Vermessungs- und Katasterwesen; Finanzhilfe in Katastrophenfällen; Vermögens- und Schuldenverwaltung; öffentliche Wohnungsbauförderung; Datenverarbeitungsdienstleistung; Staatshochbau; Hochbauverwaltung; Finanzbauverwaltung.

Nachgeordnete Dienststellen sind die *Oberfinanzdirektion* Saarbrücken, die Landeshauptkasse, das *Landesentschädigungsamt,* das *Landesvermessungsamt, Finanzämter* und *Katasterämter* des Landes.

4. Der *Minister der Justiz* ist zuständig für Angelegenheiten der bürgerlichen Rechtspflege, der freiwilligen Gerichtsbarkeit, der Strafrechtspflege und des Verfahrensrechts der Verwaltungs-, Sozial- und

Finanzgerichtsbarkeit; Angelegenheiten der Notare, Rechtsanwälte und Rechtsbeistände; Strafvollzug; Gnadenangelegenheiten; Soziale Dienste; Innerdeutscher und internationaler Rechtshilfeverkehr; Richterdienstrecht; Juristenausbildung; Rechtliche Beratung der Landesregierung auf Sonderauftrag in Fragen von besonderer Bedeutung.

Der Dienstaufsicht des Justizministeriums unterstehen die Gerichte der ordentlichen Gerichtsbarkeit (Oberlandesgericht und Landgericht in Saarbrücken, 11 Amtsgerichte) sowie die Verwaltungs-, Finanz- und Sozialgerichte, die staatsanwaltschaftlichen Behörden und die Strafvollzugsanstalten.

5. Der *Minister für Kultus, Bildung und Wissenschaft* ist zuständig für Hochschulen; Schulwesen, Schulaufsicht, Schulverwaltung; Berufliche Bildung (Koordinierung), Ausbildungsförderung; Erwachsenenbildung, Büchereiwesen; Sport, Allgemeine Kulturpflege, insbesondere Theater, Museen, bildende Kunst, Denkmalpflege; Kirchenangelegenheiten.

Dem Minister nachgeordnet sind das Staatl. *Konservatoramt,* das Staatl. Büchereiamt, die Landesbildstelle und die Staatl. Sportschule. Es bestehen eine Universität (in Saarbrücken und Homburg), eine Musikhochschule und drei Fachhochschulen.

6. Der *Minister für Arbeit, Gesundheit und Sozialordnung.* Sein Geschäftsbereich umfaßt: Familienangelegenheiten; Jugendfragen; Arbeitsrecht, Arbeitsgerichtsbarkeit, Lohn- und Tarifwesen, Heimarbeit, Arbeitsmarktangelegenheiten; Sozialversicherung und Altersversorgung der freien Berufe; Sozialhilfe; Allgemeine Wohlfahrtspflege; Behindertenfragen; Gesundheitswesen und -fürsorge; Krankenhaus- und Apothekenwesen; öffentlicher Gesundheitswesen (ohne Rettungswesen); Kriegsopfer- und Soldatenversorgung; Kriegsopferfürsorge; Kriegsgräberfürsorge; Wiedergutmachung; Lastenausgleich; Angelegenheiten der Vertriebenen, Aussiedler und Flüchtlinge, der Kriegsgefangenen, Heimkehrer und der politischen Häftlinge; Veterinärwesen; Lebensmittelüberwachung; Angelegenheiten der Heil- und Heilhilfsberufe.

Nachgeordnet sind u. a. das *Landesversorgungsamt,* das *Versorgungsamt* und die *Gesundheitsämter,* die Orthopädische Versorgungsstelle, die Schulen für Gehörlose, Blinde und Sehbehinderte, das Staatl. Institut für Hygiene und Infektionskrankheiten, Universitäts- u. a. Kliniken, das Landesjugendamt.

7. Der *Minister für Wirtschaft* ist zuständig für Wirtschaftspolitik, Mittelstand, sektorale und regionale Wirtschafts- und Strukturfragen; Wirtschaftsordnung und Wirtschaftsrecht, Bank- und Versicherungsaufsicht; öffentliche Kredithilfe, Sparkassenwesen; Handel und Gewerbe, Industrie und Handwerk; Fremdenverkehr; Regionalwirtschaftliche Zusammenarbeit Saarland, Lothringen, Luxemburg; Außenwirtschaft; europäische Wirtschaftsintegration und Saarvertrag; Energie und Technologie, Bergbau und Geologie; Eichwesen und Ma-

terialprüfung; Verkehr; Land- und Ernährungswirtschaft; Forst- und Holzwirtschaft; Forstaufsicht, Jagdwesen und Jagdrecht; Beteiligung an Fragen der Berufsausbildung, insbesondere Umschulung.

Dem Minister nachgeordnet sind u. a. das Materialprüfungsamt, das Eichamt, das Geologische Landesamt, die Bodenwirtschaftsämter, das *Oberbergamt* (für das Saarland und das Land Rheinl.-Pfalz) und die *Bergämter,* die Forstämter, Landwirtschaftsschulen und Wirtschaftsberatungsstellen.

8. Der *Minister für Umwelt.* Sein Geschäftsbereich umfaßt: Allgemeine Fragen des Umweltschutzes; Natur- und Landschaftspflege; Fischereiwesen; Immissions- und Strahlenschutz; Gewerbeaufsicht, Arbeitsschutz; Raumordnung und Landesplanung, Städtebau; Allgemeines Bauwesen; Straßenbau, Straßenverwaltung; Wasserrecht und Wasserwirtschaft; Abfallrecht und Abfallwirtschaft; Zentrale Laboreinrichtungen für die Bereiche Gesundheits- und Veterinärwesen, Lebensmittelüberwachung und Umweltschutz.

Nachgeordnet sind die verschiedenen staatl. Bauämter, das Gewerbeaufsichtsamt u. a.

9. *Minister für Bundesangelegenheiten und besondere Aufgaben*

– Der Minister ist gleichzeitig auch Bevollmächtigter des Saarlandes beim Bund –.

Das Ministerium ist zuständig für

- Verbindung zu obersten Bundesorganen
- Mitwirkung in Bundesratssachen, unbeschadet der Zuständigkeiten des Ministerpräsidenten
- Angelegenheiten der EG und des Europarates
- Europabeauftragter der Landesregierung
- Bearbeitung von Montanfragen im Einvernehmen mit dem Wirtschaftsminister

VI. Der *Rechnungshof* des Saarlandes hat seinen Sitz in Saarbrücken.

VII. *Organe der Rechtsprechung* sind der *Verfassungsgerichtshof* in Saarbrücken, im Bereich der ordentlichen Gerichtsbarkeit das *Oberlandesgericht Saarbrücken* (mit einem Generalstaatsanwalt) und als untere Instanzen das *Landgericht* Saarbrücken (mit Staatsanwaltschaft) sowie *Amtsgerichte.*

Es besteht ein *Oberverwaltungsgericht* sowie ein *Verwaltungsgericht* in Saarlouis, für die Finanzgerichtsbarkeit das *Finanzgericht* in Saarbrükken. Die Disziplinargerichtsbarkeit wird vom Dienststrafhof beim Oberverwaltungsgericht und der Dienststrafkammer beim Verwaltungsgericht ausgeübt.

Als Gerichte für Arbeitssachen sind das *Landesarbeitsgericht Saarbrükken* sowie *Arbeitsgerichte* errichtet. Das *Landessozialgericht* für das Saarland und das *Sozialgericht* befinden sich in Saarbrücken.

Zweiter Teil

Verwaltungsrecht

A. Allgemeines Verwaltungsrecht

141. Einführung in das Verwaltungsrecht

Das Verwaltungsrecht ist ein Teil des *öffentlichen Rechts* (jus publicum), d. h. der Rechtsnormen, welche die Rechtsbeziehungen des einzelnen gegenüber einer übergeordneten Gewalt (Staat, Gemeinde, öffentliche Körperschaft) oder die Beziehungen dieser Gewalten untereinander behandeln.

Über den Unterschied zum *Privatrecht (bürgerlichen Recht),* in welchem sich die Beteiligten gleichgeordnet gegenüberstehen, vgl. 202. Im Gegensatz zum Privatrecht ist das öffentliche Recht *zwingendes Recht,* d. h. es kann nicht durch Parteivereinbarung wie z. B. das zivile Vertragsrecht gestaltet werden. Eine Ausnahme gilt für vertragliche Beziehungen, die Träger der *fiskalischen Verwaltung* untereinander oder mit Privatpersonen außerhalb hoheitlicher Tätigkeit eingehen (s. u.), sowie nach Maßgabe der §§ 54ff. VwVfG für den öffentlichrechtlichen Vertrag (147 I).

Zum Verwaltungsrecht gehören insbes. das Polizei-, Beamten-, Sozial-, Steuerrecht, ferner die unter 183–199 behandelten wichtigeren Gebiete des besonderen Verwaltungsrechts und angrenzender Bereiche des öffentlichen Rechts, so z. B. Gewerbe-, Bau-, Verkehrs-, Schul- und Hochschulrecht, Wege-, Berg-, Wasserrecht.

Verwalten ist das Besorgen eigener oder fremder Angelegenheiten. Die *Staatsverwaltung* ist die Erfüllung öffentlicher Aufgaben durch die Organe des Staates. Sie bildet einen Teil der Staatsgewalt, die sich in Gesetzgebung, Rechtsprechung und Verwaltung äußert (vgl. *Dreiteilung der Gewalten;* 8, 63). Die (öffentl.) *Verwaltung* umfaßt die Tätigkeit, die der Staat oder ein anderes öffentl.-rechtliches Gemeinwesen (insbes. ein Verband) zur Erreichung seiner Zwecke unter eigener Rechtsordnung entfaltet und die weder Gesetzgebung noch Rechtsprechung ist.

Die *Verwaltung* ist an die *Gesetzgebung,* die den Verwaltungsinstanzen entzogen und dem Parlament zugewiesen ist, gebunden und ihr insofern untergeordnet. Die Gesetzgebung setzt die grundlegenden Rechtsvorschriften für alle Lebensbereiche fest; die Verwaltung vollzieht sie im Rahmen ihres jeweiligen Aufgabenkreises. Nur ausnahmsweise werden Gesetzgebungsorgane bei bestimmten besonders wichtigen staatsleitenden Akten verwaltungsmäßig tätig (z. B. Haushaltsgesetz, Feststellung des Verteidigungsfalles und Friedensschluß, Ermächtigung zur Aufnahme von Staatskrediten und Anleihen). Umgekehrt wird die Verwaltung rechtsetzend tätig, indem sie Durchführungs(Ausführungs)verordnungen, Polizeiverordnungen u. a. allgemeine Rechtsvorschriften auf Grund gesetzlicher Ermächtigung erläßt.

Das *Verwaltungsrecht* enthält die Rechtsregeln für die Verwaltung, nach denen sich das *Handeln ihrer Organe* und die *Voraussetzungen ihres Tätigwerdens* bestimmen. Das staatliche Handeln kann in einem sog. *Verwaltungsakt* oder in einer sonstigen Verwaltungsäußerung (z. B. Besichtigung, Weganlegung) bestehen. Allgemein spricht man von *Verwaltungsmaßnahmen.* Jedes Verwaltungshandeln ist an das *Recht* gebunden; es bedarf also einer gesetzlichen Ermächtigung.

Justiz und Verwaltung stehen gleichberechtigt nebeneinander; sie sind beide der Gesetzgebung unterworfen. Die *Gerichte* erforschen und beurteilen in der Vergangenheit liegende Ereignisse, indem sie über private Streitigkeiten (Zivilrechtspflege), strafrechtliche Vorfälle (Strafrechtspflege) oder Verwaltungsstreitigkeiten (allgemeine und besondere Verwaltungsgerichtsbarkeit) entscheiden. Dagegen hat die *Verwaltung* die Aufgabe, tatsächliche oder rechtliche Verhältnisse, meist auf öffentlich-rechtlichem Gebiet, zu ordnen, und zwar als gesetzvollziehende oder gestaltende Verwaltung (z. B. Isolierung von Ansteckungsverdächtigen; Verkehrsregelung). Man unterscheidet bei der Verwaltungstätigkeit: die *Eingriffsverwaltung* (z. B. Polizei-, Steuerwesen) und die *Leistungsverwaltung* (Sozial-, Straßenwesen), daneben noch die *fiskalische* (wirtschaftende) Verwaltung. Soweit der Staat nicht hoheitlich tätig wird, sondern als juristische Person am Privatrechtsverkehr teilnimmt *(Fiskus),* unterliegt er den Regeln des Zivilrechts (z. B. Anmieten von Büroräumen für Verwaltungszwecke). Im Vordergrund stehen heute die Leistungsaufgaben der Verwaltung, da der *soziale Rechtsstaat* sich nicht mehr überwiegend auf die Wahrung von Sicherheit und Ordnung beschränkt, sondern sich vornehmlich auch auf dem Gebiet der *Daseinsvorsorge* betätigt.

Innerhalb der Verwaltung unterscheidet man nach dem Verwaltungsträger zwischen *Staatsverwaltung* (Bundes-, Landesverwaltung) und *Kommunalverwaltung,* die außer eigenen auch staatliche Aufgaben durch eigene Organe der Gemeinden, Kreise und Bezirke kraft staatlicher Übertragung erledigt. Über unmittelbare und mittelbare Staatsverwaltung vgl. 56, 146. Nach der Aufgabenzugehörigkeit ist die Fremdverwaltung (*Auftragsverwaltung,* übertragener Wirkungskreis; vgl. 119) von der *Selbstverwaltung* zu unterscheiden; unter dieser versteht man die Wahrnehmung eigener öffentlicher Angelegenheiten durch der Staatsaufsicht unterstehende juristische Personen (Gemeinden, Kreise, Bezirke) mittels eigener Organe und im eigenen Namen. Vgl. 119f.

Wegen der Unterscheidung zwischen *bundeseigener* und *landeseigener Verwaltung* vgl. 56, 145.

142. Rechtsgrundlagen der Verwaltung

Die *Verwaltungstätigkeit* ist wie die Rechtsprechung an Gesetz und Recht gebunden. Die Verwaltungsmaßnahmen müssen *rechtmäßig* sein.

Rechtsquellen des objektiven Verwaltungsrechts sind:

1. das *Gesetz,*
2. die *Rechtsverordnung,*
3. die *autonome Satzung,*
4. das *Gewohnheitsrecht* und die *Observanz,*
5. die *allgemeinen Rechtsgrundsätze.*

Zu 1. Das *Gesetz* kann entweder einfaches oder Verfassungsgesetz sein; die Verfassungen enthalten häufig allgemeine Prinzipien, die Richtlinien für die Verwaltungstätigkeit aufstellen (vgl. 53). Die Gesetze sind solche der Länder oder des Bundes. Dabei bricht Bundesrecht Landesrecht (Art. 31 GG). Wegen der Geltung früherer Gesetze vgl. 55 V. Recht, das von den Besatzungsmächten herrührt, gilt nach *Aufhebung des Besatzungsstatuts* am 5. 5. 1955 zwar noch fort; doch haben die Organe der BRep. die Befugnis erhalten, über das Recht zu verfügen, was durch *Gesetze zur Aufhebung des Besatzungsrechts* zum Teil bereits geschehen ist oder fortlaufend geschieht.

Vgl. 1.–4. Ges. zur Aufhebung des Besatzungsrechts vom 30. 5. 1956 (BGBl. I 437, 446), 23. 7. 1958 (BGBl. I 540) und 19. 12. 1960 (BGBl. I 1015).

Das Gesetz ist den anderen Rechtsquellen mit Ausnahme der Verfassung i. d. R. übergeordnet (Vorrang des Gesetzes). Bestimmte Maßnahmen dürfen überhaupt nur auf Grund eines Gesetzes vorgenommen werden (Vorbehalt des Gesetzes). Vgl. 46, 148 II.

Zu 2. Die *Rechtsverordnung* ist eine im Range unter dem Gesetz stehende Rechtsnorm, bei deren Erlaß bestimmte Formerfordernisse zu beachten sind (insbes. Angabe der Rechtsgrundlage, vgl. Art. 80 GG). Sie dient der Regelung besonderer Verwaltungsmaterien oder der Aus- und Durchführung der Gesetze. Vgl. 62 VI 4, 68.

Zu 3. Die *autonome Satzung* ist die Rechtssatzform, in der kommunale Gebietskörperschaften, Personalkörperschaften oder Anstalten des öffentlichen Rechts als Rechtsetzungssubjekte im Rahmen der ihnen generell oder auf Grund spezialgesetzlicher Delegation zustehenden Verwaltungsautonomie eigene Angelegenheiten mit allgemein verbindlicher Wirkung ordnen (z. B. Bibliotheksbenutzung).

Zu 4. *Gewohnheitsrecht* (s. 201) existiert im *besonderen* Verwaltungsrecht nur in bedeutungslosem Umfang; gleiches gilt für das *Observanzrecht,* das Gewohnheitsrecht kleinerer Rechtskreise. Dagegen beruhen die Grundlagen des *allgemeinen* Verwaltungsrechts (s. 141 ff.) z. T. noch auf Gewohnheitsrecht; sie sind aber neuerdings z. B. hins. des *Verwaltungsverfahrens* in Gesetzesform gefaßt (vgl. 147, 148).

Zu 5. *Allgemeine Rechtsgrundsätze* sind Rechtsprinzipien, abgeleitet aus der Verfassung oder aus allgemeinen Rechtsgedanken, die unmittelbar gelten (z. B. Willkürverbot, Übermaßverbot; vgl. 148 II). Sie dienen der Auslegung und Anwendung des Rechts, aber auch der Ausfüllung von Gesetzeslücken.

143. Öffentliche Sachen

sind körperliche Gegenstände, die den Zwecken der Verwaltung oder schlechthin der Öffentlichkeit dienen. Man unterscheidet:

a) *Sachen im Gemeingebrauch.* Sie sind der Benutzung durch jedermann zu dienen bestimmt (z. B. öffentliche Wege, Straßen, Parks, Meeresstrand, Brücken, Häfen).

b) *Verwaltungsvermögen.* Dieses dient der Erfüllung der Verwaltungsaufgaben; es steht im Eigentum des Verwaltungsträgers (z. B. Dienstgebäude, Schulen, Kasernen, Friedhöfe, Krankenhäuser, Museen, Büchereien, Strafanstalten, Geräte).

c) *Finanzvermögen,* das durch seinen Vermögenswert oder seine Erträgnisse (z. B. aus Domänen, Bergwerken, Wasser-, Gas-, Elektrizitätswerken) mittelbar den Zwecken der öffentlichen Verwaltung dient.

Nur wenige Sachen sind von Natur öffentliche Sachen (z. B. Wasserläufe). Die meisten werden es erst durch *Widmung,* und zwar (soweit nicht ein Gesetz oder eine RechtsVO ergeht) i. d. R. durch übereinstimmende Willenserklärung des Eigentümers, des Unterhaltspflichtigen und der zuständigen Verwaltung. Die Widmung ist formlos und kann stillschweigend erfolgen. Mit der Widmung tritt eine Bindung der öffentlichen Sache für einen bestimmten Zweck ein (z. B. Rathaus). Umgekehrt führt eine *Entwidmung* eine Lösung der Bindung herbei (z. B. ein Weg wird eingezogen). Vgl. 189. Im übrigen richten sich die *Rechtsverhältnisse* an öffentlichen Sachen, namentlich das Eigentum, weitestgehend nach den Vorschriften des Privatrechts (z. B. Kauf, Verkauf, Vermietung), doch unter Berücksichtigung des öffentlich-rechtlichen Zwecks der Sache; dieser hindert die Vornahme entgegenstehender Rechtsgeschäfte und die Zwangsversteigerung.

Der *Gemeingebrauch* ist eine bes. Art der Benutzung. Die Sache kann im Rahmen ihrer Zweckbestimmung ohne bes. Zulassung von jedermann frei benutzt werden. Für öffentliche *Wege* setzen die *Straßengesetze,* für *Wasserläufe* die *Wassergesetze* den Umfang des Gemeingebrauchs fest. So kann Baden, Waschen, Schöpfen, Viehtränken, Schwemmen, Kahnfahren gestattet sein, wenn andere dadurch nicht benachteiligt werden. Ein *gesteigerter* Gemeingebrauch besteht für *Anlieger* an öffentlichen Wegen und Straßen oder Wasserläufen. Sie können diese, sofern nicht dadurch der Gemeingebrauch behindert wird, erhöht benutzen (z. B. Kohlenabladen auf dem Bürgersteig, Lichtreklame im Luftraum über der Straße, Balkone, Erker, Baugerüste). Darüber hinaus kann ein *Sondernutzungsrecht* von der Wege- oder Wasserbehörde widerruflich eingeräumt werden (Gebrauchserlaubnis, Nutzungsverleihung, meist gegen Entgelt, z. B. Zeitungskiosk, Marktstand, Stühle und Tische auf der Straße, Gleise usw. über die Straße). Andererseits können bei öffentlichem Interesse *Beschränkungen* des Gemeingebrauchs angeordnet werden. Der einzelne kann dabei beeinträchtigt werden. Vgl. D. Sonstiges öffentliches Recht (183–199).

144. Die juristischen Personen des öffentlichen Rechts

Juristische Personen des öffentlichen Rechts sind: die Körperschaft des öffentlichen Rechts, die öffentlich-rechtliche Anstalt und die Stiftung des öffentlichen Rechts; sie werden als Träger öffentlicher Verwaltung bezeichnet.

I. Die *Körperschaft des öffentlichen Rechts,* auch öffentlich-rechtliche K. oder öffentliche K. genannt, ist eine rechtsfähige Verwaltungseinheit mit verbandsmäßiger Rechtsgestalt. Es müssen bei ihr Mitglieder (physische Personen oder Verbände) vorhanden sein. Man unterscheidet *Gebietskörperschaften,* die ein bestimmtes Gebiet umfassen und dessen Bewohner betreuen (z. B. Gemeinden, Landkreise), und *Personalkörperschaften,* die Mitglieder gleicher Berufe oder Interessen verbinden (z. B. Berufsverbände, Wasserverbände sowie andere öffentlich-rechtliche *Genossenschaften*). Die Körperschaft des öffentlichen Rechts entsteht durch Gesetz oder staatlichen Hoheitsakt auf Grund eines Gesetzes. Sie kann Beiträge erheben.

Unter *Leitungsverbänden* versteht man Verbände, welche die Beteiligten eines bestimmten Sozialbereichs zu einem Verband mit Zwangsmitgliedschaft zusammenschließen, welcher der Leitung des Staates unterstellt ist.

II. Die *öffentlich-rechtliche Anstalt* hat keine Mitglieder, sondern stellt sich als ein Bestand von persönlichen und sächlichen Verwaltungsmitteln dar, der einem besonderen öffentlichen Zweck dauernd zu dienen bestimmt ist (z. B. Schulen, Bibliotheken, Rundfunk- und Fernsehanstalten). An die Stelle der Mitglieder treten *Benutzer,* an die Stelle der Beiträge oder Umlagen *Gebühren* für die Inanspruchnahme. Rechtsfähigkeit gehört nicht zum Begriff der öffentlichen Anstalt. Jedoch kann nur eine Anstalt mit eigener Rechtspersönlichkeit selbständig staatliche Aufgaben erledigen.

Die *rechtsfähige öffentlich-rechtliche Anstalt* wird durch staatlichen Hoheitsakt errichtet. Die Anstalt des öffentlichen Rechts kann nach Maßgabe der Anstaltsordnung von allen Personen oder Personenkreisen benutzt werden, die hierfür eine *Gebühr* zahlen. Sie kann nach Maßgabe ihrer Anstaltsordnung ihr Hausrecht ausüben und Störungen abwehren (sog. Anstaltspolizei). *Unselbständige Anstalten* des öffentlichen Rechts (ohne Rechtspersönlichkeit) stellen nur Sondervermögen des Muttergemeinwesens dar (z. B. öffentliche Schulen, Bibliotheken, Krankenhäuser, Wasser-, Gas- und Elektrizitätswerke). Bisweilen besteht *Benutzungszwang* (z. B. Wasserwerk). Man spricht auch von *teilrechtsfähigen Anstalten;* das sind solche, die nur Dritten gegenüber vermögensrechtlich verselbständigt sind (z. B. die Deutsche Bundesbahn).

III. *Die rechtsfähige Stiftung des öffentlichen Rechts.* Eine *Stiftung* (St.), bei der ein *Stifter* eine Vermögensmasse einem bestimmten Zweck widmet, kann im Bereich des Privat- oder des öffentlichen Rechts errichtet werden. Die *private* St. (meist Familienst.) und die öffentliche St., die einem allgemeinen gemeinnützigen oder kirchlichen Zweck dient, erlangen durch Staatsakt Rechtsfähigkeit. Das Recht der St. ist bundesgesetzlich nur in wenigen Bestimmungen geregelt (für die private St. vgl. 306 und §§ 80ff. BGB), im übrigen aber dem Landesrecht (Stiftungsgesetze) überlassen. Die *Stiftung des öffentlichen Rechts* muß über ein Vermögen verfügen, welches bestimmten durch die Stiftungsordnung festgestellten gemeinnützigen Zwecken gewidmet ist, und muß staatlich anerkannt sein.

Von der St. öffentlichen Rechts zu unterscheiden ist die ,,öffentliche Stiftung"; das ist eine St. öffentlichen oder privaten Rechts, die nicht nur privaten, sondern auch gemeinnützigen Zwecken dient (vgl. z. B. Art. 1 Abs. 3 bayStiftgG.).

Von der *Anstalt* unterscheidet sich die öffentlich-rechtliche St. dadurch, daß bei ihr die Art der Verwendung des Stiftungsvermögens (Substanz oder Einkünfte) durch die Satzung vorgeschrieben ist. Die Bindung ist hier stärker als bei der Anstalt; jedoch sind die Grenzen flüssig.

Zu I–III. Die juristischen Personen des öffentlichen Rechts können selbstverständlich auch am Privatrechtsverkehr teilnehmen (z. B. Eigentum erwerben). Vgl. 141.

145. Der Aufbau der Verwaltung

Jeder *Staat* hat einen Aufbau, eine Gliederung seines Gefüges. Dies zeigt sich beim *Bundesstaat* bereits in der Verfassungssphäre. Als *föderativ* verfaßter Staat läßt die BRep. ihren *Gliedstaaten* die eigene Verfassung und damit die Möglichkeit, einen eigenen politischen Willen zu bilden, allerdings innerhalb der durch das Vorhandensein des Gesamtstaates gegebenen und im GG verankerten Grenzen. Da die Gliedstaaten innerhalb dieser Grenzen *autonom* sind, verfügen sie über eine Regierungsgewalt und Verwaltungsorganisation.

I. Bei einem *Bundesstaat* besteht die Notwendigkeit, die Verwaltung in eine *Bundesverwaltung* und in eine *Verwaltung der Länder* aufzuteilen und abzugrenzen. Vgl. 56, 117.

II. Weiter ist wie in jedem Staat die Verwaltungstätigkeit auch in der BRep. in *Sachgebiete* gegliedert, da es im modernen Staat nicht mehr möglich ist, alle Gebiete der Verwaltung einer einzelnen Behörde zu überlassen. Man unterscheidet

1) die *allgemeine Verwaltung,* welche alle Gebiete staatlicher Verwaltung umfaßt, die nicht Sonderverwaltungen zugewiesen sind, und
2) die *Sonderverwaltungen,* die für Fachgebiete zuständig sind.

Die Entwicklung des 19. und 20. Jahrh. führte zu einer immer stärker werdenden *Ausgliederung von Verwaltungsbehörden* auf Kosten der allgemeinen Verwaltung. In Preußen bestand zunächst als oberste Landeszentralbehörde das unter Friedrich Wilhelm I. geschaffene *Generaldirektorium* als kollegiale Behörde unter Vorsitz des Königs. Es wurde bei der Stein'schen Verwaltungsreform (13) durch das aus den 5 sog. *klassischen Ministerien* (Inneres, Äußeres, Finanzen, Kriegswesen, Justiz) bestehende *Staatsministerium* abgelöst. Hinzu traten 1817 das Min. für geistliche, Unterrichts- und Medizinalangelegenheiten, 1848 das Min. für Handel, Gewerbe und öffentliche Arbeiten sowie das Min. für Landwirtschaft, Domänen u. Forsten, 1919 das Min. für Volkswohlfahrt. Über die Errichtung neuer Reichs- und Bundesministerien s. 92.

(zu III: Mittel- und Unterinstanzen)

Land	Mittelinstanz: Regierungsbezirke		Untere Instanzen
Baden-Württemberg (130)	Karlsruhe Freiburg	Stuttgart Tübingen	
Bayern (131)	Mittelfranken Oberfranken Unterfranken	Schwaben Niederbayern Oberpfalz Oberbayern	
Hessen (135)	Kassel Darmstadt	Gießen	
Nieder-sachsen (136)	Braunschweig Hannover	Lüneburg Weser-Ems (in Oldenburg)	Stadtkreise und Landkreise
Nordrhein-Westfalen (137)	Köln Düsseldorf	Arnsberg Münster Detmold	
Rheinland-Pfalz (138)	Trier Koblenz	Rheinhessen-Pfalz	
Saarland (140)	keine		
Schleswig-Holstein (139)	keine		
Berlin (West) (132)	keine		Bezirksämter
Bremen (133)	keine		Ortsämter
Hamburg (134)	keine		Bezirksämter

III. Nach dem *Instanzenzug* unterscheidet man (vgl. 117ff.):

1) die *Zentralverwaltung* (i. d. R. Ministerium oder Landesregierung);

2) die *Mittelinstanz* oder Mittelbehörde (z. B. Regierung, Oberfinanzdirektion);

3) die *Unterinstanz* oder Unterbehörde (z. B. Landrat, Finanzamt, Gemeindeverwaltung usw.). – S. vorstehende Übersicht.

Das *Organisationsrecht,* d. h. die Befugnis, die staatliche oder sonstige Verwaltung in Aufbau und Zuweisung der Funktionen zu ordnen, kann je nach Verfassungsrecht durch Gesetz oder auf Grund eines solchen durch RechtsVO ausgeübt werden (z. B. Errichtung und Aufhebung von Behörden; Abgrenzung von Amtsbezirken). Die Durchführung im einzelnen auf dieser Rechtsgrundlage, z. B. die Einrichtung von Abteilungen einer Behörde, ist innerdienstliche Angelegenheit.

Verwaltungsreformen streben die Einsparung einer Verwaltungsinstanz an. Fast alle größeren Länder haben aber die *Mittelinstanz* beibehalten, um die Ministerien von Einzelgeschäften möglichst zu entlasten und einem ungesunden *Zentralismus* vorzubeugen. Vgl. 124.

146. Mittelbare Staatsverwaltung

ist die nicht von den Staatsbehörden unmittelbar, sondern von rechtsfähigen selbständigen Verwaltungsträgern wahrgenommene Erfüllung staatlicher Aufgaben in dem gesetzlich bestimmten *begrenzten* Rahmen. Ihre häufigste und erste geschichtliche Erscheinungsform ist die *Selbstverwaltung,* d. h. die eigenverantwortliche Wahrnehmung von Verwaltungsaufgaben, die in den Aufgabenkreis des Staates fallen, durch körperschaftliche rechtsfähige Verbände. Mit ihr ist häufig das Recht der *Autonomie* (Satzungsgewalt) verbunden. Als Träger des Satzungsrechts kommen neben Körperschaften des öffentlichen Rechts auch Anstalten und Stiftungen in Betracht.

Die *Selbstverwaltung* beginnt mit der preuß. *Städteordnung* vom 19. 11. 1808. Als Selbstverwaltungskörper wurden zuerst die Träger der *Sozialversicherung,* ferner die Industrie- und Handelskammern, seit der Handwerkernovelle vom 26. 7. 1897 auch die *Handwerkerverbände* (Innungen, Innungsausschüsse und -verbände) anerkannt. Es folgten die Selbstverwaltungskörper der Wirtschaft und der Kulturpflege. Vgl. 653, 832–834.

Eine Form mittelbarer Staatsverwaltung ist die *mittelbare Bundesverwaltung,* d. h. die Wahrnehmung von Bundesaufgaben durch bundesunmittelbare Körperschaften oder Anstalten des öffentlichen Rechts (z. B. Sozialversicherungsträger, vgl. 653).

Alle nachgeordneten Behörden unterliegen einer *Staatsaufsicht* unterschiedlichen Umfangs. Diese kann auf die *Rechtsaufsicht* beschränkt sein, d. h. darauf, daß sich die Verwaltungstätigkeit im gesetzlichen Rahmen hält. Das gilt insbes., soweit eine nachgeordnete juristische Person öffentlichen Rechts (144) *Selbstverwaltungsaufgaben* wahrnimmt, z. B. die Gemeinde in Sozial- oder Jugendhilfeangelegenheiten (119). Führt sie dagegen staatliche *Auftragsangelegenheiten* aus (119 I; z. B. im Meldewesen), so unterliegt sie der *Fachaufsicht,* die sich auch auf *Ermessensentscheidungen* erstreckt und ein Weisungsrecht umfaßt.

147. Das Verwaltungsverfahren

I. Ein eigentliches Verfahren findet in der Verwaltung i. d. R. nur statt, wenn die Behörde eine *nach außen wirkende Tätigkeit* entfaltet mit dem Ziel, einen *Verwaltungsakt* zu erlassen oder einen *öffentlich-rechtlichen Vertrag* abzuschließen (§ 9 des Verwaltungsverfahrensgesetzes – VwVfG – vom 25. 5. 1976, BGBl. I 1253).

Ein Verwaltungsverfahren ist darüber hinaus durchzuführen, wenn gesetzlich ein *förmliches Verfahren* vorgesehen ist (z. B. Besteuerungsverfahren, 507; Flurbereinigung, 824 II; Ordnungswidrigkeitenverfahren, 152).

Das Verwaltungsverfahren ist i. d. R. auf den Erlaß eines *Verwaltungsaktes* (dazu im einzelnen 148), ggf. auf den Abschluß eines *Verwaltungsvertrags* gerichtet.

Ein *Verwaltungsvertrag* (öff.-rechtl. Vertrag) behandelt Rechtsverhältnisse des öffentlichen Rechts (zum Unterschied von dem von einer Behörde geschlossenen privatrechtlichen Vertrag, vgl. 141). Er kann zwischen Verwaltungsträgern (z. B. Gemeinden über Wege) oder zwischen einem Verwaltungsträger und einer Privatperson abgeschlossen werden (z. B. Straßenanliegervertrag). Vgl. §§ 54ff. VwVfG. Er bedarf stets der *Schriftform* und unterliegt auch sonst einigen Abweichungen vom Vertrag des Privatrechts, z. B. hins. der Nichtigkeit, der Kündigung oder Anpassung bei Änderung der Verhältnisse sowie der Unterwerfung unter die sofortige Vollstreckung (§§ 59–61 VwVfG).

II. Soweit nicht Sondervorschriften bestehen, regelt das Verwaltungsverfahrensgesetz (oben I) die Grundzüge für das Verfahren der Verwaltungsbehörden des Bundes, der bundesunmittelbaren Körperschaften, Anstalten usw. sowie der Länder, Gemeinden und Gemeindeverbände in Auftragsangelegenheiten (56 II). Das VwVfG gilt auch für die öff.-rechtliche Verwaltungstätigkeit der Länder und Gemeinden in Selbstverwaltungsangelegenheiten, soweit nicht – was auch bei der Ausführung von Bundesrecht der Fall sein kann – besondere Verwaltungsverfahrensgesetze der Länder eingreifen (z. B. NRW, Ges. vom 21. 12. 1976, GV.NW. 438; Rheinl.-Pfalz, Ges. vom 23. 12. 1976, GVBl. 308).

Das Verwaltungsverfahren kann *formlos* durchgeführt werden, soweit nicht durch besondere Rechtsvorschriften eine Form vorgeschrieben ist (§ 10 VwVfG). Das Ges. regelt u. a. den Begriff des Beteiligten, die Mitwirkung von Bevollmächtigten und Beiständen (§§ 13, 14) sowie die Vertretung in sog. *Massenverfahren,* an denen mehr als 50 Personen beteiligt sind (§§ 17–19). Für den Ausschluß von der Amtstätigkeit wegen möglicher Interessenkollision oder Befangenheit gelten nach §§ 20, 21 ähnliche Regeln wie im gerichtlichen Verfahren (235, 271). Über den Untersuchungsgrundsatz (268 V) s. § 24, über die Anhörung (rechtliches Gehör) der Beteiligten § 28; diese haben grundsätzlich das Recht der Akteneinsicht (§ 29).

Sieht das Ges. ein *förmliches* Verfahren vor, so gelten nach §§ 63ff. ergänzende Sondervorschriften insbes. über Vernehmung von Zeugen und Sachverständigen, mündliche Verhandlung sowie die Entscheidung und ihre Bekanntmachung (auch in Massenverfahren). Über die *ehrenamtliche* Tätigkeit im Verwaltungsverfahren – insbes. auch in Ausschüssen –, ihre Entschädigung usw. vgl. §§ 81ff. VwVfG.

III. Nach dem *Verwaltungszustellungsgesetz* vom 3. 7. 1952 (BGBl. I 379) m. spät. Änd. erfolgen in der Bundesverwaltung (i. w. S.) und der Landesfinanzverwaltung *Zustellungen* entweder durch die Post mit Zustellungsurkunde oder mittels eingeschriebenen Briefes oder durch die Behörde gegen Empfangsbekenntnis oder (bei Behörden) mittels Vorlegens der Urschrift. Das VwZG wird darüber hinaus in vielen Bundes- oder Landesgesetzen für anwendbar erklärt (vgl. z. B. § 56 VwGO).

IV. Für die Inanspruchnahme oder für Leistungen der öffentlichen Verwaltung (kostenpflichtige Amtshandlungen) gilt das *Verwaltungskostengesetz* vom 23. 6. 1970 (BGBl. I 821). Es ist anwendbar für die Behörden des Bundes, der bundesunmittelbaren Körperschaften, Anstalten und Stiftungen öffentlichen Rechts; ferner für die Behörden der Länder, Gemeinden und Gemeindeverbände, soweit sie Bundesrecht ausführen oder als Auftragsverwaltung (56) handeln. Das VwKostG gibt allgemeine Vorschriften und Grundsätze für die Kostenregelung der einzelnen Verwaltungszweige, z. B. für die Angemessenheit der Kosten (= Gebühren und Auslagen), Gebührenermäßigung, Fälligkeit, Säumniszuschläge, Erstattung überzahlter oder zu Unrecht erhobener Kosten, Verjährung, Rechtsbehelfe usw. Dagegen richten sich Stundung, Niederschlagung und Erlaß gem. § 19 VwKostG nach der Bundeshaushaltsordnung (80). Das VwKostG gilt nicht für die Gerichte und die Justizverwaltung (hierzu vgl. 214) und das Patentamt (hierzu VO vom 26. 6. 1970, BGBl. I 835). Für die einzelnen Verwaltungszweige gelten weitere Sonderregelungen, z. B. ZollkostenVO und GebührenVO für Maßnahmen im Straßenverkehr vom 26. 6. 1970 (BGBl. I 848, 865), KostenVO der Luftfahrtverwaltung vom 14. 2. 1984 (BGBl. I 346), AuslandskostenG vom 21. 2. 1978 (BGBl. I 301) mit DVO vom 7. 1. 1980 (BGBl. I 21) für Amtshandlungen der Auslandsvertretungen.

148. Der Verwaltungsakt

I. *Begriff*

Ein *Verwaltungsakt (VA)* ist jede Verfügung, Entscheidung oder andere hoheitliche Maßnahme, die eine Behörde *zur Regelung eines Einzelfalles* auf dem Gebiet des öffentlichen Rechts trifft und die auf unmittelbare Rechtswirkung nach außen gerichtet ist (§ 35 Verwaltungsverfahrensgesetz – VwVfG – vom 25. 5. 1976, BGBl. I 1253). Der VA unterscheidet sich somit von der Rechtsetzung (Gesetzgebung), die eine allgemeine Regelung trifft, und der Rechtsprechung (vgl. 70).

„Behörde“ ist allgemein jedes – wenn auch nicht selbst rechtsfähige – Verwaltungsorgan, dem die Vertretung des Staates oder eines anderen Trägers öffentlicher Verwaltung obliegt, insbes. bei der Wahrnehmung von Aufgaben der öffentl. Verwaltung (§ 1 Abs. 4 VwVfG).

Eine besondere Form des VA ist die *Allgemeinverfügung*. Sie richtet sich – im Gegensatz zur Einzelverfügung – an einen nach allgemeinen Merkmalen bestimmten (oder bestimmbaren) Personenkreis oder betrifft die öffentlich-rechtliche Eigenschaft einer Sache oder ihre Benutzung durch die Allgemeinheit (z. B. Straßensperrung während eines Festzugs).

Zu unterscheiden vom VA ist die *Verordnung*, die sich als Rechtssatz an eine unbestimmte Personenzahl wendet und nicht einen Einzelfall behandelt, sondern viele künftig mögliche Fälle regelt (z. B. Polizei VO, 167).

Man teilt die Verwaltungsakte ein

1. nach dem *Inhalt* in
   a) *gestaltende* VAe, die eine konkrete Rechtsfolge begründen, ändern oder aufheben (z. B. Genehmigung, Beamtenernennung, Widmung, Entwidmung);
   b) *feststellende* VAe. Sie stellen einen Anspruch oder eine persönliche

oder sachliche Eigenschaft mit verwaltungsrechtlicher Auswirkung fest (z. B. Entscheidung über Wahlrecht, Einheitswertbescheid, Rentenbescheid, Gehaltsfestsetzung);

2. nach der *rechtlichen Wirkung* in
   a) *begünstigende* (berechtigende) VAe, z. B. Baudispens, Konzession;
   b) *belastende* (verpflichtende) VAe, z. B. Polizeiverfügung zur Beseitigung eines polizeiwidrigen Zustandes.

   Ein VA kann auch *Doppelwirkung* haben, so wenn er den Adressaten begünstigt und zugleich einen Dritten belastet (Baugenehmigung, die in Nachbarrechte eingreift).

3. Nach der *zeitlichen Wirkung* kann der VA eine *einmalige* oder *dauernde Wirkung* äußern (Steuerbescheid; Widmung eines Weges).

4. Nach der *Bindung der Behörde* kann der VA *ermessensfrei* oder *gebunden* sein; im letzteren Fall besteht ein Anspruch (z. B. auf Erteilung einer Baugenehmigung, Zulassung zur Anwaltschaft) bei Vorliegen der gesetzlichen Voraussetzungen.

Verfahrensmäßig spricht man auch von *mitwirkungsbedürftigen* VAen, so z. B., wenn der Antrag eines Beteiligten oder die Zustimmung einer anderen Behörde vorausgesetzt wird.

Ein VA kann als *Nebenbestimmung* eine Bedingung, Auflage oder Befristung erhalten (z. B. Schankkonzession mit Auflage baulicher Veränderungen, Erlaubnisschein für bestimmte Zeit); im einzelnen s. § 36 VwVfG. Bei der *Auflage* wird der erzwingbare VA sofort wirksam, während die *aufschiebende Bedingung* die Wirksamkeit hinausschiebt und nicht erzwungen werden kann. Die Verwaltungsbehörde kann sich auch den *Widerruf* des VA vorbehalten.

Eine *Form* ist für den VA i. d. R. nicht vorgeschrieben. Er kann also auch mündlich oder durch Zeichen erlassen werden (z. B. Straßensperren). Falls ausnahmsweise *Schriftform* vorgeschrieben ist, sind nichtschriftliche VAe nichtig. Den Betroffenen ist der VA (ggf. mündlich) bekanntzugeben; erst damit wird er wirksam; die Rechtsmittelfrist beginnt erst mit der Bekanntgabe zu laufen. Eine *Begründung* ist beim schriftlichen VA grundsätzlich geboten, aber z. B. entbehrlich, wenn einem Antrag stattgegeben wird, dagegen notwendig bei einem *belastenden VA,* wenn sie sich nicht schon aus den Umständen ergibt (§ 39 VwVfG).

Nicht zu den VAen zählen *behördeninterne Anweisungen,* die keine Wirkung nach außen haben (z. B. Referatsverteilung, Bearbeitungsanweisungen), sowie *behördliche Auskünfte* (soweit nicht gesetzlich vorgesehen, z. B. § 23 ZollG, § 15 SGB I, § 25 VwVfG).

II. Der *fehlerhafte Verwaltungsakt.*

Ein VA ist *fehlerhaft,* wenn er rechtswidrig ist, d. h., wenn er den Anforderungen der Rechtsordnung nicht entspricht, z. B. weil er auf einer unrichtigen Rechtsauslegung beruht oder weil er in tatsächlicher Hinsicht unrichtig ist.

Die *Gesetzmäßigkeit* der Verwaltung ist einer der tragenden Grundsätze des Rechtsstaates. Er besagt, daß die vollziehende Gewalt – ebenso wie die Rechtsprechung (vgl. 73) – an Gesetz und Recht gebunden ist (Art. 20 Abs. 3 GG). Für die Exekutive liegt darin die Verpflich-

270

tung, in die Rechtssphäre des Bürgers nur auf Grund eines Gesetzes oder einer hierauf beruhenden sonstigen Rechtsnorm – RechtsVO, Satzung (vgl. 201) – einzugreifen; diese Begrenzung wird auch „Vorbehalt des Gesetzes" genannt.

Der Grundsatz der Gesetzmäßigkeit und Rechtmäßigkeit der Verwaltung verlangt außerdem, daß die öffentl. Verwaltung in die Rechtssphäre des Bürgers nur so weit eingreift, als es erforderlich ist; unter mehreren möglichen Maßnahmen ist diejenige zu treffen, die am ehesten geeignet ist, den angestrebten Zweck zu erreichen; auch dürfen die Wirkungen des Eingriffs nicht außer Verhältnis zum beabsichtigten Erfolg stehen *(Verhältnismäßigkeitsgrundsatz* und *Übermaßverbot;* besonders ausgeprägt z. B. im Polizeirecht für den Waffengebrauch, vgl. 169).

Ist zu entscheiden, ob ein VA *fehlerhaft* (i. w. S.) ist, so ist zunächst seine *Rechtmäßigkeit* zu prüfen, d. h. ob er den Anforderungen der Rechtsordnung in formeller (verfahrensmäßiger) und materieller Hinsicht entspricht. Ist die Behörde ermächtigt, nach ihrem Ermessen zu entscheiden, so muß sie das *Ermessen pflichtmäßig* ausüben (§ 40 VwVfG; über *Ermessensleistungen* im Sozialrecht vgl. § 39 SGB I). Unzulässig ist sowohl der *Ermessensmißbrauch,* d. h. unsachliches oder unmotiviertes Verfahren (Verbot der Willkür oder Verwaltungswidrigkeit), als auch die *Ermessensüberschreitung,* bei welcher vom Gesetz vorgeschriebene Grundsätze oder Richtlinien nicht beachtet sind. Ähnliches gilt für den *Beurteilungsspielraum,* soweit dieser einer Behörde in einzelnen Bereichen, z. B. bei Prüfungsentscheidungen, eingeräumt ist; hier beschränkt sich die Nachprüfung darauf, ob die Entscheidung von unrichtigen Gesichtspunkten ausgeht oder auf sachfremden oder willkürlichen Erwägungen beruht.

Die Rechtsfolgen der Fehlerhaftigkeit sind verschieden je nach dem Gewicht des Fehlers. Allgemein gilt der Grundsatz, daß auch der fehlerhafte VA im Zweifel *gültig* ist, aber *angefochten* und danach aufgehoben werden kann. Es ist also stets zu prüfen, ob ein Fehler von wesentlicher Bedeutung für die Bestandskraft des VA (s. u. III) ist. Von vornherein *nichtig* ist nur ein VA, dessen Mängel offenkundig und so schwer sind, daß er keinesfalls hätte Rechtens erlassen werden können (§ 44 Abs. 1 VwVfG).

Fälle eines offenkundigen schweren Mangels sind z. B. Entscheidungen, die erkennbar in einen anderen Behördenbereich eingreifen (sog. Ressortverwechslung, z. B. Steuerbescheid eines Bauamtes); nicht dagegen die fehlende *sachliche Zuständigkeit,* außer wenn diese eine ausschließliche ist. Weitere Fälle der Nichtigkeit (§ 44 Abs. 2 VwVfG) sind das Fehlen bestimmter äußerer Voraussetzungen (z. B. Aushändigung einer Urkunde bei Beamtenernennung u. dgl.) oder der ortsgebundenen Zuständigkeit (§ 3 Abs. 1 Nr. 1 VwVfG). Nichtig ist auch ein VA, der unausführbar oder auf einen verbotenen oder sittenwidrigen Zweck gerichtet ist. Dagegen sind der Mangel der *örtlichen Zuständigkeit* (von dem genannten Fall abgesehen) oder das Unterbleiben der vorgeschriebenen Mitwirkung einer anderen Behörde oder Stelle keine Nichtigkeitsgründe. Diese und andere Verfahrens- und Formmängel können durch Nachholung des Versäumten *geheilt* werden (§ 44 Abs. 3, § 45 VwVfG). Auch kann die Aufhebung eines VA wegen eines Verstoßes gegen Verfahrens- oder Formvorschriften oder wegen *örtlicher* Unzuständigkeit nicht beansprucht werden, wenn eine andere Sachentscheidung ohnehin nicht ergehen könnte (§ 46 VwVfG). Im übrigen kann ein fehlerhafter VA durch *Umdeutung* aufrechterhalten werden, wenn die Voraussetzungen

zungen für den an sich angestrebten VA vorliegen, es sei denn, daß dieser für den Betroffenen ungünstiger wäre oder daß der fehlerhafte VA nicht zurückgenommen werden kann (s. § 47 VwVfG u. unten IV).

Vom nichtigen VA zu unterscheiden ist der „Nichtakt", der gar kein echter VA ist, so insbesondere das *Handeln eines Nichtbeamten* (z. B. Hochstaplers, Hauptmann von Köpenick); hier liegt ein strafrechtlich zu verfolgender Tatbestand vor. Die einzige Ausnahme bildet § 11 Abs. 2 Eheges. vom 20. 2. 1946, wonach die vor einem als *Standesbeamter* auftretenden Nichtbeamten geschlossene *Ehe* gültig bleibt, sofern sie in das *Familienbuch* eingetragen wurde (vgl. 343). Hat aber die Verwaltung einem Schwindler ein Amt irrtümlich übertragen (z. B. auf Grund falscher Papiere), so bleiben dessen Amtshandlungen wirksam, auch wenn die Ernennung mit rückwirkender Kraft für nichtig erklärt wird, weil die Amtstätigkeit *im Interesse der Allgemeinheit* sich nicht ungeschehen machen läßt (vgl. § 14 BBG).

Keinen Einfluß auf die Rechtswirksamkeit haben *offenbare Unrichtigkeiten* wie Schreibfehler, falsche Parteibezeichnung, i. d. R. auch Zitieren eines falschen Gesetzesparagraphen usw. Hier wird einfach *berichtigt* (§ 42 VwVfG).

Somit bedarf es bei einem offenkundig fehlerhaften und daher *nichtigen* VA nicht der Einlegung eines *Rechtsmittels,* wohl aber bei einem *anfechtbaren;* denn dieser ist zunächst gültig und auch vom Betroffenen und der Behörde zu beachten. Er muß innerhalb der Rechtsmittelfrist angefochten werden; wird diese versäumt, ist der Fehler unbeachtlich. Bei einem nichtigen VA genügt dagegen eine entsprechende Feststellung (§ 44 Abs. 5 VwVfG).

III. *Rechtskraft und Bestandskraft des Verwaltungsaktes.*

Die Rechtskraft einer Entscheidung besteht darin, daß sie verfahrensmäßig endgültig (unabänderbar) und inhaltlich für die Betroffenen maßgeblich ist. Ein gerichtliches Urteil ist *formell* rechtskräftig, wenn es mit Rechtsmitteln von den Parteien (Beteiligten) nicht mehr angefochten werden kann. Die *materielle* Rechtskraft bedeutet die Endgültigkeit der im Urteil zu dem Sach- und Streitverhältnis getroffenen Entscheidung, an welche die Beteiligten und alle Gerichte gebunden sind (res iudicata).

Ein VA ist *formell rechtskräftig,* wenn die getroffene Maßnahme nicht mehr mit Rechtsmitteln angefochten werden kann (äußere Unanfechtbarkeit). Er erlangt ferner materielle *Bestandskraft* und behält diese, solange er nicht zurückgenommen, widerrufen oder anderweitig aufgehoben ist oder sich durch Zeitablauf oder sonstwie erledigt (§ 43 Abs. 2 VwVfG).

Hierbei wird vorausgesetzt, daß der VA einen abgeschlossenen Sachverhalt betrifft und daß er entweder eine Rechtslage gestaltet oder einen Streit entscheidet oder das Bestehen oder Nichtbestehen einer Rechtsstellung (einer Berechtigung) feststellt – s. o. I –. Dagegen wird bloßen *Verwaltungshandlungen* weder Rechtskraft noch Bestandskraft zuteil (z. B. Beurkundungen, Entgegennahme von Erklärungen).

IV. *Widerruf und Rücknahme.*

Ein VA weist nicht die Starrheit eines richterlichen Urteils auf, das an einen gegebenen Tatbestand anknüpft, sondern muß sich der ständig *wechselnden Sachlage* anpassen. Eine Verwaltungsbehörde kann daher ihren VA unter gewissen

272

Voraussetzungen, wenn die zugrunde gelegten tatsächlichen oder rechtlichen Verhältnisse sich geändert haben, wieder aufheben.

Man unterscheidet zwischen dem *Widerruf* fehlerfreier und der *Rücknahme* fehlerhafter VAe. Grundsätzlich kann die erlassende Behörde auch einen fehlerfreien VA widerrufen, außer wenn dadurch gegen berechtigte Interessen eines Beteiligten verstoßen wird. Beim begünstigenden VA ist der Widerruf, wenn der Empfänger ein Recht erworben hat (z. B. Benutzungsrecht), nur unter bestimmten Voraussetzungen zulässig, insbes. wenn er in einer Rechtsvorschrift oder in dem VA ausdrücklich vorbehalten ist sowie bei Verstoß gegen Auflagen oder, um schweren Nachteilen für das Gemeinwohl entgegenzuwirken u. dgl. (§ 49 Abs. 2 VwVfG). Bei einer sog. *Gestattung,* die ohnehin nur unter bestimmten Voraussetzungen widerrufen werden darf (z. B. Gaststättenkonzession, § 15 GaststG), ist der Widerruf i. d. R. ausgeschlossen, wenn der Empfänger im Vertrauen auf das Bestehenbleiben des VA bereits vermögensrechtliche Dispositionen getroffen hat. Ist der Widerruf gleichwohl wegen eines unabweisbaren öffentlichen Interesses geboten, besteht Entschädigungspflicht (§ 49 Abs. 5 VwVfG).

Die *Rücknahme* eines fehlerhaften VA ist grundsätzlich auch nach formeller Rechtskraft zulässig, bei einem begünstigenden VA aber nur aus überwiegendem Interesse an der Herstellung des gesetzmäßigen Zustandes. Dies ist insbesondere im Bereich der Leistungsverwaltung von Bedeutung, wobei es darauf ankommen kann, ob der Empfänger die Fehlerhaftigkeit gekannt (insbes. wenn er den VA erschlichen hat) oder grobfahrlässig nicht erkannt hat oder ob ein schutzwürdiges Interesse des Empfängers der Rücknahme entgegensteht. Bei laufenden Leistungen (Renten, Dienstbezüge) ist eine Rücknahme oder Änderung nur für die Zukunft zulässig, weil das Empfangene i. d. R. verbraucht sein wird. Vgl. § 48 VwVfG.

V. *Vollziehung und Vollstreckung*

Im Verwaltungsrecht wird zwischen *Vollziehung* und *Vollstreckung* unterschieden. Erstere ist die Durchführung eines VA, letztere seine zwangsweise Durchsetzung (im Wege des *Verwaltungszwangs),* die von der formalen Rechtskraft des VA (s. oben III) abhängt. Die Behörde kann die Vollziehung ebenso wie die Vollstreckung nach ihrem pflichtgemäßen Ermessen aussetzen, so wenn zu erwarten ist, daß der Betroffene von sich aus den Zustand herstellt, der mit der behördlichen Anordnung erstrebt wird.

Im Wege des *Verwaltungszwangs* kann der Einzelne, dem durch VA ein Tun, Dulden oder Unterlassen auferlegt worden ist und der nicht freiwillig seine Rechtspflicht erfüllt, durch die Verwaltungsbehörde mit Zwangsmitteln dazu angehalten oder der erstrebte Erfolg auf seine Kosten herbeigeführt werden.

Vollstreckungsmaßnahmen werden i. d. R. ohne Inanspruchnahme der Gerichte durchgeführt; sie müssen angemessen sein und dürfen nicht mit sachfremden Zwecken oder Interessen gekoppelt werden. Zwangsmittel müssen vor ihrer Anwendung *angedroht* werden, außer wenn die sofortige Anwendung notwendig ist, um eine drohende Gefahr abzuwenden oder eine Straftat oder Ordnungswidrigkeit zu verhüten (vgl. §§ 9, 13 des *Verwaltungs-Vollstreckungsgesetzes* vom 27. 4. 1953, BGBl. I 157 m. spät. Änd.).

Wie bei Zwangsvollstreckung nach der ZPO unterscheidet man

1. Die *Beitreibung von Geldforderungen* (z. B. Steuern, Gebühren, Kosten), die durch *Pfändung* beweglicher Sachen und Pfandverwertung erfolgt. Maßgebend sind das *Verwaltungs-Vollstreckungsgesetz* und die darin bezeichneten Vorschriften der Abgabenordnung. *Forderungen* werden durch schriftliche Verfügung der Behörde (an Stelle des zivilprozessualen Pfändungs- und Überweisungsbeschlusses) gepfändet. Ins unbewegliche Vermögen kann nur durch die ordentlichen Gerichte vollstreckt werden (vgl. §§ 322, 323 AO);
2. die Erzwingung von *Handlungen, Duldungen* oder *Unterlassungen.* Sie können durch *Ersatzvornahme* auf Kosten des Pflichtigen, durch *Zwangsgeld* oder *Ersatzzwangshaft,* die als Beugemittel erst nach gerichtlicher Anordnung vollstreckt werden darf, und durch *unmittelbaren Zwang* erzwungen werden. Der Verwaltungszwang richtet sich i. d. R. gegen das *Vermögen* (z. B. Schließung einer Gaststätte), in gesetzlich ausdrücklich zugelassenen Fällen aber auch gegen die *Person* (z. B. Bekämpfung von Geschlechtskrankheiten). Vgl. 169, 184. S. a. Ges. über den unmittelbaren Zwang bei Ausübung öffentlicher Gewalt durch Vollzugsbeamte des Bundes – UZwG – vom 10. 3. 1961 (BGBl. I 165), für Soldaten und zivile Wachpersonen UZwGBw vom 12. 8. 1965 (BGBl. I 796).

Auch in den Ländern sind Verwaltungs-Vollstreckungsgesetze ergangen; z. B. Bad.-Württbg. am 12. 3. 1974 (GBl. 93), Hessen am 4. 7. 1966 (GVBl. I 151), Nordrh.-Westf. am 13. 5. 1980 (GV.NW. 510), Saarld. am 27. 3. 1974 (ABl. 430).

149. Der Rechtsschutz in der Verwaltung

Gegen einen Verwaltungsakt kann der Betroffene sich mit *formlosen Rechtsbehelfen* oder (förmlichen) *Rechtsmitteln* zur Wehr setzen. Die förmlichen Rechtsmittel führen – i. d. R. über den Widerspruch (s. u.) – im Gegensatz zu den sonstigen Rechtsbehelfen dazu, daß die Behörde den VA nachprüft und einen (förmlichen) Bescheid erteilt. Der Rechtsschutz ist durch die Rechtsweggarantie nach Art. 19 Abs. 4 GG verfassungsmäßig gewährleistet. Soweit nicht eine andere Zuständigkeit begründet ist, ist der ordentliche Rechtsweg gegeben.

Über einen Fall gesetzlichen Ausschlusses des Rechtsweges vgl. § 9 Abs. 6 des sog. Abhörgesetzes vom 13. 8. 1968 (BGBl. I 949); s. 48 (2).

I. *Formlose Rechtsbehelfe* sind:

1. *Gegenvorstellung (Remonstration),* die auf den vermeintlichen Fehler hinweist und um Abstellung ersucht. Die Behörde kann dem entsprechen.
2. *Aufsichtsbeschwerde* an die vorgesetzte Behörde.

Beide Rechtsbehelfe sind, da keine Rechtsmittel, an keine Form oder Frist gebunden; sie gewähren keinen sicheren Schutz, da die Behörden zwar den Sachverhalt überprüfen und antworten müssen (Art. 17 GG), aber keinen neuen förmlichen Bescheid zu erlassen brauchen.

II. Als förmliche *Rechtsmittel* sind vorgesehen:

1. Der *Widerspruch.* Er ist durch die Verwaltungsgerichtsordnung (VwGO) vom 21. 1. 1960 an Stelle von Einspruch oder Beschwerde eingeführt worden, die unterschiedlich vorgesehen waren (so jetzt noch in §§ 348, 349 AO). Das *Widerspruchsverfahren* ist als Voraussetzung für die verwaltungsgerichtliche Klage nunmehr grundsätzlich vorgeschrieben. Die Erhebung des Widerspruchs ist an die Einhaltung einer Frist von 1 Monat gebunden. Vgl. 151 V, 166, 626, 672, 689.
2. Die *Klage vor dem Verwaltungsgericht* nach Durchführung des Widerspruchsverfahrens (in manchen Fällen auch unmittelbar zugelassen). Vgl. 151 IV, V.
3. *Anrufung des ordentlichen Gerichts.*

Sie ist nur in gesetzlich bestimmten Fällen möglich, z. B. über die Höhe einer Enteignungsentschädigung. Für alle Klagen eines Beamten aus dem Beamtenverhältnis ist dagegen der Verwaltungsrechtsweg eingeräumt (§ 126 BRRG).

III. Als *außerordentliche Rechtsbehelfe* kommen in Betracht:

1. der Antrag auf *Wiederaufgreifen des Verfahrens.*

Er ist unter bestimmten Voraussetzungen zulässig, aber weitergehend als die Restitutionsklage im Zivilprozeß (246, b) auch bei Änderung der Sach- oder Rechtslage oder Vorlage neuer Beweismittel (§ 51 VwVfG);

2. der Antrag auf *Wiedereinsetzung in den vorigen Stand,* wenn eine gesetzliche Frist oder eine mündliche Verhandlung ohne Verschulden versäumt worden ist (§ 32 VwVfG).

Über den in §§ 23ff. EGGVG geregelten Rechtsweg gegen *Justizverwaltungsakte* vgl. 205.

150. Entwicklung und Grundzüge der Verwaltungsgerichtsbarkeit

I. *Geschichtliche Entwicklung.* Nach Ablösung des *absoluten* Staates, in welchem die Verwaltung keiner gerichtlichen Kontrolle unterlag, gewährte der *Verfassungsstaat* schon in der konstitutionellen Monarchie zum Schutz gegen staatliche Übergriffe eine Kontrolle der Verwaltung durch die ordentlichen Gerichte (*Justizstaat). Frankreich* führte 1801 den Grundsatz der Gewaltenteilung durch und richtete eigene Verwaltungsgerichte ein. In Deutschland wurde eine Verwaltungsgerichtsbarkeit in Hessen 1832, in Baden 1863, in Württemberg 1876 und in Bayern 1879 geschaffen. In *Preußen* wurden durch das Landesverwaltungsgesetz von 1883 Kreis-und Stadtverwaltungsgerichte als untere Stufe, Bezirksverwaltungsgerichte als Mittelinstanz und das *Oberverwaltungsgericht* in Berlin als oberste Stufe des Verwaltungsrechtsweges errichtet. Nur das letztere war ein von der Verwaltung gesondertes Gericht, während die beiden unteren Instanzen den Behörden angegliedert und personell mit ihnen verbunden waren.

Im Reich von 1871 lagen Verwaltung und gerichtliche Kontrolle bei den Bundesstaaten. Nur im Aufgabengebiet des Bundesamts für Heimatwesen, des

Reichspatentamts, des Reichsversicherungsamts und des Reichsaufsichtsamts für Privatversicherung bestand eine Verwaltungsgerichtsbarkeit des Reiches. Im Weimarer Staat wurden für Finanzverwaltung, Versorgungswesen und Wirtschaft oberste Instanzen in dem Reichsfinanzhof, dem Reichsversorgungsgericht und dem Reichswirtschaftsgericht geschaffen. Das in Art. 166 WVerf. vorgesehene Verwaltungsgericht des Reiches fehlte weiter. Nach 1933 wurden durch die 2. VO über die Vereinfachung der Verwaltung vom 6. 11. 1939 die unteren Verwaltungsgerichte sowie die Finanzgerichte aufgehoben und die Laienrichter abgeschafft. 1941 wurde zwar ein *Reichsverwaltungsgericht* als oberstes Verwaltungsgericht, jedoch nur für Preußen und bestimmte unter reichseigener Verwaltung stehende Gebiete eingerichtet; im übrigen blieben die *Landesverwaltungsgerichte* bestehen. Daneben bestanden weiter Reichsfinanzhof, Reichsversicherungsamt, Reichsaufsichtsamt für Privatversicherung und Reichsoberseeamt. Nach dem Zusammenbruch 1945 wurden alle Verwaltungsgerichte durch das MRG Nr. 2 geschlossen, aber durch das KRG Nr. 36 vom 10. 10. 1946 wieder errichtet; sie wurden je nach dem zonalen Recht unterschiedlich gestaltet. Eine bundeseinheitliche *Verwaltungsgerichtsordnung* erging erst am 21. 1. 1960. Vgl. 151.

II. *Zweck der Verwaltungsgerichtsbarkeit* ist die *Kontrolle der Verwaltung* und der Schutz der Staatsbürger gegen fehlerhafte Ausübung der staatlichen Gewalt; sie obliegt selbständigen und von den Verwaltungsbehörden unabhängigen Gerichten. Diese *Verwaltungsgerichte* sind für die Entscheidung öffentlich-rechtlicher Streitigkeiten zuständig (einschl. der den *besonderen Verwaltungsgerichten* zugewiesenen Streitigkeiten insbes. der Finanz- und Sozialgerichtsbarkeit). *Nicht* zu ihrer Zuständigkeit gehören:

1) *Verfassungsstreitigkeiten.* Sie werden vom BVerfG bzw. den Landesverfassungsgerichten oder Staatsgerichtshöfen der Länder entschieden.
2) *Streitigkeiten des privaten Rechts;* diese sind den ordentlichen Gerichten vorbehalten.
3) Streitigkeiten, die zwar öffentlich-rechtlicher Natur, aber durch besondere Vorschriften den *ordentlichen Gerichten* zugewiesen sind (z. B. Höhe der Enteignungsentschädigung, Ansprüche aus Amtspflichtverletzung von Beamten).
4) *Arbeitsrechtliche Streitigkeiten.* Ihre Entscheidung ist, auch soweit sie öffentl.-rechtlicher Natur sind, den Arbeitsgerichten übertragen. Vgl. 636.

III. Der durch einen Verwaltungsakt Beschwerte kann – i. d. R. aber erst nach vorangegangenem Widerspruchsverfahren – *Klage vor dem Verwaltungsgericht* des Landes (VG) erheben. Gegen dessen Entscheidung ist die Berufung an das *Oberverwaltungsgericht* (OVG, in manchen Ländern Verwaltungsgerichtshof) gegeben. Als Rechtsmittel gegen dessen Entscheidung ist unter gewissen Voraussetzungen die *Revision* an das Bundesverwaltungsgericht zugelassen. Vgl. 151 IV, V, VII.

Über die nach Einzelgesetzen noch bestehenden und die zur Entlastung der VGe vorübergehend eingeführten Beschränkungen vgl. 151 VII.

151. Die Verwaltungsgerichtsordnung

Die Verwaltungsgerichtsordnung (VwGO) vom 21. 1. 1960 (BGBl. I 17) m. spät. Änd. führte am 1. 4. 1960 eine *einheitliche bundesrechtliche Ordnung* für Gerichtsverfassung und gerichtliches Verfahren in Verwaltungssachen ein. Sie bezweckt die Kontrolle der Verwaltung durch *unabhängige Gerichte,* die von der Verwaltung getrennt sind (vgl. 150 II). Erst wenn der *Verwaltungsrechtsweg* erschöpft ist, verbleibt unter besonderen Voraussetzungen noch der Rechtsschutz der *Verfassungsbeschwerde* (vgl. 52, 74).

I. Gerichtsverfassung.

Die allgemeine Verwaltungsgerichtsbarkeit ist *dreistufig.* In den *Ländern* bestehen als erste und zweite Instanz Verwaltungsgerichte (VG) und Oberverwaltungsgerichte (OVG) bzw. Verwaltungsgerichtshöfe (VGH), im Bund als oberste Instanz das Bundesverwaltungsgericht (BVerwG) in Berlin.

Das VG entscheidet nach mündlicher Verhandlung in *Kammern,* die mit drei *Berufsrichtern* und zwei *ehrenamtlichen Richtern* besetzt sind; diese wirken bei Beschlüssen außerhalb der mündlichen Verhandlung nicht mit (§ 5).

Das OVG ist in *Senate* gegliedert. Diese entscheiden mit drei Richtern; die Landesgesetzgebung kann fünf Richter – so in Bayern gem Art. 5 AGVwGO für Entscheidungen nach § 47 VwGO, vgl. unten IV – vorsehen, von denen zwei ehrenamtliche Richter sein können (§ 9).

Das durch Ges. vom 23. 9. 1952 (BGBl. I 625) errichtete BVerwG entscheidet in Senaten mit fünf, außerhalb der mündlichen Verhandlung mit nur drei Richtern (§ 10). Die Einheitlichkeit der Rechtsprechung wahrt der aus dem Präsidenten und sechs Richtern des BVerwG bestehende *Große Senat* (§ 11). Ein *Oberbundesanwalt* ist zur Wahrung des öffentlichen Interesses beim BVerwG bestellt (§§ 35–37). Bei den VGen und OVGen bestehen *Landesanwaltschaften* nach Landesrecht.

Die Berufsrichter werden auf Lebenszeit ernannt; sie müssen zum Richteramt befähigt (Richter beim BVerwG außerdem mindestens 35 Jahre alt) sein, sind unabsetzbar und können nur mit ihrer Zustimmung versetzt werden. Zeitliche Begrenzung der Richterfunktion ist nur in bestimmten Fällen zulässig (§§ 15–18).

Die Länder Niedersachsen und Schleswig-Holstein haben durch Staatsvertrag ein gemeinsames OVG *in Lüneburg* errichtet (vgl. 136, 139). Die Bezeichnung *Verwaltungsgerichtshof* für das OVG eines Landes kann beibehalten werden (§ 184), so in Baden-Württemberg, Bayern und Hessen.

II. Zuständigkeit.

Die in der VwGO geregelte *allgemeine Verwaltungsgerichtsbarkeit* gewährt Rechtsschutz gegenüber allen Verwaltungsakten (VA). Das frühere Enumerationsprinzip, das diesen Schutz nur in bestimmten Fällen vorsah, ist durch die *Generalklausel* abgelöst, d. h. durch den Grundsatz, daß die Verwaltungsgerichte im Zweifel für *alle öff.-rechtlichen Streitigkeiten* zuständig sind, soweit diese nicht besonderen Gerichten zugewiesen sind (§ 40 Abs. 1). Für Streitigkeiten über bestimmte technische Großvorhaben (z. B. Atomkraftwerke, herkömmliche Kraftwerke, Abfallbeseitigungsanlagen, Flughäfen, Autobahnen) entscheidet das OVG in erster Instanz in der Besetzung von 5 Richtern (§ 9 des Ges. zur Entlastung der Gerichte in der Verwaltungs- und Finanzgerichtsbarkeit vom 31. 3. 1978, BGBl. I 446, m. letzter Änd. vom 4. 7. 1985, BGBl. I 1274). Für vermögensrechtliche Ansprüche aus Aufopferung für das gemeine Wohl und aus öff.-rechtlicher Verwahrung sowie für Schadensersatzansprüche aus der Verletzung öff.-rechtlicher Pflichten – ausgenommen solche aus einem öff.- rechtlichen Vertrag, 147 I – ist dagegen der ordentliche Rechtsweg gegeben. Die besonderen Vorschriften des Beamtenrechts bleiben unberührt (vgl. 149 II 3 und § 40 Abs. 2).

Besondere Verwaltungsgerichte sind die Finanzgerichte (vgl. 78, 512), die Sozialgerichte (689) und die Disziplinargerichte (156, 455).

Außer dem *Rechtsschutz gegenüber VAen* sind den allgemeinen VGen auch sonstige öff.-rechtliche Streitigkeiten durch Gesetz zur Entscheidung übertragen, insbes. die sog. *Parteistreitigkeiten* zwischen gleichgeordneten Rechtsträgern (z. B. zwischen Gemeinden über Gemeingebrauch öff. Sachen, Benutzung öff. Einrichtungen usw.).

Bei einem Zuständigkeitsstreit (*Kompetenzkonflikt)* zwischen einem ordentlichen und einem Verwaltungsgericht entscheidet das zunächst angerufene Gericht über die Zulässigkeit des Rechtswegs mit bindender Wirkung. Erklärt es den Rechtsweg zu ihm für zulässig, so bindet die Entscheidung alle Gerichte der anderen Gerichtsbarkeit. Hält es ihn *nicht* für gegeben, so gilt das gleiche; der Rechtsstreit wird auf Antrag des Klägers an das nach Auffassung des angegangenen Gerichts zuständige Gericht verwiesen (§ 17 GVG, § 41 VwGO).

Für die *örtliche Zuständigkeit* des Verwaltungsgerichts ist bei Angriff auf einen VA der Sitz der Behörde, in deren Bezirk er erlassen wurde (bei überregionalen Behörden der Sitz oder Wohnsitz des Beschwerten), gegebenenfalls der Gerichtsstand der belegenen Sache und sonst der Wohnsitz des Beklagten maßgebend, bei Klagen von Beamten, Wehr- und Zivildienstpflichtigen usw. aus dem Dienstverhältnis der (dienstliche) Wohnsitz des Klägers (§ 52).

III. Verfahrensgrundsätze.

Es gelten die Vorschriften des GVG und der ZPO mit folgenden Besonderheiten:

1) Statt des – auch im Zivilprozeß stark eingeschränkten – Parteibetriebes gilt der *Amtsbetrieb* für Benachrichtigungen der Prozeßparteien (§ 56). Die Zustellung veranlaßt das VG nach Maßgabe des *Verwaltungszustellungsgesetzes* vom 3. 7. 1952 (BGBl. I 379).

2) Statt des zivilprozessualen Verhandlungsgrundsatzes gilt der *Untersuchungsgrundsatz (Offizialmaxime)* für die Erforschung des Sachverhalts; s. u. VI.

3) Ein Versäumnisverfahren findet nicht statt.

4) Eine *Frist für ein Rechtsmittel* oder einen anderen Rechtsbehelf

beginnt nur zu laufen, wenn der Beteiligte über den Rechtsbehelf, die anzurufende Stelle und die Frist schriftlich belehrt worden ist (§ 58).

5) Der Oberbundesanwalt oder sonstige *Vertreter des öffentlichen Interesses* (Landesanwalt o. ä.) kann sich am Verfahren beteiligen. Auch kann das Gericht von Amts wegen oder auf Antrag andere rechtlich Interessierte beiladen, damit sie ihre Rechte wahrnehmen können (§§ 63, 65, 66).

6) *Anwaltszwang* besteht nur vor dem BVerwG.

Vor dem VG oder dem OVG kann jeder seine Sache selbst vertreten oder sich durch einen Bevollmächtigten vertreten lassen und sich in der mündlichen Verhandlung eines Beistandes bedienen. Vor dem VG und dem OVG kann jede Person als Bevollmächtigter und als Beistand auftreten, die zum sachgemäßen Vortrag fähig ist (§ 67).

IV. Klagearten.

Die VwGO (§§ 42, 43) unterscheidet drei Arten der Klagen:

1) die *Anfechtungsklage,* die auf Aufhebung eines VA gerichtet ist;
2) die *Verpflichtungsklage,* welche die Verurteilung zum Erlaß eines abgelehnten oder unterlassenen VA erstrebt (= *Vornahmeklage, Untätigkeitsklage);*
3) die *Feststellungsklage* auf Feststellung des Bestehens oder Nichtbestehens eines Rechtsverhältnisses oder der Nichtigkeit eines VA.

In den Fällen zu 1 und 2 muß der Kläger die Verletzung eines eigenen subjektiven Rechts behaupten und beweisen. Die VwGO kennt keine *Verbandsklage,* mit der z. B. sog. *Bürgerinitiativen* (vgl. 44 I) wirtschaftliche oder sonstige Interessen ihrer Mitglieder geltend machen können, ohne selbst unmittelbar betroffen zu sein (anders im Zivilrecht, vgl. § 13 UWG und 383 sowie § 13 AGB-Ges., s. 315; bezgl. der sog. Popularklage s. 74). Bei der Feststellungsklage zu 3 muß der Kläger ein berechtigtes Interesse an der alsbaldigen Feststellung dartun; dieses fehlt, soweit Gestaltungs- oder Leistungsklage möglich ist oder war.

Außer der Verpflichtungsklage, die eine besondere Leistungsklage ist, kennt das Verwaltungsrecht noch eine *allgemeine Leistungsklage,* insbes. bei Streitigkeiten gleichgeordneter Rechtsträger (z. B. Gemeinden) über öff.-rechtliche Rechtsverhältnisse.

Ein Sonderfall von 3) ist das *Normenkontrollverfahren;* in diesem prüft das Oberverwaltungsgericht die Gültigkeit von Satzungen, die auf dem Baugesetzbuch (s. 192) beruhen, sowie, wenn das Landesrecht es bestimmt, von anderen im Rang unter einem Landesgesetz stehenden Rechtsvorschriften (RechtsVOen, Satzungen; § 47).

V. Vorverfahren.

Anfechtungs- und Vornahmeklagen vor dem VG (s. o. IV 1, 2 – 1. Fall) setzen i. d. R. voraus, daß ein *Vorverfahren,* das sog. *Widerspruchsverfahren,* durchgeführt worden ist (§ 68).

Das Vorverfahren beginnt mit *Erhebung des Widerspruchs* gegen den VA (§ 69). Dieser ist innerhalb eines Monats seit Bekanntgabe des VA schriftlich oder zur Niederschrift bei der erlassenden Behörde zu erheben. Die Frist wird auch durch Einlegung bei der Behörde, die den Widerspruchsbescheid zu erlassen hat, gewahrt (§ 70). Hält die Behörde den Widerspruch für begründet, so *hilft sie ihm ab* und entscheidet über die Kosten. Andernfalls ergeht ein *Widerspruchsbescheid* durch die nächsthöhere Behörde bzw. die Selbstverwaltungsbehörde (§§ 72, 73). Nach Zustellung des Widerspruchsbescheids muß dann die Anfechtungs- bzw. Vornahmeklage innerhalb eines Monats erhoben werden. (§ 74). Sowohl Widerspruch als auch Klage haben im allgemeinen aufschiebende Wirkung (Ausnahmen s. § 80 Abs. 2; gegen die sofortige Vollziehung kann Aussetzung beantragt werden).

VI. Verfahren im ersten Rechtszug.

Die *verwaltungsgerichtliche Klage* muß schriftlich oder zu Protokoll erhoben werden; sie muß den Kläger, den Beklagten, den Streitgegenstand, Tatsachen und Beweismittel angeben und soll einen bestimmten Antrag enthalten (§§ 81, 82). Das VG prüft, ob alle Prozeßvoraussetzungen gegeben sind, und weist bei Nichtbeseitigung von Mängeln die Klage als *unzulässig* ab. Dies kann durch einen mit Gründen versehenen *Vorbescheid* geschehen, der, falls nicht innerhalb eines Monats seit Zustellung von einem Beteiligten *Antrag auf mündliche Verhandlung* gestelltwird, wie ein rechtskräftiges Urteil wirkt. Bei Antragsstellung gilt der Vorbescheid als nicht ergangen und das Verfahren läuft weiter. Ein Vorbescheid kann auch eine *offenbar unbegründete Klage* abweisen (§ 84).

Auch in anderen als den in § 84 bezeichneten Fällen kann das VG nach dem bis Ende 1990 geltenden EntlastungsG vom 31. 3. 1978 (BGBl. I 446) m. letzter Änd. vom 4. 7. 1985 (BGBl. I 1274) bis zur Anberaumung der mündlichen Verhandlung und bis zur Anordnung einer Beweiserhebung durch *Gerichtsbescheid* entscheiden, wenn es einstimmig der Auffassung ist, daß der Sachverhalt geklärt ist und die Sach- und Rechtslage keine besonderen Schwierigkeiten aufweist; der Gerichtsbescheid steht einem Urteil gleich.

Anders als im Zivilprozeß gilt im VGVerfahren – ähnlich wie im Strafprozeß und in der freiwilligen Gerichtsbarkeit; vgl. 268 V, 294 – die *Offizialmaxime.* Das VG erforscht den Sachverhalt unter Heranziehung der Beteiligten *von Amts wegen* und ist an Anträge nicht gebunden (§ 86). Jedoch darf das Urteil nicht über das Klagebegehren hinausgehen (§ 88).

Das Beweisverfahren ist in den §§ 96–99 geregelt. Behörden sind dem VG gegenüber auskunftspflichtig. Die Beteiligten erhalten Akteneinsicht (§ 100). Mündliche Verhandlung findet i. d. R. statt; doch können die Beteiligten auf sie verzichten (§ 101). Über die Durchführung der Verhandlung s. §§ 102–105. Eine Erledigung des Rechtsstreits durch Vergleich ist möglich (§ 106).

Wird eine Streitsache weder durch Vorbescheid noch durch Vergleich erledigt, so entscheidet das VG über die Klage durch *Urteil* nach seiner freien, aus dem Gesamtergebnis des Verfahrens gewonnenen *Überzeugung* (§ 108). Wird festgestellt, daß der angefochtene VA rechtswidrig ist, so lautet das Urteil auf *Aufhebung* des VA und ggf. des Widerspruchsbescheides bzw., wenn der VA schon vollzogen ist, auf *Rückgängigmachung* der Vollziehung. Das Urteil kann auch den VA aufrechterhalten und die angefochtene Höhe einer Geld- oder

Sachleistung oder die angefochtene Feststellung ändern; es kann ferner die Verpflichtung aussprechen, einen abgelehnten oder unterlassenen VA vorzunehmen (§ 113).

Soweit die Verwaltungsbehörde ermächtigt ist, nach ihrem *Ermessen* zu handeln, prüft das VG auch, ob der VA oder die Ablehnung oder Unterlassung des VA rechtswidrig ist, weil die gesetzlichen Grenzen des Ermessens überschritten sind oder von dem Ermessen in einer dem Zweck der Ermächtigung nicht entsprechenden Weise Gebrauch gemacht ist (*Ermessensmißbrauch,* § 114; vgl. 148 II).

Das Urteil wird i. d. R. durch Verkündung im Verhandlungstermin oder durch Zustellung bekanntgegeben (§ 116).

Nach dem Vorbild des Zivilprozesses kann eine *einstweilige Anordnung* bei Gefährdung eines Anspruchs oder aus anderen Gründen ergehen (§ 123).

VII. Rechtsmittel und Wiederaufnahme.

Gegen jedes Urteil eines VG steht i. d. R. mindestens ein Rechtsmittel offen, *Berufung oder Revision,* bisweilen auch beide. Nur die erstinstanzlichen Urteile des BVerwG sind endgültig (§ 50). Das OVG ist als Berufungsinstanz gegen Urteile des VG zweite Tatsacheninstanz und prüft das erstinstanzliche Urteil in vollem Umfang. Neue Tatsachen und Beweismittel dürfen vorgebracht werden und sind zu berücksichtigen (§§ 124, 128). Dagegen prüft das BVerwG als Revisionsinstanz lediglich Rechtsfragen. Soweit Berufung und Revision nacheinander gegeben sind, kann bei Zustimmung des Rechtsmittelgegners vom VG eine *Sprungrevision* zugelassen werden (§ 134).

Die *Berufung* ist innerhalb eines Monats nach Zustellung des vollständigen Urteils schriftlich oder zu Protokoll des Urkundsbeamten der Geschäftsstelle bei dem Gericht einzulegen, dessen Entscheidung angefochten wird (§ 124). Die *Revision* bedarf grundsätzlich der Zulassung durch das OVG (§ 132); sie ist nur zuzulassen bei grundsätzlicher Bedeutung der Rechtssache, bei Abweichung von einer Entscheidung des BVerwG und bei Verfahrensmangel. Bei gewissen schweren Verfahrensmängeln bedarf es keiner Zulassung (§ 133). Soweit die Berufung durch Bundesgesetz ausgeschlossen ist (s. im folg.), ist die Revision möglich, wenn sie vom VG zugelassen wird oder absolute Revisionsgründe gemäß § 133 vorliegen (§ 135). Die Revision kann nur auf Verletzung von Bundesrecht oder einer dem Bundesrecht entsprechenden Vorschrift des landesrechtlichen Verwaltungsverfahrensgesetzes (147 II) gestützt werden (§§ 137, 138).

Einzelgesetze schranken z. B. die *Berufung* dadurch ein, daß sie eine Zulassung voraussetzen oder das Rechtsmittel ganz ausschließen (vgl. z. B. § 33 WohngeldG, § 75 ZivildienstG, § 32 AsylverfahrensG). Ferner ist zur Entlastung der Gerichte nach dem Ges. vom 31. 3. 1978 (BGBl. I 446) m. letzter Änd. vom 4. 7. 1985 (BGBl. I 1274) bis 31. 12. 1990 allgemein die Berufung an eine Zulassung im Urteil des VG geknüpft, wenn der Streitgegenstand bei einer Geldleistung oder einem hierauf gerichteten VA 500 DM, bei Erstattungsstreitigkeiten zwischen Behörden oder öffentlich-rechtlichen Körperschaften 5000 DM nicht übersteigt (ausgenommen wiederkehrende Leistungen für mehr als 1 Jahr); auch kann das OVG die Berufung einstimmig durch Beschluß zurückweisen, wenn es sie für unbegründet und eine mündliche Verhandlung nicht für erforderlich hält.

Gegen Entscheidungen des VG und seines Vorsitzenden, die nicht Urteile oder Vorbescheide sind, ist die *Beschwerde* an das OVG zulässig (mit Einschränkungen, § 146). Sie muß binnen zwei Wochen dem VG oder dem Beschwerdegericht vorliegen (§ 147). Das OVG entscheidet durch Beschluß (§ 150). Gegen die Entscheidungen des OVG ist Beschwerde an das BVerwG nur in den in § 152 aufgeführten Fällen möglich, z. B. gegen Nichtzulassung der Revision.

Ein rechtskräftig beendetes Verfahren kann nach den §§ 578ff. ZPO wiederaufgenommen werden (§ 153; vgl. 246).

VIII. Kosten und Vollstreckung.

Für die Kosten im Verfahren vor den Verwaltungsgerichten gilt das Gerichtskostengesetz (vgl. 214). Für die Vollstreckung gelten die §§ 704ff. ZPO entsprechend (§ 167).

Der Grundsatz, daß der unterliegende Teil die *Kosten des Verfahrens* trägt, gilt auch im verwaltungsgerichtlichen Verfahren (§ 154 Abs. 1). Für ein erfolglos eingelegtes *Rechtsmittel* trägt sie der, welcher das Rechtsmittel eingelegt hat (§ 154 Abs. 2). Bei sofortigem Anerkenntnis können dem Kläger die Kosten zur Last fallen (§ 156). Gebühren und Auslagen eines Rechtsbeistandes sind stets erstattungsfähig.

Für die Vollstreckung ist das *Verwaltungs-Vollstreckungsgesetz* (vgl. 148 V) anzuwenden, falls die öffentliche Hand vollstreckt. Vollstreckungsbehörde ist der Vorsitzende des erstinstanzlichen Gerichts (§ 169). Für Vollstreckungen gegen die öffentliche Hand gelten die §§ 170–172.

IX. Landesgesetze.

Sämtliche Länder haben *Ausführungsgesetze* zur VwGO er lassen, in denen die Gerichtsverfassung, das Vorverfahren und z. T. auch Normenkontrollverfahren geregelt werden (Zusammenstellung bei Sartorius, Verfassungs- und Verwaltungsgesetze Nr. 600 vor § 1).

152. Das Verwaltungsunrecht und seine Ahndung

I. Noch unter der WVerf. besaßen einzelne Verwaltungsbehörden bei Zuwiderhandlungen gegen Vorschriften des Verwaltungsrechts eine echte *Strafkompetenz,* z. B. bei Verstößen gegen Bewirtschaftungs- oder Preisvorschriften. Diese Strafbefugnis bestand auch nach dem 2. Weltkrieg noch auf manchen Gebieten, so im *Devisenrecht* nach Maßgabe des Außenwirtschaftsgesetzes (811), im Steuer- und Zollrecht nach Maßgabe der §§ 420–477 AO a. F. und des Zollgesetzes (554) usw. Träger dieses Verwaltungsstrafrechts waren die Finanz- und Hauptzollämter, die Oberfinanzdirektionen (Devisenstellen) u. a. Verwaltungsbehörden. Nachdem das BVerfG durch Urt. vom 6. 6. 1967 (BGBl. I 626) zu §§ 421 II, 445, 447 I AO die Ausübung der Strafgewalt durch Verwaltungsbehörden für unzulässig erklärt hat, dürfen diese echte Kriminalstrafen – anders Bußgelder, Erzwingungsmaßnahmen – nicht mehr verhängen; dagegen sind sie an strafrechtlichen Ermittlungen nicht gehindert. Vgl. 516.

II. Zuwiderhandlungen gegen Verwaltungsvorschriften sind – wie andere Bagatellstraftaten im Zuge der Strafrechtsreform (409) – dem Bereich des kriminellen Unrechts weitgehend enthoben worden. Als Mittel der Ahndung dürfen bei Verstößen gegen Ordnungsvorschriften nicht mehr Strafen vorgesehen werden, sondern nur noch *Ordnungsgeld* oder *Ordnungshaft* – i. d. R. 5 bis 1000 DM bzw. 1 Tag bis 6

Wochen – sowie als Beugemittel *Zwangsgeld* (Art. 5, 6 EGStGB vom 2. 3. 1974). Des weiteren gehören zum Verwaltungsunrecht die *Ordnungswidrigkeiten,* die von Verwaltungsbehörden im *Bußgeldverfahren* durch *Geldbußen* geahndet werden können.

Läßt ein Bundes- oder Landesgesetz die Ahndung bestimmter Zuwiderhandlungen durch eine Geldbuße zu, so richtet sich die Verfolgung und Ahndung der Tat, soweit das androhende Gesetz nicht Sondervorschriften enthält, nach dem *Gesetz über Ordnungswidrigkeiten* i. d. F. vom 19. 2. 1987 (BGBl. I 602). Solche Tatbestände sind in zahlreichen Bundes- und Landesgesetzen vorgesehen. Zum Teil enthalten diese Gesetze sog. *Mischtatbestände,* d. h. die Tat kann je nach ihren Auswirkungen als Straftat mit Kriminalstrafe oder als Ordnungswidrigkeit mit Geldbuße geahndet werden, außer wenn der Täter die Zuwiderhandlung beharrlich wiederholt hat. Ordnungswidrigkeiten sind i. d. R. nur bei Vorsatz verfolgbar, es sei denn, daß auch Fahrlässigkeit ausdrücklich mit Geldbuße bedroht ist.

Das *Bußgeldverfahren* ist grundsätzlich ein Verwaltungsverfahren (doch kann die Ordnungswidrigkeit in ein Strafverfahren einbezogen werden), der *Bußgeldbescheid* eine Entscheidung der Verwaltungsbehörde, gegen die aber nicht der Verwaltungsrechtsweg, sondern der *Einspruch* (Einlegungsfrist: 2 Wochen; § 67) an das ordentliche Gericht (Amtsgericht) gegeben ist; gegen dessen Entscheidung ist *Rechtsbeschwerde* (an das Oberlandesgericht) zulässig. Das Bußgeldverfahren kann in ein Strafverfahren übergehen, wenn es wegen persönlichen oder sachlichen Zusammenhangs mit einem wegen einer Straftat anhängigen Verfahren verbunden wird, ferner wenn die Zuwiderhandlung nicht als Ordnungswidrigkeit, sondern als Straftat zu ahnden ist. Das Gericht ist im Bußgeldverfahren an die Beurteilung der Tat als OWi nicht gebunden (§ 81 Abs. 1 OWiG).

B. Beamtenrecht

153. Der öffentliche Dienst

Der Begriff „öffentlicher Dienst" umfaßt *funktionell* alle Tätigkeiten zur Wahrnehmung öffentlicher Aufgaben, *personell* die öffentlichen Dienstverhältnisse, die zwischen Einzelpersonen und öffentlichen Rechtsträgern als Dienstherren bestehen. Die Verwaltungsaufgaben in den Dienststellen des Staates, der öffentlich-rechtlichen Körperschaften und Anstalten werden heute nicht nur von *Beamten,* sondern auch von *Angestellten* und *Arbeitern* wahrgenommen. Die Tätigkeit im öffentlichen Dienst kann also auf einem hoheitsrechtlichen Anstellungsakt (Beamte) oder auf einem privatrechtlichen Dienstvertrag (Angestellte, Arbeiter) beruhen.

Nach wie vor sind aber die wichtigeren Funktionen, nämlich die *Hoheitsaufgaben,* den Berufsbeamten vorbehalten (Art. 33 Abs. 4 GG); das schließt aber die Betrauung von Angestellten mit solchen Aufgaben nicht aus (vgl. 69 IV). Der Vorrang des Berufsbeamten knüpft an eine jahrhundertelange geschichtliche Entwicklung an, die vom „Fürstendiener" des absoluten Monarchen zum „Staatsdiener" führt, dessen Treue- und Gehorsamspflicht – und entsprechend der Anspruch auf Existenzgarantie – nicht mehr gegenüber einer Einzelperson, sondern im Verhältnis zum Staat besteht. Über die verfassungsrechtliche Garantie des Berufsbeamtentums und des freien Zugangs zu öffentlichen Ämtern vgl. 69 I, II.

Beamter ist, wer zum Staat oder zu einer sonstigen juristischen Person des öffentlichen Rechts (144) in einem öffentlich-rechtlichen, gesetzlich besonders geregelten Dienst- und Treueverhältnis steht (Beamtenverhältnis). Da aber auch die hoheitliche Tätigkeit der Angestellten des öffentlichen Dienstes unter Strafschutz stehen soll, ist in das StGB (§ 11 Abs. 1 Nr. 2) der Begriff des „Amtsträgers" eingeführt worden; dazu gehören Beamte und Richter sowie alle in einem sonstigen öffentlich-rechtlichen Amtsverhältnis stehenden Personen (z. B. Minister, Notare) und die zur Wahrnehmung öffentlicher Verwaltungsaufgaben besonders Bestellten (z. B. Fleischbeschauer).

Im staatsrechtlichen Sinne gehören *Notare* nicht zu den Beamten, ebenso nicht *Minister* (Amtsverhältnis besonderer Art, vgl. 62 IV) und *Kirchenbeamte* (719). Vielmehr ist *Beamter* hier nur, wer unter Aushändigung einer Ernennungsurkunde in das *Beamtenverhältnis* berufen worden ist. Die *Behördenangestellten* werden auf Grund privatrechtlicher Dienstverträge und des Tarifvertrages vom 23. 2. 1961 (BAT) in den Ämtern und Behörden beschäftigt. Ihnen können behördliche

Handlungen (hoheitliche Funktionen), sogar Zeichnungsrechte, übertragen werden. Für die *Arbeiter* des Bundes, der Länder und Gemeinden, bei denen es sich um Leistung überwiegend körperlicher oder mechanischer Tätigkeit handelt, gelten das allgemeine Arbeitsrecht und Manteltarifverträge (MTB II, MTL II vom 27. 2. 1964, MTG II vom 31. 1. 1962).

Richter nehmen im Hinblick auf ihre Unabhängigkeit bei der Rechtsprechung eine Sonderstellung ein. Diese ist in den Richtergesetzen des Bundes und der Länder (209) unter Anlehnung an das Beamtenrecht geregelt.

Man unterscheidet folgende Beamtengruppen:

a) *unmittelbare* B., die den Staat (Bund, Land) als Dienstherrn haben, und *mittelbare* B., die im Dienst eines nachgeordneten Dienstherrn stehen (z. B. Gemeinde oder sonstige öffentlich-rechtliche Körperschaft);
b) *Berufsbeamte,* die ihre Tätigkeit als Lebensberuf ausüben, und *Ehrenbeamte,* die keine Besoldung oder Versorgung erhalten (z. B. ehrenamtliche Bürgermeister oder Stadträte);
c) *Beamte auf Lebenszeit* (Regel), *auf Zeit* (z. B. Bürgermeister, Beigeordnete) und *auf Widerruf* oder *auf Probe* (z. B. im Vorbereitungsdienst);
d) nach der *Laufbahn:* B. des einfachen, des mittleren, des gehobenen und des höheren Dienstes;
e) *planmäßige* B. mit im Haushaltsplan ausgewiesener Planstelle und *außerplanmäßige* B. (z. B. Assessoren).

In *Reformvorschlägen* wird erörtert, ob ein *einheitliches Dienstrecht* geschaffen werden soll, das außer den Beamten auch die Arbeitnehmer des öffentl. Dienstes (Angestellte, Arbeiter) umfaßt. Strukturell könnten das gegenwärtige Laufbahnsystem und die abstrakte Gruppeneinteilung nach Ämtern durch eine individuelle „Dienstpostenbewertung" und eine Zusammenfassung in „Funktionsgruppen" ersetzt werden. Die Besoldung soll nach dementsprechender Eingruppierung der Leistungsfähigkeit und tatsächlichen Arbeitsleistung individuell angepaßt werden, um eine funktionsgerechte Bezahlung zu erzielen. Auch wird die Einführung von *Leistungszulagen,* der *Beförderung auf Probe* und das Aufschieben der Gehaltssteigerung wegen ungenügender Leistungen erwogen (über Vorschläge zur Reform der Besoldung der Soldaten vgl. 465). Für die Vorbereitung auf den öffentlichen Dienst wird die Einführung einer einheitlichen Drei-Stufen-Ausbildung (berufliche Grundausbildung, allgemeine berufliche Fachbildung und besondere Fachbildung) empfohlen; die berufliche Fortbildung soll intensiviert werden. – Ein zentrales Reformproblem ist die Zulässigkeit von Arbeitskampfmaßnahmen *(Streik),* insbes. ob diese auch bei Schaffung eines einheitlichen öffentlichen Dienstrechts für alle Gruppen in gleicher Weise wie für Beamte (vgl. 154 II) eingeschränkt werden müßte. Hierfür wird angeführt, daß Streikmaßnahmen gegen den öffentlichen Dienstherrn sich nicht mit lebenslanger Anstellung und Existenzgarantie durch den Staat vereinbaren lassen; auch wird die Behinderung grundlegender staatlicher Funktionen als verfassungwidrig angesehen. Andererseits müsse auch bei einer Aufspaltung des Dienstrechts in gesetzliche und tarifliche Regelungen (für „Arbeitnehmer") ein Streikverbot zum Schutz lebenswichtiger Einrichtungen vorgesehen werden.

154. Das Bundesbeamtengesetz (BBG)

i. d. F. vom 27. 2. 1985 (BGBl. I 479) m. spät. Änd. gilt für die *Bundesbeamten.* Als solche gelten die Personen, die zum Bund oder zu einer bundesunmittelbaren Körperschaft, Anstalt oder Stiftung des öffentlichen Rechts in einem öffentlich-rechtlichen *Dienst- und Treueverhältnis* (Beamtenverhältnis) stehen (§ 2 Abs. 1 BBG).

Unmittelbarer Bundesbeamter ist, wer den Bund zum Dienstherrn hat; *mittelbarer Bundesbeamter,* wer eine bundesunmittelbare Körperschaft, Anstalt oder Stifung des öffentlichen Rechts zum Dienstherrn hat (§ 2 Abs. 2 BBG).

Oberste Dienstbehörde des Beamten (B.) ist die oberste Behörde seines Dienstherrn, in deren Dienstbereich er ein Amt bekleidet (i. d. R. der Ressortminister). *Vorgesetzter* ist, wer Anordnungen für die dienstliche Tätigkeit erteilen kann. *Dienstvorgesetzter* ist, wer für beamtenrechtliche Entscheidungen in persönlichen Angelegenheiten des Beamten (z. B. Urlaub, Disziplinarmaßnahmen) zuständig ist (§ 3 BBG).

I. *Beginn und Ende des Beamtenverhältnisses.*

Eine *Berufung in das Beamtenverhältnis* ist nur zur Wahrnehmung hoheitsrechtlicher oder aus Sicherheitsgründen von Beamten zu versehender Aufgaben zulässig. Sie kann auf Lebenszeit (dauernd), auf Zeit, auf Probe, auf Widerruf oder als Ehrenbeamter erfolgen. Das Beamtenverhältnis wird durch Aushändigung einer Ernennungsurkunde begründet. Es endet außer durch Tod durch Entlassung, Verlust der Beamtenrechte oder Entfernung aus dem Dienst nach den Disziplinargesetzen, ferner durch Eintritt in den Ruhestand. Vgl. §§ 4ff., 28ff. BBG.

Berufen in das Beamtenverhältnis darf nur werden, wer Deutscher ist, die Gewähr für jederzeitiges Eintreten für die freiheitliche demokratische Grundordnung i. S. des GG bietet und entweder die für seine Laufbahn vorgeschriebene oder übliche Ausbildung besitzt oder die erforderliche Befähigung durch Lebens- oder Berufserfahrung erworben hat. Die Bewerber sind durch *Stellenausschreibung* zu ermitteln. Ihre Auslese ist nach Eignung, Befähigung und fachlicher Leistung ohne Rücksicht auf Geschlecht, Abstammung, Rasse, Glauben, religiöse oder politische Anschauungen, Herkunft oder Beziehungen vorzunehmen.

Ernennung durch den BPräs. oder die ermächtigte Stelle. Nichtigkeit bei Fehlen einer Grundvoraussetzung, Zurücknahme bei arglistiger Täuschung, Bestechung, schweren Vorstrafen usw. Bis zur Zurücknahme oder zum Verbot bei nichtiger Ernennung vorgenommene Amtshandlungen bleiben gültig. Über die vier Laufbahnen der Bundesbeamten s. §§ 15ff. BBG und die *BundeslaufbahnVO* (155).

Versetzung auf Antrag oder bei dienstlichem Bedürfnis, ohne Zustimmung des B. aber nur, wenn das neue Amt gleichwertig ist und dasselbe Endgrundgehalt ergibt. Vorübergehende Abordnung zulässig, zu einem anderen Dienstherrn ohne Zustimmung des B. nur bis zu einem Jahr (während der Probezeit bis zu zwei Jahren). Vgl. §§ 26, 27 BBG.

Entlassung bei Verweigerung des vorgeschriebenen Diensteides, Beibehaltung eines schon bei Ernennung bestehenden Bundestagsmandats trotz Inkompatibilität (114), Verlust der Eigenschaft als Deutscher, unerlaubtem dauernden Aufenthalt im Ausland, Übertritt in den Dienst eines anderen öffentlich-rechtlichen Dienstherrn. Der Beamte kann jederzeit seine Entlassung verlangen; Erledigung der Dienstgeschäfte kann bis zu 3 Monaten verlangt werden. Weiterführung von Amtstiteln nur mit Erlaubnis. Über die Entlassung von B. auf Probe oder auf Widerruf vgl. §§ 31, 32 BBG.

Der BPräs. kann jederzeit Staatssekretäre, Ministerialdirektoren, leitende Beamte des auswärtigen Dienstes und der Ständigen Vertretung bei der DDR, des BAmts für Verfassungsschutz und des Bundesnachrichtendienstes, den BPressechef und dessen Vertreter, den Generalbundesanwalt beim BGH und den Oberbundesanwalt beim BVerwG sowie den Bundesbeauftragten für den Zivildienst (sog. *politische Beamte*) in den *einstweiligen Ruhestand* versetzen (§ 36 BBG). Die Betroffenen müssen bei erneuter Berufung ein gleichwertiges anderes Amt übernehmen.

Verlust der Beamtenrechte tritt ein, wenn ein Beamter wegen vorsätzlicher Tat zu Freiheitsstrafe von einem Jahr oder mehr oder wegen vorsätzlichen Friedens-, Hoch- oder Landesverrats oder Gefährdung des demokratischen Rechtsstaates oder der äußeren Sicherheit zu Freiheitsstrafe von mindestens 6 Monaten verurteilt wird, oder wenn ihm die Befähigung zum Bekleiden öffentlicher Ämter aberkannt wird, oder wenn er auf Grund einer Entscheidung des BVerfG gemäß Art. 18 GG ein Grundrecht verwirkt hat (vgl. 52). In diesen Fällen hat er keinen Anspruch auf Dienstbezüge, Versorgung, Amtsbezeichnung und Titel. Dem BPräs. steht hins. des Verlustes der Beamtenrechte das *Gnadenrecht* zu, das er auf andere Stellen übertragen kann (§§ 48–50 BBG).

Nimmt der Beamte die Wahl zum BT-Abgeordneten an, so ruht sein Dienstverhältnis (ohne Bezüge) bis 6 Monate nach Mandatsende; er hat Anspruch auf Wiedereinstellung in ein mindestens gleichwertiges Amt (§§ 5, 6 AbgeordnetenG; vgl. 59 IV).

II. *Pflichten des Beamten*

Der Beamte dient dem ganzen Volk, nicht einer Partei. Er hat seine Aufgaben mit voller Hingabe an seinen Beruf, unparteiisch und gerecht zu erfüllen und auf das Wohl der Allgemeinheit Bedacht zu nehmen. Er muß sich durch sein Gesamtverhalten zur freiheitlichen demokratischen Grundordnung i. S. des GG bekennen und für deren Erhaltung eintreten, bei politischer Betätigung Mäßigung und Zurückhaltung wahren. Vgl. §§ 52, 53 BBG.

Nach dem sog. „Radikalen-Beschluß" der MinPräs. der Länder (abgedr. Bulletin d. BReg. vom 3. 2. 1972 S. 142), der allerdings uneinheitlich angewendet wird, verträgt es sich mit diesen Pflichten nicht, daß ein B. oder B.anwärter verfassungsfeindliche Aktivitäten entwickelt oder einer (rechts- oder linksradikalen) Organisation angehört, die verfassungsfeindliche Ziele verfolgt. Auch das BVerfG folgert im Beschluß vom 22. 5. 1975 (NJW 1975, 1641) aus der besonderen Treuepflicht des Beamten, daß er sich eindeutig von Gruppen zu distanzieren habe, welche die geltende Verfassungsordnung bekämpfen. Schon der Bewerber um ein Amt müsse die Gewähr dafür bieten, daß er jederzeit für die freiheitliche demokratische Grundordnung eintrete; die einstellende Behörde habe hierüber von Fall zu Fall zu entscheiden, wobei die Zugehörigkeit zu einer verfassungsfeindlichen Gruppe oder Partei entsprechend zu werten sei. Auch die Einstellung eines *Angestellten* in den öffentlichen Dienst könne, obwohl er geringeren Anforderungen unterliege, abgelehnt werden, wenn damit zu rechnen sei, daß er die Pflicht zur politischen Loyalität nicht erfüllen werde. Nach den Richtlinien der BReg. vom 17. 1. 1979 ist bei der Entscheidung, ob vor Einstellungen die Verfassungsschutzbehörde zu befragen ist, der Grundsatz der *Verhältnismäßigkeit* zu beachten. Aus dem gleichen Grunde sehen daher auch die meisten Länder der BRep. von einer ,,Regelanfrage" bei der Verfassungsschutzbehörde ab. Die Zulassung zu einem Vorbereitungsdienst, der auch für Berufe außerhalb des öffentlichen Dienstes abzuleisten ist (z. B. von Lehrern oder Juristen), ist dagegen Radikalen im Hinblick auf die in Art. 12 GG garantierte freie Berufswahl – ggf. ohne Aufnahme in ein Beamtenverhältnis – zu ermöglichen. Das Saarland hat im Juni 1985 die Richtlinien für die Prüfung der Verfassungstreue von Bewerbern für den öffentlichen Dienst aufgehoben.

Weitere Pflichten des B. sind: Uneigennützige Amtsausübung, achtunggebietendes Verhalten in und außer Dienst, Beratung und Unterstützung der Vorgesetzten, Befolgung ihrer Anordnungen sowie allgemeiner Anweisungen, sofern nicht gesetzlich eine Bindung ausgeschlossen und der Beamte nur dem Gesetz unterworfen ist. *Verantwortung* für Rechtmäßigkeit der dienstlichen Handlungen; der B. ist hiervon befreit, wenn sein unmittelbarer Vorgesetzter trotz Hinweises auf Bedenken gegen die Rechtmäßigkeit seine Anordnung aufrechterhält und auch der nächsthöhere Vorgesetzte, an den sich der B. dann wenden muß, die Anordnung bestätigt (anders nur bei erkennbar strafbaren oder ordnungswidrigen Handlungen oder Verstoß gegen die Menschenwürde). Vgl. §§ 54–56 BBG. Der B. ist gehalten, verfassungsfeindlichen Bestrebungen innerhalb und außerhalb des Dienstes entgegenzutreten. Weil die Erfüllung seiner hoheitlichen Aufgaben rechtlich notwendig und wichtigstes Gebot seiner Treuepflicht ist, steht ihm ein *Streikrecht* zur Durchsetzung persönlicher, wirtschaftlicher oder gar politischer Forderungen nach überwieg. Meinung nicht zu (vgl. BVerfGE 8, 1/17 = NJW 1958, 1228; ensprechend für streikähnliches Verhalten, insbes. den sog. ,,Bummelstreik": BVerwG NJW 1978, 178).

Der *Diensteid* des B. lautet: ,,Ich schwöre, das Grundgesetz für die Bundesrepublik und alle in der Bundesrepublik geltenden Gesetze zu wahren und meine Amtspflichten gewissenhaft zu erfüllen, so wahr mir Gott helfe!" Der Eid kann ohne die Anrufung Gottes oder mit einer gesetzlich zugelassenen Beteuerungsformel einer Religionsgesellschaft geleistet werden (§ 58 BBG).

Weitere Bestimmungen (§§ 59ff. BBG) betreffen die *Beschränkung in der Vornahme von Amtshandlungen* (gegenüber Angehörigen, bei gesetzlichem Ausschluß, Verbot aus zwingenden dienstlichen Gründen), *Amtsverschwiegenheit* und Genehmigung zu Aussagen vor Gericht. Auskünfte an die Presse erteilt der Vorstand der Behörde. Übernahme eines *Nebenamtes,* einer Vormundschaft, Pflegschaft oder Testamentsvollstreckung nur nach vorheriger Genehmigung, desgleichen bei *Nebentätigkeit* mit Vergütung oder Eintritt in ein Organ einer privatwirtschaftlichen Gesellschaft; Genehmigung nicht erforderlich zu schriftstellerischer, wissenschaftlicher, künstlerischer oder Vortragstätigkeit, zu eigener Vermögensverwaltung, zur Tätigkeit in Wahrung von Berufsinteressen in Gewerkschaften, Berufsverbänden oder Selbsthilfeeinrichtungen der Beamten, zu unentgeltlicher Tätigkeit in Organen von Genossenschaften. Vgl. §§ 64ff. und VO über die *Nebentätigkeit* der Bundesbeamten, Berufssoldaten und Soldaten auf Zeit vom 28. 8. 1974 (BGBl. I 2117). *Belohnungen* oder Geschenke dürfen nur mit Zustimmung der obersten Dienstbehörde oder der von ihr ermächtigten Behörde angenommen werden (§ 70), ausländische Titel, Orden und Ehrenzeichen nur mit Genehmigung des BPräs. (§ 71).

Nach der auf Grund des § 72 BBG, von der BReg. erlassenen VO über die *Arbeitszeit der Bundesbeamten* i. d. F. vom 24. 9. 1974 (BGBl. I 2357) m. letzter Änd. vom 6. 9. 1985 (BGBl. I 1903) beträgt die regelmäßige Arbeitszeit der Bundesbeamten im Durchschnitt 40 Stunden wöchentlich. Bei Beamten mit pflegebedürftigen Angehörigen oder Kindern unter 18 Jahren ist, falls sie diese betreuen, *Teilzeitbeschäftigung* auf begrenzte Zeit zulässig (§ 79a). Diese kann ferner bis zum 31. 12. 1990 einem B. mit Dienstbezügen für höchstens 10 Jahre bis zur Hälfte der regelmäßigen Arbeitszeit zugestanden werden, wenn hieran in einer Ausnahmesituation ein dringendes öffentliches Interesse besteht; doch muß der B. auf entgeltliche Nebentätigkeit verzichten (§ 72a Abs. 1 Nr. 1). Der B. darf dem Dienst nicht ohne Genehmigung seines Dienstvorgesetzten fernbleiben. Dienstunfähigkeit ist auf Verlangen nachzuweisen. Bei unentschuldigtem schuldhaften Fernbleiben verliert der B. für die Zeit des Fernbleibens seine Dienstbezüge. Disziplinarrechtliche Verfolgung ist dadurch nicht ausgeschlossen. Die *Wohnung* ist so zu nehmen, daß die ordnungsmäßige Wahrnehmung der Dienstgeschäfte nicht beeinträchtigt wird. Vgl. §§ 74, 75 BBG.

Eine *Dienstkleidung* kann vorgeschrieben werden, wenn sie bei Amtsausübung üblich oder erforderlich ist (§ 76). Die Bestimmungen über Dienstkleidung *(Amtstracht)* erläßt der BPräs. Bundesrechtlich ist Dienstkleidung u. a. vorgeschrieben für Bundespost, Bundeszollverwaltung und Bundesgrenzschutz; Amtstracht für das Bundesverfassungsgericht, die Obersten Gerichtshöfe und das Bundespatentgericht.

Die *Nichterfüllung von Pflichten* kann führen zu

a) *Verfolgung wegen Dienstvergehens* (§ 77), falls schuldhafte Verletzung einer Amtspflicht vorliegt. Das nähere bestimmt die *Bundesdisziplinarordnung* (vgl. 156);
b) *Haftung* auf *Schadensersatz* (§ 78).

Für *Amtspflichtverletzungen* der B. haftet Dritten gegenüber an Stelle des B. der Staat oder sonstige Dienstherr (Art. 34 GG; vgl. 69 – auch über sonstige Einschränkungen). Hat der Dienstherr einem Dritten gemäß Art. 34 Satz 1 GG Schadensersatz geleistet, so ist der Rückgriff (Regreß) gegen den B. nur insoweit zulässig, als dem B. Vorsatz oder *grobe* Fahrlässigkeit zur Last fällt. Verjährung grundsätzl. in 3 Jahren seit Kenntnis. Vgl. 69, 163, 332.

III. Der Beamte hat andererseits folgende *Rechte:*

1. auf *Fürsorge* und *Schutz*.

Der Dienstherr hat im Rahmen des Dienst- und Treueverhältnisses für das Wohl des B. und seiner Familie zu sorgen, ihn bei seiner amtlichen Tätigkeit und in seiner Stellung als B. zu schützen (§ 79). Über den *Mutterschutz* für Beamtinnen vgl. 621; für jugendliche B. gilt nach § 80a das Jugendarbeitsschutzgesetz (623);

2. auf *Amtsbezeichnung* (§ 81).

Sie wird vom BPräs. oder der dazu ermächtigten Behörde festgesetzt. Neben der Amtsbezeichnung darf der B. nur staatlich verliehene *Titel* und *akademische Grade* führen. *Ruhestandsbeamte* dürfen ihre Amtsbezeichnung mit dem Zusatz „außer Dienst“ (a. D.) und die im Zusammenhang mit dem Amt verliehenen Titel weiterführen;

3. auf *Dienstbezüge* (§§ 83ff.).

Die *Dienstbezüge* der Beamten, Richter und Berufssoldaten sind im *Bundesbesoldungsgesetz* (BBesG) i. d. F. vom 1. 10. 1986 (BGBl. I 1553) m. spät. Änd. geregelt. Sie bestehen aus Grundgehalt, Ortszuschlag, ggf. Amts- und Stellenzulagen sowie weiteren Zulagen und Vergütungen. (Bei einigen Eingangsämtern besteht für einige Jahre nach Dienstantritt nur ein verminderter Grundgehaltsanspruch, § 19a BBesG.) Sachbezüge werden nach ihrem wirtschaftlichen Wert angerechnet (§ 10 BBesG). *Mehrarbeitsvergütung* wird in Bereichen mit meßbarer Mehrarbeit gezahlt (§ 48 BBesG; über die Bereiche und die Höhe der stundenweisen Entschädigung s. VO vom 1. 7. 1977, BGBl. I 1107 m. Änd. zul. vom 24. 4. 1986, BGBl. I 575). Über *Erschwerniszulagen* für Dienst zu ungünstigen Zeiten (Sonntag usw.), für besonders gefährliche Tätigkeiten (Taucher usw.), in der Krankenpflege u. a. m. vgl. § 47 BBesG und VO vom 6. 3. 1987 (BGBl. I 762); im Flugsicherungsbetrieb VO vom 22. 3. 1974 (BGBl. I 774); für Soldaten mit Spitzendienstzeiten VO vom 28. 8. 1980 (BGBl. I 1645) m. Änd. vom 25. 7. 1986 (BGBl. I 1180). Für Auslandsbeamte bestehen Sondervorschriften (§§ 52ff. BBesG). Das BBesG regelt auch die Dienstbezüge der Beamten der Länder, Gemeinden und öffentlich-rechtlichen Körperschaften (§ 1 Abs. 1 Nr. 1). Beamte auf Widerruf im Vorbereitungsdienst *(Anwärter)* erhalten Anwärterbezüge (§§ 59ff. BBesG); dazu VO über Anwärtersonderzuschläge vom 20. 2. 1978 (BGBl. I 276) sowie VO über Unterrichtsvergütung für Lehramtsanwärter vom 18. 7. 1976 (BGBl. I 1828).

Der *Ortszuschlag* ist ein variabler Bestandteil der Besoldung. Er wird auch zur Angestelltenvergütung gezahlt und bestimmt sich nach der Tarifklasse (= Berücksichtigung der Besoldungsgruppe) und dem Familienstand (§§ 39ff. BBesG).

Weihnachtszuwendungen werden nach dem Ges. vom 15. 7. 1965 i. d. F. vom 23. 5. 1975 (BGBl. I 1238) m. Änd. vom 18. 12. 1975 (BGBl. I 3091) gewährt. Jubiläumszuwendungen können bei Dienstjubiläen nach § 80b BBG und VO i. d. F. vom 7. 5. 1965 (BGBl. I 411) m. spät. Änd. gezahlt werden. Das jährliche *Urlaubsgeld* regelt das Ges. vom 15. 11. 1977 (BGBl. I 2117) m. spät. Änd.

Der B. hat unverzichtbare Ansprüche auf die laufenden Dienstbezüge; er kann diese nur insoweit abtreten oder verpfänden, als sie der Pfändung unterliegen (§ 84 BBG). Vgl. 254.

Beamte (auch im Vorbereitungsdienst), Richter, Berufs- und Zeitsoldaten erhalten nach dem Ges. vom 23. 5. 1975 (BGBl. I 1237) zusätzliche monatl. *vermögenswirksame Leistungen* nach dem VermögensbildungsG (618).

4. auf *Versorgungsbezüge* (§ 85)

Die *Versorgung* des B. umfaßt: Ruhegehalt oder Unterhaltsbeitrag, Hinterbliebenenversorgung, Bezüge bei Verschollenheit, Unfallfürsorge, Übergangsgeld und Ausgleich bei besonderen Altersgrenzen (§ 2 des Beamtenversorgungsgesetzes – BeamtVG – i. d. F. vom 12. 2. 1987 (BGBl. I 570).

Die allgemeine *Altersgrenze* ist die Vollendung des 65. Lebensjahres (§ 41 BBG), bei *Polizeivollzugsbeamten des Bundes* das 60. Lebensjahr (§ 5 BPolBG i. d. F. vom 3. 6. 1976, BGBl. I 1357). Der Beamte (Richter) kann 2 Jahre vor Erreichen der Altersgrenze seine Versetzung in den Ruhestand ohne Angabe von Gründen beantragen; für Schwerbehinderte beträgt die Frist bei Verpflichtung, monatl. Zusatzverdienst auf höchstens 425 DM zu beschränken, 5 Jahre (§ 42 Abs. 3 BBG).

290

a) Ein *Ruhegehalt* wird nur gewährt, wenn der B. eine Dienstzeit von mindestens 5 Jahren abgeleistet hat oder infolge Krankheit, Verwundung oder sonstiger Dienstbeschädigung, die er ohne grobes Verschulden erlitten hat, *dienstunfähig* geworden oder wenn er in den einstweiligen Ruhestand versetzt worden ist (§ 4 BeamtVG).

Ruhegehaltfähige Dienstbezüge sind Grundgehalt, Ortszuschlag und sonstige als ruhegehaltfähig im *Besoldungsrecht* anerkannte Dienstbezüge (§ 5 BeamtVG). Vgl. *Bundesbesoldungsgesetz* (s. o.).

Als *ruhegehaltfähige Dienstzeit* gilt die nach vollendetem 17. Lebensjahr im Beamtenverhältnis zurückgelegte Dienstzeit. Kriegs-, Wehr-, Polizei- und Arbeitsdienst sowie Gefangenschaft werden angerechnet. Wegen der Anrechnung der amtslosen Zeit der sog. verdrängten Beamten nach dem 8. 5. 1945 vgl. § 81 BeamtVG. Zur Hälfte angerechnet werden kann die Tätigkeit als Rechtsanwalt oder als gebührenberechtigter Beamter oder Notar ohne Ruhegehaltsberechtigung sowie eine Tätigkeit, durch die der B. besondere Fachkenntnisse auf wissenschaftlichem, künstlerischem, technischem oder wirtschaftlichem Gebiet erworben hat, welche die notwendige Voraussetzung für seine Amtstätigkeit bilden. Vgl. §§ 6 ff. BeamtVG.

Das *Ruhegehalt* beträgt bis zu 10 Dienstjahren 35 v. H.; es steigt mit jedem weiteren Dienstjahr bis zum 25. um 2 v. H., von da ab um 1 v. H. der ruhegehaltfähigen Dienstbezüge bis zum Höchstsatz von 75 v. H. (§ 14 BeamtVG).

Wird im Falle der Scheidung dem Ehegatten des B. ein *Versorgungsausgleich* (346) zuerkannt, so werden die Versorgungsbezüge des B. um die durch Entscheidung des Familiengerichts für den anderen Ehegatten begründeten monatlichen Rentenanwartschaften gekürzt; der monatliche Betrag erhöht sich entsprechend der nach der Scheidung eintretenden gesetzlichen Erhöhung des Ruhegehaltssatzes. Der B. kann die Kürzung durch Leistung eines Kapitalbetrags an den Dienstherrn abwenden (§§ 57, 58 BeamtVG).

b) Ein *Unterhaltsbeitrag* kann einem B. auf Lebenszeit gewährt werden, wenn er vor 5 Dienstjahren wegen Dienstunfähigkeit oder Erreichens der Altersgrenze entlassen wird (§ 15 BeamtVG).

c) Auf Grund der *Hinterbliebenenversorgung* verbleiben den Erben eines verstorbenen B. die für den *Sterbemonat* gezahlten Dienstbezüge (§ 17 BeamtVG). Die nächsten Angehörigen (insbesondere Ehefrau und Abkömmlinge) erhalten nach Maßgabe des § 18 BeamtVG ein *Sterbegeld* in der Höhe des Zweifachen der Dienstbezüge des Verstorbenen. Ferner wird *Witwen-* und *Waisengeld* gezahlt.

Die Witwe eines ruhegehaltberechtigten B. erhält *Witwengeld,* außer wenn (§ 19 BeamtVG)

aa) die Ehe weniger als drei Monate bestand, es sei denn, daß nicht anzunehmen ist, daß sie in der Absicht geschlossen worden ist, der Witwe lediglich eine Versorgung zu schaffen; oder

bb) die Ehe erst nach Pensionierung geschlossen ist und der B. z. Z. der Eheschließung das 65. Lebensjahr bereits vollendet hatte.

Das Witwengeld beträgt 60 v. H. des Ruhegehalts des B. War die Witwe mehr als 20 Jahre jünger als der B. und ist die Ehe kinderlos geblieben, wird das Witwengeld um bis zu 50 v. H. gekürzt (§ 20 BeamtVG).

Im Falle bb) wird i. d. R. ein *Unterhaltsbeitrag* in Höhe des Witwengeldes gezahlt, jedoch unter Berücksichtigung der Einkünfte der Witwe. Die geschiedene Ehefrau, die das 60. Lebensjahr vollendet hat oder erwerbsunfähig ist oder mindestens ein waisengeldberechtigtes Kind erzieht, erhält auf Antrag einen Unterhaltsbeitrag bis zu 5/6 des Witwengeldes, soweit sie z. Z des Todes des B. einen Anspruch auf Versorgungsausgleich nach § 1587g Abs. 1 S. 1 BGB (vgl. 346) hatte; dabei ist eine Kürzung vorzunehmen, wenn das Familiengericht eine Anwartschaft in der gesetzlichen Rentenversicherung begründet hatte (§ 22 BeamtVG). Bei *Wiederverheiratung* hat die Witwe Anspruch auf *Witwenabfindung* (§ 21 BeamtVG).

Die Vorschriften über die Witwenversorgung gelten entsprechend für den *Witwer* einer verstorbenen Beamtin (§ 28 BeamtVG).

Waisengeld (Vollwaisen 20 v. H., Halbwaisen 12 v. H. des Ruhegehalts des B.) erhalten die leiblichen (auch nichtehelichen) oder adoptierten Kinder eines ruhegehaltberechtigten B. oder Ruhestandsbeamten. Ausgenommen Kinder, die der B. erst nach Eintritt in den Ruhestand und Vollendung des 65. Lebensjahres adoptiert hat (ev. aber Unterhaltsbeitrag bis zu gleicher Höhe; §§ 23, 24 BeamtVG).

d) Im Falle und für die Dauer der *Verschollenheit* eines B. oder Ruhestandsbeamten werden Witwen- und Waisengeld oder ein Unterhaltsbeitrag wie zu b) gezahlt (§ 29 BeamtVG).

e) Die *Unfallfürsorge* umfaßt bei einem *Dienstunfall* des B.: Erstattung von Sachschäden und besonderen Aufwendungen, Heilverfahren, Unfallausgleich nach der Minderung der Erwerbsfähigkeit, Unfallruhegehalt oder Unterhaltsbeitrag, Unfall-Hinterbliebenenversorgung, einmalige Entschädigung bei Minderung der Erwerbsfähigkeit von mehr als 80 v. H. (§§ 30ff. BeamtVG).

Der Begriff des „Dienstunfalls" umfaßt nach § 31 BeamtVG außer den unmittelbar mit der dienstlichen Tätigkeit zusammenhängenden schädigenden Ereignissen auch solche, die auf dem Weg zwischen Wohnung und Dienststelle oder auf dem ersten Weg zur Abhebung überwiesener Geldbeträge vom Gehaltskonto eintreten; ferner die mit der dienstlichen Tätigkeit zusammenhängenden, in der VO vom 20. 6. 1977 (BGBl. I 1004) bezeichneten Krankheiten.

Keine Unfallfürsorge, wenn der Verletzte den Dienstunfall vorsätzlich herbeigeführt hat; bei Nichtbefolgen von Anordnungen zur Heilbehandlung ist Versagung möglich. Anmeldung binnen 2 Jahren beim Dienstvorgesetzten (Ausschlußfrist). Dieser hat jeden Unfall sofort zu untersuchen; das Ergebnis ist den Beteiligten mitzuteilen (§§ 44, 45 BeamtVG).

Weitergehende Ansprüche können auf Grund allgemeiner gesetzlicher Vorschriften gegen einen öffentlich-rechtlichen Dienstherrn oder gegen in seinem Dienst stehende Personen nur geltend gemacht werden, wenn der Dienstunfall durch eine vorsätzliche unerlaubte Handlung einer solchen Person verursacht worden ist. Ersatzansprüche gegen andere Personen bleiben unberührt (§ 46 Abs. 2, 3 BeamtVG).

f) *Übergangsgeld* erhält ein B. mit Dienstbezügen, der nicht auf eigenen Antrag entlassen wird (z. B. ein B. auf Widerruf), falls er ohne Versorgung ausscheidet und auch kein Unterhaltsbeitrag (vgl. oben b) bewilligt wird.

Das *Übergangsgeld* beträgt nach vollendeter einjähriger Dienstzeit das Einfache und bei längerer Beschäftigungszeit für jedes volle Jahr ihrer Dauer die Hälfte, insgesamt höchstens das Sechsfache der Dienstbezüge des letzten Monats (§ 47 BeamtVG).

Zu a)–f). Alle *Versorgungsansprüche* werden durch die oberste Dienstbehörde *festgestellt,* soweit nicht auf nachgeordnete Behörden delegiert (§ 49 BeamtVG).

5. auf *Reise- und Umzugskosten*

Sie werden nach Maßgabe der Bundesgesetze vom 13. 11. 1973 (BGBl. I 1621, 1628; *Tage- und Übernachtungsgelder* gemäß §§ 9, 10 RKG) sowie der *ErstattungsVO* vom 22. 1. 1974 (BGBl. I 103) – jeweils m. spät. Änd. – gewährt. Für Auslandsumzüge gelten Sonderbestimmungen.

Eine VO vom 20. 5. 1986 (BGBl. I 745) regelt die Gewährung von *Trennungsgeld* bei Versetzung oder Abordnung im Inland. Nach der VO über Reisebeihilfen für *Familienheimfahrten* vom 9. 10. 1960 (BGBl. I 826) können verheiratete und ihnen gleichgestellte Beamte in je zwei Monaten vorübergehender auswärtiger Beschäftigung eine *Reisebeihilfe* für eine Familienheimfahrt nach dem bisherigen Wohnort erhalten.

6. auf *Urlaub*

Dem B. steht *Urlaub* zu (§ 89), und zwar ein alljährlicher Erholungsurlaub unter Fortgewährung seiner Dienstbezüge.

Vgl. VO über den *Erholungsurlaub* der Bundesbeamten und Richter im Bundesdienst i. d. F. vom 11. 10. 1970 (BGBl. I 1378) m. Änd. zuletzt vom 6. 9. 1985 (BGBl. I 1904) sowie VO über den Erholungs- und Heimaturlaub der im Ausland tätigen Bundesbeamten i. d. F. des Art. 1 der VO vom 10. 10. 1972 (BGBl. I 1901), zuletzt geändert am 11. 3. 1985 (BGBl. I 569). Die VO über *Sonderurlaub* für Beamte und Richter im Bundesdienst i. d. F. vom 13. 11. 1980 (BGBl. I 2074) regelt die Urlaubsgewährung für politische Betätigung, fachliche Fortbildung und sonstige staatspolitisch anerkannte Zwecke. Der B. hat *Anspruch* auf Urlaub unter Fortzahlung der Dienstbezüge für die Teilnahme an Wahlen und Abstimmungen, die Bewerbung um einen Parlamentssitz sowie für die Wahrnehmung amtlicher Termine oder die Ausübung eines Ehrenamtes, wenn hierzu eine gesetzliche Verpflichtung besteht (z. B. Schöffendienst). Urlaub *soll* bzw. kann, wenn nicht dienstliche Gründe entgegenstehen, gewährt werden für gewerkschaftliche, fachliche, staatspolitische, kirchliche oder sportliche Zwecke in der durch § 7 festgelegten Begrenzung, ebenso aus wichtigen persönlichen – insbes. familiären – Anlässen. Für die Tätigkeit in einer kommunalen Vertretung ist Urlaub mit Dienstbezügen zu gewähren (§ 89 Abs. 3 BBG). Bis zum 31. 12. 1990 kann einem Beamten mit Dienstbezügen nach einer Vollzeitbeschäftigung von 20 Jahren im öffentlichen Dienst und nach Vollendung des 55. Lebensjahres auf Antrag Urlaub ohne Dienstbezüge bis zum Beginn des Ruhestandes gewährt werden. Voraussetzung ist weiter, daß es sich um einen Arbeitsbereich handelt, in dem in einer Ausnahmesituation ein dringendes öffentliches Interesse daran besteht, Bewerber im öffentlichen Dienst zu beschäftigen. Handelt es sich um Bereiche, in denen in einer Ausnahmesituation ein dringendes öffentliches Interesse daran besteht, Bewerber im öffentlichen Dienst zu beschäftigen, die für eine ausschließlich im öffentlichen Dienst auszuübende Berufstätigkeit ausgebildet worden sind, so kann ohne zusätzliche Voraussetzung bis zum 31. 12. 1990 auf Antrag Urlaub ohne Dienstbezüge bis zur

Dauer von 6 Jahren gewährt werden (§ 72a Abs. 1 Nr. 2 und 3). Der B. muß jedoch auf entgeltliche Nebentätigkeit verzichten.

Zum Erziehungsurlaub s. *ErziehungsurlaubsVO* vom 17. 12. 1985 (BGBl. I 2322).

7. auf *Einsicht in seine Personalakten* (§ 90).

Das *Einsichtrecht* umfaßt alle den B. betreffenden Vorgänge. Der B. ist über Beschwerden und tatsächliche Behauptungen, die ihm nachteilig werden können, vor Aufnahme in die Personalakten zu hören. Seine Äußerung ist in die Personalakten aufzunehmen.

8. auf *Vereinigungsfreiheit* (§ 91).

Zusammenschluß in *Gewerkschaften* und *Berufsverbänden* ist zulässig. Diese können vom B. mit seiner Vertretung beauftragt werden, soweit nichts anderes gesetzlich bestimmt ist. Keine Maßregelung wegen Betätigung für Gewerkschaft oder Berufsverband.

Zur Frage des *Streikrechts* s. o. II und 153.

9. auf Erteilung eines *Dienstzeugnisses* (§ 92).

Das *Zeugnis* ist auf Antrag des B. von seinem letzten Dienstvorgesetzten über Art und Dauer der bekleideten Ämter zu erteilen; auf Wunsch auch über die ausgeübte Tätigkeit und die Leistungen.

IV. *Beamtenvertretung*.

Sie ist für den unmittelbaren und mittelbaren Bundesdienst im *Bundespersonalvertretungsgesetz* geregelt. Vgl. 633 II. Die *Spitzenorganisationen* der zuständigen Gewerkschaften sind bei der Vorbereitung allgemeiner Regelungen der beamtenrechtlichen Verhältnisse zu beteiligen (§ 94 BBG).

V. *Personalverwaltung*.

Zur einheitlichen Durchführung der beamtenrechtlichen Vorschriften besteht ein *Bundespersonalausschuß*, der seine Tätigkeit innerhalb der gesetzlichen Schranken unabhängig und in eigener Verantwortung ausübt (§ 95 BBG).

Der Bundespersonalausschuß besteht aus 7 ordentlichen und 7 stellvertretenden Mitgliedern. Ständige ordentliche Mitglieder sind der Präsident des BRechnungshofes als Vorsitzender und der Leiter der Personalrechtsabteilung des BMI. Die übrigen 5 ordentlichen und die stellvertretenden Mitglieder werden vom BPräs. auf Vorschlag des BMI auf 4 Jahre berufen, davon je 3 auf Grund einer Benennung durch die Spitzenorganisationen der zuständigen Gewerkschaften (§ 96). Sie müssen Bundesbeamte sein, sind unabhängig und nur dem Gesetz unterworfen; sie dürfen wegen ihrer Tätigkeit weder dienstlich gemaßregelt noch benachteiligt werden (§ 97). Der Ausschuß wirkt insbes. bei Vorbereitung allgemeiner Regelungen der beamtenrechtlichen Verhältnisse, der Ausbildungs-, Prüfungs- und Fortbildungsvorschriften mit. Er entscheidet über die allgemeine Anerkennung von Prüfungen, nimmt in Angelegenheiten von grundsätzlicher Bedeutung zu Beschwerden von Beamten und zurückgewiesenen Bewerbern Stellung und macht Vorschläge zur Beseitigung von Mängeln in der Handhabung der beamtenrechtlichen Vorschriften (§ 98). Ihm obliegt ferner die Zulassung von Ausnahmen von der Pflicht zur Stellenausschreibung und von Abweichungen von den Regelvorschriften des Laufbahnrechts sowie die Zustimmung zur Hinausschiebung des Eintritts eines Beamten in den Ruhestand (vgl. u.a. §§ 8 Abs. 2, 21, 41 Abs. 2 BBG). Der Ausschuß hat eine *Geschäftsstelle* im BMI und gibt sich eine *Geschäftsordnung*. Seine Sitzungen sind nicht öffentlich; jedoch kann Beauftragten der beteiligten Verwaltungen, Beschwerdeführern u.a. Personen die Anwesenheit gestattet werden. Beschlüsse werden mit Stimmenmehrheit gefaßt. Zur Beschlußfähigkeit müssen mindestens 5 Mitglieder anwesend sein. Bei Stimmengleichheit entscheidet die Stimme des Vorsitzenden. Es können Beweise erhoben werden. Alle Dienststellen haben Amtshilfe zu leisten. Beschlüsse von allgemeiner Bedeutung werden bekanntgegeben. Soweit dem Ausschuß Entscheidungsbefugnis zusteht, binden seine Beschlüsse die beteiligten Verwaltungen. Die Dienstaufsicht über die Mitglieder des Ausschusses führt der *BMI* (§§ 99–104).

VI. *Verdrängte Beamte* und andere unter Art. 131 GG fallende Personen.

Nach Art. 131 GG sind die Rechtsverhältnisse von Personen einschließlich der *Flüchtlinge* und *Vertriebenen,* die am 8. 5. 1945 im öffentlichen Dienst standen und aus anderen als beamtenrechtlichen oder tariflichen Gründen ausgeschieden und nicht wiederverwendet worden sind, durch besondere Gesetze zu regeln. Maßgebend ist jetzt das Ges. zur Regelung der Rechtsverhältnisse der unter Art. 131 GG fallenden Personen i.d.F. vom 13. 10. 1965 (BGBl. I 1685) m. letzter Änd. vom 22. 12. 1981 (BGBl. I 1523).

Das Gesetz behandelt die Rechtsverhältnisse der sog. *verdrängten Beamten,* Angestellten und Arbeiter des öffentlichen Dienstes, die am 8. 5. 1945 in einem Dienst- und Arbeitsverhältnis bei Dienststellen des Reiches oder von Ländern oder Gemeinden außerhalb des Deutschen Reiches standen. Es regelt insbesondere die Unterbringung, Versorgung oder Kapitalabfindung dieses Personenkreises. Außerdem wurden mit diesem bedeutungsvollen Gesetz die Rechte der früheren Wartestandsbeamten, Ruhestandsbeamten und Hinterbliebenen, der Berufssoldaten und der berufsmäßigen Angehörigen des Reichsarbeitsdienstes festgelegt.

VII. Über die Gesetze zur Regelung der *Wiedergutmachung national-sozialistischen Unrechts für Angehörige des öffentlichen Dienstes* vgl. 685.

155. Bundeslaufbahnverordnung

Das *Laufbahnrecht* für die Bundesbeamten ist neben den grundsätzlichen Bestimmungen im Bundesbeamtengesetz (§§ 15–25) in der VO über die Laufbahnen der Bundesbeamten – BLV – i.d.F. vom 15. 11. 1978 (BGBl. I 1763) m. Änd. zul. vom 8. 7. 1981 (BGBl. I 646) zusammengefaßt. Sie umfaßt auch grundsätzliche Vorschriften über die *Beurteilung* und die *Fortbildung* der Beamten.

Die *Bundeslaufbahn VO* enthält 9 Abschnitte:

I. *Allgemeines* (§§ 1–13: Eignung, Befähigung und fachliche Leistung entscheiden; 4 Laufbahngruppen – einfacher, mittlerer, gehobener, höherer Dienst – mit Laufbahnen jeweils derselben Fachrichtung; Laufbahnwechsel, Probezeit, Anstellung, Beförderung, Erleichterungen für Schwerbehinderte);

II. *Laufbahnbewerber* (§§ 14–33; Gemeinsame Vorschriften, Einfacher, Mittlerer, Gehobener, Höherer Dienst; Zulassung zu einer höheren Laufbahn – *Aufstiegsbeamte* –: §§ 23, 28, 33);

III. *Laufbahnen besonderer Fachrichtungen* (§§ 34–37). In diesen können Vorbereitungsdienst und Laufbahnprüfung durch eine der Laufbahnbefähigung gleichwertige sonstige Bildungsvoraussetzung und eine hauptberufliche Tätigkeit von bestimmter Dauer ersetzt werden (z. B. für Ärzte, Ingenieure, Laboranten).

IV. *Andere Bewerber,* die auf Grund ihrer Lebens- und Berufserfahrung auch ohne die vorgeschriebene Ausbildung und Ablegung von Prüfungen eingestellt werden können (§§ 38, 39). Zulassungsvoraussetzungen sind ein bestimmtes Mindestalter und entweder Zustimmung des Bundespersonalausschusses oder (außer beim einfachen Dienst) Nachweis einer den dienstlichen Anforderungen entsprechenden Prüfung. Laufbahnen, für die eine bestimmte Vorbildung, Ausbildung oder Prüfung rechtlich vorgeschrieben oder nach ihrer Eigenart erforderlich ist, sind anderen Bewerbern verschlossen.

V. *Dienstliche Beurteilung* (§§ 40, 41; mindestens alle 5 Jahre; sie ist dem Beamten bekanntzugeben und zu den Personalakten zu nehmen);

VI.–IX. Fortbildung (§ 42), Übertritt von anderen Dienstherren zum Bund (§ 43), Ausnahmeentscheidungen des Bundespersonalausschusses (§ 44), Übergangs- und Schlußvorschriften (§§ 45–47).

Über die Laufbahnen der *Polizeivollzugsbeamten des Bundes* vgl. § 3 des BundespolizeibeamtenG i. d. F. vom 3. 6. 1976 (BGBl. I 1357) sowie VO i. d. F. vom 2. 7. 1976 (BGBl. I 1723) – *Bundesgrenzschutz* – und VO vom 22. 7. 1971 (BGBl. I 1110) – *Kriminaldienst* –, jeweils m. spät. Änd.

Über eine Reform des Laufbahnrechts s. 153.

156. Die Bundesdisziplinarordnung

Durch die *Bundesdisziplinarordnung* vom 28. 11. 1952 (BGBl. I 761) – BDO – i. d. F. vom 20. 7. 1967 (BGBl. I 751) m. spät. Änd. sind die früher in der *Reichsdienststrafordnung* zusammengefaßten Vorschriften über die Behandlung eines Beamten, der eines Dienstvergehens verdächtig ist, neu geordnet worden. Die 1937 eingeführte Verdeutschung *Dienststrafrecht* und die Bezeichnungen „Disziplinarstrafe" und „Beschuldigter" wurden rückgängig gemacht, weil es sich nicht um eine Bestrafung im strafrechtlichen Sinne handelt, sondern um dienstrechtliche Maßnahmen zur Aufrechterhaltung der auf Grund des besonderen Treueverhältnisses bestehenden inneren Ordnung der Beamtenschaft.

Während das materielle *Disziplinarrecht* grundlegend in § 77 BBG geregelt ist, behandelt die BDO vorwiegend das Verfahrensrecht. Der Geltungsbereich der BDO umfaßt die im aktiven Dienst stehenden unmittelbaren und die mittelbaren Bundesbeamten (vgl. 154), ferner die Ruhestandsbeamten im einstweiligen oder endgültigen Ruhestand.

Im Gegensatz zum allg. Strafrecht herrscht das sog. *Opportunitätsprinzip,* d. h.

der Dienstvorgesetzte und die Einleitungsbehörde entscheiden nach pflichtmäßigem Ermessen, ob wegen eines Dienstvergehens eingeschritten werden soll. Dabei sind nicht nur die bestimmte Tat und das Verhalten des Beamten bei dieser, sondern auch seine Persönlichkeit, seine dienstlichen Leistungen und sein dienstliches und außerdienstliches Verhalten sowohl in positiver als auch in negativer Hinsicht zu werten. Für *Bagatell-Vergehen,* für die als Disziplinarmaßnahme höchstens Geldbuße verwirkt wäre, gilt eine Verjährungsfrist von 2 Jahren, bei Gehaltskürzung 3 Jahre (§ 4 BDO).

Als *Disziplinarmaßnahmen* sieht das Gesetz (§ 5 BDO) vor: Verweis, Geldbuße, Gehaltskürzung, Versetzung in ein Amt derselben Laufbahn mit geringerem Endgrundgehalt, Entfernung aus dem Dienst, Kürzung des Ruhegehalts und Aberkennung des Ruhegehalts. Während Verweis vom Dienstvorgesetzten, Geldbuße von diesem oder einer vorgesetzten Stelle durch *Disziplinarverfügung* verhängt werden kann (§ 29 BDO), dürfen die strengeren Maßnahmen nur von den Disziplinargerichten im *förmlichen Disziplinarverfahren* ausgesprochen werden.

Schwebt ein *gerichtliches Strafverfahren,* so hat dieses den Vorrang. Ein wegen gleichen Tatbestandes schwebendes Disziplinarverfahren ist i. d. R. bis zur Beendigung des strafgerichtlichen Verfahrens auszusetzen. Bei Freisprechung durch Strafurteil ist disziplinäre Ahndung nur noch zulässig, soweit auch abgesehen vom Straftatbestand ein Dienstvergehen vorliegt (§ 17 BDO). Über die Bindungswirkung der tatsächlichen Feststellungen eines Strafurteils für das Disziplinarverfahren vgl. § 18 BDO.

Gegen eine *Disziplinarverfügung* kann binnen zwei Wochen die Beschwerde an den nächsthöheren Dienstvorgesetzten eingelegt und gegen dessen Entscheidung oder gegen eine Disziplinarverfügung der obersten Dienstbehörde binnen eines Monats die Entscheidung des *Bundesdisziplinargerichts* beantragt werden (§ 31 BDO).

Ein *förmliches Disziplinarverfahren* wird durch schriftliche Verfügung der Einleitungsbehörde eingeleitet. Es gliedert sich in die Untersuchung und in das Verfahren vor den Disziplinargerichten (§§ 33ff. BDO). *Einleitungsbehörde* ist i. d. R. die für die Ernennung des Beamten zuständige Behörde. Sie bestellt – außer wenn der Sachverhalt keiner Klärung mehr bedarf – einen *Untersuchungsführer* (mit Befähigung zum Richteramt), der die Ermittlungen durchführt (§§ 56ff. BDO). Der Beamte kann, um sich von einem Verdacht zu reinigen, ein Disziplinarverfahren gegen sich selbst beantragen (§ 34 BDO).

Ein *Bundesdisziplinaranwalt* (mit Befähigung zum Richteramt) hat die Aufgabe, die einheitliche Ausübung der Disziplinargewalt zu sichern und das Interesse der Verwaltung und der Allgemeinheit in jeder Lage des Verfahrens wahrzunehmen. Er kann bei der Einleitungsbehörde die Einleitung des förmlichen Dienststrafverfahrens beantragen. Er untersteht dem Bundesinnenminister (§§ 37–39 BDO).

Der betroffene Beamte kann sich in jeder Lage des Verfahrens des Beistandes eines *Verteidigers* bedienen; als solche sind außer Rechtsanwälten und Hochschullehrern des Rechts auch Vertreter einer Beamtengewerkschaft, Beamte und Ruhestandsbeamte zugelassen, beim BVerwG jedoch nur bei Befähigung zum Richteramt oder höheren Verwaltungsdienst (§ 40 BDO).

Disziplinargerichte des Bundes sind das *Bundesdisziplinargericht* in Frankfurt a. M., das in Kammern mit 3 Mitgliedern (Vorsitzender, ein rechtskundiger, ein weiterer Beisitzer aus der Laufbahn des Beschuldigten) entscheidet, und das *Bundesverwaltungsgericht* in Berlin, dessen *Disziplinarsenate* mit drei richterlichen Mitgliedern einschließlich des Vorsitzenden und zwei Beamtenbeisitzern erkennen (§§ 41 ff. BDO).

Gegen Beschlüsse des Bundesdisziplinargerichts ist binnen 2 Wochen die Beschwerde an das Bundesverwaltungsgericht, gegen Urteile binnen eines Monats nach Zustellung Berufung an das Bundesverwaltungsgericht zulässig (§§ 79, 80 BDO).

Nach § 119 BDO sind die Disziplinarmaßnahmen des Verweises und der Geldbuße nach drei, der Gehaltskürzung nach fünf Jahren i. d. R. aus den Personalakten des B. zu tilgen. Die Ausübung des *Begnadigungsrechts* richtet sich nach der Anordnung des BPräs. vom 5. 10. 1965 (BGBI. I 1573).

Ergänzungsvorschriften, insbes. über die Zuständigkeit für Disziplinarmaßnahmen, enthalten die AO vom 17. 9. 1979 (BGBl. I 1591) für den Bundesgrenzschutz, AO vom 28. 2. 1978 (BGBl. I 403) für die Bundesfinanzverwaltung, AO vom 29. 2. 1968 (BGBl. I 211) für den Bereich des BMVg, AO vom 20. 5. 1958 (BGBl. I 382) für den Geschäftsbereich des BMA und AO vom 19. 12. 1967 (BGBl. 1968 I 57) für die Deutsche Bundespost und die Bundesdruckerei.

In den *Ländern* gelten für Landesbeamte *Landesdisziplinarordnungen* oder Dienststrafordnungen (Dienstordnungen).

157. Beamtenrechtsrahmengesetz und Landesbeamtengesetze

Die Einheit des Beamtenrechts ging 1945 infolge der veränderten staatsrechtlichen Verhältnisse verloren. An die Stelle des früher allgemein gültigen Deutschen Beamtengesetzes (DBG) traten zumeist Landes-Beamtengesetze oder landesrechtliche Abänderungen des DBG, wobei rein nat.-soz. Bestimmungen beseitigt wurden. Nachdem im Bund durch das *Bundesbeamtengesetz* (BBG; vgl. 154) neues Beamtenrecht geschaffen war, ergingen durch das Rahmengesetz zur Vereinheitlichung des Beamtenrechts (BRRG) – jetzt i. d. F. vom 27. 2. 1985 (BGBl. I 462) m. Änd. vom 18. 7. 1985 (BGBl. I 1513) – *Rahmenvorschriften* über die Rechtsverhältnisse der im öffentlichen Dienst der Länder, Gemeinden und sonstigen juristischen Personen öffentlichen Rechts (144) stehenden Personen.

Die Ermächtigung des Bundes zum Erlaß dieser Rahmenbestimmungen ergibt sich aus Art. 72 Abs. 2 und 75 Nr. 1 GG (vgl. 55 III).

Der Aufbau des BRRG folgt der Gliederung des BBG (vgl. 154). Im BRRG werden u. a. Rahmenvorschriften für das Beamtenverhältnis, die Ernennung, die Laufbahnen, ferner Abordnung und Versetzung, Rechtsstellung bei Auflösung oder Umbildung von Behörden, Beendigung des Beamtenverhältnisses und die Rechtsstellung eines zum Mitglied einer Volksvertretung oder der Landesregierung oder zum Parlamentarischen Staatssekretär gewählten bzw. ernannten Beamten gegeben. Weitere Abschnitte befassen sich mit den Pflichten und Rechten des Beamten, den Folgen der Nichterfüllung von Pflichten, dem Schutz seiner rechtlichen Stellung (Beschwerdeweg) und dem Personalwesen.

Im Gegensatz hierzu stellen die Vorschriften des Kapitels II des BRRG keine Anweisungen an die Landesgesetzgeber dar, sondern enthalten unmittelbar anwendbares und einheitlich für alle Dienstherrenbereiche geltendes *Bundesrecht*. Sie betreffen insbes. Dienstherrnfähigkeit, Anerkennung der Vorbildung und Befähigung, Abordnung und Versetzung zu anderen Dienstherren, Fortgeltung von Rechten und Pflichten, Entlassung bei Ernennung zum Soldaten, ferner den Rechtsweg sowie Übertritt und Übernahme bei Umbildung von Körperschaften.

Die *Beamtengesetze der Länder* (Hinweise b. Wolff, VerwR II, § 105 III a 2) entsprechen in Aufbau und Inhalt durchweg dem BBG; sie fußen ebenso wie die ergänzenden beamtenrechtlichen Gesetze und VOen auf den gemeinsamen Grundsätzen des Beamtenrechts und den besonderen Bestimmungen des BRRG.

C. Grundzüge des Polizeirechts

158. Begriff der Polizei

Das *Polizeirecht* ist ein Zweig des Verwaltungsrechts. Es behandelt die Aufgaben und Befugnisse der *Polizei,* die Organisation der *Polizeibehörden* und das Verfahren in polizeilichen Angelegenheiten.

Unter *Polizei* (griech. politeia = Staatsverwaltung) verstand man zunächst die Gesamtheit der staatlichen Angelegenheiten. In diesem Sinn gebrauchten das Wort die *Reichspolizeiordnungen* des 16. Jahrh., die unterschiedliche Rechtsgebiete (z. B. Straf-, Sicherheits-, Verfahrensrecht) regelten. Im 17. Jahrh. schied man die Militär-, Justiz-, Finanz- und äußeren Angelegenheiten aus und verstand unter Polizei ungefähr den Bereich der späteren allgemeinen Landesverwaltung (145). In der *absoluten Monarchie* (4 I 1) vereinigte der Monarch in seiner Person die Zuständigkeit für Gesetzgebung und Vollziehung der Gesetze; von ihr wurde im Interesse der öffentlichen Ordnung und „zum Wohle der Untertanen" in umfassender Ausnutzung der polizeilichen Machtfülle, auch durch Eingriffe in die Rechtssphäre des Bürgers, Gebrauch gemacht *(Polizeistaat).* Gegen die hieraus resultierende Rechtlosigkeit der Untertanen wendete sich die naturrechtliche und liberalistische Aufklärung des 19. Jahrh. Das preußische *Allgemeine Landrecht* von 1794 beschränkte in Teil II Titel 17 § 10 den Begriff der Polizei folgendermaßen auf den Sicherheitsbereich:

„Die nötigen Anstalten zur Erhaltung der öffentlichen Ruhe, Sicherheit und Ordnung und zur Abwendung der dem Publico oder einzelnen Mitgliedern desselben bevorstehenden Gefahren zu treffen, ist das Amt der Polizei."

Mit dieser Begriffsbestimmung stimmten spätere Gesetze, vor allem das preuß. Gesetz über die Polizeiverwaltung vom 11. 3. 1850, und die Rechtsprechung des früheren preuß. Oberverwaltungsgerichts überein. Dagegen enthielten die zwischen 1839 und 1871 erlassenen *Polizeistrafgesetzbücher* von Württemberg, Baden und Bayern u. a. Landesgesetze außer den sicherheitsrechtlichen auch oder überwiegend Bestimmungen über die Verhütung und Verfolgung strafbarer Handlungen. Im Laufe der Entwicklung zum bürgerlichen Rechtsstaat setzte sich schließlich der auf dem ALR fußende engere Polizeibegriff durch. Er wurde vor allem durch das *Preuß. Polizeiverwaltungsgesetz* vom 1. 6. 1931 (GS 77) geprägt, das den Polizeibegriff für das gesamte preußische Staatsgebiet einheitlich festlegte und das auch sonst für die Systematisierung des Polizeirechts richtungweisend war. Das PrPVG gilt in den Grundzügen noch im Saarland. Seine im folgenden zusammengefaßten Grundsätze haben weitgehend in den Polizeigesetzen der übrigen Länder ihren Niederschlag gefunden (s. 164 bis 169).

Träger der Polizeigewalt ist nach dem PrPVG der *Staat;* wer polizeiliche Aufgaben wahrnimmt, übt staatliche Hoheitsrechte aus (§ 1). *Ordentliche Polizeibehörden* sind die Landespolizeibehörden (Regierungspräsidenten), die Kreis- und die Ortspolizeibehörden. Für einzelne Bezirke kann die Verwaltung der Ortspolizei besonderen staatlichen Polizeibehörden übertragen werden (§§ 2–8). *Polizeiaufsichtsbehörden* sind für die Landespolizeibehörden die zuständigen Minister, für die Kreispolizeibehörden der Regierungspräsident und die zuständigen Minister und für die Ortspolizeibehörden der Landrat, der Regierungspräsident und die zuständigen Minister (§§ 9–13). Die Aufgabe der Polizei wird durch die *Generalklausel* des § 14 umrissen, nach der die Polizeibehörden im Rahmen der geltenden Gesetze die nach pflichtmäßigem Ermessen notwendigen Maßnahmen zu treffen haben, um von der Allgemeinheit oder dem einzelnen Gefahren abzuwehren, durch welche die öffentliche Sicherheit oder Ordnung bedroht wird. Daneben haben die Polizeibehörden die ihnen durch Gesetz besonders übertragenen Aufgaben zu erfüllen. Unter *polizeipflichtigen Personen* versteht das PrPVG den *polizeilichen Störer,* d. h. denjenigen, der die öffentliche Sicherheit oder Ordnung durch sein Verhalten stört oder gefährdet (*Handlungshaftung,* § 19), und den, der für das polizeimäßige Verhalten einer Person oder den polizeimäßigen Zustand einer Sache (*Zustandshaftung,* § 20) verantwortlich ist. Bei einem *polizeilichen Notstand* dürfen die Polizeibehörden zur Beseitigung einer bereits eingetretenen Störung der öffentlichen Sicherheit oder Ordnung oder zur Abwehr einer unmittelbar bevorstehenden Gefahr auch Maßnahmen gegen nicht polizeipflichtige Personen treffen (§ 21). Die *Zuständigkeit* beschränkt sich i. d. R. auf den Polizeibezirk; Ausnahmen bei Ersuchen oder Anweisung der Aufsichtsbehörde oder bei Übergreifen in angrenzende Polizeibezirke (§§ 22, 23).

159. Strukurelle Wandlungen des Polizeibegriffs

Da das Polizeiwesen keine eigene Gesetzlichkeit besitzt, sondern der allgemeinen Verfassungsentwicklung folgt, änderten sich Aufgaben und Befugnisse der Polizeibehörden mit der Machtergreifung durch den Nationalsozialismus im Jahre 1933 (vgl. 18) im Sinne der totalitären Staatsauffassung.

Durch VO des Reichspräsidenten vom 28. 2. 1933 (RGBl. I 83; vgl. 18) wurden die Art. 114, 115, 117, 118, 123, 124 und 153 der WVerf. ,,bis auf weiteres außer Kraft gesetzt“. Danach waren *Beschränkungen der persönlichen Freiheit* und des Eigentums auch außerhalb der sonst hierfür bestimmten gesetzlichen Grenzen zulässig. Darüber hinaus wurden die Aufgaben der Polizei über die eigentliche Sicherheits- und Ordnungsfunktion hinaus einer politischen Zielsetzung im Sinne einer ,,Erziehung zur Volksgemeinschaft“ unterstellt und im besonderen auf die „Sicherung der Volksordnung gegen innere Störungen und Zerstörungen“ ausgerichtet.

Mit der Wiedereinführung eines demokratischen Verfassungssystems nach dem 2. Weltkrieg wurden auch die Aufgaben der Polizei wieder auf den eigentlichen Bereich zurückgeführt. Die Neuorganisation wurde zunächst durch die *Besatzungsmächte* bestimmt. Zwar strebten sie in den drei wesentlichen Besatzungszonen übereinstimmend Dezentralisierung, Demokratisierung und Entmilitarisierung der Polizei an, vollzogen aber die Umgestaltung unterschiedlich (s. im folg. I–III).

I. In den Ländern der *britischen Besatzungszone* blieb zwar die Polizei als staatliche Einrichtung bestehen; es wurde aber die bisherige Verwaltungspolizei aus dem Bereich polizeilicher Tätigkeit ausgeklammert, so daß sich in den Ländern der brit. Zone der Polizeibegriff auf den Bereich der *Sicherheits- und Ordnungspolizei im engeren Sinne* (allgemeine Vollzugs-, Straßenverkehrs-, Kriminalpolizei) beschränkte, während die bisherigen sog. *verwaltungspolizeilichen Angelegenheiten* (wie Meldewesen, Wege-, Wasser-, Bau-, Gewerbe-, Gesundheitspolizei usw.) nicht mehr zur Zuständigkeit der Polizeibehörden gehörten. Auch wurden die allgemeinen Befugnisse der Polizei stark eingeschränkt, insbesondere hinsichtlich der Zuständigkeit zum Erlaß von Polizeiverordnungen. Das Pr. Polizeiverwaltungsgesetz wurde z. B. in *Hamburg* durch Ges. vom 20. 12. 1954 (GVBl. 155) und in *Nordrhein-Westfalen* durch Ges. vom 11. 8. 1953 (GVBl. 330) geändert und für NRW durch das OrdnungsbehördenG i. d. F. vom 28. 10. 1969 (GVBl. 732) schließlich aufgehoben. In *Niedersachsen* erging ein Ges. über die öffentliche Sicherheit und Ordnung vom 21. 3. 1951 (GVBl. Sb. I 89). *Schleswig-Holstein* erließ am 23. 3. 1949 ein Polizeigesetz, das durch Ges. vom 31. 3. 1951 (GVOBl. 91) und 22. 12. 1952 (GVOBl. 185, Polizeiorganisationsgesetz) geändert wurde, inzwischen aber aufgehoben ist (vgl. 176 II).

II. In den Ländern der *amerikanischen Besatzungszone* wurde zunächst für Gemeinden mit mehr als 5000 Einwohnern eine selbständige kommunale Polizei eingerichtet, während es in den kleineren Gemeinden bei der staatlichen Polizei verblieb. Der Bereich der sog. *Verwaltungspolizei* wurde auch hier aus dem Zuständigkeitskreis der Polizeibehörden ausgeschieden. Nach dem in *Bayern* erlassenen Polizeiaufgabengesetz – jetzt i. d. F. vom 24. 8. 1978 (GVBl. 561) – und dem Polizeiorganisationsgesetz – jetzt i. d. F. vom 10. 8. 1976 (GVBl. 303) m. spät. Änd. – besteht auch hier keine Verwaltungspolizei mehr. Träger der Polizei ist jetzt – wie nach dem preußischen Prinzip, das in den norddeutschen Ländern weiter gilt – das Land. In *Bremen* erging ein Polizeigesetz vom 5. 7. 1960 (GBl. 73), jetzt i. d. F. vom 21. 3. 1983 (GBl. 141). *Baden-Württemberg* schuf durch das Polizeigesetz vom 21. 11. 1955 (GBl. 249) – n. F. vom 16. 1. 1968 (GBl. 61) – eine landeseinheitliche Neuregelung des Polizeirechts. Es unterscheidet zwischen den Polizeibehörden, welche die zur Abwehr polizeilicher Gefahren erforderlichen Anordnungen erlassen (Minister, Regierungspräsidenten, Landräte bzw. Oberbürgermeister, Bürgermeister), und den staatlichen oder städtischen Polizeidienststellen, denen der Polizeivollzugsdienst obliegt. In *Hessen* unterscheidet das neue Polizeirecht gemäß dem Ges. über die öffentliche Sicherheit und Ordnung i. d. F. vom 26. 1. 1972 (GVBl. I 23) zwischen den allgemeinen Polizeibehörden (Orts-, Kreis-, Bezirks-Polizeibehörden), denen die Ordnungsaufgaben obliegen, und der Vollzugspolizei (Schutzpolizei, Kriminalpolizei, Bereitschaftspolizei, Wasserschutzpolizei).

III. Im Gebiet der ehemals *französischen Besatzungszone* ist das alte Polizeiverwaltungsrecht weitgehend erhalten geblieben. Das Land *Rheinland-Pfalz* hat eine straff organisierte staatliche Polizeiverwaltung wieder aufgebaut; in kleineren Gemeinden ist der Bürgermeister mit der Ausübung der Polizeigewalt betraut (Polizeiverwaltungsgesetz i. d. F. vom 1. 8. 1981, GVBl. 179).

IV. In *Berlin* richtet sich das Polizeiwesen jetzt nach dem Allgem. Sicherheits- und Ordnungsgesetz vom 11. 2. 1975 (GVBl. 688). Ordnungsbehörden sind die Mitglieder des Senats (132 II A), nachgeordnete Ordnungsbehörden die Bezirksämter, die Berliner Feuerwehr sowie bestimmte Fachbehörden (Preisamt usw.). Polizei i. S. des ASOG ist der Polizeipräsident. Er untersteht der Dienst- und Fachaufsicht des Innensenators, während die Fachaufsicht über die Polizei in Ordnungsaufgaben von dem zuständigen Fachsenator geführt wird.

V. Im *Saarland* gilt noch das PrPVG.

VI. Diese im Laufe der Zeit herausgebildeten, den geltenden Polizeigesetzen der Länder bereits zugrundeliegenden Rechtssätze sollen in einem *bundeseinheitlichen Polizeigesetz* zusammengefaßt werden, das von allen Ländern der BRep. übernommen werden soll. Dieses vorerst noch in einem Muster-Entwurf vorgelegte Gesetz regelt im einzelnen die polizeilichen Aufgaben im Bereich der Aufrechterhaltung der öffentlichen Sicherheit und Ordnung, insbesondere die Gefahrenabwehr, ferner die Kontrollbefugnisse der Polizei, Beschlagnahme und Durchsuchung u. dgl. Eine eingehende Regelung erfährt auch die Anwendung unmittelbaren Zwangs und hierbei insbesondere der Schußwaffengebrauch, der gegenüber einer Menschenmenge an bestimmte Voraussetzungen geknüpft ist (s. hierzu 169). Die Abgabe eines voraussichtlich *tödlich wirkenden Schusses* soll nur als letztes Mittel zur Abwehr einer gegenwärtigen Lebensgefahr oder einer schwerwiegenden Verletzung der körperlichen Unversehrtheit Dritter – etwa bei Geiselnahmen – zulässig sein. Über das insoweit bereits geltende Landesrecht vgl. Art. 45 Abs. 2 S. 2 bayPAG vom 24. 8. 1978 (GVBl. 561), § 42 PolG NRW vom 25. 3. 1980 (GV.NW. 234).

160. Die Polizei in Bund und Ländern

Polizeiwesen und Polizeirecht sind nach Art. 30 GG grundsätzlich Sache der Länder; nur in bestimmten Bereichen weist das GG dem Bund eine eigene Kompetenz zu, so für den *Verfassungsschutz*, den *Bundesgrenzschutz* und das *Bundeskriminalamt* (vgl. 175 und Art. 87 Abs. 1 S. 2 GG). Weitere Einwirkungsmöglichkeiten bestehen für den Bund aufgrund der *Notstandsgesetzgebung* (vgl. im einzelnen 67).

Darüber hinaus enthalten zahlreiche Gesetze der konkurrierenden Gesetzgebung polizeirechtliche Bestimmungen zur Abwehr allgemeiner Gefahren. Als solche sind u. a. zu nennen:

a) das Bundesgesetz zum *Schutze der Jugend in der Öffentlichkeit* (vgl. 188);
b) das *Heimarbeitsgesetz* (vgl. 625) und andere *arbeitsrechtliche Gesetze*, die Vorschriften über den *Gesundheitsschutz* enthalten;
c) *ernährungsrechtliche* Bestimmungen, wie das Lebensmittel- und Bedarfsgegenständegesetz und andere strafrechtliche Nebengesetze (vgl. 404, 829);
d) die *Verkehrsgesetze* wie das *Straßenverkehrsgesetz*, die Straßenverkehrs-Ordnung, die Straßenverkehrs-Zulassungs-Ordnung usw. (vgl. 194);
e) das *Tierseuchengesetz* (827 III) u. a. Gesetze des *Wirtschaftsrechts*. Vgl. 805 ff.

Nach einem Gutachten des BVerfG vom 16. 6. 1954 (BVerfGE 3, 407/430) ist die Ordnungsgewalt (Polizeigewalt) ein Annex des Sachgebiets, auf dem sie tätig wird; sie umfaßt die Zuständigkeit zur Gesetzgebung in einem Sachgebiet sowie die Regelung der Ordnung auf diesem Gebiet. Soweit der Bund ein Recht zur Gesetzgebung auf bestimmten Lebensgebieten hat (Art. 71, 72, 75 GG; vgl. 55), steht ihm auch das Recht zu, die diese Lebensgebiete betreffenden spezialpolizeilichen Vorschriften zu erlassen.

Eine *grundsätzliche Einschränkung* polizeilicher Tätigkeit ergibt sich aus Art. 104 Abs. 2 GG (vgl. 47). Danach hat über die Zulässigkeit und Fortdauer einer *Freiheitsentziehung* nur *der Richter* zu entscheiden; seine Entscheidung ist unverzüglich herbeizuführen. Die Polizei darf aus eigener Machtvollkommenheit niemand länger als bis zum Ende des Tages nach der Ergreifung in eigenem Gewahrsam halten. Auch bei Freiheitsentziehungen, die nicht zur Strafverfolgung, sondern aus polizeilichen Gründen (z. B. bei Ansteckungsverdächtigen, Gemeingefährlichen) angeordnet werden, hat die Verwaltungsbehörde unverzüglich die richterliche Entscheidung nach dem *Freiheitsentziehungsgesetz* vom 29. 6. 1956 (BGBl. I 599) m. spät. Änd. einzuholen, in dem das gerichtliche Verfahren bei Freiheitsentziehungen auf Grund Bundesrechts geregelt ist. Vgl. im übrigen 185.

Eingriffe in Grundrechte sind im GG für die öffentliche Gewalt und demgemäß auch für die Polizei nur auf Grund eines Gesetzes u. a. zugelassen bei folgenden Grundrechten: Freiheit der Person (Art. 2 Abs. 2, 104 Abs. 1 GG), Versammlungsfreiheit für Versammlungen unter freiem Himmel (Art. 8 Abs. 2), Brief-, Post-, Fernmeldegeheimnis (Art. 10), Unverletzlichkeit der Wohnung (Art. 13), Eigentum (Enteignung nach Art. 14 Abs. 3). Vgl. 47ff.

Die Eingriffe in die Unverletzlichkeit der Wohnung unterliegen gesetzlichen Schranken. Zwar darf die Polizei zur Erfüllung ihrer Aufgaben Wohn- und andere Räume bei Tag betreten. Zur Nachtzeit kann die Polizei Einlaß in Privatwohnungen nur verlangen, soweit es zur Abwendung einer gemeinen Gefahr für mehrere Personen oder einer Lebensgefahr für eine einzelne Person erforderlich ist oder wenn die Polizei von einer in den Räumen befindlichen Person um ihr Eingreifen ersucht wird (vgl. 174 und z. B. § 16 PrPVG, Art. 22 bayPAG). Wegen polizeilicher Durchsuchung in strafrechtlichen Ermittlungsverfahren vgl. 273.

161. Aufgaben der Polizei. Polizeiliche Generalklausel

Nach den polizeirechtlichen Vorschriften der Länder haben die Polizeibehörden – wie schon nach § 14 PrPVG – im Rahmen des geltenden Rechts die nach pflichtgemäßem Ermessen notwendigen Maßnahmen zu treffen, um von der Allgemeinheit oder dem einzelnen *Gefahren abzuwehren,* durch welche die öffentliche Sicherheit und Ordnung bedroht wird. Sie haben ferner die ihnen durch Gesetz übertragenen besonderen Aufgaben zu erfüllen. Die Aufgabe, für die öffentliche Sicherheit und Ordnung zu sorgen, erstreckt sich auf alle Gebiete der staatlichen Tätigkeit. Das Polizeirecht durchdringt daher alle Zweige der Verwaltung; man spricht insofern von einer *Generalvollmacht* der

Polizei oder von einer Generalklausel ihrer Ermächtigung. Diese sog. *polizeiliche Generalklausel,* die wie im PrPVG auch in den jetzigen Ländergesetzen aufrechterhalten oder (wie in Bayern, Art. 11 Abs. 1 PAG) wieder eingeführt worden ist, weist den Polizeibehörden und ihren ausführenden Organen als *Trägern der Gefahrabwehr* die Verpflichtung zu *(Legalitätsprinzip),* im Rahmen der geltenden Gesetze (z. B. GG, StPO, GewO) nach pflichtmäßigem Ermessen einzugreifen.

Die *Abwehr von Gefahren* setzt das Vorliegen einer aktuellen und konkreten, d. h. einer im Einzelfall tatsächlich bestehenden Gefahr, und eines *öffentlichen Interesses* voraus. Das öffentliche Interesse wird nur durch Handlungen berührt, die nach außen hin auf andere einwirken, was z. B. bei einem Konkubinat oder bei Alkoholmißbrauch meist nicht der Fall sein wird. Der Schutz der *öffentlichen Sicherheit* richtet sich gegen Schäden, die den Bestand des Staates oder seiner Einrichtungen, Leben, Gesundheit, Freiheit oder Ehre des einzelnen oder das Vermögen im allgemeinen gefährden. Der *Schutz der öffentlichen Ordnung* umfaßt alle Normen, die – z. T. unter Einschränkung von Grundrechten (vgl. 160) – ein gedeihliches menschliches und staatsbürgerliches Zusammenleben gewährleisten. Auch der *Umweltschutz* (193) fällt in den Aufgabenbereich der Polizei, soweit nicht anderweitige gesetzliche Regelungen bestehen. Über die Bekämpfung des politischen Terrorismus vgl. 163.

Die Worte „*nach pflichtmäßigem Ermessen*" sind erst 1931 in die gesetzliche Formulierung (§ 14 PrPVG) aufgenommen worden, während sie sich in § 10 II 17 ALR (vgl. 158) nicht fanden. Der Polizei wird damit ein gewisser Spielraum gewährt, der insbesondere bei Gefahrzuständen von Bedeutung sein kann, die als solche in den Gesetzen nicht gekennzeichnet sind oder für die in Gesetzen oder Dienstvorschriften keine genaue Verhaltensweise vorgeschrieben ist. Die polizeiliche Maßnahme muß *notwendig* und *verhältnismäßig* sein, d. h. ihre Folgen müssen in einem vernünftigen Verhältnis zu der abzuwehrenden Gefahr stehen (insbes. beim Waffengebrauch, vgl. 169). Das „pflichtmäßige" Ermessen schaltet *Willkür* aus, gewährt den Polizeibeamten aber einen Ermessensspielraum und soll eine zum Schadensersatz verpflichtende Rechtswidrigkeit ausschließen. Vgl. 163, 172–174.

162. Sachliche Gliederung der Polizeigewalt

Während ursprünglich in Preußen wie auch in den anderen Ländern die gesamte staatliche *Polizeigewalt* einheitlich beim Ministerium des Innern ressortierte, übertrug man im 19. Jahrh. den nach und nach vom Innenministerium abgezweigten *Spezialministerien* (vgl. 145 II) die in ihren Fachbereich fallenden polizeilichen Angelegenheiten. Der Minister des Innern leitete jedoch die allgemeine Handhabung der Polizeigewalt weiter durch die *Polizeibehörden* und bestimmte ihre Einrichtung und Geschäftsführung im Benehmen mit dem Ressortminister, während die fachliche Leitung diesem zustand (so § 10 PrPVG). Die den verschiedenen Ministerien unterstehenden Polizeizweige waren außerdem in der höheren, mittleren und Ortsinstanz bei einer Behörde zusammengefaßt, bis dieses deutsche Polizeiprinzip in der am. und brit. Besatzungszone durch Abtrennung der sog.

Verwaltungspolizei weitgehend aufgehoben und die Polizeibehörden auf die *Sicherheitspolizei* im engeren Sinne beschränkt wurden. Vgl. 159.

Daraus ergibt sich ein in den Ländern unterschiedlicher Begriff und dementsprechend verschiedener Aufgabenbereich der Polizei. Zur *Polizei im weiteren (funktionellen) Sinne* gehören Behörden, die sich mit der Aufrechterhaltung der öffentlichen Sicherheit und Ordnung auch außerhalb der allgemeinen polizeilichen Aufgaben befassen, so die Gewerbe-, Gesundheits-, Baupolizei usw. In einigen Ländern dagegen umfaßt die *Polizei im engeren (institutionellen) Sinne* nur die (uniformierte) Vollzugs- und die Kriminalpolizei. Diese Trennung in *Verwaltungspolizei* und *Exekutivpolizei* hat sich deutlich in der Landesgesetzgebung herausgebildet.

Für *Nordrhein-Westfalen* erging das Gesetz über die Organisation und die Zuständigkeit der Polizei vom 11. 8. 1953 (GS NW 148), das die *Exekutivpolizei* zur Landesaufgabe machte und den Kreis- und Gemeindebehörden das Gebiet der Verwaltungspolizei zuwies. Es folgte dann das Gesetz über Aufbau und Befugnisse der *Ordnungsbehörden* (Ordnungsbehördengesetz, OBG) vom 16. 10. 1956 (GS NW 155), das die Befugnisse der Polizei und der Ordnungsbehörden (OB) abgrenzte und gleichzeitig anstelle des PrPVG Organisation, Aufgabenbereich, Befugnisse und Pflichten der OB regelte. In NRW gilt nunmehr das Ordnungsbehördengesetz i. d. F. vom 13. 5. 1980 (GV.NW. 528). In anderen Ländern ergingen ähnliche Regelungen, auf die bereits unter 159 hingewiesen worden ist.

Die *Exekutivpolizei* hat die zur *Gefahrabwendung* erforderlichen unaufschiebbaren Maßnahmen in eigener Zuständigkeit nach pflichtmäßigem Ermessen zu treffen. Sie unterrichtet die Ordnungsbehörden von allen notwendigen Eingriffen; die Kreispolizeibehörde leistet ihnen *Vollzugshilfe*. Die Aufgaben der Ordnungsbehörden nehmen die Gemeinden (für amtsangehörige Gemeinden die Ämter), die Landkreise und die kreisfreien Städte als Pflichtaufgaben auf Grund von Weisungen wahr. Landesordnungsbehörden sind die Regierungspräsidenten.

Zu den nicht unter die vollziehende Tätigkeit der Exekutivpolizei fallenden und auf die Verwaltungsbehörden übergegangenen Befugnissen *(Ordnungsaufgaben)* gehören insbes. folgende Gebiete staatlicher Tätigkeit:

a) *Paß-, Melde-* und *Ausweiswesen, Staatsangehörigkeitsfragen* (vgl. 2, 172);
b) *Gewerbe-, Handwerks-, Preisüberwachungsangelegenheiten* (vgl. 183, 806); in den Bereich der *Gewerbeaufsicht* fällt u. a. die Festsetzung der *Sperrstunde* (Polizeistunde) gemäß § 18 GaststättenG. Zusammenstellung der Polizei-VOen der Länder über die Sperrstunde b. Sartorius, Verf.- u. VerwGesetze, Nr. 810;
c) *Straßenverkehrswesen* (vgl. 195);
d) *Jagd-* und *Fischereiwesen* (vgl. 335, 404);
e) *Naturschutz, Feld-, Flur-* und *Forstschutz* (vgl. 193, 404);
f) *Gesundheits-* und *Veterinärwesen* (vgl. 184);
g) *öffentliches Wohnungswesen* und *Obdachlosenaufsicht* (vgl. 185);
h) *Fundangelegenheiten* (vgl. 335);

i) *Bauaufsicht* (vgl. 192) und *Feuerlöschwesen;*
k) *Wegerecht,* insbes. die Wege- und Wegebauaufsicht und das *Baulinienwesen* (vgl. 189);
l) *Wasserrecht,* insbes. die Wasser- und Deichaufsicht (vgl. 189, 191);
m) *Wohlfahrtspflege* (in den meisten Ländern, vgl. 185).

Häufig sind verschiedene Zweige der Ordnungsbehörden i. e. S. zu einem ,,Amt für öffentliche Ordnung" zusammengefaßt.

Die *exekutiven Aufgaben* führt die Polizei teilweise im Auftrag der Staatsanwaltschaft durch (Strafverfolgung), während diese Aufgaben im Bereich der Abgabengesetze umgekehrt den *Steuer- und Zollbehörden* obliegen (516). *Einschränkungen* der polizeilichen Tätigkeit ergeben sich u. a. daraus, daß die Beschlagnahme von Druckschriften der Polizei nicht mehr gestattet, sondern dem Richter vorbehalten und nur bei nichtperiodischen Druckwerken auch dem Staatsanwalt erlaubt ist (§ 111n StPO).

Neben der durch Sondergesetze der Polizei übertragenen *Verfolgung* begangener Straftaten kann deren *Verhütung* als polizeiliche Aufgabe im Rahmen der Generalklausel (161) zum Tragen kommen. Sie kann insbesondere aus polizeilichen Gründen (Gefahrabwehr – auch bei Wiederholungsgefahr –, Störungsbeseitigung) und aus der Verpflichtung zur Hilfeleistung, z. B. um eine Selbsttötung zu verhindern, gemäß § 323c StGB (vgl. 165) zum Einschreiten verpflichtet sein. Auch über weiteres Festhalten z. B. eines gemeingefährlichen Geisteskranken hat aber der *Richter* zu entscheiden.

Zu den Aufgaben der Polizei, die sowohl in der Abwehr von Gefahren (durch Schutz von Objekten und Personen gegen drohende Gewaltanwendung) wie auch in der Verfolgung begangener Straftaten bestehen, zählt die in den letzten Jahren vordringlich gewordene *Bekämpfung des politischen Terrorismus* (10). Angesichts der wachsenden Bedrohung der freiheitlichen demokratischen Grundordnung durch terroristische Aktivitäten ist die Fahndung nach flüchtigen Terroristen intensiviert, das Recht der Polizei zur Identitätsfeststellung erweitert und die Einrichtung polizeilicher Kontrollstellen nach bestimmten schweren Straftaten eingeführt worden (vgl. 172). Zwischenstaatlich werden die Verfolgungsmaßnahmen unterstützt durch erweiterte Rechtshilfe gegen Terroristen im Rahmen europäischer Abkommen (912 V); ihre Bekämpfung soll durch ein von der BRep. vorgeschlagenes UNO-Abkommen auf eine umfassende internationale Grundlage gestellt werden (über die internationale Bekämpfung der Luftpiraterie vgl. 198 III). S. a. Internationales Übereinkommen vom 18. 12. 1979 gegen Geiselnahme (BGes. vom 15. 10. 1980, BGBl. II 1361), das die Zusammenarbeit der Länder zur Verfolgung und Bestrafung von *Geiselnehmern* (403) sicherstellen soll. Die polizeilichen Verfolgungsmaßnahmen können sich auch gegen *Sympathisanten* richten, die Angehörige terroristischer Organisationen nicht allein durch Wort und Schrift, sondern aktiv durch Überlassen von Waffen, Ausweisen, Kraftfahrzeugen, Wohnungen usw. unterstützen. Über ergänzende verfahrensrechtliche Maßnahmen (Kontaktsperre bei inhaftierten Terroristen, Ausschluß des Verteidigers wegen Verdachts der Tatbeteiligung oder Mißbrauchs der Verteidigerrechte) vgl. 288 II, 278.

163. Pflicht zum Einschreiten. Strafverfolgung

Liegt auf den zur sachlichen Zuständigkeit der Polizei gehörenden Gebieten eine die öffentliche Ordnung oder Sicherheit bedrohende *Gefahr* vor, so hat die Polizei die nach ihrem pflichtmäßigen Ermessen notwendigen Maßnahmen zu ihrer *Abwehr* zu treffen (im einzelnen vgl. 161). Für die Verfolgung *bereits begangener Straftaten* bestimmt § 163 StPO: „Die Behörden und Beamten des Polizeidienstes haben Straftaten zu erforschen und alle keinen Aufschub gestattenden Anordnungen zu treffen, um die Verdunkelung der Sache zu verhüten." Das damit ausgesprochene sog. *Legalitätsprinzip*, das die Polizei grundsätzlich zum Einschreiten zwingt, gilt nicht für die Verfolgung von *Ordnungswidrigkeiten* (152), die im pflichtmäßigen Ermessen der Polizei liegt (§ 53 OWiG).

Es herrscht daher in weitem Maße für die Polizei das *Opportunitätsprinzip*, d. h. die Polizei hat zu prüfen, ob sie im gegebenen Falle eingreifen soll und gegebenenfalls wie sie eingreift. Richtlinie ist, ob ein polizeiliches Einschreiten nach der Lage aller in Betracht kommenden Umstände vom Standpunkt des *öffentlichen Interesses* zweckmäßig und geboten ist. Wer selbst nicht gefährdet ist, hat nur dort, wo das Gesetz es ausdrücklich vorschreibt, einen *Rechtsanspruch* auf Einschreiten der Polizei; im übrigen steht ihm bei Ablehnung nur die Aufsichtsbeschwerde über das seiner Meinung nach unzweckmäßige Verhalten der Polizei offen. Das Ermessen der Polizei muß *pflichtmäßig* ausgeübt werden, d. h. ihre Entschließung muß auf sachlichen Erwägungen beruhen. Sie hat stets zu prüfen, ob unter Abwägung von Vorteilen und Nachteilen eines Einschreitens dessen Folgen im richtigen Verhältnis zur Bedeutsamkeit der abzuwendenden Gefahr stehen (Grundsatz der *Verhältnismäßigkeit, Übermaßverbot;* vgl. 148 II). Allerdings kann durch Dienstanweisung eine innerdienstliche Pflicht der Polizei zum Einschreiten gegeben sein.

Über die polizeiliche Verwarnung s. 170.

Ersatzansprüche wegen Nichteinschreitens setzen eine *Amtspflichtverletzung* voraus. Sie können in Betracht kommen, wenn ein Polizeibeamter ohne Prüfung, also willkürlich, nicht eingreift, obwohl dies nach Lage der Sache erforderlich wäre, oder wenn er sich von unpolizeilichen Gründen (z. B. Schikane, persönliche Abneigung) leiten läßt. Nach Art. 34 GG haftet der Staat für seine Beamten; er hat gegen sie bei Vorsatz oder *grober* Fahrlässigkeit ein *Rückgriffsrecht*. Für den Schadensersatzanspruch des Dritten und für den Rückgriffsanspruch des Staates ist der ordentliche Rechtsweg vor den Zivilgerichten gegeben (vgl. 69, 154 II b, 332).

Eine *Pflicht zum Erscheinen* vor der Polizei ist bundesrechtlich nicht vorgesehen, insbes. nicht für Zeugen und Beschuldigte; auch besteht keine gesetzliche Verpflichtung, vor der Polizei auszusagen. Der Beschuldigte ist sogar auf sein Aussageverweigerungsrecht stets ausdrücklich hinzuweisen. Der Polizei steht keine Zwangsgewalt zur Verfügung, um das Erscheinen oder eine Aussage herbeizuführen; nach landesrechtlichen Vorschriften kann sie aber befugt sein, jemand z. B. zur Verbrechensaufklärung vorzuladen oder zur Feststellung seiner Personalien zur Wache zu bringen (vgl. 172).

164. Vorgehen gegen polizeipflichtige Personen

Unter dem Begriff *„Polizeipflichtige Personen“* versteht das Polizeirecht im Anschluß an das PrPVG (§§ 18–21; vgl. 158) den *Störer* der öffentlichen Sicherheit oder Ordnung sowie den für einen polizeiwidrigen Zustand Verantwortlichen und *Haftenden*. Für ihr Einschreiten kann die Polizei zwei Wege einschlagen:

a) Sie geht *mit eigenen Mitteln* ohne einen Zwang gegen andere vor.

Beispiele: Warnung vor Abhaltung einer im konkreten Fall unzulässigen Demonstration, Hinweis auf das Polizeiwidrige eines bestimmten Zustandes. In allen solchen Fällen handelt es sich um echte Amtshandlungen der Polizei *ohne Zwangsandrohung*, gegen die keine Verwaltungsklage, sondern nur Aufsichtsbeschwerde zulässig ist. Allerdings wird eine Feststellungsklage vor dem Verwaltungsgericht unter besonderen Umständen möglich sein (s. 151 IV).

b) Sie zieht zwecks Gefahrenabwendung dazu verpflichtete Personen durch zwangsverbindliche Gebote oder Verbote *(polizeiliche Anordnungen)* zu einem Handeln, Unterlassen oder Dulden heran.

Welchen Personen gegenüber die Polizei zu einem zwangsverbindlichen Gebot oder Verbot berechtigt ist, bestimmen die §§ 18ff. PrPVG bzw. die (meist damit übereinstimmenden) Vorschriften der Ländergesetze. Diese Regelung, insbes. für den pol. Notstand (165), entspricht der allgemeinen Rechtsüberzeugung, daß niemand der Allgemeinheit gegenüber sein persönliches Verhalten oder den Zustand seiner Sachen so einrichten oder belassen darf, daß daraus eine *Gefahr* für die öffentliche Sicherheit und Ordnung entsteht. Als zur Aufrechterhaltung der öffentlichen Sicherheit und Ordnung berufenes Organ hat die Polizei die Aufgabe, den Störer in die Schranken seines Rechts zu weisen. Sie greift daher durch ihre Maßnahmen nicht in bestehende subjektive Rechte des Störers ein. Dieser Grundsatz wird nur dann aufgehoben, wenn das Gesetz selbst durch *Sonderbestimmungen* bestimmte Tatbestände dem Eingreifen der Polizei entzieht, z. B. nach Presserecht (392) oder durch § 1 GewO (Gewerbefreiheit, vgl. 183).

Ein Kernpunkt des Polizeirechts und ein grundlegender *Unterschied* vor allem *zum Strafrecht* liegt darin, daß das Vorliegen einer objektiven Gefahr nicht von einer subjektiven Schuld des Störers an der Entstehung eines polizeiwidrigen Zustandes abhängt. *Vorsatz* und *Fahrlässigkeit* spielen daher für die Handlungshaftung und die Zustandshaftung keine Rolle.

165. Polizeilicher Notstand

Nach dem in § 21 PrPVG ausgesprochenen Grundsatz dürfen die Polizeibehörden, wenn die Beseitigung einer Störung oder die Abwehr einer Gefahr nur durch Maßnahmen gegen *unbeteiligte Dritte* (Nichtstörer) erreicht werden kann, auch diese Nichtstörer zur Mitwirkung heranziehen. Die Wissenschaft hat hierfür den Ausdruck *„polizeilicher Notstand“* geprägt. Inhaltlich ist die Vorschrift in die meisten Ländergesetze (z. B. § 19 OrdnungsbehördenG NRW, Art. 10 bay. PAG übernommen worden.

Der Ausdruck *„polizeilicher Notstand“* geht insofern fehl, als es scheinen könnte, die Polizei selbst befinde sich in einem Notstand. Er stellt aber lediglich auf den Ausnahmezustand ab. Der strafrechtliche Notstandsbegriff ist enger (vgl. 401). Doch begründet auch der weitere *polizeiliche Notstandsbegriff* lediglich ein Ausnahmerecht, das streng und einschränkend zu interpretieren ist. Insbesondere muß stets eine *erhebliche Gefahr,* die durch Maßnahmen gegen den Störer oder durch die Polizei selbst oder ihre Beauftragten nicht beseitigt werden kann, *eingetreten sein oder unmittelbar bevorstehen;* weiter ist die Heranziehung eines unbeteiligten Dritten auf das sachliche und zeitliche Mindestmaß zu beschränken (z. B. ein Haus brennt und es muß zum Löschen das Nachbargrundstück in Anspruch genommen werden). Doch dürfen Nichtstörer nicht an Leib oder Leben gefährdet oder an der Erfüllung überwiegender Pflichten gehindert werden; sie haben überdies einen Entschädigungsanspruch für erlittene Schäden.

Eine Hilfeleistungspflicht unbeteiligter Dritter kann sich schon aus § 323c StGB ergeben. Danach wird mit Freiheitsstrafe bis zu 1 Jahr oder mit Geldstrafe bestraft, wer bei Unglücksfällen oder bei gemeiner Gefahr oder Not nicht *Hilfe leistet,* insbesondere der polizeilichen Aufforderung zur Hilfeleistung nicht nachkommt, obwohl ihm dies ohne erhebliche eigene Gefahr und ohne Verletzung anderer wichtiger Pflichten möglich wäre.

Bei der *Obdachlosigkeit* spielt der polizeiliche Notstand eine besondere Rolle. Die Polizei kann z. B. den durch Gerichtsurteil Exmittierten wieder in seine Wohnung einweisen, wenn keine andere Möglichkeit, ihm ein Obdach zu schaffen, besteht. Im Falle einer solchen *Wiedereinweisung,* die nur zur Abwehr einer im einzelnen Fall bestehenden Gefahr (drohende Obdachlosigkeit) und i. d. R. nur für drei Monate angeordnet und anschließend auf drei Monate wiederholt werden kann, hat das Ordnungsamt für den Mietzins einzustehen.

In einem anderen Sinne verwendet das Polizeirecht den Begriff des *öffentlichen Notstandes.* Er liegt vor, wenn die örtlichen Polizeidienstkräfte nicht in der Lage oder bereit sind, ihre gesetzlichen Aufgaben zu erfüllen. Dann kann der Innenminister auch andere Polizeidienstkräfte einsetzen (vgl. z. B. Art. 11 Abs. 3 bay. POG; s. 177, II). S. a. 67.

166. Polizeiliche Verfügungen

sind Anordnungen der Polizeibehörden, die an bestimmte Personen oder an einen bestimmten Personenkreis ergehen und ein Gebot oder Verbot oder die Versagung, Einschränkung oder Zurücknahme einer rechtlich vorgesehenen polizeilichen Erlaubnis oder Bescheinigung enthalten (so § 40 PrPVG). Das Hessische Gesetz über die öffentliche Sicherheit und Ordnung i. d. F. vom 26. 1. 1972 (GVBl. I 23) versteht in § 6 darunter Gebote und Verbote, welche die Polizei an bestimmte Personen oder einen bestimmten Personenkreis richtet; sie sind auf Grund eines besonderen Gesetzes oder einer PolizeiVO oder zur Beseitigung einer Störung oder zur Gefahrabwendung auf der Grundlage der polizeilichen Generalklausel (vgl. 161) zulässig. Wenden sie sich an einen bestimmten oder wenigstens bestimmbaren Personenkreis, handelt es sich um *Allgemeinverfügungen* i. S. des § 35 S. 2 VwVfG.

Die anordnende Stelle muß mit *Polizeigewalt* ausgestattet und örtlich *zuständig* sein. Die Verfügung muß ein Gebot oder Verbot zu einem bestimmten Tun oder Unterlassen enthalten (z. B. Lärmbeschränkung, Nachholen einer Anmeldung). Es muß aus ihr klar zu erkennen sein, was die Polizei von dem Betroffenen verlangt. Schriftliche Verfügungen müssen schriftlich begründet werden, soweit sich die Begründung nicht schon aus dem Inhalt der Verfügung ergibt, und i. d. R. auch eine Rechtsmittelbelehrung enthalten; anderenfalls wird eine Anfechtungsfrist nicht in Lauf gesetzt, und eine Vollstreckung ist aus der Verfügung nicht möglich.

Einem polizeilichen *Verbot* steht die Versagung einer rechtlich erforderlichen polizeilichen *Erlaubnis* oder Bescheinigung gleich. Solche öffentlich-rechtlichen Erlaubnisse sind u. a. in der GewO, im Wasser-, Jagd- und im Baurecht vorgeschrieben. Sie können auch durch Polizeiverordnung oder durch Ortssatzung gefordert werden. Öffentlich-rechtlich sieht man das Erfordernis einer Erlaubnis als *Verbot mit Erlaubnisvorbehalt* an. Versagt die Polizei die Erlaubnis, so wird das unter Vorbehalt ausgesprochene allgemeine Verbot für den Einzelfall zum unbedingten und vorbehaltlosen; die Versagung stellt eine echte polizeiliche Verfügung dar. Im *Baurecht* (vgl. 192) herrscht der Grundsatz der materiellen Baufreiheit des Bauherrn, d. h. er hat einen Rechtsanspruch auf Erteilung der baurechtlichen Genehmigung im Rahmen der gesetzlichen Bestimmungen. Bauliche Anlagen dürfen daher nicht lediglich wegen Fehlens der erforderlichen Genehmigung, sondern nur dann zwangsweise beseitigt werden, wenn sie gegen das materielle Baurecht oder gegen die von der Polizei nach der Natur ihrer Aufgaben zu schützenden Interessen verstoßen. Die Bauordnungs(Baupolizei)-behörde muß objektiv prüfen, ob sie die Erlaubnis nachträglich erteilen kann, zumal die Beseitigung errichteter Bauten schwerwiegende Folgen verursacht. Dagegen bezeichnet man die Erlaubnis, durch welche die Bauordnungsbehörde im Einzelfall eine Ausnahme vom materiellen Baurecht gewährt, als *Dispens* (z. B. Befreiung vom Bauwich = Grenzabstand).

Man unterscheidet die gesetzlich *gebundene* (d. h. bei Vorliegen der gesetzlichen Voraussetzungen obligatorische) von der in das pflichtgemäße Ermessen gestellten *freien* Polizeierlaubnis. Eine Erlaubnis kann auch unter einer *Auflage* oder unter einer *Bedingung* erteilt werden. Hierfür gelten wie auch für die Rücknahme einer polizeilichen Erlaubnis, Genehmigung oder Bescheinigung die gleichen Grundsätze wie für Widerruf und Rücknahme verwaltungsrechtlicher Verfügungen (vgl. 148 IV).

Jede polizeiliche Verfügung ist ein Verwaltungsakt (148), der innerhalb der gesetzlich bestimmten *Frist* mit den gesetzlich vorgesehenen *Rechtsbehelfen* und *Rechtsmitteln* angefochten werden kann: mit dem *Widerspruch* und bei Erfolglosigkeit mit *Klage* vor dem Verwaltungsgericht. *Anfechtungsberechtigt* ist nicht nur der, an den sich die Polizeiverfügung wendet, sondern jeder, der sich durch die Durchführung in seiner Rechtssphäre verletzt glaubt.

Die Klage im Verwaltungsstreitverfahren gegen Widerspruchsbescheide kann nur auf *Rechtsverletzungen* – auch auf Ermessensüberschreitungen und Ermessensmißbrauch – gestützt werden (nicht auf Zweckmäßigkeitsgesichtspunkte). Gegen die Entscheidung des Verwaltungsgerichts in erster Instanz ist die *Berufung* an das Oberverwaltungsgericht bzw. den Verwaltungsgerichtshof und unter bestimmten Voraussetzungen die *Revision* an das Bundesverwaltungsgericht zulässig (vgl. 149, 151).

Kein Rechtsmittel ist die *Aufsichtsbeschwerde,* die gegen jeden Verwaltungsakt, also auch gegen eine Polizeiverfügung, jedermann jederzeit offensteht.

167. Polizeiverordnungen

Während sich die polizeiliche Verfügung an bestimmte Personen zwecks Regelung eines Einzelfalles richtet, schreibt die *Polizeiverordnung* (PolVO) einem individuell nicht bestimmten Personenkreis für gewisse Tatbestände oder Verhältnisse ein bestimmtes Tun oder Unterlassen ein für allemal verbindlich vor. Wegen dieser allgemein verbindlichen Wirkung ist die PolVO eine *Rechtsnorm.*

Die *Rechtsgültigkeit* einer PolVO setzt voraus, daß sie von der örtlich und sachlich *zuständigen* Polizeibehörde zur Erreichung eines polizeilichen Zweckes, insbes. zur Abwehr einer Gefahr, erlassen wird, daß sie als *notwendige* Maßnahme anzusehen und auf eine gesetzliche Grundlage gestützt ist. Für den Fall der Nichtbeachtung können in PolVOen nur Zwangsgeld und dessen Ersatzmittel angedroht werden. Gegen deren Festsetzung sind die gleichen Rechtsmittel gegeben wie gegen polizeiliche Verfügungen (vgl. 166). Die PolVO erhält rechtsverbindliche Kraft durch ihre öffentliche *Bekanntmachung* in der vorgeschriebenen Form (vgl. § 32 PrPVG; s. a. § 41 Abs. 3, 4 VwVfG). Im allgemeinen treten PolVOen eine Woche nach der Ausgabe des amtlichen Blattes in Kraft. Ihre Geltungsdauer soll zeitlich begrenzt sein.

Mangels einer Bestimmung tritt die VO 30 Jahre nach Erlaß außer Kraft (§ 34 PrPVG). Manche Ländergesetze sehen kürzere Fristen vor (z. B. Bayern 20 Jahre: Art. 50 Landesstraf- und VerordnungsG i. d. F. vom 13. 12. 1982, GVBl. 1098). PolVOen der fr. Reichsminister sind nach § 8 d. VO vom 14. 11. 1938 (RGBl. I 1582) nach 20 Jahren außer Kraft getreten.

Ein *Rechtsmittel* gegen die PolVO selbst besteht für den Bürger nur durch die in einigen Ländern gewährte *Normenkontrolle* (Bad.-Württ., Bayern, Bremen, Hessen, NRW, Schl.-Holst.). Er kann sich aber gegen die Anwendung der VO wenden, wenn von ihm ein bestimmtes Tun oder Unterlassen verlangt wird. Insoweit stehen ihm die gleichen Rechtsmittel wie gegen Polizeiverfügungen zu.

Die *Zuständigkeit* zum Erlaß von PolVOen ist in den Ländern der BRep. verschieden geregelt. In *Baden-Württ.* können PolVOen nur auf Grund gesetzlicher Ermächtigung von der zuständigen allgemeinen Polizeibehörde für ihren Dienstbezirk oder Teile desselben erlassen werden. Sie bedürfen, falls sie länger als einen Monat gelten sollen, bei den Kreisbehörden der Zustimmung des Kreistags, in Stadtkreisen und Großen Kreisstädten des Gemeinderats, bei den Ortsbehörden des Gemeinderats, sind der nächsthöheren fachlichen Aufsichtsbehörde unverzüglich vorzulegen und treten spätestens nach 20 Jahren außer Kraft (§§ 10ff. PolGes. vom 16. 1. 1968, GBl. 61, m. spät. Änd.). In *Bayern* sind Gemeinderat, Kreistag, Bezirkstag (evt. vorgesetzte Stellen) zum Erlaß von PolVOen innerhalb ihrer Wirkungskreise ermächtigt (Art. 42ff. Bayer. Landesstraf- und VOGesetz i. d. F. vom 13. 12. 1982, GVBl. 1098). In *Hamburg* erläßt der Senat die VOen zur Abwehr von Gefahren für die öffentl. Sicherheit und Ordnung (§ 1 SOG vom 14. 3. 1966, GVBl. 77). In *Hessen* können die Minister und die Regierungspräsidenten sowie mit Genehmigung der Aufsichtsbehörde die Kreistage und die Gemeindevertretungen PolVOen erlassen (§§ 34ff. Hess. SOG i. d. F. vom 26. 1. 1972, GVBl. I 23). Nach §§ 33ff. des *Nieders. SOG* vom 17. 11. 1981 (GVBl. 347) sind Gemeinden und Landkreise zum Erlaß von PolVOen berechtigt, nachdem sie den Entwurf der zuständigen Polizeibehörde zur Stellungnahme gegeben und mit dieser der Fachaufsichtsbehörde vorgelegt haben. Die Bezirksregierungen können für ihren Bezirk oder über einen Kreis hinausgehende Gebietsteile PolVOen erlassen, der Innenminister (im Einvernehmen mit ihm auch die übrigen Minister) für größere Gebietsteile. In *Nordrhein-Westfalen* können der Innenminister (im Benehmen mit ihm auch andere zuständige Minister) und – jeweils für ihren Bereich – die Ordnungsbehörden (Landes-, Kreis-, Gemeindebehörden) durch ihre körperschaftlichen Vertretungen ,,Ordnungsbehördliche Verordnungen" zur Abwehr von Gefahren für die öffentliche Sicherheit oder Ordnung erlassen; der Kreistag bzw. Gemeinderat ist in bestimmten Fällen zur Aufhebung befugt (§§ 27ff. OrdnungsbehördenG vom 13. 5. 1980, GV.NW. 528).

168. Polizeiliche Anordnungen und Maßnahmen

im weiteren Sinne sind alle *Polizeibefehle,* einschließlich der polizeilichen Verfügungen (166) und der Polizeiverordnungen (167). Im engeren Sinne versteht man darunter eine Anordnung der Polizei auf Grund einer besonderen gesetzlichen Ermächtigung. Sie kann sich auf einen Einzelfall oder auf eine allgemeine Regelung erstrecken. Im ersten Fall steht sie einer polizeilichen Verfügung, im zweiten Fall einer Polizeiverordnung gleich.

Der Unterschied zwischen einer Anordnung und einer Verfügung der Polizei liegt darin, daß für die polizeiliche Anordnung keine *konkrete Gefahr,* sondern nur eine allgemeine Interessenwahrung vorzuliegen braucht.

Eine *allgemeine Anordnung* ist nur verbindlich, wenn sie auf den einzelnen Paragraphen des Gesetzes, auf Grund dessen sie erlassen ist, ausdrücklich im Eingang Bezug nimmt, veröffentlicht worden ist und im Rahmen der gesetzlichen Ermächtigung klar angibt, was geboten oder verboten wird. Besonders häufig ergingen Anordnungen zur Zeit der Preis- und Bewirtschaftungsgesetzgebung. Aber auch *Verwaltungsanordnungen* der Bundesministerien usw. (,,Verwaltungsvorschriften", vgl. Art. 84ff. GG), soweit sie Außenwirkung haben, also nicht nur behördeninterne Anweisungen sind (z. B. Veranlagungsrichtlinien zu den einzelnen Steuern), fallen unter diesen Begriff, den § 58 PrPVG geprägt hat. Er findet sich in gleicher Gestalt in § 38 OrdnungsbehG von NRW sowie in § 67 des PVG von Rheinland-Pfalz.

Polizeiliche Maßnahmen sind solche, die von der Polizei im Rahmen ihrer polizeilichen Aufgaben (Gefahrenabwehr usw., vgl. 161) – also nicht zur Strafverfolgung – getroffen werden, z. B. Personenfeststellung, Durchsuchung, Sicherstellung und Beschlagnahme zu polizeilichen Zwecken (172–174). Sie sind Verwaltungsakte und mit den gegen diese zulässigen Rechtsbehelfen anfechtbar (149).

169. Polizeiliche Zwangsmittel

Um die Befolgung ihrer Anordnung nötigenfalls zu erzwingen, können die Polizeibehörden *Zwangsmittel* einsetzen. Als solche sind, ähnlich dem Verwaltungszwang (§§ 6ff. Verwaltungs-Vollstreckungsgesetz – VwVG; vgl. 148 V), in den Polizeigesetzen vorgesehen:

a) Ausführung der gebotenen Handlung durch einen Dritten auf Kosten des Pflichtigen (*Ersatzvornahme*),
b) Festsetzung von *Zwangsgeld,* evt. *Ersatzzwangshaft,*
c) unmittelbarer *Zwang.*

Voraussetzung ist, daß der Verwaltungsakt unanfechtbar oder daß sein sofortiger Vollzug angeordnet oder einem eingelegten Rechtsmittel keine aufschiebende Wirkung beigelegt ist. Ein sofortiger Vollzug ohne vorausgegangenen VA ist nur zulässig, wenn er zur *Verhinderung einer rechtswidrigen, mit Strafe oder Bußgeld bedrohten Handlung* oder zur Abwehr einer drohenden Gefahr notwendig ist und die Behörde hierbei innerhalb ihrer gesetzlichen Befugnisse handelt (§ 6 VwVG). Andernfalls muß jeder Anwendung eine schriftliche *Androhung* mit Fristsetzung vorangehen. Die Höhe des Zwangsgeldes ist gesetzlich begrenzt. Alle Zwangsmittel können wiederholt angedroht, festgesetzt und vollstreckt werden. Die Umwandlung des nichtbeitreibbaren Zwangsgeldes in *Zwangshaft* hat nach Art. 104 Abs. 2 GG in jedem Falle der *Richter* des Amts- oder Verwaltungsgerichts vorzunehmen. Unmittelbarer Zwang ist nach § 12 VwVG nur zulässig, wenn die anderen Mittel versagen würden. Ist der Pflichtige nicht vorher schriftlich zur Beseitigung bzw. Leistung aufgefordert worden, so fallen entstehende Kosten der Polizei zur Last. Verfügungen des Zwangsverfahrens (148 V) können als Verwaltungsakte mit den gegen diese vorgesehenen Rechtsmitteln (149) angefochten werden.

Unmittelbarer Zwang ist nach dem für die Vollzugsbeamten des Bundes, insbesondere auch Polizeibeamte, geltenden *Ges. über den unmittelbaren Zwang bei Ausübung öffentlicher Gewalt durch Vollzugsbeamte des Bundes* – UZwG – vom 10. 3. 1961 (BGBl. I 165) die Einwirkung auf Personen oder Sachen durch körperliche Gewalt, ihre Hilfsmittel oder Waffen (das sind außer Hieb- und Schußwaffen auch Reizstoffe, z. B. Tränengas, und Explosivmittel). Unter mehreren möglichen Maßnahmen hat der Polizeibeamte stets die mildeste zu wählen, so daß von Waffen an letzter Stelle Gebrauch zu machen ist (so wenn eindringliche Warnung, einfache körperliche Gewalt u. dgl. versagen), von der Schußwaffe nur als äußerstem Mittel. Nach dem *Grundsatz der Verhältnismäßigkeit* darf der zu erwartende Schaden nicht außer Verhältnis zu dem beabsichtigten Erfolg stehen (Körperverletzung bei Verfolgung eines geringfügigen Delikts).

Der *Schußwaffengebrauch* ist nach §§ 10, 12, 13 UZwG nur zulässig, wenn andere Maßnahmen erfolglos angewendet worden oder offensichtlich nicht erfolgversprechend sind. Er darf nur dem Zweck dienen, angriffs- oder fluchtunfähig zu machen. Er ist unzulässig, wenn erkennbar mit hoher Wahrscheinlichkeit Unbeteiligte gefährdet werden, außer wenn es sich beim Einschreiten gegen eine Menschenmenge nicht vermeiden läßt. In aller Regel ist der Schußwaffengebrauch nach dem Grundsatz der Verhältnismäßigkeit nur zulässig zur Verhütung schwerer Straftaten oder zur Verhinderung der Flucht von Personen, die sich in amtlichem Gewahrsam befinden oder einer schweren Straftat verdächtig sind. Gegen eine *Menschenmenge* dürfen Schußwaffen nur gebraucht werden, wenn aus ihr heraus Gewalttaten begangen werden oder unmittelbar bevorstehen und Zwangsmaßnahmen gegen einzelne erfolglos oder nicht erfolgversprechend sind. In allen Fällen ist Schußwaffenanwendung anzudrohen (Abgabe eines Warnschusses genügt); einer Menschenmenge gegenüber ist wiederholte Androhung vorgeschrieben.

Entsprechende Grundsätze gelten nach Landesrecht (vgl. z. B. §§ 39f. bad.-württ. PolG vom 16. 1. 1968, GBl. 61; Art. 39ff. bayPAG; §§ 63ff. PVG von Rheinl.-Pfalz i. d. F. vom 1. 8. 1981, GVBl. 179; NRW §§ 35ff. PolG vom 25. 3. 1980, GV.NW. 234). Über die geplante bundeseinheitliche Regelung und bereits geltende landesrechtliche Bestimmungen für den „gezielten Todesschuß" vgl. 159 VI.

Für die Anwendung unmittelbaren Zwanges durch Soldaten und zivile Wachpersonen im Bereich der Bundeswehr gilt das Ges. vom 12. 8. 1965 (BGBl. I 796).

170. Die polizeiliche Verwarnung

Nach § 59 PrPVG konnten die Polizeibehörden bei *Übertretungen* (vgl. 395) die Strafe durch polizeiliche Strafverfügung festsetzen und statt oder neben der Strafverfügung eine *polizeiliche Verwarnung* erteilen. Dadurch konnte in leichten Fällen von Bestrafung abgesehen werden. Gegen eine solche Verwarnung war lediglich die formlose Aufsichtsbeschwerde gegeben.

Nach 1945 wurde die *gebührenpflichtige* polizeiliche Verwarnung zunächst nicht mehr zugelassen. Jedoch konnten nach § 22 des *Straßenverkehrsgesetzes* vom 19. 12. 1952 (BGBl. I 837) leichtere Übertretungen der Verkehrsvorschriften mit einer Verwarnungsgebühr bis zu 5 DM geahndet werden, falls der Betroffene einverstanden und zur sofortigen Zahlung bereit war. Die gebührenpflichtige Verwarnung wurde sodann bei (allen) Übertretungen in einigen Ländern für Verwaltungs- und Polizeibehörden wieder eingeführt, so in § 31 PolG a. F. *Bad.-Württ.*, in *Bremen* in § 24 PolG vom 5. 7. 1960 (GBl. 73) i. d. F. vom 1. 10. 1968 (GBl. 147), in *Hessen* (§ 23 SOG a. F.), in § 39 Nds. SOG a. F., in § 65 PVG a. F. von *Rheinland-Pfalz*.

Seit dem Wegfall der Übertretungen ab 1. 1. 1975 beschränkt sich das Recht der poliz. Verwarnung auf die *Ordnungswidrigkeiten*.

Nach § 56 OWiG (s. 152) steht generell allen Verwaltungsbehörden, die zur Verfolgung von Ordnungswidrigkeiten befugt sind, in geringfügigen Fällen das Recht zu, den Betroffenen zu verwarnen. Ist eine bloße Verwarnung unzureichend, soll daneben ein *Verwarnungsgeld* von 5–75 DM erhoben werden.

Soweit landesrechtliche Vorschriften noch eine „gebührenpflichtige Verwarnung" zulassen, gelten jetzt die Vorschriften des OWiG über die Verwarnung mit Verwarnungsgeld entsprechend (Art. 154 EGOWiG vom 24. 5. 1968, BGBl. I 503). Bei *Verkehrszuwiderhandlungen,* die nach § 24 StVG i. Verb. m. § 49 StVO oder § 69a StVZO mit Geldbuße geahndet werden können, kann die Polizei in geringfügigen Fällen nach § 56 OWiG von der Verfolgung absehen, dem Betroffenen eine Verwarnung erteilen und ggf. ein Verwarnungsgeld bis zu 75 DM festsetzen. Die Erteilung der Verwarnung und ggf. die Festsetzung des Verwarnungsgeldes werden im Verkehrszentralregister (408) nicht erfaßt.

Voraussetzung für die Wirksamkeit der mit Verwarnungsgeld verbundenen Verwarnung ist stets, daß der Betroffene nach Belehrung über sein Weigerungsrecht mit beiden Maßnahmen einverstanden ist; die Verwarnung wird ggf. erst wirksam, wenn das Verwarnungsgeld sofort oder innerhalb bestimmter Frist (regelmäßig eine Woche) gezahlt wird. Dann kann die Zuwiderhandlung nicht mehr als Ordnungswidrigkeit verfolgt werden, wohl aber noch als Straftat, wenn sich herausstellt, daß in Wirklichkeit eine solche vorliegt (z. B. nicht nur unzulässiges Überholen, sondern zugleich Straßenverkehrsgefährdung, § 315c StGB). Die zur Verwarnung ermächtigten Beamten müssen sich – ggf. durch Dienstkleidung – ausweisen. Vgl. § 56 Abs. 2–4, § 57 OWiG.

Um eine einheitliche Praxis sicherzustellen, hat der BMV auf Grund des § 27 StVG in einer allgem. Verwaltungsvorschrift vom 12. 6. 1975 (BAnz. Nr. 109) Richtlinien für die Polizei aufgestellt, wann von einer Verwarnung abzusehen oder wann eine solche zu erteilen und in etwa welcher Höhe Verwarnungsgeld festzusetzen ist (z. B. bei verbotenem Halten ohne oder mit Verkehrsbehinderung 10–20 DM, bei Parkzeitüberschreitung je nach Dauer 5–30 DM, bei verbotenem Parken ohne oder mit Verkehrsbehinderung 10–30 DM, bei Überschreiten der zulässigen Höchstgeschwindigkeit bis 10 km/St oder 10–15 km/St oder mehr 10 bzw. 20 bzw. 40 DM). Ergänzende Verwaltungsvorschriften der Länder regeln das Verfahren bei Verwarnungen im einzelnen und bezeichnen die Voraussetzungen, unter denen i. d. R. ein *Bußgeldverfahren* durchzuführen ist, weil eine Verwarnung nicht genügt (z. B. bei grob verkehrswidrigem oder rücksichtslosem Verhalten, Überschreitung der Höchstgeschwindigkeit um mehr als 15 km, Nichtbeachten der Vorfahrt usw.); vgl. die Verwarnungsgeld- und Bußgeldkataloge, abgedr. unter Nr. 15c der Beck'schen Textausg. „Straßenverkehrsrecht".

171. Hilfsbeamte der Staatsanwaltschaft

Nach § 152 GVG sind die *Hilfsbeamten der Staatsanwaltschaft* in dieser Eigenschaft verpflichtet, den Anordnungen der StA ihres Bezirks und der dieser vorgesetzten Behörde Folge zu leisten, ohne daß es einer Zustimmung des polizeilichen Vorgesetzten bedarf (vgl. 220). Sie sind im allgemeinen für den Bezirk des Landgerichts örtlich zuständig, für den die StA bestellt ist (§ 143 GVG).

Zu Hilfsbeamten der StA sind einzelne *Beamtengruppen* kraft Gesetzes bestellt, so z. B. im Bereich des Steuer- und Zollfahndungsdienstes (§ 404 AO), des Bundeskriminalamts (§ 8 BKrAG) usw. Andere Beamten- oder Angestelltengruppen werden von der LdReg. im Einvernehmen mit der LdJustizverwaltung zu Hilfsbeamten der StA bestellt (§ 152 Abs. 2 GVG; Zusammenstellg. b. Schönfelder, Deutsche Gesetze, Nr. 95 zu § 152 GVG).

Auch die nicht der StA unterstellten Polizeibehörden und -beamten haben der StA bei der *Strafverfolgung* Hilfe zu leisten. Jedoch hat hier die StA ein *Ersuchen* an den Leiter der Polizeibehörde zu richten, während sie, falls es sich um Hilfsbeamte der StA handelt, diesen unmittelbar einen *Auftrag* erteilen kann (§§ 161, 163 StPO; vgl. 278).

Zu selbständigen *Beschlagnahmen* und *Durchsuchungen* nach Maßgabe der §§ 98, 105, 111 c, e StPO sind nur die polizeilichen Hilfsbeamten der StA befugt (vgl. 272, 273). Es kann aber auch eine polizeiliche Beschlagnahme oder Durchsuchung nach Polizeirecht erforderlich werden (vgl. 173, 174).

172. Personalienfeststellung durch die Polizei

Als Strafverfolgungsorgan ist die Polizei gem. § 163 StPO berechtigt, die Personalien eines Straftäters oder von Zeugen einer *Straftat* festzustellen (vgl. 174, 220). Zu diesem Zweck kann sie den auf frischer Tat betroffenen oder verfolgten Beschuldigten, der einer Straftat verdächtig ist, vorläufig festnehmen, muß ihn aber spätestens bis Ablauf des nächsten Tages freilassen oder dem Richter vorführen (vgl. 274; gilt nicht bei Ordnungswidrigkeiten, § 46 Abs. 3 OWiG). Liegt eine reine *Polizeiwidrigkeit* vor (z. B. Nichtbeachtung eines in einer PolVO enthaltenen Verbots, dessen Verletzung nur mit Zwangsgeld bedroht ist), so muß ein *polizeilicher Grund* zur Feststellung der Personalien gegeben sein, d. h. eine poliz. Gefahr oder Störung, so daß poliz. Maßnahmen gerechtfertigt sind. Ist dies der Fall, so ergibt sich die Berechtigung des Polizeibeamten zur Personalienfeststellung aus der *polizeilichen Generalklausel* (vgl. 161). Der Beamte darf bei Weigerung die festzustellende Person der Polizeidienststelle zuführen (sistieren).

Beispiele: 1. Ein Kraftfahrer spritzt auf offener Straße seinen Wagen ab, obwohl dies durch örtliche PolVO untersagt ist. Der Polizeibeamte kann die Personalien des Kraftfahrers feststellen.

2. Ein Sturmwind beschädigt eine Dachrinne, so daß sie für Passanten bedrohlich herunterhängt. Hier können die Personalien der polizeipflichtigen Person (Eigentümer, Pächter, Verwalter) von der Polizei festgestellt und gefahrenabwehrende Maßnahmen getroffen werden.

3. Ein Streifenbeamter beobachtet nachts einen in verdächtiger Weise um einen Verkaufskiosk herumstreichenden Mann. Er kann dessen Personalien feststellen und ihn, wenn er sich nicht ausweisen kann, zur Polizeiwache führen, da es sich um einen Einbrecher handeln kann und ein Einbruch verhütet werden soll.

4. In einem Gedränge brennt ein Raucher einem Fußgänger ein Loch in den Mantel, gibt aber seinen Namen nicht an und läßt sich in keiner Weise auf Verhandlungen wegen Schadenersatzes ein. Der um Hilfe gebetene Polizeibeamte kann, obwohl hier nur ein privatrechtlicher Anspruch in Betracht kommt, die Personalien verlangen, damit der Geschädigte gerichtlich vorgehen kann.

Während für *Niedersachsen* und das *Saarland* die *Generalklausel* die Rechtsgrundlage bildet, haben andere Länder das Recht der Polizei zur Personalienfeststellung, Vorführung und einstweiligen Festhaltung von Personen, soweit es ihr eigener Schutz oder die Aufrechterhaltung der öffentlichen Sicherheit oder Ordnung bzw. die Abwehr einer unmittelbar bevorstehenden Gefahr erfordert, besonders verankert (z. B. *Hamburg* durch § 12d. Ges. vom 14. 3. 1966, GVBl. 77; *Bremen* durch §§ 11, 15 PolG vom 21. 3. 1983, GBl. 141; *Hessen* in § 16 SOG

i. d. F. vom 26. 1. 1972 GVBl. I 23; *Rheinl.-Pfalz* in § 10 PolVerwGesetz vom 1. 8. 1981, GVBl. 179; *Bayern* in Art. 12, 16 PAG; *Bad.-Württbg.* in § 20 PolG i. d. F. vom 16. 1. 1968, GBl. 61; NRW in § 9 PolG vom 25. 3. 1980, GV.NW. 234; *Berlin* in §§ 15 ff. ASOG vom 11. 2. 1975, GVBl. 688).

Personen, die einer *Straftat* verdächtig sind, können nach §§ 163b, c StPO von Polizei und Staatsanwaltschaft zur Feststellung ihrer Identität, wenn dies sonst nicht möglich oder erheblich erschwert ist, bis zu 12 Std. festgehalten; sie selbst und mitgeführte Sachen können durchsucht werden; erkennungsdienstliche Maßnahmen können durchgeführt werden. Bei nicht tatverdächtigen Personen ist dies zur Aufklärung einer Straftat in beschränktem Umfang zulässig; Durchsuchungen und erkennungsdienstliche Maßnahmen sind gegen ihren Willen unzulässig. Für die Vorführung vor den Richter und die Benachrichtigung von Angehörigen gilt ähnliches wie bei der Verhaftung (274, 275).

Bei Fahndungsmaßnahmen wegen bestimmter schwerer Straftaten (Tötungsdelikte, Unterstützung terroristischer Vereinigungen, erpresserischer Menschenraub, Geiselnahme, Raub mit Waffen, gewisse gemeingefährliche Straftaten) kann die Polizei an hierzu eingerichteten *Kontrollstellen* auf Straßen Identitätsfeststellungen und hiermit verbundene Durchsuchungen auch bei nicht tatverdächtigen Personen durchführen (§ 111 StPO). Durch den mit Ges. vom 19. 4. 1986 (BGBl. I 537) eingeführten § 163d StPO wird bei Verdacht bestimmter schwerer Straftagen eine sog. „*Schleppnetzfahndung*“ ermöglicht, d. h. daß bei polizeilichen Kontrollen und Grenzkontrollen die anfallenden Daten über die Identität von Personen und über sonstige Umstände in einer Datei gespeichert werden können.

Nach dem Gesetz über *Personalausweise* vom 19. 12. 1950 (BGBl. 807) i. d. F. vom 21. 4. 1986 (BGBl. I 548) ist jeder Deutsche i. S. des Art. 116 Abs. 1 GG (s. 2 I), der das 16. Lebensjahr vollendet hat und nach den Landesmeldegesetzen der allgemeinen Meldepflicht unterliegt, verpflichtet, einen Personalausweis zu besitzen und ihn auf Verlangen einer zur Prüfung der Personalien ermächtigten Behörde vorzulegen. Die Verpflichtung besteht nicht für denjenigen, der sich durch einen gültigen Paß ausweisen kann. Der Personalausweis enthält eine Zone für das automatische Lesen *(maschinenlesbarer Ausweis)*. Im Hinblick hierauf enthält das Gesetz verschiedene datenschutzrechtliche Bestimmungen. Die Personalausweise gelten 10 Jahre; erstmalige Ausstellung und Neuausstellung wegen Ablaufs der Gültigkeitsdauer sind – mit Ausnahme der Neuausstellung an Personen unter 21 Jahre – gebührenpflichtig. Die Länder haben Ausführungsbestimmungen erlassen.

S. hierzu die VO zur Bestimmung der Muster der Personalausweise vom 2. 7. 1986 (BGBl. I 1009).

Die *Meldepflicht* regelt sich nach dem *Melderechtsrahmengesetz* – MRRG – des Bundes vom 16. 8. 1980 (BGBl. I 1429) m. spät. Änd. und den ausfüllenden Landesmeldegesetzen. Die Meldebehörden der Länder registrieren die Einwoh-

318

ner und führen Melderegister, dürfen aber personenbezogene Daten nur auf Grund gesetzlicher Ermächtigung erheben, verarbeiten oder sonst nutzen. Das MRRG regelt grundlegend Datenerhebung und -speicherung, Meldegeheimnis sowie Auskunfts-, Berichtigungs- und Löschungsrechte der registrierten Personen, ferner den Datenaustausch zwischen Behörden. Für die Datenübermittlung zwischen Meldebehörden verschiedener Länder s. Meldedaten-Übermittlungs-VO des Bundes vom 18. 7. 1983 (BGBl. I 943) und vom 26. 6. 1984 (BGBl. I 810) m. Änd. vom 20. 12. 1985 (BGBl. I 2510). Dritten dürfen Auskünfte nur in begrenztem Umfang erteilt werden (Name, Anschrift; anderes nur bei berechtigtem Interesse). In Beherbergungsbetrieben sind Meldevordrucke handschriftlich auszufüllen und zu unterschreiben.

Das *Paßwesen* – Paßzwang für ein- und ausreisende Deutsche – ist geregelt durch das Paßgesetz vom 19. 4. 1986 (BGBl. I 537). Dieses Gesetz tritt am 1. 1. 1988 in Kraft; bis dahin gilt noch das Ges. über das Paßwesen vom 4. 3. 1952 (BGBl. I 290) m. letzter Änd. vom 26. 3. 1975 (BGBl. I 774). Der Paß nach dem neuen Paßgesetz enthält eine Zone für das *automatische Lesen;* er wird nach einheitlichem europäischen Muster gestaltet *(Europa-Paß).* Für *Ausländer* gelten die Sondervorschriften des Ausländergesetzes vom 28. 4. 1965 (BGBl. I 353), zul. geänd. am 16. 7. 1982 (BGBl. I 946), nebst DVO i. d. F. vom 29. 6. 1976 (BGBl. I 1717) m. spät. Änd.; s. dort insbesondere über die Einholung der Aufenthaltserlaubnis durch *Sichtvermerk* (Paßersatz). Für Angehörige der EWG-Staaten vgl. AufenthaltsG/EWG i. d. F. vom 31. 1. 1980 (BGBl. I 116).

173. Polizeiliche Beschlagnahme (Sicherstellung)

Die Sicherstellung von Gegenständen und bei Widerspruch des Betroffenen ihre Beschlagnahme ist nicht nur aus *strafprozessualen* Gründen (§§ 94ff. StPO; vgl. 272) oder zur Verfolgung einer *Ordnungswidrigkeit* (§ 46 Abs. 1 OWiG; vgl. 152), sondern auch aus polizeirechtlichen Gründen unter besonderen Voraussetzungen als rechtmäßige poliz. Maßnahme anerkannt. Man spricht insofern von einer *polizeilichen* Beschlagnahme. Sie ist zulässig zur *Verhütung* strafbedrohter Handlungen, zur Verhinderung ihrer Fortsetzung und zur Abwehr sonstiger Gefahren, welche die öffentliche Sicherheit oder Ordnung bedrohen. Voraussetzung ist, daß geringere poliz. Maßnahmen nicht möglich sind oder nicht zum Ziele führen würden und daß der *Grundsatz der Verhältnismäßigkeit* gewahrt bleibt.

Unter diesen Voraussetzungen ist zur *Anordnung* einer poliz. Beschlagnahme die Beteiligung des Richters oder Staatsanwalts oder eines Hilfsbeamten der StA nicht erforderlich. Es kann vielmehr jeder Polizeibeamte eine poliz. Beschlagnahme anordnen und durchführen. Rechtsgrundlage ist die *polizeiliche Generalklausel (161).* Jedoch haben verschiedene Länder besondere Bestimmungen für die poliz. Beschlagnahme und das bei ihr zu beobachtende Verfahren erlassen (z. B. *Hessen* in §§ 18–22 Hess. SOG i. d. F. vom 26. 1. 1972, GVBl. I 23; *Rhld.-Pfalz* in §§ 22–25 PVG vom 1. 8. 1981, GVBl. 179; *Bayern* in Art. 24ff. PAG; *Bad.-Württ.* in §§ 26, 27 PolG i. d. F. vom 16. 1. 1968, GBl. 61).

Die poliz. Beschlagnahme darf aber nur solange aufrechterhalten bleiben, wie die sie begründenden Voraussetzungen andauern. Bei deren Wegfall ist sie unverzüglich *aufzuheben.*

Die polizeiliche Beschlagnahme ist keine Entziehung oder Beschränkung des

Eigentums an den beschlagnahmten Gegenständen, sondern lediglich eine vorübergehende Besitzentziehung. Die Polizei übernimmt mit der Beschlagnahme die Verpflichtungen eines Verwahrers der sichergestellten Gegenstände und muß für ordnungsmäßige Aufbewahrung, Kennzeichnung und Schutz vor Verlust oder Wertminderung Sorge tragen. Andernfalls können sich Schadensersatzansprüche des Eigentümers oder eines sonstigen Berechtigten ergeben.

174. Polizeiliche Durchsuchung

Neben der Durchsuchung von Personen, Sachen oder Wohnungen aus *strafprozessualem* Anlaß (§§ 102ff. StPO; vgl. 273) und entsprechend bei Verfolgung einer Ordnungswidrigkeit (§ 46 Abs. 1 OWiG; vgl. 152) ist eine sog. *polizeiliche Durchsuchung* aus polizeilichen Gründen als zulässig anerkannt. Sie kann sich wie die strafprozessuale auf Personen, Sachen oder Wohnungen erstrecken und ohne Beteiligung eines Richters, Staatsanwalts oder Hilfsbeamten der StA durch jeden Polizeibeamten durchgeführt werden. Voraussetzung ist, daß von Gegenständen oder Zuständen Gefahren für die öffentliche Sicherheit oder Ordnung ausgehen, deren Beseitigung die Durchsuchung erfordert.

Unter diesen Voraussetzungen darf die Polizei *Personen* oder *Sachen* (z. B. Kraftwagen) nach Gegenständen durchsuchen, die der poliz. Beschlagnahme unterliegen (vgl. 173). *Personen,* die verhaftet, vorläufig festgenommen, zwangsgestellt (sistiert) oder in poliz. Gewahrsam genommen werden, können nach Waffen, gefährlichen Werkzeugen u. dgl. durchsucht werden, um Angriffe auf den Polizeibeamten oder Selbsttötung zu verhüten. Bei Durchsuchungen von *Personen* ist die Menschenwürde zu wahren (Art. 1 Abs. 1 GG). Weibliche Personen sind von Frauen zu durchsuchen. Über Durchsuchungen zur Identitätsfeststellung (§ 163b StPO) und an Kontrollstellen bei Fahndungsaktionen (§ 111 StPO) vgl. 172.

Wohnungen können nach Gegenständen, die der poliz. Beschlagnahme unterliegen, oder nach Personen, von denen poliz. Gefahren ausgehen (z. B. nach gemeingefährlichen Geisteskranken), unter Beachtung folgender Rechtsgrundsätze durchsucht werden:

Nach Art. 13 Abs. 1 GG ist die *Wohnung unverletzlich* (vgl. 46, 48). Gemäß Art. 13 Abs. 2 GG können jedoch – soweit ein Gesetz dies vorsieht – Durchsuchungen durch den Richter, bei Gefahr im Verzug auch durch die in den Gesetzen vorgesehenen anderen Organe, angeordnet werden; sie dürfen nur in der gesetzlich vorgeschriebenen Form stattfinden.

Nach Art. 13 Abs. 3 GG sind Eingriffe und Beschränkungen, die nicht Durchsuchungen i. S. des Art. 13 Abs. 2 GG sind, zur *Abwendung einer gemeinen Gefahr* oder einer *Lebensgefahr für einzelne Personen,* auf Grund eines Gesetzes auch zur *Verhütung dringender Gefahren* für die öffentliche Sicherheit und Ordnung, vor allem zur Behebung der Raumnot, zur Bekämpfung von Seuchengefahr (hierzu vgl. § 32 Bundes-Seuchengesetz, § 43 Lebensmittel- und Bedarfsgegenständegesetz) oder zum Schutz gefährdeter Jugendlicher zulässig. Danach sind Grundrechtseingriffe zur Abwehr einer gemeinen Gefahr oder einer Lebensgefahr für einzelne Personen unmittelbar aus Art. 13 Abs. 3 GG zulässig; bei Eingriffen zur Verhütung dringender Gefahren für die öffentliche Sicherheit und Ordnung ist eine gesetzliche Grundlage erforderlich. Für Durchsuchungen besteht die Rechtsgrundlage in der *polizeilichen Generalklausel* (161), soweit nicht die Polizeigesetze der Länder besondere Bestimmungen für die Berechtigung der Polizei zur poliz. Durchsuchung enthalten; sie regeln meist auch das dabei zu beobachtende Verfahren (z. B. *Rheinl.-Pfalz* in §§ 18–21 PVG vom 1. 8. 1981, GVBl. 179; *Bayern* in Art. 20–23 PAG; *Bad.-Württbg.* in §§ 23–25 PolG i. d. F. vom 16. 1. 1968, GBl. 61).

175. Die Organisation der Polizei im allgemeinen

Die Polizei hat sich in Deutschland seit den Tagen des Polizeistaates als Angelegenheit der Länder, nicht des Reiches, entwickelt. Auch die Bundesrepublik Deutschland verfügt nicht über eine eigene allgemeine Bundespolizei. Nach Art. 87 GG kann der Bund nur *Bundesgrenzschutzbehörden,* Zentralstellen für das polizeiliche *Auskunfts-* und *Nachrichtenwesen* sowie für die *Kriminalpolizei,* ferner zur Sammlung von Unterlagen für Zwecke des *Verfassungsschutzes* und gegen Bestrebungen einrichten, die durch Gewaltanwendung auswärtige Belange der BRep. gefährden.

Nach Art. 91 GG kann ein Land zur Abwehr einer drohenden Gefahr für die freiheitliche demokratische Grundordnung oder den Bestand des Bundes oder eines Landes Polizeikräfte anderer Länder anfordern. Ist das bedrohte Land zur Bekämpfung der Gefahr selbst nicht bereit oder in der Lage, so kann die Bundesregierung die Polizei dieses und anderer Länder ihren Weisungen unterstellen sowie Bundesgrenzschutz einsetzen (Art. 91 Abs. 2 GG). Zur Durchführung eines Polizeieinsatzes insbes. zwecks Abwehr eines *Staatsnotstandes* sind in den Ländern *Bereitschaftspolizeien* eingerichtet worden, wobei der Bundesregierung unter freiwilligem Verzicht der Länder auf Hoheitsrechte eine Mitwirkung eingeräumt worden ist.

Über die Einrichtung der *Bereitschaftspolizei (BP)* sind zwischen Bund und Ländern *Verwaltungsabkommen* abgeschlossen worden. Auf dieser Grundlage haben die Länder *staatliche Bereitschaftspolizeien* aufgestellt, die in Sammelunterkünften untergebracht sind, aber nicht militärischen Zwecken dienen. Ihre Aufgabe ist, die mit dem ständigen Vollzugsdienst betrauten Polizeikräfte bei Bedrohung oder Störung der öffentlichen Sicherheit und Ordnung und bei etwaigen Großeinsätzen zu unterstützen. Ferner dienen sie der Schulung und Ausbildung der Polizeibeamten. Ihre Stärke bestimmt sich nach dem Sicherheitsbedürfnis (unter Berücksichtigung möglicher Inanspruchnahme nach Art. 35, 91 GG im Notstandsfall) sowie nach dem Nachwuchsbedarf der Polizei des Landes. Über den Einsatz der BP entscheidet grundsätzlich der Minister (Senator) des Innern, soweit nicht die BReg. ein Weisungs- oder Einsatzrecht – auch über die Landesgrenzen hinaus – hat (vgl. 67). Über Organisation, Gliederung und Ausstattung bestehen einheitliche Richtlinien. Weitere Abmachungen betreffen die Kostenbeteiligung des Bundes. Der als Beauftragter des BMI bestellte *Inspekteur der Bereitschaftspolizeien der Länder* ist befugt, sich nach vorheriger Benachrichtigung des Landesinnenministers über die Einsatzfähigkeit der BP zu unterrichten. Die dienstlichen Verhältnisse der Beamten bestimmen sich nach Landesrecht. In den Ländern bestehen überdies eigene gesetzliche Regelungen für die BP (vgl. § 4 PolOrganisG NRW vom

13. 7. 1982, (GV.NW. 339); Art. 6 bayer. PolOrganisG vom 10. 8. 1976, GVBl. 303).

Über den *Bundesgrenzschutz* (BGS) s. 56 I 8, 95. Dieser untersteht gemäß Gesetz vom 18. 8. 1972 (BGBl. I 1834) dem BMI. Er sichert das Bundesgebiet gegen verbotene Grenzübertritte, insbesondere durch Paßnachschau, und hat bis zu einer Tiefe von 30 km auch alle sonstigen die Sicherheit der Grenzen gefährdenden Störungen zu beseitigen und Gefahren abzuwehren, ist also nicht Zoll-, sondern Polizeibehörde. Umgekehrt ist durch VO vom 25. 3. 1975 (BGBl. I 1068) ein Teil der Aufgaben des Grenzschutzes insbes. im grenzüberschreitenden Verkehr und bei der Grenzüberwachung der Zollverwaltung übertragen worden. Aufgaben auf dem Gebiet der Seeschiffahrt sind dem BGS und der Zollverwaltung durch VO vom 23. 6. 1982 (BGBl. I 733) zugewiesen worden. Weitere Aufgaben hat der BGS im Notstands- und im Verteidigungsfall zu erfüllen (vgl. 67). Ferner obliegt ihm der Schutz von Verfassungsorganen und Ministerien sowie der diplomatischen Vertretungen des Bundes u. a. m. Seine Befugnisse – Festnahmen, Durchsuchungen, Beschlagnahmen usw. – sind polizeiähnlich geregelt (§§ 10ff. BGSG). Über die Organisation (GSkommandos, -verwaltungen, -direktion usw.) s. §§ 42ff. BGSG, über GSdienstpflicht s. 454 VI und §§ 49ff. BGSG, über Kombattantenstatus § 64 BGSG. Für die Polizeivollzugsbeamten im Grenzschutz gelten zusätzlich das BPolizeibeamtenG sowie die übrigen Vorschriften des Ges. über die Personalstruktur des BGS vom 3. 6. 1976 (BGBl. I 1357). Dienstbezeichnungen (meist mit dem Zusatz „i. BGS") und Besoldung entsprechen weitgehend der in der Bundeswehr geltenden Regelung (463, 465; vgl. Anl. zu § 59 BGSG i. d. F. vom 2. 9. 1974, BGBl. I 2152).

Die *Bahnpolizei* ist örtlich auf dem Gebiet der Bahnanlagen zuständig und sachlich darauf beschränkt, bei Bedrohung der öffentl. Sicherheit und Ordnung Gefahren abzuwehren, die auf die Anlagen und den Betrieb der Bahn oder ihre Benutzer einwirken oder beim Betrieb der Bahn entstehen oder von den Bahnanlagen ausgehen (§§ 55, 56 Eisenbahn-Bau- und Betriebsordnung vom 8. 5. 1967, BGBl. II 1563 m. spät. Änd.). Bahnpolizeibehörden sind die Hauptverwaltung der DBB, die BB-Direktionen und die BB-Betriebsämter.

Die *Wasserschutzpolizei* ist zur Zeit als Landespolizei aufgebaut. Da ihre Bezirke wegen des Anschlusses an die Stromgebiete die Ländergrenzen vielfach überschreiten, sind Staatsverträge zwischen den Ländern über die Handhabung der Wasserschutzpolizei abgeschlossen.

Das *Bundesamt für Verfassungsschutz* hat in Verbindung mit den *Landesämtern für Verfassungsschutz* die Aufgabe, die *Untergrund-* und *staatsgefährdende Arbeit* staatsfeindlicher Gruppen und Einzelgänger im Inland zu überwachen. Die Zusammenarbeit mit den Ländern ist im Ges. vom 27. 9. 1950 (BGBl. 682) m. Änd. vom 7. 8. 1972 (BGBl. I 1382) geregelt. Über die parlamentarische Kontrolle vgl. 92.

Dem *Bundeskriminalamt* obliegt nach dem Ges. vom 29. 6. 1973 (BGBl. I 704) m. spät. Änd. die Bekämpfung des Straftäters, soweit er sich über das Gebiet eines Landes hinaus betätigt oder voraussichtlich betätigen wird. Zu diesem Zweck hat es die kriminalpolizeiliche Arbeit mit den *Landeskriminalämtern* abzustimmen. Das BKrA führt eine Kriminalstatistik, betreibt Forschung, Auswertung der Nachrichten, Erkennungsdienst, Kriminaltechnik und leitet in Zusammenarbeit mit den Landeseinrichtungen die Zentralfahndung; es ist Nationales Zentralbüro für Interpol. Dem BKrA ist der zur Durchführung der Bekämpfung internationaler gemeiner Verbrecher notwendige Dienstverkehr mit ausländischen Polizei- und Justizbehörden vorbehalten. Die vorbeugende Verbrechensbekämpfung und die Verfolgung begangener Straftaten bleiben Sache der Länder. Ausnahmen: Ersuchen der zuständigen Landesbehörde, Anordnung des BMI aus schwerwiegenden Gründen, Aufträge in Ermittlungsverfahren des Generalbundesanwalts, ferner für die Bekämpfung und Verfolgung des internat. Waffen-, Sprengstoff- und Rauschgifthandels sowie von Angriffen gegen Leib und Leben der Verfassungsorgane, deren persönlicher Schutz dem BKrA außerdem obliegt, soweit nicht der Bundesgrenzschutz zuständig ist.

Den Ländern allgemein verblieben ist die *Vollzugspolizei* (Schutzpolizei) mit ihren vielfältigen Aufgaben, die öffentliche Sicherheit und Ordnung zu gewährleisten. Trotz unterschiedlicher Entwicklungen in den Bundesländern (vgl. 159) ist der Polizeiaufgabenkreis der gleiche geblieben. Unterschiede zeigen sich jedoch in der Gestaltung der unteren Instanzen (Kreis- und Ortspolizei) und in Art und Maß, in der die Gemeinden an der Ausübung der Polizeigewalt beteiligt werden. Insofern kann man von einem *norddeutschen System* sprechen, das an die Regelung des alten PrPVG anknüpft, allerdings dem demokratischen Grundgedanken durch Einrichtung von Beiräten usw. Rechnung trägt, und dem *süddeutschen System,* das eine noch weitergehende Mitwirkung der Kommunen bei Ausübung der Polizeigewalt vorsieht; doch verschiebt sich die Zuständigkeit mehr und mehr zugunsten der staatlichen Polizei (vgl. den Überblick 176, 177 über die Organisation in einigen Bundesländern, die insofern grundlegende Regelungen aufweisen).

In allen Ländern des Bundes steht die *allgemeine Dienstaufsicht* über die Handhabung der Polizeigewalt dem *Innenminister (Senator für Inneres)* des Landes, ggf. im Einvernehmen mit dem fachlich zuständigen Minister, zu. Die *fachliche Aufsicht* über die Polizeibehörden führt jeder Minister innerhalb seines Zuständigkeitsbereichs. Die unteren Polizeibehörden sind der Aufsicht der oberen Polizeibehörde unterstellt.

Soweit nicht – wie in den Stadtstaaten und den kleinen Ländern – eine Mittelinstanz fehlt, stehen unter den Ministern als sog. *Landespolizeibehörden* die Regierungspräsidenten, und zwar für alle Ressorts (Ausnahmen für Spezialbereiche wie Bahn- und Bergpolizei). *Kreispolizeibehörde* ist der Landrat, der die Aufsicht über die gesamte Polizeiverwaltung im Landkreis einschließlich der kreisangehörigen Städte führt. Dem entsprechen in den Stadtkreisen die *Ortspolizeibehörden.* Soweit die Polizeiverwaltung auf kommunale Stellen übertragen ist, handelt es sich um eine *Auftragsangelegenheit,* nicht um eine Selbstverwaltungsangelegenheit. Die zuständigen Staatsbehörden überwachen die Handhabung der *Ortspolizei* und können den Gemeinden Weisungen erteilen.

In der *DDR* ist die Polizei im Gegensatz zur BRep. über die Bezirksebene hinaus straff und einheitlich für das ganze Gebiet organisiert und der zentralen Leitung des Innenministeriums unterstellt. Die staatliche Polizei – amtlich *Volkspolizei* genannt – umfaßt nicht nur die Vollzugspolizei, sondern auch die Verwaltungspolizei (Schutz-, Kriminal-, Verkehrs-, Wasserschutzpolizei). Die *Hauptverwaltung der Deutschen Volkspolizei* (HVDVP) besteht beim Innenministerium; nachgeordnete Dienststellen sind die *Bezirksbehörden* der Volkspolizei (BDVP) und *Volkspolizeikreisämter.* Daneben besteht die *Bereitschaftspolizei* und die *Transportpolizei* (für den Eisenbahnbereich). Die Verwaltungspolizei ist von der (uniformierten) Sicherheitspolizei nicht getrennt. Neben der Volkspolizei besteht der *Staatssicherheitsdienst,* dessen Aufgabe die Bekämpfung sog. „staatsfeindlicher“ Bestrebungen, außerdem aber eine nachrichtendienstliche Tätigkeit im Ausland ist. Oberste Dienstbehörde des SSD ist das *Ministerium für Staatssicherheit,* das Bezirksverwaltungen, Kreisdienststellen sowie zahlreiche Überwachungsstellen bei Behörden usw. unterhält. Seine Organe besitzen polizeiliche Befugnisse zur Strafverfolgung, insbes. zur Ermittlung in politischen Strafsachen.

In *Berlin* ist die Polizeiverwaltung entsprechend der Teilung in eine westliche und eine östliche Stadtverwaltung wie alle anderen Behörden geteilt. In West-Berlin nimmt ein *Polizeipräsident* die Aufgaben der Polizeibehörde mit entsprechenden Abteilungen (Sicherheits-, Kriminalpolizei) wahr; vgl. 159 IV, 162. Polizeibehörde in Berlin (Ost) ist das *Präsidium* der DVP Berlin (Ost) mit DVP-*Inspektionen.*

176. Die Organisation der Polizei in Norddeutschland

Die norddeutschen Länder haben im wesentlichen die Organisation nach preußischem System mit den ihr Gebiet betreffenden Besonderheiten beibehalten. Solche ergeben sich in den Stadtstaaten Hamburg und Bremen, ferner in Schleswig-Holstein, das keine Regierungsbezirke hat und bei dem daher die für diese zuständige Landespolizeibehörde entfällt. Im folgenden wird die Organisation in Nordrhein-Westfalen, Schleswig-Holstein und Hamburg dargestellt.

I. *Nordrhein-Westfalen*

In NRW ist nach dem Polizeiorganisationsgesetz vom 13. 7. 1982 (GV.NW. 339) die Polizei *Angelegenheit des Landes.*

Polizeibehörden sind die *Kreispolizeibehörden, die Regierungspräsidenten* und das *Landeskriminalamt* als zentrale Landesdienststelle.

Kreispolizeibehörden sind im allgemeinen (§ 3):

1. in den Kreisen die *Oberkreisdirektoren;*

2. in den kreisfreien Städten die *Polizeipräsidenten;*

3. für den Zuständigkeitsbereich der Wasserschutzpolizei der *Polizeipräsident der Wasserschutzpolizei.*

Die *örtliche Zuständigkeit* ist i. d. R. auf den eigenen Bezirk beschränkt. Ausnahmen bei Dringlichkeit, Verfolgung von Straftaten auf frischer Tat, zur unmittelbaren Verhütung von Straftaten sowie zur Verfolgung und Wiederergreifung Entwichener, bei Anforderung von Polizeivollzugsbeamten anderer Länder usw. (§§ 7–9).

Die *sachliche* Zuständigkeit ist wie folgt geregelt:

a) Die *Kreispolizeibehörden* sind insbes. zuständig (§ 11):

1. für die gesetzlichen Polizeiaufgaben auf den Gebieten des *Versammlungswesens,* des *Sprengstoff-, Waffen-* und *Munitionswesens,* soweit nicht die Regierungspräsidenten zuständig sind;

2. für die *Überwachung des Straßenverkehrs;*

3. für weitere ihnen durch Gesetz oder Rechtsverordnung übertragene Aufgaben (§ 10).

b) Die *Regierungspräsidenten* sind sachlich zuständig für die durch Gesetz oder Rechtsverordnung ihnen übertragene Angelegenheiten und für die *überörtliche Überwachung des Straßenverkehrs* auf den Bundesautobahnen (§§ 10, 12).

Bei *Gefahr im Verzug* kann eine Polizeibehörde anstelle einer anderen tätig werden (§ 14 Abs. 1).

Die bei den Kreispolizeibehörden und Regierungspräsidenten eingerichteten *Polizeibeiräte* (§§ 15–18) sollen ein Bindeglied zwischen Bevölkerung, Selbstverwaltung und Polizei sein, ein vertrauensvolles Verhältnis erhalten und fördern sowie die Tätigkeit der Polizei unterstützen. Sie erörtern mit dem Leiter der Polizeibehörde poliz. Angelegenheiten. Der *Polizeibeirat bei den Kreispolizeibehörden* besteht aus 11 Mitgliedern. Diese werden von den Vertretungskörperschaften der Kreise bzw. der kreisfreien Städte für die Dauer ihrer Wahlperiode nach dem d'Hondtschen Verhältniswahlsystem gewählt (Näheres s. § 17). Der Polizeibeirat beim Regierungspräsidenten besteht aus je einem Mitglied der Polizeibeiräte der Kreispolizeibehörden des Regierungsbezirks.

II. *Schleswig-Holstein*

In Schleswig-Holstein ist der Schutz der Sicherheit und Ordnung (Gefahrenabwehr) nach §§ 163ff. des Landesverwaltungsgesetzes i. d. F. vom 19. 3. 1979 (GVOBl. 181) Landesaufgabe. Er obliegt den Ordnungsbehörden und der Polizei, und zwar je nach der Aufgabenverteilung dem Land, den Gemeinden, Kreisen und Ämtern. Zur sachlichen Zuständigkeit der Polizei insbesondere gehört die Feststellung und Abwehr von Gefahren für die öffentliche Sicherheit oder Ordnung, die Unterrichtung der zuständigen Ordnungsbehörde – Bürgermeister, Amtsvorsteher, Landrat, evtl. Fachminister –, soweit diese für die Gefahrenabwehr zuständig ist (z. B. Gewerbeaufsichtsamt), sowie auf Ersuchen der Ordnungsbehörde die Durchführung von Ermittlungs- und Vollzugsmaßnahmen. Ordnungs- und Polizeibehörden haben zusammenzuarbeiten, sich gegenseitig über bedeutsame Vorkommnisse und Maßnahmen zu unterrichten und zu unterstützen.

Die Organisation der Polizei ist im *Polizeiorganisationsgesetz* vom 9. 12. 1968 (GVOBl. 327), zul. geänd. durch Ges. vom 22. 12. 1982 (GVOBl. 308), geregelt. Es behandelt den Aufbau der Polizei, die Mitwirkung der kommunalen Selbstverwaltung, die örtliche Zuständigkeit, Hilfspolizeibeamte und die Kosten der Polizei. Da SchlH keine Regierungsbezirke hat, entfallen die Landespolizeibehörden. Auch hier ist die Polizei eine *Einrichtung des Landes;* sie untersteht dem Innenminister. Sie gliedert sich in die *Schutzpolizei,* die *Kriminalpolizei* und die *Wasserschutzpolizei* (§ 1).

Polizeiliche Dienststellen:

a) Dienststellen der *Schutzpolizei* sind die *Polizeidirektionen,* die *Polizeiinspektionen* in den kreisfreien Städten und Kreisen sowie die ihnen nachgeordneten *Polizeidienststellen.* Die Polizeidirektionen nehmen alle Aufgaben wahr, die nicht anderen Polizeibehörden zugewiesen sind (§§ 3, 4).

b) Als Dienststellen der *Wasserschutzpolizei* bestehen die Wasserschutzpolizeidirektionen und nachgeordnete Polizeidienststellen (§ 5).

c) Dienststellen der *Kriminalpolizei* sind die *Kriminalpolizeidirektionen* und in Kreisen und kreisfreien Städten *Kriminalpolizeistellen* und *-außenstellen* (§ 6).

Ferner bestehen *Bereitschaftspolizeiabteilungen* und *Verkehrsüberwachungsbereitschaften* (§ 7).

Die *Mitwirkung der kommunalen Selbstverwaltung* (§§ 10 und 12) erfolgt durch *Polizeibeiräte,* als welche die *Kreisausschüsse* in den Kreisen und die *Magistrate* in den Städten mit mehr als 20000 Einwohnern tätig werden. Die Polizeibeiräte sollen für ein vertrauensvolles Verhältnis zwischen Selbstverwaltung und Polizei sorgen und die Polizei bei Durchführung ihrer Aufgaben unterstützen.

Die örtliche Zuständigkeit ist in § 13, die Bestellung von Hilfspolizeibeamten in § 14, die Kosten der Polizei sind in § 15 des Polizeiorganisationsgesetzes behandelt.

III. *Hamburg*

Das Ges. zum Schutz der öffentlichen Sicherheit und Ordnung vom 14. 3. 1966 (GVBl. 77) ermächtigt den Senat zum Erlaß von Rechtsverordnungen zur Abwehr von Gefahren (§ 1). Es regelt die allgemeinen Maßnahmen zur Gefahrenabwehr (§§ 3–10) sowie die besonderen Maßnahmen wie Personalienfeststellung, Sicherstellung, Durchsuchung usw. (§§ 11–16) und den unmittelbaren Zwang (§§ 17–28; über den Schußwaffengebrauch s. § 24).

Die Aufgaben der Polizei liegen bei der Behörde für Inneres. Oberster Beamter ist der *Polizeipräsident.*

Die Polizei der Freien und Hansestadt Hamburg gliedert sich in die Landespolizeiverwaltung, die Landespolizeischule/Wasserschutzpolizeischule, Landesverkehrsverwaltung und die Landespolizeidirektion. Die Landespolizeidirektion ist untergliedert in die Polizeidirektionen Mitte, West, Ost und Süd mit der Abteilung Wasserschutzpolizei, sowie in die Fachdirektionen Führungs- und Lagedienst, Spezieller Kriminaldienst, Staatsschutz und Bereitschaftspolizei.

177. Die Organisation der Polizei in den süddeutschen Ländern

Bayern, Hessen und Württemberg-Baden wurde beeinflußt durch das Bestreben der am. Militärregierung, die Polizei zu dezentralisieren und zu kommunalisieren. So bildete sich in *Bayern* eine Gemeindepolizei neben der staatlichen Landpolizei, und das Bayer. Polizeiorganisationsgesetz 1974 erklärte als *Träger der Polizei Staat und Gemeinden,* allerdings mit staatlichem Weisungsrecht. *Baden-Württemberg* läßt nach näherer Maßgabe des Polizeigesetzes (s. u. I) städtische Polizeibehörden und städtische Polizeivollzugsbehörden zu. Das Polizeiverwaltungsgesetz von *Rheinland-Pfalz* bestimmt, daß Träger der Polizeihoheit *das Land* ist; jedoch werden bei den Orts- und Kreispolizeibehörden den Bürgermeistern und Oberbürgermeistern polizeiliche Aufgaben übertragen. Nachfolgend werden die für Süddeutschland richtungweisenden gesetzlichen Regelungen von Baden-Württemberg, Bayern und Rheinland-Pfalz einer näheren Betrachtung unterzogen.

I. *Baden-Württemberg*

Das Polizeigesetz von Baden-Württemberg i. d. F. vom 16. 1. 1968 (GBl. 61), zul. geändert durch Art. 7 d. Ges. zur Änderung des Landesverwaltungsgesetzes und anderen Gesetze vom 18. 7. 1983 (GBl.

369), behandelt im I.–III. Teil das Recht der Polizei (Aufgaben, Maßnahmen, Entschädigung bei Notstandsmaßnahmen), ihre Organisation und die Aufbringung der Kosten.

Die Organisationsvorschriften unterscheiden die *Polizeibehörden* und den *Polizeivollzugsdienst.*

Polizeibehörden sind die obersten Landesbehörden (Ministerien), die Landespolizeibehörden (Regierungspräsidenten), die Kreispolizeibehörden (die unteren Verwaltungsbehörden) und die *Ortspolizeibehörden* (Bürgermeister). *Kreistage* und *Gemeinderäte* sind zur Mitwirkung bei der Wahrnehmung polizeilicher Aufgaben berufen. Die Dienstaufsicht, die Fachaufsicht und das Weisungsrecht sowie die Unterrichtungspflicht sind in den §§ 49–51 in der üblichen Weise geregelt, die allgemeine und besondere sachliche und örtliche Zuständigkeit in §§ 52–55.

Für den *Polizeivollzugsdienst* unterhält das Land Baden-Württemberg folgende Dienststellen (§§ 56–62):

1. das *Landeskriminalamt,* das dem Innenministerium untersteht und dieselben Aufgaben wie in anderen Ländern hat;

2. die *Bereitschaftspolizeidirektion,* die gleichfalls dem Innenministerium untersteht, und die ihr nachgeordneten Dienststellen der Bereitschaftspolizei;

3. die *Wasserschutzpolizeidirektion* mit den nachgeordneten Dienststellen;

4. die *Landespolizeidirektionen* (Stuttgart I und II, Karlsruhe, Freiburg, Tübingen) mit den ihnen nachgeordneten staatlichen Dienststellen. Sie unterstehen der Dienstaufsicht des Regierungspräsidiums und des Innenministeriums.

Sondervorschriften bestehen für Großstädte. Gemeinden mit mehr als 250000 Einwohnern kann der Innenminister auf ihren Antrag den *Polizeivollzugsdienst* übertragen. Er wird dann durch eine städtische Polizeidienststelle (Polizeipräsidium, Polizeidirektion) wahrgenommen und umfaßt uniformierte Polizei (Schutzpolizei) und Kriminalpolizei. Die örtliche Zuständigkeit beschränkt sich im Regelfall auf das Gemeindegebiet. Die Fachaufsicht führt über die kriminalpolizeiliche Tätigkeit das Landeskriminalamt, im übrigen die zuständige Aufsichtsbehörde (§§ 69–71). Bei der Besetzung der leitenden Stellen des städtischen Polizeidienstes steht dem Innenministerium ein Mitwirkungsrecht zu (§ 75). Seit 1973 wird jedoch der Polizeivollzugsdienst auch in Großstädten nur von staatlichen Polizeidienststellen (s. o. 4) wahrgenommen.

Die Ortspolizeibehörden können sich zur Wahrnehmung bestimmter auf den Gemeindebereich beschränkter poliz. Aufgaben *gemeindlicher Vollzugsbeamter* bedienen. Diese haben dienstlich dann die Stellung von Polizeibeamten (§ 76). Das Innenministerium kann auf Antrag der zuständigen Stelle *Hilfsbeamten der Staatsanwaltschaft* (vgl. 171) die Stellung von Polizeibeamten verleihen (§ 77).

II. *Bayern*

Das Gesetz über die Organisation der Bayer. Staatlichen Polizei *(Polizeiorganisationsgesetz* – POG) vom 10. 8. 1976 (BayRS 2012–2–1–I), geänd. durch Ges. vom 24. 8. 1978 (GVBl. 561), enthält Allgemeine Bestimmungen und Vorschriften über die Landes-, Grenz-, Bereitschaftspolizei, das Landeskriminalamt und das Polizeiverwaltungsamt, über besondere Zuständigkeit sowie über Dienstkräfte anderer Länder und des Bundes. *Träger der Polizei* ist der *Staat* (Art. 1).

1. Die *Landespolizei* (Art. 4) nimmt den poliz. Vollzugsdienst wahr, soweit nicht besondere örtliche und sachliche Zuständigkeiten anderen Polizeibehörden zugewiesen sind. Dienststellen der Bayerischen Landespolizei sind die *Präsidien, Direktionen, Inspektionen* und *Stationen.*

2. Die *Grenzpolizei* (Art. 5) hat die Landesgrenzen zu überwachen und polizeilich zu schützen. Dazu gehört insbes. die Überwachung des Grenzverkehrs. Ihre Dienstkräfte sind befugt, entlang der Landesgrenze in einem Gebietsstreifen von 30 km Tiefe (Grenzbereich) polizeilich tätig zu werden. Ihre *Dienststellen* sind das Präsidium, Inspektionen und Stationen.

3. Die *Bayerische Bereitschaftspolizei* (Art. 6) ist ein besonderer staatlicher Polizeiverband mit gleichen Aufgaben wie in anderen Ländern. Die Leitung hat das *Präsidium der Bayerischen Bereitschaftspolizei,* eine dem Innenministerium unmittelbar nachgeordnete Dienststelle. Die Verwendung außerhalb Bayerns richtet sich nach Art. 91 GG (vgl. 175).

4. Für Bayern ist ein staatliches *Landeskriminalamt* errichtet und dem Innenministerium unmittelbar nachgeordnet (Art. 7). Seine Aufgaben entsprechen denen der Landeskriminalämter in anderen Ländern und umfassen außer der allgemeinen zentralen Verbrechensbekämpfung im besonderen die poliz. Verfolgung des ungesetzlichen *Rauschgifthandels,* der *Geldfälschung,* des *Menschenhandels,* der *Sprengstoffdelikte* u. a. m. Das Amt kann in Einzelfällen um erkennungsdienstliche und kriminaltechnische Untersuchungen ersucht oder vom Innenministerium mit der Leitung von Fahndungsmaßnahmen beauftragt werden.

5. Die Anforderung von Polizeikräften anderer Länder zur Abwehr einer drohenden Gefahr für den Bestand oder die freiheitliche demokratische Grundordnung des Landes Bayern (Art. 91 Abs. 1 GG) obliegt dem Bayerischen Ministerpräsidenten. Dienstkräfte der Polizei eines anderen Bundeslandes sind, abgesehen von den Sonderfällen der Art. 35 und 91 GG, zu Amtshandlungen in Bayern auf Anforderung oder mit Zustimmung des bayer. Innenministers, zur Abwendung erheblicher Gefahren oder Verfolgung Tatverdächtiger oder Entwichener, wenn die zuständige Polizeibehörde die notwendigen Maßnahmen nicht rechtzeitig treffen kann, ferner zur Durchführung des Schubwesens befugt (Art. 11).

III. *Rheinland-Pfalz*

Das *Polizeiverwaltungsgesetz* von RhPf. i. d. F. vom 1. 8. 1981 (GVBl. 179) behandelt im Ersten Teil (§§ 1–74) die Aufgaben und Befugnisse der Polizei, Polizeiverordnungen und Polizeiverfügungen, Zwangsmittel, sonstige Anordnungen und Entschädigungsansprüche. Die *Organisation der Polizei* ist im Zweiten Teil (§§ 75–101) geregelt.

Träger der Polizeihoheit ist das *Land.* Alle Polizeibehörden handeln in Ausübung staatlicher Gewalt (§ 75).

Allgemeine Polizeibehörden sind die *Ortspolizeibehörden,* die *Kreis-* und die *Bezirkspolizeibehörden.* Alle übrigen sind *Sonderpolizeibehörden;* sie bleiben in ihrer Organisation und besonderen Zuständigkeit unberührt (§§ 77 ff.). *Ortspolizeibehörde* ist die Stadt(Gemeinde)verwaltung, außer wenn eine *staatliche* Polizeiverwaltung besteht; dann nimmt neben dieser die Stadt(Gemeinde)verwaltung die ihr übertragenen Aufgaben wahr. *Kreispolizeibehörden* sind in Landkreisen die *Kreisverwaltung,* in kreisfreien Städten die staatlichen Polizeiverwaltungen, neben diesen die Stadt(Gemeinde)verwaltungen für die ihnen übertragenen Aufgaben. *Bezirkspolizeibehörden* sind die Bezirksregierungen. In verbandsfreien Gemeinden kann der Innenminister nach Anhörung der Gemeindevertretung im

Benehmen mit dem Landtags-Innenausschuß staatliche Polizeiverwaltungen bilden oder auflösen (§ 79). Die Landesregierung regelt die sachliche Zuständigkeit der Polizeibehörden (§ 80 nebst Anlage über die Abgrenzung).

Die *Vollzugspolizei* gliedert sich in Schutzpolizei, Kriminalpolizei, Wasserschutzpolizei und Bereitschaftspolizei (§ 85). *Stärke* und *Verteilung* richten sich nach den Aufgaben.

Das *Landeskriminalamt* führt nach Weisungen des Ministers des Innern die fachliche Aufsicht über die kriminalpolizeiliche Tätigkeit der Vollzugspolizeidienststellen; es kann Weisungen erteilen und Richtlinien über vorbeugende Verbrechensbekämpfung sowie Verfolgung strafbarer Handlungen erlassen. Ihm obliegt ferner die fachliche Zusammenarbeit mit den Landeskriminalämtern der übrigen Bundesländer und mit dem Bundeskriminalamt. Seine Aufgaben entsprechen im einzelnen der in anderen Ländern vorgesehenen Regelung. Die Staatsanwaltschaft kann das Landeskriminalamt ersuchen, die Verfolgung einzelner Straftaten zu übernehmen oder an andere Polizeidienststellen abzugeben (§§ 88, 89).

Dienststellen der *Kriminalpolizei* sind nach Bedarf bei den Kreisverwaltungen oder den staatl. Polizeiverwaltungen gebildet (§ 87).

Die Aufgaben der *Wasserschutz-* und der *Bereitschaftspolizei* entsprechen den Vorschriften in anderen Ländern der BRep. (§§ 90, 91).

Aufsichtsbehörden über die *allgemeinen Polizeibehörden* sind die fachlich zuständigen Minister sowie die Bezirksregierungen und Kreisverwaltungen für die ihnen nachgeordneten Dienststellen (§ 83). Dem Minister des Innern unterstehen unmittelbar das Landeskriminalamt, die Polizeischulen, die Bereitschaftspolizei, die Wasserschutzpolizei und die Fernmeldeleitstelle. Die Aufsichtsbehörden können den nachgeordneten Dienststellen Weisungen erteilen. Die Leiter der allgemeinen Polizeibehörden haben sich gegenseitig über Vorkommnisse zu unterrichten, welche die Zuständigkeit der anderen Polizeibehörden berühren (§ 82). Gemeindliche Vollzugsbeamte können für auf das Gemeindegebiet beschränkte Aufgaben bestellt werden (§ 97).

Die *Gemeindepolizei* in Gemeinden mit staatlicher Polizeiverwaltung ist nach der Anlage A zu § 80 PVG zuständig für die hierin aufgeführten Aufgaben.

D. Sonstiges besonderes Verwaltungsrecht

183. Gewerberecht

I. Gewerbeordnung

Unter einem *Gewerbe* versteht man eine selbständige planmäßige wirtschaftliche Betätigung, die in der Absicht, Gewinn zu erzielen, ausgeübt wird. Gesetzliche Grundlagen sind die *Gewerbeordnung* (GewO) i.d.F. vom 1. 1. 1987 (BGBl. I 425), ferner Sondergesetze und ergänzende *landesrechtliche* Bestimmungen sowie hinsichtlich besonderer örtlicher Regelungen *Ortssatzungen* der Gemeinden.

Nicht zum Gewerbe zählen *Urproduktion,* insbes. Land- und Forstwirtschaft, *freie Berufe,* öffentliche Dienste, unselbständige Tätigkeiten, hauswirtschaftliche Betätigung, nicht gewerbsmäßige Vermietung, Verpachtung, Unterricht oder Kindererziehung gegen Entgelt (§ 6 GewO).

Es besteht grundsätzlich *Gewerbefreiheit,* d.h. der Betrieb eines Gewerbes ist jedermann gestattet, wenn er die gesetzlichen Voraussetzungen erfüllt (§ 1 GewO). Jedoch bestehen Einschränkungen zur Wahrung der öffentlichen Gesundheit, Sicherheit und Wohlfahrt. Unzulässig ist eine *Bedürfnisprüfung* (vgl. Art. 12 GG).

Ein *stehender Gewerbebetrieb* ist ein solcher mit einer gewerblichen Niederlassung. Er ist anzeigepflichtig bei der Gemeindebehörde, die eine Empfangsbescheinigung erteilt; ebenso ist ein Wechsel, die Verlegung oder Aufgabe des Betriebes anzuzeigen, ferner das gewerbsmäßige Aufstellen „selbständiger Automaten" (§§ 14, 15 GewO). Andere Vorschriften gelten für das *Reisegewerbe,* d.h. für das persönliche Anbieten von Waren oder Leistungen außerhalb einer gewerblichen Niederlassung ohne vorhergehende Bestellung. Wer ein solches ausüben will, bedarf einer Reisegewerbekarte (§ 55 GewO).

Genehmigungsbedürftig sind nach §§ 4ff. BundesimmissionsschutzG (193) Anlagen, die geeignet sind, schädliche Umwelteinwirkungen hervorzurufen, oder die sonst erhebliche Nachteile, Gefahren oder Belästigungen für die Umgebung herbeiführen können (z. B. Müllverwertung, Gießereien, Kalkwerke, chem. Fabriken, bestimmte Anlagen der eisenverarbeitenden Industrie usw.; dazu VO vom 14. 2. 1975, BGBl. I 499). Einer Genehmigung bedarf auch, wer eine private *Kranken- oder Entbindungsanstalt oder Nervenklinik* einrichten will (§ 30 GewO). Andere Gewerbebetriebe unterliegen einer behördlichen *Überwachung* (§ 24 GewO; z. B. *Dampfkessel* und *Aufzüge,* vgl. VOen i. d. F. vom 27. 2. 1980, BGBl. I 173, 205, *Getränkeschankanlagen* – VO vom 14. 8. 1962, BGBl. I 561, geänd. am 27. 11. 1973, BGBl. I 1762). Die Errichtung oder der Betrieb nicht genehmigungsbedürftiger, aber mit *schädlichen Umwelteinwirkungen* verbundener Anlagen kann untersagt werden, wenn der Betreiber den Anordnungen zur Beseitigung der Einwirkungen nicht nachkommt (§§ 22ff. BImSchG).

Besondere Vorschriften gelten u. a. für die Aufstellung von *Spielgeräten,* für Spielhallen, für das *Bewachungsgewerbe* und für die *Schaustellungen von Personen* mit Ausnahme von Darbietungen mit überwiegend künstlerischem, sportlichem, akrobatischem oder ähnlichem Charakter (§§ 33a, 33c–33i, 34a GewO). Immobilien-, Darlehens- und Investmentmakler sowie die gewerbsmäßigen *Bauträger* und *Baubetreuer* bedürfen der Erlaubnis (§ 34c GewO). Die Makler- und BauträgerVO i. d. F. vom 11. 6. 1975 (BGBl. I 1351) m. spät. Änd. schreibt hierzu insbes. vor, daß bei Inanspruchnahme von Vermögenswerten des Auftraggebers (Anzahlungen usw.) Sicherheit zu leisten oder eine Versicherung abzuschließen ist; Anzahlungen auf die Vertragssumme dürfen nur stufenweise je nach Fortschreiten der Bauarbeiten in bestimmten Grenzen vereinbart werden. Ferner besteht die Pflicht zu getrennter Vermögensverwaltung, Rechnungslegung und Buchführung und zur Aufbewahrung gewisser Unterlagen. Erlaubnispflichtig ist auch der Betrieb von *Alten(wohn)heimen* und *Pflegeheimen für Volljährige.* Das Ges. vom 7. 8. 1974 (BGBl. I 1873) regelt Mindestanforderungen, Heimvertrag, Buchführungs- und Meldepflichten, Rücknahme und Widerruf der Erlaubnis, Beschäftigungsverbote usw. S. a. VO über *bauliche Mindestanforderungen für Altenheime* usw. i. d. F. vom 3. 5. 1983 (BGBl. I 1550) sowie über die Mitwirkung von *Heimbeiräten* VO vom 19. 7. 1976 (BGBl. I 1819). Die *HeimsicherungsVO* vom 24. 4. 1978 (BGBl. I 533) regelt die Pflichten der Heimträger im Falle der Entgegennahme von Darlehen o. a. Geldleistungen für die Unterbringung Volljähriger.

Alle Gewerbebetriebe unterliegen der *Gewerbeaufsicht,* die i. d. R. von den Gewerbeaufsichtsämtern ausgeübt wird. Diesen obliegt nach §§ 139b, g GewO, die Einhaltung der Arbeitsschutzbestimmungen zu überwachen; sie haben nach landesrechtlicher Vorschrift weitere Überwachungsaufgaben (z. B. hins. der genehmigungsbedürftigen Anlagen). S. a. 608, 620.

Bei *Mißbrauch* der gewerblichen Betätigung sind die Verwaltungsbehörden ermächtigt, die *Berufsausübung* unzuverlässiger Personen zu *untersagen.* Voraussetzung ist, daß die Ausübung die Allgemeinheit oder die im Betrieb Beschäftigten gefährdet. Vor der Untersagung soll die zuständige Industrie- und Handelskammer oder Handwerkskammer oder der Genossenschaftsprüfungsverband gehört werden. Bei Gefahr im Verzug kann hiervon Abstand genommen werden; doch sind diese Stellen dann zu unterrichten. Bei Untersagung (wird im *Gewerbezentralregister* eingetragen, §§ 149ff. GewO) ist Betriebsschließung zulässig (§ 35 GewO). Gegen die Untersagung steht der Verwaltungsrechtsweg offen (151).

An offenen Verkaufsstellen, Gaststätten und sonstigen offenen Betriebsstätten ist an der Außenseite oder am Eingang der *Familienname* des Inhabers mit mindestens einem ausgeschriebenen *Vornamen* anzubringen, von Handelsfirmen die Firmenbezeichnung. Nicht im Handelsregister eingetragene Gewerbetreibende (Handwerker und Kleingewerbetreibende) haben sich im schriftlichen rechtsgeschäftlichen Verkehr ebenfalls des Familien- und Vornamens zu bedienen (§§ 15a, b GewO).

II. *Sonstige gewerberechtliche Vorschriften*

Sondergesetze zur GewO sind u. a. das *Ladenschlußgesetz* (608) und das *Gaststättengesetz* vom 5. 5. 1970 (BGBl. I 465) m. spät. Änd., nach dem jeder, der eine Gast- oder Schankwirtschaft betreiben will, einer Erlaubnis (Konzession) bedarf. Auch das Waffengesetz nebst DVOen (404), das Milchgesetz, das Milch- und Fettgesetz, das Getreidegesetz, das Zuckergesetz, das Weingesetz, das Lebensmittel- und Bedarfsgegenständegesetz nebst Zusatzbestimmungen über die Verwendung von Fremdstoffen (829) enthalten Vorschriften für den gewerblichen Betrieb; s. ferner *Eichgesetz* vom 11. 7. 1969 (BGBl. I 759) i. d. F. vom 22. 2. 1985 (BGBl. I 410) nebst – z. T. ebenfalls später geänderten – Ergänzungs-VOen, insbes. Eichordnung i. d. F. vom 15. 1. 1975 (BGBl. I 233), SchankgefäßeVO vom 5. 11. 1971 (BGBl. I 1782), VOen über Eichpflicht von Meßgeräten vom 6. 8. 1975 (BGBl. I 2161) und 26. 7. 1978 (BGBl. I 1139), Eichpflicht-AusnahmeVO i. d. F. vom 15. 12. 1982 (BGBl. I 1745) und *FertigpackungsVO* i. d. F. vom 18. 12. 1981 (BGBl. I 1585) m. spät. Änd.

Gewerberechtliche Bestimmungen finden sich ferner im *Textilkennzeichnungsgesetz* i. d. F. vom 14. 8. 1986 (BGBl. I 1285), im *Kristallglaskennzeichnungsgesetz* vom 25. 6. 1971 (BGBl. I 857) und im *Gesetz über technische Arbeitsmittel (Gerätesicherheitsgesetz)* vom 24. 6. 1968 (BGBl. I 717), jeweils m. spät. Änd. Weitere Vorschriften enthalten die *Handwerksordnung* (834), Ges. und VO über das *Schornsteinfegerwesen* vom 15. 9./19. 12. 1969 (BGBl. I 1634, 2363). Den Vetrieb von *Blindenwaren* regelt ein Gesetz vom 9. 4. 1965 nebst DVO vom 11. 8. 1965 (BGBl. I 311, 807) m. spät. Änd., um den Käufer vor betrügerischer Ausnutzung seiner Hilfsbereitschaft zu schützen und echten Blindenwaren den Absatz zu sichern. Für den Geschäftsbetrieb gewerblicher *Pfandleiher* gelten § 34 GewO und die VO i. d. F. vom 1. 6. 1976 (BGBl. I 1334) m. Änd. vom 28. 11. 1979 (BGBl. I 1986), für gewerbsmäßige *Versteigerer* § 34b GewO und die Versteigerervorschriften i. d. F. vom 1. 6. 1976 (BGBl. I 1345) m. Änd. zuletzt vom 24. 8. 1984 (BGBl. I 1154). Im *Verkehrswesen* sind u. a. von Bedeutung die Vorschriften über Personenbeförderung und Güterkraftverkehr (196, 197) sowie das FahrlehrerG (195 IV). Weitere gewerberechtliche Bestimmungen gelten im Bereich des *Gesundheitswesens* (z. B. über die Abgabe von Arzneien, vgl. 184). S. ferner das Recht des *Arbeitsschutzes* und *Jugendarbeitsschutzes* (620, 623), das *Heimarbeitsgesetz* (625) sowie die Vorschriften gegen *unlauteren Wettbewerb* (383) und gegen *unerlaubte Rechtsberatung* (212).

184. Das Gesundheitswesen

umfaßt zwei Aufgabengebiete:

a) die vorbeugende und beratende Tätigkeit der *Gesundheits-* und *Veterinärfachbehörden* (Gesundheitsämter, Veterinärämter);

b) die Tätigkeit der *Ordnungsbehörden* (Ordnungsämter) zur Gesundheitsüberwachung; ihnen obliegen zusammen mit den Fachbehörden Verhinderung und Bekämpfung von Störungen der öffentlichen Sicherheit und Ordnung durch Krankheiten und Seuchen.

Über den u. a. dem Schutz vor gesundheitlichen Gefahren dienenden *Umweltschutz* vgl. 193.

Das Gesundheitswesen ist zu einem erheblichen Teil Sache der *Landesverwaltung*. Nach Art. 74 Nr. 19, 19a, 20 GG hat der *Bund* nur die konkurrierende Gesetzgebung für Maßnahmen gegen gemeingefährliche und übertragbare Krankheiten, für die Zulassung zu ärztlichen u. a. Heilberufen, für die wirtschaftliche Sicherung der Krankenhäuser (einschl. Regelung der Pflegesätze), für den Verkehr mit Arzneien, Heil- und Betäubungsmitteln und Giften, ferner für den Schutz beim Verkehr mit Lebens- und Genußmitteln, Saat- und Pflanzgut und den Schutz der Bäume und Pflanzen. Das durch Gesetz vom 27. 2. 1952 (BGBl. I 121) errichtete *Bundesgesundheitsamt* dient im wesentlichen der Forschung, Rauschgiftbekämpfung und Arzneimittelüberwachung. Die zentralen Aufgaben des Gesundheitswesens nimmt das Bundesministerium für Jugend, Familie, Frauen und Gesundheit wahr (105).

1. Heilberufe

Wichtigstes Berufsgesetz für die Ärzte ist die *Bundesärzteordnung* i. d. F. vom 14. 10. 1977 (BGBl. I 1885) m. spät. Änd. Sie regelt insbesondere die Voraussetzungen für die Approbation und die Grundsätze für die Ausübung des ärztlichen Berufs.

Der *Arzt* dient der Gesundheit des einzelnen Menschen und des gesamten Volkes. Der ärztliche Beruf ist kein Gewerbe, sondern ein freier Beruf. Wer ihn ausüben will, bedarf der *Approbation* als Arzt oder einer besonderen Erlaubnis. Die Approbation ist zu erteilen an einen Deutschen oder Angehörigen eines anderen EG-Mitgliedstaates oder heimatlosen Ausländer, der sich nicht als unwürdig oder unzuverlässig erwiesen hat, körperlich und geistig nicht unfähig oder ungeeignet ist und der nach einem Studium der Medizin von mindestens 6 Jahren (davon 8–12 Mon. prakt. Krankenausbildung) die ärztliche Prüfung bestanden und (ab 1. 7. 1988 bzw. 1. 1. 1993) eine zweijährige (während der Übergangsfrist bis 1. 1. 1993: 18 Mon.) Tätigkeit als Arzt im Praktikum abgeleistet hat (§§ 1–3). Über die Erteilung der Approbation entscheidet die zuständige Behörde des Landes, in dem der letzte Teil der Prüfung abgelegt worden ist, nach Maßgabe der *Approbationsordnung* i. d. F. vom 3. 4. 1979 (BGBl. I 425) m. Änd. zuletzt vom 15. 12. 1986 (BGBl. I 2457). Das *Honorar* der Ärzte richtet sich nach der *Gebührenordnung* vom 12. 11. 1982 (BGBl. I 1522) m. 20. 12. 1984 (BGBl. I 1680). Als Honorar kann bis zum 3,5fachen des Gebührensatzes beansprucht werden (bei mehr als dem 2,3fachen ist besondere Begründung notwendig, bei mehr als dem 3,5fachen oder sonstiger Abweichung ist schriftliche Vereinbarung erforderlich). Die Gebühr ist innerhalb dieses Rahmens unter Berücksichtigung der Schwierigkeit und des Zeitaufwands der einzelnen Leistung, der Umstände bei der Ausführung sowie der örtlichen Verhältnisse zu bestimmen. Für medizinisch-technische Leistungen gelten geringere Gebührensätze (§ 5 Abs. 3 GOÄ).

Für *Heilpraktiker* gilt das HeilpraktGes. nebst DVO vom 17./18. 2. 1939 (RGBl. I 251, 259).

Die Bestallung als *Zahnarzt* regelt das Ges. vom 31. 3. 1952 (BGBl. I 221), das die Berufszweige der Zahnärzte und *Dentisten* zu einem Beruf mit einheitlicher Ausbildung verschmolzen hat. Dazu Approbationsordnung vom 26. 1. 1955 (BGBl. I 37) mit Änd. zuletzt vom 17. 12. 1986 (BGBl. I 2524) sowie *Gebührenordnung* vom 18. 3. 1965 (BGBl. I 123). Die Betätigung von EWG-Angehörigen als Zahnärzte ist in § 1 Abs. 2 des Ges. vom 31. 3. 1952 i. d. F. des 1. Gesetzes zur Änderung des Gesetzes über die Ausübung der Zahnheilkunde vom 25. 2. 1983 (BGBl. I 187) geregelt.

Zur früheren (verfassungswidrigen) Beschränkung der Zahl der Kassenärzte s. 673. Dagegen hat das BVerfG in einer Entscheidung vom 25. 2. 1960 (NJW 1960, 619) die *Zwangsmitgliedschaft* der bayer. Ärzte in der Bayer. Ärzteversorgung als mit dem GG vereinbar erklärt; sie rechtfertigt sich durch das Allgemeininteresse an der Aufrechterhaltung eines leistungsfähigen Berufsstandes.

Für *Tierärzte* gelten die *BdTierärzteordnung* i. d. F. vom 20. 11. 1981 (BGBl. I 1193), die *Approbationsordnung* vom 22. 4. 1986 (BGBl. I 600) und die *Gebührenordnung* vom 2. 9. 1971 (BGBl. I 1520), jeweils m. spät. Änd.

Das Ges. über den Beruf der *Hebamme* und des *Entbindungspflegers (Hebammengesetz)* vom 4. 6. 1985 (BGBl. I 902) schreibt für die Führung der Berufsbezeichnung Hebamme/Entbindungspfleger eine 3jährige Ausbildungszeit, das Bestehen einer staatlichen Prüfung und eine landesbehördl. Erlaubnis vor. S. dazu Ausbildungs- und Prüfungsverordnung vom 16. 3. 1987 (BGBl. I 929); Hebammenhilfe-GebührenVO vom 28. 10. 1986 (BGBl. I 1662).

Nach dem Ges. über *technische Assistenten in der Medizin* vom 8. 9. 1971 (BGBl. I 1515) bedürfen med.-techn. Laboratoriums-, Radiologie- und veterinärmedizin.-techn. Assistenten (-innen) einer Erlaubnis der zuständigen Verwaltungsbehörde. Sie setzt Teilnahme an einem zweijährigen Lehrgang an einer staatl. anerkannten Ausbildungsstätte und Bestehen einer Prüfung voraus. Ähnliche Vorschriften gelten für *pharmazeutisch-technische Assistenten* nach dem Ges. vom 18. 3. 1968 (BGBl. I 228), für *Masseure, medizinische Bademeister* und *Krankengymnasten* nach dem Ges. vom 21. 12. 1958 (BGBl. I 985) m. spät. Änd. Den Beruf des *Diätassistenten* regelt das Ges. vom 17. 7. 1973 (BGBl. I 853). Ausbildungs- und PrüfungsO MTA vom 20. 6. 1972 (BGBl. I 929), PharmTA vom 12. 8. 1969 (BGBl. I 1200), Mass. usw. vom 7. 12. 1969 (BGBl. I 880, 885), DiätA vom 12. 2. 1974 (BGBl. I 163).

Das Ges. über die Berufe in der Krankenpflege *(Krankenpflegegesetz)* vom 4. 6. 1985 (BGBl. I 893) sieht eine Erlaubnispflicht für das Führen der Berufsbezeichnungen Krankenschwester/Krankenpfleger und Krankenpflegehelferin/Krankenpflegehelfer vor. Die Erlaubnis wird erteilt, wenn die vorgeschriebene Ausbildungszeit (3 Jahre bzw. 1 Jahr) abgeleistet und die staatliche Prüfung bestanden worden ist. Die Erlaubnis wird von der zuständigen Landesbehörde erteilt. Dazu Ausbildungs- und PrüfungsVO für die Berufe in der Krankenpflege vom 16. 10. 1985 (BGBl. I 1973). S. a. KrankenpflegeVO vom 28. 9. 1938 (RGBl. I 1310), Säuglings- und KinderpflegeVO vom 15. 11. 1939 (RGBl. I 2239).

Das Ges. zur *wirtschaftlichen Sicherung der Krankenhäuser und zur Regelung der Krankenhauspflegesätze – Krankenhausfinanzierungsgesetz (KHG)* – i. d. F. vom 23. 12. 1985 (BGBl. 1986 I 33) bezweckt die wirtschaftliche Sicherung der Krankenhäuser, um eine bedarfsgerechte Versorgung der Bevölkerung mit leistungsfähigen, eigenverantwortlich wirtschaftenden Krankenhäusern zu gewährleisten und zu sozial tragbaren Pflegesätzen beizutragen. S. dazu *BundespflegesatzVO* vom 21. 8. 1985 (BGBl. I 1666).

2. Apothekenwesen

Im *Apothekenwesen* ist seit der Entscheidung des BVerfG vom 11. 6. 1958 (NJW 1958, 1035) die Rechtslage grundlegend verändert. Vorher unterschied man drei Arten von Apothekenbetriebsrechten: *Privilegien,* die veräußerlich und vererblich waren, *Realkonzessionen* = persönliche Betriebsberechtigungen mit dem Recht, der Verwaltungsbehörde einen Nachfolger vorzuschlagen, und *Personalkonzessionen,* d. h. persönliche Berechtigungen, die von der Behörde einem Bewerber nach dem sog. Betriebsberechtigungsdienstalter verliehen wurden, beim Tod des Inhabers bzw. nach Erlöschen seines „Witwenrechts" an den Staat zurückfielen und wieder neu ausgeschrieben wurden. Seit 1894 wurden jedoch in allen Ländern neue Apotheken nur auf der Grundlage der *Personalkonzession* errichtet, die nach dem *Bedürfnis* ausgeschrieben wurden. Nachdem in der am. Besatzungszone die Gewerbefreiheit auch für Apotheken von der Militärregierung verfügt worden war, vermehrte sich die Zahl der Apotheken bedenklich. Um eine geordnete Arzneimittelversorgung der Bevölkerung nicht zu gefährden, ergingen mehrere Gesetze über die vorläufige Regelung der Errichtung neuer Apotheken (sog. *Apothekenstopgesetze*), die vom BVerfG wegen Verstoßes gegen Art. 12 GG für nichtig erklärt worden sind. Auf Grund der *Niederlassungsfreiheit* ist seither einem approbierten Apotheker, der Deutscher ist und die Anforderungen an praktische Tätigkeit, persönliche Zuverlässigkeit und Eignung erfüllt, die Errichtung einer neuen Apotheke gestattet, auch wenn die Verwaltungsbehörde ein *Bedürfnis* verneint.

Nach dem *Gesetz über das Apothekenwesen* i. d. F. vom 15. 10. 1980 (BGBl. I 1993) obliegt den Apotheken die im öffentl. Interesse gebotene Sicherstellung einer ordnungsgemäßen Arzneimittelversorgung der Bevölkerung. Ein Apotheker bedarf zum Betrieb einer Ap. der Erlaubnis (§ 1). Diese muß einem deutschen approbierten Apotheker auf Antrag erteilt werden, wenn er die für den Betrieb einer Ap. erforderliche Zuverlässigkeit und Leistungsfähigkeit besitzt und keine unzulässigen Bindungen eingegangen ist (§ 2). Er ist zur persönlichen Leitung der Ap. in eigener Verantwortung verpflichtet (§ 7). Mehrere Personen können eine Ap. nur in der Rechtsform einer bürgerlich-rechtlichen Gesellschaft oder einer oHG betreiben und bedürfen alle der Erlaubnis (§ 8). Die *Verpachtung* einer Ap. an einen zugelassenen Apotheker ist nur bei persönlicher Behinderung und wichtigem Grund oder im Todesfall bis zur Wiederverheiratung des erbberechtigten Ehegatten oder bis zur Vollendung des 23. Lebensjahres des jüngsten Kindes statthaft (§ 9). Erben eines Apothekers dürfen eine Ap. bis zu 12 Monate durch einen Apotheker verwalten lassen (§ 13). Im 2. Abschnitt (§§ 14–17) behandelt das ApG Krankenhaus-, Bundeswehr-, Zweig- und Notapotheken. Der 3. Abschnitt (§§ 21, 22) regelt die *behördliche Aufsicht.* Der 4. Abschnitt (§§ 23, 25) enthält Straf- und Bußgeldbestimmungen. Die *Apothekenbetriebsordnung* vom 9. 2. 1987 (BGBl. I 547) enthält ergänzende Bestimmungen über Apothekenleiter u. a. pharmazeutisches Personal, Betriebsräume, Herstellung, Prüfung, Aufbewahrung und Vorratshaltung von Arzneimitteln, Dienstbereitschaft usw.

Die *Bundes-Apothekerordnung* vom 5. 6. 1968 (BGBl. I 601) m. spät. Änd. regelt die allgemeine Zulassung zum Apothekerberuf, das Ruhen der Approbation usw.; für diese gilt die *Approbationsordnung* vom 23. 8. 1971 (BGBl. I 1377) m. Änd. zuletzt vom 26. 2. 1986 (BGBl. I 328). Über vorgeprüfte Anwärter *(Apothekerassistenten)* vgl. Ges. vom 4. 12. 1973 (BGBl. I 1813), über die Berufsausbildung zum *Apothekenhelfer* VO vom 28. 11. 1972 (BGBl. I 2217).

3. Arzneimittel. Betäubungsmittel

Nach dem Gesetz über den Verkehr mit Arzneimitteln *(Arzneimittelgesetz* – AMG) i. d. F. vom 24. 8. 1976 (BGBl. I 2448) m. letzter Änd. vom 26. 11. 1986 (BGBl. I 2089) – ist die Abgabe von Arzneimitteln grundsätzlich Apotheken vorbehalten, soweit sie nicht für den freien Verkauf vom Gesetzgeber zugelassen sind. *Arzneimittel* sind Stoffe oder Zubereitungen aus Stoffen, die vom Hersteller zur Anwendung am oder im menschlichen oder tierischen Körper bestimmt sind, um körperliche oder seelische Zustände oder Funktionen zu diagnostizieren oder zu beeinflussen, menschliche oder tierische Wirkstoffe oder Körperflüssigkeiten zu ersetzen oder Krankheitserreger, körperfremde Stoffe u. dgl. zu beseitigen oder zu neutralisieren (§ 2 Abs. 1 AMG).

Arzneimittel, die zur Abgabe an den Verbraucher bestimmt sind, müssen den Vorschriften des (Deutschen, Europäischen, Homöopathischen) *Arzneibuchs* entsprechen; dazu VO vom 27. 9. 1986 (BGBl. I 1610). Zur Herstellung von Arzneimitteln ist, abgesehen von Apotheken, eine *Herstellungserlaubnis* erforderlich, die nur beim Nachweis der Sachkenntnis erteilt wird (§§ 13ff. AMG).

Über die Zulassungspflicht bei fertigen Arzneimitteln und Ausnahmen hiervon vgl. §§ 21ff. AMG.

Dagegen sind *Heilmittel* wie z.B. Heilwässer, Heilerde, Heilpflaster usw. sowie Vorbeugungs-, Kräftigungsmittel u. dgl. frei verkäuflich, soweit nicht Verschreibungspflicht besteht oder der Verkauf den Apotheken vorbehalten ist (§§ 43ff. AMG). Dazu VOen über die Zulassung von Arzneimitteln für bzw. den Ausschluß vom Verkehr außerhalb der Apotheken vom 19. 9. 1969 (BGBl. I 1651, 1662).

Das Arzneimittelgesetz regelt auch die Überwachung des Verkehrs mit Arzneimitteln (s.a. *ArzneimittelpreisVO* vom 14. 11. 1980, BGBl. I 2147) sowie die Verhängung von Strafen und Bußen. Für die zivilrechtliche *Haftung für Arzneimittelschäden,* die zum Tode oder zu einer Körperverletzung geführt haben, gilt weitgehend das Gefährdungsprinzip (332a); sie tritt bei Fehlern im Bereich der Entwicklung oder Herstellung oder mangelnder Information des Verbrauchers ein (§§ 84ff. AMG).

Im Rahmen internationaler Vereinbarungen – Opiumabkommen vom 23. 1. 1912 (RGBl. 1921 S. 6) und 19. 2. 1925 (Ges. vom 26. 6. 1929, RGBl. II 407) und Betäubungsmittelabkommen vom 13. 7. 1931 (Bek. vom 10. 6. 1933, RGBl. II 319) – gilt das Gesetz über den Verkehr mit Betäubungsmitteln (früher *Opiumgesetz)* i.d.F. vom 28. 7. 1981 (BGBl. I 681) m. spät. Änd. Die *Betäubungsmittel-Verschreibungs-VO* gilt jetzt i.d.F. vom 16. 12. 1981 (BGBl. I 1427) m. spät. Änd.; s. ferner VO über verschreibungspflichtige Arzneimittel vom 31. 10. 1977 (BGBl. I 1933) m. spät. Änd. und VO über die automatische Verschreibungspflicht vom 26. 6. 1978 (BGBl. I 917) m. spät. Änd. Für die *Einfuhr, Durchfuhr und Ausfuhr* von Betäubungsmitteln gilt die Btm-AußenhandelsVO, für Abgabe und Erwerb im Inland die Btm-BinnenhandelsVO – beide vom 16. 12. 1981 (BGBl. I 1420, 1425). Die Bewirtschaftung der Betäubungsmittel obliegt der beim Bundesgesundheitsamt (s. 105) eingerichteten Bundes-Opiumstelle. S.a. Btm-KostenVO vom 16. 12. 1981 (BGBl. I 1433).

4. Seuchenbekämpfung

Das *Bundes-Seuchengesetz* i.d.F. vom 18. 12. 1979 (BGBl. I 2262) m. spät. Änd. bezweckt die Verhütung und Bekämpfung *übertragbarer Krankheiten.* Es besteht eine *Meldepflicht* bei bestimmten Krankheiten. Zur *Verhütung* übertragbarer Krankheiten sind *Schutzimpfungen* (auch *Schluckimpfungen* gegen die übertragbare Kinderlähmung – Poliomyelitis –) vorgesehen; außerdem bestehen Vorschriften für das Lebensmittelgewerbe sowie für Arbeiten und Verkehr mit Krankheitserregern. Der *Bekämpfung* übertragbarer Krankheiten dienen Vorschriften über ihre Behandlung, Ermittlungen bei Verdacht von Krankheitsfällen, Schutzmaßnahmen und Maßnahmen gegenüber der Allgemeinheit. Besondere Bestimmungen gelten für Schulen und andere Gemeinschaftseinrichtungen. In besonderen Fällen wird Entschädigung gewährt, z.B. bei Verdienstausfall infolge Absonderung *(Quarantäne)* oder bei *Impfschäden*. Außerdem enthält das Gesetz Bestimmungen über die Kostentragung (z. B. für Untersuchungen oder Schutzmaßnahmen) sowie Straf- und Bußgeldvorschriften.

Zur *Bekämpfung der Geschlechtskrankheiten* regelt das Gesetz vom 23. 7. 1953 (BGBl. I 700) m. spät. Änd. Pflichten der Kranken und krankheitsverdächtigen Personen, sich untersuchen und behandeln zu lassen, und Pflichten der Ärzte zur Durchführung der Behandlung, Belehrung des Kranken, Meldung an das Gesundheitsamt und Ermittlung der Ansteckungsquelle. Die Aufgaben des *Gesundheitsamts* und der öffentlichen und privaten Fürsorge bestehen in fürsorgerischer Betreuung und Beratung. Zur Befolgung der Vorschriften können Zwangsmaßnahmen durch die Polizeibehörden veranlaßt werden. Zum GeschlKrG sind DVOen vom 28. 12. 1954 (BGBl. I 523) – betr. ärztliche Zeugnisse und Aufzeichnungen, Mahnung des Kranken, Meldungen an die Gesundheitsbehörde – und vom 5. 7. 1955 (BGBl. I 402) – betr. ärztliche Eingriffe – ergangen.

Das Gesetz über die *Pockenschutzimpfung*, das einen *Impfzwang* vorsah, ist aufgehoben worden (BGes. vom 24. 11. 1982, BGBl. I 1529). Über das Verfahren bei *Freiheitsentziehungen* auf Grund des BSeuchenG oder des GeschlKrG vgl. 47, 185.

Zum Schutz gegen die Verbreitung von Seuchen durch den zwischenstaatlichen Personen-, Gepäck- und Frachtverkehr sind am 25. 7. 1969 *Internationale Gesundheitsvorschriften* – IGV (jetzt i. d. F. vom 10. 4. 1975, BGBl. II 456) – vereinbart und für die BRep. gemäß Ges. vom 1. 7. 1971 (BGBl. II 865) übernommen worden. Sie regeln u. a. Gesundheitsmaßnahmen bei Ein- und Ausreisen, Gesundheitspässe, die Gesundheitsorganisation in Häfen und Flughäfen sowie gegenseitige Mitteilungspflichten und Auskünfte über Epidemiefälle. Dazu DVOen vom 11. 11. 1971 (BGBl. I 1809, 1811) betr. Luftverkehr und Häfen und VO vom 11. 11. 1976 (BGBl. I 3193) betr. Landverkehr.

185. Die Wohlfahrtspflege

besteht in der Sorge für notleidende oder gefährdete Mitmenschen, i. w. S. auch in der Fürsorge und Gefahrenabwehr für die Allgemeinheit. Sie wurde vom preuß. Allgemeinen Landrecht und auch noch von den späteren preußischen Gesetzen zu den Aufgaben der Polizei gerechnet. Da sie aber nach neuerer Staatsauffassung nicht hierzu zählt, wurde sie später aus dem Bereich der Polizei ausgegliedert und den *Gemeinden* und *Kommunalverbänden* übertragen, die sie als *Selbstverwaltungsangelegenheit* wahrnehmen.

So sind in den meisten Ländern den Gemeinden zugewiesen:

a) das *Gesundheitswesen* (184), für das in den Landkreisen und kreisfreien Städten eigene *Gesundheitsämter* eingerichtet sind;
b) die der sog. *Daseinsvorsorge* dienenden *Gemeindeanstalten* (Wasserversorgung, Kanalisation, Abfuhrwesen usw.; vgl. 141);
c) das *Wohnungswesen* einschließlich der Fürsorge und Gefahrabwendung;
d) sonstige Angelegenheiten im Bereich der früheren „*Verwaltungspolizei*", die heute den Ordnungsbehörden obliegen (162), soweit sie der Fürsorge für den Einzelnen und die Allgemeinheit dienen.

Der wichtigste Zweig der öffentlichen Wohlfahrtspflege ist die *Sozialhilfe*. Diese wird neben und in Zusammenarbeit mit den landesrechtlich bestimmten Sozialhilfebehörden großenteils auch von der *freien Wohlfahrtspflege* wahrgenommen (687).

Im Rahmen der staatlichen Fürsorge für die Allgemeinheit, insbesondere zum Schutz vor ansteckenden Krankheiten und gemeingefährlichen Personen, sind gegenüber dem Einzelnen Eingriffe in Grundrechte zulässig, soweit entsprechende Gesetzesvorbehalte bestehen. Es handelt sich vor allem um die nach Bundesgesetzen zulässige *Unterbringung* von mit Geschlechts- oder sonstigen übertragbaren Krankheiten behafteten Personen. Das gerichtliche Verfahren bei einer Freiheitsentziehung, die auf Grund von Bundesrecht angeordnet wird, regelt sich nach dem Ges. vom 29. 6. 1956 (BGBl. I 599); als materiell-rechtliche Grundlage kommen vor allem das *Ges. zur Bekämpfung der Geschlechtskrankheiten* und das *Bundes-Seuchengesetz* in Betracht (vgl. 184). *Freiheitsentziehung* i. S. des Ges. vom 29. 6. 1956 ist die Unterbringung einer Person gegen ihren Willen oder im Zustand der Willenlosigkeit in einer Justizvollzugsanstalt, einem Haftraum, einer abgeschlossenen Verwahr-, Fürsorge- oder Krankenanstalt o. dgl. Es bestehen Landesgesetze, welche die Unterbringung von Geisteskranken, Geistesschwachen und Süchtigen – z. T. im Rahmen eines Ges. über Hilfe und Schutzmaßnahmen bei psychischen Krankheiten – regeln (Bremen: Ges. vom 9. 4. 1979, GBl. 123; NRW Ges. vom 2. 12. 1969, GV.NW. 872).

Die Freiheitsentziehung kann nur vom *Amtsgericht* auf Antrag der zuständigen Verwaltungsbehörde angeordnet werden (dagegen sofortige Beschwerde). Das Ges. schreibt für den Regelfall die persönliche Anhörung des Betroffenen vor, ferner ggf. die seines gesetzlichen Vertreters und des Ehegatten; steht er unter elterlicher Sorge (349), sind beide Eltern zu hören. Evtl. ist ein Pfleger zu bestellen. Die Freiheitsentziehung ist in mindestens jährlichen Abständen zu überprüfen. Das Verfahren ist im wesentlichen das der freiwilligen Gerichtsbarkeit (vgl. 294, 301).

186. Schulwesen und Schulrecht

Das *Schulrecht* umfaßt Aufbau der Schulen, Schulpflicht, Eltern- und Lehrerrecht, Privatschul- und (i. w. S.) Hochschulrecht. Nur selten sind *Schulen* selbständige Anstalten öffentlichen Rechts, meist vielmehr unselbständige Anstalten des *Trägers der Schule,* der i. d. R. eine Körperschaft des öffentlichen Rechts ist, z. B. Gemeinde oder Staat. Während das Schulrecht vor 1919 Sache der Länder war, stellte die WVerf. erstmals einheitliche Grundsätze für das *Schulwesen* auf. Das GG läßt dies nicht zu, da die vor 1919 vorhanden gewesene *Kulturhoheit der Länder* wiederhergestellt ist. Es regelt nur noch Elternrecht (Art. 6 Abs. 2 GG), Schulaufsicht des Staates, Religionsunterricht und Privatschulwesen (Art. 7 GG; über das Privatschulwesen vgl. 49). Begabtenförderung und Lehrerbildungswesen sind im wesentlichen Ländersache. Auch die *Schulpflicht* ist in den Ländern der BRep. durch Schulgesetze geregelt. Maßgebend für das *Schulverhältnis,* d. h. die Rechtsbeziehungen zwischen Schulträger, Schüler und Erziehungsberechtigten, sind außer den Schulgesetzen die *Schulordnungen* oder *Schulverfassungsgesetze;* sie enthalten Bestimmungen für die einzelnen Schulgattungen, insbesondere über Aufnahme und Ausscheiden aus der Schule, Schulbesuch, Unterrichtsstoff, Unterrichtsbetrieb, Versetzung, Zeugniserteilung, Prüfungen, Zusammenarbeit mit den Eltern,

Schülermitverwaltung. Bei Privatschulen bestimmt sich das Schulverhältnis nach den Grundsätzen des Bügerlichen Rechts. Das Gesetz über die *religiöse Kindererziehung* vom 15. 7. 1921 (RGBl. 939) gibt Richtlinien für die Bestimmung der religiösen Erziehung eines Kindes (vgl. 724). Das *Schulunterhaltungsrecht* bestimmt sich grundsätzlich danach, wer Träger der Schule ist (Staat oder Gemeinde); doch können die Kosten z. B. bei kommunalen Schulen zwischen Staat und Gemeinde oder Gemeindeverband (Schulverband, Zweckverband) aufgeteilt werden.

Fehlende landesrechtliche Regelungen werden auf verschiedenen Gebieten teilweise durch *Ländervereinbarungen* ersetzt, die auf den *Kultusministerkonferenzen der Länder* zustande kommen, so z. B. über Schuljahrsbeginn, Ferienordnung, Notenstufen, Fremdsprachenunterricht, Grundsätze über Rechtschreibung und Schulbücher, gegenseitige Anerkennung der Reifezeugnisse, Lehrerbildung, Anrechnung der in den Ostgebieten verbrachten Schulzeit und der dort abgelegten Reifeprüfung u. a. m. Vgl. z. B. Abkommen zur Vereinheitlichung auf dem Gebiete des Schulwesens v. 28. 10. 1964 (abgedr. GBl. Bad.-Württ. 1967, 74; Änd.: GBl. 1972, 126), über gegenseitige Anerkennung der Reifezeugnisse vom 20. 3. 1969 (BAnz. Nr. 68).

1. Organisation. Allgemeine Grundsätze des Schulverhältnisses

a) Organisation

Schulwesen und *Schulaufsicht* sind regelmäßig Staatsaufgaben. I. d. R. bestehen staatliche und kommunale Schulen nebeneinander. Die Schulaufsicht besteht als Staatsaufsicht vor allem für die kommunalen höheren Schulen. Sie wird in manchen Ländern von *Schulämtern* der Gemeinden als Auftragsangelegenheit wahrgenommen. Der *Schulaufbau* ist in den Ländern verschieden. Mit Ausnahme von Berlin, Hamburg und Bremen, wo alle Arten der allgemeinbildenden Schule in Einheitsschulen zusammengefaßt sind, kennen die Länder der BRep. *Volksschulen* (meist 4 Jahre *Grundschule* und 5 Jahre *Hauptschule),* an die sich 3 Jahre *Berufsschule* (Zweige: Gewerbe, Handel, Landwirtschaft, Hauswirtschaft) anschließen, evtl. die *Berufsaufbauschule.* Statt der Hauptschule kann eine *weiterführende (höhere) Schule* besucht werden, und zwar entweder 6 Jahre *Realschule* mit dem Abschluß der „mittleren Reife" oder 8–9 Jahre ein *Gymnasium.* Bereits bestehende *vorschulische Einrichtungen* (Tageskindergärten usw. ab 3. Lebensjahr) sind vorerst noch freiwillig; vgl. saarländ. Ges. i. d. F. vom 18. 2. 1975 (ABl. 368).

Ihrem Schulcharakter nach unterscheidet man *Gemeinschaftsschulen,* die nicht nach Bekenntnissen getrennt sind, aber auf christlicher Grundlage beruhen können, *Bekenntnisschulen* und *Weltanschauungsschulen,* die auf eine bestimmte Weltanschauung ausgerichtet sind. Das GG behandelt alle drei als gleichberechtigt. Der *Religionsunterricht* ist nach Art. 7 Abs. 3 GG und den meisten Landesverfassungen, abgesehen von den bekenntnisfreien Schulen, ordentliches Lehrfach. Art. 141 GG läßt jedoch für Bremen eine frühere Lösung bestehen, wonach Religionsunterricht durch die Kirchen außerhalb der Schule erteilt wird (sog.

Bremer Klausel; vgl. 50). Eine ähnliche Lösung sieht auch § 23 des Berliner Schulgesetzes vor. Die Frage, welcher Schulform gesetzlich ein Vorrang einzuräumen sei, hat zu entsprechenden verfassungsrechtlichen Regelungen geführt (z. B. in Bad.-Württ., Bayern, Rheinld.-Pfalz, Saarland: christl. Gemeinschaftsschule). In Nordrh.-Westf. sind die drei Schultypen bei den Grundschulen gleichgestellt, die Hauptschulen dagegen grundsätzlich Gemeinschaftsschulen (Ges. vom 5. 3. 1968, GV.NW. 36).

Landesrechtliche Vorschriften bestehen über die *Mitwirkung* der Lehrer und Erziehungsberechtigten sowie der Schüler – entsprechend ihrer altersmäßigen Urteilsfähigkeit – beim Schulbetrieb z. T. in den Schul(verfasungs)gesetzen, z. T. in Sondergesetzen (vgl. SchulmitwirkungsG NRW vom 13. 12. 1977, GV.NW. 448). Die *Lehrerbildung* liegt in der Hand der Länder. Durch vertragliche Vereinbarungen mit den Kirchen wurden die Abmachungen über die konfessionellen *Pädagogischen Hochschulen* geändert und diese in simultane umgewandelt.

Die *Lehrpläne der Gymnasien* weichen stark voneinander ab. Meist bestehen Gymnasien in drei Formen, je nachdem, ob Lehrfächer vorwiegend alte oder neue Sprachen oder Mathematik und Naturwissenschaften sind. Daneben bestehen musische und wirtschaftswissenschaftliche, zum Teil auch sozialwissenschaftliche Gymnasien. Überall schließen die höheren Schulen mit der *Hochschulreife* (Abitur) ab.

Die *Berufsschulen (Fortbildungsschulen)* können nur nach abgeschlossener Volksschule oder Absolvierung bestimmter Klassen der Mittel- oder höheren Schule besucht werden.

Fachschulen (z. B. Textil-, Metall-, Bau-, Berg-, Handels-, Verwaltungsschulen) setzen meist als Vorbildung die mittlere Reife oder eine abgeschlossene Lehrzeit voraus. Über Fachhochschulen s. 187.

Schulgeld wird an *staatlichen* Schulen nicht mehr erhoben, auch nicht mehr an höheren Schulen. Beim Besuch weiterführender allgemeinbildender Schulen, Fachschulen, Abendgymnasien usw. werden Zuschüsse, gestaffelt nach Schulart und Schulklasse, gewährt. Je nach den Einkommens- und Vermögensverhältnissen der Familie sind sie beschränkt oder entfallen ganz gemäß dem *Bundesausbildungsförderungsgesetz* i. d. F. vom 6. 6. 1983 (BGBl. I 645) m. letzter Änd. vom 16. 6. 1986 (BGBl. I 897). S. auch §§ 40ff. Arbeitsförderungsgesetz (672).

b) Allgemeine Grundsätze des Schulverhältnisses

Auf Grund der Entscheidung des BVerfG NJW 1972, 811 ist es nicht mehr möglich, das Schulverhältnis als ein „*besonderes Gewaltverhältnis*" anzusehen, das eigenen, nicht normierten Regeln unterliegt. Vielmehr muß auch das *Schulverhältnis* durch gesetzliche Bestimmungen geregelt sein, soweit der Grundrechtsbereich der Schüler berührt wird. Demgemäß müssen Aufnahme (bei Hochschulen: Zulassung), Versetzung und Entlassung sowie Ordnungsmaßnahmen, Schulstrafen usw. durch entsprechende Schulordnungen geregelt werden. Schulstrafen sind danach i. d. R. erst nach Androhung zulässig. Gegen schwerwiegendere Maßnahmen wie z. B. Disziplinarmaßnahmen oder Ausschluß von der höheren Schule ist der *Verwaltungsrechtsweg* (151) gegeben. Prüfungs- und Versetzungsentscheidungen sind zwar auch gerichtlich nachprüfbare VAe; sie unterliegen aber nur einer begrenzten gerichtlichen Kontrolle auf Ermessensfehler oder das Vorliegen sachfremder Erwägungen; die wertenden Beurteilungen innerhalb der Prüfungsentscheidung sind dagegen nicht gerichtlich überprüfbar.

Die Gestaltung des Unterrichts (Stoff, Inhalt) unterliegt grundsätzlich staatlicher Entscheidung *(Lehrpläne)*; Eltern und Schüler sind nur beteiligt, soweit ihre Rechtspositionen berührt werden (zum *Sexualkundeunterricht* s. BVerfG NJW 1978, 807). Innerhalb der Lehrpläne ist den Lehrern eine begrenzte pädagogische Gestaltungsfreiheit einzuräumen. Zur Verfassungmäßigkeit des *Schulgebets* s.

BVerfG NJW 1980, 575. Die körperliche Züchtigung eines Schülers ist grundsätzlich verboten, außer im Notfall zum Schutz höherer Rechtsgüter. Die Meinungsfreiheit des Schülers ist zu achten; sie darf jedoch nicht mißbraucht werden. Der Inhalt einer Schülerzeitung muß sich im gesetzlichen Rahmen halten. Auch Versammlungs-, Vereinigungs- und Demonstrationsrecht bestehen in den gesetzlichen Grenzen, d. h. sie dürfen nicht der Schulordnung zuwiderlaufen (z. B. Einhaltung der Unterrichtszeit u. ä.). Ein „Schülerstreik“ ist unzulässig.

2. Wege zur Weiterbildung

Der in den Ländern bereits weitgehend ausgebaute sog. *zweite Bildungsweg* soll in Vorsemestern, Berufsaufbauschulen, Abendgymnasien usw. begabte junge Praktiker an die Fach- und Hochschulbildung heranführen. Der *dritte Bildungsweg* eröffnet fachlich und allgemein besonders Begabten den Weg zu einem Fachstudium über eine Eignungs(Begabten)prüfung; vgl. z. B. bayer. Ges. i. d. F. vom 29. 11. 1983 (GVBl. 1109, BayRS 2230–2–3–K); § 50 Berl. SchulG.

Von diesen Bildungsgängen, die zum Studium führen sollen, zu unterscheiden sind die verschiedenen Formen der beruflichen und außerberuflichen Fort- und Weiterbildung. Die Teilnahme an Maßnahmen der *beruflichen Fortbildung* wird von der Bundesanstalt für Arbeit finanziell gefördert (§§ 41 ff. AFG); zum Nachweis des Erfolgs sind Prüfungen vorgesehen (§ 46 BerufsbildungsG vom 14. 8. 1969, BGBl. I 1112; dazu Landesausführungsgesetze, z. B. bayer. Ges. vom 23. 6. 1970, GVBl. 246). Große Bedeutung kommt ferner der *Erwachsenenbildung* zu, welche die in Schule, Hochschule oder Beruf erworbene Bildung ergänzen und erweitern soll; sie ist landesrechtlich geregelt (vgl. z. B. bayer. Ges. vom 24. 7. 1974, GVBl. 368: staatl. Förderungsmittel, Ausbildungsvoraussetzungen, Zertifikate über Abschlußprüfungen usw.). Ein breitgefächertes Angebot von Lehrveranstaltungen wird nach den landesrechtlichen Vorschriften über die *Weiterbildung* im beruflichen oder nichtberuflichen Bildungsbereich i. w. S. zur Verfügung gestellt (unter Einschluß z. B. der politischen Bildung, der Eltern- und Familienbildung); vgl. z. B. NRW Ges. vom 8. 2. 1980, i. d. F. vom 7. 5. 1982 (GV.NW. 275). Zu den wichtigsten allgemein zugänglichen Bildungseinrichtungen zählen die *Volkshochschulen;* sie werden von öffentlichen (meist kommunalen), kirchlichen, gewerkschaftlichen u. a. Organisationen getragen und vermitteln allgemeinbildende und berufsfördernde Kenntnisse (über die finanzielle Förderung vgl. z. B. hess. Ges. über Volkshochschulen i. d. F. vom 21. 5. 1981, GVBl. I 198). Arbeitslose Jugendliche, die das 25. Lebensjahr noch nicht beendet haben, können *Bildungsbeihilfen* nach dem *Bildungsbeihilfengesetz* (BiBhG) vom 3. 6. 1982 (BGBl. I 641) m. letzter Änd. vom 20. 12. 1985 (BGBl. I 2484) erhalten. Das BiBhG tritt am 31. 12. 1992 außer Kraft.

Fernunterricht durch nicht staatliche Lehrgänge zwecks Prüfungsvorbereitung mittels Schrift-, Bild- oder Tonmaterial unterliegt zur Verhinderung von Mißbräuchen staatlicher Kontrolle. Das Fernunterrichtsschutzgesetz vom 24. 8. 1976 (BGBl. I 2525) regelt u. a. die Vertragsbedingungen, Kündigungs- und Widerrufsrecht für Fernlehrgänge. Diese bedürfen behördlicher Zulassung. Hierfür können die Länder Zentralstellen einrichten, die ein Auskunftsrecht haben. Gerichtsstand für Streitigkeiten aus einem Fernunterrichtsvertrag ist stets der des Wohnsitzes des Teilnehmers (§ 26). S. a. Staatsvertrag der Länder über das Fernunterrichtswesen vom 16. 2. 1978 (abgedr. bayer. GVBl. 650, hess. GVBl. I 480).

3. Reformfragen

Schulreformen sollen im Zusammenhang mit der Hochschulreform (187) das gegenwärtige Schulsystem auflockern, um jedem Jugendlichen eine Ausbildung entsprechend seiner individuellen Begabung zu gewähren. In den Jahren nach 1964 setzten intensive Reformarbeiten ein, bei denen der 1965 errichtete ,,Deutsche Bildungsrat" eine entscheidende Rolle gespielt hat. Seine Aufgabe bestand insbesondere in der Aufstellung eines *Strukturplans* auf Grund der Ergebnisse der *Bildungsforschung*. Darauf aufbauend wurde ein *Bildungsgesamtplan* durch eine Bund-Länder-Kommission aufgestellt. Die Reformarbeiten wurden freilich durch die aus dem föderativen Aufbau der BRep. resultierende Kulturhoheit der Länder (vgl. 121) erschwert. Zwar sieht der in das GG im Jahre 1969 eingefügte Art. 91b ein Zusammenwirken von Bund und Ländern in der Bildungsplanung vor, jedoch nur fakultativ. Die tatsächliche Entwicklung hat daher wegen der Verteilung der Kompetenzen zwischen Bund und Ländern zu unterschiedlicher Ausgestaltung des Schulwesens geführt. Im allgemeinen geht man von einem stufenweisen Aufbau aus: Der Primarbereich umfaßt das 1.–4. Grundschuljahr, der Sekundarbereich I (Mittelstufe) Hauptschule und Realschule ab 5. Klasse sowie die 5.–10. Gymnasialklasse, der Sekundarbereich II (Oberstufe) die 11.–13. Gymnasialklasse sowie das Berufliche Schulwesen. Vielfach ist hierbei das 5.–6. Schuljahr als *Orientierungsstufe* eingerichtet, die für die Wahl der weiterführenden Schulart richtungweisend sein soll; sie kann als eine von den Schularten unabhängige Schulstufe eingerichtet werden. Im Sekundarbereich I besteht in einigen Ländern das gegliederte Schulsystem (Hauptschule, Realschule, Gymnasium) neben der *Gesamtschule* weiter, die in anderen Ländern die Regelschule ist.

Der Ausbau der *Gesamtschule* ist in den Ländern sehr unterschiedlich; sie soll die verschiedenen Schultypen miteinander verbinden, um das Lernangebot möglichst breit zu fächern. Während bei der *kooperativen* Gesamtschule nur eine räumlich-organisatorische Verbindung der verschiedenen Schultypen mit gemeinsamer Schulleitung und abgestimmten Lehrplänen besteht, sind in der eigentlichen, sog. *integrierten* Gesamtschule die einzelnen Schularten (Haupt-, Realschule, Gymnasium) nicht getrennt; vielmehr werden die Schüler entweder gemeinsam oder in Kursen mit verschiedenem Niveau unterrichtet, aber mit unterschiedlichen Abschlußzielen: Haupt- oder Realschulabschluß oder Berechtigung zum Besuch der Oberstufe des Gymnasiums, die mit dem Abitur die Hochschulreife zuerkennt. Die umfassendste Reform wurde in der gymnasialen Oberstufe auf Grund einer Vereinbarung der Kultusministerkonferenz (1972) durchgeführt. Das wichtigste Leitziel der neugestalteten Oberstufe, die Fähigkeit zur Selbstentscheidung in sozialer Verantwortung, soll durch die Wahl von Leistungskursen und damit einer Schwerpunktbildung und durch neue methodische Wege in kleinen Kursen erreicht werden. Zur Erweiterung der wissenschaftlichen Grundbildung als Orientierungsfähigkeit dienen die Grundkurse. Auf diese Weise soll mehr als in der bisherigen Oberstufe eine allgemeine Studierfähigkeit erreicht werden. Die Fächer sind in drei Aufgabenfelder, sprachlich-literarisch-künstlerisch, gesellschaftswissenschaftlich und mathematisch-naturwissenschaftlich-technisch, eingeteilt. Aus jedem dieser Aufgabenfelder muß eine bestimmte Zahl von Kursen gewählt werden. Die Stellung der 11. Klasse in diesem System ist nicht einheitlich geregelt. In einigen Ländern beginnt bereits hier das Kurssystem, in anderen gilt die 11. Klasse als Vorbereitungsstufe. Trotz dieser Fortbildungen kann die Entwicklung des Schulwesens in den Ländern der BRep. noch nicht als abgeschlossen angesehen werden.

4. Das Schulsystem der DDR

sieht (neben Einrichtungen der Vorschulerziehung) als Einheitsschule die zehnklassige allgemeinbildende Oberschule mit Unter-, Mittel- und Oberstufe vor, in dieser mit gezieltem Fachunterricht und verstärkter Berufsorientierung durch praktische Arbeit. Sofern nicht die Berufsausbildung nach der 8. oder 10. Klasse (diese als Abschluß und Grundlage für Ingenieurfachschulen) einsetzt, kann die dreiklassige erweiterte Oberschule bis zum Abitur besucht werden. Statt dessen kann die Reifeprüfung aber auch nach 10 Jahren Schulbesuch und 2 Jahren Berufsschule oder nach Berufsausbildung und Betriebsoberschulbesuch abgelegt werden.

187. Die Hochschulen

sind Körperschaften des öffentlichen Rechts und staatliche (nur z. T. kirchliche) Einrichtungen – § 58 Abs. 1 Hochschulrahmengesetz (HRG) vom 26. 1. 1976 (BGBl. I 185) m. spät. Änd. –, die hinsichtlich Lehrbetrieb und Lehrergebnis der Aufsicht der Länder unterstehen. Diese ist aber durch Verfassung oder Hochschulgesetz weitgehend auf eine Rechtsaufsicht (146) beschränkt, die vorwiegend von der Kultusverwaltung des Landes ausgeübt wird; doch bestehen Genehmigungsvorbehalte hinsichtlich Satzungen (inbes. Prüfungsordnungen) u. a. m. Die Hochschulen besitzen *Verwaltungsautonomie* insbes. bei Festlegung der Vorlesungen, Prüfungsrecht und Erlaß einer Hochschulordnung.

Zu den Hochschulen zählen die *Universitäten*, die *Technischen Hochschulen*, die *Wirtschafts-* und *Handelshochschulen*, die Hochschulen für *Musik* und für *bildende Künste*, die *Tierärztlichen* und die *Verwaltungs-Hochschulen*, die *Pädagogischen* sowie die *Fachhochschulen*. Träger ist der Staat oder für Spezialhochschulen eine öffentlich-rechtliche Körperschaft (z. B. die kath. Kirche für theologisch-philosophische Hochschulen).

Der Staat besitzt kein Monopol zur Errichtung von Hochschulen. Je nach Landesrecht sind auch *private Hochschulen* zugelassen, falls sie die Voraussetzungen des HRG erfüllen; so in Hessen (Art. 61 d. Verf.), Rheinld.- Pfalz und Schlesw.-Holstein (HochschulG vom 21. 7. 1978, GVBl. 507 – § 115 – bzw. vom 1. 3. 1979, GVOBl. 123 – § 106 –). Die erste private Hochschule der BRep. in Witten/Herdecke hat 1983 den Lehrbetrieb (zunächst für das Fach Medizin) aufgenommen. Im Herbst 1984 wurde ferner eine Wissenschaftliche Hochschule für Unternehmensführung in Koblenz eröffnet, im Okt. 1986 die Nordische Universität Flensburg/Neumünster mit einer wirtschaftswissenschaftlichen Fakultät in Flensburg und einem ingenieurwissenschaftlichen Institut in Neumünster. Die sog. *Stiftungs- Hochschulen (-Universitäten)* sollen teils der Entlastung überfüllter Fächer dienen (z. B. Medizin), teils stärker berufsbezogen sein (z. B. Wirtschaft), sofern sie nicht ausschließlich der Forschung gewidmet sind. Die Zielrichtung der staatlichen Hochschulen muß aber erhalten bleiben, um eine unerwünschte Spezialisierung zu vermeiden (anders bei Forschungs-Universitäten mit bestimmten Spezialbereichen).

1. Organisation. Selbstverwaltung

Die *Organisation* der Hochschulen ist aufgrund des HRG 1976 in einer Wandlung begriffen. Die Leitung der Universitäten tradioneller Ordnung oblag dem *Rektor* als dem obersten Universitätsbeamten und dem *Senat*. Dieser bestand aus dem Rektor, seinem Vertreter *(Prorektor)*, der satzungsmäßigen Zahl von Mitgliedern des Lehrkörpers und Vertretern der Studentenschaft. Der Rektor wurde vom Senat auf ein oder zwei Jahre gewählt und von der Landesregierung bestätigt. Die Universität war in *Fakultäten* untergliedert; die in dieser zusammengeschlossenen Universitätslehrer eines Fachs wählten einen *Dekan*.

Nach dem HRG wird die Hochschule entweder durch einen Rektor oder ein Rektorat *(Rektoratsverfassung)* oder durch einen Präsidenten oder ein Präsidialkollegium *(Präsidialverfassung)* geleitet. Der Rektor ist aus dem Kreis der Professoren auf mindestens 2 Jahre zu wählen. Der Präsident nimmt sein Amt hauptberuflich wahr; seine Amtszeit beträgt mindestens 4 Jahre. Die Beschlußfassung über die Grundordnung der Hochschule und die Wahl der Hochschulleitung ist einem zentralen Kollegialorgan („Rat der Hochschule" o. ä.) vorbehalten; in diesem Organ verfügen die Professoren über die absolute Mehrheit der Sitze und der Stimmen. Anstelle der Fakultäten sind *Fachbereiche* getreten, deren Organe der *Fachbereichsrat* und der von diesem zum Vorsitzenden gewählte *Fachbereichssprecher* sind. Vgl. §§ 61–64 HRG.

Der *Lehrkörper* einer Universität oder wissenschaftlichen Hochschule *bisherigen Rechts* umfaßt planmäßige *ordentliche* und *außerordentliche Professoren* mit voller Beamteneigenschaft sowie *Honorarprofessoren*, denen auf Grund längerer nebenberuflicher Lehrtätigkeit der Professortitel verliehen worden ist. Die ordentlichen Professoren (Lehrstuhlinhaber) erhalten nach dem Übertritt in den Ruhestand das volle Gehalt und haben das Recht, aber nicht die Pflicht, ihre Vorlesungstätigkeit fortzusetzen (die *Emeritierung* wirkt als Entpflichtung). Ferner gehören zum Lehrkörper *Privat-* und Universitäts-(Diäten-)*Dozenten;* sie können zu außerplanmäßigen Professoren (ohne Verleihung einer Planstelle) ernannt werden. Außerdem umfaßt der Lehrkörper *Wissenschaftliche Räte* (habilitierte Wissenschaftler ohne Lehrstuhl, denen bestimmte Lehr- und Forschungsaufgaben zugewiesen sind), *Lehrbeauftragte* und *Lektoren* für Lehraufgaben in bestimmten Fächern.

Das hauptberuflich tätige wissenschaftliche (künstlerische) Personal der Hochschule besteht gemäß §§ 42ff. HRG aus den Professoren (zur Amtsbezeichnung der Hochschullehrer s. auch BVerfG NJW 1984, 912), den wissenschaftlichen und künstlerischen Assistenten, den Oberassistenten und Oberingenieuren, den wissenschaftlichen und künstlerischen Mitarbeitern sowie den Lehrkräften für besondere Aufgaben. Landesrechtlich können Hochschuldozenten vorgesehen werden.

Das *Selbstverwaltungsrecht* der Hochschule ist in wichtigen Angelegenheiten wie z. B. Organisation, Studien- und Prüfungsordnungen an ein Zusammenwirken zwischen Hochschule und LdReg. geknüpft; soweit die Hochschule staatliche Aufgaben erfüllt (z. B. solche der Personal- oder Wirtschaftsverwaltung), unterliegt sie nicht nur der Rechts-, sondern auch der Fachaufsicht (vgl. §§ 58–60 HRG). Die *Hochschulplanung* soll in einem von der LdReg. zusammen mit den Hochschulen unter Mitwirkung des *Wissenschaftsrates* aufgestellten Hochschulgesamtplan getroffen werden. Die Vorschriften über die Mitwirkung der Selbstverwaltung und die Zusammensetzung der Hochschulgremien erläßt der Landesgesetzgeber. Zur Möglichkeit von befristeten Arbeitsverträgen mit wissenschaftlichem Personal an den Hochschulen s. Ges. vom 14. 6. 1985 (BGBl. I 1065).

Die *Hochschulordnung* soll in erster Linie die Durchführung des Lehrbetriebs und damit die Ausbildung sicherstellen; sie ist aber nach herrschender Meinung nicht hierauf beschränkt, sondern kann auch Anweisungen für die äußere Ordnung geben (z. B. Verbot des Couleurtragens in der Hochschule).

2. Die Studenten. Zulassung, Studienförderung

Die *Studenten* müssen über das *Reifezeugnis* einer höheren Schule oder seinen Ersatz verfügen; sie werden immatrikuliert (aufgenommen). Sonstige *Hörer* erhalten das Benutzungsrecht der Hochschule durch die sog. *kleine Matrikel,* Gasthörerlaubnis oder andere satzungsmäßige Zulassung. Die *Studentenschaft,* deren Einrichtung und Verfassung sich nach Landesrecht bestimmt, bildet einen Teilverband der Hochschule zur selbständigen Erledigung studentischer Angelegenheiten; außerhalb der staatlich verfaßten Studentenschaften besteht ein freiwilliger Zusammenschluß „Vereinigte Deutsche Studentenschaften (VDS)" in der Form eines eingetragenen Vereins (e. V.), der sich darum bemüht, daß den verfaßten Studentenschaften ein politisches Mandat zuerkannt wird (was die Gerichte bisher abgelehnt haben; vgl. BVerwG NJW 1980, 2595). Die Studenten unterstehen der Hochschulordnung und dem akademischen Disziplinarrecht, die Studentenschaft der Rechtsaufsicht der Hochschulleitung und der Kultusverwaltung. Der Abgang von der Hochschule *(Exmatrikulation)* kann, sofern er nicht freiwillig ist, nur bei schwerwiegenden Disziplinarvergehen durch Widerruf der Einschreibung auf längstens zwei Jahre erzwungen werden (§ 28 HRG).

Die Überfüllung der Hochschulen zwingt zur Festsetzung von Höchstzahlen *(numerus clausus)* für überbesetzte Fachrichtungen; die Aufnahme nach einheitlichen Kriterien wird durch eine Zulassungsstelle in Dortmund nunmehr auf Grund eines Staatsvertrags zwischen den Ländern von 1985 (abgedr. bay. GVBl. 1986, 218) zentral reguliert. Das Zulassungsverfahren ist landesgesetzlich geregelt. Für das Verteilungsverfahren gelten die §§ 27ff. HRG. Die Studienplätze werden von der Zentralstelle unter Berücksichtigung der Ortswünsche und der sozialen Lage der Bewerber vergeben. Ein bestimmtes Kontingent ist vorbehalten für soziale Härtefälle, für besonderen öffentlichen Bedarf, für Ausländer und Staatenlose sowie für Bewerber, die eine Qualifikation in einem anderen, noch nicht abgeschlossenen Studiengang besitzen oder einen anderen Studiengang bereits abgeschlossen haben. Im übrigen entscheidet vorwiegend die Qualifikation des Bewerbers für das gewählte Studienfach, wobei die Wartezeit seit Erwerb der Hochschulreife berücksichtigt wird. Solange die Qualifikationen der Länder noch voneinander abweichen, werden *Landesquoten* unter Berücksichtigung der Bewerberanteile der Länder in einem Studiengang und ihrer Anteile an der 18–21jährigen Bevölkerung gebildet.

Die *Studienförderung* bestimmt sich nach dem *Bundesausbildungsförderungsgesetz* (BAföG) i. d. F. vom 6. 6. 1983 (BGBl. I 645) m. letzter Änd. vom 16. 6. 1986 (BGBl. I 897), das einen Rechtsanspruch auf individuelle Ausbildungsförderung unter Berücksichtigung des Familieneinkommens und -vermögens begründet. Demgemäß werden Förderungsleistungen durch Gewährung von rückzahlbaren Darlehen erbracht. Bei besonderen Leistungen des Auszubildenden wird ein Teil des Darlehens erlassen (§ 18b). Vgl. hierzu VO über den leistungsabhängigen Teilerlaß von Ausbildungsförderungsdarlehen vom 14. 12. 1983 (BGBl. I 1439 m. Änd. vom 16. 7. 1985 (BGBl. I 1540). Studierenden wird Förderung gewährt bis zu 575 DM bei Unterkunft bei den Eltern, bei auswärts Studierenden bis zu 710 DM einschließlich Unterkunft (§ 13). Ggf. kann das Amt für Ausbildungsförderung unterhaltspflichtige Eltern zur Ersatzleistung heranziehen (§ 37).

Nach dem *Graduiertenförderungsgesetz* nebst DVO i. d. F. vom 22. 1. 1976 (BGBl. I 207, 211) – beide m. spät. Änd. – konnten Stipendien (ohne Rechtsanspruch) nach abgeschlossenem Studium zur Vorbereitung auf die Promotion *(Doktoranden)* oder zum Weiterstudium insbesondere mit verstärkter Beteiligung an der Forschung bewilligt werden. Das Graduiertenförderungsgesetz nebst DVO ist – mit Ausnahme der Darlehensrückzahlungsbestimmungen – durch das Haushaltsbegleitgesetz 1984 (BGBl. 1983 I 1532) aufgehoben worden. Jedoch sind entsprechend einer Empfehlung des Wissenschaftsrats in Bad.-Württbg. (Univ. Freiburg, Tübingen, Konstanz) und in Nordrh.-Westf. versuchsweise *Graduiertenkollegs* eingerichtet worden, in denen Doktoranden in größere Forschungsvorhaben eingebunden sind, um über die engere Thematik ihrer Dissertation hinaus neue Fragestellungen zu entwickeln, die in Forschungsarbeiten einzubeziehen sind.

Der in § 2 HRG als Aufgabe der Hochschulen bezeichneten Studienförderung soll auch das *Kontaktstudium* dienen, das Hochschulabsolventen ermöglicht, neben der beruflichen Tätigkeit zusätzliche Kenntnisse an der Hochschule zu erwerben oder die Ausbildung zu vervollständigen (z. B. in Augsburg).

3. Studienabschluß. Akademische Grade

Das Studium kann abgeschlossen werden entweder durch eine *Abschlußprüfung* an der Hochschule, die zur Führung des Diplom- oder Magistergrades einer bestimmten Fachrichtung berechtigt (z. B. Dipl.-Volkswirt, Dipl.-Ing., magister artium), oder durch eine Staatsprüfung (z. B. für Mediziner, Juristen, Lehrer).

Universitäten und Technische Hochschulen sowie einige andere Hochschulen haben zudem das *Promotionsrecht,* d. h. die Berechtigung, die *Doktorwürde* als *akademischen Grad* zu verleihen. Die *wichtigsten Doktortitel* sind: Dr. theol. (= der Theologie, in der evang. Theologie abgekürzt D.), Dr. phil. (= der Philosophie), Dr. jur. (= der Rechte), Dr. med. (= der Medizin), Dr. med. dent. (= der Zahnheilkunde), Dr. med. vet. (= der Tierheilkunde), Dr. rer. pol. (= der Staatswissenschaften), Dr. rer. nat. (= der Naturwissenschaften) und Dr. Ing. (= der Ingenieurwissenschaft).

Universitäten befinden sich in Augsburg, Bamberg, Bayreuth, Berlin-Dahlem, Bielefeld, Bochum, Bonn, Bremen, Dortmund, Düsseldorf, Erlangen-Nürnberg, Frankfurt/M., Freiburg i. B., Gießen, Göttingen, Hamburg, Hannover, Heidelberg, Hohenheim, Kaiserslautern, Karlsruhe, Kiel, Köln, Konstanz, Mainz, Mannheim, Marburg, München, Münster, Oldenburg, Osnabrück, Passau, Regensburg, Saarbrücken, Stuttgart, Trier, Tübingen, Ulm, Würzburg. *Technische Universitäten* bestehen in Aachen, Berlin, Braunschweig, Clausthal, Darmstadt, Hannover und München; *Medizinische Hochschulen* in Hannover und Lübeck, eine *Tierärztliche Hochschule* in Hannover. Ein *Fernstudium* ist bereits seit längerem an der Gesamthochschule Hagen (Fernuniversität) in einigen Fächern möglich.

Hochschulen mit Promotionsrecht bestehen in Hannover (Medizinische, Tierärztliche Hochschule). Über Gesamthochschulen s. u., über Bundeswehrhochschulen 472.

Über das Recht zur *Führung akademischer* Grade, zu denen neben dem Doktorgrad vor allem der Diplomgrad gehört (z. B. Dipl.-Ing.), vgl. Ges. vom 7. 6. 1939 (RGBl. I 985) mit DVO vom 21. 7. 1939 (RGBl. I 1326). Deutsche bedürfen zur Führung eines *ausländischen akadem. Grades* im Inland einer Genehmigung der Wissenschaftsverwaltung (BVerwG NJW 1968, 668); Ausländer ebenfalls, außer wenn sie sich im Inland in amtlichem Auftrag oder nur vorübergehend und nicht zu Erwerbszwecken aufhalten (über die Rechtslage in Bayern vgl. BayObLG NJW 1967, 2123). Nach einem Abkommen vom 23. 10. 1958 (vgl. bay. GVBl. 1962, 17) gilt die in einem Land der BRep. erteilte Genehmigung auch in den anderen Ländern. Vgl. ferner Europ. Übereinkommen über die Anerkennung ausländischer akademischer Grade vom 14. 12. 1959 (BGBl. 1969 II 2057).

4. Fachhochschulen, Gesamthochschulen

Dem ständig wachsenden Bedarf an fachlich besonders ausgebildeten Kräften, die zwar nicht über eine volle Hochschulbildung, aber doch über eine praxisbezogene Ausbildung auf wissenschaftlicher oder künstlerischer Grundlage verfügen, dient die Heranbildung von Fachkräften auf bestimmten Gebieten in *Fachhochschulen,* deren Besuch i. d. R. den Abschluß der Realschule und einer Fachoberschule voraussetzt. Die Fachhochschulen fassen entweder mehrere Fachrichtungen zusammen, die früher selbständig als Ingenieurschulen, Wirtschaftsfachschulen, *Akademien* für Sozialpädagogik usw. bestanden, oder richten sie für einzelne Disziplinen ein. Sie verleihen akadem. Grade, z. B. auf Grund des § 18 HRG den eines ,,Dipl.-Ing.“; vgl. für NRW: VO über die Bezeichnung der nach Abschluß eines Fachhochschulstudiums zu verleihenden Diplomgrade etc. (Dipl. VO-FH) vom 8. 10. 1980 (GV.NW. 884). In Bayern verleihen sie gem. Ges. vom 6. 8. 1980 (GVBl. 445) den Diplomgrad mit Angabe der Fachrichtung, ergänzt durch den Zusatz ,,(FH)“.

Manche Länder sind inzwischen zur Einrichtung von *Gesamthochschulen* übergegangen, die Aufgaben der Universitäten, Fachhochschulen und Kunsthochschulen vereinigen, z. B. Hessen (Ges. über die Errichtung der Gesamthochschule in Kassel vom 24. 6. 1970, GVBl. I 387). In NRW wurden Gesamthochschulen unter Erweiterung bestehender Einrichtungen (Pädagog. Hochschulen, Ingenieurfachschulen usw.) in Duisburg, Essen, Paderborn, Siegen, Wuppertal und Hagen errichtet. Bei der Gesamthochschule wird unterschieden zwischen dem vollständigen Zusammenschluß verschiedener Hochschulen zu einer *integrierten* Gesamthochschule und der *kooperativen* Form, bei der unter Aufrechterhaltung der rechtlichen Selbständigkeit der einzelnen Hochschulen lediglich gemeinsame Organe eingerichtet werden. Innerhalb der Gesamthochschule sind inhaltlich und zeitlich gestufte und aufeinander abgestimmte Studiengänge sowie ein erleichterter Übergang in andere Studiengänge vorgesehen.

5. Hochschulreform

Gegenstand der *Hochschulreform* ist u. a. die Frage, inwieweit im Bereich der Hochschulautonomie neben den Professoren auch den Gruppen der *Assistenten, Studenten* und Verwaltungsangehörigen ein Mitbestimmungsrecht oder Mitwirkungsrecht zustehen soll (z. B. sog. ,,Drittelparität“ in den Entscheidungsgremien). Im besonderen geht es darum, ob der Mitwirkungsbereich auf die diese Gruppen unmittelbar berührenden Angelegenheiten zu beschränken ist oder ob z. B. das Berufungsverfahren für Professoren, die Mitentscheidung in Institutsgremien – auch in Forschungs- und Personalfragen – u. a. akademischen Angelegenheiten einzubeziehen sind. Nach dem ,,Hochschulurteil“ des BVerfG (NJW 1973, 1176) müssen in den Kollegien die Hochschullehrer bei Entscheidungen, die unmittelbar die Lehre betreffen, über die Hälfte der Stimmen verfügen, bei Fragen der Forschung, Lehre oder Berufung von Hochschullehrern über mehr als die Hälfte (so jetzt auch § 38 HRG).

6. In der *DDR* bestehen Universitäten, Technische Hochschulen, Medizinische Akademien, Hochschulen für Wirtschafts- und Staatswissenschaften,

Landwirtschaftliche Hochschulen, Pädagogische Hochschulen, Kunsthochschulen u. a. m. Über den Zugang zur Hochschule (Reifeprüfung) vgl. 186 (4).

Während in der BRep. dem Studienbewerber die Wahl des Studienfachs – außer in überfüllten Fächern – offensteht, ist das *Aufnahmeverfahren in der DDR* entsprechend dem sozialistischen Zweckdenken auf die Bedürfnisse der staatlichen Planwirtschaft abgestellt. Das Studium wird als „Erfüllung eines staatlichen Studienauftrages" aufgefaßt. Die Ausbildungskapazitäten der Hochschulen werden durch den jährlichen *Volkswirtschaftsplan der DDR* im voraus festgelegt; damit wird angestrebt – wenn auch infolge Fehleinschätzungen nicht immer erreicht –, den Bedarf an wissenschaftlich vorgebildeten Arbeitskräften zu dekken und ein Überangebot zu vermeiden. Die *Zulassungsordnung* vom 1. 7. 1971 verlangt außer der Hochschulreife (vgl. 186) den Nachweis der Erfüllung der „gesellschaftlichen Verpflichtungen" (einschließlich FDJ- und Militärdienst) und die „Bereitschaft zur aktiven Verteidigung des Sozialismus". Auch wird eine Verpflichtung verlangt, nach Studienabschluß ein bereits während der Ausbildung vertraglich fixiertes Arbeitsverhältnis nach einer *Absolventenordnung* vom 3. 2. 1971 einzugehen.

188. Jugendhilfe und Jugendbehörden. Jugendschutz

I. *Jugendhilfe*

ist die Zusammenfassung aller außerschulischen Bestrebungen (Einrichtungen und Veranstaltungen), die auf die körperliche, geistig-seelische und soziale Tüchtigkeit des Jugendlichen gerichtet sind und dadurch der *Jugendwohlfahrt* dienen. Man unterscheidet hierbei die *allgemeine Jugendförderung* – auch *Jugendpflege* genannt –, die auf die Förderung aller Jugendlichen abzielt (Sport, vorbeugende Gesundheitspflege, Jugendherbergswesen usw.), und die *Jugendfürsorge;* diese nimmt sich vornehmlich der Lebenshilfe für gefährdete Jugendliche und der *Erziehungshilfe* für die Eltern an.

Die Jugendhilfe gehört im wesentlichen zur konkurrierenden Gesetzgebung des Bundes Art. 74 Nrn. 1, 7, 12 GG) und kann daher nur eingeschränkt durch Landesrecht geregelt werden (s. 55 II).

Als *Jugendbehörden* werden zusammenfassend die mit der Jugendwohlfahrt, der Jugenderziehung oder dem Jugendschutz befaßten Dienststellen bezeichnet. Hierzu zählen in erster Linie die Jugendämter, Landesjugendämter und obersten Landesbehörden, die sich vornehmlich der Jugendwohlfahrt widmen.

Die *Jugendämter* werden als Kommunalbehörden selbständig eingerichtet; sie setzen sich aus dem Jugendwohlfahrtsausschuß und der Verwaltung des Jugendamts zusammen. Die Jugendämter sind zuständig für die öffentliche *Jugendwohlfahrtspflege* und verpflichtet, die private *Jugendfürsorge* zu fördern. Zu ihren Pflichtaufgaben gehören insbes. die *Jugendhilfe,* die alle auf das geistige und sittliche Wohl der Jugend gerichteten Bestrebungen umfaßt, und die *Jugendpflege* sowie vor allem die *Jugendfürsorge,* d.h. die vorbeugenden und heilenden Maßnahmen nach dem *Gesetz für Jugendwohlfahrt,* ferner die *Amtspflegschaft* über nichteheliche Kinder sowie Aufgaben auf verschiedenen Gebieten der gesundheitlichen und erzieherischen Betreuung von Kindern und Jugendlichen (vgl. II 5). Das *Landesjugendamt* ist für überörtliche Aufgaben zuständig.

In den *Jugendwohlfahrtsausschuß* wird ein Teil der Mitglieder von der kommunalen Vertretungskörperschaft, und zwar z. T. auf Vorschlag von freien Vereinigungen oder Jugendverbänden, entsandt; weitere Mitglieder stellt die Verwaltung. Die Angehörigen der Verwaltung, der Vormundschafts-, Familien- oder Jugendrichter, ein Arzt des Gesundheitsamts und Vertreter der Kirchen haben beratende Stimme.

Aufgaben der *Jugendfürsorge* sind insbesondere die Wiedereingliederung der verwahrlosten und der Schutz der gefährdeten Jugendlichen, die Mitwirkung bei der *Erziehungsbeistandschaft,* der *Freiwilligen Erziehungshilfe* und der *Fürsorgeerziehung.* Die Jugendämter wirken zusammen mit den Jugendgerichten durch die *Jugendgerichtshilfe* (vgl. 291). Soweit Eltern oder Erziehungsberechtigte den Schutz von Gesundheit und Wohlfahrt der Kinder nicht gewähren, trifft das Jugendamt die notwendigen Vorbeugungsmaßnahmen.

Der *Jugenderziehung* widmen sich vor allem die *Schulbehörden;* an ihr beteiligt sind u. a. die *Vormundschaftsgerichte* (295, 349).

II. Das *Gesetz für Jugendwohlfahrt* (JWG)

i. d. F. vom 25. 4. 1977 (BGBl. I 633) m. spät. Änd. behandelt die zulässigen Maßnahmen und die Zuständigkeiten auf dem Gebiet der Jugendwohlfahrt, insbesondere die Jugendwohlfahrtsbehörden (§§ 4–23), den Schutz der Pflegekinder (§§ 27–36), die Stellung des Jugendamts im Vormundschaftswesen (§§ 37–54), Vormundschaft und Pflegschaft über Volljährige (§ 54 a), Erziehungsbeistandschaft, Freiwillige Erziehungshilfe und Fürsorgeerziehung (§§ 55–77), Heimaufsicht und Schutz von Minderjährigen unter 16 Jahren in Heimen (§§ 78–79), Kostentragung (§§ 80–85 a), Straftaten und Ordnungswidrigkeiten (§§ 86–88).

1. Grundsätzlich hat jedes deutsche Kind ein *Recht auf Erziehung* zur leiblichen, seelischen und gesellschaftlichen Tüchtigkeit. Das Recht und die Pflicht zur Erziehung steht i. d. R. den *Eltern* zu; gegen den Willen des Erziehungsberechtigten ist ein Eingreifen nur zulässig, wenn es das Gesetz erlaubt. Erst beim Versagen des Erziehungsberechtigten setzt die *öffentliche Jugendhilfe* (öJh.) ein, unbeschadet der Mitarbeit freiwilliger Tätigkeit (§ 1). Organe der öJh. sind die *Jugendwohlfahrtsbehörden* (Jugendämter, Landesjugendämter, oberste Landesbehörden), soweit nicht die Zuständigkeit anderer ö. Körperschaften oder Einrichtungen, insbes. der Schule, gegeben ist. Die öJh. umfaßt alle Maßnahmen zur Förderung der Jugendwohlfahrt (Jugendpflege und Jugendfürsorge). Sie soll die in der Familie begonnene Erziehung unterstützen und ergänzen. Zusammenarbeit mit den Personensorgeberechtigten ist stets anzustreben (§§ 2, 3).

2. Aufgaben des Jugendamts (s. o. I) sind der Schutz der Pflegekinder, die Mitwirkung im Vormundschaftswesen sowie bei der Erziehungsbeistandschaft, der Freiwilligen Erziehungshilfe und der Fürsorgeerziehung, die *Jugendgerichtshilfe,* Mitwirkung bei der Beaufsichtigung der Arbeit von Kindern und Jugend-

lichen (s. 623), der Fürsorge für Kriegerwaisen und der polizeilichen Jugendhilfe (§ 4). Weiter soll das Jugendamt die für die Wohlfahrt der Jugend erforderlichen Einrichtungen schaffen oder fördern (§ 5), z. B. auf dem Gebiet der Kinder- und Jugenderziehung, Gewährung von Freizeithilfen und Erziehungshilfen während der Berufsvorbereitung. Nach § 5 Abs. 3 gilt jedoch der *Grundsatz der Subsidiarität der ö. Jugendhilfe.* Soweit geeignete Einrichtungen der *Träger der freien Jugendhilfe,* also der freien Vereinigungen der Jugendwohlfahrt, der Jugendverbände, der Kirchen vorhanden sind oder geschaffen werden, hat das Jugendamt von eigenen organisatorischen Maßnahmen abzusehen und der privaten Initiative den Vortritt zu lassen. Im einzelnen vgl. §§ 6–9, über örtliche Zuständigkeit § 11.

Aufbau und Verfahren der öJh. bestimmen sich nach Landesrecht. Jede kreisfreie Stadt und jeder Landkreis errichtet ein *Jugendamt* (§§ 12, 13). Der *Jugendwohlfahrtsausschuß* (s. o. I) befaßt sich anregend und fördernd mit den Aufgaben der Jugendwohlfahrt (§§ 14, 15). Das Jugendamt stimmt seine Maßnahmen mit dem Gesundheitsamt ab. Dem *Landesjugendamt* obliegt die Sicherung der gleichmäßigen Erfüllung dieser Aufgaben, die Beratung der Jugendämter, die Schaffung gemeinsamer Einrichtungen, die Mitwirkung bei der Unterbringung Minderjähriger, die Ausführung der Freiwilligen Erziehungshilfe und der Fürsorgeerziehung sowie die Heimaufsicht (§ 20). Ein Landesjugendwohlfahrtsausschuß wirkt mit (§ 21). Die *oberste Landesbehörde* soll die Bestrebungen auf dem Gebiet der Jh. unterstützen, Erfahrungen übermitteln und für ihre Verwertung sorgen (§ 22). Die Öffentlichkeit soll über die Lage der Jugend und die Maßnahmen der Jh. unterrichtet, deren Ergänzung und die Fortbildung der Fachkräfte der Jh. sollen gefördert werden (§ 23).

3. Die BReg. legt in jeder Legislaturperiode dem BT und dem BR einen von einer siebenköpfigen Kommission auszuarbeitenden Bericht über die Bestrebungen und Leistungen der Jh. vor (§ 25). Ein *Bundesjugendkuratorium* berät die BReg. in grundsätzlichen Fragen der Jh. (§ 26).

4. *Pflegekinder* sind Minderjährige unter 16 Jahren, die sich dauernd oder nur für einen Teil des Tages, jedoch regelmäßig, außerhalb des Elternhauses in Familienpflege befinden (§ 27 Abs. 1). Die Pflegeperson bedarf für die Aufnahme des Kindes i. d. R. der vorherigen Erlaubnis des Jugendamtes; das gilt nicht für Aufnahme auf kurze Zeit oder durch nahe Verwandte, bei auswärtigem Schulbesuch oder im Rahmen eines Lehrverhältnisses sowie für Minderj. in Freiw. Erziehungshilfe oder Fürsorgeerziehung (§ 27 Abs. 2, §§ 28 ff.). Das Jugendamt führt die Aufsicht (§§ 31, 32).

5. Das Jugendamt ist *gesetzlicher Amtspfleger* der nichtehelichen Kinder deutscher und staatenloser Mütter (außer wenn eine Pflegschaft bereits besteht oder angeordnet ist, daß sie nicht eintritt, § 1709 BGB); es ist *Amtsvormund,* wenn der Mutter die elterliche Sorge nicht zusteht, weil sie minderjährig ist, und wenn kein anderer Vormund bestellt ist (§ 1673 Abs. 2 S. 1, §§ 1791 c, 1705 BGB). Es kann für einen Minderjährigen, falls kein geeigneter Vormund vorhanden ist, als *Vormund* bestellt werden. Das Jugendamt berät die Eltern auf ihren Wunsch bei der Personensorge (349) und überwacht deren Ausübung durch den Vormund. Es ist vor wichtigeren Entscheidungen des Vormundschaftsgerichts zu hören und hat diesem, wenn sein Eingreifen erforderlich ist, Anzeige zu machen. Das Jugendamt überträgt die Ausübung der vormundschaftlichen Obliegenheiten einzelnen Beamten oder Angestellten; diese können zu bestimmten Beurkundungen, insbes. Vaterschaftsanerkennung, Unterhaltsverpflichtung u. dgl. ermächtigt werden (§§ 37–46). Das Amt – früher zugleich *Gemeindewaisenrat* – unterstützt das Vormundschaftsgericht und die Eltern sowie Vormünder, Pfleger und Beistände, die es planmäßig berät (§§ 47–52). *Rechtsfähige Vereine,*

350

die vom Landesjugendamt für geeignet erklärt sind, können auf Antrag zum Vormund, Pfleger oder Beistand bestellt werden (§ 53).

6. Für einen Minderjährigen, dessen leibliche, geistige oder seelische Entwicklung gefährdet oder geschädigt ist, wird ein *Erziehungsbeistand* vom Jugendamt auf Antrag der Personensorgeberechtigten bestellt, sonst von Amts wegen vom Vormundschaftsgericht, wenn notwendig (§§ 55–61). Einem gefährdeten Minderjährigen, der das 17. Lebensjahr noch nicht vollendet hat, ist *Freiwillige Erziehungshilfe* auf Antrag der Personensorgeberechtigten vom Landesjugendamt zu gewähren (§§ 62, 63). Die *Fürsorgeerziehung* ordnet das Vormundschaftsgericht auf Antrag oder von Amts wegen bei einem noch nicht 17jährigen an, dessen Verwahrlosung droht oder bereits eingetreten ist, wenn keine andere ausreichende Erziehungsmaßnahme gewährt werden kann. Antragsberechtigt sind das Jugend- und das Landesjugendamt und jeder Personensorgeberechtigte; die Ausführung obliegt dem Landesjugendamt (§§ 64–77). Beide Maßnahmen sind nach Erreichen ihres Zwecks aufzuheben und enden mit der Volljährigkeit (§ 75).

7. Das Landesjugendamt führt die Aufsicht über *Heime* und andere Einrichtungen, in denen Minderjährige dauernd oder zeitweise betreut werden oder Unterkunft erhalten *(Heimaufsicht)*. Es besteht Meldepflicht bei der Aufnahme. Für Heiminsassen unter 16 Jahren gelten die Vorschriften über Pflegekinder (s. o. 4) entsprechend.

8. Die *Kosten* für Hilfen zur Erziehung für einzelne Minderjährige fallen den Trägern der öJh. zur Last, soweit dem Minderjährigen oder seinen Eltern die Aufbringung aus ihrem Einkommen und Vermögen nicht zuzumuten ist (§§ 80–85).

9. *Strafbar* macht sich insbes., wer einen Minderjährigen einer angeordneten Fürsorgeerziehung, einem hierauf gerichteten Gerichtsverfahren oder gegen den Willen der Personensorgeberechtigten der Freiwilligen Erziehungshilfe entzieht, ihn zur Entziehung verleitet oder diese fördert (§ 86).

Die *Länder* haben Landesjugendwohlfahrtsgesetze zur Ausführung des JWG erlassen, welche die Jugendwohlfahrtsbehörden einrichten und Bestimmungen über Jugendfürsorge, Kostentragung bei Hilfen zur Erziehung, Zusammenarbeit von Jugendamt und Polizei usw. enthalten (Zusammenstellg. b. Schönfelder, Dt. Gesetze, Nr. 46).

III. Jugendschutzgesetz

Das *Ges. zum Schutze der Jugend in der Öffentlichkeit* (Jugendschutzgesetz – JÖSchG) vom 25. 2. 1985 (BGBl. I 425) sieht Schutzmaßnahmen für *Kinder* (K.) und *Jugendliche* (J.) vor, die sich an Orten aufhalten, an denen ihnen eine unmittelbare Gefahr für ihr körperliches, geistiges oder seelisches Wohl droht. K. ist, wer noch nicht 14, J. ist, wer 14, aber noch nicht 18 Jahre alt ist. Bezüglich der Kategorisierung von Filmen arbeiten die Landesjugendbehörden mit der Freiwilligen Selbstkontrolle der Filmwirtschaft (FSK; vgl. 838) zusammen, welche die Prüfung und Freigabe von Filmen für Kinder und Jugendliche vornimmt.

Das JÖSchG legt u. a. fest, daß K. und J. die Anwesenheit bei öffentlichen Filmvorführungen nur gestattet werden kann, soweit der Film für die betreffende Alterskategorie freigegeben ist (Freigabegrenzen: ohne Altersbeschränkung, ab 6 Jahre, ab 12 Jahre, ab 16 Jahre, ab 18 Jahre.

Ähnliches gilt für die öffentliche Vorführung und das Zugänglichmachen von bespielten Videokassetten u. ä. Bildträgern. K. unter 6 Jahren ist die Anwesenheit bei Filmvorführungen nur in Begleitung eines Erziehungsberechtigten gestattet. Ohne Begleitung eines Erziehungsberechtigten müssen K. die Kinos bis spätestens 20 Uhr, J. unter 16 Jahren bis 22 Uhr, J. über 16 Jahren bis 24 Uhr verlassen haben. K. und J. unter 16 Jahren dürfen Gaststätten i. d. R. nur in Begleitung von Erziehungsberechtigten besuchen; ausgenommen sind der zur Einnahme von Mahlzeiten oder Getränken notwendige Aufenthalt oder die Teilnahme an einer Veranstaltung eines anerkannten Trägers der Jugendhilfe. Branntwein und branntweinhaltige Getränke dürfen an K. und J. überhaupt nicht, andere alkoholische Getränke nur an J. über 16 Jahren abgegeben werden. Das Rauchen in der Öffentlichkeit darf K. und J. unter 16 Jahren nicht gestattet werden. Die Anwesenheit bei öffentlichen Tanzveranstaltungen ohne Begleitung eines Erziehungsberechtigten darf K. und J. unter 16 Jahren nicht und J. ab 16 Jahren längstens bis 24 Uhr gestattet werden. Ebenso ist der Aufenthalt in Spielhallen oder ähnlichen Räumen für K. und J. nicht zulässig.

Das JÖSchG gilt nicht für verheiratete J. Bei Zuwiderhandlungen leitet das *Jugendamt* gegen die K. oder J. die gesetzlich zulässigen Maßnahmen ein. Der *Vormundschaftsrichter* kann auf Antrag des Jugendamts oder von Amts wegen Weisungen erteilen. Wer vorsätzlich als Veranstalter oder Gewerbetreibender gegen das JÖSchG verstößt und dadurch entweder wenigstens leichtfertig ein K. oder einen J. in seiner körperlichen, geistigen oder sittlichen Entwicklung schwer gefährdet oder wer die Tat beharrlich wiederholt, wird bestraft. Ordnungswidrigkeiten können mit Geldbußen geahndet werden.

Weitere Schutzvorschriften enthält das Gesetz über die *Verbreitung jugendgefährdender Schriften* (404). Über *Jugendarbeitsschutz* vgl. 623.

189. Das Straßen- und Wegerecht

1. Grundzüge

Dieses Rechtsgebiet ist für die *Bundesfernstraßen* (= Bundesautobahnen und Bundesstraßen mit den Ortsdurchfahrten) bundesrechtlich im *Bundesfernstraßengesetz* i. d. F. vom 1. 10. 1974 (BGBl. I 2413) m. spät. Änd. geregelt, für die übrigen öffentlichen Straßen in den *Straßen- und Wegegesetzen* der Länder. Zu den öffentlichen *Straßen* zählen außer Staats-, Kreis- und Gemeindestraßen u. a. auch öffentliche *Wege* und Plätze.

Zur *Straße* gehört außer dem Straßenkörper auch der Luftraum über diesem und das Zubehör (Verkehrszeichen usw.), bei Bundesstraßen auch Nebenanlagen und Nebenbetriebe an den Autobahnen (§ 1 Abs. 4, § 15 BFStrG). Bei den *Wegen* unterscheidet man *geschlossene,* die nur für den Besitzer bestimmt, und *offene,* die auch dem Verkehr Dritter geöffnet sind; diese können private oder öffentliche Wege sein. Die *öffentlichen* Wege können dem öffentlichen Verkehr nicht kraft Privatrechts entzogen werden; die *privaten* kann der Eigentümer jederzeit schließen, soweit er nicht Dritten ein Benutzungsrecht eingeräumt hat. Andere öffentliche Wege stehen nur einem bestimmten Benutzerkreis zur Verfügung (z. B. *Wirtschaftswege*) oder sind nur für einen beschränkten Verwendungszweck freigegeben und können von der Behörde jederzeit geschlossen werden (z. B. *Leinpfade, Deichwege*). Die *rechtlich-öffentlichen* Wege sind durch

Verwaltungsakt (Widmung, s. u.) dem Verkehr eröffnet, die *tatsächlich-öffentlichen* Wege ohne einen solchen (z. B. durch Duldung oder stillschweigende Eröffnung).

Öffentliche Straßen und Wege entstehen durch *Widmung* (143) und Indienststellung seitens der Beteiligten (Eigentümer usw.); für die Widmung ist bei *Straßen* meist ein förmliches Verfahren und öffentliche Bekanntmachung vorgeschrieben. Bei *Wegen* ist aus der jahrelangen Benutzung für den allgemeinen Verkehr nicht notwendig zu folgern, daß der Weg ein öffentlicher ist.

Dies gilt insbesondere für *Fußwege*. Duldet ein Privateigentümer den Durchgang über sein Grundstück, so empfiehlt sich ein Hinweis auf den privatrechtlichen Charakter des Weges (z. B. Tafel „Privatweg").

An öffentlichen Straßen und Wegen besteht *Gemeingebrauch*, d. h. die Benutzung steht jedermann ohne besondere Zulassung frei. Auch gesteigerter Gemeingebrauch (z. B. Überqueren des Bürgersteiges zur Einfahrt) ist gestattet, während eine Sondernutzung (vgl. 143) der Genehmigung des Eigentümers und der *Wegepolizeibehörde* bedarf.

Die Straßen- und Wegegesetze begründen u. a. zur Verkehrssicherheit eine *Streupflicht* bei Schnee und Glätte und regeln die *Wegeunterhaltungspflicht*. Als Ausgleich für die Vorteile werden die *Anlieger* zu *Straßenbaubeiträgen* herangezogen. Vor Beginn eines Baues oder Erwerb von Wegegelände können *Baulinien* festgesetzt werden.

2. Straßenbaulast. Straßenaufsicht

Die *Straßenbaulast* obliegt bei *Bundesfernstraßen* (Autobahnen, Bundesstraßen) dem Bund, bei *Landstraßen I. Ordnung* (Staatsstraßen) dem Land, bei *Landstraßen II. Ordnung* (Kreisstraßen) dem Kreis bzw. der kreisfreien Stadt, bei *Gemeindestraßen* (Gemeindeverbindungsstraßen, Ortsstraßen) der Gemeinde, bei sonstigen öffentlichen Straßen dem gesetzlich oder in der Widmungsverfügung Bezeichneten, bei *Eigentümerwegen* dem Grundstückseigentümer, der sie zur Verfügung stellt. Den Gemeinden obliegt die Instandhaltung der *Ortsdurchfahrten*, zu denen sie Zuschüsse erhalten, einschl. der Sorge für *Parkplätze* und den notwendigen Verkehrsraum für den reinen Ortsverkehr; bei Gemeinden bis zu 80000 Einw. trägt der Bund (vorbehaltlich abweichender Regelung) die Straßenbaulast für Ortsdurchfahrten im Zuge von Bundesfernstraßen. Zur Entlastung der Gemeinden können Straßen in eine höhere Gruppe aufgestuft werden, womit für die Gemeinde die Unterhaltungspflicht entfällt, oder den Gemeinden können zweckgebundene Mittel zugewiesen werden. Über das *Verkehrsfinanzgesetz* s. 194. Über *Finanzhilfen des Bundes* zu förderungswürdigen Bauvorhaben von mehr als 200000 DM an Straßen und sonstigen Verkehrswegen vgl. *Gemeindeverkehrsfinanzierungsgesetz* i. d. F. vom 13. 3. 1972 (BGBl. I 501) m. spät. And.

Die *Straßenaufsicht* wird von den Ländern im Auftrag des Bundes ausgeübt. Kommt ein Träger der Straßenbaulast einer Anordnung der Straßenaufsichtsbehörde nicht nach, so kann letztere die notwendigen Maßnahmen an seiner Stelle und auf seine Kosten verfügen und vollziehen (§ 20 BFStrG). Soweit die Gemeinden Träger der Straßenbaulast sind, richtet sich die Zuständigkeit zur Verwaltung der Ortsdurchfahrten nach Landesrecht (§ 21 BFStrG).

3. Bundesfernstraßen und Bundesautobahnen

Eine *Bundesfernstraße* darf jedermann im Rahmen der *Widmung* und der verkehrsbehördlichen Vorschriften zum Verkehr benutzen (sog. *Gemeingebrauch*, § 7 BFStrG). Dabei hat der *fließende Verkehr* den Vorrang vor dem ruhenden

Verkehr. Jede über den Gemeingebrauch hinausgehende *Sondernutzung* bedarf behördlicher *Erlaubnis* seitens der zuständigen Straßenbaubehörde bzw. bei Ortsdurchfahrten der Gemeinde. Diese darf nur auf Zeit oder Widerruf erteilt, es können Auflagen oder Bedingungen festgesetzt oder Sondernutzungsgebühren erhoben werden (§ 8 BFStrG).

Längs der Bundesfernstraßen dürfen *Hochbauten* außerhalb von Erschließungsgelände an Ortsdurchfahrten in einer Entfernung bis zu 40 Metern bei Autobahnen und bis zu 20 Metern bei Bundesstraßen nicht errichtet werden. Für andere Bauanlagen und deren Änderungen in einer Entfernung von 100 bzw. 40 Metern ist eine besondere Genehmigung vorgeschrieben. Wird durch diese Vorschriften die bauliche Nutzung eines Grundstücks, auf deren Zulassung bisher ein Rechtsanspruch bestand, ganz oder teilweise aufgehoben, so können für den Eigentümer Entschädigungsansprüche wegen Wertminderung entstehen (§ 9 BFStrG). Waldungen und Gehölze längs der Bundesfernstraßen können in einer Breite von 40 Metern zu *Schutzwaldungen* erklärt werden (§ 10 BFStrG). Besondere Einrichtungen (wie z. B. Schneezäune usw.) hat der Angrenzer zu dulden. Anpflanzungen u. a. Einrichtungen, welche die Verkehrssicherheit beeinträchtigen, sind unstatthaft (§ 11 BFStrG).

Betriebe an den Autobahnen, die den Belangen der Verkehrsteilnehmer dienen (z. B. Tankstellen, bewachte Parkplätze, Werkstätten, Verlade- und Umschlagsanlagen, Raststätten) und einen unmittelbaren Zugang zu den Bundesautobahnen haben, sind *Nebenbetriebe.* Ihr Bau ist dem Bund vorbehalten. Sie sind i. d. R. zu verpachten (§ 15 BFStrG); über die Sperrstunde vgl. VO vom 26. 6. 1956 (BGBl. I 632) m. spät. Änd.

4. Planung und Enteignung

Die *Planung* und Linienführung der *Bundesfernstraßen* bestimmt der Bundesverkehrsminister im Einvernehmen mit den beteiligten Bundesministern und im Benehmen mit den Landesplanungsbehörden der beteiligten Länder (§ 16 BFStrG). Die oberste Landesstraßenbaubehörde stellt den Plan fest; dieser bezeichnet den Träger der Straßenbaulast und verpflichtet ihn, die im öffentlichen Interesse notwendigen Anlagen zu errichten und zu unterhalten (§§ 17ff. BFStrG). Er hat zur Erfüllung seiner Aufgaben das *Enteignungsrecht.* Die Enteignung ist zulässig, soweit sie zur Ausführung eines festgestellten Bauvorhabens notwendig ist. Der festgestellte Plan ist für die Enteignungsbehörde bindend. Diese kann in Eilfällen die Straßenbaubehörde vorzeitig in den Besitz der benötigten Grundstücke einweisen (§ 18f). Im übrigen gelten die für öffentl. Straßen erlassenen Enteignungsgesetze der Länder (§ 19 BFStrG). An Grundstücken, die durch das Planfeststellungsverfahren betroffen werden, dürfen bis zu ihrer Übernahme durch den Träger der Straßenbaulast wesentlich wertsteigernde oder den geplanten Straßenbau erheblich erschwerende Veränderungen nicht vorgenommen werden. Dauert die *Veränderungssperre* länger als 4 Jahre, so können die Eigentümer für die dadurch entstehenden Vermögensnachteile vom Träger der Straßenbaulast eine angemessene Entschädigung in Geld und, falls sie in der Nutzung unzumutbar behindert werden, die Übernahme der vom Plan betroffenen Flächen verlangen (§ 9a BFStrG).

Das Eigentum an Reichsautobahnen und Reichsstraßen ist auf den Bund übergegangen (Gesetz vom 2. 3. 1951, BGBl. I 157). Den *Ausbau* der Bundesfernstraßen behandelt das Fernstraßenausbaugesetz i. d. F. vom 26. 8. 1980 (BGBl. I 1615).

Die *Kreuzungsanlagen* im Zuge von Bundesfernstraßen behandelt eine VO i. d. F. vom 2. 12. 1975 (BGBl. I 2985), die Kreuzungen von Eisenbahnen und Straßen das *EisenbahnkreuzungsG* i. d. F. vom 21. 3. 1971 (BGBl. I 337) nebst VO vom 2. 9. 1964 (BGBl. I 711) m. Änd. vom 11. 2. 1983 (BGBl. I 85).

190. Das Bergrecht

umfaßt die den *Bergbau,* d.h. die Gewinnung von Bodenschätzen, betreffenden besonderen Rechtsgrundsätze und Rechtsvorschriften. Für das Bergrecht, das vorher im wesentlichen landesrechtlich geregelt war, ist jetzt das aufgrund der konkurrierenden Gesetzgebungszuständigkeit des Bundes (Art. 74 Nr. 11 GG) erlassene *Bundesberggesetz* – BBergG – vom 13. 8. 1980 (BGBl. I 1310) m. spät. Änd. maßgebend. Es wird durch landesgesetzliche Regelungen vorwiegend verwaltungsrechtlichen Inhalts ergänzt; die insbes. mit der Bergaufsicht, den Genehmigungsverfahren usw. betrauten Dienststellen sind meist Landesbehörden (Bergämter usw.).

Das BBergG unterscheidet zwischen *grundeigenen,* d.h. im Eigentum des Grundeigentümers stehenden, und *bergfreien* Bodenschätzen, die der staatlichen Verfügungsgewalt unterliegen; zu den letzteren gehören alle für die Allgemeinheit besonders wertvollen Mineralien (wie z. B. Gold und Silber, Aluminium, Blei, Eisen, Kupfer, Mangan, Zink und Zinn, Stein- und Braunkohle, Graphit, Flußspat usw.).

Bei den *bergfreien* Bodenschätzen bedarf das *Aufsuchen* (früher „Schürfen") einer behördlichen *Erlaubnis,* die Gewinnung einer *Bewilligung,* sofern sich nicht die Berechtigung aus dem Grundeigentum ergibt (§§ 3, 6ff.); s. a. Unterlagen – BergVO vom 11. 11. 1982 (BGBl. I 1553). Erlaubnis und Bewilligung dürfen nur aus bestimmten Gründen versagt werden (§§ 11ff.). Das *Bergwerkseigentum* bedarf der *Verleihung* und entsteht mit der Zustellung einer *Berechtsamsurkunde* an den Antragsteller; die Verleihung setzt eine Bewilligung zur Gewinnung von Bodenschätzen voraus und kann insbes. versagt werden, wenn mit einer wirtschaftlichen Gewinnung nicht zu rechnen ist (§§ 13, 17). Für die Erlaubnis zum Aufsuchen von Bodenschätzen zu gewerblichen Zwecken ist eine jährliche Feldesabgabe, vom Inhaber einer Bewilligung zur Gewinnung von Bodenschätzen eine jährliche Förderabgabe zu entrichten (§§ 30, 31). Über Erlaubnisse, Bewilligungen und Bergwerkseigentum führen die Bergbehörden *Berechtsamsbücher* und -karten (§§ 75, 76). Wer einen bergfreien Bodenschatz entdeckt, ohne zum Aufsuchen oder Gewinnen berechtigt zu sein, hat der Bergbehörde Anzeige zu machen; er kann vom Abbauberechtigten Ersatz seiner Aufwendungen verlangen (§ 33).

Die *grundeigenen* Bodenschätze kann der Grundeigentümer ohne behördliche Erlaubnis aufsuchen und gewinnen; bezieht er hierbei andere (bergfreie) Bodenschätze ein, greifen die Bestimmungen über die besonderen Voraussetzungen hierfür ein (§ 34: Erlaubnis, Bewilligung, Bergwerkseigentum). Die Verfügung über mitgewonnene Bodenschätze richtet sich nach §§ 42ff.

Wer Bodenschätze auf einem fremden Grundstück aufsuchen will, bedarf der Zustimmung des Grundeigentümers oder sonst Berechtigten und bei Grundstükken, die aufgrund gesetzlicher Vorschrift öffentlichen Zwecken dienen, außerdem der Zustimmung der verwaltenden Behörde (§ 39). Der *grenzüberschreitende* Abbau kann, falls sich die benachbarten Berechtigten nicht einigen, durch behördliche Erweiterung des Gewinnungsrechts *(Zulegung)* gestattet werden, wenn dies aus bergwirtschaftlichen Gründen und im Interesse des Allgemeinwohls geboten ist (vgl. § 35).

Errichtung und Aufnahme eines *Betriebs* zur Aufsuchung, Gewinnung oder Aufbereitung von Bodenschätzen hat der Unternehmer unter Vorlage eines Betriebsplans der Bergbehörde anzuzeigen; der Plan bedarf – evtl. gegen Sicherheitsleistung – der Zulassung (§§ 50ff.). Die für den Betrieb verantwortlichen

Personen (Unternehmer, gesetzliche oder satzungsmäßige Vertreter, Beauftragte) müssen die erforderliche Zuverlässigkeit, Fachkunde und körperliche Eignung besitzen; sie sind der Bergbehörde namhaft zu machen (§§ 58ff.).

Die *Bergaufsicht* wird von den landesrechtlich bestimmten Behörden (Bergämter, Oberbergämter usw.) geführt. Sie umfaßt das Recht zur Besichtigung der Bergbaubetriebe, Einsichtnahme in die Unterlagen, Entnahme von Proben usw. sowie die entsprechende Auskunfts- und Duldungspflicht des Bergbauberechtigten (§§ 69, 70). Unerlaubte Tätigkeiten können verhindert, die Beschäftigung ungeeigneter verantwortlicher Personen kann untersagt werden (§§ 72, 73). Auf Bundesebene wird eine *Bundesprüfanstalt für den Bergbau* errichtet (§§ 138ff.).

Ein Bergbauunternehmer kann vom Verfügungsberechtigten eine *Grundabtretung* verlangen, soweit die Erweiterung zur Errichtung oder Führung eines Gewinnungs- oder Aufbereitungsbetriebs notwendig ist; die Abtretung kann das Eigentum, den Besitz oder ein dingliches Recht an einem Grundstück (336) betreffen, aber auch nur die Beschränkung eines solchen Rechts enthalten; Voraussetzung der behördlichen Anordnung ist, daß der Versuch freiwilliger Vereinbarung gescheitert ist und daß die Abtretung dem Wohl der Allgemeinheit dient (§§ 77ff.). Über die Entschädigung des Betroffenen vgl. §§ 84ff., über das Verfahren §§ 91 ff. und über den Rechtsweg zu den ordentlichen Gerichten § 144. Andererseits können im Interesse der Aufsuchung und Gewinnung volkswirtschaftlich wichtiger Bodenschätze bei den in Anspruch zu nehmenden Grundstücken durch RechtsVO der LdReg. *Baubeschränkungen* angeordnet werden (§§ 107ff.).

Für *Bergschaden,* d.h. Tötung oder Körperverletzung eines Menschen oder Beschädigung einer Sache aus Anlaß des Bergbaus, besteht Ersatzpflicht des Unternehmers oder sonst Bergbauberechtigten; ausgenommen sind Schäden, die einen beim Bergbau Beschäftigten oder eine dort verwendete Sache betreffen. Die Haftung besteht unabhängig von Verschulden, aber in begrenzter Höhe (§§ 114ff.). Zur Sicherung nichtrealisierbarer Ersatzansprüche wird eine „Bergschadensausfallkasse" errichtet (§§ 122ff.).

Landesberggesetze – z.B. bayBergG i.d.F. vom 10. 1. 1967 (GVBl. 185); hess. ABG i.d.F. vom 10. 11. 1969 (GVBl. I 223); das in Berlin, Hamburg, NW, Saarld., Schlesw.-Holst. geltende preuß. ABG vom 24. 6. 1865 – treten außer Kraft, soweit sie die jetzt bundesrechtlich geregelten Materien betreffen (§ 176 BBergG), nicht also z.B. hins. organisatorischer Bestimmungen.

Für die Forschungs-, Aufsuchungs- und Abbautätigkeit am *Festlandsockel* und innerhalb der *Küstengewässer* gelten Sondervorschriften (§ 2 Abs. 3, §§ 49, 132ff.). Bis zu einer völkerrechtlichen Regelung richten sich Aufsuchung und Gewinnung mineralischer Rohstoffe vom Tiefseeboden nach dem Ges. zur vorläufigen Regelung des *Tiefseebergbaus* vom 16. 8. 1980 (BGBl. I 1457) m.spät. Änd., das in den Grundzügen dem BBergG entspricht (Erlaubnis zur Aufsuchung, Bewilligung des Rechts zur Gewinnung, Arbeitsprogramm); jedoch ist für die Erteilung von Berechtigungen und für die Aufsicht der Bundeswirtschaftsminister zuständig. Vgl. hierzu auch die Ergebnisse der Seerechtskonferenz der Vereinten Nationen, 920.

Für die *Vermessung* im Bergbau, die Markscheidern obliegt, gilt die VO über markscheiderische Arbeiten und Beobachtungen der Oberfläche *(Markscheider-Bergverordnung)* vom 19. 12. 1986 (BGBl. I 2631). Weiter wichtig für den Bergbau sind insbes. das *Reichsknappschaftsgesetz* (s. 671) und das die Durchforschung des Reichsgebiets nach nutzbaren Lagerstätten bezweckende *Lagerstättengesetz* vom 4. 12. 1934 (RGBl. I 1223).

Über Rationalisierung im Steinkohlenbergbau vgl. 830, über das *Mitbestimmungsrecht* der Arbeitnehmer im Bergbau vgl. 633, über bergrechtliche Gewerkschaften vgl. 306 II.

191. Das Wasserrecht

unterliegt, soweit es sich um Wasserwirtschaft und Landeskultur handelt, der Rahmengesetzgebung, soweit es sich um die Wasserstraßen als Verkehrswege handelt, der konkurrierenden Gesetzgebung des Bundes (Art. 75 Nr. 4, Art. 74 Nr. 21 GG; vgl. 55 II, III). Für den ersteren Bereich ist das Gesetz zur Ordnung des Wasserhaushalts *(Wasserhaushaltsgesetz – WHG –)* vom 27. 7. 1957 (BGBl. I 1110) ergangen, das im Interesse der *Grundwasserreinhaltung* und der allgemeinen *Wasserversorgung* Richtlinien für *oberirdische Gewässer,* d.h. für das ständig oder zeitweilig fließende oder stehende oder aus Quellen abfließende Wasser, sowie für das *Grundwasser* aufstellt. Seine gegen die Verunreinigung gerichteten Bestimmungen sind durch die WHG-Novelle vom 26. 4. 1976 (BGBl. I 1109) erheblich verstärkt worden. Das WHG gilt jetzt i. d. F. vom 23. 9. 1986 (BGBl. I 1529). Die Rechtsverhältnisse für die Bundeswasserstraßen als Verkehrsträger sind im *Bundeswasserstraßengesetz* vom 2. 4. 1968 (BGBl. II 173) m. spät. Änd. geregelt. Im übrigen ist die Ordnung des Wasserrechts der Landesgesetzgebung überlassen.

Das *Bundeswasserstraßengesetz* regelt den Gemeingebrauch und das Befahren der Bundeswasserstraßen mit Wasserfahrzeugen, ferner Unterhaltung, Ausbau und Neubau der Bundeswasserstraßen (Planfeststellungsverfahren, Veränderungssperre). Es enthält außerdem strom- und schiffahrtspolizeiliche Bestimmungen sowie Vorschriften über Schiffahrtszeichen, die Befugnisse der Wasser- und Schiffahrtsämter usw.

Bundeswasserstraßen sind die Seewasserstraßen sowie die Binnenwasserstraßen des Bundes, die dem allgemeinen Verkehr dienen. Dazu gehören die früheren Reichswasserstraßen, deren Eigentümer der Bund ist und die er durch eigene Behörden verwaltet (Art. 89 GG). Die vermögensrechtlichen Verhältnisse regelt das Bundesgesetz vom 21. 5. 1951 (BGBl. I 352). Der Ausbau der Wasserstraßen ist neben dem Interesse des Verkehrs auch für den Wasserhaushalt und strukturpolitische Ziele wie die Ansiedlung von Industrie in Randgebieten von Bedeutung (*Mainkanalisierung* für die Großschiffahrtsstraße Rhein-Main-Donau, *Neckar-Wasserstraße, Moselkanalisierung,* Ausbau von Unterweser, Jade und Außenelbe, Saarkanalisierung).

Das *Wasserhaushaltsgesetz* enthält im Teil I gemeinsame Bestimmungen für alle Gewässer, ihre Benutzung, die Erteilung von Erlaubnissen, das Bewilligungsverfahren, Planfeststellungen, Anmeldung alter Rechte und Befugnisse, Wasserschutzgebiete, den Gewässerschutzbeauftragten, die Überwachung der Benutzung und Haftung für Änderung der Beschaffenheit des Wassers. Teil II befaßt sich mit dem erlaubnisfreien Gemeingebrauch, dem Eigentümer- und Anliegergebrauch oberirdischer Gewässer und der Benutzung zu Zwecken der Fischerei, ferner mit der Reinhaltung der oberirdischen Gewässer, ihrer Unterhaltung und ihrem Ausbau. Teil III regelt die erlaubnisfreie Benutzung und die Reinhaltung der Küstengewässer. Teil IV gibt Rahmenbestimmungen für erlaubnisfreie Benutzung und die Reinhaltung des Grundwassers sowie für die Überwachung von Erdaufschlüssen, die über eine bestimmte Tiefe hinaus in den Boden eindringen. Teil V behandelt wasserwirtschaftliche Rahmenpläne und das für die Gewässer zu führende *Wasserbuch* (darüber s. u.), während Teil VI Bußgeld- und Schlußbestimmungen enthält und früheres Landesrecht aufhebt. Da es sich um ein *Rahmengesetz* handelt, wird es durch *Wassergesetze der Länder* ergänzt. In diesen Gesetzen sind die Einteilung der oberirdischen Gewässer, das Eigentum an den Gewässern, Benutzung, Ausbau und Unterhaltung, die Gewässeraufsicht und die zuständigen Verwaltungsbehörden geregelt (Zusammenstellg. b. Sartorius, Verf.- u. Verwaltungsgesetze, Anm. 1 zum WasserhaushaltsG).

Gewässer I. Ordnung sind die Bundeswasserstraßen und die in den Wassergesetzen der Länder in einem Verzeichnis aufgeführten Flüsse und Seen. Das Eigentum steht bei Bundeswasserstraßen dem Bund, im übrigen den Ländern zu. *Gewässer II. Ordnung* sind die für die Wasserwirtschaft wichtigen Strecken natürlicher und künstlicher Wasserläufe, die nicht zur I. Ordnung gehören. Auch hierüber werden bei den höheren Verwaltungsbehörden Verzeichnisse geführt. Zur *III. Ordnung* zählen alle übrigen Wasserläufe; sie stehen wie die der II. Ordnung im Eigentum der Anlieger.

Die Benutzung der Wasserläufe zum *Gemeingebrauch* ist jedermann gestattet. Dazu gehören Baden, Waschen, Schöpfen mit Handgefäßen, Viehtränken, Schwemmen, Kahnfahren, Eislaufen sowie Entnahme von Wasser und Eis für den eigenen Haushalt, sofern dadurch nicht andere benachteiligt werden, und die Ableitung von Abwässern, die in Haushaltungen und der Wirtschaft entstehen. Gewisse weitergehende Benutzungen bedürfen der behördlichen *Erlaubnis* oder *Bewilligung,* insbes. Entnahme und Ableiten von Wasser oder festen Stoffen aus oberirdischen Gewässern, Aufstauen und Absenken solcher Gewässer, Einführen von Stoffen in sie oder in Grundwasser, Entnehmen und Ableiten von Grundwasser. Erlaubnis oder Bewilligung dürfen nicht erteilt werden, wenn die Benutzung das Wohl der Allgemeinheit, insbes. die Wasserversorgung, gefährdet.

Auch die Bewirtschaftung der Gewässer muß das Wohl der Allgemeinheit im Auge behalten und insbesondere jede Verunreinigung vermeiden. In oberirdische Gewässer dürfen weder feste Stoffe noch verschmutzte Abwässer oder Fremdstoffe eingebracht werden. In das Grundwasser dürfen Stoffe nur mit behördlicher Erlaubnis eingeleitet werden, die zu versagen ist, wenn eine schädliche Verunreinigung oder Veränderung zu besorgen ist. Wer entgegen den Bestimmungen Stoffe einleitet, ist schadensersatzpflichtig (Gefährdungshaftung, 332a). Die Länder regeln Zuständigkeit und Aufsicht über die Beseitigung der Abwässer und die Errichtung von Anlagen hierfür. Rohrleitungsanlagen zur Beförderung wassergefährdender Stoffe bedürfen der *Genehmigung*. Das Lagern, Abfüllen und Umschlagen solcher Stoffe in geeigneten Anlagen steht unter Aufsicht. Betriebe, die Abwässer in größeren Mengen einleiten dürfen, haben einen *Gewässerschutzbeauftragten* zu bestellen. Nach dem *Abwasserabgabengesetz* i.d.F. vom 5. 3. 1987 (BGBl. I 880) hat der Einleiter von Abwässern eine *Abwasserabgabe* zu entrichten, die von den Ländern erhoben wird (§ 1 Abs. 2). Ihre Höhe richtet sich nach der Schädlichkeit der Abwässer, die nach Schadeinheiten (§ 4) bemessen wird.

Der Reinhaltung des Wassers dient u.a. das Ges. über die Umweltverträglichkeit von Wasch- und Reinigungsmitteln – *Wasch- und Reinigungsmittelgesetz* – i.d.F. vom 5. 3. 1987 (BGBl. I 875). S.a. VO über die Abbaubarkeit anionischer und nichtionischer grenzflächenaktiver Stoffe in Wasch- und Reinigungsmitteln vom 30. 1. 1977 (BGBl. I 244). Solche Stoffe müssen zu mindestens 80

v. H. abbaufähig sein. Die unbefugte Verunreinigung von Gewässern ist in § 324 StGB unter Strafe gestellt.

Die *Unterhaltung der Wasserläufe* obliegt bei Bundeswasserstraßen dem Bund, bei Gewässern I. Ordnung i. d. R. dem Land, bei Gewässern II. Ordnung den zu diesem Zweck zu bildenden *Wassergenossenschaften,* kommunalen Zweckverbänden oder den Gebietskörperschaften, bei Gewässern III. Ordnung sowie bei künstlichen Wasserläufen den Wassergenossenschaften, sonst dem Eigentümer und, wenn sich dieser nicht ermitteln läßt, dem *Anlieger.* Zur Unterhaltung von Deichen sind *Deichverbände,* zur Erschließung von Wasserquellen, Begradigung usw. von Wasserläufen sind *Wasserverbände* in der Form eines Zweckverbandes gegründet.

Nach der auf Grund des Wasserverbandsgesetzes vom 10. 2. 1937 (RGBl. I 188) ergangenen Ersten WasserverbandsVO vom 3. 9. 1937 (RGBl. I 933) bestehen zahlreiche *Wasser- und Bodenverbände.* Ihre Aufgaben können in der Regulierung der Gewässer, dem Ausbau der Ufer und Schiffahrtsanlagen, der Be- und Entwässerung von Grundstücken, der Bewirtschaftung des Grund- und Trinkwassers, der Abführung der Abwässer u. a. bestehen.

Nach § 37 WHG sind *Wasserbücher* zu führen, in welche die Rechte der Anlieger an den einzelnen Wasserläufen eingetragen werden, insbesondere Erlaubnisse, die nicht nur vorübergehenden Zwecken dienen, Bewilligungen, alte Rechte und alte Befugnisse sowie Wasserschutzgebiete und Überschwemmungsgebiete. Die Wasserbücher haben nicht die gleiche Funktion wie das Grundbuch und genießen nicht wie dieses öffentlichen Glauben. Immerhin sind sie im Verhältnis des Eingetragenen zur Behörde von Bedeutung. Die Einsicht des Wasserbuches ist jedem gestattet, der ein berechtigtes Interesse hat.

Über das *Wassersicherstellungsgesetz* s. 471 V.

192. Das Baurecht

umfaßt die Vorschriften, die sich auf den bebauten oder noch zu bebauenden Boden beziehen und das *Bauwesen* regeln. Man unterscheidet das Recht der Bauplanung und Baulandbeschaffung, der Bodenordnung einschl. Umlegung und Zusammenlegung sowie das Bauordnungsrecht. Die Baurechtsvorschriften waren in zahlreiche Reichs-, Bundes-, Landes- und Ortsbestimmungen zersplittert. Eine Zusammenfassung dieser Regelungen wurde zunächst durch das *Bundesbaugesetz* vom 23. 6. 1960 (BGBl. I 341), zuletzt i. d. F. vom 18. 8. 1976 (BGBl. I 2256) sowie durch das *Städtebauförderungsgesetz* i. d. F. vom 18. 8. 1976 (BGBl. I 2318) erreicht. Bundesbaugesetz und Städtebauförderungsgesetz sind durch das nunmehr geltende *Baugesetzbuch* – BauGB – i. d. F. vom 8. 12. 1986 (BGBl. I 2253) zu einer einheitlichen Regelung zusammengefaßt worden.

Von dem im folg. behandelten sog. *objektiven Baurecht* ist das *subjektive Baurecht* zu unterscheiden, d. h. der öffentlich-rechtliche Anspruch des Grundstückseigentümers, bei Erfüllung der gesetzlichen Voraussetzungen auf dem Grundstück ein Bauwerk zu errichten (vgl. 166).

I. Das BauGB regelt im ersten Kapitel vor allem die Bauleitplanung, die Sicherung der Bauleitplanung, die bauliche und sonstige Nutzung, die Bodenordnung, die Enteignung und die Erschließung. Im zweiten

Kapitel, das sich mit dem besonderen Städtebaurecht befaßt, werden vor allem die städtebaulichen Sanierungs- und Entwicklungsmaßnahmen geregelt; außerdem sind Vorschriften über Erhaltungssatzungen, städtebauliche Gebote sowie die Erstellung eines Sozialplans und die Gewährung eines Härteausgleichs bei nachteiligen Auswirkungen von Bebauungsplänen oder Sanierungsmaßnahmen enthalten; ferner Regelungen über die Aufhebung von Miet- oder Pachtverhältnissen. Das dritte Kapitel enthält Regelungen über die Wertermittlung bei Grundstücken sowie die entsprechenden Verfahrensvorschriften und Vorschriften über das Verfahren vor den Kammern (Senaten) für Baulandsachen. Die übergeordnete Planung für größere Gebiete ist Gegenstand der *Raumordnung* (s. u. III).

1. *Bauleitpläne* (vorbereitender Flächennutzungsplan – verbindlicher Bebauungsplan) sollen eine *geordnete städtebauliche Entwicklung* und eine dem Wohl der Allgemeinheit entsprechende sozialgerechte *Bodennutzung* gewährleisten und dazu beitragen, eine menschenwürdige Umwelt zu sichern und die natürlichen Lebensgrundlagen zu schützen und zu entwickeln. Bei ihrer Aufstellung sind insbes. zu berücksichtigen: die Anforderungen an gesunde Wohn- und Arbeitsverhältnisse, die Wohnbedürfnisse der Bevölkerung, die sozialen und kulturellen Bedürfnisse, die Belange des Umweltschutzes und der Wirtschaft. Mit Grund und Boden soll sparsam und schonend umgegangen werden. Sie sind den Zwecken der *Raumordnung* und *Landesplanung* anzupassen. Öffentliche und private Belange sind gegeneinander und untereinander gerecht abzuwägen (§ 1). Die Pläne werden von den *Gemeinden* aufgestellt und öffentlich ausgelegt; an der Bauplanung sind außer den Trägern öffentlicher Belange auch die Bürger zu beteiligen (§§ 2–4). Für benachbarte Gemeinden können gemeinsame Flächennutzungspläne aufgestellt werden; Gemeinden u. a. Planungsträger können sich zu einem *Planungsverband* zusammenschließen (§§ 204, 205). Im *Flächennutzungsplan* als dem vorbereitenden Bauleitplan ist für das ganze Gemeindegebiet die beabsichtigte Art der Bodennutzung darzustellen. Der Plan bedarf der Genehmigung der höheren Verwaltungsbehörde (§§ 5, 6). Der örtliche *Bebauungsplan* (verbindlicher Bauleitplan) enthält die rechtsverbindlichen Festsetzungen für die *städtebauliche Ordnung* und hat Außenwirkung. Er kennzeichnet Bauland, Verkehrs-, Versorgungs- und Grünflächen, Anpflanzungen u. dgl.; er wird von der Gemeinde als Satzung beschlossen; soweit die Bebauungspläne aus einem Flächennutzungsplan entwickelt worden sind, müssen sie der höheren Verwaltungsbehörde angezeigt werden; andere Bebauungspläne bedürfen der Genehmigung der höheren Verwaltungsbehörde. Flächennutzungs- und Bebauungsplan werden im *Parallelverfahren* aufgestellt (§§ 8–13). S. a. BaunutzungsVO i. d. F. vom 15. 9. 1977 (BGBl. I 1763) m. spät. Änd.

2. *Sicherung der Bauleitplanung*

Hat die Gemeinde einen *Bebauungsplan* beschlossen, so kann sie zur Sicherung der Bauleitplanung eine *Veränderungssperre* als Satzung beschließen. Diese gilt zunächst für zwei Jahre, kann aber bis zu vier Jahren verlängert werden; auch kann die Gemeinde u. U. eine außer Kraft getretene Sperre erneut beschließen. Dauert die Veränderungssperre länger als 4 Jahre, so ist dem Betroffenen für die dadurch entstandenen Nachteile eine angemessene Entschädigung in Geld zu leisten (§§ 14–18). Im *Bodenverkehr* bedarf die Teilung eines Grundstücks innerhalb des Geltungsbereichs eines Bebauungsplans oder eines zusammenhängend bebauten Ortsteils zu ihrer Wirksamkeit der *Genehmigung der Baugenehmigungsbehörde* (i. d. R. *Gemeinde*); dasselbe gilt für die Teilung von *Baugrundstücken* außerhalb dieser Gebiete (Außenbereich). Die Genehmigung kann nur versagt werden, wenn die Teilung oder die mit ihr bezweckte Nutzung mit dem Bebauungsplan unvereinbar wäre. Ist die Teilung genehmigt, so darf eine innerhalb von drei Jahren beantragte Baugenehmigung i. d. R. nicht versagt werden. Das Grundbuchamt darf erst bei Vorlage der Genehmigung eintragen (§§ 19–23). Der Gemeinde steht für im Bebauungsplan enthaltene Baugrundstücke für den Gemeinbedarf ein *allgemeines Vorkaufsrecht* zu, ferner ein *besonderes Vorkaufsrecht* für unbebaute Grundstücke und Grundstücke in sog. *Sanierungsgebieten,* d. h. Baugebieten, in denen zur Erzielung gesunder Wohn- und Arbeitsverhältnisse oder aus Gründen der Sicherheit *städtebauliche Mißstände* durch eine wesentliche bauliche Umgestaltung oder durch Neubebauung beseitigt werden sollen; es besteht Entschädigungspflicht für ältere Erwerbsrechte (§§ 24–28). Hiernach haben die Gemeinden die Möglichkeit, einen ausreichenden *Bodenvorrat* zu schaffen.

3. *Regelung der baulichen und sonstigen Nutzung*

Für Vorhaben, welche die Errichtung, Änderung oder Nutzungsänderung von baulichen Anlagen zum Inhalt haben, ist *bauaufsichtliche Genehmigung* erforderlich. Sondervorschriften des öffentl. Rechts, z. B. nach dem BBahnG, TelegraphenwegeG, BFernstraßenG, LuftverkehrsG (101, 102, 189, 198) bleiben unberührt (§§ 29–38). Für die Inanspruchnahme von Baugrundstücken und anderen Flächen für Gemeinschaftszwecke im Rahmen des Bebauungsplanes ist *Entschädigung* in Geld zu leisten. Der Eigentümer kann verlangen, daß die Gemeinde Grundstücksflächen übernimmt, die zu behalten oder zu nutzen ihm im Hinblick auf den Bebauungsplan wirtschaftlich nicht zuzumuten ist. Streitfälle über Geldentschädigung entscheidet die höhere Verwaltungsbehörde (§§ 40–44).

4. *Bodenordnung*

Im Geltungsbereich eines Bebauungsplanes können zur Erschließung oder Umgestaltung bestimmter Gebiete bebaute und unbebaute Grundstücke durch *Umlegung* neugeordnet werden. Das Umlegungsverfahren kann auch eingeleitet werden, wenn ein Bebauungsplan noch nicht aufgestellt ist; es wird von der Gemeinde durchgeführt (vgl. §§ 45–79). In ähnlicher Weise sind *Grenzregelungen* möglich (§§ 80–84). Bei der *Umlegung* werden die in das Verfahren einbezogenen Grundstücke zusammengefaßt und nach Absonderung des öffentlich genutzten Geländes auf die Beteiligten verteilt; bei der *Grenzregelung* werden Teile benachbarter Grundstücke ausgetauscht oder zugeteilt.

5. *Enteignung* (§§ 85–92)

Nach § 85 kann nur enteignet werden, um

1. entsprechend den Festsetzungen des Bebauungsplanes ein Grundstück zu nutzen oder eine solche Nutzung vorzubereiten;
2. Baulücken zu schließen oder sonst unbebaute Grundstücke der Nutzung zuzuführen;

3. Grundstücke für die Entschädigung in Land zu beschaffen;
4. durch Enteignung entzogene Rechte durch neue Rechte zu ersetzen;
5. Grundstücke einer baulichen Nutzung zuzuführen, wenn ein Eigentümer einem Baugebot nach § 176 Abs. 1, 2 nicht nachkommt;
6. im Geltungsbereich einer Erhaltungssatzung eine bauliche Anlage aus städtebaulichen Gründen oder im Interesse sozialer Belange zu erhalten.

Die *Enteignung* kann in völliger Entziehung oder in Belastung des Eigentums an Grundstücken oder von Rechten an solchen, Begründung von Rechtsverhältnissen, Änderung oder Beseitigung von baulichen Anlagen entspr. dem Bebauungsplan bestehen. Sie ist im einzelnen Fall nur zulässig, wenn das *Wohl der Allgemeinheit* sie erfordert und der Enteignungszweck auf andere zumutbare Weise nicht erreicht werden kann. Auch ist vorauszusetzen, daß der Antragsteller (die Gemeinde) sich ernsthaft um freihändigen Erwerb des Grundstücks zu angemessenen Bedingungen bemüht hat (§§ 86–88). Sind Grundstücke zur Vorbereitung baulicher Nutzung oder, um sie einer solchen zuzuführen, zugunsten der Gemeinde enteignet, so ist diese verpflichtet, sie, soweit sie nicht benötigt werden, an Bauwillige zu veräußern, sobald der Nutzungszweck verwirklicht werden kann (§ 89). Über Enteignung von Grundstücken zur Entschädigung in Land s. § 90. § 92 regelt den Umfang der Enteignung.

Die *Entschädigung* regeln die §§ 93–103. Der Eigentümer ist auf Antrag in Land zu entschädigen, wenn er zur Sicherung seiner Berufstätigkeit (z. B. Gärtnerei) oder der ihm wesensmäßig obliegenden Aufgaben auf Ersatzland angewiesen ist und solches beschafft werden kann (§ 100).

Das *Enteignungsverfahren* (§§ 104–122) wird durch die höhere Verwaltungsbehörde als *Enteignungsbehörde* durchgeführt. Sie bereitet die *mündliche Verhandlung* vor und wirkt auf eine Einigung der Beteiligten hin (§§ 107ff.). Soweit keine *Einigung* zustande kommt, entscheidet die EBehörde durch *Beschluß* über den EAntrag, sonstige Anträge und Einwendungen. Gibt sie dem EAntrag statt, so entscheidet sie zugleich über Bestehenbleiben oder Begründung von Rechten und über den Übergang von Ersatzland. Der *Enteignungsbeschluß* ist zu begründen und mit Rechtsmittelbelehrung zuzustellen (§ 113). Geldentschädigungen sind zu hinterlegen (§ 118). Das *Verteilungsverfahren* handhabt das *Amtsgericht* im wesentlichen nach den Vorschriften über die Erlösverteilung in der Zwangsversteigerung (§ 119).

6. Die *Erschließung* von Gelände für städtebauliche Aufgaben regeln die §§ 123ff. Es wird ein *Erschließungsbeitrag* für den Aufwand erhoben, den die Erschließungsanlagen – Straßen, Plätze, Grünflächen, Umweltschutzeinrichtungen usw. – erfordern (§§ 127–135).

7. Die *Ermittlung von Grundstückswerten* erfolgt auf Antrag auf Grund von Gutachten der bei den kreisfreien Städten und den Landkreisen gebildeten *Gutachterausschüsse* (§§ 192–199). Diese ermitteln den *gemeinen Wert (Verkehrswert);* er wird durch den Preis bestimmt, welcher zur Bewertungszeit im gewöhnlichen Geschäftsverkehr nach den Eigenschaften, der sonstigen Beschaffenheit und der Lage des Grundstücks ohne Rücksicht auf ungewöhnliche oder persönliche Verhältnisse zu erzielen wäre. Die *Gutachten* haben keine bindende Wirkung; doch können die Beteiligten eine solche vereinbaren (§ 193 Abs. 4). Bei den Geschäfts-

stellen der Gutachterausschüsse werden *Kaufpreissammlungen* eingerichtet; auf ihrer Grundlage werden *Richtwerte* festgestellt (§ 196). Die Anwendung gleicher Grundsätze bei der Ermittlung der Verkehrswerte ist in der WertermittlungsVO i. d. F. vom 15. 8. 1972 (BGBl. I 1416) vorgesehen. Die Führung und Auswertung der Kaufpreissammlungen wird durch RechtsVO der LdReg. geregelt (§ 199).

8. Über städtebauliche Maßnahmen im Zusammenhang mit der *Verbesserung der Agrarstruktur* s. §§ 187–191.

9. *Allgemeine Vorschriften; Verwaltungsverfahren* (§§ 200–216)

Geregelt werden hier insbes. allgemeine Grundstücksvorschriften, Zuständigkeiten, das Verwaltungsverfahren, Rechtsbehelfsbelehrungen, Ordnungswidrigkeiten und Wirksamkeitsvorausetzungen. Eine allgemeine Vorschrift ist z. B. der in § 202 vorgesehene Schutz des *Mutterbodens*.

10. *Verfahren vor den Kammern (Senaten) für Baulandsachen* (§§ 217–232)

Soweit Verwaltungsakte (VA) durch *Antrag auf gerichtliche Entscheidung* angefochten werden können, entscheidet in Baulandsachen die *Kammer für Baulandsachen* des Landgerichts, in dessen Bezirk die den VA erlassende Stelle ihren Sitz hat (Besetzung: 3 Berufsrichter des LG, 2 Berufsrichter des Verwaltungsgerichts). Der Antrag ist innerhalb eines Monats seit Zustellung des VA bei der Stelle, die ihn erlassen hat, einzureichen. Diese hat ihn mit den Akten dem zuständigen Landgericht vorzulegen (§ 217 Abs. 4). Das *Verfahren* richtet sich nach der ZPO mit einigen Besonderheiten. So kann das Gericht auch *von Amts wegen* Beweise erheben und nach Anhörung der Beteiligten auch solche Tatsachen berücksichtigen, die von ihnen nicht vorgetragen worden sind (§ 221 Abs. 2). Gegen eine *Ermessensentscheidung* kann nur vorgebracht werden, daß sie rechtswidrig ist, weil die gesetzlichen Grenzen des Ermessens überschritten sind oder von dem Ermessen in einer dem Zweck der Ermächtigung nicht entsprechenden Weise Gebrauch gemacht worden ist. Dies gilt jedoch nicht, soweit in dem VA über einen Anspruch auf eine Geldleistung entschieden worden ist (§ 223). Das Urteil des LG bzw. OLG kann den VA hinsichtlich einer Geldleistung ändern oder aufheben und aussprechen, daß die Verwaltungsbehörde unter Beachtung der Rechtsauffassung des Gerichts anderweit zu entscheiden hat. Auch ein Enteignungsbeschluß kann geändert werden; doch ist eine dem Rechtsmittelführer ungünstigere Entscheidung (reformatio in peius, vgl. 282) nicht statthaft. Über die *Berufung* entscheidet das OLG, Senat für Baulandsachen, in Besetzung mit drei Richtern des OLG und zwei hauptamtlichen Richtern eines Oberverwaltungsgerichts (§ 229). Über die Revision entscheidet der BGH (§ 230).

II. Weitere Vorschriften des Bodenrechts beruhen teilweise noch auf früherem Reichsrecht:

1) Das *Reichssiedlungsgesetz* (RSG) vom 11. 8. 1919 (RGBl. 1429) i. d. F. des Grundstücksverkehrsgesetzes vom 28. 7. 1961 (vgl. 826) m. spät. Änd. verpflichtet die Länder, gemeinnützige Siedlungsunternehmen zu begründen, neue Ansiedlungen zu schaffen und bestehende Kleinbetriebe bis zur Größe einer selbständigen Ackernahrung zu erweitern. Das hierzu erforderliche Land erlangen die Siedlungsunternehmen durch Erwerb von Staatsdomänen, Enteignung von Moor- und Ödland sowie durch Ausübung eines gesetzlichen *Vorkaufsrechts* an landwirtschaftlichen Grundstücken ab 2 ha. Sie werden bei diesen Aufgaben von den *Landlieferungsverbänden* unterstützt. Den Siedlungsunternehmen steht unter gewissen Voraussetzungen ein *Enteignungsrecht* sowie bei nicht zweckentsprechender Verwendung des Grundstücks ein *Wiederkaufsrecht* zu.

2) Nach dem *Reichsheimstättengesetz* i. d. F. vom 25. 11. 1937 (RGBl. I 1291) m. spät. Änd. können Bund, Länder, Gemeinden und Gemeindeverbände Grund-

stücke, die aus einem Einfamilienhaus mit Nutzgarten bestehen, oder landwirtschaftliche oder gärtnerische Anwesen, zu deren Bewirtschaftung eine Familie unter regelmäßigen Verhältnissen keiner ständigen fremden Arbeitskräfte bedarf, als *Heimstätte* ausgeben. Grundstücke, die zur Begründung oder Vergrößerung von Heimstätten erforderlich sind, können enteignet werden. Die Eigenschaft als Heimstätte und der Ausgeber werden im Grundbuch eingetragen. Dieser hat Vorkaufsrecht und *Heimfall*anspruch; Teilung und Belastung bedürfen seiner Zustimmung. Andererseits ist die Zwangsvollstreckung in die Heimstätte eingeschränkt.

III. Die *Bauleitplanung* wird nach neuerem Recht entscheidend beeinflußt durch das *Raumordnungsgesetz* vom 8. 4. 1965 (BGBl. I 306) m. spät. Änd., das einer zweckmäßigen Boden- und Landschaftspolitik dient, um gesunde Lebens- und Arbeitsbedingungen zu schaffen. Insbesondere soll die Verdichtung von Wohn- und Arbeitsstätten auf geeignete Gebiete unter Berücksichtigung der Verkehrs- und Versorgungslage beschränkt bleiben. Das Gesetz erstrebt die Hebung zurückgebliebener Gebiete und die Erhöhung der Leistungskraft der Zonenrandgebiete. Diese Aufgaben obliegen dem Bund und seinen Planungsbehörden im Zusammenwirken mit den Ländern. Es werden unter Mithilfe eines Beirats für Raumordnung Programme zwecks großräumiger Planung und für Investitionen aufgestellt; raumordnungswidrige Planungen sollen untersagt werden. Für regionale Planungen gelten *Landesplanungsgesetze,* z. B. NRW Ges. vom 28. 11. 1979 (GV.NW. 878), Schlesw.-Holst. Ges. vom 24. 6. 1981 (GVOBl. 117).

Das bisher im Städtebauförderungsgesetz (s. o.) geregelte städtebauliche Sanierungs- und Entwicklungsrecht ist nunmehr im zweiten Kapitel des BauGB – Besonderes Städtebaurecht – (§§ 136ff.) geregelt. Städtebauliche Sanierungsmaßnahmen sind Maßnahmen, durch die ein Gebiet zur Behebung städtebaulicher Mißstände wesentlich verbessert oder umgestaltet wird (§ 136 Abs. 2). Eine Gemeinde oder ein *Planungsverband* kann zur Beseitigung städtebaulicher Mißstände durch Satzung *Sanierungsgebiete* festlegen, in denen Grundstücksveräußerung, -teilung, -belastung und erhebliche bauliche Veränderungen genehmigungspflichtig sind (§§ 142ff.). Die Sanierungsmaßnahmen – Ordnungs- und Baumaßnahmen – werden entweder von der Gemeinde oder auf Grund vertraglicher Vereinbarungen von den Grundeigentümern durchgeführt. Es besteht ein erweitertes *Kündigungsrecht* gegenüber *Mietern* und Pächtern (Wohnungen nur bei Nachweis von Ersatzraum), §§ 182ff. Außer Entschädigung für Vermögensnachteile kommt in besonderen Fällen ein wirtschaftlicher *Härteausgleich* in Betracht (§ 181). Das BauGB trifft außerdem Regelungen über *städtebauliche Entwicklungsmaßnahmen* (§§ 165ff.). Die Entwicklungsmaßnahmen werden von der Gemeinde oder einem von ihr beauftragten Entwicklungsträger (§ 167) vorbereitet und durchgeführt. Die Gemeinde kann ferner die Erhaltung baulicher Anlagen und der baulichen Eigenart von Gebieten durch eine *Erhaltungssatzung* sicherstellen (§§ 172ff.) sowie *städtebauliche Gebote* (z. B. Baugebot, Modernisierungs- oder Instandsetzungsgebot, Pflanzgebot, Abbruchgebot) erlassen (§§ 175ff.). – Über die Förderung der Modernisierung von Wohnungen und von

364

energiesparenden Maßnahmen in Gebäuden s. Ges. vom 12. 7. 1978 (BGBl. I 993) m. spät. Änd.

IV. Die näheren Vorschriften über die Bebauung von Grundstücken enthalten die *Bauordnungen* der Länder (Zusammenstellg. b. Sartorius, Verf.- u. Verwaltungsgesetze, Fußn. 3 zum BBauG), die sich an eine Musterbauordnung anlehnen. Grundsätzlich bedürfen Errichtung, Änderung und Abbruch baulicher Anlagen der Genehmigung der Bauaufsichtsbehörde, ebenso die Nutzungsänderung von Gebäuden oder Räumen. Vorhaben kleineren Ausmaßes oder mit geringeren Gefährdungsmöglichkeiten sind entweder nur anzeigepflichtig oder genehmigungs- und anzeigefrei. Die Bauordnungen regeln ferner die Verantwortlichkeit der Beteiligten (Bauherr, Entwurfsverfasser, Unternehmer, Bauleiter) und das Genehmigungsverfahren, den Bauantrag und die Bauvorlagen sowie deren Behandlung durch die Bauaufsichtsbehörde, ferner Bauanzeige und Baubeginn sowie die Bauabnahme als Voraussetzung für die Ingebrauchnahme genehmigungsbedürftiger Anlagen.

Nach einer Grundregel sind alle baulichen Anlagen so zu gestalten und zu unterhalten, daß sie die öffentliche Sicherheit oder Ordnung, insbes. Leben oder Gesundheit, nicht gefährden. Diesem Zweck dienen Einzelvorschriften über *Bauabstand, Betriebssicherheit,* werkgerechte Gestaltung der baulichen Anlagen, Standsicherheit und Dauerhaftigkeit, über Schall-, Wärme-, Erschütterungs-, Feuchtigkeits- und Brandschutz sowie über *Verkehrssicherheit,* Belichtung, Beleuchtung, Lüftung und Beheizung. Die *Bauausführung* regeln Bestimmungen über Baustoffe, Bauteile und Bauarten, insbes. über Wände, Decken, Dächer, Treppen, Flure, Fenster und Türen, über Aufzüge, Feuerungsanlagen und Schornsteine; weitere Vorschriften betreffen Aufenthaltsräume, Wasserversorgung und Abwasser. Nach den Bestimmungen über *Garagen* und Einstellplätze kann der Bauherr je nach dem zu erwartenden Zu- und Abfahrtverkehr verpflichtet sein, zwecks Entlastung der Straßen von parkenden Kraftfahrzeugen *Stellplätze* einzurichten. Sondervorschriften gelten für einzelne Arten von Bauten (landwirtschaftlich genutzte, Baracken usw.). Über die *Baupolizei* vgl. 166. Der Schutz gegen *Baulärm* regelt sich nach dem Bundes-Immissionsschutzgesetz (193).

Für die Berechtigung zur Führung der Berufsbezeichnung „*Baumeister*" gilt nach Aufhebung der BaumeisterVO vom 1. 4. 1931 (RGBl. I 131) die VO vom 2. 4. 1979 (BGBl. I 419). Für die Bezeichnung „*Bauingenieur*" gelten, nachdem das IngenieurG vom 7. 7. 1965 (BGBl. I 601) vom BVerfG für nichtig erklärt worden ist, die Ingenieurgesetze der Länder (vgl. NRW Ges. vom 5. 5. 1970, GV.NW. 312). Die Bezeichnung „*Architekt*" ist bisher nur durch Ländergesetze geschützt (vgl. bayer. Ges. i. d. F. vom 26. 2. 1982, GVBl. 188; NRW Ges. vom 4. 12. 1969, GV.NW. 888; brem. Ges. vom 27. 4. 1971, GBl. 122; rheinld.-pfälz. Ges. vom 29. 3. 1974, GVBl. 143; hess. Ges. vom 4. 10. 1977, GVBl. I 398; schlesw.-holst. Ges. vom 1. 12. 1980, GVOBl. 342). Ein Bundes-ArchitektenG ist vorgesehen. Die *Gebühren* für *Ingenieur- und Architektenleistungen* sind auf Grund des Ges. vom 4. 11. 1971 (BGBl. I 1749) m. Änd. vom 12. 11. 1984 (BGBl. I 1337) durch die *Honorarordnung* vom 17. 9. 1976 (BGBl. I 2805) m. letzter Änd. vom 10. 6. 1985 (BGBl. I 961) geregelt.

Ein Gesetz vom 23. 7. 1973 (BGBl. I 905) regelt in dem neugefaßten § 120c GewO und der fortgeltenden AVO vom 21. 2. 1959 (BGBl. I 44) die *Mindestanforderungen an Unterkünfte,* die ein Gewerbetreibender seinen Arbeitnehmern überläßt, insbes. an *Gemeinschaftsunterkünfte* und mit Sondervorschriften für Unterkünfte auf *Baustellen.*

Über den Arbeitsschutz für *Baupraktikantinnen* s. 621; über *produktive Winterbauförderung* und Zahlung von *Schlechtwettergeld im Baugewerbe* s. 672.

193. Umweltschutz. Naturschutzrecht

I. Umweltschutz

Zu einem drängenden Gegenwartsproblem ist die Erhaltung und Reinhaltung der für die Gemeinschaft lebensnotwendigen *Umweltelemente* (Wasser, Boden, Luft, Pflanzen, Tiere) geworden. Sie ist ein besonderes Anliegen der *Ökologie,* der Wissenschaft von den Beziehungen der Lebewesen untereinander und zur Umwelt. Die Träger dieser Wissenschaft, eines Zweiges der *Futurologie* (Zukunftsforschung), weisen eindringlich auf die Gefahren der Umweltverschmutzung hin, die aus der Verunreinigung der Umweltelemente und aus dem Einfluß künstlicher technischer Reize entstehen (Lärm, Erschütterungen, hohe Geschwindigkeiten, Strahlungen usw.). Auf Bundesebene ist durch Ges. vom 22. 7. 1974 (BGBl. I 1505) das *Umweltbundesamt* als selbständige Bundesoberbehörde (Sitz: Berlin) geschaffen worden. Dem Umweltbundesamt obliegen hauptsächlich Aufgaben der Planung, Dokumentation und Information in Umweltfragen sowie die wissenschaftliche Unterstützung des BMU bei umweltschützenden Maßnahmen, vor allem bei der Erarbeitung von Rechts- und Verwaltungsvorschriften auf dem Gebiet des Immissionsschutzes und der Abfallwirtschaft. Eine Ergänzung des Grundgesetzes (Art. 74 Nr. 24) vom 12. 4. 1972 hat den Bund ermächtigt, im Wege der *konkurrierenden Gesetzgebung* Vorschriften über Abfallbeseitigung, Luftreinhaltung und Lärmbekämpfung zu erlassen.

In die Landesverfassungen Bayerns, des Saarlandes und von Rheinland-Pfalz ist die Pflicht zum Umweltschutz ausdrücklich aufgenommen worden.

1. Immissionsschutz

Dem Schutz gegen umweltschädliche Einwirkungen und Belästigungen durch geräuschvolle oder verunreinigende Anlagen dient das *Bundes-Immissionsschutzgesetz* vom 15. 3. 1974 (BGBl. I 721) m. letzter Änd. vom 26. 11. 1986 (BGBl. I 2089). Es regelt das Genehmigungsverfah ren bei besonders umweltschädlichen Anlagen und die Pflicht, auch beim Betrieb anderer Anlagen Umweltschäden zu vermeiden. Dem gleichen Zweck dienen Vorschriften über die Beschaffenheit von Brenn- und Treibstoffen, von Kraft-, Luft-, Schienen- und Wasserfahrzeugen u. dgl. Die Luftverunreinigung und der Betrieb störender Anlagen werden – in Betrieben unter Mitwirkung von *Immissionsschutzbeauftragten* – überwacht. Bestimmte Gebiete können durch Anlagenverbote usw. unter Sonderschutz gestellt werden. DVOen zum BImSchG betreffen *Feuerungsanlagen* (1. DVO i.d.F. vom 5. 2. 1979, BGBl. I 165), *Chemischreinigungsanlagen* (2. DVO vom 28. 8. 1974, BGBl. I 2130), Schwefelgehalt von leichtem Heizöl und Dieselkraftstoff (3. DVO vom 15. 1. 1975, BGBl. I 264), *genehmigungsbedürftige Anlagen* und *Immissionsschutzbeauftragte* (4.–6. DVO vom 14. 2. 1975, BGBl. I 504 und 12. 4. 1975, BGBl. I 957) sowie vom 24. 7. 1985 (BGBl. I 1586), *Holzstaubauswurf* (7. DVO vom 18. 12. 1975, BGBl. I 3133) und *Rasenmäherlärm* (8. DVO vom 28. 7. 1976, BGBl. I 2024). Die 9. DVO vom 18. 2. 1977 (BGBl. I 274) stellt Grundsätze für das Genehmigungsverfahren auf. Die 10. DVO vom 26. 7. 1978 (BGBl. I 1138) beschränkt das Inverkehrbringen von Erzeugnissen, die bestimmte *Schadstoffe (PCB, PCT, VC)* enthalten. Die 11. DVO vom 20. 12. 1978 (BGBl.

I 2027) regelt die vom Betreiber einer genehmigungspflichtigen Anlage abzugebenden sog. *Emmissionserklärungen,* die 12. DVO vom 27. 6. 1980 (BGBl. I 772) Maßnahmen – insbes. Sicherungs- und Meldepflichten – zur Vorsorge gegen und zur Abwehr von *Störfällen,* die bei genehmigungspflichtigen Anlagen durch Verwendung oder Entstehung umweltschädlicher – insbes. chemischer – Stoffe eintreten können. Die 13. DVO vom 22. 6. 1983 (BGBl. I 719) regelt die Errichtung, die Beschaffenheit und den Betrieb von *Großfeuerungsanlagen;* vor allem sind Grenzwerte für zulässige Emmissionen festgelegt. Die 15. DVO ist die *Baumaschinenlärm-VO* vom 10. 11. 1986 (BGBl. I 1729).

2. Sonstige umweltschützende Vorschriften auf den Gebieten der Lärmbekämpfung, Abfallbeseitigung und Luftreinhaltung

Vgl. ferner das *Benzinbleigesetz* (195 III) und das Ges. gegen *Fluglärm* (198). S. a. Waschmittelgesetz (191) sowie das Ges. zum Schutz vor gefährlichen Stoffen – *Chemikaliengesetz* – vom 16. 9. 1980 (BGBl. I 1718), das den gewerbsmäßigen und sonstigen wirtschaftlichen Verkehr mit solchen Stoffen, Anmeldepflicht, Prüfungsnachweise usw. regelt; dazu VOen vom 30. 11./2. 12. 1981 (BGBl. I 1234, 1238) betr. Anmeldung, Prüfnachweise und vom 2. 12. 1981 (BGBl. I 1239) betr. Altstoffe. S. auch die *GefahrstoffVO* vom 26. 8. 1986 (BGBl. I 1470). Das Ges. über die Vermeidung und Entsorgung von Abfällen *(Abfallgesetz)* vom 27. 8. 1986 (BGBl. I 1410) regelt die Abfallvermeidung und die *Abfallentsorgung,* d. h. das Gewinnen von Stoffen *(recycling)* oder von Energie aus Abfällen und das Ablagern von Abfällen. Vgl. ferner *Tierkörperbeseitigungsgesetz* vom 2. 9. 1975 (BGBl. I 2313) sowie VO über Tierkörperbeseitigungsanstalten vom 1. 9. 1976 (BGBl. I 2587). Die Umweltschutzregelung ist ergänzt worden durch eine Novelle zum *Wasserhaushaltsgesetz* (vgl. 191; dort auch über das *Abwasserabgabengesetz)* sowie vor allem durch das *Ges. zur Bekämpfung der Umweltkriminalität* vom 28. 3. 1980 (BGBl. I 373), das die zahlreichen dem Umweltschutz dienenden Strafbestimmungen im StGB (28. Abschn.) zusammenfaßte und z. T. verschärfte. Strafbar ist insbes. unbefugte Verunreinigung von Gewässern oder der Luft, unbefugte Abfallbeseitigung (Gifte, explosionsgefährliche, radioaktive oder stark verunreinigende Stoffe), unerlaubtes Betreiben genehmigungspflichtiger Anlagen sowie vorschriftswidrige Behandlung von Kernbrennstoffen (§§ 324 ff. StGB).

II. Naturschutz

Ein wichtiger Zweig des Umweltschutzes, der *Naturschutz,* ist im *Bundesnaturschutzgesetz* i. d. F. vom 12. 3. 1987 (BGBl. I 889) geregelt. Schutz, Pflege und Entwicklung von *Natur und Landschaft* sollen Leistungs- und Nutzungsfähigkeit der Natur sichern, die Pflanzen- und Tierwelt schützen sowie Natur und Landschaft in ihrer Vielfalt Eigenart und Schönheit erhalten (§ 1). Die vorgesehenen Maßnahmen (§ 2) umfassen auch die Erhaltung des Bodens, der Wasserflächen und der Vegetation, die Erschließung zu Erholungszwecken u. dgl. Es sind *Landschaftsprogramme,* regionale *Landschaftsrahmenpläne,* örtlich *Landschaftspläne* aufzustellen (§§ 5, 6).

Eingriffe in Natur und Landschaft sind möglichst zu vermeiden. Der Verursacher ist in Bau- o. ä. Genehmigungen bei unvermeidbaren Eingriffen zum Ausgleich (Beseitigung erheblicher Beeinträchtigungen) zu verpflichten (§ 8). Grundeigentümer und Nutzungsberechtigte können zur Duldung von Maßnahmen des

Naturschutzes und der Landschaftspflege durch Rechtsvorschrift angehalten werden, im besiedelten Bereich auch zur ordnungsgemäßen, dem Gesetzeszweck angemessenen und zumutbaren Pflege (§§ 10, 11).

Besonderen Schutz genießen *Naturschutzgebiete,* Nationalparks, Landschaftsschutzgebiete und Naturparks (§§ 12–16) sowie *Naturdenkmale;* das sind Einzelschöpfungen der Natur, deren besonderer Schutz wegen ihrer Seltenheit, Schönheit oder Eigenart oder aus naturgeschichtlichen o. ä. Gründen erforderlich ist (§ 17). Geschützt sind ferner *wildwachsende Pflanzen,* die nicht vernunftwidrig beseitigt oder genutzt, und *wildlebende Tiere,* die nicht mutwillig beunruhigt oder ohne vernünftigen Grund gefangen, verletzt oder getötet werden dürfen (§ 20d). S. hierzu die *BundesartenschutzVO* vom 19. 12. 1986 (BGBl. I 2705). Der Artenschutz erstreckt sich auch auf die Biotope und sonstigen Lebensbedingungen dieser Tiere und Pflanzen. Bestimmte Biotope, wie z. B. Moore, Dünen, Felsbildungen, Auwälder, sind vor Zerstörung oder Beeinträchtigung geschützt (§ 20d). Die Ein- und Ausfuhr bestimmter geschützter Tiere und Pflanzen ist nur unter bestimmten Voraussetzungen erlaubt (§§ 21 ff.). Errichtung und Betrieb von *Tiergehegen* sind genehmigungspflichtig (§ 24). Das Betreten der *Flur* ist auf eigene Gefahr gestattet, kann aber landesrechtlich eingeschränkt werden (§ 27).

Das BNatSchG ist ein *Rahmengesetz,* dessen Ausfüllung der Landesgesetzgebung überlassen bleibt. Bereits erlassenes Landesrecht ist anzupassen; vgl. die Naturschutzgesetze von Hessen vom 19. 9. 1980 (GVBl. I 309), Hamburg vom 2. 7. 1981 (GVBl. 167), Niedersachsen vom 20. 3. 1981 (GVBl. 31) und Berlin vom 30. 1. 1979 (GVBl. 183), das *Landschaftspflegegesetz* von Schleswig-Holstein vom 16. 4. 1973 (GVOBl. 122), das LandespflegeG von Rheinld.-Pfalz vom 5. 2. 1979 (GVBl. 36) und das LandschaftsG von NRW i. d. F. vom 26. 6. 1980 (GV.NW. 734). S. a. BaumschutzVOen Bremen vom 22. 3. 1966 (GBl. 63), Hamburg vom 17. 9. 1948 (GVBl. 103), Berlin vom 11. 1. 1982 (GVBl. 250).

III. Waldschutz

Dem Umweltschutz, aber auch einer sinnvollen wirtschaftlichen Nutzung des Waldes dient das *Bundeswaldgesetz* vom 2. 5. 1975 (BGBl. I 1037) m. Änd. vom 27. 7. 1984 (BGBl. I 1034). Es soll die Forstwirtschaft in den Staats-, Körperschafts- und Privatwäldern fördern, aber zugleich außer der Nutzfunktion auch die Schutz- und Erholungsfunktion des Waldes sichern. Hierbei sind die Interessen der Allgemeinheit und der Waldbesitzer auszugleichen.

Im einzelnen regelt das Gesetz die forstliche Rahmenplanung, die Erhaltung und Bewirtschaftung des Waldes (Beschränkung der Rodung und Umwandlung; besonderer Schutz der zu Schutz- oder Erholungswald erklärten Flächen) sowie die auf Stichprobenbasis durchzuführende Bundeswaldinventur. S. hierzu Bundeswaldinventur-VO vom 10. 3. 1986 (BGBl. I 340). Das Be treten des Waldes zum Zweck der Erholung ist allgemein gestattet. Zur besseren wirtschaftlichen Nutzung sind Forstbetriebsgemeinschaften oder -verbände und andere Zusammenschlüsse zugelassen, die staatlicher Anerkennung oder Aufsicht unterliegen.

Landesrechtliche Schutzvorschriften gelten z. B. nach den *Waldgesetzen* von Bayern i. d. F. vom 25. 8. 1982 (BayRS 7902 – 1 – E), Niedersachsen vom 12. 7. 1973 (GVBl. 233) i. d. F. vom 19. 7. 1978 (GVBl. 595), Bad.-Württemberg vom 4. 4. 1985 (GBl. 106) und Berlin vom 30. 1. 1979 (GVBl. 177).

IV. Internationale Bestrebungen zum Umweltschutz

Es wird zunehmend erkannt, daß der Umweltschutz eine internationale Aufgabe ist. Die Zahl der internationalen Übereinkommen, die Zwecken des Umweltschutzes dienen, nimmt daher ständig zu; sie haben vor allem die Verhinderung der Verschmutzung der Meere und der Luft zum Inhalt.

Z. B. *Übereinkommen vom 29. 12. 1972 über die Verhütung der Meeresverschmutzung durch das Einbringen von Abfällen und anderen Stoffen,* BGBl. 1977 II 165, 180; *Internationales Übereinkommen von 1973 vom 2. 11. 1973 zur Verhütung der Meeresverschmutzung durch Schiffe und Protokoll von 1978 vom 17. 2. 1978 zu diesem Übereinkommen,* BGBl. 1982 II 2; *Übereinkommen vom 4. 6. 1974 zur Verhütung der Meeresverschmutzung vom Lande aus,* BGBl. 1981 II 870. S. auch VO (EWG) Nr. 3528/86 über den Schutz des Waldes in der Gemeinschaft gegen Luftverschmutzung (ABl. EG Nr. L 326 S. 2).

Die auf geographisch umfassende Wirkung abzielende *Konvention über weiträumige grenzüberschreitende Luftverunreinigung vom 13. 11. 1979* (BGBl. 1982 II 373) enthält in erster Linie Absichtserklärungen, den Menschen und seine Umwelt gegen Luftverunreinigung zu schützen. Internationaler Schutz für gefährdete Tier- und Pflanzenarten soll u. a. durch das Übereinkommen vom 3. 3. 1973 über den internationalen Handel mit gefährdeten Arten freilebender Tiere und Pflanzen *(Washingtoner Artenschutzübereinkommen)* erreicht werden. (BGBl. 1975 II 773).

S. auch *Übereinkommen vom 19. 9. 1979 über die Erhaltung der europäischen wildlebenden Pflanzen und Tiere und ihrer natürlichen Lebensräume* (BGBl. 1984 II 618) und *Übereinkommen vom 23. 6. 1979 zur Erhaltung der wandernden wildlebenden Tierarten* (BGBl. 1984 II 569).

Umweltgefährdende militärische Maßnahmen sollen durch Übereinkommen vom 18. 5. 1977 über das Verbot der militärischen oder einer sonstigen feindseligen Nutzung umweltverändernder Techniken *(Umweltkriegsübereinkommen)* – BGBl. 1983 II 125 – verhindert werden.

Vom 24.–27. 6. 1984 fand in München unter Beteiligung von 31 Staaten und 4 zwischenstaatlichen Organisationen eine multilaterale *Umweltschutzkonferenz* statt. Auf der Konferenz wurde übereinstimmend die Notwendigkeit wirksamer Maßnahmen zur Reinhaltung der Luft, vor allem auch die Notwendigkeit internationaler Kooperation auf diesem Gebiet, anerkannt, um Schäden an Wäldern, Gewässern, Ökosystemen, Böden und Bauwerken einzudämmen und künftig zu verhindern. Der Ausbau der internationalen Kontroll- und Meßverfahren wurde einhellig befürwortet. Der Ausstoß von Schadstoffen – hauptsächlich Schwefeldioxyd – aus Industrieanlagen soll bis 1993 um 30 v. H. vermindert werden (einige Ostblockländer gingen allerdings diese Verpflichtung nur für den Export von Luftschadstoffen ein).

194. Das Verkehrsrecht (Überblick)

Der *Verkehr* dient der Beförderung von Personen und Gütern (Sachen) und dem Güteraustausch; er übermittelt ferner Nachrichten unter Benutzung von Verkehrsmitteln. *Verkehrswege* sind auf der Erde Wege, Straßen, Schienen, weiter die Gewässer und die Luft. Aufgabe des

Gesetzgebers ist die Ordnung aller dieser Bereiche, um Störungen zu vermeiden, Gefahren für die Allgemeinheit zu verhüten und Rechtsansprüche zu regeln. So ergeben sich viele Vorschriften, die sich gruppieren in:

a) *Straßenverkehrsrecht* (s. 195) mit Besonderheiten für *Kraftfahrzeugverkehr, Personenbeförderung* (196) und *Güterkraftverkehr* (197);
b) *Eisenbahnrecht* (s. unten) und *Postrecht* (vgl. 102);
c) *Binnenschiffahrts-, Küstenschiffahrts-* und *Seeschiffahrtsrecht* (199);
d) *Luftverkehrsrecht* (198).

Nach Art. 73 GG hat der Bund die ausschließliche Gesetzgebung über die *Bundeseisenbahnen*. Diese sind nach Art. 87 GG in bundeseigener Verwaltung mit eigenem Verwaltungsunterbau zu führen. Das Vermögen der Deutschen Bundesbahn ist Bundesvermögen (Art. 134 GG). Die Rechtsstellung der Deutschen Bundesbahn, ihre Unternehmensverfassung sowie das Verhältnis zum Bund und die Grundfragen der Wirtschaftsführung sind im *Bundesbahngesetz* vom 13. 12. 1951 (BGBl. I 955) m. spät. Änd. geregelt. Zu den gesetzlichen Grundlagen gehören ferner das Gesetz über die vermögensrechtlichen Verhältnisse der Dt. Bundesbahn *(Bundesbahnvermögensgesetz)* vom 2. 3. 1951 (BGBl. I 155) und das *Allgemeine Eisenbahngesetz* vom 29. 3. 1951 (BGBl. I 225), das Grundsätze für alle Eisenbahnen enthält. Gemäß § 3 des Allg. EisenbahnG hat die BReg. mit Zustimmung des BR *Rechtsverordnungen* für die dem öffentlichen Verkehr dienenden Eisenbahnen über Bau, Betrieb, Verkehr sowie Eisenbahnstatistik erlassen. Hierzu gehören insbesondere die *Eisenbahn-Verkehrsordnung* vom 8. 9. 1938 (RGBl. II 663), die Eisenbahn-Bau- und Betriebsordnung vom 8. 5. 1967 (BGBl. II 1563), die Eisenbahn-Signalordnung vom 7. 10. 1959 (BGBl. II 1021) – jeweils m. spät. Änd. Die Ermächtigung ist teilweise auf den BMV übertragen.

Im internationalen Verkehr auf Eisenbahnlinien bildet das *Übereinkommen vom 9. 5. 1980 über den internationalen Eisenbahnverkehr (COTIF)*, ratifiziert durch Ges. vom 23. 1. 1985 (BGBl. II 130), eine einheitliche Rechtsordnung für die Beförderung von Personen, Gepäck und Gütern einschließlich der Haftungsfragen.

Der Gefahrenabwehr dienen neben den einschlägigen Bestimmungen der Verkehrsgesetze u. a. die Vorschriften über die *Beförderung gefährlicher Güter* mit Eisenbahnen, Straßenbahnen, Wasser- und Luftfahrzeugen (Ges. vom 6. 8. 1975, BGBl. I 2121; *GefahrgutVO Eisenbahn* vom 22. 7. 1985 (BGBl. I 1560) m. Änd. vom 21. 8. 1986 (BGBl. I 1347). Über die GefahrgutVOen für den Straßen- und den Schiffsverkehr s. 197, 199.

Wegen der großen Bedeutung des Verkehrs für die gesamte Wirtschaft sind zahlreiche Verkehrsträger verstaatlicht (z. B. Eisenbahn, Post, Telegraphie, Fernsprecher), während See-, Küsten- und Binnenschiffahrt, Kraft- und Luftverkehr i. d. R. von privaten Unternehmen unter staatlicher Aufsicht betrieben werden. Aufgabe der staatlichen *Verkehrspolitik* ist, die Zusammenarbeit der Verkehrsmittel so zu regeln, daß sie sich gegenseitig ergänzen.

Ein Hauptproblem der Verkehrspolitik ist der Ausgleich des Wettbewerbs zwischen „Schiene und Straße", namentlich zwischen der Güterbeförderung mittels Eisenbahn oder Lastkraftwagen. Dieser Wettstreit hat wiederholt zu gesetzlichen Maßnahmen geführt.

Um den *Ausbau des Bundesstraßennetzes* zu finanzieren und die *Deutsche Bundesbahn,* die unter den Kriegsfolgen stark gelitten hatte, zu sanieren, sollte das

Verkehrsfinanzgesetz vom 6. 4. 1955 (BGBl. I 166) über die allgemeinen Haushaltsansätze hinaus die Mittel durch neue steuerliche Belastungen, insbes. von Lastkraftwagen, Kraftomnibussen und Anhängern, aufbringen. Zu diesem Zweck wurden die dem Bund zufließende *Mineralölsteuer,* die Kraftfahrzeugsteuer (Landessteuer) und die – inzwischen aufgehobene – *Beförderungsteuer* herangezogen, um neben einer Erhöhung der Einnahmen die Wettbewerbsbedingungen für Bundesbahn und Güterkraftverkehr auszugleichen. Den gleichen Zwecken dient das *Verkehrsfinanzgesetz 1971* vom 28. 2. 1972 (BGBl. I 201).

Die 1906 eingeführte *Kraftfahrzeugsteuer* belastete zunächst als Luxussteuer nur den privaten Fahrzeughalter, während gewerbsmäßige Personen- und Güterbeförderung steuerbefreit blieben; ab 1922 wurden auch diese besteuert, wenn auch geringer. Die Besteuerung wurde 1955 zum Ausgleich der Wettbewerbsbedingungen zwischen *Schienenbahn und Kraftwagen* erweitert. Um aber auch der *Abnutzung der Straßen* Rechnung zu tragen, erging noch ein *Straßenbaufinanzierungsgesetz* vom 28. 3. 1960 (BGBl. I 201), das Mineralöl- und Kraftfahrzeugsteuer erhöhte und das Mehraufkommen als *zweckgebundene Einnahmen* für Zwecke des Straßenwesens bestimmte. Vergünstigungen wurden für gewisse *Arbeitsmaschinen,* Schiffahrts- und Fischereifahrzeuge eingeführt und dem Werkfernverkehr im Zonenrandgebiet und in den Frachthilfegebieten eine Betriebsbeihilfe gewährt. Über das *Gemeindeverkehrsfinanzierungsgesetz* vgl. 189.

195. Das Straßenverkehrsrecht

ist über eine Reihe von Gesetzen und Verordnungen verstreut, deren wichtigste im folgenden behandelt werden. Die eigentlichen Verkehrsvorschriften und die Bestimmungen über Zulassung und Teilnahme am Straßenverkehr finden sich insbesondere im Straßenverkehrsgesetz, in der Straßenverkehrs-Ordnung und der Straßenverkehrs-Zulassungs-Ordnung (s. u. I – III). Verwaltungsrechtliche Bestimmungen enthalten weiter das Bundesfernstraßengesetz (189), das Personenbeförderungsgesetz (196) sowie das Güterkraftverkehrsgesetz (197). Diese Regelungen werden durch zahlreiche andere Bestimmungen ergänzt.

I. Das *Straßenverkehrsgesetz* (StVG)

vom 19. 12. 1952 (BGBl. I 837) m. Änd. zuletzt vom 28. 1. 1987 (BGBl. I 486), enthält die grundlegenden Verkehrsvorschriften.

Es regelt die Zulassung von Kraftfahrzeugen, Erteilung und Entziehung der Fahrerlaubnis durch die Verwaltungsbehörden, Übungs- und Prüfungsfahrten, Warnungstafeln, die *Haftpflicht des Kraftfahrzeughalters* (vgl. 332a), die Zentralkartei über Straßenverkehrsverstöße (Verkehrssünderkartei) sowie Gebühren und Kosten. Die Fahrerlaubnis wird bei erstmaligem Erwerb nur *auf Probe* erteilt (Ausnahmen für die Fahrerlaubnis der Klassen 4 und 5, s. § 12b StVZO); die Probezeit dauert 2 Jahre. Wenn der Inhaber der Fahrerlaubnis während der Probezeit bestimmte Straftaten oder Ordnungswidrigkeiten nach der Anlage zu § 2a StVG begangen hat, ordnet die zuständige Behörde die Teilnahme an einem *Nachschulungskurs* oder die *erneute Ablegung der Befähi-*

gungsprüfung für die erteilte Fahrzeugklasse an (§§ 2a ff. StVG). Herstellung, Vertrieb und Ausgabe von *Fahrzeug-Kennzeichen* sind zum Schutz gegen Mißbrauch unter besondere Überwachung gestellt. Für Zuwiderhandlungen gegen die Vorschriften über den Straßenverkehr (vgl. II) droht das Gesetz Strafen und Geldbußen an.

Das StVG ist teilweise ein Rahmengesetz. Es wird ergänzt durch die *Straßenverkehrs-Ordnung* (StVO) und die *Straßenverkehrs-Zulassungs-Ordnung* (StVZO), so z. B. hinsichtlich der Zentralkartei über Verkehrsverstöße (vgl. §§ 13ff. StVZO und 408).

II. Die *Straßenverkehrs-Ordnung* (StVO)

i. d. F. vom 16. 11. 1970 (BGBl. I 1565), m. Änd. zuletzt vom 27. 6. 1986 (BGBl. I 939), bestimmt, wie sich der Verkehrsteilnehmer im Straßenverkehr zu verhalten hat, während die Straßenverkehrs-Zulassungs-Ordnung (s. u. III) die Voraussetzungen für die Teilnahme am Straßenverkehr behandelt. Jedoch ist die Abgrenzung zwischen StVO und StVZO nicht scharf durchgeführt; beide Rechtsverordnungen überschneiden sich teilweise.

In § 1 stellt die StVO die *Generalklausel* auf, daß im Straßenverkehr ständige Vorsicht und gegenseitige Rücksicht zu üben ist; jedermann hat sich so zu verhalten, daß er keinen anderen gefährdet, schädigt oder mehr behindert oder belästigt, als nach den Umständen unvermeidbar ist. Daneben gibt es *Sonderbestimmungen* für eine bestimmte Verkehrslage (z. B. Vorfahrt, Überholen, Beachten von Verkehrszeichen), deren Nichtbeachtung stets Unrecht darstellt und bei schuldhaftem Handeln auch ohne *konkrete* Gefährdung anderer als *Ordnungswidrigkeit* geahndet werden kann. Nach dem von der Rechtsprechung herausgebildeten *Vertrauensgrundsatz* kann jeder Teilnehmer am Straßenverkehr grundsätzlich darauf vertrauen, daß andere Verkehrsteilnehmer die Verkehrsregeln beachten; das gilt aber nicht, wenn hiermit nach der Verkehrserfahrung oder nach den Umständen nicht sicher gerechnet werden kann (z. B. bei gebrechlichen Personen oder unbeaufsichtigten Kleinkindern).

Verkehrsteilnehmer ist jeder, der am öffentlichen Straßenverkehr teilnimmt (Kraftfahrer, Radfahrer, Fußgänger, Reiter, Lenker eines Fuhrwerks), i. d. R. auch der *Beifahrer*. Wegen der Geschwindigkeit seines Fahrzeuges trifft den Kraftfahrer eine *erhöhte Sorgfaltspflicht*. Erschwerte Verkehrslagen (z. B. Rückwärtsfahren) zwingen zu besonderer Vorsicht. Unkenntnis der Verkehrsregeln entschuldigt nicht. Jeder Verkehrsteilnehmer ist verpflichtet, seine Verkehrstüchtigkeit im Wege der *Selbstkontrolle* zu überprüfen (z. B. Alkoholgenuß, Nervosität, Sehkraftbeeinträchtigung). Besondere Vorsicht ist gegenüber Kindern, Hilfsbedürftigen und älteren Menschen geboten. Kinder bis 12 Jahre sind im Kfz. nach Möglichkeit auf den hinteren Sitzen unterzubringen. Es müssen *Sicherheitsgurte* angelegt werden (außer von Kindern bis zu 12 Jahren); ebenso müssen Fahrer und Beifahrer auf Krafträdern (außer sog. Mofas mit einer Höchstgeschwindigkeit von 25 km/h) *Schutzhelme* tragen. Auf Hindernisse in der Fahrbahn muß der Fahrer stets gefaßt sein. Besondere Sorgfaltspflichten bestehen beim Ein- und Aussteigen. Bei einem Verkehrsunfall hat jeder Beteiligte zu halten, sich über etwaige Folgen zu vergewissern und den Verkehr zu sichern; seine Beteiligung am Unfall muß er anderen Beteiligten oder Geschädigten angeben, auf Verlangen mit Personalangaben. Es besteht grundsätzlich *Wartepflicht* bis zu solchen Feststellungen (sonst ist die Anschrift zu hinterlassen); bei entschuldigtem Entfernen, z. B. um Verletzte ins Krankenhaus zu bringen, sind die Feststellungen nachträglich, z. B. durch Meldung bei der Polizei, zu ermöglichen (§ 34 StVO). Unerlaubtes Entfernen ist strafbar (§ 142 StGB). Über die Hilfeleistungspflicht s. 165.

Fahrzeuge haben die rechte *Fahrbahn* einzuhalten und möglichst weit rechts zu fahren; Abweichungen hiervon sind je nach Verkehrsdichte zulässig, ebenso daß rechts schneller gefahren wird als links. Innerhalb geschlossener Ortschaften können Pkw und kleinere Lkw den Fahrstreifen frei wählen. Beim *Überholen* darf der Mindestabstand von 1,5 m erheblich überschritten werden, wenn der *Gegenverkehr* es zuläßt. Der zu Überholende darf seine Geschwindigkeit nicht erhöhen. Wer einbiegen will, muß dies rechtzeitig durch den Fahrtrichtungsanzeiger zu erkennen geben; er hat sich frühzeitig möglichst weit rechts bzw. (vor Linkseinbiegen) zur Fahrbahnmitte einzuordnen. Fußgänger müssen die Gehwege und, wenn das nicht möglich ist, den Fahrbahnrand benutzen; auf diesem müssen sie bei Dunkelheit oder schlechter Sicht einzeln hintereinander und außerhalb geschlossener Ortschaften links gehen.

Die *Geschwindigkeit* richtet sich nach den Straßen-, Verkehrs-, Sicht- und Wetterverhältnissen. Der *Abstand* von voranfahrenden Fahrzeugen muß so sein, daß bei plötzlichem Bremsen des Vorausfahrenden noch rechtzeitig angehalten werden kann; für den Anhalteweg sind Reaktions- und Bremsenansprechzeit sowie der erforderliche *Bremsweg* zu berücksichtigen. Der erforderliche *Anhalteweg* darf nicht größer sein als die Sichtweite. Eine *Schrecksekunde* billigt die Rechtsprechung nur bei schuldloser Überraschung durch eine Verkehrsgefahr zu, während die natürliche *Reaktionszeit* auf unvorhersehbare Ereignisse stets in Anspruch genommen werden kann. Ein geblendeter Fahrer muß rechts heranfahren und seine Geschwindigkeit auf sofortiges Anhalten einstellen. Geschwindigkeitsbegrenzungen sind für geschlossene Ortschaften allgemein (50 km/std), außerhalb solcher für größere Kfz. örtlich durch Verkehrszeichen festgelegt; sie sind auch beim Überholen einzuhalten. Innerhalb geschlossener Ortschaften besteht außerdem die Möglichkeit, eine *Zonen-Geschwindigkeits-Beschränkung* einzuführen (s. VO vom 19. 2. 1985, BGBl. I 385). Andererseits darf nicht verkehrsbehindernd langsam gefahren werden. Auf Autobahnen sowie außerhalb geschlossener Ortschaften auf Straßen mit getrennten Fahrbahnen in einer Richtung und Straßen mit zwei Fahrbahnen in beiden Richtungen gilt eine empfohlene, nicht rechtsverbindliche „Richtgeschwindigkeit" von 130 km/std (VO vom 21. 11. 1978, BGBl. I 1824).

Fahrtrichtungsänderungen sind rechtzeitig anzuzeigen. Ein Vorfahrtsrecht entbindet nicht von der Verpflichtung zur Zeichengebung. *Warnzeichen* sind nur zulässig (und ggf. geboten) bei Gefahrenlage, sonst nur beim Überholen außerhalb geschlossener Ortschaften.

Für die *Vorfahrt* gilt die allgemeine Regel: „rechts vor links", falls keine Verkehrszeichen angebracht sind oder der Verkehr durch besondere Zeichen geregelt ist. Jedoch verbietet die *Rücksichtspflicht,* die Vorfahrt zu erzwingen. An unübersichtlichen Kreuzungen mit gleichberechtigten Straßen (anders bei geregelter Vorfahrt im städtischen Verkehr) müssen beide Verkehrsteilnehmer warten, bis sie Überblick gewonnen haben. An *Fußgängerüberwegen* (die nur benutzt werden *müssen,* wenn die Verkehrslage es erfordert, sowie an Kreuzungen und Einmündungen) ist, wenn der Fußgänger zu erkennen gibt, daß er die Straße überqueren will, langsam zu fahren und nötigenfalls zu halten; das gilt nicht für Schienenbahnen. Auch in *verkehrsberuhigten Bereichen* haben Fußgänger den Vorrang vor dem Fahrverkehr.

Halten ist unzulässig vor allem an engen und unübersichtlichen Stellen, im Bereich scharfer Kurven, auf Fußgängerüberwegen oder bis 5 m davor, auf Bahnübergängen und an gekennzeichneten Stellen. Das *Parken,* d. h. Halten länger als 3 Min. oder unter Verlassen des Fahrzeugs, ist ferner untersagt bis 5 m vor und hinter Kreuzungen und Einmündungen sowie bis 15 m vor und hinter Haltestellenschildern, an Grundstücksein- und -ausfahrten sowie an bestimmten sonstigen Stellen, wo es gefährdend oder behindernd wirkt. *Parkuhren* und *Parkscheinautomaten* sind Ausdruck eines Parkverbots mit Einschränkung für die Dauer des Laufens der Uhr; Benutzung einer *Parkscheibe* ist mit gleicher Wirkung innerhalb eines bezirklichen Zonenhalteverbots oder an gekennzeichneter Stelle gestattet.

Zuwiderhandlungen gegen die meisten Gebote und Verbote der StVO (vgl. § 49) können als *Ordnungswidrigkeiten* mit Geldbuße, bei grober oder beharrlicher Pflichtverletzung auch mit Fahrverbot geahndet werden (§§ 24ff. StVG); über polizeiliche Verwarnung vgl. §§ 56–58 OWiG und 170. Im Interesse gleichmäßiger Ahndung von Verkehrsordnungswidrigkeiten haben die Länder Verwaltungsvorschriften über die zentrale Behandlung der Einzelfälle und Richtlinien für die Bußgeldhöhe bei den häufigsten Tatbeständen erlassen (z. B. Mißachtung von Rotlicht oder Haltzeichen oder Verletzung der Wartepflicht an Kreuzungen durch Kfz.- oder sonstige Fahrzeugführer 100 bzw. 50 DM; Gefährdung beim Abbiegen oder Wenden 60–300 DM; überhöhte Geschwindigkeit je nach Stkm 60–400 DM, u. U. Fahrverbot; unvorschriftsmäßige Fahrzeugbeladung je nach Tatart oder Gefährdungsgrad 50–250 DM oder 100–500 DM). Vgl. z. B. Fassung für Bayern: bay. MABliV 1975, 845 m. spät. Änd. Künftig erläßt der Bundesminister für Verkehr durch VO Vorschriften über Geldbußenregelsätze (§ 26a StVG). Wenn in einem Bußgeldverfahren wegen eines Halt- oder Parkverstoßes der verantwortliche Fahrer nicht ermittelt werden kann, so werden dem Halter die Kosten des Verfahrens auferlegt (§ 25a StVG).

Nach § 315c Abs. 1 Nr. 2 StGB wird mit Freiheitsstrafe bis zu 5 Jahren oder mit Geldstrafe bestraft, wer grob verkehrswidrig und rücksichtslos die *Vorfahrt* nicht beachtet, falsch überholt oder an unübersichtlichen Stellen, an Straßenkreuzungen oder -einmündungen zu schnell fährt und dadurch eine Gefahr für Leib und Leben, sei es auch nur eines einzelnen Menschen, oder für bedeutende Sachwerte herbeiführt, die in fremdem Eigentum stehen.

Als Maßregel der Besserung und Sicherung (396 IV) kann das Gericht die *Erlaubnis zum Führen von Kfz.* entziehen, und zwar auch schon vor Aburteilung durch Beschluß, um die Allgemeinheit vor weiterer Gefährdung zu schützen (§ 111a StPO). Hierzu und über das *Fahrverbot* vgl. 407.

In der *DDR* gilt die Straßenverkehrs-Ordnung vom 26. 5. 1977 (GBl. I 257) m. spät. Änd., die u. a. folgende Abweichungen von der StVO der BRep. aufweist: *Halte- oder Parkverbote* gelten bis zur nächsten Kreuzung oder Einmündung, Parkordnungen bis 10 m vor der Kreuzung (Einmündung). Die *Höchstgeschwindigkeit* für alle Fahrzeuge beträgt innerhalb von Ortschaften 50 km/std (wie in der BRep.), außerhalb 80 km/std, auf Autobahnen 100 (schwere Fahrzeuge 80) km/std. In einer Entfernung von 80 m vor bis 80 m hinter *Bahnübergängen* ist Halten (außer vor Warnkreuzen), Parken und Wenden verboten. Im Kfz. dürfen nur so viele Personen ab 12. Lebensjahr mitgenommen werden, wie nach dem Zulassungsschein Sitze vorhanden sind, jüngere Kinder sonst auch bei entsprechenden Sicherungsmaßnahmen. Bei *Verkehrsunfällen* ist die Volkspolizei stets bei Personenschäden sowie bei Gefahren oder Störungen für den Verkehr zu verständigen.

III. Die *Straßenverkehrs-Zulassungs-Ordnung* (StVZO)

i. d. F. vom 15. 11. 1974 (BGBl. I 3193 m. Änd. zul. vom 31. 12. 1986 (BGBl. 1987 I 80) läßt grundsätzlich jedermann zum Verkehr auf öffentlichen Straßen zu, soweit nicht eine besondere Erlaubnis vorgeschrieben ist (§ 1). Wer infolge geistiger oder körperlicher Mängel sich nicht sicher im Verkehr bewegen kann, darf an ihm nur teilnehmen, wenn in geeigneter Weise Vorsorge getroffen ist, daß er andere nicht gefährdet (§ 2). Wer auf öffentl. Straßen ein *Kraftfahrzeug* führen will, bedarf einer *Fahrerlaubnis,* die durch eine amtliche Bescheinigung, den *Führerschein,* nachzuweisen ist (§ 4). Zur *Mofa-Prüfbescheinigung* s. § 4a.

Die *Fahrerlaubnisse* sind in 7 Klassen eingeteilt. Das Mindestalter der Kfz-Führer beträgt für die Klasse 1 (Krafträder mit mehr als 50 cm^3 oder einer Höchstgeschwindigkeit von mehr als 50 km/h) 20 Jahre, für die Klasse 3 (Pkw) 18 Jahre, für die Klasse 2 (Kfz von mehr als 7,5 t) 21 Jahre und für die Klassen 4 (Kleinkrafträder, Fahrr. m. Hilfsm.) und 5 (Krankenfahrstühle, Kfz mit einer Höchstgeschwindigkeit von 25 km/h) 16 Jahre. Bei der Klasse 1a (Krafträder der Klasse 1 mit einer Nennleistung von nicht mehr als 20 kW und einem Leergewicht von nicht weniger als 7 kg/kW) beträgt das Mindestalter 18 Jahre, bei Klasse 1b (Leichtkrafträder) 16 Jahre. Die Verwaltungsbehörde kann Ausnahmen zulassen (§§ 5, 7). Andere Kfz dürfen nur von mindestens 15jährigen geführt werden. Hinsichtlich der Merkmale eines *Leichtmofas* und der für dieses geltenden Vorschriften s. Leichtmofa-AusnahmeVO vom 26. 2. 1987 (BGBl. I 755). Über den Nachweis der Unterweisung bzw. Ausbildung in Unfallhilfe vgl. §§ 8a, b. Wegen der Mindestanforderungen an das Sehvermögen sowie wegen des *Sehtests* s. § 9a. Zur Erteilung der Fahrerlaubnis auf Probe s. oben I.

Die regelmäßige *Arbeitszeit* für Kraftfahrer und Beifahrer richtet sich in beschränktem Umfang noch nach § 15a, im übrigen nach der EWG-VO Nr. 3820/85 vom 20. 12. 1985 (s. näher 608). Das Ges. über das *Fahrpersonal im Straßenverkehr* i. d. F. vom 19. 2. 1987 (BGBl. I 640) und DVO vom 22. 8. 1969 (BGBl. I 1307) m. letzter Änd. vom 9. 12. 1986 (BGBl. I 2344) verbietet Akkordlöhne, Prämien oder Zuschläge nach zurückgelegter Fahrstrecke oder beförderten Gütermengen; es ermächtigt den BMV zum Erlaß von Durchführungsbestimmungen zur EWG-VO. Zur *Beschäftigung von Frauen auf Fahrzeugen* vgl. 621 I. Die betreffenden Regelungen entsprechen dem Europ. Übereinkommen vom 1. 7. 1970 über die Arbeit des im *internationalen Straßenverkehr* beschäftigten Fahrpersonals (AETR; BGes. vom 16. 12. 1974, BGBl. II 1473, i. d. F. vom 31. 7. 1985, BGBl. II 889).

Für alle Kfz. und Anhänger besteht grundsätzliche *Zulassungspflicht.* Ausnahmen gelten für solche, von denen geringere Gefahren ausgehen, z. B. bei Höchstgeschwindigkeit von 6 km/h sowie bei Kleinkrafträdern, Leichtkrafträdern und Fahrrädern mit Hilfsmotor (§§ 16ff.). Für reihenweise gefertigte Kfz. wird die Betriebserlaubnis durch *Typenschein* erteilt (§ 20). Auf Grund der Betriebserlaubnis wird ein *Fahrzeug(Anhänger)brief* ausgefertigt; er dient als Grundlage für die Zuteilung des amtlichen *Kennzeichens;* diese ist bei der Zulassungsstelle zu beantragen, in deren Bezirk das Kfz. seinen regelmäßigen Standort (Heimatort) haben soll. Nach Zuteilung des Kennzeichens wird ein *Fahrzeug(Anhänger)schein* mit Angaben über den Halter ausgestellt (§§ 23, 24 StVZO). Prüfungs-, Probe- und Überführungsfahrten dürfen auch ohne Betriebserlaubnis mit rotem Kennzeichen ausgeführt werden (§ 28). Die Halter von Fahrzeugen müssen in angemessenen Zeitabständen (i. d. R. 2 Jahre, für Lkw, Omnibusse, Taxis usw. 1 Jahr) die Vorführung der Kfz. und Anhänger zur *technischen Überprüfung* veranlassen, die durch eine *Prüfplakette* nachzuweisen ist (§ 29). Über Pflichtversicherung (Haftpflicht) s. u. IV.

Die StVZO enthält weiter *Bau- und Betriebsvorschriften.* Jedes Kfz. muß für den verkehrsüblichen Betrieb verkehrssicher gebaut und ausgerüstet sein und in betriebssicherem und straßenschonendem Zustand gehalten werden. Hierfür sind Kfz.-Führer und -Halter verantwortlich; letzteren trifft insbesondere eine Überwachungspflicht (§§ 30, 31). Bei Verkehrsverstößen kann dem Kfz.-Halter die Führung eines *Fahrtenbuches* auferlegt werden, wenn der Fahrer nicht festzustellen war (§ 31a). Im Interesse der Verkehrssicherheit und zur Verhütung vermeidbarer Belästigungen bestimmt § 22a StVZO, daß bestimmte Teile von Kraftfahrzeugen und Anhängern in einer amtlich genehmigten Bauart ausgeführt sein müssen. Eine *Fahrzeugteileverordnung* i. d. F. vom 30. 9. 1960 (BGBl. I 782) m. spät. Änd. enthält die näheren Bestimmungen über Prüfung und Kennzeichnung bauartengenehmigungspflichtiger Fahrzeugteile. Über *Sicherheitsgurte* s. § 35a Abs. 7. Die Verwendung von *Spikes-Reifen* ist nicht mehr zulässig. Der *Bleigehalt* der Otto-Kraftstoffe für Kfz.-Motoren ist durch das *Benzinbleigesetz* vom 5. 8. 1971 (BGBl. I 1234) – zuletzt geändert am 26. 11. 1986 (BGBl. I 2089) – begrenzt; dazu 1. DVO vom 7. 12. 1971 (BGBl. I 1966). S. a. BenzinqualitätsangabeVO i. d. F. vom 1. 8. 1984 (BGBl. I 1069) m. spät. Änd. Autofahrer, die einen Personen- oder Lastkraftwagen mit Benzinmotor fahren, müssen jährlich durch eine *Abgassonderuntersuchung* (ASU) feststellen lassen, ob der Motor ihres Kfz zur Minimierung der Schadstoffemission richtig eingestellt ist. Die ASU wird vom Technischen Überwachungsverein (TÜV) oder anerkannten Kfz-Werkstätten durchgeführt und durch eine Prüfplakette am vorderen Kfz-Kennzeichen bescheinigt (§ 47a StVZO).

Zuwiderhandlungen gegen Vorschriften der StVZO können als Ordnungswidrigkeiten i. S. des § 24 StVG nur in den in § 69a StVZO bezeichneten Fällen geahndet werden. Über das Verkehrszentralregister („Verkehrssünderkartei“) s. 408. Beim Kraftfahrt-Bundesamt wird ein *Zentrales Fahrzeugregister* über die Fahrzeuge geführt, für die ein Kennzeichen zugeteilt worden ist (§§ 31 ff. StVG).

In der *DDR* gilt die Straßenverkehrs-Zulassungs-Ordnung vom 30. 1. 1964 (GBl. DDR II 373) m. spät. Änd.

IV. Ergänzend gelten insbesondere folgende Vorschriften:

Das *Internationale Abkommen über Kraftfahrzeugverkehr* vom 24. 4. 1926 (RGBl. 1930 II 1233) m. letzt. Änd. vom 23. 11. 1982 (BGBl. I 1533) regelt die Zulassung und Kennzeichnung von Kraftfahrzeugen sowie die Fahrerlaubnis im zwischenstaatlichen Verkehr. Die innerstaatliche VO über *internationalen Kraftfahrzeugverkehr* vom 12. 11. 1934 (RGBl. I 1137) m. letzter Änd. vom 13. 12. 1985 (BGBl. I 2276), behandelt Zulassung und Kennzeichnung ausländischer Kraftfahrzeuge.

Das *Kraftfahrsachverständigengesetz* vom 22. 12. 1971 (BGBl. I 2086) nebst DVO vom 24. 5. 1972 (BGBl. I 854) bestimmt die Voraussetzungen, unter denen *Kraftfahrsachverständige* und *Prüfer für den Kraftfahrzeugverkehr* amtlich anerkannt werden können, und regelt das Prüfungsverfahren. Das *Fahrlehrergesetz* vom 25. 8. 1969 (BGBl. I 1336) nebst DVO vom 16. 9. 1969 (BGBl. I 1763) m. spät. Änd. regelt die Voraussetzungen für die Erteilung der Fahrlehrererlaubnis und der Fahrschulerlaubnis sowie die Anerkennung von Fahrlehrerausbildungsstätten und die Überwachung durch Landesbehörden. S. ferner Fahrschüler-Ausbildungsordnung vom 31. 5. 1976 (BGBl. I 1366) und Fahrlehrer-Ausbildungsordnung vom 13. 5. 1977 (BGBl. I 733) sowie Fahrlehrer-Prüfungsordnung vom 27. 7. 1979 (BGBl. I 1263).

Für Kraftfahrzeughalter besteht eine *Pflicht zum Abschluß einer Haftpflichtversicherung* – auch zugunsten des Eigentümers und des Fahrers – zwecks Deckung der durch den Gebrauch des Kfz. entstehenden Personen-, Sach- und sonstigen Vermögensschäden nach Maßgabe des Gesetzes vom 5. 4. 1965 (BGBl. I 213). Auch ausländische Kraftfahrzeuge und Kraftfahrzeuganhänger dürfen in der BRep. auf öffentlichen Straßen oder Plätzen nur beim Bestehen einer entsprechenden Versicherung benutzt werden; vgl. Ges. vom 24. 7. 1956 (BGBl. I 667). Über den Nachweis des Versicherungsschutzes vgl. §§ 29a ff. StVZO; über Wegfall des Versicherungsnachweises für Kfz. aus dem Bereich der EWG und über erweiterten EWG-Versicherungsschutz s. VO vom 8. 5. 1974 (BGBl. I

1062). S. ferner VO zur Erleichterung des Ferienreiseverkehrs auf der Straße *(FerienreiseVO)* vom 13. 5. 1985 (BGBl. I 774).

Für *Straßenbahnen* besteht eine *Bau- und Betriebsordnung* – BO Strab – vom 31. 8. 1965 (BGBl. I 1513).

196. Das Personenbeförderungsgesetz

Das PBefG vom 21. 3. 1961 (BGBl. I 241) m. spät. Änd. regelt die entgeltliche oder geschäftsmäßige Beförderung von Personen mit *Straßenbahnen,* Oberleitungsomnibussen *(Obussen)* und *Kraftfahrzeugen* (Kfz.). Wer mit Straßenbahnen, Obussen, mit Kfz. im *Linienverkehr* oder im *Gelegenheitsverkehr* Personen befördert, bedarf einer Genehmigung (§ 2). Für Straßenbahnen und Obusse bestehen Sonderbestimmungen (§§ 28 – 41), insbes. über Planfeststellung und Enteignung, Benutzung öffentl. Straßen, Bau- und Unterhaltungspflicht, Beförderungsentgelte, Fahrpläne. Auch Linienverkehr und Gelegenheitsverkehr mit Kfz. sind besonders geregelt (§§ 42ff., 46ff.), ebenso grenzüberschreitender und Transitverkehr (§§ 52, 53).

Dem PBefG unterliegen nicht Beförderungen mit Pkw, wenn das Gesamtentgelt die Betriebskosten der Fahrt nicht übersteigt (§ 1 Abs. 2).

Straßenbahnen sind Schienenbahnen zur Beförderung von Personen im Orts- oder Nachbarschaftsbereich, die den Verkehrsraum öffentl. Straßen benutzen und sich mit ihren baulichen und betrieblichen Einrichtungen sowie ihrer Betriebsweise der Eigenart des Straßenverkehrs anpassen; ebenso, wenn sie zwar einen besonderen Bahnkörper haben, aber den vorbezeichneten Bahnen gleichen oder ähneln; gleichgestellt sind Hoch- und Untergrundbahnen, Schwebebahnen u. dgl. im Orts- oder Nachbarschaftsbereich, nicht aber Berg- und Seilbahnen (§ 4 Abs. 1, 2).

Obusse sind elektr. angetriebene, nicht schienengebundene Straßenfahrzeuge, die ihre Antriebsenergie einer Fahrleitung entnehmen (§ 4 Abs. 3).

Kraftfahrzeuge sind Straßenfahrzeuge, die durch eigene Maschinenkraft bewegt werden, ohne an Schienen oder an eine Fahrleitung gebunden zu sein. Dazu zählen *Personenkraftwagen* (Pkw), die nach Bauart und Ausstattung nicht mehr als 9 Personen (einschl. Führer) zu befördern geeignet und bestimmt sind, ferner *Kraftomnibusse,* die mehr als 9 Personen befördern sollen, und *Lastkraftwagen* (Lkw), die nach Bauart und Einrichtung zur Beförderung von Gütern bestimmt sind (§ 4 Abs. 4).

Linienverkehr ist eine zwischen bestimmten Ausgangs- und Endpunkten eingerichtete regelmäßige Verkehrsverbindung, auf der Fahrgäste an bestimmten Haltestellen ein- und aussteigen können (§ 42). Sonderformen des L. sind der *Berufsverkehr* von Berufstätigen zwischen Wohnung und Arbeitsstätte, die *Schülerfahrten* von Schülern zwischen Wohnung und Lehranstalt, die *Marktfahrten* von Personen zum Besuch von Märkten und Fahrten von Theaterbesuchern (§ 43). Zum *Gelegenheitsverkehr* zählen der Verkehr mit Kraftdroschken (Taxen), Mietomnibussen und Mietwagen sowie Ausflugsfahrten und Ferienzielreisen (§ 46). Die Genehmigung zum Betrieb von Taxen kann im öffentlichen Verkehrsinteresse so beschränkt werden, daß die Anzahl der Zulassungen die Funktionsfähigkeit des örtlichen Taxengewerbes nicht bedroht.

Über Aufsicht, Prüfungsbefugnisse und das Rechtsmittelverfahren vgl. §§ 54ff.

Für den *Betrieb von Kraftfahrunternehmen im Personenverkehr* regelt die VO vom 21. 6. 1975 (BGBl. I 1573) – BOKraft – Betriebsleitung, Fahrdienst, Beförderung und Verhalten der Fahrgäste, Ausrüstung und Beschaffenheit der Fahrzeuge. Sondervorschriften bestehen für Obus-, Linien- und Droschkenverkehr und für die Untersuchungen der Fahrzeuge. Die *Bau- und Betriebsordnung für Straßenbahnen* – BOStrab; vgl. 195 IV – enthält u. a. Vorschriften über Betriebsleitung, Betriebsanlagen, Beschaffenheit der Fahrzeuge, Fahrzeuglenkung, Verhalten der Fahrgäste usw.

Zum *Internationalen Personenverkehr* vgl. § 57a PBefG sowie EWG-VOen Nr. 516/72, 517/72, 1172/72 und DVO vom 30. 12. 1977 (BGBl. 1978 I 148).

197. Güterkraftverkehr

ist die Beförderung von Gütern mit Kraftfahrzeugen für andere. Die näheren Bestimmungen enthält das *Güterkraftverkehrsgesetz* (GüKG) i. d. F. vom 10. 3. 1983 (BGBl. I 256) m. spät. Änd.

Im *Güterkraftverkehr* wird unterschieden zwischen

a) dem *Güternahverkehr,* d. h. der Beförderung innerhalb der Nahzone, und
b) dem *Güterfernverkehr,* der Güter mit einem Kfz. über die Grenzen der Nahzone hinaus oder außerhalb dieser Grenzen befördert (einschl. „Huckepackverkehr" = Beförderung teilweise mit Kfz., teilweise im Kfz. auf Eisenbahn oder Binnenschiff).

Die *Nahzone* ist das Gebiet innerhalb eines Umkreises von 50 km, gerechnet in der Luftlinie vom Mittelpunkt des *Standorts* des Kfz. (Ortsmittelpunkt) aus. Zur Nahzone gehören alle Gemeinden, deren Ortsmittelpunkt innerhalb der Nahzone liegt. Sie ist für jede Gemeinde von der nach Landesrecht zuständigen Behörde öffentlich bekanntzugeben (§ 2 GüKG).

Der BMV setzt mit Zustimmung des BR unter Berücksichtigung des öffentlichen Verkehrsbedürfnisses und der Verkehrssicherheit auf den Straßen die Höchstzahl der Kfz. für den allg. Güterfernverkehr und den *Bezirksgüterfernverkehr* (mit Bezirksgenehmigung für einen Umkreis von höchstens 150 km) fest und teilt sie auf die Länder auf (§ 9 GüKG). S. Höchstzahlen-VO vom 9. 12. 1986 (BGBl. I 2452).

Der *Güterfernverkehr* ist stets genehmigungspflichtig. Nur zuverlässige, finanziell leistungsfähige Unternehmer dürfen die *Genehmigung* erhalten, wenn sie oder der Geschäftsführer fachlich geeignet sind (§§ 8, 10 GüKG; VO über Nachweis der Eignung und Sachkunde vom 10. 12. 1985, BGBl. I 2218). Beförderungen sind zu *Festtarifen* auszuführen, die von *Tarifkommissionen* festgestellt und von der *Bundesanstalt für den Güterfernverkehr* überwacht werden (§§ 20ff., 53ff., 84ff. GüKG); sie entsprechen im wesentlichen dem Dt. Eisenbahn-Gütertarif. Die Unternehmen dürfen ihre gesetzliche Haftung nicht durch Vertrag einschränken und sind gegen alle Schäden, für die sie nach den Beförderungsbedingungen haften, versicherungspflichtig. Sie haben für die Ausfertigung von Beförderungs- und Begleitpapieren zu sorgen, ein *Fahrtenbuch* und ordnungsmäßige Bücher über alle Beförderungsgeschäfte zu führen (§§ 26ff.).

Sondervorschriften bestehen für den *Umzugsverkehr* (§§ 37–44), für den *Güterfernverkehr der Deutschen Bundesbahn* (§§ 45–47) und für den *Werkverkehr* (§§ 48 bis 52). Darunter fällt jede Beförderung von Gütern für eigene Zwecke eines Unternehmens (Hilfstätigkeit). Der *Werkfernverkehr* ist weder genehmigungs- noch tarif- oder versicherungspflichtig; doch sind für größere Kfz. u. a. Beförderungs- und Begleitpapiere vorgeschrieben.

Im *Güternahverkehr* ist eine *Erlaubnis* erforderlich, wenn er mit Lkw mit mehr als 750 kg Nutzlast gewerbsmäßig betrieben werden soll (§§ 80–89). Außer der Erlaubnis ist eine *Genehmigung* erforderlich für den *Güterliniennahverkehr,* der zwischen bestimmten Ausgangs- und Endpunkten linien- und regelmäßig betrieben werden soll (§§ 90–97).

Das GüKG ist gemäß Art. 74 Nr. 11 GG im Rahmen der konkurrierenden Gesetzgebung erlassen. Es geht über den Charakter eines Ordnungsgesetzes hinaus, da die Bundesregierung nach § 7 mit dem Ziel bester Verkehrsbedienung darauf hinzuwirken hat, daß die Wettbewerbsbedingungen der verschiedenen Verkehrsträger angeglichen, i. S. eines lauteren Wettbewerbs die Aufgaben unter ihnen volkswirtschaftlich sinnvoll verteilt und Leistungen und Entgelte aufeinander abgestimmt werden *(Koordinierungspflicht).*

Die VO über die *Tarifüberwachung* im Güterfernverkehr vom 11. 12. 1984 (BGBl. I 1518) regelt die Überwachung der Tarifeinhaltung durch die Bundesanstalt für den Güterfernverkehr, insbes. Fahrtenbücher und Beförderungspapiere. Die Unterlagen für die *Frachtenprüfung* sind der Außenstelle der Bundesanstalt bis zum 10. des folgenden Monats vorzulegen. Tarifabweichungen unterliegen einer Nachweisungspflicht.

Über die *Beförderung gefährlicher Güter auf der Straße* vgl. Europ. Übereinkommen vom 30. 9. 1957 (BGes. vom 18. 8. 1969, BGBl. II 1489) sowie VO vom 22. 7. 1985 (BGBl. I 1550) mit AusnahmeVO vom 25. 9. 1985 (BGBl. I 1925) m. letzter Änd. vom 30. 9. 1986 (BGBl. I 1612). S. ferner Ges. vom 6. 8. 1975 (BGBl. I 2121), das für die Beförderung gefährlicher Güter durch Eisenbahn-, Straßen-, Wasser- und Luftfahrzeuge – nicht nur für den Güterkraftverkehr – gilt. Über gefährliche *Seefrachtgüter* und Beförderung gefährlicher Güter auf *Bundeswasserstraßen* s. 199.

Zum *grenzüberschreitenden Güterkraftverkehr* vgl. VOen vom 19. 12. 1968 (BGBl. I 1364, 1366) m. spät. Änd. und VO über den grenzüberschreitenden Güterverkehr mit CEMT-Genehmigungen vom 17. 7. 1974 (BGBl. I 1521) m. spät. Änd. Betreffend den *Huckepackverkehr* s. die VO über den grenzüberschreitenden kombinierten Güterverkehr Schiene–Straße und Binnenwasserstraße–Straße i. d. F. vom 5. 12. 1983 (BGBl. I 1396).

198. Das Luftfahrtrecht

I. Luftfahrtrechtsvorschriften:

Die grundlegenden Vorschriften des Luftfahrtrechts enthält das *Luftverkehrsgesetz* (LuftVG) i. d. F. vom 14. 1. 1981 (BGBl. I 61) m. spät. Änd. Der I. Abschnitt enthält die Vorschriften über den *Luftverkehr.* Der II. Abschnitt regelt die damit zusammenhängende *Haftpflicht,* also privatrechtliche Fragen. Hierbei wird zwischen der Haftung für *nicht beförderte* Personen und Sachen und der Haftung aus dem *Beförderungsvertrag* unterschieden.

Das LuftVG wird ergänzt durch die *Luftverkehrs-Ordnung* (LuftVO) i. d. F. vom 14. 11. 1969 (BGBl. I 2117) m. spät. Änd. und die Luftverkehrs-Zulassungs-Ordnung (LuftVZO) i. d. F. vom 13. 3. 1979 (BGBl. I 308). Die LuftVO behandelt die Pflichten der Luftverkehrsteilnehmer und die Luftfahrtregeln; die LuftVZO enthält Vorschriften über die Zulassung des Luftfahrtgeräts, Verwendung und Betrieb, über Flugplätze, Luftfahrtpersonal und Versicherungen.

Als *Luftfahrtzeuge* (Lfz.) werden Flugzeuge, Drehflügler, Luftschiffe, Segelflugzeuge, Motorsegler, Frei- und Fesselballone, Drachen, Fallschirme, Flugmodelle u. a. für die Benutzung des Luftraums bestimmte Geräte angesehen (§ 1 LuftVG). Deutsche Lfz. dürfen erst nach einer *Verkehrszulassung* starten und müssen in der *Luftfahrzeugrolle* eingetragen sein (§ 2); dazu BauO, PrüfO und BetriebsO für Luftfahrtgerät vom 16. 8. 1974 (BGBl. I 2058), vom 16. 5. 1968 (BGBl. I 416) und vom 4. 3. 1970 (BGBl. I 262) sowie VO über Flugsicherungsausrüstung der Lfze. vom 11. 6. 1968 (BGBl. I 646). Wer ein Lfz. führt oder bedient, bedarf einer Erlaubnis als *Luftfahrer* (§ 4). Wer Luftfahrer ausbilden will, braucht eine Lehrberechtigung, die nach der VO über Luftfahrtpersonal i. d. F. v. 13. 2. 1984 (BGBl. I 265) erteilt wird *(Fluglehrer)*, und eine besondere Erlaubnis (§ 5).

Die Einrichtung von *Flugplätzen* behandeln die §§ 6–19b. *Luftfahrtunternehmen* und Luftfahrtveranstaltungen sind genehmigungspflichtig. Einer besonderen Genehmigung bedarf auch der *Fluglinienverkehr* (§§ 20–24). Die Verkehrsvorschriften (§§ 25–27) erlauben ein Starten und Landen außerhalb der festgelegten Start- und Landebahnen und Betriebszeiten sowie außerhalb genehmigter Flugplätze nur mit behördlicher Erlaubnis und mit Zustimmung des Flugplatzunternehmers bzw. Grundstückseigentümers (Ausnahmen bei Gefahr). Bestimmte *Lufträume* können vorübergehend oder dauernd zu *Luftsperrgebieten* erklärt werden. Waffen, Munition, radioaktive Stoffe, Sprengstoffe usw. dürfen nur mit behördlicher Erlaubnis im Lfz. mitgenommen werden. Von einem Lfz. aus dürfen *Lichtbildaufnahmen* außerhalb des Fluglinienverkehrs nur mit behördlicher Erlaubnis gefertigt werden.

Es ist für Zwecke der *Zivilluftfahrt* eine *Enteignung* möglich (§ 28). Die *Luftaufsicht* zur Abwehr von Gefahren ist Aufgabe der *Luftfahrtbehörden* (§ 29). Sondervorschriften bestehen für die Bundeswehr, den Bundesgrenzschutz, die Polizei und die Stationierungsstreitkräfte (§ 30). Der BMV kann mit Zustimmung des BR RechtsVOen zur Durchführung des Gesetzes erlassen, z. B. über das Verhalten im Luftraum, die Anforderungen an die Luftfahrzeuge, die Erlaubnispflichten usw. (§ 32); s. z. B. *LuftsicherheitsVO* vom 17. 5. 1985 (BGBl. I 788) sowie *UnterschallVO* vom 1. 7. 1986 (BGBl. I 1097). Zum *Schutz gegen Fluglärm,* der nach Möglichkeit zu vermindern ist (§ 29b), bestimmt das Ges. vom 30. 3. 1971 (BGBl. I 282) m. spät. Änd., daß Krankenhäuser, Schulen u. ä. besonders schutzbedürftige Einrichtungen nicht in bestimmten *Lärmschutzbereichen* und Wohnungen nicht in einer Schutzzone errichtet werden dürfen. Wegen des Bauverbots kann Entschädigung, für bauliche *Schallschutzmaßnahmen* (über die Anforderungen hierfür s. VO vom 5. 4. 1974, BGBl. I 903) Aufwendungsersatz verlangt werden.

Über die in den §§ 33–52 geregelte *Haftpflicht* vgl. 332a. Die §§ 58–63 enthalten Straf- und Bußgeldbestimmungen.

In der *DDR* ist das Ges. über die Luftfahrt vom 27. 10. 1983 (GBl. I 277) maßgebend.

II. Die Luftverkehrsverwaltung:

Nach dem durch Gesetz vom 6. 2. 1961 (BGBl. I 65) eingefügten Art. 87d GG wird die *Luftverkehrsverwaltung* in bundeseigener Verwaltung geführt. Jedoch können durch ein mit Zustimmung des BR erlassenes Bundesgesetz Aufgaben der Luftverkehrsverwaltung den Ländern als Auftragsverwaltung übertragen werden.

Durch Ges. vom 30. 11. 1954 (BGBl. I 354) wurde ein *Luftfahrt-Bundesamt* als Bundesoberbehörde für Aufgaben der Zivilluftfahrt mit Sitz in Braunschweig errichtet. Es untersteht dem BMV. Rechtsgrundlage des Ges. sind die Art. 73 Nr. 6 und 87 Abs. 3 GG. Dem Bundesamt obliegt die Prüfung und Überwachung der Luftfahrtgeräte und des Personals auf Luftsicherheit und Lufttüchtigkeit, die Führung der Lfz.-Rolle usw. Zur Sicherung der Luftfahrt, insbesondere durch Luftverkehrskontrolle, Nachrichtenübermittlung und Luftnavigationshilfen, wurde durch Ges. vom 23. 3. 1953 (BGBl. I 70) die *Bundesanstalt für Flugsicherung* in Frankfurt a. M. errichtet.

III. Abkommen zum internationalen Luftverkehr:

Über den *internationalen Luftverkehr* hat die Bundesrepublik Deutschland u. a. mit den USA, Großbritannien, Frankreich und der UdSSR Vereinbarungen getroffen (BGBl. 1956 II 403, 1071, 1077; 1972 II 1525). Die BRep. ist ferner dem Abkommen vom 7. 12. 1944 über die *Internationale Zivilluftfahrt* und der Vereinbarung über den Durchflug im *Internationalen Fluglinienverkehr* durch Gesetz vom 7. 4. 1956 beigetreten (BGBl. II 411). Das Tokioter Abkommen vom 14. 9. 1963 über *strafbare und bestimmte andere an Bord von Luftfahrzeugen begangene Handlungen* (BGes. vom 4. 2. 1969, BGBl. II 121) behandelt die Befugnisse des Lfz-Kommandanten bei Straftaten und anderen gegen die Sicherheit, Ordnung und Disziplin an Bord von Flugzeugen gerichteten Handlungen sowie die Gerichtsbarkeit (i. d. R. Eintragungsstaat) und Maßnahmen bei *Luftpiraterie*. Das in Den Haag am 16. 12. 1970 geschlossene Übereinkommen zur *Bekämpfung der widerrechtlichen Inbesitznahme von Luftfahrzeugen* erweitert die Zuständigkeiten der Gerichtsbarkeit; es regelt ferner die Verpflichtung der Vertragsstaaten zur Hilfeleistung für Kommandant, Passagiere und Flugzeug. Die BRep. ist beiden Abkommen beigetreten (BGes. vom 6. 11. 1972, BGBl. II 1505). Ein weiteres, in Montreal am 23. 9. 1971 getroffenes Übereinkommen zur *Bekämpfung widerrechtlicher Handlungen gegen die Sicherheit der Zivilluftfahrt* (BGes. vom 8. 12. 1977, BGBl. II 1229) verpflichtet die Vertragsstaaten, bestimmte Straftaten mit schwerer Strafe zu bedrohen, die vertraglich festgelegten Maßnahmen zur Strafverfolgung zu treffen, die Taten als Auslieferungsdelikt zu behandeln und Rechtshilfe zu leisten.

Ein Abkommen zur Vereinheitlichung der Regeln über die *Beförderung im internationalen Luftverkehr* wurde in Warschau am 12. 10. 1929 unterzeichnet. Dieses *Warschauer Abkommen* i. d. F. von Den Haag 1955 ist im BGBl. 1958 II 312 bekanntgegeben worden. Es gilt in der BRep. seit 1. 8. 1963 (Bek. vom 14. 8. 1964, BGBl. II 1295).

199. Schiffahrtsrecht

Die Schiffahrt auf Binnenwasserstraßen sowie die Hochsee- und Küstenschiffahrt fallen in die konkurrierende Gesetzgebungszuständigkeit des Bundes; der Bund nimmt die überregionalen Aufgaben der Binnenschiffahrt und die ihm durch Gesetz übertragenen Aufgaben der Seeschiffahrt wahr (Art. 74 Nr. 21, Art. 89 Abs. 2 S. 2 GG). S. dazu die Gesetze über die Aufgaben des Bundes auf dem Gebiet der Seeschiffahrt vom 24. 5. 1965 i. d. F. vom 21. 1. 1987 (BGBl. I 541) – Seeaufgabengesetz – und der Binnenschiffahrt (Binnenschiffahrtsaufgabengesetz) vom 4. 8. 1986 (BGBl. I 1270); dieses weist dem Bund u. a. für die Bundeswasserstraßen (191) die Schiffahrtspolizei, die Schiffsvermessung, die Ausstellung von Befähigungszeugnissen und Bescheinigungen über Bau, Ausrüstung, Bemannung und Betrieb der Wasserfahrzeuge sowie die Gefahrenabwehr zu. Das *Gesetz über den gewerblichen Binnenschiffsverkehr* (BinnSchVerkG) vom 1. 10. 1953 i. d. F. vom 8. 1. 1969 (BGBl. I 66) m. spät. Änd. überläßt die wirtschaftliche Ordnung im gewerblichen Binnenschiffsverkehr weiterhin dem Schiffsgewerbe und regelt nur deren Grundlagen.

Das Gesetz behandelt die Verteilung von Fracht- und Schleppgut, Schifferbetriebsverbände, Frachtenbildung, Frachtenausgleich und Abwrackung unwirtschaftlichen Schiffsraums, Ausgleich widerstreitender Verkehrsinteressen und Mitwirkung der Länder, Durchführung bestimmter Vorschriften der Europäischen Gemeinschaften.

Verkehrspolizeiliche Vorschriften für die Binnenschiffahrt enthalten die *Binnenschiffahrtstraßen-Ordnung* nebst EinführungsVO vom 1. 5. 1985 (BGBl. I 734), die RheinschiffahrtPolVO i. d. F. der EinführungsVO vom 16. 8. 1983 (BGBl. I 1145), die DonauschiffahrtPolVO – EinführungsVO vom 18. 3. 1970 (BGBl. I 297) – und die MoselschiffahrtPolVO nebst EinführungsVO vom 16. 3. 1984 (BGBl. I 473). Im Interesse der Sicherheit der Binnenschiffahrt ergingen u. a. die Rheinschiffs- und die Binnenschiffs-Untersuchungsordnungen (BGBl. 1976 I 773, 1977 I 59) sowie die Besatzungsvorschrift (vgl. BGBl. 1977 I 85). S. ferner VO über die *Beförderung gefährlicher Güter auf dem Rhein* – ADNR – (BGBl. 1977 I 1129), durch VO i. d. F. vom 30. 6. 1977 (BGBl. I 1119) m. spät. Änd. auf alle übrigen Bundeswasserstraßen außer Mosel und Donau ausgedehnt; für die Mosel vgl. BGBl. 1978 I 425.

Das Gesetz vom 12. 2. 1951 (BGBl. II 3) schreibt für die Schiffsleute *Schifferdienstbücher* vor; diese dienen nicht polizeilichen Zwecken, sondern haben lediglich für die Erteilung von *Schifferpatenten* Bedeutung, die eine bestimmte Fahrzeit auf bestimmten Stromstrecken voraussetzen.

Nach dem Ges. über die *Küstenschiffahrt* vom 26. 7. 1957 (BGBl. II 738) m. spät. Änd. darf diese nur betrieben werden mit Seeschiffen, die nach dem Flaggenrechtsgesetz (42) die Bundesflagge führen, oder mit Binnenschiffen, die in einem Schiffsregister der BRep. eingetragen und als seetüchtig befunden sind.

Die *Seeschiffahrt* unterliegt nach dem Ges. i. d. F. vom 30. 6. 1977 (BGBl. I 1314) m. spät. Änd. der *Seeschiffahrtspolizei* des Bundes hins. der Schiffe, welche die Bundesflagge führen. Der Bund überwacht durch die Wasser- und Schiffahrtsverwaltung (101) die für die Verkehrssicherheit vorgeschriebene Bauart und erteilt die erforderlichen Erlaubnisse und Zeugnisse, trifft Vorsorge zur Gefahrenabwehr für den Schiffsverkehr und für den *Seenotstand* (Such- und Rettungsdienst), den Wetter- und Sturmwarndienst, regelt die Führung von Schiffstagebüchern usw. Schiffseigner und -führer haben Kontrollen zur Erfüllung der hoheitlichen Aufgaben zu dulden.

Der Schiffsverkehr auf hoher See unterliegt zur Vermeidung von Zusammenstößen den Regeln des Übereinkommens vom 20. 10. 1972 (BGBl. 1976 II 1023; dazu VO vom 13. 6. 1977, BGBl. I 813) und der *Seeschiffahrtsstraßen-Ordnung* i. d. F. vom 9. 8. 1977 (BGBl. I 1497). S. ferner Ges. über die *Untersuchung von Seeunfällen (Seeunfalluntersuchungsgesetz)* vom 6. 12. 1985 (BGBl. I 2146), bei der *Untersuchungsausschüsse (Seeämter)* tätig werden (das Seeamt entscheidet in der Besetzung mit einem rechtskundigem Vorsitzenden, einem Ständigen Beisitzer und drei ehrenamtlichen Beisitzern), DVO zum Seeunfalluntersuchungsgesetz vom 5. 6. 1986 (BGBl. I 860), *SchiffssicherheitsVO* vom 8. 12. 1986 (BGBl. I 2361) sowie *VO über die Beförderung gefährlicher Güter auf Seeschiffen* vom 27. 6. 1986 (BGBl. I 961) und AusnahmeVO vom 21. 12. 1982 (BGBl. I 2008) m. letzter Änd. vom 18. 12. 1986 (BGBl. I 2528). Die Berechtigung zum *Führen von Sportbooten auf Seeschiffahrtstraßen* richtet sich nach der VO vom 20. 12. 1973 (BGBl. I 1988) m. letzter Änd. vom 16. 10. 1985 (BGBl. I 2001), auf *Binnenschiffahrtstraßen* nach der VO vom 21. 3. 1978 (BGBl. I 420); die *See-SportbootvermietungsVO* vom 7. 4. 1981 (BGBl. I 343) regelt die Pflichten des Vermieters (Unternehmers), des Mieters und des Bootsführers.

Dritter Teil

Die Rechtspflege
Bürgerliches Recht und Strafrecht

A. Recht und Rechtspflege

201. Recht und Rechtsquellen

Das *Recht* im objektiven Sinne ist die *Rechtsordnung,* d. h. die Gesamtheit der Rechtsvorschriften, nach denen sich das Verhältnis der Menschen zueinander, insbes. in ihren Handlungen, sowie ihre Beziehungen zu den öffentlichen Verwaltungsträgern und deren Rechtsbeziehungen untereinander bestimmen. Diese Vorschriften können ausdrücklich gesetzt sein (gesetztes Recht oder *Rechtsnorm*) oder sich als *Gewohnheitsrecht* in langjähriger Übung herausgebildet haben. Dagegen ist subjektives Recht die *Befugnis,* die sich für den einzelnen aus dem objektiven Recht unmitttelbar ergibt (gesetzliches Recht) oder auf Grund des objektiven Rechts erworben wird (erworbenes Recht).

Rechtsquellen sind hiernach:

a) das *gesetzte Recht,* das durch staatlichen Hoheitsakt (Gesetzgebung) geschaffen wird, und
b) das *Gewohnheitsrecht,* das auf langer tatsächlicher Übung beruht und allgemein anerkannt ist;
c) nach neuerer Auffassung auch die jeder Rechtsordnung zugrundeliegenden allgemeinen Rechtsgedanken.

Als *positives Recht* bezeichnet man die (gesetzten oder auch nicht gesetzten) Rechtsnormen, die in einer bestimmten Gemeinschaft und einem bestimmten Bereich effektiv Wirksamkeit haben, d. h. tatsächlich verbindlich (i. d. R. von einer staatlichen Autorität garantiert) sind.

Recht und Moral decken sich nicht immer. Die *Moral* (Sittlichkeit) wendet sich an die Gesinnung des Menschen, während das *Recht* sein äußeres Verhalten im Zusammenleben mit anderen Menschen regelt. Die Moral ist ebenso wie die *Sitte* (die in der Allgemeinheit geltenden Anstandsregeln und Gebräuche) nicht immer wie das mit der Macht des Staates erzwingbare Recht durchzusetzen. Als Schutz insbes. gegen Willkür und Gewalt, auch seitens der Behörden, sind im GG die *Grundrechte* garantiert; das sind verfassungsmäßig verbürgte, elementare Rechte des Einzelnen.

Nicht jedes Recht jedoch ist *erzwingbar* (vgl. Völkerrecht, Kirchenrecht). Auch im Privatrecht kann nicht jeder Anspruch zwangsweise durchgesetzt werden (z. B. Verlöbnis – Eheschließung).

Nicht immer entspricht die Anwendung des gesetzten Rechts, das notwendigerweise für eine Vielzahl von Fällen gilt, im Einzelfall auch der *Billigkeit,* d. h. der (natürlichen) Gerechtigkeit. Manche Rechtsvorschriften lassen daher eine Anwendung von Billigkeitsgrundsätzen zu, so bei der Deliktshaftung (332) von Kindern und Schuldunfähigen nach § 829 BGB.

202. Öffentliches Recht und Privatrecht

Das staatliche Recht zerfällt in das öffentliche Recht und das bürgerliche Recht (Privatrecht).

I. Das *öffentliche Recht* umfaßt die Rechtsnormen, welche sich auf das Verhältnis des einzelnen zum Staat und zu den übrigen Trägern öffentlicher Gewalt oder auf das Verhältnis der Verwaltungsträger untereinander beziehen.

Dazu zählen Völkerrecht, Kirchen-, Staats-, Straf-, Prozeßrecht. Die Rechtsbeziehungen öffentlicher Verwaltungsträger zueinander, ihr Aufbau und ihre Aufgabenverteilung zählen i. d. R. ebenfalls zum öffentlichen Recht. Vgl. 141, 183ff.

II. Das *Bürgerliche Recht,* auch *Zivil-* oder *Privatrecht* genannt, umfaßt die Rechtssätze, welche sich auf die Rechtsverhältnisse der Menschen als einzelne untereinander beziehen.

Zentrale Privatrechtsordnung ist das Bürgerliche Gesetzbuch (BGB; 302ff.). Daneben enthalten zahlreiche weitere Gesetze Bestimmungen, die nur engere Personenkreise berühren oder spezielle Rechtsverhältnisse regeln. Z. B. enthält das Handelsgesetzbuch das Handelsrecht, das Recht der Kaufleute. Vgl. 363ff.

Zum innerstaatlichen Bürgerlichen Recht gehört auch das sog. *Internationale Privatrecht (IPR).* Das IPR bestimmt, welches nationale Recht bei Sachverhalten mit Auslandsberührung, z. B. wenn eine Partei eines Rechtsverhältnisses Ausländer ist, anzuwenden ist. Das deutsche IPR ist nunmehr in Art. 3–37 des Einführungsgesetzes zum BGB geregelt (s. Gesetz zur Neuregelung des Internationalen Privatrechts vom 25. 7. 1986, BGBl. I 1142). Es enthält die sog. *Kollisionsnormen,* die durch Zuweisung des Sachverhalts an eine bestimmte nationale Rechtsordnung (Anknüpfung) die maßgebenden Rechtsnormen festlegen. Nach dem deutschen IPR ist für diese Anknüpfung zumeist die Staatsangehörigkeit maßgebend (z. B. wird nach Art. 7 Abs. 1 EGBGB die Geschäftsfähigkeit einer Person nach den Gesetzen des Staates beurteilt, dem die Person angehört). Eine Rechtsnorm eines anderen Staates ist allerdings dann nicht anzuwenden, wenn ihre Anwendung mit wesentlichen Grundsätzen des deutschen Rechts, vor allem den Grundrechten, unvereinbar ist, sog. *ordre public* (Art. 6 EGBGB).

Zur Frage, welches nationale Recht bei Fällen mit Auslandsberührung anzuwenden ist, s. auch das Übereinkommen vom 19. 6. 1980 über das auf vertragliche Schuldverhältnisse anzuwendende Recht (Ges. vom 25. 7. 1986, BGBl. II 809).

In der *DDR* gilt insoweit das Gesetz über die Anwendung des Rechts auf internationale zivil-, familien- und arbeitsrechtliche Beziehungen sowie auf internationale Wirtschaftsverträge (Rechtsanwendungsgesetz) vom 5. 12. 1975 (GBl. I 748).

In der Gesetzgebung sind im allgemeinen das öffentliche Recht und das private Recht getrennt behandelt. Jedoch enthalten die Gesetzeswerke zahlreicher Rechtsgebiete sowohl privatrechtliche als auch öffentlich-rechtliche Vorschriften (z. B. Wettbewerbsrecht, Patentrecht, Arbeitsrecht).

203. Materielles und formelles Recht

Unter *materiellem Recht* versteht man die Normen, die das Recht als solches ordnen (nicht seine Durchsetzung). Das *formelle Recht* hingegen umfaßt die Rechtssätze, die den Streit um das materielle Recht im Anwendungsfall oder seine zwangsweise Durchsetzung ordnen, insbes. also das *Verfahrensrecht* (z. B. Zivilprozeß-, Strafprozeß-, zum Teil Konkursordnung).

Materielles Privatrecht ist das bürgerliche Recht und das Handelsrecht mit den ergänzenden Vorschriften (z. B. Wechselrecht). *Materielles Strafrecht* ist das Strafrecht, soweit es von der Straftat als solcher handelt. *Materielles Konkursrecht* ist das Konkursrecht insoweit, als es die Voraussetzungen und Wirkungen des Konkurses regelt, im Gegensatz zum Konkursverfahrensrecht, das zum formellen Konkursrecht gehört.

Die Unterscheidung ist besonders im *Strafprozeß* von Bedeutung, weil bei der Rechtfertigung einer *Revision* zwischen der Verletzung einer Rechtsnorm über das Verfahren und der Verletzung einer anderen Rechtsnorm unterschieden wird (§ 344 StPO, vgl. 282). Wie in der Konkursordnung ist auch in anderen Gesetzen materielles und formelles Recht zugleich behandelt. So enthalten z. B. die *Straffreiheitsgesetze* (Amnestiegesetze) i. d. R. sowohl materielles als formelles Recht, indem sie für begangene, aber noch nicht abgeurteilte Straftaten Straffreiheit gewähren und gleichzeitig bestimmen, daß schon eingeleitete, aber noch nicht abgeschlossene Verfahren einzustellen sind *(Abolition)* und daß rechtskräftig erkannte, noch nicht vollstreckte Strafen erlassen werden *(Amnestie)*. Die Abolition bedarf ebenso wie die Amnestie (allgemeiner Gnadenerweis im Gegensatz zum Einzelgnadenakt, vgl. 288 I) stets eines *Gesetzes*.

204. Rechtspflege und Gerichtswesen

Rechtspflege ist die Tätigkeit der *Justizbehörden*, deren Aufgabe die Anwendung des Rechts im Einzelfall ist, sei es durch *Rechtsprechung*, sei es in anderen Zweigen der Gerichtsbarkeit. Die rechtsprechende Gewalt wird nach den Verfassungen der Kulturstaaten durch unabhängige und nur dem Gesetz unterworfene Gerichte ausgeübt (vgl. Art. 92, 97 GG). Die Gerichte haben hierbei das materielle Recht anzuwenden, d. h. die Vorschriften, welche die Rechtsverhältnisse der Privatpersonen regeln *(Privatrecht)* oder das Recht des Staates, zu strafen *(Strafrecht)*, oder die sich aus dem sonstigen öffentlichen Recht (insbes. *Staats-, Verwaltungsrecht)* ergebenden Rechtsbeziehungen behandeln.

Zur Rechtspflege gehört außer der *streitigen* auch die *freiwillige* (richtiger: nichtstreitige) *Gerichtsbarkeit*, deren Tätigkeit sich nicht auf die Entscheidung von Rechtsstreitigkeiten erstreckt, sondern auf die mehr verwaltungsmäßige Begründung, Veränderung oder Beendigung von Rechtsverhältnissen gerichtet ist (vgl. 294ff.). Auch die Tätigkeit der *Staatsanwaltschaft* (220) ist Rechtspflege.

Es gibt nur noch staatliche Gerichte. Die frühere private Gerichtsbarkeit der Grundherren ist abgeschafft. Eine *geistliche Gerichtsbarkeit* hat in weltlichen Angelegenheiten keine bürgerlich-rechtliche Wirkung. Vgl. 704.

Über die Rechtsstellung der Richter und das richterliche Prüfungsrecht vgl. 73, über Befähigung zum Richteramt 209.

Überblick über die einzelnen Zweige der Gerichtsbarkeit:

Ordentliche Gerichts- barkeit	Arbeits- gerichts- barkeit	Allgem. Verwaltungs- gerichts- barkeit	Sozial- gerichts- barkeit	Finanz- gerichts- barkeit
Amtsgericht	Arbeits- gericht	Verwaltungs- gericht	Sozial- gericht	
Landgericht				
Oberlandes- gericht	Landes- arbeits- gericht	Ober- verwaltungs- gericht (Verwaltungs- gerichtshof)	Landes- sozial- gericht	Finanz- gericht
Bundes- gerichtshof	Bundes- arbeits- gericht	Bundes- verwaltungs- gericht	Bundes- sozial- gericht	Bundes finanzhof

Über die Zuständigkeit des Bayerischen Obersten Landesgerichts, das teils an Stelle des Oberlandesgerichts, teils an Stelle des Bundesgerichtshofs entscheidet, vgl. 131 IV 4a. Das Oberlandesgericht in Berlin (West) führt die Bezeichnung Kammergericht.

Über die Disziplinargerichtsbarkeit s. 156, 455, über das Bundesverfassungsgericht 72. Verfassungsgerichte der Länder s. 114.

Für Gerichte, an deren Sitz deutsche Gerichtsbarkeit nicht mehr ausgeübt wird (insbes. östlich der Oder-Neiße), begründet das Ges. zur Ergänzung von Zuständigkeiten auf den Gebieten des Bürgerlichen Rechts, des Handelsrechts und des Strafrechts – sog. *Zuständigkeitsergänzungsgesetz* – vom 7. 8. 1952 (BGBl. I 407) eine *Ersatzzuständigkeit.*

Ausnahmen von der Gerichtsbarkeit bestehen bei *Exterritorialität* (904).

205. Gerichtsverfassung

Die Gerichtsbarkeit wird durch die vom Staat eingesetzten Gerichte ausgeübt. Der Staat bestimmt die *Organisation* der Gerichte und die Abgrenzung ihrer Geschäftsbereiche teils in der Verfassung, im übrigen in einer *Gerichtsverfassung.* In der BRep. gilt das *Gerichtsverfassungsgesetz* (GVG) für die *ordentliche Gerichtsbarkeit.* Diese umfaßt die *streitige* Gerichtsbarkeit zur Entscheidung von Zivilsachen (im *Zivilprozeß,* 206), die Strafgerichtsbarkeit (für den *Strafprozeß,* 207) und die sog. *freiwillige Gerichtsbarkeit;* diese befaßt sich mit der Begründung, Veränderung oder Aufhebung von Rechten oder Rechtsverhältnissen, ohne daß ein Rechtsstreit vorliegt (208).

Als *ordentliche Gerichte* bestehen in den *Ländern* Amts-, Land- und Oberlandesgerichte, zu denen auch das Kammergericht in Berlin zählt, und als einziges ordentliches Bundesgericht der *Bundesgerichtshof* in Karlsruhe (vgl. 71 II 1). In Ländern mit mehr als einem Oberlandesgericht kann ein Oberstes Landesgericht errichtet werden (§§ 8, 10 EGGVG, § 199 FGG; bislang nur das *Bayerische Oberste Landesgericht* in München; vgl. 131 IV 4a). Die Gerichtsbarkeit in Strafsachen gegen *Jugendliche und Heranwachsende* obliegt nach dem Jugendgerichtsgesetz den *Jugendgerichten,* die bei den Amts- und Landgerichten gebildet werden (vgl. 291).

Das GVG wurde im Rahmen der *Reichsjustizgesetze* am 27. 1. 1877 erlassen und bei Verkündung des *Ges. zur Wiederherstellung der Rechtseinheit* vom 12. 9. 1950 (BGBl. 455) sowie zuletzt am 9. 5. 1975 (BGBl. I 1077) neu bekanntgemacht. Es behandelt in 18 Titeln: I. Gerichtsbarkeit; II. Allgemeine Vorschriften über das Präsidium und die Geschäftsverteilung; III. Amtsgerichte; IV. Schöffengerichte; V. Landgerichte; Va. Strafvollstreckungskammern; VI. (aufgehoben); VII. Kammern für Handelssachen; VIII. Oberlandesgerichte; IX. Bundesgerichtshof; IXa. Zuständigkeit für Wiederaufnahmeverfahren in Strafsachen; X. Staatsanwaltschaft; XI. Geschäftsstelle; XII. Zustellungs- und Vollstrekkungsbeamte; XIII. Rechtshilfe; XIV. Öffentlichkeit und Sitzungspolizei; XV. Gerichtssprache; XVI. Beratung und Abstimmung; XVII. Gerichtsferien.

Das zugleich mit dem GVG erlassene *Einführungsgesetz* (EGGVG) erfuhr eine bedeutsame Ergänzung durch die gemäß § 179 der Verwaltungsgerichtsordnung vom 21. 1. 1960 (BGBl. I 17) eingefügten §§ 23ff. Diese regeln in Ausführung des Art. 19 Abs. 4 GG den Rechtsweg gegen Verwaltungsakte der Justizbehörden (Anrufung des Oberlandesgerichts durch Antrag auf gerichtliche Entscheidung). Die durch Ges. vom 30. 9. 1977 (BGBl. I 1877) eingefügten §§ 31 ff. normieren die *Kontaktsperre,* die gegen Untersuchungs- oder Strafgefangene verhängt werden kann, wenn sie wegen Straftaten im Zusammenhang mit der Tätigkeit terroristischer oder krimineller Vereinigungen (403) verfolgt werden oder verurteilt worden sind. Nach § 34a (eingefügt durch Änderung des EGGVG durch Ges. vom 4. 12. 1985, BGBl. I 2141) ist dem Gefangenen auf Antrag ein Rechtsanwalt als *Kontaktperson* beizuordnen.

Die Gerichtsverfassungsbestimmungen für die Arbeitsgerichte, die allgemeinen und besonderen Verwaltungsgerichte sind in den einschlägigen Verfahrensordnungen enthalten (ArbGG, VwGO, FGO, SGG; vgl. 636, 151, 78, 689).

Über die Entwicklung der Arbeitsgerichtsbarkeit vgl. 636, der allgemeinen und der besonderen Verwaltungsgerichtsbarkeit 150 I. Während in diesen Gerichtsbarkeiten seit Ende des 1. Weltkrieges weitgehende Änderungen eingetreten sind, ist die Organisation der ordentlichen Gerichtsbarkeit in den unteren Instanzen (Amts-, Land-, Oberlandesgericht) unverändert geblieben. Lediglich die Zuständigkeit des *Bundesgerichtshofs* weist gegenüber der seines Vorgängers, des *Reichsgerichts (RG),* erhebliche Abweichungen auf. Das mit Inkrafttreten der Reichsjustizgesetze errichtete RG (Sitz Leipzig) – in Handelssachen Nachfolger des von 1871–1879 amtierenden *Reichsoberhandelsgerichts* – war nicht nur für Zivil- und Strafsachen zuständig. Ein Zivilsenat des RG war zugleich *Reichsarbeitsgericht.* Mit dem RG verbunden war der *Reichsdisziplinarhof* für Disziplinarsachen gegen Reichsbeamte; zeitweise angegliedert waren ihm u. a. der *Staatsgerichtshof für das Deutsche Reich* und der *Staatsgerichtshof zum Schutze der Republik.* Die Zuständigkeit für Hoch- und Landesverratssachen wurde dem RG aus politischen Gründen zugunsten des 1934 errichteten *Volksgerichtshofs* entzogen, dessen Senate überwiegend mit ehrenamtlichen Richtern, insbesondere mit NSDAP-Funktionären und hohen Offizieren besetzt waren.

206. Das bürgerliche Streitverfahren

Der *Zivilprozeß* ist das gerichtliche Verfahren zur Verwirklichung bürgerlich-rechtlicher Ansprüche, also das bürgerlich-rechtliche (im Gegensatz zu den öffentlich-rechtlichen) Streitverfahren. Es war bis zu den Reichsjustizgesetzen (vgl. 205) einzelstaatlich geregelt, wurde dann vom Reichsrecht übernommen und erhielt nach dem 2. Weltkrieg eine neue Grundlage in der Neufassung der *Zivilprozeßordnung* durch das RechtseinheitsG vom 12. 9. 1950 (BGBl. 455).

Im sog. *Erkenntnisverfahren* entscheidet das Gericht über das Bestehen eines Anspruchs oder ein sonstiges Rechtsbegehren (z. B. Ehescheidung, Auflösung einer GmbH). Das Verfahren wird durch Klage (im Urteilsverfahren) oder durch einen Antrag (z. B. auf Erlaß eines Mahnbescheides, Ehescheidung) eingeleitet und von den Parteien (Kläger, Beklagter) betrieben. Es endet – ggf. auf Rechtsmittel nach Durchlaufen von zwei oder mehr Instanzen – durch gerichtliches Urteil oder eine diesem gleichstehende Entscheidung (z. B. Vollstreckungsbescheid), sofern nicht ein Prozeßvergleich geschlossen, die Klage zurückgenommen wird oder auf sonstige Art Erledigung eintritt. Über den Verfahrensgang vgl. 239ff. Nach Rechtskraft der gerichtlichen Entscheidung kann sich das *Vollstreckungsverfahren* anschließen, in dem der festgestellte Anspruch vom Gläubiger durchgesetzt wird (Zwangsvollstreckung, 251ff.).

Ein bürgerliches Streitverfahren ist auch das Verfahren vor den *Arbeitsgerichten* (636), soweit es sich um privatrechtliche Ansprüche handelt; meist sind dies Rechtsstreitigkeiten zwischen Arbeitnehmer und Arbeitgeber aus dem Arbeitsverhältnis.

207. Der Strafprozeß

Das Strafprozeßrecht regelt das Verfahren zur gerichtlichen Entscheidung über eine Straftat und deren Ahndung (formelles Strafrecht). Das *Strafrecht* im engeren Sinne enthält das materielle Strafrecht, das bestimmt, in welchen Fällen sich jemand strafbar macht.

Ein Strafverfahren beginnt meist mit dem *Ermittlungsverfahren,* das von der Polizei oder von der Staatsanwaltschaft (in Abgabensachen vom Finanzamt oder einer Zolldienststelle) eingeleitet wird. Es schließt, sofern es nicht mangels Beweises oder aus Rechtsgründen (z. B. wegen Verjährung) eingestellt wird, mit der Erhebung der *Anklage* (oder dem Antrag auf Erlaß eines Strafbefehls) ab. Sodann entscheidet das angerufene Gericht (sofern nicht Strafbefehl ergeht) im *Eröffnungsverfahren,* ob die Anklage zur *Hauptverhandlung* zugelassen wird. In dieser konzentriert sich das *Hauptverfahren,* in dem i. d. R. durch Urteil entschieden wird. Nach Rechtskraft der gerichtlichen Entscheidung, die ggf. erst nach einem Rechtsmittelverfahren eintritt, findet im Falle der Verurteilung das *Vollstreckungsverfahren* statt. Über die einzelnen Abschnitte des Strafprozesses vgl. 267ff., 288.

Sondervorschriften bestehen für das Verfahren in *Abgabensachen* (516) und für das Verfahren wegen *Ordnungswidrigkeiten* (152).

208. Die freiwillige Gerichtsbarkeit

Während die *streitige* Gerichtsbarkeit der Durchsetzung bestehender Rechte dient, befaßt sich die *freiwillige* (nichtstreitige) *Gerichtsbarkeit* mit der Gestaltung von Rechten und Rechtsverhältnissen.

Zu ihren Aufgaben gehören insbesondere die Vormundschafts- und anderen Familiensachen, Personenstandssachen (einschl. Todeserklärung, Todeszeitfeststellung nach dem Verschollenheitsgesetz), Nachlaß-, Grundbuch-, Register- und Handelssachen, Landwirtschaftssachen (Pachtschutz, Höferecht), Beurkundung und Beglaubigung. Vgl. 294ff.

Das Verfahren betrifft meist zivilrechtliche Angelegenheiten und richtet sich im wesentlichen nach dem Reichsgesetz über die Angelegenheiten der freiwilligen Gerichtsbarkeit (FGG), vgl. 294. Es wird teils auf Antrag, teils – wie z. B. in Vormundschaftssachen – von Amts wegen eingeleitet und unterliegt weitgehend dem *Untersuchungsgrundsatz* und dem *Amtsbetrieb* (151, 239).

209. Das Richteramt

Die rechtsprechende Gewalt ist Richtern übertragen, die im Dienst des Bundes oder eines Landes stehen. Man unterscheidet Berufsrichter und ehrenamtliche Richter, nach der Vorbildung rechtsgelehrte und Laienrichter. Zu den letzteren zählt man i. e. S. diejenigen ehrenamtlichen Richter, die nicht – wie z. B. in der Handels-, Arbeits-, Sozialgerichtsbarkeit – wegen ihrer besonderen Sachkunde, sondern als Vertreter des Volkes schlechthin tätig werden sollen (z. B. Schöffen).

Bei den ordentlichen Gerichten entscheiden im Zivilprozeß nur *Berufsrichter,* ausgenommen die Kammern für Handelssachen bei den Landgerichten, bei denen zwei ehrenamtliche Richter neben dem vorsitzenden Berufsrichter mitwirken. In Strafsachen sind bei fast allen Tatsacheninstanzen mit Ausnahme der Einzelrichterabteilungen des Amtsgerichts und der nur aus Berufsrichtern bestehenden Strafsenate des Oberlandesgerichts Laienrichter als Beisitzer tätig, also bei den Schöffengerichten und den allgemeinen und besonderen Strafkammern (216, 217). Auch bei den anderen Gerichten werden ehrenamtliche Richter zugezogen, so beim Verwaltungsgericht, beim Finanzgericht, beim Arbeitsgericht und beim Sozialgericht (151, 78, 636, 689).

Die Rechtsstellung der Richter ist im *Deutschen Richtergesetz* (DRiG) vom 8. 9. 1961 (BGBl. I 1665) i. d. F. vom 19. 4. 1972 (BGBl. I 713) m. spät. Änd. geregelt. Dieses Gesetz betrachtet dem GG gemäß den *Richter* nicht mehr als Beamten, sondern gibt ihm eine seiner besonderen Aufgabe als Repräsentant der dritten Gewalt gerecht werdende eigene Rechtsstellung.

Nach einleitenden Vorschriften behandelt der *1. Teil (Richteramt in Bund und Ländern)* die Befähigung zum Richteramt, das Richterverhältnis, die Unabhängigkeit des Richters, seine besonderen Pflichten und die ehrenamtlichen Richter. Die *Befähigung zum Richteramt* wird durch das Bestehen zweier Prüfungen erworben. Der ersten Prüfung muß ein *Studium der Rechtswissenschaft* von mindestens 3½ Jahren vorangehen, davon mindestens vier Halbjahre an einer Universität der BRep. Zwischen der ersten und der zweiten Prüfung muß ein *Vorberei-*

tungsdienst von 2½ Jahren als *Referendar* liegen (§§ 5–5d). Studium und praktische Vorbereitung konnten statt dessen landesrechtlich in einer einstufigen Ausbildung von mindestens 5½ Jahren zusammengefaßt werden (vgl. bad.-württ. Ges. vom 22. 10. 1974, GBl. 429; nieders. Ges. vom 2. 4. 1974, GVBl. 214; hamburg. Ges. vom 30. 4. 1973, GVBl. 169); dabei konnte die erste Prüfung durch eine Zwischenprüfung oder durch ausbildungsbegleitende Leistungskontrollen ersetzt werden. Die Möglichkeit einer einstufigen Ausbildung ist durch das Dritte Ges. zur Änderung des Richtergesetzes vom 25. 7. 1984 (BGBl. I 995) beseitigt worden. Eine begonnene einstufige Ausbildung kann jedoch zu Ende geführt werden. Die in einem Land der BRep. abgelegte erste Prüfung und die auf den Vorbereitungsdienst verwendete Zeit werden in jedem anderen Bundesland anerkannt. Wer in der BRep. die Befähigung zum Richteramt erworben hat, besitzt sie im Bund und in jedem deutschen Land (§ 6). Ordentliche Professoren der Rechte an einer Universität in der BRep. sind zum Richteramt befähigt (§ 7).

Richter können nur als Richter auf Lebenszeit, auf Zeit, auf Probe oder kraft Auftrags berufen werden (§ 8). Voraussetzung ist, daß der zu Berufende Deutscher i. S. des Art. 116 GG ist, die Gewähr dafür bietet, jederzeit für die freiheitliche demokratische Grundordnung i. S. des GG einzutreten, und die Befähigung zum Richteramt besitzt (§ 9).

Zum *Richter auf Lebenszeit* kann ernannt werden, wer nach Erwerb der Befähigung zum Richteramt mindestens 3 Jahre im richterlichen Dienst tätig gewesen ist (§ 10). Eine Ernennung auf Zeit ist nur unter den durch Bundesgesetz bestimmten Voraussetzungen und nur für die bundesgesetzlich bestimmten Aufgaben zulässig (§ 11). Wer später als Richter oder als Staatsanwalt verwendetwerden soll, kann zum *Richter auf Probe* ernannt werden. Spätestens 5 Jahre nach seiner Ernennung ist der Richter auf Probe zum Richter auf Lebenszeit oder unter Berufung in das Beamtenverhältnis zum Staatsanwalt auf Lebenszeit zu ernennen (§ 12). Ein Richter auf Probe kann ohne seine Zustimmung nur bei einem Gericht, bei einer Behörde der Gerichtsverwaltung oder bei einer Staatsanwaltschaft verwendet werden (§ 13). Über Richter kraft Auftrags s. §§ 14–16. Die *Ernennung der Richter* erfolgt durch Aushändigung einer Urkunde (§ 17); über Richteramtsbezeichnungen s. § 19a. Über Nichtigkeit oder Rücknahme der Ernennung s. §§ 18, 19. Über *Entlassung* aus dem Richterverhältnis s. § 21, Entlassung eines Richters auf Probe oder kraft Auftrags §§ 22, 23. Beendigung des Dienstverhältnisses kann wie beim Beamten (154 I) infolge strafgerichtlicher Verurteilung oder Verwirkung von Grundrechten eintreten (§ 24).

Die in Bund und Ländern verfassungsmäßig gewährleistete *Unabhängigkeit des Richters* behandeln die §§ 25–37. Der Richter ist nur dem Gesetz unterworfen (§ 25). Er untersteht der *Dienstaufsicht* nur, soweit nicht seine Unabhängigkeit beeinträchtigt wird. Behauptet ein Richter eine solche Beeinträchtigung, so entscheidet auf seinen Antrag das Dienstgericht (§§ 26, 62; s. unten).

Bei einer gerichtlichen Entscheidung darf nicht mehr als ein Richter auf Probe oder kraft Auftrags oder ein abgeordneter Richter mitwirken; der Vorsitzende in Kollegialgerichten muß Richter auf Lebenszeit sein (§§ 28, 29). Über Versetzungen s. §§ 30–33. Bewirbt sich ein Richter um ein Mandat als *Abgeordneter* des BT oder einer gesetzgebenden Körperschaft des Landes, so hat er vor dem

Wahltag Anspruch auf zwei Monate Urlaub ohne Dienstbezüge (§ 3 des AbgeordnetenG; vgl. 59 IV).

Besondere Pflichten des Richters sind Richtereid (§ 38), Wahrung der Unabhängigkeit (§ 39), Verbot der Erstattung von Rechtsgutachten (§ 41), Beratungsgeheimnis (§ 43). Zu Nebentätigkeit ist der Richter nur in der Rechtspflege und der Gerichtsverwaltung verpflichtet (§ 42). Eine Nebentätigkeit als Schiedsrichter oder Schlichter darf nur genehmigt werden, wenn die Parteien den Richter gemeinschaftlich beauftragen oder wenn er von einer unbeteiligten Stelle benannt ist. Die Genehmigung ist zu versagen, wenn der Richter mit der Sache befaßt ist oder nach der Geschäftsverteilung befaßt werden kann (§ 40). S. a. VO über die Nebentätigkeit der Richter im Bundesdienst vom 15. 10. 1965 (BGBl. I 1719) m. Änd. vom 28. 8. 1974 (BGBl. I 2115).

Ehrenamtliche Richter dürfen nur unter den gesetzlich bestimmten Voraussetzungen tätig werden. Sie sind unabhängig wie Berufsrichter und haben gleiche Pflichten (§§ 44, 45).

Die *Entschädigung* der ehrenamtlichen Richter bei den Gerichten der ordentlichen sowie der allgemeinen Verwaltungs-, der Finanz-, Arbeits- und Sozialgerichtsbarkeit bestimmt sich nach dem Ges. vom 1. 10. 1969 (BGBl. I 1753) m. letzter Änd. vom 9. 12. 1986 (BGBl. I 2326). Sie erhalten für Zeitversäumnis 6 DM pro Stunde, bei Verdienstausfall bis 24 DM, in Ausnahmefällen bis 50 (u. U. bis 70) DM, ferner Fahrtkosten, Wegegeld und Entschädigung für Aufwand (Tagegeld bei mehr als 6 Std. Sitzungsdauer pauschal 6 DM, bei auswärtigen Sitzungen Reisekosten). Die ea. Richter bei den Kammern für Handelssachen werden gemäß § 107 GVG entschädigt (Fahrt-, evtl. Kilometergelder; wenn auswärts wohnhaft: Tage- und Übernachtungsgelder nach beamtenrechtlichen Grundsätzen wie Richter beim Landgericht).

Der *2. Teil* des DRiG (§§ 46–70) gilt für die Rechtsverhältnisse der *Richter im Bundesdienst.* Für sie gelten bis zu einer besonderen Regelung die Vorschriften für Bundesbeamte (vgl. 154).

Über Vertretung im Bundespersonalausschuß s. § 47. Richter auf Lebenszeit an den obersten Gerichtshöfen des Bundes treten ebenso wie andere Richter (Ausnahme: Bundesverfassungsrichter, vgl. § 4 Abs. 3 BVerfGG) mit dem Ende des Monats in den Ruhestand, in dem sie das 65. Lebensjahr vollenden (*Altersgrenze,* § 48). Als Richtervertretungen sieht das Gesetz den *Richterrat* für die Beteiligung an allgemeinen und sozialen Angelegenheiten (§§ 50–53) und den *Präsidialrat* für die Beteiligung an der Ernennung eines Richters vor (§§ 54–57). Art. 95 GG schreibt für die Berufung der Richter der obersten Gerichtshöfe (71 I) die Beteiligung eines Wahlausschusses vor. Zur Ausführung ist das *Richterwahlgesetz* vom 25. 8. 1950 (BGBl. I 368) ergangen. Nach § 55 DRiG ist vor jeder Ernennung oder Wahl eines Richters der Präsidialrat des Gerichts, bei welchem der Richter verwendet werden soll, zu beteiligen.

Für die Richter im Bundesdienst ist als *Dienstgericht* des Bundes ein besonderer Senat des BGH bestimmt. Das Dienstgericht, dessen Zuständigkeit sich aus § 62 ergibt, gilt nach § 61 Abs. 4 in Disziplinarsachen (§ 63) als Strafsenat, in Versetzungs- und Prüfungsverfahren (§§ 65, 66) als Zivilsenat i. S. der §§ 132, 136 GVG. Vgl. 219.

In seinem *3. Teil* behandelt das DRiG das Recht der *Richter im Landesdienst.* Die Länder sind verpflichtet, die Rechtsverhältnisse ihrer Richter gemäß den §§ 72–84 und, soweit das DRiG nichts anderes bestimmt, auf der Grundlage der §§ 1–120 des Beamtenrechtsrahmengesetzes (vgl. 157) zu regeln.

Die Länder haben dabei die gemeinsamen Interessen von Bund und Ländern zu berücksichtigen (§ 71). Nach § 71a ist das BeamtenversorgungsG (154 III 4) anzuwenden. Daneben gibt das DRiG selbst für die Regelung des Landesrechts bindende Vorschriften, und zwar über die Bildung des *Richterrates* und des *Präsidialrates* (§§ 72–75) sowie über die Errichtung von Dienstgerichten (§§ 77ff.)

Die *Dienstgerichte* entscheiden in Besetzung mit dem Vorsitzenden und je zur Hälfte ständigen und nichtständigen Beisitzern, die sämtlich Richter auf Lebenszeit sein müssen (§ 77). Das Verfahren vor den Dienstgerichten besteht aus mindestens zwei Rechtszügen. Die Revision an das *Dienstgericht des Bundes* ist nur beschränkt zugelassen (§ 79); für die Revision im Disziplinarverfahren, Versetzungsverfahren und Prüfungsverfahren enthalten die §§ 80–83 bindende Vorschriften. Die Regelung der gesetzlichen Altersgrenze ist ebenso wie die Entscheidung über die Anwendung des DRiG auf die Mitglieder des Verfassungsgerichts den Ländern überlassen (§§ 76, 84).

In der *DDR* müssen die Richter erst seit 1960 eine akademische Ausbildung nachweisen. Sie werden nicht auf Lebenszeit ernannt, sondern von den Volksvertretungen, denen sie rechenschaftspflichtig sind, auf vier Jahre gewählt, können auch unter bestimmten Voraussetzungen wieder abberufen werden. Vgl. 24 III.

210. Rechtspfleger

ist ein Beamter des gehobenen Justizdienstes, der auf Grund gesetzlicher Ermächtigung mit der Wahrnehmung richterlicher Aufgaben betraut ist. Rechtsgrundlage ist das *Rechtspflegergesetz* vom 5. 11. 1969 (BGBl. I 2065) m. spät. Änd. Er entscheidet wie ein Richter selbständig und ist hierbei nur dem Gesetz unterworfen, also unabhängig von Weisungen seiner vorgesetzten Dienststelle (§ 9). Bei bestimmten Voraussetzungen hat der Rechtspfleger ihm übertragene Geschäfte dem Richter vorzulegen (s. § 5).

Gegen die Entscheidung des Rechtspflegers ist, soweit das Gesetz nicht etwas anderes bestimmt, die *Erinnerung* zulässig. Sie wird nach den sinngemäß anzuwendenden Vorschriften über die Beschwerde behandelt (§ 11). Der Rechtspfleger kann durch eine neue Entscheidung abhelfen oder muß die Sache dem Richter zur Entscheidung vorlegen. Erst gegen die Entscheidung des Richters ist dann das verfahrensrechtlich zugelassene Rechtsmittel gegeben. Hält jedoch der Richter die Erinnerung für unzulässig oder unbegründet oder ein Rechtsmittel überhaupt nicht für gegeben, so legt er die Sache dem Rechtsmittelgericht vor; die Erinnerung gilt dann als Beschwerde gegen die Entscheidung des Rechtspflegers.

Voraussetzung für die Betrauung mit den Aufgaben eines Rechtspflegers ist ein *Vorbereitungsdienst* von mindestens drei Jahren (davon 1½ Jahre fachwissenschaftlicher Studiengang) und Ablegung der Rechtspflegerprüfung. Ferner dürfen das Amt als Rechtspfleger Beamte ausüben, welche die zweite juristische Staatsprüfung bestanden haben. Wer die erste juristische Staatsprüfung bestanden hat, kann vom Vorbereitungsdienst zum Rechtspfleger auf Antrag teilweise befreit werden. Referendare können zeitweilig mit den Geschäften eines Rechtspflegers betraut werden (§ 2).

Die dem Rechtspfleger *übertragenen Geschäfte* sind vielgestaltig. Er erledigt die meisten früher dem Richter am Amtsgericht zugewiesenen Angelegenheiten der freiwilligen Gerichtsbarkeit. Ihm obliegen grundsätzlich sämtliche Geschäfte in Grundbuch-, Zwangsversteigerungs- und Zwangsverwaltungssachen, Vereins-, Güterrechts- und Musterregistersachen, Verschollenheits-, Aufgebots-, Urkunds- und Hinterlegungssachen; ferner die meisten Angelegenheiten im Mahnverfahren und in der Strafvollstreckung (dazu VO vom 26. 6. 1970, BGBl. I 992 m. spät. Änd.). Andere Bereiche sind teils vom Richter, teils vom Rechtspfleger zu erledigen. Dieser bearbeitet familienrechtliche Angelegenheiten, in denen aber personenrechtliche oder abschließende Entscheidungen meist dem Richter vorbehalten sind. Von Nachlaß- und Teilungssachen sind dem Richter vorbehalten u. a. Entscheidungen über Testamentsvollstrecker, Erbschein u. a. m., bei Handelssachen gewisse Eintragungen und andere wichtige Verfügungen. Im Konkurs- und Vergleichsverfahren entscheidet der Rechtspfleger, soweit der Richter sich die Entscheidung nicht vorbehält, erst im Verfahren nach Entscheidung über die Eröffnung. Allgemein kann der Rechtspfleger auch zur Mitwirkung bei richterlichen Geschäften herangezogen werden, z. B. zur Fertigung von Entwürfen.

211. Die Rechtsanwälte

sind die gesetzlich berufenen, unabhängigen Vertreter und Berater in allen Rechtsangelegenheiten. Sie sind Organ der Rechtspflege und üben kein Gewerbe, sondern einen *freien Beruf* aus.

Der Rechtsanwalt (RA) bedarf zur Aufnahme seiner Tätigkeit der *Zulassung* bei einem bestimmten Gericht. Diese setzt die Befähigung zum Richteramt voraus. Eine Versagung der Zulassung wegen mangelnden Bedürfnisses ist nicht mehr statthaft (kein *numerus clausus*). Sondervorschriften gelten für die Zulassung beim BGH.

Die *Bundesrechtsanwaltsordnung* (BRAO) vom 1. 8. 1959 (BGBl. I 565) vereinheitlichte das deutsche Anwaltsrecht und brachte insbesondere die Abschaffung des Anwärterdienstes (es besteht also kein Vorbereitungsdienst als *Anwaltsassessor* mehr), die Trennung des Ehrengerichts vom Kammervorstand und eine Klarstellung des Prinzips der *Singularzulassung* (nur beim LG oder OLG; auf Antrag beim AG und übergeordneten LG). In Bad.-Württbg., Bayern, Berlin, Bremen, Hamburg und im Saarld. besteht nach 5jähriger Anwaltstätigkeit Anspruch auf *Simultanzulassung* auch beim übergeordneten OLG (§ 226 Abs. 2 BRAO). *Standesvertretung* sämtlicher im Bezirk eines OLG zugelassenen RAe ist die *Rechtsanwaltskammer.* Die RA-Kammern und ihr Zusammenschluß, die *Bundesrechtsanwaltskammer,* haben den Status von Körperschaften des öffentlichen Rechts.

Die Anwaltschaft hat eine eigene *Ehrengerichtsbarkeit,* durch die bei Pflichtverletzungen Warnung, Verweis, Geldbuße bis 20000 DM, Vertretungsverbot auf bestimmten Rechtsgebieten für 1–5 Jahre oder Ausschluß aus der Anwaltschaft verhängt werden kann. In erster Instanz entscheidet das bei der RA-Kammer gebildete Ehrengericht durch eine mit 3 RAen besetzte Kammer, in zweiter Instanz ein Senat (3 RAe, 2 Berufsrichter) des beim OLG errichteten *Ehrengerichtshofs.* Soweit Revision zulässig ist oder zugelassen wird, entscheidet darüber der beim BGH gebildete *Senat für Anwaltssachen* (Präs. des BGH bzw. Vorsitzender Richter, 3 Mitglieder des BGH, 3 RAe). Die Berufungs- und die Revisionsfrist betragen jeweils 1 Woche. Der Vorstand der Anwaltskammer hat das Recht, außerhalb des Ehrengerichtsverfahrens bei Pflichtverletzungen *Rügen* zu erteilen, gegen die Einspruch, bei Erfolglosigkeit Anrufung des Ehrengerichts zulässig ist. Lassen dringende Gründe den Ausschluß aus der Anwaltschaft erwarten, kann ein vorläufiges *Berufs- oder Vertretungsverbot* verhängt werden.

Der RA kann als Vertreter einer Partei vor jedem Gericht und jeder Behörde oder sonstigen Einrichtung des öffentlichen Lebens auftreten, bei den Kollegialgerichten der ordentlichen Gerichtsbarkeit jedoch nur, soweit er dort zugelassen ist, als Verteidiger aber vor jedem Strafgericht. Er hat gegenüber seinem Mandanten eine besondere *Schweigepflicht.*

Stellt der RA einem Auftraggeber auf Grund eines ständigen Dienst- oder ähnlichen Beschäftigungsverhältnisses seine Arbeitszeit und Arbeitskraft überwiegend zur Verfügung (sog. *Syndikusanwalt*), darf er vor Gerichten oder Schiedsgerichten nicht in seiner Eigenschaft als RA tätig werden. Wird ein RA als Richter oder Beamter verwendet, ohne auf Lebenszeit ernannt zu sein, oder ist er vorübergehend als Angestellter *im öffentlichen Dienst* tätig, darf er seinen Beruf als RA nicht ausüben, es sei denn, daß er die ihm übertragenen Aufgaben ehrenamtlich wahrnimmt (§§ 46, 47 BRAO).

Für seine Tätigkeit stehen dem RA *Gebühren* nach Maßgabe der *Bundesgebührenordnung für Rechtsanwälte* –BRAGO – vom 26. 7. 1957 (BGBl. I 907) m. spät. Änd. zu; sie bemessen sich i. d. R. nach dem Gegenstand der Anwaltstätigkeit, der sich z. B. in Zivilsachen nach dem gerichtlichen Streitwert (s. 236, 238), in Strafsachen nach der Gerichtsstufe und der Zahl der Hauptverhandlungstage richtet. Soweit die BRAGO Rahmengebühren vorsieht, ist die Gebühr im Einzelfall nach Bedeutung, Umfang und Schwierigkeit der Sache zu bestimmen. Überschreitung der Rahmengebühr oder einer gesetzlich fixierten Gebühr setzt schriftliche Vereinbarung voraus.

Wer nach seinen persönlichen und wirtschaftlichen Verhältnissen die Gebühren für die Inanspruchnahme eines RA nicht aufbringen kann, erhält auf Antrag *Prozeßkostenhilfe,* wenn die Rechtsverfolgung nicht aussichtslos oder mutwillig ist (238). Für die Wahrnehmung von Rechten *außerhalb des gerichtlichen Verfahrens* wird ihm, falls er nicht auf andere Weise (z. B. als Mitglied einer Gewerkschaft) rechtliche Betreuung erlangen kann, *Beratungshilfe* nach dem Ges. vom 18. 6. 1980 (BGBl. I 689) gewährt, außer wenn die Rechtsverfolgung mutwillig ist. Das Amtsgericht, das über den Antrag entscheidet (bei Ablehnung ist Erinnerung zulässig), erteilt dem Antragsteller eine Bescheinigung, die ihn berechtigt, die Beratung und erforderlichenfalls außergerichtliche Vertretung durch einen RA seiner Wahl oder eine amtliche Beratungsstelle in Anspruch zu nehmen; die Beratungshilfe kann vom Amtsgericht gewährt werden, sofern eine sofortige Auskunft, ein Hinweis oder eine Antragsaufnahme ausreicht. Der Ratsuchende hat dem in Anspruch genommenen Anwalt eine einmalige Gebühr (20 DM) zu zahlen, deren Erstattung er ggf. von seinem kostenpflichtigen Gegner verlangen kann; eine Honorarvereinbarung darf der RA nicht treffen.

Ein RA kann sich unter bestimmten Voraussetzungen als Fachanwalt für ein Sondergebiet (Steuer-, Verwaltungsrecht) bezeichnen. Über die Ausbildung zum *Rechtsanwaltsgehilfen* s. VO vom 24. 8. 1971 (BGBl. I 1394).

Anwälte aus den anderen EG-Mitgliedsländern dürfen in der BRep. vorübergehend tätig werden, soweit dies nach dem auf Grund der Art. 59, 60 EWGV und der Richtlinie des EG-Rates vom 22. 3. 1977 erlassenen BGes. vom 16. 8. 1980 (BGBl. I 1453) zulässig ist. Über die Anwaltschaft in der DDR vgl. 24 III.

212. Sonstige Rechtsvertreter

Nicht jedermann darf sich berufsmäßig mit der *Besorgung fremder Rechtsangelegenheiten,* sei es gerichtlich oder außergerichtlich, befassen. Diese obliegt in erster Linie den *Rechtsanwälten* (211). Andere Personen dürfen zwar, soweit nicht *Anwaltszwang* besteht, in Einzelfällen als

Bevollmächtigte oder Beistände vor Gericht auftreten, falls sie prozeßfähig sind. Eine *geschäftsmäßige* Besorgung fremder Rechtsangelegenheiten dagegen – gleichgültig ob entgeltlich oder unentgeltlich – ist an die Zulassung durch die Justizverwaltung (Präsident des Amts- bzw. Landgerichts) geknüpft.

Ausnahmen bestehen für behördlich eingesetzte Personen wie Notare, Patentanwälte, Wirtschaftsprüfer, Konkurs- oder Zwangsverwalter oder Beratung durch berufsständische Vereinigungen u. dgl. Sondervorschriften gelten u. a. im Steuer- und Sozialgerichtsverfahren.

Die zur mündlichen Verhandlung nach § 157 Abs. 3 ZPO Zugelassenen heißen *Prozeßagenten*. Diese sowie alle Personen, denen die Erlaubnis zur geschäftsmäßigen Besorgung fremder Rechtsangelegenheiten einschließlich der *Rechtsberatung* und der Einziehung fremder oder zur Einziehung abgetretener Forderungen erteilt ist, dürfen sich *Rechtsbeistände* nennen; doch kann eine andere Bezeichnung (z. B. *Rentenberater*) bestimmt werden, soweit sich die Tätigkeit auf bestimmte Gebiete beschränkt. Vgl. das *Rechtsberatungsgesetz*, das bei Zuwiderhandlungen Geldbuße androht, nebst 1. AVO – beide vom 13. 12. 1935 (RGBl. I 1478, 1481) – sowie 2. AVO vom 3. 4. 1936 (RGBl. I 359). Die Bedürfnisprüfung bei der Zulassung von Prozeßagenten hat das BVerfG (BVerfGE 10, 185) als mit Art. 12 Abs. 1 GG vereinbar befunden. Die *Gebühren* der Rechtsbeistände (Art. IX des Kostengesetzes vom 26. 7. 1957, BGBl. I 861, 931 m. letzt. Änd. vom 18. 8. 1980, BGBl. I 1503) entsprechen grundsätzlich denen der Rechtsanwälte. Über die Ausbildung zum *Rechtsbeistandsgehilfen* vgl. VO vom 19. 12. 1972 (BGBl. I 2506).

213. Notare, Notariate

Der Notar ist unabhängiger Träger eines öffentlichen Amtes auf dem Gebiet der vorsorgenden Rechtspflege. Er ist in besonderem Maße als öffentliches Urkundsorgan berufen. Namentlich obliegt ihm, *Beurkundungen* (z. B. von Gesellschaftsbeschlüssen, Grundstückskaufverträgen, Testamenten, Erbverträgen usw.) und *Beglaubigungen* (z. B. von Unterschriften) vorzunehmen. Vgl. 300. Weiter ist er zuständig zur Entgegennahme von Auflassungen, für Auseinandersetzungen über Nachlässe und eheliche Gütergemeinschaften, für die Verwahrung von Geld, Kostbarkeiten und Wertpapieren, zur Aufnahme von Wechselprotesten, für die Durchführung freiwilliger Versteigerungen usw.

Gesetzliche Grundlage ist die *Bundesnotarordnung* vom 24. 2. 1961 (BGBl. I 98) m. spät. Änd. Sie enthält Vorschriften über I. das Amt des Notars (Bestellung; Ausübung des Amtes; Amtstätigkeit; Abwesenheit und Verhinderung des Notars, Notarvertreter; Erlöschen des Amtes, vorläufige Amtsenthebung, Notariatsverweser; §§ 1–64); II. Notarkammern, Bundesnotarkammer (§§ 65–91); III. Aufsicht, Disziplinarverfahren (§§ 92–110); IV. Übergangs- und Schlußbestimmungen (§§ 111–119).

Nach § 10 BNotO ist jedem amtlich bestellten Notar ein bestimmter Ort als Amtssitz (für Kanzlei und Wohnung) zugewiesen; i. d. R. darf er nur in seinem Amtsbezirk (OLG-Bezirk) tätig werden (§ 11). Der Notar ist verpflichtet, sich dienstbereit zu halten, es sei denn, daß für ihn ein Vertreter vorhanden ist.

Verhinderungen von mehr als einer Woche sind anzuzeigen; Abwesenheit von mehr als 1 Monat bedarf aufsichtsbehördlicher Genehmigung (§ 38 BNotO).

Als *Disziplinargerichte* für Notare sind Senate für Notarsachen, im ersten Rechtszug beim OLG (Vorsitzender Richter, 1 weiterer Richter, 1 Notar) und im zweiten Rechtszug beim BGH (Vorsitzender Richter und 2 weitere Richter, 2 Notare) zuständig (§§ 99, 101, 106).

Die Gebühren des Notars bestimmen sich nach §§ 140–157 der *Kostenordnung* vom 26. 7. 1957 (BGBl. I 960; vgl. 214).

In Bad.-Württ. sind die *Bezirksnotare* im früheren württembergischen Landesteil, ebenso wie die Notariate im ehemaligen badischen Landesteil, selbständige Behörden der Gerichtsorganisation. Für die Bezirksnotare gilt die BNotO nicht (§ 114). Ihre Zuständigkeit umfaßt (außer der des Notars) die des Grundbuchamts, des Vormundschafts- und des Nachlaßwesens (295–297). Die Bezirksnotare gehen aus der besonders geregelten Notariatslaufbahn des gehobenen Justizdienstes hervor.

Über die Ausbildung zum *Notargehilfen* vgl. VO vom 24. 8. 1971 (BGBl. I 1394).

214. Kostenwesen

Für die Inanspruchnahme öffentlich-rechtlicher Leistungen werden *Gebühren* erhoben (vgl. 501). In bürgerlichen Rechtsstreitigkeiten, in Verfahren vor den allgemeinen Verwaltungsgerichten und den Finanzgerichten, in Konkurs- und Vergleichssachen sowie für Verfahren nach dem Zwangsversteigerungsgesetz, der Strafprozeßordnung, dem Gesetz über Ordnungswidrigkeiten oder dem Strafvollzugsgesetz sind *Kosten* nach dem *Gerichtskostengesetz* – GKG – i. d. F. vom 15. 12. 1975 (BGBl. I 3047) m. spät. Änd. zu zahlen. Die Kosten in Angelegenheiten der freiwilligen Gerichtsbarkeit bestimmen sich dagegen nach der *Kostenordnung* vom 26. 7. 1957 (BGBl. I 960) m. spät. Änd. Über die Gebühren der Rechtsanwälte, Rechtsbeistände und Notare und die Kosten der Gerichtsvollzieher s. 211–213, 223.

In Arbeitsgerichtssachen ist das GKG neben den Sondervorschriften des § 12 ArbGG ergänzend anwendbar. Auch für die Sozialgerichte bestehen Sonderbestimmungen; danach werden von natürlichen Personen nur ausnahmsweise Gerichtskosten erhoben (§§ 183, 184, 192 SGG).

Von Bedeutung sind ferner die *Justizverwaltungskostenordnung* vom 14. 2. 1940 (RGBl. I 357), nach welcher die Justizbehörden Gebühren und Auslagen für Verwaltungsakte – z. B. Beglaubigungen, Rechtshilfeangelegenheiten (225) – berechnen, und die *Justizbeitreibungsordnung* vom 11. 3. 1937 (RGBl. I 298), welche die durch zwangsweise Einziehung von Gebühren oder Kosten entstehenden Ansprüche regelt. Die Entschädigung der *Zeugen* und *Sachverständigen* richtet sich nach dem Ges. vom 1. 10. 1969 (BGBl. I 1756), m. letzter Änd. vom 9. 12. 1986 (BGBl. I 2326). *Zeugen* erhalten Ersatz der Fahrtkosten sowie für Verdienstausfall 3–20 DM pro Std., höchstens jedoch für 10 Std. tägl. (ohne Verdienstausfall den Mindestsatz, Hausfrauen bei Mehrpersonenhaushalt 12 DM stdl., außer falls dem Zeugen ersichtlich kein Nachteil entstanden ist); bei längerer Abwesenheit als 4 Std. wird zusätzlich Aufwandsentschädigung gezahlt, z. B. Verzehrkosten. *Sachverständige* erhalten eine nach Qualifikation, Schwierigkeit der Begutachtung usw. zu bemessende Stundenvergütung (im Regelfall bis zu 70 DM, bei besonderen Leistungen bis zu 50 v. H. mehr).

B. Das Gerichtswesen der ordentlichen Gerichtsbarkeit

215. Ordentliche und besondere Gerichte

Vor die *ordentlichen Gerichte* (Amts-, Land-, Oberlandesgerichte – in Berlin das Kammergericht, in Bayern außerdem das Oberste Landesgericht –, Bundesgerichtshof) gehören alle nicht besonderen Gerichten zugewiesenen Streitigkeiten sowie die Strafsachen und die Angelegenheiten der (nichtstreitigen) freiwilligen Gerichtsbarkeit (208). Als *besondere Gerichtsbarkeiten* sieht das GG vor (Art. 95, 96):

a) die *(allgemeine) Verwaltungsgerichtsbarkeit,* ausgeübt durch die Verwaltungs- und Oberverwaltungsgerichte der Länder und als oberste Instanz das *Bundesverwaltungsgericht* in Berlin (vgl. 71 II 2, 150, 151);
b) die *Arbeitsgerichtsbarkeit,* gehandhabt durch die Arbeits- und Landesarbeitsgerichte der Länder und in der obersten Instanz das *Bundesarbeitsgericht* in Kassel (vgl. 71 II 4, 636);
c) die *Sozialgerichtsbarkeit,* wahrgenommen durch die von den Ländern eingerichteten Sozial- und Landessozialgerichte und das *Bundessozialgericht* in Kassel (vgl. 71 II 5, 689);
d) die *Finanzgerichtsbarkeit,* in der auf Klage insbes. gegen Entscheidungen der Finanzbehörden die *Finanzgerichte* der Länder und auf Revision gegen deren Entscheidung (z. T. auch in 1. Instanz) der *Bundesfinanzhof* in München tätig werden (vgl. 71 II 3, 78, 512);
e) die *Patentgerichtsbarkeit,* in der das gemäß Art. 96 Abs. 1 GG errichtete (Bundes-)Patentgericht in München als erste Instanz in Angelegenheiten des gewerblichen Rechtsschutzes und als Rechtsmittelinstanz im Rechtsbeschwerde- und im Berufungsverfahren der Patentsenat des *BGH* entscheidet (vgl. 71 III, 387);
f) die *Disziplinargerichtsbarkeit* (Art. 96 Abs. 4 GG), in der im Bund das Bundesdisziplinargericht (in den Ländern Disziplinar- oder

Dienststrafgerichte) und als Rechtsmittelinstanz das *Bundesverwaltungsgericht* (Disziplinarsenate) in Berlin tätig werden (vgl. 156).

Über die *Dienstgerichte* im Dienstverfahren gegen Soldaten vgl. 71 III, 455, über *Wehrstrafgerichte* 451. Weitere Spezialgerichte sind im GG nicht vorgesehen; ihre Einrichtung würde eine Verfassungsänderung voraussetzen. Vgl. 71, 204, 205.

Eine schärfere Abgrenzung zwischen ordentlicher und Verwaltungsgerichtsbarkeit brachte die *Verwaltungsgerichtsordnung* vom 21. 1. 1960 (BGBl. I 17), die in § 41 insbes. die Verweisungsmöglichkeit von einem Gerichtszweig zum anderen neu ordnete (vgl. 151 II). Andererseits wies sie in § 179 die gemäß Art. 19 Abs. 4 GG mögliche richterliche Kontrolle gewisser Justizverwaltungsakte den ordentlichen Gerichten in einem in §§ 23ff. EGGVG geregelten Verfahren zu (vgl. 205).

Für die Entscheidung von Binnenschiffahrtssachen sind nach § 14 GVG besondere Gerichte zugelassen und gemäß Ges. vom 27. 9. 1952 (BGBl. I 641) bei bestimmten Amtsgerichten als besondere Abteilungen eingerichtet (*Schiffahrtsgerichte,* für die Binnenschiffahrt auf dem Rhein: *Rheinschiffahrtsgerichte;* Berufungsinstanz: das Oberlandesgericht als Schiffahrts- bzw. Rheinschiffahrts-Obergericht). Die früheren bad.-württ. *Gemeindegerichte,* die geringe vermögensrechtliche Streitigkeiten entschieden (Ges. vom 7. 3. 1960, GBl. 73), sind aufgehoben (Ges. vom 19. 10. 1971, GBl. 397).

Die gesetzlichen Grundlagen für das Gerichtsverfahren sind in der Zivilprozeßordnung, der Strafprozeßordnung, in der Verwaltungsgerichtsordnung, im Arbeitsgerichtsgesetz, im Sozialgerichtsgesetz und in der Finanzgerichtsordnung sowie in Sondergesetzen (z. B. PatentG) enthalten. Die *Verfahren* unterscheiden sich dadurch, daß in der Zivilgerichtsbarkeit die sog. *Verhandlungsmaxime* herrscht (die Parteien bestimmen den Streitstoff, über den das Gericht zu entscheiden hat; Ausnahmen in Familien-, Kindschafts-, Entmündigungssachen, vgl. 248), während in den verwaltungsgerichtlichen Verfahren und im Strafprozeß nach dem sog. *Untersuchungsprinzip* (Sachverhaltsfeststellung von Amts wegen) vorgegangen wird.

Von den ,,besonderen Gerichten" zu unterscheiden sind die *Ausnahmegerichte,* die zur Entscheidung bestimmter Einzelfälle oder zur Aburteilung bestimmter Personen – oft erst nach Tatbegehung – eingesetzt werden. Sie sind unzulässig. Niemand darf seinem *gesetzlichen Richter* (50) entzogen werden. Vgl. Art. 101 Abs. 1 GG, § 16 GVG.

216. Die Amtsgerichte

sind die untere Instanz der ordentlichen Gerichtsbarkeit. Den Amtsgerichten stehen *Einzelrichter* vor. In der Regel führt ein Richter des Amtsgerichts die Dienstaufsicht, aber nur über die nichtrichterlichen Beamten sowie über die Angestellten und Arbeiter; dagegen steht die Dienstaufsicht über die Richter dem Präsidenten des übergeordneten Landgerichts und nur bei besonders großen Amtsgerichten einem Präsidenten des Amtsgerichts zu (§ 14 der VO vom 20. 3. 1935, RGBl. I 403; AGGVG Bad.-Württbg. § 16, Bay. Art. 20). Ein Richter des Amtsgerichts kann gleichzeitig Richter bei einem anderen Amtsgericht oder einem Landgericht sein (§ 22 GVG).

In *Zivilsachen* entscheidet stets ein Einzelrichter. Auch in *Strafsachen* ist für eine Reihe von Delikten der Einzelrichter *(Strafrichter)* zuständig (vgl. 270). Daneben werden für Strafsachen *Schöffengerichte* gebildet. Sie bestehen aus einem Richter als Vorsitzenden und zwei Schöffen (kleines Schöffengericht). Auf Antrag der Staatsanwaltschaft kann jedoch bei umfangreichen Sachen ein zweiter Richter zur Hauptverhandlung zugezogen werden (*erweitertes oder großes Schöffengericht;* §§ 28, 29 GVG).

Das Amt eines Schöffen ist ein Ehrenamt. Die Gemeinden reichen in jedem vierten Jahr dem AG eine *Vorschlagsliste* für Schöffen ein. Dieses stellt die Listen des Bezirks zusammen und bereitet den Beschluß über Einsprüche gegen die Vorschläge vor. Ein beim AG jedes vierte Jahr zusammentretender *Ausschuß* (Richter, 1 Verwaltungsbeamter, 10 Vertrauenspersonen) entscheidet über die Einsprüche und wählt aus der berichtigten Vorschlagsliste mit Zweidrittelmehrheit der Stimmen für die nächsten vier Geschäftsjahre die erforderliche Zahl von Hauptschöffen und Hilfsschöffen. Diese Zahl bestimmt der Präsident des Landgerichts so, daß jeder Hauptschöffe zu höchstens 12 ordentlichen Sitzungstagen im Jahr herangezogen wird. Die Namen der Gewählten werden bei jedem AG in eine *Schöffenliste* aufgenommen. Über Unfähigkeit zum Schöffenamt (insbes. Amtsunfähigkeit kraft Richterspruchs), den Kreis der nicht zu berufenden Personen (Richter und StAe, Geistliche u. a. m.) sowie Ablehnungsgründe (Tätigkeit in Heilberufen, besondere Beanspruchung durch Fürsorge für die Familie, Alter: 65 Jahre) vgl. §§ 32–35 GVG. Das AG setzt die ordentlichen Sitzungstage für das ganze Jahr im voraus fest; die Reihenfolge, in welcher die Hauptschöffen teilnehmen, wird durch Auslosung in öffentlicher Sitzung bestimmt. Die *Hilfsschöffen* werden bei Verhinderung von Hauptschöffen und zu außerordentlichen Sitzungen herangezogen. Die Schöffen leisten einen Eid. Über ihre Entschädigung vgl. 209. Bei unentschuldigtem Ausbleiben – Entbindung von einzelnen Sitzungstagen ist zulässig bei Verhinderung durch unabwendbare Umstände oder Unzumutbarkeit der Dienstleistung – werden sie zu einem Ordnungsgeld und in die verursachten Kosten verurteilt (§§ 45–56 GVG).

Die *Schöffen* üben während der Hauptverhandlung das Richteramt in vollem Umfang und mit gleichem Stimmrecht wie die Richter aus und nehmen auch an den im Laufe einer Hauptverhandlung zu erlassenden Entscheidungen teil, die in keiner Beziehung zu der Urteilsfällung stehen und die auch ohne mündliche Verhandlung erlassen werden können (§ 30 GVG).

Über die Zuständigkeit und Besetzung der Amtsgerichte in *Jugendstrafsachen* vgl. 291, in Schiffahrtssachen 215, in Landwirtschaftssachen 826 II.

217. Die Landgerichte

sind mit dem Präsidenten, Vorsitzenden Richtern und weiteren Richtern besetzt. Es bestehen:

a) *Zivilkammern* (3 Berufsrichter) als *erstinstanzliche* Gerichte in bürgerlichen Rechtsstreitigkeiten, die nicht den Amtsgerichten zugewiesen sind, und als *zweitinstanzliche* Gerichte zur Entscheidung über Berufung und Beschwerde gegen amtsgerichtliche Urteile und Beschlüsse (§§ 71, 72, 75 GVG; vgl. 236).

Die Zivilkammer kann jedoch den Rechtsstreit, falls er nicht tatsächlich oder rechtlich schwierig oder von grundsätzlicher Bedeutung ist, einem ihrer Mitglieder als *Einzelrichter* zur Entscheidung übertragen (§ 348 ZPO);

b) *Strafkammern* zur Entscheidung in Strafsachen, und zwar:

1. *in erster Instanz* für alle Verbrechen, die nicht zur Zuständigkeit des Amtsgerichts oder des Oberlandesgerichts gehören, sowie für alle Straftaten, wenn mehr als 3 Jahre Freiheitsstrafe oder Unterbringung in einem psychiatrischen Krankenhaus oder Sicherungsverwahrung zu erwarten ist oder wenn die Staatsanwaltschaft wegen der besonderen Bedeutung der Sache bei der Strafkammer Anklage erhebt (§ 74 GVG, *große Strafkammer;* Besetzung: 3 Berufsrichter, 2 Schöffen).

Eine große Strafkammer in der genannten Besetzung ist als *Schwurgericht* zuständig für Verbrechen gegen das Leben oder andere schwere Verbrechen (z. B. Raub, räub. Diebstahl, räub. Erpressung oder Vergewaltigung mit Todesfolge; besonders schwere Brandstiftung). Sie ist seit 1. 1. 1975 an die Stelle des früheren Schwurgerichts (3 Richter, 6 Schöffen) getreten, das nur nach Bedarf zusammentrat. Die Zuständigkeit der Strafkammer als Schwurgericht kann auf mehrere LG- Bezirke erstreckt werden (§ 74d GVG).

Eine Strafkammer des LG, in dessen Bezirk das OLG seinen Sitz hat, ist für den Bezirk des OLG für leichtere Fälle von *Friedensverrat, Gefährdung des demokratischen Rechtsstaates* oder der Landesverteidigung, Beteiligung an kriminellen Vereinigungen, *Verschleppung* und politische *Denunziation* zuständig (§ 74a GVG; sog. *Staatsschutzkammer*). Straffälle aus dem Wirtschaftsleben sind von einer *Wirtschaftsstrafkammer* zu entscheiden, deren Zuständigkeit auf mehrere LG-Bezirke ausgedehnt werden kann (§ 74c GVG);

2. *in zweiter Instanz* als Berufungsgerichte gegen Entscheidungen des Schöffengerichts und des Einzelrichters in Strafsachen. Hierbei unterscheidet man die *kleine Strafkammer* (1 Berufsrichter, 2 Schöffen), die über Berufungen gegen Urteile des Einzelrichters entscheidet, und die *große Strafkammer* (3 Berufsrichter, 2 Schöffen), die in allen übrigen Fällen zusammentritt (§§ 74, 76 GVG).

Durch Anordnung der Landesjustizverwaltung kann wegen großer Entfernung vom Landgerichtssitz bei einem AG eine *detachierte Strafkammer* gebildet werden (§ 78 GVG).

In Strafsachen entscheidet außerhalb der Hauptverhandlung die *(beschließende) Strafkammer* in der Besetzung von drei Berufsrichtern, so insbes. über Beschwerden gegen den Richter beim Amtsgericht oder das Schöffengericht (§§ 73, 76 GVG).

Falls von der Landesjustizverwaltung ein Bedürfnis angenommen wird, kann am Sitz des LG oder an einem anderen Ort seines Bezirks eine *Kammer für Handelssachen* (KfH) gebildet werden. Diese tritt in Handelssachen an die Stelle der Zivilkammer (§§ 94ff. GVG), wenn der Kläger es in der Klageschrift beantragt oder der Rechtsstreit auf Antrag des Beklagten von der Zivilkammer an die KfH verwiesen wird. Diese ist mit einem Berufsrichter und zwei Handelsrichtern besetzt, die von der Industrie- und Handelskammer vorgeschlagen und für die Dauer von drei Jahren ernannt werden (§ 108 GVG; Ersatz ihrer Auslagen usw. nach § 107 GVG, vgl. 209). Der Vorsitzende kann bestimmte prozessuale Entscheidungen allein treffen und mit Einverständnis der Parteien auch in der Sache selbst entscheiden (§ 349 ZPO).

401

Über die Zuständigkeit und die Besetzung des LG in *Jugendstrafsachen* vgl. 291, in Baulandsachen 192 I 10, in Berufsgerichtssachen der Wirtschaftsprüfer, Steuerberater und Steuerbevollmächtigten 571, 572; über die *Strafvollstreckungskammer* s. 288 I, II.

218. Die Oberlandesgerichte

sind mit einem Präsidenten, Vorsitzenden Richtern und weiteren Richtern besetzt. Es entscheiden *Zivilsenate* mit 3 Berufsrichtern in bürgerlichen Rechtsstreitigkeiten über Berufungen und Beschwerden hauptsächlich gegen Entscheidungen der Landgerichte und *Strafsenate* in Strafsachen als Gerichte erster, zweiter und dritter Instanz (§§ 115–122 GVG). In Berlin heißt das OLG Kammergericht.

An Stelle des *Zivilsenats* kann im Einverständnis der Parteien auch ein Mitglied als *Einzelrichter* entscheiden. Diesem kann aber auch die Vorbereitung des Urteils zugewiesen werden. Bestimmte prozessuale Entscheidungen minderer Bedeutung sind ihm gesetzlich übertragen (§ 524 ZPO).

Im ersten Rechtszuge sind die *Strafsenate* (5 Berufsrichter) der OLGe, in deren Bezirk eine LdReg. ihren Sitz hat, in bestimmten schwerwiegenden Strafsachen zuständig, insbes. wegen Friedens-, Hoch-, Landesverrats, Nötigung von Verfassungsorganen und Völkermord, ferner in den an sich nach § 74a GVG zur Zuständigkeit der Strafkammer gehörenden politischen Strafsachen (vgl. 217) sowie für die Verfolgung terroristischer Gewalttaten, wenn der Generalbundesanwalt wegen der besonderen Bedeutung die Verfolgung übernimmt (§ 120 Abs. 1, 2 GVG). Soweit das OLG im ersten Rechtszuge zuständig ist, können *Ermittlungsrichter* des OLG Untersuchungshandlungen an Stelle des Richters beim Amtsgericht oder neben diesem vornehmen (§ 169 StPO).

In *zweiter* Instanz wird das OLG in Besetzung mit 3 Richtern tätig bei Revisionen gegen Urteile der großen Strafkammer (auch als Schwurgericht), wenn die Revision ausschließlich auf die Verletzung einer in den Landesgesetzen enthaltenen Rechtsnorm gestützt wird, und bei Sprungrevision. Vgl. 282. In *dritter* Instanz ist das OLG in gleicher Besetzung Revisionsinstanz gegen Berufungsurteile der großen und kleinen Strafkammer (§ 121 GVG).

In *Bayern* besteht außerdem das *Oberste Landesgericht,* dem verschiedene Zuständigkeiten des OLG und des BGH übertragen sind; vgl. 131 IV 4a, 205.

Über die Zuständigkeit und die Besetzung des OLG in Bauland-, Schifffahrts-, Landwirtschafts- und Kartellsachen vgl. 192 I 10, 215, 826 II, 835, in berufsgerichtlichen Verfahren gegen Rechtsanwälte, Notare, Wirtschaftsprüfer, Steuerberater und Steuerbevollmächtigte 211, 213, 571, 572.

219. Der Bundesgerichtshof

Gemäß Art. 95 GG sind für das Gebiet der ordentlichen, der Verwaltungs-, Finanz-, Arbeits- und Sozialgerichtsbarkeit zur Wahrung der Rechtseinheit im Bundesgebiet *oberste Gerichtshöfe* errichtet worden. Für die ordentliche Gerichtsbarkeit ist der *Bundesgerichtshof* in Karlsruhe zuständig. Der Geschäftsgang des BGH wird durch eine vom Plenum beschlossene *Geschäftsordnung* geregelt, die der Bestätigung durch den Bundesrat bedarf (§ 140 GVG).

Der Bundesgerichtshof ist mit einem Präsidenten, Vorsitzenden Richtern und weiteren Richtern besetzt. Seine Mitglieder werden durch den Bundesjustizminister gemeinsam mit dem Richterwahlausschuß gemäß dem Richterwahlgesetz (209) berufen und vom Bundespräsidenten ernannt. Voraussetzung ist die Vollendung des 35. Lebensjahres (§§ 124, 125 GVG).

Nach dem Geschäftsverteilungsplan des BGH für 1987 bestehen 11 *Zivil-* und 5 *Strafsenate* (der 5. in Berlin), die in der Besetzung von 5 Richtern mit Einschluß des Vorsitzenden entscheiden. Weiter sind beim BGH ein *Kartellsenat* zur Entscheidung über die Rechtsbeschwerde gegen Entscheidungen der OLGe in Kartellangelegenheiten (s. 835 II) und je ein Senat für Anwalts-, Notar-, Patentanwalts-, Wirtschaftsprüfer-, Steuerberater- und Steuerbevollmächtigten-Sachen für die in der Bundesrechtsanwaltsordnung, der Bundesnotarordnung, der Patentanwaltsordnung, der Wirtschaftsprüferordnung und dem Steuerberatungsgesetz dem BGH zugewiesenen Angelegenheiten (211, 213, 571, 572) gebildet. Über die Zuständigkeit in *Patentsachen* s. 71 III, 387, in Baulandsachen 192 I 10.

Außerdem ist der BGH als *Dienstgericht des Bundes* in denjenigen Angelegenheiten von Richtern bzw. Mitgliedern des Bundesrechnungshofes, Staatsanwälten sowie Bundes- und Landesanwälten zuständig, die ihm durch das Deutsche Richtergesetz übertragen worden sind (s. 209).

In *bürgerlichen* Rechtsstreitigkeiten ist der BGH zuständig für die Verhandlung und Entscheidung über die *Revision* gegen Endurteile der OLGe (bei Sprungrevision auch gegen LG-Urteile, vgl. 245) und in bestimmten Fällen über Beschwerden gegen Beschlüsse des OLG (§ 133 GVG).

In *Strafsachen* entscheidet der BGH über die Revision gegen die vom LG (große Strafkammer) im ersten Rechtszuge erlassenen Urteile, soweit nicht die Zuständigkeit des OLG begründet ist, sowie gegen dessen erstinstanzliche Urteile (§ 135 GVG; vgl. 218, 282). Seine frühere erstinstanzliche Zuständigkeit in Hoch- und Landesverratssachen usw. ist durch Ges. vom 8. 9. 1969 (BGBl. I 1582) aus rechtsstaatlichen Gründen dem OLG übertragen worden, um dem Verurteilten eine zweite Instanz zu eröffnen.

Je ein *Großer Senat* des BGH für Zivilsachen bzw. für Strafsachen (Präsident und 8 Mitglieder) entscheidet zur Wahrung der *Rechtseinheit,* wenn ein Zivil- bzw. ein Strafsenat von der Entscheidung eines anderen Zivil- bzw. Strafsenats oder des Großen Senats abweichen will; auch kann der Große Senat in Fragen von grundsätzlicher Bedeutung angerufen werden. Will ein Zivilsenat von der Entscheidung eines Strafsenats oder des Großen Senats für Strafsachen oder ein Strafsenat von der Entscheidung eines Zivilsenats oder des Großen Senats für Zivilsachen oder ein Senat von der früher eingeholten Entscheidung der Vereinigten Großen Senate abweichen, so entscheiden die *Vereinigten Großen Senate* (für Zivil- und für Strafsachen; §§ 132, 136ff. GVG).

Beim BGH besteht eine *Bundesanwaltschaft,* die mit einem *Generalbundesanwalt* und Bundesanwälten besetzt ist und die Aufgaben der *Staatsanwaltschaft* in den vor den BGH gehörenden Strafsachen, z.T. auch in den erstinstanzlichen Sachen des OLG, wahrnimmt. Vgl. 220.

Ermittlungsrichter des BGH können in Strafsachen, in denen das OLG in 1. Instanz zuständig ist (218), Untersuchungshandlungen an Stelle des Richters beim Amtsgericht oder neben diesem vornehmen, wenn der Generalbundesanwalt die Ermittlungen führt (§ 169 StPO).

220. Die Staatsanwaltschaft

ist die staatliche Untersuchungs- und Anklagebehörde in Strafsachen. Nach § 141 GVG soll bei jedem Gericht eine *Staatsanwaltschaft* (StA) bestehen. Das Amt der Staatsanwaltschaft wird beim Bundesgerichtshof durch einen *Generalbundesanwalt* und einen oder mehrere Bundesanwälte, bei den Oberlandesgerichten und Landgerichten durch einen oder mehrere *Staatsanwälte,* bei den Amtsgerichten durch einen oder mehrere Staatsanwälte oder *Amtsanwälte* ausgeübt (§ 142 GVG).

Der Generalbundesanwalt kann auch bei den OLGen im Bereich ihrer erstinstanzlichen Zuständigkeit tätig werden (§ 142a GVG). Vgl. 218.

Die *örtliche Zuständigkeit* der Beamten der StA bestimmt sich nach der örtlichen Zuständigkeit des Gerichts, bei welchem die StA bestellt ist. Die ersten Beamten der StA beim OLG und beim LG *(General-* bzw. *Oberstaatsanwalt)* sind befugt, bei allen Gerichten ihres Bezirks die Amtsverrichtungen der StA selbst zu übernehmen oder bestimmte Beamte damit zu beauftragen. *Amtsanwälte* wirken nur beim AG (§§ 143, 145 GVG).

Die Beamten der StA haben den dienstlichen Anweisungen ihrer Vorgesetzten im Rahmen ihrer Bindung an die Rechtsordnung nachzukommen. Die *Staatsanwälte* müssen zum Richteramt befähigt sein, sind aber nichtrichterliche Beamte. Die StA ist in ihren amtlichen Verrichtungen von den Gerichten unabhängig. Die zu *Hilfsbeamten der StA* bestellten (Polizei- u. a.) Beamten haben den Anordnungen der StA ihres Bezirks nachzukommen (§§ 144, 146, 147, 152 GVG). Vgl. 171–174.

221. Das Strafregister

Ein amtliches Verzeichnis über strafrechtliche Verurteilungen wurde früher nach der StrafregisterVO vom 17. 2. 1934 (RGBl. I 140) von jeder Staatsanwaltschaft beim Landgericht über die im LG-Bezirk geborenen Verurteilten geführt. Im Interesse einer schnellen und einheitlichen Bearbeitung der Mitteilungen und Auskünfte wurden nach dem *Bundeszentralregistergesetz* i. d. F. vom 21. 9. 1984 (BGBl. I 1229) alle Strafregister zu einem *Bundeszentralregister* in Berlin zusammengefaßt; es untersteht dem Generalbundesanwalt beim BGH.

Der *Registerbehörde* sind alle Verurteilungen mitzuteilen, durch die wegen einer Straftat eine Strafe oder eine Maßregel der Besserung und Sicherung (396) verhängt oder eine Verwarnung mit Strafvorbehalt ausgesprochen worden ist. Es enthält aber auch Eintragungen über festgestellte Schuldunfähigkeit, Entmündigungen u. a. m. Das Register wird alphabetisch geführt und verschlossen aufbewahrt.

Jedermann (ab 14 Jahren) kann über den ihn betreffenden Inhalt des Registers bei der für ihn zuständigen polizeilichen Meldebehörde ein *Führungszeugnis* beantragen (ggf. also über das Fehlen jeglicher Eintragungen). In das Führungszeugnis *nicht aufgenommen* werden geringere Verurteilungen, insbes. wenn sie einzige Bestrafung sind, so Freiheitsstrafen bis zu 3 Mon., Geldstrafen bis zu 90 Tagessätzen, ferner Jugendstrafen bis zu 2 Jahren bei Strafaussetzung oder nach Beseitigung des Strafmakels (291). Andere Verurteilungen, abgesehen von lebenslanger Freiheitsstrafe und Unterbringung in Sicherungsverwahrung oder in einem psychiatrischen Krankenhaus, erscheinen nach Ablauf von 3 bzw. 5 Jahren nicht mehr. Über Eintragungen, die *nicht in das Führungszeugnis aufgenommen werden* (wegen geringer Höhe oder nach Fristablauf), erteilt das Zentralregister Auskunft nur an Gerichte, Strafverfolgungsbehörden, oberste Bundes- und Landesbehörden sowie Sicherheitsbehörden, ferner in Einbürgerungs-, Ausländer-, Gnaden-, Waffen- und Sprengstoffsachen sowie im Erlaubnisverfahren nach dem Betäubungsmittelgesetz *(unbeschränkte Auskunft)*.

Alle im Strafregister vermerkten Verurteilungen (ausgenommen lebenslange Freiheitsstrafe, Unterbringung in Sicherungsverwahrung oder in einem psychiatrischen Krankenhaus) werden im Register nach bestimmten Fristen *getilgt:* Nach 5 Jahren bei Geldstrafe bis zu 90 Tagessätzen, wenn das Register keine Freiheitsstrafe enthält, bei Freiheitsstrafe bis zu 3 Monaten als einziger Strafe, ferner bei Jugendstrafe bis zu 1 Jahr bzw. bis zu 2 Jahren bei Strafaussetzung oder nach Beseitigung des Strafmakels sowie bei Entziehung der Fahrerlaubnis auf Zeit (407); die Frist beträgt 10 Jahre bei höheren Jugendstrafen sowie den nicht unter die kürzere Frist fallenden Geldstrafen und Freiheitsstrafen bis zu 3 Mon., ferner bei einzigen Freiheitsstrafen von mehr als 3 Mon. bis zu 1 Jahr bei Strafaussetzung. In allen übrigen Fällen, insbes. bei höheren Freiheitsstrafen, ist die Frist 15 Jahre. Ein Strafvermerk verbleibt jedoch im Register, solange die Vollstreckung der Strafe oder Maßregel nicht erledigt ist. Sind mehrere Verurteilungen eingetragen, wird grundsätzlich erst dann getilgt, wenn alle Vermerke tilgungsreif sind. Eintragungen, die nicht der gesetzlichen Tilgung unterliegen, kann der Generalbundesanwalt im Einzelfall von Amts wegen oder auf Antrag tilgen lassen, falls das öffentliche Interesse nicht entgegensteht.

Soweit Verurteilungen in das Führungszeugnis nicht aufgenommen werden oder zu tilgen sind, kann sich der Verurteilte als unbestraft bezeichnen. *Getilgte Verurteilungen* dürfen ihm i. d. R. im Rechtsverkehr nicht mehr vorgehalten und nicht zu seinem Nachteil verwertet werden.

Im Strafregister können Nachrichten über *Steckbriefe* (vgl. 275) und *Suchvermerke* von Behörden niedergelegt werden. Letztere müssen angeben, aus welchem Grunde der Betroffene gesucht wird.

Über strafregisterliche Sondervorschriften für Jugendliche und Heranwachsende, insbes. das Erziehungsregister, vgl. 291, über das Verkehrszentralregister 408.

222. Die Geschäftsstellen der Gerichte. Urkundsbeamte

Nach § 153 GVG wird bei jedem Gericht und jeder Staatsanwaltschaft eine Geschäftsstelle eingerichtet, die mit der erforderlichen Zahl von *Urkundsbeamten* besetzt wird. Die näheren Vorschriften erlassen Bund und Länder für ihren Bereich.

Hinsichtlich der Geschäftsstellen beschränkt sich das GVG auf die allgemeine Anordnung, daß und wo solche einzurichten sind. Der Aufgabenbereich der Geschäftsstelle des Gerichts ergibt sich z. T. aus den Verfahrensordnungen (ZPO, StPO usw.). Der Geschäftsstelle als solcher sind z. B. die Entgegennahme von Anträgen, Bewirkung von Zustellungen, Ausfertigung von Ladungen usw. zugewiesen.

Die wichtigeren Geschäfte obliegen dem *Urkundsbeamten der Geschäftsstelle*. Er ist ein Beamter der Justizverwaltung. Seine Aufgaben kann nach § 153 GVG wahrnehmen, wer nach 2 Jahren Vorbereitungsdienst (davon 6 Mon. Fachlehrgang) die Prüfung für den mittleren Justizdienst oder wer die Rechtspflegerprüfung (210) bestanden hat, nach näherer Rechtsvorschrift auch, wer einen gleichwertigen Wissens- und Leistungsstand aufweist. Der Urkundsbeamte handelt als *Urkundsperson* (d.h. mit öffentlichem Glauben versehene Person) bei Aufnahme von Anträgen usw., Protokollführung, Erteilung von Ausfertigungen usw., als *Bürobeamter* bei Aktenführung und Zustellungen. Er setzt die Prozeßkosten im Kostenfestsetzungsbeschluß fest (vgl. 238). Die bei der Zustellung zu übergebende Abschrift wird durch den Urkundsbeamten der Geschäftsstelle beglaubigt. Die Tätigkeit des *Rechtspflegers* ist seit Erlaß des Rechtspflegergesetzes (210) funktionell von der des Urkundsbeamten der Geschäftsstelle getrennt; doch weist ihm § 24 RpflG insoweit bestimmte schwierigere Aufgaben der Geschäftsstelle zu.

Einfachere Geschäfte erledigen *Beamte des mittleren Dienstes,* insbesondere die Verwaltung des Schriftguts. Eine Vereinheitlichung für Aktenführung und Aktenregister brachte die *Aktenordnung* vom 28. 11. 1934. Danach sind die *Aktenregister* in Buch- oder Karteiform jahrgangsweise sowie Namensverzeichnisse zu führen. Die *Akten* (Prozeßakten usw.) werden als Blattsammlungen oder feste Akten oder in Schnellheftung geführt. Bei Versendung ist ein Kontrollblatt zurückzubehalten. Es sind ein Terminkalender bzw. Geschäftskalender und ein Eingangsregister zu führen. Aushilfsweise können auch Behördenangestellten die Aufgaben der Geschäftsstelle übertragen werden (vgl. 69 IV). Zusammenstellg. d. Aktenzeichen = Registerzeichen b. Schönfelder, Dt. Gesetze, Anh. I.

223. Die Gerichtsvollzieher

sind die mit den *Zustellungen, Ladungen* und *Vollstreckungen* betrauten Beamten. Ihre Dienst- und Geschäftsverhältnisse werden bei dem Bundesgerichtshof durch den Bundesjustizminister, bei den Landesgerichten durch die Landesjustizverwaltung bestimmt (§ 154 GVG).

Die *Gerichtsvollzieher* (GVollz.) sind teils selbständige Beamte mit eigenem Bezirk, teils bestehen GVollzÄmter (z.B. in Hamburg, Bayern). Anträge der Parteien gehen an die GVollzVerteilungsstelle des zuständigen Amtsgerichts, welche die Aufträge den GVollz. zuteilt. Der GVollz. handelt stets als *Amtsperson* gemäß den gesetzlichen Vorschriften. Seine Hauptaufgabe ist die Vornahme von *Pfändungen* und *Versteigerungen* sowie die Vollstreckung zur Herausgabe von Sachen (vgl. 251ff.). Der Gläubiger erteilt hierzu einen Auftrag und übergibt den Vollstreckungstitel. Der GVollz. kann zum Vollzug des Auftrags Wohnung und Behältnisse des Schuldners durchsuchen (s. dazu 48), verschlossene Türen und Behältnisse öffnen lassen und Widerstand mit Gewalt oder polizeilicher Hilfe brechen (§ 758 ZPO). Er nimmt über die Vollstreckung ein *Protokoll* auf. Den Titel händigt er erst nach vollständiger Befriedigung des Gläubigers dem Schuldner aus. Bei *Fruchtlosigkeit* erteilt er dem Gläubiger darüber eine Bescheinigung, die als Grundlage für die eidesstattlich versicherte *Vermögensoffenbarung* (252) dient.

Die *Dienst- und Geschäftsverhältnisse* der GVollz. sind in landesrechtlichen (jedoch bundeseinheitlichen) GVollzOrdnungen und *Geschäftsanweisungen* geregelt. Die Aufsicht obliegt dem Amtsgericht, in dessen Bezirk der GVollz. seinen Dienstbereich hat. Für Amtspflichtverletzungen der GVollz. haftet der Staat nach den Grundsätzen der Amtshaftung (vgl. 69, 154 II).

Die Gebühren der Gerichtsvollzieher regelt das Gesetz vom 26. 7. 1957 (BGBl. I 887) m. spät. Änd., zuletzt vom 9. 12. 1986 (BGBl. I 2326).

224. Die Justiz-(Gerichts-)wachtmeister

Die Stellung der Beamten des einfachen Gerichtsdienstes ist fast ganz landesrechtlich geregelt. Als Organ des Gerichts handelt der *Justiz- oder Gerichtswachtmeister,* wenn er bei der *Amtszustellung* gemäß §§ 211ff. ZPO die Tätigkeit des Postbediensteten übernimmt. Er ist insoweit auch öffentliche Urkundsperson.

Landesrechtlich sind den Gerichtswachtmeistern auch andere Amtsaufgaben übertragen.

225. Rechtshilfe, Amtshilfe

Die Gerichte haben sich *Rechtshilfe* zu leisten. Sie kommt in Betracht, wenn das ersuchende Gericht die Amtshandlung seiner sachlichen Zuständigkeit nach selbst vornehmen könnte, aber Zweckmäßigkeitsgründe für die Vornahme durch das ersuchte Gericht sprechen (z. B. Vernehmung auswärts wohnender Zeugen). Das Ersuchen um Rechtshilfe ist an das örtlich zuständige Amtsgericht zu richten. Das Verfahren regeln die §§ 156–168 GVG.

Amtshilfe ist gegenüber der Rechtshilfe der weitere Begriff; er umfaßt jede Unterstützung, die eine Behörde einem Gericht oder einer anderen Behörde zur Erreichung eines dienstlichen Zwecks leistet (über die Amtshilfepflicht vgl. insbes. Art. 35 GG).

Sie richtet sich für die *Verwaltungsbehörden* nach §§ 4ff. VwVfG. Sie kann aus rechtlichen Gründen in Anspruch genommen werden, z. B. wenn die ersuchende Behörde selbst die Amtshandlung nicht vornehmen, etwa eine eidesstattliche Versicherung nicht selbst abnehmen kann, oder wenn es aus tatsächlichen Gründen geboten ist, etwa weil der ersuchenden Behörde die notwendigen Dienstkräfte oder Einrichtungen oder die benötigten Unterlagen fehlen, oder um unverhältnismäßigen Aufwand zu ersparen. Die ersuchte Behörde kann die Amtshilfe nur aus Rechtsgründen, wegen eigener Überlastung oder sonstiger unverhältnismäßiger Inanspruchnahme usw. ablehnen. Die Zulässigkeit der verlangten Maßnahme entscheidet sich nach dem Recht der ersuchenden Behörde, die Durchführung nach dem für die ersuchte Behörde geltenden Recht. Über Kostentragung s. § 8 VwVfG.

In der Gerichtsbarkeit ist Amtshilfegericht das Amtsgericht. Die Pflicht zur Amtshilfe ist nicht in der Gerichtsverfassung geregelt, sondern ergibt sich aus verschiedenen einzelnen Gesetzen.

So ist z. B. *Amtshilfe* zu leisten seitens der Gerichte für
a) Finanzbehörden (§ 111ff. AO);
b) Versicherungsorgane (§§ 3ff. SGB X).
Sie wird ferner nach Gewohnheitsrecht den Verwaltungsbehörden und der Staatsanwaltschaft in Zivilsachen gewährt.

Der *Rechtshilfeverkehr mit dem Ausland,* namentlich in Zivil- und Strafsachen, vollzieht sich i. d. R. nach besonderen zwischenstaatlichen Verträgen, aber auch außerhalb solcher nach Gegenseitigkeitsvereinbarung. Vgl. *Rechtshilfeordnung für Zivilsachen* (ZRHO) vom 19. 10. 1956 i. d. F. von 1976 (abgedr. b. Piller-Hermann, Justizverwaltgsges., 3g; für Strafsachen vgl. 267, für Arbeitsgerichtssachen vgl. 636.

Die *innerdeutsche Rechts- und Amtshilfe* in Strafsachen richtet sich nach dem Ges. vom 2. 5. 1953 (BGBl. I 161) m. spät. Änd. Ersuchen deutscher Gerichte und Behörden außerhalb der BRep. – also aus der DDR oder Ost-Berlin – um Rechts- oder Amtshilfe, z. B. Zeugenvernehmung, wird stattgegeben, wenn diese Hilfe nicht dem Zweck eines Bundesgesetzes widerspricht, von ihr nur im Einklang mit *rechtsstaatlichen Grundsätzen* Gebrauch gemacht wird und nicht anzunehmen ist, daß dem Betroffenen aus der Gewährung erhebliche Nachteile erwachsen, die im Widerspruch zu rechtsstaatlichen Grundsätzen stehen. Dazu DVO vom 23. 12. 1953 (BGBl. I 1569). Bestimmte Rechts(Amts)hilfeleistungen, die den Betroffenen gefährden können, bedürfen der Genehmigung des Generalstaatsanwalts. Genehmigt dieser eine Zulieferung (Zuführung) oder die *Vollstreckung eines Strafurteils der DDR* oder Ost-Berlins, so kann der Betroffene die Entscheidung des OLG beantragen und ggf. gegen dessen Entscheidung Beschwerde an den BGH einlegen. Nach Auffassung des BVerfG dürfen solche Strafurteile nicht vollstreckt werden, wenn sie auf Rechtsvorschriften der DDR beruhen, die mit der freiheitlichen demokratischen Grundordnung nicht vereinbar sind. Das gilt insbes., wenn einem Strafurteil eine Strafvorschrift zugrundeliegt, die der Aufrechterhaltung des politischen Machtsystems der DDR dient.

226. Öffentliche Verhandlung und Sitzungspolizei

Die Verhandlungen vor dem erkennenden Gericht einschließlich der Verkündung der Urteile und Beschlüsse sind grundsätzlich *öffentlich,* §§ 169ff. GVG (Ausnahmen gelten in Familien-, Kindschafts-, Entmündigungs- und Unterbringungs- sowie in Jugendstrafsachen; vgl. 248, 185, 291). Bei Gefährdung der öffentlichen Ordnung, der Staatssicherheit, der Sittlichkeit oder eines wichtigen Geschäfts- oder Betriebsgeheimnisses oder der persönlichen Sphäre eines Prozeßbeteiligten oder Zeugen sowie für die Vernehmung noch nicht 16jähriger Personen kann das Gericht die Öffentlichkeit für die Verhandlung oder einen Teil derselben ausschließen. Die Urteilsformel muß stets öffentlich verkündet werden.

Nach § 169 Satz 2 GVG sind Ton- und Fernseh-Rundfunkaufnahmen sowie Ton- und Filmaufnahmen zwecks öffentlicher Wiedergabe unzulässig.

Die Aufrechterhaltung der Ordnung in der Sitzung obliegt dem Vorsitzenden. Er handhabt die „*Sitzungspolizei*".

Parteien, Angeklagte, Zeugen und Sachverständige, die den zur Aufrechterhaltung der Ordnung erlassenen Anordnungen nicht Folge leisten, können auf Gerichtsbeschluß aus dem Sitzungszimmer entfernt und bis zu 24 Std. festgehalten werden. Bei *Ungebühr vor Gericht* kann ein *Ordnungsgeld* bis zu 2000 DM oder *Ordnungshaft* bis zu 1 Woche festgesetzt und sofort vollstreckt werden, unbeschadet der binnen 1 Woche zulässigen Beschwerde (§§ 177, 178, 181 GVG). Gegen Personen, die an der Verhandlung nicht beteiligt sind (z. B. Zuhörer), kann der Vorsitzende die Maßnahmen allein treffen.

227. Die Gerichtssprache

ist *deutsch*. Falls erforderlich, ist vom Gericht ein *Dolmetscher* beizuziehen, der die wesentlichen Teile der Verhandlung zu übertragen hat (§§ 185ff. GVG). Dies gilt i. d. R. auch bei Verhandlung mit tauben oder stummen Personen.

Der Dolmetscher hat eine dem Sachverständigen ähnliche Stellung, kann aber zugleich Zeuge oder Sachverständiger sein. Er wird durch *Voreid* zur treuen und gewissenhaften Übertragung verpflichtet. Seinen Dienst kann ein Urkundsbeamter der Geschäftsstelle wahrnehmen.

228. Beratung und Abstimmung

Jede Entscheidung eines Kollegialgerichts muß auf einer äußerlich erkennbaren *Beratung* und *Abstimmung* beruhen. Dabei dürfen Richter nur in der gesetzlich bestimmten Anzahl mitwirken. Richter, Schöffen sowie andere ehrenamtliche Richter haben über den Hergang bei Beratung und Abstimmung volles *Schweigen* zu bewahren (§§ 43, 45 DRiG).

Der Vorsitzende leitet die Beratung, stellt die Fragen und sammelt die Stimmen. Das (Kollegial-)Gericht entscheidet mit der *Mehrheit* seiner Mitglieder. Bilden sich mehr als zwei Meinungen, so wird die Mehrheit gemäß § 196 GVG festgestellt. Bei Strafurteilen ist für jede dem Angeklagten nachteilige Entscheidung über die Schuldfrage und die Rechtsfolgen der Tat Zweidrittelmehrheit erforderlich (§ 263 StPO). Die Reihenfolge bei der Abstimmung richtet sich bei Richtern nach dem Dienstalter und bei gleichem Dienstalter nach dem Lebensalter, bei ehrenamtlichen Richtern und Schöffen nach dem Lebensalter; der jüngere stimmt vor dem älteren. Schöffen stimmen vor den Richtern. Der *Berichterstatter* stimmt zuerst, der Vorsitzende zuletzt. Bei dem mit 4 Mitgliedern besetzten erweiterten Schöffengericht gibt bei Stimmengleichheit (außer in den Fällen des § 263 StPO) der Vorsitzende den Ausschlag. Vgl. §§ 192–197 GVG.

229. Gerichtsferien

beginnen am 15. 7. und enden am 15. 9. jeden Jahres. Während ihrer Dauer werden nur in sog. *Feriensachen* Termine abgehalten und Entscheidungen erlassen (§§ 199–202 GVG). Der Lauf von Fristen (ausgenommen Notfristen und Fristen in Feriensachen) wird gehemmt (§ 223 ZPO).

Feriensachen sind Strafsachen, Arreste und einstweilige Verfügungen betreffende Sachen, Meß- und Marktsachen, gewisse Mietstreitigkeiten, Kindschafts- und Unterhaltssachen, Wechselsachen, Regreßansprüche aus einem Scheck, Bausachen bei angefangenem Bau, ferner vom Gericht auf Antrag zu Feriensachen erklärte Verfahren.

Zur Erledigung der Feriensachen können beim LG *Ferienkammern,* beim OLG und beim BGH *Feriensenate* gebildet werden.

Kostenfestsetzungs-, Mahn-, Zwangsvollstreckungs-, Konkurs- und Vergleichsverfahren gehen trotz der Gerichtsferien weiter.

230. Justizreform

Die Reform des Gerichtswesens zielt in erster Linie auf Beschleunigung der oft zu lange dauernden Verfahren, namentlich in Zivilsachen, sowie auf die Entlastung der Gerichte ab. Maßnahmen hierzu waren besonders die Erhöhung der Streitwertgrenzen (s. 236) und der Berufungsgrenze (s. 245) sowie die Erweiterung der Zuständigkeit des Einzelrichters beim Landgericht. Beim Oberlandesgericht kann dem Einzelrichter, der im Einverständnis mit den Parteien und in gewissen prozessualen Fragen entscheidet, eine vorbereitende Tätigkeit übertragen werden. Ferner wurden Protokollerleichterungen durch stärkere Verwendung von Kurzschrift und Tonaufnahmegeräten zugelassen. Die Vereinfachungsnovelle vom 3. 12. 1976 (BGBl. I 3281) bezweckte Vereinfachung des Verfahrens und seine Konzentration auf möglichst nur eine mündliche Verhandlung (ggf. durch Vorschaltung eines schriftlichen Vorverfahrens).

Wiederholt ist im Zuge der Reformbestrebungen die *Änderung des Gerichtsaufbaus,* verbunden mit einer *Beschränkung der Rechtsmittel* vorgeschlagen worden, weil in deren Zahl oft das Haupthindernis für eine rasche Durchführung gerichtlicher Verfahren gesehen wird. Entsprechende Vorschläge sind jedoch nicht Gegenstand gesetzlicher Regelung geworden.

C. Der Zivilprozeß

233. Die Zivilprozeßordnung

vom 30. 1. 1877 i. d. F. vom 12. 9. 1950 (BGBl. 533) m. spät. Änd. (z. B. Vereinfachungsnovelle vom 3. 12. 1976, BGBl. I 3281) ist für das Verfahren in Zivilsachen maßgebend.

Die ZPO von 1877 brachte die Grundsätze des Parteibetriebs, der mündlichen Verhandlung sowie der Unmittelbarkeit und Öffentlichkeit des Verfahrens zur allgemeinen Geltung. Zur Beschleunigung des Zivilprozesses ergingen Änderungen durch Gesetze vom 17. 5. 1898 (RGBl. 189) und vom 1. 6. 1909 (RGBl. 475) sowie Entlastungsbestimmungen. Die sog. EntlastungsVO vom 13. 2. 1924 (RGBl. I 135) ließ erstmals weitgehend die schriftliche Entscheidung zu (vgl. 234 IV) und versuchte, durch das obligatorische Güteverfahren und die Einschaltung des Einzelrichters den Prozeßgang zu vereinfachen. Ein gleiches Ziel verfolgte die Novelle vom 27. 10. 1933 (RGBl. I 780), welche die Unmittelbarkeit der Beweisaufnahme und die eidliche Parteivernehmung (statt Parteieid) einführte und die Wahrheitspflicht im Prozeß hervorhob. Das RechtseinheitsG von 1950 setzte die amtsgerichtliche Zuständigkeit von 2000 auf 1000 DM herab, stellte den früheren Instanzenzug wieder her und vereinfachte das Zustellungswesen durch Erweiterung des Amtsbetriebs. Ähnliche Zwecke verfolgte auf dem Gebiet der Zwangsvollstreckung das Gesetz vom 20. 8. 1953 (BGBl. I 952). Das Ges. vom 27. 11. 1964 (BGBl. I 933) erhöhte die amtsgerichtliche Zuständigkeit wieder auf 1500 DM. Ab 1. 1. 1975 betrug sie 3000 DM. Durch das Gesetz zur Erhöhung von Wertgrenzen in der Gerichtsbarkeit vom 8. 12. 1982 (BGBl. I 1615) wurde sie ab 1. 1. 1983 auf 5000 DM erhöht.

Durch das *Gleichberechtigungsgesetz* vom 18. 6. 1957 (BGBl. I 609) und das *Familienrechtsänderungsgesetz* vom 11. 8. 1961 (BGBl. I 1221) sind insbesondere die Vorschriften über den Gerichtsstand in Ehesachen, die Anerkennung ausländischer Entscheidungen in Ehesachen und die Zwangsvollstreckung bei Zugewinngemeinschaft geändert worden, durch das Ges. über die *rechtliche Stellung der nichtehelichen Kinder* vom 19. 8. 1969 (BGBl. I 1234) die §§ 640ff. ZPO über das Verfahren in Kindschaftssachen. Ab 1. 7. 1977 ergab sich mit der Einführung des *Familiengerichts* durch das 1. EherechtsReformG vom 14. 6. 1976 (BGBl. I 1421) eine weitere Änderung des 6. Buches der ZPO für das Verfahren in Ehe- und anderen *Familiensachen*. Zum gleichen Zeitpunkt trat eine *Vereinfachungsnovelle* vom 3. 12. 1976 (BGBl. I 3281) in Kraft. Das Ges. vom 13. 6. 1980 (BGBl. I 677) ersetzte das Armenrecht durch die *Prozeßkostenhilfe*.

Auf die ZPO wird in anderen Gesetzen häufig verwiesen (z. B. § 46 ArbGG). Zivilprozessuale Normen finden sich auch außerhalb der ZPO, z. B. im *Kartellgesetz* (835), bisweilen auch in internationalen Abkommen (vgl. 903 III).

Ein *Haager Übereinkommen über den Zivilprozeß* vom 1. 3. 1954 (BGBl. 1958 II 576; AusführungsG vom 18. 12. 1958, BGBl I 939) regelt die Erledigung von Zustellungen, Rechtshilfeersuchen und die Vollstreckbarkeitserklärung von Kostenentscheidungen im Verhältnis zu den Vertragsstaaten. Das Bundesgesetz vom 18. 7. 1961 (BGBl. I 1033, 1962 II 15) enthält Ausführungsbestimmungen zum Haager Übereinkommen vom 15. 4. 1958 über die Anerkennung und Vollstreckung von Entscheidungen auf dem Gebiet der Unterhaltspflicht gegenüber Kindern (BGBl. 1961 II 1005).

Die ZPO ist in 10 Bücher gegliedert: I Allgemeine Vorschriften, II Verfahren im ersten Rechtszuge, III Rechtsmittel, IV Wiederaufnahme des Verfahrens, V Urkunden- und Wechselprozeß, VI Familien-, Kindschafts-, Unterhaltssachen Minderjähriger und Entmündigungssachen, VII Mahnverfahren, VIII Zwangsvollstreckung, IX Aufgebotsverfahren, X Schiedsrichterliches Verfahren.

In der *DDR* ist die ZPO von 1877 durch die ZPO vom 19. 6. 1975 (GBl. I 533) – „Ges. über das gerichtliche Verfahren in Zivil-, Familien- und Arbeitsrechtssachen“ – abgelöst worden. Das neue Gesetzeswerk stellt in den grundsätzlichen Bestimmungen die Aufgabe der Gerichte heraus, die sozialistische Staats- und Gesellschaftsordnung zu schützen und die sozialistischen Beziehungen im wirtschaftlichen Zusammenleben der Bürger zu fördern; auf bewußte Einhaltung und Verwirklichung des sozialistischen Rechts ist Einfluß zu nehmen. Weiter sind geregelt: Verfahren vor dem Kreisgericht, Rechtsmittelverfahren, Kassations- und Wiederaufnahmeverfahren, Kosten, Rechtsverkehr mit anderen Staaten.

234. Grundsätze des Zivilprozesses

I. Parteiherrschaft und *Beibringungsgrundsatz*

Die Parteien bestimmen den Gegenstand des Prozesses durch ihre Anträge. Dieser *Verhandlungsgrundsatz* (Berücksichtigung nur des Parteivorbringens) erfährt in Familien-, Kindschafts- und Entmündigungssachen (248) sowie bei Prüfung der Partei- und Prozeßfähigkeit, Legitimation eines gesetzlichen Vertreters, Zulässigkeit der Rechtsmittel eine Durchbrechung zugunsten des Untersuchungs(Offizial)prinzips.

II. Aufklärungspflicht des Gerichts (§ 139 ZPO)

Die Aufklärungs- und Fragepflicht des Gerichts ist ein wichtiger Teil der richterlichen Pflichten im Prozeß. Der Vorsitzende hat auf vollständige Erklärung über alle sachlich-rechtlich und prozessual erheblichen Tatsachen, insbes. auf Ergänzung unzureichender Erklärungen und Beweisantritte hinzuwirken. Weiter hat er auf sachdienliche Anträge zu achten und auf Bedenken über von Amts wegen zu berücksichtigende Punkte hinzuweisen. Das Gericht soll in jeder Lage des Verfahrens um *gütliche Beilegung* des Rechtsstreits bemüht sein (§ 279 ZPO).

III. Wahrheitspflicht, Mitwirkungs- und Förderungspflicht der Parteien

Nach § 138 ZPO haben die Parteien ihre Erklärungen über tatsächliche Umstände vollständig und der Wahrheit gemäß abzugeben.

Die Parteien sollen nach Möglichkeit zur beschleunigten Sammlung des Prozeßstoffes beitragen. Sie müssen auf Anordnung des Gerichts persönlich erscheinen. Dem Säumigen drohen prozeßrechtliche Nachteile. Verspätetes Vorbringen kann zurückgewiesen werden. In familienrechtlichen Streitigkeiten haben sich Parteien und Zeugen, soweit es zur Feststellung der Abstammung erforderlich ist, erbkundlichen Untersuchungen zu unterziehen und die Entnahme von Blutproben zwecks *Blutgruppenuntersuchung* zu dulden. Bei wiederholter unberechtigter Verweigerung der Untersuchung kann auch unmittelbarer Zwang angewendet, insbesondere die zwangsweise Vorführung zum Zwecke der Untersuchung angeordnet werden (§ 372a ZPO).

IV. Mündlichkeit, Unmittelbarkeit und Öffentlichkeit

Nach § 128 ZPO verhandeln die Parteien über den Rechtsstreit vor dem erkennenden Gericht *mündlich*; mit Einverständnis der Parteien und in bestimmten anderen Fällen kann das Gericht eine Entscheidung ohne mündliche Verhandlung treffen.

Der *Grundsatz der Mündlichkeit* soll eine straffe *Prozeßleitung* und eine enge Fühlung mit den Prozeßparteien ermöglichen und den Rechtsstreit rasch und richtig zum Ende bringen. Eine mündliche Verhandlung ist entbehrlich, wenn sie alle Prozeßbeteiligten für entbehrlich ansehen. Das begrenzt zugelassene *schriftliche Verfahren* ist jedoch nur dort anzuwenden, wo es das Verfahren vereinfacht und verkürzt sowie – im Verfahren vor dem Amtsgericht – eine schreibungewandte Partei nicht schädigt. Ein schriftliches Verfahren ist auch im Rechtsstreit mit Anwaltszwang zulässig. Eine im schriftlichen Verfahren getroffene Entscheidung (Urteil, Beschluß) ist beiden Parteien zuzustellen. Diese Zustellung ersetzt nur die Verkündung; soweit Parteibetrieb herrscht, muß daher ein im schriftlichen Verfahren ergangenes Urteil durch die Partei zugestellt werden, um die Rechtsmittelfrist in Gang zu setzen.

Der Verfahrensgrundsatz der *Unmittelbarkeit* besagt, daß nur das in der mündlichen Verhandlung Vorgetragene Grundlage der Entscheidung sein darf. In Anwaltsprozessen oder auf Anordnung des Gerichts wird die mündliche Verhandlung durch Schriftsätze vorbereitet (§§ 129ff. ZPO). Über Öffentlichkeit der Verhandlung vgl. §§ 169–175 GVG und 226.

V. Rechtliches Gehör

Das *rechtliche Gehör* besteht in Gewährung der Gelegenheit zur sachlichen Äußerung. Macht eine Partei hiervon keinen Gebrauch, so hindert dies den Fortgang des Verfahrens nicht. Ist hingegen das Gehör nicht in richtiger Weise gewährt worden, so liegt darin ein wesentlicher Verfahrensmangel.

VI. Freie Beweiswürdigung

Nach § 286 ZPO hat das Gericht unter Berücksichtigung des gesamten Inhalts der Verhandlungen und des Ergebnisses einer etwaigen Beweisaufnahme nach freier Überzeugung zu entscheiden, ob eine tatsächliche Behauptung für wahr oder für nicht wahr zu erachten ist. In den Urteilsgründen ist anzugeben, welche Gesichtspunkte für die richterliche Überzeugung leitend gewesen sind. Unter *Wahrheit* ist dabei ein solcher Grad von Wahrscheinlichkeit zu verstehen, daß er praktisch der Gewißheit gleichkommt.

235. Allgemeine Verfahrensvorschriften der ZPO

Die §§ 1–252 ZPO enthalten die allgemeinen Vorschriften über das Verfahren in Zivilsachen. Sie regeln die sachliche und örtliche Zuständigkeit der Gerichte, Ausschließung und Ablehnung der Gerichtspersonen, Partei- und Prozeßfähigkeit, Beteiligung Dritter am Rechtsstreit, Prozeßbevollmächtigte und Beistände, Prozeßkosten, Sicherheitsleistung, Prozeßkostenhilfe und Prozeßkostenvorschuß, mündliche Verhandlung, Zustellungen, Ladungen, Termine und Fristen, Versäumung von Prozeßhandlungen, Wiedereinsetzung in den vorigen Stand bei Fristversäumung, Unterbrechung und Aussetzung des Verfahrens.

Hier können nur die wesentlichsten Regelungen näher behandelt werden, insbes. die allgemeinen Verfahrensgrundsätze (234), Zuständigkeit (236, 237), Prozeßkosten (238). Über Anwaltszwang s. 239.

Im *Zivilprozeß* ist ein Richter von der Ausübung des Richteramts *ausgeschlossen,* wenn er selbst Partei ist oder zu einer Partei in naher verwandtschaftlicher Beziehung steht, in der anhängigen Sache als Prozeßbevollmächtigter bestellt oder als gesetzlicher Vertreter aufzutreten befugt ist oder war. Weiter auch dann, wenn er in derselben Sache als Zeuge oder Sachverständiger vernommen worden ist oder in einer früheren Instanz beim Erlaß der angefochtenen Entscheidung mitgewirkt hat. Der Richter kann in diesen Fällen und ferner wegen Befangenheit *abgelehnt* werden, wenn ein Grund vorliegt, der Mißtrauen gegen die Unparteilichkeit des Richters rechtfertigen kann (§§ 41, 42 ZPO).

236. Die sachliche Zuständigkeit der Zivilgerichte

Das GVG bestimmt, ob eine Sache in 1. Instanz vor das Amts- oder Landgericht gehört. Die §§ 2ff. ZPO regeln die Festsetzung des *Streitwerts,* der i. d. R. für die sachliche Zuständigkeit und die Höhe der Gerichtskosten und Anwaltsgebühren maßgebend ist.

Hierbei wird zwischen *vermögensrechtlichen* und nicht vermögensrechtlichen Ansprüchen unterschieden. Erstere sind Ansprüche, die eine vermögensrechtliche Leistung zum Gegenstand haben (z. B. Klage auf Zahlung eines Kaufpreises von 600 DM, auf Herausgabe einer Maschine). Streitwert ist im ersten Fall die Höhe der Forderung (600 DM), im zweiten Fall der Wert der Sachleistung zur Zeit der Klageerhebung. *Nichtvermögensrechtliche* Ansprüche betreffen z. B. Klagen (Anträge) auf Scheidung oder Aufhebung einer Ehe sowie überhaupt Familiensachen.

In erster Instanz sind sachlich zuständig:

I. Der Richter des AG als Einzelrichter (§§ 23, 23a, 23b GVG, §§ 689, 764 ZPO) für	II. Die Kammer für Handelssachen des Landgerichts (§ 95 GVG) für:	III. Die Zivilkammer des Landgerichts (§ 71 GVG) für:
1. vermögensrechtl. Streitigkeiten bis zu 5000 DM Streitwert; 2. ohne Rücksicht auf den Streitwert für Mietstreitigkeiten, Streit zwischen Reisenden u. Wirten, aus Beförderungsverträgen, wegen Viehmängel, Wildschadens, aus Leibzuchts- u. Altenteilsverträgen; 3. (als Familiengericht, vgl. 248) Ehe- und Güterrechtssachen, Kindschaftssachen, Ansprüche aus gesetzlicher Unterhaltspflicht; 4. Mahnverfahren, Aufgebotsverfahren, Zwangsvollstrekkungssachen.	*Handelssachen* mit mehr als 5000 DM Streitwert, d. h. Klagen 1. gegen einen Kaufmann aus beiderseitigen Handelsgeschäften; 2. aus Wechseln u. ä. Urkunden; 3. auf Grund des Scheckges.; 4. aus handelsrechtl. Gesellschaftsverträgen, Firmen- u. Musterrecht u. dgl., aus Seerechtsverhältnissen; 5. wegen unlauteren Wettbewerbs mit Ausnahme der Ansprüche aus § 13a UWG, soweit kein beiderseitiges Handelsgeschäft; 6. wegen börsenmäßiger Ansprüche.	alle bürgerlichen Rechtsstreitigkeiten, die nicht den Amtsgerichten zugewiesen sind.

(Zu I 4: zum großen Teil Zuständigkeit des Rechtspflegers gem. § 20 Nrn. 1, 2, 17 RPflG, vgl. 210.)

Die LGe sind weiter zuständig für Anfechtungs- und Nichtigkeitsklagen nach dem Aktiengesetz, dem GmbH-Gesetz, Genossenschaftsgesetz, für Ersatzklagen wegen ungerechtfertigter Strafverfolgung, für Patent- und Gebrauchsmustersteitsachen und andere Klagen auf Grund von Bestimmungen in anderen Bundesgesetzen.

Die Verhandlung vor der Kammer für Handelssachen findet nur auf Antrag des Klägers oder des Beklagten statt. Vgl. 217.

237. Die örtliche Zuständigkeit der Zivilgerichte

behandelt die ZPO unter der Überschrift „*Gerichtsstand*"; dieser Begriff besagt, welches Gericht für die Entscheidung *örtlich zuständig* ist.

Der *Gerichtsstand* bestimmt sich nach verschiedenen Gesichtspunkten; er ist ein:

a) *gesetzlicher,* falls er in einem Gesetz vorgeschrieben ist (z. B. §§ 246, 249, 275 AktG, §§ 61, 69 GmbHG), oder *vereinbarter,* wenn er vertraglich durch sog. *Prorogation* begründet wurde, was unter Vollkaufleuten (365) grundsätzlich, sonst nur eingeschränkt zulässig ist (§§ 38–40 ZPO);

b) *allgemeiner* Gerichtsstand für alle Streitigkeiten, für die kein besonderer oder ausschließlicher Gerichtsstand gegeben ist (§§ 12–18 ZPO), oder ein *besonderer* Gerichtsstand für bestimmte Streitsachen (§§ 19ff. ZPO);

c) *ausschließlicher* Gerichtsstand, wenn er jeden anderen Gerichtsstand ausschließt, oder *wahlweiser* Gerichtsstand, wenn der Kläger die Wahl hat.

Jede Person hat bei dem Gericht, in dessen Bezirk sie wohnt, ihren *allgemeinen* Gerichtsstand (bei wohnsitzlosen Personen ist der inländische Aufenthaltsort, sonst der letzte Wohnsitz maßgebend). Dort kann jede Klage gegen sie erhoben werden, für die nicht ein ausschließlicher Gerichtsstand begründet ist. Körperschaften, Vereine usw. haben ihren allgemeinen Gerichtsstand am Sitz der Verwaltung. Gegenansprüche können durch *Widerklage* beim Gericht der Klage erhoben werden, wenn sie mit dem Klagegegenstand in rechtlichem Zusammenhang stehen (§ 33 ZPO), z. B. eine Gegenforderung wegen verspäteter Lieferung, mit der gegen die Klageforderung im Rahmen eines Bierlieferungsvertrages aufgerechnet wird; Widerklage auf Lieferung mangelfreier Ware gegenüber der Kaufpreisklage. Vgl. 242, 243, 247.

Ein *ausschließlicher* Gerichtsstand besteht z. B. in Miet- und Grundstücksangelegenheiten (Gerichtsstand der belegenen Sache; §§ 24, 29a ZPO) sowie in *Abzahlungssachen* (§ 6a AbzG), ein *besonderer* Gerichtsstand in Unterhaltssachen gegen den im Ausland wohnhaften Beklagten und bei Deliktsansprüchen (§§ 23a, 32 ZPO).

238. Die Prozeßkosten

Für die Inanspruchnahme der Gerichte werden *Gebühren* erhoben. Das *Kostenwesen* für die meisten vor die ordentlichen Gerichte gehörenden Rechtssachen ist durch das *Gerichtskostengesetz* – GKG – i. d. F. vom 15. 12. 1975 (BGBl. I 3047) m. spät. Änd. geregelt. Es gilt in zivilrechtlichen Angelegenheiten für das Verfahren nach der ZPO, der KO, der Vergleichsordnung und dem Zwangsversteigerungsgesetz.

Über die Kosten der anderen Verfahrensarten (Straf- und Bußgeldsachen, freiwillige Gerichtsbarkeit, Verwaltungsgerichtsverfahren usw.) sowie der Justizverwaltungsakte vgl. 214.

Die ZPO behandelt in den §§ 91–107 nur die Frage, wer die Prozeßkosten zu tragen hat. Diese zerfallen in die nach dem GKG zu berechnenden *Gerichtskosten,* welche die Parteien dem Land als Träger der Justizhoheit zu entrichten haben, und die *Parteikosten,* welche der Prozeß den Parteien verursacht hat (einschließlich Auslagen, Fahrt- und Anwaltskosten; letztere sind nach der BRAGO zu vergüten, vgl. 211).

Jede Entscheidung des Gerichts muß über die prozeßrechtliche *Kostenpflicht* befinden. Grundsätzlich hat der Unterliegende die Prozeßkosten zu tragen. Falls jede Partei teils obsiegt, teils unterliegt, sind die Kosten i. d. R. gegeneinander aufzuheben oder verhältnismäßig zu teilen. Jedoch kann das Gericht in besonderen Fällen anders entscheiden (§ 92 ZPO). Bei Scheidung, Aufhebung oder Nichtigerklärung einer Ehe – also nicht bei Abweisung des Antrags oder der Klage – sind die Kosten grundsätzlich gegeneinander aufzuheben; aus Billigkeitsgründen kann das Gericht sie aber anderweitig verteilen (§ 93a ZPO).

Eine Kostenentscheidung kann nur zusammen mit der Entscheidung in der Hauptsache angefochten werden (§ 99 Abs. 1 ZPO). Ist die Hauptsache erledigt (§ 91a ZPO), so ergeht die Kostenentscheidung nach dem jeweiligen Sach- und Streitstand; sie unterliegt der sofortigen Beschwerde (§ 91a Abs. 2 ZPO).

Das *Urteil* entscheidet über die Kostenpflicht immer nur dem Grunde nach; den zu erstattenden Betrag setzt der *Urkundsbeamte* auf Antrag im *Kostenfestsetzungsbeschluß* fest (§§ 103ff. ZPO). Bei quotenmäßiger Kostenverteilung fordert die Geschäftsstelle des Gerichts nach Eingang eines Festsetzungsgesuches den Gegner zur Einreichung seiner Kostenrechnung auf. Nach fruchtlosem Ablauf einer einwöchigen Frist wird ohne Rücksicht auf die Kosten des Gegners entschieden; dieser kann sie nachträglich noch geltend machen, muß aber die Mehrkosten des Nachverfahrens tragen (§ 106 ZPO).

Wer nach seinen persönlichen und wirtschaftlichen Verhältnissen die Prozeßkosten nicht, nur zum Teil oder in Raten aufbringen kann, erhält auf Antrag *Prozeßkostenhilfe,* wenn die Rechtsverfolgung hinreichende Aussicht auf Erfolg hat und nicht mutwillig erscheint (§§ 114ff. ZPO). Er muß die erforderlichen Unterlagen beibringen und seine tatsächlichen Angaben auf Verlangen glaubhaft machen. Je nach seiner Einkommens- und Vermögenslage stellt ihn das Gericht ganz oder zum Teil von Prozeßkosten frei oder gewährt ihm Zahlung in Monatsraten, die sich unter Berücksichtigung des Einkommens und seiner Unterhaltsverpflichtungen nach einer Tabelle berechnen. Würden die Prozeßkosten 4 Monatsraten und die aus dem Vermögen aufzubringenden Teilbeträge nicht übersteigen, wird Prozeßkostenhilfe nicht bewilligt. Wenn erforderlich, insbesondere wenn Anwaltszwang besteht (239) oder wenn der Gegner anwaltlich vertreten ist, wird dem Antragsteller ein Rechtsanwalt seiner Wahl beigeordnet. Die Prozeßkostenhilfe wird jeweils für eine Instanz bewilligt; sie kann auch nur für einen Teil des Anspruchs gewährt werden. Gegen Ablehnung ist Beschwerde gegeben. Das Gericht kann die Bewilligung der Prozeßkostenhilfe aufheben, wenn der Antragsteller sie durch absichtlich unrichtige Darstellung des Streitverhältnisses erlangt oder absichtlich oder aus grober Nachlässigkeit seine persönlichen oder wirtschaftlichen Verhältnisse unrichtig dargestellt hat oder wenn er mit der Zahlung einer Monatsrate länger als 3 Mon. im Rückstand ist. Geht der Prozeß im Ergebnis für den Antragsteller ungünstig aus, ändert die Bewilligung der Prozeßkostenhilfe nichts daran, daß er dem Gegner dessen Kosten erstatten muß (§ 123 ZPO). – Über die Beratungshilfe außerhalb des gerichtlichen Verfahrens vgl. 211.

In *Unterhaltssachen* kann das Prozeßgericht auf Antrag einer Partei durch *einstweilige Anordnung* die Verpflichtung zur Leistung eines *Prozeßkostenvorschusses* regeln (§ 127a ZPO).

239. Das Verfahren im ersten Rechtszuge

ist in den §§ 253–510b ZPO behandelt.

Der erste Abschnitt regelt das *Verfahren vor den Landgerichten,* und zwar das Verfahren bis zum Urteil, Versäumnisurteil, Verfahren vor dem Einzelrichter, Beweisaufnahme (Augenschein, Zeugenbeweis, Sachverständigenbeweis, Beweis durch Urkunden, Parteivernehmung), Verfahren bei der Abnahme von Eiden, Sicherung des Beweises. Im zweiten Abschnitt werden die Besonderheiten des *Verfahrens vor den Amtsgerichten* behandelt.

Im Verfahren vor den Landgerichten und den höheren Gerichten müssen sich die Parteien durch einen Rechtsanwalt vertreten lassen (*Anwaltszwang,* § 78). Das gilt auch vor den Familiengerichten beim Amtsgericht in Ehesachen, Folgesachen von Scheidungen u. ä.

Zustellungen finden – mit gewissen wichtigen Ausnahmen (Arrestbefehl, einstweilige Verfügung) – auch in Anwaltsprozessen von Amts wegen statt (§ 270). Da auch die *Ladung* der Parteien nach Terminbestimmung durch die Geschäftsstelle zu veranlassen ist (§ 274), ist das landgerichtliche Verfahren, das an sich in besonderem Maße dem *Parteibetrieb* unterliegt, stark dem *Amtsbetrieb* des amtsgerichtlichen Verfahrens angeglichen.

240. Die Erhebung der Klage

Der Staat gewährt jedem *Rechtsschutz,* jedoch nur auf ein *Gesuch* hin. Wo es einer Streitverhandlung im Zivilprozeß bedarf, ergeht das Gesuch in Gestalt der *Klage,* d. h. der Bitte um Rechtsschutz durch Urteil. In Scheidungs- und deren Folgesachen (346) tritt anstelle der Klage eine *Antragsschrift.*

Eine *Klage* kann sich richten auf

a) Verurteilung des Gegners zu einer Leistung oder Unterlassung = *Leistungsklage;*
b) Feststellung eines Rechtsverhältnisses, der Echtheit oder Unechtheit einer Urkunde = *Feststellungsklage;*
c) Begründung, Änderung oder Auflösung eines Rechtsverhältnisses (z. B. Leistungskonkretisierung, Auflösung einer oHG, Anfechtungsklage) = *Gestaltungsklage.*

Nach § 253 ZPO wird die Klage durch Zustellung eines Schriftsatzes, der *Klageschrift,* an den Beklagten erhoben. Diese ist mit etwaigen sonstigen Anträgen und Parteierklärungen, die zugestellt werden sollen, nebst den erforderlichen Abschriften bei dem angerufenen Gericht einzureichen.

Die *Klageschrift* muß das Gericht, die Parteien, Gegenstand und Grund des erhobenen Anspruchs bezeichnen und einen bestimmten Antrag enthalten. Sie soll den Wert des Streitgegenstandes angeben, wenn die Zuständigkeit des Gerichts davon abhängt und nicht eine bestimmte Geldsumme eingeklagt wird, und – beim LG – sich dazu äußern, ob Bedenken gegen die Entscheidung durch den Einzelrichter (217) bestehen.

Die Klage wird bei der Geschäftsstelle des Prozeßgerichts eingereicht. Der Vorsitzende beraumt (i. d. R. erst nach Zahlung der Prozeßgebühr des § 65 GKG) Termin zur mündlichen Verhandlung baldmöglichst an, wobei die *Ein-*

lassungsfrist zu wahren ist. Diese beträgt 2 Wochen, in Meß- und Marktsachen mindestens 24 Std. Es kann auch ein schriftliches Vorverfahren angeordnet werden (s. 242). Die Ladungen erledigt die Geschäftsstelle des Gerichts (§ 274 ZPO).

Soll durch die Zustellung eine Frist gewahrt oder die Verjährung unterbrochen werden, so tritt die Wirkung, sofern die Zustellung demnächst erfolgt, bereits mit dem Eingang des Antrags oder der Erklärung bei Gericht ein (§ 270 Abs. 3 ZPO). Ein Schreiben, das vor Ablauf des letzten Tages der Frist in den *Nachtbriefkasten* des zuständigen Gerichts eingeworfen wird, ist rechtzeitig.

241. Das Verhalten des Beklagten nach der Klageerhebung

Nach Zustellung der Klageschrift hat der Beklagte mehrere Möglichkeiten:

a) er kann den geltend gemachten Anspruch anerkennen (vgl. 242);
b) er kann die tatsächlichen Behauptungen der Klage zugeben, aber Tatsachen geltend machen, welche die vom Kläger behauptete Rechtsfolge ausschließen (z. B. er habe den Kaufpreis bezahlt);
c) er kann die behaupteten Tatsachen bestreiten (z. B. er habe vom Kläger, der Darlehensrückzahlung verlangt, kein Geld erhalten);
d) er kann vorbringen, daß die von ihm zugegebenen Klagetatsachen den Klageanspruch rechtlich nicht ausreichend begründen (Rechtsausführungen);
e) er kann zugeben, aber seinerseits Gegenansprüche geltend machen (z. B. Aufrechnung, vgl. 314, Widerklage, vgl. 242).

Nach § 282 ZPO hat jede Partei unter Bezeichnung der Beweismittel für ihre tatsächlichen Behauptungen Beweis anzutreten und sich über die von der Gegenpartei angegebenen Beweismittel zu erklären. Das muß so rechtzeitig geschehen, daß der Gegner Zeit zur Stellungnahme hat. Erklärungen, die ohne genügende Entschuldigung erst nach einer vom Gericht gesetzten Frist vorgebracht werden, können zurückgewiesen werden (§ 296 ZPO). Des Beweises bedarf alles, was nicht unstreitig, anerkannt, offenkundig, gesetzlich zu vermuten oder zu unterstellen ist.

Beweisantritt ist die Einführung eines *Beweismittels* in den Prozeß zum Beweis einer bestimmten Behauptung. I. d. R. muß jede Partei die Tatsachen beweisen, aus denen sie Rechte herleitet, d. h. sie trifft grundsätzlich die sog. *Beweislast;* läßt sich durch die Beweisaufnahme nicht klären, ob eine behauptete Tatsache wahr oder unwahr ist, so wird zuungunsten dessen entschieden, dem die Beweislast obliegt. Die Erfahrung des Lebens kann bei *freier Beweiswürdigung* weiteren Beweis überflüssig machen. Steht ein gewisser Tatbestand fest, der nach der *Lebenserfahrung* auf eine bestimmte Ursache oder einen bestimmten Ablauf hinweist, so braucht der Beweispflichtige nur diesen Tatbestand darzutun (sog. *Anscheinsbeweis,* prima facie-Beweis). Es ist dann Sache dessen, der einen vom gewöhnlichen Verlauf abweichenden Gang des Geschehens behauptet, ein atypisches Geschehen nachzuweisen.

242. Der Verhandlungstermin

soll im Interesse der *Beschleunigung* des Verfahrens so vorbereitet werden, daß die Streitsache i. d. R. in einem *Haupttermin* erledigt werden kann. Der Vorsitzende ordnet entweder einen früheren ersten Termin an, in dem die Sache nach Möglichkeit erledigt wird; andernfalls ergehen die nötigen Anordnungen zur Vorbereitung des Haupttermins; oder er verfügt das *schriftliche Vorverfahren* und setzt den Parteien Erklärungsfristen.

Eine mündliche Verhandlung ist jedoch nicht obligatorisch. Das Gericht kann mit Zustimmung der Parteien ein *schriftliches Verfahren* anordnen, in vermögensrechtlichen Streitigkeiten auch von Amts wegen, falls keine anwaltliche Vertretung geboten ist, der Streitwert 500 DM nicht übersteigt und einer Partei das Erscheinen vor Gericht aus wichtigem Grund, insbes. wegen großer Entfernung, nicht zuzumuten ist (§ 128 ZPO).

Gegen eine Partei (Kläger oder Beklagter), die im Verhandlungstermin nicht erscheint und auch nicht vertreten ist, kann auf Antrag ein *Versäumnisurteil* ergehen (§§ 330, 331 ZPO).

Erscheint der Beklagte und erkennt er den Klageanspruch an, so kann der Kläger ein *Anerkenntnisurteil* erwirken (§ 307 ZPO).

Erscheinen oder verhandeln beide Parteien nicht, so kann das Gericht nach Lage der Akten entscheiden (durch Urteil nur, wenn schon einmal mündlich verhandelt worden ist) oder – bei unverschuldeter Säumnis – auf Antrag einen neuen Termin anberaumen oder das *Ruhen des Verfahrens* anordnen (§ 251 a ZPO).

Erscheinen beide Parteien und kommt eine Einigung, z. B. durch Prozeßvergleich (328), nicht zustande, so beginnt die *streitige (kontradiktorische) Verhandlung*.

Die mündliche Verhandlung, die in *Anwaltsprozessen* (239) oder auf richterliche Anordnung durch Schriftsätze vorzubereiten ist (§ 129 ZPO), wird dadurch eingeleitet, daß die Parteien ihre *Anträge* stellen. Vorträge sind in freier Rede zu halten; das Streitverhältnis ist in tatsächlicher und rechtlicher Beziehung zu behandeln, wobei auf Schriftstücke Bezug genommen werden kann (§ 137 ZPO). Soweit das Gericht eine *Beweisaufnahme* für erforderlich hält, erläßt es einen *Beweisbeschluß*. Erst wenn der Rechtsstreit zur Endentscheidung reif ist, erläßt das Gericht ein *Endurteil* (§ 300 ZPO). Das *Sitzungsprotokoll*, das der *Urkundsbeamte* (222) führt, gibt die wesentlichen Vorgänge und die Förmlichkeiten wieder (vgl. §§ 160ff. ZPO, auch über Verwendung von Kurzschrift, Tonaufnahmegerät usw.).

Der Beklagte kann in demselben Prozeß eine *Widerklage* erheben, die mit der Klage in einem rechtlichen Zusammenhang stehen muß (§ 33 ZPO; vgl. 237). In einzelnen Verfahrensarten, die besonders rasch abgeschlossen werden sollen, ist eine Widerklage nicht zugelassen (Urkunden-, Arrestprozeß u. a.); in der Berufungs- und Revisionsinstanz ist sie stark eingeschränkt. Grundsätzlich wird über Klage und Widerklage in demselben Urteil entschieden, sonst durch *Teilurteil* über eine von beiden (§ 301 ZPO).

243. Die gerichtliche Entscheidung

Das Gericht entscheidet unter Berücksichtigung des gesamten Inhalts der Verhandlungen und des Ergebnisses einer etwaigen *Beweisaufnahme* nach freier Überzeugung, ob eine tatsächliche Behauptung für wahr oder für nicht wahr zu erachten ist (Beweiswürdigung; § 286 ZPO) und welche rechtlichen Folgerungen hieraus zu ziehen sind. Im *Urteil* sind die Gründe anzugeben, welche für die richterliche Überzeugung leitend gewesen sind. Wenn die Klage nicht zurückgenommen wird, oder kein *Vergleich* zustande kommt (vgl. 328) oder wenn sich der Rechtsstreit nicht auf sonstige Weise erledigt, wird der Prozeß durch ein abweisendes oder zusprechendes *Urteil* beendet (mit nachsteh. Ausnahmen 1 b, 2, 3).

Das Urteil wird in dem Termin *verkündet,* in dem die mündliche Verhandlung geschlossen wird, oder in einem besonderen, i. d. R. nicht über drei Wochen hinaus anzusetzenden *Verkündungstermin* (§ 310 ZPO).

Man unterscheidet:

1. *Endurteile,* und zwar
   a) *Vollendurteile,* die den ganzen Streitfall erledigen;
   b) *Teilurteile,* wenn nur über einen Teil des Klageanspruchs oder über einen von mehreren Ansprüchen oder bei Klage und Widerklage nur über eine von beiden entschieden wird; das abschließende Urteil über den restlichen Prozeßstoff heißt *Schlußurteil;*
2. *Zwischenurteile,* die über einzelne Prozeßfragen im Zwischenstreit entscheiden (z. B. über Prozeßvoraussetzungen) oder die nur über den Grund des Anspruchs befinden;
3. *Vorbehaltsurteile,* die den Streit unter Vorbehalt eines Nachverfahrens über bestimmte Einwendungen des Beklagten erledigen (z. B. Urkunden- und Wechselprozeß, § 599 ZPO; Aufrechnung, § 302 ZPO).

Jedes Urteil muß ein *Rubrum,* d. h. einen *Urteilskopf,* mit Bezeichnung der Parteien, ihrer gesetzlichen Vertreter und Prozeßbevollmächtigten, die Namen der mitwirkenden Richter, den *Tenor,* d. h. die Urteilsformel, einen *Tatbestand* und *Entscheidungsgründe* enthalten (§ 313 ZPO).

244. Das Verfahren vor den Amtsgerichten

– geregelt in den §§ 495–510 b ZPO – weist Besonderheiten auf. Die wichtigsten Abweichungen gegenüber dem Landgerichtsprozeß sind folgende:

a) *Kein Anwaltszwang* wie vor den Kollegialgerichten (wegen der Ausnahme in Familiensachen vgl. 239);
b) Vorbereitung der mündlichen Verhandlung durch *Schriftsätze* ist, falls nicht vom Gericht angeordnet, nicht erforderlich (§ 129 ZPO);
c) Anträge und andere Erklärungen werden, soweit erforderlich, durch das *Sitzungsprotokoll* festgestellt (§ 510 a ZPO);
d) Klage, Erwiderung, Anträge u. a. Erklärungen können schriftlich oder *zu Protokoll der Geschäftsstelle* angebracht werden; die protokollierte Klage wird dem Gegner an Stelle der Klageschrift zugestellt (§§ 496, 498 ZPO).

245. Die Rechtsmittel im Zivilprozeß

sind in den §§ 511–577 ZPO behandelt. Die folgende Tabelle gibt einen Überblick über die gegen Urteile zulässigen Rechtsmittel.

Über die Zuständigkeit des in Bayern an Stelle des Bundesgerichtshofs entscheidenden *Bayerischen Obersten Landesgerichts* vgl. 131 IV 4a.

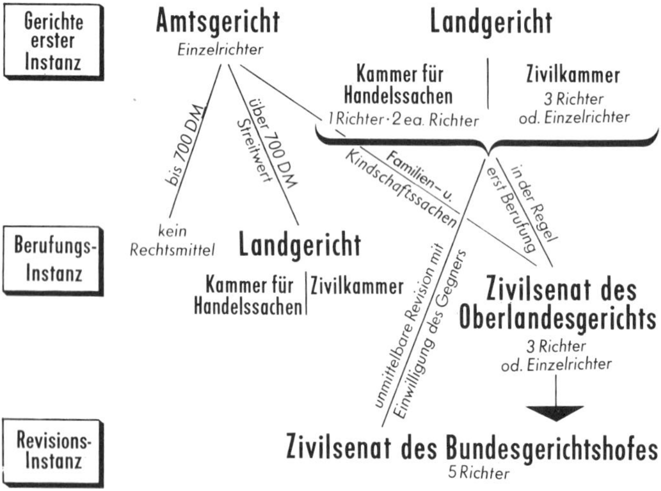

Eine *Berufung* findet statt gegen *Endurteile erster Instanz* (AG, LG). Über die Berufung entscheidet das übergeordnete LG bzw. OLG. Einlegung beim Berufungsgericht binnen 1 Monat; diese Frist beginnt mit Zustellung des mit vollständiger Begründung versehenen Urteils. Keine Berufung gegen Urteile bis 700 DM Streitwert. Zurücknahme ohne Einwilligung des Gegners nur bis zum Beginn der mündlichen Verhandlung des Berufungsbeklagten. Der Berufungskläger muß binnen 1 Monat seit Einlegung sein Rechtsmittel begründen (Verlängerung auf Antrag möglich). Das Berufungsgericht prüft Zulässigkeit und Rechtzeitigkeit (evtl. Verwerfung durch Beschluß, §§ 519b, 520 ZPO). Der Berufungsbeklagte kann sich der Berufung anschließen. Vor dem Berufungsgericht wird der Rechtsstreit von neuem verhandelt. Neues Vorbringen ist zulässig, kann aber bei Verschleppungsabsicht oder grob nachlässiger Unterlassung früheren Vorbringens zurückgewiesen werden. Das erste Urteil darf nur insoweit abgeändert werden, als dies beantragt ist. Das Berufungsgericht verweist die Sache an die erste Instanz zurück, wenn in der Sache selbst noch nicht entschieden ist oder ein wesentlicher Verfahrensmangel vorliegt. Es kann auch in diesen Fällen selbst entscheiden, wenn es sachdienlich ist (§§ 521– 540 ZPO).

Gegen ein *Versäumnisurteil* ist keine Berufung, sondern nur der Einspruch an dasselbe Gericht zulässig. Berufung ist gegen ein zweites Versäumnisurteil möglich, wenn sie darauf gestützt wird, daß der Fall der Versäumung nicht vorgelegen habe (§ 513 ZPO).

Die *Revision* findet gegen die Berufungsurteile des OLG statt, wenn dieses sie wegen grundsätzlicher Bedeutung der Rechtssache oder wegen Abweichung von einer Entscheidung des BGH oder des Gemeinsamen Senats (71 III) zugelassen hat. In vermögensrechtlichen Sachen ist sie auch ohne Zulassung statthaft, wenn der Beschwerdegegenstand 40000 DM übersteigt; doch kann das Revisionsgericht mit ⅔-Mehrheit die Annahme der Revision mangels grundsätzlicher Bedeutung der Sache ablehnen. Revisionsfrist 1 Monat ab Zustellung des Urteils. Einlegung beim Revisionsgericht, Begründungsfrist 1 Monat seit Einlegung der Revision (Verlängerung auf Antrag möglich). Die Revision kann nur auf Gesetzesverletzung gestützt werden. Gegen erstinstanzliche Urteile des LG kann mit Einwilligung des Gegners *Sprungrevision* an den BGH eingelegt werden (§ 566a ZPO). Die Revision ist somit ebenso wie in den anderen Gerichtszweigen (Arbeits-, Verwaltungs-, Finanz-, Sozialgerichtsbarkeit) auf Rechtssachen von grundsätzlicher Bedeutung und auf Fälle beschränkt, in denen die Nachprüfung erforderlich ist, um die Einheit der Rechtsprechung vor allem im Hinblick auf bereits vorliegende Entscheidungen zu wahren.

Die *Beschwerde* ist in gesetzlich besonders hervorgehobenen Fällen sowie dann gegeben, wenn ein das Verfahren betreffendes Gesuch zurückgewiesen wird, über das ohne mündliche Verhandlung entschieden werden kann. Sie geht an das im Rechtszug zunächst höhere Gericht. Weitere Beschwerde ist nur bei neuem selbständigen Beschwerdegrund zugelassen. Gegen Beschlüsse des OLG findet im allgemeinen (Ausnahme z. B. in § 519b ZPO) keine Beschwerde oder weitere Beschwerde statt (§ 567 Abs. 3 ZPO). Nur die *sofortige Beschwerde* ist an eine Notfrist von 2 Wochen gebunden (§ 577 ZPO).

246. Wiederaufnahme des Verfahrens

Ein durch rechtskräftiges Endurteil abgeschlossenes Verfahren kann im Zivilprozeß wiederaufgenommen werden (§§ 578-591 ZPO) durch die

a) *Nichtigkeitsklage* (§ 579 ZPO), wenn schwere Verfahrensmängel vorliegen,

z. B. wenn das Gericht nicht vorschriftsmäßig besetzt war, wenn ein kraft Gesetzes ausgeschlossener oder erfolgreich abgelehnter Richter mitgewirkt hat, wenn eine Partei nicht gesetzmäßig vertreten war.

b) *Restitutionsklage* (§ 580 ZPO), wenn geltend gemacht wird, das Urteil beruhe auf der Straftat eines Beteiligten oder werde durch eine neu aufgefundene Urkunde erschüttert.

Z. B. wenn der Gegner bei einer wesentlichen Aussage die Eidespflicht strafbar verletzt hat, wenn sich das Urteil auf eine fälschlich angefertigte oder verfälschte Urkunde stützt, bei strafbaren Wahrheitspflichtverletzungen eines Zeugen oder Sachverständigen, wenn das Urteil durch eine Straftat (z. B. Betrug) erwirkt ist usw.

Diese Klagen müssen innerhalb 1 Monats seit Kenntnis des Anfechtungsgrundes erhoben werden. Sie sind nur innerhalb 5 Jahren seit Rechtskraft des angefochtenen Urteils zulässig (§ 586 ZPO; Ausnahme in Abs. 3). Das Gericht entscheidet zunächst darüber, ob die gesetzlichen Voraussetzungen für die Klage gegeben sind *(Zulässigkeitsverfahren)*, und verwirft andernfalls die Klage als unzulässig. Ist die Klage zulässig und ein Wiederaufnahmegrund gegeben, wird in der Sache neu verhandelt und entschieden (§§ 589, 590 ZPO).

247. Der Urkunden- und Wechselprozeß

(§§ 592-605a ZPO) ist ein abgekürztes Verfahren, das dem Gläubiger beschleunigt einen Vollstreckungstitel verschaffen soll.

Voraussetzungen für den *Urkundenprozeß* sind:
a) Der Anspruch muß auf Leistung einer bestimmten Geldsumme oder einer bestimmten Menge anderer vertretbarer Sachen (307) oder Wertpapiere gerichtet sein.
b) Alle klagebegründenden Tatsachen müssen durch Urkunden bewiesen werden (z. B. Schuldschein, Quittung); für andere Tatsachen, z. B. Einreden, Echtheit oder Unechtheit einer Urkunde, ist als weiteres Beweismittel Parteivernehmung zugelassen.
c) Die Klage muß die Erklärung enthalten, daß im Urkundenprozeß geklagt wird; die Urkunden müssen beigefügt werden.

Der *Wechselprozeß* ist eine Unterart des Urkundenprozesses. Zuständig ist außer dem Gericht des allgemeinen Gerichtsstands des Schuldners auch das des Zahlungsortes. Werden mehrere Wechselverpflichtete verklagt, so kann bei dem für einen Beklagten zuständigen Gericht gegen alle geklagt werden. Die Einlassungs- und Ladungsfristen sind abgekürzt. Zur Geltendmachung von Nebenforderungen (Zinsen, Spesen, Protestkosten, vgl. 380) genügt Glaubhaftmachung, § 605 Abs. 2, § 294 ZPO. Für den *Scheckprozeß* gelten die Vorschriften über den Wechselprozeß entsprechend (§ 605a ZPO).

Widerklagen (237) sind im Urkunden- und Wechselprozeß unzulässig. Einwendungen des Beklagten gegen den Anspruch sind in diesem Verfahren nur beachtlich, wenn der Beklagte den ihm obliegenden Beweis durch Urkunden oder Parteivernehmung des Klägers führt. Andernfalls wird der Beklagte unter Vorbehalt seiner Rechte verurteilt *(Vorbehaltsurteil)*; er kann seine Rechte dann in einem *Nachverfahren* mit den üblichen Beweismitteln (Parteivernehmung, Zeugen, Sachverständige usw.) geltend machen.

248. Familien-, Kindschafts- und Entmündigungssachen

Die §§ 606–687 ZPO behandeln das Verfahren in *Ehe-* und anderen *Familiensachen,* in *Kindschaftssachen,* in *Unterhaltssachen* nichtehelicher Kinder und in *Entmündigungssachen.*

Ehesachen sind Verfahren, die zum Gegenstand haben
a) den Antrag auf *Scheidung* (§§ 1564ff. BGB);
b) die *Nichtigkeitsklage* (§§ 16ff. Ehegesetz: bei Formmängeln, fehlender Geschäftsfähigkeit, Doppelehe, Verwandtschaft oder Schwägerschaft – letzterenfalls nur, wenn keine Befreiung erfolgt);
c) die *Aufhebungsklage* (§§ 28ff. Ehegesetz: bei mangelnder Einwilligung des gesetzlichen Vertreters, Irrtum über die Eheschließung oder über die Person des anderen Ehegatten, Irrtum über die persönlichen Eigenschaften des anderen Ehegatten, arglistiger Täuschung, Drohung, Wiederverheiratung nach irrtümlicher Todeserklärung);
d) die *Klage auf Feststellung* des Bestehens oder Nichtbestehens einer Ehe nur ausnahmsweise, soweit nicht a), b) oder c) möglich (z. B. bei Zweifeln an der Gültigkeit einer ausländischen Eheschließung);
e) die *Klage auf Herstellung des ehelichen Lebens.*

Wegen des öffentlichen Interesses an der Erhaltung der Ehen tritt der Parteiwille im Eheprozeß zurück. Das Gericht kann eigene Ermittlungen anstellen. Es gibt kein Versäumnisurteil gegen den Beklagten, keinen vereinbarten Gerichtsstand. Das Gericht soll das persönliche Erscheinen der Parteien anordnen und sie anhören; gegen eine ausgebliebene Partei kann Ordnungsgeld verhängt werden. Die Verhandlung ist nicht öffentlich. Der Prozeßbevollmächtigte bedarf einer besonderen Vollmacht. Das Gericht soll das auf Herstellung des ehelichen Lebens gerichtete Verfahren aussetzen, wenn es zur Aufrechterhaltung der Ehe dienlich erscheint; dasselbe gilt für das Scheidungsverfahren, jedoch nicht gegen den Widerspruch beider Ehegatten, wenn sie länger als 1 Jahr getrennt leben. Die Aussetzung darf einmal wiederholt werden, aber insgesamt 1 Jahr (bei mehr als 3jährigem Getrenntleben: 6 Mon.) nicht überschreiten. Tod einer Partei beendet den Eheprozeß in der Hauptsache. Die Urteile werden von Amts wegen zugestellt. Das Prozeßgericht kann auf Antrag *einstweilige Anordnungen* erlassen, um das Getrenntleben, die gegenseitige Unterhaltspflicht, die Verpflichtung zu Kostenvorschüssen, die elterliche Sorge für gemeinschaftliche Kinder und die Unterhaltspflicht diesen gegenüber sowie die Benutzung von Ehewohnung und Hausrat zu regeln.

In Ehe- und anderen Familiensachen ist das als Abteilung des Amtsgerichts einzurichtende *Familiengericht* (Einzelrichter, § 23b GVG) zuständig, das tunlichst in Verbindung mit dem Hauptprozeß auch in den sog. *Folgesachen* entscheidet (Regelung des Unterhalts, der elterlichen Sorge für die Kinder, Umgangsrecht, Versorgungsausgleich, Hausratsverteilung usw.; sog. *Scheidungsverbund*). Das Verfahren in einer Folgesache kann aber auch unabhängig vom Scheidungsverfahren anhängig gemacht werden. Es richtet sich dann – außer in Unterhalts- und Güterrechtssachen – nach den Grundsätzen der freiwilligen Gerichtsbarkeit (294). In Scheidungs- und Folgesachen (außer Unterhalts- und Güterrechtssachen) tritt an die Stelle der Klageschrift eine *Antragsschrift.* Ist in einer Scheidungssache der Antragsgegner nicht anwaltlich vertreten, so ordnet ihm das Gericht einen Anwalt als Beistand bei, wenn eine zweckmäßige Rechtsverfolgung es erfordert.

Die Antragsschrift in Scheidungssachen muß die entscheidungserheblichen Angaben enthalten, so ob der andere Ehegatte der Scheidung zustimmt (vgl. 346), und in diesem Falle einen Vorschlag zur Regelung der elterlichen Sorge für minderjährige Kinder (das Gericht kann aber auch von einem übereinstimmenden Vorschlag der Ehegatten abweichen) sowie über das Umgangsrecht, die Regelung der Unterhaltspflicht und die Hausratsverteilung. Endentscheidungen des Familiengerichts in Scheidungs- und ggf. damit verbundenen Folgesachen sowie in Unterhalts- und Güterrechtssachen können mit den gegen Urteile nach der ZPO zugelassenen Rechtsmitteln (245) angefochten werden; jedoch setzt in den letztgenannten Folgesachen die Revision voraus, daß das OLG sie im Urteil zugelassen hat. Für die übrigen, nicht mit einem Scheidungsverfahren verbundenen (isolierten) Folgesachen ist die Beschwerde an das Oberlandesgericht und bei Rechtsverletzung die weitere Beschwerde an den BGH zugelassen, die jedoch i. d. R. an eine Zulassung durch das OLG gebunden ist.

Über die Anerkennung einer von einer ausländischen Behörde getroffenen Entscheidung vgl. § 606a ZPO, über die Zuständigkeit deutscher Gerichte für Ausländer in Ehesachen vgl. § 606b ZPO. *Ausländische Entscheidungen in Ehesachen* werden nur anerkannt, wenn die Landesjustizverwaltung (LJustV) festgestellt hat, daß die Voraussetzungen für die Anerkennung vorliegen. Die Verbürgung der Gegenseitigkeit ist nicht Voraussetzung für die Anerkennung. Hat ein Gericht des Staates entschieden, dem beide Ehegatten zur Zeit der Entscheidung angehörten, so hängt die Anerkennung nicht von einer Feststellung der LJustV ab. Die Entscheidung ergeht auf Antrag. Wird er abgelehnt, kann der Antragsteller das OLG anrufen, in dessen Bezirk die LJustV ihren Sitz hat. Stellt die LJustV fest, daß die Voraussetzungen für die Anerkennung vorliegen, so kann ein Ehegatte, der den Antrag nicht gestellt hat, die Entscheidung des OLG beantragen. Das OLG entscheidet im Verfahren der freiwilligen Gerichtsbarkeit und endgültig. Die Feststellung, daß die Voraussetzungen für die Anerkennung vorliegen oder nicht vorliegen, bindet Gerichte und Verwaltungsbehörden (Art. 7 § 1 FamilienrechtsändG vom 11. 8. 1961, BGBl. I 1221). Über Scheidungsurteile der DDR s. 346.

Kindschaftssachen betreffen die Feststellung des Bestehens oder Nichtbestehens eines Eltern-Kindes-Verhältnisses oder der elterlichen Sorge sowie die Anfechtung der Ehelichkeit oder der Vaterschaftsanerkennung. Es gelten gleichfalls viele Besonderheiten, die sich aus dem staatlichen Interesse an diesen Verfahren ergeben (§§ 640ff. ZPO). In diesen Sachen entscheidet das Amtsgericht, ebenso in *Unterhaltssachen* (§§ 641 l–644 ZPO: Vereinfachtes Verfahren zur Abänderung von Unterhaltstiteln, Verfahren über den Regelunterhalt nichtehelicher Kinder mit Sondervorschriften über Abänderungsklage, Unterhaltsersatzansprüche Dritter).

Bei *Entmündigung* wegen Geisteskrankheit, Geistesschwäche, Verschwendung, Trunksucht oder Rauschgiftsucht ergeht ein Entmündigungsbeschluß des Amtsgerichts. Im Verfahren gilt weitgehend der Untersuchungsgrundsatz. Bei Geisteskrankheit oder -schwäche ist stets ein Sachverständiger zu hören und der zu Entmündigende persönlich zu vernehmen; der Staatsanwalt kann im Verfahren mitwirken. Gegen die Entmündigung ist Anfechtungsklage zulässig (§§ 645ff. ZPO).

249. Das Mahnverfahren,

geregelt in den §§ 688–703d ZPO, soll als abgekürztes zivilprozessuales Verfahren dem Gläubiger alsbald zu einem vollstreckbaren Titel verhelfen. Es ist nur zulässig wegen eines Anspruchs auf Zahlung einer bestimmten Geldsumme in inländischer Währung.

Auf Antrag des Gläubigers erläßt das Amtsgericht (ohne materielle Prüfung, ob der vom Antragsteller erhobene Anspruch gerechtfertigt ist) einen *Mahnbescheid,* d.h. den alternativen Befehl an den Schuldner, innerhalb der in dem Bescheid angegebenen Frist bei Vermeidung der Zwangsvollstreckung entweder den Gläubiger zu befriedigen oder *Widerspruch* zu erheben. Das AG stellt den Mahnbescheid dem Schuldner zu und gibt dem Gläubiger Nachricht vom Zustellungstag. Erhebt der Schuldner Widerspruch, so wird auf Antrag einer Partei von Amts wegen die Sache dem für das Streitverfahren zuständigen Gericht zugeleitet, bei dem der Antragsgegner seinen allgemeinen Gerichtsstand hat. Dieses Gericht fordert nunmehr den Antragsteller auf, seinen Anspruch in einer Klageschrift (240) zu begründen, und bestimmt nach Eingang der Begründung einen Verhandlungstermin. Der Antrag auf Durchführung des Verfahrens nach Eingang des Widerspruchs kann schon im Gesuch um Erlaß des Mahnbescheids gestellt werden. Gehört das Verfahren nach der sachlichen Zuständigkeit (vgl. 236) vor das LG, so wird der Rechtsstreit auf Antrag an dieses verwiesen.

Erhebt der Schuldner keinen Widerspruch, so erläßt das AG auf Antrag des Gläubigers den *Vollstreckungsbescheid* (Vermerk auf der Rückseite des Formulars). Der Antrag ist binnen 6 Monaten seit Zustellung des Mahnbescheids zu stellen. Der Vollstreckungsbescheid steht einem für vorläufig vollstreckbar erklärten Versäumnisurteil (242) gleich. Der Schuldner kann binnen 2 Wochen nach Zustellung *Einspruch* einlegen; dann wird die Sache vor dem Prozeßgericht verhandelt. Der Gläubiger kann nach Zustellung des Vollstreckungsbescheids, die von Amts wegen, auf Antrag des Gläubigers aber von diesem vorgenommen wird, die Zwangsvollstreckung betreiben, falls kein Einspruch eingeht.

Auf Grund von Schuldurkunden, Schecks oder Wechseln kann ein *Urkunden-, Scheck-* oder *Wechselmahnbescheid* erlassen werden (§ 703a ZPO).

Die Durchführung des Mahnverfahrens – über Vordrucke hierfür s. VOen vom 6. 5. 1977 (BGBl. I 693) und 6. 6. 1978 (BGBl. I 705) – ist dem *Rechtspfleger* übertragen (§ 20 Ziff. 1 RechtspflGes.; vgl. 210).

Soweit durch die Zustellung eine *Frist gewahrt* oder die *Verjährung unterbrochen* wird, tritt diese Wirkung bereits mit Einreichung oder Anbringung des Gesuchs um Erlaß eines Mahnbescheids ein, wenn dieser demnächst zugestellt wird (§ 693 Abs. 2 ZPO).

250. Die Zwangsvollstreckung

ist die mit staatlichen Machtmitteln erzwungene Befriedigung eines privatrechtlichen Anspruchs. Das Verfahren ist in den §§ 704ff. ZPO geregelt.

Beteiligte Parteien sind der die Zwangsvollstreckung (ZV) betreibende Gläubiger und der Schuldner, gegen den die ZV betrieben wird. Voraussetzung ist, daß der Gläubiger gegen den Schuldner einen *vollstreckbaren Titel* erwirkt hat.

Vollstreckungstitel sind in erster Linie *rechtskräftige,* d.h. unanfechtbar gewordene *Urteile,* ferner *Prozeßvergleiche,* Vollstreckungsbescheide im Mahnverfahren (249), *Arreste* und *einstweilige Verfügungen* (258, 259), die Feststellung einer Forderung im Konkurs durch Eintragung in die Konkurstabelle, der Zuschlag in der Zwangsversteigerung. Weiter ist die ZV möglich aus *Urkunden* i.S. des § 794 Abs. 1 Nr. 5 ZPO, d.h. gerichtlichen oder notariellen Urkunden, in denen sich jemand verpflichtet, Geld oder andere vertretbare Sachen oder Wertpapiere zu leisten, und sich der sofortigen ZV unterwirft. Ein Vollstreckungstitel (außer Vollstreckungsbescheid, Arrest, einstweiliger Verfügung) muß vom Urkundsbeamten mit der sog. *Vollstreckungsklausel* versehen sein. Ferner muß der Vollstreckungstitel die Personen, für und gegen die vollstreckt werden soll, genau mit Namen bezeichnen. Der Titel muß spätestens bei Beginn der ZV zugestellt werden.

Um dem Gläubiger schneller, nämlich schon vor Rechtskraft des Urteils die ZV zu ermöglichen, werden die meisten Urteile von Amts wegen (d.h. ohne Antrag des Gläubigers) teils ohne, teils gegen Sicherheit für *vorläufig vollstreckbar* erklärt (§§ 708–710 ZPO). Ist die vorläufige Vollstreckbarkeit im Urteil ausgesprochen, hat dieses für die ZV praktisch die gleiche Bedeutung wie ein rechtskräftiges Urteil.

Zivilurteile aus der *DDR* oder Berlin (Ost) sind als innerdeutsche Urteile auch in der BRep. vollstreckbar, außer wenn sie gegen die guten Sitten oder gegen den Zweck eines Gesetzes der BRep. verstoßen oder auf einem rechtsstaatswidrigen Verfahren beruhen. Über Ehescheidungsurteile s. 346. Ob die Vollstreckung aus Vollstreckungstiteln, die auf M-Ost lauten, im Wertverhältnis 1 M-Ost = 1 DM-West betrieben werden kann oder ob der *Wechselstubenkurs* zugrunde zu legen ist, richtet sich nach dem Inhalt der Schuld; für Unterhaltsforderungen vgl. Transferabkommen von 1974 (24 V). Auf Grund der Freiverkehrsnotierungen in Berlin (West) gibt der dortige Senator für Finanzen die monatlichen Durchschnittskurse im Steuer- und Zollblatt für Berlin bekannt.

In *Berlin (West)* kann nach dem Gesetz über die Vollstreckung von Entscheidungen auswärtiger Gerichte i. d. F. vom 26. 2. 1953 (GVBl. 152) die Zwangsvollstreckung aus in der *DDR* oder in *Berlin (Ost)* erwirkten Schuldtiteln erst stattfinden, wenn das LG bzw. das Arbeitsgericht in Berlin (West) die Vollstreckung für zulässig erklärt hat. Auf Zulässigkeit der ZV ist zu erkennen, wenn die Entscheidung oder ihre Vollstreckung nicht gegen die verfassungsmäßigen Grundsätze, gegen die guten Sitten oder gegen den Zweck bestehender Rechtsvorschriften verstößt (Gültigkeit des Ges. zweifelhaft; KG NJW 1977, 1694; 1979, 881).

251. Die Arten der Zwangsvollstreckung

Die Zwangsvollstreckung wird unterschiedlich durchgeführt, je nachdem, ob sie wegen einer Geldforderung oder wegen anderer Ansprüche betrieben wird, und je nachdem, gegen welches Vermögen des Schuldners sie sich richtet. Man unterscheidet:

I. die Zwangsvollstreckung *wegen Geldforderungen*
   1. in das *bewegliche* Vermögen, und zwar
      a) in körperliche Sachen;
      b) in Forderungen und andere Vermögensrechte;
   2. in das *unbewegliche* Vermögen;

II. die Zwangsvollstreckung *wegen sonstiger Ansprüche,* und zwar
   1. zur Erwirkung der *Herausgabe* von Sachen;
   2. zur Erwirkung von *Handlungen;*
   3. zur Erwirkung von *Duldungen* oder *Unterlassungen.*

Die ZV wegen Geldforderungen in das bewegliche körperliche Vermögen erfolgt mittels Pfändung durch den Gerichtsvollzieher (§§ 803, 808 ZPO; vgl. 252). Die ZV in Forderungen und andere Vermögensrechte obliegt dem Vollstreckungsgericht (§ 828 ZPO; vgl. 253, 254). Für die ZV in das unbewegliche Vermögen gelten die besonderen Vorschriften der §§ 864–871 ZPO und des Zwangsversteigerungsgesetzes (255). Die Herausgabe von Sachen wird durch Wegnahme durch den Gerichtsvollzieher vollstreckt (§§ 883ff. ZPO), während für die Erwirkung von Handlungen, Duldungen oder Unterlassungen das Prozeßgericht zuständig ist (§§ 887ff. ZPO). Vgl. 256, 257.

252. Die Pfändung beweglicher Gegenstände

Die Zwangsvollstreckung wegen Geldforderungen in das bewegliche Vermögen des Schuldners erfolgt durch Pfändung, die der Gerichtsvollzieher vornimmt. Bei den im Gewahrsam des Schuldners befindlichen körperlichen Sachen wird sie dadurch bewirkt, daß der Gerichtsvollzieher die Sachen in Besitz nimmt (§§ 803, 808 ZPO).

Der *Gerichtsvollzieher* ist hier Vollstreckungsorgan. Durch seine Pfändungen werden die Sachen der Verfügungsgewalt des Schuldners entzogen, d. h. öffentlich-rechtlich „verstrickt". Der Schuldner, der trotz Pfändung über die Sachen

(Pfandstücke) verfügt, macht sich wegen *Verstrickungsbruchs* strafrechtlich verantwortlich (§ 136 Abs. 1 StGB).

Der *Gläubiger* erwirbt durch die Pfändung ein *Pfändungspfandrecht,* das ihm die gleichen Rechte wie ein sonstiges (rechtsgeschäftliches) Pfandrecht gewährt (§ 804 ZPO). Der Gerichtsvollzieher kann die gepfändeten Sachen an sich nehmen (so i. d. R. bei Geld, Kostbarkeiten, Wertpapieren) oder die Pfändung durch Anbringung von Siegeln (Pfandmarken), deren Entfernung, Beschädigung usw. nach § 136 Abs. 2 StGB strafbar ist, oder durch andere Kennzeichnung bewirken. Ein Warenlager wird durch Anbringung eines Zettels mit genauer Bezeichnung der Pfandstücke gepfändet; nach Möglichkeit werden die gepfändeten Waren von anderen Lagerbeständen abgesondert.

Notwendige Kleidungsstücke, Möbel, Betten, Wäsche, Küchengeräte, Nahrungs-, Feuerungs- und Beleuchtungsmittel sind *unpfändbar.* Weiter sind landwirtschaftliches Inventar, Handwerkszeug u. a. zur Berufsausübung unentbehrliche Gegenstände von der Pfändung ausgeschlossen (§ 811 ZPO). Hierdurch soll eine *Kahlpfändung* vermieden und dem Schuldner die Fortführung eines bescheidenen Haushalts und die Aufrechterhaltung seines Betriebs in bescheidenem Umfang ermöglicht werden. Gleichzeitig soll er vor Inanspruchnahme der öffentlichen Sozialhilfe bewahrt werden. Für besonders wertvolle, an sich unpfändbare Gegenstände (z. B. goldene Uhr, Pelzmantel) kann der Gläubiger einfache Ersatzstücke zur Verfügung stellen und dadurch die Pfändung ermöglichen (*Austauschpfändung;* § 811 a ZPO). Die gepfändeten Sachen werden auf ihren gewöhnlichen Verkaufswert geschätzt (§ 813 ZPO).

Gepfändetes Geld liefert der GVollz. an den Gläubiger ab. Andere Gegenstände werden *öffentlich versteigert.*

Die ZV darf sich nur gegen das Vermögen des Schuldners richten. Gehört eine gepfändete Sache nicht dem Schuldner, so kann der Eigentümer Widerspruchsklage erheben (*Interventionsklage).* Der GVollz. ist nicht berechtigt, Gegenstände des Schuldners, die sich im Gewahrsam eines Dritten befinden, ohne Erlaubnis oder Duldungstitel gegen den Dritten zu pfänden. Bereits für andere Gläubiger gepfändete Gegenstände können im Wege einer *Anschlußpfändung* (§ 826 ZPO) erneut gepfändet werden. Der GVollz. kann auch für mehrere Gläubiger gleichzeitig dieselben Sachen pfänden. Er hat über die Pfändung ein Protokoll (*Pfändungsprotokoll)* aufzunehmen, von dem der Gläubiger auf Antrag eine Abschrift erhält.

Bei fruchtloser Pfändung muß der Schuldner auf Antrag des Gläubigers (an Stelle des früheren *Offenbarungseides)* zu gerichtlichem Protokoll an Eides Statt versichern, daß er sein Vermögen in dem von ihm aufzustellenden Verzeichnis vollständig angegeben habe (§ 807 ZPO). Zur Erzwingung der *Vermögensoffenbarung* kann *Haftbefehl* erlassen werden (*Beugehaft;* §§ 901 ff. ZPO).

253. Der Pfändungs- und Überweisungsbeschluß

Richtet sich die Zwangsvollstreckung wegen Geldforderungen gegen das bewegliche unkörperliche Vermögen, also gegen *Forderungen* oder sonstige Vermögensrechte des Schuldners, so ist nicht der Gerichtsvollzieher zuständig; vielmehr erläßt das *Amtsgericht* auf Antrag des Gläubigers einen *Pfändungs- und Überweisungsbeschluß.* Durch diesen wird dem Drittschuldner die Zahlung an den Schuldner und dem Schuldner die Verfügung über die Forderung verboten; gleichzeitig wird die Forderung dem Gläubiger zur Einziehung oder an Zahlungs Statt überwiesen.

Zuständig ist das AG, bei welchem der Schuldner seinen allgemeinen Gerichtsstand hat, als *Vollstreckungsgericht.* Die Pfändung ist mit Zustellung des Beschlusses an den Drittschuldner bewirkt (§ 829 ZPO). Im Antrag des Gläubigers ist die Forderung genau zu bezeichnen (z. B. Forderung auf Gehalt gegen die Firma X, Mietforderung gegen Y o. ä.). Der Beschluß des AG überweist gleichzeitig die gepfändete Forderung dem Gläubiger nach dessen Wahl zur Einziehung oder an Zahlungs Statt zum Nennwert. I. d. R. findet die Überweisung zur Einziehung statt (§ 835 ZPO). Gewisse Forderungen sind nicht pfändbar (z. B. Aufwandsentschädigungen, Urlaubsgelder, Mehrarbeitszuschläge und Weihnachtsgratifikationen in dem durch § 850a ZPO begrenzten Umfang, unübertragbare Forderungen). Für die Lohnpfändung gelten Besonderheiten (vgl. 254). Über Pfändung von *Postgiroguthaben* s. 382.

Auf Verlangen des Gläubigers hat der *Drittschuldner* binnen zwei Wochen, von der Zustellung des Pfändungsbeschlusses an gerechnet, dem Gläubiger zu erklären, ob und inwieweit er die Forderung als begründet anerkenne und Zahlung zu leisten bereit sei, ob und welche Ansprüche andere Personen an die Forderung stellen, ferner ob und wegen welcher Ansprüche die Forderung bereits für andere Gläubiger gepfändet ist. Diese *Aufforderung* muß in die Zustellungsurkunde aufgenommen werden. Der Drittschuldner haftet dem Gläubiger für aus der Nichterfüllung seiner Verpflichtung entstandenen Schaden (§ 840 ZPO).

Schon vor der Pfändung kann der Gläubiger auf Grund eines vollstreckbaren Schuldtitels dem Drittschuldner und dem Schuldner durch den Gerichtsvollzieher eine *Pfändungsankündigung* zustellen lassen mit der Wirkung, daß die Forderung für ihn beschlagnahmt bleibt, sofern der Pfändungsbeschluß innerhalb drei Wochen ab Zustellung der Ankündigung zugestellt wird (auch *Vorpfändung* genannt, § 845 ZPO).

Der *Pflichtteilsanspruch* (362) ist der Pfändung nur unterworfen, wenn er durch Vertrag anerkannt oder rechtshängig geworden ist. Gleiches gilt für den Anspruch eines Ehegatten auf *Zugewinnausgleich* (344). Vgl. § 852 ZPO.

254. Die Lohnpfändung

Nach § 850 ZPO unterliegen das in Geld zahlbare Einkommen der Beamten, Angestellten und Arbeiter aus Dienst- oder Arbeitsverhältnissen, Ruhegelder sowie ähnliche Bezüge der Pfändung nur in dem durch die §§ 850a–850i ZPO festgesetzten Umfang.

Über den Begriff des *Arbeitseinkommens* s. § 850 Abs. 2–4 ZPO. *Unpfändbar* sind (§ 850a ZPO) insbes. die Hälfte der Überstundenvergütung, Urlaubsgeld, Aufwandsentschädigungen, Auslösungsgelder u. dgl., Weihnachtsvergütungen bis zur Hälfte des monatlichen Arbeitseinkommens, höchstens aber bis 470 DM, soziale Zulagen. Bedingt pfändbar, d. h. bei fruchtloser Pfändung in das bewegliche Vermögen gemäß Anordnung des Vollstreckungsgerichts, sind *Renten* und ähnliche Bezüge (§ 850b ZPO). *Pfändungsfrei* ist im allgemeinen Arbeitseinkommen bis 754 DM monatlich (174 DM wöchentlich, 34,80 DM täglich; § 850c ZPO). Gewährt der Schuldner seinem Ehegatten, einem früheren Ehegatten, einem Verwandten (auch dem nichtehelichen Kind) auf Grund gesetzlicher Verpflichtung Unterhalt, so erhöht sich der unpfändbare Teil des Einkommens auf höchstens

2028 DM monatl. (468 DM wöchentl., 93,60 DM tägl.), und zwar für den ersten Unterhaltsberechtigten um 338 DM monatl. (78 DM wöchentl., 15,60 DM tägl.), für den zweiten bis fünften um je 234 DM monatl. (54 DM wöchentl., 10,80 DM tägl.). Ist das Arbeitseinkommen höher als die danach unpfändbaren Beträge, so ist für die Pfändbarkeit bei Einkommen bis 3302 DM monatl. (762 DM wöchentl., 152,40 DM tägl.) eine *Tabelle* – Anlage 2 (zu § 850c ZPO) – maßgebend, die nach der Zahl der Unterhaltsberechtigten gestaffelt ist. Das Vollstreckungsgericht kann auf Antrag des Gläubigers bestimmen, daß hierbei Unterhaltsberechtigte mit eigenem Einkommen außer Betracht bleiben.

Gewisse *Unterhaltsberechtigte* (Verwandte, Ehegatte usw.) sind bei der Pfändung bevorrechtigt. Für sie kann der Arbeitslohn ohne die obigen Einschränkungen gepfändet werden. Dem Schuldner ist jedoch soviel zu belassen, als er für seinen notwendigen Unterhalt und zur Erfüllung seiner laufenden gesetzlichen Unterhaltspflichten bedarf. Näheres § 850d ZPO.

Für die Berechnung des pfändbaren Arbeitseinkommens ist das *Nettoeinkommen* des Schuldners nach Abzug von Lohnsteuer und Sozialversicherungsbeiträgen zugrundezulegen. Mehrere Arbeitseinkommen werden vom Vollstreckungsgericht auf Antrag zusammengerechnet; der unpfändbare Grundbetrag ist in erster Linie dem Arbeitseinkommen zu entnehmen, das die wesentliche Grundlage der Lebensstellung des Schuldners ist (§ 850e ZPO).

Nach § 850f ZPO kann das Vollstreckungsgericht dem Schuldner einen Teil des pfändbaren Arbeitseinkommens belassen, wenn dies mit Rücksicht auf seine besonderen persönlichen oder beruflichen Bedürfnisse oder auf besonders umfangreiche gesetzliche Unterhaltspflichten geboten ist und überwiegende Belange des Gläubigers nicht entgegenstehen.

Ändern sich die Voraussetzungen für die Bemessung des unpfändbaren Teils des Arbeitseinkommens, so hat das Vollstreckungsgericht auf Antrag des Schuldners oder des Gläubigers den Pfändungsbeschluß entsprechend zu ändern (§ 850g ZPO). Der Pfändung unterliegt auch das *mittelbare Arbeitseinkommen* des Schuldners (Vergütung der Arbeiten an einen Dritten, bei *Lohnschiebungsverträgen* usw.; vgl. § 850h ZPO).

Die Pfändung eines Guthabens bei einem Kreditinstitut, dem das Arbeitseinkommen des Schuldners regelmäßig überwiesen wird, hebt das Vollstreckungsgericht auf Antrag hins. des Teils auf, der dem unpfändbaren Betrag bis zum nächsten Zahlungstermin entspricht. Diese Entscheidung trifft das Gericht auch vorab, um den notwendigen Lebensbedarf des Schuldners bis zum nächsten Zahlungstermin zu sichern. Vgl. § 850k ZPO.

255. Die Zwangsvollstreckung in das unbewegliche Vermögen

In das unbewegliche Vermögen wird vollstreckt durch Eintragung einer *Sicherungshypothek* (338), durch *Zwangsverwaltung* des Grundbesitzes oder durch *Zwangsversteigerung* nach Maßgabe des Zwangsversteigerungsgesetzes (ZVG) vom 24. 3. 1897 (RGBl. 97) i. d. F. vom 20. 5. 1898 (RGBl. 713) m. zahlr. spät. Änd. sowie der §§ 864–871 ZPO.

Die *Zwangsversteigerung* kann nur ein Gläubiger betreiben, der über seinen Anspruch einen mit der Vollstreckungsklausel versehenen Vollstreckungstitel besitzt. Der Schuldner muß im Grundbuch als Eigentümer eingetragen oder Erbe des Eingetragenen sein. Zuständig als Vollstreckungsgericht ist das Amtsgericht, in dessen Bezirk das Grundstück belegen ist.

Das Gericht ordnet auf Antrag des betreibenden Gläubigers die Versteigerung an und bestimmt den Versteigerungstermin. In diesem werden die Versteigerungsbedingungen festgestellt, insbes. das *geringste Gebot,* das die Verfahrenskosten und die dem betreibenden Gläubiger im Rang vorgehenden Rechte (z. B. Hypotheken) decken muß. Sodann wird das Grundstück ausgeboten. Ein Teil des geringsten Gebots, nämlich die Verfahrenskosten und bestimmte andere Ansprüche sowie der Teil des *Meistgebots,* der das geringste Gebot übersteigt, muß in bar erlegt werden (*Bargebot).* Dem Meistbietenden wird der Zuschlag erteilt; werden weniger als 7/10 des Grundstücks(Verkehrs)wertes – *Mindestgebot* – geboten, kann der Zuschlag auf Antrag eines Gläubigers, dessen Anspruch durch das Meistgebot nicht gedeckt ist, versagt werden. Durch den Zuschlag erwirbt der Meistbietende das Grundstückseigentum. Rechte, die dem betreibenden Gläubiger vorgehen, bleiben erhalten; nachrangige erlöschen und bestehen nur noch am Versteigerungserlös. Der Erlös wird nach einem *Verteilungsplan* des Gerichts unter die Gläubiger verteilt, die, um daran beteiligt zu sein, ihre nicht im Grundbuch eingetragenen Rechte frühzeitig anmelden müssen.

Im Gegensatz zur Zwangsversteigerung bezweckt die *Zwangsverwaltung* die Befriedigung der Gläubiger aus den Erträgnissen des Grundstücks. Sie kann auch neben der Zwangsversteigerung angeordnet werden.

256. Die Zwangsvollstreckung zur Erwirkung der Herausgabe von Sachen

(z. B. eines Kraftwagens) setzt keinen Geldanspruch, sondern den Anspruch auf bestimmte bewegliche Sachen oder eine bestimmte Menge vertretbarer Sachen (§ 91 BGB; vgl. 307) oder Wertpapiere voraus. Hier nimmt der Gerichtsvollzieher dem Schuldner die Sache weg und übergibt sie dem Gläubiger. Sind bestimmte Sachen herauszugeben und finden sie sich nicht vor, so muß der Schuldner auf Antrag des Gläubigers zu gerichtlichem Protokoll an Eides Statt versichern, daß er über den Verbleib nichts wisse (§ 883 ZPO).

Befindet sich die herauszugebende Sache im Gewahrsam eines Dritten, so kann sich der Gläubiger den Anspruch des Schuldners auf Herausgabe der Sache zur Einziehung überweisen lassen (§ 886 ZPO) oder beim Prozeßgericht Klage auf Leistung seines Interesses, d. h. Schadensersatz, erheben (§ 893 ZPO).

257. Die Zwangsvollstreckung zur Erwirkung von Handlungen usw.

a) Kann die Handlung auch von einem Dritten vorgenommen werden (vertretbare Handlung), so wird der Gläubiger auf Antrag vom Prozeßgericht erster Instanz ermächtigt, die Handlung auf Kosten des Schuldners vornehmen zu lassen (sog. *Ersatzvornahme;* § 887 Abs. 1 ZPO).

Beispiele: Transport von Sachen, Handwerkerleistungen.

Der Schuldner muß zur Vornahme der Handlung verurteilt sein. Er ist vor der Entscheidung zu hören und hat gegen den Gerichtsbeschluß die sofortige Beschwerde (§ 793 ZPO). Er hat die Kosten der Vornahme durch einen Dritten zu tragen und auf Anordnung des Gerichts vorauszuzahlen.

b) Kann die Handlung nicht von einem Dritten vorgenommen werden (unvertretbare Handlung), so wird der Schuldner, wenn die Handlung von seinem Willen abhängt, vom Prozeßgericht erster Instanz durch Zwangsgeld oder Zwangshaft zur Vornahme der Handlung angehalten (§ 888 ZPO).

Beispiele: Rechnungslegung, Auskunftserteilung, Herstellung einer Bilanz, Ausstellung eines Zeugnisses. Bei Verurteilung zur Herstellung des ehelichen Lebens und zur Leistung von Diensten aus einem Dienstvertrag sind Zwangsvollstreckungsmaßnahmen unzulässig (888 Abs. 2 ZPO).

Gegen die Anordnung ist sofortige Beschwerde zulässig (§ 793 ZPO).

c) Ist der Schuldner zu einer *Duldung* oder *Unterlassung* verurteilt, so kann der Gläubiger bei jeder schuldhaften Zuwiderhandlung bei dem Prozeßgericht erster Instanz beantragen, daß der Schuldner zu Ordnungsgeld bis 500000 DM oder Ordnungshaft bis zu 6 Monaten – bei mehreren Zuwiderhandlungen insgesamt höchstens 2 Jahre – verurteilt wird (§ 890 ZPO).

Der Verurteilung, gegen die sofortige Beschwerde zulässig ist (§ 793 ZPO), muß eine entsprechende Androhung vorausgehen, sofern diese nicht – wie meist – schon in dem die Verpflichtung aussprechenden Urteil enthalten ist.

Beispiele: Unterlassung von Besitzstörungen, des Gebrauchs eines Namens oder einer Firma, unzulässiger Rabattgewährung usw.

258. Der Arrest

sichert die künftige Beitreibung einer Geldforderung oder eines Anspruchs, der in eine Geldforderung übergehen kann. Er kann vom Gläubiger schon beantragt werden, ehe ein Prozeß anhängig ist. Voraussetzung ist die Glaubhaftmachung der *Forderung* und eines *Arrestgrundes,* d. h. der Besorgnis, daß ohne den Arrest die spätere Zwangsvollstreckung vereitelt oder wesentlich erschwert werden würde (§§ 916ff. ZPO).

Zur *Glaubhaftmachung* sind alle Beweismittel zulässig einschließlich der *eidesstattlichen Versicherung* des Antragstellers oder Dritter (§ 920 Abs. 2, § 294 ZPO).

Der *Arrestbefehl* des Gerichts lautet entweder auf Beschlagnahme von Vermögenswerten (*dinglicher* Arrest; so die Regel) oder auf Verhaftung oder andere Beschränkung der Freiheit des Schuldners (*persönlicher* Arrest). Der persönliche Sicherheitsarrest findet jedoch nur statt, wenn er zur Sicherung der gefährdeten Zwangsvollstreckung in das Vermögen des Schuldners erforderlich ist (§ 918 ZPO; Höchstdauer 6 Monate, §§ 933, 913 ZPO).

Für den Arrest ist nach Wahl des Gläubigers das Gericht der Hauptsache (späteres Prozeßgericht) oder das AG zuständig, in dessen Bezirk der mit Arrest zu belegende Gegenstand oder die in ihrer persönlichen Freiheit zu beschränkende Person sich befindet. Der Schuldner kann gegen den Arrestbefehl *Widerspruch* einlegen. Dann setzt das angerufene Gericht Termin zur mündlichen Verhandlung an und entscheidet durch *Endurteil,* das mit Berufung angefochten werden kann (§ 925 ZPO). Der Arrestbeklagte kann dem Arrestkläger vom Gericht eine Frist zur Klageerhebung im ordentlichen Verfahren setzen lassen. Nach erfolglosem Ablauf dieser Frist muß das Arrestgericht den Arrest aufheben (§ 926 ZPO).

Die Vollstreckung aus einem Arrest verschafft dem Gläubiger nur eine Sicherung (Geld wird hinterlegt usw.), keine Befriedigung. Die Vollziehung des Arrestes ist nur binnen 1 Monat seit Verkündung des Arrestbefehls oder seiner Zustellung an den Gläubiger zulässig (§ 929 Abs. 2 ZPO). Erweist sich die Anordnung eines Arrestes als von Anfang an ungerechtfertigt, so ist der Gläubiger schadensersatzpflichtig (§ 945 ZPO).

259. Die einstweilige Verfügung

bezweckt entweder die Sicherung eines strittigen Anspruchs oder die Regelung eines einstweiligen Zustandes (§§ 935, 940 ZPO). Im ersten Fall ist ein Individualanspruch (z. B. auf Herausgabe einer Sache, Unterlassung; kein Geldanspruch) zu sichern; im zweiten Fall ist ein streitiges Rechtsverhältnis vorläufig zu regeln, um wesentliche Nachteile durch Veränderungen usw. zu verhüten (z. B. Notweg).

Die erforderlichen Anordnungen trifft das Gericht nach freiem Ermessen (§ 938 ZPO, z. B. Herausgabe an einen Treuhänder). Die Maßnahme darf aber nicht zu einer Befriedigung des Gläubigers führen. Das Verfahren entspricht im wesentlichen dem Arrestverfahren. Jedoch ergeht *nur in dringenden Fällen* eine Entscheidung ohne mündliche Verhandlung. Zuständig ist das Gericht der Hauptsache; in dringenden Fällen kann beim Kollegialgericht der Vorsitzende entscheiden, wenn mündliche Verhandlung nicht erforderlich ist, sonst auch das Amtsgericht, in dessen Bezirk sich der Streitgegenstand befindet; das Amtsgericht bestimmt hierbei eine Frist zur Klageerhebung und Ladung vor das Gericht der Hauptsache (§ 942 ZPO). Schadensersatzansprüche wie beim Arrest (s. 258 a. E.), wenn sich die einstweilige Verfügung als ungerechtfertigt erweist.

260. Rechtsbehelfe in der Zwangsvollstreckung

Die wichtigsten Rechtsbehelfe gegen unzulässige Vollstreckungen sind:

I. Die *Erinnerung*

gegen die Art und Weise der Zwangsvollstrec kung (§ 766 ZPO). Mit ihr kann der Schuldner oder ein anderer Beteiligter (Gläubiger, Drittschuldner) beim Vollstreckungsgericht wegen einer Handlung des Gerichtsvollziehers oder einer Maßnahme des Gerichts vorstellig werden.

Beispiele: Pfändung unpfändbarer Sachen, Unzuständigkeit des Gerichts für den Pfändungs- und Überweisungsbeschluß, Pfändung von im Gewahrsam eines Dritten stehenden Sachen, Nichteinhaltung der Räumungsfrist durch den Gerichtsvollzieher.

Die Erinnerung ist an keine Frist gebunden. Die zur Begründung vorgebrachten Tatsachen sind zu beweisen (nicht nur glaubhaft zu machen). Entscheidung ergeht durch Beschluß. Wird der Erinnerung stattgegeben, so wird die Vollstreckungsmaßnahme aufgehoben bzw. für unzulässig erklärt und dem Gerichtsvollzieher Anweisung zur Aufhebung erteilt.

II. Die *Vollstreckungsgegenklage* (§ 767 ZPO)

Sie wird auf Grund von Einwendungen, die den Anspruch des Gläubigers betreffen, beim Prozeßgericht erster Instanz erhoben und kann nur auf Gründe gestützt werden, die nach der letzten mündlichen Verhandlung entstanden sind.

Beispiele: Nachträgliche Vereinbarung von Ratenzahlungen mit dem Gläubiger, Bezahlung der Urteilsforderung nebst Zinsen und Kosten, nachträgliche Einigung mit dem Gläubiger über Wohnungsräumung.

Die Parteien sind die des Vorprozesses in umgekehrter Parteirolle. Örtlich und sachlich ist das Prozeßgericht erster Instanz ausschließlich zuständig ohne Rücksicht auf den Streitwert. Der Klageantrag lautet: die Zwangsvollstreckung aus dem früheren Urteil für unzulässig zu erklären.

III. Die *Widerspruchs-(Interventions-)Klage*

eines Dritten, der behaup tet, daß ihm an dem Gegenstand der Zwangsvollstreckung ein die Veräußerung hinderndes Recht zustehe (§ 771 ZPO).

Beispiele: Pfändung eines gemieteten Klaviers, eines der Ehefrau des Schuldners gehörenden Schrankes, eines unter Eigentumsvorbehalt gelieferten Radioapparates. Der Eigentümer muß den Pfändungsgläubiger zunächst unter Glaubhaftmachung seines Rechtes zur Freigabe auffordern. Kommt dieser der Aufforderung nicht nach, so erhebt er die Interventionsklage bei dem Gericht, in dessen Bezirk vollstreckt worden ist.

Zu a) bis c): Das Gericht kann die Zwangsvollstreckung bis zur Entscheidung über die Erinnerung bzw. die Vollstreckungsgegenklage oder die Interventionsklage *einstweilen einstellen* (§ 766 Abs. 1 S. 2, § 732 Abs. 2, §§ 769, 771 Abs. 3 ZPO).

261. Vollstreckungsschutz. Anfechtung von Rechtshandlungen

I. *Vollstreckungsschutz für den Schuldner*

1. Nach § 765 a ZPO kann das Vollstreckungsgericht bei allen Arten der Zwangsvollstreckung auf Antrag des Schuldners *jede* Maßnahme der Zwangsvollstreckung ganz oder teilweise aufheben, untersagen oder einstweilen einstellen, wenn die Maßnahme unter voller Würdigung des Schutzbedürfnisses des Gläubigers wegen ganz besonderer Umstände eine Härte bedeutet, die mit den guten Sitten nicht vereinbar ist.

Beispiele: Versteigerung gepfändeter Saisonartikel würde zu einer Verschleuderung führen; Vollstreckung eines Räumungsurteils gegen einen schwerkranken Schuldner; Zwangsversteigerung von Grundbesitz, obwohl Befriedigung aus Forderungspfändung möglich.

Das Vollstreckungsgericht muß zwischen den beiderseitigen Interessen abwägen. Entscheidung im schriftlichen Verfahren nach Anhörung des Gläubigers; mündliche Verhandlung kann anberaumt werden. Gegen die Entscheidung ist sofortige Beschwerde binnen 2 Wochen nach Zustellung zulässig (§§ 793, 577 Abs. 2 ZPO).

2. Nach § 813a ZPO kann das Vollstreckungsgericht auf Antrag des Schuldners die Verwertung gepfändeter Sachen zweitweilig unter Anordnung von Zahlungsfristen aussetzen.

Voraussetzung ist, daß dies nach der Persönlichkeit des Schuldners und nach seinen wirtschaftlichen Verhältnissen sowie nach der Art der Schuld angemessen erscheint und nicht überwiegende Belange des Gläubigers entgegenstehen. Dieser *Verwertungsaufschub* durch Gerichtsbeschluß steht allen Schuldnern ohne Rücksicht auf Beruf, Gewerbe usw. zu. Ein nicht binnen 2 Wochen seit Pfändung gestellter Antrag kann zurückgewiesen werden. Mehrfache Anordnung ist möglich. Doch darf die Verwertung nicht länger als ein Jahr nach der Pfändung hinausgeschoben werden. Die maßgebenden Tatsachen sind glaubhaft zu machen, der Gegner ist zu hören. Das Gericht soll auf gütliche Abwicklung hinwirken und kann mündliche Verhandlung anordnen. In *Wechselsachen* findet eine Aussetzung der Verwertung gepfändeter Sachen nicht statt.

3. Neben diesen allgemeinen Möglichkeiten bestehen besondere Vorschriften über Vollstreckungsschutz bei Urteilen oder Vergleichen über Wohnungsräumung (§§ 721, 794a ZPO), für Vertragshilfe, für Bahnunternehmungen des öffentlichen Rechts (z. B. § 39 BBahnG), für die Binnenschiffahrt, für Heimkehrer (§ 26 HeimkG), für juristische Personen des öffentlichen Rechts (§ 882a ZPO), für Landwirte und für Miet- und Pachtzinsen (§§ 851a, b ZPO).

Vgl. ferner das Verbot der *Kahlpfändung* (§ 811 ZPO; s. 252), den Pfändungsschutz beim Arbeitslohn (s. *Lohnpfändung*, 254).

II. Dem *Schutz des Gläubigers* dient das Gesetz betreffend die Anfechtung von Rechtshandlungen eines Schuldners außerhalb des Konkursverfahrens (*Anfechtungsgesetz*) i. d. F. vom 20. 5. 1898 (RGBl. 709) m. spät. Änd. Danach kann ein Gläubiger, der einen vollstreckbaren Schuldtitel erlangt und dessen Zwangsvollstreckung in das Vermögen des Schuldners nicht zu einer vollständigen Befriedigung geführt hat oder voraussichtlich nicht führen wird, gewisse Rechtshandlungen des Schuldners durch Klage anfechten.

Der *Anfechtung* unterliegen insbes. Rechtshandlungen, die der Schuldner in der dem anderen Teil bekannten *Absicht der Gläubigerbenachteiligung* vorgenommen hat, ferner die im letzten Jahr vor der Anfechtung abgeschlossenen entgeltlichen Verträge mit dem Ehegatten oder nahen Verwandten, schließlich die im letzten Jahr (bei Ehegatten in den letzten zwei Jahren) vor der Anfechtung vorgenommenen Schenkungen.

Im Falle eines Konkurses greift die *konkursmäßige* Anfechtung nach den §§ 29–42 KO ein (s. 264).

262. Das Aufgebotsverfahren

ist in den §§ 946–1024 ZPO behandelt. Unter *Aufgebot* versteht man die Aufforderung an unbestimmte oder unbekannte Beteiligte (die Öffentlichkeit), Rechte oder Ansprüche anzumelden. Das Aufgebotsverfahren wird angewendet:

a) für die *Todeserklärung* eines Verschollenen (s. u.);
b) für den *Ausschluß* unbekannter Berechtigter (z. B. von Nachlaßgläubigern);
c) für die *Kraftloserklärung* einer Urkunde (bei Verlust usw.).

Wann ein Aufgebotsverfahren zulässig ist, ergibt sich aus materiell-rechtlichen Vorschriften, z. B. §§ 927, 1970ff. BGB (Aufgebot des Grundstückseigentümers, der Nachlaßgläubiger), § 1162 BGB, Art. 90 WG (Kraftloserklärung eines abhandengekommenen Hypothekenbriefs oder Wechsels).

Das AG erläßt auf Antrag eine öffentliche Aufforderung, Ansprüche oder Rechte anzumelden, widrigenfalls Rechtsnachteile eintreten. Der Aufgebotsbeschluß muß öffentlich durch Anheftung an die Gerichtstafel und einmaliges Einrücken in den Bundesanzeiger, auf Anordnung des Gerichts auch in andere Blätter und mehrmals, *öffentlich bekanntgemacht* werden (§ 948 ZPO). Zwischen Bekanntmachung und Aufgebotstermin muß eine Aufgebotsfrist von mindestens 6 Wochen liegen (§ 950 ZPO). Falls keine Rechte angemeldet werden, ergeht im Aufgebotstermin das *Ausschlußurteil.* Bei Anmeldung setzt das AG entweder das Aufgebotsverfahren bis zur endgültigen Entscheidung über das angemeldete Recht aus oder erläßt ein Ausschlußurteil unter Vorbehalt für das angemeldete Recht (§§ 952, 953). Gegen das Ausschlußurteil ist unter bestimmten Voraussetzungen die *Anfechtungsklage* binnen 1 Monat seit Kenntnis beim Landgericht, in dessen Bezirk das AG seinen Sitz hat, zulässig (§§ 957, 958 ZPO).

Verschollen ist eine Person, deren Aufenthalt während längerer Zeit unbekannt ist, ohne daß Nachrichten darüber vorliegen, ob sie in dieser Zeit noch gelebt hat oder ob sie gestorben ist, so daß Zweifel an ihrem Fortleben begründet sind. Im allgemeinen ist die *Todeserklärung* zulässig, wenn seit dem Ende des Jahres, in welchem der Verschollene nach den vorhandenen Nachrichten noch gelebt hat, 10 Jahre verstrichen sind. Bei Achtzigjährigen genügen 5 Jahre. Für Verschollenheit nach besonderen Gefahren gelten kürzere Fristen, für die Verschollenen des letzten Weltkriegs bestehen Sondervorschriften, s. *Verschollenheitsgesetz* i. d. F. vom 15. 1. 1951 (BGBl. I 63) m. spät. Änd.

263. Schiedsgerichtliches Verfahren

Die Parteien haben die Möglichkeit, einen Rechtsstreit statt durch ein staatliches Gericht durch ein privat vereinbartes *Schiedsgericht* entscheiden zu lassen. Die Vereinbarung der Bestellung eines Schiedsgerichts muß schriftlich in besonderer Urkunde abgeschlossen sein (§ 1027 ZPO). Für Streitigkeiten über Mietwohnverhältnisse ist sie nicht zulässig, außer bei möblierten oder vorübergehend vermieteten Räumen (§ 1025a ZPO). Das Verfahren wird durch Parteivereinbarung, sonst nach freiem Ermessen der Schiedsrichter bestimmt; Anhörung der Parteien ist stets vorgeschrieben (§ 1034 ZPO). Es endet mit einem

Vergleich oder *Schiedsspruch*. Gegen diesen ist kein Rechtsmittel, aber unter bestimmten Voraussetzungen eine *Aufhebungsklage* vor dem ordentlichen Gericht möglich (§ 1041 ZPO).

Das Schiedsgericht entscheidet nach freiem Ermessen. Der mit Gründen zu versehende Schiedsspruch wirkt unter den Parteien wie ein rechtskräftiges Urteil. Doch kann aus ihm die Zwangsvollstreckung nur betrieben werden, wenn er durch Gerichtsbeschluß für vollstreckbar erklärt ist (evt. nach Durchführung eines Widerspruchsverfahrens bei vorläufiger Vollstreckbarkeitserklärung); dann ist Aufhebungsklage unter den Voraussetzungen der Restitutionsklage (vgl. 246, b) binnen Monatsfrist zulässig (§§ 1042ff. ZPO). Anerkennung und Vollstreckung *ausländischer* Schiedssprüche richten sich nach dem Übereinkommen vom 10. 6. 1958 (Ges. v. 15. 3. 1961, BGBl. II 121).

264. Der Konkurs

dient dem Zweck, das gesamte der Zwangsvollstreckung unterliegende Vermögen *(Konkursmasse)* eines zahlungsunfähigen Schuldners *(Gemeinschuldner)* für die gemeinschaftliche und gleichmäßige Befriedigung der teilnahmeberechtigten Gläubiger *(Konkursgläubiger)* zu verwenden. Rechtsgrundlage ist die *Konkursordnung* (KO) vom 10. 2. 1877 i. d. F. vom 20. 5. 1898 (RGBl. 612) m. spät. Änd.

Das Konkursverfahren wird auf Antrag des Schuldners oder eines Gläubigers *eröffnet* (§ 103 KO), bei Ablehnung eines gerichtlichen Vergleichsverfahrens (s. 265) von Amts wegen (*Anschlußkonkurs,* § 102 Vergleichsordnung). *Konkursgericht* ist das AG, in dessen Bezirk der Gemeinschuldner seinen Wohnsitz bzw. seine Niederlassung hat. Konkursgrund ist im allgemeinen *Zahlungsunfähigkeit,* die bei Zahlungseinstellung vermutet wird, bei juristischen Personen und Vereinen auch Überschuldung, beim Nachlaßkonkurs nur Überschuldung. Weitere Voraussetzung ist das Vorhandensein einer die Verfahrenskosten deckenden Masse, sofern nicht der Antragsteller einen ausreichenden Vorschuß leistet. Andernfalls wird die Konkurseröffnung mangels Masse abgelehnt (§ 107 KO).

Der Konkurs wird durch Gerichtsbeschluß eröffnet, in dem gleichzeitig der *Konkursverwalter* ernannt, ein Termin für die erste *Gläubigerversammlung* und eine *Frist* für die *Anmeldung* der Forderungen der *Konkursgläubiger* beim Konkursgericht bestimmt wird. Der Konkursverwalter nimmt das gesamte zur Konkursmasse gehörende Vermögen des Gemeinschuldners in Besitz; der Gemeinschuldner ist nicht mehr verfügungsberechtigt. Die angemeldeten Forderungen werden in eine *Tabelle* eingetragen und im allgemeinen Prüfungstermin anerkannt oder bestritten. Das Ergebnis wird in der Konkurstabelle vermerkt; die Feststellung einer Forderung in der Konkurstabelle wirkt wie ein rechtskräftiges Urteil (§ 145 KO).

Gläubiger bestrittener Forderungen müssen gegen den Bestreitenden auf Feststellung ihrer Forderungen klagen; andernfalls werden solche Forderungen bei Verteilungen nicht berücksichtigt (§§ 146, 152 KO). Forderungen unter einer aufschiebenden Bedingung werden bei einer Abschlagszahlung zu dem Betrage berücksichtigt, der auf die unbedingte Forderung fallen würde (§ 154).

Auflösend bedingte Forderungen werden bis zum Eintritt der Bedingung wie unbedingte behandelt; hier kann der Konkursverwalter eine Ausschüttung nur zurückhalten, wenn der Gläubiger zu einer Sicherheitsleistung verpflichtet ist und diese nicht leistet (§ 168 Ziff. 4 KO).

Nach dem Prüfungstermin wird, sooft hinreichende bare Masse vorhanden ist, eine *(Abschlags-)Verteilung* an die Konkursgläubiger vorgenommen. Die nicht bare Masse verwertet der Konkursverwalter durch freihändigen Verkauf; Grundbesitz wird auf seinen Antrag vom Gericht zwangsversteigert. Nach Beendigung der Verwertung erfolgt die *Schlußverteilung*.

Reicht die Konkursmasse nicht aus, um alle Gläubiger zu befriedigen, so werden zunächst die Masseschulden und Massekosten nach einer bestimmten Reihenfolge befriedigt. Zu den *Masseschulden* (§ 59 KO) rechnen die Ansprüche aus Geschäften und Handlungen des Konkursverwalters (z. B. Prozeßkosten, Gehälter Weiterbeschäftigter), rückständige Ansprüche auf Lohn (Gehalt), Provision oder betriebliche Altersversorgung oder auf Beiträge für die Sozialversicherungsträger aus den letzten 6 Monaten vor Konkurseröffnung sowie Ansprüche aus einer rechtlosen Bereicherung der Konkursmasse nach Konkurseröffnung. *Massekosten* (§ 58 KO) sind Verfahrenskosten, Ausgaben für die Verwaltung (z. B. Gläubigerausschuß, Vergütung des Konkursverwalters), Unterstützung des Gemeinschuldners. Dann erst werden die eigentlichen Konkursgläubiger in sechs *Rangklassen* befriedigt (§§ 60, 61 KO). Die sog. *bevorrechtigten* fünf Klassen sind folgende:

Klasse I: *rückständige Löhne (Gehälter),* Ansprüche auf Provision oder aus *betrieblicher Altersversorgung* sowie *Sozialbeiträge* für das letzte Jahr vor Konkurseröffnung, soweit nicht Masseschulden;

Klasse II: rückständige *öffentliche Abgaben* für das letzte Jahr vor Konkurseröffnung (insbes. *Steuerforderungen*);

Klasse III: rückständige Forderungen der *Kirchen, Schulen* und *öffentlichen Verbände* sowie gewisser Feuerversicherungsanstalten aus dem letzten Jahr vor Konkurseröffnung;

Klasse IV: *Heil- und Pflegekosten* aus dem letzten Jahr vor Konkurseröffnung;

Klasse V: sog. *Mündelansprüche,* d. h. Forderungen der Kinder und Pflegebefohlenen des Gemeinschuldners aus Anlaß der Vermögensverwaltung, falls sie binnen 2 Jahren nach deren Beendigung gerichtlich geltend gemacht und bis zur Konkurseröffnung verfolgt worden sind.

Die Entscheidung des BAG, daß zu den bevorrechtigten Konkursforderungen auch die Ansprüche der Arbeitnehmer aus einem *Sozialplan* (630) gehören und daß diese vor den Forderungen der Kl. I–V zu befriedigen sind (NJW 1979, 774), ist vom BVerfG als verfassungswidrig aufgehoben worden (NJW 1984, 475). Die Behandlung eines Sozialplans im Konkurs des Unternehmers richtet sich nunmehr nach dem *Ges. über den Sozialplan im Konkurs- und Vergleichsverfahren* vom 20. 2. 1985 (BGBl. I 369).

In Klasse VI folgen alle *übrigen* (nicht bevorrechtigten) Konkursgläubiger. Sie erhalten aus der nach Befriedigung der vorhergehenden Forderungen noch vorhandenen Konkursmasse die sog. *Konkursquote* (Konkursdividende). Wegen des nicht befriedigten Teils ihrer Ansprüche können sie nach Aufhebung des Konkursverfahrens aus einem vollstreckbaren Tabellenauszug gegen den Gemeinschuldner die Zwangsvollstreckung betreiben (§ 164 KO); anders bei *Zwangsvergleich,* s. u.

Der Konkursverwalter hat nach der Schlußverteilung im *Schlußtermin* (Gläubigerversammlung unter Aufsicht des Gerichts) die *Schlußrechnung* und das *Schlußverzeichnis* vorzulegen. Das Gericht beendet nach Genehmigung der Schlußverteilung den Konkurs durch Beschluß.

Weiter kann das Konkursverfahren auch durch Zwangsvergleich, durch Einstellung mangels Masse und auf Antrag des Gemeinschuldners mit Zustimmung aller Konkursgläubiger beendet werden. Der *Zwangsvergleich* setzt einen Vorschlag des Gemeinschuldners voraus, nach dem mindestens 20 v. H. der Forderungen befriedigt werden sollen (§ 187 KO), ferner die Zustimmung der Mehrheit der im Termin anwesenden Gläubiger mit einer Gesamtsumme von ¾ der Forderungen (§ 182 KO). Wegen des nicht befriedigten Teils können die Gläubiger nicht mehr vollstrecken.

Während der Dauer des Konkurses finden Arreste und Zwangsvollstreckungen zugunsten einzelner Konkursgläubiger nicht statt, da die Gläubiger gleichmäßig befriedigt werden sollen. Eine Sonderstellung haben die *Aussonderungsberechtigten,* die Herausgabe der ihnen gehörenden Gegenstände aus der Konkursmasse fordern können (z. B. unter Eigentumsvorbehalt gelieferte), und die *Absonderungsberechtigten,* die an bestimmten Gegenständen des Gemeinschuldners ein vor Konkurseröffnung begründetes Pfandrecht haben und abgesonderte Befriedigung aus diesen Gegenständen verlangen können.

Ein Absonderungs- (nicht Aussonderungs-)recht hat auch der, dem ein Gegenstand *zur Sicherung übereignet* ist; er steht wirtschaftlich einem Pfandgläubiger gleich (vgl. 315). Aus- und Absonderungsberechtigte (§§ 43ff., 47ff. KO) sind also nicht Konkursgläubiger. Von diesen zu unterscheiden sind auch die *Massegläubiger;* sie können wegen Aufwendungen, die sie zur Durchführung des Konkursverfahrens gemacht haben *(Massekosten),* oder aus Ansprüchen, die insbes. aus Geschäften und Handlungen des Konkursverwalters entstanden sind *(Masseschulden),* volle Befriedigung vor den Konkursgläubigern beanspruchen (§§ 57ff. KO).

Rechtshandlungen, die der Gemeinschuldner in der dem anderen Teil bekannten Absicht vorgenommen hat, die Gläubiger zu benachteiligen, unterliegen der *konkursmäßigen Anfechtung* in ähnlicher Weise, wie dies bei der außerkonkursmäßigen Anfechtung im Falle fruchtloser Zwangsvollstreckung (261 II) möglich ist. Bei entgeltlichen gläubigernachteiligen Verträgen, die er mit seinem Ehegatten oder nahen Verwandten im letzten Jahr vor Konkurseröffnung abgeschlossen hat, wird die Benachteiligungsabsicht und deren Kenntnis beim Vertragsgegner vermutet. Ferner sind die Verfügungen anfechtbar, die der Gemeinschuldner unentgeltlich im letzten Jahr oder schenkweise zugunsten seines Ehegatten binnen 2 Jahren vor Konkurseröffnung vorgenommen hat. Schließlich sind gewisse nach der Zahlungseinstellung oder dem Konkursantrag oder in den letzten 10 Tagen vorher vorgenommene gläubigernachteilige Rechtsgeschäfte oder die ungerechtfertigte Befriedigung eines Gläubigers anfechtbar. Vgl. §§ 29–42 KO.

Die *Vergütung* des Konkursverwalters und der Mitglieder des Gläubigerausschusses regelt eine VO vom 25. 5. 1960 (BGBl. I 329) m. Änd. zuletzt vom 11. 6. 1979 (BGBl. I 637)

265. Das gerichtliche Vergleichsverfahren

zur Abwendung des Konkurses bezweckt, einem zwar zahlungsunfähigen, aber sanierungsfähigen und vergleichswürdigen Schuldner zu einem Gesamtvergleich mit seinen Gläubigern zu verhelfen und ein drohendes Konkursverfahren zu vermeiden. Maßgebend ist die *Vergleichsordnung* vom 26. 2. 1935 (RGBl. I 321) m. spät. Änd.

Während im Konkurs liquidiert wird, soll im Vergleichsverfahren das Unternehmen des Schuldners erhalten und allmählich wiederaufgebaut werden. Ein *Vergleichsverwalter* überwacht den Geschäftsbetrieb des Schuldners, der die Verfügungsmacht über sein Vermögen behält. Ein Vergleichsvorschlag muß den Gläubigern wenigstens 35 v. H. ihrer Forderungen und bei Bezahlung mit längerer als Jahresfrist wenigstens 40 v. H. bieten (§ 7 VerglO). Die Vergleichsgläubiger dürfen während des Verfahrens gegen den Schuldner keine Zwangsvollstreckung betreiben. Der gerichtliche *Vergleich* kommt nur zustande, wenn ihm die Mehrheit der im Termin anwesenden Gläubiger mit einer Gesamtsumme von ¾ der Forderungen zustimmt (bei Erlaß von mehr als 50 v. H. der Forderungen muß die Summenmehrheit ⅘ erreichen); § 74 VerglO. Der Vergleich wird erst mit *Bestätigung* durch das Gericht wirksam; er ist Vollstreckungstitel (250).

Die *Vergütung* des Vergleichsverwalters und der Mitglieder des Gläubigerbeirats richtet sich nach der VO vom 25. 5. 1960 (BGBl. I 329); vgl. 264.

D. Der Strafprozeß

267. Die Strafprozeßordnung

datiert vom 1. 2. 1877; sie hat wiederholt umfangreiche und wichtige Änderungen erfahren. Sie gilt jetzt i. d. F. vom 7. 4. 1987 (BGBl. I 1074). Über einzelne Änderungen vgl. 207, 292.

Von Bedeutung war insbes. das 3. Strafrechtsänderungsgesetz vom 4. 8. 1953 (BGBl. I 735); es erweiterte das Recht zur Zeugnisverweigerung wegen eines Berufsgeheimnisses, den Rechtsschutz des Beschuldigten (obligatorische Rechtsbelehrung bei allen fristgebundenen Rechtsmitteln) sowie die Möglichkeiten zur Abwendung des Vollzugs der Untersuchungshaft und vereinfachte das Verfahren. Durch das Gesetz zur Änderung der StPO und des GVG (sog. *Kleine Strafprozeßnovelle*) vom 19. 12. 1964 (BGBl. I 1067) wurden die Vorschriften über die Untersuchungshaft und die Anhörung des Beschuldigten zu seinen Gunsten wesentlich geändert, die Stellung des Verteidigers verbessert, die Richterablehnung erweitert und die Eröffnung des Hauptverfahrens neu geregelt. Weitere wichtige Änderungen erfuhr die StPO im Zusammenhang mit der Neufassung des *Ges. über Ordnungswidrigkeiten* vom 24. 5. 1968 (vgl. 152); hierbei wurde das Verhältnis zwischen Straf- und Bußgeldverfahren, das Einziehungsverfahren u. a. m. auf eine neue Grundlage gestellt. Auch im Zuge der Reform des materiellen Strafrechts (409) ergaben sich Auswirkungen auf die StPO z. B. durch den Wegfall der Übertretungen nach dem *Einführungsgesetz zum Strafgesetzbuch* vom 2. 3. 1974 (BGBl. I 469), das u. a. das vorläufige Berufsverbot einführte. Die Strafverfahrensreformgesetze vom 9. und 20. 12. 1974 (BGBl. I 3393, 3686) brachten zahlreiche Vereinfachungen des Verfahrens, z. B. den Wegfall des Schlußgehörs und der richterlichen Voruntersuchung, aber auch Änderungen, die durch gelegentlichen Mißbrauch der Rechte des Verteidigers und des Angeklagten veranlaßt waren. Hierzu und über das Strafverfahrensänderungsgesetz 1979, das namentlich eine beschleunigte Durchführung des Verfahrens sichern soll, vgl. 292. Durch das *Opferschutzgesetz* vom 18. 12. 1986 (BGBl. I 2496) wurde – vor allem durch Umgestaltung der Nebenklage (s. 284 II) sowie durch eine Erweiterung des Schutzes vor Fragen aus dem persönlichen Lebensbereich und des Ausschlusses der Öffentlichkeit – die Rechtsstellung des Verletzten im Strafverfahren verbessert.

Die StPO wird ergänzt durch Bestimmungen des GVG (205), insbes. über die sachliche Zuständigkeit der Strafgerichte (vgl. 216–219) und die Einrichtung der Staatsanwaltschaft (220), Öffentlichkeit der Verhandlungen und Sitzungspolizei (226), Beratung und Abstimmung (228).

Über die *internationale Rechtshilfe in Strafsachen* vgl. 47 (1). Über den Verkehr mit dem *Ausland* in strafrechtlichen Angelegenheiten haben die BReg. und die Regierungen der Länder einheitliche Richtlinien vereinbart (Bek. des BMJ vom 18. 9. 1984, BAnz. Nr. 176, Beilage 47/84). Über die *innerdeutsche* Rechts- und Amtshilfe in Strafsachen und über die Vollstreckung von DDR- und Berliner (Ost) Urteilen in der BRep. vgl. 225.

In der *DDR* gilt die StPO i. d. F. vom 19. 12. 1974 (GBl. 1975 I 61); sie weist z. T. erhebliche Abweichungen gegenüber dem früheren Recht auf, u. a. bedingt durch die Möglichkeit der Behandlung von Straffällen durch die „gesellschaftlichen Organe der Rechtspflege“ (vgl. 24 III).

268. Grundsätze des Strafverfahrens

Der Strafprozeß weicht in wesentlichen Punkten von dem i. d. R. vom Parteibetrieb beherrschten Zivilprozeß ab; für ihn gelten:

I. Das *Legalitätsprinzip*

Zur Erhebung der öffentlichen Klage ist die *Staatsanwaltschaft* (StA) berufen. Sie ist, soweit nicht gesetzlich etwas anderes bestimmt ist, *verpflichtet,* wegen aller verfolgbaren Straftaten einzuschreiten, sofern zureichende tatsächliche Anhaltspunkte vorliegen (§ 152 StPO, sog. *Legalitätsprinzip*). Die sog. *Offizialmaxime* besagt, daß die Strafverfolgung grundsätzlich dem Staat, und nicht dem einzelnen Bürger obliegt, vgl. auch 151 III, VI; 294).

Ausnahmsweise besteht *Opportunitätsprinzip* (Einschreiten nach pflichtgemäßem Ermessen) bei *Bagatellsachen,* Auslandstaten, bei gewissen politischen Straftaten (insbes. wegen tätiger Reue), bei Landesverweisung des Täters oder Auslieferung an eine ausländische Regierung, bei unwesentlichen Nebendelikten und Opfern von Erpressungen (§§ 153ff. StPO), ferner in Jugendstrafsachen (§§ 45, 47 JGG) und bei Privatklagedelikten (§ 376 StPO).

II. Der *Grundsatz „in dubio pro reo“* (im Zweifel zugunsten des Beschuldigten oder Angeklagten).

Ohne volle Überzeugung von der Schuld darf das Gericht den Angeklagten nicht verurteilen (§ 261 StPO).

III. Das *Anklageprinzip*

Wo kein Kläger ist, ist kein Richter. Ohne Anklage kommt der weitere Verfahrensabschnitt, in dem das Gericht das Verfahren leitet, nicht in Gang. Da zur Erhebung der öffentlichen Klage die Staatsanwaltschaft berufen ist, spricht man vom *Anklagemonopol* der StA. Dieses ist nur für bestimmte Fälle durchbrochen: Bei Privatklagedelikten kann der Verletzte selbst Klage erheben (284); bei anderen Straftaten kann er u. U. die vom StA abgelehnte Anklage erzwingen (vgl. 278).

IV. Richterliche Vorprüfung vor *Eröffnung des Hauptverfahrens.*

Während im Vor-(Ermittlungs-)Verfahren die StA dominiert, unterliegt ihre Anklage der Prüfung des Gerichts dahin, ob in tatsächlicher Hinsicht die dem Angeklagten zur Last gelegte Tat wahrscheinlich festzustellen und auch in rechtlicher Hinsicht mit einer Verurteilung zu rechnen ist. Nur dann erläßt das Gericht den *Eröffnungsbeschluß,* auf Grund dessen das Hauptverfahren beginnt.

V. Für das *Hauptverfahren* gelten z. T. die gleichen Grundsätze wie im Zivilprozeß (Öffentlichkeit, Mündlichkeit, Unmittelbarkeit, Beschleunigung, Aufklärungspflicht, freie Beweiswürdigung, rechtliches Gehör). Der wichtigste Unterschied besteht darin, daß der Strafprozeß nicht vom Verhandlungsgrundsatz (234 I), sondern vom *Untersuchungsgrundsatz* beherrscht wird, d. h., das Gericht klärt den Sachverhalt von Amts wegen auf; es ist also insoweit nicht an Parteivorbringen gebunden.

Über die *Reform des Strafverfahrens* s. 292.

269. Die örtliche Zuständigkeit der Strafgerichte

Der *Gerichtsstand* ist bei dem Gericht begründet, in dessen Bezirk die Straftat begangen worden ist. Neben diesem Gerichtsstand des *Begehungsortes* ist auch das Gericht zuständig, in dessen Bezirk der Angeschuldigte z. Z. der Erhebung der Klage seinen *Wohnsitz* bzw. gewöhnlichen Aufenthalt hat, ferner der Gerichtsstand des *Ergreifungsortes* (§§ 7ff. StPO).

Für Schiffe und Luftfahrzeuge gilt der Gerichtsstand des *Heimathafens.* Bei mehreren Gerichtsständen gebührt der Vorzug dem Gericht, das die Untersuchung zuerst eröffnet hat. Das gemeinschaftliche obere Gericht kann Untersuchung und Entscheidung einem anderen zuständigen Gericht übertragen. Bei zusammenhängenden Strafsachen ist ein Gerichtsstand bei jedem Gericht begründet, das für eine der Strafsachen zuständig ist. Fehlt es an einem zuständigen Gericht, so wird es vom BGH bestimmt; vgl. ferner das Zuständigkeitsergänzungsgesetz (204). Einen Zuständigkeitsstreit entscheidet das gemeinschaftliche obere Gericht.

270. Die sachliche Zuständigkeit

der Strafgerichte wird durch das GVG bestimmt. Zusammenhängende Strafsachen, die einzeln zur Zuständigkeit von Gerichten verschiedener Ordnung gehören würden, können verbunden bei dem Gericht der höheren Zuständigkeit anhängig gemacht werden. Das Gericht kann nachträglich Verbindung oder Trennung beschließen (§§ 1ff. StPO).

Nach dem GVG sind zuständig:

a) der Richter beim Amtsgericht als *Einzelrichter* (§ 25 GVG)
   1. als sog. *Ermittlungsrichter* außerhalb der Hauptverhandlung für alle Untersuchungshandlungen einschl. Durchsuchung und Beschlagnahme, Haft-

befehl, Rechtshilfe (§ 162 StPO) sowie beim Schöffengericht für alle Entscheidungen außerhalb der Hauptverhandlung, z. B. Eröffnungsbeschluß (§ 30 Abs. 2 GVG);

2. als *Strafrichter* (Einzelrichter) bei Privatklagedelikten, bei sonstigen Vergehen, die mit höchstens 6 Monaten Freiheitsstrafe bedroht sind, oder wenn die StA Anklage vor dem Strafrichter erhebt und keine höhere Strafe als 1 Jahr Freiheitsstrafe zu erwarten ist (§ 25 GVG);

b) das *Schöffengericht* (§§ 28ff. GVG; vgl. 216) für
alle zur Zuständigkeit des AG gehörenden Strafsachen, soweit nicht der Einzelrichter entscheidet (alle Verbrechen und Vergehen, falls nicht das LG oder das OLG zuständig ist – s. u. c), d) – oder der StA wegen der besonderen Bedeutung des Falles Anklage beim LG erhebt; auch darf weder eine höhere Strafe als drei Jahre Freiheitsstrafe noch Sicherungsverwahrung oder Unterbringung in einem psychiatrischen Krankenhaus zu erwarten sein, § 24 GVG);

c) die *Strafkammer* des Landgerichts (§§ 73ff. GVG; vgl. 217):

1. außerhalb der Hauptverhandlung für Beschlußsachen (z. B. Eröffnungsbeschluß, Beschwerde gegen Haftbefehl usw.);
2. als erkennendes Gericht:
als *große Strafkammer* in 1. Instanz für alle Verbrechen, die nicht zur Zuständigkeit des AG oder des OLG gehören, ferner wenn mehr als 3 Jahre Freiheitsstrafe oder Unterbringung in einem psychiatrischen Krankenhaus oder in Sicherungsverwahrung zu erwarten ist oder wenn der StA wegen der besonderen Bedeutung der Sache beim LG Anklage erhebt; in 2. Instanz als Berufungsgericht gegen Urteile des Schöffengerichts;
eine große Strafkammer als *Schwurgericht* (vgl. 217) bei besonders schweren Verbrechen, die auf Tötung gerichtet sind (Mord, Totschlag, Kindestötung) oder den Tod eines Menschen zur Folge hatten (insbes. Geiselnahme, Vergewaltigung, Raub, räuber. Diebstahl oder räuber. Erpressung), bei einigen nach der Begehungsweise besonders schweren Delikten auch ohne Todesfolge (z. B. besonders schwere Brandstiftung, gefährliche Strahlungsverbrechen);
eine große Strafkammer als *Staatsschutzkammer* für bestimmte politische Delikte (vgl. 217, b 1);
eine große Strafkammer als *Jugendkammer* in Jugendschutzsachen gem. §§ 26, 74b GVG;
eine große Strafkammer als *Wirtschaftsstrafkammer* für handelsrechtliche Delikte (z. B. gegen das Wettbewerbs- oder Aktienrecht, aber auch Betrug, Untreue, Wucher u. a. Vermögensdelikte, wenn die Beurteilung besondere Kenntnis des Wirtschaftslebens erfordert);
als *kleine Strafkammer* nur als Berufungsinstanz gegen Urteile des Einzelrichters beim Amtsgericht;

d) das *Oberlandesgericht* als 1. Instanz für Friedens-, Hoch- oder Landesverrat, Gefährdung der äußeren Sicherheit usw., ferner bei zur Zuständigkeit der Strafkammer des LG gehörenden politischen Delikten (217, b 1) und bei terroristischen Gewalttaten, wenn das Verfahren vom Generalbundesanwalt übernommen wird (§ 120 Abs. 1, 2 GVG; vgl. 218). Zuständig ist das OLG, in dessen Bezirk die LdReg. ihren Sitz hat.

Über die ergänzende Zuständigkeitsregelung nach dem JGG *(Jugendrichter, Jugendschöffengericht, Jugendkammer)* vgl. 291.

271. Ausschließung und Ablehnung von Gerichtspersonen

Im Strafprozeß ist ein Richter von der Ausübung des Richteramtes *ausgeschlossen,* wenn er selbst durch die Straftat verletzt ist oder zum Beschuldigten oder Verletzten in naher verwandtschaftlicher Beziehung steht, ferner wenn er in der Sache als Beamter der Staatsanwaltschaft oder Polizeibeamter, als Anwalt des Verletzten oder als Verteidiger tätig gewesen oder als Zeuge oder Sachverständiger vernommen worden ist (§ 22 StPO). Der Richter, der in einer früheren Instanz bei der angefochtenen Entscheidung mitgewirkt hat, ist von weiteren Entscheidungen ausgeschlossen (entsprechend im Wiederaufnahmeverfahren; § 23 StPO).

Für die *Ablehnung* gilt im Strafprozeß das gleiche wie im Zivilprozeß. Das Ablehnungsrecht steht dem StA, dem Privatkläger und dem Beschuldigten zu. Die Ablehnung wegen *Befangenheit* ist grundsätzlich nur bis zum Beginn der Vernehmung des ersten Angeklagten über seine persönlichen Verhältnisse zulässig. Über das Ablehnungsgesuch entscheidet das Gericht, dem der Abgelehnte angehört (ohne dessen Mitwirkung, falls nicht das Gesuch *unzulässig* ist). Der die Ablehnung für begründet erklärende Beschluß ist unanfechtbar; gegen den sie für unzulässig oder unbegründet erklärenden Beschluß ist – abgesehen vom Urteilsverfahren – sofortige Beschwerde zulässig (§ 28 StPO; entsprechend § 46 ZPO).

Für die Ausschließung und Ablehnung von Schöffen, Urkundsbeamten und Protokollführern gilt im wesentlichen das gleiche; doch entscheidet hier der Vorsitzende des Gerichts, beim Kollegialgericht die richterlichen Mitglieder (§§ 49 ZPO, 31 StPO). Ein gesetzliches Recht zur Ablehnung des Staatsanwalts wegen Befangenheit besteht nicht; seine Ausschließung, z. B. weil er Angehöriger des Beschuldigten ist, kann aber dienstrechtlich begründet sein.

272. Die Beschlagnahme (Sicherstellung)

Nach § 94 StPO können Gegenstände, die als Beweismittel für die Untersuchung von Bedeutung sein können, sichergestellt werden; falls sie nicht freiwillig herausgegeben werden, werden sie *beschlagnahmt.* Zuständig für die Anordnung einer Beschlagnahme sind der Richter, bei Gefahr im Verzug auch die Staatsanwaltschaft und ihre *Hilfsbeamten* (171). Bei Beschlagnahme ohne richterliche Anordnung muß binnen 3 Tagen die richterliche Bestätigung beantragt werden, wenn bei der Beschlagnahme weder der Betroffene noch ein erwachsener Angehöriger anwesend war oder wenn der Betroffene oder ein Angehöriger gegen die Beschlagnahme ausdrücklich Widerspruch erhoben hat (§ 98 StPO).

Der Betroffene kann jederzeit um richterliche Entscheidung nachsuchen. Bis zur Erhebung der öffentlichen Klage entscheidet das Amtsgericht des Bezirks, in dem die Beschlagnahme stattgefunden hat. Nach Klageerhebung muß die StA eine von ihr verfügte Beschlagnahme dem Richter binnen 3 Tagen anzeigen und ihm die beschlagnahmten Gegenstände zur Verfügung stellen.

Für Gegenstände, bei denen dringende Gründe dafür vorliegen, daß ihr Verfall oder die Einziehung (396 II) angeordnet wird, ist Sicherstellung durch

Beschlagnahme bzw. Arrest mit ähnlicher Verfahrensregelung zugelassen (§§ 111bff. StPO). Über Presseerzeugnisse s. 392.

Die sog. *Postbeschlagnahme,* d.h. Beschlagnahme der ein- und abgehenden Briefe, Pakete und Telegramme des Beschuldigten auf der Post, ist dem Richter vorbehalten und dem StA nur vorläufig gestattet (§§ 99, 100 StPO). Die gleiche Beschränkung gilt für die (befristete) Anordnung der *Überwachung des Fernmeldeverkehrs* und die Aufnahme von Telefongesprächen des Beschuldigten auf Tonband (§§ 100a, b StPO). Diese Maßnahmen dürfen nur angeordnet werden, wenn bestimmte Tatsachen den Verdacht der Beteiligung an einer schweren politischen Straftat (Friedens-, Hoch-, Landesverrat, Straftaten gegen die Landesverteidigung u. dgl.) oder an einem Kapitalverbrechen begründen (insbes. Mord, Totschlag, Raub, räuberische Erpressung, Straftaten gegen die persönliche Freiheit, gemeingefährliche Verbrechen). Weitere Voraussetzung des Eingriffs in das Fernmeldegeheimnis ist, daß die Sachaufklärung oder die Aufenthaltsermittlung des Beschuldigten sonst aussichtslos oder wesentlich erschwert wäre.

Über die weitergehende polizeiliche Beschlagnahme vgl. 173.

273. Durchsuchungen

im Strafprozeß bedeuten eine Beschränkung des Grundrechtes der Unverletzlichkeit der Wohnung (Art. 13 GG; vgl. 48, 174). Sie dürfen nach § 105 StPO nur durch den Richter, bei Gefahr im Verzug auch durch die Staatsanwaltschaft und ihre *Hilfsbeamten* angeordnet werden. Sie dienen der Ergreifung des Verdächtigen oder der Auffindung von Beweismitteln.

Eine *Durchsuchung* kann vorgenommen werden (§§ 102ff. StPO):

a) bei einem als Täter oder Teilnehmer oder der Begünstigung, Strafvereitelung oder Hehlerei *Verdächtigen;*

b) bei anderen (unverdächtigen) Personen nur zur Ergreifung des Beschuldigten oder zur Verfolgung von Spuren einer Straftat oder zur Beschlagnahme bestimmter Gegenstände und nur dann, wenn Tatsachen vorliegen, aus denen zu schließen ist, daß die gesuchte Person, Spur oder Sache sich in den zu durchsuchenden Räumen befindet.

In einem Verfahren wegen Bildung oder Unterstützung einer terroristischen Vereinigung (§ 129a StGB) kann der Richter, in Eilfällen der Staatsanwalt eine Durchsuchung von *Wohngebäuden* zwecks Ergreifung eines dringend tatverdächtigen Beschuldigten anordnen, wenn anzunehmen ist, daß er sich in dem Gebäude aufhält.

Eine *Haussuchung zur Nachtzeit* (= vom 1. 4. bis 30. 9. von 21 bis 4, vom 1. 10. bis 31. 3. von 21 bis 6 Uhr früh) in Wohnung, Geschäftsräumen oder im befriedeten Besitztum darf nur erfolgen (§ 104 StPO):

a) bei *Verfolgung auf frischer Tat* oder bei *Gefahr im Verzug* oder wenn es sich um die Wiederergreifung eines entwichenen Gefangenen handelt;

b) in Räumen, die zur Nachtzeit jedermann zugänglich oder der Polizei als Herbergen oder Versammlungsorte bestrafter Personen, als Niederlagen von strafbar erlangten Sachen oder als Schlupfwinkel des Glücksspiels, des illegalen Rauschgift- und Waffenhandels oder der Prostitution bekannt sind.

Über das Recht der Polizei zur Durchsuchung aus polizeilichen Gründen vgl. 174, über die Durchsuchung zwecks Festnahme eines flüchtigen Wehrpflichtigen vgl. 454 VI.

274. Vorläufige Festnahme

kann durch jedermann erfolgen, wenn jemand *auf frischer Tat* betroffen oder verfolgt wird und entweder fluchtverdächtig ist oder seine Persönlichkeit nicht sofort festgestellt werden kann (§ 127 StPO; gilt nicht bei *Ordnungswidrigkeiten*, vgl. 152 und § 46 Abs. 3 OWiG).

In solchen Fällen ist eine richterliche oder polizeiliche Anordnung nicht erforderlich. Staatsanwaltschaft und Polizei sind ferner zur vorläufigen Festnahme befugt bei *Gefahr im Verzug*, wenn die Voraussetzungen eines Haft- oder Unterbringungsbefehls (275) vorliegen. Der Festgenommene ist spätestens am Tage nach der Festnahme dem Richter des Amtsgerichts zur Vernehmung vorzuführen. Dieser entscheidet über Aufhebung oder Fortdauer der Haft; er ordnet entweder die Freilassung an oder erläßt einen Haftbefehl (§ 128 StPO). Bei einem Beschuldigten, der nicht im Inland ansässig ist, kann gegen Sicherheitsleistung von der Festnahme abgesehen werden, wenn nur Fluchtgefahr (275) besteht und weder Freiheitsstrafe noch eine freiheitsentziehende Maßregel der Besserung und Sicherung (396 IV) zu erwarten ist (§ 127a StPO; bedeutsam bei Verkehrsdelikten von Ausländern).

275. Der Haftbefehl

ist eine schriftliche Anordnung zur Verhaftung (Freiheitsentziehung), gerichtet gegen eine natürliche Person. Er bedeutet eine Ausnahme vom Grundrecht der *Freiheit der Person* (vgl. Habeas-corpus-Grundsatz, Art. 2, 104 GG und 47) und ist demgemäß an strenge gesetzliche Voraussetzungen gebunden. Im Strafprozeß kann der *Richter* die *Untersuchungshaft* gegen einen Beschuldigten anordnen und einen Haftbefehl erlassen, wenn dringender Verdacht einer Straftat *(Tatverdacht)* gegeben ist und außerdem ein *Haftgrund* besteht. Das ist der Fall, wenn sich aus *bestimmten Tatsachen* ergibt, daß der Beschuldigte flüchtig ist oder sich verborgen hält oder daß *Fluchtgefahr* oder *Verdunkelungsgefahr* vorliegt; Haftgrund ist ferner *Wiederholungsgefahr* bei schweren Sittlichkeitsdelikten oder in schweren Fällen wiederholter oder fortgesetzter Körperverletzung, Diebstahl, Raub, Erpressung, Hehlerei, Betrug, Brandstiftung, Autostraßenraub oder Betäubungsmittelvergehen. Ist der Beschuldigte eines Mordes, Totschlags, Völkermordes, der Unterstützung einer terroristischen Vereinigung oder der lebengefährdenden Herbeiführung einer Explosion dringend verdächtig, bedarf es keines dieser Haftgründe (§§ 112, 112a StPO). Ist anzunehmen, daß der Beschuldigte bei der Tat schuldunfähig oder vermindert schuldfähig war und daß seine Unterbringung in einem psychiatrischen Krankenhaus oder einer Entziehungsanstalt angeordnet wird, so ergeht ein *Unterbringungsbefehl* (§ 126a StPO).

Der *Haftbefehl* muß schriftlich erlassen werden, den Beschuldigten genau bezeichnen sowie die ihm zur Last gelegte Straftat – einschl. ihrer gesetzlichen Merkmale und der anzuwendenden Strafvorschriften – und die Gründe der Verhaftung angeben (§ 114 StPO). Er ist dem Beschuldigten bekanntzugeben. Der Festgenommene ist unverzüglich, spätestens am folgenden Tage dem Richter vorzuführen. Dieser hat ihn unverzüglich, spätestens am nächsten Tage zu vernehmen und ihm unter Vorhalt der Beschuldigung Gelegenheit zur Verteidigung zu geben (Art. 104 Abs. 3 GG, § 115 StPO; über Hinweise auf das Aussageverweigerungsrecht usw. vgl. 278). Angehörige sind zu benachrichtigen; die Benachrichtigung von Angehörigen ist auch dem Verhafteten selbst zu gestatten, sofern der Untersuchungszweck dadurch nicht gefährdet wird (§ 114b StPO). Der Richter kann den Vollzug des Haftbefehls aussetzen *(Haftverschonung),* wenn weniger einschneidende Maßnahmen ausreichen, z. B. Sicherheitsleistung (§§ 116, 116a StPO). Ist Haftgrund nur Fluchtverdacht, so ist die Haftverschonung geboten, wenn der Haftzweck durch andere Maßnahmen erreicht werden kann (z. B. Meldepflicht, Aufenthaltsbeschränkungen; wegen Absehen von Festnahme bei Ausländern gegen Sicherheitsleistung vgl. 274). Der Beschuldigte kann jederzeit die gerichtliche Prüfung beantragen, ob der Haftbefehl aufzuheben oder dessen Vollzug auszusetzen ist (*Haftprüfung;* § 117 StPO). Er hat auch das Rechtsmittel der *Beschwerde;* doch schließt ein Rechtsbehelf den anderen aus (§ 117 Abs. 2 StPO). Im Haftprüfungs- oder Beschwerdeverfahren kann er mündliche Verhandlung beantragen (§ 118 StPO).

Der Haftbefehl wird aufgehoben, wenn der Verhaftungsgrund wegfällt oder eine weitere Untersuchungshaft außer Verhältnis zu der zu erwartenden Strafe stehen würde oder wenn der Beschuldigte freigesprochen oder die Eröffnung des Hauptverfahrens abgelehnt wird (§ 120 StPO). Der Beschuldigte darf, solange ein auf Freiheitsstrafe oder eine freiheitsentziehende Maßregel (396 IV) lautendes Urteil noch nicht ergangen ist, höchstens 6 Monate in Haft gehalten werden; darüber hinaus nur, wenn bestimmte wichtige Gründe, namentlich besonderer Umfang oder besondere Schwierigkeit der Ermittlungen, eine Urteilsentscheidung noch nicht zulassen und die weitere Haft rechtfertigen (§ 121 StPO; bei Untersuchungshaft wegen Wiederholungsgefahr beträgt die Frist 1 Jahr, § 122a).

Nach einer rechtskräftigen Verurteilung kann die *Vollstreckungsbehörde* (288) zur Erzwingung des Strafantritts einen *Vorführungs-* oder *Haftbefehl* erlassen, wenn sich der Verurteilte trotz Ladung nicht zum Antritt einer Freiheitsstrafe stellt oder fluchtverdächtig ist; ebenso gegen einen flüchtigen Strafgefangenen (§ 457 StPO).

Auf Grund eines Haftbefehls oder eines Unterbringungsbefehls kann die Staatsanwaltschaft oder der Richter einen *Steckbrief* erlassen, wenn der Beschuldigte flüchtig ist oder sich verborgen hält (§ 131 StPO). Über Niederlegung im Strafregister s. 221 (Steckbriefnachricht, *Suchvermerk*).

Die Entschädigung *für unschuldig erlittene Untersuchungshaft* regelt sich nach dem Ges. über die Entschädigung für Strafverfolgungsmaßnahmen vom 8. 3. 1971 (BGBl. I 157) und der Anordnung über die Entschädigung für Strafverfolgungsmaßnahmen, die zwischen den Landesjustizverwaltungen und dem BMJ vereinbart und in den Ländern durch entsprechende Erlasse eingeführt und später geändert wurde (z. B. NRW: AV vom 2. 8. 1971, JMBl. 183, vom 24. 10. 1979, JMBl. 254; Bayern: Bek. vom 2. 8. 1971, JMBl. 119, vom 26. 9. 1978, JMBl. 175); im einzelnen s. 283. S. ferner Art. 5 Abs. 5 der Menschenrechtskonvention vom 4. 11. 1950 (BGBl. 1952 II 685).

276. Das Strafverfahren in erster Instanz

Die StPO behandelt im 2. Buch das *Verfahren im ersten Rechtszug* (§§ 151–295) in 6 Abschnitten: öffentliche Klage, Vorbereitung der öffentlichen Klage, Entscheidung über die Eröffnung des Hauptverfahrens, Vorbereitung der Hauptverhandlung, Hauptverhandlung, Verfahren gegen Abwesende.

Die Eröffnung einer gerichtlichen Untersuchung ist durch die Erhebung einer Klage bedingt *(Anklageprinzip)*. Zur Erhebung der öffentlichen Klage ist die *Staatsanwaltschaft* (StA) berufen und, wenn zureichende tatsächliche Anhaltspunkte für eine Straftat vorliegen, auch verpflichtet *(Legalitätsprinzip)*. Bei geringfügigen Vergehen kann mit Zustimmung des Gerichts von einer Anklage abgesehen werden, wenn die Schuld des Täters gering ist und kein öffentliches Interesse an der Verfolgung besteht; der StA kann aber auch mit Zustimmung des Gerichts und des Beschuldigten nur *vorläufig* von der Anklage absehen und zugleich dem Beschuldigten Auflagen machen, z. B. Schadenswiedergutmachung, Geldzahlung an gemeinnützige Einrichtungen u. dgl. (§§ 153, 153a StPO); wegen vorläufiger Abstandnahme von der öffentl. Klage bei Straftaten, die in Betäubungsmittelabhängigkeit begangen worden sind, bei Nachweis einer Rehabilitationsbehandlung vgl. § 37 BetäubungsmittelG (184). Ferner kann in besonderen Fällen (bei Auslandstaten, bei Delikten, die neben einer wegen einer anderen Tat verhängten oder zu erwartenden Strafe nicht ins Gewicht fallen, bei Auslieferung des Beschuldigten an eine ausländische Regierung oder Ausweisung sowie bei Nötigungs- oder Erpressungsopfern) nach §§ 153c, 154, 154b und c StPO von einer Anklage abgesehen werden. Fallen einzelne Teile einer Tat oder einzelne von mehreren Gesetzesverletzungen für die zu erwartende Strafe oder neben der Verurteilung wegen einer anderen Straftat nicht beträchtlich ins Gewicht, so kann die StA die Strafverfolgung beschränken (§ 154a StPO). Bei leichteren politischen Straftaten kann zur Vermeidung schwerer Nachteile für die BRep. von der Strafverfolgung abgesehen werden, ebenso, wenn dieser überwiegende öffentliche Interessen entgegenstehen, oder bei tätiger Reue des Beschuldigten (§§ 153d, e StPO).

Untersuchung und Entscheidung erstrecken sich nur auf die in der Klage bezeichnete Tat und auf die durch die Klage beschuldigten Personen. Die öffentliche Klage kann nach Eröffnung des Hauptverfahrens nicht zurückgenommen werden (§ 156 StPO). Im Sinne der StPO ist *Angeschuldigter* der Beschuldigte, gegen den die öffentliche Klage erhoben ist; *Angeklagter* ist der Beschuldigte oder Angeschuldigte, gegen den die Eröffnung des Hauptverfahrens beschlossen ist (§ 157 StPO).

277. Strafanzeigen

können ebenso wie Anträge auf Strafverfolgung bei der Staatsanwaltschaft, den Behörden und Beamten des Polizeidienstes und den Amtsgerichten mündlich oder schriftlich angebracht werden. Die Staatsanwaltschaft hat, sobald sie durch eine Anzeige oder auf anderem Wege von dem Verdacht einer Straftat Kenntnis erlangt, den Sachverhalt zu ermitteln, um sich entschließen zu können, ob die öffentliche Klage zu erheben ist (§§ 158, 160 StPO).

Sind Anhaltspunkte dafür vorhanden, daß jemand eines nicht natürlichen Todes gestorben ist, oder wird der Leichnam eines Unbekannten gefunden, so sind die Polizei- und Gemeindebehörden zur sofortigen Anzeige an die StA oder das Amtsgericht verpflichtet. Zur Bestattung ist schriftliche Genehmigung der StA erforderlich (§ 159 StPO).

Die *Nichtanzeige* bestimmter geplanter Verbrechen (Angriffskrieg, Hoch-

oder Landesverrat, Mord, Totschlag, Geldfälschung, Raub, schwere Straftaten gegen die persönliche Freiheit, gemeingefährliche Verbrechen, Bildung oder Unterstützung terrorist. Vereinigungen u. a.) ist strafbar, wenn jemand von der bevorstehenden Begehung glaubhaft erfahren hat (§ 138 StGB; Ausnahmen für Geistliche sowie bei einem Teil der Delikte für Angehörige, Ärzte, Rechtsanwälte, Verteidiger, wenn sie sich ernsthaft bemühen, die Tat zu verhindern, § 139 StGB).

Von der Strafanzeige, die von jedermann eingereicht werden kann, ist der *Strafantrag* zu unterscheiden, d.h. der Antrag des Verletzten auf Strafverfolgung. Er ist bei einer Reihe von Delikten Prozeßvoraussetzung, insbes. i.d.R. bei Beleidigung, einfacher vorsätzlicher und fahrlässiger Körperverletzung, Sachbeschädigung usw. Der Strafantrag muß binnen 3 Mon. seit Kenntnis von Tat und Täter schriftlich oder zu Protokoll bei Gericht oder Staatsanwaltschaft oder bei der Polizei schriftlich angebracht werden (§§ 77ff. StGB, § 158 Abs. 2 StPO).

278. Das vorbereitende (Ermittlungs-)Verfahren

Die zur Erforschung des Sachverhalts berufene und verpflichtete Staatsanwaltschaft hat nicht nur die zur *Belastung*, sondern auch die zur *Entlastung des Beschuldigten* dienenden Umstände zu ermitteln und für die Erhebung der Beweise Sorge zu tragen, deren Verlust zu besorgen ist. Ihre Ermittlungen sollen sich auch auf die Umstände erstrecken, die für die Bestimmung der Rechtsfolgen der Tat (insbes. die Strafzumessung) von Bedeutung sind; hierzu kann sie die Gerichtshilfe heranziehen (§ 160 StPO). Die Staatsanwaltschaft kann von allen Behörden Auskunft verlangen und Ermittlungen selbst vornehmen oder durch die Polizei vornehmen lassen (171). Um richterliche Untersuchungshandlungen ist das Amtsgericht zu ersuchen, in dessen Bezirk die Handlung vorzunehmen ist (§§ 161, 162 StPO).

Die *Polizei*, der i.d.R. der erste Zugriff obliegt, hat alle keinen Aufschub gestattenden Anordnungen zu treffen, um die Verdunkelung der Sache zu verhüten (§ 163 StPO). Beschlagnahme, Durchsuchung und vorläufige Festnahme sind ihr bei Gefahr im Verzug auch ohne richterliche Anordnung gestattet; der Haftbefehl ist dem Richter vorbehalten (vgl. 272–275).

Bei der Durchführung des vorbereitenden Verfahrens haben die Ermittlungsbehörden darauf zu achten, daß die grundgesetzlich gewährleisteten Rechte der Beteiligten nicht verletzt werden. Nach Art. 1 Abs. 1 GG, § 136a StPO sind Mißhandlungen, ermüdende Vernehmungen und Anwendung unlauterer oder verwerflicher Mittel verboten (Täuschung, *Narkoanalyse* oder *Wahrheitsspritzen*, durch die ein Geständnis erzielt werden soll). Wegen der Einschränkung der persönlichen Freiheit vgl. 47.

Der Richter des AG kann bei Gefahr im Verzug die erforderlichen Untersuchungshandlungen auch ohne Antrag vornehmen, wenn ein Staatsanwalt nicht erreichbar ist (§ 165 StPO). Der Beschuldigte kann bei Vernehmung durch den Richter die Erhebung von Entlastungsbeweisen beantragen; der Richter muß diese Beweise, soweit er sie für erheblich erachtet, erheben, wenn ihr Verlust zu besorgen ist oder die Beweiserhebung die Freilassung des Beschuldigten begründen kann (§ 166 StPO).

Schon bei der ersten Vernehmung hat die Polizei dem Beschuldigten den

Schuldvorwurf vorzuhalten und ihn darauf hinzuweisen, daß er sich hierzu nicht zu äußern brauche und jederzeit – auch schon vor der Vernehmung – einen selbstgewählten Verteidiger befragen könne. Richter und Staatsanwalt haben ihm darüber hinaus die in Betracht kommenden Strafvorschriften anzugeben (§§ 136, 163a StPO). Auf Ladung muß der Beschuldigte vor der Staatsanwaltschaft erscheinen (aber nicht aussagen). Zeugen und Sachverständige sind zum Erscheinen und zur Aussage vor der Staatsanwaltschaft verpflichtet. Diese kann gegen sie ggf. Zwangsmaßnahmen verhängen; die Anordnung von Haft und die *eidliche Vernehmung* sind dem Richter vorbehalten. Vgl. §§ 161a, 163a StPO sowie über die Pflicht zum Erscheinen vor der Polizei 172. Für jeden Beschuldigten sind nicht mehr als drei Verteidiger zugelassen; andererseits darf kein Verteidiger gleichzeitig mehrere Beschuldigte vertreten (§§ 137, 146 StPO). Ein Verteidiger ist in einem besonderen Verfahren vor dem OLG auszuschließen, wenn er hinreichend verdächtig ist, an der Tat beteiligt zu sein oder den Verkehr mit dem inhaftierten Beschuldigten zu Straftaten oder zur Gefährdung der Sicherheit der Vollzugsanstalt (z. B. durch Einschmuggeln von Ausbruchswerkzeug) zu mißbrauchen; ein erweitertes Ausschließungsrecht besteht in Staatsschutzsachen bei Gefährdung der Staatssicherheit und in Verfahren wegen Bildung oder Unterstützung einer terroristischen Vereinigung; vgl. §§ 138a ff. StPO.

Bieten die Ermittlungen genügenden Anlaß zur Erhebung der öffentlichen Klage, so reicht die StA beim zuständigen Gericht eine Anklageschrift ein, falls sie nicht bei leichteren Vergehen den Erlaß eines Strafbefehls (286) beantragt. Die *Anklageschrift* muß die dem Angeschuldigten zur Last gelegte Tat unter Hervorhebung ihrer gesetzlichen Merkmale und des anzuwendenden Strafgesetzes *(Anklagesatz)*, die Beweismittel und das angerufene Gericht bezeichnen und – ausgenommen Anklagen beim Einzelrichter des Amtsgerichts – auch die wesentlichen Ermittlungsergebnisse wiedergeben (§ 200 StPO). Erhebt die StA keine Anklage, so stellt sie das Verfahren ein. Hiervon setzt sie den Beschuldigten in Kenntnis, wenn er als solcher vernommen worden ist oder ein Haftbefehl gegen ihn erlassen war; ebenso wenn er um einen Bescheid gebeten hat oder wenn sein besonderes Interesse an der Bekanntgabe ersichtlich ist (§ 170 StPO). Auch der Antragsteller wird von der Einstellung des Verfahrens benachrichtigt; ist er zugleich der Verletzte, so ist er über die Möglichkeiten der Anfechtung (binnen 2 Wochen Beschwerde an GeneralStA, gegen Ablehnung binnen 1 Monat Antrag auf gerichtliche Entscheidung beim OLG; § 172 StPO) und die einzuhaltende Frist und Form – Unterzeichnung durch Rechtsanwalt – zu belehren (sog. *Klageerzwingungsverfahren*). Wer durch eine Strafverfolgungsmaßnahme (Inhaftierung, Beschlagnahme usw.) einen Vermögensschaden erlitten hat, kann bei Einstellung des Verfahrens nach Maßgabe des Ges. vom 8. 3. 1971 (BGBl. I 157) von der Staatskasse *Entschädigung* verlangen, bei Freiheitsentziehung auch für den immateriellen Schaden (dazu im einzelnen 283).

279. Eröffnung des Hauptverfahrens

Prozeßvoraussetzung für die Hauptverhandlung ist ein gerichtlicher *Eröffnungsbeschluß*. Das Gericht beschließt die Eröffnung des Hauptverfahrens, wenn der Angeschuldigte einer Straftat hinreichend verdächtig ist, d.h. wenn die Feststellung der ihm zur Last gelegten Tat wahrscheinlich ist und seine Verurteilung rechtlich begründen würde. Das Landgericht kann das Hauptverfahren vor den erkennenden Gerichten jeder Ordnung (außer OLG) eröffnen, also vor dem Strafrichter oder dem Schöffengericht beim Amtsgericht oder einer großen Strafkammer (§ 209 StPO).

Hierdurch soll ein (negativer) *Kompetenzkonflikt* (vgl. 151 II) zwischen mehreren Gerichten vermieden werden. Im *Eröffnungsbeschluß* läßt das Gericht die Anklage zur Hauptverhandlung zu und bezeichnet wie die *Anklageschrift* (278) die dem Angeschuldigten zur Last gelegte Tat, ihre gesetzlichen Merkmale, das anzuwendende Strafgesetz und das Gericht, vor dem die Hauptverhandlung stattfinden soll (§ 207 StPO). Der Eröffnungsbeschluß kann vom Angeklagten nicht, die Ablehnung der Eröffnung kann von der Staatsanwaltschaft mit sofortiger Beschwerde angefochten werden (§ 210 StPO). Der Eröffnungsbeschluß begründet die Rechtshängigkeit vor dem Gericht und ist dem Angeklagten spätestens mit der Ladung zur Hauptverhandlung (280) zuzustellen.

280. Die Hauptverhandlung

im Strafprozeß (§§ 226–275 StPO) ist die mündliche Verhandlung vor dem erkennenden Gericht. Sie bildet den Schwerpunkt des Verfahrens und wird von folgenden Grundsätzen beherrscht:

a) *Mündlichkeit,* d. h. Urteilsgrundlage ist nur das in der mündlichen Verhandlung dem Gericht Vorgetragene;
b) *Unmittelbarkeit,* d. h. das Urteil darf sich nur auf den unmittelbaren Eindruck des Gerichts von dem Angeklagten, den Zeugen und anderen Beweismitteln gründen;
c) *Öffentlichkeit* (Ausschluß nur aus besonderen gesetzlichen Gründen; vgl. §§ 169ff. GVG und 226, 291);
d) *Kontinuität* und Konzentration der Hauptverhandlung, die ein zusammenhängendes Ganzes bildet (§§ 226, 229 StPO).

Der *Vorsitzende des Gerichts bestimmt* nach Eröffnung des Hauptverfahrens den *Termin zur Hauptverhandlung.* Der Angeklagte, der Verteidiger, die Zeugen und Sachverständigen werden durch die Geschäftsstelle des Gerichts geladen. Zwischen der Zustellung des Eröffnungsbeschlusses an den Angeklagten und dem Tag der Hauptverhandlung muß eine *Einlassungsfrist* von 1 Woche liegen; andernfalls kann der Angeklagte bis zum Beginn seiner Vernehmung zur Sache Aussetzung der Verhandlung verlangen. Der Angeklagte kann die Ladung von Zeugen und Sachverständigen beantragen oder sie selbst laden. Zeugen werden nur dann durch einen ersuchten oder beauftragten Richter vernommen, wenn ihrem Erscheinen in der Hauptverhandlung besondere Hindernisse entgegenstehen (§§ 213–225 StPO).

Die Hauptverhandlung findet in *ununterbrochener* Anwesenheit der Richter, der StA – ggf. auch eines *notwendigen* Verteidigers (§ 140 StPO) – und eines Urkundsbeamten statt. Die Richter dürfen in der Hauptverhandlung nicht wechseln.

Die *Besetzung der Richterbank* ist beim LG und OLG spätestens zu Beginn der Hauptverhandlung bekanntzugeben; der Einwand vorschriftswidriger Besetzung kann dann nur noch bis zum Beginn der Vernehmung des ersten Angeklagten zur Sache erhoben werden. Der Angeklagte darf sich aus der Verhandlung nicht entfernen; ggf. kann ohne ihn verhandelt werden, ebenso wenn er vorsätzlich seine Verhandlungsunfähigkeit herbeigeführt oder seinen Ausschluß veranlaßt hat. In Verhandlungen gegen mehrere Angeklagte kann das Gericht einzelnen von ihnen und ihren (notwendigen) Verteidigern gestatten, sich während der sie nicht betreffenden Teile zu entfernen.

Gegen einen *ausgebliebenen,* nicht genügend entschuldigten Angeklagten kann Haft- oder Vorführungsbefehl ergehen. Ohne den Angeklagten findet eine Hauptverhandlung nur statt, wenn nur Geldstrafe bis zu 180 Tagessätzen, Verwarnung mit Strafvorbehalt, Fahrverbot, Einziehung und ähnliche Maßnahmen, allein oder nebeneinander, und keine Maßregel der Besserung und Sicherung – ausgenommen Entziehung der Fahrerlaubnis – zu erwarten ist; der Angeklagte ist in der Ladung hierauf hinzuweisen. War der Angeklagte durch unabwendbaren Zufall am Erscheinen verhindert oder hatte er keine Kenntnis von der Ladung erhalten, so kann er *Wiedereinsetzung* in den vorigen Stand mit erneuter Hauptverhandlung verlangen. Eine *Entbindung vom Erscheinen* ist auf Antrag zulässig, wenn keine Maßregel der Besserung und Sicherung (außer Entziehung der Fahrerlaubnis) und höchstens Freiheitsstrafe bis zu 6 Monaten, Geldstrafe bis zu 180 Tagessätzen, Verwarnung mit Strafvorbehalt, Fahrverbot, Einziehung usw., allein oder nebeneinander, zu erwarten ist. Soweit ohne den Angeklagten verhandelt werden kann, darf er sich durch einen schriftlich bevollmächtigten Verteidiger vertreten lassen (§§ 230ff. StPO). Über den Ausschluß des Verteidigers s. 278.

Die Hauptverhandlung beginnt mit dem Aufruf der Sache. Der Vorsitzende stellt sodann fest, ob der Angeklagte und der Verteidiger sowie die geladenen Zeugen und Sachverständigen anwesend sind. Die Zeugen werden dann in der Praxis gemeinsam über ihre Wahrheits- und Beeidungspflicht belehrt (§ 57 StPO). Die Zeugen verlassen sodann den Sitzungssaal. Daraufhin vernimmt der Vorsitzende den Angeklagten über seine persönlichen Verhältnisse. Sodann verliest der Staatsanwalt den *Anklagesatz.* Der Angeklagte wird darauf hingewiesen, daß es ihm freisteht, ob er sich zur Sache äußert. Ist er zur Äußerung bereit, wird er vernommen. Danach folgt die *Beweisaufnahme* (Vernehmung von Zeugen, Sachverständigen, Augenscheinseinnahmen, Verlesung von Urkunden usw.). Die Ablehnung eines Beweisantrages bedarf eines Gerichtsbeschlusses (§§ 243, 244–257 StPO). An die Beweisaufnahme schließt sich der Vortrag *(Plädoyer)* der StA und des Verteidigers an (Sachvortrag und Anträge). Alsdann erhält der Angeklagte das *letzte Wort.* Nach geheimer Beratung verkündet der Vorsitzende den *Urteilsspruch,* der auf Freispruch, Verurteilung, Anordnung einer Maßregel der Besserung und Sicherung oder Einstellung des Verfahrens lauten kann, öffentlich unter Mitteilung der wesentlichen Urteilsgründe und mit einer Rechtsmittelbelehrung (§§ 258–260 StPO).

Über die Kostenentscheidung vgl. 289, über die Entschädigung der *Zeugen* und *Sachverständigen* 214.

281. Beschleunigtes (Schnell-)Verfahren

Im Verfahren vor dem Strafrichter und dem Schöffengericht kann die Staatsanwaltschaft schriftlich oder mündlich den Antrag auf Aburteilung im beschleunigten Verfahren stellen, wenn der Sachverhalt einfach und die sofortige Aburteilung möglich ist (§ 212 StPO). Die Hauptverhandlung wird dann sofort durchgeführt oder mit kürzester Frist anberaumt, ohne daß es einer Anklageschrift und eines Eröffnungsbeschlusses bedarf (§ 212a StPO).

Die Anklage kann bei Beginn der Hauptverhandlung mündlich erhoben werden; der wesentliche Inhalt wird dann in das Sitzungsprotokoll aufgenommen. Die Hauptverhandlung wird kurzfristig anberaumt; zwischen Ladung des Beschuldigten und Hauptverhandlung brauchen nur 24 Stunden zu liegen *(abgekürzte Ladungsfrist)*. Der Antrag der StA wird vom Strafrichter oder Schöffengericht abgelehnt, wenn sich die Sache nicht für ein beschleunigtes Verfahren eignet, insbes. wenn das Gericht seine Strafgewalt voraussichtlich überschreiten würde; im beschleunigten Verfahren darf nämlich auf mehr als 1 Jahr Freiheitsstrafe oder eine Maßregel der Besserung und Sicherung – ausgenommen *Entziehung der Fahrerlaubnis* – nicht erkannt werden. Die Ablehnung ist noch in der Hauptverhandlung möglich; sie ist nicht anfechtbar. Bei Ablehnung des beschleunigten Verfahrens ist eine neue Anklageschrift einzureichen (§ 212b StPO).

282. Die Rechtsmittel im Strafprozeß

können vom Angeklagten, von seinem gesetzlichen Vertreter oder von seinem Verteidiger (von diesem nicht gegen den ausdrücklichen Willen des Angeklagten) sowie von der Staatsanwaltschaft eingelegt werden (§§ 296ff. StPO). Rechtsmittel sind Beschwerde, Berufung und Revision.

Kennzeichen der Rechtsmittel sind:

a) der sog. *Suspensiveffekt,* d. h. die Hemmung der Rechtskraft bis zur Entscheidung des Rechtsmittelgerichts, und
b) der *Devolutiveffekt,* d. h. der Übergang der Entscheidungsbefugnis auf die höhere Instanz.

Die *kleine Strafkammer* ist Berufungsinstanz gegen Urteile des Strafrichters beim Amtsgericht, die *große Strafkammer* Berufungsinstanz gegen Urteile des (großen und kleinen) Schöffengerichts. Die *Oberlandesgerichte* entscheiden über die Revision gegen Berufungsurteile der kleinen und großen Strafkammer, ferner gegen Urteile des Strafrichters beim Amtsgericht oder des Schöffengerichts im Falle unmittelbarer (Sprung-)Revision gem. § 335 StPO sowie gegen erstinstanzliche Urteile der großen Strafkammer (jeder Art, 217b 1), wenn die Revision ausschließlich auf die Verletzung von Landesrecht gestützt wird (§ 121 GVG). Der *Bundesgerichtshof* ist Revisionsinstanz bei erstinstanzlichen Urteilen des OLG und bei solchen der großen Strafkammer, sofern nicht ausschließlich die Verletzung von Landesrecht gerügt wird (§ 135 GVG); ferner entscheidet er zwecks Wahrung der Rechtseinheit, wenn ein OLG bei der Beurteilung einer Rechtsfrage von einer nach dem 1. 4. 1950 ergangenen Entscheidung eines anderen OLG oder des BGH abweichen will und das OLG entsprechende Vorlage macht (§ 121 Abs. 2 GVG). Vgl. 217–219.

Überblick über die Rechtsmittel gegen Urteile in Strafsachen

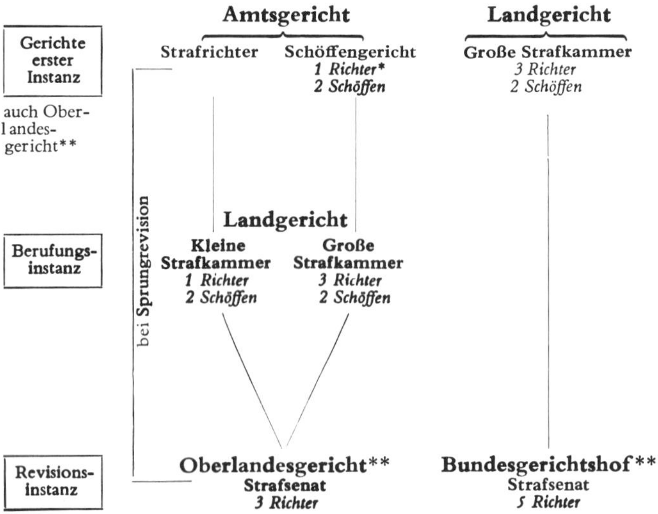

* Auf Antrag der Staatsanwaltschaft kann bei umfangreichen Sachen ein zweiter Richter zur Hauptverhandlung zugezogen werden („Großes Schöffengericht"). Vgl. 216.

** Die OLGe (5 Richter), in deren Bezirk eine LdReg. ihren Sitz hat, sind außerdem in Strafsachen wegen Friedens-, Hoch-, Landesverrats, Völkermordes usw. in erster Instanz zuständig; gegen ihr Urteil ist Revision an den BGH gegeben (vgl. 218, 219). Über die Zuständigkeit des an Stelle der OLGe entscheidenden Bayerischen Obersten Landesgerichts vgl. 131 IV 4a.

Während die *Berufung* eine Nachprüfung auch nach der tatsächlichen Seite herbeiführt, kann die *Revision* nur darauf gestützt werden, daß das Urteil auf einer Gesetzesverletzung beruhe (§ 337 StPO). Das angefochtene Urteil darf in Art und Höhe der Strafe und der sonstigen Rechtsfolgen der Tat – ausgenommen Unterbringung in einem psychiatrischen Krankenhaus oder einer Entziehungsanstalt (396 IV) – nicht zum Nachteil des Angeklagten geändert werden, wenn das Rechtsmittel lediglich zu seinen Gunsten eingelegt worden ist (§ 331 StPO; sog. *Verbot der reformatio in peius).*

Die Beschwerde ist gegen Gerichtsbeschlüsse der ersten und der Berufungsinstanz, gegen Verfügungen des Vorsitzenden, des Richters im Vorverfahren (mit Einschränkungen beim Ermittlungsrichter des BGH, 219) sowie des beauftragten oder ersuchten Richters gegeben, wenn nicht das Gesetz die Entscheidung für unanfechtbar erklärt. Gegen Beschlüsse oder Verfügungen eines OLG (Ausnahmen für erstinstanzliche Sachen) oder des BGH findet keine Beschwerde statt (§ 304 StPO). Weitere Beschwerde ist nur in Haftsachen zulässig (§ 310 StPO). Die *einfache Beschwerde* ist an keine Frist gebunden; sieht das Gesetz ausdrücklich eine *sofortige Beschwerde* vor, so ist diese binnen einer Woche seit Bekanntgabe der angefochtenen Entscheidung beim entscheidenden oder beim Beschwerdegericht einzulegen (§ 311 StPO).

456

283. Wiederaufnahme des Verfahrens

Im Gegensatz zum Wiederaufnahmeverfahren der ZPO (vgl. 246) gibt es im Strafprozeß *keine Nichtigkeitsklage* wegen Verfahrensmängeln. Diese können nur mit den ordentlichen Rechtsmitteln, aber nicht mehr nach Rechtskraft des Strafurteils geltend gemacht werden. Dagegen ist ein *Restitutionsantrag* zugunsten oder zuungunsten eines Verurteilten (Angeklagten) zulässig, wenn sich das rechtskräftige Strafurteil auf eine falsche Urkunde, ein falsches Zeugnis oder Gutachten gründet oder ein Richter oder Schöffe sich einer strafbaren Pflichtverletzung schuldig gemacht hat. Die Wiederaufnahme eines durch rechtskräftiges Urteil abgeschlossenen Strafverfahrens *zugunsten* des Verurteilten findet auch statt, wenn ein zugrunde gelegtes Zivilurteil durch ein anderes rechtskräftiges Urteil aufgehoben ist, und ferner, wenn neue Tatsachen oder Beweismittel beigebracht sind, die allein oder in Verbindung mit den früher erhobenen Beweisen die Freisprechung des Angeklagten oder in Anwendung eines milderen Strafgesetzes eine geringere Bestrafung oder eine wesentlich andere Entscheidung über eine Maßregel der Besserung und Sicherung zu begründen geeignet sind (§ 359 StPO). *Zuungunsten* des Verurteilten ist die Wiederaufnahme des Verfahrens – abgesehen von den bereits genannten Fällen – auch zulässig, wenn der Freigesprochene vor Gericht oder außergerichtlich ein glaubwürdiges Geständnis ablegt (§ 362 StPO).

Keine Wiederaufnahme, um eine andere Strafzumessung innerhalb desselben Strafgesetzes oder eine Strafmilderung wegen verminderter Schuldfähigkeit herbeizuführen (§ 363 StPO).

Über den Antrag entscheidet ein anderes Gericht (gleicher Ordnung) als dasjenige, das in der Sache entschieden hat (§ 140a GVG). Dem Verurteilten wird auf Antrag bei schwieriger Sach- oder Rechtslage ein Verteidiger bestellt; das gilt schon für die Vorbereitung der Wiederaufnahme, wenn tatsächliche Anhaltspunkte dafür vorliegen, daß bestimmte Beweiserhebungen einen Wiederaufnahmeantrag begründen können, und wenn der Antragsteller mittellos ist (§§ 364a, b StPO). Zunächst wird im *Zulassungsverfahren* entschieden, ob ein gesetzlicher Wiederaufnahmegrund geltend gemacht und unter Beweis gestellt wird (§§ 367, 368 StPO). Nach Zulassung der Wiederaufnahme wird in einer Hauptverhandlung erneut durch Urteil entschieden; ausnahmsweise ist Freisprechung ohne Hauptverhandlung zulässig (§§ 370ff. StPO). Die Vollstreckung des Urteils wird durch den Wiederaufnahmeantrag nicht gehemmt; doch kann das Gericht Aufschub oder Unterbrechung anordnen (§ 360 StPO). Eine Wiederaufnahme des Verfahrens kann auch noch nach Strafvollstreckung und auch nach dem Tode des Verurteilten durchgeführt werden (§ 361 StPO).

Wird eine Verurteilung im Wiederaufnahmeverfahren aufgehoben oder gemildert, so kann der Verurteilte von der Staatskasse nach Maßgabe des Gesetzes über die Entschädigung für Strafverfolgungsmaßnahmen (StrEG) vom 8. 3. 1971 (BGBl. I 157) m. spät. Änd. *Entschädigung* für den ihm durch die Verurteilung entstandenen Vermögensschaden, bei Freiheitsentziehung auch für immateriellen Schaden verlangen; Ausschluß- und Versagungsgründe, z. B. wegen eigener schuldhafter Verursachung, nach §§ 5, 6. Feststellung der Entschädigungspflicht durch das Gericht (§ 8); über Fristen zur Anmeldung des Anspruchs vgl. §§ 10, 12, über Klagefrist bei Ablehnung § 13. Die Höhe der Entschädigung, von der die durch die Haft ersparten Ausgaben des Verurteilten für Unterkunft und Verpflegung abgesetzt werden, richtet sich nach der bundeseinheitlichen Allg. Vfg. vom 2. 8. 1971 (vgl. 275). S. ferner Art. 5 Abs. 5 der Menschenrechtskonvention.

284. Beteiligung des Verletzten am Verfahren

sieht die StPO in Form der *Privatklage* (§§ 374–394) und der *Nebenklage* (§§ 395–402) sowie zur zivilrechtlichen Entschädigung des Verletzten (sog. *Adhäsionsverfahren,* §§ 403–406c) vor.

I. Privatklage

Bei Beleidigung, leichteren Fällen von Körperverletzung, Hausfriedens bruch, Bedrohung, Sachbeschädigung, Verletzung des Briefgeheimnisses oder von Urheber- oder gewerblichen Schutzrechten (385ff.) und unlauterem Wettbewerb (383) erhebt der StA eine Anklage nur, wenn dies im öffentlichen Interesse liegt. Da dies nur selten der Fall ist, der Verletzte aber ein Interesse an der strafrechtlichen Ahndung haben kann, gestattet ihm die StPO, mit *Privatklage* die Zuwiderhandlung zur Bestrafung zu bringen. Bei den meisten Privatklagedelikten (außer unlauterem Wettbewerb, Urheberrechtsverletzung usw.) muß der Klage ein *Sühneversuch* vor einer durch die Landesjustizverwaltung zu bezeichnenden Vergleichsbehörde (in den früher preuß. Gebieten gemäß der vielfach geänderten *Schiedsmannsordnung* vom 3. 12. 1924) vorhergehen (§ 380 StPO). In den Ländern sind Rechtsvorschriften über das *Sühneverfahren in Privatklagesachen* ergangen (Zusammenstellg. b. Schönfelder, Dt. Gesetze, zu § 380 StPO).

Die Klage wird durch Einreichung einer Anklageschrift oder zu Protokoll der Geschäftsstelle erhoben (§ 381 StPO); die Bescheinigung über den erfolglosen Sühneversuch ist mit der Klage einzureichen (§ 380 Abs. 1 S. 2 StPO). Das Gericht teilt dem Beschuldigten die Klageschrift unter Fristsetzung für eine Erklärung mit. Nach deren Eingang entscheidet es, ob das Hauptverfahren zu eröffnen oder die Klage zurückzuweisen ist (§§ 382, 383 StPO). Es kann das Verfahren wegen geringer Tatschuld einstellen, wogegen sofortige Beschwerde zulässig ist (§ 383 Abs. 2 StPO). Im Verfahren nimmt der Privatkläger im wesentlichen die Stellung des StA ein. Der Angeklagte kann sich durch einen Rechtsanwalt vertreten lassen, muß aber auf Anordnung des Gerichts persönlich erscheinen. Er kann auch Widerklage erheben (§§ 387, 388 StPO). Die Privatklage kann bis zum rechtskräftigen Abschluß des Verfahrens zurückgenommen werden (nach Vernehmung des Angeklagten zur Sache in der erstinstanzlichen Hauptverhandlung aber nur mit seiner Zustimmung); sie kann dann nicht von neuem eingereicht werden (§§ 391, 392 StPO). Beim Tod des Privatklägers wird das Verfahren eingestellt; doch können Personen, die neben dem Verletzten klageberechtigt waren (z. B. der gesetzliche Vertreter), die Privatklage binnen 2 Monaten fortsetzen (§ 393 StPO). Der Privatkläger hat einen Kostenvorschuß an das Gericht zu leisten (§§ 379, 379a StPO), sofern ihm nicht Prozeßkostenhilfe gewährt wird. Bei Verurteilung hat der Beschuldigte die Kosten zu tragen.

II. Nebenklage

Während die Privatklage an die Stelle der öffentlichen Klage tritt, ermöglicht die *Nebenklage* dem Verletzten, sich einer vom StA erhobenen öffentlichen Klage anzuschließen. Zur Nebenklage sind vor allem diejenigen Verletzten einer Straftat berechtigt, die durch schwerwiegende, im einzelnen im Gesetz aufgeführte

Straftaten gegen persönliche Rechtsgüter (z. B. Opfer von Sittlichkeitsdelikten, Beleidigungen, Körperverletzungen, Mord- oder Totschlagsversuch) betroffen sind und die Eltern, Kinder, Geschwister und Ehegatten eines durch rechtswidrige Tat Getöteten (§ 395). Ferner ist nebenklageberechtigt, wer durch einen Antrag auf gerichtliche Entscheidung nach § 172 die Erhebung der öffentlichen Klage herbeigeführt hat (s. 278).

Über die Zulassung als Nebenkläger entscheidet das Gericht, bei dem die öffentliche Klage erhoben worden ist. Nach Zulassung hat der Nebenkläger einzelne eigene Verfahrensrechte (§ 397 StPO). Er kann unabhängig vom StA Rechtsmittel einlegen (§ 401 StPO).

III. Adhäsionsverfahren

Schließlich kann der durch eine Straftat Verletzte oder sein Erbe im Strafverfahren *vermögensrechtliche Ansprüche* gegen den Angeklagten wegen der Straftat geltend machen. Der Antrag kann schriftlich oder zu Protokoll der Geschäftsstelle, in der Hauptverhandlung auch mündlich, gestellt werden (§§ 403, 404 StPO). Das Gericht kann aber von der zivilrechtlichen Entscheidung absehen, wenn der Antrag sich zur Verhandlung im Strafverfahren nicht eignet. Anderenfalls entscheidet es über ihn im Strafurteil, das insoweit die Wirkung eines Zivilurteils hat (§§ 405, 406 StPO).

285. Besondere Arten des Strafverfahrens

Als solche sieht die StPO (§§ 407ff.) vor:

a) das Verfahren bei *Strafbefehlen* (vgl. 286);
b) das *Sicherungsverfahren* (s. u.);
c) das Verfahren bei *Einziehungen* und *Vermögensbeschlagnahmen* (vgl. 287) und
d) das Verfahren bei Festsetzung von Geldbuße (vgl. 152 II) gegen juristische Personen (§ 444).

Dagegen findet seit dem Wegfall der Übertretungen (395) ein Verfahren bei *Strafverfügungen* (§ 413 StPO a. F.) nicht mehr statt.

Im *Sicherungsverfahren* (§§ 413–416 StPO) können gegen einen Straftäter, gegen den das Strafverfahren wegen Schuld- oder Verhandlungsunfähigkeit nicht durchgeführt werden kann, im sog. *objektiven Verfahren* Maßregeln der Besserung und Sicherung gemäß § 71 Abs. 1, 2 StGB selbständig angeordnet werden. Der StA stellt (statt Anklage) einen entsprechenden Antrag, über den in der Hauptverhandlung auch in Abwesenheit des Beschuldigten verhandelt werden kann, wenn sein Zustand oder Sicherheitsgründe seinem Erscheinen vor Gericht entgegenstehen; er ist dann vorher durch einen beauftragten Richter unter Zuziehung eines Sachverständigen zu vernehmen.

286. Der richterliche Strafbefehl

ist als besondere Art des Verfahrens in den §§ 407–412 StPO zugelassen. Die Staatsanwaltschaft kann bei leichteren Vergehen, statt öffentliche Klage zu erheben, beim Amtsgericht den Erlaß eines (schriftlichen) Strafbefehls beantragen. Durch Strafbefehl dürfen nur Geldstrafe (gegen juristische Personen oder Personenvereinigungen nur Geldbuße), Verwarnung mit Strafvorbehalt, Fahrverbot, Verfall, Einziehung,

Vernichtung, Unbrauchbarmachung, Bekanntgabe der Verurteilung oder Entziehung der Fahrerlaubnis mit Sperre bis zu zwei Jahren festgesetzt werden.

Bei Bedenken gegen den Antrag der StA ordnet der Richter des AG Hauptverhandlung an. Erläßt er den Strafbefehl, muß dieser die Straftat, das angewendete Gesetz, die Beweismittel und die festgesetzte Strafe und sonstigen Rechtsfolgen angeben und auf die Möglichkeit hinweisen, binnen zwei Wochen seit Zustellung beim Amtsgericht schriftlich oder zu Protokoll der Geschäftsstelle *Einspruch* einzulegen. Mangels rechtzeitigen Einspruchs wird der Strafbefehl rechtskräftig und ist wie ein Urteil vollstreckbar. Wird rechtzeitig Einspruch eingelegt, so wird die *Hauptverhandlung* anberaumt, in der sich der Angeklagte durch einen mit schriftlicher Vollmacht versehenen *Verteidiger* vertreten lassen kann. Beim Urteil ist das Gericht an den Schuld- und Strafausspruch des Strafbefehls nicht gebunden. Erscheint unentschuldigt weder der Angeklagte noch ein Vertreter, wird der Einspruch durch Urteil ohne Beweisaufnahme verworfen.

287. Einziehung, Vermögensbeschlagnahme

Nach §§ 74ff. StGB können Gegenstände, die durch eine vorsätzlich begangene Straftat hervorgebracht (*producta sceleris,* z. B. gefälschte Urkunden) oder zur Begehung eines solchen Deliktes gebraucht oder bestimmt sind (*instrumenta sceleris,* z. B. Schußwaffen), eingezogen werden. Weitere Voraussetzung ist grundsätzlich, daß der Gegenstand im Eigentum eines Tatbeteiligten steht oder daß von ihm eine Gefahr für die Allgemeinheit ausgeht (z. B. Sprengstoff) oder daß die Gefahr der Benutzung zu weiteren Straftaten gegeben ist (z. B. Einbruchswerkzeug). Eigentum eines Dritten unterliegt der Einziehung sonst nur, wenn er es in Kenntnis des Einziehungsgrundes in verwerflicher Weise erworben oder mindestens leichtfertig dazu beigetragen hat, daß der Gegenstand (z. B. Kraftwagen) zur Tatbegehung benutzt worden ist.

Die *Einziehung* ist im Urteil auszusprechen. Sie unterbleibt nach dem Grundsatz der *Verhältnismäßigkeit,* wenn sie zur Bedeutung der Tat und des Tatvorwurfs oder zu der zu erwartenden Strafe oder zum erforderlichen Verfolgungsaufwand in keinem angemessenen Verhältnis stehen würde (§ 74b StGB, § 430 StPO).

Dritte, denen der Einziehungsgegenstand gehört oder die ein Recht an ihm haben (z. B. Pfandrecht), sind zum Verfahren zuzuziehen und zu hören *(Einziehungsbeteiligte);* sie sind zur Hauptverhandlung zu laden und können selbständig Rechtsmittel einlegen (§§ 431 ff. StPO). Ist die Verfolgung oder Verurteilung einer bestimmten Person nicht ausführbar, so kann die Einziehung in einem sog. *objektiven Verfahren* selbständig ausgesprochen werden (§ 76a StGB, §§ 440ff. StPO). Der *Antrag* ist seitens der StA oder des Privatklägers bei dem für den Fall der Verfolgung einer bestimmten Person zuständigen Gericht zu stellen. Das Gericht entscheidet grundsätzlich durch Beschluß, gegen den sofortige Beschwerde zulässig ist; nur auf Antrag eines Beteiligten oder auf Anordnung des Gerichts wird nach Hauptverhandlung durch Urteil entschieden, das den üblichen Rechtsmitteln (282) unterliegt

Nach § 443 StPO kann bei Hoch- oder Landesverrat das in der BRep. befindliche *Vermögen* eines Beschuldigten, gegen den die öffentliche Klage erhoben oder Haftbefehl erlassen ist, durch den Richter (vom StA bei Gefahr im Verzug und nur vorläufig) *beschlagnahmt* werden.

288. Strafvollstreckung. Strafvollzug

I. *Strafvollstreckung*

ist jede Maßnahme, die der Ausführung eines rechtskräftigen verurteilenden Straferkenntnisses dient, so die Einforderung und Beitreibung einer Geldstrafe, die Ladung zum Strafantritt und der *Strafvollzug* bei freiheitentziehenden Strafen und Maßregeln der Besserung und Sicherung (s. u. II). Die Strafvollstreckung ist in den §§ 449–463d StPO behandelt. Eine Strafe wird nur auf Grund eines rechtskräftigen Urteils (od. Strafbefehls) vollstreckt; es gibt keine vorläufige Vollstreckbarkeit wie im Zivilprozeß. *Vollstreckungsbehörde* ist die Staatsanwaltschaft, in Jugendsachen der Jugendrichter.

Maßgebend für die Durchführung der Strafvollstreckung ist die *Strafvollstrekkungsordnung* vom 15. 2. 1956 (BAnz. Nr. 42) m. wiederholten Änd., zuletzt vom 10. 1. 1980 (BAnz. Nr. 7). Über Entschädigung wegen unschuldig erlittener Strafhaft s. 275, 283.

Das *Begnadigungsrecht* steht in Sachen, in denen Gerichtsbarkeit des Bundes ausgeübt wird, dem Bund, sonst den Ländern zu (§ 452 StPO). Es wird vom BPräs. (vgl. 61) und je nach Bestimmung der Landesverfassung von der Regierung, dem MinPräs. oder dem JustMin. ausgeübt, in beschränktem Umfang auch vom General- oder Oberstaatsanwalt (bedingte Strafaussetzung bei kürzeren Freiheitsstrafen).

Über *Strafaussetzung zur Bewährung* (die keine Gnadenmaßnahme, sondern eine Modifikation der Verurteilung ist) entscheidet i. d. R. das erkennende Gericht zugleich mit dem Urteil. Es setzt nach § 56 StGB die Vollstreckung einer Freiheitsstrafe von nicht mehr als 1 Jahr – ausnahmsweise bis 2 Jahre – aus, wenn zu erwarten ist, daß der Verurteilte sich schon die Verurteilung zur Warnung dienen lassen und nicht mehr straffällig werden wird. Bei mindestens 6 Monaten Freiheitsstrafe wird nicht ausgesetzt, wenn die Verteidigung der Rechtsordnung die Vollstreckung gebietet (was vielfach bei Trunkenheit am Steuer angenommen wird). Die *Bewährungszeit* beträgt mindestens 2 und höchstens 5 Jahre (§ 56a StGB). Gewährt das Gericht die Strafaussetzung, so können für die Dauer der Bewährungszeit Auflagen und Weisungen erteilt werden (z. B. Wiedergutmachung eines Schadens, Meldepflichten usw.). Auch kann der Verurteilte der Aufsicht eines vom Gericht zu bestellenden *Bewährungshelfers* unterstellt werden. Die Rechtsstellung der hauptamtlichen *Bewährungshelfer* ist durch Gesetze der Länder geregelt. Sie sind i. d. R. Beamte und für einen oder mehrere Gerichtsbezirke bestellt. Dagegen werden die ehrenamtlichen Bewährungshelfer stets besonders vom Gericht bestellt. Bei Durchführung ihrer Aufgaben im Einzelfall unterliegen die Bewährungshelfer nur den Weisungen des Richters. Nach einwandfreiem Ablauf der Bewährungszeit wird die Strafe erlassen; andernfalls widerruft das Gericht die Strafaussetzung.

Eine *vorzeitige Entlassung* kann vom Gericht durch Aussetzung des Restes einer zeitigen Freiheitsstrafe nach Verbüßung von zwei Dritteln (mindestens jedoch von 2 Monaten) – ausnahmsweise nach Verbüßung der Hälfte und von mindestens 6 Monaten – verfügt werden, wenn der Verurteilte einwilligt und der Versuch verantwortet werden kann, ob er sich straffrei führen wird (§ 57 StGB). Die bedingte Aussetzung ist auch bei lebenslanger Freiheitsstrafe nach Strafverbüßung von 15 Jahren unter sonst gleichen Voraussetzungen nach Einholung eines Sachverständigengutachtens zulässig, außer wenn die besondere Schwere der Tatschuld die weitere Vollstreckung gebietet. Bei Freiheitsstrafe bis zu 2 Jahren (auch restlicher) wegen einer in Betäubungsmittelabhängigkeit begangenen Straftat kann die *Vollstreckungsbehörde* mit Zustimmung des Gerichts die *Vollstreckung* bis zu 2 Jahren *zurückstellen,* wenn sich der Verurteilte einer Entziehungsbehandlung unterzieht; das Gericht kann eine *Anstaltsbehandlung* auf höchstens ⅔ der Strafe anrechnen und ein restliches Drittel zur Bewährung aussetzen; eine sonstige Behandlung kann zur Aussetzung der Strafe oder eines Strafrestes führen. Vgl. §§ 35, 36 BetäubungsmittelG (184).

Strafaufschub kann dem Verurteilten auf seinen Antrag bis zu 4 Monaten gewährt werden, wenn durch sofortige Vollstreckung ihm oder seiner Familie erhebliche, außerhalb des Strafzwecks liegende Nachteile erwachsen. Die Bewilligung kann an Sicherheitsleistung oder andere Bedingungen geknüpft werden (§ 456 StPO). Ein *Berufsverbot* kann vom Gericht oder der Vollstreckungsbehörde um höchstens 6 Monate aufgeschoben werden, wenn das sofortige Inkrafttreten für den Verurteilten oder seine Angehörigen eine erhebliche, außerhalb des Verbotszweckes liegende *Härte* bedeuten würde (§ 456c StPO).

Ist neben Freiheitsstrafe eine *Anstaltsunterbringung* (396) angeordnet worden, so wird diese, wenn das Gericht nichts anderes bestimmt, i. d. R. vor der Strafe vollzogen; die Vollzugszeit wird dann auf die Strafe angerechnet (§ 67 StGB).

In Strafvollstreckungssachen kann gegen Entscheidungen der StA das Gericht des ersten Rechtszuges angerufen werden, das auch andere Vollstreckungsentscheidungen (z. B. über Gesamtstrafenbildung) trifft. Ist Freiheitsstrafe zu vollstrecken, so entscheidet die *Strafvollstreckungskammer* (je nach Strafhöhe 1 oder 3 Richter), in deren Bezirk die Strafanstalt liegt (§§ 462, 462a StPO, 78a, b GVG).

Der *Strafantritt* kann von der StA durch *Haftbefehl* erzwungen werden, wenn sich der Verurteilte auf Ladung nicht stellt oder der Flucht verdächtig ist. Ist er flüchtig oder hält er sich verborgen, so kann ein *Steckbrief* erlassen werden (§ 457 StPO).

Geldstrafen, Bußen und andere Vermögensstrafen werden nach der Justizbeitreibungsordnung (214) vollstreckt; vgl. – auch über Absehen von der Vollstreckung in Härtefällen, Gewährung von Teilzahlung usw. – §§ 459ff. StPO.

II. Strafvollzug

Als Teil der *Strafvollstreckung* befaßt sich der *Strafvollzug* mit der Vollziehung der in einer strafgerichtlichen Entscheidung verhängten Freiheitsstrafen und des Jugendarrestes sowie i. w. S. der freiheitentziehenden sichernden Maßregeln (396 IV), soweit sie den Justizbehörden obliegt (insbes. Sicherungsverwahrung).

Früher richtete sich der *Strafvollzug* nach landesrechtlichen, im wesentlichen bundeseinheitlichen Verwaltungsvorschriften (insbes. der *Dienst- und Vollzugsordnung* vom 1. 12. 1961 i.d.F. vom 1. 7. 1972). Das *Strafvollzugsgesetz* vom 16. 3. 1976 (BGBl. I 581, 2088; 1977 I 436) m. letzter Änd. vom 27. 1. 1987 (BGBl. I 475) ersetzt diese Bestimmungen weitgehend und schafft damit die gesetzliche Grundlage für Rechte und Pflichten der Gefangenen sowie für Leistungspflichten und Eingriffsbefugnisse der Strafvollzugsbehörden. Ziel des Gesetzes ist insbesondere die stärkere Betonung des Besserungszwecks der Strafe und die *Resozialisierung* des Verurteilten. Auf Grund eines Vollzugsplans soll der

462

Gefangene auf ein Leben in sozialer Verantwortung vorbereitet werden. Das Ges. regelt Unterbringung, Besuchsempfang und (grundsätzlich unbeschränkten) Schriftverkehr, Arbeit, die leistungsgemäß entlohnt wird (nach § 200 grundsätzlich mit 5 v. H. des durchschnittlichen Arbeitsentgelts der Versicherten der gesetzlichen Rentenversicherung des vorvergangenen Jahres) und berufliche Ausbildung. Weitere Bestimmungen betreffen Gesundheitsfürsorge, Sicherheit und Ordnung in den Vollzugsanstalten sowie Disziplinarmaßnahmen. Das Ges. regelt ferner das Recht des Gefangenen zur Beschwerde und Anrufung der *Strafvollstreckungskammer.* Der Übergang in die Freiheit soll erleichtert werden durch weitere Ausgestaltung des sog. *offenen Vollzugs* mit gelockerter Beaufsichtigung, Außenbeschäftigung, Sonderurlaub u. a. m. *Soziale Hilfe* wird während des Vollzugs und bei Entlassung gewährt. Ergänzend gelten RechtsVOen, so die *Jugendarrestvollzugsordnung* i. d. F. vom 30. 11. 1976 (BGBl. I 3270), sowie die bundeseinheitlichen Verwaltungsvorschriften zum StrafvollzugsG vom 1. 7. 1976 (abgedr. hess. JMBl. 289). Über den *Jugendstrafvollzug* vgl. 291 II.

Für die einzelnen Vollzugsarten bestehen Sondervorschriften, z. B. über mildere Vollzugsform bei Arrest. An Soldaten der Bundeswehr wird Strafarrest von Bundeswehrbehörden vollstreckt, ebenso auf Ersuchen der Vollstreckungsbehörde Freiheitsstrafe bis zu 6 Monaten und Jugendarrest; beides wird dann wie Strafarrest behandelt (Art. 5 EGWehrstrafG; BwVollzugsO vom 29. 11. 1972, BGBl. I 2205).

Der Vollzug der *Untersuchungshaft* an dem noch nicht rechtskräftig verurteilten Inhaftierten richtet sich dagegen nach der Untersuchungshaftvollzugsordnung in der ab 1. 1. 1977 m. Änd. ab 1. 1. 1978 geltenden bundeseinheitlichen Fassung (vgl. JMBl. NRW 1977, 5 und 1978, 5; Bay 1977, 49; 1977, 281 und 1982, 210).

Gegen Untersuchungs- oder Strafgefangene, die unter dem Verdacht bzw. nach Verurteilung wegen einer mit der Tätigkeit terroristischer oder krimineller Vereinigungen zusammenhängenden Straftat (403) einsitzen, kann *Kontaktsperre* zur Außenwelt, zu Mitgefangenen und zum Verteidiger angeordnet werden, wenn eine auf eine solche Vereinigung zurückzuführende Gefahr für Leib, Leben oder Freiheit einer Person, z. B. durch Entführung, besteht. Die Anordnung trifft der Ld.-JustMin. (überregional der BMJ); sie bedarf gerichtlicher Bestätigung. Vgl. §§ 31 ff. EGGVG, Art. 2 d. Ges. vom 30. 9. 1977 (BGBl. I 1877).

In der *DDR* stellt das Strafvollzugsgesetz vom 7. 4. 1977 (GBl. DDR I 109) die „gesellschaftliche Erziehung" im sozialistischen Sinne auch für den Strafvollzug in den Vordergrund; beim Vollzug von Freiheitsstrafen insbes. wird auf „Erziehung durch gesellschaftlich nützliche Arbeit", die „staatsbürgerliche Erziehung und allgemeine Bildung" und die Erziehung zu „Ordnung und Disziplin" besonderes Gewicht gelegt. Für die Durchführung der Vollzugsaufgaben ist die Mitwirkung „gesellschaftlicher Kräfte" (Organisationen) vorgesehen; für die Wiedereingliederung entlassener Strafgefangener gilt das Ges. vom 7. 4. 1977 (GBl. DDR I 98).

289. Die Kosten des Strafverfahrens

Nach § 464 StPO hat jedes Urteil, jeder Strafbefehl und jede eine Untersuchung einstellende gerichtliche Entscheidung zu bestimmen, wer die Kosten des Verfahrens zu tragen hat. Auf Grund dieser *Kostenentscheidung* setzt der Urkundsbeamte der Geschäftsstelle die Höhe der Kosten des Verfahrens fest. Der Angeklagte hat insoweit die Kosten des Verfahrens zu tragen, als diese wegen einer Tat entstanden sind, wegen der er verurteilt ist. Wird er freigesprochen oder das Verfahren eingestellt, so trägt die Staatskasse die Kosten und die notwendigen Auslagen des Angeklagten (z. B. für den Verteidiger); er muß diese selbst tragen, wenn er durch Selbstbezichtigung die Anklage veranlaßt hat; er kann mit ihnen belastet werden, wenn die Anklage auf seine unrichtige Darstellung zurückzuführen oder wenn er nur deshalb nicht verurteilt worden ist, weil ein Verfahrenshindernis vorlag. Der Angeklagte kann von Kosten freigestellt werden, die durch einzelne, nicht zur Verurteilung führende Ermittlungen entstanden sind. Vgl. §§ 465ff. StPO.

An Verfahrenskosten können entstehen:

a) *Gerichtskosten,* d. h. Gebühren, deren Höhe sich nach der Strafe richtet. Sie bestimmen sich nach dem *Gerichtskostengesetz* (vgl. 214), das im 4. Abschnitt (§§ 40–47) die *Gebühren in Strafsachen* und im 5. Abschnitt (§ 48) die Gebühren im gerichtlichen Verfahren nach dem Ges. über *Ordnungswidrigkeiten,* im 6. Abschnitt (§ 48a) nach dem *Strafvollzugsgesetz* (288 II) regelt (s. a. Anlage 1 F, G);
b) Kosten, die durch die *Vorbereitung der Anklage* und die *Vollstreckung* von Rechtsfolgen der Tat entstanden sind;
c) *Auslagen* für Zeugen, Sachverständige, Ferngespräche usw. (GKG Anl. 1 J; § 464a StPO).

290. Jugendstrafsachen

Die strafrechtliche Verantwortung der Jugendlichen, die Strafarten und das Verfahren in *Jugendstrafsachen* sind im *Jugendgerichtsgesetz* i. d. F. vom 11. 12. 1974 (BGBl. I 3427) m. spät. Änd. geregelt. Das JGG gilt für *Jugendliche* und *Heranwachsende,* die eine nach den allgemeinen Vorschriften mit Strafe bedrohte Verfehlung begehen.

Das JGG stellt des Zusammenhangs wegen den gerichtsverfassungs- und den verfahrensrechtlichen Vorschriften die Normen des *materiellen Jugendstrafrechts* voran.

Jugendlicher ist, wer z. Z. der Tat 14, aber noch nicht 18, *Heranwachsender,* wer z. Z. der Tat 18, aber noch nicht 21 Jahre alt ist (§ 1 Abs. 2 JGG). Ein z. Z. der Tat noch nicht 14jähriger (Kind) ist strafrechtlich nicht verantwortlich (§ 19 StGB).

Das JGG bezweckt, straffällig gewordenen jungen Menschen Selbstbesinnung und Einkehr zu ermöglichen und ihnen den Weg zu einem rechtschaffenen Leben offenzuhalten. Die Vorschriften des allgemeinen Strafrechts gelten nur, soweit nicht das JGG etwas anderes bestimmt (§ 2 JGG).

Nach § 3 JGG ist ein Jugendlicher strafrechtlich nur verantwortlich, wenn er z. Z. der Tat nach seiner sittlichen und geistigen Entwicklung reif genug ist, das Unrecht der Tat einzusehen und nach dieser Einsicht zu handeln. Das Jugendgericht hat in jedem Fall zu prüfen, ob dieses Unterscheidungs- und Hemmungsvermögen gegeben war. Hält es den Jugendlichen mangels Reife strafrechtlich nicht für verantwortlich, so kann der Richter dieselben erzieherischen Maßnahmen anordnen wie der Vormundschaftsrichter (§§ 1666, 1838 BGB, §§ 55ff., 62ff. JWG). Vgl. 188 II 6.

Verfehlungen von *Jugendlichen* können nach sich ziehen:

a) *Erziehungsmaßregeln,* und zwar (§§ 9–12 JGG):
   1. Erteilung von *Weisungen,* d. h. Geboten und Verboten, welche die Lebensführung des Jugendlichen regeln und dadurch seine Erziehung fördern und sichern sollen (z. B. Aufenthalt, Wohnung, Arbeitsstelle, Teilnahme am Verkehrsunterricht, Erbringen von Arbeitsleistungen, Verbot des Besuchs von Gast- oder Vergnügungsstätten);
   2. *Erziehungsbeistandschaft* und
   3. *Fürsorgeerziehung,*
   beide nach den Bestimmungen über Jugendwohlfahrt (s. 188).

b) *Zuchtmittel,* und zwar (§§ 13–16 JGG):
   1. *Verwarnung,* die dem Jugendlichen das Unrecht eindringlich vorhält;
   2. *Erteilung von Auflagen* (z. B. Schaden nach Kräften wiedergutzumachen, sich zu entschuldigen, einen Geldbetrag zugunsten einer gemeinnützigen Einrichtung zu zahlen);
   3. *Jugendarrest,* bestehend in Freizeitarrest (1 bis 4 wöchentliche Freizeiten), Kurzarrest (2 bis 6 Tage) oder Dauerarrest (mindestens 1 Woche, höchstens 4 Wochen).

Zuchtmittel haben nicht die Rechtswirkung einer Strafe. Sie werden nicht in das Strafregister, sondern in ein Erziehungsregister (291) eingetragen.

c) *Jugendstrafe* = Freiheitsentzug in einer Jugendstrafanstalt. Sie wird verhängt, wenn wegen der schädlichen Neigungen des Jugendlichen, die in der Tat hervorgetreten sind, Erziehungsmaßregeln oder Zuchtmittel zur Erziehung nicht ausreichen oder wenn wegen der Schwere der Schuld Strafe erforderlich ist (§ 17 JGG). Das Mindestmaß beträgt 6 Monate, das Höchstmaß 5 Jahre; bei Verbrechen, die nach allg. Strafrecht mit Höchststrafe von mehr als 10 Jahren Freiheitsstrafe bedroht sind, ist das Höchstmaß der Jugendstrafe 10 Jahre. Die Strafrahmen des allg. Strafrechts gelten nicht. Die Jugendstrafe ist so zu bemessen, daß die erforderliche erzieherische Einwirkung erzielt werden kann (§ 18 JGG). Der Richter verhängt *Jugendstrafe von unbestimmter Dauer,* wenn wegen der *schädlichen Neigungen* des Jugendlichen, die in der Tat hervorgetreten sind, eine Jugendstrafe von höchstens 4 Jahren geboten und nicht vorauszusehen ist, welche Zeit erforderlich ist, um den Jugendlichen durch den Strafvollzug zu einem rechtschaffenen Lebenswandel zu erziehen. Der Richter kann ein geringeres Höchstmaß als 4 Jahre oder ein 6 Monate übersteigendes Mindestmaß bestimmen; Mindest- und Höchstmaß sollen mindestens 2 Jahre differieren (§ 19 JGG). Es bestehen besondere Vorschriften über die *Aussetzung* der Jugendstrafe zur Bewährung (§§ 21–26a JGG); auch kann in besonderen Fällen die Verhängung der Jugendstrafe ausgesetzt und das Urteil auf den Schuldspruch beschränkt werden (§§ 27–30 JGG).

Begeht ein *Heranwachsender* eine nach allgemeinen Vorschriften mit Strafe bedrohte Verfehlung, so wendet der Richter das für Jugendliche geltende *Jugendstrafrecht* an, wenn der Heranwachsende z. Z. der Tat reifemäßig noch einem Jugendlichen gleichstand oder es sich um eine Jugendverfehlung handelt. Das Höchstmaß der Jugendstrafe für den Heranwachsenden ist 10 Jahre (§ 105 JGG). Wendet der Richter das allgemeine Strafrecht an, so kann er statt lebenslanger Freiheitsstrafe eine zeitige von 10–15 Jahren verhängen; Sicherungsverwahrung darf er nicht anordnen (§ 106 JGG).

Das Jugendstrafrecht gilt auch für *Soldaten* der Bundeswehr mit einigen Sondervorschriften. Erziehungsbeistandschaft und Fürsorgeerziehung dürfen gegen jugendliche oder heranwachsende Soldaten der Bundeswehr nicht angeordnet werden. Bedarf der Jugendliche oder Heranwachsende nach seiner sittlichen oder geistigen Entwicklung besonderer erzieherischer Einwirkung, so kann der Jugendrichter *Erziehungshilfe durch den Disziplinarvorgesetzten* als Erziehungsmaßregel anordnen. Bei Erteilung von Weisungen und Auflagen soll der Richter die Besonderheiten des Wehrdienstes berücksichtigen. Als ehrenamtlicher Bewährungshelfer kann ein Soldat bestellt werden, der bei dieser Tätigkeit nicht den Anweisungen des Richters untersteht (§ 112a JGG). Die Erziehungshilfe regelt sich nach der VO vom 25. 8. 1958 (BGBl. I 645). Vgl. 457.

Eine Änderung des JGG, die dem Erziehungsgedanken im Jugendstrafrecht mehr Rechnung tragen soll, wird vorbereitet.

291. Jugendgerichte. Jugendstrafverfahren

I. Die *Jugendgerichte*

entscheiden über die Verfehlungen von Jugendlichen. Als Jugendgerichte sind vorgesehen (§§ 33ff. JGG):

a) der Strafrichter beim Amtsgericht als *Jugendrichter,*
b) das *Jugendschöffengericht* beim Amtsgericht (Jugendrichter und 2 Jugendschöffen),
c) die *Jugendkammer* beim Landgericht (3 Richter einschließlich des Vorsitzenden und 2 Jugendschöffen).

Als *Jugendschöffen* sollen i. d. R. je ein Mann und eine Frau herangezogen werden.

Der *Jugendrichter* ist zuständig für Verfehlungen, bei denen nur Erziehungsmaßregeln oder Zuchtmittel (vgl. 290), Nebenstrafen, Nebenfolgen oder Entziehung der Fahrerlaubnis zu erwarten sind und der StA vor dem Jugendrichter Anklage erhebt. Er darf auf Jugendstrafe von mehr als 1 Jahr oder von unbestimmter Dauer nicht erkennen und nicht Unterbringung in einem psychiatrischen Krankenhaus anordnen (§ 39 JGG).

Vor das *Jugendschöffengericht* kommen alle Verfehlungen, die nicht zur Zuständigkeit des Jugendrichters oder der Jugendkammer gehören (§ 40 JGG).

Die *Jugendkammer* ist im ersten Rechtszug zuständig für Straftaten, die nach allg. Vorschriften zur Zuständigkeit des Schwurgerichts gehören, ferner für solche, die sie wegen besonderen Umfangs vom Jugendschöffengericht übernimmt, sowie bei Verbindung mit Verfahren gegen Erwachsene, wenn für diese eine große Strafkammer zuständig wäre. In zweiter Instanz entscheidet sie über die Berufung gegen Urteile des Jugendrichters und des Jugendschöffengerichts (§ 41 JGG).

II. Das *Jugendstrafverfahren*

ist in besonderem Maße darauf gerichtet, außer der Klärung und Feststellung des Sachverhalts und seiner rechtlichen Beurteilung die Persönlichkeit des Täters zu erforschen.

Im *Vorverfahren* (278) sollen unter diesem Gesichtspunkt seine persönlichen Verhältnisse ermittelt sowie Erziehungsberechtigte, Lehrpersonen, Ausbilder usw. gehört werden; der Entwicklungsstand des Jugendlichen ist möglichst frühzeitig zu klären, ggf. durch kriminalbiologisches Gutachten (§ 43 JGG). Ist *Jugendstrafe* zu erwarten, soll der Jugendliche vor Anklageerhebung durch den StA oder den Vorsitzenden des Jugendgerichts vernommen werden (§ 44 JGG).

Über die Regelung der §§ 153ff. StPO hinaus (vgl. 276) kann der Richter mit Zustimmung des StA ohne voraufgegangene Anklage, nach Anklage ohne Hauptverhandlung und Urteil leichtere Erziehungsmaßregeln oder Zuchtmittel durch Beschluß anordnen, wenn diese ausreichen (§§ 45, 47 JGG).

Auch im *Hauptverfahren* haben die besonderen Ziele des Jugendstrafverfahrens Vorrang. Die *Hauptverhandlung* gegen Jugendliche ist *nichtöffentlich* (§ 48). Erziehungsberechtigte und der gesetzliche Vertreter des Jugendlichen sind weitgehend eingeschaltet (§ 67 JGG).

Auf Antrag des StA kann der Jugendrichter im *vereinfachten Verfahren* entscheiden, wenn nur Weisungen, Erziehungsbeistandschaft, Zuchtmittel, Fahrverbot, Verfall- oder Einziehungsanordnung zu erwarten ist (§ 76 JGG). Ein Strafbefehl ist gegen Jugendliche nicht zulässig; ebensowenig ein beschleunigtes Verfahren, Privat- oder Nebenklage (§§ 79, 80 JGG). *Untersuchungshaft* soll möglichst durch mildere Maßnahmen ersetzt werden, z. B. durch Einweisung in ein Erziehungsheim (§ 72 JGG). Die *Rechtsmittel* sind eingeschränkt, damit die strafrechtlichen Folgen der Tat möglichst bald eintreten; insbes. kann, wer Berufung eingelegt hat, nicht mehr Revision einlegen (§ 55 JGG).

Im Verfahren vor den *Jugendgerichten* wirkt stets die *Jugendgerichtshilfe* mit. Sie obliegt dem *Jugendamt* (188). Sie soll das Gericht unterstützen, dem Beschuldigten betreuend zur Seite stehen und die erzieherischen, sozialen und fürsorgerischen Gesichtspunkte zur Geltung bringen (§ 38 JGG).

Nicht alle Sondervorschriften gelten jedoch für *Heranwachsende;* so ist insbes. die Hauptverhandlung gegen diese öffentlich; ein vereinfachtes Jugendverfahren sowie Einweisung in ein Erziehungsheim finden nicht statt (§ 109 JGG).

III. Die *Vollstreckung*

leitet der Jugendrichter unter dem Gesichtspunkt der Erziehung (§§ 82–93a JGG). Sondervorschriften bestehen über die *Aussetzung des Restes einer Jugendstrafe zur Bewährung* (§§ 88, 89 JGG) sowie über die Durchführung des Vollzugs (§§ 90ff. JGG; Verwaltungsvorschriften zum Jugendstrafvollzug vom 15. 12. 1976, abgedr. JMBl. NRW 1977, 5; Bay 1977, 25, 281; Jugendarrestvollzugsordnung i. d. F. vom 30. 11. 1976, BGBl. I 3270, nebst bundeseinheitlichen Richtlinien – RiJAVollzO – in der ab 1977 gelt. Fassung, abgedr. JMBl. NRW 1977, 148; Bay 1977, 184). Es ist vorgesehen, die Sondervorschriften in einem eigenen *Jugendstrafvollzugsgesetz* und einer *Jugendstrafvollzugsordnung* zusammenzufassen; sie sollen dem besonderen Ziel des Jugendvollzugs dienen, den jungen Straftäter in seiner Persönlichkeit zu festigen, ihm eine geordnete Fortbildung zu ermöglichen und ihm dadurch den Weg zu einer rechtsbruchfreien Zukunft zu ebnen.

Bei einem zu Jugendstrafe Verurteilten kann der *Strafmakel* bei günstiger Zukunftsprognose in einem besonderen Verfahren durch Richterspruch getilgt werden, i. d. R. jedoch frühestens 2 Jahre seit Strafverbüßung oder -erlaß (§§ 97 bis 100 JGG); dies hat insbes. Wirkung für die *Strafregistereintragung*. Die allgemeinen Fristen für die Tilgung im Strafregister sind für Jugendstrafen gekürzt (221).

Die Strafregisterbehörde (s. 221) führt ein *Erziehungsregister,* in das Erziehungsmaßregeln, Zuchtmittel, Erziehungsbeistandschaft, Fürsorgeerziehung usw. eingetragen werden (§§ 59ff. BZentralregG). Auskunft erhalten nur Strafgerichte und Staatsanwaltschaften für Rechtspflegezwecke, Justizvollzugsbehörden für Strafvollzugssachen, Vormundschaftsgerichte in Sorgerechtsverfahren, Jugend- und Gnadenbehörden. Die Eintragungen werden von Amts wegen gelöscht, wenn der Betroffene das 24. Lebensjahr vollendet hat (Ausnahmen, wenn Eintragungen im Strafregister bestehen).

292. Strafprozeßreform

Die Reform des Strafverfahrens wurde zunächst vorrangig von dem Bestreben geleitet, die Rechtsstellung des Beschuldigten entsprechend rechtsstaatlichen Grundsätzen zu sichern, um seinem berechtigten Anspruch auf ein „faires Verfahren" zu genügen. Diesem Gedanken trug das Gesetz zur Änderung der StPO und des GVG vom 19. 12. 1964 (BGBl. I 1067) in der sog. *kleinen Strafprozeßreform* in besonderem Maße Rechnung.

Das Ges. von 1964 schränkte die Voraussetzungen der *Untersuchungshaft* wesentlich ein und begrenzte sie grundsätzlich auf 6 Monate (Ausnahmen sind zugelassen!). Die Pflicht zur Bestellung eines *Verteidigers* wurde erweitert und auf das Vorverfahren ausgedehnt. Sein Recht zur Akteneinsicht wurde präzisiert; sein schriftlicher und mündlicher Verkehr mit dem verhafteten Beschuldigten unterliegt grundsätzlich keiner Kontrolle. Weitere Bestimmungen regeln die Belehrung des Beschuldigten über seine Rechte schon bei der ersten Vernehmung.

Das *(1.) Ges. zur Strafverfahrensreform* vom 9. 12. 1974 (BGBl. I 3393) hatte hauptsächlich die Beschleunigung des Strafprozesses zum Ziel. Der Betroffene sollte Anspruch auf Durchführung des Verfahrens binnen angemessener Frist haben. Der StA erhielt das Recht, im Vorverfahren Erscheinen und Aussage von Zeugen zu erzwingen. *Voruntersuchung,* mündliches Schlußgehör und schriftliche Schlußanhörung (§§ 169a, b StPO a.F.) fielen als entbehrlich und verfahrenshemmend fort. Der Beschleunigung diente schließlich, daß der Richter Strafurteile binnen bestimmter Fristen zu den Akten zu bringen hat.

Im Hinblick auf die in den sog. Terroristenprozessen gemachten Erfahrungen beschränkte das *Ergänzungsgesetz* vom 20. 12. 1974 (BGBl. I 3686), um dem Mißbrauch der Verteidigerrechte entgegenzuwirken, die Zahl der Wahlverteidiger für jeden Beschuldigten auf drei und regelte das Recht zum Ausschluß eines Verteidigers wegen dringenden Verdachts der Tatbeteiligung usw.; ebenso ermöglichte es die Fortführung der Hauptverhandlung gegen einen Beschuldigten, der seine Verhandlungsunfähigkeit oder seinen Ausschluß selbst herbeigeführt hat.

Das *Strafverfahrensänderungsgesetz 1979* vom 5. 10. 1978 (BGBl. I 1645) erweiterte für umfangreiche Verfahren die Möglichkeit der Konzentration auf die schwerwiegenden Tatbestände. Die Rüge unvorschriftsmäßiger Besetzung des Gerichts ist beim LG und OLG ab Beginn der Sacherörterung in der Hauptverhandlung ausgeschlossen, sofern die Besetzung der Richterbank rechtzeitig bekanntgegeben worden ist. Das StVÄG ermöglicht ferner die Abwesenheit einzelner Angeklagter und ihrer Verteidiger bei sie nicht betreffenden Teilen der Hauptverhandlung; es läßt technische Hilfsmittel und vereinfachte Urteilsbegründung in größerem Umfang als früher zu. Strafbefehl kann auch in Schöffengerichtssachen ergehen.

Der Entwurf eines *Strafverfahrensänderungsgesetzes 1984* zielt auf die Beschleunigung namentlich umfangreicher Strafverfahren ab. So soll z. B. der Endzeitpunkt für die Ablehnung eines Richters wegen Befangenheit vorverlegt werden. Die Unterbrechung der Hauptverhandlung soll in weiteren Fällen (lange Dauer, Krankheit des Angeklagten) zulässig sein. Die Möglichkeit, auf die Verlesung von Urkunden in der Hauptverhandlung zu verzichten, soll ausgedehnt werden. Die Verweisung auf den Anklagesatz im Urteil wird in zusätzlichen Fällen ermöglicht. Andere Neuerungen betreffen das Strafbefehlsverfahren, das die Staatsanwaltschaft stets beantragen soll, wenn es zulässig und eine Hauptverhandlung entbehrlich ist; im amtsgerichtlichen Hauptverfahren wird der Übergang zum Strafbefehlsverfahren ermöglicht; die Durchbrechung der Rechtskraft des Strafbefehls zu Ungunsten des Verurteilten wird eingeschränkt. Im Recht der Verteidigung soll der Beschuldigte ein Vorschlagsrecht bei der Auswahl des Pflichtverteidigers erhalten; das Verbot der Mehrfachverteidigung soll gelockert (die sukzessive M. bei Tatmehrheit zugelassen) werden. Im Rechtsmittelverfahren wird die Zulässigkeit der Sprungrevision grundsätzlich auf materiell- rechtliche Fehler beschränkt; die Befugnis des Berufungsgerichts zur Zurückverweisung der Sache an das Amtsgericht wegen Verfahrensfehlers entfällt. Weitere Vereinfachungen betreffen Zustellungen, das Kostenrecht u. a. m.

Die Vorhaben sind z. T. durch das *Strafverfahrensänderungsgesetz 1987* vom 27. 1. 1987 (BGBl. I 475) in der Strafprozeßordnung verwirklicht worden.

E. Die freiwillige Gerichtsbarkeit

294. Grundzüge der freiwilligen Gerichtsbarkeit

Die sog. *freiwillige* (nichtstreitige) *Gerichtsbarkeit* unterscheidet sich von der *streitigen* im Gegenstand, weil sie nicht wie diese ausschließlich der Durchsetzung von Ansprüchen dient, und im Verfahren. Dieses ist ihrer besonderen Aufgabe angepaßt, Rechte und Rechtsverhältnisse zu ordnen und zu regeln, so z. B. in Familien-, Personenstands-, Nachlaß-, Grundbuch-, Handelssachen usw. (295–301).

Die freiwillige Gerichtsbarkeit ist nur zum Teil bundesrechtlich geregelt. Maßgebend ist das Reichsgesetz über die Angelegenheiten der freiwilligen Gerichtsbarkeit (FGG) i. d. F. vom 20. 5. 1898 (RGBl. 771) mit zahlreichen Änderungen. Weitere Bestimmungen sind in verschiedenen anderen Bundes- und in Landesgesetzen enthalten.

Organe der freiwilligen Gerichtsbarkeit sind die Amtsgerichte, Notariate bzw. Notare, Standesämter, Jugendämter und Bürgermeister. Im Gegensatz zum streitigen Verfahren in Zivilsachen herrschen *Amtsbetrieb* und *Untersuchungsgrundsatz* (151, 239), d. h. es werden von Amts wegen Ermittlungen angestellt und Beweise aufgenommen (§ 12 FGG). Das Verfahren ist nichtöffentlich. Jedoch sind die Register öffentlich und von jedermann einzusehen; nur beim Grundbuch muß ein berechtigtes Interesse dargelegt werden. Ebenso verlangt *Akteneinsicht* den Nachweis eines berechtigten Interesses. Entscheidungen ergehen durch *Verfügung* oder *Beschluß* und erlangen i. d. R. keine Rechtskraft; sie können daher nachträglich geändert werden (Einschränkungen in § 18 FGG). Als Rechtsmittel ist die *Beschwerde* bzw. in bestimmten Fällen die sofortige Beschwerde an das dem AG übergeordnete LG zugelassen. Gegen dessen Entscheidung ist *weitere Beschwerde* bzw. sofortige weitere Beschwerde an das OLG möglich, wenn eine Gesetzesverletzung behauptet werden kann (§ 27 FGG). Einlegung schriftlich oder zu Protokoll der Geschäftsstelle; Frist für sofortige Beschwerde 2 Wochen, für die einfache Beschwerde keine Frist. Zur Durchführung der gerichtlichen Anordnungen kann nach vorheriger Androhung *Zwangsgeld* festgesetzt werden (§ 33 FGG); nur Anordnungen auf Vorlage oder Herausgabe oder solche, die anders nicht durchsetzbar sind, werden mit Hilfe des Gerichtsvollziehers durchgeführt.

Die *Kosten* bestimmen sich nach der *Kostenordnung,* vgl. 214.

295. Vormundschafts- und Familiensachen

Mit der Erledigung der *Vormundschaftssachen* ist eine als *Vormundschaftsgericht* bezeichnete Abteilung des Amtsgerichts betraut. Das Vormundschaftsgericht führt die Aufsicht über den *Vormund,* der nach den Bestimmungen des BGB über die Vormundschaft (§§ 1773–1921) einem Minderjährigen, der nicht elterlicher Sorge untersteht, und einem Volljährigen, wenn er entmündigt ist, bestellt wird. Es wird ferner in *Pflegschaftssachen* und anderen familienrechtlichen Angelegenheiten (vgl. 341, 349, 352) tätig.

Über die Voraussetzungen der Vormundschaft und Pflegschaft s. 352a.

Solange ein Elternteil lebt, ist i. d. R. eine *Vormundschaft* nicht erforderlich, da die elterliche Sorge vom Vater und von der Mutter ausgeübt wird. Über die Voraussetzungen, unter denen aber auch in diesem Falle ein Vormund bestellt werden muß, s. 352a. *Nichteheliche Kinder* können von Geburt an einen Amtspfleger oder Amtsvormund haben, s. 188 II 5, 351. Ein Vormund wird ferner von Amts wegen bestellt, wenn der Familienstand eines Kindes nicht zu ermitteln ist *(Findelkind).* Im Falle des Todes der Eltern ist als Vormund berufen, wer von den Eltern des Mündels benannt ist (§ 1776 BGB). In anderen Fällen wählt das Vormundschaftsgericht den Vormund aus und verpflichtet ihn zu treuer und gewissenhafter Führung der Vormundschaft; er erhält eine Bestallungsurkunde (§§ 1789–1791 BGB).

Bei der Bestellung und Überwachung der Vormünder wirkt das *Jugendamt* – früher zugleich als *Gemeindewaisenrat* – mit (§ 47 Jugendwohlfahrtsgesetz, §§ 1849–1851 BGB). Vgl. 188 II 5.

Das FGG regelt im Zweiten Abschnitt u. a. die sachliche und örtliche Zuständigkeit des Amtsgerichts in Vormundschafts- und Pflegschaftssachen (§§ 35 ff.), das Beschwerderecht der Beteiligten (§§ 57 ff.), die Pflicht eines jeden Gerichts zur Mitteilung an das Vormundschaftsgericht, wenn dessen Tätigwerden erforderlich wird (§ 50), die Anhörung der Eltern und des Kindes in Angelegenheiten der Personen- und Vermögenssorge durch das Gericht (§§ 50a ff.) sowie das Verfahren bei einer mit Freiheitsentziehung verbundenen Unterbringung des Mündels (§§ 64a ff.).

Im Zusammenhang mit den Vormundschaftssachen regelt das FGG die Tätigkeit des *Familiengerichts,* soweit sie sich nicht nach den Vorschriften der ZPO (vgl. 248), sondern nach denen über die freiwillige Gerichtsbarkeit richtet. Dazu gehören insbesondere Entscheidungen über den Versorgungsausgleich anläßlich der Ehescheidung (346 und §§ 1587b ff. BGB). Soweit in diesen Angelegenheiten das FGG anzuwenden ist, tritt das Familiengericht an die Stelle des Vormundschaftsgerichts. Vgl. §§ 53b–g, 64k FGG.

296. Nachlaßsachen

Als *Nachlaßgericht* ist das Amtsgericht zuständig, in dessen Bezirk der Erblasser z. Z. des Erbfalls seinen Wohnsitz oder Aufenthalt gehabt hat (§ 73 FGG). Es hat, wenn die Erben unbekannt sind oder ungewiß ist, ob sie die Erbschaft angenommen haben, für die Sicherung zu sorgen, soweit ein Bedürfnis vorliegt (§ 1960 BGB). Dazu wird i. d. R. ein *Nachlaßpfleger* bestellt, der die notwendigen laufenden Geschäfte bis zum Eintritt der Erben führt (§§ 74, 75 FGG). Ein Nachlaßpfleger ist ferner zu bestellen, wenn ein Nachlaßgläubiger vor Annahme der Erbschaft seinen Anspruch einklagen will (§§ 1958, 1961 BGB). Eine *Nachlaßverwaltung* wird zum Zwecke der Verwaltung des Nachlasses und zur Befriedigung der Nachlaßgläubiger angeordnet, wenn es ein Erbe oder ein Nachlaßgläubiger (wegen Gefährdung seines Anspruchs) beantragt (§ 1981 BGB).

Während der *Nachlaßpfleger* nur den Nachlaß für den Erben sichern soll, kann der *Nachlaßverwalter* darüber hinaus zwecks Erfüllung von Nachlaßverbindlichkeiten über Nachlaßgegenstände verfügen. Er übt ähnlich dem Konkursverwalter ein öffentliches Amt aus und ist für seine Tätigkeit sowohl den Erben als auch den Nachlaßgläubigern verantwortlich (§§ 1984, 1985 BGB).

Verfahrensvorschriften für das Nachlaßgericht in den §§ 80ff. FGG betreffen das Beschwerderecht der Beteiligten, das Erbscheinsverfahren, die Erbauseinandersetzung u. a. m.

297. Grundbuchsachen

Nach der das formelle Grundbuchrecht enthaltenden *Grundbuchordnung* – GBO – vom 24. 3. 1897 i. d. F. vom 5. 8. 1935 (RGBl. I 1073) m. spät. Änd. wird das *Grundbuch* vom Amtsgericht als *Grundbuchamt* geführt.

Das *Grundbuch* ist ein öffentliches Buch, das über Grundstücke und Rechte an Grundstücken Aufschluß gibt. Jedes *Grundstück* erhält im Grundbuch ein Grundbuchblatt, das Lage, Größe, Kulturart, Bebauung und vor allem die Rechtsverhältnisse des Grundstücks angibt (Bestandsverzeichnis, Abt. I Eigentumsverhältnisse, Abt. II Belastungen, außer den in Abt. III eingetragenen Grundpfandrechten). Nur auf Antrag werden eingetragen die Grundstücke der öffentlichen Hand (Bund, Länder) und der Kirchen, öffentliche Wege und Gewässer und Grundbesitz der öffentlichen Bahnunternehmungen. Grundstücksgleiche Rechte (z. B. Erbbaurecht, Bergwerkseigentum) sind in einem besonderen Erbbau- bzw. Bergwerksgrundbuch eingetragen. Die grundbuchmäßige Behandlung des *Wohnungseigentums* regelt eine Verfügung vom 1. 8. 1951 (BAnz. Nr. 152) m. Änd. zuletzt vom 23. 7. 1984 (BGBl. I 1025).

Die tatsächlichen Angaben über das Grundstück werden dem *Kataster* (einem vorwiegend für Steuerzwecke angelegten vermessungstechnischen Verzeichnis) und Flurkarten entnommen und durch Nachtragen etwaiger Änderungen auf dem laufenden gehalten.

Einsicht in das Grundbuch in jedem gestattet, der ein berechtigtes Interesse darlegt. Die Grundbuchordnung bestimmt, in welcher Weise die Eintragungen vorzunehmen sind. Im übrigen richten sich Einrichtung und Führung der Grundbücher nach der AVO zur GBO und der Vfg. vom 8. 8. 1935 (RGBl. I 1089, RMBl. 637), beide m. Änd. zuletzt vom 21. 3. 1974 (BGBl. I 771) bzw. 1. 12. 1977 (BGBl. I 2313). Der Inhalt des Grundbuchs gilt bis zum Beweis des Gegenteils als richtig *(Schutz des guten Glaubens)*. Vgl. 338.

Zerstörte oder abhanden gekommene Grundbücher werden von Amts wegen wiederhergestellt (VO vom 26. 7. 1940, RGBl. I 1048).

298. Handelssachen

Jeder Vollkaufmann i. S. des Handelsgesetzbuchs (365) muß seine Firma und den Ort seiner Niederlassung sowie jede Änderung seiner Firma oder des Inhabers zur Eintragung in das *Handelsregister* anmelden. Das Handelsregister ist ein öffentliches, vom Amtsgericht geführtes Buch mit Urkundencharakter, das über die Rechtsverhältnisse der in seinem Bezirk bestehenden Handelsfirmen Auskunft gibt. Das materielle Registerrecht enthalten die §§ 8–16 HGB und die gesellschaftsrechtlichen Nebengesetze (vgl. 372). Das Verfahren richtet sich nach den §§ 125–158 FGG, einer Handelsregisterverfügung vom 12. 8. 1937 (wiederholt geändert, zuletzt durch VO vom 24. 10. 1985 (BGBl. I 2033), und nach landesgesetzlichen Bestimmungen.

Das Handelsregister besteht aus zwei Abteilungen: Abt. A für die Firmen der Einzelkaufleute, der offenen Handels- und der Kommanditgesellschaften und der Unternehmen öffentlich-rechtlicher Körperschaften; Abt. B für die Firmen der Aktiengesellschaften, der Kommanditgesellschaften auf Aktien, der GmbH und der Versicherungsvereine auf Gegenseitigkeit. Für die eingetragenen Genossenschaften wird ein *Genossenschaftsregister* geführt. Vgl. 301, 372.

Die Wirkungen einer Eintragung im Handelsregister sind andere als beim *Grundbuch,* das öffentlichen (positiven) Glauben besitzt. Ist eine im HReg. einzutragende Tatsache, z. B. das Erlöschen einer Prokura, nicht eingetragen und bekanntgemacht, braucht ein Dritter sie nicht gegen sich gelten zu lassen *(negative Publizität),* außer wenn er sie kennt. Ist sie dagegen eingetragen, so muß jedermann sie vom 16. Tag nach der Bekanntmachung ab gegen sich gelten lassen (er kann also mit dem entlassenen Prokuristen nicht mehr gültig Geschäfte abschließen; *positive Publizität*); § 15 HGB. Eine Eintragung erfolgt nur dann von Amts wegen, wenn das Gesetz dies vorsieht, i. d. R. aber auf Grund einer (öffentlich beglaubigten) *Anmeldung.* Die Anmeldung kann mittels Zwangsgeldes erzwungen werden (§§ 14 HGB, 132ff. FGG). Die Eintragung hat im allgemeinen nur deklatorische Bedeutung (rechtsbezeugend), bei juristischen Personen wirkt sie hingegen rechtserzeugend (konstitutiv); z. B. entsteht eine AG als juristische Person mit der Eintragung. Die Eintragungen werden im Bundesanzeiger und in einer Tageszeitung bekanntgemacht.

299. Vereinssachen. Güterrechtsregister

Beim Amtsgericht wird ferner für die in § 21 BGB erwähnten Vereine ein *Vereinsregister* geführt, in das Vereine, die Rechtsfähigkeit erlangen wollen, eingetragen werden. Hierzu hat der Vorstand den Verein in öffentlich beglaubigter Form zur Eintragung anzumelden und die Satzung sowie abschriftlich die Urkunden über die Bestellung des Vorstandes einzureichen (§ 59 BGB). Auch Änderungen sind anzumelden.

Der Vereinszweck darf nicht auf einen wirtschaftlichen Geschäftsbetrieb gerichtet sein, sondern muß ein *idealer* sein (z. B. künstlerisch, wissenschaftlich, sportlich, religiös, politisch, sozial). Der *eingetragene Verein* führt den Zusatz „e. V.“. Das Vereinsregister genießt keinen öffentlichen Glauben wie das Grundbuch, sondern nur sog. *negative Publizität* (298) hins. des Erlöschens von Vorstandsämtern (§ 68 BGB). Ein *wirtschaftlicher Verein* erlangt Rechtsfähigkeit durch staatliche Verleihung (§ 22 BGB). Jedoch gelten für die wichtigsten Personenzusammenschlüsse Sonderbestimmungen (z. B. Aktiengesellschaften, GmbH, Genossenschaften). Vgl. 372 II 1, II 3, III.

Das *Güterrechtsregister* weist alle vom gesetzlichen Güterstand abweichenden vermögensrechtlichen Verhältnisse der Ehegatten aus.

Auch das *Güterrechtsregister* genießt nur negativen öffentlichen Glauben, d. h. Dritte können sich nicht auf die Richtigkeit einer Eintragung verlassen, wohl aber auf ihr Fehlen (z. B. darauf, daß ein den gesetzlichen Güterstand ändernder Ehevertrag nicht eingetragen ist). Vgl. §§ 1412, 1558ff. BGB und 344.

Verfahrensvorschriften des FGG finden sich für das Vereinsrecht in §§ 159–160a, 162, für das Güterrechtsregister in §§ 161, 162.

300. Beurkundungswesen

Bei der *Beurkundung* von Rechtsgeschäften oder Erklärungen wird der gesamte Inhalt des Rechtsvorgangs festgestellt und bezeugt. Dagegen bezieht sich die *öffentliche Beglaubigung* einer Erklärung nur auf die Unterschrift des Erklärenden (§ 129 Abs. 1 BGB). Seit dem Inkrafttreten des Beurkundungsgesetzes vom 28. 8. 1969 (BGBl. I 1513) ist für *Beurkundungen* i. d. R. der *Notar* zuständig, das *Amtsgericht* dagegen nur noch in bestimmten Fällen, z. B. für die Aufnahme eines Vaterschaftsanerkenntnisses (§§ 1, 62 BeurkG).

Für die öffentliche Beglaubigung ist ebenfalls der Notar zuständig. Doch können die Länder auch andere Personen oder Stellen zur Beglaubigung von Abschriften oder Unterschriften ermächtigen. Dagegen hat die *amtliche Beglaubigung* von Abschriften, Unterschriften u. dgl. durch Polizei- oder Gemeindebehörden usw. nur Beweiskraft für Verwaltungszwecke. Vgl. §§ 63, 65 BeurkG. Über die Beglaubigung von Abschriften oder Unterschriften im Behördenverkehr vgl. §§ 33, 34 VerwaltungsverfahrensG).

Öffentliche Beglaubigung ist u. a. vorgeschrieben für die Anmeldungen zum Handels-, Vereins- und Güterrechtsregister (§§ 12ff. HGB, §§ 77, 1560 BGB), für die Ausschlagung einer Erbschaft (§ 1945 BGB) und für Erklärungen im Grundbuchverkehr (§§ 29ff. GBO).

Notarielle Beurkundung erfordern u. a. die Verpflichtung zur Übereignung des gesamten Vermögens (§ 311 BGB), Grundstückskaufvertrag (§ 313 BGB), Schenkungsversprechen (§ 518 BGB), Güterrechtsverträge (§ 1410 BGB), das öffentl. Testament (§ 2232 BGB), Erbschaftsverkauf (§ 2371 BGB), Erbvertrag (§ 2276 BGB).

Das Beurkundungsgesetz gibt die einzelnen Verfahrensvorschriften, u. a. über Prüfungs- und Belehrungspflicht des Notars, Form der Niederschrift, Unterzeichnung und Behandlung notarieller Urkunden, Erteilung von Ausfertigungen und Abschriften, Ersetzung der Urkunden bei Verlust, Zerstörung oder Abhandenkommen. Es bestimmt ferner, in welchen Fällen der Notar wegen möglicher Interessenkollision von der Vornahme einer Beurkundung ausgeschlossen ist oder sie ablehnen soll (z. B. weil er an dem zu beurkundenden Rechtsgeschäft beteiligt ist oder er oder ein Angehöriger daraus einen Vorteil erlangt) und in welcher Weise er sich Gewißheit von der Identität der Beteiligten verschafft.

301. Andere Angelegenheiten der freiwilligen Gerichtsbarkeit

Außer den vorstehend aufgeführten Angelegenheiten gehören in das Gebiet der freiwilligen Gerichtsbarkeit u. a. auch:

a) die beim Amtsgericht an Stelle des Grundbuchs für See- und Binnenschiffe geführten *Schiffsregister* und Register für *Rechte an Luftfahrzeugen* (vgl. 333, 340, 379 III);
b) die Tätigkeit der *Hinterlegungsstellen,* geregelt durch die Hinterlegungsordnung vom 10. 3. 1937 (RGBl. I 285) i. d. F. vom 12. 9. 1950 (BGBl. 455) m. spät. Änd.;
c) der Ausspruch der Adoption bei der *Annahme als Kind,* vgl. 305, 352;
d) die Führung des *Genossenschaftsregisters,* das die Rechtsverhältnisse der Genossenschaften (372 III) beurkundet (VO über das Genossenschaftsregister vom 22. 11. 1923, RGBl. I 1123, m. spät. Änd.);
e) Ablegung von Verklarungen von See- und Binnenschiffen (§§ 522ff. HGB, §§ 11–14 Binnenschiffahrtsgesetz i. d. F. vom 20. 5. 1898);
f) Maßnahmen nach dem Bundesgesetz über das *gerichtliche Verfahren bei Freiheitsentziehungen* vom 29. 6. 1956 (BGBl. I 599) und den Landesunterbringungsgesetzen (vgl. 185).

Eingetragene Schiffe werden wie Grundstücke behandelt (Gesetz vom 15. 11. 1940, RGBl. I 1499). Eintragungspflichtig sind *Seeschiffe* mit über 50 cbm Rauminhalt, *Binnenschiffe* mit über 10 t Tragfähigkeit oder mind. 50 PS Maschinenleistung; ferner Binnenschlepper und -tanker sowie Stoßboote. Registerbehörde ist das Amtsgericht, das drei getrennte Register (Seeschiffs-, Binnenschiffs-, Schiffsbauregister) führt. Vgl. *Schiffsregisterordnung* vom 26. 5. 1951 (BGBl. I 360) m. spät. Änd. Entsprechend wird für Luftfahrzeuge ein *Luftfahrtregister* geführt (vgl. 333).

Zur Übertragung des Eigentums an eingetragenen *Seeschiffen* genügt die bloße Einigung; die Eintragung im Schiffsregister hat nur berichtigenden Charakter. Bei eingetragenen *Binnenschiffen* muß die Eintragung des Eigentumsübergangs hinzukommen. Bei nicht eingetragenen Schiffen ist wie bei beweglichen Sachen Einigung und Übergabe erforderlich (335); doch genügt bei Seeschiffen bloße Einigung, wenn sie auf sofortigen Eigentumsübergang gerichtet ist.

Bei einer *Hinterlegung* wird eine hinterlegungsfähige Sache (Geld, Wertpapiere, Urkunden, Kostbarkeiten) einer öffentlichen Verwahrungsstelle übergeben. Eine Hinterlegung kann entweder zur Sicherheitsleistung erfolgen (§§ 232ff. BGB, 108ff. ZPO) oder zur Erfüllung einer Verbindlichkeit in bestimmten Fällen (§ 372 BGB; vgl. 314).

Unter einer *Verklarung* versteht man eine förmliche Verhandlung, die nach jedem Unfall stattfinden muß, der ein Seeschiff auf der Reise betroffen hat (§§ 522ff. HGB).

F. Das Bürgerliche Gesetzbuch

302. Das Bürgerliche Gesetzbuch (BGB)

vom 18. 8. 1896, in Kraft getreten am 1. 1. 1900, bildet die Grundlage des gesamten deutschen bürgerlichen Rechts (Privatrechts, 202).

Das BGB enthält 2385 Paragraphen in 5 Büchern: I Allgemeiner Teil, II Recht der Schuldverhältnisse, III Sachenrecht, IV Familienrecht, V Erbrecht. Ergänzt wird das BGB durch das *Einführungsgesetz*, in dem das Verhältnis zum ausländischen Recht (s. hierzu 202 II), zum älteren Reichsrecht und zum Landesrecht behandelt ist, und eine Reihe von privatrechtl. Nebengesetzen (z. B. Ehegesetz, Ges. über Abzahlungsgeschäfte, Haftpflichtgesetz).

Größere Änderungen brachten nach 1945 insbes. das *Ges. zur Wiederherstellung der Rechtseinheit auf dem Gebiet der Gerichtsverfassung, der bürgerlichen Rechtspflege, des Strafverfahrens und des Kostenrechts* vom 12. 9. 1950 (BGBl. I 455) sowie das *Ges. zur Wiederherstellung der Gesetzeseinheit auf dem Gebiete des bürgerlichen Rechts* vom 5. 3. 1953 (BGBl. I 33); dieses fügte in Sondergesetzen außerhalb des BGB befindliche bürgerlich-rechtliche Vorschriften sowie das *Testamentsgesetz* vom 31. 7. 1938 wieder in das BGB ein. Wichtige Änderungen brachten ferner das *Gleichberechtigungsgesetz* vom 18. 6. 1957 (BGBl. I 609) sowie das *Familienrechtsänderungsgesetz* vom 11. 8. 1961 (BGBl. I 1221). Auch mietrechtliche Vorschriften (806) griffen in das BGB ein. Das GleichberechtigungsG betraf das Familienrecht durch Einführung der *Zugewinngemeinschaft* als gesetzlichen Güterstand und Erhöhung des gesetzlichen Erbteils des überlebenden Ehegatten, das FamilienrechtsänderungsG das Scheidungs- und das Kindesrecht. Die in Art. 6 Abs. 5 GG angeordnete Verbesserung der Rechtsstellung der nichtehelich Geborenen verwirklichte erst das *Ges. über die rechtliche Stellung der nichtehelichen Kinder* vom 19. 8. 1969 (BGBl. I 1243); vgl. 351. Die *Ehe- und Familienrechtsreform* wurde eingeleitet durch das erste Ges. vom 14. 6. 1976 (BGBl. I 1421). Im Scheidungsrecht ersetzte es das Verschuldens- durch das Zerrüttungsprinzip und führte den Grundsatz ein, daß einen Unterhaltsanspruch gegen den geschiedenen Ehegatten nur erheben kann, wer nicht selbst für sich sorgen kann, allerdings mit Einschränkungen, z. B. durch den Versorgungsausgleich (vgl. 346). Weitere wichtige Änderungen betreffen das Namensrecht (305) sowie die Regelung des Verhältnisses zu den Kindern nach der Scheidung. Auch das Adoptionsgesetz vom 2. 7. 1976 (BGBl. I 1749) ist von erheblicher Bedeutung (vgl. 352), ebenso das Gesetz zur Neuregelung des Rechts der elterlichen Sorge vom 18. 7. 1979 (BGBl. I 1061; vgl. 349).

In der *DDR* sind das BGB und ergänzende Gesetze durch das Zivilgesetzbuch und des EGZGB vom 19. 6. 1975 (GBl. I 465, 517) abgelöst worden. Das ZGB regelt in 7 Teilen Grundsätze, Eigentum, Vertragsrecht, Grundstücks- und Wohnungsrecht, Deliktsrechts, Erbrecht sowie für einzelne Rechtsverhältnisse u. a. Verjährung, Aufrechnung, Mehrheit von Gläubigern oder Schuldnern, Zession, Pfandrecht, Bürgschaft, Hypothek usw. Das ZGB enthält zwar großenteils die herkömmlichen zivilrechtlichen Regelungen, stellt aber in den „Grundsätzen" als Gesetzeszweck die Förderung sozialistischer Gemeinschaftsbeziehungen heraus; auch das Zivilrecht soll die von den Anschauungen der Arbeiterklasse geprägten Grundsätze der sozialistischen Moral im Verhalten der Bürger und in ihren Rechtsbeziehungen durchsetzen. Dementsprechend enthält das ZGB über das eigentliche Zivilrecht hinaus politisch motivierte Normen öffentlich-rechtlichen Inhalts, die der Verwirklichung sozialistischen Gedankenguts dienen. Wie die DDR-Verfassung (24 II), stellt auch das ZGB *sozialistisches und persönliches Eigentum* nebeneinander. Das *Vertragsrecht* stellt die Betriebe unter das Gebot der Versorgung der Bevölkerung und der Planerfüllung; beim *Wohnungsrecht* wird die staatliche Lenkung und die Mitwirkung von Mietergemeinschaften herausgestellt, beim *Kaufrecht* auch für den Einzelhandel die Versorgungspflicht und die planmäßige Versorgung der Bevölkerung sowie die Mitwirkung von Kundenbeiräten und Ausschüssen beim sozialistischen Einzelhandel. Bei *Grundstücken* gibt es außer dem persönlichen Eigentum ein Nutzungsrecht an volkseigenem Boden und Zuweisung genossenschaftlich genutzter Flächen. Im *Delikts- und Schadensersatzrecht* ist die Pflicht zur Schadensverhütung und zur Gefahrenabwehr insbes. zugunsten sozialistischen Eigentums normiert und insoweit sogar ein allgemeines Notwehrrecht begründet. Wichtige Abweichungen im eigentlichen Zivilrecht sind u. a., daß Handlungsunfähigkeit bis zum 6., partielle Handlungsfähigkeit ab 16. Lebensjahr besteht. Das *Erbrecht* entspricht im wesentlichen dem des BGB (Parentelsystem, vgl. 354; Erbrecht des Ehegatten, der jedoch den Kindern gleichgestellt ist und mind. ¼ erhält), begründet aber das Erbrecht des Fiskus schon beim Fehlen der 3. Parentel; der Pflichtteilssatz (362) beträgt ⅔. Testamentarische Verfügungen sind nichtig, wenn sie mit den Grundsätzen sozialistischer Moral unvereinbar sind. In derartigen ausfüllungsbedürftigen Formulierungen unterscheidet sich das ZGB in vielen Bestimmungen von der weitaus konkreteren Regelung des BGB; es verzichtet überdies vielfach auf Einzelvorschriften und hat deshalb mit 480 Paragraphen einen wesentlich geringeren Umfang als das BGB.

303. Der Allgemeine Teil des BGB (I. Buch, §§ 1–240)

behandelt für das gesamte bürgerliche Recht geltende Rechtsbegriffe, insbesondere das Personenrecht (vgl. 304–306), Sachen (307), Rechtsgeschäfte (308), Stellvertretung und Vollmacht (309), Fristen, Termine, Verjährung (310), Ausübung von Rechten, Selbstverteidigung und Selbsthilfe, Sicherheitsleistung.

304. Natürliche Personen. Rechts- und Geschäftsfähigkeit

Beim *Personenrecht* ist zwischen der *Einzelperson* (physischen Person) und der *Personenvereinigung* (vgl. 306) zu unterscheiden. Jeder natürliche Mensch ist mit Vollendung der Geburt rechtsfähig. Die *Rechtsfähigkeit,* d. h. die Fähigkeit, Träger von Rechten und Pflichten zu sein, endet mit dem Tode (nicht mit der Todeserklärung, die nur eine widerlegbare Vermutung gibt). Von der Rechtsfähigkeit zu unterscheiden ist die *Handlungsfähigkeit,* die unterteilt wird in die *Geschäftsfähigkeit,* d. h. die Fähigkeit, Rechtsgeschäfte wirksam vornehmen zu können, und die *Deliktsfähigkeit,* d. h. die rechtliche Verantwortlichkeit für gesetzwidrige Handlungen (Delikte).

Die volle Geschäftsfähigkeit tritt mit der *Volljährigkeit* ein, d. h. mit Vollendung des 18. Lebensjahres. *Minderjährige* sind bis zur Vollendung des 7. Lebensjahres *geschäftsunfähig,* vom 7. bis 18. Lebensjahre *beschränkt geschäftsfähig.* Ebenso die wegen Geistesschwäche, Verschwendung, Trunksucht oder Rauschgiftsucht *Entmündigten* sowie die unter vorläufiger Vormundschaft stehenden Personen (§§ 104, 106, 114 BGB).

Beschränkt Geschäftsfähige können Rechtsgeschäfte nur mit Einwilligung ihres gesetzlichen Vertreters abschließen; ohne Einwilligung nur solche, durch die sie lediglich einen rechtlichen Vorteil erlangen (z. B. Schenkung, aber nicht Schenkung mit Auflage). Ein ohne diese Einwilligung abgeschlossener Vertrag erlangt erst durch nachfolgende Genehmigung des gesetzlichen Vertreters Wirksamkeit (§ 108 BGB). Gültig ist dagegen ein Rechtsgeschäft, wenn der Minderjährige die ihm obliegende Leistung aus den ihm zur freien Verfügung überlassenen Mitteln erbringt (*Taschengeld;* § 110 BGB). Minderjährige, die zum selbständigen Betrieb eines Erwerbsgeschäfts oder zum Eintritt in ein Dienst- oder Arbeitsverhältnis ermächtigt sind, gelten für die in diesen Bereich fallenden Rechtsgeschäfte als voll geschäftsfähig (§§ 112, 113 BGB). Ein volljährig Gewordener kann innerhalb der vorgeschriebenen Frist auch selbst den Vertrag genehmigen.

Geschäftsunfähig sind außer Minderjährigen unter 7 Jahren und wegen Geisteskrankheit entmündigten Personen solche, die sich in einem die freie Willensbestimmung ausschließenden Zustand krankhafter Störung der Geistestätigkeit befinden, sofern dieser Zustand nicht seiner Natur nach nur ein vorübergehender ist (§ 104 BGB). Willenserklärungen eines Geschäftsunfähigen sind nichtig. Willenserklärungen gegenüber einem Geschäftsunfähigen werden erst wirksam, wenn sie dem gesetzlichen Vertreter (Vater, Mutter, Vormund) zugehen.

Auch die Willenserklärung eines Bewußtlosen oder vorübergehend geistig Gestörten ist unwirksam (§ 105 Abs. 2 BGB; z. B. ein sinnlos Betrunkener unterschreibt einen Wechsel).

Geschäftsunfähige sind für den durch unerlaubte Handlung (332) anderen zugefügten Schaden nicht verantwortlich. Minderjährige vom 7. bis zum vollendeten 18. Lebensjahr nur, wenn sie bei Begehung der Tat die zur Erkenntnis der Verantwortlichkeit erforderliche Einsicht besessen haben; das gleiche gilt für einen Taubstummen. Auch wenn danach keine Verantwortlichkeit besteht, ist *Schadensersatz nach Billigkeit* zu leisten, falls kein Aufsichtspflichtiger haftet (§§ 828, 829 BGB). Im *Jugendstrafrecht* gelten für die Verantwortlichkeit andere Grundsätze (Grenzen sind das 14. bzw. 18. Lebensjahr). Vgl. 290.

Die Regeln des bürgerlichen Rechts über die Handlungsfähigkeit greifen auch in andere Rechtsgebiete über (vgl. z. B. Verwaltungsvertragsrecht, 147 I); sie werden jedoch durch zahlreiche Sonderregelungen modifiziert. Danach hängt die Fähigkeit zu rechtswirksamem Handeln häufig von einem bestimmten Lebensalter ab, so z. B. die Testierfähigkeit (358) vom Erreichen des 16. Lebensjahres.

Die *rechtliche Bedeutung des Lebensalters* und die mit seinem Fortschreiten wachsenden Befugnisse und Pflichten sind aus der nachstehenden Zusammenstellung ersichtlich.

6. Lj.:	Schulpflichtbeginn (nach den Landesschulgesetzen)
7. Lj.:	beschränkte Geschäftsfähigkeit (§§ 106ff. BGB)
	beschränkte Deliktsfähigkeit nach bürgerl. Recht (§ 828 Abs. 2 BGB)
10., 12. Lj.:	Recht auf Anhörung bzw. Zustimmungserfordernis zum Bekenntniswechsel (Ges. über d. relig. Kindererziehung)
14. Lj.:	volle Religionsmündigkeit
	bedingte Strafmündigkeit (§ 1 Abs. 2, § 3 JGG)
16. Lj.:	beschränkte Testierfähigkeit (§ 2229 Abs. 1, § 2247 Abs. 4 BGB)
	Beginn der Eidesfähigkeit (§§ 393, 455 Abs. 2 ZPO, § 60 Nr. 1 StPO)
	Ehefähigkeit (§ 1 Abs. 2 EheG)
	Möglichkeit zum Erwerb der Fahrerlaubnis Kl. 4 und 5 (§ 7 StVZO)

	Pflicht zum Besitz eines Personalausweises (§ 1 PersAuswG) Ende des bedingten Gaststättenverbots, des allgem. Verbots zur Teilnahme an öffentl. Tanzveranstaltungen und des Verbots öffentl. Tabakgenusses sowie des absoluten Verbots von alkohol. Getränken zum eigenen Genuß – außer Branntwein – (§§ 3, 4, 5, 9 JÖSchG)
18. Lj.:	aktives und passives Wahlrecht zum Bundestag und den Länderparlamenten Volljährigkeit, volle Geschäfts- und Testierfähigkeit (§ 2, 2229 BGB) Ehemündigkeit (§ 1 Abs. 1 EheG) volle Deliktsfähigkeit (§ 828 Abs. 2 BGB) Strafmündigkeit als Heranwachsender (§§ 1, 105, 106 JGG) Erlaubnis zum Genuß von Branntwein, unbeschränktes Recht zur Teilnahme an öffentl. Tanzveranstaltungen (§§ 4, 5 JÖSchG) aktives und passives Wahlrecht zum Betriebsrat (§ 7 BetrVG) Möglichkeit zum Erwerb der Fahrerlaubnis Kl. 1 und 3 (§ 7 StVZO) Beginn der Wehrpflicht (§ 1 WehrpflG)
21. Lj.:	volle strafrechtliche Verantwortlichkeit als Erwachsener (§ 1 Abs. 2 JGG) Möglichkeit zum Erwerb der Fahrerlaubnis Kl. 2 (§ 7 StVZO)
24 Lj.:	Berechtigung zur Ausbildung von Handwerkslehrlingen (§ 21 Abs. 3 HandwO)
25. Lj.:	Adoptionsfähigkeit (§ 1743 BGB) Befähigung zum Amt eines Schöffen/ehrenamtlichen Richters beim Arbeits- oder Sozialgericht (§ 33 GVG, § 21 ArbGG, § 16 SGG)
27. Lj.:	Fähigkeit, als Beamter auf Lebenszeit angestellt zu werden (§ 6 BRRG, § 9 BBG)
30. Lj.:	Befähigung zum Amt eines Handelsrichters/ehrenamtlichen Richters beim Verwaltungs- oder Finanzgericht (§ 109 GVG; § 20 VwGO; § 17 FGO)
35. Lj.:	Befähigung zum Richter an einem Obersten Bundesgericht (§ 125 Abs. 2 GVG, § 15 Abs. 3 VwGO usw.)
40. Lj.:	Befähigung zum Amt des BPräs. (Art. 54 Abs. 1 S. 2 GG) oder eines Richters beim BVerfG (§ 3 Abs. 1 BVerfGG)
45. Lj.:	Ende der Wehrpflicht für Mannschaften in Friedenszeiten (§ 3 Abs. 3 WehrpflG)
53., 55., 57., 59. Lj.:	Altersgrenze für Berufsunteroffiziere bzw. Truppenoffiziere (§ 45 SoldG)
60. Lj.:	Altersgrenze für andere Berufssoldaten Ende der Wehrpflicht für Offiziere und Unteroffiziere sowie für alle im Verteidigungsfall (§ 3 Abs. 4, 5 WehrpflG) in der Rentenversicherung vorzeitiges Altersruhegeld für Frauen (§ 1248 Abs. 3 RVO) sowie für Schwerbehinderte, Berufs- oder Erwerbsunfähige (§ 1248 Abs. 1 RVO)
63. Lj.:	Beitragsfreiheit in der Arbeitslosenversicherung (§ 169 AFG) vorzeitiges Altersruhegeld auf Antrag (§ 1248 Abs. 1 RVO) Versetzung von Beamten in den Ruhestand auf Antrag (§ 42 Abs. 3 BBG)
65. Lj.:	Altersgrenze für Beamte und Richter (§ 41 BBG, § 48 DRiG)

Altersruhegeld in der Rentenversicherung (§ 1248 Abs. 5 RVO)
70. Lj.: Höchstgrenze bei Hinausschiebung des Eintritts in den Ruhestand für Beamte (§ 41 Abs. 2 BBG)

305. Namensrecht. Namensschutz

I. *Namensrecht*

Der *Name* einer Person besteht aus einem oder mehreren *Vornamen,* den die Eltern bestimmen, und dem *Familiennamen,* der mit der Geburt erworben wird. Nach § 1355 BGB ist der Ehe- und Familienname nicht mehr, wie nach früherem Recht, der Name des Mannes, dem die Frau durch öffentlich beglaubigte Erklärung gegenüber dem Standesbeamten ihren Mädchennamen hinzufügen konnte. Vielmehr bestimmen seit 1. 7. 1976 die Ehegatten bei der Eheschließung den gemeinsamen Namen durch Erklärung gegenüber dem Standesbeamten; dabei können sie zwischen den Geburtsnamen der Ehegatten wählen. Treffen sie keine Wahl, ist der Name des Mannes maßgebend. Wer durch die Wahl seinen Namen aufgibt, kann ihn (oder seinen vor der Eheschließung geführten sonstigen Namen) durch öffentlich beglaubigte Erklärung gegenüber dem Standesbeamten dem Ehenamen voranstellen. Das eheliche Kind erhält den Ehenamen seiner Eltern (also nicht den ggf. von einem Elternteil geführten Doppelnamen), das nichteheliche Kind den Familiennamen der Mutter (§§ 1616, 1617 Abs. 1 BGB).

Die ab 1. 7. 1976 für die Wahl des Ehenamens geltende Regelung fand übergangsweise auch auf vorher geschlossene Ehen Anwendung: Die Ehegatten konnten in der Zeit vom 1. 7. 1979 bis 30. 6. 1980 nachträglich den Geburtsnamen der Frau mit den oben angeführten Wirkungen als Ehenamen wählen, mit Wirkung für einen mindestens 14jährigen Abkömmling aber nur, wenn dieser sich der Erklärung anschloß (Ges. vom 27. 3. 1979, BGBl. I 401).

Auch in der *DDR* können die Eheleute bei der Eheschließung wählen, ob sie den Namen des Mannes oder den der Frau führen wollen.

II. *Schutz des Namens*

Der Träger des Namens hat ein absolutes, gegen jeden wirksames Recht. Er kann bei dessen Bestreiten oder Verletzung durch unbefugten Gebrauch des gleichen Namens von dem Mißbrauchenden Beseitigung verlangen bzw. auf Unterlassung klagen (§ 12 BGB).

III. *Namensänderung*

Die höhere Verwaltungsbehörde kann auf Antrag eines deutschen Staatsangehörigen oder auch eines Staatenlosen, der seinen Wohnsitz oder gewöhnlichen Aufenthalt im Bundesgebiet hat, eine *Änderung* seines Vornamens oder Familiennamens bewilligen, wenn ein wichtiger Grund vorliegt (z. B. lächerlicher Name, Aussterben eines Familiennamens).

Das Nähere bestimmt das *Namensänderungsgesetz* vom 5. 1. 1938 (RGBl. I 9) m. spät. Änd., zuletzt vom 18. 7. 1979 (BGBl. I 1061), nebst DVO vom 7. 1. 1938 (RGBl. I 12) m. Änd. vom 18. 4. 1975 (BGBl. I 967) und die Allgem. Verwaltungsvorschrift zum Ges. über die Änderung von Familiennamen und Vornamen (NamÄndVwV) vom 11. 8. 1980 (BAnz. 153, Beilage 26/80).

Der *Familienname* ändert sich *kraft Gesetzes* in folgenden Fällen:

a) Bei Nichtigerklärung der Ehe tritt hinsichtlich der Namen der vor der Eheschließung geltende Rechtszustand ein.

b) Durch Verheiratung seiner Eltern erlangt das *nichteheliche Kind* die rechtliche Stellung eines ehelichen Kindes und den Ehenamen der Eltern, jedoch bei Namensänderung gem. § 1355 BGB ab seinem 14. Lebensjahr nur mit seinem Einverständnis (§§ 1719, 1720 BGB); sog. *Legitimation*.

c) Mit gleicher Wirkung kann ein *nichteheliches Kind* auf Antrag seines Vaters durch eine Entscheidung des VormG *für ehelich erklärt* werden (§§ 1723, 1736 BGB), ebenso auf Antrag des Kindes, wenn die Eltern verlobt waren und das Verlöbnis durch Tod eines Teils aufgelöst worden ist (§§ 1740a ff. BGB). Im ersten Fall erhält das Kind den Familiennamen des Vaters, aber nicht den vorangestellten (§ 1737 BGB), im zweiten Fall grundsätzlich den des überlebenden Elternteils (§§ 1740f, g BGB).

d) Durch die *Annahme als Kind* erlangt dieses die rechtliche Stellung eines ehelichen Kindes des Annehmenden und erhält grundsätzlich dessen Familiennamen, aber nicht den vorangestellten Namen (§ 1757 BGB). Es verliert ihn mit der Aufhebung des Adoptionsvertrags (§ 1765 BGB). Vgl. 352.

e) Der Ehemann einer nichtehelichen Mutter und diese können deren *nichtehelichem Kind*, das nicht von dem Ehemann stammt, durch Erklärung gegenüber dem Standesbeamten ihren Ehenamen, der Vater des Kindes seinen Familiennamen – ohne den vorangestellten Namen – erteilen (§ 1618 BGB; *Namenserteilung*). Die Erklärungen der Beteiligten müssen öffentlich beglaubigt sein.

Bei *Ehescheidung* behält jeder Ehegatte den Ehenamen, kann jedoch durch öffentlich beglaubigte Erklärung gegenüber dem Standesbeamten den Geburtsnamen oder den vor der Eheschließung geführten Namen wieder annehmen; dasselbe gilt für den *verwitweten* Ehegatten (§ 1355 Abs. 4 BGB).

IV. Sonstiges

Adelsbezeichnungen gelten nach Art. 109 Abs. 3 Satz 2 WVerf. nur als Teil des Namens. Erwerb und Verlust des *Adels* bestimmen sich nicht mehr wie früher nur nach öffentlichem Recht, sondern nach den für den Erwerb und Verlust des Namens geltenden Bestimmungen des BGB.

Knaben dürfen mit Ausnahme des Beivornamens Maria keine weiblichen Vornamen erhalten. *Transsexuelle* können, wenn eine Änderung ihres Empfindens nicht zu erwarten ist, nach dreijähriger Dauer beim Amtsgericht beantragen, daß sie ihre Vornamen ändern dürfen; dann wird ein entsprechender Randvermerk im Geburtenbuch eingetragen. Die Voraussetzung, daß der Transsexuelle mindestens 25 Jahre alt sein muß, hat das Bundesverfassungsgericht für nichtig erklärt (BGBl. 1982 I 619; NJW 1982, 2061). Ist der Antragsteller überdies unverheiratet und dauernd fortpflanzungsunfähig und hat er sich einer operativen Geschlechtsumwandlung unterzogen, kann er gerichtliche Feststellung der Geschlechtszugehörigkeit beantragen (Ges. vom 10. 9. 1980, BGBl. I 1654).

306. Personenvereinigungen und juristische Personen

I. *Personenvereinigungen*

sind Zusammenschlüsse, die rechtsfähig sein können; sie können einen festen oder einen wechselnden Mitgliederbestand haben. *Nicht rechtsfähig* ist insbes. die *Gesellschaft des bürgerlichen Rechts,* bei der sich zwei oder mehrere Personen zur Erreichung eines gemeinsamen Zweckes zusammenschließen. Von der Gesellschaft verschieden ist der *nichtrechtsfähige Verein,* auf den zwar dieselben Vorschriften Anwendung finden, der aber nicht wie die Gesellschaft auf bestimmte Personen beschränkt ist, sondern durch den Wechsel der Mitglieder in seinem Bestande nicht berührt wird. Er kann als Verein vor Gericht verklagt werden, während bei der Gesellschaft die einzelnen Gesellschafter verklagt werden müssen.

Der *Gesellschaftsvertrag* kann im allgemeinen formlos abgeschlossen werden, falls nicht wegen der übernommenen Pflichten Formvorschriften eingreifen (z. B. Einbringung von Grundbesitz; § 313 BGB).

Personenvereinigungen des *Handelsrechts* sind insbes. die *offene Handelsgesellschaft* (oHG), die *Kommanditgesellschaft* (KG) und die *stille Gesellschaft,* sog. Personengesellschaften; desgl. die *Genossenschaft,* die zwar Kaufmann, aber keine Handelsgesellschaft ist. Vgl. 372.

II. *Juristische Personen*

sind Personenvereinigungen oder Vermögens massen, denen die Rechtsordnung eine allgemeine Rechtsfähigkeit zuerkennt. Während der natürlichen Person die Rechtsfähigkeit angeboren ist, erlangt die juristische Person sie erst bei Erfüllung bestimmter gesetzlicher Voraussetzungen (meist Eintragung in einem Register).

Zum Unterschied von der Personenvereinigung tritt bei der juristischen Person die Mitgliedschaft der natürlichen Person hinter dem von ihr unabhängigen eigenen Rechtsträger (Rechtssubjekt) zurück.

Man unterscheidet zwischen den juristischen Personen des *öffentlichen Rechts* (vgl. 144), unter denen bes. der *Fiskus* hervortritt (Staat als Träger von Vermögensrechten, 141), und den juristischen Personen des Privatrechts, die private Zwecke verfolgen und deren Entstehung und Verfassung vom Privatrecht geregelt wird. Von den juristischen Personen des *Privatrechts* behandelt das BGB nur die *rechtsfähigen Vereine* und die *Stiftungen.*

Vereine, deren Zweck nicht auf einen wirtschaftlichen Geschäftsbetrieb gerichtet ist (z. B. Kunst-, Sport-, Geselligkeitsvereine), erlangen die Rechtsfähigkeit durch Eintragung in das beim Amtsgericht geführte *Vereinsregister* (vgl. 299 und § 21 BGB). Der Verein muß einen Namen haben, der ihn von anderen am Ort befindlichen eingetragenen Vereinen unterscheidet, ferner einen Sitz, einen Vorstand und eine Satzung, die Bestimmungen u. a. über die Mitgliederversammlung enthält. Er soll bei Anmeldung aus mindestens 7 Personen bestehen. Vor der Eintragung ist die Anmeldung des Vereins der zuständigen Verwaltungsbehörde zwecks Prüfung mitzuteilen, ob gegen die Eintragung Einspruch erhoben werden soll. Mit der Eintragung erhält der Verein die Bezeichnung ,,eingetragener Verein" (e. V.; §§ 55–79 BGB).

Eine *Stiftung* ist eine als selbständige Rechtspersönlichkeit behandelte Vermögensmasse, deren Erträgnisse einem bestimmten dauernden Zweck gewidmet sind. Zu ihrer Entstehung sind ein Stiftungsgeschäft (bzw. letztwillige Verfügung) und staatliche Genehmigung erforderlich (§§ 80–88 BGB). Über die Stiftung öffentlichen Rechts und den Begriff ,,öffentliche Stiftung" vgl. 144.

Rechtsfähige Vereine mit wirtschaftlichen Zwecken weist insbes. das Handelsrecht auf, nämlich Kapitalgesellschaften (Aktiengesellschaft, Kommanditgesellschaft auf Aktien, Gesellschaft mit beschränkter Haftung) sowie Erwerbs- und Wirtschaftsgenossenschaften. Vgl. 372.

Zu diesen handelsrechtlichen juristischen Personen tritt die im preuß. Allg. Berggesetz vom 24. 6. 1865 (ABG) m. spät. Änd. geregelte *Gewerkschaft des neueren Rechts,* eine Vereinigung von mindestens zwei Bergwerksbesitzern (Gewerken) zum gemeinsamen Betrieb eines Bergwerks. Sie besitzt Rechtsfähigkeit ohne Eintragung (Organe: Gewerkenversammlung, Grubenvorstand od. Repräsentant). Ihr Vermögen zerfällt in Anteile *(Kuxe),* die als bewegliche Sachen gelten, auf den Namen lauten und unteilbar sind. Die Gewerken nehmen am Gewinn und Verlust *(Zubußen)* teil. Vgl. §§ 111 ff. ABG.

Von dieser Gewerkschaft ist die des *älteren Rechts* zu unterscheiden, die kein selbständiges Rechtssubjekt ist, sondern der bürgerlich-rechtlichen Gesellschaft ähnelt. Ihr Vermögen (Bergwerk) steht nicht ihr, sondern den *Gewerken* (Gesellschaftern) zur gesamten Hand zu (§§ 227, 231, 96–98 ABG). Den Gläubigern haftet jedoch nur das Gesellschaftsvermögen.

Beide Arten von Gewerkschaften sind, sofern nicht eine Umwandlung oder Verschmelzung mit einer Kapitalgesellschaft (372 V) stattgefunden hat, mit dem 31. 12. 1985 aufgelöst und abzuwickeln (§§ 163 ff. BBergG vom 13. 8. 1980, BGBl. I 1310).

307. Sachen

i. S. des Rechts sind nur *körperliche Gegenstände* (§§ 90 ff. BGB). Während die Person (Rechtssubjekt) der Träger von Rechten und Pflichten ist, bildet die *Sache* den Gegenstand von Rechten (Rechtsobjekt). Von den Sachen zu scheiden sind die *Rechte* (z. B. Urheber-, Namensrecht), die man mit den Sachen unter dem Oberbegriff *Gegenstände* zusammenfaßt.

Eine *Sache* kann fest, flüssig oder gasförmig und muß abgrenzbar sein. Der menschliche Körper ist niemals Sache, sondern bildet das Äußere der Person und das Gegenstück zur Sache. Eine Mehrheit von Sachen kann als Sachgesamtheit zu einem bestimmten Zweck zusammengefaßt werden (z. B. Bibliothek, Warenlager). Ein Inbegriff verschiedener Gegenstände, die Gesamtheit der Aktiva einer Person, macht ein *Vermögen* aus.

Man teilt die *Sachen* ein in

a) *bewegliche* und *unbewegliche* Sachen (Mobilien – Immobilien);

b) *vertretbare* und *unvertretbare* Sachen, je nachdem, ob sie im Verkehr nach Maß, Zahl oder Gewicht bestimmt zu werden pflegen (z. B. Geld, Kohlen, Mehl, Kaffee) oder nicht (z. B. Grundstück, Schiff, Pferd). Der Unterschied spielt eine Rolle insbes. beim Darlehen, das nur in vertretbaren Sachen bestehen kann, für den Urkunden- und Wechselprozeß und bei der Zwangsvollstreckung (vgl. 319, 247, 256);

c) *verbrauchbare* und *nicht verbrauchbare* Sachen, je nachdem, ob ihre bestimmungsgemäße Verwendung in Verbrauch oder Veräußerung besteht (z. B. Lebensmittel, Geld) oder nicht (z. B. Gebäude, Auto). Der Unterschied ist beim Nießbrauch (339) und bei der Nutznießung von Bedeutung;
d) *teilbare* und *nicht teilbare* Sachen, je nachdem, ob sie ohne Wertänderung zerlegt werden können (z. B. Tuche, Wein) oder nicht (z. B. Maschine, Schmuckstück).

Auch Tiere sind Sachen im Rechtssinne. Widerrechtliche Tötung eines fremden Tieres ist daher eine Sachbeschädigung.

Wesentliche Bestandteile sind solche Bestandteile einer Sache, die voneinander nicht getrennt werden können, ohne daß der eine oder andere zerstört oder in seinem Wesen verändert wird (§ 93 BGB). Sie können nicht Gegenstand besonderer Rechte sein, teilen also das rechtliche Schicksal der Hauptsache (z. B. das Dach beim Haus, Zentralheizung im Neubau).

Zubehör einer Sache sind bewegliche Sachen, die, ohne Bestandteil der Hauptsache zu sein, dem wirtschaftlichen Zweck der Hauptsache zu dienen bestimmt sind und zu ihr in einem entsprechenden räumlichen Verhältnis stehen (z. B. Maschinen einer Fabrik, Wirtschaftsinventar eines Landgutes). Zubehör teilt nur im Zweifel das rechtliche Schicksal der Hauptsache (§§ 97, 98, 314 BGB).

Unter den *Früchten einer Sache* versteht das BGB die auf natürlichem Wege aus einer anderen entstehenden Sachen (z. B. Tierjunge, Baumfrüchte), ferner die sonstige Ausbeute, die eine Sache ihrer Bestimmung gemäß gewährt (z. B. Holz aus dem Forst, Torf aus Torfstich), und endlich *Erträge,* die eine Sache vermöge eines Rechtsverhältnisses gewährt (z. B. auf Grund eines Miet- oder Pachtverhältnisses). *Früchte eines Rechtes* sind dessen Erträge (z. B. Zinsen eines Darlehens). *Nutzungen* sind die Früchte einer Sache oder eines Rechtes sowie die Vorteile, die der Gebrauch der Sache oder des Rechts gewährt (z. B. der Pächter hat neben dem Recht, die Früchte eines Gutes zu ernten, auch das Recht, auf dem Gut zu wohnen). Vgl. §§ 99ff. BGB.

308. Die Rechtsgeschäfte

bestehen aus einer oder mehreren *Willenserklärungen.* Die Rechtsgeschäfte (§§ 104–185 BGB) werden eingeteilt in:

a) *einseitige* Rechtsgeschäfte, die sein können
   1. *streng einseitig* = jede Willenserklärung einer Person ohne Rücksicht darauf, ob sie einer anderen zugeht (z. B. Testament, Auslobung; sog. nichtempfangsbedürftige Willenserklärung);
   2. *empfangsbedürftige* Willenserklärungen, die erst wirksam werden, wenn sie einem anderen zugehen (z. B. Kündigung, Mahnung);

b) *mehrseitige* Rechtsgeschäfte oder *Verträge.* Der Vertrag entsteht aus zwei sich entsprechenden Willenserklärungen (Angebot und Annahme).

Die *Verträge* können nur eine Vertragspartei verpflichten (so z. B. bei Schenkung, Darlehen, Leihvertrag) oder auf beiden Seiten Leistungsverpflichtungen hervorrufen (so bei Kauf, Tausch, Miete, Werkvertrag). Diese letzteren heißen *gegenseitige Verträge.*

Nach § 133 BGB ist bei der *Auslegung* einer Willenserklärung der wirkliche Wille zu erforschen und nicht an dem buchstäblichen Sinne des Ausdrucks zu haften. Verträge sind so auszulegen, wie *Treu und Glauben* mit Rücksicht auf die *Verkehrssitte* es erfordern (§ 157 BGB).

Die *Rechtsgeschäfte* werden ferner eingeteilt in

a) Geschäfte *unter Lebenden* und

b) *von Todes wegen* (Testament, Erbvertrag = Verfügungen von Todes wegen).

Man muß zwischen Verpflichtung und Verfügung unterscheiden. Unter einer *Verfügung* versteht man ein Rechtsgeschäft, das unmittelbar Rechte überträgt, belastet, verändert oder aufhebt, während eine *Verpflichtung* dem Schuldner nur die Pflicht auferlegt, den bezweckten Rechtserfolg durch eine Verfügung herbeizuführen. Beim Abschluß eines Kaufvertrages verpflichtet sich der Verkäufer, die Kaufsache zu liefern und dem Käufer das Eigentum daran zu verschaffen; mit der Übergabe der Sache zwecks Eigentumsübertragung verfügt er über sie und erfüllt seine Verkäuferverpflichtung.

Weiter unterscheidet man u. a. zwischen entgeltlichen und unentgeltlichen, abstrakten und kausalen Rechtsgeschäften; die Unterscheidung richtet sich danach, ob das Rechtsgeschäft von einem Rechtsgrund (lat. causa) abhängig ist, z. B. Kauf, oder nicht, z. B. Wechselverpflichtung.

Grundsätzlich sind die Rechtsgeschäfte formfrei. Ausnahmsweise bestehen *Formvorschriften;* z. B. müssen Mietverträge über Grundstücke, wenn sie länger als ein Jahr laufen sollen, schriftlich abgeschlossen werden. Wird die Schriftform nicht beachtet, so gilt der Vertrag als für unbestimmte Zeit geschlossen; die Kündigung ist jedoch nicht für eine frühere Zeit als für den Schluß des ersten Jahres zulässig (§ 566 BGB). Kaufverträge über Grundstücke bedürfen der notariellen Beurkundung (§ 313 BGB).

Nichtbeachtung der gesetzlichen Form macht ein Rechtsgeschäft nichtig, ebenso Verstoß gegen ein gesetzliches Verbot oder gegen die *guten Sitten* (§§ 134, 138 BGB). Entspricht jedoch ein nichtiges Rechtsgeschäft den Erfordernissen eines anderen Rechtsgeschäfts, so gilt das letztere, wenn anzunehmen ist, daß dessen Geltung bei Kenntnis der Nichtigkeit gewollt sein würde (= Umdeutung; § 140 BGB).

309. Stellvertretung. Vollmacht

Stellvertretung liegt vor, wenn jemand an Stelle und im Namen eines anderen rechtsgeschäftlich handelt mit der Wirkung, daß die Rechtsfolgen in der Person des Vertretenen eintreten (§§ 164ff. BGB). Die Berechtigung zur Stellvertretung *(Vertretungsmacht)* kann auf dem Gesetz beruhen (*gesetzliche Vertretung* durch Eltern, Vormund) oder durch Rechtsgeschäft begründet sein *(Vollmacht)*.

Die Stellung eines *gesetzlichen Vertreters* haben u. a. die Organe der juristischen Personen (z. B. Vorstand einer AG), die amtlichen Vertreter von Sondervermögen (z. B. Konkursverwalter, Nachlaßpfleger).

Für bestimmte Rechtsgeschäfte ist die Stellvertretung *ausgeschlossen,* so besonders im Familien- und Erbrecht (Eheschließung, § 13 Ehegesetz; Testament, § 2064 BGB; für den Erblasser beim Erbvertrag, § 2274 BGB) = höchstpersönliche Rechtsgeschäfte.

Tritt die Stellvertretung nach außen nicht in Erscheinung, sondern handelt der Stellvertreter im eigenen Namen, aber für fremde Rechnung, so spricht man von *mittelbarer,* dagegen bei Stellvertretung im fremden Namen von unmittelbarer (direkter) Stellvertretung.

Beim *Handeln ohne Vertretungsmacht,* wenn also der Vertreter weder gesetzlich noch vertraglich zur Stellvertretung berechtigt ist, hängt die Wirksamkeit des Rechtsgeschäfts von der Genehmigung des Vertretenen ab. Bis zur Genehmigung ist das Geschäft schwebend unwirksam und der Vertragspartner zum Widerruf berechtigt (§ 177 BGB).

Zur Vermeidung einer *Interessenkollision* ist es dem Vertreter grundsätzlich nicht gestattet, im Namen des Vertretenen mit sich selbst oder als Vertreter mehrerer Personen ein Rechtsgeschäft zwischen diesen vorzunehmen (§ 181 BGB). Erlaubt ist ein solches *Selbstkontrahieren* des Vertreters nur, wenn es ihm ausdrücklich vom Vertretenen gestattet ist oder wenn das Rechtsgeschäft ausschließlich in der Erfüllung einer Verbindlichkeit besteht.

310. Verjährung

Das Recht, von einem anderen ein Tun oder Unterlassen zu verlangen *(Anspruch)*, unterliegt der *Verjährung* (§§ 194 ff. BGB). Die regelmäßige Verjährungsfrist beträgt 30 Jahre. Viele Ansprüche des täglichen Lebens verjähren jedoch mit dem 31. 12. des zweiten auf die Entstehung des Anspruchs folgenden Jahres, besonders Ansprüche aus Lieferungs- oder Leistungsgeschäften, Lohn-, Gehalts-, Honoraransprüche usw. (§ 196 BGB). Der Verpflichtete kann nach Beendigung der Verjährung die Leistung verweigern *(Verjährungseinrede)*, Geleistetes jedoch nicht zurückfordern (§ 222 BGB). Wenn der Beklagte die Verjährung nicht ausdrücklich geltend macht, darf das Gericht die Verjährung des Anspruchs nicht berücksichtigen (*Einrede* der Verjährung).

In *6 Monaten* verjähren die *Gewährleistungsansprüche* des Käufers auf Wandelung, Minderung oder Schadensersatz wegen Mangels der Kaufsache bei beweglichen Sachen (bei Grundstücken in einem Jahr; § 477 BGB), die Ersatzansprüche des Vermieters und Verleihers wegen Verschlechterungen der Miet- bzw. geliehenen Sache und des Mieters und des Entleihers wegen Verwendungen auf die Miet- bzw. Leihsache (§§ 558, 606 BGB). In gleicher Weise werden die Ansprüche des Bestellers beim Werkvertrag behandelt (§ 638 BGB). Noch kürzer ist die Verjährungsfrist beim *Viehkauf*, bei dem die Gewährleistungsansprüche schon *6 Wochen* vom Ende der Gewährfrist ab verjähren (§ 490 BGB). Vgl. 316.

In *3 Jahren* seit Kenntnis des Verletzten vom Schaden und der Person des Ersatzpflichtigen verjähren Ansprüche aus unerlaubter Handlung (§ 852 BGB); in *4 Jahren* ab Jahresende nach Entstehung des Anspruchs regelmäßig wiederkehrende Leistungen wie Zinsen, Renten, Unterhaltsansprüche (§ 197 BGB).

Die Verjährung wird *unterbrochen* durch Anerkennung des Anspruchs (die auch in einer Abschlags- oder Zinszahlung liegen kann) oder durch gerichtliche Geltendmachung *(nicht* bloße *Mahnung)*. Nach Ende der Unterbrechung beginnt die Verjährungsfrist von neuem (§§ 208 ff., 217 BGB). Dagegen läuft bei *Hemmung* der Verjährung, die insbesondere für die Dauer einer *Stundung* und während schwebender Verhandlungen über Schadensersatzansprüche wegen unerlaubter Handlung wirkt, die vorher begonnene Verjährungsfrist weiter (§§ 202 ff., 205, 852 Abs. 2 BGB).

Unverjährbar sind gewisse Ansprüche aus familienrechtlichen Verhältnissen, aus eingetragenen Grundstücksrechten, aus Nachbarrecht (§ 924 BGB), auf Aufhebung einer Gemeinschaft (§§ 758, 2042 BGB).

311. Das Recht der Schuldverhältnisse (BGB II. Buch, §§ 241–853)

behandelt das persönliche schuldrechtliche Verhältnis, das zwischen dem Leistungsberechtigten (Gläubiger) und dem zur Leistung Verpflichteten (Schuldner) besteht, während das Verhältnis zwischen Person und Sache, das Sachenrecht, im III. Buch geregelt ist.

Schuldverhältnis ist die rechtliche Beziehung zwischen zwei oder mehr Personen, kraft deren der eine (Gläubiger) gegen den anderen (Schuldner) ein Recht auf ein Tun oder Unterlassen, einen Anspruch oder eine Forderung, hat. Diesem Anspruch des Gläubigers entspricht auf Seiten des Schuldners die Verbindlichkeit bzw. die Haftung (§§ 241 ff. BGB).

Man bezeichnet das Schuldverhältnis im Gegensatz zum *dinglichen* Recht des Sachenrechts auch als *obligatorisches* Rechtsverhältnis (obligare lat. = verpflichten).

Ein Schuldverhältnis kann begründet werden durch

a) gesetzliche Vorschrift (z. B. familienrechtlicher Unterhaltsanspruch),
b) Rechtsgeschäft, meistens Vertrag, oder
c) unerlaubte Handlung; z. B. schuldhafte Schädigung eines anderen (§§ 823ff. BGB; vgl. 332).

Es kann auf Leistung einer Sache, auf Vornahme einer Handlung, auf Duldung oder auf ein Unterlassen gerichtet sein.

Nach § 242 BGB hat der Schuldner die Leistung so zu bewirken, wie es *Treu und Glauben* mit Rücksicht auf die *Verkehrssitte* erfordern. Vgl. 308.

Wichtig ist, ob eine bestimmte Sache (Stückschuld, *Speziesschuld)* geschuldet wird oder ob es sich um eine *Gattungsschuld* handelt. Bei letzterer ist der geschuldete Gegenstand nur der *Gattung* nach bestimmt (z. B. ein Fahrrad), während bei der Speziesschuld eine im einzelnen bestimmte Sache geschuldet wird (z. B. das Haus Mittelstraße 42). Wird die Leistung durch Zufall *unmöglich,* so ist der Schuldner bei Speziesschulden frei, während er bei einer Gattungsschuld so lange zu leisten hat, als die Leistung aus der Gattung möglich ist. Die häufigste Gattungsschuld ist die Geldschuld.

Von den denkbaren *Störungen des Schuldverhältnisses* hat das BGB nur die Rechtsfolgen ausdrücklich geregelt, die bei *Verzug* (= Verspätung der Leistung, vgl. §§ 284ff., 326) oder *Unmöglichkeit* der Leistung (vgl. §§ 280, 323ff.) eintreten. Gewohnheitsrechtlich (s. 201) hat sich die Rechtsfigur der sog. *„positiven Vertragsverletzung“* für Leistungsstörungen, die nicht Verzug oder Unmöglichkeit sind und die auch nicht durch gesetzliche Gewährleistungsvorschriften erfaßt werden, herausgebildet (Hauptfälle: Schlechtleistung, Verletzung von Nebenpflichten). Grundsätzlich hat der Schuldner für verschuldete derartige Vertragsverletzungen ebenso einzustehen wie für Verzug oder Unmöglichkeit.

Eine Schadensersatzpflicht, z. B. aus Vertragsverletzung oder unerlaubter Handlung, kann sich durch *mitwirkendes Verschulden* des Geschädigten mindern oder sogar entfallen; dies hängt von den Umständen, insbes. davon ab, inwieweit der Schaden vorwiegend von dem einen oder dem anderen Teil verursacht worden ist (§ 254 BGB). Vgl. 332a.

312. Gesamtschuldner. Gesamtgläubiger

Bei einem Schuldverhältnis können auf der Schuldner- wie auf der Gläubigerseite mehrere Personen stehen. *Schulden mehrere* eine Leistung und ist diese teilbar, so gilt im Zweifel jeder Schuldner als zu gleichem Anteil verpflichtet. Ist die Leistung unteilbar, so haften sämtliche Schuldner als *Gesamtschuldner,* d. h. jeder muß die ganze Leistung bewirken; jedoch kann sie der Gläubiger nur einmal fordern (§§ 420, 421, 431 BGB).

Bei *mehreren Gläubigern* einer teilbaren Leistung hat im Zweifel jeder Gläubiger einen gleichen Anteil zu beanspruchen (§ 420 BGB). Sollen sie *Gesamtgläubiger* sein, so muß ausdrücklich vereinbart sein, daß jeder Gläubiger berechtigt ist, die ganze Leistung zu fordern; dies gilt auch für unteilbare Leistungen (§ 428 BGB).

Ein *Gesamtschuldverhältnis* entsteht:

a) wenn eine unteilbare Leistung geschuldet wird (§ 431 BGB);
b) wenn sich mehrere Schuldner gemeinschaftlich durch Vertrag zu einer teilbaren Leistung verpflichten (§ 427 BGB);
c) in vom Gesetz bestimmten Einzelfällen (z. B. § 840 BGB unerlaubte Handlung mehrerer, § 769 BGB mehrere Bürgen, § 2058 BGB Miterben). Vgl. 327, 332.

Die *Gesamtgläubigerschaft* kann durch Rechtsgeschäft oder Gesetz (so bei mehreren Vermächtnisnehmern im Falle des § 2151 Abs. 3 BGB) entstehen.

Im Innenverhältnis untereinander sind Gesamtgläubiger und Gesamtschuldner grundsätzlich zum Ausgleich verpflichtet (§§ 426, 430 BGB).

313. Abtretung von Ansprüchen (Zession)

Forderungen und andere Rechte können durch Vertrag zwischen dem Gläubiger und einem Dritten übertragen (abgetreten) werden (§§ 398ff. BGB). *Unübertragbar* sind jedoch Ansprüche,

a) bei denen die Übertragung durch Rechtsgeschäft zwischen Gläubiger und Schuldner *ausgeschlossen* ist (§ 399 BGB) oder
b) sich die Unübertragbarkeit aus *Sinn und Zweck* des Rechtsgeschäfts ergibt (z. B. Werkvertrag, Altenteil);
c) die *unpfändbar* sind (§ 400 BGB);
d) die das *Gesetz* ausdrücklich für *unübertragbar* erklärt (z. B. § 514 BGB Vorkaufsrecht, § 717 BGB Ansprüche aus dem Gesellschaftsverhältnis).

Der Abtretungsvertrag ist grundsätzlich formfrei; in einzelnen Fällen sind bestimmte Formen vorgeschrieben (z. B. Hypothekenabtretung). Mit der Abtretung gehen *Sicherungsrechte* (z. B. aus Hypothek, Pfandrecht, Bürgschaft) kraft Gesetzes auf den Abtretungsempfänger über (§ 401 BGB). Über *Vorausabtretung* einer künftigen Forderung beim sog. *verlängerten Eigentumsvorbehalt* vgl. 315. Wichtig ist, dem Schuldner die Abtretung mitzuteilen, da er sonst mit befreiender Wirkung an den bisherigen Gläubiger leisten kann (§ 407 BGB).

314. Erlöschen der Schuldverhältnisse

Das BGB nennt in den §§ 362ff. als Erlöschensgründe der Schuldverhältnisse:

a) *Erfüllung,* d.h. Bewirken der geschuldeten Leistung an den Gläubiger (§§ 362–371);
b) *Hinterlegung* (§§ 372–386);
c) *Aufrechnung* (§§ 387–396) = *Tilgung einer Schuld* durch Verrechnung mit einer Gegenforderung;
d) *Erlaß* (§ 397) durch formlosen Vertrag zwischen Schuldner und Gläubiger.

Zur *Hinterlegung* ist ein Schuldner bei *Annahmeverzug* des Gläubigers berechtigt. Ferner dann, wenn er aus einem anderen in der Person des Gläubigers liegenden Grund oder wegen Ungewißheit über die Person des Gläubigers seine Verbindlichkeit nicht oder nicht mit Sicherheit erfüllen kann. Vgl. 301.

Voraussetzungen der *Aufrechnung* auf Seiten des Schuldners sind eine voll wirksame Forderung, Gegenseitigkeit, Gleichartigkeit und Fälligkeit der Gegenforderung (§ 387 BGB). Die Verjährung schließt die Aufrechnung nicht aus, wenn die verjährte Forderung zu der Zeit, zu welcher sie gegen die andere Forderung aufgerechnet werden konnte, noch nicht verjährt war (§ 390 BGB). Über Besonderheiten der Aufrechnung im Konkurs s. §§ 53–55 KO. *Gegen* eine *unpfändbare Forderung* (z.B. auf Arbeitslohn) kann i.d.R. nicht aufgerechnet werden, ebensowenig *gegen* eine Forderung aus *vorsätzlicher* unerlaubter Handlung (z.B. Diebstahl); §§ 394, 393 BGB.

315. Vertragstypen des BGB

In den §§ 433–853 regelt das BGB *einzelne Schuldverhältnisse.* Für sie gelten die allgemeinen, grundsätzlich für alle Schuldverhältnisse maßgebenden allgemeinen schuldrechtlichen Bestimmungen (§§ 241–432) nur insoweit, als in den Regelungen über das jeweilige Schuldverhältnis nichts Abweichendes bestimmt ist. Es gilt – anders als im Sachen-, Familien- und Erbrecht, wo nur die dort näher festgelegten Verträge abgeschlossen werden können – im Schuldrecht grundsätzlich *Vertragsfreiheit,* d.h. die Vertragsparteien können den Vertrag beliebig gestalten; sie müssen nur die unabdingbaren Rechtsgrundsätze (z.B. gute Sitten, gesetzliche Verbote) beachten. Auch die Bestimmungen über einzelne Schuldverhältnisse greifen nur Platz, soweit die Parteien nichts anderes vereinbart haben. Es sind *Vertragstypen,* die der Gesetzgeber zur Verfügung stellt, die aber durch Parteigestaltung abgewandelt werden können.

Im Wandel der Wirtschaftsstruktur haben sich *neue Vertragstypen* herausgebildet, die noch keinen Niederschlag im Gesetz gefunden haben. Das gilt z.B. für den *Sicherungsübereignungsvertrag,* bei dem abweichend von den §§ 1205, 1206 BGB anstelle der Übergabe der Sache, durch die ein Pfandrecht begründet wird, dem Kreditgeber das treuhänderische (fiduziarische) Eigentum verschafft, die Sache aber im Besitz des Schuldners belassen wird (der Gläubiger hat dann im Konkurs des Schuldners kein Aussonderungsrecht, sondern nur ein Recht auf abgesonderte Befriedigung wie ein Pfandgläubiger; vgl. 264). Durch die Rechtsprechung herausgebildet worden ist auch der *verlängerte Eigentumsvorbehalt,* bei dem sich der Lieferant die Ansprüche des Schuldners aus der Weiterveräußerung an Dritterwerber im voraus abtreten läßt. Ähnlich beim *Trödlervertrag* (Übergabe einer Sache mit der Abrede, entweder später den Preis zu bezahlen oder die Sache zurückzugeben) und beim *Sortimentsvertrag* im Buchhandel (Rückgaberecht des Buchhändlers, sog. Remittenden); hier findet Kaufrecht entsprechende Anwendung (§ 445 BGB).

Öfters finden sich sog. *gemischte Verträge,* die Elemente verschiedener Vertragstypen enthalten, z. B. Hotelbestellung des Urlaubsreisenden: Miete (Zimmer), Kauf (Verpflegung), Dienstvertrag (Bedienung). Hier entscheidet sich nach Inhalt und Zweck der Vereinbarungen, inwieweit die Vorschriften über die einzelnen Vertragstypen anzuwenden sind.

Eine Typisierung des Vertragsinhalts liegt in den *Allgemeinen Geschäftsbedingungen,* die bei Lieferungs- und Leistungsverträgen vielfach üblich sind (Banken, Spediteure, Versicherungen; vgl. 818, 375, 872). Sie regeln z. B. Leistungsort, Zahlungsart, Gerichtsstand usw. und enthalten häufig *Freizeichnungsklauseln* mit Haftungsfreistellungen für eine Vertragspartei. Die AGB werden nach dem Ges. vom 9. 12. 1976 (BGBl. I 3317), m. letzter Änd. vom 25. 7. 1986 (BGBl. I 1142), Bestandteil des Grundvertrags nur bei ausdrücklichem Hinweis, Möglichkeit der Kenntnisnahme und Einverständnis der Vertragspartei. Sie können für bestimmte Rechtsgeschäfte im voraus vereinbart werden (wie bisher schon bei Banken, Versicherungen, Spediteuren usw.). Unwirksam sind Klauseln, die den Vertragsgegner unangemessen benachteiligen oder die dem Verwender der AGB einseitig gewisse Vorteile hins. der Geltendmachung seiner Rechte einräumen, z. B. Aufrechnungsverbot, Ausschluß der Haftung für grobes Verschulden, überhöhte Schadenspauschalierung. Die Schutzvorschriften gelten jedoch gegenüber Kaufleuten im Handelsverkehr nur in beschränktem Umfang. Unterlassungs- und Widerrufsansprüche können nur von rechtsfähigen Verbänden bestimmter Art (z. B. Verbraucherverbänden) durch Klage geltend gemacht werden; die Klagen und Urteile werden beim Bundeskartellamt registriert.

Ergänzende gesetzliche Regelungen zu einzelnen oder mehreren Vertragstypen finden sich in verschiedenen Nebengesetzen, wie z. B. dem Abzahlungsgesetz, dem Miethöhegesetz oder dem *Gesetz über den Widerruf von Haustürgeschäften und ähnlichen Geschäften* vom 16. 1. 1986 (BGBl. I 122). Nach diesem Gesetz kann der Kunde ein sog. *Haustürgeschäft* (ebenso Vertragsabschlüsse auf sog. Kaffeefahrten) innerhalb einer Woche schriftlich widerrufen.

316. Kauf, Tausch, Schenkung

I. Der *Kaufvertrag*

ist ein gegenseitiger Vertrag, durch den sich der Verkäufer verpflichtet, dem Käufer den Kaufgegenstand dauernd zu verschaffen, während der Käufer sich zur Zahlung des Kaufpreises und Abnahme des Kaufgegenstandes verpflichtet. Besteht die Gegenleistung nicht in Geld, sondern in der Hingabe einer anderen Sache, so liegt ein *Tauschvertrag* vor (§§ 433ff., 515 BGB).

Der Kaufvertrag ist grundsätzlich formfrei (Ausnahmen z. B. beim Grundstücks- und Erbschaftskauf, §§ 313, 2371 BGB). Der *Verkäufer* haftet für *Rechts-* und *Sachmängel.* Er muß also die Sache frei von Rechten Dritten verschaffen, die gegen den Käufer geltend gemacht werden können (z. B. Pfandrecht). Beim

Kauf einer Forderung oder eines sonstigen Rechts haftet er aber nur für deren Bestehen *(Verität)*, nicht für Zahlungsfähigkeit des Schuldners *(Bonität)*. Bei Sachen trifft den Verkäufer die *Gewährleistungspflicht*, d.h., er muß für Fehler der Sache und für zugesicherte Eigenschaften einstehen. Der Gewährleistungsanspruch gibt dem Käufer das Recht, *Wandelung* (Rückgängigmachen des Kaufes) oder *Minderung* des Kaufpreises zu verlangen (§ 462 BGB); bei Gattungssachen (s. 311) kann er statt dessen Neulieferung fordern (§ 480 BGB). Bei argligem Verschweigen eines Mangels oder Fehlen einer zugesicherten Eigenschaft kann Schadensersatz beansprucht werden (§ 463 BGB). Die Gewährleistungsansprüche verjähren bei beweglichen Sachen in 6 Monaten seit Ablieferung, bei Grundstücken in einem Jahr seit Übergabe (§ 477 BGB). Außer der Abnahmepflicht treffen den Käufer *Nebenpflichten*, z.B. die Übernahme der Kosten für eine von ihm verlangte *Versendung* nach einem anderen Ort, beim Grundstückskauf die Kosten für Auflassung und Grundbucheintragung (§§ 448, 449 BGB). Das sog. *Flaschenpfand* ist eine darlehensähnliche Verpflichtung des Käufers zur Rückgabe entsprechender Flaschen.

Über den Unterschied zwischen Verpflichtungs- und Verfügungsgeschäft (Eigentumsübertragung) beim Kauf s. 308. Über Gefahrübergang beim Versendungskauf vgl. § 447 BGB, über Kauf und *Werklieferungsvertrag* s. 320. Für den Abschluß und die Abwicklung von *internationalen Kaufverträgen über bewegliche Sachen* gelten die Gesetze vom 17. 7. 1973 (BGBl. I 856, 868).

Bei *Abzahlungsgeschäften* (Kauf beweglicher Sachen unter Vereinbarung von Teilzahlung, meist verbunden mit Eigentumsvorbehalt, s. 315) muß nach dem Ges. vom 16. 5. 1894 (RGBl. 450) m. spät. Änd. bei Rücktritt des Verkäufers wegen Nichteinhaltung der Zahlungsverpflichtungen durch den Käufer jeder Teil dem andern die empfangenen Leistungen zurückgewähren. Eine Vereinbarung, daß der gezahlte Kaufpreisteil *verfallen* sei, ist unzulässig; doch kann der Verkäufer verlangen, daß bei Rückgewähr des schon gezahlten Kaufpreises seine *Aufwendungen* (z.B. Transportkosten) und die *Wertminderung* der zurückgenommenen Sache berücksichtigt und für deren Benutzung eine *Vergütung* gezahlt wird. Die *Fälligkeit der Gesamtrestschuld* bei Nichterfüllung der Käuferpflichten kann nur für den Fall vereinbart werden, daß der Käufer mit mindestens zwei aufeinander folgenden Raten im Rückstand ist und der fällige Betrag mindestens 1/10 des Kaufpreises ausmacht. Im Interesse eines verstärkten Schutzes des Käufers erfordert dessen Teilzahlungsverpflichtung *Schriftform;* im Teilzahlungskaufvertrag sind der Barzahlungspreis im Unterschied zum Gesamtteilzahlungspreis sowie Betrag, Zahl und Fälligkeit der Raten sowie der effektive Jahreszins anzugeben; dieser errechnet sich als v.H.-Satz vom Barzahlungspreis aus der Summe der vom Käufer zu entrichtenden Zinsen und sonstigen Mehrkosten (Differenz zwischen Barzahlungs- und Teilzahlungspreis). Zum Schutz des Käufers ist diesem ferner ein *Widerrufsrecht* eingeräumt, das binnen einer Woche schriftlich ausgeübt werden kann und über das er gegen schriftliche Bestätigung zu belehren ist. – Das AbzG gilt nicht, wenn der Käufer eingetragener Kaufmann (365) ist.

II. Die *Schenkung*

ist ein Vertrag, durch den jemand aus seinem Vermögen einen anderen bereichert, wenn sich beide über die Unentgeltlichkeit einig sind. Das Handgeschenk ist formfrei; dagegen bedarf das *Schenkungsversprechen* der notariellen Beurkundung (§§ 516ff. BGB).

Eine Schenkung kann durch Erklärung gegenüber dem Beschenkten widerrufen werden, wenn dieser sich durch eine schwere Verfehlung gegen den

Schenker oder dessen nahe Angehörige *groben Undanks* schuldig gemacht hat. Die Herausgabe des Geschenks kann aber nur nach den Vorschriften über die ungerechtfertigte Bereicherung (331) verlangt werden, d. h. grundsätzlich nur, soweit der Beschenkte noch bereichert ist (also z. B. den geschuldeten Gegenstand noch besitzt). Vgl. §§ 530, 531 BGB. Über Steuerpflicht (Schenkungsteuer) s. 539.

317. Miete, Pacht

I. Der *Mietvertrag*

verpflichtet den Vermieter, die vermietete Sache dem Mieter gegen einen vereinbarten Mietpreis zum Gebrauch zu überlassen (§ 535 BGB). Der Vertrag ist grundsätzlich formlos. Mietverträge über Grundstücke oder Räume bedürfen aber der Schriftform, wenn sie länger als ein Jahr dauern sollen; sonst gelten sie für unbestimmte Zeit (§§ 566, 580 BGB).

Text des vom BMJ erarbeiteten *Mustermietvertrags* s. BAnz. 1976 Nr. 22 (Beil.). Über Wohnungsmakler s. 320a.

Der *Vermieter* hat ein *Pfandrecht* an den eingebrachten Sachen des Mieters (§ 559 BGB). Nach § 565 BGB richtet sich die *Kündigungsfrist* bei Grundstücken und Räumen mangels vertraglicher Vereinbarung nach dem Zeitraum, für den der Mietzins bemessen ist. Ist er nach Tagen festgesetzt, gilt tägliche Kündigung; bei wöchentlichem Mietzins muß zu Beginn der Woche auf deren Ende gekündigt werden, bei monatlichem oder nach längeren Zeiträumen berechnetem Mietzins ist bis zum 3. Werktag des Monats zum Ende des übernächsten Monats zu kündigen (bei *Geschäftsräumen* u. dgl. nur zum Schluß eines Kalendervierteljahres). Die Kündigung für *Wohnraum* ist grundsätzlich spätestens am 3. Werktag zum Ablauf des übernächsten Monats auszusprechen; nach 5, 8 und 10 Jahren verlängert sich die Frist um jeweils drei Monate. Kürzere Fristen dürfen zugunsten des Vermieters nur bei Vermietung zu vorübergehendem Gebrauch vereinbart werden. Bei möbliert vermieteten Räumen, die nicht einer Familie überlassen sind, ist Kündigung bei monatlichem oder nach längeren Fristen bemessenem Mietzins bis zum 15. d. M. für dessen Ende zulässig. Über *Werkwohnungen* vgl. 612.

Bei Mietverträgen über *Wohnraum* ermöglicht die sog. *Sozialklausel* (§ 556a BGB) dem Mieter einen *Widerspruch* gegen die Kündigung, wenn diese für ihn oder seine Familie unter Würdigung aller Umstände und der berechtigten Interessen des Vermieters eine Härte bedeuten würde; das ist auch der Fall, wenn angemessener Ersatzraum zu zumutbaren Bedingungen nicht zu beschaffen ist, was der Mieter ggf. beweisen muß. Er kann Fortsetzung des Mietverhältnisses auf angemessene Zeit oder unter angemessen geänderten Bedingungen (z. B. Mietpreis) verlangen, worüber notfalls durch Urteil entschieden wird. Kündigung und Widerspruch bedürfen der Schriftform; der Widerspruch ist spätestens zwei Monate vor Vertragsende anzubringen, es sei denn, der Vermieter hat den Mieter nicht rechtzeitig auf Möglichkeit, Form und Frist des Widerspruchs hingewiesen, was er nach § 564a BGB tun soll (nicht muß). Der Mieter kann die Fortsetzung des Mietverhältnisses nicht verlangen, wenn er selbst gekündigt hat oder der Vermieter aus *wichtigem Grund* kündigen kann. Diese Grundsätze gelten auch bei Ablauf eines zeitlich begrenzten Mietvertrags ohne Kündigung (§ 556b BGB). Nach § 564b BGB ist eine *Kündigung des Vermieters* nur zugelassen, wenn er ein berechtigtes Interesse an der Beendigung des Mietverhältnisses hat (insbes. Eigenbedarf, schuldhafte nicht unerhebliche Vertragsverletzung durch den Mieter, Behinderung an angemessener wirtschaftlicher Verwertung des Grundstücks). Ausnahmen gelten für 1- und 2-Familienhäuser, die vom Vermieter mitbewohnt werden, sowie für vorübergehend oder möbliert vermieteten Wohnraum.

Das *Ges. zur Regelung der Miethöhe* (MHG) vom 18. 12. 1974 (BGBl. I 3604) m. spät. Änd. verbietet Kündigungen zwecks Mieterhöhung; doch kann der Vermieter, wenn der Mietzins 1 Jahr unverändert geblieben ist, durch begründete schriftliche Erklärung die Zustimmung des Mieters zur Erhöhung auf die ortsübliche *Vergleichsmiete* verlangen; jedoch kann der Mietzins innerhalb von 3 Jahren nicht um mehr als 30 v. H. erhöht werden. Der Mieter hat nach Eingang der Erklärung des Vermieters bis zum Ende des zweiten Monats, der auf den Zugang des Mieterhöhungsverlangens folgt, Überlegungsfrist; stimmt er der Erhöhung nicht zu, kann der Vermieter binnen weiterer 2 Monate auf Erhöhung klagen. Unabhängig hiervon kann er werterhöhende oder notwendige *bauliche Änderungen* zum Anlaß für eine Mieterhöhung nehmen. Auch darf er eine Erhöhung der Betriebs- und Kapitalkosten (Hypothekenzinsen usw.) auf die Mieter anteilig umlegen. Ein Erhöhungsverlangen berechtigt den Mieter zur Kündigung.

Es kann auch für höchstens 10 Jahre im voraus eine Mietsteigerung in bestimmten Abständen vereinbart werden *(Staffelmiete)*. Der Mietzins muß auch innerhalb einer solchen Vereinbarung jeweils 1 Jahr unverändert bleiben. Über die – nur noch in Berlin bestehende – *Mietpreisbindung* vgl. 806.

Bei Eigenbedarf des Vermieters oder bei Planung konkreter, erheblicher Baumaßnahmen in absehbarer Zukunft sind *Zeitmietverträge* mit einer Mietdauer von höchstens 5 Jahren möglich, bei denen der Mieter nach Ablauf der Mietzeit kein Fortsetzungsverlangen stellen kann (§ 564 c BGB). Der Mieter ist unter bestimmten Voraussetzungen verpflichtet, *Erhaltungs-, Verbesserungs- und Modernisierungsarbeiten,* sowie Arbeiten zur Einsparung von Heizenergie zu dulden (§§ 541 a, 541 b BGB). Eine *Mietkaution* kann nur bis zur dreifachen Höhe des Monatsmietzinses verlangt werden; sie ist vom Vermieter getrennt von seinem Vermögen verzinslich anzulegen (§ 550 b BGB).

Sonderregelungen bestehen für *Studenten- und Jugendwohnheime* (vgl. § 550 b Abs. 4, § 564 b Abs. 7 Nr. 3 BGB, § 10 Abs. 3 Nr. 4 MHG).

Über die Bewilligung von *Räumungsfristen* für Wohnräume im Zwangsvollstreckungsverfahren vgl. §§ 721, 794 a ZPO.

Eine *Untervermietung* bedarf der Erlaubnis des Vermieters (§ 549 BGB). Auf diese hat der Hauptmieter von *Wohnraum* Anspruch, wenn *nach* Abschluß des Mietvertrags für ihn ein berechtigtes Interesse entsteht und die Untervermietung dem Vermieter zumutbar ist; dieser kann i. d. R. Untermietzuschlag beanspruchen. Für das Verhältnis Hauptmieter/Untermieter gelten die Vorschriften des Mietrechts. Ein unmittelbares Rechtsverhältnis Vermieter/Untermieter besteht nicht; doch hat der Hauptmieter dem Vermieter gegenüber für Verschulden des Untermieters (z. B. Beschädigung der Mietsache) einzustehen. Das Untermietverhältnis erlischt nicht ohne weiteres mit dem Hauptmietverhältnis; doch kann der Vermieter vom Mieter und vom Untermieter Räumung verlangen (§ 556 Abs. 1, 3 BGB).

Eine Abart der Miete ist der *Leasingvertrag,* bei dem der Mieter das Risiko für Beschädigung, Untergang und Instandhaltung wie beim Kauf trägt; dafür bemißt sich der *Leasingzins* nicht nach dem Gebrauchs-, sondern nach dem Substanzwert. Beim *Mietkauf,* der oft mit einem Leasingvertrag verbunden wird, kann der Mieter durch einseitige Erklärung rückwirkend den Miet- in einen Kaufvertrag umwandeln, wobei die gezahlte Miete auf den Kaufpreis angerechnet wird.

II. Der *Pachtvertrag*

gewährt dem Pächter den Gebrauch und die Nutzung des verpachteten Gegenstandes, während der Verpächter den vereinbarten Pachtzins verlangen kann. Auch Rechte (z. B. Jagdrecht) können verpachtet werden (§§ 581 ff. BGB).

Für das *Pachtverhältnis* gelten folgende Besonderheiten:

Das *Verpächterpfandrecht* sichert alle Rückstände und künftigen Pachtraten; es umfaßt bei landwirtschaftlichen Grundstücken die Früchte und das nach § 811 Nr. 4 ZPO unpfändbare Zubehör (§§ 559, 581 Abs. 2, 585 BGB). Für *Landpachtverträge,* d. h. die Verpachtung eines Grundstücks überwiegend zur Landwirtschaft, gelten die §§ 585 ff. BGB, das Ges. über die Anzeige und Beanstandung von Landpachtverträgen *(Landpachtverkehrsgesetz)* vom 8. 11. 1985 (BGBl. I 2075) sowie das Ges. über das gerichtliche Verfahren in Landwirtschaftssachen vom 21. 7. 1953 (BGBl. I 667). Vgl. 826 II.

Pachtverträge über *Kleingärten* waren nach der VO vom 23. 5. 1942 i. d. F. vom 15. 12. 1944 (RGBl. I 347) vom Verpächter nur unter bestimmten Voraussetzungen kündbar. Die Beschränkung hat das BVerfG (BGBl. 1979 I 1998) für private Verpächter für unwirksam erklärt. Das gilt auch für die entsprechenden Vorschriften der Kleingarten- und Kleinpachtlandordnung vom 31. 7. 1919 (RGBl. 1371), bei Kleingärten für das ErgänzungsG vom 28. 7. 1969 (BGBl. I 1013). Das Kleingartenrecht ist nunmehr durch das Bundeskleingartengesetz vom 28. 2. 1983 (BGBl. I 210) m. Änd. vom 8. 12. 1986 (BGBl. I 2233) geregelt. Vor allem sind die Kündigungsmöglichkeiten für den Verpächter erweitert worden (§§ 8 ff.).

318. Die Leihe

ist ein Vertrag, durch den der Verleiher verpflichtet wird, dem Entleiher den unentgeltlichen Gebrauch einer Sache zu gestatten (§ 598 BGB). Pflichten des Entleihers entstehen erst mit der Überlassung der Sache.

Unterschied zur *Miete* (317): die Unentgeltlichkeit; zum *Darlehen* (319): die geliehene Sache wird nur zum Gebrauch, nicht Verbrauch überlassen.

Rückgabepflicht nach Zeitablauf bzw. Gebrauch. Ist die Vertragsdauer weder vertraglich noch durch den Zweck bestimmt, so kann der Verleiher die Sache jederzeit zurückfordern. Der Entleiher hat die gewöhnlichen Erhaltungskosten zu tragen; für Veränderungen oder Verschlechterungen, die auf vertragsmäßigen Gebrauch zurückzuführen sind (z. B. normale Abnutzung), braucht er nicht aufzukommen (§§ 599 ff. BGB).

319. Das Darlehen

ist ein Vertrag, durch den der Darleiher dem Darlehensempfänger eine Summe Geldes oder anderer vertretbarer Sachen (307) unter der Verpflichtung gewährt, das Empfangene in Sachen von gleicher Art, Güte und Menge zurückzuerstatten (§ 607 BGB).

Mangels einer Zeitvereinbarung hängt die Fälligkeit des Darlehens davon ab, daß der Gläubiger oder der Schuldner das Darlehen kündigt. Die *Kündigungsfrist* beträgt bei Darlehen von mehr als 300 DM 3 Monate, bei geringeren Darlehen 1 Monat. Sind Zinsen nicht vereinbart, so kann der Schuldner auch ohne Kündigungsfrist zurückzahlen (§ 609 BGB). Festverzinsliche Darlehen können für die Dauer der Zinsbindung nicht gekündigt werden; die Höchstbindung beträgt 10 Jahre. Sonstige verzinsliche Darlehen, die nicht durch ein Grundpfandrecht gesichert sind, können nach Ablauf von 6 Monaten mit einer Kündigungsfrist von 3 Monaten gekündigt werden. Darlehen mit variablem Zinssatz sind mit einer Frist von 3 Monaten kündbar (§ 609a).

Der Darlehensvertrag ist ein sog. *Realvertrag;* ein solcher liegt vor, wenn außer dem Vertragsschluß, der Einigung der Parteien, noch eine tatsächliche Handlung erforderlich ist, hier die Übergabe des Darlehens.

Das Versprechen, einem anderen ein Darlehen zu geben, erfolgt in einem *Vorvertrag* und kann widerrufen werden, wenn in den Vermögensverhältnissen des Darlehensnehmers eine wesentliche Verschlechterung eintritt, die den Anspruch auf Rückzahlung gefährdet (§ 610 BGB).

Eine besondere Art der Darlehensaufnahme sind die *Anleihen* von Staat, Körperschaften und Privatpersonen (z. B. AG). Sie dienen zur Deckung eines größeren Geldbedarfs durch Fremdkapital und werden entweder unmittelbar durch Zeichnung des Publikums oder durch Vermittlung einer Bank oder Bankengruppe aufgenommen.

320. Dienst- und Werkvertrag

Unter einem *Dienstvertrag* versteht das BGB (§§ 611–630) einen gegenseitigen Vertrag, durch den sich der eine Teil zur Leistung von Diensten, der andere zur Bezahlung verpflichtet. Vom *Werkvertag* (§§ 631–651) unterscheidet sich der Dienstvertrag dadurch, daß bei ihm *Dienste* während einer bestimmten oder unbestimmten Zeit geschuldet werden, während beim Werkvertrag ein gewisser *Erfolg* gegen Entgelt herbeizuführen ist.

Das *Entgelt* kann in verschiedener Weise, als Zeitlohn oder als Stücklohn, gewährt werden (vgl. 610, auch über Akkordarbeit). Für die häufigsten Dienstverträge des täglichen Lebens, die *Arbeitsverträge,* gelten so viele Sonderbestimmungen, daß die Vorschriften des BGB nur noch ergänzend zur Anwendung kommen. Siehe *Arbeitsrecht,* 603, 604. I. d. R. muß der Verpflichtete die Dienste persönlich leisten; auch der Anspruch des Berechtigten auf die Dienste ist grundsätzlich nicht übertragbar (Ausnahme: Betriebsübergang, vgl. § 613a BGB). Eine nur vorübergehende Dienstleistungsverhinderung berührt den Vergütungsanspruch des Verpflichteten nicht (z. B. Aufsuchen eines Arztes); vgl. § 616 BGB und 614. Über *Kündigung* s. 629.

Der *Werkunternehmer* haftet dafür, daß das Werk die zugesicherten Eigenschaften hat und nicht mit Fehlern behaftet ist, welche die vertragliche oder übliche Gebrauchsfähigkeit wesentlich mindern. Andernfalls hat der Besteller das Recht der Wandlung oder Minderung (wie beim Kauf, 316), aber erst, nachdem er dem Unternehmer eine angemessene Frist zur Beseitigung des Mangels gesetzt hat; er kann Schadensersatz verlangen, wenn der Unternehmer den Mangel zu vertreten hat (§§ 633–635 BGB). Über Verjährung der Ansprüche s. 310. Für *Baumängel* sind meist die besonderen Bestimmungen der *Verdingungsordnung für Bauleistungen* (*VOB* i. d. F. vom 25. 10. 1979, BAnz. Nr. 105) vertraglich vereinbart (Verjährungsfrist i. d. R. 2 Jahre). Der Werkunternehmer hat ein *gesetzliches Pfandrecht* wegen seines Werklohns, wenn die Sache bei der Herstellung oder zum Zwecke der Ausbesserung in seinen Besitz gelangt ist (§ 647 BGB; vgl. 340).

Eine besondere Art des Werkvertrages ist der *Verlagsvertrag* (391).

Besonderheiten gelten für den *Werklieferungsvertrag* (§ 651 BGB), bei dem der Unternehmer den Stoff der zu bearbeitenden Sache liefert (Kleiderstoff vom Schneider); hier gelten bei vertretbaren Sachen (s. 307) die Kaufvorschriften, bei unvertretbaren (Maßanzug!) teils Kauf-, teils Werkvertragsbestimmungen (diese für Herstellungs-, Abnahme- und Gewährleistungspflicht).

Bei einem *Architektenvertrag* liegt i. d. R. ein Werkvertrag vor, da der Architekt letztlich einen Erfolg, nämlich die Errichtung eines mangelfreien Bauwerks, schuldet. *Arztverträge* können Dienstverträge (Behandlung) oder Werkverträge (Operation) sein.

Eine Vertragsform eigener Art ist der *Reisevertrag* (§§ 651a ff. BGB). Er verpflichtet den Reiseveranstalter, die vereinbarten Leistungen gegen Zahlung des Reisepreises zu erbringen. Der Veranstalter haftet für die zugesagten Leistungen nach Gewährleistungsgrundsätzen ähnlich dem Kauf (316). Der Reisende hat das Recht zur Benennung eines Ersatzmannes oder zum Rücktritt vor Reisebeginn (mit Teilvergütungspflicht). Ein Kündigungsrecht besteht für beide Teile bei erheblicher Erschwerung oder Behinderung der Reise durch höhere Gewalt. Bei erheblichen Mängeln hat der Reisende ein Kündigungsrecht nach fruchtloser Fristsetzung zur Abhilfe; hat der Veranstalter den Mangel zu vertreten, muß er Schadensersatz leisten. Er kann seine Haftung auf den dreifachen Reisepreis beschränken, soweit er nur für leichte Fahrlässigkeit (auch seiner Erfüllungsgehilfen, z. B. Reiseleiter) einzutreten hat oder soweit er für Verschulden eines Leistungsträgers (z. B. Hotel) haftet. Anmeldefrist für Ansprüche des Reisenden 1 Monat, Verjährung der Ansprüche binnen 6 Monaten (jeweils ab dem vorgesehenen Reiseende). Die Sondervorschriften der §§ 651a ff. BGB gelten nicht für das Verschaffen von *Einzelleistungen* (z. B. Bahnfahrt) oder bloße *Vermittlung*.

320a. Der Maklervertrag

verpflichtet den Auftraggeber, dem Makler für den Nachweis der Gelegenheit zu einem Vertragsabschluß oder für dessen Vermittlung *(Nachweis- bzw. Vermittlungsmakler)* eine Provision zu zahlen, falls der Vertrag *infolge der Maklertätigkeit* zustande kommt (§ 652 BGB). Die Höhe der Provision bestimmt sich nach der Vereinbarung, sonst nach einer etwa bestehenden Taxe oder nach Ortsüblichkeit (§ 653 BGB). Den Makler trifft eine *Treuepflicht,* d. h. er darf für den anderen Teil nicht tätig werden (§ 654 BGB).

Der Maklervertrag ist, da entgeltlich, kein Auftrag (322), i. d. R. auch weder Dienst- noch Werkvertrag (320), außer wenn der Makler sich zum Tätigwerden ausdrücklich verpflichtet. Dies ist der Fall beim „Alleinauftrag", bei dem der Auftraggeber auf die Inanspruchnahme anderer Makler verzichtet (bei Verstoß ist er schadensersatzpflichtig); auch hier behält er aber das Recht zur freien Entschließung, ob er von der nachgewiesenen Möglichkeit des Vertragsabschlusses Gebrauch machen will. Das grundsätzliche Recht jederzeitigen *Widerrufs* des Maklervertrags wird beim Alleinauftrag i. d. R. für eine bestimmte Zeit ausgeschlossen, während deren die Tätigkeitspflicht des Maklers besteht.

Der Makler ist *Zivil-* oder *Handelsmakler* (hierüber 371). Zu ersteren zählen Grundstücks-, Wohnungs- und Ehemakler. Dagegen ist die Stellenvermittlung der Bundesanstalt für Arbeit vorbehalten (602 und § 4 AFG). Über die Erlaubnispflicht und andere Sonderpflichten für *Immobilien-, Darlehens-* und *Investmentmakler* vgl. 183 und § 34c GewO.

Der *Wohnungsmakler* darf ein Entgelt für die Vermittlung von Wohnräumen nur beanspruchen, wenn er vom Vermieter beauftragt und seine Tätigkeit für den Mietvertrag *ursächlich* ist; auch dann aber nicht, wenn er selbst Eigentümer, Verwalter oder Vermieter der Wohnung oder an einem entsprechend tätigen Rechtsträger beteiligt ist. Er darf keine Vorschüsse fordern, vereinbaren oder entgegennehmen, ebensowenig Nebenleistungen (Einschreibgebühren u. dgl.). Ges. zur Regelung der Wohnungsvermittlung vom 4. 11. 1971 (BGBl. I 1747).

Auf den *Ehemäklerlohn* besteht kein klagbarer Anspruch. Doch kann das gleichwohl Geleistete nicht deshalb zurückgefordert werden (§ 656 BGB); daher werden Ehemäkler i. d. R. nur nach Vorschußzahlung tätig. Die Unklagbarkeit darf nach § 656 Abs. 2 BGB auch nicht durch ein abstraktes Schuldanerkenntnis (329) umgangen werden; das gilt auch für einen mit dem Ehemäklervertrag gekoppelten Darlehensvertrag mit einem Kreditinstitut, wenn die Abschlüsse voneinander abhängig gemacht worden sind oder wenn zwischen Makler und Geldgeber eine ständige auf solche Geschäfte gerichtete Verbindung besteht.

321. Die Auslobung

ist ein einseitiges Versprechen, durch das jemand durch öffentliche Bekanntmachung zusagt, für die Vornahme einer Handlung, insbesondere die Herbeiführung eines Erfolgs, eine Belohnung zu zahlen (§ 657 BGB).

Eine besondere Art der Auslobung ist das *Preisausschreiben,* bei dem i. d. R. ein Wettbewerb um den Preis veranlaßt wird und die Preisverteilung von der Entscheidung eines Preisrichters abhängt. Zur Gültigkeit ist erforderlich, daß im Preisausschreiben eine Frist genannt wird, binnen deren die Leistung zu erbringen bzw. die Lösung einzusenden ist, um eine Verzögerung durch den Auslobenden oder den Preisrichter zu verhindern (§ 661 BGB). Ist die zu erbringende Leistung sehr leicht zu bewerkstelligen, so daß es sich praktisch um eine Auslosung des Preises handelt (wie meist bei Zeitungspreisausschreiben), so liegt rechtlich eine *Ausspielung* (§ 763 BGB; vgl. 326) vor.

322. Der Auftrag

ist ein Vertrag, durch den sich der Beauftragte verpflichtet, für den Auftraggeber ein ihm von diesem übertragenes Geschäft *unentgeltlich* zu besorgen (§ 662 BGB).

Wer sich öffentlich zur Besorgung bestimmter Geschäfte anbietet (z. B. Versicherungsabschlüsse), muß, wenn er einen Auftrag nicht annehmen will, diesen unverzüglich bei Vermeidung einer Schadensersatzpflicht ablehnen (§ 663 BGB). Der Beauftragte ist verpflichtet, dem Auftraggeber *Auskunft* zu erteilen und das durch die Ausführung des Auftrags Erlangte herauszugeben (§§ 666, 667 BGB), kann aber Ersatz seiner *Aufwendungen* verlangen (§ 670 BGB).

Meist ist mit einem Auftrag eine *Vollmacht* (s. 309) verbunden; doch sind beide voneinander zu unterscheiden. Bei Entgelt liegt kein Auftrag, sondern ein Dienst- oder Werkvertrag vor (vgl. 320).

Ist jemand an der Besorgung einer Angelegenheit verhindert, so kann ein anderer im Wege der *Geschäftsführung ohne Auftrag* (§§ 677–687 BGB) für ihn tätig werden, ohne von ihm beauftragt oder sonst (z. B. als Vormund) dazu berechtigt zu sein. Er kann Aufwendungsersatz verlangen, wenn er im Interesse und mit (wenn auch nur mutmaßlichem) Willen des Geschäftsherrn gehandelt hat; anderenfalls hat er nur einen Bereicherungsanspruch (§§ 683, 684 BGB).

323. Verwahrung. Beherbergung

Durch den *Verwahrungsvertrag* (§§ 688–700 BGB) verpflichtet sich der Verwahrer, eine fremde bewegliche Sache für einen anderen, den Hinterleger, entgeltlich oder unentgeltlich aufzubewahren.

Der Verwahrungsvertrag kommt erst mit der Übergabe der zu verwahrenden Sachen zustande (*Realvertrag,* vgl. 319).

Im *Handelsrecht* finden sich besondere Arten des Verwahrungsvertrags, insbesondere das *Lagergeschäft* (vgl. 376). Der Verwahrungsvertrag der Banken über Wertpapiere ist im *Depotgesetz* geregelt (vgl. 384).

Werden vertretbare Sachen in der Weise hinterlegt, daß das Eigentum auf den Verwahrer übergeht (*depositum irregulare*), so finden die Vorschriften über das Darlehen Anwendung (§ 700 BGB; sog. *Summenverwahrung,* darlehensartiger oder *unregelmäßiger Verwahrungsvertrag*).

Ein *Gastwirt,* der gewerbsmäßig Fremde zur *Beherbergung* aufnimmt, hat einem Gast den Schaden zu ersetzen, den dieser durch Verlust oder Beschädigung eingebrachter Sachen (ausgenommen Fahrzeuge nebst Inhalt und lebende Tiere) erleidet, falls der Gast den Schaden unverzüglich nach Feststellung meldet (§§ 701 ff. BGB).

Eingebracht ist schon eine von einem Beauftragten des Gastwirts vor der Aufnahme in Obhut genommene Sache (Gepäck). Die Haftung ist begrenzt auf das 100fache des Tagesbeherbergungspreises, mindestens jedoch 1000 und höchstens 6000 DM, bei Geld, Wertpapieren und Kostbarkeiten höchstens 1500 DM (weil der Gastwirt diese auf Verlangen ins Depot nehmen muß). Die Höchstgrenzen gelten nicht für deponierte Sachen oder wenn der Gastwirt oder seine Leute den Schaden verschuldet haben. Dem Gastwirt steht ein *gesetzliches Pfandrecht* an den eingebrachten Sachen des Gastes für seine Ansprüche zu (§ 704 BGB). Vgl. 340 und über den Beherbergungsvertrag 315.

324. Gesellschaft. Gemeinschaft

Die Vorschriften des BGB über die *Gesellschaft* (§§ 705–740) finden auf *Personengesellschaften* Anwendung, bei denen nicht (wie bei der AG und der GmbH) das Kapital im Vordergrund steht, sondern die Tätigkeit der beteiligten Gesellschafter. Die handelsrechtlichen Personengesellschaften (oHG, KG, stille Gesellschaft) dienen Zwecken des Handels und sind im HGB behandelt (vgl. 306, 372 I). Die Personengesellschaft des BGB, die bürgerlich-rechtliche Gesellschaft, kann jeden erlaubten Zweck zum Gegenstand haben (z. B. gemeinsames Lotteriespiel), auch auf einen wirtschaftlichen Zweck gerichtet sein (z. B. Kartell).

Die Gesellschaft bürgerlichen Rechts ist die Grundform aller Personengesellschaften; die für sie geltenden Bestimmungen sind deshalb ergänzend auf die Handelsgesellschaften anzuwenden, soweit für diese keine Sonderregelung besteht. Der *Gesellschaftsvertrag* ist grundsätzlich formfrei (anders z. B. bei Einbringung eines Grundstücks, § 313 BGB). Die wichtigsten Rechte der Gesellschafter sind das Informationsrecht, das Recht auf Gewinnbeteiligung und das Geschäftsführungsrecht, das mangels anderweitiger Vereinbarung (ebenso wie die Vertretung der Gesellschaft gegenüber Dritten) allen Gesellschaftern zusteht. Die *Haftung* für die Verbindlichkeiten der Gesellschaft trifft grundsätzlich alle Gesellschafter als Gesamtschuldner (312).

Steht ein Recht mehreren gemeinschaftlich zu, so bilden diese eine *Gemeinschaft nach Bruchteilen,* falls nicht gesetzlich bestimmt ist, daß sie eine *Gemeinschaft zur gesamten Hand* bilden (§ 741 BGB).

Bei der *Bruchteilsgemeinschaft* hat jeder Beteiligte einen ziffernmäßig bestimmten Anteil an dem gemeinschaftlichen Gegenstand (z. B. ⅓ eines Grundstücks) und kann über diesen Anteil frei verfügen (§§ 742, 747 BGB). Bei der *Gesamthandsgemeinschaft* bildet das Vermögen der Gesamthandsgemeinschaft eine vom übrigen Vermögen der Berechtigten getrennte rechtliche Einheit, bei der der einzelne über seinen Anteil nicht frei verfügen darf (§§ 718, 719, 1419 BGB; Ausnahme beim Erbteil, § 2033 Abs. 1 BGB). Ein Gesamthandsverhältnis liegt vor bei der Gesellschaft des bürgerlichen Rechts (§§ 705 ff. BGB), bei der ehelichen Gütergemeinschaft (§§ 1415 ff. BGB) und bei der Erbengemeinschaft (§§ 2032 ff. BGB). Bei der Gesellschaft kann jeder Gesellschafter kündigen (bei Gesellschaften auf Zeit nur aus wichtigem Grund) und dadurch Auflösung und Auseinandersetzung herbeiführen (§§ 723, 730 ff. BGB).

325. Die Leibrente

besteht in der regelmäßig wiederkehrenden Leistung von Geld oder anderen vertretbaren Sachen (z. B. Lebensmittel). Sie beruht meist auf einem Vertrag, durch den sich jemand zur Gewährung der Leibrente verpflichtet (im Zweifel auf Lebenszeit, § 759 BGB). Sie kann auch durch letztwillige Verfügung (z. B. als Vermächtnis) begründet werden.

Man unterscheidet zwischen dem Leibrentenrecht als solchem, dem sog. *Stammrecht,* und dem Anspruch auf die jeweils wiederkehrenden Rentenleistungen. Die Erklärung, durch die eine Leibrente versprochen wird, bedarf zu ihrer Gültigkeit der *Schriftform* (§ 761 BGB). Bei schenkungsweisem Versprechen ist notarielle Beurkundung erforderlich (§ 518 BGB), ebenso bei *Altenteilsverträgen,* die in Verbindung mit *Grundstücksüberlassungen* geschlossen werden (§ 313 BGB).

326. Spiel und Wette

begründen keine klagbare Verbindlichkeit. Jedoch kann das auf Grund von Spiel oder Wette Geleistete nicht deshalb zurückgefordert werden (§ 762 BGB).

Wette ist die Aufstellung widerstreitender Behauptungen unter Gewinnzusage für den Obsiegenden. Beim *Spiel* wird eine Gewinnzusage zur Unterhaltung oder Gewinnerzielung unter entgegengesetzten (oft zufallsbestimmten) Bedingungen gemacht. *Lotterie* und *Ausspielung* sind Arten des Spiels nach bestimmtem Plan gegen bestimmten Einsatz, erstere mit Geld-, letztere mit Sachgewinn. Sie werden zu klagbaren Geschäften, wenn sie staatlich genehmigt sind (§ 763 BGB). Nach dem *Rennwett- und Lotteriegesetz* vom 8. 4. 1922 (RGBl. I 393) m. spät. Änd. sind Lotterien und Ausspielungen sowie der *Totalisator* und *Buchmacher* bei Pferderennen unter bestimmten Voraussetzungen zugelassen, jedoch besonderen Steuern unterworfen (vgl. 547).

Als Spiel gilt auch das sog. *Differenzgeschäft,* ein Vertrag auf Lieferung von Waren oder Wertpapieren, bei dem statt der Lieferung nur der durch das Steigen oder Fallen des Börsenpreises während der Lieferzeit bestimmte Preisunterschiede vom Verlierer an den Gewinner gezahlt werden soll, § 764 BGB. Anders beim *Börsentermingeschäft,* s. Börsenwesen, 868.

327. Bürgschaft

Durch den Bürgschaftsvertrag verpflichtet sich der *Bürge* dem Gläubiger eines anderen gegenüber, für die Verbindlichkeit des Hauptschuldners einzustehen, d. h. die Schuld selbst zu erfüllen, falls der Hauptschuldner nicht erfüllen sollte. Das Bürgschaftsversprechen bedarf (außer wenn der Bürge Vollkaufmann ist und ein Handelsgeschäft vorliegt) der *Schriftform.* Vgl. §§ 765, 766 BGB; §§ 350, 351 HGB.

Verbürgen sich mehrere für dieselbe Verbindlichkeit, so haften sie als *Gesamtschuldner,* auch wenn sie die Bürgschaft nicht gemeinschaftlich übernehmen. Der Bürge hat die *Einrede der Vorausklage* (Gläubiger muß erst den Hauptschuldner in Anspruch nehmen), wenn er nicht darauf verzichtet hat (*selbstschuldnerische Bürgschaft*), ferner nicht bei Konkurs, Anspruchsgefährdung wegen Wohnsitzveränderung oder Unpfändbarkeit des Hauptschuldners (§§ 771, 773 BGB) sowie bei der kaufmännischen Bürgschaft (§§ 349, 351 HGB). S. a. 313 (Übergang des Bürgschaftsanspruchs bei Forderungsabtretung). Soweit der Bürge den Gläubiger befriedigt, erwirbt er kraft Gesetzes die Forderung gegen den Hauptschuldner (§ 774 BGB).

328. Der Vergleich

ist ein gegenseitiger Vertrag, durch den ein Streit oder eine Ungewißheit der Beteiligten über ein Rechtsverhältnis im Wege gegenseitigen Nachgebens beseitigt wird (§ 779 BGB).

Ein Vergleich ist *unwirksam,* wenn der nach seinem Inhalt als bestehend zugrunde gelegte Sachverhalt der Wirklichkeit nicht entspricht und der Streit oder die Ungewißheit bei Kenntnis der Sachlage nicht entstanden wäre (Erben haben sich über Auslegung eines Testaments verglichen, das sich als ungültig erweist).

Eine besondere Art des Vergleichs ist der *Prozeßvergleich,* der sich von dem außergerichtlichen Vergleich dadurch unterscheidet, daß er vollstreckbar ist (vgl. 243, 250). Für den *Zwangsvergleich* gelten die besonderen Bestimmungen der Konkursordnung (264), für das gerichtliche Vergleichsverfahren zur Abwendung des Konkurses die der Vergleichsordnung (265).

329. Schuldversprechen. Schuldanerkenntnis

Ein *Schuldversprechen* ist ein (einseitig verpflichtender) Vertrag, durch den eine Leistung in der Weise versprochen wird, daß das Versprechen die Verpflichtung selbständig begründen soll (§ 780 BGB).

Das *Schuldanerkenntnis* ist ein Vertrag, durch den das Bestehen eines Schuldverhältnisses anerkannt wird (§ 781 BGB).

Beide sind abstrakte, vom Versprechensgrund gelöste Rechtsgeschäfte (Gegensatz: kausale Geschäfte, vgl. 308) und bedürfen zu ihrer Gültigkeit der *Schriftform*. Ausnahmen: bei Vollkaufleuten und bei Abgabe der Erklärung im Wege einer Abrechnung oder eines Vergleichs (§§ 350, 351 HGB, § 782 BGB).

Schuldversprechen liegen u. a. vor bei den *Inhaberpapieren,* d. h. Urkunden, in denen sich der Aussteller, ohne einen bestimmten Gläubiger zu nennen, zu einer Leistung an den Inhaber der Urkunde verpflichtet (z. B. Schuldverschreibungen der Länder). Über *Schuldverschreibungen auf den Inhaber* vgl. §§ 793ff. BGB und 869.

330. Die Anweisung

ist die schriftliche Ermächtigung des Anweisenden für den Anweisungsempfänger, bei dem angewiesenen Dritten im eigenen Namen eine Leistung von Geld, Wertpapieren oder anderen vertretbaren Sachen (307) in Empfang zu nehmen. Sie enthält gleichzeitig die Ermächtigung für den Angewiesenen, die Leistung vorzunehmen (§ 783 BGB).

Der angewiesene Dritte ist aber gegenüber dem Anweisungsempfänger nur dann zur Leistung verpflichtet, wenn er die Anweisung durch schriftlichen Vermerk angenommen hat *(Akzept)*; er braucht nur gegen Aushändigung der Anweisung zu leisten (§§ 784, 785 BGB). Sonderformen sind die *kaufmännische Anweisung* (§§ 363, 365 HGB), der *Scheck* und der gezogene Wechsel (s. 380, 381) sowie der *Orderlagerschein* (vgl. 376). Keine Anweisung ist die *Postanweisung,* die nur ein Rechtsverhältnis zwischen Einzahler und Post begründet.

331. Ungerechtfertigte Bereicherung

Als *ungerechtfertigte Bereicherung* bezeichnet das BGB (§§ 812–822) eine Reihe rechtlich unbegründeter Vermögensverschiebungen, die durch den Erwerb eines Rechtes, einer Sache, einer Forderung oder des Besitzes, Befreiung von einer Verbindlichkeit oder Ersparung von Aufwendungen eingetreten sind. Wer ohne rechtlichen Grund auf Kosten eines anderen etwas erlangt hat, ist zur Herausgabe verpflichtet.

Die Vermögensverschiebung muß unmittelbar zwischen dem Berechtigten und dem Bereicherten erfolgt sein. Ausnahmen:

a) Ein Nichtberechtigter verfügt unentgeltlich, aber rechtswirksam zum Nachteil des Berechtigten (z. B. der Entleiher eines Buches verschenkt dieses an einen Gutgläubigen). Hier muß auch der Dritte herausgeben (§ 816 Abs. 1 Satz 2).

b) Ein Bereicherter wendet den erlangten Vermögensvorteil unentgeltlich einem Dritten zu (§ 822 BGB). Auch hier ist der Dritte herausgabepflichtig, soweit dadurch die Herausgabepflicht des ursprünglich Bereicherten ausgeschlossen ist (weil er nicht mehr bereichert ist, § 818 Abs. 3 BGB).

Das BGB unterscheidet folgende 7 Bereicherungsfälle:

1. Der rechtliche Grund fehlt von vornherein (z. B. der der Vermögensverschiebung zugrundeliegende Vertrag ist nichtig; § 812 Abs. 1 Satz 1).
2. Der rechtliche Grund fällt weg (z. B. bei auflösender Bedingung; § 812 Abs. 1 Satz 2).
3. Anerkennung oder Leistung einer Nichtschuld (§§ 812 Abs. 1 Satz 1, 813, 814).
4. Der bezweckte Erfolg tritt nicht ein (z. B. die Tochter, die eine Aussteuer erhalten hat, heiratet nicht; § 812 Abs. 1 Satz 2, § 815).
5. Der Geltendmachung der erfüllten Verbindlichkeit steht eine dauernde Einrede entgegen (z. B. beschränkte Erbenhaftung). Keine Rückforderung bei Verjährung (§ 222 Abs. 2), Spiel und Wette (§ 762), Anstandsleistungen, Kenntnis des Nichtbestehens der Schuld (§§ 813, 814).
6. Verfügung eines Nichtberechtigten (§ 816 Abs. 1 Satz 2, vgl. oben) oder befreiende Leistung an einen Nichtberechtigten (§ 816 Abs. 2; z. B. Zahlung an den früheren Gläubiger in Unkenntnis der Forderungsabtretung, § 407).
7. Leistung gegen ein gesetzliches Verbot oder gegen die guten Sitten, falls nur der Empfänger dagegen verstößt (§ 817).

Weitere Bestimmungen über Herausgabe der Bereicherung in den § 516 Abs. 2 Satz 3, § 527 Abs. 1, § 528 Abs. 1 BGB (Schenkung) u. a. Vorschriften.

Besteht Herausgabepflicht, so sind auch die gezogenen Nutzungen (307) sowie etwaige *Surrogate* (z. B. Versicherungsleistung bei Zerstörung der Sache) herauszugeben. Die Herausgabepflicht entfällt, wenn der Verpflichtete nicht mehr bereichert ist, außer wenn er beim Empfang des Gegenstandes den Mangel des Rechtsgrundes gekannt hat (§§ 818, 819 BGB).

332. Unerlaubte Handlung

ist jedes unberechtigte schuldhafte (vorsätzliche oder fahrlässige) Eingreifen in einen fremden Rechtskreis, durch das einem anderen Schaden zugefügt wird. Das BGB behandelt die unerlaubte Handlung in den §§ 823–853. Wer widerrechtlich einem anderen vorsätzlich oder fahrlässig durch Verletzung von Rechten oder Rechtsgütern Schaden zufügt, ist in folgenden vom BGB normierten Fällen zum Schadensersatz verpflichtet:

1. *Tötung;*
2. *Körperverletzung* = jeder äußere Eingriff in die körperliche Unversehrtheit;
3. *Gesundheitsschädigung* = Störung der inneren Lebensvorgänge (z. B. Nervenschock);
4. Verletzung der *Freiheit;* auch der Entschließungsfreiheit (z. B. durch Nötigung);
5. Verletzung des *Eigentums* (*z. B. Diebstahl, Sachbeschädigung*);
6. Verletzung eines anderen (absoluten) *Rechts* (z. B. Störung des Gewerbebetriebes, Verletzung des allgemeinen Persönlichkeitsrechts; nicht eines Forderungsrechts);
7. Verletzung eines *Schutzgesetzes* (z. B. Arbeitszeitordnung, Arzneimittelgesetz, Gewerbeordnung, Urheberrechtsgesetz, Verkehrsgesetze);

8. *Kreditgefährdung* durch unwahre Behauptungen (§ 824 BGB);
9. Bestimmung zum außerehelichen Beischlaf (§ 825 BGB) durch Hinterlist, Drohung oder Mißbrauch eines Abhängigkeitsverhältnisses;
10. vorsätzliche *sittenwidrige Schädigung* (§ 826 BGB; z. B. Boykott, *Schwarze Liste*).

Der Umfang des zu leistenden Schadensersatzes bestimmt sich nach den allgemeinen Bestimmungen (§§ 249 ff. BGB). Danach ist der Zustand herzustellen, der ohne das schädigende Ereignis bestehen würde. Außer dem materiellen Schaden kann *Schmerzensgeld* verlangt werden, wenn die unerlaubte Handlung in einer Körperverletzung, Gesundheitsschädigung, Freiheitsentziehung oder in einer sittlichen Verfehlung gegen eine Frau besteht (§ 847 BGB), nach der Rechtsprechung auch bei Verletzung allgemeiner Persönlichkeitsrechte. Wird durch eine Körperverletzung oder Gesundheitsschädigung die Erwerbsfähigkeit des Verletzten aufgehoben oder gemindert, so ist eine Geldrente zu zahlen; aus wichtigem Grund kann Kapitalisierung verlangt werden (§ 843 BGB). Dritte können Ersatzansprüche stellen, wenn sie durch die unerlaubte Handlung Dienstleistungen des Verletzten, die diesem kraft Gesetzes im Haushalt oder Gewerbebetrieb oblagen, oder im Falle der Tötung gesetzliche Unterhaltsansprüche verlieren; §§ 844, 845 BGB. Die Kosten der Beerdigung eines Getöteten sind zu zahlen.

Mehrere Täter haften als *Gesamtschuldner* (§ 840 BGB). Der Verletzte kann von jedem Täter Ersatz des gesamten Schadens fordern. Mehrere Täter sind untereinander zum Ausgleich verpflichtet (§ 426 BGB; vgl. 312).

Nicht verantwortlich sind infolge *Bewußtlosigkeit* oder krankhafter Störung der Geistestätigkeit *Schuldunfähige* sowie *Kinder* bis zu 7 Jahren. *Jugendliche* zwischen 7 und 18 Jahren sind dann nicht verantwortlich, wenn sie die zur Erkenntnis der Verantwortlichkeit erforderliche Einsicht nicht besitzen (§§ 827, 828 BGB). Doch kann in diesen Fällen, sofern nicht ein aufsichtspflichtiger Dritter (z. B. Eltern) haftbar gemacht werden kann, vom Schädiger Ersatz verlangt werden, wenn es der Billigkeit entspricht, nach den Umständen des Falles eine Schadloshaltung erforderlich erscheint und dem Verpflichteten dadurch nicht die Mittel zum angemessenen Unterhalt und zur Erfüllung seiner gesetzlichen Unterhaltsverpflichtungen entzogen werden (§ 829 BGB).

Vielfach ist eine unerlaubte Handlung zugleich eine Straftat, bei deren strafgerichtlicher Verfolgung der Verletzte als *Nebenkläger* auftreten kann (vgl. 284). So insbesondere bei Körperverletzung im Straßenverkehr.

Als Sonderfall regelt § 831 BGB die Haftung für den *Verrichtungsgehilfen,* insbes. den für eine Tätigkeit bestellten Angestellten (z. B. Werkprokurist, Kraftfahrer); bei diesem kann sich der Geschäftsherr – anders als bei vertraglicher Haftung nach § 278 BGB – durch den Nachweis sorgfältiger Auswahl und Überwachung von der Haftung befreien. Der *Tierhalter* haftet nach § 833 BGB, wenn ohne sein Verschulden ein von ihm gehaltenes Tier Menschen oder Sachen einen Schaden zufügt, außer wenn es sich um ein *Haustier* handelt, das dem Beruf, der Erwerbstätigkeit oder dem Unterhalt des Tierhalters dient, und die Sorgfaltspflicht erfüllt ist.

Auch ein schuldhafter Verstoß gegen die *Verkehrssicherungspflicht* kann als unerlaubte Handlung zum Schadensersatz führen. Wer einen Verkehr eröffnet, muß die erforderlichen Sicherungsmaßnahmen zum Schutz Dritter treffen (Baugrube auf der Straße, Warenhaus, Treppe im Miethaus). Haftbar ist, wer den Verkehr eröffnet oder duldet, also nicht notwendig der Eigentümer.

Die Ersatzansprüche *verjähren* grundsätzlich in 3 Jahren (§ 852 BGB); im einzelnen vgl. 310.

332a. Gefährdungshaftung. Verkehrshaftpflicht

I. Die Verletzung eines gesetzlich geschützten Rechtsguts kann in bestimmten Fällen auch dann eine Schadensersatzpflicht begründen, wenn sie *nicht schuldhaft* geschehen ist. Hierher gehören insbesondere die Fälle der *Gefährdungshaftung,* in denen der Eigentümer einer Sache, eines Betriebs usw. auch ohne Verschulden für die Schadensfolgen einzutreten hat, die aus einer von der Sache oder Sachgesamtheit ausgehenden Gefahr entstehen; so im Falle der *Tierhalterhaftung* nach § 833 S. 1 BGB (vgl. 332) und vor allem auf Grund der *Betriebsgefahr,* die der Betrieb von Kraft- und Luftfahrzeugen, Schienenbahnen, Gas- und Elektrizitätswerken, Atomanlagen usw. mit sich bringt.

II. Die *Haftpflicht des Kraftfahrzeughalters* ist als Gefährdungshaftung ausgestaltet. Wird bei dem Betrieb eines Kfz. ein Mensch getötet, der Körper oder die Gesundheit eines Menschen verletzt oder eine Sache beschädigt, so ist der Halter des Kfz. verpflichtet, dem Verletzten den daraus entstehenden Schaden auch ohne Nachweis eines Verschuldens zu ersetzen (§ 7 StVG).

Die Ersatzpflicht ist *ausgeschlossen,* wenn der Unfall durch ein unabwendbares Ereignis verursacht ist, außer wenn die Ursache in einem Fehler oder Versagen des Kfz. liegt (§ 7 Abs. 2 StVG). Benutzt ein Unbefugter das Kfz., so haftet er an Stelle des Halters; neben ihm haftet auch der Halter, wenn er die Benutzung schuldhaft ermöglicht hat (§ 7 Abs. 3 StVG). Die Bestimmungen gelten auch, wenn der Unfall durch ein Kraftrad oder Moped verursacht worden ist. Ausgenommen sind Unfälle durch Kfze, die auf ebener Bahn mit keiner höheren Geschwindigkeit als 20 km/h fahren können, oder wenn der Verletzte bei dem Betrieb des Kfz. tätig war (§ 8 StVG). Gegenüber *Insassen* haftet der Halter für Personenschaden nur dann, wenn es sich um entgeltliche, geschäftsmäßige Personenbeförderung handelt, und für Sachschaden nur, wenn eine beförderte Person die Sache an sich trägt oder mit sich führt (§ 8a Abs. 1 StVG). Die Verpflichtung dieses Halters, wegen Tötung oder Verletzung beförderter Personen Schadensersatz zu leisten, kann durch Vertrag weder ausgeschlossen noch eingeschränkt werden (§ 8a Abs. 2 StVG). Bei mitwirkendem Verschulden des Verletzten hängt die Verpflichtung zum Ersatz sowie der Umfang des zu leistenden Ersatzes von den Umständen und insbesondere davon ab, wieweit der Schaden vorwiegend von dem einen oder dem anderen Teil verursacht worden ist (§§ 9 StVG, 254 BGB).

Bei unentgeltlichen *Gefälligkeitsfahrten* entfällt die Haftung selbst für leichte Fahrlässigkeit nicht ohne weiteres; vielmehr ist eine Freistellung nur bei Vorliegen besonderer Umstände gerechtfertigt (z. B. Mitfahrt in Kenntnis der Angetrunkenheit des Fahrers oder des schlechten Zustandes des Pkw).

Der Ersatzpflichtige haftet bei Tötung oder Körperverletzung nur bis zu einem Kapitalbetrag von 500000 DM oder bis zu einem Rentenbetrag von jährlich 30000 DM (bei Tötung oder Verletzung mehrerer Personen: 750000 bzw. 45000 DM), bei Sachbeschädigung bis zu 100000 DM (*Haftungsbegrenzung,* § 12 StVG).

Für die Verjährung der Schadensersatzansprüche gelten die Vorschriften über unerlaubte Handlungen (332). Sie werden aber vorher schon *verwirkt,* wenn der Ersatzberechtigte nicht binnen zwei Monaten seit Kenntnis von Schaden und Ersatzpflichtigem diesem den Unfall anzeigt, es sei denn, der Verpflichtete erlangt auf andere Weise vom Unfall Kenntnis oder der Berechtigte ist durch Umstände, die er nicht zu vertreten hat, an der Anzeige verhindert (§§ 14, 15 StVG). Der Anspruch nach dem StVG konkurriert mit dem aus unerlaubter Handlung; dieser ist für den Berechtigten günstiger hinsichtlich der Möglichkeit, Schmerzensgeld zu erlangen (§ 847 BGB), setzt aber Verschuldensnachweis voraus.

Häufig kann ein Unfallverletzter keinen Schadensersatz erlangen, weil der Schuldige sich durch Unfallflucht der Feststellung entzogen hat oder weil das Kfz. vorschriftswidrig nicht versichert war. In diesen und einigen anderen Fällen (Auslandsunfall) hat er auf Grund des § 12 des *Pflichtversicherungsgesetzes* i. d. F. vom 5. 4. 1965 (BGBl. I 213) und der *VO über den Entschädigungsfonds für Schäden aus Kraftfahrzeugunfällen* vom 14. 12. 1965 (BGBl. I 2093) einen Entschädigungsanspruch, den er gegen einen vom Verein „Verkehrsopferhilfe e. V." in Hamburg verwalteten Fonds geltend machen kann. Es handelt sich um einen Rechtsanspruch, der ggf. im Klagewege durchgesetzt werden kann, wenn die bei der Verkehrsopferhilfe bestehende Schiedsstelle ohne Erfolg angerufen worden ist.

III. Auch die Haftpflicht des Halters eines *Luftfahrzeugs* gegenüber *nicht beförderten* Personen und Sachen ist unter dem Gesichtspunkt der Gefährdungshaftung geregelt, während für die Schadensersatzpflicht aus dem *Beförderungsvertrag* der Grundsatz des vermuteten Verschuldens gilt (§§ 33ff., 44ff. Luftverkehrsgesetz).

Hinsichtlich der *Haftpflicht* gegenüber *nicht beförderten* Personen und Sachen besteht die sog. *Gefährdungshaftpflicht* aus dem Betrieb, d. h. Haftung auch ohne Verschulden des LfzHalters, und zwar sogar – anders als nach Straßenverkehrsrecht – für höhere Gewalt (§ 33). Jedoch wird mitwirkendes Verschulden des Verletzten gemäß § 254 BGB berücksichtigt (§ 34). Als Höchstgrenze der Haftung bestimmt § 37 bei Lfz. bis 1000 kg Fluggewicht 850000 DM; sie erhöht sich mit dem Fluggewicht und beträgt bei mehr als 1000 bis 2000 kg 850000 DM zuzüglich 650 DM je kg des 1000 kg übersteigenden Gewichts, bei mehr als 2000 kg Gewicht 1500000 DM zuzüglich 200 DM je kg des 2000 kg übersteigenden Gewichts. Bei Sach- und Personenschäden wird vorzugsweise der letztere ersetzt. Bei durch militärische Lfz. verursachten Schäden gilt die Haftungsbegrenzung nicht (§ 53). Schadensersatzansprüche verjähren wie bei unerlaubten Handlungen (332); bei Unterlassung der Unfallanzeige binnen 3 Monaten werden sie verwirkt (§ 40).

Die Haftung aus einem *Beförderungsvertrag* behandeln die §§ 44–52. Grundsätzlich haftet der Halter des Lfz.; er kann sich aber exkulpieren. Der Höhe nach ist seine Haftung begrenzt auf 320000 DM je Person und 67,50 DM pro kg eines beförderten Gutes (Reisegepäck pro Passagier 3200 DM). Bei Vorsatz oder grober Fahrlässigkeit bleibt die Haftung nach den allgemeinen gesetzlichen Bestimmungen unberührt. Ein vertraglicher Ausschluß seitens des Luftfahrtunternehmens ist unwirksam. Die Luftfahrtunternehmen sind verpflichtet, die Fluggäste gegen Unfälle mit mindestens 35000 DM für den Todesfall zu versichern (§ 50).

IV. Weitere wichtige Fälle der Gefährdungshaftung sind in folgenden Gesetzen geregelt:

a) die *Schienenbahn-* (Eisenbahn-, Straßenbahn-) *Betriebshaftung* im Haftpflichtgesetz i. d. F. vom 4. 1. 1978 (BGBl. I 145), das eine Gefährdungshaftung – auch für Schwebebahnen – für Tötung oder Verletzung von Personen oder Beschädigung von Sachen begründet. Haftungsausschluß bei höherer Gewalt (bei Straßenbahnen: unabwendbares Ereignis, das weder auf Fehler am Fahrzeug noch bei den Einrichtungen beruht); bei mitwirkendem Verschulden des Geschädigten Haftungsausschluß oder -minderung gem. § 254 BGB. Das Ges. regelt ferner eine Gefährdungshaftung für *Gas- und Elektrizitätswerke;* für den Betrieb von Bergwerken, Steinbrüchen oder Fabriken normiert es eine Haftung nur für Personenschäden und bei Verschulden;

b) die Haftung für Schädigungen durch *Atomanlagen* im Atomgesetz (vgl. 816);

c) die Haftung des Grundstückseigentümers für *Immissionen* in § 906 BGB und nach dem BImSchG (vgl. 335);

d) die Haftung für *Wild- und Jagdschäden* im Bundesjagdgesetz (vgl. 335).

V. Im Hinblick auf die erweiterte Haftpflicht, die auf der erhöhten Betriebsgefahr beruht, ist für die Halter von Kraft- und Luftfahrzeugen eine *Haftpflichtversicherung* gesetzlich vorgeschrieben (vgl. 195 IV; für Lfz. §§ 43, 50 LuftVG, s. o. III).

333. Das Sachenrecht (BGB III. Buch, §§ 854–1296)

regelt die Herrschafts- (dinglichen) Rechte an Sachen. Während die im Recht der Schuldverhältnisse (II. Buch) behandelten Forderungsrechte nur einen Leistungsanspruch gegen einen bestimmten Schuldner verleihen, wirken sich die dinglichen Rechte als Herrschaftsrechte von Personen über Sachen gegen jedermann aus (absolute Rechte).

Soweit einer Person ein Recht an einer Sache zusteht, spricht man von einem *dinglichen Recht.* Soweit sich die Sachherrschaft nur rein tatsächlich äußert, nennt man sie den *Besitz* einer Sache. Das Vollrecht an einer Sache ist das *Eigentum,* während die *beschränkten dinglichen Rechte* (wie Nießbrauch, Pfandrechte usw.) nur eine Teilherrschaft gewähren. Die Formen der dinglichen Rechte sind ihrer Zahl nach beschränkt und inhaltlich fest bestimmt (insoweit keine Vertragsfreiheit wie im Schuldrecht). Das BGB kennt als dingliche Rechte an beweglichen Sachen nur Eigentum, Pfandrecht und Nießbrauch; an Grundstücken: Eigentum, Erbbaurecht, Vorkaufsrecht, Dienstbarkeiten, Reallasten, Hypotheken, Grundschulden, Rentenschulden.

Das Sachenrecht des BGB wird ergänzt durch weitere Rechtsquellen, z. B. das *Ges. über Rechte an Schiffen* und Schiffsbauwerken vom 15. 11. 1940 (RGBl. I 1499) und das Ges. *über Rechte an Luftfahrzeugen* vom 26. 2. 1959 (BGBl. I 57), die beide ein (besitzloses) Registerpfandrecht – vgl. 340 – zulassen, ferner durch das *Pachtkreditgesetz* (828), das *Wohnungseigentumgesetz* (335a), die VO über das Erbbaurecht (336 II 1), das landesrechtliche *Nachbarrecht* (z. B. Licht- und Fensterrecht; vgl. Art. 124 EGBGB) und das *Höferecht* (825).

334. Der Besitz

ist die tatsächliche Gewalt über eine Sache. Man unterscheidet zwischen dem unmittelbaren und dem mittelbaren Besitz sowie zwischen *Eigen-* und *Fremdbesitz,* je nachdem der Besitzer die Sache als ihm gehörend besitzt oder nicht.

Unmittelbarer Besitzer ist, wer eine Sache tatsächlich in der Gewalt hat (z. B. als Entleiher, Pächter). *Mittelbarer Besitzer* ist die Person, welcher der unmittelbare Besitzer kraft eines bestimmten Rechtsverhältnisses den Besitz vermittelt; er übt zwar nicht die unmittelbare Herrschaft über die Sache aus, wird aber vom Gesetz ebenfalls als Besitzer behandelt (§ 868 BGB). Leitet der mittelbare Besitzer seinen Besitz wieder von einem Dritten ab, so ist auch der Dritte (entfernterer) mittelbarer Besitzer (§ 871 BGB). So ist z. B. bei Untervermietung der Untermieter unmittelbarer Besitzer, der Untervermieter mittelbarer Besitzer und der Hauptvermieter entfernterer mittelbarer Besitzer.

Wer eine Sache mit einem anderen gemeinschaftlich besitzt, ist *Mitbesitzer;* wer einen Teil einer einheitlichen Sache besitzt, ist Teilbesitzer (§§ 865, 866 BGB).

Der Besitz wird *erworben* durch Erlangung der tatsächlichen Gewalt über die Sache (§ 854 BGB). Es ist kein rechtlicher, sondern nur ein tatsächlicher Wille zum Erwerb erforderlich. Auf die *Erben* geht dagegen der Besitz beim Erbfall kraft Gesetzes über, also auch ohne daß sie die tatsächliche Gewalt erlangen (§ 857 BGB). Der unmittelbare Besitz endigt durch freiwillige Aufgabe oder unfreiwilligen Verlust der tatsächlichen Gewalt, nicht hingegen durch vorübergehende Behinderung an der Ausübung (§ 856 BGB).

Der Besitzer genießt *Besitzschutz* gegen *verbotene Eigenmacht* Dritter (§ 858 BGB). Er kann gegen Besitzstörungen Gewalt anwenden und *Selbsthilfe* ausüben, insbes. eine entwendete Sache dem auf frischer Tat angetroffenen oder verfolgten Täter wieder abnehmen, bei einem Grundstück den Störer vertreiben (§ 859 BGB). Zulässige *Besitzklagen* sind die Besitzentziehungsklage auf Wiedereinräumung des Besitzes und die Besitzstörungsklage auf Beseitigung und Unterlassung weiterer Besitzstörung (§§ 861, 862 BGB). Gelangt eine Sache auf ein anderes Grundstück, so hat der Besitzer einen *Abholungsanspruch* (§ 867 BGB).

Besitzdiener (Besitzgehilfe) ist, wer die tatsächliche Gewalt über eine Sache für einen anderen (den Besitzer oder Besitzherrn) ausübt, aber auf Grund eines persönlichen oder sozialen Abhängigkeitsverhältnisses den Weisungen des anderen bezüglich der Sache zu folgen hat (§ 855 BGB; z. B. Ladenverkäufer). Hier ist nur der andere (Besitzherr) Besitzer.

335. Das Eigentum

I. Nach § 903 BGB kann der Eigentümer einer Sache, soweit nicht das Gesetz oder Rechte Dritter entgegenstehen, mit der Sache nach Belieben verfahren und andere von jeder Einwirkung ausschließen. Gegenüber diesem einer liberalistischen Einstellung entspringenden Grundsatz hebt Art. 14 GG die *soziale Bindung des Eigentums* hervor („Eigentum verpflichtet"). Dies gilt für Grundbesitz in erhöhtem Maße.

Erwerb und Verlust des Eigentums ist verschieden bei Grundstükken und bei beweglichen Sachen:

a) *Grundeigentum* wird erworben:

1. durch *rechtsgeschäftliche Übertragung,* die eine Einigung (*Auflassung* vor Notar, §§ 873, 925 BGB) und Eintragung im Grundbuch erfordert;
2. durch *Ersitzung,* wenn jemand ein Grundstück 30 Jahre lang im Eigenbesitz hat und entweder zu Unrecht im Grundbuch eingetragen ist (*Tabularersitzung;* § 900 BGB) oder ein Ausschlußurteil gegen den Eigentümer erwirkt (*Kontratabularersitzung;* § 927 BGB);
3. durch *Zuschlag in der Zwangsversteigerung* (255);
4. durch *Enteignungsbeschluß* (48, 189, 192, 824);
5. durch *Gesamtrechtsnachfolge* (z. B. Erbschaft, § 1922 BGB, Gütergemeinschaft, § 1416 BGB);

6. durch *Aneignung* einer herrenlosen Sache (§ 928 BGB, Art. 129, 190 EGBGB).

Das Grundeigentum geht *verloren* entsprechend den Arten, auf die es erworben werden kann (außer Nrn. 5 und 6), insbes. durch rechtsgeschäftliche Übertragung, Ersitzung, Zwangsversteigerung, Enteignung, ferner durch Verzicht oder Ausschlußurteil gegen einen unbekannten Eigentümer.

b) *An beweglichen Sachen* (Fahrnis) wird Eigentum erworben:

1. rechtsgeschäftlich durch *Einigung und Übergabe* oder, falls der Erwerber schon im Besitz der Sache ist, nur Einigung (§ 929 BGB; Besonderheiten für *Seeschiffe* und *Binnenschiffe;* s. 301, 379 IV und § 929a BGB);
2. rechtsgeschäftlich durch Einigung und *Besitzkonstitut,* d. h. anstelle der Übergabe wird vereinbart, daß der Veräußerer die veräußerte Sache weiter als Fremdbesitzer auf Grund eines schuldrechtlichen Vertrags, z. B. Miete, Leihe, Verwahrung, im Besitz behält (§ 930 BGB);
3. rechtsgeschäftlich durch *Einigung und Abtretung des Herausgabeanspruchs* gegen einen Dritten, der die Sache im Besitz hat (§ 931 BGB);
4. vom *Nichteigentümer* bei rechtsgeschäftlichem Erwerb im *guten Glauben* an das Eigentum des Veräußerers (§§ 932–934 BGB). Dies gilt jedoch nicht bei gestohlenen, verlorenen oder sonst abhanden gekommenen Sachen, sofern es sich nicht um Geld, Inhaberpapiere oder öffentlich versteigerte Sachen handelt (§ 935 BGB);
5. ferner *kraft Gesetzes* durch *Ersitzung* (10 Jahre, § 937), Verbindung mit einem Grundstück oder einer anderen Sache als wesentlicher Bestandteil (§§ 946, 947), Vermischung (§ 948), Verarbeitung (§ 950), Ausbeutung fremder Sachen auf Grund eines Aneignungsrechts (§ 954), Aneignung einer herrenlosen Sache (§ 958) und *Fund,* falls sich der Empfangsberechtigte binnen 6 Monaten nach Anzeige nicht meldet (§ 973 BGB).

Finder ist, wer eine verlorene Sache an sich nimmt. Er hat dem *Verlierer* (wenn dieser unbekannt ist, der zuständigen Behörde – Fundbüro –) oder dem Eigentümer oder einem sonst Empfangsberechtigten, z. B. dem Briefadressaten, den Fund unverzüglich anzuzeigen, außer bei Kleinfunden im Wert von höchstens 10 DM. Ferner muß er die gefundene Sache verwahren, sofern er sie nicht der Ordnungsbehörde abliefert, Tiere auch füttern und schließlich die Sache dem Empfangsberechtigten herausgeben. Dafür hat er Anspruch auf Ersatz der Aufwendungen, die er für erforderlich ansehen konnte (z. B. Futterkosten für ein zugelaufenes Tier), und auf *Finderlohn.* Dieser beträgt bei Sachen im Wert bis zu 1000 DM 5 v. H. und von dem Mehrwert 3 v. H.; bei Tieren stets 3 v. H. Sachen, die in Räumen öffentlicher Behörden, in Eisenbahnen oder Straßenbahnen gefunden werden, sind an die zuständige Dienststelle abzuliefern (Finderlohn ab 100 DM Wert, aber nur ½ des sonstigen Satzes). Im einzelnen vgl. §§ 965 ff. BGB.

Das Eigentum an beweglichen Sachen geht *verloren* mit Erwerb durch einen anderen sowie durch freiwillige Aufgabe des Eigentums (derelictio); die Sache wird dann herrenlos und ist fremder Aneignung zugänglich.

II. Der Eigentümer hat folgende *Ansprüche:*

a) die Klage auf Herausgabe gegen den nicht berechtigten Besitzer (§ 985 BGB);

b) die *Eigentumsfreiheitsklage* (negatorische Klage) auf Beseitigung einer Störung und künftige *Unterlassung* (§ 1004 BGB).

Nach § 906 BGB kann der Grundstückseigentümer die Zuführung von Gasen, Dämpfen, Gerüchen, Rauch, Ruß, Wärme, Geräusch, Erschütterungen

u. ä. von einem anderen Grundstück ausgehende Einwirkungen *(Immissionen)* nicht verbieten, soweit die Einwirkung die Benutzung seines Grundstücks nicht oder nur unwesentlich beeinträchtigt. Das gleiche gilt insoweit, als eine wesentliche Beeinträchtigung durch eine *ortsübliche Benutzung* des anderen Grundstücks herbeigeführt wird und nicht durch Maßnahmen verhindert werden kann, die Benutzern dieser Art wirtschaftlich zumutbar sind; hat der Grundstückseigentümer hiernach eine Einwirkung zu dulden, so kann er von dem Benutzer des anderen Grundstücks einen *angemessenen Ausgleich in Geld* verlangen, wenn die Einwirkung eine ortsübliche Benutzung seines Grundstücks oder dessen Ertrag über das zumutbare Maß hinaus beeinträchtigt. Die Zuführung durch eine besondere Leitung ist unzulässig. Geht die Störung von einer behördlich genehmigten Anlage aus, so kann nicht die Einstellung des Betriebs der Anlage verlangt werden, sondern nur Schutz durch entsprechende Maßnahmen oder Schadensersatz (§ 14 BImSchG, vgl. 193). Bereits vorher ergangene landesrechtliche *Immissionsschutzgesetze* verpflichten jeden, der eine Anlage errichtet, zu Schutzmaßnahmen gegen Luftverunreinigung, Geräusche und Erschütterungen, um die *Nachbarschaft* und die Allgemeinheit vor Gefahren, erheblichen Nachteilen oder Belästigungen durch Immissionen entsprechend dem jeweiligen Stand der Technik zu schützen. Diese Vorschriften bleiben in Kraft, soweit sie nicht vom Bundesrecht verdrängt werden.

III. Mit dem Grundstückseigentum verbunden (§ 96 BGB) ist das Recht auf Ausübung der *Jagd* und der *Fischerei*.

a) Das (subjektive) *Jagdrecht*
ist die ausschließliche Befugnis, auf einem be stimmten Gebiet wildlebende Tiere, die dem Jagdrecht unterliegen (Wild), zu hegen, auf sie die Jagd auszuüben und sie sich anzueignen (§ 1 des Bundesjagdgesetzes i. d. F. vom 29. 9. 1976, BGBl. I 2849) m. spät. Änd. Das Jagdrecht wird entweder im *Eigenjagdbezirk* von einer Person oder Personengemeinschaft oder in einem gemeinschaftlichen Jagdbezirk von einer *Jagdgenossenschaft* (Körperschaft öffentlichen Rechts) ausgeübt. Auch können *Hegegemeinschaften* gebildet werden. Zur Erhaltung eines artenreinen und gesunden Wildbestandes ist die *Hege* erforderlich; es sind die Grundsätze deutscher Weidgerechtigkeit zu beachten. *Jagdbare Tiere* sind das in § 2 BJagdG aufgeführte *Haarwild* (auch *Wildkaninchen*) und *Federwild*. Weitere Bestimmungen regeln die Jagdpacht, die forstwirtschaftliche Förderung, die Erteilung des Jagdscheins und den Jagdschutz. Verboten ist die unbefugte Beunruhigung des Wildes sowie die Zufügung vermeidbarer Schmerzen oder Leiden. *Wildschaden* an den im Jagdbezirk belegenen Grundstücken muß ersetzt werden, bei wertvollen Anlagen (z. B. Forstkulturen) aber nur, wenn Schutzvorrichtungen angebracht sind. Für Wildschaden an Grundstücken außerhalb des Jagdbezirks gelten die Vorschriften über unerlaubte Handlung (332). Mißbräuchliche Jagdausübung, z. B. Treibjagd auf Feldern mit reifender Frucht, verpflichtet stets zum Ersatz des *Jagdschadens* (§ 33 BJagdG).

Eine VO über die *Jagdzeiten* vom 2. 4. 1977 (BGBl. I 531) bestimmt auf Grund des § 22 BJagdG die Zeiten, in denen die Jagd auf die einzelnen Wildarten ausgeübt werden darf. Die Jagdbehörde kann im Einzelfall genehmigen, daß außerhalb der Jagdzeiten sowie innerhalb dieser über den Abschußplan hinaus krankes oder kümmerndes Wild erlegt werden darf. Die *WildschutzVO* vom 25. 10. 1985 (BGBl. I 2040 dient dem Schutz bestimmter Wildarten. Sie enthält Verbote und Gebote (außer für Jagdberechtigte) bezgl. der Inbesitznahme, des Haltens und Veräußerns, Aufzeichnungs- und Kennzeichnungspflichten für gewerbsmäßige Präparatoren und Händler, Nachweis der Besitzberechtigung für bestimmte Tierarten u. dgl.

Zur Durchführung des Bundesjagdgesetzes sind *Landesjagdgesetze* ergangen (Zusammenstellg. b. Schönfelder, Dt. Gesetze, bei § 1 BJagdG).

b) Das (subjektive) *Fischereirecht*
begründet die Befugnis, in Binnengewässern Fische, Krebse und andere nutzbare Wassertiere, z. B. Muscheln, die nicht Gegenstand des Jagdrechts sind, zu jagen und sich anzueignen. Es steht grundsätzlich dem Eigentümer des Gewässers zu. Wer den Fischfang ausüben will, bedarf der Erlaubnis des Inhabers des Fischereirechts; er muß ferner einen Berechtigungsschein bei sich führen (das Ges. über den *Fischereischein* vom 19. 4. 1939,RGBl. I 795, nebst DVO vom 21. 4. 1939, RGBl. I 816, das bisher als Bundesrecht für die Hochsee- und Küstenfischerei, teilweise auch als Landesrecht weitergalt, ist aufgehoben; es gelten nunmehr nur noch die einschlägigen landesrechtl. Vorschriften; Zusammenstellg. bei Erbs-Kohlhaas, Strafrechtl. Nebenges., F 83, II.).

Die Binnenfischerei ist zum Teil landesrechtlich geregelt. Soweit das Gesetz vom 19. 4. 1939 die Seefischerei betrifft, ist es Bundesrecht. Die große Hochsee- und Heringsfischerei ist von der Fischereischeinpflicht ausgenommen. Vgl. auch das internat. *Fischerei-Übereinkommen* vom 9. 3. 1964 (BGes. vom 15. 9. 1969, BGBl. II 1897); es betrifft Vereinbarungen darüber, innerhalb welcher Zonen außerhalb des eigenen Hoheitsgebietes Fischfang zulässig ist.

Über wirtschaftliche Vorschriften für die Fischerei vgl. 827 II.

335a. Wohnungseigentum, Dauerwohnrecht

Da Wohnhäuser als wesentliche Bestandteile eines Grundstücks grundsätzlich im Eigentum des Grundeigentümers stehen (§ 93 BGB; vgl. 307), konnte früher Teileigentum an einem Wohngebäude oder einer Wohnung für einen anderen Berechtigten nicht begründet werden. Um einer größeren Bevölkerungsschicht, die nicht zu einem Volleigentum an einem Grundstück gelangen kann, wenigstens eine diesem nahekommende Rechtsstellung zu verschaffen, wurde das Wohnungsrecht durch das *Wohnungseigentumsgesetz* (Ges. über das Wohnungseigentum und das Dauerwohnrecht vom 15. 3. 1951, BGBl. I 175) – WEG – um die Formen des *Wohnungseigentums* und des *Dauerwohnrechts* bereichert.

1. Der Inhalt des Wohnungseigentums

Das Wohnungseigentum gewährt die Möglichkeit, Eigentum an Teilen eines Gebäudes ähnlich dem im Ausland und früher bereits in Süddeutschland verbreiteten *Stockwerkseigentum* (vgl. Art. 189, 182 EGBGB) zu erwerben. Das Wohnungseigentum besteht gem. § 1 WEG aus dem *Sondereigentum* an einer Wohnung samt den zugehörigen Bestandteilen (Innenwände usw.) in Verbindung mit einem Miteigentumsanteil nach Bruchteilen an dem gemeinschaftlichen Eigentum. Teile eines Gebäudes, die nicht Wohnzwecken dienen, z. B. Geschäftsräume, werden als *Teileigentum* bezeichnet (§ 1 Abs. 3). Zum *Miteigentum* gehören alle Gebäudeteile, die für Bestand oder Sicherheit des Hauses erforderlich sind (Grundstück, Fundament, Dach) oder dem gemeinschaftlichen Gebrauch der Wohnungseigentümer dienen (Treppenhaus, Heizungsanlage); § 5 Abs. 2 WEG. Sondereigentum und Miteigentumsanteil sind untrennbar miteinander verbunden, können daher auch nur gemeinschaftlich übertragen oder – z. B. durch Hypotheken – belastet werden; Rechte am Miteigentumsanteil erstrecken sich auf das Sondereigentum (§ 6 WEG).

Begründet wird das WE durch Vertrag der Miteigentümer oder durch Teilung des bisherigen Alleineigentums (§§ 3, 8 WEG). Die Rechtsänderung erfordert die Einigung der Beteiligten (*Auflassung,* vgl. 335) und die Eintragung im *Grundbuch* (§ 4 WEG). Auch der Verpflichtungsvertrag bedarf notarieller Beurkundung wie der Grundstückskaufvertrag (§ 313 BGB). Für jeden Miteigentumsanteil und das hiermit verbundene Sondereigentum wird ein besonderes Grundbuchblatt angelegt (*Wohnungsgrundbuch,* Teileigentumsgrundbuch, § 7 WEG; s. 297).

2. Die Eigentümergemeinschaft

Das *Rechtsverhältnis der Miteigentümer* untereinander bestimmt sich nach den Grundsätzen der Gemeinschaft (324); doch kann eine Auflösung der Gemeinschaft nicht verlangt werden (§§ 10, 11 WEG). Dagegen ist jeder Wohnungseigentümer berechtigt, über Sondereigentum und Miteigentumsanteil durch Übertragung oder Belastung zu verfügen. Im gemeinsamen Nutzungsinteresse kann die Veräußerung vertraglich an die Zustimmung aller Miteigentümer gebunden werden; diese darf aber nur aus wichtigem Grund versagt werden (§ 12 WEG; z. B. bei Gefahr gewerblicher Nutzung in einem Wohnhaus). Jeder Wohnungseigentümer kann sein Sondereigentum (Wohnung) frei nutzen, muß aber die Verpflichtungen beachten, die sich aus dem Gemeinschaftsverhältnis ergeben. Er darf durch die Nutzung andere Eigentümer nicht schädigen oder über das unvermeidliche Maß hinaus belästigen oder stören; er hat dafür zu sorgen, daß diese Pflicht durch die seinem Hausstand oder Geschäftsbetrieb angehörenden Personen eingehalten wird (§§ 13, 14 WEG). Für die Nutzung des Sondereigentums und vor allem des gemeinschaftlichen Eigentums ist in erster Linie die vereinbarte Gebrauchsregelung maßgebend. Auch die Hausverwaltung ist Sache der Vereinbarung; ergänzend gelten die §§ 15ff., 20ff. WEG.

Die *Eigentümerversammlung* beschließt eine Hausordnung und bestellt einen *Verwalter* (auf höchstens 5 Jahre; Verlängerungsmöglichkeit). Dieser hat mindestens einmal jährlich eine Eigentümerversammlung einzuberufen, der er den jeweils für ein Jahr aufzustellenden Wirtschaftsplan und nach Jahresablauf die Abrechnung zur Beschlußfassung vorzulegen hat. Ihm obliegt die ordnungsmäßige Verwaltung (Instandhaltung des Hauses, Leistung der laufenden Zahlungen, Verwaltung der gemeinschaftlichen Gelder auf Sonderkonten usw.). Er hat eine Instandsetzungsrücklage zu bilden. Nutzungen und Lasten (z. B. Straßen- und Müllabfuhrgebühren, Versicherungen) sind auf die Miteigentümer umzulegen. Die Eigentümerversammlung faßt ihre Beschlüsse in gemeinsamen Angelegenheiten mit Stimmenmehrheit (schriftliche Beschlußfassung im Umlaufwege nur bei Einstimmigkeit zulässig). Sie kann einen *Verwaltungsbeirat* (Vorsitzender, 2 Beisitzer) aus ihrer Mitte bestellen; er wird vom Vorsitzenden nach Bedarf einberufen, hat den Verwalter zu unterstützen und den Wirtschaftsplan sowie Abrechnungen zu prüfen.

Ein Wohnungseigentümer, der sich einer schweren Verletzung seiner Pflichten gegenüber den Miteigentümern schuldig macht, insbesondere beharrlich deren Erfüllung verweigert oder seiner Kostentragungspflicht nicht nachkommt, kann auf Grund eines Beschlusses der Miteigentümer auf Veräußerung seines WE verklagt werden. Das Urteil ersetzt die bei freiwilliger Versteigerung und Übertragung des WE auf den Ersteher erforderlichen Erklärungen des Eigentümers. Bei sonstigen Streitigkeiten aus dem Gemeinschaftsverhältnis, insbesondere wegen der laufenden Verwaltung, kann der Richter der *freiwilligen Gerichtsbarkeit* (294) angerufen werden.

3. Das Wohnungserbbaurecht

Das WEG kennt auch ein *Wohnungserbbaurecht* (§ 30). Steht ein Erbbaurecht, d. h. das Recht, auf einem fremden Grundstück ein Bauwerk zu haben (336 II 1), mehreren Berechtigten in Bruchteilsgemeinschaft zu, so können die Anteile in der Weise beschränkt werden, daß jedem Mitberechtigten das Sondereigentum an einer bestimmten Wohnung in dem auf Grund des Erbbaurechts errichteten Gebäude eingeräumt wird.

4. Das Dauerwohnrecht nach dem Wohnungseigentumsgesetz

Da sich das dingliche Wohnungsrecht (§ 1093 BGB), eine Unterart der beschränkten persönlichen Dienstbarkeit (vgl. 336), vielfach als nicht ausreichende Rechtsgrundlage erwiesen hat, gestattet das WEG (§§ 31 ff.) die Begründung eines *Dauerwohnrechts*. Dieses belastet das Grundstück in der Weise, daß der Berechtigte unter Ausschluß des Eigentümers eine bestimmte Wohnung in einem Gebäude bewohnen oder sonstwie nutzen darf (bei gewerblichen Räumen *Dauernutzungsrecht* genannt). Dieses Dauerwohn(nutzungs)recht ist ein beschränktes dingliches Recht (336), das aber im Gegensatz zum dinglichen Wohnungsrecht veräußerlich und vererblich ist. Es wird wie das WE im Grundbuch eingetragen und umfaßt die Befugnis, die Wohnung zu vermieten. Das Dauerwohnrecht soll nur an in sich abgeschlossenen Wohnungen begründet werden. Es kann vereinbart werden, daß es unter bestimmten Voraussetzungen, z. B. beim Tod des zuletzt versterbenden Ehegatten, an den Grundstückseigentümer zurückfällt *(Heimfallanspruch)*.

336. Beschränkung des Eigentums durch dingliche Rechte

Das Eigentum kann durch andere dingliche Rechte beschränkt werden. Bei beweglichen Sachen kennt das BGB nur Pfandrecht und Nießbrauch, während die Zahl der dinglichen Rechte an Grundstükken weit größer ist (vgl. 333).

I. Dingliche Rechte an *beweglichen Sachen*

1) Das *Pfandrecht* ist das an einer Sache bestehende dingliche Recht des Gläubigers einer Forderung, den Gegenstand zur Befriedigung seiner persönlichen Forderung zu verwerten (§§ 1204–1296 BGB). Vgl. 340. Dies geschieht bei beweglichen Sachen durch öffentliche Versteigerung des Pfandes.

2) Zum *Nießbrauch* s. 339.

II. Dingliche Rechte an *Grundstücken*

1) *Dienstbarkeiten*
sind auf ein Dulden oder Unterlassen gerichtete beschränkte dingliche Rechte an einem Grundstück. Man unterscheidet die Grunddienstbarkeit, die beschränkte persönliche Dienstbarkeit, den Nießbrauch und das Erbbaurecht.

Grunddienstbarkeit ist die Belastung eines Grundstücks in der Weise, daß der jeweilige Eigentümer eines anderen Grundstücks das belastete in einzelnen Beziehungen benutzen darf (z. B. *Wegegerechtigkeit*) oder bestimmte Handlungen auf dem belasteten Grundstück nicht vorgenommen oder Nachbarrechte nicht ausgeübt werden dürfen (z. B. Errichtung von Gebäuden, zulässige Immissionen, vgl. 335), § 1018 BGB.

Die *beschränkte persönliche Dienstbarkeit* ist der Grunddienstbarkeit verwandt; jedoch ist bei ihr nicht der jeweilige Eigentümer eines (herrschenden) Grundstücks, sondern eine bestimmte Person berechtigt, mit deren Tod sie endet (§§ 1090, 1061 BGB). Die Berechtigung kann in einem *Wohnungsrecht* bestehen (§ 1093 BGB).

Zum *Nießbrauch* s. 339. Er ist bei Grundstücken die umfassendste aller Dienstbarkeiten (§ 1030 BGB).

Durch das in der VO vom 15. 1. 1919 (RGBl. 72) geregelte *Erbbaurecht* wird das Grundstück in der Weise belastet, daß dem Erbbauberechtigten das veräußerliche und vererbliche Recht zusteht, auf oder unter der Oberfläche des Grundstücks ein Bauwerk zu haben. Hierfür ist ein *Erbbauzins* zu entrichten, dessen vertraglich vereinbarte Erhöhung bei *Wohngebäuden* nur im Rahmen der allgemeinen wirtschaftlichen Entwicklung und jeweils erst nach 3 Jahren verlangt werden kann. Das Erbbaurecht wird i. d. R. für bestimmte Zeit bestellt (z. B. 90 oder 99 Jahre). Nach Erlöschen wird das Bauwerk Eigentum des Grundstückseigentümers. Falls nicht vertraglich ausgeschlossen, ist der Erbbauberechtigte zu entschädigen. Auf das Erbbaurecht finden im allgemeinen die für Grundstücke geltenden Vorschriften Anwendung. Es wird dafür ein besonderes Grundbuchblatt angelegt. Darin können Hypotheken, Grund- und Rentenschulden wie bei Grundstücken eingetragen werden.

Über *Wohnungseigentum, Wohnungserbbaurecht, Dauerwohnrecht* s. 335 a.

2) *Reallast und Grundpfandrechte*

Die *Reallast* belastet ein Grundstück in der Weise, daß an den Berechtigten wiederkehrende Leistungen aus dem Grundstück zu entrichten sind (§ 1105 BGB; z. B. Altenteil, Leibrente).

Grundpfandrechte sind die Hypothek, die Grundschuld und die Rentenschuld, s. im einzelnen 337. Während bei beweglichen Sachen das Pfand durch öffentliche Versteigerung verwertet wird, geschieht dies bei Grundpfandrechten nach dem Zwangsversteigerungsgesetz, vgl. 255.

3) *Dingliches Vorkaufsrecht*

Bei einem dinglichen Vorkaufsrecht kann der Berechtigte bei einem Verkauf an einen Dritten in den Kaufvertrag eintreten (§§ 1094, 1098, 505 BGB).

337. Hypothek, Grundschuld, Rentenschuld

In den §§ 1113–1203 behandelt das BGB die Grundstückspfandrechte, und zwar die Hypothek, die Grundschuld und die Rentenschuld.

I. *Hypothek*

Sie ist ein Grundstückspfandrecht, bei welchem neben dem persönlichen Schuldner auch das Grundstück für eine Forderung haftet. Die

Hypothek ist akzessorisch, d.h. vom Bestand der Forderung abhängig. Wird dem Gläubiger ein Hypothekenbrief erteilt, so spricht man von einer *Brief-*, andernfalls von einer *Buchhypothek;*

Besondere Arten der Hypothek sind:
1) die *Sicherungshypothek.* Sie bezweckt ausschließlich die Sicherung von (persönlichen) Forderungen und kann nur geltend gemacht werden, soweit eine Forderung besteht. Diese ist also nachzuweisen (§ 1184 BGB);
2) die *Höchstbetrags-(Maximal-)Hypothek* (§ 1190 BGB). Hier steht die Forderung der Höhe nach nicht fest; nur der Höchstbetrag wird eingetragen. Es handelt sich um eine Abart der Sicherungshypothek, die besonders zur Sicherung von Krediten im Kontokorrentverkehr verwendet wird;
3) die *Gesamthypothek,* bei der mehrere Grundstücke (meist desselben Eigentümers) zur Sicherung einer Forderung belastet werden und jedes Grundstück für die gesamte Forderung haftet (§ 1132 BGB);
4) die *Tilgungshypothek,* bei welcher der Schuldner gleichbleibende jährliche Beträge zu zahlen hat, die sowohl die Hypothekenzinsen als auch einen Amortisationsbetrag umfassen (dieser steigt infolgedessen jährlich, weil der zurückgezahlte Kapitalanteil nicht mehr verzinst wird);
5) die *Zwangshypothek.* Sie wird im Gegensatz zu den anderen nicht rechtsgeschäftlich bestellt, sondern auf Antrag des Gläubigers, der einen vollstreckbaren Titel besitzt, im Wege der Zwangsvollstreckung in das unbewegliche Vermögen eingetragen (aber nur für einen Betrag von mehr als 500 DM); sie ist stets eine Sicherungshypothek (§ 866 ZPO; vgl. 255).

II. *Grundschuld*

Bei ihr ist aus dem Grundstück eine bestimmte Geldsumme an den Gläubiger zu zahlen, ohne daß eine persönliche Forderung vorausgesetzt wird. Auch hier kann ein Brief erteilt werden *(Brief-,* sonst *Buchgrundschuld);*

Die *Grundschuld* unterscheidet sich von der Hypothek dadurch, daß sie ihrem Wesen nach von einer Forderung unabhängig ist. Der Gläubiger braucht das Bestehen einer persönlichen Forderung nicht nachzuweisen, um sein Recht am Grundstück zu verwirklichen. Aus diesem Grund wird der Grundschuld im Kreditverkehr der Vorzug vor der Hypothek gegeben.

III. *Rentenschuld*

Sie ist eine besondere Art der Grundschuld; bei ihr ist an regelmäßig wiederkehrenden Terminen eine bestimmte Geldsumme (rentenmäßig) aus dem Grundstück an den Berechtigten zu zahlen.

338. Eintragungen im Grundbuch

betreffen im wesentlichen (s. 297) das Eigentum an einem Grundstück und die dieses beschränkenden Rechte (336 II). Sie werden von dem beim AG bestehenden *Grundbuchamt* vorgenommen. Das materielle Grundbuchrecht ist im BGB enthalten, während sich das formelle in der Grundbuchordnung (GBO) findet; vgl. 297. Grundsätze des Grundbuchrechts sind:

a) das *Spezialitätsprinzip* = eingetragene Grundstücke und Rechte müssen genau bestimmt sein;
b) *Eintragungsgrundsatz* = jede rechtsgeschäftliche Begründung, Änderung oder Übertragung von Grundstücksrechten erfordert eine inhaltlich gleiche Eintragung im Grundbuch;
c) *materielles Konsensprinzip* (§ 873 BGB) = zur Änderung von Grundstücksrechten ist außer der Eintragung die Einigung des Berechtigten und des anderen Teils erforderlich;
d) *materielles Publizitätsprinzip* (§ 892 BGB) = das Grundbuch genießt *öffentlichen Glauben*; sein Inhalt gilt als richtig, sofern nicht der Erwerber die Unrichtigkeit kennt;
e) *Prioritätsgrundsatz* (§ 879 BGB) = das *Rangverhältnis* mehrerer Belastungen bestimmt sich nach der Reihenfolge der Eintragungen, bei Eintragung in verschiedenen Abteilungen nach dem Datum der Eintragung.

Dem Grundbuchamt gegenüber genügt *(formelles Konsensprinzip)* die Vorlage der (beglaubigten) Eintragungsbewilligung des Betroffenen (§ 19 GBO). Nur bei Auflassung eines Grundstücks und bei Bestellung, Änderung und Übertragung eines Erbbaurechts muß die Einigung der Parteien dem Grundbuchamt nachgewiesen werden (§ 20 GBO).

Zum Schutz eines noch nicht eingetragenen Rechts kann eine *Vormerkung*, für eine spätere Eintragung kann ein *Rangvorbehalt* und gegenüber einer Unrichtigkeit des Grundbuchs kann ein *Widerspruch* eingetragen werden (§§ 881, 883, 894, 899 BGB).

339. Nießbrauch

ist das dingliche Recht, die Nutzungen eines in fremdem Eigentum stehenden Gegenstandes (bewegliche Sache, Recht, Grundstück) zu ziehen (§§ 1030–1089 BGB).

Der Nießbrauch ist ein auf die Person des Berechtigten abgestelltes *höchstpersönliches Recht;* er kann weder durch Rechtsgeschäft übertragen noch vererbt werden (§§ 1059, 1061 BGB). Jedoch kann die *Ausübung* eines Nießbrauchs einem anderen überlassen werden. Der Nießbraucher kann nicht über die ihm zum Nießbrauch überlassene Sache verfügen.

Das BGB unterscheidet den Nießbrauch an beweglichen Sachen, an Rechten, an einer Forderung, an einem Vermögen und an Grundstücken.

Der Nutznießer einer *beweglichen Sache* hat das Recht zum Besitz und zur Nutzung. Er erwirbt die Sachfrüchte, auch wenn im Übermaß gezogen, mit der Trennung, hat aber den Wert der über das Normalmaß gezogenen Früchte nach Erlöschen des Nießbrauchs dem Eigentümer u. U. zu ersetzen (§ 1039 BGB).

An *verbrauchbaren Sachen* ist nur ein uneigentlicher Nießbrauch möglich. Hier gehen die Sachen selbst in das Eigentum des Nießbrauchers über; er kann darüber verfügen, muß aber bei Beendigung des Nießbrauchs den Wert ersetzen (§ 1067 BGB).

An einem *Recht* kann ein Nießbrauch nur bestellt werden, wenn das Recht übertragbar ist und Nutzungen abwerfen kann (§ 1069 BGB).

Beim Nießbrauch an einer *unverzinslichen Forderung* ist der Nießbraucher zur Kündigung und Einziehung berechtigt; der Gläubiger erwirbt das Eigentum, der Nießbraucher den Nießbrauch an dem Geleisteten (§§ 1074, 1075 BGB). Bei einer *verzinslichen Forderung* verfügt der Nießbraucher nur über die Zinsen kraft seines Nießbrauchs. Über die Forderung (Kapital) können nur Nießbraucher und Forderungsberechtigter gemeinsam verfügen (z. B. kündigen, in Empfang nehmen). Das eingezogene Kapital ist verzinslich und mündelsicher anzulegen und unterliegt wieder dem Nießbrauch (vgl. §§ 1076–1079 BGB).

Für den Nießbrauch an *Inhaberpapieren* (vgl. 329) gilt die Besonderheit, daß der Besitz des Stammpapiers und der Erneuerungsscheine dem Eigentümer und dem Nießbraucher gemeinsam, hingegen Zins-, Renten- und Gewinnanteilscheine dem Nießbraucher allein zustehen (§ 1081 BGB).

Der *Nießbrauch an einem Grundstück* ist das auf die Person des Berechtigten abgestellte beschränkte dingliche Recht, die gesamten Nutzungen des Grundstücks zu ziehen. Der Nießbrauch kann auf Lebenszeit des Berechtigten, aber auch auf kürzere Zeit bestellt werden. Seine Zeitdauer kann auch von einer auflösenden Bedingung abhängig gemacht werden (z. B. Wegfall bei Wiederverheiratung). Der Nießbraucher trägt die öffentlichen und privaten Lasten (§ 1047 BGB); jedoch kann hierüber mit dinglicher Wirkung eine abweichende Vereinbarung getroffen werden, die der Eintragung im Grundbuch bedarf. Dies ist besonders wichtig, wenn der Grundbesitz mit *Lastenausgleich* belastet ist.

Das BGB kennt keinen einheitlichen Nießbrauch an einem *Vermögen*; vielmehr ist der Nießbrauch an den einzelnen Sachen und Rechten zu bestellen (§ 1085 BGB). Nur wird zugunsten der Gläubiger des Nießbrauchbestellers ein einheitliches Sondervermögen angenommen (§§ 1086, 1088 BGB); der Besteller kann zur Befriedigung eines Gläubigers Rückgabe der hierzu erforderlichen Gegenstände vom Nießbraucher verlangen (§ 1087 BGB).

340. Pfandrecht

ist das dingliche Recht, sich wegen einer Forderung aus einem fremden Gegenstand zu befriedigen. Das Pfandrecht (§§ 1204–1296 BGB) entsteht:

a) rechtsgeschäftlich durch *Verpfändung,* d. h. Bestellung durch Vertrag (vertragliches Pfandrecht);
b) durch *Gesetz* (gesetzliches Pfandrecht);
c) durch *Pfändung* im Wege der Zwangsvollstreckung (Pfändungspfandrecht). Vgl. 252, 253.

Gegenstand des Pfandrechts können bewegliche Sachen und Rechte sein. Pfandrechte an Grundstücken werden dagegen als Hypothek, Grundschuld oder Rentenschuld bestellt (vgl. 337).

Das Pfandrecht an beweglichen Sachen und Rechten ist streng akzessorisch, d. h. abhängig vom Bestand der gesicherten Forderung; diese muß eine Geldforderung sein oder in eine solche verwandelt werden können. Zur *rechtsgeschäftlichen Bestellung* des Pfandrechts ist Einigung zwischen Verpfänder und Pfandgläubiger sowie Übergabe der verpfändeten Sache *(Besitzübergabe)* erforderlich; die Verpfändung von Rechten erfolgt wie deren Übertragung, erfordert also ggf. Übergabe rechtsbegründender Urkunden (Hypothekenbrief o. dgl.), die Verpfändung einer Forderung Einigung und Anzeige an den Drittschuldner. Ohne Besitz kein Pfandrecht an der Sache; mit Rückgabe der Pfandsache an Verpfänder oder Eigentümer geht es unter. Die Besitzübergabe kann aber ersetzt werden durch die bloße Einigung, daß der bereits im Besitz befindliche Gläubiger die Sache als Pfand behalten soll; ferner durch Abtretung des Herausgabeanspruchs gegen einen Dritten, der unmittelbarer Besitzer ist, und Anzeige der Verpfändung an diesen. Nicht jedoch durch constitutum possessorium (Vereinbarung eines Besitzkonstituts wie beim Eigentumserwerb, s. 335). Über den Unterschied zum Sicherungseigentum vgl. 315.

Besitzlose Registerpfandrechte entstehen nach dem *Ges. über Rechte an Schiffen und Schiffsbauwerken* vom 15. 11. 1940 (RGBl. I 1499) an im Schiffsregister eingetragenen Schiffen durch Einigung zwischen Eigentümer und Gläubiger und Eintragung des Pfandrechts in das Schiffsregister; entsprechend nach dem *Ges. über Rechte an Luftfahrzeugen* vom 26. 2. 1959 (BGBl. I 57) an in die Luftfahrzeugrolle eingetragenen Lfz. durch Einigung und Eintragung in das Register für Pfandrechte an Luftfahrzeugen. Nach dem *Pachtkreditgesetz* (vgl. 828) entsteht das Pfandrecht, das ein Pächter einem Kreditinstitut an dem ihm gehörenden landwirtschaftlichen Grundstücksinventar einräumt, durch Einigung der Vertragsparteien und Niederlegung des Vertrags beim Amtsgericht.

Durch die Verpfändung entsteht ein gesetzliches Schuldverhältnis zwischen Verpfänder und Pfandgläubiger, das letzteren verpflichtet, die Pfandsache ordnungsmäßig zu verwahren. Die *Verwertung* der Pfandsache ist erst möglich, wenn die gesicherte Forderung fällig und nicht getilgt wird *(Pfandreife)*. Die Pfandsache wird grundsätzlich durch öffentliche Versteigerung verwertet. Im Einverständnis mit dem Eigentümer kann eine andere Verwertungsart gewählt werden. Der *Erlös* gebührt in Höhe der gesicherten Forderung dem Pfandgläubiger und bringt die Forderung insoweit zum Erlöschen. Im übrigen tritt er an die Stelle des Pfandes und steht dem Eigentümer der Pfandsache zu (§§ 1247 ff. BGB).

Gesetzliche Pfandrechte sind u. a. die des Vermieters (vgl. 317), des Werkunter nehmers (320), des Gastwirts (323), des Kommissionärs, Spediteurs und Lagerhalters (374–376). Bei den drei erstgenannten ist die Besitzerlangung die Voraussetzung der Entstehung des Pfandrechts, während bei den anderen der Satz „kein Pfandrecht ohne Besitz" nicht gilt, soweit die Übergabe der sog. Traditionspapiere die Besitzübertragung ersetzt. Für das kraft Gesetzes entstandene Pfandrecht gelten im allgemeinen die Vorschriften über das rechtsgeschäftlich begründete Pfandrecht (§ 1257 BGB).

341. Das Familienrecht (BGB IV. Buch, §§ 1297–1921)

umfaßt die Rechtsnormen, welche sich auf die persönliche und wirtschaftliche Stellung der Mitglieder einer Familie zueinander und zu Dritten beziehen. Es behandelt in 3 Abschnitten: Bürgerliche Ehe, Verwandtschaft und Vormundschaft.

Zahlreiche Bestimmungen über die Beziehungen zwischen Mann und Frau, insbesondere in vermögensrechtlicher Hinsicht, sind durch den *Gleichheitsgrund-*

satz des GG (Art. 3, 117) mit dem 1. 4. 1953 außer Kraft gesetzt worden, soweit sie mit diesem unvereinbar waren. Die daraus entstehenden Fragen wurden aber erst durch das *Gleichberechtigungsgesetz* vom 18. 6. 1957 (BGBl. I 609) gesetzlich geklärt; die neue Regelung trat zwar großenteils erst am 1. 7. 1958 in Kraft, wurde aber vorher schon als Richtlinie beachtet.

An die Stelle der Vorschriften der §§ 1303–1352, 1564–1587 BGB waren zunächst die Bestimmungen des Ehegesetzes vom 6. 7. 1938 getreten. Nunmehr gilt das *Ehegesetz vom 20. 2. 1946* (KRG Nr. 16), jedoch nur noch hinsichtlich Eheschließung, Nichtigkeit und Aufhebung der Ehe. Es wird ergänzt durch die *Hausratsverordnung* (6. DOV zum EheG) vom 21. 10. 1944 (RGBl. I 256), nach der der Richter bei mangelnder Einigung der geschiedenen Ehegatten die Rechtsverhältnisse an Ehewohnung und Hausrat nach der Scheidung unter Hintansetzung von Eigentums- und Schuldrecht nach *Recht und Billigkeit* gestalten kann. Das *1. EherechtsreformG* vom 14. 6. 1976 (BGBl. I 1421) brachte wichtige Änderungen im Namens- und vor allem im Ehescheidungsrecht; das Adoptionsrecht wurde durch Ges. vom 2. 7. 1976 (BGBl. I 1749), das Recht der elterlichen Sorge durch das Ges. vom 18. 7. 1979 (BGBl. I 1061) weitgehend neu gestaltet.

Als weitere das Familienrecht berührende Gesetze sind zu nennen: das Ges. über die religiöse Kindererziehung vom 15. 7. 1921 (RGBl. 939), das *Jugendwohlfahrtsgesetz,* das Amtsvormundschaft und -pflegschaft, Erziehungsbeistandschaft und Fürsorgeerziehung behandelt (vgl. 188), und das *Personenstandsgesetz* vom 8. 8. 1957 (BGBl. I 1126) mit AVO i. d. F. vom 25. 2. 1977 (BGBl. I 377) – jeweils m. spät. Änd.

Das alte *Personenstandsgesetz* vom 6. 2. 1875 kannte nur die Beurkundung von Geburt, Heirat und Tod, ohne eine Verbindung der den einzelnen Menschen betreffenden Eintragungen oder Zusammenfassung der Angehörigen einer Familie herbeizuführen. Dem Beispiel der Schweiz und von Württemberg folgend, sah das Personenstandsgesetz vom 3. 11. 1937 (RGBl. I 1146) ein *Familienregister* vor, in dem jede Familie ein Blatt zur Aufzeichnung der Angehörigen der Familie erhielt. Es bildete zusammen mit dem *Heiratsregister* das *Familienbuch.* Letzteres wurde von dem Standesbeamten des Orts geführt, an dem die Ehegatten geheiratet hatten; ihm mußten alle einzutragenden Tatsachen mitgeteilt werden (System des unwandelbaren Führungsortes). Aus Zweckmäßigkeitsgründen und um die Heimatvertriebenen in die Personenstandsbuchführung einzugliedern, führte die Novelle zum Personenstandsgesetz vom 18. 5. 1957 (BGBl. I 518) das (württembergische) System des *wandernden Familienbuches* ein, nach welchem das Familienregister am Eheschließungsort angelegt wird und bei Verlegung des Wohnsitzes die Ehegatten als *Familienbuch* begleitet, während das *Heirats-* ebenso wie *Geburten-* und *Sterbebuch* am Beurkundungsort verbleiben. Die besondere Beweiskraft des Heiratsregisters ist auf das Familienbuch ausgedehnt worden. Im Familienbuch werden die Ehegatten, ihre Eltern und die gemeinschaftlichen Kinder eingetragen. Das Familienbuch wird stets nach der Eheschließung, sonst auf Antrag angelegt. Das religiöse Bekenntnis wird in den Personenstandsbüchern nur mit Einverständnis der Beteiligten vermerkt. Gegen ablehnende Entscheidungen des *Standesbeamten* kann die Entscheidung des Amtsgerichts angerufen werden. Auch kann der Standesbeamte sie in Zweifelsfällen herbeiführen.

Wegen des öffentlichen Interesses am Bestand von Ehe und Familie (vgl. Art. 6 GG und 46, 50, 105) tritt der Grundsatz der *Vertragsfreiheit* im Familienrecht zurück; die Bestimmungen sind meist zwingender Natur.

342. Das Verlöbnis

ist ein formfreier familienrechtlicher Vertrag auf Eingehung der Ehe. Obwohl die Partner versprochen haben, die Ehe miteinander einzugehen, kann *nicht* darauf *geklagt* werden. Das Versprechen einer *Vertragsstrafe* für den Fall der Weigerung ist nichtig (§ 1297 BGB).

Da das *Verlöbnis* den allgemeinen Vorschriften über Rechtsgeschäfte und Verträge unterliegt, bedürfen Minderjährige der Zustimmung ihres gesetzlichen Vertreters (§ 107 BGB). Ein ohne diese Zustimmung abgeschlossenes Verlöbnis ist schwebend unwirksam und wird erst mit der Genehmigung rückwirkend wirksam oder aber auch mit der Volljährigkeit, falls der bisher Minderjährige erklärt, er wolle das Verlöbnis fortsetzen (§ 108 BGB).

Die Verlobten haben das Recht jederzeitigen Rücktritts. Jedoch hat bei grundlosem *Rücktritt* der andere Teil bzw. haben seine Eltern einen *Schadensersatzanspruch* wegen besonderer Aufwendungen, ebenso der Verlobte, dem der andere schuldhaft einen wichtigen Rücktrittsgrund gegeben hat; jedoch kein Schadensersatzanspruch bei Rücktritt des anderen Teils aus wichtigem Grund oder Verschulden des Geschädigten (§§ 1298, 1299 BGB). Die unbescholtene Verlobte, die dem Bräutigam die Beiwohnung gestattet hat, kann ein *Kranzgeld* beanspruchen (§ 1300 BGB; *Deflorationsanspruch*). Rückgabe der Verlobungsgeschenke nach Bereicherungsgrundsätzen, wenn die Eheschließung unterbleibt (§ 1301 BGB). Alle Ansprüche verjähren in 2 Jahren seit Auflösung des Verlöbnisses (§ 1302 BGB).

343. Die Eheschließung und ihre Wirkungen

I. *Formalien der Eheschließung*

Die Eheschließung ist ein familienrechtlicher Vertrag, der zwi schen Mann und Frau vor dem Standesbeamten persönlich und bei gleichzeitiger Anwesenheit dadurch abgeschlossen wird, daß beide erklären, die Ehe miteinander eingehen zu wollen (§ 13 Abs. 1 EheG).

Vor der Eheschließung soll der Standesbeamte die Verlobten befragen, ob sie eine Erklärung über die Wahl des Ehenamens abgeben wollen (s. 305 und § 13a Abs. 1 EheG).

Nach der bis 31. 12. 1974 geltenden Regelung durfte ein Mann heiraten, wenn er das 21. Lebensjahr vollendet hatte, eine Frau bereits nach Vollendung des 16. Lebensjahres. Sowohl der Mann als auch die Frau konnte von diesem Erfordernis der *Ehemündigkeit* befreit werden (der Mann unter bestimmten weiteren Voraussetzungen). Vom 1. 1. 1975 ab ist das Ehemündigkeitsalter für Mann und Frau auf 18 Jahre herabgesetzt; Befreiung durch das Vormundschaftsgericht ist möglich, wenn der Antragsteller 16 Jahre alt und der künftige Ehepartner volljährig ist (§ 1 EheG). Abgesehen hiervon bleibt es für Minderjährige oder sonst beschränkt Geschäftsfähige (304) beim Erfordernis der Einwilligung des gesetzlichen Vertreters, ggf. auch eines Sorgeberechtigten; diese kann vom Vormundschaftsgericht ersetzt werden (§ 3 EheG).

Der Eheschließung soll ein *Aufgebot* vorausgehen (Befreiung durch den Standesbeamten möglich, § 12 EheG). Zuständig ist der Standesbeamte, in dessen Bezirk einer der Verlobten Wohnsitz oder gewöhnlichen Aufenthalt hat, mangels eines solchen das Standesamt Berlin I bzw. die Hauptstandesämter München, Baden-Baden und Hamburg (§ 15 EheG). Das Aufgebot soll klären, ob

Eheverbote bestehen. Diese hindern eine Eheschließung endgültig, wenn es sich um *trennende* Verbote handelt (fehlende Geschäftsfähigkeit, Verwandtschaft in gerader Linie oder Geschwisterschaft, Doppelehe; vgl. 345, 1b, c, d); in anderen Fällen (*aufschiebende* Verbote) ist Beseitigung des Hindernisses möglich (z. B. Schwägerschaft in gerader Linie). Vgl. §§ 4ff. EheG.

Der *Standesbeamte* soll an die Verlobten in Gegenwart von zwei Zeugen die Frage richten, ob sie die Ehe miteinander eingehen wollen. Nach Bejahung soll er im Namen des Rechts aussprechen, daß die Verlobten nunmehr rechtmäßig verbundene Eheleute sind. Die Eheschließung wird vom Standesbeamten in das *Familienbuch* eingetragen (§ 14 EheG).

Zum Schutze des öffentlichen Glaubens ist auch die vor einem Nichtstandesbeamten geschlossene Ehe voll wirksam, wenn dieser das Amt öffentlich ausgeübt und die Ehe in das Familienbuch eingetragen hat (§ 11 EheG).

Nach dem Ges. vom 23. 6. 1950 (BGBl. 226) mit Änd. vom 7. 3. 1956 (BGBl. I 104) kann die Landesjustizverwaltung Verbindungen von Verlobten, denen aus rassischen Gründen die standesamtliche Eheschließung unmöglich gemacht worden war, sowie Verbindungen politisch Verfolgter (*freie Ehen*) als rechtswirksam anerkennen.

Nach dem Ges. über die Anerkennung von *Nottrauungen* vom 2. 12. 1950 (BGBl. 778) sind in der Zeit vom 1. 1. 1945 bis zum 1. 8. 1948 vor einem „Notstandesbeamten“ (z. B. Lagerkommandant, richterlicher Militärjustizbeamter) oder einem Geistlichen geschlossene Ehen rechtsgültig.

Nach dem Ges. vom 29. 3. 1951 (BGBl. I 215) sind die auf Grund eines „Führer-Erlasses“ vom 6. 11. 1941 ausgesprochenen *nachträglichen Eheschließungen von Frauen Gefallener* hinsichtlich *Familiennamen,* Versorgung, Versicherung, Ehelichkeit der Kinder usw. anerkannt.

Die *kirchliche Trauung* hat nur kirchliche Wirkung. Sie darf erst nach der standesamtlichen stattfinden (Verstoß ist Ordnungswidrigkeit, gleichwohl aber nicht mit Geldbuße bedroht; §§ 67, 67a PersonenstandsG).

II. Die Rechtswirkungen der Eheschließung

sind in den §§ 1353ff. BGB gere gelt. Die Ehe begründet vor allem die *Verpflichtung zur ehelichen Lebensgemeinschaft* (Ausnahmen bei Scheitern der Ehe oder wenn das Herstellungsverlangen mißbräuchlich wäre, § 1353 Abs. 2) und die gegenseitige *Unterhaltspflicht* gemäß §§ 1360ff. Über die Wahl des *Ehenamens* s. 305.

Während nach dem bis 30. 6. 1977 geltenden Recht die Leitung des Haushalts der Frau in eigener Verantwortung oblag, gilt ab 1. 7. 1977 der Grundsatz, daß die Ehegatten eine Vereinbarung über die *Haushaltsführung* treffen. Nach § 1356 BGB kann jeder Ehegatte erwerbstätig sein, soweit das mit seinen Pflichten in Ehe und Familie vereinbar ist. Unabhängig davon ist jeder Ehegatte nach § 1357 BGB berechtigt, zur angemessenen Deckung des Lebensbedarfs der Familie Rechtsgeschäfte mit Wirkung auch für und gegen den anderen Ehegatten abzuschließen (außer bei Getrenntleben). Der Umfang dieses Verpflichtungsrechts (früher *Schlüsselgewalt* der Frau) richtet sich nach den Lebensverhältnissen der Ehegatten; er umfaßt die laufenden Ausgaben, aber nicht außergewöhnliche wie z. B. Wohnungsmiete oder -kauf, Wechselverbindlichkeiten, langfristige Teilzahlungsverträge. Ausschluß des Verpflichtungsrechts wirkt Dritten gegenüber nur bei Eintragung im Güterrechtsregister (vgl. 299).

Über die *Unterhaltspflicht* s. 348.

Die Aufnahme einer *nichtehelichen Lebensgemeinschaft* hat nicht die Rechtswirkungen einer gültig geschlossenen Ehe; vor allem begründet sie keine gegenseitigen Unterhalts- oder gesetzlichen Erbansprüche oder einen Anspruch auf Witwenrente.

In der *DDR* ist die Eheschließung zwischen Bürgern der DDR und der BRep. (sowie anderen „Ausländern") gem. § 18 des Rechtsanwendungsgesetzes in Verbindung mit der seit 15. 10. 1983 geltende VO nebst DfBestimmungen vom 15. 9. 1983 (GBl. I 254, 255) an eine staatliche Zustimmung gebunden.

344. Eheliches Güterrecht

Die Eheschließung wirkt sich auch auf das Vermögen der Ehegatten aus. Die gesetzlichen Vorschriften hierüber, das *Ehegüterrecht,* geben den Ehegatten mehrere Möglichkeiten, ihre Vermögensverhältnisse zu regeln, indem sie einen bestimmten *Güterstand* vereinbaren.

Als *gesetzlicher* Güterstand galt seit 1900 der Güterstand der *Verwaltung und Nutznießung* des Mannes am eingebrachten Gut der Frau. Da dieser mit dem Grundsatz der *Gleichberechtigung* nicht vereinbar war, ist er nach allgemeiner Ansicht seit 1. 4. 1953 aufgehoben. An seine Stelle trat am 1. 4. 1953 als gesetzlicher Güterstand die *Gütertrennung* und ab 1. 7. 1958 die durch das *Gleichberechtigungsgesetz* eingeführte *Zugewinngemeinschaft* (§ 1363 BGB). Diese gilt auch zwischen Ehegatten, die am 31. 3. 1953 im damaligen gesetzlichen Güterstand der Verwaltung und Nutznießung des Ehemannes lebten; doch konnte jeder Teil bis 30. 6. 1958 Gütertrennung verlangen.

Der *gesetzliche Güterstand der Zugewinngemeinschaft* gilt (nur), sofern die Ehegatten nicht durch notariell beurkundeten *Ehevertrag* einen anderen zugelassenen Güterstand vereinbaren. Die *vertraglichen* Güterstände waren bis 30. 6. 1958: *Allgemeine Gütergemeinschaft, Errungenschaftsgemeinschaft* und *Fahrnisgemeinschaft,* nachdem der frühere vertragliche Güterstand der Gütertrennung gesetzlicher Güterstand geworden war. Seit 1. 7. 1958 sind nur noch *Gütergemeinschaft* und *Gütertrennung* als Vertragsgüterstände zugelassen (§§ 1414ff. BGB).

Nach § 1412 BGB können Ehegatten, wenn sie den gesetzlichen Güterstand ausgeschlossen oder geändert haben, hieraus einem Dritten gegenüber Einwendungen nur herleiten, wenn der Ehevertrag im *Güterrechtsregister* des zuständigen Amtsgerichts eingetragen oder dem Dritten bekannt war. Vgl. 299. Das Güterrechtsregister genießt nicht wie das *Grundbuch* öffentlichen Glauben derart, daß sein Inhalt als richtig gilt. Seinen Inhalt müssen Dritte gegen sich gelten lassen, nicht aber eintragungspflichtige Tatsachen (z. B. Abschluß eines Gütervertrags), die nicht eingetragen sind (sog. *negative Publizität* im Gegensatz zum positiven öffentlichen Glauben des Grundbuchs; vgl. 299, 338).

Allgemein besteht zugunsten der Gläubiger des Mannes und der Gläubiger der Frau eine *Eigentumsvermutung* dahin, daß die im Besitz eines oder beider Ehegatten befindlichen beweglichen Sachen dem jeweiligen Schuldner gehören. Dies gilt nicht, wenn die Ehegatten getrennt leben und sich die Sachen im Besitz des Nichtschuldners befinden (§ 1362 BGB).

Bei der *Zugewinngemeinschaft* (ZgG) werden das Vermögen des Mannes und das der Frau nicht etwa gemeinschaftliches Vermögen (wie beim Gesamtgut der Gütergemeinschaft), sondern die beiderseitigen Vermögen bleiben getrennt, und zwar einschließlich des Vermögens, das ein Ehegatte nach der Eheschließung erwirbt. Der in der Ehe erzielte *Zugewinn* wird erst ausgeglichen, wenn die ZgG endet. Jeder Gatte verwaltet (wie bei Gütertrennung) sein Vermögen selbständig, unterliegt aber bestimmten *Verfügungsbeschränkungen* (Haushaltsgegenstände, Vermögen im ganzen; §§ 1365–1369 BGB). Endet die ZgG nicht durch Tod eines Ehegatten, sondern bei *Lebzeiten* beider Gatten durch Scheidung, Aufhebung der Ehe, Aufhebung der ZgG durch Vertrag oder durch Urteil bei Klage auf vorzeitigen Ausgleich, so ist der Zugewinn festzustellen und auszugleichen (§ 1372 BGB). Zugewinn ist der Betrag, um den das Endvermögen eines Ehegatten sein Anfangsvermögen übersteigt. Wer während der Ehe mehr Zg erzielt hat als der Ehepartner, muß diesem die Hälfte des Überschusses auszahlen (§§ 1374–1378 BGB).

Um Meinungsverschiedenheiten zu verhüten, die sich nach dieser Berechnungsart bei Eheauflösung durch *Tod eines Gatten* ergeben können, bestimmt § 1371 Abs. 1 BGB, daß in diesem Falle der Ausgleich des Zg dadurch verwirklicht wird, daß sich der *gesetzliche Erbteil* des überlebenden Ehegatten (354) um ¼ erhöht (*erbrechtliche* Regelung). Dabei ist unerheblich, ob ein Zg erzielt ist und ob der überlebende Ehegatte nicht etwa den höheren Zg aufweist. Der überlebende Ehegatte kann aber auch, falls er nicht erbt oder eine Erbeinsetzung oder ein Vermächtnis ausschlägt, die *güterrechtliche* Regelung wählen und Ausgleich des Zg und Pflichtteil (362) nach seinem nicht erhöhten gesetzlichen Erbteil verlangen (§ 1371 Abs. 2, 3 BGB). Der Pflichtteilsanspruch entfällt nur dann, wenn der überlebende Ehegatte durch Vertrag mit seinem verstorbenen Gatten auf sein gesetzliches Erbrecht oder sein Pflichtteilsrecht verzichtet hatte. Über Pfändbarkeit des Anspruchs auf *Zugewinnausgleich* s. 253, über erbschaftsteuerliche Behandlung s. 539.

Hinterläßt der erstverstorbene Ehegatte erbberechtigte Abkömmlinge, die nicht aus seiner letzten Ehe stammen (z. B. Kinder erster Ehe bei einer Zweitehe), so ist der überlebende Ehegatte verpflichtet, den *Stiefkindern* im Bedürfnisfall die Mittel zu einer angemessenen Ausbildung aus dem zu seinem gesetzlichen Erbteil gemäß § 1371 Abs. 1 BGB gewährten zusätzlichen Viertel zur Verfügung zu stellen (§ 1371 Abs. 4 BGB).

Lange Zeit war zweifelhaft, ob Vertriebene und Flüchtlinge aus der SBZ, die z. Z. der durch das Inkrafttreten der DDR-Verfassung von 1949 eingetretenen Rechtsspaltung (7. 10. 1949; vgl. 24 III) als Eheleute in der SBZ lebten oder später dort geheiratet haben, im dort geltenden Güterstand der Gütertrennung verblieben sind. Daher bestimmt das *Gesetz über den ehelichen Güterstand von Vertriebenen und Flüchtlingen* vom 4. 8. 1969 (BGBl. I 1067), daß sich der Güterstand, wenn die Eheleute in der BRep. ansässig sind, nach dem hier geltenden Recht regelt. Sofern also kein *Ehevertrag* besteht, gilt *Zugewinngemeinschaft*. Doch konnte bis 31. 12. 1970 jeder Ehegatte durch notariell beurkundete Erklärung gegenüber einem Amtsgericht verlangen, daß der bisherige gesetzliche Güterstand fortbestehen soll.

Nach dem DDR-Familiengesetzbuch vom 20. 12. 1965 (GBl. 1966 I 1) m. spät. Änd. wird in der DDR, was Eheleute durch Arbeit erwerben, gemeinsames Gut. Vor der Ehe, durch Schenkung oder Erbschaft Erworbenes sowie persönlich genutzte Sachen gehören dem Erwerber bzw. Benutzer. Abweichende Regelungen sollen schriftlich getroffen werden.

345. Ehenichtigkeit. Eheaufhebung

Die *Auflösung einer Ehe* ist – außer durch Tod eines Ehegatten oder Scheidung (346) – nur dadurch möglich, daß sie durch gerichtliches Urteil für *nichtig* erklärt oder *aufgehoben* wird. Zu einer solchen Entscheidung können nur bestimmte, im Ehegesetz vom 20. 2. 1946 bezeichnete Gründe führen. Diese sind bei der Ehenichtigkeit entweder das Fehlen wichtiger Voraussetzungen oder schwere Formmängel bei der Eheschließung, die entweder überhaupt nicht oder nur in bestimmten Fällen geheilt werden können; Aufhebungsgründe dagegen bestehen bei weniger schwerwiegenden Mängeln, die einer Heilung zugänglich sind.

1. *Nichtigkeitsgründe* sind (§§ 17–21 EheG):

a) *mangelnde Form* der Eheschließung (343). Hier besteht Heilungsmöglichkeit durch (i. d. R.) fünfjähriges Zusammenleben der Ehegatten;

b) *Fehlen der Geschäftsfähigkeit* (auch Bewußtlosigkeit, nur vorübergehende geistige Störung), falls nicht nach Wegfall des Mangels der Wille zur Fortsetzung der Ehe hervorgetreten ist;

c) *Doppelehe;*

d) verbotene Ehe unter *Verwandten* in gerader Linie oder Geschwistern oder *Verschwägerten* in gerader Linie (bei diesen Heilungsmöglichkeit durch Befreiung von dem Ehehindernis).

2. *Eheaufhebungsgründe* (§§ 30–34, 39 EheG) sind:

a) Mangel der Einwilligung des gesetzlichen Vertreters beim *Geschäftsbeschränkten;*

b) bestimmte *Willensmängel,* denen ein Ehegatte *bei der Eheschließung* unterliegt, und zwar *Irrtum* darüber, daß es sich um eine Eheschließung handelt, oder über die Person des anderen Ehegatten (beide Fälle nur in Ausnahmelagen denkbar), Irrtum über wesenswichtige persönliche Eigenschaften des anderen Ehegatten, die den Irrenden bei Kenntnis der Sachlage und verständiger Würdigung des Wesens der Ehe von der Heirat abgehalten haben würden (erhebliche geistige oder körperliche Erkrankung, frühere Straftaten von nicht unerheblichem Ausmaß), *arglistige Täuschung* (nicht über Vermögensverhältnisse) unter den gleichen engeren Voraussetzungen sowie *widerrechtliche Drohung;*

c) Wiederverheiratung, nachdem der frühere Ehegatte eines der Ehepartner *irrtümlich für tot erklärt* worden war.

In den Fällen a) und b) ist Heilung durch Fortsetzung der Ehe nach Wegfall der Geschäftsbeschränkung oder Drohung bzw. nach Kenntnis von Irrtum oder Täuschung möglich.

Sowohl Nichtigerklärung wie Aufhebung setzen eine entsprechende *Klage im Eheprozeß* (248) voraus; doch ist die Aufhebungsklage an bestimmte Fristen gebunden. Der wesentliche Unterschied in der Wirkung des rechtskräftigen Urteils besteht darin, daß die *Ehenichtigkeit* grundsätzlich Rückwirkung hat (die Ehe gilt als nicht geschlossen), während die *Eheaufhebung* nur für die Zukunft wirkt. Im Interesse Dritter bestehen aber Ausnahmen von der Rückwirkung: die Kinder aus nichtigen Ehen gelten weiterhin als ehelich; gutgläubige Dritte werden hinsichtlich abgeschlossener Rechtsgeschäfte geschützt. Bei Eheaufhebung dagegen, die erst von der Rechtskraft des Urteils ab wirkt, treten dieselben Rechtswirkungen wie bei der *Scheidung* ein (346). Vgl. §§ 23ff., 35ff. EheG; § 1591 Abs. 1 BGB.

346. Ehescheidung

ist die Auflösung der Ehe für die Zukunft durch *Scheidungsurteil* aus Gründen, die während der Ehe eingetreten sind (im Gegensatz zur *Ehenichtigkeit* und zur *Eheaufhebung* aus Gründen, die bereits bei Eheschließung vorlagen oder dieser anhaften; vgl. 345).

Die *Scheidungsgründe* waren *nach dem bis 30. 6. 1977 gültigen Recht* im Ehegesetz vom 20. 2. 1946 (§§ 42–48) erschöpfend geregelt. Grundvoraussetzung für eine Scheidung war eine unheilbare *Zerrüttung* der Ehe. Hinzutreten mußte bei Scheidung aus *Verschulden* entweder *Ehebruch* (absoluter Scheidungsgrund, bei dem die Zerrüttung gesetzlich vermutet wurde) oder eine andere *schwere Eheverfehlung* oder *ehrloses oder unsittliches Verhalten*.

Ohne Verschulden konnte bis 30. 6. 1977 geschieden werden wegen eines Verhaltens, das auf *geistiger Störung* beruhte, bei *Geisteskrankheit* eines Ehegatten, bei schweren ansteckenden oder ekelerregenden *Krankheiten* oder bei *dreijähriger Trennung* der Ehegatten und tiefgreifender Zerrüttung der Ehe.

Durch das *ab 1. 7. 1977* geltende Scheidungsrecht (1. EherechtsreformG vom 14. 6. 1976, BGBl. I 1421) wurde die Verbindung von Schuld- und Zerrüttungsvoraussetzungen gelöst. Scheidung kann nach §§ 1565ff. BGB n. F. ohne Rücksicht auf Verschulden verlangt werden, wenn die *Ehe gescheitert* ist und die Wiederherstellung der ehelichen Gemeinschaft nicht mehr erwartet werden kann. Das Scheitern der Ehe wird nach 3jährigem Getrenntleben, bei Einverständnis der Ehegatten mit der Scheidung schon nach 1jähriger Trennung unwiderlegbar vermutet. Leben die Ehegatten aber noch nicht 1 Jahr getrennt, so darf die Ehe nur geschieden werden, wenn ihre Fortsetzung für den Scheidungswilligen aus Gründen, die in der Person des anderen Ehegatten liegen, eine unzumutbare Härte sein würde. Eine weitere *Härteklausel* enthält § 1568 BGB für den Fall, daß die Ehe zwar als gescheitert anzusehen ist, daß aber besondere Gesichtspunkte für ihre Aufrechterhaltung sprechen, nämlich, wenn die Fortsetzung der Ehe im Interesse gemeinsamer Kinder notwendig ist oder wenn die Scheidung für den mit ihr nicht einverstandenen Ehegatten wegen ganz besonderer Umstände eine unzumutbare schwere Härte darstellen würde.

Wie die Scheidung, richten sich auch deren Folgen nicht nach Schuld-, sondern nach objektiven Merkmalen (§§ 1569ff.). Für seinen Unterhalt hat grundsätzlich jeder geschiedene Ehegatte selbst zu sorgen. Einen Unterhaltsanspruch gegen den anderen hat aber der Ehegatte, von dem eine Erwerbstätigkeit wegen Alters oder Krankheit oder, weil ihm die Pflege eines gemeinsamen Kindes obliegt, nicht erwartet werden kann; ebenso, soweit er keinen angemessenen Erwerb finden kann oder seine Einkünfte nicht ausreichen.

Auch andere schwerwiegende Gründe können die Verweisung auf eigene Erwerbstätigkeit grob unbillig erscheinen lassen. Umgekehrt ist bei besonderen Gründen ein Unterhaltsanspruch zu versagen, herabzusetzen oder zeitlich zu begrenzen, wenn die Inanspruchnahme des Verpflichteten grob unbillig wäre, z. B. bei kurzer Ehedauer oder schweren Straftaten des Berechtigten gegen den Unterhaltsverpflichteten (§§ 1576, 1579 BGB).

Wird die Ehe geschieden, so bestimmt das Familiengericht, welchem Elternteil die *elterliche Sorge* für ein gemeinschaftliches Kind zusteht (§ 1671 Abs. 1 BGB). Die Regelung des § 1671 Abs. 4 S. 1 BGB, wonach ein gemeinsames Sorgerecht beider Eltern auch dann ausgeschlossen ist, wenn sie es gemeinsam ausüben können und wollen, ist vom BVerfG (NJW 1983, 101) wegen Verstoßes gegen das Elternrecht (Art. 6 Abs. 2 S. 1 GG; s. 49, 1) für verfassungswidrig erklärt worden. Das Sorgerecht kann also sowohl einem Elternteil allein als auch beiden gemeinsam, wenn sie dies wollen, übertragen werden.

Die Versorgungsnachteile, die einem Ehegatten infolge der Eheschließung entstanden sind, sollen in Anlehnung an den Zugewinnausgleich (344) ausgeglichen werden: Die Ansprüche auf Sozialversicherungsrente, Ruhegeld usw., die jeder Ehegatte während der Ehe *zusätzlich* erworben hat, werden gegenübergestellt; sodann wird die *Hälfte des Wertunterschiedes* dem Ehegatten mit geringeren Versorgungsrechten zu Lasten des Ehegatten gutgebracht, der werthöhere Ansprüche hat. Der Ausgleich erfolgt, wenn es sich um öffentlich-rechtliche Rentenanwartschaften handelt, durch Zuweisung eines Anspruchteils an den Berechtigten *(Renten-Splitting;* bei anderen Versorgungsansprüchen, z. B. aus einem Beamtenverhältnis, durch *fiktive Nachversicherung* unter entsprechender Kürzung der Versorgungsbezüge, sog. *Quasi-Splitting),* oder – nach der zunächst geltenden Regelung – dadurch, daß der Verpflichtete für den Berechtigten auf Grund einer *Renten-Nachversicherung* entsprechende Beiträge leistet. Die Höhe der Rente, die z. B. der Ehemann der nicht (mehr) berufstätigen Ehefrau zu übertragen hat, richtet sich nach der Höhe des Verdienstes und der Dauer der Ehe. Hat die Ehefrau eigene Versorgungsansprüche, wird die Rente des Mannes weniger gekürzt. Berücksichtigt wird ggf. zugunsten des Verpflichteten, daß der Berechtigte nach der Scheidung eine versicherungspflichtige Tätigkeit aufnimmt. Ist keine dieser Regelungen durchführbar, hat der Verpflichtete eine *Ausgleichsrente* in Höhe der Hälfte des jeweils übersteigenden Betrags zu zahlen *(schuldrechtlicher Versorgungsausgleich).* Abweichende *Vereinbarungen,* insbesondere durch Ehevertrag (344), haben den Vorrang vor der gesetzlichen Regelung; sie bedürfen jedoch notarieller Form und familiengerichtlicher Genehmigung, die bei nicht ausreichender Sicherung des Berechtigten verweigert werden soll. Im einzelnen vgl. §§ 1587a ff. BGB. Die Ausgleichsformen des Rentensplittings, des Quasi-Splittings und des schuldrechtlichen Versorgungsausgleichs sind – abgesehen von der Notwendigkeit einer Regelung von Härtefällen – verfassungsgemäß (BVerfG NJW 1980, 692). Dagegen hat das BVerfG die Ausgleichsform der Beitragszahlung in der gesetzlichen Rentenversicherung für verfassungswidrig erklärt (NJW 1983, 1417). *Das Gesetz zur Regelung von Härten im Versorgungsausgleich* vom 21. 2. 1983 (BGBl. I 105) hat dementsprechend die Beitragsverpflichtung beseitigt und Regelungen für Härtefälle getroffen. Nach der Entscheidung des BVerfG vom 8. 4. 1986 (NJW 1986, 1321) ist § 2 und § 13 (z. T.) dieses Gesetzes wegen Verstoßes gegen den Gleichheitsgrundsatz verfassungswidrig. Auf Grund dieser Entscheidung des BVerfG wurde das *Gesetz über weitere Maßnahmen auf dem Gebiet des Versorgungsausgleichs* vom 8. 12. 1986 (BGBl. I 2317) erlassen, durch das die Nachteile, die der schuldrechtliche Versorgungsausgleich für den ausgleichsberechtigten Ehegatten unter Umständen mit sich bringen kann, vermieden werden sollen.

Über das Verfahren bei Ehescheidung, Festsetzung des Versorgungsausgleichs, Regelung der Wohnungs- und Hausratsverhältnisse usw. vgl. 248, 295.

In der *DDR* entscheiden in Scheidungsstreitigkeiten die *Kreisgerichte*. Nach dem DDR-Familiengesetzbuch vom 20. 12. 1965 (GBl. 1966 I 1) ist die Scheidung zulässig, wenn ernstliche Gründe dafür bestehen, daß die Ehe für die Ehegatten und Kinder ihren Sinn verloren hat. Über Verschulden wird nicht entschieden. DDR-Scheidungsurteile werden in der BRep. nicht anerkannt, wenn die beklagte Partei z. Z. des Urteils ihren dauernden Aufenthalt in der BRep. hatte und die Scheidung nach deren Recht nicht hätte ausgesprochen werden dürfen. Im einzelnen zum interzonalen Scheidungsrecht nach Inkrafttreten des Grundvertrags (24 V) vgl. Palandt, BGB, 45. Aufl., Anm. 7 zu Art. 17 EGBGB.

347. Verwandtschaft

ist die auf *Abstammung* beruhende Rechtsbeziehung zwischen natürlichen Personen *(Blutsverwandtschaft)*. Die *Verwandten* gliedern sich in:

a) Verwandte *gerader Linie* = Personen, von denen die eine von der anderen abstammt (z. B. Großeltern-Eltern-Kinder-Enkel);

b) Verwandte *in der Seitenlinie* = Personen, die nicht in gerader Linie verwandt sind, die aber von derselben dritten Person abstammen (z. B. Geschwister, Onkel und Neffe, Vetter und Kusine).

Der *Grad der Verwandtschaft* bestimmt sich nach der Zahl der sie vermittelnden Geburten (§ 1589 BGB). Danach sind Eltern und Kinder in gerader Linie im ersten Grade verwandt, Großeltern und Enkel im zweiten Grade. Bei Seitenverwandtschaften sind die Geburten beider Seiten zu zählen. So sind Geschwister im 2., Onkel und Neffe im 3. Grade in der Seitenlinie verwandt.

Ein *nichteheliches Kind* gilt (entgegen § 1589 Abs. 2 BGB a. F.) jetzt auch im Rechtssinne als mit seinem Vater verwandt (vgl. 351). Nicht miteinander verwandt sind dagegen *Verlobte* und *Ehegatten*.

Von rechtlicher Bedeutung ist die Verwandtschaft z. B. im Eherecht als Ehehindernis (§§ 4, 21 EheG), für die Unterhaltspflicht (§§ 1601 ff. BGB), für das Verhältnis zwischen Eltern und Kindern (§§ 1616 ff. BGB), für die gesetzliche Erbfolge (§§ 1924 ff. BGB) und das Pflichtteilsrecht (§§ 2033 ff. BGB), ferner bei Ausschließung von Gerichtspersonen (§§ 41 ff. ZPO, §§ 22 ff. StPO) usw.

Die Verwandten eines Ehegatten sind mit dem anderen Ehegatten verschwägert (dagegen nicht Verwandte des einen mit Verwandten des anderen Ehegatten!). Linie und Grad der *Schwägerschaft* bestimmen sich nach Linie und Grad der sie vermittelnden Verwandtschaft (§ 1590 BGB). Somit sind Schwiegereltern und -kinder sowie Stiefeltern und -kinder im 1. Grad in gerader Linie verschwägert, Ehegatten mit den Geschwistern des anderen Ehegatten (Schwägern) im 2. Grad in der Seitenlinie.

348. Unterhaltspflicht

besteht nach dem BGB

a) zwischen *Verwandten in gerader Linie* (§§ 1601 ff.);

b) zwischen *Ehegatten* (§§ 1360 ff.; nach Scheidung: §§ 1569 ff.);

c) für den Erzeuger eines nichtehelichen Kindes (§§ 1615 a ff.).

Der *Anspruch* auf den Unterhalt ist unverjährbar; dagegen können einzelne Raten verjähren (4 Jahre; vgl. § 197 BGB). Der Anspruch ist unvererblich und erlischt mit dem Tod des Berechtigten, i. d. R. auch beim Tod des Verpflichteten (Ausnahmen für fällige Leistungen usw., § 1615 BGB, und bei geschiedenen Ehegatten, §§ 1586ff. BGB). Da der Anspruch zweckgebunden ist, kann für die Vergangenheit nur bei Verzug oder ab Rechtshängigkeit Unterhalt gefordert werden (§ 1613 BGB). Aus gleichem Grund kann für die Zukunft nicht verzichtet werden (§ 1614 BGB). Jedoch können in Scheidung liegende Ehegatten schon vor Rechtskraft des Scheidungsurteils über den Unterhalt für die Zeit *nach der Scheidung* Vereinbarungen treffen (§ 1585c BGB). Solche Vereinbarungen sind nicht etwa deshalb nichtig, weil sie die Ehescheidung erleichtern oder ermöglichen, sondern nur, wenn die Ehegatten im Zusammenhang mit der getroffenen Vereinbarung einen nicht oder nicht mehr bestehenden Scheidungsgrund geltend machen oder wenn sich anderweitig aus dem Inhalt der Vereinbarung oder aus sonstigen Umständen des Falles ergibt, daß sie den guten Sitten widerspricht. Über Vereinbarungen zum Versorgungsausgleich vgl. 346 und § 1587o BGB.

Die Unterhaltspflicht unter Verwandten setzt *Bedürftigkeit* des Berechtigten und *Leistungsfähigkeit* des Verpflichteten voraus, ausgenommen bei dem von Eltern gegenüber unverheirateten minderjährigen Kindern zu leistenden Unterhalt (vgl. §§ 1602, 1603 BGB). Der Unterhaltsanspruch des Ehegatten (§ 1360a BGB) umfaßt außer dem zur Haushaltsführung notwendigen *Wirtschaftsgeld* ein angemessenes *Taschengeld.* Für nichteheliche Kinder s. 351.

Eine Neufestsetzung der durch Urteil festgelegten Unterhaltszahlung kann bei Änderung der Voraussetzungen durch Abänderungsklage gemäß § 323 ZPO verlangt werden. Die Anpassung der einem Minderjährigen auf Grund gerichtlicher Festsetzung oder Vereinbarung zu zahlenden Unterhaltsrente kann jeder Beteiligte bei Änderung der wirtschaftlichen Verhältnisse aufgrund der jeweils geltenden, von der BReg. erlassenen AnpassungsVO verlangen, die spätestens alle zwei Jahre zu überprüfen ist (§ 1612a BGB; Art. 5 § 1 d. Ges. vom 29. 7. 1976, BGBl. I 2029). Vgl. AnpassungsVO 1984 vom 26. 7. 1984 (BGBl. I 1035). Die Neufestsetzung kann in einem vereinfachten Verfahren erfolgen (§§ 641 lff. ZPO).

Leistet der Verpflichtete einem *noch nicht 6jährigen Kind,* das im Haushalt eines ledigen, verwitweten, geschiedenen oder dauernd getrennt lebenden Elternteils lebt, nicht regelmäßig mindestens den Regelunterhalt (351), tritt auf Antrag für höchstens 3 Jahre eine landesrechtlich bestimmte Stelle ein; diese kann die Ansprüche des Unterhaltsberechtigten durch schriftliche Anzeige an den Verpflichteten auf sich überleiten (*UnterhaltsvorschußG* vom 23. 7. 1979, BGBl. I 1184).

Über die Geltendmachung von Unterhaltsansprüchen im Ausland bestehen *Staatsverträge* sowie ein UN-Übereinkommen vom 20. 6. 1956 (BGBl. 1959 II 150). Vgl. ferner Gesetz zu den Haager Übereinkommen vom 2. 10. 1973 über die Anerkennung und Vollstreckung von Unterhaltsentscheidungen sowie über das auf Unterhaltspflichten anzuwendende Recht vom 25. 7. 1986, BGBl. II 825, sowie das Unterhaltsvollstreckungs-Übereinkommens-Ausführungsgesetz vom 25. 7. 1986, BGBl. I 1156.

Durch das *Auslandsunterhaltsgesetz* (AUG) vom 19. 12. 1986 (BGBl. I 2563) wird die Durchsetzung von Unterhaltsansprüchen im Ausland erleichtert, indem die deutschen Gerichte und Behörden über eine Zentrale Behörde (Generalbundesanwalt) mit den ausländischen ähnlich den Bestimmungen im UN-Übereinkommen von 1956 (s. o.) zusammenarbeiten können.

349. Die elterliche Sorge

– früher „elterliche Gewalt“ – ist der Kern des gesetzlichen Schutzverhältnisses, dem das minderjährige Kind bis zum Eintritt der Volljährigkeit (304), d. h. bis zum 18. Lebensjahr, unterliegt. Die ab 1. 1. 1980 geltende geänderte Bezeichnung des Eltern-Kindes-Verhältnisses verdeutlicht, daß die Fürsorge den Vorrang vor dem Bestimmungsrecht der Eltern hat. Allgemein haben die Eltern das Recht und die Pflicht, für die Person und das Vermögen des Kindes zu sorgen *(Personensorge, Vermögenssorge)* und es auf diesen Gebieten gegenüber Dritten zu vertreten *(gesetzliche Vertretung).* Die elterliche Sorge für *eheliche Kinder* ist in den §§ 1626–1698b BGB geregelt. Für *nichteheliche Kinder* gelten Sondervorschriften (351).

Die elterliche Sorge steht *beiden Eltern* zu. Bei Meinungsverschiedenheiten sollte nach § 1628 BGB a. F. der *Vater* unter Rücksichtnahme auf die Auffassung der Mutter entscheiden. Das BVerfG hat jedoch diese Regelung für nichtig erklärt (BGBl. 1959 I 633). Seitdem sind beide Elternteile gleichberechtigt. Bei unlösbaren Meinungsverschiedenheiten bleibt nur die Anrufung des Vormundschaftsgerichts übrig; dieses kann nach § 1628 BGB einem Elternteil die Entscheidung übertragen.

Eltern und Kinder sind einander Beistand und Rücksicht schuldig (§ 1618a BGB). Recht und Pflicht zur Erziehung und Pflege des Kindes (Art. 6 Abs. 2 GG) umfassen nach § 1626 BGB die Pflicht der Eltern, mit dem Kind entsprechend seinem Entwicklungsstand Fragen der elterlichen Sorge im Sinne eines Einvernehmens zu besprechen. Dementsprechend hat in Vormundschaftssachen (295) das Gericht außer den Eltern auch das Kind *anzuhören,* wenn dessen innere Einstellung für die Entscheidung bedeutsam ist; vom 14. Lebensjahr des Kindes ab besteht erweiterte Anhörungspflicht (§§ 50a, b FGG). In Ausbildungsfragen müssen die Eltern auf Eignung und Neigung des Kindes Rücksicht nehmen; bei offensichtlichem Verstoß hiergegen entscheidet das Vormundschaftsgericht. Dessen Genehmigung ist bei einer *mit Freiheitsentziehung verbundenen Unterbringung* einzuholen. Entwürdigende Erziehungsmethoden sind verboten (§§ 1631 ff. BGB).

Die Eltern trifft insbes. bei der Vermögensverwaltung eine Sorgfaltspflicht (§ 1664 BGB). Von bestimmten Rechtsgeschäften sind sie ausgeschlossen, etwa weil sie dem Minderj. persönlich vorbehalten sind (z. B. Testamentserrichtung), oder es muß wegen möglicher Interessenkollision (Geschäfte zwischen Kind und Eltern u. dgl.) oder wegen der besonderen Bedeutung des Rechtsgeschäfts (z. B. Grundstückskauf oder -verkauf) ein Pfleger bestellt bzw. die Genehmigung des Vormundschaftsgerichts eingeholt werden (§ 1629 Abs. 2, § 1643 BGB). Das Sorgerecht kann bei *Mißbrauch,* Vernachlässigung des Kindes oder Versagen der Eltern entzogen oder beschränkt werden (§§ 1666ff. BGB). Über Erziehungsbeistandschaft und Freiwillige Erziehungshilfe s. 188 II 6.

350. Ausstattung. Aussteuer

Unter *Ausstattung* ist alles zu verstehen, was Eltern einem Kind mit Rücksicht auf die Verheiratung oder zur Erlangung einer selbständigen Lebensstellung oder zur Erhaltung der Wirtschaft oder seiner Lebensstellung zuwenden (§ 1624 BGB). Hierfür besteht eine moralische, nicht aber eine rechtliche Verpflichtung. Das Gewährte gilt nur insoweit als Schenkung, als es über die Vermögensverhältnisse der Eltern hinausgeht.

Ein klagbarer Anspruch auf eine *Aussteuer* (Unterart der Ausstattung) stand nach dem durch das Gleichberechtigungsgesetz aufgehobenen § 1620 BGB a. F.

einer Tochter gegen den Vater, in zweiter Linie gegen die Mutter zur Einrichtung des Haushalts zu. Eine solche Rechtspflicht besteht jetzt nur noch im Rahmen der allgemeinen Unterhaltspflicht (348).

351. Nichteheliche Kinder

Das *nichteheliche Kind* hatte bis 30. 6. 1970 nur im Verhältnis zur Mutter und ihren Verwandten die rechtliche Stellung eines ehelichen K., war mit ihnen verwandt und mit dem Ehemann der Mutter verschwägert. Daraus ergaben sich zwischen ihm und der Mutter Unterhalts-, Erb- und Pflichtteilsansprüche (362). Dagegen galt es trotz Blutsverwandtschaft im Rechtssinne als *mit dem Vater nicht verwandt* (§ 1589 Abs. 2 BGB a. F.), hatte gegen ihn aber bis zum 18. Lebensjahr einen Unterhaltsanspruch. Durch das *Gesetz über die rechtliche Stellung der nichtehelichen Kinder* vom 19. 8. 1969 (BGBl. I 1243) wurde mit Wirkung vom 1. 7. 1970 in Ausführung des Verfassungsauftrags des Art. 121 WVerf. und des Art. 6 Abs. 5 GG die Stellung des *nichtehelichen K.* der des ehelichen weitgehend angenähert. Seither besteht Verwandtschaft rechtlich auch mit dem Vater und dessen Verwandten, und das Unterhaltsrecht entspricht weitgehend dem des ehelichen K. (§§ 1602, 1603 BGB).

Das Maß des Unterhalts richtet sich nicht mehr nach der Lebensstellung der Mutter, sondern nach der beider Eltern. Bis zum vollendeten 18. Lebensjahr ist mindestens der *Regelunterhalt* zu zahlen, außer bei Aufnahme des K. in den Haushalt des Verpflichteten (§§ 1615c ff.). Regelunterhalt ist der *Regelbedarf* (dazu VO vom 27. 6. 1970, BGBl. I 1010, m. letzter Änd. vom 26. 7. 1984 (BGBl. I 1035) abzügl. Kindergeld, -zuschläge u. dgl. Für Sonderbedarf des K. muß der Erzeuger aufkommen. In besonderen Fällen kann er Herabsetzung der Regelleistungen verlangen. Bei Säumnis des Verpflichteten kann das *Unterhaltskostenvorschußgesetz* (348) eingreifen.

Als Vater wird vermutet, wer der Mutter innerhalb der *Empfängniszeit* (181. bis 302. Tag vor der Geburt des nichtehelichen K., § 1592 BGB) beigewohnt hat. Die Vermutung kann aber durch schwerwiegende Zweifel an der Vaterschaft (§ 1600o BGB) ausgeräumt und z. B. bei *Mehrverkehr* durch *Blutgruppenuntersuchung* oder *erbbiologisches Gutachten* widerlegt werden. Die Vaterschaft gilt als festgestellt entweder bei rechtskräftiger gerichtlicher Entscheidung (auf Klage des K. oder des Vaters) oder bei öffentlich beurkundeter *Anerkennungserklärung* (vor Gericht, Notar, Standesamt oder Jugendamt), die der Zustimmung des K. (ggf. des gesetzlichen Vertreters) bedarf. Die Anerkennung kann nur im Klagewege und in bestimmter Frist – für die Eltern i. d. R. 1 Jahr, für das Kind 2 Jahre – angefochten werden (§§ 1600a ff. BGB). Über die *Legitimation* nichtehelicher Kinder s. 305.

Die *nichteheliche Mutter* hat gegen den Vater des K. Anspruch auf Ersatz der Entbindungskosten und des Unterhalts für 6 Wochen vor und 8 Wochen nach der Geburt (§ 1615 l BGB). Schon vor der Geburt des K. können seine Ansprüche und die der Mutter für die ersten 3 Monate durch einstweilige Verfügung gesichert werden (§ 1615o). Hierzu kann der Leibesfrucht ein Pfleger bestellt werden.

Die frühere gesetzliche *Amtsvormundschaft* des Jugendamtes über das K. ist abgelöst durch eine *Amtspflegschaft*, während die *elterliche Sorge* grundsätzlich der Mutter zusteht. Das K. erhält kraft Gesetzes einen *Pfleger* für Angelegenheiten betr. Feststellung der Vaterschaft, Unterhalt, Erb- und Pflichtteilsrecht. Gesetzlicher Pfleger ist das Jugendamt, wenn nicht das Gericht schon vor der Geburt des K. einen anderen Pfleger bestellt. Auf Antrag der Mutter bestimmt das Gericht, daß die Pflegschaft nicht eintritt oder aufgehoben wird, wenn das dem Wohl des Kindes nicht widerspricht. Die Mutter hat dann die volle elterliche Sorge (§§ 1705ff. BGB).

Dem nichtehelichen K. steht gegenüber dem Vater und dessen Angehörigen ein *Erbrecht* zu, dagegen neben ehelichen Abkömmlingen des Vaters und neben dessen überlebendem Ehegatten nur ein *Erbersatzanspruch* in Höhe des Wertes des gesetzlichen Erbteils, das ihm im Falle der Ehelichkeit zustehen würde. Umgekehrt haben auch der nichteheliche Vater und dessen Abkömmlinge einen gleichen Anspruch beim Tode des K. Der Anspruch ist wie der *Pflichtteilsanspruch* (362) ein Geldanspruch (§ 1934a BGB). Über einen Anspruch des 21-, aber noch nicht 27jährigen K. auf *vorzeitigen Erbausgleich* vgl. § 1934d BGB.

352. Die Adoption

begründet ein Eltern- und Kindesverhältnis (Wahlkindschaft). Sie kam nach früherem Recht als ,,Annahme an Kindes Statt" durch Vertrag zwischen dem Annehmenden und dem Angenommenen zustande, der vormundschaftsgerichtlicher Genehmigung bedurfte. Ab 1. 1. 1977 wird sie durch eine auf Antrag des Annehmenden ergehende *Entscheidung des Gerichts* ausgesprochen (sog. Dekretsystem an Stelle des familienrechtlichen Vertrages; §§ 1741 ff. BGB i. d. F. des *Adoptionsgesetzes* vom 2. 7. 1976, BGBl. I 1749). Außerdem hat die Adoption nunmehr die volle rechtliche Eingliederung des Adoptierten in die Adoptionsfamilie zur Folge (Voll-Adoption, § 1754, statt des früher auf den Annehmenden und den Angenommenen sowie dessen Abkömmlinge beschränkten Rechtsverhältnisses).

Ein Ehepaar kann ein Kind als gemeinschaftliches annehmen, ein Lediger allein; ein nichteheliches Kind kann vom Vater oder von der Mutter angenommen werden (§ 1741 Abs. 2, 3).

Der Annehmende muß unbeschränkt geschäftsfähig und mindestens 25 Jahre alt sein, bei annehmenden Ehepaaren der andere Ehegatte mindestens 21 Jahre; letzteres gilt auch bei Adoption des eigenen nichtehelichen Kindes (§ 1743 BGB). Kinderlosigkeit des Annehmenden wird nicht mehr vorausgesetzt, ebensowenig Minderjährigkeit des Kindes (wegen Adoption Volljähriger s. u.). Die Adoption bedarf der Einwilligung des Kindes und ggf. der Zustimmung seines gesetzlichen Vertreters; ist das Kind geschäftsunfähig oder noch nicht 14 Jahre alt, so kann nur der gesetzliche Vertreter die Einwilligung erteilen. Die Adoption eines ehelichen Kindes bedarf ferner der Einwilligung seiner Eltern, die eines nichtehelichen Kindes der der Mutter. Sie kann erst erteilt werden, wenn das Kind 8 Wochen alt ist (§§ 1746, 1747). Zulässig ist auch die *Inkognitoadoption* (ohne daß der Einwilligende den Namen des Annehmenden erfährt). Verweigert ein Elternteil die Einwilligung, so kann sie vom Vormundschaftsgericht nur bei erheblicher Pflichtverletzung oder Interesselosigkeit gegenüber dem Kind ersetzt werden; bei Weigerung des Vormunds oder Pflegers ist die Ersetzung schon bei Fehlen eines triftigen Grundes möglich (§ 1748, § 1746 Abs. 3). Die Einwilligung (Vertretung unzulässig) ist in notarieller Form gegenüber dem Vormundschaftsgericht zu erklären; sie darf weder bedingt noch befristet sein und ist unwiderruflich (§ 1750).

Der gerichtliche Ausspruch der Adoption setzt i. d. R. voraus, daß der Annehmende das Kind eine angemessene Zeit in Pflege gehabt hat (§ 1744 BGB). Die Adoption ist nur zulässig, wenn sie dem Wohl des Kindes dient und ein echtes Eltern-Kind-Verhältnis erwarten läßt (also keine *Schein-* oder *Namensadoption*). Überwiegende Interessen der Kinder des Annehmenden oder des Anzunehmenden dürfen nicht entgegenstehen; vermögensrechtliche Interessen sollen aber nicht ausschlaggebend sein (§ 1741 Abs. 1, § 1745).

Die volle Eingliederung des Adoptierten und seiner Abkömmlinge in die Familie des Annehmenden hat seine Unterstellung unter die elterliche Sorge (349) sowie gegenseitige Unterhaltspflicht nach den allgemeinen Vorschriften (348) und das gegenseitige gesetzliche Erbrecht (354) zur Folge. Dagegen erlöschen grundsätzlich das Verwandtschaftsverhältnis des Adoptierten und seiner Abkömmlinge zu seinen bisherigen Verwandten und die daraus resultierenden Unterhalts-, Erb- und anderen Ansprüche außer den bereits entstandenen Versorgungsansprüchen (§§ 1754, 1755). Das Kind erhält den Familiennamen des Annehmenden (aber nicht den nach § 1355 Abs. 3 vorangestellten Namen); Änderung der Vornamen und Zusatz des bisherigen Familiennamens können zugelassen werden (§ 1757 BGB). S. a. 362.

Auch die *Adoption eines Volljährigen* ist zulässig, wenn sie sittlich gerechtfertigt und ein echtes Eltern-Kind-Verhältnis zu erwarten ist. Sie unterliegt grundsätzlich den gleichen Regeln wie beim Minderjährigen (§ 1767). Doch wird ein Rechtsverhältnis des Adoptierten nur zum Adoptierenden, nicht auch zu dessen Verwandten begründet; andererseits bleiben die Rechte und Pflichten des Adoptierten und seiner Abkömmlinge gegenüber seinen Verwandten unberührt (§ 1770).

Ein Gesetz vom 2. 7. 1976 (BGBl. I 1762) überträgt den Landesjugendämtern und den Jugendämtern die *Vermittlung der Annahme an Kindes Statt.* Sie ist auch dem Diakonischen Werk, dem Deutschen Caritasverband, der Arbeiterwohlfahrt und als geeignet anerkannten Fachverbänden gestattet.

352a. Vormundschaft. Pflegschaft

Ein Minderjähriger erhält einen *Vormund,* wenn er nicht unter elterlicher Sorge steht, so wenn beide Elternteile nicht mehr leben oder wenn ihnen die elterliche Sorge nicht zusteht, etwa weil sie ihnen wegen Mißbrauchs, Vernachlässigung des Kindes oder sonstigen Versagens entzogen worden ist (§ 1666 BGB); dasselbe gilt, wenn sie zwar die elterliche Sorge als solche nicht verloren haben, aber das Kind weder personen- noch vermögensrechtlich vertreten dürfen (§ 1773 BGB).

Zur Übernahme einer Vormundschaft ist grundsätzlich jeder Deutsche verpflichtet; sie kann nur aus bestimmten Gründen abgelehnt werden (§§ 1785, 1786 BGB). Zum Vormund kann auch ein (z. B. karitativer) rechtsfähiger Verein oder, wenn ein geeigneter Einzelvormund nicht vorhanden ist, das *Jugendamt* bestellt werden.

Der Vormund vertritt den Pflegebefohlenen (*Mündel)* hinsichtlich seiner Person und seines Vermögens. Die Vormundschaft wird im allgemeinen unentgeltlich als Ehrenamt geführt. In besonderen Fällen,

z. B. bei größeren Vermögensverwaltungen, kann das Vormundschaftsgericht einen *Gegenvormund* bestellen, der bei bestimmten Handlungen mitzuwirken hat (§ 1792 BGB).

Der Vormund hat ein *Vermögensverzeichnis* über das Mündelvermögen aufzustellen und dem Vormundschaftsgericht alljährlich Rechnung zu legen (§§ 1802, 1840 BGB). *Mündelgeld* ist nach Maßgabe besonderer Bestimmungen sicher anzulegen (§§ 1806ff. BGB; vgl. 873). Von einigen Verpflichtungen kann der Vormund befreit werden *(befreite Vormundschaft)*. Bei wichtigeren Geschäften bedarf er dagegen der gerichtlichen Genehmigung (Grundstücksgeschäfte, Erbschaftsangelegenheiten, Erwerb oder Veräußerung eines Erwerbsgeschäfts, Arbeits- oder Lehrvertrag über mehr als ein Jahr, Kreditaufnahme; §§ 1821, 1822 BGB).

Vormund und Gegenvormund haften dem Mündel für ordnungsmäßige Erfüllung ihrer Aufgaben (§ 1833 BGB).

Eine *Pflegschaft* wird angeordnet, wenn der Inhaber der elterlichen Sorge oder der Vormund an der Besorgung einzelner Angelegenheiten für Kind oder Mündel (z. B. wegen entgegenstehender Interessen bei Erbangelegenheiten, Unterhaltsklagen) verhindert ist. Sie ist eine gerichtlich angeordnete Fürsorgetätigkeit für einen *bestimmten* Aufgabenkreis, während die Vormundschaft *alle* Angelegenheiten umschließt. Außer dieser *Ergänzungspflegschaft* (§ 1909) regelt das BGB die *Gebrechlichkeitspflegschaft* für einen Volljährigen (§ 1910 BGB), die *Abwesenheitspflegschaft* für die Vermögensangelegenheiten eines abwesenden Volljährigen (§ 1911 BGB) sowie die Pflegschaft für eine Leibesfrucht (§ 1912 BGB), für unbekannte Beteiligte (§ 1913 BGB), für ein *Sammelvermögen* (§ 1914 BGB) und für einen Nachlaß (§ 1961 BGB). Vgl. 295, 296.

353. Das Erbrecht (BGB V. Buch, §§ 1922–2385)

regelt den Übergang des Vermögens eines Verstorbenen.

In den 9 Abschnitten des V. Buches des BGB sind Erbfolge, rechtliche Stellung des Erben, Testament, Erbvertrag, Pflichtteil, Erbunwürdigkeit, Erbverzicht, Erbschein und Erbschaftskauf behandelt. Daneben greifen Vorschriften der anderen Bücher des BGB ein. Wichtige Bestimmungen enthält insbesondere das dritte Buch (Sachenrecht); vgl. § 857 (der Besitz geht auf den Erben über), § 1061 (der Nießbrauch erlischt mit dem Tode des Nießbrauchers). Mit dem Erbfall geht das gesamte Vermögen des Erblassers mit allen Rechten und Pflichten auf den (die) Erben über (Gesamtrechtsnachfolge, sog. *Universalsukzession*), insbes. das Eigentum, selbst an Grundstücken. Es bedarf keiner Auflassung und Eintragung im Grundbuch, sondern nur einer Berichtigung des Grundbuchs, die den Einklang zwischen diesem und der wirklichen Rechtslage herstellt.

Besondere Bestimmungen hinsichtlich der *Erbfolge* enthalten ferner das *Heimstättengesetz* (192 II), die ErbbaurechtsVO (336 II 1) und das *Höferecht* (825).

354. Die gesetzliche Erbfolge des BGB

(§§ 1922–1936) beruht auf dem sog. *Parentelensystem.* Gesetzliche Erben der 1. Parentel (= Erbfolgeordnung) sind die Abkömmlinge des Erblassers (Kinder, Enkel usw.). Neben ihnen erbt der *überlebende Ehe-*

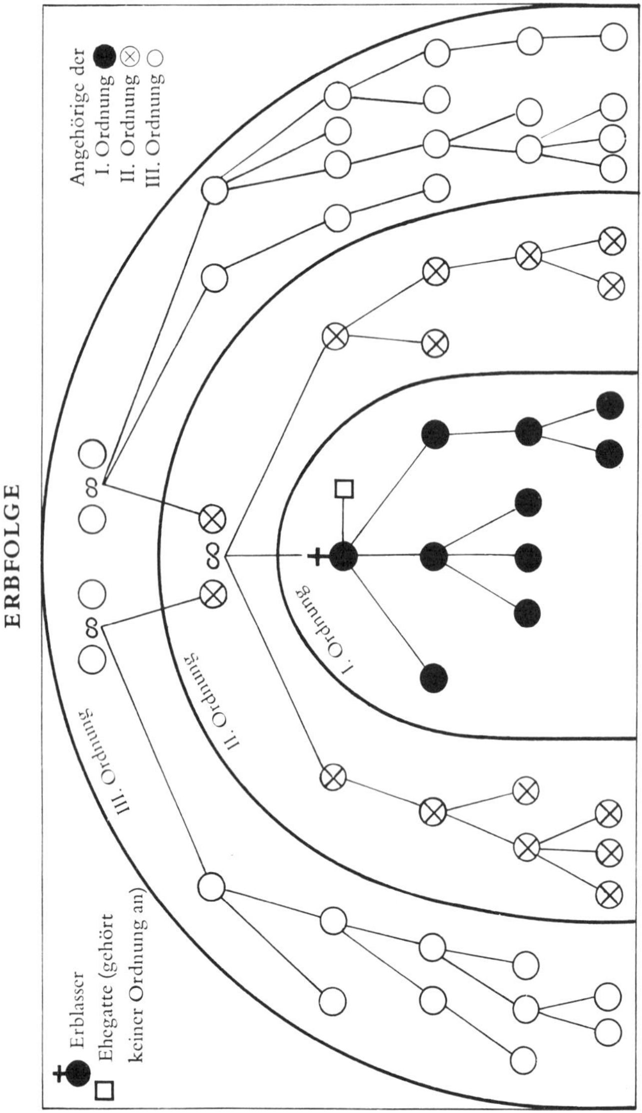
ERBFOLGE
Erblasser
Ehegatte (gehört keiner Ordnung an)
Angehörige der
I. Ordnung
II. Ordnung
III. Ordnung
I. Ordnung
II. Ordnung
III. Ordnung

gatte ¼ des Nachlasses. Beim Fehlen von Abkömmlingen kommt die 2. Ordnung zum Zuge, neben welcher der überlebende Ehegatte zu ½ Erbe ist. Gesetzliche Erben der 2. Ordnung sind die Eltern des Erblassers sowie deren Abkömmlinge. Leben beide Eltern, so erben sie allein. Lebt nur ein Elternteil, so erbt er ½. An die Stelle eines verstorbenen Elternteils treten die Geschwister des Erblassers bzw. deren Abkömmlinge.

Gesetzliche Erben der 3. Ordnung sind die Großeltern und deren Abkömmlinge. Neben Großeltern erhält der überlebende Ehegatte die Hälfte; weitere Verwandte schließt der überlebende Ehegatte aus.

Sind Abkömmlinge der ersten drei Parentelen nicht vorhanden und ist kein Ehegatte zu berücksichtigen, so kommen als 4. Parentel die Urgroßeltern und als 5. die entfernteren Voreltern und ihre Deszendenz als gesetzliche Erben in Betracht. Letzter gesetzlicher Erbe ist der *Fiskus*.

Falls (ab 1. 7. 1958) der gesetzliche Güterstand der *Zugewinngemeinschaft* unter den Eheleuten gilt, erhöht sich gemäß § 1371 Abs. 1 BGB beim Tod eines Ehegatten der *gesetzliche Erbteil* des überlebenden Ehegatten um ¼. Der überlebende Ehegatte erbt dann als gesetzlicher Erbe neben Kindern oder Enkeln ½ (statt ¼) und neben Eltern oder Geschwistern des Erblassers ¾ (statt ½). Sein *Pflichtteil* (s. 362) beträgt bei Zugewinngemeinschaft die Hälfte dieser erhöhten Erbteile, also ¼ neben Erben der 1. Ordnung und ⅜ neben Verwandten der 2. Erbfolgeordnung. Nach § 1371 Abs. 2, 3 BGB kann der überlebende Ehegatte bei Zugewinngemeinschaft statt dieser erbrechtlichen Regelung, falls er nicht bedacht worden ist oder ausschlägt, den Ausgleich des Zugewinns nach der güterrechtlichen Regelung verlangen und ferner den Pflichtteil nach Maßgabe des nicht erhöhten gesetzlichen Erbteils geltend machen (vgl. 344).

Über die Regelung bei *Gütertrennung* vgl. § 1931 Abs. 4 BGB, über Erbrecht oder Erbersatzanspruch des *nichtehelichen Kindes* vgl. 351.

Es ist dem Erblasser überlassen, durch *letztwillige Verfügung* Bestimmungen zu treffen, wenn er mit der gesetzlichen Regelung nicht einverstanden ist. Die gesetzliche Erbfolge tritt nur ein, wenn eine *letztwillige Verfügung (Testament)* oder ein *Erbvertrag* nicht vorhanden oder nicht wirksam ist oder soweit dadurch nicht der gesamte Nachlaß erfaßt wird (z. B. E testiert „mein Freund X soll die Hälfte meines Vermögens erben"; dann greift hinsichtlich der anderen Hälfte die gesetzliche Erbfolge ein).

355. Vor- und Nacherbfolge

Der Erblasser kann einen Erben (*Nacherben*) in der Weise einsetzen, daß er erst Erbe wird, nachdem zunächst ein anderer Erbe *(Vorerbe)* geworden ist (§ 2100 BGB). Es erben dann mehrere Personen zeitlich hintereinander: der Vorerbe sofort, der Nacherbe später. Hierdurch kann das Vermögen erhalten, seine Nutzung aber mehreren nacheinander zugewendet werden.

Je nach Anordnung des Erblassers tritt die Nacherbfolge entweder mit dem *Tod des Vorerben* oder mit einem *anderen Ereignis* (z. B. Wiederverheiratung) oder zu einem anders bestimmten Zeitpunkt (z. B. Volljährigkeit des Nacherben) ein, § 2103 BGB.

Der Erblasser kann auch *mehrere Nacherben hintereinander* derart einsetzen, daß die Erbschaft dem späteren Nacherben erst anfällt, nachdem der vor ihm Berufene aufgehört hat, Erbe zu sein. Das BGB begrenzt die Zahl der Nacherben nicht, wohl aber die Bindung des Nachlasses – abgesehen von einigen Ausnahmen – auf 30 Jahre nach dem Tod des Erblassers (§ 2109); dann wird der Nachlaß frei.

Der Vorerbe kann grundsätzlich über Nachlaßgegenstände wie ein Vollerbe verfügen, ist aber im Interesse des Nacherben in der Verfügung nicht unerheblich beschränkt; er darf insbes. nicht verfügen über ein Grundstück oder ein Recht an einem Grundstück (Hypothek, Grundschuld usw.) und auch keine unentgeltlichen Verfügungen treffen (§§ 2112–2114 BGB). Von diesen Einschränkungen kann ihn der Erblasser befreien, indem er ihn als *befreiten Vorerben* oder den Nacherben *auf den Überrest* einsetzt. Auch dann sind unentgeltliche Verfügungen nicht zulässig. Der Erblasser kann ferner einen Testamentsvollstrecker einsetzen. Über das *Nachvermächtnis* s. 356.

Erbschaftsteuerlich ist Vor- und Nacherbschaft ungünstig, weil sowohl der Vorerbe als Vollerbe wie auch nach Maßgabe des § 6 ErbStG (539) der Nacherbe steuerpflichtig ist.

356. Vermächtnis. Auflage

Vermächtnis ist die vom Erblasser durch Testament oder Erbvertrag angeordnete Zuwendung eines Vermögensvorteils, ohne daß der Bedachte (Vermächtnisnehmer) Erbe wird (§ 1939 BGB). Während ein Erbe als Gesamtrechtsnachfolger in die Rechtsstellung des Erblassers einrückt, entsteht für den Vermächtnisnehmer nur ein schuldrechtlicher Anspruch gegen den Erben auf Erfüllung des Vermächtnisses (§§ 2147 ff. BGB).

Vorausvermächtnis ist das einem Miterben zugewendete Vermächtnis. Bei einem *Wahlvermächtnis* kann der Bedachte einen von mehreren Gegenständen wählen. Bei einem *Gattungsvermächtnis* hat der Beschwerte eine nur der Gattung nach bestimmte Sache, auch wenn sie nicht zum Nachlaß gehört, zu leisten. Ist ein bestimmter Gegenstand in Kenntnis der Tatsache vermacht, daß er nicht zur Erbmasse gehört, aber in diese gelangen soll, so liegt ein *Verschaffungsvermächtnis* vor (z. B. Kaufrechtsvermächtnis). Ein *Untervermächtnis* ist vom Vermächtnisnehmer an einen Dritten zu erfüllen. Wird ein *Nachvermächtnis* angeordnet, so hat der Erstvermächtnisnehmer entsprechend der Nacherbfolge (355) zu dem festgesetzten Zeitpunkt den vermachten Gegenstand an den Nachvermächtnisnehmer herauszugeben.

Durch eine *Auflage* kann der Erblasser im Testament den Erben oder einen Vermächtnisnehmer zu einer Leistung an einen Dritten verpflichten, ohne daß für diesen ein Anspruch entsteht (§§ 1940, 2192 ff. BGB). Damit die Auflage erfüllt wird, kann ihre Vollziehung zwar nicht von dem Bedachten, aber z. B. vom Miterben und von jedem gefordert werden, dem bei Wegfall des Beschwerten das Zugewendete zukäme (z. B. Erbe des Beschwerten).

357. Testamentsvollstrecker

Der Erblasser kann zur Ausführung seiner letztwilligen Verfügungen, insbesondere zur ordnungsmäßigen Befriedigung der Nachlaßgläubiger und zwecks Auseinandersetzung unter mehreren Miterben, einen Testamentsvollstrecker ernennen (§§ 2197ff. BGB).

Man unterscheidet den *Abwicklungs-Testamentsvollstrecker,* der in der Hauptsache die Erbauseinandersetzung regelt, und den *Verwaltungs-Testamentsvollstrekker,* welcher den Nachlaß für eine bestimmte Zeit betreut und verwaltet (z. B. einen Geschäftsbetrieb bei minderjährigen Erben).

Findet der Erblasser keine geeignete Persönlichkeit, die er ernennen kann, so kann er sich damit begnügen, eine Testamentsvollstreckung *anzuordnen,* und das *Gericht* um Ernennung eines geeigneten Testamentsvollstreckers ersuchen. Dies ist angebracht, da ein Ernannter das Amt nicht anzunehmen braucht. Ohne Anordnung aber findet eine Ernennung nicht statt.

Es können *mehrere Testamentsvollstrecker* (z. B. bei größeren Vermögen) bestimmt werden. Auch kann ein *Miterbe* (z. B. Ehefrau) als Testamentsvollstrekker eingesetzt werden, nicht jedoch ein Alleinerbe.

Der Testamentsvollstrecker hat Anspruch auf angemessene *Vergütung* (i. d. R. 1–5 v. H. des Reinnachlasses).

358. Öffentliches, eigenhändiges, Nottestament

Das *öffentliche Testament* wird vor einem Notar errichtet. Dabei kann der Erblasser seinen letzten Willen mündlich erklären oder eine – offene oder verschlossene – Schrift mit der Erklärung überreichen, daß sie seinen letzen Willen enthalte (§ 2232 BGB).

Das *eigenhändige (Privat-)Testament* (§ 2247 BGB) wird ohne Zuziehung einer Urkundsperson oder von Zeugen vom Erblasser (Testator) allein durch eine von ihm eigenhändig geschriebene und unterschriebene Erklärung errichtet. Orts- und Zeitangabe ist zwar nicht mehr Gültigkeitserfordernis, aber zweckmäßig, zumal das letzte Testament maßgebend ist (§§ 2253ff. BGB).

Minderjährige sowie Personen, die nicht schreiben oder lesen können, dürfen nur ein öffentliches Testament durch mündliche Erklärung (Minderj. auch durch Übergabe einer offenen Schrift) errichten; § 2233 BGB.

Ein Minderjähriger kann ein Testament erst errichten, wenn er das 16. Lebensjahr vollendet hat *(Testierfähigkeit),* dann aber ohne Zustimmung des gesetzlichen Vertreters (§ 2229 BGB).

Auch ein in fremder Sprache abgefaßtes Testament ist gültig. Es ist gleichgültig, ob Tinte, Bleistift oder ein anderes Schreibmittel verwendet wird (aber nicht Maschine!). Auch ein stenographisches Testament ist gültig (aber nicht zu empfehlen, weil oft Zweifel über die Urheberschaft und darüber entstehen, ob es nicht ein bloßer Entwurf sein sollte). Bei mehreren Blättern empfiehlt es sich, sie zusammenzuheften und zu numerieren.

Außerordentliche Testamentsformen sieht das BGB als *Nottestamente* bei *Todesgefahr* zu Protokoll des Bürgermeisters vor 2 Zeugen, bei Verkehrssperre in gleicher Form oder mündlich (protokollarisch) vor 3 Zeugen bzw. als *Seetestament* vor (§§ 2249–2251 BGB). Sie werden 3 Monate nach Errichtung hinfällig, falls der Testator noch lebt (§ 2252 BGB).

359. Gemeinschaftliches Testament

Ein *gemeinschaftliches Testament* (§§ 2265–2273 BGB) kann nur von *Ehegatten* (nicht von Verlobten, Geschwistern u. a. Personen) errichtet werden. Als *Form* steht das eigenhändige (Privat-) und das öffentliche Testament zur Verfügung. Während beim öffentlichen Testament der letzte Wille zu Protokoll erklärt wird, genügt es beim Privattestament, wenn ein Ehegatte das gemeinschaftliche Testament eigenhändig niederschreibt und der andere, falls er nicht Sonderwünsche hat, nur (unter Angabe von Ort und Zeit = Sollvorschrift) unterschreibt.

Das gemeinschaftliche Testament muß räumlich ein einheitliches Ganzes bilden (einheitliche Urkunde, nicht getrennte Bogen).

In *außerordentlicher* Form (vgl. 358) kann ein gemeinschaftliches Testament errichtet werden, wenn die Voraussetzungen hierfür (z. B. Lebensgefahr) nur bei einem Ehegatten vorliegen.

Sehr verbreitet ist das sog. *Berliner Testament* (§ 2269 BGB), bei welchem die Ehegatten in einem gemeinschaftlichen Testament sich gegenseitig als Erben einsetzen und weiter bestimmen, daß nach dem Tode des Letztversterbenden der beiderseitige Nachlaß an einen Dritten (z. B. die Kinder, Enkel oder auch andere Personen) als sog. *Schlußerben* fallen soll. Hier ist im Zweifel anzunehmen, daß der Schlußerbe für den gesamten Nachlaß (das Vermögen beider Ehegatten) als Erbe des zuletzt versterbenden Ehegatten eingesetzt ist.

Von einem *wechselbezüglichen gemeinschaftlichen Testament* spricht man, wenn darin Verfügungen getroffen sind, die in innerer Beziehung zueinander stehen und von denen die eine nur mit Rücksicht auf die andere getroffen ist. In solchem Fall hat die Nichtigkeit oder der Widerruf der einen Verfügung die Unwirksamkeit der anderen zur Folge (§ 2270 Abs. 1 BGB). Aber der Widerruf wechselbezüglicher Verfügungen ist erschwert: Er kann bei Lebzeiten der Ehegatten zwar einseitig, aber bei nachteiliger Wirkung für den anderen Ehegatten nicht durch eine neue Verfügung (Testament), sondern nur durch notariell beurkundete Erklärung gegenüber dem anderen Ehegatten erfolgen. Das Widerrufsrecht erlischt mit dem Tod eines Ehegatten; der überlebende Erbe kann seine Verfügung nur aufheben, wenn er das ihm Zugewendete ausschlägt (§ 2271 BGB). Es empfiehlt sich daher, falls sich die Verhältnisse ändern können, im gemeinschaftlichen Testament dem überlebenden Erben das Recht vorzubehalten, seine letztwillige Verfügung zu ändern.

360. Der Erbvertrag

ist im Gegensatz zum Testament eine den Erblasser bindende und i. d. R. unwiderrufliche Verfügung von Todes wegen. Der Abschluß eines Erbvertrages ist nicht wie das gemeinschaftliche Testament auf Ehegatten beschränkt, sondern auch zwischen anderen Personen möglich. Inhalt des Vertrags können eine Erbeinsetzung, die Anordnung von Vermächtnissen und Auflagen sein. Andere Anordnungen können einbezogen werden, sind aber frei widerruflich. Vgl. §§ 2274ff. BGB.

Ein Erbvertrag muß bei gleichzeitiger Anwesenheit beider Vertragsteile (Erblasser – Begünstigter) vor einem Notar abgeschlossen werden. Zur Aufhebung bedarf es eines besonderen Aufhebungsvertrages. Nach dem Tod eines Beteiligten ist die vertragsmäßige Aufhebung daher unmöglich (§ 2290). Ehegatten können einen Erbvertrag auch durch gemeinschaftliches Testament aufheben (§ 2292). Zum einseitigen *Rücktritt* ist der Erblasser nur berechtigt, wenn er sich diesen im Erbvertrag vorbehalten oder wenn der Bedachte gegen ihn eine zur Entziehung des Pflichtteils berechtigende Verfehlung begangen hat (362) sowie bei Wegfall einer rechtsgeschäftlich begründeten Verpflichtung zu Unterhalts- oder anderen wiederkehrenden Leistungen, die der Bedachte dem Erblasser auf dessen Lebenszeit zu erbringen hat (§§ 2293ff. BGB).

361. Erbschein

Ein *Erbschein* (§§ 2353–2370 BGB) kann dem Erben vom Nachlaßgericht (296) zum Nachweis seiner Stellung als Erbe erteilt werden. Er bildet ein Zeugnis über das Erbrecht und den Umfang des Erbteils.

Sind mehrere Erben vorhanden, so kann ein *gemeinschaftlicher Erbschein* oder für jeden Erben ein *Teilerbschein* erteilt werden. Einem Vorerben wird ein Erbschein erteilt, der angibt, daß eine *Nacherbfolge* angeordnet ist, wer Nacherbe ist und wann die Nacherbfolge eintritt. Eine *Testamentsvollstreckung* muß gleichfalls im Erbschein angegeben werden.

Antragsberechtigt sind jeder Erbe, der Testamentsvollstrecker, der Nachlaßverwalter oder ein Gläubiger des Erben, der einen vollstreckbaren Titel gegen ihn besitzt (§ 792 ZPO). Die im Antrag gemachten Angaben sind durch Urkunden oder eidesstattliche Versicherung glaubhaft zu machen und vor Gericht oder Notar zu beurkunden. Es ist darzulegen, ob gesetzliche Erbfolge oder Erbfolge auf Grund einer Verfügung von Todes wegen eingreift.

Der Erbschein begründet die (widerlegbare) *Vermutung,* daß dem Inhaber das angegebene Erbrecht zusteht und er nur durch die angegebenen Anordnungen (z. B. Nacherbfolge) beschränkt ist. Der Erbschein gilt einem Dritten gegenüber als richtig, es sei denn, daß dieser die Unrichtigkeit kennt. Ist der Erbschein unrichtig, so wird er von Amts wegen eingezogen oder für kraftlos erklärt (§§ 2361, 2365, 2366 BGB).

362. Pflichtteil

Die grundsätzliche *Testierfreiheit* des Erblassers erleidet eine Einschränkung durch das *Pflichtteilsrecht* bestimmter Angehöriger (§§ 2303 bis 2338a BGB). Das Recht auf den *Pflichtteil* besteht darin, daß die Berechtigten aus dem Nachlaß des Erblassers, der sie durch Verfügung von Todes wegen (308) von der Erbfolge ausgeschlossen hat, eine *Geldzahlung* in Höhe der Hälfte des Wertes ihres gesetzlichen Erbteils verlangen können. Einen Pflichtteilsanspruch haben nur *Abkömmlinge,* der Ehegatte und die *Eltern* des Erblassers.

Hat der Erblasser dem Pflichtteilsberechtigten zwar ein Erbteil oder ein Vermächtnis zugewendet, erreicht dieses aber nicht die Höhe des Pflichtteils, kann der Berechtigte entsprechende Ergänzung verlangen (*Zusatzpflichtteil,* § 2305 BGB).

Zur *Berechnung des Pflichtteils* ist im Einzelfall die Höhe des gesetzlichen Erbteils und der Geldwert des Nachlasses festzustellen. Maßgebend hierfür ist der Bestand z. Z. des Erbfalles und der gemeine Wert der Nachlaßgegenstände (nicht der Einheitswert). Dabei werden die z. Z. des Erbfalles auf dem Nachlaß lastenden Verbindlichkeiten vom Aktivnachlaß abgesetzt; erst mit dem Tod des

Erblassers entstehende Nachlaßverbindlichkeiten (z. B. Vermächtnisse) bleiben außer Ansatz. Über Anrechnung von *Vorempfängen* und *Ausgleichungen* vgl. §§ 2315, 2316 BGB.

Ein *Adoptivkind* (352) ist gegenüber dem Annehmenden pflichtteilsberechtigt (und umgekehrt), ein *nichteheliches Kind* gegenüber der Mutter und hinsichtl. seines Erb- oder Erbersatzanspruchs (351) auch gegenüber seinem Vater – jeweils ggf. gegenüber Voreltern – (§ 2338a BGB); ebenso besteht umgekehrt ein Pflichtteilsrecht der erbberechtigten Eltern des ne. Kindes.

Eine *Entziehung des Pflichtteilsrechts* durch letztwillige Verfügung ist unter bestimmten Voraussetzungen zulässig (schwere Straftat des Pflichtteilsberechtigten gegen den Erblasser oder dessen nahe Angehörige, böswillige Unterhaltspflichtverletzung, ehrloser oder unsittlicher Lebenswandel; gegenüber den Eltern und dem Ehegatten mit Einschränkungen), §§ 2333ff. BGB.

G. Das Handelsrecht

363. Das Handelsrecht

ist ein Teil des bürgerlichen Rechts im weiteren Sinne. Es umfaßt insbes. die für Kaufleute geltenden besonderen Vorschriften des Privatrechts. Außer dem Handelsgesetzbuch (HGB, s. 364) kommen als ergänzende Bestimmungen zahlreiche weitere Gesetze aus angrenzenden Rechtsgebieten in Betracht, die handelsrechtliche Vorschriften enthalten (vgl. z. B. im folgenden 380, 381, 383–390).

364. Das Handelsgesetzbuch (HGB)

vom 10. 5. 1897 mit letzter Änd. vom 16. 12. 1986 (BGBl. I 2478) gliedert sich in 5 Bücher: Handelsstand, Handelsgesellschaften und stille Gesellschaft, Handelsbücher, Handelsgeschäfte, Seehandel.

Das HGB bringt ein Sonderrecht für die wirtschaftliche Betätigung der meisten gewerblichen Unternehmer. Das im HGB geregelte Handelsrecht umfaßt im besonderen die Rechtsverhältnisse industrieller Betriebe und weitgehend auch die des Handwerks sowie der Urerzeugung von Grund- und Rohstoffen.

365. Handelsstand, Handelsregister, Kaufleute

Das 1. Buch des HGB behandelt den *Handelsstand* und grenzt das Anwendungsgebiet des Handelsrechts ab. Es enthält ferner Bestimmungen über das *Handelsregister* (hierzu s. 298), das Firmenrecht, die Handelsbücher und die kaufmännischen Hilfspersonen.

Kaufmann i. S. des HGB ist nur, wer selbständig ein *Handelsgewerbe* betreibt. Wer die Kaufmannseigenschaft besitzt, ist grundsätzlich *Vollkaufmann,* d. h. er hat alle im HGB vorgesehenen Rechte und Pflichten. *Handwerker* und *Kleingewerbetreibende* sind nur *Minderkaufleute,* auf die wesentliche Bestimmungen des HGB, z. B. Firmen-, Prokuren-, Gesellschaftsrecht, keine Anwendung finden (§ 4 HGB). Seit dem Gesetz über die *Kaufmannseigenschaft der Handwerker* vom 31. 3. 1953 (BGBl. I 106) ist jedoch die Zuerkennung der Kaufmannseigenschaft für Großhandwerker usw. erleichtert.

Beim *Vollkaufmann* ist zu unterscheiden:

a) *Mußkaufmann* ist schon kraft seiner Betätigung, wer eines der im § 1 Abs. 2 HGB bezeichneten *Grundhandelsgeschäfte* betreibt. Dies sind: Anschaffung und Weiterveräußerung von Waren oder Wertpapieren, fabrikmäßige Be- oder Verarbeitung von Waren für andere, Prämienversicherung, Bankiergeschäfte, Güter- oder Personenbeförderung, Geschäfte als Kommissionär, Spediteur, Lagerhalter oder Frachtführer, Handelsvertreter, Handelsmakler, Verlags-, Buch- und Kunsthandelsgeschäfte, Großdruckereien. Jeder Gewerbetreibende, dessen Betrieb eines dieser Geschäfte zum Gegenstand hat, erlangt die Kaufmannseigenschaft auch ohne Eintragung in das Handelsregister kraft Gesetzes.
b) *Sollkaufmann* ist, wer ein gewerbliches Unternehmen betreibt, das nach Art und Umfang einen kaufmännischen Geschäftsbetrieb erfordert (z. B. Theater, Hotel, Sanatorium). Er ist verpflichtet, seine Eintragung im Handelsregister herbeizuführen, und erlangt die Kaufmannseigenschaft erst mit der Eintragung (§ 2 HGB).
c) *Kannkaufmann.* Durch *freiwillige Eintragung* in das Handelsregister kann ein Land- oder Forstwirt Kaufmann werden, wenn er ein Unternehmen des unter b) bezeichneten Umfangs oder wenn er ein kaufmännisch zu führendes Nebengewerbe betreibt und für den Betrieb (die Betriebe) die Eintragung veranlaßt (§ 3 HGB).
d) *Kaufleute kraft Rechtsform* sind die Handelsgesellschaften (oHG, KG, AG, KG auf Aktien, GmbH) und die Genossenschaften; das ist (außer bei oHG und KG) auch der Fall, wenn sie kein Handelsgewerbe betreiben. Vgl. 372. Die *Gesellschafter* der oHG und die persönlich haftenden Gesellschafter der KG sind nach h. M. Kaufleute gemäß a).

366. Firmenrecht

Die *Firma* ist der Name, unter dem der Vollkaufmann (natürliche Person oder Handelsgesellschaft) seine Handelsgeschäfte betreibt und die Unterschrift abgibt (§ 17 HGB).

Der Kaufmann kann unter seiner Firma klagen und verklagt werden. Die Firma als solche kann großen wirtschaftlichen Wert haben (den sog. *goodwill* = Firmenwert, d. i. der die Substanz – Kapital, Betriebsvermögen, Waren usw. – übersteigende tatsächliche Wert einschl. Kundenkreis, Geschäftschancen usw.). Gleichwohl darf die Firma nicht für sich allein ohne das Handelsgeschäft übertragen werden (§ 23 HGB). Man unterscheidet bei einer Firma:

a) den *Firmenkern,* d. h. den notwendigen Bestandteil, und die *Zusätze* (z. B. Samengroßhandlung), die zulässig, aber nicht notwendig sind (§§ 18, 19 HGB);

b) die (nur den Inhabernamen enthaltende) *Personenfirma* und die den Gegenstand des Unternehmens wiedergebende *Sachfirma.*

Für die Firma gelten folgende Grundsätze:

1. *Firmenwahrheit* = keine Irreführung über Inhaber, Art und Umfang;
2. *Firmeneinheit* = der Kaufmann darf für ein Handelsgeschäft nur eine Firma führen (Ausnahme bei Zweigniederlassungen);
3. *Firmen-Ausschließlichkeit* = Unterscheidung von anderen bereits am Ort bestehenden und im Handelsregister eingetragenen Firmen (§ 30 HGB);
4. *Firmen-Öffentlichkeit* = die Firma muß im Handelsregister eingetragen werden (§ 29 HGB).

Die Firma eines *Einzelkaufmanns* besteht aus dem Familiennamen mit mindestens einem ausgeschriebenen Vornamen; die der *oHG* muß den Namen wenigstens eines Gesellschafters mit einem das Vorhandensein einer Gesellschaft andeutenden Zusatz oder die Namen aller Gesellschafter enthalten. Die Firma der *KG* muß den Namen wenigstens eines persönlich haftenden Gesellschafters mit einem das Vorhandensein einer Gesellschaft andeutenden Zusatz enthalten. Die Firma der *AG* und der *KG auf Aktien* ist i. d. R. vom Gegenstand des Unternehmens zu entlehnen; sie kann *Sachfirma* sein, doch muß die Bezeichnung AG oder KG auf Aktien hinzugefügt werden. Über *GmbH* und *GmbH u. Co.(KG)* vgl. 372 II 3.

Firmenschutz gewähren: § 37 HGB (Klage auf Unterlassung); § 12 BGB (Schutz des Namens); § 16 UWG (gegen Wettbewerb auch außerhalb des Ortes der Niederlassung); § 24 Warenzeichengesetz (gegen Mißbrauch bei der Warenbezeichnung).

367. Handelsbücher, Bilanzen, Inventar

Durch das Gesetz zur Durchführung der Vierten, Siebenten und Achten Richtlinie des Rates der Europäischen Gemeinschaften zur Koordinierung des Gesellschaftsrechtes *(Bilanzrichtlinien-Gesetz)* vom 19. 12. 1985 (BGBl. I 2355) wurden unter der Übernahme von z. T. schon bisher geltendem Recht die allgemein anerkannten Buchführungsgrundsätze im neu eingefügten Dritten Buch des HGB geregelt (§§ 238–263).

Jeder Kaufmann ist verpflichtet, *Bücher* zu führen und in diesen seine Handelsgeschäfte und die Lage seines Vermögens nach den *Grundsätzen ordnungsmäßiger Buchführung* ersichtlich zu machen (§ 238 Abs. 1 S. 1). Außerdem ist zu Beginn und Schluß eines jeden Geschäftsjahrs ein *Inventar* (Verzeichnis der Grundstücke, Forderungen und Schulden, des Bargelds sowie der sonstigen Vermögensgegenstände des Kaufmanns) zu erstellen (§ 240). Jeder Kaufmann hat ferner zu Beginn seines Handelsgewerbes und für den Schluß eines jeden Geschäftsjahrs einen sein Vermögen und seine Schulden darstellenden Abschluß *(Eröffnungsbilanz, Bilanz)* durch Gegenüberstellung der Aktiva und Passiva aufzustellen. Am Schluß des Geschäftsjahrs ist eine *Gewinn- und Verlustrechnung* aufzustellen. Die Bilanz und die Gewinn- und Verlustrechnung bilden den *Jahresabschluß* (§ 242).

Für die *Bewertung* der im Jahresabschluß ausgewiesenen Vermögensgegenstände und Schulden sind in den §§ 252ff. allgemeine Grundsätze enthalten. Es gilt das Prinzip der Bilanzwahrheit und -vollständigkeit; der Jahresabschluß hat sämtliche Schulden zu enthalten (§ 246 Abs. 1), für ungewisse Verbindlichkeiten sind *Rückstellungen* (z. B. Pensionsrückstellungen) zu bilden (§ 249 Abs. 1).

Der Kaufmann hat geordnet aufzubewahren: Handelsbücher, Inventare, Eröffnungsbilanzen, Jahresabschlüsse 10 Jahre; die Geschäftskorrespondenz und Buchungsbelege 6 Jahre (§ 257).

Unterlassen ordnungsmäßiger Buchführung führt zu steuerlichen Nachteilen und bei Bankrott zur Bestrafung. Vgl. 510, 522 und §§ 283ff. StGB.

368. Kaufmännische Hilfspersonen

sind sowohl *selbständige Kaufleute* wie der Kommissionär, Frachtführer, Spediteur und Handelsvertreter als auch *unselbständige* Hilfspersonen: *Handlungsgehilfen* und *kaufmännische Lehrlinge.*

Handlungsgehilfe ist, wer in einem Handelsgewerbe zur Leistung kaufmännischer Dienste gegen Entgelt angestellt ist (§ 59 HGB). Der *kaufmännische Lehrling* (früher ,,Handlungslehrling“) ist zur kaufmännischen Ausbildung beschäftigt; er unterliegt als ,,Auszubildender“ dem Berufsbildungsgesetz (607).

Der *Handlungsgehilfe* darf ohne Einwilligung des Geschäftsherrn weder ein Handelsgewerbe betreiben noch im Handelszweig des Geschäftsherrn für eigene oder fremde Rechnung Geschäfte machen *(Konkurrenzverbot)*. Für die Zeit nach Beendigung des Dienstverhältnisses kann eine sog. *Konkurrenzklausel* vereinbart werden, um den Prinzipal vor Wettbewerb zu schützen. Im einzelnen s. 632.

Vergütung und Urlaubsanspruch des Handlungsgehilfen richten sich, wenn kein *Tarifvertrag* besteht, nach *Ortsgebrauch*. Bei Krankheit sind die Bezüge für 6 Wochen ohne Anrechnung von Versicherungsleistungen weiterzuzahlen. Kündigt der Prinzipal wegen längerer unverschuldeter Behinderung des Gehilfen, so hat er dennoch die Vergütung für 6 Wochen zu zahlen. Eine *Kündigung* ist, falls nichts besonderes vereinbart ist, bei einem Dienstverhältnis auf unbestimmte Zeit mit sechswöchiger Frist zum Schluß eines Kalendervierteljahres zulässig (§ 622 BGB); längere Fristen bestehen nach dem Ges. vom 9. 7. 1926 (RGBl. I 399) für langjährige Angestellte, weitere Schutzvorschriften aus sozialen Gründen nach dem Kündigungsschutzgesetz; vgl. 629, 630. Vereinbarte Kündigungsfristen müssen für beide Teile gleich sein und wenigstens einen Monat betragen. Ohne Frist kann bei wichtigem Grund (z. B. grober Pflichtverletzung) gekündigt werden. Der Gehilfe hat Anspruch auf ein *Zeugnis* über Art und Dauer der Beschäftigung, das auf Verlangen auf Führung und Leistung zu erstrecken ist.

Der *Ausbildungsvertrag* eines Minderjährigen bedarf der Zustimmung seines gesetzlichen Vertreters (§ 108 BGB). Der Vormund braucht zu einem Vertrag über mehr als ein Jahr die Genehmigung des Vormundschaftsgerichts. Nach Beendigung hat der Ausgebildete Anspruch auf ein Zeugnis über Kenntnisse, Führung, Fähigkeiten und Betragen. Probezeit 1–3 Monate. Der Ausbildende ist für ordnungsmäßige Ausbildung verantwortlich und hat den Besuch einer *Berufsschule* zu überwachen. Vgl. 607. Eine Konkurrenzklausel darf mit dem Auszubildenden nicht vereinbart werden (andernfalls Nichtigkeit).

369. Handlungsbevollmächtigte. Prokuristen

Handlungsvollmacht ist die Vollmacht, die ein Kaufmann einem anderen im Rahmen *seines* Handelsgewerbes erteilt (§§ 54ff. HGB). Die Handlungsvollmacht ermächtigt zu allen Geschäften und Rechtshandlungen, die der Betrieb eines derartigen Handelsgewerbes oder die Vornahme derartiger Geschäfte gewöhnlich mit sich bringt.

Prokura ist eine Handlungsvollmacht besonderer Art; sie kann nur von einem Vollkaufmann erteilt werden und geht über den Umfang der gewöhnlichen Handlungsvollmacht hinaus. Sie kann Dritten gegenüber nicht eingeschränkt werden. Der *Prokurist* ist zu allen gerichtlichen und außergerichtlichen Geschäften und Handlungen ermächtigt, die der Betrieb *eines* Handelsgewerbes mit sich bringt (§§ 48–50 HGB).

Bei der *Handlungsvollmacht* unterscheidet man
a) die *Generalvollmacht* zum Betrieb des ganzen Handelsgewerbes (z. B. Geschäftsführer);
b) die *Arthandlungsvollmacht* für eine bestimmte Art von Geschäften (z. B. Einkauf);
c) die *Spezialhandlungsvollmacht* zur Vornahme einzelner abgegrenzter Geschäfte (z. B. Ankauf eines Warenlagers, Anmietung von Räumen usw.).

Die *Prokura* kann erteilt werden als
a) *Einzelprokura* = der Prokurist kann allein handeln;
b) *Gesamtprokura* = mehrere Prokuristen dürfen nur gemeinschaftlich handeln (§ 48 Abs. 2 HGB);
c) *Filialprokura* = auf eine von mehreren Niederlassungen beschränkt (§ 50 Abs. 3 HGB).

Zu Grundstücksveräußerungen und -belastungen sind der Prokurist und der Handlungsbevollmächtigte nur auf Grund besonderer Ermächtigung befugt; für den Handlungsbevollmächtigten gilt diese Einschränkung außerdem für die Eingehung von Wechselverbindlichkeiten, Aufnahme von Darlehen und Prozeßführung (§ 49 Abs. 2, § 54 Abs. 2 HGB).

Gegen Dritte wirken Erteilen und Erlöschen der Prokura (anders bei der Handlungsvollmacht!) nur bei Eintragung in das *Handelsregister* (298); §§ 15, 53 Abs. 1, 3 HGB.

370. Der Handelsvertreter

ist im Gegensatz zum Handlungsgehilfen und zum angestellten Geschäftsreisenden als *selbständiger* Gewerbetreibender ständig damit betraut, für einen anderen Unternehmer Geschäfte zu vermitteln oder in dessen Namen abzuschließen *(Vermittlungs-* bzw. *Abschlußvertreter).* Er ist *Kaufmann* nach § 1 Abs. 2 Nr. 7 HGB.

Die §§ 84ff. HGB, die das *Recht der Handelsvertreter* (früher ,,*Handlungsagenten*") regeln, sind durch Ges. vom 6. 8. 1953 (BGBl. I 771) umgestaltet worden. Das jetzige Recht erklärt im Interesse des Handelsvertreters einige Bestimmungen für unabdingbar (z. B. das Recht auf schriftliche Festlegung der Abmachungen, Beschränkung der *Delkrederehaftung* – Einstehen für Erfüllung abgeschlossener Geschäfte –, erhöhte Provision für deren Übernahme, Höchstfrist für Provisionsabrechnung 3 Monate, Kündigungsfrist in den ersten 3 Jahren i. d. R. 6 Wochen, mindestens aber 1 Monat, später mindestens 3 Monate zum Quartalschluß, *Wettbewerbsabreden* nur schriftlich, für höchstens 2 Jahre nach Vertragsablauf und mit *Karenzentschädigung*). Über Sondervorschriften für den Provisionsanspruch der *Versicherungsvertreter* und *Bausparkassenvertreter* s. § 92 HGB.

Im Gegensatz zum *Handelsmakler* (371) steht der Handelsvertreter in einem *ständigen* Verhältnis zu einem oder mehreren Handelsunternehmen; vom *Kommissionär* (374) unterscheidet sich der Abschluß-Handelsvertreter dadurch, daß er im Namen des Geschäftsherrn (der Kommissionär im eigenen Namen) handelt.

Der Handelsvertreter kann sein:

a) *Bezirksvertreter,* dem die Provision für alle in seinem Bezirk (auch ohne seine Mitwirkung) für oder durch den Geschäftsherrn abgeschlossenen Geschäfte zusteht (§ 87 Abs. 2 HGB);

b) *Platzvertreter,* der ohne Abschlußvollmacht zur Entgegennahme von Mängelrügen u. ä. Erklärungen stets und zum Inkasso je nach Vereinbarung ermächtigt ist (§ 91 Abs. 2 HGB);

c) *Reisevertreter.* Er hat die Befugnisse eines reisenden Handlungsbevollmächtigten und ist meist Handlungsgehilfe (§ 84 Abs. 2 HGB). Er darf Erklärungen wie zu b) entgegennehmen und auch als Abschlußvertreter nur bei besonderer Bevollmächtigung einkassieren oder stunden (§ 55 HGB).

Der *Provisionsanspruch,* dessen Höhe sich mangels Vereinbarung nach den üblichen Sätzen bestimmt, entsteht i. d. R., sobald der Geschäftsherr das vermittelte Geschäft ausgeführt hat; er verjährt in 4 Jahren ab Jahresende. Abrechnungspflicht des Geschäftsherrn monatlich, längstens dreimonatlich. Spesenersatz kann der Handelsvertreter nur verlangen, wenn handelsüblich. Anspruch auf angemessenen *Ausgleich* (höchstens eine nach dem Durchschnitt der letzten 5 Jahre berechnete Jahresprovision) hat der Handelsvertreter, wenn ihm infolge einer von ihm nicht verschuldeten Vertragsbeendigung Provision aus Geschäften mit von ihm geworbenen Kunden entgeht oder wenn der Geschäftsherr auf andere Weise aus der Kundenwerbung Nutzen zieht und wenn der Ausgleich der Billigkeit entspricht (§§ 87a–c, 88, 89b HGB).

371. Handelsmakler

ist, wer gewerbsmäßig für andere Personen, ohne von ihnen auf Grund eines Vertragsverhältnisses ständig damit betraut zu sein, die Vermittlung von Verträgen über Anschaffung oder Veräußerung von Gegenständen des Handelsverkehrs übernimmt (§ 93 HGB).

Der *Handelsmakler* ist stets Kaufmann (§ 1 Abs. 2 Nr. 7 HGB). Er ist verpflichtet, über alle abgeschlossenen Geschäfte ein *Tagebuch* zu führen und nach Abschluß eines Geschäfts jeder Partei eine von ihm unterzeichnete *Schlußnote* zuzustellen. Verweigert eine Partei die Annahme der Schlußnote, so muß der Handelsmakler dies der anderen Partei unverzüglich mitteilen. Der Handelsmakler kann sich in der Schlußnote die Bezeichnung der einen Partei vorbehalten; die annehmende Partei ist hieran gebunden, es sei denn, daß gegen den nachträglich bezeichneten Partner begründete Einwendungen zu erheben sind (§§ 94, 95 HGB). Der Handelsmakler ist nicht ermächtigt, eine Zahlung oder eine andere im Vertrag bezeichnete Leistung in Empfang zu nehmen. Er haftet beiden Parteien für den durch sein Verschulden entstandenen Schaden. Ist nichts darüber vereinbart, wer den *Maklerlohn (Courtage)* zu tragen hat, so ist er in Ermangelung eines abweichenden Ortsgebrauches von jeder Partei zur Hälfte zu entrichten (§§ 97–99 HGB). Über den Unterschied zum *Kommissionär* s. 374.

Besondere Arten der Handelsmakler sind:

a) der *Versicherungsmakler* = Kaufmann, der beim Abschluß von Versicherungsverträgen mitwirkt;

b) der *Börsenmakler;* über diesen und den *Kursmakler,* der bei der amtlichen Feststellung des Börsenpreises für Wertpapiere mitwirkt, s. 868.

Über den sog. *Zivilmakler,* insbes. den Grundstücks- und Wohnungsmakler sowie den Ehemakler, vgl. 320a.

372. Handelsgesellschaften, Genossenschaften

Handelsgesellschaften sind Vereinigungen von Personen zum gemeinsamen Betrieb eines Handelsgewerbes unter gemeinsamer Firma. Man unterscheidet Personen- und Kapitalgesellschaften.

I. *Personen(handels)gesellschaften*

1. Offene Handelsgesellschaft (oHG) und Kommanditgesellschaft (KG).

Personenhandelsgesellschaften sind vor allem die oHG und die KG. Beide sind handelsrechtliche Vereinigungen von zwei oder mehr Personen zum Betrieb eines Handelsgewerbes unter gemeinsamer Firma. Beide haben keine eigene Rechtspersönlichkeit (vgl. 306). Sie unterscheiden sich darin, daß bei der oHG alle Gesellschafter den Gesellschaftsgläubigern unbeschränkbar haften, dagegen bei der KG nur ein oder mehrere Gesellschafter *(Komplementäre),* während die Haftung der übrigen *(Kommanditisten)* auf eine bestimmte Einlage beschränkt ist.

OHG und KG entstehen nach innen durch den *Gesellschaftsvertrag,* nach außen mit Beginn des Geschäftsbetriebs, sofern sie ein Grundhandelsgewerbe (365) betreiben, sonst mit der *Eintragung im Handelsregister,* zu dem sie anzumelden sind (§§ 105f., 161f. HGB). Die Firma muß den Namen wenigstens eines Gesellschafters mit einem das Vorhandensein einer Gesellschaft andeutenden Zusatz oder die Namen aller Gesellschafter enthalten (§ 19 HGB). Bei der KG erscheinen aber Kommanditisten nicht in der Firma; sie sind auch von der Geschäftsführung ausgeschlossen, die den persönlich haftenden Gesellschaftern vorbehalten ist, haben aber ein Widerspruchsrecht gegen die über den gewöhnlichen Betrieb des Handelsgewerbes hinausgehenden Geschäfte (§ 164 HGB). Obwohl ohne eigene Rechtspersönlichkeit, besitzen oHG und KG eine gewisse rechtliche Selbständigkeit: sie können unter ihrer Firma Rechte erwerben und Verbindlichkeiten eingehen, Eigentum und andere dingliche Rechte an Grundstücken erwerben, vor Gericht klagen oder verklagt werden (§§ 124, 161 HGB).

2. Stille Gesellschaft

Bei ihr beteiligt sich jemand an dem von einem anderen betriebenen Handelsgewerbe mit einer Vermögenseinlage gegen Anteil an Gewinn und Verlust (Verlustbeteiligung kann vertraglich ausgeschlossen werden). Die Einlage geht in das Vermögen des Geschäftsinhabers über, so daß ein eigentliches Gesellschaftsvermögen gar nicht vorhanden ist. Nach außen tritt eine Gesellschaft nicht in Erscheinung; der Inhaber führt allein die Geschäfte. Der stille Gesellschafter hat nur Anteil an dem am Schluß des Geschäftsjahres festgestellten Gewinn oder Verlust (§§ 335–342 HGB). Der Unterschied zum Darlehen (319) liegt in der Beteiligung am Betriebsergebnis.

II. *Kapitalgesellschaften*

sind insbes. die *Aktiengesellschaft* (AG), die *Kommanditgesellschaft auf Aktien* (KGaA) und die *Gesellschaft mit beschränkter Haftung* (GmbH). Die Kapitalgesellschaften sind juristische Personen (306); bei ihnen haftet den Gesellschaftsgläubigern nur das Gesellschaftsvermögen, nicht die Gesellschafter persönlich.

1. Aktiengesellschaft (AG)

Bei der AG ist das Grundkapital – mindestens 100000 DM – in Anteile (Aktien, Mindestnennbetrag 50 DM) zerlegt, deren Inhaber (Aktionäre) den Gesellschaftsgläubigern nur mit ihren Anteilen haften (*Aktiengesetz* vom 6. 9. 1965, BGBl. I 1089) m. spät. Änd. Die *Aktien* können auf den Inhaber oder auf den Namen des Berechtigten lauten. Die AG erlangt Rechtsfähigkeit erst durch Eintragung in das *Handelsregister* (Abt. B; vgl. 298). Ihre *Organe* sind der Vorstand, der Aufsichtsrat (mindestens drei Mitglieder) und die Hauptversammlung. Der Vorstand hat eine Berichtspflicht gegenüber dem Aufsichtsrat. Der Aufsichtsrat bestellt den Vorstand und überwacht dessen Geschäftsführung; er überprüft die Geschäftsbücher und ist gerichtlicher Vertreter der AG gegenüber dem Vorstand. Der Jahresabschluß wird vom Vorstand und vom Aufsichtsrat festgestellt, die dies aber auch der Hauptversammlung überlassen können. Diese entscheidet stets über die Bestellung der Mitglieder des Aufsichtsrats (soweit diese nicht kraft Gesetzes berufen sind, z. B. Arbeitnehmervertreter), über Verwendung des Bilanzgewinns und Entlastung des Vorstandes und des Aufsichtsrates; sie bestellt den Abschlußprüfer und befindet über Satzungsänderungen, Kapitalbeschaffung und -herabsetzung sowie die Auflösung der AG; sie hat ein weitgehendes Recht auf Auskunft gegenüber dem Vorstand. Der Jahresüberschuß kann vom Vorstand und Aufsichtsrat höchstens zur Hälfte für freie Rücklagen verwendet werden. Zu den Veröffentlichungspflichten s. unten IV. Über Anfechtungsklagen gegen Beschlüsse der Hauptversammlung entscheidet das Landgericht. Das Amtsgericht (§ 145 FGG) ordnet bei Verdacht unzulässiger Unterbewertung von Bilanzposten auf Antrag von Aktionären eine Sonderprüfung an.

Sonderbestimmungen bestehen für sog. *verbundene Unternehmen*, d. h. rechtlich selbständige Unternehmen, die im Verhältnis zueinander entweder in Mehrheitsbesitz stehende Unternehmen oder mit Mehrheit beteiligte Unternehmen, abhängige und herrschende Unternehmen, Konzernunternehmen (Zusammenfassung mehrerer unter einheitlicher Leitung eines beherrschenden Unternehmens) oder wechselseitig beteiligte Unternehmen oder Vertragspartner eines Unternehmensvertrags sind (§ 15 AktG). Als *Unternehmensverträge* bezeichnet das AktG (§§ 291 ff.) Beherrschungs- oder Gewinnabführungsverträge, ferner Gewinngemeinschaften, Teilgewinnabführungsverträge, Betriebspacht- und Betriebsüberlassungsverträge, bei Zusammenschluß von AGen mit wirtschaftlichem Übergewicht für eine von ihnen; sie bedürfen insbes. der Zustimmung der Hauptversammlung und sind im Handelsregister einzutragen. Stehen in einem Konzern die Unternehmen unter Leitung einer *Obergesellschaft*, so hat diese eine Konzernbilanz mit Gewinn- und Verlustrechnung aufzustellen. Zur Verschmelzung einer AG mit einer anderen AG s. §§ 339ff. AktG. Über das Mitbestimmungsrecht s. 633, über Kapitalerhöhung aus Gesellschaftsmitteln s. 537.

548

2. Kommanditgesellschaft auf Aktien (KGaA)

Bei der KGaA (§§ 278ff. AktG) haftet mindestens ein Gesellschafter den Gläubigern unbeschränkt, während die übrigen Gesellschafter (Kommanditisten) sich ohne persönliche Haftung nur mit Einlagen auf das in Aktien zerlegte Grundkapital beteiligen. Die Gesellschaft entsteht mit der Eintragung im Handelsregister. Den Vorstand bilden die persönlich haftenden Gesellschafter; die Hauptversammlung besteht aus den Kommandit-Aktionären.

3. Gesellschaft mit beschränkter Haftung (GmbH)

Die GmbH ist im Gesetz i. d. F. vom 20. 5. 1898 (RGBl. 846) m. spät. Änd. geregelt. Sie ist eine juristische Person; obwohl ,,Gesellschaft", kann sie seit 1. 1. 1981 auch als *Einmanngesellschaft* errichtet und geführt werden (vorher waren für die Errichtung mind. zwei Gesellschafter erforderlich). Das Stammkapital beträgt mindestens 50000 DM, die Stammeinlage eines jeden Gesellschafters bei der Gründung mindestens 500 DM; vor Anmeldung der GmbH beim Handelsregister ist ¼ jeder Stammeinlage, auf das Stammkapital insgesamt mind. 25000 DM, zu leisten. Sämtliche Gesellschafter haften nicht persönlich, sondern nur mit ihren Stammeinlagen. *Organe* der GmbH sind (1 od. mehrere) Geschäftsführer und Gesellschafterversammlung; ein Aufsichtsrat kann bestellt werden (vorgeschrieben in § 77 BetrVG 1952 bei mind. 500 Arbeitnehmern).

Eine Mischform ist die *GmbH u. Co.*, meist eine Kommanditgesellschaft (*GmbH u. Co. KG*), bestehend aus der GmbH als persönlich haftendem Gesellschafter und anderen Personen (meist den Gesellschaftern der GmbH) als Kommanditisten.

III. *Genossenschaften*

Nicht zu den Handelsgesellschaften gehören die *Erwerbs- und Wirtschaftsgenossenschaften*, die aber Kaufleute i. S. des HGB sind. Nach dem Ges. i. d. F. vom 20. 5. 1898 (RGBl. 810) m. spät. Änd. sind sie Personenvereinigungen von nicht geschlossener Mitgliederzahl zur Förderung des Erwerbs oder der Wirtschaft ihrer Mitglieder mittels gemeinschaftlichen Geschäftsbetriebs.

Eine G. kann von 7 Personen gegründet werden. Sie erlangt Rechtsfähigkeit durch Eintragung im *Genossenschaftsregister* (vgl. 301). Die G. ist Kaufmann kraft Rechtsform, unabhängig von der Art ihres Betriebes (vgl. 365). Die Firma der G. muß die Bezeichnung ,,eingetragene Genossenschaft" oder die Abkürzung ,,eG" enthalten. Für die Verbindlichkeiten haftet den Gläubigern nur das Vermögen der G. Die Satzung muß aber Bestimmungen darüber enthalten, ob Genossen für den Fall, daß die Gläubiger im Konkurs der G. nicht befriedigt werden, Nachschüsse zur Konkursmasse unbeschränkt, beschränkt auf eine bestimmte Haftsumme oder überhaupt nicht zu leisten haben.

Die Mitgliedschaft wird durch schriftliche Beitrittserklärung und Eintragung in die Liste der Genossen erworben. Sie wird beendet durch Kündigung, Ausschluß, Übertragung des Geschäftsguthabens, Tod. Rechte und Pflichten des Mitglieds sind in der Satzung und im GenG festgelegt. *Organe* der G. sind Vorstand, Aufsichtsrat, Generalversammlung; in dieser hat jeder Genosse grundsätzl. eine Stimme (Mehrstimmrecht bis zu drei Stimmen möglich).

Die G. unterliegt der gesetzl. Prüfung durch *Prüfungsverbände*, die im Interesse der Gläubiger der Mitglieder Geschäftsführung und Vermögenslage überprüfen. Jede G. muß einem Prüfungsverband angehören. Die regionalen rechtlich selbständigen Prüfungsverbände bilden im Bundesgebiet drei große Gruppen mit folgenden Spitzenverbänden:

Gewerbliche und ländliche Genossenschaften: Deutscher Genossenschafts- und Raiffeisenverband e. V., Bonn (Zusammenschluß der Schulze-Delitzsch- und Raiffeisen-Organisation).

Konsumgenossenschaften: Revisionsverband der KonsumG e. V., Hamburg.

Wohnungsbaugenossenschaften: Gesamtverband gemeinnütziger Wohnungsunternehmen e. V., Köln.

Die Genossenschaft gibt dem Mittelstand und wirtschaftlich Schwächeren Gelegenheit, sich zum leistungsfähigen und wirtschaftlich bedeutenden Geschäftsbetrieb zusammenzuschließen (Einkaufs-, Verkaufs-, Produktions-, Wohnungsbau-, Kreditgenossenschaften; für letztere vgl. 871). Die AG hingegen wird als Gesellschaftsform für größere Unternehmungen mit hohem Kapitalbedarf bevorzugt, die GmbH bei Gründung mittlerer Unternehmen.

IV. Prüfung und Offenlegung

Die Veröffentlichung von *Jahresabschlüssen* war bisher nur für AG, KGaA, Genossenschaften und Versicherungsvereine vorgeschrieben. Dieser Kreis wurde durch das Gesetz über die Rechnungslegung von Großunternehmen und Konzernen vom 15. 8. 1969 (BGBl. I 1189) – *Publizitätsgesetz* – ausgedehnt auf alle Unternehmen, die mindestens zwei der folgenden Voraussetzungen erfüllen:

1. eine Bilanzsumme von mehr als 125 Mio. DM, 2. Umsatzerlös von mehr als 250 Mio. DM, 3. mehr als 5000 Arbeitnehmer.

Durch das *Bilanzrichtlinien-Gesetz* (s. 367) ist die *Prüfung* und *Offenlegung* der Rechnungslegung der Kapitalgesellschaften (AG, KGaA, GmbH) neu geregelt worden: Große und mittelgroße Kapitalgesellschaften müssen den Jahresabschluß (§ 242 Abs. 3) und ihren Lagebericht (§ 289) durch einen *Abschlußprüfer* prüfen lassen (§ 316). Abschlußprüfer können Wirtschaftsprüfer (571) und Wirtschaftsprüfungsgesellschaften, bei mittelgroßen GmbH's auch vereidigte Buchprüfer und Buchprüfungsgesellschaften sein (§ 319 Abs. 1). Ob eine Gesellschaft klein, mittelgroß oder groß ist, bemißt sich nach Bilanzsumme, Umsatzerlösen und Arbeitnehmern (s. im einzelnen § 267). Nach § 235 haben Kapitalgesellschaften den Jahresabschluß, den Lagebericht, den Bericht des Aufsichtsrats und – soweit aus diesen Unterlagen nicht schon ersichtlich – den Vorschlag für die Verwendung des Ergebnisses und den Beschluß über die Verwendung unter Angabe des Jahresüberschusses oder Jahresfehlbetrags zum *Handelsregister* (298) einzureichen und im Bundesanzeiger bekanntzumachen, bei welchem Handelsregister diese Unterlagen eingereicht worden sind; große Kapitalgesellschaften haben diese Unterlagen vorher im *Bundesanzeiger bekanntzumachen*. Für kleine und mittelgroße Kapitalgesellschaften bestehen Erleichterungen bei der Offenlegung (§§ 326, 327). Bei Personenhandelsgesellschaften richtet sich die Offenlegung nach dem Publizitätsgesetz.

V. Umwandlung

550 Das *Umwandlungsgesetz* vom 12. 11. 1956 i. d. F. vom 6. 11. 1969 (BGBl. I 2081) m. spät. Änd. erleichtert die Umwandlung von Kapitalgesellschaften oder bergrechtlichen Gewerkschaften (306) in Personengesellschaften oder Einzelunternehmen und umgekehrt; der Umwandlungsbeschluß des Unternehmens, das sein Vermögen dem anderen Unternehmen überträgt, ersetzt Auflösung und Abwicklung. Weitere Umwandlungsbestimmungen sind in Einzelgesetzen (z. B. §§ 362–393 AktG) enthalten. Allgemein unterscheidet man die *formwech-*

selnde Umwandlung, bei der nur die Rechtsform des Unternehmens (ohne Übertragung des Gesellschaftsvermögens) geändert wird, und die *übertragende* Umwandlung, bei der die Gesellschaft aufgelöst und ihr Vermögen auf eine andere Rechtspersönlichkeit übertragen wird (kann durch Verschmelzung od. Neuerrichtung geschehen). Über *Umwandlungssteuergesetze* vgl. 566.

373. Handelsgeschäfte

sind nach §§ 343ff. HGB alle Geschäfte eines Kaufmanns, die zum Betrieb seines Handelsgewerbes gehören. Nach § 344 HGB spricht eine *Vermutung* dafür, daß dies bei allen Rechtsgeschäften eines Kaufmanns, auch wenn sie außerhalb des Handelsbetriebs vorgenommen werden, der Fall ist. Der Gegenbeweis ist aber möglich. Für Handelsgeschäfte stellt das HGB eine Reihe von Sondervorschriften auf, z. B. für Bürgschaft (s. 327), Behandlung von Angeboten, Schutz des guten Glaubens, Zurückbehaltungsrecht. Sie gelten zumeist für alle, auch für einseitige Handelsgeschäfte, bei denen nur auf einer Seite ein Kaufmann, auf der anderen ein Nichtkaufmann beteiligt ist.

Die Hauptarten der *Handelsgeschäfte* sind Handelskauf, Kommissions-, Speditions-, Lager- und Frachtgeschäft. Ein *Handelskauf* liegt vor, wenn ein Kauf Waren oder Wertpapiere zum Gegenstand hat und wenigstens auf einer Seite ein Handelsgeschäft ist (§§ 343, 345 HGB). Für den Handelskauf gelten die Bestimmungen des BGB über den Kauf mit einigen Besonderheiten, welche die rasche Abwicklung der beiderseitigen Ansprüche bezwecken (§§ 373ff. HGB; z. B. Selbsthilfeverkauf bei Annahmeverzug des Käufers, Verpackungsgewicht, Bestimmung der Kaufsache bei Spezifikationskauf). Für *beiderseitigen* Handelskauf bestehen insbesondere strenge Bestimmungen über die *Mängelrüge* (§ 377 HGB). Jeder Käufer hat die Pflicht zur unverzüglichen Untersuchung und Mängelrüge; der beanstandende Käufer die *Aufbewahrungspflicht* (§ 379 HGB), nach vorheriger Androhung aber das Recht, beanstandete verderbliche Ware versteigern zu lassen *(Notverkauf)*.

374. Der Kommissionär

ist ein Kaufmann, der es gewerbsmäßig übernimmt, Waren oder Wertpapiere für Rechnung eines anderen (des Kommittenten) in eigenem Namen zu kaufen oder zu verkaufen (§ 383 HGB).

Der Abschluß in eigenem Namen und die Beschränkung auf Kauf und Verkauf von Waren oder Wertpapieren unterscheidet den Kommissionär vom Handelsmakler (vgl. 371). Da der Kommissionär in eigenem Namen handelt, wird er zunächst aus dem Geschäft unmittelbar berechtigt und verpflichtet. Indessen gehen Vorteile und Nachteile auf Rechnung des *Kommittenten*. Der Kommissionär ist verpflichtet, die für den Kommittenten günstigsten Geschäftsbedingungen anzustreben und die Rechte des Kommittenten auch gegenüber Frachtführern und Schiffern wahrzunehmen (§§ 384ff. HGB). Er hat Anspruch auf *Provision* und Aufwendungsersatz sowie ein *gesetzliches Pfandrecht* am Kommissionsgut (§§ 396, 397 HGB). Vgl. 340.

Handelt es sich um eine Kommission zum Einkauf oder zum Verkauf von Waren oder Wertpapieren mit einem Börsen- oder Marktpreis, so hat der Kommissionär das Recht zum *Selbsteintritt*. Er kann selbst das Gut liefern bzw. als Käufer übernehmen, muß die Börsen- oder Marktpreise bzw. -kurse einhalten und behält sein Pfandrecht und seinen Provisionsanspruch auch in diesem Falle (§§ 400–404 HGB).

375. Der Spediteur

Spediteur ist, wer es gewerbsmäßig übernimmt, Güterversendungen durch Frachtführer oder durch Verfrachter von Seeschiffen für Rechnung eines anderen (des Versenders) in eigenem Namen zu besorgen (§ 407 HGB).

Das *Speditionsgeschäft* ist ein Grundhandelsgeschäft, der Spediteur also Kaufmann (§ 1 Abs. 2 Nr. 6 HGB). Der Speditionsvertrag ist ein *Werkvertrag*; der Spediteur nimmt dem Versender die Sorge für die Versendung des Gutes ab. Seine Stellung ähnelt der des Kommissionärs (374). Er darf nur die ihm vom Frachtführer berechnete Fracht in Rechnung stellen, erhält aber als Vergütung eine *Provision* und hat für Fracht, Provision, Auslagen usw. ein *gesetzliches Pfandrecht* (340) am Gut des Versenders. Er hat das Recht zum *Selbsteintritt*, d. h. zur eigenen Ausführung der Beförderung, und hat dann außer der Provision Anspruch auf die Fracht. Vgl. §§ 408ff. HGB und 377.

Der *Bahnspediteur* ist kein Spediteur i. S. des HGB; er ist als Rollfuhrunternehmer nur Frachtführer. Vgl. 377.

Für alle Geschäftsabschlüsse von Mitgliedern der Spediteur-Landesverbände mit ihren Kunden gelten die *Allgemeinen Deutschen Spediteurbedingungen* – ADSp. – als verbindliche Vertragsgrundlage (abgedr. Beck'sche Textausg. ,,Handelsgesetzbuch", Nr. 4).

376. Der Lagerhalter

ist ein Kaufmann (§ 1 Art. 2 Nr. 6 HGB), der gewerbsmäßig die Lagerung und Aufbewahrung von Gütern übernimmt (§ 416 HGB).

Die *Pflichten* des Lagerhalters (vgl. §§ 417ff HGB) ähneln denen des Kommissionärs (Empfangnahme, Aufbewahrung, Versicherung des Gutes). Der Lagerhalter hat Anspruch auf *Lagergeld* und Erstattung der Auslagen für Fracht und Zölle sowie sonstiger angemessener Aufwendungen für das Gut. Er hat ein *gesetzliches Pfandrecht* (340) am eingelagerten Gut. Über die Einlagerung wird i. d. R. ein *Lagerschein* ausgestellt. Dieser kann sein

a) *Inhaberlagerschein,* wenn er auf den Inhaber lautet (Inhaberpapier);
b) *Rektalagerschein,* wenn er auf den Namen einer bestimmten Person lautet;
c) *Orderlagerschein,* wenn er an Order gestellt ist (Orderpapier mit Transportfunktion, vgl. 378). Ein Orderlagerschein kann nur von staatlich dazu ermächtigten Anstalten ausgestellt werden (§ 363 Abs. 2 HGB; VO über Orderlagerscheine vom 16. 12. 1931, RGBl. I 763).

Über das *Depotgeschäft,* die Aufbewahrung fremder Wertpapiere, s. 384.

377. Der Frachtführer

ist ein Kaufmann, der es gewerbsmäßig übernimmt, die Beförderung von Gütern zu Lande oder auf Flüssen oder sonstigen Binnengewässern auszuführen (§ 425 HGB).

Das Frachtgeschäft beruht auf einem Werkvertrag, den der *Absender* in eigenem Namen, aber für fremde Rechnung (des *Versenders*) mit dem die Beförderung übernehmenden *Frachtführer* abschließt. Führt ein Spediteur die Beförderung selbst aus, so ist er gleichzeitig auch Frachtführer. Sind Absender und *Empfänger* verschiedene Personen, so ist der Frachtvertrag ein Vertrag zugunsten eines Dritten, des Empfängers.

Der Frachtführer kann die Ausstellung eines *Frachtbriefes* verlangen (Beweisurkunde), § 426 HGB. Er hat Anspruch auf Fracht, Auslagen und Vorschüsse und hat ein *gesetzliches Pfandrecht* am Frachtgut (§ 440 HGB).

Der Frachtführer muß auf Verlangen einen *Ladeschein* ausstellen, in dem er sich verpflichtet, das zur Beförderung übernommene Gut an den durch den Ladeschein als Empfänger Ausgewiesenen gegen Zahlung der Fracht und Rückgabe des Ladescheines auszuliefern. Der Ladeschein ist nur im Binnenschiffsverkehr üblich. Er kann, falls er an Order gestellt ist, durch *Indossament* übertragen werden und hat dann Transportfunktion (378). Vgl. §§ 444ff. HGB.

Sondervorschriften gelten nach der *KraftverkehrsO für den Güterfernverkehr* (BAnz. 1958 Nr. 249 m. spät. Änd.), insbes. nach §§ 29ff., für die Haftung des Frachtführers; für den grenzüberschreitenden Verkehr vgl. CMR-Übereinkommen vom 19. 5. 1956 (BGBl. 1961 II 1119).

Für das *Eisenbahn-Frachtgeschäft* gelten die Sondervorschriften der §§ 453ff. HGB und die Eisenbahn-VerkehrsO (194). Für die Bahn besteht Kontrahierungszwang. Auch ist ihre Haftung strenger geregelt (§ 454 HGB); doch erlöschen Schadensersatzansprüche grundsätzl. mit Annahme des Gutes durch den Empfänger ohne Beanstandung (vgl. § 93 EVO).

Über das *Seefrachtgeschäft* s. 379 VI.

378. Kaufmännische Orderpapiere

In einem *Orderpapier* verspricht der Aussteller eine Leistung an einen bestimmten Berechtigten „oder an dessen Order". Der Benannte kann dann den Anspruch durch Vermerk auf dem Wertpapier *(Indossament)* auf einen Dritten übertragen. Man unterscheidet

a) *geborene* Orderpapiere, d. h. solche Urkunden, denen kraft Gesetzes die Übertragbarkeit durch Indossament zukommt. Hierzu gehören Wechsel, Namensschecks, Interimsscheine, Namensaktien;

b) *gekorene* Orderpapiere. Sie können nur dann durch Indossament übertragen werden, wenn sie die *Orderklausel* („an Order") tragen, d. h. wenn in ihnen gesagt ist, daß die Leistung an den im Indossament Bezeichneten zu erbringen ist. Hierzu zählen nach § 363 HGB: Kaufmännische Anweisungen und Verpflichtungsscheine, Konnossemente über an Bord genommene Güter (§§ 642ff. HGB, vgl. 379 VI), Lagerscheine, Ladescheine (vgl. 376, 377), Transportversicherungspolicen (§ 784 HGB).

Die Übertragung durch *Indossament* geschieht durch Vermerk des Inhabers auf dem Papier. Dadurch wird das Papier selbst und damit auch das durch das Papier vertretene Recht weiter übertragen. Orderlagerschein, Ladeschein und Konnossement haben die Funktion von *Traditionspapieren*, d. h. mit ihrer rechtsgültigen Weitergabe geht gleichzeitig das Eigentum an den Waren, Sachen oder Gegenständen auf den Inhaber des Papiers ohne besondere Eigentumsübertragung über (§§ 424, 450, 650 HGB). Diese Papiere stehen daher praktisch an Stelle der Güter.

379. Seehandel

I. Überblick

Das V. Buch des HGB (§§ 474–905) enthält Sondervorschriften über den Seehandel, insbes. über die *Reederei,* das Schiffs- und Seefrachtgeschäft, die *Haverei* (Seeunfall), die Bergung und Hilfeleistung in Seenot, die Rechtsverhältnisse der *Schiffsgläubiger* und die Seeversicherung. Weiter gelten für die *Seeschiffahrt* das *Seemannsgesetz,* das die Rechtsverhältnisse der Schiffsbesatzung regelt (vgl. 627), die *Strandungsordnung* vom 17. 5. 1874 (RGBl. 73) mit letzter Änd. vom 25. 7. 1986 (BGBl. I 1120), welche die Rechtsverhältnisse bei der *Bergung* und Hilfeleistung in Seenot behandelt, das Gesetz über die Untersuchung von *Seeunfällen* (Seeunfalluntersuchungsgesetz) vom 6. 12. 1985 (BGBl. I 2146) mit DVO vom 5. 6. 1986 (BGBl. I 860) sowie das *Flaggenrechtsgesetz* vom 8. 2. 1951 (BGBl. I 79), durch welches das Recht und die Pflicht zur Führung der deutschen Bundesflagge auf Schiffen bestimmt wird.

II. Reeder, Ausrüster, Kapitän

Die wichtigste Person in der Seeschiffahrt ist der *Reeder*. Er ist der Eigentümer eines zum Erwerb durch Seefahrt dienenden Schiffes (§ 484 HGB). Mehrere Personen können die Seeschiffahrt in Form einer *Reederei* betreiben (§ 489 HGB). Die Teilhaber einer R. werden als *Mitreeder*, ihre Anteile als *Schiffsparten* bezeichnet. Durch Beschluß der Mehrheit kann für den Betrieb einer R. ein *Korrespondentreeder* (Schiffsdirektor) bestellt werden (§ 492 HGB). Gewinn und Verlust berechnen sich nach der Partengröße (§ 502 Abs. 1 HGB). Jeder Mitreeder kann seine Part nach den Grundsätzen über die Veräußerung von Rechten unter Eintragung in das *Schiffsregister* veräußern (§ 503 HGB). *Ausrüster* (Scheinreeder) ist, wer ein ihm nicht gehörendes Schiff zum Erwerb durch Seefahrt für seine Rechnung verwendet und es entweder selbst führt oder die Führung einem Kapitän anvertraut (§ 510 HGB); er wird im Verhältnis zu Dritten als Reeder angesehen. Das Seeschiff kann als nackter Schiffskörper (ohne Mannschaft = Bare-boat-Charter) oder (Regel) mit der Besatzung (Employment-Klausel, Baltime-Charter und Deuzeitvertrag) gechartert werden (Schiffsvermietung mit Dienstvertrag). Der Reeder haftet für den Schaden, den eine Person der *Schiffsbesatzung* (Schiffer = *Kapitän,* Schiffsoffiziere, Mannschaften u. a. Schiffsangestellte) in Ausführung ihrer Dienstverrichtung schuldhaft einem Dritten zufügt. Er kann jedoch die Haftung für den bei Verwendung des Schiffs entstandenen Personen- und Sachschaden begrenzen; die Haftungsbegrenzung wird sodann durch ein gerichtliches Verteilungsverfahren bewirkt (§§ 485ff., Verteilungsordnung vom 21. 6. 1972, BGBl. I 953). Der Reeder haftet ferner als Verfrachter für Verschulden seiner Leute (§ 607 HGB). Der *Kapitän* ist Stellvertreter des Reeders auf dem Schiff. Er kann die Mannschaft annehmen, hat das Schiff in einen seetüchtigen Zustand zu setzen und für die Erhaltung der Ladung zu sorgen (§§ 511 ff. HGB). Er haftet unbeschränkt; für Rechtsgeschäfte im Rahmen seiner gesetzlichen Vollmacht haftet auch der Reeder (§ 533 HGB).

III. Eintragung im Seeschiffsregister

Seeschiffe mit mehr als 50 cbm Raumgehalt müssen in das *Seeschiffsregister* beim Amtsgericht des *Heimathafens* eingetragen werden (§ 4 Abs. 1, § 10 SchiffsregO; vgl. 301). Mit der Eintragung ist die Befugnis zur Ausübung des *Flaggenrechts* verbunden (§ 3 FlaggRG). Es wird durch das vom Registergericht ausgestellte *Schiffszertifikat* (§ 60 SchiffsregO) begründet und bewirkt, daß das Seeschiff auf hoher See als Gebietsteil seines Heimatlandes angesehen wird. An Schiffspapieren sind neben dem Schiffszertifikat insbes. der Fahrterlaubnisschein der Seeberufsgenossenschaft, der Meßbrief über die Vermessung des Schiffes, das Schiffstagebuch, die Musterrolle nach §§ 13, 14 SeemansG (vgl. 627) und das vom Kapitän über die gesamte an Bord befindliche Ladung aufzunehmende Ladungsmanifest zu führen.

IV. Erwerb und Verkauf eines Schiffes

richten sich grundsätzlich nach den Vor schriften für bewegliche Sachen (keine Schriftform oder Registereintragung; vgl. 301). Bei registrierten *Seeschiffen* genügt Einigung des Erwerbers und des Veräußerers über den *Eigentumsübergang;* es ist weder Übergabe noch Registrierung erforderlich (§ 2 des Ges. über Rechte an eingetragenen Schiffen und Schiffsbauwerken – SchRG –, vgl. 301). Dasselbe gilt bei nicht registrierten Seeschiffen, wenn Einigkeit besteht, daß das Eigentum sofort übergehen soll (§ 929a BGB). Auch das Seeschiff auf hoher See kann daher veräußert werden. Erwerb von Nichtberechtigten ist bei nicht eingetragenen Schiffen möglich, wenn der Erwerber bei Übergabe gutgläubig ist, bei eingetragenen Schiffen auf Grund des Schiffsregisters (§ 932a BGB, § 16 SchRG). Der Erwerb einer *Schiffspart* geschieht durch Einigung und Umschreibung des Registers (§ 503 HGB).

V. Pfandrechte an Schiffen

Durch eine an einem eingetragenen See oder Binnenschiff bestellte *Schiffshypothek* (Schh.) wird der Gläubiger berechtigt, wegen einer bestimmten Geldsumme Befriedigung aus dem Schiff zu suchen (§ 8 SchRG). Sie wird durch Einigung und Eintragung bestellt (§ 8 Abs. 2, § 3 Abs. 1 SchRG), während ein nicht eingetragenes Seeschiff nach den für bewegliche Sachen geltenden Regeln *verpfändet* wird (§§ 1205 ff. BGB). Die Schh. ist stets Sicherungshypothek (s. 337 I 1) und streng akzessorisch. Sie wird durch Abtretung der Forderung (Einigung und Eintragung) übertragen. Der öffentliche Glaube bezieht sich nur auf den Bestellungsakt (§ 16 SchRG). Einreden kann der Schuldner der Forderung auch gegen den gutgläubigen Erwerber der Schh. geltend machen (§ 41 SchRG). Die Haftung für die Schh. erstreckt sich auf Schiff und Zubehör, soweit es im Eigentum des Schiffseigners steht, auf Bestandteile und Versicherungsforderungen (§§ 31–38 SchRG). Mit der Forderung erlischt auch die Schh. (keine Eigentümergrundschuld möglich). Der Gläubiger befriedigt sich aus der Schh. im Wege der Zwangsvollstreckung durch Hypothekenklage (§ 47 Abs. 1 SchRG). Im übrigen wird in ein eingetragenes Seeschiff durch Eintragung einer Schh. oder durch Zwangsversteigerung (§ 870a ZPO), bei einem nicht eingetragenen Seeschiff dagegen durch Inbesitznahme vollstreckt; dabei wird um den vorderen Mast eine Kette mit einem Siegel gelegt („an-die-Kette-Legen"). Das Schiff, das sich auf der Reise und außerhalb eines Hafens befindet, ist jedoch von einer Zwangsvollstreckung und Arrestierung ausgeschlossen (§ 482 HGB).

Schiffsgläubigerrechte (auf Grund von Ansprüchen der Besatzung, Schadensersatzforderungen, Lotsengelder, Abgaben usw.) begründen *gesetzliche Pfandrechte* an Schiffen, die weder den Besitz des Pfandgläubigers am Schiff notwendig machen noch im Register eintragbar sind. Sie sind gegen jeden dritten Besitzer des Schiffes verfolgbar. Obwohl die Schuld beim Schuldner verbleibt, wandert die Haftung mit dem Schiff. Gegenstand des Schiffsgläubigerrechts sind Schiff, Schiffszubehör und Ansprüche aus Schiffsverlust oder -beschädigung (§§ 754–756 HGB). Die Befriedigung der Schiffsgläubigerrechte richtet sich nach den Vorschriften über die Zwangsvollstreckung; die Klage auf Duldung der Vollstreckung kann sich gegen den Schiffseigentümer, den Ausrüster oder den Kapitän richten (§ 760 HGB).

VI. Das Seefrachtgeschäft

ist die gewerbsmäßige Beförderung von Gütern zur See gegen Entgelt (§§ 556ff. HGB). Der Seefrachtvertrag wird zwischen *Verfrachter* (Frachtunternehmer bzw. Reeder) und *Befrachter* (Absender) abgeschlossen. Je nach der Vereinbarung im Frachtvertrag unterscheidet man: a) den *Raumfrachtvertrag,* der eine Miete des ganzen Schiffes (Vollcharter) oder eines Teiles (Teilcharter) umfassen kann, und b) den *Stückgutfrachtvertrag,* der sich nur auf einzelne Güter bezieht (§ 556 HGB). Bemißt sich der Frachtvertrag nach der Zeit, so kann er c) als *Reisecharter* (nur für eine Reise) oder d) als *Zeitcharter* (für eine bestimmte Zeit) geschlossen werden. Üblich ist die Aufstellung eines Frachtvertrags (*Charterpartie*; § 557 HGB) unter Verwendung von Formularen (z. B. Baltime-Charter). Außer Be- und Verfrachter sind am Frachtvertrag der *Ablader,* der die Güter an das Schiff bringt, und der Empfänger beteiligt. Der Ablader kann die Ausstellung einer *Konnossements* (s. u.) verlangen. Der *Verfrachter* hat grundsätzlich die gewöhnlichen und ungewöhnlichen Kosten der Schiffahrt (sog. *kleine Haverei*; § 621 Abs. 2 HGB) zu tragen. Er braucht die Güter nur gegen Zahlung der Fracht auszuliefern und hat ein *gesetzliches Pfandrecht* am Gut, das er nach Ablieferung der Ladung 30 Tage lang, soweit der Empfänger die Ladung noch im Besitz hat, realisieren kann (§§ 614, 623 HGB). Der Verfrachter wird von Haftung frei, wenn der Befrachter oder Ablader wissentlich falsche Angaben über Art oder Wert des Gutes im Konnossement gemacht hat (§ 609 HGB) oder wenn Ansprüche gegen ihn nicht unverzüglich (Ausschlußfrist 1 Jahr) geltend gemacht sind; im übrigen haftet er nur bis zu einem Betrag von 666,67 Rechnungseinheiten (= Sonderziehungsrechte des Internationalen Währungsfonds, s. 918 unter 1) für das Stück oder die Einheit (§§ 611ff., 658ff. HGB). Der durch ihn Geschädigte hat ein Schiffsgläubigerrecht (s. o.); es haften Schiff und Fracht.

Die Haftung für Schäden, die bei der Beförderung von Reisenden und ihrem Gepäck auf See entstehen, richtet sich gem. § 664 HGB nach der Anlage zu § 664.

Über das *Konnossement* s. §§ 642ff. HGB. Man unterscheidet das Bordkonnossement, das bei Anbordnahme der Ware ausgestellt wird, und das schon vorher ausgestellte Übernahmekonnossement. Das K. wird i. d. R. als *Orderpapier* ausgefertigt und hat Traditionswirkung (378).

VII. Haverei

Große Haverei (lex Rhodia de jactu) bedeutet vorsätzlichen vom Kapitän an Schiff oder Ladung zugefügten Schaden, um Schiff und Ladung zu retten; sie wird von Schiff, Ladung und Fracht gemeinschaftlich getragen (§ 700 HGB). Die *besondere Haverei* umfaßt alle Schäden und Kosten, die weder zur kleinen noch zur großen H. zu rechnen sind, insbes. die durch einen *Schiffszusammenstoß* entstandenen Schäden; sie wird von den Eigentümern des Schiffs und der Ladung jeweils gesondert getragen (§ 701 HGB). Zur Regelung der Folgen der großen H. wurden die international geltenden Regeln der York-Antwerp-Rules i. d. F. von 1950 (zuerst 1864) aufgestellt.

VIII. Berge- und Hilfslohn

Wenn Dritte erfolgreich ein Handelsschiff aus Seenot retten oder an Bord befindliche Sachen bergen, haben sie für *Bergung und Hilfeleistung* Anspruch auf Berge- und Hilfslohn (§§ 740, 751 HGB). Diese Vergütung wird vom *Strandamt* nach billigem Ermessen festgesetzt. Leistet ein Schiff Beistand, so werden dem Reeder die Schäden am Schiff und Mehrkosten für Bergung oder Rettung ersetzt; von dem Rest des Berge- und Hilfslohns erhalten der Reeder zwei Drittel, der Kapitän und die übrige Besatzung je ein Sechstel (§ 749 HGB).

380. Das Wechselrecht

Der *Wechsel* ist ein schuldrechtliches Forderungspapier, in dem die Zahlung einer bestimmten Geldsumme an den jeweiligen Wechselinhaber versprochen wird; er unterliegt strengen Formvorschriften (Wechselstrenge). Die Wechselverpflichtung ist *abstrakt,* d. h. losgelöst von dem zugrundeliegenden Rechtsgeschäft (z. B. Kauf), so daß der Wechselverpflichtete aus diesem gegen den Wechselanspruch keine Einwendungen erheben kann.

Das *Wechselrecht* ist im *Wechselgesetz* vom 21. 6. 1933 (RGBl. I 399) m. letzter Änd. vom 17. 7. 1985 (BGBl. I 1507) geregelt.

Hauptformen des Wechsels sind:

a) der *gezogene Wechsel* (Tratte). Er ist eine Form der Anweisung. Der Aussteller des Wechsels (Trassant) weist den Bezogenen (Trassat) an, an einen Dritten (Wechselnehmer, Remittent) eine bestimmte Summe zu zahlen. Der Bezogene haftet erst, wenn er den Wechsel angenommen hat *(Akzept);*
b) der *eigene (Sola-) Wechsel.* In ihm verspricht der Aussteller (Trassant), den im Wechsel angegebenen Betrag an einen anderen (Remittent) zu zahlen („Gegen diesen Wechsel zahle ich“).

Während beim gezogenen Wechsel i. d. R. drei Personen beteiligt sind, sind es beim eigenen Wechsel nur zwei.

Allerdings kann eine Tratte auch an die eigene Order des Ausstellers lauten (Art. 3 Abs. 1 WG), so daß nur zwei Personen beteiligt sind. Der „trassiert-eigene“ Wechsel kommt in der Wirkung einem Sola-Wechsel nahe.

Der *gezogene Wechsel (Tratte)* muß folgende 8 Erfordernisse aufweisen:

a) die Bezeichnung als Wechsel im Text (nicht in der Überschrift) = *Wechselklausel,*
b) die unbedingte Anweisung, eine *bestimmte Geldsumme* zu zahlen;
c) den Namen dessen, der zahlen soll *(Bezogener);*

d) die Angabe der *Verfallzeit* (z. B. am ..., bei Sicht, 1 Monat nach Sicht, nach 3 Monaten);
e) die Angabe des *Zahlungsortes;*
f) den Namen dessen, an den oder an dessen Order gezahlt werden soll (Wechselinhaber, *Remittent*);
g) *Tag und Ort* der Ausstellung;
h) die *Unterschrift* des Ausstellers.

Bei Nichteinhaltung dieser strengen Formvorschriften ist der Wechsel i. d. R. (Ausnahmen in Art. 2 Abs. 2–4 WG) nichtig. Fehlende Formerfordernisse können u. U. nachgeholt werden; der Bezogenen kann seine Verpflichtungserklärung blanko abgeben *(Blankowechsel).*

Nach dem Zahlungsort unterscheidet man *Distanzwechsel*, die an einem anderen als dem Ausstellungsort, und *Platzwechsel*, die am Ausstellungsort zahlbar sind.

Das Recht aus dem Wechsel wird übertragen durch *Indossament*, d. h. schriftlichen Übertragungsvermerk auf der Rückseite des Wechsels (z. B. „für mich an die Order der D.-Bank in X. gez. Y"), und Übereignung des Papiers gem. § 929 BGB. Auch ein *Blankoindossament* ist zulässig. Das Indossament hat die sog. *Transportfunktion* (sämtliche Rechte aus dem Wechsel gehen auf den Indossatar über), die *Garantiefunktion* (der Übertragende haftet auf Grund seiner Unterschrift für Annahme und Zahlung wie der Aussteller) und die *Legitimationsfunktion* (der durch ununterbrochene Indossamentenkette Ausgewiesene gilt als rechtmäßiger Wechselinhaber); Art. 14–16 WG. Einwendungen des aus einem Wechsel in Anspruch Genommenen aus seinen unmittelbaren Beziehungen zum Aussteller oder zu einem früheren Inhaber des Wechsels sind i. d. R. ausgeschlossen (Art. 17 WG).

Bei Fälligkeit ist der Wechsel dem Bezogenen (Akzeptanten) zur Einlösung vorzulegen. Eine Verweigerung der Zahlung muß durch *Protest* festgestellt werden, der von einem Notar, Gerichtsvollzieher oder Postbeamten aufzunehmen ist. Der Protest wird auf dem Wechsel oder einem damit verbundenen Blatt (Allonge) vermerkt. Bei Nichteinlösung haften dem Wechselinhaber der Aussteller und sämtliche Indossanten (Übertrager) auf Wechselsumme und Kosten als *Gesamtschuldner.* Der Inanspruchgenommene kann gegen seine Vormänner *Regreß* (Rückgriff) nehmen. Über den *Wechselbürgen* vgl. Art. 30–32 WG. Über den *Wechselprozeß* s. 247, über *Wechselsteuer* 543.

Durch VO vom 10. 11. 1953 (BGBl. I 1521) sind *Abrechnungsstellen* im Wechsel- und Scheckverkehr bei den Zweigstellen der *Landeszentralbanken* errichtet. Bei diesen können Wechsel und Schecks eingeliefert werden, wenn der Bezogene oder der Dritte, bei dem der Wechsel oder Scheck zahlbar gestellt (domiziliert) ist, bei der Abrechnungsstelle als Teilnehmer am Abrechnungsverkehr zugelassen ist oder durch einen Teilnehmer vertreten wird.

Über *Wechsel-Diskontsätze* vgl. 865.

381. Das Scheckrecht

ist geregelt im *Scheckgesetz* vom 14. 8. 1933 (RGBl. I 597) m. letzter Änd. vom 17. 7. 1985 (BGBl. I 1507).

Der *Scheck* ist eine schriftliche Anweisung an einen Bezogenen (i. d. R. Bank oder sonstiges Kreditinstitut) auf Zahlung einer bestimmten Geldsumme an den im Scheck Bezeichneten. Ein Scheck kann sein:

a) *Namens-* oder *Inhaber*-Scheck, je nachdem, ob er auf einen Namen oder auf den jeweiligen Inhaber lautet.

b) *Bar-* oder *Verrechnungs*-Scheck, je nachdem, ob in bar oder durch Gutschrift auf ein anderes Konto gezahlt werden soll.

Im Bankverkehr ist von den Formen zu a) nur der Inhaberscheck gebräuchlich, da alle Formulare den Vermerk tragen „oder an Überbringer“.

Auch beim Scheck, der wie der Wechsel ein abstraktes Schuldversprechen enthält, bestehen strenge *Formvorschriften*: Bezeichnung als Scheck, Datum und Ort der Ausstellung, Zahlungsempfänger (kann auch der Aussteller sein), Namen des Bezogenen (Bank), Anweisung zur Zahlung eines bestimmten Betrags, Unterschrift des Ausstellers. Zahlungsort ist der beim Bezogenen angegebene Ort bzw. der Ausstellungsort. Der Scheck ist bei Sicht zahlbar, so daß sich die Angabe einer Zahlungszeit erübrigt. Der Vermerk „nur zur Verrechnung“ verbietet der Bank die Barauszahlung (*Verrechnungsscheck;* Art. 39 ScheckG). Falls die Bank nicht zahlt (mangels Deckung), kann der Scheckempfänger Rückgriff gegen den Aussteller nehmen (Art. 40ff. ScheckG).

Die Übertragung des Schecks erfolgt durch Übergabe des Papiers (beim Orderscheck, der aber ungebräuchlich ist, außerdem durch Indossament wie beim Wechsel, 380). Der Scheck wird bei Vorlegung fällig. Die Vorlegungsfrist beginnt mit dem Tag der Ausstellung und beträgt für Inlandsschecks 8 Tage, für Auslandsschecks 20–70 Tage (Art. 29 ScheckG). Wird die Vorlegungsfrist versäumt, so erlischt der Rückgriffsanspruch des Scheckinhabers gegen den Aussteller und etwaige Indossanten oder Bürgen (Art. 25–27 ScheckG) unbeschadet des Anspruchs gegen den Aussteller, soweit er sich mit Schaden des Scheckinhabers bereichern würde (Art. 58 ScheckG).

382. Postscheckverkehr

Er unterliegt nicht dem Scheckgesetz (s. 381), sondern ist durch die Postgiroordnung vom 5. 12. 1984 (BGBl. I 1478) geregelt. Die Post eröffnet auf Antrag ein *Postgirokonto,* das zur Vermittlung des Geldverkehrs durch Einzahlung auf Zahlkarten, zur Überweisung von Konto zu Konto und zur Auszahlung auf Postbarschecks dient. Vgl. auch 855 sowie Postgirogebührenordnung vom 5. 12. 1984 (BGBl. I 1484).

Der *Postscheck* ist ein Scheck, durch den ein Postgirokonto-Inhaber über sein Guthaben beim *Postgiroamt* verfügt. Es handelt sich um einen echten *Scheck*, auf den aber Sonderbestimmungen Anwendung finden (§ 15 Postgiroordnung). Über die Einziehung eines auf ein Kreditinstitut gezogenen Schecks vgl. § 22, über Euroscheck und Euroscheck-Karte § 16, über Dauerauftrag § 17, über Lastschrifteinzug § 18.

Der *Kontoinhaber* kann z. B. durch Überweisung oder durch Scheck über sein Guthaben verfügen; der Anspruch darauf ist *pfändbar*. Es genügt ein gerichtlicher Pfändungs- und Überweisungsbeschluß (vgl. 253). Auch die Pfändung künftig eingehender Beträge ist zulässig. Wegen der *Postspareinlagen* s. 874.

Postgiroämter bestehen in Dortmund, Essen, Frankfurt (Main), Hamburg, Hannover, Karlsruhe, Köln, Ludwigshafen (Rhein), München, Nürnberg, Saarbrücken, Stuttgart und Berlin-West.

383. Unlauterer Wettbewerb

Das Gesetz gegen den unlauteren Wettbewerb – UWG – vom 7. 6. 1909 (RGBl. 499) m. spät. Änd. verbietet im geschäftlichen Verkehr alle Handlungen zum Zwecke des Wettbewerbs, die gegen die *guten Sitten* verstoßen. Diese *Generalklausel* in § 1 UWG gibt eine allgemeine Begriffsbestimmung des unlauteren Wettbewerbs.

Gegen die guten Sitten verstoßen z. B. Aneignung der Arbeitsergebnisse eines anderen, Irreführung, Bestechung, Verleumdung und Behinderung (insbesondere Boykott, Sperre). Verboten sind danach auch unsachliche Reklame, Preisunterbietung, Preisschleudern bei Markenartikeln. Das UWG zählt weiter als *Einzeltatbestände* auf: Unwahre Reklame (§§ 3, 4), Angestelltenbestechung (§ 12), Verursachen von Verwechslungen (§ 16), Anschwärzung (§ 14), Geheimnisverrat (§ 17). Die Konkurswarenankündigung ist nur für Waren erlaubt, die noch zur Konkursmasse gehören (§ 6). Unzulässig ist ferner die öffentliche Werbung mit *mengenmäßiger Beschränkung* und mit *Preisgegenüberstellungen* (§§ 6d, 6e).

Wer Verkaufsveranstaltungen ankündigt oder durchführt, die außerhalb des regelmäßigen Geschäftsverkehrs stattfinden, der Beschleunigung des Warenabsatzes dienen und die den Eindruck besonderer Kaufvorteile hervorrufen *(Sonderveranstaltungen)* kann auf Unterlassung in Anspruch genommen werden (§ 7 Abs. 1). Das Anbieten von Sonderangeboten im regelmäßigen Geschäftsverkehr zählt nicht hierzu. Ebenso gilt dies nicht für Winter- und Sommerschlußverkäufe sowie für Jubiläumsverkäufe (§ 7 Abs. 3). Ein *Räumungsverkauf* eines vorhandenen Warenvorrats wegen eines Schadensfalles, Umbauvorhabens oder der Aufgabe des gesamten Geschäftsbetriebes, erfordert die Ankündigung mit Angabe des wahren Grundes (§ 8 Abs. 1). Der Räumungsverkauf ist bei der zuständigen amtlichen Berufsvertretung von Handel, Handwerk und Industrie anzuzeigen (§ 8 Abs. 3). Vor- und Nachschieben von Waren ist verboten (§ 8 Abs. 5 Nr. 2). Bei Käufen, die auf Grund von unwahren und zur Irreführung geeigneten Werbeangaben (s. § 4) zustandegekommen sind, besteht ein Rücktrittsrecht für den Käufer (§ 13a).

Wer dem UWG zuwiderhandelt, kann auf *Unterlassung* und *Schadenersatz* verklagt und außerdem *bestraft* bzw. mit Geldbuße belegt werden. Die Zuwiderhandlungen nach dem UWG sind meist Antragsdelikte. Verjährung der zivilrechtlichen Ansprüche 6 Monate nach Kenntnis von Rechtsverletzung und Person des Verletzenden (§ 21). Zur Beilegung von Wettbewerbsstreitigkeiten bestehen *Einigungsstellen* bei den Industrie- und Handelskammern. Über das Recht von Interessenverbänden, Unterlassungsansprüche geltend zu machen, vgl. § 13 Abs. 2.

Im Wettbewerb spielt auch das *Rabattgesetz* vom 25. 11. 1933 (RGBl. I 1011) m. Änd. zuletzt vom 25. 7. 1986 (BGBl. I 1169) nebst DVO vom 21. 2. 1934 (RGBl. I 120) – zuletzt geänd. am 21. 5. 1976 (BGBl. I 1249) – sowie die *ZugabeVO* vom 9. 3. 1932 (RGBl. I 121) m. Änd. zuletzt vom 25. 7. 1986 (BGBl. I 1169) eine Rolle. Danach sind im Einzelverkauf Barzahlungsnachlässe nur bis höchstens 3 v.H. gestattet und Sonderpreise grundsätzlich verboten (Ausnahmen bei Mengenrabatt, für Großverbraucher, Werksangehörige zum Eigenverbrauch u. dgl.). Das Verbot der Rabattgewährung durch Warenhäuser, Einheitspreisgeschäfte u. dgl. (§ 6 RabG) hat das BVerfG für nichtig erklärt (BGBl. 1967 I 626). Als *Zugaben* sind nur Reklamegegenstände von geringem Wert, handelsübliche Rabatte, handelsübliches Zubehör, Kundenzeitschriften oder Erteilung von Ratschlägen oder Auskünften zulässig.

Über das Gesetz gegen *Wettbewerbsbeschränkungen* (Kartellgesetz) vgl. 835.

384. Das Depotgesetz

vom 4. 2. 1937 (RGBl. I 171) verpflichtet jeden Kaufmann, der handelsgewerblich Wertpapiere für seine Kunden verwahrt (insbes. Banken), ein *Verwahrungsbuch* zu führen und dem Kunden, für den er Wertpapiere kauft, ein *Stückeverzeichnis* zu übersenden (§§ 14, 18 DepotG).

Das *Depotgeschäft* ist ein Bankgeschäft (865), bei dem die Bank es übernimmt, bestimmte Sachen (Wertpapiere) aufzubewahren und gegebenenfalls zu verwalten. Mit Absendung des Stückeverzeichnisses geht das Eigentum an den darin verzeichneten Wertpapieren auf den Bankkunden (Wertpapierkäufer) über. Dieser kann bei einem Konkurs der Bank ein *Aussonderungsrecht* geltend machen (264); über Konkursvorrechte der Kommittenten, Hinterleger usw. vgl. §§ 32, 33 DepotG.

Man unterscheidet das *Sammeldepot,* bei dem die Bank die Papiere einer Wertpapiersammelbank zuführen kann (es besteht dann nur Miteigentum der Hinterleger am Sammelbestand), und das *Streifbanddepot,* bei dem die Wertpapiere gesondert aufzubewahren sind. *Depotunterschlagungen* sind unter Strafe gestellt (§ 34 DepotG).

385. Der Schutz des geistigen Eigentums

Das Recht des Schöpfers (Urhebers) an einem geistigen Werk wird vom Gesetz als eigentumähnliches Recht behandelt. Aus ihm entspringen einerseits persönlichkeitsrechtliche, andererseits vermögensrechtliche Ansprüche.

Durch das *Urheberrecht* im eigentlichen Sinne geschützt sind Werke der *Literatur, Wissenschaft* und *Kunst (*Musik, bildende Kunst, Lichtbild- und Filmkunst). Nicht zum Urheberrecht im eigentlichen Sinne gehört das Recht der Erfindungen, Gebrauchsmuster, Muster und Modelle sowie Handelsmarken. Allen gemeinsam ist der Schutz einer individuellen geistigen Leistung. Während aber dem Urheberrechtsschutz ein kulturelles Schaffen zugrunde liegt, bezieht sich der gewerbliche und technische Rechtsschutz auf Leistungen technischer oder „zivilisatorischer" Art.

Sowohl das Urheberrecht i. e. S. als auch der gewerbliche und technische Rechtsschutz sind bundesrechtlich geregelt. Vgl. 386–390.

Der Schutz im Ausland ist durch *internationale Vereinbarungen* gesichert. Die *Berner Übereinkunft zum Schutze von Werken der Literatur und Kunst* vom 9. 9. 1886 gewährleistete für diese Werke den Angehörigen der Vertragsstaaten gleichen Urheberschutz wie den eigenen Staatsangehörigen. Sie wurde 1908 in Berlin (RGBl. 1910, S. 987), 1928 in Rom (RGBl. 1933 II 890), 1948 in Brüssel (BGBl. 1965 II 1213), 1967 in Stockholm (BGBl. 1970 II 348) und 1971 in Paris (BGBl. 1973 II 1071) revidiert (daher heute: *Revidierte Berner Übereinkunft*). Den Schutz des *gewerblichen* Eigentums gewährleistet die Pariser Verbandsübereinkunft vom 20. 3. 1883, zuletzt revidiert in Lissabon und Stockholm (vgl. BGes. vom 23. 3. 1961, BGBl. II 273, und 5. 6. 1970, BGBl. II 293, 391). Zur Unterdrückung falscher Herkunftsangaben auf Waren wurde das Madrider Abkommen vom 14. 4. 1891 mit Nachträgen getroffen und eine internationale Registrierung von Fabrik- und Handelsmarken vereinbart (RGBl. 1925 II 115; 1928 II 175, 193; 1937 II 583, 604; BGBl. 1961 II 273, 293; 1970 II 293, 444). Vgl.

ferner Haager Abkommen vom 6. 11. 1925 über die internationale *Hinterlegung gewerblicher Muster und Modelle* (RGBl. 1928 II 177, 203; 1937 II 583, 617; BGBl. 1962 II 774, 790, 937; 1970 II 293, 448). Am 6. 9. 1952 kam in Genf ein *Welturheberrechtsabkommen* zustande, das durch BGes. vom 24. 2. 1955 (BGBl. II 101) und in der n. F. von Paris 1971 (BGBl. 1973 II 1111) für die BRep. verbindlich erklärt worden ist. Hinzugetreten sind das *Europäische Abkommen zum Schutze von Fernsehsendungen* vom 22. 6. 1960 (BGes. vom 15. 9. 1965, BGBl. II 1234), das *Internationale Abkommen über den Schutz der ausübenden Künstler, der Hersteller von Tonträgern und der Sendeunternehmen* vom 26. 10. 1961 (BGes. vom 15. 9. 1965, BGBl. II 1243) sowie das *Übereinkommen zum Schutz der Hersteller von Tonträgern gegen unerlaubte Vervielfältigung ihrer Tonträger* vom 29. 10. 1971 (BGes. vom 10. 12. 1973, BGBl. II 1669). Am 14. 7. 1967 sind in Stockholm Übereinkünfte auf dem Gebiet des Schutzes des geistigen Eigentums unterzeichnet worden, welche u. a. die Errichtung einer Weltschutzorganisation (WIPO, autonome Organisation innerhalb der UNO – s. 909) zum Gegenstand haben (BGes. vom 5. 6. 1970, BGBl. II 293).

Den Schutz von Erfindungen, Mustern und Warenzeichen auf *Ausstellungen* regelt das Gesetz vom 18. 3. 1904 (RGBl. 141). Der BMJ gibt im BGBl. das Eintreten des Schutzes für bestimmte Ausstellungen bekannt.

386. Urheberrecht und verwandte Schutzrechte

Das *literarische* und das *künstlerische Urheberrecht* waren bis zum Inkrafttreten des Urheberrechtsgesetzes 1965 in getrennten Gesetzen enthalten. Das Ges. vom 19. 6. 1901 (RGBl. 227) regelte das Urheberrecht an Werken der Literatur und der Tonkunst, das Ges. vom 9. 1. 1907 (RGBl. 7) das Recht an Werken der bildenden Künste und der Photographie. Nunmehr sind beide Rechtsgebiete in dem *Gesetz über Urheberrecht und verwandte Schutzrechte* vom 9. 9. 1965 (BGBl. I 1273) m. spät. Änd. – Urheberrechtsgesetz (UrhG) – zusammengefaßt.

Geschützt sind insbes. Sprachwerke (Schriftwerke und Reden), Programme für Datenverarbeitung, Musikwerke, Werke der bildenden Künste, Lichtbild- und Filmwerke sowie Darstellungen wissenschaftlicher oder technischer Art (§ 2 UrhG). Der Urheber hat das Recht zur Verfügung über das Werk und seine Nutzung sowie zur öffentlichen Wiedergabe. Er hat das Vervielfältigungs-, Verbreitungs- und Ausstellungsrecht sowie das Recht zu Vortrag, Aufführung und Sendung und zur Wiedergabe durch Bild- oder Tonträger oder von Funksendungen (§§ 15ff. UrhG). Er kann einem anderen das *Nutzungsrecht* – auch räumlich, zeitlich oder inhaltlich begrenzt – einräumen (§§ 31ff. UrhG). Ohne seine Einwilligung ist Vervielfältigung und Verbreitung von Werken oder Werkteilen geringen Umfangs für den Kirchen- oder Unterrichtsgebrauch zulässig, ferner Nachdruck amtl. Schriften, Wiedergabe öffentlicher Reden in Tageszeitungen und Verbreitung von Zeitungsartikeln über politische, wirtschaftliche oder religiöse Tagesfragen, ebenso die Wiedergabe von Tagesnachrichten aus Presse oder Funk (§§ 46ff. UrhG). I. d. R. ist dem Urheber hierfür eine *angemessene Vergütung* zu zahlen. An öffentlichen Straßen oder Plätzen bleibend befindliche Werke dürfen durch Lichtbild, Film oder Malerei vervielfältigt werden (§ 59 UrhG). Zulässig ist es, einzelne Vervielfältigungsstücke eines Werks zum privaten und sonstigen eigenen Gebrauch (wissenschaftlichen Gebrauch, Aufnahme in ein eigenes Archiv, eigene Unterrichtung) herzustellen (§ 53 UrhG). Der Urheber hat für derartige Vervielfältigungen einen Anspruch auf

Zahlung einer angemessenen Vergütung. Dieser Vergütungsanspruch wird bei Bild- und Tonaufzeichnungen durch eine vom Hersteller bzw. Importeur zu bezahlende sog. *Geräteabgabe* (Abgabe für jedes Bild- oder Tonaufzeichnungsgerät) und eine sog. *Leerkassettenabgabe* (Abgabe für jede unbespielte Kassette) verwirklicht (§ 54 Abs. 1 UrhG). Bei reprographischen Vervielfältigungen, besonders bei Fotokopien, besteht ein Anspruch des Urhebers gegen den Hersteller und Importeur von Kopiergeräten sowie gegen bestimmte Großbetreiber von Vervielfältigungsgeräten (§ 54 Abs. 2 UrhG). Als angemessene Vergütung des Urhebers gelten die in der Anlage zu § 54 UrhG bestimmten Sätze. Danach ist z. B. für jedes Bildaufzeichnungsgerät *(Videorecorder)* eine Abgabe von 18 DM, für jeden Tonträger je Stunde Spieldauer eine Abgabe von 0,12 DM zu bezahlen. Die genannten Vergütungsansprüche können nur durch eine Verwertungsgesellschaft geltend gemacht werden. Bei Benutzung ist, außer wenn sie dem eigenen Gebrauch dient, *Quellenangabe* erforderlich (z. B. in wissenschaftlichen Werken), § 63 UrhG.

Die öffentliche Wiedergabe von Werken, vor allem von Musikwerken, ist grundsätzlich tantiemepflichtig; auch bei Benutzung zu kirchlichen Feierlichkeiten ist dem Urheber eine angemessene Vergütung zu zahlen. Die Vergütungspflicht entfällt für Veranstaltungen der Jugendhilfe, Sozialhilfe, Alten- und Wohlfahrtspflege, Gefangenenbetreuung sowie für Schulveranstaltungen, wenn sie nur einem abgegrenzten Personenkreis zugänglich sind und keinem Erwerbszweck dienen (§ 52 UrhG). Eine *Lizenzierungspflicht* besteht für den Urheber dann, wenn er einem Hersteller von Tonträgern ein *Nutzungsrecht* an einem Musikwerk eingeräumt hat; dann kann jeder andere Tonträgerhersteller gleichfalls die Einräumung eines solchen Nutzungsrechts verlangen, falls nicht schon eine Verwertungsgesellschaft – s. u. – nutzungsberechtigt ist (§ 61 UrhG; sog. *Zwangslizenz*).

Unter *verwandten Schutzrechten,* die den Grundsätzen des Urheberrechtsschutzes unterliegen, versteht das Urheberrechtsgesetz (§§ 70ff.) insbes. den Schutz wissenschaftlicher Ausgaben urheberrechtlich ungeschützter Werke oder Texte, den Schutz der Lichtbilder und des ausübenden Künstlers wegen der eigenen schöpferischen Leistung, die in der Wiedergabe eines Werkes besteht (§§ 73–84), ferner den Schutz der Hersteller von Tonträgern, denen die Vervielfältigung und Verbreitung der Aufnahme vorbehalten ist (§§ 85, 86). Besondere Vorschriften erhalten den Sendeunternehmen das Recht zur Nutzung der Sendung (Weitersendung, Vervielfältigung, Fernsehsendung; § 87) und regeln das Recht zur Verfilmung (§ 88); über das Filmurheberrecht s. 838.

Rechtsverletzungen begründen Ansprüche auf *Unterlassung* sowie bei Verschulden auf *Schadenersatz,* u. U. auch wegen des immateriellen Schadens (§§ 97ff.), und können zur Strafverfolgung führen (§§ 106ff.; Antragsdelikte).

Die frühere *Schutzfrist* von 50 Jahren ist auf 70 Jahre verlängert, beginnend mit dem Tode des Urhebers; zugunsten des ausübenden Künstlers, dessen Darbietung auf einem Bild- oder Tonträger aufgenommen worden ist, läuft sie 25 Jahre, beginnend mit dem Erscheinen des Bild- oder Tonträgers bzw. der Darbietung (§§ 64, 82 UrhG). Die Schutzfrist von 70 Jahren wird bei anonymen (pseudonymen) Werken durch Eintragung des Urhebernamens in die *Urheberrolle* gesichert (§ 66 Abs. 2 Nr. 2, § 138 UrhG; VO über die Urheberrolle vom 18. 12. 1965, BGBl. I 2105). Wichtig ist die *Beteiligung des Urhebers am Gewinn,* wenn durch gewerbsmäßige Weiterveräußerung des Originals eines Werkes der bildenden Kunst ein Erlös vom mindestens 100 DM erzielt wird (*Folgerecht;* Anteil 5 v. H.), sowie der Anspruch auf Heraufsetzung des Entgelts für eine Nutzung, wenn das vereinbarte im groben Mißverhältnis zu den Erträgnissen steht (§§ 26, 36 UrhG). Bei Vermietung oder Verleihung von Vervielfältigungsstücken ist, wenn sie aus Erwerbsgründen geschieht, nach § 27 UrhG eine Vergütung an eine Verwertungsgesellschaft (s. u.) zu zahlen, ebenso bei Ausgabe durch eine öffentliche Bücherei o. dgl. (sog. *Bibliotheksgroschen*).

Das Urheberrecht ist *vererblich*, aber nicht veräußerlich; doch kann es in Erfüllung eines Testaments oder Erbvertrags sowie unter Miterben bei deren Auseinandersetzung übertragen werden (§§ 28, 29 UrhG).

Das Recht der Vervielfältigung von Bildnissen steht nur dem Besteller zu (§ 60 UrhG). Das *Recht am eigenen Bilde* setzt zur Verbreitung oder Ausstellung i. d. R. die Zustimmung des Abgebildeten voraus (Ausnahme z. B. für Bilder aus dem Bereich der Zeitgeschichte, von Versammlungen u. dgl. sowie für Zwecke der Rechtspflege und der öffentlichen Sicherheit); vgl. §§ 22ff. des insoweit aufrechterhaltenen KunstUrhGes. vom 9. 1. 1907.

Die Realisierung der Nutzungsrechte und Vergütungsansprüche kann der Berechtigte einer *Verwertungsgesellschaft* übertragen, die Rechte mehrerer Rechtsinhaber zur gemeinsamen Auswertung wahrnimmt. Das ist schon vor Inkrafttreten des UrhG 1965 zwecks Nutzung und Rechtswahrung bei Musikwerken im Rahmen eines Zweckverbandes der Komponisten, der GEMA (Gesellschaft für musikalische Aufführungs- und mechanische Vervielfältigungsrechte), geschehen. Nach dem Ges. über die *Wahrnehmung von Urheberrechten und verwandten Schutzrechten (Urheberrechtswahrnehmungsgesetz)* vom 9. 9. 1965 (BGBl. I 1294) bedürfen solche Gesellschaften einer behördlichen Erlaubnis und unterliegen der öffentlichen Aufsicht. Sie haben Vergütungstarife aufzustellen und Jahresrechnung zu legen, die einer Prüfung unterliegt. Auch für sie besteht ein Abschlußzwang i. S. einer *Zwangslizenz* (s. o.). Über die *Schiedsstelle* gem. § 14 d. Ges. vgl. VO vom 20. 12. 1985 (BGBl. I 2543). Die Verwertungsgesellschaften GEMA (Musik), GVL (Leistungsschutzrechte) und VG Wort sind in der „Zentralstelle für private Überspielungsrechte (ZPÜ)" zusammengeschlossen.

387. Das Patentrecht

hat zur Grundlage das *Patentgesetz* (PatG) i. d. F. vom 16. 12. 1980 (BGBl. 1981 I 1) m. spät. Änd. *Patente* werden für *neue Erfindungen*, die auf einer erfinderischen Tätigkeit beruhen und eine gewerbliche Verwertung gestatten, mit der Wirkung erteilt, daß der Patentinhaber allein zu gewerbsmäßiger Herstellung, Gebrauch und Veräußerung des geschützten Gegenstandes befugt ist.

1. Neuheit der Erfindung

Eine *Erfindung* ist nur dann *neu*, wenn sie über den Stand der Technik z. Z. der Anmeldung hinausgeht; hierbei bleibt eine Offenbarung der Erfindung außer Betracht, wenn sie binnen 6 Monaten vor der Anmeldung erfolgt ist und auf einen Mißbrauch zum Nachteil des Anmelders oder seines Rechtsvorgängers zurückgeht. Liegt es für einen Fachmann nicht nahe, daß die Erfindung bereits dem Stande der Technik entspricht (also nichts Neues bringt), so wird angenommen, daß sie auf einer *erfinderischen Tätigkeit* beruht (§§ 1, 3, 4 PatG). Nicht patentiert werden Erfindungen, deren Veröffentlichung oder Verwertung gegen die öffentliche Ordnung oder gegen die guten Sitten verstoßen würde (§ 2).

2. Schutzwirkung. Verwertung des Patents

Ein Patent wird nur auf Antrag erteilt, und zwar dem, der es zuerst anmeldet. Es hat die Wirkung, daß dieser allein den Gegenstand herstellen, anbieten, in

Verkehr bringen und gebrauchen oder zu solchen Zwecken einführen oder besitzen darf; der Schutz erstreckt sich auf Verfahren, die Gegenstand eines Patentes sind, und die dadurch unmittelbar hergestellten Erzeugnisse (§§ 9, 10). Man unterscheidet *Haupt-* und *Zusatzpatente*, je nachdem ob es sich um eine erstmalige Erfindung oder um eine Verbesserung handelt. Der Patentinhaber kann das Patent selbst verwerten, es durch andere verwerten lassen oder es ganz oder teilweise, zeitlich beschränkt oder unbeschränkt, räumlich begrenzt oder unbegrenzt an andere übertragen. Das Patent ist veräußerlich und vererblich. Es kann auch ein *Lizenzvertrag* (formlos) geschlossen werden, nach dem das Patent oder seine Verwertung gegen eine (einmalige oder laufende) Lizenzgebühr einem anderen überlassen wird (§ 15). Gegenüber dem *Vorbenutzer* ist die Wirkung des Patents beschränkt. Dieser darf die Erfindung für seinen Betrieb weiternutzen, wenn er sie bereits in Benutzung genommen hatte (§ 12).

3. Anmeldung

Die Erfindung, die geschützt werden soll, wird bei der *Anmeldeabteilung* des Patentamts angemeldet. Dabei ist der zu schützende Gegenstand genau zu bezeichnen und die Erfindung mit bildlichen Darstellungen usw. so zu beschreiben, daß danach die Benutzung durch einen Fachmann möglich erscheint. Ferner muß das, was als patentfähig unter Schutz gestellt werden soll *(Patentanspruch)*, angegeben und Erteilung des Patents beantragt werden (§ 35; Anmeldebestimmungen vom 29. 5. 1981, BGBl. I 521 m. Änd. vom 12. 11. 1986, BGBl. I 1738); auch ist eine Zusammenfassung der technischen Daten vorzulegen und binnen 15 Monaten der Erfinder zu benennen (§§ 36, 37; VO über Erfinderbenennung vom 29. 5. 1981, BGBl. I 525). Es ist eine Patentgebühr bei Anmeldung und vom 3. Jahr der Schutzzeit ab eine Jahresgebühr zu zahlen (*Ges. über die Gebühren des Patentamts* und des Patentgerichts i. d. F. vom 18. 8. 1976, BGBl. I 2188 m. spät. Änd.; VO vom 5. 9. 1968, BGBl. I 1000).

4. Vorprüfung. Rechercheverfahren. Entscheidung

Die Prüfungsstelle des Patentamts nimmt eine Vorprüfung daraufhin vor, ob die Anmeldung formell oder sachlich den gesetzlichen Ansprüchen *offensichtlich* nicht genügt; dadurch soll dem Anmelder die Möglichkeit gegeben werden, von dem kostspieligen Anmeldeverfahren ggf. zurückzutreten. Das Patentamt kann dem Anmelder die Beseitigung offenbarer Mängel aufgeben. Erscheint eine patentfähige Erfindung offensichtlich als nicht gegeben, so wird der Antragsteller zur Äußerung binnen einer bestimmten Frist aufgefordert. Werden die Mängel nicht beseitigt oder wird die Anmeldung einer nicht patentfähigen Erfindung aufrechterhalten, so weist die Prüfungsstelle die Anmeldung zurück, wogegen binnen Monatsfrist *Beschwerde* beim Patentamt zulässig ist (§§ 42, 73). Wird die Anmeldung nicht zurückgewiesen, so kann der Anmelder, aber auch jeder Dritte beim Patentamt beantragen, die öffentlichen Druckschriften zu ermitteln, die für die Beurteilung der Patentfähigkeit der Erfindung von Bedeutung sind (§ 43; zuständig ist z. T. das Europ. Patentamt, VO vom 31. 5. 1978, BGBl. I 660, m. spät. Änd.). Dadurch gewinnen Anmelder und Mitbewerber Anhaltspunkte für die Aussichten der Anmeldung. Statt dieses *Rechercheantrags* oder nach Durchführung der Ermittlungen kann beantragt werden, die Anmeldung und die Patentfähigkeit zu prüfen. Ergibt die nunmehr – ggf. nach Anhörung der Beteiligten und Beweiserhebungen – durchgeführte *materielle Prüfung*, daß eine patentfähige Erfindung nicht vorliegt, oder weist die Anmeldung Mängel auf, so benachrichtigt das Patentamt den Anmelder (Patentsucher) hiervon und setzt ihm eine Frist zur Äußerung bzw. Beseitigung der Mängel. Ist die Fristsetzung erfolglos, so weist das Patentamt die Anmeldung durch Beschluß, gegen den ebenfalls Beschwerde gegeben ist, zurück. (§§ 44–48).

5. Erteilung des Patents

Genügt dagegen die Anmeldung den Anforderungen, und sind etwaige Beanstandungen des Patentamts ausgeräumt, so wird das Patent erteilt; der Anmelder kann jedoch die Erteilung 15 Monate – ab Anmeldung gerechnet – aussetzen lassen (§ 49). Die Veröffentlichung unterbleibt, wenn die Erfindung ein *Staatsgeheimnis* ist; vor Anmeldung außerhalb der BRep. muß die Genehmigung der zuständigen obersten Bundesbehörde eingeholt werden (§§ 50–52). Die Erteilung eines Patentes wird nebst der Patentschrift im Patentblatt veröffentlicht; dem Inhaber wird eine Urkunde erteilt. Wird der Prüfungsantrag (§ 44) binnen 7 Jahren seit Anmeldung nicht gestellt oder die Gebühr für die Anmeldung nicht entrichtet, gilt diese als zurückgenommen (§ 58). Nach Veröffentlichung des Patents im Patentblatt kann jedermann gegen die Erteilung des Patents binnen drei Monaten *Einspruch* erheben, weil die Erfindung nicht patentfähig oder nicht verwertungsfähig sei oder ihr wesentlicher Inhalt eine widerrechtliche Entnahme enthalte oder den Gegenstand der Anmeldung überschreite (§ 59). Diese Gründe berechtigen auch zum *Widerruf* der Erteilung (§§ 21, 61) und *Nichtigerklärung* auf Antrag (§ 22).

6. Schutzdauer. Patentverletzung

Das Patent dauert 20 Jahre seit Anmeldung (§ 16); es erlischt, wenn die Gebühren nicht rechtzeitig gezahlt werden oder wenn der Anmelder den Erfinder nicht benennt oder auf das Patent verzichtet (§ 20). Gestattet der Berechtigte durch schriftliche Erklärung gegenüber dem Patentamt allgemein die Benutzung der Erfindung gegen angemessene Vergütung, so hat er nur die Hälfte der jährlichen Patentgebühr zu entrichten (§ 23). Verweigert er umgekehrt die Einwilligung in eine Lizenznahme trotz Angebots angemessener Vergütung, so erteilt das Patentgericht auf Klage eine *Zwangslizenz*, wenn dies im öffentlichen Interesse geboten ist (§ 24). Die erteilten Patente werden in die beim Patentamt geführte *Patentrolle* eingetragen, in der auch alle Änderungen an Patenten vermerkt werden (ebenso zusätzliche Angaben über den Verfahrensstand der Patentanmeldungen und Patente gem. VO vom 16. 6. 1981, BGBl. I 593). Die Patentrolle ist ein öffentliches Register, in das jedermann Einsicht nehmen kann, ebenso wie in die zugrunde liegenden Akten (soweit diese nicht erteilte Patente oder in den letzten 18 Monaten bekannt gemachte Anmeldungen betreffen: nur bei Glaubhaftmachen eines berechtigten Interesses, §§ 30, 31).

Werden die Rechte eines Patentinhabers verletzt, so kann dieser Unterlassung und, falls der Verletzer schuldhaft gehandelt hat, Schadensersatz beanspruchen (§ 139). Vorsätzliche Verletzung ist strafbar (§ 142).

7. Patentbehörden

Für die Bearbeitung der Patentsachen ist das *Deutsche Patentamt in München* (mit Zweigstelle in Berlin) zuständig. Es wurde durch Ges. vom 12. 8. 1949 (WiGBl. 251) für das Vereinigte Wirtschaftsgebiet (19 III) eröffnet, von der Bundesrepublik übernommen und bearbeitet außer den Patenten auch die Angelegenheiten der Gebrauchsmuster und Warenzeichen (vgl. 388, 390). Nach der VO über das Deutsche Patentamt vom 5. 9. 1968 (BGBl. I 997) bestehen bei diesem Amt Patentabteilungen und Prüfungsstellen für Patente, Gebrauchmusterabteilungen und eine Gebrauchmusterstelle, Warenzeichenabteilungen und Prüfungsstellen für Warenzeichen. Vgl. § 27 PatG.

Das auf Grund des Europäischen Patentübereinkommens vom 5. 10. 1973 (BGBl. 1976 II 649, 826) in München (Zweigstelle in Berlin) errichtete *Europäische Patentamt* ermöglicht die Anmeldung eines innerhalb der Europäischen Gemeinschaften wirksamen – statt eines nur nationalen – *europäischen Gemeinschaftspatentes.* Das Amt umfaßt 5 Generaldirektionen; die Fachabteilungen sind nach technischen Gebieten aufgeteilt. Die Generaldirektion Recherche verbleibt in Den Haag (Dienststelle in Berlin); die übrigen Generaldirektionen – Prüfung und Einspruch, Beschwerde, Verwaltung, Recht und internationale Angelegenheiten – werden in München eingerichtet. Die Daten werden in einem elektronischen *Patentregister* gespeichert, das über Bildschirm, Mikrofilmausgaben, EDV-Band oder Fernschreibverbindung eingesehen werden kann. Das *Europ. Gemeinschaftspatent-Übereinkommen* vom 15. 12. 1975 (BGBl. 1979 II 843) enthält außer materiellen patentrechtlichen Bestimmungen institutionelle und Verfahrensvorschriften. Zur Anpassung des nationalen Patentrechts an das Gemeinschaftsrecht *(Harmonisierung)* sind innerstaatliche Gesetze ergangen (in der BRep. im Rahmen eines *Gemeinschaftspatentgesetzes* vom 26. 7. 1979, BGBl. I 1269).

Der *Patentzusammenarbeitsvertrag (PCT)* vom 19. 6. 1970 (BGBl. 1976 II 649, 664) ermöglicht den Angehörigen der Vertragsstaaten und den in diesen Ansässigen eine internationale Anmeldung mit Wirkung für alle Vertragsstaaten (und das Europ. Patentamt). Es findet eine internationale Recherche statt. Etwaige nationale Anmeldungen werden 20 Monate ausgesetzt. Die internationale Anmeldung kann auch eine Ausdehnung voraufgegangener nationaler Anmeldungen zum Gegenstand haben.

8. Patentgericht. Patentstreitsachen

Durch Urteil vom 13. 6. 1959 hat das BVerwG die Entscheidungen des Patentamtes als *Verwaltungsakte* erklärt, woraus sich ergab, daß diese Entscheidungen vor den Verwaltungsgerichten anfechtbar sind (s. 151). Da hierdurch das früher zwei-instanzliche patentamtliche Verfahren um drei weitere Instanzen verlängert werden konnte und Erfinder und Wirtschaft mit erheblichen Kosten belastet worden wären, ist durch Gesetze vom 6. 3./23. 3. 1961 (BGBl. I 141, 274) Art. 96a GG (jetzt 96) geändert und für die Angelegenheiten des gewerblichen Rechtsschutzes ein *Patentgericht* in München als Bundesgericht errichtet worden. Bei diesem bestehen Beschwerde- und Nichtigkeitssenate, in denen auch *technische Mitglieder* mit abgeschlossener Ausbildung zum Richteramt befähigt sind (§ 65 PatG). Sie entscheiden über Beschwerden gegen Beschlüsse der Prüfungsstellen oder Patentabteilungen sowie über Klagen auf Nichtigkeit oder Zurücknahme eines Patents (§ 66 PatG). Über Rechtsbeschwerden gegen Beschlüsse und Berufungen gegen Urteile des Patentgerichts entscheidet der Patentsenat des BGH (§§ 100, 110 PatG; vgl. 71 III, 219). Dagegen sind für sog. *Patentstreitsachen* die Zivilkammern der Landgerichte in 1. Instanz ausschließlich zuständig. Unter diesen Streitsachen versteht man Zivilprozesse über Ansprüche aus den im PatG geregelten Rechtsverhältnissen, z. B. aus Patentverletzung, Lizenzvertrag (§ 143 Abs. 1 PatG).

9. Patentanwälte

Als Berater und Vertreter auf dem Gebiet des gewerblichen Rechtsschutzes sind *Patentanwälte* zugelassen, deren Stellung durch die Patentanwaltsordnung vom 7. 9. 1966 (BGBl. I 557) m. spät. Änd. geregelt ist; Ausbildungs- und Prüfungsordnung i. d. F. vom 8. 12. 1977 (BGBl. I 2491). Über die Ausbildung zum *Patentanwaltsgehilfen* vgl. VO vom 24. 8. 1971 (BGBl. I 1394).

10. Über die *Arbeitnehmererfindung* s. 619.

11. Über den Schutz der Erfindung (Neuzüchtung) von Pflanzensorten s. *Sortenschutzgesetz* vom 11. 12. 185 (BGBl. I 2170) und VO über das *Artenverzeichnis* zum Sortenschutzgesetz vom 18. 12. 1985 (BGBl. I 2325) m. Änd. vom 18. 12. 1986 (BGBl. I 2527).

In der *DDR* gilt das Ges. über den Rechtsschutz für Erfindungen – PatentG – vom 27. 10. 1983 (GBl. I 284).

388. Gebrauchsmuster

Nach dem Gebrauchmustergesetz (GebrMG) i. d. F. vom 28. 8. 1986 (BGBl. I 1455) werden Arbeitsgerätschaften, Gebrauchsgegenstände oder Teile davon, die eine neue Gestaltung, Anordnung, Vorrichtung oder Schaltung aufweisen, auf einem erfinderischen Schritt beruhen und gewerblich anwendbar sind, geschützt.

Das *Gebrauchsmusterrecht* ergänzt das Patentrecht. Während das Patent die bedeutsamen Erfindungen, den erfinderischen Gedanken, schützt, dient das Gebrauchsmuster dem Schutz der kleineren technischen Erfindungen, der Verkörperung des Gedankens. Auch bei ihm muß es sich um einen Fortschritt der technischen Entwicklung handeln. Dem Gebrauchsmusterschutz unterliegen z. B. Haushaltgeräte, Werkzeuge, elektrische Schaltungen an Arbeitsgeräten u. dgl. Die Anmeldung des Gebrauchsmusters (dazu VO vom 12. 11. 1986, BGBl. I 1739) erfolgt beim Patentamt schriftlich mit Angabe, unter welcher Bezeichnung das beschriebene Gebrauchsmuster eingetragen und was als schutzfähig unter Schutz gestellt werden soll. Dem Antrag ist eine Zeichnung des Gegenstandes beizufügen. Die Gebrauchsmusterstelle beim Patentamt prüft die formellen Voraussetzungen und verfügt die Eintragung in die *Gebrauchsmusterrolle* und Bekanntgabe. Hierdurch erhält der Anmelder die ausschließliche gewerbliche Verwertungsbefugnis des Gebrauchsmusters auf die Dauer von 3 Jahren. Verlängerung um zunächst 3 Jahre und sodann 2 weitere Jahre ist bei Zahlung von Verlängerungsgebühren zulässig. Für *Zwangslizenzen* gelten die Bestimmungen des Patentgesetzes (387) entsprechend. Gegen Beschlüsse im Anmeldungs- und Löschungsverfahren (in diesem entscheidet eine Gebrauchsmusterabteilung des Patentamts) ist Beschwerde zum Bundespatentgericht gegeben. Bei Verletzung greift der gleiche Schutz wie bei Patenten ein.

389. Geschmacksmuster

Während sich das Gebrauchsmuster der Erfindung nähert, liegt die Bedeutung eines *Geschmacksmusters* in der ästhetischen Wirkung. Das Geschmacksmuster will weniger praktisch verwertbar sein, als vielmehr wie ein Kunstwerk schön wirken.

Grundlage ist das Gesetz betr. das Urheberrecht an Mustern und Modellen *(Geschmacksmustergesetz)* vom 11. 1. 1876 (RGBl. 11), zuletzt geändert am 18. 12. 1986 (BGBl. I 2501). Es betrifft neue und eigentümliche Erzeugnisse, die zur industriellen Verwertung bestimmt sind. Urheber ist der Entwerfer, d. h. der, welcher das Geschmacksmuster zuerst hergestellt hat. Das Gesetz verbietet jede Nachbildung eines Musters oder Modells in der Absicht, die Nachbildung ohne Genehmigung des Urhebers zu verbreiten. Erlaubt ist Aufnahme von Nachbildungen einzelner Muster und Modelle in ein Schriftwerk sowie Anfertigung einer Einzelkopie ohne die Absicht gewerbsmäßiger Verbreitung und Verwertung. *Schutz gegen Nachbildung* wird nur gewährt bei Eintragung in das *Musterregister* beim Patentamt (s. 387). Schutzdauer 5 Jahre seit Anmeldung, Verlängerung bis zu 20 Jahren möglich. Verbotene Nachbildung ist strafbar und begründet Anspruch auf Beseitigung der Beeinträchtigung, bei Wiederholungsgefahr auf Unterlassung und bei Verschulden auf Schadensersatz (§§ 14, 14a).

390. Warenzeichen

sind beliebige Bezeichnungen, die ein Gewerbetreibender zur Kennzeichnung seiner *Waren* und zur Unterscheidung von Waren anderer benutzt. Ein ausschließliches Benutzungsrecht besteht nur, wenn das Warenzeichen nach dem Warenzeichengesetz i. d. F. vom 2. 1. 1968 (BGBl. I 29) zul. geänd. am 15. 8. 1986 (BGBl. I 1446), geschützt ist. Den Warenzeichen gleichgestellt sind Marken und Ausstattungen für *Dienstleistungen* (z. B. Werbung, Versicherungen u. a. m.). Der Schutz setzt die Eintragung in die *Zeichenrolle des Patentamts* voraus.

Unzulässig ist die Eintragung von sog. *Freizeichen* (allgemein gebräuchlichen Bezeichnungen), reinen Wort- oder Zahlenzeichen, bereits für andere eingetragenen, täuschenden oder ärgerniserregenden Zeichen, Wappen u. dgl.

Die *Anmeldung* beim Patentamt erfolgt schriftlich unter Angabe des Zeichens, der Waren und des Geschäftsbetriebes, in dem das Zeichen verwendet werden soll. Gleicht das Zeichen einem bereits eingetragenen, so kann das Patentamt den Inhaber dieses Zeichens auf die Anmeldung hinweisen. Erhebt jener *Widerspruch* (Frist 3 Monate), so beschließt das Patentamt, ob eine Übereinstimmung vorliegt oder nicht, wobei Zeichen, die bereits 5 Jahre eingetragen sind, außer Betracht bleiben, wenn der Widersprechende nicht glaubhaft macht, daß er das Zeichen in dieser Zeit auch benutzt hat. Wird Übereinstimmung festgestellt, so wird die Eintragung versagt, wogegen der Anmelder Klage erheben kann, wenn ihm aus besonderem Grund ein Benutzungsrecht zusteht. In anderen Fällen besteht das Recht der Beschwerde an das Patentgericht. Die Schutzdauer beträgt 10 Jahre (Verlängerung möglich). Es besteht *Benutzungszwang*: Dritte können Löschung eines Zeichens beantragen, das zwar mindestens 5 Jahre eingetragen, aber in den letzten 5 Jahren vor Antragstellung nicht benutzt worden ist.

Bei Verletzung eines Warenzeichens kann beim Landgericht auf Unterlassung und bei schuldhafter Verletzung auf Schadensersatz geklagt werden; vorsätzliche Verletzung ist strafbar (§§ 24, 25, 32).

391. Das Verlagsrecht

ist das ausschließliche Recht des Verlegers zur Vervielfältigung und Verbreitung eines Werkes der Literatur oder der Tonkunst. Es entspringt dem Verwertungsrecht des Verfassers (386) und wird dem Verleger durch den *Verlagsvertrag* eingeräumt. Dieser verpflichtet den Verfasser, dem Verleger das Werk zur Vervielfältigung und Verbreitung auf eigene Rechnung zu überlassen. Der Verleger ist gehalten, für die Nutzung des Werks zu sorgen (§§ 1, 8 des Ges. über das Verlagsrecht vom 19. 6. 1901, RGBl. 217).

Der Verlagsvertrag legt i. d. R. die Höhe der Auflage und das Honorar fest, das sich meist nach der Auflagenhöhe und dem Absatz richtet (§§ 22, 24). Bei nicht frist- und vertragsgemäßer Ablieferung des Werks hat der Verleger nach erneuter Fristsetzung ein Rücktrittsrecht und Anspruch auf Schadensersatz; der Verfasser kann nach fruchtloser Fristsetzung zurücktreten, wenn der Verleger seine Verpflichtungen nicht erfüllt (§§ 30ff.). Unabhängig hiervon kann ein fristloses Kündigungsrecht aus wichtigem Grunde analog § 626 BGB gegeben sein. Der Verleger kann den Vertrag ferner kündigen, wenn der Vertragszweck nachträglich entfällt (z. B. infolge Änderung der Verhältnisse, die zu der Herausgabe des Werks Anlaß geben sollten), muß dann aber die Vergütung zahlen (§ 18). Mangels besonderer Vereinbarung darf der Verleger nur eine Auflage herausbringen; sind ihm mehrere Auflagen eingeräumt, so gelten im Zweifel die gleichen Abreden (§ 5). Sonderbestimmungen bestehen für Beiträge zu periodischen Druckschriften (Zeitschriften u. dgl.) und Sammelwerken (§§ 41 ff.).

392. Das Presserecht

regelt die besonderen Verhältnisse der Presse in ihrer Eigenschaft als Ausdrucksmittel von Gedanken und geistigen Vorstellungen. Die *Pressefreiheit* ist durch Art. 5 Abs. 1 GG gewährleistet, der jede Zensur verbietet. Freilich findet sie ihre Schranken in den allgemeinen Gesetzen (Art. 5 Abs. 2 GG).

Berichtet die Presse über Angelegenheiten von öffentlichem Interesse, so nimmt sie *berechtigte Interessen* der Allgemeinheit wahr, soweit ein ernsthaftes *Informationsbedürfnis* der Öffentlichkeit besteht. Das wird bei der Behandlung politischer und sonstiger Tagesfragen i. d. R. der Fall sein. Greift aber die Berichterstattung in die persönliche Sphäre einzelner ein, beeinträchtigt sie insbes. die *Ehre* oder berufliche oder wirtschaftliche Interessen des Betroffenen, so ist die Frage, ob der Eingriff gerechtfertigt ist, nach Gesichtspunkten der Güter- und Interessenabwägung zu entscheiden; der Eingriff muß in einem vertretbaren Verhältnis zum berechtigten Interesse der Öffentlichkeit an sachgemäßer Information stehen. Eine einseitige oder entstellende Darstellung, etwa in einer *Reportage*, sowie das Eindringen in die Privatsphäre zur Befriedigung der Sensationslust wird durch das Informationsrecht nicht gedeckt (BGHSt. 18, 182ff.). Unrichtige tatsächliche Angaben berechtigen den Betroffenen, eine Richtigstellung zu verlangen. Periodische Druckschriften müssen auf Verlangen kostenlos eine *Gegendarstellung* aufnehmen, wenn diese sich auf tatsächliche Angaben beschränkt; sie muß dann in der gleichen Art wie die beanstandete abgedruckt werden. Ungerechtfertigte Eingriffe in die Persönlichkeitssphäre, die berufliche oder gewerbliche Betätigung können bei Verschulden Schadensersatzansprüche auslösen (§ 823 BGB).

Nach Art. 75 Nr. 2 GG steht dem Bund die *Rahmengesetzgebung* über die allgemeinen Rechtsverhältnisse der Presse zu. Demgemäß soll das bisher nicht aufgehobene *Reichspressegesetz* vom 7. 5. 1874 (RGBl. 65) durch ein Bundesgesetz abgelöst werden. Bis dahin gelten die in den Ländern der BRep. ergangenen *Landespressegesetze* (Zusammenstellg. b. Schlegelberger–Friedrich, Recht d. Gegenwart, „Pressegesetze"). Sie stellen den Grundsatz der Pressefreiheit nochmals heraus und ergänzen ihn meist durch Bestimmungen über die öffentliche Aufgabe der Presse und ihr Informationsrecht; dieses umfaßt einen Anspruch auf Auskunft gegenüber Behörden, die aber verweigert werden kann, wenn sie ein schwebendes Verfahren erschweren oder Geheimhaltungsvorschriften oder ein überwiegendes Interesse verletzen oder das zumutbare Maß überschreiten würde (so § 4 der meisten LdPressegesetze). Der *Gegendarstellungs(Berichtigungs-)anspruch* ist im Zivilrechtswege zu verfolgen. Die strafprozessuale *Beschlagnahme* von Presseerzeugnissen ist in §§ 111 m, n StPO stark eingeengt, bei Beschlagnahme zwecks Einziehung oder Unbrauchbarmachung von *periodischen* Druckwerken dem Richter vorbehalten; bei anderen Druckwerken kann der Staatsanwalt sie bei Gefahr im Verzug anordnen, muß aber binnen 3 Tagen die richterliche Bestätigung einholen. Über das Zeugnisverweigerungsrecht von Presse- und Rundfunkangehörigen und das entsprechende Verbot der Beschlagnahme von Unterlagen vgl. §§ 53, 97, 98 StPO. Soweit Beschlagnahme unzulässig ist, darf auch keine *Durchsuchung* zwecks Auffindung beschlagnahmefreier Gegenstände stattfinden. Über das *Privileg der Berichterstattung über Parlamentsverhandlungen* vgl. Art. 42 Abs. 3 GG und 59 V.

Um einer die Pressefreiheit gefährdenden *Pressekonzentration* zu begegnen, lassen die Vorschriften des Kartellgesetzes über marktbeherrschende Unternehmen (§§ 23ff. GWB; vgl. 835) eine gesteigerte Fusionskontrolle im Pressebereich zu. Danach sind über die grundsätzliche Regelung des § 23 Abs. 1 GWB hinaus Zusammenschlüsse schon bei 25 (statt 500) Mio. DM Jahresumsatz anzumelden, weil der Umsatz bei Zeitungen und Zeitschriften mit 20 zu multiplizieren ist; da aber nur von ¾ der Umsätze auszugehen ist, wird die Anzeigepflicht erst bei 33,33 Mio. DM wirksam.

H. Das Strafrecht

393. Das Strafrecht

behandelt die Frage, wann eine Strafe verwirkt ist und somit dem Staat das Recht erwächst, im Wege des Strafprozesses (vgl. 267ff.) Strafe zu verhängen. Die Strafbestimmungen sind im *Strafgesetzbuch* (StGB), zum Teil aber auch in *strafrechtlichen Nebengesetzen* (vgl. 404) enthalten.

Das *Strafrecht* ist ein Teil des öffentlichen Rechts. Die *Strafgewalt* steht allein dem Staat zu, das *Anklagemonopol* der Staatsanwaltschaft. Nur in besonderen Fällen hat der Verletzte das Recht, sich dem Verfahren als Nebenkläger anzuschließen oder die Strafverfolgung im Wege der *Privatklage* zu betreiben (vgl. 284). Über *Antragsdelikte,* bei denen die Strafverfolgung von einem Antrag des Verletzten abhängt, vgl. 277.

Während das *(materielle) Strafrecht* die Straftatbestände und die bei ihrer Erfüllung verwirkten Strafen bestimmt, regelt das *formelle* Strafrecht den Gang des *Strafverfahrens* (StPO, GVG). Nicht zum materiellen Strafrecht im eigentlichen Sinne gehört das *Disziplinarrecht* (vgl. 156, 455), ebensowenig das *Ordnungs(Verwaltungs)unrecht* (vgl. 152, 836). Auch die „Strafmaßnahmen", die im Rahmen der sog. *Betriebsjustiz* (häufig auf Grund von Betriebsvereinbarungen; vgl. 606) wegen innerbetrieblicher Verstöße gegen Verhaltensvorschriften in Form von Geldbußen, Versetzungen, Entzug sozialer Vergünstigungen usw. verhängt werden, fallen nicht unter das Strafrecht.

Eine besondere Regelung hat das Strafrecht für *Jugendliche* und *Heranwachsende* im *Jugendgerichtsgesetz* erfahren, das außer dem auf diese Tätergruppen anwendbaren materiellen Recht auch – und zwar überwiegend – Vorschriften über Gerichtsverfassung und Verfahren vor den Jugendgerichten enthält. Vgl. 290, 291.

394. Das Strafgesetzbuch

vom 15. 5. 1871 (RGBl. 127) i. d. F. vom 10. 3. 1987 (BGBl. I 945) ist in zwei Hauptteile gegliedert:

a) den *Allgemeinen Teil.* Er enthält die für alle Straftaten geltenden allgemeinen Regelungen (wie Versuch, Anstiftung, Schuldfähigkeit usw.);
b) den *Besonderen Teil.* In ihm sind die einzelnen Straftatbestände aufgeführt.

Grundlegend für die Reichsstrafgesetzgebung war das preußische Strafgesetzbuch von 1851, das wiederum vom französischen Code pénal (1810) beeinflußt war. Mehrfach geplante Reformen kamen lange Jahre hindurch nicht zum Abschluß. Erst das 2. Strafrechtsreformgesetz vom 4. 7. 1969 (BGBl. I 717) brachte den entscheidenden Durchbruch mit der Umgestaltung des Allgemeinen Teils. An diese schloß sich nach dem 3. und 4. Strafrechtsreformgesetz vom 20. 5. 1970 (BGBl. I 505) und 23. 11. 1973 (BGBl. I 1725) die grundlegende Erneuerung auch des Besonderen Teils durch das EGStGB vom 2. 3. 1974 (BGBl. I 469) an. Die Neufassung des StGB gilt ab 1. 1. 1975. S. a. 409. Zu den Ges. zur Bekämpfung der Wirtschaftskriminalität s. 836.

In der *DDR* sind schon frühzeitig neue Straftatbestände geschaffen worden, die den Bestand der ,,sozialistischen Gesellschaft" und das dort herrschende Machtsystem sichern sollen. Tendenznormen dieser Art widersprechen der freiheitlichen demokratischen Grundordnung und können daher nicht als Grundlage der Strafvollstreckung in der BRep. dienen, um die Straforgane der DDR oder Ost-Berlins im Wege der Rechtshilfe ersuchen. Dasselbe gilt, wenn die dortigen Gerichte, deren *Unabhängigkeit* nicht mehr gewährleistet ist, andere Strafnormen unter Verletzung rechtsstaatlicher Grundsätze anwenden (vgl. 225, 24 III). In Fortführung der mit dem Strafrechtsergänzungsgesetz vom 11. 12. 1957 eingeleiteten Strafrechtsreform ist das ,,Strafgesetzbuch der DDR" vom 12. 1. 1968 (GBl. DDR I 1) – jetzt i. d. F. vom 19. 12. 1974 (GBl. DDR 1975 I 13) m. spät. Änd. erlassen worden. Es ist allenthalben ausgerichtet auf den Schutz und die Sicherheit der ,,sozialistischen Staatsordnung" und der ,,sozialistischen Gesellschaft", enthält zahlreiche hieraus erwachsende Straftatbestände (z. B. gegen ,,Terror" oder ,,Diversion" gegen die ,,sozialistische Staatsordnung" oder ,,Staatsmacht", ,,staatsfeindlichen Menschenhandel") und ist auch in den Strafmitteln ganz auf die ,,sozialistische Gesellschaftsordnung" abgestellt (vorgesehen sind u. a. ,,Erziehungsmaßnahmen", die nicht von Gerichten, sondern von ,,gesellschaftlichen Organen der Rechtspflege", insbes. ,,Konflikt- und Schiedskommissionen" verhängt werden; vgl. 24 III). Für schwere Delikte ist die Todesstrafe beibehalten, insbes. im Bereich des Staatsschutzes (z. B. bei Vorbereitung von ,,Aggressionskriegen" oder ,,Aggressionsakten gegen die DDR"); in diesem Bereich wurden zudem durch eine am 1. 8. 1979 in Kraft getretene Novelle vom 28. 6. 1979 (GBl. DDR I 139) die Strafdrohungen erheblich verschärft und neue Tatbestände geschaffen.

395. Die Straftaten

sind nach der angedrohten Strafe eingeteilt. Darin brachte das insoweit am 1. 4. 1970 in Kraft getretene 1. Strafrechtsreformgesetz 1969 (vgl. 409), das Zuchthaus, Gefängnis, Einschließung und Haft zu einer einheitlichen *Freiheitsstrafe* vereinigte, grundlegende Änderungen. Seither sind

a) *Verbrechen* die im Mindestmaß mit Freiheitsstrafe von einem Jahr oder mehr bedrohten rechtswidrigen Taten;

b) *Vergehen* alle übrigen mit Freiheitsstrafe von geringerem Mindestmaß oder mit Geldstrafe bedrohten Taten.

Die Bestimmungen über die *Übertretungen* (mit Freiheitsstrafe bis 6 Wochen oder mit Geldstrafe bis 500 DM bedrohte Handlungen) entfielen ab 1. 1. 1975, weil diese Kategorie von Straftaten aufgeteilt wurde zwischen den Bereichen der Vergehen und der *Ordnungswidrigkeiten.*

Maßgebend für die Einstufung ist die im Gesetz angedrohte Höchststrafe, nicht die im Einzelfall verwirkte Strafe.

Die *Zweiteilung* der Straftaten vereinfacht die Gesetzessprache und ermöglicht unterschiedliche Behandlung der einzelnen Gruppen (z. B. ist bei Verbrechen der Versuch stets, bei Vergehen nur in den ausdrücklich bestimmten Fällen strafbar).

396. Haupt- und Nebenstrafen

I. Hauptstrafen

Als *Hauptstrafen* kennt das StGB nach Abschaffung der Todesstrafe (Art. 102 GG; vgl. 70) und nach Zusammenfassung der früheren Strafarten *Zuchthaus* (1–15 Jahre oder lebenslang), *Einschließung* (1 Tag bis 15 Jahre), *Gefängnis* (1 Tag bis 5 Jahre) und *Haft* (1 Tag bis 6 Wochen) durch das 1. Strafrechtsreformgesetz 1969 zu einer einheitlichen Strafart nur noch:

a) *Freiheitsstrafe,* und zwar entweder als lebenslange oder als zeitige Strafe von 1 Monat bis zu 15 Jahren;

b) *Geldstrafe,* die seit 1. 1. 1975 nicht mehr nach Geldbeträgen, sondern in *Tagessätzen* (mindestens 5, höchstens 360) verhängt wird. Diese bestimmen sich nach den persönlichen und wirtschaftlichen Verhältnissen des Täters unter Zugrundelegung seines Nettoeinkommens und betragen mindestens 2 und höchstens 10000 DM (§ 40 StGB).

Freiheitsstrafe unter 6 Monaten wird aber, weil kurze Freiheitsstrafen i. d. R. wenig wirksam sind und sich sogar schädlich auswirken können, nur verhängt, wenn besondere Umstände in der Tat oder in der Person des Täters dies zur Einwirkung auf den Täter oder zur Verteidigung der Rechtsordnung unerläßlich machen (§ 47 StGB).

Ist Geldstrafe von höchstens 180 Tagessätzen verwirkt, so kann das Gericht eine *Verwarnung mit Strafvorbehalt* aussprechen. Es beschänkt sich dabei auf den Schuldspruch und behält die Verurteilung zu Strafe für den Fall vor, daß der Täter während einer Bewährungszeit (mindestens 1, höchstens 3 Jahre) erneut straffällig wird oder sonst Anlaß zum Widderruf der Aussetzung des Strafausspruchs gibt (§§ 59ff. StGB). Für die Bewährungszeit kann das Gericht dem Verurteilten Auflagen machen (z. B. Schadenswiedergutmachung) oder Weisungen erteilen (Unterhaltszahlung, Heilbehandlung).

Gesetzliche *Strafschärfungs-* oder *Strafmilderungsgründe* bestehen vor allem für besonders schwere oder minder schwere Fälle. Dagegen sind die Vorschriften über Straferhöhung bei *Rückfall* (zuletzt § 48 StGB) weggefallen.

Über *Jugendstrafe* vgl. 290, über *Strafarrest* 457.

II. Nebenstrafen

Als allgemeine *Nebenstrafe* kennt das StGB jetzt nur noch das *Fahrverbot* (§ 44 StGB) bis zu 3 Monaten (im Unterschied zur Entziehung der Fahrerlaubnis, s. u. und 407). Besonders geregelt sind die *Verfallerklärung* des durch die Tat erlangten Vermögensvorteils oder des Wertersatzes (§§ 73 ff. StGB) sowie die *Einziehung* von Gegenständen, die zur Ausführung einer vorsätzlichen Straftat gedient haben bzw. dazu bestimmt waren oder durch sie hervorgebracht worden sind (§§ 74 ff. StGB); diese hat jedoch nicht Straf-, sondern Sicherungscharakter, soweit sie dem Schutz der Allgemeinheit z. B. vor gefährlichen Gegenständen dient.

III. Nebenfolgen

sind im Strafgesetz vorgesehene Rechtsfolgen, die kraft Gesetzes mit einer Verurteilung verbunden sind. Hierzu zählt das StGB den Verlust oder die Aberkennung der Amtsfähigkeit oder des passiven Wahlrechts sowie die Aberkennung des aktiven Wahl- und Stimmrechts (§ 45 StGB). Die *Aberkennung der bürgerlichen Ehrenrechte* ist bereits seit 1. 4. 1970 weggefallen.

IV. Maßregeln der Besserung und Sicherung

sind keine Strafen; sie sollen vielmehr die Wiedereingliederung des Täters in die Gemeinschaft ermöglichen und die Allgemeinheit für die Zukunft schützen.

Folgende Maßregeln können angeordnet werden:

a) Unterbringung in einem *psychiatrischen Krankenhaus* bei Schuldunfähigkeit (statt Strafe) oder verminderter Schuldfähigkeit (neben der Strafe), wenn es die öffentliche Sicherheit erfordert (§ 63 StGB);
b) Unterbringung in einer *Entziehungsanstalt* neben einer Bestrafung wegen Rauschtat oder Volltrunkenheit (§ 64 StGB);
c) *Sicherungsverwahrung* bei Verurteilung von Hangtätern zu höheren Strafen (§ 66 StGB);
d) *Führungsaufsicht* bei Verurteilung zu Freiheitsstrafe von mindestens 6 Monaten wegen einer Straftat, bei der das Gesetz Führungsaufsicht besonders vorsieht, wenn die Gefahr besteht, daß der Täter weitere Straftaten begehen wird (§ 68 StGB);
e) *Entziehung der Fahrerlaubnis* bei Verkehrsdelikten (§§ 69 ff. StGB);
f) *Berufsverbot* bei Verletzung beruflicher Pflichten (§§ 70 ff. StGB).

Bei der Führungsaufsicht (d) wird der Proband einer Aufsichtsstelle und einem Bewährungshelfer unterstellt. Das Gericht kann ihm Weisungen für die Lebensführung erteilen.

Die Unterbringung zu a–c dauert so lange, wie ihr Zweck es erfordert; doch bestehen Höchstfristen für die Fälle b (2 Jahre) und c für die erste U. in Sicherungsverwahrung (10 Jahre). Im Falle b) kann die Unterbringung frühestens nach 1 Jahr als aussichtslos abgebrochen werden. Die Maßregeln (außer c, d) können, wenn die Straftat im Zustand der Schuldunfähigkeit begangen worden ist und die Staatsanwaltschaft das Strafverfahren deshalb oder wegen Verhandlungsunfähigkeit des Täters nicht durchführt, nach § 71 StGB im sog. Sicherungsverfahren (§§ 413 ff. StPO; vgl. 285) angeordnet werden.

Die Unterbringung in einem *Arbeitshaus* neben Strafe wegen Landstreichens, Bettelns usw. ist bereits seit 1. 9. 1969 weggefallen.

397. Vorsatz und Fahrlässigkeit

Ein Täter ist nur dann strafbar, wenn er eine mit Strafe bedrohte Handlung *schuldhaft* begeht. Unter *Schuld* versteht man die innere Beziehung des Täters zu seiner Tat, die in der *Vorwerfbarkeit* liegt. Schuldformen sind:

a) *Vorsatz* = Bewußtsein und Wille, eine rechtswidrige Handlung zu begehen;

b) *Fahrlässigkeit* = Außerachtlassen der Sorgfalt, zu der der Täter nach den Umständen des einzelnen Falles und nach seinen persönlichen Fähigkeiten und Kenntnissen imstande und verpflichtet war.

Strafbar ist grundsätzlich nur vorsätzliches Handeln, außer wenn auch Fahrlässigkeit in der Einzelvorschrift ausdrücklich unter Strafe gestellt ist (z. B. bei Körperverletzung, Brandstiftung).

Bedingter Vorsatz (dolus eventualis) liegt vor, wenn der Täter nicht unbedingt einen bestimmten strafbaren Erfolg will, wohl aber mit der Möglichkeit rechnet, daß ein solcher Erfolg eintreten wird, und ihn für diesen Fall billigend in Kauf nimmt. Bedingter Vorsatz wird dem Vorsatz gleich beurteilt, reicht aber bei *Absichtsdelikten* nicht aus.

Die *Absicht* setzt voraus, daß es dem Täter darauf ankommt, einen bestimmten Erfolg herbeizuführen, während zum Vorsatz genügt, daß der Täter die Verwirklichung des Tatbestandes als notwendige oder mögliche Folge oder als Begleiterscheinung seines Handelns voraussieht und will. Die Absicht hingegen bezeichnet den Gegenstand der Zielvorstellung als herausgehobenen Willensfaktor. Häufig gilt sie nur für ein einzelnes Tatbestandsmerkmal (z. B. Zueignungsabsicht beim Diebstahl, Bereicherungsabsicht beim Betrug).

398. Der Versuch einer Straftat

ist die Betätigung des Entschlusses, eine Straftat zu verüben, durch Handlungen, durch die der Täter nach seiner Vorstellung zur Verwirklichung eines Tatbestandes unmittelbar ansetzt, ohne daß es zur Ausführung der Tat kommt. Der Versuch eines Verbrechens ist stets, der Versuch eines Vergehens nur dann strafbar, wenn es im Gesetz ausdrücklich bestimmt ist (§§ 22, 23 StGB). Der Versuch kann (nicht: muß) milder bestraft werden.

Stets ist *Vorsatz* zum Versuch erforderlich (kein fahrlässiger Versuch).

Weiter muß mit der Ausführung der Tat begonnen sein; *Vorbereitungshandlungen* bleiben straffrei. Ausnahmen z. B. in § 30 StGB (Versuch der Beteiligung, Verabredung eines Verbrechens), § 83 StGB (Vorbereitung des Hochverrats), § 149 StGB (Vorbereitung einer Geldfälschung), § 234a StGB (Verschleppungsvorbereitung).

Strafbar ist auch der sog. *untaugliche* Versuch (z. B. Abtreibungsversuch an einer nicht schwangeren Frau). Die Betätigung des verbrecherischen Willens wird bestraft; doch kann das Gericht die Strafe mildern oder von Strafe absehen, wenn der Täter aus grobem Unverstand die Untauglichkeit des Mittels oder Tatobjekts nicht erkannt hat (§ 23 Abs. 3 StGB). Nicht strafbar hingegen ist ein Versuch, bei dem die Untauglichkeit in der Person des Täters begründet ist (z. B. ein Nichtbeamter nimmt an, er sei Beamter, und läßt sich bestechen). Auch das *Wahnverbrechen* bleibt straffrei (es liegt vor, wenn der Täter irrtümlich glaubt, die vorgenommene Handlung sei strafbar).

Der freiwillige, d.h. ausschließlich durch Willensänderung motivierte *Rücktritt vom* (nicht beendeten) *Versuch* oder die *tätige Reue* (Abwendung des Taterfolges beim beendeten Versuch) machen den Versuch straflos; ist der Taterfolg ohne Zutun des Täters nicht eingetreten, so genügt das freiwillige und ernsthafte Bemühen, die Vollendung zu verhindern (§ 24 StGB).

399. Mittäter, Anstifter, Gehilfe

Täter ist, wer die Tat ausführt. *Mittäterschaft* liegt vor, wenn mehrere eine Tat gemeinschaftlich ausführen (§ 25 StGB). *Teilnehmer* ist, wer den Täter zur Tat anstiftet oder ihm bei der Ausführung hilft. Jeder *Beteiligte* (Mittäter oder Teilnehmer) ist ohne Rücksicht auf die Schuld des anderen nach seiner Schuld zu bestrafen (§ 29 StGB).

Anstifter ist, wer *vorsätzlich* einen anderen zu einer von diesem begangenen vorsätzlichen rechtswidrigen Tat bestimmt (§ 26 StGB).

Gehilfe ist, wer *vorsätzlich* einem anderen zu einer vorsätzlich begangenen rechtswidrigen Tat Hilfe leistet (§ 27 StGB).

Man unterscheidet zwischen *unmittelbarer* und *mittelbarer* Täterschaft, je nachdem ob der Täter die Tat selbst ausführt oder sich zur Ausführung eines anderen als Werkzeug bedient, der selbst z. B. wegen eines Willensmangels nicht strafbar ist. Jeder *Mittäter* muß den Willen haben, die Tat unter Mitwirkung des anderen zu vollbringen. Wirken mehrere bei einer Tat nicht bewußt und gewollt zusammen, so liegt *Nebentäterschaft* vor; jeder ist nur entsprechend seinem eigenen Tun zu bestrafen.

Die *Anstiftung* wird bei allen vorsätzlichen rechtswidrigen Taten bestraft. Die Strafe richtet sich nach dem gesetzlichen Strafrahmen der Tat, zu der angestiftet ist.

Gehilfe ist, wer an einer Tat beteiligt ist, ohne sie als eigene zu wollen; er unterstützt nur einen anderen, den Täter. Der Umfang des Tatbeitrags und des eigenen Interesses an der Tat läßt einen Schluß auf die innere Einstellung und damit eine Unterscheidung zwischen Mittäterschaft und Behilfe im Einzelfall zu. Die Hilfeleistung muß die Haupttat fördern. Die Strafe des Gehilfen muß ermäßigt werden.

Anstiftung und *Beihilfe* werden nur dann bestraft, wenn die Haupttat ausgeführt wird. *Erfolglose* Anstiftung wird nur bestraft nach Maßgabe des § 30 StGB (Auffordern zu einem Verbrechen, ebenso Sichbereiterklären oder dessen Annahme oder Verabreden).

400. Ideal- und Realkonkurrenz

Idealkonkurrenz liegt vor, wenn dieselbe Straftat mehrere Strafgesetze oder dasselbe Strafgesetz mehrmals verletzt (Tateinheit). Hier wird nur *eine* Strafe verhängt, im ersten Falle aus dem Gesetz, das die schwerste Strafe androht (§ 52 StGB).

Realkonkurrenz liegt vor, wenn ein Täter mehrere selbständige Straftaten begangen hat (Tatmehrheit); in diesem Falle wird eine Gesamtstrafe durch Erhöhung der verwirkten schwersten Strafe gebildet (§§ 53, 54 StGB).

Z. B.: A führt sein Kfz. trotz Trunkenheit und verletzt B = Verkehrsdelikt und fahrlässige Körperverletzung in *Tateinheit.*

Begeht A aber (ohne Gesamtvorsatz) in drei Nächten drei Einbrüche in verschiedenen Häusern, so liegt *Tatmehrheit* vor. A verwirkt für jede Handlung eine *Einzelstrafe,* deren schwerste als *Einsatzstrafe* dient. Die *Gesamtstrafe* muß höher als die verwirkte schwerste (Einsatz-)Strafe und niedriger als die Summe aller verwirkten Einzelstrafen sein. Neben der Gesamtstrafe müssen oder können *Nebenstrafen,* Nebenfolgen oder Maßregeln der Besserung und Sicherung (396 II, III, IV) verhängt werden, wenn dies auch nur für eine Einzelhandlung vorgeschrieben oder zugelassen ist. Beim Zusammentreffen von Freiheits- mit *Geldstrafe* kann eine Gesamtfreiheitsstrafe gebildet oder es können beide Strafarten nebeneinander verhängt werden.

401. Rechtfertigungs-, Schuld- und Strafausschließungsgründe

I. Rechtfertigungsgründe

Eine Handlung ist nur dann strafbar, wenn sie *tatbestandsmäßig, rechtswidrig* und *schuldhaft* ist. Wenn die Handlung (der Sachverhalt) einen der gesetzlichen, objektiven Tatbestände erfüllt (= tatbestandsmäßig ist), ist sie i. d. R. auch rechtswidrig, da sie ja verboten ist. Die Rechtswidrigkeit und damit die Strafbarkeit der Tat kann aber aus besonderen Gründen (= *Rechtfertigungsgründe*) entfallen. Diese Rechtfertigungsgründe können sich aus dem Strafrecht oder aus dem sonstigen Recht ergeben.

Gesetzliche Rechtfertigungsgründe sind:

1. *Notwehr* = Verteidigung, um einen gegenwärtigen rechtswidrigen Angriff von sich oder einem anderen abzuwenden (§ 32 StGB);
2. die *zivilrechtlichen Rechtfertigungsgründe,* die wegen der Einheit des Rechts auch im Strafrecht gelten (*Notwehr* § 227 BGB, *Notstand* §§ 228, 904 BGB, Selbsthilfe § 229 BGB, Züchtigungsrecht der Eltern, des Vormunds, §§ 1631, 1800 BGB, nur in äußerst engen Grenzen Züchtigungsrecht Dritter); ferner solche des *öffentlichen Rechts,* z. B. bei Diensthandlungen des Polizeibeamten oder Gerichtsvollziehers;
3. *rechtfertigender Notstand* (§ 34 StGB). Der Begriff wurde vor der gesetzlichen Regelung von der Rechtsprechung als sog. *übergesetzlicher Notstand* entwickelt. Er ist gegeben, wenn der Täter ein geringerwertiges Rechtsgut einem höheren opfert. Jedoch wird zusätzlich Angemessenheit des angewendeten Mittels vorausgesetzt.

   Beispiel: Geschwindigkeitsüberschreitung bei dringendem Arztbesuch;
4. unter gewissen Voraussetzungen die *Einwilligung* des Betroffenen, insbesondere bei Vermögensdelikten, nicht dagegen bei Tötungsdelikten (bei diesen mißbilligt die Rechtsordnung die Einwilligung, vgl. § 216 StGB) und bei Delikten gegen Rechtsgüter, über die der Betroffene nicht verfügen darf.

II. Schuldausschließungsgründe

Liegt keiner dieser Rechtfertigungsgründe vor, so ist eine tatbestandsmäßig-rechtswidrige Handlung gegeben. Strafbar ist sie aber nur, wenn der Täter auch *schuldhaft,* d.h. vorsätzlich oder fahrlässig (vgl. 397), gehandelt hat und keine *Schuldausschließungsgründe* vorliegen.

Schuldausschließungsgründe sind:

1. *Mangel der Schuldfähigkeit* (§ 20 StGB)

Voraussetzung eines Schuldvorwurfs ist die *Schuldfähigkeit des Täters.* Die Schuldfähigkeit fehlt, wenn der Täter infolge krankhafter seelischer Störung, tiefgreifender Bewußtseinsstörung, Schwachsinns oder schwerer anderer seelischer Abartigkeit unfähig ist, das Unerlaubte der Tat einzusehen (Verstandesmangel) oder nach dieser Einsicht zu handeln (Willensmangel). *Verminderte Schuldfähigkeit* liegt vor, wenn infolge eines solchen anomalen Zustandes die Fähigkeit des Täters, das Unerlaubte seiner Tat einzusehen oder nach dieser Einsicht zu handeln, z.Z. der Tat erheblich vermindert war (§ 21 StGB). Bei Schuldunfähigkeit tritt keine Bestrafung ein, da es an einer Schuld des Täters fehlt (evtl. Sicherungsmaßregel, vgl. 396 IV); bei verminderter Schuldfähigkeit kann die Strafe gemildert werden. Wegen der Schuldfähigkeit Jugendlicher vgl. 290.

2. *Entschuldigender Notstand*

wenn die Handlung in einer vom Täter nicht verursachten, anders nicht zu beseitigenden Lage zur Rettung aus gegenwärtiger Gefahr für Leib, Leben oder Freiheit des Täters oder eines Angehörigen begangen wird (§ 35 StGB). Es genügt jede Gefahr, die für den Täter oder einen Angehörigen ohne eigene Verursachung entstanden und die er nicht hinzunehmen rechtlich verpflichtet ist (z.B. Zurückstoßen eines anderen bei einem Brand, um das eigene Leben zu retten; anders bei Dienstpflicht z.B. als Feuerwehrmann).

3. *Notwehrüberschreitung* (Notwehrexzeß)

ist nicht strafbar, wenn der Täter in Bestürzung, Furcht oder Schrecken über die Grenzen der Verteidigung hinausgegangen ist (§ 33 StGB; z.B. Erschießen eines Diebes).

4. *Pflichtenkollision*

beim übergesetzlichen Notstand (oben I 3), wenn keines der im Widerstreit stehenden Rechtsgüter höherwertig ist und der Täter eines von ihnen im Pflichtenwiderstreit verletzt (bei einer Schiffskatastrophe opfert der Kapitän das Leben einzelner Besatzungsmitglieder, um die anderen zu retten).

5. *Irrtum* (§ 16 StGB) über zum gesetzlichen Tatbestand gehörende Umstände.

Der sog. *Tatbestandsirrtum* (Gegensatz: Rechtsirrtum, s.u.) ist die Kehrseite des Vorsatzes: Vorsatz bedeutet Wissen und Wollen der Tat (s. 397). Kennt der Täter ein gesetzliches Tatbestandsmerkmal nicht, so ist der Vorsatz ausgeschlossen. Zum gesetzlichen Tatbestand, den der Täter kennen muß, gehören die Tatsachen (z.B. muß der Dieb wissen, daß es sich um eine „fremde bewegliche Sache" handelt, § 242 StGB), die Handlung selbst (er muß wissen und wollen, daß er „wegnimmt", was z. B. nicht der Fall ist, wenn er glaubt, der Berechtigte habe ihm die Sache geschenkt), ferner die Vorstellung über die Art, wie der Erfolg eintritt, also den Kausalverlauf, und ggf. die besonderen Folgen der Tat, an die das Gesetz eine schwerere Strafe knüpft (z. B. Todesfolge bei Körperverletzung); insoweit muß ihm wenigstens Fahrlässigkeit zur Last fallen (§ 18 StGB).

Im Gegensatz zum Tatbestandsirrtum betrifft der *Verbotsirrtum* den Irrtum über die Rechtmäßigkeit des Handelns. Lange Zeit war nicht geregelt, ob für die Bestrafung des Täters erforderlich ist, daß er weiß oder wissen müßte, daß er rechtswidrig handelt (das sog. „Unrechtsbewußtsein" hat), oder ob sein Wissen nur die tatsächlichen Tatbestandsmerkmale umfassen muß. Im Gegensatz zur Rechtsprechung des RG wurde aber in neuerer Zeit fast einhellig für eine Bestrafung des Täters verlangt, daß er auch das *Unrechtsbewußtsein* hat, also weiß, daß er rechtswidrig handelt. Das Fehlen des Unrechtsbewußtseins schließt die Schuld (wenn auch nicht den Vorsatz) aus, es sei denn, der Irrtum ist vermeidbar. In diesem Falle ist der Täter strafbar, kann aber milder bestraft werden (§ 17 StGB).

Ob es sich um einen *Tatbestands-* oder einen *Verbotsirrtum* handelt, hängt davon ab, worauf sich der Irrtum bezieht. Ein Tatbestandsirrtum liegt auch vor, wenn die Kenntnis oder Nichtkenntnis Tatsachen betrifft, aus denen sich ein Rechtfertigungsgrund ergibt (z. B. Notwehr bei Angriff mit einer Holzpistole). Kennt der Täter dagegen den richtigen Sachverhalt, nimmt er aber irrig an, er stelle eine Notwehrlage dar und er dürfe schießen, so liegt ein bloßer *Verbotsirrtum* vor. Beruht der Tatbestandsirrtum auf Fahrlässigkeit, so bleibt der Täter bei Fahrlässigkeitsdelikten aus dieser Norm strafbar; sieht er irrig die Merkmale eines milderen Strafgesetzes als gegeben an (z. B. einfacher Diebstahl, obwohl an einer öffentlichen Kunstsammlung begangen), so kann er wegen vorsätzlicher Begehung nur nach dem milderen Gesetz bestraft werden (§ 16 Abs. 2 StGB).

Der Verbotsirrtum spielt insbesondere auf dem Gebiet der strafrechtlichen Nebengesetze (Wirtschaftsstrafrecht!) eine Rolle. Oft ist es für den Laien schwierig, die Rechtslage zu übersehen, so daß ihm aus der Unkenntnis einer Rechtsvorschrift nicht immer ein Schuldvorwurf gemacht werden kann (wohl aber, wenn ihm zuzumuten ist, sich über die Rechtslage zu informieren).

III. Strafausschließungsgründe

Liegt weder ein Rechtfertigungsgrund noch ein Schuldausschließungsgrund vor, so ist eine Straftat gegeben. Von der *Strafe* kann den Täter ein persönlicher *Strafausschließungsgrund* (z. B. Strafvereitelung unter Angehörigen, § 258 Abs. 6 StGB) oder *Strafaufhebungsgrund* (Rücktritt, tätige Reue, § 31 StGB) befreien. Der Unterschied zwischen Strafausschließungs- und Strafaufhebungsgründen ist der, daß erstere bereits z. Z. der Tat vorhanden sind und eine Bestrafung des Täters von vornherein ausschließen, letztere dagegen erst nach der Tat eintreten.

402. Verjährung

I. Nach Ablauf einer gewissen Zeit seit Begehung einer Straftat entfällt das Strafbedürfnis; die *Verfolgung* der Tat verjährt, was Ermittlungsbehörden und Gerichte (anders als bei der zivilrechtlichen Verjährung, 310) von Amts wegen zu berücksichtigen haben.

Ausgenommen sind nur die schwersten Delikte: *Mord* und *Völkermord* (§§ 211, 220a StGB). Für alle übrigen Straftaten gelten Verjährungsfristen, die nach der

Schwere der gesetzlichen Strafdrohung abgestuft sind (§ 78 StGB). Ist lebenslange Freiheitsstrafe angedroht, beträgt die Frist 30 Jahre, bei Höchststrafdrohung von mehr als 10 Jahren 20 Jahre, bei geringeren Strafdrohungen 10 bzw. 5 Jahre, bei den mildesten Strafdrohungen 3 Jahre (jeweils gerechnet ab Beendigung der Tat oder Eintritt des Erfolges). Die Verjährung wird *unterbrochen* durch bestimmte gegen den Täter gerichtete Amtshandlungen (Vernehmung des Beschuldigten, Beschlagnahme, Durchsuchung, Haftbefehl usw.); sie *ruht,* solange die Verfolgung aus gesetzlichen Gründen, z. B. wegen Immunität des Beschuldigten (59 IV; 61) gehindert ist. Vgl. §§ 78b, c StGB.

II. Auch die *Vollstreckung* einer rechtskräftig erkannten Strafe oder Maßregel (396) unterliegt aus ähnlichen Gründen der Verjährung. Ausgenommen sind Verurteilungen wegen Völkermordes sowie zu lebenslanger Freiheitsstrafe (§ 79 StGB).

Die Verjährungsfristen beginnen mit Rechtskraft der Entscheidung. Sie richten sich nach der Höhe der verhängten Strafe und betragen zwischen 3 und 25 Jahren (z. B. bei Geldstrafe bis zu 30 Tagessätzen 3 Jahre, bei höheren Geldstrafen und Freiheitsstrafe bis zu 1 Jahr 5 Jahre, bei höheren Freiheitsstrafen 10, 20 oder 25 Jahre). Bei Maßregeln der Besserung und Sicherung gelten Fristen von 5–10 Jahren (bei Sicherungsverwahrung keine Verjährung). Die Verjährung *ruht* (eine Unterbrechung gibt es hier nicht), solange der Vollstreckung gesetzliche Hinderungsgründe (s. o. I) entgegenstehen, ferner solange dem Verurteilten Strafaussetzung, Strafaufschub oder -unterbrechung oder bei Geldstrafe Teilzahlung o. dgl. gewährt ist (§ 79a StGB). Ausnahmsweise ist eine Verlängerung der Verjährungsfrist möglich (§ 79b StGB).

III. Für *Ordnungswidrigkeiten* (152) gelten entsprechende Regeln nach §§ 31–34 OWiG. Im Regelfalle (angedrohte bzw. verhängte Geldbuße bis 1000 DM) verjährt die Verfolgung in 6 Monaten, die Vollstreckung in 3 Jahren.

403. Einzelne Straftaten

Der Zweite Teil des StGB (§§ 80–358) behandelt die einzelnen Verbrechen und Vergehen und deren Bestrafung. Es können hier nur die wichtigsten kurz erwähnt werden.

Die Abschnitte 1–8 behandeln Friedensverrat, *Hochverrat,* Gefährdung des demokratischen Rechtsstaates, *Landesverrat,* Straftaten gegen ausländische Staatsmänner und gegen Hoheitszeichen ausländischer Staaten, Straftaten gegen Verfassungsorgane und Wahldelikte, Straftaten gegen die Landesverteidigung, *Widerstand gegen die Staatsgewalt,* Straftaten gegen die öffentliche Ordnung, Geld- und Wertzeichenfälschung. Gemeinsame Schutzzwecke sind der Bestand des Staates und die öffentliche Ordnung.

Staatsgeheimnisse i. S. der §§ 93ff. *(Landesverrat)* sind Tatsachen, Gegenstände oder Erkenntnisse (z. B. Schriften, Zeichnungen, Modelle oder Formeln oder Nachrichten darüber), die nur einem begrenzten Personenkreis zugänglich sind und vor einer fremden Macht geheimgehalten werden müssen, um die Gefahr eines schweren Nachteils für die äußere Sicherheit der BRep. abzuwenden. *Landesverrat* begeht, wer eine solche Gefahr dadurch herbeiführt, daß er ein Staatsgeheimnis einer fremden Macht mitteilt oder es sonst an einen Unbefugten gelangen läßt oder öffentlich bekannt macht, um die BRep. zu benachteiligen oder die fremde Macht zu begünstigen. Wer sich ein Staatsgeheimnis verschafft, um es zu verraten, wird wegen *Ausspähung* von Staatsgeheimnissen bestraft.

Während der Landesverrat sich gegen die äußere Sicherheit der BRep. richtet, ist *Hochverrat* (§§ 81 ff.) ein Angriff auf den inneren Bestand oder die verfassungsmäßige Ordnung der BRep. oder eines Bundeslandes mittels Gewalt oder Gewaltandrohung. Die *Gefährdung des demokratischen Rechtsstaates* (§§ 84 ff.) kann u. a. begangen werden durch Unterstützung illegaler Parteien, verbotene Propaganda, Vorbereitung von Sabotageakten in fremdem Auftrag, staatsgefährdende Störhandlungen an Fernmeldeeinrichtungen u. dgl. oder Zersetzungsversuche bei Bundeswehr oder öffentlichen Sicherheitsorganen, Verunglimpfung von Verfassungsorganen usw.

Nach §§ 109–109k werden als *Straftaten gegen die Landesverteidigung* bestraft: Wehrpflichtentziehung durch Verstümmelung oder Täuschung, Störpropaganda gegen die Bundeswehr, Wehrmittelbeschädigung, militärischer Nachrichtendienst, Abbildung militärischer Gegenstände, Anwerben für fremden Wehrdienst.

Unter dem Oberbegriff *Widerstand gegen die Staatsgewalt* faßt das StGB außer der eigentlichen Widerstandsleistung gegen Amtsträger, die sich in rechtmäßiger Amtsausübung befinden, eine Reihe weiterer Delikte zusammen: öffentliche Aufforderung zu Straftaten, Gefangenenbefreiung und Gefangenenmeuterei usw. Zu den *Delikten gegen die öffentliche Ordnung* zählen u. a. Hausfriedensbruch, Landfriedensbruch, Amtsanmaßung und Mißbrauch von Titeln, Nichtanzeige von Kapitalverbrechen (§ 138) und unerlaubtes Entfernen vom Unfallort (§ 142). Bildung *krimineller Vereinigungen* zur Begehung von Straftaten ist in § 129, Bildung *terroristischer Vereinigungen* zwecks Begehung von Tötungs-, schweren Freiheitsdelikten oder schweren gemeingefährlichen Straftaten in § 129 a unter Strafe gestellt; strafbar ist auch die Mitgliedschaft bei solchen Vereinigungen, ihre Unterstützung und die Werbung für sie. Nach § 130 ist wegen *Volksverhetzung* strafbar, wer die *Menschenwürde* anderer durch Aufstachelung zum Haß gegen Teile der Bevölkerung, Aufforderung zu Gewaltmaßnahmen gegen sie, Verleumdung oder böswilliges Verächtlichmachen angreift. Nach § 131 a wird bestraft, wer durch eine Schrift zu bestimmten, in § 126 bezeichneten Strafen anleitet. Die Aufstachelung zum Rassenhaß in Schriften oder sonstigen Darstellungen stellt § 131 unter Strafe.

Es folgen in den Abschnitten 9–13 Verstöße gegen die Eides- und Wahrheitspflicht vor Gericht, falsche Verdächtigung, Religionsvergehen, Straftaten gegen Personenstand, Ehe und Familie, Delikte gegen die sexuelle Selbstbestimmung (sexueller Mißbrauch von Kindern, Schutzbefohlenen, Anstaltsinsassen; Vergewaltigung, Förderung der Prostitution, Zuhälterei usw.).

In den Abschnitten 14–26 werden Ehre, Leben, körperliche Unversehrtheit, persönliche Freiheit und Eigentum des Staatsbürgers sowie der persönliche Lebens- und Geheimbereich unter Schutz und Verletzungen (Beleidigung, Körperverletzung, Freiheitsberaubung usw.) unter Strafe gestellt. Alsdann folgen in Abschnitt 27 gemeingefährliche Straftaten (z. B. Brandstiftung), in Abschnitt 28 Straftaten gegen die Umwelt und in Abschnitt 29 Amtsverfehlungen.

Als Straftaten gegen das Leben stellt das StGB *Mord* (wenn Tatmotiv, Tatausführung oder Tatzweck besonders verwerflich ist) und *Totschlag* unter Strafe, ferner Tötung auf Verlangen und Kindestötung (durch die uneheliche Mutter) sowie den unerlaubten Schwangerschaftsabbruch (vgl. 409 a. E.) und den *Völkermord*.

Wegen *Verschleppung* wird nach dem durch Ges. zum *Schutz der persönlichen Freiheit* vom 15. 7. 1951 (BGBl. I 448) eingefügten § 234 a StGB bestraft, wer einen anderen durch List, Drohung oder Gewalt in ein Gebiet außerhalb der BRep. verbringt und dadurch der Gefahr aussetzt, aus politischen Gründen verfolgt zu werden und Schaden an Leib oder Leben zu erleiden. Dasselbe Gesetz fügte § 241 a ein, der die *politische Verdächtigung* unter Strafe stellt, wenn sie mit der Gefahr einer Schädigung von Leib, Leben oder Freiheit verbunden ist.

Dem Schutz des Individualbereichs dienen u. a. die Strafvorschriften gegen Verletzung des Briefgeheimnisses (§ 202) und des Berufsgeheimnisses (durch Ärzte, Rechtsanwälte usw.; § 203) sowie gegen das unbefugte Abhören des nicht öffentlich gesprochenen Wortes, z. B. eines Telefongesprächs, und dessen Aufnahme auf einen Tonträger sowie Benutzung oder Weitergabe der Aufnahme (§ 201).

Diebstahl liegt vor, wenn jemand eine fremde bewegliche Sache einem anderen in der Absicht rechtswidriger Zueignung wegnimmt (Gewahrsamsbruch). Schwerer Diebstahl ist i. d. R. beim Einbruch, Einsteigen sowie bei Wegnahme besonders geschützter Behältnisse gegeben (§§ 242, 243). Unbefugter Gebrauch fremder Fahrräder und Kraftfahrzeuge ist nach § 248 b strafbar (strafbarer Sonderfall des ansonsten straflosen *furtum usus*). *Raub* ist Diebstahl unter Anwendung von Gewalt (§ 249). *Unterschlagung* ist die rechtswidrige Zueignung einer Sache, die der Täter im Besitz oder Gewahrsam hat (§ 246). Diebstahl und Unterschlagung sind, wenn unter Familien- oder Haushaltsangehörigen begangen, Antragsdelikte; grundsätzlich ebenso, wenn an geringwertigen Sachen begangen (§§ 247, 248 a).

Erpressung liegt vor, wenn jemand einen anderen gewaltsam oder durch Drohung rechtswidrig zu einer Handlung, Duldung oder Unterlassung nötigt, um sich oder einen Dritten zu Unrecht zu bereichern (§ 253). Dagegen zählt *kidnapping* (erpresserischer Menschenraub, Geiselnahme, §§ 239 a, b) zu den Delikten gegen die persönliche Freiheit und *Luftpiraterie* (§ 316 c) zu den gemeingefährlichen Delikten.

Begünstigung begeht, wer nach Ausführung einer rechtswidrigen Tat dem Täter Beistand leistet, um ihm die Vorteile der Tat zu sichern. Wegen *Strafvereitelung* macht sich strafbar, wer absichtlich oder wissentlich die Strafverurteilung eines anderen oder die Strafvollstreckung verhindert, außer wenn er (auch) im eigenen Interesse oder dem eines Angehörigen handelt. *Hehler* ist, wer in Bereicherungsabsicht Sachen, die ein anderer durch ein rechtswidriges Vermögensdelikt erlangt hat, ankauft oder sonst an sich bringt oder abzusetzen hilft (§§ 257–262).

Betrug liegt vor, wenn jemand in der Absicht, sich oder einem Dritten einen rechtswidrigen Vermögensvorteil zu verschaffen, das Vermögen eines anderen durch Irrtumserregung schädigt (§§ 263 ff.). Sonderfälle sind der *Computerbetrug* (§ 263 a), der *Kapitalanlagebetrug* (§ 264 a), *Subventionsbetrug* und der *Kreditbetrug*, durch den der Täter mittels falscher Angaben oder sonstiger unerlaubter Manipulationen Subventionen oder Kredite öffentlicher Behörden oder sonstiger Vergabestellen zu erlangen sucht (§§ 264, 265 b).

Der *Mißbrauch von Scheck- und Kreditkarten* ist nach § 266 b strafbar.

Urkundenfälschung ist die Verfälschung echter oder die Anfertigung unechter rechtserheblicher Urkunden oder das Gebrauchmachen von ihnen zur Täuschung im Rechtsverkehr (§ 267). Ein Sonderfall ist die Fälschung beweiserheblicher Daten in einem Computer (§ 269).

Der 24. Abschnitt (§§ 283–283 d) stellt *Konkursdelikte* unter Strafe, insbesondere betrügerischen *Bankrott*, Vernachlässigung von Buchführungs- und Bilanzpflichten im Falle nachfolgender Zahlungseinstellung sowie Gläubiger- und Schuldnerbegünstigung.

Unter *strafbarem Eigennutz* versteht das StGB u. a. Jagd- und Fischwilderei, unerlaubtes öffentliches oder gewerbsmäßiges Glücksspiel, Vollstreckungsvereitelung und Pfandkehr. Wegen *Wuchers* macht sich strafbar, wer sich unter Ausbeutung der Zwangslage, der Unerfahrenheit, des Mangels an Urteilsvermögen oder erheblicher Willensschwäche eines anderen bei der Kreditgewährung, Wohnraumvermietung oder einer sonstigen Leistung oder bei deren Vermittlung unverhältnismäßige Vorteile verschafft (§ 302a).

Sachbeschädigung ist die vorsätzliche und rechtswidrige Beschädigung oder Zerstörung einer fremden Sache (§ 303; grundsätzlich Antragsdelikt; zudem durch *Privatklage* verfolgbar). Strafbar ist auch, wer rechtswidrig in einem Computer Daten löscht, unbrauchbar macht oder verändert (§ 303a). Spezielle Formen der Sachbeschädigung, wie die Zerstörung von Bauwerken und die Zerstörung wichtiger Arbeitsmittel oder von Kraftfahrzeugen der Polizei oder Bundeswehr werden nach den §§ 305 und 305a bestraft. Unter Strafe gestellt ist ferner die *Computersabotage,* d. h. die Störung der Datenverarbeitung eines anderen Unternehmens (§ 303b).

Unter *schwerer Brandstiftung* versteht man das vorsätzliche Inbrandstecken von Gebäuden, Schiffen, Hütten, die zur menschlichen Wohnung dienen, oder von Räumlichkeiten, die dem zeitweisen Aufenthalt von Menschen dienen. Einfache Brandstiftung liegt vor, wenn andere Gebäude, Vorräte, Früchte auf dem Feld, Waldungen oder Moore in Brand gesteckt werden, falls sie entweder dem Täter nicht gehören oder falls bewohnte Räume gefährdet werden. Auch fahrlässige Brandstiftung ist strafbar. Vgl. §§ 306ff. Zu den gemeingefährlichen Delikten gehören ferner u. a. die Herbeiführung einer gemeingefährlichen Explosion oder Überschwemmung, die Gefährdung des Transport- oder des Straßenverkehrs sowie das Führen von Fahrzeugen trotz Trunkenheit (§§ 315–316), die Begehung strafbedrohter Handlungen im verschuldeten *Vollrausch* (§ 323a), der Autostraßenraub und die Gefährdung öffentlicher Betriebe wie Eisenbahn, Post usw. oder des Fernmeldebetriebs.

Die durch das Ges. zur Bekämpfung der *Umweltkriminalität* (193 I 2) eingefügten §§ 324ff. stellen u. a. unter Strafe: bestimmungswidrige Verunreinigung von Gewässern oder der Luft, unerlaubten Umgang mit Kernbrennstoffen, unerlaubtes Betreiben einer genehmigungspflichtigen Anlage, umweltgefährdende Abfallbeseitigung.

Als *Straftat im Amt* wird insbesondere die (aktive) *Bestechung* bestraft, d. h. das Versprechen, Anbieten oder Gewähren von Geschenken oder anderen Vorteilen an Amtsträger, um sie zu pflichtwidrigen Handlungen zu bestimmen. Strafbar ist aber auch die *Vorteilsgewährung* für eine Ermessenshandlung. Strafbare *Vorteilsannahme* ist die Annahme, das Fordern oder Versprechenlassen von Geschenken oder anderen Vorteilen für nicht pflichtwidrige Handlungen, *Bestechlichkeit* die Annahme usw. für pflichtwidrige Handlungen durch Amtsträger (§§ 331–334). Weitere Amtsdelikte sind die Verletzung des Dienstgeheimnisses, Falschbeurkundung, Gebührenüberhebung usw. Wegen des speziellen strafrechtlichen Amtsträgerbegriffs vgl. 153.

404. Strafrechtliche Nebengesetze

Neben dem StGB gibt es eine Reihe von Gesetzen, die strafrechtliche Bestimmungen enthalten und insoweit als Strafgesetze den Regeln des Allgemeinen Teils des StGB (394) unterliegen. Strafrechtliche Vorschriften enthalten z. B. die *Gewerbeordnung* (183 I), das *Depotgesetz* (384), das *Gesetz gegen den unlauteren Wettbewerb* (383), das *Urheberrechtsgesetz* (386), die *Pressegesetze* (392). Dazu treten die Bestimmungen über den *Straßenverkehr* (vgl. 195), die Gesetze des Steuerrechts, der Sozialversicherung und des Wirtschaftsrechts (vgl. 501ff., 651ff., 836).

Weiter sind zu nennen: das Ges. über explosionsgefährliche Stoffe – *Sprengstoffgesetz* – i. d. F. vom 17. 4. 1986 (BGBl. I 577) nebst 1.–5. DVO vom 23. 11. 1977 (BGBl. I 2141, 2189) – 1. DVO jetzt i. d. F. vom 10. 3. 1987, (BGBl. I 793) –, vom 23. 6. und 14. 4. 1978 (BGBl. I 783, 503) sowie vom 31. 10. 1984 (BGBl. I 1323) – teils m. spät. Änd. –, das Ges. über den Verkehr mit Betäubungsmitteln *(Betäubungsmittelgesetz)* vom 28. 7. 1981 (BGBl. I 681, 1187) mit spät. Änd., das *Waffengesetz* i. d. F. vom 8. 3. 1976 (BGBl. I 432) nebst 1.–6. DVO vom 10. 3. 1987 (BGBl. I 777), vom 13. 12. 1976 (BGBl. I 3387), vom 20. 12. 1980 (BGBl. I 2344), vom 19. 7. 1976 (BGBl. I 1810), vom 11. 8. 1976 (BGBl. I 2117) und vom 18. 6. 1985 (BGBl. I 1150), das *Vereinsgesetz* vom 5. 8. 1964 (BGBl. I 593) m. spät. Änd. nebst DVO vom 28. 7. 1966 (BGBl. I 457), das Gesetz über die Verbreitung *jugendgefährdender Schriften* i. d. F. vom 12. 7. 1985 (BGBl. I 1502) nebst DVO i. d. F. vom 23. 8. 1962 (BGBl. I 597), beide m. spät. Änd., das *Tierschutzgesetz* vom 18. 8. 1986 (BGBl. I 1319); das *Lebensmittel- und Bedarfsgegenständegesetz* vom 15. 8. 1974 (BGBl. I 1946); das *Weingesetz* vom 14. 7. 1971 (BGBl. I 893) i. d. F. vom 27. 8. 1982 (BGBl. I 1196) nebst WeinVO i. d. F. vom 4. 8. 1983 (BGBl. I 1078) m. spät. Änd., Schaumwein-BranntweinVO und Wein-ÜberwachungsVO vom 15. 7. 1971 (BGBl. I 939, 951) – jeweils m. spät. Änd. –; das *Bundesjagdgesetz* i. d. F. vom 29. 9. 1976 (BGBl. I 2849), das *Bundesnaturschutzgesetz* vom 20. 12. 1976 (BGBl. I 3574), das *Milchgesetz* vom 31. 7. 1930 (RGBl. I 421) sowie das *Milch- und Fettgesetz* i. d. F. vom 10. 12. 1952 (BGBl. I 811) mit zahlreichen späteren Änderungen.

Hinzu kommen Vorschriften des *Landesrechts* (vgl. 405). Über das *Wirtschaftsstrafgesetz* 1954 vgl. 836.

405. Das Landesstrafrecht

Dem *Landesrecht* ist auf dem Gebiet des Strafrechts, das gemäß Art. 74 Nr. 1 GG der konkurrierenden Gesetzgebung des Bundes unterliegt (vgl. 55 II), ein weiter Raum verblieben. Zwar gibt die Zuständigkeit für das Strafrecht dem Bundesgesetzgeber das Recht, jeden Tatbestand zu erfassen, der nach seinem Ermessen als strafwürdig zu erachten ist, ohne daß er dabei auf die Gebiete beschränkt wäre, für die sonst seine Zuständigkeit gegeben ist (h. M.). Soweit der Bund aber von dieser Kompetenz keinen Gebrauch macht, können die Länder Strafgesetze erlassen.

Für das Landesrecht gilt, soweit keine Sonderregelung zugelassen und ergangen ist, der *Allgemeine Teil* des StGB (394). Es darf jedoch Freiheitsstrafe nur von mindestens 1 Monat und im Höchstmaß zwischen 6 Monaten und 2 Jahren oder Geldstrafe (beide Strafarten nur wahlweise, nicht einzeln) sowie Einziehung androhen; für das Abgabenstrafrecht sowie das Feld- und Forstschutzrecht gelten Sonderbestimmungen (Art. 1 Abs. 2, Art. 3, 4 EGStGB vom 2. 3. 1974).

Auf dem Gebiet des *Jagdrechts* überläßt das Bundesjagdgesetz (vgl. 335) als Rahmengesetz gemäß Art. 75 Nr. 3 GG (vgl. 55) den Ländern in vielen Punkten Ausführungsbestimmungen, wobei die Vorschriften des BJagdG als Mindestbestimmungen anzusehen sind. Alle Länder haben eigene Jagdgesetze erlassen. Auf dem Gebiet der *Forstwirtschaft* hat der Bund konkurrierende Gesetzgebungsbefugnis nur zur Förderung der Erzeugung und Regelung der Ein- und Ausfuhr (Art. 74 Nr. 17 GG). Es gelten daher die von den Ländern erlassenen *Forstgesetze* auch mit ihrem strafrechtlichen Inhalt nach Maßgabe des Art. 4 EGStGB vom

2. 3. 1974 weiter. Landesstrafrecht besteht aber auch auf anderen Gebieten. In Bayern sind zahlreiche landesstrafrechtliche Bestimmungen im Landesstraf- und Verordnungsgesetz i. d. F. vom 13. 12. 1982 (GVBl. 1098) zusammengefaßt.

Bei den *Landessteuergesetzen* gelten im übrigen für das Strafrecht im wesentlichen gleiche Grundsätze wie für das bundesrechtliche Steuerstrafrecht (515).

406. Blutalkohol im Straßenverkehr. Blutprobe

Wegen der Gefährdung, die sich für den öffentlichen Verkehr durch *Fahren unter Alkoholeinwirkung* ergibt, ist schon das Führen von Fahrzeugen im Verkehr in fahruntüchtigem Zustand unter Strafe gestellt. Auch wenn es nicht zu einem Unfall kommt, wird nach § 316 StGB mit Freiheitsstrafe bis zu einem Jahr oder mit Geldstrafe bestraft, wer ein *Fahrzeug* im Zustand der Trunkenheit führt. Hat ein Fahrzeugführer im Trunkenheitszustand oder einem sonstigen Rauschzustand andere Personen oder bedeutende fremde Sachwerte in Gefahr gebracht, wird die Gefährdung des Verkehrs höher bestraft (§§ 315a, c, d StGB). Das Führen eines *Kraftfahrzeugs* trotz eines Blutalkoholgehalts von 0,8‰ oder mehr, wird in § 24a StVG als Ordnungswidrigkeit mit Geldbuße bedroht, auch wenn keine Trunkenheit i. S. des § 316 StGB nachweisbar oder kein Unfall geschehen ist.

Nach der Rechtsprechung ist für Autofahrer ebenso wie früher schon für Kraftradfahrer ab 1,3 ‰ Blutalkoholgehalt unwiderleglich *absolute* Fahruntüchtigkeit anzunehmen. Jedoch kann auch schon ein geringerer Alkoholgehalt die Feststellung der (relativen) Fahruntüchtigkeit begründen, wenn äußere Umstände, wie z. B. Fahren in Schlangenlinien oder sonstige Unsicherheiten in der Fahrweise, darauf hindeuten; auch bei Hinzutreten anderer Faktoren (wie Übermüdung, Krankheit, Medikamenteneinnahme) kann diese Feststellung begründet sein.

Für die Feststellung der *Fahruntüchtigkeit* bietet die *Blutprobe* ein wichtiges Beweismittel. Nach §§ 81a, c StPO kann eine körperliche Untersuchung von einem Richter und, wenn eine Verzögerung den Untersuchungszweck gefährden würde, auch vom Staatsanwalt oder einem Hilfsbeamten der StA (171) angeordnet werden. Sie ist bei Verkehrsunfällen i. d. R. zulässig.

Widersetzt sich ein Tatverdächtiger der Blutentnahme, so kann *unmittelbarer Zwang* angewendet werden; dagegen kann der sog. *Alkoholtest* (Blasen in ein Teströhrchen) nicht gefordert werden. Ist bei einer Person, die als Zeuge in Betracht kommt (und die kein Zeugnisverweigerungsrecht hat, §§ 52ff. StPO), die Blutalkoholprobe zur Wahrheitsfeststellung unerläßlich, so darf unmittelbarer Zwang angeordnet werden, aber nur durch den Richter und erst dann, wenn ein nach § 70 StPO festgesetztes Ordnungsgeld erfolglos war oder wenn Gefahr im Verzug ist (§ 81c StPO).

Die Feststellung des Alkoholgehalts im Blut wird i. d. R. zur besseren Kontrolle nach zwei Methoden (Widmark und ADH) durchgeführt.

407. Entziehung der Fahrerlaubnis. Fahrverbot

Wird jemand wegen einer rechtswidrigen Tat, die er als Führer oder im Zusammenhang mit der Führung eines Kraftfahrzeugs (Kfz.) oder unter Verletzung der dem Führer eines Kfz. obliegenden Pflichten begangen hat, zu Strafe verurteilt oder nur wegen Schuldunfähigkeit freigesprochen, so *entzieht* ihm das *Gericht* die *Fahrerlaubnis,* wenn er sich durch die Tat als ungeeignet zum Führen eines Kfz. erwiesen hat; es ordnet zugleich an, daß für bestimmte Zeit (6 Monate bis 5 Jahre) oder für immer keine neue Fahrerlaubnis erteilt werden darf *(Sperre).* §§ 69ff. StGB.

Als ungeeignet zum Führen von Kraftfahrzeugen sind i. d. R. Personen anzusehen, die ein Delikt der Gefährdung des Straßenverkehrs (§ 315c StGB), der *Trunkenheit im Verkehr* (§ 316 StGB), des unerlaubten Entfernens vom Unfallort (§ 142 StGB) mit schwereren Folgen oder eines dieser Delikte in Volltrunkenheit (§ 323a StGB) begangen haben.

Die vergleichsweise mildere Maßnahme gegen Kraftfahrer ist das *Fahrverbot* (§ 44 StGB). Wird jemand wegen einer Straftat, die er beim Führen eines Kfz. begangen hat, zu Freiheitsstrafe oder Geldstrafe verurteilt, so kann ihm das Gericht für die Dauer von einem bis zu drei Monaten verbieten, Kraftfahrzeuge zu führen. Dieses Fahrverbot hat nicht die Entziehung der Fahrerlaubnis zur Folge. Auch bei Verkehrs*ordnungswidrigkeiten,* die mit *Geldbuße* geahndet werden können, läßt § 25 StVG ein *Fahrverbot der Verwaltungsbehörde* zu, wenn ein Kraftfahrer sie unter *grober oder beharrlicher* Verletzung seiner Verkehrspflicht begangen hat. Ein Fahrverbot soll i. d. R. verhängt werden, wenn der Täter trotz eines Blutalkoholgehalts von 0,8‰ ein Kfz. geführt hat; das gleiche gilt, wenn bei einem Trunkenheitsdelikt ausnahmsweise die Entziehung der Fahrerlaubnis unterbleibt (§§ 24a, 25 StVG, § 44 Abs. 1 S. 2 StGB).

Eine weitere Möglichkeit zur *Entziehung der Fahrerlaubnis* besteht nach § 4 StVG, § 15b StVZO. Die *Verwaltungsbehörde* muß die Fahrerlaubnis entziehen, wenn sich jemand als ungeeignet zum Führen von Kfz. erweist. Die Entziehung durch die Verwaltungsbehörde wird i. d. R. angeordnet, wenn körperliche oder geistige Mängel des Inhabers der Fahrerlaubnis festgestellt werden (bei nur bedingter Eignung ist statt der Entziehung eine *Beschränkung* der Fahrerlaubnis zulässig). Dieses Verfahren setzt keine Straftat voraus; es kann aber z. B. eingeleitet werden, wenn (nichtverkehrsrechtliche) Straftaten die Ungeeignetheit zum Führen von Kfz. ergeben haben. Richtlinien zur Feststellung, ob jemand wegen wiederholter Verkehrszuwiderhandlungen zum Führen eines Kfz. ungeeignet ist, gibt die Allgem. Verwaltungsvorschrift vom 3. 1. 1974 (BAnz. Nr. 8) durch ein „Mehrfachtäter – Punktsystem". Kommt die Entziehung der Fahrerlaubnis wegen einer Straftat in Betracht, so hat das deswegen eingeleitete Strafverfahren den Vorrang. Will die Verwaltungsbehörde in dem von ihr eingeleiteten *Entziehungsverfahren* einen Sachverhalt verwerten, der Gegenstand der Urteilsfindung in einem Strafverfahren war, so darf sie in der Tatsachenfeststellung sowie in der Frage der Täterschuld und der Eignung zum Führen eines Kfz. von dem Urteil nicht zum Nachteil des Betroffenen abweichen. Schweigt das Urteil über die Entziehung, so hat die Verwaltungsbehörde freie Hand.

408. Verkehrszentralregister

Auf Grund der §§ 6, 28, 29 StVG regeln die §§ 13–13d StVZO die *karteimäßige Erfassung* rechtskräftiger Entscheidungen der Strafgerichte und Verwaltungsbehörden, die auf Entziehung der Fahrerlaubnis, Verhängung eines Fahrverbots oder auf Geldbuße von mindestens

80 DM für Verkehrsordnungswidrigkeiten lauten; ferner werden gerichtliche Verurteilungen wegen einer Verkehrsstraftat sowie die Versagung einer Fahrerlaubnis durch die Verwaltungsbehörde, Verzicht, Rücknahme u. dgl. vermerkt.

Einzutragende *Verkehrsstraftaten* sind insbesondere Straßenverkehrsgefährdung, Trunkenheit im Verkehr, Körperverletzung, Fahren ohne Fahrerlaubnis, unerlaubtes Entfernen vom Unfallort, Kennzeichenmißbrauch.

Das Register wird vom *Kraftfahrt-Bundesamt* in Flensburg geführt, das durch Ges. vom 4. 8. 1951 (BGBl. I 488) als Bundesoberbehörde für den Straßenverkehr eingerichtet worden ist.

Auskunft aus dem Register erhalten nur die Gerichte und Behörden, die mit der Verfolgung von Verkehrsstraftaten oder -ordnungswidrigkeiten, mit Verwaltungsmaßnahmen auf Grund der Verkehrsgesetze u. dgl. befaßt sind (§ 30 StVG) sowie der Betroffene selbst. Bestimmte Daten, wie z. B. die Versagung oder Entziehung einer Fahrerlaubnis können von den Fahrerlaubnisbehörden und der Polizei vom Verkehrszentralregister im automatisierten Verfahren abgerufen werden (*Zentrales Verkehrsinformations-System – ZEVIS* – s. § 30a StVG).

Die Eintragungen werden i. d. R. nach 2 Jahren bei Entscheidungen wegen einer Ordnungswidrigkeit sowie bei Jugendstrafen bis zu 1 Jahr mit Strafaussetzung *getilgt*; nach 5 Jahren bei Geldstrafe, Freiheitsstrafe bis zu 3 Monaten oder Jugendstrafen in anderen Fällen, bei Entziehung der Fahrerlaubnis auf Zeit oder Fahrverbot nach § 44 StGB; sonst in 10 Jahren. Sie unterbleibt, solange eine neue Fahrerlaubnis nicht erteilt werden darf; dasselbe gilt, solange eine strafgerichtliche Entscheidung eingetragen ist, für die übrigen Eintragungen, bei Eintragungen über Ordnungswidrigkeiten hins. der übrigen Vermerke über Ordnungswidrigkeiten. Eintragungen sind spätestens zu tilgen, wenn der Strafvermerk nach den Strafregistervorschriften (221) getilgt wird.

409. Strafrechtsreform

Das StGB von 1871 ging in seinem Kern auf das preuß. Gesetz von 1851 zurück (vgl. 394); es entsprach seit langem in manchen Teilen nicht mehr fortschrittlichen Rechtsauffassungen. Bereits vor Jahrzehnten eingeleitete *Reformbestrebungen* brachten zunächst nur Änderungen und Ergänzungen einzelner Teile. Die seit 1953 vom Bundesjustizminister erneut eingeleiteten Vorarbeiten zu einer grundlegenden Reform und die Ergebnisse der aus Vertretern der Wissenschaft und Strafrechtspraxis gebildeten *Großen Strafrechtskommission* führten im Jahre 1962 zum Entwurf eines neuen StGB. der jedoch bei den Beratungen im Bundestag wesentlich umgestaltet wurde. Die bereits durch das 2. Strafrechtsreformgesetz vom 4. 7. 1969 (BGBl. I 717) eingeleitete Neufassung des Allgemeinen Teils und die Anpassung des Besonderen Teils durch das EGStGB vom 2. 3. 1974 (BGBl. I 469) sowie die Neufassung des gesamten StGB vom 2. 1. 1975 (BGBl. I 1) bildeten den Abschluß der Reformarbeiten.

Das *neue StGB* berücksichtigt die Entwicklung der Strafrechtswissenschaft und -rechtsprechung und bringt die geltenden Vorschriften mit den heutigen

Rechtsauffassungen in Einklang (z. B. in der Frage der Schwangerschaftsunterbrechung, der Bestrafung von Sexualdelikten). Es trägt ferner der fortschreitenden Technisierung unseres Lebens (Tonbandaufnahmen, Mißbrauch radioaktiver Substanzen usw.) Rechnung. Auch sind alle Strafvorschriften auf die Strafwürdigkeit der normierten Tatbestände hin überprüft worden, namentlich im Hinblick auf die Abgrenzung zum Ordnungsunrecht (152). Einige Reformvorschläge waren schon vorher im Wege der sog. *Novellengesetzgebung* verwirklicht worden, so durch das Ges. zum Schutz gegen Mißbrauch von Tonaufnahme- und Abhörgeräten vom 22. 12. 1967 (BGBl. I 1360) und die Änderung des politischen Strafrechts durch das 8. Strafrechtsänderungsgesetz vom 25. 6. 1968 (BGBl. I 741). Das 1. Strafrechtsreformgesetz vom 25. 6. 1969 (BGBl. I 645) hat Zuchthaus, Gefängnis, Einschließung und Haft zu einer einheitlichen *Freiheitsstrafe* zusammengefaßt und im Bereich des *Sexualstrafrechts* u. a. die Tatbestände des Ehebruchs, der Sodomie und der Homosexualität unter Erwachsenen beseitigt. Die Bestimmungen über Landfriedensbruch, Auflauf, Aufruhr und Widerstand gegen die Staatsgewalt sind durch das 3. Strafrechtsreformgesetz vom 20. 5. 1970 (BGBl. I 505) unter Berücksichtigung der Demonstrationsfreiheit umgestaltet und z. T. aufgehoben worden. Das (mit den Änderungen durch das EGStGB) am 1. 1. 1975 in Kraft getretene 2. Strafrechtsreformgesetz vom 4. 7. 1969 (BGBl. I 717) setzte das Mindestmaß der Freiheitsstrafe auf 1 Monat fest und sah für die Geldstrafe das *Tagessatzsystem* vor, bei geringen Geldstrafen die *Verwarnung mit Strafvorbehalt* und für Ausnahmefälle das Absehen von Strafe, wenn höchstens 1 Jahr Freiheitsstrafe verwirkt ist. Über den Wegfall der Übertretungen s. 395. Die Maßregeln der Besserung und Sicherung (396 IV) wurden erweitert um die *Führungsaufsicht* und die Unterbringung von schwer Persönlichkeitsgestörten in einer *sozialtherapeutischen Anstalt*, die allerdings schon vor ihrer Umsetzung in die Praxis (vorgesehen war der 1. 1. 1985) als gerichtliche Maßnahme wieder beseitigt wurde (s. Ges. vom 20. 12. 1984, BGBl. I 1654). Die Verjährungsfristen sind schon durch das 9. StrafrechtsÄndG vom 4. 8. 1969 (BGBl. I 1065) verlängert und für *Völkermord* – durch das 16. StrafrechtsÄndG vom 16. 7. 1979 (BGBl. I 1046) auch für die *lebenslange Freiheitsstrafe* – überhaupt gestrichen worden.

Das 4. Strafrechtsreformgesetz vom 23. 11. 1973 (BGBl. I 1725) brachte weitgehende Änderungen im Bereich der Straftaten gegen die Sittlichkeit und gegen Ehe und Familie. Der Begriff der „Unzucht" wurde durch den wertfreien Begriff der „sexuellen Handlungen" ersetzt; die Strafvorschriften richten sich seither gegen die sexuelle Selbstbestimmung. Die Strafbarkeit der Verbreitung unzüchtiger Schriften ist auf den Schutz von Jugendlichen und auf andere wirklich strafwürdige Fälle beschränkt; verboten ist sadistische, pädophile und sodomitische Pornographie. Vergewaltigung u. a. schwere Sittlichkeitsdelikte sind mit strengeren Strafen bedroht.

Unter den wichtigen Neuerungen, die das EGStGB vom 2. 3. 1974 brachte, ist hervorzuheben, daß allgemein die Verhängung von Geld- neben Freiheitsstrafe gestattet ist, wenn der Täter sich durch die Tat vorsätzlich bereichert (oder dies versucht) hat. Andererseits ist die Verfolgung von Vermögensdelikten (Diebstahl, Unterschlagung, Betrug) in Bagatellfällen von einem Strafantrag (277) abhängig gemacht worden. Mit den Änderungen des Besonderen Teils des StGB verbindet das EGStGB eine Bereinigung und Anpassung des *Nebenstrafrechts*, aus dem einige Tatbestände (z. B. Geheimnisbruch) in das StGB als generelle Regelung übernommen wurden.

Eines der schwierigsten Reformvorhaben war die Lösung des strafrechtlichen Problems der Schwangerschaftsunterbrechung (§ 218 StGB). Die Änderung der Vorschrift durch das 5. StrafrechtsreformG vom 18. 6. 1974 (BGBl. I 1297) legalisierte die auch bisher in der Rechtsprechung anerkannte medizinische Indikation und erweiterte sie um die eugenische Indikation. Die darüber hinaus zugelassene Schwangerschaftsunterbrechung binnen 12 Wochen seit Empfängnis wurde vom BVerfG (BGBl. 1975 I 625) als mit dem grundgesetzlich garantierten Recht auf Leben unvereinbar erklärt. Auf Grund der vom BVerfG gegebenen, an Art. 2 Abs. 2 GG orientierten Begrenzung traf das 15. Strafrechtsänderungsgesetz vom 18. 5. 1976 (BGBl. I 1213) sodann eine neue Regelung über die Zulässigkeit des Schwangerschaftsabbruchs (nach einem Beratungsverfahren) in 4 Fällen: zur Abwendung einer Lebensgefahr oder einer schweren Gesundheitsschädigung der Schwangeren *(medizinische Indikation)*, binnen 22 Wochen seit Empfängnis zur Verhütung erbkranken und daher unzumutbaren Nachwuchses *(eugenische Indikation)*, binnen 12 Wochen seit Empfängnis nach schwerer Sexualstraftat *(ethische Indikation)* und binnen gleicher Frist zur Abwendung einer sonst nicht zu beseitigenden, unzumutbaren Notlage der Schwangeren infolge außergewöhnlicher Belastung *(soziale Indikation)*.

Weitere wesentliche Neuerungen brachten das 16. Strafrechtsänderungsgesetz vom 16. 7. 1979 (BGBl. I 1046), durch das Mord für unverjährbar erklärt wurde, sowie das 18. Strafrechtsänderungsgesetz vom 28. 3. 1980 (BGBl. I 373), das den strafrechtlichen Schutz der Umwelt neu regelte. Das Strafaussetzungssystem wurde durch Einbeziehung der lebenslangen Freiheitsstrafe (§ 57a StGB) im 20. Strafrechtsänderungsgesetz vom 8. 12. 1981 (BGBl. I 1329) sowie durch die Möglichkeit, die Vollstreckung des Restes der Freiheitsstrafe nach Verbüßung der Hälfte der Strafe zur Bewährung auszusetzen (23. Strafrechtsänderungsgesetz vom 13. 4. 1986, BGBl. I 393) erweitert. Durch das 23. StÄG wurde außerdem die allgemeine Rückfallvorschrift des § 48 StGB zugunsten des flexibleren § 46 StGB gestrichen.

Zur Reform des *Jugendstrafrechts* s. 290.

Vierter Teil

Wehrrecht

451. Entwicklung des neuen Wehrrechts

Auf Grund der *Pariser Verträge* (vgl. 915) ist die BRep. verpflichtet, zur Verteidigung der Freien Welt beizutragen. Zur Verwirklichung dieser Verpflichtung und zur Einleitung der *Wehrgesetzgebung* erging zunächst das Gesetz über die vorläufige Rechtsstellung der Freiwilligen in den Streitkräften *(Freiwilligengesetz)* vom 23. 7. 1955 (BGBl. I 449). Dieses Gesetz stellte eine *Übergangslösung* dar, um die Bereitschaft der BRep. zur gemeinsamen Verteidigung dem Ausland gegenüber erkennen zu lassen und um durch Auswahl und Ausbildung von Freiwilligen die Aufstellung von (Lehr-)*Kadern* (Truppenstammbestand) der Bundeswehr vorzubereiten.

Zu diesem Zweck wurde die gesetzlich festgesetzte Höchstzahl von 6000 freiwilligen Soldaten eingestellt, die für die internationalen Stäbe, für Lehrgänge, zum Aufbau militärischer Einrichtungen und für militärfachliche Aufgaben im Bereich des BMVg. bestimmt waren. Das Gesetz regelte die Wertung der Probezeit als *Eignungsübung,* das Ruhen des bisherigen *Arbeitsverhältnisses* und den *Kündigungsschutz*. Das FreiwG wurde abgelöst durch das *SoldatenG* (s. u.), seine Bestimmungen über die Sicherung des Arbeitsplatzes durch das Ges. über den Einfluß von Eignungsübungen der Streitkräfte auf Vertragsverhältnisse der Arbeitnehmer und Handelsvertreter sowie auf Beamtenverhältnisse vom 20. 1. 1956 (BGBl. I 13). Dieses sog. *Eignungsübungsgesetz* hält für die zu einer Übung zwecks Auswahl freiwilliger Soldaten Einberufenen Arbeitsplatz, Werkswohnung und Versicherungsverhältnisse aufrecht und schließt Nachteile durch Teilnahme an einer Eignungsübung aus. Dazu DVO vom 15. 2. 1956 (BGBl. I 71) über Urlaub, Alters- und Hinterbliebenenversorgung. Wegen des Arbeitsplatzschutzes für die zum *Pflichtwehrdienst* Einberufenen vgl. 624.

Die beim Bund liegende *Wehrhoheit* wurde durch den mit Ges. vom 19. 3. 1956 (BGBl. I 111) in das GG eingefügten Art. 17a verfassungsmäßig verankert. Danach können *Gesetze über Wehrdienst und Ersatzdienst* bestimmen, daß für die Angehörigen der Streitkräfte und des Ersatzdienstes während der Dienstzeit gewisse *Grundrechte* eingeschränkt werden (vgl. 454 VI). Auf dieser Grundlage ergingen das *Gesetz über die Rechtsstellung der Soldaten* vom 19. 3. 1956 (BGBl. I 114), das sog. Soldatengesetz, das vor allem die Rechte und Pflichten der Soldaten bestimmt, und das *Wehrpflichtgesetz* vom 21. 7. 1956 (BGBl. I 651), das die *allgemeine Wehrpflicht* wieder einführte. Vgl. 453, 454. Diese und andere wehrrechtliche Bestimmungen gelten nicht im Land *Berlin,* das insoweit noch *Besatzungsrecht* unterliegt (vgl. 23).

Art. 60 GG bestimmt, daß der BPräs. die Offiziere und Unteroffiziere der Streitkräfte ernennt, soweit gesetzlich nichts anderes bestimmt ist. Weiter wurde Art. 65a GG eingefügt, nach dem der *Bundesminister der Verteidigung* die *Befehls- und Kommandogewalt* über die Streitkräfte hat; diese geht jedoch mit der Verkündung des *Verteidigungsfalles* auf den Bundeskanzler über (Art. 115b GG). Die Feststellung des Verteidigungsfalles obliegt dem BT als der legitimierten Volksvertretung (vgl. 61 IV). Über den vom BT zu bestellenden *Ausschuß für Verteidigung* vgl. Art. 45a GG, über den *Wehrbeauftragten* des BT Art. 45b GG. Die zahlenmäßige Stärke der vom Bund zur Verteidigung aufgestellten Streitkräfte und die Grundzüge ihrer Organisation müssen sich aus dem Haushaltsplan ergeben (Art. 87a GG). Die *Bundeswehrverwaltung* wird in bundeseigener

Verwaltung mit eigenem Verwaltungsunterbau geführt (Art. 87b GG); vgl. 94, 460.

Für Disziplinarverfahren gegen Soldaten und für Verfahren über Beschwerden kann der Bund *Disziplinargerichte* errichten (Art. 96 Abs. 4 GG). Weiter können *Wehrstrafgerichte* für die Streitkräfte als Bundesgerichte eingerichtet werden; sie üben die Strafgerichtsbarkeit im Verteidigungsfalle sowie über Angehörige der Streitkräfte aus, die in das Ausland entsandt sind oder sich an Bord von Kriegsschiffen befinden (Art. 96 Abs. 2 GG). Diese Gerichte gehören zum Geschäftsbereich des Bundesjustizministers. Ihre hauptamtlichen Richter müssen die Befähigung zum Richteramt haben. Vgl. 457, 209. Oberster Gerichtshof für die Wehrstrafgerichtsbarkeit ist der *Bundesgerichtshof.*

Dienstflagge, Erkennungszeichen der Flugzeuge. Eine Anordnung des BPräs. vom 25. 5. 1956 (BGBl. I 447) bestimmt als Dienstflagge der Seestreitkräfte der Bundeswehr die *Bundesdienstflagge* in der Form eines Doppelstanders. Truppendienstfahne ist die Bundesdienstflagge in der durch Anordnung vom 18. 9. 1964 (BGBl. I 817) bestimmten Form. Eine Anordnung vom 1. 10. 1956 (BGBl. I 788) sieht als Erkennungszeichen für die Luftfahrzeuge und Kampffahrzeuge der Bundeswehr ein schwarzes Kreuz mit weißer Umrandung vor.

452. Sicherung der Verteidigung

Zur *Sicherung der Verteidigung* sind Gesetze ergangen, die es dem Bund ermöglichen, die für den Verteidigungsfall notwendigen Einrichtungen zu schaffen und im Falle eines Angriffs von außen die erforderlichen Abwehrmaßnahmen zu treffen.

1. *Schutzbereiche.* Nach dem *Schutzbereichgesetz* vom 7. 12. 1956 (BGBl. I 899) m. spät. Änd. kann der Bundesverteidigungsminister zum Schutz und zur Erhaltung von Verteidigungsanlagen nach Anhörung der Landesregierung ein Gebiet zum Schutzbereich erklären.

Voraussetzung ist, daß der erstrebte Erfolg nicht auf andere Weise oder nicht rechtzeitig oder nur mit unverhältnismäßigen Mitteln erreicht werden könnte. Im Sch. ist die Benutzung von Grundstücken beschränkt. Die Landesbehörde hört zuvor die betroffene Gemeinde (Gemeindeverband) und nimmt zu dem Vorhaben unter Berücksichtigung der Erfordernisse der Raumordnung (Städtebau, Naturschutz, landwirtschaftliche und wirtschaftliche Interessen) Stellung. Will der BMVg. davon abweichen, so unterrichtet er die Landesregierung von seiner Entscheidung. Für entstehende Vermögensnachteile ist angemessene *Entschädigung* in Geld durch den Bund zu leisten. Die Festsetzung erfolgt durch von den Landesregierungen bestimmte *Festsetzungsbehörden,* sofern nicht eine gütliche Einigung erzielt wird, mit schriftlichem Bescheid. Dagegen ist binnen zwei Wochen nach Zustellung Beschwerde an die Aufsichtsbehörde gegeben; gegen deren (Beschwerde-)Entscheidung ist binnen zwei Monaten nach Zustellung Klage beim Landgericht, in dessen Bezirk das zum Schutzgebiet erklärte Grundstück liegt, zulässig (§§ 24, 25). Für die Anfechtung der von den Schutzbereichbehörden erlassenen Verwaltungsakte gilt die Verwaltungsgerichtsordnung (§ 26).

2. Die *Landbeschaffung* für Aufgaben der Verteidigung regelt das *Landbeschaffungsgesetz* vom 23. 2. 1957 (BGBl. I 134) m. spät. Änd.

Verfahren bei der Auswahl der Grundstücke entsprechend 1. Die Grundstükke sollen nach Möglichkeit frei erworben werden; jedoch ist Enteignung durch die zuständige Landesbehörde gegen Entschädigung durch den Bund zulässig (§§ 2, 10, 17ff., 28ff.). Gegen den Enteignungsbeschluß (§ 47) ist der Verwaltungsrechtsweg eröffnet, während über die Höhe der Entschädigung auf Klage die ordentlichen Gerichte entscheiden (§§ 58, 59).

3. Zu den Anforderungen an die Bevölkerung für Verteidigungszwecke nach dem *Bundesleistungsgesetz* (Überlassung beweglicher Sachen oder baulicher Anlagen, Duldung von Einwirkungen usw.) s. 48 (4).

4. Über den Verteidigungsfall, seine Feststellung und die dadurch in Kraft tretende Notstandsverfassung vgl. 67. Über den *zivilen Bevölkerungsschutz* (Zivilschutzkorps, Katastrophenschutz, Schutzbauten) sowie die Gesetze zur *Sicherstellung von Versorgung, Wirtschaft und Verkehr* im Verteidigungsfalle vgl. 471.

453. Das Soldatengesetz

I. Das Gesetz über die Rechtsstellung der Soldaten i. d. F. vom 19. 8. 1975 (BGBl. I 2273) m. spät. Änd. – *Soldatengesetz (SG)* – bestimmt einleitend (§§ 1–5 SG) die Begriffe des Soldaten, des Vorgesetzten und des Disziplinarvorgesetzten sowie die Dauer des Wehrdienstverhältnisses und legt die Ernennungs- und Verwendungsgrundsätze fest. Die Bestimmungen über die Dienstgradbezeichnungen und die *Uniform* der Soldaten erläßt grundsätzlich der BPräs., der auch das Ernennungs- und Gnadenrecht ausübt; diese Befugnisse können auf andere Stellen, z. B. den BMVg., übertragen (delegiert) werden. S. u. IV.

II. *Die Rechte und Pflichten aller Soldaten* behandeln die §§ 6–36 SG. Der Soldat hat die gleichen Rechte wie jeder andere Staatsbürger; jedoch werden einige Rechte im Rahmen der Erfordernisse des militärischen Dienstes durch seine gesetzlich begründeten Pflichten beschränkt.

Seine *Grundpflicht* ist, der BRep. treu zu dienen und das Recht und die Freiheit des deutschen Volkes tapfer zu verteidigen. Der Soldat muß für die demokratische Grundordnung eintreten. Berufssoldaten und Soldaten auf Zeit, die weitgehend beamtenrechtlichen Grundsätzen unterliegen, leisten einen Diensteid; Soldaten, die auf Grund der Wehrpflicht Wehrdienst leisten, bekennen sich zu ihren Pflichten durch ein feierliches Gelöbnis.

Der *Vorgesetzte* soll in Haltung und Pflichterfüllung ein Beispiel geben. Er hat die Pflicht zur Dienstaufsicht und ist für die Disziplin seiner Untergebenen verantwortlich. Er hat auch für diese zu sorgen und darf Befehle nur zu dienstlichen Zwecken und unter Beachtung der Regeln des Völkerrechts, der Gesetze und der Dienstvorschriften erteilen (§ 10 SG).

Die wesentlichen Soldatenpflichten sind: Gehorsam (§ 11 SG), Kameradschaft (§ 12 SG), Wahrheitspflicht (§ 13 SG), Verschwiegenheit (§ 14 SG), keine politische Betätigung im Dienst zugunsten oder zuungunsten einer bestimmten politischen Richtung (§ 15 SG), einwandfreies Verhalten in und außer Dienst (§ 17 SG), Wahrung der Disziplin. Gemeinschaftliche Unterkunft und Verpflegung behandelt § 18 SG. Über die politische Betätigung außerhalb des Dienstes, insbes. bei Wahlen zu Volksvertretungen, vgl. Erl. d. BMVg im VMBl 1980, 533; über das Uniformtragen außerhalb des Dienstes s. § 4a SoldG und VO vom 1. 8. 1986 (BGBl. I 1305).

Auf Grund der §§ 27, 72 Abs. 1 Nr. 2 SG hat die Bundesregierung eine VO über die *Laufbahnen der Soldaten* (Soldatenlaufbahn VO) erlassen, die i. d. F. vom 27. 1. 1977 (BGBl. I 233) m. spät. Änd. gilt.

Der Soldat hat Anspruch auf Urlaub (§ 28 SG), Geld- und Sachbezüge, Heilfürsorge und Versorgung (§ 30 SG), Fürsorge (§ 31 SG), Dienstzeitbescheinigung oder Dienstzeugnis (§ 32 SG). Vgl. 465–468 über Besoldung, Urlaub, Unterhaltssicherung und Versorgung der ehemaligen Soldaten der Bundeswehr und ihrer Hinterbliebenen.

Die Soldaten erhalten staatsbürgerlichen und völkerrechtlichen Unterricht (§ 33 SG). Das Beschwerderecht ist durch bes. Gesetz geregelt (vgl. 456). Über Vertrauensmänner bzw. Personalvertretung vgl. 464 und §§ 35–35b SG.

III. Das Soldatengesetz unterscheidet zwischen *Berufssoldaten, Soldaten auf Zeit* (in diesen beiden Gruppen sind auch Frauen zugelassen, aber nur als Sanitätsoffiziere) und Soldaten, die auf Grund der Wehrpflicht Wehrdienst leisten. Die Voraussetzungen für die Begründung des Dienstverhältnisses eines Berufssoldaten oder eines Soldaten auf Zeit regeln die §§ 37ff. SG. Begründung des Dienstverhältnisses und Beförderungen erfolgen durch Aushändigung einer Ernennungsurkunde (§§ 41, 42 SG).

Bei *Berufssoldaten* endet das Dienstverhältnis durch Entlassung, Verlust der Rechtsstellung eines Berufssoldaten, Entfernung aus dem Dienstverhältnis auf Grund eines disziplinargerichtlichen Urteils oder Eintritt in den Ruhestand (§ 43 SG). Nach § 45 SG bildet das vollendete 60. Lebensjahr die allgemeine *Altersgrenze* für die Berufssoldaten. Als besondere Altersgrenzen sind für die Berufsunteroffiziere die Vollendung des 53., für die Offiziere des Truppendienstes des 53. (Leutnante, Oberleutnante, Hauptleute), des 55. (Majore), des 57. (Oberstleutnante) und des 59. (Obersten), für Offiziere als Strahlflugzeugführer des 41. Lebensjahres sowie für Fachoffiziere des 53. Lebensjahres festgesetzt.

Bei *Soldaten auf Zeit* endet das Dienstverhältnis durch Zeitablauf, Entlassung, Verlust der Rechtsstellung eines Soldaten auf Zeit und Entfernung aus dem Dienstverhältnis (§ 54 SG).

Für Klagen aus dem Wehrdienstverhältnis ist grundsätzlich der *Verwaltungsrechtsweg* gegeben. Die Vertretung des Dienstherrn vor Gericht usw. regelt die Allg. Anordnung vom 9. 6. 1976 (BGBl. I 1492).

In Krisenzeiten kann die Staatsführung, wenn zwingende Gründe der Verteidigung solche Maßnahmen erfordern, zur personellen Verstärkung der Streitkräfte Reserven einberufen oder als mildere Form Entlassungen aus dem Wehrdienst befristet zurückstellen. Nach § 54 Abs. 3 kann sie die *Dienstzeit der Soldaten auf Zeit* aus solchen Gründen um drei Monate verlängern.

IV. *Ausführungsvorschriften zum SG* enthalten außer den unter II erwähnten Bestimmungen über Laufbahn, Urlaub usw. insbes. die Anordnungen des

BPräs. über die *Ernennung und Entlassung der Soldaten* (462) sowie über die *Dienstgradbezeichnungen* und die *Uniform* der Soldaten (463) und die VO des BMVg. über das militärische *Vorgesetztenverhältnis* (464).

454. Das Wehrpflichtgesetz

Nachdem die Vereinbarkeit mit dem GG durch dessen Ergänzung (Gesetz vom 19. 3. 1956, BGBl. I 111; vgl. 451) klargestellt worden war, beschloß der BT das *Wehrpflichtgesetz* vom 21. 7. 1956 (BGBl. I 651) – jetzt i. d. F. vom 13. 6. 1986 (BGBl. I 879) –, das die *allgemeine Wehrpflicht* festlegt und den Wehrdienst sowie das Wehrersatzwesen regelt.

I. *Allgemeine Wehrpflicht*

Wehrpflichtig sind alle Männer vom vollendeten 18. Lebensjahr an, die Deutsche i. S. des GG sind und ihren ständigen Aufenthalt im Bundesgebiet oder zwar außerhalb des Reichsgebiets vom 31. 12. 1937 haben, aber entweder ihren letzten ständigen innerdeutschen Aufenthalt in der BRep. hatten oder einen Paß oder eine Staatsangehörigkeitsurkunde der BRep. besitzen oder sich auf andere Weise ihrem Schutz unterstellt haben (§ 1 Abs. 1).

Das Wehrpflichtgesetz entspricht der Verfassung (BVerfG, Urteil vom 20. 12. 1960, NJW 1961, 355): Die Einführung der Wehrpflicht habe weder gegen die Menschenwürde noch gegen das verfassungsrechtliche Wertsystem verstoßen. In den meisten demokratischen Staaten, auch in den dauernd neutralen, bestehe die allgemeine Wehrpflicht, in welcher die Zugehörigkeit zu einem allen Bürgern gemeinsamen Staatswesen zum Ausdruck komme. Als Träger der obersten Rechtsgüter müsse der Bürger zur Verteidigung bereit sein.

Über die Wehrpflicht von *Mehrstaatern* vgl. 2 I.

Das WpflG gilt nicht im Land Berlin. Verzieht ein Wehrpflichtiger dorthin, so bleibt seine Wehrpflicht bestehen, es sei denn, daß er seinen ständigen Aufenthalt und seine Lebensgrundlage nach Berlin verlegt (BVerwGE 8, 173). Die Wehrpflicht ruht bei ständigem, für die Dauer beabsichtigtem Aufenthalt mit Lebensgrundlage im Ausland. Für Angehörige aufgerufener Jahrgänge, die ihren ständigen Aufenthalt für länger als 3 Monate ohne Genehmigung aus dem Bundesgebiet verlegen, bleibt sie bestehen (§ 1 Abs. 2, 3; § 3 Abs. 2).

Die *Wehrpflicht* wird durch den Wehrdienst oder (bei berechtigter Kriegsdienstverweigerung, s. 469) durch den Zivildienst (470) erfüllt. Sie endet mit Ablauf des Jahres, in dem der Wehrpflichtige das 45. bzw. (bei Offizieren und Unteroffizieren sowie im Verteidigungsfall allgemein) das 60. Lebensjahr vollendet hat (§ 3).

Der auf Grund der Wehrpflicht zu leistende *Wehrdienst* umfaßt

a) den Grundwehrdienst (§ 5),
b) den Wehrdienst in der Verfügungsbereitschaft (§ 5a),
c) Wehrübungen (§ 6),
d) im Verteidigungsfall den unbefristeten Wehrdienst.

Ungediente Wehrpflichtige gehören zur *Ersatzreserve,* gediente Wehrpflichtige zur *Reserve* (§ 4 Abs. 2).

Der vor dem 1. 6. 1989 angetretene Grundwehrdienst dauert 15, der an diesem Tage oder später angetretene Grundwehrdienst 18 Monate (§ 5 Abs. 1 S. 4).

Der *volle Grundwehrdienst* muß bis zum 28. Lebensjahr geleistet werden (bei vorwiegend militärfachlicher Verwendung und von nicht einberufenen Entwicklungshelfern sowie in anderen Ausnahmefällen bis zum 32. Lebensjahr). Grundwehrdienst kann in *zeitlich getrennten Abschnitten* geleistet werden, wenn der Wehrpflichtige sonst über das 28. Lebensjahr hinaus aus häuslichen, wirtschaftlichen oder beruflichen Gründen (s. unten d) zurückgestellt werden müßte. Mit dem 28. (bzw. 32.) Lebensjahr erlischt die Pflicht, im Frieden Grundwehrdienst zu leisten. Auf Antrag sollen mindestens 18 Jahre alte Wehrpflichtige schon vor Musterung ihres Geburtsjahrganges zum Grundwehrdienst herangezogen werden. Wehrpflichtige müssen die Zeit nachdienen, in der sie dem Wehrdienst schuldhaft unerlaubt ferngeblieben sind oder ihn verweigert haben. Auch soll die Zeit nachgedient werden, in der ein Wehrpflichtiger Freiheitsstrafe, disziplinare Arreststrafe oder Jugendarrest verbüßt hat (§ 5). Nach Abschluß des Wehrdienstes kann der Wehrpflichtige auf Grund einer Anordnung des BMVg. durch Einberufungsbescheid für 12 Monate der *Verfügungsbereitschaft* unterstellt werden (§ 5a).

Eine *Wehrübung* dauert höchstens 3 Monate. Die Gesamtdauer der Übungen beträgt bei Mannschaften höchstens 9, bei Unteroffizieren höchstens 15 und bei Offizieren höchstens 18 Monate (nach dem 35. Lebensj. bei Mannschaften und Unteroffizieren höchstens 3 bzw. 6 Mon.). Wehrpflichtige, die verwendungsfähig sind, aber nicht zum Grundwehrdienst herangezogen werden, können zu Wehrübungen von längerer Dauer einberufen werden (§ 6). Freiwillig geleisteter Wehrdienst wird auf Grundwehrdienst angerechnet; auf Wehrübungen kann er angerechnet werden (§ 7). Folgende *Tauglichkeitsgrade* werden festgestellt (§ 8a): wehrdienstfähig, vorübergehend nicht wehrdienstfähig, (dauernd) nicht wehrdienstfähig. Die Wehrdienstfähigen sind gemäß ärztlicher Beurteilung entweder *voll* oder nur *mit Einschränkung verwendungsfähig* (für bestimmte Tätigkeiten oder in der Grundausbildung *und* für bestimmte Tätigkeiten).

Zum Eintritt in *fremde Streitkräfte* ist die Zustimmung des BMVg. (außer bei Dienstpflicht im Ausland) erforderlich. Er bestimmt im Einzelfall über Anrechnung von Wehrdienst in fremden Streitkräften (§ 8).

Wehrdienstausnahmen sind vorgesehen für folgende Fälle:

a) *Nicht* zum Wehrdienst *herangezogen* werden nicht Wehrdienstfähige und Entmündigte (§ 9).

b) *Ausgeschlossen* vom Wehrdienst sind Personen, die wegen eines Verbrechens zu Freiheitsstrafe von mindestens 1 Jahr oder wegen vorsätzlichen Friedens-, Hoch- oder Landesverrats, Gefährdung der äußeren Sicherheit oder Staatsgefährdung zu 6 Monaten Freiheitsstrafe oder mehr verurteilt worden sind, sowie Personen, welche infolge Richterspruchs die Fähigkeit zur Bekleidung öffentlicher Ämter nicht besitzen oder gegen die auf noch nicht erledigte Maßregeln der Besserung und Sicherung nach §§ 64 oder § 66 StGB – vgl. 396 IV – erkannt ist (§ 10).

c) Vom Wehrdienst *befreit* sind Geistliche, Schwerbehinderte (s. 626) und Heimkehrer (nach 1. 7. 1953) sowie auf Antrag letzte oder einzig überlebende Söhne (§ 11).

d) *Zurückgestellt* vom Wehrdienst wird, wer vorübergehend nicht wehrdienstfähig oder wer sich in Untersuchungshaft befindet oder nach § 63 StGB in einem psychiatrischen Krankenhaus untergebracht oder wer unter vorläufige Vormundschaft gestellt ist oder eine Freiheitsstrafe verbüßt, ferner Bewerber für die Wahl zum Bundestag, einem Landtag oder zum Europäischen Parlament sowie auf Antrag Kandidaten für ein geistliches Amt und Wehrpflichtige, deren Heranziehung aus häuslichen, wirtschaftlichen oder beruflichen Gründen – auch z. B. wegen Unterbrechung der Ausbildung – eine besondere Härte bedeuten würde (§ 12).

e) Ein Wehrpflichtiger kann *unabkömmlich gestellt* werden, wenn und solange er im öffentlichen Interesse für die von ihm ausgeübte anderweitige Tätigkeit nicht entbehrt werden kann. Hierüber entscheidet die *Wehrersatzbehörde* auf Vorschlag der zuständigen Verwaltungsbehörde (§ 13). Hierzu VOen über Zuständigkeit und Verfahren vom 24. 7. 1962 (BGBl. I 524) und 2. 8. 1963 (BGBl. I 621).

f) Wehrpflichtige, die sich vor Vollendung des 22. Lebensjahres auf mindestens 10 Jahre zum ehrenamtlichen Dienst im Zivil- oder Katastrophenschutz verpflichten, werden, solange sie dort als Helfer mitwirken, nicht zum Wehrdienst herangezogen (§ 13a). Dasselbe gilt für Wehrpflichtige, die in den Polizeivollzugsdienst eintreten oder zum Grenzschutzdienst herangezogen werden (s. u. VI); über die Anrechnung der Dienstzeit auf die Wehrdienstzeit s. §§ 42, 42a. Über Entwicklungshelfer s. § 13b.

II. *Wehrersatzwesen*

Für die Durchführung der Aufgaben des Wehr ersatzwesens sind *Wehrersatzbehörden* in bundeseigener Verwaltung errichtet worden. Sie unterstehen dem BMVg. Als Bundesoberbehörde besteht das *Bundeswehrverwaltungsamt* mit eingegliedertem *Bundeswehrersatzamt,* dem als Mittelbehörden Wehrbereichsverwaltungen mit *Bereichswehrersatzämtern,* als Bundesunterbehörden die *Kreiswehrersatzämter* unterstellt sind (§ 14).

Zur *Erfassung* der Wehrpflichtigen werden von Erfassungsbehörden (Landesmeldebehörden) Personennachweise angelegt und laufend geführt; sie werden dem Kreiswehrersatzamt zugeleitet (§ 15).

Ungediente Wehrpflichtige werden vor der Heranziehung zum Wehrdienst gemustert. Bei der *Musterung,* die von den Kreiswehrersatzämtern durchgeführt wird, werden sie körperlich und geistig untersucht. Taugliche Wehrpflichtige können auf Eignung für bestimmte Verwendungen geprüft werden. Ob sich ein Wehrpflichtiger zum Wehrdienst zu stellen hat, entscheidet der beim Kreiswehrersatzamt gebildete *Musterungsausschuß* (Leiter des Amts oder sein Stellvertreter, ein von der Landesregierung benannter und ein ehrenamtlicher Beisitzer) nach Anhörung des Wehrpflichtigen und Erhebung aller erforderlichen Beweise; er erteilt über das Ergebnis der Musterung dem Wehrpflichtigen einen schriftlichen *Musterungsbescheid.* Die Wehrpflichtigen werden in Ausführung dieser Bescheide durch die Kreiswehrersatzämter auf Grund der Einberufungsanordnungen des BMVg. zum Wehrdienst einberufen (§§ 16–22; §§ 13–15a *MusterungsVO* i. d. F. vom 16. 12. 1983 (BGBl. I 1457).

Gediente Wehrpflichtige werden nach Prüfung ihrer Verfügbarkeit durch die Wehrersatzbehörden zum Wehrdienst einberufen. Sie sind zu hören und auf Antrag zu untersuchen, wenn seit dem Ausscheiden aus dem Wehrdienst mehr als 2 Jahre verstrichen sind. Entsprechend dem Einberufungsbescheid haben sie sich zum Wehrdienst in der Bundeswehr zu stellen (§ 23 WpflG; §§ 16–18 MusterungsVO).

Die Wehrpflichtigen unterliegen von ihrer Musterung an der *Wehrüberwachung.* Sie haben jede Änderung von Wohnung oder ständigem Aufenthalt sowie die Absicht, mehr als 8 Wochen fernzubleiben, der Wehrersatzbehörde zu melden (§ 24). Wehrpflichtige der aufgerufenen Jahrgänge bedürfen für mehr als 3 Monate Auslandsaufenthalt der Genehmigung (§ 3 Abs. 2).

Über die Sicherung des Arbeitsplatzes des Soldaten während des Wehrdienstes durch das *Arbeitsplatzschutzgesetz* vgl. 624 (verstärkter Kündigungsschutz, Ruhen des Arbeitsverhältnisses, Weiterführung der gesetzlichen Krankenversicherung). Der Unterhalt des zum Wehrdienst Einberufenen (bei Verdienstausfall) und seiner Angehörigen wird durch das *Unterhaltssicherungsgesetz* sichergestellt; vgl. 468.

III. *Kriegsdienstverweigerung*

Die bisher die Kriegsdienstverweigerung näher regelnden §§ 25–27 WPflG sind aufgehoben. Zur Kriegsdienstverweigerung s. im einzelnen 469, 470.

IV. *Beendigung des Wehrdienstes, Verlust des Dienstgrades* (§§ 28–31)

Der Wehrdienst endet durch *Entlassung,* durch Überweisung zum Zivildienst oder durch *Ausschluß* aus der Bundeswehr, der in den Fällen des § 10 eintritt (s. o. I). Der Ausgeschlossene verliert seinen Dienstgrad. Dies tritt ferner ein bei Verurteilung zu Freiheitsstrafe von einem Jahr oder mehr wegen vorsätzlicher Tat oder zu einer (auch geringeren) Freiheitsstrafe wegen vorsätzlichen Hoch- oder Landesverrats o. a. Staatsschutzdelikte.

Entlassungsgründe: Zeitablauf, Fehlen der Wehrpflichtvoraussetzungen, Aufhebung des Einberufungsbescheides, Anerkennung als Kriegsdienstverweigerer, ernstliche Gefährdung der militär. Ordnung oder Sicherheit der Truppe bei Verbleiben in der Bw., Aufstellung für die Wahl zum BT, zu einem Landtag, oder zum Europäischen Parlament, Unabkömmlichstellung, Dienst im Zivil- oder Katastrophenschutz, Dienstunfähigkeit (§ 29).

V. *Rechtsbehelfe* (§§ 32–35)

Für Rechtsstreitigkeiten bei der Ausführung des Wehrpflichtgesetzes ist der Verwaltungsrechtsweg gegeben; maßgeblich ist die Verwaltungsgerichtsordnung (151). Über den *Widerspruch gegen den Musterungsbescheid* entscheidet eine *Musterungskammer.* Über den Widerspruch gegen den Einberufungsbescheid entscheidet die Wehrbereichsverwaltung (§ 33 Abs. 3, 5).

Der *Widerspruch* gegen den Musterungsbescheid hat aufschiebende Wirkung (§ 33 Abs. 2). Dagegen hat ein Widerspruch gegen den Einberufungsbescheid keine aufschiebende Wirkung, es sei denn, daß der Widerspruch unter Vorlage eines Bescheides über die Unabkömmlichstellung oder über eine für mindestens 10 Jahre eingegangene Verpflichtung zum Dienst als Helfer im Zivil- oder Katastrophenschutz eingelegt und dieser Bescheid bei dem zuständigen Kreiswehrersatzamt geprüft ist (§ 33 Abs. 5). Die Frist für die Einlegung des Widerspruchs beträgt 2 Wochen seit Zustellung des Bescheids (§ 33 Abs. 1). Ist der Musterungsbescheid unanfechtbar geworden, so ist ein Rechtsbehelf gegen den Einberufungsbescheid nur insoweit zulässig, als eine Rechtsverletzung durch diesen Bescheid geltend gemacht wird (§ 33 Abs. 8).

Gegen den Musterungsbescheid kann sowohl der Wehrpflichtige als auch der Leiter der Wehrbereichsverwaltung die *Anfechtungsklage* erheben oder Rechtsmittel einlegen; die Klage hat aufschiebende Wirkung nur, wenn das Gericht sie auf Antrag anordnet (§ 35). Berufung gegen das Urteil des Verwaltungsgerichts ist ausgeschlossen. Es kann binnen eines Monats nach Urteilszustellung *Revision* an das Bundesverwaltungsgericht eingelegt werden, wenn wesentliche Verfahrensmängel gerügt werden oder das Verwaltungsgericht die Revision zugelassen hat (§ 34). Sie muß zugelassen werden, wenn das Urteil von einer Entscheidung des Bundesverwaltungsgerichts abweicht. Die Zulassung kann nur verweigert werden, wenn offensichtlich die Klärung einer grundsätzlichen Rechtsfrage nicht zu erwarten ist.

VI. *Die Übergangs-* und *Schlußvorschriften* (§§ 36–52)

behandeln u. a. Angehörige der früheren Wehrmacht, Polizeivollzugsbeamte, Grenzschutzdienstpflicht, Wehrpflichtige im Ausland, Zustellung von Bescheiden und Vorführung säumiger Wehrpflichtiger.

Bei Wehrpflichtigen, die der Erfassung oder Musterung oder auf eine Aufforderung der Wehrersatzbehörde, sich persönlich zu melden, unentschuldigt fernbleiben, kann die *Vorführung angeordnet* werden. Die Polizeibehörde ist um Durchführung zu ersuchen; sie kann die Räume des Wehrpflichtigen durchsuchen, ebenso – aber nicht zur Nachtzeit – die Räume anderer Personen, die der Gesuchte betritt, um sich dem Zugriff zu entziehen (§ 44). Wer schuldhaft Meldepflichten usw. nicht befolgt, handelt *ordnungswidrig* und kann mit einer Geldbuße belegt werden (§ 45).

Wehrpflichtige der aufgerufenen Jahrgänge können nach § 49 BundesgrenzschutzG (175) statt zum Wehrdienst zum Polizeivollzugsdienst im *Grenzschutz* herangezogen werden (§ 42a). Für Bereitschaftsübungen und für den Verteidigungsfall enthält § 48 besondere Vorschriften.

Die BReg. ist mit Zustimmung des BR zum Erlaß von *Rechtsverordnungen* über die Unterwerfung von Ausländern und Staatenlosen unter die Wehrpflicht und über sonstige im Gesetz dem Verordnungsweg zugewiesene Angelegenheiten befugt (§ 50).

Die *Grundrechte* der körperlichen Unversehrtheit (Art. 2 Abs. 2 Satz 1 GG), der Freiheit der Person (Art. 2 Abs. 2 Satz 2 GG), der Freizügigkeit (Art. 11 Abs. 1 GG) und der Unverletzlichkeit der Wohnung (Art. 13 GG) sind nach Maßgabe des Wehrpflichtgesetzes eingeschränkt (§ 51).

VII. *Erfassung von Spezialkräften*

Nach § 49 Abs. 1 können Männer vom vollendeten 18. bis zum vollendeten 60. Lebensjahr, die wegen ihrer beruflichen Ausbildung oder Tätigkeit im Verteidigungsfall für Aufgaben verwendet werden sollen, die der Einsatzfähigkeit oder Sicherung der Operationsfreiheit der Streitkräfte dienen, auch ohne Jahrgangsaufruf erfaßt und, soweit ungedient, gemustert werden. Einberufung zu Wehrübungen ist zulässig, bei Mannschaften nur bis zum 45. Lebensjahr.

Nach der VO über die Erfassung von Wehrpflichtigen für bestimmte Aufgaben und über die Auskunftspflicht vom 28. 9. 1961 (BGBl. I 1795) können Wehrpflichtige, die sich zivilberuflich für den Einsatz zu Sicherungs-, Transport-, Bau-, Werkstätten-, Bergungs-, Instandsetzungs-, Sanitäts-, Versorgungs- und Verwaltungsaufgaben besonders eignen, schon im Frieden erfaßt und gemustert werden. In Spannungszeiten, wenn die BReg. die Notwendigkeit feststellt, sind sie verpflichtet, Wehrdienst in einer Wehrübung zu leisten.

455. Die Wehrdisziplinarordnung

I. Die *Wehrdisziplinarordnung* (WDO) i. d. F. vom 4. 9. 1972 (BGBl. I 1665) m. spät. Änd. regelt das Disziplinarrecht der Soldaten. Sie behandelt außerdem (im 1. Teil) die Würdigung besonderer Leistungen durch förmliche *Anerkennungen* im Kompanie- oder Tagesbefehl bzw. im Ministerialblatt des BMVg. Eine derartige Anerkennung kann mit *Sonderurlaub* bis zu 14 Tagen verbunden werden. Der Hauptteil der WDO behandelt die Ahndung von Dienstvergehen der Soldaten und das Verfahren der Disziplinargerichtsbarkeit (*Truppendienstgerichte,* Wehrdienstsenate).

II. Bei der Ahndung von Dienstvergehen ist zu unterscheiden zwischen dem Verfahren bei Verhängung *einfacher* und *gerichtlicher Disziplinarmaßnahmen* (§§ 18, 54).

Werden Tatsachen bekannt, welche den *Verdacht eines Dienstvergehens* rechtfertigen, so hat der *Disziplinarvorgesetzte* den Sachverhalt durch mündliche oder schriftliche Verhandlungen aufzuklären. Der Beschuldigte ist stets zu hören (ob er sich äußern will, steht ihm frei); der Vertrauensmann der Einheit soll über seine Person und zur Sache befragt werden. Liegt ein *Dienstvergehen* vor, so hat der Disziplinarvorgesetzte eine *Prüfungspflicht,* ob er es bei einer Belehrung, Warnung, Zurechtweisung oder einer anderen zulässigen Maßnahme bewenden lassen, ob er eine Disziplinarmaßnahme verhängen, die Tat zur disziplinaren Bestrafung weitermelden oder die Entscheidung der Einleitungsbehörde herbeiführen will. Ist das Dienstvergehen eine *Straftat,* so gibt der Disziplinarvorgesetzte die Sache an die zuständige Strafverfolgungsbehörde ab, wenn dies zur Aufrechterhaltung der militärischen Ordnung oder wegen der Art der Tat oder der Schwere des Unrechts oder der Schuld geboten ist. Er kann die disziplinare Erledigung bis zur Beendigung des auf die Abgabe eingeleiteten oder eines sonstigen wegen derselben Tat schwebenden Strafverfahrens aussetzen (§§ 28, 29). Die strafgerichtlich abgeurteilte Tat kann gleichwohl auch disziplinär geahndet werden; doch sind die tatsächlichen Feststellungen des Strafurteils grundsätzlich bindend und bereits vollstreckte Freiheitsentziehungen anzurechnen (§§ 8, 30). Bei Verhängung einer gerichtlichen Freiheitsstrafe ist eine bereits ausgesprochene disziplinare Arreststrafe zu berücksichtigen (BVerfG NJW 1967, 1651). Noch nicht berücksichtigte Disziplinarmaß nahmen können auf Antrag aufgehoben werden (§ 39).

Ob wegen eines Dienstvergehens disziplinarisch einzuschreiten ist, entscheidet der Disziplinarvorgesetzte nach pflichtmäßigem Ermessen unter Berücksichtigung des gesamten dienstlichen und außerdienstlichen Verhaltens des Beschuldigten (§ 7). Wenn die Aufrechterhaltung der Disziplin es erfordert, kann der Disziplinarvorgesetzte zur *vorläufigen Festnahme* schreiten (§ 17).

III. Einfache *Disziplinarmaßnahmen,* die von Disziplinarvorgesetzten verhängt werden können, sind Verweis, strenger Verweis, Disziplinarbuße (nicht mehr als 1 Monatsbezug), Ausgangsbeschränkung von 1 Tag bis zu 3 Wochen und Disziplinararrest von 3 Tagen bis zu 3 Wochen (§§ 18–22). Die Stufen der Disziplinargewalt und die Zuständigkeitsfragen regeln die §§ 23–27.

Eine Disziplinarmaßnahme darf erst nach Ablauf einer Nacht verhängt werden, nachdem der Disziplinarvorgesetzte von dem Dienstvergehen erfahren hat. Die *Disziplinarverfügung* ist schriftlich festzulegen (§ 33).

Disziplinararrest darf erst verhängt werden, nachdem der *Richter* ihn seiner Art und Dauer nach für rechtmäßig erklärt hat. Über die Rechtmäßigkeit entscheidet ein richterliches Mitglied des zuständigen, notfalls des nächsterreichbaren Truppendienstgerichts (§ 36); ihm steht volle Nachprüfung der Rechtmäßigkeit, insbes. Zulässigkeit und Angemessenheit der Disziplinarmaßnahme zu (BVerfG NJW 1968, 243). Gegen eine ablehnende richterliche Entscheidung kann der Disziplinarvorgesetzte binnen 1 Woche das *Truppendienstgericht* (s. u.) anrufen. Dieses hat drei Möglichkeiten: a) es hält Disziplinararrest für angebracht und verhängt ihn selbst; b) es hält ihn nicht für begründet und gibt an den Disziplinarvorgesetzten zur anderweitigen Erledigung ab; c) es hält eine *gerichtliche Disziplinarstrafe* für angebracht und übersendet die Akten der Einleitungsbehörde zur weiteren Entschließung. Die ablehnende richterliche Entscheidung muß begründet werden. Besonderheiten bestehen für das Verhängen und die Vollstreckung von Disziplinararrest an Bord von Schiffen außerhalb der Hoheitsgewässer der BRep. (§ 36 Abs. 5).

Gegen Disziplinarmaßnahmen des Disziplinarvorgesetzten ist die *Beschwerde* nach Maßgabe des § 38 und der Wehrbeschwerdeordnung (456) gegeben.

Jeder Disziplinarvorgesetzte, der eine Disziplinarmaßnahme nachträglich als unberechtigt ansieht, muß bei der für Beschwerden zuständigen Stelle ihre Aufhebung oder Änderung beantragen (§§ 40, 41). Die höheren Disziplinarvorgesetzten überwachen die Ausübung der Disziplinargewalt (§ 42). Es kann *Aussetzung der Vollstreckung* zur Bewährung gewährt werden; die Maßnahme ist, falls inzwischen keine oder nur geringfügige Strafen oder Maßnahmen verhängt werden, nach Ablauf der *Bewährungsfrist* (5 Monate) zu erlassen (§ 45).

IV. *Gerichtliche Disziplinarmaßnahmen* sind: Gehaltskürzung, Beförderungsverbot, Dienstgradherabsetzung, Entfernung aus dem Dienstverhältnis, Kürzung oder Aberkennung des Ruhegehalts.

Sie können nur im *disziplinargerichtlichen Verfahren* durch die *Wehrdienstgerichte* verhängt werden (§§ 62ff.). Als solche sind *Truppendienstgerichte* nach Maßgabe der VO vom 24. 11. 1972 (BGBl. I 2154) eingerichtet, bei denen *Truppendienstkammern* bestehen; diese urteilen in der Besetzung mit einem richterlichen Mitglied als Vorsitzenden und zwei ehrenamtlichen Beisitzern, von denen einer mindestens Stabsoffizier sein, der andere im Dienstrang des Beschuldigten stehen muß. Wegen der besonderen Bedeutung oder des Umfangs der Sache kann die große Besetzung der Truppendienstkammer vom Vorsitzenden durch Heranziehung zweier weiterer richterlicher Mitglieder angeordnet werden (§§ 69, 70). Das *Verfahren* der Wehrdienstgerichte richtet sich weitgehend nach denselben Grundsätzen wie das Disziplinarverfahren gegen Beamte (156), aber unter Berücksichtigung der besonderen Eigenart des Wehrdienstverhältnisses. Es wird durch schriftliche Verfügung der Einleitungsbehörde formell in Gang gesetzt. Ein *Wehrdisziplinaranwalt* wirkt mit, der – ggf. nach Durchführung einer richterlichen Untersuchung – je nach dem Ergebnis der Erhebungen eine Anschuldigungsschrift als Grundlage der gerichtlichen Hauptverhandlung vorlegt (§§ 74, 90, 96). Als Rechtsmittel ist gegen Urteile der Truppendienstkammer die Berufung, gegen Beschlüsse die Beschwerde an das *Bundesverwaltungsgericht* zugelassen (§§ 109ff.). Bei diesem sind für Wehrdisziplinar- und Beschwerdesachen besondere *Wehrdienstsenate* mit Sitz in München eingerichtet (§ 73; VO vom 30. 8. 1957, BGBl. I 1330).

V. Förmliche Anerkennungen und Disziplinarmaßnahmen werden in *Diszi-*

plinarbücher eingetragen. Nach bestimmten Fristen (1–5 Jahre) sind einfache Disziplinarmaßnahmen und Gehaltskürzung zu tilgen. Wird der Soldat vor Fristablauf wegen einer anderen Tat rechtskräftig bestraft oder wird gegen ihn eine Disziplinarmaßnahme unanfechtbar verhängt, so beginnt die Frist erneut zu laufen. Die Tilgungen sind in den Disziplinarbüchern und Personalakten vorzunehmen. Nach Tilgung darf der Soldat jede Auskunft über die Tat und über die Disziplinarmaßnahme verweigern und sich insoweit als disziplinar unbestraft bezeichnen (§§ 12, 13).

456. Die Wehrbeschwerdeordnung

Die *Wehrbeschwerdeordnung* (WBO) i. d. F. vom 11. 9. 1972 (BGBl. I 1738) gestaltet in Ausführung des § 34 des Soldatengesetzes das Beschwerderecht des Soldaten und das Verfahren für alle Arten von Beschwerden näher aus. Für das gerichtliche Verfahren nach der WBO ist die gleiche Gerichtsorganisation (*Wehrdienstgerichte*) wie für Disziplinarsachen nach der WehrdisziplinarO (455) zuständig.

Das *Recht der Beschwerde* hat der Soldat, wenn er glaubt, von seinen Vorgesetzten oder einer Dienststelle der Bundeswehr falsch behandelt worden zu sein, oder wenn er sich durch pflichtwidriges Verhalten eines Kameraden verletzt glaubt. Ferner kann er mit der Beschwerde geltend machen, daß ein Antrag nicht binnen eines Monats beschieden worden ist. Gegen dienstliche Beurteilungen ist hingegen eine Beschwerde nicht möglich (Ausnahmen bei Verletzung von Rechts- oder Verwaltungsvorschriften). Unzulässig sind auch Gemeinschaftsbeschwerden (§ 1). Niemand darf dienstlich gemaßregelt oder benachteiligt werden, weil seine Beschwerde nicht auf dem vorgeschriebenen Weg oder nicht fristgerecht eingelegt ist oder weil er eine unbegründete Beschwerde erhoben hat (§ 2).

Die Beschwerde ist binnen zwei Wochen schriftlich oder mündlich einzureichen, aber frühestens nach Ablauf einer Nacht. Die Einschaltung eines Vermittlers ist zulässig. Die Beschwerde hat keine aufschiebende Wirkung. Über sie ist schriftlich zu entscheiden. Gegen diesen Entscheid kann binnen zwei Wochen eine *weitere Beschwerde* beim nächsthöheren Disziplinarvorgesetzten eingelegt werden. Wenn diese erfolglos geblieben ist, hat der Soldat eine *Wahlmöglichkeit*: er kann die Sache binnen zwei Wochen mit einem Antrag auf gerichtliche Entscheidung dem *Truppendienstgericht* unterbreiten, wenn er eine Maßnahme für rechtswidrig hält, weil sie seine Rechte verletzt oder weil ein Vorgesetzter gegen seine Vorgesetztenpflichten verstoßen hat (§ 17); statt dessen kann er unmittelbar den BMVg. anrufen.

Der Beschwerdeführer kann also das ihm vermeintlich zugefügte Unrecht ohne Einhaltung des Dienstweges seinem höchsten Vorgesetzten unmittelbar vortragen, sofern er mit Beschwerde und weiterer Beschwerde keinen Erfolg gehabt hat. Die Anrufung des BMVg. ist indes nur zulässig, wenn der Beschwerdeführer *keinen Antrag auf gerichtliche Entscheidung* gestellt hat oder das Truppendienstgericht einen solchen Antrag als unzulässig verworfen hat. Er kann den Antrag unmittelbar dem Minister zuleiten, hat aber auch die Möglichkeit, ihn bei seinem Disziplinarvorgesetzten einzureichen. Gegen Maßnahmen und Entscheidungen des Ministers einschließlich der Entscheidungen über Beschwerden und weitere Beschwerden kann der Beschwerdeführer das Bundesverwaltungsgericht unmittelbar anrufen; in diesen Fällen entscheidet der *Wehrdienstsenat* beim BVerwG anstelle des Truppendienstgerichts erst- und letztinstanzlich (§ 21).

457. Das Wehrstrafgesetz

i. d. F. vom 24. 5. 1974 (BGBl. I 1213) – WStG – m. Änd. vom 21. 12. 1979 (BGBl. I 2326) enthält nur *materielles Strafrecht* (393), während auf dem Gebiet der Gerichtsverfassung und des Verfahrens bisher keine wesentlichen Abweichungen von der allgemeinen gesetzlichen Regelung vorgesehen sind. Das WStG ist daher von den *ordentlichen Gerichten* wie jedes andere Strafgesetz anzuwenden; besondere *Wehrstrafgerichte* läßt Art. 96 GG nur für einen begrenzten Kreis von Fällen zu (vgl. 451).

Das WStG gilt für Straftaten, die Soldaten der Bundeswehr begehen. Es gilt auch für Straftaten, durch die militärische Vorgesetzte, die nicht Soldaten sind, ihre Pflichten verletzen, sowie für Anstiftung und Beihilfe zu militärischen Straftaten durch Nichtsoldaten (§ 1).

Neben der durchweg angedrohten Freiheitsstrafe läßt das WStG in den meisten Fällen auch *Strafarrest* zu; er beträgt mindestens 2 Wochen und höchstens 6 Monate. Den Vollzug des Strafarrestes durch Behörden der Bundeswehr regelt die *Bundeswehrvollzugsordnung* vom 29. 11. 1972 (BGBl. I 2205).

Militärische Straftaten sind insbes. eigenmächtige Abwesenheit, Fahnenflucht, Selbstverstümmelung, Ungehorsam, Meuterei; bei Vorgesetzten z. B. Mißhandlung, entwürdigende Behandlung, Mißbrauch der Befehlsbefugnis zu unzulässigen Zwecken, Verleiten zu einer rechtswidrigen Tat, Unterdrücken von Beschwerden, Mißbrauch der Disziplinargewalt, mangelhafte Dienstaufsicht (§§ 15–41 WStG).

Ein Untergebener, der einen *Befehl* nicht befolgt, handelt nicht rechtswidrig, wenn der Befehl nicht verbindlich ist, insbes. wenn er nicht zu dienstlichen Zwecken erteilt ist oder die Menschenwürde verletzt oder wenn durch das Befolgen eine Straftat begangen würde (§ 11 SoldatenG). Nimmt der Untergebene irrig an, daß er durch die Ausführung des Befehls eine Straftat begehen würde, kann er nicht wegen Ungehorsams bestraft werden, wenn er den Irrtum nicht vermeiden konnte. Nimmt er irrig an, der Befehl sei aus anderen Gründen nicht verbindlich, so kann Ungehorsamstrafe nur eintreten, wenn der Irrtum vermeidbar war oder wenn ihm Rechtsbehelfe gegen den Befehl zuzumuten waren (§ 22 WStG).

Das Einführungsgesetz zum Wehrstrafgesetz vom 30. 3. 1957 (BGBl. I 306) m. spät. Änd. schränkt die Anwendung des *Jugendstrafrechts* für die Dauer des Wehrdienstverhältnisses eines Jugendlichen oder Heranwachsenden ein. Es behandelt ferner den *Vollzug von Freiheitsstrafen* bei Soldaten der Bundeswehr.

Hat der Jugendrichter nach § 112a Nr. 2 des Jugendgerichtsgesetzes (vgl. 290, 291) *Erziehungshilfe* durch den Disziplinarvorgesetzten rechtskräftig angeordnet, so unterliegt der Soldat den §§ 2–9 der RechtsVO zur Durchführung der Erziehungshilfe durch den Disziplinarvorgesetzten vom 25. 8. 1958 (BGBl. I 645). Es können besondere Auflagen wie Verbot alkoholischer Getränke oder anderer Rauschmittel, des Besuchs von Gaststätten, Vergnügungsstätten oder Spielhallen gemacht und Freizeit- und Urlaubsbeschränkungen vom Disciplinarvorgesetzten angeordnet werden. Hält dieser den Zweck der Erziehungshilfe für erreicht, bevor sie ein Jahr gedauert hat oder der Soldat 22 Jahre alt geworden ist oder aus dem Wehrdienst entlassen wird, so schlägt er dem Vollstreckungsleiter vor, die Erziehungsmaßregel für erledigt zu erklären (§ 8 der VO). Die Vorschriften der Wehrdisziplinarordnung (455) werden durch die VO nicht berührt. Die Vorschriften der Wehrbeschwerdeordnung (456) finden auch in diesem Verfahren Anwendung (§ 9 der VO).

458. Die Innere Führung in der Bundeswehr

Das Erziehungsziel der Bundeswehr gründet sich auf die im Soldatengesetz (453) niedergelegten allgemeinen soldatischen Pflichten: Treue gegenüber der Bundesrepublik und ihrer verfassungsmäßigen Ordnung, Verteidigung der Freiheit und der Rechtsordnung, Gehorsam, strenge Pflichterfüllung, Disziplin, Kameradschaft und einwandfreies Verhalten im und außer Dienst. In der *Zentralen Dienstvorschrift* „Hilfen für die Innere Führung" (ZDv 10/1) vom 10. 8. 1972 stellt der BMVg. die verfassungsmäßigen Grundlagen und die im GG verankerten Aufgaben der Bundeswehr im Frieden und im Verteidigungs- oder Spannungsfall heraus, wobei die *Integration* der Bw. in die NATO und die Westeuropäische Union hervorgehoben wird. Ferner wird auf die grundgesetzliche Regelung der Befehls- und Kommandogewalt und das Kontrollrecht des Bundestags und seiner Organe (Verteidigungsausschuß, Wehrbeauftragter) hingewiesen. Außerdem sind die Leitsätze für Vorgesetzte in der Bw. dargelegt und durch Beispiele kommentiert; ferner sind wesentliche Aussagen zur Inneren Führung, die ihre Entwicklung von 1951 an deutlich machen, abgedruckt.

Die Regelung im GG und im Soldatengesetz ist die Grundlage für die Innere Führung, der das Leitbild des „Staatsbürgers in Uniform" zugrundeliegt, wie es sich aus den Besonderheiten des Soldatenverhältnisses und der *hierarchischen Ordnung* der Bw. ergibt.

Zu den besonderen *Pflichten des Vorgesetzten* gehört es, Würde und Rechte des Soldaten zu respektieren, durch eigene Haltung und Pflichterfüllung innerhalb und außerhalb des Dienstes ein Beispiel zu geben und von seiner Befehlsgewalt im Bewußtsein seiner Verantwortung Gebrauch zu machen. Das gilt besonders bei der Handhabung der Dienstaufsicht und der *Disziplinargewalt.* Der Vorgesetzte soll den Willen des Soldaten zum Gehorsam stärken, indem er ihm die Einsicht in die Notwendigkeit der militärischen Maßnahme vermittelt.

Die Erziehung des Soldaten zur Verantwortungsbereitschaft und Disziplin wird ergänzt durch *staatsbürgerlichen und völkerrechtlichen Unterricht.* Die Kenntnis der innen- und außenpolitischen Zusammenhänge soll im Soldaten die politische Mitverantwortung wecken. Für den *Führungsstil des Vorgesetzten* stellt die ZDv eine Reihe von Leitsätzen auf und ergänzt sie durch Grundsätze über *Ausbildungsmethoden* und *Truppenfürsorge.*

Um dieses Gedankengut in die Bundeswehr hineinzutragen, wurde bereits im September 1956 die *Schule der Bundeswehr für Innere Führung* in Koblenz gegründet (heute: Zentrum Innere Führung). Sie ist die zentrale Lehr- und Forschungsstätte der Bundeswehr auf dem Gebiet der Inneren Führung. Sie vermittelt deren Gedankengut an die Truppe in Lehrgängen und durch die Entwicklung von Ausbildungshilfsmitteln. Die Schule hat ferner die Aufgabe, Entwicklungen in Gesellschaft, Politik und Wissenschaft durch Kontakte mit diesen Bereichen für die Innere Führung nutzbar zu machen.

Seit 1969 ist bei dem BMVg. ein *Beirat für Fragen der Inneren Führung* gebildet. Aufgabe des Beirats ist die Erstellung von gutachtlichen Stellungnahmen zur Beratung des Ministers. Der Beirat umfaßt mindestens 10, höchstens 25 Mitglieder mit besonderer Erfahrung in Erziehung und Menschenführung; sie werden auf 4 Jahre berufen.

459. Der Wehrbeauftragte des Bundestages

Nach dem durch Gesetz zur *Ergänzung des GG* vom 19. 3. 1956 (BGBl. I 111; vgl. 451) eingefügten Art. 45b GG wird zum Schutz der Grundrechte und als Hilfsorgan des BT bei der Ausübung der *parlamentarischen Kontrolle* ein Wehrbeauftrager des BT berufen. Hierzu erging das Gesetz über den *Wehrbeauftragten des BT* vom 26. 6. 1957 (BGBl. I 652) i. d. F. vom 16. 6. 1982, BGBl. I 677.

Der Wehrbeauftragte des BT (WdBT) wird auf Weisung des BT oder des *Verteidigungsausschusses* zur Prüfung bestimmter Vorgänge tätig, ohne eine solche Weisung nach pflichtgemäßem Ermessen, wenn ihm Umstände bekannt werden, die auf eine *Verletzung der Grundrechte* der Soldaten oder der *Grundsätze über die innere Führung* schließen lassen. Der WdBT erstattet für das Kalenderjahr dem BT einen schriftlichen *Gesamtbericht*; er kann aber dem BT oder dem Verteidigungsausschuß jederzeit Einzelberichte vorlegen (§§ 1, 2).

In Erfüllung seiner Aufgaben kann der WdBT vom BMVg und allen diesem unterstellten Dienststellen und Personen Auskunft und Akteneinsicht verlangen, Truppen, Stäbe und Verwaltungsstellen jederzeit und ohne vorherige Anmeldung besuchen, vom BMVg. Berichte über die Ausübung der Disziplinargewalt in der Bw. und vom BMJ und den Just.Min. der Länder statistische Berichte über die Ausübung der Strafgerichtsbarkeit, soweit dadurch die Streitkräfte oder ihre Soldaten berührt werden, anfordern und Gerichtsverhandlungen beiwohnen (§ 3). Der BT und der Verteidigungsausschuß können allgemeine Richtlinien für die Arbeit des WdBT aufstellen; jedoch ist dieser im übrigen von Weisungen frei (§ 5). Alle Behörden haben dem WdBT *Amtshilfe* zu leisten (§ 4).

Jeder Soldat kann sich einzeln ohne Einhaltung des Dienstweges unmittelbar an den WdBT wenden; er darf für eine solche Anrufung nicht gemaßregelt oder benachteiligt werden (§ 7); anonyme Eingaben und Beschwerden werden nicht bearbeitet (§ 8). Der WdBT braucht den Namen des Beschwerdeführers nicht bekanntzugeben (§ 9). Er hat Geheimhaltungspflicht und bedarf zur Aussage vor Gericht oder zu außergerichtlichen Erklärungen i. d. R. der Genehmigung des BT-Präsidenten, die dieser im Einvernehmen mit dem Verteidigungsausschuß erteilt (§ 10).

Der WdBT wird vom BT in geheimer Wahl mit der Mehrheit seiner Mitglieder auf 5 Jahre gewählt. Wählbar ist jeder Deutsche, der das aktive Wahlrecht zum BT besitzt, das 35. Lebensjahr vollendet und mindestens ein Jahr Wehrdienst geleistet hat (§§ 13, 14). Der BT-Präsident ernennt den Gewählten. Dieser steht in einem öffentlich-rechtlichen Amtsverhältnis und hat seinen Dienstsitz beim BT, bei dessen Haushalt seine Dienststelle berücksichtigt wird (§§ 15, 16).

Bisher waren WdBT: General a. D. von Grolmann, Admiral a. D. Heye, Matthias Hoogen, Major d. R. Fritz-Rudolf Schultz, Karl Wilhelm Berkhan. Z. Z. amtiert Willi Weiskirch.

460. Die Bundeswehrverwaltung

Nach Art. 87b GG wird die *Bundeswehrverwaltung* (BwV) in *bundeseigener* Verwaltung (s. 56 I 7, 94) mit eigenem Verwaltungsunterbau geführt. Sie dient den Aufgaben des Personalwesens und der unmittelbaren Deckung des Sachbedarfs der Streitkräfte. Aufgaben der Beschädigtenversorgung und des Bauwesens können ihr durch BGes. mit Zustimmung des BR übertragen werden.

Weitere Aufgaben des Verteidigungs- und Zivilschutzwesens können mit Zustimmung des BR der BwV oder den Ländern als Auftragsangelegenheiten (56) oder Bundesoberbehörden (91) übertragen werden.

Die BwV umfaßt insbes. das Gebührnis-, Betreuungs-, Kassen- und Rechnungswesen, die Unterkunfts- und Liegenschaftsverwaltung für die Streitkräfte, die Vertretung des Bundesfiskus im Bereich des BMVg., die Personalverwaltung für die Streitkräfte, sonstige Aufgaben auf dem Gebiet der Bereitstellung von Dienstleistungen und Material für den Unterhalt der Streitkräfte, die Beschaffung des Materials, die Fertigungsvorbereitung und die Güteprüfung.

Die BwV im Geschäftsbereich des BMVg. setzt sich zusammen aus dem *Bundeswehrverwaltungsamt* als Bundesoberbehörde (eingegliedert das *Bundeswehrersatzamt*), den *Wehrbereichsverwaltungen* als Mittelbehörden (mit eingegliederten *Bereichswehrersatzämtern)* sowie den *Kreiswehrersatzämtern* als untere Verwaltungsstufe (mit Standortverwaltungen usw.). Die Wehrbereichsverwaltungen I bis VI sind in Kiel, Hannover, Düsseldorf, Wiesbaden, Stuttgart und München. Dem *Bundesamt für Wehrtechnik und Beschaffung* (Bundesoberbehörde) sind Beschaffungs- und Erprobungsstellen, der Güteprüfdienst u. a. wehrtechnische Dienststellen unterstellt. Bei den Streitkräften bestehen Abteilungen Verwaltung, Truppen- und Krankenhausverwaltungen.

Die Ernennung und Entlassung von Beamten der BwV regelt die Anordnung des BMVg. vom 2. 2. 1968 (BGBl. I 122). Diese Befugnisse sind auf die Präsidenten des Bundesamtes für Wehrtechnik und Beschaffung, des Bundeswehrverwaltungsamtes, der Wehrbereichsverwaltungen, den Generaldekan des Evg. Kirchenamtes und den Generalvikar des Kath. Militärbischofsamtes für die Bw. übertragen. Die Angehörigen der BwV sind nicht Soldaten, sondern unterliegen den Bestimmungen, die für Bedienstete im zivilen öffentlichen Dienst gelten (Bundesbeamtengesetz, vgl. 154; Tarifverträge für Angestellte und Arbeiter des Bundes, vgl. 153).

461. Die Militärseelsorge

Mit Art. 1 d. Ges. vom 26. 7. 1957 (BGBl. II 701) hat der BT dem in Bonn am 22. 2. 1957 unterzeichneten Vertrag der BRep. mit der *Evangelischen Kirche in Deutschland* (EKD; vgl. 716) zur Regelung der *evangelischen Militärseelsorge* zugestimmt.

Auf die *katholischen Militärgeistlichen* sind nach Art. 2 dieses Gesetzes die beamtenrechtlichen Bestimmungen des obigen Vertrages sinngemäß anzuwenden.

Durch den Vertrag soll die *freie religiöse Betätigung* und die Ausübung der *Seelsorge* in der Bundeswehr gewährleistet werden. Es besteht eine ständige evangelische *Militärseelsorge,* die als Teil der kirchlichen Arbeit im Auftrag und unter Aufsicht der Kirche ausgeübt wird (für je 1500 ev. Soldaten ein – meist hauptamtlicher – *Militärgeistlicher).* Den Soldaten ist im Rahmen der dienstlichen Möglichkeiten Gelegenheit zu geben, sich am kirchlichen Leben zu beteiligen. Die kirchliche Leitung der Militärseelsorge obliegt dem *Militärbischof,* der vom Rat der EKD nach Fühlungnahme mit der BReg. ernannt wird und abberufen werden kann. Die zentralen Verwaltungsaufgaben nimmt ein *Ev. Kirchenamt für die Bw.* wahr, das ein *Militärgeneraldekan* leitet.

Rechtsgrundlage der kath. Militärseelsorge ist Art. 27 des *Reichskonkordats* vom 20. 7. 1933 (Bek. vom 12. 9. 1933, RGBl. II 679). Die zentralen Verwaltungsaufgaben versieht ein *Katholisches Militärbischofsamt* unter Leitung eines *Generalvikars.* Der Bischof wird vom Papst im Einvernehmen mit der BReg. ernannt.

Das Ev. Kirchenamt für die Bw. und das Kath. Militärbischofsamt sind als Bundesoberbehörden dem BMVg. unmittelbar nachgeordnet. Vgl. 460. Meinungsverschiedenheiten und Sonderregelungen sollen im Wege freundschaftlicher Verständigung erledigt werden.

462. Ernennung und Entlassung der Soldaten

Nach Art. 60 GG steht dem BPräs. die Ernennung und Entlassung der Soldaten (ebenso wie der BBeamten und BRichter) zu, soweit gesetzlich nichts anderes bestimmt ist und der BPräs. seine Befugnis nicht auf andere Behörden oder Dienststellen delegiert (vgl. 61, 154). Durch § 4 Abs. 2 des Soldatengesetzes (453) ist die Zuständigkeit des BPräs. auf Berufssoldaten, Soldaten auf Zeit und Reserveoffiziere beschränkt worden. In seiner Anordnung vom 10. 7. 1969 (BGBl. I 775) m. Änd. vom 17. 3. 1972 (BGBl. I 499) hat der BPräs. sich aber nur die Ernennung und Entlassung der Offiziere der Besoldungsgruppe B vorbehalten und im übrigen die Ausübung seiner Befugnisse dem *Bundesverteidigungsminister* mit dem Recht der Delegierung übertragen. Dieser hat in seiner Anordnung vom 23. 8. 1978 (BGBl. I 1538) die Ernennung und Entlassung der *Reserveoffiziere* bis zum Hauptmann und der *Offiziersanwärter* dem Amtschef des Personalstammamtes der Bw. übertragen. Weitere Bestimmungen regeln die Ernennung und Entlassung der Unteroffiziere und Mannschaften.

Im Heer kann der Kompaniechef (Batteriechef, Staffelkapitän) einen Soldaten seines Bereichs zu einem Mannschaftsdienstgrad, der Bataillons-, Regiments- und Brigadekommandeur ihm unterstehende Mannschaften und Unteroffiziere bis zum Stabsunteroffizier befördern. Der Divisionskommandeur hat diese Befugnis für die Soldaten seiner Division, der Kommandierende General für diejenigen seines Korps, soweit das Recht nicht einer nachgeordneten Stelle übertragen ist. Für die übrigen Fälle, für die Beförderung der Angehörigen der Reserve außerhalb des Wehrdienstes und der Angehörigen des Militärmusikdienstes und einige andere Bereiche ist der Leiter der Stammdienststelle des Heeres zuständig.

Entsprechendes gilt für den Bereich der Territorialen Verteidigung und der Basis-Organisation. Für die Luftwaffe gelten ähnliche Bestimmungen wie für das Heer. In der Marine ist das Recht zur Ernennung und Entlassung der Unteroffiziere und Mannschaften dem Leiter der Stammdienststelle der Marine übertragen.

Zur Anordnung des BPräs. gelten noch *Durchführungsbestimmungen* vom 9. 6. 1981 (VMBl. 214), die weitgehend den für Beamte und Richter erlassenen Durchführungsbestimmungen entsprechen. Es sind i. d. R. *Ernennungsurkunden* für Berufssoldaten und Soldaten auf Zeit auszufertigen. Eine Urkunde über die *Beendigung des Dienstverhältnisses* erhalten Berufssoldaten, die in den Ruhestand treten oder wegen Erreichens der allgemeinen Altersgrenze, wegen Dienstunfähigkeit oder auf Verlangen ausscheiden; in gewissen anderen Fällen ist nur eine Mitteilung erforderlich.

Über die *Laufbahn-VO* s. 453 II.

463. Dienstgradbezeichnungen und Uniform der Soldaten

Auf Grund der ihm in § 4 Abs. 3 des Soldatengesetzes übertragenen Befugnis erließ der BPräs. die *Anordnung über die Dienstgradbezeichnungen und die Uniform der Soldaten* vom 7. 5. 1956 (BGBl. I 422) i. d. F. vom 14. 7. 1978 (BGBl. I 1067). Hierin sind die Dienstgradbezeichnungen für Offiziere, Unteroffiziere und Mannschaften festgesetzt und Vorschriften für die Uniformen gegeben.

Es gibt folgende Dienstgrade der Bundeswehr:

Heer/Luftwaffe	*Marine*
Mannschaften:	
Grenadier, Flieger usw.	Matrose
Gefreiter	Gefreiter
Obergefreiter	Obergefreiter
Hauptgefreiter	Hauptgefreiter
Unteroffiziere:	
Unteroffizier/Fahnenjunker	Maat/Seekadett
Stabsunteroffizier	Obermaat
Feldwebel/Fähnrich	Bootsmann/Fähnrich zur See
Oberfeldwebel	Oberbootsmann
Hauptfeldwebel	Hauptbootsmann/Oberfähnrich zur See
Stabsfeldwebel	Stabsbootsmann
Oberstabsfeldwebel	Oberstabsbootmann
Offiziere:	
Leutnant	Leutnant zur See
Oberleutnant	Oberleutnant zur See
Hauptmann/Stabsarzt, -apotheker, -veterinär	Kapitänleutnant/Stabsarzt
Major/Oberstabsarzt usw.	Korvettenkapitän/Oberstabsarzt
Oberstleutnant/Oberfeldarzt usw.	Fregattenkapitän/Flotillenarzt
Oberst/Oberstarzt usw.	Kapitän zur See/Flottenarzt

Generale:

Brigadegeneral/Generalarzt, Generalapotheker	Flotillenadmiral/Admiralarzt
Generalmajor/Generalstabsarzt	Konteradmiral/Admiralstabsarzt
Generalleutnant/Generaloberstabsarzt	Vizeadmiral/Admiraloberstabsarzt
General	Admiral

464. Das militärische Vorgesetztenverhältnis

ist auf Grund des § 1 Abs. 4 in Verbindung m. § 72 Abs. 2 SoldatenG durch VO des BMVg. vom 4. 6. 1956 (BGBl. I 459) m. Änd. zuletzt vom 7. 10. 1981 (BGBl. I 1129) geregelt. Danach ist die Befehlsbefugnis in und außer Dienst unterschiedlich geregelt. Nach § 1 Abs. 1 der VO hat ein Soldat, der einen militärischen Verband, eine militärische Einheit oder Teileinheit führt oder eine militärische Dienststelle leitet, die allgemeine Befugnis, den ihm unterstellten Soldaten *in und außer Dienst* Befehle zu erteilen. Innerhalb umschlossener militärischer Anlagen besteht allgemein eine Befehlsgewalt aller Soldaten einer höheren Dienstgradgruppe in und außer Dienst gegenüber den Soldaten einer niedrigeren Dienstgradgruppe (§ 4 Abs. 3 der VO).

Die *Befehlsbefugnis außer Dienst* besitzen alle *unmittelbaren* Vorgesetzten vom Gruppenführer an aufwärts. Innerhalb umschlossener *militärischer Anlagen,* wozu außer Kasernen, Gebäuden, Hallen, Kantinen, auch Depots, Truppenlager, Übungsplätze, Flugplätze, Schießstände usw. zählen, sofern sie (durch Zaun, Mauer, Hecke oder auf ähnliche Weise) abgegrenzt sind, kann ein Soldat einer höheren Dienstgradgruppe dem Soldaten einer niedrigeren Gruppe in und außer Dienst Befehle erteilen. Dabei gilt die Reihenfolge: Generale, Stabsoffiziere, Hauptleute, Leutnante, Unteroffiziere mit Portepee (alle Feldwebeldienstgrade), Unteroffiziere ohne Portepee (Unteroffiziere, Stabsunteroffiziere), Mannschaften.

Ein *Fachvorgesetzter,* d. h. ein Soldat, dem die Leitung des Fachdienstes von Soldaten obliegt, ist befugt, den Soldaten im Dienst zu fachdienstlichen Zwekken Befehle zu erteilen (§ 2). Ein Soldat mit *besonderem Aufgabenbereich* kann anderen Soldaten die zur Erfüllung seiner Aufgaben erforderlichen Befehle erteilen, auch wenn die Soldaten sich nicht im Dienst befinden (§ 3).

Ein Vorgesetzter kann innerhalb seiner Befehlsbefugnis Untergebene einem Soldaten *für eine bestimmte Aufgabe* vorübergehend unterstellen und damit ein Vorgesetztenverhältnis auf Grund bes. Anordnung begründen (§ 5). *Auf Grund einer Erklärung* kann ein Offizier oder Unteroffizier in und außer Dienst ein Vorgesetztenverhältnis begründen, indem er sich zum Vorgesetzten erklärt, wenn er dies für notwendig hält, weil (§ 6)

1. eine Notlage sofortige Hilfe erfordert,
2. zur Aufrechterhaltung der Disziplin oder Sicherheit ein sofortiges Eingreifen unerläßlich ist oder
3. eine einheitliche Befehlsgebung an Ort und Stelle unabhängig von der gliederungsmäßigen Zusammengehörigkeit der Soldaten zur Behebung einer kritischen Lage hergestellt werden muß.

Niemand kann sich aber zum Vorgesetzten von Soldaten erklären, die über ihn Befehlsbefugnis haben. Mit der Erklärung hat der Erklärende die nach der

Lage erforderliche Befehlsbefugnis. In eine fachliche Tätigkeit soll nur ein facherfahrener Offizier oder Unteroffizier eingreifen.

Zur Förderung der verantwortungsvollen Zusammenarbeit zwischen Vorgesetzten und Untergebenen und zur Erhaltung des kameradschaftlichen Vertrauens innerhalb der Einheiten werden *Vertrauensmänner* gewählt (§ 35 SoldatenG). Für die Wahl der Vertrauensmänner und ihrer beiden Stellvertreter bilden die Mannschaften, die Unteroffiziere und die Offiziere je eine Wählergruppe. Wahl der Vertrauensmänner und Amtsdauer (1 Jahr) bestimmen sich nach dem *Vertrauensmänner-Wahlgesetz* vom 26. 7. 1957 (BGBl. I 1052) m. spät. Änd.

465. Die Besoldung des Soldaten

Das *Wehrsoldgesetz* i. d. F. vom 20. 2. 1978 (BGBl. I 265) m. spät. Änd. dient der Ausführung des § 30 des SoldatenG, der dem Soldaten einen Anspruch insbes. auf Geld- und Sachbezüge sowie Heilfürsorge gewährt (vgl. 453 II). Das Wehrsoldgesetz gilt nur für Soldaten, die auf Grund der Wehrpflicht Wehrdienst leisten. Dagegen sind die Dienstbezüge der Berufssoldaten und Soldaten auf Zeit (einschl. *vermögenswirksamer Leistungen*) im Bundesbesoldungsrecht geregelt (154 III 3).

Dem Gesetz liegt der Gedanke zugrunde, daß der Staat den Wehrpflichtigen mit allem auszustatten hat, was zur Ausübung des Dienstes gehört, ihm aber auch die Voraussetzungen schaffen muß, seine Freizeit gestalten zu können. Der Wehrpflichtige erhält neben einem Geldbetrag (*Wehrsold, Weihnachtszuwendung*) unentgeltlich Verpflegung, Unterkunft und Dienstbekleidung sowie freie Heilfürsorge (§ 1). Bei kurzen Übungen wird statt Wehrsold ein *Dienstgeld*, bei Entlassung nach mindestens 1 Monat Grundwehrdienst *Entlassungsgeld* gezahlt (§§ 8, 9).

Außer den oben bezeichneten Leistungen, auf die der Wehrpflichtige Anspruch hat, dürfen Zulagen und Zuwendungen nur insoweit gewährt werden, als der Haushaltsplan Mittel dafür zur Verfügung stellt. Bei schuldhaftem unerlaubten Fernbleiben vom Dienst oder Vollzug einer gerichtlichen Freiheitsstrafe entfällt der Anspruch. Die Höhe des Wehrsolds richtet sich nach einer dem Gesetz beigefügten Tabelle. Er beträgt je nach Dienstgrad für Mannschaften tägl. 9,50–13 DM, für Unteroffiziere 14–15 DM (Stabs-, Oberstabsfeldwebel 16–17 DM), für Offiziere 16–23 DM. Soldaten mit *Spitzendienstzeiten* (154 III 3) erhalten nach 6 Mon. tägl. 2 DM mehr.

466. Der Urlaub des Soldaten

regelt sich auf der Rechtsgrundlage des § 28 SoldatenG nach der *Soldatenurlaubsverordnung* i. d. F. vom 23. 11. 1972 (BGBl. I 2151) m. spät. Änd. Dem Soldaten steht *Erholungsurlaub* zu, und zwar dem Soldaten auf Zeit und dem Berufssoldaten grundsätzlich nach den für Bundesbeamte geltenden Vorschriften (vgl. 154 III 6). Während des Grundwehrdienstes wird für jeden vollen Dienstmonat $1/12$ des beamtenrechtlichen Urlaubs gewährt, bei Wehrübungen aber nur für Soldaten, die nicht in einem Arbeits- oder Dienstverhältnis stehen und wenn die Übung ununterbrochen länger als 3 Monate dauert.

Außerdem kann Urlaub zur Erhaltung der Einsatzfähigkeit oder zur Wiederherstellung der vollen Dienstfähigkeit gewährt werden. *Sonderurlaub* kann nach Beamtenrecht (154 III 6) bewilligt werden, wobei Sondervorschriften für Urlaub aus wichtigen, insbes. familiären Gründen, zum medizinischen oder pharmazeutischen Studium sowie für eine Tätigkeit in kommunalen Vertretungskörperschaften gelten.

Hierzu Ausführungsbestimmungen des BMVg. in der ZDv 14/5. Sie enthält in Teil F Bestimmungen über den Erholungsurlaub, Sonderurlaub und Dienstbefreiungen. Zusätzlich enthält sie das Statusrecht (SG), das Laufbahnrecht, das Vorgesetztenrecht, das Vertrauensmännerwahlrecht, das Jubiläumsrecht und das Nebentätigkeitsrecht.

Aus zwingenden dienstlichen Gründen in einem Urlaubsjahr (1. 1. – 31. 12.) nicht bewilligter Urlaub der Berufs- und Zeitsoldaten ist auf jeden Fall auf das nächste Urlaubsjahr zu übertragen und steht in diesem bis zum 30. 6. zur Verfügung. Soldaten auf Zeit erhalten beim Ausscheiden innerhalb eines Urlaubsjahres für jeden vollen Monat Dienstzeit nur $\frac{1}{12}$ des Jahresurlaubs.

467. Die Versorgung des Soldaten

bestimmt sich nach dem Gesetz über die Versorgung für die ehemaligen Soldaten der Bundeswehr und ihre Hinterbliebenen, dem *Soldatenversorgungsgesetz* – SVG – i. d. F. vom 5. 3. 1987 (BGBl. I 842). Das SVG findet nur auf ehemalige Soldaten und ihre Hinterbliebenen Anwendung und unterscheidet zwischen Ansprüchen

a) auf Grund der Rechtsstellung des Soldaten und seiner Dienstzeit = *Dienstzeitversorgung* und
b) auf Grund einer im Wehrdienst erlittenen gesundheitlichen Schädigung = *Beschädigtenversorgung*.

Beide Ansprüche können auch nebeneinander bestehen. Die Versorgung der Hinterbliebenen richtet sich nach den von dem Soldaten erworbenen Ansprüchen.

Das SVG behandelt in Ausführung des § 30 Abs. 1 SoldatenG im I. Teil den persönlichen Geltungsbereich und die Wehrdienstzeit (§§ 1, 2), im II. Teil die Berufsförderung und Dienstzeitversorgung der Soldaten auf Zeit (§§ 3–13c), die Dienstzeitversorgung der Berufssoldaten (§§ 14–40), die Versorgung der Hinterbliebenen von Soldaten, auch von weiblichen Soldaten (§§ 41–44a), gemeinsame Vorschriften für Soldaten und ihre Hinterbliebenen (§§ 45–61), Umzugskostenvergütung und einmalige Unfallentschädigung (§§ 62–63a) sowie Übergangsvorschriften (§§ 64–79); im III. Teil die Beschädigtenversorgung (§§ 80–86), im IV. Teil Organisation, Verfahren und Rechtsweg (§§ 87, 88) und im V. Teil Schlußvorschriften (§§ 89–97).

Für Soldaten auf Zeit ist *Berufsförderung* vorgesehen, die in Ausbildung und Weiterbildung für das spätere Berufsleben besteht. Die Bundeswehr berät den Soldaten.

Während seiner Dienstzeit wird dem Soldaten zunächst ein allgemeinberufliches Wissen in besonders hierfür eingerichteten Bildungsstätten, den sog. *BW-Fachschulen*, vermittelt. Anschließend erhält der Soldat nach entsprechender Berufsberatung eine zusätzliche fachliche Ausbildung oder Weiterbildung in Bildungseinrichtungen seiner Berufssparte außerhalb der Bw. Vgl. 472. Schließlich bahnt die Bw. auch die notwendigen Vermittlungen durch die Organe der BAnstalt für Arbeit (s. 602, 672) an. Zwecks Zugangs zum öffentlichen Dienst wird Unteroffizieren und Mannschaften nach i. d. R. mindestens 12jähriger Dienstzeit auf Antrag ein *Eingliederungsschein* (für Beamte) oder *Zulassungsschein* (für Angestellte) erteilt, der bestätigt, daß der Inhaber zu dem Personenkreis gehört, für den im öffentlichen Dienst bestimmte Stellen freigehalten werden; d. i. jede 9. Stelle des gehobenen und jede 6. des mittleren und einfachen Dienstes der öffentl. Bundes- und Landesverwaltung (§§ 9, 10 SVG und DVO vom 16. 12. 1969, BGBl. I 2347). Zur Erleichterung des Übergangs in den Zivilberuf wird eine *Übergangsbeihilfe* gezahlt (§§ 12, 13 SVG).

Berufssoldaten erhalten *Ruhegehalt* entsprechend ihrer ruhegehaltfähigen Dienstzeit oder, falls das Dienstverhältnis infolge eines Dienstunfalls endet, Unfallruhegehalt (§§ 15ff., 27 SVG). Für einen Teil des Ruhegehalts kann *Kapitalabfindung* gewährt werden (§§ 28ff. SVG). Besonders gefährdete Soldaten erhalten neben der allgemeinen Versorgung nach dem SVG eine einmalige *Unfallentschädigung,* wenn sie infolge eines Unfalls beim Flug- oder Sprungdienst, im Bergrettungsdienst, als Kampfschwimmer, bei der Munitionsuntersuchung o. dgl. zu mindestens 80 v. H. erwerbsbeeinträchtigt sind. Entsprechendes gilt für Verletzung bei lebensgefährdendem Einsatz oder in Abwehr eines rechtswidrigen Angriffs. Im Falle des Todes wird die Entschädigung den Hinterbliebenen gezahlt (§§ 63, 63a SVG und VO i. d. F. vom 29. 6. 1977, BGBl. I 1178) m. Änd. vom 25. 9. 1983 (BGBl. I 1244).

468. Das Unterhaltssicherungsgesetz

i. d. F. vom 9. 9. 1980 (BGBl. I 1685) m. spät. Änd. soll den Unterhalt der zum Wehrdienst einberufenen Wehrpflichtigen und ihrer Angehörigen sichern. Dagegen werden Arbeitsplatz und soziale Ansprüche (Wohnraum, Erholungsurlaub, Sozialversicherung) durch das *Arbeitsplatzschutzgesetz* (624) gesichert.

Nach § 1 USG erhalten zur Erfüllung der Wehrpflicht einberufene Wehrpflichtige und ihre Familienangehörigen Leistungen zur Sicherung des Lebensbedarfs (*Unterhaltssicherung*). Das USG findet keine Anwendung auf Berufssoldaten, Soldaten auf Zeit, Beamte und Arbeitnehmer, soweit sie Arbeitsentgelt erhalten. *Familienangehörige* im engeren Sinne, nämlich vor allem die Ehefrau, die Kinder und Stiefkinder, erhalten auf Antrag Leistungen, deren Höhe sich nach dem monatlichen durchschnittlichen Nettoeinkommen richtet (§ 5); der Wehrpflichtige und z. T. auch die engeren Angehörigen erhalten ferner Sonderleistungen (§§ 7ff., z. B. Krankenhilfe, Mietbeihilfe, Wirtschaftsbeihilfe für den Betrieb, Ersatz der Aufwendungen für Ersatzkräfte). Sonstige Familienangehörige (nichteheliche Kinder bei anerkannter oder gerichtlich festgestellter Vaterschaft, die geschiedene Ehefrau, Eltern, Enkel, Geschwister, Pflegekinder usw.) erhalten Einzelleistungen entsprechend dem bisher vom Wehrpflichtigen geleisteten oder geschuldeten Unterhalt (§ 6). Einkommensteuerpflichtige Einkünfte werden nach Maßgabe des § 11 angerechnet. Bei kürzerem oder unbefristetem Wehrdienst, Wehrübungen oder Wehrdienst in der Verfügungsbereitschaft wird nach §§ 13, 13a eine Verdienstausfallentschädigung auf Antrag gewährt. Leistungen nach dem USG sind i. d. R. steuerfrei (§ 15).

Die Leistungen werden durch die landesrechtlich bestimmten Behörden festgestellt und bewilligt, denen die Durchführung im Auftrag des die Kosten tragenden Bundes obliegt (§§ 17ff.). Für Rechtsstreitigkeiten über Leistungen nach dem USG gilt die Verwaltungsgerichtsordnung (§ 22).

Die sonstigen Vorschriften des USG sehen u. a. Ausgleichsleistungen in besonderen Härtefällen vor (§ 23). Vorsätzliche oder fahrlässige Verstöße gegen Auskunfts- oder Anzeigepflichten können als Ordnungswidrigkeiten geahndet werden (§ 24).

469. Kriegsdienstverweigerer

Nach Art. 4 Abs. 3 GG darf niemand gegen sein Gewissen zum Kriegsdienst mit der Waffe gezwungen werden. Wer jedoch aus Gewissensgründen sich der Beteiligung an jeder Waffenanwendung zwischen Staaten widersetzt und deshalb den Kriegsdienst mit der Waffe verweigert, hat statt des Wehrdienstes einen sog. *Zivildienst* (s. 470) außerhalb der Bw. zu leisten. Durch Ableistung des Zivildienstes ist die Wehrpflicht erfüllt (§ 3 Abs. 1 WehrpflG).

Maßgebend waren bis zum 31. 12. 1983 die §§ 25–27 WehrpflG. Grundlage für eine Anerkennung der Verweigerung des Kriegsdiensts nach diesen Vorschriften war vor allem die Feststellung, daß ernstliche Gewissensgründe gegen einen Gebrauch von Waffen vorliegen und eine Beteiligung am Kriegsdienst mit der Waffe widersprechen.

Die *Gewissensentscheidung* brauchte nicht auf religiöser Grundlage zu beruhen; auch Bindungen auf ethisch-humanitärer Grundlage waren anerkannt.

Die Entscheidung, ob die Kriegsdienstverweigerung berechtigt ist, wurde durch besondere *Prüfungsausschüsse* als *Verwaltungsakt* der Wehrersatzbehörde erlassen. Dagegen war Widerspruch an *Prüfungskammern* bei den Wehrbereichsverwaltungen zulässig. Die Ausschüsse hatten bei der Prüfung der *Ernstlichkeit* des Vorbringens die Gesamtpersönlichkeit des Antragstellers und sein sittliches Verhalten zu berücksichtigen.

Die Ablehnung des Zivildienstes, die vor allem bei Angehörigen der „Zeugen Jehovas" die Regel bildet, wurde in einer Reihe von Gerichtsurteilen mit Freiheitsstrafe bis zu einem Jahr geahndet. Wiederholte Bestrafung eines Kriegsdienstverweigerers bei erneuter Weigerung verstößt gegen das Verbot der Doppelbestrafung („ne bis in idem", vgl. 70 II 5) und ist deshalb unzulässig (BVerfG NJW 1968, 982). Anders kann die Rechtslage sein, wenn ein nicht anerkannter Kriegsdienstverweigerer einzelnen Befehlen nicht Folge leistet (vgl. BVerfG NJW 1984, 1600).

Nach dem ÄndGes. vom 13. 7. 1977 (BGBl. I 1229) sollte es ungedienten Wehrpflichtigen freistehen, durch Erklärung gegenüber dem Kreiswehrersatzamt den Kriegsdienst mit der Waffe zu verweigern; ein Prüfungsverfahren sollte nur noch bei Soldaten oder ungedienten, aber schon einberufenen Wehrpflichtigen stattfinden. Dieses Ges. hat jedoch das BVerfG für verfassungswidrig erklärt, weil es der Zustimmung des BR bedurft hätte (Art. 87b Abs. 2 S. 1) und gegen Art. 3 Abs. 1 i. Verb. m. Art. 4 Abs. 3, Art. 12a Abs. 1, 3 GG verstoße (NJW 1978, 1245).

Durch das am 1. 1. 1984 in Kraft getretene Gesetz zur Neuordnung des Rechts der Kriegsdienstverweigerung und des Zivildienstes (*Kriegsdienstverweigerungs-Neuordnungsgesetz* – KDVNG) vom 28. 2. 1983 (BGBl. I 203) wurde das Recht der Kriegsdienstverweigerung neu geregelt; es ist jetzt in Art. 1 des KDVNG als *Kriegsdienstverweigerungsgesetz* – KDVG – normiert. Die Neuregelung ist nach dem Urteil des BVerfG vom 24. 4. 1985 (NJW 1985, 1519) verfassungsgemäß. Das Gesetz tritt – wenn bis dahin nichts anderes bestimmt wird – am 31. 12. 1990 außer Kraft.

Über die Berechtigung, den Kriegsdienst mit der Waffe zu verweigern, wird auf Antrag entschieden. Der Antrag ist schriftlich oder zur Niederschrift beim Kreiswehrersatzamt zu stellen. Er muß die Berufung auf das Grundrecht der Kriegsdienstverweigerung, einen ausführlichen Lebenslauf und eine persönliche, ausführliche Darlegung der Beweggründe für die Gewissensentscheidung enthalten; ein Führungszeugnis ist beizufügen (§ 2 KDVG). Ungediente Wehrpflichtige werden ohne persönliche Anhörung als Kriegsdienstverweigerer anerkannt, wenn die dargelegten Beweggründe das Recht auf Kriegsdienstverweigerung zu begründen geeignet sind und das Gesamtvorbringen und die dem Bundesamt für den Zivildienst bekannten sonstigen Tatsachen keine Zweifel an der Wahrheit der Angaben des Antragstellers begründen (§ 5 KDVG). Über Anträge ungedienter Wehrpflichtiger entscheidet das Bundesamt für den Zivildienst (§ 4 KDVG). Ein Prüfungsverfahren vor den Prüfungsausschüssen und -kammern entfällt für diesen Personenkreis. Für Soldaten, einberufene oder gediente Wehrpflichtige, die Antrag auf Anerkennung als Kriegsdienstverweigerer stellen, wird das Prüfungsverfahren vor den Ausschüssen und Kammern für Kriegsdienstverweigerung in etwas veränderter Form beibehalten (§§ 9ff. KDVG). Gegen ablehnende Entscheidungen des Bundesamtes findet ein Widerspruch nicht statt (§ 17 KDVG). Gegen Entscheidungen der Ausschüsse kann Widerspruch eingelegt werden, über den die Kammern für Kriegsdienstverweigerung entscheiden (§ 18 KDVG). Nach Erschöpfung des Verwaltungsweges – soweit er gegeben ist – können die Verwaltungsgerichte angerufen werden. Dazu VO über das Anerkennungsverfahren (*KriegsdienstverweigerungsVO* vom 2. 1. 1984 (BGBl. I 42).

470. Der Zivildienst

ist durch das *Zivildienstgesetz* (ZDG) i. d. F. vom 31. 7. 1986 (BGBl. I 1205) auf der Grundlage der Vorschriften über die Kriegsdienstverweigerung (Art. 4 Abs. 3 und 12a GG, Art. 1 Kriegsdienstverweigerungs-Neuordnungsgesetz; vgl. 469) als eine Form der Erfüllung der Wehrpflicht geregelt. Das ZDG bestimmt, daß dieser entweder in vom Bundesamt für den Zivildienst anerkannten Beschäftigungsstellen oder in Zivildienstgruppen geleistet werden soll. Die Rechtsstellung des *Zivildienstpflichtigen* ist weitgehend der des Soldaten angepaßt, der auf Grund der Wehrpflicht *Wehrdienst* leistet. Wegen des zivilen Charakters des Zivildienstes gelten jedoch in mancher Hinsicht beamtenrechtliche Regeln.

Dem *Wehrdienst* angenähert sind hauptsächlich die Vorschriften über politische Betätigung (§ 29), Unterkunft und Gemeinschaftsverpflegung (§ 31), Fürsorge, Urlaub, Geld- und Sachbezüge (§ 35), Erhaltung der Gesundheit und ärztliche Eingriffe (§ 40), Versorgung (§§ 47ff.) sowie die Straf-, Bußgeld- und Disziplinarvorschriften (§§ 52ff.). Der Zivildienst dauert aber um ein Drittel länger als der Grundwehrdienst (§ 24 Abs. 2 ZDG). Diese Unterschiedlichkeit verstößt nicht gegen das Grundgesetz (BVerfG NJW 1985, 1519).

Beamtenartig geregelt ist dagegen u. a. die regelmäßige Arbeitszeit (§ 32).

Der besonderen Art des Dienstverhältnisses tragen vor allem die Vorschriften über Grundpflichten (§ 27: Gewissenhafte Diensterfüllung, Einfügung in die Gemeinschaft, Gefahrenübernahme, Ausbildung für die vorgesehene Verwendung), Befolgung dienstlicher Anordnungen (§ 30) sowie die Disziplinarvorschriften (§§ 58–70) Rechnung. Dienstliche Anordnungen hat der Dienstpflichtige auszuführen. Erhebt er Bedenken gegen die Rechtmäßigkeit einer dienstlichen Anordnung und wird diese aufrechterhalten, so hat er sie auszuführen, es sei denn, daß die Anordnung nicht zu dienstlichen Zwecken erteilt ist oder die Menschenwürde verletzt oder daß durch das Befolgen eine Straftat begangen würde. Befolgt der Dienstpflichtige eine dienstliche Anordnung, so ist er von der eigenen Verantwortung befreit, sofern nicht die Ausführung strafbar ist und dies entweder von ihm erkannt wird oder nach den ihm bekannten Umständen offensichtlich ist (§ 30).

Bei den *Aufgaben des Zivildienstes*, der dem Gemeinwohl dienen soll, stehen an erster Stelle solche im sozialen Bereich. Daneben kommt auch Dienst in anderen dem Gemeinwohl dienenden Einrichtungen in Betracht. Über deren Anerkennung entscheidet der BMJFFG. Die Einrichtungen müssen die Gewähr bieten, daß sie den Aufgaben des Zivildienstes gerecht werden und daß die Dienstpflichtigen dementsprechend beschäftigt, geleitet und betreut werden; auch müssen sie sich einer gewissen Aufsicht unterstellen (§ 4). Die Verwaltungsaufgaben obliegen einem *Bundesamt für den Zivildienst* (Bundesoberbehörde) und dem *Bundesbeauftragten für den Zivildienst*; ferner wird beim BMJFFG ein Beirat für den Zivildienst gebildet (§§ 1–2a).

Die Tauglichkeit für den Zivildienst bestimmt sich entsprechend der Tauglichkeit für den Wehrdienst; *Befreiung oder Zurückstellung* kann beim Bundesamt aus ähnlichen Gründen wie beim Wehrdienst beantragt werden (§§ 7ff.; über Befreiung der im Zivil- oder Katastrophenschutz, Entwicklungsdienst, sonstige als friedensfördernd anerkannten Auslandsdienste oder Polizeivollzugsdienst Eingesetzten vgl. §§ 14, 14a, 14b, 15). *Dienstgruppen* werden nach Bedarf aufgestellt (§ 5). Zivildienstleistende in Dienstgruppen mit 5 oder mehr Dienstpflichtigen wählen *Vertrauensmänner*, die im Interesse der Zusammenarbeit mit Vorgesetzten und Dienststellenleitung tätig werden sollen (§ 37; WahlVO i. d. F. vom 20. 8. 1976, BGBl. I 2390).

Die Beschäftigungsstellen sorgen auf ihre Kosten für Unterkunft, Verpflegung und Arbeitskleidung der Dienstleistenden; die Geldbezüge trägt der Bund (§ 6).

Für die Zuführung Dienstpflichtiger, die der Einberufung unentschuldigt nicht Folge leisten, gilt nach § 23a entsprechendes wie beim Wehrpflichtigen (vgl. 454 VI). Die Dienstpflichtigen unterliegen bis zum 32. Lebensjahr der *Zivildienstüberwachung*, die mit einer *Meldepflicht* verbunden ist (§ 23). Von der Heranziehung zum Zivildienst kann abgesehen werden, wenn der Wehrpflichtige auch diesem gegenüber Gewissensgründe geltend macht – wie z. B. häufig die Zeugen Jehovas –, aber ein freiwilliges Arbeitsverhältnis in einer Kranken- oder Heil- und Pflegeanstalt nachweist (§ 15a).

471. Ziviler Bevölkerungsschutz

Nach Art. 73 Nr. 1 GG hat der Bund die ausschließliche Gesetzgebung über die Verteidigung einschl. des Schutzes der Zivilbevölkerung. Nach Art. 87b Abs. 2 GG können diese Aufgaben ganz oder teilweise in bundeseigener Verwaltung mit eigenem Verwaltungsaufbau oder von den Ländern im Auftrage des Bundes ausgeführt werden.

Zum Schutz der Bevölkerung gegen Angriffskriege erging zunächst das *Erste Gesetz über Maßnahmen zum Schutze der Zivilbevölkerung* – durch Änd.-Gesetz vom 2. 8. 1976 (BGBl. I 2046) in *Gesetz über den Zivilschutz* (ZSchG) umbenannt – vom 9. 10. 1957 (BGBl. I 1696). Es wurde ergänzt und teilweise abgelöst durch das Selbstschutzgesetz und das Schutzbaugesetz; ersteres wurde ersetzt durch das Katastrophenschutzgesetz (s. u. III, IV). Das ZSchG gilt jetzt i. d. F. vom 9. 8. 1976 (BGBl. I 2109).

I. *Aufgabe des Zivilschutzes*

Nach dem ZSchG ist es Aufgabe des Zivilschutzes, durch nichtmilitärische Maßnahmen die Bevölkerung, ihre Wohnungen und Arbeitsstätten, lebenswichtige zivile Betriebe, Dienststellen und Anlagen sowie das Kulturgut vor Kriegseinwirkungen zu schützen und deren Folgen zu beseitigen oder zu mildern. Behördliche Maßnahmen ergänzen die Selbsthilfe der Bevölkerung. Zum Zivilschutz gehören insbesondere 1. der Selbstschutz (s. u. III), 2. der Warndienst, 3. der Schutzbau (s. u. IV), 4. die Aufenthaltsregelung, 5. der Katastrophenschutz (s. u. III), 6. Maßnahmen zum Schutz der Gesundheit, 7. Maßnahmen zum Schutz von Kulturgut. Dem mit Aufgaben des Zivilschutzes betrauten Bundesamt für Zivilschutz unterstehen Warnämter. Die Gemeinden haben alle zur Warnung der Bevölkerung erforderlichen Einrichtungen bereitzuhalten, einzubauen, zu unterhalten und zu betreiben (§ 7). Den Anschluß von Behörden und lebens- oder verteidigungswichtigen Betrieben an den Warndienst regelt § 8. Die Ersatzleistung an die zum Luftschutzdienst herangezogenen Personen und die Erstattung der ihnen vom Arbeitgeber fortgewährten Leistungen behandelt die VO vom 15. 12. 1959 (BGBl. I 722) m. spät. Änd. Zur Einordnung des LS-Hilfsdienstes in den Katastrophenschutz s. u. III.

II. *Zivilschutzkorps*

Nach dem Ges. vom 12. 8. 1965 (BGBl. I 782) ist zur Abwehr von Gefährdungen der Zivilbevölkerung durch Angriffswaffen ein *Zivilschutzkorps* (ZSchK) aufzustellen, das die Hilfskräfte der örtlichen Behörden an Schadensschwerpunkten unterstützen soll. Seine Angehörigen sind völkerrechtliche Zivilpersonen (sog. *Nichtkombattanten*). Die Einrichtung des ZSchK obliegt den Landesbehörden als Auftragsverwaltung des Bundes, der die Kosten trägt (§§ 48, 49). Das ZSchK darf auch in Friedenszeiten bei Katastrophen eingesetzt werden.

Das ZSchK setzt sich aus Wehrpflichtigen und Freiwilligen zusammen. Die Grundausbildung dauert 4 Monate, Übungen jeweils höchstens 1 Monat (§§ 9, 10). Dienstpflichtige erhalten einen Heranziehungsbescheid und unterliegen der Meldeüberwachung (§§ 15, 16). Sie haben die Rechtsstellung eines Soldaten, erhalten insbes. Geld- und Sachbezüge (§ 18). Dagegen stehen berufsmäßige Angehörige des ZSchK und solche auf Zeit in einem öffentlich-rechtlichen Dienstverhältnis beamtenähnlicher Art (§§ 21–31). Weitere Vorschriften regeln für alle Angehörigen des ZSchK Fürsorge und Versorgung, Urlaub, das Beschwerde- und das Disziplinarrecht. Das Vorgesetztenverhältnis im ZSchK regelt eine VO vom 21. 7. 1967 (BGBl. I 799), die Laufbahnen im ZSchK eine VO vom 23. 8. 1966 (BGBl. I 528).

Die Aufstellung des ZSchK ist vorläufig ausgesetzt (Art. 17 d. FinÄndG vom 21. 12. 1967, BGBl. I 1259).

III. *Selbstschutz. Katastrophenschutz*

Die Selbsthilfe der Bevölkerung sollte ergänzend zu den unter I angeführten Bestimmungen durch das *Ges. über den Selbstschutz der Zivilbevölkerung* vom 9. 9. 1965 (BGBl. I 1240) – *Selbstschutzgesetz* – auf Bundesebene geregelt werden. Das Gesetz wurde jedoch noch vor seinem Inkrafttreten aufgehoben durch das *Ges. über die Erweiterung des Katastrophenschutzes* vom 9. 7. 1968 (BGBl. I 776). Dieses Ges. ergänzt die bereits bestehenden landesrechtlichen Bestimmungen über den Selbstschutz und den Katastrophenschutz (K.); es regelt insbesondere das Aufgabengebiet der Einheiten des K. und die Einrichtungen, die zur Bekämpfung der im Verteidigungsfall drohenden besonderen Gefahren und

Schäden eingesetzt werden (Brandschutz, Bergung und Instandsetzung, Schutz gegen chemische Kampfstoffe, Sanitäts- und Veterinärwesen, Unterstützung des Selbstschutzes usw.). Der K. wird auf Kreisebene eingerichtet und untersteht dem Hauptverwaltungsbeamten des Landkreises oder der kreisfreien Stadt (§ 7). Die öffentlichen und privaten Schutzorganisationen wie Feuerwehr, Sanitätsdienst usw. werden zu K.organisationen zusammengefaßt. Ihre Helfer können sich auf bestimmte oder unbestimmte Zeit zum Dienst im K. verpflichten; für wehrpflichtige Helfer tritt bei mindestens 10jähriger Verpflichtung der Dienst an Stelle des Wehrdienstes (§ 8). Die Länder, Gemeinden und Gemeindeverbände handeln bei der Wahrnehmung ihrer Aufgaben auf dem Gebiet des K. im Auftrag des Bundes, der auch die zusätzliche Ausrüstung zu der bereits vorhandenen (z. B. der örtlichen Feuerwehr) zur Verfügung stellt (§§ 2, 5). Aufbau, Förderung und Leitung des *Selbstschutzes* der Bevölkerung gegen die Wirkung von Angriffswaffen ist Sache der Gemeinden oder ihrer Zusammenschlüsse (§ 10). Dem ,,Bundesverband für den Selbstschutz" obliegt die Aufklärung der Bevölkerung und die Unterstützung von Behörden und Betrieben bei Unterrichtung und Ausbildung im Selbstschutz (§ 11). Zum Schutz der Bevölkerung gegen die Gefahren und Schäden durch Angriffswaffen oder für Zwecke der Verteidigung können Aufenthaltsbeschränkungen und die Evakuierung besonders gefährdeter Gebiete angeordnet werden (§ 12).

IV. *Schutzbauten*

Das *Gesetz über bauliche Maßnahmen zum Schutz der Zivilbevölkerung – Schutzbaugesetz* – vom 9. 9. 1965 (BGBl. I 1232) sieht die Schaffung von *Schutzräumen* zum Selbstschutz der Bevölkerung und zum Schutz lebens- und verteidigungswichtiger Einrichtungen vor. Die Räume sollen so angelegt werden, daß sie im Frieden für andere Zwecke verwendbar sind (§ 1). Wird ein Gebäude errichtet, sind entsprechende Schutzräume für die Bewohner zu schaffen; bei Errichtung von Krankenhäusern, Beherbergungsstätten, Schulen und Hochschulen ist auf die Zahl der üblicherweise aufgenommenen Personen Rücksicht zu nehmen (§ 2). Die Räume sollen auch gegen die Einwirkung atomarer, biologischer oder chemischer Kampfmittel Schutz gewähren. Für Personen, die anderweitig nicht geschützt sind, werden Sammelschutzräume eingerichtet (§ 4). Der Bund kann für die Errichtungskosten Bürgschaften oder Gewährleistungen übernehmen und zahlt Zuschüsse bei öffentlich geförderten Wohnbauten. Für die Aufwendungen werden Steuervergünstigungen gewährt (§§ 7ff.). Wer freiwillig Schutzräume in schon bestehenden Gebäuden errichtet, erhält einen Zuschuß (§ 12).

In Gebieten mit starkem Verkehr sind öffentliche Schutzräume zu schaffen (§§ 14ff.). Bestimmungen über den *baulichen Betriebsschutz*, insbes. der Arbeitsplätze des Bedienungs- und Lenkungspersonals, gelten für die öffentlichen Versorgungseinrichtungen (elektr. Energie, Wasser usw.), §§ 23ff. Verstöße gegen das Verbot der Zweckentfremdung von Schutzräumen und gegen die Vorschriften über deren Instandhaltung können als *Ordnungswidrigkeiten* mit Geldbuße belegt werden (§ 30).

Das Inkrafttreten des SchutzbauG ist gleichzeitig mit dem des ZivilschutzkorpsG teilweise ausgesetzt worden (s. o. II).

V. *Sonstige gesetzliche Regelungen*

Im Zusammenhang mit den gesetzlichen Schutzmaßnahmen für die Zivilbevölkerung sind die legislativen Maßnahmen zu erwähnen, die der Versorgung der Bevölkerung und der Aufrechterhaltung von Wirtschaft und Verkehr im Verteidigungsfalle dienen. Hierzu zählen:

– das Gesetz über die Sicherstellung der Versorgung mit Erzeugnissen der Er-

nährungs- und Landwirtschaft sowie der Forst- und Holzwirtschaft i. d. F. vom 4. 10. 1968 (BGBl. I 1075) m. spät. Änd. – *Ernährungssicherstellungsgesetz* – und ErnährungsbewirtschaftungsVO vom 10. 1. 1979 (BGBl. I 52),
- das Gesetz über die Sicherstellung von Leistungen auf dem Gebiet der gewerblichen Wirtschaft sowie des Geld- und Kapitalverkehrs i. d. F. vom 3. 10. 1968 (BGBl. I 1069) m. spät. Änd. – *Wirtschaftssicherstellungsgesetz* –; dazu VOen vom 6. 8. 1976 (BGBl. I 2094, 2098, 2099) und vom 21. 10. 1982 (BGBl. I 1418) betr. Versorgungskarten, vordringliche Werkleistungen, Warenbewirtschaftung sowie VOen vom 21. 7. 1976 (BGBl. I 1829, 1833, 1849) betr. Mineralöl, Elektrizität, Gas,
- das Gesetz zur Sicherstellung des Verkehrs i. d. F. vom 8. 10. 1968 (BGBl. I 1082) m. spät. Änd. – *Verkehrssicherstellungsgesetz* – nebst DVOen betr. Sicherstellung des Eisenbahnverkehrs vom 10. 8./9. 9. 1976 (BGBl. I 2128, 2730), des Seeverkehrs vom 3. 8. 1978 (BGBl. I 1210), des Luftverkehrs vom 28. 12. 1979 (BGBl. I 2389), des Straßenverkehrs vom 23. 9. 1980 (BGBl. I 1795) und des Binnenschiffsverkehrs vom 20. 1. 1981 (BGBl. I 101) sowie
- das Gesetz über die Sicherstellung von Leistungen auf dem Gebiet der Wasserwirtschaft für Zwecke der Verteidigung vom 24. 8. 1965 (BGBl. I 1225) – *Wassersicherstellungsgesetz* – nebst VOen vom 31. 3. 1970 (BGBl. I 357) und 11. 9. 1973 (BGBl. I 1313).

Diese Gesetze dienen der Versorgung mit dem lebenswichtigen Bedarf der Bevölkerung im Verteidigungsfalle und in Krisenfällen; sie sollen das reibungslose Funktionieren von Wirtschaft und Verkehr bei Angriffen auf das Bundesgebiet und in bevorstehenden oder eingetretenen Krisenlagen sicherstellen.

Vorwiegend Verteidigungszwecken, aber auch der Gesundheitsfürsorge für die Bevölkerung im Verteidigungsfalle dient das Gesetz zur Sicherstellung von Arbeitsleistungen für Zwecke der Verteidigung einschl. des Schutzes der Zivilbevölkerung vom 9. 7. 1968 (BGBl. I 787) – *Arbeitssicherstellungsgesetz* –; vgl. 67.

472. Bundeswehrfachschulen und -hochschulen

I. Nach §§ 4 ff. SoldatenversorgungsG (SVG; s. 467) erhalten Unteroffiziere und Mannschaften auf Zeit für die Zeit nach Beendigung ihres Dienstverhältnisses auf Kosten des Bundes eine Ausbildung oder Weiterbildung für das spätere Berufsleben. Diese besteht in der Vermittlung eines allgemeinberuflichen Wissens in Bildungseinrichtungen der Bw. und in einer zusätzlichen Fachausbildung außerhalb der Bw.

Die allgemeinberufliche Ausbildung in Bildungseinrichtungen der Bw. wird während der Wehrdienstzeit, die zusätzliche fachliche Ausbildung wird in den letzten Monaten vor oder nach Beendigung der Wehrdienstzeit auf Antrag gewährt; ihre Dauer richtet sich nach der abgeleisteten Wehrdienstzeit. Austausch zwischen beiden Ausbildungsformen ist möglich. Vgl. §§ 4–5a SVG; DVO vom 26. 10. 1965 (BGBl. I 1746) m. Änd. vom 10. 8. 1967 (BGBl. I 905) und 22. 10. 1970 (BGBl. I 1448).

1. Der *allgemeinberufliche Unterricht* soll in Bundewehrfachschulen die Allgemeinbildung erweitern und ein allgemeinberufliches Wissen für die zusätzliche Fachausbildung vermitteln. Er wird eingeteilt in a) einen Grundlehrgang von 1 Studienhalbjahr, b) Lehrgänge von 2 Studienhalbjahren zur Erreichung des Bildungsstandes entsprechend der Fach- oder Mittelschulreife, c) einen Aufbaulehrgang Verwaltung von 3 Studienhalbjahren zur Erlangung des Bildungsstandes eines Beamten des gehobenen nichttechnischen Verwaltungsdienstes sowie

d) einen Lehrgang von 2 Studienhalbjahren zur Erlangung eines Bildungsstandes entsprechend der Fachhochschulreife. Ausnahmsweise kann in einem Lehrgang von 5 Studienhalbjahren der Bildungsstand der Hochschulreife angestrebt werden. Längerdienende Soldaten (ab 8 Jahren Dienstzeit) werden in den letzten 6 bzw. 12 Monaten vor Beendigung ihrer Dienstzeit zu den Lehrgängen kommandiert (§§ 1–8 DVO).

2. Die *Fachausbildung* als zusätzliche fachliche Aus- und Weiterbildung der Soldaten auf Zeit soll den Erwerb von Kenntnissen und Fertigkeiten im erlernten Beruf, Umschulung auf einen anderen Beruf oder die Ausbildung für einen Beruf vermitteln, falls der Soldat vor Eintritt in die Bundeswehr eine Berufsausbildung nicht begonnen oder nicht beendet hat. Die Fachausbildung erfolgt auf Antrag in öffentl. od priv. Einrichtungen i. d. R. nach Ende des Dienstverhältnisses. Für Längerdienende ist für die letzten 1–1½ Jahre ihrer Dienstzeit Freistellung vorgesehen (§§ 9–15, 18 DVO). *Unteroffizier-Fachschulen* sind oder werden für 10 Fachrichtungen (Maschinenbau, Elektrotechnik, Sozialpädagogik usw.) mit der Möglichkeit eines Abschlusses als staatl. gepr. Techniker, Betriebswirt usw. eingerichtet.

Die Abschlußprüfung ist in der *Prüfungsordnung* für die Bundeswehrfachschulen i. d. F. vom 25. 4. 1985 (BGBl. I 722) geregelt. Über *Eingliederungs-* und *Zulassungsscheine* nach dem sog. Eingliederungsgesetz vgl. 467.

II. *Bundeswehrhochschulen,* an denen Offiziere der Bw. mit mindestens 12jähriger Dienstverpflichtung unter denselben Voraussetzungen wie an sonstigen Hochschulen (Abitur oder als gleichwertig anerkannte Vorbildung) studieren können, sind am 1. 10. 1973 in Hamburg und München eröffnet worden.

Für sie gelten die Bestimmungen des Hochschulrahmengesetzes (187) über die wissenschaftlichen Hochschulen, insbes. über die Gliederung in *Fachbereiche,* die Zusammensetzung des Lehrkörpers und die Rechtsstellung der Studenten; jedoch bleibt deren disziplinäre Einordnung in die Bw. aufrechterhalten. Die Dauer des Studiums, das mit dem Erwerb eines Diploms abgeschlossen werden kann, beträgt 3 Jahre. Als Fachbereiche bestehen: Pädagogik, Wirtschafts- und Organisationswissenschaften, Informatik, Maschinenbau, Luft- und Raumfahrttechnik, Elektronik, Bauingenieur- und Vermessungswesen, Betriebswirtschaft und Elektrotechnik.

473. Kontrolle von Kriegswaffen

Nach Art. 26 GG sind Angriffskriege verfassungswidrig; zur Kriegführung bestimmte Waffen dürfen nur mit Genehmigung der BReg. hergestellt, befördert und in Verkehr gebracht werden. Hierzu vgl. Ges. über die Kontrolle von Kriegswaffen vom 20. 4. 1961 (BGBl. I 444).

Dem Gesetz ist eine *Kriegswaffenliste* als Anlage beigefügt. Sie enthält in Teil A ein Verzeichnis der Kriegswaffen (i. d. F. vom 6. 10. 1986, BGBl. I 1629). Die aufgeführten Gegenstände, Stoffe und Organismen sind zur Kriegsführung bestimmte Waffen (§ 1). Ihre Herstellung und ihr Inverkehrbringen sowie ihre Beförderung im Bundesgebiet oder auf deutschen Seeschiffen oder Luftfahrzeugen und die Vermittlung von Auslandsgeschäften bedürfen der Genehmigung (§§ 2–7). Diese kann allgemein durch RechtsVO erteilt werden (§ 8). Genehmigungsbehörden sind gemäß VO vom 1. 6. 1961 (BGBl. I 649) die BMinisterien für Verteidigung, Finanzen, Inneres, Wirtschaft und Verkehr. Überwachungsbehörden sind die BMinisterien für Wirtschaft bzw. für Verkehr, bei Ein- und Ausfuhr der Bundesfinanzminister und die Zolldienststellen (§ 14 d. Ges.). Befreiungen genießen Bundeswehr, Zolldienst und Bundesgrenzschutz (§ 15). Das Antragsverfahren, die Meldung von Kriegswaffenbeständen usw. regelt die 2. DVO, ebenfalls vom 1. 6. 1961 (BGBl. I 649).

Das Gesetz gilt nicht im Land Berlin, das insoweit noch Besatzungsrecht unterliegt (KRG 43 vom 20. 12. 1946; BK/O [74] 7 vom 9. 7. 1974 (GVBl. 1646) m. Änd. durch BK/O [77] 5 vom 29. 4. 1977 (GVBl. 920) und BK/O [81] 5 vom 24. 6. 1981 (GVBl. 720) sowie DVO vom 30. 8. 1978, GVBl. 1908).

Fünfter Teil

Steuerrecht

I. Allgemeines Steuerrecht

501. Abgaben: Gebühren, Beiträge, Steuern

Die *Steuern* sind ein Teil der öffentlich-rechtlichen *Abgaben;* zu diesen sind ferner *Gebühren,* d.h. Vergütungen für Verwaltungshandlungen (z.B. Paßausstellung, Benutzung öffentlicher Einrichtungen, Kanalgebühren), und *Beiträge* (Abgaben zur Abgeltung besonderer Vorteile, z.B. Straßenanliegerbeiträge) zu zählen. Die Steuern unterscheiden sich von den anderen Abgaben dadurch, daß sie von öffentlichen Verbänden *ohne Gegenleistung* zur Steigerung der öffentlichen Einkünfte erhoben werden.

Das grundlegende Gesetz des Steuerrechts, die *Abgabenordnung* (505), bestimmt in § 3 Abs. 1 den Begriff der Steuern wie folgt: ,,Steuern sind Geldleistungen, die nicht eine Gegenleistung für eine besondere Leistung darstellen und von einem öffentlich-rechtlichen Gemeinwesen zur Erzielung von Einnahmen allen auferlegt werden, bei denen der Tatbestand zutrifft, an den das Gesetz die Leistungspflicht knüpft; die Erzielung von Einnahmen kann Nebenzweck sein. Zölle und Abschöpfungen sind Steuern im Sinne dieses Gesetzes".

Das Steuerrecht ist ein Teil des öffentlichen Rechts. Der Staat erläßt auf Grund seiner *Steuerhoheit* die Gesetze und die sie ergänzenden Vorschriften, nach denen die Steuern erhoben werden. Die Steuergesetzgebung steht in der BRep. dem Bund zu, und zwar teils als ausschließliche, teils als konkurrierende Gesetzgebung, und nur in geringem Umfang den Ländern. Die Interessen der Länder sind dadurch gewahrt, daß zu Bundessteuergesetzen die Zustimmung des BR erforderlich ist, wenn das Aufkommen ganz oder zum Teil den Ländern zufließt (Art. 105 GG; vgl. 76).

Auch das Steuerrecht steht unter der *Verfassungskontrolle.* So hat das BVerfG auf Verfassungsbeschwerde (vgl. 74) die Haushaltsbesteuerung und zwangsweise Zusammenveranlagung der Ehegatten zur Einkommensteuer sowie die Zusammenveranlagung mit Kindern als mit dem Schutz von Familie und Ehe (Art. 6 GG) unvereinbar und nichtig erklärt (vgl. 528). Es hat ferner die Zweigstellensteuer für Wareneinzelhandelsunternehmen und die Kirchensteuerpflicht des nicht konfessionsgebundenen Ehegatten für den einer Glaubensgemeinschaft angehörenden für verfassungswidrig erklärt (vgl. 557, 703). Eine *rückwirkende* steuerliche Belastung abgeschlossener Tatbestände hat das BVerfG nur zugelassen, wenn der Bürger mit einer solchen Regelung rechnen mußte, wenn der Gesetzgeber Zweifel über die Rechtslage klären wollte oder wenn Gründe des gemeinsamen Wohls eine *Rückwirkungsanordnung* rechtfertigen (Urt. vom 19. 12. 1961, NJW 1962, 292).

502. Einteilung der Steuern

a) *Besitzsteuern.* Sie werden vom Einkommen (Einkommen-, Lohn-, Körperschaftsteuer) oder vom Ertrag (Gewerbe-, Erbschaftsteuer) oder vom Vermögen (Vermögen-, Grundsteuer) erhoben;
b) *Verkehrsteuern.* Diese knüpfen an Vorgänge des Wirtschaftslebens und des Verkehrs mit Gütern und Leistungen an (z. B. Umsatz-, Kapitalverkehr-, Grunderwerb-, Kraftfahrzeugsteuer);
c) *Verbrauchsteuern.* Sie werden vom Verbrauch bestimmter Güter erhoben, ohne daß ein rechtsgeschäftlicher Vorgang (wie zu b) damit verbunden zu sein braucht (z. B. Tee-, Kaffee-, Tabak-, Biersteuer).

Die *Erbschaftsteuer* wird als *Schenkungsteuer* bei einem geschäftlichen Verkehr, nämlich bei einer Schenkung durch freigebige Zuwendung o. dgl. (§ 7 ErbStG), erhoben und gleicht insofern einer Verkehrsteuer. Da sie aber das Vermögen belastet und wie andere Besitzsteuern nach dem Bewertungsgesetz (518) berechnet wird, zählt man sie meist zu den Besitzsteuern.

Weitere gebräuchliche Steuereinteilungen sind

1. nach der Ertrags- oder Verwaltungshoheit: *Bundes-, Landes-, Gemeinde-, Gemeinschaft-, Kirchensteuern;*
2. nach dem Steuergegenstand: *Personen(Subjekt)-* und *Real(Objekt)steuern,* je nachdem, ob sich die Steuer nach den persönlichen Verhältnissen des Steuerpflichtigen richtet (z. B. Einkommensteuer) oder ob Bemessungsgrundlage der Wert oder der Ertrag eines bestimmten Objekts ist (z. B. Grundsteuer);
3. *direkte und indirekte Steuern,* unterschieden nach der Auswirkung beim Steuerschuldner (Einkommensteuer einerseits, Kaffee-, Tee- u. a. Verbrauchsteuern andererseits);
4. *laufende* (ordentliche) und *einmalige* (außerordentliche) Steuern, z. B. Einkommensteuer, andererseits Vermögensabgabe.

503. Übersicht über das Steuersystem und die wichtigsten Steuerarten

Ertragshoheit	a) Besitz-steuern	b) Verkehr-steuern	c) Verbrauch-steuern auf:
Bund	1. Vermögens-abgabe	1. Kapital-verkehr – 2. Versicherung – 3. Wechsel-steuer	1. Branntwein 2. Kaffee 3. Leuchtmittel 4. Mineralöl 5. Salz 6. Schaumwein
Bund und Länder (Gemeinschaft-steuern)	1. Einkommen-(Lohn-, Kapitalertrag-) – 2. Körper-schaftsteuer	1. Umsatzsteuer	7. Tabak 8. Tee 9. Zucker
Länder	1. Vermögen – 2. Erbschaft- u. Schenkung-steuer	1. Kraftfahrzeug- 2. Rennwett- u. Lotterie – 3. Feuerschutz-steuer 4. Spiel-bankenabgabe	1. Bier
Gemeinden	1. Gewerbe- 2. Grundsteuer 3. Anteil an Ein-kommen-(Lohn)steuer	1. Grunderwerb- 2. Vergnügung- 3. Hunde- 4. Jagd- 5. Schankerlaub-nissteuer	1. Getränke

Dem *Bund* fallen außerdem die Einnahmen aus *Zöllen* und *Finanzmonopolen* zu. Hierzu und über die Verteilung der auf Bund, Länder und Gemeinden entfallenden Steuern vgl. 79.

504. Rechtsquellen des Steuerrechts

sind *allgemeine* und *Einzelsteuergesetze*. Erstere gelten für alle Steuerarten, so die Abgabenordnung (505), die Finanzgerichtsordnung (78) und das Finanzverwaltungsgesetz (77). Dazu treten die Gesetze, die *einzelne Steuerarten* regeln (z. B. Einkommen-, Körperschaft-, Vermögen-, Umsatz-, Tabaksteuergesetz). Ergänzungen enthalten *Rechtsverordnungen* und *Durchführungsbestimmungen*, die auf Grund gesetzlicher Ermächtigung erlassen werden. Weitere Rechtsquellen sind die Doppelbesteuerungsabkommen.

Die meisten Rechtsverordnungen bedürfen der *Zustimmung des Bundesrates* (vgl. 68). Rechtmäßig ist ein steuerlicher *Verwaltungsakt* nur, wenn er durch Gesetz oder Rechtsverordnung gedeckt ist (vgl. 148 II). Die *Verwaltungsrichtlinien* und *Erlasse* der Minister binden nur die Verwaltung, nicht aber die Finanzgerichte, da sie kein objektives Recht darstellen.

Außer den allgemeinen und den Einzel-Steuergesetzen werden bisweilen Gesetze erlassen, die eine Gruppe von Steuerarten behandeln; sie führen meist die Bezeichnung „Steuerordnungsgesetz" o. ä. und ergehen im Anschluß an eine grundlegende Umgestaltung des Wirtschaftslebens oder zur Einleitung einer Reform. So folgten der Kontrollratsgesetzgebung gleichzeitig mit der Währungsreform die (Zonen-)Gesetze zur vorläufigen Neuordnung von Steuergesetzen vom 20. 6. 1948. Das *Gesetz zur Neuordnung von Steuern* vom 16. 12. 1954 (BGBl. I 373) brachte als Vorläufer der angestrebten *Großen Steuerreform* Neufassungen des EStG, KStG, des Wohnungsbauprämiengesetzes und des Grundsteuergesetzes sowie Änderungen des ErbStG, der AO und der ertragsteuerlichen Ausfuhrförderung. In ähnlicher Weise enthielten weitere umfassende Änderungen für verschiedene Steuerarten: das Gesetz zur Änderung steuerrechtlicher Vorschriften vom 26. 7. 1957 (BGBl. I 848), das Gesetz zur Änderung steuerrechtlicher Vorschriften auf dem Gebiete der Steuern vom Einkommen und Ertrag und des Verfahrensrechts vom 18. 7. 1958 (BGBl. I 473) sowie das Einführungsgesetz zur AO 1977 (vgl. 505). Das *Steuerentlastungsgesetz 1984* (BGBl. 1983 I 1583) hatte vor allem zum Ziel, durch die steuerliche Entlastung betrieblicher Unternehmen die Investitionskraft und die internationale Wettbewerbsfähigkeit der Wirtschaft zu stärken. Das *Steuerbereinigungsgesetz 1986* vom 19. 12. 1985 (BGBl. I 2436) brachte zahlreiche Änderungen des formellen und des materiellen Steuerrechts.

505. Die allgemeinen Steuergesetze

des heutigen Steuerrechts sind:

a) die *Abgabenordnung 1977* vom 16. 3. 1976 (BGBl. I 613) m. spät. Änd.; sie ersetzte die (Reichs-)Abgabenordnung von 1919 i. d. spät. F. vom 22. 5. 1931 (RGBl. I 161), die seitdem oft geändert worden war.

Die AO wird ergänzt insbes. durch das Gesetz über die *Finanzverwaltung* (vgl. 77) und das Verwaltungszustellungsgesetz (vgl. 147 III). Zur Anpassung anderer Steuergesetze erging ein Einführungsgesetz zur AO 1977 – *EGAO* – vom 14. 12. 1976 (BGBl. I 3341) m. spät. Änd.

In die AO 1977 sind einige Einzelgesetze eingearbeitet worden, welche die AO 1919 ergänzt hatten, so das *Steueranpassungsgesetz* vom 16. 10. 1934 (RGBl. I 925) m. spät. Änd., das *Steuersäumnisgesetz* vom 13. 7. 1961 (BGBl. I 993) m. spät. Änd. sowie die VO zur Durchführung der §§ 17–29 StAnpG (*Gemeinnützigkeitsverordnung*) vom 24. 12. 1953 (BGBl. I 1592), ferner die VOen über das *Wareneingangs-* und das *Warenausgangsbuch* vom 20. 6. 1935 (RGBl. I 752) bzw. 20. 6. 1936 (RGBl. I 507) – jeweils m. spät. Änd.

b) das *Bewertungsgesetz* i. d. F. vom 30. 5. 1985 (BGBl. I 845) m. spät. Änd.

Das BewG enthält allgemeine Bewertungsvorschriften, die für die bundesrechtlichen, durch Bundes- oder Landesfinanzbehörden verwalteten Abgaben maßgebend sind. Die besonderen Bewertungsvorschriften behandeln die Einheitsbewertung mit Sondervorschriften für land- und forstwirtschaftliches Vermögen, Grundvermögen und Betriebsvermögen sowie die Bewertung von sonstigem Vermögen, Gesamtvermögen und Inlandsvermögen. Vgl. 518.

506. Die Steueränderungsgesetze

Die *neuere Entwicklung des Steuerrechts* spiegelt sich in den seit 1960 ergangenen *Steueränderungsgesetzen* wider:

Das *SteueränderungsG 1960* vom 30. 7. 1960 (BGBl. I 616) brachte wichtige Änderungen, z. B. für den Abzug gewisser *Betriebsausgaben (Spesen)*, die *degressive Abschreibung, Pensionsrückstellungen, Absetzungen für Wohngebäude* und den Abzug von *Bausparbeiträgen*.

Das *SteueränderungsG 1961* vom 13. 7. 1961 (BGBl. I 981) erhöhte u. a. den Freibetrag bei der *Gewerbeertragsteuer* auf 7200 DM und führte für personenbezogene Kapitalgesellschaften einen Freibetrag ein. Bei der *Vermögensteuer* erhöhte es die allgem. Freibeträge. Ferner führte es bei der Einkommensteuer zwecks Gleichstellung mit den Arbeitnehmern zusätzliche *Sonderausgaben-Höchstbeträge* für Kranken- und Altersversicherungsbeiträge der Selbständigen ein und sah Steuervergünstigungen für *Kapitalanlagen in Entwicklungsländern* vor.

Die *Steueränderungsgesetze 1964 und 1965* vom 16. 11. 1964 (BGBl. I 885) und 14. 5. 1965 (BGBl. I 377) brachten für Einkommen- und Lohnsteuer tarifliche und andere Steuererleichterungen, z. B. hins. der *Altersfreibeträge, außerordentlichen Einkünfte* und *Lohnzuschläge*.

Beim *SteueränderungsG 1966* vom 23. 12. 1966 (BGBl. I 702) waren außer verbrauchsteuerlichen wiederum einkommensteuerrechtliche Änderungen wesentlich, u. a. bei den *Werbungskosten* für Benutzung eines Kfz. durch Arbeitnehmer, Mehraufwendungen für doppelte Haushaltführung wegen auswärtiger Beschäftigung und für Familienheimfahrten. Andererseits wurde bei den *Sonderausgaben* für Versicherungsprämien und Bausparbeiträge die Sperrfrist verlängert und das Kumulationsverbot für die Absetzung von Bausparbeiträgen und Aufwendungen nach dem Spar-PrämienG oder dem Wohnungsbau-PrämienG eingeführt.

Von den *drei SteueränderungsG 1967* änderte das erste vom 29. 3. 1967 (BGBl. I 385) *Verbrauchsteuergesetze*, das BranntweinmonopolG und das ZollG. Das zweite vom 21. 12. 1967 (BGBl. I 1254) führte die *Ergänzungsabgabe* zur Einkommen-, Lohn- und Körperschaftsteuer ein. Das dritte vom 22. 12. 1967 (BGBl. I 1334) regelte insbes. die Auswirkungen des UStG 1967 auf das Ertrags- und Vermögensteuerrecht.

Das *SteueränderungsG 1968* vom 20. 2. 1969 (BGBl. I 141) brachte Vergünstigungen bei Sonderausgaben für *Berufsaus- oder -weiterbildung*.

Das *SteueränderungsG 1969* vom 18. 8. 1969 (BGBl. I 1211) betraf u. a. *Investitionszulagen* für Zonenrand- und andere förderungsbedürftige Gebiete sowie zusätzliche Vergünstigungen für Prämien- und Wohnungsbausparer.

Das *(1.) SteueränderungsG 1971* vom 23. 12. 1970 (BGBl. I 1856) brachte Vergünstigungen für Sonntags- und Nachtarbeitszuschläge sowie für Aufwendungen des Arbeitnehmers für Fahrten zwischen Wohnung und Arbeitsstätte. Das *2. SteueränderungsG 1971* vom 10. 8. 1971 (BGBl. I 1266) regelte vorwiegend einkommensteuerliche Fragen in Sonderbereichen.

Das *(1.) SteueränderungsG 1973* vom 26. 6. 1973 (BGBl. I 676) führte einen vorübergehenden Stabilitätszuschlag zur Einkommen-, Lohn- und Körperschaftsteuer ein. Es änderte ferner das Umsatzsteuergesetz, das Investitionszulagengesetz, das Berlinförderungsgesetz und die Verkehrsfinanzgesetze. Im *2. SteueränderungsG 1973* vom 18. 7. 1974 (BGBl. I 1489) ist vor allem die Heraufsetzung der Veranlagungsgrenze für die Einkommensteuer bei zusammenveranlagten Lohnsteuerpflichtigen bedeutsam.

Das *SteueränderungsG 1977* vom 16. 8. 1977 (BGBl. I 1586) erhöhte die Umsatzsteuer und setzte die Vermögensteuer herab; im Einkommensteuerrecht brachte es Verbesserungen namentlich für Arbeitnehmer.

Das *SteueränderungsG 1979* vom 30. 11. 1978 (BGBl. I 1849) brachte Erleichterungen bei der Lohn- und Einkommensteuer durch Erhöhung des Grundfreibetrags, Beseitigung des Tarifsprungs beim Übergang von der Proportional- zur Progressionszone und Einführung eines begrenzten Abzugs von Unterhaltsleistungen an den geschiedenen oder dauernd getrennt lebenden Ehegatten; ferner wurde ein abzugsfähiger Kinderbetreuungsbetrag eingeführt und (ab 1980) der Vorwegabzug von Vorsorgeaufwendungen erhöht. Dagegen wurde die Mehrwertsteuer heraufgesetzt. Ab 1980 wurden Lohnsummen- und Mindestgewerbesteuer abgeschafft und die Freigrenzen bei Gewerbeertragsteuer sowie (ab 1981) Gewerbekapitalsteuer erhöht.

507. Kurzer Überblick über den Inhalt der Abgabenordnung

Die AO bildet die Grundlage des allgemeinen Steuerrechts. Sie enthält im 1. Teil einleitende Vorschriften über den Anwendungsbereich, steuerliche Begriffsbestimmungen, Zuständigkeit der Finanzbehörden (deren Aufbau im Finanzverwaltungsgesetz, vgl. 77, geregelt ist), das Steuergeheimnis und die Haftungsbeschränkung für Amtsträger (vgl. 69 VI). Der 2. Teil behandelt das *Steuerschuldrecht,* insbesondere die Rechtsbeziehungen zwischen dem Steuerpflichtigen und dem Abgabengläubiger, sowie steuerbegünstigte Zwecke und die Haftung Dritter. Die Verfahrensvorschriften des 3. Teils regeln neben allgemeinen Grundsätzen insbesondere das *Besteuerungsverfahren* einschließlich der Rechts- und Amtshilfe und die Verwaltungsakte der Finanzbehörden. Der 4. Teil behandelt die Durchführung des Besteuerungsverfahrens, insbesondere Steuererklärungen, Steuerfestsetzung, Außenprüfung und Steueraufsicht. Der 5. Teil enthält die Bestimmungen über das Erhebungsverfahren, der 6. Teil die Vorschriften über die Vollstrekkung und Kostenbestimmungen. Der 7. Teil befaßt sich mit den außergerichtlichen (d. h. nicht in der Finanzgerichtsordnung, vgl. 78, behandelten) Rechtsbehelfen. Der 8. Teil enthält das materielle und formelle steuerliche Straf- und Ordnungswidrigkeitenrecht, der 9. Teil Schlußvorschriften.

Somit enthält die AO neben einigen materiellen Bestimmungen vor allem *Verfahrensrecht.* Die Vorschriften über das Besteuerungsverfahren umfassen auch die *Mitwirkungspflichten* des Steuerpflichtigen, namentlich Buchführungs- und Aufzeichnungspflichten, Anzeige- und Erklärungspflichten. *Außergerichtliche Rechtsbehelfe* sind Einspruch und Beschwerde. Die Bestimmungen über das Straf- und Bußgeldverfahren regeln auch die prozessuale Stellung der Finanzbehörden im Verhältnis zu Staatsanwaltschaft und Gericht.

Die Steuern sind zum Teil auf Grund einer *Festsetzung,* zum Teil ohne eine solche zu entrichten. Sie werden i. d. R. auf Grund einer vom Steuerpflichtigen einzureichenden *Steuererklärung* festgesetzt, in der Fragen hinsichtlich der Grundlagen der Besteuerung (z. B. Einkommen, Vermögen) zu beantworten oder die geforderten Auskünfte über sonstige Verhältnisse zu geben sind (Veranlagung). Das Finanzamt prüft die Erklärung auf ihre Vollständigkeit und Richtigkeit, stellt erforderlichenfalls Ermittlungen an (sog. *steuerliches Erhebungsverfahren*) setzt alsdann die Steuer fest und stellt dem Steuerpflichtigen einen *Bescheid* über die zu zahlende Summe unter Angabe der Zahlungsfrist und der Rechtsmittel zu. Versäumt der Steuerpflichtige die Zahlungsfrist, so kann das Finanzamt die zwangsweise *Beitreibung* der Steuer veranlassen. Über *Rechtsbehelfe* im Besteuerungsverfahren s. 512.

Für das Besteuerungsverfahren und den Steuerprozeß gilt – ähnlich wie im

Strafverfahren; vgl. 268 V – der *Ermittlungsgrundsatz*. Die tatsächlichen und rechtlichen Verhältnisse sind von Amts wegen zugunsten und zuungunsten des Steuerpflichtigen zu ermitteln (*Amtsprinzip*, §§ 88, 365 AO). Im Zweifel obliegt dem Finanzamt der Nachweis des Besteuerungstatbestandes; jedoch hat der Steuerpflichtige eine Mitwirkungspflicht. Er hat Auskunft auf berechtigte Fragen zu erteilen. Andererseits haben er und andere Beteiligte (§ 78 AO) Anspruch auf ausreichendes Gehör (vgl. §§ 90, 91, 93, 200 AO).

508. Anwendungsbereich der Abgabenordnung

Nach § 1 Abs. 1 AO gilt diese für alle Steuern, die der Gesetzgebung des Bundes (Art. 105 GG) oder dem Recht der Europäischen Gemeinschaften unterliegen und durch Bundes- oder Landesfinanzbehörden verwaltet werden. Sie hat also insbesondere Geltung für die Umsatz-, Einkommen-, Vermögensteuer, für die Verkehr- und Verbrauchsteuern und die Zölle (vgl. § 3 Abs. 1 S. 2 AO). Auch bei nur teilweiser Verwaltung durch Bundes- oder Landesfinanzbehörden ist die AO anwendbar.

Für die *Realsteuern* (Grund-, Gewerbesteuer) gelten sinngemäß die meisten allgemeinen Vorschriften der AO, ferner das Steuerschuldrecht, die allgemeinen Verfahrensbestimmungen sowie die Vorschriften über das Besteuerungs- und das Erhebungsverfahren, schließlich die materiellen und formellen Straf- und Ordnungswidrigkeitenbestimmungen (§ 1 Abs. 2 AO).

Die AO ist in einigen Ländern – z. T. für bestimmte Steuerarten – gemäß Landesgesetz für anwendbar erklärt worden (so in Berlin durch Ges. vom 10. 3. 1955, GVBl. 169 m. spät. Änd.).

509. Verfahrensgrundsätze der Finanzbehörden

Das Verfahren der Finanzbehörden unterliegt den Grundsätzen des allgemeinen Verwaltungsrechts (141 ff.) mit Besonderheiten, die sich aus abgabenrechtlichen Gesichtspunkten ergeben. Insbesondere die Vorschriften über den *Verwaltungsakt* (§§ 118 ff. AO) lehnen sich an die allgemeinen Bestimmungen des Verwaltungsrechts an und stimmen weitgehend mit denen des Verwaltungsverfahrensgesetzes (147, 148) überein. Die *Bestandskraft eines Steuerbescheids* im besonderen erlaubt im Interesse des Vertrauensschutzes der Beteiligten eine Änderung nur unter bestimmten Voraussetzungen (§§ 172 ff. AO). Die Ausübung des *Ermessens* der Finanzbehörden unterliegt der allgemeinen gesetzlichen Begrenzung (§ 5 AO; vgl. 148 II).

Die AO regelt die sachliche und örtliche *Zuständigkeit* der Finanzbehörden (§§ 16 ff.), die Stellung von Bevollmächtigten und Beiständen (§ 80), Auskunftspflichten, Sachverständigengutachten und andere Beweismittel (§§ 93 ff.) und die Wahrung des *Steuergeheimnisses*, das jedoch Durchbrechungen z. B. zugunsten eines Strafverfahrens oder im zwingenden öffentlichen Interesse erfährt (§§ 30, 31). In materieller Hinsicht sind vor allem die Vorschriften über Entstehung und Fälligkeit der Steuerschuld (dazu 511) und die Verjährung (5 Jahre, §§ 228 ff.) von Bedeutung. Für die Besteuerung ist es unerheblich, ob ein die

Steuerpflicht auslösendes Verhalten gesetz- oder sittenwidrig ist (§§ 40, 41). Andererseits darf die Steuerpflicht nicht durch Mißbrauch rechtlicher Gestaltungsmöglichkeiten umgangen werden (§ 42). Für die Anwendung der Gesetze, die *Steuervergünstigung für gemeinnützige, mildtätige oder kirchliche Zwecke* gewähren, gelten die Sondervorschriften der §§ 51 ff. AO.

Bei Nichtzahlung der Steuer werden *Säumniszuschläge* erhoben, sofern nicht rechtzeitig *Stundung* beantragt und bewilligt worden ist (vgl. 513). Ist ein Steueranspruch Gegenstand eines gerichtlichen Verfahrens geworden, so werden Erstattungsforderungen, die durch Herabsetzung des Anspruchs entstehen, von der Rechtshängigkeit ab verzinst (*Erstattungszinsen*); umgekehrt hat der Steuerpflichtige, der Aussetzung der Vollziehung des Steuerbescheids beantragt hat, aber im Prozeß erfolglos geblieben ist, *Aussetzungszinsen* zu entrichten (§§ 236, 237 AO). Auch bei *Stundung* hat er Zinsen zu zahlen (§ 234 AO).

510. Aufzeichnungspflichten. Außenprüfung

Die *steuerliche Buchführungspflicht* trifft nach § 141 AO alle gewerblichen Unternehmer sowie Land(Forst)wirte mit

a) Gesamtumsatz von mehr als 500000 DM im Kalenderjahr oder
b) Betriebsvermögen von mehr als 125000 DM oder
c) selbstbewirtschafteten land(forst)wirtschaftlichen Flächen von mehr als 40000 DM Wirtschaftswert oder
d) Gewinn aus Gewerbebetrieb oder aus Land(Forst)wirtschaft von mehr als 36000 DM.

Unberührt bleibt hiervon die *handelsrechtliche Buchführungspflicht* (367), die auch Grundlage für die Besteuerung ist (§ 140 AO).

Besondere Aufzeichnungspflichten bestehen für die Umsatzsteuer (541) und nach einzelnen einkommensteuerlichen Bestimmungen.

Ferner haben gewerbliche Unternehmer den *Wareneingang* aufzuzeichnen, den *Warenausgang* dann, wenn sie andere Unternehmer zur Weiterveräußerung oder zum Verbrauch als Hilfsstoffe beliefern (§§ 143, 144 AO).

Die früher sog. *Betriebsprüfung* wird nunmehr von den Finanzbehörden als sog. *Außenprüfung* nach §§ 193 ff. AO durchgeführt. Sie ist bei gewerblichen oder land(forst)wirtschaftlichen Unternehmen, bei freiberuflich Tätigen und in gewissen anderen Fällen zulässig. Für den Steuerpflichtigen besteht Mitwirkungspflicht; Die Prüfung endet mit einer Schlußbesprechung (§§ 200, 201 AO). Die Außenprüfung findet in regelmäßigen Zeitabständen statt; sie kann jedoch statt dessen als *abgekürzte Außenprüfung* auf die wesentlichen Besteuerungsgrundlagen beschränkt werden (§ 203 AO).

Nach § 147 AO gelten für die *Aufbewahrung von Steuerunterlagen* bestimmte Fristen. Bücher, Inventare und Bilanzen sind – geordnet – 10 Jahre aufzubewahren, Aufzeichnungen, empfangene Handelsbriefe und Kopien abgesandter Handelsbriefe, Buchungsbelege usw. 6 Jahre. Die steuerrechtliche Aufbewahrungspflicht besteht unabhängig von der handelsrechtlichen (367).

511. Steuerfestsetzung. Vorauszahlungen

Die laufenden Steuern werden im allgemeinen nach Ablauf des Kalender- bzw. Wirtschafts-(Geschäfts-)jahres, für das die Steuer erhoben wird, *festgesetzt*. Um jedoch schon früher dem Staat laufende Einnahmen zuzuführen, hat der Steuerpflichtige bei manchen Steuern ohne besondere Aufforderung *Vorauszahlungen* in Vierteljahresbeträgen entsprechend der letzten Veranlagung zu leisten. Etwaige Überzahlungen werden bei der folgenden Veranlagung ausgeglichen.

Der Zeitpunkt der Festsetzung der Steuer ist ohne Einfluß auf die *Entstehung der Steuerschuld.* Der Steuerbescheid hat keine rechtsbegründende, sondern nur deklaratorische Bedeutung. Die *Fälligkeit* der Steuerschuld richtet sich nach den Einzelsteuergesetzen; mangels besonderer Regelung tritt sie mit Entstehung der Steuerschuld ein (§ 220 AO). Der Zeitpunkt der Fälligkeit der Steuerschuld ist insbesondere von Bedeutung für den Beginn der Verjährung und die Geltendmachung im Konkurs (bevorrechtigte Konkursforderung nur ein Jahr vor Eröffnung).

Über die *Entstehung* der Steuerschuld stellt § 38 AO nur den Grundsatz auf, daß die Verwirklichung des gesetzlichen Tatbestandes maßgebend ist, an den die Leistungspflicht geknüpft ist. Im übrigen gelten die Einzelsteuergesetze. Danach entsteht die Steuerschuld bei der Einkommen- und Körperschaftsteuer für Steuerabzugsbeträge im Zeitpunkt des Zufließens der steuerabzugspflichtigen Einkünfte, bei der Körperschaftsteuer für Vorauszahlungen mit Beginn des Kalendervierteljahres und für die veranlagte Steuer i. d. R. mit Ablauf des Festsetzungszeitraums. Bei der Gewerbesteuer entsteht die Steuerschuld für Vorauszahlungen mit Beginn des Kalendervierteljahres, im übrigen mit Ablauf des Festsetzungszeitraums, bei der Umsatzsteuer mit Ablauf des Voranmeldezeitraums, in dem die Entgelte vereinnahmt oder (bei Besteuerung nach vereinbarten Entgelten) die Lieferungen od. Leistungen ausgeführt worden sind.

512. Die Rechtsbehelfe im Besteuerungsverfahren

sind verschieden, je nachdem ob eine Steuer durch Steuerbescheid oder anderweitig angefordert ist oder ob es sich um einen sonstigen Verwaltungsakt des Finanzamts handelt (§§ 348ff. AO).

Gegen Steuerbescheide des Finanzamts kann der Steuerpflichtige binnen eines Monats nach Bekanntgabe *Einspruch* bei dem gleichen Finanzamt einlegen (§§ 348, 355ff. AO). Dieses prüft die Zulässigkeit; es kann weitere Ermittlungen anstellen (z.B. Zeugen oder Sachverständige hören), wie überhaupt das Einspruchsverfahren zur *Nachprüfung der Sache durch dieselbe Behörde* in vollem Umfang führt. Die Entscheidung des Finanzamts kann den Einspruch als unbegründet zurückweisen oder ihn für begründet erklären und den Steuerbescheid aufheben oder ändern, zum Nachteil des Betroffenen aber nur, wenn er vorher hierzu gehört worden ist (§ 367 AO). Gegen eine ihm ungünstige Entscheidung kann der Steuerpflichtige *Klage bei dem Finanzgericht* erheben (vgl. 78), wenn er geltend macht, in seinen Rechten verletzt zu sein (§ 40 Abs. 2 FGO). Dieses kann, wenn es die Sache für entscheidungsreif hält, ohne Verhandlung einen *Vorbescheid* erlassen, gegen den mündliche Verhandlung beantragt werden kann (§ 90 FGO). I. d. R. entscheidet es auf Grund einer solchen Verhandlung durch Urteil.

Das Finanzgericht prüft den Steuerfall in tatsächlicher und rechtlicher Hinsicht nach. Gegen seine Entscheidung (den nicht angegriffenen *Vorbescheid* oder das in öffentlicher Sitzung verkündete Urteil) ist die *Revision* an den *Bundesfinanzhof* (vgl. 78) gegeben, die aber nur auf Rechtsverletzung gestützt werden kann; ferner muß der Streitwert höher als 1000 DM sein oder das Finanzgericht die Revision wegen grundsätzlicher Bedeutung der Streitsache, wegen Abweichung seiner Entscheidung von einem Urteil des BFH oder wegen Verfahrensmangels zugelassen haben (§ 115 FGO). Bis zum 31. 12. 1987 ist die Revision nur statthaft, wenn sie vom FG oder BFH zugelassen worden ist (s. 78).

Gegen Verwaltungsakte des Finanzamts, die nicht zu den in § 348 AO aufgeführten Entscheidungen gehören – z. B. Auskunftverlangen, Anordnung einer Außenprüfung, Vollstreckungsmaßnahmen –, kann binnen eines Monats *Beschwerde* eingelegt werden (§§ 349, 355 AO). Sie ist an die Behörde, deren Verfügung angefochten wird, zu richten. Hilft diese ihr nicht ab, so muß die Beschwerde an die *Oberfinanzdirektion* (Landesfinanzamt), also an die vorgesetzte Verwaltungsbehörde (nicht an das Finanzgericht), weitergereicht werden (§ 368 AO). Gegen Verfügungen, welche die Oberfinanzdirektion (Landesfinanzamt) erstmalig getroffen hat, geht die Beschwerde an den *Finanzminister.* Bleibt die Beschwerde erfolglos, kann der Beschwerdeführer binnen eines Monats den Klageweg vor dem *Finanzgericht* beschreiten (§§ 40, 44, 47 FGO).

513. Die Vollstreckung im Steuerrecht

dient der zwangsweisen Einziehung von Steuerforderungen, falls der Steuerpflichtige nicht rechtzeitig zahlt. Das in den §§ 249–346 AO behandelte Verfahren unterliegt ähnlichen Grundsätzen wie die zivilprozessuale Zwangsvollstreckung (250ff.)

An Stelle des Gerichtsvollziehers tritt ein *Vollziehungsbeamter* des Finanzamts, insbes. bei Pfändung beweglicher Sachen. Forderungen pfändet das FA durch Pfändungsverfügung. Ggf. kann es eidesstattlich versicherte *Vermögensoffenbarung* verlangen. In das unbewegliche Vermögen wird nach den Vorschriften der ZPO (§§ 864ff.) vollstreckt.

Schuldnern, die eine Steuerschuld nicht zahlen können, kann diese, wenn die Zahlung der Steuer zu einer erheblichen *Härte* führen würde und der Steueranspruch durch *Stundung* nicht gefährdet wird, gestundet werden. Im allgemeinen ist bei Stundung *Sicherheitsleistung* erforderlich; auch sind monatl. ½ v. H. Zinsen zu zahlen (§§ 222, 234, 238 AO). Bei nicht rechtzeitiger Zahlung der Steuer wird für jeden angefangenen Monat der Säumnis ein Säumniszuschlag vom 1 v. H. auf den verspätet entrichteten Steuerbetrag erhoben (§ 240 AO).

Steuern können *niedergeschlagen* werden, wenn ihre Beitreibung keinen Erfolg verspricht oder die Kosten außer Verhältnis zum Steuerbetrag stehen (§ 261 AO). Der Steueranspruch ruht alsdann und lebt wieder auf, wenn sich die Lage des Steuerpflichtigen bessert.

Der Sicherung gefährdeter Steuerforderungen dient der *Arrest,* der als dinglicher Arrest in das bewegliche Vermögen durch Pfändung, in ein Grundstück durch Eintragung einer Sicherungshypothek vollzogen wird; den persönlichen Arrest kann die Finanzbehörde unter gewissen Voraussetzungen beim Amtsgericht beantragen (§§ 324, 326 AO).

514. Erlaß oder Milderung von Steuern im Billigkeitswege

Nach § 227 AO können *im Einzelfall* Steuern ganz oder zum Teil erlassen, erstattet oder angerechnet werden, wenn ihre Einziehung nach Lage des Falles *unbillig* wäre. Unter der gleichen Voraussetzung kann nach § 163 AO die Steuer niedriger festgesetzt oder es können einzelne Besteuerungsgrundlagen, soweit sie die Steuer erhöhen, bei deren Festsetzung unberücksichtigt bleiben; bei Steuern vom Einkommen ist außerdem mit Zustimmung des Steuerpflichtigen eine zeitliche Verschiebung der Besteuerungsgrundlagen zulässig.

Hiernach kommen zwei Gruppen von *Billigkeitsmaßnahmen* in Betracht:
a) der *Erlaß eines Steuerbetrags* und
b) die Veränderung oder Nichtberücksichtigung der *Besteuerungsgrundlagen*.
Solche Billigkeitsmaßnahmen sind in jedem Stadium des Besteuerungsverfahrens, in Gestalt des Erlasses i. d. R. erst nach, aber auch schon vor der Rechtskraft eines Steuerbescheides zulässig.

Gegen die Versagung einer Billigkeitsmaßnahme *(Ermessensentscheidung)* ist, sofern sie ein Teil eines Steuerbescheids ist, der Einspruch (§ 348 AO) gegeben. Gegen eine Einzelverfügung kann Beschwerde (§ 349 AO) und gegen die Entscheidung der letzten Verwaltungsstufe (i. d. R. Oberfinanzdirektion) Klage beim Finanzgericht erhoben werden. Dieses prüft Ermessensentscheidungen daraufhin nach, ob die gesetzlichen Grenzen des Ermessens überschritten oder ob von ihm sachwidriger Gebrauch gemacht worden ist (§ 102 FGO).

515. Das Steuerstrafrecht

i. w. S. umfaßt zwei Arten von Zuwiderhandlungen gegen die Steuergesetze, nämlich die mit krimineller Strafe bedrohten echten *Straftaten* und die nur mit Geldbuße bedrohten *Ordnungswidrigkeiten* (über den Unterschied s. 152). Dementsprechend sind die Verfahrensvorschriften, die zusammen mit dem materiellen Recht im 8. Teil der AO (§§ 369–412) behandelt sind, aufgeteilt in solche über das *Strafverfahren* und das *Bußgeldverfahren*. Neben den besonderen Vorschriften der AO gelten entsprechend die Bestimmungen der allgemeinen Strafgesetze sowie die Strafprozeßordnung, das Gerichtsverfassungsgesetz und das Jugendgerichtsgesetz.

An *Strafen* sind Freiheitsstrafe und Geldstrafe sowie gesetzliche Nebenfolgen (396 I, III und § 375 AO) vorgesehen.

Steuerhinterziehung ist ein Vergehen, das in drei Formen begangen werden kann (§ 370 AO):
a) durch unrichtige oder unvollständige Angaben über steuerlich erhebliche Tatsachen,
b) durch pflichtwidrige Verschleierung solcher Tatsachen,
c) durch pflichtwidrige Nichtverwendung von Steuerzeichen oder -stemplern,
falls der Täter dadurch Steuern verkürzt oder für sich oder für einen anderen ungerechtfertigte Steuervorteile erlangt.

Versuch der Steuerhinterziehung ist strafbar. Bei Steuerhinterziehung wirkt die *Selbstanzeige* strafbefreiend, falls der Täter unrichtige oder unvollständige Angaben berichtigt oder ergänzt *(tätige Reue)*. Sie nutzt nichts mehr, wenn ein Prüfer zur steuerlichen oder steuerstrafrechtlichen Prüfung erschienen ist oder wenn dem Täter oder seinem Vertreter die Einleitung des Straf(Bußgeld)verfahrens bekanntgegeben worden ist oder wenn der Täter wußte oder bei verständiger Würdigung der Sachlage damit rechnen mußte, daß die Tat ganz oder zum Teil bereits entdeckt war. Sind Steuerverkürzungen bereits eingetreten oder Steuervorteile erlangt, so tritt die Straffreiheit nur ein, wenn der Täter die geschuldete Summe nach ihrer Feststellung innerhalb der ihm gestellten angemessenen Frist entrichtet (§ 371 AO).

Als *Bannbruch* wird die verbotswidrige Ein-, Aus- oder Durchfuhr zollpflichtiger Gegenstände ohne ordnungsmäßige Gestellung zur Zollabfertigung bestraft (§ 372 AO). *Steuerhehlerei* begeht, wer in Bereicherungsabsicht Waren usw. an sich bringt, absetzt oder abzusetzen hilft, bei denen Steuern oder Zölle hinterzogen worden sind (§ 374 AO).

Steuerordnungswidrigkeiten werden nur mit Bußgeld geahndet. Dazu zählen die leichtfertige Steuerverkürzung (§ 378 AO), die Steuergefährdung (z. B. durch Ausstellung unrichtiger Belege, unrichtige Buchungen, § 379 AO), ferner die vorsätzlichen oder leichtfertigen Verstöße gegen die Verbrauchsteuervorschriften über Erklärungs- oder Anzeigepflichten, Verpackung und Kennzeichnung von Waren u. dgl. (§ 381 AO) sowie vorsätzliche oder leichtfertige Zollgefährdung (§ 382 AO). Wegen *leichtfertiger Steuerverkürzung* wird nicht belangt, wer vor Bekanntgabe der Einleitung des Verfahrens die unrichtigen oder unvollständigen Angaben bei der Steuerbehörde berichtigt oder ergänzt (§ 378 Abs. 3 AO).

Die *Verletzung des Steuergeheimnisses,* das alle – auch kirchliche – Amtsträger und amtlich zugezogenen Sachverständigen nach §§ 30, 7 AO zu wahren haben, ist nach § 355 StGB strafbares Antragsdelikt (277). Jedoch dürfen sie den Strafverfolgungsbehörden gegenüber vorsätzlich falsche Angaben des Betroffenen sowie solche Tatsachen offenbaren, die keine Steuerstraftat begründen oder an deren Offenbarung ein zwingendes öffentliches Interesse (z. B. zur Ahndung schwerer Delikte) besteht.

516. Das Steuerstrafverfahren

(sowie das bei Steuerordnungswidrigkeiten anzuwendende *Bußgeldverfahren*) ist in den §§ 385 ff. AO geregelt. Es konnte früher entweder als *gerichtliches Strafverfahren* oder als *Verwaltungsstrafverfahren* vor den Finanzbehörden durchgeführt werden. Diese konnten durch *Strafbescheid* Geldstrafe, Einziehung und Bekanntmachung verhängen. Statt dessen konnte der Beschuldigte, wenn er sein Vergehen vorbehaltlos einräumte, sich unter Verzicht auf Erlaß eines Strafbescheides und auf Rechtsmittel der in einer Niederschrift vom Finanzamt festzusetzenden Strafe *unterwerfen* (§ 445 AO a. F.); ein gerichtliches Verfahren fand dann nicht mehr statt.

Nachdem das BVerfG durch Urteil vom 6. 6. 1967 (BGBl. I 626; NJW 1967, 1219) den Erlaß eines *Strafbescheides* durch eine Finanzbehörde und das *Unterwerfungsverfahren* für verfassungswidrig erklärt hatte, weil die rechtsprechende Gewalt in Art. 92 GG dem Richter vorbehalten sei (vgl. 46, 63, 70), sind die Vorschriften über das Steuerstrafverfahren durch das *Ges. zur Änderung strafrechtlicher Vorschriften der Reichsabgabenordnung und anderer Gesetze* – AOStrafÄndG – vom 10. 8. 1967 (BGBl. I 877) dementsprechend neu gefaßt worden. Zwar kann wie früher statt des staatsanwaltschaftlichen Ermittlungsverfahrens (vgl. 278) ein solches der Finanzbehörde stattfinden; diese ist aber beschränkt auf die Einleitung und Durchführung der Ermittlungen in Steuerstrafsachen und die Befugnis, das Verfahren einzustellen; insoweit hat sie die Stellung der Staatsanwaltschaft (§§ 386, 399 AO). Hält die Finanzbehörde dagegen die Durchführung des Verfahrens für geboten, so beantragt sie beim Richter den Erlaß eines Strafbefehls, wenn sie die Sache als für das Strafbefehlsverfahren (vgl. 286) geeignet ansieht; andernfalls legt sie die Akten der Staatsanwaltschaft vor, in deren Hand sodann das weitere Verfahren liegt (§ 400 AO). Erhebt die Staatsanwaltschaft Anklage, so hat die Finanzbehörde zwar nicht mehr wie nach §§ 467, 472 AO a. F. kraft Gesetzes die Rechte eines Nebenklägers (vgl. 284); sie ist aber im gerichtlichen Verfahren vor wesentlichen Entscheidungen und namentlich in der Hauptverhandlung zu hören (§ 407 AO). Ergibt sich im gerichtlichen Verfahren, daß eine Verurteilung wegen Steuerhinterziehung davon abhängt, ob ein Steueranspruch besteht oder verkürzt oder ein Steuervorteil zu Unrecht gewährt worden ist, so kann das Gericht das Verfahren bis zum Abschluß des Besteuerungsverfahrens aussetzen (§ 396 AO).

Für die Verfolgung von *Steuerordnungswidrigkeiten* (515), die vom Finanzamt mit Geldbuße und den gesetzlichen Nebenfolgen nach dem Gesetz über *Ordnungswidrigkeiten* (152) geahndet werden können, gelten die verfahrensrechtlichen Vorschriften des OWiG sowie sinngemäß die Bestimmungen des Steuerstrafverfahrens über die Zuständigkeit der Finanzbehörde und des Gerichts, die Verteidigung, die Beteiligung der Finanzbehörde am Verfahren usw. nach Maßgabe der §§ 409ff. AO.

Im Steuerstrafverfahren vor der Finanzbehörde können auch Steuerberater, Steuerbevollmächtigte, Wirtschaftsprüfer und vereidigte Buchprüfer (571, 572) selbständig als Verteidiger auftreten, vor Staatsanwaltschaft und Gericht nur in Gemeinschaft mit einem Rechtsanwalt oder Rechtslehrer an einer deutschen Hochschule (§ 392 AO).

517. Übersicht über die wichtigsten Rechtsbehelfe in Steuersachen

	Einspruchsverfahren	Beschwerdeverfahren	(Straf- und) Bußgeldverfahren
Entscheidung des FA:	Steuerbescheid (§ 348 AO)	sonstige Verwaltungsakte (§ 349 AO)	(Strafbescheide des FA sind nicht mehr zulässig)* Bußgeldbescheid
außergerichtl. Rechtsbehelfe:	Einspruch an FA	Beschwerde an LFA (OFD)	
gerichtliche Rechtsbehelfe:	Klage beim FG	Klage beim FG	Einspruch an AG
	Revision an BFH	Revision an BFH	Rechtsbeschwerde an OLG

* Straffestsetzungen in Steuersachen können nur durch die ordentlichen Gerichte ergehen. Wegen der Rechtsbehelfe vgl. 282.

518. Das Bewertungsgesetz (BewG)

enthält die materiell-rechtlichen Vorschriften, nach denen die Bemessungsgrundlagen für die an Vermögenswerte anknüpfenden Steuern ermittelt werden, hauptsächlich über die Feststellung der Einheitswerte wirtschaftlicher Einheiten, die für verschiedene Steuern maßgebend sind (z. B. Vermögen-, Grund-, Erbschaftsteuer).

Das BewG i. d. F. vom 30. 5. 1985 (BGBl. I 845) (s. 505) zerfällt in 3 Teile: Allgemeiner Teil; Besonderer Teil mit 2 Abschnitten: Einheitsbewertung und Sonstiges Vermögen, Gesamtvermögen, Inlandsvermögen; Schlußvorschriften.

Die *Einheitsbewertung* wird vorgenommen für wirtschaftliche Einheiten des land- und forstwirtschaftlichen Betriebs, Grundstücke oder Betriebsgrundstükke, gewerbliche Betriebe und Mineralgewinnungsrechte. Die Einheitswerte werden allgemein festgestellt *(Hauptfeststellung)* in Zeitabständen von je 6 Jahren für den Grundbesitz und für die Mineralgewinnungsrechte und in Abständen von je 3 Jahren für die wirtschaftlichen Einheiten des Betriebsvermögen (§ 21). Durch Rechtsverordnung können diese Zeitabstände verkürzt werden. Zwischenzeitliche Veränderungen führen unter bestimmten Voraussetzungen zu einer *Fortschreibung* oder *Nachfeststellung.* Erster *Hauptfeststellungszeitpunkt* war der 1. 1. 1935. Für Grundbesitz hat die letzte Hauptfeststellung zum 1. 1. 1964 stattgefunden. Der Zeitpunkt der nächsten Hauptfeststellung der Einheitswerte des Grundbesitzes wird durch besonderes Gesetz bestimmt (vgl. Art. 2 Abs. 1 des Ges. zur Änderung des BewG vom 13. 8. 1965, BGBl. I 851).

Der *Einheitswert* ist bei *land- und forstwirtschaftlichem Vermögen* der *Ertragswert,* der auf Grund von Vergleichen mit bestimmten Vergleichsbetrieben ermittelt wird. Die danach bestimmten *Hektarwerte* werden auf die Fläche des einzelnen Betriebes umgerechnet. Beim *Grundvermögen,* d. h. dem nicht land- oder forstwirtschaftlich genutzten Grund und Boden einschl. Gebäuden und Zubehör, werden Mietwohngrundstücke, Geschäfts- sowie gemischt-genutzte Grundstücke, Ein- und Zweifamilienhäuser und zu mehr als 80% zu Wohnzwecken genutztes Wohnungseigentum im *Ertragswertverfahren* durch Vervielfältigung der Jahresrohmiete bewertet, andere bebaute Grundstücke im *Sachwertverfahren.* Zum *Betriebsvermögen* gehören alle Wirtschaftsgüter, die dem Betrieb eines Gewerbes dienen. Sie werden grundsätzlich mit dem *Teilwert* angesetzt, d. h. mit dem Betrag, den ein Erwerber des ganzen Unternehmens im Rahmen des Gesamtkaufpreises für das einzelne Wirtschaftsgut ansetzen würde. Betriebsgrundstücke werden als Grund- bzw. als land- oder forstwirtschaftliches Vermögen behandelt, als Betriebsvermögen nur, wenn sie überwiegend für einen Betrieb genutzt werden; Gewerbeberechtigungen werden mit dem gemeinen Wert angesetzt. Schulden sind vom Rohvermögen abzuziehen. Zum *sonstigen Vermögen* (§§ 110ff. BewG) zählen alle Güter, die nicht zu einer anderen Vermögensart gehören.

Für die Bewertung von *Wertpapieren* und *Anteilen* an Kapitalgesellschaften ist der am Stichtag (31. 12. des dem Festsetzungszeitpunkt vorangehenden Jahres) im amtlichen Handel notierte *niedrigste* Kurs, bei Anteilscheinen der Rücknahmepreis gemäß § 11 Abs. 1, 4 BewG maßgebend; diese Kurse gibt der BMF im Bundessteuerblatt bekannt (§§ 112, 113 BewG). *Nicht notierte Aktien* und Anteile werden nach einem besonderen Verfahren bewertet (§ 113a BewG; AnteilsbewertungsVO vom 19. 1. 1977, BGBl. I 171).

Über den Abzug von *Rückstellungen für Pensionsanwartschaften* bei der Einheitsbewertung des Betriebsvermögens vgl. § 104 BewG sowie VO vom 15. 8. 1961 (BGBl. I 1295).

II. Besitzsteuern

519. Die Einkommensteuer

ist eine Steuer vom Reineinkommen der natürlichen Personen im Gegensatz zur Körperschaftsteuer der juristischen Personen (s. 536).

Rechtsquellen sind das Einkommensteuergesetz (EStG 1986) i. d. F. vom 27. 2. 1987 (BGBl. I 657) und die EStDV i. d. F. vom 24. 7. 1986 – EStDV 1986 (BGBl. I 1239). Ferner gelten ESt-Richtlinien (EStR) i. d. F. vom 15. 4. 1985 (BStBl. I Sdnr. 2/1985). Die *Richtlinien* sind ebenso wie die zahlreichen Verwaltungsanordnungen keine Rechtsnormen und für die Gerichte nicht verbindlich.

Wie in 79 dargelegt, werden die Aufkommen an Einkommen- und Körperschaftsteuer auf Bund und Länder verteilt. Dabei wird durch den *horizontalen Finanzausgleich* eine Lastenverteilung zwischen Ländern mit starker Kapitalkonzentration und (meist benachbarten) Ländern angestrebt, von denen die Arbeitskraft gestellt und die Last der sozialen und wirtschaftspolitischen Aufwendungen getragen wird (z. B. Bremen/Hamburg/Niedersachsen). Das Ges. über die Steuerberechtigung und die Zerlegung bei der Einkommensteuer und der Körperschaftsteuer *(Zerlegungsgesetz)* i. d. F. vom 25. 2. 1971 (BGBl. I 145) m. Änd. zul. vom 22. 1. 1987 (BGBl. I 470) hat dagegen mehr verwaltungstechnische Bedeutung; es bestimmt, welchem Land die Steuer zusteht, wenn ein Steuerpflichtiger seinen Wohnsitz oder seine Niederlassung in ein anderes Land verlegt oder wenn er Betriebstätten in mehreren Ländern unterhält oder Lohnsteuer für Arbeitnehmer abführt, die in anderen Ländern ansässig sind. § 5 Abs. 2 S. 4 Zerlegungsgesetz ist mit Art. 107 Abs. 1 S. 2 i. V. m. Art. 3 Abs. 1 GG (Gleichheitssatz) unvereinbar und deshalb ab 1. 1. 1986 nicht mehr anwendbar (BVerfG NJW 1986, 2629).

520. Unbeschränkte und beschränkte Einkommensteuerpflicht

Unbeschränkt, d.h. mit ihren sämtlichen Einkünften steuerpflichtig, sind natürliche Personen, die im Inland Wohnsitz oder gewöhnlichen Aufenthalt haben. Andere Personen werden nur mit ihren inländischen Einkünften besteuert *(beschränkte Steuerpflicht),* § 1 Abs. 1, 3 EStG.

Nach den mit anderen Staaten abgeschlossenen *Doppelbesteuerungsabkommen* werden die Einkünfte teils aufgeteilt (z. B. gewerbliche = Wohnsitz; Grundstücke nach Belegenheit, Arbeit nach Herkunft, sonstige Einkünfte nach Wohnsitz), teils wird die ausländische Einkommensteuer auf die im Inland erhobene Einkommensteuer angerechnet, teils wird ein ausländischer Steuertatbestand außer Betracht gelassen. Vgl. 568. Über Maßnahmen gegen *Steuerflucht* bei Verlegung des Wohnsitzes in das Ausland, durch Beteiligung an ausländischen Zwischengesellschaften usw. vgl. 569.

Steuerpflichtige mit Wohnsitz in der DDR oder in Ost-Berlin werden als beschränkt steuerpflichtig behandelt, während Bewohner West-Berlins hins. der persönlichen Steuerpflicht zur BRep. zählen.

521. Die Einkommensarten

Steuerpflichtig sind nur (erschöpfende Aufzählung in § 2 Abs. 1 EStG) Einkünfte aus

1. Land- und Forstwirtschaft;
2. Gewerbebetrieb;
3. selbständiger Arbeit;
4. nichtselbständiger Arbeit (hierzu s. 535, Lohnsteuer);
5. Kapitalvermögen;
6. Vermietung und Verpachtung;
7. sonstige Einkünfte i. S. des § 22 EStG (wiederkehrende Bezüge, Spekulationsgeschäfte, besondere Leistungen, Abgeordnetenbezüge u. dgl.).

Was nicht unter eine dieser 7 Einkunftsarten fällt, ist einkommensteuerfrei (z. B. Schenkungen, Erbschaften, Lotteriegewinne, Schadensersatzzahlungen). *Spekulationsgewinne* werden bei Grundstücken besteuert, wenn diese binnen 2 Jahren, bei anderen Wirtschaftsgütern, z. B. Wertpapieren, wenn sie binnen 6 Monaten weiterveräußert werden (§ 23 EStG).

Einkünfte sind bei Land(Forst-)wirtschaft, Gewerbebetrieb und selbständiger Arbeit der Gewinn, bei den anderen Einkunftsarten der Überschuß der Einnahmen über die Werbungskosten (§ 2 Abs. 2 EStG). Bei Land- und Forstwirten und bei Gewerbetreibenden ist der *Gewinn* nachdem *Wirtschaftsjahr* zu ermitteln (bei Land- und Forstwirten i. d. R. 1. 7. bis 30. 6.; bei Gewerbetreibenden das Kalenderjahr, bei eingetragenen Firmen der Bilanzzeitraum). Weicht das Wirtschaftsjahr vom Kalenderjahr ab, so wird der Gewinn bei Land- und Forstwirten auf das Kalenderjahr des Beginns und des Endes entsprechend dem zeitlichen Anteil aufgeteilt; bei Gewerbetreibenden gilt der Gewinn des Wirtschaftsjahres als in dem Kalenderjahr bezogen, in dem das Wirtschaftsjahr endet (§ 4a EStG). Bei nicht buchführungspflichtigen *Land-* und *Forstwirten* wird der Gewinn nach *Durchschnittsätzen* nach Maßgabe des § 13a EStG ermittelt.

Steuerfrei sind u. a. Sozialbezüge, Entschädigungen wegen Entlassung aus dem Dienstverhältnis, Studien- und Ausbildungsbeihilfen, Aufwandsentschädigungen und Reisekosten, bestimmte Zinsen und Gewinnanteile, Kindergeld, Ehrensold, Bergmannsprämien (§§ 3ff. EStG).

522. Die Ermittlung des Gewinns

Für die Ermittlung des *Gewinns* bei den ersten 3 Einkunftsarten (s. 521) stellt das EStG vier Ermittlungsweisen auf (§§ 4, 5 EStG):

a) die einfache *Einnahmen-Ausgabenrechnung* (§ 4 Abs. 3 S. 1 EStG), bei der Einnahmen und Ausgaben gegenübergestellt werden und der Überschuß der Einkommensteuer unterworfen wird (auch Überschußrechnung genannt);

b) die qualifizierte Einnahmen-Ausgabenrechnung, bei der Absetzungen für (technische oder wirtschaftliche) Abnutzung oder Substanzverringerung berücksichtigt werden (§ 4 Abs. 3 S. 3, § 7 EStG);

c) den *Betriebsvermögensvergleich* (§ 4 Abs. 1 EStG), bei dem das Endvermögen mit dem Anfangsvermögen unter Berücksichtigung der Entnahmen und Einlagen verglichen wird;

d) den Betriebsvermögensvergleich nach den Grundsätzen ordnungsmäßiger *kaufmännischer Buchführung* (§ 5 EStG).

Die Ermittlungsart zu a) kommt insbesondere für kleinere Kaufleute, Handwerker und freie Berufe in Betracht. Der Betriebsvermögensvergleich zu c) wird von Nichtkaufleuten mit ordnungsgemäßer Buchführung vorgenommen. Im Falle d) müssen *Handelsbilanzen* aufgestellt, bei c) und d) die Bewertungsvorschriften des § 6 EStG beachtet werden (Ansatz grundsätzlich mit den Anschaffungs- oder Herstellungskosten oder mit dem nachweisbaren niedrigeren *Teilwert,* angemessene Abschreibungen für Abnutzung). Über *Rückstellungen* (auch für *Pensionsanwartschaften*) s. 527.

Für die *ordnungsmäßige Buchführung* ist ein besonderes System zur Gewinnermittlung steuerrechtlich nicht vorgeschrieben. Der Steuerpflichtige kann sich unter den zahlreichen Buchführungsarten die für seinen Betrieb am besten passende aussuchen. Stets muß aber sichergestellt sein, daß die Buchführung vollständig und übersichtlich ist und den Betriebsinhaber über den jeweiligen Stand seines Unternehmens auf dem laufenden hält (Einzelheiten in Abschn. 29ff. EStR).

Die einkommensteuerliche Behandlung der *freien Erfinder* regelt eine VO vom 30. 5. 1951 (BGBl. I 387). Sie können bis Ende 1988 steuerliche Vergünstigungen erhalten, wenn ihre Tätigkeit auf Erzielung einer patentfähigen Erfindung gerichtet, als volkswirtschaftlich wertvoll anerkannt ist und Einnahmen und Ausgaben gesondert aufgezeichnet werden. Die VO, deren Rechtsgültigkeit durch die Entscheidung des BVerfG vom 30. 1. 1968 (BGBl. I 230) in Frage gestellt war, hat Gesetzeskraft gem. Art. 3 des StÄndG 1968 vom 20. 2. 1969 (BGBl. I 141). Über *Arbeitnehmererfindungen* s. 619.

Der Nutzungswert der selbstgenutzten Wohnung im eigenen *Haus* oder in einer *Eigentumswohnung* bestimmt sich nach § 21 Abs. 2, § 21a EStG. Die Besteuerung der selbstgenutzten Wohnung entfällt ab dem Veranlagungszeitraum 1987.

523. Absetzungen für Abnutzung oder Substanzverringerung

Darunter versteht § 7 EStG die jährlichen Abschreibungen auf abnutzbare Güter, insbesondere auf die des Anlagevermögens. Diese *Wirtschaftsgüter* sind i. d. R. mit ihren Anschaffungs- oder Herstellungskosten, vermindert um die Absetzungen für Abnutzung (AfA), einzusetzen.

Man unterscheidet folgende *Abschreibungsmethoden:*

a) die *lineare Abschreibung,* bei welcher alljährlich mit einem gleichbleibenden Hundertsatz der Anschaffungskosten abgeschrieben wird;

b) die *degressive* (ungleichmäßige) Absetzung für Abnutzung mit *gleichbleibendem Hundertsatz* vom jeweiligen Buch-(Rest-)wert. Sie ist für bewegliche Wirtschaftsgüter des Anlagevermögens wahlweise neben a) zugelassen, darf aber das dreifache des bei linearer Abschreibung maßgebenden Hundertsatzes und 30 v.H. nicht übersteigen (gilt für nach dem 29. 7. 1981 angeschaffte oder hergestellte Wirtschaftsgüter, § 52 Abs. 7 EStG);

c) die *degressive* Absetzung für Abnutzung mit *fallenden* Staffelsätzen, bei welcher immer von den Anschaffungskosten, aber mit gestaffelten Sätzen abgeschrieben wird (z. B. in den ersten 5 Jahren mit 12 v. H., in den letzten 5 Jahren mit 8 v. H.). Sie wird nur ausnahmsweise zugelassen, wenn die tatsächliche Lage die höhere Entwertung in den ersten Jahren rechtfertigt.

Bei *Gebäuden,* für die der Baugenehmigungsantrag nach dem 31. 3. 1985 gestellt worden ist und die zu einem Betriebsvermögen gehören und nicht Wohnzwecken dienen, sind jährlich 4 v. H. abzusetzen. Bei anderen Gebäuden – soweit sie nach dem 31. 12. 1924 fertiggestellt worden sind – jährlich 2 v. H. (§ 7 Abs. 4). Bei im Inland belegenen Gebäuden, die vom Steuerpflichtigen hergestellt oder bis zum Ende des Fertigstellungsjahres angeschafft worden sind, können die Anschaffungs- und Herstellungskosten verteilt über 25 bzw. 50 Jahre nach zunächst höheren Abschreibungssätzen, die nach Ablauf bestimmter Zeiträume niedriger werden, abgesetzt werden (§ 7 Abs. 5).

Der *Vorsteuerbetrag* nach § 15 des Umsatzsteuergesetzes (541) gehört, soweit er von der USt abgezogen werden kann, nicht zu den Anschaffungs- oder Herstellungskosten; soweit er nicht abzugsfähig ist, wird er nur in den Grenzen des § 9b EStG berücksichtigt.

Nach § 6 Abs. 2 EStG können Steuerpflichtige sog. *geringwertige Wirtschaftsgüter* des Anlagevermögens, die der Abnutzung unterliegen und einer selbständigen Bewertung und Nutzung fähig sind, sofern ihre Anschaffungs-(Herstellungs-)kosten 800 DM nicht übersteigen, im Jahr der Anschaffung oder Herstellung voll als Betriebsausgaben absetzen.

Die §§ 7b, d EStG behandeln *Bewertungsvergünstigungen* für Wohngebäude sowie für Aufwendungen, die dem *Umweltschutz* dienen. Die erhöhte Abschreibung für *Wohngebäude* nach § 7b Abs. 1 EStG beträgt in den ersten 8 Jahren 5 v. H. der Herstellungskosten und dann bis zur vollen Absetzung 2,5 v. H. des Restwerts. Voraussetzung ist, daß das Gebäude im Inland liegt, vor dem 1. 1. 1987 hergestellt oder angeschafft worden ist und zu mehr als ⅔ Wohnzwecken dient. Erhöhte Absetzungen nach § 7b EStG sind nur bezüglich der Herstellungskosten bis 200000 DM bei Einfamilienhäusern und Eigentumswohnungen und bis 250000 DM bei Zweifamilienhäusern möglich; auf einen übersteigenden Teil der Herstellungskosten ist § 7 Abs. 4 EStG (s. o) anzuwenden. Bei Inanspruchnahme der erhöhten Absetzung nach § 7b EStG wird die Einkommensteuer um je 600 DM für das zweite und jedes weitere Kind ermäßigt, wenn der Steuerpflichtige das Objekt zu eigenen Wohnzwecken nutzt und die Kinder in seinem Haushalt leben, noch nicht 16jährig sind oder (bis zum 27. Lebensjahr) in

Ausbildung stehen oder behindert und deshalb erwerbsunfähig sind (§ 34f EStG). Zur steuerrechtlichen Förderung selbstgenutzten Wohneigentums nach § 10e EStG s. 524.

Zur Förderung kleiner und mittlerer Betriebe besteht nach § 7g EStG die Möglichkeit einer Sonderabschreibung von 10 v. H. der Anschaffungs- oder Herstellungskosten eines neuen beweglichen Wirtschaftguts im Jahr der Anschaffung oder Herstellung.

Über die Gewährung von Prämien für Bausparer s. *Wohnungsbau-Prämiengesetz* (819). Steuervergünstigungen werden ferner zur Förderung des Baues von *Landarbeiterwohnungen* gewährt (VO i. d. F. vom 6. 8. 1974, BGBl. I 1870).

524. Betriebsausgaben, Werbungskosten, Sonderausgaben

Bei der Gewinnermittlung durch Einnahmen-Ausgabenrechnung (s. 522) spielen bei Land- und Forstwirtschaft, Gewerbebetrieb und selbständiger Arbeit (sog. Gewinneinkunftsarten i. S. des § 2 Abs. 2 Nr. 1 EStG) die abzugsfähigen *Betriebsausgaben* eine wichtige Rolle. *Werbungskosten* sind bei den sog. Überschußeinkunftsarten i. S. des § 2 Abs. 2 Nr. 2 EStG (also bei nichtselbständiger Arbeit, Kapitalvermögen, Vermietung und Verpachtung, sonstige Einkünfte i. S. des § 22 EStG) zu berücksichtigen. *Sonderausgaben* sind vom Gesamtbetrag der Einkünfte abzuziehen.

Betriebsausgaben sind Aufwendungen, die durch den Betrieb veranlaßt sind (§ 4 Abs. 4 EStG). Um einem verbreiteten *Spesenmißbrauch* entgegenzutreten, erklärt § 4 Abs. 5 EStG für *nicht abzugsfähig:* Aufwendungen für Geschenke (ausgenommen Zuwendungen an eigene Arbeitnehmer sowie Werbegeschenke bis zu 50 DM Anschaffungs- oder Herstellungskosten), Aufwendungen für Gästehäuser (außer für eigene Arbeitnehmer) sowie für Jagden, Fischerei, Jachten u. ä. *Repräsentationskosten* sowie Geldbußen, Ordnungs- und Verwarnungsgelder. Nicht als Betriebsausgaben abgesetzt werden können ferner andere Aufwendungen, welche die *Lebensführung* des Steuerpflichtigen oder Dritter berühren, soweit sie unangemessen sind. *Bewirtungsspesen* sind absetzbar, wenn sie angemessen und nachgewiesen sind.

Werbungskosten sind alle Aufwendungen zur Erwerbung, Sicherung und Erhaltung der Einnahmen (§ 9 EStG). Dazu gehören auch Schuldzinsen, auf besonderen Verpflichtungsgründen beruhende Renten und dauernde Lasten, soweit sie mit einer Einkunftsart in wirtschaftlichem Zusammenhang stehen; ferner Grund- und Gebäudesteuern, einkommensbezogene Versicherungsprämien, Beiträge zu Berufsverbänden und Berufsständen, Aufwendungen der Arbeitnehmer für Fahrten zwischen Wohnung und Arbeitsstätte sowie für Familienheimfahrten und notwendige Mehraufwendungen für doppelte Haushaltsführung, für Werkzeug und Berufskleidung, Absetzungen für Abnutzung und für Substanzverringerung (523). Der Arbeitnehmer kann bei Fahrten im eigenen Kfz. zwischen Wohn- und Arbeitsstätte pro Arbeitstag und km 0,36 DM (für Motorrad oder -roller 0,16 DM) als Werbungskosten absetzen *(Kilometerpauschale)*.

Nicht abzugsfähig sind u. a. Kosten der Lebensführung, freiwillige Zuwendungen an andere Personen, Zuwendungen an gesetzlich Unterhaltsberechtigte, Personensteuern, Umsatzsteuer für den Eigenverbrauch sowie Geldstrafen (§ 12 EStG).

Die Abzugsfähigkeit der *Sonderausgaben* beruht z. T. auf sozialpolitischen

Rücksichten (gewisse Unterhaltsleistungen an den geschiedenen oder getrennt lebenden Ehegatten, Kranken- u.a. Versicherungsbeträge), z.T. auf wirtschaftspolitischen Erwägungen (z.B. Bausparbeiträge zur Erlangung von Baudarlehen). Sie werden gewährt, weil diese Ausgaben die Leistungsfähigkeit des Steuerpflichtigen mindern. Sie sind z.T. unbeschränkt abzugsfähig (z.B. auf besonderer Verpflichtung beruhende Renten und dauernde Lasten, Kirchensteuer), z.T. sachlich und auf bestimmte *Höchstbeträge* beschränkt (z.B. Aufwendungen für Kranken-, Rentenversicherungen usw., Bausparbeiträge – *sog. Vorsorgeaufwendungen* – jährlich bis 2340 DM, bei zusammenveranlagten Eheleuten 4680 DM; zusätzlich für Versicherung 3000 DM bzw. bei Eheleuten 6000 DM). Neben dem Abzug von Bausparbeiträgen als Sonderausgaben ist die Inanspruchnahme einer Prämie nach dem SparprämienG (875) oder dem Wohnungsbau-PrämienG (819) nicht zulässig, der Steuerpflichtige muß zwischen diesen Möglichkeiten wählen.

Nach § 10e EStG (eingeführt durch das Ges. zur Neuregelung der steuerrechtlichen Förderung des selbstgenutzten Wohneigentums – *Wohneigentumsförderungsgesetz* – vom 15. 5. 1986, BGBl. I 730) kann der Steuerpflichtige von den Herstellungs- oder Anschaffungskosten (einschließlich der Hälfte der Grundstückskosten) eines selbstbewohnten Hauses oder einer selbstbewohnten Eigentumswohnung, 8 Jahre lang 5 v.H., höchstens 15000 DM, wie *Sonderausgaben* abziehen. Dies gilt für Gebäude oder Wohnungen, die nach dem 31. 12. 1986 hergestellt oder angeschafft worden sind. Steuerpflichtige mit Kindern erhalten auf Antrag zusätzlich einen von der Steuerschuld abzuziehenden *Steuerabzugsbetrag* von 600 DM je Kind (§ 34f Abs. 2 EStG). Die Regelung nach § 10e EStG ersetzt die bisherige Förderung nach § 7b EStG (s. 523)

Falls nicht höhere Werbungskosten und Sonderausgaben nachgewiesen werden, kommen die folgenden *Pauschsätze* bei Ermittlung der Einkünfte zum Abzug:

a) für *Werbungskosten* (§ 9a EStG)
   1. bei Einnahmen aus nichtselbständiger Arbeit 564 DM;
   2. von den Einnahmen aus Kapitalvermögen 100 DM, für zusammen veranlagte Ehegatten 200 DM;
   3. von wiederkehrenden Bezügen 200 DM;

b) für *Sonderausgaben* (§ 10c EStG)
   270 DM (Sonderausgaben-Pauschbetrag) sowie für Vorsorgeaufwendungen 300 DM (Vorsorge-Pauschbetrag), statt dessen bei Arbeitnehmern 18 v.H vom Arbeitslohn in bestimmten Grenzen (3510 DM); bei Zusammenveranlagung von Eheleuten gelten entsprechend höhere Sätze (Vorsorgepauschale). Für nicht rentenversicherungspflichtige Arbeitnehmer, vor allem Beamte, Beamtenpensionäre und weiter beschäftigte Altersrentner, beträgt die Vorsorgepauschale 2000 DM bzw. 4000 DM bei Zusammenveranlagung.

525. Nicht entnommener Gewinn

Nach Absetzung der Sonderausgaben (vgl. 524) können Steuerpflichtige, die als Flüchtlinge, Vertriebene oder Verfolgte anerkannt sind und die ihre frühere Erwerbsgrundlage verloren haben, gemäß § 10a EStG nach Aufnahme einer selbständigen gewerblichen Tätigkeit oder Arbeit oder als Land- oder Forstwirt in der BRep. im 1. und den folgenden 7 Jahren auf Antrag bis zu 50 v.H. der nicht entnommenen Gewinne, höchstens aber 20000 DM, vom steuerpflichtigen Einkommen abziehen.

Es handelt sich hierbei nicht etwa um einen echten Steuererlaß, sondern zunächst um ein Hinausschieben der Besteuerung (Verlagerung); denn die etwaige Mehrentnahme über den jeweiligen Gewinn in den folgenden 3 Jahren ist nachzuversteuern (§ 10a Abs. 2 EStG).

Voraussetzung für die Gewährung dieser Steuervergünstigung ist außer der Eigenschaft als Flüchtling usw., daß der Gewinn nach § 4 Abs. 1 oder nach § 5 EStG durch Betriebsvermögensvergleich ermittelt worden ist (vgl. 522).

526. Verlustabzug

Nach § 10d EStG können Steuerpflichtige einen *Verlust,* der bei der Ermittlung des Gesamtbetrages der Einkünfte nicht ausgeglichen werden konnte (sog. *Verlustausgleich*), bis zu einem Betrag von 10 Mio. DM wie Sonderausgaben (524) vom Gesamtbetrag der Einkünfte des zweiten (evt. des ersten) dem Veranlagungszeitraum vorangegangenen Veranlagungszeitraumes abziehen (sog. *Verlustrücktrag*). Soweit die nicht ausgeglichenen Verluste den Betrag von 10 Mio. DM übersteigen, sind diese in den folgenden 5 Jahren abzuziehen (sog. *Verlustvortrag*).

Sind außer dem Verlustabzug andere *Sonderausgaben* abzuziehen, so ist der Verlustabzug an letzter Stelle zu berücksichtigen, so daß er unter Umständen weiter zurück- bzw. vorgetragen werden muß.

Zum Abzug ausländischer Verluste s. § 2a EStG.

Hat ein Kommanditist (372 I 1) mit seiner Einlage anteilig für einen Verlust der KG einzutreten, darf er diesen nach § 15a EStG nicht mit Einkünften aus anderen Einkunftsarten (521) verrechnen, soweit bei ihm ein negatives Kapitalkonto entsteht oder sich erhöht; auch ein Ausgleich nach § 10d EStG ist unzulässig (Ausnahmen bei noch nicht geleisteter Einlage). Soweit Ausgleich unzulässig, mindert er die Gewinne in den folgenden Wirtschaftsjahren. Sondervorschriften gelten bei negativen Kapitalkonten auf Grund Einlagenminderung durch Entnahmen.

Die Regelung des § 15a soll dem steuerlichen Mißbrauch durch Beteiligung an sog. „Abschreibungsgesellschaften" entgegenwirken.

527. Rückstellungen

können auf der Passivseite der Bilanz für am *Bilanzstichtag* bereits bestehende Lasten oder Schuldverbindlichkeiten sowie für solche Verpflichtungen eingesetzt werden, mit denen der Steuerpflichtige am Stichtag rechnen muß.

Die *Rückstellung* ist zu unterscheiden von der *Rücklage.* Während eine zugelassene Rückstellung den Gewinn mindert, ist dies bei einer *Rücklage* i. d. R. nicht der Fall. Sie bedeutet nur die Abzweigung von Teilen des Gewinns für bestimmte Zwecke (z. B. der Unternehmer stellt 10 v. H. seines Gewinns in eine Rücklage für Neubau eines Gebäudes). Daneben gibt es aus Billigkeitserwägungen und als Instrument der Wirtschaftspolitik (804) steuerfreie Rücklagen. Man spricht aber auch von stillen Rücklagen *(Reserven)*, die in einer vom wirklichen Wert abweichenden Einsetzung von Aktiv- und Passivwerten bestehen. Soweit diese im Rahmen der zulässigen Bewertung gebildet werden, mindern sie den Gewinn.

Rückstellungen für Pensionsanwartschaften dürfen nur vorgenommen werden, wenn diese auf einer schriftlich fixierten rechtlichen Bindung (nicht nur betrieblicher Übung oder Gleichbehandlung, vgl. 617) beruhen. Die jährlichen Rückstellungen, die frühestens mit dem 30. Lebensjahr des Pensionsberechtigten beginnen dürfen, sind nach versicherungsmathematischen Grundsätzen über die Zeit zwischen Pensionszusage und Versicherungsfall gleichmäßig unter Ansatz eines Rechnungszinsfußes von mindestens 6,0 v.H. zu verteilen (§ 6a EStG).

528. Die Ehegattenbesteuerung

Ehegatten werden – soweit sie diese Veranlagungsart wählen – zusammen veranlagt (§ 26 EStG).

Bei der Veranlagung zur ESt wurden bis 1957 die Einkünfte der Ehegatten und der Kinder, für die Kinderfreibeträge gewährt wurden, zusammengerechnet (§§ 26, 27 EStG a. F.). Diese sog. *Haushaltsbesteuerung* mußte grundlegend geändert werden, nachdem das BVerfG am 17. 1. 1957 (BGBl. I 186) die zwangsweise Zusammenveranlagung von Mann und Frau und am 30. 6. 1964 (BGBl. I 645) die Zusammenveranlagung des *Haushaltsvorstandes* mit seinen Kindern als Verstoß gegen den Grundsatz des Art. 6 GG (Förderung von Ehe und Familie) für nichtig erklärt hatte.

Nunmehr können nach § 26 Abs. 1 EStG *Ehegatten*, die beide unbeschränkt steuerpflichtig sind und nicht dauernd getrennt leben, sofern diese Voraussetzungen zu Beginn des Veranlagungszeitraums bestanden haben oder währenddessen eingetreten sind, ohne Rücksicht auf den Güterstand zwischen getrennter Veranlagung (§ 26a EStG) und Zusammenveranlagung (§ 26b EStG) *wählen*. Sie werden getrennt veranlagt, wenn nur einer dies verlangt. Ehegatten werden nur dann zusammenveranlagt, wenn beide die Zusammenveranlagung wählen. Die Wahlerklärung ist beim Finanzamt schriftlich oder zu Protokoll abzugeben. Mangels einer Erklärung wird angenommen, daß die Ehegatten die Zusammenveranlagung wünschen (§ 26 Abs. 3 EStG).

Bei *getrennter Veranlagung* sind jedem Ehegatten die von ihm bezogenen Einkünfte zuzurechnen (§ 26a EStG). Bei *Zusammenveranlagung* von Ehegatten ist die Einkommensteuer in der Weise zu ermitteln, daß sie von der Hälfte des zu versteuernden Gesamteinkommens nach der amtlichen EStTabelle errechnet und der sich ergebende Betrag verdoppelt wird (sog. *Splitting*-Verfahren, § 32a Abs. 5 EStG). Dies gilt auch bei verwitweten Personen, die im Zeitpunkt des Todes ihres Ehegatten von diesem nicht dauernd getrennt gelebt haben, stets im darauf folgenden Festsetzungszeitraum und ebenso bei Eheauflösung durch Scheidung oder Eheaufhebung, wenn der andere Ehegatte wieder geheiratet hat und Zusammenveranlagung mit dem neuen Ehegatten wählen kann (§ 32a Abs. 6 EStG).

529. Die Höhe der Einkommensteuer

ergibt sich aus der *Einkommensteuertabelle*. Was zu versteuern ist, muß stufenweise errechnet werden (§ 2 Abs. 3–6 EStG).

Zunächst werden die Einkünfte aus den drei Einkunftsarten Land- und Forstwirtschaft, Gewerbe, selbständige Arbeit (521) nach einer der Gewinnermittlungsarten (522) ermittelt, die Einkünfte aus den vier anderen Einkunftsarten (521) nach dem Unterschied zwischen Einnahmen und *Werbungskosten* (524). Dann werden die Gewinne und Überschüsse der 7 Einkunftsarten zusammengerechnet und ein etwaiger Verlustausgleich (526) abgezogen. Daraus ergibt sich nach Abzug des Altersentlastungsbetrags, des Ausbildungsplatz-Abzugsbetrags und der nach § 34c Abs. 2, 3 EStG abzugsfähigen Steuer der Gesamtbetrag der *Einkünfte*. Hiervon werden die *Sonderausgaben* (524) und außergewöhnlichen Belastungen (530) abgesetzt. Das ergibt das *Einkommen*. Sodann werden die Sonderfreibeträge nach § 32 Abs. 7 und 8 EStG und der Kinderfreibetrag i. S. d. § 32 Abs. 6 EStG und andere abzugsfähige Beträge abgezogen, woraus sich das zu *versteuernde Einkommen* ergibt. Dieses bildet die Bemessungsgrundlage der ESt. Die tarifliche ESt, vermindert um die Steuerermäßigungen, ergibt die *festzusetzende Einkommensteuer*, deren Höhe an Hand der Tabelle festgestellt wird.

Für die zusammen zu veranlagenden Ehegatten und die ihnen gleichgestellten verwitweten oder geschiedenen Personen (§ 32a Abs. 5, 6 EStG) gilt das *Splittingverfahren* (s. 528); die Splittingrechnung ist in der amtlichen Tabelle (Anl. 5 zu § 32a Abs. 5 EStG) bereits vorgenommen, so daß der Steuerbetrag daraus abgelesen werden kann. Die Tabelle Anl. 4 zu § 32a Abs. 4 EStG wird für alle Personen angewendet, die nicht zu den in § 32a Abs. 5, 6 EStG Genannten gehören, d. h. für die Unverheirateten und diesen Gleichgestellten (mit Ausnahme der unter § 32a Abs. 6 EStG fallenden Witwer usw., vgl. 528), für die getrenntlebenden und für die getrennt zu veranlagenden Eheleute. Das BVerfG hat es im Hinblick auf Art. 3, 6 GG für verfassungswidrig erklärt, daß die Splitting-Tabelle nur auf zusammenzuveranlagende Eheleute, nicht aber auf alleinerziehende Elternteile angewandt wurde (BVerfG NJW 1983, 271). Auf Grund dieser Entscheidung wurden die Kinderbetreuungskosten Alleinstehender als außergewöhnliche Belastungen anerkannt (vgl. § 33c; s. 530).

Für jedes Kind wird dem Steuerpflichtigen ein *Kinderfreibetrag* von 1242 DM (bei Zusammenveranlagung: 2484 DM) vom Einkommen abgezogen (§ 32 Abs. 6 EStG). Außerdem wird einem Steuerpflichtigen, der einen Kinderfreibetrag erhält, ein *Ausbildungsfreibetrag* als Ersatz für Aufwen dungen für die in seinem Haushalt untergebrachten in Berufsausbildung stehenden Kinder vom 18. Lebensjahr ab in Höhe von 1800 DM gewährt, für auswärts untergebrachte 3000 DM; für letztere 1200 DM, falls noch nicht 18jährig (§ 33a Abs. 2 EStG).

Als *Haushaltsfreibetrag* sind bei Steuerpflichtigen, auf die das Splittingverfahren nicht angewendet wird (z. B. Ledige), 4536 DM ohne Rücksicht auf das Alter abzuziehen, wenn ein Kind vorhanden ist (§ 32 Abs. 7 EStG).

Den *Altersfreibetrag* von 720 DM erhalten Steuerpflichtige, die vor dem Beginn des Veranlagungszeitraumes das 64. Lebensjahr vollendet haben (haben zusammen veranlagte Ehegatten beide das 64. Lebensjahr vollendet: 1440 DM), § 32 Abs. 8 EStG. Außerdem wird mindestens 64jährigen ein *Altersentlastungsbetrag* in Höhe von 40 v. H. – höchstens 3000 DM jährlich – der Einkünfte gewährt, die weder Renten noch Versorgungsbezüge sind (§ 24a EStG). Bewohner von Altenheimen erhalten gem. § 33a Abs. 3 S. 2 EStG einen zusätzlichen Freibetrag von 1200 DM.

Bei Einnahmen aus *freier Berufstätigkeit* werden 5 v. H. der Einnahmen, höchstens aber 1200 DM im Jahr, abgesetzt, wenn die Einkünfte aus freiem Beruf die anderen Einkünfte überwiegen (§ 18 Abs. 4 EStG).

Zum *Ausbildungsplatz-Abzugsbetrag* s. § 24b EStG.

Die Einkommensteuertabelle teilt den gesamten Tarif in 4 Zonen ein. Einem Grundfreibetrag von 4536 DM (beim Ehegatten-Splitting 9072 DM) folgt als erste Zone eine sog. *Proportionalzone* mit einem einheitlichen Steuersatz von 22 v. H. (nach Abzug der genannten Freibeträge). Sie reicht bis 18035 DM (Splitting: 36070 DM). An diese Proportionalzone schließen sich zwei *Progressionszonen* mit progressiv steigendem Steuersatz an; sie unterscheiden sich dadurch, daß in der zweiten Zone (bis 80027 DM, Splitting 160054 DM) der Steuersatz langsamer ansteigt als in der dritten Zone, die bei 130031 DM (Splitting: 260026 DM) den Spitzensatz von 56 v. H. erreicht. Von einem diese Grenze übersteigenden Einkommen ab beginnt die vierte Zone, die wieder eine *Proportionalzone* mit einem einheitlichen Steuersatz von 56 v. H. ist. Bei Anwendung des *Splitting* in der Progressionszone ist die Progression geringer; die obere Proportionalzone mit 56 v. H. Steuersatz wird dementsprechend später erreicht. Auf Grund der Fassung des § 32a EStG durch das Ges. vom 26. 6. 1985 (BGBl. I 1153) wird der Steuertarif in den Progressionszonen in zwei Stufen in den Jahren 1986 und 1988 abgeflacht, wodurch sich steuerliche Entlastungswirkungen ergeben.

Eine *indirekte Progression* wird durch den *allgemeinen Freibetrag* von 4536 bzw. 9072 DM hervorgerufen, der jedem Steuerpflichtigen zusteht und der bei Berechnung der Steuer nach Formeln vorweg vom Einkommen abzuziehen ist. Er ist in der *amtlichen Tabelle* bereits berücksichtigt, bei deren Anwendung also nicht nochmals vom Einkommen vorweg abzusetzen. Die indirekte Progression entsteht dadurch, daß sich das Verhältnis dieser steuerfreien Teile des Einkommens zu dem zu versteuernden Teil immer mehr verschiebt, je höher das Einkommen ist. Bei 4536 DM Einkommen (ohne Splitting) ist der Anteil des Freibetrages am Einkommen 100 v. H., bei einem Einkommen von 45360 DM nur noch 10 v. H., bei 453600 DM nur noch 1 v. H. Die Wirkung des Freibetrags wird also bei steigendem Einkommen immer schwächer, so daß sich eine indirekte Progression auch bei gleichbleibenden Steuersätzen ergibt.

Die *Ergänzungsabgabe,* die 1968–1974 zur Lohn-, Einkommen- und Körperschaftsteuer und zu dieser noch 1975/6 erhoben wurde, ist weggefallen, ebenso der zu diesen Steuern 1973/4 erhobene *Stabilitätszuschlag.* Vgl. BGBl. 1967 I 1254, 1974 I 2887, 1973 I 681.

Das *Investitionshilfegesetz* – InvHG – vom 20. 12. 1982 (BGBl. I 1857, 1867) m. Änd. vom 22. 12. 1983 (BGBl. I 1532, 1567), das als „Zwangsanleihe" eine sog. Investitionshilfeabgabe vorsah, wurde wegen Unvereinbarkeit mit den Gesetzgebungskompetenzvorschriften des GG vom BVerfG durch Urteil vom 6. 11. 1984 (NJW 1985, 37) für nichtig erklärt.

530. Außerordentliche Einkünfte, außergewöhnliche Belastungen

Bei der Einkommensteuer werden außergewöhnliche Verhältnisse, die sich aus bestimmten nicht regelmäßigen Einkünften oder besonderen Belastungen ergeben, in unterschiedlichem Umfang begünstigt.

Für *außerordentliche Einkünfte* (bestimmte Veräußerungsgewinne; gewisse Entschädigungen und Nutzungsvergütungen bei Inanspruchnahme von Grundstücken für öffentliche Zwecke; außerordentliche od. Kalamitäts-Holznutzungen) ist auf Antrag als ermäßigter Steuersatz die Hälfte des Durchschnittssatzes anzusetzen (§§ 34, 34b EStG). Dasselbe galt letztmalig für 1981 für Nebeneinkünfte aus wissenschaftlicher, künstlerischer oder schriftstellerischer Tätigkeit.

Die *gesetzlichen oder tariflichen* Zuschläge für Sonntags-, Feiertags- und Nachtarbeit sind steuerfrei; bei einzelvertraglich vereinbarten Zuschlägen gilt das in bestimmten Grenzen (§ 3b EStG).

Bei außergewöhnlicher Belastung eines Steuerpflichtigen (z. B. durch Krankheit, Unfall, Operation, wenn die Ausgaben bestimmte Hundertsätze des Einkommens übersteigen; bei Unterstützung von Angehörigen, Beschäftigung einer Haushaltshilfe in gewissen Fällen) wird auf Antrag eine *Steuerermäßigung* gewährt (§§ 33, 33a EStG). Für Körperbehinderte und Hinterbliebene sieht § 33b EStG den Abzug von Pauschbeträgen vor.

Berücksichtigt werden nach §§ 33, 33a EStG nur *zwangsläufige* Aufwendungen, denen sich der Steuerpflichtige aus rechtlichen, tatsächlichen oder sittlichen Gründen nicht entziehen kann, z. B. bei Ausstattung von Kindern für den Beruf. Die Höhe der *zumutbaren Eigenbelastung* ist nach der Höhe des Einkommens und nach dem Familienstand gestaffelt. Auf Grund der Entscheidung des BVerfG vom 3. 11. 1982 (NJW 1983, 271, s. 529) werden durch das Steuerbereinigungsges. 1985 vom 14. 12. 1984 (BGBl. I 1493) die Aufwendungen für Dienstleistungen bei der Kinderbetreuung von berufstätigen Alleinerziehenden bis zu 4000 DM (zuzüglich 2000 DM für jedes weitere Kind) als außergewöhnliche Belastung anerkannt. Mindestens wird ein Pauschalbetrag von 480 DM je Kind gewährt (§ 33c EStG).

531. Vorauszahlungen auf die Einkommensteuer

sind regelmäßig am 10. 3., 10. 6., 10. 9. und 10. 12. jeden Jahres zu leisten. Ihre Höhe bestimmt sich i. d. R. nach der Steuerfestsetzung im letzten Steuerbescheid (§ 37 EStG).

Das Finanzamt kann die Vorauszahlungen der Steuer anpassen, die sich voraussichtlich für das laufende Kalenderjahr ergibt; Vorauszahlungen werden nicht festgesetzt, wenn sie jährl. 400 DM (vierteljährl. 100 DM) nicht erreichen würden. Als Rechtsmittel gegen eine Vorauszahlungsfestsetzung ist der *Einspruch* an die Finanzbehörde gegeben. Gegen deren Entscheidung kann das Finanzgericht angerufen werden.

Über die Verrechnung der Vorauszahlungen s. 532.

532. Veranlagung der Einkommensteuer

Die Einkommensteuer wird i. d. R. nach Ablauf eines Kalenderjahres (*Veranlagungszeitraum*) auf Grund einer Steuererklärung (§ 25 EStG) veranlagt.

Lohn- und Gehaltsempfänger leisten ihre Einkommensteuer i. d. R. durch den *Steuerabzug vom Arbeitslohn* (vgl. 535). Sie werden veranlagt, wenn ihr Einkommen 24000 DM (bei zusammenveranlagten Ehegatten: 48000 DM) oder mehr beträgt oder wenn sie mehr als 800 DM nichtlohnsteuerpflichtige Einkünfte jährlich haben oder wenn sie Einkommen aus mehreren Dienstverhältnissen beziehen und der Gesamtbetrag dieser Einkünfte bei getrennter Veranlagung 18000 DM und bei Zusammenveranlagung 36000 DM (bei Versorgungsbezügen aus mehreren Dienstverhältnissen 12000 DM) übersteigt oder wenn Veranlagung aus besonderen Gründen beantragt wird (vgl. § 46 EStG, auch über weitere Sonderfälle).

Ergibt der *Steuerbescheid,* daß die Vorauszahlungen (Lohnsteuerabzüge) die Steuerschuld nicht decken, so ist die *Abschlußzahlung* innerhalb eines Monats nach Zustellung des Bescheides zu leisten. Umgekehrt wird eine Zuvielzahlung gutgeschrieben oder *erstattet.* Vgl. § 36 Abs. 4 EStG.

533. Aufsichtsratsvergütungen,

die von inländischen Kapitalgesellschaften und ähnlichen Unternehmen (AG, GmbH, KG auf Aktien, bergrechtliche Gewerkschaft, Genossenschaft usw.) an die zur Überwachung der Geschäftsführung bestellten Personen (Aufsichts-, Verwaltungsrat) für die Überwachungstätigkeit gezahlt werden, sind Einkommen aus selbständiger Arbeit (§ 18 Abs. 1 Nr. 3 EStG). Vgl. 521.

Bei Aufsichts- und Verwaltungsratsmitgliedern, die nach § 1 EStG *beschränkt steuerpflichtig* sind (s. 520), wird die Einkommensteuer als *Aufsichtsratsteuer* in Höhe von 30 v. H. der Vergütungen erhoben (§ 50a EStG).

534. Steuerabzug vom Kapitalertrag

Von *Gewinnanteilen* aus Aktien, GmbH- und Genossenschafts-Anteilen, Kuxen, Genußscheinen, Zinsen aus bestimmten Industrie- und Gewinnobligationen und Wandelanleihen, Einkommen aus *stiller Gesellschaft* wird nach §§ 43ff. EStG eine *Kapitalertragsteuer* von 25 v. H. (bei bestimmten Wertpapierzinsen 30 v. H.) erhoben, die sich von der allgemeinen Einkommensteuer durch die Erhebungsform unterscheidet. Von der zahlenden Gesellschaft oder auszahlenden Bank ist der entsprechende Teil des auszuschüttenden Ertrages einzubehalten (*Steuerabzug an der Quelle*) und binnen bestimmter Fristen an das Finanzamt abzuführen.

Der Empfänger erhält von der die Steuer einbehaltenden Stelle eine *Bescheinigung,* die er seiner Einkommensteuererklärung beifügen muß, damit die einbehaltene Kapitalertragsteuer auf die veranlagte Einkommensteuer angerechnet wird. Sie hat also gewissermaßen Vorauszahlungscharakter.

Vom Abzug der *Kapitalertragsteuer* wird abgesehen, wenn der Empfänger der Gewinnanteile usw. der Gesellschaft oder Bank, die sonst den Abzug vorzunehmen hätte, eine Bescheinigung des Finanzamts vorlegt, daß er in dem Kalenderjahr voraussichtlich nicht zur Einkommensteuer veranlagt wird (§ 44a EStG). Dies kommt insbesondere dem nicht veranlagten Arbeitnehmer mit Einkommen aus nichtselbständiger Arbeit bis zu 24000 bzw. 48000 DM jährlich (vgl. 532) zugute, sofern seine Nebeneinkünfte (einschl. Dividenden) nicht mehr als 800 DM im Jahr betragen.

535. Die Lohnsteuer

Einkünfte aus nichtselbständiger Arbeit (Gehalt, Arbeitslohn, Sachbezüge, Ruhegeld usw.) unterliegen dem *Steuerabzug an der Quelle (Lohnsteuer)*. Der Arbeitgeber hat den Abzugsbetrag zu berechnen, einzubehalten und an die Finanzkasse abzuführen.

Es handelt sich auch hier um eine besondere Erhebungsform der Einkommensteuer. Die gesetzliche Regelung findet sich in den §§ 19, 38–42f EStG, der Lohnsteuer-Durchführungsverordnung – LStDV 1984 – vom 23. 10. 1984 (BGBl. I 1313) m. Änd. vom 2. 4. 1986 (BGBl. I 379) sowie den LStRichtlinien i. d. F. vom 20. 12. 1983 (BStBl. ISdnr. 2/1983).

Grundlage für die Durchführung des Lohnabzugs ist die *Lohnsteuerkarte*, welche die Gemeindebehörde ausstellt und in der Familienstand, Zugehörigkeit zu einer Religionsgemeinschaft und ggf. Freibeträge für Werbungskosten, Sonderausgaben usw. angegeben sind. Für die Lohnsteuer haften Arbeitgeber und Arbeitnehmer, jener an erster Stelle.

Nicht zum steuerpflichtigen Arbeitslohn gehören die nach § 3 EStG steuerbefreiten Einkünfte des Arbeitnehmers (vgl. 521), z. B. Reisekostenzuschüsse, Fahrtauslagen, Jubiläumsgeschenke bis zu bestimmter Höhe, gesetzliche und tarifliche Zuschläge für Sonntags-, Feiertags- und Nachtarbeit, *Trinkgelder* bis 1200 DM, *Bergmannsprämien* (610), *Weihnachtsgratifikationen* bis 600 DM (§ 19 Abs. 3 EStG), ferner bestimmte Aufwendungen des Arbeitgebers (i. d. R. auf Grund gesetzlicher Verpflichtung) für die Zukunftsicherung des Arbeitnehmers. Dagegen sind *Sachbezüge* mit den üblichen Verbraucher-Mittelpreisen anzusetzen (§ 3 LStDV).

Die Höhe der Lohnsteuer ergibt sich aus den amtlichen, nach § 38c EStG aufzustellenden Jahres-, Monats-, Wochen- und Tages-Tabellen unter Zugrundelegung der Eintragungen in der Lohnsteuerkarte. Sie errechnet sich in den Klassen I–VI insbes. nach dem Familienstand. Ein Arbeitnehmer-Freibetrag von 480 DM jährlich sowie als Pauschbeträge für *Werbungskosten* und *Sonderausgaben* 564 DM bzw. 270 DM (Splitting: 540 DM) und eine Vorsorgepauschale sind bereits tabellenmäßig berücksichtigt, ebenso der Kinderfreibetrag und der tarifliche Grundfreibetrag. Auf Antrag werden Werbungskosten und Sonderausgaben (ohne Vorsorgeaufwendungen) in die Lohnsteuerkarte eingetragen, soweit sie den Pauschbetrag übersteigen, ferner außergewöhnliche Belastungen sowie Abschreibungen nach § 7b EStG. Der Altersfreibetrag sowie etwaige Pauschbeträge für Körperbehinderte und Hinterbliebene werden von Amts wegen eingetragen. Im übrigen kann der Arbeitnehmer die Eintragung des insgesamt in Betracht kommenden Freibetrags beantragen. Der Antrag auf Eintragung setzt voraus, daß die abziehbaren Beträge insgesamt 1800 DM übersteigen (§ 39a Abs. 2 EStG); geringere Beträge können erst im *Lohnsteuer-Jahresausgleich* geltend gemacht werden, ebenso die nicht in die Lohnsteuerkarte eingetragenen höheren Beträge. Werden vom Steuerpflichtigen höhere Beträge geltend gemacht, so ist ein entsprechender Antrag beim Finanzamt zu stellen; die Angaben sind glaubhaft zu machen. Bei mehreren Dienstverhältnissen stellt die Gemeindebehörde eine *zweite Steuerkarte* aus und teilt dies dem Finanzamt mit, da dieses dann eine Veranlagung durchführt.

Der Arbeitgeber hat für jeden Arbeitnehmer am Ort der Betriebsstätte ein *Lohnkonto* zu führen. Bei Änderung der persönlichen Verhältnisse oder schwankendem Arbeitslohn oder wenn sonst zuviel Lohnsteuer entrichtet worden ist, wird vom Arbeitgeber oder auf einen bis zum Ablauf des auf das Ausgleichsjahr folgenden zweiten Kalenderjahres zu stellenden Antrag vom Finanzamt ein *Lohnsteuerjahresausgleich* durchgeführt (§§ 42ff. EStG).

Der Arbeitnehmer wird zur Einkommensteuer veranlagt, wenn das Gesamteinkommen oder das nichtlohnsteuerpflichtige Nebeneinkommen bestimmte Grenzen übersteigt; vgl. 532. In diesem Falle findet ein Jahres-Lohnsteuerausgleich nicht statt.

Über Steuervergünstigung für *Arbeitnehmererfindungen* und die steuerliche Behandlung von *Prämien für Verbesserungsvorschläge* s. 619.

Zur Verfassungswidrigkeit der Investitionshilfeabgabe s. 529.

536. Die Körperschaftsteuer

bildet die Einkommensteuer der Kapitalgesellschaften, Erwerbs- und Wirtschaftsgenossenschaften, Versicherungsvereine auf Gegenseitigkeit, der sonstigen juristischen Personen des privaten Rechts, der nichtrechtsfähigen Vereine, Anstalten, Stiftungen und Zweckvermögen sowie der Betriebe gewerblicher Art von juristischen Personen des öffentlichen Rechts.

I. *Gesetzliche Grundlagen*

Gesetzliche Grundlage bildet das *Körperschaftsteuergesetz* (KStG 1981) vom 10. 12. 1981 (BGBl. I 1357) i. d. F. vom 10. 2. 1984 (BGBl. I 217), m. spät. Änd., das auf dem System des Anrechnungsverfahrens (s. u. II) beruht, und die DVO vom 14. 6. 1977 (BGBl. I 848) i. d. F. vom 31. 7. 1984 (BGBl. I 1055). Ferner gelten die KSt-Richtlinien i. d. F. vom 29. 12. 1977 (BStBl. I 790). Das EStG und seine Durchführungsbestimmungen sind, soweit nicht Sondervorschriften eingreifen, entsprechend anzuwenden.

Einkommensteuer und Körperschaftsteuer schließen einander aus; ein Steuerpflichtiger kann nur einer der beiden Steuern unterliegen. Die *Personengesellschaften* (oHG, KG usw.) werden nicht als solche besteuert; vielmehr wird ihr Gewinn nur einheitlich festgestellt, auf die Gesellschafter verteilt und dort zur Einkommensteuer herangezogen. Die Einkünfte eines (typischen) *stillen Gesellschafters* gehören zu seinen Einkünften aus Kapitalvermögen und unterliegen dem Kapitalertragsteuerabzug (s. 534).

Unbeschränkt körperschaftsteuerpflichtig sind Körperschaften mit Sitz oder Geschäftsleitung im Inland, während ausländische Körperschaften nur *beschränkt* mit ihren inländischen Einkünften zur Körperschaftsteuer herangezogen werden (§§ 1, 2 KStG). *Befreit* sind bestimmte Unternehmen des Bundes sowie kirchlichen, gemeinnützigen oder mildtätigen Zwecken dienende Körperschaften, ferner Pensions-, Kranken- und Sterbekassen sowie andere öffentl.-rechtl. oder berufsständische Versicherungs- und Versorgungseinrichtungen nach Maßgabe der §§ 5, 6 KStG.

Besteuerungsgrundlage ist das zu versteuernde Einkommen (§ 7 Abs. 1 KStG); es wird nach den Vorschriften des EStG (522) und des KStG ermittelt, wobei auch verdeckte Gewinnausschüttungen zu berücksichtigen sind. Bei *buchführungspflichtigen Körperschaften* werden alle Einkünfte als *gewerbliche* behandelt (§ 8 KStG). Dem Bilanzgewinn sind nichtabziehbare Aufwendungen – z. B. die Hälfte der Aufsichtsratsvergütungen – hinzuzurechnen; abziehbare – z. B. Vergütungen an persönlich haftende Gesellschafter für Geschäftsführungstätigkeit bei der KGaA – sind abzusetzen (§§ 9, 10 KStG). Während im Einkommensteuerrecht nur das aus den 7 Einkunftsarten des § 2 EStG (vgl. 521) fließende Einkommen besteuert wird, fallen bei buchführungspflichtigen Körperschaften alle Einkünfte als solche aus Gewerbebetrieb (auch Schenkungen, Erbschaften u. a. einmalige Anfälle) unter die Steuerpflicht.

Von besonderer Bedeutung für die Bestimmung des zu versteuernden Einkommens sind die Sondervorschriften für die Organschaft (§§ 14–19 KStG). Eine sog. *Organschaft* liegt vor, wenn sich eine AG oder eine KGaA (oder eine andere Kapitalgesellschaft, § 17 KStG) auf mindestens 5 Jahre verpflichtet, ihren gesamten Gewinn an ein anderes inländisches gewerbliches Unternehmen abzuführen, wenn sie in den *Organträger* wirtschaftlich und organisatorisch eingegliedert ist und diesem außerdem die Mehrheit ihrer Anteile gehört. Dem Organträger, der auch eine Personengesellschaft oder ein Einzelunternehmen sein kann, ist das Einkommen der Organgesellschaft zuzurechnen (§ 14 S. 1 i. V. m. § 7 Abs. 2 KStG).

Für das zu versteuernde Einkommen bestimmt § 23 Abs. 1 KStG einen allgemeinen Steuersatz von 56 v. H. (Spitzensteuersatz des EStG [529]). Für Körperschaften i. S. des § 1 Abs. 1 Nr. 3–6 KStG – ausgenommen Stiftungen –, die keine Gewinne ausschütten, die bei den Empfängern zur Anrechnung berechtigen (z. B. Eigenbetriebe der öffentlichen Hand, Vereine), gewährt § 23 Abs. 2 KStG einen Steuersatz von 50 v. H.

Über (steuerfreie) *Kapitalerhöhung aus Gesellschaftsmitteln* s. 537. Über die *Abgabe nach dem Investitionshilfegesetz* vgl. 529.

II. *Anrechnungsverfahren*

Das Anrechnungsverfahren des KStG 1977 vermeidet die nach dem alten Körperschaftsteuersystem des KStG 1975 aufgetretene *Doppelbelastung* der ausgeschütteten Gewinne steuerpflichtiger Kapitalgesellschaften, indem die Körperschaftsteuerbelastung für ausgeschüttete Gewinne in Höhe von 36 v. H. auf die persönliche Steuerschuld des Anteilseigners angerechnet wird. Auf diese Weise wird lediglich der einbehaltene Gewinn (einschließlich nichtabziehbarer Aufwendungen) mit einer Körperschaftsteuer von 56 v. H. erfaßt. Demgemäß bestimmt § 27 Abs. 1 KStG, daß sich im Falle der Gewinnausschüttung eine Minderung oder eine Erhöhung der KSt nach dem Unterschiedsbetrag zwischen der sog. *Tarifbelastung* und der sog. *Ausschüttungsbelastung* ergibt.

a) Um die einheitliche Belastung der Ausschüttung mit 36 v. H. (= Ausschüttungsbelastung) herzustellen, muß die Steuerbelastung des ausgeschütteten Gewinns vor Herstellung der Ausschüttungsbelastung (= *Tarifbelastung*) bekannt sein. Diese ergibt sich aus einer Nebenrechnung, wobei das für die Ausschüttung *verwendbare Eigenkapital* je nach der Steuerbelastung, der es unterlegen hat (z. B. steuerfreie Auslandsdividenden, ermäßigt besteuerte Zinserträge), aufzugliedern ist (§ 30 KStG).

b) Aus der Kenntnis der *unterschiedlichen* Tarifbelastung kann die *einheitliche Ausschüttungsbelastung* ermittelt werden. Sie ist das Ergebnis einer Belastungsrechnung gemäß § 27 Abs. 1 KStG, indem sich die Differenz zwischen der Tarifbelastung des als verwendet geltenden Eigenkapitals und der Ausschüttungsbelastung von 36 v. H. für die Kapitalgesellschaft als *Steuererhöhung* oder *Steuerminderung* darstellt.

Bei einem mit 56 v. H. belasteten verwendbaren Eigenkapital muß folgende *Steuerminderungsrechnung* durchgeführt werden, um zu der Ausschüttungsbelastung von 36 v. H. zu gelangen:

Gewinn vor Steuern	100
Körperschaftsteuer 56 v. H.	56
versteuerter Betrag (= verwendbares Eigenkapital)	44
Steuerminderung bei Vollausschüttung (= 56 v. H. – 36 v. H. = 20 v. H.)	20
Bruttodividende	64

Bei einem mit 0 v. H. belasteten verwendbaren Eigenkapital – d. h. Ausschüttung steuerfreier Gewinne – ist die folgende *Steuererhöhungsrechnung* erforderlich, um zu einer Ausschüttungsbelastung von 36 v. H. zu gelangen:

Verwendbares Eigenkapital mit 0 v. H.	100
Ausschüttungssteuersatz 36 v. H. (= Steuererhöhung)	36
Bruttodividende	64

Mit dem dargestellten Ausgleichsmechanismus kann durch „Heraufschleusen" oder „Herabschleusen" der (unterschiedlichen) Tarifbelastung eine stets gleich hohe Ausschüttungsbelastung von 36 v. H. für *alle* ausgeschütteten Gewinne hergestellt und im Anrechnungsverfahren durch die Belastung mit der individuellen ESt des Anteilseigners ersetzt werden.

c) Die KSt wird beim *Anteilseigner* dadurch *angerechnet,* daß die auf die empfangene Dividende entfallende KSt – entsprechend wie die weiterhin erhobene Kapitalertragsteuer (534) – gemäß § 36 Abs. 2 Nr. 3 EStG auf die persönliche Steuerschuld des Anteilseigners angerechnet wird. Anders aber als die Kapitalertragsteuer muß die anzurechnende KSt in gleicher Höhe als Teil der Dividende gemäß § 20 Abs. 1 Nr. 3 EStG zu den Einkünften aus Kapitalvermögen (521) gerechnet werden. Die Dividende besteht demnach aus der von der Gesellschaft gezahlten *Bardividende* und aus der *anzurechnenden Körperschaftsteuer.*

Ist z. B. ein Gewinn von 100 DM auszuschütten, so beträgt die KSt 36 DM (*Ausschüttungsbelastung* = 36 v. H.). Auf die Ausschüttung der restlichen 64 DM (*Bardividende*) entfällt einzubehaltende Kapitalertragsteuer von 25 v. H. = 16 DM, so daß der Anteilsinhaber 48 DM *Nettodividende* erhält, außerdem Bescheinigungen über 36 DM KSt und 16 DM Kapitalertragsteuer; diese wird auf die zu entrichtende ESt angerechnet.

Der anzurechnende Betrag an KSt hat immer die gleiche Höhe ohne Rücksicht darauf, welche Teile des verwendbaren Eigenkapitals ausgeschüttet worden sind. Denn auf einen Gewinn von 100 DM entfallen 36 DM Körperschaftsteuer, so daß 64 DM zur Ausschüttung verbleiben. Damit läßt sich die Höhe der anzurechnenden KSt in einem Bruchteil der Bardividende ausdrücken; sie beträgt $^{36}/_{64}$ = $^{9}/_{16}$ der Bardividende (§ 36 Abs. 2 Nr. 3 EStG). Auf diese Weise sind bei der Veranlagung der Anteilseigner komplizierte Nachforschungen entbehrlich, in welcher Höhe der ausgeschüttete Gewinn bei der Kapitalgesellschaft tatsächlich besteuert war. Soweit die Anteilseigner nicht veranlagt werden (532), werden $^{9}/_{16}$ der Bardividende nach Maßgabe der §§ 36b, 36c EStG *vergütet.*

537. Kapitalerhöhung aus Gesellschaftsmitteln

Das Gesetz über die Kapitalerhöhung aus Gesellschaftsmitteln und über die Verschmelzung von Gesellschaften mit beschränkter Haftung vom 23. 12. 1959 (BGBl. I 789) m. spät. Änd. regelt die *Kapitalerhöhung aus Gesellschaftsmitteln* durch Umwandlung freier Rücklagen in gebundenes Gesellschaftskapital mittels Ausgabe neuer (sog. Berechtigungs-, Zusatz-, Frei-, Gratis-) Aktien oder zusätzlicher Gesellschaftsanteile bei der GmbH oder durch Verschmelzung einer Gesellschaft mit einer GmbH. Es erleichterte ferner den *Erwerb eigener Aktien,* insbes. zur Veräußerung an Arbeitnehmer, durch handels- und steuerrechtliche Vorschriften. Die *Steuervorschriften* zur Erleichterung der Ausgabe der neuen Anteile waren im Gesetz vom 30. 12. 1959 (BGBl. I 834) i. d. F. vom 2. 11. 1961 (BGBl. I 1918) enthalten. Das Ges. vom 23. 12. 1959 ist seit Inkrafttreten des Aktiengesetzes vom 6. 9. 1965 (BGBl. I 1089) auf Aktiengesellschaften und KGaA nicht mehr anwendbar (§ 33 EGAktG vom 6. 9. 1965, BGBl. I 1185).

Das Ges. vom 30. 12. 1959 gilt jetzt i. d. F. vom 10. 10. 1967 (BGBl. I 978) m. Änd. zuletzt vom 22. 12. 1983 (BGBl. I 1592). Erhöht eine Kapitalgesellschaft ihr Nennkapital durch Umwandlung von Rücklagen in Nennkapital, so gehört der Wert der neuen Anteilsrechte bei den Anteilseignern nicht zu den Einkünften i. S. des § 2 Abs. 1 EStG (521).

Überläßt eine AG oder KGaA *eigene Aktien* an eigene Arbeitnehmer zu einem *Vorzugskurs (Belegschaftsaktien),* so ist der hierin liegende finanzielle Vorteil steuerfrei, soweit er nicht höher ist als der halbe Wert der Vermögensbeteiligung und soweit er insgesamt 500 DM im Kalenderjahr nicht übersteigt. Voraussetzung ist außerdem die Vereinbarung einer Sperrfrist von 6 Jahren, innerhalb derer über die Vermögensbeteiligung – von bestimmten Ausnahmen abgesehen – nicht verfügt werden darf (§ 19a EStG).

538. Die Vermögensteuer

ist eine Besitzsteuer, die vom Vermögen natürlicher Personen und vom Vermögen der Körperschaften erhoben wird. Der Steuersatz beträgt für natürliche Personen 0,5 v. H., für Kapitalgesellschaften und andere juristische Personen i. S. des Körperschaftsteuergesetzes (536) 0,6 v. H.

Gesetzliche Grundlage: Vermögensteuergesetz (VStG) i. d. F. vom 14. 3. 1985 (BGBl. I 558). Vermögensteuerrichtlinien 1980 i. d. F. vom 17. 7. 1980 (BStBl. I 310).

Unbeschränkt steuerpflichtig sind natürliche Personen und Körperschaften mit Wohnsitz, gewöhnlichem Aufenthalt bzw. Sitz im Inland; bei ihnen ist das gesamte in- und ausländische Vermögen (mit Ausnahme des in der DDR befindlichen) steuerpflichtig. *Beschränkte* Steuerpflicht tritt ein, wenn Wohnsitz, gewöhnlicher Aufenthalt, Sitz oder Geschäftsleitung sich außerhalb der BRep. einschl. West-Berlin befindet; in diesem Falle wird nur das Inlandsvermögen besteuert (§§ 1, 2 VStG). Unbeschränkt steuerpflichtige Ehegatten und ihre Kinder bis zum 18. Lebensjahr werden bei Haushaltsgemeinschaft zusammen veranlagt (*Haushaltsbesteuerung,* § 14 VStG). *Steuerbefreiungen* bestehen u. a. für Bundesbahn, Bundespost, Bundesbank, Körperschaften usw. mit ausschließlich gemeinnützigen, mildtätigen oder kirchlichen Zwecken (ausgenommen Wirtschaftsbetriebe); § 3 VStG.

Steuergegenstand ist das nach den Vorschriften des Bewertungsgesetzes (s. 518) bewertete *Vermögen.* Die Zusammenrechnung der vier Vermögensarten (land- und forstwirtschaftliches, Grund-, Betriebs- und sonstiges Vermögen) ergibt das *Rohvermögen,* nach Absetzung von Schulden u. a. Abzügen (soweit sie nicht das Betriebsvermögen betreffen) das *Gesamtvermögen* sowie nach Abzug der Freibeträge das *steuerpflichtige Vermögen. Freibeträge* sind für den Steuerpflichtigen 70000 DM, ebenso für seinen Ehegatten, falls sie nicht getrennt leben, und je 70000 DM für jedes Kind bei Zusammenveranlagung. Weitere 10000 DM haben über 60 Jahre alte oder für mindestens 3 Jahre erwerbsunfähige Steuerpflichtige frei, wenn das Gesamtvermögen 150000 DM nicht übersteigt. Werden Ehegatten zusammen veranlagt, so wird der zusätzliche *Freibetrag* von 10000 DM gewährt, wenn bei einem Ehegatten Alter oder Erwerbsunfähigkeit für mindestens 3 Jahre vorliegt und das Gesamtvermögen nicht mehr als 300000 DM beträgt. Der zusätzliche Freibetrag erhöht sich auf 20000 DM, wenn bei beiden Ehegatten die Voraussetzungen (Alter über 60 Jahre oder Erwerbsunfähigkeit) gegeben sind und das Gesamtvermögen 300000 DM nicht übersteigt. Werden die Grenzen überschritten, wird der Freibetrag um die Differenz gekürzt (§ 6 Abs. 1–3 VStG).

Der *Freibetrag* erhöht sich auf 50000 DM, wenn der Steuerpflichtige das 65. Lebensjahr vollendet hat oder für mindestens 3 Jahre erwerbsunfähig ist, das Gesamtvermögen nicht mehr als 150000 DM beträgt und der Steuerpflichtige nicht Versorgungsansprüche von mehr als 4800 DM hat. Bei zusammenveranlagten Eheleuten genügt es, wenn bei einem Ehegatten Alter oder Erwerbsunfähigkeit gegeben ist, das Gesamtvermögen 300000 DM nicht übersteigt und keine Versorgungsansprüche von mehr als 4800 DM jährlich vorliegen. Der Freibetrag erhöht sich auf 100000 DM, wenn bei beiden Ehegatten die Voraussetzungen vorliegen und die Versorgungsansprüche 9600 DM nicht übersteigen (§ 6 Abs. 4 VStG).

Eine *Hauptveranlagung* erfolgt ab 1. 1. 1974 jeweils für 3 Kalenderjahre (§ 15 VStG). Bei wesentlichen Änderungen findet eine *Neuveranlagung* statt (insbes. bei Wertabweichung von mehr als ⅕ oder mehr als 150000 DM, nach oben mindestens 50000, nach unten mindestens 10000 DM); bei Neubegründung der Steuerpflicht erfolgt *Nachveranlagung* (§§ 16, 17 VStG). Die Vermögensteuer ist eine laufende Steuer; sie wird zu je ¼ der Jahressteuerschuld am 10. 2., 10. 5., 10. 8. und 10. 11. fällig. Bis zur Neufestsetzung sind entsprechende *Vorauszahlungen* zu leisten. Beträgt die Jahressteuer höchstens 500 DM, ist sie als Einmalbetrag am 10. 11. zu zahlen; beträgt sie nicht mehr als 50 DM, unterbleibt die Festsetzung (§§ 20ff. VStG).

539. Erbschaft- und Schenkungsteuer

Das *Erbschaftsteuergesetz* i. d. F. vom 17. 4. 1974 (BGBl. I 933) m. Änd. zul. vom 19. 12. 1985 (BGBl. I 2434) besteuert den Erwerb von Todes wegen, aber auch die *freigebige Zuwendung und Schenkung* unter Lebenden (*vorweggenommene Erbfolge*), ausgenommen die mindestens 10 Jahre zurückliegenden (§ 14 ErbStG). Die Höhe der *Erbschaftsteuer* richtet sich nach der Steuerklasse, die der Erwerber je nach seinem persönlichen Verhältnis zum Erblasser (Schenker) einnimmt, und nach der Höhe des Erwerbs, der nach dem BewG (518) zu bewerten ist. Der Steuersatz ergibt sich aus einer dementsprechend gestaffelten Tabelle (§ 19 Abs. 1 ErbStG).

Unbeschränkt steuerpflichtig sind Inländer, d. h. natürliche Personen und Vermögensmassen im Inland, für den gesamten Erbanfall. *Beschränkte* Steuerpflicht besteht in allen anderen Fällen für den Anfall von Inlandsvermögen. Vermögen in der DDR und in Ost-Berlin bleibt außer Betracht (§ 2 ErbStG). Ausländische *Erbschaftsteuer,* die für im Ausland angefallenes Vermögen festgesetzt worden ist, wird auf Antrag angerechnet, sofern nicht ein Doppelbesteuerungsabkommen (568) eingreift (§ 21 ErbStG).

Das Erbschaftsteuergesetz (§ 15) unterscheidet 4 *Steuerklassen:*

I. Ehegatte, Kinder und Stiefkinder sowie die Kinder bereits verstorbener Kinder und Stiefkinder;
II. die Abkömmlinge der Kinder und Stiefkinder (Enkel usw.), soweit sie nicht unter I fallen; Eltern und Voreltern (bei Erwerb von Todes wegen);
III. Eltern, Großeltern und weitere Voreltern; Adoptiv- und Stiefeltern, voll- und halbbürtige Geschwister; Abkömmlinge ersten Grades von Geschwistern; Schwiegereltern; Schwiegerkinder; der geschiedene Ehegatte;
IV. alle übrigen Erwerber sowie Zweckzuwendungen

Die Steuerkl. I–III (diese aber nur für die Eltern, Voreltern, Geschwister und deren Abkömmlinge 1. Grades) gelten auch, wenn die Verwandtschaft durch Adoption erloschen ist (§ 1755 BGB).

Der Erwerb des *Ehegatten* bleibt bis 250000 DM frei. Für sonstige Erben der Steuerklasse I beträgt der *Freibetrag* 90000 DM, in der Steuerklasse II 50000, III 10000, IV 3000 DM. Ehegatten und Kindern stehen daneben besondere *Versorgungsfreibeträge* zu (Ehegatten 250000 DM, bei Kindern bis zu 27 Jahren, falls der Erwerb 150000 DM nicht übersteigt, gestaffelt 50000 bis 10000 DM); erhält der Erbe Versorgungsbezüge, wird der Freibetrag um den Kapitalwert gekürzt (§§ 16, 17 ErbStG). *Sachliche Befreiungen* bestehen nach § 13 ErbStG in bestimmten Grenzen für *Hausrat* (Kl. I, II 40000 DM, Kl. III, IV 10000 DM), andere bewegliche Gegenstände, Kunstgegenstände usw., ferner für Zuwendungen an Religionsgesellschaften öff. Rechts sowie zur ausschließlichen Verwendung für kirchliche, gemeinnützige oder mildtätige Zwecke.

Die *Durchführungsverordnung* i. d. F. vom 19. 1. 1962 (BGBl. I 22) m. Änd. vom 17. 4. 1974 (BGBl. I 933) enthält im wesentlichen formelle Vorschriften über Anzeigepflichten.

Das gesetzliche Zusatzviertel des überlebenden Ehegatten bzw. sein Anspruch auf Zugewinnausgleich bei Beendigung des gesetzlichen Güterstandes der *Zugewinngemeinschaft* unter Erben (vgl. 344 und § 1371 Abs. 1–3 BGB) ist von der Erbschaftsteuer freigestellt (§ 5 ErbStG). Über die erbschaftsteuerliche Behandlung des *Vor-* und *Nacherbfalles* vgl. 355.

Die Erbschaftsteuer erfaßt auch die vom Erblasser angeordnete Errichtung einer *Familienstiftung* oder die Gründung eines Familienvereins, wobei in Abständen von je 30 Jahren ein Erbfall fingiert wird. Die Besteuerung erfolgt nach Kl. I, jedoch nach der Hälfte des steuerpflichtigen Vermögens; auch werden doppelte Kinderfreibeträge sowie die Verrentung der Steuerschuld gewährt. Vgl. §§ 1 Abs. 1 Nr. 4, 15 Abs. 2, 24 ErbStG.

Tabelle der Erbschaft(Schenkung)steuer. Die Steuer beträgt:

bei Erwerb bis einschl. DM	in der Steuerklasse			
	I v. H.	II v. H.	III v. H.	IV v. H.
50000	3	6	11	20
75000	3,5	7	12,5	22
100000	4	8	14	24
125000	4,5	9	15,5	26
150000	5	10	17	28
200000	5,5	11	18,5	30
250000	6	12	20	32
300000	6,5	13	21,5	34
400000	7	14	23	36
500000	7,5	15	24,5	38
600000	8	16	26	40
700000	8,5	17	27,5	42
800000	9	18	29	44
900000	9,5	19	30,5	46
1000000	10	20	32	48
2000000	11	22	34	50
3000000	12	24	36	52
4000000	13	26	38	54
6000000	14	28	40	56
8000000	16	30	43	58
10000000	18	33	46	60
25000000	21	36	50	62
50000000	25	40	55	64
100000000	30	45	60	67
über 100000000	35	50	65	70

III. Verkehrsteuern

541. Die Umsatzsteuer (USt)

ist die wichtigste und ertragreichste Verkehrsteuer. Sie besteuert alle entgeltlichen *Lieferungen und sonstigen Leistungen* des Unternehmers, d. h. innerhalb einer selbständigen gewerblichen oder beruflichen Tätigkeit, ferner den *Eigenverbrauch* (Entnahme oder Verwendung von Gegenständen für betriebsfremde Zwecke) und die *Einfuhr* in das inländische Zollgebiet *(Einfuhrumsatzsteuer)*.

Gesetzliche Grundlage: *Umsatzsteuergesetz* – UStG 1980 – i. d. F. vom 26. 11. 1979 (BGBl. I 1953) und UStDV vom 21. 12. 1979 (BGBl. I 2359) – beide m. spät. Änd. –.

Das UStG beruht auf dem System der *Mehrwertsteuer* (Nettoallphasenumsatzsteuer mit Vorsteuerabzug). Danach ist jedem Unternehmer gestattet, die ihm von seinem Vorlieferanten in Rechnung gestellte USt von seiner eigenen Steuerschuld abzuziehen, so daß effektiv nur der Umsatz in Höhe der jeweiligen Wertsteigerung versteuert wird.

Diese Regelung entspricht den Richtlinien der EWG zur Harmonisierung der Rechtsvorschriften der Mitgliedstaaten über die Umsatzsteuer vom 11. 4. 1967 und 17. 5. 1977 (ABl. EG 1967/1301 und 1977 L 145/1). Das Mehrwertsteuersystem löste die sog. *Bruttoallphasensteuer* ab, die jeden Umschlag derselben Waren voll der USt unterwarf, so daß der vorher bereits versteuerte Einkaufspreis der Vorbezüge erneut besteuert wurde. Die dadurch für den Endverbraucher entstehende höhere Belastung entfiel mit Einführung der Mehrwertsteuer ebenso wie ein unerwünschter Wettbewerbsvorteil für den Unternehmer, in dessen Betrieb mehrere Umsätze derselben Ware vorgenommen wurden.

Steuerfrei sind u. a. Ausfuhrlieferungen sowie die Lohnveredelung an Gegenständen der Ausfuhr, ferner Umsätze für die Seeschiffahrt und für die Luftfahrt sowie grenzüberschreitende Beförderungen von Gegenständen und die Beförderungen im internationalen Eisenbahnfrachtverkehr. Die Voraussetzungen müssen buchmäßig nachgewiesen werden (§ 4 Nrn. 1–3, §§ 6–8 UStG sowie §§ 8ff., 18ff. UStDV). Der Vorsteuerabzug wird hierbei belassen.

Weitere *Steuerbefreiungen* bestehen für Lieferungen von Gold an Zentralbanken, die Vermittlung der genannten steuerfreien Umsätze, die Vermittlung von Umsätzen, die ausschließlich im Außengebiet bewirkt werden, die Vermittlung von grenzüberschreitenden Beförderungen von Personen mit Luftfahrzeugen oder Seeschiffen (ausgenommen die Vermittlung von Umsätzen durch Reisebüros für Reisende), Kredit- und Kapitalumsätze, durch Verkehrsteuern erfaßte Umsätze, Vermietung und Verpachtung von Grundstücken (§ 4 Nrn. 4, 5, 8, 9, 12) – hier ohne das Recht auf Vorsteuerabzug. Steuerfrei (§ 4 Nrn. 14ff.) sind ferner u. a. die heilberufliche Tätigkeit der Ärzte usw., Sozialversicherungsleistungen, die Umsätze der öffentlichen oder der Versorgung Minderbemittelter dienenden Krankenanstalten, die Leistungen der anerkannten Wohlfahrtsverbände, der staatl. od. gemeindl. Theater, Orchester, Museen, Archive und Büchereien, die Beherbergung und Naturalleistungen in Einrichtungen, die überwiegend Jugendliche zu Erziehungs-, Ausbildungs-, Fortbildungs- oder Pflegezwecken aufnehmen, und gewisse Veranstaltungen förderungswürdiger Einrichtungen der Jugendhilfe.

Bemessungsgrundlage der USt ist i. d. R. die Solleinnahme, d. h. das Entgelt, auf das der Empfänger einer Lieferung oder Leistung Anspruch hat, abzüglich der USt; beim Eigenverbrauch sind je nach dessen Form der Teilwert, der gemeine Wert, die Kosten oder Aufwendungen maßgebend (§ 10). Bei der Einfuhr wird der Umsatz nach dem zollrechtlichen Wert des Gegenstandes bemessen (§ 11). Der *Steuersatz* (§ 12) beträgt regelmäßig 14 v. H.

Ein ermäßigter Satz von 7 v. H. gilt für Lieferungen, Einfuhr und Eigenverbrauch bestimmter Gegenstände, die in einer Liste (Anl. zum UStG) zusammengestellt sind, insbes. Erzeugnisse der Landwirtschaft, Bücher, Zeitschriften,

Noten usw., ferner für Tätigkeiten von Körperschaften oder Anstalten, die gemeinnützigen, mildtätigen oder kirchlichen Zwecken dienen, u. a. m. Weiter unterliegen Leistungen von nicht staatl. bzw. gemeindl. (s. o.) Theatern, Orchestern, Museen u. ä. sowie solche von bestimmten Nahverkehrsunternehmungen dem ermäßigten Satz.

Eine besondere Regelung gilt für *Kleinunternehmen* (§ 19, Gesamtumsatz bis 60000 DM jährl.). Auch sie unterliegen zwar grundsätzlich der Mehrwertsteuer (nicht ermäßigter Steuersatz). Diese wird jedoch nicht erhoben, wenn der Vorjahresumsatz 20000 DM nicht übersteigt und der voraussichtliche Jahresumsatz unter der Grenze von 100000 DM bleiben wird. In diesem Fall verliert der Unternehmer aber auch das Recht auf Vorsteuerabzug (§§ 15, 15a) und gesonderten Ausweis der Steuer in Rechnungen (§ 14). Der Unternehmer kann jedoch auf diese Regelung verzichten und die normale Versteuerung wählen. Bei einem Vorjahresumsatz von mehr als 20000 DM und einem im laufenden Kalenderjahr zu erwartenden Umsatz von höchstens 60000 DM wird dem Unternehmer ein Steuerabzugsbetrag eingeräumt, der bei einem im laufenden Kalenderjahr erzielten Umsatz bis 20500 DM 80 v. H. beträgt und sich bei höherem Umsatz je 500 DM um einen Prozentpunkt verringert.

Eine *Besteuerung nach Durchschnittsätzen* kann auf Antrag für bestimmte nicht buch- oder bilanzpflichtige Unternehmensgruppen zwecks vereinfachter Berechnung der Besteuerungsgrundlagen und der USt stattfinden (§ 23). Für land- und forstwirtschaftliche Betriebe ist dies bereits in § 24 UStG bestimmt: für die Zeit vom 1. 7. 1984 bis 31. 12. 1991 für die Lieferungen und den Eigenverbrauch von forstwirtschaftlichen Erzeugnissen 5 v. H., ausgenommen Sägewerkserzeugnisse (für diese, soweit in der Anlage zum UStG aufgeführt, 8 v. H.), für sonstige Umsätze, z. B. die Lieferung und den Eigenverbrauch der in der Anlage nicht aufgeführten Sägewerkserzeugnisse, Getränke und alkoholischen Flüssigkeiten, 14 v. H. Die Vorsteuerabzüge betragen 5 v. H. bzw. 8 v. H. Gem. § 24a darf der Unternehmner bei bestimmten land- und forstwirtschaftlichen Umsätzen die geschuldete Steuer um 5 v. H. (in der Zeit vom 1. 7. 1984 bis 31. 12. 1988), bzw. um 3 v. H. (in der Zeit vom 1. 1. 1989 bis 31. 12. 1991) der Bemessungsgrundlage kürzen.

Zwecks *Abzugs der Vorsteuer* kann der Unternehmer von seinem Lieferanten die Ausstellung von Rechnungen mit gesonderter Anführung der USt verlangen; die Rechnung muß Name und Anschrift des Lieferanten und des Empfängers, Gegenstand und Tag der Leistung, das Entgelt und den darauf entfallenden Steuerbetrag enthalten (§ 14). Die Vorsteuerbeträge kann der Unternehmer von seiner USt abziehen. Besteht nur teilweise Steuerpflicht, ist entsprechende Aufteilung erforderlich (§ 15).

Ändern sich bei einem Wirtschaftsgut die Verhältnisse, die für den Vorsteuerabzug maßgeblich waren, so ist nach § 15a UStG eine Berichtigung des Vorsteuerabzugs möglich (vgl. auch §§ 44, 45 UStDV). Bei der Berechnung der USt ist von der Summe der im Kalenderjahr (Veranlagungszeitraum) erzielten steuerbaren Umsätze auszugehen; von der errechneten USt sind die Vorsteuerbeträge abzusetzen (§ 16). Änderungen der Bemessungsgrundlage sind vom Lieferanten an dem berechneten USt-Betrag, vom Empfänger beim Vorsteuerabzug vorzunehmen (§ 17).

Die *Einfuhrumsatzsteuer* ist Verbrauchsteuer i. S. der AO. Sie unterliegt grundsätzlich den Vorschriften für Zölle (also auch für Zollbefreiungen). Bemessungsgrundlage ist der Zollwert bzw. das Entgelt zuzüglich Zoll, Steuern und Kosten. Die Einfuhr-USt wird durch die Zollämter zusammen mit dem Zoll erhoben. Für die Einfuhr von Gegenständen, die der Abschöpfung unterliegen, gilt das Abschöpfungserhebungsgesetz (809) sinngemäß (§ 21). S. a. Einfuhr-USt-BefreiungsO vom 5. 6. 1984 (BGBl. I 747) m. Änd. vom 21. 11. 1985 (BGBl. I 2116).

Die USt wird für das vorangegangene Kalenderjahr nachträglich *veranlagt.* Auf die Jahressteuerschuld sind monatliche *Vorauszahlungen* zu entrichten; gleichzeitig ist eine *Voranmeldung* abzugeben, die einer Steuerfestsetzung unter Vorbehalt der Nachprüfung gleichsteht (§ 168 AO). Beträgt die letzte Jahressteuer weniger als 6000 DM, so braucht erst nach Vierteljahresschluß vorangemeldet zu werden (§ 18).

Der Unternehmer hat *Aufzeichnungspflichten.* Zur Feststellung der USt und ihrer Berechnungsgrundlagen muß er Aufzeichnungen machen u. a. über die vereinbarten Entgelte für die von ihm ausgeführten Lieferungen und Leistungen, die Bemessungsgrundlagen für den Eigenverbrauch, die Entgelte und die Steuern für den vorbesteuerten Umsatz, soweit die Leistung an ihn erbracht worden ist, bei eingeführten Gegenständen über Menge, Bemessungsgrundlage und Einfuhrumsatzsteuer (§ 22 UStG und §§ 63ff. UStDV). Über die Führung von *Steuerheften* im Reisegewerbe vgl. § 22 Abs. 5 UStG und § 68 UStDV.

Übergangsvorschriften für das am 1. 1. 1980 in Kraft getretene UStG gelten für Umsätze, die vor diesem Zeitpunkt getätigt wurden. Auf sie ist grundsätzlich das im Zeitpunkt des maßgebenden Ereignisses geltende Umsatzsteuerrecht weiterhin anzuwenden. *Langfristige Verträge,* die vor dem 1. 9. 1979 abgeschlossen worden sind, müssen auf Verlangen eines Vertragsteiles durch Gewährung eines angemessenen Ausgleichs *umgestellt* werden, falls sich die Umsatzsteuerbelastung durch das UStG 1980 im Verhältnis zu der bei Vertragsschluß gültigen Gesetzesregelung geändert hat (§ 29).

Über *Umsatzsteuervergünstigungen* für die von den USA im Interesse der gemeinsamen Verteidigung geleisteten Ausgaben für Inlandsleistungen, Leistungen an USA-Dienststellen usw. vgl. Ges. zum *Offshore* (= außer Landes)-*Steuerabkommen* vom 19. 8. 1955 (BGBl. II 821). S. ferner VO zum NATO-Ergänzungsabkommen vom 28. 4. 1970 (BGBl. I 442) sowie über die Erstattung der USt an ständige ausländische Missionen und ihre ausländischen Mitglieder VO vom 3. 4. 1970 (BGBl. I 316).

Nach dem *Berlinförderungsgesetz* (822) hat ein Unternehmer im Bundesgebiet, der Berliner (West) Waren erwirbt oder Werkleistungen in Berlin (West) durchführen läßt, bei buchmäßigem Nachweis auf Grund einer Ursprungsbescheinigung einen *Kürzungsanspruch* von 4,2 v. H. des Entgelts, ein Berliner Unternehmer bei Lieferungen und Leistungen für das Bundesgebiet einen entsprechenden Anspruch von 3 v. H., bei sog. Innenumsätzen für in Berlin hergestellte Gegenstände 4 v. H.

542. Kapitalverkehrsteuern

Das Kapitalverkehrsteuergesetz i. d. F. vom 17. 11. 1972 (BGBl. I 2129) – KVStG 1972 – m. spät. Änd. regelt die *Gesellschaftsteuer* und die *Börsenumsatzsteuer.* Ergänzend gilt noch die DVO i. d. F. vom 20. 4. 1960 (BGBl. I 244) m. Änd. vom 4. 7. 1980 (BGBl. I 836).

I. Der *Gesellschaftsteuer*

unterliegen der Erwerb von Gesellschafts rechten an einer inländischen Kapitalgesellschaft (auch GmbH u. Co., § 5 Abs. 2 Nr. 3 KVStG) durch den *ersten Erwerber,* weiter Einzahlungen, Nachschüsse und Zubußen auf Grund des Gesellschaftsverhältnisses und freiwillige Leistungen. Erfaßt wird auch die Verlagerung ausländischer Kapitalgesellschaften in das Inland oder die Zuführung ausländischen Kapitals an die inländische Niederlassung einer ausländischen Kapitalgesellschaft, ausgenommen aus EWG-Ländern. Vgl. §§ 2, 5 KVStG.

Befreiungen in § 7 KVStG für gemeinnützigen oder mildtätigen Zwecken dienende Kapitalgesellschaften, *Versorgungsbetriebe* (z. B. Gas-, Wasser-, Elektrizitätswerke) und Verwaltungen nicht rechtsfähiger und nicht wirtschaftlicher Berufsverbände. Der *Steuersatz* beträgt 1 v. H.; bei Erwerb von Gesellschaftsrechten oder Veräußerung eigener Gesellschaftsrechte zwecks Sanierung und bei Zubuße infolge Bergwerks- oder Bergschäden u. dgl. Ermäßigung auf die Hälfte (§ 9 KVStG).

II. Die *Börsenumsatzsteuer*

erfaßt den Abschluß von Anschaffungsge schäften über Wertpapiere, wenn die Geschäfte im Inland oder unter Beteiligung wenigstens eines Inländers im Ausland abgeschlossen sind (§ 17 KVStG).

Als *Wertpapiere* gelten *Schuldverschreibungen* (Obligationen) und *Dividendenwerte* (Aktien, Anteile, Genußscheine usw.) sowie Investmentpapiere. Die Börsenumsatzsteuer erfaßt nicht den ersten Erwerb, sondern die *weiteren Umsätze.* Händlergeschäfte sind (außer bei GmbH-Anteilen) steuerfrei, §§ 21, 22 KVStG. Bei anderen Geschäften beträgt die Steuer beim Umsatz von Schuldverschreibungen von Staat, Ländern, Gemeinden und öffentl. Kreditanstalten 1 vom Tausend, bei Investmentanteilen 2 vom Tausend, bei anderen Schuldverschreibungen und Dividendenpapieren 2,5 vom Tausend (§ 24 KVStG).

543. Die Wechselsteuer

ist eine *Verkehrsteuer,* welche die Aushändigung eines gezogenen oder eigenen Wechsels, einer kaufmännischen Anweisung oder eines kaufmännischen Verpflichtungsscheins besteuert (*Wechselsteuergesetz* i. d. F. vom 24. 7. 1959, BGBl. I 537, – WStG 1959 – m. letzter Änd. vom 17. 7. 1985 (BGBl. I 1507).

Die Steuerschuld entsteht bei Aushändigung eines Wechsels usw. Steuerschuldner ist, wer den Wechsel z. Z. der Entstehung der Steuerschuld aushändigt. Für die Steuer haftet jeder, der seinen Namen auf den Wechsel setzt, ihn erwirbt oder geltend macht (§ 9). Die Steuer beträgt 0,15 DM für je angefangene 100 DM der Wechselsumme. Sie ermäßigt sich auf die Hälfte bei auf das Ausland gezogenen und dort zahlbaren Wechseln und bei vom Ausland auf das Inland gezogenen und hier in DM zahlbaren Wechseln (§ 8). Ist keine Summe im Wechsel angegeben, so wird die Steuer nach einer Summe von 10000 DM erhoben. Lautet die nachträglich eingesetzte Wechselsumme auf einen höheren Betrag, so wird eine Nachsteuer erhoben (§ 7). Die Wechselsteuer wird durch auf dem Wechsel zu entwertende *Steuermarken* oder durch Verwendung eines

Steuerstemplers erhoben. Alle Behörden, Protestbeamte usw. sind zur Nachprüfung der ordnungsmäßigen Versteuerung verpflichtet (§ 12). Versteuerte Wechsel sind 5 Jahre lang ab Fälligkeit aufzubewahren (vgl. § 15 der DVO vom 20. 4. 1960, BGBl. I 274).

544. Die Kraftfahrzeugsteuer

wird nach Maßgabe des Kraftfahrzeugsteuergesetzes i. d. F. vom 1. 2. 1979 (BGBl. I 132) m. letzter Änd. vom 24. 7. 1986 (BGBl. I 1110) und der Kraftfahrzeugsteuer-DVO i. d. F. vom 3. 7. 1979 (BGBl. I 901) m. Änd. vom 10. 12. 1985 (BGBl. I 2185) für das Halten (oder widerrechtliche Benutzen) eines Kraftfahrzeugs zum Verkehr auf öffentlichen Straßen erhoben.

Jeder *Halter eines Kraftfahrzeugs* ist verpflichtet, sein Fahrzeug zur Versteuerung beim Finanzamt *anzumelden*. Das Finanzamt setzt die Steuer auf der Anmeldung fest und gibt sie dem Steuerschuldner durch Steuerbescheid i. S. des § 155 AO bekannt. Halter ausländischer Fahrzeuge erhalten eine *Steuerkarte*.

Steuerbefreiungen bestehen u. a. für Wegebau-, Reinigungs- u. ä. Fahrzeuge im Dienst von Bund, Ländern, Gemeinden, Kfze. der Bundeswehr, Polizei usw., Linienomnibusse, zulassungsfreie Kfz. (vgl. 195 III), die meisten landwirtschaftl. Zugmaschinen, private Krankenfahrzeuge, Kfz. der Vertreter außerdeutscher Staaten bei Gewährung von Gegenseitigkeit sowie für hilflose, blinde und außergewöhnlich gehbehinderte Schwerbehinderte mit entsprechendem Ausweis. Für andere Schwerbehinderte ermäßigt sich die Steuer um 50 v. H., wenn sie in ihrer Bewegungsfähigkeit im Straßenverkehr erheblich beeinträchtigt sind. Die Steuervergünstigungen stehen dem Berechtigten nur für ein Fahrzeug und nur auf Antrag zu (§ 3a KraftStG). Die Steuerermäßigung wird nicht gewährt, solange der Schwerbehinderte das Recht zur unentgeltlichen Beförderung nach § 59 SchwbG beansprucht. Beim *Huckepackverkehr* (197) wird die Steuer erstattet. Vgl. §§ 3, 3a, 4 KraftStG.

Steuerschuldner ist die Person, für welche das Kraftfahrzeug zugelassen ist, und bei widerrechtlicher Benutzung jeder Benutzer; bei ausländischen Kraftfahrzeugen, die im Inland benutzt werden, stets der Benutzer.

Besteuerungsgrundlage ist bei Krafträdern und Personenkraftwagen mit Hubkolbenmotor der *Hubraum*, bei allen anderen Fahrzeugen das *Gesamtgewicht* und die Zahl der Achsen. Beim *Steuersatz* unterscheidet das Gesetz 3 Gruppen von Fahrzeugen (Krafträder und Personenkraftwagen mit Hubkolbenmotor und sonstige Fahrzeuge), die nach verschiedenen Sätzen besteuert werden (§§ 8, 9). Die Steuer ist jährlich im voraus zu entrichten; bei Beträgen über 1000 bzw. über 2000 DM ist halb- bzw. vierteljährl. Entrichtung des entsprechenden Teils mit einem Aufschlag von 3 bzw. 6 v. H. zulässig.

Für schadstoffarme oder bedingt schadstoffarme Pkw bestehen nach dem *Ges. über steuerliche Maßnahmen zur Förderung des schadstoffarmen Personenkraftwagens* vom 22. 5. 1985 (BGBl. I 784) Steuerbefreiungen bzw. Steuerermäßigungen für einen bestimmten Zeitraum; die Steuervergünstigungen sind nach dem Maß des Schadstoffausstoßes gestaffelt. Die Voraussetzungen, unter denen ein Pkw als schadstoffarm oder bedingt schadstoffarm eingestuft wird, sind in der StVZO bzw. deren Anlagen festgelegt.

545. Die Grunderwerbsteuer

ist eine *Verkehrsteuer,* die den Verkehr mit Grundstücken besteuert.

Gesetzliche Grundlage: *Grunderwerbsteuergesetz* (GrEStG) vom 17. 12. 1982 (BGBl. I 1777). Durch dieses Gesetz wurde die Vielzahl der bisher maßgeblichen bundes- und landesrechtlichen Vorschriften vereinheitlicht und das Grunderwerbsteuerrecht neu gestaltet.

Steuergegenstand sind Erwerbsvorgänge, soweit sie sich auf inländische Grundstücke beziehen, vor allem Kaufverträge und andere Überlassungen, evt. die Auflassung oder ein sonstiger Eigentumsübergang (z. B. bestimmte gesellschaftsrechtliche Vorgänge, Eigentumserwerb in der Zwangsversteigerung). Zur Verhinderung von Steuerumgehungen werden auch Abtretungsgeschäfte über Ansprüche auf Übertragung und Rechtsvorgänge besteuert, die es einem anderen rechtlich oder wirtschaftlich ermöglichen, ein inländisches Grundstück zu verwerten.

Ausgenommen von der Besteuerung sind u. a. Bagatellfälle (bis zu 5000 DM), Grundstückserwerbe von Todes wegen und Grundstücksschenkungen, Erwerbe zum Nachlaß gehörender Grundstücke durch Miterben zur Nachlaßteilung und Erwerbe durch den Ehegatten (§ 3). Weitere Ausnahmen in den §§ 4–7.

Steuersatz: 2 v. H. (§ 11). Die Steuer bemißt sich nach dem Wert der Gegenleistung oder dem Wert des Grundstücks (Einheitswert), s. §§ 8–10. Erwerber und Veräußerer haften gesamtschuldnerisch für die Steuer. Der Erwerber wird erst nach Vorlage einer *Unbedenklichkeitsbescheinigung* des Finanzamts (= Bescheinigung, daß der Eintragung steuerliche Bedenken nicht entgegenstehen, § 22 GrEStG) ins Grundbuch eingetragen.

546. Die Versicherungsteuer

Ihr unterliegen *Versicherungsentgelte,* die auf Grund von Versicherungsverträgen und ähnlichen Abmachungen über im Inland befindliche Gegenstände oder von inländischen Versicherungsnehmern gezahlt werden.

Sie ist eine *Verkehrsteuer* auf den Geldumsatz im Versicherungswesen. Der Steuersatz beträgt i. d. R. 5 v. H. des Versicherungsentgelts, bei der Seeschiffskaskoversicherung 2 v. H., wird aber bei der Hagelversicherung nach der Versicherungssumme (0,20 DM für je 1000 DM) bemessen. Steuerschuldner ist der Versicherungsnehmer; doch haftet auch der Versicherer, der die Steuer für Rechnung des Versicherungsnehmers zu entrichten hat. S. Versicherungsteuergesetz i. d. F. vom 24. 7. 1959 (BGBl. I 540) m. Änd. zuletzt vom 14. 12. 1984 (BGBl. I 1493) und DVO i. d. F. vom 20. 4. 1960 (BGBl. I 279) m. spät. Änd.

547. Die Rennwett- und Lotteriesteuer

unterwirft Totalisator- und Buchwetten (*Rennwettsteuer*) und im Inland veranstaltete öffentliche Lotterien und Ausspielungen sowie das Hereinbringen ausländischer Lose ins Inland (*Lotteriesteuer*) der Besteuerung.

Rechtsquelle ist das *Rennwett- und Lotteriegesetz* vom 8. 4. 1922 (RGBl. I 393) m. spät. Änd. und Ausführungsbestimmungen vom 16. 6. 1922 (RZentrBl. 351) m. spät. Änd.

Die Steuer beträgt 16⅔ v. H. der *Wettbeträge* bzw. Wetteinsätze, bei öffentlichen Lotterien 20 v. H. des planmäßigen Preises sämtlicher Lose, bei ausländischen Lotterien 25 v. H. des Lospreises. Steuerschuldner ist der Totalisator- Unternehmer oder Buchmacher bzw. der Veranstalter der Lotterie oder Ausspielung.

548. Die Feuerschutzsteuer

wird zur Förderung des Feuerlöschwesens und des vorbeugenden Brandschutzes von den Feuerversicherungsunternehmen erhoben. Sie ähnelt in ihrer Gestaltung der Versicherungsteuer (546).

Rechtsquelle ist das *Feuerschutzsteuergesetz* vom 21. 12. 1979 (BGBl. I 2353) m. Änd. vom 13. 2. 1984 (BGBl. I 241). Der Steuersatz beträgt bei öffentlich-rechtlichen Versicherungsunternehmen mit Zwangsbeitritt oder Monopol 12 v. H., sonst 5 v. H. des Versicherungsentgelts.

IV. Verbrauchsteuern, Monopole, Zölle

552. Die Verbrauchsteuern

I. Bei den *Verbrauchsteuern* wird die Beschaffung von Gütern, die dem Verbrauch oder Gebrauch dienen, besteuert. Sie werden beim Erzeuger oder Händler erhoben, der sie im Verkaufspreis verrechnet und damit i. d. R. auf den Käufer überwälzt. Das Aufkommen an Verbrauchsteuern steht mit Ausnahme der Biersteuer dem Bund zu.

II. Es bestehen folgende Verbrauchsteuern (vgl. 503):

1. Die *Biersteuer* (Gesetz i. d. F. vom 15. 4. 1986, BGBl. I 527)

Sie bestimmt sich nach der Biermenge und entsteht mit der Entfernung des Bieres aus der Brauerei oder mit der Einfuhr von Bier. Die Erträge dieser Verbrauchsteuer fließen den Ländern zu.

2. Über die *Branntweinsteuer* s. 553.

3. Die *Kaffee- und Teesteuer* (Gesetz vom 5. 5. 1980, BGBl. I 497 mit DVO vom 2. 6. 1980, BGBl. I 651), m. letzter Änd. vom 10. 12. 1985 (BGBl. I 2186).

Sie wird als Verbrauchsteuer erhoben auf
rohen und gerösteten Kaffee (auch entkoffeiniert), Auszüge und Essenzen von Kaffee und Mischungen aus geröstetem Kaffee und Kaffeeauszügen oder -essenzen;
Tee, Auszüge und Essenzen aus Tee bzw. Mischungen aus diesen Produkten.

Für die Kaffee- und die Teesteuer gelten die Vorschriften für Zölle sinngemäß.

4. Die *Leuchtmittelsteuer* (Gesetz vom 22. 7. 1959, BGBl. I 613 m. Änd. zuletzt vom 12. 9. 1980, BGBl. I 1695; DurchfBest. vom 4. 8. 1959, BGBl. I 615, mit Änd. zuletzt vom 10. 12. 1985 (BGBl. I 2186).

Der Leuchtmittelsteuer unterliegen elektrische Glühlampen und Entladungslampen. Die Ausfuhr ist steuerbegünstigt.

5. Die *Mineralölsteuer* (MineralölsteuerG i. d. F. vom 11. 10. 1978, BGBl. I 1669 m. Änd. zuletzt vom 6. 12. 1985 (BGBl. I 2142),

wird seit 1930 für Mineralöle erhoben, die im Zollinland (Erhebungsgebiet) hergestellt oder in dieses eingeführt werden. Der auf den Kraftverkehr entfallende Teil des Steueraufkommens ist nach dem Straßenbaufinanzierungsgesetz vom 29. 3. 1960 (BGBl. I 201) für Zwecke des Straßenwesens zu verwenden. Die mit der Heizölsteuer 1960 zugunsten des Steinkohlenbergbaus eingeführte Zweckbindung wurde mit Gesetz vom 28. 4. 1971 (BGBl. I 377) allgemein auf die Verwendung zu energiepolitischen Zwecken erweitert. DVO zum MineralölsteuerG vom 26. 5. 1953 (BGBl. I 237, 280) m. Änd. zuletzt vom 10. 12. 1985 (BGBl. I 2197).

6. Die *Salzsteuer* (Gesetz i. d. F. vom 25. 1. 1960, BGBl. I 50, m. Änd. zuletzt vom 12. 9. 1980, BGBl. I 1695; DurchfBest. vom 25. 1. 1960, BGBl. I 52, zuletzt geänd. am 10. 12. 1985 (BGBl. I 2186).

Ihr unterliegen Stein-, Hütten-, Siede- und Seesalze, ferner Kali, Rohsalz, Abraumsalze und Salzabfälle. Die Ausfuhr ist steuerbegünstigt (Rückvergütung). Befreit ist Salz, das zu anderen Zwecken als zur Herstellung oder Bereitung von Lebens- oder Genußmitteln, zum Salzen von Heringen oder ähnlichen Fischen, als Lecksteine für Vieh oder Wild verwendet wird (Salzsteuer-Befreiungsordnung).

7. Die *Schaumweinsteuer* (Gesetz vom 26. 10. 1958, BGBl. I 764, m. Änd. zuletzt vom 22. 12. 1981, BGBl. I 1562; DurchfBest. vom 6. 11. 1958, BGBl. I 766, mit Änd. zuletzt vom 10. 12. 1985 (BGBl. I 2186).

Schaumweine werden pro Flasche (0,75 l) mit 2,00 DM, schaumweinähnliche Getränke mit 0,40 DM belastet.

8. Die *Tabaksteuer* (Tabaksteuergesetz 1980 vom 13. 12. 1979, BGBl. I 2118, geänd. am 22. 12. 1981, BGBl. I 1562 mit DVO vom 21. 12. 1979, BGBl. I 2297) m. Änd. zuletzt vom 5. 6. 1984 (BGBl. I 747).

Sie ist eine Verbrauchsteuer, die als *Fabriksteuer* von Tabakwaren (Zigarren, Zigarillos, Zigaretten, Rauch-, Schnupf- und Kautabak), Zigarettenhüllen, Rohtabak, Tabakersatzstoffen und Zigarettenpapier erhoben wird. Die Steuerschuld entsteht durch die Entfernung aus dem Herstellungsbetrieb oder aus dem Steuerlager. Die Steuer wird durch Anbringung von *Steuerzeichen (Banderolen)* entrichtet. Bemessungsgrundlage ist der Kleinverkaufspreis, den der Verbraucher zahlt.

9. Die *Zuckersteuer* (Gesetz i. d. F. vom 13. 10. 1983, BGBl. I 1245). Dazu DurchfBest. vom 19. 8. 1959, BGBl. I 647, mit Änd. zuletzt vom 10. 12. 1985 (BGBl. I 2186).

Der Zuckersteuer unterliegen alle Arten von Zucker.

III. *Spielkartensteuer* und *Zündwarensteuer* sind seit 1. 1. 1981 aufgehoben.

553. Die Monopole

Unter einem *Monopol* versteht man wirtschaftlich eine Marktform, bei der es für bestimmte Wirtschaftsgüter nur einen einzigen Anbieter oder Abnehmer gibt. Ein *Staatsmonopol* besteht in einer ausschließlich vom Staat genutzten Rechtsstellung (z. B. Post). Ein *Finanzmonopol* ist eine besondere Form der Verbrauchbesteuerung, bei der sich der Staat Herstellung und Vertrieb bestimmter Waren vorbehält. In der BRep. besteht ein Monopol dieser Art für Branntwein.

Das *Branntweinmonopol* wurde 1918 an Stelle der Branntweinsteuer eingeführt. Es umfaßt die Übernahme des im Monopolgebiet hergestellten Branntweins aus den Brennereien, die Herstellung von Branntwein aus bestimmten Stoffen, die Einfuhr von Branntwein (außer Rum, Arrak, Likör), die Reinigung und Verwertung von Branntwein und den Branntweinhandel.

An Stelle der früheren Reichsmonopolverwaltung übernahmen 1945 die Länder die Ausübung. Nach Art. 105, 106 und 108 GG steht dem Bund die ausschließliche Gesetzgebung über Finanzmonopole zu; der Ertrag fließt dem Bund zu, der die Monopole durch Bundesfinanzbehörden verwaltet. Maßgebend ist das Gesetz über das Branntweinmonopol vom 8. 4. 1922 (RGBl. I 335, 405) m. Änd. zuletzt vom 24. 4. 1986 (BGBl. I 560). Hierzu Ausführungs(Grund)bestimmungen vom 12. 9. 1922 (ZBl. 707), zuletzt geänd. am 24. 4. 1986 (BGBl. I 560).

Nach dem Ges. vom 8. 8. 1951 (BGBl. I 491) ist oberste Verwaltungsbehörde der *Bundesmonopolverwaltung für Branntwein* das unter Aufsicht des Bundesministers der Finanzen stehende *Bundesmonopolamt* in Offenbach a. M., unter dem eine Verwertungsstelle in Frankfurt a. M. die kaufmännischen Geschäfte führt. Ein Gewerbeausschuß vertritt die beteiligten Gewerbe und soll vor wichtigen Entscheidungen gehört werden. Bei der Verwaltung wirken die *Zollbehörden* mit.

Die Bundesmonopolverwaltung setzt das Jahresbrennrecht der Brennereien und die Übernahmepreise für Branntwein fest (Brennereiordnung vom 16. 3. 1935, RMBl. 117 m. spät. Änd., zuletzt vom 24. 4. 1986 (BGBl. I 560). Sie übernimmt den abgelieferten Branntwein, reinigt ihn in bundeseigenen bzw. Lohnbetrieben und setzt ihn als Sprit, Spiritus oder absoluten Alkohol ab. Der von der Monopolverwaltung verwertete Branntwein unterliegt einer *Branntweinsteuer* zwischen 0 und 2550 DM je hl Weingeist (§ 84 BrMG). Der Branntweinsteuer unterliegen auch bestimmte Getränke (z. B. Wein, Likör) und andere Erzeugnisse aus Wein oder Brennwein, wenn sie zu Trinkbranntwein oder sonstigen stark alkoholhaltigen Getränken, Riech- oder Schönheitsmitteln verarbeitet worden sind (§§ 103a, b BrMG).

Der in das *Monopolgebiet* (Zollgebiet) eingeführte Branntwein usw. unterliegt einer der Belastung des inländischen Branntweins usw. entsprechenden Abgabe

(Monopolausgleich); §§ 151 ff. BrMG. Die besondere *Preisausgleichsabgabe* für eingeführten Branntwein (Ges. vom 23. 12. 1970, BGBl. I 1878 und VO vom 11. 12. 1974, BGBl. I 3461) ist mit Wirkung vom 1. 10. 1979 aufgehoben (Art. 4 d. Ges. vom 13. 11. 1979, BGBl. I 1937). Das Urteil des Europäischen Gerichtshofs vom 17. 2. 1976 (vgl. Zeitschrift für Zölle 1976, 103) hat allerdings das Einfuhrverbot für unverarbeiteten Alkohol aus Mitgliedstaaten der EG und die Erhebung von Ausgleichsabgaben (Monopolausgleich, Preisausgleich) auf alkoholische Erzeugnisse für unzulässig erklärt.

Das *Zündwarenmonopol* ist durch Ges. vom 27. 8. 1982 (BGBl. I 1241) abgeschafft worden.

554. Die Zölle

werden als *Einfuhrzölle* bei der Einfuhr bestimmter vom Ausland hereinkommender Waren oder als *Ausfuhrzölle* bei der Ausfuhr gewisser Waren und Güter erhoben.

Das *Zollgesetz* i. d. F. vom 18. 5. 1970 (BGBl. I 529) m. spät. Änd. enthält die grundlegenden Vorschriften für das gesamte Zollrecht. Es regelt hauptsächlich die Erfassung des Warenverkehrs, die Zollbehandlung, Verzollung und Zollfreistellung, die Zollverwaltung sowie Zollstraftaten und -ordnungswidrigkeiten.

Der Warenverkehr über die Grenze wird zollamtlich überwacht. Diese Überwachung hat vor allem zu sichern, daß der Zoll erhoben wird. Sie ist Steueraufsicht (§ 209 AO). *Zollgebiet* ist das deutsche Hoheitsgebiet, aber ohne Zollausschlüsse und Zollfreigebiete. *Zollfreigebiete* sind deutsche Schiffe und Luftfahrzeuge in Gebieten, die zu keinem Zollgebiet gehören, die Insel Helgoland und Freihäfen. *Zollgut* darf nur auf Zollstraßen zu bestimmten Zollstunden ein- und ausgeführt werden. Durch Zollabfertigung wird es zum Freigut. Besonderheiten gelten für Schiffe, die an Zollandungsplätzen anlegen, und für Luftfahrzeuge, die nur auf Zollflugplätzen landen dürfen.

Der Zoll wird im Rahmen zwischenstaatlicher Verpflichtungen (z. B. auf Grund des EWG-Vertrages) nach dem Zolltarif erhoben. Als Maßstäbe gelten Zollgewicht, Maß, Stück und Wert. Rechtsgrundlagen des *Zolltarifs* ist die *ZolltarifVO* vom 24. 9. 1986 (BGBl. II 896). S. auch *Einreise-FreimengenVO* vom 3. 12. 1974 (BGBl. I 3377) m. letzter Änd. vom 9. 12. 1985 (BGBl. I 2183) und *Einfuhr-VerbrauchsteuerbefreiungsVO* vom 5. 6. 1984 (BGBl. I 747) m. letzter Änd. vom 9. 12. 1985 (BGBl. I 2183). Ferner gilt der Zolltarif der EWG und für EGKS-Waren der Deutsche Teil-Zolltarif (BGBl. 1975 II 2277). Durch zwischenstaatliche Vereinbarungen können niedrigere Sätze (*Vertragszollsätze*) bestimmt oder es kann Zollfreiheit festgesetzt werden.

Die *Zollverwaltung* ist ein Teil der Finanzverwaltung. Die Behörden sind Bundesbehörden. An ihrer Spitze steht der Bundesminister der Finanzen; Mittelbehörden sind die Oberfinanzdirektionen, örtliche Behörden die Hauptzollämter einschließlich ihrer Dienststellen (Zollämter, Grenzkontrollstellen, Zollkommissariate) und die Zollfahndungsämter.

Auf Grund des Zollgesetzes und des § 14 AO ergingen die *Allgemeine Zollordnung,* jetzt i. d. F. vom 18. 5. 1970 (BGBl. I 560) m. spät. Änd. und die *Wertzollordnung* vom 29. 11. 1961 (BGBl. I 1983). Daneben treten in zunehmendem Maße unmittelbar geltende VOen der EWG, z. B. über die Zollwertbemessung die VO (EWG) Nr. 1224/80 des Rates vom 28. 5. 1980, ABl. EG Nr. L 134/1.

Außer Einfuhr- und Ausfuhrzöllen (über deren Aufhebung innerhalb der EWG s. 809, 810) unterscheidet man:

a) *autonome* Zölle, die ein Staat nach eigenen Bedürfnissen bemißt, und *Vertragszölle,* die durch Handelsvertrag mit fremden Staaten vereinbart werden; zu ihnen gehören die sog. *Meistbegünstigungszölle* (s. unten);
b) *Finanzzölle,* die zur Deckung des Geldbedarfs erhoben werden, und *Prohibitiv-* oder *Schutzzölle,* die zum Schutz der heimischen Industrie oder Landwirtschaft die Einfuhr fremder Waren unrentabel machen; *Retorsionszölle,* die als Vergeltungsmaßnahmen im Zoll- oder Wirtschaftskrieg angewendet werden;
c) *Wert-, Gewichts-* und *Stückzölle,* je nach Art der Erhebung.

Die *Meistbegünstigungsklausel* ist eine zwischenstaatliche Vereinbarung im Rahmen von Handelsabkommen (s. 903 II), wonach dem Vertragspartner die gleichen Vorteile und Vergünstigungen, insbes. in Bezug auf Zölle, eingeräumt werden, die der vertragschließende Staat irgendeinem anderen Staat zugestanden hat und in Zukunft noch zugestehen wird.

Im Rahmen des GATT (s. 918, 3) treten in bestimmten Abständen Konferenzen zur Verhandlung über Zollsätze und andere Fragen des internationalen Wirtschaftsverkehrs zusammen. Ziel ist der Abbau der Zollschranken und eine Vereinheitlichung der Verkehrsbedingungen auf internationaler Ebene.

V. Gemeindesteuern

555. Landes- und Gemeindesteuern

Nach Art. 106 und 107 GG fließen den Ländern die Erträge aus den Verkehrsteuern (außer Kapitalverkehr-, Versicherung-, Wechsel- und Umsatzsteuer), aus der Biersteuer (Verbrauchsteuer), der Vermögen- und Erbschaftsteuer und der Abgabe der Spielbanken zu. Sie erhalten ferner einen Anteil an der Einkommen-, Körperschaft- und Umsatzsteuer (vgl. 79).

Das Aufkommen an *Real-(Objekt-)Steuern* ist ebenso wie das der örtlichen Verbrauch- und Aufwandsteuern den Gemeinden zugewiesen. Diese erhalten ferner einen von der Landesgesetzgebung zu bestimmenden Anteil am Gesamtaufkommen der von Bund und Ländern vereinnahmten *Gemeinschaftsteuern* (503), ebenso einen Anteil an den Landessteuern. Für besondere durch den Bund veranlaßte Aufwendungen oder Mindereinnahmen (sog. Sonderbelastungen) gewährt der Bund einen Ausgleich.

Auch die wichtigsten Realsteuern *(Grundsteuer, Gewerbesteuer)* sind bundesgesetzlich geregelt. Inwieweit den Ländern das Aufkommen aus Landessteuern, Einkommen- und Körperschaftsteuer zufließt, richtet sich nach den von den Finanzbehörden in ihrem Gebiet vereinnahmten Steuern *(örtliches Aufkommen).* Hierzu kann der Bund in gewissem Umfang Bestimmungen über die sog. *Zerle-*

gung des Aufkommens treffen. Vgl. Finanzausgleichsgesetz (s. 79) und Zerlegungsgesetz (s. 519).

Für andere den Gemeinden zufließende Steuern muß eine *örtliche Steuerordnung* erlassen und von den Aufsichtsbehörden genehmigt werden. Für die gebräuchlichsten *Gemeindesteuern* sind *Mustersteuerordnungen* verfaßt worden. Die bekanntesten Gemeindesteuern sind die *Gemeindegetränkesteuer,* die *Hundesteuer,* die *Jagdsteuer,* die *Schankerlaubnis-* und die *Vergnügungsteuer* (vgl. 562–564); soweit es sich hierbei um ,,Bagatellsteuern" handelt, deren Aufkommen den erforderlichen Verwaltungsaufwand nicht rechtfertigt, ist ihre Aufhebung eingeleitet.

556. Die Grundsteuer

ist wie die Gewerbesteuer eine *Real-(Objekt-)* oder *Sachsteuer,* und zwar eine Gemeindesteuer, die von dem im Gemeindegebiet belegenen Grundbesitz erhoben wird.

Unter *Grundbesitz* i. S. des Grundsteuergesetzes – GrStG – vom 7. 8. 1973 (BGBl. I 965) wird das land- und forstwirtschaftliche Vermögen, das Grundvermögen und das Betriebsvermögen, soweit es in Betriebsgrundstücken besteht, verstanden. Befreiungen in §§ 3, 4 (z. B. für Grundstücke der öffentlichen Hand, für gemeinnützigen, mildtätigen, wissenschaftlichen, religiösen Zwekken dienende Grundstücke, Krankenanstalten usw.).

Das Finanzamt setzt auf Grund der *Einheitswerte* nach einer gesetzlich bestimmten Tausendzahl (grundsätzlich 3,5 v. T.) den *Steuermeßbetrag* fest. Die Gemeinde bestimmt den *Hebesatz* und erläßt den *Grundsteuerbescheid.* Gegen die Festsetzung ist Einspruch, ggf. Klage beim Finanzgericht zulässig.

Die Grundsteuer ist zu je einem Viertel am 15. 2., 15. 5., 15. 8. und 15. 11. fällig. Bis zur Bekanntgabe eines neuen Grundsteuerbescheides sind *Vorauszahlungen* gemäß der letzten Festsetzung zu leisten.

Nach §§ 32–34 GrStG ist die Grundsteuer auf Antrag zu *erlassen* für Grundbesitz, dessen Erhaltung wegen seiner Bedeutung für Wissenschaft, Kunst oder Naturschutz im öffentlichen Interesse liegt und bei dem die Kosten i. d. R. die erzielten Einnahmen und die sonstigen Vorteile übersteigen, sowie für Grundbesitz, in dessen Gebäuden Gegenstände von wissenschaftlicher, künstlerischer oder geschichtlicher Bedeutung, insbesondere Sammlungen oder Bibliotheken, dem Zweck der Forschung oder Volksbildung nutzbar gemacht sind, soweit der Rohertrag des Grundbesitzes dadurch nachhaltig gemindert wird; ferner für öffentl. Grünanlagen, Spiel- und Sportplätze, deren Unterhaltungskosten die Erträge übersteigen. *Teilerlaß* wird bei land- und forstwirtschaftlichen Betrieben und bebauten Grundstücken gewährt, wenn der Normalertrag (z. B. durch Mietausfall) um mehr als 20 v. H. gemindert ist, ohne daß der Steuerschuldner dies zu vertreten hat. Die Gemeinden haben auch das Recht, aus Billigkeitsgründen eine abweichende Steuerfestsetzung vorzunehmen oder einen Erlaß der Grundsteuer zu bewilligen (§§ 163, 227 AO).

Vgl. auch Grundsteuer-Richtlinien vom 9. 12. 1978 (BStBl. I 553).

557. Die Gewerbesteuer

ist wie die Grundsteuer eine *Real-*(Objekt-) oder *Sachsteuer,* welcher die stehenden Gewerbe, zu deren Ausübung eine Betriebstätte unterhalten wird, sowie das Reisegewerbe unterliegen. Maßgebend sind das *Gewerbesteuergesetz* (GewStG) i. d. F. vom 14. 5. 1984 (BGBl. I 657) m. spät. Änd. nebst DVO i. d. F. vom 24. 11. 1986 (BGBl. I 2074) und die Richtlinien (GewStR 1978) vom 21. 6. 1979 (BStBl. I Sd. Nr. 4). Die Gewerbesteuer ist eine *Gemeindesteuer* (vgl. aber 79) und eine wesentliche Finanzgrundlage für die Gemeinden.

Als *Realsteuer* knüpft die Gewerbesteuer an das Bestehen eines Betriebes an und nimmt grundsätzlich keine Rücksicht auf die persönliche Leistungsfähigkeit des Unternehmens. Entgegen der Behandlung bei der Einkommensteuer und Vermögensteuer sind die oHG, die KG und die sonstigen Mitunternehmergesellschaften als solche steuerpflichtig (§ 2 GewStG). Betriebsgrundstücke unterliegen gleichzeitig der Grundsteuer; deshalb wird beim Gewerbekapital der Einheitswert der Betriebsgrundstücke abgezogen; beim Gewerbeertrag können 1,2 v. H. des Einheitswerts der Betriebsgrundstücke abgesetzt werden (§§ 9, 12 GewStG).

Bis Ende 1979 gab es 3 Besteuerungsgrundlagen: *Gewerbeertrag, Gewerbekapital* und *Lohnsumme.* Jede Gemeinde mußte die beiden ersten Grundlagen benutzen und konnte als dritte die Lohnsumme wählen. Die Lohnsummensteuer entfiel jedoch ab 1. 1. 1980.

Steuerpflichtig sind die *stehenden Gewerbebetriebe;* die *freien Berufe* sind grundsätzlich von der Gewerbesteuer ausgenommen. *Steuerbefreiungen* bestehen für Betriebe der öff. Hand (Post, Bahn, Bundesbank usw.), ferner zugunsten von Körperschaften, Personenvereinigungen und Vermögensmassen, die gemeinnützige, mildtätige oder kirchliche Zwecke verfolgen – ausgenommen wirtschaftliche Betriebe –, für rechtsfähige Pensions-, Kranken-, Sterbe- und Unterstützungskassen sowie für bestimmte andere öff. geförderte Betriebe und für Produktionsgenossenschaften der Land- und Forstwirtschaft (§ 3 GewStG). Die Gewerbesteuer der *Reisegewerbebetriebe,* zu deren Ausübung es nach der Gewerbeordnung und den Ausführungsbestimmungen dazu einer Reisegewerbekarte bedarf (vgl. 183 I), ist im § 35a GewStG geregelt.

Gestrichen sind § 8 Ziff. 5 GewStG (Hinzurechnung von Ehegattengehältern zum Gewinn aus Gewerbebetrieb) und § 8 Ziff. 6 GewStG (Hinzurechnung von Vergütungen juristischer Personen an wesentlich Beteiligte und ihre Ehegatten); sie waren vom BVerfG wegen Verstoßes gegen den Gleichheitsgrundsatz (Art. 3 Abs. 1 GG) für verfassungswidrig erklärt worden, weil auch Eheleute rechtsgültige Arbeitsverträge schließen können und weil eine Benachteiligung personenbezogener Kapitalgesellschaften, in denen wesentlich beteiligte Gesellschafter mitarbeiten, gegenüber allen anderen (anonymen) Kapitalgesellschaften (vgl. 536) sachlich nicht gerechtfertigt sei. Gestrichen ist ferner § 17 GewStG, nachdem das BVerfG die *Zweigstellensteuer* für verfassungswidrig erklärt hatte (BGBl. I 1965, 774 und 1967, 399).

558. Die Gewerbeertragsteuer

Gewerbeertrag ist der nach den Vorschriften des Einkommensteuergesetzes oder des Körperschaftsteuergesetzes zu ermittelnde Gewinn aus dem Gewerbebetrieb, der bei Ermittlung des Einkommens für den dem Erhebungszeitraum entsprechenden Veranlagungszeitraum zu berücksichtigen ist, vermehrt um die Hinzurechnungen (z. B. ein Teil der Dauerschuldzinsen, Renten, dauernde Lasten, Gewinnanteile bestimmter Gesellschafter; § 8 GewStG) und vermindert um die Kürzungen (z. B. für Betriebsgrundstücke – s. 557 – und gewisse Gewinnanteile; § 9 GewStG).

Wenn auch der Gewerbeertrag selbständig zu ermitteln ist, so wirkt sich doch eine Änderung des Gewinnes aus Gewerbebetrieb bei Einkommensteuer und Körperschaftsteuer automatisch auf die Gewerbesteuer aus, da nach § 35b GewStG der *Gewerbesteuermeßbescheid* auf Grund einer Änderungsentscheidung über die Einkommen/Körperschaftsteuer von Amts wegen zu ändern ist. Somit kann ein *Einspruch* gegen den Einkommensteuer-, Körperschaftsteuer- oder Gewinnfeststellungsbescheid (bei oHG, KG) auch den gewerbesteuerlich maßgebenden Gewinn ändern.

Ehegattengehälter und Vergütungen an wesentlich beteiligte Gesellschafter dürfen nach den in 557 angegebenen Änderungen des § 8 GewStG nicht dem Gewinn hinzugerechnet werden.

Durch Anwendung der *Steuermeßzahl* (5 v. H.) ergibt sich der *Steuermeßbetrag* (§ 11 GewStG). Bei natürlichen Personen und Personengesellschaften (372 I) ermäßigt sich der steuerpflichtige Gewerbeertrag um einen Freibetrag von 36000 DM. Weitere Ermäßigungen für Hausgewerbetreibende, Handelsschifffahrt, das Werbefernsehen usw. (§§ 11 Abs. 3–5 GewStG).

Über das weitere Berechnungsverfahren s. 561.

559. Die Gewerbekapitalsteuer

Das *Gewerbekapital* ist die weitere Besteuerungsgrundlage der Gewerbesteuer. Gewerbekapital i. S. der Gewerbesteuer ist der *Einheitswert* des gewerblichen Betriebes, der auf den letzten Feststellungszeitpunkt vor Ablauf des Veranlagungszeitraums festgestellt ist, unter Hinzurechnungen und Kürzungen gemäß § 12 Abs. 2, 3 GewStG.

Hinzuzusetzen sind u. a. ein Teil der Dauerschulden, soweit sie den Kürzungsbetrag von 50000 DM übersteigen, Renten und dauernde Lasten, die Einlagen des stillen Gesellschafters, soweit sie bei Feststellung des Einheitswerts abgezogen sind, und die Werte der nicht in Grundbesitz bestehenden, dem Betrieb dienenden Wirtschaftsgüter, die einem Mitunternehmer oder Dritten gehören. *Abzusetzen* ist die Summe der Einheitswerte, mit denen die Betriebsgrundstücke im Einheitswert des Betriebsvermögens enthalten sind, ferner der Wert bestimmter zum Gewerbekapital gehörender Beteiligungen an Unternehmen.

Die *Steuermeßzahl* für das Gewerbekapital beträgt 2 v. T. des auf volle 1000 DM nach unten abgerundeten Betrages. Bleibt dieser unter 120000 DM, wird keine Steuer festgesetzt (§ 13 GewStG).

Über das weitere Berechnungsverfahren S. 561.

560. Die Lohnsummensteuer

Die *Lohnsumme konnte* von den Gemeinden mit Zustimmung der Landesregierung als Besteuerungsgrundlage gewählt werden. Die Lohnsummensteuer bildete einen selbständigen Teil der Gewerbesteuer. Sie *entfiel* ab 1. 1. 1980.

561. Gewerbesteuermeßzahlen

Bei der Berechnung der Gewerbesteuer wird von einem *Steuermeßbetrag* ausgegangen. Dieser wird durch Anwendung einer *Steuermeßzahl* (d. h. einem Hundert- oder Tausendsatz auf den Gewerbeertrag bzw. das Gewerbekapital) ermittelt. Durch Zusammenrechnung der Steuermeßbeträge für Gewerbeertrag und Gewerbekapital wird ein einheitlicher Steuermeßbetrag gebildet (§ 14 GewStG). Die tatsächlich zu zahlende Gewerbesteuer wird nach dem von der Gemeinde für jedes Jahr festzusetzenden Hundertsatz *(Hebesatz)* berechnet (§§ 4, 16 GewStG).

Über die Pflicht zur Abgabe der *Gewerbesteuererklärung* vgl. § 25 GewStDV (557).

Vorauszahlungen sind am 15. 2., 15. 5., 15. 8. und 15. 11. jeden Jahres in Höhe von ¼ der für das Vorjahr veranlagten GewSteuer zu entrichten (§ 19 GewStG).

Unterhält ein Unternehmen in verschiedenen Gemeinden Betriebstätten, so wird jeder beteiligten Gemeinde ein entsprechender Anteil am Steuermeßbetrag zugewiesen. Dazu ergeht ein sog. *Zerlegungsbescheid* (§§ 28–34 GewStG).

562. Die Vergnügungsteuer

ist eine *Gemeindesteuer,* der alle *Vergnügungen* (z. B. Kinovorstellungen, sportliche Veranstaltungen, Tanzlustbarkeiten usw.) unterliegen.

Gesetzliche Grundlagen sind die in den Ländern erlassenen *Vergnügungsteuergesetze,* die im wesentlichen übereinstimmen. Danach sind *nicht steuerpflichtig* solche Veranstaltungen, die ihrem Charakter nach überwiegend nicht als Vergnügungen anzusehen sind, ferner Veranstaltungen politischer, religiöser, wissenschaftlicher Art u. dgl. Ausgenommen sind auch Theater- und Konzertveranstaltungen, Vorträge sowie Kleinkunstvorführungen, Veranstaltungen im Interesse der Bildung, Jugendpflege oder Leibesübungen, *Filmveranstaltungen* durch kulturelle u. ä. Organisationen. Die Steuer wird entweder als *Kartensteuer* nach dem Eintrittspreis oder als *Pauschsteuer* nach der Reineinnahme, nach dem Einzelpreis oder den Anschaffungskosten von Vorführungsgeräten erhoben.

Durch Sonderbestimmungen ist die Steuer für Filmveranstaltungen ermäßigt oder sie entfällt bei Aufführung von Filmen, die als wertvoll anerkannt sind (838).

Im einzelnen vgl. die Landesgesetze, so Bremen i. d. F. vom 18. 12. 1984 (GBl. 1985, 7), Rheinl.-Pf. i. d. F. vom 29. 11. 1965 (GVBl. 251) m. spät. Änd.; Saarland i. d. F. vom 19. 6. 1984 (ABl. 649). Einzelne Länder haben die Steuer aufgehoben (Bad.-Württbg., Bayern, Berlin, Hamburg, Hessen, Niedersachsen).

Zur Verfassungsmäßigkeit der Vergnügungsteuer s. BVerfG, NJW 1976, 101.

563. Gemeindegetränkesteuern

können nach Maßgabe der NotVO vom 26. 7. 1930 (RGBl. I 311) und DurchfBest. vom 4. 9. 1930 (RGBl. I 450), deren Vorschriften nach 1945 als Landesrecht beibehalten wurden, oder auf Grund landesgesetzlicher Ermächtigung (Kommunalabgabengesetze) erhoben werden. Sie waren nach dem Finanzausgleichsgesetz vom 9. 4. 1927 auf den Bierkonsum beschränkt, werden aber jetzt auch von Wein, Branntwein, Kaffee, Tee usw. erhoben. In den meisten Ländern der BRep. besteht die Steuer jedoch nicht mehr, im übrigen gebietsweise nur für alkoholische Getränke.

564. Sonstige Gemeindesteuern

sind die *Hundesteuer,* die beim Halten eines Hundes, der nicht beruflich benötigt wird, erhoben wird; die *Jagdsteuer,* welche die Ausübung der Jagd mit einer Gemeindesteuer belegt, und die *Schankerlaubnissteuer,* die bei Erteilung einer Schankkonzession erhoben wird.

Steuerfrei sind Blindenhunde; für Wach- und Zuchthunde gelten ermäßigte Steuersätze.

Die *Jagdsteuer* bemißt sich gem. Jagdsteuermusterordnung vom 7. 2. 1937 (RMinBl. V 1937, 249) beim Eigentümer nach dem Jahresjagdwert, beim Pächter nach der Pachtsumme. Vgl. Jagdsteuermustersatzung NRW vom 1. 12. 1970 (MBl. 1992).

Zur schrittweisen Aufhebung dieser Steuern vgl. 555.

Die *Zweitwohnungssteuer* ist eine örtliche Aufwandsteuer i. S. des Art. 105 Abs. 2a GG, die von Fremdenverkehrsgemeinden auf Grund einer entsprechenden landesgesetzlichen Ermächtigung und einer Satzung erhoben werden kann. Steuergegenstand ist das Innehaben einer Wohnung in einer Gemeinde, ohne sich dort überwiegend aufzuhalten. Steuermaßstab ist der jährliche Mietaufwand. Die Zweitwohnungssteuer ist verfassungsrechtlich zulässig, wenn sie als örtliche Aufwandsteuer ausgestaltet ist. Das BVerfG hat sie nur für verfassungswidrig erklärt, soweit sie lediglich Auswärtigen auferlegt wird (BVerfG NJW 1984, 785).

VI. Sonstiges Steuerrecht

565. Lastenausgleichsabgaben

I. In Anerkennung des Anspruchs der durch den Krieg und seine Folgen besonders betroffenen Bevölkerungsteile auf einen sozial gerechten und volkswirtschaftlich möglichen *Ausgleich von Lasten* erging das Gesetz über den Lastenausgleich *(Lastenausgleichsgesetz* = LAG) vom 14. 8. 1952 (BGBl. I 446), das zugleich den Geschädigten die zur Eingliederung notwendige Hilfe bieten soll. Es gilt jetzt i. d. F. vom

1. 10. 1969 (BGBl. I 1909) m. spät. Änd. und ist durch zahlreiche Durchführungsbestimmungen ergänzt worden (s. auch 683).

Das LAG will die Schäden und Verluste, die durch die Vertreibungen und Zerstörungen der Kriegs- und Nachkriegszeit sowie die *Währungsschäden* entstanden sind, teilweise ausgleichen. Sie sollen ausgeglichen werden durch Erhebung von *Ausgleichsabgaben* und die Gewährung von *Ausgleichsleistungen* unter Beachtung bestimmter Ermäßigungsvorschriften bei den Ausgleichsabgaben. Als *Ausgleichsabgaben* werden erhoben: Vermögensabgabe, Hypothekengewinnabgabe und Kreditgewinnabgabe. Als *Ausgleichsleistungen* werden auf Grund eines Rechtsanspruchs (§ 232 LAG) gewährt: Hauptentschädigung, Kriegsschadenrente, Hausratsentschädigung, Entschädigung im Währungsausgleich für Sparguthaben Vertriebener und Altsparentschädigung; ohne Rechtsanspruch (§ 233 LAG): Eingliederungsdarlehen, Wohnraumhilfe und sonstige Förderungsmaßnahmen, ferner Beihilfen aus einem *Härtefonds,* aus dem auch Sowjetzonenflüchtlinge und ihnen gleichgestellte Personen bei sozialer Bedrängnis Beihilfen erhalten können. Hierzu ergingen u. a. die 2. VO über Ausgleichsleistungen nach dem LAG, jetzt i. d. F. vom 19. 12. 1968 (BGBl. I 1395) m. spät. Änd.

Gewährung und Annahme von Leistungen bedeuten keinen Verzicht auf die Geltendmachung von Ansprüchen auf Rückgabe des von den Vertriebenen zurückgelassenen Vermögens.

Die Verwaltungskosten aus der Durchführung der Lastenausgleichsgesetze und des Allgemeinen Kriegsfolgengesetzes (s. 686) trägt der Bund.

II. *Ausgleichsabgaben*

1. Die *Vermögensabgabe* beträgt 50 v. H. des abgabepflichtigen Vermögens (§ 31 LAG). Sie ermäßigt sich bei Kriegssach-, Vertreibungs- oder Ostschäden entsprechend deren Ausmaß (§§ 39–47 LAG).

Unbeschränkt abgabepflichtig sind alle natürlichen Personen, die am 21. 6. 1948 einen Wohnsitz oder gewöhnlichen Aufenthalt in der BRep. oder in West-Berlin hatten, ebenso Körperschaften, Personenvereinigungen (nicht oHG, KG, stille Gesellschaft, bürgerlich-rechtliche Gesellschaft, Erbengemeinschaft) und Vermögensmassen, wenn sie dort ihre Geschäftsleitung oder ihren Sitz hatten. *Beschränkt* abgabepflichtig sind die Vorgenannten, wenn sie am 21. 6. 1948 weder Wohnsitz noch gewöhnlichen Aufenthalt oder Geschäftsleitung in der BRep. oder in West-Berlin hatten (§§ 16, 17 LAG).

Befreiungen s. § 18 LAG. Der Vermögensabgabe unterliegt bei unbeschränkt Abgabepflichtigen das am 21. 6. 1948 vorhandene Vermögen, das sich nach den bei der Vermögensteuer (Hauptveranlagung) 1949 für die Ermittlung des *Gesamtvermögens* maßgebenden Vorschriften errechnet; bei beschränkt Abgabepflichtigen ist das Inlandsvermögen maßgebend (§ 21 LAG). Über *Freibeträge* und Besteuerungsgrenzen s. § 29 LAG, über Familienermäßigungen, Vergünstigungen wegen Alters, Erwerbsunfähigkeit oder Arbeitslosigkeit s. §§ 53–55 LAG. Wegen der zusätzlichen Berücksichtigung von Freibeträgen und Freigrenzen bei Ehegatten durch Herabsetzung der VA-Vierteljahresbeträge bis 31. 3. 1979 vgl. § 55c LAG.

Die Abgaben begannen am 1. 4. 1949 und laufen von diesem Zeitpunkt ab *30 Jahre.* Da beim Inkrafttreten des LAG schon 3 Jahre verstrichen waren, wurde die Schuld auf 27 Jahre verteilt, beginnend am 1. 4. 1952. Die Schuld ist für land- und forstwirtschaftliches Vermögen mit 4, für Mietwohngrundstücke und Einfamilienhäuser mit 4, für gemischtgenutzte Grundstücke mit 5, für Geschäftsgrundstücke, Betriebs- und sonstiges Vermögen mit 6 v. H. zu verzinsen.

Unter Zugrundelegung dieser Sätze ergeben sich *Vierteljahresraten* der Vermögensabgabe von 1,1 bzw. 1,4 bzw. 1,7 v. H. Besteht das abgabepflichtige Vermögen aus Einheiten der verschiedenen Vermögensgruppen, so ist ein „*gewogener Durchschnittssatz*" zu ermitteln. Hierfür sind *Tabellen* aufgestellt (§§ 34–37 LAG).

Für die *Berechnung des Zeitwerts* der Vermögensabgabe-Vierteljahresbeträge sind *Tabellen* aufgestellt, in denen Vervielfältiger (Multiplikatoren) angegeben sind, mit denen der Vierteljahresbetrag vervielfältigt wird, worauf das Produkt den Zeitwert ergibt. Dieser ist wichtig für den Abzug als Schuld bei der Vermögensteuer, als Nachlaßverbindlichkeit bei der Erbschaftsteuer, bei der Grunderwerbsteuer im Falle der Übernahme durch den Käufer, bei der Einkommensteuer (Sonderausgabe) usw. Vgl. *Zeitwertverordnung* vom 11. 8. 1954 (BGBl. I 258).

Ein *Erlaß* der Vermögensabgabe ist nach der Verwaltungsanordnung vom 19. 11. 1963 (BStBl. I 798) m. spät. Änd. auf Antrag ausnahmsweise wegen *offenbarer Härte* bei natürlichen Personen zulässig, wenn sie den notwendigen Unterhalt für sich und ihre unterhaltsberechtigten Angehörigen nicht oder nicht ausreichend beschaffen können (der zunächst gestundete Betrag kann, wenn Besserung der Notlage nicht zu erwarten ist, nach 3 Jahren erlassen werden); ferner bei *Vermögensverfall,* wenn der Vermögensverlust mehr als 29 v. H. beträgt. Die Höhe des zu erlassenden Betrags ist nach der Höhe des Vermögensverlustes gestaffelt.

2. Die *Hypothekengewinnabgabe* wird auf Schuldnergewinne erhoben, die aus der Umstellung von durch Grundpfandrechte an einem inländischen Grundstück gesicherten RM-Verbindlichkeiten oder im Verhältnis 10:1 umgestellten Grundpfandrechten entstanden sind (§ 91 LAG).

Da die den Grundbesitz belastenden Hypotheken, Grund- und Rentenschulden im allgemeinen im Verhältnis 10:1 umgestellt sind, entstanden in Höhe der weggefallenen 9/10 *Umstellungsgrundschulden.* Diese beanspruchte der Staat und legte dem Eigentümer die Zahlung von Zinsen und Tilgungsbeträgen auf diese Umstellungsgrundschulden auf. An deren Stelle tritt die *Hypothekengewinnabgabe,* die den *Währungsgewinn* (Schuldnergewinn) des Grundstückseigentümers erfaßt. Sie ist inzwischen weitgehend abgegolten. Die Zahlung der am 31. 12. 1979 noch nicht getilgten Beträge wird abgekürzt durch einen Zuschlag zu den ab 1. 7. 1972 fälligen Leistungen (§ 199c LAG, eingefügt am 22. 2. 1972, BGBl. I 189).

3. Die *Kreditgewinnabgabe* erfaßt den Schuldnergewinn, der dadurch entstanden ist, daß Forderungen und Schulden durch die *Währungsreform* grundsätzlich im Verhältnis 10:1 umgestellt worden sind. Hierdurch entstand für den Schuldner ein Gewinn *(Schuldnergewinn),* während der Gläubiger einen Währungsverlust *(Gläubigerverlust)* erlitt. Diese Währungsgewinne der gewerblichen Wirtschaft werden durch die Kreditgewinnabgabe erfaßt (§§ 161 ff. LAG).

Die Abgabe erfaßt aber nur den Gewinn bei gewerblichen Betrieben (§ 161 LAG). Die Abgabeschuld ist mit 4 v. H. zu verzinsen und seit 1952 mit 3 v. H. zuzüglich der ersparten Zinsen zu tilgen (§§ 175, 176 LAG).

566. Umwandlungsteuergesetze

bezwecken, durch steuerliche Erleichterungen die Umwandlung von *Kapitalgesellschaften* (372 II), die diese Rechtsform aus nichtbetriebswirtschaftlichen Gründen gewählt hatten, und bergrechtlichen Gewerkschaften in *Personengesellschaften* (372 I) oder Einzelunternehmen oder umgekehrt zu fördern.

Dies geschah erstmals durch das Umwandlungsteuergesetz vom 11. 10. 1957 (BGBl. I 1713), das Vergünstigungen bei der Einkommen- und Körperschaftsteuer sowie bei der Gewerbe-, Vermögen-, Umsatz- und Börsenumsatzsteuer im Falle der Umwandlung von Kapital- in Personengesellschaften bis 31. 12. 1959 gewährte. Das Gesetz verfolgte ähnliche Zwecke wie das Ges. über die Umwandlung von Kapitalgesellschaften und bergrechtlichen Gewerkschaften vom 12. 11. 1956 (BGBl. I 844) i. d. F. vom 6. 11. 1969 (BGBl. I 2081), das *handelsrechtliche* Erleichterungen vorsieht. Weitere wesentliche Erleichterungen brachte das Umwandlungsteuergesetz vom 14. 8. 1969 (BGBl. I 1163).

Nach Verabschiedung des KStG 1977 (536) ist mit der damit verbundenen Beseitigung der wirtschaftlichen Doppelbelastung ausgeschütteter Gewinne auch das Umwandlungsteuergesetz auf die neue Konzeption umgestellt worden. Das Umwandlungsteuergesetz (UmwStG) i. d. F. vom 6. 9. 1976 (BGBl. I 2641) m. spät. Änd. regelt die folgenden Vorgänge: a) die Umwandlung einer Körperschaft in eine Personengesellschaft oder eine natürliche Person; b) die umwandelnde Verschmelzung von Körperschaften; c) die Einbringung eines Betriebs, Teilbetriebs oder Mitunternehmeranteils in eine Kapitalgesellschaft gegen Gewährung von Gesellschaftsanteilen; d) die Einbringung eines Betriebs, Teilbetriebs oder Mitunternehmeranteils in eine Personengesellschaft. Für den Fall a) bestimmt § 3 UmwStG zwar die Auflösung stiller Reserven bei der umgewandelten Kapitalgesellschaft; sie werden aber gemäß § 4 UmwStG nicht der Körperschaftsteuer unterworfen. Bei der übernehmenden Personengesellschaft oder natürlichen Personen werden die stillen Reserven in den schwindenden Anteilen zum normalen Einkommensteuersatz besteuert (§ 5 UmwStG). Die Körperschaftsteuer, die auf dem für Ausschüttungen verwendbaren Eigenkapital lastet, wird gemäß § 12 UmwStG auf die Einkommen(Körperschaft)steuerschuld angerechnet (536 II). Bei der Fallgruppe b) gestattet § 14 UmwStG die Fortführung der Buchwerte durch die übernehmende Gesellschaft, so daß die Besteuerung stiller Reserven erst bei Ausschüttung auf die Anteilseigner erfolgt, wobei die Belastung mit Körperschaftsteuer gemäß dem Anrechnungsverfahren beseitigt wird. Für die Fälle c) und d) gewährt das UmwStG ebenfalls die Möglichkeit der Buchwertverknüpfung, so daß auch insoweit der Umwandlungsvorgang keine Steuerbelastung auslöst. Für bestimmte Umwandlungsvorgänge sieht § 27 UmwStG zeitlich befristete Grunderwerbsteuerbefreiungen vor. Ausnahmen von der Steuervergünstigung des § 7 (Stundung) bestehen gem. § 26 UmwStG bei der Umwandlung einer der *Mitbestimmung* (633) unterliegenden Kapital- in eine Personengesellschaft oder Einzelfirma.

567. Steuervergünstigungen für Berlin (West) und Helgoland

I. Berlin (West)

Zur Schaffung gesunder wirtschaftlicher und finanzieller Verhältnisse in Berlin (West) sah das Gesetz zur *Förderung der Wirtschaft von Berlin (West)* vom 7. 3. 1950 die Sicherung des Warenbezugs aus Berlin

(West) durch Bundesgarantie, die Finanzierung des Kraftwerks West als Grundlage der Produktion und die Befreiung von Berliner Lieferungen und Leistungen von der *Umsatzsteuer* vor. Auch das *Berlinhilfegesetz* vom 19. 8 1964, jetzt *Berlinförderungsgesetz* vom 22. 12. 1978 (BGBl. 1979 I 1) i. d. F. vom 23. 2. 1982 (BGBl. I 225), m. spät. Änd., begründet Vergünstigungen bei der Umsatzsteuer sowie Steuererleichterungen bei der Einkommensteuer durch eine Ermäßigung von 30 v. H. bei natürlichen Personen; ebenso ist die Lohnsteuer für Einkünfte aus früheren Dienstverhältnissen ermäßigt, die Körperschaftsteuer dagegen i. d. R. um 22,5 v. H. (§§ 21, 22, 26). Arbeitnehmer in gegenwärtigen Dienstverhältnissen erhalten eine Zulage von 8 v. H. der Brutto-Einnahme oder die ESt-Vergünstigung, falls diese höher ist (§ 28).

Über den *Kürzungsanspruch* bei der Umsatzsteuer vgl. 541. Durch die Vergünstigungen bei der USt soll erreicht werden, daß die Firmen Berlins (West) im Vergleich zu den westdeutschen Unternehmen wettbewerbsfähig bleiben. Als weitere Vergünstigungen bei den Steuern vom Einkommen und Ertrag werden Betriebstätten erhöhte *Absetzungen* für abnutzbare Wirtschaftsgüter des Anlagevermögens (523) – bis zu 75 v. H. in den ersten 5 Jahren – gewährt, ferner für Wohngebäude und Eigentumswohnungen (§§ 14 ff.). Außerdem können Steuerermäßigung für Darlehen zu betrieblichen Investitionen oder Baumaßnahmen und *Investitionszulagen* in Anspruch genommen werden (§§ 17, 19).
Im einzelnen sowie über sonstige *Bundeshilfe* vgl. 822.

II. Helgoland

Die Insel Helgoland nimmt schon durch ihre isolierte geographische Lage eine Sonderstellung ein. Während ihres Wiederaufbaues war dort die Freizügigkeit (s. 47 unter 8) eingeschränkt. *Zollrechtlich* bildet Helgoland ein Zollfreigebiet (554), d. h. die Insel untersteht nicht dem deutschen Zollrecht. Das gleiche gilt für die *Umsatzsteuer,* hinsichtlich deren die Insel gleichfalls wie ein Freihafengebiet nicht zum deutschen Zollgebiet gerechnet wird (s. 541).

Staatsrechtlich gehört die Insel Helgoland zum Land *Schleswig-Holstein.* Nach dem Landesgesetz vom 7. 12. 1959 (GVOBl. 213) wird in Helgoland auf eingeführte alkoholische Getränke, Tabak, Tee und Kaffee (vorbehaltlich der Zollbefreiungen, die im Zollinland für den Reiseverkehr gelten) eine *Gemeindeeinfuhrsteuer* erhoben, die der Gemeinde zufließt.

568. Doppelbesteuerungsverträge

werden häufig zwischen Staaten geschlossen, die in wirtschaftlicher Verbindung stehen; sie sollen eine mehrfache Besteuerung eines Steuerpflichtigen für denselben Steuergegenstand (Einkünfte oder Vermögen) und für denselben Zeitraum vermeiden oder abmildern. Nach solchen Verträgen werden die Einkünfte entweder nach der sog. Freistellungsmethode aufgeteilt (z. B. gewerbliche Einkünfte nach dem Wohnsitz; Grundstückseinnahmen nach der Belegenheit; Arbeitseinkommen nach der Quelle; sonstige Einkünfte nach dem Wohnsitz), oder die ausländische Einkommensteuer (Vermögensteuer) wird auf die im Inland erhobene Steuer gleicher Art angerechnet (Anrechnungsmethode). Auch kann eine Minderung der Bemessungsgrundlage durch Berücksichtigung im Ausland gezahlter Steuern oder Pauschalierung für doppelt besteuerte Güter vereinbart werden. Vgl. 520.

Über die *Anrechnung ausländischer Einkommensteuern* vgl. §§ 34c, d EStG. Die §§ 68 a–c EStDV regeln die Behandlung von Einkünften aus mehreren ausländischen Staaten, den Nachweis durch Urkunden und die Berichtigung deutscher Steuerbescheide bei Änderungen der ausländischen Steuer. Wird trotz eines Doppelbesteuerungsabkommens die Doppelbesteuerung für bestimmte Einkünfte nicht beseitigt, so sind die darauf entfallenden ausländischen Steuern vom Einkommen anzurechnen. Es muß sich aber stets um eine Steuer handeln, auf die sich das Doppelbesteuerungsabkommen erstreckt. Andernfalls wird die ausländische Steuer wie eine Sonderausgabe vom Gesamtbetrag der Einkünfte abgezogen (§ 34c Abs. 3, 6 EStG).

569. Maßnahmen gegen Steuerflucht

Verlegt ein Steuerpflichtiger Wohnsitz oder Betriebstätte in einen ausländischen Staat mit niedrigerem Steuerniveau (sog. *Steueroase,* z. B. Liechtenstein, Monaco), so entzieht er dem inländischen Fiskus einen Teil der Abgaben *(Steuerflucht).* Dasselbe gilt, wenn im Rahmen geschäftlicher Auslandsbeziehungen zu abhängigen Firmen zwecks Steuerersparnis Vereinbarungen getroffen werden, die gegenüber unabhängigen Dritten nicht üblich sind. Dem sucht das *Außensteuergesetz* vom 8. 9. 1972 (BGBl. I 1713) m. Änd. zuletzt vom 14. 12. 1984 (BGBl. I 1493) entgegenzuwirken. Es betrifft vor allem Steuerpflichtige mit ausländischen Geschäftsbeziehungen zu geschäftlich nahestehenden Personen, mit denen sie eine wesentliche Beteiligung zu mindestens ¼ oder ein beherrschender oder anderweitig begründeter Einfluß verbindet. Werden hierbei besondere Bedingungen zwecks Steuerersparnis vereinbart, so sind die Einkünfte ohne diese Minderung zu berücksichtigen.

Verlegt ein Steuerpflichtiger, der in den letzten 10 Jahren mindestens 5 Jahre unbeschränkt einkommensteuerpflichtig war, *seinen Wohnsitz* in ein ausländisches Gebiet mit niedrigerer Besteuerung, so ist er in den folgenden 10 Jahren *beschränkt einkommensteuerpflichtig* nicht nur mit den inländischen Einkünften i. S. des § 49 EStG, sondern auch mit Einkünften von jährlich mehr als 32000 DM aus *wesentlichen wirtschaftlichen Interessen* im Inland. Erfaßt werden Unternehmer inländischer Gewerbebetriebe, ferner Steuerpflichtige, deren Einkünfte aus der inländischen Quelle 30 v. H. ihrer Gesamteinkünfte oder 120000 DM jährlich übersteigen oder deren entsprechendes Inlandsvermögen mehr als 30 v. H. des Gesamtvermögens oder mehr als 300000 DM beträgt. Das Vermögen unterliegt der *Vermögensteuer* (60000 DM bleiben steuerfrei), der Vermögensanfall ggf. der *Erbschaftsteuer.*

Erfaßt werden ferner Beteiligungen von mehr als 50 v. H. an nicht „werbenden" *ausländischen Zwischengesellschaften.* Die Einkünfte, die aus der Verbindung einer solchen Gesellschaft mit einer ausländischen Untergesellschaft erzielt werden, sind mit dem Teil zu versteuern, welcher der Beteiligung am Nennkapital entspricht. Schließlich erfaßt das Ges. anteilmäßig Vermögen und Einnahmen aus der Beteiligung eines inländischen Steuerpflichtigen von mehr als 50 v. H. an einer *Familienstiftung* mit Sitz im Ausland.

Zur Sicherung der hierdurch entstehenden Abgabepflichten begründet § 138 Abs. 2 AO eine *Meldepflicht* bei Gründung oder Erwerb ausländischer Betriebe, Beteiligung an ausländischen Personengesellschaften sowie bei Erwerb von Beteiligungen (mindestens 10 bzw. 25 v. H.) an körperschaftsteuerpflichtigen Unternehmen.

570. Steuerreform

Bereits im Jahre 1972 hatte die BReg. Entwürfe zu drei Steuerreformgesetzen (AO-Reform, einheitswertabhängige Steuern, Einkommenbesteuerung) vorgelegt, die eine gleichmäßige und gerechte, an den Grundsätzen des sozialen Rechtsstaates orientierte Besteuerung anstrebten. Dadurch sollte zugleich die Vermögensbildung breiter Bevölkerungsschichten durch Schonung der kleinen und mittleren Einkommen und Vermögen gefördert werden.

Das Vorhaben ist bereits teilweise verwirklicht worden. Die früher nach dem Stand vom 1. 1. 1935 festgesetzten *Einheitswerte* wurden nach den Wirtschaftsverhältnissen vom 1. 1. 1964 neu festgesetzt; die Erhöhung wirkt sich auf die Vermögen-, Erbschaft- und Grundsteuer aus. Die Steuersätze bei der *Vermögensteuer* für natürliche Personen sowie bei der *Erbschaftsteuer* sind mit Wirkung vom 1. 1. 1974 gesenkt, die Freibeträge erhöht worden. Die Änderungen im *Einkommen-* und *Lohnsteuerrecht* brachten ab 1. 1. 1975 eine Entlastung der niedrigeren Einkommen u. a. durch Erhöhung der Grundfreibeträge und der Freibeträge für Arbeitnehmer, Pensionäre, Körperbehinderte usw. sowie durch Heraufsetzung der Höchstbeträge für die abzugsfähigen Sonderausgaben. Andererseits wurde die Gewährung von Sparprämien und die Abzugsfähigkeit von Sparbeträgen als Sonderausgaben eingeschränkt. Eine allgemeine Entlastung der unteren Einkommen trat durch Verschiebung der oberen Grenze der *Proportionalzone* (s. 529) von 8000/16000 DM auf 16019/32039 DM ein; sie wurde aber teilweise durch Erhöhung des Steuersatzes von 19 auf 22 v. H. ausgeglichen. Dagegen wurden die Sätze der *Progressionszone* im Interesse der Steuergerechtigkeit von 20–53 v. H. auf 30,8–56 v. H. *angehoben*.

Die *Reform der Abgabenordnung* (507) wurde mit der Verkündung der AO 1977 vom 16. 3. 1976 (BGBl. I 613) verwirklicht. Die AO wurde durch Zusammenfassung der Vorschriften des allgemeinen Steuerrechts und des Steuerverwaltungsrechts wieder zu einem *Mantelgesetz* mit dem Ziel einer gleichmäßigen und zugleich unbürokratischen Besteuerung. Die *Körperschaftsteuerreform* als Teil des 3. Steuerreformgesetzes führte mit der Anrechnung der Körperschaftsteuer auf ausgeschüttete Gewinne zu einer grundsätzlichen Umstellung des früheren Systems mit dem Ziel einer stärkeren Beteiligung breiter Schichten der Bevölkerung am *Produktivvermögen* (536).

Schwierigkeiten bereitete die Gestaltung eines „steuergerechten Einkommensteuertarifs" beim *Übergang von der Proportional- zur Progressionszone*. Während zur Entlastung der kleinen und mittleren Einkommen bis zu einer Grenze von 16019/32039 DM ab 1975 ein fester Satz von 22 v. H. galt, wurden die mehrverdienenden Arbeitnehmer infolge der Progression bei Lohnerhöhungen ungleich stärker betroffen als die mit 22 v. H. Besteuerten. Auch hatte die starke Lohnsteuererhöhung bei Doppelverdienern meist Überzahlungen zur Folge, die erst im Lohnsteuerjahresausgleich (535) ausgeglichen werden konnten.

Um solche unerwünschten Auswirkungen zu vermeiden, beseitigte das *Steueränderungsgesetz 1979* (vgl. 506) den sog. Tarifsprung beim Übergang von der Proportional- zur Progressionszone (529); es führte zugleich weitere Entlastungen zugunsten der kleinen und mittleren Einkommen durch Tarifänderungen sowie zusätzliche Steuererleichterungen unter familienpolitischen Gesichtspunkten ein. Eine weitere Tarifverbesserung brachte das *Steuerentlastungsgesetz 1981* durch Einführung einer Zwischenprogressionszone mit langsamer ansteigendem Steuersatz (vgl. 529).

Überlegungen, wie das Besteuerungsverfahren zur Entlastung des Steuerpflichtigen wie der Finanzverwaltung vereinfacht werden könnte, haben bisher nicht zu grundlegenden Änderungsvorschlägen geführt, weil die Diskussion hierüber immer wieder die Polarität zwischen weitgehender Steuergerechtigkeit, deren Verwirklichung detaillierte Regelungen voraussetzt, und Transparenz der Steuergesetze hervortreten läßt.

571. Die Wirtschaftsprüferordnung

Das früher sehr unterschiedliche Berufsrecht der *Wirtschaftsprüfer* (Wp.) und der *vereidigten Buchprüfer* (v Bp.) ist durch das Gesetz über eine *Berufsordnung der Wirtschaftsprüfer* (Wirtschaftsprüferordnung) vom 24. 7. 1961 (BGBl. I 1049) bundeseinheitlich zusammengefaßt worden. Die WPO gilt jetzt i. d. F. vom 5. 11. 1975 (BGBl. I 2803) m. spät. Änd.

Aufgabe des Wp. ist, betriebliche Prüfungen durchzuführen und deren Ergebnisse zu bestätigen. Außerdem kann er seine Auftraggeber steuerlich beraten und vertreten und als Sachverständiger für wirtschaftliche Betriebsführung wirken. Der Wp. muß als solcher bestellt sein. Er übt einen freien Beruf und kein Gewerbe aus (§§ 1, 2). Wp.-Gesellschaften sind in der Rechtsform der AG, KGaA, GmbH, oHG und KG unter bestimmten Voraussetzungen zugelassen, wenn sie von einem Wp. verantwortlich geführt werden (§§ 27ff.). Wp. und Wp.-Gesellschaften können sich an jedem Ort in der BRep. (binnen 6 Mon. seit Bestellung) niederlassen, Zweigniederlassungen errichten und ohne räumliche Beschränkung tätig werden (§ 3).

Die berufliche Selbstverwaltung obliegt einer *Wirtschaftsprüferkammer* (öffentl.-rechtl. Körperschaft, § 4). Diese führt ein Berufsregister.

Zulassungsvoraussetzung ist grundsätzlich der Abschluß eines juristischen, technischen oder betriebs-, volks- oder landwirtschaftlichen Hochschulstudiums und eine praktische Ausbildung (mindestens 5 Jahre im Wirtschaftsleben, davon mindestens 4 Jahre als Prüfer), ferner geordnete Verhältnisse (§§ 8ff.). Die (schriftliche und mündliche) Prüfung wird vor einem Prüfungsausschuß abgelegt (§§ 12ff.; PrüfungsO vom 31. 7. 1962, BGBl. I 529, m. Änd. zuletzt vom 16. 6. 1986 (BGBl. I 904). Bestellung durch die oberste Landesbehörde, Berufseid (§ 17). Die Bestellung endet durch Tod, Verzicht, rechtskräftigen Ausschluß aus dem Beruf, Rücknahme oder Widerruf (§§ 19, 20).

Der Wp. hat seinen Beruf unabhängig, gewissenhaft, verschwiegen und eigenverantwortlich auszuüben, sich bei Berichten und Gutachten unparteiisch zu verhalten und das Ansehen des Berufs zu wahren. Mit dem Beruf vereinbar sind freie Berufe der Technik oder des Rechtswesens, treuhänderische Verwaltungen, wissenschaftliche, schriftstellerische und künstlerische Tätigkeit (§§ 43, 44). Es muß eine Berufshaftpflichtversicherung abgeschlossen werden (§ 54; dazu VO vom 8. 12. 1967, BGBl. I 1212). Die Berufsbezeichnungen Wp. und vBp. sind geschützt; die Bezeichnungen ,,Buchprüfer", ,,Bücherrevisor", ,,Wirtschaftstreuhänder" dürfen wegen Verwechslungsgefahr nicht mehr geführt werden (§ 132). Die Regelungen über die vBp sind in den §§ 128ff. enthalten.

Die *Wirtschaftsprüferkammer* (Zwangsmitgliedschaft) wahrt und fördert die beruflichen Belange ihrer Mitglieder, zu denen auch die vBp. gehören, berät sie in standesrechtlichen Fragen und beaufsichtigt ihre berufliche Tätigkeit. Sie kann Richtlinien erlassen (§ 57). Ihre Organe sind die Wp.-Versammlung, der Beirat und der Vorstand. Sie hat eine Satzung und untersteht der staatlichen Aufsicht des BMWi (§§ 59, 60).

Nach dem Vorbild der BRAO besteht die *Berufsgerichtsbarkeit* selbständig neben der Berufsorganisation. Dem Vorstand der WpKammer ist nur ein Rügerecht bei geringfügigen Verletzungen der Berufspflichten eingeräumt (§ 63). Ein Wp., der seine Pflichten schuldhaft verletzt, wird berufsgerichtlich bestraft (Warnung, Verweis, Geldbuße bis zu 20000 DM, Ausschließung aus dem Beruf; §§ 67, 68). Über Berufsverbot bei zu erwartendem Ausschluß vgl. §§ 111ff. In erster Instanz entscheidet die *Kammer für WpSachen* des Landgerichts (1 Richter, 2 Wp.), im Berufungsrechtszug der *Senat für WpSachen* des OLG (3 Richter, 2 Wp.) und im Revisionsverfahren der beim BGH gebildete *Senat für WpSachen des BGH* (3 Richter, 2 Wp.), vgl. §§ 72–75. Über das berufsgerichtliche Verfahren im einzelnen s. §§ 81ff.; die *Revision* ist nur zulässig, wenn das OLG auf Berufsausschließung erkannt oder diese abgelehnt oder wenn es das Rechtsmittel zugelassen hat, weil es sich um Rechtsfragen oder Berufspflichten von grundsätzlicher Bedeutung handelt (§ 107).

572. Das Steuerberatungsgesetz

vom 16. 8. 1961 (BGBl. I 1301) hatte zunächst bundeseinheitlich die Zulassung, Prüfung, Bestellung und die Berufspflichten der *Steuerberater* und *Steuerbevollmächtigten* (früher: Helfer in Steuersachen) geregelt. Es erfaßt seit der Änderung vom 24. 6. 1975 (BGBl. I 1509) die gesamte Hilfeleistung in Steuer- und Monopolsachen einschließlich Straf- und Bußgeldsachen, Buchführung usw. Geschäftsmäßige Hilfeleistung darf von Einzelpersonen und Vereinigungen ohne Rücksicht auf Entgelt nur auf Grund gesetzlicher Befugnis ausgeübt werden (§§ 1, 2). Das StBG gilt jetzt i. d. F. vom 4. 11. 1975 (BGBl. I 2735) m. Änd. zuletzt vom 18. 8. 1980 (BGBl. I 1537).

Diese Befugnis besitzen kraft Gesetzes Steuerberater (Stb.), Steuerbevollmächtigte (Stbv.), Steuerberatungsgesellschaften, Rechtsanwälte, Wirtschaftsprüfer, vereidigte Buchprüfer sowie Wirtschaftsprüfer- und Buchprüfungsgesellschaften; ferner im Rahmen ihrer Berufstätigkeit Notare, Patentanwälte, Treuhänder sowie Prüfungsverbände und Berufsverbände (§§ 3, 4). Die Vereinbarung von Erfolgshonoraren ist verboten (§ 9). Die von Arbeitnehmern eingerichteten *Lohnsteuerhilfevereine* bedürfen behördlicher Anerkennung, die u. a. Rechtsfähigkeit, eine Satzung und den Nachweis einer Haftpflichtversicherung voraussetzt (§§ 13ff.). Sie haben Aufzeichnungspflichten vor allem über Einnahmen und Ausgaben, müssen Geschäftsprüfungen durchführen lassen und unterstehen der Aufsicht der OFD (§§ 21, 22, 27). Zum Anerkennungsverfahren der OFD vgl. DVO über Lohnsteuerhilfevereine vom 15. 7. 1975 (BGBl. I 1906).

Stb. und Stbv. bedürfen einer behördlichen Bestellung durch die oberste Landesfinanzbehörde (§§ 32, 40, 42). *Steuerberatungsgesellschaften* können unter bestimmten Voraussetzungen (insbes. wenn die fachliche Leitung sichergestellt ist), in der Form der AG, KGaA oder GmbH anerkannt werden, als oHG oder KG nur, wenn sie wegen ihrer Treuhandtätigkeit im Handelsregister eingetragen sind (§§ 49ff.). Die Ausübung der Steuerberatung ist kein Gewerbe, sondern freier Beruf (§ 32 Abs. 2). Stb. und Stbv. können sich an jedem Ort der BRep. einschl. Berlin (West) ohne räumliche Beschränkung betätigen und auswärtige Beratungsstellen unterhalten (§ 34). Die *Gebühren* richten sich nach der VO vom 17. 12. 1981 (BGBl. I 1442).

Als Stb. darf nach § 35 nur bestellt werden, wer die vorgeschriebene Prüfung bestanden hat oder hiervon befreit worden ist (z. B. ein früherer Steuerbeamter). Voraussetzung für die Zulassung zur Prüfung ist ein abgeschlossenes wirtschafts- oder rechtswissenschaftliches Studium und eine dreijährige Tätigkeit auf dem Gebiet des Steuerwesens; bei Absolventen einer Realschule genügt die Gehilfenprüfung in einem kaufmännischen, steuer- oder wirtschaftsberatenden Beruf und eine 10jährige steuerliche Berufstätigkeit (§ 36). Stbv. werden nur noch übergangsweise zugelassen, wenn sie die mittlere Reife oder erfolgreichen 2jährigen Besuch einer Handelsschule sowie eine Gehilfenprüfung und 4jährige steuerliche Berufstätigkeit nachweisen (§ 156). Die DVO zum StbG vom 12. 11. 1979 (BGBl. I 1922) enthält ergänzende Vorschriften u. a. über Zulassung und Prüfung (§§ 1–33) sowie Bestellung (§§ 34–39) als Stb. oder Stbv., Berufsregister (§§ 45–50). *Rücknahme* der Bestellung ist zulässig insbes. wegen arglistiger Täuschung, *Widerruf* bei Nichtaufnahme der Tätigkeit binnen 6 Mon., Umzug ins Ausland usw. (§ 46 StbG).

Die *Berufspflichten* sind in den §§ 57–72 StbG geregelt. Der Beruf ist unabhängig, eigenverantwortlich, gewissenhaft und verschwiegen auszuüben; Werbung ist grundsätzlich untersagt (§ 8 u. WerbeVOStBerG vom 25. 11. 1976, BGBl. I 3245). Berufshaftpflichtversicherung ist vorgeschrieben (§ 67). Ablehnung eines Auftrags ist unverzüglich zu erklären, sonst Schadensersatzpflicht (§ 63). Nicht vereinbar ist eine gewerbliche Tätigkeit und i. d. R. auch eine Betätigung als Arbeitnehmer (§ 57 Abs. 4). Handakten sind 7 Jahre nach Auftragsbeendigung aufzubewahren (§ 66). Ehemalige Beamte oder Angestellte der Finanzverwaltung dürfen innerhalb von 3 Jahren nach Ausscheiden aus dem öffentl. Dienst nicht für Auftraggeber tätig werden, mit deren Steuerangelegenheiten sie in den letzten 3 Jahren vor dem Ausscheiden materiell befaßt waren (§ 61).

Stb. und Stbv. müssen diese Berufsbezeichnungen im beruflichen Verkehr führen (§ 43); unbefugte Führung ist strafbar (§ 132a StGB). Wegen des Verbots der Bezeichnungen „Buchprüfer", „Bücherrevisor", „Wirtschaftstreuhänder" vgl. 571. Die Berufsbildung zum *Fachgehilfen in steuer- und wirtschaftsberatenden Berufen* regelt die VO vom 15. 2. 1978 (BGBl. I 269).

Zur beruflichen Selbstverwaltung werden *Berufskammern (Steuerberaterkammern)* am Sitz der OFD gebildet, denen alle Stb. und Stbv. des Bezirks angehören müssen (Zwangsmitgliedschaft; §§ 73, 74). Die Kammern (Vorstand, Satzung, Beitragspflicht) wahren die Belange ihrer Mitglieder und führen die Aufsicht über deren berufliche Tätigkeit. Sie sind zu einer *Bundessteuerberaterkammer* zusammengefaßt. Die Aufsicht über die Kammern führt die oberste Landesfinanzbehörde, über die Bundeskammer der BMF.

Ein Stb. oder Stbv., der seine Pflichten schuldhaft verletzt, kann vom Vorstand der Berufskammer gerügt werden; hiergegen ist Einspruch und, wenn dieser erfolglos ist, Antrag auf Entscheidung des LG – Steuerberaterkammer –

zulässig (§§ 81, 82). Bei erheblicher Pflichtverletzung können als *berufsgerichtliche Maßnahmen* Warnung, Verweis, Geldbuße bis zu 20000 DM oder Ausschließung aus dem Beruf verhängt werden (§§ 89, 90). Über Berufs- und Vertretungsverbot bei zu erwartendem Ausschluß s. §§ 134ff. Im ersten Rechtszug entscheidet eine Kammer des Landgerichts als Kammer für Stb.- und Stbv.-Sachen (1 Richter, 2 Stb. oder Stbv.), im Berufungsrechtszug ein Senat des OLG als Senat für Stb.- und Stbv.-Sachen beim OLG (3 Richter, 2 Stb. oder Stbv.) und im Revisionsverfahren ein beim BGH gebildeter ebensolcher Senat (§§ 95–97). Die *Revision* ist jedoch nur bei Berufsausschließung oder deren Ablehnung durch das OLG zulässig oder wenn das OLG sie zugelassen hat, weil es sich um Rechtsfragen oder Berufspflichten von grundsätzlicher Bedeutung handelt (§ 129). Über das Verfahren vgl. im übrigen §§ 105ff.

573. Das Steuerbeamten-Ausbildungsgesetz

Das Steuerbeamten-Ausbildungsgesetz vom 16. 5. 1961 (BGBl. I 603) i. d. F. vom 14. 9. 1976 (BGBl. I 2793), m. spät. Änd., sieht für den Dienst in der Steuerverwaltung der Länder eine *bundeseinheitliche Regelung* vor. Nach diesem Gesetz bestimmen sich die Eingangsvoraussetzungen für die Laufbahnbewerber des einfachen, des mittleren, des gehobenen und des höheren Dienstes, der Aufstieg in höhere Laufbahnen, die Einführung der Beamten in die Aufgaben ihrer Laufbahnen und die Beamtenfortbildung (vgl. 155).

Während zum *einfachen Dienst* der erfolgreiche Besuch einer Hauptschule und ein sechsmonatiger Vorbereitungsdienst (ohne Prüfung) ausreicht (§ 2), wird für den *mittleren Dienst* Realschulbildung oder gleichwertiger Bildungsstand, zwei Jahre Vorbereitungsdienst sowie Ablegung der Laufbahnprüfung verlangt. Zum *gehobenen D.* kann zugelassen werden, wer eine zu einem Hochschulstudium berechtigende Schulbildung besitzt. Besonderheiten in § 4 Abs. 2. Der Vorbereitungsdienst dauert 3 Jahre; es finden eine Zwischenprüfung und eine Laufbahnprüfung statt. Den Aufstieg in höhere Laufbahnen behandelt § 6.

Als Laufbahnbewerber für den *höheren Dienst* kann zugelassen werden, wer ein mindestens dreijähriges, durch eine Prüfung abgeschlossenes Studium der Rechtswissenschaften oder der Wirtschafts-, Finanz- und Sozialwissenschaften, einen mindestens zweijährigen Vorbereitungsdienst und Ablegung einer die Befähigung für die Laufbahn vermittelnden zweiten Prüfung nachweist (§ 5). Die Ausbildung dauert 18 Monate; hiervon entfallen 4 Monate auf fachwissenschaftliche Lehrgänge an der *Bundesfinanzakademie* (§ 5 Abs. 2). Die Akademie dient der Durchführung der ergänzenden Studien und der Fortbildung der Beamten des höheren Dienstes (§ 7).

S. a. *Ausbildungs- und Prüfungsordnung* für die Steuerbeamten (StB APO) vom 21. 7. 1977 (BGBl. I 1353) i. d. F. vom 6. 9. 1982 (BGBl. I 1257).

Sechster Teil

Arbeits- und Sozialrecht

A. Überblick über das Arbeitsrecht

601. Grundlagen des Arbeitsrechts

Das *Arbeitsrecht* umfaßt die Rechtsnormen, die sich auf die *in abhängiger Tätigkeit* geleistete Arbeit beziehen. Es regelt das Verhältnis von *Arbeitgebern* und *Arbeitnehmern*; zu letzteren rechnet, wer auf Grund eines Arbeitsvertrages entweder als *Arbeiter* mit überwiegend körperlicher Arbeit oder als *Angestellter* mit mehr gedanklicher oder geistiger, leitender oder überwachender Tätigkeit beschäftigt ist. Es umfaßt öffentliches Recht (z. B. Arbeitnehmerschutz, Arbeitsgerichtsbarkeit) und Privatrecht (z. B. Arbeitsvertragsrecht, Kündigungsschutz usw.). Vgl. 603–606.

Die Verheißung des Art. 157 der Weimarer Verfassung, ein *einheitliches Arbeitsrecht* zu schaffen, ging bisher nicht in Erfüllung. Die arbeitsrechtlichen Bestimmungen sind *nicht kodifiziert*, d. h. in einem großen Gesetz zusammengestellt, sondern finden sich weiterhin in nur schwer zu überblickenden *einzelnen* Gesetzen (z. B. BGB, HGB, GewO, Jugendschutzgesetz, Seemannsgesetz usw.). Doch sind durch das *Erste Arbeitsrechtsbereinigungsgesetz* vom 14. 8. 1969 (BGBl. I 1106) wenigstens gewisse Gleichstellungen hins. der Kündigungsbestimmungen erreicht worden. Bereits seit geraumer Zeit wird ein *Arbeitsgesetzbuch* vorbereitet; es soll das Arbeitsrecht vereinfachen und übersichtlicher gestalten. Zum Entwurf eines *Arbeitsvertragsgesetzes* als Teilregelung vgl. 603 II.

Nach Art. 75 Nr. 12 GG gehört das Arbeitsrecht zur *konkurrierenden Gesetzgebung* des Bundes (vgl. hierzu 55 II). Nach Art. 125 GG ist sowohl das Arbeitsrecht des früheren Reiches als auch das des Vereinigten Wirtschaftsgebietes Bundesrecht geworden.

Die gesetzlichen Bestimmungen des Bundes- und Landesrechts werden ergänzt durch *autonome Rechtsnormen* (z. B. Tarifvertrag, Betriebsvereinbarung) und *Gewohnheitsrecht.*

Von grundlegender Bedeutung für das Arbeitsrecht ist das *Betriebsverfassungsgesetz* vom 15. 1. 1972 (BGBl. I 13) m. spät. Änd., das insbesondere das Recht der Betriebsräte und die Mitwirkung und Mitbestimmung der Arbeitnehmer behandelt. Vgl. 633. Auch das *Arbeitsförderungsgesetz* vom 25. 6. 1969 (BGBl. I 582) m. spät. Änd. regelt Teil- oder Randgebiete des Arbeitsrechts, insbes. Berufs- und Ausbildungsförderung und Arbeitslosenversicherung. Vgl. 602, 672.

Die arbeitsrechtlichen Bestimmungen der *Gewerbeordnung* (183 I) gelten, soweit nicht speziellere Gesetze vorgehen. Insbesondere sind die Bestimmungen über die Rechtsverhältnisse der gewerblichen Arbeitnehmer anwendbar, soweit sie nicht – z. B. durch das 1. ArbeitsrechtsbereinigungsG – aufgehoben sind. Vgl. 610 (Arbeitslohn), 620 (Unfallverhütung), 614 (Lohnfortzahlung bei Krankheit). Das Recht der *Innungen,* Innungsverbände und *Handwerkskammern* ist in der *Handwerksordnung* geregelt (vgl. 607, 834).

Die *Landarbeitsordnung* vom 24. 1. 1919 (RGBl. 111), die für die Betriebe der *Land-* und *Forstwirtschaft* galt und die Sondervorschriften über Vertragsabschluß, Arbeitszeit, Entlohnung, Wohnungen usw. enthielt, ist durch das Erste ArbeitsrechtsbereinigungsG (s. o.) aufgehoben worden.

Das *Seearbeitsrecht* war früher in der Seemannsordnung vom 2. 6. 1902 geregelt. Es ist durch das *Seemannsgesetz* vom 26. 7. 1957 (BGBl. II 713) neu geregelt worden. Vgl. 627.

Die Lage auf dem Arbeitsmarkt der BRep. führte zur *Beschäftigung nichtdeutscher Arbeitnehmer* in größerem Maße. Zur Lenkung und Überwachung ihres Arbeitseinsatzes hat das Arbeitsförderungsgesetz der Arbeitsverwaltung (602) Kontrollmöglichkeiten eingeräumt. Vgl. 628.

Streik und Aussperrung (635) sind weder im GG noch in einem Spezialgesetz behandelt; jedoch ist das Streikrecht in einigen Länderverfassungen garantiert. Ein generelles Verbot der Aussperrung in einer Landesverfassung (Art. 29 der hess. Verf.) hat das BAG als mit den tragenden Grundsätzen des geltenden Tarifrechts unvereinbar und daher nichtig erklärt. Aus dem Zusammenhang der Bestimmungen über das Koalitionsrecht zur Förderung der Arbeitsbedingungen und über das Grundrecht der freien Entfaltung der Persönlichkeit (Art. 9 Abs. 3, Art. 2 Abs. 1 GG; vgl. 47) sowie aus der Struktur der BRep. als sozialer Rechtsstaat (s. 42, 54) ergibt sich daß der Gesetzgeber vom Bestehen des Rechts zum Arbeitskampf ausgegangen ist.

Dem *Schwerbehindertengesetz,* das alle Bereiche des Arbeitsrechts berührt (z. B. Einstellung, Arbeitnehmerschutz, Kündigung, Urlaub usw.; vgl. 626), kommt im sozialen Staat besonderes Gewicht zu, ebenso dem *Jugendarbeitsschutzgesetz* und dem *Mutterschutzgesetz* (623, 621) sowie dem Gesetz zur *Förderung der Vermögensbildung der Arbeitnehmer* (618).

Über das Arbeitsrecht der *DDR* vgl. 24 IV.

602. Berufs- und Arbeitsplatzwahl. Arbeitsvermittlung

Art. 12 Abs. 1 S. 1 GG gewährleistet allen Deutschen *Berufsfreiheit,* d. h. das Recht, Ausbildungsstätte, Beruf und Arbeitsplatz frei zu wählen. Die Berufs*ausübung* kann durch Gesetz geregelt werden (Art. 12 Abs. 1 S. 2 GG). Diese Regelungsbefugnis des Gesetzgebers erstreckt sich zu einem gewissen Umfang auch auf die Berufs*wahl.* Nach der Stufentheorie des BVerfG im sog. ,,Apothekenurteil" (BVerfGE 7, 377ff., vgl. 184, 2), kann die Freiheit der Berufswahl eingeschränkt werden, wenn es der Schutz besonders wichtiger, überragender Gemeinschaftsgüter zwingend erfordert. Die Berufsausübung kann dagegen schon aus vernünftigen Erwägungen des Gemeinwohls geregelt werden. Somit können z. B. Zulassungsvoraussetzungen für Heilberufe, Prüfungsanforderungen für einen Befähigungsnachweis u. ä. festgelegt werden.

Wichtige Aufgaben neben anderen hat auf dem Gebiet der Berufswahl und der Arbeitsaufnahme die *Bundesanstalt für Arbeit* (Sitz: Nürnberg) zu erfüllen. Sie ist eine rechtsfähige Körperschaft des öffentlichen Rechts mit Selbstverwaltung und steht unter der Rechtsaufsicht des BMA (vgl. 100). Sie gliedert sich in die *Hauptstelle,* die *Landesarbeitsämter* und *Arbeitsämter.* Ihre Organe sind der *Vorstand,* der *Verwaltungsrat* und *Verwaltungsausschüsse* bei den Landesarbeits- und Arbeitsämtern; alle Organe setzen sich zu je ⅓ aus Vertretern der Arbeitnehmer (Gewerkschaften), der Arbeitgeber und der öffentlichen Körperschaften zusammen. Vgl. §§ 189ff. des *Arbeitsförderungsgesetzes* – AFG – vom 25. 6. 1969 (BGBl. I 582) m. spät. Änd.

Der Bundesanstalt für Arbeit obliegt insbesondere die Berufsberatung, die Arbeitsvermittlung, die Förderung der Berufsausbildung sowie die Arbeitslosenversicherung (672). Wie die *Berufsberatung*, ist auch die *Arbeitsvermittlung* grundsätzlich der Bundesanstalt vorbehalten (§ 4 AFG). Jedoch ist den Einrichtungen der *freien Wohlfahrtspflege* die nichtgewerbsmäßige Arbeitsvermittlung gestattet (Ges. vom 9. 7. 1954, BGBl. I 179). Über die *Arbeitsvermittlung von und nach dem Ausland* vgl. §§ 18, 23 AFG und VO vom 28. 6. 1935 (RGBl. I 903); es bestehen zahlreiche zwischenstaatliche Abkommen. Um eine Kontrolle des Beschäftigungsstandes zu ermöglichen, ist jeder Arbeitgeber verpflichtet, die Einstellung und Entlassung von Arbeitnehmern binnen 2 bzw. 6 Wochen über den Träger der Krankenversicherung (658) der Bundesanstalt für Arbeit anzuzeigen (§ 10 AFG, §§ 3, 4 der 2. DatenerfassungsVO vom 29. 5. 1980, BGBl. I 593).

Unter der Hauptabteilung der Bundesanstalt für Arbeit bestehen bei den 9 Landesarbeitsämtern Abteilungen und bei den Arbeitsämtern Unterabteilungen für *Berufsberatung*. Sie beraten Jugendliche und Erwachsene bei der *Berufswahl* unter Berücksichtigung der Neigung und Veranlagung, der persönlichen Verhältnisse, der Lage des *Arbeitsmarktes* und der Berufsaussichten.

Hoheitsaufgaben des Bundes erfüllt die Bundesanstalt auf dem Gebiet der *Schwerbehindertenvermittlung* (s. 626), der Durchführung des *Heimkehrergesetzes* (s. 682) und des *Kündigungsschutzgesetzes* (s. 630). Weitere Aufgaben sind die Förderung der beruflichen Bildung und die Arbeits- und Berufsförderung Behinderter (sog. *berufliche Rehabilitation)* durch Zuschüsse, Darlehen u. dgl. Durch Ausbildung, Fortbildung oder Umschulung soll die *Mobilität der Arbeit-*

nehmer, d. h. ihre vielfältige Verwendbarkeit und Beweglichkeit, erhöht werden, um den ständigen technischen und strukturellen Veränderungen in der Wirtschaft gerecht zu werden. Zugleich soll dadurch der Arbeitslosigkeit gesteuert, aber auch dem Mangel an ausgebildeten Fachkräften entgegengewirkt werden. Vgl. 672 und §§ 33–49 AFG.

603. Arbeitsaufnahme. Arbeitsvertragsrecht

I. Mit der Anbahnung eines Arbeitsverhältnisses entsteht bereits vor Abschluß eines Arbeitsvertrages ein *gesetzliches Schuldverhältnis* (311), das für beide Teile Verpflichtungen begründet, so z. B. hinsichtlich der Aufbewahrung der Bewerbungsunterlagen, Ersatz von Reisekosten bei einer vom Arbeitgeber veranlaßten Vorstellung (§§ 662ff. BGB), aber auch zur gegenseitigen Unterrichtung über die vom anderen Teil erwarteten oder gebotenen Leistungen. Schadenersatzansprüche können entstehen, wenn ein Arbeitnehmer im Vertrauen auf Zusagen seine bisherige Stellung kündigt, dann aber nicht eingestellt wird. Über die Gleichbehandlung von Männern und Frauen schon bei Arbeitsaufnahme vgl. 621 I.

Der Arbeitnehmer braucht die ihm vor der Einstellung mündlich oder schriftlich (Fragebogen) gestellten Fragen ohne die Gefahr einer Anfechtung des Arbeitsvertrages wegen Täuschung nur zu beantworten, wenn sie mit der erwarteten Arbeitsleistung im Zusammenhang stehen und der Arbeitgeber unter Berücksichtigung der zu leistenden Arbeit ein berechtigtes Interesse an ihrer Beantwortung hat (z. B. Fragen nach Vorstrafen, Krankheiten usw.; bestr. bezüglich Schwangerschaft).

II. Das *Arbeitsvertragsrecht,* der Kernpunkt des Arbeitsrechts, regelt das Verhältnis des Arbeitnehmers zu seinem Arbeitgeber und gestaltet das Arbeitsleben in der Praxis. Der *Arbeitsvertrag* ist ein gegenseitiger Vertrag, der auf beiden Seiten Verpflichtungen (Arbeitsleistung gegen Entgelt) hervorruft. Da aber bei ihm nicht Wirtschaftsgüter ausgetauscht werden und *Arbeit* nicht als Ware oder Handelsgut betrachtet werden darf, erfordern die personenrechtlichen Beziehungen Gemeinschaftsgeist, der sich in *Fürsorgepflicht* und *Treueverhältnis* äußert und solchen Verträgen einen über das Schuldrecht hinausgehenden Gehalt gibt.

Der *Einzelarbeitsvertrag* (604) wird meist überlagert durch das sog. *kollektive Arbeitsrecht,* das im Wege der Gesamtvereinbarung allen von dieser erfaßten Arbeitnehmern für gleiche Verhältnisse *gleiche Arbeitsbedingungen* und gewisse *Mindestansprüche* sichern soll. Das kann durch *Betriebsvereinbarungen* für einen einzelnen Betrieb oder durch *Tarifvertrag* für einen weiteren Bereich geschehen. Vgl. 605, 606.

Die *Befristung* eines Arbeitsverhältnisses bedarf eines sachlichen Grundes, weil sonst der Kündigungsschutz des Arbeitnehmers umgangen werden könnte. Auf Grund des *Ges. über arbeitsrechtliche Vorschriften zur Beschäftigungsförderung* vom 26. 4. 1985 (BGBl. I 710) ist jedoch vom 1. 5. 1985 bis zum 1. 1. 1990 die einmalige Befristung von Arbeitsverträgen bis zu 18 Monaten zulässig, wenn ein Arbeitnehmer neu eingestellt oder ein Arbeitnehmer im Anschluß an seine Berufsausbildung nur vorübergehend weiterbeschäftigt werden kann. Sonderregelungen gelten insoweit bei Unternehmensneugründungen.

Für Gebiete, die außerhalb jedes tarifvertraglichen Schutzes liegen, kann der Bundesarbeitsminister *Mindestarbeitsbedingungen* zur Befriedigung der notwendigen sozialen und wirtschaftlichen Bedürfnisse der Arbeitnehmer festsetzen (Ges. vom 11. 1. 1952, BGBl. I 17).

Die Normen des Arbeitsvertragsrechts, die über zahlreiche Rechtsgebiete verstreut sind (vgl. 604ff.), sollen in einem *Arbeitsvertragsgesetz* zusammengefaßt werden; dieses ist als vorweggenommener Teil des künftigen Arbeitsgesetzbuchs (601) gedacht.

604. Der Einzelarbeitsvertrag

wird zwischen dem Arbeitgeber und einem oder mehreren Arbeitnehmern als Dienstvertrag abgeschlossen. Er ist ein schuldrechtlicher Vertrag besonderer Art insofern, als er starke persönliche Beziehungen hervorruft. Die für Einzelarbeitsverhältnisse allgemein maßgebenden Bestimmungen finden sich in BGB, HGB, GewO usw., evtl. in einem Tarifvertrag (605), einer Betriebsvereinbarung (606) oder in Mindestarbeitsbedingungen (603).

Vom *Werkvertrag* unterscheidet sich der Arbeitsvertrag dadurch, daß dort ein bestimmtes „Werk", ein Erfolg, als Ergebnis einer selbständigen Arbeit versprochen wird. Der *Akkordlohnvertrag* mit Bezahlung nach der Arbeitsleistung (Arbeitsquantum) ist ebenfalls ein Arbeits- (nicht Werk-)vertrag. Vgl. 320, 610.

Grundsätzlich besteht *Vertragsfreiheit.* Jedoch sind zwingende Gesetzesvorschriften (z. B. Arbeitnehmerschutz, Arbeitszeit, gute Sitten, § 138 BGB), ferner die unabdingbaren Bestimmungen eines Tarifvertrages, einer Betriebsvereinbarung oder einer Arbeitsordnung zu beachten. Für den gleichfalls ein Arbeitsverhältnis begründenden *Lehr(Ausbildungs)vertrag* bestehen Sonderbestimmungen, z. B. hins. Mindestdauer, *Schriftform* (s. 607). Ein *Konkurrenzverbot* für Handlungsgehilfen bedarf gleichfalls der Schriftform (s. 632). Besonderheiten gelten für *Frauenarbeit* (s. 621). Nach § 5 *Schwerbehindertengesetz* müssen private Arbeitgeber und solche der öffentl. Hand bei mindestens 16 Arbeitsplätzen eine gewisse Zahl Schwerbehinderter beschäftigen (vgl. 626). Für *Jugendliche* bestehen gleichfalls Sonderbestimmungen (s. 623).

Durch den Arbeitsvertrag entstehen *beiderseitige Leistungsverpflichtungen:* Der Arbeitnehmer schuldet die vereinbarten *Dienste,* der Arbeitgeber den *Lohn* (s. 610). Als weitere Pflichten ergeben sich die *Treuepflicht* des Arbeitnehmers, die ihn zur Förderung des Interesses des Arbeitgebers verpflichtet, andererseits die *Fürsorgepflicht* des Arbeitgebers; im Rahmen des *Direktionsrechts* des Arbeitgebers besteht *Gehorsamspflicht* des Arbeitnehmers (vgl. § 121 GewO). Außerdem können sich aus der Art des Arbeitsvertrags *Nebenpflichten* ergeben (z. B. Reinigen des Kraftfahrzeugs durch den Chauffeur, Staubwischen der Verkäuferin). Die sog. *Torkontrolle,* d. h. Leibesuntersuchung beim Verlassen des Betriebs, wird bei schonender Durchführung bei bestimmten Betrieben zu dulden sein. Bei *Betriebsübergang* begründet § 613a BGB eine gesamtschuldnerische Haftung des bisherigen und des neuen Inhabers für bereits bestehende Ansprüche des Arbeitnehmers, die bis zu einem Jahr nach dem Übergang fällig werden; eine Kündigung zu Lasten des Arbeitnehmers nur wegen des Betriebsübergangs ist verboten.

Beim sog. *Leiharbeitsverhältnis* stellt der Arbeitgeber den Arbeitnehmer einem anderen Unternehmer zur Arbeitsleistung in dessen Betrieb auf Zeit zur Verfügung, wozu der Arbeitnehmer seine Zustimmung geben muß (§ 613 S. 2 BGB). Der „Entleiher" hat den Anspruch auf die Arbeitsleistung sowie das *Direktionsrecht* und die *Fürsorgepflicht*. Die Pflicht zur Zahlung des Arbeitsentgelts, der Sozialversicherungsbeiträge usw. trifft mangels anderweiter Vereinbarung den „Verleiher"; Kündigungen sind zwischen ihm und dem Arbeitnehmer auszusprechen. *Gewerbsmäßige Arbeitnehmerüberlassung* ist erlaubnispflichtig (*Arbeitnehmerüberlassungsgesetz* i. d. F. vom 14. 6. 1985, BGBl. I 1068 m. spät. Änd.), im Baugewerbe jedoch unzulässig (§ 12a AFG). Der „Verleiher" muß zuverlässig sein und die gesetzlichen Vorschriften einhalten; befristete oder *Kettenarbeitsverträge* (Kündigung und Wiedereinstellung) sowie Überlassung auf mehr als 6 Monate an denselben Entleiher ist unzulässig. Ab 1. 1. 1990 ist die höchste zulässige Überlassungsfrist wieder auf 3 Monate reduziert. Über die Beteiligung der Betriebsräte beider Unternehmen und Maßnahmen gegen illegale Beschäftigung vgl. Art. 1 d. Ges. vom 15. 12. 1981 (BGBl. I 1390).

605. Der Tarifvertrag

(TV) regelt Rechte und Pflichten der Tarifvertragsparteien und kann Rechtsnormen enthalten, die betriebliche und betriebsverfassungsrechtliche Fragen ordnen. Er bedarf der *Schriftform*. Tarifvertragsparteien (*Tarifpartner*) sind *Gewerkschaften* und *Arbeitgeber*. Auch Zusammenschlüsse von Gewerkschaften und Arbeitgebervereinigungen (*Spitzenorganisationen*) können als Parteien oder Bevollmächtigte der ihnen angeschlossenen Verbände einen Tarifvertrag abschließen. Vgl. 634.

Zur Tariffähigkeit eines Verbandes leitender Angestellter s. BAG, NJW 1977, 1551.

Gesetzliche Grundlage bildet das *Tarifvertragsgesetz* (TVG) i. d. F. vom 25. 8. 1969 (BGBl. I 1323) m. Änd. vom 29. 10. 1974 (BGBl. I 2879); DVO vom 20. 2. 1970 (BGBl. I 193). Für Berlin TVG vom 12. 9. 1950 (VOBl. 417), DVO vom 5. 10. 1950 (VOBl. 469) m. Änd. vom 24. 11. 1967 (GVBl. 1660).

Der *Tarifvertrag* kommt durch freie Vereinbarung der Tarifvertragsparteien zustande, ohne daß es der Mitwirkung einer staatlichen Stelle bedarf. Er hat eine doppelte Funktion: Er regelt einmal *schuldrechtlich* die Rechte und Pflichten der Tarifvertragsparteien; ferner kann er *Rechtsnormen* enthalten, die betriebliche und betriebsverfassungsrechtliche Fragen ordnen (z. B. Lohnzuschläge, Urlaub, Weihnachtszuwendungen). Auch kann das Mitwirkungs- oder Mitbestimmungsrecht des Betriebsrats im Tarifvertrag geregelt werden. Während der *Lohntarifvertrag* sich auf die Regelung von Löhnen (Gehältern) beschränkt und meist für einen kürzeren Zeitraum abgeschlossen wird, umfaßt der *Manteltarifvertrag* eine für längere Zeit gedachte Regelung der allgemeinen Arbeitsbedingungen (Lohngruppeneinteilung, Akkord- und Zulagensystem usw.). Die den Inhalt, insbes. den Lohn, den Abschluß und die Beendigung des Arbeitsverhältnisses ordnenden Bestimmungen des Tarifvertrags gelten unmittelbar und *zwingend* für die Arbeitsverhältnisse aller unter den Geltungsbereich fallenden Arbeitnehmer (*Unabdingbarkeit*). Abweichende Vereinbarungen sind nur zulässig, soweit sie durch den TV gestattet sind oder eine Änderung der Regelungen zugunsten des Arbeitnehmers enthalten (§ 4 Abs. 3 TVG). Der Tarifvertrag kann auf bestimmte Zeit begrenzt werden. Seine Bestimmungen gelten aber weiter, bis sie durch eine neue Vereinbarung ersetzt werden (Prinzip der *Fortwirkung* des TV).

Der TV ist in Urschrift oder begl. Abschrift dem BMA und den ArbMin. der beteiligten Länder einzureichen. Er kann im Einvernehmen mit einem aus den Vertretern der Spitzenorganisationen der Arbeitgeber und Arbeitnehmer bestehenden *Tarifausschuß* für allgemeinverbindlich erklärt werden, wenn die tarifgebundenen Arbeitgeber nicht weniger als 50 v. H. der unter den TV fallenden Arbeitnehmer beschäftigen und die *Allgemeinverbindlicherklärung* im öffentlichen Interesse geboten erscheint (§ 5 Abs. 1 TVG, §§ 4ff. DVO). Über solche Tarifverträge wird beim BMA ein *Tarifregister* geführt (§ 6 TVG, §§ 14ff. DVO). Die Arbeitgeber haben die für ihren Betrieb maßgebenden Tarifverträge an geeigneter Stelle im Betrieb auszulegen (§ 8 TVG). Rechtskräftige Entscheidungen der Arbeitsgerichte, die im Rechtsstreit zwischen Tarifvertragsparteien aus dem TV oder über das Bestehen oder Nichtbestehen des TV ergangen sind, binden Gerichte und Schiedsgerichte in Rechtsstreiten zwischen tarifgebundenen Parteien sowie zwischen diesen und Dritten (§ 9 TVG).

606. Die Betriebsvereinbarung

ist eine *Gesamtvereinbarung* zwischen dem Arbeitgeber einerseits und dem *Betriebsrat* anderseits über die Ordnung und die Arbeitsverhältnisse *des einzelnen Betriebes*. Ihre wichtigste Art ist daher die *Arbeits-* oder *Betriebsordnung*.

Es besteht kein Zwang zum Abschluß einer Betriebsvereinbarung. Jedoch müssen auf Wunsch des Arbeitgebers oder des Betriebsrats Verhandlungen darüber geführt werden. Gegenstand einer Betriebsvereinbarung kann alles sein, was zu den Aufgaben des Betriebsrats gehört (s. 633), z. B. Regelung von Akkord- und Richtlohnsätzen. Unzulässig ist jedoch die Aufnahme von Bestimmungen, die üblicherweise durch Tarifvertrag geregelt werden, insbes. über Arbeitsentgelte und Arbeitsbedingungen (§ 77 Abs. 3 BetrVG).

Die Betriebsvereinbarung ist *schriftlich* festzulegen, zu unterzeichnen und im Betrieb auszulegen (§ 77 Abs. 2 BetrVG). Widerspricht sie einem gültigen Tarifvertrag, so gilt dieser und nicht die Betriebsvereinbarung. Wie der Tarifvertrag wirkt die Betriebsvereinbarung unmittelbar für *alle* Arbeitsverhältnisse des Betriebs; ihre Mindestbedingungen sind unabdingbar zugunsten der Arbeitnehmer. Die Betriebsvereinbarung endet durch Kündigung des Arbeitgebers oder des Betriebsrats, ferner durch Aufhebung im gegenseitigen Einverständnis, durch anderslautende Tarifverträge und durch Beendigung des Betriebs überhaupt. Wie der Tarifvertrag wirkt die Betriebsvereinbarung auch nach ihrer Beendigung noch auf Einzelarbeitsverhältnisse nach (Prinzip der *Fortwirkung*).

607. Das Lehr(Ausbildungs)verhältnis

Die Rechtsvorschriften des Lehrlingsrechts waren früher für kaufmännische Lehrlinge im HGB, für gewerbliche Lehrlinge in der Gewerbeordnung und für Handwerkslehrlinge in der Handwerksordnung enthalten. Nur die Bestimmungen der Handwerksordnung gelten weiter; im übrigen ist das *Berufsbildungsgesetz* (BBiG) vom 14. 8. 1969 (BGBl. I 1112) Grundlage für alle *Ausbildungsverhältnisse* zwischen dem Ausbildenden und dem Auszubildenden (früher *Lehrherr* und *Lehrling*).

Der *Berufsausbildungsvertrag (Lehrvertrag)* ist ein Arbeitsvertrag besonderer Art und untersteht daher dem kollektiven Arbeitsrecht (Tarifvertrag, Betriebsvereinbarung) und dem BGB insoweit, als nicht angesichts des Hauptzweckes der Berufsausbildung Sonderregelungen eingreifen. Er ist in einer von allen Beteiligten zu unterzeichnenden Niederschrift mit Angaben über Dauer, Probezeit (1–3 Monate), Vergütung (mindestens jährliche Steigerung), Urlaub, Kündigungsfristen usw. niederzulegen (§§ 3, 4, 10, 13). *Wettbewerbsverbote* und *Vertragsstrafen* dürfen nicht vereinbart werden (§ 5). Für die Kündigung ist Schriftform erforderlich. Sie ist während der Probezeit jederzeit fristlos zulässig, danach nur noch aus wichtigem Grunde oder vom Auszubildenden wegen Berufsänderung mit 4 Wochen Frist; ein wichtiger Grund kann nur binnen 2 Wochen geltend gemacht werden (§ 15). Der Ausbildende muß persönlich und fachlich geeignet sein (hierzu Ausbilder-EignungsVO gewerbliche Wirtschaft vom 20. 4. 1972, BGBl. I 707, und Sondervorschriften für einzelne Berufszweige). Auch muß eine fachgerechte Ausbildungsstätte vorhanden sein (§§ 20ff.). Die Ausbildung in bestimmten staatlich anerkannten *Ausbildungsberufen* wird durch *Ausbildungsordnungen* geregelt (§§ 25ff.; bezgl. der einzelnen Ausbildungsordnungen s. die Zusammenstellung bei Sartorius, Verf.- und Verw.gesetze, Fußn. 3 zu § 25 HandwO). Für anerkannte Berufe werden Verzeichnisse der Berufsausbildungsverhältnisse geführt (§§ 31–33).

Zu den Pflichten des Ausbildenden gehört neben der Vermittlung der erforderlichen Kenntnisse und Fertigkeiten auch die persönliche Fürsorge für den Auszubildenden. Er hat diesen zum Berufsschulbesuch anzuhalten und ihm bei Beendigung des Ausbildungsverhältnisses ein *Zeugnis* auszustellen, das auf Verlangen des Auszubildenden auch Angaben über Führung, Leistungen und besondere fachliche Fähigkeiten enthalten muß (§§ 6–8). Bei unverschuldeter Krankheit hat der Auszubildende bis zu 6 Wochen Anspruch auf Vergütung (§ 12). Die Durchführung von Zwischen- und *Abschlußprüfungen* richtet sich nach §§ 34ff. und den einzelnen Prüfungsordnungen. Für *Volontäre,* die nur zum Erwerb von Kenntnissen und Fertigkeiten, nicht der Arbeitsleistung wegen eingestellt und deshalb unentgeltlich beschäftigt werden, gelten die Bestimmungen über das Ausbildungsverhältnis entsprechend mit Besonderheiten für den Vertragsabschluß und die Probezeit (§ 19).

Für *Handwerkslehrlinge* bestehen entsprechende Vorschriften in den §§ 21 ff. der Handwerksordnung mit einigen Besonderheiten. Zur Ausbildung fachlich geeignet ist, wer das 24. Lebensjahr vollendet und die Meisterprüfung bestanden hat, ferner wer eine andere fachliche Abschlußprüfung abgelegt und entweder die Gesellenprüfung bestanden oder eine vierjährige praktische Tätigkeit abgeleistet hat. Die *Handwerkskammer* überwacht die persönliche und fachliche Eignung der Ausbildenden und die Eignung der Ausbildungsstätten. Sie führt die *Lehrlingsrolle,* in der die Ausbildungsverhältnisse verzeichnet werden. Die Ausbildungsordnungen regeln den Gang der Ausbildung; diese soll mindestens zwei und höchstens drei Jahre dauern (§ 25). S. a. VO über die *Lehrzeitdauer* im Handwerk vom 23. 11. 1960 (BGBl. I 851) m. Änd. zuletzt vom 25. 7. 1969 (BGBl. I 1021). Die Prüfungsordnungen für die Gesellenprüfungen werden von der Handwerkskammer erlassen, bei der Prüfungsausschüsse bestehen.

Die im Interesse der allgemeinen Wirtschafts- und Arbeitspolitik liegende *Förderung der Berufsbildung,* insbesondere durch Planung und Forschung, ist wichtigste Aufgabe des *Bundesinstituts für Berufsbildung* (Organe: Hauptausschuß, Generalsekretär; Fachausschüsse, insbes. für Fragen Behinderter). Es wird vom Bund finanziert und untersteht der Rechtsaufsicht des BMBW. Die Berufsbildungsplanung soll eine abgestimmte, den technischen, wirtschaftlichen und gesellschaftlichen Anforderungen entsprechende Entwicklung der beruflichen Bildung schaffen, die Qualität der Ausbildungsstätten und deren überbetriebliche Einrichtung fördern und bei der Erarbeitung von Ausbildungsordnungen mitwirken. Es führt das Verzeichnis der anerkannten Ausbildungsberufe und entscheidet über die Anerkennung von Fernlehrgängen (186). Im einzelnen s. Berufsbildungsförderungsgesetz vom 23. 12. 1981 (BGBl. I 1692) m. Änd. vom 4. 12. 1986 (BGBl. I 2190).

608. Arbeitszeit

1. *Allgemeine Arbeitszeitregelung*

Die *Arbeitszeitordnung* (AZO) vom 30. 4. 1938 (RGBl. I 447) m. Änd. zuletzt vom 10. 3. 1975 (BGBl. I 685) setzt den Achtstundentag fest (§ 3). *Arbeitszeit* ist die Zeit vom Beginn bis zum Ende der Arbeit ohne die Ruhepausen. Zur reinen Arbeitszeit gehört auch die *Arbeitsbereitschaft;* doch kann bei erheblichem Umfang hier die Arbeitszeit auf über 10 Stunden täglich verlängert werden (§ 7 Abs. 2 AZO).

Zur AZO ist eine AusführungsVO vom 12. 12. 1938 (RGBl. I 1799) m. Änd. zuletzt vom 18. 4. 1975 (BGBl. I 967) ergangen.

Bereitschaftsdienst liegt (sofern Gesetz, Tarif- oder Betriebsvereinbarung nichts anderes bestimmt) vor, wenn der Arbeitnehmer sich für Zwecke des Betriebes lediglich an einer vom Arbeitgeber bestimmten Stelle innerhalb oder außerhalb des Betriebes aufzuhalten hat, um erforderlichenfalls seine volle Arbeitstätigkeit unverzüglich aufnehmen zu können.

Im *Steinkohlenbergbau* gilt als Arbeitszeit die *Schichtzeit,* die in § 2 Abs. 2 AZO näher definiert ist.

Den Zeitpunkt des Arbeitsbeginns und der Beendigung der Arbeit setzt der Arbeitgeber fest; der *Betriebsrat* hat ein *Mitbestimmungsrecht* (§ 87 BetrVG).

Wird die Arbeitszeit an einzelnen Werktagen regelmäßig verkürzt, so kann ein *Ausgleich* an anderen Werktagen der gleichen, der vorhergehenden oder der folgenden Woche vorgenommen werden (bis auf 10 Stunden täglich, sonst nur nach behördlicher Genehmigung; § 4 AZO).

Eine längere Arbeitszeit kann *durch Tarifvertrag gestattet* sein oder vom *Gewerbeaufsichtsamt* erlaubt werden, insbes. für die *Arbeitsbereitschaft* z. B. von Maschinisten, Kellnern, Kraftfahrern, Bahnpersonal (§§ 7, 8 AZO). Eine andere Arbeitszeitverteilung ist auch bei den sog. *kontinuierlichen Betrieben* zulässig, die keine Arbeitsunterbrechung dulden (§ 10 AZO und VOen über die Arbeitszeit in Kokereien und Hochofenwerken, in Gaswerken, in Metallhütten, in Stahlwerken usw.).

Auch ohne ausdrückliche Bestimmung im Tarifvertrag oder behördliche Genehmigung darf der Arbeitgeber den Arbeitnehmer an 30 Tagen im Jahr bis zu 2 Stunden täglich länger beschäftigen, höchstens aber 10 Stunden; außerdem ist Verlängerung der Arbeitszeit in diesen Grenzen für besondere Zwecke (z. B. Reinigungsarbeiten, Vor- und Abschlußarbeiten) zulässig (§§ 5, 6 AZO). In Not- und außergewöhnlichen Fällen gestattet § 14 AZO zur Vermeidung wirtschaftlicher Schäden eine längere Arbeitszeit ohne Höchstgrenze.

Über die Anpassung der Arbeitszeit an den Arbeitsanfall s. § 4 des Ges. über arbeitsrechtliche Vorschriften zur Beschäftigungsförderung vom 26. 4. 1985 (BGBl. I 710).

Für geleistete Mehrarbeit hat der Arbeitnehmer eine Sondervergütung, die *Mehrarbeitsvergütung,* zu beanspruchen (§ 15 AZO). Maßgebend ist der Tarifvertrag bzw. die Betriebsvereinbarung, evtl. freie Vereinbarung; andernfalls kann der Arbeitnehmer einen Lohnzuschlag von 25 v. H. verlangen. *Überstunden* liegen vor, wenn die durch Tarifvertrag (Tarifordnung), Betriebsvereinbarung (Dienstordnung, Dienstvereinbarung) oder Einzelarbeitsvertrag festgelegte regelmäßige Arbeitszeit überschritten wird.

Die Einhaltung der Arbeitszeitbestimmungen überwacht das *Gewerbeaufsichtsamt* (§ 27 AZO und 183 I).

2. Sonderregelungen

Besonderheiten gelten u. a. für die Arbeitszeit in *Bäckereien und Konditoreien* (Ges. und DVO vom 29./30. 6. 1936, RGBl. I 521, 527) und in *Krankenpflegeanstalten* (VO vom 13. 2. 1924, RGBl. I 66). Für *Kraftfahrer, Straßenbahnfahrer, Beifahrer* und *Schaffner* enthält die EWG-VO Nr. 3820/85 vom 20. 12. 1985 nebst DVO vom 22. 8. 1969 (BGBl. I 1307) m. spät. Änd. Vorschriften über Mindestalter, Lenk- und Ruhezeiten, Kontrollbücher usw. für das *Fahrpersonal.* Ununterbrochene Lenkung ist nur 4½ Std. und insges. täglich i. d. R. nur bis 9 Std. (innerhalb von 2 aufeinanderfolgenden Wochen nicht länger als 90 Std.) zulässig. S. a. Europäisches Übereinkommen über die Arbeit des im internationalen Straßenverkehr beschäftigten Fahrpersonals – AETR – vom 1. 7. 1970 (BGBl. 1974 II 1473) i. d. F. vom 31. 7. 1985 (BGBl. II 889). Vgl. 195 III.

3. Ladenschlußzeiten

Das *Gesetz über den Ladenschluß* vom 28. 11. 1956 (BGBl. I 875) m. Änd. zuletzt vom 25. 7. 1986 (BGBl. I 1169) schreibt für *Verkaufsstellen,* d. h. Ladengeschäfte aller Art, Tankstellen, Kioske, Basare und ähnliche Einrichtungen, in denen von einer festen Stelle aus ständig Waren zum Verkauf an jedermann feilgehalten werden, bestimmte Ladenschlußzeiten vor. Besonderheiten gelten für Apotheken, Zeitungskioske, Tankstellen, Warenautomaten, Verkaufsstellen auf Personenbahnhöfen, Flughäfen, Fährhäfen, in Kur- und Erholungsorten, in ländlichen Gebieten, für Friseure, Blumengeschäfte und den Marktverkehr. Die Arbeitnehmer sind gegen Zeitüberschreitung geschützt, Zuwiderhandlungen als Straftaten oder Ordnungswidrigkeiten verfolgbar. Die Länder haben innerhalb ihrer Zuständigkeit Verordnungen über den Ladenschluß in ländlichen Gebieten, in Kur-, Erholungs- und Wallfahrtsorten und in der Nähe der Bundesgrenze, namentlich an Samstagen, Sonn- und Feiertagen, erlassen (Zusammenstellung bei Nipperdey, Textslg. Arbeitsrecht, Anm. 1 zu Nr. 357). Nach § 3 Nr. 3 LadenschlG dürfen Verkaufsstellen am ersten Sonnabend im Monat und an den vier aufeinander folgenden Sonnabenden vor dem 24. Dezember bis 18 Uhr geöffnet sein.

Nach einer Entscheidung des BVerfG vom 29. 11. 1961 (NJW 1962, 99) verstößt weder § 3 LadenschlußG noch § 8 Abs. 3 (betr. Apotheken) gegen das GG. Dagegen verletzt nach einer weiteren Entscheidung des BVerfG vom 21. 2. 1962 (BGBl. I 166) § 7 Abs. 1 LadenschlG das Grundrecht des Art. 12 Abs. 1 GG (freie Berufsausübung) insofern, als er die Ausnahme von der Ladenschlußregelung für Automaten nur für solche vorsieht, die in räumlichem Zusammenhang mit einer Verkaufsstelle aufgestellt werden und auf das Warensortiment dieser Verkaufsstelle beschränkt sind. Diese sog. *Residenzpflicht für Warenautomaten* ist daher verfassungswidrig und nichtig.

4. Frauen und Jugendliche

Sondervorschriften gelten für den *erhöhten Schutz der Frauen,* insbes. gewisse Beschäftigungsverbote (vgl. 621) sowie hins. Höchstarbeitszeit, Nachtruhezeit und Frühschluß vor Sonn- und Feiertagen (§§ 16–21 AZO).

Jugendliche dürfen nur an fünf Tagen wöchentlich beschäftigt werden, ferner grundsätzlich nicht samstags, sonntags und an gesetzlichen Feiertagen sowie am 24. und 31. Dezember nicht ab 14 Uhr. Ausnahmen gelten für bestimmte Betriebsarten (z. B. Gaststätten). Ein Beschäftigungsverbot besteht auch ab 20 Uhr, ausgenommen für Jugendliche ab 16 Jahren zu Ausbildungszwecken in bestimmten Betriebsarten (§§ 14–18 JASchG; vgl. 623).

5. Hausarbeitstag

Geringere Bedeutung haben heute die Regelungen über den *Hausarbeitstag (HAT),* der Arbeitnehmerinnen mit *eigenem Hausstand* unabhängig vom Familienstand zu gewähren ist, falls sie keine ausreichende Hilfe im Haushalt haben; dadurch soll die durch die Haushaltsführung der arbeitenden Frau entstehende Doppelbelastung ausgeglichen werden. Die in der *Freizeitanordnung* – FAO – vom 22. 10. 1943 (RArbBl. III 325) hierfür getroffene Regelung ist durch Sondergesetze einzelner Länder verdrängt worden. In den Ländern, in denen die FAO als Bundesrecht fortgilt, besteht für arbeitende Frauen *mit eigenem Hausstand* zwar Anspruch auf Freizeit, nicht aber auf Vergütung der ausfallenden Arbeitszeit. In Bremen, Hamburg, Niedersachsen und NRW haben die vorkonstitutionellen Landesgesetze Vorrang vor der FAO; dort ist ein Anspruch auf einen *bezahlten HAT* begründet.

Nach einem Beschluß des BVerfG vom 13. 11. 1979 (NJW 1980, 823) sind jedoch Regelungen dieser Art, soweit sie den HAT lediglich weiblichen, aber nicht männlichen Arbeitnehmern mit eigenem Hausstand gewähren, mit Art. 3 Abs. 2 GG unvereinbar. Eine gesetzliche Neuregelung ist daher erforderlich.

Nach der FAO besteht ein Anspruch auf wöchentl. 4 Std. unbezahlte Freizeit bei 48stündiger Beschäftigung sowie alle 4 Wochen Anspruch auf 1 HAT (bei Beschäftigten mit Kindern bis zu 14 J.: 2 HAT). Nach den Landesgesetzen ist dagegen monatlich ein bezahlter HAT bei bestimmter Mindestarbeitszeit zu gewähren (Bremen 44, Hamburg 48, Nieders. und NRW 40 Wochenstd.). Diese Regelungen haben allerdings infolge der allgemeinen Verkürzung der Arbeitszeit auf i. d. R. 40 Wochenstunden weitgehend ihre Bedeutung verloren.

696

Soweit ein gesetzlicher Anspruch auf den bezahlten HAT besteht, ist er *unabdingbar.* Vor- und Nacharbeit sind verboten; der Anspruch darf auch nicht durch Geld abgegolten werden. Wird das Arbeitsverhältnis aber beendet oder ist ein Monat verflossen, ohne daß ein HAT gewährt wurde, so steht dem Arbeitnehmer ein Abgeltungsanspruch in Geld zu, der als Lohnanspruch zu behandeln ist.

609. Sonntags- und Feiertagsarbeit

Außer an *Sonntagen,* d. h. an den kalendermäßig feststehenden ersten Tagen der Woche, herrscht auch an Feiertagen grundsätzlich *Arbeitsruhe.* Nach dem Bundesgesetz über die *Lohnzahlung an Feiertagen* vom 2. 8. 1951 (BGBl. I 479) erhält der Arbeitnehmer für die infolge eines gesetzlichen Feiertags in der Woche ausfallende Arbeitszeit den Arbeitslohn fortgezahlt. Das gilt nicht, wenn er am Arbeitstag vor oder nach dem Feiertag unentschuldigt fernbleibt.

Sonderbestimmungen über Sonn- und Feiertagsarbeit und deren Vergütung bestehen für Bäckereien, Landwirtschaft, Krankenpflegeanstalten, Seeschiffahrt und Apotheken sowie für Frauen und Jugendliche.

Die Bestimmung der *gesetzlichen Feiertage* obliegt an Stelle der früheren reichseinheitlichen Regelung (Ges. vom 27. 2. 1934, RGBl. I 129) nunmehr der Landesgesetzgebung; einziger bundesgesetzlich bestimmter Feiertag ist der *Tag der Deutschen Einheit* (17. 6.). Vgl. die Nachw. bei Nipperdey, Textslg. Arbeitsrecht, Nr. 250. In allen Ländern sind gesetzliche Feiertage: Neujahr, Karfreitag, Ostermontag, der Christi-Himmelfahrtstag, Pfingstmontag, Buß- und Bettag, 1. und 2. Weihnachtsfeiertag. Dazu kommen in katholischen Gegenden Heilige Drei Könige (6. 1.), Fronleichnam, Mariä Himmelfahrt und Allerheiligen (1. 11.). In Süddeutschland wird gebietsweise zwischen gesetzlichen und staatlich geschützten kirchlichen Feiertagen (ohne Lohnzahlung) unterschieden. Der *1. Mai* ist in allen Ländern als Tag des Bekenntnisses zu Freiheit und Frieden, sozialer Gerechtigkeit, Völkerversöhnung und Menschenwürde zum gesetzlichen Feiertag erklärt; meist besteht die Sonderregelung, daß der Lohn auch zu zahlen ist, wenn dieser Tag auf einen Sonntag fällt. Wird an gesetzlichen Feiertagen gearbeitet, so ist zum Normallohn ein *Zuschlag* gemäß Tarifvertrag oder Betriebsvereinbarung oder in sonst üblicher Höhe zu zahlen; er ist lohnsteuerfrei (535).

Das Gebot der allgemeinen *Sonntagsruhe* ist durchbrochen:

a) Kraft Gesetzes sind ausgenommen das sog. *Sonntagsgewerbe,* d. h. Gaststätten einschl. der in ihnen für ihre Rechnung betriebenen Verkaufsstellen (z. B. Tabak, Ansichtskarten), Theaterbetriebe und dringliche Arbeiten des Verkehrsgewerbes (§ 105i GewO). Den Arbeitnehmern in Gast- und Schankwirtschaften ist für Arbeiten an bestimmten Festtagen ein entlohnter freier Tag zu gewähren (Nr. 46 AVO z. AZO, vgl. 608; Anordnung vom 5. 12. 1940, RArbBl. III 310).

b) Für *kontinuierliche Betriebe,* in denen ununterbrochen gearbeitet wird, und *Saisonbetriebe* können allgemeine Ausnahmen zugelassen werden (§ 105d GewO). Vgl. z. B. VO vom 7. 7. 1961 (BGBl. I 900) i. d. F. vom 31. 7. 1968 (BGBl. I 885) über Ausnahmen vom Beschäftigungsverbot an Sonn- und Feiertagen in der *Eisen- und Stahlindustrie.*

c) Für das sog. *Bedürfnisgewerbe* (z. B. Wasser-, Gas-, Elektrizitätswerke, Zeitungsdruckereien, Friseure, Verkaufsstellen von Back- und Konditorwaren, Frischobst, Zeitungen, Milch- und Blumengeschäfte) kann die zuständige Behörde Ausnahmen zulassen (§ 105e GewO).

d) *Dringliche Arbeiten,* die in Notfällen oder die im öffentlichen Interesse unverzüglich auszuführen sind, können vorgenommen werden, ebenso Inventur, Bewachung, Reinigung, Instandhaltung, Vorbereitungsarbeiten (§ 105c GewO).
e) Weiter können zur *Verhütung eines unverhältnismäßigen Schadens* Ausnahmen vom Verbot der Feiertagsarbeit für bestimmte Zeit von der zuständigen Behörde zugelassen werden (§ 105f GewO).
f) Im *Handelsgewerbe* kann die zuständige Behörde für höchstens 10 Sonn- und Feiertage im Jahr eine Beschäftigung bis zu 8 Stunden zulassen (§ 105b Abs. 2 GewO).

610. Der Arbeitslohn

ist das Entgelt für die auf Grund eines Arbeitsvertrags geleistete Arbeit. Für die Bemessung des Arbeitslohnes, die dem Grundsatz der Lohngleichheit für Männer und Frauen unterliegt (vgl. 621 I), haben sich verschiedene *Lohnformen* herausgebildet:
a) der *Zeitlohn* nach der Dauer der Arbeitsleistung;
b) der *Leistungs-* oder *Akkordlohn* nach dem Arbeitsergebnis (Stück-, Gewichts-, Flächenakkord u. dgl.);
c) der *Prämienlohn* als Kombination von beiden.

Als zusätzliche Erfolgsvergütungen kommen Umsatzprovision, Gewinnbeteiligung *(Tantieme)* und Prämien sowie Gratifikationen in Betracht.

Neben *Geldlohn* kann dem Arbeitnehmer auch *Naturallohn* (Wohnung, Verpflegung, landwirtschaftliche Deputate) gewährt werden. Über Bewertung der *Sachbezüge* für die Lohnsteuer vgl. 535, in der Sozialversicherung 652.

Der *Zeitlohn* bildet die Regel. Er wird auch in Tarifvertrag und Betriebsvereinbarung meist vereinbart. Diese sichern dem Arbeitnehmer gewisse Mindestlöhne, während nach oben i. d. R. keine Grenze gesetzt ist. Vielfach wird der Zeitlohn als *Grundlohn* verwendet, auf dem sich die Entlohnung nach dem Arbeitsergebnis (Akkordlohn) aufbaut. Beim *Akkord- oder Stücklohn* richtet sich der Lohn nicht nach der Dauer der Arbeitszeit, sondern nach dem erzielten Arbeitsergebnis ohne Rücksicht auf die verbrauchte Arbeitszeit. Bei Arbeit in Arbeitsgruppen wird meist ein sog. *Gruppen-* oder *Kolonnenakkord* angewendet, bei dem für eine gemeinsame Arbeitsleistung mehrerer Arbeitnehmer mit Hilfe eines Akkordmeisters das Entgelt verteilt wird. In der Praxis sind Zeit- und Akkordlohnsystem bisweilen derart miteinander vermischt, daß ein Mindestlohn garantiert wird, zu dem Prämien hinzutreten. Der sog. *Ecklohn* geht von der Leistung eines Normalarbeiters aus, die mit dem Normallohn (100) abgegolten wird, und erhöht ihn entsprechend der Steigerung der subjektiven Leistung (Punkte) um *Prämien* oder *Zuschläge.*

Unter *Gratifikation* versteht man eine Sonderzuwendung, die neben dem vertragsmäßigen Arbeitsentgelt aus besonderem Anlaß (z. B. Weihnachten, Jubiläum) gewährt wird; sie ist von dem (häufig vereinbarten) sog. „13. Monatsgehalt" zu unterscheiden. Ein Rechtsanspruch auf eine *Weihnachtsgratifikation* kann durch Vertrag oder ständige vorbehaltlose Übung begründet werden. Auch wo kein Rechtsanspruch besteht, muß der Arbeitgeber sie gleichmäßig gewähren; er darf nicht einzelne Arbeitnehmer willkürlich ausschließen. Die Weihnachtsgratifikation ist bis 600 DM lohnsteuerfrei (§ 19 Abs. 3 EStG) und nicht sozialversicherungspflichtig. Über die Pfändbarkeit vgl. 254. Berücksichtigt werden nur Arbeitnehmer, die am 15. 12. dem Betrieb angehören (anders beim 13. Monatsgehalt, das bei vorzeitigem Ausscheiden, u. U. anteilig, verlangt werden kann). Ein *Rückzahlungsvorbehalt* für den Fall des Ausscheidens in nächster Zeit ist bei Beträgen bis 200 DM ausgeschlossen und auch sonst nur begrenzt wirksam (z. B. bei Weihnachtsgeldzahlung in Höhe eines Monatsgehalts für eine Kündigung bis zum 31. 3. des folgenden Jahres).

Über das von der Bundesanstalt für Arbeit im Rahmen der Arbeitslosenversicherung zu zahlende *Kurzarbeitergeld* und das *Schlechtwettergeld* im Baugewerbe vgl. 672.

Nach dem Ges. über Bergmannsprämien i. d. F. vom 12. 5. 1969 (BGBl. I 434) m. spät. Änd. erhalten Arbeitnehmer des Bergbaues, die unter Tage beschäftigt sind, eine *Bergmannsprämie*. Sie beträgt für jede unter Tage verfahrene volle Schicht 10 DM. Der Arbeitgeber hat die auszuzahlenden Prämien dem Betrag zu entnehmen, den er für seine Arbeitnehmer insgesamt an *Lohnsteuer* einbehalten hat. Der Anspruch auf die Bergmannsprämie ist nicht übertragbar. Die Prämien gelten arbeitsrechtlich, steuerlich und sozialversicherungsrechtlich nicht als Bestandteile des Lohns oder Gehalts (§ 4). Vgl. ferner DVO i. d. F. vom 20. 12. 1977 (BGBl. I 3135).

611. Die Lohnzahlung

Der Lohn wird bei Fehlen besonderer Vereinbarung erst nach Leistung der Arbeit, also nach bestimmten Zeitabschnitten bezahlt. Gewerbliche Arbeitnehmer haben mangels anderweiter Vereinbarung Anspruch auf wöchentliche Lohnzahlung, Angestellte auf monatliche Gehaltszahlung.

Für gewerbliche Arbeitnehmer verbietet die GewO (§§ 115–119) das sog. *Trucksystem,* d. h. die Zahlung des Lohnes in Waren, die der Arbeitnehmer erst veräußern muß, um zu Geld zu kommen.

Fällt die Arbeitsleistung aus, so entfällt i. d. R. der Lohnanspruch. Ausnahmsweise hat jedoch der Arbeitnehmer auch *ohne Arbeitsleistung* Anspruch auf Vergütung:

a) bei *Annahmeverzug* des Arbeitgebers (§ 615 BGB);
b) bei *Unmöglichkeit der Arbeitsleistung,* die der Arbeitgeber zu vertreten hat (§ 324 BGB, z. B. Nichtarbeit wegen Auftragsmangels);
c) bei *Krankheit* gemäß § 616 BGB (s. 614);
d) bei *Urlaub* (s. 613);
e) für lohnzahlungspflichtige *Feiertage* (vgl. 609);
f) unter Umständen bei *Betriebsstörungen.* Das *Betriebsrisiko* bei Arbeitsausfall aus betriebstechnischen Gründen trägt im allgemeinen der Arbeitgeber, ebenso das allgemeine *Wirtschaftsrisiko,* insbesondere bei Auftrags- oder Absatzmangel. Er ist daher auch grundsätzlich bei beiderseits nicht zu vertretenden Ereignissen zur Weiterzahlung des Lohnes verpflichtet. Ausnahmen gelten bei Existenzgefährdung für den Betrieb, ebenso wenn die Ursache der Störung im Bereich des Arbeitnehmers liegt und daher von diesem zu vertreten ist, z. B. bei *Streik (Arbeitskampfrisiko).* Das kann auch bei Fernwirkung eines Streiks der Fall sein, d. h. wenn dieser sich auf an sich nicht streikbeteiligte Betriebe auswirkt (Streik in Zulieferbetrieb hemmt Produktion der Abnehmer); dies jedenfalls dann, wenn die arbeitskampfführenden Verbände (Arbeitgeber, Gewerkschaft) der streikbeteiligten und der nur mittelbar betroffenen Betriebe identisch oder organisatorisch eng verbunden sind (BAG NJW 1981, 937).

612. Werkwohnung und Arbeitsverhältnis

Hat der Arbeitgeber dem Arbeitnehmer Wohnräume mit Rücksicht auf das Arbeitsverhältnis überlassen, so bestehen für diese besondere Kündigungsvorschriften.

Für eine *Werkmietwohnung*, die mit Rücksicht auf den abgeschlossenen Arbeitsvertrag, aber neben diesem durch gesonderten Vertrag vermietet worden ist, besteht erleichterte Kündigungsmöglichkeit nach Beendigung des Arbeitsverhältnisses. Es gelten verkürzte Kündigungsfristen, wenn der Wohnraum für einen anderen Arbeitnehmer benötigt wird. Doch kann der Mieter sich u. U. durch Widerspruch auf die *Sozialklausel* berufen. Das ist nicht zulässig bei sog. *funktionsgebundenen*, z. B. *Hausmeister-Werkmietwohnungen* (§§ 565b–d, 556a BGB). Bei *Werkdienstwohnungen*, die im Rahmen des Arbeitsvertrags vermietet sind, besteht kein besonderer Mietvertrag; gleichwohl gelten nach Auflösung des Arbeitsverhältnisses die Vorschriften des Mietrechts über Kündigung, Widerspruch gegen diese usw. dann, wenn die Wohnung vom Arbeitnehmer ganz oder überwiegend mit Hausrat versehen worden ist oder er in ihr mit seiner Familie einen eigenen Hausstand führt (§ 565e BGB).

613. Das Urlaubsrecht

Das zur Rechtsvereinheitlichung ergangene *Mindesturlaubsgesetz für Arbeitnehmer (Bundesurlaubsgesetz)* vom 8. 1. 1963 (BGBl. I 2) sieht einen Anspruch auf bezahlten Erholungsurlaub vor, der nach sechsmonatigem Bestehen des Arbeitsverhältnisses (sog. *Wartezeit*) entsteht. Dieser nach § 13 unabdingbare Mindesturlaub beträgt jährlich *18 Werktage*. Durch Tarifvertrag, Betriebsvereinbarung oder Einzelarbeitsvertrag ist jedoch meist ein höherer *Urlaubsanspruch* begründet.

Als Werktage gelten alle Kalendertage, die nicht Sonn- oder gesetzliche Feiertage sind (§ 3), also auch arbeitsfreie Samstage. Als Teilurlaub kann $1/12$ des Jahresurlaubs für jeden vollen Monat des Bestehens des Arbeitsverhältnisses beansprucht werden (§ 5). *Urlaubsentgelt* ist entsprechend dem Durchschnittsverdienst der letzten 13 Wochen zu zahlen (§ 11). Heimarbeiter und Hausgewerbebetreibende erhalten von ihrem Auftraggeber Urlaubsentgelt in Höhe von 6,75 v. H. des Jahresarbeitsentgelts (§ 12).

Ein Anspruch auf zusätzlichen sog. *Bildungsurlaub* ist zwar neuerdings in der Privatwirtschaft häufiger durch Tarifvertrag oder Betriebsvereinbarung begründet, kraft Bundesrecht aber vorerst nur für Betriebsratsmitglieder zwecks Schulung für ihre Tätigkeit im Betriebsrat (während der Amtszeit 3–4 Wochen nach Maßgabe des § 37 Abs. 7 BetrVG). Weitergehende landesrechtliche Regelungen räumen jedem Arbeitnehmer einen Anspruch auf Urlaub zur politischen, beruflichen oder allgemeinen Weiterbildung in anerkannten Veranstaltungen ein; vgl. für Berlin Ges. vom 16. 7. 1970 (GVBl. 1140), Bremen Ges. vom 18. 12. 1974 (GBl. 348), Hamburg Ges. vom 21. 1. 1974 (GVBl. 6), Hessen Ges. vom 16. 10. 1984 (GVBl. I 261), Niedersachsen Ges. vom 7. 1. 1985 (GVBl. 1).

Aufrechterhalten bleiben die landesrechtlichen Vorschriften über den Zusatzurlaub für Opfer des Nationalsozialismus, über Sonderurlaub für Jugendleiter sowie die urlaubsrechtlichen Bestimmungen des Arbeitsschutzgesetzes, des *Schwerbehindertengesetzes* (Zusatzurlaub von 5 Arbeitstagen, § 47), des Jugendar beitsschutzgesetzes (623) und des Seemannsgesetzes (627). Bei Erkrankung während des Urlaubs werden die durch ärztliches Zeugnis nachgewiesenen Tage der Arbeitsunfähigkeit auf den Jahresurlaub nicht angerechnet (§ 9), ebenso bei Kuren und Schonungszeiten, soweit Entgeltfortzahlungsanspruch – s. 614 – besteht (§ 10). Über das Urlaubsrecht der Beamten und Soldaten vgl. 154 III 6, 466.

614. Krankheit des Arbeitnehmers

liegt vor, wenn ein bestimmter regelwidriger körperlicher oder geistiger Zustand Krankenpflege erfordert oder eine vorübergehende Arbeitsunfähigkeit zur Folge hat. Ist die Erkrankung vom Arbeitnehmer *verschuldet* (z. B. durch Trunkenheit, Schlägerei), so braucht der Arbeitgeber das Arbeitsentgelt nicht zu zahlen (§§ 325, 323 BGB). Bei unverschuldeter Krankheit bleibt der Anspruch auf gewisse Zeit bestehen, und zwar für *Angestellte* nach dem BGB und für *Arbeiter* nach dem *Lohnfortzahlungsgesetz 1969*, das die mit dem sog. *Arbeiterkrankheitsgesetz 1957* eingeleitete wirtschaftliche Sicherung der Arbeiter im Krankheitsfalle weiter verbesserte.

Nach § 616 Abs. 1 BGB verliert der Dienstleistungsverpflichtete den Anspruch auf Vergütung nicht, wenn er für eine verhältnismäßig nicht erhebliche Zeit durch einen in seiner Person liegenden Grund ohne sein Verschulden an der Dienstleistung verhindert wird, selbst wenn das Arbeitsverhältnis anläßlich der Erkrankung gekündigt wird. Er muß sich aber den ihm aus einer gesetzlichen Kranken- oder Unfallversicherung für die Zeit der Verhinderung zustehenden Betrag *anrechnen* lassen. Als verhältnismäßig nicht erhebliche Zeit, für die das Entgelt fortzuzahlen ist, gilt für *Angestellte* nach § 616 Abs. 2 BGB, § 63 HGB der Zeitraum von 6 Wochen, wenn nicht durch Tarifvertrag eine andere Dauer bestimmt ist. Hierdurch werden die Krankenkassen entlastet und hinsichtlich der *Angestellten* von einer Zahlung des Krankengeldes für die Dauer von 6 Wochen befreit (§ 189 RVO); entsprechendes gilt für technische Angestellte in Gewerbebetrieben, wenn sie durch „unverschuldetes Unglück" an der Arbeitsleistung gehindert sind (§ 133c GewO).

Arbeiter, die früher i. d. R. auf die Zahlung des Krankengeldes nach der RVO angewiesen waren, hatten nach dem *Arbeiterkrankheitsgesetz 1957* Anspruch auf Zahlung eines Zuschusses des Arbeitgebers zu den Leistungen der Sozialversicherung bis zu 6 Wochen, wenn sie dem Betrieb mindestens 4 Wochen ununterbrochen angehörten. Nunmehr sind Arbeiter durch das *Lohnfortzahlungsgesetz* (Art. 1 des Ges. vom 27. 7. 1969, BGBl. I 946) hinsichtlich der Lohnzahlung im Krankheitsfalle grundsätzlich den Angestellten gleichgestellt. Das regelmäßige Arbeitsentgelt ist bei unverschuldeter Arbeitsunfähigkeit bis zu 6 Wochen weiterzuzahlen (bei mehrmaliger Arbeitsunfähigkeit binnen 12 Monaten auf Grund derselben Krankheit gilt die Frist für jede Erkrankung, falls die vorausgegangene mindestens 6 Monate zurückliegt). Ausnahmen bestehen für Zeitverträge bis 4 Wochen und geringfügig Beschäftigte (bis 10 Wochen- bzw. 45 Monatsstunden). Inhaber von Kleinbetrieben (bis 20 Arbeitnehmer), die durch Lohnfortzahlung übermäßig belastet werden könnten, haben einen *Ausgleichsanspruch* in Höhe von 80 v. H. des gezahlten Arbeitsentgelts gegen den Sozialversicherungsträger (AOK usw., 653). Die Mittel werden durch eine Umlage von den am Ausgleichsverfahren beteiligten Arbeitgebern aufgebracht.

Heimarbeiter können zum Ausgleich für möglichen Entgeltausfall durch Arbeitsunfähigkeit, falls ihnen nicht tarifvertraglich die Leistungen nach dem Lohnfortzahlungsgesetz zustehen, von ihrem Arbeitgeber einen *Zuschlag zum Arbeitsentgelt* in Höhe von 3,4 v. H. beanspruchen. Denselben Anspruch (bei Beschäftigung von höchstens 2 fremden Hilfskräften erhöht auf 4,8 v. H.) haben *Hausgewerbetreibende* gegen ihren *Zwischenmeister* (§ 8 LohnfortzahlungsG).

Auch *Lehrlingen* und *Anlernlingen* wird bei Krankheit und Arbeitsunfähigkeit die Vergütung nach dem Berufsbildungsgesetz (vgl. 607) oder nach § 1 LohnfortzahlungsG weitergezahlt.

Der erkrankte Arbeitnehmer hat dem Arbeitgeber die Krankheit unverzüglich zu melden und bei Arbeitsunfähigkeit bis zum Ablauf des 3. Tages zur Vermeidung des Verlustes von Arbeitsentgelt eine ärztliche Bescheinigung einzureichen. Kündigung ist nur bei anhaltender Krankheit, deren Ende sich nicht absehen läßt, berechtigt. Auf den Urlaub werden Krankheitstage nicht angerechnet.

Der durch § 616 BGB und das LohnfortzahlungsG begründete Anspruch auf Fortzahlung des Arbeitsentgelts besteht für 6 Wochen auch, wenn ein Sozialversicherungsträger (653) die Kosten für ein *Heilverfahren* übernimmt oder eine Vorbeugungs-, Heil- oder *Genesungskur* bewilligt.

Während der Fortzahlung des Arbeitsentgelts ruht nach § 189 RVO der Anspruch auf Krankengeld. Ähnliches gilt für das aus der Unfallversicherung zu zahlende Übergangsgeld während der Fortzahlung des Arbeitsentgelts (§ 560 Abs. 1 RVO).

Für den Fall der Bewilligung einer *Kur* ist die Fortzahlung des Arbeitsentgelts nunmehr ausdrücklich in § 7 LohnfortzahlungsG geregelt (für Arbeiter; gilt aber entsprechend für Angestellte); die Kurdauer steht insofern einer Arbeitsunfähigkeitszeit gleich. Dem Arbeitgeber ist eine Bescheinigung über die Bewilligung der Kur und deren voraussichtliche Dauer, Kurbeginn usw. vorzulegen. Das gilt entsprechend für eine nach der Kur ärztlich verordnete Schonungszeit, wenn der Arbeitnehmer innerhalb der Frist, für die ein Anspruch auf Lohnfortzahlung besteht, arbeitsunfähig ist. Eine Anrechnung der Behandlungsdauer oder Kurzeit auf den Erholungsurlaub findet bei erwiesener Krankheit i. d. R. nicht statt (vgl. 613).

615. Schwarzarbeit

Das Gesetz *zur Bekämpfung der Schwarzarbeit* vom 31. 5. 1974 (BGBl. I 1252) i. d. F. vom 29. 1. 1982 (BGBl. I 109) bedroht mit Geldbuße bis 50000 DM:

a) den *Schwarzarbeiter*, der Dienst- oder Werkleistungen für andere mit erheblichem wirtschaftlichen Vorteil erbringt, obwohl er der Mitwirkungspflicht gegenüber der Arbeitsverwaltung (§ 60 Abs. 1

Nr. 2 SGB I) durch Anzeige von Veränderungen bzw. vom Beginn des selbständigen Betriebs eines stehenden Gewerbes nicht nachgekommen ist oder die erforderliche Reisegewerbekarte nicht erworben hat (183 I) oder ohne Eintragung in der Handwerksrolle ein Handwerk als stehendes Gewerbe selbständig betreibt (§ 1);

b) den *Auftraggeber,* der mit erheblichem wirtschaftlichem Vorteil Schwarzarbeiter in Kenntnis einer Zuwiderhandlung gem. a) mit der Ausführung von Dienst- oder Werkleistungen beauftragt (§ 2).

Zweck des Gesetzes ist, eine Schädigung ganzer Berufsgruppen, des Staates und der Sozialversicherungsträger durch unkontrollierbare Schwarzarbeit zu verhüten. Erfaßt werden aber nur schwere Fälle, bei denen Schwarzarbeit zur Erlangung wirtschaftlicher Vorteile in *erheblichem Umfang* ausgeführt worden ist. Deshalb nimmt das Gesetz ausdrücklich Leistungen von der Verfolgung aus, die aus *Gefälligkeit* oder im Wege der *Nachbarschaftshilfe* oder durch *Selbsthilfe* im Sinne des § 36 Abs. 2 des II. Wohnungsbaugesetzes (vgl. 821) erbracht werden.

Bei Schwarzarbeit verstoßen beide Beteiligte i. d. R. gegen die Vorschriften der RVO und des AFG über die Abführung von Beiträgen zur Sozialversicherung sowie gegen die Lohnsteuerpflicht; bei Gastarbeitnehmern können die Bestimmungen über die Arbeitserlaubnis (628) verletzt sein. Privatrechtlich ist der Arbeitsvertrag nicht unwirksam (bestr.); das vereinbarte Entgelt ist für die geleistete Arbeit zu zahlen.

616. Die Haftung des Arbeitgebers und des Arbeitnehmers

wegen Verletzung von Pflichten aus dem Arbeitsvertrag oder gegenüber Dritten wird durch die Besonderheiten des Arbeitsverhältnisses beeinflußt. Dieses erzeugt als *personenrechtliches Gemeinschaftsverhältnis* für die Vertragspartner besondere Rechte und Pflichten, bei deren Nichtbeachtung Ansprüche auf Erfüllung oder Schadensersatz entstehen können:

Dem *Arbeitgeber* obliegt vornehmlich eine *Fürsorgepflicht* gegenüber dem Arbeitnehmer; insbesondere hat er für Gesundheitsschutz, Schutz des Eigentums, tatsächliche Beschäftigung und gleiche Behandlung der Arbeitnehmer zu sorgen.

Der *Arbeitnehmer* hat gegenüber dem Arbeitgeber eine besondere *Treuepflicht.* Er hat insbesondere im Rahmen seiner Tätigkeit die Interessen seines Arbeitgebers wahrzunehmen und ihn vor Nachteilen und Schäden zu bewahren.

Die Verpflichtung zum *Gesundheitsschutz* ergibt sich aus den §§ 617, 618 BGB, § 62 HGB, §§ 120a, 120b GewO (vgl. 620). Auf Grund des Arbeitsvertrags kann der Arbeitnehmer auf Erfüllung dieser Pflicht Klage erheben; bei schuldhafter Pflichtverletzung ist der Arbeitgeber zum Schadensersatz verpflichtet. Die Fürsorgepflicht verlangt ferner vom Arbeitgeber, für die sichere Unterbringung der vom Arbeitnehmer üblicherweise in den Betrieb gebrachten Sachen (Kleidung, Fahrzeuge usw.) zu sorgen, soweit zumutbar.

Der *Arbeitnehmer* darf u. a. nicht Betriebs- oder Geschäftsgeheimnisse an dritte Personen preisgeben; er muß, wenn ein Schaden droht, den Arbeitgeber unverzüglich davon benachrichtigen. Er hat den Anweisungen über Art und

Durchführung der gemäß dem Arbeitsvertrag von ihm zu erbringenden Leistungen Folge zu leisten, es sei denn, daß sie den gesetzlichen Rahmen überschreiten oder die Ausführung ihm aus anderen (z. B. sittlichen) Gründen nicht zuzumuten ist. Verletzt er diese neben der Hauptpflicht zur Arbeitsleistung bestehenden Pflichten schuldhaft, so macht er sich schadensersatzpflichtig.

Diese Grundsätze sind eingeschränkt bei Verrichtung sog. *gefahrengeneigter Arbeit* (g. A.), d. h. von Arbeiten, mit deren Verrichtung eine besondere Gefahr der Entstehung von Schäden verbunden ist. Führt ein Arbeitnehmer bei solcher Arbeit gegenüber dem Arbeitgeber oder einem Dritten einen Schaden *leicht fahrlässig* herbei, so hat diesen je nach den Umständen *im Innenverhältnis* zwischen Arbeitnehmer und Arbeitgeber dieser allein oder haben ihn beide Partner je zum Teil zu tragen (Ansprüche eines geschädigten Dritten werden dadurch nicht berührt). Man spricht von einer *arbeitsbedingten Fahrlässigkeit* des Arbeitnehmers, die auf der menschlichen Unzulänglichkeit beruht, und hält je nach den Umständen des Einzelfalles, insbes. nach dem Grad der dem Arbeitnehmer zur Last fallenden arbeitsbedingten Fahrlässigkeit, einen *innerbetrieblichen Schadensausgleich* für berechtigt. Dagegen soll der Arbeitnehmer bei Vorsatz und *grober* Fahrlässigkeit haften. Entsprechendes gilt für die Haftung von *Arbeitnehmern* desselben Betriebes *untereinander.* Zu beachten ist, daß §§ 636, 637 RVO die Haftung für Personenschäden bei *Arbeits(Betriebs)unfällen* – außer den im Straßenverkehr eingetretenen – für Arbeitgeber und Betriebsangehörige untereinander auf Vorsatz beschränken. Die Entscheidung des BAG NJW 1983, 1693 weitet bei g. A. die Haftung des Arbeitgebers unter dem Gesichtspunkt des Betriebsrisikos dahin aus, daß der Arbeitnehmer bei *jeder* Art von leichter Fahrlässigkeit von der Haftung freizustellen ist, daß also entgegen der bisherigen ständ. Rspr. eine Verteilung der Haftung zwischen Arbeitgeber und Arbeitnehmer in keinem Fall stattfindet.

617. Betriebliche Altersversorgung

Der Arbeitnehmer findet die Möglichkeiten zur Vorsorge für sein Alter und seine Hinterbliebenen in erster Linie in der *sozialen Rentenversicherung* (664 ff.) und nur selten durch Bildung von Ersparnissen oder in einer privaten Lebensversicherung (Kapital-, Renten-, Pensionsversicherung). Weitere, vom Arbeitgeber direkt oder indirekt finanzierte Arten der Vorsorge sind die *Höherversicherung* des Arbeitnehmers in der sozialen Rentenversicherung (§ 1234 RVO, § 11 AVG; vgl. 664, 669) und die Zusage eines *Ruhegeldes;* beide sollen das Altersruhegeld der gesetzlichen Rentenversicherung (667) aufbessern. Ferner kommen in größeren Betrieben die Zahlung eines zusätzlichen Ruhegeldes aus einer *Pensionskasse* sowie die Zuwendungen aus *betrieblichen Unterstützungskassen* in Betracht.

Diese beiden Arten der *betrieblichen Zusatzversorgung* unterscheiden sich darin, daß der Arbeitnehmer bei der Pensionskasse Mitglied ist, zu Beiträgen herangezogen werden kann und einen *Rechtsanspruch* auf Ruhegeldleistungen hat, den er gegen die Kasse geltend machen kann. Die *Unterstützungskassen* dagegen werden aus Mitteln des Arbeitgebers finanziert und gewähren Leistungen ohne Rechtsanspruch nur nach Maßgabe eines Leistungsplans. Meist werden sie als rechtsfähiger oder nicht rechtsfähiger Verein begründet, dem nur Betriebsangehörige beitreten können. Aufgabe solcher Kassen ist die Auszahlung einmaliger oder laufender Unterstützungen im Rahmen der vorhandenen Mittel an Arbeitnehmer, ehemalige Arbeitnehmer oder deren Hinterbliebene bei Bedürftigkeit, Not oder besonderen Anlässen.

Zuwendungen des Arbeitgebers (Trägerunternehmen) an Pensions- oder Unterstützungskassen sind im Rahmen der §§ 4c, d EStG als Betriebsausgaben steuerlich abzugsfähig. Die Mitgliedsbeiträge des Arbeitnehmers zu Pensionskassen sind als Sonderausgaben (524) absetzbar.

Dagegen hat die *innerbetriebliche Ruhegeldzusage,* aus der ein Anspruch des Arbeitnehmers entsteht, eine normative oder vertragliche Grundlage in einem Tarifvertrag, einer Betriebsvereinbarung oder einem Einzel-Arbeitsvertrag.

Auch langjährige vorbehaltlose betriebliche *Übung* kann eine Rechtsgrundlage bilden. Der *Gleichbehandlungsgrundsatz* verbietet eine willkürliche Schlechterstellung einzelner Arbeitnehmer aus sachfremden Gründen. Auch freiwillig gewährte Ruhegeldzuwendungen dürfen nicht willkürlich widerrufen werden. Mit der *Pensionszusage* wird jedoch zunächst nur eine Anwartschaft begründet, aus der eine Verpflichtung erst erwächst, wenn die bei der Zusage gestellten Bedingungen – bestehendes Arbeitsverhältnis, Ablauf einer Wartezeit, Ruhestandsvoraussetzung oder Arbeitsunfähigkeit – erfüllt sind (aufschiebend bedingtes Leistungsversprechen). Grundsätzlich besteht der Ruhegeldanspruch nur für den Arbeitnehmer persönlich, für Angehörige nur kraft besonderer Vereinbarung. Das *Gesetz über die Verbesserung der betrieblichen Altersversorgung* vom 19. 12. 1974 (BGBl. I 3610) m. spät. Änd. stellt sicher, daß Ansprüche auf Versorgungsleistungen beim Ausscheiden des Arbeitnehmers vom 35. Lebensjahr ab nicht mehr verfallen, wenn die Versorgungszusage mindestens 10 Jahre zurückliegt; das gleiche gilt bei 12jähriger Betriebszugehörigkeit und mindestens 3 Jahre zurückliegender Zusage. Versorgungsansprüche werden bei freiwilligem Ausscheiden des Arbeitnehmers oder nach Kündigung durch den Arbeitgeber nach der Dauer der Betriebszugehörigkeit gekürzt; statt dessen kann unter Umständen eine *Abfindung* gewährt werden. Ist der Arbeitgeber bei Eintritt des Versorgungsfalls nicht zahlungsfähig, tritt eine *Insolvenzsicherung* aus Mitteln des ,,Pensions-Sicherungs-Vereins" (Versicherungsverein auf Gegenseitigkeit) ein.

Rückstellungen für Pensionszusagen sind in den Grenzen des § 6a EStG steuerrechtlich nur zu berücksichtigen, wenn die Zusagen rechtsverbindlich schriftlich und vorbehaltlos erteilt sind und nicht nur auf Grund betrieblicher Übung oder der Gleichbehandlung halber gewährt werden (vgl. 527).

618. Förderung der Vermögensbildung der Arbeitnehmer

I. Zur Förderung des *Sparwillens* und der *Sparfähigkeit* der Arbeitnehmer erging das Gesetz zur Förderung der Vermögensbildung der Arbeitnehmer vom 12. 7. 1961 (BGBl. I 909). Nach mehreren Änderungen (s. Zweites bis Viertes Vermögensbildungsgesetz) ist nunmehr das *Fünfte Vermögensbildungsgesetz* i. d. F. vom 19. 2. 1987 (BGBl. I 630) maßgebend. Ziel der letzten Änderungen war es vor allem, die Förderung von Kapitalbeteiligungen der Arbeitnehmer weiter auszubauen und die möglichen Beteiligungsformen zu erweitern.

Die Vermögensbildung wird durch Steuervergünstigungen und Befreiung von Sozialversicherungsleistungen gefördert.

Vermögenswirksame Leistungen sind Geldleistungen, die der Arbeitgeber in folgenden Anlageformen für den Arbeitnehmer anlegt als

a) Sparbeiträge des Arbeitnehmers auf Grund eines Sparvertrags (§ 2 Abs. 1 Nr. 1 und § 4),
b) Sparbeiträge des Arbeitnehmers auf Grund eines Sparvertrags über Wertpapiere oder andere Vermögensbeteiligungen (§ 2 Abs. 1 Nr. 2 und § 5),
c) Aufwendungen des Arbeitnehmers auf Grund eines Wertpapier-Kaufvertrags zum Erwerb von Wertpapieren (§ 2 Abs. 1 Nr. 3 und § 6),
d) Aufwendungen des Arbeitnehmers auf Grund eines Beteiligungs-Vertrags zur Begründung von bestimmten Beteiligungsrechten oder eines Beteiligungs-Kaufvertrags zum Erwerb derartiger Rechte (§ 2 Abs. 1 Nr. 4 und §§ 7, 8),
e) Aufwendungen des Arbeitnehmers nach dem Wohnungsbau-Prämiengesetz (§ 2 Abs. 1 Nr. 5); s. 819,
f) Aufwendungen des Arbeitnehmers für den Bau oder Erwerb eines Wohngebäudes, einer Eigentumswohnung, eines Dauerwohnrechts oder eines Grundstücks (§ 2 Abs. 1 Nr. 6)
g) Beiträge des Arbeitnehmers auf Grund eines Kapitalversicherungsvertrags (§ 2 Abs. 1 Nr. 7 und § 9).

Entsprechende Vereinbarungen können durch Einzel- oder Tarifvertrag oder Betriebsvereinbarung oder in bindenden Festsetzungen für Heimarbeiter (625) getroffen werden (§ 10).

Arbeitnehmer mit Einkünften aus nichtselbständiger Arbeit erhalten eine *Arbeitnehmer-Sparzulage,* wenn das zu versteuernde Einkommen 24000 DM (bei zusammenveranlagten Eheleuten 48000 DM) nicht übersteigt. Die Einkommensgrenze erhöht sich für jeden Kinderfreibetrag von 1242 DM, der beim Arbeitnehmer abgezogen wird, um 900 DM (bei Kinderfreibetrag von 2484 DM um 1800 DM), s. 529. Die Arbeitnehmer-Sparzulage wird für vermögenswirksame Leistungen bis zu 624 DM im Kalenderjahr unabhängig von der gewählten Anlageart gewährt. Für höhere vermögenswirksame Leistungen wird sie bis zu 936 DM gewährt, wenn mindestens der 624 DM übersteigende Betrag der Leistungen in Vermögensbeteiligungen nach § 2 Abs. 1 Nrn. 2, 3 oder 4 (also in Aktien, Kuxen, Wandel- u. Gewinnschuldverschreibungen, Investmentanteilen, Genußscheinen, Genossenschaftsguthaben, GmbH-Geschäftsanteilen, stillen Gesellschaftsbeteiligungen, Darlehensforderungen gegen den Arbeitgeber oder Genußrechten am Unternehmen des Arbeitgebers) angelegt wird. Die volle Ausschöpfung des Begünstigungsbetrags von 936 DM setzt sonach voraus, daß mindestens 312 DM in derartigen Beteiligungsrechten angelegt werden. Die Arbeitnehmer-Sparzulage beträgt 23 v. H. der vermögenswirksamen Leistungen, die für Vermögensbeteiligungen, Anlagen nach dem Wohnungsbau-Prämiengesetz oder vergleichbaren Anlageformen angelegt werden; in den übigen Fällen beträgt sie 16 v. H. Für Arbeitnehmer mit mehr als zwei Kindern erhöht sie sich um 10 v. H. Der Arbeitgeber zahlt die Sparzulage mit dem Arbeitsentgelt aus und entnimmt sie den von ihm abzuführenden Lohnsteuerbeträgen (§ 13).

Sparzulagen i. S. des Gesetzes gelten – anders als die vermögenswirksamen Leistungen – nicht als steuerpflichtige Einnahmen und nicht als Entgelt i. S. des Sozialversicherungsrechts (§ 13 Abs. 4, 7). Die Einkommen- und Körperschaftsteuer ermäßigt sich für Arbeitgeber mit nicht mehr als 60 Arbeitnehmern um 15 v. H. der Summe der vermögenswirksamen Leistungen, höchstens um 3000 DM jährlich (bei Eheleuten gilt dieser Betrag für jeden Ehegatten, § 15).

Eine DVO i. d. F. vom 22. 10. 1984 (BGBl. I 1306) regelt u. a. die Behandlung vermögenswirksamer Leistungen bei mehreren Dienstverhältnissen, das Verfahren bei Nachzahlung und Rückzahlung von Arbeitnehmer-Sparzulagen sowie Anzeige- und Mitteilungspflichten bei Wegfall der Voraussetzungen für Steuervergünstigungen usw.

II. Zur Erweiterung der Vermögensbildung in Arbeitnehmerhand sind verschiedene Vorschläge gemacht worden, die jedoch infolge Abweichungen in der Grundstruktur bisher nicht realisiert worden sind. Häufig wird z. B. eine *Beteiligung der Arbeitnehmer am Produktivvermögen der Arbeitgeber* befürwortet. Danach sollen alle Arbeitnehmer Beteiligungswerte erhalten. Unterschiedliche Auffassungen bestehen jedoch darüber, ob die Regelung *betrieblich* oder *überbetrieblich* getroffen werden soll; im ersten Fall soll sie Gegenstand eines Tarifvertrags oder einer Betriebsvereinbarung sein. Im zweiten Fall sollen Vermögensanlagefonds errichtet werden, die Zertifikate als *Beteiligungswerte* ausgeben und die aus Abgaben von Unternehmen gespeist werden. – Von Gewerkschaftsseite werden als Anlageformen Arbeitnehmerdarlehen, stille Beteiligungen (jedoch ohne Verlustbeteiligung) oder die Ausgabe von Belegschaftsaktien befürwortet. – Weitere Vorschläge sehen u. a. die Ausgabe von *Beteiligungsbriefen* an Arbeitnehmer vor, kraft deren diese als *stille Gesellschafter* (372 I 2) am Gewinn beteiligt sind.

619. Arbeitnehmererfindungen

Erfindungen, die ein Arbeitnehmer in Ausführung seiner Arbeitsverpflichtung, gleichgültig, ob mit oder ohne Verwertung von Betriebserfahrungen und Betriebsmitteln, macht, können sog. *Betriebs-* oder *Diensterfindungen* sein. Solche Erfindungen muß der Arbeitnehmer dem Arbeitgeber zur Verfügung stellen; er hat dafür i. d. R. Anspruch auf angemessene Vergütung. Maßgebend ist das *Gesetz über Arbeitnehmererfindungen* vom 25. 7. 1957 (BGBl. I 756) m. letzter Änd. vom 15. 8. 1986 (BGBl. I 1446).

Diesem Gesetz unterliegen die (patent- und gebrauchsmusterfähigen) Erfindungen und technischen Verbesserungsvorschläge von Arbeitnehmern im privaten und im öffentlichen Dienst, von Beamten und Soldaten (§§ 1–3). Erfindungen von Arbeitnehmern können gebundene (Dienst-)Erfindungen, die während der Dauer des Arbeitsverhältnisses aus der Tätigkeit entstanden sind oder maßgeblich auf Erfahrungen oder Arbeiten des Betriebes oder der öffentlichen Verwaltung beruhen, oder sonstige (freie) Erfindungen sein (§ 4). Der Arbeitnehmer hat bei Diensterfindungen eine Meldepflicht (§ 5); der Arbeitgeber kann eine Diensterfindung unbeschränkt oder beschränkt in Anspruch nehmen, muß dies aber binnen 4 Monaten nach Meldung schriftlich erklären (§ 6). Es ist eine angemessene Vergütung zu gewähren (§§ 9–11), über deren Bemessung der Bundesarbeitsminister Richtlinien vom 20. 7. 1959 (BAnz. Nr. 156) erlassen hat; sie sind für den öffentl. Dienst entsprechend anzuwenden (Richtl. vom 1. 12. 1960, BAnz. Nr. 237). Danach soll der Wert der Erfindung nach bestimmten Methoden (Lizenzanalogie, erfaßbarer betrieblicher Nutzen oder Schätzung) ermittelt werden. Zur Schutzrechtsanmeldung einer Diensterfindung ist allein der Arbeitgeber berechtigt und grundsätzlich verpflichtet (§§ 13ff.). Besonderheiten gelten für die Wahrung von Betriebsgeheimnissen (§ 17).

Hinsichtlich *freier Erfindungen* besteht eine Mitteilungs- und Anbietungspflicht. Der Arbeitgeber hat binnen 3 Monaten ein *Vorrecht* auf Benutzung zu angemessenen Bedingungen, wenn die Erfindung in seinen Arbeitsbereich fällt (§§ 18, 19). Auch für verwertete *technische Verbesserungsvorschläge* ist eine angemessene Vergütung zu zahlen (§ 20).

Nach einer Entscheidung des Patentamts kann *Erfinder* nur eine natürliche Person, nicht ein Betrieb, sein. Damit wird der Begriff der unpersönlichen Betriebserfindung abgelehnt.

Für Streitfälle ist beim Patentamt eine *Schiedsstelle* errichtet (Vorsitzender mit Befähigung zum Richteramt, 2 Mitglieder des Patentamts). Für das Verfahren gelten die Vorschriften der §§ 1032 Abs. 1, 1034 Abs. 1, 1035, 1036 ZPO sinngemäß. Näheres in den §§ 28–36 des Gesetzes. Eine zweite Schiedsstelle besteht bei der Dienststelle des Patentamts in Berlin (1. DVO vom 1. 10. 1957, BGBl. I 1679). Über die auf Antrag eines Beteiligten erweiterte Besetzung der Schiedsstelle vgl. § 30 d. Ges. und 2. DVO vom 1. 10. 1957 (BGBl. I 1680). Klage vor dem für Patentstreitsachen zuständigen ordentlichen Gericht (387) kann i. d. R. erst nach vorausgegangenem Verfahren vor der Schiedsstelle erhoben werden (§ 37).

Die Vergütung des Arbeitnehmers ist bis Ende 1988 steuerlich begünstigt. Sie unterliegt zwar der *Lohnsteuer*, die nach den Anordnungen über nichtständige Bezüge berechnet wird; die Lohnsteuer wird jedoch nur zur Hälfte erhoben (VO vom 6. 6. 1951, BGBl. I 388). Die VO über die steuerliche Behandlung von *Prämien für Verbesserungsvorschläge* vom 18. 2. 1957 (BGBl. I 33) gewährt für denselben Zeitraum (bis Ende 1988) ebenfalls Steuervergünstigungen im Interesse des technischen Fortschritts. Bei der Berechnung der *Sozialversicherungsbeiträge* bleibt der lohnsteuerfreie Teil einer Prämie, die für betriebliche Verbesserungsvorschläge auf technischem oder organisatorischem Gebiet für Unfallverhütung o. dgl. gezahlt wird, außer Ansatz.

Über die *einkommensteuerliche* Behandlung der freien (nicht im Arbeitsverhältnis stehenden) Erfinder s. 522.

620. Arbeitnehmerschutz. Unfallverhütung

I. *Arbeitnehmerschutz*

gewährleisten die durchweg öffentlich-rechtlichen Verpflichtungen der Arbeitgeber gegenüber dem Staat. Der Arbeitnehmer selbst kann zwar nicht auf Erfüllung der Schutzbestimmungen klagen. Deren Einhaltung ist aber ein Teil der Fürsorgepflicht des Arbeitgebers (604); ihre Verletzung berechtigt den Arbeitnehmer u. U., die Arbeitsleistung zu verweigern bzw. Schadensersatz zu fordern (§§ 276, 823 Abs. 2 BGB).

Die Einhaltung der öffentlich-rechtlichen Arbeitnehmerschutzvorschriften ist durch Strafvorschriften gesichert. Als öffentliche Aufsichtsorgane überwachen die *Gewerbeaufsichtsämter* und staatliche *Gewerbeärzte* die Beachtung der Schutzbestimmungen. Auch die Polizei kann eingreifen, und auf dem Gebiet der Unfallverhütung sind die Aufsichtsbeamten der *Berufsgenossenschaften* zur Mitwirkung berufen (vgl. 663). Bei Nichtbeachtung ihrer Anordnungen ist Ahndung als Ordnungswidrigkeit (152) zulässig; notfalls ist sogar Betriebsschließung möglich.

Vorschriften zum allgemeinen Arbeitnehmerschutz enthalten außer der *Ge-*

werbeordnung auch die *Arbeitszeitordnung* und die Einzelgesetze für die einzelnen Berufsgruppen, insbes. die Bestimmungen über Beschäftigung von *Frauen, Schwerbehinderten* und *Jugendlichen.* Vgl. 183 I, 621, 623, 626. Besondere Vorschriften gelten für die Arbeit im Bergbau. Das Gesetz zum Schutz vor gefährlichen Stoffen – *Chemikaliengesetz* – vom 16. 9. 1980 (BGBl. I 1718) beschränkt u. a. die Verwendung *gesundheitsgefährdender Arbeitsstoffe;* dazu VO über gefährliche Stoffe *(GefahrstoffVO)* vom 26. 8. 1986 (BGBl. I 1470). Über Arbeiten in *Druckluft* vgl. Druckluft-VO vom 4. 10. 1972 (BGBl. I 1909). Auf Grund des § 120e GewO sind zahlreiche weitere Schutzvorschriften für bestimmte Arten von Betrieben oder Berufsgruppen ergangen, z. B. für Arbeiter in Zink-, Blei- oder Glashütten, Bergwerken usw. Sie sind z. T. ab 1. 5. 1976 ersetzt durch die *ArbeitsstättenVO* vom 20. 3. 1975 (BGBl. I 729) m. spät. Änd., die allgemeine Anforderungen für Unfallschutz und Hygiene in Arbeitsräumen und am Arbeitsplatz aufstellt (§§ 5ff.: Lüftung, Beleuchtung, Temperatur, bauliche Einrichtung; §§ 13, 15: Feuerschutz, Lärmschutz; §§ 23–28 Beschaffenheit der Arbeitsräume und Arbeitsplätze; §§ 29–39: Pausen-, Umkleide-, Wasch- u. a. sanitäre Räume). Besondere Vorschriften gelten für Behelfsbauten (Baracken), Arbeitsplätze im Freien, Einrichtungen und Unterkünfte an Baustellen (§§ 40–49).

Zum Arbeitnehmerschutz i. w. S. gehört die Aufrechterhaltung von *Sitte und Anstand* im Betrieb, zu der jeder Arbeitgeber gesetzlich verpflichtet ist (§ 120b GewO, § 618 Abs. 2 BGB, § 62 HGB).

II. *Unfallschutz*

Ein Zweig des *Arbeitsschutzes i. w. S.* ist der *Unfallschutz*, der aber z. T. nicht nur Arbeitnehmer, sondern auch Dritte vor Gefahren schützen soll.

Nach § 120a GewO sind die Gewerbeunternehmer verpflichtet, Arbeitsräume, Betriebsvorrichtungen, Maschinen und Gerätschaften so einzurichten und den Betrieb so zu regeln, daß die Arbeitnehmer gegen Gefahren für Leben und Gesundheit soweit geschützt sind, als es die Natur des Betriebes gestattet. Eine entsprechende Pflicht besteht nach § 618 BGB, § 62 HGB für alle Dienstberechtigten.

Durch *Betriebsärzte* soll der vorbeugende Gesundheitsschutz der Arbeitnehmer, durch *Sicherheitsingenieure* u. a. Fachkräfte (Techniker, Meister) sollen technischer Arbeitsschutz und Unfallverhütung gewährleistet werden. Der Arbeitgeber hat diese Einrichtungen nach dem *Arbeitssicherheitsgesetz* vom 12. 12. 1973 (BGBl. I 1885) zu schaffen, wenn Art oder Umfang des Betriebes es erfordert, und einen *Arbeitsschutzausschuß* zu bilden. Die Fachkräfte sind von seinen Weisungen unabhängig. Sie haben mit dem *Betriebsrat* zusammenzuarbeiten. In Betrieben mit mehr als 20 Beschäftigten ist nach § 719 RVO stets ein *Sicherheitsbeauftragter* zu bestellen.

Daneben bestehen besondere Unfallverhütungsvorschriften für einzelne Berufszweige und verschiedene Arten von Gewerbebetrieben (s. o. I). Das *Gesetz über technische Arbeitsmittel (Gerätesicherheitsgesetz)* vom 24. 6. 1968 (BGBl. I 717) m. spät. Änd. bezweckt den Schutz vor Gefahren, die von Werkzeugen, Arbeitsgeräten und -maschinen, Beförderungsmitteln, Haushalts-, Sport-, Bastelgeräten u. dgl. für Leben und Gesundheit der Benutzer und Dritter ausgehen. Zu diesem Ziele müssen die genannten Geräte den allgemein anerkannten Regeln der Technik und den Arbeitsschutz- und Unfallverhütungsvorschriften entsprechen und gegen die von ihnen ausgehenden Gefahren nach Möglichkeit abgesichert sein. Sicherheitsgeprüfte technische Arbeitsmittel dürfen das Zeichen „GS-geprüfte Sicherheit" führen. Prüfstellen sind in einer VO i. d. F. vom 15. 1. 1986 (BGBl. I 124) aufgeführt. Für die Beschaffenheit *elektr. Betriebsmittel* gilt die 1. DVO vom 11. 6. 1979 (BGBl. I 629), für Dekorationsgegenstände die 2. DVO vom 26. 11. 1980 (BGBl. I 2195).

621. Frauenarbeit. Mutterschutz

I. *Frauenarbeit*

unterliegt besonderen Bestimmungen hinsichtlich ihrer Zulässigkeit, der Dauer und der Bezahlung.

Weibliche Arbeitnehmer dürfen in Bergwerken, Salinen, Aufbereitungsanstalten usw. nur über Tage und beschränkt beschäftigt werden. Auch in anderen Betrieben sind Höchstarbeitszeiten, bestimmte *Ruhepausen* und Nachtruhemindestzeiten vorgeschrieben (§§ 16–21 AZO; s. a. 608).

Gemäß § 16 Abs. 2 AZO dürfen weibliche Arbeitnehmer nicht in Kokereien oder mit der Beförderung von Roh- und Werkstoffen bei *Bauten* beschäftigt werden; für sie ist in Stahlwerken u. dgl. nach Nr. 20 der AVO zur AZO im wesentlichen nur eine Beschäftigung mit Reinigungsarbeiten zulässig. Diese Bestimmung, die durch die *BaupraktikantinnenVO* vom 16. 2. 1960 (BGBl. I 81) ergänzt wurde, regelt ferner die praktische Tätigkeit von Frauen und weiblichen Jugendlichen zu Ausbildungszwecken bei Bauten. S. a. VO über die *Beschäftigung von Frauen auf Fahrzeugen* vom 2. 12. 1971 (BGBl. I 1957); sie macht den Einsatz von *Fahrerinnen* auf schwereren Kfz. und Schienenbahnen von einer ärztlichen Untersuchung abhängig und verbietet auch für den Einsatz auf anderen Kfz. sowie für *Beifahrerinnen* die Verwendung zum Heben oder Tragen schwerer Lasten.

Die *Gleichberechtigung von Mann und Frau am Arbeitsplatz* ist eine Auswirkung des in Art. 3 GG niedergelegten Gleichheitsgrundsatzes. Nunmehr ist die Gleichbehandlung auch in den (durch ein EG-Anpassungsgesetz eingefügten) §§ 611 a ff. BGB garantiert. Danach ist bei Begründung, Gestaltung und Kündigung des Arbeitsverhältnisses eine nicht durch die Art der Beschäftigung gerechtfertigte ungleiche Behandlung von Männern und Frauen verboten; das gilt insbes. für die Bemessung des Arbeitsentgelts. Auch bei Stellenausschreibungen sollen Beschränkungen nach dem Geschlecht unterbleiben, die nicht in der Art der Beschäftigung begründet sind.

II. *Mutterschutz*

Art. 6 Abs. 4 GG bestimmt, daß jede Mutter Anspruch auf den Schutz und die Fürsorge der Gemeinschaft hat. Diese Bestimmung enthält einen Programmsatz und zugleich eine Weisung an den Gesetzgeber. Der Verwirklichung dieses Verfassungsgrundsatzes dient das *Mutterschutzgesetz* i. d. F. vom 18. 4. 1968 (BGBl. I 315) m. spät. Änd. Es verbietet für die letzten 6 Wochen vor der Niederkunft ohne das ausdrückliche widerrufliche Einverständnis der werdenden Mutter jede Beschäftigung und im übrigen während der Schwangerschaft schwere körperliche Arbeiten. Das Beschäftigungsverbot gilt ferner nach der Niederkunft 8 Wochen, nach Früh- und Mehrlingsgeburten 12 Wochen. Die Schwangerschaft soll dem Arbeitgeber mitgeteilt werden, der sie dann dem Gewerbeaufsichtsamt melden muß. Weitere

Einschränkungen gelten für stillende Mütter. Eine *Kündigung* ist während der Schwangerschaft und bis zum Ablauf von 4 Monaten danach im allgemeinen unzulässig. Auch eine fristlose Kündigung wegen wichtigen Grundes erfordert die Zulässigkeitserklärung der Arbeitsschutzbehörde. Die Schwangere selbst kann kündigen; wird sie binnen eines Jahres wieder eingestellt, gilt das Arbeitsverhältnis als nicht unterbrochen.

Während der Schutzfrist erhält die Schwangere steuerfreies *Mutterschaftsgeld* in Höhe des durchschnittlichen früheren Arbeitsentgelts (§ 200 RVO); es beträgt mindestens 3,50 DM, höchstens 25 DM je Tag; bei höherem Verdienst erhält sie vom Arbeitgeber den Unterschiedsbetrag zwischen 25 DM und tägl. Arbeitsentgelt (§§ 13, 14 MSchG). Frauen, die nicht in der gesetzlichen Krankenversicherung versichert sind, erhalten zu Lasten des Bundes Mutterschaftsgeld, höchstens jedoch 400 DM (§ 14 Abs. 2 MSchG). Der Arbeitgeber hat für die notwendigen Untersuchungen Freizeit zu gewähren (§ 16 MSchG).

Das Mutterschutzgesetz schafft *zwingendes Recht,* das weder durch vertragliche noch tarifliche Vereinbarungen eingeschränkt oder ausgeschlossen werden kann. Der Wortlaut des Gesetzes ist in Betrieben, die i. d. R. mehr als 3 Frauen beschäftigen, auszuhängen (§ 18 MSchG). Inhaltlich geht das Gesetz noch über die Bestimmungen des Washingtoner Mutterschutzabkommens vom 29. 11. 1919 hinaus, das in Deutschland am 16. 7. 1927 ratifiziert wurde (RGBl. II 497) und noch gilt.

Über den Mutterschutz für *Beamtinnen* erging auf Grund des § 80 Nr. 1 BBG eine besondere VO vom 19. 7. 1954 (BGBl. I 214), jetzt i. d. F. vom 20. 12. 1983 (BGBl. I 1495); sie enthält ähnliche Schutzbestimmungen. Über den *Mutterschutz für Frauen in der Laufbahn für Offiziere des Sanitätsdienstes* vgl. VO i. d. F. vom 29. 1. 1986 (BGBl. I 239) und Erziehungsurlaubsverordnung für weibliche Sanitätsoffiziere vom 29. 1. 1986 (BGBl. I 240).

622. Hausangestellte

Für *Hausangestellte,* die ausschließlich oder überwiegend für einen gewerblichen Betrieb des Arbeitgebers (z. B. Gaststätte, Hotel) eingestellt werden, gelten die gleichen Bestimmungen wie für gewerbliche Arbeitnehmer. Beschränkt sich jedoch ihre Tätigkeit überwiegend auf den Haushalt, so gilt für sie das Recht des BGB.

Nur stundenweise im Haushalt beschäftigte Arbeitskräfte (Zugehfrauen u. dgl.) gelten nicht als Hausangestellte.

Frühere landesrechtliche *Gesindeordnungen* sind ebenso außer Kraft wie die 1952 vom Bundesarbeitsminister erlassenen Richtlinien bezüglich der Arbeitsbedingungen von Hausgehilfen (vgl. BArbBl. 1952, 289; 1973, 534).

Für die *Schutzmaßnahmen* gegen Unfall- und Gesundheitsschäden gilt § 618 BGB. Arbeitszeit, Freizeit usw. richten sich meist nach tarifvertraglichen Bestimmungen, bei Jugendlichen nach §§ 8, 11 ff. JArbSchG (623).

Der *Erholungsurlaub* ist zeitlich vom Haushaltungsvorstand nach Rücksprache mit der Hausangestellten festzulegen. Er kann nach den Bestimmungen des Bundesurlaubsgesetzes (613) erstmals nach ununterbrochener sechsmonatiger Beschäftigung beansprucht werden. An Stelle sonst gewährter Kost und Wohnung ist während des Urlaubs eine Barentschädigung zu zahlen.

Bei *Erkrankung* hat die Hausgehilfin, soweit nicht die Sozialversicherung eintritt (Krankenhauspflege), Anspruch auf Kost und Wohnung sowie Pflege, solange sie sich im Haushalt befindet, längstens aber bis zur Beendigung des Arbeitsverhältnisses (vgl. auch § 617 BGB).

Mangels besonderer Vereinbarung ist eine *Kündigung* mit den für den Arbeitsvertrag von Arbeitern bestimmten Fristen (629) zulässig. Aus wichtigem Grund kann jederzeit fristlos gekündigt werden. Nach Kündigung ist die zur Erlangung einer neuen Arbeitsstelle erforderliche Freizeit zu gewähren. Bei Beendigung des Arbeitsverhältnisses ist ein *Zeugnis* auszustellen (§§ 622, 626, 629, 630 BGB).

623. Jugendarbeitsschutz

Der Schutz der arbeitenden Jugend ist durch das *Jugendarbeitsschutzgesetz* (JArbSchG) vom 12. 4. 1976 (BGBl. I 965) m. letzter Änd. vom 24. 4. 1986 (BGBl. I 560) geregelt. Es enthält Vorschriften insbesondere über Kinderarbeit, Arbeitszeit und Freizeit der Jugendlichen, Beschäftigungsverbote und -beschränkungen, besondere Pflichten des Arbeitgebers sowie die gesundheitliche Betreuung der arbeitenden Jugendlichen.

Der Zweck des JArbSchG ist, Kinderarbeit möglichst ganz auszuschalten, jede übermäßige Inanspruchnahme Jugendlicher zu verhindern, Gesundheit und Arbeitskraft der Beschäftigten zu erhalten und zu fördern, die erforderliche Freizeit und Ausbildung zu gewährleisten und eine gesunde körperliche und geistige Entwicklung der beschäftigten Jugend sicherzustellen.

Die Beschäftigung von *Kindern* (unter 14 Jahren) ist grundsätzlich *verboten*. Ausnahmen sind für Kinder über 3 bzw. 6 Jahre bei Musik- und Theateraufführungen, im Rundfunk und bei Filmaufnahmen täglich bis zu 2, 3 oder 4 Std. auf Antrag zugelassen (§§ 5, 6). Die Arbeitszeit der *Jugendlichen* (14–18 J.) ist auf 8 Std. täglich, 40 Std. wöchentlich, in der Landwirtschaft bei über 16jährigen 9 Std. (85 Std. in der Doppelwoche) begrenzt (§ 8). Für Jgdl. unter 15 Jahren besteht Beschäftigungsverbot mit Ausnahmen für Ausbildungsverhältnisse und leichte Tätigkeiten (diese nur bis 35 Std. wöchentlich, § 7). Beschäftigungsverbote und -beschränkungen bestehen ferner allgemein für gefährliche oder schädliche Tätigkeiten, Akkordarbeit usw. (§§ 22–24). Die Einhaltung von Ruhepausen, Freizeit und Nachtruhe ist im einzelnen geregelt (§§ 11–14); an Samstagen, Sonn- und Feiertagen besteht Beschäftigungsverbot (mit Ausnahmen, §§ 16–18). Urlaub jährlich mindestens 25 Werktage, vor dem 16. bzw. 17. Lebensjahr 30 bzw. 27 Werktage (§ 19). Besonderheiten gelten für die Binnenschiffahrt (§ 20; für die Seeschiffahrt nach §§ 8, 55, 94ff. SeemG, vgl. 627). Dem Arbeitgeber sind besondere Pflichten wie Sorge für Erhaltung von *Gesundheit* und Arbeitskraft, Belehrung über Gefahren usw. auferlegt (§§ 28ff.). Über die Pflicht zur ärztlichen Untersuchung Jugendlicher vor Aufnahme der Beschäftigung vgl. §§ 32ff. und VO vom 2. 10. 1961 (BGBl. I 1789) m. spät. Änd. Die Untersuchung hat sich darauf zu erstrecken, ob die Gesundheit des Jugendlichen durch die Ausübung bestimmter Tätigkeiten gefährdet wird. Die Kosten trägt das Land.

Die Aufsicht über die Durchführung des JArbSchG obliegt den von den Landesregierungen bestimmten Behörden (§ 51). Bei der obersten Landesaufsichtsbehörde und den Aufsichtsbehörden werden *Ausschüsse für Jugendarbeitsschutz* gebildet, denen Vertreter der Arbeitgeber und der Arbeitnehmer, der Arbeits-, Gesundheits- und Jugendverwaltung und der für die Berufsbildung zuständigen Verwaltung sowie ein Arzt und ein Vertreter des Landesjugendringes angehören müssen (§§ 55, 56). Die Ausschüsse wirken aufklärend über Sinn und Inhalt des JArbSchG und werden in Angelegenheiten von besonderer Bedeutung gehört.

Das JArbSchG gilt auch für *jugendliche Bundesbeamte* (§ 80a BBG) und beim Vollzug gerichtlich angeordneter Freiheitsentziehung (§ 62 JArbSchG). Vgl. ferner die VO über das Verbot der Beschäftigung von Personen unter 18 Jahren mit sittlich gefährdenden Tätigkeiten vom 3. 4. 1964 (BGBl. I 262).

Über den *Jugendschutz* außerhalb der Arbeitszeiten s. das *Jugendschutzgesetz* (188 III).

624. Arbeitsplatz und Wehrdienst

Ein zum *Grundwehrdienst* oder zu einer *Wehrübung* Einberufener soll durch das *Arbeitsplatzschutzgesetz* vom 30. 3. 1957 (BGBl. I 293) i. d. F. der Bek. vom 14. 4. 1980 (BGBl. I 425) m. spät. Änd. vor beruflichen oder betrieblichen Nachteilen bewahrt werden, die aus Anlaß der Einberufung entstehen können. Das Gesetz schützt *Arbeitnehmer* in der privaten Wirtschaft und im öffentlichen Dienst, in Heimarbeit Beschäftigte, selbständige Handelsvertreter, Beamte und Richter vor dem Verlust des Arbeitsplatzes und sichert ihre sozialen Ansprüche. Dagegen wird der Unterhalt der Einberufenen und ihrer Angehörigen durch das *Unterhaltssicherungsgesetz* (468) gewährleistet. Beide Gesetze gelten nach Maßgabe des § 78 ZDG (470) auch für anerkannte *Kriegsdienstverweigerer,* die Zivildienst leisten.

Bei *Einberufung ruht* das Arbeitsverhältnis für die Dauer des Wehrdienstes, d. h. es entfallen für diese Zeit Arbeitsleistung und Lohnzahlung. Jedoch bleiben Arbeitsverhältnis, Betriebszugehörigkeit und gewisse aus der Treue- und Fürsorgepflicht sich ergebende arbeitsrechtliche Pflichten bestehen. Endete das Arbeitsverhältnis ohnehin (z. B. weil auf bestimmte Zeit eingegangen), so wird es durch die Einberufung nicht verlängert; Ausnahmen jedoch bei Ausbildungs- und Probeverhältnissen.

Das *Ruhen des Arbeitsverhältnisses* berührt eine Verpflichtung zur Wohnraumüberlassung nicht. Ist sie Teil des Arbeitsentgelts, hat der Arbeitnehmer für die Weitergewährung dem Arbeitgeber statt der Arbeitsleistung eine Entschädigung zu zahlen, ebenso für etwa weitergewährte Sachbezüge. Das Recht des Arbeitgebers zur Kündigung aus wichtigem Grunde bleibt bestehen; jedoch stellt die Einberufung keinen wichtigen Grund dar. Eine fristgemäße Kündigung darf ab Zustellung des Einberufungsbescheides bis zur Beendigung des Grundwehrdienstes oder während einer Wehrübung überhaupt nicht, vor und nach diesen Schutzzeiten nicht wegen der Einberufung ausgesprochen werden. Eine Ausnahme besteht für kleine Betriebe bis zu 5 Arbeitnehmern, die für einen unverheirateten Einberufenen eine *Ersatzkraft* einstellen müssen. Die Dreiwochen-Frist für die gegen eine Kündigung nach dem KündigungsschutzG (630) mögliche Klage vor dem Arbeitsgericht beginnt erst zwei Wochen nach Beendigung des Wehrdienstes zu laufen. Der *Urlaub* kann um $\frac{1}{12}$ für jeden vollen Monat des Grundwehrdienstes gekürzt werden, jedoch nicht bei einer Wehrübung. Bei Wehrübungen bis zu 3 Tagen ist der Arbeitnehmer von der Arbeitsleistung freigestellt; das Arbeitsentgelt ist weiterzuzahlen, wird aber wie die Sozialleistungen (s. u.) auf Antrag vom Bund (Wehrbereichsverwaltung) erstattet; dazu VO vom 21. 6. 1971, BGBl. I 843.

Bei Fortsetzung des Beschäftigungsverhältnisses nach Beendigung des Wehrdienstes darf dem Arbeitnehmer kein Nachteil entstehen. Die Zeit der Einberufung ist auf die Berufs- und Betriebszugehörigkeit anzurechnen. Eine zusätzliche *Alters- und Hinterbliebenenversorgung* bleibt unberührt. Die Beiträge hat der Arbeitgeber zu entrichten; er kann sie binnen eines Jahres nach dem Wehrdienst bei der Wehrdienststelle zur Erstattung anmelden. In anderen Fällen werden sie dem Wehrpflichtigen erstattet. Nach § 209a RVO bleibt auch eine *Krankenversicherung* während des Wehrdienstes bestehen; doch hat die Krankenkasse nur Familienhilfe zu leisten.

Die Sozialversicherungsbeiträge zahlt für die Dauer des Wehrdienstes der Bund. Auch die Rechte aus einer Arbeitslosenversicherung oder Arbeitslosenhilfe werden gewahrt.

Entsprechende Regelungen bestehen für *Heimarbeiter* und *Handelsvertreter.* Letztere behalten den Anspruch auf Provision während der Einberufung. Ein Bezirksvertreter hat jedoch dem Unternehmer die aus einer Vertretung entstehenden Aufwendungen zu ersetzen. *Beamte und Richter* sind für die Dauer des Grundwehrdienstes kraft Gesetzes ohne Bezüge, für die Dauer von Wehrübungen mit Bezügen wie bei einem Erholungsurlaub beurlaubt. Soldaten haben binnen 6 Monaten nach Beendigung des Grundwehrdienstes (evtl. nach Abschluß einer anschließenden Berufsausbildung) Anspruch auf vorrangige Berücksichtigung bei Einstellungen in den öffentlichen Dienst.

Der Einberufene hat dem Arbeitgeber (Dienstherrn) den *Einberufungsbescheid* unverzüglich nach Erhalt zur Kenntnis vorzulegen. An Musterungstagen ist das Arbeitsentgelt fortzuzahlen.

625. Heimarbeiter

ist, wer, ohne Gewerbetreibender zu sein, in eigener Wohnung oder selbstgewählter Betriebsstätte allein oder unter Mithilfe von Familienangehörigen im Auftrag von Gewerbetreibenden oder Zwischenmeistern gegen Entgelt arbeitet. *Heimarbeiter* genießen besonderen Schutz nach Maßgabe des Heimarbeitsgesetzes vom 14. 3. 1951 (BGBl. I 191).

Den Heimarbeitern können durch einen *Heimarbeitsausschuß* oder behördlich andere Personen gleichgestellt werden, insbesondere *Zwischenmeister,* d. h. Personen, welche die von Gewerbetreibenden übertragenen Arbeiten an Heimarbeiter oder Hausgewerbetreibende weitergeben. Die Schutzvorschriften gelten auch für *Hausgewerbetreibende,* das sind Gewerbetreibende, die i. d. R. allein oder mit Familienangehörigen oder mit nicht mehr als zwei Hilfskräften (Betriebsarbeitern) in eigener Wohnung oder Betriebsstätte im Auftrag von Gewerbetreibenden oder Zwischenmeistern Waren herstellen, bearbeiten oder verpacken, wobei sie selbst wesentlich am Stück arbeiten. Die Vorschriften können auf Hausgewerbetreibende mit mehr als zwei Betriebsarbeitern ausgedehnt werden.

Das *Heimarbeitsgesetz* soll der Gefahr sozialer Mißstände entgegenwirken. Das Entgelt wird durch Tarifvertrag oder bindende Festsetzung durch den *Heimarbeitsausschuß* geregelt (§ 17ff.) und ist auf eine sichere Grundlage (Stücklohn, Auslegung von Entgeltverzeichnissen, Mithaftung des Auftraggebers) gestellt. Ferner ist ein Kündigungsschutz mit gestaffelten Kündigungsfristen festgelegt (§ 29). Außerdem enthält das Gesetz Vorschriften über die Einrichtung der Arbeitsstätte, die Gefahren für Gesundheit und Sittlichkeit der Beschäftigten und die öffentliche Gesundheit ausschließen sollen (§§ 12ff.). Das ÄndG vom 29. 10. 1974 (BGBl. I 2879) regelte zusätzlich Auskunfts-, Aufklärungs- und Unterrichtungspflichten sowie das Verbot der Ausgabe von Heimarbeit insbes. bei wiederholten Verstößen gegen das Gesetz.

Die 1. DVO zum Heimarbeitsgesetz i. d. F. vom 27. 1. 1976 (BGBl. I 221) regelt u. a. das Verfahren bei der Gleichstellung (s. o.), die Errichtung von Heimarbeitsausschüssen und das Verfahren vor diesen sowie die Durchführung der allgemeinen Schutzvorschriften.

Über die Sicherung der Heimarbeiter und Hausgewerbetreibenden für den Krankheitsfall s. jetzt das Lohnfortzahlungsgesetz (614).

626. Das Schwerbehindertengesetz

Schon nach dem 1. Weltkrieg wurde die Versorgung der Kriegsbeschädigten durch Einweisung in geeignete Arbeitsplätze ergänzt. Für die Opfer des 2. Weltkrieges ergingen versorgungsrechtliche Vorschriften zunächst auf Länder- und Zonenebene. Eine Vereinheitlichung wurde erst durch das *Bundesversorgungsgesetz* vom 20. 12. 1950 (BGBl. 791; vgl. 681) erreicht. Dieses legte aber für das Gebiet der *Arbeits-* und *Berufsfürsorge* nur gewisse Grundsätze fest, die der Ergänzung durch besondere Gesetze über die Beschaffung von Arbeitsplätzen für Beschädigte und Hinterbliebene sowie für den Arbeitnehmerschutz bedurften. Diese Aufgaben erfüllte zunächst das *Schwerbeschädigtengesetz* vom 16. 6. 1953 i. d. F. vom 14. 8. 1961 (BGBl. I 1233), dessen Wirkungsbereich durch das an seine Stelle getretene *Schwerbehindertengesetz – SchwbG* – vom 29. 4. 1974 (BGBl. I 1005) erheblich erweitert und von der Ursache der Behinderung (Kriegseinwirkung, Arbeitsunfall, Berufskrankheit usw.) gelöst wurde. Das Ges. gilt jetzt i. d. F. vom 26. 8. 1986 (BGBl. I 1421).

Schwerbehinderter ist, wer infolge eines regelwidrigen, nicht nur vorübergehenden körperlichen, geistigen oder seelischen Zustands eine Behinderung von mindestens 50 v. H. aufweist. Diesem Personenkreis sollen auf Antrag andere Personen gleichgestellt werden, deren Erwerbsfähigkeit nicht nur vorübergehend um weniger als 50 v. H., aber mindestens 30 v. H. gemindert ist und die deshalb in der Arbeitssuche behindert sind (§§ 1, 2, 3).

Grundgedanke des Gesetzes ist, diese Personengruppen arbeitsrechtlich zu schützen und ihre Eingliederung in das Arbeits- und Erwerbsleben zu fördern. Daher legt das Gesetz allen Arbeitgebern die *Verpflichtung zur Beschäftigung* einer angemessenen Zahl Schwerbehinderter (Sch.) auf (§§ 5–12). Bei mindestens 16 Arbeitsplätzen müssen wenigstens 6 v. H. Sch. eingestellt werden (darunter in angemessenem Umfang *Schwerstbehinderte*); durch RechtsVO kann die Pflichtquote bis auf 4 bzw. 10 v. H. geändert werden.

Die *Arbeitgeber* sollen diese Pflichten freiwillig erfüllen; andernfalls haben sie eine monatliche *Ausgleichsabgabe* von 150 DM für jeden unbesetzten Pflichtplatz zu entrichten (§ 11; über die Verwendung der Abgabe s. 2. DVO z. SchwbG vom 8. 8. 1978, BGBl. I 1228; zur Verfassungsmäßigkeit der Ausgleichsabgabe s. BVerfG NJW 1981, 2107). Die Arbeitgeber haben den Sch. durch die Beschäftigung zu ermöglichen, ihre Fähigkeiten und Kenntnisse zu verwerten und weiter zu entwickeln; Arbeitsräume, Betriebsvorrichtungen, Maschinen und Geräte sind entsprechend einzurichten (§ 14).

Die Beschäftigung der Sch. ist durch einen besonderen *Kündigungsschutz* gesichert (§§ 15–22; vgl. 629). Der Sch. hat Anspruch auf einen *Zusatzurlaub* (§ 47; vgl. 613) sowie, wenn er in seiner Bewegungsfähigkeit im Straßenverkehr erheblich beeinträchtigt ist, auf unentgeltliche Beförderung im öffentlichen Personennahverkehr. Abgesehen von bestimmten Schwerbehindertengruppen, z. B. Blinden, ist hierfür Voraussetzung, daß der Sch. für seinen Schwerbehindertenausweis eine Wertmarke zu 120 DM für 1 Jahr erworben hat. Unter bestimmten Voraussetzungen wird auch eine vom Sch. benötigte Begleitperson unentgeltlich befördert (§§ 59ff.).

Die Durchführung des Gesetzes obliegt den *Hauptfürsorgestellen* und der *Bundesanstalt für Arbeit.* Bei den Arbeitsämtern sind besondere Vermittlungsstellen für Sch. zu bilden. Es bestehen beratende Ausschüsse bei der Bundesanstalt und jeder Hauptfürsorgestelle sowie ein *Beirat für Rehabilitation* der Sch. beim Bundesarbeitsministerium (§§ 30–35). Die Interessen der Sch. werden in den Betrieben außer von den Betriebs(Personal)räten durch besondere *Vertrauensmänner* (1. DVO z. SchwbG: Wahlordnung vom 22. 7. 1975, BGBl. I 1965) wahrgenommen.

Der gesetzliche Schwerbehindertenschutz *erlischt,* falls der Grad der Minderung der Erwerbsfähigkeit auf weniger als 50 v. H. festgesetzt wird, am Ende des 3. Monats nach Rechtskraft des Festsetzungsbescheides; bei Gleichgestellten nach Widerruf oder Rücknahme der Gleichstellung und entsprechendem Fristablauf. Er kann vorübergehend *entzogen* werden, wenn ein Sch. ohne berechtigten Grund einen zumutbaren Arbeitsplatz zurückweist oder aufgibt oder die Teilnahme an Umschulungsmaßnahmen verweigert oder sonst seine Eingliederung in Beruf und Arbeit schuldhaft vereitelt. Hierüber entscheidet die Hauptfürsorgestelle im Benehmen mit dem Landesarbeitsamt (§§ 38, 39).

Über *Widersprüche* gegen Entscheidungen dieser Dienststellen beschließen besondere *Widerspruchsausschüsse* bei den Hauptfürsorgestellen und den Landesarbeitsämtern (§§ 40ff.). Ihre Zuständigkeit richtet sich nach der Zuständigkeit für die angefochtene Entscheidung. So entscheidet z. B. der Widerspruchsausschuß bei der Hauptfürsorgestelle über Widersprüche, die sich gegen die Zustimmung zu einer Kündigung, gegen die Ablehnung einer Gleichstellung oder gegen sonstige Entscheidungen der Hauptfürsorgestelle richten. Entsprechendes gilt für den Widerspruchsausschuß beim Landesarbeitsamt. Gegen Entscheidungen der Widerspruchsausschüsse kann das *Sozialgericht* angerufen werden.

Die 3. DVO z. SchwbG vom 13. 8. 1980 (BGBl. I 1365) regelt die fachlichen Anforderungen an die *Werkstätten für Behinderte* und das Anerkennungsverfahren, die AusweisVO Schwerbehindertengesetz i. d. F. vom 3. 4. 1984 (BGBl. I 509) m. Änd. vom 18. 7. 1985 (BGBl. I 1516) die Ausstellung von *Ausweisen* für Schwerbehinderte.

627. Das Seemannsgesetz

Das in der veralteten *Seemannsordnung* von 1902 geregelte *Seemannsrecht* wurde durch das – inzwischen wiederholt geänderte – *Seemannsgesetz* vom 26. 7. 1957 (BGBl. II 713; SeemG) der allgemeinen sozialen Entwicklung angeglichen.

Das SeemG grenzt in den allgemeinen Vorschriften (§§ 1–10) den in seinen Geltungsbereich fallenden Personenkreis der *Schiffsbesatzung* ab und behandelt im weiteren Seefahrtbücher und Musterung (§§ 11–22), das Heuerverhältnis (§§ 23–79), den Arbeitsschutz (§§ 80–104) und die Ordnung an Bord (§§ 105–113), schließlich Straftaten und Ordnungswidrigkeiten (§§ 115–135).

Soweit das SeemG keine Regelung trifft, finden die allgemeinen Vorschriften des BGB, des HGB, des StGB und des OWiG Anwendung. Das Betriebsverfassungsgesetz gilt für die Seeschiffahrt mit Besonderheiten (§§ 114ff. BetrVG 1972).

Das SeemG gilt für alle *Kauffahrteischiffe,* die nach dem Flaggenrechtsgesetz vom 8. 2. 1951 (BGBl. I 79) die Bundesflagge führen. Es regelt die Rechte und Pflichten der *Schiffsbesatzung;* zu dieser gehört nicht der Kapitän, für dessen Rechtsverhältnisse in erster Linie die Bestimmungen des HGB und ergänzend die Vorschriften des BGB über den Dienstvertrag maßgebend sind (379 II, 320). Das SeemG regelt jedoch die besonderen Pflichten des Kapitäns an Bord, insbes. die Einhaltung der Mindestbesetzungsvorschriften und seine Fürsorgepflicht gegenüber der Besatzung (Behandlung der Untergebenen, Schutz der Jugendlichen, ordnungsmäßige Verpflegung, Krankenfürsorge); §§ 95, 108, 118f., 123a. Andererseits steht ihm in Notfällen ein erweitertes Direktionsrecht zu (§ 106).

Das Kernstück des Seearbeitsrechts ist das *Heuerverhältnis,* das schriftlich oder mündlich begründet werden kann; jedoch muß bei mündlicher Vereinbarung dem Schiffsmann ein *Heuerschein* mit gesetzlich bestimmtem Inhalt ausgestellt werden. Zu dem Abschluß des Heuerverhältnisses tritt die *Anmusterung* vor Antritt oder Fortsetzung der Reise; sie besteht in der Verlautbarung des mit dem Schiffsmann geschlossenen Heuervertrages vor einem *Seemannsamt.* Dieses stellt jedem Seefahrtdienst Annehmenden ein *Seefahrtbuch* aus, das zugleich Paßersatz und Ausweispapier ist. Das Verfahren des Amtes richtet sich *nach der SeemannsamtsVO* vom 21. 10. 1981 (BGBl. I 1146).

Es bestehen Sondervorschriften für die Arbeitszeit, für Verpflegung und Unterkunft, Krankenfürsorge, Urlaub und Landgang. Das Heuerverhältnis kann automatisch durch Beendigung der Reise oder Ablauf einer bestimmten Zeit, weiter durch ordentliche Kündigung (Schriftform) oder außerordentliche Kündigung (vom Arbeitnehmer mündlich) beendet werden. Nach Beendigung muß die *Abmusterung* in Verlautbarung vor einem Seemannsamt entsprechend der Anmusterung erfolgen. Durch *Tarifverträge* sind *Tarifschiedsgerichte* für die Entscheidung in allen sich aus dem Heuerverhältnis ergebenden Einzelstreitigkeiten zwischen Reederei und Schiffsmann vorgesehen; sie bestehen aus einem richterlichen Vorsitzenden und je einem Beisitzer der Arbeitgeber und der Arbeitnehmer.

Das *Seelotswesen* regelt ein Gesetz vom 13. 9. 1984 (BGBl. I 1213). *Seelotse* ist, wer nach behördlicher Zulassung auf Seeschiffahrtsstraßen außerhalb der Häfen oder über See berufsmäßig Schiffe als orts- und schiffahrtskundiger Berater geleitet. Er gehört nicht zur Schiffsbesatzung.

628. Nichtdeutsche und Gastarbeitnehmer

Die infolge der konjunkturellen Entwicklung der BRep. bis Anfang der siebziger Jahre angespannte Arbeitsmarktsituation führte zur Beschäftigung einer großen Zahl *nichtdeutscher Arbeitnehmer.* Diese Tendenz änderte sich, als sich die wirtschaftliche Lage der BRep. im Verlauf der siebziger Jahre verschlechterte. Neben die Bemühungen um die *wirtschaftliche und soziale Integration* der bereits in der BRep. lebenden Ausländer traten Bestrebungen, die Zahl der Ausländer nicht weiter ansteigen zu lassen. Hierzu wurden ein Anwerbestopp für ausländische Arbeitnehmer verfügt, die nicht aus EG-Ländern stammen, eine Begrenzung des Familiennachzugs angestrebt und finanzielle Anreize geboten, um die Rückkehrbereitschaft von Ausländern zu fördern.

Zur Lenkung und Überwachung des Arbeitseinsatzes nichtdeutscher Arbeitnehmer sind der deutschen Arbeitsverwaltung Kontrollmöglichkeiten eingeräumt:

Die Gastarbeitnehmer bedürfen nach § 19 AFG, soweit nicht in zwischenstaatlichen Verträgen oder in § 17 des Ges. über die Rechtsstellung heimatloser Ausländer (vgl. 2 I) etwas anderes bestimmt ist, einer *Arbeitserlaubnis* (AE). Diese ist unabhängig von dem Einreisesichtvermerk nach dem PaßG und von der nach dem AusländerG erforderlichen Aufenthaltserlaubnis (172) einzuholen. Das Verfahren regelt die ArbeitserlaubnisVO i. d. F. vom 12. 9. 1980 (BGBl. I 1754) m. letzter Änd. vom 6. 1. 1987 (BGBl. I 89). Die AE kann für eine bestimmte Tätigkeit in einem bestimmten Betrieb oder allgemein erteilt werden. Auf sie besteht Anspruch, wenn der Ausländer in den letzten 8 Jahren vor der Geltung der AE 5 Jahre eine unselbständige Tätigkeit rechtmäßig im Inland ausgeübt hat, ferner für Ehegatten von hier ansässigen Deutschen sowie für anerkannte Asylberechtigte und Flüchtlinge. Kinder ausländischer Arbeitnehmer der ersten Gruppe erhalten die AE bis zum 18. Lebensjahr nach 5jährigem Aufenthalt, sonst auch, wenn sie vor Vollendung des 18. Lebensjahres ihren Eltern gefolgt sind und hier einen Schul- oder vergleichbaren Berufsausbildungsabschluß erworben oder einen anerkannten Berufsausbildungsvertrag abgeschlossen haben. Die AE für eine *erstmalige* Beschäftigung kann Ehegatten ausländischer Arbeitnehmer nach einer *Wartezeit* erteilt werden (4 Jahre, in unterbesetzten Wirtschaftszweigen 2 Jahre; ebenso nach einer Frist von 2 Jahren den vor dem 18. Lebensjahr nachgefolgten Kindern von Ausländern sowie Asylbewerbern). Die AE ist grundsätzlich auf 2–3 Jahre befristet, in bestimmten Fällen (insbes. voraufgegangenem Arbeitsaufenthalt, deutscher Ehegatte) auf 5 Jahre, u. U. auch unbefristet.

Nichtdeutsche Arbeitnehmer sind solche, die nicht Deutsche i. S. des Art. 116 GG sind (s. hierzu 2 I). Der Antrag auf Arbeitserlaubnis ist vor Aufnahme der Beschäftigung vom Arbeitnehmer bei dem Arbeitsamt zu stellen, in dessen Bezirk der Beschäftigungsort liegt.

Befreit von der Arbeitserlaubnis sind Gesellschafter und bestimmte leitende Angestellte von Unternehmen, Besatzungen von Schiffen und Luftfahrzeugen, ausländische Montagearbeiter, kurzzeitig tätige Künstler, ferner Lehrpersonen, wissenschaftliche Mitarbeiter an Hochschulen, vorübergehend beschäftigte Studenten oder Fachschüler, schließlich in fremden diplomatischen oder berufskonsularischen Vertretungen oder internationalen Organisationen Beschäftigte, akkreditierte Journalisten und Berufssportler (§ 9 ArbeitserlaubnisVO). Angehörige der *EWG-Mitgliedstaaten* genießen im Bereich der EWG volle Freizügigkeit und das Recht der Arbeitsaufnahme auf Grund der EWG-VO Nr. 1612/68 vom 15. 10. 1968 (ABl. L 257/1) und des AufenthaltsG/EWG i. d. F. vom 31. 1. 1980 (BGBl. I 116) m. spät. Änd. Sie bedürfen zur Einreise keiner Aufenthaltserlaubnis, falls sie im Besitze eines Passes sind. Die Aufenthaltserlaubnis wird ihnen und ihren Angehörigen (nach 3 Monaten Karenzzeit zur Arbeitssuche) auf Antrag für 5 Jahre erteilt, wenn sie ein nicht nur vorübergehendes Arbeitsverhältnis nachweisen; sie wird auf Antrag verlängert, kann aber unter gewissen Voraussetzungen widerrufen werden.

Nach § 10 ArbeitserlaubnisVO wird die AE ersetzt durch die *Legitimationskarten,* die im Rahmen der amtl. Anwerbung und Vermittlung, und die *Zulassungsbescheinigungen für Gastarbeitnehmer,* die im Rahmen eines mit anderen Staaten vereinbarten Austausches zum Zweck der beruflichen und sprachlichen Fortbildung von einer Dienststelle der Bundesanstalt für Arbeit ausgestellt sind.

Die Arbeitserlaubnis *erlischt* mit Erlöschen der Aufenthaltserlaubnis, bei längerem Auslandsaufenthalt des Arbeitnehmers (i. d. R. mehr als 6 Mon.), bei vorzeitiger Aufhebung des Ausbildungsvertrags und bei Wegfall anderer Voraussetzungen (§ 8 ArbeitserlaubnisVO).

Für den *Arbeitsvertrag* und die Rechte und Pflichten aus diesem gelten die gleichen Bestimmungen wie für deutsche Arbeitnehmer (603, 604). Doch können dem Arbeitgeber gesteigerte *Fürsorgepflichten* im Hinblick auf Sprachschwierigkeiten des Arbeitnehmers, zur Unfallverhütung usw. obliegen. Gast-Arbeitnehmer besitzen das aktive und passive Wahlrecht nach dem Betriebsverfassungsgesetz (633).

Ist eine *Arbeitserlaubnis nicht erteilt,* so ist der Arbeitsvertrag schwebend unwirksam, solange noch mit der Erlaubnis gerechnet werden kann; andernfalls ist er nichtig. Ebenso ist der Arbeitsvertrag nichtig, wenn er in der Absicht geschlossen worden ist, die Erlaubsnisvorschriften zu umgehen. Ist der Arbeitsvertrag schwebend unwirksam, so bedarf es zu seiner Auflösung der Kündigung. Ist er dagegen nichtig, hat aber der Arbeitnehmer die Arbeit bereits aufgenommen, so besteht ein faktisches Arbeitsverhältnis (629), aufgrund dessen Entgeltsansprüche aber nur für die Vergangenheit, d. h. bis zur tatsächlichen Beendigung des Arbeitsverhältnisses, erhoben werden können. Dasselbe gilt, wenn die Arbeitserlaubnis entzogen oder nach Ablauf nicht verlängert wird; in diesen Fällen kann der Arbeitgeber das Arbeitsverhältnis fristlos lösen, weil dem Arbeitnehmer die Arbeitsleistung aus von ihm zu vertretenden Gründen unmöglich ist (§ 325 BGB).

Ausländische Arbeitnehmer, die ohne die vorgeschriebene Erlaubnis Beschäftigung ausüben, begehen eine Ordnungswidrigkeit. Das gleiche gilt für Arbeitgeber, die solche Arbeitnehmer beschäftigen; geschieht das zu besonders ungünstigen Bedingungen, so liegt eine Straftat vor. Auch wer sich als Arbeitgeber die amtlichen Vermittlungsgebühren von den nichtdeutschen Arbeitnehmern oder einem Dritten erstatten läßt, begeht eine Ordnungswidrigkeit (§§ 227a, 229 AFG).

629. Beendigung des Arbeitsverhältnisses

Das Arbeitsverhältnis endet durch Aufhebungsvertrag, Kündigung, Zeitablauf, Tod des Arbeitnehmers; i. d. R. nicht durch Tod des Arbeitgebers, von Sonderfällen abgesehen (vgl. auch § 613 S. 2 BGB), auch nicht durch Betriebsübergang (vgl. § 613a BGB). Zur Befristung von Arbeitsverhältnissen s. 603 II. Über die Rechtslage bei Streik und Aussperrung vgl. 611, 635. Über die Auswirkungen der Einberufung des Arbeitnehmers zum Wehrdienst vgl. 624, über den Konkurs des Arbeitgebers 631.

Bei *Unwirksamkeit des Arbeitsvertrages,* z. B. Nichtigkeit wegen mangelnder Zustimmung des gesetzlichen Vertreters oder infolge Anfechtung z. B. wegen arglistiger Täuschung über berufliche Voraussetzungen, können zwar keine vertraglichen Ansprüche geltend gemacht werden. Haben aber die Arbeitsleistungen bereits begonnen, so liegt ein sog. *faktisches* (tatsächliches) *Arbeitsverhältnis* vor, das bis zum Zeitpunkt der tatsächlichen Beendigung die gleichen Wirkungen wie ein rechtsgültiger Arbeitsvertrag hat und nur für die Zukunft als nicht bestehend zu behandeln ist. Danach richten sich auch die Entgeltsansprüche.

Für die *Kündigung* gelten, soweit vertraglich nichts anderes vereinbart ist, gesetzliche Fristen. Unterliegt das Arbeitsverhältnis dem BGB, so ist bei *Angestellten* eine Frist von 6 Wochen zum Vierteljahresschluß einzuhalten. Im Einzelvertrag (also außertariflich) kann eine kürzere Frist nur mit mindestens 1 Monat und zum Monatsende vereinbart werden. Für *Arbeiter* gelten 2 Wochen als Mindestfrist. Kürzere Fristen können bei *Angestellten und Arbeitern* durch Tarifvertrag vereinbart werden, außerdem im Einzelvertrag bei vorübergehender (höchstens dreimonatl.) Aushilfe, § 622 BGB. Vereinbarte Kündigungsfristen dürfen für den Arbeitnehmer nicht länger sein als für den Arbeitgeber. *Schwerbehinderten* kann nur mit einer Frist von mindestens 4 Wochen gekündigt werden, nachdem der Arbeitgeber die Zustimmung der Hauptfürsorgestelle für Schwerbehinderte eingeholt hat; sie kann vor außerordentlicher Kündigung nur binnen 2 Wochen seit Kenntnis des Kündigungsgrundes beantragt werden (§§ 15, 16, 21 SchwbG; vgl. 626). Für *langjährige Angestellte* schreibt das *Kündigungsfristengesetz* vom 9. 7. 1926 (RGBl. I 399) bei mindestens 5 Jahren Betriebs(Unternehmens)zugehörigkeit verlängerte Kündigungsfristen vor; sie betragen nach 5, 8, 10 oder 12 Jahren 3, 4, 5 bzw. 6 Monate zum Vierteljahresende. Beschäftigungszeiten vor dem 25. Lebensjahr bleiben unberücksichtigt. Für *Arbeiter* gelten ebenfalls Schutzfristen: Nach Betriebszugehörigkeit von 5, 10 oder 20 Jahren betragen sie 1 bzw. 2 Monate zum Monatsende bzw. 3 Monate zum Vierteljahresende (§ 622 Abs. 2 S. 2 BGB). Die Einschränkung, daß für Arbeiter eine Betriebszugehörigkeit vor dem 35. Lebensjahr nicht berücksichtigt wird, hat das BVerfG wegen der Ungleichbehandlung im Vergleich zu den Angestellten für verfassungswidrig erklärt (BGBl. 1983 I 81; NJW 1983, 617).

Die *fristlose Kündigung* ist nur zugelassen, wenn ein wichtiger Grund vorliegt und dem anderen Teil die Fortsetzung des Arbeitsverhältnisses nicht zuzumuten ist; sie muß binnen 2 Wochen seit Kenntnis des Grundes ausgesprochen werden und diesen angeben (§ 626 BGB).

Nach § 629 BGB hat der Arbeitgeber dem Arbeitnehmer nach der *Kündigung* eines *dauernden* Dienstverhältnisses auf Verlangen angemessene Zeit zum Aufsuchen eines anderen Dienstverhältnisses zu gewähren. Unter diesen Voraussetzungen besteht ein arbeitsrechtlicher Anspruch des Arbeitnehmers, daß ihm der Arbeitgeber *angemessene Zeit zur Stellensuche* gewährt. Zeit und Dauer der Freistellung zur Stellensuche sind unter Abwägung der beiderseitigen Interessen nach Treu und Glauben (§ 242 BGB) zu bestimmen. Der *Lohn* ist in voller Höhe auch für die Freistellungszeit zu zahlen. Da es sich um die Ausübung einer gesetzlichen Befugnis handelt, die sich aus dem Arbeitsverhältnis ergibt, liegt eine unverschuldete Arbeitsbehinderung i. S. des § 616 BGB vor. Die Vorschrift des § 629 BGB ist zwingender Natur und kann nicht ausgeschlossen werden; wohl aber können Dauer und zeitliche Lage der Freistellung für die Stellensuche durch Tarifvertrag, Betriebsvereinbarung oder einzelvertraglich angemessen geregelt werden.

Mit dem *Ende des Arbeitsverhältnisses* können die aus diesem entstandenen Ansprüche außer durch Erfüllung, Zeitablauf usw. untergehen, insbesondere durch

a) *Verzicht* (z. B. *Ausgleichsquittung* = Bescheinigung, daß keine Ansprüche mehr bestehen);
b) *Vergleich* (s. 328) = Vertrag, durch den ein Streit oder die Ungewißheit über ein Rechtsverhältnis im Wege gegenseitigen Nachgebens beseitigt wird;
c) *Verwirkung* (s. u.);
d) *Versäumung einer Ausschlußfrist.*

Hierbei ist zu beachten, daß nach § 4 Abs. 1 S. 1 des *Tarifvertragsgesetzes* (s. 605) die den Inhalt, den Abschluß und die Beendigung von Arbeitsverhältnissen ordnenden Rechtsnormen des Tarifvertrags *zwingende Geltung* unter den Tarifgebundenen haben.

Die *Verwirkung* kann sich aus dem Gesichtspunkt von *Treu und Glauben* im Rechtsverkehr (§ 242 BGB) ergeben. Ein Arbeitnehmer darf mit Erhebung von Ansprüchen nicht so lange warten, daß der Arbeitgeber nach dem bisherigen Verhalten des Arbeitnehmers nicht mehr mit Nachforderungen rechnen muß. Es kommt auf die Umstände des Einzelfalles an. Tarifliche Rechte sind von der Verwirkung ausgeschlossen (§ 4 Abs. 4 S. 2 TVG).

Ausschlußfristen können in Einzelarbeitsverträgen, in Betriebsvereinbarungen oder in Tarifverträgen festgelegt werden, um die baldige Klärung etwa noch bestehender Ansprüche aus dem Arbeitsverhältnis herbeizuführen. Soweit tarifliche Rechte in Betracht kommen, müssen die Ausschlußfristen im Tarifvertrag selbst geregelt sein (§ 4 Abs. 4 S. 3 TVG).

Die *Verjährungsfrist* ist eine gesetzlich vorgeschriebene Frist; sie wird aber nur auf Einrede (§ 222 Abs. 1 BGB) im Prozeß berücksichtigt. Vgl. 310. Dagegen ist die (vertragliche) Ausschlußfrist im Rechtsstreit von Amts wegen zu beachten.

630. Kündigungsschutz

bedeutet im allgemeinen den gesetzlichen Schutz des Arbeitnehmers als des sozial schwächeren Teils gegenüber einer Kündigung durch den Arbeitgeber.

Nach § 102 BetrVG ist vor jeder Kündigung der *Betriebsrat zu hören;* er kann aus bestimmten Gründen *Widerspruch* erheben (vgl. 633). Seine ausdrückliche Zustimmung ist nur erforderlich, wenn diese nach Tarifvertrag oder Betriebsvereinbarung vorausgesetzt wird.

Das *Kündigungsschutzgesetz* (KSchG) i. d. F. vom 25. 8. 1969 (BGBl. I 1317) m. Änd. zuletzt vom 26. 4. 1985 (BGBl. I 710) berührt nicht die Möglichkeit der Auflösung eines Arbeitsvertrags im beiderseitigen Einverständnis, auch nicht das Recht des *Arbeitnehmers* zur Vertragskündigung. Nach § 1 KSchG ist die Kündigung des Arbeitsvertrages *gegenüber einem Arbeitnehmer,* der länger als 6 Monate ohne Unterbrechung in demselben Betrieb oder Unternehmen beschäftigt ist, rechtsunwirksam, wenn sie *sozial ungerechtfertigt* ist, insbes. die Auswahlrichtlinien (vgl. § 95 BetrVG) oder die Möglichkeit anderweiter Unterbringung nicht berücksichtigt.

Eine Kündigung kann aus in der Person oder in dem Verhalten des Arbeitnehmers liegenden oder aus dringenden betrieblichen Gründen gerechtfertigt sein; letzterenfalls müssen die zu Entlassenden nach sozialen Gesichtspunkten ausgewählt werden. Dieser Kündigungsschutz gilt jedoch nicht in Betrieben mit höchstens 5 Arbeitnehmern (§ 23 KSchG), ferner nicht gegenüber leitenden Angestellten oder sog. Repräsentanten (z. B. Geschäftsführer einer GmbH, Vorstandsmitglied), § 14 KSchG. Der Kündigungsschutz entfällt auch bei Kündigung als Arbeitskampfmaßnahme und ist eingeschränkt bei der außerordentlichen Kündigung (§ 13 KSchG).

Eine *Änderungskündigung,* d. h. eine Kündigung, verbunden mit dem Angebot, das Arbeitsverhältnis unter anderen Bedingungen z. B. hins. der Entlohnung fortzusetzen, kann der Arbeitnehmer mit dem Vorbehalt annehmen, daß sie nicht sozial ungerechtfertigt ist. Der Vorbehalt ist innerhalb der Kündigungsfrist, spätestens aber nach 3 Wochen zu erklären (§ 2 KSchG).

Wer geltend machen will, daß die ordentliche oder außerordentliche Kündigung (bei wichtigem Grund) oder Änderungskündigung unbegründet sei, muß binnen 3 Wochen nach Zustellung der Kündigung beim Arbeitsgericht *Klage* auf Feststellung erheben, daß das Arbeitsverhältnis durch die Kündigung nicht aufgelöst (bzw. die Änderung der Arbeitsbedingungen ungerechtfertigt) sei. Der Arbeitnehmer kann auch gegen die ausgesprochene Kündigung binnen einer Woche beim Betriebsrat *Einspruch* einlegen, der, wenn er den Einspruch für begründet erachtet, eine Verständigung mit dem Arbeitgeber herbeizuführen versucht (§§ 3, 4 KSchG). Das Gericht kann bei unverschuldeter Versäumung der Klagefrist eine verspätete Klage zulassen (§ 5 KSchG). Wird die Rechtsunwirksamkeit einer sozial ungerechtfertigten Kündigung nicht rechtzeitig geltend gemacht, so ist die Kündigung, wenn sie nicht aus einem anderen Grunde rechtsunwirksam ist, als von Anfang an wirksam zu behandeln (§ 7 KSchG).

Stellt das Gericht fest, daß das Arbeitsverhältnis durch die Kündigung nicht aufgelöst ist, muß der Arbeitnehmer weiterbeschäftigt werden. Auf den Lohn-(Gehalts)anspruch ist Zwischenverdienst anzurechnen, bei böswillig nicht ge-

722

nutzter Verdienstmöglichkeit in entsprechender Höhe; Leistungen der Sozialversicherung usw. muß der Arbeitgeber erstatten (§ 11 KSchG). Ist dem Arbeitgeber oder dem Arbeitnehmer die Fortsetzung des Arbeitsverhältnisses nicht zuzumuten, so hat das Arbeitsgericht dieses auf Antrag aufzulösen und den Arbeitgeber zur Zahlung einer *Abfindung* zu verurteilen. Hierfür ist ein Betrag bis zu 12 Monatsverdiensten festzusetzen; bei älteren Arbeitnehmern (50 bzw. 55 Lebensjahre) mit länger bestehendem Arbeitsverhältnis (15 bzw. 20 Jahre) können bis zu 15 bzw. 18 Monatsverdiensten zugesprochen werden (§§ 9, 10 KSchG). Die Abfindung ist innerhalb bestimmter Grenzen einkommen(lohn)-steuerfrei und nicht sozialversicherungspflichtig.

Über *befristete Arbeitsverhältnisse* s. 603 II.

Bei *Arbeitsplatzteilung (Job-sharing)* ist die Kündigung des Arbeitsverhältnisses wegen des Ausscheidens eines anderen Teilnehmers an der Arbeitsplatzteilung unwirksam.

Ein zusätzlicher Kündigungsschutz greift bei *Massenentlassungen* ein, wenn binnen 30 Kalendertagen ein erheblicher Teil der Belegschaft entlassen werden soll (bei 20–59 Arbeitnehmern mehr als 5, bei 60–499 mehr als 25 od. 10 v. H., bei mindestens 500 mehr als 30).

Der Arbeitgeber hat dem Arbeitsamt die beabsichtigte Entlassung frühzeitig mitzuteilen und eine Stellungnahme des Betriebsrats beizufügen. Sodann werden die Kündigungen frühestens 1 Monat nach Eingang der Anzeige wirksam, es sei denn, das Landesarbeitsamt stimmt ihnen zu (§§ 17, 18 KSchG). Eine geplante Betriebsänderung (auch Stillegung), die zur Massenentlassung führt, ist rechtzeitig anzuzeigen (§ 8 AFG). Der Arbeitgeber hat zur Linderung wirtschaftlicher Nachteile für die betroffenen Arbeitnehmer im Zusammenwirken mit dem Betriebsrat einen *Sozialplan* aufzustellen, der als Betriebsvereinbarung gilt. Kommt eine Einigung nicht zustande, kann der Präs. des Landesarbeitsamtes um Vermittlung ersucht und bei Erfolglosigkeit eine Einigungsstelle angerufen werden, die letztlich entscheidet (§ 112 BetrVG). Bei Personalabbau sowie bei neu gegründeten Unternehmen bestehen Einschränkungen in der Erzwingbarkeit des Sozialplans (vgl. § 112a BetrVG).

631. Arbeitsverhältnisse im Konkurs des Arbeitgebers

Bei *Konkurs* des Arbeitgebers kann ein Arbeitsvertrag von jedem Vertragsteil gekündigt werden (§ 22 KO). Die Kündigungsfrist ist, falls nicht eine kürzere ausbedungen ist, die gesetzliche (629).

Rückständige Lohnansprüche der Arbeitnehmer aus dem letzten Jahr vor Konkurseröffnung haben im Konkursverfahren des Arbeitgebers ein *Vorrecht* nach § 61 Nr. 1 KO. Sie gehen allen anderen Forderungen im Range vor. Lohnforderungen aus den letzten 6 Monaten vor und aus der Zeit nach Konkurseröffnung sind Masseschulden und vorweg aus der Konkursmasse zu befriedigen (§ 59 KO).

Über das vom Arbeitsamt auszuzahlende *Konkursausfallgeld* vgl. 672.

Auch gegen eine Kündigung des Konkursverwalters kann der Arbeitnehmer sozialen *Kündigungsschutz* in Anspruch nehmen (vgl. 630).

632. Wettbewerbsbeschränkungen für Arbeitnehmer

Ein *Handlungsgehilfe* darf während der Dauer seines Arbeitsverhältnisses ohne Einwilligung seines Geschäftsherrn weder ein Handelsgewerbe betreiben noch für fremde oder eigene Rechnung branchenübliche Geschäfte machen (s. 368). Für die Zeit nach Beendigung des Arbeitsverhältnisses ist gesetzlich kein Wettbewerbsverbot festgelegt. Es kann aber vertraglich vereinbart werden (*Konkurrenzklausel*) und bedarf dann zur Gültigkeit der *Schriftform* und der Aushändigung einer vom Arbeitgeber unterzeichneten Urkunde an den Arbeitnehmer (§ 74 Abs. 1 HGB). Inhaltlich muß es sich um schutzwürdige Interessen des Arbeitgebers handeln; das Fortkommen des Arbeitnehmers darf nicht unbillig erschwert werden. Auch ist für diese sog. *Karenzzeit* eine *Entschädigung* zu gewähren.

Ein *Wettbewerbsverbot*, also eine Einschränkung der Verwertung seiner Arbeitskraft nach Beendigung des Arbeitsverhältnisses, kann z. B. berechtigt sein, wenn Geschäfts- oder Betriebsgeheimnisse zu wahren sind oder ein Lieferanten- bzw. Kundenkreis erhalten werden muß. *Klarheit und Eindeutigkeit* der Vereinbarungen ist besonders zu empfehlen und anzustreben. Verbote auf mehr als 2 Jahre werden nicht anerkannt (§ 74a Abs. 1 HGB).

Eine *Entschädigung* ist durch § 74 HGB für Handlungsgehilfen *zwingend* vorgeschrieben. Das Verbot ist nur verbindlich, wenn sich der Arbeitgeber für die gesamte Dauer zur Zahlung einer Entschädigung verpflichtet. Sie muß für jedes Jahr des Verbots mindestens die Hälfte der zuletzt bezogenen vertragsmäßigen Leistungen erreichen. Bei wechselnden Bezügen ist der Durchschnitt der letzten drei Jahre anzusetzen (§ 74b HGB). Die Entschädigung ist in monatlichen Teilen zahlbar. Anderweitiger Erwerb durch Arbeit ist anzurechnen (§ 74c Abs. 1 HGB). Für Tätigkeit außerhalb Europas und für hochbezahlte Arbeitnehmer ist die Gewährung einer Karenzentschädigung nicht zwingend vorgeschrieben (§ 75b HGB). Diese Regelung ist allerdings nach dem Urteil des BAG (NJW 1981, 1174) verfassungswidrig. Nichtig ist die Vereinbarung mit einem Minderjährigen oder wenn der Gehilfe nicht mehr als 1500 Mark, vervielfacht mit dem Lebenshaltungsindex auf der Basis 1913/14, jährlich verdient oder ein Verstoß gegen die guten Sitten (z. B. ehrenwörtliche Bindung) vorliegt (§ 74a HGB). Im Streitfall hat der Richter die Vereinbarung auf ein angemessenes Maß zurückzuführen.

Verletzt der Arbeitnehmer seine Verpflichtungen aus dem Wettbewerbsverbot, so kann der *Arbeitgeber* auf Erfüllung bzw. Unterlassung des verbotenen Wettbewerbs klagen (Zwangsvollstreckung nach § 890 ZPO, vgl. 257). Er kann auch mangels Interesses am Fortbestand vom Vertrag zurücktreten und eine bereits gezahlte Entschädigung zurückfordern. Statt der Erfüllung kann er Schadensersatz wegen Nichterfüllung geltend machen (§§ 325, 326 BGB). Ist eine *Vertragsstrafe* vereinbart, so hat der Arbeitgeber als vierte Möglichkeit den Anspruch auf die Vertragsstrafe. Falls diese für den Fall der nicht gehörigen Erfüllung vereinbart ist, kann der Arbeitgeber die verwirkte Strafe neben der Erfüllung verlangen (§ 341 BGB; Ausnahme gemäß § 75c Abs. 2, § 75b S. 2 HGB bei hochbezahlten Handlungsgehilfen). Sondervorschriften über das Wettbewerbsverbot gegenüber Auszubildenden (unzulässig) und *Volontären* (kein Karenzentgelt) bestehen nach §§ 5, 19 BBiG (607).

Für andere Arbeitnehmer besteht keine gesetzliche Regelung. Doch folgt aus der allgemeinen Treuepflicht des Arbeitnehmers, daß während des Arbeitsverhältnisses berufliche Betätigungen zu unterlassen sind, die dem Arbeitgeber schaden.

Für *gehobene gewerbliche Angestellte* bestimmt § 133f GewO, daß die Vereinbarung ihr berufliches Fortkommen nicht unbillig erschweren darf.

Der *Arbeitnehmer* kann bei Verzug des Arbeitgebers mit Zahlung einer Karenzentschädigung auf Erfüllung klagen, nach Ablauf einer Nachfrist vom Vertrag zurücktreten oder (statt Erfüllung) Schadensersatz wegen Nichterfüllung geltend machen.

Für Streitigkeiten aus Wettbewerbsverboten sind bei Arbeitnehmern im Sinne des Arbeitsgerichtsgesetzes die Arbeitsgerichte, im übrigen die ordentlichen Gerichte zuständig.

633. Betriebsrat. Personalvertretung

Der *Betriebsrat* besteht aus gewählten Vertretern der Arbeitnehmer eines Betriebes zur Wahrnehmung ihrer Interessen gegenüber dem Arbeitgeber (Unternehmer) in allgemein-betrieblichen, insbes. sozialen, personellen und wirtschaftlichen Angelegenheiten. In der öffentlichen Verwaltung und bei den Gerichten nimmt die *Personalvertretung* diese Aufgaben wahr. Rechts grundlagen sind das *Betriebsverfassungsgesetz* (BetrVG) vom 15. 1. 1972 (BGBl. I 13) m. spät. Änd., das im wesentlichen das BetrVG vom 11. 10. 1952 ersetzte, und das *Bundespersonalvertretungsgesetz* vom 15. 3. 1974 (BGBl. I 693) m. spät. Änd., das für die Gerichte und Verwaltungen des Bundes gilt, sowie entsprechende Landesgesetze. Vgl. 154 IV.

Zum BetrVG 1952 ist eine 1. DVO vom 18. 3. 1953 (BGBl. I 58) m. Änd. vom 7. 2. 1962 (BGBl. I 64) ergangen; sie ist im wesentlichen ersetzt durch die VO vom 16. 1. 1972 (BGBl. I 49), die Vorschriften über die *Wahl des Betriebsrats* und der Jugendvertretung enthält.

I. Ein *Betriebsrat*

wird in allen Betrieben gebildet, die i. d. R. mindestens 5 ständige wahlberechtigte Arbeitnehmer beschäftigen. Er hat die *Aufgabe,* den Arbeitgeber zu Maßnahmen anzuregen, die dem Betrieb und der Belegschaft dienlich sind, die Durchführung der Tarifverträge, Betriebsvereinbarungen, Gesetze und Verordnungen zu überwachen, Anregungen der Arbeitnehmer entgegenzunehmen und darüber mit dem Arbeitgeber zu verhandeln, die Eingliederung Schwerbehinderter u. a. Hilfsbedürftiger und der ausländischen Betriebsangehörigen sowie die Beschäftigung älterer Angestellter zu fördern (§ 80 BetrVG).

Über *Konzernbetriebsräte* vgl. §§ 54ff., über *Jugendvertretungen* §§ 60ff. BetrVG.

Der Betriebsrat stützt sich bei seiner Tätigkeit auf die *Betriebsversammlung,* die sämtliche Arbeitnehmer des Betriebes umfaßt und mindestens einmal im Vierteljahr einzuberufen ist. Der Betriebsrat muß der Betriebsversammlung vierteljährlich über seine Tätigkeit berichten (§ 43 BetrVG).

Arbeitgeber und Betriebsrat sollen vertrauensvoll und zum Wohle des Betriebs und seiner Arbeitnehmer unter Berücksichtigung des Gemeinwohls zusammenarbeiten; sie sollen alles tun, um den *Arbeitsfrieden* zu erhalten. Der Betriebsrat soll die gerechte Behandlung aller Arbeitnehmer überwachen, sich aber parteipolitischer Betätigung enthalten. Es sollen allmonatlich Besprechungen mit dem Arbeitgeber stattfinden, bei denen etwaige Meinungsverschiedenheiten geklärt werden können (§ 74 BetrVG). Bei Streitigkeiten aus der Betriebsverfassung werden *Einigungsstellen* tätig, die mit Arbeitgebern und Arbeitnehmern paritätisch besetzt sind und einen unparteiischen Vorsitzenden haben, der bei Nichteinigung vom Arbeitsgericht bestellt wird (§ 76 BetrVG). Ihr Spruch ist i. d. R. nur bei beiderseitiger Unterwerfung verbindlich. Das *Arbeitsgericht* ist zuständig für Streitigkeiten über das personelle *Mitbestimmungsrecht* des Betriebsrats und über andere diesen betreffende betriebsverfassungsrechtliche Angelegenheiten (§ 2a ArbGG).

Der Betriebsrat wird nach den Grundsätzen der Verhältniswahl gewählt (§ 14 BetrVG in Verbindung mit der 1. DVO). Wahlberechtigt ist, wer das 18. Lebensjahr vollendet hat; wählbar, wer wahlberechtigt ist und dem Betrieb mindestens ein halbes Jahr angehört (§§ 8, 7 BetrVG). Arbeiter und Angestellte müssen ihrem zahlenmäßigen Verhältnis entsprechend vertreten sein. Bei 5–20 Wahlberechtigten ist ein *Betriebsobmann* zu wählen, bei mehr Beschäftigten eine stets ungerade Zahl von Mitgliedern (gestaffelt nach der Beschäftigtenzahl: 3, 5, 7 usw.). Für die Durchführung der Wahl sorgt ein Wahlvorstand. Die Wahlperiode beträgt 3 Jahre. Die Mitgliedschaft zum Betriebsrat ist ehrenamtlich und unentgeltlich (§ 37 BetrVG). Die Mitglieder genießen einen besonderen Kündigungsschutz: eine *fristgemäße* Kündigung ist während und binnen eines Jahres nach der Amtszeit grundsätzlich unzulässig, außer bei Betriebsstillegung (§ 15 KSchG, vgl. 630); Auszubildende sind als Mitglied des Betriebsrats vor ungerechtfertigter Nichtübernahme in ein Arbeitsverhältnis nach Ausbildungsabschluß geschützt (§ 78a BetrVG).

Leitende Angestellte mit den in § 5 Abs. 3 BetrVG bezeichneten Funktionen (insbes. Personalentscheidungsberechtigte, Prokuristen, Generalbevollmächtigte sowie in herausgehobener Position eigenverantwortlich Tätige) gelten nicht als Arbeitnehmer im Sinne dieses Gesetzes. Sie sind daher weder wahlberechtigt noch wählbar zum Betriebsrat und werden von den Betriebsvereinbarungen nicht erfaßt. Vielfach besteht aber für sie eine Vertretung in Form eines *Sprecherausschusses* mit ähnlichen Funktionen wie ein Betriebsrat.

Der Betriebsrat ist nach §§ 99ff. BetrVG in Betrieben mit mehr als 20 Arbeitnehmern insbes. bei Einstellung, Umgruppierung, Versetzung und Entlassung von Arbeitnehmern zu *beteiligen*. Ein *Mitbestimmungsrecht in sozialen Angelegenheiten* hat er in allen Betrieben bei Festsetzung der Arbeitszeit, Pausen, Urlaubszeit und Urlaubsplan, von Akkordsätzen u. dgl., bei sozialen Einrichtungen, Zuweisung und Kündigung von Werkswohnungen, in Fragen der Betriebsordnung, bei Aufstellung von Entlohnungsgrundsätzen und -methoden usw. (§ 87 BetrVG). In Betrieben mit mehr als 20 Arbeitnehmern ist er bei geplanten Betriebsänderungen (z. B. Einschränkung, Stillegung, Verlegung) zu beteiligen. Bei Nichteinigung kann die Vermittlung des Präs. des Landesarbeitsamts und evtl. die *Einigungsstelle* angerufen werden (§§ 111ff. BetrVG).

Gegen eine beabsichtigte *Einstellung* kann der Betriebsrat binnen 1 Woche beim Arbeitgeber schriftlich Bedenken erheben und die Zustimmung aus bestimmten Gründen verweigern (insbes. Verstoß gegen Rechtsvorschriften oder

Einstellungsrichtlinien, unberechtigte Benachteiligung von Mitbewerbern, Gefährdung des Betriebsfriedens). Kommt keine Einigung zustande, so kann der Arbeitgeber den Bewerber vorläufig einstellen, muß aber binnen 3 Tagen beim Arbeitsgericht beantragen, die Zustimmung des Betriebsrats zu ersetzen und die Dringlichkeit der sofortigen Einstellung zu bestätigen. Versagt das Gericht die Ersetzung der Zustimmung oder erklärt es die vorläufige Einstellung für offensichtlich nicht dringlich, so darf der Arbeitnehmer nach Ablauf von 2 Wochen seit Rechtskraft der Entscheidung nicht mehr beschäftigt werden (§ 100 BetrVG). Bei *Kündigung* eines Arbeitnehmers hat der Arbeitgeber dem Betriebsrat die Kündigungsgründe mitzuteilen. Der Betriebsrat kann binnen 1 Woche (bei außerordentlicher Kündigung binnen 3 Tagen) Bedenken erheben. Er kann seinen Widerspruch u. a. darauf stützen, daß soziale Gesichtspunkte unberücksichtigt geblieben sind oder daß der Arbeitnehmer – evtl. nach Umschulung oder unter anderen Bedingungen – weiterbeschäftigt werden kann. Klagt der Arbeitnehmer beim Arbeitsgericht auf Feststellung, daß das Arbeitsverhältnis weiter bestehe, so muß der Arbeitgeber ihn bis zum Verfahrensabschluß weiterbeschäftigen, falls nicht das Gericht auf seinen Antrag ihn hiervon entbindet, weil die Klage aussichtslos oder der Widerspruch des Betriebsrats offensichtlich unbegründet oder die Weiterbeschäftigung dem Arbeitgeber wirtschaftlich nicht zuzumuten ist (§ 102 BetrVG).

Das BetrVG 1972 gibt dem *einzelnen Arbeitnehmer* auch bestimmte *Individualrechte*: so ein *Unterrichtungsrecht* (z. B. über die Art seiner Tätigkeit), ein *Anhörungs- und Erörterungsrecht* in den ihn betreffenden Angelegenheiten (z. B. Arbeitsentgelt, Leistungsbeurteilung), das *Einsichtsrecht* in seine *Personalakten* sowie ein *Beschwerderecht* gegenüber dem Betriebsrat und dem Arbeitgeber (§§ 81–85). Auch die Rechte der im Betrieb vertretenen *Gewerkschaften* sind geregelt. Sie sollen auf der Arbeitnehmerseite vertrauensvoll mit dem Arbeitgeber zusammenarbeiten und haben grundsätzlich ein Zugangsrecht zum Betrieb (nach Unterrichtung des Arbeitgebers). Sie haben ferner ein *Informationsrecht* gegenüber dem Betriebsrat über Betriebsversammlungen, können evtl. deren Einberufung verlangen und bei Verstößen des Arbeitgebers oder der Betriebsorgane gegen das Betriebsverfassungsrecht sowie bei der Wahl des Betriebsrats tätig werden (§§ 2, 14, 16, 17, 23, 43, 46 BetrVG).

Bei Unternehmen mit mehr als 100 ständigen Arbeitnehmern wird ein *Wirtschaftsausschuß* gebildet, der den Betriebsrat über Wirtschaftsfragen des Unternehmens unterrichtet (§§ 106ff. BetrVG). Bei einer AG oder KGaA muß der *Aufsichtsrat* zu einem Drittel aus Vertretern der Arbeitnehmer bestehen. Dasselbe gilt bei einer GmbH, bei bergrechtl. Gewerkschaften mit eigener Rechtspersönlichkeit und bei Genossenschaften mit mehr als 500 Arbeitnehmern (§§ 76, 77 *BetrVG 1952* vom 11. 10. 1952, BGBl. I 681 i. d. F. des BetrVG 1972).

In den Aufsichtsräten und Vorständen der in Form einer AG, einer GmbH oder einer bergrechtlichen Gewerkschaft mit eigener Rechtspersönlichkeit und mit mehr als 1000 Arbeitnehmern betriebenen Unternehmen des *Bergbaues* und der *Eisen und Stahl* erzeugenden Industrie haben die Arbeitnehmer ein *Mitbestimmungsrecht* nach Maßgabe des Gesetzes vom 21. 5. 1951 (BGBl. I 347). Als gleichberechtigtes Vorstandsmitglied wird ein *Arbeitsdirektor* bestellt. Der Aufsichtsrat besteht aus 11 Mitgliedern (je 4 Vertreter der Anteilseigner und Arbeitnehmer, 3 weitere Mitglieder). Ein Ergänzungsgesetz vom 7. 8. 1956 (BGBl. I 707) regelt die Mitbestimmung bei Unternehmen, die auf Grund eines *Organverhältnisses* ein dem Mitbestimmungsrecht unterliegendes *Tochterunternehmen* (Konzernunternehmen) beherrschen. Über die Wahl und Abberufung von Vertretern der Arbeitnehmer aus den Betrieben der Konzernunternehmen und die Entsendung von Vertretern der Arbeitnehmer durch Spitzenorganisationen der Gewerkschaften vgl. die VO vom 26. 11. 1956 (BGBl. I 886). Bestehen die Voraussetzungen für das erweiterte Mitbestimmungsrecht nach dem Ges. vom 21. 5. 1951 oder 7. 8. 1956 während eines Zeitraums von 6Jahren nicht mehr, z. B. weil die Arbeitnehmerzahl etwa wegen Betriebsaufspaltung unter die Mindestgrenze gesunken ist, wird das betr. Gesetz nicht mehr angewendet.

Beschäftigt eine AG, KGaA, GmbH, eine rechtlich selbständige bergrechtliche Gewerkschaft oder eine Genossenschaft mehr als 2000 Arbeitnehmer, so gilt nach dem Mitbestimmungsgesetz vom 4. 5. 1976 (BGBl. I 1153) für die Besetzung des *Aufsichtsrats* der Grundsatz der *paritätischen Mitbestimmung,* d. h. Anteilseigner und Arbeitnehmer entsenden je eine gleiche Zahl von Mitgliedern (je nach Zahl der Beschäftigten je 6, 8 oder 10; bei den Arbeitnehmern eine bestimmte Zahl von Gewerkschaftsvertretern). Bei den Arbeitnehmervertretern sind Arbeiter und Angestellte entsprechend ihrem zahlenmäßigen Verhältnis zu bestimmen, mindestens jedoch ein Vertreter jeder Gruppe, und bei den Angestellten mindestens ein leitender Angestellter (s. o.). Für die Wahl und Abberufung der Arbeitnehmermitglieder des Aufsichtsrats gelten drei Wahlordnungen vom 23. 6. 1977, je nachdem, ob das Unternehmen aus einem oder mehreren Betrieben besteht (BGBl. I 861, 893) oder ob auch die Arbeitnehmer anderer Betriebe an der Wahl teilnehmen (Konzernunternehmen u. dgl., BGBl. I 934). Der Aufsichtsratsvorsitzende und sein Stellvertreter werden vom Aufsichtsrat mit ⅔-Mehrheit gewählt; falls diese nicht zustande kommt, wird der Vorsitzende von den Anteilseignern aus ihrer Mitte und zum Stellvertreter ein Arbeitnehmervertreter bestimmt. Ergibt sich bei Abstimmungen im Aufsichtsrat Stimmengleichheit, so hat der Vorsitzende (nicht sein Stellvertreter) eine zweite Stimme (§ 29). Über die Bestellung eines *Arbeitsdirektors* zum gleichberechtigten Vorstandsmitglied s. § 33 d. Ges.

II. Die *Personalvertretung*

in den öffentlichen Dienststellen ist das Gegenstück zum Betriebsrat. Das *Bundespersonalvertretungsgesetz* gilt für Bundesdienststellen und stellt Rahmenvorschriften für die Länderbehörden auf (§§ 94ff.).

An Stelle des Betriebs (nach dem BetrVG) tritt die Dienststelle – oberste, Mittel-, Unterbehörde –, ihr Leiter an Stelle des Unternehmers, die Personalversammlung (§§ 48ff.) an Stelle der Betriebsversammlung. I. d. R. setzt sich der *Personalrat* (§§ 12ff.) aus Gruppen für Beamte, Angestellte und Arbeiter zusammen (Wahlordnung vom 23. 9. 1974, BGBl. I 2337). Im mehrstufigen Verwaltungsaufbau bestehen örtliche, Bezirks- und Hauptpersonalräte (Stufenvertretungen); ferner sind ggf. Jugendvertretungen und Gesamtpersonalräte zu bilden. Das *Mitwirkungs- und Mitbestimmungsrecht* in sozialen und personellen Angelegenheiten (§§ 66ff.) ähnelt dem im BetrVG für die privaten Betriebe geregelten, ist aber auf die Besonderheiten des öffentlichen Dienstes ausgerichtet. Streitigkeiten aus dem Personalvertretungsgesetz entscheiden nicht die Arbeitsgerichte, sondern die Verwaltungsgerichte (durch Fachkammern und -senate); §§ 83, 84. Bei den *Gerichten* werden die Funktionen der Personalvertretung, soweit sie allgemeine und soziale Angelegenheiten der

Richter betreffen, vom *Richterrat* wahrgenommen; bei der Ernennung eines Richters ist der *Präsidialrat* zu beteiligen (vgl. 209).

634. Gewerkschaften. Arbeitgeberverbände

Gewerkschaften sind Arbeitnehmerverbände, die als rechtsfähige oder (so i. d. R.) nichtrechtsfähige Vereine auftreten und die wirtschaftlichen Belange der Arbeitnehmer im Verhältnis zu den Arbeitgebern wahrnehmen.

Die *Arbeitgeberverbände* sind Zusammenschlüsse von Arbeitgebern zwecks gemeinsamer Wahrnehmung der arbeitsrechtlichen und sozialpolitischen Gesamt- und Einzelinteressen ihrer Mitglieder.

Im Zuge der industriellen Entwicklung des Deutschen Reiches bildeten sich *freie* und *christliche Gewerkschaften* mit Untergruppen für Arbeiter, Angestellte und Beamte. Als dritte Art entstanden die *Hirsch-Duncker*schen Gewerkschaften. Nach 1933 wurden die Gewerkschaften aufgelöst; ihr Vermögen fiel der ,,Deutschen Arbeitsfront" zu, in der Arbeitnehmer und Arbeitgeber zusammengefaßt waren. Nach 1945 entstanden die Gewerkschaften neu; sie werden durch Art. 9 Abs. 3 GG gewährleistet (*Koalitionsfreiheit*; vgl. 46, 47).

Die *Berufsverbände* werden auch als *Sozialpartner* oder als *tariffähige Verbände* bezeichnet. Gegenwärtig bestehen in der Bundesrepublik 45 Fachspitzenverbände (und 1 Gastverband) der *Arbeitgeber* (mit 386 Mitgliedsverbänden), die überfachlich in Landesverbänden zusammengeschlossen sind und einen Spitzenverband in der *Bundesvereinigung der Deutschen Arbeitgeberverbände* (Sitz Köln) unterhalten. Als einzige Organisation auf der Unternehmerseite umfaßt diese Vereinigung die sozialpolitischen Verbände aller Wirtschaftszweige der BRep., also der Industrie, des Handels, des Handwerks, der Banken, der Versicherungen, der Landwirtschaft und des Verkehrs. Der Aufgabenbereich der Arbeitgeberverbände umfaßt insbesondere arbeitsrechtliche Beratung, Beobachtung und Lenkung des Arbeitsmarktes, Berufsberatung und Fortbildung, soziale Betriebsgestaltung und internationale Sozialpolitik.

Auf seiten der *Arbeitnehmer* sind 18 Gewerkschaften und Industriegewerkschaften im *Deutschen Gewerkschaftsbund* (DGB) vereinigt (1985: 7,72 Mio. Mitgl.). In seinem ,,Grundsatzprogramm 1981" stellt der DGB vor allem sozialpolitische Forderungen heraus: Vollbeschäftigung, Humanisierung der Arbeit, Ausbau der Mitbestimmungsrechte, Beteiligung der Arbeitnehmer am Arbeitsertrag, Ausbau des Systems der sozialen Sicherung, Förderung der beruflichen Bildung und Weiterbildung seiner Mitglieder u. a. m. Der DGB bemüht sich besonders um die Senkung der Lebenshaltungskosten, die Anpassung der Löhne an das Preisniveau und um die Steigerung der Produktivität, ferner um die Verwirklichung des Mitspracherechts der Arbeitnehmer, Ausbildungs- und Bildungsförderung (Bildungsurlaub) sowie den gewerkschaftlichen Wohnungsbau und die Heimstättenerrichtung. Daneben bildete sich die *Deutsche Angestellten-Gewerkschaft* (DAG; 1985: 500922 Mitgl.) mit dem Ziel, die Angestellten gesondert zu organisieren. Ferner besteht ein *Christlicher Gewerkschaftsbund* (CGB). Im *Deutschen Beamtenbund* (DBB; 1985: 796254 Mitgl.) schlossen sich auf berufsständischer Basis Beamte, Beamtenanwärter und Ruhestandsbeamte zusammen. Doch ist es zunehmend zu einer Vermischung der Gruppen gekommen: dem DGB gehören auch zahlreiche Angestellte und Beamte an, dem DBB auch Angestellte und Arbeiter. Die acht selbständigen

Verbände der leitenden Angestellten sind in einer branchenübergreifenden *Union der Leitenden Angestellten* zusammengeschlossen; nur einige dieser Verbände beanspruchen die Rechtsstellung einer Gewerkschaft, während die übrigen auf die z. T. unternehmerähnlichen Funktionen ihrer Mitglieder abstellen.

Die Berufsverbände der Arbeitgeber und Arbeitnehmer sind vor dem Arbeitsgericht aktiv und passiv parteifähig; sie können klagen und verklagt werden (§ 10 ArbGG). Vgl. 636.

In der *Sowjetischen Zone* entstanden 1945 der Freie Deutsche Gewerkschaftsbund (FDGB) und in Berlin (Ost) der FDGB Groß-Berlin. Beide sind keine Zusammenschlüsse selbständiger Gewerkschaften, sondern Einheitsgewerkschaften mit starken, aber unselbständigen Untergliederungen. Satzungsgemäß obliegt dem FDGB nicht nur der Abschluß von Kollektivvereinbarungen, das betriebliche Mitwirkungsrecht (vgl. 24 IV) und die soziale und kulturelle Betreuung der Arbeitnehmer; er nimmt auch die politisch motivierten Aufgaben der SED wahr, soweit sie auf Mobilisierung der Arbeitnehmer zur Erreichung der Produktionsziele, den ,,sozialistischen Wettbewerb" und andere staatswirtschaftliche Ziele gerichtet sind. Eine Verbindung mit den westdeutschen Gewerkschaftsverbänden scheiterte lange Zeit daran, daß die Gewerkschaften der DDR immer mehr zu Vollstreckungsorganen der dortigen Staatsgewalt wurden; erst in neuerer Zeit kam es wieder zu Fühlungnahmen, Besuchen von Abordnungen usw.

635. Streik und Aussperrung

Der *Streik* ist ein Mittel des *Arbeitskampfes*. Er besteht in der gemeinsamen Arbeitsniederlegung mit dem Ziel, günstigere Arbeitsbedingungen durchzusetzen. In Art. 9 GG (Vereinigungsfreiheit) ist über den Streik nichts gesagt; er ist nicht verboten – in einzelnen Länderverfassungen ist das Streikrecht sogar ausdrücklich garantiert (47) –, muß sich aber im Rahmen der Gesetze halten.

Dagegen wird in der *DDR* ein Streikrecht nicht anerkannt (24 IV).

Man unterscheidet den organisierten (von einer Gewerkschaft geleiteten) vom nichtorganisierten (wilden) Streik sowie den nur einen Teil der Betriebe betreffenden *Teilstreik* vom *Generalstreik,* der alle Betriebe erfaßt. Daneben spricht man noch vom Demonstrations-, Warn- oder Proteststreik und vom sog. *Sympathiestreik* für andere streikende Arbeitnehmer. Die sog. *passive Resistenz,* d. h. die Verweigerung ordnungsmäßiger Arbeit (z. B. absichtliche Verlangsamung), ist ebenfalls eine Form des Streiks.

Der Streik darf nicht gegen die tarifvertragliche *Friedenspflicht* der Tarif- oder Betriebspartner verstoßen; er muß *sozialadäquat* sein, d. h. von tariffähigen Parteien zur Durchsetzung echter kollektiver Ziele (Regelung der Arbeitsbedingungen) und in fairer Weise geführt werden. Auch *Warnstreiks*, die früher vor Ausschöpfung aller Verständigungsmöglichkeiten vielfach für unzulässig gehalten wurden, sind zulässig. Das BAG hat einen Warnstreik auch während des Laufs von Tarifverhandlungen für zulässig erklärt, aber erst nach Ablauf der Frist zur Einhaltung der Friedenspflicht. *Dienstverpflichtungen* u. a. gesetzliche oder behördliche Maßnahmen, die im Verteidigungsfall, zur Abwendung von Angriffen auf die freiheitliche demokratische Grundordnung oder bei Naturkatastrophen u. dgl. zugelassen sind, dürfen sich nach der *Arbeitskampfschutzklausel* des Art. 9 Abs. 3 S. 3 GG nicht gegen einen zur Förderung der Arbeits- oder Wirtschaftsbedingungen geführten Streik richten.

Über Lohnfortzahlung beim Streik s. 611. Zum Problem des *Streikrechts der Beamten* s. 154 II.

Das Gegenstück zum Streik ist die *Aussperrung,* d. h. der Ausschluß der Arbeitnehmer von der Arbeit. Sie ist eine *Kollektivmaßnahme* gegen eine Mehrzahl von Arbeitnehmern. Die *Angriffsaussperrung* ohne einen vorhergehenden Streik ist in jedem Falle unzulässig (BAG, s. u.); praktische Bedeutung kommt auch lediglich der Abwehraussperrung gegen einen ausgebrochenen Streik (auch als *Sympathieaussperrung*) zu. Die A. kann mit oder ohne Kündigung des Arbeitsvertrags vorgenommen werden (*lösende* bzw. *suspendierende* A.). Als Mittel des Arbeitskampfes unterliegt die A. hinsichtlich ihrer Rechtmäßigkeit ähnlichen Grundsätzen wie der Streik.

Alle Arbeitskampfmaßnahmen, insbesondere Streik und Aussperrung, unterliegen dem Grundsatz der *Verhältnismäßigkeit.* Ihre *Einleitung* und *Durchführung* müssen das letzte Mittel (ultima ratio) zur Erreichung des Kampfzieles sein; das gilt auch für die angewandten *Kampfmittel.* Nach Beendigung des Arbeitskampfes müssen beide Seiten dazu beitragen, den Arbeitsfrieden in größtmöglichem Umfang wiederherzustellen. Der Arbeitnehmer hat grundsätzlich Anspruch auf Weiterbeschäftigung bzw. Wiedereinstellung. Vgl. BAG (GS) NJW 1971, 1668.

Gegen die Zulässigkeit der Aussperrung wird namentlich von Gewerkschaftsseite geltend gemacht, sie höhle das Streikrecht und das Koalitionsrecht (Art. 9 Abs. 3 GG) aus und verstoße gegen das Sozialstaatsprinzip (Art. 20 Abs. 1 GG), weil sie für den wirtschaftlich überlegenen Unternehmer eine ungleich stärkere Waffe im Arbeitskampf sei als das Streikrecht des Arbeitnehmers. Das Bundesarbeitsgericht hat jedoch die Abwehraussperrung für grundsätzlich zulässig (und das generelle Verbot der Aussperrung in Art. 29 hess. Verf. für unwirksam) erklärt. Dies gilt vor allem dann, wenn die angreifende (streikende) Gewerkschaft durch besondere Taktiken (begrenzte Teilstreiks, Schwerpunktstreiks) ein Übergewicht erzielen kann. Der Umfang einer Abwehraussperrung muß sich aber in jedem Fall am Grundsatz der *Verhältnismäßigkeit* orientieren. Der Beschluß eines Arbeitgeberverbandes, auf Schwerpunktstreiks mit der unbefristeten Aussperrung aller Arbeitnehmer eines Tarifgebiets zu reagieren, ist unverhältnismäßig; dem folgende Aussperrungen sind nichtig. Ebenso ist die selektive Aussperrung von Gewerkschaftsmitgliedern nicht zulässig (BAG NJW 1980, 1642). Offengeblieben ist die Frage, ob die Aussperrung wegen Verletzung des Grundsatzes der Verhältnismäßigkeit rechtswidrig ist, wenn sie Allgemeininteressen, z. B. das Recht der Information durch die Presse verletzt.

Nach § 17 des Arbeitsförderungsgesetzes hat der Arbeitgeber den Beginn und die Beendigung eines *Streiks* oder einer *Aussperrung* dem Arbeitsamt in bestimmter Form und Frist anzuzeigen. Sind mehrere Betriebe betroffen, so kann der Arbeitgeberverband für sie die Anzeige erstatten.

Vereinbarungen der Sozialpartner müssen nach einer Entscheidung des Bundesarbeitsgerichts im *Metallarbeiterstreik* in Schleswig-Holstein vom 31. 10. 1958 (NJW 1959, 356) unbedingt eingehalten werden. Wenn vor Ablauf einer in einem *Schlichtungsabkommen* vorgesehenen Überlegungsfrist zu Kampfmaßnahmen geschritten werde, ohne alle Verhandlungsmöglichkeiten auszuschöpfen, liege ein schuldhaftes Verhalten vor, das zum Ersatz des entstandenen Schadens verpflichte. Das Bundesarbeitsgericht hat allgemein ausgesprochen, daß der Tarifpartner, der trotz zweifelhafter Rechtslage einen Arbeitskampf entfesselt, sich schadenersatzpflichtig machen kann (s. NJW 1964, 887 und 1978, 2114). Die Anwendung der Vorschriften über unerlaubte Handlungen (332) wird allgemein bejaht, soweit ein Verstoß gegen § 826 BGB vorliegt, ist aber umstritten hinsichtlich der Anwendung des § 823 Abs. 1, 2 BGB.

636. Arbeitsgerichtsbarkeit

Arbeitsgerichte wurden erstmals durch RGes. vom 23. 12. 1926 eingerichtet. Nach dem 2. Weltkrieg wurden sie durch das KRG Nr. 21 vom 30. 3. 1946 und später durch das *Arbeitsgerichtsgesetz* vom 3. 9. 1953 (BGBl. I 1267) – ArbGG – wiederhergestellt; damit wurde die nach dem Krieg entstandene Rechtszersplitterung beseitigt. Das ArbGG gilt jetzt i. d. F. vom 2. 7. 1979 (BGBl. I 853) m. spät. Änd.

Die Arbeitsgerichte sind zuständig zur Entscheidung privatrechtlicher Streitigkeiten aus Tarifvertrag und Arbeitsvertrag, über die nach dem ArbGG durch *Urteil* entschieden wird, während das *Beschlußverfahren* für Streitigkeiten aus der Betriebsverfassung nach dem Betriebsverfassungsgesetz vorgesehen ist.

Die *besondere Gerichtsbarkeit* in Arbeitssachen wird durch dreistufig geordnete Gerichte ausgeübt. Das ArbGG regelt in einem gerichtsverfassungsrechtlichen Teil den Gerichtsaufbau, insbesondere Organisation, Errichtung und Verwaltung der Gerichte für Arbeitssachen, und in seinem verfahrensrechtlichen Teil das Urteilsverfahren und das Beschlußverfahren sowie schließlich den Schiedsvertrag in Arbeitsstreitigkeiten (vgl. 637).

1. Gerichtsverfassung

Es bestehen Arbeitsgerichte und Landesarbeitsgerichte als Landesgerichte; sie werden von der obersten Arbeitsbehörde des Landes im Einvernehmen mit der Landesjustizverwaltung nach Anhörung der Gewerkschaften und Arbeitgebervereinigungen errichtet. Die Dienstaufsicht obliegt der obersten Landesarbeitsbehörde im Einvernehmen mit der LJustVerw. (§§ 14, 15, 33, 34 ArbGG). Als oberste Instanz ist das Bundesarbeitsgericht errichtet. Verwaltung und Dienstaufsicht führt der Bundesarbeitsminister im Einvernehmen mit dem Bundesjustizminister; er kann einen Teil der Geschäfte auf den Präsidenten des Bundesarbeitsgerichts übertragen (§ 40 ArbGG).

In erster Instanz ist das *Arbeitsgericht* (Vorsitzender, je 1 ehrenamtlicher Richter aus den Kreisen der Arbeitgeber und der Arbeitnehmer) zuständig. Zweite (Berufungs-)Instanz ist das *Landesarbeitsgericht* (gleiche Besetzung). Das *Bundesarbeitsgericht* in Kassel als höchste Instanz entscheidet über die Revision gegen Urteile der Landesarbeitsgerichte und über die Sprungrevision bei Übergehung der Berufungsinstanz. Jeder Senat besteht aus dem Vorsitzenden Richter, zwei berufsrichterlichen Beisitzern und je einem ehrenamtlichen Richter aus den Kreisen der Arbeitgeber und der Arbeitnehmer.

2. Zuständigkeit

Das Arbeitsgericht ist *ausschließlich zuständig* für bürgerliche Rechtsstreitigkeiten zwischen Tarifvertragsparteien oder zwischen diesen und Dritten aus Tarifverträgen, über deren Bestehen oder Nichtbestehen und aus unerlaubten Handlungen, soweit es sich um Maßnahmen zum Zwecke des Arbeitskampfes oder um Fragen der Vereinigungsfreiheit handelt. Weiter für bürgerliche Rechtsstreitigkeiten zwischen Arbeitnehmern und Arbeitgebern aus dem Arbeitsverhältnis, über dessen Bestehen oder Nichtbestehen, aus der Eingehung des Arbeitsverhältnisses und dessen Nachwirkungen sowie aus unerlaubten Handlungen, wenn ein Zusammenhang mit dem Arbeitsvertrag gegeben ist (z. B. Beschädigung einer Maschine durch einen Arbeitnehmer). Auch Streitigkeiten zwischen Arbeitnehmern werden bei Zusammenhang mit dem Arbeitsverhältnis vom Arbeitsgericht entschieden, während andere privatrechtliche Streitigkeiten vor die ordentlichen Gerichte gehören. Endlich sind dem Arbeitsgericht die meisten im Betriebsverfassungsgesetz geregelten Rechtsangelegenheiten zur Entscheidung zugewiesen. *Arbeitnehmer* i. S. des ArbGG sind Arbeiter, Angestellte und die zur Berufsausbildung und in Heimarbeit Beschäftigten sowie wirtschaftlich unselbständige arbeitnehmerähnliche Personen. Diese können auch Ansprüche gegen Wohlfahrtseinrichtungen, deren Wirkungskreis sich auf den Betrieb oder das Unternehmen beschränkt, vor dem Arbeitsgericht geltend machen. Die Zuständigkeit des Arbeitsgerichts kann ferner durch Sachzusammenhang oder kraft Vereinbarung begründet werden, soweit nicht eine anderweite ausschließliche Zuständigkeit besteht. Die Zuständigkeit erstreckt sich auch auf festgestellte oder vereinbarte Vergütungen für Arbeitnehmererfindungen und Urheberrechtsansprüche aus Arbeitsverhältnissen. Vgl. §§ 2ff. ArbGG.

3. *Urteilsverfahren*

Das *Urteilsverfahren* vor dem Arbeitsgericht (§§ 46ff. ArbGG) ist grundsätzlich dasselbe wie vor Amts- und Landgerichten, richtet sich also nach der ZPO. Es bestehen jedoch Besonderheiten, vor allem, um das Verfahren zu beschleunigen. Kündigungsverfahren haben Vorrang (§ 61a ArbGG). Die Urteile sind grundsätzlich schon im Verhandlungstermin zu verkünden und ohne Sicherheitsleistung vorläufig vollstreckbar. Die Gerichtskosten sind niedriger (kein Vorschuß). Die Beweisaufnahme findet grundsätzlich vor dem Prozeßgericht, nicht vor dem Einzelrichter, statt. Gewerkschaften und Arbeitgeberverbände sind parteifähig (§ 10 ArbGG). Ihre Vertreter können vor dem Arbeitsgericht auftreten. Im Verfahren vor dem Landesarbeitsgericht besteht *Anwaltszwang;* jedoch können auch die Verbandsvertreter in zweiter Instanz auftreten (§ 11 ArbGG). Vor dem Bundesarbeitsgericht besteht stets Anwaltszwang. Die Klage kann schriftlich oder mündlich zu Protokoll der Geschäftsstelle des Arbeitsgerichts erhoben werden. Es findet zunächst eine *Güteverhandlung* mit den Parteien vor dem Vorsitzenden allein statt. Er entscheidet auch allein bei Erlaß eines Versäumnis-, Verzichts- oder Anerkenntnisurteils und auf Antrag beider Parteien. In anderen Fällen wird vor der Kammer des Arbeitsgerichts verhandelt (§§ 54, 55 ArbGG). Es gibt nur beschränkte Kostenerstattung; jede (auch die obsiegende) Partei trägt ihre Anwaltskosten und Zeitversäumnis selbst (§ 12a).

Es kann auch ein *Mahnverfahren* (249) nach Maßgabe des § 46a ArbGG stattfinden; über Vordrucke hierfür s. VO vom 15. 12. 1977 (BGBl. I 2625).

Die *Berufung* ist in vermögensrechtlichen Streitigkeiten nur bei einem Beschwerdewert von mehr als 800 DM statthaft; sonst bedarf sie einer Zulassung durch das Arbeitsgericht (§ 64 ArbGG). Die *Revision* ist stets von einer Zulassung abhängig, die auszusprechen ist, wenn die Sache grundsätzliche Bedeutung hat oder wenn das angefochtene Urteil von einer Landesarbeits- oder oberstgerichtlichen Entscheidung abweicht (sog. *Divergenzrevision*), § 72 ArbGG. Auch *Sprungrevision* (245) ist möglich.

4. *Beschlußverfahren*

Im *Beschlußverfahren* entscheidet das ArbG über Streitfälle nach dem Betriebsverfassungsgesetz, die den Betriebsrat, Betriebsvereinbarungen, Einstellungen, Entlassungen u. dgl. betreffen (§§ 80, 2a ArbGG). Als Rechtsmittel gegen die das Verfahren abschließenden Beschlüsse ist die *Beschwerde* (ggf. *Sprungrechtsbeschwerde*), gegen Entscheidungen des Landesarbeitsgerichts die *Rechtsbeschwerde* zugelassen (§§ 87ff., 92ff., 96a ArbGG).

5. Der *Rechtshilfeverkehr mit dem Ausland* auf dem Gebiet der Arbeitsgerichtsbarkeit richtet sich nach den für Zivilsachen geltenden Vorschriften (ZRHO usw., vgl. 225, nach Maßgabe einer bundeseinheitlichen, ab 1. 1. 1960 geltenden Anordnung, abgedr. JMBl. NRW 1960, 75).

637. Schiedsgerichtsverfahren. Schlichtung

Die Tarifvertragsparteien können für Rechtsstreitigkeiten die Arbeitsgerichtsbarkeit durch Vereinbarung eines *Schiedsgerichts* ersetzen (§§ 101ff. Arbeitsgerichtsgesetz).

Der *Schiedsvertrag* in Arbeitsstreitigkeiten begründet eine prozeßhindernde Einrede. Das Verfahren richtet sich nach freiem Ermessen des aus der gleichen Zahl von Arbeitgebern und Arbeitnehmern (wahlweise zusätzlich Unparteiischen) bestehenden Schiedsgerichts; jedoch müssen gewisse prozessuale Grundregeln beachtet werden (z. B. rechtliches Gehör). Zwangsvollstreckung aus dem *Schiedsspruch* oder Vergleich setzt voraus, daß er vom Vorsitzenden des Arbeitsgerichts für vollstreckbar erklärt worden ist. Für die *Aufhebungsklage* gegen den Schiedsspruch gilt entsprechendes wie nach der ZPO. Vgl. 263 und § 110 ArbGG.

Vom Schiedsgerichtsverfahren ist das Schlichtungsverfahren zu unterscheiden. Die *Schlichtung* ist die Mithilfe zur Beseitigung von Arbeitsstreitigkeiten durch Abschluß eines Tarifvertrages oder einer Betriebsvereinbarung. Sie dient also nicht der Entscheidung von Rechtsstreitigkeiten, sondern der *Regelung arbeitsrechtlicher Kollektivverhältnisse*.

Bei der *Schlichtung* unterscheidet an das Vermittlungs- und das eigentliche Schlichtungsverfahren. Die *Schlichtungsausschüsse* (Landesbehörden) erlassen mangels Einigung einen *Schiedsspruch*; dieser stellt dann die rechtsgültige Gesamtvereinbarung dar. Beide Parteien sind an den Schiedsspruch aber nur gebunden, wenn sie ihn annehmen oder sich ihm unterwerfen. Eine Verbindlichkeitserklärung von Schiedssprüchen ist landesrechtlich meist nicht vorgesehen. Vgl. KRG 35 und die Schlichtungsordnungen der Länder (Nipperdey, Textslg. Arbeitsrecht, Nr. 520ff.).

B. Grundzüge der Sozialversicherung

651. Entwicklung der deutschen Sozialversicherung

Bis in die zweite Hälfte des 19. Jahrh. war die *Fürsorge* für die wirtschaftlich schwache Bevölkerung auf Armenpflege und private Hilfe beschränkt; sie wurde ergänzt durch Hilfskassen der Arbeiterschaft. Durch die kaiserliche Botschaft vom 17. 11. 1881 an den Reichstag wurde die *Sozialversicherung* eingeleitet, die in den folgenden Jahren weiter ausgebaut wurde.

Am 15. 6. 1883 wurde das *Krankenversicherungsgesetz,* am 6. 7. 1884 das *Unfallversicherungsgesetz* und am 22. 6. 1889 das Gesetz betr. die *Invaliditäts-* und *Altersversicherung* verkündet. Die *Reichsversicherungsordnung* (RVO) vom 19. 7. 1911 faßte diese Gesetze zusammen. Sie enthält die für alle Versicherungsarten geltenden gemeinsamen Vorschriften, ordnet die Organisation der Versicherungsträger und Versicherungsbehörden, regelt die Kranken- und die Unfallversicherung sowie die Rentenversicherung der Arbeiter, behandelt die Beziehungen der Versicherungsträger zueinander und zu anderen Verpflichteten und gibt schließlich Bestimmungen für das Versicherungsverfahren. Die RVO wurde durch das Reichsgesetz über die *Angestelltenversicherung* vom 20. 12. 1911 (AVG) – beide neugefaßt am 15. 12. bzw. 28. 5. 1924 (RGBl. I 779, 563) – und für alle im Bergbau Beschäftigten durch das *Reichsknappschaftsgesetz* vom 23. 6. 1923 i. d. F. vom 1. 7. 1926 (RGBl. I 369) ergänzt. Am 16. 7. 1927 trat das Gesetz über *Arbeitsvermittlung und Arbeitslosenversicherung* (später abgelöst durch das *Arbeitsförderungsgesetz)* hinzu. Nach Kriegsende 1945 trat eine starke Zersplitterung des Sozialversicherungsrechts ein. Immerhin wurden durch das *Sozialversiche-*

rungs-Anpassungsgesetz vom 17. 6. 1949 (WiGBl. 99) m. spät. Änd. die *Renten* der neuen Währung und den veränderten Verhältnissen angeglichen.

Nach Errichtung der BRep. hat der Bundesgesetzgeber das Sozialversicherungsrecht ständig weiterentwickelt. Er hat damit dem Grundgedanken des *sozialen Rechtsstaates* (42) und dem Prinzip der *Sozialstaatlichkeit* Rechnung getragen, das in besonderem Maße zur *Daseinsvorsorge* (141, 185) verpflichtet. Durch Gesetz vom 13. 8. 1952 (BGBl. I 437) wurden die *Einkommensgrenzen* in der Sozialversicherung und der Arbeitslosenversicherung erhöht. Da die Rentenbeträge der verteuerten Lebenshaltung nicht mehr entsprachen, ergingen das *Arbeiterrentenversicherungs-Neuregelungsgesetz* (ArVNG) und das *Angestelltenversicherungs-Neuregelungsgesetz* (AnVNG) vom 23. 2. 1957 (BGBl. I 45, 88), die ab 1. 1. 1957 eine jeweils der Entwicklung der Löhne und Gehälter anzupassende sog. *Produktivitätsrente* (dynamische Rente) einführten. Vgl. 667, 669.

Die RVO ist seither wiederholt geändert worden, so durch das Gesetz zur Änderung sozialrechtlicher Vorschriften vom 25. 4. 1961 (BGBl. I 465) und das *Unfallversicherungs-Neuregelungsgesetz* vom 30. 4. 1963 (BGBl. I 241; s. 660). Die angestrebte Gesamtreform der Sozialversicherung (sog. *Sozialpaket)* wurde bereits teilweise verwirklicht durch das *Rentenversicherungs-Änderungsgesetz* vom 9. 6. 1965 (BGBl. I 476) und das *Gesetz zur Änderung und Ergänzung des Mutterschutzgesetzes und der Reichsversicherungsordnung* vom 24. 8. 1965 (BGBl. I 912) sowie das 1. u. 2. *Krankenversicherungsänderungsgesetz* (Art. 2 d. Ges. vom 27. 7. 1969, BGBl. I 946; Ges. vom 21. 12. 1970, BGBl. I 1770). Über das *Rentenreformgesetz 1972* vgl. 664.

Das Ges. über die *Angleichung der Leistungen zur Rehabilitation* vom 7. 8. 1974 (BGBl. I 1881) m. spät. Änd. regelte die Grundlagen für die medizinischen, berufsfördernden und ergänzenden Maßnahmen und Leistungen (berufliche Fortbildung, Umschulung, Übergangsgeld usw.) für den Bereich der Kranken-, Renten-, Unfallversicherung, Kriegsopferversorgung usw. Es verpflichtete den Behinderten zur Mitwirkung an den Maßnahmen und statuierte deren Vorrang vor der Bewilligung von Renten für Minderung oder Wegfall der Erwerbsfähigkeit. Das Gesetz über die *Sozialversicherung Behinderter* vom 7. 5. 1975 (BGBl. I 1061) erstreckte die Kranken- und Rentenversicherung auf die körperlich, geistig oder seelisch Behinderten, die in Spezialwerkstätten nach dem Schwerbehindertengesetz oder Blindenwerkstätten, in Anstalten oder Heimen beschäftigt sind und regelmäßig mindestens ⅕ einer normalen Erwerbstätigkeit ausüben. Das *Krankenversicherungs-Weiterentwicklungsgesetz* vom 28. 12. 1976 (BGBl. I 3871) änderte vor allem das Kassenarztrecht (673). Wichtige Änderungen brachte auch das Ges. zur *Kostendämpfung in der Krankenversicherung* vom 27. 6. 1977 (BGBl. I 1069), das zugleich Strukturverbesserungen zur Sicherung einer bedarfsgerechten kassenärztlichen Versorgung und einer ausgewogenen Lastenverteilung vorsieht. (dazu Ergänzungsgesetz vom 22. 12. 1981, BGBl. I 1579).

Durch das *Künstlersozialversicherungsgesetz* – KSVG – vom 27. 7. 1981 (BGBl. I 705) m. spät. Änd. ist die Ausdehnung der bisher nur für selbständige Musiker, Kunsterzieher und Artisten bestehenden Sozialversicherungspflicht (KV, RV) auf alle nicht anderweit kraft Gesetzes versicherten Künstler und Publizisten eingeleitet; die Versicherungsbeiträge sollen zur Hälfte von den Versicherten und zur anderen Hälfte durch eine *Künstlersozialabgabe* der Unternehmen aufgebracht werden, die regelmäßig Arbeiten selbständiger Künstler und Publizisten verwerten, sowie durch Bundeszuschüsse. Die Abgabe bemißt sich nach einem Hundertsatz der gezahlten Entgelte (§§ 23ff. KSVG; z. B. für 1985 5 v. H., BGBl. 1984 I 1255); für 1986 und 1987 ebenfalls 5 v. H., s. § 57 Abs. 3 S. 1 KSVG). S. hierzu auch DVO vom 23. 5. 1984 (BGBl. I 709). Das KSVG gilt ab 1983; die Vorschriften über die *Künstlersozialkasse* galten bereits vorher.

Wesentliche Änderungen sozialrechtlicher Regelungen brachten ferner das Haushaltsbegleitgesetz 1983 (BGBl. 1982 I 1857) und das Haushaltsbegleitgesetz 1984 (BGBl. 1983 I 1532).

Das z. T. bereits verabschiedete *Deutsche Sozialgesetzbuch* soll die sozialrechtlichen Vorschriften in einem Gesetzeswerk zusammenfassen. Zum Regelungsbereich gehören außer der *Sozialversicherung* vor allem die *Sozialförderung* (Ausbildungsförderung, Kindergeld, Wohngeld usw.) sowie die *Sozialversorgung* (Versorgungs-, Flüchtlings-, Heimkehrerwesen usw.; vgl. 681 ff.). Der Allgemeine Teil des SGB (BGBl. 1975 I 3015 m. spät. Änd.) enthält Grundsatz- und Rahmenvorschriften über die *sozialen Rechte* auf Bildungs- und Arbeitsförderung, Sozialversicherung und soziale Entschädigung bei Gesundheitsschäden, Sozialhilfe (687), Eingliederung Behinderter, Wohngeldzuschuß und Jugendhilfe. Er gibt ferner allgemeine Verfahrensvorschriften über Pflichten der Leistungsträger (z. B. über Beratung und Auskunft, Leistungsarten und -verfahren, Rechtsansprüche und deren Erfüllung, Verjährung und Pfändungsgrenzen), aber auch über Mitwirkungspflichten des Leistungsberechtigten u. dgl. In einem Besonderen Teil wird das SGB die einzelnen Zweige des Sozialrechts regeln: Buch II Ausbildungsförderung, III Arbeitsförderung, IV Sozialversicherung (Gemeinsame Vorschriften, Ges. vom 23. 12. 1976, BGBl. I 3845, m. spät. Änd.: Grundregeln, Leistungen und Beiträge, Versicherungsträger, Versicherungsbehörden), V Soziale Entschädigung bei Gesundheitsschäden, VI Kindergeldrecht, VII Wohngeldrecht, VIII Jugendhilfe, IX Sozialhilfe, X Verwaltungsverfahren (BGBl. 1980 I 1469 m. spät. Änd.: Zuständigkeit, Amtshilfe; Verfahrensgrundsätze; Verwaltungsakt; öff.-rechtl. Vertrag; Rechtsbehelfsverfahren; Kosten, Zustellung, Vollstreckung), Datenschutz; Zusammenarbeit der Leistungsträger und ihre Beziehungen zu Dritten (BGBl. 1982 I 1450 m. spät. Änd.).

Weitere sozialversicherungsrechtliche Bestimmungen finden sich im *Lohnfortzahlungsgesetz* (614), im *Mutterschutzgesetz* (621), im *Fremdrentengesetz* (674), im *Arbeitsplatzschutzgesetz* (624) u. a. m.

652. Versicherungszwang

Die Sozialversicherung diente ursprünglich der Fürsorge für bestimmte Berufsklassen, die nicht imstande waren, für Zeiten der Arbeitsunfähigkeit oder für den Fall ihres Todes genügend Mittel zurückzulegen. Sie trat ein bei Minderung der Erwerbsfähigkeit infolge von Krankheit, Betriebsunfall, Berufs- und Erwerbsunfähigkeit, Alter oder beim Todesfall. Um möglichst alle in Betracht kommenden Bevölkerungsteile der Versicherung zuzuführen, wurde der *Versicherungszwang* eingeführt, d. h. gewisse gesetzlich bestimmte Personengruppen unterstehen der Versicherung schon dadurch, daß sie sich in einem bestimmten Arbeitsverhältnis befinden.

Diese *Versicherungspflicht* umfaßt in erster Linie *Arbeitnehmer,* d. h. Personen, die als *Arbeiter* hauptsächlich ihre körperliche Arbeitskraft zur Verfügung stellen oder als *Angestellte* überwiegend gedankliche Arbeit leisten. Sie sind *pflichtversichert. Lehrlinge (Auszubildende)* werden je nach Ausbildungsart als Arbeiter oder Angestellte behandelt. Zur Erweiterung der Fürsorge ist der Kreis der Versicherungspflichtigen durch die neuere Gesetzgebung ausgedehnt worden.

Wer aus der Pflichtversicherung ausscheidet, kann sich freiwillig *weiterversichern,* wenn er eine bestimmte Anzahl von Beiträgen entrichtet hat, und zwar in der Krankenversicherung 6 Wochen vor dem Ausscheiden oder 26 Wochen in den letzten 12 Monaten (§ 313 RVO); in der Angestellten- und Arbeiterrentenversicherung besteht die Möglichkeit *nachträglicher Beitragszahlung* für Personen, die wegen ihrer Versorgungsansprüche von der Pflichtversicherung *befreit* sind, wenn sie bereits für 60 Monate Beiträge entrichtet haben (§ 1233 Abs. 1a RVO). Ferner ist bestimmten Personengruppen der *freiwillige Beitritt* zur Kranken- und Unfallversicherung eingeräumt (vgl. 657, 660).

Bei der Versicherungspflicht unterscheidet man zwischen der *Versicherungspflichtgrenze,* die in der Krankenversicherung für Angestellte 75 v. H. der in der Rentenversicherung geltenden Beitragsbemessungsgrenze beträgt (Die Beitragsbemessungsgrenze in der Angestellten- und Arbeiterrentenversicherung beträgt ab 1. 1. 1987: 5700 DM monatlich; hiervon 75 v. H. = 4275 DM monatlich als Versicherungspflichtgrenze in der Krankenversicherung) und der *Beitragsbemessungsgrenze,* bis zu der der Verdienst zur Bemessung des Beitrags herangezogen wird. Der BMA bestimmt durch VO mit Zustimmung des BR im voraus für jedes Jahr die Beitragsbemessungsgrenzen (§ 1385 Abs. 2 RVO). Nach der *Sozialversicherungs-BezugsgrößenVO 1987* vom 9. 12. 1986 (BGBl. I 2451) beträgt die Beitragsbemessungsgrenze in der Rentenversicherung der Arbeiter und Angstellten 1987 monatlich 5700 DM, in der Knappschaftsversicherung (vgl. 671) 7100 DM.

Die in der Sozialversicherung maßgebliche *Höchstgrenze des Jahresarbeitsverdienstes* wird gem. § 575 Abs. 2 RVO festgesetzt; vgl. VO vom 10. 11. 1971 (BGBl. I 1789) m. Änd. vom 21. 12. 1978 (BGBl. I 2077).

Für die Bewertung der *Sachbezüge* in der Sozialversicherung (freie Kost, Wohnung, Heizung, Beleuchtung und sonstige Sachbezüge) gilt für 1987 die *SachbezugsVO* i. d. F. vom 18. 12. 1984 (BGBl. I 1642) m. Änd. vom 19. 12. 1986 (BGBl. I 2657).

653. Versicherungsträger

Die Durchführung der Sozialversicherung obliegt besonderen öffentlich-rechtlichen Körperschaften, den sog. *Versicherungsträgern.* Sie verwalten ihre Geschäfte selbst durch Organe, in denen ehrenamtliche Vertreter der Versicherten und der an der Versicherung beteiligten Arbeitgeber tätig sind (*Selbstverwaltung;* vgl. 56 IV, 141, 146). Der Staat beaufsichtigt diese Selbstverwaltung.

Träger der Versicherung sind im wesentlichen: für die Krankenversicherung die *Krankenkassen* der verschiedenen Arten (658), für die Unfallversicherung die *Berufsgenossenschaften,* für die Rentenversicherungen die *Versicherungsanstalten* und die Bundesknappschaft, für die Arbeitslosenversicherung die Bundesanstalt für Arbeit (vgl. §§ 225, 646, 1326 RVO, § 7 RKG, § 3 AFG und Übersicht 656). Die *Selbstverwaltung* der Versicherungsträger richtet sich nach SGB (IV) §§ 29ff. Sie regeln deren Verfassung, Zusammensetzung und Wahl der Organe, Haushalts- und Rechnungswesen, Vermögensverwaltung und Aufsichtsbehörden (vgl. 656). Als *Organe* fungieren die unter Beteiligung der Versicherten und der Arbeitgeber nach der *Wahlordnung* i. d. F. vom 6. 2. 1985 (BGBl. I 233) m. Änd. vom 10. 7. 1985 (BGBl. I 1439) gewählte *Vertreterversammlung* und der von dieser bestellte *Vorstand,* dem die Geschäftsführer der Versicherungsträger mit beratender Stimme angehören.

654. Die Versicherungsbehörden

sind im SGB (IV) §§ 91–94 behandelt. Es bestehen *Versicherungsämter* und ein *Bundesversicherungsamt;* die Länder können weitere Behörden einrichten, z. B. Oberversicherungsämter. Die Versicherungsämter werden i. d. R. bei den unteren Verwaltungsbehörden (Stadt, Kreis) als besondere Abteilungen eingerichtet.

Das *Versicherungsamt* nimmt die ihm gesetzl. zugewiesenen Geschäfte (insbes. Aufsichtsbefugnisse) wahr und erteilt in Versicherungsangelegenheiten Auskunft. *Oberversicherungsämter* bestehen noch in manchen Ländern als Verwaltungsbehörden, soweit ihre Aufgaben nicht auf die Arbeitsministerien der Länder übergegangen sind. Das zur Durchführung von Verwaltungsaufgaben auf dem Gebiet der Sozialversicherung als selbständige Bundesoberbehörde errichtete *Bundesversicherungsamt* in Berlin (Gesetz vom 9. 5. 1956, BGBl. I 415) führt die Aufsicht über die bundesunmittelbaren Sozialversicherungsträger und hat im wesentlichen die Aufgaben und Befugnisse des früheren *Reichsversicherungsamtes* auf dem Gebiete der Verwaltung.

655. Versicherungsleistungen und -beiträge

Auf die *Leistungen* der Sozialversicherung besteht (wie auf andere gesetzliche Sozialleistungen, z. B. Sozialhilfe, 687) ein *Rechtsanspruch,* soweit sie nicht ausdrücklich, wie z. B. gewisse Zuschüsse, im Gesetz als *Ermessensleistungen* bezeichnet sind (SGB I §§ 38, 39).

Leistungsansprüche verjähren in 4 Jahren seit Ablauf des Kalenderjahres, in dem sie entstanden sind. Die Frist wird – außer nach den Vorschriften des BGB (310) – unterbrochen durch schriftlichen Antrag oder durch Widerspruch gegen eine Ablehnung (SGB I § 45). Sozialleistungen unterliegen nur beschränkt der Pfändung, um den Berechtigten nicht wirtschaftlich zu gefährden: einmalige Geldleistungen nur nach Billigkeitsgrundsätzen, laufende nur im Rahmen der zulässigen Lohnpfändung (254; Ausnahmen zugunsten gesetzlicher Unterhaltsansprüche); ein auf Konto überwiesener Geldbetrag ist 7 Tage unpfändbar, danach – ebenso wie Bargeld – in Höhe des unpfändbaren Teils der Leistungen für die Zeit von der Pfändung bis zum nächsten Zahlungstermin (SGB I §§ 54, 55).

Ansprüche auf *Beiträge* zur Sozialversicherung verjähren ebenfalls in der genannten Frist, bei vorsätzlicher Vorenthaltung binnen 30 Jahren (SGB IV § 25). Über ihre vorzugsweise Behandlung im Konkurs vgl. 264.

Auf Ersuchen des Versicherungsträgers kann die zuständige *Vollstreckungsbehörde* (Stadt- oder Gemeindekasse) oder auch die fordernde *Krankenkasse* selbst, wenn sie eigene Vollstreckungs- oder Vollziehungsbeamte hat, Zwangsmaßnahmen gegen den Beitragsschuldner einleiten. Für Pfändungs- und Überweisungsbeschlüsse ist das Vollsteckungsgericht (Amtsgericht) am Sitz der Krankenkasse zuständig. Ein Arbeitgeber, der vom Bruttolohn einbehaltene Beiträge vorsätzlich zurückhält, macht sich strafbar (vgl. §§ 529, 1428 RVO).

656. Übersicht über die Versicherungsarten

Siehe Tabelle S. 740

656. Übersicht über die Versicherungsarten

I Krankenvers.	II Unfallvers.	III Rentenvers. d. Arb.	IV Rentenvers. d. Ang.	V Knappschaftsvers.	VI Arbeitslosenvers.
A. Versicherungsträger Orts-, Betriebs-, Innungs-, landw. Krankenkassen, Bundesknappschaft, Ersatzkassen, SeeKrankenkasse (s. 658)	Berufsgenossenschaften (661), Ausführungsbeh., Gem.-Unfallvers.-verbände	Landesversicherungsanstalten, BBahnVersich. Anstalt, Seekasse (s. 666)	Bundesversicherungsanstalt für Angestellte (s. 669)	Bundesknappschaft (s. 671)	Bundesanstalt für Arbeit (s. 672)
B. Aufsichtsbehörden Versicherungs-, Oberversicher.-ämter, ArbMin., Bundesversicherungsamt	Bundesversicherungsamt bzw. ArbMin. d. Länder (II und III)		Bundesversicherungsamt	Bundesversicherungsamt	Bundesminister für Arbeit
C. Versicherungspflichtgrenze Für Arbeiter keine Grenze; für Angestellte 75 v. H. der in der Rentenversicherung geltenden Beitragsbemessungsgrenze (s. 652)	keine Grenze	keine Grenze	keine Grenze	keine Grenze	keine Grenze
D. Aufbringung der Mittel Beiträge vom Grundlohn ½ Arbeitgeber ½ Arbeitnehmer	Umlagen der Arbeitgeber (Unternehmer)	½ Arbeitgeber, ½ Arbeitnehmer (Beitragssatz: 18,5 v. H. Vom 1. 6. 1985–31. 12. 1986: 19,2 v. H. Vom 1. 1. 1987–31. 12. 1989: 18,7 v. H. (III und IV)		24,25 v. H. des Entgelts, u. zwar 15 v. H. Arbeitgeber, 9,25 v. H. Arbeitnehmer. Vom 1. 6. 1985–31. 12. 1986: 24,95 v. H. (Versicherter: 9, 60 v. H.; Arbeitgeber: 15,35 v. H.). Vom 1. 1. 1987–31. 12. 1989: 24,45 v. H. (Versicherter: 9,35 v. H.; Arbeitgeber: 15,1 v. H.).	Beiträge der Arbeitgeber u. Arbeitnehmer je 2,15 v. H.; 1986: je 2,0 v. H.

E. Spruch- und Beschlußinstanzen in Streitsachen
für alle Versicherungsarten sind die Gerichte der Sozialgerichtsbarkeit (s. 689)

657. Die Krankenversicherung

ist im II. Buch der RVO (§§ 165–533) behandelt. Ergänzende Bestimmungen finden sich im Angestelltenversicherungsgesetz, im Reichsknappschaftsgesetz, im Mutterschutzgesetz, im Lohnfortzahlungsgesetz sowie im Arbeitsförderungsgesetz. Die soziale Krankenversicherung ist auf dem Grundsatz des Versicherungszwanges aufgebaut und greift bei Krankheit und vorübergehender Arbeitsunfähigkeit infolge von Krankheiten und Unfällen in und außerhalb der Betriebe ein.

Versicherungspflichtig sind ohne Rücksicht auf die Höhe des Einkommens Arbeiter; dazu gehören auch Gehilfen, Lehrlinge, Gesellen, Hausgehilfen. Ferner bis zu einem bestimmten Jahresarbeitsverdienst (vgl. 652) Angestellte, insbes. Betriebsbeamte, Werkmeister u. ä., Handlungsgehilfen und -lehrlinge, Bühnenmitglieder, Musiker, Angestellte in Berufen der Erziehung, des Unterrichts, der Fürsorge, der Kranken- und Wohlfahrtspflege und die in gehobener Stellung befindliche Besatzung von Schiffen; ferner Hausgewerbetreibende sowie selbständige Lehrer, Erzieher, Musiker und Krankenpflegepersonen, die keine Angestellten beschäftigen, Artisten und Hebammen. Voraussetzung ist entgeltliche Beschäftigung; Sachbezüge werden nach Normsätzen angesetzt. *Studenten* sind versicherungspflichtig, können aber bei Bestehen einer privaten Krankenversicherung Befreiung beantragen. Vgl. § 165ff. *Rentenempfänger* sind pflichtversichert. Ab 1983 zahlen sie gegen einen entsprechenden Zuschuß 11,8 v.H. als Beitrag. Durch Verringerung dieses Zuschusses (§ 1304e Abs. 2) haben sich die Rentner ab 1. 7. 1983 mit 1 v.H. der Rente an ihrer Krankenversicherung zu beteiligen. Der Beteiligungssatz beträgt vom 1. 7. 1984 an 3 v.H., ab 1. 7. 1985 4,5 v.H., ab 1. 7. 1986 5,2 v.H. und ab 1. 7. 1987 5,9 v.H. Für Versorgungsbezüge (Zusatzeinkommen) beträgt der Beitrag ½ des allgemeinen Beitragssatzes der zuständigen Krankenkasse. Die Beitragspflicht der Rentner zur Krankenversicherung ist verfassungsgemäß (vgl. BVerfG NJW 1986, 39).

Dagegen sind *befreit* Beamte und sonstige im öffentlichen Dienst Beschäftigte mit Versorgungsanspruch, zeitlich oder entgeltlich geringfügig oder in Nebentätigkeit Beschäftigte, zur wissenschaftlichen Ausbildung oder im Vorbereitungsdienst Tätige (§§ 168ff.). *Freiwilliger Beitritt* ist versicherungsfreien Arbeitern und Angestellten sowie mithelfenden Familienangehörigen und Gewerbebetreibenden mit Jahreseinkommen bis zu 75 v.H. der in der Rentenversicherung geltenden Beitragsbemessungsgrenze (652) gestattet; er steht auch *Schwerbehinderten* sowie dem überlebenden oder geschiedenen Ehegatten des Versicherten und den Kindern offen, wenn die Familienhilfe erlischt (§§ 176ff.). U.U. kann beim Ausscheiden aus einer versicherungspflichtigen Tätigkeit die Versicherung freiwillig fortgesetzt werden (vgl. 652).

Über Befreiungsmöglichkeit anläßlich der Heraufsetzung der Versicherungspflichtgrenze bei Bestehen einer privaten Krankenversicherung mit entsprechenden Leistungen vgl. § 173b. Angestellte, die sich haben befreien lassen oder die wegen Überschreitung der Jahresarbeitsverdienstgrenze nicht versicherungspflichtig sind, die aber freiwillig der gesetzlichen Krankenversicherung beitreten oder einer privaten Krankenversicherung mit gleichartigem Leistungsanspruch angehören, erhalten vom Arbeitgeber einen Zuschuß bis zur Hälfte ihres Krankenversicherungsbeitrags; Rentner, die nicht krankenversicherungspflichtig oder die von der Versicherungspflicht befreit sind, erhalten den Zuschuß zum Krankenversicherungsbeitrag nach § 1304e (vgl. oben) auf Antrag.

Der Vorschlag einer *Selbstbeteiligung* der Versicherten hat Widerspruch gefunden, weil sie zu einer gesundheitsgefährdenden Zurückhaltung der Versicherten bei Inanspruchnahme von Kassenleistungen führen könnte. Eine Selbstbeteiligung besteht deshalb nur eingeschränkt (z. B. Rezeptblattgebühr, Beteiligung an Kur- und Krankenhausaufenthaltskosten).

658. Träger der Krankenversicherung

sind die *Krankenkassen,* und zwar:

a) die *Allgemeinen Ortskrankenkassen.* Sie werden für örtliche Bezirke gebildet und umfassen alle Versicherungspflichtigen, die nicht einer besonderen Kasse angehören;
b) die *Landwirtschaftlichen Krankenkassen,* die land(forst)wirtschaftliche Unternehmer und ihre mithelfenden Familienangehörigen umfassen;
c) *Betriebskrankenkassen,* die für einen oder mehrere Betriebe eines Unternehmens eingerichtet werden können;
d) *Innungskrankenkassen* für die in einer oder mehreren Innungen vereinigten Arbeitnehmer;
e) die *Bundesknappschaft* für den Bergbau (s. 671);
f) *Ersatzkassen,* die auf freiwilligem Beitritt beruhen und deren Mitglieder auf Antrag von weiterer Versicherung befreit sind (658a);
g) die Seekrankenkasse für die Seeleute.

Betriebs- und *Innungskrankenkassen* können nur für mindestens 450 Beschäftigte (in der Landwirtschaft 150) und nur errichtet werden, wenn dadurch der Bestand der Ortskrankenkassen nicht gefährdet wird, ihre Leistungen gleichwertig sind und ihre Leistungsfähigkeit für die Dauer gesichert ist.

Die Krankenkassen sind *Selbstverwaltungskörperschaften* öffentlichen Rechts; ihre Organe (vgl. 653) sind die Vertreterversammlung und der Vorstand als Vollzugsorgan. Die Vertreterversammlung erläßt die *Satzung* und eine *Krankenordnung,* welche die Meldungen und die Überwachung der Kranken und ihr Verhalten regelt; beide Regelungen bedürfen der Zustimmung der Aufsichtsbehörde.

Die Krankenkassen ziehen auch die Beiträge für die Renten- und die Arbeitslosenversicherung gegen eine besondere Vergütung mit ein. Vgl. 668 und 672 *(Gesamtsozialversicherungsbeitrag).*

Die Krankenkassen können sich zu *Krankenkassenverbänden* zusammenschließen. Es bestehen Landesverbände der Orts-, Betriebs- und Innungskrankenkassen; die Landesverbände der einzelnen Kassenarten bilden jeweils einen Bundesverband. Zu ihren Aufgaben gehören u. a. der Abschluß von Verträgen mit ärztlichen Vereinigungen, Krankenhausverwaltungen und ausländischen Versicherungsträgern, die Entsendung von Vertretern in die Vertragsausschüsse usw.

658a. Die Ersatzkassen

(früher Hilfskassen) sind Träger der gesetzlichen Krankenversicherung und Körperschaften des öffentlichen Rechts und damit auch *gesetzliche Krankenkassen.* Sofern sich ihr Zuständigkeitsbereich über das Gebiet eines Landes hinaus erstreckt, sind Ersatzkassen (EK) *bundesunmittelbare Sozialversicherungsträger.* Die Aufsicht über sie führt dann das *Bundesversicherungsamt.*

Mitglied einer EK kann werden, wer krankenversicherungspflichtig oder -versicherungsberechtigt ist (657), in erster Linie *Arbeiter* und *Angestellte* (VO vom 24. 12. 1935, RGBl. I 1537 m. spät. Änd.; VO vom 26. 10. 1938, RGBl. I 1519).

Da die *Mitgliedschaft* bei einer EK freiwillig ist, beginnt sie nicht, wie bei den Pflichtkrankenkassen (Orts-, Betriebskrankenkassen usw., vgl. 658), mit Eintritt in die versicherungspflichtige Beschäftigung, sondern erst mit *Abschluß des Versicherungsvertrags.* Versicherungspflichtige Mitglieder einer EK haben das Recht auf Befreiung von der Pflichtversicherung (§ 517 RVO). Sie müssen in diesem Falle ihrem Arbeitgeber eine *Bescheinigung* über ihre Zugehörigkeit zur EK vorlegen. Der Arbeitgeber führt seinen Beitragsteil an den Versicherten bei der Lohn(Gehalts)zahlung ab (§ 520 RVO) und ist damit der Kasse gegenüber befreit. Die bei einer EK Versicherten können ärztliche Behandlung usw. auf Grund eines Krankenscheines in Anspruch nehmen.

Als EK für die bundesgesetzlichen Krankenkassen sind zugelassen:

a) für *Arbeiter:* Braunschweiger Kasse (EK für das Bekleidungsgewerbe), Gärtner-Krankenkasse, Hamburgische Zimmerer-Krankenkasse und Krankenkasse für Buchbinder und Feintäschner, ,,Neptun" Berufskrankenkasse für die Binnenschiffahrt, Schwäb. Gmünder EK, Buchdrucker-Krankenkasse in Hannover, Brühler Kranken- und Sterbekasse, Krankenkasse ,,Eintracht" in Heusenstamm;

b) für *Angestellte:* Barmer Ersatzkasse, Techniker-Krankenkasse, Deutsche Angestellten-Krankenkasse, Hamburg-Münchener EK, Hanseatische von 1826 und Merkur EK, Kaufmännische Krankenkasse Halle, Handelskrankenkasse. Neue EK werden nicht mehr zugelassen.

Die EK haben den Versicherungspflichtigen mindestens die Regelleistungen der Krankenkasse (vgl. 659) zu gewähren; sie dürfen auch Mehrleistungen der Krankenkassen übernehmen.

659. Rechte und Pflichten in der Krankenversicherung

I. Leistungen der Krankenkasse

Die *Leistungen der Krankenkasse* bestehen aus *Regelleistungen* (1. Maßnahmen zur Früherkennung von Krankheiten, 2. Krankenhilfe, 3. Mutterschaftshilfe, 4. sonstige Hilfen, 5. Sterbegeld, 6. Familienhilfe) und aus den von der Satzung vorgesehenen *Mehrleistungen* (§ 179 RVO).

1. Die *Früherkennungsmaßnahmen* bestehen in der (freiwilligen) Untersuchung von Kleinkindern sowie in jährlichen Krebsvorsorgeuntersuchungen (bei Frauen vom 20., bei Männern vom 45. Lebensjahr ab). Vgl. § 181 RVO.

2. Die *Krankenhilfe* besteht in *Krankenpflege* (ärztliche Behandlung, Arznei, Heilmittel) und *Krankengeld.* Dieses soll den Verdienstausfall ersetzen; es wird bei Arbeitsunfall oder Berufskrankheit vom Tag der ärztlichen Feststellung der Arbeitsunfähigkeit gewährt, im übrigen vom darauffolgenden Tag an. Der Anspruch auf Krankengeld ruht, soweit der Versicherte weiter Arbeitsentgelt (Lohnfortzahlung, s. 614) oder Verletztengeld, Übergangsgeld, Arbeitslosengeld, Arbeitslosenhilfe oder ähnliche Leistungen erhält (§ 189 RVO). Das Krankengeld beträgt 80 v. H. des wegen der Arbeitsunfähigkeit entgangenen regelmäßigen Arbeitsentgelts (*Regellohn),* jedoch nicht mehr als das Netto-Arbeitsentgelt. Es berechnet sich nach § 182 Abs. 5, 6, 9 RVO und erhöht sich entspre-

chend der Anhebung der dynamischen Rente in der gesetzlichen Rentenversicherung (667). Voraussetzung für die Gewährung von Krankengeld ist die Vorlegung eines von einem Kassenarzt ausgestellten *Krankenscheines* binnen 3 Tagen, da sonst mit Krankengeldverlust zu rechnen ist). Das Krankengeld kann versagt werden, wenn sich der Versicherte die Krankheit vorsätzlich zugezogen hat (§ 192 RVO).

Für verordnete Arznei- und Verbandsmittel hat der Versicherte bei der Abnahme 2,00 DM je Mittel zu zahlen, für Heilmittel 4,00 DM je Verordnung, für Brillen 4,00 DM; in Härtefällen ist Befreiung möglich (§ 182a RVO).

Statt Krankenpflege gewährt die Krankenkasse, wenn notwendig und ggf. zeitlich unbegrenzt, Kur und Verpflegung in einem Krankenhaus *(Krankenhauspflege);* daneben wird Krankengeld gezahlt (§§ 184, 186 RVO).

Haushaltshilfe durch Gestellung einer Ersatzkraft oder Zahlung der Kosten für eine solche wird gewährt, wenn es zur Führung eines Haushalts mit Kleinkind wegen Krankenhaus- oder Kuraufenthalts des Versicherten oder seines Ehegatten erforderlich ist (§ 185b RVO). Krankengeld bis zu 5 Tagen jährlich wird gezahlt, wenn der Versicherte zur Pflege eines erkrankten Kleinkindes der Arbeit fernbleiben muß (§ 185c RVO).

Anspruch auf Krankenpflege besteht ohne zeitliche Begrenzung; auch bei Krankengeld gibt es eine endgültige sog. *Aussteuerung* nicht mehr, wohl aber eine zeitweilige, nämlich bei derselben Krankheit binnen 3 Jahren nach 78 Wochen Arbeitsunfähigkeit (§ 183 RVO).

3. Weibliche Versicherte erhalten aus Anlaß ihrer Niederkunft *Mutterschaftshilfe* (§§ 195 ff. RVO), bestehend aus Hebammen- oder ärztlicher Hilfe, Arzneiversorgung, einem Pauschbetrag von 100 DM für besondere Aufwendungen, 6 Tage Aufenthalt in Entbindungs- oder Krankenanstalt sowie als *Mutterschaftsgeld* entweder einmal 150 DM oder bei laufendem Arbeitsverhältnis Beträge in Höhe des letzten Arbeitsentgelts (3,50–25 DM täglich) für 6 Wochen vor und 8 Wochen – bei Früh- oder Mehrlingsgeburten 12 Wochen – nach der Entbindung. Zur Weiterzahlung des Mutterschaftsgeldes während des Mutterschaftsurlaubs s. 621 II.

4. Als „sonstige Hilfen" bezeichnet die RVO in §§ 200e ff. die ärztliche Beratung über Empfängnisregelung und die Verordnung entsprechender Mittel sowie Leistungen bei nicht rechtswidriger Sterilisation oder Schwangerschaftsunterbrechung.

5. Beim Tod eines Versicherten wird ein *Sterbegeld* in Höhe des 20fachen Grundlohns gewährt (§§ 201 ff. RVO).

6. Als *Familienhilfe* wird dem Versicherten für den von ihm unterhaltenen Ehegatten und die Kinder, deren Monatseinkommen ⅙ der Bezugsgröße (§ 18 SGB IV) nicht übersteigt, Krankenpflege und Krankenhauspflege in gleichem Umfang wie ihm selbst gewährt (kein Krankengeld), ferner ggf. *Familienmutterschaftshilfe* (Sachleistungen, Pauschbetrag, einmaliges Mutterschaftsgeld von 35–150 DM) und *Familiensterbegeld* in halber Höhe (§§ 205 ff. RVO).

II. Beitragspflicht

Die Mitglieder der Krankenkassen sind zu *Beiträgen* verpflichtet, die vom Arbeitgeber und vom Versicherten grundsätzlich zu gleichen Teilen zu tragen sind; bis zu einem Monatsverdienst von höchstens ⅒ der Beitragsbemessungsgrenze der gesetzlichen Rentenversicherung (652) trägt der Arbeitgeber die Beiträge allein (§ 381 RVO).

Die *Höhe der Beiträge* richtet sich nach dem Lohn; sie geht von einem durchschnittlichen Grundlohn aus, wird durch die Satzung festgelegt und meist nach den von den Krankenkassen aufgestellten *Tabellen* ermittelt. Die *Zahlung der Beiträge* obliegt dem Arbeitgeber, der den Anteil des Arbeitnehmers bei der Lohnzahlung abzieht (§§ 393, 394 RVO). Studenten zahlen 7/10 des durchschnittlichen allgemeinen Beitragssatzes der Kranken- und Ersatzkassen; sie tragen die Beiträge allein (§ 381 a RVO).

Über die Beitragspflicht der *Rentner* s. 657.

III. Über die *Krankenversicherung der Landwirte* s. 670.

660. Die Unfallversicherung

ist im III. Buch der RVO behandelt. Sie hat die Aufgabe, Arbeitsunfälle zu verhüten und nach einem Arbeitsunfall den Verletzten, seine Angehörigen und Hinterbliebenen durch Förderungsmaßnahmen und Geldleistungen zu entschädigen (§ 537 RVO).

Pflichtversichert sind *alle* auf Grund eines Arbeits-, Dienst- oder Lehrverhältnisses Beschäftigten (Arbeiter, Angestellte, auch Vorstandsmitglieder) *ohne Rücksicht auf ein Entgelt* oder dessen Höhe; die im Gesundheits- und Veterinärwesen sowie in der Wohlfahrtspflege Tätigen, Blutspender, Luftschutzhelfer, die bei Unglücksfällen oder gemeiner Gefahr oder Not oder bei der Verfolgung Straftatverdächtiger Hilfeleistenden, Hausgewerbetreibende und Heimarbeiter, Unternehmer in der Landwirtschaft, der Schiffahrt und der Fischerei, Lernende während der Berufsausbildung, Kinder in Kindergärten, Schüler während des Schulbesuchs, Studenten sowie arbeitende Gefangene. *Befreit* sind u. a. Beamte, Diakonissen und Krankenschwestern, deren Unfallversorgung gesichert ist, gewisse freie Berufe im Gesundheitswesen, unentgeltlich beschäftigte Verwandte des Haushaltsvorstandes. Anderseits ist Unternehmern und ihren im Betrieb tätigen Ehegatten *freiwilliger Beitritt* gestattet. Vgl. §§ 539–541, 545 RVO.

Die Unfallversicherung (UV) gliedert sich in die allgemeine UV, der alle gewerblichen Unternehmen angehören, in die landwirtschaftliche UV und die See-UV. Die gewerbliche UV ist der bedeutendste Zweig der gesetzlichen (sozialen) UV; sie umfaßte 1984 rund 21,0 Mio. Versicherte.

Der Abschluß einer *privaten* UV oder Haftpflichtversicherung entbindet nicht von der *gesetzlichen* UV, die eine *Pflichtversicherung* ist.

661. Träger der Unfallversicherung

sind die *Berufsgenossenschaften*. Sie umfassen innerhalb eines festgelegten Bezirks alle Unternehmen bestimmter Betriebsarten und Tätigkeiten. Dazu staatliche und gemeindliche Ausführungsbehörden und Gemeindeunfallversicherungsverbände sowie besondere Einrichtungen (Eigenunfallversicherung).

Die für eine Reihe von Erwerbszweigen eingerichteten Berufsgenossenschaften (s. Anlage 1 zu § 646 RVO) sind *Selbstverwaltungskörperschaften* des öffentlichen Rechts, und zwar bundesunmittelbar (Art. 87 Abs. 2 GG), soweit sich ihr Zuständigkeitsbereich über das Gebiet eines Landes hinaus erstreckt, sonst landesunmittelbar. Sie unterstehen der *Aufsicht* des Bundesversicherungsamtes bzw. der für die Sozialversicherung zuständigen obersten Verwaltungsbehörde des Landes. Sie haben das Recht, ihre Satzung und Verwaltung selbst zu bestimmen. Ihre *Organe* sind der Vorstand und die Vertreterversammlung (je zur Hälfte Arbeitgeber und Arbeitnehmer). Die Mittel werden durch Beiträge der Unternehmer im Umlageverfahren aufgebracht; die Höhe der Beiträge richtet sich nach dem Entgelt der Versicherten und nach dem Grad der Unfallgefahr in dem Unternehmen.

Die gemeindlichen UV-Träger, der auch die privaten Haushaltungen angehören, sind in der Bundesarbeitsgemeinschaft der gemeindlichen UV-Träger in München, die gewerblichen Berufsgenossenschaften und die See-Berufsgenossenschaft im Hauptverband der gew. Berufsg. in Bonn und die landwirtschaftlichen Berufsgenossenschaften im Bundesverband der landw. Berufsg. in Kassel zusammengeschlossen.

662. Gegenstand der Unfallversicherung

Die Unfallversicherung bezweckt, den Schaden auszugleichen, der durch Körperverletzung oder Tötung infolge von *Arbeitsunfällen* oder durch *Berufskrankheiten* entsteht. Der Versicherungsanspruch wird durch Fahrlässigkeit des Verletzten nicht ausgeschlossen, wohl aber bei absichtlicher Herbeiführung des Unfalls; er kann versagt werden, wenn der Verletzte den Arbeitsunfall bei Begehung einer vorsätzlichen Straftat erlitten hat (§§ 553, 554 RVO).

Gesetzliche Grundlage sind die §§ 537–895 RVO und die Vorschriften über die Ausdehnung der Unfallversicherung auf *Berufskrankheiten;* hierfür gilt jetzt die BerufskrankheitenVO vom 20. 6. 1968 (BGBl. I 721) mit beigefügter Liste von Berufskrankheiten. Vgl. auch Übereinkommen der Internat. Arbeitsorganisation vom 8. 7. 1964 über Leistungen bei Arbeitsunfällen und Berufskrankheiten (BGes. vom 29. 10. 1971, BGBl. II 1169).

Unter einem *Arbeitsunfall* ist ein plötzlich eintretendes, Körper oder Geist schädigendes Ereignis zu verstehen, durch das der Versicherte bei Ausübung der versicherten Tätigkeit oder auf dem Wege von oder zu dieser betroffen wird; ferner zählen hierzu Unfälle beim Umgang mit Arbeitsgerät oder auf einem Wege, der zur Heilbehandlung oder erstmals nach Lohnzahlung zum Abheben des Arbeitsentgelts bei einem Geldinstitut erforderlich ist (§§ 548ff. RVO). Die durch allmähliche Einwirkung gesundheitsschädlicher Einflüsse entstehende *Berufskrankheit* ist dem Unfall gleichgestellt. Jeder Unfall ist vom Unternehmer anzuzeigen. Der Vorfall wird sodann untersucht (§§ 1552ff. RVO). Nach Feststellung erläßt die Berufsgenossenschaft einen *Bescheid,* gegen den der Rechtsweg zum *Sozialgericht* (689) offensteht.

Der Versicherungsträger hat dem Verletzten vor allem *Heilbehandlung* (ärztliche Behandlung, Arznei, Hilfsmittel, Pflege), *Berufshilfe* und eine *Rente* sowie *Verletztengeld* (entsprechend Krankengeld, vgl. 659 I 2) für die Dauer der Arbeitsunfähigkeit oder *Übergangsgeld* von (in der Regel) 70 bzw. 80 v.H. des Verletztengeldes während der Dauer einer Maßnahme der Berufshilfe zu gewähren. Ziel der Heilbehandlung und der Berufshilfe ist die Wiederherstellung der Arbeitsfähigkeit für die bisherige oder eine andere Tätigkeit (§§ 557ff. RVO). Erforderlichenfalls wird ein Heilverfahren oder die Umschulung auf einen anderen Beruf durchgeführt. Der Anspruch auf Zahlung einer *Rente* besteht bei mindestens 20 v. H. Minderung der Erwerbsfähigkeit, wenn sie länger als 13 Wochen dauert; bei Arbeitsunfähigkeit i. S. der Krankenversicherung wird *Übergangsgeld* gezahlt, das mit Beginn der Rente wegfällt. Die Rente beginnt mit dem Wegfall der Arbeitsunfähigkeit i. S. der Krankenversicherung, sonst mit dem Tag nach dem Unfall. Die Höhe der Renten richtet sich nach dem *Jahresarbeitsverdienst.* Bei völliger Erwerbsunfähigkeit wird die Vollrente (⅔ des Jahresarbeitsverdienstes), bei teilweiser Erwerbsunfähigkeit wird eine entsprechende Teilrente gewährt. Die Rente mindert sich mit der Verringerung der Einbuße an Erwerbsfähigkeit; ist diese um weniger als ⅕ gemindert, so fällt die Rente i. d. R. ganz fort (§ 581 RVO). Zur Feststellung erfolgen Nachuntersuchungen. Die Leistungen der Krankenkasse können angerechnet werden. Zwischen Krankenkasse und Berufsgenossenschaft findet Verrechnung statt. Im Todesfall werden *Sterbegeld, Überbrückungshilfe* und eine *Hinterbliebenenrente* (Witwen-, Witwer-, Waisenrente) gewährt (§§ 589ff. RVO).

Eine Rente kann durch *Kapitalabfindung* abgelöst werden, insbesondere zwecks Erwerbs eines Grundstücks oder zur wirtschaftlichen Stärkung eigenen Grundbesitzes. Auch kleine Dauerrenten, d. h. bei einer Minderung der Erwerbsfähigkeit um weniger als 30 v. H., können durch einen Kapitalbetrag abgefunden werden (§§ 604ff. RVO).

Besondere Bestimmungen bestehen für die *Seeunfallversicherung,* für die land- und forstwirtschaftliche Unfallversicherung und für *Schwerverletzte.*

663. Unfallverhütung

Aufgabe der Unfallversicherung ist es nach § 537 Nr. 1 RVO in erster Linie, Arbeitsunfälle und Berufskrankheiten zu *verhüten.* Erst in zweiter Linie gehört es zu ihren Aufgaben, nach Eintritt eines Arbeitsunfalles Leistungen zu erbringen (s. 662). Zum Zweck der Verhütung von Arbeitsunfällen können die Berufsgenossenschaften *Unfallverhütungsvorschriften* erlassen (§ 708 RVO). Diese enthalten Bestimmungen über betriebliche Einrichtungen und das Verhalten der Versicherten; sie wenden sich an die Unternehmer und die Beschäftigten. Hinzu treten Vorschriften in anderen Gesetzen (z. B. Gewerbeordnung). Vgl. 620.

Nach § 120a GewO ist der Unternehmer verpflichtet, die Arbeitsräume, Betriebsvorrichtungen, Maschinen und Gerätschaften unfallsicher bereitzustellen. Unternehmen mit mehr als 20 Beschäftigten müssen *Sicherheitsbeauftragte* bestellen (§ 719 RVO). Nach §§ 89, 91 BetrVG (vgl. 633) hat der Betriebsrat auf die Bekämpfung von Unfall- und Gesundheitsgefahren zu achten und die Arbeitsschutzbehörden, die Berufsgenossenschaften und sonstigen Stellen bei der Gefahrenbekämpfung durch Anregungen, Beratung und Auskunft zu unterstützen sowie sich für die Durchführung der Arbeitsschutzvorschriften einzusetzen. Unternehmer und Versicherte sind zur peinlichsten Beachtung der Unfallverhütungsvorschriften gleichermaßen verpflichtet. Über *Betriebsärzte* u. a. Fachkräfte für *Arbeitssicherheit* vgl. 620.

Die *Berufsgenossenschaften* überwachen die Durchführung und beraten ihre Mitglieder. Sie sind zur Anstellung von technischen Aufsichtsbeamten verpflichtet.

Für kaufmännische Angestellte und Hausgehilfinnen kommen die Bestimmungen der GewO über Arbeitnehmerschutz und Unfallverhütung (s. 620) nicht zur Anwendung; es gelten die Vorschriften der §§ 618 BGB, 62 HGB über den Gesundheitsschutz.

664. Die Rentenversicherung und ihre Entwicklung

Die Rentenversicherung in ihrer derzeitigen Form umfaßt drei Zweige: die Rentenversicherung der Arbeiter, der Angestellten und der im Bergbau Beschäftigten. Die Gesetze zur Neuregelung des Rechts der Rentenversicherung der Arbeiter und der Angestellten vom 23. 2. 1957 (BGBl. I 45, 88) brachten eine grundlegende Neugestaltung nach folgenden Gesichtspunkten:

a) Die Renten sollen echte Existenzgrundlage sein und dem jeweiligen Lohn- und Preisniveau und der wechselnden *Wirtschaftsproduktivität* angepaßt werden *(dynamische Rente)*. Zu diesem Zweck wird die Rente in gewissen Zeitabständen überprüft und ggf. erhöht und dadurch *währungsstabil* und wirtschaftskonform gehalten (*Rentenanpassungsgesetze*).

b) Die in früheren Zeiten entrichteten Beiträge werden unter Berücksichtigung ihrer im Zeitpunkt der Entrichtung gegebenen Kaufkraft den Nominalbeträgen der Kaufkraft im Zeitpunkt der Leistungsfestsetzung gegenübergestellt und entsprechend angerechnet.

c) Maßnahmen zur Vorbeugung und zur Wiederherstellung der Gesundheit sollen als Regelleistungen gewährt werden und den Versicherten möglichst lange vor Berufsunfähigkeit bewahren.

Von 1984 an soll für die Rentenanpassung zum 1. 7. eines jeden Jahres der Lohnanstieg im jeweiligen Vorjahr maßgebend sein. Renten und verfügbare Arbeitsentgelte sollen sich gleichgewichtig entwickeln (§ 1272 Abs. 2 RVO i. d. F. durch das Haushaltsbegleitgesetz 1984 vom 22. 12. 1983, BGBl. I 1532).

Neben der in der Pflichtversicherung bestehenden Möglichkeit einer *Höherversicherung* hat das Rentenreformgesetz vom 16. 10. 1972 (BGBl. I 1965) die *freiwillige Versicherung für Selbständige* wieder eingeführt; auch können nicht Versicherungspflichtige für Zeiten nach vollendetem 16. Lebensjahr *freiwillig Beiträge* entrichten (s. 665). Frühere *Anwartschaften*, die vor Eintritt des Versicherungsfalles bestanden haben, sind aufrechterhalten worden. Sogar erloschene Anwartschaften sind wieder aufgelebt, wenn nach dem 1. 1. 1924 ein einziger Beitrag entrichtet worden und der Versicherungsfall nicht vor dem 1. 4. 1945 eingetreten ist. Bei den *Leistungen* wird zwischen dem Versicherungsfall des Alters, dem der Berufsunfähigkeit und dem der Erwerbsunfähigkeit unterschieden. Grundlegend geändert ist auch die *Berechnung der Renten* (vgl. 667, 669).

Das Rentenreformgesetz 1972 hat ferner die *flexible Altersgrenze* (667) eingeführt.

Auf Grund des *Ges. zur Neuordnung der Hinterbliebenenrenten sowie zur Anerkennung von Kindererziehungszeiten in der gesetzlichen Rentenversicherung* vom 11. 7. 1985 (BGBl. I 1450) wird für jedes Kind ein Erziehungsjahr in der gesetzlichen Rentenversicherung rentenbegründend und rentensteigernd anerkannt. Bei dem erziehenden Elternteil werden die ersten 12 Monate nach dem Geburtsmonat des Kindes als Pflichtversicherungszeit angerechnet. Die Regelung gilt allgemein für den Fall, daß das Kind nach dem 31. 12. 1985 geboren wird. Bei vor dem 1. 1. 1986 geborenen Kindern wird eine Anrechnung nur vorgenommen, wenn die Mutter bei Inkrafttreten des Gesetzes (1. 1. 1986) das 65. Lebensjahr noch nicht vollendet hat.

Für *Berlin* erging das Rentenversicherungsüberleitungsgesetz vom 10. 7. 1952 (GVBl. 588). Die Auswirkungen der Beitragszahlung im Saarland und im übrigen Bundesgebiet einschl. Berlin in der Kranken- und Rentenversicherung regelt das sog. *Auswirkungsgesetz* vom 26. 3. 1959 (BGBl. I 200).

665. Die Rentenversicherung der Arbeiter

ist geregelt in den §§ 1226–1437 RVO; sie ist durch das *Arbeiterrentenversicherungs-Neuregelungsgesetz* (ArVNG) vom 23. 2. 1957 und das Rentenreformgesetz 1972 (vgl. 664) an die veränderten Wertverhältnisse angepaßt und umfassend reformiert worden. Sie bezweckt die Versorgung der Arbeiter im Alter, bei Berufs- und Erwerbsunfähigkeit sowie die Versorgung ihrer Hinterbliebenen.

Der *Versicherungspflicht* unterliegen Arbeitnehmer, Auszubildende, Hausgewerbetreibende, Schiffsbesatzungen, Mitglieder geistlicher Genossenschaften, soweit sie nicht der *Angestelltenversicherung* unterliegen oder versicherungsfrei sind. Versicherungspflichtig ist auch, wer länger als 1 Jahr Krankengeld (659) bezieht (§ 1227). *Befreit* sind ohne Entgelt Beschäftigte, Beamte mit Anwartschaft auf Ruhegehalt, Werkstudenten, Rentenempfänger, auf Antrag Versorgungsempfänger im öff. Dienst u. ä. Gruppen (§§ 1228ff.). Eine Arbeitsverdienstgrenze wie bei der Krankenversicherung besteht nicht.

Selbständige können binnen 2 Jahren nach Aufnahme ihrer Tätigkeit oder nach dem Ausscheiden aus der Versicherungspflicht in die Pflichtversicherung eintreten (§ 1227 Abs. 1 Nr. 9); sie können auch Beiträge nachentrichten und erhalten notfalls Förderungsbeträge von der „Stiftung für die Alterssicherung älterer Selbständiger". Beitragsentrichtung nach den allgemeinen Vorschriften für Selbständige (668). Ferner kann, wer nicht versicherungspflichtig ist, *freiwillig* Beiträge für Zeiten nach dem 16. Lebensjahr entrichten; soweit es sich um Personen handelt, die wegen ihrer Versorgungsansprüche von der Versicherungspflicht befreit sind, wird der Nachweis von 60 Beitragsmonaten vorausgesetzt (§ 1233).

Selbständige Handwerker sind nach Maßgabe des Gesetzes über eine Rentenversicherung der Handwerker *(Handwerkerversicherungsgesetz)* vom 8. 9. 1960 (BGBl. I 737) m. spät. Änd. in der Arbeiterrentenversicherung versichert:

a) Handwerker, die in die Handwerksrolle eingetragen sind, solange sie Beiträge für eine rentenversicherungspflichtige Beschäftigung oder Tätigkeit für weniger als 216 Kalendermonate entrichtet haben;
b) Handwerker, die im Zeitpunkt der Einberufung zu einer Wehr- oder Zivildienstleistung pflichtversichert waren; bei Dienstleistung von mehr als 1 Monat geht die Regelung des § 1227 Abs. 1 Satz 1 Nr. 6, 7 RVO (vgl. 668) vor.

666. Träger der Rentenversicherung der Arbeiter

sind in erster Linie die *Landesversicherungsanstalten,* die nach näherer Bestimmung der Landesregierung für das Gebiet eines Landes, für Gemeindeverbände oder andere Gebietsteile errichtet werden (§ 1326 RVO).

Daneben bestehen die *Bundesbahn-Versicherungsanstalt* für die Bahnbediensteten, die *Seekasse* für Seeleute und die *Bundesknappschaft* (671) für die im Bergbau Beschäftigten (§ 1360 RVO).

Die *Landesversicherungsanstalt* ist eine rechtsfähige Körperschaft öffentlichen Rechts. Ihr Sitz wird von der Landesregierung bestimmt. Sie kann auch für mehrere Länder eingerichtet werden. Die Landesversicherungsanstalt umfaßt alle in ihrem Bezirk Beschäftigten, sofern sie nicht in Sonderanstalten versicherungspflichtig sind. Ihre Organe sind der *Vorstand,* der die Eigenschaft einer öffentlichen Behörde hat und in dem Arbeitgeber und Versicherte gleichmäßig vertreten sind, und die *Vertreterversammlung,* die im Wege der Verhältniswahl aus den Kreisen der Versicherten und der Arbeitgeber gebildet wird. Vgl. SGB (IV) §§ 31, 44 und 653. Durch Gesetz über den Aufbau der Sozialversicherung vom 5. 7. 1934 (RGBl. I 577) und die 3. VO vom 18. 12. 1934 (RGBl. I 1266) ist den Landesversicherungsanstalten die Durchführung der *Gemeinschaftsaufgaben* (Betrieb von Heilanstalten, Erholungs- und Genesungsheimen, vorbeugende Gesundheitsfürsorge, vertrauensärztlicher Dienst) übertragen.

667. Gegenstand der Rentenversicherung der Arbeiter

An Leistungen unterscheidet man in der Rentenversicherung der Arbeiter Regelleistungen und zusätzliche Leistungen. *Regelleistungen* sind medizinische, berufsfördernde und ergänzende Leistungen zur Rehabilitation, Renten, Witwen- und Witwerrentenabfindungen, Beitragserstattungen sowie – vorbehaltlich besonderer Regelung (vgl. 657) – Beiträge für die Krankenversicherung der Rentner (§ 1235 RVO). Als zusätzliche Leistungen aus der Versicherung kommen in Betracht: Maßnahmen zur Förderung der Gesundheit oder zum wirtschaftlichen Nutzen der Rentenempfänger und ihrer Angehörigen (§§ 1305–1307 RVO).

1. Altersruhegeld, Berufs-, Erwerbsunfähigkeitsrente

Die Arbeiterrentenversicherung unterscheidet zwischen dem *Ruhegeld* nach Erreichung der Altersgrenze (Altersruhegeld) und der *Rente* wegen Berufsunfähigkeit oder Erwerbsunfähigkeit. Vor Bewilligung einer Berufs- oder Erwerbsunfähigkeitsrente soll stets geprüft werden, ob Maßnahmen der Rehabilitation zu einer Wiederherstellung oder Hebung der Erwerbsfähigkeit führen können (§ 7 RehabilitationsG, s. 651). Voraussetzung für die Zahlung von Altersruhegeld oder Berufs- bzw. Erwerbsunfähigkeitsrente ist stets der *Eintritt des Versicherungsfalles* und die Erfüllung einer *Wartezeit* (Zurücklegung von Versicherungszeiten, d. h. Beitragszeiten und Ersatzzeiten).

a) Altersruhegeld

Altersruhegeld wird grundsätzlich ab vollendetem 65. Lebensjahr und Zurücklegung einer Versicherungszeit von 60 Mon. auf Antrag gezahlt (§ 1248 Abs. 5, 7 RVO).

Doch ist die *Altersgrenze flexibel:* Der Versicherte kann einen späteren Beginn der Ruhegeldzahlung festlegen. Er kann ihn aber unter gewissen Voraussetzungen auch auf das 63. oder 60. Lebensjahr vorverlegen. So kann nach Vollendung des 60. Lebensjahres Altersruhegeld erhalten, wer innerhalb der letzten 1½ Jahre mindestens 52 Wochen arbeitslos war, sofern er in den letzten 10 Jahren mindestens 8 Jahre eine versicherungspflichtige Tätigkeit ausgeübt und eine Wartezeit von 180 Mon. zurückgelegt hat. Weibliche Versicherte können ebenfalls ab Vollendung des 60. Lebensjahres Altersruhegeld erhalten, wenn sie in den letzten 20 Jahren überwiegend eine rentenversicherungspflichtige Tätigkeit ausgeübt und eine Wartezeit von 180 Mon. erfüllt haben.

Schwerbehinderte, Berufs- und Erwerbsunfähige können ab Vollendung des 60. Lebensjahres Altersruhegeld erhalten, wenn sie eine Wartezeit von 35 anrechnungsfähigen Versicherungsjahren, in denen mindestens eine Versicherungszeit von 180 Mon. enthalten ist, zurückgelegt haben. Nach Zurücklegung dieser Wartezeit können auch alle anderen Versicherten, soweit sie das 63. Lebensjahr vollendet haben, Altersruhegeld erhalten.

Bis zur Vollendung des 65. Lebensjahres ist bei Bezug von vorgezogenem Altersruhegeld eine Beschäftigung nur bis zu bestimmten Verdienstgrenzen rentenunschädlich (bis zu 1/7 der monatlichen Bezugsgröße, s. hierzu unten 1c, oder bis 1000 DM monatlich) vgl. im einzelnen § 1248 Abs. 4 RVO. Wenn die maßgebenden Grenzen überschritten werden, fällt das Altersruhegeld weg.

Wer den Beginn des ihm ab 65. Lebensjahr zustehenden Altersruhegeldes hinausschiebt, erhält für jeden bis zum 67. Lebensjahr nicht in Anspruch genommenen Monat einen Zuschlag von 0,6 v.H. des jährlichen Ruhegeldes (§ 1254 RVO). Zum sog. *Vorruhestandsgeld* s. Gesetz zur Erleichterung des Übergangs vom Arbeitsleben in den Ruhestand vom 13. 4. 1984 (BGBl. I 601).

b) Berufsunfähigkeitsrente

Berufsunfähigkeitsrente wird auf Antrag Versicherten gewährt, die berufsunfähig sind, zuletzt vor Eintritt der Berufsunfähigkeit eine versicherungspflichtige Tätigkeit ausgeübt und die Wartezeit von 60 Mon. erfüllt haben (§ 1246 RVO). *Berufsunfähig* ist ein Versicherter, dessen Erwerbsfähigkeit infolge Krankheit oder anderer Gebrechen oder Schwäche seiner körperlichen oder geistigen Kräfte auf weniger als die Hälfte derjenigen eines gesunden Versicherten mit ähnlicher Ausbildung und gleichwertigen Kenntnissen und Fähigkeiten herabgesunken ist. Zuletzt vor Eintritt der Berufsunfähigkeit ist eine versicherungspflichtige Tätigkeit ausgeübt worden, wenn von den letzten 60 Mon. vor Eintritt des Versicherungsfalles mindestens 36 Mon. mit Beiträgen für eine versicherungspflichtige Tätigkeit belegt sind, sofern nicht ein Arbeitsunfall oder eine Wehrdienstbeschädigung o. ä. vorliegt; bei den 60 Mon. zählen Ersatz- und Ausfallzeiten, Rentenbezugszeiten u. a. nicht mit.

c) Erwerbsunfähigkeitsrente

Rente wegen Erwerbsunfähigkeit erhält auf Antrag der Versicherte, der erwerbsunfähig ist, zuletzt vor Eintritt der Erwerbsunfähigkeit eine versicherungspflichtige Tätigkeit ausgeübt und die *Wartezeit* von 60 Mon. erfüllt bzw. insgesamt eine Versicherungszeit von 240 Mon. zurückgelegt hat (§ 1247 RVO). *Erwerbsunfähigkeit* liegt vor, wenn infolge von Krankheit oder anderen Gebrechen oder wegen Schwäche der körperlichen oder geistigen Kräfte auf nicht absehbare Zeit eine regelmäßige Erwerbstätigkeit nicht ausgeübt werden kann oder nicht mehr als nur geringfügige Einkünfte erzielt werden können. Geringfügige Einkünfte sind Einkünfte von 1/7 der monatlichen Bezugsgröße (Bezugsgröße für 1987: 3010 DM; 1/7 hiervon: 430 DM; s. Sozialversicherungs-BezugsgrößenVO 1987 vom 9. 12. 1986 (BGBl. I 2451). Bis zu diesem Betrag ist bei Erwerbsunfähigkeitsrente ein Nebenverdienst rentenunschädlich. Zur Beurteilung der Erwerbsunfähigkeit wird meist ein vertrauensärztliches Gutachten beigezogen. Eine versicherungspflichtige Tätigkeit ist zuletzt vor Eintritt der Erwerbsunfähigkeit ausgeübt worden, wenn von den letzten 60 Mon. vor Eintritt des Versicherungsfalles mindestens 36 Mon. mit Beiträgen für eine versicherungspflichtige Tätigkeit belegt sind, sofern nicht ein Arbeitsunfall oder eine Wehrdienstbeschädigung o.ä. vorliegt; bei den 60 Mon. zählen Ersatz- und Ausfallzeiten, Rentenbezugszeiten u. a. nicht mit.

2. Rentenberechnung

Schon die Rentenreform 1957 hatte die Leistungen in der Rentenversicherung der Arbeiter denen der Angestelltenversicherung gleichgestellt (vgl. 669). Ihr Kernstück war das Rentenbemessungsverfahren (Rentenformel). Der Berechnung der Höhe der Rente wird seither nicht mehr der nominelle Arbeitsverdienst allein zugrunde gelegt; auch die allgemeine Entwicklung der Löhne und Gehälter wird berücksichtigt. Das Rentenberechnungsverfahren baut auf folgenden Faktoren auf:

1. dem *Verhältnis zwischen dem Entgelt des Versicherten und dem durchschnittlichen Entgelt aller Versicherten,* genauer dem Verhältnis zwischen dem Bruttoarbeitsentgelt des einzelnen Versicherten und dem aus Tabellen zu entnehmenden durchschnittlichen Bruttoarbeitsentgelt aller Versicherten (Arbeiter und Angestellten) für die einzelnen Kalenderjahre der gesamten Versicherungsdauer. Es wird in einem durchschnittlichen Prozentsatz ausgedrückt (§ 1255 Abs. 3 RVO);
2. der *allgemeinen Bemessungsgrundlage* (§ 1255 Abs. 2 RVO). Sie beträgt für 1987 28917 DM (vgl. Rentenanpassungsges. 1987 vom 19. 12. 1986 (BGBl. I 2591). Sie verändert sich in den folgenden Jahren um den Hundertsatz, um den die Bruttoarbeitsentgelte aller Versicherten im Kalenderjahr vor dem Jahr, für das die allgemeine Bemessungsgrundlage bestimmt wird, die Bruttoarbeitsentgelte des voraufgegangenen Kalenderjahres übersteigen. Die Veränderung der allgemeinen Bemessungsgrundlage wird durch das jeweilige Rentenanpassungsgesetz festgelegt (§ 1255 Abs. 2 S. 6 RVO);
3. der für den Versicherten maßgebenden Rentenbemessungsgrundlage *(individuelle Bemessungsgrundlage)* – § 1255 Abs. 1 RVO. Dies ist ein Prozentsatz der allgemeinen Bemessungsgrundlage, und zwar wird der unter Ziffer 1 ermittelte durchschnittliche Prozentsatz an die allgemeine Bemessungsgrundlage angelegt;
4. der *Versicherungsdauer,* das ist die Anzahl der anrechnungsfähigen Versicherungsjahre (§ 1258 RVO); *Ersatzzeiten* (Wehrdienst, Kriegsgefangenschaft, Internierung) und *Ausfallzeiten* (wegen Krankheit, Unfall, Arbeitslosigkeit) werden nach Maßgabe von Sondervorschriften berücksichtigt, §§ 1251, 1255 a, 1259 RVO, ferner bei Berufs- oder Erwerbsunfähigkeit vor dem 55. Lebensjahr die Zwischenzeit zwischen Versicherungsfall und diesem Zeitpunkt als *Zurechnungszeit,* aber nur bei Nachweis der Beitragszahlung für mindestens 36 innerhalb der letzten 60 Monate oder bei „*Halbdeckung*“, d. h. wenn die Zwischenzeit mindestens zur Hälfte durch Beiträge gedeckt ist (§ 1260 RVO);
5. dem *Steigerungssatz* (nicht zu verwechseln mit den Steigerungsbeträgen nach früherem Recht und der Höherversicherung) von 1 bzw. 1,5 v. H. (§§ 1253, 1254 RVO), d. h., der Jahresbetrag der Rente wegen Berufsunfähigkeit ist für jedes anrechnungsfähige Versicherungsjahr 1 v. H. der individuellen Bemessungsgrundlage, bei der Rente wegen Erwerbsunfähigkeit und beim Altersruhegeld 1,5 v. H.

   Für die Berechnung der Rente (Jahresbetrag) gilt also folgende *Formel:*

Individuelle Bemessungsgrundlage	x Zahl der Versicherungsjahre	x 0,01* x 0,015**

* Rente wegen Berufsunfähigkeit.

** Rente wegen Erwerbsunfähigkeit und Altersruhegeld.

Beispiele:

Ein Arbeiter hat während seiner ganzen Beschäftigungsdauer durchschnittlich 110% des durchschnittlichen Arbeitsentgelts aller Versicherten erzielt. Die individuelle Bemessungsgrundlage ist daher 110% von 28917 DM (allgemeine Bemessungsgrundlage für 1987), also 31809 DM. Bei einer Versicherungsdauer von 40 Jahren wäre die *Rente wegen Erwerbsunfähigkeit* 31809 DM x 40 x 0,015 = 19085 DM jährlich.

Sein *Altersruhegeld* bei einer angenommenen Versicherungsdauer von 50 Jahren würde

31809 DM x 50 x 0,015 = 23857 DM jährlich betragen.

Die *Berufs-* oder *Erwerbsunfähigkeitsrente* wird in eine *Altersrente* umgewandelt, sobald deren Voraussetzungen vorliegen (§ 1254 Abs. 2 RVO).

Die hiernach festgesetzte Rente ist jedoch keine starre Größe, sondern wird seit 1958 zur Erhaltung ihres Realwerts der wirtschaftlichen Leistungsfähigkeit, der Produktivität und der allgemeinen Einkommensentwicklung gemäß dem Gutachten eines *Sozialbeirates* angepaßt (sog. *Produktivitätsrente;* §§ 1272–1275 RVO). Von 1979 bis 1981 wurden die Renten nicht nach der Entwicklung der Bruttolöhne, sondern nach niedrigeren Anpassungssätzen erhöht.

3. Hinterbliebenenrenten

Nach früherem Recht erhielt eine Witwe 60 v.H. der Rente des Mannes, während ein Witwer nur dann Rente erhielt, wenn die verstorbene Ehefrau den Unterhalt der Familie überwiegend bestritten hatte. Das BVerfG hatte dem Gesetzgeber aufgegeben, diese dem Art. 3 Abs. 2 GG widersprechende Regelung zu beseitigen und Mann und Frau in dieser Frage gleichzustellen. Nach der Neuregelung der Verwitwetenrente durch das *Hinterbliebenenrenten- und Erziehungszeiten-Gesetz* vom 11. 7. 1985 (BGBl. I 1450) erhält der überlebende Ehegatte – gleichgültig ob es sich um den Ehemann oder die Ehefrau handelt – eine Witwen- bzw. Witwerrente von 60 v.H. der Rente des Verstorbenen. Eigenes Erwerbs- und Erwerbsersatzeinkommen aus öffentlich-rechtlichen Regel- und Sondersystemen wird, soweit es einen dynamischen Freibetrag von 3,3 v.H. der jeweiligen allgemeinen Bemessungsgrundlage (§ 1255 Abs. 2 RVO) zuzüglich eines Kinderfreibetrags von 0,7 v.H. für jedes Kind übersteigt, zu 40 v.H. bei der Hinterbliebenenrente berücksichtigt, d.h. dieser Teil der Hinterbliebenenrente ruht. Den Versicherten, die bei Inkrafttreten des Gesetzes (1. 1. 1986) 50 Jahre oder älter sind, wird bis zum 31. 12. 1988 Wahlfreiheit eingeräumt, sich für das bislang geltende Recht der Hinterbliebenenrenten zu entscheiden. Im übrigen gilt eine Übergangsregelung für den Zeitraum vom 1. 1. 1986 bis zum 31. 12. 1995. Das System der neuen Hinterbliebenenrente gilt nur für künftige Todesfälle; laufende Witwen- und Witwerrenten bleiben unberührt.

Witwen-/Witwerrente in Höhe von 60 v.H. erhält der Hinterbliebene eines Rentenempfängers oder Versicherten nach erfüllter Wartezeit. Hat der Hinterbliebene das 45. Lebensjahr noch nicht vollendet und ist er kinderlos, wird nur die sog. *kleine Witwen-/Witwerrente* gezahlt, bei der die *Zurechnungszeit* (s.o. 2 unter 4) unberücksichtigt bleibt; diese Zeit wird dagegen angerechnet, wenn der Hinterbliebene berufs(erwerbs)unfähig ist oder mindestens ein Kind zu unterhalten oder das 45. Lebensjahr vollendet hat *(große Witwen-/Witwerrente).* Eine frühere (z.B. geschiedene) Ehefrau eines verstorbenen Versicherten erhält Rente, wenn dieser ihr unterhaltspflichtig war und die Ehe vor dem 1. 7. 1977 geschieden, für nichtig erklärt oder aufgehoben worden ist (§§ 1264, 1265, 1268 RVO); bei nach diesem Zeitpunkt aufgelösten Ehen tritt der Versorgungsausgleich (346) ein.

Waisenrente (10 v.H. für Halb-, 20 v.H. für Vollwaisen) wird nach § 1267 RVO bis zum vollendeten 18. Lebensjahr gewährt, bis zum 25. Lebensjahr bei Schul- oder Berufsausbildung, bei Ableistung eines freiwilligen sozialen Jahres oder Gebrechlichkeit.

Stirbt ein Ehepartner, nachdem die Ehe nach dem 30. 6. 1977 geschieden oder

753

sonstwie aufgelöst worden ist, so erhält der andere, wenn er nicht wieder heiratet und selbst eine Wartezeit von 60 Monaten in der Rentenversicherung erfüllt hat, für die Dauer der Erziehung von Kindern eine *Erziehungsrente* in Höhe der Berufsunfähigkeitsrente, wenn mindestens ein waisenrentenberechtigtes Kind vorhanden ist und wenn er keine nicht nur geringfügige Beschäftigung ausübt; bei 2 noch nicht 6jährigen oder mindestens 3 waisenrentenberechtigten Kindern wird die Rente in Höhe der Erwerbsunfähigkeitsrente gezahlt (§ 1265a RVO).

4. Festsetzung der Rente

Die Renten werden durch *Rentenbescheid* der Landesversicherungsanstalt festgestellt und durch die Post ausgezahlt (§ 1296 RVO). Gegen den Bescheid ist der Rechtsweg zum *Sozialgericht* gegeben (689). Für den Versicherten wird ein *Versicherungskonto* geführt, das durch die Versicherungsnummer gekennzeichnet ist. Der Versicherte erhält regelmäßig eine Mitteilung über die dort gespeicherten Daten *(Versicherungsverlauf)*. Der Versicherte, der das 55. Lebensjahr vollendet hat, erhält auch Auskunft über die Höhe der bisher erworbenen Anwartschaft auf Altersruhegeld *(Rentenauskunft)*. Die Rentenauskunft kann auf Antrag auch jüngeren Versicherten erteilt werden (§ 1325 Abs. 1, 2, 4 RVO). Zur Auskunft über bestehende Rentenanwartschaft bei Ehescheidung (kann nur von einem dazu bevollmächtigten Rechtsanwalt beantragt werden) vgl. VO vom 5. 8. 1977 (BGBl. I 1486).

668. Die Beiträge zur Rentenversicherung der Arbeiter

Die Rentenversicherung wird durch Beiträge der Arbeitgeber und der Versicherten (beide je ½) sowie durch Zuschüsse des Bundes finanziert. Die Höhe der Beiträge richtet sich nach dem Bruttolohn. Die Beiträge der Versicherten werden ebenso wie die Krankenkassenbeiträge durch die Arbeitgeber vom Lohn einbehalten und zusammen mit den eigenen Beiträgen den Krankenkassen zugeleitet, die den entsprechenden Teil an die Landesversicherungsanstalt weiterleiten (§§ 1396ff. RVO). Ausnahmen gelten für mehrfach oder unständig Beschäftigte, versicherungspflichtige oder versicherte *Selbständige* und freiwillig Versicherte; diese zahlen die Beiträge selbst (§§ 1405ff. RVO).

Der *Beitragssatz* für die Pflichtversicherten beträgt 18,5 v. H. des Bruttoarbeitsverdienstes einschl. der Sachbezüge (§§ 1385ff. RVO). Vom 1. 6. 1985–31. 12. 1986 beträgt der Beitragssatz 19,2 v. H. und in der Zeit vom 1. 1. 1987–31. 12. 1989 18,7 v. H. (s. Ges. zur Stärkung der Finanzgrundlagen der gesetzlichen Rentenversicherung vom 16. 5. 1985, BGBl. I 766). Versicherte, die selbst die Beiträge entrichten, zahlen grundsätzlich monatlich auf der Grundlage von 1/12 des jährlichen Bruttoarbeitsentgelts (jedoch mindestens nach der Einkommensgrenze für geringfügige Tätigkeit i. S. des § 8 SGB IV bis höchstens zur Beitragsbemessungsgrenze); die Beiträge werden durch Einzelüberweisung oder -einzahlung oder im Wege des Dauerauftrags durch ein Kreditinstitut oder im Kontenabbuchungsverfahren gezahlt. Die Versicherten erhalten hierüber vom Versicherungsträger bis 31. 3. des folgenden Jahres einen Nachweis. Vgl. BeitragsentrichtungsVO vom 21. 6. 1976 (BGBl. I 1667) m. spät. Änd. Bei den zur *Wehr(Zivil)-dienstleistung* einberufenen Versicherten trägt der Bund die Beiträge während der Dienstdauer (§ 1227 Abs. 1 S. 1 Nr. 6, 7; § 1385 Abs. 4d RVO); s. dazu PauschalbeitragsVO vom 19. 3. 1974 (BGBl. I 757).

I. d. R. führt der *Arbeitgeber* die Beiträge an die Träger der gesetzlichen Krankenversicherung (Einzugsstellen) ab. Der Versicherte muß sich bei der Lohnzahlung die Hälfte des Beitrags vom Barlohn abziehen lassen (§ 1397 RVO). Die Entrichtung der Beiträge ist durch Entgeltsbescheinigungen nachzuweisen (§ 1401 RVO).

669. Die Angestelltenversicherung

ist neben der Rentenversicherung der Arbeiter und der Knappschaftsversicherung der dritte Zweig der *Rentenversicherung*. Sie bezweckt wie diese die Alters- und Berufs- bzw. Erwerbsunfähigkeitsversorgung der Angestellten und die Versorgung der Hinterbliebenen.

Der Begriff des *Angestellten* ist ebensowenig wie der des Arbeiters gesetzlich allgemeingültig definiert. Merkmal ist die mehr gedankliche Beschäftigung, die den Angestellten von dem überwiegend körperlich tätigen Handwerker oder Arbeiter unterscheidet. Insbesondere gehören zu den Angestellten leitende Personen, technische Angestellte, Werkmeister, Büroangestellte, Handlungsgehilfen sowie Angestellte in Berufen der Erziehung, des Unterrichts, der Fürsorge, der Kranken- und Wohlfahrtspflege. Diese und weitere in § 3 des *Angestelltenversicherungsgesetzes* (AVG) vom 28. 5. 1924 (RGBl. I 563) aufgeführte Personengruppen sind versicherungspflichtig. Sie unterliegen dem AVG i. d. F. des Angestelltenversicherungs-Neuregelungsgesetzes vom 23. 2. 1957 (BGBl. I 88) m. zahlr. spät. Änd.

Träger der Angestelltenversicherung ist die durch Gesetz vom 7. 8. 1953 (BGBl. I 857) errichtete *Bundesversicherungsanstalt für Angestellte*. Vgl. 56 IV, 100. Ihr Sitz ist *Berlin*. Sie ist Körperschaft des öffentlichen Rechts und untersteht der Aufsicht des Bundesversicherungsamts. Ihre Organe sind der Vorstand und die Vertreterversammlung, welche nach den Vorschriften des SGB, IV. Buch §§ 45ff. (vgl. 653) gewählt werden.

Versicherungspflichtig sind alle Angestellten, die wegen ihrer Zugehörigkeit zu einer der in §§ 2, 3 AVG aufgeführten Berufsgruppen als Angestellte einzuordnen sind (eine *Jahresarbeitsverdienstgrenze* besteht nicht mehr). *Befreit* sind kraft Gesetzes geringfügig Beschäftigte; ferner Beamte und sonstige im öffentlichen Dienst Beschäftigte mit gewährleisteter Anwartschaft auf lebenslängliche Versorgung und Hinterbliebenenversorgung u. ä.; Werkstudenten, Altersruhegeldempfänger aus der Sozialversicherung, Polizeivollzugsbeamte auf Widerruf, Berufs- und Zeitsoldaten. *Auf Antrag* werden befreit: Empfänger von Ruhegeld, Wartegeld oder ähnlichen Bezügen mit Anwartschaft auf Hinterbliebenenversorgung. Vgl. §§ 4, 6, 7 AVG.

Die Möglichkeit einer Höherversicherung und des Beitritts zur Pflichtversicherung für Selbständige sowie für Zeiten nach dem 16. Lebensjahr besteht wie bei der Rentenversicherung (§§ 10, 11 AVG und 664).

Die *Beiträge* werden in der Regel von den Versicherten und den Arbeitgebern je zur Häfte aufgebracht. Für ihre Höhe und die Berechnung gelten entsprechende Regeln wie bei der Arbeiterrentenversicherung (§§ 112ff. AVG). Der Arbeitgeber behält den Anteil des Angestellten bei der Gehaltszahlung ein und führt ihn zusammen mit seinem Anteil ab (§§ 118ff. AVG). Die Beiträge der versicherten *Selbständigen* werden von den Versicherten selbst entrichtet. Bei zu einer *Wehr(Zivil)dienstleistung* einberufenen Personen trägt der Bund die Beiträge während der Dienstdauer (§ 2 Abs. 1 Nr. 8, 9; § 112 Abs. 4d AVG). Für Angestellte mit Monatsgehalt bis zu 1/10 der monatl. Bemessungsgrenze trägt der Arbeitgeber die Beiträge allein (§ 112 Abs. 4a AVG). Für die *Beitragssätze* für Pflichtversicherte, die selbst die Beiträge entrichten, und die Beitragszahlungen gelten nach §§ 112, 114 AVG die gleichen Grundsätze wie bei der Rentenversicherung der Arbeiter (668).

Die *Leistungen* der Angestelltenversicherung entsprechen der Regelung in der Arbeiter-Rentenversicherung (§§ 12ff. AVG; vgl. 667).

Die gleichzeitige Versicherung in der Rentenversicherung der Arbeiter und in der Angestelltenversicherung ist nicht gestattet. Beim Übertritt in eine andere Versicherung (z. B. ein rentenversicherungspflichtiger Arbeiter tritt in ein angestelltenversicherungspflichtiges Arbeitsverhältnis über) werden die zurückgelegten Versicherungszeiten nach einem besonderen Verfahren angerechnet (*Wanderversicherung;* §§ 1308ff. RVO, §§ 87ff. AVG).

670. Krankenversicherung und Altershilfe für Landwirte

I. Gesetzliche Grundlagen

Zur sozialen Sicherung der selbständig (als Unternehmer) tätigen *Land- und Forstwirte* erging zunächst das Ges. über eine *Altershilfe für Landwirte* – GAL – vom 27. 7. 1957 (BGBl. I 1063), jetzt i. d. F. vom 14. 9. 1965 (BGBl. I 1448) m. spät. Änd. Sodann wurde durch Ges. vom 10. 8. 1972 (BGBl. I 1433) – KVLG – m. spät. Änd., auch die *Krankenversicherung* der selbständigen Land(Forst)wirte geregelt.

II. Die *Krankenversicherung* für Landwirte

umfaßt alle Unternehmer der Land(Forst)wirtschaft einschl. Wein-, Obst-, Gemüse-, Gartenbau, Teichwirtschaft und Fischzucht sowie Unternehmer der Seen- und Flußfischerei und der Imkerei nebst mitarbeitenden Familienangehörigen (mindestens 15jährige oder auszubildende). *Pflichtversichert* ist auch, wer das 65. Lebensjahr vollendet hat und während der letzten 15 Jahre mindestens 60 Monate als landw. Unternehmer tätig war. „Unternehmer“ ist, für dessen Rechnung das Unternehmen geht, falls dieses – unabhängig vom jeweiligen Unternehmer – eine auf Bodenbewirtschaftung beruhende Existenzgrundlage bildet. Ein Unternehmer, dessen Betrieb einen Einheitswert von mehr als 60000 DM hat und für den eine der Art nach gleichartige private Krankenversicherung besteht, kann sich von der Pflichtversicherung befreien lassen. Die Möglichkeit *freiwilliger Weiterversicherung* (652) besteht wie in der allgemeinen Krankenversicherung (§§ 1–5 KVLG).

Auch die *Leistungen* entsprechen der allgemeinen Krankenversicherung (Früherkennungsmaßnahmen, Kranken-, Mutterschafts-, Familienhilfe, sonstige Hilfen, Sterbegeld; vgl. 659); dazu treten *Betriebshilfe* bis zu 3 Monaten bei längerer Krankheit und *Haushaltshilfe* für eine *Ersatzkraft* zur Führung des Haushalts (§§ 7ff. KVLG). *Träger* der Versicherung sind die bei den landw. Berufsgenossenschaften errichteten *landw. Krankenkassen* (Körperschaften öff. Rechts), die in einem *Bundesverband* zusammengeschlossen sind (§§ 44ff. KVLG). Die Mittel der Krankenversicherung werden durch *Beiträge* der landw. Unternehmer nach *Beitragsklassen* und durch Bundeszuschüsse aufgebracht (§§ 63ff. KVLG).

III. Die *Alterssicherung* für Landwirte

nach dem GAL gewährt dem Land(Forst)wirt eine „Sockelrente“. Das GAL geht davon aus, daß für den landw. Unternehmer, der seinen Betrieb abgibt, durch einen *Altenteilsvertrag* i. d. R. Nahrung und Wohnung sichergestellt werden, daß es aber dem Übernehmer des Betriebs oft schwer fällt, für den Altenteiler angemessene *Bargeldleistungen* aufzubringen. Deshalb erhält ein ehemaliger landw. Unternehmer (s. o. II) ein *Altersgeld,* wenn er das 65. Lebensjahr vollendet, bis zum 60. Lebensjahr – ausgenommen Zeiten des Bezugs vorzeitigen Altersgeldes oder Hinterbliebenengeldes – und für mindestens 180 Kalendermonate Beiträge als landwirtschaftlicher Unternehmer an die landw. Alterskasse (15 Jahre Wartezeit) gezahlt und sein Unternehmen abgegeben hat; bei Erwerbsunfähigkeit genügen 60 Beitragsmonate (§ 2 GAL). Witwen oder Witwer haben Anspruch, wenn der verstorbene Ehegatte berechtigt und die Ehe vor Vollendung seines 65. Lebensjahres geschlossen war. Ferner, wenn die Witwe das 60. oder der Witwer des 65. Lebensjahr vollendet und der verstorbene Unternehmer oder der überlebende Ehegatte bis zum 60. Lebensjahr oder bis zu seinem Tode (ausgenommen Zeiten des Bezugs vorzeitigen Altersgeldes) für mindestens 180 Kalendermonate Beiträge als landwirtschaftlicher Unternehmer an die landwirtschaftliche Alterskasse entrichtet hat. Frühere, insbes. geschiedene Ehegatten haben Anspruch, wenn während der Ehe Beiträge geleistet worden sind (§ 3 GAL); ist die Ehe nach dem 30. 6. 1977 aufgelöst worden, tritt der Versorgungsausgleich (346) ein. *Waisengeld* (Halbwaisen ¼, Vollwaisen ½ des Altersgeldes eines Ledigen) wird nach Maßgabe der §§ 3a, 4a GAL bis zum 18. Lebensjahr gezahlt, wenn der verstorbene Unternehmer bis zu seinem Tode oder bis zum 60. Lebensjahr Beiträge als landwirtschaftlicher Unternehmer für 60 Monate entrichtet hat. *Hinterbliebenengeld* erhalten Witwen (Witwer) mit geringem Einkommen, die nicht selbst Unternehmer sind und das Unternehmen abgegeben haben, wenn sie nicht überwiegend den Familienunterhalt bestritten hatten und sie das 45. Lebensjahr vollendet haben oder wenn im Haushalt ein noch nicht 16jähriges, waisengeldberechtigtes oder ein infolge Gebrechlichkeit erwerbsunfähiges Kind lebt; Voraussetzung ist, daß der verstorbene Unternehmer bis zum 60. Lebensjahr bzw. bis zu seinem Tode für 60 Kalendermonate Beiträge als landwirtschaftlicher Unternehmer geleistet hat (§ 3b GAL).

Das Altersgeld beträgt ab 1. 7. 1986 für den verheirateten Berechtigten 551,10 DM, für den unverheirateten Berechtigten 367,60 DM monatlich mit jährlicher Steigerung entsprechend der allgemeinen Bemessungsgrundlage in der Rentenversicherung (*dynamische Rente,* § 4 GAL). *Mehrleistungen* können durch ⅔ der Vertreterversammlung des Gesamtverbandes beschlossen werden. Bei drohender *Gefährdung der Erwerbsfähigkeit* können Maßnahmen zu deren Erhaltung gewährt werden; dazu gehört auch stationäre Heilbehandlung sowie Gestellung einer Ersatzkraft als Betriebs- oder Haushaltshilfe (§§ 5 ff. GAL). Die Ansprüche richten sich gegen die landw. Alterskasse, zu der zuletzt Beiträge entrichtet worden sind (§ 10 GAL).

Die Mittel werden durch Beiträge und Bundesmittel aufgebracht. Der *Beitrag* wird alljährlich durch VO festgesetzt (für 1987: 162 DM monatl.) und ist für alle Beitragspflichtigen gleich (§ 12 GAL). Beitragspflichtig ist grundsätzlich jeder landw. Unternehmer. Auf Antrag befreit wird insbes., wer zuletzt für 60 Kalendermonate in der Rentenversicherung versicherungspflichtiger Beschäftigter war oder wer als selbständiger Handwerker in die Handwerksrolle eingetragen ist (§ 14 GAL). S. auch VO über einen Beitragszuschuß in der Altershilfe für Landwirte vom 24. 5. 1986 (BGBl. I 750). S. außerdem das Gesetz zur Entlastung landwirtschaftlicher Unternehmer von Beiträgen zur landwirtschaftlichen Sozialversicherung vom 21. 7. 1986 (BGBl. I 1070).

Über die Ansprüche der *mitarbeitenden Familienangehörigen* auf (½) Altersgeld und ihre Beitragspflicht vgl. § 40a GAL.

Eine *Landabgaberente* (monatl. 175 DM – für Ledige 115 DM – mehr als das Altersgeld nach § 4) erhält vom 60. – u. U. vom 55. – Lebensjahr ab bei Landabgabe (bis 31. 12. 1983) zur Strukturverbesserung, wer mindestens 60 Monatsbeiträge zur Alterskasse gezahlt hat. Auf die Rente wird Altersgeld angerechnet (§§ 41 ff. GAL).

Träger der Altershilfe ist die bei jeder landw. Berufsgenossenschaft bestehende landw. *Alterskasse* (öff.-rechtliche Körperschaft), der jeder landw. Unternehmer ihres Bereichs angehört (§§ 16, 17 GAL). Die Kassen sind zu einem beim Bundesverband der landw. Berufsgenossenschaften (s. 661) bestehenden Gesamtverband der landw. Alterskassen zusammengeschlossen (§ 22 GAL).

Das *Verwaltungsverfahren,* das die Feststellung der Leistungen, sonstige Verwaltungsakte und ihre Anfechtung sowie die Zahlung des Altersgeldes usw. umfaßt, richtet sich nach dem 1., 3. und 6. Buch der RVO und dem I. Buch §§ 38 ff. des SGB (§ 32 GAL; vgl. 653). Alters- oder Waisengeld werden auf schriftlichen Antrag bewilligt (§ 29 GAL). Öffentlich-rechtliche Streitigkeiten in Angelegenheiten dieses Gesetzes gehören zur *Sozialgerichtsbarkeit* (§ 30 GAL).

671. Die Knappschaftsversicherung

ist die Sozialversicherung der im Bergbau Tätigen für den Fall der Krankheit, der Berufsunfähigkeit, der Invalidität und des Alters sowie zugunsten der Hinterbliebenen. Sie umfaßt also die *Kranken-* und *Rentenversicherung.*

Die Knappschaftsversicherung ist der älteste Zweig der Sozialversicherung, da sich schon im Mittelalter eine Versorgung erkrankter und verunglückter Bergknappen als notwendig erwies. 1852 bestanden bereits zahlreiche *Knappschaftsvereine,* denen das Preußische Knappschaftsgesetz von 1854 einen gesetzlichen Rückhalt gab und die durch das *Preußische Allgemeine Berggesetz* vom 24. 6. 1865 mit dem Recht der Selbstverwaltung ausgestattet wurden. Das *Reichsknappschaftsgesetz* vom 23. 6. 1923 (RGBl. I 431) faßte die Einzelvereine im Reichsknappschaftsverein zusammen. Nach 1945 war die Reichsknappschaft stillgelegt; es bildeten sich Bezirksknappschaften, die durch das Anpassungsgesetz vom 30. 7. 1949 (WiGBl. 202) zu einer *Arbeitsgemeinschaft* zusammengeführt wurden.

Das noch geltende *Reichsknappschaftsgesetz* (RKG) vom 23. 6. 1923 i. d. F. vom 1. 7. 1926 (RGBl. I 369) ist mehrfach geändert worden, vor allem durch das *Knappschaftsrentenversicherungs-Neuregelungsgesetz* vom 21. 5. 1957 (BGBl. I 533). Die Regelung stimmt in den Grundzügen mit der Arbeiter- und der Angestellten-Rentenversicherung überein, trägt aber den knappschaftlichen Besonderheiten Rechnung.

Auch die Knappschaftsversicherung ist auf dem Grundsatz des Versicherungszwangs aufgebaut. Nach § 1 RKG sind alle Personen pflichtversichert, die als Arbeitnehmer gegen Entgelt oder zur Ausbildung in einem knappschaftlichen Betrieb beschäftigt sind; die frühere Jahresarbeitsverdienstgrenze für leitende Angestellte ist aufgehoben. Zu den knappschaftl. Betrieben gehören alle Betriebe, in denen Mineralien oder ähnliche Stoffe bergmännisch gewonnen werden, und die als Nebenbetriebe bestehenden Betriebsanstalten und Gewerbsanlagen (z. B. Kokereien, Ziegeleien, Steinbrüche, Salinen usw.). Der Bereich ist durch VO des RArbMin. vom 11. 2. 1933 (RGBl. I 66) auf Montage-, Abraum-, Reparatur-, Aufräumearbeiten u. a. ausgedehnt worden.

Träger der Knappschaftsversicherung ist jetzt die *Bundesknappschaft* (Ges. vom 28. 7. 1969, BGBl. I 974).

Die *Beiträge* in der Krankenversicherung werden von den Versicherten und den Unternehmen nach den Vorschriften der RVO (659) grundsätzlich je zur Hälfte aufgebracht. Die Arbeitgeber haben die Anteile der Versicherten einzubehalten und mit ihren Anteilen abzuführen. Sie haften für die Einziehung. In der knappschaftlichen Rentenversicherung beträgt der Beitrag 24,25 v. H. des Entgelts; hiervon trägt der Unternehmer 15 v. H. und der Versicherte 9,25 v. H. Vom 1. 6. 1985–31. 12. 1986 beträgt der Beitragssatz 24,95 v. H. (Versicherter: 9,6 v. H.; Arbeitgeber: 15,35 v. H.) und vom 1. 1. 1987–31. 12. 1989 24,45 v. H. (Versicherter: 9,35 v. H.; Arbeitgeber: 15,1 v. H.). Der Arbeitgeber trägt den Beitrag allein, wenn das Monatsentgelt 1/10 der Beitragsbemessungsgrenze nicht übersteigt. Über Beitragsstreitigkeiten entscheiden die Gerichte der Sozialgerichtsbarkeit. Einer Klage beim Sozialgericht hat ein *Vorverfahren* voranzugehen.

Die *Leistungen* der knappschaftlichen *Krankenversicherung* bestehen wie bei der allgemeinen Krankenversicherung in Regelleistungen und Mehrleistungen (im einzelnen s. 659). Mehrleistungen werden in der Satzung festgelegt und gewährt, soweit die Mittel zur Finanzierung ausreichen.

Der knappschaftlichen *Rentenversicherung* obliegen folgende Aufgaben (§ 28 RKG): Die Erhaltung, Besserung und Wiederherstellung der Erwerbsfähigkeit des Versicherten; die Gewährung von Bergmannsrente, Knappschaftsrente wegen Berufsunfähigkeit oder wegen Erwerbsunfähigkeit und Knappschaftsruhegeld an Versicherte; die Gewährung von Renten an Hinterbliebene und die Förderung von Maßnahmen zur Hebung der gesundheitlichen Verhältnisse in der knappschaftlich versicherten Bevölkerung (vgl. auch 664–667). Im übrigen unterliegt das Rentenversicherungsrecht hins. der Versicherungspflicht, der Rentenberechnung (§§ 53ff. RKG) usw. ähnlichen Grundsätzen wie die Rentenversicherung der Arbeiter (vgl. 667). Die *Berufsunfähigkeitsrente* wird nach 60 Monaten Wartezeit für jedes anrechnungsfähige Versicherungsjahr mit 1,2 v. H. der persönlichen Bemessungsgrundlage errechnet, wenn der Versicherte knappschaftlich noch tätig war, sonst mit 1,8 v. H., die *Erwerbsunfähigkeitsrente* mit 2 v. H. *Knappschaftsruhegeld* erhält ein Versicherter, der das 63. Lebensjahr vollendet hat, wenn 35 anrechnungsfähige Versicherungsjahre, in denen mindestens eine Versicherungszeit von 180 Monaten enthalten ist, zurückgelegt sind. Die Vollendung des 60. Lebensjahres genügt als Voraussetzung für Knappschaftsruhegeld, wenn eine Versicherungszeit von 300 Monaten mit ständigen Arbeiten unter Tage oder diesen gleichgestellten Arbeiten zurückgelegt worden ist. Bei Arbeitslosigkeit von mind. 52 Wochen während der letzten 1½ Jahre und bei weiblichen Versicherten nach dem 60. Lebensjahr bestehen Besonderheiten wie bei der Rentenversicherung (667). Wie dort gelten auch hier die Grundsätze über die *flexible Altersgrenze*. Das Ruhegeld errechnet sich für jedes anrechnungsfähige Versicherungsjahr mit 2 v. H. der persönlichen Bemessungsgrundlage. Nach § 45 RKG und der VO über den Begriff der *Hauerarbeiten unter Tage* und der diesen gleichgestellten Arbeiten in der knappschaftlichen Rentenversicherung vom 4. 3. 1958 (BGBl. I 137) erhält, wer solche Arbeiten eine bestimmte Zeit hindurch verrichtet hat, Sonderleistungen aus der knappschaftlichen Rentenversicherung (*Bergmannsrente* – für jedes anrechnungsfähige Versicherungsjahr 0,8 v. H. der persönl. Bemessungsgrundlage – mit Vollendung des 50. Lebensjahres, Knappschaftsruhegeld mit Vollendung des 60. Lebensjahres und Leistungszuschlag nach 5 Jahren). Vgl. §§ 48, 49, 59 RKG sowie GleichstellungsVO vom 24. 5. 1968 (BGBl. I 557). Weiter bestehen Regelungen für Hinterbliebenenrente wie bei der Rentenversicherung, Knappschaftsausgleichsleistung, Abfindungen u. a. m.

Für Knappschaftsversicherungsfälle sind die auf Grund des § 1256 Abs. 1 RVO festgestellten allgemeinen Bemessungsgrundlagen höher als bei den beiden anderen Rentenversicherungen, da das durchschnittliche Arbeitsentgelt im Bergbau dasjenige anderer Beschäftigungszweige überstieg. Die Veränderung der allgemeinen Bemessungsgrundlage wird durch das jeweilige Rentenanpassungsgesetz festgestellt (§ 54 Abs. 2 RKG). Die allgemeine Bemessungsgrundlage beträgt für 1987 29223 DM; sie verändert sich wie bei der Arbeiterrentenversicherung (vgl. 667).

Die früheren *Bezirksknappschaften* (Aachener Knappschaft; Brühler Knappschaft, Köln; Hannoversche Knappschaft; Ruhrknappschaft, Bochum; Niederrheinische Knappschaft, Moers; Hessische Knappschaft, Weilburg/Lahn; Saarknappschaft, Saarbrücken und Süddeutsche Knappschaft, München) wurden wegen des durch den Rückgang des Bergbaus bedingten Sinkens ihrer Mitgliederzahl auf die *Bundesknappschaft* übergeleitet.

672. Die Arbeitslosenversicherung

hat sich später als die eigentliche Sozialversicherung (Kranken-, Renten-, Unfallversicherung) entwickelt. Erst das Gesetz über Arbeitsvermittlung und Arbeitslosenversicherung (AVAVG) vom 16. 7. 1927 (RGBl. I 187) m. mehrfachen spät. Änd. führte das echte *Versicherungsprinzip,* d. h. die Gewährung eines Rechtsanspruchs auf *Arbeitslosenunterstützung* nach den Grundsätzen von Leistung und Gegenleistung, ein.

1. Gesetzliche Grundlagen

Durch den Rückgang der Arbeitslosigkeit nach 1933 verschob sich der Zweck der Versicherung; die VO vom 5. 9. 1939 (RGBl. I 1674) stellte die Unterstützung auf die Bedürftigkeit ab. Die spätere Rechtslage war uneinheitlich. Meist herrschte wieder das Versicherungsprinzip. Zur Vereinheitlichung wurde durch Ges. vom 10. 3. 1952 (BGBl. I 123) die *Bundesanstalt für Arbeitsvermittlung und Arbeitslosenversicherung* als Träger der Arbeitslosenversicherung mit dem Sitz in Nürnberg errichtet. Sie wird jetzt unter der Bezeichnung *Bundesanstalt für Arbeit* fortgeführt. Über Aufgaben und Organisation der Anstalt vgl. 602.

Das AVAVG ist seit dem 1. 7. 1969 abgelöst durch das *Arbeitsförderungsgesetz (AFG)* vom 25. 6. 1969 (BGBl. I 582) m. spät. Änd.

Die zum AVAVG ergangenen 23 DVOen gelten zum Teil übergangsweise bis zu einer Neuregelung fort; so die 6. DVO vom 22. 4. 1959 (BGBl. I 233) über Anzeigen bei Arbeitskämpfen, die 14. DVO vom 30. 1. 1962 (BGBl. I 58) über Förderung der Arbeitsaufnahme in Berlin, die 16. DVO vom 13. 4. 1962 (BGBl. I 237) über Anpassungsbeihilfen anläßlich der Arbeitseinschränkungen im *Kohlenbergbau.*

2. Versicherungspflicht

Die Arbeitslosenversicherung besteht nur als *Pflichtversicherung;* es gibt weder eine freiwillige noch eine Weiter- oder Höherversicherung wie in der Rentenversicherung. *Versicherungspflichtig* sind alle, die auf Grund der RVO oder des Reichsknappschaftsgesetzes krankenversicherungspflichtig oder hiervon nur wegen Überschreitung der Jahresarbeitsverdienstgrenze ausgenommen sind. *Beitragspflichtig* sind alle Arbeitgeber und Arbeitnehmer, und zwar grundsätzlich je zur Hälfte (s. u.). *Befreit* sind u. a. über 63 Jahre alte Personen, Rentenberechtigte, kurzzeitig oder unständig Beschäftigte, Schüler usw. Die Beitragspflicht beginnt und endet mit dem Arbeitsverhältnis bzw. mit dem Eintritt der Versicherungsfreiheit (§§ 168 ff.).

3. Leistungen

Die *Leistungen der Arbeitslosenversicherung* bestehen vor allem in *Arbeitslosengeld (Ag),* Konkursausfallgeld, Arbeitslosenhilfe, Kranken- und Unfallversicherung, Kurzarbeitergeld, Schlechtwettergeld und Winterbauförderung. Die Höhe der Leistungen wird durch VO bestimmt (vgl. z. B. AFG-LeistungsVO 1987 vom 30. 12. 1986 (BGBl. 1987 I 34).

a) Arbeitslosengeld

Anspruch auf Ag hat bis längstens zum 65. Lebensjahr, wer arbeitslos ist, der Arbeitsvermittlung zur Verfügung steht, die *Anwartschaftszeit* erfüllt, sich beim Arbeitsamt arbeitslos gemeldet und Ag beantragt hat (§ 100). ,,Zur Verfügung" steht der Arbeitslose, wenn er eine nicht nur kurzzeitige zumutbare Beschäftigung ausüben kann und darf, dazu auch bereit und für das Arbeitsamt täglich zur Vorsprache erreichbar ist (§ 103; über Zumutbarkeit einer Beschäftigung und Erreichbarkeit vgl. Anordnungen vom 3. 10. 1979 und vom 16. 3. 1982, abgedr. b. Nipperdey, Textslg. Arbeitsrecht, Nrn. 713, 714). Anspruch auf Ag besteht auch bei Arbeitslosigkeit infolge geminderter Erwerbsfähigkeit und bei Krankheit bis zu 6 Wochen (§§ 105a, b). Anspruch auf Ag hat auch, wer das 58. Lebensjahr vollendet hat und die Voraussetzungen für das Ag allein deshalb nicht erfüllt, weil er nicht bereit ist, jede zumutbare Beschäftigung anzunehmen oder an zumutbaren beruflichen Bildungsmaßnahmen teilzunehmen (§ 105c). Die Anwartschaftszeit hat erfüllt, wer in der Rahmenfrist (3 Jahre) wenigstens 360 Tage eine beitragspflichtige Beschäftigung hatte. Die Dauer des Anspruchs auf Ag richtet sich gestaffelt nach der Dauer der Beschäftigungszeit. Eine Beschäftigungszeit von insgesamt mindestens 360 Kalendertagen innerhalb der Rahmenfrist begründet eine Anspruchsdauer von 104 Tagen. Innerhalb einer auf vier Jahre erweiterten Rahmenfrist begründen 540 Tage Beschäftigungszeit eine Anspruchsdauer von 156 Tagen, 720 Tage Beschäftigungszeit eine Anspruchsdauer von 208 Tagen, eine Beschäftigungszeit von 900 Tagen eine Anspruchsdauer von 260 Tagen und eine Beschäftigungszeit von 1080 Tagen eine Anspruchsdauer von 312 Tagen (§ 106). Bei Arbeitslosen, deren Anspruch in der Zeit vom 1. Jan. 1986 bis zum 31. Dez. 1989 entstanden ist und die bei Entstehung des Anspruchs auf Ag das 44., 49. oder 54. Lebensjahr vollendet haben, gelten eine erweiterte Rahmenfrist sowie – bei entsprechend längerer Beschäftigungsdauer – eine längere Anspruchsdauer (§ 106a). Das Ag beträgt 63 v. H., bei Arbeitnehmern mit mindestens 1 Kind 68 v. H. des vorherigen durchschnittlichen Nettoarbeitsentgelts; es bestimmt sich nach jährlich durch RechtsVO festgelegten Leistungssätzen. Bemessungsgrundlage ist i. d. R. der durchschnittliche Stundenverdienst auf der Grundlage von 20 abgerechneten Tagen im letzten Abrechnungszeitraum (§§ 111 ff.). Das Ag ist weitgehend der Pfändung nicht unterworfen, nicht verpfändbar und nicht abtretbar (SGB I §§ 53, 54; s. aber 655) und steuerfrei (§ 3 Nr. 2 EStG).

Der Arbeitslose muß den *Antrag* auf Ag persönlich beim zuständigen Arbeitsamt stellen und glaubhaft machen, daß und auf welche Weise er die Anwartschaft erworben hat. Auf Verlangen des Amtes hat er eine vom Arbeitgeber ausgestellte Arbeitsbescheinigung vorzulegen. Über den Antrag entscheidet der Direktor des Arbeitsamtes. Der Empfänger muß sich nur auf Verlangen des Arbeitsamtes persönlich dort melden. Über das Verfahren vgl. §§ 129 ff., 143 ff. sowie SGB I §§ 30–67. Der Arbeitslose soll alle 3 Monate aufgefordert werden, zu einer *Arbeitsberatung* zu erscheinen (§ 15).

b) Konkursausfallgeld

Bei Zahlungsunfähigkeit des Arbeitgebers wird *Konkursausfallgeld* nach dem Nettoeinkommen für die letzten 3 Monate vor Konkurseröffnung gezahlt. Es kann beim Arbeitsamt binnen 2 Monaten nach Konkurseröffnung beantragt werden. Die Mittel werden von den Berufsgenossenschaften im Umlageverfahren aufgebracht (§§ 141 a ff., 186 b ff.).

c) Kurzarbeitergeld

Kurzarbeitergeld erhalten Arbeitnehmer, die in einer beitragspflichtigen Beschäftigung stehen, zur Überbrückung vorübergehenden Arbeitsausfalls, jedoch nicht, wenn eine Vermittlung in eine andere zumutbare Arbeitsstelle möglich ist. Der Arbeitsausfall muß unvermeidbar sein und ein bestimmtes Ausmaß erreichen (Ausfall von mehr als 10 v. H. der Arbeitszeit innerhalb von 4 Wochen für mindestens ⅓ der Belegschaft, Sinken der Arbeitszeit aller Beschäftigten um mehr als 3 v. H.). Das Kurzarbeitergeld beträgt 63 v. H., bei Arbeitnehmern mit mindestens 1 Kind 68 v. H. des Nettoarbeitsentgelts; die Leistungssätze werden durch RechtsVO jährlich festgelegt. Leistungsdauer i. d. R. höchstens 6 Monate. Vgl. §§ 63–73.

d) Förderung der beruflichen Bildung und der Arbeitsaufnahme

Das AFG sieht ferner Maßnahmen zur Verhütung und Beendigung der Arbeitslosigkeit durch Förderung der Arbeitsaufnahme und der beruflichen Ausbildung, Fortbildung und ggf. Umschulung (§§ 33 ff.) sowie zur Erleichterung der Arbeitsaufnahme vor (Zuschüsse zu Bewerbungs-, Reise-, Umzugskosten, Arbeitsausrüstung u. dgl.; §§ 53 ff.). S. auch Bildungsbeihilfengesetz (186 unter 2).

e) Berufsfördernde Leistungen zur Rehabilitation

Die *berufsfördernden Leistungen zur Rehabilitation* sollen die Eingliederung der körperlich, geistig oder seelisch Behinderten in den Arbeitsprozeß fördern. Es können u. a. Ausbildungszuschüsse an Arbeitgeber und Übergangsgeld an Arbeitnehmer gewährt werden, die durch berufliche Fortbildung oder Umschulung Entgelteinbuße haben (§§ 56 ff.).

f) Förderung der ganzjährigen Beschäftigung in der Bauwirtschaft

Im Rahmen der *Produktiven Winterbauförderung* können für Bauten in witterungsungünstigen Jahreszeiten zum Ausgleich von Mehrkosten durch die Fortführung des Wohnungsbaues Zuschüsse oder Darlehen gewährt werden (zur Höhe der Zuschüsse vgl. § 79 und *FörderungssätzeVO* vom 16. 7. 1973, BGBl. I 841, m. Änd. zuletzt vom 22. 12. 1983, BGBl. I 1661); die Mittel werden im Umlageverfahren von den Arbeitgebern aufgebracht (VO vom 13. 7. 1972, BGBl. I 1201, m. Änd. zuletzt vom 3. 11. 1986 (BGBl. I 1728). Die Leistungen der Produktiven Winterbauförderung werden bis zum 31. 3. 1989 nicht gewährt, außer wenn die Anerkennung einer Förderung vor dem 1. 7. 1986 beantragt worden ist (§ 238). In der Schlechtwetterzeit wird in den Betrieben des Baugewerbes dem Arbeitnehmer ein *Schlechtwettergeld* gewährt, wenn wegen der Witterung nicht gearbeitet, aber das Arbeitsverhältnis auch nicht gekündigt werden kann. Es wird ähnlich dem Kurzarbeitergeld berechnet. Arbeitnehmern auf witterungsabhängigen Arbeitsplätzen des Baugewerbes wird für trotzdem geleistete Arbeitsstunden ein Wintergeld (2,00 DM pro Std.) gezahlt. Anträge auf Gewährung des Schlechtwetter- oder des Wintergeldes sind spätestens drei Monate nach Ende der Schlechtwetterzeit vom Arbeitgeber beim Arbeitsamt zu stellen (§§ 74 ff.). Über die begünstigten Baubetriebe s. VO vom 28. 10. 1980 (BGBl. I 2033).

g) Arbeitslosenhilfe

Arbeitslosenhilfe erhalten bedürftige Arbeitslose, die wegen Nichterfüllung der Anwartschaftszeit keinen Anspruch auf Ag haben und sich beim Arbeitsamt melden, falls sie innerhalb eines Jahres vor dem Tag, an dem die sonstigen Voraussetzungen für den Anspruch auf Arbeitslosenhilfe erfüllt sind (Vorfrist), Ag bezogen oder mind. 150 Kalendertage gearbeitet haben (§ 134). Sie beträgt 58 v. H. des gewöhnlichen Nettoarbeitsentgelts für Arbeitslose mit mindestens 1 Kind, für die übrigen Arbeitslosen 56 v. H. Über Berücksichtigung von Vermögen und Einkommen s. ArbeitslosenhilfeVO vom 7. 8. 1974 (BGBl. I 1929) m. Änd. zuletzt vom 22. 12. 1981 (BGBl. I 1497). Die Arbeitslosenhilfe wird für 1 Jahr bewilligt (mit Verlängerungsmöglichkeit, § 139a).

h) Kranken-, Unfall- und Rentenversicherung der Leistungsempfänger

Zusätzliche Leistungen bestehen in der *Kranken-* und *Unfallversicherung* der Empfänger von Ag, Arbeitslosenhilfe, Kurzarbeiter- und Schlechtwettergeld sowie in der *Rentenversicherung* für diese beiden Gruppen (§§ 155ff.).

4. Rechtsbehelfe

Gegen die Entscheidung des Direktors des Arbeitsamtes kann *Widerspruch* eingelegt werden. Alsdann entscheidet die vom Verwaltungsrat der Bundesanstalt bestimmte Stelle. Gegen deren Entscheidung kann das *Sozialgericht* angerufen werden.

5. Beiträge

Die *Beiträge* zur Arbeitslosenversicherung werden von den Arbeitgebern und Arbeitnehmern je zur Hälfte gezahlt, vom Arbeitgeber allein, wenn das monatliche Arbeitsentgelt $1/10$ der *Beitragsbemessungsgrenze* nicht übersteigt (§§ 167, 171 AFG). Der Beitragssatz beträgt 4,3 v. H. der Beitragsbemessungsgrundlage der gesetzlichen Rentenversicherung; 1986 beträgt er 4,0 v. H. (§§ 174, 175 AFG; s. 668). Die Beiträge sind mit dem *Gesamtsozialversicherungsbeitrag* (658) an die Krankenkassen abzuführen (§ 176). Die *BeitragseinzugsVO* vom 27. 4. 1972 (BGBl. I 754) regelt u. a. Stundung, Niederschlagung, Erlaß, Abführung und Abrechnung der Beiträge.

673. Das Kassenarztrecht

Die kassenärztliche Versorgung der Bevölkerung beruht auf dem Ges. über *Kassenarztrecht* vom 17. 8. 1955 (BGBl. I 513) und den §§ 368 bis 368t RVO. Die mit der ärztlichen Versorgung zusammenhängenden Fragen sind in gemeinsamer *Selbstverwaltung* der Krankenkassen und der Ärzte (Zahnärzte) zu regeln.

Die frühere Beschränkung der Kassenzulassung von Ärzten (Zahnärzten) gemäß einer Verhältniszahl (§ 368a Abs. 1 S. 1 RVO a. F.) hat das BVerfG als mit dem Grundsatz der freien Berufswahl (Art. 12 Abs. 1 GG, s. 47) unvereinbar erklärt (BGBl. 1960 I 235, 1961 I 116). Seither ist jeder im Arzt(Zahnarzt)register eingetragene Arzt (Zahnarzt) auf seinen Antrag vom Zulassungausschuß zur Kassenpraxis zuzulassen, sofern er die in der Zulassungsordnung vom 28. 5. 1957 (BGBl. I 572, 582) m. spät. Änd. aufgestellten Voraussetzungen (u. a. eine Vorbereitungszeit von 18 Mon.) erfüllt.

Um die kassenärztliche Versorgung einschl. Not- und Bereitschaftsdienst zu sichern, stellen die Kassenärztlichen Vereinigungen im Benehmen mit den für das Kassenarztwesen zuständigen Behörden und Stellen *Bedarfspläne* auf. Innerhalb der Zulassungsbezirke können die Zulassungsordnungen zugunsten der unterversorgten Gebiete in den hiervon nicht betroffenen Gebieten *Zulassungsbeschränkungen* vorsehen (§ 368 Abs. 3–5, § 368c Abs. 3 RVO). Durch das *Ges. zur Verbesserung der kassenärztlichen Bedarfsplanung* vom 19. 12. 1986 (BGBl. I 2593) soll einer Überversorgung mit Kassenärzten in bestimmten Gebieten entgegengesteuert und eine verstärkte Niederlassung von Kassenärzten in weniger gut versorgten Gebieten erreicht werden. Zu diesem Zweck können die Landesausschüsse der Ärzte und Krankenkassen für erheblich überversorgte Gebiete *Zulassungsbeschränkungen* anordnen (§ 368t RVO).

Über die Zulassung entscheidet ein *Zulassungsausschuß,* der für jeden Zulassungsbezirk von der *Kassenärztlichen Vereinigung* und dem *Landesverband der Krankenkassen* errichtet wird. Gegen die Entscheidung über die Zulassung ist Widerspruch an den *Berufungsausschuß* zulässig. Das Verfahren vor den Berufungsausschüssen gilt als *Vorverfahren* im Sinne des Sozialgerichtsgesetzes (vgl. 689); nach seiner Durchführung ist Klage beim Sozialgericht möglich (§ 368b RVO).

Für die Versicherten besteht *freie Kassenarztwahl* (§ 368d RVO). Die Krankenkasse entrichtet für die gesamte kassenärztliche Versorgung mit befreiender Wirkung eine *Gesamtvergütung* an die Kassenärztliche Vereinigung; diese verteilt die Gesamtvergütung unter die Kassenärzte nach einem im Benehmen mit den Landes- und Bundesverbänden der Krankenkassen (vgl. 658) festgesetzten Verteilungsmaßstab, der Art und Umfang der Leistungen zugrunde legt. Die Höhe der Gesamtvergütung wird vertraglich vereinbart; sie kann als Festbetrag, nach Einzelleistungen, als Kopfpauschale (nach Zahl und durchschnittlichem Bedarf der Versicherten) oder Fallpauschale oder nach einem kombinierten System unter Berücksichtigung eines zu bestimmenden Arzneimittelhöchstbetrags festgesetzt werden (§ 368f RVO).

Die *Kassenärztlichen Vereinigungen* schließen mit den Krankenkassen Gesamtverträge über die kassenärztliche Versorgung; Grundlage ist ein *Bundesmantelvertrag,* der u. a. den von einem Bewertungsausschuß ausgearbeiteten einheitlichen *Bewertungsmaßstab* für ärztliche (zahnärztliche) Leistungen enthält (§ 368g RVO).

Organe der Kassenärztlichen Vereinigung sind die Vertreterversammlung und der Vorstand. Die von der Vertreterversammlung beschlossene Satzung bedarf der Genehmigung der Aufsichtsbehörde. Die Kassenärztlichen bzw. Kassenzahnärztlichen Vereinigungen und die Landesverbände der Krankenkassen bilden einen *Landesausschuß* der Ärzte (Zahnärzte) und Krankenkassen, ihre Bundesvereinigungen und Bundesverbände unter Einschluß der Bundesknappschaft einen *Bundesausschuß,* welche Richtlinien über die Gewährung einer ausreichenden, zweckmäßigen und wirtschaftlichen Versorgung der Kranken beschließen (§§ 368k–p RVO).

Kommt ein Vertrag über die kassenärztliche Versorgung nicht zustande, so hat ein für den Bezirk einer oder für die Bezirke mehrerer Kassenärztlicher Vereinigungen errichtetes *Landesschiedsamt* für die kassenärztliche bzw. kassenzahnärztliche Versorgung sich einzuschalten (§ 368i Abs. 2 RVO; VO des BMA vom 28. 5. 1957, BGBl. I 570 – *Schiedsamtsordnung*). Das Schiedsamt versucht eine Einigung über den Inhalt des Vertrages herbeizuführen und macht, wenn diese nicht zustandekommt, einen Vermittlungsvorschlag. Wird dieser Vorschlag nicht binnen eines Monats angenommen, so setzt das Schiedsamt innerhalb von drei Monaten den Inhalt des Vertrages mit den Rechtswirkungen einer vertraglichen Vereinbarung fest; sie kann erst nach Ablauf eines halben Jahres mit vierteljähriger Frist gekündigt werden (§ 368h RVO). Bei überregionalen Vereinigungen ist ein *Bundesschiedsamt* zuständig. Um der Überlastung der Kassen entgegenzuwirken, soll eine „Konzertierte Aktion" der an der Gesundheitsversorgung Beteiligten (Vertreter der Verbände der Kassen, der Heilberufe, der Gewerkschaften und Arbeitgeber usw.) jährlich Empfehlungen über medizinische und wirtschaftliche Orientierungsdaten geben und Rationalisierungsvorschläge ausarbeiten (§ 405a RVO).

Für Bildung und Tätigkeit der *Landesverbände* und *Bundesverbände* der gesetzlichen Krankenkassen sind die §§ 414ff. RVO maßgebend.

674. Fremdrenten und Auslandsrenten

Das Fremdrentenrecht wurde erstmals durch das Fremdrenten- und Auslandsrentengesetz (FAG) vom 7. 8. 1953 (BGBl. I 848) für das Bundesgebiet einheitlich geregelt. Danach galten als *Fremdrenten* (FR) alle Rentenleistungen aus Versicherungszeiten, die bei einem Versicherungsträger außerhalb des Bundesgebietes und des Landes Berlin oder bei einem stillgelegten, nicht mehr bestehenden oder aufgelösten deutschen Versicherungsträger im Bundesgebiet zurückgelegt sind. Es wurde eine *Ersatzleistung* für die beim früheren Versicherungsträger erworbenen Ansprüche gewährt; Renten wurden als Vorschüsse gezahlt. Seit dem 1. 1. 1959 bestimmen sich alle Ansprüche auf *Fremd-* und *Auslandsrenten* nach Art. 1 des Ges. zur Neuregelung des Fremdrenten- und Auslandsrentenrechts *(FANG)* vom 25. 2. 1960 (BGBl. I 93) – „Fremdrentengesetz" – m. spät. Änd. Danach wird nicht mehr eine Entschädigung nach dem Recht des Herkunftslandes gewährt, sondern die *Vertriebenen und Flüchtlinge* werden so gestellt, als ob sie im Bundesgebiet beschäftigt gewesen wären und den Verdienst eines vergleichbaren deutschen Versicherten erzielt hätten (§§ 7, 14ff.).

Unter den vom FANG erfaßten Personenkreis fallen *Vertriebene,* Deutsche oder frühere deutsche Staatsangehörige, die ihren Aufenthalt in der BRep. oder in West-Berlin genommen haben, jedoch aus kriegsbedingten Gründen ihren früher für sie zuständigen *Versicherungsträger im Ausland* nicht in Anspruch nehmen können; ferner Deutsche, die nach dem 8. 5. 1945 in ein ausländisches Staatsgebiet zur Arbeitsleistung *verbracht* wurden. Weiter *heimatlose Ausländer,* auch wenn sie inzwischen die deutsche Staatsangehörigkeit erworben haben. Endlich auch *Hinterbliebene* der vorstehend genannten Personen, soweit sie Hinterbliebenenrente beanspruchen können (§ 1).

Nach dem FANG werden die bei einem nichtdeutschen Versicherungsträger oder nach dem 30. 6. 1945 in der SowjZ zurückgelegten Versicherungszeiten nunmehr so behandelt, wie wenn sie in der gleichen Berufsart und im gleichen Zeitraum im Bundesgebiet zurückgelegt worden wären.

Hinsichtlich der *Glaubhaftmachung* bei Verlust von Unterlagen vgl. 675.

Eine DVO vom 27. 7. 1961 (BGBl. I 1111) behandelt die *Nachversicherung* für solche Angestellte, die vor dem 9. 5. 1945 beim Dt. Reich einschl. Dt. RBahn und Dt. RPost, bei einem Land oder einer dt. Gemeinde oder einer öffentl.-rechtl. Körperschaft, Anstalt oder Stiftung auf Grund eines Arbeitsvertrags beschäftigt waren und für die am 8. 5. 1945 ein persönlicher Versorgungsstock bestanden hat (Ausschlußfrist für Anträge auf Nachversicherung). Vgl. ferner VO vom 1. 8. 1962 (BGBl. I 546) und VO über die Anerkennung von Systemen und Einrichtungen der sozialen Sicherheit als gesetzliche Rentenversicherungen vom 11. 11. 1960 (BGBl. I 849) m. spät. Änd.

Der Geltungsbereich der Sozialversicherung ist grundsätzlich auf das Inland beschränkt (Territorialitätsprinzip); ihre Leistungen werden daher i. d. R. nur den im Inland Beschäftigten ohne Rücksicht auf die Staatsangehörigkeit gewährt. Für die im Inland zurückgelegten Beitragszeiten werden Renten auch bei Auslandsaufenthalt gezahlt, ebenso für die für einen inländischen Betrieb im Ausland ausgeübte Tätigkeit bei vorübergehender Dauer, auf deutschen Schiffen usw. Bei vorübergehendem Aufenthalt im Ausland oder in der DDR wird die volle Rente weitergezahlt (§§ 1315–1317 RVO), nicht jedoch bei gewöhnlichem Aufenthalt in der DDR. Berechnet werden die Renten nach den im Inland zurückgelegten Beitragszeiten. Für beitragslose Zeiten wird Rente in dem Verhältnis gezahlt, in dem die nach §§ 1318, 1319 RVO zu berücksichtigenden Beitragszeiten zu allen Beitragszeiten einschl. der Beschäftigungszeiten nach § 16 FRG stehen; doch ist die Rente für eine auf Grund inländischer Beitragszeiten anrechenbare Ersatzzeit voll zu zahlen. Diese Regelung für die beitragslosen Zeiten gilt nicht für Ausländer. Nach § 1323 RVO erhalten Ausländer die in §§ 1318 ff. geregelten Renten jedoch nur zu 70 v. H. (Entsprechend: §§ 94 ff. AVG, §§ 105 ff. RKG). Nach EWG-VOen und internationalen Verträgen können jedoch Sonderregelungen eingreifen. Die *Zahlung von Renten in das Ausland* regelt die sog. *Auslandsrenten-VO* vom 21. 6. 1961 (BGBl. I 801).

675. Verlust von Versicherungsunterlagen

Da der Nachweis einer Beitragsentrichtung im allgemeinen durch die *Versicherungskarten* erbracht wird, bilden diese die wichtigste Unterlage für die Geltendmachung und Feststellung von Leistungsansprüchen aus den *Rentenversicherungen.* Nach § 1413 RVO, § 135 AVG werden verlorene, zerstörte oder unbrauchbar gewordene Versicherungskarten durch die Versicherungsträger ersetzt (gilt entsprechend für Versicherungshefte u. ä. Unterlagen). Doch werden Beiträge oder Arbeitsentgelte nur insoweit übertragen, als Umfang und Höhe der Beitragsentrichtung *nachgewiesen* werden. Falls aus kriegsbedingten Ursachen *Versicherungsunterlagen verloren* gegangen sind, sieht in Anlehnung an die Vorschriften des FANG (s. 674) die VO über die Feststellung von Leistungen aus den gesetzlichen Rentenversicherungen bei verlorenen, zerstörten, unbrauchbar gewordenen oder nicht erreichbaren Versicherungsunterlagen vom 3. 3. 1960 (BGBl. I 137) eine erleichterte Leistungsfeststellung und Wiederherstellung vor.

Zur *Glaubhaftmachung* genügt eidesstattliche Versicherung.

Soweit die Höhe der *Beitragsleistungen* nicht mehr festgestellt oder nachgewiesen werden kann, erfolgt *Anrechnung nach Durchschnittssätzen.* Die nur glaubhaft gemachten Beitragszeiten werden mit $\frac{5}{6}$ angerechnet.

Die *Renten* werden i. d. R. nach neuem Recht berechnet. Für Versicherungszeiten bei nicht mehr bestehenden oder stillgelegten deutschen Versicherungsträgern wird bei Versicherungsfällen, die in der Zeit vom 1. 1. 1957 bis 31. 12. 1961 eingetreten sind, unter gewissen Voraussetzungen eine *Vergleichsrente* gewährt. Bereits festgestellte Renten werden nach bestimmten Vorschriften neu berechnet. Zuständig ist der Versicherungsträger (653), der den letzten Bescheid erteilt hat.

C. Sonstige sozialrechtliche Vorschriften

681. Die Kriegsopferversorgung

Die Versorgung der kriegsbeschädigten Soldaten und der Kriegshinterbliebenen wurde in früheren Jahrhunderten in Form von Sachleistungen gewährt (Unterkunft in Invalidenheimen usw.), später auch durch Unterbringung im Staatsdienst und schließlich durch Geldleistungen, so schon durch das Militärpensionsgesetz von 1871. Nach dem 1. Weltkrieg erging das Reichsversorgungsgesetz (RVG) vom 12. 5. 1920; seine Grundsätze galten nach dem Wehrmachtversorgungsgesetz vom 4. 8. 1921/19. 9. 1925 auch für Dienstbeschädigungen der Wehrmachtsangehörigen und nach dem Kriegspersonenschadengesetz vom 15. 7. 1922/22. 12. 1927 ebenso für Zivilpersonen, die durch Kriegsereignisse einen Körperschaden erlitten hatten. Das Wehrmachtsfürsorge- und -versorgungsgesetz vom 26. 8. 1938, das während des 2. Weltkriegs auf zahlreiche Personengruppen ausgedehnt wurde, stellte die Versorgung der Soldaten auf eine neue Grundlage.

Nach 1945 wurde auf Grund besatzungsrechtlicher Vorschriften die Auszahlung von Versorgungsbezügen eingestellt; durch das KRG Nr. 34 vom 20. 8. 1946 wurden alle versorgungsrechtlichen Bestimmungen des Reichs aufgehoben (Ausnahmen in der französischen Besatzungszone). Neue versorgungsrechtliche Vorschriften ergingen in den folgenden Jahren auf Länder- und Zonenebene, wobei das Leistungsrecht teilweise auf der Grundlage gesetzlicher Unfallversicherung ausgestaltet wurde.

Die Grundlage für die *Versorgung der Opfer des Krieges* bildet nunmehr das *Bundesversorgungsgesetz* (BVG) vom 20. 12. 1950 (BGBl. S. 791) i. d. F. vom 22. 1. 1982 (BGBl. I 21) m. Änd. zuletzt vom 16. 12. 1986 (BGBl. I 2441).

1. Versorgungsansprüche

Versorgung erhält, wer durch Militärdienst oder durch die ihm eigentümlichen Verhältnisse, durch unmittelbare Kriegseinwirkung, Kriegsgefangenschaft, Internierung im Ausland wegen deutscher Staatsangehörigkeit oder Volkszugehörigkeit oder damit zusammenhängende unrechtmäßige Straf- oder Zwangsmaßnahmen eine gesundheitliche Schädigung erlitten hat (§§ 1–5). Ist ein Beschädigter an den Folgen der Schädigung verstorben, so erhalten seine *Hinterbliebenen* auf Antrag Versorgung (§ 1 Abs. 5). Die *Versorgung* umfaßt Heilbehandlung, Versehrtenleibesübungen und Krankenbehandlung, Leistungen der Kriegsopferfürsorge, Beschädigtenrente und Pflegezulage, Bestattungsgeld und Sterbegeld, Hinterbliebenenrente sowie Bestattungsgeld beim Tode von Hinterbliebenen (§ 9). Leistungen der *Kriegsopferfürsorge* sind: Hilfen zur beruflichen Rehabilitation, Krankenhilfe, Hilfe zur Pflege, Hilfe zur Weiterführung des Haushalts, Altenhilfe, Erziehungsbeihilfe, ergänzende Hilfe zum Lebensunterhalt, Erholungs-und Wohnungshilfe, Hilfe in besonderen Lebenslagen (§§ 25b, 26–27d).

2. Rentenleistungen

Beschädigte erhalten, wenn die Minderung der Erwerbsfähigkeit (MdE) wenigstens 30 v.H. beträgt, eine nach MdE-Graden gestaffelte Grundrente von 161–847 DM. Schwerbeschädigte (MdE 50 und mehr v.H.) erhalten außerdem je nach den wirtschaftlichen Verhältnissen als Ausgleichsrente 375–847 DM (ab 1. 1. 1987: 518–847 DM), einen Ehegattenzuschlag und Kinderzuschläge. Im Falle von Hilflosigkeit wird eine Pflegezulage (Stufen I bis V: 359–1781 DM) gewährt. Für Schwerstbeschädigte ist noch eine besondere Zulage (Stufen I bis VI: 98–602 DM) vorgesehen. Bei besonderem beruflichen Betroffensein wird die MdE höher bewertet oder ein Berufsschadensausgleich gewährt (§§ 29ff.). Wegen des *Vorrangs von Rehabilitationsmaßnahmen* vor Bewilligung einer Rente wegen MdE vgl. § 7 RehabilitationsG vom 7. 8. 1974 (BGBl. I 1881).

Witwen erhalten eine Grundrente von 507 DM und, wenn ihr Einkommen geringer ist als die Hälfte des ohne die Schädigung vom Ehemann erzielten Einkommens, unter bestimmten Voraussetzungen (45. Lebensjahr oder erhebliche Erwerbsbeschränkung usw.) 40 v.H. des Unterschiedsbetrags als Schadenausgleich, außerdem ggf. Ausgleichsrente. Im Falle der Wiederverheiratung tritt an die Stelle des Rentenanspruchs eine Abfindung (§§ 40–44). Der Witwer erhält Versorgung wie eine Witwe (§ 43).

Waisen erhalten bis zur Vollendung des 18., bei Schul- oder Berufsausbildung des 27. Lebensjahres, ebenfalls Grund- und Ausgleichsrente. Halbwaisen erhalten 143 DM Grund- und 249 DM Ausgleichsrente, Vollwaisen 268 bzw. 348 DM (§§ 45–47).

Witwen und Waisen von Rentenberechtigten, die nicht an einer Schädigung i.S. des BVG verstorben sind, erhalten als Beihilfe i.d.R. ⅔ der Rente (§ 48).

Eltern erhalten eine Rente, wenn sie erwerbsunfähig sind oder das 60. Lebensjahr vollendet haben; sie wird frühestens vom 18. Lebensjahr des Beschädigten an gerechnet. Die Höhe der Elternrente richtet sich danach, ob ein Elternpaar oder nur ein Elternteil anspruchsberechtigt ist, ob eines oder mehrere Kinder verstorben sind und ob das Einkommen der Eltern anzurechnen ist (§§ 49ff.). Der Grundbetrag ist bei einem Elternpaar 628 DM, bei einem Elternteil 426 DM.

Welche Einkommen bei Feststellung der Ausgleichsrenten, der Ehegatten- und Kinderzuschläge sowie der Elternrenten anzurechnen sind, ergibt sich aus der *AnrechnungsVO 1986/87* vom 1. 7. 1986 (BGBl. I 985) und der dieser beigefügten Tabelle.

3. Kapitalabfindung

können nach §§ 72–80 alle Beschädigten, die eine Rente beziehen, unabhängig vom Grad ihrer Erwerbsminderung zum Erwerb oder zur wirtschaftlichen Stärkung ihres eigenen Grundbesitzes erhalten. Der *Antrag* auf K. ist bei dem für die Feststellung der Versorgungsbezüge zuständigen Versorgungsamt schriftlich oder mündlich zu stellen.

Die K. kann auch zum Erwerb oder zur Stärkung eines *Wohnungseigentums* oder zur Erlangung eines Dauerwohnrechts nach dem Wohnungseigentumsgesetz (335a) sowie zur Finanzierung eines Bausparvertrags bewilligt werden, ferner zur Finanzierung eines Kaufeigenheims, einer Trägerkleinsiedlung, einer Kaufeigentumswohnung oder Wohnbesitzwohnung, wenn die baldige Rechtsübertragung gesichert ist. Das gleiche gilt für den Erwerb der Mitgliedschaft in einem als gemeinnützig anerkannten Wohnungs- oder Siedlungsunternehmen mit Anwartschaft auf ein Familienheim, eine Eigentumswohnung oder eine Siedlerstelle. Auch Witwen, die Rente oder Witwenbeihilfe erhalten, gehören zu den Berechtigten. Bei Wiederverheiratung muß die abgefundene Witwe die K. insoweit zurückzahlen, als diese die Gesamtsumme der bis dahin erloschenen Versorgungsbezüge übersteigt.

Voraussetzung ist, daß der Beschädigte das 55. Lebensjahr noch nicht vollendet hat, der Versorgungsanspruch anerkannt und nicht zu erwarten ist, daß innerhalb des Abfindungszeitraums die Rente wegfallen wird. In Ausnahmefällen kann die K. auch nach Vollendung des 55., aber nicht mehr nach dem 65. Lebensjahr bewilligt werden.

Die K. kann einen Betrag bis zur Höhe der Grundrente umfassen. Als *Abfindungssumme* wird das Neunfache des der K. zugrunde liegenden Jahresbetrags gezahlt. Die Abfindung ist auf die für einen Zeitraum von 10 Jahren zustehende Grundrente beschränkt. Mit Ablauf des auf die Auszahlung folgenden Monats erlischt der Anspruch auf die Bezüge, an deren Stelle die K. tritt, für die Dauer von 10 Jahren. Abweichungen gelten, wenn der Antrag erst nach Vollendung des 60. Lebensjahres gestellt wird (z. B. Begrenzung der Abfindung auf die für 5 Jahre zustehende Grundrente). Die ordnungsmäßige Verwendung des Kapitals muß gewährleistet sein. Die K. ist zurückzuzahlen, wenn sie nicht innerhalb einer von der Verwaltungsbehörde bestimmten Frist ordnungsmäßig verwendet worden ist. Bei Rückzahlung leben die der K. zugrunde liegenden Bezüge vom folgenden Monat ab wieder auf.

An Stelle der K. kann gegen Abtretung des Rentenanspruchs auf 10 Jahre ein *Rentenkapitalisierungsbetrag* nach Maßgabe des Ges. vom 27. 4. 1970 (BGBl. I 413) m. Änd. vom 4. 6. 1985 (BGBl. I 910) gewährt werden.

4. *Ergänzende Bestimmungen* enthalten folgende Rechtsverordnungen:

VO zur Kriegsopferfürsorge vom 16. 1. 1979 (BGBl. I 80) m. Änd. vom 18. 8. 1980 (BGBl. I 1469);

VO zu §§ 11 Abs. 3 und § 13 (Hilfsmittel usw.) i. d. F. vom 19. 1. 1971 (BGBl. I 43) mit letzter Änd. vom 4. 7. 1986 (BGBl. I 998);

VO zu § 11a (Versehrtenleibesübungen) vom 29. 7. 1981 (BGBl. I 779) m. Änd. vom 15. 4. 1985 (BGBl. I 636);

VO zu § 15 (Kleidungs-, Wäscheverschleiß) vom 31. 1. 1972 (BGBl. I 105);

VO zu § 19 Abs. 1 (Kostenersatz an Krankenkasse) vom 5. 8. 1965 (BGBl. I 755) m. letzter Änd. vom 27. 10. 1986 (BGBl. I 1661);

VO zu § 30 Abs. 3–6 (Berufsschadensausgleich) i. d. F. vom 29. 6. 1984 (BGBl. I 861) m. Änd. vom 4. 6. 1985 (BGBl. I 910);

VO zu § 31 Abs. 5 (Schwerstbeschädigtenzulage) i. d. F. vom 20. 4. 1970 (BGBl. I 410);

VO zu § 33 (Anrechnung von Einkommen auf Ausgleichsrente) i. d. F. vom 1. 7. 1975 (BGBl. I 1769) m. letzter Änd. vom 4. 6. 1985 (BGBl. I 910).

5. Das BVG ist entsprechend anwendbar auf die *Entschädigung der Opfer von Gewalttaten* bei Verletzungen durch einen vorsätzlichen, rechtswidrigen tätlichen Angriff oder dessen Abwehr (Versagungsgründe: Unbilligkeit, z. B. wegen Mitverursachung durch den Verletzten). Für Streitfälle ist der Weg zu den Sozialgerichten (z. T. zu den Verwaltungsgerichten) eröffnet. Kostenträger ist grundsätzlich das Land, in dessen Bereich die Schädigung eingetreten ist. Der Bund trägt 40 v. H. der Aufwendungen (*Opferentschädigungsgesetz* vom 11. 5. 1976, BGBl. I 1181 i. d. F. vom 7. 1. 1985, BGBl. I 1).

6. Organisation, Verfahren und Kosten

Das Bundesversorgungsgesetz wird von den *Ländern als eigene Angelegenheit* (Art. 83 GG) durch die nach dem Organisationsgesetz vom 12. 3. 1951 (BGBl. I 169) m. Änd. vom 24. 7. 1972 (BGBl. I 1284) zuständigen Behörden und Stellen durchgeführt (*Landesversorgungsämter, Versorgungsämter* sowie besondere Einrichtungen zur Heilbehandlung). Das *Verwaltungsverfahren* richtet sich nach dem Gesetz über das Verwaltungsverfahren der Kriegsopferversorgung vom 6. 5. 1976 (BGBl. I 1169) m. spät. Änd. Gegen Verwaltungsakte der Versorgungsbehörden ist nach einem Vorverfahren vor den Verwaltungsbehörden der Rechtsweg zu den Gerichten der Sozialgerichtsbarkeit (689) gegeben.

Die *Aufwendungen* für die Kriegsopferversorgung trägt der *Bund* (Art. 120 GG). Die persönlichen und sächlichen *Verwaltungskosten* haben nach dem 4. Überleitungsgesetz (vgl. 82) die *Länder* aufzubringen. Vgl. auch VO über die vom Bund zu tragenden Aufwendungen für die Heil- und Krankenbehandlung Versorgungsberechtigter in Versorgungskrankenanstalten der Länder (ErstattungsVO – KOV) vom 31. 7. 1967 (BGBl. I 860) m. Änd. vom 12. 3. 1986 (BGBl. I 345)

682. Heimkehrer, Kriegsgefangene, politische Häftlinge

1. Heimkehrer

Um den jahrelang von Familie und Arbeitsstätte getrennt gewesenen Heimkehrern das Wiederhineinfinden in das Arbeits- und Wirtschaftsleben zu erleichtern, erging das Gesetz über Hilfsmaßnahmen für Heimkehrer *(Heimkehrergesetz)* vom 19. 6. 1950 (BGBl. 221), zuletzt geändert am 2. 12. 1985 (BGBl. I 2138). Es sieht ein Entlassungsgeld, eine Übergangshilfe, Wohnraumzuteilung, Wiederaufleben erloschener Arbeitsverhältnisse, Kündigungsschutz, Zulassung zu freien Berufen, Arbeitsvermittlung, Einstellung in den öffentl. Dienst, Berufsfürsorge und Fortsetzung der Sozialversicherung vor.

Zum Personenkreis der *Heimkehrer* gehören Deutsche im Sinne des Art. 116 GG sowie Ausländer und Staatenlose, die innerhalb militärischer oder militärähnlicher Verbände auf deutscher Seite gekämpft haben; ferner Deutsche, die wegen ihrer Staats- oder Volkszugehörigkeit oder anläßlich der Kriegsereignisse außerhalb der BRep. interniert oder verschleppt waren. Voraussetzung für die Leistungen ist ständige Aufenthaltnahme in der BRep. einschl. Berlin (West) binnen 2 Monaten seit Entlassung. S. a. DVO zum HeimkehrerG vom 13. 7. 1950 (BGBl. 327) m. spät. Änd.

2. Kriegsgefangene

Ehemalige deutsche Kriegsgefangene erhalten nach dem *Kriegsgefangenenentschädigungsgesetz* i. d. F. vom 4. 2. 1987 (BGBl. I 506) eine Entschädigung.

Der Entschädigungsanspruch ist nicht übertragbar und unpfändbar. Er wird auf Antrag festgestellt, der spätestens 3 Jahre seit Rückkehr in die BRep. beim Stadt- oder Landkreis zu stellen ist.

Ein Gesetz zur Sammlung von Nachrichten über Kriegsgefangene, festgehaltene oder verschleppte Zivilpersonen und Vermißte vom 23. 4. 1951 (BGBl.

I 267) macht es jedem, der Kenntnis vom Verbleib hat, zur Pflicht, dies behördlich zu melden.

Angehörigen noch zurückgehaltener Kriegsgefangener wird nach dem *Unterhaltsbeihilfegesetz* vom 13. 6. 1950 i. d. F. vom 18. 3. 1964 (BGBl. I 219) eine Unterhaltsbeihilfe in Höhe der Hinterbliebenenrenten nach dem Bundesversorgungsgesetz gewährt.

3. Politische Häftlinge

Hilfsmaßnahmen für Personen, die aus politischen Gründen in Gebieten außerhalb der BRep. einschl. Berlin (West) in Gewahrsam genommen wurden, regelt das *Häftlingshilfegesetz* i. d. F. vom 4. 2. 1987 (BGBl. I 512).

Das HHG gewährt den Opfern der politischen Nachkriegsentwicklung in Mittel- und Ostdeutschland und in den übrigen Vertreibungsgebieten Eingliederungshilfen. Berechtigte, die in der Haft Gesundheitsschäden erlitten haben, und Hinterbliebene erhalten eine Versorgung in entsprechender Anwendung des Bundesversorgungsgesetzes (681); Angehörige von Häftlingen beziehen Unterhaltsbeihilfe entsprechend dem Unterhaltsbeihilfegesetz (s. o.).

683. Vertriebene, Flüchtlinge, Umsiedler

Die Sorge für die Vertriebenen und Flüchtlinge war zunächst Aufgabe der Länder, was sehr unterschiedliche gesetzliche Regelungen zur Folge hatte. Erst nach Inkrafttreten des GG, das in Art. 74 Nr. 6 die Angelegenheiten der Vertriebenen und Flüchtlinge der konkurrierenden Gesetzgebung des Bundes zuweist, konnten bundeseinheitliche Vorschriften erlassen werden. Hiervon hat die größte Bedeutung das *Lastenausgleichsgesetz* vom 14. 8. 1952 (BGBl. I 446; vgl. 565). Das LAG und seine Ergänzungsgesetze sollen Schäden und Verluste abgelten, die sich infolge der Vertreibungen und Zerstörungen der Kriegs- und Nachkriegszeit ergeben haben, sowie Härten mildern, die infolge der Neuordnung des Geldwesens eingetreten sind. Zur Regelung der Rechtsstellung und Eingliederung der Vertriebenen wurde das *Bundesvertriebenengesetz* vom 19. 5. 1953 (BGBl. I 201) – BVFG – erlassen, das jetzt i. d. F. vom 3. 9. 1971 (BGBl. I 1565) m. Änd. zuletzt vom 18. 2. 1986 (BGBl. I 265) gilt.

Nach der 21. Novelle zum LAG vom 18. 8. 1969 (BGBl. I 1232) erhalten Zonenflüchtlinge ebenfalls grundsätzlich *Hauptentschädigung* für Vermögensschäden, die sie in der DDR oder in Ost-Berlin erlitten haben. Die Entschädigung wird nur für existenzvernichtende Schäden oder den Verlust von mitexistenztragenden Werten (z. B. Grundvermögen, Spar- und Bankguthaben) gewährt.

Das BVFG enthält in Abschnitt I die Begriffsbestimmung für die drei anerkannten Gruppen von Vertriebenen und Flüchtlingen:

a) *Vertriebener* ist insbesondere, wer als deutscher Staatsangehöriger oder deutscher Volkszugehöriger seinen Wohnsitz in den zur Zeit unter fremder Verwaltung stehenden deutschen Ostgebieten oder in Gebieten außerhalb des Deutschen Reiches nach dem Gebietsstand vom 31. 12. 1937 im Zusammenhang mit den Ereignissen des 2. Weltkrieges infolge Vertreibung, insbesondere Ausweisung oder Flucht, verloren hat (§ 1 BVFG, auch über gleichgestellte Vertreibungsgründe);

b) *Heimatvertriebener* ist ein Vertriebener, der am 31. 12. 1937 oder vorher seinen Wohnsitz im Gebiet des Staates hatte, aus dem er vertrieben worden ist (§ 2 BVFG);

c) *Sowjetzonenflüchtling* ist ein deutscher Staatsangehöriger oder Volkszugehöriger, welcher in der SBZ oder in Ost-Berlin seinen Wohnsitz hatte und von dort geflüchtet ist, um sich einer von ihm nicht zu vertretenden und durch die politischen Verhältnisse bedingten besonderen Zwangslage (insbes. unmittelbare Gefahr für Leib und Leben oder persönliche Freiheit) zu entziehen (§ 3 BVFG).

Eine besondere Zwangslage ist auch bei einem schweren Gewissenskonflikt gegeben. Wirtschaftliche Gründe sind als besondere Zwangslage anzuerkennen, wenn die Existenzgrundlage zerstört oder entscheidend beeinträchtigt worden ist oder wenn die Zerstörung oder entscheidende Beeinträchtigung nahe bevorstand. Von der Anerkennung als Sowjetzonenflüchtling ist ausgeschlossen:

1. wer dem in der SBZ und im sowjetisch besetzten Sektor von Berlin herrschenden System erheblich Vorschub geleistet hat,
2. wer während der Herrschaft des Nationalsozialismus oder in der SBZ oder im sowjet. besetzten Sektor von Berlin durch sein Verhalten gegen die Grundsätze der Menschlichkeit oder Rechtsstaatlichkeit verstoßen hat,
3. wer die freiheitliche demokratische Grundordnung der BRep. einschl. des Landes Berlin bekämpft hat (§ 3 BVFG).

Soweit diese Vertriebenen und Flüchtlinge nicht politisch belastet sind, können sie durch *Eingliederung,* insbesondere *Umsiedlung* als Landwirte, Handwerker usw., gefördert werden. Es wird ihnen die Zulassung zu Berufs- und Gewerbeausübung (z. B. Kassenpraxis), die Eintragung in die Handwerksrolle usw. erleichtert. Weiter sind Kreditgewährung, Zinsverbilligung, Berücksichtigung bei Vergebung öffentlicher Aufträge, bevorzugte Wohnraumversorgung, Unterbringung in Lehr- und Ausbildungsstellen usw. vorgesehen.

Zur wirtschaftlichen Eingliederung und Förderung der durch den Krieg und seine Folgen betroffenen Personen, insbesondere der Vertriebenen, Flüchtlinge und Kriegsgeschädigten, beschafft oder gewährt die ,,Deutsche Ausgleichsbank" – früher: ,,Lastenausgleichsbank (Bank für Vertriebene und Geschädigte)" – Kredite und finanzielle Beihilfen. Die Bank (Sitz: Bonn) ist eine bundesunmittelbare Anstalt des öffentlichen Rechts mit eigener Rechtspersönlichkeit (Ges. vom 28. 10. 1954, BGBl. I 293 i. d. F. vom 23. 9. 1986 (BGBl. I 1544). Die Mittel werden meist über andere Kreditinstitute weitergeleitet.

Weitere wichtige Vorschriften enthalten folgende Gesetze und Verordnungen:

1. das Gesetz über die Aufnahme von Deutschen in das Bundesgebiet *(Aufnahmegesetz)* vom 22. 8. 1950 (BGBl. 367) m. Änd. vom 18. 2. 1986 (BGBl. I 265) nebst DVO vom 11. 6. 1951 (BGBl. I 381);
2. die *Verteilungsverordnung* vom 28. 3. 1952 (BGBl. I 236); sie regelt die Verteilung der im Bundesgebiet eintreffenden Vertriebenen auf die Bundesländer;
3. das *Bundesevakuiertengesetz* i. d. F. vom 13. 10. 1961 (BGBl. I 1866) m. spät. Änd.; es bezweckt Rückführung und Eingliederung der aus kriegsbedingten Gründen außerhalb ihrer Wohnsitzgemeinde Untergebrachten und sieht Hilfsmaßnahmen zur Wohnraumbeschaffung und Wiedereingliederung in das Wirtschafts- und Berufsleben (ähnlich dem BVFG) vor;
4. das Gesetz über *Hilfsmaßnahmen* für Deutsche aus der SBZ und dem sowjet. besetzten Sektor von Berlin vom 15. 7. 1965 (BGBl. I 612) – jetzt *Flüchtlingshilfegesetz* i. d. F. vom 15. 5. 1971 (BGBl. I 681) m. spät. Änd. – nebst

2. DVO vom 8. 11. 1965 (BGBl. I 1816); danach erhalten Deutsche, die aus diesem Bereich im Zuge der Besetzung oder nach dieser für dauernd in die BRep. gezogen sind, u. a. Einrichtungshilfe, bei Existenzverlust und Erwerbsunfähigkeit Beihilfe zum Lebensunterhalt sowie Eingliederungsdarlehen (Aufbau-, Wohnungsdarlehen), soweit sie nicht von diesen Leistungen wie nach § 3 BVFG (s. o.) ausgeschlossen sind;

5. das *Beweissicherungs- und Feststellungsgesetz* (vgl. 684).

684. Feststellung von Schäden. Beweissicherung

Über die Feststellung von Vertreibungs-, Kriegssach- und Ostschäden erging das *Feststellungsgesetz* vom 21. 4. 1952 (BGBl. I 237), jetzt i. d. F. vom 1. 10. 1969 (BGBl. I 1885) m. spät. Änd. Es behandelt die feststellbaren Vermögenswerte und die antragsberechtigten Personen, Schadensberechnung, Organisation und Verfahren. Wie beim Lastenausgleich, besteht auch hier eine zwischen Bund und Ländern aufgeteilte *gemischte Verwaltung* (Art. 120a GG; vgl. 56 II).

Mit der Durchführung der Schadensfeststellung sind die *Ausgleichs-* und *Lastenausgleichsämter* sowie das *Bundesausgleichsamt* (Sitz: Bad Homburg), Ausgleichsausschüsse und Beschwerdeausschüsse befaßt.

Zum FeststG sind zahlreiche DVOen ergangen. Durch die 1. DVO vom 22. 12. 1952 (BGBl. I 845) wurden bei den Landesausgleichsämtern *Heimatauskunftstellen* errichtet, die an der Feststellung von Vertreibungs- und Ostschäden mitwirken.

Nach dem Gesetz über die *Beweissicherung und Feststellung von Vermögensschäden in der sowjetischen Besatzungszone Deutschlands* und im Sowjetsektor von Berlin *(Beweissicherungs- und Feststellungsgesetz)* vom 22. 5. 1965 (BGBl. I 425) i. d. F. vom 1. 10. 1969 (BGBl. I 1897), zul. geänd. am 17. 4. 1985 (BGBl. I 629), nebst 1. DVO vom 4. 8. 1965 (BGBl. I 727) und 2. DVO vom 13. 3. 1967 (BGBl. I 291) sollen für Zwecke des Rechtsschutzes Vermögensschäden festgestellt und die Beweise zugunsten von Personen gesichert werden, die ihren Wohnsitz in der BRep. haben. Die materielle Rechtslage wird dadurch nicht berührt. Die Schäden müssen infolge *Wegnahme* durch die Besatzungsmacht oder sowjetzonale Behörden, durch Reparationen oder andere Kriegsfolgen entstanden sein. Der Feststellung unterliegen weggenommene Wirtschaftsgüter, die zum land- und forstwirtschaftlichen Vermögen, zum Grund- oder Betriebsvermögen gehören (dazu 3. DVO vom 15. 5. 1970, BGBl. I 497), ferner privatrechtliche geldwerte Ansprüche, Anteile an Kapitalgesellschaften oder Genossenschaftsguthaben, Gewerbeberechtigungen und Urheberrechte. Im besonderen Beweisverfahren werden, von Ausnahmen abgesehen (§ 23), Beweise über Schäden gesichert, die im allgemeinen Verfahren nicht festgestellt werden können. Die Durchführung des Feststellungs- und des besonderen Beweisverfahrens obliegt – wie die Durchführung des Verfahrens nach dem Feststellungsgesetz (s. o.) – den Ausgleichsbehörden.

685. Die Wiedergutmachung

Nach Art. 74 Nr. 9 GG erstreckt sich die konkurrierende Gesetzgebung des Bundes auf die Kriegsschäden und die *Wiedergutmachung* (Wg.) des vom Nationalsozialismus zugefügten Unrechts.

Die individuelle Wg. umfaßt zwei Rechtsgebiete: das *Rückerstattungsrecht*, d.h. die Rückgewähr feststellbarer Vermögensgegenstände, und das *Entschädigungsrecht* mit dem Ersatz sonstiger Personen- und Vermögensschäden.

Das Wiedergutmachungsproblem war zunächst nur auf Teilgebieten bundeseinheitlich gelöst worden (Sozialversicherung, Angehörige des öffentlichen Dienstes, Kriegsopferversorgung); die Entschädigung war uneinheitlich durch Landesgesetze geregelt. Ein einheitliches Entschädigungsrecht brachte erst das *Bundesergänzungsgesetz* vom 18. 9. 1953 (BGBl. I 1387), das nach mehrfachen Änderungen als *Bundesentschädigungsgesetz* – BEG – unter dem 29. 6. 1956 (BGBl. I 562) neu bekanntgegeben wurde. Das Gesetz, das inzwischen wiederholt geändert wurde, behandelt in 10 Abschnitten: I. Allg. Vorschriften; II. Schadenstatbestände; III. Bes. Vorschriften für juristische Personen, Anstalten, Personenvereinigungen; IV. Bes. Gruppen von Verfolgten; V. *Aus Gründen ihrer Nationalität Geschädigte (gestrichen);* VI. Befriedigung der Entschädigungsansprüche; VII. Härteausgleich; VIII. Verteilung der Entschädigungslast; IX. Entschädigungsorgane und Verfahren; X. Übergangs- und Schlußvorschriften.

Nach dem BEG hat Anspruch auf Entschädigung, wer aus Gründen politischer Gegnerschaft gegen den Nationalsozialismus oder aus Gründen der Rasse, des Glaubens oder der Weltanschauung durch nat.-soz. Gewaltmaßnahmen verfolgt worden ist und dadurch Schaden an Leben, Körper, Gesundheit, Freiheit, Eigentum, Vermögen, in seinem beruflichen oder wirtschaftlichen Fortkommen erlitten hat *(Verfolgter)*. Das Gesetz regelt die Schadenstatbestände im einzelnen sowie das Verfahren. Als Entschädigung werden geleistet: Rente, Abfindung im Falle der Wiederverheiratung, Kapitalentschädigung, Heilverfahren, Krankenversorgung, Darlehen, Ausbildungsbeihilfen, Hinterbliebenenversorgung. Entschädigungsorgane sind die Entschädigungsbehörden der Länder und die Entschädigungsgerichte (Landgerichte, Oberlandesgerichte, Bundesgerichtshof). Verfahren nach der ZPO mit Abweichungen. Ansprüche mußten grundsätzlich bis 1. 4. 1958 angemeldet, gestellte Anträge konnten nur bis 31. 12. 1965 ergänzt werden.

Zum BEG sind mehrere Durchführungsverordnungen ergangen.

Die *Rückerstattung* wurde in den westlichen Besatzungszonen durch Gesetze der Militärregierungen (am. u. brit.: Nr. 59, franz.: Nr. 120), in Berlin durch Anordnung der Alliierten Kommandantur vom 26. 7. 1949 geregelt. Das Bundesrückerstattungsgesetz – BRüG – vom 19. 7. 1957 (BGBl. I 734) m. spät. Änd., zuletzt vom 3. 9. 1969 (BGBl. I 1561), regelte die Anmeldung von Ansprüchen aus Geldverbindlichkeiten des Reiches und gleichgestellter Rechtsträger (Reichsbahn, Land Preußen usw.) und setzte eine Frist zur Anmeldung bis 1. 4. 1959 fest. Dazu 1. und 2. DVO vom 14. 5. und 27. 12. 1965 (BGBl. I 420, 2176) und Durchführungsbestimmungen der Länder.

Zur Entschädigung der Opfer der nat.-soz. Verfolgung ergingen auf den oben angegebenen Teilgebieten

a) das Gesetz zur Regelung der Wiedergutmachung nat.-soz. Unrechts für Angehörige des öffentlichen Dienstes vom 11. 5. 1951 (BGBl. I 291) i. d. F. der Bek. vom 15. 12. 1965 (BGBl. I 2073) m. spät. Änd.;

b) das Gesetz zur Regelung der Wiedergutmachung nat.-soz. Unrechts für die im Ausland lebenden Angehörigen des öffentlichen Dienstes vom 18. 3. 1952 (BGBl. I 137) i. d. F. der Bek. vom 15. 12. 1965 (BGBl. I 2091);

c) das Gesetz zur Regelung der Wiedergutmachung nat.-soz. Unrechts in der Sozialversicherung i. d. F. vom 22. 12. 1970 (BGBl. I 1846) m. spät. Änd.;

d) das Gesetz zur Wiedergutmachung nat.-soz. Unrechts in der Kriegsopferversorgung vom 25. 6. 1958 (BGBl. I 412) m. spät. Änd.;

e) das Gesetz zur Wiedergutmachung nat.-soz. Unrechts in der Kriegsopferversorgung für Berechtigte im Ausland vom 3. 8. 1953 (BGBl. I 843) i. d. F. vom 25. 6. 1958 (BGBl. I 414) m. spät. Änd.

Im übrigen wurde die Entschädigung durch Landesgesetze geregelt.

686. Kriegsfolgenregelung

I. Allgemeines Kriegsfolgengesetz

Am 5. 11. 1957 erging das grundlegende Gesetz zur allgemeinen Regelung durch den Krieg und den Zusammenbruch des Deutschen Reiches entstandener Schäden (Allgemeines Kriegsfolgengesetz – AKG –, BGBl. I 1747). Das AKG ist zuletzt durch Gesetz vom 16. 12. 1986 (BGBl. I 2441) geändert worden. Es regelt die Beseitigung der *Schuldenmasse des Deutschen Reiches* von etwa 800 Mrd. in einer der Leistungsfähigkeit des Bundes angepaßten Weise.

Das AKG regelt in vier Teilen: 1. Allgemeine Vorschriften (Abgrenzung der Ansprüche, Grundsatz des Erlöschens, Erfüllung und Ablösung nur in den zugelassenen Fällen); 2. Erfüllung von (unverbrieften) Ansprüchen (sog. *Verwaltungsschulden*) bei Vorliegen besonderer Tatbestände; 3. Ablösung der Ansprüche aus Kapitalanlagen (*Finanzschulden* des Reiches); 4. und 5. (aufgehoben); 6. Schlußvorschriften.

Die *Allgemeinen Vorschriften* des AKG (§§ 1–3) behandeln ausschließlich Ansprüche gegen das Deutsche Reich einschließlich der *Sondervermögen* Deutsche Reichsbahn und Deutsche Reichspost, gegen das ehemalige *Land Preußen* und gegen das Unternehmen *Reichsautobahnen.* Alle Ansprüche gegen diese Rechtsträger erlöschen, soweit nicht durch Sonderregelung eine Entschädigungsleistung vorgesehen ist; dies wurde, um verfassungsrechtliche Bedenken zu beseitigen, im Grundgesetz durch Art. 135a festgelegt. Jedoch bleiben Gesetze des Bundes, der Länder, der Verwaltung des Vereinigten Wirtschaftsgebietes oder der Besatzungsmächte unberührt, in denen Ansprüche gegen die oben genannten Rechtsträger geregelt oder Ansprüche berücksichtigt sind (z. B. LAG, Altsparergesetz, Bundesversorgungsgesetz, Bundesrückerstattungsgesetz usw.). Weiter bleibt die Möglichkeit einer späteren bundesgesetzlichen Regelung offen, die für nichtberücksichtigte Ansprüche doch noch eine Entschädigung gewährt. Nach der sog. *Kommunalklausel* werden Ansprüche gegen Länder und Gemeinden aus Maßnahmen, die vor dem 1. 8. 1945 zur Beseitigung kriegsbedingter Notstände oder zur Durchführung von Anordnungen der Besatzungsmächte getroffen wurden, in die Regelung nach dem AKG einbezogen. Für bestimmte Verbindlichkeiten (z. B. Rückerstattungs-, Reparations-, Restitutionsschäden, Ansprüche gegen die NSDAP und ihre Gliederungen) ist eine besondere gesetzliche Regelung vorbehalten; hierzu s. u. (Reparationsschädengesetz).

Der II. Teil (§§ 4–29) enthält Bestimmungen darüber, welche *unverbrieften Ansprüche* (z. B. Versorgungsrenten, Schadensersatz, Arbeitslohn, Ansprüche aus Miet-, Kauf-, Pachtverträgen oder aus Verwaltungsmaßnahmen) zu erfüllen sind. Soweit solche Ansprüche aus sozialen Gründen berücksichtigt werden, waren sie innerhalb eines Jahres nach Inkrafttreten des Gesetzes bei den OFDen anzumelden.

Teil III (§§ 30–67) behandelt die Ablösung von *Kapitalanlagen,* insbes. verbrieften Reichstiteln. *Ablösungsberechtigt* sind u. a. gewisse (in einer Anlage zum Gesetz aufgeführte) Schuldverschreibungen, verzinsliche Schatzanweisungen, in Schuldbücher eingetragene Kapitalansprüche, Reichsbahnvorzugsaktien. *Nicht* dagegen Reichsschatzwechsel, unverzinsliche Schatzanweisungen, *Mefo-Wechsel,* Betriebsanlageguthaben und die Steuergutscheine I und II. Bestimmte Gläubiger, insbesondere Reich, Reichsbahn, Reichspost, Reichsbank, Sozialversicherungsträger, Geldinstitute, Versicherungsunternehmen, Bausparkassen, sind von der Ablösung ausgeschlossen. Abgelöst wurde in Höhe von *10 v. H. des RM-Nennbetrages.* Besonderheiten gelten für Anleiheablösungsschulden und Auslosungsrechte. Die *Ablösungsschuld* wird als Schuldbuchforderung eingetragen und ab 1. 4. 1955 mit 4 v. H. verzinst; die Zinsen sind steuerfrei. Der Gesamtbetrag der Ablösungsschuld wird in 40 möglichst gleichen Teilbeträgen durch Ziehung von Auslosungsgruppen, beginnend am 1. 4. 1960, getilgt. Klein- und Spitzenbeträge bis 100 DM werden in bar abgelöst (§§ 37–39).

Obwohl das AKG keine Bestimmungen über die *Altsparerentschädigung* enthält, soll auch der Besitz an Reichstiteln in die Altsparerregelung einbezogen werden. Sofern also der Anspruch des Anspruchsberechtigten schon am 1. 1. 1940 bestand, erhält er eine zusätzliche Entschädigung von 10 v. H. seines früheren RM-Nennbetrags.

Das Verfahren wird im wesentlichen nach den Grundsätzen der *Wertpapierbereinigung* durchgeführt. Alle abzulösenden Ansprüche sind bei den *Kreditinstituten* anzumelden, die begründenden Tatsachen glaubhaft zu machen. Die Anmeldestellen leiten die Anmeldungen an die *Bundesschuldenverwaltung* (zentrale Bundesbehörde, errichtet durch VO vom 13. 12. 1949, BGBl. 1950, 1) als Prüfstelle weiter. Diese trägt, wenn sie das Ablösungsrecht als begründet anerkennt, eine Schuldbuchforderung ein. Gegen ihre Feststellung, daß kein Ablösungsrecht besteht, kann binnen eines Monats bei der Prüfstelle *Einspruch* eingelegt werden. Die Prüfstelle hat die Sache, wenn sie dem Einspruch nicht abhilft, der *Kammer für Wertpapierbereinigung* beim Landgericht zur Entscheidung vorzulegen. Gegen deren Entscheidung ist die *sofortige Beschwerde* an das Oberlandesgericht zulässig.

Der IV. Teil (§§ 68–84) enthielt eine *Härteregelung* für Fälle, in denen unter das AKG fallende Ansprüche nicht erfüllt werden können. Es können, wenn es sich um Abwendung einer gegenwärtigen Notlage handelt, *Härtebeihilfen* gewährt werden.

Als *wirtschaftsfördernde Maßnahmen* sah Teil V (§ 85) die Gewährung von Darlehen an in ihrer wirtschaftlichen Entwicklung noch behinderte natürliche und juristische Personen vor, die durch Rückerstattung, Reparationen, Restitutionen geschädigt worden sind.

Der VI. Teil (*Schlußvorschriften*; § 86–112) sieht u. a. Stundung und Herabsetzung von Ansprüchen aus Schuldverschreibungen, Kraftloserklärung von Wertpapieren und die Erledigung der Verbindlichkeiten der *Konversionskasse für deutsche Auslandsschulden* (vgl. 862) vor.

II. Besatzungsschädengesetz

Außerhalb des AKG ist die Abgeltung von *Besatzungsschäden* durch das Gesetz vom 1. 12. 1955 (BGBl. I 734) für die bei Beendigung des Besatzungsregimes (vgl. 22, 915) nach den besatzungsrechtlichen Vorschriften noch nicht bzw. nicht völlig abgewickelten Fälle geregelt. Das Ges. über die Abwicklung der *Kriegsgesellschaften* vom 9. 5. 1960 (BGBl. I 303) bestimmte deren Auflösung und die Umstellung von RM-Ansprüchen entsprechend den Vorschriften des DM-Bilanzgesetzes (§§ 47, 74, 75; s. 853). In Betracht kamen Gesellschaften, die für Zwecke der Kriegsfinanzierung oder Kriegsführung errichtet waren und sich am 21. 6. 1948 im Besitz bestimmter Rechtsträger (Reich, Reichsbank, -bahn, -post, NS-Organisationen) befunden haben, vor allem die Metallurgische Forschungsgesellschaft (MEFO) mbH Berlin, die Wirtschaftliche Forschungsgesellschaft mbH Berlin und die Rüstungskontor GmbH Berlin.

III. Reparationsschädengesetz

Das Gesetz zur Abgeltung von Reparations-, Restitutions-, Zerstörungs- und Rückerstattungsschäden – *Reparationsschädengesetz* – vom 12. 2. 1969 (BGBl. I 105) traf sodann die in § 3 AKG vorbehaltene abschließende Regelung dieser Schäden. Es handelt sich um Schäden, die im Zusammenhang mit dem 2. Weltkrieg und dem Zusammenbruch des Reichs 1945 durch Maßnahmen der *Feindmächte,* insbes. der Besatzungsmächte, verursacht worden sind. Die Ansprüche, die nach § 3 AKG bis dahin nicht geltend gemacht werden konnten, betreffen Schäden durch Wegnahme von Wirtschaftsgütern im Wege der Feindvermögensgesetzgebung fremder Staaten oder zwecks Zurückführung in die Wirtschaft der Besatzungsmächte *(Reparationsschäden);* Schäden durch Rückführung von Wirtschaftsgütern, die von deutschen Truppen aus dem besetzten Gebiet fortgeführt und von einem fremden Staat oder der Besatzungsmacht zurückgeführt worden sind *(Restitutionsschäden);* Zerstörung, Beschädigung oder Wegnahme von Wirtschaftsgütern zwecks Beseitigung des deutschen Wirtschaftspotentials *(Zerstörungsschäden);* Schäden durch Inanspruchnahme feststellbarer Vermögensgegenstände auf Grund der Rückerstattungsgesetze (685; *Rückerstattungsschäden*). Vgl. §§ 2–5 RepG.

Berücksichtigt werden nur Schäden an Grund-, Betriebs- oder land- (forst)-wirtschaftlichem Vermögen sowie an Gegenständen, die für die Berufsausübung oder wissenschaftliche Forschung erforderlich sind. Private geldwerte Ansprüche, Anteile an Kapitalgesellschaften, Gewerbeberechtigungen, Urheber- und gewerbliche Schutzrechte kommen, sofern es sich nicht um Rückerstattungsschäden handelt, nur zum Zuge, wenn sie in den unter fremder Verwaltung stehenden Ostgebieten oder außerhalb der früheren Reichsgrenzen entstanden sind (§ 12). Stets ausgenommen sind in der SBZ entstandene Schäden. Anspruchsberechtigt sind nur natürliche Personen, bei Auslandsschäden nur Deutsche oder deutsche Volkszugehörige (§ 13). Weitere Ausschlußtatbestände in §§ 14–16.

Über die Schadensberechnung vgl. §§ 17 ff. Die *Entschädigung* (§§ 31 ff.) ist in Anlehnung an die Hauptentschädigung im Lastenausgleich (683) degressiv gestaffelt; Vollentschädigung wird nur bei kleinen Schäden gewährt; bei größeren Schäden sinkt der Hundertsatz der Entschädigung allmählich ab, bis der Umstellungssatz für Geldguthaben in Höhe von 6,5 v. H. als lineare Untergrenze erreicht ist. Das RepG wird teils vom Bund, teils als Auftragsangelegenheit (56 II) von den Ländern durchgeführt. Zuständig sind die Ausgleichsbehörden nach dem LAG. Antragsfrist bis 30. 12. 1974, bei später entstehenden Ansprüchen drei Monate.

IV. Wertausgleichsgesetz

Das *Wertausgleichsgesetz* vom 12. 10. 1971 (BGBl. I 1625) regelt die Eigentums- und Ausgleichsansprüche (u. U. eine Erwerbspflicht des Bundes) bei Einbauten, die auf Verlangen der Besatzungsmacht oder einer Behörde auf einem *von der Besatzung genutzten Grundstück* gemacht worden sind.

687. Sozialhilfe

Das Recht der *öffentlichen Fürsorge* ist jetzt bundeseinheitlich im *Bundessozialhilfegesetz* (BSHG) i. d. F. vom 20. 1. 1987 (BGBl. I 401) geregelt. Es begründet für Personen, die der Hilfe der Allgemeinheit bedürfen, einen *Rechtsanspruch* auf *Sozialhilfe* (Sh.); die Pflicht, die Kosten der gewährten Hilfe später zu ersetzen, ist erheblich eingeschränkt.

1. Grundsätze

Es gelten die Grundsätze des *Nachrangs der Sh.* und der *individuellen Bemessung* der Hilfe nach Lage des Einzelfalles. Wer sich weder selbst helfen kann noch die erforderliche Hilfe von anderen erhält, hat einen *Anspruch auf Sh.,* die ihm die Führung eines der Menschenwürde entsprechenden Lebens ermöglicht. Die Sh. soll ihren Empfänger soweit wie möglich befähigen, unabhängig von ihr zu leben, wobei er jedoch nach seinen Kräften mitwirken muß. Keine Sh. erhält, wer sich selbst helfen kann oder wer die erforderliche Hilfe von anderen, insbesondere von Angehörigen oder von Trägern anderer Sozialleistungen, z. B. aus der Sozialversicherung (651 ff.) oder nach dem Bundesversorgungsgesetz (681), erhält. Der Anspruch auf Sh. kann nicht übertragen, verpfändet oder gepfändet werden (§§ 1–4).

2. Gegenstand der Sozialhilfe

Über Form und Maß der Sh. ist nach pflichtgemäßem Ermessen zu entscheiden, soweit das Gesetz das Ermessen nicht ausschließt. Formen der Sh. sind persönliche Hilfe, Geld- oder Sachleistung (§ 8). Darunter fallen die Hilfe zum Lebensunterhalt, insbesondere Hilfe zur Arbeit (§§ 18–20), laufende und einmalige Leistungen (§§ 21–24). Art und Form richten sich nach der Besonderheit des Einzelfalles, vor allem nach der Person des Hilfeempfängers, der Art des Bedarfs und den örtlichen Verhältnissen. Wünschen des Sh.empfängers wegen der Art der Hilfe ist nach Möglichkeit zu entsprechen; Unterbringung in einer Anstalt, einem Heim o. dgl. aber nur, soweit erforderlich; die offene Hilfe außerhalb einer solchen Einrichtung hat Vorrang (§§ 3, 3a). Bei Weigerung, zumutbare Arbeit zu leisten, besteht kein Anspruch auf Hilfe zum Lebensunterhalt. Bei einem trotz Belehrung fortgesetzt unwirtschaftlichen Verhalten, bei Aufgeben der Arbeitsstelle oder Ablehnung einer Umschulung ohne wichtigen Grund kann die Sh. auf das zum Lebensunterhalt Unerläßliche eingeschränkt werden; ebenso bei absichtlicher Einkommens- oder Vermögensminderung, um die Hilfsbedürftigkeit herbeizuführen (§ 25).

Die *Hilfe in besonderen Lebenslagen* umfaßt Hilfe zur Existenzsicherung, vorbeugende Gesundheitshilfe, Krankenhilfe, Hilfe bei nicht rechtswidriger Sterilisation oder Schwangerschaftsunterbrechung sowie bei der Familienplanung (Kostenübernahme für ärztliche Beratung oder verordnete empfängnisverhütende Mittel), Hilfe für werdende Mütter und Wöchnerinnen, Eingliederungshilfe für Behinderte, Tuberkulosehilfe, Blindenhilfe, Hilfe zur Pflege, Hilfe zur Weiterführung des Haushalts, Hilfe zur Überwindung besonderer sozialer Schwierigkeiten und Altenhilfe (§§ 27–75).

Zum BSHG sind ergänzende Verordnungen ergangen, so
VO zu § 22 (Regelsätze) vom 20. 7. 1962 (BGBl. I 515),
VO zu § 24 Abs. 2 S. 1 (Schwerstbehinderte) vom 28. 6. 1974 (BGBl. I 1365),
VO zu § 47 (Eingliederungshilfe für Behinderte) i. d. F. vom 1. 2. 1975 (BGBl. I 433),
VO zu § 69 Abs. 6 (Pflegegeld nach § 69 Abs. 4 S. 1) vom 26. 6. 1981 (BGBl. I 548),
VO zu § 72 (Hilfe zur Überwindung besonderer sozialer Schwierigkeiten) vom 9. 6. 1976 (BGBl. I 1469),
VO zu § 76 (Berechnung des Einkommens) vom 28. 11. 1962 (BGBl. I 692),
VO zu § 79 Abs. 1 und 2 und § 81 Abs. 1 (Einkommensgrenzen) vom 22. 5. 1986 (BGBl. I 830),
VO zu § 81 Abs. 5 (Einkommensgrenze) vom 26. 6. 1981 (BGBl. I 548) und
VO zu § 88 Abs. 2 Nr. 8 (Berücksichtigung von Vermögen) vom 9. 11. 1970 (BGBl. I 1529).

Sh. wird *Deutschen mit gewöhnlichem Aufenthalt im Ausland* in beschränktem Umfang gewährt (Hilfe zum Lebensunterhalt, Kranken-, Schwangerenhilfe; § 119). Für *Nichtdeutsche mit tatsächlichem Aufenthalt im Inland* gilt entsprechendes; jedoch erhalten Asylbewerber und ausreisepflichtige Ausländer i. d. R. nur Hilfe zum Lebensunterhalt (§ 120).

Einen besonderen Fall der Sh. regelt das Unterhaltsvorschußgesetz (348).

3. Kostentragung

Grundsätzlich ist dem Hilfesuchenden die Aufbringung der Mittel nicht zuzumuten, wenn sein Einkommen bzw. Vermögen bestimmte Grenzen nicht übersteigt. Der 4. Abschnitt des BSHG enthält Bestimmungen über den Einsatz des Einkommens (§§ 76–87) und des Vermögens (§§ 88, 89). Darüber hinaus fallen die Kosten dem Träger der Sh. zur Last.

Nach den §§ 90, 91 gehen die Ansprüche des Hilfeempfängers gegen einen anderen Verpflichteten auf den Sozialhilfeträger in Höhe der von diesem gemachten Aufwendungen kraft Gesetzes über, wenn dem Verpflichteten eine entsprechende schriftliche Anzeige zugeht. Insoweit bestehen aber Einschränkungen gegenüber entfernteren Verwandten und zur Vermeidung von Härten.

Kostenersatz hat i. d. R. nur zu leisten, wer nach Vollendung des 18. Lebensjahres die Hilfebedürftigkeit an sich oder seinen unterhaltsberechtigten Angehörigen durch vorsätzliches oder grobfahrlässiges Verhalten herbeigeführt hat. Von der Heranziehung zum Kostenersatz kann bzw. muß abgesehen werden, soweit sie eine Härte bedeuten oder den Erfolg der Hilfe gefährden würde. Erben sind i. d. R. in bestimmtem Umfang kostenersatzpflichtig, haften aber nur mit dem Nachlaß. Die Kostenersatzansprüche erlöschen nach 3 Jahren. Vgl. §§ 92ff.

4. Träger der Sozialhilfe

Die Sozialhilfeaufgaben werden von den landesrechtlich bestimmten *Trägern der Sh.* erfüllt. Jeder *Hilfsbedürftige* muß vorläufig von dem Träger unterstützt werden, in dessen Bezirk er sich befindet; endgültig verpflichtet zur Hilfeleistung ist der Sh.träger, in dessen Bezirk sich der Hilfsbedürftige bei Eintritt der Bedürftigkeit aufhält. (Vgl. §§ 96ff.; Zusammenstellung der landesrechtliche Ausführungsgesetze s. Sartorius, Verf.- u. Verw.gesetze, Nr. 410).

Die Sh. wird von örtlichen Trägern und überörtlichen Trägern gewährt (§ 9). Örtliche Träger sind die kreisfreien Städte und die Landkreise; die überörtlichen Träger werden von den Ländern bestimmt (§ 96).

Nach dem Grundsatz des Nachrangs der Sh. sollen die Sozialbehörden im Einzelfall keine Maßnahmen treffen oder Leistungen (außer Geld) gewähren, wenn die Hilfe durch Einrichtungen der *freien Wohlfahrtspflege* gewährleistet ist. Mit dieser sollen die Träger der Sh. zusammenarbeiten; sie können ihnen Aufgaben übertragen und ihre Einrichtungen, z. B. Heime, Pflegeanstalten usw., ggf. unter Kostenerstattung in Anspruch nehmen (§§ 10, 93).

Die privaten Stiftungen, Vereine und Körperschaften, welche sich in der Bundesrepublik einschl. West-Berlin dieser Arbeit widmen, sind in *sechs Spitzenverbänden* der freien Wohlfahrtspflege zusammengeschlossen. Dies sind die drei konfessionellen Wohlfahrtsverbände (vgl. 726):

I. ,,*Deutscher Caritasverband*" als Vereinigung der Liebeswerke der Katholischen Kirche;

II. ,,*Diakonisches Werk (Innere Mission und Hilfswerk der Evangelischen Kirche in Deutschland)*" und

III. ,,*Zentralwohlfahrtsstelle der Juden in Deutschland*"

sowie ferner

IV. Der ,,*Hauptausschuß für Arbeiterwohlfahrt*" als Zusammenfassung der auf den humanitären Grundlagen des demokratischen und freiheitlichen Sozialismus beruhenden Fürsorge;

V. das ,,*Deutsche Rote Kreuz*" mit seinen humanitären Sonderaufgaben der Verwundetenpflege, der Katastrophenhilfe und der Krankenpflege;

VI. der ,,*Deutsche Paritätische Wohlfahrtsverband*" als interkonfessioneller und politisch nicht gebundener Zusammenschluß aller frei-gemeinnützigen Wohlfahrtseinrichtungen, die wegen der jeweiligen Eigenart der anderen Spitzenverbände keinem von ihnen angehören können.

Diese 6 Spitzenverbände sind in der ,,Bundesarbeitsgemeinschaft der Freien Wohlfahrtspflege Deutschlands" zusammengeschlossen. Sie sind – zusammen mit 4 weiteren Vereinigungen – in § 23 UmsatzsteuerDV vom 21. 12. 1979 (BGBl. I 2359) als amtlich anerkannte Verbände aufgeführt und erhalten aus den öffentlichen Haushalten Mittel für bestimmte Wohlfahrtsaufgaben zur Verteilung an ihre Mitgliedseinrichtungen. Sie bürgen dem Staat dafür, daß diese Gelder ihrer Zweckbestimmung entsprechend verwendet werden und daß ihre Mitglieder die gesetzlichen Bestimmungen, insbesondere die steuerrechtlichen Vorschriften über die *Gemeinnützigkeit*, einhalten. Ihr Finanzgebaren wird vom Bundesrechnungshof überprüft. Körperschaften, deren Sorge für notleidende oder gefährdete Mitmenschen sich auf das gesundheitliche, sittliche, erzieherische oder wirtschaftliche Wohl erstreckt und Vorbeugung oder Abhilfe bezweckt, sind steuerbegünstigt auch für ihre wirtschaftlichen Geschäftsbetriebe, wenn diese speziell auf die steuerbegünstigten Zwecke ausgerichtet sind (§§ 64ff. AO). Die uneigennützige und ausschließlich das Wohl der Allgemeinheit fördernde Tätigkeit der freien Wohlfahrtspflege hat der Staat dadurch anerkannt, daß *Spenden* an die Spitzenverbände und die ihnen angeschlossenen Einrichtungen bis zur Höhe von 5 v. H. des Gesamtbetrags der Einkünfte steuerfrei bleiben (§ 10b EStG). Das gilt auch für kleinere Verbände (Blindenverband usw.).

Helfer(innen), die zwischen dem 17. und 25. Lebensjahr während 12 zusammenhängender Monate eine ganztägige pflegerische (erzieherische, hauswirtschaftliche) Hilfstätigkeit in einer Einrichtung der Wohlfahrts- oder Gesundheitspflege leisten und hierfür nur Unterkunft, Verpflegung, Arbeitskleidung und Taschengeld beziehen (freiwilliges *soziales Jahr*), können auf Grund einer entsprechenden Bescheinigung steuer- und sozialversicherungsrechtliche Vergünstigungen in Anspruch nehmen (Ges. vom 17. 8. 1964, BGBl. I 640). Insbes. gelten erweiterte Jahresgrenzen beim Kindergeld, für Waisenrenten u. dgl.; die Beiträge der Kranken- und Rentenversicherung trägt der Arbeitgeber allein.

688. Bundeskindergeldgesetz und Bundeserziehungsgeldgesetz

I. Das Bundeskindergeldgesetz

vom 31. 1. 1975 (BGBl. I 412) i. d. F. vom 21. 1. 1986 (BGBl. I 222) – BKGG – bezweckt, Familien mit Kindern einen wirtschaftlichen Ausgleich für die Mehrbelastung zu gewähren, die ihnen durch Unterhalt und Erziehung der Kinder im Verhältnis zu Ledigen und kinderlos Verheirateten erwächst.

Kindergeld erhält nach § 1, 2 BKGG ohne Rücksicht auf Einkommen und Vermögen, wer in der BRep. einschl. Berlin (West) Wohnsitz oder gewöhnlichen Aufenthalt hat; ebenso während eines Auslandsaufenthalts vorübergehend abgeordnete Arbeitnehmer oder Angehörige des öffentl. Dienstes, Versorgungsempfänger, Entwicklungshelfer. Es wird für jedes eheliche, nichteheliche, für ehelich erklärte oder adoptierte Kind gezahlt; ferner für jedes in den Haushalt aufgenommene Stief- oder Pflegekind sowie für die aufgenommenen oder überwiegend unterhaltenen Enkel oder Geschwister. Nach dem 16. bis zum 27. Lebensjahr des Kindes besteht der Anspruch nur, wenn es sich in Schul- oder Berufsausbildung befindet und aus dem Ausbildungsverhältnis weniger als 750 DM monatlich bezieht bzw. weniger als 580 DM monatlich als Unterhaltsgeld erhält (bis zum 21. Lebensjahr auch, wenn es eine Berufsausbildung mangels Ausbildungsplatzes nicht beginnen oder fortsetzen kann oder wenn es als Arbeitsloser der Arbeitsvermittlung zur Verfügung steht und weniger als 400 DM monatlich an laufenden Geldleistungen wegen Erwerbs- oder Arbeitslosigkeit oder ähnlichen Leistungen erhält). Der Anspruch besteht auch für ein Kind dieser Jahrgangsgruppe, das ein freiwilliges soziales Jahr (687) ableistet oder als Haushaltshilfe in einer kinderreichen Familie besonders benötigt wird oder wenn es sich wegen körperlicher, geistiger oder seelischer Behinderung nicht selbst unterhalten kann (dann grundsätzlich auch über das 27. Lebensjahr hinaus). Über das 27. Lebensjahr hinaus wird für Söhne, die nach Grundwehr- oder Zivildienst noch in der Ausbildung stehen, für einen dem geleisteten Dienst entsprechenden Zeitraum noch Kindergeld gezahlt. Kinder, die in der BRep. weder Wohnsitz noch gewöhnlichen Aufenthalt haben, werden grundsätzlich nicht berücksichtigt. Das gilt insbesondere bei *Gastarbeitern,* die sonst anspruchsberechtigt sind.

Auch die in der BRep. wohnhaften, aber als *Grenzgänger* in der DDR oder im Sowjetsektor Berlins oder in der Schweiz tätigen Arbeitnehmer sowie deutsche Seeleute auf ausländischen Schiffen erhalten nach der 2. DVO vom 21. 3. 1966 (BGBl. I 185) Kindergeld. Die in der BRep. tätigen *ausländischen Arbeitnehmer aus den EWG-Ländern* haben Anspruch für die in ihrer Heimat befindlichen Kinder (Art. 73 EWG-VO 1408/71 vom 14. 6. 1971, BGBl. 1972 II 1127, 1144, 1278; § 42 BKGG). Mit anderen Staaten bestehen vertragliche Abmachungen über ein beschränktes Kindergeld für ihre im Herkunftsland lebenden Kinder (Türkei, Jugoslawien).

Das Kindergeld beträgt für das erste Kind 50 DM, für das zweite 100 DM, für das dritte 220 DM und für jedes weitere 240 DM. Ab dem 2. Kind Minderung des Kindergeldes bis auf einen Sockelbetrag (70 DM für das zweite, 140 DM für jedes weitere Kind), falls das Jahreseinkommen einen Freibetrag (19000 DM, bei Verheirateten 26600 DM, zuzügl. 9200 DM für jedes Kind) um mindestens 480 DM übersteigt. Staffelung: für je 480 DM über den Freibetrag hinaus wird das Kindergeld um 20 DM gekürzt. Eltern, bei denen sich der steuerliche Kinderfreibetrag wegen ihres niedrigen Einkommens nicht oder nicht voll auswirkt (also vor allem bei Rentnern, Arbeitslosen, Sozialhilfeempfängern, Studenten), erhalten einen Kindergeldzuschlag bis zu 46 DM je Kind und Monat. Der Anspruch auf Kindergeld kann (außer für Unterhaltsansprüche des Kindes) nicht gepfändet, verpfändet oder abgetreten werden (§§ 25, 53, 54 SGB I); er verjährt in vier Jahren nach Ablauf des Kalenderjahres, für das es zu gewähren war (§ 45 SGB I). Das Kindergeld unterliegt nicht der Einkommen- oder Lohnsteuer (§ 3 Nr. 24 EStG).

Die *Ausführung des BKGG* obliegt der Bundesanstalt für Arbeit und als ihren Dienststellen den Landesarbeitsämtern und Arbeitsämtern. Die Bundesanstalt führt dabei die Bezeichnung „Kindergeldkasse". Das Kindergeld, das jeweils für 2 Monate gezahlt wird, ist beim zuständigen *Arbeitsamt* schriftlich zu beantragen, von den Angehörigen des öffentlichen Dienstes jedoch beim Dienstherrn bzw. Arbeitgeber (§§ 17, 20 BKGG). Die zur Feststellung des Anspruchs erforderlichenTatsachen sind anzugeben und die Beweismittel zu bezeichnen. Das Arbeitsamt entscheidet über den Anspruch. Abgelehnte Ansprüche sind im Widerspruchsverfahren und auf dem Rechtsweg der Sozialgerichtsbarkeit (689) zu verfolgen (§§ 24ff. BKGG).

Die *Mittel* für das Kindergeld werden vom *Bund* zur Verfügung gestellt.

II. Das Bundeserziehungsgeldgesetz

vom 6. 12. 1985 (BGBl. I 2154) m. Änd. vom 19. 12. 1986 (BGBl. I 2586) soll es einem Elternteil ermöglichen, sich in der ersten Lebensphase des Kindes dessen Betreuung und Erziehung zu widmen.

Anspruch auf Erziehungsgeld (§ 1) besteht nur für ein nach dem 31. 12. 1985 geborenes Kind. Voraussetzung ist, daß der Personensorgeberechtigte einen Wohnsitz in der Bundesrepublik Deutschland oder Berlin (West) hat, daß er das Kind in seinem Haushalt selbst betreut und erzieht und daß er nicht oder nicht voll (d. h. weniger als 19 Stunden wöchentlich) erwerbstätig ist. Für ein Kind wird nur einer Person Erziehungsgeld gewährt. Erfüllen beide Ehegatten die Anspruchsvoraussetzungen, so können sie einen von ihnen zum Berechtigten bestimmen (§ 3).

Das Erziehungsgeld wird auf *schriftlichen Antrag* gewährt (§ 4 Abs. 2). Es wird für die ersten 10 Lebensmonate des Kindes (für Kinder, die nach dem 31. 12. 1987 geboren werden: für die ersten 12 Monate) gezahlt (§ 4 Abs. 1) und beträgt 600 DM monatlich. Für die ersten 6 Monate wird das Erziehungsgeld unabhängig vom Einkommen der Eltern gewährt. Ab dem 7. Monat mindert sich das Erziehungsgeld, wenn das Einkommen bei Verheirateten 29400 DM, bei anderen Berechtigten 23700 DM (zuzüglich 4200 für jedes weitere Kind) übersteigt. Das monatliche Erziehungsgeld vermindert sich für je 30 DM, um die die genannten Grenzen überstiegen werden, um 1 DM (§ 5). Der Bezug von Sozialleistungen, die sich aus einer vollen Erwerbstätigkeit ableiten (z. B. Arbeitslosengeld, Kurzarbeitergeld, Krankengeld) schließt den Anspruch auf Erziehungsgeld aus (§ 2 Abs. 2). Die Stelle, bei der das Erziehungsgeld beantragt wird, ist landesgesetzlich bestimmt (in Bayern z. B. die Familienkasse beim Versorgungsamt). Bei Ablehnung und erfolglosem Widerspruch kann das Sozialgericht angerufen werden (§ 13).

Nach § 15 haben Arbeitnehmer Anspruch auf *Erziehungsurlaub,* wenn sie einen Anspruch auf Erziehungsgeld haben oder nur deshalb nicht haben, weil ihr Einkommen die Einkommensgrenzen überschreitet, und wenn der mit dem Erziehungsgeldberechtigten in einem Haushalt lebende Ehegatte erwerbstätig oder arbeitslos oder in Ausbildung ist. Der Erziehungsurlaub wird für denselben Zeitraum wie das Erziehungsgeld gewährt. Der Arbeitgeber darf das Arbeitsverhältnis während des Erziehungsurlaubs nicht kündigen (§ 18; Ausnahmen in besonderen Fällen möglich). Während des Erziehungsurlaubs besteht eine beitragsfreie Versicherung in der gesetzlichen Krankenversicherung und in der Arbeitslosenversicherung.

689. Die Sozialgerichtsbarkeit

ist eine besondere Erscheinungsform der Verwaltungsgerichtsbarkeit. Während früher die Verwaltungsbehörden (Versicherungs-, Oberversicherungsämter) zugleich Spruchbehörden bei Streitigkeiten in Angelegenheiten der Sozialversicherung waren – oberste Instanz war das Reichsversicherungsamt –, sind durch das *Sozialgerichtsgesetz* vom 3. 9. 1953 (BGBl. I 1239) für diese und andere sozialrechtliche Streitsachen gemäß dem Grundsatz der *Gewaltenteilung* (vgl. 4 II 3, 8, 63) von den Verwaltungsbehörden getrennte unabhängige Gerichte geschaffen worden.

1. Gesetzliche Grundlage

Das *Sozialgerichtsgesetz* (SGG) – jetzt i. d. F. vom 23. 9. 1975 (BGBl. I 2535) m. spät. Änd. – regelt die *Gerichtsverfassung* und das *Verfahren* in der Sozialgerichtsbarkeit.

2. Aufbau der Sozialgerichtsbarkeit

Der Gerichtsaufbau der Sozialgerichtsbarkeit ist dreistufig; es bestehen:

a) *Sozialgerichte.* Sie sind Landesgerichte und entscheiden im ersten Rechtszug über alle Streitigkeiten, für die nach § 51 SGG der Rechtsweg vor den Gerichten der Sozialgerichtsbarkeit eröffnet ist. Es werden *Kammern* für Sozialversicherung, Arbeitslosenversicherung usw., Kriegsopferversorgung, Kassenarztrecht, evt. Knappschafts- einschl. Unfallversicherung für den Bergbau gebildet. Jede Kammer entscheidet in der Besetzung mit einem Vorsitzenden (= Berufsrichter) und zwei *ehrenamtlichen Richtern* als Beisitzern. Die Landesregierung führt die Dienstaufsicht; sie kann Aufsichtsbefugnisse dem Präsidenten des Landessozialgerichts oder einem Vorsitzenden des Sozialgerichts übertragen (§§ 7–27).

b) *Landessozialgerichte.* Sie sind gleichfalls Landesgerichte und entscheiden im zweiten Rechtszug über Berufungen gegen Urteile und Beschwerden gegen andere Entscheidungen der Sozialgerichte (§ 29 SGG). Ein Landessozialgericht besteht aus dem Präsidenten, Vorsitzenden Richtern, weiteren Berufsrichtern und ehrenamtlichen Richtern. Es entscheidet als *Senat* in der Besetzung mit 3 Berufs- und 2 ehrenamtlichen Richtern; es werden Fachsenate wie zu a) gebildet (§§ 28–35).

c) *Das Bundessozialgericht* in Kassel. Es ist ein oberster Gerichtshof (71 II 5) und besteht aus dem Präsidenten, Vorsitzenden Richtern, weiteren Berufsrichtern und ehrenamtlichen Richtern. Die Dienstaufsicht führt der Bundesarbeitsminister. Das Bundessozialgericht entscheidet als *Senat* (3 Berufs-, 2 ehrenamtliche Richter) über das Rechtsmittel der Revision gegen Urteile der Landessozialgerichte, ferner in erster und letzter Instanz über nichtverfassungsrechtliche Streitigkeiten zwischen Bund und Ländern oder zwischen verschiedenen Ländern in den Angelegenheiten des § 51 SGG. Ein Großer Senat sorgt für die Einheitlichkeit der Sozialrechtsprechung (§§ 38–50).

3. Klagearten

Man unterscheidet in der Sozialgerichtsbarkeit folgende *Klagearten* (§§ 54, 55):

a) Die *Anfechtungsklage* gegen einen den Kläger beschwerenden Verwaltungsakt;
b) die *Selbstverwaltungsklage* einer Körperschaft oder Anstalt des öffentlichen Rechts gegen eine das Aufsichtsrecht überschreitende Anordnung der Aufsichtsbehörde;
c) die *Leistungsklage* auf Gewährung einer Leistung (z. B. Rente, Berufsfürsorge usw.);
d) die *Verpflichtungsklage* (Untätigkeitsklage) auf Erlaß eines abgelehnten oder unterlassenen Verwaltungsaktes (§ 88);
e) die *Feststellungsklage*, die über § 256 ZPO hinaus bei Vorliegen eines berechtigten (auch wirtschaftlichen) Interesses an der baldigen Feststellung nicht nur am Bestehen oder Nichtbestehen eines Rechtsverhältnisses, sondern auch an der Nichtigkeit eines Verwaltungsaktes, der Zuständigkeit eines Versicherungsträgers oder der Ursächlichkeit eines Arbeitsunfalles oder einer Berufskrankheit für Gesundheitsbeschädigung oder Tod des Versicherten zulässig ist.

4. Verfahren

Das *Verfahren* unterscheidet sich wesentlich von dem der ZPO, da die Zuständigkeit der Sozialgerichte sich auf das öffentlich-rechtliche Sozialrecht beschränkt. Es herrscht daher *Amtsprinzip*, d. h. das Gericht hat über den Vortrag der Parteien hinaus den Sachverhalt *von Amts wegen* zu erforschen und ist an Beweisanträge nicht gebunden. Privatrechtliche Streitigkeiten aus dem Sozialbereich dagegen gehören vor die ordentlichen Gerichte (z. B. Erstattungsansprüche eines Arbeitgebers gegen die Krankenkasse, Rechtsbeziehungen zwischen Krankenhäusern und Patienten). Jedoch können privatrechtliche Vorfragen vom Sozialgericht mit entschieden werden, soweit nicht eine Bindung der Gerichte festgelegt ist (wie z. B. bei Entscheidungen über Scheidung einer Ehe, Ehelichkeit eines Kindes usw.). Die bei den Sozialgerichten neben den Berufsgerichten tätigen ehrenamtlichen Richter werden für Spezialgebiete wie z. B. Sozialversicherung, Kriegsopferfürsorge usw. aus den hiermit vertrauten Kreisen berufen; sie haben volle richterliche Unabhängigkeit.

Eine *Klage* ist schon mit Einreichung beim Sozialgericht, unabhängig von der Zustellung, erhoben. Frist 1 Monat nach Zustellung oder Bekanntgabe des Verwaltungsaktes (mit Rechtsmittelbelehrung, §§ 66, 87). Im Regelfalle muß der Klage wie bei anderen verwaltungsgerichtlichen Verfahren (vgl. 151 V) ein *Vorverfahren* vorausgehen, d. h. ein Verwaltungsverfahren, das mit Erhebung des *Widerspruchs* beginnt (§§ 78, 83ff.). Statt von Parteien wird von *„Beteiligten"* gesprochen; dazu gehören außer dem Kläger und dem Beklagten etwaige *Beigeladene*, deren Interessen durch die Entscheidung berührt werden (§ 75).

Das Verfahren kann *ausgesetzt* werden, wenn die Entscheidung von einem familien- oder erbrechtlichen Verhältnis abhängt, das im Zivilprozeß geklärt werden muß, oder von einem anderweit rechtshängigen Rechtsverhältnis (§ 114). Die Akteneinsicht kann beschränkt werden; hiergegen kann das Gericht angerufen werden, das endgültig entscheidet (§ 120). Die Beteiligten können sich durch jeden prozeßfähigen Bevollmächtigten vertreten lassen (§ 73; Vertretungszwang vor dem Bundessozialgericht mit Besonderheiten für Behörden, Gewerkschaften u. a. Verbände, § 166). Das Gericht entscheidet durch Urteil, wobei es nicht an die Fassung der Anträge gebunden ist (§ 123). Bei Nichterscheinen eines Beteiligten kann (nach entsprechendem Hinweis in der Ladung) nach Lage der Akten entschieden werden (§ 126).

Das Verfahren vor den Sozialgerichten ist grundsätzlich kostenfrei; doch können einem Beteiligten die Kosten auferlegt werden, die er dem Gericht oder einem anderen Beteiligten durch Mutwillen, Verschleppung oder Irreführung verursacht hat (§§ 183, 192). Eine Entscheidung ist vollstreckbar, wenn das Gericht nicht Aufschub gewährt (§ 199).

Rechtsmittel sind Berufung (in Bagatellfällen ausgeschlossen), Revision – für die Zulassungsvoraussetzungen wie im Verwaltungsgerichtsverfahren gelten (151 VII) – und Beschwerde (§§ 143, 160, 172). Klage und Rechtsbehelfe nach dem SGG haben in bestimmten Fällen *aufschiebende Wirkung* (§§ 86, 97, 154, 165). Die Vollstreckung zugunsten einer Behörde usw. richtet sich nach dem Verwaltungs-Vollstreckungsgesetz, während im übrigen die entsprechenden Vorschriften der ZPO eingreifen (§§ 198, 200).

Über die *Entschädigung der ehrenamtlichen Richter* vgl. 209.

Alle Länder haben *Ausführungsgesetze* zum SGG erlassen (Zusammenstellung bei Aichberger, Textslg. „Sozialgesetzbuch, Reichsversicherungsordnung“, Nr. 850, Fußn. zu § 7).

Siebenter Teil

Kirchenrecht

I. Kirchenrecht und Staatshoheit

701. Begriff des Kirchenrechts

Das *Kirchenrecht* umfaßt die Rechtssätze, welche sich auf die *Kirche,* d. h. die Gemeinschaft der durch christlichen Glauben verbundenen Personen, und auf kirchliche Verhältnisse beziehen.

Das Wort „*Kirche*“ ist von dem griechischen kyriakè (dem Herrn gehörig) abgeleitet. Es bezeichnet äußerlich das christliche Gotteshaus, inhaltlich die im Bekenntnis vereinigte Gemeinde und Glaubensgemeinschaft, die Christenheit eines Landes und der Erde. Der Begriff der *Religionsgesellschaft* (vgl. Art. 137 WVerf.) ist weiter; er umfaßt auch andere christliche sowie die nichtchristlichen Glaubensgemeinschaften (720, 721).

Das *Kirchenrecht* ist nach *katholischer* Auffassung eine religiöse Notwendigkeit; es hat als Quelle das *jus divinum,* das göttliche unveränderliche Recht, und das *jus humanum,* das menschliche veränderliche, vom Papst oder Konzil gesetzte Recht. Nach *evangelischer* Auffassung ist das Kirchenrecht eine praktische Notwendigkeit zur Ordnung des Lebens in der Gemeinde; seine Ableitung ist jedoch im einzelnen umstritten (dazu Erler, Kirchenrecht, 5. Aufl., Kap. 54).

Man unterscheidet das *innere* Kirchenrecht, die von der Religionsgemeinschaft selbst zur Regelung ihrer Angelegenheiten geschaffenen Rechtsnormen, und das *äußere* Kirchenrecht, d. h. die Regelung, welche der Staat für sein Verhältnis zur Kirche getroffen hat *(Staatskirchenrecht).*

Das *Staatskirchenrecht* insbesondere ist durch die *Verfassung* und andere staatliche Gesetze oder durch *Verträge* geregelt (vgl. 702–704).

702. Staat und Kirche

Das Verhältnis von Staat und Kirche ist seit dem Urchristentum umstritten. Je nach der Betonung der Sätze des Neuen Testaments (Römer 13: „Jedermann sei untertan der Obrigkeit“; Apostelgeschichte 5, 25: „Du sollst Gott mehr gehorchen als den Menschen“) ergab sich ein Widerstreit zwischen weltlichen und kirchlichen Vorranganspruchen. Nachdem die Kirche noch über das Mittelalter hinaus ein Weisungsrecht über den Staat beansprucht hatte, führte die Gleichordnung von Staat und Kirche in den siebziger Jahren des 19. Jahrh. zu einem Konflikt in Deutschland (besonders in Preußen) und zum Kulturkampf, der erst durch den versöhnlicheren Papst Leo XIII. und das Einlenken Bismarcks überwunden wurde. Nachdem es 1918 zu einer Trennung von Staat und Kirche gekommen war, brachte die nationalsozialistische Zeit Ansätze zu einer Kirchenhoheit des Staates mit verstärktem politischen Einfluß auf die Kirchen; dieses Ziel wurde jedoch gegenüber der katholischen Kirche angesichts ihrer fester gefügten Ordnung weit weniger erreicht als gegenüber der evangelischen Kirche.

Über die mittelalterlichen *Zweischwerterlehren* des Sachsenspiegels (1230) und des Schwabenspiegels (1270) s. 3 II, über das Heilige Römische Reich Deutscher Nation s. 12. Im Deutschen Reich und besonders in Preußen führte, nachdem das I. Vatikanische Konzil 1870 das universale Episkopat des Papstes und seine Unfehlbarkeit bei Entscheidungen in Glaubensfragen verkündet hatte, unter der Ägide Bismarcks eine Überbetonung des Gedankens eines absolutistischen Staatskirchenrechts zu heftigen Auseinandersetzungen zwischen Staat und kath. Kirche, die sich bis zum sog. *Kulturkampf* steigerten: In dem Ende 1871 in das StGB eingefügten sog. *Kanzelparagraphen* (§ 130a) wurde die den öffentlichen Frieden gefährdende öffentliche Erörterung staatlicher Angelegenheiten unter Strafe gestellt. Das 1872 erlassene *Jesuitengesetz* verwies die Ordensangehörigen aus dem Reich. In den in Preußen 1873 ergangenen sog. *Maigesetzen* wurden Vorbildung und Anstellung der Geistlichen staatlich geregelt, insbes. die Zulassung zum geistlichen Amt von Schulausbildung und Studium in Deutschland sowie einer staatl. Prüfung abhängig gemacht und ein staatl. Einspruchsrecht gegen die Amtsübertragung eingeführt. Auch wurde die kirchliche Disziplinargewalt staatlich geregelt. Der Widerstand des kath. Episkopats und finanzielle Gegenmaßnahmen des Staates (Einstellung von Leistungen) sowie Zwangsmaßnahmen gegen opponierende Bischöfe trugen zur Verschärfung des Konflikts bei. Erst nach dem Tode des dogmatisch strengen Papstes Pius IX. gelangte Bismarck mit dessen Nachfolger Leo XIII. zu einer Verständigung, in deren Verlauf die Kampfgesetze abgebaut wurden.

Der *Nationalsozialismus* sah in den christlichen Kirchen seine grundsätzlichen Gegner, weil sie den Gleichschaltungs- und Unterdrückungsmaßnahmen des „Dritten Reiches" Widerstand entgegensetzten. Man versuchte, das kirchliche Leben lahmzulegen, griff das kirchliche Schrifttum an, überwachte die Geistlichen und übte in mannigfacher Weise Druck auf sie aus. In die evangelische Kirche drangen starke nat.-soz. Kräfte in Form der Gemeinschaft „Deutsche Christen" ein, die aber infolge der Gegenwirkung der *„Bekennenden Kirche"* nur begrenzte Anhängerschaft fand. Unter dem Druck des Regimes traten 1937 108000 Katholiken und weit mehr evangelische Christen aus der Kirche aus. Trotzdem war der Widerstand beider Kirchen innerlich so stark, daß es Hitler nicht gelang, die Kirchen aus dem Volksleben auszuschalten. Die Zahl der einer Kirche angehörenden Personen sank nicht unter 94 v.H. der Bevölkerung. Als die Kirchen sich nach vielen Opfern unter Pfarrern und Laien nach dem Zusammenbruch des Reiches 1945 von staatlichem Druck befreit sahen, konnten sie einen erheblichen Aufschwung verzeichnen.

In der BRep. besteht auf der Grundlage des GG eine „balancierte" (oder „hinkende") Trennung von Staat und Kirche, im besonderen aber ein partnerschaftliches Verhältnis mit bestimmten gegenseitigen Bindungen (z. B. Hilfe bei Einziehung der Kirchensteuer, besonderer Schutz kirchlicher Einrichtungen, Ausstattung von Religionsgesellschaften mit Körperschaftsrechten usw., vgl. 703).

Im *Ausland* ist die Trennung von Staat und Kirche vielfach ohne kirchenfeindliche Einstellung durchgeführt worden (so in den USA, Brasilien und den meisten Ländern des Commonwealth, vgl. 33, 931). Mit kirchenfeindlicher Richtung vollzog sich die Trennung in Frankreich (Trennungsgesetz 1904), in Sowjetrußland und den übrigen Ostblockstaaten. Dagegen ist der Katholizismus in manchen Ländern noch *Staatsreligion*. In Italien war dies bisher auf Grund der Lateranverträge (708) der Fall, die jedoch durch ein Konkordat von 1984 insoweit geändert worden sind (zugleich wurden die Bindung weltlicher Behörden an kirchliche Urteile in Ehesachen und das Pflichtfach Religionsunterricht beseitigt). In Spanien ist das Konkordat von 1953, das den Katholizismus zur Staatsreligion erhob, durch neue Abkommen von 1979 aufgehoben worden. In Griechenland ist die griech-.orthodoxe Lehre noch Grundlage der Staatsideologie; auf Cypern ist die Kirche Trägerin des griechischen Nationalismus. Im Iran ist der islamische Schiismus nach der Vertreibung des Schahs (926 II 3) zur Staatsreligion erklärt worden. Dies ist auch in anderen islamischen Ländern der Fall, so in Ägypten, im Sudan, in Pakistan, Marokko und Tunesien. *Staatskirchen* bestehen u. a. in Großbritannien (Anglikanische Kirche in England, Presbyterianische Kirche in Schottland, beide mit dem König als Oberhaupt) sowie Schweden (Evg.-luth. Kirche), wo aber ebenfalls Trennungsbestrebungen eingesetzt haben.

703. Bundesrepublik Deutschland und Kirchen

Grundlage des Verhältnisses zwischen Staat und Kirchen ist in der BRep. Art. 4 GG, wonach die *Freiheit des Glaubens,* des Gewissens und des religiösen oder weltanschaulichen Bekenntnisses unverletzlich und die ungestörte *Religionsausübung* gewährleistet ist. Im übrigen verweist Art. 140 GG auf die Art. 136, 137, 138, 139 und 141 der WVerf. und macht sie zu Bestandteilen des Grundgesetzes. Nach Art. 137 WVerf. besteht *keine Staatskirche,* d. h. keine Verbindung zwischen staatlicher und kirchlicher Verwaltung. Jede Religionsgesellschaft ordnet und verwaltet ihre Angelegenheiten selbständig innerhalb der Schranken der für alle geltenden Gesetze. Sie verleiht ihre Ämter ohne Mitwirkung des Staates oder der bürgerlichen Gemeinde. Die weitere Regelung kirchlicher Fragen als Teil des kulturellen Bereichs ist den Ländern überlassen.

Hiernach gelten die mit Verfassungskraft ausgestatteten Grundsätze der Weimarer Republik über die Kirchen weiter. Da die kirchliche Tätigkeit sich von der staatlichen wesensmäßig grundsätzlich unterscheidet, können die Kirchen nicht wie andere öffentl.-rechtliche Körperschaften dem Staat eingeordnet werden. Über die Militärseelsorge vgl. 461.

Die bürgerlichen und staatsbürgerlichen Rechte und die Zulassung zu den öffentlichen Ämtern sind unabhängig vom religiösen Bekenntnis (Art. 3 Abs. 3, 33 Abs. 3 GG). Es steht jedermann frei, sich mit anderen zu religiösen Gesellschaften zu vereinigen. Der Erwerb der Rechtsfähigkeit durch religiöse Vereinigungen vollzieht sich nach den allgemeinen Grundsätzen für Vereine; eine schon bestehende Eigenschaft als öffentlich-rechtliche Körperschaft wird aufrechterhalten. Art. 138 WVerf. gewährleistet den Religionsgemeinschaften und religiösen Vereinen das Eigentum und andere Rechte am *Kirchengut,* d.h. an den kirchlichen Zwecken dienenden Vermögensgegenständen, und schützt sie vor entschädigungsloser Wegnahme *(Säkularisation),* nicht aber vor Besteuerung. Der Sonntag und die staatlich anerkannten Feiertage bleiben als Tage der Arbeitsruhe und der seelischen Erhebung gesetzlich geschützt. Die Religionsgesellschaften sind nach Art. 141 WVerf. zur Vornahme religiöser Handlungen im Heer, in Krankenhäusern, Strafanstalten und sonstigen öffentlichen Anstalten zuzulassen, soweit ein Bedürfnis besteht; ein Zwang zur Teilnahme darf nicht ausgeübt werden.

Nach Art. 137 Abs. 6 WVerf. sind die Religionsgesellschaften, die Körperschaften des öffentlichen Rechts sind, berechtigt, auf Grund der bürgerlichen Steuerlisten nach Maßgabe der landesrechtlichen Bestimmungen Steuern zu erheben (wegen der hierbei geleisteten Hilfe des Staates vgl. 704). I. d. R. besteht die *Kirchensteuer* in prozentualen Zuschlägen (8–10 v.H.) zur Einkommen-(Lohn)steuer; ihre Einziehung kann den *Finanzämtern* übertragen werden. Die Einzelheiten sind in den Kirchensteuergesetzen der Länder geregelt. Bei *konfessionsverschiedenen Ehegatten,* d.h. wenn beide steuerberechtigten Kirchen angehören, wird die Kirchensteuer bei Zusammenveranlagung (528) nach der Hälfte der Einkommensteuer, sonst nach der ESt. eines jeden Ehegatten erhoben. Bei *glaubensverschiedenen Ehegatten* (ein Ehegatte gehört keiner steuerberechtigten Kirche an) darf nach den Urteilen des BVerfG vom 14. 12. 1965 (BGBl. 1966 I 65, 66) die Kirchensteuer bei dem einer Religionsgemeinschaft angehörenden Teil nicht mehr nach dem in manchen Landesgesetzen früher enthaltenen Halbteilungsgrundsatz aus der Hälfte des zusammengerechneten Einkommens berechnet werden. Jede Religionsgemeinschaft darf nur den ihr angehörenden Teil besteuern. Wer keiner Religionsgemeinschaft angehört, darf nicht verpflichtet werden, Kirchensteuer nur deshalb zu entrichten, weil sein Ehegatte Mitglied einer Religionsgemeinschaft ist. Über die zeitliche Wirkung des *Kirchenaustritts* auf die Kirchensteuerpflicht s. 725.

Weitere Rechtsangelegenheiten werden i. d. R. durch *Staatsverträge* zwischen Staat und Kirche geregelt (vgl. 704).

704. Verträge zwischen Staat und Kirche

Zwischen dem Staat und der kath. Kirche wurden schon im Mittelalter als *Konkordate* bezeichnete Vereinbarungen getroffen. Für die evg. Kirche ergab sich die Notwendigkeit vertraglicher Regelungen erst seit dem Umsturz von 1918, der das Staatskirchentum beseitigte und eine *Trennung von Staat und Kirche* herbeiführte.

In der Zeit zwischen den beiden Weltkriegen wurden Konkordate zwischen der kath. Kirche einerseits und den Ländern Bayern (1924), Preußen (1929) und Baden (1932) andererseits abgeschlossen; sie haben ihre Geltung nach 1945 behalten. Auch das *Reichskonkordat,* das am 20. 7. 1933 zwischen der Kirche und dem Deutschen Reich unter Hitler abgeschlossen wurde (RGBl. II 679), ist durch Urteil des Bundesverfassungsgerichts vom 26. 3. 1957 als gültig bestätigt worden.

Das *Konkordat vom 20. 7. 1933* enthält Vereinbarungen über die Rechtsfähigkeit der Kirchengemeinden, der Bistümer und ihrer Anstalten, über das Recht der Kirche zur Besetzung der Kirchenämter, Garantie der Freiheit des Verkehrs zwischen der *Kurie* und den Angehörigen der kath. Kirche, das Recht zur freien Bekanntgabe von Verfügungen der Kirchenbehörden im Rahmen ihrer Zuständigkeit, Bestellung eines päpstlichen Nuntius und eines deutschen Botschafters beim Vatikan, freie Zulassung der kath. Orden, Gewährleistung des Kircheneigentums durch den Staat sowie der Zulassung von kath. Fakultäten, Möglichkeit der Errichtung von Bekenntnisschulen (186); anderseits das ausschließliche Recht des Staates zur Ziviltrauung und Ausübung der Rechtsprechung in allen Angelegenheiten des Rechts. Die geistliche Gerichtsbarkeit hat keine Wirkung in weltlichen Angelegenheiten.

Die Kirchen haben das Recht, ihre Angehörigen zur Erfüllung der innerkirchlichen Pflichten anzuhalten und hierzu von den ihnen zustehenden Zuchtmitteln (Disziplinargewalt) Gebrauch zu machen. Sie können Mitglieder ihrer Gemeinschaft ausschließen; anderseits ist jeder Kirchenangehörige berechtigt, den *Austritt aus der Kirche* zu erklären. Vgl. 725.

Die *kirchliche Trauung* ist nach dem *Personenstandsgesetz* vom 8. 8. 1957 (BGBl. I 1126) nur statthaft, wenn eine gültige Eheschließung vor dem zuständigen Standesamt vorausgegangen ist. Zuwiderhandlung ist eine Ordnungswidrigkeit, außer wenn ein Verlobter lebensgefährlich erkrankt und ein Aufschub nicht möglich ist oder ein von der Kirche bestätigter schwerer sittlicher Notstand vorliegt (§ 67).

Mit einzelnen Ländern hat der Vatikan abgeschlossen: mit Nordrhein-Westfalen den Vertrag vom 1. 1. 1958 über die Errichtung des *Bistums Essen* und vom März 1984 betr. *kath.-theolog. Fakultäten,* Mitwirkung der Kirche bei der Berufung der Professoren und Religionslehrerausbildung an Hochschulen; mit Niedersachsen das *Konkordat* vom 1. 7. 1965. Andere Verträge haben die Länder mit den örtlichen Bistümern abgeschlossen, so Rheinland-Pfalz am 18. 9. 1975 mit dem Erzbistum Köln und den Bistümern Limburg, Mainz, Speyer und Trier über Fragen der Rechtsstellung und Vermögensverwaltung der kath. Kirche; entsprechend das Saarland am 10. 2. 1977 mit den Bistümern Speyer und Trier. Staatsverträge mit den evg. Landeskirchen sind u. a. abgeschlossen worden von Niedersachsen am 19. 3. 1955, von Schleswig-Holstein am 23. 4. 1957 und von Hessen am 18. 2. 1960; ferner von Nordrhein-Westfalen im März 1984 (ähnlich wie mit dem Vatikan) über die Ausbildung der evg. Geistlichen und Religionslehrer und die Berufung der Theologieprofessoren.

Oftmals enthalten Verträge zwischen Staat und Kirche die Verpflichtung des Staates zu geldlichen Leistungen zwecks Unterhaltung der oberen Kirchenbehörden (kath. Bischöfe, Domkapitel; evg. kirchliche Zentralbehörden). Ihre in Art. 138 Abs. 1 WVerf. angekündigte Ablösung ist nicht durchgeführt worden. Der Rechtsgrund solcher *Dotationen* ist bisweilen noch im *Patronatsrecht* (s. 723) begründet. Soweit Klöster oder Stifte mit derartigen Dotationspflichten im Wege der *Säkularisation* (Reichsdeputationshauptschluß von 1803) auf die Länder übergegangen sind, trägt das Land als Rechtsnachfolger des Klosters oder Stifts die Dotationspflicht.

Vor allem aus der Säkularisation werden auch gewisse Privilegierungen der Kirchen abgeleitet, die ihnen als öffentl.-rechtl. Körperschaften zugestanden werden, so insbes. das Abzugsverfahren bei der Lohnsteuer (535) und die sonstige Hilfeleistung bei der Einziehung der Kirchensteuer, Gebührenfreiheit bei Beurkundungen u. dgl.

In der *DDR* sind die kraft öffentlichen Rechts geschuldeten Leistungen der Gemeinden an die Kirchengemeinden und der Kirchengemeinden an die Gemeinden 1946 aufgehoben worden.

II. Die katholische Kirche

705. Die Verfassung der katholischen Kirche

Nach katholischer Auffassung ist die *Kirche* die von Christus zum Heil der Menschheit gestiftete, von ihm und seinen Nachfolgern auf dem Stuhle Petri regierte Anstalt, eine hierarchische Ordnung im Dienste des Reiches Gottes.

Die kath. Kirche ist in allen deutschen Ländern als Körperschaft des öffentlichen Rechts anerkannt. Deutschland ist kirchlich in *Erzdiözesen* und *Diözesen* eingeteilt, die ihre Angelegenheiten weitgehend selbständig verwalten (vgl. 709).

Durch die territorialen Veränderungen nach dem 2. Weltkrieg wurde auch die gebietliche Gliederung der kath. Kirche in Deutschland betroffen. Die Diözesen östlich der *Oder-Neiße-Linie* blieben zunächst juristisch weiter bestehen; sie wurden aber nicht mehr von deutschen Bischöfen, sondern von Administratoren polnischer Nationalität verwaltet. Erst nach Inkrafttreten des deutsch-polnischen Vertrags vom 7. 12. 1970 (vgl. 25), in dem die BRep. die Oder-Neiße- Grenze nicht mehr in Frage stellt, hat der Vatikan eine *territoriale Neuordnung der Bistümer* durchgeführt; bis dahin waren für den Geltungsbereich des Reichskonkordats von 1933 (vgl. 704) die Grenzen Deutschlands von 1937 noch als maßgeblich angesehen worden. Am 28. 6. 1972 erfolgte die Aufgliederung in 7 *polnische Bistümer:* Erzbistum Breslau mit den Suffraganbistümern Gorzów (Landsberg) und Oppeln; ferner zur Kirchenprovinz Gnesen gehörig die Bistümer Danzig, Köslin-Kolberg und Stettin-Kammin; sowie zur Kirchenprovinz Warschau gehörig das Bistum Warmia (Ermland mit Sitz in Allenstein).

In der *DDR* besteht folgende kirchliche Gliederung:

a) Bistum *Berlin,* Sitz Berlin (Ost), Generalvikar in Berlin (West).
b) Bistum *Dresden-Meißen* (früher Bistum Meißen, 1979 umbenannt und Sitz nach Dresden verlegt).
c) Apostolische Administratur *Görlitz:* früher Teilgebiet der Erzdiözese Breslau, 1972 rechtlich ausgegliedert und als eigenständige Apostolische Administratur errichtet.
d) Die Gebiete *Erfurt-Meiningen, Magdeburg* und *Schwerin,* die rechtlich zu westdeutschen Diözesen (Paderborn, Osnabrück, Fulda, Würzburg) gehören; sie werden vorerst als eigene kirchliche Territorien unter Ständigen Apostolischen Administratoren geführt.

In der *BRep.* bestehen folgende Diözesen und Erzdiözesen:

a) Kölner Kirchenprovinz. Erzbistum Köln (Ndrh.-Westf.). Suffragane: Aachen, Münster, Essen (Ndrh.-Westf.), Osnabrück (Nds.), Limburg (Hessen), Trier (Rheinld.-Pfalz).
b) Paderborner Kirchenprovinz. Erzbistum Paderborn (Ndrh.-Westf.), Suffragane: Hildesheim (Nds.), Fulda (Hessen).

c) Freiburger Kirchenprovinz. Erzbistum Freiburg i. B. (Bad.-Württ.). Suffragane: Mainz (Rheinld.-Pfalz), Rottenburg-Stuttgart (Bad.-Württ.).

d) Bamberger Kirchenprovinz. Erzbistum Bamberg (Bayern). Suffragane: Würzburg, Eichstätt (Bayern), Speyer (Rheinld.-Pfalz).

e) München-Freisinger Kirchenprovinz. Erzbistum München-Freising, Sitz München (Bayern). Suffragane: Augsburg, Passau, Regensburg (Bayern).

Zur Beratung gemeinsamer Angelegenheiten sind die Bischöfe in der *Deutschen Bischofskonferenz* zusammengeschlossen. Sie vertritt den deutschen Episkopat der Regierung gegenüber, soweit sie von den Konferenzmitgliedern Auftrag erhält oder Mitteilungen zu vermitteln sind.

In der *DDR* besteht die *Berliner Bischofskonferenz,* die aus der vorherigen *Berliner Ordinarienkonferenz* hervorgegangen ist. Der in Berlin (Ost) residierende Bischof von Berlin gehört aber, vertreten durch seinen in Berlin (West) residierenden Generalvikar, auch der Deutschen Bischofskonferenz an. Außer der Deutschen und der Berliner Konferenz, denen Jurisdiktion (706) zukommt, besteht in *Freising* die Konferenz der *bayerischen Bischöfe.*

Die Erzdiözesen und Diözesen in der BRep. sind zur Wahrnehmung überregionaler Aufgaben im rechtlichen und wirtschaftlichen Bereich zu einem ,,Verband der Diözesen Deutschlands" (öffentl.-rechtl. Körperschaft) zusammengeschlossen.

706. Die Kirchengewalt

Die *Kirchengewalt* beruht auf den der Kirche durch göttliche Anordnung gegebenen Vollmachten. Sie äußert sich in der Verwaltung der Sakramente durch den *Klerus,* .d.h. durch die *Bischöfe* und *Priester* (*potestas ordinis* – Weihegewalt), und in der Regierung der Kirche durch *Papst* und *Bischöfe* (*potestas jurisdictionis* – Verwaltungs- und Rechtsprechungsgewalt).

Für kirchliche Angelegenheiten ist das *kanonische Recht* maßgebend (von griechisch kanon = Maßstab, Regel). Jedoch ist die geistliche Gerichtsbarkeit ohne bürgerlich-rechtliche Wirkung (vgl. 704). In Österreich, Italien und vielen anderen romanischen Staaten hat dagegen das kanon. Recht, oft auf Grund von Konkordaten, auch bürgerliche Wirkung.

Der älteste und umfassendste Teil des gegen Ausgang des Mittelalters entstandenen *Corpus Iuris Canonici* ist das *Decretum Gratiani,* das den älteren kirchlichen Rechtsstoff zusammenfaßte. Sein Verfasser Gratian (bis 1139 im Kloster zu Bologna) konnte die päpstlichen Dekretalen und die Konzilienbeschlüsse nur bis zu seiner Lebenszeit aufnehmen. Danach liefen sie zunächst ungesammelt und einzeln um (sog. Extravagantes), bis 1234 als weitere Bücher des Corpus Iuris Canonici die *Dekretalen Gregors IX.* (fünf Teile: judex, judicium, clerus, sponsalia, crimen), 1298, der *Liber Sextus,* 1311 die *Clementinae* Clemens' V. und weiter die *Extravagantes Johannes' XXII.* und die *Extravagantes communes* hinzutraten. Die Bedeutung des Corpus Iuris Canonici erschöpft sich nicht in der Darstellung des inneren autonomen Kirchenrechts; sie liegt vielmehr darin, daß es in Wettbewerb mit dem weltlichen Recht seiner Zeit trat. Die Gesetze des Corpus Iuris Canonici besaßen für die kath. Kirche bis 1918 Gültigkeit.

Die wichtigste Zusammenfassung des kath. Kirchenrechts ist der *Codex Iuris Canonici,* der seit 1918 kirchliche Gesetzeskraft hat und damit an die Stelle des Corpus Iuris Canonici getreten ist. Er enthielt in fünf Büchern: Allgemeine Vorschriften, Personen-, Sachen-, Prozeß- und Strafrecht. Eine am 27. 11. 1983 in Kraft getretene überarbeitete Fassung des CIC soll Beschlüsse des II. Vatikanischen Konzils (710) verwirklichen. Das Gesetzeswerk ist nunmehr in 7 Bücher aufgeteilt: Allgemeine Normen, Kirchenverfassung, Verkündigungsdienst der Kirche, Sakramente usw., Kirchenvermögen, Strafbestimmungen, Prozeßrecht. Die Leitungsgewalt bleibt Klerikern vorbehalten, Laien können nur zu deren Unterstützung bei Ausübung des Priesteramtes mitwirken (auch Altardienst und Wortgottesdienste), Frauen sind vom Priesteramt ausgeschlossen. Als mitwirkende Laienvertretung können Pastoralräte berufen werden. Bei Pfarrern ist Abberufung oder Versetzung im Interesse des Dienstes möglich. Ein kirchliches Begräbnis ist auch bei Feuerbestattung zulässig und bei Selbsttötung nicht grundsätzlich ausgeschlossen. Über die sog. ökumenische Trauung vgl. 711. Im kirchlichen Strafrecht ist die Zahl der Fälle, in denen die *Exkommunikation* automatisch eintritt, auf 14 beschränkt (u. a. Häresie = Ketzerei od. Irrlehre, Apostasie = Abfall vom Glauben, Schisma = Kirchenspaltung, vollendete Abtreibung, Entweihung der Hostie, Bruch des Beichtgeheimnisses). Eine *Verwaltungsgerichtsbarkeit* ist nicht vorgesehen. Gegen Verwaltungsakte nachgeordneter kirchlicher Behörden ist die Beschwerde an den Bischof gegeben, gegen dessen ablehnende Entscheidung (nach vergeblich beantragter Aufhebung oder Änderung) Beschwerde beim Apostolischen Stuhl.

Für päpstliche Gesetze ist die Form der Konstitution und des motu proprio üblich. Die *Konstitution* regelt Angelegenheiten von großer Wichtigkeit und von bleibender Bedeutung, während das *motu proprio* nicht durch Berichte oder Anfragen Dritter veranlaßt ist, sondern freier Initiative des Papstes entspringt. Nach der äußeren Form unterscheidet man die feierlichen *Bullen* (bulla = Bleisiegel) und die einfacheren *Breven*. Dagegen ist eine *Enzyklika* kein kirchliches Gesetz, sondern ein Rundschreiben, in dem der Papst zu Glaubens- oder sonstigen Fragen Stellung nimmt. Ihr Inhalt ist im Rahmen der dogmatischen Lehrgewalt des Papstes bindend. Vgl. 708. Die Sprache ist lateinisch.

707. Der Klerus

Unter dem *Klerus* versteht man die durch den Empfang der Diakonatsweihe (früher: der Tonsur) dem Dienste Gottes Geweihten im Gegensatz zum heilsabhängigen, geleiteten Volke, dem laos (griechisch), den *Laien*. Daneben besteht die Gruppe der *Religiosen* (lat. *religiosi*); das sind die Angehörigen der Ordensstände, die ein Gelübde abgelegt haben.

Das ältere Kirchenrecht unterschied zwischen *niederen* und *höheren Weihen* (ordines minores/maiores) mit jeweils mehreren nacheinander zu durchlaufenden Stufen (Ostiarius, Lektor, Exorzist usw./Subdiakon bis zum Bischof). Die kirchliche Gesetzgebung nach dem II. Vatikan. Konzil (710) hat die niederen Weihen teils abgeschafft, aber zwei von ihnen (Lektor, Akolyth = Begleiter, Gehilfe) in der Gruppe der *ministeria* ohne Weihecharakter zusammengefaßt. Als Weihegrade bestehen allein Diakonat, Presbyteriat und Episkopat. Nach der Weihestufe und dem kirchenamtlichen Auftrag *(missio canonica)* bestimmt sich der Umfang der auszuübenden kirchlichen Befugnisse.

Die Priesterweihe findet i. d. R. in der Kathedrale (Hauptkirche, Dom) der Bischofsstadt in feierlicher Form statt. Priester unterliegen dem *Cölibat* (Eheverbot). Wegen ihrer vermögensrechtlichen Ansprüche s. 722. Über die Bestrebungen zur Demokratisierung der hierarchischen Ordnung durch Beteiligung von Laien an der Kirchenverwaltung s. 709.

Eine *Ordensgenossenschaft* ist eine freiwillige, von den kirchlichen Behörden genehmigte Vereinigung von Katholiken gleichen Geschlechts zu einem gemeinsamen Leben nach bestimmter Regel. Ihre Mitglieder haben die Verpflichtung des Gehorsams, der Keuschheit und der Armut. Die Klostergenossenschaften gliedern sich in die eigentliche Ordensgemeinschaft mit feierlichen (ewigen) und die Klosterkongregationen mit einfachen (ewigen oder zeitlichen) Gelübden. Den Orden sind vielfach auch äußere Aufgaben wie Seelsorge, Predigt, Mission, Unterricht und Werke der Barmherzigkeit übertragen. Das Klosterrecht enthält der *Codex Iuris Canonici*. Der Papst ist das geistliche Oberhaupt aller Klosterleute; für ihre Angelegenheiten besteht an der päpstlichen *Kurie* eine eigene Behörde (congregatio de religiosis). Meist, aber nicht immer, sind die religiösen Genossenschaften auch dem Diözesanbischof unterstellt. Die verbandsmäßige Leitung der *Orden* und *Kongregationen* liegt bei den eigenen Oberen (Abt, Äbtissin, Provinzial-, Generalobere, General).

Die bereits bestehenden Orden (insbes. Benediktiner, Franziskaner, Dominikaner, Jesuiten) dürfen nur vom Apostolischen Stuhl aufgehoben, neue nur mit seiner Genehmigung errichtet werden. Zu einem folgenreichen Streit im sog. *Kulturkampf* (702) führten die besonderen Ziele und das Wirken des Jesuitenordens (*Gesellschaft Jesu,* Societas Jesu), der 1534 von Ignatius von Loyola gegründet wurde und der die Ausbreitung und Befestigung der kath. Kirche durch äußere und innere Mission zum Hauptziel hat. Seine Mitglieder sind durch besonderes Gelübde zu unbedingtem Gehorsam gegenüber dem Papst verpflichtet. Er wird von einem auf Lebenszeit gewählten General mit dem Sitz in Rom geleitet und betätigt sich besonders auf schulischem Gebiet. In Deutschland war er durch das im Kulturkampf ergangene *Jesuitengesetz* vom 4. 7. 1872 verboten, das aber 1904 (Aufenthaltsverbot) gemildert und 1917 ganz aufgehoben wurde.

708. Papst, Kurie und Kardinäle

Der *Papst* ist nach kath. Auffassung das von Christus selbst eingesetzte Oberhaupt der gesamten kath. Kirche. Er ist Bischof von Rom, Erzbischof der römischen Kirchenprovinz, Primas von Italien, Patriarch des Abendlandes und Erster der Patriarchen, Primas der Gesamtkirche, Gesetzgeber der Kirche, Inhaber der obersten Lehrgewalt und als solcher nach röm.-kath. Lehre unfehlbar.

Die *Kardinäle* sind vom Papst ernannte geistliche Würdenträger mit Fürstenrang und besonderen Ehrenrechten (u.a. Anrede ,,Eminenz"). Sie bilden den Senat des Papstes und sind seine obersten Ratgeber. Es bestehen drei Rangklassen: Kardinalbischöfe (Inhaber bestimmter suburbikanischer Bistümer), Kardinalpriester, denen eine römische Titelkirche, und Kardinaldiakone, denen eine Diakonie zugewiesen ist. Das Kardinalskollegium leitet der *Kardinaldekan* (rangältester Kardinalbischof), aber ohne besondere Vorrechte.

Der *Papst* ist höchster Richter der Kirche, oberster Verwalter der kirchlichen Angelegenheiten und Repräsentant der Gesamtkirche. Ihm stehen viele Ehrenrechte zu, u.a. der Fußkuß, die Anrede als Patriarch des Abendlandes, die dreifache Krone (tiara), Hirtenstab, Fischerring, Pallium (Halsbinde). Nach Verlust des Kirchenstaates an das geeinigte Königreich Italien 1870 war der Papst nicht mehr weltlicher Herrscher; jedoch wurde durch die *Lateranverträge* vom 11. 2. 1929 seine Herrschaft über die *Vatikanstadt* anerkannt. Der Papst hat völkerrechtlich die Stellung eines souveränen Monarchen. Die Vatikanstadt umfaßt im wesentlichen die Peterskirche nebst den angrenzenden Palästen und Regierungsgebäuden. Italien erkannte weiterhin das volle Eigentum des Heiligen Stuhles an drei außerhalb gelegenen Patriarchalbasiliken sowie an der Sommerresidenz der Päpste Castel Gandolfo an. Diese Gebäude sind nach internationalem Recht exterritorial. Die Vatikanstadt ist dauernd neutralisiert (921).

Die *Papstwahl* erfolgt auf Lebenszeit durch die Kardinäle im *Konklave,* d.h. unter Abschluß von der Außenwelt. Sie erfordert eine Stimme mehr als zwei Drittel der teilnehmenden Kardinäle.

Bedeutsame Verlautbarungen des Papstes enthalten u.a. die Enzyklika ,,Rerum Novarum", in der Papst Leo XIII. 1891 die *katholische Soziallehre* festlegte; sie verdammte sowohl den *Kommunismus* als auch den zügellosen *Kapitalismus.* Zu weiteren aktuellen sozialpolitischen Problemen hat Papst Johannes XXIII. in einer Enzyklika von 1961 ,,Mater et Magistra" (die Kirche als Mutter und Lehrerin) Stellung genommen, insbes. zur Situation der Entwicklungsländer, der wachsenden Einflußnahme des Staates auf die Wirtschaft und damit auf den Menschen sowie zur Bedeutung des Privateigentums und der Privatinitiative in unserer modernen Welt, aus der richtig verstandene Sozialisierungsbestrebungen nicht mehr wegzudenken seien. Die von Papst Paul VI. am 25. 7. 1968 erlassene Enzyklika ,,Humanae vitae", die zu der vom II. Vatikanischen Konzil nicht entschiedenen Frage der Geburtenregelung Stellung nimmt (vgl. 710), hat durch den Anspruch auf Bindung aller Katholiken zu Meinungsverschiedenheiten über die Verbindlichkeit päpstlicher Auslegungen und Verlautbarungen im Grenzbereich von Glaubensfragen und Gewissensentscheidungen geführt. Papst Johannes Paul II. tritt in der Enzyklika ,,Redemptor hominis" vom 4. 3. 1979 für die Verteidigung der Menschenrechte, für eine Umverteilung der Reichtümer und ihre Kontrolle ein und verurteilt das Wettrüsten; im kirchlichen Bereich wird die Kollegialität der Bischofssynoden und der Synoden der Ostkirchen sowie die Notwendigkeit einer Annäherung zwischen den christlichen Glaubensgemeinschaften betont, aber auch die Bedeutung der Unfehlbarkeit des Lehramtes gegenüber neueren Entwicklungen in der Theologie und die Bindung der Priester an das Cölibat. Die im Sept. 1981 veröffentlichte Enzyklika ,,Laborem exercens" befaßt sich mit sozialpolitischen Themen, vornehmlich mit Fragen der Arbeitswelt, ihrer Humanisierung, der Stellung der Gewerkschaften und der Mitbestimmung. Die Enzyklika ,,Dominum et vivificantem" hat den Heiligen Geist, die Enzyklika ,,Redemptoris mater" (März 1987) die Jungfrau Maria zum Gegenstand.

Als Regierungsorgan steht dem Papst die römische Kurie zur Seite. Sie besteht aus 10 *Kardinalskongregationen* (kollegial organisierten Verwaltungsbehörden, den Ministerien vergleichbar), 3 *Gerichtshöfen* (poenitentiarie, Rota, Apostolische Signatur) und 5 *Ämtern* (officia, darunter die Apostolische Kanzlei und das Staatssekretariat).

Kardinalskongregationen bestehen insbesondere für die Glaubenslehre, für den Klerus, für die Ordensleute, für die Sakramente, für den Gottesdienst sowie die (aus der früheren *K. propaganda fidei* hervorgegangene) *K. für Evangelisation und Glaubensverbreitung.* Unter den Kardinalskongregationen regelt die *Kleruskongregation* die Disziplin des Weltklerus; die *Kongregation für die Evangelisation der Völker* (frühere Bezeichnung: *propaganda fidei)* leitet das Missionswesen. Die frühere Kongregation für äußere Angelegenheiten ist durch einen ,,Rat für öffentliche Angelegenheiten" ersetzt worden, der die auswärtigen Beziehungen bearbeitet und dem Staatssekretär unterstellt ist. Die mit der Finanz- und Vermögensverwaltung befaßten Dienststellen sind jetzt in einer ,,Präfektur für die wirtschaftlichen Angelegenheiten des Heiligen Stuhles" zusammengefaßt. In Fragen des Laientums soll die Kurie Laien als Berater hinzuziehen. Vor Entscheidungen in Diözesanfragen muß sie alle betroffenen Bischöfe unterrichten und ihnen Gelegenheit zur Stellungnahme geben. Über die zur Beratung des Papstes errichtete *Bischofssynode* s. 710.

Der erste Beamte der Kurie ist der *Kardinalstaatssekretär,* der das päpstliche Staatssekretariat leitet; sein Amt erlischt mit dem Tode des Papstes. Seine Stellung innerhalb der päpstlichen Verwaltung ist durch die Neuordnung von 1967 der eines MinPräs. angenähert worden. Die als Leiter der Kongregationen fungierenden *Kurienkardinäle* werden nicht mehr auf Lebenszeit ernannt, sondern nur bis zum 80. Lebensjahr; im übrigen erlischt auch ihr Amt mit dem Tode des Papstes.

709. Die weiteren kirchlichen Ämter

Die *Bischöfe* stehen einer *Diözese* vor, in der sie alle priesterlichen Rechte und – vom Papst abhängig – die *Jurisdiktion* (Gesetzgebungs- und Rechtsprechungs- einschl. Strafgewalt) wahrnehmen; sie leiten die kirchliche Verwaltung, insbes. auch die des Kirchenvermögens.

Erzbischöfe sind Bischöfe, denen neben der Leitung ihrer Diözese die Verwaltung einer *Kirchenprovinz,* die mehrere Diözesen umfaßt, übertragen ist.

Der (Residenzial-)*Bischof* wird vom Papst ernannt, in Deutschland auf Grund einer Wahl des *Domkapitels* (Domprobst, Domherren, canonici), wozu der Papst drei Kandidaten vorschlägt; nur in Bayern entscheidet der Papst allein auf Grund eingereichter Vorschlagslisten. Der Staat muß über die Person des Gewählten gehört werden. Vgl. auch Art. 14 des Reichskonkordats vom 20. 7. 1933 (RGBl. II 679).

Unter *Weihbischöfen* versteht man Bischöfe ohne Diözese, die meist zur Unterstützung des regierenden Bischofs bei Ausübung der Weihgewalt in großen Bistümern verwendet werden. Sie sind *Titularbischöfe,* ebenso die einen Ehrenrang bekleidenden nichtresidierenden Bischöfe (ohne Diözese).

Dem Bischof steht vielfach ein *Generalvikar* als Berater und Gehilfe in Verwaltungsgeschäften zur Seite. Zur Entlastung in der gesamten bischöflichen Tätigkeit kann dem Bischof vom Papst ein *Koadjutor* beigegeben werden, insbesondere bei längerer Behinderung durch Krankheit.

Dechant ist ein Geistlicher, dem die Aufsicht über einen mehrere Pfarreien umfassenden *Sprengel* innerhalb der Diözese vom Bischof übertragen ist.

Die *Pfarrer* üben zufolge bischöflichen Auftrags in einer *Parochie,* d. h. in einem bestimmten Bezirk der Diözese (Pfarrei), die Seelsorge aus. Sie nehmen die kirchlichen Amtshandlungen (Taufe, Aufgebot, Eheschließung, Begräbnis usw.) vor und stehen an der Spitze der Gemeindevertretung, der die Vermögensverwaltung obliegt. Ihre Gehilfen sind *Kaplane* und *Kooperatoren.* Ein *Pfarrvikar* (Pfarrkurat) leitet eine Pfarrei, die mit einem Kloster, einer Kapitelkirche o. dgl. voll vereinigt ist.

Durch Motu proprio Pauls VI. vom 27. 6. 1967 ist den Bischofskonferenzen die Entscheidung über die Wiedereinführung des *Diakonats* übertragen worden, das bereits in der Frühkirche bestanden hat. Es war früher eine Stufe auf dem Weg zur Priesterweihe. Nunmehr können die *Diakone* sich mit diesem unteren Weihegrad begnügen und das Diakonat zum Lebensberuf wählen; für jüngere Anwärter ist Ehelosigkeit vorgeschrieben, während Verheiratete von mindestens 35 Jahren mit Zustimmung der Ehefrau den Beruf des Diakons ergreifen können. Ihre Funktionen sind gegenüber denen des Priesters beschränkt. Auch die Neufassung des Codex Iuris Canonici von 1983 hat aber nichts daran geändert, daß Frauen nur zu nichtpriesterlichen Ämtern zugelassen sind.

Wegen der vermögensrechtlichen Ansprüche der Priester vgl. 722.

In vielen Ländern treten innerhalb der Priesterschaft wie auch im Kirchenvolk seit längerem Bestrebungen zutage, die auf eine *Demokratisierung* der kirchlichen Hierarchie abzielen. Nach kirchenamtlicher Auffassung leitet sich das Bischofsamt aus der Nachfolgerschaft nach den Aposteln ab, die ihren Auftrag von Christus erhalten haben. Hierauf stützen sich die bischöfliche Autorität und das umfassende Recht zur Leitung der Diözese; diese Ordnung lasse zwar eine Beratung, aber keine Mitbestimmung durch Priester und Laien zu. Die Gegenmeinung (auch vieler jüngerer Kleriker) weist demgegenüber auf Widersprüche in Stellungnahmen der Bischöfe zu einzelne Glaubensfragen hin (z. B. „*Holländischer Katechismus*"); somit könne die offizielle kirchliche Lehramtsentscheidung nicht göttlichen Ursprungs sein. Glaubensfragen, Rechtsprobleme und noch mehr solche organisatorischer Art könnten daher nicht autoritär entschieden werden (z. B. Mischehenrecht und -seelsorge, überkonfessionelle Gottesdienste usw.). Unbeschadet der grundsätzlichen Anerkennung des bischöflichen Lehr- und Hirtenamts setzt sich diese Bewegung für eine stärkere Beteiligung der Kleriker unterer Grade z. B. bei der Besetzung höherer kirchlicher Ämter und für eine verantwortliche Heranziehung von Laien in nichttheologischen Bereichen der Kirchenverwaltung (Steuer-, Bauangelegenheiten usw.) ein.

Im Zuge der Demokratisierung der Kirchenverwaltung sind in Anlehnung an die Regelungen im weltlichen Bereich (633) für die nicht dem priesterlichen Dienst angehörenden Mitarbeiter in den Diözesen *Mitarbeitervertretungsordnungen* erlassen worden. Sie regeln die Wahl der Mitarbeitervertretungen (auf 3 Jahre) sowie deren Mitwirkungs-, Anhörungs-, Vorschlags- und Antragsrechte. Die Vertretungen sind zu beteiligen bei Einstellung, Eingruppierung, Beförderung usw. Es bestehen *Schlichtungsstellen.*

710. Konzilien, Synoden

Konzilien sind Versammlungen der Bischöfe und anderer Kleriker, die entweder kraft ihres höheren Amtes ständige Mitglieder sind (Kardinäle, Patriarchen, Primaten, Erzbischöfe, regierende Bischöfe, gefreite Äbte) oder besonders berufen werden. Den Vorsitz führt der Papst oder ein beauftragter Stellvertreter. Unter einem *Provinzialkonzil* versteht man die Versammlung der Bischöfe einer Kirchenprovinz. *Synoden* sind Versammlungen ausgewählter Vertreter zur Beratung kirchlicher Angelegenheiten. So setzt sich z. B. eine *Diözesansynode* aus den höherrangigen und weiteren, vom Bischof berufenen Klerikern einer Diözese zusammen; sie wird vom Bischof geleitet.

Der Papst kann auch ein *ökumenisches* (die Welt umfassendes) *Konzil* einberufen (erstes ökumenisches Konzil in Nicäa 325). Das *Tridentiner Konzil* (1545–1563) stellte im Gegensatz zur protestantischen Lehre von der alleinigen Autorität der Bibel als Glaubensquelle die Autorität der Kirche mit dem Papst als Oberhaupt fest.

Das *I. Vatikanische Konzil* (1869/70) befaßte sich vorwiegend mit der Abwehr von Atheismus und Materialismus; es bekräftigte Primat und universalen Episkopalanspruch des Papstes („episcopus episcoporum") sowie das Dogma von seiner Unfehlbarkeit *(Infallibilität)* bei den in Glaubensfragen „ex cathedra" getroffenen Lehrentscheidungen. Über die hierdurch veranlaßte Abspaltung und Gründung der *Altkatholischen Kirche* vgl. 712. Die strenge Dogmatik der Beschlüsse, die innerkirchliche, erst nach längerer Zeit abflauende Auseinandersetzungen, aber auch erbitterte staatliche Reaktionen besonders im deutschen Sprachraum zur Folge hatte, war eine der folgenreichsten Ursachen des *Kulturkampfes* (702).

Ein *II. Vatikanisches Konzil* tagte, von Papst Johannes XXIII. einberufen, von 1962–1965 (mit Unterbrechungen). Es schloß mit 16 Dekreten, in denen richtungweisende Beschlüsse über die Entwicklung der kath. Kirche und ihr Verhältnis zur Umwelt niedergelegt sind. Die Dekrete betreffen insbes. Änderungen der Liturgie und des Rituals, die Ausbildung, Erziehung und das Leben der Priester, die Erneuerung des Ordenslebens, die Missionstätigkeit, die Stellung der Laien in der Kirche (Laienapostolat) sowie Fragen der christlichen Erziehung in Schule und Elternhaus. Die Stellung der Bischöfe wurde gestärkt (Ableitung ihres Amtes nicht mehr durch päpstliche Ernennung, sondern kraft göttlicher Vollmacht) und zur Beratung des Papstes eine Bischofssynode vorgesehen. Schließlich proklamierte das Konzil den Grundsatz der Religionsfreiheit (Gewissensfreiheit, Möglichkeit freier Entfaltung für alle Religionsgemeinschaften) und revidierte die Stellung der kath. Kirche zu anderen Religionsgemeinschaften, die sie erstmalig als Kirchen bezeichnete; die Sakramente und Riten der orthodoxen Ostkirchen wurden ausdrücklich anerkannt. Papst Paul VI. hat im Mai 1967 in einem ,,Ökumenischen Direktorium" zur Ausführung der Konzilsbeschlüsse Richtlinien u. a. über Anerkennung nichtkatholischer Taufen, interkonfessioneller Gottesdienste u. dgl. gegeben (wobei Unterschiede – Anerkennung der Ostkirchen, Nichtanerkennung der Reformationskirchen – deutlich hervortreten). In der vom Konzil offengelassenen Frage der *Geburtenregelung* hat Paul VI. in der Enzyklika ,,Humanae Vitae" vom 25. 7. 1968 die Auffasssung der Kirche bestätigt, daß Katholiken die Anwendung aller künstlichen Verhütungsmittel, Sterilisation und Abtreibung untersagt ist; Ausnahmen sind nur aus medizinischen Gründen zugelassen. Gegen die Bindung an diese Auffassung hat sich in Kreisen der Katholiken besonders auf dem *82. Katholikentag* (1968 in Essen) erheblicher Widerspruch erhoben. Die Enzyklika wurde jedoch von Papst Johannes Paul II. in den Jahren 1978 und 1981 bestätigt. In der ,,Instruktion über die Achtung vor dem beginnenden Leben und die Würde der Fortpflanzung" (März 1987) hat die kath. Kirche die künstliche Befruchtung abgelehnt.

Zur Verwirklichung der Beschlüsse des II. Vatikanischen Konzils und zur Beratung von Fragen des kirchlichen Lebens wurde von Papst Paul VI. im Jahre 1966 die *Bischofssynode der kath. Kirche* eingesetzt; diese hat jedoch – anders als das Konzil – keine Entscheidungsbefugnis, sondern kann nur Empfehlungen geben und dem Papst zur weiteren Entschließung vorlegen. Die Synode behandelte auf ihren Sitzungen 1967–1977 u. a. Fragen der Priesterausbildung, Liturgiereform, Mischehengesetzgebung, Katechese. Die im Herbst 1980 in Rom abgehaltene Bischofssynode widmete sich vorwiegend Fragen der christlichen Familie. Sie trat in 43 dem Papst unterbreiteten ,,praepositiones" (Vorschlägen) für das generelle Verbot der Schwangerschaftsunterbrechung, der Verwendung künstlicher empfängnisverhütender Mittel, der Sterilisation und der Euthanasie ein; der Empfang der Sakramente durch geschiedene Katholiken sei weiterhin einzuschränken. Eine weitere Tagung der Bischofssynode befaßte sich im Nov./Dez. 1985 u. a. mit Vorschlägen zur Erweiterung ihrer Befugnisse, mit Fragen des Laizismus und im besonderen der Rechte der Frau in der Kirche (dieser Bereich soll auf der nächsten Tagung 1987 behandelt werden). In der Frage der Geburtenregelung wurde die bisherige ablehnende Haltung bekräftigt. Die besonders in Lateinamerika aktuelle Tendenz zur ,,vorrangigen Option der Kirche für die Armen" und der sog. Befreiungstheologie wurde diskutiert, stieß aber auf Bedenken wegen der Gefahr einer Politisierung der Kirche. Hingegen wurde die Empfehlung, einen weltweit geltenden kath. Katechismus zu schaffen, von der Synode angenommen und von Papst Johannes Paul II. gebilligt.

Eine von der Deutschen Bischofskonferenz 1969 beschlossene *Gemeinsame Synode der Bistümer in der BRep.* (160 Kleriker, 152 Laien; außer den Bischöfen und Weihbischöfen gewählte Vertreter der Orden und berufene Mitglieder kath. Laienorganisationen) beriet 1971–1975 in Würzburg insbes. Fragen der Empfängnisverhütung, der Zulassung Geschiedener zu den Sakramenten sowie die Ausübung priesterlicher Funktionen durch Verheiratete und weibliche Diakone. Die Teilnahme von Katholiken am protestant. Abendmahl lehnte sie als unzulässig ab (s. a. „Interkommunion", 713).

711. Die Sakramente

tun nach den Auffassungen beider christlichen Bekenntnisse Gottes unsichtbare Gnade in sichtbaren Zeichen kund; sie bilden daher den Mittelpunkt des kirchlichen Lebens. Während aber die evg. Kirche nur *Taufe* und *Abendmahl* als Sakramente anerkennt, zählt die kath. Kirche sieben Sakramente: Taufe, Abendmahl (*Eucharistie* = „Danksagung": Meßopfer und Spendung = Kommunion), Firmung, Buße, Ehe, Krankensalbung und *Priesterweihe.*

Durch das Sakrament der Priesterweihe wird der für die kath. Kirche grundlegende Unterschied zwischen *Klerus* und *Laien* begründet.

Die *Ehe* ist nach kath. Auffassung unauflöslich und endet erst mit dem Tode eines Ehegatten. Die *Mischehe* zwischen einem Katholiken und dem Angehörigen eines anderen christlichen Bekenntnisses ist nach dem Codex Iuris Canonici von 1983 nicht mehr verboten; das Ehehindernis der *mixta religio* ist beseitigt. Jedoch bedarf der kath. Teil zum Abschluß einer konfessionsverschiedenen Ehe der Erlaubnis des Ortspfarrers. Die „Gemeinsame Trauung" (oft fälschlich als „Ökumenische Trauung" bezeichnet) kann aber nur nach dem Ritus der einen oder der anderen Konfession vollzogen werden; die Mitwirkung eines Geistlichen der Konfession, deren Ritus nicht angewendet wird, hat keine kirchenrechtliche Wirkung, sondern beschränkt sich auf den die Trauung umrahmenden Wortgottesdienst. Überdies bedarf der kath. Teil, falls die Trauung nicht nach kath. Ritus erfolgen soll, der Befreiung von der Formpflicht durch den Bischof. Diese und andere Fragen sind Gegenstand Gemeinsamer Empfehlungen der Dt. Bischofskonferenz und der Evg. Kirche in Deutschland (EKD) für die Seelsorge an konfessionsverschiedenen Ehen und Familien.

Da eine kirchenrechtlich gültige und von den Ehegatten durch copula carnalis vollzogene (konsumierte) Ehe nur durch den Tod lösbar ist, wird eine *Ehescheidung* vom kath. Kirchenrecht nicht anerkannt. Wohl aber kennt das kanonische Recht eine *Nichtigerklärung* durch ein kirchliches Ehegericht, wenn die Ehe mangels gehöriger kirchlicher *Eheschließungsform* oder wegen eines *Ehehindernisses* nicht gültig zustandegekommen ist (Mangel der *Ehefähigkeit,* z. B. wegen Doppelehe oder naher Verwandtschaft – nach der neuen Fassung des Codex Iuris Canonici von 1983 auch psychische Anomalie –, oder Mangel des *Ehewillens*: reine Versorgungsehe, Scheidungsvereinbarung). Eine nicht konsumierte Ehe kann durch päpstlichen Dispens gelöst werden. Weiter kennt das kath. Eherecht die *Trennung von Tisch und Bett,* bei der ohne Lösung des Ehebandes das eheliche Zusammenleben aufgehoben wird, aber beide Teile verhindert sind, eine neue Ehe einzugehen. Bei Ehen zwischen Ungetauften, auch wenn sie vollzogen sind, gestattet das sog. *Privilegium Paulinum* die Auflösung, wenn ein Ehepartner sich taufen läßt, der andere aber im Unglauben beharrt; die Auflösung der Ehe tritt ein, wenn der bekehrte Ehegatte eine neue Ehe eingeht.

712. Die altkatholische Kirche

ist ein von der röm.-kath. Kirche seit dem Vatikanischen Konzil 1870 losgelöster und einem Bischof in Bonn unterstehender eigener Diözesanverband; er leugnet die *Unfehlbarkeit des Papstes,* die Verpflichtung der Priester zum *Coelibat* und andere Dogmen der röm.-kath. Kirche.

Das *I. Vatikanische Konzil* (1869–1870) erklärte die Unfehlbarkeit des Papstes als Inhabers der obersten Lehrgewalt (Constitutio Pastor aeternus vom 18. 7. 1870) in Sachen des Glaubens und der Sitten, wenn er *ex cathedra* spricht, d. h. amtlich eine für die gesamte Kirche bestimmte Entscheidung trifft. Dies führte nach einem Protest von Prof. *Ignaz Döllinger* zur Abzweigung der Altkatholiken. Diese lehnen gewisse kirchliche Formen ab, so Ohrenbeichte, Heiligen- und Reliquienverehrung, ebenso die Exkommunikation als Kirchenstrafe; andererseits akzeptieren sie Geburtenregelung und Ehescheidung. Die Stellung der Laien ist stärker als in der röm.-kath. Kirche; sie sind z. B. in der Synode, die auch den Bischof wählt, mit zwei Dritteln vertreten und wählen die Pfarrer.

Es bestehen Bistümer insbesondere in Europa und Nordamerika. Die Verbreitung der Glaubenslehre ist jedoch beschränkt geblieben (im Jahr 1986 in der BRep. 28000 und rund 3 Mio. in anderen Ländern).

III. Die evangelische Kirche

713. Die Kirche als Glaubensgemeinschaft

Nach evangelischem Verständnis ist *Kirche* überall dort, wo das Evangelium rein gelehrt und die Sakramente dem göttlichen Wort gemäß verwaltet werden. Nach der Lehre vom *allgemeinen Priestertum der Gläubigen* ist jedes Glied der christlichen Gemeinde nach seinen Gaben zur Verkündigung des Evangeliums berufen.

Die evg. Kirche lehnt deshalb die strenge Scheidung der kath. Kirche zwischen *Klerus* und *Laien* (707) ab. Wortverkündigung und Sakramentsverwaltung sind i. d. R. zwar besonders vorgebildeten Gemeindegliedern (Pfarrern) vorbehalten. Die Ermächtigung hierzu, die sog. *Ordination,* hebt sie jedoch nicht als besonderen Stand aus dem Kreise der Gläubigen heraus.

Die Grundauffassung der heutigen evg. Kirche aller Prägungen geht auf die von *Martin Luther* (1483–1546) eingeleitete *Reformation* zurück. Luther wurde nach Abschluß seiner Studien an der Universität Erfurt 1505 Magister, trat in das Erfurter Augustinerkloster ein und empfing 1507 die Priesterweihe. Er lehrte als Doktor der Theologie an der Universität Wittenberg und schlug dort am 31. 10. 1517 die 95 Thesen über den Ablaß an. Der Streit mit Joh. Tetzel und Dr. Eck drängte Luther vorwärts in der Entwicklung zum *Reformator*. Er betonte die bloß menschlich-geschichtliche Entstehung des Papsttums und bestritt die Unfehlbarkeit der Konzilien. Im Evangelium als dem ,,Wort Gottes" erblickt seine Lehre das religiöse Gesetz. Auf Grund der unmittelbaren Glaubensbeziehung zwischen Gott und Mensch, die jede priesterliche Mittlerschaft unnötig macht, gelangte er zum Grundsatz des *allgemeinen Priestertums* aller Gläubigen. *Lehrgrundlage* des Luthertums ist die *Augsburgische Konfession* (1530). Nach Verbrennung der päpstlichen Bann-Androhungsbulle am 20. 2. 1520 in Wittenberg vollzog sich der Bruch mit Rom. Als Luther auf dem Reichstag zu Worms 1521 einen Widerruf ablehnte, wurde er in die *Reichsacht* getan, aber von seinem Landesherrn Kurfürst Friedrich dem Weisen auf die *Wartburg* gerettet. Hier übersetzte er das *Neue Testament*. Er vermählte sich 1525 mit der früheren Nonne Katharina von Bora, die ihm drei Söhne und drei Töchter schenkte. Luther übersetzte auch das Alte Testament. Durch seine Übersetzungen wirkte er entscheidend auf die Entwicklung der *deutschen Sprache* ein.

Spätere Reformatoren *(Ulrich Zwingli, Johann Calvin)* unterschieden sich von der Lehre Luthers in der Auffassung des Abendmahls. Während die lutherische Lehre in der Austeilung von Brot und Wein eine solche des Leibes und Blutes Christi sieht, faßt die reformierte Kirche beide nur als Symbole und das Abendmahl nur als Gedächtnisfeier auf. Beide Lehren, die lutherische wie die reformierte, unterscheiden sich vom *Katholizismus* hauptsächlich dadurch, daß sie ein besonderes Priestertum, Marienkult und Heiligenverehrung sowie die Ableitung des Papsttums aus einer Stiftung Christi und seine Unfehlbarkeit in Glaubensfragen nicht und von den Sakramenten nur zwei, Taufe und Abendmahl, anerkennen.

Auf Initiative des preuß. Königs *Friedrich Wilhelm III.* vereinigten sich beide Kirchen in der sog. *Union* (1817). Diese umfaßte die *evangelischen Gemeinden (Konsensgemeinden),* die wie die meisten preußischen Gemeinden den Unterschied der lutherischen und der reformierten Lehre für unerheblich erklärten, sowie *uniert-reformierte* und *uniert-lutherische* Gemeinden. Daneben bestanden rein-reformierte und rein lutherische Gemeinden, die nicht der Union, aber der *Preußischen Evangelischen Landeskirche* angehörten, sowie die *Altlutheraner,* die seit 1840 als Freikirche anerkannt sind. Seither unterscheidet man Kirchen nach *lutherischem* und *reformiertem* Bekenntnis und neben diesen *unierte* Kirchen, in denen beide Bekenntnisse in Geltung sind. Vertreter aller Richtungen tagen regelmäßig in Leuenburg (Schweiz), um die Unterschiede in der Glaubenslehre zu überwinden; sie erzielten 1973 eine Übereinkunft über Verkündigung, Taufe und Abendmahl *(Leuenburger Konkordie).*

Bestrebungen zur Vereinigung der röm.-kath. und der evg. Kirche ist bisher der Erfolg versagt geblieben, so der von dem kath. Theologen *Max Joseph Metzger* begründeten *Una-Sancta-Bewegung,* die seit 1945 vor allem in Deutschland eine zunehmende Anhängerschaft verzeichnet (Zentrale in der Benediktinerabtei Niederalteich). Auch ,,Ökumenische Treffen" (wie z. B. Pfingsten 1971 in Augsburg) haben nicht zur Überbrückung der theologischen Differenzpunkte geführt, ebenso nicht zu gemeinsamen Abendmahlsfeiern *(,,Interkommunion").* Eine sog. *Konzelebration,* d. h. die gleichzeitige oder unmittelbar aufeinander folgende Eucharistie und Abendmahlsfeier in gemeinsamen (,,ökumenischen") Gottesdiensten wird seitens der kath. Kirche abgelehnt. Begrenzte

Übereinstimmung in der Lehre strebt ein im Jahre 1978 veröffentlichtes Dokument einer „Gemeinsamen röm.-kath./evg.-luth. Kommission" an, das in der Frage der *Eucharistie* (711) im Gegensatz zur evg.-reformierten Auffassung die reale Gegenwart Christi mit Leib und Blut bejaht. Die weiteren Arbeiten der Kommission, die 1985 abgeschlossen werden sollten, ließen jedoch eine volle Übereinstimmung in Grundfragen insbes. der Eucharistie, gemeinsamen Gottesdienste und Behandlung der Mischehen kaum erwarten; sie sind 1984 eingestellt worden.

714. Landesherr und Kirchenregiment

Von den Anfängen der Reformation (vgl. 12) bis zur Revolution 1918 (vgl. 15) war die Entwicklung des Staatskirchenrechts durch den Begriff des *landesherrlichen Kirchenregiments* bestimmt. Jedes Territorium des Römischen Reiches Deutscher Nation (12) hatte sein eigenes Kirchenwesen. Der *Landesherr* beanspruchte das Recht, die Konfession seiner Untertanen nach seinem Bekenntnis zu bestimmen („cuius regio eius religio"). Neben der äußeren Aufsicht über die Kirche übte er in gewissen innerkirchlichen Angelegenheiten auch die *Kirchengewalt* aus (Besetzung kirchlicher Ämter, Erlaß kirchlicher Rechtsnormen).

Im 19. Jahrh. wurde entsprechend der Entwicklung im staatlichen Bereich das landesherrliche Kirchenregiment in der evg. Kirche mehr und mehr eingeschränkt und selbständigen kirchlichen Behörden *(Konsistorien)* übertragen, deren sich der Landesherr bei der Wahrnehmung des Kirchenregiments bediente. Die Kirchenhoheit übte für den Landesherrn der *Kultusminister* aus. Kirchliche *Selbstverwaltungsorgane (Synoden)* erhielten ein verfassungsmäßiges Mitwirkungsrecht.

Mit der staatlichen Umwälzung 1918 entfiel das landesherrliche Kirchenregiment; die Kirchengewalt ging auf die Konsistorien über. Der in der Weimarer Verfassung proklamierte Grundsatz der *Trennung von Staat und Kirche* führte zur Verselbständigung der Landeskirchen, die 1919–1922 eigene Kirchenverfassungen beschlossen.

Die 28 Landeskirchen schlossen sich 1922 im *Deutschen Evangelischen Kirchenbund* zusammen. Dieser war keine einheitliche Kirche. Er nahm vor allem die Interessen der Landeskirchen gegenüber dem Reich und den übrigen Kirchen wahr.

Nach der Machtübernahme durch den Nationalsozialismus 1933 forderten die „Deutschen Christen" die Gründung einer nach dem „Führerprinzip" (vgl. 18) geleiteten Reichskirche. Unter politischem Druck kam es zur Bildung der *Deutschen Evangelischen Kirche (DEK).* Sie gliederte sich in Landeskirchen, die in Bekenntnis und Kultus selbständig blieben.

Die Versuche des 1933 von der Nationalsynode gewählten „Reichsbischofs", die Landeskirchen in eine Einheitskirche nationalsozialistischer Prägung einzugliedern, scheiterten am Widerstand der *Bekennenden Kirche.* Diese proklamierte auf der Bekenntnissynode 1934 das kirchliche Notrecht und bildete eigene kirchliche Organe.

715. Die gesamtkirchlichen Zusammenschlüsse seit 1945

Nach dem Zusammenbruch des Reichs 1945 verstärkten sich die Bestrebungen, die evg. Kirchen Deutschlands zu vereinigen. Es kam jedoch – hauptsächlich infolge der Unterschiede im Bekenntnis der lutherischen und der übrigen Landeskirchen – am 13. 7. 1948 nur zu einem organisatorischen Zusammenschluß im Rahmen der *Grundordnung der Evangelischen Kirche in Deutschland (EKD).*

Über die Grundordnung der EKD vgl. 716, über die Verfassung der Gliedkirchen 717.

Die lutherischen Kirchen in der BRep. hatten sich bereits vor Gründung der EKD am 8. 7. 1948 zur *Vereinigten Evangelisch-Lutherischen Kirche Deutschlands (VELKD)* zusammengeschlossen.

Organe sind *Generalsynode, Bischofskonferenz* und Kirchenleitung; Kirchenamt in Hannover. Gliedkirchen sind: Bayern, Braunschweig, Hamburg, Hannover, Lübeck, Schaumburg-Lippe, Schleswig-Holstein. Im November 1968 verselbständigten sich die drei im Gebiet der DDR gelegenen Gliedkirchen der VELKD: Sachsen, Thüringen, Mecklenburg.

Ein weiterer Zusammenschluß ist die *Evangelische Kirche der Union (EKU),* in der die aus den früheren Kirchenprovinzen der *Evangelischen Kirche der altpreußischen Union* hervorgegangenen Landeskirchen ihre Gemeinschaft fortsetzen.

Die EKU gliedert sich seit 1972 in zwei Bereiche. Zum Bereich DDR gehören die Gliedkirchen Anhalt, Berlin-Brandenburg, Görlitz, Greifswald, Kirchenprovinz Sachsen; zum West-Bereich die Gliedkirchen von Berlin (West), Rheinland und Westfalen. Trotz dieser Gliederung versteht sich die EKU weiterhin als eine Kirche. Die Organe (*Synode, Rat*) und die Dienststellen beider Bereiche (*Kirchenkanzleien* in Ost und West-Berlin) sind verpflichtet, beständig für die Erhaltung und Förderung der „brüderlichen Gemeinschaft" in der EKU zu sorgen.

Die EKU bildete gemeinsam mit anderen unierten bzw. nicht der VELKD angehörenden Landeskirchen 1967 die *Arnoldshainer Konferenz.* In dieser arbeiten die Kirchenleitungen von Baden, Berlin (West), Bremen, Hessen und Nassau, Kurhessen-Waldeck, Lippe, Nordwestdeutschland, Oldenburg, Pfalz, Rheinland und Westfalen sowie gastweise Württemberg und das Reformierte Moderamen zusammen.

Ein regionaler Zusammenschluß ist die 1971 gegründete *Konföderation evg. Kirchen in Niedersachsen* (luth. Landeskirchen Hannover, Braunschweig, Oldenburg und Schaumburg-Lippe; Ref. Kirche in Nordwestdeutschland).

Als freie Vereinigung *reformierter Kirchen* und Kirchengemeinden hat sich seit 1884 der *Reformierte Bund* zur Wahrung des ursprünglichen Anliegens der reformierten Kirche gebildet. Hauptträger sind die Evg.-Reformierte Kirche in Nordwestdeutschland, die Lippische Landeskirche und die meisten Gemeinden reformierter Herkunft in Deutschland.

In der *DDR* schlossen sich nach der Spaltung Deutschlands und dem Inkrafttreten der neuen Verfassung von 1968 (vgl. 24 II) die acht Mitgliedkirchen der EKD (Anhalt, Berlin-Brandenburg, Görlitz, Greifswald, Mecklenburg, Provinz Sachsen, Land Sachsen und Thüringen) am 10. 6. 1969 zum *Bund der Evangelischen Kirchen in der DDR (BEK)* zusammen. Dieser ist von der EKD organisatorisch getrennt, betont aber die Partnerschaft mit ihr bei der Wahrnehmung kirchlicher Aufgaben (Art. 4 Abs. 4 der Grundordnung). Es wird angestrebt, die bestehenden Zusammenschlüsse – BEK, EKU (Bereich DDR) und VELK (DDR) – stufenweise in eine ,,Vereinigte Evangelische Kirche in der DDR" zu überführen; Verhandlungen über den Zusammenschluß sind jedoch im Nov. 1981 zunächst gescheitert.

716. Die Grundordnung der Evangelischen Kirche in Deutschland

Infolge der politischen und organisatorischen Entwicklung in den Nachkriegsjahren (715) gilt seit 1970 die Grundordnung der EKD nur noch für die Gliedkirchen in der BRep. und in West-Berlin. *Gliedkirchen der EKD* sind:

Die Evg.-Luth. Landeskirchen von Bayern, Braunschweig, Hannover, Oldenburg, Schaumburg-Lippe und die nordelbische Kirche (Zusammenschluß der luth. Landeskirchen von Hamburg, Lübeck, Eutin und Schleswig-Holstein), die Evg. Kirchen von Berlin-Brandenburg (Regionalsynode West), von Westfalen, im Rheinland, von Bremen, Hessen und Nassau, von Kurhessen-Waldeck und Württemberg, die Vereinigte Evg. Landeskirche Badens, die Vereinigte Protestantische Kirche der Pfalz, die (reform.) Lippische Landeskirche und die Evg.-Reformierte Kirche in Nordwestdeutschland. VELKD und Reformierter Bund (715) sind nicht Gliedkirchen der EKD.

Organe der EKD sind:

1. Die *Synode.* Sie beschließt Kirchengesetze, erörtert Fragen des kirchlichen Lebens und gibt dem Rat (s.u. 3) Richtlinien. Die Synode besteht aus 100 Mitgliedern, die von den synodalen Organen der Gliedkirchen auf 6 Jahre gewählt werden. 20 weitere Mitglieder werden vom Rat der EKD berufen. Nicht mehr als die Hälfte der Synodalen dürfen Theologen sein. Die Synode wählt aus ihrer Mitte ein Präsidium für ihre Amtsdauer.

2. Die *Kirchenkonferenz,* bestehend aus je 1 Vertreter der Kirchenleitungen der Gliedkirchen, der aber nicht dem Rat der EKD angehören darf. Leiter ist der Vorsitzende des Rates, dessen Mitglieder an den Sitzungen ohne Stimmrecht teilnehmen.

3. Der *Rat,* bestehend aus 15 Mitgliedern, von denen 14 von der Synode in Gemeinschaft mit der Kirchenkonferenz gewählt werden; weiteres Mitglied ist der Präses der Synode. Der Rat leitet die EKD, vertritt sie nach außen und kann Kundgebungen erlassen, wenn die Synode nicht versammelt ist. Die bisher selbständigen Amtsstellen, die *Kirchenkanzlei* in Hannover-Herrenhausen und das *Kirchliche Außenamt* in Frankfurt/M., sind nunmehr unter der Bezeichnung ,,*Kirchenamt der EKD*" zusammengefaßt (Jurist. und Theolog. Hauptabt. in Hannover-H., Hptabt. Ökumene – Kirchl. Außenamt – in Frankfurt/M.). Bei Meinungsverschiedenheiten entscheidet ein *Schiedsgerichtshof.*

Eine neue Grundordnung der EKD wird vorbereitet.

717. Die Verfassung der Gliedkirchen der EKD

Fast alle Gliedkirchen haben sich nach 1945 neue Verfassungen (Ordnungen, Grundordnungen) gegeben. Sie sind in gleicher Weise von *synodalen Elementen* (Gemeinde, Volkskirche) und *konsistorialen Prinzipien* (Behördenverwaltung) beherrscht, die sich wechselseitig ergänzen. Im Zuge der *Demokratisierung* auch der kirchlichen Verfassungen sind Reformbestrebungen im Gange.

Die derzeitigen Verfassungen stimmen im Aufbau (Gemeinde, Kirchenkreis, Landeskirche) im wesentlichen überein, weisen aber in Einzelheiten z. T. beträchtliche Abweichungen auf.

1. *Kirchenmitgliedschaft* wird durch die Taufe, evg. Bekenntnisstand (Zugehörigkeit zu einem in der EKD geltenden Bekenntnis) und durch den Wohnsitz im Bereich einer Gliedkirche der EKD begründet.

Sie besteht zur Kirchengemeinde und zur Gliedkirche des Wohnsitzes und setzt sich bei Umzug in den Bereich einer anderen Gliedkirche innerhalb der EKD fort.

2. Die *Kirchengemeinde* ist das Fundament der kirchlichen Verfassung. Sie ist die mit Körperschaftsrechten (144) ausgestattete Gemeinschaft der Kirchenmitglieder eines örtlich begrenzten Gebietes.

Der *Gemeindekirchenrat* (Kirchenvorstand, *Presbyterium*) vertritt die Gemeinde im Rechtsverkehr. Er besteht aus den Pfarrern, von denen einer den Vorsitz führt, und den von der Gemeinde auf Zeit gewählten Ältesten (*Presbytern*; Zahl je nach Größe der Gemeinde). Mehrere Gemeinden können sich zur Wahrnehmung bestimmter Aufgaben zu *Gemeindeverbänden* (Gesamtverbänden) zusammenschließen.

3. Der *Kirchenkreis (Dekanat)*, ebenfalls Körperschaft des öffentlichen Rechts, besteht aus mehreren Gemeinden.

Leitungsorgan ist die *Kreissynode (Dekanatssynode)*, deren laufende Geschäfte vom *Synodalvorstand* geführt werden. Die Mitglieder der Kreissynode, die aus Pfarrern und Laien besteht, werden von den Gemeindekirchenräten gewählt. Das zahlenmäßige Verhältnis zwischen Pfarrern und Laien ist gesetzlich festgelegt. Vorsitzender der Kreissynode und des Kreissynodalvorstandes ist i. d. R. der *Superintendent (Dekan)*. In den presbyterial-synodal verfaßten Kirchen wird er von der Kreissynode aus den Pfarrern des Kirchenkreises für eine befristete Amtszeit gewählt; in den meisten Kirchen ist er ein von der Kirchenleitung auf Lebenszeit berufener Pfarrer. Er übt die kirchliche Aufsicht und die Seelsorge an den Pfarrern des Kirchenkreises aus. In einigen Landeskirchen sind mehrere Kirchenkreise zum *Sprengel* zusammengefaßt, in dem der *Generalsuperintendent (Propst)* die kirchliche Aufsicht ausübt.

4. Die *Landeskirche* setzt sich aus den Kirchenkreisen zusammen. Sie wird vom *Bischof (Kirchenpräsident, Präses)* repräsentiert und hat ebenfalls Körperschaftsrechte.

Leitungs- und Gesetzgebungsorgan ist die *Landessynode*, deren Mitglieder z. T. von den Kreissynoden gewählt, z. T. von der Kirchenleitung berufen werden oder ihr kraft Amtes angehören. Sie wird von dem von ihr gewählten

Präsidium geleitet. Die Landessynode wählt den Landesbischof (Kirchenpräsidenten, Präses) und die *Kirchenleitung* (Kirchenregierung). Die Kirchenleitung nimmt die Geschäfte der Synode wahr, wenn diese nicht versammelt ist, ferner bestimmte kirchenregimentliche Aufgaben. Vorsitzender ist der Bischof (in Rheinland und Westfalen der Präses der Synode).

Das *Konsistorium* (Landeskirchenamt, Kirchenverwaltung, Oberkirchenrat; i. d. R. Kollegialbehörde) führt die Verwaltung der Landeskirche nach den Weisungen der Kirchenleitung.

718. Gottesdienst, Amtshandlungen, Kirchenzucht

Als wesentlicher Bestandteil gehört zum evg. Gottesdienst die *Wortverkündung (Predigt)*. Grundsätzlich predigen ordinierte Geistliche, zuweilen auch Predigtamtskandidaten.

Hiervon zu unterscheiden ist die Tätigkeit von Laien als *Predigthelfer* und *Lektoren* (s. 719).

Zu den *kirchlichen Amtshandlungen* zählt die Spendung der *Sakramente* – das sind in der evg. Kirche nur Taufe und Abendmahl – sowie Konfirmation, Trauung und *Bestattung*.

Diese kann bei Personen entfallen, die in ,,offenbarer Sünde" gestorben sind, wozu auch der Selbstmord gerechnet wird. *Feuerbestattung* ist kein Ablehnungsgrund.

Durch die *Taufe* wird die Kirchenmitgliedschaft erworben. Sie wird i. d. R. als Säuglingstaufe geübt (s. aber 720c, n), kann jedoch auf Wunsch der Eltern auch hinausgeschoben werden. Die *Konfirmation* ist die Bestätigung der Taufe; sie ist Voraussetzung für die Teilnahme am Abendmahl und für die Übernahme des Patenamtes.

Die liturgischen Formen der Gottesdienste und Amtshandlungen sind in der sog. *Agende* geregelt, die auf der Tradition der christlichen Kirche beruht, aber zeitentsprechenden Änderungen wie der in neuerer Zeit vielfach geforderten Reform des Gemeindegottesdienstes zugänglich ist. Weitere Grundlagen des kirchlichen Handelns sind die sog. *Lebensordnungen*. Sie behandeln die Spendung der Sakramente, die kirchlichen Amtshandlungen – insbes. die *Trauung* und ihre Voraussetzungen –, Seelsorge, Eintritt in die Kirche und Austritt, Kirchenzucht usw. Sie sind, obwohl in Form von Kirchengesetzen erlassen, keine Rechtsvorschriften mit Zwangs- und Strafcharakter, sondern Richtlinien für eine einheitliche kirchliche Praxis.

Als *Kirchenzuchtmaßnahmen* kommt die Versagung der Teilnahme an den Sakramenten und den kirchlichen Amtshandlungen in Betracht, nicht aber der Ausschluß aus der Gemeinde. Die Maßnahmen sind Angelegenheiten der ganzen Gemeinde und können daher vom Pfarrer, der die seelsorgerliche Verantwortung trägt, nur nach Anhörung des Leitungsorgans der Gemeinde (Gemeindekirchenrat, Presbyterium, Kirchenvorstand) ausgesprochen werden.

719. Die Ämter in der evangelischen Kirche

In der evg. Kirche ist nicht die bischöfliche Hierarchie, sondern die Gemeinde der Träger der Verkündigung des Evangeliums. Das geistliche Amt ist der Gemeinde zugeordnet und nicht ihr übergeordnet. Dem *Pfarrer* (abgeleitet von parochus) oder *Pastor* (Hirte) ist die geistliche Leitung der Gemeinde übertragen. Der Begriff Pfarrer meint mehr die rechtliche Seite des Amtes, der Begriff Pastor die seelsorgerliche.

Die Anstellung im Pfarramt setzt ein abgeschlossenes theologisches Hochschulstudium und eine zweijährige kirchliche Ausbildung (Vikariat, Predigerseminar) voraus. Mit der nach dem Studium abgelegten ersten Prüfung erwirbt der Kandidat die Predigterlaubnis *(venia concionandi)*, mit dem Abschlußexamen *(pro ministerio)* nach der praktischen Ausbildung das Recht, ein geistliches Amt zu bekleiden. Evg. *Kirchliche Hochschulen* bestehen in Berlin, Bethel, Oberursel und Wuppertal. Die Gliedkirchen unterhalten *Predigerseminare*, so das *Kloster Loccum* der evg.-luth. Landeskirche Hannover, und Fachhochschulen (so die Pfälzische Landeskirche).

Die Übertragung des geistlichen Amtes erfolgt durch die *Ordination*. Sie ist die Ermächtigung und der Auftrag zur öffentlichen Wortverkündigung und zur Sakramentsverwaltung; hiervon zu unterscheiden ist die Berufung *(Einführung)* in ein bestimmtes Pfarramt. Die Anstellung des Pfarrers begründet ein öffentlich-rechtliches Dienstverhältnis auf Lebenszeit, das beamtenrechtliche Züge trägt, jedoch ein Dienstverhältnis besonderer Art ist. Der Pfarrer wird grundsätzlich von der Gemeinde gewählt, zumindest nach deren Anhörung (dann begrenztes Einspruchsrecht). Über Versetzung, Amtsenthebung und Dienstentlassung sowie über vermögensrechtliche Ansprüche vgl. 722.

Der *Pfarrer* ist zuständig für alle Amtshandlungen in seiner Gemeinde (Gemeindebezirk). Ausnahmen erfordern das *Dimissiorale* des zuständigen Pfarrers. Dem Pfarrer obliegen ferner gewisse Verwaltungsaufgaben.

Die Zulassung von *Frauen* (auch verheirateten) zum Pfarramt *(Pastorin, Vikarin)* hat sich in den meisten Landeskirchen nach 1945 durchgesetzt. Zur öffentlichen Wortverkündigung und Sakramentsverwaltung werden zunehmend auch nichtakademisch vorgebildete Theologen *(Prediger)* zugelassen, die unter bestimmten Voraussetzungen sogar in ein volles Pfarramt berufen werden können. *Laien* können mit der Wortverkündigung im Gottesdienst als *Predigthelfer* und *Lektoren* beauftragt werden. Für sie ist eine Ordination nicht vorgesehen, weil es sich um einen örtlich und zeitlich begrenzten Auftrag handelt.

Als Körperschaften des öffentlichen Rechts (144) können die Landeskirchen und kirchlichen Zusammenschlüsse (715) *Beamte* berufen, deren Dienstverhältnis als *öffentlicher Dienst* (153) anerkannt und durch *Kirchenbeamtengesetze* entsprechend dem staatlichen Beamtenrecht (154ff.) geregelt ist; dasselbe gilt für *Besoldung* und *Versorgung* der Kirchenbeamten.

Auf die Dienstverhältnisse der *kirchlichen Angestellten* sind durchweg die Bestimmungen für Angestellte im öffentlichen Dienst (153) anzuwenden.

Entsprechend den Regelungen im *Personalvertretungsrecht* des öffentlichen Dienstes (154, 633) haben die Landeskirchen für ihre Mitarbeiter rechtliche Vorschriften für die *Mitbestimmung* und *Mitwirkung* erlassen; diese Aufgaben obliegen sog. *Mitarbeitervertretungen*. Ihre Vereinheitlichung ist Gegenstand von Verhandlungen, bei denen insbesondere Fragen der Einschaltung der Gewerkschaften, die Regelung arbeitsrechtlicher Verhältnisse durch Tarifvertrag oder – wie von kirchlicher Seite gefordert – in kircheninternen Sondervereinbarungen und der Ausschluß von Arbeitskampfmaßnahmen (635) eine Rolle spielen; deren Zulassung würde nach kirchlicher Auffassung der Struktur der Kirche als einer Dienstgemeinschaft besonderer Art widersprechen.

IV. Sonstige Religionsgesellschaften

720. Freikirchen und Sekten

Neben der evg. und der kath. Kirche bestehen in der BRep. *freireligiöse Vereinigungen* christlichen Gepräges *(Freikirchen)*, insbesondere freie evg. Gemeinden, die im 19. Jahrh. entstanden sind und nicht zu den Landeskirchen gehören, und *Sekten*, d. h. Gemeinschaften, die vom allgemeinen bekenntnisgebundenen Kirchentypus in bestimmten Punkten der Lehre abweichen, die aber streng an den Grundsätzen des christlichen Glaubens festhalten. Sofern ihre Mitglieder in der Landeskirche verbleiben, werden sie von den evg. Kirchen wie alle Glieder behandelt. Meist jedoch veranlaßten grundlegende dogmatische Abweichungen die Sekten, die besonders in der Nachkriegszeit aufblühten, zur Abspaltung.

Auch diesen *Religionsgesellschaften* gewähren Art. 4 und 140 GG in Verbindung mit Art. 137 WVerf. freie Vereinigung und Religionsausübung (vgl. 703). Sie ordnen und verwalten ihre Angelegenheiten selbständig innerhalb der Schranken der für alle geltenden Gesetze und erwerben privatrechtliche Rechtsfähigkeit nach dem Vereinsrecht des BGB (306). Sofern sie jedoch beim Inkrafttreten des GG die Stellung von Körperschaften des öffentlichen Rechts besaßen, bleibt ihnen diese erhalten; auch sie stehen unter der Staatsaufsicht der Länder.

Als *christliche Freikirchen* sind hervorzuheben:

a) die *Altlutheraner*, die 1835 unter Ablehnung der protestantischen Unionsbestrebungen eigene Gemeinden mit starker Betonung der reinen lutherischen Lehre bildeten (vgl. 713). In der BRep. sind die ca. 40000 Mitglieder in den 120 Gemeinden der „Selbständigen Evang.-Luth. Kirche (SELK)“ zusammengeschlossen, deren Synode den Bischof wählt;

b) die *Altkatholiken*, die sich 1870 von der röm.-kath. Kirche trennten, weil sie die vom Vatikanischen Konzil zum Glaubenssatz erhobene Unfehlbarkeit des Papstes nicht anerkannten (vgl. 712, auch über weitere Abweichungen in der Glaubenslehre);

c) die *Baptisten*, eine weitverzweigte christliche Gemeinschaft, die nur die Erwachsenentaufe auf Grund bewußten Bekenntnisses zum Christentum zuläßt. Sie sind Gegner der Staatskirchen und fordern, daß jede Gemeinde selbständig sei und streng nach der Bibel lebe. Entstanden in England, verbreitete sich diese Glaubensrichtung vor allem in Nordamerika und seit 1834 auch in Deutschland;

d) die *Freien evang. Gemeinden;* sie sind in einem Bund der F. E. G. vereinigt, der wiederum mit dem „Bund Evang.-Freikirchlicher Gemeinden“ (Baptisten,

Bund freikirchlicher Christen, Elimgemeinden) und der „Evang.-Methodistischen Kirche" (Methodisten, Evang. Gemeinschaft) zur „Vereinigung Evang. Freikirchen in Deutschland" zusammengeschlossen ist;

e) die *Herrnhuter Brüdergemeine*. Ihr Stifter war Nikolaus Ludwig Graf *von Zinzendorf*, der auf seinem Gut Berthelsdorf (Oberlausitz) Deutsche aus Mähren, die mit Böhmischen Brüdern in Zusammenhang standen, ansiedelte und die Kolonie Herrnhut gründete, die 1722 Sitz der Brüdergemeine wurde. Die Böhmischen Brüder gingen um 1467 aus den *Hussiten* hervor und erstrebten eine Erneuerung des ganzen Lebens im Sinn des Urchristentums; sie wurden aber im Dreißigjährigen Krieg vernichtet. Reste gingen später in der Erneuerten Brüderunität auf. Die Glaubensrichtung umfaßt heute ca. 300000 Anhänger und ist vor allem in Nordamerika und Europa verbreitet;

f) die *Adventisten*, eine seit Anfang des 19. Jahrh. aufgetretene christliche Religionsgemeinschaft. Die Adventisten glauben an den nahe bevorstehenden Anbruch eines tausendjährigen Reiches nach Christi Wiederkunft (Matth. 26, 29; sog. *Chiliasmus*, vom griech. chilioi = tausend);

g) die *Methodisten*, eine aus der Anglikanischen Kirche (vgl. 32) hervorgegangene Religionsgemeinschaft, die Bekehrung nach einer bestimmten Methode (Gnadendurchbruch durch Bußkampf) fordert. Sie entstand aus einer Erwekkungspredigt der anglikanischen Theologen Wesley und Whitefield, die 1738 unter herrnhutischen Eindrücken ihre Bekehrung erlebten. Stark vertreten in England und den USA; insgesamt ca. 20 Mio. Mitglieder. In Deutschland Zentralkonferenz und Predigerseminar in Frankfurt a. M.;

h) die *Presbyterianer*, hauptsächlich in Schottland und in den USA verbreitet. Ihre Organisation beruht im Gegensatz zur bischöflichen Anglikanischen Kirche (vgl. 32) auf der Verfassungsordnung der calvinistischen Gemeinden; sie anerkennt das Prinzip der Ältesten *(Presbyter)* als Führer der Gemeinden und Synoden und legt auch ihren religiösen Anschauungen die Lehren des Calvinismus (vgl. 713) zugrunde;

i) die *Neuapostolische Kirche*. Sie ist eine um 1860 entstandene Abspaltung der *kath.-apostolischen (altapostolischen) Gemeinden*, die etwa 1830 von Anhängern der Anglikanischen Kirche gegründet wurden und die nahe Wiederkunft Christi verkündeten (Vorsteher der ersten kath.-apostolischen Gemeinde in London war *Edward Irving*, nach dem die Anhänger dieser Gemeinden oft fälschlich *Irvingianer* genannt werden). Wie die altapostolischen Gemeinden, die nach dem Tod des letzten „Apostels" zunehmend an Bedeutung verloren, orientiert sich auch die Neuapostolische Kirche nach dem Vorbild der urchristlichen, von Aposteln gegründeten und geführten Gemeinde. Sie hat eine streng hierarchische Ordnung und anerkennt neben einem „Stammapostel" als geistige Autorität in den Gemeinden Apostel mit den Ämtern von Bischöfen, Ältesten usw.;

k) die evg. Religionsgemeinschaft „Gesellschaft der Freunde" (auch *Quäker* genannt), von George Fox 1652 gegründet, in den USA von William Penn organisiert; sie lehnt äußere Kultformen ab und beschränkt den Gottesdienst auf das geistliche Wort. Die Gemeinschaft betont die Friedensliebe und verwirft Kriegsdienst und Eidesleistung; sie ist berühmt geworden durch ihre internationale Hilfstätigkeit in und nach den beiden Weltkriegen;

l) die *Mormonen* („Heilige der letzten Tage"), gegründet 1830 von Joe Smith unter Berufung auf eine angebliche Offenbarung („Buch Mormon"). Sie bildeten ein eigenes, hierarchisch organisiertes Staatswesen in Salt Lake City, das später als Staat Utah in die USA aufgenommen wurde. Zunächst polytheistische Religionsform, Zulassung der Vielweiberei bis zum gesetzlichen Verbot durch die USA, später Übergang zu strengen christlichen Grundsätzen;

m) die *Christliche Wissenschaft* (Christian Science), eine von Mary Baker-Eddy 1866 begründete religiöse Bewegung. Sie will dem Christentum das Element des Heilens wieder einfügen. Sie sucht Heilung im Wege des Gebets und darüber hinaus die vollständige Erlösung von Sünde und Furcht und von den Illusionen materialistischen Denkens. Es bestehen ca. 3000 Zweiggemeinden in aller Welt (Zentrale in Boston);

n) die *Mennoniten* (Taufgesinnte), eine von dem früheren kath. Priester Menno Simons im 16. Jahrh. gestiftete evg. Gemeinschaft des Täufertums. Selbständigkeit der Gemeinde, Erwachsenentaufe nach Unterricht, Bindung an die Bibel ohne festgelegtes Bekenntnis, Verwerfung des Eides und des Waffendienstes sind gemeinsame Eigenart der über die Erde verstreuten Gemeinden. Europäisches Zentrum in den Niederlanden (theologisches Seminar für Berufsprediger); stärkere Verbreitung in Nordamerika und Kanada. Gesamtzahl etwa ¾ Mio;

o) die *Zeugen Jehovas* („Ernste Bibelforscher"), eine 1910 gegründete religiöse Vereinigung, die an ein tausendjähriges Messiasreich glaubt, Eidesleistung und Wehrdienst ablehnt (s. 469) und daher unter dem nat.-soz. Regime, aber auch in der Sowjetzone vielfachen Verfolgungen ausgesetzt war. Trotz starker Anfeindungen – namentlich in kriegführenden Ländern – verfügt die Gemeinschaft über eine große Anhängerschaft. Sie ist auch in Deutschland verbreitet;

p) die *Heilsarmee*, eine in England 1878 von *William Booth* ins Leben gerufene, über die ganze Welt verbreitete religiöse Gemeinschaft, die militärisch organisiert ist und vor allem praktische Nächstenliebe übt. Sie nimmt sich besonders der entkirchlichten und verwahrlosten Großstadtbevölkerung an, legt das Hauptgewicht auf evangelistische Tätigkeit und *soziale Arbeit*. Sie gehört in Deutschland der Arbeitsgemeinschaft Christlicher Kirchen an, spendet aber nicht wie diese Sakramente. Sie betont in ihrer christlichen Lehre die persönliche Bekehrung durch Reue und Buße, der vor allem Freiversammlungen ohne feste Liturgie gewidmet sind. Ihr Sitz ist London. Sie hat einen General, einen Generalstab, männliche und weibliche Offiziere und Soldaten.

Mit einigen außenstehenden Vereinigungen hat die EKD 1948 eine *Arbeitsgemeinschaft* gegründet, der auch der Bund Evg.-Freikirchlicher Gemeinden, die Evg.-Methodistische Kirche, die Altkatholische Kirche in Deutschland, die Vereinigung der Mennonitengemeinden und die Evg. Brüderunität angehören. Die Arbeitsgemeinschaft hat sich „Richtlinien" geschaffen (Amtsblatt der EKD 1948, Nr. 6). Lose angeschlossen sind ihr der Bund freier evg. Gemeinden und die (Alt-)Reformierten.

721. Die jüdischen Gemeinden in Deutschland

Nach dem Zusammenbruch des „Dritten Reiches" entstanden 1945 wieder die ersten *jüdischen Gemeinden* in Deutschland, deren Mitgliederzahl aber wegen des relativ hohen Durchschnittsalters der Juden in der BRep. in den letzten Jahren wieder absank. Im Jahre 1985 gab es im Bundesgebiet und in Berlin 65 jüdische Gemeinden. Sie sind in *Landesverbänden* zusammengefaßt, diese wieder in größere *Gruppen* (Interessengemeinschaften) gegliedert.

Anfang 1947 lebten in Deutschland insgesamt 125000 Juden (gegenüber früher fast 1 v. H. der Bevölkerung). Durch die Auswanderung, die nach Gründung des *Staates Israel* (1948) einsetzte, verringerte sich ihre Zahl ständig. In der BRep., einschl. Berlin (West), betrug sie 1985 insgesamt ca. 30000, wovon

27500 den 65 jüdischen Kultusgemeinden angehörten. Die Berliner jüdische Gemeinde ist mit ca. 6100 Mitgliedern die größte. Ihr folgen die Gemeinden in München, Köln, Frankfurt, Hamburg und Düsseldorf.

Dachorganisation aller jüdischen Organisationen ist der *Zentralrat der Juden in Deutschland.* Für soziale Wohlfahrtspflege besteht eine Zentralwohlfahrtsstelle der Juden in Deutschland e. V. mit dem Sitz in Frankfurt; *jüdische Altersheime* wurden in Berlin und den größeren Städten des Bundesgebietes eingerichtet. Die Frauenvereine sind im Jüdischen Frauenbund zusammengefaßt. Als jüdische Zeitung erscheint in Düsseldorf die ,,Allgemeine Wochenzeitung der Juden in Deutschland".

Die *jüdische Gemeinschaft in Deutschland* unterhält 13 *Rabbinate,* insbes. in Berlin, Frankfurt, Stuttgart, München und Dortmund. Diese haben sich zu einer *Rabbinatskonferenz* mit Sitz in Frankfurt a. M. zusammengeschlossen. Eine *Hochschule für jüdische Studien* zur Ausbildung von Rabbinern, Kantoren und Religionslehrern besteht seit 1979 in Heidelberg.

V. Kirchenwesen und Religionsübung

722. Kirchliche Gerichtsbarkeit

Die christliche Urgemeinde lehnte die Inanspruchnahme weltlicher Gerichte zur Austragung von Streitigkeiten innerhalb der Gemeinde ab. Das Neue Testament (1. Kor. 6, 1 ff.) weist die Glieder der Gemeinde an, Streitigkeiten durch Spruch eines aus der Gemeinde gewählten Schiedsrichters zu schlichten. Später erhielt das *Bischofsamt* auch richterliche Autorität. Die *Reformation* beseitigte die bischöfliche Jurisdiktion in der evg. Kirche. Sie wurde von den *Konsistorien* übernommen. Im 18. und 19. Jahrh. wurde die Gerichtsbarkeit der Konsistorien aufgehoben

In der *kath. Kirche* ist die Gerichtsbarkeit ein Teil der *Jurisdiktionsgewalt,* die hier einen umfassenderen Inhalt hat als im allgemeinen Rechtswesen: sie umfaßt außer der Rechtsprechung (in kirchlichen Straf- und Disziplinarsachen, Streitigkeiten betr. Sakramente, Kirchenämter usw.) auch die kirchliche Gesetzgebung und die Verwaltung im inneren Bereich der Kirche. Die höchste Jurisdiktionsgewalt besitzt der *Papst* (über die Gerichtshöfe der Kurie vgl. 708); Konzilsbeschlüsse bedürfen seiner Bestätigung, und Rechtssachen, die in die Jurisdiktion der Bischöfe fallen, kann er an sich ziehen (ius evocandi). Die *Bischöfe* besitzen für ihren Bereich die Jurisdiktion; ihnen obliegt somit auch die erstinstanzliche Rechtspflege, die i. d. R. durch einen *Offizial* (Priester mit den erforderlichen Rechtskenntnissen) ausgeübt wird, soweit sich nicht der Bischof die Entscheidung vorbehält. Über die Anfechtung kirchlicher Verwaltungsakte s. 706.

In der *evg. Kirche* entwickelte sich seit der Verselbständigung der *Landeskirchen* wieder eine eigene *kirchliche Gerichtsbarkeit* entsprechend dem verfassungsrechtlichen Grundsatz, daß jede Religionsgesellschaft ihre Angelegenheiten selbständig ordnet und verwaltet (Art. 137 WVerf., Art. 140 GG). Es wurden kircheneigene *Verfassungs-* und *Verwaltungsgerichte* gebildet, die kirchliche Verwaltungsakte auf ihre Gesetzmäßigkeit in richterlicher Unabhängigkeit überprüfen und Streitigkeiten zwischen kirchlichen Körperschaften entscheiden. Besetzung, Verfahren und Instanzenzug folgen den im staatlichen Bereich entwickelten rechtsstaatlichen Grundsätzen. Die Zuständigkeit kirchlicher Verwaltungsgerichte schließt regelmäßig die Anrufung staatlicher Gerichte aus.

In Grenzfragen ist dies umstritten. Für *vermögensrechtliche Ansprüche* von Geistlichen und Kirchenbeamten ist der Rechtsweg zu den staatlichen Verwaltungsgerichten nur gegeben, wenn eine entsprechende innerkirchliche Regelung besteht (BVerwG vom 27. 10. 1966, NJW 1967, 1672); das ist für die kath. Kirche zu verneinen.

Im Bereich des Dienstrechts ist eine eigene kirchliche *Disziplinargerichtsbarkeit* für *Pfarrer* und *Beamte* geschaffen. Für die *EKD* insbesondere gilt das Disziplinargesetz der EKD vom 11. 3. 1955, das sich weitgehend an das staatliche Disziplinarrecht anlehnt. In erster Instanz entscheiden *Disziplinarkammern,* in zweiter Instanz der *Disziplinarhof.* Die Disziplinarmaßnahmen entsprechen im wesentlichen den beamtenrechtlichen (vgl. 156).

Stellungnahmen zu *Fragen des Bekenntnisses und der Lehre* unterliegen nicht der Disziplinargerichtsbarkeit. Wesentliche Abweichungen von Bekenntnis und Lehre können in verschiedenen Landeskirchen zum Gegenstand eines eigenen rechtsförmigen *Lehrbeanstandungsverfahrens* gemacht werden.

Im Hinblick auf die besondere dienstrechtliche Stellung des Pfarrers sind in verschiedenen Landeskirchen neben dem Disziplinarverfahren besondere *Versetzungsverfahren* für Fälle vorgesehen, in denen disziplinarische Tatbestände nicht vorliegen, eine Ablösung des Pfarrers aber im Interesse der Gemeinde dringend geboten ist.

Über den *Schiedsgerichtshof* der EKD vgl. 716.

723. Das Patronatsrecht

hat sich aus dem *Eigenkirchenwesen* entwickelt, das schon in der germanischen Zeit dem Grundherrn Eigentums- und andere Rechte an den von ihm errichteten kirchlichen Bauten, den kirchlichen Einnahmen usw. sicherte. Das Patronatsrecht als eigenständige Rechtsform kann weder dem öffentlichen noch dem Privatrecht, weder dem geistlichen noch dem weltlichen Recht eindeutig zugerechnet werden. Es haftet meist am Grund und Boden; *Patron* ist i. d. R. dessen jeweiliger Eigentümer. Als wichtigste Pflicht obliegt dem Patron die *kirchliche Baulast.* Andererseits gebührt ihm u. a. das Recht, für eine vakante Stelle einen geeigneten Geistlichen zu präsentieren.

Meist waren Staat, Stadtgemeinden oder Großgrundbesitzer, aber auch Universitäten, alte Schulen, Klöster und deren Rechtsnachfolger die Patrone. Nach dem Preußischen Landrecht erwarb das Patronat, wer eine Kirche erbaute oder wiederaufbaute und hinlänglich dotierte. Das Recht haftete am Grund und Boden, doch mußte der Eigentümer volljähriger Christ sein; andernfalls ruhte das Patronat. Heute sehen Staat und Kirche das Patronat als eine überholte Einrichtung an; Ansprüche aus dem Patronat, z. B. das Recht auf einen Kirchenstuhl und Beisetzung in der Kirche, wurden im Wege der Vereinbarung abgelöst.

Einige *evg. Klöster und Stifte* reichen bis in die vorreformatorische Zeit zurück. Sie wurden in der Reformation in evg. oder karitative Körperschaften übergeführt und entgingen durch Umwandlung in „milde Stiftungen" der Säkularisation (703, 704). Das *Kloster Loccum* ist Körperschaft öffentl. Rechts und Bestandteil der evg.-luth. Gliedkirche Hannover; es unterhält das älteste (seit 1800 bestehende) Predigerseminar Deutschlands. An der Spitze stehen ein Abt (der jeweilige Landesbischof) und 4–6 Konventualen.

In der sowjetischen Besatzungszone wurden die sächsischen Stifte Meissen und Wurzen, das Domstift Brandenburg sowie die Stifte in Lindow (Kr. Ruppin), Marienfließ (Kr. Ostpriegnitz) und Zehdenick (Kr. Templin) durch VO vom 9. 2. 1946 als Einrichtung der evg. Kirche der Aufsicht des evg. Konsistoriums unterstellt, jedoch Satzungsänderungen und Veräußerung oder Belastung des Stiftsvermögens an die Genehmigung der (staatl.) Provinzialverwaltung gebunden.

724. Die Religion in Erziehung und Unterricht

Nach Art. 6 Abs. 2 GG sind Pflege und Erziehung der Kinder das natürliche Recht der Eltern und die zuvörderst ihnen obliegende Pflicht. Über ihre Betätigung wacht die staatliche Gemeinschaft. Damit ist das *Elternrecht* hinsichtlich Pflege und Erziehung gesichert und eine staatliche Gemeinschaftserziehung abgelehnt. Nach dem fortgeltenden Reichsgesetz über die *religiöse Kindererziehung* vom 15. 7. 1921 (RGBl. 939) entscheidet über diese die freie Einigung der *Eltern.* Mangels einer solchen greift das BGB ein (vgl. 349: Anrufung des Vormundschaftsgerichts). Kein Elternteil kann einseitig bestimmen, daß das Kind in einem anderen Bekenntnis erzogen werden soll als demjenigen, dem beide Eltern zur Zeit der Eheschließung angehörten oder in dem das Kind bisher erzogen worden ist. Ein Bekenntniswechsel bedarf vom 12. Lebensjahr ab der Zustimmung des Kindes. Mit 14 Jahren tritt volle religiöse Mündigkeit ein.

Der Religionsunterricht ist in den öffentlichen Schulen mit Ausnahme der bekenntnisfreien Schulen ordentliches Lehrfach; er wird in Übereinstimmung mit den Grundsätzen der Religionsgemeinschaften erteilt. Die Erziehungsberechtigten haben das Recht, über die Teilnahme des Kindes am Religionsunterricht zu bestimmen (Art. 7 Abs. 2, 3 GG); für die An- und Abmeldung zum Religionsunterricht gilt nach dem Ges. vom 15. 7. 1921 das gleiche Entscheidungsrecht für Eltern und Kind wie für die Zugehörigkeit zu einem Bekenntnis. Im *Schultyp* herrscht in den meisten Ländern die Gemeinschaftsschule vor, in der Religionsunterricht nach der Konfession der Schüler erteilt wird (so Bad.- Württbg., Bayern, Bremen, Hessen, Niedersachsen, Rheinld.-Pfalz); in Nordrh.-Westf. bestehen in der Grundschule drei Schultypen nebeneinander, während die Hauptschule grundsätzlich Gemeinschaftsschule ist.

Die *theologischen Fakultäten* sind staatliche Einrichtungen; sie stehen zum Teil unter Verfassungsschutz der Länder (so in Hessen und Rheinland-Pfalz). Die neueren Kirchenverträge sehen ein Mitwirkungsrecht der Kirche bei der Besetzung der theologischen und zum Teil auch der philosophischen Lehrstühle vor. Die *Lehrerbildungsanstalten (Pädagogischen Hochschulen)* wurden früher von den Ländern unterschiedlich teils in simultaner, teils in konfessioneller Form geführt, jedoch nach und nach in simultane umgewandelt.

Die evg. Kirchen unterhalten in Deutschland höhere Konfessionsschulen sowie kirchliche Hochschulen (vgl. 719). Die kath. Kirche unterhält neben höheren Lehranstalten und Seminaren mehrere philos.-theol. Hochschulen (Frankfurt, Fulda, Königstein, München, Paderborn, Passau, Trier) sowie die Universität Eichstätt.

725. Kirchenaustritt und Übertritt

Obwohl der *Kirchenaustritt* überwiegend das innerkirchliche Verhältnis berührt, gilt er als Angelegenheit des Staatskirchenrechts und ist staatlich geregelt. Kindern ist nach Vollendung des 14. Lebensjahres der selbständige Austritt aus der Kirche möglich (vgl. 724). Die Form des Kirchenaustritts ist durch Landesgesetz geregelt (z. B. Niedersachsen, Ges. vom 4. 7. 1973, GVBl. 221; NRW, Ges. vom 26. 5. 1981, GV. NW 260).

Der Austritt ist i. d. R. beim Amtsgericht oder beim Standesbeamten zu Protokoll oder schriftlich (z. T. in öffentlich beglaubigter Form) zu erklären. Das Gericht erteilt dem Ausgetretenen eine Bescheinigung und benachrichtigt die Kirchengemeinde. Die (in den meisten Ländern gebührenfreie) *Austrittserklärung* befreit den Ausgetretenen von seinen Verpflichtungen gegenüber der Religionsgesellschaft, insbesondere von den *steuerlichen,* spätestens mit Ablauf des Kalendermonats der Austrittserklärung (BVerfG BGBl. 1974 I 571, NJW 1977, 1279/1281). Eine *modifizierte* Austrittserklärung, d. h. unter Aufrechterhaltung der Zugehörigkeit zur Kirche als Glaubensgemeinschaft, ist in der Wirksamkeit umstr. und nach den Kirchensteuergesetzen einzelner Länder sogar unzulässig (Bremen, Hamburg, Niedersachsen; vgl. NJW 1977, 1732).

Für den *Übertritt* von einer Religionsgemeinschaft zu einer anderen (sog. *Konversion*) ist – anders als beim Austritt – eine Form nicht vorgeschrieben. Er wird vom Staat auch ohne Erklärung vor einer Behörde anerkannt.

726. Die kirchliche Wohlfahrtspflege

Die staatliche *Fürsorge* kann die private und kirchliche Liebestätigkeit nicht entbehren. Die Kirchen haben die Beseitigung leiblicher und sozialer Nöte stets in ihren Aufgabenkreis einbezogen. Ihre *Wohlfahrtseinrichtungen* sind zu hoher Bedeutung gelangt.

I. Die *evg. Kirche* hat die *Innere Mission* als *Liebestätigkeit* zur Bekämpfung leiblicher und sittlicher Nöte geschaffen.

Die Fürsorge- und Sozialarbeit der evg. Kirchen ist ein wesenhafter Zweig ihrer Tätigkeit, die über die mittelalterlichen Formen des Almosen- und Hospitalwesens auch nach der Reformation auf diesen Gebieten sich entfaltete. Im 19. Jahrh. wurden diese Einrichtungen, veranlaßt durch die Rede Wicherns auf dem Kirchentag 1848, im „Central-Ausschuß für die Innere Mission der Deutschen Evg. Kirche“ zusammengefaßt.

Das nach dem 2. Weltkrieg von Eugen Gerstenmaier gegründete *„Hilfswerk der Evg. Kirchen in Deutschland“* hatte sich die Linderung der durch Krieg und

Zerstörung verursachten Notstände und die Förderung des kirchlichen Wiederaufbaues zur Aufgabe gemacht. In gemeinsamem Dienst aller evg. Kirchen und Gemeinschaften leistete es vor allem mit Unterstützung ausländischer Kirchen in den ersten Jahren nach dem Krieg entscheidende Hilfe für Kinder, Jugendliche, Vertriebene, Heimatlose, Kriegsgefangene, Kriegsversehrte und Heimkehrer.

Im Jahre 1957 wurden die Innere Mission und das Evg. Hilfswerk zum jetzigen „*Diakonischen Werk der Evg. Kirche in Deutschland*" zusammengeführt. Dieses unterhält Heime und Anstalten, in der halboffenen Hilfe Kindergärten, -horte, -krippen und -tagesheime, Altentagesstätten, Mütterschulen, Clubs für Suchtkranke, Sondertagesstätten für behinderte Kinder, Jugendliche und Erwachsene sowie Tagesstätten für ausländische Arbeitnehmer. Im Rahmen der offenen Hilfe bestehen Gemeindepflegestationen, Hauspflegestellen, Ausländerbetreuungsstellen sowie Suchtkrankenhilfe. Ferner werden Mutterhäuser, Schwesternschaften, Diakonenanstalten und Ausbildungsstätten für kirchliche und soziale Berufe unterhalten.

II. In der *kath. Kirche* nimmt der *Deutsche Caritasverband* etwa die gleichen Aufgaben wahr wie das Diakonische Werk der evg. Kirche.

Der *Deutsche Caritasverband* wurde als Zusammenfassung der kath. Wohlfahrtspflege 1897 in Köln durch *Lorenz Werthmann* gegründet und hat seine Zentrale im Lorenz-Werthmann-Haus in Freiburg i. Br. Er ist die von den deutschen Bischöfen anerkannte institutionelle Zusammenfassung und Vertretung der kath. Caritas in Deutschland und widmet sich allen Aufgaben sozialer und caritativer Hilfe. Er umfaßt Diözesan-Caritasverbände und innerhalb dieser Dekanats-, Bezirks-, Kreis- bzw. Ortscaritasverbände. Ihm angeschlossen sind die überregional wirkenden caritativen Fachverbände (z. B. Sozialdienste Kath. Frauen und Männer, Caritas-Konferenzen, Vinzenzkonferenzen, Deutscher Verband kath. Mädchensozialarbeit, Bahnhofsmissionen, Malteser-Hilfsdienst). Der Deutsche Caritasverband pflegt eine enge Zusammenarbeit mit den caritativ tätigen Ordensgemeinschaften. Zur Wahrnehmung internationaler Aufgaben (z. B. Katastrophenhilfe) gehört er der *Caritas Internationalis* mit Sitz in Rom an. Die Caritas unterhält in der BRep. Krankenhäuser, Heime, Tageseinrichtungen und Ausbildungsstätten. Sie berät, betreut und unterstützt einen großen Personenkreis im Rahmen der sog. offenen Hilfe (Erziehungsberatungsstellen, Gemeindekrankenpflegestationen usw.).

III. Über die *Zentralwohlfahrtsstelle der Juden in Deutschland e. V.* vgl. 721.

727. Weltmission und ökumenische Bewegung

I. Die Kirchen leiten ihren Missionsauftrag von der Sendung (lat. missio) der Jünger Jesu zur Verkündigung des Evangeliums ab. Der Raum der Verkündigung ist die ganze bewohnte Erde (griech. ökumene).

Der zunächst auf das Judentum gerichteten Missionsarbeit der Apostel folgte bald die systematische Christianisierung des europäischen Raumes (Germanen, Slawen). An sie knüpfte im Zeitalter der Entdeckungen die insbesondere von den *Jesuiten* getragene kath. Mission in Indien, Japan, China und Südamerika an. Entscheidend für die kath. Missionsgeschichte war die Gründung der Kardinalskongregation „de propaganda fide" (1622). Sie faßte die gesamte kath. Missionsarbeit zusammen und sicherte ihre päpstliche Leitung (vgl. 708). In der BRep. ist für die Missionsarbeit der *Deutsche Katholische Missionsrat* verantwortlich, der die Vorhaben der Missionsorden und sonstigen in der Missionsarbeit tätigen Gemeinschaften und Organe koordiniert.

In der evg. Kirche ist der Missionsgedanke seit dem 18. Jahrh. besonders durch den Pietismus (Brüdergemeinde) gefördert worden. Im 19. Jahrh. kam es zur Gründung von Missionsvereinen und *Missionsgesellschaften,* die unabhängig voneinander und nur in loser Verbindung mit den Kirchen arbeiten. Zu engerer Zusammenarbeit kam es auf Missionskonferenzen (Edinburgher Konferenz 1910) und durch Gründung des Internationalen Missionsrates. In Deutschland sind die Missionsgesellschaften im Deutschen Evg. Missions-Tag (Geschäftsführung: Dt. Evg. Missionsrat) zusammengefaßt.

Die Entstehung selbständiger Kirchen in den Missionsgebieten *Asiens* und *Afrikas* hat die Aufgabenstellung der Missionsgesellschaften seit dem 2. Weltkrieg wesentlich verändert. Sie beschränkt sich zunehmend auf Beratung und Hilfe bei der Bildung einheimischer Kirchen, Einrichtung von Schulen, medizinische Hilfe und Förderung von Aufbauobjekten in den Ländern der ,,Dritten Welt".

II. Die *ökumenische Bewegung* des 20. Jahrh. hat von der Weltmission, der Jugendarbeit (Weltbund der christlichen Vereine junger Männer – YMCA) und der Studentenseelsorge (Christlicher Studentenweltbund) ihre stärksten Impulse erfahren. Die Bewegungen ,,Praktisches Christentum" (Weltkonferenz in Stockholm 1925) und ,,Glauben und Kirchenverfassung" (Weltkonferenz in Lausanne 1927) weckten das Bedürfnis nach Gründung eines internationalen christlichen Rates, der auf der Weltkirchenkonferenz in Amsterdam 1948 als *Ökumenischer Rat der Kirchen* errichtet wurde. Er ist die Gemeinschaft der Kirchen, die ,,unsern Herrn Jesus Christus als Gott und Heiland anerkennen". Zur Mitgliedschaft sind (Art. 2) alle Kirchen zugelassen, die ihrer Zustimmung zu der Grundlage Ausdruck geben, auf welcher der Ökumenische Rat begründet ist.

Aufgabe des Ökumenischen Rates ist die Fortführung der Arbeit der beiden ökumenischen Bewegungen, Erleichterung eines gemeinsamen Vorgehens der Kirchen, Förderung gemeinsamer Studienarbeit, Vertiefung und Stärkung des ökumenischen Bewußtseins unter den Mitgliedern aller Kirchen, Pflege der Beziehungen zu den konfessionellen Weltbünden (Lutherischer und Reformierter Weltbund) und anderen ökumenischen Bewegungen sowie die Einberufung von *Weltkonferenzen.*

Organe des Ökumenischen Rates sind die *Vollversammlung,* die etwa alle 5 Jahre tagt, der *Zentralausschuß,* der zwischen den Tagungen der Vollversammlung deren Funktionen wahrnimmt, und der aus 12 Mitgliedern des Zentralausschusses bestehende *Exekutivausschuß.* Die Zentrale des Ökumenischen Rates in Genf wird von einem Generalsekretariat geleitet.

Der deutsche Protestantismus wird im Ökumenischen Rat durch die EKD vertreten. Die kath. Kirche gehört ihm nicht an, beteiligt sich aber durch Beobachter an den Vollversammlungen und arbeitet auch mit der Zentrale in Genf zusammen. Die russ.-orthodoxe Kirche ist auf der Vollversammlung in Neu-Delhi 1961 aufgenommen worden. Dem Weltkirchenrat gehören 304 Kirchen aus ca. 100 Ländern mit rd. 450 Mio. nichtkath. Christen an. Er befaßt sich u. a. mit der kirchlichen *Entwicklungshilfe,* aber auch mit humanitären Grundsatzfragen wie z. B. dem Kampf gegen den *Rassismus.* Zur Förderung von Objekten der Entwicklungshilfe ist die ,,Ökumenische Entwicklungsgenossenschaft" (EDCS) ins Leben gerufen worden, die eine Bank betreibt; sie hat ihren Sitz in den Niederlanden.

Achter Teil

Die Wirtschaft

A. Wirtschaftsrecht und Wirtschaftspolitik

801. Begriff des Wirtschaftsrechts

Wirtschaftsrecht ist die Gesamtheit der Rechtssätze über das Verhältnis von *Staat und Wirtschaft* sowie über Organisation und Eigenleben der Gesamtwirtschaft, der wirtschaftlichen Verbände und sonstigen Zusammenschlüsse; es umfaßt ferner die Normen, welche die Erwerbstätigkeit der einzelnen Unternehmen einschl. ihrer Zulassung sowie die Begrenzung und Lenkung ihrer Betätigung regeln.

Das *Wirtschaftsrecht* umfaßt insbesondere:

a) das *Wirtschafts-Verfassungsrecht* als Ausdruck des herrschenden Wirtschaftssystems (z. B. Staats-, Plan-, freie Marktwirtschaft). Vgl. 802, 804;

b) das *Wirtschafts-Verwaltungsrecht,* das u. a. das Maß staatlicher Lenkung und Kontrolle bestimmt. In der BRep. besteht grundsätzlich *Gewerbefreiheit,* aber *Kontrolle* der Betriebe durch Gewerbeaufsichtsämter usw. sowie in verschiedenen Bereichen – z. B. Ernährungswirtschaft – eine Marktordnung (803, 805, 807, 814);

c) das *Wirtschaftsprozeßrecht.* Vgl. z. B. das Verfahren in Landwirtschafts-, Flurbereinigungs- und Kartellsachen (826 II, 824, 835);
d) das *Wirtschaftsstrafrecht,* das die Ahndung von Straftaten den ordentlichen Gerichten, reine Ordnungswidrigkeiten aber dem verwaltungsbehördlichen Bußgeldverfahren zuweist (vgl. 152, 836);
e) das *Wirtschafts-Privatrecht,* das die Rechtsverhältnisse der Unternehmen regelt (z. B. Handelsrecht, Urheberrecht, Wettbewerbsrecht; vgl. 363ff.).

Die staatlichen Aufgaben auf dem Gebiet der Wirtschaftspolitik und Wirtschaftslenkung obliegen den *Bundesministern für Wirtschaft* und *für Ernährung, Landwirtschaft und Forsten* (98, 99) sowie den entsprechenden Landesministerien (130ff.) und den diesen nachgeordneten Aufsichtsbehörden (vgl. z. B. 805, 807, 811, 820, 862, 872).

802. Wirtschaftspolitik, Wirtschaftsordnung

Durch seine *Wirtschaftspolitik* kann der Staat das Wirtschaftsleben beeinflussen. Sie kann sich z. B. auf Steigerung der Erzeugung, Erhaltung des konjunkturellen Gleichgewichts, auf sozial- und bevölkerungspolitische Ziele, auf gerechte Verteilung des Sozialprodukts oder andere Zwecke richten. Ausmaß, Art und Mittel der Wirtschaftspolitik, d. h. des staatlichen Einwirkens auf den Wirtschaftsablauf, sind für die *Wirtschaftsordnung* bestimmend. Wirtschaftsordnung (-verfassung) ist die bewußt nach bestimmten gesellschaftlichen Leitideen – insbes. kollektivistischen oder individualistisch-liberalen – geschaffene Organisation des Wirtschaftslebens. Die beiden Hauptformen sind Plan-(Verwaltungs)wirtschaft und Marktwirtschaft. Sie kommen in reiner Form im Wirtschaftsleben praktisch nicht vor; vielmehr bildet eine von ihnen die jeweilige Grundstruktur, in die (mehr oder weniger) Elemente der anderen Wirtschaftsform hineingenommen werden; z. B. die (konjunkturell oder politisch) gelenkte Marktwirtschaft (vgl. 803).

Manche Wirtschaftssysteme gaben bereits früher einseitig der Steigerung der inländischen Erzeugung den Vorrang; so der *Merkantilismus* (Merkantilsystem), wie er in Frankreich von *Colbert,* in England von *Cromwell,* in Preußen vom *Großen Kurfürsten* vertreten wurde. Der Außenhandel wurde gefördert, um eine aktive Handelsbilanz zu erreichen; im Lande wurden Handel, Verkehr und Industrie angeregt (Manufakturen, Verlagssystem).

Der Merkantilismus ist eine frühe Form des *Protektionismus,* d. h. einer *Außenhandelspolitik,* die auf den Schutz der inländischen Produzenten gegen ausländische Konkurrenz gerichtet ist, z. B. durch Schutzzölle (554), Erschwerung der Einfuhr mittels Einfuhrsteuern oder Verwaltungsmaßnahmen (kompliziertes Anmeldeverfahren, hohe Gebühren, strenge Sicherheits- und Kontrollvorschriften für Nahrungsmittel usw.) und andere Handelshemmnisse. Weitere Instrumente der Außenhandels- und allgemein der *Außenwirtschaftspolitik* sind die Unterstützung von *Autarkiebestrebungen* (Selbstversorgung, z. B. mit landwirtschaftlichen Erzeugnissen), Interventionen auf dem Devisenmarkt (vgl. 811), Preis- oder Mengenregulierung bei Ein- oder Ausfuhr (vgl. 805, 806). Der Protektionismus und alle sonstigen Hemmnisse des zwischenstaatlichen Wirtschaftsverkehrs werden im Interesse der Liberalisierung des Welthandels bekämpft insbesondere von GATT und OECD (918), die sich für das Prinzip des *Freihandels* mit voller Konkurrenz auf dem Welt- wie auf dem Binnenmarkt einsetzen.

Die *innerstaatliche Wirtschaftsordnung* wird insbesondere durch das Maß der staatlichen Regelung, die rechtliche Stellung des Eigentums und der wirtschaftlichen Selbstverwaltungskörper, die Formen der Unternehmungen und des Wettbewerbs, den Einflußbereich des Kapitals und die soziale Stellung der Arbeitnehmer sowie die Grundsätze für die Einkommensverteilung bestimmt.

Man unterscheidet allgemein *erwerbswirtschaftlich* orientierte Wirtschaftssysteme, bei denen Produktionsziel nicht die Versorgung der Bevölkerung mit Gütern, sondern die Gewinnerzielung des Unternehmensträgers ist, und *gemeinwirtschaftliche* Ordnungen; diese werden von einer Gemeinschaft getragen und erstreben in erster Linie die Bedarfsdeckung ihrer Mitglieder.

Erscheinungsformen der beiden Wirtschaftssysteme sind:

a) die *(freie) Marktwirtschaft.* Sie ist eine Wirtschaftsform, in der sich der Austausch von Erzeugnissen und Leistungen auf dem *freien Markt* nach dem Gesetz von Angebot und Nachfrage auf der Grundlage arbeitsteiliger Produktion vollzieht. Es besteht freier Wettbewerb, die Möglichkeit uneingeschränkter Entfaltung des Erwerbsstrebens; staatliche Eingriffe finden nicht statt. Dieses von der klassischen Schule der Volkswirtschaftslehre als gerechte Sozialordnung angesehene *freie Spiel der Kräfte* kann zu starker Entfaltung des Kapitalismus und zur Bildung monopolartiger Zusammenschlüsse (*Kartelle, Syndikate* usw.) führen, deren Machtstellung zum Nachteil der Gesamtwirtschaft ausgenutzt werden kann;

b) die *gelenkte Marktwirtschaft.* Sie gesteht dem Staat gewisse Eingriffe zu, um Auswüchse des kapitalistischen Systems zu verhindern (*soziale Marktwirtschaft,* vgl. 804) oder das konjunkturelle Gleichgewicht zu erhalten *(konjunkturell gelenkte Marktwirtschaft).* Je stärker die staatliche Einflußnahme auf Produktion und Preisbildung ist *(Dirigismus),* um so mehr nähert sich die Wirtschaftsordnung der Planwirtschaft;

c) die *Bedarfsdeckungswirtschaft,* die als die Grundform der *Gemeinwirtschaft* ihr Hauptziel in der Versorgung ihrer Mitglieder mit Produktionsgütern sieht. In reiner Form in den – inzwischen zahlenmäßig zurückgegangenen und auch industriell tätigen – israelischen *Kibbuzim* (932 I 2), vor allem aber in der sozialistischen Form der

d) *Planwirtschaft.* Diese erkennt im Gegensatz zur Marktwirtschaft das Prinzip der Selbstregulierung der wirtschaftlichen Vorgänge nicht an, sondern der Staat stellt einen *Gesamtwirtschaftsplan* auf, mit dem er planmäßig die Wirtschaft beeinflußt. Im System der *sozialistischen Planwirtschaft* sollen alle Produktionsmittel verstaatlicht, Berufs- und Arbeitsplatzwahl (weitgehend sogar die Einkommensverwendung) behördlich geregelt und der Wirtschaftsablauf nach dem Gesamtwirtschaftsplan gesteuert werden. Eine *gemäßigtere* sozialistische Planung verlangt nur Verstaatlichung *(Sozialisierung)* der für andere Wirtschaftszweige existenzwichtigen sog. *Schlüsselindustrien* (Energie-, Kohle-, Eisenerzeugung usw.) sowie kontrollierte Wirtschaftslenkung auf wichtigen Gebieten mit dem Hauptziel der *Vollbeschäftigung,* bei der stets ebenso viel Arbeit und entsprechender Lohn vorhanden sein soll, wie Arbeitsuchende zur Verfügung stehen (vgl. 24, 35, 804). Über die geschichtlichen Wurzeln der im Rahmen der marxistisch-leninistischen Staatsauffassung entwickelten sozialistischen Planwirtschaft vgl. 3 VII, 35.

In der häufig politisch motivierten Wirtschaftsform des *Staatskapitalismus* schafft sich der Staat entweder privatwirtschaftlich zusätzliche Einnahmen (neben Steuern) durch Gründung von oder Beteiligung an Wirtschaftsunternehmen, oder er benutzt solche Formen nur übergangsweise mit dem Ziel späterer *Sozialisierung*. Von der *gemeinnützigen Wirtschaftsführung* (z. B. von Siedlungsunternehmen, Krankenanstalten usw.) unterscheidet er sich durch das Gewinnstreben, von der *Planwirtschaft* durch das Leistungssystem und von der *Sozialisierung* durch die privatwirtschaftliche Form (kein Staatseigentum an Produktionsmitteln). Sofern der Staatskapitalismus im eigenen Gewinninteresse den Wettbewerb mit echten privaten Unternehmen ausschaltet, spricht man von *Staatsmonopolkapitalismus* („Stamokap").

Einer der Bewegungsvorgänge im Wirtschaftsleben ist die *Konjunktur,* deren Gleichgewicht auf der Güterseite durch Über- oder Untererzeugung bzw. Verteilungsfehler oder auf der Geldseite durch Wertveränderungen (z. B. Ab- und Aufwertung; s. 853) oder Kreditfehlleitungen gestört werden kann. Aber auch das Verhalten der wirtschaftenden Menschen (z. B. Arbeitsmarkt, Lohngestaltung, Arbeitszeit) oder Natureinflüsse (z. B. Ernteausfall, klimatische Verhältnisse) können Störungen hervorrufen.

Man unterscheidet i. d. R. 4 Hauptabschnitte der Konjunktur:

a) *Tiefstand* (Depression);
b) *Aufschwung* (Expansion);
c) *Hochkonjunktur* (Boom) und
d) *Abschwung* (Kontraktion) oder *Krise,* d. i. ein Teilabschnitt im Ablauf der Konjunktur, in dem eine Hochkonjunktur plötzlich abbricht und im Wege der *Rezession,* d. h. des Rückgangs von Produktion, Kursen und Gewinneinkommen, in einen Tiefstand (eine Depression) übergeht.

Äußere Kennzeichen für eine Krise sind u. a. Absatzstockungen, Häufung von Konkursen, Arbeitslosigkeit und Erschütterung des Kreditmarktes.

Die *Konjunkturforschung* und die für die Wirtschaft wichtigen Konjunktur-Vorhersagen sind zuerst in den USA ausgebildet worden (Harvard-Barometer); in Deutschland werden sie vor allem vom *Deutschen Institut für Wirtschaftsforschung* in Berlin gehandhabt.

Die *Konjunkturpolitik* umfaßt alle Maßnahmen, mit denen die Beseitigung oder Abschwächung unerwünschter wirtschaftlicher Bewegungsvorgänge angestrebt wird. Sie geht von der Erkenntnis aus, daß eine Überhitzung der Konjunktur immer weitere Kreise (Zyklen) durch Preissteigerung, Lohnerhöhung infolge Arbeitskräftemangels usw. nach sich zieht, umgekehrt eine Rezession Arbeitslosigkeit und demzufolge geringere Nachfrage nach Konsumgütern usw. Daher muß eine *antizyklische Wirtschafts- und Finanzpolitik* einer Überhitzung der Konjunktur durch Einschränkung staatlicher Ausgaben, höhere Steuerbelastungen usw. entgegenwirken, einer Rezession dagegen durch öffentliche Aufträge, Steuervergünstigungen u. dgl.

803. Wirtschaftslenkung

ist die unmittelbare Einflußnahme des Staates auf das Wirtschaftsleben. Sie ist ein echtes Mittel staatlicher *Wirtschaftspolitik,* soweit dadurch wirtschaftspolitische (nicht allgemeinpolitische) Zwecke verwirklicht werden sollen. Mittel der Wirtschaftslenkung sind:

a) die *Marktordnung,* d. h. Lenkung des „Marktes" durch Einfuhr- und Zollpolitik, Einflußnahme auf Produktion und Verteilung mittels Anordnungen an Erzeuger und Händler;
b) die *Bewirtschaftung,* d. h. der Erlaß von Verfügungsbeschränkungen oder Preisfestsetzungen hinsichtlich gewisser Verbrauchsgüter (vor allem in Notzeiten), um Verknappungserscheinungen zu überwinden;
c) die *Marktregelung,* d. h. absatzpolitische Maßnahmen zum Ausgleich von Angebot und Nachfrage, z. B. durch Subventionen oder durch Einwirkung auf Kartellabreden innerhalb einzelner Wirtschaftszweige.

Während vor 1914 in Deutschland keine Wirtschaftslenkung bestand und sich der Staat auf indirekte Mittel zur Beeinflussung der Wirtschaft beschränkte (z. B. Zollpolitik), nötigten die Blockade Deutschlands im 1. Weltkrieg und die angespannte Versorgungslage der folgenden Jahre zu Bewirtschaftungsmaßnahmen. Die *Weltwirtschaftskrise* der dreißiger Jahre machte stärkere Eingriffe der Regierung und Lenkungsmaßnahmen notwendig (Brüningsche NotVOen). Der totalitäre Staat trieb ab 1933 diese Entwicklung weiter voran. In und nach dem zweiten Weltkrieg wiederholten sich Kriegswirtschaft und Nachkriegsentwicklung in noch schärferer Form als anläßlich des ersten Weltkrieges.

Nach der *Währungsreform* 1948 schlug das Pendel in Rückbesinnung auf freiheitliches Denken stark nach der liberalen Seite aus. Das *Grundgesetz* verankerte auch die wirtschaftliche Freiheit des Einzelnen und garantierte das Eigentum, aber auf der Grundlage der Sozialbindung (48, 335). Damit ist die Grenze für Lenkungsvorschriften gesetzt und weder eine dirigistische noch eine liberalistische Ausartung der Wirtschaftsordnung zugelassen.

Als Maßnahme der Wirtschaftslenkung hat sich nach dem 2. Weltkrieg die *Marktordnung* insbesondere auf dem Sektor der *Ernährungswirtschaft* immer stärker entwickelt. Im Rahmen der *Europäischen Gemeinschaften* wird sie zunehmend für einzelne Erzeugnisse oder Erzeugnisgruppen mit der Möglichkeit der *Intervention* ausgebildet; dadurch soll ein ausgewogenes Verhältnis zwischen den Versorgungsinteressen der Bevölkerung und der Existenzfähigkeit der Produzenten gesichert werden. Vgl. 804ff., 813ff.

804. Die Wirtschaftspolitik der Bundesrepublik Deutschland

Art. 151 Abs. 1 WVerf. bestimmte: „Die Ordnung des Wirtschaftslebens muß den Grundsätzen der Gerechtigkeit mit dem Ziele der Gewährleistung eines menschenwürdigen Daseins für alle entsprechen. In diesen Grenzen ist die wirtschaftliche Freiheit des Einzelnen zu sichern." Das Bonner GG verzichtet auf einen Programmsatz und eine Entscheidung über ein bestimmtes Wirtschaftssystem. Richtungweisend ist aber Art. 2 Abs. 1 GG; danach hat jeder das Recht auf *freie*

Entfaltung seiner Persönlichkeit, soweit er nicht die Rechte anderer verletzt und nicht gegen die verfassungsmäßige Ordnung oder das Sittengesetz verstößt. Art. 12 GG gewährleistet die freie Wahl des Berufs und des Arbeitsplatzes; doch kann die Berufs*ausübung* durch Gesetz geregelt werden. Vgl. 47, 602.

Die BRep. behält die herkömmlichen Einrichtungen unmittelbarer *Staatswirtschaft* bei (z. B. Bundespost, Bundesbahn).

Für das *Verbandswesen* besteht Organisationsfreiheit. Es hat sich in der BRep. immer mehr entwickelt und ist namentlich im wirtschaftlichen Bereich die hervorstechendste Erscheinungsform des sog. *Pluralismus* (von Plural = Mehrzahl), d. h. des Bestehens und der Wirksamkeit einer Vielfalt von Verbänden und Gruppen, die auf das öffentliche Leben Einfluß nehmen. Während die Willensbildung in der Politik im wesentlichen über das Medium der politischen Parteien (45) verläuft, vollzieht sie sich auf anderen Gebieten durch oft miteinander in Widerstreit stehende Vereinigungen wie Gewerkschaften und Arbeitgeberverbände, Berufsvereinigungen, Kirchen und andere Weltanschauungsgemeinschaften, Bauern-, Beamten- und Fachverbände usw. Wie die Parteien auf politischer Ebene, propagieren auch sie ihre Ziele mit Hilfe der ,,Massenmedien" Hörfunk und Fernsehen, Presse usw. und gelangen nach den Grundsätzen demokratischer Willensbildung schließlich zur Gemeinsamkeit im Wege freier Vereinbarung (Tarifverträge, Mitbestimmung in Betrieben, Vertragsabschlüsse zwischen Ärzten und Krankenkassenverbänden usw.).

Die *Wirtschaftsordnung der BRep.* ist die *soziale Marktwirtschaft.* Sie bejaht grundsätzlich das freie Spiel der Kräfte und lehnt die *Planwirtschaft* ab, weil sie erfahrungsgemäß die wertvollsten Antriebskräfte (Initiative, Leistungswillen, Verantwortungsbewußtsein) einengt. Entgegen dem *Manchester-Liberalismus,* der unbedingte Freiheit des Handels ohne irgendwelche wirtschafts- und sozialpolitische Eingriffe des Staates forderte, wird aber dem Staat auch im Wirtschaftsleben der BRep. eine wesentliche *Ordnungsaufgabe* zugestanden. Der Staat hat die Bedingungen und den wirtschaftsrechtlichen Rahmen zu setzen, in dem die wirtschaftlichen Entscheidungen aller am Wirtschaftsprozeß Beteiligten sich in Freiheit entfalten können. Dazu gehört u. a. auch die Verhinderung des Entstehens marktbeherrschender Einflüsse. Außer dem ausgleichenden *Wettbewerb* werden die sozialen Anforderungen berücksichtigt; sie setzen der freien Marktwirtschaft dort eine Grenze, wo *soziale* und *kulturelle Belange* entweder dauernd oder zeitweise mit dem Grundsatz des freien Marktes in Widerspruch stehen.

Nach der stufenweisen Lockerung des Bewirtschaftungssystems seit 1945 stand der Aufbau der Wirtschaft in der BRep. unter dem Leitgedanken des Vertrauens auf die Initiative der Unternehmer und ihre soziale Partnerschaft mit den Arbeitnehmern zur gemeinsamen Förderung des Wohlstandes aller Bürger. Daraus ergab sich der grundlegende Gegensatz zur sozialistischen Wirtschaftsform der DDR, die sich zunehmend der UdSSR anpaßte (vgl. 24, 35). Als das wirksamere Regulativ der Wirtschaft erwies sich nicht die Mechanik des amtlichen Planers der sozialistischen Wirtschaftslenkung, sondern die vom Eigeninteresse der freien Unternehmer getragene automatische *Wirtschaftskybernetik,* d. h. die sich selbst steuernde Regulierung von Produktion und Absatz.

Im Rahmen der *sozialen Marktwirtschaft* sind die staatlichen Eingriffs- und Lenkungsrechte zunehmend auf *Überwachungsrechte* beschränkt worden. Mit dem Stabilitätsgesetz (859) hat die BRep. die staatliche Überwachungsfunktion im Interesse der Sicherung der Gesamtwirtschaft, insbesondere des Preisniveaus, des Beschäftigungsstandes und eines angemessenen Wirtschaftswachstums, intensiviert. In der *konjunkturell gelenkten (globalgesteuerten) Marktwirtschaft* stehen der BReg. gesetzliche und verwaltungsmäßige Maßnahmen zur Erhaltung einer gesunden Wirtschaft mit sozialem Gepräge zur Verfügung: Sperrung von Ausgabemitteln, Beschränkung der Kreditaufnahme durch die öffentliche Hand; andererseits Ausgabensteigerung bei abgeschwächter Konjunktur, Subventionen. Über solche und andere Maßnahmen zur Wahrung des Geldwertes (Konjunkturausgleichsrücklage, mehrjährige Finanzplanung, wirtschaftliche Orientierungsdaten für Gebietskörperschaften, Unternehmer und Gewerkschaften) vgl. 859.

Weitere rechtliche und wirtschaftspolitische Handhaben für indirekte Planung und Lenkung besitzt die staatliche Wirtschaftsverwaltung in Gestalt von steuerrechtlichen Differenzierungen, Devisenbestimmungen, Diskont- und Kreditpolitik, Ein- und Ausfuhrlenkung durch Handelsabkommen, Preisbindungen usw. (vgl. 806, 809, 810, 860). Doch werden die innerstaatlichen Regelungen zunehmend überlagert durch das Wirtschaftsrecht der Europ. Gemeinschaften (813ff.).

Die Maßnahmen der Wirtschaftspolitik stützen sich vielfach auf das aus statistischen Erhebungen gewonnene Material. Solche Erhebungen können nach dem Ges. über die *Statistik für Bundeszwecke* vom 22. 1. 1987 (BGBl. I 462) durch Bundesgesetz, in begrenztem Rahmen auch durch RechtsVO der BReg. angeordnet werden. Sie dienen i. d. R. der Vorbereitung von gesetzlichen oder allgemeinen Verwaltungsmaßnahmen. Sie sind geregelt z. B. für Binnenhandel, Außenhandel, Handwerk, Produktion in Gewerbe und Industrie, Landwirtschaft, Finanzen und Steuern, Bevölkerung und Erwerbsleben *(Mikrozensus)*, s. Ges. vom 10. 6. 1985 (BGBl. I 955) und DVO vom 14. 6. 1985 (BGBl. I 967) m. Änd. vom 21. 4. 1986 (BGBl. I 436), Löhne u. a. m. Alle natürlichen und juristischen Personen, Behörden und Einrichtungen sind zur wahrheitsgemäßen Beantwortung der gestellten Fragen verpflichtet. Nach dem Ges. über eine Volks-, Berufs-, Gebäude-, Wohnungs- und Arbeitsstättenzählung *(Volkszählungsgesetz 1987)* vom 8. 11. 1985 (BGBl. I 2078) sollen durch entsprechende flächendekkende Zählungen bezogen auf den Stichtag 25. 5. 1987 Grundlagen für politische Entscheidungen in Bund, Ländern und Gemeinden gewonnen werden.

Maßstab des Wirtschaftswachstums in der BRep. ist das Ansteigen des *Bruttosozialprodukts*. Es lag im Jahr 1960 bei 303 Mrd. DM und stieg bis auf 382 Mrd. DM im Jahre 1963 und 487 Mrd. DM im Jahre 1966 sowie rd. 1837 Mrd. DM im Jahre 1985.

Volkswirtschaftlich bezeichnet man als *Bruttosozialprodukt zu Marktpreisen* die Summe der während eines Zeitraums (ein Jahr) von den inländischen Wirtschaftsfaktoren (Unternehmer usw.) erzielten Produkte abzüglich der *Vorleistungen*, d. h. der vorgelagerten Produktionswerte. Zieht man vom Bruttosozialprodukt die verbrauchsbedingten Abschreibungen (entsprechend der AfA,

826

vgl. 523) ab, so ergibt sich das *Nettosozialprodukt zu Marktpreisen.* Unter *Sozialprodukt* wird hierbei das Ergebnis der wirtschaftlichen Tätigkeit der Inländer (auch der im Ausland ausgeübten), unter *Inlandsprodukt* das Ergebnis der wirtschaftlichen Tätigkeit im Inland (auch der von Ausländern ausgeübten) verstanden. Das *Bruttoinlandsprodukt zu Marktpreisen* ergibt sich aus dem *Bruttoproduktionswert* (Summe der innerhalb der Periode geschaffenen Güter) nach Abzug der Vorleistungen, d.h. der im Zuge der Produktion verbrauchten Güter, Materialien usw. Durch Abzug der Abschreibungen vom Bruttoinlandsprodukt ergibt sich das *Nettoinlandsprodukt zu Marktpreisen.*

Zu dem schnellen wirtschaftlichen Aufstieg der BRep. haben alle am Wirtschaftsprozeß Beteiligten mit ihrer Arbeit und Leistung beigetragen. Jedoch ist erst mit der Einführung der *sozialen Marktwirtschaft* und ihrem weiteren Ausbau das Fundament für die wirtschaftlichen Erfolge und die Verbesserung des *Lebensstandards* (808) gelegt worden. Von 1950 bis 1960 stiegen die Bruttolöhne und -gehälter, nach Ausscheidung der Preissteigerungen, um durchschnittlich 73 v.H. und bis 1970 sogar um 350 v.H.

Eine Beteiligung breiter Volkskreise am Wirtschaftswachstum soll u.a. durch erweiterte Vermögensbildung in Arbeitnehmerhand (618), durch Hebung der Spartätigkeit und durch Beteiligung an Unternehmen mittels Ausgabe von *Volksaktien* gefördert werden. Dazu rechnen Klein-Aktien, die nach dem AktienG schon ab 50 DM zugelassen sind (372 II 1), sowie Aktien zu Vorzugspreisen, die z.B. im Rahmen der *Privatisierung der öffentlichen Hand* bereits bei der Preussag, bei der VEBA (Vereinigte Elektrizitäts- und Bergwerks AG) und beim Volkswagenwerk abgegeben worden sind (die Volkswagenwerk GmbH wurde im Jahre 1961 in eine AG umgewandelt, deren Aktienkapital zu je 20 v.H. im Besitz des Bundes und des Landes Niedersachsen, zu 60 v.H. in der Hand von Kleinaktionären ist; die Gewinnanteile des Bundes und Niedersachsens sowie der Erlös aus der Veräußerung der Kleinaktien fließen der *Stiftung Volkswagenwerk* zur Förderung von Wissenschaft und Technik in Forschung und Lehre zu).

805. Lenkungsvorschriften, Bewirtschaftungsmaßnahmen

I. Eine einheitliche Regelung für *Lenkungsmaßnahmen des Bundes,* die zulässig sind (vgl. 804), besteht nicht, wenn man vom Stabilitätsgesetz (859 II) absieht. Die Lenkungsvorschriften sind vielmehr in zahlreichen Einzelgesetzen enthalten, die voneinander unabhängig sind. Man kann sie etwa folgendermaßen gruppieren:

1. *Allgemein gültig* für die Bereiche der gewerblichen und der Ernährungswirtschaft sind

a) das *Preisgesetz* vom 10. 4. 1948, das allerdings nur noch für einzelne Wirtschaftsbereiche gilt, sowie weitere Preisvorschriften (vgl. 806);

b) die VO über *Auskunftspflicht* vom 13. 7. 1923 (RGBl. I 699, 723), zuletzt geändert am 2. 3. 1974 (BGBl. I 469).

Sie ermächtigt die BReg., die obersten Landesbehörden und die von diesen bestimmten Stellen, Auskunft über wirtschaftliche Verhältnisse von Unternehmungen oder Betrieben zu verlangen. Zu diesem Zweck können Abschriften, Auszüge und Zusammenstellungen aus Geschäftsbüchern gefordert, diese eingesehen sowie Betriebseinrichtungen und Geschäftsräume besichtigt werden;

c) die Bestimmungen über *Ein- und Ausfuhr* (vgl. 809, 810).

2. Für die *gewerbliche Wirtschaft* bestehen insbesondere folgende Lenkungsvorschriften:

a) Art. 3 und 8 des Gesetzes über das *Bundesamt für Wirtschaft* vom 9. 10. 1954 (BGBl. I 281) m. spät. Änd.

Das Bundesamt (Bundesoberbehörde, Sitz Frankfurt/M.) hat die Aufgabe, auf den Gebieten der *Einfuhr,* der *Ausfuhr* (einschließlich der ausfuhrähnlichen Lieferungen von Waren an ausländische Staaten und internationale Organisationen) und des *Interzonenhandels* die Rechtsvorschriften über den Waren-, Dienstleistungs- und Zahlungsverkehr auszuführen, soweit eine zentrale Erledigung erforderlich ist (Art. 3). Es hat die ihm übertragenen Aufgaben gemäß den *marktwirtschaftlichen Grundsätzen der Wirtschaftspolitik* durchzuführen. Es soll in laufender Anpassung an die fortschreitende Entwicklung auf dem *Außenhandelsgebiet* seinen Tätigkeitsbereich in dem Maße einschränken, in dem die BRep. die Freiheit des Waren-, Dienstleistungs- und Zahlungsverkehrs wiederherstellt (Art. 8). Dem Bundesamt können *Sachverständigenausschüsse* mit ehrenamtlichen Mitgliedern für einzelne Fachgebiete beigeordnet werden (Art. 5);

b) die Gesetze über Groß- und Einzelhandel, Versicherungs-, Verkehrs-, Kreditwesen, *Energiewirtschaft* und andere Spezialgesetze (vgl. 818, 830, 831 und 851ff.).

3. Als Sonderrecht für die *Ernährungswirtschaft* bestehen die Gesetze der *landwirtschaftlichen Marktordnung* (vgl. 807, 809, 814, 815, 823ff.).

Die *Lenkungsvorschriften* bestehen zur Zeit in:

a) *Einzugs- und Absatzregelungen* nach § 3 des ZuckerG und § 1 des Milch- und FettG (vgl. 807);
b) *Marktzwang* für Vieh nach § 7 des Vieh- und FleischG (vgl. 807);
c) *Ablieferungspflicht* für Zucker und Milch (vgl. 807);
d) *Anbietungspflicht* für Getreide (§ 8 GetreideG, vgl. 807).

Zu den Lenkungsvorschriften gehören weiter die Vorschriften über *Vorratshaltung, Mindestgüteanforderungen* (vgl. Handelsklassen, 823; Textilkennzeichnung, 183) und die Festsetzung von Zahlungs- und Lieferungsbedingungen, Verarbeitungs- und Handelsspannen (vgl. § 6 Abs. 2b ZuckerG).

Für den *Mengenausgleich* bei der Ein- und Ausfuhr, den *Preisausgleich* zwischen Inlandsware und Einfuhrgütern und für die *Vorratshaltung* sorgt die *Bundesanstalt für landwirtschaftliche Marktordnung,* in der die früheren *Einfuhr- und Vorratsstellen* aufgegangen sind (Ges. vom 23. 6. 1976, BGBl. I 1608). Ihre Organe sind der Vorstand und ein aus Vertretern des Bundes und der Länder sowie der beteiligten Wirtschaftskreise zusammengesetzter Verwaltungsrat.

Zur Finanzierung der *Lebensmittelbevorratung* kann die BReg. Bürgschaften für Bankkredite übernehmen (Ges. vom 14. 7. 1951, BGBl. I 450 m. spät. Änd.). Das *Erdölbevorratungsgesetz* vom 25. 7. 1978 (BGBl. I 1073) soll die Versorgung mit Benzin, Heizöl, Petroleum usw. sicherstellen; Meldepflichten gem. VO vom 27. 11. 1978 (BGBl. I 1840).

II. *Bewirtschaftungsmaßnahmen* sind vor allem in Zeiten kriegsbedingter Verknappung der Konsumgüter notwendig. Mit dem Abklingen der nach dem 2. Weltkrieg besonders fühlbaren Mangellage seit der Währungsreform 1948 verlor die Bewirtschaftung zunehmend an Bedeutung.

Dagegen erwies sich im Hinblick auf die Zerstörung vieler Städte im 2. Weltkrieg eine *Wohnraumbewirtschaftung* noch lange Zeit als notwendig (Ges. i. d. F. vom 31. 3. 1953, BGBl. I 97; in den Jahren 1960, 1963 und 1964 mehrfach modifiziert). Sie wurde stufenweise abgebaut, aber erst durch das 2. Schlußtermin-Änderungsgesetz vom 21. 12. 1967 (BGBl. I 1251) am 31. 12. 1968 bis auf einige Übergangsvorschriften aufgehoben. Auch der *Mieterschutz für Wohnräume* (Ges. i. d. F. vom 15. 12. 1942, RGBl. I 712), der eine Kündigung des Vermieters gegen den Willen des Mieters an bestimmte Voraussetzungen, eine Aufhebungsklage und ein gerichtliches Urteil band, wurde nach dem 2. Weltkrieg erst allmählich gelockert. Für *Geschäftsräume* wurde er – außer für kombinierte Wohn- und Geschäftsräume – durch Ges. vom 25. 6. 1952 (BGBl. I 338) beseitigt und schließlich durch Ges. vom 30. 10. 1972 (BGBl. I 2051) mit Ablauf des Jahres 1975 ganz aufgehoben. Über die Entwicklung der *Mietpreisbindung* vgl. 806.

Angesichts der Abhängigkeit der BRep. von Rohöleinfuhren bleibt vorerst noch der BMWi zu Lenkungsmaßnahmen ermächtigt. Eine *Treibstoffbewirtschaftung* soll aber nur wiedereingeführt werden, wenn eine unvorhergesehene Marktlage oder unvernünftige Hortungen hierzu nötigen. Als mildere Maßnahme steht eine Einschränkung im Energieverbrauch zur Verfügung, wie sie durch die im November 1973 eingetretene, auf den arabisch-israelischen Konflikt zurückzuführende Verknappung der Ölvorräte veranlaßt wurde (vgl. 830). Das *Energiesicherungsgesetz 1975* vom 20. 12. 1974 (BGBl. I 3681) ermächtigt die BReg., Produktion von und Verkehr mit Erdöl, Benzin, elektr. und sonstiger Energie bei Gefährdung des lebenswichtigen Bedarfs zu rationieren; auch können zur Erfüllung internat. Verpflichtungen Bestimmungen über Einfuhr, Ausfuhr und Abgabe von Erdöl(erzeugnissen) erlassen werden. Dazu VerfahrensO zur Festsetzung von Entschädigung und Härteausgleich vom 16. 9. 1974 (BGBl. I 2330). S. a. die VOen zur Sicherung der Versorgung mit Elektrizität und Gas sowie über Lieferbeschränkungen für Kraftstoff und Heizöl in Versorgungskrisen vom 26. 4. 1982 (BGBl. I 514, 517, 520, 536) und *MineralölausgleichsVO* vom 13. 12. 1985 (BGBl. I 2267).

Ergänzende Regelungen sollen dem vermeidbaren Energieverbrauch entgegenwirken. Das *Energieeinsparungsgesetz* vom 22. 7. 1976 (BGBl. I 1873) ermächtigt die BReg., zwecks Vermeidung von Energieverlust mit Zustimmung des BR durch RechtsVO Anforderungen an Wärmeschutz bei Einrichtung von Gebäuden sowie den Einbau energiesparender Heizungs- und Versorgungsanlagen festzulegen und die Verteilung der Betriebskosten auf die Benutzer entsprechend ihrem Verbrauch vorzuschreiben. S. dazu *WärmeschutzVO* vom 24. 2. 1982 (BGBl. I 209) sowie HeizungsanlagenVO vom 24. 2. 1982 (BGBl. I 205) und HeizungsbetriebsVO vom 22. 9. 1978 (BGBl. I 1584). Die *HeizkostenVO* i. d. F. vom 5. 4. 1984 (BGBl. I 592) verpflichtet die Eigentümer zentralbeheizter Gebäude, die Räume mit Vorrichtungen zur Verbrauchserfassung und Verteilung der Kosten für Wärme und Warmwasser zu versehen; die Kosten sind dem Verbrauch der Raumnutzer entsprechend aufzuteilen. Über Förderungsmaßnahmen usw. vgl. *Modernisierungs- und Energieeinsparungsgesetz* i. d. F. vom 12. 7. 1978 (BGBl. I 993).

Über die Gesetze, die im *Verteidigungsfall* die Versorgung der Bevölkerung und die Aufrechterhaltung von Wirtschaft und Verkehr sicherstellen sollen (Ernährungs-, Wirtschafts-, Verkehrs-, Wassersicherstellungsgesetz), vgl. 471 V.

806. Preisregelung, Preisüberwachung

I. Das Übergangsgesetz über Preisbildung und Preisüberwachung *(Preisgesetz)* vom 10. 4. 1948 (WiGBl. 27) m. spät. Änd. gilt nach dem Gesetz vom 29. 3. 1951 (BGBl. I 223) bis zum Inkrafttreten eines neuen Preisgesetzes weiter. Gesetzliche Preisbindungen bestehen im Hinblick auf die Entwicklung der Marktwirtschaft nur noch auf vereinzelten Gebieten.

Vgl. PreisfreigabeVO vom 12. 12. 1967 (BAnz. Nr. 237) m. spät. Änd. Über Preisbildung beim Grundstücksverkehr vgl. *Grundstücksverkehrsgesetz* (826 I). Über *Krankenhauspflegesätze* s. 184 (1). Über Preisbildung bei *Vergabe öffentlicher Aufträge* vgl. PR 7/67 vom 12. 12. 1967 (BAnz. Nr. 237) und PR 1/72 vom 6. 3. 1972 (BGBl. I 293) sowie PR 1/84 vom 23. 2. 1984 (BGBl. I 375) m. Änd. durch PR 1/86 vom 15. 4. 1986 (BGBl. I 435), über Preisspannen für Arzneimittel die *ArzneimittelpreisVO* vom 14. 11. 1980 (BGBl. I 2147).

II. Besondere Bedeutung erlangte schon vor dem 2. Weltkrieg die *Mietpreisbindung,* die wegen des immer fühlbarer werdenden Wohnungsbedarfs zum Reichsmietengesetz vom 20. 4. 1936 (RGBl. I 378) führte und der PreisstopVO vom 26. 11. 1936 (RGBl. I 955) unterlag. Nach Kriegsende ergingen Sonderregelungen, die wegen des durch Kriegsschäden noch erhöhten Wohnungsmangels über die Preisbindung hinaus auf *Wohnraumbewirtschaftung* und *Mieterschutz* (hierzu s. 805) ausgedehnt wurden und erst mit der Zunahme des Wohnungsangebots seit 1960 stufenweise abgebaut werden konnten.

Die Höhe der Miete richtete sich seit dem 1. 8. 1955 nach dem *Ersten Bundesmietengesetz* (1. BMietG) vom 27. 7. 1955 (BGBl. I 458), das die Stopmiete vom 17. 10. 1936 für preisgebundene Altbauwohnungen durch die preisrechtlich zulässige Miete ersetzte, wobei Mieterhöhungen begrenzt zugelassen wurden. Ab 1. 8. 1958 richtete sich der Mietpreis für den bis 31. 12. 1949 bezugsfertig gewordenen Wohnraum nach der *AltbaumietenVO* vom 23. 7. 1958 (BGBl. I 549), die weitere Mieterhöhungen unter gewissen Voraussetzungen zuließ. Weitere Mietpreiserhöhungen für Altbauwohnungen und für die mit öffentlichen Mitteln geförderten *Sozialwohnungen* gestattete das 2. BMietG vom 23. 6. 1960 (BGBl. I 389). Diese Regelung wurde durch das 3. BMietG vom 24. 8. 1965 (BGBl. I 971) größtenteils überholt, das vom 1. 1. 1966 ab bei preisgebundenen Altbauwohnungen eine Mieterhöhung bis zur sog. *Tabellenmiete* und außerdem die Berechnung bestimmter Zuschläge und Umlagen zuließ. Für den ab 1. 1. 1950 geschaffenen Wohnraum berechnete sich die *Einzelmiete* nach der *NeubaumietenVO 1962* vom 19. 12. 1962 (BGBl. I 753) auf Grund der ermittelten Durchschnittsmiete des Gebäudes unter Berücksichtigung von Lage, Größe und Ausstattung der Wohnung. *Geschäftsräume* und gewerblich genutzte unbebaute Grundstücke sind bereits seit 1. 12. 1951 grundsätzlich von den Preisvorschriften ausgenommen.

Der Schlußstein für den stufenweisen Abbau der Mietpreisbindung für *Wohnräume* wurde mit dem sog. Schlußtermin-Gesetz vom 24. 8. 1965 (BGBl. I 969) gesetzt, das die bisherige Regelung zum 31. 12. 1967 aufhob und das 1., 2. und 3. BMietG außer Kraft setzte. Von dem allgemeinen Schlußtermin waren übergangsweise einige Gebiete mit noch fühlbarem Wohnungsfehlbedarf ausgenommen, wobei aber bei Altbauten gewisse Preiserhöhungen zugelassen wurden. Diese Regelung wurde durch das 2. Änderungsgesetz vom 21. 12. 1967 (BGBl. I 1251) und das *Ges. zur Änderung mietpreisrechtlicher Vorschriften* vom 20. 12. 1968 (BGBl. I 1411) stufenweise weiter abgebaut. Im Bereich der fortgeltenden Mietpreisbindung für Altbauwohnungen war zum Ausgleich eine begrenzte

Mieterhöhung zulässig (4., 5. u. 7. BMietG vom 21. 12. 1967, BGBl. I 1251, vom 20. 12. 1968, BGBl. I 1411, und vom 18. 6. 1970, BGBl. I 786); 1973/4 galt eine solche Regelung nach dem 9. BMietG vom 30. 10. 1972 (BGBl. I 2054).

Für *Sozialwohnungen* kann nach dem Wohnungsbindungsgesetz i. d. F. vom 30. 7. 1980 (BGBl. I 1120) m. Änd. vom 22. 12. 1981 (BGBl. I 1523) nach §§ 8ff. höchstens die sog. *Kostenmiete* gefordert werden, die durch eine Wirtschaftlichkeitsberechnung zu ermitteln ist, allenfalls erhöht durch Berücksichtigung höherer Aufwendungen des Vermieters oder von Wertverbesserungen der Wohnung. In Gemeinden unter 200000 Einw. entfällt die Bindung an die Kostenmiete 6 Mon. nach freiwilliger Rückzahlung des gewährten öffentl. Darlehens. Über die in *Berlin* vorerst bis 31. 12. 1989 geltende Übergangsregelung vgl. Ges. vom 3. 4. 1967 (BGBl. I 393) sowie 10. und 11. BMietG vom 17. 11. 1975 (BGBl. I 2867) bzw. 24. 7. 1979 (BGBl. I 1202) und 12. BMietG vom 3. 8. 1982 (BGBl. I 1107). Für die Ermittlung der *Kostenmiete* bzw. *Vergleichsmiete* bei preisgebundenen Wohnungen, die öffentlich gefördert bzw. steuerbegünstigt oder frei finanziert sind, gilt jetzt die *NeubaumietenVO 1970* i. d. F. vom 5. 4. 1984 (BGBl. I 579). Über die Beschränkung des Kündigungsrechts des Vermieters, der Zustimmung zur Mieterhöhung nur bis zur ortsüblichen *Vergleichsmiete* verlangen kann, vgl. 317.

Um angesichts der seit 1960 zulässigen Mieterhöhungen Härten zu vermeiden, sahen bereits die Ges. vom 23. 6. 1960 (BGBl. I 399) und 29. 7. 1963 (BGBl. I 508) die Gewährung von *Miet-* und *Lastenbeihilfen* vor. Nunmehr gilt das *Wohngeldgesetz* i. d. F. vom 11. 7. 1985 (BGBl. I 1421), das auf Antrag einen Miet- oder Lastenzuschuß für Einkommensschwache gewährt, wenn die Miete das tragbare Maß übersteigt (§§ 1, 2). Dieses und der Zuschuß werden auf Grund einer Staffelung nach Familienstand, Einkommen, Größe der Gemeinde und Art der Wohnung errechnet (berücksichtigungsfähig z. B. für einen 4-Personen-Haushalt in einer Millionenstadt bei Neubauwohnungen eine Miete bis 815 DM; monatlicher Zuschuß zur Miete bei Familien-Monatseinkommen von 1200 DM: 489 DM, von 1800 DM: 326 DM, von 2100 DM: 244 DM. Kein Anspruch insbes., wenn wohngeldgleiche Bezüge aus öffentlichen Kassen gewährt werden oder wenn ein Familienmitglied vermögensteuerpflichtig ist oder wenn die Inanspruchnahme mißbräuchlich wäre (§ 18). Bewilligung i. d. R. für 12 Monate (§ 27); Zuständigkeit nach Landesrecht. Bei Ablehnung steht der Verwaltungsrechtsweg offen, die Berufung aber nur, wenn im erstinstanzlichen Urteil zugelassen (§ 33). Vgl. ferner WohngeldVO i. d. F. vom 22. 10. 1985 (BGBl. I 2022) über Wohngeld-Mietenermittlung und -Lastenberechnung.

Die *Rückerstattung von Baukostenzuschüssen* ist nach dem Ges. vom 21. 7. 1961 (BGBl. I 1041) i. d. F. vom 24. 8. 1965 (BGBl. I 969) und jetzt nach § 557a BGB für *Wohnraum* zwingend vorgeschrieben, soweit ein Zuschuß bei Beendigung des Mietverhältnisses nicht ,,abgewohnt" ist.

III. Eine *Preisangabepflicht* begründet die *PreisangabenVO* vom 14. 3. 1985 (BGBl. I 580), besonders für das Anbieten von Waren und Leistungen, im Handel, in der Werbung, bei Krediten, im Gaststättengewerbe und bei Tankstellen. Die Preisangabe muß die Umsatzsteuer und sonstige Preisbestandteile enthalten.

IV. Wegen *Preisüberhöhung* ist verfolgbar, wer vorsätzlich oder leichtfertig in befugter oder unbefugter Betätigung in einem Beruf oder Gewerbe für Gegenstände oder Leistungen des lebenswichtigen Bedarfs Entgelte fordert, verspricht, vereinbart, annimmt oder gewährt, die infolge einer Beschränkung des Wettbewerbs oder infolge der Ausnutzung einer wirtschaftlichen Machtstellung oder einer Mangellage unangemessen hoch sind. Auch das Fordern, Sichversprechenlassen oder Annehmen unangemessen hoher Entgelte für *Vermieten oder*

Vermitteln von Wohnräumen ist Ordnungswidrigkeit (§§ 4–6 WirtschaftsstrafG 1954 i. d. F. vom 3. 6. 1975, BGBl. I 1313).

807. Ernährungswirtschaftliche Marktordnung

Auf dem *Agrarsektor* ist das Prinzip der *freien Marktwirtschaft* besonderen Einschränkungen unterworfen, um einerseits die Versorgung der Bevölkerung zu sichern und andererseits die eigene Landwirtschaft existenzfähig zu erhalten. Hierzu wurde ein System staatlicher Eingriffsbefugnisse durch Preisfestsetzung, Marktintervention, Einfuhrlenkung, Monopole und Maßnahmen zur gleichmäßigen Güterverteilung begründet. Dies geschah innerstaatlich durch das *Getreidegesetz* (Gesetz über den Verkehr mit Getreide und Futtermitteln), jetzt i. d. F. vom 3. 8. 1977 (BGBl. I 1521), das *Milch- und Fettgesetz,* jetzt i. d. F. vom 10. 12. 1952 (BGBl. I 811), das *Vieh- und Fleischgesetz,* jetzt i. d. F. vom 21. 3. 1977 (BGBl. I 477), und das *Zuckergesetz* vom 5. 1. 1951 (BGBl. I 47), jeweils m. spät. Änd. Diese innerstaatlichen Anordnungen sind in ihrer Bedeutung stark zurückgedrängt worden durch die *Marktordnung der EWG* (814); ihre Wirkung beschränkt sich zumeist auf den organisatorischen Bereich sowie die hygienischen und sicherheitsrechtlichen Vorschriften.

Das *Getreidegesetz* (mit zahlreichen DVOen) sichert die *Brotversorgung,* deren Bedarf zur Hälfte aus Einfuhren gedeckt werden muß. *Brotgetreide* sind Roggen, Weizen, Spelz, Emer, Einkorn; vorübergehend kann der BML auch Gerste, Hafer, Mais, Buchweizen, Hirse und Reis einbeziehen. Der BML stellt im voraus für jedes Wirtschaftsjahr (1. 7.–30. 6.) im Benehmen mit den obersten Landesbehörden einen *Versorgungsplan* auf, der Inlandsbedarf und Einfuhrbedarf festlegt. Er kann Verwendung, *Ausmahlung, Beimischung,* Kennzeichnung von Getreide sowie den Umfang der Verarbeitung in den Mühlen regeln, die Preise festsetzen (für inländisches Getreide ist insoweit ein Bundesgesetz erforderlich) und Frachtausgleiche anordnen. Die *Bundesanstalt für landwirtschaftliche Marktordnung* hat ein Übernahmerecht bei eingeführtem ausländischem Brotgetreide, das ihr zu melden ist; sie bestimmt den Übernahmepreis und reguliert die Verteilung. Nach § 1 des – inzwischen großenteils außer Kraft getretenen – *Mühlengesetzes* vom 27. 6. 1957 (BGBl. I 664) i. d. F. vom 1. 9. 1965 (BGBl. I 1057) m. spät. Änd. sind die Errichtung einer Mühle, die Aufnahme, Wiederaufnahme und Verlegung des Betriebes einer Mühle sowie die Erweiterung ihrer Tagesleistung i. d. R. genehmigungspflichtig. Die freiwillige *Stillegung von Mühlen* kann durch öffentliche Mittel gefördert werden, um die wirtschaftliche Überbesetzung des Mühlengewerbes zu beseitigen. Das *Mühlenstrukturgesetz* vom 22. 12. 1971 (BGBl. I 2098) regelt abschließende Maßnahmen zur Schaffung einer leistungsfähigen Struktur des Mühlengewerbes.

Für *Futtermittel* gilt das FuttermittelG vom 2. 7. 1975 (BGBl. I 1745) m. spät. Änd.; s. ferner FuttermittelVO vom 8. 4. 1981 (BGBl. I 352) m. spät. Änd.

Das *Milch- und Fettgesetz* schützt den Verbraucher durch Sorgfaltsvorschriften vor Gesundheitsschädigung durch schlechte, nicht ordnungsgemäß behandelte Ware. Es bestehen Molkerei-Einzugsgebiete und Molkerei-Absatzgebiete, Milchsammelstellen und Rahmstationen. Der Absatz im *Straßenhandel* kann eingeschränkt werden. Die Liefer- und Annahmebeziehungen zwischen Milcherzeugern und Molkereien und zwischen Molkereien und Abnehmern werden von den obersten Landesbehörden überwacht und geregelt. Der BML kann RechtsVOen über Prüfung und Beförderung von Milch erlassen (s. z. B. *Milch-GüteVO* vom 9. 7. 1980, BGBl. I 878, mit Änd. vom 21. 6. 1985, BGBl. I 1151). Die Landesregierungen oder die von diesen ermächtigten obersten Landesbehörden können durch RechtsVO den Molkereien, Milchsammelstellen und Rahmstationen *Ausgleichsabgaben* für abgesetzte Milch usw. auferlegen.

Das *Vieh- und Fleischgesetz* mit DVOen erfaßt Rinder, Kälber, Schweine und Schafe. Es sieht einen *Versorgungsplan* vor. Es werden *Schlachtviehgroßmärkte und Schlachtviehmärkte* eingerichtet und regelmäßig mit Schlachtvieh zur Versorgung von Groß- bzw. mittleren Verbrauchsplätzen beschickt. Nach Bedarf können Fleischmärkte und -großmärkte bestimmt werden. Das Gesetz regelt die technische Abwicklung der großen Märkte, wie z. B. Bestimmung der *Markttage,* Marktzeiten, Handel nach Lebendgewicht, Preisfeststellung und Preisnotierung und die Einreihung in *Handelsklassen.* Der Schlachtverkauf durch Landwirtschaftsbetriebe ist jedoch nicht eingeschränkt. Die aus dem Ausland eingeführten Mengen an Schlachtvieh, Fleisch und Fleischerzeugnissen sind der *Bundesanstalt für landwirtschaftliche Marktordnung* anzubieten. Diese ist aber zur Übernahme nicht verpflichtet. Es werden *Marktverbände* geschaffen, zu denen die am Vieh- und Fleischverkehr beteiligten Organisationen und Berufsgruppen sich freiwillig zusammenschließen können, um ebenfalls auf den inneren Marktausgleich und die Stabilität der Anlieferung und der Preise einzuwirken.

Das *Zuckergesetz* sieht gleichfalls einen *Versorgungsplan* vor, der feststellt, welche Mengen Zucker aus inländischer Erzeugung zur Verfügung stehen und welche Mengen eingeführt werden müssen. Anbau, Lieferung und Abnahme von Zuckerrüben sind durch Gesellschafts- oder *Anbauverträge* zu regeln. Das Gesetz ordnet den Binnenmarkt durch planmäßige Förderung des deutschen *Zuckerrübenanbaues,* durch genaue Feststellung des Bedarfs. Abgabe des Zuckers nur auf Grund von Jahres- bzw. Teilfreigaben sowie durch Festsetzung gleichmäßiger, für den Konsumenten tragbarer *Zuckerpreise.* Die Ausfuhr ist durch behördliche Genehmigungspflicht beschränkt. Meldepflichten der Unternehmer der Zuckerwirtschaft über Bestand, Absatz usw. regelt die VO vom 20. 3. 1980 (BGBl. I 335).

808. Der Lebenshaltungsindex

ist ein statistisches Maß zur Ermittlung der durchschnittlichen Änderung der Lebenshaltungskosten. Er wird ermittelt, indem die durchschnittlichen Lebenshaltungsausgaben (für Güter, Dienstleistungen) in einem bestimmten Zeitpunkt mit 100 angesetzt und die der Weiterentwicklung entsprechenden *Meßzahlen* dazu ins Verhältnis gesetzt werden. Die *Indexzahl*(-ziffer) ist eine besondere Art von Meßzahl, die mehrere zahlenmäßige Entwicklungsreihen zusammenfaßt; hieraus wird sodann ein Mittelwert errechnet. Die Änderung der Indexzahl spiegelt die Entwicklung der Lebenshaltungskosten wider und läßt wichtige Schlüsse auf die Kaufkraftänderung sowie auf die tatsächliche Höhe der Löhne, den *Reallohn,* zu.

Unter Zugrundelegung einer Arbeitnehmerfamilie von 4 Personen mit mittlerem Einkommen (1 Verdienstperson) wird in der BRep. seit 1949 der *Lebensstandard* ermittelt, der den vornehmlich vom Einkommen und von den Preisen der Wirtschafts- und Konsumgüter abhängigen Aufwand für die Lebensgestaltung, also Ernährung, Genußmittel und Getränke, Wohnung, Heizung, Beleuchtung, Hausrat, Bekleidung usw. wiedergibt.

Der vom Statist. Bundesamt ermittelte *Preisindex für die Lebenshaltung* hat sich wie folgt geändert: 1962 = 100; 1968 = 116,4; 1972 = 136,1; seit 1970 = 100 bis 1978 = 150,1. Die Fortentwicklung in den letzten Jahren wurde statistisch wie folgt errechnet: 1976 = 100; 1978 = 106,5; 1979 = 110,9; 1980 = 117,0; 1981 = 123,9; 1982 = 130,5. Geht man von 1980 = 100 aus, so ergibt sich für 1985 ein Index von 121,0.

Das Ges. über die Statistik der *Wirtschaftsrechnungen privater Haushalte* vom 11. 1. 1961 (BGBl. I 18) sieht monatliche Erhebungen bei Haushalten von Arbeitnehmern, Pensions-, Sozialhilfe- und Rentenempfängern sowie jährliche Erhebungen bei Haushalten aller Bevölkerungskreise in 3–5jährigen Abständen vor. Die Erhebungen umfassen die Einnahmen nach ihren Quellen und deren Verwendung für den privaten Verbrauch (nach Art, Menge und Betrag), für Steuern und Abgaben, Beiträge zur Sozialversicherung und zu privaten Versicherungen, Rückzahlung von Schulden, Vermögensbildung usw. Die Erteilung der Auskünfte ist freiwillig. Die Aufbereitung der Erhebungen obliegt dem *Statistischen Bundesamt*. Dieses veröffentlicht in den Statistischen Jahrbüchern auch Preisindices für einzelne Wirtschaftsbereiche, z. B. Produktion und Großhandel, Einzelhandel, Ein- und Ausfuhr, *Baupreise* (bei diesen Anstieg von der Basis 1976 = 100 auf 142,0 im Jahre 1981 und auf 146,0 im Jahre 1982). Beim Ausgangspunkt 1980 = 100 ergibt sich für 1985 eine Steigerung auf 114,5.

809. Die Einfuhr (der Import)

ist nach dem Außenwirtschaftsgesetz (811) das Verbringen von Sachen und Elektrizität in das inländische Wirtschaftsgebiet. Sie ist im Rahmen einer *Einfuhrliste* (Anlage zum AWG) für Gebietsansässige genehmigungsfrei. Auch für andere Einfuhren ist durch RechtsVO weitgehende Befreiung von der Genehmigungspflicht erteilt worden. Für diese wie für Einzelgenehmigungen sind *handelspolitische* Gesichtspunkte maßgebend; deshalb sind Begrenzungen der Einfuhrmenge, des Verwendungszwecks u. a. Beschränkungen zugelassen (§§ 10, 12, 13 AWG). Das *Einfuhrverfahren* ist in §§ 22ff. der Außenwirtschafts-VO (811) geregelt. Über den Rechtszustand innerhalb der Europäischen Gemeinschaften s. u.

Die Einfuhr wird auch durch Zollmaßnahmen gelenkt (wobei übrigens der Einfuhrbegriff ein anderer ist als nach dem AWG). So können, um die heimische Wirtschaft zu schützen, sog. *Schutzzölle* vorgesehen werden. In ähnlicher Weise wirken *devisenrechtliche* Bestimmungen auf die Einfuhrmöglichkeiten ein. Über die Zuständigkeit des Bundesamts für gewerbliche Wirtschaft für *Ein- und Ausfuhrregelung* vgl. 805, über das Verhältnis von Import und Export der BRep. (Außenhandelsbilanz) vgl. 810.

Auf dem Gebiet der *Ernährungswirtschaft* bestehen Vorschriften für die Einfuhr nach den Marktgesetzen für Getreide, Milch und Fett, Zucker, Vieh und Fleisch (807). Die Überwachung der Einfuhr ist der *Bundesanstalt für landwirtschaftliche Marktordnung* (805) übertragen.

Über die *Einfuhrumsatzsteuer* und die Befreiungsvorschriften vgl. 541.

Eine besondere Rechtslage gilt innerhalb der *Europäischen Gemeinschaften* für den sog. EG-Binnenhandel. Hier bestehen grundsätzlich keine Einfuhrbeschränkungen und Verfahrensregelungen. Vgl. jedoch 814 (Europäische Marktordnung).

Die Einfuhr von Waren unterliegt nach dem *Abschöpfungserhebungsgesetz* vom 25. 7. 1962 (BGBl. I 453) m. spät. Änd. einer Abgabe in Gestalt der *Abschöpfung,* wenn deren Erhebung in den vom *Rat der EWG* nach Art. 42, 43 des EWG-Vertrags (813) erlassenen VOen vorgeschrieben oder zugelassen ist (§ 1); das ist für wichtige Grundnahrungsmittel geschehen. Die *Abschöpfung,* die durch die Bundesfinanzbehörden nach bestimmten Sätzen erhoben wird, tritt an die Stelle des Zolls; die Vorschriften über Zölle sind entsprechend anzuwenden (§§ 2, 3). Die Bundesanstalt für landwirtschaftliche Marktordnung errechnet die Abschöpfungssätze gem. § 4 im Rahmen der nach dem AußenwirtschaftsG (811) zu erteilenden Einfuhrlizenzen. Besonderheiten gelten für zur Bevorratung eingeführte Waren (§ 6). Der BMF stellt im Einvernehmen mit dem BML durch RechtsVO einen *Abschöpfungstarif* ohne Abschöpfungssätze auf (§ 9). Vgl. hierzu VO vom 26. 11. 1968 (BGBl. II 1043). Gegen die Festsetzung bzw. den Abschöpfungsbescheid sind Einspruch und Anfechtungsklage im Finanzrechtsweg (78) gegeben. Mit zunehmendem Ausbau des EWG-Agrarmarktes (814) beschränkt sich die Abschöpfung auf das Verhältnis zu Drittländern.

810. Die Ausfuhr (der Export)

deutscher Waren in das Ausland erstreckt sich vor allem auf industrielle *Fertigerzeugnisse.* Sie wird als wirtschaftlicher Gegenwert für die notwendige Einfuhr von Lebensmitteln und Rohstoffen staatlich gefördert (so z. B. bei der Umsatzsteuer, 541), zumal ein erweiterter *Außenhandel* den *Lebensstandard* der Bevölkerung verbessert. Die Ausfuhr ist grundsätzlich genehmigungsfrei, kann aber auf Grund des Außenwirtschaftsgesetzes beschränkt werden (vgl. 811, auch über das Genehmigungsverfahren). Im Interesse der Steigerung der Ausfuhr kann die BReg. Sicherheitsleistungen und Gewährleistungen im *Ausfuhrgeschäft* übernehmen (Gesetz vom 22. 11. 1955, BGBl. I 727, i. d. F. vom 11. 10. 1957, BGBl. I 1717). Ein *Ausfuhrzoll* wird innerhalb der EWG nicht erhoben (Art. 16 EWG-Vertrag).

Die *Förderung des Außenhandels* liegt im dringendsten Interesse aller Handel treibenden Länder. Durch den Außenhandel sollen die Vorzüge der internationalen Arbeitsteilung im Wege des Güteraustauschs zum Zuge kommen. Deutschland stellt hauptsächlich Verbrauchsgüter oder industrielle Ausrüstungen für das Ausland her und bezieht im Austausch dafür fremde Verbrauchsgüter oder, was noch wichtiger ist, *Rohstoffe* für die Ernährung oder die industrielle Produktion. Angesichts der knappen Rohstoffdecke, die in Westdeutschland zur Verfügung steht, und der Unmöglichkeit, die Bevölkerung aus der eigenen landwirtschaftlichen Erzeugung zu versorgen, hat der Außenhandel für die BRep. lebenswichtige Bedeutung. Der deutsche Außenhandel weist entsprechend der wirtschaftlichen Struktur einen hohen Ausfuhranteil arbeitsintensiver Erzeugnisse und einen hohen Einfuhranteil landwirtschaftlicher und industrieller Rohstoffe aus. Ausfuhrbeschränkungen und -verbote bestehen aus anderen als wirtschaftspolitischen Gründen z. B. nach § 9 Abs. 6 ZuckerG sowie für die *Ausfuhr von Schlachtvieh* nach § 16 Abs. 5 Vieh- u. FleischG.

Die Außenhandelsbilanzen zeigten bisher ein Anwachsen des Anteils der spezialisierten *Fertigerzeugnisse* an der Ausfuhr, so daß die BRep. einen vorderen Platz in der Reihe der Welthandelsländer einnimmt. Andererseits rief der durch die starke Ausfuhr sich ergebende *Devisenüberhang* schwierige monetäre Aufgaben hervor. Eine entscheidende Rolle spielt im Außenhandel die Währungssituation. Durch die *Aufwertung der DM* im Jahre 1961 um 4,76 v.H. gegenüber den anderen Währungen verteuerte sich die deutsche Ausfuhr; der *Ausfuhrüberschuß* der BRep. ging zurück. Eine ungünstige Wirkung hatte auch die *Abwertung des englischen Pfundes* im November 1967, durch die sich die englische Ausfuhr verbilligte. Trotzdem stieg der Ausfuhrüberschuß der BRep. in den folgenden Jahren ständig an. Über spätere Auf- und Abwertungen und ihre wirtschaftlichen Auswirkungen vgl. 853 IV.

Die *Außenhandelsbilanz* der BRep. ergab für 1985 folgende Werte:

(lt. Statist. Bundesamt)

	Import	Export	Überschuß
Gesamter Außenhandel	463,9 Mrd.	537,1 Mrd.	73,2 Mrd. Export-Ü.
Außenhandel mit den EWG-Ländern (= Anteil am Gesamthandel)	225,4 Mrd. (48,6%)	254,9 Mrd. (47,5%)	29,5 Mrd. Export-Ü.
Außenhandel mit anderen europ. Ländern (= Anteil am Gesamthandel)	77,3 Mrd. (16,7%)	106,9 Mrd. (19,9%)	29,6 Mrd. Export-Ü.
Außenhandel mit den USA u. Kanada (= Anteil am Gesamthandel)	36,2 Mrd. (7,8%)	61,0 Mrd. (11,3%)	24,8 Mrd. Export-Ü.
Außenhandel mit den Entwicklungsländern (= Anteil am Gesamthandel)	71,8 Mrd. (15,5%)	66,6 Mrd. (12,4%)	5,2 Mrd. Import-Ü.
Außenhandel mit den Staatshandelsländern (= Anteil am Gesamthandel)	26,3 Mrd. (5,7%)	27,9 Mrd. (5,2%)	1,6 Mrd. Export-Ü.

811. Außenwirtschaft

Am 1. 9. 1961 trat das *Außenwirtschaftsgesetz* (AWG) vom 28. 4. 1961 (BGBl. I 481) in Kraft, das die Devisenbewirtschaftung beendete. Es geht für die staatliche Kontrolle des Wirtschaftsverkehrs mit dem Ausland von einem grundsätzlich *freien Außenwirtschaftsverkehr* aus. Das AWG ist ein *Rahmengesetz*. Es enthält Vorschriften über Beschränkungen und Genehmigungen, Warenverkehr, Dienstleistungs- und Kapitalverkehr sowie Verkehr mit Gold, Mitwirkung der Deutschen Bundesbank, Straf-, Bußgeld- und Überwachungsvorschriften. Mit dem AWG trat die *Außenwirtschaftsverordnung* (AWV) vom 22. 8. 1961 (BGBl. I 1381) in Kraft; sie enthält Ausführungsbestimmungen insbes.

zur Warenaus- und -einfuhr, für den Transithandel, den Dienstleistungs-, Kapital- und Zahlungsverkehr sowie eine Ausfuhrliste und gilt jetzt i. d. F. vom 18. 12. 1986 (BGBl. I 2671).

Unter *Außenwirtschaft* versteht man alle wirtschaftlichen Beziehungen einer nationalen Wirtschaftseinheit zur übrigen Welt. In der Gesamtwirtschaft eines Staates nimmt der *Außenhandel,* der in der gesamten Einfuhr und Ausfuhr erscheinende Warenaustausch, die wichtigste Rolle ein.

Seit 1970 gilt jedoch das Außenwirtschaftsrecht – mit Ausnahmen, namentlich für den Kapitalverkehr – nur noch im Verhältnis der Mitgliedstaaten der Europäischen Gemeinschaften zu Drittländern. Innerhalb der EG dagegen ist deren Gemeinschaftsrecht maßgebend (813).

Das mit diesen Einschränkungen noch anwendbare Außenwirtschaftsgesetz definiert die im Außenhandel verwendeten Begriffe wie Wirtschaftsgebiet, Gebietsansässige und Gebietsfremde (statt früher Deviseninländer und -ausländer), Auslandswerte, Waren, Ausfuhr, Einfuhr, Durchfuhr usw. (§ 4). Es sieht *allgemeine Beschränkungsmöglichkeiten* für Rechtsgeschäfte und Handlungen im Außenwirtschaftsverkehr zwecks Erfüllung zwischenstaatlicher Vereinbarungen, zur Abwehr schädigender Einwirkungen oder schädigender Geld- und Kapitalzuflüsse aus fremden Wirtschaftsgebieten und zum Schutz der Sicherheit und der auswärtigen Interessen vor (§§ 5–7). Die *besonderen Beschränkungsmöglichkeiten* betreffen jeweils nur einen einzelnen Bereich des Außenwirtschaftsverkehrs. So ist die *Einfuhr* aller Waren durch Gebietsfremde genehmigungsbedürftig und im übrigen auf Grund der *Einfuhrliste* nach dem gegenwärtigen Stand der *Liberalisierung* zulässig (§ 10; auch für gebietsfremde EWG-Ansässige, § 10a). Für die *Warenausfuhr* enthält das AWG solche Beschränkungen nicht; sie können aber durch RechtsVO besonders bestimmt werden (§ 8; vgl. auch §§ 6, 6a AWV). Der *Kapitalverkehr* kann zur Sicherung des Gleichgewichts der Zahlungsbilanz beschränkt werden, und zwar die *Kapitalausfuhr* insbes. zum Erwerb von ausländischen Grundstücken oder Wertpapieren oder Unterhaltung ausländischer Guthaben, ebenso die *Kapitaleinfuhr;* diese kann auch zur Erhaltung der Kaufkraft der DM beschränkt werden, wenn die Einfuhr einem der genannten Zwecke oder dem Erwerb inländischer Unternehmen dient (§§ 22, 23). Eine *Devisenzwangswirtschaft* alter Art könnte jedoch nur durch besonderes Gesetz eingeführt werden. Rechtsgeschäfte über *Gold* und das Verbringen von Gold über die Grenzen des Wirtschaftsgebietes können ebenfalls eingeschränkt werden (§ 24).

Für die Erteilung von *Genehmigungen* (Verwaltungsakt) sind die von den Landesregierungen bestimmten Behörden zuständig, im Bereich des Kapital- und Zahlungsverkehrs die *Bundesbank,* im Rahmen des Waren- und Dienstleistungsverkehrs oder der ernährungswirtschaftlichen Marktorganisation (807) die Bundesämter für gewerbliche Wirtschaft und für Ernährung und Forstwirtschaft oder die Bundesanstalt für landwirtschaftliche Marktordnung (805), je für ihren Bereich. Der Verkauf ausländischer Inhaber- oder Orderschuldverschreibungen bedarf der Genehmigung des BMF (§ 28 Abs. 1, 2). Durch RechtsVO kann die Zuständigkeit zur Genehmigung dem Bundesamt für gewerbliche Wirtschaft, dem Bundesamt für Ernährung und Forstwirtschaft und dem BMV für gewisse Bereiche zugewiesen werden (§ 28 Abs. 3). Die Genehmigung bedarf der Schriftform; sie wird nur auf Antrag erteilt und kann mit Befristungen, Bedingungen, Auflagen oder Widerrufsvorbehalten verbunden werden (§ 30). Ein ohne die erforderliche Genehmigung vorgenommenes Rechtsgeschäft ist unwirksam, wird aber durch nachträgliche Genehmigung vom Zeitpunkt seiner Vornahme ab wirksam (§ 31).

Der *zwischenstaatliche Zahlungsverkehr* (Zahlungen nach dem Ausland oder an Ausländer, Entgegennahme von Zahlungen aus dem Ausland oder von Ausländern) bleibt grundsätzlich *genehmigungsfrei*. Doch sind für Leistung und Entgegennahme von Zahlungen *Meldevorschriften* als Grundlage für die Erstellung einer Zahlungsbilanz und für die Beobachtung des Zahlungsverkehrs ergangen (§§ 59–69 AWV). Zur Abwehr unerwünschter Kapitalzuflüsse aus dem Ausland kann durch eine *Depotpflicht* Inländern auferlegt werden, bei Darlehens- oder Kreditverbindlichkeiten gegenüber Ausländern einen bestimmten Hundertsatz (bis 100) bei der Bundesbank zinslos im Depot zu halten (§ 6a AWG).

Eine *Ausfuhrsperre* (Ausfuhrverbot, *Embargo* – span. = Zurückhalten von Schiff und Ladung) kann aus wirtschaftlichen oder politischen Gründen angeordnet werden. So war der Handel mit den Ostblockländern lange Zeit infolge einer Embargo-Politik gering und im wesentlichen auf Gegenseitigkeitsgeschäfte beschränkt. Im Jahre 1966 griff die brit. Regierung im Rassenkonflikt mit Rhodesien (929 II 7) zu diesem wirtschaftlichen Mittel. Die USA bedienten sich seiner im Kuba-Konflikt (930) sowie 1979/1980 bei den Auseinandersetzungen mit dem Iran in der Geiselaffäre und mit der UdSSR wegen ihres Einmarschs in Afghanistan (926 II 2). Über weitere Maßnahmen der *Außenwirtschaftspolitik* s. 802.

Über die *Außenhandelsbilanz* der BRep. vgl. 810. Eine wichtige Rolle spielt die Erhaltung des *außenwirtschaftlichen Gleichgewichts*. Die hierauf gerichteten Maßnahmen der BReg. müssen auf die Verflechtung der internationalen Wirtschaft und die Erhaltung der Stabilität der deutschen und ausländischen Währungen im Rahmen des multilateralen Zahlungssystems (860, 918) Rücksicht nehmen. Über die einschränkenden Maßnahmen im Zusammenhang mit der DM-Aufwertung (Absicherungsgesetz) s. 853. Statistische Erhebungen zur Beobachtung der Außenwirtschaft werden nach dem Ges. über die Statistik des grenzüberschreitenden Warenverkehrs vom 1. 5. 1957 (BGBl. I 413) nebst DVO i. d. F. vom 14. 7. 1977 (BGBl. I 1281) angestellt.

812. Innerdeutscher (Interzonen-)Handel

Der *Warenverkehr* zwischen den Währungsgebieten der Deutschen Mark der Deutschen Bundesbank (Bundesgebiet und West-Berlin) auf der einen und dem Währungsgebiet der „Mark der DDR“ auf der anderen Seite beruht auf dem *Berliner Abkommen* vom 20. 9. 1951 i. d. F. vom 16. 8. 1960 (BAnz. 1961 Nr. 32) und unterliegt besonderen Vorschriften.

In Betracht kommt die *Interzonenhandelsverordnung* vom 18. 7. 1951 (BGBl. I 463) m. Änd. vom 22. 5. 1968 (BAnz. Nr. 97) nebst DVO vom 1. 3. 1979 (BAnz. Nr. 47a, Beilage 10/79) m. spät. Änd. Der Warenverkehr unterliegt einer Bezugsgenehmigungs- und Warenbegleitscheinpflicht. Die Genehmigung erteilen die Wirtschafts- bzw. (für den Ernährungssektor) die Ernährungsminister der Länder und die von ihnen beauftragten Stellen (Außenstellen, Landesstellen, Außenhandelskontore usw.). Gewisse Waren sind von der Bezugsschein- oder Warenbegleitscheinpflicht befreit. Erleichterungen bestehen im Verkehr zwischen der BRep. und West-Berlin. Die *Treuhandstelle für Industrie und Handel* (TSI) mit Sitz in Berlin (West) – ursprünglich vom Deutschen Industrie- und Handelstag (833) eingerichtet und heute Dienststelle der Bundesminister für Wirtschaft sowie für Ernährung, Landwirtschaft und Forsten – ist zuständig für die handelspolitischen Beziehungen zur DDR im Rahmen des innerdeutschen Handels (idH). Die TSI ist mit Vollmachten der Bundesregierung und des Regierenden Bürgermeisters von Berlin ausgestattet. Der idH wird auf der Grundlage des Berliner Abkommens von 1951 abgewickelt. Er ist frei von Zöllen und unterliegt nicht den Regeln der EG (814) und des GATT (918 unter 3). Im Jahre 1985 lag der Umsatz im idH einschl. Dienstleistungen bei 16,7 Mrd. Verrechnungseinheiten.

Seit 1. 1. 1961 ist der innerdeutsche Handel teilweise auf eine neue Grundlage gestellt. Die *Warenlisten* gelten für eine unbestimmte Laufzeit, sofern sie nicht von einer Seite mit dreimonatiger Frist gekündigt werden. Der Saldo der beiderseitigen Lieferungen und Bezüge soll einmal im Jahr festgestellt und von dem in Schuld befindlichen Partner binnen 30 Tagen durch eine Barzahlung ausgeglichen werden. Dadurch soll Ausweitung des Interzonenhandels erreicht werden. Während die BRep. Erzeugnisse der eisenschaffenden und der Elektroindustrie sowie der Chemie liefert, bestehen die Leistungen der DDR in Textilien, Holz, Briketts, Mineralölerzeugnissen u. dgl. Der Umfang der Lieferungen BRep.-DDR betrug 1986 ca. 7,5 Mrd. DM, aus der DDR in die BRep. ca. 6,8 Mrd. DM.

813. Die Europäische Wirtschaftsgemeinschaft (EWG)

Am 25. 3. 1957 unterzeichneten die 6 Länder BRep., Frankreich, Italien, Belgien, Holland und Luxemburg in Rom die Europaverträge – sog. *Römische Verträge* – über einen *Gemeinsamen Markt* (EWG-Vertrag, BGBl. 1957 II 766) und über eine *Atomgemeinschaft* ihrer Länder (EAG-Vertrag, BGBl. 1957 II 1014; vgl. 816). Diese Abkommen knüpfen an die im Rahmen des Marshallplans (vgl. 910) eingesetzte OEEC und an die Einrichtungen der *Montanunion* (Gemeinschaft für Kohle und Stahl – EGKS –; Vertrag vom 18. 4. 1951, BGBl. 1952 II 447 m. Änd. BGBl. 1960 II 1573) an, die den europäischen Wiederaufbau ermöglicht und einen gemeinsamen Markt für Kohle, Eisenerz, Schrott, Stahl und Edelstahl entwickelt haben. Die Organe der *Europäischen Wirtschaftsgemeinschaft* sind die Versammlung der Gemeinschaft – jetzt „Europäisches Parlament" –, der Ministerrat, die Kommission und der Gerichtshof. Ein Wirtschafts- und Sozialausschuß hat beratende Funktionen.

Wegen der Vorgeschichte und der im Jahre 1965 beschlossenen *gemeinsamen Organe* der drei Gemeinschaften (Versammlung, Rat, Kommission, Gerichtshof) sowie zur politischen Weiterentwicklung mit dem Ziel eines vereinigten Europas vgl. 916.

Durch die „*Einheitliche Europäische Akte*" vom Febr. 1986 (BGBl. 1986 II 1102) wurden die vertraglichen Grundlagen der EG zum ersten Mal reformiert. Die Vertragsänderungen sehen die Vollendung des europäischen *Binnenmarkts* bis 1992 vor; außerdem werden die Rechte des Europäischen Parlaments und der EG-Kommission erweitert sowie das bisherige Einstimmigkeitsprinzip weitgehend durch Mehrheitsentscheidungen ersetzt. Ferner wurde der Europäische Rat als Institution festgeschrieben und die Zusammenarbeit bei Forschung, Technologie und Umweltschutz vertraglich festgehalten. Die Europäische Politische Zusammenarbeit (EPZ) soll intensiviert werden.

Der *EWG-Vertrag* ist auf unbegrenzte Zeit geschlossen und unkündbar. Die von den sechs Gründungsstaaten angestrebte enge wirtschaftlich ausgerichtete Gemeinschaft soll großräumig die Wirtschaftskräfte konzentrieren und steigern. Eine starke Wirtschaftsgemeinschaft kann sich den größeren Anforderungen inmitten der schnellen Entwicklung der Wirtschaftsmächte erfolgreicher anpassen. Der rationelle Ausbau der Produktionsstätten entsprechend den günstigen Standortbedingungen in einem Gemeinsamen Markt verbessert zudem die Konkurrenzfähigkeit auf dem Weltmarkt und trägt zur *Hebung des Lebensstandards* bei. Die Zunahme des *Wirtschaftswachstums* im EWG-Raum ist weitgehend auf die Gemeinschaftsbelebung zurückzuführen, wenn auch das Ausmaß bei den einzelnen Mitgliedsländern noch unterschiedlich ist.

1. Der gemeinsame Markt

Ziel ist die Errichtung eines *gemeinsamen Marktes,* der über eine Freihandelszone und eine Zollunion hinausgeht. Während eine *Freihandelszone* im Verhältnis der Vertragsstaaten zueinander lediglich auf Abbau der Zölle und Handelsschranken gerichtet ist (Wirkung nach innen) und eine *Zollunion* außerdem gegenüber Drittstaaten Zölle und Handelsvorschriften vereinheitlicht (Wirkung nach außen), greift der *gemeinsame Markt* viel weiter: er sichert die Freiheit des Waren-, Dienstleistungs-, Kapital- und Zahlungsverkehrs, ferner Niederlassungsfreiheit für Unternehmer und andere beruflich Selbständige sowie Freizügigkeit der Arbeitnehmer. Das *Diskriminierungsverbot* untersagt ungerechtfertigte Ungleichbehandlung (z. B. nach der Nationalität), das *Subventionsverbot* staatliche Beihilfen, die durch Begünstigung einzelner Unternehmen oder Produktionszweige den Wettbewerb verfälschen (vgl. Art. 92–94 EWG-Vertrag). Durch Verbote (mit Erlaubnisvorbehalt) für *Kartelle* und *abgestimmte Verhaltensweisen, Fusionskontrolle* und Verbot des *Monopolmißbrauchs* sollen Wettbewerbsbeschränkungen (vgl. 835) ausgeschaltet werden, die den Handel zwischen den Mitgliedstaaten beeinträchtigen (Art. 85ff. EWG-Vertrag). Ein wichtiges Instrument zur Erreichung der Gemeinschaftsziele ist die *Rechtsangleichung,* die vor allem der Vereinheitlichung der Wirtschaftspolitik dient.

2. Zoll- und Handelspolitik

In den Jahren 1958 bis 1969 wurde auf dem Wege zur *Integration* u. a. die Errichtung der *Zollunion* erreicht, die den Wegfall der Binnenzölle und einen gemeinsamen *Außenzoll* (für Einfuhr aus Drittländern) sowie die Aufhebung von mengenmäßigen Einfuhrbeschränkungen im internen Warenverkehr brachte. Weitere Maßnahmen waren auf Beseitigung von Handelshemmnissen, Liberalisierung des Kapitalverkehrs und eine größere *Freizügigkeit für Unternehmen* gerichtet. Fortgeschritten ist vor allem die in Art. 3 und 113 EWG-Vertrag vorgesehene gemeinsame *Zoll- und Handelspolitik.* Die *Außenhandelsunion* ist noch nicht auf allen Gebieten verwirklicht, wohl aber auf dem Agrarmarkt. In den anderen Bereichen sind die Binnenzölle bis 1. 7. 1977 schrittweise abgebaut und die Außenzölle entsprechend angeglichen worden. Auf dem Agrarsektor sind neben binnenwirtschaftlichen Maßnahmen (Lenkungsvorschriften, Preispolitik) solche zum Schutz gegenüber Drittländern getroffen worden; vgl. 814.

Das handelspolitische *EWG-Programm* sieht auf der Einfuhrseite eine schrittweise Vereinheitlichung der Liberalisierungslisten der *Gemeinschaftsländer* gegenüber GATT-Ländern sowie gegenüber Nicht-GATT-Ländern, insbesondere *Ostblockstaaten,* vor, außerdem eine allmähliche Vereinheitlichung der mengenmäßigen Beschränkungen und den Übergang zu EWG-Globalkontingenten. Ferner werden die EWG-Länder ihre kommerziellen Schutzmaßnahmen gegen unerwünschte Einfuhren, insbesondere die *Dumpingbestimmungen,* vereinheitlichen. Angestrebt wird schließlich eine *Harmonisierung* der in den bilateralen Abkommen vorgesehenen *Kontingentslisten* mit östlichen Staatshandelslisten und der Abschluß von EWG-Abkommen mit Ostblockstaaten und anderen Nicht-GATT-Ländern.

3. Währungsunion

Die 1971 angelaufene stufenweise Verwirklichung der *Wirtschafts-* und *Währungsunion* konnte angesichts der Divergenzen in der Entwicklung von Preisen, Kosten und Zahlungsbilanzen bisher nur teilweise verwirklicht werden. Angestrebt werden insbesondere die Koordinierung der Geld- und Kreditpolitik und die Einengung von Wechselkursschwankungen. Es soll ein eigenständiger Währungsraum mit voller Konvertierbarkeit der Währungen (vgl. 852) und unwiderruflich festgesetzen Paritätsverhältnissen geschaffen werden. Diesen Zweck verfolgte der 1972 von den sechs EWG-Gründungsmitgliedern ins Leben gerufene *Europäische Währungsblock* (Währungsverbund, auch „Währungsschlange" genannt). Seine Mitgliedsländer wurden verpflichtet, zur Erhaltung einheitlicher Wechselkurse innerhalb des Blocks Kursabweichungen ihrer Währungen durch einen Spielraum von 2,5 v. H. nach oben und unten zu begrenzen. Dem Block sind Großbritannien und Dänemark beigetreten; Norwegen und Schweden schlossen sich als assoziierte Mitglieder an. Doch wurde die angestrebte Kursstabilität durch das Ausscheiden von Großbritannien, Frankreich, Italien und Schweden (1976/7) wesentlich beeinträchtigt.

Zur Vereinfachung des Rechnungswesens und zwecks Festlegung gemeinsamer Agrarpreise wurde 1962 innerhalb der EG eine *Rechnungseinheit* (RE) eingeführt, die als der Gegenwert in nationaler Währung für einen US-Dollar definiert wurde (auch „grüner Dollar" genannt). Weil das System der festen Wechselkurse (860 II) inzwischen weitgehend durch das der flexiblen Kurse abgelöst worden ist, wurde die EG-RE seit 1971 in Sonderziehungsrechten des Internationalen Währungsfonds (918) definiert.

Nachdem der Währungsblock seine Bedeutung weitgehend verloren hatte, wurden neue Anstrengungen zur Errichtung einer europäischen Währungsunion unternommen, die aber erst Anfang 1979 zum Erfolg führten. Das ab 1. 1. 1979 wirksam gewordene *Europäische Währungssystem (EWS),* dem alle EG-Länder (mit Ausnahme von Großbritannien, Griechenland, Spanien und Portugal) angehören, schafft eine Europäische Rechnungseinheit „ECU" (European Currency Unit) und bindet die Währungen der acht Länder durch feste Relationen aneinander. Die Wechselkurse werden durch Festsetzung von *Leitkursen* vertraglich festgeschrieben. Von den festgesetzten Erstkursen dürfen die Notierungen nur mit einer Bandbreite von 2,25 v. H. (Italien: 6 v. H.) abweichen. Der *Europ. Währungsfonds* (übergangsweise zunächst der durch EWG-VO 907/73 errichtete *Fonds für währungspolitische Zusammenarbeit*), in dem die nationalen *Währungsreserven* teilweise zusammengelegt werden („Währungspool"), wird ermächtigt, solche Reserven der Mitgliedstaaten gegen ECU-Zahlungen entgegenzunehmen.

Allgemein sollen die Organe der EWG mit Befugnissen ausgestattet werden, die eine echte Führungsmöglichkeit auf dem Gebiet der Wirtschaft, des Währungs- und Geldwesens begründen. Die *Währungsreserven* sollen zusammengelegt und anschließend mit dem Europ. Währungsfond praktisch eine *Europ. Zentralbank* errichtet werden. Vorerst ist im Rahmen eines 10-Jahres-Stufenplans mit Wirkung vom 6. 4. 1973 an der *Europ. Fonds für währungspolitische*

Zusammenarbeit (s. o.) errichtet worden. Zu einer Fortentwicklung im geplanten Sinne ist es bisher nicht gekommen.

4. Steuerharmonisierung. Regional- und Sozialpolitik

Weiteres Ziel ist die *Steuerharmonisierung,* die jedoch gewisse Anpassungen voraussetzt, weil manche Länder direkte, andere indirekte Steuern bevorzugen und in den Steuersätzen erhebliche Unterschiede bestehen (z. B. Umsatzsteuer zwischen 10 und 23 v. H.). Immerhin setzte die Richtlinie des Rats vom 17. 5. 1977 eine einheitliche steuerpflichtige Bemessungsgrundlage fest und eröffnet damit den Weg zur Eigenfinanzierung (an Stelle von Beiträgen der Mitgliedstaaten) der Gemeinschaft aus Abschöpfungen, Zöllen und 1 v. H. der USt-Einnahmen der Mitgliedsländer (s. u.).

Auch soll eine gemeinsame *Regional-* und *Sozialpolitik* verfolgt werden, die wegen der unterschiedlichen Wirtschaftsstruktur gewissen Schwierigkeiten begegnet.

5. Rechtsangleichung

Veranlaßt vornehmlich durch die zunehmend intensiveren Wirtschaftsbeziehungen zwischen den EWG-Ländern, ist eine *Rechtsangleichung* auf einer Reihe von Gebieten, vor allem im Bürgerlichen Recht, eingeleitet worden; so im Kaufrecht (vgl. 316), Patentrecht (vgl. 387) und Kartellrecht (vgl. 835 II) sowie im Gesellschaftsrecht (insbes. Aktienrecht; vgl. BGes. vom 13. 12. 1978, BGBl. I 1959), Bürgschafts- und Kreditsicherungs- und im Urheberrecht, auf dem Gebiet des Verbraucherschutzes usw. S. a. Arbeitsrechtliches EG-Anpassungsgesetz betr. Gleichbehandlung von Männern und Frauen am Arbeitsplatz vom 13. 8. 1980 (BGBl. I 1308). Instrumente der Rechtsangleichung sind vor allem die *Richtlinien* und *Verordnungen* des Rates oder der Kommission. Die Richtlinie ist eine besondere Rechtsform; sie ist hinsichtlich der in ihr genannten Ziele verbindlich, überläßt jedoch dem einzelnen Staat die Wahl der Form und der Mittel zur Verwirklichung dieser Ziele (vgl. Art. 189 Abs. 3 EWG-Vertrag). Die Verordnung dagegen hat unmittelbare gesetzliche Wirkung in allen Mitgliedstaaten (vgl. Art. 189 Abs. 2 EWG-Vertrag).

6. Die Finanzierung der EWG

Von Anfang an wurde angestrebt, die Gemeinschaft aus eigenen Mitteln zu finanzieren. Diese *Eigenfinanzierung* wird mit Hilfe der an die Gemeinschaft abzuführenden Abschöpfungen und Zölle durchgeführt, die im Jahre 1975 bereits 66 v. H. der Ausgaben deckten. Ergänzend wurden von den Mitgliedsländern Beiträge erhoben, solange der Gemeinschaft die ihr zugedachten Anteile aus der Mehrwertsteuer mangels Harmonisierung dieser Steuerart noch nicht zuflossen; danach hatten 1977 von dem Rest zu tragen: die BRep. 26,5 v. H., Frankreich 20,1 v. H., Italien 16,7 v. H., Großbritannien 19,2 v. H., den Rest (17,5) die kleinen Länder. Durch eine 1975 vereinbarte Änderung der Art. 203ff. EWGV wurden dem Europaparlament erweiterte Haushaltsbefugnisse zugestanden und ein Rechnungshof der EG eingeführt. Auf Grund eines Beschlusses des Rates vom 21. 4. 1970 über die Ersetzung der Finanzbeiträge der Mitgliedstaaten durch eigene Mittel der Gemeinschaften wird der Gemeinschaftshaushalt seit 1980 aus eigenen Mitteln, vor allem durch einen Anteil am Mehrwertsteueraufkommen der Mitgliedstaaten auf der Grundlage einer einheitlichen Bemessungsgrundlage (höchstens 1,4% der Bemessungsgrundlage; eine Aufstockung auf 1,6% ist ab 1988 vorgesehen) sowie durch Zölle und Abschöpfungen bei der Einfuhr aus Drittländern, finanziert. Maßgebend ist nunmehr der *Beschluß des Rates vom 7. Mai 1985 über das System der eigenen Mittel der Gemeinschaften* sowie die Schlußfolgerungen des Rates und Erklärungen zum Beschluß über das System der eigenen Mittel (BGBl. 1985 II 1690). Über den Haushalt der Gemeinschaft beschließen das Europäische Parlament und der Europäische Rat. Wenn die Einnahmen aus Zöllen und Abschöpfungen die Ausgaben nicht decken, wird von den Mitgliedstaaten nach einem bestimmten Verteilungsschlüssel Mehrwertsteuer angefordert. Auf Grund dieses Systems sowie der Verteilung der Zahlungen der EG aus dem Agrar-, Regional- und Sozialfonds an die einzelnen Mitgliedstaaten zahlen die BRep. und Großbritannien mehr in die Gemeinschaft ein, als sie an Leistungen von der EG erhalten (sog. *Nettozahler*). Großbritannien werden daher verschiedene Zahlungserleichterungen gewährt. Angesichts des Ungleichgewichts der Finanzierung der EG sowie des Bedarfs an weiteren Eigenmitteln wird eine Reform des Finanzierungssystems unter den Mitgliedstaaten erörtert.

7. *Struktur und Außenbeziehungen der EWG*

Eine wichtige Erweiterung hat die EWG ab 1. 1. 1973 durch den Beitritt von Großbritannien, Irland und Dänemark (BGes. vom 2. 10. 1972, BGBl. II 1125) sowie durch die gleichzeitig in Kraft tretenden sog. Folgeverträge über die Assoziierung mit Schweden, der Schweiz, Österreich, Finnland und Island erfahren; Norwegen hat sich ab 1. 7. 1973 angeschlossen. Griechenland ist seit 1981 Mitglied, Spanien und Portugal sind der Gemeinschaft am 1. 1. 1986 beigetreten. Anders als der Beitritt begründet die Assoziierung keine Mitgliedschaft in der Gemeinschaft und keine Vertretung in deren Organen, ebensowenig Rechtsbeziehungen der assoziierten Staaten zu den Mitgliedstaaten der Gemeinschaft. Es entsteht lediglich eine Rechtsverbindung eigener Art zwischen der Gemeinschaft und dem Assoziierten, meist unter Errichtung eigener Organe. Durch Beitritt und Assoziierung sowie Handelsabkommen wird eine *große Europäische Freihandelszone* geschaffen. Auch außereuropäische Staaten sind der EWG assoziiert, insbesondere afrikanische (inzwischen insgesamt 66 Länder). Im Abkommen von Lomé (Togo) vom 28. 2. 1975 verpflichtete sich die EG gegenüber 46 Staaten Afrikas, des Karibischen und des Pazifischen Raumes („AKP-Staaten") zur Gewährung von Zollfreiheit und sonstigen wirtschaftlichen Unterstützungen. Das auf 5 Jahre abgeschlossene Abkommen wurde durch ein am 31. 10. 1979 ebenfalls in Lomé unterzeichnetes und ebenso befristetes neues Abkommen mit 58 AKP-Staaten abgelöst. In einem dritten am 8. 12. 1984 im Lomé unterzeichneten Abkommen (BGBl. 1986 II 17) zwischen 66 AKP-Staaten und der EWG, das die bisherigen beiden AKP-EWG-Abkommen ersetzt, wurden die von der EWG aufzubringenden Mittel (Subventionen aus dem Europ. Entwicklungsfonds, Darlehen der Europ. Investitionsbank) beträchtlich aufgestockt. Die wichtigsten Instrumente der EG-AKP-Zusammenarbeit gemäß dem dritten Abkommen von Lomé sind: Handelszugeständnisse, finanzielle und technische Zusammenarbeit und Stabilisierung der Ausfuhrerlöse.

Die weltwirtschaftliche Bedeutung der EWG ist durch Erweiterungen ständig gewachsen. Mit dem Beitritt von Spanien und Portugal umfassen die Mitgliedsländer ca. 320 Mio. Einwohner und haben einen Anteil am Welthandel von mehr als 20 v. H.

Die Handelskammervereinigungen oder Vorortkammern der EWG-Länder haben eine *Ständige Konferenz der Industrie- und Handelskammern der Europ. Wirtschaftsgemeinschaft* (Sitz: Brüssel) gegründet, um durch Experten die Fragen der Freihandelszone, der Rohstoffversorgung, der Verkehrspolitik und einer Harmonisierung der sozialen Fragen, soweit sie in den Arbeitsbereich der Kammern fallen, untersuchen zu lassen. Diese Wirtschaftskonferenzen sollen dreimal jährlich zusammentreten. Vgl. 833.

814. Die Europäische Marktordnung

soll durch gemeinsame *Agrarpolitik* der EWG-Länder die Produktivität der Landwirtschaft der angeschlossenen Gebiete durch Rationalisierung steigern und die Versorgung der Bevölkerung durch Belieferung zu angemessenen Preisen sicherstellen. Sie soll ferner den *Agrarmarkt* (vgl. 827 II) stabilisieren und zu diesem Zweck Bedarf und Produktion in den angeschlossenen Ländern koordinieren. Die maßgeblichen Exekutivbefugnisse übt der *Rat der Europ. Gemeinschaften* (916) auf Grund der Art. 39, 40, 43 des EWG-Vertrages aus. Die *Europäische Marktordnung* erfaßt die wichtigsten Erzeugnisse der landwirtschaftlichen Produktion. Statt der Schutzzölle ist als *Agrarschutz* die *Abschöpfung mit Gemeinschafts-Präferenz* vorgesehen, d.h. Bevorzugung der Agrarerzeugnisse der Mitgliedsländer im Gemeinsamen Markt, Schutz durch Ausgleichsabgaben, Mindestpreise und Schutzklauseln. Die *Abschöpfung* (vgl. Abschöpfungserhebungsgesetz, 809) ersetzt die Zölle, kann aber im Gegensatz zu diesen kurzfristig und einseitig geändert werden. Sie wird bei der *Einfuhr* an den Grenzen vorgenommen. Im Inland gibt es einen *Richtpreis,* der praktisch ein Höchstpreis ist. Neben dem Richtpreis gibt es einen um 5 bis 10 v. H. niedrigeren *Interventionspreis,* einen Mindestpreis, zu welchem die öffentliche Hand (Vorratsstelle) die landwirtschaftlichen Produkte abnehmen und lagern oder exportieren muß. Für die Einfuhr gilt ein sog. *Schwellenpreis;* er entspricht dem Richtpreis, verringert um die Kosten, die notwendig sind, um Marktordnungsprodukte von der Grenze zum Hauptzuschußgebiet zu bringen.

Wird z.B. Auslandsweizen an der Grenze zu 470 DM je Tonne angeboten, während der Schwellenpreis 530 DM beträgt, so darf der Importweizen nur zu diesem Preise die Grenze überschreiten. Die Differenz kassiert zunächst der betreffende Mitgliedsstaat bzw. der *EWG-Agrarfonds.* Soll dagegen überschüssiger EWG-Weizen exportiert werden, wird die Differenz zwischen Schwellenpreis und Richtpreis dem Exporteur aus dem Agrarfonds erstattet. Diese Exportvergütung ist eine negative Abschöpfung.

Da die gemeinsamen *Agrarpreise* der EWG in einer fiktiven Rechnungseinheit festgesetzt sind, konnten sich für einzelne Mitgliedsländer Preisschwankungen ergeben, wenn andere Länder eine *Aufwertung* oder *Abwertung* ihrer Währung (853) vornahmen. So ergab sich z.B. durch Aufwertung einer Währungseinheit für die anderen Länder automatisch eine entsprechende Verringerung ihres eigenen Agrarpreises, durch Abwertung eine entsprechende Erhöhung. Für die eingetretenen Verluste hatte die EWG den betroffenen Landwirten einen sog. *Grenzausgleich* bewilligt. Diese Regelung kam der Landwirtschaft der BRep., deren Preisniveau relativ hoch liegt, beim Export in preisniedrigere Länder zugute. Da der Grenzausgleich seit Einführung des *Europäischen Währungssystems* (813) abgebaut wird, muß sich die inländische Landwirtschaft dem Preisniveau anpassen, das sich aus der auf den stabilisierten Wechselkursen beruhenden neuen Rechnungseinheit ergibt.

Schutzklauseln können, wenn Kommission und Ministerrat nicht widersprechen, bei schweren Marktstörungen angewendet werden. *Mindestpreise* werden für Agrarprodukte, für die es keine Marktordnung gibt, bei Sinken der Preise unter 92 v.H. der Großmarktpreise festgesetzt. *Ausgleichsabgaben* können für agrarische Veredelungserzeugnisse ohne Marktordnung erhoben werden, falls eine Veredelungsindustrie gefährdet wird. Sie dürfen 5 v.H. des Preises betragen und müssen in den folgenden Jahren um je ein Fünftel vermindert werden. Für Schutzklauseln, Mindestpreise und Ausgleichsabgaben gilt der Grundsatz der *Gemeinschaftspräferenz,* d.h. die Einfuhr aus den EWG-Ländern darf nicht so hoch belastet werden wie die Einfuhr aus dritten Ländern.

Die Durchführung der vom Rat der EWG für die wichtigsten Grundnahrungsmittel erlassenen Verordnungen regelt das Ges. zur Durchführung der Gemeinsamen Marktorganisation (MOG) vom 27. 8. 1986 (BGBl. I 1397). Das MOG gilt für die Ein- und Ausfuhr, soweit diese nicht innerhalb der EWG frei ist. *Marktordnungsstellen* sind die *Bundesanstalt für landwirtschaftliche Marktordnung* (809) und das *Bundesamt für Ernährung und Forstwirtschaft.* Regulierungsmittel sind Vergünstigungen wie Ausfuhr- und Produktionserstattungen, Erzeuger- und Käuferprämien, Beihilfen, Einfuhrsubventionen u. dgl.; ferner *Interventionen* durch Übernahme, Abgabe und Verwertung von Waren, *Ein- und Ausfuhrlizenzen, Abgaben* im Rahmen der Produktionsregelungen und anderer Marktordnungszwecke. Zur Überwachung regelt das MOG Melde-, Buchführungs- und Auskunftspflichten sowie die Entnahme von Proben und Warenuntersuchungen.

Die Absatzschwierigkeiten der Landwirtschaft und der dadurch hervorgerufene Preisdruck sind in Anlehnung an den von dem EWG-Vizepräsidenten Sicco Mansholt ausgearbeiteten agrarpolitischen sog. *Mansholt-Plan* weitgehend durch *Rationalisierungsmaßnahmen* behoben worden (Verbesserung der Agrarstruktur, Koordinierung der Erzeugung durch Zusammenschluß zu *Produktionseinheiten,* Spezialisierung der Höfe auf landwirtschaftliche Teilgebiete zur rationelleren Bewirtschaftung im Großbetrieb). Das in Durchführung der RatsVO/EWG Nr. 857/84 vom 31. 3. 1984 (ABl EG Nr. L 90 S. 13) erlassene Ges. vom 17. 7. 1984 (BGBl. I 942) – *Milchaufgabevergütungsgesetz* – m. spät. Änd. läßt für das Aufgeben eines milcherzeugenden Betriebs eine Vergütung für eine Gesamtmenge bis zu 1 Mio. Tonnen zu, zahlbar ab 1985 in 10 gleichen Jahresraten bis zu 1000 DM je 1000 kg Milch („Milchrente"). S. a. DVO vom 20. 7. 1984 (BGBl. I 1023) m. letzter Änd. vom 4. 9. 1985 (BGBl. I 1894) sowie EG-MilchaufgabevergütungsVO vom 6. 8. 1986 (BGBl. I 1277). Die in Art. 40 Abs. 2 EWG-Vertrag vorgesehene gemeinsame Marktorganisation, durch die vor allem der Überschußproduktion entgegengewirkt werden soll, ist für landwirtschaftliche Erzeugnisse in vielen Bereichen auf Grund von Beschlüssen der EWG-Kommission bereits verwirklicht worden. Eine gemeinsame Agrarpolitik setzt jedoch die Anpassung der nationalen Marktordnungen auch in den übrigen Bereichen voraus; auf diesem Wege könnten Konkurrenzkämpfe vermieden werden, wie sie z.B. im Jahr 1975 zwischen Italien und Frankreich auf dem Weinmarkt ausgebrochen sind.

815. Das Weinwirtschaftsgesetz

In der EWG ist auf dem Gebiet der *Weinwirtschaft* eine Koordinierung der Marktordnungen der Mitgliedsländer vorgesehen. Zur Einordnung des deutschen Weinbaues in die EWG regelt das Gesetz über

Maßnahmen auf dem Gebiete der Weinwirtschaft i. d. F. vom 11. 9. 1980 (BGBl. I 1666) den *Anbau von Wein* und sieht einen *Stabilisierungsfonds für Wein* als Anstalt des öffentlichen Rechts vor.

Um den deutschen Weinbau in seinem Bestand zu erhalten, muß die besondere Eigenart gegenüber der Weinproduktion der anderen EWG-Länder, von denen Frankreich und Italien den weit überwiegenden Teil erzeugen, gepflegt und die Qualität weiter verbessert werden. Eine *Anbauregelung* macht, um den Anbau auf ungeeigneten Grundstücken und die Anpflanzung ungeeigneter Rebsorten zu verhindern, die Neuanpflanzung oder Wiederbepflanzung von einer behördlichen Genehmigung abhängig; vorher wird ein Sachverständigenausschuß gehört. Die Mindestanforderungen in bezug auf das Mostgewicht sind für die einzelnen Anbaugebiete und Rebsorten in einer Tabelle festgelegt (§ 5). Der BML erläßt Durchführungsbestimmungen, z. B. über Flächenerhebungen. Ernte- und Bestandsmeldungen, Meldepflichten für beabsichtigte Rodung oder Anpflanzung, Faß- und Tankraum usw. (§§ 9 ff.).

Der durch Abgaben der Grundstückseigentümer oder Nutzungsberechtigten aufgebrachte *Stabilisierungsfonds* (Organe: Vorstand, Aufsichtsrat, Verwaltungsrat) dient der Qualitätsförderung und Absatzwerbung. Von den Abgabepflichtigen können die Länder zusätzliche Abgaben zur Förderung des in ihrem Gebiet erzeugten Weines erheben (§§ 23, 24).

Verstöße gegen Genehmigungs-, Melde- und Auskunftspflichten usw. sind als Ordnungswidrigkeiten mit Bußgeld bedroht (§ 25). Ergänzende Bestimmungen betr. Meldungen über Bestand und Erzeugung sowie Abgaben zum Stabilisierungsfonds enthält die 3. DVO vom 2. 5. 1968 (BGBl. I 343) i. d. F. vom 7. 6. 1982, BGBl. I 682.

816. Euratom

Zugleich mit dem EWG-Vertrag ist der Vertrag über die *Europäische Atomgemeinschaft (Euratom)* – BGBl. 1957 II 1014 – am 1. 1. 1958 in Kraft getreten. In der Präambel des Vertrags wird auf die besondere Rolle der *Kernenergie* für die Entwicklung und Belebung der Produktionskräfte der beteiligten Volkswirtschaften hingewiesen. Durch gemeinsame Bemühungen der beteiligten Länder soll eine Kernindustrie entwickelt und in den Dienst der technisch-wirtschaftlichen Entwicklung gestellt werden. Einheitliche Sicherheitsnormen sollen *Leben und Gesundheit der Bevölkerung* und der Arbeitskräfte vor den Gefahren der Kernenergie schützen. Die Mitwirkung anderer Länder und eine Zusammenarbeit mit den internationalen Organisationen für die *friedliche Verwendung* der Atomenergie wird angestrebt.

Die *Organe* der Euratom entsprechen denen der EWG (Ministerrat, Kommission, Versammlung, Gerichtshof); wegen der Zusammenfassung der Organe mit denen von EWG und EGKS vgl. 916.

Die *Kommission* errichtet eine gemeinsame *Kernforschungsstelle*. Zur Ergänzung der Forschung auf nationaler Ebene arbeitet die Kommission in regelmäßigen Abständen *Programme* aus, die von einer gemeinsamen Stelle auszuführen sind. Ein Teil dieser Programme kann durch Vertrag Personen oder Unternehmen der Mitgliedstaaten oder dritten Ländern übertragen werden. Zur Versorgung der Gemeinschaft mit Erzen, Ausgangsstoffen und spaltbaren Stoffen wird eine besondere Agentur eingerichtet, deren Kapitalmehrheit der Gemeinschaft und den Mitgliedstaaten gehört. Die Gemeinschaft ist Eigentümerin der spaltbaren Stoffe, die in den Mitgliedstaaten erzeugt oder in diese eingeführt werden; die Mitgliedsländer sind auf Nutzungsrechte beschränkt. Soweit Mitgliedstaaten vor Inkrafttreten der Euratom mit dritten Staaten Abkommen über die Zusammenarbeit auf dem Kerngebiet geschlossen haben, sind diese im Verhandlungswege auf die Gemeinschaft überzuleiten. Der *Haushalt* der Euratom wird aus *Finanzbeiträgen* der Mitgliedstaaten bestritten.

In der BRep. erging im Rahmen der konkurrierenden Gesetzgebung des Bundes (Art. 74 Nr. 11a GG) das Gesetz über die friedliche Verwendung der Kernenergie und den Schutz gegen ihre Gefahren *(Atomgesetz)* vom 23. 12. 1959 (BGBl. I 814) i. d. F. vom 15. 7. 1985 (BGBl. I 1565) m. Änd. vom 18. 2. 1986 (BGBl. I 265). Es bildet das Kernstück des *Atomenergierechts* der BRep. im Rahmen des nationalen Rechts. Sein Zweck ist, die Erforschung, Entwicklung und Nutzung der *Kernenergie* zu friedlichen Zwecken zu fördern, Leben, Gesundheit und Sachgüter vor den Gefahren der Kernenergie und der schädlichen Wirkung ionisierender Strahlen zu schützen und verursachte Schäden auszugleichen. Es soll ferner verhindern, daß durch Anwendung oder Freiwerden der Kernenergie die innere oder äußere Sicherheit der BRep. gefährdet wird, und die Erfüllung internationaler Verpflichtungen der BRep. auf dem Gebiete der Kernenergie und des Strahlenschutzes gewährleisten (s. dazu Pariser und Brüsseler Atomhaftungs-Übereinkommen vom 29. 7. 1960, 17. 12. 1971 und 25. 10. 1974; BGes. vom 8. 7. 1975, BGBl. II 957).

Zum Schutz gegen die von Kernbrennstoffen ausgehenden Gefahren und zur Kontrolle ihrer Verwendung knüpft das AtomG Ein- und Ausfuhr, Beförderung, Verwahrung, Be- und Verarbeitung sowie sonstige Verwendung der Stoffe, ferner Errichtung und Betrieb von Reaktoren an eine behördliche Genehmigung (§§ 3–9). Die Genehmigung eines *Reaktors* setzt voraus (§ 7): Zuverlässigkeit und Fachkunde der Betriebspersonen, bestmögliche technische Vorsorge gegen Schäden, Sicherheitsvorkehrungen gegen Einwirkungen durch Dritte sowie Deckungsvorsorge zur Erfüllung gesetzlicher Schadensersatzverpflichtungen durch eine Haftpflichtversicherung (dazu §§ 13, 14); ferner dürfen keine öffentlichen Interessen entgegenstehen, insbes. solche des Umweltschutzes. Ein *Planfeststellungsverfahren* hat vorherzugehen (§ 9b). Über Beschränkungen und Auflagen bei der Genehmigung, Zurücknahme und Widerruf vgl. § 17. Genehmigungs- und Überwachungsbehörde ist für Ein- und Ausfuhr das Bundesamt für gewerbliche Wirtschaft (805), für andere Genehmigungen usw. die Physikalisch-Technische Bundesanstalt (98), für Reaktoren die oberste Landesbehörde (§§ 22–24). Das Genehmigungsverfahren regelt die *Atomrechtliche Verfahrensordnung* vom 18. 2. 1977 (BGBl. I 280) i. d. F. vom 31. 3. 1982 (BGBl. I 411), insbes. Antragstellung, Beteiligung Dritter, Erörterungstermin, Entscheidung, Teilgenehmigung und Vorbescheid. Für Schäden, die eine genehmigte Anlage durch Kernspaltungs- oder Strahlungswirkungen an Leben, Gesundheit oder Eigentum verursacht, besteht eine summenmäßig grundsätzlich unbegrenzte Haftpflicht auch ohne Verschulden (*Gefährdungshaftung,* s. 332a); lediglich in Spezialfällen ist die Haftpflicht auf einen Höchstbetrag begrenzt (§§ 25ff., 31 AtomG).

Die *Strahlenschutz-Verordnung* vom 13. 10. 1976 (BGBl. I 2905) m. spät. Änd. enthält Überwachungs- und Schutzvorschriften; sie regelt insbes. den Umgang mit radioaktiven Stoffen, ihre Ein- und Ausfuhr, die Errichtung und den Betrieb von Anlagen zur Erzeugung ionisierender Strahlen, ferner die Pflichten der mit radioaktiven Stoffen befaßten Personen zum Schutz von Bevölkerung und Umwelt, die ärztliche Überwachung der beruflich strahlenexponierten Personen usw. Über den Schutz gegen Strahlenschäden durch *Röntgeneinrichtungen* s. VO vom 8. 1. 1987 (BGBl. I 114). Die *Deckungsvorsorge* für die erhöhte Haftung nach dem AtomG kann für Anlagen durch eine Haftpflichtversicherung oder durch eine Freistellungs- oder Gewährleistungsverpflichtung eines Dritten getroffen werden (Deckungsvorsorge-Verordnung i. d. F. vom 25. 1. 1977, BGBl. I 220). Über Kosten für Genehmigungen und für staatliche Verwahrung von Kernbrennstoffen s. KostenVO zum AtomG vom 17. 12. 1981 (BGBl. I 1457).

Durch das *Strahlenschutzvorsorgegesetz* vom 19. 12. 1986 (BGBl. I 2610) wurden zum vorsorgenden Schutz der Bevölkerung gegen Strahlenbelastung Regelungen zur Überwachung der Umweltradioaktivität getroffen. Außerdem sind Maßnahmen vorgesehen, um bei kerntechnischen Unfällen die Strahlenexposition der Menschen und die Kontamination der Umwelt so gering wie möglich zu halten.

Das Übereinkommen vom 20. 12. 1957 über die Gründung der Europ. Gesellschaft für die Chemische Aufarbeitung bestrahlter Kernbrennstoffe (Ges. vom 26. 5. 1959, BGBl. II 621) begründete die *sog. EUROCHEMIE.*

Während die Euratom eine Gründung der 6 westeuropäischen EWG-Staaten ist, sind in der *Internationalen Atomenergieagentur (IAEO)* in Wien 112 Staaten aus Ost und West vertreten. Ihr obliegt die Kontrolle der zivilen Kernenergienutzung mit dem Ziel, einen Mißbrauch der Nukleartechnik zu militärischen Zwecken zu verhindern.

Unter dem Eindruck des Kernkraftunfalls im sowjetischen Kraftwerk *Tschernobyl* wurden auf einer Sonderkonferenz der *AEO* im Sept. 1986 eine Konvention über die Schaffung eines Frühwarnsystems nach Atomunfällen über die Grenzen hinweg und ein Abkommen über gegenseitige Hilfeleistung nach Atomunfällen abgeschlossen.

817. Die Europäische Freihandelszone

Da der *Gemeinsame Markt* (vgl. 813) einen beachtlichen Wirtschaftsraum darstellt, entstand bei anderen Staaten die Besorgnis, daß sich der Block der EWG durch seinen *gemeinsamen Außenzolltarif* abschirmen und so den internationalen Warenaustausch behindern könnte. Daher beschloß der Rat der *OEEC* (910 III) am 17. 10. 1957, auf einen Zusammenschluß der übrigen Mitglieder dieser Organisation mit der EWG im Wege der Assoziierung hinzuwirken und dadurch eine große *Europäische Freihandelszone* zu schaffen.

Grundgedanke ist, daß ein Land, das mit der *Zollunion* der EWG eine Freihandelszone bildet, nicht dem Zolltarif der Union für seine Ausfuhr unterliegt, aber umgekehrt auch die Ausfuhr der Zollunionsländer nicht durch Einfuhrzölle behindert. Zunächst hatten sich 7 nicht zur EWG gehörende Länder zur Europäischen Freihandelszone (EFTA), auch Kleine Freihandelszone genannt, vereinigt (s. 917). Doch wuchs die Neigung zum Zusammenschluß mit der EWG ständig. Das führte schließlich zu den *Folgeverträgen* zur Erweiterung der EWG, die am 1. 1. 1973 in Kraft traten: zugleich mit dem Beitritt von Großbritannien, Irland und Dänemark zur EWG wurden die Freihandelsverträge der EWG mit Schweden, der Schweiz, Österreich, Finnland, Island und Portugal wirksam; Norwegen hat sich ab 1. 7. 1973 angeschlossen. Danach können industrielle Waren ohne Zoll ausgetauscht werden. Die *Zollschranken* zwischen den EWG-Staaten und den assoziierten Ländern (813) wurden ab 1. 4. 1973 in fünf Stufen jeweils um 20 v. H. *abgebaut;* sie sind für gewerbliche Produkte seit 1. 7. 1977 beseitigt. Die wirtschaftliche Bedeutung der Rest-EFTA ist im Hinblick auf die von den meisten Mitgliedsländern mit der EWG getroffenen Vereinbarungen nur noch gering.

818. Versicherungswesen

Unter *Versicherung* versteht man die entgeltliche Abwälzung eines bestimmten Risikos auf einen anderen. Man unterscheidet:

1. die *öffentlich-rechtliche* Versicherung durch öffentlich-rechtliche Körperschaften (allgemeine Personen- und Schadenversicherung; Sozialversicherung) und
2. die *private* (vertragliche) Versicherung durch Aktiengesellschaften oder Versicherungsvereine auf Gegenseitigkeit für die verschiedenen Versicherungszweige (z. B. Leben, Unfall, Haftpflicht, Feuer, Einbruchdiebstahl, Transport, Wohngebäude, Hausrat).

Während in der Sozialversicherung grundsätzlich und in der öffentl.-rechtl. Feuerversicherung vielfach *Versicherungszwang* besteht, gilt er in der privaten Versicherung nur für bestimmte Versicherungszweige, vor allem für die *Kraftfahrzeug-Haftpflichtversicherung* (vgl. 195 IV).

Eine Versicherung kann nach zwei Systemen vorgenommen werden:

a) als Versicherung *nach Prämien*. Hier verpflichtet sich der Versicherungsunternehmer (Versicherer), gegen eine laufende Prämienzahlung oder bei Zahlung einer einmaligen Festprämie das Risiko des Eintritts eines bestimmten Falles zu übernehmen. Meist wird vorausgesetzt, daß der Versicherungsfall ein rechtliches Interesse beeinträchtigt *(Schadensversicherung);* nur in der Lebens-, Unfall- und teilweise in der Krankenversicherung kann die zu zahlende Summe frei vereinbart werden *(Summenversicherung)*. Es kann auch *Prämienrückgewähr* für den Fall vereinbart werden, daß die Versicherung nicht in Anspruch genommen wird;
b) als Versicherung auf *Gegenseitigkeit*. Bei ihr schließen sich die Versicherten zu einer Versicherungsgemeinschaft zusammen und gleichen am Schluß eines Geschäftsjahres die eingetretenen Schäden und Kosten durch eine *Umlage* aus (*Repartitionssystem;* vgl. Unfallversicherung 661), auf die meist *Vorschüsse* gezahlt werden. Diese dienen zur Regulierung der Schäden; durch *Rückversicherung* kann Vorsorge getroffen werden, daß die Mitglieder keine Nachschüsse zu leisten brauchen.

Der *Versicherungsvertrag* nach a) ist ein gegenseitiger Vertrag, durch den sich der *Versicherungsnehmer* zur Zahlung der vereinbarten Prämien, der Versicherungsunternehmer *(Versicherer)* zur Deckung des ungewissen Vermögensbedarfs verpflichtet, der bei dem anderen Vertragsteil oder einem Dritten, dessen Interesse versichert ist *(Versicherter),* eintreten kann. Im letzteren Fall handelt es sich um einen Vertrag *zugunsten eines Dritten,* z. B. bei einer Lebensversicherung, die beim Tod des Versicherten ausgelöst wird. I. d. R. stellt der Versicherungsnehmer einen formularmäßigen Antrag, den der Versicherer durch Aushändigung des Versicherungsscheines *(Versicherungspolice)* annimmt. Sagt der Versicherer schon vor Abschluß der eigentlichen Versicherung Deckung des Risikos zu (sog. *Deckungszusage*), so kommt ein vorläufiges Versicherungsverhältnis zustande.

Gesetzesgrundlage: *Gesetz über den Versicherungsvertrag* vom 30. 5. 1908 (RGBl. 263) m. spät. Änd. Den Einzelverträgen liegen regelmäßig kraft Vereinbarung die *Allgemeinen Versicherungsbedingungen* der betreffenden Versicherungsart (Lebens-, Unfall-, Haftpflichtversicherung usw.) zugrunde. So enthalten z. B. die *Allgemeinen Bedingungen für die Kraftfahrtversicherung* (AKB) vom 18. 12. 1970 (BAnz. Nr. 243) m. spät. Änd. allgemeine Bestimmungen über Haftpflicht-, Fahrzeug-, Unfall- und Gepäckversicherung (§§ 1–9a; gelten für alle Versicherungszweige). Danach werden behandelt unter B. Haftpflichtversicherung (Umfang der Versicherung, Ausschlüsse; §§ 10–11); C. Fahrzeugversicherung (Umfang der Versicherung, Ersatzleistung, Sachverständigenverfahren, Zahlung der Entschädigung, §§ 12–15; unterschieden wird *Teil- oder Vollkaskoversicherung* – bei dieser auch Selbstbeteiligung möglich –, erstere vor allem gegen Brand und Diebstahl, letztere außerdem gegen Unfall oder böswillige Handlungen Dritter); D. Unfallversicherung (Versicherte Personen, Umfang der Versicherung, Ersatzleistung, Feststellung des Grades der Arbeitsbehinderung, Feststellung der Entschädigung, Zahlung der Entschädigung; §§ 16–21); E. Gepäckversicherung (§ 22). – Eine weitere, besonders verbreitete Versicherungssparte ist die *Hausratversicherung;* für sie gelten die ,,Allgemeinen Bedingungen für die Neuwertversicherung des Hausrats gegen Feuer-, Einbruchdiebstahl-, Beraubungs-, Leitungswasser- und Sturmschäden (VHB)".

Die Versicherungsbedingungen bedürfen der Genehmigung der *Versicherungsaufsichtsbehörde.* Die Aufsicht übt das *Bundesaufsichtsamt für das Versicherungswesen* in Berlin aus. Vgl. 820.

819. Bausparwesen

Um kapitalschwachen Kreisen das Bauen zu ermöglichen, sind bereits durch Gesetz vom 6. 6. 1931 (RGBl. I 315) und jetzt durch Gesetz vom 16. 11. 1972 (BGBl. I 2097) *Bausparkassen* zugelassen, die unter Staatsaufsicht stehen. Sie gewähren dem Bauwilligen, der einen gewissen Betrag ,,angespart" hat (40–45 v. H. der Vertragssumme), in einem *Zuteilungsverfahren* ein Baudarlehen, das durch Hypothek oder Grundschuld gesichert wird. Die Bausparmittel sind zweckgebunden; *Sparguthaben* müssen durch Grundpfandrechte (337) gesichert sein. Umgekehrt sind die Einlagen der Bausparer durch die *VO zum Schutz der Gläubiger von Bausparkassen* vom 16. 1. 1973 (BGBl. I 41) und die darin enthaltenen Verfügungsbeschränkungen geschützt.

Bausparkassen stehen jetzt unter Aufsicht des Bundesaufsichtsamts für das Kreditwesen (§§ 3, 20 BausparkassenG).

Beiträge an Bausparkassen können bei der Einkommen(Lohn)steuer als *Sonderausgaben* abgezogen werden, wenn sie weder unmittelbar noch mittelbar in wirtschaftlichem Zusammenhang mit einer Kreditaufnahme stehen; es besteht ein *Kumulierungsverbot* mit Wohnungsbau-Prämie (s. u.) und Spar-Prämie nach dem Spar-PrämienG (875), d. h. es kann im gleichen Jahr nur eine dieser Vergünstigungen oder der Abzug der Bausparbeiträge als Sonderausgaben in Anspruch genommen werden. Bei Rückzahlung oder Abtretung der Bausparsumme vor Ablauf von 10 Jahren seit Vertragsschluß tritt eine Nachversteuerung ein, wenn die Beträge nicht unverzüglich und unmittelbar zum Wohnungsbau verwendet werden oder wenn nicht sonstige Ausnahmen, wie z. B. Tod oder Arbeitslosigkeit des Bausparers, vorliegen. Vgl. 524 und § 10 Abs. 1 Nr. 3, Abs. 5 und Abs. 6 Nr. 2 EStG.

Nach dem *Wohnungsbau-Prämiengesetz* i. d. F. vom 10. 2. 1982 (BGBl. I 131) m. letzter Änd. vom 19. 12. 1986 (BGBl. I 2595) können unbeschränkt einkommensteuerpflichtige Sparer nach Ablauf eines Kalenderjahres Zahlung einer *Wohnungsbau-Prämie* beantragen. Diese beträgt 14 v. H. – für jedes noch nicht 17jährige Kind weitere 2 v. H. – der prämienbegünstigten Aufwendungen für Darlehen oder Sparbeiträge zum Wohnungsbau; ausgenommen sind Aufwendungen, für die Sparzulagen nach dem 3. VermögensbildungsG gewährt werden. Die prämienbegünstigten Aufwendungen sind auf 800 DM jährlich begrenzt (für Eheleute 1600 DM). Der Anspruch steht jedoch nur Beziehern von Jahreseinkommen bis 24000 DM (Eheleute: 48000; zusätzlich für jedes noch nicht 17jährige Kind 1800 DM – getrennt lebende Eltern: je 900 DM –) zu; Bemessungsgrundlage für das Jahreseinkommen ist das *zu versteuernde Einkommen* (529). Das Bausparunternehmen gibt den Antrag an das Finanzamt weiter; dieses überweist ihm den Jahresprämienbetrag zur Gutschrift auf dem Konto des Prämienberechtigten. Die Inanspruchnahme der Wohnungsbau-Prämie schließt im gleichen Kalenderjahr einen Antrag auf Gewährung einer Spar-Prämie nach dem Spar-PrämienG (875) und die Absetzung von Bausparbeiträgen als Sonderausgabe aus *(Kumulierungsverbot)*. Auch hier besteht ein Verbot des Zusammenhangs mit einer Kreditaufnahme (s. o.) sowie eine Sperrfrist von 7 Jahren; Ausnahmen gelten für Auszahlung oder Verwendung zur Kreditaufnahme bei unverzüglicher Verwendung der Mittel zum Wohnungsbau (auch Modernisierung durch den Mieter), bei Todesfall, Erwerbsunfähigkeit, mindestens 1jähriger Arbeitslosigkeit und unter gewissen Voraussetzungen für in ihr Heimatland zurückkehrende Ausländer (§ 2 Abs. 2). Einzelheiten regelt die DVO i. d. F. vom 23. 11. 1982 (BGBl. I 1565). Bei Sparern mit kleinen Einkommen oder mit größerer Kinderzahl wirkt sich i. d. R. die Prämiengewährung günstiger aus als der Abzug der Bausparkassenbeiträge als Sonderausgaben.

820. Versicherungsaufsicht

Die Aufsicht über *Versicherungsunternehmen* obliegt dem Bund. Sie wird von dem durch Ges. vom 31. 7. 1951 (BGBl. I 480) als *Bundesoberbehörde* errichteten *Bundesaufsichtsamt für das Versicherungswesen* (Sitz Berlin) wahrgenommen. Es beaufsichtigt die privaten Versicherungsunternehmen, die im Bundesgebiet Sitz, Niederlassung oder eine Geschäftsstelle haben oder auf andere Weise das Versicherungsgeschäft betreiben.

Betätigt sich ein Unternehmen nur innerhalb eines Bundeslandes, so besteht nur Landesaufsicht.

Das *Bundesaufsichtsamt* ähnelt dem ehemaligen *Reichsaufsichtsamt für Privatversicherung*. Rechtsgrundlage ist das *Versicherungsaufsichtsgesetz* (VAG) i. d. F. vom 13. 10. 1983 (BGBl. I 1261 m. spät. Änd.); DVO vom 21. 4. 1936 (RGBl. I 376).

Die Versicherungsaufsicht erstreckt sich auf die Zulassung von Versicherungsunternehmen und deren laufende Überwachung einschl. der Anlage des Vermögens der Unternehmen und insbesondere des *Deckungsstocks* (Prämienreservefonds) in der Personenversicherung. Der Aufsichtsbehörde stehen Auskunfts- und Prüfungsrechte zu. Sie kann Sonderbeauftragte zur Wahrung der Belange der Versicherten bestellen und Anordnungen für den Geschäftsbetrieb erlassen. Die Rechtsmittel gegen VAe des Bundesaufsichtsamts richten sich nach der VwGO. Vgl. auch VO über die *Kapitalausstattung von Versicherungsunternehmen* vom 13. 12. 1983 (BGBl. I 1451) und VO über die *Rechnungslegung von Versicherungsunternehmen* vom 11. 7. 1973 (BGBl. I 1209) m. spät. Änd. sowie VO über die Rechnungslegung von Versicherungsunternehmen gegenüber dem Bundesaufsichtsamt für das Versicherungswesen vom 30. 1. 1987 (BGBl. I 530).

Von der Aufsicht nach dem VAG bestehen verschiedene Ausnahmen, so z. B. für Unterstützungseinrichtungen und Unterstützungsvereine der Berufsverbände, für Unterstützungskassen, die auf Grund der Handwerksordnung von Innungen errichtet worden sind, sowie für nichtrechtsfähige Zusammenschlüsse von Gemeinden und Gemeindeverbänden, soweit sie bezwecken, durch Umlegung einen Schadensausgleich bei Schäden auf Grund gesetzlicher Haftpflicht, bei Schäden aus der Haltung von Kraftfahrzeugen oder wegen Leistungen aus der kommunalen Unfallfürsorge herbeizuführen (wegen der Einzelheiten s. § 1 Abs. 3 VAG).

821. Wohnungsbau

Die rechtlichen Voraussetzungen und sonstigen Bedingungen für die Förderung des Wohnungsbaues wurden hauptsächlich durch das Erste und Zweite Wohnungsbaugesetz geschaffen.

I. Das *Erste Wohnungsbaugesetz* vom 24. 4. 1950 i. d. F. vom 25. 8. 1953 (BGBl. I 1047) enthielt Förderungsvorschriften für den gesamten Wohnungsbau. Es unterschied den öffentlich geförderten *sozialen Wohnungsbau,* den *steuerbegünstigten Wohnungsbau* und den *frei finanzierten Wohnungsbau.* Das Ges. wurde ab 1. 1. 1957 durch das Zweite Wohnungsbaugesetz abgelöst und durch Ges. vom 11. 7. 1985 (BGBl. I 1277) – abgesehen von einer für eine Übergangszeit in Berlin geltenden Teilregelung – aufgehoben. Der Bund übernimmt zur Förderung des Wohnungsbaues Bürgschaften gem. VO vom 30. 7. 1951 (BGBl. I 483).

II. Das *Zweite Wohnungsbaugesetz* (Wohnungsbau- und FamilienheimG) vom 27. 6. 1956 – jetzt i. d. F. vom 11. 7. 1985 (BGBl. I 1284) – fördert vordringlich den *sozialen Wohnungsbau* und die Errichtung von *Familieneigenheimen* (Eigenheimen, Kleinsiedlungen, Kaufeigenheimen) sowie von Wohnungen für Einkommensschwache und für *kinderreiche Familien.*

Abweichend von dem starren Richtsatzmietensystem des I. WoBauG läßt es, um eine elastischere Handhabung zu ermöglichen, die *Miete* zu, die zur Deckung der Aufwendungen erforderlich ist (*Kostenmiete,* § 72), führt aber über die Zinsbedingungen zu einer *Mietverbilligung* gegenüber dem sich sonst ergebenden Mietsatz. Die Bestimmungen über *Mietbeihilfen* sind jetzt ersetzt durch das *Wohngeldgesetz* (vgl. 806).

Über die Auflockerung und die stufenweise Aufhebung der *Wohnraumbewirtschaftung* vgl. 805, über die *Mietpreise* s. 806. Das *Wohnungsbindungsgesetz* i. d. F. vom 22. 7. 1982 (BGBl. I 972) m. spät. Änd. soll verhüten, daß im sozialen Wohnungsbau errichtete Wohnungen *zweckentfremdet* werden. Sie dürfen nur an

Sozialwohnungsberechtigte vermietet und anderweit oder für eigene Zwecke des Vermieters nur mit behördlicher Genehmigung verwendet werden. Bei Umwandlung in Eigentumswohnungen, die an Dritte verkauft werden sollen, können die Mieter binnen 6 Monaten ein Vorkaufsrecht geltend machen. Die LdReg. können die *Zweckentfremdung* in Ballungsgebieten an eine Genehmigung binden (Art. 6 Ges. vom 4. 11. 1971, BGBl. I 1745; LandesVOen, z. B. Berlin vom 27. 3. 1981, GVBl. 515; NRW vom 4. 5. 1981, GV.NW. 232). Nach dem Ges. zum *Abbau der Fehlsubventionierung* im Wohnungswesen vom 22. 12. 1981 (BGBl. I 1542) m. Änd. vom 11. 7. 1985 (BGBl. I 1276) hat der Inhaber einer entgegen dem WohnungsbindungsG genutzten Wohnung in den von der LdReg. bestimmten Gemeinden mit mehr als 300000 Einw. eine *Ausgleichszahlung* (Fehlbelegungsabgabe) zu leisten, wenn sein Einkommen die für die Begünstigten im sozialen Wohnungsbau festgesetzten Grenzen um mehr als 20 v. H. übersteigt. Die Abgabe beträgt 0,50–2,00 DM monatl. je qm, je nach dem Grad des Überschreitens der Einkommensgrenze. Eine Ausgleichszahlung muß nicht erbracht werden, wenn es sich um eine Wohnung handelt, die vom Eigentümer selbst genutzt wird.

Ein Gesetz vom 30. 5. 1953 (BGBl. I 273) mit spät. Änd. befreit den Wohnungsbau von öffentlichen Gebühren. Die vorzeitige *Ablösung öffentlicher Baudarlehen* nach dem II. WoBauG ermöglichen die §§ 69ff. d. II. WoBauG und die AblösungsVO i. d. F. vom 1. 2. 1966 (BGBl. I 107) m. Änd. zuletzt vom 5. 4. 1984 (BGBl. I 546). Für die Berechnung der Wirtschaftlichkeit, der Lasten und der Wohnflächen nach dem II. WoBauG gilt die 2. BerechnungsVO i. d. F. vom 5. 4. 1984 (BGBl. I 553).

822. Förderung der Wirtschaft in strukturschwachen Gebieten

I. Anlaß der Wirtschaftsförderungen

Der wirtschaftliche Aufschwung der BRep. hat sich nicht in allen ihren Gebietsteilen gleichmäßig ausgewirkt. Es bedurfte daher besonderer Förderungsmaßnahmen in sog. *strukturschwachen Gebieten,* deren Wirtschaft infolge ihrer Grenzlage, wegen beschränkter Verkehrsverbindungen u. dgl. sich nicht ebenso entwickelt hat wie z. B. in stark industrialisierten Gebieten. Der Bund mußte daher auf Förderungsmaßnahmen namentlich für Berlin und die Zonenrandgebiete sowie in sog. Bundesausbaugebieten und -orten bedacht sein.

II. Förderung der Wirtschaft von Berlin (West)

Die finanziellen Beziehungen zwischen dem Bund und dem *Land Berlin* und die finanzielle Hilfe des Bundes für Berlin sind im Dritten Überleitungsgesetz vom 4. 1. 1952 (BGBl. I 1) m. spät. Änd. geregelt. Um die sich hieraus ergebenden Verpflichtungen erfüllen zu können, wurde eine Abgabe „*Notopfer Berlin*" eingeführt; diese ist mittlerweile aufgehoben bzw. durch Erhöhung des Körperschaftsteuertarifs abgelöst worden.

Die *Bundeshilfe für das Land Berlin* besteht in einem *Bundeszuschuß* zur Dekkung eines auf andere Weise nicht auszugleichenden Haushaltsfehlbedarfs; sie betrug 1986 11,6 Mrd. DM.

Nach dem Berlinhilfegesetz 1964 vom 19. 8. 1964 (BGBl. I 675) waren zunächst Lieferungen und Werkleistungen eines Unternehmers aus Berlin (West) an Unternehmer oder Körperschaften des öffentlichen Rechts im Bundesgebiet *umsatzsteuerfrei*. Seit 1. 1. 1968 ist infolge Einführung der *Mehrwertsteuer* anstelle der Befreiung von der USt. ein *Kürzungsanspruch* von jetzt 3 v. H. des vereinbarten Entgelts getreten (vgl. 541). Dadurch sollen die durch die *Insellage* bedingten wettbewerblichen Nachteile ausgeglichen werden.

Das an die Stelle des BHG getretene *Berlinförderungsgesetz* vom 22. 12. 1978 (BGBl. 1979 I 1) i. d. F. vom 10. 12. 1986 (BGBl. I 2415) gewährt ferner Vergünstigungen bei den Steuern vom Einkommen und Ertrag, und zwar insbes. erhöhte Absetzungen (523) bis insgesamt 75 v. H. im Anschaffungs- oder Herstellungsjahr und in den folgenden Jahren (§ 14), für Wohngebäude und Eigentumswohnungen sowie zur Modernisierung von Mehrfamilienhäusern nach Maßgabe der §§ 14a ff. Außerdem können Berliner Unternehmer eine *Investitionszulage* für die Anschaffung oder Herstellung neuer, abnutzbarer beweglicher Wirtschaftsgüter des Anlagevermögens sowie für Herstellungs-, Ausbau- und Erweiterungsarbeiten an hierzu gehörenden Gebäuden von 10 bzw. 20 v. H. erhalten; für das verarbeitende (außer Bau-) Gewerbe beträgt die Zulage 25 v. H. (§ 19).

Das Gesetz ermäßigt die Einkommensteuer, soweit sie auf Einkünfte aus Berlin (West) entfällt, bei natürlichen Personen mit Wohnsitz oder Aufenthalt in Berlin (West) um 30 v. H.; die Körperschaftsteuer um 22,5 v. H. bzw. 10 v. H. der in dem Einkommen enthaltenen Einkünfte aus Berlin (West), s. § 21 Abs. 1, 2, § 22. Entsprechende Vergünstigungen genießen andere Steuerpflichtige, die eine oder mehrere Betriebstätten eines Gewerbebetriebs in Berlin (West) mit durchschnittlich regelmäßig mindestens 25 Arbeitnehmern unterhalten (§ 21 Abs. 3). Ferner ermäßigt das Gesetz die Lohnsteuer bei Einkünften aus früheren Arbeitsverhältnissen, z. B. bei Ruhebezügen, für Bewohner von Berlin (West) um 30 v. H. (§ 26 i. Verb. m. § 23 Nr. 4b). Dagegen erhalten Arbeitnehmer in gegenwärtigen Dienstverhältnissen in Berlin (West) steuer- und sozialbeitragsfreie *Zulagen* von 8 v. H. der Brutto-Einnahme. Die Zulagen werden vom Arbeitgeber ausgezahlt, der die erforderlichen Beträge von der von ihm abzuführenden Lohnsteuer absetzen kann und überschießende Beträge vom FA erstattet erhält (§§ 28, 29).

III. Zonenrandförderung

In den *Zonenrandgebieten* und bestimmten sog. *Bundesausbauge bieten* und *Bundesausbauorten* werden seit 1968 Konjunkturprogramme durchgeführt (Großprojekte der Verkehrserschließung, Zuschüsse für gewerbliche Investitionen, steuerliche Vergünstigungen u. dgl.). Nach dem *Zonenrandförderungsgesetz* vom 5. 8. 1971 (BGBl. I 1237) m. spät. Änd. sollen Standortnachteile ausgeglichen und Dauerarbeitsplätze insbesondere durch Förderung von Investitionen in Gewerbebetrieben, steuerliche Vergünstigungen (Sonderabschreibungen u. dgl.) gesichert werden. Weiteres Ziel ist die Förderung der sog. *Infrastruktur,* d. h. des inneren Aufbaues des wirtschaftlichen und sozialen Systems, durch Erschließung von Industriegelände, Ausbau von Verkehrsverbindungen, bevorzugte Vergabe öffentlicher Aufträge, Verbesserung des sozialen und freien Wohnungsbaues und sozialer Einrichtungen. Die Mittel werden weitgehend vom Bund bereitgestellt.

Das Investitionszulagengesetz i. d. F. vom 28. 1. 1986 (BGBl. I 231) gewährt *Investitionszulagen* für einkommen(körperschaft)steuerpflichtige Unternehmer in den Zonenrandgebieten und anderen förderungsbedürftigen Gebieten sowie auch in anderen Gebieten für Zwecke der Forschung und Entwicklung und im Bereich der Energieversorgung. Die Zulage beträgt 8,75 v. H. (in Zonenrandgebieten 10 v. H.) der im Wirtschaftsjahr angeschafften oder hergestellten abnutzbaren Wirtschaftsgüter des Anlagevermögens usw. Für Forschungs-, Entwicklungs- und Energieversorgungsinvestitionen beträgt die Zulage 20 v. H. bzw. 7,5 v. H. Die Zulage kann bei Errichtung oder Erweiterung einer Betriebstätte und bei Anschaffung oder Herstellung von Wirtschaftsgütern in Anspruch genommen werden.

823. Agrarpolitik. Grüner Plan

Eine zielbewußte *Agrarpolitik* muß auf die Herstellung der landwirtschaftlichen Rentabilität und Steigerung der landwirtschaftlichen Erzeugung gerichtet sein. Fundament hierfür ist die Ordnung der Märkte auf dem land- und ernährungswirtschaftlichen Gebiet. Durch die *Marktordnungsgesetze* (vgl. 807) ist innerstaatlich ein System geschaffen worden, das die Landwirtschaft im Rahmen der *sozialen Marktwirtschaft* in den Stand setzt, die Versorgung der BRep. mit Nahrungsmitteln weitgehend zu sichern; zugleich sollen stabile und auskömmliche Preise als Vorbedingung für eine Erzeugungssteigerung erreicht werden. Ziel der Agrarpolitik ist die Hebung der Produktion und der wirtschaftlichen Lage der Ernährungswirtschaft; sie strebt die Anwendung naturwissenschaftlicher Erkenntnisse und *technischer Neuerungen* und die Einordnung des bäuerlichen Betriebs in die neue Produktions- und Arbeitswelt an.

Nach § 1 des Landwirtschaftsgesetzes vom 5. 9. 1955 (BGBl. I 565) ist die Landwirtschaft mit den Mitteln der allgemeinen *Wirtschafts-* und *Agrarpolitik* – insbesondere der Handels-, Steuer-, Kredit- und Preispolitik – in den Stand zu setzen, die für sie bestehenden naturbedingten und wirtschaftlichen Nachteile gegenüber anderen Wirtschaftsbereichen *auszugleichen.* Damit soll gleichzeitig die *soziale Lage* der in der Landwirtschaft tätigen Menschen an die vergleichbarer Berufsgruppen angeglichen werden.

Der BML stellt jährlich die Betriebsergebnisse von 6000–8000 landwirtschaftlichen Betrieben zusammen und wertet sie aus. Weiter werden alle geeigneten Unterlagen der volkswirtschaftlichen Statistik und der landwirtschaftlichen Betriebswirtschaft herangezogen. Zur Beratung beruft der BML einen aus betriebswirtschaftlichen Sachverständigen und praktischen Landwirten bestehenden *Beirat.* Die BReg. legt mit dem Ergebnis der ministeriellen Feststellungen dem Bundestag und dem Bundesrat einen *Bericht* über die Lage der Landwirtschaft und eine Stellungnahme zu den sog. „*kalkulatorischen Posten*" vor, der die vergleichbaren Löhne für fremde und familieneigene Arbeitnehmer in anderen Berufsgruppen, angemessenes Entgelt für die Betriebsleitung (Betriebsleiterzuschlag) und angemessene Verzinsung des betriebsnotwendigen Kapitals berücksichtigt. Mit dem Bericht äußert sich die BReg. über getroffene oder noch zu treffende Maßnahmen, um ein Mißverhältnis zwischen Ertrag und Aufwand zu beheben. Sie stellt die etwa notwendigen Mittel vorsorglich in den Entwurf des Bundeshaushaltsplans ein und begründet sie in dem sog. *Grünen Plan.* Die Entscheidung über die Bereitstellung dieser Mittel trifft der Bundestag.

Ein Mittel zur Verbesserung der Lage der Landwirtschaft ist auch die *Qualitätssteigerung*. Nach dem *Handelsklassengesetz* (s. 827 I 4) können durch RechtsVO gesetzliche *Handelsklassen* eingeführt werden, um Erzeugung, Qualität und Absatz von Erzeugnissen der Landwirtschaft und Fischerei sowie die Marktübersicht zu fördern. Die Erzeugnisse müssen, um nach Handelsklassen in den Verkehr gebracht zu werden, gewisse Mindestmerkmale nach Qualität usw. aufweisen. Auch können Vorschriften über Bezeichnung, Verpackung u. dgl. erlassen werden. Ferner kann bestimmt werden, daß Erzeugnisse nur nach gesetzlichen Handelsklassen in Verkehr gebracht werden dürfen, daß bei Preisangaben nicht ohne Handelsklassenangaben geworben werden darf u. a. m.

Der Förderung der Landwirtschaft und *Steigerung der Erzeugung* dienen auch die *Zusammenlegung* zersplitterter Fluren (vgl. 824 II), zu deren Förderung Haushaltsmittel eingesetzt sind, die *Aufstockung* zu kleiner Betriebe, die *Aussiedlung* aus zu enger Dorflage, die Modernisierung der Gebäude, die verstärkte *Eingliederung* bäuerlicher Heimatvertriebener und Flüchtlinge und wasserwirtschaftliche Maßnahmen.

Statistische Unterlagen für die Agrarpolitik liefern die im Ges. i. d. F. vom 21. 8. 1978 (BGBl. I 1509) vorgesehenen *Erhebungen über Bodennutzung und Ernte* sowie die Erhebungen über *Arbeitskräfte* in der Land- und Forstwirtschaft nach dem Ges. vom 1. 7. 1980 (BGBl. I 820). Nach dem Ges. vom 1. 7. 1980 (BGBl. I 822) wird in jedem zweiten Jahr eine *Agrarberichterstattung* als Bundesstatistik durchgeführt.

824. Bodenrecht, Flurbereinigung, Siedlung

I. Bodenrecht

Ziel einer *Bodenrechtsreform* war es bereits in früheren Jahrhunderten, den Einfluß des Großgrundbesitzes zu verringern und einem größeren Teil der Bevölkerung die Ansiedlung zu ermöglichen. Gemäßigte Bodenreformer (H. George, F. Oppenheimer, A. Damaschke, J. St. Mill) erstrebten dieses Ziel ohne Eingriffe in das Privateigentum durch steuerliche Maßnahmen oder durch Gründung privater Siedlungsgenossenschaften. Hingegen forderten die Vertreter sozialistischer Anschauungen die Überführung von Grund und Boden in Gemeineigentum (K. Marx, K. Kautsky).

Nach 1945 erging in der brit. Zone die MRegVO Nr. 103 über *Bodenreform,* welche die Länderregierungen zu entsprechenden Regelungen ermächtigte und verpflichtete. Ähnlich wurde in den beiden anderen Zonen verfahren. Diese Regelungen wurden teilweise durch neuere Landesgesetze ersetzt, die aber inzwischen weitgehend ihre Bedeutung verloren haben, zumal eine entschädigungslose *Enteignung* nach Art. 14 Abs. 3 GG unzulässig ist.

Die *Bodenreformgesetze der Länder* zogen in der amerikanischen Zone Grundbesitz über 100 ha, in der britischen Zone über 150 ha zur *Landabgabe* gegen Entschädigung heran. Mangels der erforderlichen Mittel wurde die *Bodenreform* jedoch nur in mäßigem Umfang durchgeführt; manche Länder haben die Bodenreformgesetze ausdrücklich aufgehoben (so Bad.-Württbg. durch Ges. vom 12. 2. 1980, GBl. 122).

Größere Aktualität als die im Bereich des ländlichen Grundbesitzes eingeleitete, aber nicht verwirklichte Bodenreform haben die Reformfragen der *Bodenpolitik,* die sich besonders in Ballungsgebieten aus der Verknappung des Baugrundes und der Verdrängung der Wohnbevölkerung aus den Stadtkernen durch Verwaltungs- oder Geschäftsbauten ergeben.

II. Flurbereinigung

Zur Verbesserung der Produktions- und Arbeitsbedingungen in der Land- und Forstwirtschaft sowie zur Förderung der allgemeinen Landeskultur und der Landesentwicklung kann ländlicher Grundbesitz durch Maßnahmen nach dem *Flurbereinigungsgesetz* i. d. F. vom 16. 3. 1976 (BGBl. I 546) m. spät. Änd. neu geordnet werden (dazu Ausführungsgesetze der Länder).

Die Flurbereinigung wird von den landesrechtlichen Flurbereinigungsbehörden (Flurbereinigungsamt oder -direktion, Kulturamt, Bodenwirtschaftsamt usw.) innerhalb eines Flurbereinigungsgebietes unter Mitwirkung der beteiligten Grundeigentümer und der Träger öffentlicher Belange sowie der landwirtschaftlichen Berufsvertretung (Landwirtschaftskammer) durchgeführt. Die beteiligten Grundeigentümer sind in einer *Teilnehmergemeinschaft* (öffentlich-rechtliche Körperschaft) zusammengefaßt. Sie haben die erforderlichen Flächen zur Verfügung zu stellen und werden mit Land von gleichem Wert abgefunden; für gemeinschaftliche und öffentliche Anlagen (Wege- und Gewässernetz) haben sie die benötigten Flächen nach dem Wertverhältnis ihrer in das Flurbereinigungsverfahren einbezogenen Grundstücke bereitzustellen. Der *Flurbereinigungsplan,* der die neue Flächeneinteilung enthält, wird auf Anordnung der Flurbereinigungsbehörde ausgeführt, sobald er bestandskräftig geworden, d. h. mit Rechtsmitteln der Beteiligten nicht mehr anfechtbar ist.

III. Siedlung

Ziel des *Reichssiedlungsgesetzes* vom 11. 8. 1919 (vgl. 192 II) ist, durch Schaffung gemeinnütziger Siedlungsunternehmen die sog. *klassische Siedlung,* d. h. die Errichtung neuer Siedlerstellen, und die *Anliegersiedlung* (Hebung bestehender Kleinbetriebe bis zur Größe einer selbständigen Ackernahrung) zu fördern. Für die *unmittelbare Förderung* hat dieses Gesetz allerdings kaum noch Bedeutung, da seit dem Gesetz über die Gemeinschaftsaufgabe „Verbesserung der Agrarstruktur und des Küstenschutzes" vom 3. 9. 1969 (BGBl. I 1573) die ländliche Siedlung zugunsten im Geltungsbereich des GG geborener Personen nach Maßgabe der Grundsätze für die Förderung einzelbetrieblicher Investitionen und für die Förderung der ländlichen Siedlung aus Bundes- und Landesmitteln gefördert wird. Die Förderung bezieht sich im wesentlichen auf die Anliegersiedlung, Auffangbetriebe und den Bodenzwischenerwerb.

Rechtsgrundlage der Förderung der Vertriebenen, der Spätaussiedler und Flüchtlinge im Wege der ländlichen Siedlung ist das *Bundesvertriebenengesetz* (683). Von bestimmten Ausnahmen abgesehen (vgl. § 46 Abs. 1), sieht es nur noch die Förderung der Eingliederung der aus der Landwirtschaft stammenden Spätaussiedler vor.

Zur *Verbesserung der Agrarstruktur* sollen nach Zusammenlegen der Felder *lebensfähige Höfe* geschaffen und eine *Dorferneuerung* sowie der Ausbau eines guten Wege- und Gewässernetzes durchgeführt werden. Darüber hinaus ist namentlich für die *Zonenrandgebiete* eine regionale Entwicklungsplanung erforderlich. Nur bei Verbesserung der Produktions- und Arbeitsbedingungen und der *Veredelungswirtschaft* kann sich die Lage der Landwirtschaft bessern und mit der Entwicklung der übrigen Wirtschaft im Einklang halten. Diesem Zweck dient der im obengenannten Ges. über die Gemeinschaftsaufgabe ,,Verbesserung der Agrarstruktur und des Küstenschutzes" vorgesehene *Rahmenplan*, der von Bund und Ländern aufzustellen und von diesen durchzuführen ist. Über weitere agrarpolitische Maßnahmen vgl. 814.

Die Bundeshaushaltsmittel, die als Darlehen bis zum 31. 12. 1972 für die *landwirtschaftliche Siedlung* ausgelegt worden sind, fließen im Wege des Kapitaldienstes einem bei der *Deutschen Siedlungs- und Landesrentenbank* (Sitz: Bonn) errichteten Zweckvermögen zu (§ 5 Ges. über die Zusammenlegung der Deutschen Landesrentenbank und der Deutschen Siedlungsbank vom 27. 8. 1965, BGBl. I 1001). Seit dem 1. 1. 1973 werden die Darlehen für die landwirtschaftliche Siedlung nach dem o. g. Gemeinschaftsaufgabengesetz (Rahmenplan) aus Bundes- und Landesmitteln gewährt. Die Rückflüsse aus diesen Darlehen gehen unmittelbar in den Bundeshaushalt bzw. in den jeweiligen Landeshaushalt ein.

825. Das Höferecht

Nachdem das Kontrollratsgesetz Nr. 45 vom 20. 2. 1947 das nat.-soz. *Erbhofrecht* aufgehoben hatte, führte die Verordnung der britischen Militärregierung Nr. 84 vom 24. 4. 1947 für ihre Zone eine neue *Höfeordnung* ein, welche die früheren Erbhöfe dem neuen Höferecht unterstellte. An ihrer Stelle gilt jetzt in Hamburg, Niedersachsen, Nordrhein-Westfalen und Schleswig-Holstein die Höfeordnung vom 26. 7. 1976 (BGBl. I 1933).

Die HöfeO bezweckt die Erhaltung der Einheit des Hofes dadurch, daß dieser abweichend von der gesetzlichen Erbfolge (354) auf einen von mehreren Miterben übergeht. Bei land- oder forstwirtschaftlich genutzten Betrieben mit mindestens 20000 DM Wirtschaftswert fällt der Hof dem vom Erblasser bestimmten *Hoferben* zu, gegen den die Miterben einen Ausgleichsanspruch in Geld haben (i. d. R. das 1½fache des steuerlichen Einheitswerts, wobei im Einzelfall aufgrund besonderer Umstände nach billigem Ermessen Zuschläge oder Abschläge gemacht werden können). Mangels einer Regelung durch den Erblasser werden Hoferbe nach gesetzlichen Ordnungen zunächst die nach der gesetzlichen Erbfolge berufenen Kinder, nach diesen der Ehegatte, dann die Eltern und schließlich die Geschwister. Innerhalb der gleichen Ordnung ist, falls nicht schon ein Miterbe nach dem Umfang seiner Tätigkeit auf dem Hof zum Hoferben bestimmt ist, je nach Ortsbrauch *Ältesten-* oder *Jüngstenrecht* maßgebend. – Betriebe mit Wirtschaftswert von mehr als 20000 DM sind *kraft Gesetzes* Hof, können diese Eigenschaft aber durch Erklärung des Eigentümers verlieren oder wiedergewinnen; bei 10000 bis 20000 DM Wert ist beides allein von der Erklärung des Eigentümers abhängig. Besondere Bestimmungen gelten für den *Ehegattenhof*. Eine Übergabe des Hofes kann durch notariellen Übergabevertrag im Wege der *vorweggenommenen Hoferbfolge* stattfinden (wegen der gerichtlichen Genehmigungspflicht nach dem Grundstücksverkehrsgesetz – 826 I – vgl. dort §§ 8, 31). S. a. *Verfahrensordnung* vom 29. 3. 1976 (BGBl. I 885). Die ursprüngliche Bevorzugung des männlichen Geschlechts bei der *Hoferbfolge* hat das BVerfG für verfassungswidrig erklärt.

In einzelnen Ländern der BRep. gelten Landesgesetze mit unterschiedlichen Regelungen, so in *Bad.-Württbg.* Bad. HofgüterG von 1898/1949 und Württbg. Ges. über das Anerbenrecht von 1930/1948 und 1950, beide m. ÄndG. vom 7. 12. 1965/30. 6. 1970 (GBl. 301/289); in *Bremen* HöfeG i. d. F. vom 19. 7. 1948 (GBl. 124) m. spät. Änd.; in *Hessen* die Landgüterordnung i. d. F. vom 13. 8. 1970, (GVBl. I 548); in *Rheinland-Pfalz* HöfeO vom 7. 10. 1953 (GVBl. 101) i. d. F. vom 18. 4. 1967 (GVBl. 138). In Rheinland-Pfalz gilt z. B. fakultativ Anerbenrecht aufgrund freiwilliger Eintragung in die Höferolle. In den übrigen Ländern, in denen keine Sonderregelung besteht (Bayern, Berlin, Saarland), entscheidet das Erbrecht des BGB (354).

826. Verkehr mit landwirtschaftlichen Grundstücken

I. Grundstücksverkehrsgesetz

Um land- oder forstwirtschaftliche Grundstücke ihrem eigentlichen Nutzungswert zu erhalten, bindet das *Grundstücksverkehrsgesetz* vom 28. 7. 1961 (BGBl. I 1091) m. spät. Änd. die *Veräußerung* eines solchen Grundstücks an eine behördliche Genehmigung. Dasselbe gilt für die Bestellung eines Nießbrauchs, die Begründung und Veräußerung eines Miteigentumsanteils sowie die Veräußerung eines Erbanteils an einen anderen als einen Miterben, wenn der Nachlaß im wesentlichen aus einem land(forst)wirtschaftlichen Betrieb besteht.

Ausnahmen bei Beteiligung von Bund oder Ländern, Erwerb durch eine als öff.-rechtl. Körperschaft anerkannte Religionsgesellschaft, im Rahmen einer Flurbereinigung (824), eines Siedlungsverfahrens (192 II) oder eines Aussiedlungsverfahrens nach § 37 BVFG (s. 683) oder von Grundstücken innerhalb eines Bebauungsplanes (§ 30 BauGB, vgl. 192 I). Die Länder können Grundstücke bis zu einer bestimmten Größe von der Genehmigungspflicht freistellen.

Versagungsgründe sind insbes. ungesunde Bodenverteilung, unwirtschaftliche Verkleinerung, grobes Mißverhältnis des Erwerbspreises zum Grundstückswert. Liegen solche nicht vor, so muß die Genehmigung erteilt werden. Dem Erwerber können *Auflagen* gemacht oder *Bedingungen* auferlegt werden (z. B. Verpachtung an einen Landwirt, Änderung von Vertragsbestimmungen). Gegen einen ablehnenden oder mit Bedingungen oder Auflagen verbundenen *Bescheid* können die Beteiligten binnen zwei Wochen nach der Zustellung *Antrag auf gerichtliche Entscheidung* stellen. Sonderbestimmungen regeln die gerichtliche Zuweisung eines landwirtschaftlichen Betriebs, der einer Erbengemeinschaft kraft gesetzlicher Erbfolge angefallen ist, ohne Teilung an einen Miterben.

II. Landpachtverkehrsgesetz

Auch das Gesetz über die Anzeige und Beanstandung von Landpachtverträgen *(Landpachtverkehrsgesetz)* vom 8. 11. 1985 (BGBl. I 2075) bezweckt, landwirtschaftlich genutzte Grundstücke ihrer eigentlichen Bestimmung zu erhalten. Es unterwirft *Landpachtverträge,* d. h. Verträge, durch die Grundstücke überwiegend zur Landwirtschaft gegen Entgelt verpachtet werden (s. § 585 BGB), einer Anzeigepflicht; sie können unter gewissen Voraussetzungen durch die *Landwirtschafts-*

behörde beanstandet werden, insbes. wenn die Verpachtung zu einer ungesunden Verteilung der Bodennutzung führen würde sowie bei unangemessen hohem Pachtzins.

Will die *Landwirtschaftsbehörde* einen Landpachtvertrag beanstanden, so fordert sie die Vertragsteile auf, den Vertrag binnen bestimmter Frist zu ändern oder aufzuheben. Wird weder dieser Aufforderung Folge geleistet noch gerichtliche Entscheidung beantragt, gilt der Vertrag als aufgehoben.

Ferner kann jeder Vertragsteil das Landwirtschaftsgericht anrufen, um eine Vertragsänderung wegen wesentlicher Verschiebung der Vertragsgrundlage oder im Falle der Kündigung eine Verlängerung des Landpachtvertrages zu erwirken (s. § 593 Abs. 4, § 595 Abs. 6 BGB).

Das gerichtliche *Verfahren in Landwirtschaftssachen* regelt ein Ges. vom 21. 7. 1953 (BGBl. I 667), zuletzt geändert am 9. 12. 1986 (BGBl. I 2326). Danach sind als *Gerichte in Landwirtschaftssachen* in erster Instanz die *Amtsgerichte* (Amtsrichter, zwei ehrenamtliche Richter), in zweiter Instanz die *Oberlandesgerichte* (drei Mitglieder des Oberlandesgerichts, zwei ehrenamtliche Richter) und in dritter Instanz der *Bundesgerichtshof* zuständig (drei Mitglieder des Bundesgerichtshofs, zwei ehrenamtliche Richter). Die ehrenamtlichen Richter werden jeweils auf vier Jahre berufen. Für das Verfahren gelten im wesentlichen die Vorschriften des FGG (vgl. 294).

827. Regelung der landwirtschaftlichen Erzeugung

I. Bodennutzung und Tierhaltung

Bezüglich der Bodennutzung und Tierhaltung ergingen folgende Gesetze, die der Regelung und Förderung der landwirtschaftlichen Erzeugung dienen: Düngemittelgesetz, Pflanzenschutzgesetz, Tierzuchtgesetz, Handelsklassengesetz und Saatgutverkehrsgesetz.

1. Düngemittelgesetz
vom 15. 11. 1977 (BGBl. I 2134). Düngemittel dürfen gewerbsmäßig nur in Verkehr gebracht werden, wenn sie einem durch RechtsVO zugelassenen *Düngemitteltyp* entsprechen. Auch können zur Ordnung des Verkehrs mit Düngemitteln und zum Schutz des Anwenders Vorschriften über Kennzeichnung und Verpackung erlassen sowie zum Schutz der Gesundheit von Menschen, Tieren oder Pflanzen Verkehrsbeschränkungen angeordnet werden. Die Überwachung obliegt den landesrechtlich zuständigen Behörden. Zur Kennzeichnung vgl. *DüngemittelVO* vom 19. 12. 1977 (BGBl. I 2845) m. letzter Änd. vom 28. 4. 1986 (BGBl. I 688).

2. Pflanzenschutzgesetz
i. d. F. vom 15. 9. 1986 (BGBl. I 1505)

Durch das Pflanzenschutzgesetz wird der *Pflanzenschutz* außer auf Bekämpfung von Krankheiten und Schädlingen auch auf Verhütungsmaßnahmen, insbes. gegen Einschleppung von Krankheiten und Schädlingen, ausgedehnt. S. a. *PflanzenbeschauVO* i. d. F. vom 15. 3. 1982 (BGBl. I 329) m. letzter Änd. vom 19. 11. 1985 (BGBl. I 2115). Da Bekämpfungsmittel gegen *Pflanzenschädlinge* entwickelt worden sind, die nach ihrer Wirkung auf den menschlichen Körper als giftig anzusehen sind, regelt eine VO vom 4. 3. 1969 (BGBl. I 183) m. Änd. vom 18. 2. 1986 (BGBl. I 265) die *Prüfung und Zulassung von Pflanzenschutzmitteln.* S. ferner VO über Anwendungsverbote und -beschränkungen für Pflanzenbehandlungsmittel vom 19. 12. 1980 (BGBl. I 2335) m. letzter Änd. vom 21. 3. 1986 (BGBl. I 363), VO über Höchstmengen an Pflanzenschutz- und Schädlingsbekämpfungsmittel vom 24. 6. 1982 (BGBl. I 745) m. Änd. vom 18. 4. 1984 (BGBl. I 635) und VO zum Schutz der Bienen vor Gefahren durch Pflanzenschutzmittel – *Bienenschutz-VO* – vom 19. 12. 1972 (BGBl. I 2515). VOen vom 20. 4. 1972 (BGBl. I 625, 627) enthalten Vorschriften über die Bekämpfung des *Kartoffelkrebses* und des *Kartoffelnematoden*.

S. auch das *Internationale Pflanzenschutzübereinkommen,* Ges. vom 12. 8. 1985 (BGBl. II 982).

3. Tierzuchtgesetz

i. d. F. vom 20. 4. 1976 (BGBl. I 1045) m. Änd. vom 18. 2. 1986 (BGBl. I 265)

Das *Tierzuchtgesetz* regelt die Maßnahmen zur Gewinnung eines Bestandes an hochleistungsfähigen Zuchttieren, insbesondere die *Körung* (= Zuchtauswahl) männlicher Tiere, die Voraussetzung für eine Verwendung zur Zucht ist; hierfür sind Abstammungsnachweise und eine Leistungsprüfung zu erbringen. Weitere Vorschriften betreffen die Anerkennung von *Züchtervereinigungen* sowie die *Besamungserlaubnis,* Besamungsstationen usw. Die Durchführung der Maßnahmen obliegt Landes- und Gemeindebehörden.

4. Handelsklassengesetz

Das Handelsklassengesetz i. d. F. 23. 11. 1972 (BGBl. I 2207) m. spät. Änd. (s. a. 823) bezweckt, die Erzeugung, die Güte und den Absatz von Erzeugnissen der Landwirtschaft und Fischerei zu fördern. Es dient also der Wirtschaftsförderung, während das *Lebensmittelgesetz* (s. 829) Gefahren für die Volksgesundheit abwenden will. Auf Grund des HandelsklassenG sind Verordnungen über Handelsklassen bei Fleisch, Obst und Gemüse, Geflügel u. a. landwirtschaftliche Erzeugnisse ergangen.

5. Saatgutverkehrsgesetz

i. d. F. vom 20. 8. 1985 (BGBl. I 1633) m. zahlreichen ErgänzungsVOen.

Zweck des *Saatgutverkehrsgesetzes* ist, die Züchtung wertvoller *Sorten* von Kulturpflanzen zu fördern und die Interessen der Verbraucher an sortenechtem, sortenreinem und hochkeimfähigem Saatgut zu wahren, das möglichst frei von allen den Gebrauch beeinträchtigenden Beimischungen ist. Ein dem BML unterstehendes *Bundessortenamt* (Bundesoberbehörde) führt eine *Sortenliste,* in der die Sortenbezeichnung, wesentliche Merkmale, Name des Züchters usw. eingetragen werden. Das Saatgut darf nur vom Sortenschutzinhaber (zum Sortenschutz s. 387 Nr. 11) und nur unter der Sortenbezeichnung gewerbsmäßig vertrieben werden. Zum SaatgutverkehrsG sind zahlreiche DVOen für die einzelnen Saatgutarten ergangen; s. z. B. VO über den Verkehr mit Saatgut landwirtschaftlicher Arten und von Gemüsearten (SaatgutVO) vom 21. 1. 1986 (BGBl. I 146) und PflanzkartoffelVO vom 21. 1. 1986 (BGBl. I 192).

II. Erzeugung und Absatz

Um Erzeugung und Absatz in der Land- und Fischwirtschaft den Markterfordernissen anzupassen, können *Erzeugergemeinschaften* gebildet und diese zu Vereinigungen zusammengeschlossen werden; sie sollen die Produktion marktgerecht regulieren (also nicht schlechthin steigern). Nach dem *Marktstrukturgesetz* i. d. F. vom 26. 11. 1975 (BGBl. I 2943) können ihnen, falls sie juristische Personen des Privatrechts (306) und landesbehördlich anerkannt sind, staatliche Beihilfen für ihre Tätigkeit und für Investitionen gewährt werden. Vgl. auch 814 und über den zentralen Fonds zur Förderung des Absatzes der deutschen

Land-, Forst- und Ernährungswirtschaft das *Absatzfondsgesetz* i. d. F. vom 8. 11. 1976 (BGBl. I 3109). Nach dem *Fischgesetz* vom 31. 8. 1955 (BGBl. I 567) werden von inländischen Betrieben der *Seefischerei* Beiträge zur Marktstützung erhoben, aus denen Stützungsbeträge gewährt werden können. Es kann ein Zusammenschluß der berufsständischen Organisationen der Fischwirtschaft als *Marktverband* anerkannt werden. S. a. Fischerei-Übereinkommen vom 9. 3. 1964 (BGes. vom 15. 9. 1969, BGBl. II 1897) mit Vereinbarungen darüber, innerhalb welcher Zonen außerhalb der eigenen Hoheitsgewässer Fischfang zugelassen ist. Im übrigen ist die Seefischerei durch das *Seefischereigesetz* vom 12. 7. 1984 (BGBl. I 876) geregelt. S. a. VO zur Durchsetzung des gemeinschaftlichen Fischereirechts vom 16. 8. 1984 (BGBl. I 1151) m. spät. Änd.

III. Sonstige Regelungen

Über die Regelung des *europäischen Marktes* s. 814.

Zu erwähnen ist noch das *Tierseuchengesetz* i. d. F. vom 28. 3. 1980 (BGBl. I 386) mit zahlr. Durchführungsbestimmungen, z. B. der VO über meldepflichtige Tierkrankheiten vom 9. 8. 1983 (BGBl. I 1095) und TierseuchenerregerVO vom 25. 11. 1985 (BGBl. I 2123). Als Grundlage für agrarpolitische Maßnahmen von Bund oder Ländern findet am 3. 12. jeden Jahres eine *Viehzählung* nach Maßgabe eines Bundesgesetzes i. d. F. vom 1. 7. 1980 (BGBl. I 817) statt.

828. Agrarkredit

Zur Beschaffung von Krediten für die Landwirtschaft und Ernährungswirtschaft (einschl. Forstwirtschaft und Fischerei) wurde durch Ges. vom 11. 5. 1949 die *Landwirtschaftliche Rentenbank* errichtet. Sie gewährt verzinsliche Darlehen an *Kreditinstitute* der Landwirtschaft und an Unternehmen, deren Geschäftsbetrieb für die inländische landwirtschaftliche Erzeugung, Vorratshaltung und den Absatz von allgemeiner Bedeutung ist. Die Kredite sollen in erster Linie die landwirtschaftliche Erzeugung fördern. Die Bank kann *Inhaberschuldverschreibungen* ausgeben. Der Kapitalkreditbeschaffung für landwirtschaftliche Pächter dient das *Pachtkreditgesetz* i. d. F. vom 5. 8. 1951 (BGBl. I 494).

Die *Landwirtschaftliche Rentenbank* ist Anstalt des öffentlichen Rechts, ebenso wie die *Deutsche Genossenschaftsbank,* die gleichfalls die Kreditbeschaffung für die Landwirtschaft betreibt, aber auch die gewerblichen, Konsum- und Wohnungsbaugenossenschaften betreut. Beide sind durch Ges. vom 11. 5. 1949 (WiGBl. 75, 77) gegründet worden (jetzt i. d. F. vom 15. 7. 1963, BGBl. I 465, bzw. 22. 12. 1975, BGBl. I 3171) und haben ihren Sitz in Frankfurt a. M. Nach dem Gesetz über die *Rentenbankgrundschuld* vom 11. 5. 1949 (WiGBl. 79) erlosch die Haftung des im Bundesgebiet befindlichen Vermögens der Landw. Rentenbank für die Verbindlichkeiten aus den Rentenbankscheinen und aus den Rentenbriefen. Jedoch blieb die Belastung der dauernd land-, forstwirtschaftlichen oder gärtnerischen Zwecken dienenden Grundstücke nach der Rentenbankverordnung vom 15. 10. 1923 (RGBl. I 963) und dem Gesetz über die Liquidierung des Umlaufs von Rentenbankscheinen i. d. F. der Verordnung vom 1. 12. 1930 (RGBl. I 517, 592) als *Reallast (Rentenbankgrundschuld)* zugunsten der Landwirtschaftlichen Rentenbank bestehen. Die Rentenbankgrundschuld wird nicht in das Grundbuch eingetragen und geht allen Lasten im Rang vor. Sie ist unkündbar und nicht abtretbar, unterliegt jedoch der Pfändung. Bei Zwangsversteigerung bleibt sie bestehen, auch wenn sie bei Feststellung des geringsten Gebots nicht berücksichtigt wird. Befreit waren Grundstücke im Eigentum von Personen mit geringem Grundbesitz und von öffentlich-rechtlichen Körperschaften, Religionsgemeinschaften oder gesetzlichen Berufsvertretungen.

Die durch Gesetz vom 18. 7. 1925/31. 3. 1928 (RGBl. I 145, 134) begründete *Deutsche Rentenbankkreditanstalt* (auch Landwirtschaftliche Zentralbank genannt) ist aufgelöst. Die Verwaltung und Abwicklung ihres Vermögens wurde der Deutschen Landwirtschaftlichen Rentenbank übertragen. Dieser obliegt auch die Abwicklung der 1930 als Osthilfe eingesetzten und 1933 auf das gesamte Reichsgebiet ausgedehnten *landwirtschaftlichen Entschuldung* (Gesetz vom 25. 3. 1952, BGBl. I 203). Das Gesetz vom 26. 7. 1956 (BGBl. I 669) überträgt der Landwirtschaftlichen Rentenbank auch die Liquidation der im Jahre 1923 gegründeten *Deutschen Rentenbank.*

Über die *Deutsche Siedlungs- und Landesrentenbank* vgl. 824.

Nach dem *Pachtkreditgesetz* kann der Pächter eines landwirtschaftlichen Grundstücks an dem ihm gehörenden Inventar einem zugelassenen Kreditinstitut zur Sicherung eines ihm gewährten Darlehens ein *Pfandrecht ohne Besitzübertragung* (vgl. 340) bestellen. Erforderlich ist Einigung zwischen Pächter und Gläubiger über die Bestellung des Pfandrechts und Niederlegung des *schriftlichen* Verpfändungsvertrages beim zuständigen Amtsgericht.

829. Das Lebensmittelrecht

bezweckt, den Verbraucher vor *gesundheitlicher Schädigung* durch Lebensmittel oder Bedarfsartikel zu bewahren und ihn vor Übervorteilung zu schützen. Frühere gesetzliche Regelungen (Gesetz von 1879, abgelöst durch Lebensmittelgesetz von 1927 – neu gefaßt 1936) wurden ab 1. 1. 1975 durch eine Gesamtreform des Lebensmittelrechts ersetzt, deren Kernstück das *Lebensmittel- und Bedarfsgegenständegesetz* vom 15. 8. 1974 (BGBl. I 1945) m. spät. Änd. ist.

Lebensmittel i. S. des Gesetzes sind alle Stoffe, die dazu bestimmt sind, in unverändertem, zubereitetem oder verarbeitetem Zustand von Menschen verzehrt zu werden, soweit nicht der Verzehr anderen als Ernährungs- oder Genußzwecken dient (§ 1). Das Gesetz erfaßt ferner *Tabakerzeugnisse* und kosmetische Mittel (§§ 3, 4) sowie die in § 5 bezeichneten *Bedarfsgegenstände.* Es verbietet, Lebensmittel so herzustellen oder zu behandeln, daß ihr Verzehr *gesundheitsschädlich* wirken kann, sowie Stoffe, die solche Folgen haben können, als Lebensmittel in Verkehr zu bringen (§ 8). Entsprechende Vorschriften gelten für Tabakerzeugnisse, kosmetische Mittel und sonstige Bedarfsgegenstände (§§ 20ff., 24ff., 30ff.). Das gewerbsmäßige Inverkehrbringen gesundheitsschädlicher oder nachgemachter Lm. oder unter irreführender Bezeichnung oder Aufmachung sowie irreführende Werbung sind verboten (§§ 17, 23, 27). Zusatzstoffe zu Lm. dürfen nur in dem zugelassenen Umfang verwendet werden; auch die Strahlenbehandlung ist eingeschränkt (§§ 11–13). Der BMJFG kann gemeinsam mit dem BML Vorschriften zum Schutz der Gesundheit und gegen Täuschung erlassen und bei Versorgungsgefährdung, für Sonderverpflegung von Soldaten usw. Ausnahmen zulassen (§§ 36, 37). Eine Kommission stellt Leitsätze über Herstellung und Beschaffenheit verkehrsfähiger Lm. auf; diese werden im „Deutschen Lebensmittelbuch" zusammengestellt (§§ 33, 34). Vor dem Erlaß von VOen soll ein jeweils auszuwählender Kreis von Sachkennern aus Wissenschaft, Verbraucherschaft und Wirtschaft gehört werden (§ 39).

Die Überwachungsorgane haben das Recht zu Besichtigungen und Prüfungen und zur Entnahme von Proben (§§ 41 ff.). Die Zuständigkeit der Behörden bestimmt sich nach Landesrecht (§ 40).

Zuwiderhandlungen sind i. d. R. als Vergehen strafbar. Neben der Strafe ist Einziehung beanstandeter Gegenstände zulässig. §§ 51 ff.

Nach § 47 besteht für nicht den lebensmittelrechtlichen Bestimmungen entsprechende Lebensmittel und Bedarfsgegenstände ein *Einfuhrverbot.*

Vgl. auch die *Lebensmittel-KennzeichnungsVO* i. d. F. vom 6. 9. 1984 (BGBl. I 1221) m. letzter Änd. vom 10. 3. 1987 (BGBl. I 906) sowie *Nährwert-KennzeichnungsVO* vom 9. 12. 1977 (BGBl. I 2569) m. letzter Änd. vom 12. 11. 1978 (BGBl. I 1760). Vorschriften über die Bezeichnung bestimmter *Zuckerarten* enthält die VO vom 8. 3. 1976 (BGBl. I 502) m. letzt. Änd. vom 22. 12. 1981 (BGBl. I 1625). Zu Höchstmengen an Pflanzenschutz- und Schädlingsbekämpfungsmitteln bei Lebensmitteln s. 827 I 2.

Auf Grund des LmG a. F. sind am 19. 12. 1959 (BGBl. I 726–762) folgende z. T. später, namentlich am 16. 5. 1975 (BGBl. I 1281) und 22. 12. 1981 (BGBl. I 1625), geänderte Lebensmittelverordnungen ergangen:

a) über Fleisch und Fleischerzeugnisse *(Fleisch-VO),* i. d. F. vom 21. 1. 1982 (BGBl. I 89) m. Änd. vom 10. 7. 1984 (BGBl. I 897);
b) über Tabak und Tabakerzeugnisse (*Tabak-VO),* i. d. F. vom 20. 12. 1977 (BGBl. I 2831) m. spät. Änd., zul. vom 21. 3. 1986 (BGBl. I 368);
c) über den Zusatz fremder Stoffe bei der Herstellung von Kaugummi *(Kaugummi-VO)* i. d. F. vom 20. 9. 1972 (BGBl. I 1825) m. letzter Änd. vom 10. 7. 1984 (BGBl. I 897);
d) über die Behandlung von Lebensmitteln mit Elektronen-, Gamma- und Röntgenstrahlen oder ultravioletten Strahlen (*Lebensmittel-BestrahlungsVO)* m. letzter Änd. vom 16. 5. 1975 (BGBl. I 1281);
e) über den Zusatz fremder Stoffe bei der Aufbereitung von Trinkwasser (*Trinkwasser-Aufbereitungs-VO)* m. letzter Änd. vom 13. 12. 1979 (BGBl. I 2328).

Weitere am 19. 12. 1959 getroffene Regelungen sind durch neue ersetzt worden, so die *KonservierungsstoffVO,* die *Allgemeine FremdstoffVO,* die *FarbstoffVO* und die *FruchtbehandlungsVO.* Es gelten jetzt die *Zusatzstoff-VerkehrsVO* vom 10. 7. 1984 (BGBl. I 897) und die *Zusatzstoff-ZulassungsVO* i. d. F. vom 22. 12. 1981 (BGBl. I 1633) m. Änd. vom 10. 7. 1984 (BGBl. I 897) sowie die *Fruchtsaft-VO* i. d. F. vom 17. 7. 1982 (BGBl. I 193) m. Änd. vom 9. 12. 1983 (BGBl. I 1421).

Diese VOen und die vorher erlassenen, aufrechterhaltenen oder später ergangenen Bestimmungen – vgl. z. B. *EiprodukteVO* vom 19. 2. 1975 (BGBl. I 537) m. letzt. Änd. vom 22. 12. 1981 (BGBl. I 1625) und *Diät-VO* i. d. F. vom 21. 1. 1982 (BGBl. I 71) m. Änd. vom 10. 7. 1984 (BGBl. I 897) – beschränken den Umfang des dem Schutz der Verbraucher dienenden *Fremdstoff-Zusatzverbots* in § 11 LmBG auf ein für die Lebensmittelwirtschaft tragbares Maß. Weitere bedeutsame Regelungen enthalten die VO über *vitaminisierte Lebensmittel* vom 1. 9. 1942 (RGBl. I 538) m. letzt. Änd. vom 6. 11. 1984 (BGBl. I 1329) sowie die *AromenVO* vom 22. 12. 1981 (BGBl. I 1677) m. Änd. vom 10. 7. 1984 (BGBl. I 897) und VO über den Neuerlaß von Vorschriften der AromenVO vom 2. 4. 1985 (BGBl. I 631). S. auch *KosmetikVO* i. d. F. vom 19. 6. 1985 (BGBl. I 1082), m. spät. Änd. Die *KaffeeVO* vom 12. 2. 1981 (BGBl. I 225) m. letzter Änd. vom 10. 3. 1987 (BGBl. I 906) bestimmt die zugelassenen Zusatzstoffe und regelt die Bezeichnungen von Kaffee, Zichorie, Kaffee-Ersatz und Kaffeezusätzen.

S. ferner VO über *Kakao* und Kakaoerzeugnisse vom 30. 6. 1975 (BGBl. I 1760) m. letzt. Änd. vom 6. 11. 1984 (BGBl. I 1329). S. ferner *KonfitürenVO* vom 26. 10. 1982 (BGBl. I 1434) m. Änd. vom 9. 12. 1983 (BGBl. I 1421). .

Weitere lebensmittelrechtlich bedeutsame Regelungen sind z. B. das *Fleischhygienegesetz* i. d. F. vom 24. 2. 1987 (BGBl. I 649) und FleischhygieneVO vom 30. 10. 1986 (BGBl. I 1678), die *HackfleischVO* vom 10. 5. 1976 (BGBl. I 1186) m. spät. Änd., das *Geflügelfleischhygienegesetz* i. d. F. vom 15. 7. 1982 (BGBl. I 993) und die *TrinkwasserVO* vom 22. 5. 1986 (BGBl. I 760).

830. Energiewirtschaft

Zur Behebung der nach dem 2. Weltkrieg bestehenden Notlage der Energiewirtschaft, insbes. der Versorgung mit *Elektrizität* und *Gas,* erließ der Wirtschaftsrat des Vereinigten Wirtschaftsgebietes (vgl. 19 III) am 10. 6. 1949 ein Gesetz über Notmaßnahmen auf dem Gebiet der Elektrizitäts- und Gasversorgung (*Energienotgesetz,* WiGBl. 87). In § 13 bestätigte das Energienotgesetz die Fortgeltung des Reichsgesetzes zur Förderung der Energiewirtschaft *(Energiewirtschaftsgesetz)* vom 13. 12. 1935 (RGBl. I 1451). Beide Gesetze sind Bundesrecht geworden (Art. 125 Nr. 1 GG).

Das *Energienotgesetz* schuf eine Zentralstelle, die Elektrizitäts- und Gasbezirke festsetzte, für welche die obersten Landesbehörden Hauptlast(gas)verteiler sowie Gebiets- und Ortslast(gas)verteiler bestellten. Der BMWi kann den Bezirken Auflagen für Abgabe, Weiterleitung und Abnahme der Energie erteilen und die obersten Landesbehörden anweisen, den gesamten Stromverbrauch in einem bestimmten Ausmaß einzuschränken. In § 4 sind die Befugnisse gegenüber den *Energieversorgungsunternehmen,* den Besitzern von Eigenanlagen und den Verbrauchern im einzelnen normiert. Hierbei wird zur Regelung der Vergütung von Auflagelieferungen auf das *Preisgesetz* (vgl. 806) Bezug genommen. Für den Einsatz der Energiekohle sind in § 5 entsprechende Befugnisse verankert. Zur Wahrung der gesamtwirtschaftlichen Belange hat der BMWi unter Umständen unmittelbare Eingriffsbefugnisse (§ 6). Es bestehen beratende Ausschüsse (§ 12).

Nach dem *Energiewirtschaftsgesetz* untersteht die Energiewirtschaft (Elektrizitäts- und Gasversorgung) der Aufsicht des Bundes. Der BMWi kann von den Energieversorgungsunternehmen jede Auskunft über technische und wirtschaftliche Verhältnisse verlangen. Die Unternehmen haben jede Erweiterung oder Stillegung anzuzeigen; sie haben ihre allgemeinen Bedingungen und Tarife bekanntzugeben und sind verpflichtet, zu diesen Bedingungen jedermann an ihr Versorgungsnetz anzuschließen und zu versorgen (allg. *Anschluß- und Versorgungspflicht,* § 6). Der BMWi hat auf Grund des § 7 in einer *Bundestarifordnung Elektrizität* vom 26. 11. 1971 (BGBl. I 1865) bindende Grundsätze für die Tarifbildung durch die *Energieverteiler,* das Wahlrecht des Kunden zwischen mindestens zwei Tarifen u. dgl. festgelegt; s. ferner Allgem. Bedingungen für die Gasversorgung und die Elektrizitätsversorgung von Tarifkunden, beide vom 21. 6. 1979 (BGBl. I 676, 684). In besonderen Fällen besteht ein Untersagungsrecht (§ 8). Auf Antrag eines *Versorgungsunternehmens* kann der BMWi die Enteignung oder Beschränkung von Grundeigentum für zulässig erklären (§ 11). Die Befolgung seiner Anordnungen kann durch *Zwangsgeld* oder *unmittelbaren Zwang* durchgesetzt werden (§ 15).

Die Versorgung der Bevölkerung und der Wirtschaft mit Heizöl, Petroleum, Benzin und Dieselkraftstoff soll das *Erdölbevorratungsgesetz* vom 25. 7. 1978 (BGBl. I 1073) sicherstellen. Vgl. 805 I.

Eine fühlbare Verknappung der Erdölvorräte entstand im Nov. 1973, weil die erdölfördernden arabischen Staaten die Öllieferungen an nicht proarabische Länder einschränkten, um dadurch im Konflikt mit Israel (932) politischen Druck auszuüben. Die hierdurch hervorgerufene *Krise in der Energieversorgung,* die auch europäische Staaten zu Einschränkungen des Energieverbrauches zwang (für die BRep. u. a. durch das *Energiesicherungsgesetz* 1975 und das *Energieeinsparungsgesetz* 1976; vgl. 805 II), konnte im Verhandlungswege gemildert werden. Neue Vereinbarungen zielen auf eine Partnerschaft ab, in der die westlichen Länder im Wege der Kooperation industrielle Anlagen und Ausrüstungen gegen Öllieferungen zur Verfügung stellen. Solche Regelungen streben auch die 13 in der OPEC (Organization of Petroleum Exporting Countries) zusammengeschlossenen erdölfördernden Ländern an. Unabhängig hiervon ist die *Arabian American Oil Company (ARAMCO),* in deren Hand im wesentlichen die Erdölproduktion der arabischen Staaten liegt, im Wege privatwirtschaftlicher Vereinbarung bereits von der bloßen Beteiligung der erdölfördernden Staaten am Gewinn zu einer stufenweise erhöhten Kapitalbeteiligung mit entsprechend wachsendem Gewinnanteil übergegangen; der Erwerb aller Anteile durch Saudi-Arabien ist seit längerem eingeleitet. Zum Schutz gegen künftige Energiekrisen schlossen sich 19 ölverbrauchende Industrienationen im November 1974 im Rahmen der OECD (910 III) zu einer *Internationalen Energie-Agentur (IEA)* zusammen. Diese bildet eine für mehrere Monate ausreichende Reserve, die ggf. nach einem Verteilungsschlüssel auf die Mitglieder aufgeteilt wird; diese treffen ihrerseits Maßnahmen zur Beschränkung der Ölnachfrage. Zur Unterstützung von Staaten, die durch den Ölpreisanstieg in ein Zahlungsdefizit geraten, besteht ein *Beistandsfonds* mit Sonderziehungsrechten, für welche die beteiligten Länder Risikobürgschaften übernehmen. Die IEA umfaßt inzwischen 22 Länder.

Die Suche nach neuen Energiequellen erstreckt sich auf viele Bereiche, die Gegenstand experimenteller Forschung sind, z. B. auf die Ausnutzung der *Sonnenenergie* oder der im Erdinnern gespeicherten Wärmemengen *(Geothermik),* ferner auf die Gewinnung von *thermischer Energie* aus der sonnengewärmten Oberfläche der Ozeane und die Verwertung von Abfallstoffen, wärmespeichernden Pflanzen und anderem organischen Material zur Wärmegewinnung *(Biokonversion).* Die Erschließung neuer Energiequellen war auch der Hauptgegenstand der im Aug. 1981 in Nairobi abgehaltenen, von 154 Staaten beschickten *Welt-Energie-Konferenz* der UNO.

Die Energiekrise wirkte sich anderseits günstig auf den *Steinkohlenbergbau* aus, bei dem sich seit 1958 vor allem infolge Umstellung der Energiewirtschaft auf Elektrizität und Ölfeuerung erhebliche Absatzstockungen einstellten. Diesen sucht das Gesetz zur Förderung der *Rationalisierung* im Steinkohlenbergbau vom 29. 7. 1963 (BGBl. I 549) m. spät. Änd. durch den ,,Rationalisierungsverband des Steinkohlenbergbaus" (bundesunmittelbare Körperschaft des öffentl. Rechts) zu begegnen. Er wirkt auf wirtschaftliche Zusammenfassung von Steinkohlenbergwerken und ausgleichende Maßnahmen bei der *Stillegung* durch Gewährung von Darlehen, Bürgschaften und Prämien und Finanzierungshilfen hin. Unternehmen des Steinkohlenbergbaues sind gehalten, Produktionskapazität und -stand, Zahl der Arbeitnehmer, Entlassungen usw. dem BMWi in Zeitabständen zu melden (Ges. vom 19. 12. 1977, BGBl. I 2753). S. a. *Gesetz über steuerliche Maßnahmen bei Stillegung von Steinkohlenbergwerken* vom 11. 4. 1967 (BGBl. I 403). Der *Absatzförderung* dienen dagegen die Gesetze zur Förderung der Verwendung von Steinkohle in Kraftwerken vom 12. 8. 1965 (BGBl. I 777) und zur Sicherung des Steinkohleneinsatzes in der Elektrizitätswirtschaft vom 5. 9. 1966 (BGBl. I 545). Andererseits soll zur Sicherung der Elektrizitätsversorgung der Anteil der Gemeinschaftskohle, der zur Erzeugung von Elektrizität und Fernwärme in Kraftwerken dient, auf einer bestimmten Höhe gehalten werden. Mehrkosten, die durch den Kohleeinsatz gegenüber der Verwendung von Heizöl entstehen, werden aus einem Ausgleichsfonds erstattet, dem auch Zuschüsse entnommen werden können. Der Fonds wird durch eine Ausgleichsabgabe der Versorgungsunternehmen finanziert; diese können die Belastung durch entsprechende Preiserhöhung – sog. ,,Kohlepfennig" – auf den Verbraucher abwälzen (3. *Verstromungsgesetz* i. d. F. vom 17. 11. 1980, BGBl. I 2137).

831. Groß- und Einzelhandel

I. Als *Großhandel (Engroshandel)*

bezeichnet man den Teil des Handels, der als Vermittler zwischen den verschiedenen Absatzstufen (Handel mit Roh- und Hilfsstoffen bzw. Halbfabrikaten oder Lieferung fertiger Waren an den letzten Verkäufer, den *Einzelhandel)* tätig ist. Für die Zuordnung zum Großhandel ist nicht der Umfang des Geschäfts, sondern seine Art maßgebend. Beim Großhandel mit *Fertigwaren* unterscheidet man:

a) den *Spezial-Grossisten* oder Verteilergroßhändler, der in Mengen Fertigwaren bestimmter Arten bezieht und dem Einzelhändler die benötigten Mengen zuleitet, und
b) den *Engros-Sortimenter,* der die bezogenen Mengen zu Warensortimenten (*Kollektionen)* zusammenstellt und an den Einzelhandel liefert.

II. *Einzelhandel* betreibt,

a) wer *gewerbsmäßig* Waren anschafft und sie unverändert oder nach im Einzelhandel üblicher Be- oder Verarbeitung in einer oder mehreren *offenen* Verkaufsstellen zum Verkauf an jedermann *feilhält;*
b) wer gewerbsmäßig zum Verkauf an jedermann in einer oder mehreren Verkaufsstellen Muster oder Proben zeigt, um *Bestellungen auf Waren* entgegenzunehmen;
c) wer gewerbsmäßig zum Verkauf an jedermann Waren versendet, die nach Katalog, Mustern, Proben oder auf Grund eines sonstigen Angebots bestellt sind (*Versandhandel).*

Das *EinzelhandelsG* vom 5. 8. 1957 (BGBl. I 1121) sah eine *Erlaubnispflicht* für den Betrieb des Einzelhandels vor. Die Erlaubnis wurde nur erteilt, wenn der Bewerber *zuverlässig* war und die erforderliche *Sachkunde* nachwies. Das EinzelhandelsG wurde durch das Ges. zur Änderung des Titels III der Gewerbeordnung und anderer gewerberechtlicher Vorschriften vom 25. 7. 1984 (BGBl. I 1008) aufgehoben. Die Regelung des Einzelhandels richtet sich nunmehr nach den allgemeinen gewerberechtlichen Grundsätzen (s. 183). Sonderregelungen gelten für den Arzneimittelhandel (s. Art. 9 Nr. 3 des ArzneimittelG vom 24. 8. 1976, BGBl. I 2445, und VO über den Nachweis der Sachkenntnis im Einzelhandel mit freiverkäuflichen Arzneimitteln vom 20. 6. 1978, BGBl. I 753).

Über Sondervorschriften für *Angehörige von EWG-Ländern* vgl. 1. DV Niederlassungsfreiheit EWG vom 14. 5. 1971 (BGBl. I 677) m. Änd. vom 21. 5. 1976 (BGBl. I 1249).

832. Wirtschaftliche Organisationen und Verbände

Zur Wahrung gemeinsamer Interessen auf wirtschaftlichem Gebiet bestehen Zusammenschlüsse, die teils staatlicherseits angeordnet sind (Zwangszusammenschlüsse), teils sich als freiwillige Vereinigungen gebildet haben („selbstgewachsene“ Gebilde).

1. *Zwangszusammenschlüsse* sind folgende Organisationen:

a) die *Industrie- und Handelskammern.* Sie stellen einen bezirklichen Zusammenschluß der Gewerbetreibenden aller Wirtschaftszweige (mit Ausnahme des Handwerks) dar und nehmen die allgemeinen Belange der Kaufmannschaft wahr (vgl. 833);

b) die *Handwerkskammern* als bezirkliche Zusammenschlüsse der handwerklich Tätigen zur Wahrnehmung gemeinsamer Interessen (vgl. 834);

c) die *Landwirtschaftskammern,* die seit 1894 als berufsständische Vereinigungen zur Wahrnehmung der Belange der Land- und Forstwirtschaft ihres Bezirks errichtet wurden.

Zwangsmitgliedschaft besteht auch bei den *Arbeitskammern,* die jedoch bisher nur in Bremen (Arbeitnehmerkammern; Ges. vom 3. 7. 1956, SaBremR 70-c-1, m. spät. Änd.) und im Saarland (Ges. vom 5. 7. 1967 i. d. F. vom 8. 4. 1983, ABl. 261) errichtet worden sind. Auch sie sind Körperschaften öffentlichen Rechts. Sie haben die Aufgabe, die Interessen der Arbeitnehmer im Einklang mit dem Gemeinwohl zu fördern und Behörden und Gerichte in Fachfragen zu beraten. Ihnen obliegt ferner die Beratung, Schulung und Weiterbildung ihrer Mitglieder sowie deren wirtschafts- und berufspolitische Betreuung.

2. *Freiwillige Zusammenschlüsse*

Auf Grund freiwilligen Zusammenschlusses bestehen zahlreiche Fachverbände, Berufsvereinigungen und Unternehmergruppen. In den meisten Ländern der BRep. nehmen Bauernverbände die beruflichen Interessen der Landwirte wahr. Der Verband der Landwirtschaftskammern, der Deutsche Bauernverband, der Deutsche Raiffeisenverband mit den ländlichen Genossenschaften und die Deutsche Landwirtschafts-Gesellschaft sind im *Zentralausschuß der Deutschen Landwirtschaft* (Sitz: Bonn) zusammengeschlossen.

Durch Beschluß des BVerfG vom 19. 12. 1962 (NJW 1963, 195) ist festgestellt, daß die *Pflichtmitgliedschaft* zu den Industrie- und Handelskammern nicht gegen das GG, insbesondere Art. 9 GG (Vereinigungsfreiheit), verstößt, weil diese Kammern legitime öffentliche Aufgaben zu erfüllen haben.

In der Regel ist jeder Unternehmer nicht nur Mitglied seiner Kammer, sondern wenigstens eines Fachverbandes, einer Berufsvereinigung oder Unternehmerorganisation. Die sozialpolitischen Belange werden von den *Arbeitgeberorganisationen* (s. 605, 634), den *Innungen* (s. 834) und *Fachverbänden* wahrgenommen. Diese stärken außerdem das Zusammengehörigkeitsgefühl und beraten ihre Mitglieder. Gleich den Kammern, welche die Gesamtinteressen der in ihnen vereinigten Berufe zu vertreten haben, nehmen die freiwilligen Zusammenschlüsse in ihrem Bereich die Belange der Wirtschaft wahr, die sie insbesondere auch bei der Gesetzgebung zur Geltung zu bringen suchen.

Die *Spitzenverbände* des Handels, der Industrie, des Handwerks, des Verkehrsgewerbes, der Versicherungen, Banken und Sparkassen sind im *Gemeinschaftsausschuß der Deutschen Gewerblichen Wirtschaft* (Sitz: Bonn) zusammengeschlossen, der sich mit grundsätzlichen und gemeinsam interessierenden Fragen befaßt (z. B. Steuer-, Verkehrs-, Wettbewerbsfragen).

Zusammenschlüsse des *Groß- und Außenhandels* bestanden schon zu Beginn des 20. Jahrh. Nach dem 1. Weltkrieg bildeten sich auf fast allen Fachgebieten eigene Berufsvertretungen, die sich im *Reichsverband des deutschen Groß- und Einzelhandels* zusammenschlossen. Nach 1933 wurden die Organisationen der gewerblichen Wirtschaft mit *Zwangsmitgliedschaft* ausgestattet, der Ernährungsgroßhandel aber dem *Reichsnährstand* zugeteilt. Ab 1945 entwickelte sich das Verbandswesen in den drei westlichen Besatzungszonen unterschiedlich; es bildete sich eine Arbeitsgemeinschaft der *Zonenverbände,* aus der die jetzige Spitzenvertretung, der *Bundesverband des Deutschen Groß- und Außenhandels* e. V. in Bonn, hervorgegangen ist. Er umfaßt alle *Landesverbände* und nennenswerten *Fachverbände* im gewerblichen und im Ernährungssektor. Die Landes- und Bundesfachverbände des *Einzelhandels* sind in der *Hauptgemeinschaft des Deutschen Einzelhandels* in Köln zusammengeschlossen.

Über die *Bundesvereinigung der Dt. Arbeitgeberverbände* als der sozialpolitischen Spitzenorganisation vgl. 634. Weiter besteht als Spitzenorganisation der *Bundesverband der Deutschen Industrie* mit dem Sitz in Köln. Ihm gehören Fachverbände und -gemeinschaften an, die in Landesverbände oder -gruppen gegliedert sind.

Allgemeine Organisationen des selbständigen Unternehmertums sind:

a) die *Arbeitsgemeinschaft selbständiger Unternehmer* (ASU), die sich 1950 in Bonn konstituiert hat, um, ohne Konkurrenz zu Fach- oder Arbeitgeberverbänden, gegenseitigen Gedankenaustausch über die vielfältigen Fragen der Unternehmens-, Betriebs- und Menschenführung zu ermöglichen;

b) der *Bundesverband Junger Unternehmer* (BJU; der ASU angeschlossen, aber selbständig). Er umfaßt vornehmlich (bis zu 40 Jahre alte) Inhaber kleiner oder mittlerer Unternehmen. Er steht mit den Industrie- und Handelskammern und anderen Organisationen der gewerblichen Wirtschaft in Verbindung und hat sich als besondere Aufgabe gestellt, den unternehmerischen Nachwuchs heranzubilden.

Das *Deutsche Industrieinstitut* (DI) in Köln hat die Aufgabe, die Arbeit der wirtschafts- und sozialpolitischen Verbände der Industrie zu unterstützen und die gemeinsamen Auffassungen und Ziele der industriellen Unternehmerschaft zu vertreten. Mitglieder sind der Bundesverband der Dt. Industrie, die Bundesvereinigung der Dt. Arbeitgeberverbände sowie deren Mitgliederverbände. Unter Benutzung der wissenschaftlichen Forschungsergebnisse nimmt das DI zur Lohn-, Tarif- und Sozialpolitik sowie zu wirtschaftlichen Entwicklungen Stellung.

833. Die Industrie- und Handelskammern

sind Körperschaften des öffentlichen Rechts; ihnen gehören kraft Gesetzes alle zur Gewerbesteuer veranlagten natürlichen Personen, Handelsgesellschaften und juristischen Personen des privaten und öffentlichen Rechts an *(Pflichtmitgliedschaft),* die im Bezirk der Kammer eine gewerbliche Niederlassung, eine Betriebsstätte oder eine Verkaufsstelle unterhalten (Kammerzugehörige). Für die in der Handwerksrolle und im Handelsregister eingetragenen Firmen ist die Mitgliedschaft freiwillig.

Aufgabe der IuH-Kammern ist, die Gesamtinteressen der ihnen zugehörigen Gewerbetreibenden wahrzunehmen, für die Förderung der gewerblichen Wirtschaft zu wirken und dabei die wirtschaftlichen Interessen einzelner Gewerbezweige oder Betriebe abwägend und ausgleichend zu berücksichtigen. Dabei obliegt ihnen insbesondere, durch Vorschläge, Gutachten und Berichte die Behörden zu unterstützen und zu beraten sowie für Wahrung von *Anstand und Sitte des ehrbaren Kaufmanns* zu wirken. Durch Gesetz zur vorläufigen Regelung des Rechts der IuH-Kammern vom 18. 12. 1956 (BGBl. I 920) ist, nachdem die Industrie- und Handelskammern 1933 in den sog. Gauwirtschaftskammern aufgegangen waren und nach 1945 das Kammerrecht sich uneinheitlich gestaltet hatte, eine einheitliche Regelung geschaffen worden.

Die IuH-Kammern sind auf Landesebene in *Arbeitsgemeinschaften* bzw. *Kammervereinigungen* und auf Bundesebene im *Deutschen Industrie- und Handelstag* mit dem Sitz in Bonn zusammengeschlossen. Diese bereits 1861 gegründete Spitzenorganisation betreut auch die deutschen *Auslandshandelskammern,* freie Vereinigungen von Kaufleuten der BRep. und eines ausländischen Staates, die nach Satzung, Funktion und Zusammensetzung ihren Mitgliedern und den beteiligten Volkswirtschaften durch Außenhandelsförderung (vgl. 811) als ehrliche Makler dienen wollen.

Die IuH-Kammern vertreten im Gegensatz zu den wirtschaftlichen *Fachverbänden* (vgl. 832) nicht Einzel- oder Sonderinteressen, sondern haben die allgemeinen Belange der Kaufmannschaft wahrzunehmen. Sie geben für Behörden und Gerichte Gutachten und Stellungnahmen ab und beraten und betreuen im Rahmen ihrer allgemeinen Aufgaben ihre Mitglieder in allen wirtschaftlichen Fragen. Die IuH-Kammern führen die Verzeichnisse der *Berufsausbildungsverhältnisse* für kaufmännisch oder gewerblich Auszubildende (607) und nehmen die Abschlußprüfungen der Auszubildenden ab. Sie unterhalten ferner *Einigungsämter* für Streitigkeiten im Wettbewerb (geregelt durch Verordnungen der Länder).

In der BRep. einschl. Berlin (West) bestehen z.Z. 69 IuH-Kammern. Die Zahl der deutschen Auslandshandelskammern beträgt 42. Über die *Ständige Konferenz* der IuH-Kammern der Länder des Gemeinsamen Marktes vgl. 813.

Der *Deutsche IuH-Tag* war ursprünglich ein loser Zusammenschluß und wurde dann die Spitzenorganisation der IuH-Kammern. Wie diese hat er ein Präsidium mit Präs., 2 stellvertretenden Vizepräs. und bis zu 21 weiteren Mitgliedern, einen Hauptausschuß und 18 Fachausschüsse. Die Geschäftsführung des Deutschen IuH-Tages gliedert sich in die Hauptgeschäftsführung und 11 Fachabteilungen.

834. Innungen und Handwerkskammern

Selbständige *Handwerker* des gleichen oder eines ähnlichen Handwerks können zur Förderung gemeinsamer Interessen innerhalb eines bestimmten Bezirks zu einer *Handwerksinnung* (Körperschaft des öffentlichen Rechts) zusammentreten. Die *Innung* kann u. a. Tarifverträge abschließen, eigene Krankenkassen errichten und in Streitigkeiten zwischen Handwerkern und Auftraggebern vermitteln. Ein *Gesellenausschuß* hat bei bestimmten Fragen ein Mitbestimmungsrecht. Gesetzliche Grundlage ist die *Handwerksordnung* i. d. F. vom 28. 12. 1965 (BGBl. 1966 I 1) m. spät. Änd. Die Vertretung der überörtlichen Interessen des Handwerks obliegt der *Handwerkskammer.* Sie wird von der obersten Landesbehörde errichtet, die auch die bezirkliche Abgrenzung festlegt, und arbeitet nach dem Prinzip der *Selbstverwaltung.* Sie führt die *Handwerksrolle,* in welcher jeder selbständige Handwerker eingetragen wird (VO über die Einrichtung der Handwerksrolle und den Wortlaut der *Handwerkskarte* vom 2. 3. 1967, BGBl. I 274; für Angehörige von EG-Staaten: VO vom 4. 8. 1966, BGBl. I 469), regelt die Prüfungsordnungen und die Berufs(Lehrlings)ausbildung. Sie benennt Sachverständige, erstattet Gutachten, erteilt Auskünfte an Gerichte und Behörden und führt die Aufsicht über die Kreishandwerkerschaften und Innungen ihres Bezirks.

Das Handwerk umfaßte 1986 in der BRep. 125 Fachberufe mit insgesamt ca. 537000 Betrieben, fast 4 Mio. Beschäftigten und einem Gesamtumsatz von rd. 395 Mrd. DM. Die HandwerksO (Anl. A) unterscheidet 7 Gruppen (Bau- und Ausbaugewerbe; Metallgewerbe; Holzgewerbe; Bekleidungs-, Textil- und Ledergewerbe; Nahrungsmittelgewerbe; Gewerbe für Gesundheits- und Körperpflege sowie chemische und Reinigungsgewerbe; Glas-, Papier-, keramische und sonstige Gewerbe); diese sind in 125 Untergruppen unterteilt.

Handwerksähnliche Betriebe (entsprechende Gruppen-Einteilung: Anl. B zur HandwerksO) unterliegen einer *Anzeigepflicht* bei der Handwerkskammer, aber nur in beschränktem Umfang der Handwerksordnung (vgl. §§ 18–20).

Die *Innungen* (§§ 52–78 HandwerksO) sind fachlich gegliedert und arbeiten i. d. R. auf Kreisebene. Sämtliche Innungen eines Land- oder Stadtkreises bilden die *Kreishandwerkerschaft* (gesetzliche Mitgliedschaft, §§ 86–89 HandwerksO). Die Innungen sind in Landes- und Bundesinnungsverbänden zusammengefaßt (§§ 79–85 HandwerksO). Die 6196 Handwerksinnungen sind 52 Zentralfachverbänden angeschlossen, die ihrerseits dem *Zentralverband des Dt. Handwerks* mit Sitz in Bonn angehören. Die Innungen nehmen im Rahmen der handwerklichen Betreuung etwa die gleichen Aufgaben wahr, die auf dem industriellen Sektor die Industrieverbände haben. Sie sind aber vielfach zugleich Arbeitgeberverbände und Tarifpartner der Gewerkschaften. Die Innungsmeister und -vorstände sind ehrenamtlich und unentgeltlich tätig. Sie beraten ihre Mitglieder in wirtschaftlicher, arbeitsrechtlicher, kommunaler u. a. Hinsicht.

Die *Handwerkskammern* (§§ 90–116 HandwO), die ebenfalls dem Zentralverband des Dt. Handwerks angehören, entsprechen den IuH-Kammern. Neben ihren übrigen Aufgaben (wie zu 833) führen sie insbes. die *Lehrlingsrolle* und regeln die Abnahme der Gesellen(Lehrabschluß)prüfung. In der BRep. bestehen 42 Handwerkskammern als Körperschaften des öffentlichen Rechts, die ebenfalls Mitglieder des Zentralverbands der Deutschen Handwerks sind.

Für die Eintragung in die Handwerksrolle wird grundsätzlich das Bestehen der *Meisterprüfung* oder einer gleichwertigen Prüfung verlangt (§ 7); über Ausnahmen vgl. §§ 8, 9 sowie VOen über die Anerkennung von Prüfungen vom 16. 10. 1970 (BGBl. I 1401) m. Änd. vom 18. 2. 1976 (BGBl. I 373), 2. VO vom 14. 8. 1973 (BGBl. I 1037), 3. VO vom 2. 4. 1974 (BGBl. I 829) und 4. VO vom 26. 6. 1981 (BGBl. I 596), m. Änd. vom 10. 11. 1983 (BGBl. I 1381), sowie VO vom 2. 11. 1982 (BGBl. I 1475); für Angehörige der EWG-Länder vgl. VO vom 4. 8. 1966 (BGBl. I 469), m. Änd. zuletzt vom 8. 10. 1985 (BGBl. I 1957).

Wegen der *Altersversorgung* für das Deutsche Handwerk vgl. 665, über Handwerkslehrlinge s. 607, über das Verbot von *Schwarzarbeit* s. 615.

835. Wirtschaftskonzentration. Kartellwesen

I. *Wirtschaftskonzentrationen (Auswirkungen, Formen)*

Der Zusammenschluß wirtschaftlicher Unternehmungen kann, wenn er einen erheblichen Teil eines Wirtschaftszweiges erfaßt, unerwünschte Auswirkungen auf die Volkswirtschaft haben. Das gilt insbesondere von *Monopolbildungen* und *Kartellzusammenschlüssen,* die einen gesunden Wettbewerb beeinträchtigen oder ausschließen. Um das zu verhindern, müssen Konzentrationen in der Wirtschaft unterbunden werden, vor allem wenn sie durch die Preisbildung schädliche Folgen für die Verbraucherschaft haben können. Namentlich die *Konzernbildung* kann insofern staatlichen Eingriffen unterliegen.

Der Zusammenschluß mehrerer selbständiger Unternehmungen unter einer einheitlichen wirtschaftlichen Leitung *(Konzern)* oder durch Fusion dient i. d. R. der *Rationalisierung* oder der Erhöhung der Rentabilität. Man unterscheidet *horizontale* und *vertikale* Konzerne, je nachdem, ob die Konzernbildung mehrere Unternehmen gleicher oder aufeinanderfolgender Produktions- oder Wirtschaftsstufen umfaßt (z. B. mehrere Automobilwerke oder Versicherungsgesellschaften; andererseits Zusammenschluß eines Urproduktionswerkes mit einem Veredelungsbetrieb und einer Verkaufsorganisation). Weiter kann unterschieden werden zwischen *Gleichordnungs-* und *Unterordnungskonzern,* je nachdem, ob den beteiligten Unternehmen gesellschaftsrechtlich die gleiche Rechtsstellung eingeräumt ist oder ob ein oder mehrere Unternehmen von einem anderen beherrscht werden (die „Muttergesellschaft" besitzt die Aktienmehrheit mehrerer „Tochtergesellschaften"). Die häufigsten Formen der Unternehmensverbindung sind die *Interessengemeinschaft* sowie der *Beherrschungsvertrag* und der *Gewinnabführungsvertrag* (vgl. 372 II 1).

Über steuerliche Vorteile wirtschaftlicher Zusammenschlüsse s. 536 (Organschaft), über *Pressekonzentration* s. 392.

II. *Kartellwesen*

Soweit die *Konzernbildung* lediglich innerbetriebliche (produktionstechnische, finanzielle, organisatorische) Zwecke verfolgt, braucht sie sich auf die Gesamtwirtschaft nicht nachteilig auszuwirken. Dagegen widerspricht die Einschränkung des freien Wettbewerbs durch *Kartelle* – oft mit dem Ziel, eine monopolartige Stellung zu erringen – dem Grundgedanken des *Leistungswettbewerbs,* der eine unentbehrliche Triebkraft unseres Wirtschaftslebens ist. Deshalb untersagt das *Gesetz gegen Wettbewerbsbeschränkungen* i. d. F. vom 24. 9. 1980 (BGBl. I 1761) m. spät. Änd. – sog. *Kartellgesetz* – grundsätzlich horizontale und vertikale Wettbewerbsbeschränkungen, läßt aber von diesem Verbot zahlreiche Freistellungen und Erlaubnisvorbehalte für bestimmte Sonderfälle zu.

1. Kartellabreden und andere Bindungen

Wettbewerbsbeschränkungen durch *Kartellverträge* und *Kartellbeschlüsse,* die geeignet sind, die Erzeugung oder die Marktverhältnisse für den Verkehr mit Waren oder gewerblichen Leistungen durch Beschränkungen des Wettbewerbs zu beeinflussen, sind unwirksam (§ 1). Wer sich über die Unwirksamkeit hinwegsetzt, begeht eine mit Geldbuße bedrohte Ordnungswidrigkeit (§ 38). Es können jedoch *Konditionen-, Rabatt- und Spezialisierungskartelle* nach Anhörung der beteiligten Lieferanten, Abnehmer und Wirtschaftsstufen gebildet werden (§§ 2, 3, 5a, 5b). Sie sind aber *anmeldepflichtig* und nur wirksam, wenn die Kartellbehörde binnen 3 Monaten nicht widerspricht. Erlaubnis zu einer Kartellabmachung kann ferner für ein sog. *Strukturkrisenkartell* bei durch Nachfrageänderung eingetretenem Absatzrückgang unter Berücksichtigung der Gesamtwirtschaft und des Gemeinwohls erteilt werden (§ 4). *Wirtschaftliche Rationalisierungskartelle* sind grundsätzlich erlaubnisgebunden (§ 5 Abs. 2–4). Schon durch Anmeldung werden *Normen- und Typenkartelle* (§ 5 Abs. 1) und *Ausfuhrkartelle* ohne Inlandwirkung wirksam; falls diese notwendigerweise zugleich den Inlandsmarkt berühren, sind sie zu genehmigen, sofern nicht inländische Wettbewerbsinteressen entgegenstehen (§ 6). *Importkartelle* können zugelassen werden, wenn die Regelung ausschließlich die Einfuhr betrifft und die deutschen Bezieher keinem wesentlichen Wettbewerb der Anbieter gegenüberstehen (§ 7). Schließlich kann der BMWi zu jeder Kartellbildung die *Erlaubnis* erteilen, wenn ausnahmsweise die Beschränkung des Wettbewerbs aus überwiegenden Gründen der Gesamtwirtschaft und des Gemeinwohls notwendig ist (§ 8).

Alle Kartellverträge und -beschlüsse sind in ein beim *Bundeskartellamt* zu führendes *Kartellregister* einzutragen (§ 9). Sämtliche zugelassenen Kartelle stehen unter Mißbrauchskontrolle und dürfen die von der BRep. in zwischenstaatlichen Abkommen anerkannten Grundsätze über den Verkehr mit Waren oder gewerblichen Leistungen nicht verletzen (§ 12).

Individualverträge, die einen Vertragsbeteiligten in der Freiheit der Gestaltung von Preisen oder Geschäftsbedingungen bei Verträgen mit Dritten über die gelieferten Waren usw. beschränken (sog. *vertikale Bindungen*), sind nichtig (§ 15). Ausnahmen gelten für *Verlagserzeugnisse* (nicht mehr für *Markenwaren,* s. aber § 38a); jedoch können *Preisbindungen* bei mißbräuchlicher Handhabung für unwirksam erklärt werden (§§ 16, 17). *Ausschließlichkeits-* und *Koppelungsklauseln,* wie auch vertikale Absatzbindungen, können für unwirksam erklärt werden, wenn sie die wirtschaftliche Bewegungsfreiheit unbillig einschränken und eine wesentliche Beschränkung des Wettbewerbs auf dem Markt hervorrufen (§ 18). Verträge über Erwerb oder *Benutzung von Patenten, Gebrauchsmustern* oder *Sortenschutzrechten* (Schutz der Erfindung von Pflanzensorten nach dem Sortenschutzgesetz, s. 387 Nr. 11) sind unwirksam, soweit sie dem Erwerber oder Lizenznehmer Beschränkungen im Geschäftsverkehr auferlegen, die über den Inhalt des Schutzrechts hinausgehen; jedoch sind Ausnahmen zugelassen (§ 20).

2. Fusionskontrolle

Marktbeherrschende Unternehmen unterliegen bei mißbräuchlicher Ausnutzung ihrer Stellung einem Eingriff der Kartellbehörde (§ 24; *Fusionskontrolle*). Als marktbeherrschend wird ein Unternehmen angesehen, das für eine bestimmte Art von Waren oder gewerbl. Leistungen ohne Wettbewerber oder keinem wesentlichen Wettbewerb ausgesetzt ist oder das eine überragende Marktstellung hat; diese wird bei ⅓ Marktanteil – bei 2–3 Unternehmen bei 50 v. H., bei 4–5 Unternehmen bei ⅔ Marktanteil – kraft Gesetzes vermutet, außer bei begrenzten Umsätzen (§ 22), ebenso bei Zusammenschluß von Unternehmen mit bestimmten hohen Umsätzen (§ 23a). Ein Zusammenschluß von Unternehmen ist anzeigepflichtig, wenn dadurch ein Marktanteil von 20 v.H. oder mehr erreicht wird oder die Unternehmen mindestens 10000 Beschäftigte umfassen oder einen Jahresumsatz von mindestens 500 Mio. DM erreichen (§ 23). Hat eines der beteiligten Unternehmen Jahresumsätze von mindestens 2 Mrd. DM oder haben zwei beteiligte Unternehmen Jahresumsätze von jeweils mindestens 1 Mrd. DM, so ist schon das *Vorhaben eines Zusammenschlusses* anzumelden (§ 24a). Eine *Monopolkommission* begutachtet die Entwicklung der Unternehmenskonzentration (§ 24b).

3. Abgestimmte Verhaltensweisen. Verbotene Einzelmaßnahmen

Untersagt sind ferner *abgestimmte Verhaltensweisen* mit verbotener Kartellwirkung, wettbewerbsbeschränkende Maßnahmen durch Androhen von Nachteilen oder Versprechen von Vorteilen zwecks unzulässiger Bindung (§ 25) sowie Liefer- oder Bezugssperren oder unterschiedliche (diskriminierende) Behandlung durch marktbeherrschende Unternehmen; um einem *Mißbrauch der Nachfragemacht* entgegenzuwirken, ist marktbeherrschenden Unternehmen verboten, ohne sachlich gerechtfertigten Grund Vorzugsbedingungen – z. B. Preisnachlässe – in Anspruch zu nehmen (§ 26; anders z. B. bei Großabnahmen durch Handelsketten u. dgl.).

4. Wettbewerbsregeln

Wirtschafts- und Berufsvereinigungen können *Wettbewerbsregeln* aufstellen, um einem den Grundsätzen des lauteren Wettbewerbs zuwiderlaufenden Verhalten entgegenzuwirken und ein diesen Grundsätzen entsprechendes Verhalten im Wettbewerb anzuregen. Sie können bei der Kartellbehörde die Anerkennung von Wettbewerbsregeln beantragen (§§ 28–33).

5. Überwachung. Folgen der Verbotsverletzungen

Kartellabmachungen, Preis- und Vertriebsbindungen unterliegen der *Schriftform* (§ 34). Über Schadensersatz- und Unterlassungsansprüche wegen Verletzung von kartellrechtlichen Vorschriften vgl. § 35, über die *Untersagung* unzulässiger Kartellbindungen durch die Kartellbehörde vgl. § 37a. Mehrerlös, der durch Verstöße gegen ein Verbot der Kartellbehörde erlangt worden ist, kann abgeschöpft werden (§ 37b). Gesetzesverstöße können nach §§ 38, 39 als *Ordnungswidrigkeiten* geahndet werden; als solche gelten auch Empfehlungen, die eine Umgehung der im Gesetz ausgesprochenen Verbote oder der Verfügungen der Kartellbehörde bewirken. Erlaubt sind hingegen *Preisempfehlungen für Markenwaren,* die ausdrücklich als *unverbindlich* bezeichnet sind, wenn zu ihrer Durchsetzung kein Druck angewendet und wenn erwartet wird, daß die Preisempfehlung voraussichtlich dem von der Mehrheit ihrer Empfänger geforderten Preis entspricht (§ 38a). Das *Bußgeldverfahren* regeln die §§ 81–85.

6. Kartellbehörden

Zur Wahrnehmung der sich aus dem Kartellgesetz ergebenden Verwaltungsaufgaben und Befugnisse ist ein *Bundeskartellamt* als Bundesoberbehörde (s. 91) mit dem Sitz in Berlin errichtet. Es gehört zum Geschäftsbereich des BMWi. Das Bundeskartellamt ist zuständig für Angelegenheiten von Kartellen i. S. der §§ 4, 6, 7, 16, 23–24a, 38a KartellG und für Fälle der Marktbeeinflussung usw., deren Wirkung über das Gebiet eines Landes hinausgeht. Im übrigen entscheidet der BMWi oder (z.B. bei regionalen Rabatt- und Konditionskartellen) die nach Landesrecht zuständige *oberste Landesbehörde* (§ 44). Das Bundes- oder Landeskartellamt entscheidet auch in Bußgeldsachen.

Die Entscheidungen des Bundeskartellamtes werden von *Beschlußabteilungen* in der Besetzung mit einem Vorsitzenden und zwei Beisitzern getroffen (§ 48). Gegen Verfügungen der Kartellbehörde ist die *Beschwerde* an das für den Sitz der Kartellbehörde zuständige *Oberlandesgericht* bzw. an das für das Bundeskartellamt zuständige Kammergericht in Berlin gegeben (§ 62). Gegen die Beschlüsse des OLG ist die *Rechtsbeschwerde* zulässig, sofern das OLG sie zugelassen hat (das ist vorgeschrieben in grundsätzlichen Rechtsfragen und wenn eine oberstgerichtliche Entscheidung zur Rechtsfortbildung oder zur Sicherung einer einheitlichen Rechtsprechung erforderlich ist), ferner bei bestimmten schweren Verfahrensmängeln (§ 73). Sie kann nur darauf gestützt werden, daß die angegriffene Entscheidung auf einer Verletzung des Gesetzes beruht (§ 75 Abs. 2). Über sie entscheidet der *Bundesgerichtshof*. Bei den OLGen und beim BGH werden *Kartellsenate* gebildet (§§ 92ff.).

7. Ausnahmen vom Geltungsbereich

Auf bestimmte Behörden und Wirtschaftsbereiche findet das Gesetz keine oder nur beschränkte Anwendung (z. B. Bundespost, Bundesbahn, Schiffahrtsunternehmen, Banken, private Versicherungsunternehmen und Bausparkassen, Versorgungsunternehmen, landwirtschaftl. Betriebe usw.). Unternehmen mit Sitz oder Geschäftsleitung im Ausland unterliegen dem Gesetz, soweit sich die Wirkungen ihrer Geschäftstätigkeit auf das Bundesgebiet erstrecken. Vgl. §§ 98ff.

8. Kosten

Vgl. VO über die *Kosten* der Kartellbehörden vom 16. 11. 1970 (BGBl. I 1535).

9. Europäisches Kartellrecht

Das *europ. Kartellrecht* (Art. 85 Abs. 1 EWG-Vertrag) untersagt in weitem Umfang *Kartellvereinbarungen* und *abgestimmte Verhaltensweisen*, die in der Wirkung einem Kartell gleichkommen; das gilt aber nur im Verhältnis der EWG-Länder untereinander. Zur Durchsetzung des Verbots steht der Kommission der Europ. Gemeinschaften ein *Enqueterecht* zu (Art. 89 EWG-Vertrag). Ihre weiteren Befugnisse und das Verwaltungsverfahren sind im wesentlichen in der EWG-VO Nr. 17 vom 6. 2. 1962 (BGBl. II 93) geregelt; dazu Ausführungsgesetz vom 17. 8. 1967 (BGBl. I 911) m. spät. Änd.

III. *Syndikate*

Die Grundregeln des Kartellrechts gelten auch für *Syndikate*. Das sind besonders straff organisierte Kartelle, bei denen in den Verkehr zwischen Hersteller und Verbraucher eine rechtlich selbständige Vertriebs- und Abrechnungsgesellschaft zwischengeschaltet ist.

836. Wirtschaftsstrafrecht

Nach Beseitigung der *Bewirtschaftung* auf der Verbraucherebene *(Bezugscheinsystem)* sind zahlreiche Tatbestände des früheren Wirtschaftsstrafrechts weggefallen. Das *Wirtschaftsstrafgesetz 1954* i. d. F. vom 3. 6. 1975 (BGBl. I 1313) m. spät. Änd. hat den Bereich weiter verkleinert; es erfaßt seit 1. 1. 1975 nur noch:

a) Zuwiderhandlungen gegen *Sicherstellungsgesetze* auf dem Gebiet der Wirtschaft, des Verkehrs, der Ernährung oder der Wasserversorgung (471 V);

b) Verstöße gegen die nach einzelnen Rechtsvorschriften noch bestehende *Preisregelung* (§ 3 WiStG; vgl. 806 I);
c) die *Preisüberhöhung* in Beruf oder Gewerbe, bei Wohnungsvermietung oder -vermittlung (§§ 4–6 WiStG; vgl. 806 IV).

Zuwiderhandlungen sind in den Fällen zu a) je nach ihren Auswirkungen oder der Handlungsweise des Täters entweder *Straftaten*, d. h. *kriminelle Delikte*, die gerichtlich verfolgt und bei Bestrafung im Strafregister vermerkt werden, oder *Ordnungswidrigkeiten*, die im Verwaltungswege mit Geldbuße geahndet werden können (vgl. 152).

Zur weiteren Bekämpfung der *Wirtschaftskriminalität* stellt das Ges. vom 29. 7. 1976 (BGBl. I 2034) die mißbräuchliche Inanspruchnahme von Subventionen und Krediten der öffentlichen Hand als *Subventions-* bzw. *Kreditbetrug* in §§ 264, 265b StGB unter Strafe und erfaßt in § 302a StGB n.F. besser die sozialschädlichen Formen des Wuchers. Durch das *Zweite Ges. zur Bekämpfung der Wirtschaftskriminalität* vom 15. 5. 1986 (BGBl. I 721) wurden Lücken des Strafrechts bei der *Computerkriminalität* geschlossen, die Strafbarkeit bei Kapitalanlagebetrügereien erweitert und der Zahlungsverkehr durch Strafvorschriften über die Fälschung von Euroscheckvordrucken und Euroscheckkarten sowie die mißbräuchliche Verwendung von Scheck- und Kreditkarten weiter geschützt. S. ferner das Ges. gegen mißbräuchliche Inanspruchnahme von Subventionen vom 29. 7. 1976 (BGBl. I 2037).

837. Rundfunk (Hörfunk, Fernsehen)

Der *Rundfunk* beruht auf der Verwendung drahtloser Wellen, die für Telephonie, Telegraphie, Bildfunk, *Fernsehen*, Radar und ähnliche Zwecke benutzt werden. In totalitären Staaten ist er als eines der wichtigsten Mittel zur Einflußnahme auf die Öffentlichkeit *(Kommunikationsmittel)* ausschließlich Staatsangelegenheit. In demokratischen Staaten wird der Rundfunk entweder einer staatlich beaufsichtigten und unterstützten Privatunternehmung überlassen – so in den USA – oder durch eine überparteiliche Organisation als *Körperschaft des öffentlichen Rechts* geführt – so in England und bisher grundsätzlich in der BRep. Im *Schulfunk* wird der Rundfunk der Erziehung dienstbar gemacht.

Während die amerik. MilReg. jedem der 4 Länder ihrer Zone eine eigene staatsunabhängige Rundfunkanstalt zugestand, blieb der Rundfunk in der brit. Zone zentralisiert; durch VO Nr. 118 der brit. MilRegierung wurde der *Nordwestdeutsche Rundfunk* als obligatorische Gemeinschaftseinrichtung der 4 Länder geschaffen. Als NW eine eigene Rundfunkanstalt beanspruchte, wurde mit Gesetz vom 25. 5. 1954 der *Westdeutsche Rundfunk* in Köln errichtet. Die Länder Niedersachsen, Hamburg und Schleswig-Holstein begründeten zum 1. 10. 1955 den *Norddeutschen Rundfunk* in Hamburg als gemeinsame Sendeanstalt (der Vertrag wurde zunächst 1978 von Schlesw.-Holstein und 1980, wenn auch verspätet, durch Niedersachsen gekündigt, aber am 20. 8. 1980 durch eine neue 3-Länder-Vereinbarung ersetzt). Neben den west- und norddeutschen Sendern und *Radio Bremen* bestehen der *Bayerische Rundfunk*, der *Hessische Rundfunk*, der *Südwestfunk* in Baden-Baden für die Länder der franz. Zone und der *Süddeutsche Rundfunk*. Im Frühjahr 1954 konstituierte sich in Berlin der *Sender Freies Berlin*. Der *Saarländische Rundfunk* wurde durch Landesgesetz als unabhängige Anstalt des öffentlichen Rechts errichtet. Doch gestattet das Saarländische Rundfunkgesetz i. d. F. vom 1. 8. 1968 (ABl. 558) die Errichtung privater Sendeunternehmen mit Genehmigung der Landesregierung (MinPräs.) in Form einer Aktiengesellschaft (372 II 1), die Sitz im Saarland hat; der Konzessionsträger muß eine Konzessionsabgabe zahlen und untersteht der Staatsaufsicht (einzelne privatrechtl. Bestimmungen des Ges., insbes. über den Beirat, hat das BVerfG NJW 1981, 1774 für nichtig erklärt). S. jetzt das Rundfunkgesetz für das Saarland vom 28. 11 1984 (ABl. 1249). In Niedersachsen läßt das Landesrundfunkges. vom 23. 5. 1984 (GVBl. 147) – s hierzu BVerfG NJW 1987, 239 – die Vergabe von Lizenzen für private Rundfunksender durch die LdReg. zu. Ein Landesrundfunkausschuß (Anstalt des öffentl. Rechts) unter Rechtsaufsicht der zuständigen obersten Landesbehörde kontrolliert die Progammgestaltung. S. auch Landesrundfunkges. SchlH vom 27. 11. 1984 (GVBl. 214). Ferner enthält das Landesmediengesetz von Baden-Württemberg vom 16. 12. 1985 (GVBl. 539) Regelungen über das Veranstalten von Rundfunk durch Private. In Bayern besteht auf Grund des Art. 111a Bayer. Verf., wonach Rundfunk in Bayern nur in öffentlich-rechtlicher Trägerschaft zu betreiben ist, eine besondere Situation. S. hierzu das Ges. über die Erprobung und Entwicklung neuer Rundfunkangebote und anderer Mediendienste in Bayern vom 22. 11. 1984 (GVBl. 445). Das erste bundesweite private Fernsehprogramm SAT 1, das von zehn Programmveranstaltern betrieben wird, ist am 1. 1. 1985 gestartet worden. Es wird vor allem von einem Zusammenschluß von 165 Zeitungsverlagen und von der Programmgesellschaft für Kabel- und Satellitenfernsehen veranstaltet.

Die Zahl der Hörfunkteilnehmer hat sich 1985 in der BRep. auf insges. 25,5 Mio. erhöht.

Eine Kompetenz für das Rundfunkwesen kann vom Bund lediglich für den *fernmeldetechnischen* Bereich in Anspruch genommen werden (Art. 73 Nr. 7 GG; vgl. 55 I). Der sonstige Wirkungsbereich, besonders die *Rundfunkorganisation,* fällt in die Zuständigkeit der Länder (Art. 30, 70 GG). Die *Programmgestaltung* muß jedoch staatsfrei bleiben, d. h. sie muß Trägern vorbehalten bleiben, welche die Gewähr bieten, daß von der auf dem Recht der freien Meinungsäußerung basierenden *Rundfunkfreiheit* (Art. 5 Abs. 1 S. 2 GG) unter angemessener Beteiligung der politisch, weltanschaulich und wirtschaftlich bedeutsamen Gruppen und unter Wahrung der gebotenen Neutralität Gebrauch gemacht wird (BVerfGE 12, 205 = Fernsehurteil; BVerwGE 39, 159). In diesem Rahmen ist auch der Betrieb *privater Rundfunkanstalten* möglich. In der sich auf der Grundlage der neuen Mediengesetze der Länder (s. dazu oben) herausbildenden *dualen Ordnung* des Rundfunks, d. h. der Veranstaltung von Rundfunk durch öffentlich-rechtliche Anstalten und durch private Anbieter, kommt nach dem Urteil des BVerfG vom 4. Nov. 1986 (NJW 1987, 239) die unerläßliche Grundversorgung den öffentlich-rechtlichen Rundfunkanstalten zu. Solange diese ihre Aufgaben für die demokratische Ordnung und für das kulturelle Leben erfüllen, müssen an die Veranstaltung von privatem Rundfunk hinsichtlich der Breite des Programmangebots und der Sicherung gleichgewichtiger Vielfalt nicht die gleichen hohen Anforderungen gestellt werden wie im öffentlich-rechtlichen Rundfunk. Der Gesetzgeber muß aber auch für den privaten Rundfunk Regelungen treffen, die ein möglichst hohes Maß gleichgewichtiger Vielfalt sichern; maßgebend ist ein Grundstandard (Möglichkeit für alle Meinungsrichtungen, zum Ausdruck zu kommen; Verhinderung von einseitig vorherrschender Meinungsmacht und ungleichgewichtigen Einflusses einzelner Veranstalter). Auch private Anbieter müssen somit ein Mindestmaß an Meinungsvielfalt, Ausgewogenheit und Freiheit vom Staat aufweisen.

Als Rundfunkanstalten des Bundes sind gem. Ges. vom 29. 11. 1960 (BGBl. I 862) die *Deutsche Welle* für die Veranstaltung von Rundfunksendungen für das Ausland sowie der *Deutschlandfunk* zur Veranstaltung von R.-Sendungen für Deutschland und das europäische Ausland errichtet worden. Beide Anstalten (Sitz: Köln) haben nach dem Ges. die Aufgabe, ein umfassendes Bild Deutschlands zu vermitteln. Der innere Aufbau der Rundfunkanstalten zeigt eine Dreigliederung (Rundfunkrat, Verwaltungsrat, Intendant), um Unabhängigkeit und Neutralität zu garantieren.

Die neun von den Ländern betriebenen Sender sind mit den beiden vom Bund errichteten zur „Arbeitsgemeinschaft der öffentlich-rechtlichen Rundfunkanstalten Deutschlands (ARD)" zusammengeschlossen, deren Geschäftsführung unter ihnen jährlich wechselt.

Das *Fernsehen* wurde in der BRep. erstmals Ende 1952 durch den NWDR aufgenommen. Seit Anfang 1954 beteiligten sich 6 Rundfunkanstalten und der Sender Freies Berlin am Gemeinschaftsprogramm „Deutsches Fernsehen". Ihre Zusammenarbeit beruht auf dem am 27. 3. 1953 geschlossenen und i. d. F. vom 24. 5. 1956 gültigen „Fernsehvertrag". Das von den Ländern am 17. 4. 1959 abgeschlossene Abkommen über die Koordinierung des Ersten Fernsehprogramms soll dem Gemeinschaftsprogramm der Anstalten eine gesetzliche Grundlage geben (vgl. GV.NW 1959, 115). Die Zahl der Fernsehteilnehmer ist inzwischen auf ca. 22,7 Mio. (1985) gestiegen.

Der Plan eines *Zweiten Fernsehprogramms,* das durch den Bund ausgestrahlt werden sollte, hat einen Streit zwischen Bund und Ländern um die *Rundfunkhoheit* hervorgerufen. Mehrere Länder haben mit der Begründung, der Rundfunk falle nicht unter das zur ausschließlichen Bundesgesetzgebung zählende Post- und Fernmeldewesen (Art. 73 Nr. 7 GG), das BVerfG angerufen, das die von der BReg. gegründete Deutschland-Fernsehen-GmbH wegen Verstoßes gegen Art. 5 GG für verfassungswidrig erklärte (Fernseh-Urteil, s. o.). Daraufhin beschlossen die Länder die Einrichtung des Zweiten Deutschen Fernsehens (ZDF) in Mainz (Staatsvertrag vom 6. 6. 1961).

Ein *Drittes Fernsehprogramm* mit eigenem Rechtsträger besteht nicht; doch wird in allen Ländern von der für das jeweilige Sendegebiet zuständigen Landesrundfunkanstalt ein 3. Programm ausgestrahlt.

ARD und ZDF sind Mitglieder der *Europäischen Rundfunkunion*; sie können damit an grenzüberschreitenden Übertragungen (Eurovision) und am Austauschprogramm aller angeschlossenen Sender für aktuelle Sendungen teilnehmen.

Der von der amerik. Regierung in Berlin (West) unterhaltene Sender RIAS (= Rundfunk im amerikanischen Sektor) begann am 7. 2. 1946 sein erstes Programm. Er ist ein wichtiges Bindeglied zwischen den Deutschen in Ost und West und eine wirksame Brücke des Westens zur DDR.

Nach dem Ges. über Fernmeldeanlagen i. d. F. vom 17. 3. 1977 (BGBl. I 459) steht das Recht der Errichtung und des Betriebs von *Funkanlagen* ausschließlich dem Bund zu. *Funkamateure* können nach dem Ges. über den *Amateurfunk* vom 14. 3. 1949 (WiGBl. 20), das Bundesrecht geworden ist und auch in Berlin gilt

(VO vom 9. 1. 1967, BGBl. I 137), eine Funkstation errichten und betreiben, bedürfen hierzu aber einer Genehmigung des BMP. Die Genehmigung setzt die Ablegung einer Prüfung voraus; s. hierzu VO vom 13. 3. 1967 (BGBl. I 284) m. spät. Änd. Für das *Saarland* gilt das Gesetz über den Amateurfunk vom 4. 4. 1951 (ABl. 583). Das Europ. Übereinkommen vom 22. 1. 1965 gegen sog. *Piratensender* (BGes. vom 26. 9. 1969, BGBl. II 1939) richtet sich gegen Sender außerhalb der staatl. Hoheitsgebiete, deren Programme im Inland empfangen werden können. Das *Funkstörgesetz* vom 4. 8. 1978 (BGBl. I 1180) m. Änd. vom 2. 8. 1984 (BGBl. I 1078) bindet auf Grund von EG-Richtlinien zur Vermeidung von Störungen des Funkverkehrs das Inverkehrbringen von Hochfrequenzgeräten und Funkanlagen an die Einhaltung bestimmter Störungsgrenzwerte; die BPost hat ein Überwachungs- und Auskunftsrecht und kann Verstöße als Ordnungswidrigkeiten (152) ahnden. S. a. FunkentstörVO vom 28. 8. 1984 (BGBl. I 1157).

Neue Entwicklungen auf dem Mediengebiet sind das *Satellitenfernsehen,* d. h. die Ausstrahlung von Fernsehprogrammen über Satelliten, und das *Kabelfernsehen,* d. h. die Ausstrahlung von Programmen über Kabel, was zugleich eine Verbreiterung des Programmangebots ermöglicht. 1986 konnte in der Bundesrepublik eine Einigung aller Länder über die Aufteilung der Sendekanäle des Satelliten TV-Sat 1 (Sendebeginn voraussichtlich 1987) zunächst nicht erzielt werden. Durch den sog. Nordschienen-Vertrag (Niedersachsen und Schleswig-Holstein) und den Südschienen-Vertrag (Baden-Württemberg, Bayern, Rheinland-Pfalz) ist die Nutzung der zur Verfügung stehenden Kanäle jedoch geklärt worden. S. den Staatsvertrag über die gemeinsame Nutzung eines Fernseh- und Hörfunkkanals auf Rundfunksatelliten vom 23. 7. 1986, bayer. GVBl. 158 (= Südschienenvertrag). Im April 1987 kam es schließlich zu einem Medienstaatsvertrag der Bundesländer, der das Nebeneinander von öffentlich-rechtlichem und privatem Rundfunk sowie den Satellitenrundfunk (Aufteilung der Satellitenkanäle) regelt.

Ebenfalls eine neue Entwicklung ist der *Bildschirmtext* (Btx). Btx bietet dem Bürger die Möglichkeit, in einer Btx-Computerzentrale gespeicherte Daten über Telefon auf den Fernsehschirm abzurufen und dadurch verschiedene Serviceleistungen (z. B. von Tageszeitungen, Behörden, Banken, Industriebetrieben, Reiseveranstaltern, Versandhäusern) in Anspruch zu nehmen. Rechtliche Grundlage ist ein Staatsvertrag zwischen den Ländern, der im März 1983 abgeschlossen worden ist. Zum Staatsvertrag sind von den Ländern Ausführungsbestimmungen und Zuständigkeitsregelungen erlassen worden (vgl. z. B. bayer. AGBtxStVG vom 4. 8. 1983, GVBl. 542; hess. Ges. zum Staatsvertrag über Btx vom 24. 6. 1983, GVBl. 91; NRW Ges. zum Staatsvertrag über Btx vom 21. 6. 1983, GV.NW. 227, und VO über die Zuständigkeiten nach dem Bildschirmtext-Staatsvertrag vom 5. 7. 1983, GV.NW. 273). Seit 15. 9. 1983 ist der Anschluß an das Btx-System bundesweit möglich. Als weitere neue Medien sind zu nennen: *Videotext* (Einblendung von Textzeilen in ein Fernsehbild oder an Stelle eines Fernsehbildes, z. B. in Form einer *Bildschirmzeitung*), Teletex (Textübermittlungsdienst der Deutschen Bundespost zwischen den angeschlossenen Teilnehmern), *Telefax* (Fernkopierdienst der Deutschen Bundespost) und *Bildtelefon.*

838. Filmwesen und Filmrecht

Ein *Film* ist urheberrechtlich ein sog. „verbundenes Werk" (§ 9 UrhG, s. 386), das durch schöpferische geistige Leistung der bei seiner Entstehung Mitwirkenden (Regisseur, Darsteller, Kameramann usw.) geschaffen wird. Diese übertragen i. d. R. dem Filmhersteller die Nutzungsrechte (Aufführung, Verleih usw.), §§ 89, 92 UrhG. Meist entsteht der Film durch Bearbeitung eines vorhandenen (Roman, Bühnenwerk) oder Herstellung eines neuen Werks (Drehbuch, Filmmusik), dessen Urheber dem Filmhersteller das Recht der *Verfilmung* einräumt (§ 88 UrhG). Dieses umfaßt das Nutzungsrecht (Verbreitung, Vorführung, Funksendung) für 10 Jahre, falls nichts anders vereinbart ist, nicht aber das Recht zur Wiederverfilmung. Nach Fristablauf kann der Urheber, falls nichts anderes vereinbart ist, sein Werk anderweit verwerten.

Staatliche Förderungsmaßnahmen zielen darauf ab, daß außer *Spielfilmen* auch eine hinreichende Zahl von *Dokumentar-* und *Kulturfilmen* angeboten wird. Weil diese für den Hersteller wirtschaftlich weniger rentabel sind, versucht die BReg. seit 1950, das Filmschaffen auch in diesem Bereich durch den alljährlich zu vergebenden *Bundesfilmpreis* anzuregen. Für dessen Vergabe u. a. Vergünstigungen ist eine Prädikatsverleihung maßgebend, über die eine auf Grund einer Ländervereinbarung in Wiesbaden errichtete *Filmbewertungsstelle* entscheidet; deren Bewertungen werden von allen Ländern der BRep. anerkannt und u. a. der *Ermäßigung der Vergnügungsteuer* (562) zugrundegelegt. Einen erheblichen Beitrag zur Hebung des allgemeinen Niveaus deutscher Filme leistet die 1949 begründete „Freiwillige Selbstkontrolle der Filmwirtschaft" in Wiesbaden, die den Gefahren zweifelhafter filmischer Produkte vorzubeugen bestrebt ist.

Auf Grund des Ges. über Maßnahmen zur Förderung des deutschen Films – FFG – i. d. F. vom 18. 11. 1986 (BGBl. I 2046) gewährt die öffentl.-rechtl. *Filmförderungsanstalt* (Organe: Vorstand, Präsidium, Verwaltungsrat) *Förderungshilfen* an Hersteller deutscher Filme, und zwar bei programmfüllenden sog. Referenzfilmen einen Grundbetrag, wenn eine bestimmte Besucherzahl binnen 2 Jahren nachgewiesen wird. Hat der Film ein Gütezeugnis, ein *Prädikat* der Filmbewertungsstelle oder einen Hauptpreis erhalten, sind die Anforderungen geringer; auch kann ein Zusatzbetrag gewährt werden. Für Dokumentar-, Kinder- oder Jugendfilme gelten ebenfalls geringere Anforderungen. Für Kurzfilme bestehen eigene Prädikatsvoraussetzungen. Für die Förderung von Projektfilmen oder Filmvorhaben, des Filmabsatzes oder von Filmtheatern bestehen Sondervorschriften. Es wird je eine Kommission für die Bewertung der Filme und die Vergabe der Förderungsmittel bestellt. Zur Finanzierung der Förderung wird insbesondere die aus dem Umsatz an Eintrittskarten und dem Verkauf oder der Vermietung von Videofilmen (jeweils nur ab einem Jahresumsatz von mehr als 80 000 DM) berechnete *Filmabgabe* verwendet. Die Abgabe wird bis 31. 12. 1992 erhoben. In den darauf folgenden Jahren läuft die Filmförderung aus; nach Gewährung der letzten Förderungshilfe für programmfüllende Filme gehen Aktiva und Passiva der Filmförderungsanstalt auf den Bund, deren Aufgaben auf das Bundesamt für Wirtschaft (805 I 2) über.

B. Geld-, Bank- und Börsenwesen

851. Geldwesen im allgemeinen

Geld ist das allgemeine, vom Staat oder Verkehr anerkannte Umsatzmittel der Vermögensbestandteile. Es ist allgemeines Tauschmittel und Wertmaß. Die meist als Tauschmittel verwendeten Edelmetalle (Gold, Silber) führten zum *Währungsgeld,* als der Staat eingriff und das *Verkehrsgeld* zum gesetzlichen Zahlungsmittel erhob.

Während ursprünglich Gebrauchsgegenstände bei den Völkern zum Tausch verwendet wurden (z. B. Tiere, Felle, Salz, Perlen, Stoffe), verdrängten später die Metalle diese Tauschmittel. Sie wurden zunächst gewogen *(Wägegeld),* bis nach staatlichem Eingreifen dieses Zahlungsmittel in Barren gegossen und später zu Münzen geprägt wurde. Dadurch wurde das Metall zum *Münzgeld* (vgl. 854). Später diente das Gold nur noch als Deckungsgrundlage der Währung, während man zum *Papiergeld* überging (vgl. 856).

In hochentwickelten Wirtschaften spielt ferner der *bargeldlose Zahlungsverkehr* durch Buch- oder Giralgeld eine wichtige Rolle (vgl. 855).

Über den Wert des Geldes bestehen verschiedene Theorien.

a) Der *Metallismus* leitet den Wert aus der stofflichen Grundlage ab (z. B. dem Wert des Goldes; so Adolf Wagner, Karl Helfferich).

b) Nach der *Quantitätstheorie* bestimmen sich *Kaufkraft* und *Preisniveau* nach der umsatzbereiten Geldmenge im Verhältnis zu den damit bewerkstelligten Käufen, dem sog. *Handelsvolumen,* unter Berücksichtigung der Umlaufgeschwindigkeit des Geldes. Vgl. 859 I.

c) Die *juristischen Theorien* führen den Geldwert auf eine Übereinkunft der Menschen oder auf staatliche Anerkennung zurück (Konventions-, nominalistische Theorie).

852. Die Währung. Währungssysteme

Unter Währung versteht man die staatlich geordnete Geldverfassung eines Landes (Währungssystem) oder die in einem Land gesetzlich anerkannten Zahlungsmittel (Währungsgeld, Währungseinheit). Währungs- oder *Staatsgeld* ist das vom Staat als allgemeines Zahlungsmittel bestimmte Geld, das von jedermann in Zahlung genommen werden muß *(Kurantgeld)*. Das daneben vom Verkehr anerkannte Geld wird im Gegensatz zum Währungsgeld als *usuelles* oder *Verkehrsgeld* bezeichnet; es hat keinen Zwangkurs.

Man unterscheidet folgende *Währungssysteme:*

a) die *monometallische* Währung, bei der nur ein *Metall* (z. B. Gold) die Grundlage der Währung bildet;
b) die *bimetallistische* Währung, wenn *zwei* Metalle (z. B. Gold und Silber) gleichberechtigt nebeneinander stehen;
c) die *Papierwährung,* wenn das Währungsgeld ausschließlich aus Papiergeld besteht (vgl. 856).

Von *harter* und *weicher* Währung spricht man je nachdem, ob eine Währung *konvertibel* ist, d. h. so stabil, daß sie unbegrenzt zum Wechselkurs gehandelt werden kann, oder ob das wegen eines falschen Wechselkurses und daraus resultierender Devisenbewirtschaftung nicht der Fall ist. S. a. 855, 860 II, III.

Das Deutsche Reich hatte seit 1871 die *Goldwährung,* bei der nur Goldmünzen Zwangskurs hatten. Als auch (Silber-)*Taler* in Zahlung zu nehmen waren, sprach man von einer ,,*hinkenden Goldwährung*". Durch die Bankgesetze von 1909 erhielten jedoch die *Noten* der Reichsbank die Eigenschaft eines gesetzlichen Zahlungsmittels. Im 1. Weltkrieg mußte das Reich immer mehr zum Papiergeld übergehen. Gegenüber der Neigung, Zahlung in ausländischer Währung auszubedingen, verpflichtete eine Verordnung vom 7. 11. 1923 (RGBl. I 1081) zur Annahme von Reichsmark bei Inlandsgeschäften. Die erhöhte Ausgabe von Papiergeld führte zur *Inflation* (Aufblähung; vgl. 858), die, nachdem zunächst die *Rentenmark* eingeführt worden war, erst durch Stabilisierung auf der Basis der *Goldkern-* oder *Golddevisen-Währung* (Gesetz vom 30. 8. 1924, RGBl. II 254) behoben wurde. Hierbei dienten Gold und Devisen der Reichsbank lediglich als *Deckung* für umlaufende Banknoten, während Gold selbst nicht mehr im allgemeinen Verkehr war. Über die Währungsreform vom 20. 6. 1948 s. 853 I.

Die Herstellung und Verbreitung nachgeprägter *außer Kurs gesetzter Münzen* ist zwar keine Geldfälschung i. S. des StGB, sie ist aber *Ordnungswidrigkeit* (152) nach § 11a des Ges. über die Ausprägung von Scheidemünzen vom 8. 7. 1950 (BGBl. 323) i. d. F. des Ges. vom 15. 8. 1974 (BGBl. I 1942). Nach der VO vom 13. 12. 1974 (BGBl. I 3520) dürfen *Medaillen* und *Marken* nur so hergestellt werden, daß eine Verwechselung mit Münzgeld ausgeschlossen ist.

853. Währungsreform, Währungsausgleich, Währungsklauseln, Auf- und Abwertung

I. Währungsreform

Der durch den 2. Weltkrieg und seine Folgen verursachte *Geldüberhang* nötigte zu einer *Geldreform*. Durch die Währungsumstellung nach dem 1. Gesetz zur Neuordnung des Geldwesens vom 20. 6. 1948 *(Währungsgesetz)* im Zusammenhang mit verschiedenen Durchführungsverordnungen und dem 2. Gesetz zur Neuordnung vom 20. 6. 1948 *(Emissionsgesetz)* wurde die Reichsmark durch das neue von der Bank deutscher Länder ausgegebene Geld *(Deutsche Mark)* ersetzt. Bei Forderungen wurde im Verhältnis 10 RM : 1 DM, bei Löhnen, Gehältern, Miet- und Pachtzinsen und anderen wiederkehrenden Leistungen wurde im Verhältnis 1 RM : 1 DM umgestellt.

Das 3. Neuordnungsgesetz vom 20. 6. 1948 war das *Umstellungsgesetz,* das mit vielen Durchführungsverordnungen die Umstellung alter Forderungen und Verbindlichkeiten regelte. Guthaben bei Kreditinstituten wurden 10:1 umgestellt, aber nur zur Hälfte ausbezahlt, zur anderen Hälfte einem *Festkonto* gutgeschrieben. Hiervon wurden später 7/10 gestrichen (4. Neuordnungsgesetz vom 4. 10. 1948), so daß die endgültige *Abwertung* 100:6,5 betrug. Jeder Einwohner erhielt 60 DM, wofür er 60 RM hinzugeben hatte. Die Kassenbestände und Guthaben der Länder wurden gestrichen; sie erhielten eine sog. *Erstausstattung* in Deutscher Mark. Während die *Sozialversicherung* sowie Pensionen und Leibrenten nach §§ 18, 23 UmstG. zu 100% umgestellt wurden, war dies bei Renten- und Lebensversicherungsverträgen nach dem Ges. vom 11. 6. 1951 (BGBl. I 379) i. d. F. des sog. *Rentenaufbesserungsgesetzes* vom 15. 2. 1952 (BGBl. I 118), falls nach der Währungsreform Prämien nicht zu zahlen waren, ab 1. 4. 1951 nur für die ersten 70 DM der geschuldeten Monatsrente, bei überschießenden Beträgen nur zu 50 bzw. 10% der Fall. Über weitere Rentenaufbesserungen s. Ges. vom 24. 12. 1956 (BGBl. I 1074) für nach dem 31. 12. 1956 fällig gewordene Leistungen und Ges. vom 19. 3. 1963 (BGBl. I 161), das die Umstellung 1:1 für nach dem 30. 6. 1962 fällige Leistungen brachte. S. ferner Ges. zur Regelung von Ansprüchen aus *Lebens- und Rentenversicherungen* vom 5. 8. 1955 (BGBl. I 474), das bestimmten Versicherungsnehmern, insbes. Heimkehrern, Vertriebenen und Flüchtlingen, gewisse früher eingeschränkte Rechte wieder einräumte; es gilt jetzt i. d. F. vom 3. 7. 1964 (BGBl. I 434).

In der *sowjetischen Besatzungszone* und Groß-Berlin wurde die Währungsreform am 24. 6. 1948 durchgeführt. Ersparnisse der „Werktätigen" wurden bis zu 100 RM mit 1:1, bis zu 1000 RM mit 5:1 in „Deutsche Mark der Deutschen Notenbank" umgetauscht. Durch die differierende Währungsreform ging die deutsche *Währungseinheit* verloren. Seit dem 20. 3. 1949 gilt in *Berlin (West)* nur die DM der Deutschen Bundesbank.

Von wesentlicher steuerlicher Bedeutung und maßgebend für die Bewertung der in der RM-Schlußbilanz festgestellten Bestände unabhängig vom *Bilanzzusammenhang* ist das *DM-Bilanzgesetz* (DMBG) vom 21. 8. 1949 (WiGBl. 279); danach hatten buchführungspflichtige Kaufleute für den 21. 6. 1948 ein *Inventar* und eine *Eröffnungsbilanz* in Deutscher Mark aufzustellen (DM-Eröffnungsbilanz). Die *Umstellungsrechnung der Geldinstitute* aus Anlaß der Neuordnung des Geldwesens richtete sich nach der VO vom 11. 8. 1958 (BGBl. I 589). Diese teilte den Geldinstituten eine Ausgleichsforderung gegen die öffentliche Hand (Bund, Länder) zu, um ihnen die Fortsetzung ihrer Geschäftstätigkeit zu ermöglichen. Die Umstellungsrechnung hatte die Bedeutung einer DM-Eröffnungsbilanz der Geldinstitute. S. dazu für Bausparkassen und Versicherungsunternehmen VOen vom 16. 7. 1959 (BGBl. I 551) und 6. 8. 1963 (BGBl. I 637) sowie über Rückstellungen Ges. vom 21. 12. 1960 (BGBl. I 1053) und VO vom 21. 2. 1962 (BGBl. I 149).

II. Währungsausgleich

Die im *Lastenausgleichsgesetz* (565) vorbehaltene besondere Regelung über einen Währungsausgleich für verlorene Sparguthaben enthält das *Altsparergesetz* vom 14. 7. 1953 (BGBl. I 495), nunmehr i. d. F. vom 1. 4. 1959 (BGBl. I 169) m. spät. Änd.; dazu mehrere DVOen. Es gewährt dem *Altsparer,* der am 1. 1. 1940 eine *Spareinlage* im Währungsgebiet oder in West-Berlin hatte, die im Verhältnis 10:1 oder ungünstiger umgestellt ist, unter bestimmten Voraussetzungen eine Aufbesserung bis zu 20 v. H. Für *Sparguthaben Vertriebener* ist das Gesetz über einen *Währungsausgleich* vom 27. 3. 1952 (BGBl. I 213) i. d. F. vom 1. 12. 1965 (BGBl. I 2060) mit spät. Änd. und verschiedenen DVOen maßgebend.

Das *Ges. zum Abschluß der Währungsumstellung* vom 17. 12. 1975 (BGBl. I 3123) bestimmte das Erlöschen von Ansprüchen aus Altgeldguthaben und die Verjährung von Ansprüchen gegen Geldinstitute aus der Zeit vor dem 9. 5. 1945 zum 30. 6. 1976; für Auslandsschulden gelten Sonderbestimmungen. Erfaßt werden auch Ansprüche gegen Versicherungsunternehmen, die eine Umstellungsrechnung aufgestellt haben (ausgenommen aufrechterhaltene Lebens- und Rentenversicherungsansprüche). Sog. „tote Depots" (nicht geltend gemachte Wertpapier- oder Grundbuchforderungen) sind auf das Bundesausgleichsamt zu überführen.

III. Währungsklauseln

Unter einer *Währungsklausel* versteht man die Vereinbarung, daß bei einer auf Deutsche Mark lautenden Geldschuld der Betrag der Schuld durch den Kurs einer fremden Währung (z. B. Dollar, Schweizer Franken) oder durch den Preis anderer Güter oder Leistungen oder durch eine Menge Feingold bestimmt werden soll. Nach § 3 des *Währungsgesetzes* vom 20. 6. 1948 in Verbindung mit § 49 des Außenwirtschaftsgesetzes vom 28. 4. 1961 (BGBl. I 481) bedarf eine solche Klausel der Genehmigung der Deutschen Bundesbank (sonst nichtig gemäß § 134 BGB).

Auch sog. *Wertsicherungsklauseln* bedürfen der Genehmigung der Landeszentralbank. Diese wird nach den Genehmigungsgrundsätzen der Bundesbank (BAnz. 1978 Nr. 109) nur unter bestimmten Voraussetzungen erteilt, insbes. bei einer Bindung an Preis- oder Wertänderungen nur ausnahmsweise (z. B. für Pensionsleistungen). Bei *Mietpreis-Gleitklauseln* wird vorausgesetzt, daß der Mietvertrag für mindestens 10 Jahre abgeschlossen oder bis dahin vom Vermieter nicht kündbar ist. Eine Mietpreis-Gleitklausel kann aber nur noch für gewerbliche Räume vereinbart werden, nicht mehr für Wohnungen, weil Gleitklauseln für diese im Hinblick auf § 10 Abs. 1 des Ges. zur Regelung der Miethöhe (Art. 3 d. Ges. vom 18. 12. 1974, BGBl. I 3603) als unwirksam anzusehen sind.

Nicht genehmigungspflichtig ist dagegen eine sog. *Spannungsklausel,* die eine Rente oder ein Ruhegehalt in Beziehung zu Änderungen im Gehalt einer bestimmten Angestelltengruppe eines Betriebs setzt. Das gleiche gilt für *Kostenklauseln,* die eine Anpassung an gesteigerte Selbstkosten in langfristigen (Lieferungs-, Miet- u. a.) Verträgen vorsehen. Zulässig ist auch ein *Leistungsvorbehalt,* wonach jede Partei eine Neuvereinbarung der Vertragsleistungen auf Grund der Änderung bestimmter Umstände (z. B. Lebenshaltungsindex) verlangen kann.

IV. Auf- und Abwertung

Keine Währungsreform stellt eine *Aufwertung* oder *Abwertung* dar, weil sie nur den Wechselkurs (Außenkurs der Währung) betrifft, die Währungsreform dagegen den Geldwert im Innern des Landes. Die *Aufwertung* hat zur Folge, daß die Ausfuhrpreise sich erhöhen, während die Einfuhrpreise sinken. Diese Wirkung trat z. B. durch die im März 1961 verfügte *Aufwertung der DM* um 4,76 v. H. gegenüber den ausländischen Währungen ein. Umgekehrt hatte die im November 1967 von der englischen Regierung verfügte *Abwertung des englischen Pfundes* (Herabsetzung des Wechselkurses im Verhältnis zur BRep. von 11,00 auf 9,60 DM) für Großbritannien zur Folge, daß die Ausfuhrpreise sanken, wodurch der Fehlbetrag in der engl. Handels- und Zahlungsbilanz abgedeckt werden sollte; auf der anderen Seite erhöhten sich die Einfuhrpreise, was zu einer Drosselung der Einfuhren, aber auch zum Steigen der Inlandspreise führte. Eine weitere DM-Aufwertung, die namentlich wegen des Verfalls der engl. und französ. Währung zu erwägen war, lehnte die BReg. 1968 ab. Doch wurde, um das Gleichgewicht im internationalen Währungssystem zu erhalten, neben Krediten an die finanzschwachen Länder durch das sog. *Absicherungsgesetz* vom 29. 11. 1968 (BGBl. I 1255; insoweit aufgehoben am 28. 10. 1969, BGBl. I 2045) für begrenzte Zeit eine Ausfuhrumsatzsteuer von 4. v. H. und eine entsprechende Herabsetzung der Einfuhrumsatzsteuer (541) festgelegt („Quasiaufwertung"). Zu einer Aufwertung der DM um 8,5 v. H. (Parität zum US-Dollar 1:3,66 statt vorher 4,00 DM) kam es erst wieder mit Wirkung ab 27. 10. 1969. Sie hatte eine Verteuerung der Ausfuhr zur Folge – zum Ausgleich wurde die Ausfuhr-Umsatzsteuer aufgehoben –, erleichterte dagegen die Einfuhr; Investitionen ausländischer Unternehmen in der BRep. wurden erschwert, hingegen deutsche Auslandsinvestitionen erleichtert. Schwere Störungen am internationalen Geldmarkt veranlaßten weitere DM-Aufwertungen am 12. 3. 1973 um 3,0 v. H. sowie am 29. 6. 1973 um 5,5 v. H. anläßlich des Anwachsens der nach Sturz des Dollarkurses zufließenden Devisen. Erstmalig am 18. 10. 1976 wurde eine nach Ländern abgestufte Aufwertung (2–6 v. H.) vorgenommen, sodann nochmals innerhalb des Europ. Währungsblocks (813) mit Wirkung ab 16. 10. 1978 um 2–4 v. H.; ab 25. 9. 1979 Aufwertung der DM um 2 v. H. gegenüber den übrigen Mitgliedern des Währungsblocks. Am 5. 10. 1981 wurde die DM um 5,5 v. H., am 12. 6. 1982 nochmals um 4,25 v. H. und am 21. 3. 1983 um weitere 5,5 v. H. aufgewertet. Am 6. 4. 1986 und 12. 1. 1987 wurde die DM im Rahmen des Europäischen Währungsverbundes (EWS) erneut um jeweils 3 v. H. aufgewertet.

854. Das Münzwesen

Das Recht der Gesetzgebung auf dem Gebiet des Münzwesens stand früher allein dem *Reich* zu. Bei der Neuordnung des Geldwesens wiesen die Besatzungsmächte der *Bank deutscher Länder* das ausschließliche Recht zu, im Währungsgebiet *Banknoten* und *Münzen* auszugeben. Nunmehr bestimmt Art. 73 Nr. 4 GG, daß der Bund die ausschließliche Gesetzgebung über das *Geld- und Münzwesen* hat.

Nach dem Gesetz über die Ausprägung von *Scheidemünzen* vom 8. 7. 1950 (BGBl. 323) m. letzter Änd. vom 10. 12. 1986 (BGBl. I 2414) werden an *Bundesmünzen* Scheidemünzen, d. h. Münzen aus Legierungen unedler Metalle, bei denen der Metallwert unter dem Nennwert liegt (auch Kreditmünzen genannt), über 1, 2, 5, 10 und 50 Deutsche Pfennig (Pf.) sowie über 1, 2, 5 und

10 Deutsche Mark (DM) ausgegeben. Die Ausprägungen über den Betrag von 20 DM je Kopf der Bevölkerung hinaus bedürfen der Zustimmung des *Zentralbankrates* der Deutschen Bundesbank.

Auf DM lautende Scheidemünzen brauchen im gewöhnlichen *Zahlungsverkehr* nur bis zum Betrage von 20 DM, auf Pf. lautende Münzen nur bis 5 DM in Zahlung genommen zu werden (§ 3; *beschränkte gesetzliche Zahlungsmittel*). Bundes- und Landeskassen müssen Münzen in jedem Betrag in Zahlung nehmen oder in andere gesetzliche Zahlungsmittel umtauschen.

Die Münzen werden im Auftrag und für Rechnung des Bundes in den *Münzstätten* (München, Stuttgart, Karlsruhe, Hamburg) ausgeprägt und durch die Bundesbank nach Maßgabe des Verkehrsbedarfs in Umlauf gesetzt. Der *Bargeldumlauf* betrug im Jahre 1985 ca. 114,7 Mrd. DM, davon 9,3 Mrd. DM Scheidemünzen.

Über *Nachprägung* vgl. 852.

855. Bargeldloser Zahlungsverkehr

Unter *bargeldlosem (unbarem) Zahlungsverkehr* versteht man die Begleichung einer Geldschuld oder einen sonstigen Zahlungsausgleich durch *Wechsel, Scheck, Überweisung* (Giroverkehr) oder sonstige unbare Weise. Hingegen bezeichnet man die Zahlung durch Banknoten der Zentralbanken als *Barzahlung*.

Der bargeldlose Zahlungsverkehr wurde durch die Gründung von *Girobanken* (1609 Amsterdamer Girobank, 1619 Hamburger Bank) eingeleitet. Der Kunde erhielt gegen Einzahlung in Edelmetallgeld eine *Gutschrift* („Mark Banko"), deren Verrechnungseinheit das *Buch- oder Giralgeld* schuf. Eine *Überweisung* setzt voraus, daß beide Beteiligten ein Konto besitzen und daß das Konto des Empfängers dem Überweisenden bekannt ist.

Weit verbreitet ist das im Rahmen eines Girovertrags vereinbarte *Lastschriftverfahren*. Hierbei kann entweder der Schuldner den Gläubiger ermächtigen, durch seine Bank den geschuldeten Betrag bei der Bank des Schuldners einzuziehen; der Schuldner muß außerdem seine Bank zur Zahlung ermächtigen *(Einziehungsermächtigungsverfahren)*; oder der Schuldner beauftragt seine Bank, den Betrag der Bank des Gläubigers im Wege des Giros im *Abbuchungsverfahren* zu überweisen.

Über den *Scheck* s. 381, über den *Wechsel* 380, über *Postscheckverkehr* 382.

Der *Scheck* wird namentlich verwendet, wenn eine Überweisung nicht in Frage kommt. Er gründet sich auf ein Zahlungsversprechen und wird nur erfüllungshalber angenommen. Er hilft jedoch das Bargeld vermindern, weil der Empfänger ihn i. d. R. zur Bank gibt und die Banken in einem Bereinigungssystem *„Clearing"* alle an einem Tag zu begleichenden Forderungen und Gegenforderungen durch Kompensation ausgleichen *(Abrechnungsverkehr)*. Über *Sparkassen- und Giroverbände* s. 870.

Eine weitere Form des bargeldlosen Zahlungsverkehrs ist die Zahlung mittels einer von einem Kreditkartenunternehmen ausgegebenen *Kreditkarte* (z. B. Eurocard, American Express Karte, Diner's Club Karte u. a.).

Nach der VO über Abrechnungsstellen im Wechsel- und Scheckverkehr vom 10. 11. 1953 (BGBl. I 1521) sind die bei einer Zweiganstalt, einer Landeszentralbank oder bei der Berliner Zentralbank errichteten *Abrechnungsstellen* solche i. S. des Art. 38 Abs. 2 WechselG und des Art. 31 Abs. 1 ScheckG; die Einlieferung eines Wechsels oder Schecks bei ihnen steht der Vorlage zur Zahlung gleich.

Der *zwischenstaatliche* bargeldlose Zahlungsverkehr hat sich als *bilateraler* und *multilateraler* entwickelt, je nach Beteiligung von zwei oder mehreren Ländern. Der letzteren Art gehörte die *Europäische Zahlungsunion* (EZU) an; s. 910 IV.

Zur Beschleunigung des internationalen Zahlungsverkehrs, aber auch zum Schutz gegen Fälschungen haben sich im Jahre 1977 zahlreiche im zwischenstaatlichen Geschäftsverkehr tätige Banken und Sparkassen zu einer *Gesellschaft für weltweite Fernübertragung von Finanzdaten* (Society for Worldwide Financial Telecommunication, SWIFT) zusammengeschlossen. In diesem Datenfernverarbeitungs-Pool werden Finanznachrichten zwischen den Computern der angeschlossenen Partnerinstitute übermittelt (Überweisungen, Auszahlungsaufträge, Last- und Gutschriften, Devisengeschäfte usw.).

856. Papiergeld, Banknoten

Das *Papiergeld* ist ein Geld ohne Stoffwert, dessen Geltung auf Vertrauen zum Staat beruht. Durch Art. III Ziff. 8 des Ges. Nr. 60 der amerikanischen und der VO Nr. 129 der britischen Militärregierung i. d. F. des Übergangsgesetzes vom 10. 8. 1951 (BGBl. I 509) erhielt die *Bank deutscher Länder* das ausschließliche Recht zur Ausgabe von Noten und Münzen. Dieses Recht steht jetzt der *Deutschen Bundesbank* zu (vgl. 862).

Die *Banknote* ist ein von der gesetzlich berechtigten Bank *(Notenbank)* ausgestelltes *Geldzeichen,* das auf einen abgerundeten, an den Überbringer bei Sicht zahlbaren Betrag einer Währungseinheit lautet.

Die *Einlösung* der Banknoten kann gegen Metallgeld oder aber auch gegen andere währungsgesetzliche Zahlungsmittel erfolgen.

Von der Deutschen Bundesbank sind *Banknoten* über 5, 10, 20, 50, 100, 500 und 1000 DM ausgegeben worden.

Unbefugte Ausgabe und Verwendung von Geldzeichen ist strafbar. Alle Kreditinstitute sind verpflichtet, *Falschgeld* anzuhalten und an die Bundesbank abzuliefern (§§ 35, 36 BBkG).

857. Staatsschulden, Schatzanweisungen, Auslandsschulden

Nach Art. 115 GG dürfen Geldmittel für den Bund im Wege des *Kredits* nur auf Grund einer der Höhe nach bestimmten oder bestimmbaren Ermächtigung durch Bundesgesetz beschafft werden. Die Einnahmen aus Krediten dürfen die Summe der im Haushalt veranschlagten Ausgaben für Investitionen außer bei Störung des gesamtwirtschaftlichen Gleichgewichts nicht überschreiten.

Kreditermächtigungen werden i. d. R. gemäß § 18 der *Bundeshaushaltsordnung* durch die jährlichen *Haushaltsgesetze* ausgesprochen (vgl. 80).

Staatliche Schulden können durch Ausgabe von *Schuldverschreibungen* (vgl. 329, 869) oder Schatzanweisungen, Eingehung von Wechselverbindlichkeiten oder Aufnahme von Darlehen gegen Schuldschein aufgenommen werden.

Die *Schatzanweisungen* (Schatzscheine) dienen zur Aufnahme einer kurz- oder mittelfristig zurückzuzahlenden Schuld. Sie stellen Anweisungen der Finanzverwaltung auf die Staatskasse dar und können verzinslich oder unverzinslich ausgegeben werden. Im letzteren Falle werden sie wie Wechsel unter Abzug des Diskonts (Zwischenzinses) verkauft. Festverzinsliche Schatzanweisungen können in das *Bundesschuldbuch* der BRep. eingetragen werden (Bek. vom 8. 7. 1963, BGBl. I 462).

Zur Regelung der *deutschen Auslandsschulden* wurde das *Londoner Schuldenabkommen* vom 27. 2. 1953 getroffen (BGes. vom 24. 8. 1953, BGBl. II 331, 556). Dazu Ausführungsges. vom 24. 8. 1953 (BGBl. I 1003), zuletzt ergänzt durch Ges. vom 23. 8. 1956 (BGBl I 758), m. Änd. zuletzt vom 14. 12. 1976 (BGBl. I 3341). Weitere Vereinbarungen betreffen die Haftung der Bundesrepublik für gewisse österreichische Auslandsschulden (Ges. vom 7. 5. 1954, BGBl. II 504), Regelung von Forderungen der Französischen Republik an die Bundesrepublik (Ges. vom 7. 5. 1954, BGBl. II 519), Forderungen der Schweiz (Ges. vom 7. 3. 1953, BGBl. II 15). Eine besondere Vereinbarung regelt die *Schweizerfranken-Grundschulden* (Ges. vom 15. 5. 1954, BGBl. II 538, 740). Die Ansprüche aus der Deutschland geleisteten *Nachkriegs-Wirtschaftshilfe* sind in Abkommen mit den USA, mit Großbritannien und Frankreich vom 27. 2. 1953 (Ges. vom 24. 8. 1953, BGBl. II 491, 503, 508, 590) behandelt. Die Bereinigung deutscher *Dollarbonds* ist Gegenstand von Abkommen mit den Vereinigten Staaten von Amerika vom 1. 4. 1953 und 16. 8. 1960 (Ges. vom 19. 8. 1953, BGBl. II 300, und 26. 4. 1961, BGBl. II 461). Während die Bereinigungsgesetze klären sollten, welche Schuldverschreibungen auf ausländische Währung geltend gemacht werden können, regelt das *Auslandsbonds-Entschädigungsgesetz* vom 10. 3. 1960 (BGBl. I 177) die Möglichkeit zur Wiederherstellung der Gläubigerrechte. Die gesetzliche Regelung ist abdingbar; die Beteiligten können insbes. die Abgeltung der Entschädigungsansprüche durch Lieferung von Umtauschstücken vereinbaren.

In dem *Londoner Schuldenabkommen* vom 27. 2. 1953 wurden die Verbindlichkeiten der öffentlichen und privaten Hand für die Vor- und Nachkriegszeit auf rd. 14 Mrd. DM festgesetzt. Diese wurden mittlerweile zurückgezahlt. Die Verpflichtungen aus dem Vertrag mit *Israel* (932) sind in diesen Schulden nicht enthalten.

858. Inflation, Deflation, Reflation

Eine *Inflation* (Aufblähung) entsteht, wenn die Zahlungsmittel über den Liquiditätsbedarf hinaus vermehrt und dadurch entwertet werden, weil ihnen keine entsprechende Menge an Waren gegenübersteht.

Den Gegensatz bildet die *Deflation,* bei der ein Überangebot an Waren und Dienstleistungen einem verminderten Zahlungsmittelumlauf gegenübersteht, wodurch die Kaufkraft der Währung steigt.

Die *Reflation* ist eine künstliche Einführung von Geld in die Volkswirtschaft, um die Preise wieder zu heben. Sie bezweckt die Behebung von Absatzstockungen, welche dadurch entstehen, daß die umlaufende Geldmenge im Verhältnis zur Warenmenge zu gering ist, und die Beseitigung der daraus folgenden Arbeitslosigkeit.

Eine *Inflation* kann dadurch ausgelöst werden, daß der Staat zur Deckung seines Finanzbedarfs in erhöhtem Maße Papiergeld ausgibt. Das Geld kann aber auch durch eine überspannte Kreditgewährung der Banken an Wert verlieren (sog. *Kreditinflation,* vgl. 861). Diese *offene Inflation* kann bei fortgesetzter Kaufkraftsenkung und dadurch bedingter Preissteigerung zur Entwertung der Währung führen.

Eine *versteckte Inflation* (latente Inflation) liegt vor, wenn der Preisspiegel zwar durch wirtschaftspolitische Maßnahmen *(Preisstop)* gehalten, das Geld aber durch Vermehrung entwertet wird, so daß eine *Flucht in die Sachwerte* eintritt.

Um die Ausfuhr ohne Rücksicht auf Gewinn oder Verlust zu steigern und den ausländischen Wettbewerb auszuschalten, werden beim Auslandsabsatz bisweilen niedrigere Verkaufspreise als im Inland festgesetzt (*Dumping*). Dies kann so weit gehen, daß der Auslandspreis sogar unter den Produktionskosten liegt. Insbesondere haben Kartelle einen inländischen Zollschutz zum Dumping ausgenutzt, das dann durch höhere Inlandspreise oder staatliche Subventionen ausgeglichen wurde.

Jede Inflation führt zu einer vorübergehenden Belebung der Wirtschaft durch Steigerung der Ausfuhr (sog. *Valutadumping*), aber zu sozialen Umwälzungen, insbesondere Schädigung der Sparer, Gläubiger, Lohn- und Gehaltsempfänger. Eine weitere Form der Konjunkturstörung ist die *Stagflation,* d.i. eine Wortkombination aus *Stagnation* der Wirtschaft (mangelndes Wachstum, häufig verbunden mit steigender Arbeitslosigkeit) und gleichzeitigem Fortschreiten der *Inflation.*

Die ersten Inflationen erlebte *Frankreich* 1719 und in der Revolution von 1789 *(Assignaten).* Der 1. Weltkrieg brachte Deutschland eine schwere offene Inflation; die Mark sank bis 1923 auf den billionsten Teil ab. Nach dem 2. Weltkrieg kam es in vielen Ländern auf Grund vorbeugender Maßnahmen nur zu einer versteckten Inflation, deren offene Auswirkungen durch die Abwertungen der Währung verhindert wurden (in Deutschland durch die *Währungsreform* vom 20. 6. 1948).

Als Mittel zur *Deflation* (Verminderung des Zahlungsmittelumlaufs) dienen vor allem die Krediteinschränkungen *(Kreditrestriktion)* durch Verweigerung oder Verteuerung der Kredite oder durch eine Währungsabwertung (vgl. 853 IV, 861). Sie kann jedoch auch durch Zurückhalten von Bargeld seitens der Privatwirtschaft (Geldhortung) oder durch Ablehnung angebotener Kredite seitens der Produzenten (Kreditscheu) herbeigeführt werden. Ihre Gefahren sind groß, da sie eine Flucht aus den Sachwerten verursachen und die wirtschaftliche Entwicklung nachhaltig hemmen kann. Die durch die Deflation verursachten Schäden können durch *monetäre Maßnahmen* (z.B. Erhöhung des Geldumlaufs zwecks Anregung privater Investitionen) gemindert und es kann bei geschickter Anwendung unter Umständen das Gleichgewicht wiederhergestellt werden.

Bedenklich ist auch die *Reflation,* die nur von der Geldseite her eine kranke Volkswirtschaft gesundzumachen strebt. So war Roosevelts „New Deal", der 1933 nach Abwertung des Dollars durch gewaltige öffentliche Aufträge die Wiederbelebung der amerikanischen Wirtschaft erreichen wollte, ebenso ein Fehlschlag wie das Experiment der französischen Regierung Blum, das 1936 mit der erneuten Abwertung des Franc begann.

859. Stabilität und Kaufkraft der Währung

I. Grundfragen der Währungsstabilität

Die Stabilität der Währung kann durch inflationistische Tendenzen (858) gefährdet oder erschüttert werden. Diese machen sich in einem ständigen *Preisanstieg* bemerkbar, der vielfach und z.T. gegenseitig bedingt mit Lohnerhöhungen abwechselt (die Aufeinanderfolge wird häufig als „Lohn-Preis-Spirale" bezeichnet). Die Anlässe sind teils innen-, teils außenwirtschaftlicher Natur.

Das Preisgefüge wird wesentlich von den Aufwendungen für Rohstoffe und Produktionsmittel und vom Lohnaufwand bestimmt. Mittelbar wird es von wirtschaftlichen Programmzielen beeinflußt, in deren Vordergrund meist die Forderungen nach kontinuierlichem *Wirtschaftswachstum* und *Vollbeschäftigung* stehen. Weltwirtschaftlich gesehen, ergibt sich die Notwendigkeit des Wachstums der Wirtschaft vor allem aus der ständigen Bevölkerungszunahme und aus dem Streben nach Verbesserung der Lebensbedingungen. Innenwirtschaftlich wird das Wirtschaftswachstum als gegenüber dem Ausland wettbewerbsnotwendig angesehen, die Vollbeschäftigung als unabdingbare Folge des Rechts auf Arbeit. Um sie zu sichern, können sogar ,,Außenhandelsbarrieren" durch Einschränkung der Einfuhr errichtet werden. Andererseits hat die Ausdehnung der Produktion einen steigenden Kapitalbedarf (und somit eine wachsende Kreditschöpfung) sowie erhöhte Verbrauchstendenzen, eine gesamtwirtschaftliche Übernachfrage und steigenden Bedarf an Arbeitskräften zur Folge, der sich besonders in lohnintensiven Branchen (Baugewerbe, Elektrotechnik, Maschinenbau usw.) auswirkt. Übersteigt dann die durch Lohnerhöhungen ausgelöste Zuwachsrate der Einkommen die Rate des allgemeinen Wirtschaftswachstums, so liegt darin ein preistreibender Faktor, weil das Angebot an Gütern mit der Einkommensentwicklung nicht Schritt hält. Geldwirtschaftlich tritt eine *Vergrößerung des Geldumlaufs* (854) ein, die außer durch die allgemeine Einkommensexpansion noch durch höhere öffentliche Ausgaben, Zustrom von *Devisen* aus dem Ausland und Geldschöpfung durch die Banken verursacht sein kann. Berücksichtigt man noch die Notwendigkeit einer geordneten äußeren *Handelsbilanz* und den Ausgleich der Zahlungsbilanz (d. h. der Einnahmen und Ausgaben im Zahlungsverkehr mit dem Ausland), so ergibt sich das ,,magische Viereck" Vollbeschäftigung-Geldwertstabilität-Zahlungsbilanzausgleich-Wirtschaftswachstum. *Dynamische Gehälter* sind daher nur teilweise effektiv, weil die Preisstabilität relativ ist. Auch *Steuererhöhungen,* die durch staatliche Mehrausgaben z. B. im Verteidigungs- und Sozialwesen bedingt sein können, führen wirtschaftlich zur Kosten- und dadurch zur Preissteigerung.

Da Lohnerhöhungen regelmäßig von der inflationären Entwicklung überholt und oft auch deshalb nicht effektiv werden, weil sie einen höheren Steuersatz auslösen, wird gelegentlich Einführung der sog. *Indexierung* befürwortet; sie ist im Ausland (Finnland, Brasilien) versuchsweise, aber ohne dauernden Erfolg praktiziert worden. Sie besagt, daß von dem Grundsatz ,,Mark = Mark" abgegangen und generell zugelassen wird, Vereinbarungen über Geldleistungen (z. B. in Miet- oder Versicherungsverträgen) mit dem *Lebenshaltungsindex* (808) zu koppeln; solche Vereinbarungen, insbes. derartige *Wertsicherungsklauseln,* sind bisher als inflationsfördernd grundsätzlich verboten (vgl. 853).

II. Stabilitätsgesetz

Nach dem *Gesetz zur Förderung der Stabilität und des Wachstums der Wirtschaft* vom 8. 6. 1967 (BGBl. I 582) sollen Bund und Länder wirtschafts- und finanzpolitische Maßnahmen zur *Wahrung des Geldwertes* aufeinander abstimmen, um ein stabiles Preisniveau, einen hohen Beschäftigungsstand und außenwirtschaftliches Gleichgewicht bei angemessenem Wirtschaftswachstum zu gewährleisten. Die BReg. legt alljährlich dem BT und BR einen Jahreswirtschaftsbericht vor, in dem sie ihre wirtschafts- und finanzpolitischen Ziele darlegt *(Jahresprojekt);* um die genannten Grundziele zu erreichen, kann sie für Gebietskörperschaften, Gewerkschaften und Unternehmerverbände sog. *wirtschaftliche Orientierungsdaten* aufstellen, die Gegenstand eines abgestimmten

Verhaltens *(konzertierte Aktion)* sein sollen. Bei übermäßigem Ansteigen der Konsumentennachfrage sollen Mittel zur zusätzlichen Schuldentilgung bei der Bundesbank oder zur Überweisung an eine *Konjunkturausgleichsrücklage* bereitgestellt werden, auf die bei gefährlichem Konjunkturrückgang zurückgegriffen werden kann.

Unerwünschter Konjunktursteigerung soll u. a. mit Sperre von Ausgabemitteln durch den BMF sowie einem Baustopp und einer Beschränkung der Kreditaufnahme durch die öffentliche Hand begegnet werden. Andererseits kann die BReg. bei Konjunkturabschwächung eine Ausgabensteigerung z. B. durch Finanzhilfen für Investitionen der Wirtschaft oder von Ländern oder Gemeinden, Subventionen u. dgl. anordnen; der BMF kann zusätzliche Kredite bis 5 Mrd. DM aufnehmen. Die zusätzlichen Ausgaben sollen aus der Konjunkturausgleichsrücklage gedeckt werden. Um eine Störung des gesamtwirtschaftlichen Gleichgewichts abzuwenden, kann die BReg. mit Zustimmung des BR bestimmen, wie Bund und Länder die Rücklage aufzufüllen haben. Auch kann die Kreditbeschaffung durch Bund, Länder und Gemeinden im Rahmen der bereits bestehenden Haushaltsbewilligungen durch RechtsVO der BReg. beschränkt werden. Ein bei der BReg. gebildeter *Konjunkturrat,* in dem auch Länder und Gemeinden vertreten sind, stellt durch einen besonderen Ausschuß Pläne für jeweils drei Monate auf. Mehrjährige Finanzplanung soll die Kontinuität der Haushaltswirtschaft sichern.

860. Zahlungsbilanz, Wechselkurse, Devisenwirtschaft

I. Die *Zahlungsbilanz*

ist die Gegenüberstellung der gesamten Zahlun gen, die im Lauf eines bestimmten Zeitraumes (i. d. R. eines Jahres) zwischen In- und Ausland fällig geworden sind. Vertikal gliedert sie sich in die *Handelsbilanz* (Warenverkehr, Dienstleistungen für ausländische Rechnung wie z. B. Schiffahrt, Versicherungswesen), die *Kapitalbilanz* (internationaler Kapitalaustausch einschließlich der Kapitalerträge), die *unentgeltlichen Zahlungen* (Wiedergutmachung, Reparationen) und die *Devisenbilanz* (den Ausweis von Gold- und Devisenbeständen). Durch Ausfuhr, Dienstleistungen für das Ausland usw. entstehen *Devisen,* d. h. Barmittel oder Forderungen in ausländischer Währung an das Ausland.

II. Der *Devisen-* oder *Wechselkurs*

ist der Preis, der für 100 Einheiten der fremden Währung angelegt werden muß bzw. dafür gezahlt wird.

Man unterscheidet

a) *freie (flexible)* Kurse, bei denen sich das Austauschverhältnis (der Preis der Währungseinheit) nach dem Gesetz von Angebot und Nachfrage auspendelt. Der Wechselkurs spiegelt dann die jeweilige inländische Kaufkraft der Währung wider;

b) *festgesetzte (fixierte)* Kurse. Die Festsetzung kann erfolgen, indem man alle Kurse am Gold orientiert *(Goldparität)* oder an einer repräsentativen Leitwährung, z. B. dem Dollar. Die Kurse können festgesetzt werden durch den einzelnen Staat (z. B. wurde der Kurs der DM im Verhältnis zum Dollar 1948 probeweise auf DM 3.– festgesetzt, 1949 auf DM 4,20 erhöht) oder durch mehrere Staaten gemeinsam in Form eines internationalen Abkommens.

Die Wechselkurse sind 1948 im Abkommen von Bretton Woods für alle Länder der freien Welt festgestellt worden und seit 1949 lange Zeit mit wenigen Ausnahmen unverändert geblieben. Das System fester Wechselkurse kann (im Gegensatz zu flexiblen) nur dann reibungslos funktionieren, wenn die festgesetzten Kurse auch tatsächlich dem Wert der einzelnen Währungen entsprechen, d. h. wenn man für die entsprechende Menge ausländischen Geldes in jedem Land ungefähr das gleiche kaufen kann *(= Kaufkraftparität)*. Das ist aber heute häufig nicht mehr der Fall, da die Preise in den Ländern unterschiedlich gestiegen sind. Über die Versuche einzelner Länder, die Kaufkraftdisparität durch eine Auf- oder Abwertung teilweise auszugleichen, vgl. 853 IV. Die *Freigabe des Wechselkurses durch die BRep.* ab 10. 5. 1971, die im Interesse der inneren Preisstabilität verfügt wurde, veranlaßte andere Länder (Niederlande, Schweiz, Österreich) zur Aufwertung ihrer Währung. Die Freigabe des Wechselkurses durch ein Land (wie die des engl. Pfunds im Juni 1972), die ein sog. *floating* (überfluten = pendeln der flexiblen Wechselkurse) zur Folge hat, kann praktisch zu einer Abwertung führen. Ein von den USA im August 1971 zum Schutz ihrer Wirtschaft eingeführter 10%iger *Importzoll* wurde erst wieder aufgehoben, nachdem in einer Konferenz des „Zehner-Klubs" (918) am 19. 12. 1971 die Rückkehr zu festen Wechselkursen beschlossen worden war; der US-Dollar wurde um 7,89 v. H. abgewertet. Nachdem der US-Dollar im Februar 1973 in eine schwere Krise geraten und der Kurseinbruch zu einer Überschwemmung der europäischen Devisenmärkte mit US-Währung geführt hatte, gaben die meisten europäischen Länder, Japan und Kanada die Wechselkurse frei. Das am 11./12. 3. 1973 von 6 Ländern der EWG (BRep., Frankreich, Benelux, Dänemark) unter Anschluß von Österreich, Norwegen und Schweden beschlossene „Block-Floating" nahm hiervon den Binnengeldmarkt aus; diese Länder vereinbarten feste Wechselkurse untereinander und bewegliche nach außen. Über die weitere Entwicklung, insbes. den *Europ. Währungsblock* und das *Europ. Währungssystem,* vgl. 813.

III. Die *Devisenbewirtschaftung*

bezweckt die Sicherung der inländischen Währung durch planmäßige Regelung des Devisenverkehrs unter zweckmäßiger Verwendung der vorhandenen und Verteilung anfallender *Devisen* entsprechend der Dringlichkeit der Einfuhr. Auch kann der Devisenanfall durch Ausfuhrregelung erhöht und die *Kapitalflucht* in das Ausland unterbunden werden. Vgl. 811, 569.

Der freie *Devisenverkehr* war während und nach dem 2. Weltkrieg fast überall aufgehoben. Die Devisenbewirtschaftung wurde erst viel später durch die *freie Konvertierbarkeit* der europäischen Währungen aufgelockert. Nachdem bereits seit 1956 Erleichterungen für den *Reise- und Grenzverkehr,* für den *Reiseverkehr nach dem Ausland* und für den *Zahlungsverkehr mit dem Ausland* gewährt worden waren, erleichterten weitere Bestimmungen Geschäfte mit Wertpapieren, die Aufnahme von Darlehen in deutscher und ausländischer Währung bei Ausländern sowie die Regelung inländischer Erbschaften. Die Gewährung von Krediten durch Deviseninländer an *Devisenausländer* und umgekehrt sowie der *Versicherungsverkehr* wurden gleichfalls liberalisiert. Durch das *Außenwirtschaftsgesetz* vom 28. 4. 1961 (BGBl. I 481; vgl. 811) ist in der BRep. wieder freier Devisenverkehr eingeführt worden.

Über Wechselkursnotierungen der Mark der DDR in Berlin (West) vgl. 250.

892

861. Kreditwesen

Ein *Kredit* kommt dadurch zustande, daß eine Person *(Kreditgeber)* einer anderen *(Kreditnehmer)* eine bestimmte eigene Geldsumme zur wirtschaftlichen Verfügung, meist gegen Zins, überläßt. Man unterscheidet insbesondere folgende Kreditarten:

a) den *langfristigen* Kredit (für Investitionen, Meliorationen usw.), den *mittelfristigen* Kredit (z. B. für zeitweilige Anlagen) und den *kurzfristigen* Kredit (Betriebskredit, z. B. für Wareneinkauf, Wechselkredit);
b) nach der Sicherung den *Personalkredit* (nach der persönlichen Vertrauenswürdigkeit), den *Mobiliarkredit* (unter Übereignung von beweglichen Gütern; wenn es sich um Waren oder Wertpapiere handelt: *Lombardkredit*) und den *Immobiliarkredit,* der durch Eintragung eines Grundpfandrechts (337) im Grundbuch gesichert wird. Vgl. 864.

Zur Kreditvermittlung werden Sparkapitalien bei den *Kreditanstalten* angesammelt. Darüber hinaus können die *Banken,* insbesondere die Zentralnotenbanken, die *Kreditschöpfung* betreiben, indem sie über die angesammelten Mittel hinaus auf Grund zusätzlicher *Geldschöpfung* Kredit gewähren.

Aufgabe der Wirtschaftslenkung *(Wirtschaftspolitik)* ist, eine zu starke Kreditschöpfung, bei welcher der Zahlungsmittelumlauf im Verhältnis zum Güterumlauf zu hoch ist (*Kreditinflation,* vgl. 858), zu vermeiden. Diese Regelung obliegt in der Bundesrepublik vor allem der Deutschen Bundesbank, die als *Zentralnotenbank* ihre Diskontpolitik hiernach einrichtet und notfalls zur *Kreditrestriktion* schreitet, bei der die Kreditansprüche nach der volkswirtschaftlichen Bedeutung befriedigt werden (vgl. 858, 863).

Über die von Kreditinstituten bei der Deutschen Bundesbank zu haltenden *Mindestreserven* vgl. 863.

Das *Gesetz über das Kreditwesen* i. d. F. vom 11. 7. 1985 (BGBl. I 1472) soll die gesamtwirtschaftliche Funktionsfähigkeit des Kreditgewerbes wahren und zugleich die Bankglaubiger schützen. Dementsprechend stellt es Errichtung und Betrieb von *Kreditinstituten* unter eingehende Struktur- und Ordnungsvorschriften; Aufsichtsbehörde ist das *Bundesaufsichtsamt für das Kreditwesen* in Berlin. Vgl. 872.

Unter *Kreditlinie* versteht man innerstaatlich den einem Kreditnehmer eingeräumten Kredithöchstbetrag. Im internationalen Handel bezeichnet sie den Betrag, bis zu dem bei bilateralen Verrechnungsabkommen ein Land von seinem Partnerland Kredit erhält. Bei multilateralen Verrechnungsabkommen fixiert die Kreditlinie die Höhe des Kredits, den ein Land der Zentrale geben muß (Gläubigerland) oder den es von der zentralen Verrechnungsstelle erhalten kann (Schuldnerland).

862. Das Bankwesen

Eine *Bank* ist ein Unternehmen zur Vermittlung des Zahlungs- und Kreditverkehrs. Es kann von einer Personengesellschaft oder einer juristischen Person (nicht mehr von einem Einzelkaufmann) betrieben werden. Banken sind die häufigste Form der *Kreditinstitute,* zu denen aber auch *Sparkassen* (870), Kreditgenossenschaften (871) und *Investment-Gesellschaften* (867) zählen.

Alle *Kreditinstitute* (außer Bundesbank und Bundespost und einigen anderen) bedürfen besonderer staatlicher Genehmigung und unterstehen staatlicher Aufsicht. Sie haben ihre Geschäfte nach den Vorschriften des Ges. über das Kreditwesen i. d. F. vom 3. 5. 1976 (BGBl. I 1121) m. spät. Änd. zu führen, das insbes. Vorschriften über Ausstattung mit Eigenkapital und Liquidität, Vergabe von Großkrediten, Behandlung von Spareinlagen usw. enthält (im einzelnen vgl. 872 *Bankenaufsicht*). Die Bezeichnung ,,Bank" oder ,,Bankier" dürfen nur zugelassene Kreditinstitute und ihre Inhaber benutzen.

Man unterscheidet:

a) *Universalbanken,* die alle Arten von Bankgeschäften betreiben (z. B. die deutschen *Großbanken:* Deutsche Bank, Dresdner Bank, Commerzbank);
b) *Depositenbanken,* die insbesondere das *Depositengeschäft* (Verwahrung und Verwaltung fremder Geldeinlagen) pflegen;
c) *Notenbanken,* die vom Staat zur Ausgabe von *Banknoten* (Papiergeld), die als Zahlungsmittel dienen, ermächtigt sind;
d) *Hypothekenbanken,* die langfristig Grundbesitz beleihen und auf Grund von Hypotheken *Pfandbriefe* ausgeben.

Depositenbanken bestehen in reinster Form in England und Frankreich. Sie übernehmen eine Reihe von Bankgeschäften (z. B. Gründungs-, Finanzgeschäfte) nicht. Über *Hypothekenbanken* s. 864.

Kapitalanlagegesellschaften sind Unternehmen, deren Geschäftsbetrieb darauf gerichtet ist, bei ihnen eingelegtes Geld im eigenen Namen für gemeinschaftliche Rechnung der Einleger nach dem Grundsatz der *Risikomischung* in Wertpapieren gesondert von dem eigenen Vermögen anzulegen und über die sich hieraus ergebenden Rechte der Einleger (Anteilinhaber) Urkunden (Anteilscheine) auszustellen. Vgl. 867.

Durch das *Ges. über Unternehmensbeteiligungsgesellschaften* (UBGG) vom 17. 12. 1986 (BGBl. I 2488) werden Aktiengesellschaften (s. 372 II 1) zugelassen, die lediglich Beteiligungskapital sammeln und es der Wirtschaft zur Verfügung stellen. Durch diese Unternehmensbeteiligungsgesellschaften wird nichtbörsennotierten mittelständischen Unternehmen der indirekte Zugang zu Fremdkapital eröffnet und breiten Anlegerschichten die indirekte Beteiligung an mittelständischen Unternehmen ermöglicht.

Eine besondere Stellung nehmen die *Zentralnotenbanken* ein; das sind Notenbanken, denen für ein Staatsgebiet das ausschließliche Recht der Notenausgabe zusteht. *Zentralnotenbank* des deutschen Reiches war die *Deutsche Reichsbank.* Sie wurde nach dem Ende des 2. Weltkrieges aufgelöst. Das *Notenprivileg* wurde vom 1. 3. 1948 ab der als Körperschaft des öffentlichen Rechts für das Vereinigte Wirtschaftsgebiet (19 III) eingerichteten *Bank deutscher Länder* übertragen, ab 1. 11. 1948 auch für die französische Zone und damit für das gesamte spätere Bundesgebiet. Durch das *Ges. über die Deutsche Bundesbank* vom 26. 7. 1957 (BGBl. I 745) wurden die Landeszentralbanken und die Berliner Zentralbank mit der Bank deutscher Länder verschmolzen; die Bank deutscher Länder wurde die Deutsche Bundesbank (§ 1). Damit gingen auch die Aufgaben der Zentralnotenbank auf sie über. Vgl. 863.

Die *Deutsche Reichsbank* war aus der Preußischen Bank auf Grund des Bankgesetzes vom 14. 3. 1875 hervorgegangen. Sie wurde 1922 umgestaltet (Reichsbankdirektorium) und stand unter Aufsicht des Reiches. – Weitere Bank des Reiches war bis 1945 die *Deutsche Golddiskontbank,* besonders zur Beschaffung von Auslandskrediten und ab 1931 ausgesprochen Exportbank. Über die Liquidation der Deutschen Reichsbank und der Deutschen Golddiskontbank vgl. Ges. vom 2. 8. 1961 (BGBl. I 1165) sowie DVO vom 6. 10. 1961 (BGBl. I 1861). Das Reichsbankvermögen wurde durch Gesetz vom 6. 8. 1954 (BGBl. I 241) einem Treuhänder zur Verwaltung unter Aufsicht des BMWi anvertraut. Die *Konversionskasse für deutsche Auslandsschulden* in Berlin diente dem Auslandsverkehr, während die *Bank der Deutschen Arbeit* (gegründet 1933, einziger Aktionär die Deutsche Arbeitsfront) eine spezielle Verwaltungsbank war. Zu ihrer Liquidation wurden 1950 auf gewerkschaftlich-genossenschaftlicher Grundlage in verschiedenen Ländern *Banken für Gemeinwirtschaft* gegründet, die später zu einer Bank gleichen Namens (Sitz: Frankfurt a. M.) fusioniert wurden.

Staatsbanken bestehen nur noch vereinzelt. Die gegenwärtigen *Landesbanken* werden i. d. R. von den regionalen öffentlichen Körperschaften gemeinsam mit den für ihr Gebiet zuständigen *Sparkassen- und Giroverbänden* betrieben.

Zu den Kreditinstituten, denen öffentliche oder öffentlich geförderte Aufgaben obliegen, zählt auch die durch Ges. vom 5. 11. 1948, jetzt i. d. F. vom 23. 6. 1969 (BGBl. I 573) errichtete *Kreditanstalt für Wiederaufbau.* Sie ist Körperschaft des öffentlichen Rechts und fördert durch mittel- und langfristige Kredite Wiederaufbauvorhaben, soweit andere Kreditinstitute hierzu nicht zur Verfügung stehen. Dagegen ist die *Industriekreditbank* AG in Düsseldorf eine von der Industrie gegründete privatrechtliche Institution. Sie hat – wie früher die Deutsche Industriebank Berlin – aber eine im öffentlichen Interesse liegende Aufgabe zu erfüllen, indem sie mittlere und kleine Gewerbebetriebe mit langfristigen Krediten versorgt. Deshalb erleichtert das Ges. vom 15. 7. 1951 (BGBl. I 447) dieser Bank die Aufnahme von Anleihen; sie ist ermächtigt, nach Art einer Hypothekenbank besondere Deckungsmassen für Inhaberschuldverschreibungen zu bilden.

Über die der Kreditbeschaffung für die Land- und Forstwirtschaft dienenden Kreditinstitute (*Landwirtschaftliche Rentenbank* u. a.) vgl. 828, über die *Lastenausgleichsbank* (Bank für Vertriebene und Geschädigte) 683.

Zentralnotenbank für Großbritannien ist die *Bank von England* (1694 gegründet, 1946 verstaatlicht). Ihr Aufbau beruht im wesentlichen noch auf der Bankakte von 1844. Sie verwaltet auch die Staatskasse und die Staatsschulden. Die *Bank von Frankreich* wurde 1800 als Zentralnotenbank gegründet. Ihr obliegen außer der Notenausgabe Aufgaben der Währungs-, Geld- und Kreditpolitik.

In der *DDR* wurden 1945 in jedem der fünf Länder je eine *Landeskreditbank* und eine Emissions- und Girobank (als Nachfolgerin der früheren privaten Kreditanstalten) geschaffen. Sie wurden 1950 der *Deutschen Notenbank* – jetzt „Staatsbank der DDR" – eingegliedert. Daneben bestehen die Landwirtschaftsbank der DDR sowie Genossenschaftsbanken; die Industrie- und Handelsbank ist durch VO vom 6. 6. 1974 (GBl. I 305) in die Staatsbank eingegliedert worden.

863. Die Deutsche Bundesbank

ist rechtlich eine Einheitsbank, organisatorisch aber stark dezentralisiert, weil das Bundesbankgesetz vom 26. 7. 1957 (BGBl. I 745) die *Landeszentralbanken* (LZB, s. 862) als *Hauptverwaltungen* der DBBk. mit weitgehender Selbständigkeit und Eigenverantwortung beibehält.

Die DBBk. ist eine bundesunmittelbare juristische Person des öffentlichen Rechts mit einem Grundkapital von 290 Mio. DM, das dem Bund zusteht. Der Sitz ist wie vordem der der Bank deutscher Länder Frankfurt a. M., bis die BReg. ihren Sitz in Berlin hat (§ 2).

Organe der DBBk. sind der *Zentralbankrat,* der die Währungspolitik und Kreditpolitik der Bank bestimmt, allgemeine Richtlinien für Geschäftsführung und Verwaltung aufstellt und gegenüber dem Direktorium und den Vorständen der LZBen weisungsberechtigt ist, das *Direktorium* für die Durchführung der Beschlüsse des Zentralbankrats, Leitung und Verwaltung der Bank, und die *Vorstände der LZBen.* Diese fungieren als Hauptverwaltungen der DBBk., behalten ihren Namen bei und führen die in ihren Bereich fallenden Geschäfte in eigener Verantwortung (§§ 5–8). Der Zentralbankrat besteht aus dem Präsidenten und dem Vizepräsidenten der DBBk., den weiteren Mitgliedern des Direktoriums und den Präsidenten der LZBen.

Die DBBk. nimmt eine Sonderstellung ein. Der Zentralbankrat und das Direktorium haben die *Stellung von obersten Bundesbehörden,* die LZBen und Hauptstellen die von Bundesbehörden (§ 29). Die Rechtsverhältnisse der Beamten, Angestellten und Arbeiter der DBBk. regelt § 31, die Schweigepflicht der BBankbediensteten § 32.

Die *Aufgabe* der DBBk. ist, mit Hilfe ihrer währungspolitischen Befugnisse den *Geldumlauf* und die *Kreditversorgung* der Wirtschaft zu regeln mit dem Ziel, die *Währung zu sichern,* und für die bankmäßige Abwicklung des Zahlungsverkehrs im Inland und mit dem Ausland zu sorgen (§ 3).

Als Mittel zur Erfüllung dieser Aufgabe stehen ihr folgende währungspolitischen Befugnisse zu:

a) Sie kann *Banknoten* (einziges unbeschränktes gesetzliches Zahlungsmittel) *ausgeben* (§ 14). Eine Begrenzung des Notenumlaufs (wie beim BdL–Gesetz) ist nicht vorgesehen; die DBBk. entscheidet über die Menge in eigener alleiniger Verantwortlichkeit.
b) *Diskontpolitik:* Die DBBk. setzt die Zins- und Diskontsätze fest. (*Diskontsatz* ist der Zinssatz, den die Banken beim Ankauf = Diskontierung einer noch nicht fälligen Forderung [Handelswechsel usw.] abziehen, desgl. die Zentralnotenbank = *Rediskontierung.*) Sie kann ferner Kontingentierungen anordnen, d. h. die Menge der Rediskontierungen beschränken, oder eine Auslese bei der Rediskontierung treffen (z. B. Wechsel aus der Bauwirtschaft nicht mehr ankaufen).
c) *Kredit- und Offenmarktpolitik:* Sie bestimmt die Grundsätze ihres Kredit- und Offenmarktgeschäfts, indem sie durch An- und Verkauf von Wertpapieren das Volumen des Geldumlaufs beeinflußt.
d) *Mindestreservepolitik:* Sie setzt für Kreditinstitute eine Mindestreserve in Höhe eines Vomhundertsatzes ihrer Verbindlichkeiten fest (Höchstsatz 30 v. H.). Die Mindestreserven müssen die Banken als Sichtguthaben bei der DBBk. halten (§ 16).

Z. B. kann die DBBk. durch eine *restriktive Kreditpolitik* den Geldumlauf und die Möglichkeit privater Kreditaufnahme drosseln, um einer überhöhten Investitionstätigkeit der Unternehmer, die zu Preissteigerungen führen kann, entgegenzuwirken. Zu diesem Zweck *(Stabilisierung der Währung)* hat sie verschiedentlich die Diskontsätze heraufgesetzt (vgl. 865, III) und die Erhöhung der Mindestreserven angeordnet, so daß die Liquidität der Kreditinstitute sank und sie entsprechend weniger Kredite geben konnten; weiter hat sie Wertpapiere am Geldmarkt, d. h. an die Banken, verkauft und zu diesem Zweck sogar Forderungen (der DBBk. gegen den Bund aus gegebenen Krediten) mit Genehmigung des Staates in Papiere (Schatzwechsel) verwandelt. Wenn die DBBk. die entgegengesetzen monetären Maßnahmen ergreift, kann sie damit den Geldumlauf steigern.

Der Bund, das Sondervermögen Ausgleichsfonds, das ERP-Sondervermögen und die Länder haben ihre flüssigen Mittel bei der DBBk. auf Girokonto einzulegen (§ 17). Die DBBk. ist berechtigt, statistische Erhebungen bei allen Kreditinstituten anzuordnen und durchzuführen (§ 18).

Die DBBk. ist zwar verpflichtet, die *allgemeine Wirtschaftspolitik der BReg.* zu unterstützen, ist aber von Weisungen unabhängig (§ 12). Die Mitglieder der BReg. sind berechtigt, an Beratungen des Zentralbankrates ohne Stimmrecht, aber mit Antragsrecht teilzunehmen und auch die Aussetzung einer Beschlußfassung bis zu 2 Wochen zu verlangen. Anderseits soll die BReg. den Präsidenten der DBBk. zu Beratungen über Angelegenheiten von währungspolitischer Bedeutung hinzuziehen (§ 13).

Der *Geschäftskreis der DBBk.* ist in den §§ 19–25 umgrenzt. Er umfaßt insbes. Geschäfte mit Kreditinstituten, kurzfristige Kredite an Bund und Länder und Geschäfte am offenen Markt. Die §§ 26–28 regeln Jahresabschluß, Gewinnverteilung und *Ausweis* (viermal monatlich veröffentlichte Bilanz). Nach Zuführung bestimmter Teile des Gewinns zur gesetzlichen Rücklage, zur Bildung weiterer Rücklagen und zu einem Fonds zum Ankauf von Ausgleichsforderungen ist der Rest an den Bund abzuführen (§ 27).

Die DBBk. ist berechtigt, sich an der Bank für Internationalen Zahlungsausgleich und mit Zustimmung der BReg. an anderen internationalen Einrichtungen zu beteiligen (§ 4).

864. Die Bodenkreditinstitute und Schiffspfandbriefbanken

Als besondere Einrichtungen schufen die Länder die *Bodenkreditinstitute,* die langfristigen Hypothekarkredit gewähren und durch Ausgabe von *Pfandbriefen* die erforderlichen Kapitalien heranziehen. Sie werden als *Hypothekenbanken* (Pfandbriefanstalten), *Landschaften* oder *Stadtschaften* betrieben.

Friedrich d. Gr. gründete unter Zusammenschluß der Großgrundbesitzer als Debitoren auf regionaler Grundlage 1770 die *Schlesische Landschaft,* die durch Ausgabe von Pfandbriefen die erforderlichen Kapitalien beschaffte. Ähnliche Institute folgten bald. Im Jahre 1835 wurde in München als erste Realkredit-Aktienbank die *Bayerische Hypotheken- und Wechselbank* geschaffen. Die *Zentral-Landschaft für die preußischen Staaten* (1873) war ein Verband landwirtschaftlicher Kreditanstalten, die den Grundeigentümern unkündbare, hypothekarisch gesicherte *Tilgungsdarlehen* in Form von Pfandbriefen gewährte, durch deren Verkauf die Darlehensnehmer sich die Barmittel verschafften. In ähnlicher Weise vermittelt die *Stadtschaft* als öffentlich-rechtliche Körperschaft auf genossenschaftlicher Grundlage hypothekarisch gesicherte Pfandbriefdarlehen auf städtischen Grundstücken. Die von den Boden(Real)kreditinstituten ausgegebenen Schuldverschreibungen zur Deckung von Krediten, die sie an kommunale Körperschaften vergeben, werden als *Kommunalobligationen* bezeichnet; sie sind mündelsicher (873).

Gesetzliche Grundlage bildet für das *Realkreditwesen* das *Hypothekenbankgesetz* vom 13. 7. 1899 (RGBl. 375) i. d. F. vom 5. 2. 1963 (BGBl. I 81), entsprechend auf dem Gebiet des *Schiffskredits* für die *Schiffspfandbriefbanken* das Schiffsbankgesetz vom 14. 8. 1933 (RGBl. I 583) i. d. F. vom 8. 5. 1963 (BGBl. I 302) – beide m. spät. Änd. –. Hypotheken- und Schiffsbanken müssen die Rechtsform einer AG oder KGaA mit mindestens 8 Mio. DM Grundkapital haben. Der Gesamtbetrag der in Umlauf befindlichen Pfandbriefe darf bei Hypothekenbanken das 25fache, bei Schiffspfandbriefbanken das 30fache des eingezahlten Grundkapitals, der Rücklagen und sonstigen Deckungsmittel nicht übersteigen.

Für die Beschaffung und den Betrieb von *See-* und *Binnenschiffen,* die erhebliche Werte verkörpern, werden häufig langfristige Kredite benötigt. Insbesondere im *Schiffbau* hängt die internationale Konkurrenzfähigkeit weitgehend von der Kreditmöglichkeit ab. Für die Gewinnung ausländischer Reeder zu Bestellungen auf deutschen Werften ist die Finanzierung in einer entsprechenden Währung entscheidend. Deshalb setzt der durch die Novelle vom 16. 8. 1961 eingefügte § 36a SchiffsbankG die Schiffsbanken in die Lage, in Ländern mit niedrigem Zinsniveau zinsgünstigere Kredite für die Seeschiffahrt zu beschaffen, als das auf dem deutschen Kapitalmarkt möglich wäre. Die Unternehmen der Seeschiffahrt nehmen in nicht unbedeutendem Umfang durch Schiffshypotheken gesicherte Direktkredite in ausländischer Währung von ausländischen Kreditgebern auf.

Die von den Schiffspfandbriefbanken in Umlauf gebrachten *Schiffspfandbriefe* sind festverzinsliche Wertpapiere, die durch die Schiffshypotheken gedeckt sind.

865. Die Aktiv- und Passivgeschäfte der Banken

Man teilt die Geschäfte einer Bank üblicherweise in *Aktivgeschäfte,* bei denen die Bank Gläubigerin wird, und in *Passivgeschäfte,* bei denen sie Schuldnerin ist, sowie in sog. *indifferente* (sonstige) Geschäfte ein.

I. Die wichtigsten *Aktivgeschäfte* sind

1. das *Kontokorrentgeschäft,* d. h. die Eröffnung einer laufenden Rechnung für einen Kunden (auch als Passivgeschäfte denkbar, falls der Kunde ein Guthaben hat);
2. das *Diskontgeschäft;*

Diskont ist der Zinsbetrag, der bei Erwerb einer noch nicht fälligen Forderung abgezogen wird. Die Diskontierung *(Diskontgeschäft)* ist ein bevorzugtes aktives Kreditgeschäft der Banken, bei dem namentlich Wechsel unter Abzug der bis zum Verfalltag noch ausstehenden Zinsen hereingenommen werden *(Diskontkredit).* Die Wechsel bleiben bei der Bank bis zum Einzugstag liegen oder werden an die Zentralnotenbank rediskontiert.

Der *Diskontsatz* ist der Zinssatz, zu welchem die Zentralnotenbank Wechsel diskontiert. Die rediskontfähigen Wechsel müssen gewissen Vorschriften entsprechen. Die Diskontpolitik der Zentralnotenbank ist ein wichtiges Mittel, um den Geld- und Kapitalmarkt zu regeln, die Kreditgestaltung zu beeinflussen und die Währung stabil zu erhalten. Vgl. 863.

Die Diskontbewegung spiegelt die Veränderungen der Wirtschaftslage wider. Die Heraufsetzung des Diskontsatzes soll i. d. R. die Ausgabenpolitik und den Preisauftrieb eindämmen und dadurch inflationären Tendenzen entgegenwirken. Die Herabsetzung dient dagegen der Belebung der Konjunktur, insbes. bei drohender Arbeitslosigkeit, während eine unerwünschte Konjunktursteigerung wieder zu einer Heraufsetzung des Diskontsatzes führt. Der Diskontsatz schwankte in den Jahren 1958 bis 1979 erheblich (Tiefststand Anfang 1959: 2,75; Höchststand Mitte 1970: 7,5). In den letzten Jahren betrug er: 7,0 (ab 29. 2. 1980), 7,5 (ab 2. 5. 1980), 7,0 (ab 27. 8. 1982), 6,0 (ab 22. 10. 1982), 5,0 (ab 3. 12. 1982), 4,0 (ab 18. 3. 1983), 4,5 (ab 29. 6. 1984), 4,0 (ab 16. 8. 1985), 3,5 (ab 7. 3. 1986) und 3,0 (ab 23. 1. 1987).

3. der *Devisenhandel,* d. h. der An- und Verkauf von Devisen (Wechsel, Schecks oder Anweisungen, die im Ausland in ausländischer Währung zahlbar sind) für eigene und fremde Rechnung;

4. das *Kreditgeschäft,* die Gewährung kurzfristiger Darlehen (Personal- oder Sachkredit, insbes. gegen Verpfändung von Waren oder Wertpapieren, sog. *Lombardgeschäft*).

Darunter fällt die Erteilung eines *Akkreditivs* (Zahlungsversprechen bis zu einem bestimmten Betrag und unter gewissen Voraussetzungen), bei verbindlicher Bestätigung durch die Bank als *Bankavis* bezeichnet;

Unter *Lombardsatz* versteht man den Zinssatz, den die Bundesbank für die von ihr gewährten *Lombardkredite* festsetzt; er liegt meist 1 v. H. über dem Diskontsatz und verläuft i. d. R. parallel zu dessen Bewegungen.

Die Dt. Bundesbank hat am 16. 2. 1966 ein – später wiederholt geändertes – Verzeichnis der bei ihr beleihbaren Wertpapiere *(Lombardverzeichnis)* herausgegeben (BAnz. 1966 Nr. 45).

5. das *Hypothekengeschäft,* die Einräumung langfristigen Kredits gegen Verpfändung von Grundstücken;

Über die das *Hypothekengeschäft* besonders pflegenden *Bodenkreditinstitute* s. 864, über *Agrarkreditinstitute* 828.

6. das *Depotgeschäft* (vgl. 384).

Die Übergabe von Wertpapieren an einen Bankier kann als *Schrankfachvertrag (Safemiete)* und als geschlossenes oder offenes *Depot* erfolgen. Beim *geschlossenen* Depot hat die Bank nur für die sichere Aufbewahrung in ihren Stahlkammern (Safes) aufzukommen; es handelt sich um einen Verwahrungsvertrag. Wichtiger ist das *offene* Depot, bei dem die Bank auch die Verwaltung der Wertpapiere besorgt (z. B. Abtrennung und Einlösung der Zinsscheine). Hierfür stellt wegen möglicher Bankzusammenbrüche das *Depotgesetz* besondere Pflichten für den Verwahrer auf und bedroht Zuwiderhandlungen mit Strafe (vgl. 384; dort auch über *Sammel-* und *Streifbanddepot).*

Von einem *Depotstimmrecht* spricht man, wenn ein Aktionär, der seine Aktien der Bank zur Aufbewahrung (in das Depot) übergeben hat, die Bank beauftragt, das Stimmrecht gegenüber der Aktiengesellschaft für ihn auszuüben. Der Aktionär kann die Depotbank hierzu für die Dauer von jeweils 15 Monaten schriftlich und jederzeit widerruflich ermächtigen. Er ist vor jeder Hauptversammlung über deren Tagesordnung und die Vorschläge der Bank hierzu so frühzeitig zu informieren, daß er der Bank Weisung erteilen kann, wie sie abstimmen soll (§§ 135, 128 Abs. 2 AktG).

II. Zu den *Passivgeschäften* gehören

1. das *Depositengeschäft;*

Beim *Depositen(Geldverwahrungs)geschäft* empfängt die Bank Geld mit der Vereinbarung, daß das Eigentum daran auf die Bank übergehen soll und sie später einen gleichen Betrag zurückzugeben hat. Je nach der Abmachung stehen dem Einzahler die Gelder entweder täglich oder nach ein- bzw. mehrmonatiger Kündigung zur Verfügung; der Zinssatz richtet sich nach der Dauer der Festlegung. Bei laufender Rechnung richtet die Bank dem Kunden ein *Konto* ein, auf welchem links (Debet) die Entnahmen, rechts (Kredit) die Einzahlungen und Gutschriften verbucht werden.

Depot- und Depositengeschäfte dürfen nur von *Depositenbanken* betrieben werden, die zur Sicherung der Einlagen bestimmte gesetzliche Bedingungen nach dem Ges. über das Kreditwesen (862) erfüllen.

2. die Ausgabe von *Pfandbriefen,* Kommunalobligationen u. dgl. (864);
3. die Aufnahme von Geldern bei anderen Kreditinstituten.

III. Wegen der sonstigen *(indifferenten)* Bankgeschäfte vgl. 866.

866. Indifferente Bankgeschäfte

Unter die sonstigen (indifferenten, d. h. nicht besonders unterschiedenen) Geschäfte der Banken fallen unter anderen

a) der *Zahlungs- und Einziehungsverkehr,* bei dem die Bank für den Kunden die Bezahlung von Rechnungen und anderen Verpflichtungen übernimmt und seine Außenstände und sonstigen Forderungen einzieht;
b) das *Sorten(Geldwechsel)geschäft,* d. h. das Umwechseln ausländischen Geldes in inländisches Geld und umgekehrt;
c) das *Effektengeschäft,* d. h. der An- und Verkauf von Wertpapieren;
d) das *Gründungs-* und *Emissionsgeschäft.*

Beim *Effektengeschäft* berechnet die Bank i. d. R. den An- oder Verkaufspreis, die Stückzinsen, d. h. die seit der letzten Zins- oder Gewinnzahlung aufgelaufenen Zinsen, die Vermittlergebühr (Courtage), die Provision und die Börsenumsatzsteuer. Dies auch, wenn die Bank von ihrem *Selbsteintrittsrecht* (374) Gebrauch macht.

Beim *Gründungsgeschäft* beteiligt sich die Bank an der Neugründung oder Umwandlung eines Unternehmens. Beim *Emissionsgeschäft* vermittelt sie die Ausgabe von Wertpapieren, deren Einführung an der Börse und die Ausübung der Bezugsrechte.

Grundlage eines Bankgeschäfts bildet i. d. R. der zwischen Bank und Kunden abgeschlossene Bankvertrag, dem die bei allen Großbanken im Regelfall gleichen *Allgemeinen Geschäftsbedingungen* zugrunde gelegt werden. In diesen werden der Bank u. a. weitergehende Pfandrechte als durch die gesetzlichen Vorschriften (vgl. 340) eingeräumt. Die Bank ist zur Wahrung des *Bankgeheimnisses* verpflichtet und bei Verletzung der *Schweigepflicht* schadensersatzpflichtig; doch bestehen gesetzliche Ausnahmen, z. B. beim Erbschaftsanfall (§ 33 ErbStG, § 5 ErbStDV) sowie auf Grund des allgemeinen Auskunftsrechts des Finanzamts (§§ 93ff. AO), von dem jedoch in der Praxis zurückhaltend Gebrauch gemacht wird (z. B. bei mangelhafter Sachaufklärung durch den Steuerpflichtigen, insbes. im Rahmen der Steuerfahndung; im einzelnen vgl. „Bankenerlaß" des BMF v. 31. 8. 1979, NJW 1979, 2190). Der normale Gang einer Bankverbindung führt zur Eröffnung eines *Kontokorrentkontos* für den Kunden, auf dem die beiderseitigen Forderungen und Zahlungen verbucht werden. Die Bank gibt dem Kunden über jede Veränderung des Kontos durch Gutschrifts- oder Belastungsanzeige Nachricht.

867. Kapitalanlage(Investment)gesellschaften

Unter einem *Investment trust* versteht man in England und in den USA eine *Kapitalgesellschaft,* deren Geschäftsbetrieb lediglich in Beteiligungen bei anderen Unternehmungen besteht. Die Gesellschaft beschafft für einen gemeinsamen *Fonds,* der beliebig erweitert werden kann, Aktien und festverzinsliche Wertpapiere und gibt auf den Gesamtbetrag dieses Fonds an ihre Gesellschafter *Zertifikate,* d. h. auf den Namen des ersten Erwerbers ausgestellte *Anteilscheine* aus. Jeder Anteilscheininhaber ist Miteigentümer des Fonds. Für die deutschen Verhältnisse legte das Gesetz vom 16. 4. 1957 (BGBl. I 378) – jetzt i. d. F. vom 14. 1. 1970 (BGBl. I 127) m. spät. Änd. – die Verwaltung derartiger Fonds *(Investmentfonds)* in die Hand von *Kapitalanlagegesellschaften* (sog. Investmentgesellschaften). Diese sind Kreditinstitute und unterliegen den für diese geltenden Vorschriften (862), haben aber einen begrenzten Aufgabenkreis. Sie dürfen nur in der Rechtsform einer Aktiengesellschaft oder GmbH betrieben werden. Sie haben die Fonds von ihrem eigenen Vermögen getrennt als *Sondervermögen* zu verwalten.

Die *Investmentgesellschaft* (I.) legt die bei ihr eingezahlten Gelder im eigenen Namen, aber für gemeinschaftliche Rechnung der Anleger nach dem Grundsatz der *Risikomischung* in einem aus Wertpapieren oder Grundstücken oder Erbbaurechten bestehenden Fonds als Sondervermögen an. Wertpapiere werden im Auftrag der I. von einem anderen Kreditinstitut *(Depotbank)* verwahrt. Die von der I. ausgestellten *Anteilscheine* lauten auf einen Anteil an einem mit einem Kennwort bezeichneten Fonds, nicht auf einen Nennbetrag, ähneln äußerlich Aktienurkunden und können wie Aktien gehandelt werden. Sie werden aber nicht an der Börse notiert. Der *Kurs* wird aus dem Wert des Fonds täglich errechnet. Neue Anteilscheine gibt die I. zum Tageskurs aus. Für die eingehenden Gelder werden neue Wertpapiere für den Fonds angeschafft, so daß sich der Kurs der umlaufenden Anteilscheine durch diesen Vorgang nicht ändert. In gleicher Weise können Anteilscheine zum Fonds zurückgegeben und aus seiner Substanz ausbezahlt werden. Die I. erhält ebenso wie die Depotbank für ihre Tätigkeit eine Vergütung und Ersatz ihrer Aufwendungen.

Zum Schutz der Erwerber von Anteilscheinen hat der Käufer bei sog. „Haustürkäufen" das Recht des Rücktritts binnen 2 Wochen (§ 23). Da die *Anteilinhaber* keinen Einfluß auf die Verwaltung der Fonds haben, ist die *Überwachung* durch das Bundesaufsichtsamt für das Kreditwesen angeordnet worden. Damit die I. nicht andere Unternehmen beherrschen kann, schreibt § 8 vor, daß sie Wertpapiere desselben Unternehmens grundsätzlich nur in Höhe von höchstens 5 v. H. des Nennkapitals (bei Mehrstimmrechtsaktien mit höchstens 5 v. H. der Stimmrechte) für ihre Fonds erwerben darf. In das Grundstücks-Sondervermögen dürfen Grundstücke nur nach besonderen Vorschriften aufgenommen werden (§§ 27ff.: Mietwohn-, Geschäfts- od. gemischtgenutzte Grundstücke; unbebaute od. im Zustand der Bebauung befindliche in begrenztem Umfang).

Ausschüttungen auf Anteilscheine sowie die von Sondervermögen vereinnahmten, nicht zur Kostendeckung oder Ausschüttung verwendeten Zinsen und Dividenden gehören zu den einkommensteuerpflichtigen Einkünften aus Kapitalvermögen.

Steuerliche Sondervorschriften gelten insbes. für die Erstattung der anrechenbaren Körperschaftsteuer und der Kapitalertragsteuer, die steuerrechtliche Behandlung der in den Ausschüttungen enthaltenen steuerfreien und couponsteuerpflichtigen Zinsen sowie der bei der Veräußerung von Bezugsrechten erzielten Beträge. Die Investmentgesellschaften sind gehalten, die Gewinnausschüttungen und den auf einen Anteil entfallenden Betrag (unter Aufteilung nach Veräußerungsgewinnen, Zinsen usw.) bekanntzugeben.

Wegen *Unternehmensbeteiligungsgesellschaften* s. 862.

Ausländischen I.en, die in großem Umfang namentlich aus den USA auf den deutschen Kapitalmarkt vorgedrungen sind, die aber nicht der Überwachung durch das Bundesaufsichtsamt unterstehen, ist durch Ges. vom 28. 7. 1969 (BGBl. I 986) m. spät. Änd. der Vertrieb ihrer Anteile nur noch unter bestimmten Sicherungen gestattet (Anzeigepflicht, inländ. Repräsentanz, Vermögensverwahrung durch inländ. Depotbank, regelmäßige Veröffentlichung von Ertragsrechnungen, Beachtung bestimmter Vertragserfordernisse).

868. Börse und Börsengeschäfte

Die Börse ist der ständige Markt für nicht gegenwärtige Waren und vertretbare Werte, an dem die Preise nach gewissen Regeln in bestimmter Weise festgelegt werden. Man unterscheidet:

a) *Fonds- oder Effektenbörsen,* an denen Geld oder Wertpapiere umgesetzt werden;
b) *Waren-* oder *Produktenbörsen,* an denen bestimmte Warengattungen (z. B. Getreide, Baumwolle, Metalle) gehandelt werden;
c) *Devisenbörsen* für den Devisenhandel (865).

Gesetzliche Grundlage ist das *Börsengesetz* i. d. F. vom 27. 5. 1908 (RGBl. 215) m. spät. Änd., insbes. durch Ges. vom 28. 4. 1975 (BGBl. I 1013) und durch das *Börsenzulassungs-Gesetz* vom 16. 12. 1986 (BGBl. I 2478) m. spät. Änd., durch das kleinere und mittlere Unternehmen erleichterten Zugang zu den Aktienbörsen erhalten haben.

Zur Errichtung einer Börse ist die Genehmigung der Landesregierung erforderlich. Die Aufsicht über die Börsen führt ein von der Landesregierung bestellter *Staatskommissar.* Organe einer Börse sind der Börsenvorstand, die *Kursmakler* und die Zulassungsstelle. Der Börsenvorstand erläßt eine Börsenordnung und entscheidet über die Zulassung zur Börse, insbes. die Zulassung der *Börsenmakler,* die den Handel mit Effekten oder Waren vermitteln und den Ausgleich der Kauf- und Verkaufsaufträge durchführen. Der Börsenvorstand stellt den *Kurszettel* zusammen, das amtliche Verzeichnis der Börsenpreise für Waren und Wertpapiere. Hierbei wirken die *Kursmakler* mit, als Makler (371) tätige Privatpersonen, die von der Landesregierung ernannt und vereidigt sind. Die Zulassung von Wertpapieren zum Handel an einer Börse erfolgt durch die *Zulassungsstelle* der Börse unter gewissen Voraussetzungen, deren Vorhandensein vom Antragsteller in einem Prospekt darzulegen ist (§§ 36ff.). Über die Haftung für unrichtige Angaben im Prospekt vgl. §§ 45ff.

Die *Börsengeschäfte* sind entweder *Kassageschäfte,* bei denen Lieferung und Zahlung innerhalb kürzester Frist stattfinden, oder *Termingeschäfte,* die erst zu einem bestimmten späteren Zeitpunkt, meist am Monatsende, zu erfüllen sind.

Das *Börsentermingeschäft* hat mit dem allgemeinen *Termin- oder Zeitgeschäft,* das erst einige Zeit nach Geschäftsabschluß zu erfüllen ist (auch *Fixgeschäft* genannt), gemein, daß die gehandelten Gegenstände erst später, meist am letzten Monatstage, geliefert oder bezogen zu werden brauchen. Es wird aber unter Zugrundelegung des börsenmäßig gebildeten Tagespreises und besonderer vom Börsenvorstand für den Terminhandel festgesetzter Bedingungen abgeschlossen. Bis zum Liefertermin eintretende Preisänderungen können dem Käufer oder dem Verkäufer zustatten kommen. Die Börsentermingeschäfte zählen daher zu den *Spekulationsgeschäften.* Sie unterliegen den Bestimmungen des *Börsengesetzes* (§§ 50–70), durch welche die Vorschriften des § 764 BGB über das *Differenzgeschäft* (vgl. 326) weitgehend eingeschränkt sind.

Die *Börse* unterscheidet sich von einer *Messe* dadurch, daß bei der letzteren Fabrikate aller Art nach vorgelegten Proben gekauft oder regelmäßig bestellt werden, während bei einer Börse keine Fabrikate, sondern nur vertretbare Sachen (307) gekauft oder verkauft werden.

869. Effekten

sind vertretbare (d. h. durch andere, gleichlautende Papiere ersetzbare) Wertpapiere, die als *Schuldverschreibungen (Obligationen)* ein Forderungsrecht mit bestimmtem Zinsertrag, als *Aktien* oder *Kuxe* ein Anteilsrecht mit dauerndem, aber unbestimmtem Ertrag verkörpern. Zu den Schuldverschreibungen zählen auch *Pfandbriefe,* d. h. durch Hypotheken gesicherte langfristige festverzinsliche Schuldverschreibungen von Grundkreditanstalten.

Über die *Aktiengesellschaft* s. 372 II 1. Die Aktien können als Inhaber- oder Namensaktien ausgegeben werden. Die sog. *Stammaktien* gewähren den Aktionären die normalen gesetzlichen Rechte (Stimmrecht, Dividende), die *Vorzugsaktien* Sonderrechte z. B. durch erhöhte oder garantierte Dividenden. Der *Genußschein* gewährt das Recht auf einen bestimmten Anteil am Reingewinn ohne Aktionärsrechte.

Die *Obligationen* sind *Schuldverschreibungen;* sie müssen entweder Inhaberpapiere oder Namenspapiere mit Orderklausel sein. Für im Inland ausgestellte *Inhaber-* oder *Orderschuldverschreibungen,* in denen die Zahlung einer bestimmten Geldsumme versprochen wird, schreiben die §§ 795, 808a BGB im Interesse der Verkehrssicherheit auf dem Kapitalmarkt und des Währungsschutzes *staatliche Genehmigung* vor. Diese erteilt der zuständige Bundesminister im Einvernehmen mit der obersten Behörde des Landes, in dessen Gebiet der Aussteller seinen Wohnsitz oder seine gewerbliche Niederlassung hat (Ges. vom 26. 6. 1954, BGBl. I 147).

Keine echten Inhaberpapiere (329) sind *Sparbücher,* weil in ihnen der Berechtigte benannt ist, aber mit der Maßgabe, daß i. d. R. Zahlung an den jeweiligen Inhaber schuldbefreiend wirkt (§ 808 BGB). Sie werden daher oft als *hinkende Inhaberpapiere* bezeichnet.

Unter *Convertible Bonds* versteht man *Wandelschuldverschreibungen,* d. h. Schuldverschreibungen, die ihren Inhaber berechtigen, innerhalb einer bestimmten Frist unter Zugrundlegung eines Umtauschverhältnisses den Umtausch der Obligationen in Aktien zu verlangen. Sie sind ein Mittelding zwischen Aktien und Obligationen. Durch die Ausgabe von Wandelschuldverschreibungen soll bei der Emission ein höherer Gegenwert erzielt werden, als er bei einfachen Obligationen ohne Umtauschrecht zu erwarten wäre. Es wird gewissermaßen ,,der künftige Aktienwert" diskontiert. Das *Risiko* trägt der Inhaber des Papiers, weil das bei der Ausgabe gezahlte Aufgeld *(Agio)* dem Unternehmer verbleibt, unabhängig davon, ob sich die Erwartungen verwirklichen.

870. Die Sparkassen

sind Kreditinstitute im Sinne des Gesetzes über das Kreditwesen (vgl. 862, 872), die aufgrund der Sparkassengesetze der Bundesländer und der dazu für jede einzelne Sparkasse erlassenen kommunalen Satzung arbeiten. Dadurch ist die Geschäftstätigkeit einer Sparkasse auf ein bestimmtes Gebiet (Stadt, Landkreis oder Zusammenschluß von kleineren Städten) begrenzt. Zweck dieser Regelung ist sicherzustellen, daß der Bevölkerung und den Unternehmen überall im Bundesgebiet eine Sparkasse als Universal-Kreditinstitut zur Verfügung steht. Die jeweilige Stadt (oder der Landkreis) garantiert als Gewährträger den Bestand der Sparkasse. Dazu unterliegen die Sparkassen neben der Aufsicht des Bundesaufsichtsamtes für das Kreditwesen zusätzlich der Aufsicht ihres Bundeslandes. In Deutschland dürfen nur die *öffentlichen Sparkassen* die Bezeichnung Sparkasse führen.

Die Sparkassen bieten alle Formen der Geldanlage (z. B. Spareinlagen, Sparkassenbriefe, Termineinlagen, Wertpapieran- und -verkauf), alle Kreditmöglichkeiten (z. B. Wohnungsbau-, Wirtschafts-, Konsumenten-, Kommunal- und Agrarkredite), den Zahlungsverkehr (Überweisungen, Schecks, Lastschrift-Abbuchungen) und die finanzielle Abwicklung von Auslandsgeschäften. Als Schwerpunkte ihrer Aufgaben entfallen auf die Sparkassen 52 v. H. aller Spareinlagen, 70 v. H. aller Sparbriefanlagen, über die Hälfte aller Wohnungsbaufinanzierungen und aller Privatgirokonten.

Ende 1986 bestanden in der BRep. 589 Sparkassen mit 17193 Zweigstellen. Sie sind in regionalen *Sparkassen- und Giroverbänden* zusammengeschlossen. Der *Deutsche Sparkassen- und Giroverband e. V.* in Bonn umfaßt die 11 regionalen Sparkassen- und Giroverbände, 12 regionalen Landesbanken/Girozentralen und die Deutsche Girozentrale sowie die öffentlichen Bausparkassen.

Über die *Postsparkasse* s. 874, über das *Spar-Prämiengesetz* 875.

871. Kreditgenossenschaften

sind Kreditinstitute i. S. des Ges. über das Kreditwesen (vgl. 862, 872) in der Rechtsform einer Genossenschaft (vgl. 372 III). Sie betreiben für ihre Mitglieder und mit Nichtmitgliedern Bankgeschäfte aller Art für jedermann (Kontokorrentgeschäfte, Zahlungs- und Einziehungsverkehr, Wechsel- und Scheckgeschäfte, Wertpapier- und Depotgeschäfte, Spareinlagen, Devisenhandel).

Die genossenschaftliche Bankengruppe ist seit 1972 im *Bundesverband der Deutschen Volksbanken und Raiffeisenbanken eV,* Bonn, zusammengeschlossen. Sie besteht aus 7 regionalen Zentralbanken (meist in der Rechtsform einer AG), 3600 rechtlich selbständigen Volksbanken und Raiffeisenbanken (davon 2017 Kreditgenossenschaften mit Warenverkehr) und verfügt mit ca. 19700 Bankstellen (ca. 45 v. H. aller deutschen Bankstellen) über das dichteste Bankstellennetz in Europa.

Als Zentral- und Spezialinstitute bestehen im genossenschaftlichen Bankenbereich die *DGBank (Deutsche Genossenschaftsbank),* Frankfurt, die *Deutsche Genossenschaftshypotheken-Bank AG,* Hamburg, die *Münchner Hypothekenbank eG, die R + V Versicherungsgruppe im Raiffeisen-Volksbankenverbund,* die *Bausparkasse Schwäbisch Hall AG* – Bausparkasse der Volksbanken und Raiffeisenbanken – und verschiedene weitere Institute (Investment, Vermögensverwaltung).

Volksbanken sind i. d. R., durch die historische Entwicklung bedingt, besonders im gewerblichen Bereich in der bankmäßigen Betreuung mittelständischer Berufsgruppen tätig. Sie waren bis 1972 im *Deutschen Genossenschaftsverband (Schulze-Delitzsch) e.V.* zusammengeschlossen, der nach ihrem Gründer *Schulze-Delitzsch* (1808–1883) benannt worden ist.

Raiffeisenbanken (erste Gründungen durch *Friedrich Wilhelm Raiffeisen,* 1818–1888; bis 1972 im Deutschen Raiffeisenverband e.V. verbunden) haben ihr Arbeitsgebiet traditionsgemäß mehr im ländlichen Wirtschaftsbereich. Die generelle Einkommensentwicklung mit Zunahme des Geldvolumens und der wirtschaftliche Strukturwandel auf dem Lande haben jedoch eine Annäherung der Mitglieder- und Kundenstruktur und eine starke Ausdehnung der Geschäftstätigkeit auf Lohn- und Gehaltsempfänger bei den Volksbanken und Raiffeisenbanken eingeleitet.

Über die laufende Überwachung der Genossenschaften durch Prüfungsverbände vgl. 372 III.

872. Bankenaufsicht

Alle Unternehmen, die Bankgeschäfte betreiben *(Kreditinstitute),* unterstehen der Aufsicht des *Bundesaufsichtsamtes für das Kreditwesen* in Berlin nach Maßgabe des *Gesetzes über das Kreditwesen* – KWG – i. d. F. vom 3. 5. 1976 (BGBl. I 1121) m. spät. Änd. Ausgenommen sind insbes. die Bundesbank und die Bundespost – abgesehen von den im Postscheck- und Postsparkassenverkehr (s. 382, 874) vorgenommenen Geschäften – sowie Sozialversicherungsträger und die besonderer Aufsicht unterstehenden Versicherungen (vgl. 818, 820). Das Bundesaufsichtsamt (selbständige Bundesoberbehörde) hat Mißständen im Kreditwesen entgegenzuwirken, welche die Sicherheit der Vermögenswerte gefährden, die Durchführung der Bankgeschäfte beeinträchtigen oder erhebliche Nachteile für die Gemeinwirtschaft herbeiführen können.

Wer Bankgeschäfte betreiben will, bedarf der schriftlichen Erlaubnis des Bundesaufsichtsamtes, die auch unter Auflagen erteilt werden kann. Einzelkaufleute sind als Bankinhaber nicht mehr zugelassen (vgl. 862).

Das Problem einer *Bankenaufsicht* ist nach Bankenzusammenbrüchen schon früher wiederholt erörtert, aber zunächst nur für spezielle Bereiche (z. B. im Hypothekenbankgesetz 1899) gesetzlich geregelt worden. Die Bankenkrise von 1931 gab den Anstoß zu einer umfassenden Bankaufsichtsgesetzgebung. Durch die VO des RPräs. vom 19. 9. 1931 (RGBl. I 493) wurden alle nicht schon einer besonderen Aufsicht unterliegenden Kreditinstitute der staatlichen Aufsicht unterworfen. Das Gesetz vom 5. 12. 1934 (RGBl. I 1203) regelte die Zulassung der Kreditinstitute, Eigenkapital, Liquidität, Kreditgeschäft, Sparverkehr und Konditionen. Aufsichtsorgane waren das bei der Reichsbank gebildete Aufsichtsamt für das Kreditwesen und ein Reichskommissar. Eine VO vom 18. 9. 1944 (RGBl. I 211) verteilte die Aufsichtsfunktionen zwischen Reichswirtschaftsministerium und Reichsbankdirektorium. Nach dem 2. Weltkrieg ging die Zuständigkeit für die Bankenaufsicht auf die Länder über. Das Gesetz über das Kreditwesen vom 10. 7. 1961 (BGBl. I 881) übertrug sie wieder einer zentralen Stelle.

Das Bundesaufsichtsamt hat in Zusammenarbeit mit der Bundesbank laufend das Kreditgeschäft und die *Liquidität* der Kreditinstitute zu überprüfen (§§ 6ff. KWG). Die Institute müssen über ein bestimmtes haftendes Eigenkapital verfügen, das zur Sicherung ihrer Gläubiger ausreicht; bei der Anlage ihrer Mittel müssen sie auf Erhaltung ihrer Liquidität achten (§§ 10, 11 KWG). Die Vergabe von *Großkrediten* von mehr als 50000 DM, die 15 v.H. des haftenden Eigenkapitals übersteigen, ist der BBank anzuzeigen, ebenso kleinere Kredite, die 75 v.H. des haftenden Eigenkapitals übersteigen. Bei mehreren Großkrediten gelten weitere Beschränkungen (§ 13 KWG). Für *Millionenkredite* an denselben Kreditnehmer besteht Anzeigepflicht bei der BBk. (§ 14 KWG). Weitere Beschränkungen bestehen für sog. *Organkredite* an leitende Personen, Teilhaber, Aufsichtsorgane, Angestellte usw.; die Vergabe setzt den einstimmigen Beschluß aller Geschäftsleiter des Instituts und Zustimmung des Aufsichtsorgans voraus; übersteigt ein Kredit die Jahresbezüge des Empfängers, ist Anzeige beim Bundesaufsichtsamt vorgeschrieben (§§ 15, 16 KWG). Die Behandlung der *Spareinlagen* ist in §§ 21, 22 KWG geregelt; Abhebungen sind binnen 30 Zinstagen bis 2000 DM zulässig, sonst nur mit der gesetzlichen Kündigungsfrist von 3 Monaten.

Die Kreditinstitute haben die Bestellung von Geschäftsleitern, Prokuristen usw. sowie Veränderungen dem Bundesaufsichtsamt und der BBk. anzuzeigen, ebenso Verlegung oder Schließung des Betriebs oder einer Zweigstelle, ferner Verluste, die 25 v.H. des Kapitals übersteigen. Der BBk. sind Monatsausweise einzureichen; Jahresabschlüsse und Prüfungsberichte sind zu veröffentlichen (§§ 24ff. KWG). Das Bundesaufsichtsamt kann Auskünfte über alle Geschäftsangelegenheiten und Vorlage der Bücher verlangen. Bei Gefahr für die Erfüllung der Verpflichtungen des Instituts hat es die notwendigen Maßnahmen zu treffen (§§ 44ff. KWG). Für Zweigstellen *ausländischer* Kreditinstitute gelten Sondervorschriften; für ihre Repräsentanzen besteht Anzeigepflicht gegenüber Bundesaufsichtsamt und BBk. bei Errichtung, Verlegung oder Schließung der Vertretung (§§ 53, 53a KWG).

Auch die *Geschäftsbedingungen* der Kreditinstitute unterstehen der ständigen Überwachung. Für den *Jahresabschluß* sind besondere Formblätter vorgeschrieben (Ges. vom 11. 12. 1935, RGBl. I 1432 und ErgVOen, zuletzt vom 20. 12. 1967, BGBl. I 1300).

873. Mündelgelder

Nach §§ 1806, 1807 BGB hat der *Vormund* das zum Vermögen des Mündels gehörende Geld verzinslich und *mündelsicher* anzulegen. Außer sicheren inländischen Hypotheken, Grund- und Rentenschulden sowie Guthaben bei inländischen für mündelsicher erklärten öffentlichen Sparkassen bezeichnet § 1807 BGB folgende Anlagen als mündelsicher:

a) staatliche Schuldverschreibungen oder Schuldbuchforderungen;
b) verbriefte Forderungen, deren Verzinsung vom Bund oder von einem Land gewährleistet ist;
c) Wertpapiere, insbesondere Pfandbriefe und Schuldverschreibungen kommunaler Körperschaften und Kreditanstalten, falls sie von den zuständigen Stellen für mündelsicher erklärt sind.

Über die *Mündelsicherheit* von Pfandbriefen und verwandten Schuldverschreibungen vgl. VO vom 7. 5. 1940 (RGBl. I 756), von Schiffspfandbriefen VO vom 18. 3. 1941 (RGBl. I 156).

Ist eine dem § 1807 BGB entsprechende Anlage den Umständen nach nicht möglich, so ist das Geld bei der Bundesbank, der Deutschen Genossenschaftsbank, der Deutschen Girozentrale, bei einer Staatsbank oder einer anderen landesrechtlich für mündelsicher erklärten inländischen Bank oder bei einer Hinterlegungsstelle (vgl. 301) anzulegen; § 1808 BGB.

Nach § 1811 BGB kann das Vormundschaftsgericht dem Vormund eine von den §§ 1807, 1808 BGB abweichende Anlegung von Mündelgeld gestatten. Die Erlaubnis soll nur verweigert werden, wenn die beabsichtigte Art der Anlegung nach Lage des Falles den Grundsätzen einer wirtschaftlichen Vermögensverwaltung zuwiderlaufen würde. Die Gerichte machen im Hinblick auf mögliche Regreßansprüche hiervon allerdings wenig Gebrauch, halten sich vielmehr an den in § 1807 BGB umschriebenen Kreis mündelsicherer Papiere, zu denen Aktien und andere Gesellschaftsanteile nicht zählen.

Über die Mitwirkung eines *Gegenvormunds,* falls ein solcher bestellt ist, vgl. §§ 1809, 1810 BGB.

874. Postspareinlagen

Eine *Postsparkasse* wurde als eine mit einer Postanstalt verbundene öffentliche Sparkasse zuerst 1861 in England errichtet. Italien benutzte seit 1875 seine Posteinrichtungen zum Aufbau eines besonderen Sparsystems. Die 1883 in Österreich gegründete Postsparkasse (Postsparkassenamt Wien) wurde im Jahre 1938 auf Deutschland ausgedehnt.

Die *Postsparer* erhalten ein *Postsparbuch,* eine Ausweiskarte sowie Rückzahlungs- und Kündigungsscheine. Abhebungen sind bei jeder

Poststelle möglich (ohne Kündigung innerhalb von 30 Zinstagen höchstens 2000 DM); *Verzinsung* nach jeweils festgesetzten Zinssätzen (Bekanntgabe in den Schalterräumen). Die zentrale Verwaltung und die Abrechnung mit den Postämtern obliegt den *Postsparkassenämtern* in Hamburg und München.

Bei Postsparbüchern mit Berechtigungsausweis wird nur an den Postsparer selbst ausgezahlt; bei solchen ohne Berechtigungsausweis ist die Post berechtigt, aber nicht verpflichtet, Zahlungen an jeden Vorleger des Sparbuchs und der Ausweiskarte ohne Identitätsprüfung zu leisten (§ 4 Abs. 3 der *Postsparkassenordnung* vom 24. 4. 1986 (BGBl. I 626).

Die Pfändung von Einlagen erfolgt wie bei Forderungen aus Wechseln und Schecks durch Wegnahme des Postsparbuchs seitens des Gerichtsvollziehers beim Schuldner bzw. Pfändung des Herausgabeanspruchs gegen einen Dritten durch das Vollstreckungsgericht und anschließenden Überweisungsbeschluß dieses Gerichts gemäß § 835 ZPO (vgl. 253, 382).

875. Das Spar-Prämiengesetz

Unbeschränkt einkommensteuerpflichtige Personen können nach dem *Spar-Prämiengesetz* vom 22. 6. 1979 (BGBl. I 702) i. d. F. vom 10. 2. 1982 (BGBl. I 125), m. Änd. zuletzt vom 26. 6. 1985 (BGBl. I 1153), für Sparbeiträge, die auf 6 Jahre festgelegt werden, eine Prämie erhalten, falls weder eine Prämie nach dem Wohnungsbau-Prämiengesetz (819) noch Abzug von Bausparbeiträgen als Sonderausgaben (524) beantragt wird *(Kumulierungsverbot)*. Die Prämie wird jedoch nur bei Jahreseinkommen bis 24000 DM (bei Eheleuten: 48000 DM) gewährt, für jedes Kind unter 18 Jahren erhöht um 1800 DM (bei getrennt lebenden Eltern je 900 DM); Bemessungsgrundlage für das Jahreseinkommen ist das *zu versteuernde Einkommen* (529).

Prämien werden nur noch gewährt für Beiträge auf Grund von Verträgen, die vor dem 13. 11. 1980 abgeschlossen worden sind. Keine Prämie wird gewährt für Aufwendungen, die nach dem Wohnungsbau-Prämiengesetz begünstigt sind oder für die eine Arbeitnehmer-Sparzulage nach dem VermögensbildungsG (618) gezahlt wird.

Als *Sparbeiträge* gelten Beiträge auf Grund allgemeiner Sparverträge mit einem *Kreditinstitut,* Sparverträge mit laufenden und der Höhe nach gleichbleibenden (festgelegten) Sparraten oder auf Grund vermögenswirksamer Leistungen nach dem Vermögensbildungsgesetz (618) sowie Aufwendungen für den Erwerb von Wertpapieren, die von Bund, Ländern, Gemeinden oder anderen öffentlich-rechtlichen Körperschaften oder inländischen Unternehmen ausgegeben werden, oder von Investmentanteilen (867), wenn ein Wertpapier-Sparvertrag abgeschlossen wird. Voraussetzung für die Gewährung der Prämie ist, daß die Sparbeiträge weder unmittelbar noch mittelbar im Zusammenhang mit der *Aufnahme eines Kredits* stehen, daß vor Ablauf der Festlegungsfrist Sparbeiträge nicht zurückgezahlt und Ansprüche aus dem Vertrag weder abgetreten noch beliehen werden (Ausnahmen bei Erwerbsunfähigkeit, Tod, Eheschließung, mindestens 1jähriger Arbeitslosigkeit).

Nach der DVO zum Spar-Prämiengesetz i. d. F. vom 30. 11. 1982 (BGBl. I 1589) ist der Sparer bei *allgemeinen Sparverträgen,* die mit einem Kreditinstitut abgeschlossen werden, verpflichtet, einmalige Sparbeiträge auf 6 Jahre festzulegen. Bei *Sparverträgen mit festgelegten Sparraten* muß er sich verpflichten, für die Dauer von 6 Jahren laufend, jedoch mindestens vierteljährlich, der Höhe nach gleichbleibende Sparraten einzuzahlen. Die Festlegungsfrist endet nach § 1 Abs. 3 des Gesetzes für alle auf Grund eines solchen Vertrags geleisteten Sparraten nach Ablauf von 7 Jahren, gerechnet vom Beginn des Kalenderhalbjahres der Einzahlung. Nicht rechtzeitig geleistete Sparraten können innerhalb eines halben Jahres nach Fälligkeit, spätestens aber bis 15. 1. des folgenden Jahres nachgeholt werden. Andernfalls und ebenso bei Zurückzahlung, Abtretung oder Beleihung der Ansprüche gilt der Sparvertrag als unterbrochen, so daß spätere Einzahlungen nicht mehr prämienbegünstigt sind (§ 2 Abs. 2–4 DVO). Entsprechende Vorschriften gelten für *Sparverträge über vermögenswirksame Leistungen,* die zu laufenden Sparraten für 6 Jahre verpflichten (§ 2a DVO).

Die Prämie beträgt 14 v. H. der im Kalenderjahr geleisteten Sparbeiträge, für jedes Kind unter 17 Jahren erhöht um 2 v. H. Prämienbegünstigt sind Sparbeträge von 800 DM jährlich (bei Eheleuten: 1600 DM).

Die Prämie wird *auf Antrag* nach Ablauf des Kalenderjahres gewährt. Der Antrag ist bis 30. 9. des dem Jahr der Sparleistung folgenden Jahres an das *Kreditinstitut* zu richten, an das die Sparbeiträge geleistet worden sind; dieses bestätigt das Vorliegen der Voraussetzungen und leitet den Antrag dem für die Einkommensteuerveranlagung bzw. den Lohnsteuerjahresausgleich zuständigen Finanzamt zu. Entspricht das Amt dem Antrag, so teilt es dem Kreditinstitut die Höhe der gewährten Prämie mit und das Kreditinstitut schreibt dem Prämiensparer die Prämie gesondert gut. Die gutgeschriebene *Prämie* wird vom Beginn des dem Leistungsjahr folgenden Kalenderjahres ab mit 4 v. H. verzinst. Prämie und Zinsen dürfen dem Prämiensparer nicht vor Ablauf der *Festlegungsfrist* ausgezahlt und nicht als Sparbeitrag verwendet werden. Bei Ablehnung des Antrags kann der Prämiensparer bis zum Ablauf der Festlegungsfrist einen schriftlichen begründeten Bescheid des Finanzamts beantragen (§ 3 SparPG). Gegen ihn ist der Finanzrechtsweg (vgl. 78) gegeben. Die Prämie gehört nicht zu den einkommensteuerpflichtigen Einkünften (§ 7 SparPG).

Neunter Teil

Völkerrecht. Überstaatliches Recht

901. Völkerrecht im allgemeinen

Das *Völkerrecht* regelt die Rechte und Pflichten der zur internationalen Völkergemeinschaft gehörenden Staaten untereinander und der Einzelpersonen, sofern sie Träger völkerrechtlicher Rechte und Pflichten sein können, ferner das Recht der internationalen und übernationalen Staatengemeinschaften (vgl. z. B. 916). Es beruht auf folgenden Quellen:
a) völkerrechtlichen Verträgen (*Vertragsrecht,* vgl. 903);
b) Gewohnheit (*Gewohnheitsrecht,* vgl. 201, 920);
c) von den Kulturstaaten anerkannten *Rechtsgrundsätzen.*

Die Entscheidungen internationaler Gerichte und die Völkerrechtslehre zählen nicht hierzu, sind aber Anhaltspunkte für die Feststellung bereits bestehender Völkerrechtsnormen.

Je nach dem Geltungsbereich unterscheidet man das *universale* und das *allgemeine* (für alle oder die meisten Staaten geltende) sowie das *partikulare* und *regionale* (nur für wenige Staaten geltende) *Völkerrecht.* Zu den beiden ersten Gruppen zählen das Gesandtschaftsrecht und die Genfer Konventionen (904, 905), zu den letzteren das Europäische Gemeinschaftsrecht.

Subjekte des Völkerrechts sind grundsätzlich nur *Staaten,* aber auch innerstaatliche Organisationen und sogar Einzelpersonen, soweit sie Träger von Rechten und Pflichten innerhalb des Völkerrechts sind. *Völkerrechtliche Handlungsfähigkeit* steht jedoch nur dem *souveränen* Staat zu, während halbsouveräne Staaten nur insoweit rechtswirksam handeln können, als sie nicht unter der *Oberherrschaft* eines anderen Staates stehen, d. h. von diesem – dem sog. *Suzerän* – abhängig sind. Bei Staatenverbindungen (vgl. 6) steht die völkerrechtliche Handlungsfähigkeit teils der Verbindung, teils den Gliedstaaten, teils beiden zu.

Somit besitzen nur unabhängige (souveräne) Staaten, die nicht durch ein dauerndes Abhängigkeitsverhältnis zu einem anderen Staat an der selbständigen Führung der äußeren Staatsverwaltung verhindert sind, die volle *Völkerrechtsfähigkeit.* Die dem Staat zukommende *Souveränität* wird in monarchischen Staaten auch auf das Staatsoberhaupt bezogen. Auch der *Papst,* der die weltliche Herrschaft über den Kirchenstaat durch dessen Einverleibung in das damalige Königreich Italien (1870) verloren hatte, gilt völkerrechtlich als Oberhaupt eines souveränen Staates (der *Vatikanstadt;* vgl. 708).

In den *Vereinigten Staaten* von Nordamerika hat ausschließlich die Bundesgewalt Souveränitätsrechte. In der BRep. gehören die auswärtigen Angelegenheiten zur ausschließlichen Gesetzgebung des Bundes; der auswärtige Dienst wird in bundeseigener Verwaltung geführt. Der BPräs. vertritt die BRep. völkerrechtlich. Vgl. 55 I, 56 I, 61.

Die Staaten sind grundsätzlich *gleichberechtigt,* wenn auch tatsächlich eine Vorherrschaft der *Großmächte* besteht. Alle Staaten haben ein Recht auf Selbständigkeit und Unabhängigkeit. Das *Völkerrecht* und die überstaatlichen Vereinbarungen streben eine ersprießliche Zusammenarbeit der Völker an. Mangels einer Erzwingbarkeit ist das Völkerrecht nur bei freiwilliger Anerkennung und Befolgung seiner Grundsätze praktisch wirksam.

Neben dem Gewohnheitsrecht haben sich gewisse *Bräuche* und *Gepflogenheiten* herausgebildet, die im völkerrechtlichen Verkehr allgemein beachtet werden, wie z. B. die Beglückwünschung staatlicher Würdenträger, Neujahrsempfänge, Staatsbesuche. *Hilfe in Seenot* auf SOS-Ruf ist durch Übereinkommen zum Schutz des menschlichen Lebens auf See (Brüssel 1910, London 1914, 1929, 1960) Vertragsrecht geworden; vgl. insbes. Abkommen vom 23. 9. 1910 (RGBl. 1913, 49) und vom 17. 6. 1960 (BGBl. 1965 II 480).

Über die Fortentwicklung des Völkerrechts und neue völkerrechtliche Probleme, die durch die zunehmende Intensivierung der zwischenstaatlichen Beziehungen in aller Welt hervorgerufen werden, s. 920.

902. Völkerrechtliche Anerkennung von Staaten

Am *völkerrechtlichen Verkehr* nehmen nur Staaten teil, die von den Mitgliedern der Völkergemeinschaft *anerkannt* sind. Die *Entstehung* eines Staates dagegen ist ein tatsächlicher Vorgang der inner- oder vorstaatlichen Machtbildung und unabhängig von der völkerrechtlichen Anerkennung. Beim Entstehen neuer Staaten oder bei Bildung mehrerer Regierungen oder einer neuen Regierung, die nicht auf verfassungsmäßige Weise an die Macht gelangt ist, stehen die Mitglieder der Völkerfamilie vor der Frage, ob sie diese Tatsachen anerkennen wollen oder nicht. Da es für eine solche Entscheidung keine allgemein gültigen Grundsätze gibt, werden sie oft nach innerpolitischen, moralischen oder wirtschaftlichen Gesichtspunkten getroffen. Man unterscheidet dabei die vorläufige widerrufliche *de-facto-Anerkennung* und die endgültige *de-jure-Anerkennung*. Eine ausdrückliche Erklärung ist nicht unbedingt erforderlich; die Anerkennung kann z. B. auch durch Aufrechterhaltung diplomatischer Beziehungen erfolgen.

Die BRep. ist von allen Mächten des Westens, der Sowjetunion und den Neutralen vorbehaltlos anerkannt worden, die DDR hingegen zunächst nur von der Sowjetunion und den übrigen Ostblockstaaten, Jugoslawien und Kuba, später auch von einzelnen arabischen und afrikanischen Staaten. Bei Aufnahme der diplomatischen Beziehungen mit der *UdSSR* (1956) hat die BRep. gewisse Vorbehalte gemacht und im Zusammenhang damit die sog. *Hallstein-Doktrin* verkündet. Diese besagt, daß die BRep. im Hinblick auf ihren Anspruch, als einzige demokratisch gewählte deutsche Regierung allein für Deutschland zu sprechen, keine diplomatischen Beziehungen zu solchen Staaten (außer der UdSSR) aufnimmt, welche die DDR anerkennen. Die Hallstein-Doktrin, die lange Zeit hindurch streng eingehalten wurde, führte am 19. 10. 1957 zum Abbruch der diplomatischen Beziehungen zu *Jugoslawien* und am 14. 1. 1963 zur Abberufung des deutschen Botschafters in *Kuba*. Dieser Grundsatz ist inzwischen neueren Auffassungen gewichen, da die BReg. die Existenz zweier deutscher Staaten, die in einem besonderen rechtlichen Verhältnis zueinander stehen, aber einer (deutschen) Nation angehören, rechtlich für möglich hält. Ein *Separatfriedensvertrag* der UdSSR mit der DDR könnte allerdings die rechtliche Problematik im Hinblick auf das Fortbestehen Gesamtdeutschlands (vgl. 24 V) erneut aktualisieren.

Mit Rücksicht auf die Hallstein-Doktrin haben nichtsozialistische Staaten lange Zeit vermieden, die DDR völkerrechtlich anzuerkennen. Diese hat deshalb auf dem Wege über die Errichtung zunächst von Handelsmissionen und dann von Konsulaten, inbes. in den sog. „blockfreien" Staaten, die Aufnahme diplomatischer Beziehungen vorbereitet. Nach Ratifizierung des Grundvertrages der BRep. mit der DDR (24 V) ist diese jedoch auch von den meisten westlichen Ländern durch Vereinbarung des Botschafteraustauschs anerkannt worden.

Über die Anerkennung der derzeitigen tatsächlichen Grenzen und Staatsgebilde östlich der BRep. vgl. 922. Im Interesse der internationalen Entspannung hat die BRep. seit langem den Botschafteraustausch mit den Ostblockstaaten eingeleitet. Er wurde 1956 mit der *UdSSR,* 1967 mit *Rumänien* sowie 1972–1974 nacheinander mit *Polen,* mit *Bulgarien* und *Ungarn* und schließlich mit der *Tschechoslowakei* durchgeführt.

Daß auch ohne offizielle Anerkennung und ohne Entsendung diplomatischer Vertreter völkerrechtliche Verträge zwischen zwei Staaten möglich sind, zeigen die Beziehungen zwischen der BRep. und *Israel* vor 1965. Streng genommen ist jedoch die Aufnahme staatlichen Verkehrs einer de-facto-Anerkennung gleichzusetzen.

903. Völkerrechtliche Verträge

I. Bedeutung des völkerrechtlichen Vertrags

Da es keine überstaatliche Institution gibt, die Gesetze mit Weltgeltung erlassen könnte, bildet neben dem Gewohnheitsrecht (vgl. 901) das *Vertragsrecht* die Hauptquelle des Völkerrechts. Durch *internationale Verträge* und Übereinkommen werden die Beziehungen der Vertragsstaaten untereinander geregelt. Sie binden nur die beteiligten Staaten.

II. Abschluß völkerrechtlicher Verträge

Völkerrechtliche Verträge *(Zwischenstaatliche Vereinbarungen)* können zwischen zwei Staaten *(Einzel-* oder *bilaterale Verträge)* oder zwischen einer Mehrheit von Staaten geschlossen werden *(Kollektiv-* oder *multilaterale Verträge).* Sie betreffen z. B. die Stellung der Ausländer im Inland, Staatsangehörigkeitsfragen, Gebietserwerb und -verlust, Rechtshilfe – insbes. Auslieferung von Straftätern –, Schutz von Leben und Gesundheit, den sozialen Schutz der Arbeitnehmer, Anerkennung und Vollstreckung von ausländischen Entscheidungen, vor allem aber Handel und Verkehr *(Handels- und Schiffahrtsverträge).*

Die völkerrechtlichen Verträge werden i. d. R. vom *Staatsoberhaupt* als Vertreter des Staates geschlossen (vgl. Art. 59 Abs. 1 S. 2 GG). In diplomatischen Vorverhandlungen wird ein Vertragsentwurf formuliert und abgezeichnet *(paraphiert).* Es folgt meist eine endgültige Festlegung des Vertragstextes durch Regierungsmitglieder (*Unterzeichnung*). Im anschließenden *parlamentarischen Zustimmungsverfahren* wird nach den innerstaatlichen Verfassungsvorschriften der Vertrag dem Parlament zur Annahme vorgelegt (vgl. Art. 59 Abs. 2 GG). Die Annahme des Vertrages durch das Parlament enthält zugleich die *Transformation,* d. h. die Übernahme der völkerrechtlichen Vereinbarungen in innerstaatliches Recht. Völkerrechtlich verbindlich wird der Vertrag erst durch die *Ratifikation,* d. h. durch die formelle Erklärung eines Staates gegenüber der (den) anderen Vertragspartei(en), durch den Vertrag gebunden zu sein. Diese Erklärung wird durch Übergabe einer i. d. R. vom Staatsoberhaupt unterzeichneten *Ratifikationsurkunde* abgegeben. Die ausgefertigten Ratifikationsurkunden werden bei bilateralen Verträgen *ausgetauscht,* bei multilateralen Verträgen meist *hinterlegt.* Ein nicht ratifikationspflichtiger Vertrag wird schon mit der Unterzeichnung gültig und bindend. Bestimmungen über den Abschluß, das Inkrafttreten und die Anwendung sowie über sonstige Einzelheiten völkerrechtlicher Verträge enthält das *Wiener Übereinkommen über das Recht der Verträge* vom 23. 5. 1969 (Ges. vom 3. 8. 1985, BGBl. II 926).

III. Einzelne bedeutsame völkerrechtliche Verträge

Wichtige internationale Verträge haben sich zu anerkanntem internationalem Recht entwickelt, so die *Genfer Konvention* von 1864 zum Schutz der kranken und verwundeten Soldaten und ihre Folgeabkommen (vgl. 905), die *Pariser Seerechtsdeklaration* von 1856, die Petersburger Deklaration über die Verwendung von Explosivgeschossen (1868), die *Haager Landkriegsordnung* von 1907, die Londoner Seerechtsdeklaration von 1909, das Genfer Protokoll zum Verbot des Gaskrieges vom 17. 6. 1925, der Pariser Pakt zur Ächtung des Krieges vom 27. 8. 1928 (*Kelloggpakt;* vgl. 906), die Konvention zum Schutz von Kulturgut bei bewaffneten Konflikten vom 14. 5. 1954 und die New Yorker Abkommen vom 29. 4. 1958 betr. Abgrenzung des Küstenmeeres und die Hohe See, die Fischerei sowie den Festlandsockel (vgl. 920).

Auf Anregung des deutschen Generalpostmeisters *Heinrich von Stephan* wurde 1875 nach dem ersten Weltpostkongreß in Bern (1874) ein Allgemeiner Postverein gegründet und auf dem zweiten Weltpostkongreß in Paris (1878) zum *Weltpostverein* erweitert. Die Vertragsteilnehmer haben auf Grund der 11 Verträge des Weltpostvereins nebst 9 Vollzugsordnungen vom 5. 7. 1974 (BGBl. 1975 II 1513, 1797) betr. Brief-, Paket-, Nachnahmesendungen, Postscheck, Postsparkasse usw. das Recht der gegenseitigen Benutzung ihrer postalischen Einrichtungen in einem einzigen Postgebiet mit festen Gebühren. Jeder Postverwaltung fließen die von ihren Anstalten erhobenen Gebühren zu. Durch Abkommen vom 4. 7. 1947 in Paris wurde der Weltpostverein der UNO angeschlossen (s. 909; Sitz in Bern). S. ferner die Verträge des Weltpostvereins vom 27. 7. 1984 (Ges. vom 28. 1. 1986, BGBl. II 201).

Ähnliche Zwecke wie der Weltpostverein verfolgt die durch den Vertrag vom 12. 11. 1965 in Montreux begründete *Internationale Fernmelde-Union* (Sitz Genf), der die BRep. beigetreten ist (BGBl. 1968 II 931). Der Vertrag enthält u. a. allgemeine Bestimmungen über das Fernmeldegeheimnis, Errichtung und Schutz der Fernmeldeanlagen und -übertragungswege, die Gebühren, den Vorrang des Fernmeldedienstes für Notrufe und staatliche Zwecke, die Benutzung von Codes usw., ferner besondere Bestimmungen über den Funkdienst (Frequenzen, Notzeichen usw.). Ergänzend gelten Vollzugsordnungen für den Telegraphen-, Fernsprech- und Funkdienst. Es besteht ein Abkommen mit der UNO. S. a. den *Internationalen Fernmeldevertrag* vom 6. 11. 1982 (BGBl. 1985 II 425).

Als wichtige internationale Verträge mit regionaler Begrenzung sind ferner zu nennen: der *Marshallplan* (vgl. 910), der *Schumanplan* (vgl. 911), der *Atlantikpakt* (vgl. 913). Über *Doppelbesteuerungsverträge* s. 520, 568, über das internat. Fischerei-Übereinkommen s. 827 II. Die *politischen Rechte der Frau* behandelt ein Übereinkommen vom 31. 3. 1953 (BGes. vom 25. 9. 1969, BGBl. II 1929); zum Abkommen vom 19. 12. 1966 über bürgerliche und politische Rechte s. 908. Vgl. ferner Haager Kaufrechtsübereinkommen über bewegliche Sachen vom 1. 7. 1964 (BGBl. 1973 II 885) nebst BGes.en vom 17. 7. 1973 (BGBl. I 856, 868); Haager Unterhaltsübereinkommen vom 15. 4. 1958 (BGBl. 1961 II 1005) nebst BGes. vom 18. 7. 1961 (BGBl. I 1033); Haager Übereinkommen über den Zivilprozeß vom 1. 3. 1954 (BGBl. 1958 II 577); Übereinkommen vom 27. 9. 1968 über die gerichtliche Zuständigkeit und die Vollstreckung gerichtlicher Entscheidungen in Zivil- und Handelssachen (BGBl. 1972 II 773) nebst BGes. vom 29. 7. 1972 (BGBl. I 1328). Die vermögensrechtlichen Beziehungen zwischen der BRep. und der Republik *Österreich* sind in einem Staatsvertrag vom 15. 6. 1957 geregelt (BGBl. 1958 II 129). Mit *Belgien* hat die BRep. wiederholt

Staatsverträge über Grenzberichtigungen und andere Fragen abgeschlossen, so z.B. am 24. 9. 1956 (BGBl. 1958 II 262).

904. Diplomatische und konsularische Vertretungen

Das aus dem Griechischen hergeleitete Wort *Diplomatie* bezeichnet die Kunst der Verhandlung bei Staatsgeschäften; ihrer bedienen sich vor allem die mit dem völkerrechtlichen Verkehr zwischen den Staaten betrauten höheren Beamten des auswärtigen Dienstes *(Diplomaten)*. Unter dem *diplomatischen Korps* versteht man die Gesamtheit der bei einem Staat beglaubigten ständigen diplomatischen Vertreter fremder Staaten, also die Missionschefs. Sein Wortführer ist der *Doyen*, d.h. das älteste Mitglied = der Botschafter oder Gesandte, der am längsten bei einer Regierung beglaubigt ist. In Staaten, bei denen ein *Apostolischer Nuntius* beglaubigt ist, wird dieser in der Regel als Doyen anerkannt. Im weiteren Sinne zählt man zum Diplomatischen Korps alle Mitglieder der Vertretungen und deren Familienangehörige, die zu den Diplomatenlisten anzumelden sind.

Früher tauschten nur die Großmächte *Botschafter*, die mittleren und kleinen Staaten dagegen *Gesandte* aus; der Unterschied ist heute gegenstandslos. Den diplomatischen Vertretern sind Botschafts- und Legationsräte, Sekretäre, Attachés und Büropersonal beigegeben. Das entsendende Land fragt vor der Entsendung beim Empfangsstaat an, ob ihm die Person des Vertreters genehm ist. Wird das sog. *Agrément* erteilt, so überreicht der Entsandte dem Staatsoberhaupt des fremden Staates sein *Beglaubigungsschreiben*. Die diplomatischen Vertreter vermitteln den politischen Verkehr zwischen den Regierungen des eigenen und des fremden Staates. Sie wirken i. d. R. bei Verträgen beider Staaten und beim Austausch von *Noten* mit (das sind förmliche schriftliche Mitteilungen, die entweder „signiert" = unterzeichnet oder nur als sog. „Verbalnoten" übergeben werden). Die Diplomaten unterstehen dem Minister des Auswärtigen des Entsendestaates.

Die Diplomaten genießen in dem fremden Staat *Unverletzlichkeit* (oft auch als *diplomatische Immunität* bezeichnet) und *Exterritorialität* (lat. ex = aus, terra = Land). Sie werden so behandelt, als ob sie sich im Ausland befänden. Ihre Wohnungen und Amtsräume sind vor fremdem Zugriff geschützt; sie sind von direkten Steuern, Zöllen und Abgaben des fremden Staates befreit (vgl. RdSchr. des BMI vom 14. 3. 1975, GMBl. 337).

Im einzelnen enthält das Wiener Übereinkommen vom 18. 4. 1961 über diplomatische Beziehungen (BGes. vom 6. 8. 1964, BGBl. II 957) die völkerrechtlich verbindlichen Regeln über die Aufgaben der Diplomaten, ihre Beglaubigung und Rangfolge, die Führung von Flagge und Hoheitszeichen, Rechtsstellung und Schutz der Missionsangehörigen (einschl. der Familienmitglieder und Angestellten) und deren Anmeldung beim Außenministerium des Empfangsstaates, Begrenzung des Personalbestandes, Unverletzlichkeit der Missionsangehörigen und der von ihnen benutzten Gebäude und Archive, Abgabenfreiheit, Gewährleistung des Verkehrs mit dem Heimatland, Erklärung zur unerwünschten Person *(persona non grata)* usw.

Die *persönliche Unverletzlichkeit* umfaßt u. a. die grundsätzliche *Befreiung von der Gerichtsbarkeit* des Empfangsstaates im Rahmen des Wiener Übereinkommens (mit Einschränkung auch, wenn der Entsendestaat diesem nicht beigetreten ist; § 18 GVG). Sie gilt im Bereich der Strafgerichtsbarkeit ausnahmslos und grundsätzlich auch für die Zivilgerichtsbarkeit; insoweit bestehen aber Ausnahmen für Klagen, die aus dinglichem Recht (vgl. 333, 336) in bezug auf *privates* unbewegliches Vermögen (das Dienstgebäude dagegen ist exterritorial) oder im Zusammenhang mit der Ausübung einer gewerblichen Tätigkeit oder eines freien Berufs erhoben werden, sowie in Nachlaßsachen. Unzulässig ist dagegen die Pfändung von Bankguthaben, die den Zwecken der ausländischen Mission dienen (BVerfG NJW 1978, 485). Die Befreiung von der Gerichtsbarkeit hat jedoch nicht zur Folge, daß der Exterritoriale von der Beachtung der materiellen Rechtsordnung des Empfangsstaates (also insbesondere des bürgerlichen und des Strafrechts) freigestellt ist; vielmehr bedeutet sie nur, daß die Rechtsordnung ihm gegenüber nicht zwangsweise durchgesetzt werden kann. Die Unverletzlichkeit des *Gesandtschaftsgebäudes* verbietet das Eindringen von Amtsträgern des Empfangsstaates (z. B. Polizei, Gerichtsvollzieher) in das Dienstgebäude der ausländischen Mission und in die Wohnung des Diplomaten. Sie umfaßt aber nach neuerem Völkergewohnheitsrecht nicht mehr das Recht, einem politisch Verfolgten auf längere Zeit diplomatisches *Asyl* zu gewähren, sondern gibt nur die Möglichkeit, ihn bei Gefahr für Leib oder Leben vorübergehend zu schützen; er muß dann aber den Behörden des Empfangsstaates übergeben werden, wobei eine den allgemeinen Rechtsgrundsätzen entsprechende Behandlung ausbedungen werden kann.

Die „Ständigen Vertretungen" der BRep. und der DDR sind zwar nicht diplomatische Missionen, haben aber die Rechte Exterritorialer entsprechend dem Wiener Übereinkommen vom 18. 4. 1961 (vgl. Ges. vom 16. 11. 1973, BGBl. I 1673, und DVO vom 24. 4. 1974, BGBl. I 1022).

Konsuln sind bevollmächtigte Vertreter eines Staates ohne diplomatischen Status; ihnen obliegt in einem anderen Staat die Wahrnehmung vor allem wirtschaftlicher Belange und der Interessen von Angehörigen des Entsendestaates. Sie residieren meist an wichtigen Handelsplätzen des Auslandes. Sie können Berufsbeamte oder *Wahlkonsuln (= Honorarkonsuln)* sein.

Man unterscheidet *Generalkonsuln,* Konsuln, Vizekonsuln und Konsularagenten. Ihre Rechtsstellung ist völkerrechtlich im Wiener Übereinkommen vom 24. 4. 1963 über konsularische Beziehungen (BGes. vom 26. 8. 1969, BGBl. II 1585) geregelt, das dem gleichnamigen Übereinkommen über diplomatische Beziehungen in den Grundzügen entspricht. Es behandelt insbes. Rechtsstellung und Aufgaben der Konsuln, ihre Bestellung und Rangfolge, Vornahme von Amtshandlungen, Unverletzlichkeit des Konsulararchivs usw. Die Konsuln – nicht ihre Familienmitglieder und Hausangestellten – unterliegen einer im Vergleich zu Diplomaten beschränkten persönlichen Immunität (vgl. § 19 GVG) und Abgabenfreiheit; insbes. sind sie nur hinsichtlich ihres Archivs exterritorial und genießen persönliche Immunität nur bei Ausübung ihrer Amtstätigkeit.

Das innerstaatliche *Konsularrecht,* insbesondere die Organisation der Bundeskonsulate und die Rechte und Pflichten der Konsuln, ist im *Konsulargesetz* i. d. F. vom 11. 9. 1974 (BGBl. I 2317) geregelt.

Zur Ausübung von Staatshoheitsrechten des Absendestaates bedarf ein Konsul einer Genehmigung des Gastlandes, die ihm mit dem sog. *Exequatur* (lat. = „er übe [sein Amt] aus!") erteilt wird.

905. Die Genfer Konventionen (Rotes Kreuz)

Auf Veranlassung des Schweizers *Henri Dunant,* der später dafür als erster mit dem Friedensnobelpreis ausgezeichnet wurde, lud unter dem Eindruck der Schlacht von *Solferino* (1859) die Schweizer Regierung 1864 die interessierten Länder nach Genf ein, um über die Verbesserung des Loses der Verwundeten und Kranken der im Kriege stehenden Heere zu beraten. Die Beschlüsse dieser internationalen Versammlung wurden in der *Genfer Konvention* (Übereinkunft) von 1864 festgelegt. In weiteren Konventionen von 1899, 1906, 1907 und 1929 wurden Maßnahmen zum Schutze der Verwundeten, der Kriegsgefangenen und der Zivilbevölkerung im Kriege beschlossen. Ihre Einrichtungen werden durch ein *Rotes Kreuz auf weißem Grunde* (Umkehrung der Schweizer Nationalflagge) kenntlich gemacht und vor Mißbrauch geschützt.

Die früheren Verträge sind durch (vier) Genfer Rot-Kreuz-Abkommen vom 12. 8. 1949 ersetzt worden, denen die BRep. laut Gesetz vom 21. 8. 1954 (BGBl. II 781) beigetreten ist:

Die Konvention über die *Verbesserung des Loses der Verwundeten und Kranken der Streitkräfte im Felde* schreibt deren Versorgung im Kriegsfalle vor. Die entsprechende Konvention über die Behandlung der Angehörigen der *Seestreitkräfte* überträgt die Landkriegsbestimmungen auf den Seekrieg.

Die Konvention über die *Behandlung der Kriegsgefangenen* verlangt Einhaltung der allgemeinen Gesetze, menschliche Behandlung und Gesundheitsfürsorge sowie Entlassung nach Beendigung der Feindseligkeiten; sie gestattet Heranziehung zur Arbeit nur bei gesunden Gefangenen (bei Offizieren nicht, bei Unteroffizieren beschränkt) und nur zu nichtmilitärischen Zwecken.

Die Konvention zum *Schutze von Zivilpersonen in Kriegszeiten* sieht im Fall eines Krieges Sicherheitszonen für Frauen, Kinder, Greise, Kranke und Verwundete vor; sie verbietet die *Geiselnahme* und die Einrichtung von Konzentrationslagern. *Partisanenverbände* sind erlaubt, wenn sie von rechtmäßigen Offizieren geführt und wenn von weitem erkennbare Unterscheidungszeichen verwendet, die Waffen offen getragen und die Kriegsgesetze beachtet werden.

Eine im Jahre 1974 einberufene und 1977 abgeschlossene Konferenz von 110 Staaten verabschiedete in Zusatzprotokollen zu den Konventionen von 1949 Vereinbarungen über den erweiterten Schutz der Zivilbevölkerung (Verbot des Flächenbombardements, der Aushungerung, der Zerstörung von Lebensmittellagern und Wasserreserven sowie von Angriffen auf Staudämme, Atomkraftwerke u. dgl.; ferner Verbot von Mißhandlungen, Geiselnahmen und Kollektivstrafen). Andererseits wurde der Begriff des „internationalen Krieges" ausgedehnt auf Kämpfe gegen Kolonialherrschaft, gegen Besetzung und rassistische Regimes. Die Erweiterung verschaffte den sog. *Guerilleros,* d. s. Teilnehmer an Guerilla(= Klein-)kriegen, einen gewissen Schutz als sog. „Kombattanten", falls sie ihre Waffen offen tragen, und als Kriegsgefangene.

Das *Internationale Rote Kreuz* (IRK) besteht aus den nationalen Gesellschaften vom RK (Deutsches, Britisches usw.), dem Internationalen Komitee vom RK und der Liga der Gesellschaften vom RK. Oberstes Organ ist die alle 2 bis 4 Jahre zusammentretende Internationale Konferenz vom RK, auf der Verbesserungen besprochen und den Regierungen empfohlen werden. Nachdem das DRK 1945 aufgelöst war, entstand es bald danach in den Westzonen wieder. Es bestehen Landes- und Kreisverbände mit Ortsgruppen. Das DRK unterhält Krankenhäuser, Heilanstalten, Alten-, Kinder- und Erholungsheime und forscht nach Vermißten, Flüchtlingen und Vertriebenen. In Mutterhäusern werden RK-Schwestern ausgebildet.

906. Die Friedensbewegung. Der Völkerbund

Um den *Friedensgedanken,* d.h. die Erhaltung des Friedens unter den Völkern und die Vermeidung von Kriegen, bemühten sich schon im Mittelalter Kirche und Staaten.

Um das Jahr 1000 gebot die *treuga dei (Gottesfrieden)* Waffenruhe von Mittwoch bis Montag früh; Zuwiderhandlungen waren mit kirchlichem Bann bedroht. Kaiser Maximilian I. verkündete 1495 den *Ewigen Landfrieden,* der jede Anwendung des Fehde- und Faustrechts als Landfriedensbruch behandelte. Im 18. Jahrh. war mit dem Emporsteigen Preußens zur Großmacht das europäische Staatensystem in seiner Ausformung bis 1914 abgeschlossen. Im Verhältnis der Mächte untereinander bildete sich der Ordnungsgedanke des *europäischen Gleichgewichts* heraus. 1815 schloß Zar Alexander I. von Rußland mit Preußen und Österreich eine *Heilige Allianz,* nach der ihre Völker als Glieder einer christlichen Gemeinschaft regiert werden sollten. Obwohl ihr fast alle Fürsten Europas beitraten (außer Papst, England, Sultan), erlangte sie keine Bedeutung. Auf den *Haager Friedenskonferenzen* 1899 und 1907 wurde beschlossen, internationale Streitfälle durch ein *Schiedsgericht* friedlich beizulegen. Vor und während des 1. Weltkrieges (1914–1918) versuchte der Papst einen Frieden herbeizuführen. Auch die evangelischen Kirchenbehörden bemühten sich um die Erhaltung des Friedens. Der *Kelloggpakt* zur Ächtung des Krieges vom 27. 8. 1928 verbot allgemein den Krieg zur Austragung internationaler Streitigkeiten; diese sollten ausschließlich mit friedlichen Mitteln bereinigt werden.

Auch die völkerrechtlichen Verhandlungen und Vereinbarungen waren immer mehr vom Friedensgedanken beseelt. Man strebte danach, das Prinzip der Macht durch die Herrschaft des Rechts zu ersetzen. Diese Gedanken führten zu *Völkerbund* und *UNO.*

Der *Völkerbund* wurde 1919 auf Anregung des amerikanischen Präsidenten *Wilson* gegründet, der in einer „14 Punkte-Erklärung" am 8. 1. 1918 einen Friedensvertragsentwurf aufgestellt und u. a. das Selbstbestimmungsrecht der Völker proklamiert hatte. Sein Zweck war die Erhaltung des Friedens durch Herabsetzung der Rüstung und Androhung von Sanktionen gegen Aggressoren. Obwohl sich 63 Nationen ihm anschlossen (Deutschland 1926; nicht USA), vermochte der Völkerbund das nach dem 1. Weltkrieg einsetzende Wettrüsten nicht zu verhindern. Seine Bestrebungen, den Frieden zu erhalten, blieben wirkungslos z. B. beim Einmarsch der Japaner in die Mandschurei (1935) und bei der Annexion Abessiniens durch Italien (1936). Hitler erklärte 1933 den Austritt Deutschlands aus dem Völkerbund. Der Völkerbund wurde 1939 außer Tätigkeit gesetzt. An seine Stelle trat gem. Vertrag vom 26.6. 1945 die *UNO* (vgl. 909).

Friedensappelle an die Völker in aller Welt und ihre Regierungen sind auch in den letzten Jahren immer wieder insbes. von seiten kirchlicher Autoritäten ergangen, so vom Ökumenischen Rat der Kirchen (vgl. 727), von *Papst Johannes XXIII.*, seinem Nachfolger *Paul VI.* anläßlich des Zweiten Vatikanischen Konzils (s. 710) und von Papst *Johannes Paul II.* (ab 1978).

907. Das Abrüstungsproblem

I. Entwicklung des Abrüstungsproblems

Besondere Bedeutung i. S. einer Humanisierung der Beziehungen zwischen den Völkern kommt den *Abrüstungsverhandlungen* zu, die schon Ende des 19. Jahrh. (Konferenz 1899 in Den Haag) einsetzten und in Zeitabständen fortgeführt wurden. Das Abrüstungsproblem hängt eng zusammen mit den Bemühungen um ein allgemeines *Sicherheitssystem;* diese begannen mit der *Atlantik-Charta* vom 14. 8. 1941 (zwischen Großbritannien und den USA abgeschlossen) und verstärkten sich seit Ende des 2. Weltkriegs. Eines der Ziele dieser Bestrebungen ist die internationale Kontrolle und die friedliche Verwendung der *Atomenergie;* sie wurden durch wiederholte Resolutionen der UNO-Vollversammlung unterstützt, die für ein allgemeines Verbot der Atomwaffen eintraten.

Das Wettrüsten, namentlich zwischen den Supermächten USA und UdSSR, hält trotz aller Bemühungen um Abrüstung seit Jahrzehnten an. Eine effektive Abrüstung konnte nicht erreicht werden; die Rüstung in der Welt hat vielmehr zu einem so hohen Waffenpotential geführt, daß es möglich ist, die Menschheit mehrfach zu vernichten (sog. *Overkill-Kapazität*). Die Tendenz der Abrüstungsverhandlungen geht daher derzeit dahin, durch Vereinbarungen wenigstens zu einer *Kontrolle der Rüstung* und zum Ausschluß bestimmter Waffenarten, z. B. chemischer oder biologischer Waffen, zu gelangen.

II. Multilaterale Abrüstungsverhandlungen

Die *Abrüstungsverhandlungen* begannen im Rahmen der UNO in den von der Vollversammlung hierfür eingesetzten Ausschüssen und wurden durch Notenwechsel zwischen den Großmächten und auf den *Abrüstungskonferenzen* (1958, 1960, 1964) fortgesetzt. Die meist in Genf stattfindenden Verhandlungen brachten jedoch in den grundsätzlichen Fragen zunächst keine Einigung. Die *Genfer Zehn-Mächte-Konferenz* scheiterte Ende Juli 1960, weil die Sowjets jede *Kontrolle* ihrer Abrüstung praktisch ablehnten und die Annahme ihres Planes als Ganzes beanspruchten.

Seit März 1962 wurden sodann die Beratungen über eine *allgemeine Abrüstung* von einer aus den 4 westlichen Staaten USA, England, Italien, Kanada, 5 kommunistischen Ländern unter Führung der Sowjetunion (ohne Rot-China) und 8 „blockfreien“ Staaten, darunter Indien, bestehenden *Siebzehner-Konferenz* in Genf fortgesetzt. Weitere Staaten – auch die BRep. – traten hinzu; die Genfer Abrüstungskonferenz umfaßt nunmehr 40 Länder und tagt in jährlichen Sitzungsperioden; sie ist die einzige multilaterale Konferenz über Fragen der Rüstung und Abrüstung. Die Verhandlungen erbrachten auch 1986 kein Ergebnis; das gilt ebenso für die Beratungen der von ihr eingesetzten Arbeitsgruppen für die Bereiche atomare Abrüstung, Verhinderung des Wettrüstens im All und des Atomkrieges, Verbot unterirdischer Nukleartests und Sicherheitsgarantien für

Nichtatommächte. Eine Sonder-Vollversammlung der UNO verabschiedete im Juli 1978 Richtlinien für die künftigen Abrüstungsverhandlungen und beschloß eine Umstrukturierung der Konferenz (Wechsel im Vorsitz usw.). Angestrebt wird ein umfassendes Abkommen über ein Verbot aller Nuklearversuche, Atomwaffen und chemischen Kampfstoffe; kleinere, nicht ausreichend geschützte Länder sollen gegen die Gefahr eines atomaren Überfalls gesichert werden. Eine zweite UNO-Sondervollversammlung über Abrüstung unter Beteiligung von 157 Länderdelegationen endete im Juli 1982 ohne Einigung auf ein umfassendes Programm. Der Schlußbericht stellt vielmehr fest, daß das von der ersten UNO-Sondervollversammlung verabschiedete Aktionsprogramm zum größten Teil nicht verwirklicht worden sei.

III. Abrüstungsverhandlungen zwischen USA und UdSSR

Die Abrüstungsverhandlungen zwischen USA und UdSSR sind vor allem auf Kontrolle und Begrenzung der beiderseitigen Atomwaffen gerichtet.

Nicht eigentlich der Abrüstung dienen die Verhandlungen, die laufend zwischen UdSSR und USA über eine *Begrenzung der strategischen Rüstung* in Wien und Helsinki geführt werden (SALT = Strategic Arms Limitation Talks). Am 26. 5. 1972 wurde in einem Teilabkommen eine Begrenzung der Raketenabwehrsysteme (ABM) vereinbart. In einem weiteren Abkommen (SALT II) vom 18. 6. 1979 wurden zusätzliche Rüstungsbeschränkungen hins. des Potentials an strategischen Waffensystemen, des Einsatzes von Trägerraketen und Fernbombern usw. festgelegt. Ferner wurden weitere Schritte zur Beschränkung interkontinentaler strategischer Angriffswaffen und nuklearer Kampfmittel eingeleitet. Sie sollten Gegenstand eines geplanten Übereinkommens „Salt III" werden, zu dessen Abschluß es jedoch infolge der zunehmenden Spannung zwischen USA und UdSSR (Afghanistan – vgl. 927; unsichere Lage in Polen) für 1981 nicht gekommen ist. US-Präsident Reagan hat im Sommer 1986 angekündigt, daß sich die USA künftig nicht mehr an SALT II halten werden, wenn die UdSSR Verletzungen des Abkommens nicht unterlasse. Gespräche zwischen den beiden Supermächten über die Zukunft des SALT-Abkommens im Juli 1986 endeten ergebnislos.

Die Abrüstungsverhandlungen zwischen den USA und der UdSSR wurden im Juni 1982 in Genf unter der neuen Bezeichnung „START" (= Strategic Arms Reduction Talks) fortgeführt. Diese Bezeichnung soll eine Richtungsänderung anzeigen, da es nicht mehr nur um eine Begrenzung (Limitation), sondern um eine Verringerung (Reduction) strategischer Atomwaffen gehen soll. Damit wird das mit den SALT-Verhandlungen angestrebte Ziel einer gleichmäßigen Rüstungsverminderung weiterverfolgt. Die START-Verhandlungen wurden im Nov. 1983 von der UdSSR abgebrochen, nachdem auf Grund des sog. NATO-Doppelbeschlusses vom 12. 12. 1979 Ende 1983 mit der Stationierung amerik. Mittelstreckenraketen in Westeuropa begonnen worden war. Der *NATO-Doppelbeschluß* sah vor, daß in erster Linie durch Verhandlungen mit der UdSSR eine Reduzierung der Kernwaffen in Europa erreicht werden sollte; würde dieses Ziel nicht erreicht, so sollte das Nuklearwaffenarsenal in Westeuropa durch Aufstellung neuer Mittelstreckenraketen modernisiert werden. Gleichzeitig brach die UdSSR auch die 1981 mit den USA begonnenen Verhandlungen über die Begrenzung der atomaren Mittelstreckenwaffen in Europa (*INF = Intermediate-Range Nuclear Forces)* ab. Im März 1985 nahmen die USA und die UdSSR die Abrüstungsgespräche in Genf wieder auf. Es wird über folgende Komplexe verhandelt: strategische nukleare Offensivwaffen (START), nukleare Mittelstreckensysteme (INF), Kurzstreckenwaffen (SRINF) sowie Weltraum- und andere Defensivwaffen. Trotz verschiedener Vorschläge von beiden Seiten konnte bisher (Ende 1986/1987) kein Erfolg erzielt werden. Differenzpunkt ist vor allem die Forderung der UdSSR, Fortschritte in den Verhandlungen von einem Verzicht der USA auf das *SDI-Programm* abhängig zu machen. SDI (Strategic Defense Initiative) ist ein amerikanisches Forschungsprogramm, das die Möglichkeiten eines nichtnuklearen Abwehrsystems gegen ballistische Interkontinentalraketen im Weltraum untersucht.

Auf Grund eines Abkommens zwischen USA und der BRep vom März 1986 sollen auch deutsche Firmen am Forschungsprogramm über ein weltraumgestütztes Raketenabwehrsystem beteiligt werden.

IV. Abrüstung in Europa

Im Okt. 1973 begann unter Teilnahme von 12 Staaten der NATO (darunter die BRep.) und 7 Staaten des Warschauer Pakts in Wien die *Konferenz über eine gegenseitige ausgewogene Verminderung von Truppen und Rüstungen* in Mitteleuropa (MBFR = Mutual Balanced Force Reductions). Auch diese Konferenz wurde nach Aufstellung der amerik. Mittelstreckenraketen Ende 1983 unterbrochen, jedoch im März 1984 wieder aufgenommen. Sie hat bisher zu keinen Ergebnissen geführt, da schon über den Ausgangspunkt, nämlich die vorhandenen Truppenstärken, Differenzen bestehen.

Die Frage der Schaffung eines kollektiven Sicherheitssystems wurde unter Beteiligung fast aller Ostblockstaaten auf der *europäischen Sicherheitskonferenz* erörtert (s. 922). Nach Art. 24 Abs. 2 GG kann sich die BRep. einem kollektiven Sicherheitssystem zur Wahrung des Friedens einordnen.

Über sonstige regionale Sicherheitssysteme vgl. 913, 923, 925 (NATO, Warschauer Pakt, ANZUS).

V. Einzelne Abkommen zur Rüstungskontrolle

Es ist zwar nicht gelungen, eine generelle Abrüstung zu erreichen. Jedoch konnten auf einigen Teilgebieten Erfolge erzielt werden:

Die in Genf tagende Konferenz über die *Einstellung der Kernwaffenversuche* (sog. *Dreimächtekonferenz:* UdSSR, USA, Großbritannien) führte am 5. 8. 1963 zum Vertrag über das *Verbot von Kernwaffenversuchen* in der Atmosphäre, im Weltraum und unter Wasser *(Atomversuchsstop).* Die Dauer dieses Vertrags ist unbegrenzt; ein Rücktrittsrecht (nach Vorankündigung) besteht für jeden Vertragspartner, der durch außergewöhnliche Ereignisse im Hinblick auf den Gegenstand des Vertrags die wichtigsten Interessen seines Landes gefährdet glaubt. Dem Abkommen sind viele Staaten beigetreten (die BRep. gem. Ges. vom 29. 7. 1964, BGBl. II 906); nicht angeschlossen sind Frankreich und Rot-China. Das gleiche gilt für den sog. *Atomwaffensperrvertrag* vom 1. 7. 1968, in dem sich die Vertragspartner verpflichtet haben, Kernwaffen an Nichtkernwaffenstaaten weder weiterzugeben noch diese in der Herstellung zu unterstützen. Die beitretenden Nichtkernwaffenstaaten übernehmen die entsprechende Verpflichtung, Kernwaffen weder zu erwerben noch herzustellen und Sicherungsmaßnahmen sowie Kontrollen zu dulden. Forschung, Erzeugung und Verwendung für *friedliche Zwecke* sind ausdrücklich garantiert. Der Vertrag ist auch von der BRep. ratifiziert worden (Ges. vom 4. 6. 1974, BGBl. II 785), aber unter Vorbehalten, die sich auf ihre Zugehörigkeit zur NATO (913), ihr Verhältnis zur DDR und die Freiheit von Lehre und Forschung für friedliche Zwecke beziehen; s. a. Verifikationsabkommen vom 5. 4. 1973 mit Ausführungsges. vom 7. 1. 1980 (BGBl. I 17). Das Abkommen vom 10. 4. 1972 über das *Verbot bakteriologischer Waffen* ist von zahlreichen Staaten, darunter der BRep., ratifiziert worden, nicht dagegen von Frankreich und Rot-China. Über die *Meeresboden-Konvention* und den *Antarktis-Vertrag* s. 920. Ein Abkommen zwischen USA und UdSSR vom

22. 6. 1973 zur *Verhütung von Atomkriegen* sieht eine gegenseitige Konsultationspflicht bei Gefahr eines nuklearen Konflikts vor. Zum *Umweltkriegsübereinkommen* s. 193 IV.

908. Menschenrechte und politische Rechte

I. *Der Begriff der Menschenrechte*

(vgl. des näheren 46, insbes. über die Abgrenzung zu den *Bürgerrechten*) wurde durch die auf einer Konferenz in San Francisco am 26. 6. 1945 angenommene *Charta der Vereinten Nationen* und die von der Generalversammlung der UNO am 10. 12. 1948 verkündete „Allgemeine Erklärung der Menschenrechte" zum Gegenstand internationaler Verlautbarungen gemacht.

Schon in der Charta hatten sich die damaligen Gegner Deutschlands (einschl. UdSSR und Polen) zu den *Grundrechten des Menschen,* Würde und Wert der menschlichen Persönlichkeit, Gleichberechtigung von Mann und Frau u. a. humanitären Grundsätzen bekannt. Auch in der *Atlantik-Charta* (907) war die Bindung an diese Grundrechte herausgestellt worden.

Verfassungsmäßigen Niederschlag fanden die Menschenrechte erstmals in der von den Nachfahren englischer Auswanderer 1776 geschaffenen Verfassung des amerikanischen Staates *Virginia* und bei der Unabhängigkeitserklärung der USA. Die Erklärung über die *unveräußerlichen Menschenrechte* wurde 1789 als Bill of Rights in die *Verfassung der USA* aufgenommen. Über die Anerkennung der Freiheitsrechte in Großbritannien vgl.32.

Diese Grundsätze wurden zum Vorbild der französischen Verfassung nach der Revolution 1789 und der modernen Verfassungen. In Preußen brachte zwar die *Stein- und Hardenbergsche Reform* (1807–1812) die Befreiung der Bauern von der dinglichen und persönlichen Abhängigkeit; eine Verfassung kam aber erst 1850 als *oktroyierte Verfassung* (vgl. 7) zustande. Unter Hitler wurden die Persönlichkeitsrechte völlig mißachtet (vgl. 18).

II. *Schutz der Menschenrechte durch das Grundgesetz*

Das *Grundgesetz* der BRep. erklärt die Würde des Menschen als unantastbar und ihre Achtung und Wahrung als Verpflichtung aller staatlichen Gewalt. Das Deutsche Volk bekennt sich zu den unverletzlichen und unveräußerlichen *Menschenrechten* als Grundlage jeder menschlichen Gemeinschaft, des Friedens und der Gerechtigkeit in der Welt (Art. 1 GG; vgl. 46).

III. *Völkerrechtliche Gewährleistung der Menschenrechte*

Eine völkerrechtliche Garantie haben die Menschenrechte erhalten durch die in Rom am 4. 11. 1950 von den Regierungen der Mitgliedstaaten des Europarates unterzeichnete *Konvention zum Schutze der Menschenrechte und Grundfreiheiten* (BGBl. 1952 II 686). Vgl. 912 V. Das Internationale Übereinkommen zur Beseitigung jeder Form von *Rassendiskriminierung* vom 7. 3. 1966 (BGBl. 1969 II 962) untersagt auf Grund der UNO-Erklärungen über die Menschenrechte (s. vor allem die Allgemeine Erklärung der Menschenrechte vom 10. 12. 1948) jede Benachteiligung aus rassischen Gründen; es verpflichtet die Vertragsstaaten, durch gesetzliche und behördliche Maßnahmen die noch bestehenden Diskriminierungen zu beseitigen und neue zu verhindern. S. hierzu auch das *Übereinkommen vom 18. 12. 1979 zur Beseitigung jeder Form der Diskriminierung der Frau* (BGes. vom 25. 4. 1985, BGBl. II 647).

Eine umfassende völkerrechtliche Grundlage für die persönliche Rechtsstellung schuf der *Internationale Pakt über bürgerliche und politische Rechte* vom 19. 12. 1966, dem die BRep. gem. Ges. vom 15. 11. 1973 (BGBl. II 1533) beigetreten ist. Er garantiert das *Selbstbestimmungsrecht der Völker* und den Schutz der allgemeinen *politischen Rechte* für jeden Angehörigen der Vertragsstaaten. Zu diesen Rechten zählen insbes. das Recht auf Leben und Freiheit, Freizügigkeit (auch das Recht, das eigene Land freiwillig zu verlassen), Gewissens-, Meinungs- und Religionsfreiheit, Versammlungs- und Koalitionsrecht, Schutz der Ehe, der Familie und des Kindes, Gleichheit aller vor dem Gesetz und Gleichheit der Geschlechter, richterliche Haftkontrolle und rechtsstaatliche Verfahrensgrundsätze sowie das Verbot von Sklaverei und Zwangsarbeit. Der ebenfalls am 19. 12. 1966 geschlossene *Internationale Pakt über wirtschaftliche, soziale und kulturelle Rechte* (BGes. vom 23. 11. 1973, BGBl. II 1569) ergänzt die völkerrechtliche Grundlage für diese Bereiche. Er postuliert u. a. das Recht auf Arbeit und angemessene Entlohnung nach dem Gleichbehandlungsgrundsatz, auf Arbeitspausen, Freizeit und Urlaub, die Koalitionsfreiheit und das Streikrecht (vgl. 47), soweit es nicht innerstaatlich eingeschränkt ist, das Recht auf soziale Sicherheit (einschl. Sozialversicherung), auf angemessenen Lebensstandard und Gesunderhaltung sowie auf Bildung und auf Teilnahme am kulturellen Leben. Zum Übereinkommen über die politischen Rechte der Frau vgl. 903 III.

909. Die Vereinten Nationen (UNO)

I. Gründung

Nach umfangreichen Vorarbeiten der im 2. Weltkrieg gegen Deutschland verbündeten Mächte wurde am 26. 6. 1945 ein neuer völkerrechtlicher Zusammenschluß mit Unterzeichnung der *Charta der Vereinten Nationen* in San Francisco geschaffen. Er führt die Bezeichnung United Nations Organization (UNO) und ist dem 1939 außer Tätigkeit gesetzten Genfer Völkerbund nachgebildet (vgl. 906).

Wie der Völkerbund erweiterte sich die UNO in Etappen. Heute gehören der UNO 160 Staaten an, dagegen nicht z. B. die Schweiz und Korea. Erst am 18. 9. 1973 wurden auf Grund gleichzeitig gestellter Anträge entsprechend der Entwicklung der staatsrechtlichen Verhältnisse in Deutschland (vgl. 24 V) die BRep. (BGes. vom 6. 6. 1973, BGBl. II 430) und die DDR aufgenommen.

II. Organisation

Die UNO hat *sechs Hauptorgane;* diese sind:

1. der *Sicherheitsrat*

bestehend aus 15 Mitgliedern, davon 5 ständi gen (USA, UdSSR, Großbritannien, Frankreich, Volksrep. China); die übrigen (nichtständigen) Mitglieder werden auf 2 Jahre gewählt.

Hauptaufgabe des Sicherheitsrates ist es, die zur Erhaltung des Weltfriedens erforderlichen Maßnahmen zu treffen. Seine Mitglieder müssen am Sitz der UNO (New York) jederzeit verfügbar sein. Zur Vermeidung des Krieges dient nach Art. 33ff. der UN-Charta die Aufnahme von Verhandlungen. Nach

Art. 39 muß ein Friedensbruch in Form einer Resolution festgestellt sein. Der Sicherheitsrat hat dann die Wahl zwischen friedlichen und militärischen Sanktionsmaßnahmen (Art. 41 und 42). Als friedliche Sanktionen kommen wirtschaftliche Maßnahmen sowie der Abbruch der diplomatischen Beziehungen in Frage. Militärische Maßnahmen werden durch jeweils aus Kontingenten der Mitgliedsnationen zusammengestellte Streitkräfte durchgeführt. (Bis jetzt mil. Eingreifen in Korea, Ägypten, Kongo-Zaïre, Cypern, an Israel grenzende libanesische und syrische Gebiete).

Die Stimmen der ständigen Mitglieder im *Sicherheitsrat* müssen einheitlich abgegeben werden; daher kann durch das *Veto* jeder der fünf Großmächte jede entscheidende Aktion verhindert werden. Auf Grund dieses Prinzips der Einstimmigkeit (vgl. 922) haben besonders die UdSSR und in letzter Zeit auch die USA manche Entschließung verhindert. Jedoch ist bereits im Jahre 1950 eine Resolution angenommen worden, wonach innerhalb von 24 Stunden die *Vollversammlung* der UNO einberufen werden kann, wenn ein Friedensbruch vorliegt und der Sicherheitsrat durch den Gebrauch des Vetos gehindert ist, seine primäre Verantwortung für die Friedenssicherung wahrzunehmen. In diesem Falle kann die Generalversammlung mit Zweidrittelmehrheit Empfehlungen für gemeinsame Aktionen der Mitgliedstaaten abgeben, die im Falle einer *Aggression* (darüber s. u.) auch die Anwendung von Waffengewalt einschließen können;

2. die *Generalversammlung*.

Sie setzt sich aus Vertretern aller Mitgliedstaaten (Bevollmächtigte) zusammen und beschließt meist mit einfacher, bei wichtigen Entscheidungen mit *Zweidrittelmehrheit* (Art. 18 Abs. 2). Ihre Hauptaufgabe ist die Abstimmung (Koordinierung) aller auf den Weltfrieden abzielenden Maßnahmen und Bestrebungen.

Auch in der Vollversammlung der Vereinten Nationen gibt es ,,Fraktionen", die bei Abstimmungen in Erscheinung treten. Den westlich orientierten Staaten, die von den USA geführt werden, steht zwar eine geringe Zahl von Ländern des *Ostblocks* unter Führung der UdSSR und Chinas gegenüber. Aber die Zahl der asiatisch- afrikanischen Staaten, die Mitglieder der UNO sind, hat sich ständig vergrößert. Sie gehören mit anderen, auch europäischen und sonstigen Ländern zu der aus der sog. *Bandung-Gruppe* hervorgegangenen lockeren Organisation der ,,blockfreien (bündnisfreien) Staaten" (vgl. 926), die meist unter Führung *Indiens* auftritt. Sofern nicht gegensätzliche Interessen innerhalb dieser Staatengruppe eine einheitliche Stellungnahme verhindern, gibt sie infolge ihres zahlenmäßigen Übergewichts bei Abstimmungen den Ausschlag, besonders aber bei wichtigen, eine Zweidrittelmehrheit erfordernden Entscheidungen. Eine Änderung der Charta dahin, daß die Stimmen der Bedeutung des Staates gemäß gewogen werden, hat bisher weder die in Art. 108 der Charta vorgeschriebene Zweidrittelmehrheit der Vollversammlung noch die außerdem erforderliche Zustimmung aller fünf ständigen Mitglieder des Sicherheitsrates gefunden. Daher besitzen zur Zeit z. B. die kleinen afrikanischen Staaten das gleiche Stimmrecht wie die fünf Großmächte, Indien und die großen südamerikanischen Länder;

3. der *Wirtschafts- und Sozialrat*

– ECOSOC, Economic and Social Council – (54 Mitglieder) zur Bearbeitung von Angelegenheiten der Wirtschaft, des Sozialwesens, der Kultur, der Erziehung, der Gesundheit und verwandter Gebiete;

925

4. der *Treuhandrat*

der für die Beaufsichtigung der alten Völker bundsmandatsgebiete (insbes. ehemalige deutsche Kolonien) und der neuen Treuhandgebiete zuständig ist.

Seine (relative) Mitgliederzahl wird u. a. von der Zahl der Staaten bestimmt, die Treuhandgebiete verwalten;

5. der *Internationale Gerichtshof*

in Den Haag als Nachfolger des Völkerbundsgerichtshofes.

Er setzt sich aus 15 unabhängigen Richtern zusammen, die 15 verschiedenen Staaten angehören müssen. Sie werden von Vollversammlung und Sicherheitsrat auf 9 Jahre gewählt;

6. das *Generalsekretariat*

als Verwaltungsorgan der UNO.

Das Sekretariat (Sitz: New York, USA) besteht aus einem *Generalsekretär* und sonstigen Bediensteten. Der Generalsekretär wird auf Empfehlung des Sicherheitsrats von der Generalversammlung ernannt. Er ist der höchste Verwaltungsbeamte der UNO (Art. 97); er erstattet der Generalversammlung alljährlich über die Tätigkeit der Organisation Bericht (Art. 98) und kann die Aufmerksamkeit des Sicherheitsrats auf jede seiner Auffassung nach den Weltfrieden und die internationale Sicherheit gefährdende Angelegenheit lenken (Art. 99). Das Sekretariat registriert und veröffentlicht die internationalen Verträge (Art. 102).

Bisher waren Generalsekretär der UNO: *Trygve Lie,* Norwegen (1946–1953); *Dag Hammarskjöld,* Schweden (1953–1961); *U Thant,* Birma (1961–1971); *Kurt Waldheim,* Österreich (1971–1981); *Javier Perez de Cuellar,* Peru (seit 1982).

Eine *Europäische Dienststelle der UNO* befindet sich in Genf (Schweiz); dort besteht ferner eine Wirtschaftskommission für Europa (ECE) und ein UN-Informations-Zentrum.

Ein *Übereinkommen* vom 13. 2. 1946 über die *Vorrechte und Immunitäten* der Vereinten Nationen, dem die BRep. gem. Ges. vom 16. 8. 1980 (BGBl. II 941) beigetreten ist, enthält u. a. Bestimmungen über die Rechtspersönlichkeit der UNO, ihr Vermögen, Erleichterungen im Nachrichtenverkehr sowie über die Immunität und andere Vorrechte der Vertreter der Mitgliedsländer, der UNO-Bediensteten und der von der UNO bestellten Sachverständigen, ferner über die Ausstellung von Passierscheinen und über die Beilegung von Streitigkeiten.

An der Aufbringung der *Haushaltsmittel* für die UNO sind in erster Linie die Vereinigten Staaten (25 v. H.), die Sowjetunion (11,1 v. H.), Japan (9,59 v. H.), die Bundesrepublik Deutschland (8,31 v. H.), Frankreich (6,26 v. H.) und Großbritannien (4,52 v. H.) beteiligt. Die USA haben jedoch ihren Beitrag im Jahr 1986 stark gekürzt, so daß die UNO großen finanziellen Problemen gegenübersteht.

Behörden oder Unterorganisationen der UNO sind u. a. das UNO-Umweltprogramm (UNEP) in Nairobi, die Behörde des Hohen Kommissars der UNO für Flüchtlinge (UNHCR) in Genf und das Weltkinderhilfswerk (UNICEF) in New York.

Weiter bestehen *Sonderorganisationen der UNO.* Diese sind weltweite Organisationen mit rechtlicher Selbständigkeit im Rahmen der UNO, aber mit eigener, von der UNO unabhängiger Mitgliedschaft. Solche Sonderorganisationen sind u. a.: die Internationale Arbeitsorganisation (ILO) in Genf, die Internationale Bank für Wiederaufbau und Entwicklung und der Internationale Währungsfonds (IMF) in Washington, die UNESCO (United Nations Educational, Scientific and Cultural Organization) in Paris als Einrichtung für Aufgaben der Erziehung, Wissenschaft, Kultur, die Organisation für industrielle Entwicklung (UNIDO) in Wien, der Weltpostverein (UPU) in Bern (Schweiz), die Internationale Organisation für zivile Luftfahrt (ICAO) in Montreal (Kanada), die Ernährungs- und Landwirtschaftsorganisation FAO (Food and Agriculture Organization) in Rom und die Weltgesundheitsorganisation (WHO, World Health Organization) in Genf. Über wirtschaftliche Sonderorganisationen und über die Welthandelskonferenz s. 918, über die Atomenergieagentur (IAEO) s. 816, über die Internat. Entwicklungsgesellschaft (IDA) s. 919 IV.

Keine Organisation der UNO, aber in ihrer Zusammensetzung deren Spiegelbild ist die *Interparlamentarische Union (IPU)*. Sie wurde 1889 in Paris gegründet und ist eine lose Vereinigung von Parlamentariern aus westlichen und östlichen wie auch aus Entwicklungsländern (102 Mitgliedsländer im Jahr 1986; Sitz: Genf). Ihre Ziele sind vorwiegend die Wahrung der Rechte des Parlaments, aber auch die Erörterung von Weltproblemen und die Schlichtung internationaler Streitigkeiten durch persönliche Fühlungnahme der Parlamentarier untereinander. Auf der 65. Tagung der IPU im Sept. 1978 in Bonn wurden u. a. Fragen der Abrüstung, Rohstoffprobleme, der arab.-israel. Konflikt (932) sowie die Bekämpfung des Rassismus in Südafrika und des Terrorismus erörtert.

III. Tätigkeit der UNO

Die UNO ist häufig vor schwierige Aufgaben gestellt worden. Im September 1959 ersuchte die Regierung des Königreichs *Laos* um Entsendung von Truppen zur Abwehr einer angeblichen nord-vietnamesischen Aggression. Im Jahre 1960 rief *Kuba* den Sicherheitsrat an, und die *Republik Kongo (= Zaïre)* ersuchte die UNO, die Ordnung in ihrem Lande wiederherzustellen. Österreich brachte die *Südtirol-Frage* (36) vor die Vollversammlung, die UdSSR wollte sie 1960 wegen des Überfliegens ihres Gebiets durch ein US-Flugzeug (922) anrufen. Im Jahre 1962 empfahl der Lenkungsausschuß der Vereinten Nationen der Vollversammlung, die *Ungarn-Frage* (Konsequenzen aus der Niederschlagung des Volksaufstands 1956 durch einmarschierte sowjet. Truppen), das *Korea-Problem* (infolge des Koreakrieges von 1950–1953 ist Korea ein zweigeteiltes Land ähnlich wie Deutschland) und die Frage der Zulassung der *Volksrepublik China* an Stelle Nationalchinas auf ihre Tagesordnung zu setzen (s. hierzu unten). Der im Jahre 1968 von der UdSSR im Zusammenhang mit ihrem Einmarsch in die Tschechoslowakei (vgl. 923) erhobene Anspruch, auf Grund der sog. *Feindstaatenklauseln* der UN-Charta (Art. 53 und 107) im Falle einer ihr nicht genehmen Entwicklung auch in die inneren Verhältnisse der BRep. einseitig eingreifen zu können, wurde von den Westmächten und dem UNO-Generalsekretär U Thant zurückgewiesen; er ist überholt mit dem Inkrafttreten des Gewaltverzichtsvertrags mit der UdSSR vom 12. 8. 1970 (vgl. 922). In der neueren Geschichte der UNO waren latente Konfliktstoffe in aller Welt immer wieder Gegenstand von Verhandlungen und Entschließungen sowohl in der Vollversammlung wie im Weltsicherheitsrat, so der israelisch-arabische Konflikt (932), die Stellung der rassischen Minderheiten in Südafrika (929) sowie zahlreiche Streitfälle in Südostasien (vgl. 926) und in den mittel- und südamerikanischen Staaten (Nicaragua, Chile u. a.), bei denen sich die UNO vor allem um die Einhaltung der Menschenrechte (908) bemühte.

Häufig muß sich die UNO allerdings auf kaum durchsetzbare Empfehlungen und Entschließungen der Vollversammlung beschränken, namentlich dann, wenn im Weltsicherheitsrat Beschlüsse über Maßnahmen gegen die Störung des Weltfriedens (Art. 40ff.) am Veto eines ständigen Mitglieds gescheitert sind; so 1979 im Falle der Geiselnahme in der US-Botschaft in Teheran anläßlich des Konfliktes um das Verlangen der islamischen Revolutionäre auf Auslieferung des gestürzten Schahs während seines Aufenthalts in den USA, ebenso nach der Entsendung von Truppen der UdSSR nach Afghanistan zur Unterstützung der kommunistischen Regierung gegen die moslemischen Aufständischen (926). Deshalb ist schon frühzeitig angeregt worden, die UNO mit einer ständigen *internationalen Streitmacht* auszustatten, die unabhängig von einem Veto im Sicherheitsrat eingesetzt werden kann. Hiergegen wendet sich die UdSSR, weil sie eine Entwicklung der UNO zu einem *Superstaat* befürchtet, den sie nicht dulden könne, solange es noch Staaten mit unterschiedlicher Gesellschaftsordnung gebe.

Immerhin sind auf Grund eines im Sicherheitsrat erzielten Einverständnisses wiederholt Streitkräfte oder Beobachter mehrerer Nationen zur Aufrechterhaltung des Friedens oder zur Überwachung der Einhaltung von Waffenstillstandsvereinbarungen eingesetzt worden; so 1964 und 1974 in Cypern, am Suez-Kanal und in der neutralen Zone an der syrischen Grenze im israelisch-arabischen Konflikt, (932); im Jahre 1978 im Südlibanon, in den israelische Truppen zur Abwehr palästinensischer Guerilla-Angriffe eingedrungen waren. Die Entsendung von Streitkräften ist immer wieder Streitpunkt der Mitglieder der UNO; so weigert sich z. B. die UdSSR, die notwendigen *Beiträge für Sonderaktionen* zu zahlen, denen sie nicht zugestimmt hat.

China gehört als Gründungsmitglied den Vereinten Nationen und als Großmacht dem Weltsicherheitsrat als ständiges Mitglied an. Nachdem National-China, dem diese Rechte zustanden, seit Errichtung der „Volksrepublik China" (1949) nach Formosa abgedrängt und das chinesische Festland unter kommunistische Herrschaft gefallen war *(Rot-China)*, erhob sich die Frage, ob nunmehr Rot-China die Wahrnehmung der Rechte Chinas zuerkannt werden könne. Dies wurde jahrelang mit der Begründung abgelehnt, daß die rot-chinesische Regierung wiederholt *Aggressionen* begangen oder unterstützt habe und deswegen keine Gewähr für eine *friedliche Einstellung* biete, die Art. 4 der Charta bei Zulassung eines neuen Staates verlangt. Die Frage wurde schließlich am 26. 10. 1971 zugunsten Rot-Chinas entschieden, das damit gleichberechtigt mit den USA und der UdSSR aktiv in die Weltpolitik eintrat (vgl. 928).

Der Begriff der „Aggression" i. S. des Art. 51 der UN-Charta, der im Völkerrecht eine wichtige Rolle spielt, umfaßt nach einer von der Vollversammlung der UNO am 14. 12. 1974 aus anderem Anlaß verabschiedeten Definition jede

Art von Gewaltanwendung gegen einen anderen Staat, die von der Charta nicht gerechtfertigt wird; wer zuerst Gewalt anwendet, gilt „prima facie" als Aggressor.

Im Verlauf des arabisch-israelischen Konflikts wurde die UNO in der Frage der Anerkennung der *Palästina-Befreiungs-Organisation* (PLO, vgl. 932) einer erneuten Belastungsprobe ausgesetzt. Durch Mehrheitsbeschluß wurde im November 1974 das Recht der Palästinenser auf Eigenstaatlichkeit anerkannt und der PLO der Status eines Beobachters eingeräumt.

Neuere Bestrebungen zielen im wirtschaftlichen Bereich darauf ab, die Beziehungen zwischen Industrie- und Entwicklungsländern auf eine neue Grundlage zu stellen; so die Ergebnisse der *UNO-Rohstoffkonferenz* vom 2. 5. 1974, an der 135 Länder teilnahmen (vgl. 919 IV). Die von der UNO auf Initiative der Entwicklungsländer im Dezember 1974 beschlossene *Weltwirtschafts-Charta* zielt darauf ab, den Ländern der „Dritten Welt" einen größeren Anteil am Weltwirtschaftsprodukt zu sichern. Sie bestätigt die volle Souveränität aller Länder über ihre Naturvorkommen und räumt ihnen das Recht ein, ausländische Investitionen und die Tätigkeit übernationaler Unternehmungen zu überwachen. Weitere Bestandteile der Charta fanden jedoch nicht die Zustimmung der BRep. und anderer westlicher Länder: das Recht der Verstaatlichung nach Landes- (und nicht auch nach Völker-)Recht, das Recht zur Bildung von Erzeugerkartellen und Rohstoffabkommen sowie die Preisbindung von Exporten und Importen der Rohstoffländer.

910. Der Marshallplan und die europäische Wirtschaft

Der von dem damaligen amerikanischen Außenminister George C. Marshall am 5. 6. 1947 bekanntgegebene, am 3. 4. 1948 in Kraft getretene Plan ist die Grundlage zahlreicher europäischer Organisationen mit wirtschaftlicher Zielsetzung (vgl. 911 ff., 918). Neben seinem unmittelbaren Zweck, den wirtschaftlichen Aufbau Westeuropas durch amerikanische Warenkredite und sonstige Wirtschaftshilfe zu unterstützen, sollte er dazu beitragen, die durch den 2. Weltkrieg funktionell gestörte Wirtschaft wieder zu beleben. Zur Durchführung des Marshallplans wurden folgende Einrichtungen geschaffen:

I. das *ERP (Europäisches Aufbauprogramm* = European Recovery Program).

Bereits am 22. 9. 1947 beschlossen 16 europäische Länder in Paris das vom Ausschuß für Europäische Wirtschaftliche Zusammenarbeit (Committee for European Economic Cooperation – CEEC) ausgearbeitete Programm über die Einfuhr von Ankurbelungsgütern, Handelsausweitungen nach Südostasien und Osteuropa, Wiedereinbau Westdeutschlands in das europäische Wirtschaftsgefüge, Schaffung gesunder Währungen, Abbau der Zölle und Normung gewisser Güter;

II. die *ECA = Verwaltungsbehörde für wirtschaftliche Zusammenarbeit* (Economic Cooperative Administration).

Sie wurde durch das amerikanische Auslandshilfegesetz vom 3. 4. 1948 geschaffen und verteilte für das erste ERP-Jahr 5 Mrd. Dollar;

III. die *OEEC = Organisation für Europäische wirtschaftliche Zusammenarbeit* (Organization for European Economic Cooperation).

Sie wurde am 16. 4. 1948 von 17 europäischen Teilnehmerländern gegründet, um die Verwendung der ERP-Mittel in Zusammenarbeit mit der ECA sicherzustellen und die Wiederaufbaupläne der Mitgliedstaaten zu koordinieren. Die BRep. erhielt 1949 die volle Gleichberechtigung in der OEEC. Nicht beteiligt waren von den europäischen Ländern die Ostblockstaaten und Finnland. Die USA, Kanada und später Jugoslawien wurden assoziierte Mitglieder.

1960 wurde die OEEC in eine neue Organisation, die OECD (Organization for Economic Cooperation and Development = Organisation für wirtschaftliche Zusammenarbeit und Entwicklung) umgestaltet. Durch diese neue Konvention soll die enge wirtschaftliche Zusammenarbeit zwischen den USA und Westeuropa fortgesetzt und der Beitrag Europas zur Entwicklungshilfe (s. 919) erhöht werden. Bei der OECD (Sitz: Paris) bestehen ein Ministerrat, ein Exekutivausschuß, ein Generalsekretariat und zahlreiche Ausschüsse. Unter den Sonderstellen kommt dem Direktorium des *Europäischen Währungsabkommens* (EWA) – jetzt: Komitee für Währungs- und Devisenangelegenheiten (Vertreter der OECD, des IMF, vgl. 918, u. a.) – und der Europäischen Atomenergie-Agentur besondere Bedeutung zu. Beobachter der Europäischen Kommission des Gemeinsamen Marktes und sonstiger internationaler Organisationen nehmen an den Arbeiten aller oder einzelner Organe teil. Die OECD umfaßt 24 Mitgliedsstaaten.

Über die *Rückzahlung der Marshallplan-Kredite* wurden zwischen den USA und den Teilnehmerländern Verträge abgeschlossen. Nach dem mit der BRep. getroffenen Abkommen begründen die Hilfeleistungen eine Forderung gegen die BRep. Von der gesamten amerikanischen Nachkriegswirtschaftshilfe von insgesamt fast 3,3 Mrd. Dollar hatte die BRep. knapp 1,1 Mrd. Dollar an die USA zurückzuzahlen; dies ist inzwischen geschehen. Der Rest von 2,2 Mrd. mußte nicht zurückgezahlt werden.

IV. die *EZU = Europäische Zahlungsunion* wurde durch Abkommen vom 19. 9. 1950 errichtet (vgl. Ges. vom 14. 3. 1951, BGBl. II 31), unterstand der OEEC und hatte wie diese 17 Mitglieder (einschließlich der BRep.). Sie erhielt ihre Mittel aus Marshallplan-Geldern und wirkte wesentlich an der Normalisierung des europäischen Handels auf der Grundlage eines multilateralen Zahlungssystems mit, indem sie die Verrechnung von Überschüssen eines Landes gegen Defizite eines anderen ermöglichte. Die EZU wurde am 27. 12. 1958 aufgelöst, als die BRep., Großbritannien, Frankreich, Italien, Dänemark, Norwegen, Schweden und die Beneluxstaaten die *freie Konvertierbarkeit* ihrer Währungen bekannt gaben; gleichzeitig trat das *Europäische Währungsabkommen* vom 5. 8. 1955 (BGes. vom 26. 3. 1959, BGBl. II 293) – s. o. – in Kraft, welches das multilaterale Verrechnungssystem der EZU fortsetzte.

911. Schumanplan und Montanunion

Gemäß einem vom damaligen französischen Außenminister Schuman im Jahre 1950 aufgestellten Plan wurde am 18. 4. 1951 in Paris die *Europäische Gemeinschaft für Kohle und Stahl* (Europäische Montangemeinschaft, *Montanunion*) gegründet. Die 6 Vertragsstaaten (BRep., Frankreich, Italien, Belgien, die Niederlande, Luxemburg) gliederten ihre Grundstoffindustrien *Kohle und Stahl* aus den nationalen Wirtschaften aus und unterstellten sie der *Montanunion* als der ersten derartigen internationalen Einrichtung (vgl. 813). Ihre Hauptaufgaben sind die Schaffung eines *gemeinsamen Marktes* unter Ausschaltung von Zöllen, Angleichung der Preise, *geordnete Versorgung der Mitgliedstaaten* mit Kohle und Stahl und Verbesserung des allgemeinen *Lebensstandards* durch Erweiterung der Produktion.

Zur Durchführung der Aufgaben der Montanunion wurden folgende *Organe* (mit dem Sitz in Luxemburg) eingesetzt: die Oberbehörde *(Hohe Behörde),* der Ministerrat, die Gemeinsame Versammlung und der Gerichtshof.

Die *Hohe Behörde* (9 Mitgl.) bildete das Verwaltungsorgan der Gemeinschaft; sie ist inzwischen in der *Gemeinsamen Kommission der Europäischen Gemeinschaften* (vgl. 916) aufgegangen. Ein *Beratender Ausschuß* aus einer gleichen Zahl von Arbeitgebern, Arbeitnehmern, Verbrauchern und Händlern wurde zur Konsultation in wichtigen Fragen berufen.

Der *Ministerrat,* das Vermittlungs(Koordinierungs)organ zwischen der Kommission und den Regierungen der Mitgliedstaaten, setzte sich aus je einem Vertreter der Mitgliedstaaten zusammen. Er ist inzwischen im *Gemeinsamen Rat* der drei europ. Gemeinschaften aufgegangen (vgl. 916).

Die *Gemeinsame Versammlung* bestand aus Abgeordneten, die von den Parlamenten der Mitgliedstaaten aus ihren Reihen gewählt wurden. An ihrer Stelle entscheidet jetzt die Versammlung der europ. Gemeinschaften (*Europ. Parlament,* 916).

Der *Gerichtshof,* inzwischen ebenfalls mit den entsprechenden Organen von EWG und Euratom vereinigt, fungiert auf Grund von Schiedsklauseln bei Streitigkeiten zwischen den Organen oder den Mitgliedstaaten über die Auslegung des Vertrags als *Schiedsgericht* und ist ferner zuständig für Nichtigkeits- und Untätigkeitsklagen gegen die Hohe Behörde (jetzt: die EG-Kommission), Anfechtungsklagen gegen Beschlüsse der Versammlung u. a. m.

Zu der erst sechs Jahre später vorgenommenen Gründung der EWG und der Euratom und zur *Integration* der Organe der drei europ. Gemeinschaften im einzelnen vgl. 916.

912. Der Europarat

I. Gründung

Der *Europarat* wurde am 5. 5. 1949 von zehn europäischen Staaten zum Schutz und zur Förderung ihrer Ideale und Grundsätze und im Interesse des wirtschaftlichen und sozialen Fortschritts gegründet.

Seit 1946 strebte man die Schaffung eines *europäischen Parlaments* an, um die Völker Europas enger zu verbinden. Die Haager Konferenz 1948 schlug die Bildung einer von den Parlamenten der Staaten zu wählenden beratenden Versammlung zur Vorbereitung einer künftigen Union vor. Im Januar 1949 traten die Außenminister der fünf im *Brüsseler Pakt* (vgl. 914) zusammengeschlossenen Staaten (Frankreich, Großbritannien, 3 Beneluxländer) zu einer Konferenz in London zusammen und beschlossen, einen *Europarat* mit dem Sitz in *Straßburg* zu schaffen. Nachdem sich Italien, Irland, Dänemark, Schweden und Norwegen angeschlossen hatten, unterzeichneten die 10 Mächte am 5. 5. 1949 in London das Abkommen über das *Statut des Europarats.* Es trat am 3. 8. 1949 in Kraft.

Die BRep. ist Mitglied seit 1951 (Ges. vom 8. 7. 1950, BGBl. 263; Bek. vom

16. 9. 1953, BGBl. II 558). Die Mitgliederzahl erhöhte sich in den folgenden Jahren bis 1978 auf 21 durch den Beitritt von Island, Malta, Österreich, der Schweiz, der Türkei, Cypern, Griechenland, Spanien, Portugal und Liechtenstein. Griechenland schied am 12. 12. 1969 aus, um der wegen seines autoritären Militärregimes drohenden Suspendierung zuvorzukommen, trat aber am 27. 11. 1974 wieder bei.

II. Ziel des Europarates

ist der Zusammenschluß aller gleichgesinnten Völker Europas zur Sicherung und weiteren Verwirklichung rechtsstaatlichen und demokratischen Denkens, Wahrung der europäischen Kultur und Förderung des wirtschaftlichen und sozialen Fortschritts. Diese Ziele sollen durch Abkommen und gemeinschaftliches Handeln in wirtschaftlichen, kulturellen, wissenschaftlichen, rechtlichen und verwaltungstechnischen Angelegenheiten erreicht werden. Fragen der nationalen Verteidigung sind ausdrücklich ausgenommen (Art. 1 d. Satzung).

III. Organe

Als Organe sieht das Statut das aus den Außenministern der Mit gliedstaaten bestehende *Ministerkomitee* (mit Sachverständigen-Gremien), die *Parlamentarische Versammlung,* auch beratende Versammlung genannt (170 Abg., davon 18 BRep.) mit Fachausschüssen und das *Generalsekretariat* vor. Das Ministerkomitee kann wichtigere Entschließungen nur einstimmig fassen, die übrigen nur mit ⅔-Mehrheit der abgegebenen Stimmen und einfacher Mehrheit seiner Mitglieder. Die Abg. der Beratenden Versammlung sind von den Parlamenten der Mitgliedstaaten des Europarats gewählte Parlamentarier und (im Gegensatz zu den UNO-Vertretern) an Weisungen nicht gebunden.

IV. Bedeutung für die Bundesrepublik

Für die BRep. bietet der *Europarat* die Möglichkeit, wichtige außenpolitische Fragen zur Erörterung zu stellen. Die Wahrung der *Menschenrechte* ist zum Inhalt der Verfassungen der einzelnen Länder geworden. Abgesehen von der Vorbereitung rechtlicher Konventionen hat der Europarat wertvolle Anregungen auf kulturellem Gebiet, im Bereich des Patentrechts und für sozialrechtliche Abkommen gegeben. Die Vertreter der BRep. zur Beratenden Versammlung werden gem. Ges. vom 11. 6. 1951 (BGBl. I 397) i. d. F. vom 4. 8. 1953 (BGBl. I 779) vom BT aus seiner Mitte jeweils für die Dauer seiner Wahlperiode gewählt.

V. Wichtige Konventionen des Europarats

Eines der wichtigsten Vertragswerke des Europarats ist die *Konvention zum Schutze der Menschenrechte und Grundfreiheiten* vom 4. 11. 1950 (BGBl. 1952 II 686), deren Ziel es ist, Garantien für die persönliche Rechtsstellung der Menschen zu schaffen. Auf Grund der Konvention können Vertragsparteien oder natürliche Personen wegen einer Verletzung der Konvention durch einen Vertragsstaat über den Generalsekretär des Europarats die *Menschenrechtskommission* (Mitgliederzahl entsprechend der Zahl der Vertragsstaaten) anrufen, aber erst, wenn die innerstaatlichen Rechtsmittel erschöpft sind. Nimmt die Kommission die Beschwerde an, so versucht sie zunächst einen gütlichen Ausgleich zwischen den Streitparteien. Mißlingt dieser, so berichtet sie dem *Ministerausschuß,* der – falls nicht binnen 3 Monaten der Europ. Gerichtshof für Menschenrechte (Mitgliederzahl entsprechend der des Europarates) angerufen wird – mit ⅔-Mehrheit entscheidet, ob ein Mitgliedstaat die Konvention verletzt hat, und ihm ggf. eine Frist zur Abhilfe setzt (Art. 24ff. MRK). Vgl. Verfahrensordnungen für Kommission und Gerichtshof vom 2. 4. 1959 i. d. F. vom 13. 12. 1974 (BGBl. 1977 II 1277) bzw. vom 18. 9. 1959 (BGBl. 1979 II 212).

Ein weiteres wichtiges Vertragswerk ist das *Europäische Fürsorgeabkommen* vom 11. 12. 1953 (BGBl. 1956 II 564); es soll die Gleichbehandlung aller Staatsangehörigen der Vertragsstaaten in der Fürsorgegesetzgebung sicherstellen. Das *Europäische Niederlassungsabkommen* vom 13. 12. 1955 (BGBl. 1959 II 998) gestattet den Staatsangehörigen der Mitgliedsländer Einreise und Aufenthalt, gewährleistet Freizügigkeit und die Wahrnehmung der bürgerlichen Rechte sowie Verwaltungsschutz, erlaubt die Ausübung einer Erwerbstätigkeit und verbietet Sonderbesteuerung. Die *Europäische Sozialcharta* vom 18. 10. 1961 (BGBl. 1964 II 1262) bezeichnet die von den Vertragsstaaten anzustrebenden sozialen Rechte und Grundsätze und bestimmt die Maßnahmen zu ihrer Verwirklichung insbes. auf dem Gebiet des Arbeitsrechts, des Jugend- und Frauenschutzes, des Gesundheitsschutzes und der sozialen Sicherung. Das *Europäische Auslieferungsübereinkommen* vom 13. 12. 1957 (BGBl. 1964 II 1369) regelt einheitlich die Grundsätze der Auslieferung Straffälliger und Verurteilter; sie ist bei eigenen Staatsangehörigen verboten (vgl. 49 unter 4). Auch bei politischen und militärischen Straftaten findet sie nicht statt, in Abgabensachen nur auf Grund bilateraler Vereinbarung; sie kann verweigert werden, wenn dem Betroffenen die Todesstrafe droht. S. a. *Europäisches Rechtshilfeabkommen in Strafsachen* vom 20. 4. 1959 (BGBl. 1964 II 1369, 1386). Bestimmte Straftaten von Terroristen gelten nicht als politische (oder mit solchen in Zusammenhang stehende) Delikte. Wird Auslieferung dennoch abgelehnt, besteht Pflicht zur Strafverfolgung im Inland. Dementsprechend ist für solche Straftaten auch die Rechtshilfe erweitert (Art. 1, 2, 8 des *Europäischen Übereinkommens zur Bekämpfung des Terrorismus* vom 27. 1. 1977, BGBl. 1978 II 322). Die *Konvention zur Überführung verurteilter Personen* vom März 1983 sieht Regelungen für die Überführung von im Ausland zu Haft verurteilten Straftätern in ihr Heimatland vor. Sie tritt in Kraft, wenn sie von mindestens drei Staaten ratifiziert wird.

Das Europäische Übereinkommen zur friedlichen *Beilegung von Streitigkeiten* vom 29. 4. 1957 (BGBl. 1961 II 82) stellt den Vertragsparteien drei verschiedene Verfahren zur Verfügung: Rechtsstreitigkeiten werden dem Internationalen Gerichtshof in Den Haag zur Entscheidung vorgelegt; alle übrigen Streitfälle, insbes. politischer Natur, können einem Vergleichsverfahren vor einer Ständigen oder Besonderen Kommission zugeführt oder einem ad-hoc-Schiedsgericht unterbreitet werden.

913. Der Nord-Atlantik-Pakt (NATO)

Zur Erhaltung des Friedens, der Freiheit auf der Grundlage der Demokratie und der Sicherheit der Völker im nordatlantischen Raum schlossen sich die meisten westeuropäischen Länder und die USA am 4. 4.

1949 in der *(Nord-)Atlantikpakt-Organisation* (NATO – North Atlantic Treaty Organization) zusammen.

Die NATO ist keine überstaatliche Institution. Sie beruht vielmehr auf einem Pakt (Vertrag), in dem kein Mitgliedstaat *Souveränität* aufgegeben hat. Der Vertrag sah die Möglichkeit des Ausscheidens für jede Vertragspartei mit einjähriger Kündigungsfrist nach 20jähriger Dauer des Pakts vor.

Mitglieder waren zunächst 12 Länder (Belgien, Dänemark, Frankreich, Großbritannien, Island, Italien, Kanada, Luxemburg, die Niederlande, Norwegen, Portugal, USA). Später traten Griechenland, die Türkei, die Bundesrepublik Deutschland (Ges. vom 24. 3. 1955, BGBl. II 256) und Spanien (1982) bei, so daß jetzt 16 Staaten der NATO angehören. Frankreich schied am 30. 6. 1966 aus der militärischen Integration des Bündnisses aus, blieb aber politisches Mitglied; ebenso Griechenland bei seinem partiellen Ausscheiden am 15. 8. 1974 anläßlich des Cypern-Konfliktes mit der Türkei (die Entscheidung wurde am 20. 10. 1980 rückgängig gemacht).

Die NATO hat folgende *Organe:*

a) den *Atlantischen Ministerrat* (Nordatlantikrat), in welchen alle Mitgliedstaaten ständige Vertreter im Ministerrang entsenden.

Ferner besteht ein *Ständiger NATO-Rat,* dem die NATO-Botschafter der Mitgliedstaaten angehören;

b) den *Militär-Ausschuß,* der sich aus den Generalstabschefs der Mitgliedstaaten zusammensetzt.

Dieser Ausschuß bildet die höchste militärische Organisation. Da die höchsten Militärs nicht ständig tagen können, sind ihre Stellvertreter in einer *Ständigen Gruppe* vereinigt. Es bestehen als regionale Oberkommandos die Obersten Alliierten Befehlshaber für Europa (s. u.), für den Atlantik in Norfolk (Virginia) sowie das Oberkommando für den Ärmelkanal in Portsmouth und die regionale Planungsgruppe USA-Kanada in Washington und Ottawa;

c) das *Sekretariat,* das von einem *Generalsekretär* geleitet wird.

Seine Aufgabe ist es, die Beschlüsse des Nordatlantikrates vorzubereiten und durchzuführen. Angegliedert sind *Ratsausschüsse,* insbesondere der Politische Ausschuß, der Sicherheitsausschuß und der Wirtschaftsausschuß.

Das *Hauptquartier der alliierten Mächte in Europa,* genannt *Shape* (= Supreme Headquarters Allied Powers Europe), früher in Paris, wurde nach Casteau (Belgien) – und zugleich der Ministerrat nebst Sekretariat nach Brüssel – verlegt, nachdem Frankreich wegen grundsätzlicher Differenzen mit der NATO-Führung über die Art der Verteidigung Europas die Integration seiner Streitkräfte zum 1. 7. 1967 aufgekündigt und diese dem Oberbefehl der NATO entzogen hatte.

Unter dem *Shape* bestehen je ein Oberkommando *Nordeuropa* in Oslo und *Südeuropa* in Neapel mit regionalen Befehlsstellen für Land-, Luft- und Seestreitkräfte, der Abschnitt *Mitteleuropa* im Gebiet Brunssum/Maastricht (Südholland), ein *Mittelmeerkommando* der Marine in Malta und ein *Südosteuropakommando* in Izmir. Alle atlantischen Stäbe sind *integriert,* d. h. aus Offizieren aller Nationen zusammengesetzt, über deren Truppen sie verfügen. Eine NATO-Verteidigungsakademie in Rom, ein Normungsausschuß und ein ständiges Büro dienen der Vereinheitlichung der Ausbildung, der Ausrüstung und des Nachrichtendienstes. Mit Atlantikpakt-Mitteln sind *Luftstützpunkte* in Europa und Nordafrika errichtet worden. Zwecks einheitlicher Planung der Rüstungsmaßnahmen besteht eine 1976 begründete *Euro-Group* sowie seit 1977 eine *Independent European Program Group* (IEPG), in der auch Frankreich mitarbeitet.

Die BRep. hat durch Gesetz vom 18. 8. 1961 (BGBl. II 1183) dem Beitritt zu dem Abkommen zwischen den Parteien des Nordatlantikvertrags über die Rechtsstellung ihrer Truppen *(NATO-Truppenstatut)* vom 19. 6. 1951 nebst Zusatzabkommen vom 3. 8. 1959 zugestimmt. Der *deutsche Verteidigungsbeitrag* besteht in der Aufstellung von Truppenkontingenten (die sämtlich der NATO unterstellt sind – vgl. 94) und einer Beteiligung an den Kosten der NATO in Höhe von ca. 20 v.H.

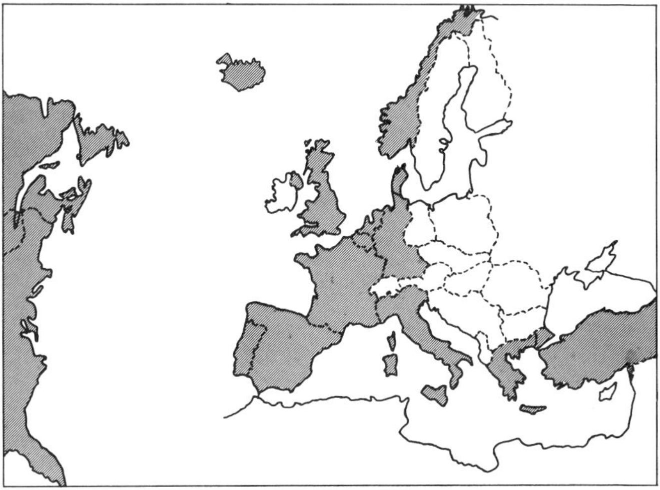

Die Atlantikpakt-Staaten: Belgien, Bundesrepublik Deutschland, Dänemark, Frankreich, Griechenland, Großbritannien, Island, Italien, Kanada, Luxemburg, Niederlande, Norwegen, Portugal, Spanien, Türkei, USA

914. Der Brüsseler Vertrag und die Westeuropäische Union

Den Ausgangspunkt zu weiterem europäischen Zusammenschluß bildete nicht die von den USA geförderte OEEC (vgl. 910 III, Marshallplan), sondern der von England, Frankreich, den Niederlanden, Belgien und Luxemburg am 17. 3. 1948 auf Anregung des englischen Außenministers Bevin geschlossene sog. *Brüsseler Pakt* (Vertrag über wirtschaftliche, soziale und kulturelle Zusammenarbeit und über kollektive Selbstverteidigung).

Der Brüsseler Vertrag sieht eine Zusammenarbeit in wirtschaftlichen, sozialen und kulturellen Angelegenheiten und zur kollektiven Selbstverteidigung vor. Die Durchführung dieser Aufgaben obliegt dem *Rat der Westeuropäischen*

Union, dem ein Amt für Rüstungskontrolle, ein Ständiger Rüstungsausschuß, ein Kultur-, ein Sozialausschuß und ein Ausschuß für öffentliches Gesundheitswesen angegliedert sind. Der Rat erstattet einer aus Vertretern der Vertragsmächte bei der Beratenden Versammlung des *Europarates* bestehenden Versammlung jährlich einen Tätigkeitsbericht. Das Generalsekretariat führt die Verwaltungsgeschäfte. Streitigkeiten untereinander werden zwecks friedlicher Beilegung dem Internationalen Gerichtshof unterbreitet. Durch die Pariser Verträge vom 23. 10. 1954 (vgl. 915) wurden Italien und die BRep. in den Brüsseler Pakt aufgenommen. Dadurch entstand die *Westeuropäische Union* (WEU).

Die weitere militärische Integration der WEU entwickelte sich im Rahmen der NATO (913), die politische und kulturelle Zusammenarbeit innerhalb des *Europarates* (912) und die wirtschaftliche Zusammenfassung innerhalb der *Montanunion* (911). Die 6 Teilnehmer der Montanunion wiederum begannen im Interesse der westlichen Verteidigung Verhandlungen über die Gründung einer *Europäischen Verteidigungsgemeinschaft (EVG).* Diese führten am 27. 5. 1952 zur Unterzeichnung des sog. *EVG-Vertrages* durch die Außenminister der 6 Schumanplanländer (Belgien, BRep., Frankreich, Italien, Niederlande, Luxemburg). Da dieses Vertragswerk aber erst nach *Ratifikation* durch die gesetzgebenden Körperschaften aller Vertragsstaaten hätte wirksam werden können, diese aber von der französischen Nationalversammlung abgelehnt wurde, traten die Vereinbarungen nicht in Kraft. Erst im Jahre 1955 gelangten die weiterführenden Verhandlungen zu einem Abschluß in den Pariser Verträgen (vgl. 915).

Die *Westunion,* der jetzt 7 EWG-Länder angehören, ist nicht erloschen; ihre Aufgaben sind aber praktisch von den europäischen und atlantischen Institutionen übernommen worden; ihre Verteidigungsorganisation ist in der NATO aufgegangen, in der allerdings die europ. Mitglieder – außer Frankreich – angesichts ihrer gemeinsamen Interessen besonders eng zusammenarbeiten.

915. Die Pariser Verträge (Überblick)

Nachdem die *Europäische Verteidigungsgemeinschaft* (EVG) gescheitert war (914), einigten sich die westeuropäischen Staaten und die USA über die Inkraftsetzung mehrerer schon am 26. 5. 1952 abgeschlossener Vertragswerke in geänderter Form unter Einbeziehung der BRep. Ein Teil der Vereinbarungen betraf die *Beendigung des Besatzungsregimes* in der BRep. Diese wurde in einem am 23. 10. 1954 in Paris von den Vertretern der BRep. und der *„Drei Mächte“* (USA, Großbritannien, Frankreich) unterzeichneten Protokoll festgestellt. Die Vereinbarungen sind durch Bundesgesetz vom 24. 3. 1955 (BGBl. II 215) genehmigt worden und am 5./6. 5. 1955 in Kraft getreten. Das Vertragswerk umfaßt 5 Teile, von denen die nachstehend unter I und III genannten noch rechtliche Bedeutung haben:

I. Vertrag über die Beziehungen zwischen der BRep. und den Drei Mächten (sog. *Deutschlandvertrag* oder *Generalvertrag*).

Nach dem Deutschlandvertrag wurde das *Besatzungsregime* (vgl. 22) aufgehoben; die Alliierte Hohe Kommission sowie die Dienststellen der Landeskommissare in der BRep. wurden aufgelöst. An die Stelle der Hohen Kommission sind *Botschaften* der Drei Mächte getreten. Demgemäß erhielt die BRep. die volle Macht eines *souveränen* Staates über ihre inneren und äußeren Angelegenheiten. *Vorbehalten* bleiben jedoch den Drei Mächten ihre bisherigen Rechte und Verantwortlichkeiten in bezug auf *Berlin, Deutschland als Ganzes* einschließlich der Wiedervereinigung Deutschlands und eine *friedensvertragliche Regelung.* Bis zum Abschluß des Friedensvertrags wirken die Unterzeichnerstaaten zusammen, um mit friedlichen Mitteln ihr *gemeinsames Ziel* zu verwirklichen: ,,Ein wiedervereinigtes Deutschland, das eine freiheitlich-demokratische Verfassung, ähnlich wie die BRep., besitzt und das in die europäische Gemeinschaft integriert ist" (Art. 7).

Art. 9 sieht ein *Schiedsgericht* vor, das für alle Streitigkeiten, die sich zwischen der BRep. und den Drei Mächten aus den Verträgen ergeben und nicht im Verhandlungswege beigelegt werden können, ausschließlich zuständig ist. Nach der Satzung des Schiedsgerichts besteht das Gericht aus 9 Mitgliedern, von denen 3 von den Drei Mächten und 3 von der BRep. bestellt werden. Hinzu treten 3 neutrale Mitglieder, die auch den Präsidenten und die beiden Vizepräsidenten stellen; sie werden im Einvernehmen zwischen den Drei Mächten und der BRep. ernannt, mangels eines solchen durch den Präsidenten des Internationalen Gerichtshofes in Den Haag (vgl. 909). Das Verfahren lehnt sich an das Statut des Haager Gerichtshofes an. Das Schiedsgericht soll seinen Sitz in der BRep. haben. Es kann nicht von Einzelpersonen, sondern nur von den Regierungen der Unterzeichnerstaaten angerufen werden; jedoch soll eine ähnlich zusammengesetzte *Schiedskommission* Klagen von Einzelpersonen verhandeln.

Eine Überprüfung *(Revision)* des Deutschlandvertrages findet nach Art. 10 auf Ersuchen eines Unterzeichnerstaates im Falle der Wiedervereinigung Deutschlands oder der Bildung einer europäischen Föderation oder bei Eintritt eines Ereignisses statt, das nach Auffassung aller Unterzeichnerstaaten von ähnlich grundlegendem Charakter ist.

In Ausführung dieses Vertrages haben die Hohen Kommissare (vgl. 22) durch Proklamation vom 5. 5. 1955 das *Besatzungsstatut* für aufgehoben erklärt. Über das Außerkrafttreten der Vorbehalte hinsichtlich der Sicherheit der *Stationierungsstreitkräfte* vgl. 22 II 5.

In *Berlin* gilt diese Regelung nicht; dort ist in jedem Fall zur Aufhebung alliierter Rechtsvorschriften eine Ermächtigung durch die alliierten Behörden erforderlich.

II. Vertrag über die Rechte und Pflichten ausländischer *Streitkräfte* und ihrer Mitglieder in der BRep. (sog. *Truppenvertrag*), Abkommen über die finanzielle Beteiligung der BRep. an der Verteidigung des Westens *(Finanzvertrag)* und Abkommen über die *steuerliche Behandlung* der Streitkräfte und ihrer Mitglieder. Diese Verträge sind durch das NATO-Truppenstatut vom 19. 6. 1951 (vgl. 913) und das Zusatzabkommen vom 3. 8. 1959 abgelöst worden (BGBl. 1961 II 1183, 1352; 1963 II 745).

III. Vertrag zur Regelung aus Krieg und Besatzung entstandener Fragen *(Überleitungsvertrag)*.

Dieser Vertrag dient vor allem der Überleitung der von den Besatzungsbehörden erlassenen Rechtsvorschriften. Die Organe der BRep. sind grundsätzlich berechtigt, auch *Kontrollratsgesetze* außer Anwendung zu setzen, haben aber zuvor die Drei Mächte zu befragen. Ausgenommen sind die Kontrollratsvorschriften, welche Gesamtdeutschland betreffen oder für die Wiedervereinigung Bedeutung haben.

Entscheidungen der *Besatzungsgerichte* bleiben zwar grundsätzlich in Kraft. Jedoch werden *Strafurteile* dieser Gerichte von einem gemischten *Gnadenausschuß* überprüft, der Gnadenmaßnahmen vorschlagen kann (1. Teil, Art. 7). Deutsche Gerichte dürfen neue Strafverfahren nicht einleiten, wenn die Untersuchung der Tat durch die Strafverfolgungsbehörde einer Besatzungsmacht endgültig abgeschlossen war (Art. 3 Abs. 3b; Ausnahmeregelung im dt.-franz. Abkommen vom 2. 2. 1971; BGes. vom 9. 4. 1975, BGBl. II 431).

Die BRep. übernimmt die volle Verantwortung für den Bereich der zivilen *Luftfahrt* im Bundesgebiet. Wegen der Luftkorridore nach Berlin vgl. 132 II A 3.

916. Die Europäischen Gemeinschaften

1. Entstehung und Ziele

Um dem starken Einfluß der USA und der UdSSR auf das Weltgeschehen ein Gegengewicht zu geben, streben die westeuropäischen Staaten eine *Integration* i. S. eines Zusammenschlusses auf politischem und wirtschaftlichem Gebiet an. Diese begann bei der OEEC mit der ihr unterstellten EZU (s. 910 III, IV), die zusammen mit anderen Organisationen einen besseren Warenaustausch und Zahlungsausgleich herbeiführte. Die supranationale Institution der *Montanunion* (s. 911) erwies sich als tragende Säule wirtschaftlicher Art, während man die andere in der *Europäischen Verteidigungsgemeinschaft* (EVG) erblickte, die aber 1954 am Widerstand Frankreichs scheiterte (vgl. 914). Doch führten in der Folgezeit weitere Verhandlungen zur Schaffung eines *gemeinsamen Marktes* für alle Waren und Dienstleistungen in Europa und einer *Atomgemeinschaft* zur Ausnutzung der Atomenergie für friedliche Zwecke. Die Verträge zur Gründung der EWG und der Europäischen Atomgemeinschaft *(Euratom)* wurden von den 6 Staaten der Montanunion am 25. 3. 1957 in Rom unterzeichnet und in der Folgezeit ratifiziert; sie traten am 1. 1. 1958 in Kraft. Vgl. 813.

2. Organisation

Als gemeinsame Organe der drei Gemeinschaften (Montanunion, Euratom, EWG) wurden durch Abkommen vom 25. 3. 1957 (BGBl. II 1156) die Versammlung, der Gerichtshof und der Wirtschafts- und Sozialausschuß eingesetzt. Die *Versammlung* bestand ursprünglich aus 142, nach Erweiterung der EWG aus 198 Mitgl. (BRep.: 36); es bildeten sich konservative/christl.-demokratische, liberale/demokratische, sozialistische, kommunistische Fraktionen. Die Versammlung besitzt keine gesetzgeberischen Befugnisse, aber ein parlamentarisches Kontrollrecht. Der *Gerichtshof* (früher 7, jetzt 13 Richter) ist für die drei Gemeinschaften einheitliche Instanz für Entscheidungen auf Klage gegen einen Mitgliedstaat wegen Vertragsverletzung sowie für Nichtigkeitsklagen gegen Entscheidungen oder Empfehlungen eines Organs der Gemeinschaften, die sich auf Unzuständigkeit oder Verletzung wesentlicher Formvorschriften des Vertrags stützen. Dem *Wirtschafts- und Sozialausschuß* wurden die diesem Organ durch den EWG- und den Euratom-Vertrag zugewiesenen Aufgaben übertragen.

Über die Ablösung der Versammlung durch das Europa-Parlament s. u. 5.

Durch den am 8. 4. 1965 in Brüssel unterzeichneten Vertrag zur Einsetzung eines *gemeinsamen Rates* und einer *gemeinsamen Kommission der Europäischen Gemeinschaften,* dem die BRep. durch Ges. vom 20. 10. 1965 (BGBl. II 1453) zugestimmt hat, sind weitere Organe der Gemeinschaften zusammengefaßt worden. Der *gemeinsame Rat* trat an die Stelle des Ministerrats der EGKS, des Rates der EWG und des Rates der Euratom. Die *gemeinsame Kommission* ersetzte die Hohe Behörde der EGKS sowie die Kommissionen der EWG und der Euratom.

Der *gemeinsame Rat (Ministerrat),* bestehend aus je einem (weisungsgebundenen) Vertreter der Mitgliedstaaten, ist das zentrale politische Leitungs- und Repräsentationsorgan der Gemeinschaft; er hat das Budgetrecht sowie Gesetzgebungsbefugnisse zur Ergänzung des sog. primären Gemeinschaftsrechts (s. u. 3). Seine Entscheidungsbefugnis ist jedoch überwiegend an Vorschläge der (aus 17 unabhängigen Mitgliedern bestehenden) *Kommission* gebunden, über die sich der Rat nur einstimmig hinwegsetzen kann. Neben diesen beiden Gremien besteht seit 1974 der *Europäische Rat,* in dem die Regierungschefs der Mitgliedsländer regelmäßig zur Intensivierung der politischen Kooperation zusammentreten. Der Europäische Rat wurde durch die ,,Einheitliche Europäische Akte" vom Febr. 1986 als Institution der Gemeinschaft vertraglich festgeschrieben (s. 813).

Sitz des Parlaments und des Gerichtshofes ist Luxemburg (das Parlament tagt in Straßburg oder Luxemburg, will seine Sitzungen aber entspr. seiner Entschließung vom Juli 1981 in Zukunft nur noch in Straßburg abhalten). Arbeitsort der übrigen Organe ist Brüssel. Bei den EG-Institutionen in Brüssel und Luxemburg sind über 20000 (Stand 1986) Dienstkräfte tätig. Im einzelnen vgl. über EWG, Euratom und EGKS 813, 816, 911.

3. Rechtsnatur und Rechtsetzung der Gemeinschaften

Die *Rechtsnatur* der drei Gemeinschaften ist umstritten. Allgemein wird ihnen die Eigenschaft *supranationaler autonomer Völkerrechtssubjekte* zugestanden. Umstritten ist aber, ob sie gegenüber den Mitgliedstaaten Souveränitätsrechte besitzen oder ob es sich um einen Staatenbund eigener Art handelt oder ob ihnen als autonomen Organen lediglich gewisse ihnen von den Mitgliedstaaten übertragene Befugnisse zustehen. Nach einem Beschluß des BVerfG vom 18. 10. 1967 (NJW 1968, 348) stellen die Gemeinschaften keinen Staat (auch keinen Bundesstaat) dar, sondern eine im Prozeß fortschreitender *Integration* stehende Gemeinschaft eigener Art. Sie sind eine zwischenstaatliche Einrichtung i. S. des Art. 24 Abs. 1 GG, auf welche die Mitgliedstaaten bestimmte Hoheitsrechte übertragen haben, so daß eine neue gegenüber der Staatsgewalt der Mitgliedstaaten selbständige und unabhängige öffentliche Gewalt entstanden ist. Die von dieser erlassenen Rechtsnormen wirken in das innerstaatliche Recht hinein und sind von den Gerichten der Mitgliedsländer anzuwenden; dadurch können sie innerstaatliches Recht überlagern und verdrängen (BVerfG, Beschl. vom 9. 6. 1971, NJW 1971, 2122). Das BVerfG (NJW 1974, 1697) nimmt für sich das Recht der Prüfung in Anspruch, ob das Gemeinschaftsrecht einen unverzichtbaren Kernbereich der Grundrechte des GG verletzt (dazu Börner, NJW 1976, 2041). Andererseits sind Verletzungen allgemein anerkannter Grundrechte durch Gemeinschaftsorgane nach einer Entscheidung des Europ. Gerichtshofs (NJW 1980, 505) ausschließlich nach Gemeinschaftsrecht zu beurteilen.

Man unterscheidet das sog. *primäre Gemeinschaftsrecht,* das in den Grundverträgen von EWG, Euratom und EGKS (813, 816, 911) und ihren Ergänzungen zu sehen ist, und das *sekundäre Gemeinschaftsrecht,* das sich in den von den Organen der Gemeinschaften – so bei EWG und Euratom – erlassenen Verordnungen, Richtlinien (s. 813 unter 5), Entscheidungen und anderen Hoheitsakten äußert. Wirken diese bindend in den innerstaatlichen Bereich – d. h. ohne Übernahme durch die Gesetzgebungsorgane der Mitgliedstaaten –, so spricht man von *integriertem Gemeinschaftsrecht;* so bei den unmittelbar anwendbaren Bestimmungen des EWG-Vertrages und den EWG-Verordnungen. Auch Entscheidungen für den Einzelfall können die Mitgliedstaaten sowie natürliche oder juristische Personen unmittelbar binden, nicht dagegen Empfehlungen oder Stellungnahmen des Rates oder der Kommission. Bei Verletzung der Gemeinschaftspflichten kann *Nichtigkeitsklage* (gegen Hoheitsakte der Gemeinschaftsorgane) oder *Untätigkeitsklage* sowie nach Nichtigerklärung eines Gemeinschaftsaktes *Amtshaftungsklage* beim Europ. Gerichtshof in Betracht kommen (vgl. Art. 170, 173, 175, 178, 215 EWG-Vertrag). Das Klagerecht kann anderen Mitgliedstaaten oder Privaten zustehen. Der Gerichtshof kann im Urteilsverfahren auch *Vorabentscheidungen* in bestimmten Fragen treffen (Art. 177 EWG-Vertrag). Bei Verstößen eines Mitgliedstaates gegen den EWG-Vertrag kann die Kommission ein *Vertragsverletzungsverfahren* gem. Art. 169 EWG-Vertrag beim Europ. Gerichtshof einleiten, wenn der betreffende Mitgliedstaat einer Stellungnahme der Kommission nicht nachkommt.

Über die *Rechtsangleichung* vgl. 813 (unter 5).

4. Sonderorganisationen

Einem *Europäischen Sozialfonds* ist die Aufgabe übertragen, die Arbeitsmöglichkeiten zu fördern (vgl. VO vom 25. 8. 1960, BGBl. II 2285). Die *Europäische Investitionsbank* hat Rechtspersönlichkeit und ist von der Gemeinschaft unabhängig. Sie soll nach Art. 130 EWG-Vertrag die Entwicklung des Gemeinsamen Marktes fördern und wird von einem Rat der Gouverneure, einem Verwaltungsrat und einem Direktorium geleitet (BGBl. 1957 II 964). Der *EWG-Entwicklungsfonds* bearbeitet Fragen der Unterstützung der der EWG assoziierten überseeischen Gebiete.

5. Die politische Einigung Europas

Die Europäischen Gemeinschaften werden nach dem Zusammenschluß ihrer Organe als Vorstufe zur *politischen Einigung Europas* betrachtet. Diese soll nach einem Vorschlag der EG-Kommission vom Juni 1975 durch eine „Verfassungsakte" die Bezeichnung „Europäische Union", ein parlamentarisches Zweikammersystem und eine nach dem Kollegialprinzip arbeitende europäische Regierung erhalten. Auf Grund eines Berichts des belgischen MinPräs. *Léo Tindemans* (BullEG, Beil. 1/76) über die künftige *Europäische Union* hat der Rat der Gemeinschaft am 20. 9. 1976 ein Abkommen über die *Direktwahl zum Europäischen Parlament* unterzeichnet, das folgende Sitzverteilung vorsieht: BRep., Großbritannien, Frankreich, Italien je 81, Niederlande 25, Belgien und Griechenland je 24, Dänemark 16, Irland 15, Luxemburg 6. Die zum 1. 1. 1986 beigetretenen Mitgliedstaaten haben 60 (Spanien) und 24 (Portugal) Sitze. Die Wahlperiode beträgt 5 Jahre; die Abgeordneten dürfen weder der Regierung eines Mitgliedstaates noch einem leitenden Verwaltungs- oder Gerichtsorgan oder einer Institu-

940

tion der Gemeinschaften angehören *(Inkompatibilität)*. Vgl. Art 2, 3, 6 des Abkommens vom 20. 9. 1976 (BGBl. 1977 II 735 – bezüglich des Beitritts Griechenlands zum 1. 1. 1981 vgl. Art. 10 des Vertrags vom 28. 5. 1979, BGBl. 1980 II 236). In Fortführung des politischen Einigungsprozesses in Europa hat das Europäische Parlament am 14. 2. 1984 den ,,*Entwurf eines Vertrags zur Gründung der Europäischen Union*" gebilligt. Der Form nach ist dieser Entwurf ein Staatsvertrag, der durch die einzelnen Staaten ratifiziert werden muß. Inhaltlich stellt er eine Verfassung der (künftigen) Europäischen Union dar mit Bestimmungen über Ziele, Organe, Institutionen, Zuständigkeiten, Politiken und Finanzen. Auch in der ,,Einheitlichen Europäischen Akte" vom Febr. 1986 (s. 813) wird auf die Absicht hingewiesen, die Gemeinschaft in eine Europäische Union umzuwandeln.

Die Rechtsstellung der Abg. aus der BRep. (Mandatsschutz, Indemnität, Immunität, Inkompatibilität, Entschädigung usw.) regelt im einzelnen das *Europaabgeordnetengesetz* vom 6. 4. 1979 (BGBl. I 413) m. Änd. zuletzt vom 18. 11. 1986 (BGBl. I 2039). Das Parlament besitzt keine Legislativbefugnisse, aber ein beschränktes Kontrollrecht gegenüber der Exekutive. Es kann die Kommission zum Rücktritt zwingen (Art. 144 EWG-Vertrag). Auch die Haushaltsbefugnisse sind beschränkt. Die aus Rechtsakten des Rates resultierenden Ausgaben kann das Parlament nicht kürzen; eigenes Budgetrecht besteht nur für nichtobligatorische Ausgaben. Jedoch hat das Parlament das Recht, den Haushalt global abzulehnen (Art. 203 Abs. 8 EWG-Vertrag).

Die Wahlen zum ersten Europaparlament haben in allen EG-Ländern in der Zeit vom 6.–10. 6. 1979 stattgefunden, in der BRep. (*Europawahlgesetz* vom 16. 6. 1978, BGBl. I 709 m. Änd. vom 22. 12. 1983 (BGBl. I 1577); *Europawahlordnung* vom 23. 8. 1978, BGBl. I 1405), m. Änd. vom 7. 12. 1983, BGBl. I 1413) nach den Grundsätzen der Verhältniswahl und nach Listenwahlvorschlägen, die für ein Bundesland oder als gemeinsame Listen für alle Länder aufgestellt wurden; wie bei der BT-Wahl gelten die 5%-Klausel und das Höchstzahlverfahren d'Hondt (59 II 1); die Einführung eines einheitlichen Wahlsystems in den EG-Staaten ist vorgesehen. Nach dem Wahlergebnis von 1979 verteilten sich die (zunächst) 410 Sitze auf die politischen Richtungen wie folgt: Sozialisten 112, Christl. Demokraten 106, Konservative 63, Kommunisten 44, Liberale 40, Progress. Demokraten 21, sonstige 24. Davon entfallen auf die BRep.: CDU/CSU 42, SPD 35, FDP 4. Nach Art. 23 des Vertrags vom 28. 5. 1979 über den Beitritt der Republik Griechenland führte diese im Jahre 1981 die Wahl der 24 Abgeordneten zum Europäischen Parlament in allgemeiner unmittelbarer Wahl durch.

Die Wahlen zum zweiten Europaparlament im Juni 1984 ergaben folgende Verteilung der insgesamt 434 Sitze: Sozialisten 131, Christl. Demokraten 109, Konservative 48, Kommunisten 42, Liberale 32, Progress. Demokraten 29, Grüne 11, sonstige 32. Auf die BRep. entfallen 81 Sitze in folgender Verteilung: CDU/CSU 41, SPD 33, Grüne 7.

Der primär auf wirtschaftliche Ziele ausgerichtete EWG-Vertrag von 1957 reicht als Grundlage für den *politischen Ausbau der Gemeinschaft* nicht mehr aus. Daher wird jeweils auf Grund der Beratungen in Rat und Kommission eine gemeinsame Haltung der Gemeinschaft auch in außenpolitischen Fragen angestrebt (so schon 1975 auf der KSZE-Konferenz, vgl. 922, ferner 1977 zum Nahost-Problem, vgl. 932, im ,,Nord-Süd-Dialog", vgl. 919 IV, und gegenüber der OPEC, vgl. 830). Auch innenpolitisch soll eine übereinstimmende Haltung in gemeinsam interessierenden Fragen eingenommen werden. Nach einem Beschluß des Europäischen Rates vom April 1978 soll die pluralistische Demokratie (63, 804) in allen Mitgliedsländern als Grundlage der EG verwirklicht werden; Terrorismus, Flugzeugentführungen und andere Gewalttaten sollen gemeinsam durch Intensivierung der grenzüberschreitenden polizeilichen Verbindungen bekämpft werden.

917. Die Kleine Freihandelszone (EFTA)

Nach Gründung der EWG (813) schlossen sich einige ihr nicht zugehörige europäische Staaten zum Schutz ihrer Wirtschaft zur sog. *Kleinen Freihandelszone,* der European Free Trade Association (EFTA), zusammen. Ein entsprechendes Abkommen wurde am 4. 1. 1960 in Stockholm von Großbritannien, Schweden, Dänemark, Norwegen, Österreich, der Schweiz und Portugal unterzeichnet. Danach sind Ausfuhrzölle zwischen den Mitgliedstaaten verboten und Einfuhrzölle abzubauen. Dagegen ist – anders als bei der EWG – ein gemeinsamer Außenzolltarif nicht vorgesehen.

Island trat 1970 bei. Assoziiert sind Finnland, die Färöer-Inseln und Liechtenstein.

Das Nebeneinander von EWG und EFTA führte zu zwei rivalisierenden *Handelsblöcken* und war ein starkes Hemmnis für die wirtschaftliche Entwicklung und den Zusammenschluß Europas. Sie stand auch im Widerspruch zu den auf zwischenstaatliche Koordinierung gemeinsamer Wirtschaftsinteressen gerichteten Bestrebungen, die namentlich der Zusammenarbeit in der OECD (910 III) und im GATT (918) zugrunde liegen, denen alle diese Staaten angehören.

Diese Entwicklung ist dadurch überholt, daß sich Großbritannien und Dänemark mit Wirkung ab 1. 1. 1973 der EWG als *Vollmitglieder* und weitere EFTA-Länder als *assoziierte Mitglieder* angeschlossen haben (vgl. 813). Portugal ist 1985 aus der EFTA ausgetreten und seit 1. 1. 1986 Mitglied der EG. Der Anschluß an die Europäischen Gemeinschaften (916) ist aber auf die *wirtschaftliche Integration* beschränkt. Einen darüber hinausgehenden politischen Zusammenschluß streben vorerst nur die westeuropäischen Länder an, die den drei europäischen Gemeinschaften EWG, EGKS und Euratom angehören. Die restlichen EFTA-Mitglieder beschlossen am 16./17. 11. 1972, den Zusammenschluß aufrechtzuerhalten. Es besteht ein Freihandelsabkommen mit der EG und seit 1. 7. 1977 Zollfreiheit im Verhältnis zur EG für den Handel mit den meisten gewerblichen Gütern.

918. Internationale Wirtschaftsorganisationen: IMF, Weltbank, GATT, IFC, UNCTAD

Einen weitaus größeren Wirkungsbereich als die auf wirtschaftlichem Gebiet tätigen europäischen Institutionen (vgl. 910–917) haben die z. T. sehr bedeutsamen *wirtschaftlichen Weltorganisationen,* von denen die nachstehenden besonderen Einfluß erlangt haben:

1. Die älteste ist der *Internationale Währungsfonds (IMF; International Monetary Fund),* der von 44 Staaten mit Wirkung vom 27. 12. 1945 auf

Grund von Verhandlungen in Bretton Woods (1944) gegründet wurde. Das Übereinkommen gilt i. d. F. von 1976 (BGBl. 1978 II 15).

Sitz ist Washington. Heute gehören ihm 150 Staaten an; die BRep. trat 1952 bei (Ges. vom 28. 7. 1952, BGBl. II 637). Aufgabe des IMF ist die Förderung der Stabilität der Währungen, Errichtung eines multilateralen Zahlungssystems (vgl. 860) auf der Basis stabiler Wechselkurse, die Beseitigung von Devisenbeschränkungen sowie Finanzhilfe bei vorübergehenden Schwierigkeiten in den Zahlungsbilanzen der Mitgliedstaaten. Im Bedarfsfall können Mitgliedsländern, die an einem Sonderziehungskonto beteiligt sind, zur Ergänzung ihrer Währungsreserven *Sonderziehungsrechte* zugeteilt werden. Die Sonderziehungsrechte werden u. a. in internationalen Abkommen als Reservewährung benutzt, um z. B. für Haftungsbegrenzungen eine allgemein verbindliche Vergleichsgröße zu haben. Der Wert der DM im Verhältnis zum Sonderziehungsrecht wird im Bundesanzeiger laufend veröffentlicht. Der IMF ist eine Organisation der UNO (vgl. 909). Oberste Organe sind der Gouverneursrat, das Direktorium und ein geschäftsführender Direktor. Der IMF arbeitet zusammen mit der OECD (vgl. 910) sowie dem GATT.

Der IMF hat durch seine Finanzhilfe z. B. im Jahre 1961 das englische Pfund und 1964 die italienische Währung durch Milliarden-Kredite gestützt und dadurch einen Kursverfall dieser Währungen verhindert. Der fortschreitende Abbau der Zahlungsbilanzüberschüsse der kontinentaleuropäischen Länder, insbesondere der BRep., bewirkte eine Entspannung der internationalen Währungssituation. Um die internationale Währungsordnung zu verstärken und gegen krisenhafte Zwischenfälle abzusichern, haben sich 1961 die zehn wichtigsten Industrieländer (USA, England, Frankreich, Italien, Japan, Kanada, die Niederlande, Belgien, Schweden, BRep.) zusammengeschlossen – sog. *„Zehnerklub"* – und eine Eingriffsreserve von 6 Mrd. Dollar gebildet, aus der in Finanzschwierigkeiten geratene Länder mit Krediten gestützt werden können. Nach Beitritt zahlreicher weiterer Länder – von den Staatshandelsländern sind bisher nur Jugoslawien und Rumänien Mitglied – ist der Ausschuß erweitert worden *(„Zwanziger-Klub")*.

2. Die *Weltbank (International Bank for Reconstruction and Development, IBRD)* wurde gleichzeitig mit dem IMF mit Sitz in Washington gegründet und hat die gleiche Mitgliederzahl wie dieser. Die BRep. trat 1952 bei (Ges. vom 28. 7. 1952, BGBl. II 637).

Die Weltbank ist ebenfalls eine Sonderorganisation der UNO und hat ähnliche Organe wie der IMF. Aufgabe der Weltbank ist, den Mitgliedstaaten bei Investitionen für produktive Zwecke, für den Wiederaufbau und die Entwicklung Hilfe zu gewähren. Ferner soll sie internationale Privatinvestitionen fördern. Kredite werden nur Mitgliedstaaten oder Betrieben in solchen gewährt; sie sind festverzinslich und haben i. d. R. eine Laufzeit von 15 Jahren. Die notwendigen Eigenmittel stammen aus Kapitaleinlagen der Mitgliedstaaten und dem Verkauf eigener Obligationen.

3. Das *Allgemeine Zoll- und Handelsabkommen (GATT; General Agreement on Tariffs and Trade)* wurde am 30. 10. 1947 mit Sitz in Genf begründet. Ihm gehören 93 Länder an (die BRep. gem. Ges. vom 10. 8. 1951, BGBl. II 173; von den Ostblockstaaten die Tschechoslowakei, Jugoslawien, Polen, Ungarn und Rumänien). Das Abkommen war als Provisorium gedacht und sollte durch die in der Havanna-

Charta der UNO beschlossene Welthandels-Organisation abgelöst werden; das unterblieb, weil die USA die Charta nicht ratifizierten.

Grundlage des GATT ist Art. 1 der UN-Charta, der die Zusammenarbeit der Mitgliedstaaten zur Lösung wirtschaftlicher Probleme vorschreibt. Das GATT hat sich zur Aufgabe gesetzt und bisher schrittweise erfolgreich verwirklicht, die handelspolitische Zusammenarbeit der Mitglieder auf der Grundlage der Meistbegünstigung (554) zu koordinieren, die mengenmäßigen Beschränkungen im Außenhandel (Kontingente) zu beseitigen, Diskriminierungen zu bekämpfen und die Mitgliedstaaten zu verpflichten, ihre Zölle herabzusetzen. Nachdem schon in den vorhergegangenen Jahren auf Grund des Meistbegünstigungsprinzips die Zölle für zahlreiche Einzelpositionen gesenkt worden waren, einigten sich die im GATT zusammengeschlossenen wichtigsten Welthandelsländer – darunter die sechs EWG-Staaten – nach jahrelangen Verhandlungen 1967 in der sog. „*Kennedy-Runde*" auf einen weitreichenden Abbau der Zollschranken. Diese Bestrebungen werden seit 1973 von den 99 Mitgliedstaaten der sog. „*Tokio-Runde*" fortgesetzt; die – nach Ländern unterschiedlichen – Zollsenkungen sollen ab 1980 in acht Phasen durchgeführt werden. Die Konferenz der Minister der GATT-Mitgliedsnationen im Nov. 1982 in Genf endete ohne konkrete Erfolge; vor allem konnte keine Einigung auf Maßnahmen gegen den zunehmenden Protektionismus (802) im Welthandel erzielt werden.

4. Zu den wirtschaftlichen Weltorganisationen gehört weiter die *International Finance Corporation (IFC),* die am 25. 5. 1955 als Sonderorganisation der UNO und Tochtergesellschaft der IBRD gegründet wurde und 126 Mitgliedstaaten umfaßt (die BRep. gem. Ges. vom 12. 7. 1956, BGBl. II 747). Ihre Hauptaufgabe ist die Zusammenarbeit mit privaten Investoren, die (i. d. R. in unterentwickelten Ländern) Kapital anlegen wollen (919 IV).

Die IFC ist mit einem Grundkapital ausgestattet, das von den meisten Mitgliedsländern der Weltbank eingezahlt worden ist. Von der Weltbank unterscheidet sie sich dadurch, daß bei ihren Investitionen eine Garantie des kreditgebenden Landes nicht erforderlich ist. Kredite wurden bisher hauptsächlich an südamerikanische Länder gegeben. Sie hat ähnliche Organe wie die Weltbank.

5. Die *Welthandelskonferenz (UNCTAD, United Nations Conference on Trade and Development),* eine am 30. 12. 1964 gegründete Organisation der UNO (909) mit dem Sitz in Genf (Rat aus 128 Mitgliedstaaten), dient der Liberalisierung der Weltwirtschaft durch wirtschaftlichen Zusammenschluß der Länder auf der Grundlage freizügigen Güteraustauschs (Zollerleichterungen, Erweiterung der Märkte und Warenorganisationen, Entwicklungshilfe, Sicherung der Vollbeschäftigung).

Die Welthandelskonferenz soll alle 3 Jahre zusammentreten. In der Zwischenzeit werden ihre Aufgaben vom *Handels- und Entwicklungsrat* wahrgenommen (Trade and Development Board).

Auf der 4. Welthandelskonferenz in Nairobi im Mai 1976 wurden Verhandlungen über das von den Entwicklungsländern geforderte *integrierte Rohstoffprogramm* und einen gemeinsamen Fonds zu dessen Finanzierung angebahnt. Auf dieser Basis wollen Industrie- und Entwicklungsländer zusammenarbeiten, um die zweckmäßige Verteilung der Rohstoffe und eine für Produzenten wie Verbraucher gleichermaßen angemessene Preisgestaltung zu erreichen. Zur Verhütung von Preisschwankungen wurde die Einrichtung internationaler Rohstoffausgleichslager vorgeschlagen (s. 919). Die 5. Welthandelskonferenz in Manila (1979) brachte in manchen Themen Übereinstimmung der Teilnehmer (integriertes Rohstoffprogramm, Ablehnung des Protektionismus, technologische Kapazität der Entwicklungsländer u. a. m.), in anderen dagegen erhebliche Gegensätze (Währungsfragen, neue Weltwirtschaftsordnung, Verschuldung der Entwicklungsländer usw.). Doch wurden ein Sofortprogramm für die 31 ärmsten Entwicklungsländer für die nächsten 3 Jahre, eine ab 1980 einsetzende Strukturhilfe u. a. Stützungsmaßnahmen beschlossen. Auf der 6. Welthandelskonferenz im Juni 1983 in Belgrad waren 166 Länder vertreten. Die Grundsatzbeschlüsse der Konferenz wandten sich vor allem gegen wirtschaftlichen Protektionismus. Die Industrieländer wurden aufgefordert, mengenmäßige Handelsbeschränkungen abzubauen und zu beseitigen. Die Exporterlöse der Entwicklungsländer sollen durch den Gemeinsamen Rohstoff-Fonds stabilisiert werden. Außerdem soll die Kreditvergabe der Weltbank an die Entwicklungsländer gesteigert und der Technologie-Transfer verbessert werden. Die Industriestaaten haben erneut die Verpflichtung übernommen, bis 1985 die staatliche Entwicklungshilfe auf 0,7 v. H. ihres Bruttosozialprodukts zu steigern.

919. Entwicklungshilfe

I. Wesen der Entwicklungshilfe

Entwicklungshilfe (E.) ist die wirtschaftliche (finanzielle und industrielle) Unterstützung der sog. *Entwicklungsländer,* d. h. der meist volkreichen Länder, in denen menschliche Arbeitskraft brachliegt, aber der Lebensstandard vor allem im Vergleich zu den Industrieländern niedrig ist. Das wichtigste Ziel der Entwicklungshilfepolitik, einen Ausgleich zwischen den Interessen der Industrie- und der Entwicklungsländer zu schaffen, ist letztlich in der gegenseitigen Abhängigkeit (sog. *Interdependenz*) dieser beiden Gruppen begründet: die Industrieländer sind auf die Rohstoffe der Entwicklungsländer (Erdöl, Kupfer, Zinn, Mangan usw.) angewiesen; diese müssen sich aber zu deren Gewinnung und Verwertung der technologischen Kapazitäten der Industrieländer bedienen.

II. Maßnahmen der Entwicklungshilfe

Zu den vordringlichen Maßnahmen der E. in den fremden Ländern gehören der Ausbau von Verkehrsverbindungen, der Aufbau einer Energieversorgung und die Förderung von Bildungs- und sozialen Einrichtungen wie Lehranstalten, Krankenhäuser usw., ferner die Entsendung von anlernfähigen Fachleuten und Handwerkern.

III. Bundesrepublik und Entwicklungshilfe

Aufgabe der BRep. ist es, angesichts ihrer relativ günstigen Wirtschaftslage neben der Bereitstellung der finanziellen Mittel durch den Bund mittels *Koordinierung der Zuständigkeiten* für zweckmäßige Verteilung der Mittel zu sorgen. Darüber hinaus hat es sich als notwendig erwiesen, die nationale und internationale Zusammenarbeit zu intensivieren und auch die *private Entwicklungshilfe* einzuschalten.

Zu diesem Zweck wurde 1961 ein *Bundesministerium für wirtschaftliche Zusammenarbeit* geschaffen, dem die Aufgaben der Entwicklungshilfe und Entwicklungspolitik übertragen worden sind (vgl. 107), soweit nicht das Auswärtige Amt (93) zuständig ist. Über die an der Durchführung beteiligten Organisationen vgl. 107.

Die BRep. hat einen *Fonds für die Entwicklungshilfe* errichtet, dem die jährlichen Zinsen des *ERP-Vermögens* (s. 98) in Höhe von etwa 200 Mio. DM zufließen. Er ist aber nur als Finanzrückhalt gedacht, während die Kredite für die Entwicklungsobjekte von der *Kreditanstalt für Wiederaufbau* (862) übernommen werden. Diese wird, ähnlich wie die Weltbank, in enger Zusammenarbeit mit den Geschäftsbanken tätig. Die Entwicklungshilfe der BRep. wird zwar ohne Auflagen gegeben, aber es wird darauf geachtet, daß sie sinnvoll verwendet wird. 1985 leistete die BRep. 11,3 Mrd. DM (= 0,61 v. H. des Bruttosozialprodukts) an Entwicklungshilfe.

Das *Entwicklungshelfer-Gesetz* vom 18. 6. 1969 (BGBl. I 549) m. spät. Änd. regelt die Anerkennung von juristischen Personen des Privatrechts (306) als Träger des Entwicklungsdienstes sowie die Rechtsverhältnisse der Entwicklungshelfer, insbesondere den Abschluß des Dienstvertrages, Haftpflicht- und Krankenversicherung sowie Vorsorge für den Todesfall, Arbeitslosigkeit oder -unfähigkeit. Über Freistellung von Wehr(Zivil-)dienst s. 454, 470.

IV. Internationale Bemühungen zur Entwicklungshilfe

Eine von den führenden Industrienationen und 16 Entwicklungsländern beschickte Ministerkonferenz in Genf führte Mitte 1977 im sog. „Nord-Süd-Dialog" nur in Teilbereichen zu einer Einigung. Vorgesehen wurden die Schaffung eines *Rohstoffausgleichfonds* zur Ausschaltung übermäßiger Preisschwankungen, Sonderaktionen zugunsten der wirtschaftlich schwächsten Länder, Erhöhung der öffentl. Entwicklungshilfe der Industrienationen auf jährlich 0,7% ihres Bruttosozialprodukts (804) und Heraufsetzung des Kapitals der Weltbank (918). Dagegen kam es nicht zu den von den Entwicklungsländern geforderten allgemeinen *Schuldenmoratorium*, andererseits auch nicht zur Vereinbarung eines von den Industrienationen angestrebten *Konsultativorgans für Energiefragen*. S. a. 918 a. E. (5. Welthandelskonferenz 1979).

Um die Verständigung im „Nord-Süd-Dialog" zu fördern, wurde im Herbst 1977 eine regierungsunabhängige *Kommission für Internationale Entwicklungsfragen* mit dem Sitz in Genf gegründet, der führende Politiker und Wirtschaftsfachleute aus 7 Industrie- und 9 Entwicklungsländern angehören. Sie soll Anregungen für die Verhandlungen zwischen den beiden Staatengruppen vermitteln. Die osteuropäischen (Staatshandels-)Länder, die in der Entwicklungshilfe wenig aktiv sind, nehmen nicht teil. In einem 1980 vorgelegten Bericht fordert die Kommission eine beträchtliche Erhöhung der öffentlichen Entwicklungshilfe und die Einrichtung eines Weltentwicklungshilfefonds, Steigerung der Nahrungsmittelproduktion in den Entwicklungsländern und angemessene Preise für die Produkte dieser Länder, ferner ihre Beteiligung an der Kontrolle und Leistung der internationalen Finanzierungsinstitute, insbes. durch Mitbestimmung in den Entscheidungsgremien der Weltbank, des Internat. Währungsfonds usw.

Im Oktober 1981 fand in *Cancun* (Mexiko) eine Gipfelkonferenz über Entwicklungspolitik statt, an der 22 Staats- und Regierungschefs aus Entwicklungs- und Industrieländern teilnahmen. Man einigte sich darauf, im Rahmen der Vereinten Nationen globale Verhandlungen aufzunehmen insbesondere über die Entwicklung von Ernährungsstrategien, die Stabilisierung der Exporterlöse für die Länder der Dritten Welt sowie die Erschließung neuer und alternativer Energiereserven.

Auch die Weltbank (918) ist in die Bemühungen um E. eingeschaltet; sie fördert die wirtschaftliche Entwicklung durch kurz- und langfristige Kredite. Ihre Tochtergesellschaft IFC (*International Finance Corporation,* vgl. 918) übernimmt Aufgaben, welche die Weltbank nach ihren Richtlinien nicht wahrnehmen kann. Hierzu gehören insbesondere die Finanzierung von risikoreichen Großobjekten und die Beteiligung an privaten Entwicklungsvorhaben. Die ebenfalls als Tochterorganisation der Weltbank gegründete *International Development Association* (IDA) gewährt Kredite für Zwecke der Entwicklungshilfe zu wesentlich günstigeren Bedingungen als die Weltbank. Sie fördert außer wirtschaftlichen Unternehmungen auch Schulen, Krankenhäuser usw. Diese Organisationen sind auch bei den Bemühungen eingeschaltet, den Rückfluß (*Recycling*) der seit der Ölverteuerung (830) angeschwollenen Gewinne der ölexportierenden Länder in wirtschaftlich gesunde Bahnen zu lenken. Statt einer geldwirtschaftlich unerwünschten Ansammlung von sog. ,,Petrodollar" bei amerikanischen und europäischen – insbes. schweizerischen – Geldinstituten wird Anlage in Zeichnungsanteilen zur Finanzierung von Großprojekten in den Entwicklungsländern angestrebt, die von der Weltbank oder ihren Tochterunternehmen gefördert werden.

Ein Aktionsprogramm der *UNO-Rohstoffkonferenz* vom 2. 5. 1974 zielt darauf ab, die unwirtschaftliche Ausbeutung der Bodenschätze der Entwicklungsländer zu beenden und diesen im Wege der Partnerschaft, insbes. durch Produzentenkartelle, eine angemessene Beteiligung an der Nutzung zu sichern. Fragen dieser Art werden laufend auf den Tagungen der UNCTAD (918) beraten. Auf der Grundlage einer Entschließung über das Integrierte Rohstoffprogramm der UNCTAD von 1976 wurde das *Übereinkommen vom 27. 6. 1980 zur Gründung des Gemeinsamen Fonds für Rohstoffe* (Ges. vom 4. 6. 1985, BGBl. II 714) abgeschlossen. Der Fonds soll finanzielle Hilfen zur Verbesserung des internationalen Handels mit Rohstoffen erbringen und dadurch vor allem die Lage der rohstofferzeugenden Entwicklungsländer verbessern.

Über die Abkommen von Lomé mit den AKP-Staaten vgl. 813 (7).

Manche Länder der ,,Dritten Welt" können bereits einen wirtschaftlichen Fortschritt verzeichnen; sie haben infolge schnellen industriellen Wachstums und zunehmender Integration in die Weltwirtschaft die Schwelle zur Industrialisierung erreicht und den Bereich unterentwickelter Länder verlassen, sind aber in der sozialen Entwicklung hinter dem wirtschaftlichen Wachstum zurückgeblieben (sog. ,,Schwellenländer", z. B. Singapur, Taiwan, Süd-Korea). Für diese Länder verfolgt die BReg. ein spezielles Programm kombinierten Einsatzes privater Kredite und öffentlicher Entwicklungshilfe; das gilt besonders für Länder mit großem Importbedarf und starkem Exportdrang.

Eine regionale Kooperation betreibt die 1979 gegründete *Southern African Development Co-Ordination Conference* – SADCC –, die aus 9 im Einflußbereich der Republik Südafrika (SR) liegenden Staaten besteht (Angola, Botswana, Mosambik, Tansania, Sambia, Lesotho, Malawyi, Swasiland, Simbabwe). Ihr Ziel ist die wirtschaftliche Unabhängigkeit von der SR wegen des gespannten politischen Verhältnisse zu dieser. Das soll erreicht werden durch Harmonisierung der Entwicklungspolitik der Mitgliedstaaten, Koordinierung der Industrie- und Energiepolitik, des Transport-(Eisenbahn-) und Fernmeldewesens, einen regionalen Entwicklungsfonds und die Güterbeförderung ohne Inanspruchnahme südafrikanischer Häfen.

Die *2. Weltbevölkerungskonferenz* der UNO im Aug. 1984 in Mexiko-City (die 1. Konferenz hat 1974 in Bukarest stattgefunden) hat den Kampf gegen Armut und Arbeitslosigkeit als entscheidend dafür angesehen, der Weltbevölkerung eine menschenwürdige Zukunft zu sichern. Es wurde ein Aktionsprogramm verabschiedet, in dem das Recht, über die Zahl seiner Kinder selbst zu bestimmen, festgeschrieben wurde. Andererseits wird dieses Programm auch als Fortschreibung der Ergebnisse von Bukarest gesehen, auf Grund derer das Wachstum der Weltbevölkerung verringert und der Durchschnitt des Geburtenüberschusses von 2,03 auf 1,67 v. H. gesenkt werden konnte. Auch diese Senkung des Weltbevölkerungswachstums wird jedoch noch nicht als ausreichend angesehen, um der gesamten Weltbevölkerung ein menschenwürdiges Dasein zu gewährleisten.

920. Neue Völkerrechtsprobleme

Neben der Schlichtung von Streitigkeiten dient die *UNO* auch der *Fortbildung des Friedensvölkerrechts* (vgl. 901, 909). In Einzelfällen gibt die Vollversammlung oder der Weltsicherheitsrat Empfehlungen, denen allgemeine Bedeutung zukommt. Die Kompetenz der UNO geht über die des früheren *Völkerbundes* (vgl. 906) insofern hinaus, als für diesen nur das geschriebene Recht (jus scriptum) maßgebend war, während heute auch das ungeschriebene *Gewohnheitsrecht* und *allgemein anerkannte Rechtsgrundsätze* Beachtung verlangen. Schon die fortschreitende Technisierung, das Vordringen in den Luftraum und die Meerestiefen u. a. Veränderungen lassen immer neue Probleme entstehen, die nur vom internationalen Recht gelöst werden können.

Als Beispiele seien genannt:

a) die Verbesserung des humanitären Völkerrechts zum Schutz der Menschenrechte bei bewaffneten Konflikten (vgl. 903 III, 905, 908, 912 V; s. insbes. 905 zu den Ergebnissen der Konferenz von 1977 zu Fragen des Schutzes der Zivilbevölkerung und des Status der Guerilla-Kämpfer);

b) der Bereich des *Staatsgebietes* (1) und seine Abgrenzung zum *offenen Meer,* das früher „frei von jeder Art staatlicher Raumhoheit" *(Carl Schmitt)* war. Dann wurden allgemein 3, jetzt werden vielfach 4, 6 oder 12 Seemeilen beansprucht; die Ausdehnung auf 50 sm durch *Island* ist vom Internat. Gerichtshof am 25. 7. 1974 für rechtswidrig erklärt worden.

Völkerrechtliche Probleme im Zusammenhang mit den Meeren waren auch Gegenstand der *Seerechtskonferenz* der Vereinten Nationen (begonnen 1973). Die Konferenz erarbeitete 1982 eine neue Internationale Seerechtskonvention. Die wichtigsten Regelungen betreffen die Fragen der Hoheitszone (12 Seemeilen), der Meeresengen (freier Transit für Schiffe und Flugzeuge aller Länder), der *Wirtschaftszonen* (exklusive, 200 Meilen ins Meer reichende Wirtschaftszone für Küstenstaaten), des Festlandsockels (souveräne Rechte der Küstenstaaten über den Festlandsockel, 350 Meilen ins Meer reichend, für Förderung von Öl und Erdgas), des Meeresboden-Bergbaus (*Tiefseebergbau*, insbes. der Abbau von Manganknollen, wird durch eine internationale Meeresboden-Behörde geregelt) und der Entscheidung in Streitfällen (Schlichtung durch einen internationalen Seegerichtshof). Einige führende westliche Industriestaaten (u. a. USA, Japan, Großbritannien) sind der Konvention nicht beigetreten, da sie mit der Regelung des Tiefseebergbaus nicht einverstanden sind. Die BReg. hat die Unterzeichnung der Konvention abgelehnt, jedoch gegen den Beitritt der EG keine Bedenken erhoben. Für die Konvention und die Schaffung einer Internat. Meeresboden-Behörde treten namentlich die Länder der Dritten Welt ein; die Behörde soll verhindern, daß diese Länder, die selbst nicht die notwendigen technologischen Voraussetzungen für die Ausbeutung der Meeresbodenschätze besitzen, durch die technisch überlegenen Industrieländer von der Nutzung ausgeschlossen werden. Die Industrieländer dagegen befürchten, daß die freie Marktwirtschaft auf den Meeren beeinträchtigt wird. Neben den Verhandlungen der Konferenz schlossen die USA, Großbritannien, Frankreich und die BRep. am 2. 9. 1982 ein Abkommen über *vorläufige Regelungen für polymetalische Knollen des Tiefseebodens* (BGBl. II 983), das insbes. die Erteilung der nationalen Abbauberechtigungen, die gegenseitig anerkannt werden, harmonisierte und Verfahrensregelungen traf;

c) die Grenzen des Staatsgebietes nach oben in den *Luftraum* und die Zulässigkeit des Überfliegens fremden Gebietes;

d) das Recht auf die *Stratosphäre;*

e) die Abgrenzung *geduldeter Aufklärung* von unzulässiger *Spionage* (z. B. Einsatz von Aufklärungsflugzeugen oder -satelliten);

f) die Zulässigkeit des *Übergreifens in fremde Souveränitätsrechte* im Wege der Selbstverteidigung und Selbsthilfe (1976 Befreiung der im Flughafen Entebbe/Uganda festgehaltenen Geiseln durch ein israelisches Kommandounternehmen; 1978 Eindringen israelischer Truppen in den Südlibanon zur Abwehr von Guerillaangriffen; 1981 Bombardierung des irakischen Atomreaktors bei Bagdad sowie von Beirut durch die israelische Luftwaffe);

g) die Zulässigkeit der *Entführung eines Straftäters* aus einem anderen Staat (Fälle Eichmann, Argentinien-Israel; Argoud, BRep.-Frankreich; Tschombe, Spanien-Zaire);

h) Maßnahmen zur Verhinderung grenzüberschreitender Umweltverschmutzungen sowie Bemühungen um die Erhaltung gefährdeter Tier- und Pflanzenarten; s. im einzelnen 193 IV.

Das Übereinkommen vom 29. 4. 1958 über die *Hohe See* (BGes. vom 21. 9. 1972, BGBl. II 1089) garantiert für das Meer, soweit es nicht zu den Staats- oder Küstengewässern gehört, die Freiheit der Schiffahrt, der Fischerei, der Kabel- und Rohrlegung und des Überfliegens. Es regelt ferner Maßnahmen gegen *Seeräuberei.* Kriegs- und staatliche Schiffe genießen *Immunität.*

Ebenfalls am 29. 4. 1958 sind in Genf drei weitere Übereinkommen abgeschlossen worden, denen die BRep. jedoch nicht beigetreten ist. Das Übereinkommen über das *Küstenmeer und die Anschlußzonen* geht (ohne abschließende Regelung) von der 12-Meilen-Grenze als der äußersten Ausdehnung des Staatsgebiets aus und gibt Richtlinien für den Grenzverlauf und die Eingriffsmöglichkeiten der Gerichtsbarkeit auf fremden Schiffen. Das Übereinkommen über die *Fischerei und die Erhaltung von lebenden Schätzen der Hohen See* dient der internationalen Zusammenarbeit zwecks Verhütung der Dezimierung und Ausrottung von Meerestieren.

Die Rechte an der *Unterwasserzone* außerhalb der zum Staatsgebiet gehörenden Dreimeilenzone sind in neuerer Zeit dadurch näher bestimmt worden, daß nach Art. 1, 2 der Genfer Konvention über den *Festlandsockel* vom 29. 4. 1958 der Meeresgrund und Meeresuntergrund bis zu 200 m Tiefe (oder soweit noch Ausbeutung von Naturschätzen möglich ist) dem Anliegerstaat zusteht. Die Abgrenzung im einzelnen bleibt der Vereinbarung zwischen den Anliegern vorbehalten; andernfalls soll die Grenze in der Mitte zwischen den Küsten der Anliegerländer verlaufen. Die über dem Festlandsockel befindliche See gilt dagegen weiterhin als freies Meer, das der Schiffahrt und dem Fischfang allgemein zugänglich ist. Das Aufsuchen und Gewinnen von *Bodenschätzen* (z. B. Öl, Erdgas u. a. Mineralien) im Bereich des deutschen Festlandsockels ist von einer Genehmigung abhängig (vgl. 190, Tiefseebergbau). Die BRep. ist der Konvention nicht beigetreten; vgl. aber Proklamation der BReg. vom 22. 1. 1964 (BGBl. II 104). Die Internationale Konvention vom 11. 2. 1971 über das Verbot der *Anbringung von Atomwaffen* und anderen Massenvernichtungsmitteln *auf dem Meeresboden und im Meeresuntergrund* außerhalb der eigenen 12-Seemeilen-Territorialgewässer gilt auch für die BRep. (Ges. vom 12. 5. 1972, BGBl. II 325); ebenso der *Antarktis-Vertrag* vom 1. 12. 1959 (Ges. vom 22. 12. 1978, BGBl. II 1517), der bestimmt, daß die Antarktis nur für friedliche Zwecke genutzt werden darf, und Kernexplosionen sowie die Beseitigung radioaktiven Abfalls in diesem Gebiet verbietet.

Den *Luftraum* beanspruchen manche Staaten nur bis zu einer bestimmten Flughöhe, während die UdSSR der Ansicht ist, daß das Sicherheitsbedürfnis eines Staates die Grenzen der *Lufthoheit* bestimme.

Der *Weltraum* ist nach überwiegender Auffassung frei wie das Meer und keiner Hoheitsgewalt unterworfen. Durch internationale Übereinkommen sollen die Staaten verpflichtet werden, keine *Hoheitsrechte auf Himmelskörpern* zu begründen. Der Regelung solcher Fragen dient der Vertrag vom 27. 1. 1967 über die Tätigkeit der Staaten bei der Erforschung und Nutzung des Weltraums *(Weltraumvertrag, Kosmosvertrag);* er verbietet Nutzung des Weltraums für militärische Zwecke (BGes. vom 2. 10. 1969, BGBl. II 1967). Vgl. auch Übereinkommen vom 22. 4. 1968 über die Rettung und Rückführung von Raumfahrern *(Astronauten)* sowie die Rückgabe von Objekten, die in den Weltraum befördert wurden (BGes. vom 14. 5. 1971, BGBl. II 238). Ein Übereinkommen vom 14. 1. 1975 regelt die *Registrierung* von Weltraumgegenständen durch den Startstaat und seine Anzeigepflicht beim UNO-Generalsekretär (BGes. vom 1. 6. 1979, BGBl. II 650), ein *Weltraumhaftungsvertrag* – Übereinkommen vom 29. 3. 1972 – die völkerrechtliche Haftung für Schäden durch solche Objekte (BGes. vom 29. 8. 1975, BGBl. II 1209). S. a. Übereinkommen zur Gründung einer *Europ. Weltraumorganisation* vom 30. 5. 1975 (BGBl. 1976 II 1862).

Eine *Weltraumkonferenz* in Wien – *,,Unispace 82"* – befaßte sich im Aug. 1982 mit den Fragen, die sich aus der Kollision nationaler Interessen im Weltall ergeben, insbes. soweit der Einsatz von Flugkörpern, Satelliten usw. militärischen Zwecken dient. Die von 90 UNO-Mitgliedstaaten beschickte Konferenz nahm zwar Stellung gegen die ,,Militarisierung" des Weltraums z. B. durch Einsatz von Anti-Satelliten- und Anti-Raketen-Systemen und setzte sich für die ausschließlich friedliche Nutzung der Raumfahrt-Technologie, für internationale Zusammenarbeit und für den Zugang zu allen aus dem Weltall gewonnenen Informationen ein. Doch wurde nicht verkannt, daß Konferenzbeschlüsse allein das „Wettrüsten“ im All nicht verhindern; auch würde ein Verbot des Einsatzes von Satelliten-Zerstörern und von Stör-Satelliten, welche die Nachrichtenübermittlung durch andere Satelliten ausschalten sollen, noch keine Wirkung äußern.

Während manche Probleme der territorialen Abgrenzung der Hoheitsrechte im Wege solcher internationalen Übereinkommen gelöst werden konnten, sind andere in Konfliktsfällen hervorgetretene Fragen bisher ungelöst geblieben. Dazu gehört insbesondere die *Verletzung der Souveränität fremder Staaten* zum Schutz eigener Rechte und zur *Selbstverteidigung*.

Eingriffe in die *territoriale Unversehrtheit* anderer Staaten durch Gewaltanwendung oder -androhung sind durch Art. 2 Ziff. 4 der praktisch für alle Völker der Welt verbindlichen UN-Charta (909) untersagt. Sie sind nur zugelassen als internationale Aktionen im Vollzug der von den Organen der Völkerrechtsgemeinschaft, insbesondere dem *Weltsicherheitsrat* (909 II 1), beschlossenen Maßnahmen aus Anlaß einer Verletzung des Völkerrechts oder der UN-Charta. Andererseits wird in Art. 51 der UN-Charta das Recht der *Selbstverteidigung* gegen einen bewaffneten Angriff anerkannt, bis der Sicherheitsrat die zur Aufrechterhaltung des Friedens erforderlichen Maßnahmen getroffen hat. Als *bewaffneter Angriff* wird auch die unmittelbare Vorbereitung von Kampfhandlungen angesehen. Darüber hinaus wird völkerrechtlich allgemein ein Recht auf *Notwehr* im Falle eines rechtswidrigen Angriffs bejaht. Die Völkerrechtsordnung gestattet einem Staat, dessen Existenz ohne sein Verschulden unmittelbar bedroht ist, auch durch eine *Blockade* in die Rechte anderer Staaten einzugreifen, wenn es zur Beseitigung der Gefahr unvermeidlich ist.

Auf das Recht der Selbstverteidigung, das auch bei einem unmittelbar bevorstehenden Angriff zugestanden wird, haben sich z. B. die USA im *Kuba-Konflikt* (930) berufen. Es wurde ferner vor allem von Israel bei sog. Kommando-Unternehmen in benachbarte, im Konflikt mit den arabischen Ländern neutrale Staaten (Libanon) in Anspruch genommen. Bei einem ähnlichen Unternehmen zur Befreiung von Geiseln, die im Juli 1976 auf dem Staatsgebiet von Uganda durch Luftpiraten festgehalten wurden (s. o. f), hat sich Israel auf den Gesichtspunkt der Notwehr im Hinblick auf mangelnde Schutzmaßnahmen der ugandischen Behörden gestützt.

Während in Fällen dieser Art die Lösung der aufgetretenen völkerrechtlichen Probleme im einzelnen strittig sein kann, waren andere Eingriffe in fremde Souveränitätsrechte zweifellos völkerrechtswidrig. Das gilt insbesondere für die *Entführung von Straftätern* aus einem anderen Staat (s. o. g). Diese Fälle haben jedoch keine internationalen Gegenmaßnahmen, sondern lediglich diplomatische Proteste ausgelöst.

921. Neutralität

Der Begriff der *Neutralität* hat sich seit langem als Rechtsbegriff und als politische Gestaltungsform der Beziehungen eines Staates zu seiner Umwelt herausgebildet. Dagegen ist der Begriff der *Koexistenz* (vgl. 922) überwiegend politischer Natur und als Rechtsbegriff eine Zweckschöpfung der kommunistischen Ideologie. Während die Neutralität das Verhältnis eines Staates zu zwei oder mehreren anderen, miteinander in Konflikt stehenden Staaten betrifft, setzt die Koexistenz einen echten Streitfall nicht voraus, soll vielmehr bestehende Spannungen mindern und dem Entstehen echter (insbes. kriegerischer) Auseinandersetzungen entgegenwirken.

Unter *Neutralität* (N.) im völkerrechtlichen Sinne versteht man die Nichtteilnahme eines Staates an einem Konflikt zwischen anderen Staaten (den Kriegführenden). N. im politischen Sinne bezeichnet die Entschlossenheit eines Staates, sich in einer Zeit *politischer Spannungen* keiner der streitenden Parteien anzuschließen, sondern sich die Freiheit seiner außenpolitischen Entschließungen zu bewahren. Von der N. im Kriegsfalle zu unterscheiden ist die *dauernde Neutralität (Neutralisierung)*, d.h. die durch Staatenvertrag festgelegte Verpflichtung, nicht nur bei kriegerischen Auseinandersetzungen zwischen dritten Staaten oder sonstigen Konflikten N. zu beobachten, sondern auch schon im Frieden sich jeder Bündnispolitik oder Beteiligung an machtpolitischen Zusammenschlüssen zu enthalten.

Kraft des die dauernde N. konstituierenden Vertrags sind die übrigen Vertragsstaaten verpflichtet, diese N. zu achten. Der Vertrag kann darüber hinaus auch eine *Garantie* der anderen Staaten oder einzelner von ihnen, d. h. die Zusage des Schutzes gegen Verletzungen der N. von dritter Seite, enthalten. Alsdann entsteht ein *Schutzverhältnis* besonderer Art, das auch dritte am Vertrag nicht beteiligte Staaten beachten müssen, widrigenfalls sie sich einem Konflikt mit dem Schutzstaat aussetzen.

Für die völkerrechtliche N. bedeutsam sind das V. und das XII. *Haager Abkommen* vom 18. 10. 1907 betr. Rechte und Pflichten der Neutralen im Falle eines Landkrieges und eines Seekrieges (RGBl. 1910 S. 151, 343, 375).

N. im politischen Sinne üben insbes. *Indien, Sri Lanka, Finnland* und *Schweden*. Dauernd neutralisierte Staaten sind die *Schweiz* (s. 34), *Österreich* (s. 36), die *Vatikanstadt* (s. 708) und waren in Konfliktsfällen z. B. *Island, Tanger, Triest, Belgien* und *Luxemburg*.

Die dauernde N. der *Schweiz* wurde in der Schlußakte des Wiener Kongresses 1815 verankert und während der Kriege 1859, 1866, 1870/71, 1914/18 von allen Beteiligten geachtet und eingehalten, im 2. Weltkrieg dagegen nicht immer. Den Beitritt zum Völkerbund vollzog die Schweiz erst, nachdem der Völkerbundsrat 1920 zugesagt hatte, daß sie an militärischen Aktionen nicht teilzunehmen und den Durchzug von Truppen oder die Vorbereitung militärischer Unternehmungen auf ihrem Gebiet nicht zu dulden brauche. Um solchen Verpflichtungen zu entgehen, ist die Schweiz bisher weder der UNO noch der NATO beigetreten.

Die dauernde N. *Österreichs* beruht auf dem Staatsvertrag vom 15. 5. 1955, auf dem österreichischen Gesetz vom 26. 10. 1955 und auf der Anerkennung durch alle Großmächte. Vgl. 36.

Die *Vatikanstadt* wurde durch Art. 24 des Lateranvertrages zwischen Italien und dem Heiligen Stuhl vom 11. 2. 1929 zum dauernd neutralen und unverletzlichen Gebiet erklärt. Das *Freie Gebiet Triest* wurde nach dem Vorbild Danzigs durch Art. 21, 22 des Friedensvertrages mit Italien vom 10. 2. 1947 geschaffen. Die Aufrechterhaltung der Autonomie für ein so kleines Gebiet erwies sich aber als unmöglich, so daß es 1954 zwischen Italien und Jugoslawien aufgeteilt wurde. *Island* wurde nach der Trennung von Dänemark 1944 als dauernd neutraler Staat anerkannt. Es gehört jedoch jetzt der NATO an (s. 913).

Die dauernde N. *Belgiens* beruhte auf einem Vertrag von 1831 und den Londoner Verträgen vom 19. 4. 1839. Sie wurde am 4. 8. 1914 durch den Einmarsch deutscher Truppen verletzt. Art. 31 des Versailler Vertrages stellte die Verträge von 1839 als durch die Verhältnisse überholt fest und verpflichtete das Deutsche Reich, der Aufhebung dieser Verträge zuzustimmen. Die dauernde N. von

Luxemburg, das dem Deutschen Bund bis zu dessen Auflösung 1866 angehört hatte, beruhte auf dem Londoner Vertrag vom 11. 5. 1867. Nachdem sie 1914 durch den Einmarsch deutscher Truppen verletzt worden war, bezeichnete Art. 40 des Versailler Vertrags die dauernde N. Luxemburgs als aufgehoben, ohne daß Luxemburg Signatar dieses Vertrages war.

922. Friedenspolitik und Koexistenz

I. Friedenspolitik

Fast seit einem Jahrhundert dauern schon die Bemühungen an, durch ein System internationaler Vereinbarungen die bewaffneten Auseinandersetzungen zwischen den Völkern zu vermeiden und Konflikte im Verhandlungswege auszutragen. Diese Friedenspolitik gewinnt um so mehr an Bedeutung, je mehr Massenvernichtungsmittel produziert werden, die Gesundheit und Leben ganzer Völker ernstlich bedrohen. Die Entwicklung hat die Menschheit aber nur in begrenztem Maße dem Ziel einer dauerhaften Kriegsverhütung näher gebracht (vgl. 906, 907, 909).

Ein wichtiges Element der von den UNO-Staaten verfolgten internationalen *Friedenspolitik* würde eine politische Entspannung in Mitteleuropa sein, das im Schnittpunkt der militärischen und wirtschaftlichen Interessen von NATO (913) und Ostblock (923) liegt. Diesem Ziel dient die am 1. 8. 1975 auf der *Konferenz über Sicherheit und Zusammenarbeit in Europa* (KSZE) von 33 Staaten Europas (einschl. UdSSR, aber außer Albanien), den USA und Kanada in *Helsinki* unterzeichnete *Schlußakte.* Die Vereinbarungen anerkennen die Gleichberechtigung und das Selbstbestimmungsrecht der Völker, die Souveränität und territoriale Integrität der Staaten, die Unverletzlichkeit ihrer Grenzen sowie das Verbot der Einmischung in innere Angelegenheiten; Streitfälle sind friedlich zu regeln und völkerrechtliche Verpflichtungen nach Treu und Glauben zu erfüllen; die Zusammenarbeit der Staaten ist auf der Grundlage der UN-Charta zu fördern; die Achtung der Menschenrechte und Grundfreiheiten wird als tragender Grundsatz herausgestellt; den Zielen der Humanität dienen Vereinbarungen über Erleichterungen in der Familienzusammenführung und der Eheschließung zwischen Bürgern verschiedener Staaten. Außerdem wurden Folgetreffen vorgesehen, auf denen die Verwirklichung der Schlußakte überprüft und weiterführende Vereinbarungen getroffen werden sollten. Das 1. Folgetreffen fand von Okt. 1977 bis März 1978 in Belgrad statt. Fortschritte wurden nicht erzielt, weil der Widerstand der UdSSR einen Beschluß in der Frage der in der Schlußakte von Helsinki geforderten Verwirklichung der Menschenrechte verhinderte. Das 2. Folgetreffen (in Madrid) dauerte vom 11. Nov. 1980 bis 9. Sept. 1983. Die 35 Teilnehmerstaaten (15 NATO-, 7 Warschauer-Pakt-, 13 blockfreie Staaten) einigten sich auf ein „Abschließendes Dokument", in dem sie ihre Entschlossenheit bekräftigten, Prinzipien wie den Gewaltverzicht, die Verurteilung und Bekämpfung des Terrorismus und die Anerkennung der Menschenrechte und Grundfreiheiten, zu achten und anzuwenden. Ferner wurde eine verstärkte Zusammenarbeit in Wirtschaft, Wissenschaft, Technik, Umweltschutz, Kultur und Bildung sowie im humanitären Bereich vereinbart. Eines der wichtigsten Ergebnisse war die Einberufung einer *Konferenz über Vertrauens- und Sicherheitsbildende Maßnahmen und Abrüstung in Europa* (KVAE), deren Ziel es sein sollte, Fortschritte bei der Festigung des Vertrauens und der Sicherheit und bei der

Verwirklichung der Abrüstung zu erzielen. Die KVAE trat am 17. 1. 1984 in Stockholm zusammen. Im Sept. 1986 wurden in einem Schlußdokument der 35 Teilnehmerstaaten Vereinbarungen über einen Gewaltverzicht (bei Zulassung individueller und kollektiver Selbstverteidigung) sowie über die Ankündigung von Manövern und deren Beobachtung durch Vertreter der anderen Länder, Erstellung von Jahresübersichten meldepflichtiger militärischer Aktivitäten, Zulässigkeit von Großmanövern nach längerfristiger Ankündigung und Kontrolle der Einhaltung der Vereinbarungen durch Manöverinspektionen getroffen.

Das 3. KSZE-Folgetreffen hat am 4. 11. 1986 in Wien begonnen.

Mit dem Ziel der politischen Entspannung in Europa hat die BRep. am 12. 8. 1970 in Moskau einen Vertrag mit der UdSSR über *Gewaltverzicht* und Anerkennung der gegenwärtigen Ostgrenze abgeschlossen (BGes. vom 23. 5. 1972, BGBl. II 353). Er soll, ohne die vertraglichen Verpflichtungen der Vertragspartner zu dritten Mächten oder Mächtegruppen (NATO, Ostblock) zu berühren, den Ausbau der bilateralen Beziehungen auf wirtschaftlichem, kulturellem und technischem Gebiet einleiten und den Frieden mit den Ostblockstaaten dadurch sichern, daß beide Seiten die bestehenden Grenzen – auch die zur DDR und die *Oder-Neiße-Linie* – als unverletzlich anerkennen und auf Gebietsansprüche verzichten. Mit dem Gewaltverzicht soll der früher von der UdSSR erhobene *Interventionsanspruch* (vgl. 909 III) ausgeräumt werden. Der deutsche Bundestag hat dem Vertrag trotz politischer und völkerrechtlicher Bedenken einer starken Opposition am 17. 5. 1972 zugestimmt. Er hat aber in einer gemeinsamen Erklärung aller im BT vertretenen Parteien zum Ausdruck gebracht, daß die *Verträge von Moskau und Warschau* (hierzu vgl. 25) die noch offene friedensvertragliche Regelung mit den vier Alliierten nicht vorwegnehmen, das *Selbstbestimmungsrecht* nicht berühren und keine Rechtsgrundlage für die derzeitigen tatsächlichen Grenzen schaffen. Auch ist in einem Notenwechsel mit den Alliierten deren Verantwortlichkeit für ganz Deutschland und Berlin sowie das Selbstbestimmungsrecht herausgestellt worden.

II. Koexistenz

Ein Instrument sowjetischer Friedenspolitik ist der Begriff der *Koexistenz* (K.), dem die UdSSR einen rechtlichen Inhalt zu geben versucht. Auf der Grundlage völkerrechtlicher Prinzipien komme dem Begriff der K. Bedeutung nicht nur für das friedliche Nebeneinander der Staaten, sondern auch für das Recht der Selbstbestimmung und selbständigen Staatenbildung und die *Befreiung der Kolonialvölker* zu.

Im wesentlichen ist aber der Begriff der K. ein politischer geblieben, wobei sich im Ostblock unterschiedliche Auffassungen über seine Effektivität herausbildeten. Während die UdSSR und die meisten anderen Ostblockländer sie als *friedliche Koexistenz* i. S. eines Nebeneinanderbestehens von politischen Machtgruppen mit differierenden Grundprinzipien unter Verzicht auf Gewaltanwendung bezeichnen, hält eine – in früheren Jahren von Rot-China und Albanien angeführte – Minderheit eine kriegerische Auseinandersetzung mit den dem kapitalistischen Wirtschaftssystem zuneigenden Staaten für unvermeidlich; mit einer Selbstauflösung des Kapitalismus und dem automatischen Übergang zum Kommunismus sei nicht zu rechnen, die Durchsetzung der kommunistischen Ziele daher nur durch Krieg oder Revolution möglich.

Immerhin ist der auch in Art. 28 der UdSSR-Verfassung von 1977 herausgestellte Grundsatz der „friedlichen K." der Staaten mit unterschiedlicher Gesellschaftsordnung mit gewissen Einschränkungen zu verstehen: Die K. ist befristet, weil sie nur für die Zeit des Übergangs zum kommunistischen Weltreich gilt, in dem es keine unterschiedlichen Gesellschaftsordnungen gibt; sie ist ferner nur als „Waffenstillstand“ für die Anwendung militärischer Zwangsmittel gedacht, gilt also nicht für den ideologischen Kampf, der auch in dieser Periode fortgesetzt wird, und sie gilt schließlich auch nicht für die sozialistischen Staaten untereinander, weil der „sozialistische Internationalismus“ (Art. 30 UdSSR-Verf.) im Rahmen der gebotenen „Freundschaft“, „Zusammenarbeit“ und „kameradschaftlichen gegenseitigen Hilfe“ sogar ein bewaffnetes Eingreifen bei anderen sozialistischen Staaten im Falle drohender „Abweichung“ von der internationalen sozialistischen Doktrin rechtfertige (so auch die *Breschnew-Doktrin,* vgl. 923).

Die Führung der UdSSR (so schon früher *Chruschtschow*) sieht somit im Grundsatz der friedlichen K. kein Hindernis zur Fortsetzung des *wirtschaftlichen, politischen und ideologischen Kampfes* – unter Verzicht auf den unmittelbaren Einsatz militärischer Machtmittel –, der eine Aktivierung außenwirtschaftlicher Beziehungen nicht ausschließt, ohne das politische Ziel außer Acht zu lassen. Zu den politischen Kampfmitteln zählt aber auch die Revolution.

Die Differenzen im kommunistischen Lager sind jedoch nicht auf die Auseinandersetzungen zwischen den Hauptmächten UdSSR und Rot-China über die Methoden des politischen Kampfes beschränkt. In den bisher im Rahmen des Ostblocks (923) ideologisch von der UdSSR geführten europäischen Staaten treten zunehmend Tendenzen politischer Verselbständigung hervor. Die kommunistischen Parteien dieser Länder streben einen „selbständigen, von der UdSSR unabhängigen Weg“ zur Verwirklichung der marxistisch-leninistischen Lehre an. Mehr noch zeigen sich diese Bestrebungen in den kommunistischen Parteien Westeuropas als sog. *Eurokommunismus.* Während in Südosteuropa Staats- und Parteiführung Bulgariens und Ungarns (unter der Führung von *Todor Schiwkow* und *Janos Kadar*) sich streng an die außenpolitische Linie der KPdSU halten, versucht die KP Rumäniens (unter *Nicolae Ceauşescu*) zu eigenen Formen eines nationalen kommunistischen Staates zu finden, indem sie nur einen begrenzten ideologischen Führungsanspruch der russischen Parteileitung anerkennt und die kommunistischen Ideen mit nationalen Tendenzen verbindet. Insoweit folgt Rumänien dem Vorbild des nicht mehr dem Ostblock angehörenden Jugoslawien, das allerdings – anders als Rumänien – in seiner Wirtschaftsführung stark vom sowjetischen Leitbild abweicht (vgl. 37 II 11; Arbeiter-Selbstverwaltung: die Arbeiter in den Betrieben wählen und kontrollieren ihre Direktoren, bestimmen über Umfang und Art der Produktion und sind am Gewinn beteiligt). Noch weitergehendes Streben nach Verselbständigung zeigt sich bei den KPen Westeuropas, insbes. Italiens und Frankreichs (Generalsekretäre *Alessandro Natta* und *Georges Marchais*). Ihre innerpolitische Haltung wird jedoch maßgeblich beeinflußt von der Parteiensituation dieser Länder: in beiden strebt die KP eine Beteiligung an der Regierung an, in Italien in Form einer möglichen Koalition mit oder wenigstens Tolerierung der „Democrazia Cristiana“, in Frankreich durch ein Bündnis mit der Sozialistischen Partei in einer „Volksfront“; die daraus resultierende Kompromißbereitschaft der KPI und der KPF könnte allerdings nach Auffassung politischer Gegner nur eine Stufe auf dem Wege zur alleinigen „Machtergreifung“ sein (die Beteiligung der KPF an der französ. Regierung seit der Regierungsbildung durch die Sozialisten im Juni 1981 hält sich wegen der geringen Zahl der kommunistischen Minister in sehr engen Grenzen). Tendenzen im Sinne eines Eurokommunismus zeichnen sich ferner in den KPen Finnlands (Die finnische KPF spaltete sich im Juni 1986 nach 20jähriger interner Auseinandersetzung in eine moskautreue Gruppe unter *Taisto Sinisalo* und eine eurokommunistische unter *Arvo Aalto*) und Österreichs ab und treten auch in der KP Spaniens hervor, die erst vor wenigen Jahren nach der Beseitigung des Franco-Regimes sich unter der Führung von *Santiago Carrillo* (zurückgetreten Okt. 1982. Nachfolger: *Gerardo Iglesias*) hat entfalten können. Während aber die spanische Partido Comunista de España (PCE) sich besonders auf Carrillos Initiative hin eurokommunistischen Tendenzen geöffnet hat, hält sich die portugiesische KP unter *Alvaro Cunhal* im Rahmen der herkömmlichen Prinzipien kommunistischer Politik. Jedoch spaltete sich im Jan. 1984 der orthodoxe Flügel der PCE in einer mit Unterstützung der KPdSU neugegründeten Partido Comunista (PC) unter *Ignacio Gallego* mit Zielrichtung gegen den Eurokommunismus und für enge politische Bindung an die UdSSR ab.

Der von der KPdSU bekämpfte sog. *Reformkommunismus* in West- und Südosteuropa nimmt für sich in Anspruch, Grundsätze einer „sozialistischen Demokratie" zu vertreten und auf Durchsetzung seiner Ziele mit demokratisch-parlamentarischen Mitteln – also unter Verzicht auf Gewaltanwendung – hinzuarbeiten; er hält sich deshalb für einen akzeptablen Partner der sog. pluralistischen Gesellschaft (804) des Westens; er bejaht das Prinzip der Parteienvielfalt und lehnt weder die Marktwirtschaft (802) noch das private Eigentum an Produktionsmitteln ab. Die UdSSR hat demgegenüber ihre Ideologie gegen die „Revisionisten" auf einer Konferenz der kommunistischen Parteien Europas im Juni 1976 in Ost-Berlin nicht durchsetzen können. Vielmehr verstärkte sich die Neigung, die Umformung der Gesellschaft im kommunistischen Sinne schrittweise auf demokratischem Wege zu verwirklichen, insbes. also die sowjetische Praxis der Diktatur einer Minderheit aufzugeben.

Während Gegenstand der Bemühungen aller Kulturnationen um Weltfrieden und friedliche K. der Kampf gegen den sog. *Imperialismus* ist, d. h. gegen das Streben einzelner Staaten nach Machterweiterung insbesondere auf politischem und militärischem Gebiet, wendet sich die von *Lenin* weiterentwickelte marxistische Theorie vom *ökonomischen Imperialismus* vor allem gegen Wirtschaftsmonopole und Finanzkapital, denen sie den Willen zur Weltherrschaft unter Aufteilung der Erde in Interessenbereiche zuschreibt.

Zwar besteht tatsächlich weitgehend ein Zustand der K., weil die Großmächte bestrebt sind, den jetzigen Stand *(status quo)* aufrechtzuerhalten, ohne die eigene Position zu gefährden. Auch die Sowjetunion will offenbar ihre Existenz nicht durch einen *heißen Krieg* – eine mit Waffengewalt ausgetragene Auseinandersetzung – gefährden, wendet aber alle Mittel der Diplomatie und der Untergrundarbeit an, um durch ständigen Wechsel zwischen Spannung und Entspannung auf die *Weltrevolution* und den Zusammenbruch des kapitalistischen Gesellschaftssystems hinzuarbeiten. Ihre forcierte Aufrüstung und seit 1975 deutlich expansive Außenpolitik (Angola, Mosambik, Äthiopien, Süd-Jemen, Afghanistan, Einflußnahme in Nicaragua usw.) dient demselben Ziel. Die daraus entstehende, häufig als *kalter Krieg* bezeichnete Konfliktslage ist gekennzeichnet durch das „eisige" Verhältnis zwischen den sich politisch gegensätzlich gegenüberstehenden Staaten, die sich auf ein Mindestmaß an formellen (z. B. diplomatischen) Beziehungen beschränken und zwar auf Waffengewalt, nicht aber auf „unfreundliche Akte" *(actes peu amicales)* verzichten (z. B. Einschränkung der Bewegungsfreiheit von Diplomaten).

Der Verzicht der beiden großen Machtblöcke auf den Einsatz militärischer Mittel gegeneinander und die jeweiligen Verbündeten ist für sich allein aber nicht geeignet, dem bei Gründung der UNO herausgestellten Friedensgedanken zum Durchbruch zu verhelfen. Die Einführung des von *Stalin* durchgesetzten *Vetorechts der Großmächte im Sicherheitsrat* (vgl. 909) sollte die für den Weltfrieden verantwortlichen führenden Staaten zu einheitlichem Handeln aus gemeinsamer Verantwortung zwingen *(Prinzip der Einstimmigkeit)*. Es hat sich aber gezeigt, wie sehr die Aktionsfähigkeit des Weltsicherheitsrates behindert ist, wenn die UdSSR – und seit 1971 auch Rot-China – aus Gründen ihrer abweichenden politischen Auffassung von dem Vetorecht Gebrauch macht und dadurch – ungeachtet des von ihr verkündeten Prinzips der friedlichen K. – Bemühungen zur friedlichen Beilegung akuter Konflikte hemmt.

Auch die Versuche, auf sog. *Gipfelkonferenzen* durch unmittelbare Fühlungnahme zwischen den maßgeblichen Persönlichkeiten der Machtblöcke Konfliktstoff zu beseitigen, hatten bisher wenig Erfolg. Eine Zusammenkunft zwischen dem US-Präs. *Eisenhower* und dem UdSSR-MinPräs. *Chruschtschow* in Paris (1960) scheiterte daran, daß dieser seine Teilnahme von einer Entschuldigung der USA wegen des Überfliegens russischen Gebiets durch ein amerikanisches Aufklärungsflugzeug abhängig machte. Auch bei einem Zusammentreffen Chruschtschows mit dem US-Präs. *John F. Kennedy* (1961) in Wien kam es nicht zu einer Annäherung. Gleichwohl konnten gegenseitige Besuche führender Staatsmänner (Breschnew, Kossygin, Nixon, Pompidou; s. a. 928) seit dem Jahre 1972 als Zeichen einer gewissen politischen Entspannung gewertet werden. Eine der Entspannung abträgliche Entwicklung schien sich jedoch 1979 durch den Einmarsch sowjetischer Truppen in Afghanistan und 1980/81 die Besorgnis vor einem Eingreifen der UdSSR in Polen anläßlich des dortigen Konfliktes zwischen der Regierung und einem selbständigen Gewerkschaftsverband anzubahnen.

923. Ostblock. COMECON

Als *Ostblock* bezeichnet man im engeren Sinne die Sowjetunion und die unter ihrem Einfluß stehenden „Volksdemokratien", die durch zahlreiche Bündnisverträge zusammengeschlossen sind und als sog. *Satellitenstaaten* ihre Politik nach der UdSSR als dem führenden Staat ausrichten. Zu dieser sowjetischen Einflußsphäre gehören Polen, die Tschechoslowakei, Ungarn, die Deutsche Demokratische Republik (DDR), Bulgarien und Rumänien. Diese Staaten und Albanien schlossen am 14. 5. 1955 den *Warschauer Pakt,* einen Freundschafts- und Beistandspakt mit gemeinsamem Oberkommando. Auf wirtschaftlichem Gebiet besteht der *Rat für gegenseitige Wirtschaftshilfe,* auch COMECON genannt.

Zu den Ostblockstaaten im weiteren Sinne zählen die übrigen kommunistischen Staaten: Rot-China, Nordkorea, Vietnam, die Mongolei und Kuba, die trotz weitgehend gleicher politischer Zielsetzung weder dem Warschauer Pakt noch (abgesehen von Kuba, Vietnam und der Mongolei) dem COMECON angehören.

Schon auf der Konferenz von Moskau am 2. 12. 1954 hatten die Staaten des engeren Ostblocks – damals noch einschl. Albanien – unter Führung der UdSSR Schutzmaßnahmen und die Integrierung ihrer Streitkräfte für den Fall der Ratifizierung der Pariser Verträge (s. 915) beschlossen. Die Staaten des *Warschauer*

Pakts sicherten sich im Abkommen vom 14. 5. 1955 gegenseitige Beratung bei Angriffsgefahr und Beistand gemäß Art. 51 der UN-Charta bei Angriff auf das europäische Gebiet eines Teilnehmers zu. Sie errichteten ein gemeinsames militärisches Kommando und gründeten einen politischen Rat als gemeinsames Organ. Dem Pakt gehören z. Z. die UdSSR, Polen, Rumänien, Ungarn, die Tschechoslowakei, die DDR und Bulgarien an (Albanien seit 1968 nicht mehr); die Mongolei, Vietnam und Nord-Korea haben Beobachterstatus. Die DDR trat den militärischen Abmachungen erst 1956 bei.

Der *wirtschaftliche* Zusammenschluß der Ostblock-Länder wird repräsentiert durch den am 25. 1. 1949 gegründeten *Rat für gegenseitige Wirtschaftshilfe* (RGW; engl. COMECON = Council for Mutual Economic Aid), der als Gegenstück zum Marshallplan (s. 910) ins Leben gerufen worden ist. Das *COMECON* bildet Fachkommissionen, welche die produktionstechnische Koordinierung auf den einzelnen Gebieten der Volkswirtschaft der Mitgliedstaaten durchführen. Oberstes Organ ist die Versammlung der Delegierten der Mitgliedstaaten *(Ratstagung)*. Es besteht eine Zentrale in Moskau mit ständigem Sekretariat und ständiger Stellvertretertagung. Für besondere Aufgaben werden Arbeitsgruppen gebildet. Dem COMECON gehören die UdSSR, Polen, Rumänien, Bulgarien, die Tschechoslowakei, Ungarn, die DDR, die Mongolische Volksrepublik und Kuba an, seit 1978 auch Vietnam. Albanien ist 1962 wieder ausgeschieden. Jugoslawien ist seit 1964 assoziiertes Mitglied. Die Mitgliedsländer des COMECON (aber auch die Volksrepublik China) gehören zu den sog. *Staatshandelsländern,* bei denen der gesamte Binnen- und Außenhandel entweder ausschließlich oder in gemischt-wirtschaftlichen Unternehmen vom Staat betrieben wird und der Planung und Kontrolle durch die Regierung untersteht.

Die politische und wirtschaftliche Entwicklung innerhalb des Ostblocks vollzog sich jedoch nicht einheitlich. Schon seit 1962 wurde Albanien, das sich politisch mehr und mehr den Bestrebungen Chinas (928) anpaßte, zu den Sitzungen der Organe des Warschauer Pakts nicht mehr eingeladen. Im September 1968 beschloß die Nationalversammlung den Austritt Albaniens.

In anderen Ostblockstaaten, zunächst in Rumänien und später besonders in der Tschechoslowakei, zeigten sich zunehmende Bestrebungen, die Wirtschaftsbeziehungen zu den westlichen Ländern zu intensivieren und zugleich die eigene Wirtschaftspolitik zu liberalisieren (so das von dem Tschechen *Ota Sik* entwickelte neue „ökonomische Modell", nach dem die Staatswirtschaft sich am Ertragsstreben und Rationalisierungsdenken orientieren, die Unternehmer von staatlicher Bevormundung befreien und den Handelsverkehr mit dem Westen ausbauen soll). Versuchsweise wurden 1978 in einer begrenzten Zahl von Betrieben die starre Planwirtschaft durch Verlagerung einzelner Entscheidungsbefugnisse auf die Betriebsverwaltungen und das Lohnsystem durch Einführung von Leistungsprämien aufgelockert. Auch in anderen Ostblockländern wurden zur Steigerung der Produktivität Anreize für erhöhte Arbeitsleistung geschaffen, so durch Gewinnbeteiligung der Arbeitnehmer neben dem Arbeitslohn in Rumänien und in Jugoslawien (vgl. 37 II 11).

Lockerungstendenzen auch im politischen Bereich traten namentlich in der ČSSR unter der ideologischen Führung von *Alexander Dubcek* seit Januar 1968 immer stärker zutage; sie führten zunächst zur Aufhebung der Pressezensur und strebten den Schutz der politischen (sozialistischen) Minderheiten und die Wiederzulassung anderer Parteien an. Die damit verbundene Abschwächung des von der UdSSR gesteuerten extremen Kurses erreichte einen Höhepunkt in der Ablösung des Staatspräsidenten *Novotny* durch den früheren General *Swoboda* und einer Umbildung der Regierung der ČSSR. Dies steigerte die Spannungen innerhalb des Ostblocks und führte am 21. 8. 1968 (unter Berufung auf ein aus

Bestimmungen des Warschauer Pakts abgeleitetes, ideologisch auf den sozialistischen Internationalismus gestütztes *Interventionsrecht*) zur Besetzung der ČSSR durch Truppen der UdSSR, Polens, Ungarns, Bulgariens und der DDR und zur vorübergehenden Entmachtung der neuen tschechischen Regierung. Diese konnte ihre Tätigkeit erst nach personellen Veränderungen und weitgehenden Zugeständnissen gegenüber der UdSSR wiederaufnehmen, insbesondere nachdem die Nationalversammlung am 13. 9 1968 Gesetze über die Wiedereinführung der Pressezensur, das Verbot politischer Gruppierungen außerhalb und innerhalb der KP und andere Bestimmungen beschlossen hatte, welche die Liberalisierungsmaßnahmen wieder rückgängig machten. *Dubcek* wurde politisch entmachtet und als Parteiführer der KPC im April 1969 durch den Slowaken *Gustav Husak* ersetzt, der die Entfernung der Anhänger des liberalen Kurses aus Politik und Wirtschaft konsequent durchführte. Diesen Rückschritt erzwang die UdSSR durch ihr militärisches Übergewicht innerhalb des Ostblocks, nicht zuletzt auch durch ihre wirtschaftliche Vormachtstellung, die auf Kreditgewährung an die kleineren Mitgliedstaaten beruht. Ideologisch rechtfertigt sie die *Intervention* durch die sog. *Breschnew-Doktrin.* Als Parteiführer der KPdSU hatte *Leonid J. Breschnew* wiederholt erklärt, die ,,sozialistische Staatengemeinschaft" sei zum Eingreifen bei einem Mitgliedstaat berechtigt, wenn ihre Ziele und die der ,,internationalen Arbeiterklasse" durch konterrevolutionäre Elemente gefährdet würden. Gleichwohl sind in der ČSSR seit längerem wieder freiheitliche Bestrebungen aufgeflammt, so mit der Veröffentlichung der von zahlreichen Reformpolitikern von 1968, Schriftstellern und Künstlern unterzeichneten ,,Charta '77"; sie stellt das verfassungsmäßig garantierte Recht auf Meinungs- und Bekenntnisfreiheit heraus und fordert, von der politischen Verfolgung oder Verhaftung derer Abstand zu nehmen, die für die unveräußerlichen Grund- und Menschenrechte eintreten.

Zum Unterschied von der Entwicklung in der ČSSR wurde in *Ungarn* die 1968 eingeleitete wirtschaftliche Liberalisierung nicht von einer politischen begleitet. Der in Ungarn von *Rezsö Nyers* begründete ,,Neue Ökonomische Mechanismus" will das schwerfällige staatliche Planwirtschaftssystem in manchen Bereichen durch eine halbkapitalistisch geführte Wirtschaftsform ersetzen, die auf Dezentralisation der Produktion, Eigenverantwortung der Betriebe und Preiskalkulation nach den Produktionskosten ausgerichtet ist. Eine begrenzte Eigeninitiative und private Produktivität wird durch ,,Ökonomische Regulative" der Regierung gefördert, die z. B. den einer Produktionsgenossenschaft angehörenden Bauern erlaubt, nebenberuflich auf eigenem Grund und Boden für eigene Rechnung zu produzieren und die Produkte abzusetzen; in Fabriken sind ,,Betriebs-Arbeitsgemeinschaften" von Arbeitern zugelassen, die in Eigeninitiative vom Betrieb benötigte, sonst von Zulieferern bezogene Materialien herstellen. Ein Teil der bisher staatswirtschaftlich geführten Betriebe wurde verpachtet und privater Betriebsführung und Nutzung überlassen. Die infolge des veränderten Systems gesteigerte Produktion ermöglicht Ungarn – auch im Interesse seiner Devisenlage – Exporte namentlich landwirtschaftlicher Erzeugnisse und macht das Land weitgehend von Importen westlicher technologischer Produkte unabhängig.

In anderen Ostblockländern laufen Wirtschaftsreformen, die sich von dem starren System der bürokratisch geleiteten zentralen Planwirtschaft abwenden, nur zögernd an. So zielt eine 1986 abgeschlossene Reform in *Bulgarien* vor allem auf eine größere Selbständigkeit der Betriebe ab. Die zentrale Planung erfaßt nur noch einen Teil der Produktionskapazität; über die freibleibenden Kapazitäten können die Betriebe selbst bestimmen. Diese entscheiden auch, inwieweit sie nach Abführung der Steuern und der vorgeschriebenen Gewinnabgaben an staatliche Fonds den verbleibenden Überschuß als Gewinn ausschütten oder für Investitionen verwenden. Die Wirtschaftsvereinigungen – Zusammenschlüsse von Betrieben derselben Branche – finanzieren sich selbst ohne staatliche Zuschüsse. Die Betriebe haben mehr Einfluß auf die Preisbildung und dürfen in eigener Regie Handel treiben. Das Lohnsystem ist stärker an der Produktivität der Betriebe und der Beschäftigten („Entlohnung nach Leistung") ausgerichtet.

Die *Wirtschaftspläne* der COMECON-Länder sind zeitlich und inhaltlich aufeinander abgestimmt.

Obwohl der kommunistisch beherrschte Raum ein Drittel der gesamten Menschheit umfaßt, ist er nur mit etwa 10 v. H. am Welthandel beteiligt. Der Außenhandel der COMECON-Länder betrug bisher wenig mehr als 5 v. H. des Außenhandels der OECD-Länder. In dieser Relation kann sich eine Änderung dadurch ergeben, daß die meisten Ostblockstaaten an einer Ausweitung ihres Handels mit den westlichen Industrieländern interessiert und Handelsbeziehungen zwischen COMECON und EWG Gegenstand vorbereitender Verhandlungen sind.

924. Die Arabische Liga

I. Gründung

Die Bestrebungen, alle arabischen Länder zu einigen, wurden am Ende des 2. Weltkrieges wieder aufgenommen. Am 22. 3. 1945 bildeten *Ägypten, Irak, Jordanien, Libanon, Saudi-Arabien, Syrien* und *Jemen* die *Arabische Liga* mit dem Sitz in Kairo; dort wurden auch ein Generalsekretariat eingerichtet und regelmäßige Ratstagungen abgehalten. Im Jahre 1953 wurden *Libyen,* 1956 der *Sudan,* 1958 *Marokko* und *Tunesien,* 1961 *Kuwait* und *Algerien* in die Arabische Liga aufgenommen.

Weitere kleinere, unabhängig gewordene Staaten traten bei, so das Sultanat *Oman* und die am 2. 12. 1971 proklamierten *„Vereinigten Arabischen Emirate"* am Persischen Golf, ferner *Bahrein, Katar, Mauretanien, der Südjemen* und *Somalia;* auch die Palästinesische Befreiungs-Organisation (PLO) wurde aufgenommen. Außer dieser umfaßte die Liga 1983 insgesamt 21 Länder; die Mitgliedschaft Ägyptens ist seit 1978 suspendiert.

Die Gründung der Arabischen Liga geht auf die *panarabische Bewegung* zurück, deren Hauptziele die Befreiung der unter türkischer Herrschaft stehenden arabischen Völker und der Kampf gegen die Bildung eines israelischen Staates waren. Sie erreichte die Loslösung der arabischen Völker von der Türkei, die zu den Verliererstaaten des 1. Weltkriegs gehörte, und nach dem 2. Weltkrieg die Anerkennung aller arabischen Länder (bis auf Jordanien) als *unabhängige Staaten,* die in der Folgezeit in internationale Organisationen aufgenommen wurden. Nicht zuletzt infolge des Palästina-Problems und der Israel-Frage (vgl. 932) wurde die Liga zum Sprachrohr des arabischen Nationalismus.

II. Entwicklung in einzelnen Mitgliedstaaten

1. Ägypten

Ägypten, das im 7. Jahrh. n. Chr. von den Arabern besetzt wurde, stand von 1517–1914 unter türkischer Hoheit; Es wurde 1914 zum brit. Protektorat erklärt. Im Jahre 1922 bestätigte England die Unabhängigkeit Ägyptens; 1936 zog es seine Truppen auf die Suezkanalzone zurück, die es in den Jahren 1954–1956 räumte. König Faruk wurde 1952 zur Abdankung gezwungen; 1953 wurde die *Republik* ausgerufen. Abd el *Nasser* wurde 1954 Ministerpräsident. Er enteignete im Juli 1956 die Suezkanalgesellschaft und löste dadurch eine Weltkrise aus, die zum militärischen Angriff Englands, Frankreichs und Israels führte. In dieser *Suezkrise* erreichte die *UNO* (s. 909) den Rückzug der Truppen von ägyptischem Boden und die erneute Öffnung der *Suezkanaldurchfahrt.* Ägypten, eine präsidiale Republik mit beherrschendem Einfluß des Präsidenten, strebt unter der politischen Führung der von Nasser bis zu seinem Tode geführten Einheitspartei ,,Arabische Sozialistische Union" (neuerdings ,,National-Demokratische Partei") eine Vormachtstellung innerhalb der Arabischen Liga an. Durch den Tod Nassers (28. 9. 1970; Nachfolger: Anwar el *Sadat*) trat hierin ein empfindlicher Rückschlag ein, und der innerarabische Konflikt (s. u. III) beendete die Führungsrolle Ägyptens. Nach der Ermordung *Sadats* (6. 10. 1981) wurde der bisherige Vizepräs. *Hosni Mubarak* zum Nachfolger gewählt. Bei der Wahl im Juni 1984 erreichte die National- Demokratische Partei Mubaraks 390, die oppositionelle Wafd-Partei 58 der insgesamt 448 Parlamentssitze.

2. Syrien

Syrien war bis 1918 türkisch, von 1920–1941 französisches Mandatsgebiet und wurde im Jahre 1941 in die Republiken Syrien (Hauptstadt Damaskus) und *Libanon* (Hauptstadt Beirut) aufgeteilt. Beide sind seit 1944 selbständige Staaten mit eigenen Parlamenten. Politische Wirren in Syrien ließen von 1946 bis 1958 einen Staatsstreich dem anderen folgen. Nach Bruch zwischen Saudi-Arabien und Ägypten wählten die syrischen Führer die Vereinigung mit Ägypten, um ihre gefährdete Unabhängigkeit zu wahren; sie wurde 1961 wieder gelöst (über Bestrebungen zum Abschluß einer Konföderation mit dem Irak s. u.). Syrien ist ,,volksdemokratisch-sozialistische Republik"; es steht unter dem beherrschenden Einfluß der nationalistisch-sozialistischen *Baath-Partei* und ihres Vorsitzenden *Hafez el Assad.*

3. Libanon

Der Libanon ist parlamentarische Republik. Die Staatsführung ist geschwächt durch Spaltung in zahlreiche rivalisierende politische und konfessionelle Gruppen, unter denen die rechtsgerichtete christliche Falange-Partei und die sozialistische progressive Partei um die Macht ringen. Konfessionelle im Parlament vertretene Gruppierungen sind vor allem die maronitischen, armenischen, griech.-kath. und griech.-orthodoxen Christen sowie die sunnitischen und schiitischen Moslems und die ebenfalls moslemitischen Drusen. Seit 1975 besteht Bürgerkrieg, in dem sich bewaffnete Kräfte der christlichen und der moslemischen Gruppen gegenüberstehen und der zur weitgehenden Zerstörung der Städte, vielen Menschenopfern und zu Fluchtbewegungen geführt hat. 1979 rief ein Führer der christlichen Milizen, *Saad Haddad* (gest. 1984), eine unabhängige Republik ,,Freies Libanon" aus, die aber weder rechtlich noch faktisch ein Staatsgebilde wurde. Die inneren Spannungen traten 1982 erneut zutage. Bei der militärischen Aktion Israels gegen die im Libanon befindlichen PLO-Teile (s. 932 I 2, II 2) unterstützte die christliche Falange im Gegensatz zum moslemischen Bevölkerungsteil die Israeli. Staatspräs. ist *Amin Gemayel* (christliche Falange-Partei); das Amt wird traditionsgemäß mit einem maronitischen Christen, das des MinPräs. mit einem schiitischen Moslem besetzt. Anfang 1983 eingeleitete Verhandlungen sollten den Abzug der isrealischen, syrischen und palästinensischen Truppen herbeiführen. Einem entsprechenden Abkommen vom Mai 1983 setzte Syrien jedoch Widerstand entgegen.

Die innere Zerrissenheit des zudem von seinen Nachbarstaaten bedrängten Landes ließ bisher keine Befriedung zu. Auseinandersetzungen zwischen den verschiedenen Richtungen der PLO (932 II 2) führten zur Einschließung der von J. Arafat geführten Verbände in Tripoli durch syrische Truppen und gegnerische PLO-Einheiten; die Arafat-Gruppe erreichte nur mit internationaler Hilfe freien Abzug. Versuche, um die Wende 1983/84 durch Vereinbarungen zwischen den verschiedenen religiösen und politischen Gruppen eine Verfassungsreform herbeizuführen, blieben erfolglos. Der Abzug der syrischen Truppen aus dem Norden des Landes verzögerte sich weiter.

Auch die von Präs. Gemayel im März 1984 einberufene (2.) ,,Nationale Versöhnungskonferenz", an der die 8 wichtigsten konfessionellen Gruppen teilnahmen, gelangte – abgesehen von einem Waffenstillstandsabkommen – nicht zu einer Einigung; doch wurde die Einsetzung einer Kommission zur Vorbereitung einer Verfassungsreform beschlossen. Gegenstand der ergebnislosen Verhandlungen waren insbesondere die Forderung der moslemischen Gruppen, die Befugnisse des von ihnen gestellten MinPräs. zu erweitern, die Aufgabe des

Asien

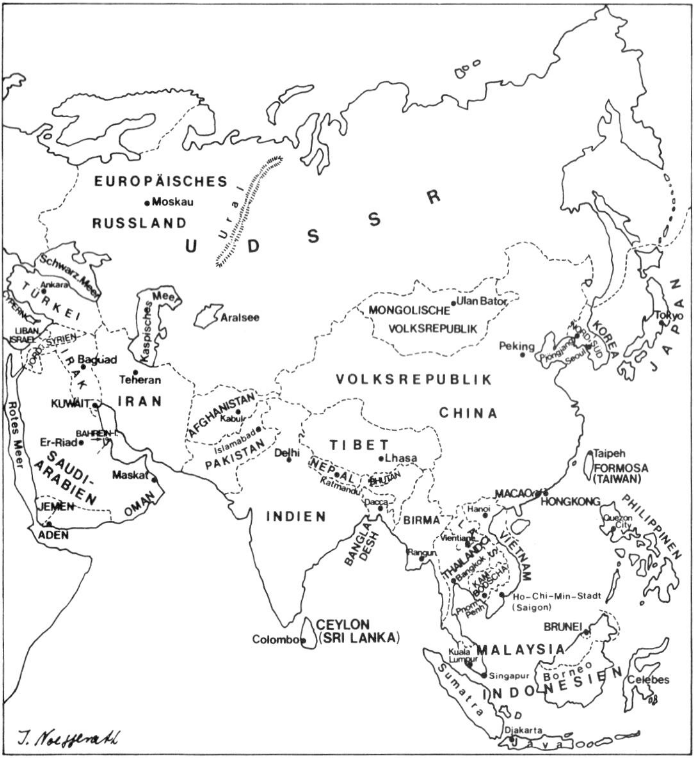

konfessionellen Proporzes in den nachgeordneten Verwaltungsstufen sowie eine stärkere Berücksichtigung der Moslems in der Zusammensetzung des Offizierskorps. Diese Forderungen wurden von christlicher Seite überwiegend abgelehnt. Israel hat im Juni 1985 seine Truppen aus dem Süd-Libanon zurückgezogen. Auch 1986 setzte sich der schon früher zu erkennende Prozeß fort, daß jede der rivalisierenden politischen oder religiösen Gruppierungen eine bestimmten Teil des Landes beherrscht, so daß die Gefahr des regionalen Zerfallens des Staates wächst.

4. Irak

Der Irak (Hauptstadt Bagdad) umfaßt das reiche und fruchtbare Mesopotamien, das Stromtiefland zwischen Euphrat und Tigris. Es stand seit 1534 unter osmanischer Verwaltung, wurde nach dem 1. Weltkrieg britisches Mandat und 1932 als selbständiges Land in den Völkerbund aufgenommen. Nach Liquidierung der Haschemitendynastie 1958 (Feisal) versuchte der Revolutionär *Kassem* vergeblich, das benachbarte Sultanat *Kuwait* zu annektieren. Nach der Ermordung Kassems 1963 wurde Oberst *Aref* Staatspräsident (bis 1966), danach sein Bruder, der 1969 von der sozialistischen *Baath-Partei* gestürzt wurde. Nach der provisorischen Verfassung von 1964 und einem „Nationalen Pakt" von 1971 ist der Irak eine „demokratische Volksrepublik". Die politische Führung liegt bei der nationalen und sozialistischen *Baath-Partei* und dem Staatspräs.; als dieser amtierte seit 1968 *Ahmed Hassan el Bakr* bis zu seiner Ablösung im Juli 1979 durch seinen politischen Stellvertreter *Saddam Hussein*. Anfang 1979 nahm der Irak Verhandlungen mit Syrien mit dem Ziel einer Konföderation auf; sie wurden 1980 fortgesetzt. Zu einer kriegerischen Auseinandersetzung mit dem Iran (926 II 3) führte im Sept. 1980 das Eindringen irakischer Truppen im iranischen Gebiet am Ufer der für die Ölversorgung wichtigen Wasserstraße des Schatt-el- Arab. Der irakische Präs. Hussein hatte die 1975 geschlossenen Verträge, in denen der Irak dem Schah von Persien Ufergebiet überlassen hatte, gekündigt und damit den Kampf um die Vorherrschaft über die zum Persischen Golf und zur Straße von Hormus führenden Öltransportwege eingeleitet. Der Konflikt dauert seit 1980 an; seine Beilegung scheiterte an den iranischen Forderungen. Auch die Vermittlungsversuche arabischer Staaten und der UNO blieben bisher erfolglos.

5. Jordanien

Jordanien (bis 1949 Transjordanien) ist seit 1946 unabhängiges, konstitutionelles Königreich (Hauptstadt Amman). Es besteht ein Militärbündnis mit *Saudi-Arabien*. Einen ständigen Streitpunkt mit dem benachbarten Israel (932) bildet die *Jordan-Frage* (Auseinandersetzung um das Wasser des Jordan). Jordanien gehört zu den Bandung-Staaten (926) und ist „blockfrei". Als König *Hussein II.* Mitte 1970 dazu neigte, im Krieg mit Israel einen Friedensplan der USA anzunehmen, erhoben sich arabische Guerillas *(„Volksfront zur Befreiung Palästinas");* es kam zur Einsetzung einer Militärregierung durch den König und zum Bürgerkrieg. Die Besetzung Jordaniens durch syrische Truppen wurde durch Intervention der UdSSR verhindert. Ein am 15. 3. 1972 von König Hussein vorgelegter Plan einer Föderation mit dem israelisch besetzten Westjordanien (unter weitgehender Autonomie) fand weder bei Israel noch in arabischen Kreisen Unterstützung. Ein weiterer Plan (1982), der eine Konföderation zwischen Jordanien und einem palästinensischen, aus Westjordanien und dem Gaza-Streifen zu bildenden Gebiet vorsah, wurde gleichfalls nicht verwirklicht. Im Febr. 1986 beendete König Hussein die Zusammenarbeit mit der PLO (s. 932 II 2), da sie einer Friedenslösung im Konflikt mit Israel im Weg steht. Der Kampf Jordaniens um die Autonomie seines von Israel besetzten Westteils (westlich des Jordans, einschließlich Jerusalem-Altstadt) ist ein Hauptstreitpunkt im Nahost-Konflikt (vgl. 932). Im Inneren des Landes bestehen permanente Gegensätze zwischen den haschemitisch-arabischen Jordaniern und den Palästina-Flüchtlingen, die inzwischen zahlenmäßig überwiegen.

6. Saudi-Arabien

Saudi-Arabien umfaßt den größten Teil der Halbinsel *Arabien,* nämlich das Königreich *Nedschd,* d.h. Innerarabien zwischen Jordanien, Irak und Kuweit, Jemen und dem britischen Einflußgebiet im Süden, sowie das Königreich *Hedschas* entlang der Küste des Roten Meeres mit der Hauptstadt Mekka und das ehemalige Emirat *Asir.* Der Sultan *Ibn Saud* von Nedschd eroberte 1924/25 Mekka und Medina und vereinigte den größten Teil Arabiens zum Saudi-Arabischen Königreich. Die absolutistische Form der Monarchie unter *Ibn Saud* wurde erstmals 1953 eingeschränkt, als dieser seinen Sohn Saud zum MinPräs. bestellte. Dieser bestieg kurz darauf den Thron, wurde aber von seinem Bruder Feisal 1964 verdrängt; diesem folgte nach seiner Ermordung 1975 sein Bruder Chalid (gest. 1982; Nachfolger: König Fahd). Wirtschaftliche Zusammenarbeit mit den USA. Saudi-Arabien ist das in der OPEC (830) führende ölproduzierende Land; es neigt zu enger Kooperation insbesondere mit den westlichen Ländern durch Austausch von Öl gegen Industrieausrüstungen.

7. *Jemen*

Der Jemen (engl. Yemen) war in seinem nördlichen Teil bis 1918 Teil des Osmanischen Reiches, sodann Königreich bis 1962 (Ausrufung der Republik). Der Jemen war stets „blockfrei", wenn auch durch vielfache Beziehungen mit den Ostblockstaaten verbunden; er gehört zu den Bandung-Staaten (926). Am 1. 12. 1967 wurde der südliche Teil des Jemen, bis dahin brit. Protektorat *Aden,* als „Demokratische Volksrepublik Südjemen" unabhängig. Der nördliche Teil benannte sich in „Arabische Republik Jemen" (Hauptstadt *Sana*) um. Zwischen beiden Staaten bestehen ideologische Gegensätze. Der Nordjemen ist politisch und wirtschaftlich dem benachbarten Saudi-Arabien verbunden, der Südjemen dagegen sowjetisch beeinflußt. Die von Saudi-Arabien betriebene Wiedervereinigung führte zwar 1977 zu einer Vereinbarung über die Bildung eines „Gemeinsamen Rates", scheiterte aber 1978 zunächst nach einem Putsch prosowjetischer Kräfte im Südjemen und der Ermordung beider Staatspräsidenten. Die ab 1979 fortgeführten Fusionsverhandlungen (Ergebnis bisher nur Kooperationsabkommen Ende 1981), die sich vorübergehend durch Grenzstreitigkeiten verzögerten, setzen allerdings entgegen den saudi-arabischen Bestrebungen den Nordjemen kommunistischen Einflüssen aus. Anfang 1986 kam es nach kurzem Bürgerkrieg zu einem Machtwechsel im Südjemen. Präs. ist nunmehr *Haidar Abu Bakr el-Attas.*

8. *Libyen*

Libyen am Mittelländischen Meer umfaßt die Kyrenaika, Tripolitanien und Fessan. Es stand seit 1517 unter türkischer Oberhoheit, wurde 1911 von den Italienern besetzt und nach dem 2. Weltkrieg zunächst von England bzw. Frankreich treuhänderisch verwaltet. Im Jahre 1949 wurde die Kyrenaika als selbständiger Staat der Senussi anerkannt. Im Jahre 1951 wurde L. aus brit.-franz. Militärverwaltung entlassen und unabhängiges Königreich. Am 1. 9. 1969 rief eine Militärjunta die Republik aus (Revolutionsrat unter Oberst *O. M. al Kadhafi*). Die politische Führung liegt in der Hand der „Arab. Sozialist. Union". Die Verfassung vom März 1977 sieht einen Allgemeinen Volkskongreß als Gesetzgebungsorgan und dessen Generalsekretariat als Exekutivorgan vor. Im Juli 1977 führten Meinungsverschiedenheiten wegen der Außenpolitik der arabischen Länder zu Grenzkämpfen mit Ägypten, die erst auf Vermittlung anderer arabischer Länder eingestellt wurden. Gegen die Nahostpolitik Ägyptens richten sich auch die 1980 eingeleiteten Fusionsverhandlungen mit Syrien. Im Aug. 1984 vereinbarten Kadhafi und König Hassan von Marokko eine Staatenunion zwischen ihren beiden Ländern. Die Staatenunion wurde von König Hassan im Sept. 1986 wegen der scharfen libyschen Reaktion auf sein Treffen mit dem israelischen Regierungschef Peres gekündigt.

9. Sudan

Der Sudan, im nordöstlichen Afrika westlich des abessinischen Hochlandes entlang dem mittleren und oberen Nil gelegen, war seit altersher im Besitz Ägyptens. Er kam auf Grund eines Vertrags von 1899 unter ein anglo-ägyptisches Kondominium mit beherrschendem brit. Einfluß; dieser Status wurde 1953 beseitigt. Nach dem 2. Weltkrieg verlangte Ägypten den Anschluß des Sudans. Nach König Faruks Vertreibung einigten sich England und Ägypten 1953 dahin, daß nach einer dreijährigen Übergangszeit der Sudan selbst über Unabhängigkeit oder Vereinigung mit Ägypten entscheiden solle. Der Sudan erklärte sich am 1. 1. 1956 zur unabhängigen Republik und trat der UNO bei. Spannungen mit Ägypten namentlich infolge Grenzstreitigkeiten und wegen des Baues des *Assuan-Staudammes*. Im Mai 1970 Verstaatlichung ausländischer Firmen; im Juli 1971 Niederschlagung eines Putschversuchs kommunistisch orientierter Revolutionäre durch Staatspräs. *D. M. el Numeiri*. Dieser erließ im Mai 1973 eine neue Verfassung, nach der die ,,Sudanes. Sozialistische Union" einzige zugelassene politische Organisation ist. Numeiri wurde durch einen Putsch im April 1986 gestürzt. Regierungschef ist *Saddik el-Mahdi,* dessen Umma Partei die ersten freien Wahlen seit 1968 im April 1986 gewonnen hat. Über die 1982 von dem Sudan und Ägypten unterzeichnete ,,Integrations-Charta" vgl. 924 III. Der Sudan gehört zu den Ländern, in denen die Regierung zunehmend – beginnend 1983 mit dem Strafrecht und 1984 fortgesetzt mit dem Steuerrecht und dem Zivilrecht – die Gesetzgebung auf die die islamische Glaubenslehre ausrichtet (vgl. 927); das hat zu Widerständen der im Südsudan lebenden Anhänger von christlichen und Naturreligionen geführt. Im Hinblick auf diese Widerstände hat die sudanesische Regierung im Nov. 1986 angekündigt, die islamische Rechtsprechung, die sog. Scharia, abzuschaffen.

10. Algerien

Algerien, nach wechselvoller Geschichte zeitweise zur Türkei gehörig, 1830–1880 von Frankreich besetzt und seit 1947 Bestandteil Frankreichs, löste sich nach heftigen Kämpfen der Befreiungsfront (FLN) 1962 vom Mutterland (vgl. 31). Nach inneren politischen Auseinandersetzungen übernahm Oberst *Houari Boumedienne* 1965 auf Grund der Verfassung von 1963 die Regierungsmacht als Staatspräsident, Ministerpräsident und Oberbefehlshaber der Streitkräfte. Algerien ist nach der 1976 geänderten Verfassung eine ,,Republik des revolutionären Sozialismus" mit Einparteiensystem und dem Islam als Staatsreligion. Die Wahl des Präs. und der Nationalversammlung findet nach allgemeinem Wahlrecht statt. Nachfolger des am 27. 12. 1978 verstorbenen Präs. Boumedienne ist seit März 1979 Oberst *Ben Jedid Chadli*.

11. Tunesien

Tunesien, seit 1575 türkisch und von 1881 bis 1946 französ. Protektorat, gehörte sodann der *Französ. Union* an. Es wurde 1956 selbständig und Mitglied der UNO. Der letzte Bei von Tunis wurde 1957 abgesetzt, und *Habib Bourgiba* trat an die Spitze der präsidialen Republik. Revidierte Verfassung von 1959. Die Sozialistische Destour-Partei hält alle Sitze im Parlament (1-Kammer-System).

12. Marokko

Marokko erklärte 1956 seine Unabhängigkeit und wurde 1957 zum Königreich ausgerufen. Es entstand durch Vereinigung von Französisch-Marokko, Spanisch-Marokko (Protektoratsgebiete auf Grund der Verträge von 1911/12) und Tanger. Marokko ist eine konstitutionelle Monarchie; doch sah schon die Verfassung von 1962 weitgehende Vollmachten für den König vor, der den Regierungschef und die Minister ernennt, dem Kabinett vorsitzt und das Parlament auflösen konnte. Dies geschah 1965, als König Hassan II. die volle Regierungsgewalt übernahm und den Ausnahmezustand erklärte. Dieser wurde erst mit Inkrafttreten der neuen Verfassung von 1970 aufgehoben, die das bisherige Zweikammersystem durch ein Einkammersystem ersetzte. Nach der im März 1972 durch Referendum bestätigten 3. Konstitution werden ⅔ der Parlamentsmitglieder vom Volk unmittelbar gewählt und ⅓ durch Wahlgremien bestimmt. In dem seit 1975 schwelenden Konflikt um die Zukunft der ehemaligen Kolonie *Spanisch-Westsahara* konnte Marokko seine Ansprüche noch nicht gegen den politischen Widerstand Algeriens und den militärischen der Guerilla-Organisation ,,POLISARIO“ durchsetzen.

13. Kuwait, Katar, Bahrein, Vereinigte Arabische Emirate

Das früher britischem Schutz unterstellte Scheichtum *Kuwait* ist seit 1961 unabhängig, ebenso die Scheichtümer *Katar* und *Bahrein* (unabhängig seit 2. 4. 1970 bzw. 14. 8. 1971). Beide haben sich bisher den ,,Vereinigten Arabischen Emiraten“ am Persischen Golf, die unter der Führung von *Abu Dhabi* stehen, nicht angeschlossen. Doch besteht im sog. *Golf-Kooperationsrat* (ab Mai 1981) eine Zusammenarbeit dieser Länder und der Ölstaaten Saudi-Arabien, Kuwait und Oman nach dem Muster der Europ. Gemeinschaften auf wirtschaftlichem, militärischen, kulturellem und politischem Gebiet. Gemeinsame Organe sind der Oberste Rat der Staatschefs, der Ministerrat, das Generalsekretariat (in Riad), die Vollversammlung, eine Schiedsstelle und Fachausschüsse.

III. Neuere politische Entwicklung

Die von *Ägypten* seit Jahrzehnten angestrebte und unter *Nasser* zum Teil auch erreichte Vorherrschaft in der Arabischen Liga wurde schon seit längerem durch Auseinandersetzungen mit Syrien und dem Sudan, eine engere Zusammenarbeit der arabischen Länder untereinander durch innere Gegensätze beeinträchtigt. Tunesien und Marokko nehmen sogar in der *Israel-Frage,* dem wichtigsten Bindeglied zwischen den arabischen Ländern, oft eine gemäßigtere Haltung ein. Im Okt. 1982 unterzeichneten die Präsidenten Ägyptens und des Sudan eine Integrations-Charta, die als Grundlage für eine engere Zusammenarbeit beider Länder auf allen Gebieten dienen soll.

Lange Zeit trugen die kriegerischen Auseinandersetzungen zwischen Arabern und Israeli 1948/49, 1956, 1967 und 1973 wesentlich zum ideologischen Zusammenhalt der Arabischen Liga bei; sie sind eine Folge der Gründung des Staates Israel (932 I 2), die zu einer Veränderung der Siedlungsgebiete führte und zahlreiche Araber zur Abwanderung zwang *(Palästina-Flüchtlinge)*. Das arabische Bündnis und insbesondere die Führungsrolle Ägyptens in der Arabischen Liga wurden dadurch geschwächt, daß *Präs. Sadat* im Nov. 1977 gegen den Widerspruch der meisten anderen Mitglieder unmittelbare Verhandlungen mit Israel über eine Lösung des Nahostkonflikts einleitete; dies hatte den vorübergehenden Abbruch der diplomatischen Beziehungen zu Ägypten durch Syrien, Algerien, Libyen, den Irak und Südjemen zur Folge. Der innere Konflikt in der Liga kam anläßlich des separaten Friedensvertrags Ägyptens mit Israel im März 1979 (vgl. 932 I 2) erneut zum Ausbruch. Um einem Ausschluß zuvorzukommen, stellte Ägypten seine Mitarbeit in der Liga ein, wurde von dieser auch nicht ausgeschlossen; jedoch wurden Sanktionen gegen Ägypten beschlossen (Sperrung der Öllieferungen und jeder wirtschaftlichen und politischen Unterstützung), und die diplomatischen Beziehungen sollten abgebrochen werden. Die Beschlüsse wurden allerdings nicht einheitlich befolgt. Die zentralen Organe der Liga wurden von Kairo nach Tunis verlegt. Weitere Folgen der politischen Isolierung Ägyptens waren die Aufgabe aller auf eine Vereinigung mit Ägypten gerichteten Bestrebungen seiner Nachbarländer und eine Annäherung zwischen Syrien und dem Irak. Die gegen Ägypten und seine Friedenspolitik gegenüber Israel gerichtete ,,Ablehnungsfront" innerhalb der Arabischen Liga wird angeführt von Algerien, Syrien, Libyen, dem Südjemen und von der PLO (932 II 2). Dagegen wahrten andere arabische Staaten in dieser Hinsicht Zurückhaltung, insbes. Saudi-Arabien, Marokko, der Irak und Jordanien, das mit der Wiederaufnahme diplomatischer Beziehungen zu Ägypten im Sept. 1984 eine Wende einleitete; der Sudan, Somalia und Oman hatten ohnehin diplomatische Kontakte aufrechterhalten.

Nachdem die BRep. 1965 diplomatische Beziehungen zu Israel aufgenommen hatte, brachen die Mitglieder der Arabischen Liga – außer *Tunesien* – ihrerseits die Beziehungen zur BRep. ab. Diesen Entschluß haben die arabischen Staaten später wieder rückgängig gemacht; sie unterhalten nunmehr wieder Botschaften bei der BRep.

IV. Zusammenarbeit mit afrikanischen Staaten

Wichtige neue Entwicklungen zeichnen sich in einer beginnenden Zusammenarbeit arabischer und schwarzafrikanischer Staaten ab. Eine erste *afro arabische Gipfelkonferenz* stellte im März 1977 Richtlinien für den ,,Kampf gegen Imperialismus, Kolonialismus und Zionismus" auf; er soll sich namentlich gegen die Rassenpolitik der Weißen in Afrika richten, die ,,revolutionären afrikanischen Bewegungen" unterstützen und für die Rechte der Palästinenser gegenüber Israel eintreten. Die finanziellen Mittel stellen im wesentlichen die erdölfördernden Länder (830) zur Verfügung.

925. Südostasien-Pakte

I. *SEATO*

Am 8. 9. 1954 begründeten die USA in Manila in einem Sicherheitsvertrag nach dem Muster des Nordatlantikpakts (913) mit südostasiatischen Ländern – Philippinen, Nationalchina, Thailand – die South East Asia Treaty Organization (abgekürzt *SEATO*), an der sich auch Pakistan (1972 ausgetreten), Großbritannien, Frankreich (seit 1967 nur noch nominell Mitglied) sowie die britischen Dominien Australien und Neuseeland beteiligten *(Manila-Pakt).*

Der Pakt bezweckte die gemeinsame Abwehr eines Angriffs auf die Signatarstaaten sowie auf Südvietnam, Laos und Kambodscha. Es wurden ein Ministerrat, ein Ständiger Rat, ein Sekretariat und ein militär. Planungsstab (in Thailand) eingerichtet.

Infolge der politischen Veränderungen in diesen Ländern waren die Zielsetzungen des Paktes in den letzten Jahren überholt. Die beteiligten südostasiatischen Staaten beschlossen deshalb, den Manila-Pakt am 30. 6. 1977 aufzulösen und seine Aufgaben auf die ASEAN überzuleiten.

II. *ASEAN*

Die Association of South-East Asian Nations *(ASEAN)* wurde am 8. 8. 1967 von Indonesien, Malaysia, den Philippinen, Singapur und Thailand zwecks Kooperation in Wirtschaft, Verkehr und Kultur begründet (ab 1984 ist Brunei weiteres Mitglied). Die Mitglieder bemühen sich auch um die gemeinsame Abstimmung ihrer Politik gegenüber Vietnam und in der Kambodscha-Frage (vgl. 926 III 6). Anderseits streben die Indochina-Staaten (Laos, Kambodscha, Vietnam) seit Anfang 1984 einen politischen Ausgleich durch Verhandlungen mit den ASEAN-Staaten an.

Sekretariat in Djakarta (Indonesien). Australien ist assoziiert. Die Vertragsstaaten vereinbarten 1977 untereinander Vorzugszölle. Im März 1980 wurde mit der Europ. Wirtschaftsgemeinschaft in Kuala Lumpur ein Wirtschaftsabkommen geschlossen, das für die ASEAN-Staaten Meistbegünstigung (554) und andere Handelserleichterungen, für die EG-Länder verbesserte Investitionsmöglichkeiten und Zugang zu den Rohstoffen Südostasiens sowie einen gemeinsamen Kooperationsausschuß vorsieht.

III. *ANZUS*

Politische und militärische Ziele verfolgt der sog. *ANZUS-Pakt,* am 1. 9. 1951 zunächst von drei Staaten als Australia-New Zealand-United Staates-Pakt gegründet, am 10. 4. 1971 durch ein Verteidigungsbündnis unter Einbeziehung von Großbritannien, Malaysia und Singapur erweitert.

Organ ist ein Konsultativrat, bestehend aus den Außenministern. Der Pakt bezweckt, die politische Unabhängigkeit und Integrität der Vertragsstaaten im pazifischen Raum zu gewährleisten und ihre Abwehrkraft gegen bewaffnete Angriffe zu stärken. Ursprünglich gegen ein Wiederaufleben des japanischen Expansionismus begründet, dient er nun zur Stabilisierung der Australien und Neuseeland umgebenden Ozeanregionen.

Die USA haben 1986 gegenüber Neuseeland den Pakt praktisch aufgekündigt, da sie sich wegen der Anti-Atom-Politik der neuseeländischen Regierung nicht länger an ihre militärischen Schutzverpflichtungen gebunden fühlen.

IV. *ASPAC*

Ein Teil der Mitglieder der SEATO gründete am 16. 6. 1966 den *Asiatisch-Pazifischen Rat* (Asian and Pacific Council, *ASPAC*), der indes nur eine lockere Organisation mit politischer, wirtschaftlicher und kultureller Zielsetzung ist. Ihm gehörten zunächst 9 westlich orientierte Staaten des asiatisch-pazifischen Raums an (Australien, Neuseeland, Japan, Malaysia, Thailand, die Philippinen, Nationalchina, Südkorea und Südvietnam); Im Jahre 1973 stellten Australien, Japan und Malaysia ihre Teilnahme ein.

Organe sind die Mitgliederkonferenz, ein Generalsekretär und ein Ständiger Botschafterausschuß.

V. *SAARC*

Als Gegenstück zur ASEAN wurde 1983 eine „Organisation für regionale Zusammenarbeit in Südasien" (SAARC = South Asian Association of Regional Cooperation) gegründet. Sie ist ein Zusammenschluß von 7 Staaten unter Führung Indiens (weitere Mitglieder: Pakistan, Nepal, Bhutan, Bangla Desh, Sri Lanka, Malediven), der die Zusammenarbeit in Landwirtschaft, Post, Fernmeldewesen, Verkehr u. a. fördern soll.

926. Die „blockfreien (bündnisfreien)" Staaten

I. Schon im Februar 1946 hatte der indische Ministerpräsident *Nehru* eine erste Asienkonferenz nach Delhi einberufen, der 1948 eine zweite folgte. Sein Ziel war die Schaffung und Erweiterung einer *Friedenszone,* die außerhalb des zwischen den Machtblöcken geführten *kalten Krieges* (vgl. 922) bleiben sollte. An der *Bandung-Konferenz* im April 1955 nahmen 23 asiatische und 6 afrikanische Staaten teil. Aus der *Bandung-Gruppe* ist durch Hinzutreten weiterer Länder die Organisation der „blockfreien (bündnisfreien)" Staaten entstanden; sie spielt bei der Abstimmung in der Vollversammlung der Vereinten Nationen oft eine ausschlaggebende Rolle (vgl. 909 II 2).

Der „Afro-asiatischen (Bandung-)Konferenz" folgten weitere Gipfelkonferenzen der „Blockfreien", nachdem sich unter Führung *Indiens* zahlreiche „bündnisfreie" Staaten, z. B. *Birma, Indonesien, Kambodscha, Laos, Sri Lanka* und *Afghanistan,* mit Unterstützung namentlich Ägyptens und Jugoslawiens mit anderen – auch europäischen – Ländern zu einer Gruppe zusammengeschlossen hatten, welche die Überwindung der kapitalistischen und kommunistischen Alternative durch ein Drittes (Neutralismus, friedliche Koexistenz) erstrebt. Diese nur in lockerer Organisation zusammengefaßte Staatengruppe lehnt eine Bindung sowohl an den westlichen wie an den östlichen Machtblock ab; sie wird deshalb häufig als „Dritte Welt" bezeichnet. Wegen ihrer Mitgliederzahl (1986 insgesamt 124 Staaten) kommt ihr in politischer Hinsicht vor allem in der UNO (vgl. 909 II 2), wirtschaftlich namentlich im Rahmen des sog. „Nord-Süd-Dialogs" zwischen Industriestaaten und rohstoffreichen Entwicklungsländern (vgl. 919 IV) besonderes Gewicht zu. Dabei werden politische und wirtschaftliche Bestrebungen häufig miteinander verknüpft, wenngleich sich selbst in Grundsatzfragen vielfach Differenzen ergeben, die aus ideeller Annäherung an die Ziele eines der beiden Machtblöcke zu erklären sind, anderseits aber auch auf unterschiedlichen ökonomischen Positionen beruhen (so auf der Sonderstellung der reichen Ölländer). Wegen unterschiedlicher politischer Auffassungen kamen schon auf den früheren Konferenzen (Belgrad 1961, Kairo 1964, Lusaka/Sambia 1970, Algier 1973) einheitliche Beschlüsse kaum zustande. Differenzen entstanden auch wegen der Aufnahme der Schweiz, der Türkei, Rumäniens, Thailands und der Philippinen. Auf der Konferenz in Colombo (Sri Lanka) 1976 waren sich die damals 85 Mitgliedstaaten jedoch einig über die Notwendigkeit einer verbesserten Verteilung der Reichtümer durch wirtschaftliche Koordination statt Konfrontation und insbesondere gegen die Ausbeutung der Bodenschätze des „Schwarzen Erdteils" durch multinationale Unternehmen; auch wandte sich die Konferenz, auf der die meisten Staaten der OAU (929) vertreten waren, gegen Rassismus und Kolonialismus. Neue tiefgreifende Differenzen ergaben sich auf der Vollkonferenz in Havanna (Sept. 1979) insbes. in der Stellungnahme zur politischen Entwicklung in Kambodscha und zum Friedensschluß zwischen Ägypten und Israel (932 I 2); Einigkeit bestand aber in der Ablehnung jeder Form von Imperialismus, Kolonialismus und rassischer Diskriminierung sowie im Eintreten für die Befreiungsbewegungen jeglicher Art (PLO usw.). Die von 101 Ländern beschickte 7. Vollkonferenz in Delhi (März 1983) wandte sich in einem Schlußdokument gegen Produktion und Einsatz von Kernwaffen. Sie forderte ferner eine Neuordnung des internationalen Finanz- und Währungssystems. Politisch trat sie für die Rechte der Palästinenser ein und verurteilte die Unterstützung Israels durch die USA im Kampf gegen die PLO. Dagegen wurde in strittigen Punkten keine Entschließung gefaßt, so zum irak.-iran. Golfkrieg (924 II 4) und zu den Aufständen gegen die Militärdiktaturen Mittelamerikas (930). Eine weitere Konferenz in Harare (Simbabwe) im Sept. 1986 forderte in einer Schlußerklärung die Supermächte auf, das Wettrüsten zu beenden, und setzte sich für Sanktionen gegen die Republik Südafrika zur Bekämpfung des dort immer noch herrschenden Rassismus ein: empfohlen wurde, wichtige Ausfuhrgüter der RS (Uran, Kohle, Stahl, Eisen usw.) nicht mehr zu importieren und umgekehrt Ölprodukte u. a. nicht mehr dorthin zu exportieren sowie den Luft- und Seeverkehr einzustellen.

Die Regierungssysteme dieser Staaten sind unterschiedlich. Während z. B. in *Birma* und *Sri Lanka* demokratische Staatlichkeit mit regelmäßigen Wahlen, staatsbürgerlichen Freiheiten, freier Presse und religiöser Toleranz besteht, gilt dies für Saudi-Arabien und den Jemen (vgl. 924 II 6, 7) nicht uneingeschränkt.

Dazwischen stehen halbkonstitutionelle Monarchien, gelenkte Demokratien und verhüllte Diktaturen. Auch die kommunistischen Staaten *China* und *Nordvietnam* nahmen an der Bandung-Konferenz teil. Während *Japan* unabhängig war, bestanden bei Türkei, Pakistan, Philippinen, Thailand und Südvietnam – zeitweise auch bei Iran und Irak – Bindungen an die USA. Trotzdem stimmten die Teilnehmer auch späterer asiatisch-afrikanischer Staatenkonferenzen (1958, 1970) in den Wünschen nach Abrüstung, Kernwaffenverbot, Friedenssicherung in hohem Maße überein.

II. Die größten blockfreien Staaten (neben Jugoslawien, vgl. 37 II 11) sind folgende:

1. *Indien*

wurde 1947 nach Abtrennung von Pakistan als Union der indischen Staaten ein unabhängiges britisches Dominium mit Gleichberechtigung aller religiösen Gruppen. Es erhielt 1950 eine republikanische Verfassung mit parlamentarischem Regierungssystem und föderalistischem Prinzip, blieb aber im britischen Commonwealth (s. 931). Es bestehen 22 Bundesstaaten mit eigenen Legislativ- und Exekutivorganen sowie Territorien, die der Bundesregierung unmittelbar unterstehen. Parlament mit zwei Kammern („Haus des Volkes“ und „Haus der Staaten“). Politisch bis 1977 führend die *Kongreßpartei,* in deren Leitung Mohandas K. *Gandhi,* Jawaharlal *Nehru,* Lal Bahadur *Schastri* und Indira *Gandhi* aufeinander folgten. Gemäßigter Sozialismus (Versicherungen, Banken und wichtigste Industriezweige sind verstaatlicht) mit antikommunistischer Tendenz. Infolge wachsender Opposition aus verschiedenen politischen Richtungen wurden am 8. 1. 1976 die Grundrechte, insbes. die gerichtliche Kontrolle der Haft und der Verwaltungsmaßnahmen, durch Verfassungsänderung stark eingeschränkt. Neuwahlen im März 1977 brachten eine erhebliche Machtverschiebung zugunsten der von dem „Janata“-Block geführten demokratischen Parteien. Indira Gandhi, wegen „autoritären Regimes“ stark angefeindet, wurde durch MinPräs. *Morardji Desai* abgelöst; nach dessen Rücktritt im Juli 1979 trat an seine Stelle sein bisheriger Stellvertreter *Charan Singh.* Im Jan. 1980 errang bei Neuwahlen wieder die Kongreßpartei die weit überwiegende Mehrheit; der Janata-Block erlitt starke Verluste. Indira Gandhi wurde wiederum MinPräs. Staatspräs. ist seit Juli 1982 *Giani Zail Singh.* Indira Gandhi wurde im Okt. 1984 ermordet; ihr Nachfolger als Parteivorsitzender und MinPräs. ist ihr Sohn *Rajiv Gandhi,* der bei den Wahlen im Dez. 1984 deutlich in seinem Amt bestätigt wurde. Über die Streitigkeiten mit Pakistan s. dort. Wegen der Auseinandersetzungen mit Rot-China s. 928.

2. *Pakistan*

wurde 1947 als Islam-Staat von Indien abgetrennt. Es zerfiel bis 1971 in *Ostpakistan* im Delta des Ganges und Brahmaputra und das mehr dem mittleren Osten zuneigende *Westpakistan.* Innenpolitisch besteht seit Jahrzehnten ein latenter Streit zwischen Moslems und der hinduistischen Minderheit. Der frühere Feldmarschall und spätere Präsident *Ayub Khan* (gest. 1974) ersetzte 1958 die parlamentarische Demokratie in einem militärischen Staatsstreich durch eine Präsidialverfassung und beseitigte Pressefreiheit und direktes Wahlrecht, wurde aber durch wachsende Opposition im März 1969 zum Rücktritt gezwungen; an seine Stelle trat General *Yahya Khan.* Zwischen *Indien* und *Pakistan* bestehen seit 1947 Grenzstreitigkeiten vor allem um *Kaschmir* (vorläuf. Grenzabkommen 1949: der überwiegend moslemische Westen wird von Pakistan, der meist hinduistische größere Teil – Hauptstadt Srinagar – von Indien besetzt). Bis 1965 kam es deshalb immer wieder zu Kriegshandlungen. Pakistan gehört westlich orientierten internationalen Wirtschaftsorganisationen an (z. B. GATT), bemüht sich aber zugleich um ein gutes Verhältnis zu Ostblockstaaten. Der Versuch Ostpakistans, im März 1971 seine Selbständigkeit zu erkämpfen, wurde von der Regierung in Westpakistan mit Waffengewalt vereitelt, so daß sich ein Flüchtlingsstrom aus Ostbengalen nach Indien ergoß. Indische Truppen besetzten daraufhin nach Grenzkämpfen mit pakistanischen Regierungstruppen Ostpakistan, das sich als Republik *Bangla Desh* unter MinPräs. *Mujibur Rahman* für unabhängig erklärte.

In *Westpakistan* übernahm nach dem Rücktritt von Yahya Khan am 20. 12. 1971 der frühere Außenminister *Z. A. Bhutto* seine Nachfolge; er setzte gegen eine starke Opposition im März 1977 eine Verfassungsänderung durch, die in den vom Militär besonders kontrollierten Landesteilen die Bürgerrechte weitgehend einschränkte. Bhutto wurde im Juli 1977 durch eine Militärrevolte gestürzt und durch General *Zia ul-Huq* abgelöst, dessen Regime als ,,Oberster Kriegsrechtsverwalter" das öffentliche und private Leben mit den Gesetzen des Korans in Einklang zu bringen strebt; z. B. dürfen führende politische Positionen, insbes. das Amt des Präsidenten, nur mit männlichen Moslims besetzt werden. Das Kriegsrecht wurde im Januar 1986 aufgehoben, die Militärverwaltung aufgelöst und die Verfassung wieder in Kraft gesetzt. In Bangla Desh wurde am 25. 1. 1975 eine neue Verfassung verabschiedet, die Mujibur Rahman als Staatspräs. für 5 Jahre diktatorische Vollmachten übertrug und das Parlament unter Aufhebung der Gewaltenteilung auf beratende Funktionen beschränkte; politische Parteien außer der Nationalpartei wurden verboten. Am 15. 8. 1975 wurde Mujibur Rahman nach einem Putsch ermordet; danach wiederholter Regierungswechsel. Nachdem im März 1982 das Militär unter General *Hussain Mohammed Ershad* die Macht durch einen unblutigen Staatsstreich übernommen hatte, wurde *A. F. M. Chowdury* Staatspräsident. Im Dez. 1983 vereinigte Ershad jedoch in seiner Person die Ämter des Staatspräs., des Regierungschefs und des ,,obersten Kriegsrechtsverwalters«. Bei den Wahlen vom Mai 1986 errang die von Ershad favorisierte Jatiya-Partei eine knappe absolute Mehrheit. Im Nov. 1986 wurde das Kriegsrecht aufgehoben und die Verfassung, die Ershad 1982 suspendiert hatte, wieder in Kraft gesetzt.

Grenzstreitigkeiten bestehen auch zwischen Pakistan und dem angrenzenden *Afghanistan*, das bis 1963 eine kaum beschränkte, erst durch die Verfassung von 1964 begrenzte Monarchie war; seit 17. 7. 1973 ist A. Republik. Es ist Mitglied der UNO und der Bandung-Staaten und unterhält als ,,blockfreier" Staat politische und wirtschaftliche Beziehungen zu beiden großen Machtblöcken. Die innere Lage Afghanistans ist gekennzeichnet durch politische Machtkämpfe und Aufstände, insbes. moslemischer Bevölkerungsteile, gegen das dem Ostblock (923) zuneigende Regime. Der 1973 zur Macht gelangte Staatspräs. *Mohammed Daud* wurde zwar nach Verabschiedung der neuen republikanischen Verfassung von 1977 bestätigt, aber im April 1978 durch eine Revolte sozialistisch eingestellter Offiziere gestürzt. Ende 1978 wurde ein Freundschaftsvertrag mit der UdSSR abgeschlossen. Im Jahre 1979 verstärkte Maßnahmen der Reg. gegen die zunehmende Guerillatätigkeit aufständischer Moslems. Im Dez. 1979 gelangte der Führer der marxistischen Partscham-Partei, *Babrak Karmal*, durch einen mit militärischer Unterstützung der UdSSR durchgeführten Putsch an die Macht. Karmal mußte sich auch in den folgenden Jahren auf die wirtschaftliche und militärische Hilfe der UdSSR stützen, die immer mehr Truppen im Kampf gegen die Aufständischen einsetzte. Bisher hat sich der im wesentlichen aus Guerilla-Aktionen bestehende afghanische Widerstand gegen die überlegene sowjet. Besatzungsmacht trotz großer Schwierigkeiten halten können. Die UNO-Vollversammlung hat wiederholt – z. B. im Nov. 1985 – den Abzug der sowjet.

Truppen verlangt. Der im Mai 1986 in seinem Amt als Parteichef durch den Geheimdienstchef *Nadschibullah* abgelöste Babrak Karmal wurde im Nov. 1986 aller Ämter enthoben. Im Juli 1986 hat der sowjetische Parteichef Gorbatschow einen Teilabzug der sowjetischen Truppen angekündigt.

3. *Iran* (Persien)

war seit 1906 konstitutionelle Monarchie mit Zweikam mersystem (Nationalversammlung, Senat). Schah *Mohammed Reza Pahlevi* (seit 1941; im Exil gest. 25. 7. 1980) bemühte sich um soziale Reformen, Ausbau des Bildungswesens, Industrialisierung und Übernahme westlicher Lebensformen, wurde darin aber stark behindert durch reaktionäre Kräfte aus dem religiösen Bereich der Schiiten-Anhänger. Seit Anfang 1979 Studentenunruhen, geschürt durch Marxisten (islamische: *Mudschaheddin-e-Chalqu,* atheistische: *Feddajin-e- Chalqu*) und die verbotene kommunistische *Tudeh*-Partei; es bildete sich eine breite Front gegen das Schah-Regime, entscheidend vorangetrieben durch eine revolutionäre Bewegung, die, angeführt von den religiösen Schiitenführern unter dem Ayatollah *R.M. Chomeini,* im Febr. 1979 den Sturz des Schahs herbeiführte. Am 1. 4. 1979 wurde auf Grund einer Volksabstimmung die ,,Islamische Republik" ausgerufen. Die religiös-konservativen Kräfte wandten sich vor allem gegen westliche Einflüsse im öffentlichen und privaten Leben und gegen das Vordringen und die Tätigkeit von Exponenten wirtschaftlicher Konzerne aus den Industriestaaten – insbes. den USA –, die der Schah im Interesse der Modernisierung der Wirtschaft des Landes gefördert hatte. Banken, Versicherungen, der Bergbau, Stahl- und Automobilwerke sowie zahlreiche andere Industriezweige wurden verstaatlicht. Ihren Höhepunkt erreichten die Gegensätzlichkeiten insbes. zu den USA, als diese sich weigerten, den in ihr Land exilierten Schah auszuliefern. Anhänger Chomeinis besetzten daraufhin im Nov. 1979 die US-Botschaft in Teheran und nahmen die Botschaftsangehörigen völkerrechtswidrig als Geiseln (sie wurden erst im Jan. 1981 freigelassen). Die innerpolitische Entwicklung stand weiter im Zeichen einer religiösen Radikalisierung. Die auf Grund eines Referendums vom 31. 3. 1980 proklamierte Verfassung der ,,Islamischen Republik Iran" von 1980 erklärte den Islam zur Staatsregeligion. Im Febr. 1980 wurde *A.H. Bani-Sadr* zum Staatspräs. gewählt. Bei Parlamentswahlen errang die religiös-konservative ,,Islamisch-Republikanische Partei" eine weit überwiegende Mehrheit. Nach Differenzen mit den radikal-religiösen Kräften mußte Staatspräs. *Bani-Sadr* im Juni 1981 sein Amt aufgeben. Sein Nachfolger *M. A. Radjai* wurde im Aug. 1981 ermordet. Ihm folgte im Okt. 1981 der Hodschatoleslam *Ali Chamenei.* Der im Sept. 1980 ausgebrochene, seither andauernde militärische Konflikt mit dem Irak (vgl. 924 II 4) hat außer wirtschafts- und allgemeinpolitischen auch weltanschauliche Ursachen; sie liegen u. a. darin, daß die der sunnitischen Religion anhängende Regierung des Irak den Iran beschuldigte, aufständische Tendenzen in der irakischen Bevölkerung zu unterstützen, die mehrheitlich zu den Schiiten zählt.

4. *Indonesien*

umfaßt mehr als 3000 Inseln (darunter Südborneo, Celebes, Su matra und Java). Es löste sich ab 1945 von den Niederlanden, zu denen Präs. *Sukarno* 1960 die Beziehungen abbrach. Er veranlaßte zudem 1964/65 das vorübergehende Ausscheiden seines Landes aus der UNO. Während Sumatra partikularistische Tendenzen zeigt, besteht auf Java erheblicher kommunistischer Einfluß, gegen den sich seit 1965 ebenso wie gegen den Zentralismus Sukarnos wachsender Widerstand erhob. Anfang 1965 kam es zu einer bewaffneten Auseinandersetzung zwischen Indonesien und Malaysia. Im März 1967 wurden Sukarno (gest. 1970) die Vollmachten als Staatspräsident entzogen; sie wurden von MinPräs. General *Suharto* übernommen, der 1968 auf 5 Jahre zum Staatspräsidenten gewählt und 1973, 1978 und 1983 jeweils auf weitere 5 Jahre im Amt bestätigt wurde. Indonesien ist eine zentralistische Republik mit Einkammersystem und starker Stellung des Staatspräs., der einen erheblichen Teil der Abgeordneten ernennt.

5. *Japan*

ist eine parlamentarisch-demokratische Erb-Monarchie. Es besteht ein Zwei-Kammer-System: „Haus der Räte“ (Oberhaus) und „Abgeordnetenhaus“ (Unterhaus). Die Mitglieder des Oberhauses wechseln alle 3 Jahre zur Hälfte; das Unterhaus, das in der Gesetzgebung letztlich entscheidet, wird auf 4 Jahre gewählt. Staatsoberhaupt ist Kaiser („Tenno“) *Hirohito* (seit 1926), der nach der bis 1945 allgemein akzeptierten schintoistischen Staatsideologie göttliche Verehrung genoß und weiterhin als das Symbol Japans und der Einheit des japanischen Volkes gilt. Regierungschef ist seit Nov. 1982 *Yasuhiro Nakasone,* der Vorsitzende der konservativ ausgerichteten „Liberal-Demokratischen Partei“ – LDP (andere wichtige Parteien: die Sozialisten, die rechtsgerichtete „Liga für saubere Politik“, die „Demokratisch-Sozialist. Partei“ und die Kommunisten). Bei den Wahlen im Juli 1986 gewann die LDP die absolute Mehrheit. Nach dem Zusammenbruch im August 1945 unterstand Japan einer amerikanischen Militärregierung unter General *Mac-Arthur.* 1947 trat eine Verfassung nach amerikanischen Richtlinien in Kraft. Sog. „Kriegsverbrecherprozesse“ wurden gegen führende Persönlichkeiten der Kriegsära durchgeführt. Am 8. 9. 1951 schlossen Japan und die USA den Friedensvertrag von San Francisco, der dem Land seine Souveränität zurückgab. Die Sowjetunion, die im August 1945 (kurz vor dem Abwurf der Atombomben auf Hiroshima und Nagasaki) Japan den Krieg erklärt hatte, trat diesem Friedensvertrag nicht bei. Bis heute sind die Beziehungen zwischen ihr und Japan durch das Kurilen-Problem belastet: Die UdSSR hält die für die Schiffahrt zwischen ihrem Kriegshafen Wladiwostok und dem offenen Pazifik wichtigen südlichen Kurilen-Inseln seit Kriegsende besetzt und ist nicht gewillt, ihre dort stationierten Truppen abzuziehen. Der Konflikt belastet auch die industrielle Erschließung Sibiriens, weil die UdSSR nicht auf die hochentwickelte japanische Technologie zurückgreifen kann. Mit China sind die Senkaku-Inseln umstritten, doch wurde 1978 zwischen beiden Staaten ein Friedensvertrag abgeschlossen. Das Verhältnis zu den USA ist bestimmt durch die Notwendigkeit der Verteidigung der japanischen Inseln mit Hilfe des amerikanischen Atomschirms. Der Aufbau japanischer konventioneller Streitkräfte schreitet voran, steht aber innenpolitischen und verfassungsrechtlichen Hindernissen gegenüber. Die seit dem 2. Weltkrieg weltweit expandierende japanische Wirtschaft setzte sich auf den Märkten Südostasiens gegen europäische und amerikanische Konkurrenz durch und vermochte auch in Europa und den USA beachtliche Marktanteile zu erwerben. Dies führte besonders in den von Japan während des 2. Weltkrieges besetzten Ländern Südostasiens (Philippinen, Malaysia, Burma, Indonesien, Singapur) zu anti-japanischen Ressentiments, welche die japanische Außenpolitik nicht unwesentlich belasten. Um den Vorwürfen zu begegnen, Japan schütze durch Einfuhrhindernisse den eigenen Markt, während es selbst ungehemmt exportiere, hat Japan in letzter Zeit damit begonnen, durch den Abbau von Handelshemmnissen, besonders durch Zollsenkungen, den Import nach Japan zu erleichtern. Gleichzeitig hat es Selbstbeschränkungen seiner Exporte zugesagt; gegenüber der EG und den USA hat sich Japan zur mengenmäßigen Beschränkung seiner Exporte in 10 Warengruppen, besonders bei Videorecordern und Farbfernsehröhren, für eine bestimmte Zeit verpflichtet. Im April 1984 wurden außerdem Zollsenkungen und höhere Einfuhrquoten beschlossen. Im Febr. 1986 beschränkte Japan freiwillig seine Autoexporte in die USA für ein weiteres Jahr auf 2,3 Mio. Stück.

III. Auch die kleineren blockfreien Staaten weisen unterschiedliche verfassungsmäßige Ordnungen und politische Strukturen auf.

1. *Birma (Burma)*

wurde 1937 von Brit.-Indien gelöst und brit. Kolonie, so dann auf Grund eines Vertrags und einer Verfassung von 1947 selbständige buddhistische Bundesrepublik. Ein bewaffneter Konflikt mit *China* wurde 1960 durch eine Grenzregulierung beendet. Auch nach der neuen, am 1. 1. 1974 in Kraft getretenen Verfassung besteht in der „Sozialistischen Republik Birma“ ein diktatorisches Militärregime mit staatssozialistischer Tendenz. Höchstes Entscheidungsgremium ist das aus einer Kammer bestehende Parlament (Volksversammlung). Die wichtigsten Wirtschaftsunternehmen sind verstaatlicht. Hauptstadt ist Rangun. Birma ist wie Indien neutral.

2. *Ceylon (Sri Lanka)*

war ehemals niederländische, später britische Kolonie; es wurde 1948 unabhängig. C. ist Republik (Einkammersystem) mit sozialistischer Tendenz, außenpolitisch neutral und gehört dem brit. Commonwealth (931) an. MinPräs. Frau *Sirimavo Bandaranaike,* die der sozialistisch tendierenden Freiheitspartei angehört, wurde im Juli 1977 von dem der gemäßigt-konservativen Partei zugehörigen *J. R. Jayewardene* abgelöst. Nach der Verfassung von 1978 besteht ein präsidiales Regierungssystem nach französischem Vorbild (vgl. 31) mit Staatspräs., Ministerpräs. und Regierungskabinett. Die Bevölkerung setzt sich hauptsächlich aus Singhalesen (74 v. H.) und Tamilen (18 v. H.) zusammen. Zwischen den buddhistischen Singhalesen und den hinduistischen Tamilen bestehen aus rassischen, religiösen und wirtschaftlichen Gründen Spannungen, die zu ständigen Unruhen führen. Die Tamilen streben daher einen selbständigen Staat in Nord-Ceylon an.

3. *Malaysia*

(ein Zusammenschluß aus den Gebieten von Malaya, Sarawak und Sabah in Nordborneo) ist ein 1963 begründeter monarchistischer Bundesstaat (Wahlmonarchie: der König wird von den 9 regierenden Sultanen aus ihrer Mitte für 5 Jahre gewählt) auf parlamentarischer Grundlage (Zweikammersystem). 1963–1966 Gebietsstreitigkeiten mit Indonesien, (meist) latenter Rassenkonflikt zwischen dem malaischen Staatsvolk und den Nachfahren chinesischer Einwanderer (beide Bevölkerungsgruppen sind etwa gleich zahlreich).

Das im Nordwesten Borneos gelegene, von Malaysia wie von Indonesien lange Zeit beanspruchte Sultanat *Brunei,* brit. Schutzgebiet bis 1971, sodann unter dem außenpolitischen und Verteidigungsprotektorat Großbritanniens, ist seit 1. 1. 1984 unabhängig.

4. *Vietnam*

in Hinterindien, Teil des früheren *Indochina,* besteht aus den ehem. französischen Protektoraten *Annam* und *Tonking* und der ehem. französischen Kolonie *Kotschinchina.* Im Jahre 1949 erkannte Frankreich durch die Konvention von Saigon die Unabhängigkeit von Vietnam im Rahmen der Indonesischen Konföderation und der Französischen Union an. Infolge Vordringens des kommunistischen Einflusses mußte sich Frankreich aus Indonesien zurückziehen. Während *Nord-Vietnam* von den Kommunisten beherrscht wurde, hielt sich *Süd-*

Vietnam zum Westen. Versuche der Regierung Nordvietnams, die Staatsgewalt auch in Südvietnam an sich zu reißen, veranlaßten die USA als Garantiemacht des Südstaates 1964 zum Eingreifen. Seit 1970 verlagerten sie aber die militärische Gegenwehr auf die Landesstreitkräfte. In einem Waffenstillstandsabkommen wurde 1973 auf der Grundlage des Genfer Abkommens über V. von 1954 der Abzug der ausländischen Streitkräfte binnen 60 Tagen vereinbart, ferner für Südv. das Selbstbestimmungsrecht, freie Wahlen unter internationaler Aufsicht u. a. freiheitliche Garantien. Es wurden eine gemeinsame Militär-Kommission von Nord- und Südv. und eine internationale Kontroll- und Überwachungskommission eingesetzt. Gleichwohl drangen 1975 nordvietnamesische Verbände mit Unterstützung Rot-Chinas weiter nach Süden vor und führten mit der Eroberung von Saigon gewaltsam eine Wiedervereinigung des Landes unter kommunistischer Führung herbei. In dem neuen Gesamtstaat Vietnam fanden nach Inkrafttreten der Verfassung von 1976 Wahlen zum Gesamtparlament nach Einheitslisten entsprechend dem Vorbild anderer kommunistischer Länder statt. Hanoi ist nunmehr Hauptstadt auch für den Südteil des Landes. 1978 Freundschafts- und Beistandspakt (mit Frontstellung gegen China) sowie Abkommen über wirtschaftliche und technische Zusammenarbeit mit der UdSSR. Über die um die Jahreswende 1978/79 mit ideologischer und militärischer Unterstützung der UdSSR gegen das Regime Pol Pot in Kambodscha begonnenen Aktionen Vietnams s. u. (6).

5. *Laos*

Das Königreich *Laos* in Hinterindien stand bis 1949 unter französischer Oberhoheit, wurde sodann unabhängig im Rahmen der französ. Union und ist seit 1953 selbständig (seit 1955 UNO-Mitglied). Die auf der Genfer Ostasienkonferenz im Juli 1954 empfohlene Aussöhnung mit der prokommunistischen Pathet-Lao (= Freies Laos)-Regierung, welche die nördlichen Provinzen besetzt hatte, fand erst im Juni 1962 zwischen den rivalisierenden Prinzen *Souvanna Phouma* (neutralistisch, seither MinPräs.), *Boun Oum* (prowestlich) und *Souphanou Vong* (prokommunistisch) statt. Die Regierung wurde zu einer volks-sozialistischen Koalitionsregierung mit neutralistischer Tendenz umgestaltet. Sie schloß am 14. 9. 1973 ein Friedensabkommen mit der Pathet Lao, auf Grund dessen im April 1974 eine Koalition unter Souvanna Phouma mit paritätisch zusammengesetzter Regierung unter Beteiligung der Pathet-Lao und der Neo- Lao-Haksat-Bewegung sowie ein Nationaler Rat gebildet wurden. Seit 3. 12. 1975 ist Laos „Demokratische Volksrepublik", das Königtum ist abgeschafft. Nach dem Rücktritt von Souvanna Phouma, dem die Rolle eines „Obersten Beraters der Regierung" verblieb, wurde Souphanou Vong Staatspräs. und Vorsitzender des vorerst als Parlament fungierenden „Nationalrats". Am 2. 7. 1976 wurde L. durch eine Nationalversammlung, deren Wahl unter Ausschluß oppositioneller Bewerber zustandegekommen war, zur „Sozialistischen Republik" erklärt. Regierungs- und Parteichef der Pathet Lao wurde *Kaysone Phomvihan.*

6. *Kambodscha*

Das zwischen Thailand, Laos und Südvietnam gelegene ehem. französ. Protektorat *Kambodscha,* seit 1949 autonomes Königreich (bis 1955 innerhalb der französ. Union), seit 1970 *Republik Khmer,* versuchte lange, im Spannungsfeld zwischen Ost- und Westblock seine Neutralität zu erhalten. Der östlichen Tendenzen zuneigende MinPräs. Prinz *Sihanouk* wurde im März 1970 gestürzt und durch Marschall *Lon Nol* ersetzt. Dieser konnte aber dem militärischen Druck der Organisation „Rote Khmer" (*Khmer* ist der beherrschende Volksteil in Kambodscha) nicht standhalten, die am 17. 4. 1975 die Kapitulation der Hauptstadt Pnom Penh und die Wiedereinsetzung Sihanouks erzwang. Nach der Verfassung vom 5. 1. 1976 besteht als Parlament eine „Nationalversammlung", welche die Regierung und die Mitglieder des „Volksgerichts" wählt. MinPräs. Prinz Sihanouk trat zurück und wurde durch einen der „Roten Khmer" zugehörigen Politiker ersetzt. Nach dem Ende der französischen Kolonialherrschaft Grenzstreitigkeiten mit Vietnam, vor allem um einen während des Befreiungskampfes von den Vietcong besetzten kambodschanischen Gebietsteil. Der 1975 ausgebrochene Konflikt spitzte sich 1978 durch Angriffe vietnamesischer Verbände zu. Den Streitigkeiten liegen auch ideologische Gegensätze zugrunde, weil Vietnam mit Unterstützung der UdSSR eine Föderation der Länder Indochinas unter seiner Führung anstrebt, während Kambodscha die Souveränität der Länder bewahren möchte und hierin von Rot-China unterstützt wird.

Zu militärischen Auseinandersetzungen zwischen dem prosowjetischen *Vietnam* und dem ideologisch mit China sympathisierenden *Kambodscha* kam es schon Anfang 1978. Nach einer Massenflucht, teilweise auch Vertreibung chinesischer Einwohner aus Vietnam spitzte sich der Konflikt immer mehr zu. Um die Jahreswende 1978/79 drangen vietnamesische Streitkräfte mit Unterstützung durch die UdSSR in Kambodscha ein. Die Invasion richtete sich vornehmlich gegen das terroristische ultralinke Regime des bisherigen MinPräs. *Pol Pot,* dessen Regierung in der Abwehr diplomatisch und militärisch von China gestützt wurde. Nach dem Sieg der Invasionstruppen wurde *Heng Samrin* neuer MinPräs. Kambodschas. Seine Regierung wurde in der Folgezeit zunächst nur von den Staaten des Ostblocks anerkannt (im Juli 1980 aber auch von Indien), während das von China unterstützte Regime Pol Pot von den meisten anderen (insbes. auch den ASEAN-) Ländern weiterhin als rechtmäßige Regierung des Landes angesehen und seine Vertretung in der UNO anerkannt wurde. Auf der UNO-Konferenz über Kambodscha vom Juli 1981, an der Vietnam nicht teilnahm, wurden in der Schlußresolution der Rückzug aller ausländischen Truppen aus Kambodscha sowie die Abhaltung freier Wahlen im Lande unter der Überwachung durch UNO-Truppen gefordert. Im Frühjahr 1983 leiteten vietnamesische Streitkräfte eine Offensive gegen Widerstandsgruppen – insbes. der Roten Khmer – in Kambodscha ein, die unter Führung der von Prinz Sihanouk gebildeten Gegenregierung das Regime Samrin im Guerillakampf zu stürzen versuchen. Der Angriff führte zur Einnahme des gegnerischen Hauptquartiers Sihanoukville. Die Vereinigung der verschiedenen anti-vietnamesischen und damit auch gegen das Heng-Samrin-Regime gerichteten Widerstandsgruppen wird aber unter der Bezeichnung „Demokratisches Kamputschea' z. T. weiterhin als die legale Regierung und Vertretung Kambodschas anerkannt. Vietnam hat sich im Aug. 1985 verpflichtet, seine Truppen bis 1990 vollständig aus Kambodscha abzuziehen.

7. *Thailand (Siam)*

ist eine konstitutionelle Monarchie mit demokratischer Regierungsform (Parlament; Einkammersystem). Doch wurde das Land wiederholt durch Militärputsche erschüttert. Anläßlich der Unruhen, die im Oktober 1976 nach der Rückkehr des 1973 gestürzten Diktators *Kittikachorn* durch blutige Auseinandersetzungen zwischen links- und rechtsorientierten Gruppen entstanden waren, erneute Übernahme der Macht durch einen von den Militärs gestützten „Nationalen Reformrat". Im Okt. 1977 wurde durch einen Militärputsch die Verfassung von 1976 aufgehoben, Kabinett und Parlament wurden aufgelöst. Die Macht übernahm ein „Verwaltungsrat" unter General *Kriangsak Chamanand,* der insbesondere gegenüber China eine neutralistische Politik verfolgte. Thailand genießt auch weiterhin die Hilfe der USA namentlich bei der Modernisierung seiner Streitkräfte; die USA sehen vor allem wegen des Kambodschakonflikts in Thailand einen ihrer wichtigsten Verbündeten in Südostasien. Nach der Verfassung von 1978 besteht das Parlament aus zwei Kammern (Abgeordnetenhaus, Oberhaus). Nach dem Rücktritt von Kriangsak Chamanand wurde General *Prem Tinsulanonda* im März 1980 zum neuen MinPräs. gewählt. Nach der Wahl vom Juli 1986 wurde er wiederernannt.

8. Die *Philippinen*

sind eine Inselgruppe mit über 7100 Inseln (die größten davon: Luzon mit der Hauptstadt Manila, Mindanao) im nordmalaischen Archipel. Die Bevölkerung ist ein Gemisch von Malaien, Polynesiern und Einwanderern aus China, Indien, Europa und Arabien. Die Verfassung sieht nach amerikanischem Vorbild einen Präsidenten vor, der Staatsoberhaupt und Regierungschef zugleich ist und vom Volk direkt gewählt wird. Als Legislative besteht ein Parlament aus 2 Kammern (Senat und Abgeordnetenhaus). Die Philippinen nahmen an der Bandung-Konferenz teil. Seit 1965 ist *Ferdinand E. Marcos* Staatspräsident. Er steuerte während des Vietnam-Krieges einen pro-amerikanischen Kurs. Das innenpolitische Bild wird bestimmt durch schroffe soziale Gegensätze zwischen Großgrundbesitzern und Kleinbauern sowie anderen armen Bevölkerungsteilen. Die im Spannungsfeld solcher Gegensätze erwachsenen revolutionären Widerstände, die sich insbesondere gegen das absolutistisch geführte Regime richten, finden vielfach auch die Unterstützungen kirchlicher Kreise in der zu ⅘ röm.-kath. Bevölkerung. Die durch die starke Stellung des Präsidenten ermöglichten repressiven Maßnahmen der Regierung richten sich auch gegen den bewaffneten Aufstand der (von Libyen unterstützten) Moslems auf den südlichen Inseln. Das Inselreich ist für die militärische Stellung der USA in Südostasien von besonderer Wichtigkeit, da sie dort Stützpunkte unterhalten. Mitgliedschaft der Philippinen in der ASEAN (925 II). Marcos wurde im Febr. 1986 gestürzt durch eine auf Demokratisierung des Landes gerichtete Opposition unter Führung von *Corazon Aquino* (Witwe des 1983 ermordeten Politikers Benigno A.), nachdem diese mehrheitlich zum Nachfolger im Präsidentenamt gewählt worden war. Eine neue Verfassung, welche die weitgehenden Befugnisse des Staatsoberhaupts einschränkt und eine demokratische Grundordnung herstellt, ist im Februar 1987 in Kraft getreten.

9. *Neuguinea*

Der Westen *Neuguineas,* der zweitgrößten Insel der Erde, war seit 1828 niederländischer Besitz; der Südostteil (Papua) kam 1906 unter Verwaltung Australiens, das 1946 auch das im Nordosten gelegene ehemalige Deutsch-Neuguinea als Mandat der UNO erhielt. Auf Betreiben Sukarnos wurde der niederländische Teil der Insel Neuguinea 1963 Indonesien zugesprochen. Das Papua-Gebiet wurde 1975 selbständig, blieb aber Mitglied des Commonwealth (931). Seit Vereinigung des östlichen Teils der Insel (der westliche blieb bei Indonesien) als *Papua-Neuguinea* unabhängige parlamentarisch-demokratische Monarchie.

927. Der Islamismus

Zu den bewegenden Kräften der Weltpolitik, die zu maßgebenden Faktoren vor allem für die „Dritte Welt" geworden sind, muß nach den letzten Entwicklungen in Asien und Afrika der *Islamismus* gerechnet werden. Der Islam zählt zu den Weltreligionen; aber auch sein Einfluß auf das politische Geschehen nimmt ständig zu, weil er mehr und mehr über den religiösen Bereich hinaus wirkt und sich nicht auf kulturelle Zielsetzungen beschränkt, sondern auch das Rechtsleben und das Zusammenleben der Völkergemeinschaft beeinflußt.

Der *Islam* ist eine in der ersten Hälfte des 7. Jahrh. n. Chr. von dem Propheten *Mohammed* (570–632) gestiftete *monotheistische Religion,* die zwar auf einige Wurzeln der jüdischen und der christlichen Lehre zurückgeht, sich aber doch in völlig eigenständiger Weise entwickelt hat (Beschneidung, strenge Gebets- und Fastenordnung, Verzicht auf Alkohol; Wallfahrtspflichten; andererseits keine Pflicht zur Einehe). Religiöse Zentren sind Mekka und Medina (Geburts- und Sterbeort Mohammeds).

Der Islam ist in den arabischen Ländern stark verbreitet, vor allem in der Bevölkerung Nordafrikas, Kleinasiens, im Iran und in Indonesien, minderheitlich aber auch in Indien und auf dem Balkan. Die Lehre Mohammeds zielt auf eine Art Gottesherrschaft auf Erden ab: die Lehren des *Koran* sind nicht nur geistige Grundlage, sondern Richtschnur in allen Lebensbereichen mit weit über das Kultische hinausgreifenden Anforderungen an das tägliche Leben der Gläubigen.

Träger des Islamismus ist die *Islamische Weltliga,* jetzt *Islamische Weltkonferenz* (Generalsekretariat in Dschidda in Saudi-Arabien, das die Liga weitgehend finanziert). Sie umfaßt 42 Länder, außer den Mitgliedstaaten der Arabischen Liga (924) auch eine Anzahl schwarzafrikanischer Staaten (929), aber auch die Türkei und die PLO (932 II 2).

Der Islamismus (besonders in der radikalen Form des ,,islamischen Fundamentalismus") beeinflußt neuerdings durch wachsende Aktivität das Verhältnis der Länder der ,,Dritten Welt" zu den westlichen Industriestaaten; er strebt eine Rückkehr zu den strengen Lehren des *Korans* an, die namentlich die Lebensführung durchdringen und die Einflüsse westlicher Kultur und Zivilisation zurückdrängen wollen. Der Koran ist religiöse Grundlage aller moslemischen Bevölkerungsgruppen; daneben halten sich die (ca. 70 v. H. aller Moslems umfassenden) orthodoxen *Sunniten* an die in der *Sunna* gesammelte Überlieferung (die von der Minderheit der abgespaltenen *Schiiten* nicht anerkannt wird). Der Widerstand gegen westliche Einflüsse wurde in kämpferischer Form aktualisiert im Aufstand gegen den Schah des *Iran* (926 II 3), in dem der Islam, ebenso wie in anderen arabischen Ländern (z. B. Libyen), *Staatsreligion* ist; seine härteste Auswirkung war die Ermordung des ägyptischen Staatspräs. *Sadat.* Der Gegensatz zur westlichen Welt offenbart sich auch im Rechtswesen, das im Islam auf der sog. *Scharia,* einer strengen, im strafrechtlichen Bereich mit drakonischen Strafsanktionen versehenen Rechtssammlung beruht. Neuerdings sind die Anhänger des Islam in politische Kämpfe namentlich in Berührungsgebieten mit extrem-sozialistischen Staaten verwickelt worden, weil orthodoxe Moslems zusehends in Gegensatz zu atheistischen Strömungen im Kommunismus geraten. So kam es Ende 1979 zu offenen Feindseligkeiten vor allem in *Afghanistan,* wo die linkssozialistische Regierung sogar den Einmarsch sowjetrussischer

Truppen zur Niederwerfung aufständischer Moslems veranlaßte, die sich den sozialrevolutionären Maßnahmen der Regierung widersetzten. Auf seiten der UdSSR sollte diese Aktion zugleich ein Warnsignal für die moslemischen Minderheiten in der Sowjetunion sein.

Die Führung der UdSSR sieht in der *Re-Islamisierung* offenbar eine politische Gefahr, zumal geistliche Führer des Islam den Kommunismus für unvereinbar mit ihrer Religion ansehen. Aus der wachsenden Konzentration des Islam könnte sich eine dem politischen Konzept der UdSSR zuwiderlaufende Erstarkung religiöser Kräfte in ihren südlichen Teilrepubliken Turkmenistan, Kasachstan, Usbekistan, Kirgistan und Tadschikistan ergeben, in denen die Moslems weit überwiegen. Diese während der Zarenzeit ab dem 17. Jahrh. von Rußland eroberten, ehemals selbständigen Gebiete blieben trotz starken Drucks der zaristischen wie auch später der kommunistischen Obrigkeit im wesentlichen ihrer religiösen Überlieferung treu. Der hieraus erwachsenen latenten Gegnerschaft gegenüber dem Sowjetregime, die aus der ideellen Gemeinsamkeit mit den anderen islamischen Gebieten Nahrung ziehen könnte, suchte die UdSSR mit ihrem Einmarsch in Afghanistan (926 II 2) zu begegnen. Er soll zugleich unter militärischen Gesichtspunkten den Einflußbereich der UdSSR in Richtung auf den Persischen Golf und damit in den Bereich der ölfördernden Staaten ausdehnen.

Ein Prozeß der Re-Islamisierung, in dem sich die Moslems auf die religiösen Grundlagen des Islam besinnen, vollzieht sich in vielen Ländern mit islamischer Bevölkerungsmehrheit, so in Pakistan (das aus dem Widerstand der moslemischen Mehrheit gegen die hinduistische Minderheit in diesem Teil Britisch-Indiens entstanden ist), Malaysia, Bangla Desh, teilweise auch in gemäßigt sozialistisch regierten Ländern wie in Syrien, im Irak (diese Staaten lehnen die beherrschende Rolle des Islam im politischen Leben ab), in Algerien, Libyen, dem Sudan (vgl. 924 II 9) und nur zögernd in Tunesien und Marokko. Auch das konservative Saudi-Arabien ist trotz seiner Berufung auf die strenggläubige Form des *Wahhabismus* gegen den islamischen Fundamentalismus nicht geschützt. In vielen Ländern der „Dritten Welt" ist wie im Iran die Re-Islamisierung als Ausdruck der Widerbesinnung auf eigenständige geistige Grundlagen zugleich der Gegenpol zu einem in Jahrzehnten der Kolonialherrschaft und ihrer Folgezeit gewachsenen „Euro-Zentrismus", einer Hinwendung zur europäischen Zivilisation; diese wird von strenggläubigen Moslems als Religionsvergehen empfunden, zumal wenn sie mit dem Eindringen sozialistischen Gedankenguts verknüpft ist. Doch lassen die unterschiedlichen Glaubensrichtungen und politischen Orientierungen der Moslems eine einheitliche Politik kaum zu, wie sich auf der Tagung der von der Weltliga getragenen „Islamischen Konferenz" im Jan. 1981 in der Frage der Verurteilung der russischen Invasion in Afghanistan erwies. Die 4. „Konferenz der Islamischen Organisation" (ICO) im Jan. 1984 in Casablanca (Marokko) lud Ägypten, das nach der Unterzeichnung des Friedensvertrags mit Israel 1979 ausgeschlossen worden war, zur

Rückkehr in die Konferenz ein. Die Forderung nach einem unabhängigen Palästinenserstaat wurde wiederholt. In anderen Punkten wurde – hauptsächlich wegen der Streitigkeiten innerhalb der PLO – keine Einigung erzielt. Die 5. Islamische Gipfelkonferenz (Jan. 1987 in Kuwait) befaßte sich mit nahezu allen, die islamische Welt betreffenden Fragen (PLO, Israel-Problem, s. 932; Afghanistan, s. 926 II 2). Im Vordergrund stand jedoch die Aufforderung an Iran und Irak, den Golfkrieg zu beenden (s. 924 II 4, 926 II 3).

Zu den politisch wie religiös radikalen Moslimgruppen zählen die *Moslim-Bruderschaften*. Das ist eine in einer ,,Islamischen Front" zusammengeschlossene größere Zahl von Widerstandsgruppen, die durch eine ,,Islamische Revolution" die Errichtung einer ,,wahrhaft islamischen Gesellschaft" und eines islamischen Staates anstreben. Sie sind namentlich in Syrien starken Verfolgungen ausgesetzt, werden wegen ihrer oft extrem sozialistischen Tendenzen aber auch von den schiitischen Moslems bekämpft.

928. China in der Weltpolitik

Die chinesische Revolution von 1911 unter Führung von *Sun Yat-sen* hatte den Zusammenbruch des fast 2000jährigen konfuzianischen Staates und die Abdankung des Kaisers zur Folge; China wurde *Republik*. Die von Sun Yat-sen gegründete sozial-revolutionäre Staatsvolkspartei *Kuomintang* eroberte nach dem Tode ihres Gründers (1925) unter Marschall *Tschiang Kai Schek* 1926/1927 im Kampf gegen die 1921 entstandene Kommunistische Partei und andere politische Gruppen ganz China. Die Nationalregierung unterlag jedoch in dem nach dem japanisch-chinesischen Krieg (1937–1945) ausgebrochenen neuen Bürgerkrieg den Kommunisten unter *Mao Tse-tung* und mußte nach *Formosa* ausweichen. Am 21. 9. 1949 wurde die *Volksrepublik China* proklamiert, in der die *kommunistische Partei* die Regierungsgewalt übernahm. Nach Befriedung des eigentlichen China wurden die Außenländer *Sinkiang* und *Tibet* (1951) wieder angegliedert, während die *Äußere Mongolei* wegen ihrer engen Anlehnung an die Sowjetunion unabhängig blieb.

Rot-China wurde zunächst nur von den kommunistisch gelenkten Staaten sowie von seinen unmittelbaren Nachbarn Birma, Nepal, Afghanistan, Laos, dann auch von Indien, Pakistan, Indonesien und anderen blockfreien Staaten anerkannt. Seine Aufnahme in die UNO fand dagegen lange Zeit nicht die für ,,wichtige Fragen" erforderliche ⅔-Mehrheit; dort war China zunächst durch Nationalchina vertreten. Erst am 26. 10. 1971 wurde Rot-China an Stelle Nationalchinas aufgenommen, nachdem auch westliche Länder zunehmend diplomatische Beziehungen zu Peking hergestellt und eine einfache Beschlußmehrheit für ausreichend erklärt hatten.

Die *Volksrepublik China* (ca. 1,04 Mrd. Einwohner) ist flächenmäßig der drittgrößte Staat der Erde. Noch in der bis 1974 geltenden Verfassung vom 20. 9. 1954 wurde China als ,,volksdemokratischer Staat" bezeichnet, der auf dem Bündnis der Arbeiter und Bauern beruht, von der Arbeiterklasse geführt wird und die Freundschaft mit der Sowjetunion und den „Volksdemokratien" pflegt. Schon die Verfassung von 1975 bezeichnete dagegen das Land als „sozialistischen Staat", in dem alle Arten des Eigentums außer dem sozialistischen abgeschafft sind. Sie erwähnt auch nicht mehr die UdSSR, die von Rot-China nicht als „sozialistischer Staat" anerkannt wird. Sie beseitigte das Amt eines Staatspräsidenten (zuletzt von dem 1968 abgesetzten *Liu Chao-tschi,* dann von seinem Stellvertreter *Tung Pi-wu* wahrgenommen; 1983 wurde das Amt wiedereingeführt, s. u.) und übertrug seine völkerrechtlichen Funktionen als Staatsoberhaupt dem Parlamentspräsidenten; ferner unterstellte sie die Volksbefreiungsarmee dem Vorsitzenden der KPCh direkt. Der *Nationale Volkskongreß,* das auf 5 Jahre gewählte oberste Gesetzgebungsorgan, wurde beibehalten; seine Bedeutung ist gering, da er wegen der großen Zahl der Abgeordneten (fast 3000) höchstens einmal jährlich einberufen wird, während ein *Ständiger Ausschuß* die laufenden Aufgaben wahrnimmt und Gesetzgebung und Verwaltung überwacht. Diese Grundstruktur wurde in der Verfassung von 1978 beibehalten, die jedoch die Befugnisse des Ständigen Ausschusses erweiterte, indem sie ihm Kontrollrechte gegenüber dem Staatsrat und obersten Verwaltungsbehörden sowie dem Obersten Gericht einräumte. Die Führungsrolle der KPCh und das Prinzip der *Diktatur des Proletariats* werden als Verfassungsgrundsätze herausgestellt. Nach dem Tode Mao Tse-tungs (8. 9. 1976) wurde der MinPräs. *Hua Kuo-feng* Vorsitzender der KPCh, seit Juni 1981 abgelöst durch *Hua Yao-bang;* dieser ist seit Jan. 1987 ersetzt durch *Zhao Ziyang.* Eine neue Verfassung von 1982 sieht vor allem die Wiedereinführung des Staatspräsidentenamts, die Schaffung eines Zentralen Militärrats und eine Erweiterung der Befugnisse des Ständigen Ausschusses des Volkskongresses vor. Unverändert ist die absolute Führungsposition der Kommunistischen Partei; der Begriff „Diktatur des Proletariats" wird aber nicht mehr erwähnt. Das bisherige Volkskommunensystem wurde zugunsten einer Aufteilung der politischen, verwaltungsmäßigen und wirtschaftlichen Macht geändert. Das Mitspracherecht der Bürger wurde in einigen Bereichen erweitert, das Streikrecht aber ersatzlos gestrichen. Die Religionsfreiheit wird von der Verfassung garantiert. Die Betätigung der verschiedenen Glaubensrichtungen (Buddhisten, sunnitische Moslems, Katholiken, Protestanten u. a.) wird jedoch überwacht und in Grenzen gehalten. Auch dürfen die Kirchen nach Art. 36 Verf. nicht von ausländischen Kräften beherrscht werden. Dadurch soll vornehmlich die Bindung der kath. Kirche an den Vatikan verhindert werden. Das hat dazu geführt, daß neben der staatlich anerkannten nationalen Kirche eine illegale, romtreue kath. Kirche fortbesteht. Insgesamt lehnt sich die Verfassung 1982 an die erste Verfassung von 1954 an. Entsprechend dieser Verfassung wurde im Juni 1983 *Li Xiannian* vom VI. Nationalen Volkskongreß zum Staatspräsidenten gewählt.

982

Im Oktober 1962 brach China in die nördlichen Grenzgebiete *Indiens* im Himalaja-Gebiet ein, so daß ein Kriegszustand eintrat. China beansprucht indisches Territorium in den Gebieten Ladakh und Nord-Assam sowie in den Protektoraten Bhutan und *Sikkim*, um das namentlich 1965 und 1967 wieder gekämpft wurde; es wurde 1975 Indien angegliedert.

Die Spannungen zwischen China und der Sowjetunion, die aus unterschiedlichen Auffassungen in der Methode der Ausbreitung des Sozialismus resultieren (vgl. 922), letztlich aber auf Machtrivalität zurückzuführen sind, führten wiederholt zu territorialen Auseinandersetzungen. China, das im Laufe des 19. Jahrh. zahlreiche früher seiner Oberhoheit unterstehenden Gebiete dem Einfluß Großbritanniens, Frankreichs und des zaristischen Rußland hat überlassen müssen, versucht auf verschiedenen Wegen in diese Bereiche vorzustoßen. Durch Grenzabkommen beispielsweise mit Birma, Nepal, Pakistan, Afghanistan und der Mongolei hat China deren Souveränität anerkannt und beschränkt sich in diesen Ländern auf Unterstützung der ihm politisch nahestehenden Kräfte im Innern. Die Feindseligkeiten mit der UdSSR dagegen führten 1969 zu Grenzkämpfen um die von China durch die Verträge von 1858, 1860, 1864 und 1881 an Rußland abgetretenen Gebiete. Grenzverhandlungen wurden 1964 begonnen und nach Unterbrechung 1969 wieder aufgenommen, blieben aber ergebnislos, ebenso erneute Verhandlungen 1976/77. Neue Grenzzwischenfälle ereigneten sich 1978 (insbes. am Ussurifluß). Der Gegensatz zwischen UdSSR und Rot-China erhielt neue Nahrung durch den Einmarsch russischer Truppen in Afghanistan (926 II 2), der in China neue Befürchtungen über eine Ausdehnung des Einflusses der UdSSR in Südostasien hervorrief. China unterstützt die afghanischen Aufständischen gegen das sowjetfreundliche Regime diplomatisch und durch Waffenlieferungen.

Der ideologische Gegensatz zur UdSSR trat auch innenpolitisch zutage, als sich im Jahre 1966 milizähnliche Jugendgruppen („Rote Garden") in der sog. *Kulturrevolution* gegen die Herrschaft der Funktionärsschicht in der KPCh und der Gewerkschaften auflehnten. Die „Kulturrevolution" richtete sich gegen jegliche Form westlicher Kultur und erstrebte nach Mao Tse-tungs Lehren eine Umwälzung der sozialistischen Gesellschaft, um die „Revolution" nicht wie in der UdSSR im Bürokratismus erstarren zu lassen. Mit dem Sturz Liu Chao-tchis setzten tiefgreifende sozial- und wirtschaftspolitische Reformen ein: Die zentralistische Planung wurde auf die Aufstellung von Planziffern beschränkt, die Wirtschaftsführung in den Bereich regionaler Autonomie verlagert. Seither steuern lokale Komitees Produktion und Absatz in ortsnaher Planung für den eigenen Bedarf (Provinz-Autarkie); die umständlich und verzögerlich arbeitende *Planbürokratie* wurde weitgehend ausgeschaltet. Die Überwachung von Produktion, Wirtschaftsführung und Betriebssicherheit wurde jährlich neu gewählten *Arbeiterverwaltungsgruppen* (Dreiergruppen: Arbeiter, Techniker, Funktionäre) übertragen, die auch die sozialen Funktionen der früheren Gewerkschaften übernahmen.

Die im Jahre 1973 wieder aufgeflammte Kulturrevolution ging vorwiegend auf parteiinterne Machtkämpfe zwischen linksextremen Ideologen und liberalen Realisten (Pragmatikern) zurück. Die von ersteren angestrebte extrem „klassenlose Gesellschaft", in der jeder nach seinen Fähigkeiten ausgebildet wird und die ihm zugewiesene entsprechende Arbeit leistet, aber alle den gleichen Lohn erhalten, halten liberale Parteikreise für eine überholte Ideologie; sie befürworten ein System der individuellen Leistungsabgeltung, Prämienzahlung nach Arbeitsleistung, herausgehobene Stellung der Partei- und Verwaltungsfunktionäre u. dgl. Hiergegen und gegen die darin liegende Angleichung an die Sowjetunion richtet sich der Kampf der Linksextremisten, die in solchen Tendenzen zugleich ein Wiederaufleben der Staats- und Gesellschaftslehre des Philosophen Konfuzius (5. Jahrh. v. Chr.) nach dem Prinzip der stufenmäßigen Ordnung der Gemeinschaft sehen.

Ideologische Bestrebungen solcher Art wurden auch führenden militärischen Kreisen vorgeworfen, die sich besonders unter dem Verteidigungsminister *Lin Piao* (1971 tödlich verunglückt) dem von der KPCh propagierten „neuen Erziehungssystem" und gewissen Formen der Verbindung von politischer Theorie und Praxis widersetzten (Verschickung von Jugendlichen aufs Land, Verpflichtung der Funktionäre zu körperlicher Arbeit u. dgl.). Die Richtungskämpfe spielen sich im wesentlichen unter drei Gruppen ab, die unterschiedliche gesellschaftspolitische Konzepte verfechten; dabei stehen im Vordergrund die Zielrichtungen „Politik vor Wirtschaft", anderseits das Übergewicht der „Ökonomie" und die „technische Effizienz". So soll sich nach ultralinker Auffassung die *Entlohnung der Arbeit* nach der politischen Einstellung des Arbeitenden und seinem Verhalten gegenüber dem Kollektiv richten; hingegen will die Mitte nach Abschaffung des Prämiensystems das Arbeitsentgelt nach individueller Leistung und politischem Bewußtsein bestimmen (Kombination von materiellen und moralischen Anreizen), während die Rechte einen materiellen Anreiz durch ein differenziertes Prämiensystem befürwortet. Ähnliche Differenzierungen treten im Bereich der *Landwirtschaft* zutage (Abschaffung der Privatparzellen oder deren übergangsweise oder – nach Auffassung der Rechten – dauernde Beibehaltung), ebenso in den Tendenzen der Ultralinken, der Mitte und der Parteirechten im Bereich der *Bildungspolitik* (Schüler/Studentenselbstverwaltung oder Dreierverbindung Lehrer-Schüler/Studenten – Arbeiter oder Alleinverantwortlichkeit der Lehrer und Professoren) u. dgl.

Ab Ende der siebziger Jahre vollzog sich zunehmend eine Abwendung von den in der Kulturrevolution aufgetretenen, in allen Lebensbereichen auf Autarkie ausgerichteten Tendenzen der linksgerichteten Parteigruppen. Diese Neuorientierung verlief parallel mit der Aufnahme intensiver Beziehungen zu den westlichen und den blockfreien Staaten. China wurde dadurch aus der außenpolitischen Isolierung herausgeführt. Zudem wurde seine internationale Position durch den Eintritt in die UNO und den Weltsicherheitsrat sowie durch offizielle Kontakte, so den Besuch der Präs. *Nixon* (USA) und *Pompidou* (Frankreich) und anderer westlicher Politiker, zunehmend gefestigt (mit der BRep. wurden Ende 1972 diplomatische Beziehungen aufgenommen). Zwar hat die VR China die These vom Vorrang der Ziele der proletarischen Weltrevolution vor der Koexistenzpolitik der UdSSR (922) noch nicht aufgegeben. Ungeachtet der politischen Gegensätze hat sie jedoch im Jahre 1978 intensive Verhandlungen mit westlichen Industrieländern und Japan mit dem Ziel einer verstärkten wirtschaftlich-technologischen Zusammenarbeit eingeleitet. Diese soll den Aufbau einer inländischen Industrie in China und die Nutzung der Bodenschätze (z. B. durch Anlegen neuer Kohlengruben) fördern; sie wird aber erst nach längerer Frist befriedigende Ergebnisse hervorbringen können.

Mit der Aufnahme solcher Beziehungen hängen möglicherweise innerstaatliche Entwicklungen zusammen, die gewisse Liberalisierungstendenzen erkennen lassen. Im Dez. 1978 beschloß das Zentralkomitee der KPCh, die Wirtschaftsverwaltung weitgehend aus den Händen der Parteifunktionäre zu lösen und den Unternehmensleitungen mehr Entscheidungsfreiheit einzuräumen. Seit Anfang 1980 zeichnete sich eine weitere Liberalisierung in der Staatswirtschaft ab: Das Prämiensystem wurde in den Betrieben gefördert, in der Landwirtschaft wurde eine begrenzte Privatwirtschaft begünstigt, und es wurden in zunehmendem Umfang selbständige Handwerker zugelassen; diese Kleinbetriebe (bäuerliche mit Vertriebsmöglichkeit auf freien Märkten, Handwerksbetriebe, Gaststätten u. dgl.) werden großenteils als Familienbetriebe oder in Genossenschaftsform geführt. KPCh und Reg. entwickelten im Sept. 1980 ein Langzeitprogramm, das eine gewisse Privatisierung der Wirtschaft innerhalb der allgemeinen politischen und staatlichen Richtlinien zuließ; in diesem Zusammenhang wurden in der Umgebung von Honkong vier wirtschaftliche Sonderzonen eingerichtet, deren innere Struktur unter spezieller Gesetzgebung steht und die für ausgedehnte wirtschaftliche Zusammenarbeit mit den kapitalistischen Ländern Modellcharakter haben sollen.

Auch sonst mehrten sich Anzeichen einer Abkehr von bestimmten Grundsätzen Mao Tse-tungs. Den ideologischen Prinzipien wird nicht mehr unbedingter Vorrang vor wirtschaftlicher Stabiliserung und technologischem Fortschritt nach dem Muster westlicher Industrieländer gegeben. Die neue Richtung äußert sich u. a. in der Verurteilung der sog. „Vierer-Bande", d. i. die Witwe Mao Tse-tungs und drei ihrer führenden Anhänger, der die Mitschuld an vielen politischen und wirtschaftlichen Fehlleitungen gegeben wird. In Abwendung von den Zielen der „Kulturrevolution" tritt allgemein eine größere Zurückhaltung der Parteiorgane bei Fachentscheidungen über Produktion, Forschung und Erziehung zutage. Darüber hinaus sind – vorerst im Ansatz – Bestrebungen zur Gewährung gewisser Bürgerrechte gegenüber Behörden und im Justizbereich, wenn auch mit sozialistischer Grundhaltung, zu verzeichnen. Die zumindest teilweise Abkehr von maoistischen Prinzipien wurde auch durch die Personalentscheidungen des vom XII. Parteikongreß gewählten Zentralkomitees der KPCh im Jahre 1982 bestätigt, indem Vertreter des von *Teng Hsiao Ping* betriebenen Modernisierungskurses (pragmatische Parteilinie) in Führungsstellungen berufen wurden, während die Maoisten aus den zentralen Machtgremien ausgeschieden sind. Es zeichnet sich die Tendenz der chines. Führungsgremien ab, zwar für die Schlüsselindustrie (802) die zentrale Planung und Lenkung beizubehalten, in anderen Wirtschaftszweigen dagegen marktwirtschaftlichen Prinzipien (freier Wettbewerb, gelockerte Lohn- und Preisgestaltung usw.) in begrenztem Umfang Raum zu geben. Diese hauptsächlich von Teng Hsiao Ping in die Wege geleitete Reformpolitik auf wirtschaftlichem Gebiet wurde im Sept. 1986 auch vom Zentralkomitee gebilligt.

Einen Wendepunkt in der außenpolitischen Entwicklung bedeutete im Jahre 1979 die Aufnahme diplomatischer Beziehungen zwischen der VR China und den USA, die bis dahin nur die *nationale Republik China* (Taiwan) diplomatisch anerkannt und politisch und militärisch unterstützt hatten. Nunmehr brachen die USA die diplomatischen Beziehungen zu Nationalchina ab und zogen ihre Streitkräfte zurück, ohne jedoch die wirtschaftliche und militärische Unterstützung einzustellen. Die nationale Republik besteht nur noch auf der Insel Formosa (Taiwan) mit den Pescadores-Inseln und den dem Festland vorgelagerten Inseln (hauptsächlich Quemoy und Matsu); sie ist als Mitglied der Vereinten Nationen (vgl. 909) am 26. 10. 1971 ausgeschieden. Auch sonst ist Nationalchina außenpolitisch durch Rot-China verdrängt worden. Das Land wurde zwar bis 1977 noch von 20 Staaten durch Unterhaltung diplomatischer Beziehungen anerkannt; deren Vertretungen wurden jedoch mit der zunehmenden diplomatischen Anerkennung der VR China nach und nach zurückgezogen. Auch die USA beschränken sich seither auf wirtschaftliche und (nach Kündigung des Verteidigungsvertrags zum Ende 1979) indirekte militärische Unterstützung. Jedoch haben die USA im Aug. 1982 in einem Vertrag mit der VR China zugesagt, die Waffenlieferungen an Taiwan nicht auszuweiten, sondern nach und nach zu verringern; die USA haben ferner die Regierung der VR als die ,,legale Regierung von China" anerkannt, das als Einheit bezeichnet wird mit der Folgerung, daß Taiwan als ,,ein Teil Chinas" gilt. Seit dem Tode *Tschiang Kai Scheks* (7. 4. 1975) war zunächst *Jen Tschia-kan* Staatsoberhaupt; sein Nachfolger ist seit 1978 der vorherige Regierungschef *Tschiang Tsching-kuo* (ein Sohn Tschiang Kai Scheks). Die ursprünglich für ganz China gewählte Nationalversammlung (Parlament) ist von 1947 bis 1984 von 2691 auf 1064 Abgeordnete zusammengeschrumpft, weil die auf das Festland entfallenden Mandate nicht neu besetzt werden.

Die Außenpolitik der VR China wurde lange Zeit beherrscht von der Sorge um eine wachsende Bedrohung durch die UdSSR; dies war der Hauptgrund für eine politische Annäherung an die USA und Westeuropa (Intensivierung wirtschaftlicher Kontakte, diplomatische Beziehungen – mit der BRep. seit 1972) sowie an Japan und Indien. Neuerdings ergaben sich jedoch Veränderungen insbesondere im Verhältnis einerseits zu den USA und anderseits zur UdSSR: Die Taiwan-Politik der USA erregte in Rotchina Befremden, und die erhofften Erfolge in den Wirtschaftsbeziehungen erreichten nicht das von der VR erstrebte Maß; anderseits sind Rotchina und die UdSSR bestrebt, ihre Beziehungen unter Zurückstellung der ideologischen Gegensätze zu normalisieren, indem sie kulturelle und technologische Kontakte pflegen. Die VR China ist mehr und mehr um eine selbständige, gegenüber den Machtblöcken unanbhängige Außenpolitik bemüht. Manche ihrer internationalen Beziehungen sind freilich im Wandel begriffen; so im Verhältnis zu Großbritannien, dessen Pachtvertrag über *Hongkong* im Jahre 1997 abläuft. Bezüglich Hongkongs haben China und Großbritannien im Sept. 1984 vereinbart, daß die Souveränität Chinas am 1. 7. 1997 wiederhergestellt wird, daß Hongkong aber Sonderverwaltungsgebiet der VR mit weitgehendem Selbstbestimmungsrecht unter Beibehaltung des bisherigen kapitalistischen Wirtschaftssystems wird. Die Vereinbarung bedarf noch der Zustimmung der Nat. Volkskongresses der VR und des brit. Parlaments. Die portugiesische Besitzung Macao soll unter ähnlichen Bedingungen 1999 an China zurückgegeben werden.

China sucht die früher betriebene Abkapselung von der politischen Außenwelt durch Intensivierung seiner Beziehungen besonders zu Europa zu beenden. Damit ist das Bestreben verbunden, zunehmend Autorität und Einfluß in der Völkerfamilie zu gewinnen. Die VR ist auf Devisen und Auslandskredite zwecks Modernisierung ihrer weithin veralteten industriellen und landwirtschaftlichen Betriebe angewiesen; dazu muß sie auch auf westliche Technologien zurückgreifen. Die Aufwendungen hierfür kann China nur durch Hebung seiner Exporte finanzieren. Die Intensivierung seiner Beziehungen zur BRep.

und anderen westlichen Industrieländern zielt darauf ab, deren Restriktionen beim Technologietransfer abzubauen und im Gegenzug die Öffnung westlicher Märkte für chinesische Produkte zu erreichen (Steigerung der Ausfuhr von Erdöl und Erdölerzeugnissen, Baumwolle, Nahrungsmittel u. a. m.).

929. Afrikanische Staaten

I. Entwicklung im Zwanzigsten Jahrhundert

Die politische Entwicklung in Afrika im 20. Jahrh. ist in erster Linie geprägt von den Bemühungen der afrikanischen Länder, Unabhängigkeit von den Kolonialmächten zu erreichen. *Libyen* wurde bereits im Dezember 1951 unabhängig und 1953 Mitglied der Arabischen Liga. Über *Ägypten* und den *Sudan* vgl. 924 II 1, 9. In Nordafrika mußte Frankreich im März 1956 *Marokko* und bald darauf *Tunesien* die Unabhängigkeit zugestehen. Im März 1957 erlangte die britische Kolonie *Goldküste* (Ghana) als erstes schwarzes Kolonialgebiet die Stellung eines unabhängigen Landes des brit. Commonwealth. Es folgten 1960 *Nigeria,* die *Zentralafrikanische Republik, Kamerun, Togo* (brit. u. franz. Treuhandgebiete) sowie im Jahre 1966 die brit. Protektorate Betschuanaland und Basutoland (jetzt Botswana und Lesotho). Auf der *Afrikanischen Konferenz* in Akkra im April 1958 einigten sich acht Staaten des Kontinents auf eine Zusammenarbeit in afrikanischen Fragen.

Die afrikanisch-asiatische Staatengruppe stellt mehr als die Hälfte der Mitglieder der UNO (909 II 2). Wichtigster Zusammenschluß ist die ,,Organisation für die Einheit Afrikas" (OAU), in der sich 49 unabhängige afrikanische Staaten (Stand 1986) zur ,,Befreiung des afrikanischen Kontinents vom Kolonialismus" zusammengeschlossen haben; der Status der in die OAU aufgenommenen Westsahara-Republik ist umstritten. Sitz ist Addis Abeba; Organe sind die Konferenz der Staats- und Regierungschefs, der Ministerrat und das Generalsekretariat. Marokko ist im Nov. 1984 aus der OAU ausgetreten; gleichzeitig hat Zaire seine Mitgliedschaft auf unbestimmte Zeit ausgesetzt.

Die politische Einheit wird jedoch stark beeinträchtigt durch ideologische, politische, soziale und kulturelle Unterschiede. Da die Staats- und Verfassungsform sich nach der Entkolonialisierung in den einzelnen Ländern vielfach nach der Struktur des Mutterlandes richtete, besteht in den ehemals französischen Kolonien ein Trend zur Präsidialverfassung (mit starker Stellung des Staatspräsidenten) und zum Zentralismus; in den ehemals britischen Kolonien dagegen ist meist eine Beschränkung der Zentralgewalt zugunsten regionaler Verwaltungseinheiten mit eigenen Parlamenten zu beobachten (so in Kenia, Nigeria, Sambia). In den präsidialgeleiteten Ländern (z. B. Elfenbeinküste, Gabun) ist eine Neigung zum Einparteisystem festzustellen, erst recht in den unter einer Militärdiktatur stehenden (Äthiopien, Niger, Tschad u. a.); in den an britische Staatsformen angelehnten Staaten dagegen findet sich meist das Mehrparteiensystem (so in Gambia, Ghana, Nigeria). Je nach der politischen Grundregelung bestimmt sich der Umfang der demokratischen Freiheiten in den einzelnen Ländern, aber auch die größere oder geringere Selbständigkeit und mehr oder weniger kontrollierte Entscheidungsmacht der führenden politischen Kräfte. Dagegen wird die wirtschaftliche Lage der afrikanischen Staaten weniger von ideologischen Gesichtspunkten als von ihrer außenwirtschaftlichen Abhängigkeit beeinflußt. Diese ist vor allem bedingt durch die Notwendigkeit der Kreditaufnahme, die meist mit Auflagen und Kontrollen außerafrikanischer Geldgeber verknüpft ist (deutliches Beispiel: Zaire unter der Kontrolle des IMF – vgl. 918; dies kann sich sodann politisch auswirken); auch Absatz- und Importschwierigkeiten, Ölpreiserhöhungen usw. wirken sich ungünstig aus.

Über die Wirtschaftsbeziehungen der afrikanischen Staaten zur EWG s. 813 (a. E.).

Während die wirtschaftlichen Interessen der afrikanischen Länder im Verhältnis zu anderen Staaten der Dritten Welt vielfache Parallelen aufweisen, treten die politischen Gegensätze besonders in den innerafrikanischen Konferenzen hervor. So auf der „Gipfelkonferenz" im Juli 1977 in Libreville (Gabun), teilweise aufgrund zahlreicher Grenzkonflikte zwischen den Mitgliedstaaten, aber auch in allgemeinen politischen Fragen. Einigkeit wurde erzielt in einer Entschließung gegen die Einmischung außerafrikanischer Staaten (diese wurde aber in der Konferenz von Khartum im Juli 1978 wieder gegensätzlich beurteilt), in der Frage der Sanktionen gegen Südafrika und im Ziel der Errichtung eines gemeinsamen afrikanischen Marktes. Eine Konferenz in Monrovia (Liberia) befaßte sich im Juli 1979 vorwiegend mit den zahlreichen innerafrikanischen Streitigkeiten und kam nur in wenigen Punkten, z. B. in der Berufung auf die Menschenrechte, zu einheitlichen Auffassungen. Die 34. Ministerratstagung erörterte im Februar 1980 in Addis Abeba insbesondere das Eintreten der OAU-Staaten für die afrikanischen Befreiungsbewegungen im Hinblick auf die Wahlen in Rhodesien. Die „Gipfelkonferenz" im Juni 1981 in Nairobi bemühte sich um eine Vermittlung im Konflikt zwischen dem Tschad und Libyen (s. u.) und in dem Streit um die von Marokko und von Mauretanien beanspruchte West-Sahara (s.

Afrika

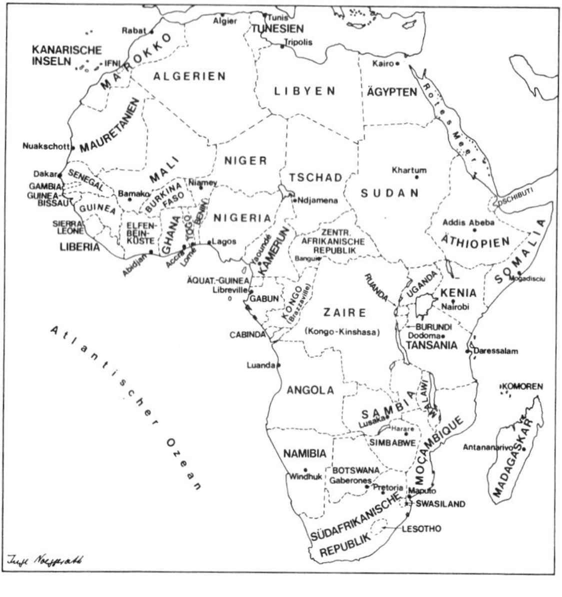

924, II 12). Im Nov. 1982 scheiterte das Zustandekommen der geplanten 19. Gipfelkonferenz wiederum an Streitigkeiten, diesmal in der Tschad-Frage. Nachdem die Westsahara-Republik freiwillig auf die Teilnahme verzichtet hatte, wurde im Juni 1983 die 19. Gipfelkonferenz in Addis Abeba eröffnet. Abgesehen von der Verurteilung der Südafrika-Politik einiger Länder konnte jedoch in den entscheidenden Fragen, z. B. beim Westsahara-Problem, keine Einigkeit erzielt werden. Auch die Gipfelkonferenz der OAU im Juli 1986 in Addis Abeba brachte in den maßgebenden Problemen Afrikas keine wesentlichen Fortschritte; die Vermittlungsbemühungen im Bürgerkrieg im Tschad sollen wiederaufgenommen werden, die Apartheid-Politik Südafrikas wurde erneut verurteilt.

Die politische Einheit Afrikas wird überdies geschwächt durch nationale Zwistigkeiten innerhalb einzelner Staaten und mit angrenzenden Ländern. Diese rühren zum großen Teil davon her, daß nach der Unabhängigkeit die von den Kolonialmächten teilweise willkürlich durch einheitliche Stammes-, Sprach- und Kulturgebiete hindurch gezogenen Grenzen unverändert beibehalten wurden. Die strikte Aufrechterhaltung des territorialen status quo ist sogar ein in der Satzung der OAU festgelegtes, für alle afrikanischen Staaten geltendes Prinzip.

II. Entwicklung in einzelnen Staaten

1. Tschad

Die Situation im *Tschad* ist durch ethnische und religiöse Gegensätze zwischen den christlich-animistischen schwarzafrikanischen Stämmen im Süden des Landes und dem im Norden lebenden moslemischen arabischen Bevölkerungsteil geprägt. Machtkämpfe zwischen politischen Gruppierungen des Nordens führten zum militärischen Eingreifen Libyens und im Dez. 1980 zu einer de-facto-Aufteilung des Landes in eine Nordhälfte unter libyschem Einfluß und eine Südhälfte (Oberst *W. A. Kamougué*). Der in der Nordhälfte seit Jahren andauernde Bürgerkrieg ist vor allem eine Folge des Machtkampfes zwischen dem derzeitigen Staatspräs. *Hissen Habré* und dem früheren Präs. *Goukouni Weddei*. Habré wird von Frankreich, Weddei von Libyen unterstützt, die beide Truppenkontingente in den Tschad entsandt haben. Es gelang weder der 10. franko-afrikanischen Konferenz (Okt. 1983) noch der OAU (Jan. 1984) eine Einigung zwischen den Bürgerkriegsparteien herbeizuführen. Frankreich und Libyen haben ihre Truppen im Nov. 1984 aus dem Tschad zunächst abgezogen. Im Feb. 1986 brach der Bürgerkrieg nach einer Waffenruhe erneut aus, wobei auch Frankreich und Libyen wieder in die Kämpfe eingriffen.

2. Nigeria

Die Ost- und die Mittelwestregion *Nigerias* versuchten sich unter der Bezeichnung *Biafra* und *Benin* selbständig zu machen, unterlagen aber mit der Kapitulation am 12. 1. 1970. Die Bezeichnung ,,Benin" hat inzwischen das an Nigeria westlich angrenzende *Dahomé* angenommen.

3. Äthiopien

Die Lage in *Äthiopien* ist gekennzeichnet durch die Konflikte um *Eritrea* und den *Ogaden*. Die frühere italienische Kolonie Eritrea wurde 1941 von England besetzt und unter Verwaltung genommen. Auf Grund einer Empfehlung der UNO wurde sie 1952 autonomer Bestandteil Äthiopiens. 1962 wurde sie jedoch unter Aufhebung der Autonomie einfacher Bestandteil des Kaiserreichs Äthiopien (Abessinien), bei dem sie auch nach dem Sturz des Kaisers *Haile Selassie* (gest. 27. 8. 1975) und Abschaffung der Monarchie durch eine Militärjunta im Sept. 1974 verblieb. Seit 1977 kämpft eine Freiheitsbewegung, die ,,Eritreische Befreiungsfront" um die Unabhängigkeit des Landesteils. Der zweite Konflikt, der Äthiopien belastet, ist die Auseinandersetzung um den Ogaden im Südosten Äthiopiens, den Somalia beansprucht. Im Februar 1977 riß die von Oberst *Mengistu* geleitete, kommunistisch orientierte militärische Führung die Macht an sich. Sie unterhält enge Beziehungen zur UdSSR, von der sie auch im Kampf gegen die aufständischen Minderheiten gestützt wird. Das Land hat große wirtschaftliche Schwierigkeiten; es kann – vor allem wegen der anhaltenden Dürre in der Sahel-Zone – seine Bevölkerung z. T. nur mit ausländischer Hilfe ernähren (1985/1986).

4. Südafrika

Die im äußersten Süden des Kontinents liegende *Südafrikanische Republik* (SR – früher ,,Union" – Hauptstadt Pretoria, Parlamentssitz Kapstadt) gliedert sich in die 4 Provinzen Kapprovinz, Natal, Transvaal und Oranje-Freistaat. Nur ca. 18 v.H. der Bevölkerung sind Weiße, der Rest Neger, Inder und Mischlinge. Auf Grund einer neuen, am 3. 9. 1984 in Kraft getretenen Verfassung besteht ein Präsidialsystem mit einem Parlament aus den getrennten Kammern der Weißen (178 Sitze), Mischlinge (85 Sitze) und Inder (45 Sitze). Das Wahlgremium des Drei-Kammer-Parlaments wählte MinPräs. Pieter Botha im Sept. 1984 (auch) zum (Exekutiv-)Präs. des Landes. In die Reg. wurde je ein Vertreter der Mischlinge und der Inder als Min. ohne Portefeuille aufgenommen. Die Verfassung von 1984 wurde, weil sie den schwarzen Bevölkerungsteil von der Parlamentswahl ausschließt, in einem Mehrheitsbeschluß der UNO-Vollversammlung für ungültig erklärt. Die *Apartheidpolitik* des MinPräs. *H. F. Verwoerd* (seit 1966: *B. J. Vorster,* seit Okt. 1978 Staatspräs.; 1979 *M. Viljoen,* MinPräs. *P. W. Botha)* zielt auf eine räumliche Trennung der Rassengruppen ab; sie fand darin lange Zeit die Unterstützung *Portugals,* das bis zum Regimewechsel 1974 (vgl. 37 II 7) nicht bereit war, seine afrikanischen Kolonien *Angola* und *Mosambik* aufzugeben (inzwischen unabhängige ,,sozialistische Volksrepubliken" seit 11. 11. bzw. 25. 6. 1975). Die Politik der Rassendiskrimierung führte im Nov. 1974 zu einem zeitweiligen Ausschluß der SR von bestimmten Funktionen in der UNO. Die Vollversammlung der UNO befürwortete im Dez. 1977 in Empfehlungen an den Weltsicherheitsrat ein Öl-Embargo und den Stop neuer Investitionen in der SR, ebenfalls ohne nachhaltigen Erfolg. Wiederholte Angriffe, die von Guerilla-Verbänden – insbes. dem *African National Council* (ANC) und der SWAPO (s. u.) – von Stützpunkten in Mosambik und (über Namibia) von Angola aus mit Unterstützung kubanischer Söldner auf südafrikanisches Gebiet geführt wurden, veranlaßten die Regierung in Pretoria zu Gegenschlägen und zum Einmarsch in Südangola. Eine Entspannung bahnte sich erst an, nachdem die SR im Frühjahr 1984 Sicherheitsabkommen mit Angola und Mosambik abgeschlossen hatte, in denen sich die beteiligten Länder dazu verpflichteten, dafür zu sorgen, daß von ihrem Staatsgebiet aus keine Bedrohung des Vertragspartners mehr ausgehe. Im Juni 1986 wurde der Ausnahmezustand verhängt; in der Folgezeit kam es verschiedentlich zu Unruhen unter der schwarzen Bevölkerung. Wegen der Apartheid-Politik der südafrikanischen Regierung haben die USA und die EG Wirtschaftssanktionen gegen die SR beschlossen (Sept. 1986). Aus dem Commonwealth (vgl. 931) ist die SR ausgetreten.

5. Namibia

Namibia, das ehemalige *Deutsch-Südwest-Afrika,* wurde seit 1919 von der Südafrikanischen Union (s. o. 4) zunächst als Treuhandgebiet des Völkerbundes, nach dem 2. Weltkrieg als solches der UNO verwaltet. Diese entzog der SR am 27. 10. 1966 das Mandat, weil die SR das Selbstbestimmungsrecht und andere demokratische Rechte mißachte. Die SR hat dem Beschluß lange Zeit keine Folge geleistet, sondern das Gebiet weiterhin als eigenes behandelt. Jedoch setzte am 16. 8. 1976 eine Verfassungskonferenz (sog. „Turnhallenkonferenz") den 31. 12. 1978 als Termin der Unabhängigkeit fest. Übergangsweise amtiert auf Betreiben der westlichen Mitglieder des Weltsicherheitsrats seit 1. 9. 1977 ein Generaladministrator, der mit Gesetzgebungs- und Verwaltungskompetenz ausgestattet ist. Die auf Veranlassung der SR, aber gegen den Widerspruch der UNO im Dez. 1978 durchgeführten Wahlen zu einer Konstituierenden Versammlung brachten der gemischt- rassischen konservativen „Turnhallen-Allianz" eine Mehrheit von 82%. Das Wahlergebnis wurde freilich von den radikalen Minderheiten, insbes. der „Südwestafrikanischen Volksorganisation (SWAPO)", nicht anerkannt. Der Widerstand der SR gegen die SWAPO war auch ein Hauptstreitpunkt bei den von Großbritannien im Herbst 1980 wiederaufgenommenen Verhandlungen um die Unabhängigkeit Namibias. Der Kampf der südafrikanischen Armee gegen die SWAPO-Guerrilleros intensivierte sich 1981 in Namibia und in angrenzenden Gebieten Angolas. Ein Fortschritt in den Verhandlungen um eine staatspolitische Lösung konnte Mitte 1982 erzielt werden, als sich die Staaten der „westlichen Kontaktgruppe" (USA, Kanada, Großbritannien, Frankreich, BRep.), die SR, die schwarzafrikanischen sog. „Frontstaaten" und die SWAPO über die Grundstrukturen einer künftigen Verfassung einigen konnten (Gewaltenteilung, Grundrechte, demokratische Regierungsform). Am 19. 1. 1983 übernahm Südafrika in Namibia wieder die direkte Regierungsgewalt. Im Hinblick auf die Guerillerakämpfe der SWAPO gegen die südafrikanischen Streitkräfte löste der Generaladministrator die Nationalversammlung auf; der Ministerrat stellte seine Tätigkeit ein. Im Juni 1985 wurde eine Übergangsregierung und eine Interimsversammlung von der südafrikanischen Regierung eingesetzt; diese Organe werden aber international nicht anerkannt. Eine Einigung über die Durchführung des vom UNO-Sicherheitsrat aufgestellten Unabhängigkeitsplans konnte bisher nicht erzielt werden.

6. Transkei, Bophuthatswana, Venda, Ciskei

1976 entließ die Südafrikanische Republik das Teilgebiet *Transkei* (Hptst. Umtata; 3,0 Mio. Einw.) sowie 1977 den Bantu-Staat *Bophuthatswana* (Hptst. Mmbabatho; 1,3 Mio. Einw.), 1979 die *Venda* (Hptst. Thohoyandou; 0,5 Mio. Einw.) und 1981 die *Ciskei* (Hptst. Bisho; 0,6 Mio. Einw.) in die Selbständigkeit. Diese halbsouveränen Gebilde wurden allerdings nicht als selbständige Staaten anerkannt, weil viele ihrer Bewohner nicht in einer Enklave Südafrikas als „Ausländer" leben und demzufolge in südafrikanischen Industriegebieten als „Gastarbeiter" gelten wollen.

7. Simbabwe

Simbabwe war unter dem Namen *(Süd-)Rhodesien* brit. Kronkolonie mit innerer Selbstverwaltung. Hauptstadt Harare (früher: Salisbury); 7,8 Mio. Einw. Die von der früheren weißen Minderheitsregierung betriebene Rassenpolitik, die den Farbigen die Gleichstellung mit den Weißen verweigerte, führte im Jahre 1965 zum Konflikt mit Großbritannien und zur einseitigen Unabhängigkeitserklärung durch MinPräs. *Ian Smith*. Die wirtschaftlichen Sanktionen, die gemäß Aufforderung der UNO daraufhin von zahlreichen Staaten gegen Rhodesien wegen seiner Rassenpolitik eingeleitet wurden, hatten kaum Erfolg.

Im Sept. 1976 erklärte sich die rhodesische Regierung auf Vermittlung der USA damit einverstanden, daß die Staatsmacht binnen zwei Jahren auf die schwarze Bevölkerungsmehrheit übertragen wird. Die zwischen I. Smith und einigen Führern der schwarzen Bevölkerung im März 1978 vereinbarte Verfassung wurde jedoch von der UNO mangels Zustimmung der führenden „Patriotischen Front“ nicht anerkannt. Die gleichwohl im April 1979 durchgeführten Wahlen brachten dem von dem eingeborenen Bischof *Abel Muzorewa* geführten „Vereinigten Afrikanischen National-Kongreß (UANC)“ die absolute Mehrheit. Muzorewa übernahm die Leitung der neuen, zu zwei Dritteln aus Schwarzen bestehenden Regierung; der weißen Minderheit verblieben unter den restlichen Ressorts für mindestens 5 Jahre die Bereiche Polizei, Militär, Justiz und öffentlicher Dienst. Erster Staatspräs. wurde *Josiah Gumede* (UANC). In der Folgezeit flammte der Widerstand der radikalen schwarzen Minderheiten wieder auf; jedoch kam es auf Grund einer in der Londoner Konferenz im Nov. 1979 erzielten Einigung zu einem Waffenstillstand zwischen den Regierungstruppen und den Guerillas. Bis zu Parlamentsneuwahlen übernahm am 12. 12. 1979 ein brit. Gouverneur provisorisch die Regierungsgeschäfte; die Regierung Muzorewa trat zurück. Simbabwe erlangte damit wieder den Status einer brit. Kronkolonie. Die neue Verfassung vom Juli 1980 behält im Parlament 20 der 100 Sitze den Weißen vor. Bei den Wahlen im Juli 1985 behauptete die ZANU/PF-Partei von Regierungschef *Robert Mugabe* ihre führende Stellung. Staatspräsident ist *Canaan Banana*. Seit dem 18. 4. 1980 ist Simbabwe unabhängig und Mitglied des Commonwealth.

Die Konsolidierung Simbabwes wird stark behindert durch Stammesrivalitäten innerhalb der Armee, die im Febr. 1981 zu blutigen Kämpfen der Streitkräfte untereinander führten. Diese in vielen schwarzafrikanischen Staaten bestehenden Spannungen sowie politische Animositäten unter den ehemaligen Freiheitskämpfern belasten die friedliche Weiterentwicklung des Landes.

III. Übersicht über die Staaten Afrikas

Bezeichnung	Hauptstadt	Einwohner (in Mio.)
Ägypten	Kairo	45,8
Algerien	Algier	21,0
Angola	Luanda	8,5
Äquatorial-Guinea	Malabo	0,4
Äthiopien	Addis-Abeba	42,4
Benin	Porto-Novo	3,8
Botswana	Gaborone	1,0
Burkina Faso (fr. Obervolta)	Ouagadougou (Wagadugu)	6,6
Burundi	Bujumbura	4,5
Dschibuti	Dschibuti	0,3
Elfenbeinküste	Abidjan	9,4
Gabun	Libreville	1,1
Gambia	Banjul	0,7
Ghana	Accra	13,1
Guinea	Conakry	5,9
Guinea-Bissau	Bissau/Madina do Boé	0,8
Kamerun	Yaoundé	9,6
Kap Verde	Praia	0,3
Kenia	Nairobi	19,5
Komoren	Moroni	0,4
Kongo	Brazzaville	1,7
Lesotho	Maseru	1,4

Bezeichnung	Hauptstadt	Einwohner (in Mio.)
Liberia	Monrovia	2,1
Libyen	Tripolis	3,6
Madagaskar	Antananarivo	9,7
Malawi	Lilongwe	6,8
Mali	Bamako	7,9
Marokko	Rabat	21,4
Mauretanien	Nuakschott	1,8
Mauritius	Port Louis	0,9
Mosambik	Maputo (fr. Lourenço Marques)	13,6
Namibia	Windhuk	1,1
Niger	Niamey	5,9
Nigeria	Lagos	92,0
Obervolta (s. Burkina Faso)		
Ruanda	Kigali	5,8
Sambia	Lusaka	6,4
Sao Tomé u. Principe	Sao Tomé	0,09
Senegal	Dakar	6,4
Seychellen	Victoria	0,07
Sierra Leone	Freetown	3,6
Simbabwe	Harare (fr. Salisbury)	8,0
Somalia	Mogadisciu	4,5
Südafrika	Pretoria	31,5
Sudan	Khartum	21,0
Swasiland	Mbabane	0,6
Tansania	Daressalam/Dodoma	21,0
Togo	Lomé	2,8
Tschad	Ndjamena	4,9
Tunesien	Tunis	6,9
Uganda	Kampala	14,9
Zaire	Kinshasa	29,0
Zentralafrikan. Rep.	Bangui	2,5

930. Organisation der amerikanischen Staaten (OAS)

Die OAS (Organization of American States) wurde auf der Panamerikanischen Konferenz in Bogotá am 30. 4. 1948 von 21 amerikanischen Staaten geschaffen, um die rechtliche und territoriale Unverletzbarkeit der westlichen Hemisphäre zu gewährleisten. Ihre Organe sind seit der „Akte von Buenos Aires“ (1967) die Vollversammlung *(Interamerikanische Konferenz)*, der Ständige Rat, der Wirtschafts- und Sozialrat, der Kulturrat, der Interamerikanische Verteidigungsrat und die als ständiges Sekretariat dienende *Panamerikanische Union*. Die OAS umfaßt derzeit 33 Staaten.

Die *Panamerikanische Bewegung* geht auf *Simon Bolivar* zurück, der sich um die politische Unabhängigkeit der amerikanischen Staaten und die Unantastbarkeit ihrer Staatsgebiete bemühte (1826 panamerikanischer Kongreß in Panama). Die Bewegung wird von den *Vereinigten Staaten* von Amerika in engem Zusammenhang mit der *Monroe-Doktrin* geführt, die auf einer von dem US-Präsidenten James Monroe 1823 formulierten Erklärung beruht. Sie besagte, daß jeder Kolonialerwerb wie auch jede Einmischung europäischer Staaten in inneramerikanische Angelegenheiten den Interessen der USA zuwiderlaufe. Mit der Zeit wurde sie abgewandelt in die Formel „Amerika den Amerikanern" und damit Grundlage der Solidaritätsauffassung aller Staaten des Kontinents.

Vorgänger der OAS war die auf der ersten Konferenz 1889, dem Panama-Kongreß in Washington, von allen 21 Republiken begründete *Panamerikanische Union* (Pan American Union). Der 7. Kongreß in Buenos Aires (1936) beschloß die Grundsätze der hemisphären Verteidigung, die auf dem 8. Kongreß in Lima 1938 erweitert wurden. Die *Panama-Erklärung* vom 3. 10. 1939 legte einen Sicherheitsgürtel von 300 Seemeilen um die westliche Hemisphäre fest. Die außerordentliche Konferenz in Mexiko 1945 befaßte sich mit den Fragen von Krieg und Frieden, und im *Pakt von Chapultepec* (3. 3. 1945) wurde ein Angriff auf eine der Signatarmächte als gegen alle gerichtet erklärt. Ergänzend deklarierte der *Pakt von Rio* (2. 9. 1947) die gesamte westliche Hemisphäre zu einer vom Nordpol bis zum Südpol unter Einschluß Kanadas und Grönlands reichenden Sicherheitszone.

Man bezeichnet den Süden des Doppelkontinents Amerika als *Latein-* oder *Iberoamerika,* weil seine historische, politische und kulturelle Entwicklung durch die jahrhundertelange *Kolonialherrschaft* der Spanier und in Brasilien der Portugiesen geprägt wurde. Politisch ist *Südamerika* in 12 selbständige Staaten und eine Reihe von den USA, Großbritannien, Frankreich oder den Niederlanden abhängige Gebiete gegliedert. Einschließlich *Mittelamerika* bestehen seit 1903 außer den USA und Kanada 24 souveräne Republiken, die sich wie folgt gliedern lassen:

I. Mittelamerika am Karibischen Meer mit

1. *Mexiko,* seit 1820 unabhängig, mehrfacher Wechsel zwischen Republik und Kaiserreich, jetzt präsidiale Bundesrepublik mit Zweikammersystem (Senat, Deputiertenkammer), besteht aus 31 Gliedstaaten mit eigenen Parlamenten und Exekutiven, dem Bundesdistrikt Mexiko und 2 Territorien. Innenpolitisch stabil, jedoch wirtschaftliche Schwierigkeiten durch ungünstige Handelsbilanz, Arbeitslosigkeit, Bauernaufstände gegen die Großgrundbesitzer u. a. sozialpolitische Unruhen. Die politische Macht liegt in den Händen der seit Jahrzehnten führenden „Institutionellen Revolutionären Partei", aus der auch Staatspräs. *Miguel de la Madrid Hurtado* hervorgegangen ist;
2. *Kuba* (s. u.);
3. *Haiti,* präsidiale Republik, Deputiertenkammer, übervölkertes, wirtschaftlich und sozial überaus schwaches Land, seit 1957 bis zu seinem Tode (22. 4. 1971) diktatorisch regiert von *F. Duvalier,* danach von dessen Sohn *Jean-Claude Duvalier,* dessen „Einheitspartei" bei Neuwahlen im Febr. 1984 infolge Behinderung der Oppositionsparteien wieder alle Parlamentsmandate erhielt. Duvalier wurde im Feb. 1986 gestürzt; seither ist *Jean Namphy* Regierungschef. Häufige Grenzstreitigkeiten mit der benachbarten
4. *Dominikanischen Republik,* einer gleichfalls präsidialen Republik; Nationalkongreß (Deputiertenkammer und Senat); nach Sturz der diktatorischen Herrschaft der Familie *Trujillo,* die zusammen mit anderen Großgrundbesitzern eine Feudaloligarchie bildete, wiederholter Präsidentenwechsel (derzeitiger Präsident ist *Joaquin Balaguer*);
5. *Panama,* bis 1903 Provinz Kolumbiens, präsidiale Repulik, Parlament (Na-

tionalversammlung); unter wirtschaftlichem Protektionismus der USA, die bis 1914 (Anerkennung der Unabhängigkeit P.s) den Panama-Kanal fertigstellten und seither Abgaben für die Überlassung der Kanalzone zahlen. 1977 Vereinbarung mit den USA, wonach die von diesen bisher verwaltete Kanalzone im Jahre 2000 auf Panama übergeht (bis dahin Jurisdiktion des Landes mit vorbehaltenen Eingriffsrechten der USA). Im Mai 1984 fanden erstmals seit 1968 wieder freie Präsidentschaftswahlen statt. Präs.: *Eric Arturo del Valle.*

6. *Guatemala,*	kleinere Präsidialrepubliken mit Ein- (Nicaragua:
7. *El Salvador,*	Zwei-) Kammer-System, bis 1823 zu Spanien, von
8. *Honduras,*	1823 bis 1838 zu den „Vereinigten Staaten von Zen
9. *Nicaragua,*	tralamerika“ gehörig, seither selbständig– politisch
10. *Costa Rica,*	außer Nicaragua enge Anlehnung an die USA.

Als weiterer selbständiger Staat ist das ehem. *Brit.-Honduras* (früher Kronkolonie), seit 21. 9. 1981 als *Belize* unabhängig – wenn auch von Guatemala beansprucht – hinzugetreten.

El Salvador wird seit 1979 vor allem durch Aufstände der verarmten Landbevölkerung erschüttert. Der seit 1977 regierende Diktator Gen. *C. H. Romero* wurde durch eine Junta gestürzt, die soziale Reformen zusagte (Verstaatlichung der Banken, Enteignung der Großgrundbesitzer). Das Ausbleiben dieser Reformen führte 1979/1980 zum Bürgerkrieg zwischen der Regierung, die vom Militär, Großgrundbesitzern und den rechten Parteien gestützt wird, und linksgerichteten Guerilleros, die zum Teil von Nicaragua unterstützt werden. Bisher konnte keine der beiden Seiten die Oberhand gewinnen. Im März 1983 fanden Wahlen zu einer Verfassunggebenden Versammlung statt. Der seit Juli 1984 im Amt befindliche Präs. *José Napoleon Duarte* will den Bürgerkrieg beenden und die Demokratie sichern. – *Costa Rica* ist präsidiale Republik (Präs.: *Oscar Arias Sanchez).* Banken, Eisenbahnen, Energieversorgung verstaatlicht, aber weitgehend Raum für Privatwirtschaft.

In *Honduras* bahnte sich nach den Parlamentswahlen vom 29. 11. 1981 mit dem Sieg der Liberalen über die bisher führende Nationalpartei eine politische Wende an. Im Jan. 1982 wurde die Militärdiktatur abgelöst durch eine demokratische Regierung. Staatspräs.: *José Azcona Hoyo.*

Während in El Salvador die Stellung des von Militärs gestützten Präsidenten mit fast diktatorischer Machtfülle ausgestattet ist, besteht in Costa Rica eine echte Demokratie; ebenso in Guatemala, wo die Militärregierung des Präs. *Mejia Victores* 1985 nach dem Wahlsieg des Christdemokraten *Vinicio Cerezo* abgelöst wurde. In Nicaragua wurde nach dem Sturz der Familiendiktatur *Somoza* durch die Sandinisten (Anhänger des später ermordeten Generals Sandino) deren Herrschaft verdrängt durch eine Militärdiktatur unter *D. Ortega.* Gegen die linksgerichtete sandinistische Regierung kämpfen von Honduras aus die von den USA unterstützten sog. Contras, zu denen auch frühere Anhänger Somozas gestoßen sind, und von Costa Rica aus die Revolutionär-Demokratische Allianz Eden Pastoras.

II. Länder des „Spanischen Kontinents“:

11. *Venezuela,* 1819–1830 Teil Kolumbiens, seither unabhängig; präsidiale Bundesrepublik (20 Bundesstaaten mit eigener Legislative und Exekutive, Bundesdistrikt Caracas, 2 Bundesterritorien), Kongreß (Senat und Deputiertenkammer); Präs. *C. A. Perez* regierte seit 1974 aufgrund eines Ermächtigungsgesetzes, wurde aber nach Neuwahlen (1978) im März 1979 durch den Christl.-Sozialen *Luis Herrera Campins* abgelöst. Dessen Nachfolge trat im

Febr. 1984 der Sozialist *Jaime Lusinchi* auf Grund seines Wahlsiegs im Dez. 1983 an.

12. *Kolumbien,* 1819–1830 „Zentralrepublik Groß-Kolumbien“; nach deren Zerfall als „Neu-Granada“ unabhängig; 1903 Abtrennung Panamas; zentra-

Mittel- und Südamerika

listische präsidiale Republik mit 23 Departements, 4 Intendanturen und 5 Kommissariaten, Parlament (Repräsentantenhaus und Senat); seit 1948 ständig bedroht von Versuchen kommunistischer Unterwanderung, 1952 Militärbündnis mit den USA. Politisch führend die Liberale und die Konservative Partei, die abwechselnd den Staatspräs. stellen; Präsident ist derzeit *Virgilio Barco*;

13. *Guyana*, ehem. Brit.-G., seit 1966 unabhängig, als ,,Cooperative Republic" Mitglied des Commonwealth; Parlament (1 Kammer). Dagegen ist Franz.-G. noch Teil des Mutterlandes, während Niederl.-G. als
14. *Suriname* (Republik mit Einkammersystem) und die Niederl. Antillen-Inseln 1975 die Unabhängigkeit erlangt haben; ferner die westindischen Antillen-Inselstaaten
15. *Jamaica*, zunächst span., dann brit. (Kronkolonie ab 1866), seit 1962 souveräne parlamentarische Monarchie im Commonwealth (Staatsoberhaupt der brit. Monarch, vertreten durch Generalgouverneur), Parlament (Zwei Kammern),
16. *Trinidad* und *Tobago*, Zusammenschluß der beiden zunächst spanischen, dann brit. Kolonien (seit 1763 bzw. 1792), seit 1962 souverän und mit verfassungsrechtlichem Status wie 15. Seit 1976 nicht mehr der brit. Krone unterstellte, selbständige präsidiale Republik mit einem aus 2 Kammern bestehenden Parlament;

III. Andenregion:

17. *Ecuador*, 1819–1830 Teil Groß-Kolumbiens, seither selbständig; präsidiale Republik, seit dem Sturz des Präs. *J. M. Velasco Ibarra* (1972) von einer Militärjunta (,,Oberster Regierungsrat") geleitet. Nach der neuen Verfassung von 1978 steht die Gesetzgebung wieder einem Parlament (eine Kammer) zu, die Exekutive einer Zivilregierung und dem Präsidenten (seit Aug. 1984: *Febres Cordero* (christl.-soz.);
18. *Peru*, seit 1821 von Spanien unabhängig, zeitweise vereinigt mit Bolivien und Groß-Kolumbien; präsidiale zentralistische Republik mit 25 Departements, Kongreß (Deputiertenkammer und Senat); starke soziale Gegensätze bes. zwischen Großgrundbesitz und Indiobevölkerung; seit 1968 von Militärjunta sozialist.-nationalist. Prägung unter Ausschaltung des Parlaments mit sozialreformerischem Programm und Verstaatlichungstendenzen regiert (Staatspräs. nach Staatsstreich 1975 General *F. M. Bermudez*). Auf Grund der neuen Verfassung vom Juli 1979 wurde die Militärjunta im April 1980 von einer Zivilregierung abgelöst. Staatspräsident: *Alan Garcia Perez;*
19. *Bolivien*, präsidiale Republik, eingeteilt in 9 Departements; Deputiertenkammer und Senat; starke soziale Spannungen und große wirtschaftliche Probleme, insbesondere hohe Auslandsverschuldung. Seit 1971 Militärregime. Nach 1978 häufiger Präsidentenwechsel auf Grund der inneren Zerstrittenheit des Militärs. Ende 1982 übergab die Militärregierung unter dem Druck eines Generalstreiks die Macht an den 1980 gewählten Kongreß. Präsident: *Victor Paz Estenssoro;*
20. *Chile*, seit 1810 von Spanien unabhängig, präsidiale Republik, Nationalkongreß (Deputiertenkammer und Senat); Abkehr vom Feudalstaat durch soziale Reformen auf nichtmarxistischer Grundlage von Präs. *E. Frei* begonnen, der 1970 durch den marxistisch orientierten *S. Allende* abgelöst wurde; 1971 Verstaatlichung von Kupferminen, Großgrundbesitz und US-Firmen; am 11. 9. 1973 wurde Allende durch eine Militärjunta gestürzt und alle Parteien suspendiert. Staatspräs. ist seither General *Augusto Pinochet Ugarte*. Das Militärregime wurde wegen des Vorwurfs der Verletzung der Menschenrechte

von der UNO-Menschenrechtskommission wiederholt gerügt. Im Wege einer Verfassungsänderung (März 1981) wurde General *Pinochet* in seiner Stellung als Staatspräsident bestätigt.

IV. La-Plata-Republiken:

21. *Argentinien,* von Spanien seit 1816 unabhängig, präsidiale Bundesrepublik (23 Bundesstaaten mit eigenen Parlamenten und Regierungen, Bundesdistrikt, 2 Territorien); Kongreß (Senat und Deputiertenkammer), noch Agrarstaat, aber stark industrialisiert, 1944–1955 Diktatur *Juan D. Peróns* mit dem Ziel sozialer Reformen, gestützt durch Arbeiterpartei und Gewerkschaften. Nach seinem Sturz verschiedentlich Regierungswechsel, meist durch Militärputsch ausgelöst, zuletzt im April 1971 unter General *A. A. Lanusse,* der bei der Neuwahl des Staatspräs. im März 1973 dem Perón-Anhänger *Hector Campora* unterlag. Dieser wurde nach Neuwahl am 13. 9. 1973 von Perón abgelöst. Nach dessen Tode (1. 7. 1974) amtierte seine Witwe Isabel als Staatspräs., wurde aber durch einen Militärputsch am 24. 3. 1976 durch General *J. R. Videla* gestürzt. Als dessen Nachfolger sollte 1981–1984 General *Roberto Viola* fungieren, der jedoch schon im Dez. 1981 durch den von der Militärjunta eingesetzten General und Armeechef *Leopoldo Galtieri* aus dem Amt verdrängt wurde; dieser wurde auf Grund des argentinischen Mißerfolgs im *Falklandkonflikt* mit Großbritannien durch *Reynaldo Bignone* ersetzt (Juni 1982). Nach Wahlen im Okt. 1983 übernahm im Dez. 1983 nach fast 8jähriger Militärherrschaft eine demokratische Zivilregierung unter dem gewählten Präsidenten *Raul Alfonsin,* dem Führer der Radikalen Bürgerunion, die Macht.

22. *Uruguay,* seit 1811 unabhängig, dann Brasilien angegliedert und 1828 wieder als Freistaat anerkannt; präsidiale Republik; Parlament: Generalversammlung (Senat und Deputiertenkammer). Nach Parlamentsauflösung 1976 wurde als Legislative ein Staatsrat (25 Mitgl.) sowie der „Rat der Nation" (45 Mitgl.), dem neben den Mitgl. des Staatsrats ranghöchste Offiziere angehören, gebildet. Größte Partei war bis zur Parlamentsauflösung die Partido Colorado (Soz.) – gen. „Rote" – und die Partido Nacional (Konservative) – gen. „Weiße" sowie die Union Civica (Bürgerunion). Im Land herrschte zeitweise der Ausnahmezustand wegen verstärkter Tätigkeit linksradikaler Gruppen *(Tupamaros).* Präs. *J. M. Bordaberry (1972–1976) wurde 1976 gestürzt und durch Aparicio Mendez* (1976–1981) ersetzt. Seit 1. 9. 1981 amtiert Gen. *Gregorio Alvarez.* Bei Neuwahlen im Nov. 1984 wurde der Führer der Partido Colorado, *Julio Maria Sanguinetti,* zum Präs. gewählt und damit die Wiedereinführung eines demokratischen Systems eingeleitet.

23. *Paraguay,* 1610–1767 Jesuitenstaat, seit 1811 unabhängig, 1864–1869 verheerender Krieg gegen Argentinien, Brasilien, Uruguay (Diktator *Lopez*), 1929–1932 sog. *Chaco*-Krieg mit Bolivien; präsidiale Republik, Kongreß (Senat, Deputiertenkammer); beherrscht von der konservativ-republikanischen Partei, StaatsPräs. General *A. Stroessner* (1978 wiedergewählt);

24. *Brasilien,* früher portugiesisch, 1822–1889 Kaiserreich, seither Republik. 1930–1945, dann wieder 1950–1954 Präsidentschaft von *Getulio Dornelles Vargas,* der das Land wirtschaftlich entscheidend voranzubringen suchte. Unter Präs. *Kubitschek* (1955–1960) Ausbau der neuen Hauptstadt Brasilia. Präs. *Goulart* (1961–1964) konnte sein innenpolitisches Programm (Landenteignungen, Verstaatlichung der Ölraffinerien, Wiederzulassung der von Vargas verbotenen kommun. Partei usw.) gegen den Widerstand des Militärs nicht durchsetzen. Seit 1964 stellte das Militär den Staatspräs. Nach Goularts Rücktritt wurde die Verfassung mehrfach geändert. Gegenwärtig gilt die vom 17. 10. 1969, die dem Präsidenten (seit 1978 *Joao Baptista Figuei-*

redo, vorher *Ernesto Geisel)* große Vollmachten einräumt. 1985 wurde das Militärregime durch die Regierung des gewählten Präs. *Tancredo Neves* abgelöst. Nach dessen Tod im April 1985 wurde *José Sarney* Präsident. Auf Grund von Verfassungsänderungen im Mai 1985 wird der Präsident nunmehr direkt vom Volk gewählt. B. ist das größte und volkreichste Land Südamerikas, es ist ein Bundesstaat mit 22 Gliedstaaten (mit eigenen Parlamenten und Regierungen), 4 Territorien und 1 Bundesdistrikt, in dem Brasilia liegt. Es besteht ein Bundesparlament mit Senat und Deputiertenkammer. Der Präs. stützt sich auf die nationalistische Regierungspartei.

Die OAS hat mehrfach in internen Streitfällen als Schlichter gewirkt; so 1956 im Panamakonflikt, 1957 im Grenzstreit zwischen Nicaragua und Honduras, 1978 im Streit um den Beagle-Kanal zwischen Chile und Argentinien, 1981 zwischen Peru und Ecuador. Im Falkland-Konflikt zwischen Argentinien und Großbritannien 1982 kam es wegen der Haltung der USA nicht zu einer einheitlichen Linie der OAS. Die interamerikanische Wirtschaftskonferenz in Buenos Aires (3. 9. 1957) verabschiedete ein auf das maximale wirtschaftliche Wachstum der Mitglieder gerichtetes Wirtschaftsprogramm. Die 8. Generalversammlung (1978) nahm Resolutionen u. a. über die Menschenrechte und die Bekämpfung des Terrorismus an und beschloß die Errichtung eines Interamerikanischen Gerichtshofs für Menschenrechte in Costa Rica.

Politische Differenzen ergaben sich seit 1960 mit *Kuba,* weil die OAS auf der Grundlage der Resolution von Caracas (13. 3. 1954) eine antikommunistische Politik verfolgt.

Die westindische Inselrep. *Kuba,* seit der Loslösung von Spanien 1898 unabhängig und bis 1909 unter der Oberhoheit der USA, stand 1952 bis 1959 unter dem diktatorischen Regime des von Großgrundbesitz und Armee gestützten Staatspräs. *F. Batista.* Nach dessen Sturz, der vor allem durch die korrupte Staatsführung und die Unterdrückung der Arbeiterschaft hervorgerufen wurde, suchte sein Nachfolger *Fidel Castro Ruz* Annäherung an die UdSSR (Kredithilfe- und Handelsabkommen vom 13. 2. 1960) und ließ die in ausländischem Besitz befindlichen Ölgesellschaften enteignen. Das veranlaßte die USA zu wirtschaftlichen Gegenmaßnahmen (Drosselung der Zuckereinfuhr); daraufhin wurde am 7. 8. 1960 der restliche Besitz amerikanischer Gesellschaften auf Kuba enteignet. Die vom *Weltsicherheitsrat* mit dem Streitfall befaßte OAS verabschiedete auf der Konferenz von San José am 16. 8. 1960 eine Erklärung, in der jede außerkontinentale Einmischung und ihre Duldung durch eine lateinamerikanische Republik verurteilt und jede Form von Totalitarismus verworfen wurde. Kuba lehnte weitere Teilnahme an der OAS ab und annullierte den 1952 geschlossenen Beistandspakt mit den USA, worauf diese die diplomatischen Beziehungen zu Kuba am 3. 1. 1961 abbrachen. Die übrigen lateinamerikanischen Staaten folgten bis 1964 einer entsprechenden Empfehlung der OAS. Am 14. 2. 1962 wurde Kuba aus der OAS ausgeschlossen.

In dem daraus entstandenen Konflikt ordnete US-Präs. *Kennedy* ein Ausfuhrverbot für Kuba an. Daraufhin schloß Kuba am 2. 9. 1962 mit der UdSSR einen Vertrag über Militärhilfe. Nachdem mit der Errichtung sowjetischer Raketenabschußrampen für mittelstarke Geschosse auf Kuba begonnen worden war, verhängte Kennedy eine *Blockade* über alles für Kuba bestimmte militärische Offensivmaterial; die USA verlangten sofortige Demontage und Abzug aller Offensivwaffen von Kuba unter UNO-Überwachung. Auf Anraten zahlreicher blockfreier Mitgliedstaaten richtete die UNO einen Stillhalte-Appell an die Großmächte; die Vermittlung des Generalsekretärs *U Thant* und die feste Haltung der USA veranlaßten schließlich die UdSSR *(Chruschtschow)* zum Einlenken. Die Rakentenbasen wurden entfernt und ein weltweiter Konflikt verhütet.

Die USA wurden in ihrem Bestreben, Kuba im Kampf gegen die kommunistische Ideologie politisch zu isolieren, von den meisten lateinamerikanischen Staaten unterstützt. Die Suspendierung der diplomatischen Beziehungen zu Kuba wurde noch von der Mehrheit der OAS – Konferenz im April 1973 befürwortet. Jedoch verstärkte sich alsbald die Tendenz, die restriktive Politik gegenüber Kuba aufzulockern; immer mehr Länder nahmen die diplomatischen Beziehungen wieder auf (die BRep. Anfang 1975). Die endgültige Aufhebung der wirtschaftlichen Sanktionen wurde am 30. 7. 1975 auf einer Konferenz in San José beschlossen. Innenpolitisch haben sich in Kuba auch auf Grund der neuen *Verfassung von 1976,* die eine Nationalversammlung, einen Staatsrat und einen Ministerrat vorsieht, Veränderungen, insbesondere im kommunistischen Einparteiensystem, nicht ergeben. Im Mai 1977 leiteten Kuba und die USA die Wiederherstellung der diplomatischen Beziehungen durch Austausch diplomatischer Beobachter ein; hierin trat 1978 ein Rückschlag ein, weil die USA das wiederholte Eingreifen kubanischer Söldner in kriegerische Auseinandersetzungen in Afrika beanstandeten. Einem neuen Konflikt wegen der Anwesenheit sowjetrussischer Soldaten auf Kuba begegneten die USA 1979 mit dem Ausbau ihrer Überwachung und ihrer Stützpunkte im karibischen Raum sowie durch weitere militärische Sicherheitsmaßnahmen. Anfang 1980 starke Absetzbewegung auswanderungswilliger Kubaner, meist aus wirtschaftlichen Gründen und vorwiegend in die USA.

Die Staaten des amerikanischen Kontinents haben sich z. T. in weiteren Organisationen mit teils politischer, teils militärischer oder – vor allem – wirtschaftlicher Zielsetzung zusammengeschlossen, so z. B. 13 Länder der Karibik (Antigua, Bahamas, Barbados usw.) in der „Caribbean Community and Common Market" – CARICOM –, diese auch mit Unterorganisationen (z. B. Staaten der Ostkaribik in der „Organisation of Eastern Caribbean States" – OECS –). Die sog. *„Contadora-Staaten"* (Mexiko, Panama, Venezuela, Kolumbien) bemühen sich um einen diplomatischen Ausgleich der in den mittelamerikanischen Ländern schwelenden Konflikte.

Die nachfolgende Übersicht über die *Staaten Amerikas* umfaßt auch solche, die nicht der OAS angehören (z. B. tritt Guyana – ebenso wie Kanada – dort nur als Beobachter in Erscheinung). Karte von Nordamerika s. 33, von Mittel- und Südamerika s. o.

DIE STAATEN AMERIKAS

Bezeichnung	Hauptstadt	Einwohner (in Mio.)
Nord- und Mittelamerika		
Antigua	St. John's	0,08
Bahamas	Nassau	0,2
Barbados	Bridgetown	0,2
Belize	Belmopan	0,16
Costa Rica	San José	2,5
Dominica	Roseau	0,08
Dominikanische Republik	Santo Domingo	6,1
El Salvador	San Salvador	4,7
Grenada	Saint George's	0,1
Guatemala	C. de Guatemala	7,7
Haiti	Port-au-Prince	5,2
Honduras	Tegucigalpa	4,2
Jamaika	Kingston	2,3

Bezeichnung	Hauptstadt	Einwohner (in Mio.)
Kanada	Ottawa	25,1
Kuba	Havanna	10,0
Mexico	Ciudad de México	76,8
Nicaragua	Managua	3,1
Panama	Ciudad de Panamá	2,1
Puerto Rico	San Juan	3,4
St. Kitts u. Nevis	Basseterre	0,06
St. Lucia	Castries	0,1
St. Vincent	Kingstown	0,1
Trinidad u. Tobago	Port of Spain	1,1
Vereinigte Staaten v. Am.	Washington	236,7
Südamerika		
Argentinien	Buenos Aires	30,1
Bolivien	La Paz	6,2
Brasilien	Brasilia	132,6
Chile	Santiago de Chile	11,9
Ecuador	Quito	9,1
Guyana	Georgetown	0,9
Kolumbien	Bogotá	28,0
Paraguay	Asunción	3,3
Peru	Lima	19,2
Suriname	Paramaribo	0,4
Uruguay	Montevideo	2,9
Venezuela	Caracas	16,8

931. Das britische Commonwealth

Das (britische) *Commonwealth of Nations* ist ein Verband unabhängiger Staaten, aber kein eigenes Völkerrechtssubjekt. Ihm gehören als gleichberechtigte Mitglieder an: Das Vereinigte Königreich von *Großbritannien und Nordirland,* Antigua, *Australien,* die Bahamas, Bangla Desh, Barbados, Belize, Botswana, Brunei, *Ceylon* (Sri Lanka), *Cypern,* Dominica, Fidschi, Gambia, *Ghana,* Grenada, Guyana, *Indien, Jamaica, Kanada,* Kenia, Kiribati, Lesotho, Malawi, *Malaysia, Malediven, Malta,* Mauritius, Nauru, *Neuseeland, Nigeria,* Papua-Neuguinea, Salomon-Inseln, Sambia, Samoa, Seychellen, Sierra Leone, Simbabwe, Singapur, Swasiland, Tansania, Tonga, Trinidad und Tobago, Tuvalu, Uganda, St. Kitts u. Nevis, St. Lucia, St. Vincent, Vanuatu. Die *Britische Krone* repräsentiert nur die Einheit des Commonwealth. Die Commonwealth-*Konferenz* vereinigt unter dem Vorsitz des brit. Premierministers die Ministerpräsidenten der Dominien und Republiken; sie soll Auffassungen und Maßnahmen der vertetenen Staaten in Fragen gemeinschaftlichen Interesses auf den Gebieten des Rechts, der Wirtschaft und der Verteidigung koordinieren.

Es besteht ein *Gemeinsames Sekretariat* (Sitz: London), das seit 1976 bei der UNO den Status eines Beobachters hat.

Die meisten Commonwealth-Länder gehörten ursprünglich zum *British Empire,* dem Brit. Reich, das den gesamten Kolonialbesitz des Mutterlandes unter der uneingeschränkten Hoheitsgewalt der Britischen Krone vereinigte. Das Brit. Empire setzte sich zusammen aus *Kronkolonien,* in denen die Krone die Legislative ausübte und die dem Kolonialministerium unterstanden, *Protektoraten,* d. h. unter Schutzherrschaft stehenden Ländern, und *Mandaten,* zur Verwaltung übergebenen fremden Besitzungen (z. B. ehemals deutsche Kolonien).

Um die Wende des 19. Jahrh. erhielten die größten Kolonien (*Kanada* 1867, *Australien* 1901, *Neuseeland* und *Südafrikanische Union* 1907) Selbstverwaltungsbefugnisse. Ab 1911 bezeichnete man sie als (self-governing) *Dominions.*

Kanada ist eine parlamentarische Monarchie mit bundesstaatlicher Verfassung (10 Provinzen). Das Parlament besteht aus 2 Kammern („House of Commons" und „Senate", entspr. dem britischen Unter- und Oberhaus). Stärkste Partei ist seit den Wahlen im Sept. 1984 die Progressive Konservative Partei (211 der 282 Mandate); die Liberale Partei hat 40, die sozialdemokratische Neue Demokratische Partei 30 Sitze; 1 Sitz fiel an einen Unabhängigen. Premierminister ist der Führer der Progressiven Konservativen Partei, *Brian Mulroney,* der den erst seit Juni 1984 regierenden Nachfolger von *Pierre Elliot Trudeau, John Turner,* ablöste. Die überwiegend (neben Indianern und Eskimos) weiße Bevölkerung stammt von angelsächsischen und französischen Kolonisten ab, die das Land ab dem 16. Jahrh. erschlossen. Die Frankokanadier machen etwa ¼ der Gesamtbevölkerung aus und bewohnen hauptsächlich die Provinz Quebec. Rivalitäten wirtschaftlicher und kultureller Art mit den Anglokanadiern führten bis zur Autonomieforderung für die Provinz Quebec. Diese stimmte auch als einzige Provinz der neuen Verfassung (1982 proklamiert) nicht zu.

Australien ist eine parlamentarisch-demokratische Monarchie bundesstaatlicher Struktur mit einem Parlament aus 2 Kammern („House of Representatives" und „Senate"). Die Bundesstaaten sind: Queensland (Brisbane), New South Wales (Sydney), Victoria (Melbourne), South Australia (Adelaide), Western Australia (Perth), Tasmania (Hobart); außerdem bestehen: Northern Territory (Darwin), Australian Capital Territory (Canberra). Australien hat einige Inseln als Außenbesitzungen im Indischen und Pazifischen Ozean sowie in der Timor-See und erhebt Anspruch auf einen Sektor der Antarktis. Die wichtigsten Parteien sind die „Liberal Party", die „Australian Labour Party" und die „National Country Party". Regierungschef *Malcolm Fraser* Liberal Party) wurde nach dem Wahlsieg der Labour Party im März 1983 von deren Vorsitzenden *Robert Hawke* abgelöst.

Neuseeland ist ebenfalls eine parlamentarisch-demokratische Monarchie, allerdings mit 1-Kammer-System („House of Representatives", in dem von den 92 Sitzen 4 für Abgeordnete der Maori-Ureinwohner reserviert sind). Es besteht kein bundesstaatliches, sondern ein zentralistisches Regierungs- und Verwaltungssystem. Die drei wichtigsten Parteien sind die „National Party", welcher der gegenwärtige Regierungschef *David Lange* angehört, die „Labour Party" und die „Social Credit Party".

Über die *Südafrikanische Union* vgl. 929 II 4.

Auf der Reichskonferenz im April 1949 bekräftigten alle Partnerstaaten ihren Entschluß, als freie und gleiche Mitglieder des *Commonwealth of Nations* vereinigt zu bleiben, um in freier Zusammenarbeit nach Frieden, Freiheit und Fortschritt zu streben. Irland trat 1949 aus dem C. aus, die Südafrikanische Republik 1961 wegen der Gegensätze zwischen der Afrikapolitik *Macmillans* und der Rassentrennungspolitik *Verwoerds.*

Das C. ist weder Bundesstaat noch Staatenbund (vgl. 6 II, IV), sondern eine eigene staatsrechtliche Verbindung selbständiger Staaten. Die brit. Krone wird heute nur noch von einem Teil der C.-Länder zugleich als eigenes Staatsoberhaupt (repräsentiert durch einen Generalgouverneur) anerkannt – so von Kanada, Australien und Neuseeland –, von den Republiken dagegen nur als Haupt der C.-Gemeinschaft. Auch bei der ersten Gruppe besteht aber keine Personalunion (6 IV), weil es sich nicht um eine zufällige – z. B. durch Erbfall entstandene –, sondern um eine dauernd gewollte Gemeinschaft (mit der Gemeinsamkeit des Königs) handelt.

Während das Commonwealth bis zum Ende des 2. Weltkrieges nur aus Großbritannien und vier unabhängigen Ländern bestand, die ursprünglich britische Kolonien mit vorwiegend britischer Bevölkerung waren und dieselbe Außenpolitik verfolgten, gehören dem C. jetzt 49 Länder in Asien, Afrika, Westindien und anderen Gebieten an. Es bestehen daher große Unterschiede in Tradition und Politik wie auch im wirtschaftlichen Gefüge. Deshalb hat sich England nach Erörterung in der Konferenz der Außenminister des C. zum *Eintritt in die EWG* entschlossen (vgl. 813), in deren Rahmen größere Aufgaben schon wegen der engeren räumlichen Verbindung eher zu lösen sind (z. B. auf dem Gebiet der Kernenergie, Elektronik, des Baues von Überschallflugzeugen). Auf politischem Gebiet hat die C.-Konferenz im August 1973 und August 1979 Pläne zur Lösung des *Rhodesien-Konflikts* (929) aufgestellt. Im Nov. 1983 befaßte sich die Konferenz in Goa (Indien) vorwiegend mit Fragen der Abrüstung, Einwirkung auf die Atommächte zur Verhinderung eines Atomkrieges, ferner mit dem Cypern-Konflikt (37), der Namibia-Frage (929), den zur Eskalation treibenden Spannungen in Mittelamerika (930) u. a. aktuellen politischen Problemen. Die 25. Gipfelkonferenz der Commonwealth-Staaten erörterte im Okt. 1985 mögliche Maßnahmen gegen Südafrika (insoweit keine Einigung) sowie Probleme der Weltwirtschaft, des Terrorismus und des Drogenkonsums.

932. Der Staat Israel

Der moderne Staat Israel (20770 qkm; 4,15 Mio. Einwohner; Hauptstadt Jerusalem) besteht seit 1948. Er ist eine Demokratie mit Einkammersystem (Parlament: die Knesset) und einem Staatspräsidenten als Staatsoberhaupt. Auf Grund des anhaltenden arabisch-israelischen Konflikts, wie auch des Interesses der Großmächte an der gesamten Region bildet Israel einen der Brennpunkte der Weltpolitik.

I. Geschichte

1. Geschichte Palästinas

Wegen seiner geographischen Lage befand sich Palästina immer im Schnittpunkt widerstreitender politischer Interessen und unter dem Einfluß verschiedener Kulturen. Etwa von 1300–1200 v. Chr. wurde das Land von semitischen Stämmen in Besitz genommen. Die jüdische Bevölkerung stand jedoch – abgesehen von relativ kurzen Perioden vor allem unter den Königen David und Salomo (1000–925 v. Chr.) sowie zur Zeit der Hasmonäer (140–63 v. Chr.) – zumeist unter der Herrschaft anderer Mächte, so der Ägypter, Philister, Assyrer, Babylonier, Perser, Griechen, Römer, Byzantiner, Araber, Kreuzritter, Mamelucken, Türken und Briten (im Rahmen einer Mandatsveraltung).

2. Geschichte des modernen Staates Israel.

Die Errichtung einer nationalen Heimstätte für die seit der Niederwerfung jüdischer Aufstände durch die Römer in den Jahren 70 und 135 n. Chr. über alle Welt verstreuten Juden wurde unter dem Einfluß *Theodor Herzls* bereits vor dem Zionistenkongreß in Basel 1897 gefordert. Sie sollte in dem damals von der Türkei beherrschten Palästina entstehen. Während des 1. Weltkriegs sicherte Großbritannien durch die *Balfour-Deklaration* vom 2. 11. 1917 den Juden seine Unterstützung für eine ,,rechtlich gesicherte nationale Heimstätte in Palästina" zu. Nach der Niederlage der Türkei übertrug der Völkerbund (s. 906) Großbritannien 1918 das Mandat über Palästina.

In der Folgezeit kam es zwischen der arabischen und jüdischen Bevölkerung Palästinas immer wieder zu Streitigkeiten, nicht zuletzt deshalb, weil die Juden das Gebiet mit Erfolg besiedelten; der Boden wurde ihnen vom *Jüdischen Nationalfonds,* der ihn von arabischen Großgrundbesitzern gekauft hatte, meist in Erbpacht gegeben und von kleinen Siedlergemeinschaften (*Kibbuzzim,* s. 802) bestellt. Die Gegensätze verschärften sich nach 1932 durch den Zuzug europäischer Juden, die den nat. soz. Verfolgungsmaßnahmen entgehen wollten. Dies führte 1936–1939 zu Aufständen der Araber. Nach dem 2. Weltkrieg nahm die UNO am 29. 11. 1947 einen Plan zur Teilung des Landes und zur Internationalisierung Jerusalems an. Nachdem Großbritannien das Mandat aufgegeben hatte, proklamierte der *Jüdische Nationalrat* am 14. 5. 1948 den *Staat Israel,* was sofort zum Krieg mit den umliegenden arabischen Staaten führte. Die Auseinandersetzungen endeten 1949 mit der Schaffung einer Demarkationslinie, bei der die Altstadt Jerusalems in jordanischen Besitz kam. Während des Krieges hatte ein Großteil der palästinensischen Araber das Kampfgebiet verlassen; sie wurden von den arabischen Nachbarstaaten in Flüchtlingslagern untergebracht, jedoch nicht integriert. Ein Teil der Probleme der Folgezeit, vor allem die terroristischen Aktivitäten der PLO (s. unten), hat hier seinen Ursprung.

Die tiefgreifenden Spannungen zwischen Israel und seinen arabischen Nachbarn führten auch in den folgenden Jahren mehrfach zu kriegerischen Auseinandersetzungen: Suezkrieg von 1956, Sechs-Tage-Krieg von 1967 und Jom-Kippur-Krieg von 1973. Vor allem im Verlauf des Krieges von 1967 besetzte Israel jordanisches, syrisches und ägyptisches Gebiet; der jordanische Teil Jerusalems kam unter israelische Verwaltung. Die überwiegend israelischen Erfolge in diesen Kriegen sind unter anderem darauf zurückzuführen, daß das Kräftepotential der arabischen Staaten durch innere Uneinigkeit geschwächt ist.

Die Bemühungen um eine Lösung des arabisch-israelischen Konflikts sind Teil der Weltpolitik. In einer Resolution vom Nov. 1967 legte der Sicherheitsrat Israel nahe, sich aus den besetzten Teilen der arabischen Länder zurückzuziehen; die arabischen Staaten sollten Israel als Staat anerkennen. In den Jahren 1972, 1975 und 1976 nahm die UNO-Vollversammlung zu dem weiter andauernden Konflikt in ähnlicher Weise Stellung. Die Großmächte USA und UdSSR sind in die Auseinandersetzung mittelbar einbezogen: die UdSSR unterstützt die arabischen Staaten, die USA dagegen Israel. Die Bemühungen um den Ausgleich des arabisch-israelischen Gegensatzes führten – nachdem der ägyptische Präs. *Sadat* (ermordet im Okt. 1981) und der israelische Min. Präs. *Menachem Begin* im Nov. 1977 unmittelbare Verhandlungen aufgenommen hatten – nach intensiven Bemühungen des US-Präs. *Carter* 1979 zu einem Friedensvertrag zwischen Israel und Ägypten. 1980 nahmen die beiden Staaten diplomatische Beziehungen auf. Trotz Weiterführung der Verhandlungen mit Sadats Nachfolger *Mubarak* und der Räumung der Sinai-Halbinsel durch Israel (April 1982) bestehen auch weiterhin ungelöste Spannungen, die vor allem auf der israelischen Siedlungspolitik in den besetzten arabischen Gebieten, der gesetzlichen Festlegung der Vereinigung der Altstadt Jerusalems mit dem israelischen Westteil der Stadt (1980) und der Annektierung der (syrischen) Golanhöhen im Dez. 1981 beruhen. Diese Aktionen Israels wurden von der UNO-Vollversammlung für völkerrechtswidrig erklärt. Durch militärische Aktionen (Einmarsch in den Libanon, Einschließung und Beschießung Beiruts) erreichte Israel Ende Aug. 1982 den Abzug der in West-Beirut befindlichen PLO-Kämpfer in andere arabische Länder. Im Jan. 1985 begann Israel auf Grund einer im Mai 1983 mit dem Libanon geschlossenen Vereinbarung, seine Truppen aus dem Libanon abzuziehen. Im Juni 1985 hatten die israelischen Truppen den Libanon bis auf einen Sicherheitsstreifen an der Südgrenze vollständig verlassen. Die Treffen des iraelischen Min. Präs. *Peres* mit dem ägyptischen Staatschef *Mubarak* und dem marokkanischen König *Hassan* im Jahre 1986 könnten Ansatzpunkte für eine Entspannung der Lage im Nahen Osten bringen.

II. Grundprobleme Israels

1. Wirtschaftliche Situation

Aus dem entscheidenden Grundproblem Israels, dem ungelösten Verhältnis zu seinen arabischen Nachbarn, rühren auch die derzeitigen wirtschaftlichen Schwierigkeiten Israels her. Das Land ist wegen der latenten Kriegsgefahr zu hohen Verteidigungsausgaben gezwungen, die eine der Ursachen der außerordentlichen Auslandsverschuldung Israels sind. Hinzu kommen die großen Devisenabflüsse zur Bezahlung der notwendigen Erdöl-Einfuhr. Alle diese Faktoren haben zu einer anhaltenden Wirtschaftskrise und zu einer beständigen Schwäche der israelischen Währung geführt, die in den letzten Jahren mehrfach abgewertet werden mußte.

2. Palästinenser

Der Kampf der im Krieg von 1948 entwurzelten arabischen Bevölkerung Palästinas *(Palästinenser)* um eine Heimat in einem unabhängigen Palästinenserstaat bildet ein Grundproblem der Region, das auch in die übrige Welt ausstrahlt. Da der Wunsch der Palästinenser zurückzukehren, in den Jahren nach 1948 immer weniger realisierbar erschien, entstand die Neigung, durch terroristische Gewalttaten die Welt auf die Lage der Palästinenser aufmerksam zu machen und die beanspruchten Rechte durchzusetzen. Israel, aber auch andere Staaten, haben daher häufig terroristische Gewaltaktionen palästinensischer Gruppen abzuwehren.

Die Palästinenser sind nicht einheitlich organisiert, sondern in eine Vielzahl von Gruppen aufgespaltet. International wird in erster Linie die 1964 gegründete ,,Palästina-Befreiungs-Organisation (Palestine Liberation Organization, *PLO*)" als Interessenvertretung der Palästinenser angesehen. Die PLO ist ein Dachverband, der unter Führung von *Jassir Arafat* eine Reihe von Unterorganisationen umfaßt, vor allem die von Arafat geleitete Al Fatah. Sie versucht, ihre Ziele hauptsächlich auf politischem Wege zu erreichen, und beschränkt ihre Guerillatätigkeit im wesentlichen auf das israelische Gebiet. Das hat zum Ausscheiden der mehr radikalen und militanten, marxistisch ausgerichteten ,,Volksfront zur Befreiung Palästinas" (PFLP) geführt, die von *George Habasch* angeführt wird. Weitere palästinensische Gruppierungen sind die ,,Palästinensische Befreiungsfront" (UPLF), die ,,Demokratische Front für die Befreiung Palästinas" (DFLP) unter *Najif Hawatmeh,* die ,,Volksfront für die Befreiung Palästinas/Generalkommando" unter *Ahmed Dschibril* sowie speziell für Terroraktionen gebildete Kommandos mit Bezeichnungen wie z. B. ,,Schwarzer September". Ein Abkommen vom Juli 1984, das die Einheit der PLO wiederherstellen sollte, wurde nur von fünf Unterorganisationen unterzeichnet (Al Fatah, PFLP u. a.), nicht aber von den von Syrien unterstützten Gegnern Arafats, die nach wie vor gegen dessen relativ gemäßigte Linie opponieren. Seit Ende 1974 sind der PLO gewisse Vertretungsrechte vor der UNO zuerkannt; Ende 1979 beschloß die Vollversammlung die Errichtung einer Abteilung für die Rechte der Palästinenser beim Generalsekretariat.

Israel und Nachbargebiete
(Stand vom 1. 1. 1987)

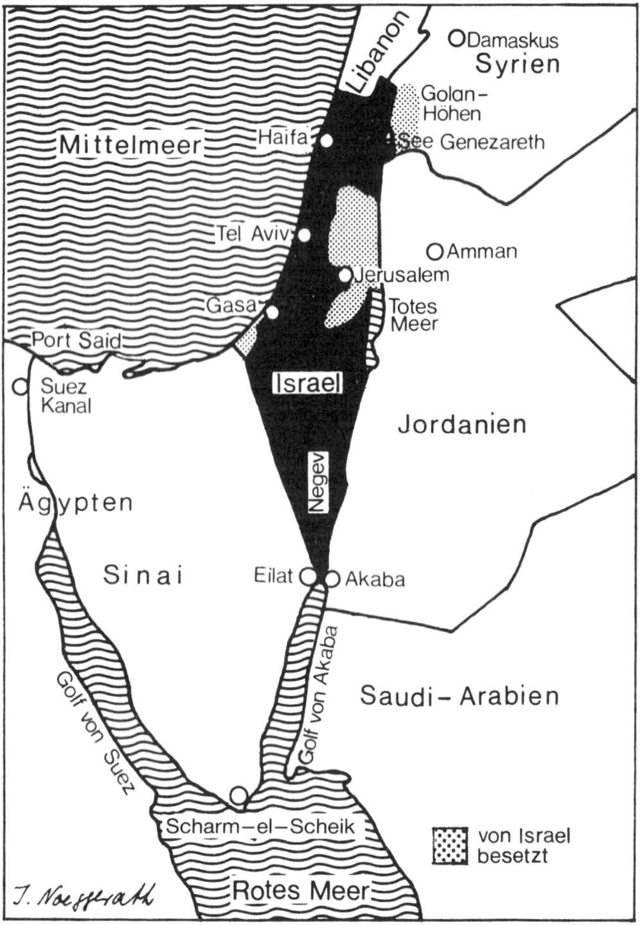

Sachregister

Die Zahlen verweisen auf die Abschnitte und Unterabschnitte des Werkes. Die Hauptfundstellen sind durch Fettdruck hervorgehoben.

Buchanzeigen

Creifelds

Rechtswörterbuch

Herausgegeben von Dr. Carl Creifelds, Senatsrat a. D., München, unter Mitarbeit von Dr. Dieter Guntz, Vors. Richter am Oberlandesgericht, München; Heinz Ströer, Ministerialdirektor a. D., München; Prof. Dr. h. c. Hans Kauffmann, Leiter des Bayer. Landesjustizprüfungsamtes; Friedrich Quack, Richter am Bundesgerichtshof, Lehrbeauftragter an der Universität München; Paul Henssler, Steuerberater, Leiter der Akademie für Wirtschaftsberatung, Bad Herrenalb

8., neubearbeitete Auflage. 1986.
XII, 1413 Seiten. In Leinen DM 68,–
ISBN 3-406-30926-7

Das Creifelds'sche Rechtswörterbuch stellt in lexikalischer Form rund **10000 Rechtsbegriffe** aus allen Gebieten zusammen und erläutert sie knapp und präzise. Es ermöglicht damit Juristen wie auch Laien eine **rasche Orientierung** bei der Klärung täglicher Rechtsfragen.

Wo die genaue Erörterung spezieller Rechtsfragen aus Platzgründen nicht möglich ist, helfen **Fundstellenhinweise** den weiteren Einzelheiten nachzugehen.

Um dem Benutzer des Werkes in dem gegebenen Rahmen mehr als nur eine erste Orientierung zu bieten, sind – namentlich bei rechtlichen Zweifelsfragen – Hinweise auf Rechtsprechung und Spezialliteratur eingefügt.

Damit ist der »Creifelds« nach wie vor das ideale Nachschlagewerk für Juristen und Pädagogen, für Praktiker aus Wirtschaft, Verwaltung und Technik, für Studenten aller Fachrichtungen sowie für juristische Laien, die bestimmten Rechtsfragen selbst nachgehen wollen.

Verlag C. H. Beck München

Otto Rudolf Kissel

Die Justitia

Reflexionen über ein Symbol und seine Darstellung in der bildenden Kunst. Von Professor Dr. Otto Rudolf Kissel, Präsident des Bundesarbeitsgerichts

1984. 143 Seiten mit 108 Abb. Gebunden DM 48,–

ISBN 3-406-30235-1

Die Justitia mit Schwert und Waage ist oft bildhaft dargestellt und so populär wie nur wenige andere Personifikationen und Symbole. Seltsamerweise kommt sie in der Literatur im Gegensatz zu vielen anderen Figuren, Göttern, Symbolen, Heiligen, Musen usw. nur äußerst selten vor.

Das vorliegende Buch zeichnet die Entwicklung der Gerechtigkeitsdarstellungen von der Antike bis zur Gegenwart nach und belegt dies durch 108 Abbildungen, die den Text begleiten. Es schließt sich eine Untersuchung des Bedeutungsgehalts der Justitia-Darstellungen an, die auch die Vielfalt der ihr zugeordneten Attribute beleuchtet.

Zur Überraschung mancher stellt sich dabei heraus, daß es »die« Justitia als einheitlichen Typus mit Schwert und Waage nicht gibt. Die Figur wird auch männlich dargestellt, ihre Attribute können auch Gesetzbuch, Rutenbündel, Füllhorn, Gesetzesstab und vieles andere mehr sein. Die Justitia geht auch nicht – wie vielfach angenommen wird – auf eine antike Göttin der Gerechtigkeit zurück. Ihr meistverbreiteter Typus mit Schwert und Waage ist erstmals seit dem 13. Jahrhundert nachweisbar.

Das Buch wendet sich an alle, die über Gerechtigkeit und ihre Verwirklichung sowie die bildhafte Realisierung eines solchen Themas nachdenken. Es beschränkt sich nicht auf historische Erläuterungen, sondern möchte die Justitia in unsere Gegenwart stellen und zur Reflexion über die Idee und die immerwährende Forderung nach Gerechtigkeit anregen.

Der Autor:

Professor Dr. jur. Otto Rudolf Kissel ist Präsident des Bundesarbeitsgerichts und legt hier das Ergebnis einer jahrelangen Beschäftigung mit diesem Thema vor. Durch seinen großen Kommentar zum GVG kennt ihn die Fachwelt, darüber hinaus schätzt eine große Leserschaft seine Aufsätze in der FAZ.

Verlag C. H. Beck München

FLAGGEN DER BUNDESREPUBLIK

Standarte des Bundespräsidenten

Bundesflagge

Dienstflagge der Bundesbehörden

Bundespostflagge

Bundesmarine